MICHAELIS

DICIONÁRIO ESCOLAR

INGLÊS

INGLÊS-PORTUGUÊS
PORTUGUÊS-INGLÊS

MICHAELIS

DICIONÁRIO ESCOLAR
INGLÊS
INGLÊS-PORTUGUÊS
PORTUGUÊS-INGLÊS

MELHORAMENTOS

Dados Internacionais de Catalogação na Publicação (CIP)
(Câmara Brasileira do Livro, SP, Brasil)

Michaelis : dicionário escolar inglês. – São Paulo :
Editora Melhoramentos, 2001. – (Dicionário Michaelis)

ISBN 85-06-03400-0

1. Inglês - Dicionários - Português
2. Português - Dicionários - Inglês I. Série.

CDD-423.69

01-3905   -469.32

Índices para catálogo sistemático:
1. Inglês : Dicionários : Português   423.69
2. Português : Dicionários : Inglês   469.32

Este dicionário foi baseado no *Michaelis Moderno Dicionário Inglês & Português*.

© 2001 Editora Melhoramentos de São Paulo
Lexicografia: Ivanete Tosi Araújo Silva, Jeferson Luis Camargo,
Maria Thereza Parreira Stetner, Sérgio Ifa, Guiomar Therezinha Gimenez Boscov

Capa: Jean Udry

Atendimento ao consumidor:
Caixa Postal 2547 – CEP 01065-970 – São Paulo – SP – Brasil

Edição: 5 4 3 2 1
Ano: 2004 03 02 01

ISBN: 85-06-03400-0

Impresso no Brasil

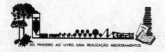

DO PINHEIRO AO LIVRO, UMA REALIZAÇÃO MELHORAMENTOS

Sumário

Prefácio

Esta obra foi baseada no **Michaelis Moderno Dicionário Inglês & Português,** publicado pela Editora Melhoramentos em 2000, composto de mais de 167.000 verbetes e o mais completo e atualizado dicionário bilíngüe disponível no mercado.

O **Michaelis Dicionário Escolar Inglês** contém mais de 25.000 verbetes, selecionados e adaptados para os brasileiros que estudam a língua inglesa e se preocupam em falar e escrevê-la corretamente. Para complementar o aprendizado, inclui notas sobre questões gramaticais e sobre o uso adequado de palavras e expressões inglesas.

Este dicionário segue rigorosas normas de lexicografia que padronizam a estrutura dos verbetes a fim de facilitar a leitura e dar acesso imediato à informação. Para agilizar a consulta, a dedeira impressa e a entrada dos verbetes são destacadas em cor.

Os verbetes em inglês e em português apresentam divisão silábica, transcrição fonética, classe gramatical, área de conhecimento, várias acepções, expressões atuais e exemplos objetivos para melhor compreensão das definições. Há também um apêndice para atender a consultas complementares de assuntos não tratados no corpo do dicionário (veja lista no Sumário, página V).

O **Michaelis Dicionário Escolar Inglês** abrange tanto o inglês americano quanto o britânico e contou, em sua elaboração, com uma equipe especializada de dicionaristas, professores de inglês e de português, foneticistas e revisores, entre outros profissionais.

Com a publicação desta obra a Melhoramentos oferece aos estudantes um valioso instrumento para aperfeiçoar os conhecimentos da língua inglesa.

Organização do dicionário

1. Entrada

a) A entrada do verbete está em azul e com indicação da divisão silábica.
   Ex.: <u>a.back</u> [əbˈæk] *adv* para trás, atrás. **taken aback** surpreso, perplexo, espantado.
   <u>a.ba.lar</u> [abalˈar] *vt+vint* **1** to shatter. **2** to affect. **3** to agitate. **4** to shock...

b) As remissões, introduzidas pelo sinal =, indicam uma forma vocabular mais usual.
   Ex.: dad.dy [dˈædi] *n* = **dad.**

c) Vocábulos de grafia idêntica mas com origens diferentes constituem verbetes
   independentes e têm as entradas com numeração elevada.
   Ex.: <u>af.fect</u>[1] [əfˈekt] *vt* fingir, simular, aparentar...
   <u>af.fect</u>[2] [əfˈekt] *vt* **1** afetar. **2** causar mudança, abalar...

d) A grafia americana antecede a britânica.
   Ex.: <u>col.or, col.our</u> [kˈʌlə] *n* **1** cor, colorido. **2** tinta. **3** caráter...

2. Transcrição fonética

a) A pronúncia figurada do inglês é representada entre colchetes. Veja explicações
   detalhadas na página X.
   Ex.: ab.strac.tion [æbstrˈækʃən] *n* **1** abstração. **2** noção abstrata...

b) A pronúncia figurada do português é representada entre colchetes. Veja explicações
   detalhadas na página XII.
   Ex.: a.ba.ca.xi [abakaʃˈi] *sm* pineapple.

3. Classe gramatical

a) É indicada por abreviatura em itálico, conforme a lista na página XV.
   Ex.: ab.bey [ˈæbi] <u>*n*</u> mosteiro, abadia.
   a.ba.di.a [abadˈiə] <u>*sf*</u> abbey.

b) Quando o verbete tem mais de uma categoria gramatical, uma é separada da outra
   por um ponto preto.
   Ex.: a.cross [əkrˈɔs] *adj* cruzado. • *adv* **1** transversalmente, obliquamente...
   ab.sor.ven.te [absorvˈẽti] *sm* **1** absorbent. **2** feminine napkin. • *adj m+f*
   1 absorbing, absorbent. **2** attractive. **3** dominating.

4. Área de conhecimento

É indicada por abreviatura em itálico, conforme a lista na página XV.
   Ex.: ac.u.punc.ture [ˈækjupʌŋktʃə] *n* <u>*Med*</u> acupuntura.
   ar.co [ˈarku] *sm* **1** (também <u>*Geom*</u>) arc. **2** <u>*Arquit*</u> arch. **3** <u>*Mús*</u> bow (também
   weapon). **4** <u>*Fut*</u> goal. **5** **arcos** arcade.

5. Formas irregulares

São apresentados, em negrito, os plurais irregulares e os plurais de substantivos
compostos com hífen, além dos femininos e masculinos irregulares.
   Ex.: a.bil.i.ty [əbˈiliti] *n* (*pl* **abilities**) **1** habilidade, competência. **2** destreza...
   al.to-fa.lan.te [awtufalˈãti] *sm* (*pl* **alto-falantes**) loudspeaker.
   a.não [anˈãw] *sm* (*pl* **anões**) (*fem* **anã**) dwarf.

6. Tradução

a) A tradução para o português fornece, na medida do possível, o equivalente ao vocábulo em inglês. Não havendo equivalente, o sentido é dado por uma definição.
Ex.: **af.ford** [əf'ɔ:d] *vt* **1** poder gastar, ter recursos...

b) A tradução para o inglês fornece, na medida do possível, a palavra ou expressão equivalente ao vocábulo em português. Não havendo equivalente, o sentido é dado por uma definição.
Ex.: **a.ne.xo** [an'ɛksu] *sm* supplementary building. • *adj* attached.

c) Os diferentes sentidos de uma mesma palavra estão separados por algarismos em negrito. Os sinônimos reunidos num algarismo são separados por vírgulas.
Ex.: **ac.cess** ['ækses] *n* **1** acesso, admissão. **2** passagem. **3** aproximação...
a.ba.nar [aban'ar] *vt+vpr* **1** to fan. **2** to wave. **3** to wag (rabo). **4** to shake...

d) Quando a tradução for um termo não usual, a explicação será colocada logo em seguida.
Ex.: **ab.bot** ['æbət] *n* abade: superior de um mosteiro de monges.
a.pi.á.rio [api'arju] *sm* apiary. • *adj* apiarian: of or relating to beekeeping or bees.

7. Exemplificação

Frases elucidativas ou citações, usadas para esclarecer definições ou acepções, são apresentadas em itálico.
Ex.: **ac.knowl.edge** [əkn'ɔlidʒ] *vt* **1** admitir. **2** reconhecer, validar. *do you acknowledge this signature? /* você reconhece esta assinatura? **3** agradecer...
a.bri.go [abr'igu] *sm* **1** shelter. *ofereci-lhe abrigo /* I gave him shelter. **2** protection. **3** cover. **4** orphanage. **5** rest-home. **6** a short waterproof coat.

8. Expressões

Após a tradução do vocábulo, expressões usuais são apresentadas em ordem alfabética e destacadas em negrito.
Ex.: **af.ter.noon** [a:ftən'u:n] *n* tarde. • *adj* na tarde, de ou relativo à tarde. **good afternoon** boa tarde. **late afternoon** à noitinha.
ab.di.car [abdik'ar] *vt+vint* **1** to abdicate, resign. **2** to give up. **3** to relinquish, abandon. **abdicar a pátria** to go into exile. **abdicar em favor de** to resign in favor of.

9. Apêndice

No final do dicionário estão incluídos alguns assuntos freqüentemente procurados para consultas complementares:
- relação dos verbos irregulares em inglês;
- conjugação dos verbos auxiliares e regulares em português;
- relação dos verbos irregulares, defectivos ou difíceis em português;
- animais: gênero, coletivo e voz;
- numerais cardinais, ordinais, fracionários e multiplicativos;
- tabela de conversão de temperaturas em graus Celsius e Fahrenheit;
- símbolos matemáticos.

Transcrição fonética do inglês

I – Símbolos fonéticos

O sinal ′ indica que a sílaba seguinte é acentuada.
O sinal : depois de uma vogal significa sua prolongação.

Vogais

		exemplo
a:	como o **a** da palavra portuguesa *caro*, mas um pouco mais demorado.	father, star
æ	tem um som intermediário entre o **á** da palavra *já* e o **é** em *fé*.	bad, flat
ʌ	semelhante ao **a** semi-aberto do português; sempre tônico (como em *cama*).	bud, love
ə	semelhante ao **a** semi-aberto do português; sempre átono (como *mesa*).	dinner, about
ə:	semelhante ao **a** semi-aberto do português; sempre tônico e seguido de /r/.	her, bird, burn
e	tem o som aberto do **é** da palavra *fé*.	net, pet
i	semelhante ao **i** de *sinal*.	cottage, bit
i:	como o **i** em *aqui*, mas mais prolongado.	meet, beat
ɔ	tem um som intermediário entre /a:/ e /ɔ:/.	not, hot
ɔ:	semelhante ao **ó** da palavra *nó*, mas mais longo.	nor, saw
u	semelhante ao **u** da palavra *buquê*.	put, look, foot
u:	como o som **u** da palavra *uva*.	goose, food

Ditongos

		exemplo
ai	como em *vai*.	five, lie
ei	como em *lei*.	late, ray, play
ɔi	como em *herói*.	boy, boil
au	como em *mau*.	how, about
ou	como em *vou*.	note, cold, so
iə	como em *tia*.	ear, here
ɛə	como em *Oséas*.	care, fair
uə	como em *rua*.	poor

Semivogais

		exemplo
j	como o som do **i** na palavra *mais*.	yet
w	tem um som equivalente ao **u** da palavra *mau*.	wait, we

Consoantes

(As consoantes **b, d, f, l, m, n, p, t** e **v** têm o mesmo som das consoantes portuguesas)

g	tem sempre o valor de **gue**, como em *gato*, *guerra*.	give, gate
h	tem, com raras exceções, o som aspirado.	hand, hold
k	tem o valor do **c** da palavra *capa*.	cat, cold
r	quando no início da sílaba, tem o som retroflexo da pronúncia brasileira caipira.	red, run
r	no fim da sílaba ou antes de consoante, tem som quase imperceptível na pronúncia britânica.	far, arm
s	tem sempre o som aproximado do **s** da palavra *silva*.	sail, sea
z	é igual ao som do **z** da palavra *zero*.	his, used, is
ʒ	tem o som de **j** da palavra *rijo*.	pleasure, measure
dʒ	tem um som semelhante ao **dj** da palavra *adjetivo*.	age
ʃ	tem um som semelhante ao **ch** da palavra *chá*.	ship, shine
tʃ	semelhante ao som de **tch** em *tcheco*.	cherry
ŋ	semelhante ao som nasal (velar) em palavras como *ângulo* ou *banco*.	king, sing, long
ð	semelhante ao **z** pronunciado com a ponta da língua na borda dos dentes superiores	that, there, though
θ	semelhante ao **s** pronunciado com a ponta da língua na borda dos dentes superiores (como as pessoas que ceceiam)	thick, bath, thin

II – Observações gerais

a - A pronúncia figurada do inglês é representada entre colchetes, usando-se a transcrição fonética do Alfabeto Fonético Internacional, com pequenas modificações.

b - o acento tônico é indicado pelo sinal (′), que precede a vogal da sílaba tônica.
  Ex.: **capital** [kˈæpitəl]

c - a diferença entre a pronúncia inglesa e a americana é mostrada somente em algumas palavras, geralmente de alta freqüência, e só é usada na entrada principal e nos derivados, mas não nas palavras compostas.

d - a pronúncia inglesa antecede a americana, sendo dela separada por ponto-e-vírgula.
  Ex.: **garage** [gˈæra:ʒ; gərˈa:ʒ]

Transcrição fonética do português

I – Princípios gerais

Os símbolos adotados nas transcrições fonéticas deste dicionário fazem parte do Alfabeto Fonético Internacional, tendo alguns deles sido adaptados a casos particulares da pronúncia do português do Brasil.

Raramente uma palavra é pronunciada da mesma maneira em todo o país. Há muitas variações, influenciadas principalmente pela região em que o idioma é falado e também por fatores como a escolaridade, o meio social e a faixa etária do falante. Para registrar a notação fonética, tínhamos de optar por uma determinada pronúncia. Mas o Brasil ainda não admite um padrão oficial para o português falado, como ocorre, por exemplo, com a França em relação ao seu idioma. Assim, determinamos como padrão para esta obra a pronúncia formal dos falantes de escolaridade superior da cidade de São Paulo, bem como a de locutores de rádio e TV que se apresentam em rede nacional, cuja pronúncia é geralmente pouco marcada por variações regionais.

II – Símbolos fonéticos

1 – Vogais

Orais

		exemplo
a	como em *star*, um pouco mais breve.	caro
ɛ	como em *pat*.	fé
e	semelhante ao **e** de *obey*.	dedo
i	como em *meet*, um pouco mais breve.	vida
ɔ	como em *shaw*.	nó
o	semelhante ao **o** de *obey*.	doce
u	como em *goose*, um pouco mais breve.	uva
ə	semelhante ao **a** de *about*. Corresponde ao [a] átono, final, em sílaba aberta, pronunciado (aliás, como todas as vogais átonas finais) fracamente, quase inaudível. Na prática, pode ser substituído por [a], sem prejuízo para a comunicação.	janela
ʌ	semelhante ao **a**, semi-aberto, posterior, como em *bud*, e levemente nasalizado. Sempre tônico e seguido de *m, n, nh*.	cama, cana, cânhamo

Nasais

	exemplo
ã	canto, órfã
ẽ	dente
ĩ	marfim
õ	onça
ũ	bumbo

Semivogais

	exemplo
j	va**i**, de**i**, dó**i**
w	ma**u**, de**u**, vé**u**

2 – Consoantes
As consoantes **p, b, t, d, f, v, m, n** e **l** em posição inicial de sílaba soam, com pequenas diferenças, como as consoantes correspondentes em inglês.

		exemplo
k	como em *sky*.	**c**asa, ca**qu**i, pa**c**to
g	como em *gate*.	**g**ato, **gu**erra
s	como em *sea*.	**s**iri, **c**inco, a**ç**o, e**x**cessivo
z	como em *zoo*.	**z**ero, ca**s**a, e**x**ame
ʃ	como em *fish*.	**ch**ave, en**x**ame
ʒ	como em *pleasure*.	**g**elo, **j**anela
λ	como a palavra espanhola *calle*, semelhante ao inglês *million*.	ca**lh**a
ñ	como a palavra espanhola *niño*, semelhante ao inglês *onion*.	li**nh**o. No AFI, [ɲ]
r	pronunciado com vibração fraca da ponta da língua.	fa**r**o
r̄	pronunciado com vibração forte e contínua da ponta da língua.	**c**a**rr**o, **r**amo. No AFI, [R]

Nota: Os símbolos **ñ, r̄, ə** e **j** são adaptações do AFI.

III – Observações gerais

1 – Tonicidade
A tonicidade é marcada pelo sinal ['] antes da vogal ou semivogal da sílaba tônica.
Ex.: **casa** [kˈazə], **quase** [kˈwazi].

2 – Composição de palavras
Visando simplificar as transcrições, o acento secundário nas composições não foi registrado.
A palavra **eurocomunismo**, por exemplo, é transcrita como [ewrokomunˈizmu], e não como [ˈewrokomunˈizmu].

3 – Palavras compostas
A palavra composta é transcrita, na maioria das vezes, como um único grupo rítmico, sem pausa.
Ex.: **pé-de-galinha** [pˈɛdigalˈiñə].

Deixamos espaço apenas nos casos em que o encontro consonantal não deve se realizar, como em **ab-rogação** [ab r̄ogas′ãw], ou ainda no encontro de duas consoantes idênticas, como em **inter-racial** [ĩter r̄asi′aw].

Quando a primeira parte de uma palavra composta de dois elementos é paroxítona, ela não é acentuada.
Ex.: **ganso-patola** [gãsupat′ɔlə].
Mas, se o primeiro elemento é proparoxítono ou oxítono, o acento é registrado.
Ex.: **pérola-vegetal** [p′ɛroləveʒet′aw], **pequiá-amarelo** [peki′a amar′ɛlu].

Acentuamos também o primeiro elemento nos casos em que a palavra composta tem mais de dois elementos.
Ex.: **galinha-de-faraó** [gal′iñədifara′ɔ], **garoupa-são-tomé** [gar′owpəsãwtom′ɛ].
Como se vê, o último elemento é sempre acentuado.

4 – Palavras estrangeiras

As palavras estrangeiras foram transcritas utilizando-se os símbolos do quadro fonético aqui apresentado, adaptando-se a pronúncia o mais perto possível do modelo estrangeiro.

Abreviaturas usadas neste dicionário

a.C.	antes de Cristo	*Arquit*	arquitetura
abbr	abbreviation of	*art*	article / artigo
abrev	abreviatura	*art def*	artigo definido
abs	absolute	*Art Gráf*	artes gráficas
acep	acepção	*art indef*	artigo indefinido
Acús	acústica	*Artilh*	artilharia
adj	adjective / adjetivo	*Astr*	astronomy / astronomia
adj f	adjetivo feminino	*Astrol*	astrology / astrologia
adj inv	adjetivo invariável	*Astronáut*	astronáutica
adj m	adjetivo masculino	*augm*	augmentative
adj m+f	adjetivo masculino e feminino	*aum*	aumentativo
adj + sf	adjetivo e substantivo feminino	*Austr*	Australian
adj + sm	adjetivo e substantivo masculino	*Auto*	automobile
adv	adverb / advérbio	*Autom*	automobilismo
Aeron	aeronautics / aeronáutica	*Av*	aviação
Agr	agricultura	*Avic*	avicologia
Agric	agriculture	*Bact*	bacteriology
Agron	agronomy / agronomia	*Bacter*	bacteriologia
al	alemão	*Basquet*	basquetebol
Álg	álgebra	*BC*	Before Christ
Alq	alquimia	*Beis*	beisebol
Amer	American English	*Bel-art*	belas-artes
amer	inglês americano	*Bib*	biblical
Anat	anatomy / anatomia	*Bíb*	bíblia
ant	antigo, antiquado	*Biochem*	biochemistry
Anthr	anthropology	*Biofís*	biofísica
Antig	antiguidade	*Biol*	biology / biologia
Antôn	antônimo	*Bioquím*	bioquímica
antr	antropônimo	*Bot*	botany / botânica
Antrop	antropologia	*Box*	boxing
ap	apud	*bras*	brasileirismo
Apic	apicultura	*Braz*	Brazil(ian)
aportug	aportuguesamento	*Brit*	British English
ár	árabe	*brit*	inglês britânico
arc	arcaísmo	*Bud*	budismo
arch	archaic	*Caligr*	caligrafia
Archaeol	archaeology	*cap*	capítulo
Archit	architecture	*Carp*	carpentry / carpintaria
Arit	aritmética	*cast*	castelhano
Arith	arithmetic	*cat*	catalão
Arqueol	arqueologia	*Catól*	católico

Cf	confira ou confronte	*Ecol*	ecology / ecologia
ch	chulo	*Econ*	economy / economia
Chem	chemistry	*Edit*	editoração
chin	chinês	*Educ*	education / educação
Cib	cibernética	*Electr*	electricity
Cin	cinema / cinema	*Electron*	electronics
cing	cingalês	*elem comp*	elemento de composição
Cir	cirurgia	*Eletr*	eletricidade
Cit	citologia	*Eletrôn*	eletrônica
Cód Civ	código civil	*Embriol*	embriology / embriologia
col	coletivo	*Encad*	encadernação
coll	colloquial	*Encicl*	enciclopédia
coloq	coloquial	*Eng*	engineering / engenharia
Com	commerce / comércio, comercial	*Engl*	English, England
Comp	computing	*Engr*	engraving
compar	comparative	*Ent*	entomology
Comun	comunicação	*Entom*	entomologia
conj	conjunction / conjunção	*Equit*	equitação
conj arc	conjunção arcaica	*erud*	erudito
conjug	conjugação	*escoc*	escocês
Constr	construction / construção	*Escult*	escultura
Cont	contabilidade	*Esgr*	esgrima
contr	contraction / contração	*esl*	eslavo
Cook	cookery	*esp*	espanhol
corr	corruptela, corrupção	*Esp*	esporte
Cosm	cosmetics	*Espir*	espiritismo
Crist	cristalografia	*Estat*	estatística
Cryst	crystallography	*Ethn*	ethnology
Cul	culinária	*Etim*	etimologia
decr	decreto	*Etnol*	etnologia
def	definite / definido	*Euphem*	euphemistic
defec	defectivo	*Ex*	exemplo
dem	demonstrativo	*Exam*	examination
Dent	dentistry	*expr*	expressão
depr	depreciative	*f*	feminine
deprec	depreciativo	*Farm*	farmácia
der	derivado, derivação	*fem*	feminino
Des	desenho	*fenc*	fencing
desus	desusado	*Ferrov*	ferrovia
dial	dialectal	*fig*	figurative(ly) / figurado
dim	diminutive / diminutivo	*Filol*	filologia
Dipl	diplomacy	*Filos*	filosofia
Dir	direito	*Fin*	finanças
Eccl	ecclesiastical	*Fís*	física
Ecles	eclesiástico	*Fisiol*	fisiologia

Fís nucl	física nuclear	*ib*	ibdem
Fís-Quím	físico-químico	*Ichth*	ichthyology
Folc	folclore	*Ictiol*	ictiologia
Folkl	folklore	*imp*	imperfeito
Fon	fonética	*imper*	imperativo
Fonol	fonologia	*impess*	impessoal
form	formerly	*Impren*	imprensa
Fort	fortification / fortificação	*Imunol*	imunologia
Fot	fotografia	*Ind*	industry
Fr	French, France	*ind*	indiano
fr	francês	*indef*	indefinite / indefinido
Ftb	football	*indic*	indicativo
Fut	futebol	*inf*	infinitive
fut	futuro	*inf*	infantil
Gall	Gallicism	*Inform*	informática
Gard	gardening	*ingl*	inglês
gên	gênero	*ins*	insurance
Geneal	genealogy / genealogia	*interj*	interjection / interjeição
Genet	Genetics	*Ir*	Irish, Ireland
Genét	genética	*iron*	ironia
Geofís	geofísica	*ironic*	ironically
Geogr	geography / geografia	*irreg*	irregular
Geol	geology / geologia	*It*	Italian, Italy
Geom	geometry / geometria	*ital*	italiano, italianismo
Geophys	geophysics	*jap*	japonês
Geoquím	geoquímica	*Jorn*	jornalismo
ger	gerúndio	*Jour*	journalism
Germ	German(y)	*Jur*	jurisprudence / jurídico
Ginást	ginástica	*Lat*	Latin
Ginec	ginecologia	*lat*	latim
gír	gíria	*Ling*	linguistics / lingüística
Gr	Greek, Greece	*Lit*	literature / literatura
gr	grego	*Liturg*	liturgia
Gram	grammar / gramática	*loc*	local
Graph Arts	graphic arts	*loc*	locução
Gym	gymnastics	*loc adv*	locução adverbial
Her	heraldry	*Log*	logic
Heráld	heráldica	*Lóg*	lógica
Hist	history / história	*lus*	lusitanismo
Hist nat	história natural	*Mach*	machinery
Histol	histologia	*Mar*	marinha
Horse	horsemanship	*Market*	marketing
Hort	horticulture / horticultura	*masc*	masculine / masculino
Hum	humorous(ly) / humorístico	*Mat*	matemática
Hunt	hunting	*Math*	mathematics

Mec	mecânica	*Paleogr*	paleografia
Mech	mechanics	*Paleont*	paleontologia
Med	medicine / medicina	*Parl*	parliamentary
Met	metallurgy	*Parôn*	parônimo
metaf	metafórico	*part*	particípio
Metal	metalurgia	*part irreg*	particípio irregular
Meteor	meteorology / meteorologia	*Path*	pathology
Metrif	metrificação	*Patol*	patologia
mexic	mexicano	*Pedag*	pedagogia
Micol	micologia	*pej*	pejorativo
Mil	military / militar	*Petr*	petrografia
Min	mineralogy, mining / mineração	*Petrog*	petrography
Miner	mineralogia	*Pharm*	pharmacology
Mit	mitologia	*Phil*	philology
mod	moderno	*Philos*	philosophy
Mot	motoring	*Phon*	phonetics
Mus	music	*Phot*	photography
Mús	música	*Phys*	physics
Myth	mythology	*Physiol*	physiology
N	North(ern)	*Pint*	pintura
n	noun	*pl*	plural
Nat	natação	*Poet*	poetry, poetical
Naut	nautical	*Poét*	poético
Náut	náutica	*Pol*	politics, political
NE	Northeastern	*Polít*	política
neol	neologismo	*pop*	popular
np	nome próprio	*Port*	Portuguese / Portugal
Nucl Eng	nuclear engineering	*port*	português
num	number / numeral	*pp*	past participle
obs	obsolete / observação	*pref*	prefix / prefixo
obsol	obsoleto	*prep*	preposition / preposição
Obst	obstetrícia	*pres indic*	presente do indicativo
Odont	odontologia	*pres p*	present participle
Oftalm	oftalmologia	*pres subj*	presente do subjuntivo
onom	onomatopéia	*Presb*	Presbyterian
Opt	optics	*pret*	pretérito
Ópt	óptica	*Proc dados*	processamento de dados
ord	ordinal	*pron*	pronoun
Ornit	ornitologia	*pron adj*	pronome adjetivo
Ornith	ornithology	*pron indef*	pronome indefinido
Ort	ortografia, ortográfico	*pron pess*	pronome pessoal
p	person, personal	*pron poss*	pronome possessivo
Paint	painting	*próp*	próprio
Pal	palaeontology	*Propag*	propaganda
		pros	prosody

ps	past simple
Psicol	psicologia
Psiq	psiquiatria
Psych	psychology, psychiatry
Publ	publicity / publicidade
p us	pouco usado
Quím	químico
Rád	rádio
rail	railroad, railway
RC	Roman Catholic
red	redução
Reg	regionalismo
Rel	religion / religião
Ret	retórica
Rhet	rhetoric
rom	romano
Russ	Russian
S	South
Scient	scientific
Scot	Scottish
Sculp	sculpture
sf	substantivo feminino
sg	singular
símb	símbolo, simbolismo
Sin	sinônimo
sing	singular
sl	slang
sm	substantivo masculino
s m+f	substantivo masculino e feminino
Sociol	sociology / sociologia
Span	Spanish
Stat	statistics
subj	subjuntivo
subst	substantivo
suf	suffix / sufixo
sup	superlative
sup abs sint	superlativo absoluto sintético
Surg	surgery
Surv	surveying
Swim	swimming
tail	tailoring
Taur	tauromaquia
Teat	teatro
Téc	técnica
Tecel	tecelagem
Tech	technical
Tecn	tecnologia
Telecom	telecomunicação
Telegr	telegraphy
Teleph	telephony
Telev	televisão
Ten	tennis
Teol	teologia
Teos	teosofia
Theat	theatre
Theol	theology
Therm	thermodynamics
Tip	tipografia
Topogr	topografia / topography
TV	television
Typogr	typography
USA	United States of America
v	verb / verbo
V	veja
Var	variante
v aux	verb auxiliary
Vest	vestimenta
Vet	veterinary / veterinária
vi	verb intransitive
vint	verbo intransitivo
vlig	verbo de ligação
vpr	verbo pronominal
vt	verb transitive / verbo transitivo
vulg	vulgar / vulgarismo
Weav	weaving
Xad	xadrez
Zool	zoology / zoologia

ENGLISH-PORTUGUESE
INGLÊS-PORTUGUÊS

A
B
C
D
E
F
G
H
I
J
K
L
M
N
O
P
Q
R
S
T
U
V
W
X
Y
Z

A, a¹ [ei] *n* **1** primeira letra do alfabeto, vogal. **2** *Mus* lá: sexta nota da escala musical.

a² [ei, ə] *indef art* antes de consoantes e palavras iniciadas com som consonantal [ju:] ou [wə]: **a university**, **a woman**. **1** um, uma. **2** um certo, específico. *a Mr. Smith called for you /* um certo Sr. Smith procurou-o. **3** cada, por. *he works eight hours a day /* ele trabalha oito horas por dia. **4** único, um só. **5** qualquer. *a child can understand that! /* qualquer criança pode entender isso!

Usa-se **a** antes de palavras que se iniciam com som consoante ou semivogal: *a horse* [ə hɔ:s], *a ruler* [ə r'u:lə], *a woman* [ə w'umən], *a university* [ə ju:niv'ə:siti].

Usa-se **an** antes de palavras iniciadas com som vogal: *an affair* [ən əf'ɛə], *an hour* [ən'auə], *an MA degree* [ən em'ei digri:].

a.back [əb'æk] *adv* para trás, atrás. **taken aback** surpreso, perplexo, espantado.

a.ban.don [əb'ændən] *vt* **1** abandonar, desamparar. **2** abandonar-se. *don't abandon yourself to despair /* não se entregue ao desespero.

a.bate [əb'eit] *vt+vi* **1** diminuir, minorar. **2** derrubar, descontar.

ab.bey ['æbi] *n* mosteiro, abadia.

ab.bot ['æbət] *n* abade: superior de um mosteiro de monges.

ab.di.cate ['æbdikeit] *vt* abdicar, renunciar, exonerar-se.

ab.do.mi.nal [æbd'ɔminəl] *adj* abdominal.

ab.duct [æbd'ʌkt] *vt* raptar, levar à força, seqüestrar.

ab.er.rance [æb'erəns] *n* aberração, anomalia, desvio.

ab.hor [əbh'ɔ:] *vt* odiar, detestar, abominar, sentir nojo, aversão.

a.bil.i.ty [əb'iliti] *n* (*pl* **abilities**) **1** habilidade, competência. **2** destreza. **3** talento, aptidão. **to the best of one's ability** da melhor forma possível.

ab.ject ['æbdʒekt] *adj* **1** abjeto, miserável. **2** odioso, vil, desprezível.

a.blaze [əbl'eiz] *adj* **1** flamejante. **2** brilhante. **3** entusiasmado, empolgado.

a.ble [eibəl] *adj* **1** capaz, apto. **2** hábil, ágil. **3** competente, talentoso. **4** autorizado, qualificado.

a.ble-bod.ied [eibəl b'ɔdid] *adj* saudável, fisicamente apto.

ab.ne.ga.tion [æbnig'eiʃən] *n* abnegação, renúncia.

ab.nor.mal [æbn'ɔ:məl] *adj* anormal, irregular, incomum, anômalo.

a.board [əb'ɔ:d] *adv* **1** a bordo. **2** por extensão: dentro do trem, avião etc. **to go aboard** embarcar.

a.bol.ish [əb'ɔliʃ] *vt* abolir, anular, revogar.

ab.o.li.tion [æbəl'iʃən] *n* **1** abolição, anulação. **2** *Hist* abolição da escravidão dos negros. **3** extinção, supressão.

a.bom.i.na.ble [əb'ɔminəbəl] *adj* abominável, execrável, odioso, repugnante.

a.bor.tion [əb'ɔ:ʃən] *n* **1** aborto. **2** *fig* malogro, fracasso. **3** monstro, monstruosidade.

a.bound [əb'aund] *vi* **1** abundar, afluir, existir em abundância. **2** ser rico em, ser cheio de (**in, with** em, com).

a.bout [əb'aut] *adv* **1** quase, aproximada

mente. **2** em redor, em volta, por todos os lados. *all the children were about their father* / todas as crianças ficaram em redor de seu pai. **3** aqui e ali, para cá e para lá. *they were walking about* / eles estavam andando de lá para cá. • **prep 1** acerca de, relativo a. **2** em redor de, em volta de. *she had her sweater about her shoulder* / ela tinha a blusa em volta dos ombros. **3** prestes a, disposto a, a ponto de. **about ready** quase pronto, cerca de. **about to go** prestes a partir.

a.bove [əb'ʌv] *n* **1** o alto, céu. **2** o acima mencionado, escrito. • *adj* acima mencionado, anteriormente escrito. • *adv* **1** acima. **2** anteriormente (citado ou dito). **3** em lugar mais alto. • *prep* **1** sobre, acima, por cima. **2** superior. **3** além de.

a.brad.ant [əbr'eidənt] *adj* abrasivo.

a.bra.sion [əbr'eiʒən] *n* **1** abrasão. **2** erosão. **3** desgaste. **4** usura. **5** *Med* esfoladura, escoriação. **abrasion resistance** resistência à abrasão.

a.bra.sive [əbr'eisiv] *n* abrasivo. • *adj* abrasivo. **abrasive diamond** diamante abrasivo. **abrasive paper** lixa.

a.bridged [əbr'idʒd] *adj* abreviado, resumido.

a.broad [əbr'ɔ:d] *adv* **1** fora, no exterior. **2** em um (ou rumo a um) país estrangeiro. **to live abroad** viver no exterior.

ab.rupt [əbr'ʌpt] *adj* abrupto: **1** repentino, brusco, inesperado. **2** íngreme, escarpado.

ab.sence ['æbsəns] *n* **1** ausência, afastamento. **2** turno ou período da ausência ou do afastamento. **on leave of absence** em licença.

ab.sent-mind.ed [æbsənt m'aindid] *adj* distraído, desatento.

ab.so.lute ['æbsəlu:t] *n* absoluto. • *adj* **1** absoluto, total, completo. **2** absoluto, puro, isento de misturas. **3** perfeito, primoroso. **4** ilimitado, irrestrito. **5** incomparável, exímio.

ab.so.lute.ly ['æbsəlu:tli] *adv* exatamente, sem dúvida. **absolutely not** de forma nenhuma. Veja nota em **absolutamente**.

ab.sorb [əbs'ɔ:b] *vt* **1** absorver, consumir. **2** sugar, beber. **3** assimilar.

ab.sorbed [əbs'ɔ:bd] *adj* absorvido, absorto, meditativo.

ab.stain [əbst'ein] *vi* abster(-se) de, privar-se, conter-se, refrear.

ab.stract ['æbstrækt] *n* **1** abstrato, abstração. **2** extrato, sumário. **3** noção teórica ou abstrata. • [æbstr'ækt] *vt+vi* **1** abstrair, separar. **2** resumir. **3** subtrair, desviar. • ['æbstrækt] *adj* **1** abstrato. **2** ideal, teórico. **3** difícil, complicado.

ab.strac.tion [æbstr'ækʃən] *n* **1** abstração. **2** noção abstrata. **3** distração, preocupação.

ab.surd [əbs'ə:d] *adj* absurdo, paradoxal, sem razão, ridículo.

a.bun.dant [əb'ʌndənt] *adj* abundante, copioso, opulento.

a.buse [əbj'u:s] *n* **1** abuso, mau uso ou excessivo. **2** tratamento áspero ou brutal de uma pessoa. **3** injúria, insulto. **4** corrupção, depravação. **5** **abuses** contrariedades. • [əbj'u:z] *vt* **1** abusar, usar mal. **2** prejudicar. **3** injuriar, insultar. **a crying abuse** um abuso gritante.

ac.a.dem.ic [ækəd'emik] *n* acadêmico: estudante ou professor universitário. • *adj* acadêmico: **1** universitário. **2** erudito. **3** teórico. **4** convencional, formal.

ac.cel.er.ate [æks'eləreit] *vt+vi* **1** acelerar, apressar. **2** adiantar.

ac.cent ['æksənt] *n* **1** acento. **2** acento gráfico. **3** sotaque. **4** ênfase. • [æks'ent] *vt* **1** pronunciar, acentuar. **2** pôr os sinais diacríticos. **3** dar ênfase, salientar.

ac.cept [əks'ept] *vt+vi* **1** aceitar, receber. **2** concordar, consentir. **3** reconhecer, acreditar.

ac.cept.ance [əks'eptəns] *n* **1** aceitação, boa acolhida. **2** aprovação, consentimento. **3** acordo, contrato.

ac.cess ['ækses] *n* **1** acesso, admissão. **2** passagem. **3** aproximação. **to access** conseguir, obter.

ac.ces.so.ry [æks'esəri] *n* **1** acessório, suplemento. **2** *Jur* pessoa que participa de um crime de maneira indireta. • *adj* **1** acessório, suplementar. **2** subordinado. **3** acumpliciado.

ac.cess time ['ækses taim] *n Tech, Comp* período de acesso: tempo necessário para se recuperar informação armazenada em um computador.

ac.ci.dent ['æksidənt] *n* **1** acidente, desastre, sinistro. **2** casualidade, contingência, acaso.

ac.ci.den.tal [æksid'entəl] *n* propriedade ou acontecimento acidental. • *adj* **1** acidental, inesperado. **2** incidental, não-essencial. **3** casual.

ac.com.mo.da.tion [əkɔməd'eiʃən] *n* **1** acomodação, alojamento. **2** adaptação, ajustamento.

ac.com.pa.ni.ment [ək'ʌmpənimənt] *n* **1** acompanhamento. **2** efeito secundário.

ac.com.plice [ək'ʌmplis] *n* cúmplice.

ac.com.plish [ək'ʌmpliʃ] *vt* **1** realizar, efetuar. **2** concluir, completar, finalizar.

ac.com.plish.ment [ək'ʌmpliʃmənt] *n* **1** cumprimento, realização, consumação. **2** obra perfeita ou aperfeiçoada. **3** **accomplishments** habilidades, talento. *she is a girl of many accomplishments* / ela é uma menina de muito talento.

ac.cord [ək'ɔ:d] *n* **1** acordo. **2** concordância. **3** harmonia. **4** tratado, pacto, convênio. **of (one's) own accord** por (sua) livre vontade. *he did that of his own accord* / fez aquilo (de) por sua livre (e espontânea) vontade. • *vt+vi* **1** concordar, estar de acordo. **2** conceder, dar, conferir. **3** harmonizar.

ac.cord.ance [ək'ɔ:dəns] *n* acordo, conformidade, harmonia. **in accordance with** de acordo com, conforme. **to be in accordance with** estar de acordo com.

ac.cord.ing to [ək'ɔ:diŋ tu:] *prep* de acordo com, conforme, segundo. *according to our plans* / de acordo com nossos planos.

ac.count [ək'aunt] *n* **1** conta, cálculo. **2** extrato de conta ou balanço. **3** relatório de negócios, prestações, crédito etc. **4** conto, relato. • *vt+vi* **1** calcular, acertar contas. **2** considerar, ter em conta, julgar. **bank account** conta bancária. **of no account** sem importância. **to account for** prestar contas, responder por, considerar. *that accounts for everything* / isto

esclarece tudo. **to take into account** considerar.

ac.count.a.ble [ək'auntəbəl] *adj* **1** responsável. **2** explicável, justificável.

ac.count.ant [ək'auntənt] *n* contador.

ac.count.ing [ək'auntiŋ] *n* contabilidade, princípios teóricos (ou prática) de contabilidade.

ac.cu.mu.la.tion [əkju'mjulei∫ən] *n* **1** acúmulo, amontoamento. **2** acervo.

ac.cu.ra.cy ['ækjurəsi] *n* exatidão, precisão, retidão.

ac.cu.rate ['ækjurit] *adj* **1** exato, certo. **2** correto, sem defeito. **3** cuidadoso.

ac.cu.sa.tion [ækjuz'eiʃən] *n* **1** acusação, denúncia. **2** crime ou transgressão, objeto de denúncia. **to bring an accusation against** levantar uma queixa contra, acusar alguém de.

ac.cus.tomed [ək'ʌstəmd] *adj* **1** acostumado, habituado. **2** habitual, costumeiro. **to be accustomed to** estar acostumado a.

ache [eik] *n* dor (contínua). • *vi* **1** sentir dores, sofrer, doer. **2** desejar ansiosamente.

a.chieve [ət∫'i:v] *vt+vi* **1** concluir, terminar ou completar com êxito. **2** realizar, conseguir, conquistar.

a.chieve.ment [ət∫'i:vmənt] *n* **1** feito heróico, façanha, realização, conquista. **2** empreendimento.

ac.knowl.edge [əkn'ɔlidʒ] *vt* **1** admitir. **2** reconhecer, validar. *do you acknowledge this signature?* / você reconhece esta assinatura? **3** agradecer. **4** acusar, confirmar o recebimento de. *he acknowledged my presence with a wink* / ele mostrou ter notado minha presença com um piscar de olhos. **5** certificar, autorizar, aprovar.

ac.knowl.edg.ment [əkn'ɔlidʒmənt] *n (of de)* **1** declaração da verdade, confissão. **2** confirmação, reconhecimento. **3** agradecimento. **4** atestado, certidão, validação. **5** aviso de recepção.

a.cous.tics [ək'u:stiks] *n* acústica: **1** ciência dos fenômenos sonoros. **2** propagação do som num auditório.

ac.quaint [əkw'eint] *vt* informar, familiarizar. **to be acquainted with** conhecer pessoalmente. *she is acquainted with my brother* / ela conhece o meu irmão.

ac.quaint.ance [əkw'eintəns] n 1 conhecido. 2 entendimento, familiaridade, conhecimento, habilidade.
ac.quired [əkw'aiəd] adj 1 adquirido, obtido, ganho. 2 alcançado, conquistado. 3
comprado. **acquired immunodeficiency
syndrome (AIDS)** síndrome de
imunodeficiência adquirida.
ac.qui.si.tion [ækwiz'iʃən] n 1 aquisição, ganho, obtenção, conquista. 2
compra.
ac.quit [əkw'it] vt 1 absolver, inocentar,
desobrigar. 2 pagar, saldar.
a.cre ['eikə] n 1 acre: medida agrária equivalente a 4.046,84 m². 2 **acres** terras,
propriedades.
ac.ro.bat.ics [ækrəb'ætiks] n acrobacia.
a.cross [əkr'ɔs] adj cruzado. • adv 1 transversalmente, obliquamente. 2 de lado,
ao lado, atravessadamente. 3 do, no ou
para o outro lado. • prep 1 através de, de
lado a lado. 2 além de, mais adiante de,
no outro lado da rua. **across the road** no
outro lado da rua. **to come across** deparar com, entrar em contato com. the first
person I came across / a primeira pessoa
que encontrei.
act [ækt] n 1 ato, ação. 2 feito, procedimento, obra. 3 divisão de uma peça teatral ou de variedades. 4 decreto, lei, auto,
documento. • vi 1 agir, atuar. 2 portar-se,
conduzir-se, comportar-se. 3 fingir-se,
simular. 4 desempenhar (um papel), representar. **act of faith** ato de fé. **in the
act** em flagrante. **to act as / to act for**
substituir, fazer o serviço de, desempenhar o papel de. **to act on / upon** ter
efeito sobre, influenciar. **to act out** expressar em ações. children act out what
they see / as crianças expressam em ações
o que vêem. **to act up** a) apresentar defeito. my washer often acts up / minha
lavadora apresenta defeito com frequência.
b) comportar-se mal.
act.ing ['æktiŋ] n 1 interinidade, substituição. 2 ação, realização, funcionamento. 3 representação, encenação (teatro). •
adj 1 ativo, efetivo. 2 interino, em exercício. 3 representável, encenável.
ac.tion ['ækʃən] n 1 ação. suit the action

to the word / adapte a ação às suas palavras. 2 atividade, energia. 3 ato, efeito,
empreendimento. 4 força, influência,
poder. 5 movimento, acionamento. 6
batalha, combate. the soldier died in
action / o soldado morreu em combate.
7 enredo, sequência de cenas (teatro). 8
processo, ação judicial. 9 **actions** conduta, comportamento. **in action** em
atividade, em movimento. **to into action**
realizar, executar. **to put out of action**
pôr fora do combate. **to take action** a)
agir, proceder. b) iniciar o trabalho.
ac.tive ['æktiv] adj 1 ativo, produtivo. 2
vivo, rápido, ágil. 3 atarefado. 4 efetivo,
vigoroso, assíduo.
ac.tiv.i.ty [ækt'iviti] n 1 atividade, preste-
za. 2 ação, força, energia. 3 afazeres, campo de ação.
ac.tor ['æktə] n 1 ator. 2 autor, agente
principal (de um acontecimento).
ac.tress ['æktris] n atriz.
ac.tu.al ['æktʃuəl] adj 1 presente, vigente. 2 verdadeiro, real, efetivo.
ac.tu.al.ly ['æktʃuəli] adv verdadeiramente. she is actually his mother / na realidade, ela é mãe dele.

A grafia semelhante ao português pode
induzir a erro de tradução. **Actual** significa real, exato. please repeat her actual
words / por favor, repita as palavras
exatas dela. **Actually** significa na verdade, exatamente. he actually did not say
anything / na verdade, ele não disse nada.
"Atual" traduz-se por **present**, **current**;
"atualmente" por **presently**, **currently**.

ac.u.punc.ture ['ækjupʌŋktʃə] n Med
acupuntura.
a.cute [əkj'u:t] adj agudo: 1 pontiagudo,
afiado. 2 crítico, arguto. 3 intenso, forte, pungente (dor). 4 alto (som), estridente.
a.cute.ly [əkj'u:tli] adv agudamente, severamente, intensamente.
a.dapt [əd'æpt] vi+vt 1 adaptar, ajustar,
acomodar. she adapted herself to
circumstances / ela adaptou-se às circunstâncias. 2 apropriar, alterar.
a.dapt.a.ble [əd'æptəbəl] adj adaptável,
aplicável, ajustável.

add [æd] *vt+vi* **1** adicionar, somar. **2** juntar, ajuntar, anexar. **3** aumentar, acrescentar, mencionar ainda. **he added** ele acrescentou, ele mencionou ainda. *this adds to our difficulties* / isto aumenta ainda as nossas dificuldades. **to add to** contribuir. **to add up** ou **together** somar, fazer adição. **to add up to** chegar a um resultado ou conclusão, concluir.

ad.dict [ˈædikt] *n* viciado. • [əˈdikt] *vt* **1** dedicar(-se), devotar-se. **2** habituar(-se), viciar(-se). **drug addict** viciado em drogas, toxicômano. **to addict oneself** a) dedicar-se. b) entregar-se (a um vício).

ad.dic.tion [əˈdikʃən] *n* **1** inclinação, desejo compulsivo, apego. **2** hábito, vício.

ad.di.tion.al [əˈdiʃənəl] *adj* adicional, suplementar.

ad.dress [əˈdres; ˈædrəs] *n* **1** endereço. *what's your home address?* / qual o seu endereço residencial? **2** discurso. • [əˈdres] *vt* **1** discursar, dirigir-se a (oralmente ou por escrito). **2** tratar, intitular. **3** falar ou recorrer a. **4** endereçar, indicar o destinatário.

ad.dress bus [əˈdres bʌs] *n Comp* barramento de endereço: conduz dados de endereço entre uma CPU e um dispositivo de memória.

ad.dress.ee [ædresˈiː] *n* destinatário.

ad.ept [ˈædept, əˈept] *n* perito, prático, conhecedor. • *adj* habilitado, competente, experiente, prático. *adept at weaving* / perito em tecelagem.

ad.e.quate [ˈædikwit] *adj* **1** adequado, suficiente, apropriado, conveniente, satisfatório. **2** apropriado, conveniente, satisfatório.

ad.her.ence [ədhˈiərəns] *n* **1** aderência, adesão. **2** lealdade, fidelidade.

ad.he.sive [ədhˈiːsiv] *n* adesivo, cola. • *adj* adesivo, aderente, viscoso, pegajoso, aglutinante.

ad.ja.cent [ədʒˈeisənt] *adj* adjacente, próximo, limítrofe, confinante, vizinho.

ad.just.a.ble [ədʒˈʌstəbəl] *adj* **1** ajustável, regulável. **2** liquidável. **3** acomodável, conciliável.

ad.min.is.ter [ədmˈinistə] *vt+vi* administrar: **1** dirigir, governar, gerir. **2** aplicar, dispensar, ministrar. *the priest administered the last sacraments* / o padre ministrou a extrema-unção. **3** dar, prover. *the doctor administered a dose of medicine* / o médico deu uma dose de remédio. **4** tomar conta (de fazenda, prédios etc.).

ad.min.is.tra.tion [ədministrˈeiʃən] *n* **1** administração, gerência, direção. **2** ministério, ministro, funcionários administrativos. **3** *Amer* o presidente e seu gabinete de ministros. **4** termo de gestão de um governo. **5** ministração, aplicação, distribuição. **6** *Med* tratamento, ato de dar ou tomar medicamentos.

ad.mi.ra.ble [ˈædmərəbəl] *adj* **1** admirável, maravilhoso. **2** excelente, ótimo.

ad.mi.ral [ˈædmərəl] *n* **1** almirante. **2** comandante de uma esquadra da armada ou frota mercante.

ad.mi.ra.tion [ædmərˈeiʃən] *n* admiração, reverência, encanto.

ad.mis.sion free [ədmˈiʃən friː] *n* entrada gratuita.

ad.mit [ədmˈit] *vt+vi* **1** admitir: a) aceitar, permitir, consentir. *to admit into one's confidence* / fazer alguém seu confidente. b) reconhecer (a verdade), confessar, revelar. *he admitted being guilty* / ele admitiu ser culpado. **2** tolerar.

ad.mit.tance [ədmˈitəns] *n* **1** admissão, recepção, aceitação, permissão. **2** direito de ingresso. **3** entrada, acesso, ingresso. **no admittance** entrada proibida.

ad.mit.ted.ly [ədmˈitidli] *adv* admitidamente, reconhecidamente, de comum acordo.

ad.o.les.cent [ædəlˈesənt] *n* adolescente. • *adj* adolescente, juvenil.

a.dopt [ədˈopt] *vt* adotar: **1** aceitar, admitir, abraçar (princípios). **2** aprovar, reconhecer. **3** selecionar livro para uso didático.

a.dop.tion [ədˈopʃən] *n* **1** adoção. **2** reconhecimento, aprovação.

a.dor.a.ble [ədˈɔːrəbəl] *adj* **1** adorável, admirável. **2** *coll* lindo, belo, gracioso, encantador.

a.dult [ˈædʌlt; ədˈʌlt] *n* **1** adulto. **2** planta ou animal completamente desenvolvido. • *adj* adulto.

a.dul.ter.ate [əd'ʌltəreit] *vt* adulterar, falsificar, corromper. • [əd'ʌltərit] *adj* adulterado, falsificado.
a.dul.ter.y [əd'ʌltəri] *n* adultério.
a.dult.hood [əd'ʌlthud] *n* idade da razão, idade adulta, maioridade.
ad.vance [ədv'a:ns; ədv'æns] *n* **1** avanço, progresso, melhoramento. **2** adiantamento, pagamento antecipado. • *vt+vi* **1** avançar, investir. **2** progredir, melhorar, desenvolver. **3** adiantar, pagar antecipadamente. • *adj* **1** avançado. **2** adiantado, antecipado. **in advance** na frente, adiantado. **payment in advance** pagamento adiantado. **to be in advance of someone** estar à frente de alguém.
ad.vance.ment [ədv'a:nsmənt; ədv'ænsmənt] *n* **1** avanço, adiantamento. **2** progresso, melhoramento. **3** promoção, subida de posto.
ad.van.tage [ədv'a:ntidʒ; ədv'æntidʒ] *n* **1** vantagem, superioridade. **2** benefício, lucro • *vt* favorecer, oferecer vantagens, beneficiar. **to take advantage of** a) aproveitar, tirar partido ou vantagem. b) impor. **to the best advantage** com o maior proveito ou lucro. **to your advantage** no seu interesse.
ad.van.ta.geous [ædvənt'eidʒəs] *adj* vantajoso, proveitoso, favorável, lucrativo.
ad.ven.ture [ədv'entʃə] *n* **1** aventura. **2** negócio arriscado, especulação. • *vt+vi* aventurar(-se), arriscar(-se), atrever(-se), ousar.
ad.ver.sar.y ['ædvəsəri] *n* **1** adversário, inimigo. **2** oponente. **3** *Sport* competidor, concorrente, antagonista.
ad.vert [ædv'ə:t] *vi* **1** advertir, chamar a atenção a (alguma coisa). **2** *coll Brit* anúncio.
ad.ver.tise ['ædvətaiz] *vt+vi* **1** noticiar, publicar. **2** fazer propaganda, anunciar. **to advertise for** procurar por meio de anúncio.
ad.ver.tis.ing ['ædvətaiziŋ] *n* **1** publicidade, propaganda. **2** anúncio, cartaz.
ad.vice [ədv'ais] *n* conselho, recomendação, opinião. **a piece of advice** um conselho.
ad.vis.a.ble [ədv'aizəbəl] *adj* **1** aconse-

lhável, recomendável. **2** apropriado, oportuno. **3** conveniente.
ad.vise [ədv'aiz] *vt+vi* **1** aconselhar, recomendar, advertir. **2** avisar, informar. **3** consultar, assessorar.
ad.vo.cate ['ædvəkit] *n* defensor (perante a justiça), protetor, *Brit* advogado. • ['ædvəkeit] *vt* advogar, defender.
a.er.i.al ['ɛəriəl] *n Tech* antena. • *adj* **1** aéreo. **2** leve, fino, etéreo. **3** alto, elevado.
aer.o.bics [ɛər'oubiks] *n* ginástica aeróbica.
a.er.o.nau.tics [ɛəroun'ɔ:tiks] *n* aeronáutica.
aes.thet.ic [i:sθ'etik] *adj* estético, harmonioso.
af.fair [əf'ɛə] *n* **1** afazeres de qualquer natureza, ocupação, obrigação. **2 affairs** negócios (de Estado ou de finanças). **3** acontecimento, incidente, ocorrência. **4** questão, caso particular, assunto reservado. *that is not my affair!* / isto não me importa! **5** romance.
af.fect¹ [əf'ekt] *vt* fingir, simular, aparentar. *he affected not to know her* / ele fez de conta que não a conhecia.
af.fect² [əf'ekt] *vt* **1** afetar. **2** causar mudança, abalar. **3** *Med* atacar, contaminar.
af.fect.ed [əf'ektid] *adj* **1** influenciado. **2** atacado, contaminado. **3** abalado, emocionado. *mentally affected* desequilibrado.
af.fec.tion [əf'ekʃən] *n* afeição, simpatia, amizade, amor.
af.fec.tion.ate [əf'ekʃənit] *adj* afetuoso, carinhoso, afável.
af.firm.a.tive [əf'ə:mətiv] *n* afirmativa, confirmação. • *adj* afirmativo, positivo.
af.flict [əfl'ikt] *vt* afligir, entristecer, sofrer de, por. *he was afflicted by intense pain* / uma dor intensa o afligia. *the country was afflicted by corruption* / o país estava assolado pela corrupção.
af.flic.tion [əfl'ikʃən] *n* **1** aflição, angústia. **2** desgraça, calamidade.
af.flu.ent ['æfluənt] *n* afluente. • *adj* **1** afluente. **2** muito rico, opulento.
af.ford [əf'ɔ:d] *vt* **1** poder gastar, ter recursos. *I can afford to take a taxi* / posso gastar com um táxi. **2** proporcionar, propiciar, causar. *it affords me great satisfaction* / isto me proporciona grande satisfação.

af.ford.a.ble [əf'ɔːdəbəl] *adj* disponível, acessível.

a.float [əfl'out] *adj* **1** flutuante. **2** solvente. • *adv* **1** à tona. **2** sem dívidas.

a.fraid [əfr'eid] *adj* amedrontado, medroso, receoso, apreensivo. **I am afraid that...** receio que. *I am afraid we are late* / receio que estejamos atrasados. **to be afraid of** ter medo de. *he is afraid of his teacher* / ele tem medo do seu professor.

Af.ri.can A.mer.i.can [æfrikən əm'erikən] *n* negro americano.

af.ter [ˈaːftə; ˈæftə] *adj* subseqüente, ulterior, posterior, seguinte. • *adv* **1** atrás, detrás, em seguida. *the dog trots after him* / o cão corre atrás dele. **2** após, posteriormente. *this was after I had married* / isto foi após o meu casamento. • *conj* depois que, logo que. • *prep* **1** atrás de, após, depois de. *what are you after?* / atrás de que você anda? **2** por causa de, em conseqüência de. *I was named after my grandmother* / eu recebi o nome da minha avó. **3** abaixo de, inferior a. **after all** afinal. **after hours** após o expediente. **after this fashion** deste modo. **day after day** dia após dia. **the morning after** na manhã seguinte. **to ask after** perguntar por. **to follow after** seguir imediatamente. **to look after** tomar conta de, cuidar de.

af.ter.noon [aːftən'uːn] *n* tarde. • *adj* na tarde, de ou relativo à tarde. **good afternoon!** boa tarde! **late afternoon** à noitinha.

af.ter.thought [ˈaːftəθɔːt] *n* reflexão tardia, explicação posterior.

af.ter.wards [ˈaːftəwədz] *adv* posteriormente, subseqüentemente, mais tarde.

a.gain [əg'en] *adv* mais uma vez, de novo, novamente, outra vez. **again and again** freqüentemente, muitas vezes. **now and again** de vez em quando. **over again** mais uma vez. **time and again** repetidas vezes.

a.gainst [əg'enst] *prep* **1** contra, contrário. *I am against war* / sou contra a guerra. **2** defronte, diante. *put the chair against the wall* / ponha a cadeira na parede. **3** em contraste com, em comparação com.

age [eidʒ] *n* **1** idade. *he is her age* / eles têm a mesma idade. **2** período de vida. **3** velhice. **4** período histórico, era. **ages, an age** *coll* período extenso. *I have been waiting ages* / esperei uma eternidade. • *vt+vi* **1** envelhecer. **2** amadurecer. **age-bracket** faixa etária. **at a great age** numa idade avançada. **at an early age** bem cedo na vida. **be your age** não seja infantil. **down the ages** através dos séculos. **under age** menoridade. **of age** maioridade. **the Middle Ages** a Idade Média. **to come of age** atingir a maioridade.

a.gen.cy [ˈeidʒənsi] *n* agência: **1** representação. **2** escritório de representações, filial de repartição pública, bancária ou comercial. **employment agency** agência de empregos.

a.gen.da [ədʒ'endə] *n* pauta, ordem do dia.

a.gent [ˈeidʒənt] *n* agente: **1** representante, corretor. **2** administrador. **3** causa, força, agente natural.

ag.gra.vat.ing [ˈægrəveitiŋ] *adj* **1** agravante. **2** *coll* desagradável, irritante.

ag.gra.va.tion [ægrəv'eiʃən] *n* **1** agravação, piora. **2** aborrecimento, irritação, exacerbação.

ag.gres.sive [əgr'esiv] *adj* **1** agressivo, ofensivo. **2** *Amer* ativo, dinâmico. **an aggressive executive** um executivo dinâmico.

ag.ile [ˈædʒail; ˈædʒəl] *adj* ágil, ativo, vivo, esperto.

ag.i.tat.ed [ˈædʒiteitid] *adj* **1** agitado. **2** perturbado, nervoso, inquieto. **3** comovido, excitado.

a.go [əg'ou] *adj* passado. • *adv* anteriormente, há tempo, atrás (num sentido temporal), desde. **long ago** há muito tempo. Veja nota em **for**.

ag.o.ny [ˈægəni] *n* agonia: **1** os últimos momentos antes da morte. **2** dor intensa, sofrimento. **3** aflição, angústia.

a.gree [əgr'iː] *vt+vi* **1** concordar, estar de acordo. *she never agrees with me* / ela nunca concorda comigo. **2** harmonizar, corresponder (**with** com). *unripe fruit does not agree with me* / frutas verdes me fazem mal. **3** viver em harmonia, dar-se bem. **4** chegar a um entendimento ou acordo, combinar. **to agree to something** estar de acordo com alguma coisa.

a.gree.a.ble [əgrˈiəbəl] *adj* **1** agradável, encantador. **2** de acordo.

a.gree.ment [əgrˈiːmənt] *n* **1** consentimento, autorização. **2** entendimento, concordância de opinião. **3** harmonia, conformidade. **4** acordo, contrato, pacto, convenção. **5** *Gram* concordância. **by general agreement** por unanimidade. **gentleman's agreement** acordo de cavalheiros. **to come to an agreement** chegar a um entendimento.

ag.ri.cul.ture [ægrikˈʌltʃə] *n* agricultura.

a.head [əhˈed] *adv* **1** à frente, adiante, na dianteira. *his ideas are ahead of our time* / as suas idéias ultrapassam a nossa época. **2** *coll Amer* para diante, em posição vantajosa ou avançada. **3** antes, na frente, primeiro. **4** *Amer* antecipadamente. **go ahead!** avante! **look ahead!** a) cuidado, atenção! b) pense no futuro! **to be ahead** estar à frente. **to get ahead of** tomar a dianteira de, ultrapassar.

aid [eid] *n* **1** ajuda, auxílio, apoio. **2** ajudante, auxiliar. • *vt+vi* ajudar, auxiliar, socorrer. **to come to somebody's aid** prestar auxílio a alguém. **to give aid to** socorrer a alguém.

AIDS [ˈajdis] *sf Med abbr* **acquired immune deficiency syndrome** (síndrome de deficiência imunológica adquirida).

aim [eim] *n* **1** pontaria, mira, ato de visar (arma). **2** linha de mira, campo de visão. **3** alvo, objetivo. **4** intenção, propósito, desígnio. • *vt+vi* **1** apontar, visar, fazer pontaria. **2** objetivar, almejar, ansiar. *he aimed at a rich marriage* / ele almejava um casamento rico.

aim.less [ˈeimlis] *adj* sem pontaria, sem desígnio, a esmo, incerto.

air [ˈɛə] *n* **1** ar, atmosfera. **2** espaço aberto. **3** ar livre. **4** aspecto, aparência. *he has an air of being ashamed* / ele dá a impressão de estar envergonhado. • *vt+vi* **1** arejar, ventilar, expor ao ar. *my cupboard is airing* / meu armário está sendo arejado. **2** publicar, divulgar, propalar. *he airs*

his disappointment everywhere / ele manifesta por toda parte a sua decepção. • *adj* **1** que conduz ou fornece ar. **2** arejado. **off the air** *Radio* fora do ar. **there is something in the air** *fig* está para acontecer alguma coisa. **to travel by air** viajar de avião.

air bag [ˈɛə bæg] *n* almofada de ar que infla automaticamente, em caso de acidente de carro, para proteger o passageiro.

air con.di.tion.er [ˈɛə kəndiʃənə] *n* aparelho de ar condicionado.

air field [ˈɛə fiːəld] *n* aeródromo, campo de aviação.

air-host.ess [ˈɛə houstis] *n* aeromoça, comissária de bordo.

air.less [ˈɛəlis] *adj* **1** sem ar fresco, mal ventilado, abafado. **2** sem brisa, sem vento, calmoso.

air.line [ˈɛəlain] *n* **1** linha aérea. **2** companhia de transportes aéreos.

air.plane [ˈɛəplein] *n* avião.

air.port [ˈɛəpɔ:t] *n* aeroporto.

air-raid [ˈɛə reid] *n* ataque aéreo.

air.sick [ˈɛəsik] *adj* nauseado devido a viagem aérea.

air ter.mi.nal [ˈɛə tə:minəl] *n* terminal aéreo.

air-tight [ˈɛə tait] *adj* hermético, à prova de ar.

air traf.fic [ˈɛə træfik] *n* tráfego aéreo.

air-trap [ˈɛə træp] *n* sifão (em pias, esgotos etc.).

air.way [ˈɛəwei] *n* **1** rota ou linha aérea. **2** canal de ventilação. **airway bill** *Com* conhecimento aéreo.

air.wor.thy [ˈɛəwə:ði] *adj* em condições perfeitas de serviço (aviões), aeronavegável.

aisle [ˈail] *n* **1** nave de igreja. **2** corredor, passagem.

a.jar [ədʒˈaː] *adj* entreaberta (porta).

a.kin [əkˈin] *adj* semelhante, parecido, similar. *akin to a thing* semelhante a uma coisa.

a.larm [əlˈaːm] *n* **1** alarme. **2** susto, sobressalto, temor. **3** alerta, rebate, sinal de perigo. • *vt* **1** alarmar, prevenir, alertar. **2** amedrontar, assustar, inquietar. **alarm clock** despertador. **false alarm** alarme falso. **fire alarm** alarme de incêndio. **to be alarmed at (by)** ficar inquieto por causa de.

a.larm.ing [əl'a:miŋ] *adj* alarmante, inquietante.

al.bum ['ælbəm] *n* álbum (recortes, fotografias, selos, discos).

al.co.hol ['ælkəhɔl] *n* 1 álcool. 2 bebida alcoólica, intoxicante.

al.co.hol.ic [ælkəh'ɔlik] *n* alcoólico, alcoólatra. • *adj* alcoólico.

a.lert [əl'ə:t] *n* 1 alerta, alarme. 2 sinal de prontidão. • *vt* alertar, alarmar, prevenir. • *adj* 1 atento, vigilante, alerta. 2 vivo, ativo, ágil, ligeiro. **to be on the alert** estar de prontidão, precaver-se.

a.li.as ['eiliəs] *n* (*pl* **aliases**) nome suposto, pseudônimo, cognome. • *adv* 1 aliás, de outro modo. 2 outrora, anteriormente. **under an alias** incógnito, sob um pseudônimo.

al.i.bi ['ælibai] *n* álibi.

al.ien ['eiliən] *n* 1 alienígena, estrangeiro (*pej.*). 2 extraterrestre • *adj* 1 alienígeno, estranho, estrangeiro, forasteiro. 2 intimidativo. **alien citizens** cidadãos estrangeiros. Veja a nota em **estrangeiro**.

al.ien.ate ['eiliəneit] *vt* 1 alienar, indispor. 2 alhear, transferir a propriedade.

al.ien.a.tion [eiliən'eifən] *n* 1 alienação, cessão (**from** de), transferência de direitos ou bens. 2 ato de desafeiçoar, causar antipatia ou inimizade. 3 demência, loucura.

a.lign [əl'ain] *vt*+*vi* 1 alinhar, enfileirar. 2 aliar-se, aderir.

a.like [əl'aik] *adj* semelhante, parecido, igual. • *adv* 1 da mesma maneira, do mesmo modo, do mesmo grau. *we feel alike in this matter* / temos opiniões idênticas a esse respeito. 2 igualmente, da mesma natureza.

a.live [əl'aiv] *adj* 1 vivo, alegre. 2 ativo, vivaz, vigoroso, intenso, em vigor. *he keeps the traditions alive* / ele mantém vivas as tradições. 3 existente. *she is the best woman alive* / ela é a melhor das mulheres. **alive and kicking** forte e ativo, cheio de vigor.

all [ɔ:l] *n* 1 tudo, totalidade. *all has been done* / tudo foi feito. 2 todos os bens (de uma pessoa). • *adj* 1 todo(s), toda(s), inteiro. *he lost all respect for her* / perdeu todo o respeito por ela. 2 cada, todos indistintamente. 3 qualquer, algum, tudo *all the women arrived late* / todas as mulheres chegaram atrasadas. • *adv* completamente, inteiramente, totalmente. *he was dressed all in black* / ele estava inteiramente vestido de preto. • *pron* tudo, todos, todas. *what is all this about?* / qual é a causa de tudo isso? *all of us want to go* / todos nós queremos ir. **above all** acima de tudo, antes de tudo. **after all** afinal de contas, apesar de tudo. **all at once** de repente. **all day** o dia todo. **all in** tudo incluído. **all the better** tanto melhor. **each and all** cada um, cada qual. **first of all** primeiramente. **nothing at all** absolutamente nada. **once and for all** de uma vez para sempre, definitivamente. **that is all!** isto é tudo! basta!

al.le.ga.tion [æləg'eifən] *n* 1 alegação, declaração. 2 desculpa, pretexto.

al.leg.ed.ly [əl'edʒidli] *adv* alegadamente, supostamente.

al.le.giance [əl'i:dʒəns] *n* fidelidade, lealdade

al.ler.gic [əl'ə:dʒik] *adj* alérgico.

al.li.ance [əl'aiəns] *n* 1 aliança, pacto. 2 casamento. 3 afinidade.

al.lied [əl'aid] *adj* 1 aliado. 2 associado.

al.lo.cate ['æləkeit] *vt* alocar, distribuir.

al.lot [əl'ɔt] *vt* 1 dividir, repartir. 2 designar, atribuir.

al.low [əl'au] *vt*+*vi* 1 permitir, tolerar, possibilitar. *smoking is not allowed here* / não é permitido fumar aqui. 2 admitir, reconhecer. *I allow that she is very intelligent* / reconheço que ela é muito inteligente. 3 autorizar. 4 levar em conta. *one must allow for his suffering* / é preciso levar em conta o seu sofrimento.

al.low.ance [əl'auəns] *n* 1 mesada, subsídio. 2 aprovação, reconhecimento. 3 permissão, autorização. **to make allowances for** levar em consideração, fazer concessões.

al.lu.sion [əl'u:ʒən] *n* alusão, insinuação.

al.ly [əl'ai] *n* aliado, confederado, co-combatente. • *vt*+*vi* aliar(-se), associar(-se).

al.mond ['a:mənd] *n* amêndoa.

al.most ['ɔːlmoust] *adv* quase, aproximadamente, por pouco. **almost never** quase nunca.

a.lone [əl'oun] *adj* 1 sozinho. *she was all alone in this world* / ela estava completamente só neste mundo. 2 único. *you are not alone in your admiration* / você não é o único que (o) admira. • *adv* só, apenas, exclusivamente. **let alone the costs** sem falar das despesas.

a.long.side [əl'ɔŋsaid] *adv* ao lado, ao longo, lado a lado. *her house had a garden alongside* / sua casa tinha um jardim ao lado. • *prep* ao lado de, ao longo de. *she walked alongside some turists* / ela andou lado a lado com alguns turistas.

a.loud [əl'aud] *adv* alto, em voz alta.

al.read.y [ɔːlr'edi] *adv* já. *I have already done it* / já o terminei.

Compare **already, still** e **yet**. Usa-se **already** quando algo já aconteceu; **still** quando ainda está acontecendo e **yet** quando ainda não aconteceu. *I have already finished secondary school; I haven´t finished my college course yet; I´m still doing some of the subjects.* / já terminei o curso secundário; ainda não me formei na faculdade; ainda estou fazendo algumas das matérias.

Veja outra nota em **yet**.

al.so ['ɔːlsou] *adv* também, além disso, igualmente. *I also study music* / eu também estudo música. *..., they were also very rich* / ..., além disso eram muito ricos. Veja nota em **também.**

al.ter.a.tion [ɔːltər'eiʃən] *n* alteração, modificação, reforma.

al.ter.na.tive [ɔːlt'ə:nətiv] *n* 1 alternativa, opção. *he has no other alternative* / ele não tem outra alternativa. 2 preferência por uma entre várias possibilidades. • *adj* alternativo.

al.though [ɔːlð'ou] *conj* apesar de (que), embora, conquanto.

al.ti.tude ['æltitjuːd] *n* altitude.

al.to.geth.er [ɔːltəg'eðə] *n* (**the altogether**) o conjunto, o todo. • *adv* 1 completamente, inteiramente. *it was altogether*

delightful / foi mesmo encantador. 2 de modo geral, tudo incluído, ao todo. *altogether I was pleased* / de um modo geral fiquei satisfeito.

al.tru.is.tic [æltru'istik] *adj* altruístico.

al.u.min.i.um [æləm'iniəm] *n* Min alumínio.

al.ways ['ɔːlwəz] *adv* sempre, constantemente, continuamente, perpetuamente. *I always have lunch at home* / sempre almoço em casa. *they are always studying at the library* / estão sempre (constantemente) estudando na biblioteca.

Os advérbios de freqüência, tais como **always, frequently, never, occasionaly, often, rarely, seldom, sometimes**, apresentam diferentes padrões de colocação na frase:
1) Depois do verbo com **to be**, em tempos simples: *he is always late for work* / ele está sempre atrasado para o trabalho.

2) Depois do sujeito com os demais verbos, em tempos simples: *we never travel by train* / nunca viajamos de trem.

3) Com os tempos compostos, usa-se colocá-los depois do primeiro auxiliar: *the children have often come home early* / as crianças têm freqüentemente chegado a casa cedo.

4) Após verbos modais: *we may never accept his excuses* / jamais podemos aceitar suas desculpas.

5) Antes dos verbos auxiliares, em respostas ou quando usados em um período composto: *may I leave my car here? – yes, you always may* / posso deixar meu carro aqui? – sim, você sempre pode. *I realize I should help you more, but I never do it* / sei que deveria ajudá-lo mais, porém nunca o faço.

am.a.teur ['æmətə:] *n* 1 amador. 2 *Sport* atleta ou desportista que não é profissional. • *adj* amador.

a.maze [əm'eiz] *n Poet* pasmo, assombro. • *vt+vi* 1 pasmar, assombrar, maravilhar, surpreender. 2 confundir, aturdir.

a.maz.ing [əm'eiziŋ] *adj* surpreendente, espantoso, estupendo, maravilhoso.

am.bas.sa.dor [æmb'æsədə] *n* **1** embaixador. **2** portador oficial.

am.bi.ence [′æmbiəns] *n* ambiência.

am.big.u.ous [æmb'igjuəs] *adj* **1** ambíguo. **2** dúbio. **3** obscuro.

am.bi.tion [æmb'iʃən] *n* ambição, pretensão. • *vt* ambicionar, cobiçar, desejar ardentemente.

am.bush [′æmbuʃ] *n* emboscada, tocaia. • *vt+vi* atacar de tocaia, assaltar.

a.mend.ment [əm′endmənt] *n* **1** emenda (de lei). **2** aperfeiçoamento, melhoramento. **3** correção.

a.mends [əm′endz] *n pl* reparação, compensação (por perdas e danos). **to make amends** indenizar por prejuízos, dar compensação.

a.men.i.ty [əm′i:niti] *n* **1** amenidade, brandura. **2** conforto, instalações (públicas). *when we are young we want the amenities of the town* / quando somos jovens desejamos os confortos (conveniências) da cidade.

a.mi.a.ble [′eimiəbəl] *adj* amável, afável.

am.mu.ni.tion [æmjun′iʃən] *n* munição. • *vt* municiar.

am.nes.ty [′æmnəsti] *n* anistia, perdão geral. • *vt+vi* anistiar, conceder uma anistia.

a.mong [əm′ʌŋ] *prep* (também **amongst**) entre, no meio de (mais de duas coisas). *we are among friends* / estamos entre amigos. **among other things** entre outras coisas.

a.mount [əm′aunt] *n* **1** soma, quantia, total. **2** quantidade. • *vt* **1** somar, atingir. *what does it amount to?* / quanto custa isto? **2** equivaler.

am.ple [′æmpəl] *adj* **1** amplo. **2** abundante, copioso. **3** grande, extenso. **4** mais do que suficiente, generoso.

am.pli.fi.er [′æmplifaiə] *n* amplificador.

am.pu.tate [′æmpjuteit] *vt* amputar, cortar.

a.muse [əmj′u:z] *vt+vi* **1** divertir, fazer rir. *you amuse me* / você me diverte. **2** entreter, distrair, recrear. *he amused himself with reading* / ele se entreteve com a leitura.

a.muse.ment [əmj′u:zmənt] *n* divertimento, distração. **amusement arcade** fliperama. **amusement park** parque de diversões.

a.mus.ing [əmj′u:ziŋ] *adj* divertido, recreativo.

an [æn, ən] *indef art* = **a**.

a.nal.o.gy [ən′ælədʒi] *n* analogia.

an.a.lyse [′ænəlaiz] *vt* **1** analisar, decompor. **2** examinar, estudar minuciosamente.

a.nal.y.sis [ən′æləsis] *n* **1** análise. **2** exame.

an.ces.tor [′ænsistə] *n* antepassado, predecessor.

an.chor [′æŋkə] *n* **1** *Naut* âncora, ferro. **2** *fig* proteção, refúgio. • *vt+vi* **1** ancorar, atracar. **2** fixar, prender.

and [ænd, ən] *conj* **1** e, assim como, também como. *try and you will see* / experimente e você verá. **2** e ainda, e além disso. *nice and warm* / bonito e quente. **3** mais. *two and two make four* / dois mais dois são quatro. **4** repetição de ação. *they have cried and cried* / choraram sem parar.

an.ec.do.te [′ænekdout] *n* anedota, relato curto de um incidente.

an.gel [′eindʒəl] *n* **1** *Theol* anjo. **2** imagem de um anjo. **3** pessoa bondosa ou bela como um anjo. **4** ente espiritual bom ou mau.

an.ger [′æŋgə] *n* raiva. • *vt+vi* zangar(-se), irritar(-se), encolerizar(-se). **fit of anger** acesso de cólera.

an.gle [′æŋgəl] *n* **1** *Geom* ângulo. **2** canto. **3** ponto de vista. • *vt+vi* **1** dispor em ângulo. **2** dobrar num ângulo. **3** direcionar. **from a new angle** de um novo ponto de vista.

an.gry [′æŋgri] *adj* **1** irado. **2** (do tempo) ameaçador. **3** indignado, irritado. **to become angry** irar-se, zangar-se.

an.guished [′æŋgwiʃt] *adj* angustiado, aflito.

an.i.mal [′æniməl] *n* **1** animal, bicho. **2** bruto, besta. **3** *fig* pessoa brutal, brutamontes. • *adj* **1** animal. **2** sensual, carnal.

an.i.mate [′ænimeit] *vt* **1** animar, avivar. **2** tornar alegre. **3** incentivar, estimular. • [′ænimit] *adj* **1** animado, vivo. **2** alegre, vivaz.

an.i.mat.ed [′ænimeitid] *adj* **1** animado, vivaz. **2** alegre. **3** vigoroso. **4** vivo. **animated cartoon** desenho animado.

an.kle [′æŋkəl] *n* tornozelo.

an.ni.ver.sa.ry [æniv′ə:səri] *n* aniversário, celebração anual de um evento, especialmente aniversário de casamento. Compare **anniversary** com **birthdate/birthday. Birthday/birthdate** referem-se à data, ao dia de nascimento; é o aniversário da pessoa. **Anniversary** é a celebração anual de um evento. *today is a holiday because it is the city's anniversary* / hoje é feriado porque é o aniversário da cidade.

an.nounce.ment [ən′aunsmənt] *n* **1** proclamação, notificação. **2** publicação, anúncio.

an.noy [ən′ɔi] *vt+vi* aborrecer, irritar. *he is annoyed* / ele está aborrecido.

an.noy.ance [ən′ɔiəns] *n* **1** aborrecimento, amolação. **2** contrariedade. **3** maçada.

an.o.nym.i.ty [ænən′imiti] *n* anonimato.

an.oth.er [ən′ʌðə] *adj* **1** diferente, outro. *this is another thing* / isto é outra coisa. **2** adicional, mais outro. *another cup of tea?* / mais uma xícara de chá? **3** qualquer. • *pron* um outro, qualquer um(a). **one another** mútuo, recíproco.

an.swer [′a:nsə; ′ænsə] *n* **1** resposta. **2** retribuição. **3** contestação. **4** solução, resultado. • *vt+vi* **1** responder. **2** retrucar. **3** atender, servir, satisfazer. *the maid must answer the bell* / a empregada tem de atender a campainha. *this will answer my purpose* / isto servirá aos meus propósitos. **4** corresponder. *this answers to your description* / isto corresponde à sua descrição. Veja nota em **respond**.

an.swer.ing ma.chine [′a:nsəriŋ məʃi:n] *n* secretária eletrônica.

an.tag.o.nist [æntægən′ist] *n* antagonista, adversário, oponente.

an.tag.o.nis.tic [æntægən′istik] *adj* antagônico, contrário, oposto, hostil, antagonístico.

an.them [′ænθəm] *n* **1** canção religiosa ou patriótica, hino. **2** antífona, coro litúrgico. **national anthem** hino nacional.

ant.hill [′ænthil] *n* formigueiro.

an.thol.o.gy [ænθ′ɔlədʒi] *n* antologia: coleção de trechos da literatura.

an.thro.pol.o.gy [ænθrəp′ɔlədʒi] *n* antropologia.

an.tic.i.pate [ænt′isipeit] *vt* **1** prever,

antever. *I anticipate a good result* / espero um bom resultado. **2** usar, introduzir ou realizar antecipadamente. **3** fazer de antemão, cuidar prematuramente. **4** anteceder, adiantar (também dinheiro).

an.tic.i.pa.tion [æntisip′eiʃən] *n* **1** previsão. **2** conhecimento antecipado. **3** expectativa (agradável).

an.ti.quat.ed [′æntikweitid] *adj* **1** antiquado, obsoleto. **2** velho.

an.tique [ænt′i:k] *n* antiguidade. • *adj* antigo. **antique shop** loja de antiguidades.

anx.i.e.ty [æŋz′aiəti] *n* **1** ansiedade, inquietação, preocupação. **2** anseio. **3** angústia.

anx.ious [′æŋkʃəs] *adj* **1** ansioso, inquieto, preocupado, aflito. *I am anxious about the situation in Mexico* / estou preocupado com a situação no México. **2** desejoso. *he is anxious that they should become friends* / Ele está desejoso de se tornarem amigos. **3** preocupante, inquietante. **an anxious time** uma época inquietante.

an.y [′eni] *adj* **1** qualquer, quaisquer. **2** algum. *are there any rooms to let?* / há quartos para alugar? **3** cada, todo, todo e qualquer. *any old car will do me* / qualquer carro velho me serve. **4** nenhum, nenhuma, nenhum, sequer. • *adv* de qualquer medida, modo ou grau. *don't wait any longer* / não espere por mais tempo. • *pron* **1** qualquer um, qualquer parte ou quantidade. **2** algum. *she has little money, if any* / ela tem pouco dinheiro, talvez nenhum. **any time** a qualquer hora. **at any rate, in any case** de qualquer forma, em todo o caso. Veja nota em **some**.

an.y.how [′enihau] *adv* **1** de qualquer maneira. **2** em qualquer caso, de todo jeito. *I was going anyhow* / eu estava mesmo para ir embora.

an.y.one [′eniwʌn] *pron* qualquer pessoa indiscriminadamente, qualquer um, alguém. *anyone can see that* / qualquer um pode ver isso.

an.y.thing [′eniθiŋ] *n* coisa de qualquer espécie, qualquer coisa. *anything up to 5 dollars* / qualquer coisa até 5 dólares. • *adv* de qualquer medida ou modo, de qualquer forma. • *pron* algo, um objeto, ato, estado, acontecimento ou fato qualquer. **anything but** tudo menos. **if anything** se é que. **not for anything** nem por nada. Veja nota em **nada**.

an.y.way ['eniwei] *adv* de qualquer maneira, de todo jeito, em qualquer caso. *I was going anyway* / eu estava mesmo para sair. **2** negligentemente, descuidadosamente.

an.y.where ['eniwɛə] *adv* em ou para qualquer lugar, em todo lugar, em nenhum lugar. *miles from anywhere* / muito longe de qualquer lugar.

a.part [əp'a:t] *adj* (empregado só predicativamente) separado, desassociado. • *adv* **1** em fragmentos, em pedaços, em partes. **2** separadamente, à parte. **3** independentemente, individualmente. **apart from** à parte de, não considerando que. **to set apart for** reservar para, pôr de lado. **to take apart** desmontar, separar.

a.part.heid [əp'a:theit, əp'a:thait] *n* separação: regime de segregação racial na África do Sul.

ap.a.thy ['æpəθi] *n* apatia, indiferença, desinteresse.

ape [eip] *n* macaco, bugio. • *vt* macaquear, imitar.

a.plomb [əpl'ɔm] *n Fr* firmeza, pose, desembaraço.

ap.o.gee ['æpədʒi:] *n* apogeu: **1** *Astr* ponto mais distante da Terra na órbita de um astro. **2** *fig* ponto mais alto ou mais distante, culminância, ápice.

a.po.lit.i.cal [eipəl'itikəl] *adj* apolítico, neutro.

a.pol.o.gise [əp'ɔlədʒaiz] *vt* apresentar desculpas, exprimir pena ou pesar.

ap.pall [əp'ɔ:l] *vt* assustar, estarrecer. *I am appalled by the news* / estou horrorizado com as notícias.

ap.pa.rat.us [æpər'eitəs] *n* (*pl* **apparatus, apparatuses**) *Lat* **1** aparelho, aparelhamento. **2** instrumento, utensílio, dispositivo. **3** equipamento destinado a uma função específica.

ap.par.ent [əp'ærənt] *adj* **1** evidente, óbvio. **2** aparente, não real. **3** visível, perceptível.

ap.pa.ri.tion [æpər'iʃən] *n* **1** fantas-

ma. **2** aparição, visão. **3** aparecimento, imagem.

ap.peal [əp'i:l] *n* **1** atração, simpatia, encanto. **2** apelo, súplica. *he made an appeal to her maternal feelings* / ele fez um apelo a seus sentimentos maternais. • *vt* **1** atrair, agradar, causar simpatia. **2** pedir, rogar. *they appealed to her sense of duty* / eles apelaram a sua consciência de dever. **sex appeal** atração sexual.

ap.peal.ing [əp'i:liŋ] *adj* **1** atraente, simpático. **2** suplicante.

ap.pear [əp'iə] *vt+vi* **1** aparecer, surgir, tornar-se visível, mostrar-se. *a new ware of graffiti has appeared on the city walls* / uma nova onda de pichações apareceu nos muros da cidade. **2** parecer, dar a impressão, afigurar(-se). *he appears to be ill* / ele parece estar doente. **3** publicar, lançar no mercado. **4** apresentar(-se), introduzir(-se) (ao público). a) para defender-se de acusações etc. b) apresentar-se (à polícia ou tribunal).

ap.pear.ance [əp'iərəns] *n* **1** comparecimento. **2** aspecto, impressão, apresentação. **3** aparência. *they try to keep up appearances* / eles tentam salvar as aparências. **4** publicação, lançamento (de uma obra de arte ou literatura). **to all appearances** ao que tudo indica. **to put in an appearance** comparecer pessoalmente (por curto espaço de tempo).

ap.pe.tiz.ing ['æpitaiziŋ] *adj* apetitoso.

ap.plaud [əpl'ɔ:d] *vt+vi* **1** aplaudir. *he was very much applauded* / ele foi muito aplaudido. **2** aprovar, elogiar.

ap.ple ['æpəl] *n* maçã. **apple of discord** pomo de discórdia. **the Apple (the Big Apple)** a cidade de Nova York. **the apple of the eye** a) pupila. b) pessoa ou coisa muito querida, a menina dos olhos.

ap.pli.ance [əpl'aiəns] *n* **1** aplicação, utilização. **2** dispositivo, instrumento, mecanismo, apetrecho. **home appliances** aparelhos elétricos ou a gás usados em residências.

ap.pli.ca.ble [əpl'ikəbəl, 'æplikəbəl] *adj* **1** aplicável, utilizável. **2** apropriado.

ap.pli.cant ['æplikənt] *n* candidato, pretendente, requerente.

ap.ply [əpl'ai] *vt+vi* **1** aplicar: a) apor. b) adaptar, ajustar, acomodar. c) usar, empregar. d) destinar. **2** solicitar, requerer. **3** referir(-se) a, concernir. *this does not apply to you* / isto não se refere a você. **4** dedicar(-se), concentrar-se. **to apply for** solicitar. **to apply to** dirigir-se a, recorrer.

ap.point.ment [əp'ɔintmənt] *n* **1** nomeação, designação. **2** cargo, posição. **3** compromisso. **by appointment** com hora marcada.

ap.prais.al [əpr'eizəl] *n* avaliação, estimativa, cálculo de valor.

ap.pre.ci.ate [əpr'i:∫ieit] *vt+vi* **1** apreciar, prezar. **2** sentir gratidão, agradecer. **3** avaliar, estimar.

ap.pre.ci.a.tion [əpri:∫i'ei∫ən] *n* **1** avaliação, estimativa. **2** estima, consideração. **3** reconhecimento.

ap.pre.hend [æprih'end] *vt+vi* **1** deter. **2** compreender, perceber. *a fact not easily apprehended* / um fato que não se compreende facilmente.

ap.pre.hen.sive [æprih'ensiv] *adj* apreensivo, preocupado.

ap.proach [əpr'out∫] *n* **1** aproximação. **2** abordagem. **3** semelhança. • *vt* **1** aproximar-se. **2** abordar.

ap.pro.pri.ate [əpr'oupriit] *adj* apropriado, adequado.

ap.prov.al [əpr'u:vəl] *n* **1** aprovação. **2** aplauso. **he bought it on approval** ele o comprou sob condição (de poder devolver).

ap.prove [əpr'u:v] *vt+vi* **1** aprovar. **2** apoiar, favorecer. **3** louvar. **4** sancionar, aceitar, confirmar, consentir, autorizar. **5** mostrar, demonstrar, provar. **he is an approved friend** ele é um amigo comprovado. **to approve oneself** mostrar-se à altura.

ap.prov.ing.ly [əpr'u:viŋli] *adv* aprobativamente, aprobatoriamente.

ap.prox.i.mate [əpr'ɔksimeit] *vt+vi* **1** aproximar(-se). **2** vir, chegar. **3** igualar, assemelhar(-se). **4** levar para perto, fazer chegar. • [əpr'ɔksimit] *adj* **1** aproximado, quase correto. **2** semelhante. **3** próximo, perto.

Apr. *abbr* **April** (abril).

a.pri.cot ['eiprikət] *n* damasco.

A.pril ['eipril] *n* abril. **April Fool's Day** dia dos bobos, primeiro de abril.

apt [æpt] *adj* **1** apto, competente. **2** inclinado, tendente. *he is apt to forget birthdates unless he writes them down* / ele tende a esquecer datas de aniversário, a não ser que as anote.

ap.ti.tude ['æptitju:d] *n* **1** aptidão. **2** destreza, competência. **3** tendência.

a.quar.i.um [əkw'ɛəriəm] *n* (*pl* **aquariums, aquaria**) aquário.

ar.bi.tra.ry ['a:bitrəri] *adj* **1** arbitrário. **2** despótico, tirânico.

ar.bi.trate ['a:bitreit] *vt+vi* arbitrar.

ar.bi.tra.tion [a:bitr'ei∫ən] *n* **1** arbitragem. **2** julgamento por árbitros.

arc [a:k] *n* arco, no formato de um arco.

ar.cade [a:k'eid] *n* **1** arcada. **2** galeria. **3** loja / salão de fliperama, casa de jogos eletrônicos.

arch [a:t∫] *n* **1** arco, abóbada. **2** arco: a) peito do pé. b) céu da boca. • *vt+vi* arquear, formar arcos.

ar.chae.o.log.ic.al [a:kiəl'ɔdʒikəl] *adj* arqueológico.

ar.chae.olo.gist [a:ki'ɔlədʒist] *n* arqueólogo.

arch.er ['a:t∫ə] *n* arqueiro, soldado armado de arco e flechas. **the Archer** Sagitário.

ar.chi.tect ['a:kitekt] *n* **1** arquiteto. **2** criador ou autor (de planos de ação).

ar.chi.tec.ture ['a:kitekt∫ə] *n* arquitetura.

ar.chive ['a:kaiv] *n* arquivo: **1** lugar onde documentos e registros são guardados. **2** *Comp* seção de dados num computador.

ar.chives ['a:kaivz] *n pl* documentação sobre a história de um país, organização etc.

ar.du.ous ['a:djuəs] *adj* **1** árduo, difícil. **2** trabalhoso, penoso, fatigante.

ar.e.a ['ɛəriə] *n* área: **1** superfície plana. **2** extensão. **3** região, zona. **area code** prefixo telefônico.

a.re.na [ər'i:nə] *n* (*pl* **arenas, arenae**) **1** arena, estádio. **2** *fig* lugar de disputa, contenda.

ar.gu.a.ble ['a:gjuəbəl] *adj* **1** discutível, controverso. **2** defensável, sustentável.

ar.gue ['a:gju:] *vt+vi* **1** discutir, argumentar, debater. **2** arrazoar. **3** defender. **to argue someone into** persuadir alguém a fazer algo. **to argue someone out of** dissuadir alguém de fazer algo. **to argue something out** discutir em detalhes todos os aspectos. **to argue with someone** brigar com alguém.

ar.gu.ment [ˈaːgjumənt] *n* **1** discussão, altercação. **2** argumentação, raciocínio. **3** sumário de uma obra, conteúdo. **4** *Comp* argumento: variável sobre a qual um operador ou função agem.

ar.gu.men.ta.ti.ve [aːgjumˈentətiv] *adj* **1** argumentativo, lógico. **2** inclinado a discussões.

a.rid [ˈærid] *adj* **1** árido, seco, deserto. **2** enfadonho, monótono. **3** *fig* estéril.

A.ri.es [ˈɛəriiːz] *n* Áries: **1** *Astr* constelação zodiacal entre Peixes e Touro, representada por um carneiro. **2** *Astrol* o Carneiro, signo do zodíaco.

a.ris.to.cra.cy [æristˈɔkrəsi] *n* aristocracia, nobreza.

a.ris.to.crat [ˈæristəkræt; ərˈistəkræt] *n* aristocrata, nobre.

a.rith.me.tic [ərˈiθmətik] *n* aritmética.

ark [aːk] *n Bib* arca. **Noah's ark** arca de Noé. **out of the ark** *coll* muito velho e fora de moda, antediluviano.

arm¹ [aːm] *n* **1** braço. *my arm is in plaster* / meu braço está engessado. **2** qualquer um dos membros dianteiros dos animais. **3** braço de cadeira. **at arm's length** à distância, friamente. *they go arm in arm* / eles andam de braços dados. **to give your right arm for** querer muito alguma coisa. **to twist someone's arm** pressionar alguém a fazer algo, persuadir, induzir.

arm² [aːm] *n* arma, armamento.

arm.chair [ˈaːmtʃɛə] *n* poltrona, cadeira de braços.

ar.mor [ˈaːmə] *n* **1** armadura. **2** blindagem. • *vt* blindar.

ar.mored car [aːməd kˈaː] carro blindado.

ar.my [ˈaːmi] *n* **1** exército. **2** (freqüentemente com maiúscula) as forças armadas de uma nação (exceto marinha). **to join the army** alistar-se no exército.

a.round [ərˈaund] *adv* **1** ao redor, em volta, em torno. **2** em círculo. **3** de todos os lados, por toda parte. **4** aqui e

ali. **5** *coll* perto, por aí. *I'll be around* / vou estar por aí. • *prep* **1** ao redor de, em redor de, em torno de. *he put his arm around her shoulders* / ele pôs o braço ao redor de seus ombros. **2** em volta de, junto de. **3** por todos os lados de. **4** aqui e ali. *the books were scattered around the room* / os livros estavam espalhados pela sala. **all around the world** por todo o mundo. **around Christmas** por volta do Natal. **the other way around** ao contrário.

a.rouse [ərˈauz] *vt+vi* **1** suscitar. **2** provocar, incitar.

ar.range.ment [əreindʒmənt] *n* **1** arranjo. **2** organização. **3** conciliação. **4** ajuste, acordo. **5** combinação. **6** (usualmente no plural) plano, programa de ação, providência. *all arrangements have been made* / foram tomadas todas as providências. **7** *Mus* arranjo musical.

ar.rest [ərˈest] *n* **1** apreensão, embargo. **2** detenção, captura. **3** impedimento, suspensão. • *vt* **1** apreender, embargar. **2** deter, aprisionar. **3** parar, impedir. **cardiac arrest** ataque do coração. **to be under arrest** estar detido.

ar.riv.al [ərˈaivəl] *n* chegada, advento. *the arrival of internet changed communications* / a chegada da internet mudou as comunicações.

ar.rive [ərˈaiv] *vi* **1** chegar, vir. **2** alcançar, atingir (uma resolução, o resultado). **3** ter sucesso, tornar-se célebre.

ar.ro.gance [ˈærəgəns] *n* arrogância, presunção, orgulho exagerado.

ar.row [ˈærou] *n* **1** flecha, seta. **2** qualquer coisa que se assemelhe a flecha (em forma ou velocidade). **3** flecha ou seta indicadora.

ar.son [ˈaːsən] *n* incêndio premeditado.

art [aːt] *n* **1** habilidade, perícia. **2** jeito, capacidade. **3** estudo, trabalho (literário ou científico), maestria. **4** ofício, arte. **5** **arts, the arts** humanidades ou belas-artes: letras, pintura, escultura, dança, música etc. **arts and crafts** artes e ofícios. **to have art and part in it** participar tanto na elaboração dos planos como na sua execução. **work of art** obra de arte.

art.ful ['a:tful] *adj* 1 astuto, ladino. 2 hábil, engenhoso.

ar.ti.choke ['a:tiʃouk] *n* alcachofra.

ar.ti.cle ['a:tikəl] *n* 1 artigo de jornal ou composição literária. *he reads the leading article* / ele lê o artigo de fundo. 2 cláusula. 3 item, artigo de mercadoria. **article of clothing** peça de vestuário.

ar.tic.u.late [a:t'ikjuleit] *vt* 1 articular, pronunciar nitidamente, 2 articular-se, enunciar-se. • *adj* [a:t'ikjulit] 1 articulado, bem pronunciado. 2 capaz de falar. 3 segmentado, secionado.

ar.ti.fact ['a:tifækt] *n* 1 artefato, produto manufaturado. 2 produto artificial.

ar.ti.fi.cial res.pi.ra.tion [a:tifiʃəl respir'eiʃən] *n* respiração artificial.

ar.til.ler.y [a:t'iləri] *n* artilharia: canhões, armas de fogo pesadas.

ar.ti.san [a:tiz'æn; 'a:tizən] *n* artesão, artífice.

art.ist ['a:tist] *n* artista: 1 pintor artístico, escultor, literato, músico. 2 quem faz um trabalho artisticamente e com bom gosto.

ar.tis.tic [a:t'istik] *adj* artístico.

art.work ['a:twə:k] *n* ilustrações, arte-final de publicações ou publicidade.

as [æz, əz] *adv* 1 tão, igualmente, tanto quanto. *I am as clever as he* / sou tão inteligente quanto ele. 2 por exemplo. • *conj* 1 como, quão, quanto, assim como. *it looked as if they were really fighting* / parecia como se eles lutassem de fato. 2 enquanto, ao passo que, quando. 3 porque, visto que, já que. *as you weren't there, I left a message* / como você não estava lá, deixei um recado. • *prep* como, na qualidade de. *let me tell you as a friend* / deixe-me dizer-lhe como amigo. *he works as a cook* / ele trabalha como cozinheiro. • *pron* **as a rule**, em geral. **as... as** tão... como, tanto quanto. **as ever** como sempre. **as far I am concerned** quanto a mim. **as follows** como segue. **as if / as though** como se. **as regards** no que diz respeito. **as soon as** assim que.

as.bes.tos [æsb'ɔstəs] *n* amianto.

as.cend.an.cy [əs'endənsi] *n* ascendência, ter influência sobre alguém.

as.cent [əs'ent] *n* 1 ascensão. 2 escalada.

as.cer.tain [æsət'ein] *vt* apurar, averiguar.

a.shamed [əʃ'eimd] *adj* envergonhado. **to be ashamed of** ter vergonha de.

a.shore [əʃ'ɔ:] *adj+adv* 1 em terra firme. 2 à praia, em direção à terra. **to go ashore** desembarcar.

ash-tray ['æʃ trei] *n* cinzeiro.

a.side [əs'aid] *n* aparte. • *adv* 1 ao lado, para um lado. 2 para longe, fora do caminho. 3 à parte, salvo. **aside from / apart from** com exceção de. **to put aside** pôr de lado. **to set aside** reservar.

ask [a:sk; æsk] *vt+vi* 1 perguntar, indagar. *may I ask?* / posso perguntar? 2 solicitar, pedir, exigir. *I asked his advice* / pedi seu conselho. *she asked for a drink* / ela pediu uma bebida. *this work asks great care* / este serviço exige cuidado especial. 3 convidar. *I asked him to lunch* / convidei-o para o almoço. **to ask for trouble** procurar confusão. **to ask the time** indagar as horas.

a.sleep [əsl'i:p] *adj* adormecido. **to be asleep** estar adormecido. **to fall asleep** adormecer.

as.phalt ['æsfælt] *n* asfalto, betume. • *vt* asfaltar. • *adj* de asfalto.

as.phyx.i.a.tion [æsfiksi'eiʃən] *n* sufocamento.

as.pi.ra.tion [æspər'eiʃən] *n* aspiração: 1 respiração. 2 desejo veemente, ambição. 3 absorção, sucção.

as.sail.ant [əs'eilənt] *n* assaltante, agressor.

as.sas.sin [əs'æsin] *n* assassino.

as.sault [əs'ɔ:lt] *n* ataque, investida. • *vt* atacar, investir, agredir. **sexual assault** violação, estupro.

as.sem.ble [əs'embəl] *vt* 1 ajuntar, agregar. 2 reunir(-se). 3 montar, construir (máquinas etc.).

as.sem.bly [əs'embli] *n* 1 assembleia, reunião. 2 corpo legislativo. 3 montagem, construção.

as.sem.bly line [əs'embli lain] *n* linha de montagem.

as.sent [əs'ent] *n* consentimento, aprovação, aceitação (de uma proposta), sanção. • *vt* 1 concordar, outorgar. 2 admitir, aderir. **by common assent** com consentimento geral.

as.sert [əs'ə:t] *vt* **1** afirmar, declarar, asseverar. **2** insistir (em um ponto de vista), defender. **to assert oneself** impor-se.

as.sess [əs'es] *vt* **1** avaliar, estimar, calcular (o valor de propriedades, rendas etc. para o cômputo das taxas). **2** fixar, determinar (taxas, tributos, direitos etc.).

as.sets ['æsets] *n pl* **1** *bens*. **2** cada item do ativo no balanço de uma firma. **assets and liabilities** ativo e passivo.

as.si.du.i.ty [æsidʒ'u:iti] *n* assiduidade, perseverança.

as.sign [əs'ain] • *vt* **1** designar, nomear. **2** determinar, especificar. **3** atribuir, conceder. **he was assigned a function** / foi-lhe atribuída uma função.

as.sign.ment [əs'ainmənt] *n* **1** designação, atribuição. **2** tarefa.

as.sim.i.late [əs'imileit] *vt+vi* **1** absorver, assimilar. **2** ser assimilado.

as.sist [əs'ist] *vt* **1** assistir, auxiliar, socorrer. **2** participar, comparecer.

as.sist.ant [əs'istənt] *n* assistente, ajudante. • *adj* assistente, auxiliar. **shop assistant** balconista.

as.so.ci.ate [əs'ouʃiit] *n* **1** sócio, associado. • [əs'ouʃieit] *vt* **1** associar idéias, relacionar. **2** associar-se, unir-se. • [əs'ouʃiit] *adj* associado, aliado. **to associate oneself with a thing** associar-se a uma coisa.

as.so.ci.a.tion [əsousi'eiʃən] *n* **1** associação de idéias, argumentação mental. **2** ação ou processo de associar-se. **3** associação, sociedade, agremiação. **4** parceria, participação.

as.sort.ed [əs'ɔ:tid] *adj* sortido, variado.

as.sume [əsj'u:m] *vt* **1** assumir. *he assumed control of the factory* / ele assumiu o controle da fábrica. **2** supor. **3** simular, fingir. *she assumed innocence* / ela simulou inocência.

as.sump.tion [əs'ʌmpʃən] *n* **1** suposição, presunção. **2** hipótese, conjetura.

as.sur.ance [əʃ'uərəns] *n* **1** garantia, afirmação. **2** promessa. **3** segurança, confiança. **4** convicção.

as.sure [əʃ'uə] *vt* **1** assegurar(-se). *they assured me that* / eles me asseguraram

que. **2** garantir, afiançar. **3** animar, encorajar. **4** afirmar, asseverar.

asth.ma ['æsmə] *n* asma.

as.ton.ish.ing [əst'oniʃiɳ] *adj* surpreendente, espantoso, assombroso.

as.ton.ish.ment [əst'oniʃmənt] *n* **1** grande surpresa, admiração. **2** perplexidade, assombro.

a.stray [əstr'ei] *adj* desviado, perdido. • *adv* desencaminhadamente. **to go astray** extraviar-se, perder-se, desencaminhar-se (também *fig*).

as.trol.o.gy [əstr'olədʒi] *n* astrologia.

as.tro.naut ['æstrənɔ:t] *n* astronauta.

as.tron.o.mer [əstr'onəmə] *n* astrônomo.

as.tron.o.my [əstr'onəmi] *n* astronomia.

a.sy.lum [əs'ailəm] *n* (*pl* **asylums**) asilo: **1** manicômio. **2** refúgio. **political asylum** asilo político.

at [æt, ət] *prep* **1** em, a. *she lives at Mrs. Smith's* / ela mora na casa da Sra. Smith. **2** na direção de. *she aimed the ball at the boy* / ela mirou a bola para atingir o garoto. **3** por, cada. *I will talk to one at a time* / vou falar com um por vez. **4** usada para indicar um local. *at the door* / à porta. **5** usada como um ponto no tempo. *at 10 o'clock* / às dez horas. *at Christmas* / no Natal. **6** usada com palavras, ações ou idéias provocadas por sentimentos. *angry at* / zangado com. **7** usada em relação a uma situação de julgamento. *to be good at mathematics* / ser bom em matemática. **8** usada antes de superlativos. *at best, at the best* / na melhor das hipóteses. **9** antes de certos substantivos para expressar estado, condição, sentimento. *at work* / no trabalho. *at school* / na escola. **10** usada com preços. *at ten cents each* / a dez centavos cada. *at any price* / a qualquer preço. **11** usada antes de classe, grau, ordem, posição, velocidade. *at first* / a princípio. *at ten miles per hour* / a dez milhas por hora. **12** usada antes de idade. *at (the age of)* 20 / aos 20 anos.

a.the.ist ['eiθiist] *n* **1** ateísta, ateu. **2** descrente.

ath.lete ['æθli:t] *n* atleta, desportista.

ath.let.ic [æθl'etik] *adj* atlético.

at.mo.sphere [ˈætməsfiə] *n* **1** atmosfera. **2** ambiente.

at.om [ˈætəm] *n* **1** átomo. **2** coisa minúscula. **atom bomb** bomba atômica

a.tro.cious [əˈtrouʃəs] *adj* **1** atroz, cruel. **2** *coll* ruim, detestável. *the weather is atrocious today* / o tempo está detestável hoje.

at.tach [əˈtætʃ] *vt* **1** atar, amarrar. **2** juntar, anexar. **3** atribuir. *I attach no importance to his complaints* / não dou importância às suas queixas. *to be attached to* gostar de.

at.tack [əˈtæk] *n* ataque: **1** doença repentina. **2** investida, agressão. **3** injúria, acusação. **4** ação de atacar. • *vt+vi* **1** atacar, assaltar. **2** criticar, injuriar, combater (por escrito ou verbalmente). **3** iniciar vigorosamente um serviço. **4** acometer. **attacked by rust** atacado pela ferrugem.

at.tain [əˈtein] *vt* **1** alcançar, atingir. **2** conseguir, realizar. *he attained his aim* / ele conseguiu seu objetivo.

at.tain.a.ble [əˈteinəbəl] *adj* atingível, alcançável.

at.tempt [əˈtempt] *n* **1** tentativa. **2** atentado, ataque. • *vt* tentar. *he attempted a disguise* / ele tentou um disfarce. **attempt at murder** tentativa de assassínio.

at.tend [əˈtend] *vt+vi* **1** estar a serviço de, visitar (médico etc.). **2** comparecer, freqüentar (colégio), assistir (a aulas). **3** dedicar-se, aplicar-se, auxiliar. **attend a meeting** assistir à reunião.

at.tend.ance [əˈtendəns] *n* **1** freqüência, comparecimento. **2** assistência. *he died for lack of attendance* / ele morreu por falta de assistência.

at.tend.ant [əˈtendənt] *n* atendente, encarregado. • *adj* **1** acompanhante, apenso. **2** resultante.

at.ten.tion [əˈtenʃən] *n* **1** atenção. *his book attracted attention* / seu livro atraiu atenção. **2** aplicação, observação. **3** ponderação, apreciação. **4** cuidado, dedicação. **5** cortesia, fineza. *I thank you for your attention* / agradeço a sua delicadeza. **to draw someone's attention to** chamar a atenção de alguém para.

at.ten.tive [əˈtentiv] *adj* **1** atencioso, solícito. **2** cortês.

at.ti.tude [ˈætitjuːd] *n* **1** atitude. **2** intento.

at.tor.ney [əˈtɜːni] *n* **1** procurador. **2** advogado. **power of attorney** procuração.

at.tor.ney gen.e.ral [ətəːni dʒˈenərəl] *n* procurador-geral. *Amer* ministro da justiça.

at.tract [əˈtrækt] *vt* atrair: **1** puxar para si. **2** enlevar, encantar.

at.trac.tive [əˈtræktiv] *adj* atraente, encantador.

at.trib.ute [ˈætribjuːt] *n* atributo: **1** qualidade característica. **2** *Comp* item de dados contendo informação sobre uma variável. • [əˈtribjuːt] *vt* atribuir.

auc.tion [ˈɔːkʃən] *n* leilão. • *vt* leiloar.

au.dac.i.ty [ɔːdˈæsiti] *n* **1** audácia, intrepidez. **2** arrogância, insolência.

au.di.ble [ˈɔːdəbəl] *adj* audível.

au.di.ence [ˈɔːdiəns] **1** assistência, ouvintes, espectadores. **2** público. **3** possibilidade de ser ouvido.

au.dit [ˈɔːdit] *n* auditoria. • *vt+vi* examinar (livros contábeis). **audit office** tribunal de contas.

au.di.tion [ɔːdˈiʃən] *n* **1** audição. **2** capacidade de ouvir. **3** teste de audição (de cantores e outros artistas). • *vt Amer* conceder ou fazer um teste de audição.

Au.gust [ˈɔːgəst] *n* agosto.

au pair [ou pˈeə] *n* jovem estrangeiro, especialmente moça (**au pair girl**), que mora com uma família para aprender a língua em troca de fazer pequenos serviços na casa.

aus.pi.cious [ɔːspˈiʃəs] *adj* **1** de bom augúrio. **2** venturoso, afortunado.

Aus.sie [ɔsˈiː] *n coll* australiano. • *adj* australiano.

auster.i.ty [ɔːstˈeriti] *n* **1** austeridade, rigor. **2** (usualmente no plural) princípios rigorosos. **3** economia extrema.

Aus.tri.an [ˈɔstriən] *n* austríaco. • *adj* austríaco.

au.then.tic [ɔːθˈentik] *adj* **1** autêntico, genuíno. **2** exato, fidedigno. **3** autorizado. **an authentic drawing by Raffael** um desenho original de Rafael.

au.then.ti.cate [ɔːθˈentikeit] *vt* **1** autenticar, validar. **2** estabelecer a autoria.

au.thor [ˈɔːθə] *n* autor: **1** escritor, literato. **2** criador, inventor.

au.tho.ri.tar.i.an [ɔːθorit'ɛəriən] *n* autoritário. • *adj* autoritário.

au.tho.ri.ta.tive [ɔːθ'ɔritətiv] *adj* confiável, oficial.

au.tho.ri.ty [ɔːθ'ɔriti] *n* **1** autoridade. *we must apply to the authorities* / precisamos dirigir-nos às autoridades. **2** poder, jurisdição. **3** alto funcionário do governo. **4** reputação, fama. *I state this on the authority of Mr. Fleming* / baseio minha alegação na autoridade do Sr. Fleming. **5** perito. **6** autorização, direito. **by authority of** por ordem de, com permissão de. **to have authority to** estar autorizado a.

au.tho.ri.za.tion [ɔːθəraiz'eiʃən] *n* autorização.

au.tho.rize ['ɔːθəraiz] *vt* autorizar, permitir.

au.tho.rized ['ɔːθəraizd] autorizado, legitimado.

au.to.bi.og.ra.phy [ɔːtoubai'ɔgrəfi] *n* autobiografia.

au.to.graph ['ɔːtəgræf] *n* autógrafo • *vt+vi* autografar.

au.to.ma.tic [ɔːtəm'ætik] *n* **1** arma de fogo automática. **2** máquina ou dispositivo automático. • *adj* automático. **automatic data processing** processamento de dados.

au.to.mo.bile ['ɔːtəmoubiːl] *n* automóvel, auto. • *adj* automóvel.

au.ton.o.mous [ɔːt'ɔnəməs] *adj* autônomo, independente.

au.top.sy ['ɔːtəpsi] *n* autópsia, necropsia.

au.tumn ['ɔːtəm] *n* **1** outono. **2** *fig* madureza, declínio.

a.vail [əv'eil] *n* **1** proveito, benefício. **2** utilidade. *his work is of no avail* / seu trabalho é inútil. • *vt* **1** ajudar, beneficiar. **2** aproveitar, valer-se. **to no avail** em vão.

a.vail.a.bil.i.ty [əveiləb'iliti] *n* disponibilidade.

av.a.lanche ['ævəlaːnʃ] *n* **1** avalanche. **2** uma grande quantidade. • *vt+vi* deslizar ou acontecer como avalanche. **avalanche of words** avalanche de palavras.

av.a.ri.cious [ævər'iʃəs] *adj* avarento, mesquinho, cobiçoso.

a.venge [əv'endʒ] *vt+vi* vingar(-se). **to avenge oneself** vingar-se.

av.e.nue ['ævinjuː] *n* **1** avenida, **2** *fig* possibilidade, meio. *he explored every avenue* / ele tentou todas as possibilidades.

av.er.age ['ævəridʒ] *n* **1** média, proporção. **2** quantidade, qualidade ou valores médios. • *vt* calcular a média. • *adj* **1** médio, proporcional. **2** mediano. • *adv* proporcionalmente. **at an average of four miles an hour** com a velocidade média de quatro milhas por hora.

a.verse [əv'əːs] *adj* adverso, avesso.

a.ver.sion [əv'əːʃən] *n* **1** aversão, repugnância. **2** má vontade, relutância. **take an aversion to** tomar aversão a.

a.vi.a.tion [eivi'eiʃən] *n* aviação.

av.o.ca.do [ævək'aːdou] *n* abacate.

a.void [əv'ɔid] *vt* **1** evitar. **2** esquivar-se.

a.void.a.ble [əv'ɔidəbəl] *adj* evitável.

a.wait [əw'eit] *vt* **1** esperar, aguardar. **2** estar na expectativa de.

a.wake [əw'eik] *vt* (*ps* **awoke**, *pp* **awoken**) **1** acordar, despertar. **2** animar, incitar. **3** alertar. *he is not awaked to the dangers of the situation* / ele não está alerta para os perigos da situação. **wide awake** bem esperto.

a.ward [əw'ɔːd] *n* prêmio, recompensa, distinção • *vt* premiar, recompensar, conceder.

a.ware [əw'ɛə] *adj* **1** atento. **2** cônscio, a par. *I am aware that he drank too much* / estou ciente de que ele bebeu demais.

a.ware.ness [əw'ɛənis] *n* estado de ser cônscio, ciente, atento.

a.way [əw'ei] *adj* **1** ausente, fora. **2** distante, longe. *he is away from home* / ele está longe de seu lar. • *adv* **1** para longe, a distância. **2** longe de. *I was three hours away from home* / eu estava a três horas de casa. **3** em direção oposta. **far and away / out and away** inteiramente, de longe. *he is far and away the best man of the team* / ele é de longe o melhor homem da equipe. **right away!** pronto!, imediatamente! **to do away** anular, abolir.

awe.some ['ɔːsəm] *adj* impressionante, formidável.

aw.ful [ˈɔ:ful] *adj* 1 *coll* muito ruim, desagradável, chocante, feio. 2 muito, considerável, enorme. **an awful lot of work** uma enorme quantidade de trabalho.

aw.ful.ly [ˈɔ:fuli] *adv* 1 imensamente. 2 *coll* muito, excessivamente. *I am awfully sorry* / sinto imensamente. *she is awfully nice* / ela é muito simpática.

aw.ful.ness [ˈɔ:fulnis] *n* 1 venerabilidade, solenidade, sublimidade 2 terribilidade, enormidade, atrocidade, horror.

a.while [əwˈail] *adv* pouco tempo, por algum tempo.

a.whirl [əwˈɔ:l] *adv* em rotação, em giro.

awk.ward [ˈɔ:kwəd] *adj* 1 desajeitado, inábil, inepto. 2 desairoso, deselegante. 3 impraticável, inadequado, ineficaz. 4 difícil de manejar, complicado. 5 embaraçoso, desagradável, desairoso.

awk.ward age [ˈɔ:kwəd eidʒ] *n* início da adolescência.

awk.ward cus.tom.er [ˈɔ:kwəd kʌstəmə] *n sl* pessoa ou animal com quem é difícil de lidar.

awk.ward.ly [ˈɔ:kwədli] *adv* 1 desajeitadamente. 2 desairosamente. 3 ineficazmente. 4 dificilmente, complicadamente. 5 embaraçosamente.

awk.ward.ness [ˈɔ:kwədnis] *n* 1 inaptidão, inabilidade, desalinho. 2 embaraço.

awn [ɔ:n] *n Bot* aresta, pragana: barba da espiga de cereais.

awn.ing [ˈɔ:niŋ] *n* 1 toldo. 2 tenda, barraca. 3 abrigo.

awn.ing drill [ˈɔ:niŋ dril] *n* tecido forte de lona ou brim para toldos.

awn.ing win.dow [ˈɔ:niŋ windou] *n* janela com toldo.

awol [ei dʌbəlju: ou ˈel] *abbr* **absent without official leave** (ausente sem permissão).

a.wry [ərˈai] *adj* 1 torto, oblíquo, desviado para um lado. *his tie was awry* / sua gravata estava torta. 2 errado. *everything was awry* / tudo estava em desordem. • *adv* 1 obliquamente, de esguelha, de viés. 2 erradamente. 3 *fig* mal. **to go awry** a) errar, estragar. b) *sl* ir no embrulho. **to look awry** olhar vesgo.

ax [æks] *n* (*pl* **axes**) 1 machado. 2 corte de despesas. 3 demissão do emprego. • *vt* 1 cortar a machadadas. 2 *coll* demitir. 3 *fig* reduzir, cortar. **he has an axe to grind** ele está pessoalmente interessado. **to give / get the axe** *sl* interromper um projeto.

ax.i.al [ˈæksiəl] *adj* axial: de ou relativo a eixo, que forma eixo.

ax.i.om [ˈæksiəm] *n* axioma: 1 máxima, norma. 2 *Log, Math* verdade ou regra indiscutível. 3 doutrina, ensinamento ou princípio estabelecido.

ax.i.o.mat.ic [æksiəmˈætik] *adj* axiomático, evidente, manifesto.

ax.i.om.at.i.cal [æksiəmˈætikəl] *adj* = **axiomatic**.

ax.i.om.at.i.cal.ly [æksiəmˈætikəli] *adv* axiomaticamente, manifestamente.

ax.is[1] [ˈæksis] *n* (*pl* **axes**) eixo: 1 linha imaginária ou real que marca o centro rotativo de um corpo. 2 linha central ou principal, linha coordenadora. 3 cadeia de montes. 4 estrutura central ou principal de um conjunto de edifícios.

ax.is[2] [ˈæksis] *n* (*pl* **axises**) *Zool* áxis: ruminante asiático, espécie de veado.

ax.is deer [ˈæksis diə] *n Zool* = **axis**[2].

ax.le [ˈæksəl] *n* 1 eixo de rodas. 2 árvore, veio. **axle of a hinge** eixo de uma dobradiça.

az.ure [ˈæʒə] *n* 1 a cor azul-celeste. 2 firmamento, céu azul. 3 índigo, anil ou qualquer outro pigmento azul. • *adj* 1 azul-celeste, cerúleo, cérulo. 2 *fig* sem nuvens, claro, límpido.

B, b [bi:] *n* **1** segunda letra do alfabeto, consoante. **2** *Mus* si: sétima nota da escala.

ba.by [b'eibi] *n* **1** bebê. **2** caçula. **3** *coll* tratamento afetuoso, especialmente para moça. **4** filhote de animal.

ba.by-sit.ter [b'eibi sitə] *n* babá, pessoa que cuida do bebê durante a ausência dos pais.

bach.e.lor [b'ætʃələ] *n* **1** solteiro. **2** bacharel.

back [bæk] *n* **1** costas. **2** parte de trás. **3** lombo (de animais). **4** espinha dorsal. **5** parte traseira. **6** encosto de cadeira. **7** *Ftb* zagueiro. • *vt* **1** (geralmente **back up**) ajudar, auxiliar. **2** mover(-se) para trás. **3** endossar, apoiar. *he backed a cheque* / ele endossou um cheque. • *vi* recuar, retroceder. • *adj* **1** posterior, traseiro. **2** remoto. • *adv* **1** para trás, atrás. *he sat back in his chair* / ele reclinou-se na sua cadeira. **2** no passado. *I can look back fifty years* / posso olhar para trás cinqüenta anos. **3** de volta. *I shall be back soon* / estarei de volta logo. **back and forth** para a frente e para trás. **back of the hand** costas da mão. **back to back** costas com costas. **to back out** retirar-se. **to back up** apoiar, auxiliar.

back.bone [b'ækboun] *n* **1** coluna vertebral. *English to the backbone* / um inglês até a medula. **2** suporte principal. **3** determinação, firmeza de caráter.

back.break.ing [b'ækbreikiŋ] *adj* árduo, exaustivo.

back-door [b'æk dɔ:] *n* porta dos fundos. • *adj* clandestino.

back.fire [b'ækfaiə] *n* tiro pela culatra. • *vi coll* ter efeito contrário ao desejado.

back.ground [b'ækgraund] *n* **1** segundo plano. **2** acontecimento que explica fatos posteriores. **3** conhecimento. **4** fundo musical. **background music** música de fundo.

back.ground pro.cess.ing [b'ækgraund prousesiŋ] *n Comp* processamento secundário.

back.lash [b'æklæʃ] *n* revolta, reação.

back.log [b'æklɔg] *n sg* acúmulo (trabalho). *a backlog of tests to correct* / um acúmulo de testes para corrigir.

back.pack [b'ækpæk] *n* mochila.

back seat [bæk s'i:t] *n* **1** assento traseiro. **2** *Amer coll* posição de inferioridade. **back seat driver** passageiro que diz ao motorista como dirigir.

back.stage [b'æksteidʒ] *adj* nos bastidores. • *adv* nos bastidores.

back.up [b'ækʌp] *n* **1** ajuda, assistência. **2** *Comp* cópia de segurança, cópia reserva. • *vt* **1** dar suporte, apoiar. **2** *Comp* fazer cópia reserva.

back.ward [b'ækwəd] *adj* **1** para trás. **2** em ordem inversa. *backward linkage* / encadeadamente em ordem inversa. **3** de mal a pior, retrógrado. *backward integration* / integração retrógrada. **4** de desenvolvimento retardado. *a backward child* / uma criança retardada. • *adv* (também **backwards**) **1** para trás. **2** de costas para a frente. **3** para o começo, ao início. **backwards and forwards** para lá e para cá.

ba.con [b'eikən] *n* toicinho defumado.

bad [bæd] *n* o que é ruim, quer física ou moral. • *adj* (*compar* **worse**, *sup* **worst**) **1** ruim, mau, inferior. **2** malvado, perverso. **3** ofensivo, injurioso. *bad language* / palavrões. **4** falso. *bad coin* / moeda falsa. **5** estragado, podre. **6** hostil, perigoso. *bad blood* / *coll* ser hostil, zangado. **7** severo, intenso. *a bad cold* / um forte resfriado. **act in bad faith** agir desonestamente. **from bad to worse** de mal a pior. *he had a bad time* / ele passou mal. **in a bad temper** zangado, mal-humorado. *that is too bad* / é pena. **to make the best of a bad job** fazer o melhor possível em circunstâncias difíceis. **bad luck** falta de sorte.

bad.dy [b'ædi] *n* pessoa numa história ou filme que é considerada má, perversa, bandido.

badge [bædʒ] *n* **1** distintivo, crachá. **2** símbolo, sinal.

bad.ly [b'ædli] *adv* **1** mal, não bem. **2** *coll* muitíssimo, urgentemente. *he badly wants his tea* / ele quer já o seu chá. **3** *coll* muito, ardentemente. **badly off** pobre.

bad-tem.pered [b'æd tempəd] *adj* de mau gênio.

bag [bæg] *n* **1** saco. **2** bolsa. **3** sacola. • *vt* inchar, alargar. **bag and baggage** com armas e bagagens, de mala e cuia. **bag-of-bones** feixe de ossos. **to let the cat out of the bag** revelar o segredo.

bag.gage [b'ægidʒ] *n pl* bagagem. **baggage-claim** *n* área do aeroporto onde se retira a bagagem.

bag.gy [b'ægi] *adj* largo (roupas), folgado.

bail [beil] *n* fiança, garantia. *out on bail* / livre sob fiança. • *vt* obter liberdade (de uma pessoa presa) por meio de fiança. **to bail out** tirar da cadeia sob fiança. **to go bail for** dar fiança para.

bait [beit] *n* **1** isca. **2** tentação, engodo.

bake [beik] *vt* assar.

bak.er.y [b'eikəri] *n* padaria.

bal.ance [b'æləns] *n* **1** equilíbrio. **2** estabilidade de corpo e mente. **3** comparação, estimativa. • *vt+vi* **1** pesar em balança. **2** equilibrar, contrabalançar. **3** comparar (valor, importância). **4** ponderar, avaliar. **balance of mind** equilíbrio mental. *he lost his balance* / ele perdeu o domínio sobre si.

bal.anced [b'ælənst] *adj* balanceado, equilibrado. **balanced diet** dieta balanceada.

bald [bɔ:ld] *adj* calvo, careca. *to become bald* / ficar careca.

bald.ing [b'ɔ:ldiŋ] *adj* que está ficando careca.

ball [bɔ:l] *n* **1** bola, esfera. **2** novelo. **3** baile. **to have a ball** *coll* divertir-se. **to keep the ball rolling** manter a conversa acesa.

bal.lad [b'æləd] *n* balada.

bal.let [b'ælei] *n* **1** balé. **2** corpo de baile.

bal.loon [bəl'u:n] *n* balão: **1** esfera grande. **2** aeróstato. • *vi* inchar, encher-se como balão. • *adj* em forma de balão.

bal.lot [b'ælət] *n* **1** cédula. **2** número total de votos. **3** votação secreta.

ball.point pen [bɔ:lpɔint p'en] *n* caneta esferográfica.

balls [bɔ:lz] *n Amer vulg* **1** testículos, saco. **2** coragem, nervos. *to have the balls to* / ter coragem de.

bal.us.trade [bæləstr'eid] *n* **1** corrimão. **2** balaustrada.

ban [bæn] *n* **1** proibição. **2** expulsão. • *vt* banir, proibir por lei.

band [bænd] *n* **1** fita, tira. **2** braçadeira. **3** faixa, atadura. *elastic band* / faixa elástica. **4** faixa de ondas. **5** banda de música.

band.age [b'ændidʒ] *n* bandagem. • *vt* enfaixar.

band.wag.on [b'ændwægən] *n Amer fig* popularidade. **to jump on the bandwagon** ficar na moda.

ban.dy legged [b'ændi legd] *adj* com pernas tortas.

bang [bæŋ] *n* **1** pancada, estrondo. *it went off with a bang* / explodiu com um estrondo. **2** golpe violento. • *vt* **1** fazer estrondo, bater. **2** golpear. **3** bater a porta. *he banged the door* / ele bateu a porta. • *adv coll* bem, exatamente, diretamente. *bang in the middle of the performance* / bem no meio da apresentação. **to go off with a bang** ter sucesso.

ban.ish [b'æniʃ] *vt* banir, expulsar, exilar.

ban.is.ter [b'ænistə] *n* corrimão.

bank [bæŋk] *n* **1** banco. *Bank of England, the Bank* / o Banco da Inglaterra. **2** banco de sangue. • *vt* **1** ser banqueiro. **2** depositar em banco. **bank account** conta bancária. **bank holiday** feriado bancário. **to bank on / upon** contar com. *I cannot bank on his support /* não posso contar com seu apoio.

bank.er [b'æŋkə] *n* banqueiro.

bank loan [b'æŋk loun] *n* empréstimo bancário.

bank over.draft [b'æŋk ouvədra:ft] *n* saque a descoberto.

bank.rupt.cy [b'æŋkrʌptsi] *n* falência. **fraudulent bankruptcy** falência fraudulenta. **bankruptcy notice** pedido de falência.

bank state.ment [b'æŋk steitmənt] *n* extrato de conta bancária.

ban.ner [b'ænə] *n* **1** faixa com dizeres. **2** estandarte.

ban.ter [b'æntə] *n* gracejo. • *vi* gracejar.

bap.tism [b'æptizəm] *n* batismo. **baptism of fire** batismo de fogo.

bar [ba:] *n* **1** barra. *a bar of soap /* uma barra de sabão. **2** tranca. **3** barreira. **4** bar. **5** cancelo: grade de tribunal ou corte. **6** profissão de advogado. *he was called to the bar /* ele foi admitido como advogado no foro. • *vt* **1** trancar. **2** bloquear. **3** excluir. **4** proibir. • *prep* exceto. **bar one!** menos um! **behind bars** preso. **to bar out** impedir de entrar. **to bar up** fechar com grade.

bar.bar.i.an [ba:b'ɛəriən] *n* bárbaro. • *adj* **1** bárbaro. **2** rude.

bar.be.cue [b'a:bikju:] *n* **1** churrasco. **2** churrasqueira.

barbed wire [ba:bd w'aiə] *n* arame farpado.

bar code [b'a: koud] *n* código de barra.

bare [bɛə] *vt* **1** descobrir, desnudar. **2** expor. *he bared his soul to me /* ele se abriu comigo. • *adj* **1** nu, despido. **2** vazio, desguarnecido. **3** simples, sem adorno. **I shudder at the bare idea** só em pensar fico com arrepios. Veja nota em **nu**.

bare.foot [b'ɛəfut] *adj* descalço.

bar.gain [b'a:gin] *n* **1** contrato. **2** barganha, pechincha. • *vt+vi* **1** pechinchar. **2** fazer bom negócio. *I got more than I bargained for /* recebi mais do que esperava. **3** negociar.

barge [ba:dʒ] *n* barcaça. • *vt+vi* transportar em barcaça. **to barge in** *coll* entrar sem pedir licença. **to barge into** *coll* intrometer-se, irromper.

bar.maid [b'a:meid] *n* garçonete.

bar.man [b'a:mən] *n* = **bartender** (atendente de bar, dono de bar).

barn [ba:n] *n* celeiro.

bar.on [b'ærən] *n* **1** barão. **2** nobre. **3** *coll* magnata, capitalista. *coffee baron /* barão do café.

ba.roque [bər'ouk] *n* barroco. • *adj* em estilo barroco.

bar.rack [b'ærək] *n* **1** barraca. **2 barracks** quartel.

bar.rel [b'ærəl] *n* **1** barril. **2** cano de espingarda.

bar.ren [b'ærən] *adj* estéril, improdutivo.

bar.ri.er [b'æriə] *n* **1** barreira. **2** grade. **3** paliçada. **4** *coll* obstáculo.

bar.ring [b'a:riŋ] *prep* excetuando.

bar.ris.ter [b'æristə] *n Brit* advogado que representa clientes nas Cortes Superiores.

bar.ter [b'a:tə] *n* comércio de troca. • *vt+vi* permutar.

base[1] [beis] *n* **1** base (de coluna, parede). **2** fundação, alicerce. **3** pedestal. **4** ingrediente básico. **5** *Gram* raiz. • *vt* **1** basear, fundamentar. **2** servir de base a. • *adj* de base.

base[2] [beis] *adj* **1** vil, ignóbil. **2** comum.

base.ball [b'eisbo:l] *n Sport* beisebol.

base.ment [b'eismənt] *n* porão.

bash [bæʃ] *n sl* golpe esmagador. • *vt sl* surrar, criticar. **to bash in** machucar seriamente. **to bash out** produzir com rapidez.

bash.ful.ness [b'æʃfulnis] *n* timidez, acanhamento.

bash.ing [b'æʃiŋ] *suf* indica críticas ou ataques violentos a pessoas ou grupos. *gay-bashing /* ataques (físicos ou verbais) a homossexuais.

ba.sic [b'eisik] *adj* de base.

ba.sics [b'eisiks] *n pl* **1** elementos fundamentais. **2** coisas elementares. **back to basics** retornar ao básico.

bas.il [b'æzil] *n* manjericão.

ba.sis [b'eisis] *n* (*pl* **bases**) **1** base. **2** fundamento. **3** ingrediente principal.

bas.ket.ball [b'a:skitbɔ:l] *n Sport* basquetebol.

bass [beis] *n* 1 som ou tom baixo. 2 *Mus* baixo: a) contrabaixo. b) cantor com voz de baixo. • *adj* baixo, grave, profundo. **bass guitar** baixo elétrico. **bass horn** tuba.

bat [bæt] *n* 1 *Zool* morcego. **(as) blind as a bat** completamente cego. 2 bastão usado em vários jogos para rebater a bola. • *vt* 1 piscar (o olho). 2 esvoaçar.

batch [bætʃ] 1 fornada. 2 pilha. *a batch of letters* / uma pilha de cartas. 3 grupo, turma. *a batch of tourists* / um grupo de turistas.

batch file [b'ætʃ fail] *n Comp* arquivo *batch*, arquivo de lote.

bath [ba:θ; bæθ] *n* 1 banho. 2 banheira. 3 *coll* banheiro. 4 líquido para tratar alguma coisa. 5 **baths** banhos, casa de banhos. • *vt+vi* lavar (crianças).

bathe [beið] *n* banho de mar, banho ao ar livre. *a bathe in the sea* / um banho de mar. • *vt+vi* 1 tomar banho, banhar-se (em banheira). 2 banhar alguém, crianças (em banheira).

bath.ing-cos.tume [b'eiðiŋ kɔstju:m] *n* maiô.

bath.room [b'a:θru:m] *n* banheiro. Veja nota em **rest-room.**

bat.tal.ion [bət'æliən] *n* batalhão.

bat.te.ry farm [b'ætəri fa:m] *n* granja.

bat.tle [b'ætəl] *n* 1 batalha. 2 *fig* guerra, luta. 3 briga. • *vt* 1 combater, batalhar. 2 *fig* lutar, brigar. *they battled the drought for 3 years* / eles lutaram contra a seca por três anos. **to battle it (out)** lutar por, lutar pela decisão.

bat.tle.field [b'ætəlfi:ld] *n* campo de batalha.

bat.tle.ship [b'ætəlʃip] *n Naut* couraçado de batalha.

bawd.y [b'ɔ:di] *adj* obsceno, libidinoso.

bay win.dow [b'ei windou] *n Archit* janela construída para o lado de fora da casa.

ba.zaar [bəz'a:] *n* 1 lugar cheio de lojas. 2 loja. 3 venda em benefício.

be [bi:] *v aux* (*ps* was, *pl* were, *pp* been). 1 ser, existir, viver, ser realidade. *it is my father's* / pertence a meu pai. *she is everything to me* / ela é tudo para mim. 2 ter lugar, acontecer, realizar-se. *when is it to be?* / quando será? 3 permanecer, ficar, continuar. 4 representar, significar. 5 estar, encontrar-se. *to be at work* / estar no trabalho. *to be busy* / estar ocupado. *to be careful* / ser cuidadoso. **as it is** de qualquer maneira. **here you are** *coll* aqui está. **let me be!** deixe-me em paz! **to be able** ser capaz, poder. **to be like** parecer-se com. **to be long** demorar-se. **to be of no use** ser imprestável. **to be out of one's mind** estar fora de si. **to be over** acabar. **to be short (of something)** estar faltando. **to be worthwhile** valer a pena.

beach [bi:tʃ] *n* praia. • *vt+vi* 1 puxar (barco) para a praia. 2 dar à praia. **beach umbrella** guarda-sol.

bea.con [b'i:kən] *n* 1 bóia luminosa. 2 farol. 3 sinal de rádio para aviadores. 4 sinal de advertência. • *vt+vi* 1 iluminar, guiar, avisar por meio de luz. 2 brilhar, luzir.

bead [bi:d] *n* 1 conta (de vidro, metal etc.). 2 gota (de suor). 3 **beads** colar de contas, rosário, terço.

beak [bi:k] *n* 1 bico (de ave). 2 bico, ponta.

beam [bi:m] *n* 1 viga, trave. 2 raio ou feixe de luz. • *vt+vi* 1 emitir raios de luz. 2 sorrir radiante. *she beamed upon me* / ela sorriu radiante para mim. 3 *Radio* transmitir por meio de antena direcional.

bean [bi:n] *n* 1 feijão. 2 fava. 3 grão. **coffee beans** grãos de café. **to be full of beans** estar alegre. **to spill the beans** contar um segredo.

bear¹ [bɛə] *vt+vi* (*ps* bore, *pp* borne, born) 1 transportar. *they bore the computer into the study* / eles levaram o computador até a sala de leitura. 2 a) sustentar (peso). *the rocking chair couldn't bear the visitor's weight and collapsed* / a cadeira de balanço não conseguiu sustentar o peso da visita e desabou. b) tolerar, agüentar. *I can't bear this sort of conversation* / não agüento esse tipo de conversa. 3 parir. **to bear a grundge** guardar ressentimento. **to bear no ill** não guardar rancor. **to bear in mind** ter em mente. **bear left / bear right** entrar à esquerda / direita.

bear² [bɛə] *n* urso. **teddy-bear** ursinho de pelúcia.

beard [biəd] *n* barba (também de animais).

bear.er [bˈɛərə] *n* **1** carregador. *litter bearer, stretcher bearer* / padioleiro. **2** portador (cartas etc.) **3** ocupante de um cargo ou título.

bear.ing [bˈɛəriŋ] **1** comportamento, postura. **2** posição, rumo. **beyond bearing** insuportável. **to lose one' s bearings** perder o rumo.

beast [bi:st] *n* **1** besta, animal. **2** pessoa cruel, bruto.

beat [bi:t] *n* **1** batida, golpe. **2** pulsação, latejo. **3** *Mus* ritmo, compasso. **4** área de ronda de policial. • *vt* (*ps* **beat**, *pp* **beaten**) bater: a) remexer, misturar. *I beat up the egg* / bati o ovo. b) espancar *he beat her black and blue* / ele deu-lhe uma tremenda surra. c) soar as horas. d) *Mus* marcar o compasso. e) vencer, derrotar. • *adj* **1** *sl* exausto. **2** *coll* pasmo. **dead beat** inteiramente exausto. **to beat about the bush** usar de rodeios. **to beat the wind** errar o golpe.

beat.ing [bˈi:tiŋ] *n* **1** surra. *I gave him a good beating* / dei-lhe uma boa surra. **2** derrota.

beau.ti.ful [bjˈu:tiful] *adj* bonito. **the beautiful** o belo. • *adv* **beautifully made** muito bem feito.

beau.ty [bjˈu:ti] *n* (*pl* **beauties**) **1** beleza. **2** beldade. *isn't it a beauty?* / não é uma maravilha? **3** perfeição. **beauty contest** *n* concurso de beleza. **the beauty and the beast** a bela e a fera.

beau.ty par.lor [bjˈu:ti pa:lə] *n Amer* salão de beleza.

be.cause [bikˈɔ:z] *conj* porque, desde que.

be.come [bikˈʌm] *vt+vi* (*ps* **became**, *pp* **become**) **1** tornar-se, vir a ser. *he became a poet* / ele tornou-se poeta. **2** ficar bem, assentar bem. *blue becomes you* / você fica bem de azul. **become of** acontecer a. *what has become of it?* / que aconteceu com isto?

bed [bed] *n* **1** cama, leito. *she made the bed* / ela arrumou a cama. **2** base, alicerce. **3** leito de um rio. **4** canteiro. **5** leito de estrada de ferro. **to go to bed with** fazer sexo. **in a bed of roses** *fig* em um mar de rosas. **to go to bed** ir dormir.

bed and break.fast [bed ənd brˈekfəst] *n Brit* hotel pequeno e barato só com café da manhã.

bed.clothes [bˈedklouðz] *n* roupa de cama.

bed.room [bˈedru:m] *n* dormitório, quarto de dormir.

bed-sit.ter [bˈed sitə] *n Brit* quitinete.

bee [bi:] *n* **1** abelha. **2** *fig* trabalhador diligente. **as busy as a bee** ocupadíssimo. **a bee in one's bonnet** estar preocupado.

beef [bi:f] *n* (*pl* **beeves**, **beefs**) carne de boi ou de vaca. **corned beef** carne salgada em latas.

beef.burg.er [bˈi:fbə:gə] *n* = **hamburger**.

bee.hive [bˈi:haiv] *n* colméia.

bee.keep.er [bˈi:ki:pə] *n* apicultor.

bee.line [bˈi:lain] *n* linha reta. *he made a beeline for* / ele foi direto para.

been [bi:n; bin] *pp* of **be**.

Compare o uso de **been** e **gone**: *I have been to Rio* / estive no Rio (agora estou aqui). *he has gone to Rio* / ele foi ao Rio (agora está lá).

beep.er [bˈi:pə] *n* bip.

beer [biə] *n* cerveja.

bees.wax [bˈi:zwæks] *n* cera de abelha.

beet [bi:t] *n* beterraba.

bee.tle [bˈi:təl] *n* besouro.

be.fore [bifˈɔ:] *prep* **1** na frente de, perante. *I declare before God* / juro perante Deus. **2** anterior. **3** antes que. **4** à frente de. **5** antes de. *before dinner* / antes do jantar. • *conj* antes que. *he knew it before she did* / ele o sabia antes dela. • *adv* **1** na frente de, antes de. **2** anteriormente. *I never saw such a thing before* / nunca tinha visto uma coisa destas. **3** no passado. **the day before yesterday** anteontem. **the question before us** a questão a ser decidida.

be.fore.hand [bifˈɔ:hænd] *adv* anteriormente, antecipadamente.

beg [beg] *vt+vi* **1** mendigar. **2** implorar. **3** solicitar, requerer. *he begs leave to go* / ele pede licença para sair. **I beg your pardon** desculpe.

be.gin [bigˈin] *vt+vi* (*ps* **began**, *pp* **begun**) **1** começar. *he began by saying* /

ele começou por dizer. **2** originar. **to begin with** antes de tudo.

be.gin.ner [big'inə] *n* novato.

be.gin.ning [big'iniŋ] *n* **1** começo. *from the beginning* / do princípio. **2** origem. • *adj* que começa. **the beginning of the end** o princípio do fim. **3 beginnings** primórdios, bases. *beginnings are always hard* / todo o começo é difícil.

be.half [bih'a:f; bih'æf] *n* de parte de, em favor de, em nome de, em defesa de.

Usa-se **behalf** precedido de **in** (*Amer*) ou **on**. *in his behalf, on behalf of his country* etc. *he accepted the award on his father's behalf* / ele aceitou o prêmio em nome de seu pai. *don't worry on my behalf* / não se preocupe comigo.

be.have [bih'eiv] *vt+vi* **1** comportar-se, portar-se. *behave yourselves, children!* / crianças, comportem-se! **2** agir. *I do not know how to behave* / não sei como agir. **3** conduzir-se, funcionar. *the machine behaves well* / a máquina funciona bem.

be.hind [bih'aind] *prep* **1** atrás de. *she hid behind the door* / ela escondeu-se atrás da porta. **2** às escondidas. *he did it behind my back* / *fig* ele o fez sem eu saber. **3** antiquado. *he is behind the times* / ele é antiquado. **4** atrasado. *he is behind time* / ele está atrasado. • *adv* atrás, para trás. *he fell behind* / ele ficou para trás. **to leave something behind** deixar algo para trás.

being [b'i:iŋ] *n* **1** existência, vida. **2** natureza, essência. *his whole being* / todo o seu ser. **3** ser, ente. *human being* / ser humano. • *adj* existente, presente. *for the time being* / por enquanto.

be.lieve [bil'i:v] *vt+vi* **1** acreditar, crer. *he believes me* / ele acredita em mim. **2** ter fé , confiar. *I believe in God* / eu creio em Deus. **3** pensar, julgar. *he is believed to be ill* / acredita-se que ele esteja doente. **I believe so** creio que sim. **seeing is believing** ver para crer.

be.lit.tle [bil'itəl] *vt* depreciar, menosprezar.

bell [bel] *n* **1** sino. **2** campainha. *it rings a bell* parece familiar.

bel.low [b'elou] *n* **1** berro, urro. **2** grito. • *vi* **1** berrar. **2** vociferar.

be.long [bil'ɔŋ] *vi* **1** ter seu lugar próprio. *the plates belong in the cupboard* / o lugar dos pratos é no armário. **2** pertencer a. **3** ser parte de. *he belongs to the clever people* / ele faz parte das pessoas inteligentes. **4** competir a. *that belongs to a doctor* / isto compete ao médico.

be.long.ing [bil'ɔŋiŋ] *n* (geralmente **belongings** *pl*) **1** pertences. *I carry all my belongings with me* / tudo que me pertence carrego comigo. **2** propriedades, posses.

be.lov.ed [bil'ʌvid] *n* amado, querido. • *adj* querido. *my beloved daughter* / minha querida filha.

be.low [bil'ou] *prep* **1** abaixo, sob, mais baixo que. *below zero* / abaixo de zero. **2** inferior. • *adv* **1** abaixo. **2** de grau inferior. **3** abaixo citado.

belt [belt] *n* **1** cinto. **2** correia, tira. **green belt** cinturão verde. **money belt** porta-dinheiro. **to hit below the belt** ser desleal. **to tighten one's belt** economizar.

bench [bentʃ] *n* **1** banco. **2** bancada de carpinteiro. *carpenter's bench* / bancada de carpinteiro. **3** assento dos juízes na corte. **4** cargo de juiz. *he was raised to the bench* / ele foi nomeado juiz.

ben.e.fi.cial [benif'iʃəl] *adj* benéfico, proveitoso.

ben.e.fit [b'enifit] *n* benefício: **1** auxílio, proveito. *for the benefit of* / em benefício de. **2** favor, ato de caridade. **3** subsídios, seguro. • *vt+vi* **1** beneficiar, favorecer. *I benefited him* / beneficiei-o. **2** beneficiar-se. **to give one the benefit of the doubt** em caso de dúvida considerar inocente. **for the benefit of...** em benefício de...

bent [bent] *n* **1** inclinação. **2** propensão. **3** homossexual (*pej*). • *vt+vi* *ps* and *pp* of **bend**. • *adj* **1** curvado, dobrado. **2** inclinado, determinado. *he is bent on marrying her* / ele está determinado a casar-se com ela.

be.ret [b'erit] *n* boina.

ber.serk [bəz'ɔ:k] *adj* frenético, furioso. *berserk rage* / raiva frenética.

be.set [bis'et] *vt* (*ps, pp* **beset**) assediar, envolver. *I am beset with difficulties* / estou cercado de dificuldades.

be.side [bis'aid] *prep* ao lado de, perto de, além de, fora de. *she was beside herself with fear* / ela estava fora de si de tanto medo.

be.sides [bis'aidz] *prep* **1** além de. **2** exceto, salvo. • *adv* **1** além disso, também. **2** adicionalmente. **3** outrossim. *what else did you do besides working?* / o que você fez além de trabalhar?

best [best] *n* **1** o melhor, a melhor parte. **2** o que é superior a tudo o mais. **3** o máximo de empenho. **4** as melhores pessoas. • *adj* (*sup* of **good**) **1** o melhor, o mais desejável, que tem mais valor, superior. **2** que é mais vantajoso. **3** principal. **best before** data de validade. • *adv* (*sup* of **well**) **1** do melhor modo. **2** no mais alto grau. **at (the) best** na melhor das hipóteses. **to do one's best** fazer o melhor possível. *he made the best of his position* / ele tirou o melhor proveito do seu cargo. *he was at his best* / ele estava em sua melhor forma. *it was all for the best* / foi tudo com as melhores intenções. **make the best of it!** faça o melhor que puder! **the very best** o melhor de todos.

bet [bet] *n* **1** aposta. **2** quantia ou coisa apostada. **3** objeto de aposta. • *vt+vi* (*ps, pp* **bet** or **betted**) apostar. **do you want to bet?** quer apostar? **even bet** aposta equilibrada. **heavy bet** aposta vultosa. **you bet!** *sl* garantido!

be.tray [bitr'ei] *vt* **1** trair. **2** ser desleal. **3** revelar (segredo). **4** trair-se.

bet.ter [b'etə] *n* **1** pessoa ou coisa melhor, estado melhor. *the better* / o melhor. **2** vantagem, superioridade. *to have the better of it* / vencer, impor-se. **3 betters** superiores, chefes. • *vt+vi* melhorar, progredir. • *adj* (*comp* of **good**) **1** melhor, superior. **2** preferível. • *adv* (*comp* of **well**) **1** melhor, de maneira superior. **2** em grau mais alto. **all the better / so much the better** tanto melhor. **better and better** cada vez melhor. **better off** em melhor situação. **for the better** para melhor. **for better or for worse** para o que der e vier. **had better (not)** seria melhor..., melhor não... **to get the better of somebody** levar vantagem sobre alguém.

be.tween [bitw'i:n] *prep* entre: **1** no espaço que separa. **2** de um a outro. **3** em comum, em conjunto. **4** no meio de. • *adv* **1** no meio, em posição intermediária. **2** no intervalo. **3** a intervalos. **between now and then** nesse ínterim. **between ourselves** entre nós dois. **in between** no meio.

be.ware [biw'eə] *vt+vi* tomar cuidado, guardar-se. *beware of imitations* / cuidado com as imitações.

be.wil.dered [biw'ildəd] *adj* confuso, desnorteado.

be.yond [bij'ond] *n* **the beyond, the great beyond** o outro mundo, a vida futura. • *prep* **1** além de. **2** fora de (alcance, compreensão, limite). *beyond dispute* / fora de dúvida. **it is getting beyond my control** está escapando ao meu controle. *beyond measure* / além dos limites. **that is beyond me** isto está além das minhas forças. **3** em adição a, além de. • *adv* além, mais longe.

bi.ased [b'aiəst] *adj* preconcebido, tendencioso, parcial. *biased opinion* / opinião tendenciosa.

Bi.ble [b'aibəl] *n* **1** Bíblia. **2** *fig* obra de grande valor.

bick.er [b'ikə] *n* briga. • *vi* brigar, discutir.

bi.cy.cle [b'aisikəl] *n* bicicleta.

bid [bid] *n* **1** oferta, proposta, licitação. **2** lance. **3** *Amer coll* convite. **4** tentativa. *his bid for power was unsuccessful* / sua tentativa para chegar ao poder não foi bem-sucedida. • *vt+vi* (*ps* **bade, bid**, *pp* **bidden, bid**) fazer um lance.

bi.en.ni.al [bai'eniəl] *n* o que ocorre a cada dois anos. • *adj* bienal.

big [big] *adj* **1** grande (em tamanho ou extensão), extenso, volumoso. *a big event* / um grande acontecimento. **2** crescido, adulto. **3** *Am coll* importante. *a big man* / um homem importante. *big shot* / *coll* figurão. **4** gordo, corpulento. • *adv* de modo arrogante. **to look big** a) ter aspecto arrogante. b) exagerar. **to talk big** contar vantagem, exagerar. Veja nota em **grande.**

big.a.mous [b'igəməs] *adj* bígamo.

Big Ap.ple [big 'æpəl] *n coll* Nova York.

Big Ben [big b'en] *n* o sino da torre do Parlamento em Londres.

big.ot.ed [b'igətid] *adj* intolerante, fanático.

bike [baik] *n coll from* **bicycle: 1** bicicleta. **2** motocicleta. • *vi* andar de bicicleta.

bik.er [b'aikə] *n* ciclista.

bi.lin.gual [bail'iŋgwəl] *adj* bilíngüe.

bill¹ [bil] *n* bico (de ave).

bill² [bil] *n* **1** conta, fatura. **2** nota, cédula (de dinheiro). **3** notícia, aviso, boletim, anúncio. **4** lista, relação. **5** projeto de lei. *they passed a bill* / aprovaram um projeto de lei. **6** letra de câmbio. *bill of exchange* / letra de câmbio. **7** nota promissória • *vt* **1** faturar. **2** anunciar, publicar. **to foot the bill** pagar a conta para todos. **to settle one's bills** liquidar suas contas. **to top (or head) the bill** ser o primeiro da lista. **Bill of Rights** Declaração de Direitos.

bill.board [b'ilbɔ:d] *n* **1** quadro para afixar avisos ou cartazes. **2** cartaz grande e fixo colocado em ruas (*outdoor*).

bil.liards [b'iljədz] *n* jogo de bilhar.

bill.ing [b'iliŋ] *n* fatura, faturamento.

bil.lion [b'iljən] *n, adj, pron* bilhão.

bil.lions [b'iljənz] *n pl* **1** plural de **billion**. **2** *fig* um número muito grande.

bin [bin] *n* caixa, lata. • *vt* guardar, armazenar em caixa, lata etc. **dust-bin** lata de lixo.

bi.na.ry digit [b'ainəri didʒit] *n Comp* dígito binário (bit).

bi.na.ry sys.tem [b'ainəri sistim] *n Comp* sistema binário.

bind [baind] *n* **1** faixa, cinta, atadura. **2** situação difícil. • *vt* (*ps, pp* **bound**) **1** ligar, atar, amarrar. **2** grudar, colar. **3** segurar (por promessa etc.), constranger.

bind.er [b'aində] *n* **1** fichário. **2** encadernador. **3** fita, tira, atadura.

bin.oc.u.lars [bain'ɔkjuləzx] *n* binóculo.

bi.o.chem.is.try [baiouk'emistri] *n* bioquímica.

bi.o.de.grad.a.ble [baioudigr'eidəbəl] *adj* biodegradável.

bi.og.ra.pher [bai'ɔgrəfə] *n* biógrafo.

bi.o.log.i.cal [baiəl'ɔdʒikəl] *adj* = **biologic** biológico. **biological balance** equilíbrio biológico.

bi.ol.o.gy [bai'ɔlədʒi] *n* biologia.

bird [bə:d] *n* **1** pássaro, ave. **2** *Amer sl* fulano, sujeito. *a queer bird* / um sujeito esquisito. **3** *Brit sl depr* mulher jovem. **birds of a feather** *fig* farinha do mesmo saco. **bird of prey** ave de rapina. **to be an early bird** ser madrugador.

bird's eye view [b'ə:dz ai vju:] *n* vista aérea, visão geral.

Bi.ro [b'airou] *n Brit* tipo de caneta esferográfica. (*USA* **ballpoint pen**).

birth [bə:θ] *n* **1** nascimento. **2** começo, origem. **3** parto. **4** descendência, família. **5** produto, fruto. **by birth** de nascença. **birth certificate** certidão de nascimento. **birth-control** controle da natalidade. **to give birth to** a) dar à luz. b) ser a origem de.

birth.date [b'ə:θdeit] *n* data de nascimento. Veja nota em **anniversary**.

birth.day [b'ə:θdei] *n* aniversário. Veja nota em **anniversary**.

birth place [b'ə:θpleis] *n* **1** lugar de nascimento. **2** *fig* lugar de origem.

birth-rate [b'ə:θ reit] *n* coeficiente de natalidade.

bis.cuit [b'iskit] *n* biscoito, bolacha.

bish.op [b'iʃəp] *n* bispo: **1** dignitário do eclesiástico. **2** peça do jogo de xadrez.

bi.son [b'aisən] *n Zool* **1** bisão. **2** auroque.

bis.sex.tile [bis'ekstail] *n* ano bissexto • *adj* bissexto.

bis.tro [b'istrou] *n Fr* bistrô: pequeno café ou restaurante.

bit¹ [bit] *n* freio. • *vt* **1** colocar o freio na boca do cavalo. **2** refrear. *the horse took the bit between his teeth* / o cavalo disparou.

bit² [bit] *n* **1** bocado, partícula. *a bit of bread* / um pedacinho de pão. **2** pouquinho. *I gave him a bit of my mind* / disse-lhe o que penso a seu respeito. **3** *coll* momentinho. *I waited for a bit* / esperei um pouquinho. **bit by bit** aos poucos. *he did his bit* / ele fez a sua parte.

bit³ [bit] *n Comp abbr* **binary digit** (menor unidade de informação em um computador).

bitch [bitʃ] *n* **1** cadela. **2** *depr* meretriz.

bite [bait] *n* **1** bocado, mordida. *give me a bite* / deixe-me dar uma mordida. **2** refeição ligeira. **3** picada de inseto. • *vt* (*ps* **bit,** *pp* **bit, bitten**) **1** morder, cortar com os dentes. *the dog bit me in the arm* / o cachorro mordeu-me no braço. **2** cortar, perfurar. **3** ferir com os dentes. **4** picar, ferroar.

bit.ing [b'aitiŋ] *adj* **1** cortante. **2** sarcástico, mordaz. *he has a biting tongue* / ele tem a língua afiada. **it is biting cold** está um frio cortante.

bit.ter [b'itə] *n* cerveja tipo "bitter". • *adj* **1** amargo. **2** decepcionado. *he is bitter* / ele está triste. **3** cruel, implacável. *bitter enemy* / inimigo implacável. **bitter weather** extremamente frio. **to the bitter end** até o amargo fim.

bit.ter.ness [b'itənis] *n* **1** rancor. **2** mágoa.

bi.zarre [biz'a:] *adj* grotesco, estranho.

black [blæk] *n* **1** preto. **2** negro, indivíduo da raça negra. • *vt+vi* **1** pretejar, tornar preto. **2** pintar de preto. **to black out** desmaiar (pessoa); ficar às escuras (sem luz). • *adj* **1** preto. **2** sem luz, muito escuro. **3** de luto, vestido de preto. **4** negro. **in black and white** preto no branco.

black.board [bl'ækbɔ:d] *n* quadro-negro.

black.list [bl'æklist] *n* lista negra. • *vt* colocar na lista negra.

black.mail.er [bl'ækmeilə] *n* chantagista.

black mar.ket(ing) [blæk m'a:kit] *n* mercado negro.

blad.der [bl'ædə] *n* bexiga.

blame [bleim] *n* **1** responsabilidade, culpa. *he bore the blame* / ele assumiu a culpa. **2** falta, falha. • *vt* **1** acusar, responsabilizar. *who is to blame?* / quem é o culpado? **2** censurar, reprender.

blan.dish.ment [bl'ændiʃmənt] *n* = **blandishments** palavras lisonjeiras.

blank [blæŋk] *n* espaço em branco. • *adj* **1** em branco. *I left the page blank* / deixei a página em branco. **2** com espaço a ser preenchido. **3** sem expressão. **4** estupefato. *he looked blank* / ele parecia estupefato. **in blank** em branco. **blank cheque** cheque em branco.

blan.ket [bl'æŋkit] *n* **1** cobertor. **2** cobertura. **a blanket of fog** uma nuvem de

neblina. • *vt* **1** cobrir com cobertor. **2** encobrir. • *adj* geral, que se aplica a todos. *a blanket rule that will affect all the doctors* / uma regra geral que afetará todos os médicos.

blare [blɛə] *n* som muito alto. • *vt* **1** estar em volume muito alto. *the sirens of the fire brigade blared in the night* / a sirene do carro dos bombeiros cortou a noite. **2** proclamar em voz alta.

blas.phe.my [bl'æsfimi] *n* **1** blasfêmia. **2** irreverência. **3** sacrilégio.

blast [bla:st; bl'æst] *n* **1** rajada forte de vento. **2** carga explosiva. **3** grande explosão. • *vt+vi* dinamitar, explodir, destruir. **to blast off** lançar (foguete). **to blast one's way** abrir o caminho a tiros.

bla.tant [bl'eitənt] *adj* **1** barulhento. **2** espalhafatoso. **3** descarado. **blatant disobedience** desobediência descarada.

blaze [bleiz] *n* **1** labareda. **2** fogo. **3** incêndio de grandes proporções e chamas. **4** arroubo. *blaze of anger* / acesso de raiva. • *vi* **1** inflamar, queimar. **2** resplandecer, luzir.

blaz.er [bl'eizə] *n* jaqueta .

bleach [bli:tʃ] *vt+vi* alvejar. • *n* água sanitária.

bleak.ness [bl'i:knis] *n* **1** desabrigo. **2** frio. **3** desolação.

blear.y-eyed [bliəri 'aid] *adj* com os olhos lacrimejantes e turvos.

bleed [bli:d] *n* sangria. • *vt+vi* (*ps, pp* **bled**) **1** sangrar. **2** *coll* esfolar, extorquir dinheiro. **3** esvaziar, drenar.

bleed.ing [bl'i:diŋ] *n* hemorragia. • *adj* que está sangrando.

bleep.er [bli:pə] *n* instrumento que emite sons para avisar a pessoa a fazer uma chamada telefônica.

blem.ish [bl'emiʃ] *n* marca, mancha, defeito. • *vt* **1** manchar, marcar, desfigurar. **2** macular, sujar.

blend [blend] *n* **1** mistura. **2** mistura de diversas coisas. **3** palavra criada por fusão de duas outras. • *vt+vi* (*ps, pp* **blent** or **blended**) **1** misturar. **2** fazer mistura.

blend.er [bl'endə] *n* liquidificador.

bless.ed [bl'esid] *adj* **1** sagrado, santificado. **2** abençoado, bem-aventurado. **3** fe-

liz, bem-sucedido. **4** *euphem, ironic*
maldito, amaldiçoado. **the blessed** os
bem-aventurados.
bless.ing [bl'esiŋ] *n* **1** invocação, pedido.
2 bênção, graça divina. *he gave the
blessing* / ele deu a bênção. **a blessing
in disguise** sorte na desgraça.
blind [blaind] *n* **1** cego. **2** veneziana. • *vt* **1**
cegar. **2** escurecer, obscurecer. **3** encobrir.
• *adj* **1** cego. **2** ofuscado. **3** desentendido.
4 irracional. **in a blind fury** alucinado de
raiva. **stone-blind** totalmente cego. **to
turn a blind eye to something** ignorar
alguma coisa. **Venetian blind** veneziana.
blind date encontro com desconhecido
do sexo oposto.
blind.fold [bl'aindfould] *n* venda, o que
tapa os olhos. • *vt* vendar. • *adj* **1** com os
olhos vendados. **2** com facilidade. *he
can draw blindfolded* / ele desenha até
"de olhos fechados".
blink [bliŋk] *n* **1** brilho intermitente. **2**
piscadela, piscada. • *vt+vi* **1** pestanejar,
piscar os olhos. **2** reluzir. **in the blink
of an eye** num piscar de olhos.
bliss [blis] *n* **1** felicidade, alegria. **2**
beatitude.
blitz [blits] *n* **1** ataque repentino. **2** *fig*
ação rápida e sem aviso. • *vt* **1** atacar
repentinamente. **2** *coll* agir subitamente.
bliz.zard [bl'izəd] *n* nevasca.
block [blɔk] *n* **1** bloco (de madeira, de
metal etc.). **2** obstrução. **3** quarteirão. **4**
grupo de prédios, casas. • *vt+vi* **1** impedir a passagem, entupir. **2** bloquear. **3**
paralisar. **4** bloquear (crédito, moeda). **to
block in** impedir a saída, a passagem. **to
block off** fazer um bloqueio.
block.ade [blɔk'eid] *n Mil* bloqueio. *to
raise the blockade* / levantar o bloqueio.
• *vt* bloquear, obstruir.
block.bus.ter [bl'ɔkbʌstə] *n sl* **1** bomba
arrasa-quarteirão. **2** livro ou filme de enorme sucesso.
block.head [bl'ɔkhed] *n sl* cabeça-dura,
pessoa estúpida.
bloke [blouk] *n sl* homem, sujeito.
blond [blɔnd] *n* loiro. • *adj* **1** claro. **2**
loiro.
blonde [blɔd] *u* loira. **blonde bombshell**
loira muito atraente.

blood [blʌd] *n* **1** sangue. **2** raça ou classe
social dos ancestrais. **3** temperamento. **4**
consangüinidade. **blood donor** doador.
blood test exame de sangue. **in cold
blood** a sangue-frio. **to be out for blood**
estar disposto a tudo. **to make one's
blood boil** enfurecer. **to make one's
blood run cold** fazer o sangue gelar nas
veias.
blood bank [bl'ʌd bæŋk] *n* banco de
sangue.
blood.stream [bl'ʌdstri:m] *n* circulação
sanguínea.
blood.thirst.y [bl'ʌdθə:sti] *adj* sanguinário, cruel.
blood trans.fu.sion [bl'ʌd trænsfju:ʒən]
n transfusão de sangue.
blood.y [bl'ʌdi] *adj* **1** sangrento. **2**
ensangüentado. **3** sanguinário, cruel. **4**
sl maldito, infame. **a bloody blunder**
um erro grave. **bloody fool** *interj* burro!, estúpido!
bloom [blu:m] *n* **1** flor. **2** florescência. **3**
vigor, beleza. **4** juventude. • *vt+vi* **1** florir. **2** estar forte e vigoroso. **in full bloom**
em plena floração.
blos.som [bl'ɔsəm] *n* **1** flor (especialmente de planta frutífera). **2** florescência. • *vi*
1 florir. **2** florescer, desenvolver-se. **in
full blossom** em plena floração. **she had
blossomed out to a beautiful woman** a
beleza dela desabrochara.
blot.ting pa.per [bl'ɔtiŋ peipə] *n* mata-
borrão.
blouse [blauz] *n* blusa.
blow¹ [blou] *n* **1** soco, golpe. **2** calamidade súbita, desastre. **3** ataque repentino,
golpe de mão. **with a single blow** com
um só golpe. **without striking a blow**
sem luta.
blow² [blou] *n* **1** sopro. **2** rajada de vento.
• *vt+vi* (*ps* **blew**, *pp* **blown**) **1** soprar,
assoprar. **2** ventar. **3** ser impelido pelo
vento. **to blow down** derrubar (pelo
vento). **to blow one's nose** assoar o
nariz. **to blow one's own trumpet** elogiar a si mesmo. **to blow out** a) estourar (pneu). b) extinguir, apagar. c) parar
de funcionar (máquina elétrica). **to blow**

up a) explodir. b) ampliar (fotografia). **c)** ficar irritado.

blow-dry [blˈou drai] *vt* secar o cabelo com secador de mão.

blue [blu:] *n* azul. • *adj* **1** azul. **2** triste, deprimido. **dark blue** azul-escuro. **light blue** azul-claro. **navy blue** azul-marinho. **once in a blue moon** muito raramente. **out of the blue** inesperadamente. **the blues** *coll* tristeza. *she has the blues* / ela está triste.

blue chip [blˈu: tʃip] *n* **1** ação ou título de primeira linha. **2** empresa bem-sucedida e lucrativa.

blue film [blˈu: film] *n coll* filme pornográfico.

blue.print [blˈu:print] *n* **1** cópia heliográfica. **2** planta, projeto, plano.

blues [blu:z] *n pl Amer Mus* canção melancólica de origem negra. **the blues** estado de tristeza, melancolia.

blun.der [blˈʌndə] *n* asneira, erro grave. *he committed a blunder* / ele cometeu um erro grave. • *vi+vt* **1** errar, fazer uma asneira. **2** estragar, deitar a perder. **3** tropeçar. **to blunder out** expressar-se de forma infeliz.

blunt [blʌnt] *vt+vi* **1** ficar sem corte. **2** enfraquecer. • *adj* **1** sem corte, cego. *blunt knife* / faca cega. **2** brusco. **3** franco, direto. *a blunt reply* / uma resposta direta.

blur [blə:] *n* **1** falta de clareza. **2** borrão. **3** *fig* mácula. • *vt+vi* **1** obscurecer, perturbar a visão. **2** ficar obscuro, indistinto. **3** manchar, borrar. **4** *fig* macular.

blush [blʌʃ] *n* rubor. • *vi* **1** corar, enrubescer. **2** envergonhar-se. • *adj* corado, rubro.

board¹ [bɔ:d] *n* **1** tábua, prancha. **2** conselho, junta. **board of directors** conselho deliberativo. **3** quadro-negro. **4** tabuleiro (para jogos). **5** *Comp* placa (de circuito). • *vt* **1** assoalhar com tábuas. **2** dar pensão. • *adj* feito de tábuas. **bed and board** pensão completa.

board² [bɔ:d] *vt* **1** subir a bordo de. **2** embarcar. **he went on board the train** ele embarcou no trem.

board.ing-card [bˈɔ:diŋ ka:d] *n* = **boarding pass** cartão de embarque.

board.ing school [bˈɔ:diŋ skul] *n* internato.

board-meet.ing [bˈɔ:diŋ mi:tiŋ] *n* reunião do conselho.

board.walk [bˈɔ:dwɔ:k] *n* passarela de madeira em praia.

boast [boust] *n* jactância, ostentação. • *vt+vi* **1** gabar-se, vangloriar-se. **2** alardear. **3** possuir algo que é motivo de orgulho.

boat [bout] *n* **1** bote, barco, canoa. **2** navio. **3** molheira ou qualquer recipiente em forma de barco.

bob.by [bˈɔbi] *n Brit sl* policial, tira.

bob.sleigh [bˈɔbslei] *n* trenó duplo.

bod.i.ly [bˈɔdili] *adj* **1** corporal. **2** físico. • *adv* **1** em pessoa. **2** em conjunto.

bod.y [bˈɔdi] *n* **1** corpo. **2** tronco. **3** parte principal. **4** grupo de pessoas, entidade oficial. **5** pessoa. **6** cadáver. **7** conjunto de textos legais etc. **diplomatic body** corpo diplomático. **heavenly body** corpo celeste. **in a body** em conjunto. **over my dead body** só passando sobre o meu cadáver.

bod.y.guard [bˈɔdiga:d] *n* guarda-costas.

bod.y lan.guage [bˈɔdi læŋgwidʒ] *n* linguagem corporal.

bog [bɔg] *n* pântano. • *vt+vi* atolar. **to get bagged down** *coll* encrencar-se.

bo.gey.man [bˈougimən] *n coll* bicho-papão.

boil [bɔil] *n* fervura. • *vt+vi* **1** ferver. *the water is boiling* / a água está fervendo. **2** esterilizar por fervura. **3** ficar nervoso. **on the boil** a) em ebulição. b) *fig* agitado. *she made his blood boil* / ela o enfureceu. **to boil down to** *fig* resumir. *the story boils down to this* / a história resume-se a isto. **to boil over** transbordar durante a fervura.

boi.ler [bˈɔilə] *n* **1** caldeira. **2** aquecedor.

bois.ter.ous [bˈɔistərəs] *adj* vivaz, barulhento.

bold [bould] *adj* **1** corajoso. **2** arrojado. **3** confiante, seguro de si. **4** *Graph Arts* negrito.

Bo.liv.i.an [bəlˈiviən] *n* boliviano: natural ou habitante da Bolívia. • *adj* boliviano.

bol.lix [b'ɔ:liks] *vt* confundir, atrapalhar. **to bollix up** confundir as coisas.

bo.lo.ney [bəl'ouni] *n Amer* bobagem, tolice, conversa fiada.

Bol.shevik [b'ɔlʃəvik] *n* comunista, bolchevique, bolchevista. • *adj* bolchevista.

bol.ster [b'oulstə] *vt* 1 escorar, amparar. 2 animar. **to bolster up** encorajar, animar.

bolt [boult] *n* 1 pino. 2 parafuso. 3 ferrolho. 4 partida repentina, fuga. • *vt+vi* 1 sair às pressas. 2 correr, fugir. 3 trancar, aferrolhar. • *adv* subitamente. *he made a bolt for the door* / ele disparou em direção à porta.

bomb [bɔm] *n* 1 bomba. 2 acontecimento inesperado. 3 fracasso. • *vt+vi* colocar uma bomba, bombardear.

bom.bard.ment [bɔmb'a:dmənt] *n* bombardeio contínuo.

bomb.er [b'ɔmə] *n* 1 avião de bombardeio. 2 a pessoa que coloca bombas.

bomb.er jack.et [b'ɔmə dʒækit] *n* blusão, jaqueta.

bomb.ing [b'ɔmiŋ] *n* 1 bombardeio. 2 atentado por bomba.

bomb.proof shel.ter [bɔmpru:f ʃeltə] *n* abrigo antiaéreo.

bomb.shell [b'ɔmʃel] *n* 1 bomba. 2 notícia inesperada. *his sudden arrival was a bombshell* / sua chegada repentina caiu como uma bomba.

bo.na fi.de [bounə f'aidi] *adj* genuíno, legítimo. • *adv* de boa-fé.

bond [bɔnd] *n* 1 elo, vínculo. 2 título, apólice. 3 **bonds** grilhões, restrições. • *vt+vi* 1 ligar, unir. 2 ligar-se.

bone [boun] *n* 1 osso. 2 espinha de peixe. 3 *fig* questão a resolver. *I have a bone to pick with you* / tenho contas a ajustar com você. 4 **bones** ossatura. **a bag of bones** um feixe de ossos. **bone of contention** pomo de discórdia. **to make no bones about** falar / fazer sem hesitação. **to feel it one's bones** ter pressentimento. **to the bones** até os ossos. *I'm chilled to the bones* / estou gelado até os ossos.

bon.fire [b'ɔnfaiə] *n* fogueira.

bon.net [b'ɔnit] *n* 1 touca. 2 *Brit* capô.

bo.nus [b'ounəs] *n* 1 bonificação, abono, prêmio extra. 2 dividendo.

boo [bu:] *interj* u! u! • *vi* vaiar. • *n vaia*.

boo.by trap [b'u:bi træp] *n* petardo, bomba plantada.

book [buk] *n* 1 livro. 2 tomo. 3 libreto de ópera. 4 talão. • *vt+vi* 1 registrar. 2 reservar. *I booked two seats for...* / reservei duas entradas para... 3 autuar. **by (the) book** *coll* de acordo com as regras. **to be booked up** estar lotado (hotel etc.). **to book in** registrar-se (em hotel, balcão de despachos no aeroporto etc.). **to be in one's good / bad book** ser benquisto / malquisto por alguém.

book.case [b'ukkeis] *n* estante para livros.

book.ing [b'ukiŋ] *n* reserva (de passagens, de bilhetes etc.).

book.let [b'uklit] *n* folheto.

book.mak.er [b'ukmeikə] *n Turf* agenciador de apostas.

book.mo.bile [b'ukmoubi:l] *n Amer* biblioteca ambulante.

book.shop [b'ukʃɔp] *n* (também **bookstore**) livraria.

boost [bu:st] *n* 1 auxílio (para progredir), impulso. 2 reclame. • *vt+vi* 1 impulsionar. 2 fazer publicidade. 3 levantar (moral) .

boot[1] [bu:t] *n* 1 bota. 2 porta-malas. **to boot out** pôr para fora, demitir. **to get the boot** *sl* ser demitido. **to lick someone's boots** bajular.

boot[2] [bu:t] *n Comp* inicialização.

booth [bu:ð; bu:θ] *n* cabine (telefônica, de laboratório de línguas, de votação etc.).

booze [bu:z] *n coll* 1 bebida alcoólica. 2 bebedeira. 3 *sl Braz* birita. • *vi* beber em excesso, embriagar-se.

bor.der [b'ɔ:də] *n* 1 margem, borda. 2 fronteira, limite. 3 canteiro (de jardim). • *vt+vi* 1 fazer fronteira com. 2 *fig* chegar às raias, beirar. *his devotion to his dog borders on the ridiculous* / sua devoção ao cachorro chega às raias do ridículo.

bor.der.line [b'ɔ:dəlain] *adj* 1 linha de fronteira. 2 *fig* limítrofe, duvidoso.

bored [bɔ:d] *adj* entediado.

bore.dom [b'ɔ:dəm] *n* enfado, aborrecimento.

bor.ing [b'ɔ:rin] *adj* maçante, enfadonho.

born [bɔ:n] *pp* of **bear**. • *adj* **1** nascido. **2** inato. *I was born in May* / nasci em maio. *he is a born poet* / ele é um poeta nato.

bo.rough [b'ʌrə] *n* divisões de uma cidade grande, principalmente Nova York e Londres.

bor.row [b'ɔrou] *vt* obter emprestado. **to live on borrowed time** estar em sobrevida.

Compare o uso de **borrow** e **lend**.

Usa-se **borrow** quando se precisa de algo que pertence a outra pessoa. *can I borrow your car?* / você pode me emprestar seu carro?

Lend é usado quando se tem algo e empresta a outra pessoa. *she lent some money to her brother* / ela emprestou dinheiro para seu irmão.

bor.row.er [b'ɔrouə] *n* o que pede ou toma emprestado.

bos.om [b'uzəm] *n* **1** peito, seios. **2** *fig* âmago, recesso (do lar, da família). *in the bosom of the church* / no âmago da Igreja. • *adj* do peito, de confiança, íntimo. **to take someone to the bosom** tratar com delizadeza.

boss [bɔs] *n* chefe, patrão empregador. • *vt+vi* dirigir, controlar, mandar. *he bosses the show* / ele é o manda-chuva.

botch [bɔtʃ] *n* remendo grosseiro, serviço malfeito. • *vt* remendar grosseiramente.

both [bouθ] *adj* ambos, os dois, as duas. • *pron* ambos, ambas. *both are untrue* / ambos são falsos. *both (of them) were lost* / ambos se perderam. • *adv* igualmente. *she is both good and clever* / ela é bondosa e inteligente. • *conj* não só, tanto que. **both he and she** tanto ele como ela. **both his children** seus dois filhos.

both.er [b'ɔ:ðə] *n* **1** preocupação, incômodo. **2** contrariedade. • *vt+vi* **1** aborrecer, incomodar. *sorry to bother you* / desculpe-me incomodá-lo. **2** preocupar-se, incomodar-se. **3** dar-se ao trabalho. *She did not bother to answer the phone* / ela não se deu ao trabalho de atender o telefone. **I'll be bothered!** é o cúmulo!

bot.tle [b'ɔtəl] *n* **1** garrafa, frasco. **2** madeira. • *vt* engarrafar. **hot water bottle** bolsa de água quente.

bot.tle bank [b'ɔtəl bæŋk] *n* recipiente para coleta seletiva de vidros.

bot.tle-feed [b'ɔtəl fi:d] *vt* alimentar com mamadeira. *adj our baby is bottle-fed* / nosso bebê toma mamadeira.

bot.tle.neck [b'ɔtəlnek] *n* **1** gargalo de garrafa. **2** *fig* passagem estreita. **3** *fig* condições ou circunstâncias que retardam o progresso.

bot.tom [b'ɔtəm] *n* **1** fundo, parte mais baixa, **2** leito, fundo de rio, mar etc. **3** *Anat* traseiro. **4** origem, causa. *let's try to get to the bottom of this question!* / vamos tentar chegar à causa desse problema. **at the bottom of it** que está por trás disso. **from the bottom of my heart** do fundo do meu coração. **we touched bottom** *fig* chegamos ao fundo do poço.

bot.tom-line [bɔtəm l'ain] *n* o fator mais importante numa tomada de decisão.

bounce [bauns] *n* pulo, salto. • *vt+vi* **1** saltar, quicar. **2** devolver cheque por falta de fundos. *that check you gave me bounced* / aquele cheque que você me deu foi devolvido por falta de fundos. **3** botar para fora, expulsar.

bounc.er [b'aunsə] *n sl* leão-de-chácara: segurança de bar, restaurante etc.

bounc.ing [b'aunsin] *adj* vigoroso, cheio de saúde.

bound[1] [baund] *n* (geralmente **bounds**) limite, fronteira. **out of bounds** interditado, proibido.

bound[2] [baund] *adj* com destino a. *where are you bound for?* / para onde você vai? *I am bound for California* / estou indo para a Califórnia.

bound.less [b'aundlis] *adj* **1** ilimitado, infinito. **2** vasto.

bou.quet [buk'ei] *n Fr* **1** buquê. **2** aroma do vinho.

bour.bon [b'ɔ:bən] *n* uísque de malte, centeio e milho.

bout [baut] *n* luta livre ou boxe. **2** surto (doença). *a bout of influenza* / um surto de gripe.

bow[1] [bou] *n* **1** arco: a) arma para atirar

flechas. b) para tocar instrumentos de corda. 2 curva, curvatura. 3 laço. • *vt* 1 curvar, dobrar.

bow² [bau] *n* proa (de navio, de avião).

bowl¹ [boul] *n* 1 tigela. 2 tigela como medida. 3 concha acústica em estádios e teatros.

bowl² [boul] *n* boliche. **I bowled him over** *coll* deixei-o perplexo.

bow.legged [boul'egid] *adj* de pernas tortas, cambaio.

bowl.ing-al.ley [b'oulin æli] *n* pista de boliche.

bow-tie [bou t'ai] *n* gravata-borboleta.

box [bɔks] *n* 1 caixa (de madeira, de papelão, de metal etc.), caixote. 2 *Theat* camarote. 3 cabina. 4 estande. 5 estojo. • *vt* encaixotar, embalar em caixa. **ballot box** urna para votar. **letter box** caixa do correio. **paint box** caixa de tintas para pintura. **PO box** caixa postal. **sentry box** guarita. **the box** televisão.

box.er [b'ɔksə] *n* 1 boxeador, pugilista. 2 boxer, raça de cachorro.

Box.ing-day [b'ɔksiŋ dei] *n Brit* 26 de dezembro.

box-of.fice [b'ɔks ɔfis] *n* bilheteria de teatro ou cinema.

boy [bɔi] *n* menino, moço. **be a good boy!** seja bonzinho! **my boy** meu filho. **the boys** a) os filhos. b) nossos soldados. **boys will be boys!** as crianças são assim mesmo!

boy.cott [b'ɔikɔt] *n* boicote. • *vt* boicotar.

boy.friend [b'ɔifrend] *n* amigo, namorado.

boy scout [b'ɔi skaut] *n* escoteiro.

bra [bra:] *n* sutiã.

brace [breis] *n* 1 tira, braçadeira, grampo. 2 reforço, suporte. • *vt+vi* dar força ou firmeza a, suportar. **brace yourself!** coragem!

brac.es [br'eisiz] *n pl* 1 aparelho dentário para alinhar os dentes. 2 *Brit* suspensórios.

brac.ing [br'eisiŋ] *n* amarração, suporte, esteio. • *adj* estimulante, fortificante.

braid [breid] *n* 1 trança. 2 fita, cadarço, galão. • *vt* 1 guarnecer com fitas, cadarço ou galão. 2 trançar. 3 amarrar com fita.

brain [brein] *n* 1 cérebro, miolo. 2 (geral-

mente **brains**) inteligência, intelecto. 3 *sl* crânio: pessoa muito inteligente.

brain drain [br'ein drein] *n* evasão da intelectualidade de um país para outro, por melhores salários.

brain.less [br'einlis] *adj fig* desmiolado, desajuizado.

brain.storm.ing [br'einstɔ:miŋ] *n* procedimento utilizado para solucionar problemas por meio de diversas idéias.

brain.wash.ing [br'einwɔ∫iŋ] *n* lavagem cerebral: método de doutrinação controlada.

brain wave [br'ein weiv] *n coll* idéia brilhante, inspiração súbita.

brake [breik] *n* freio, breque. *to put on* / *apply the brake (brakes)* / puxar o freio. • *vt+vi* frear, brecar. **brake hard (suddenly)** brecar subitamente.

bran [bræn] *n* farelo de cereais.

branch [bra:nt∫; brænt∫] *n* 1 ramo de árvore. 2 filial, sucursal, agência. 3 área de conhecimento. *a branch of medicine* / uma área da medicina. **to branch off** ramificar-se. **to branch out** ampliar, diversificar (negócios, atividades).

brand [brænd] *n* 1 marca de fábrica, marca registrada. 2 mácula, desonra, estigma. • *vt* 1 marcar (gado) com ferro quente. 2 marcar, estigmatizar. *that day is branded on my memory* / esse dia está marcado na minha memória.

brand-new [brænd nj'u:] *adj* novo em folha.

brand.y [br'ændi] *n* conhaque.

brass [bra:s; bræs] *n* 1 latão, metal. 2 *Amer sl* altas patentes militares. **the brass** *Mus* os instrumentos de sopro (de metal).

brass band [bra:s b'ænd] *n* orquestra de instrumentos de sopro.

brat [bræt] *n* 1 criança mal-educada. 2 pirralho.

brave [breiv] *n* bravo: pessoa valente ou corajosa. • *vt* enfrentar perigos e dificuldades corajosamente. • *adj* corajoso.

brav.er.y [br'eivəri] *n* coragem, bravura.

Bra.zil-nut [brəz'il nʌt] *n* castanha-do-pará.

bra.zil.wood [brəz'ilwud] *n* pau-brasil.

breach [bri:t∫] *n* 1 brecha. 2 ruptura, quebra. **3** infração, transgressão. **breach of contract** quebra de contrato. **breach of manners** falta de tato, infração contra a moral.

bread [bred] *n* pão. **a loaf of bread** um pão. **bread and butter** pão com manteiga. **he was put on bread and water** ele foi posto a pão e água. **pita bread** pão sírio. **rye (brown) bread** pão de centeio. **white bread** pão de forma. **whole wheat bread** pão integral. **a slice of bread** uma fatia de pão.

bread-line [br'ed lain] *n* fila de mendigos para receber alimento gratuito.

bread.win.ner [br'edwinə] *n* a pessoa que sustenta a família.

break [breik] *n* **1** quebra. **2** brecha. **3** fenda. **4** interrupção. **5** pausa, intervalo. **6** saída por meios violentos. **7** chance, oportunidade. • *vt+vi* (*ps* **broke**, *pp* **broken**) **1** quebrar, fraturar, despedaçar. *she broke her arm /* ela fraturou o braço. *the toy is broken to pieces /* o brinquedo está em pedaços. **2** parar, pôr fim. *you must break this bad habit /* você deve deixar este mau hábito. **3** superar, quebrar (recorde). **4** revelar. *her father broke the news to her /* seu pai deu-lhe a (má) notícia. **5** ir à falência. *the business broke / a firma faliu. give me a break! /* me dá um tempo! **lucky breaks** *coll* boas oportunidades. *the machine broke down /* a máquina encrencou. *the school breaks up /* começam as férias. **to break down** analisar item a item. **to break in** arrombar. *our house was broken into /* nossa casa foi arrombada. **to break off an engagement** desmanchar um noivado. **to break through** conseguir sucesso apesar das dificuldades. **to break with** romper relações com. *he broke with his father /* ele rompeu relações com o pai.

break.down [br'eikdaun] *n* **1** avaria. **2** colapso. **3** análise, relação, plano detalhado. **breakdown of accounts** *Com* desdobramento de contas. **nervous breakdown** colapso nervoso.

break-in [br'eik in] *n* assalto, arrombamento.

break.ing point [br'eikiŋ pɔint] *n* ponto de ruptura.

break.out [br'eikaut] *n* **1** fuga (de prisão ou hospital). **2** *Med* surto, erupção.

break.through [br'eikθru:] *n* **1** avanço notável. **2** *Mil* ruptura das linhas inimigas.

breast [brest] *n* **1** peito, tórax. **2** seio, mama. **he made a clean breast of it** ele confessou tudo.

breath [breθ] *n* **1** respiração. *he drew a deep breath /* ele respirou (profundamente). **2** hálito, alento. **3** fôlego. **a breath of fresh air** um sopro de ar fresco. **bad breath** mau hálito. **out of breath /short of breath** esbaforido. **to gasp for breath** ofegar. **to take one's breath away** deixar alguém estupefato.

breath.a.lys.er [br'eθəlaizə] *n trademark* bafômetro.

breathe [bri:ð] *vt+vi* **1** respirar. **2** tomar fôlego. **3** viver, estar vivo. **4 (in, out)** inspirar, expirar. **to breathe again (or freely)** estar aliviado, sentir-se à vontade. Veja nota em **respire**.

breath.less [br'əθlis] *adj* **1** esbaforido. **2** aflito.

breath.tak.ing [br'eθteikiŋ] *adj* excitante, empolgante.

breed [bri:d] *n* **1** criação. *a breed of horses /* uma criação de cavalos. **2** classe, espécie, raça. • *vt+vi* (*ps, pp* **bred**) **1** causar. *war breeds misery /* a guerra provoca miséria. **2** procriar, cruzar. *they bred the black stallion with the white mare /* eles cruzaram o garanhão preto com a égua branca.

breed.ing [br'i:diŋ] *n* educação, maneiras. **good breeding** boas maneiras.

brew [bru:] **a brew** (diferentes tipos de cerveja). • *vt+vi* **1** fazer cerveja etc. **2** fazer bebida por fervura etc. *he brewed some coffee /* ele preparou café.

bribe [braib] *n* suborno. • *vt* subornar. *he bribed the policeman /* ele subornou o policial. **to take a bribe** deixar-se subornar.

brick [brik] *n* **1** tijolo. **2** coisa da forma de tijolo. • *vt* revestir com tijolos. • *adj* da cor de tijolo. **he dropped a brick** ele disse uma tolice.

brick.lay.er [br'ikleiə] *n* pedreiro.

brick.wall [br'ikwɔ:l] *n* **1** parede. **2** obstáculo. **to hit a brickwall** deparar com um obstáculo ao progresso.

bride [braid] *n* a noiva.

bride.groom [br'aidgru:m] *n* o noivo.

bridge [bridʒ] *n* **1** ponte. **2** prótese dentária. **3** jogo de cartas. **foot-bridge**, passagem. **suspension bridge** ponte pênsil. **to bridge the gap** atenuar as diferenças.

brief [bri:f] *n* **1** sumário, síntese. **2** *Jur* depoimento, resumo dos fatos. • *vt* **1** fazer resumo. **2** dar conhecimento. • *adj* **1** breve. **2** resumido. **in brief** em poucas palavras.

brief.case [br'i:fkeis] *n* pasta executiva.

brief.ing [br'i:fiŋ] *n* informe oficial à imprensa.

bri.gade [brig'eid] *n* **1** *Mil* brigada. **2** corpo, grupo. • *vt* formar em brigada. **fire brigade** brigada de incêndio.

bright [brait] • *adj* **1** claro, luminoso, brilhante. **2** inteligente. **3** animado, alegre.

bright.en [br'aitən] *vt+vi* tornar claro, iluminar, animar. **to brighten up** a) tornar agradável. b) clarear (tempo).

bril.liant [br'iljənt] *adj* **1** magnífico. **2** *fig* inteligente, genial.

brim [brim] *n* **1** borda, orla. **2** aba. • *vt+vi* encher, estar cheio até a borda.

brine [brain] *n* salmoura.

bring [briŋ] *vt* (*ps, pp* **brought**) **1** trazer, vir com alguém ou com alguma coisa. *he brought a bottle of wine* / ele trouxe uma garrafa de vinho. *bring your friend with you* / traga seu amigo. **2** persuadir. *I could not bring him to confess* / não consegui persuadi-lo a confessar. **I brought them together** reconciliei-os. **the subject was brought up** o assunto foi trazido à baila. **to bring into account** levar em conta. **to bring into force** entrar em vigor. **to bring into question** pôr em dúvida, duvidar. **to bring up** criar, educar. **to bring up-to-date** atualizar. Veja nota em **fetch**.

brisk.ly [br'iskli] *adv* depressa. **to walk briskly** caminhar depressa, animadamente.

Brit.ain [br'itən] *n* Grã-Bretanha (também **Great Britain**).

Brit.ish [br'itiʃ] • *adj* britânico.

broach [broutʃ] *vt* abordar um assunto. *she broached the subject* / ela tocou no assunto.

broad [brɔ:d] *adj* **1** largo. **2** amplo, vasto. **a broad outlook** uma ampla perspectiva. **it is as broad as it is long** é a mesma coisa, vem a dar no mesmo. **in broad day light** em plena luz do dia.

broad.cast [br'ɔ:dka:st] *n* **1** radiodifusão, teledifusão. **2** programa de rádio ou TV. • *vt* (*ps, pp* **broadcast**) transmitir pelo rádio ou TV.

broad.mind.ed [brɔ:dm'aindid] *adj* liberal, tolerante, indulgente.

bro.chure [br'ouʃuə] *n* brochura, folheto.

bro.ken [br'oukən] *adj* • *adj* **1** quebrado. **2** destruído. *a broken heart* / um coração ferido. **3** arruinado, falido. **4** enfraquecido. *broken health* / saúde abalada. **5** desanimado. *a broken man* / um homem desanimado. **6** falado devagar e com muitos erros. *broken English* / inglês mal falado.

bro.ken home [broukən h'oum] *n* família com pais separados.

bro.ker [br'oukə] *n* corretor, agente. **insurance broker** corretor de seguros. **stock broker** corretor de bolsa de valores.

brol.ly [br'ɔli] *n sl* guarda-chuva.

bron.chi [br'ɔŋkai] *n pl Anat* brônquios.

bron.chi.tis [brɔŋk'aitis] *n Med* bronquite.

bronze [br'ɔnz] *n* **1** bronze. **2** cor de bronze, marrom-avermelhado. • *vt* bronzear-se.

brood [bru:d] *n* **1** ninhada, filhotes. **2** *fig* prole numerosa. • *vt+vi* preocupar-se com alguma coisa. **a brood-hen** uma galinha choca.

broom [bru:m] *n* vassoura. • *vt* varrer. **new brooms sweep clean** *fig* vassouras novas varrem bem.

broth.el [br'ɔθəl] *n* bordel.

broth.er [br'ʌðə] *n* **1** irmão. *I have five brothers and two sisters* / tenho cinco irmãos e duas irmãs. **2** amigo íntimo, companheiro. **3** confrade. **half-brother** meio-irmão.

broth.er.hood [br'ʌðəhud] *n* **1** parentesco de irmãos. **2** espírito de corporação. **3** confraria.

broth.er-in-law [br'ʌðə in lɔ:] *n* cunhado.

broth.er.ly [br'ʌðəli] *adj* fraternal.

brow [brau] *n* **1** testa, fronte. **2** sobrancelha. **3** *fig* expressão, fisionomia. **his brow cleared** seu rosto desanuviou-se.

brown[braun] *vt* assar até ficar dourado. • *adj* **1** marrom. **2** castanho (cabelo).

brown bread[braun br'ed] *n* pão de centeio ou pão integral.

brown.ie[br'auni] *n* **1** bolo ou biscoito de chocolate e nozes. **2** bandeirante (menina).

bruise[bru:z] *n* **1** contusão, pisadura. **2** machucadura (em fruta). • *vt* contundir, machucar.

brunch[brʌntʃ] *n* (**breakfast** and **lunch**) refeição que se toma ao acordar tarde, misto de café da manhã com almoço.

bru.nette[bru:n'et] *n* mulher de cabelo escuro. • *adj* **1** morena. **2** de cabelo escuro.

brush[brʌʃ] *n* **1** escova. **2** escovadela. **3** pincel, broxa. • *vt+vi* **1** escovar, limpar. *he brushed his teeth* / ele escovou os dentes. **2** esbarrar, roçar levemente. *he brushed against me* / ele esbarrou em mim. **3** correr, mover-se rapidamente. *he brushed by me* / ele passou correndo por mim. **to brush up** recapitular, refrescar a memória. *I must brush up my Latin* / preciso recapitular meu latim.

brush-off[br'ʌʃ ɔf] *n* ato de descartar ou ignorar alguém. *she gave me the brush-off at the party* / ela me ignorou na festa.

bru.tal.i.ty[bru:t'æliti] *n* brutalidade.

brute[bru:t] *n* **1** animal irracional. **2** bruto: pessoa bruta ou cruel. • *adj* estúpido, brutal.

bub.ble[b'ʌbəl] *n* **1** bolha, borbulha. **2** algo sem valor. • *vt+vi* **1** fazer bolhas, borbulhar, efervescer. **2** demonstrar alegria ou entusiasmo. *he bubbled over with fun* / ele estava radiante de alegria. **the children blew bubbles** as crianças fizeram bolhas de sabão.

bub.ble gum[b'ʌbəl gʌm] *n* chiclete de bola.

buck[1][bʌk] *n* macho (animais). **to pass the buck** passar a responsabilidade para outro.

buck[2][bʌk] *n Amer sl* dólar, dinheiro. **to make a fast buck** ganhar dinheiro fácil.

buck.et[b'ʌkit] *n* balde. • *vt* baldear. **to kick the bucket** *sl* morrer.

buck.ling [b'ʌkliŋ] *n Tech* empeno, cambamento.

buck-tooth [bʌk tu:θ] *n* (*pl* **buck-teeth**) dente saliente.

bud [bʌd] *n* **1** *Bot* botão de flor. **2** *fig* origem. • *vt+vi* **1** brotar, germinar, florescer. **2** desenvolver-se. **it was nipped in the bud** *fig* foi abafado logo no início.

Bud.dhist [b'udist] budista.

bud.ding [b'ʌdiŋ] *adj* que está emergindo, ficando famoso. **a budding politician** um político que está começando a ser notado.

budge [bʌdʒ] *vt+vi* **1** (sentido negativo) mover-se, sair do lugar, mexer-se. *I shall not budge* / não sairei do lugar. **2** *fig* ser obstinado, não ceder.

budg.et [b'ʌdʒit] *n* **1** orçamento. **2** receita, verba (dinheiro). • *vt* **1** orçar. **2** planejar gastos. **budget deficit** déficit orçamentário. **budget surplus** superávit orçamentário.

buff [bʌf] *vt* polir com couro.

buf.fa.lo [b'ʌfəlou] *n Zool* **1** búfalo. **2** bisão americano. • *vt Amer sl* intimidar.

buff.er [b'ʌfə] *n Comp* área temporária de memória.

buf.fet [b'ufei] *n* **1** lanchonete. **2** restaurante com bufê. **3** refeição fria disposta em balcões.

bug [bʌg] *n* **1** bicho, inseto. **2** defeito, falha. *there's a bug in my TV set* / há um defeito na minha TV. **3** grampo, escuta. **4** *Comp* defeito no código de um programa. **5** doença causada por germes ou vírus. • *vt* **1** grampear (telefone), colocar escuta. **2** aborrecer, amolar.

bug.gy [b'ʌgi] *n* carrinho de bebê.

build [bild] *n* constituição física. *of slender build* / de constituição esbelta. • *vt+vi* (*ps, pp* **built**) **1** construir, edificar. **2** estabelecer, fundar. **to build up** aumentar, melhorar. *I need to build up my vocabulary* / preciso aumentar meu vocabulário. Veja nota em **construct**.

build.er [b'ildə] *n* construtor, empreiteiro.

build.ing [b'ildiŋ] *n* edifício, construção, estrutura.

build.ing-site [b'ildiŋ sait] *n* canteiro de obras.

built-up [bilt 'ʌp] *adj* muito construído. *the city centre is a built-up area* / o centro da cidade é densamente construído.

bulb [bʌlb] *n* 1 *Bot* bulbo. 2 *Electr* lâmpada elétrica.

bulk.y [bʌlki] *adj* grande, volumoso, corpulento.

bull [bul] *n* 1 touro. 2 macho de elefante, baleia e outros grandes animais. • *adj* 1 macho. 2 como touro, forte, grande, bravo. **he took the bull by the horns** *fig* ele enfrentou a dificuldade.

bull.doz.er [buˈuldouzə] *n* 1 escavadora para terraplenagem. 2 *coll* pessoa ou arma que intimida.

bul.let [bulit] *n* bala (de arma de fogo). **blank bullet** bala de festim. **rubber bullet** bala de borracha.

bul.le.tin [bulətin] *n* 1 boletim, comunicado. 2 publicação regular. • *vt* divulgar por boletim.

bul.let-proof [bulit pruːf] *adj* à prova de bala. *a bullet-proof jacket* / um colete à prova de bala.

bul.lion [bulian] *n* ouro ou prata em barras ou lingotes, prata ou ouro maciço.

bull.ring [bulriŋ] *n* praça de touros.

bull's eye [bulz ai] *n* 1 na mosca (alvo). 2 tiro certeiro.

bull.shit [bulʃit] *n* *vulg* conversa mole, papo furado.

bul.ly [buli] *n* brigão. • *vt* amedrontar, intimidar.

bump [bʌmp] *n* 1 impacto, baque. 2 batida, pancada. 3 galo, inchaço. • *vt+vi* 1 colidir contra alguma coisa ou alguém. *I bumped my nose against the wall* / bati o nariz contra a parede. **to bump into** dar de cara com alguém. Veja nota em **colidir**.

bump.er [bʌmpə] *n* pára-choque.

bump.er stick.er [bʌmpə stikə] *n* adesivo (geralmente com dizeres e/ou gravuras) para o carro.

bunch [bʌntʃ] *n* 1 cacho, maço, penca. 2 grupo, rebanho, bando. 3 *fig* turma. *he is the best of the bunch* / ele é o melhor da turma. • *vt Amer* 1 juntar-se, agrupar-se. 2 juntar, enfeixar. **bunch of flowers** buquê. **bunch of grapes** cacho de uvas. **bunch of keys** molho de chaves.

bun.dle [bʌndəl] *n* 1 pacote, fardo. 2 trouxa, embrulho. 3 maço de papéis. • *vt+vi* embrulhar, empacotar, enfeixar. **a bundle of nerves** pessoa nervosíssima.

bun.gee jump.ing [bʌndʒi: dʒʌmpiŋ] *n* tipo de esporte radical.

bun.gle [bʌŋgəl] *n* trabalho malfeito. • *vt* fazer mal, estragar.

bunk [bʌŋk] *n* beliche. • *vi* 1 *Amer* dormir em beliche. 2 *Brit* fugir, sair correndo.

bun.ny [bʌni] *n* 1 coelho (expressão infantil). 2 *sl* garota bonitinha que tem função decorativa.

buoy [bɔi] *n Naut* bóia. **to buoy up** manter boiando, fazer flutuar.

buoy.ant [bɔiənt] *adj* 1 flutuante. 2 *fig* animado, esperançoso.

bur.den [bəːdən] *n* 1 carga, peso. 2 encargo. 3 ônus. *the burden of proof* / o ônus da prova. • *vt* 1 pôr carga em. 2 *fig* sobrecarregar, oprimir. **beast of burden** burro de carga.

bu.reau [bjuəˈrou] *n* (*pl* **bureaux, bureaus**) 1 *Amer* cômoda. 2 escrivaninha. 3 escritório, agência. 4 *Amer* departamento, divisão de repartição pública.

bu.reau.cra.cy [bjuərˈɔkrəsi] *n* burocracia.

bu.reau.crat [bjˈuərəkæt] *n* burocrata: empregado público.

burg.er [bəːgə] *n coll* hambúrguer.

bur.glar [bəːglə] *n* assaltante, arrombador. Veja nota em **thief**.

bur.gla.ry [bəːgləri] *n Jur* arrombamento com a finalidade de roubar, roubo. **insurance against burglary and theft** seguro contra roubo. Veja nota em **theft**.

bur.i.al [beriəl] *n* enterro, sepultamento.

burn [bəːn] *n* 1 queimadura. 2 queimada. • *vt+vi* (*ps, pp* **burnt** or **burned**) 1 queimar(-se): a) estar muito quente, em chamas, incandescente, arder. b) acender, pôr fogo. c) incinerar. d) crestar (plantas). **he burnt his boats** ele rompeu com o passado. **it was burnt into my mind** ficou gravado na minha memória. **the building burnt out** o prédio foi destruído no incêndio. **to burn out** extinguir, apagar o fogo. *the candle was burning* a vela estava acesa.

burn.ing-point [bəːniŋ pɔint] *n* ponto de combustão.

bur.sar [b'ə:sə] *n* **1** tesoureiro (em faculdades, universidades ou monastérios). **2** *Brit* bolsa de estudos.

burst [bə:st] *n* **1** estouro, rompimento, explosão. **2** eclosão. • *vt+vi* (*ps, pp* **burst**) **1** estourar, rebentar, explodir. *the balloon burst* / o balão estourou. *the water burst forth* / a água jorrou. **2** estar repleto. **3** irromper. *she burst into the room* / ela irrompeu no quarto. **4** abrir (-se) violentamente. *the door burst open* / a porta abriu-se repentinamente.

bur.y [b'eri] *vt* **1** enterrar, sepultar. **2** realizar funeral. **3** encobrir. **4** retirar-se, isolar-se. *he buried himself in the country* / ele escondeu-se no interior. **they buried the hatchet** fizeram as pazes.

bush [buʃ] *n* **1** arbusto. **2** mato, moita. **to beat about the bush** usar de rodeios.

bus.i.ly [b'izili] *adv* ativamente.

busi.ness [b'izɪnɪs] *n* **1** serviço, trabalho, profissão, ocupação. **2** assunto, negócio. *important business* / negócios importantes. **3** atividade comercial. *he went into business* / ele ingressou no comércio. **4** empresa, firma. **5** direito de agir, interesse. **I mean business** estou falando sério. **it is not his business to do that** não lhe compete fazer isso. **I went about my business** tratei da minha vida, meus negócios. **mind your own business!** ocupe-se da sua própria vida! **monkey business** *sl* maracutaia. **on business** a negócios. **quite a business** não é tão fácil. **to get down to business** começar a trabalhar.

busi.ness.like [b'izɪnɪslaik] *adj* profissional eficiente.

busi.ness.man [b'izɪnɪsmən] *n* homem de negócios, empresário.

busi.ness-out.look [b'izɪnɪs autluk] *n* panorama, situação comercial.

bust [bʌst] *vt+vi* (*ps, pp* **bust** or **busted**) **1** estourar. *the cops busted the terrorists hideaway* / a polícia estourou o esconderijo dos terroristas. **2** fracassar. *I am busted* / fracassei. **3** prender alguém. *that cop busted him* / aquele tira o prendeu. **to go bust** abrir falência.

bus.y [b'izi] *vt* pôr(se) a trabalhar. *he busied*

himself / ele ocupou-se. • *adj* **1** atarefado. *a busy day* / um dia de muito trabalho. *he is busy* / ele está ocupado. **2** ocupado (telefone). *the line is busy* / a linha (telefônica) está ocupada. **busy streets** ruas movimentadas.

but [bʌt] *n* objeção, restrição. • *conj* **1** mas, porém. **2** não obstante, embora. **3** todavia, entretanto. • *prep* com exceção de, menos. *everybody was present but Paul* / todos estavam presentes, menos Paulo. *nothing more remains but to go* / não resta outra coisa a não ser ir embora. • *adv* apenas. *it is but a trifle* / é apenas uma bagatela. **but for my good health I should have died** não fosse minha boa saúde teria morrido. **nothing but misfortunes** nada além de infortúnios. **not only poor but also ill** não somente pobre mas também doente, além de pobre doente. **the last but one** o penúltimo.

butch.er's *n* açougue.

but.ler [b'ʌtlə] *n* mordomo.

butt [bʌt] *n* **1** coronha. **2** toco de cigarro. **3** alvo *the butt of his family's criticism* o alvo das críticas de sua família.

but.ter [b'ʌtə] *n* manteiga. • *vt* **1** passar manteiga. **2** *fig coll* lisonjear, bajular.

but.ter.fin.gered [bʌtəf'iŋgəd] *adj* desastrado.

but.ter.fly [b'ʌtəflai] *n Ent* borboleta. **to have butterflies in one's stomach** estar muito nervoso.

but.ter.fly stroke [b'ʌtəflai strouk] *n Sport* nado borboleta.

but.ton [b'ʌtən] *n* **1** botão. **2** dístico, broche. • *vt+vi* abotoar(se). **I must press a button** *fig* tenho de tomar providências. **it isn't worth a button** não vale um caracol. **to button up** abotoar.

but.ton.hole [b'ʌtənhoul] *n* **1** casa de botão. **2** *Brit* flor na lapela.

buy [bai] *n* compra, aquisição. • *vt+vi* (*ps, pp* **bought**) **1** comprar, adquirir. *he bought his son a present* / ele comprou um presente o filho. *to buy something from someone* / comprar algo de alguém. **a good buy** uma boa compra. **to buy at** comprar em. **to buy from** comprar de. **to buy on credit** comprar a crédito. **to buy on instalments** comprar a prestações. **2** *coll* subornar.

buy.er [b'aiə] *n* **1** comprador. **2** consumidor

buzz [bʌz] *n* **1** zumbido, zunido. **2** murmúrio, sussurro. **3** cochicho, rumor. **4** *coll* telefonema. • *vt+vi* **1** zumbir, zunir. **2** murmurar, sussurrar. **3** falar de modo excitado. **4** cochichar, rumorejar. **5** *coll* telefonar. **to buzz off** *sl* a) desaparecer, escapar-se furtivamente. b) desligar (telefone).

by [bai] *prep* **1** perto de, ao lado de, próximo de. **2** através de, por, via, pelo, pela. *he went by Paris* / ele viajou via Paris. *it was sent by post* / foi enviado pelo correio. **3** por meio de, com, pela ação de. *by dieting seriously she lost a lot of weight* / ela perdeu bastante peso por meio de dieta rigorosa. **4** de, da autoria de, da origem de. *a play by Oscar Wilde* / uma peça da autoria de Oscar Wilde. • *adj* perto, próximo, à mão. **book by book** , um livro após outro. **by all means** certamente. **by and large** *Amer*

coll em geral, de modo geral. **by birth** de nascença. **by chance** por acaso. **by degrees** aos poucos. **by far** de longe. **by heart** de cor. **by nature** de natureza. **by next year** no próximo ano o mais tardar. **by no means** de modo algum. **by oneself** sozinho, sem ajuda. *I did it by myself* / eu mesmo o fiz. **by the way** a propósito, incidentalmente. **little by little** aos poucos. **side by side** lado a lado.

by.gone [b'aigɔn] *n* coisa do passado. • *adj* passado, antigo. **let bygones be bygones** esqueça o passado.

by.law [b'ailɔ:] *n* lei ou regimento interno de cidade, companhia ou clube.

by.pro.duct [b'aiprɔdʌkt] *n* derivado, subproduto. **oil byproduct** derivado de petróleo.

by.stand.er [b'aistændə] *n* pessoa que presencia algum acontecimento (espectador curioso) mas que não toma parte da ação.

byte [bait] *n Comp* byte: espaço (ou unidade) necessário para o armazenamento de um caractere. **byte of memory** byte de memória.

C¹, c [si:] *n* terceira letra da alfabeto, consoante.

C² [si:] *n* **1** *Mus* dó. **2** 100 (algarismo romano).

cab [kæb] *n* táxi. **to call a cab** chamar um táxi.

cab.by [k'æbi] *n coll* = **cab-driver.**

cab-driv.er [k'æb draivə] *n* taxista.

cab.in [k'æbin] *n* **1** pequena casa de madeira em lugar ermo. **2** *Naut* camarote.

cab.i.net [k'æbinət] *n* **1** gabinete, escritório. **2** sala privada. **3** gabinete de ministros, ministério. **4** armário com prateleiras ou gavetas.

ca.ble TV [keibəl ti: v'i:] *n* TV a cabo.

cache [kæ∫] *n Comp* pequena área de memória rápida, integrada à unidade central de processamento.

cack.le [k'ækəl] *n* **1** cacarejo. **2** tagarelice. **3** gargalhada estridente. • *vi* **1** cacarejar. **2** tagarelar. **3** gargalhar.

cad [kæd] *n* grosseirão, malcriado.

ca.det [kəd'et] *n* **1** cadete. **2** irmão ou filho mais moço. **3** *Braz* caçula.

cadge [kædʒ] *vt+vi* **1** mendigar, esmolar. **2** *Braz* filar.

ca.dre [k'a:də; k'ædri] *n* **1** estrutura, armação. **2** *Mil* núcleo de treinamento de pessoal.

ca.fé [k'æfei] *n Fr* café, restaurante, bar.

caf.e.ter.i.a [kæfət'iəriə] *n* **1** restaurante *self-service*. **2** cantina, bandejão (em universidades, hospitais etc.).

cag.ey [k'eidʒi] *adj* cuidadoso, cauteloso.

ca.jole [kədʒ'oul] *vt+vi* bajular, lisonjear, adular.

ca.lam.i.tous [kəl'æmitəs] *adj* **1** calamitoso. **2** funesto. **3** desastroso.

cal.cium [k'ælsiəm] *n* cálcio.

cal.cu.late [k'ælkjuleit] *vt+vi* **1** calcular, computar, contar. **2** orçar, estimar. **3** planejar. **calculated risk** risco calculado.

cal.cu.lat.ing [k'ælkjuleitiŋ] *adj* interesseiro, calculista.

cal.en.dar [k'æləndə] *n* **1** calendário, folhinha. **2** agenda.

cal.i.per [k'ælipə] *n* (*pl* **calipers**) compasso de calibre. • *vt* medir com compasso de calibre.

call [kɔ:l] *n* **1** grito, berro. **2** canto de chamada, pio, latido, uivo. **3** apelo. **4** visita breve. **5** chamada telefônica. • *vt+vi* **1** nomear, designar. *what do you call pencil in Portuguese?* / como se diz *pencil* em português? **2** visitar, entrar de passagem. **3** *Comp* chamar o arquivo. **an overseas call** uma chamada internacional. **call it a day!** *coll* chega por hoje! **collect call** chamada a cobrar. **on call** de plantão. **roll call** chamada de alunos. **phone call** telefonema. **to be within call** a) estar ao alcance da voz. b) estar à disposição. **to call a strike** convocar uma greve. **to call for** pedir os serviços de. **to call off** revogar, desmarcar. **to call out** gritar, berrar, vociferar. **to call someone names** xingar. **to call the roll** fazer a chamada (de alunos, soldados etc.). **to call to account** pedir explicações, pedir contas. **to call up** a) telefonar. b) *Comp* instruir o computador para apresentar informação. **to call upon** recorrer a. *I called upon him for advice* / fui pedir-lhe um conselho.

call.er [k'ɔ:lə] *n* **1** visitante, visita. **2** aquele que telefona.

call.ing [k'ɔ:liŋ] *n* 1 profissão ou carreira que envolve ajudar outras pessoas. 2 vocação.

call.ing card [k'ɔ:liŋ ka:d] *n Amer* cartão de visita.

cal.lous [k'æləs] *adj* insensível, empedernido.

calm [ka:m] *n* calma: 1 serenidade, tranqüilidade. 2 quietude, silêncio. • *vt+vi* acalmar(-se), tranqüilizar. • *adj* calmo, tranqüilo. **to calm down** acalmar-se, tranqüilizar-se.

cal.o.rie [k'æləri] *n Phys* caloria: unidade de calor.

ca.lum.ni.ate [kəl'ʌmnieit] *vt* caluniar, difamar.

ca.ma.ra.de.rie [kæmər'a:dəri] *n* camaradagem, coleguismo.

cam.ber [k'æmbə] *n* abaulamento, boleamento, arqueamento. • *vt+vi* cambar, curvar(-se), abaular(-se), arquear(-se).

cam.el [k'æməl] *n* 1 *Zool* camelo. 2 cor bege.

cam.e.ra [k'æmərə] *n* câmara: máquina fotográfica ou cinematográfica. **video camera** câmara de vídeo.

cam.e.ra-shy [k'æmərə ʃai] *adj* que fica nervoso quando é filmado ou fotografado.

cam.ou.flage [k'æməfla:ʒ] *n* camuflagem.

camp [kæmp] *n* 1 acampamento. 2 pessoas acampadas. 3 *fig* lado, grupo, partido. • *vi* 1 acampar(-se), bivacar. 2 alojar-se provisoriamente. • *adj sl* relacionado à cultura gay. **to break camp** levantar acampamento. **to camp it up** *sl* desmunhecar, agir afetadamente.

cam.paign [kæmp'ein] *n* campanha: 1 conjunto de operações militares. 2 *fig* esforço para conseguir alguma coisa. 3 campanha eleitoral. • *vi* tomar parte em campanha.

cam.paign but.ton [kæmp'ein bʌtən] *n Pol* distintivo de campanha eleitoral.

camp.er [k'æmpə] *n* indivíduo acampado.

camp.fire [k'æmpfaiə] *n* 1 fogueira de acampamento. 2 reunião social de escoteiros etc.

cam.pus [k'æmpəs] *n Amer* terreno ou prédios de uma universidade ou faculdade.

can[1] [kæn; kən] *modal verb* (*ps* **could**) poder, ser capaz de, ter a faculdade de, ter a possibilidade de, ter a autorização de, estar em condições de, sentir inclinação para. *I cannot, I can't* / não posso. *what can I do for you?* / em que lhe posso ser útil? *can you speak French?* / você fala (sabe falar) francês?

Can é um verbo modal, usado somente no presente ou generalizações e indica:

1) a possibilidade ou oportunidade. *chicken can be cooked, fried ou roasted.* / frango pode ser cozido, frito ou assado. *see if you can recognise the people in this photo.* / veja se você consegue reconhecer as pessoas nesta foto.

2) pedir permissão. *can I leave now?* / posso ir agora?

3) sugerir ou pedir com boas maneiras. *what can I do for you?* / posso ajudá-lo? *can you give me a hand with these books?* / você pode me dar uma ajuda com estes livros?

4) conhecimento. *she can speak French and German.* / ela fala francês e alemão. Sua forma negativa é **cannot** e **can't**.

Nos tempos de verbo futuros, usa-se **to be able to**. *do you think you will be able to help me with my homework after lunch?* / será que vai dar para me ajudar com meus deveres de escola depois do almoço? *in a couple of years time he'll be able to fend for himself.* / dentro de uns dois anos ele estará capacitado a defender-se sozinho.

can[2] [kæn] *n* 1 lata, vasilha (de metal). 2 caneca. 3 conteúdo de uma caneca. 4 *Amer* prisão. *he spent ten years in the can for robbery* / ele passou dez anos na prisão por causa de roubo. 5 *Amer* banheiro. • *vt* (*ps and pp* **canned**) enlatar. **can opener** abridor de latas. **can that stuff!** *sl* não fale bobagem!

ca.nal [kæn'æl] *n Bot* canal (também *Physiol*). **an irrigation canal** um canal de irrigação.

can.cel [k'ænsəl] *n* 1 cancelamento, revogação. 2 matéria suprimida ou cancelada.

• *vt+vi* (*ps* and *pp* **cancelled** or **canceled**) **1** cancelar, invalidar. **2** anular. **to cancel a debt** liquidar uma dívida.

can.did [kˈændid] *adj* **1** sincero, franco, ingênuo. *I want your candid advice / necessito de seu conselho sincero.* **2** imparcial, justo.

can.di.da.cy [kˈændidəsi] *n* candidatura.

can.di.date [kˈændideit] *n* candidato.

can.dle [kˈændəl] *n* vela. **he can't hold a candle to** *depr* ele não chega aos pés de. **to burn the candles at both ends** trabalhar exaustivamente.

can.dle.light [kˈændəllait] *n* luz da vela.

can.dle.stick [kˈændəlstik] *n* castiçal.

can.dor [kˈændə] *n* sinceridade, franqueza.

can.dy [kˈændi] *n Amer* **1** doces. **2** bala confeitada, bombom.

cane [kein] *n* **1** *Bot* taquara, caniço, junco. **2** bengala. **3** chibata. **4** vara. • *vt* chibatear. **sugar cane** cana-de-açúcar. **to give the cane** dar uma surra em. **walking cane** bengala.

ca.nine [kˈeinain] *n* canino: **1** dente canino. **2** cão. • *adj* canino.

can.na.bis [kˈænəbis] *n* maconha.

canned [kænd] *adj* **1** enlatado. **2** *sl* gravado (música). **3** *sl* embriagado.

can.ni.bal [kˈænibəl] *n* canibal, antropófago.

can.ni.bal.ize [kˈænibəlaiz] *vt+vi Tech* desmantelar uma máquina para aproveitar as suas peças no reparo de outras.

can.non [kˈænən] *n* canhão. • *vt* canhonear.

can.ny [kˈæni] *adj* **1** engenhoso. **2** cauteloso.

ca.noe.ing [kənˈu:iŋ] *n* canoagem.

can.on.ize [kˈænənaiz] *vt* canonizar.

can.o.py [kˈænəpi] *n* **1** pálio, dossel, abóbada. **2** *fig* abrigo. **3** *fig* abóbada celeste.

cant [kænt] *n* **1** *sl* calão, jargão. **2** linguagem técnica ou profissional.

can.ta.loup [kˈæntəlu:p] *n Bot* espécie de melão.

can.tan.ker.ous [kæntˈæŋkərəs] *adj* intratável, mal-humorado.

can.teen [kæntˈi:n] *n* **1** *Mil* cantina. **2** cantil. **3** bufê.

can.vas [kˈænvəs] *n* **1** lona usada em velas de navio, barracas etc. **2** tenda, barraca. **3** quadro ou pintura a óleo.

can.vass [kˈænvəs] *n* **1** exame minucioso. **2** pesquisa de opinião. **3** angariação de votos. • *vt+vi* **1** examinar minuciosamente. **2** solicitar votos.

can.vas.ser [kˈænvəsə] *n Braz* cabo eleitoral.

can.yon [kˈænjən] *n Amer* desfiladeiro profundo.

cap [kæp] *n* **1** boné. **2** tampa, tampão. • *vt* **1** tampar. **2** completar, coroar, rematar.

ca.pa.ble [kˈeipəbəl] *adj* capaz, competente.

ca.pac.i.ty [kəpˈæsiti] *n* **1** capacidade: a) habilidade, aptidão, potencialidade. b) volume, espaço, âmbito. c) cargo, qualidade, posição. **2** produção máxima. **full to capacity** *Theat* lotado. **in his capacity as President** na sua qualidade de Presidente. **in the capacity of** na qualidade de.

cape [keip] *n* cabo, promontório.

ca.per¹ [kˈeipə] *n* **1** salto, cambalhota. **2** travessura. **3** *coll* atividade ilegal. • *vi* saltar, cambalhotar. **the Watergate caper** a malandragem de Watergate.

cap.i.tal [kˈæpitəl] *n* **1** capital: a) sede de governo. b) letra maiúscula. c) *Com* patrimônio. **2** capitalistas (coletivamente). **3** *fig* vantagem, lucro • *adj* fundamental. **block capitals** *Typogr* egípcias: tipos grossos para títulos. **capital punishment** pena de morte.

cap.i.tal goods [kˈæpitəl gˈudz] *n* bens de capital: máquinas etc.

cap.i.tal.ism [kˈæpitəlizəm] *n* capitalismo.

cap.i.tal.ize [kəpˈitəlaiz] *vt* **1** capitalizar. **2** *Amer* aproveitar, tirar proveito, partido de.

Cap.ri.corn [kˈæprikɔ:n] *n* Capricórnio: **1** *Astrol* constelação e signo do Zodíaco. **2** trópico de Capricórnio.

cap.size [kˈæpsaiz] *vt+vi* soçobrar, capotar, virar de cabeça para baixo.

cap.tain [kˈæptin] *n* **1** capitão. **2** comandante de aeronave. • *vt* capitanear, chefiar, comandar.

cap.tion [kˈæpʃən] *n* **1** cabeçalho. **2** legenda (de filme, ilustração).

cap.ti.vat.ing [kˈæptiveitiŋ] *adj* cativante, encantador.

cap.tiv.i.ty [kæptˈiviti] *n* cativeiro.

car [ka:] *n* **1** carro, viatura. **2** automóvel. **dining car** vagão-restaurante. *Brit* **motor car** automóvel. **sleeping car** vagão dormitório. **street car, tram** *Braz* bonde.

ca.rat [k'ærət] *n Amer* = **Karat**.

car.a.van [k'ærəvæn] *n* **1** caravana, cáfila. **2** trailer (veículo).

car.bo.hy.drate [ka:bouh'aidreit] *n Chem* carboidrato, hidrato de carbônio.

car.bon [k'a:bən] *n* **1** *Chem* carbono. **2** papel-carbono. **carbon copy** cópia de papel carbono.

car.bon dat.ing [ka:bən d'eitiŋ] *n* sistema para calcular a idade de objetos por conteúdo de carbono radioativo.

car.bon di.ox.ide [ka:bən dai'ɔksaid] *n* gás carbônico.

car.bu.ret.tor [k'a:bjuretə] *n* carburador.

car.cass, car.case [k'a:kəs] *n* carcaça.

car.cin.o.gen [ka:s'inədʒən] *n Med* carcinógeno, carcinogênio.

card [ka:d] *n* **1** cartão de baralho. **2** cartão de visita. **3** ficha. **4** papeleta. **a doubtful card** carta, coisa ou pessoa duvidosa. **a pack of cards** baralho. **game of cards** jogo de cartas. **he has a card up his sleeve** ele tem um trunfo escondido. **in / on the cards** possível, provável. **postcard** cartão postal. **to deal the cards** dar as cartas. **to play at cards** jogar baralho. **to put one's cards on the table** *fig* pôr as cartas na mesa. **to shuffle the cards** embaralhar. **trump card** trunfo.

card-car.ry.ing [k'a:d kæriiŋ] *adj* **1** associado. **2** *coll* de carteirinha.

car.di.ac ar.rest [k'a:diæk ərest] *n Med* parada cardíaca.

car.di.gan [k'a:digən] *n* cardigã.

car.di.nal point [ka:dinəl p'ɔint] *n* ponto cardeal.

car.di.nal sin [k'a:dinəl sin] *n* pecado capital.

card punch [k'a:d pʌntʃ] *n Comp* perfuradora de cartão.

card swipe [k'a:d swaip] *n Comp* leitora magnética de cartões informatizados.

care [kɛə] *n* cuidado: **1** atenção, prudência. **2** proteção. **3** esmero. **4** preocupação. • *vt+vi* preocupar-se com, importar-se com. *I do not care whether he comes or*

not / para mim tanto faz se ele vem ou não. **care of (c/o)** ao cuidado (a/c) de. **free from care** despreocupado. **I couldn't care less** não dou a mínima. **in / under my care** sob meus cuidados. **to care about** ou **for** gostar muito de. **to take care (of)** cuidar (de), encarregar-se. *take care not to break it! /* cuidado para não quebrar isso! *take care! /* cuide-se! (ao despedir-se).

ca.reer [kər'iə] *n* **1** carreira, profissão. **2** os cargos ocupados por uma pessoa durante sua vida de trabalho. • *vi* sair em disparada.

ca.reer wom.an [kər'iə wumən] *n* mulher que faz ou segue uma carreira.

care.ful [k'ɛəful] *adj* cuidadoso, atento, meticuloso. *a careful examination /* um exame meticuloso. **be careful!** cuidado!

care.less [k'ɛəlis] *adj* **1** negligente, desleixado. **2** indiferente.

care.tak.er [k'ɛəteikə] *n* zelador, vigia.

car.i.ca.ture [k'ærikətʃuə] *n* **1** caricatura. **2** paródia. • *vt* **1** caricaturar. **2** parodiar, ridicularizar.

car.nal know.ledge [k'a:nəl nɔlidʒ] *Jur* relações sexuais.

car.ni.val [k'a:nivəl] *n* **1** carnaval. **2** *Amer* parque de diversões. **carnival parade** desfile de carnaval.

car.niv.o.rous [ka:n'ivərəs] *adj* carnívoro, que se alimenta de carne.

car.ol [k'ærəl] *n* cântico, hino de Natal.

car.ou.sel [kærəs'el] *n* **1** carrossel. **2** esteira transportadora de bagagem nos aeroportos.

car park [k'a: pa:k] *n* estacionamento.

car.pet [k'a:pit] *n* **1** tapete. • *vt* **1** atapetar. **2** *coll* repreender. **to be on the carpet** ser chamado à ordem pelos seus superiores. **to sweep something under the carpet** esconder, encobrir.

car.pet-bag.ger [k'a:pit bægə] *n Amer* aventureiro político.

car.port [k'a:pɔ:t] *n* abrigo de carro.

car.riage.way [k'æridʒwei] *n Brit* pista de rodovia. **dual carriageway** rodovia de pista dupla.

car.ri.er [k'æriə] *n* **1** portador. **2** firma transportadora. **3** companhia aérea. **4**

portador e possível transmissor de doença. **aircraft carrier** porta-aviões.

car.ri.er-pi.geon [k'æriə pidʒən] *n* pombo-correio.

car.rot [k'ærət] *n* **1** cenoura. **2** *fig* incentivo.

car.ry [k'æri] *vt+vi* **1** carregar, levar, transportar. *she carries the virus with her* / ela é portadora do vírus. *Patricia cannot carry all the books* / Patrícia não consegue carregar todos os livros. *should the police carry guns?* / a polícia deveria portar armas de fogo? **2** comportar-se, mostrar-se. *she carries herself well* / ela tem um bom porte. **3** manter mercadorias em estoque. *they carry a stock of these items* / eles mantêm um estoque destes itens. **to carry a torch for** amar alguém sem ser amado. **to carry away** (geralmente passiva) perder o controle. *I was carried away when I was shopping* / perdi o controle quando estava fazendo compras. **to carry off** a) ter sucesso em. b) ganhar prêmios. **to carry on** continuar. *we must carry on* / devemos continuar. **to carry out** a) executar, realizar. *it will be an easy plan to carry out* / será um plano fácil de realizar. b) implementar *she will carry out the instructions* / ela implementará as instruções. **to carry through** conseguir terminar algo apesar das dificuldades.

car-sick [k'a: sik] *adj* enjoado, nauseado pela viagem em carro ou trem.

cart [ka:t] *n* carroça, carrinho de mão. **to cart off** levar alguém a algum lugar a despeito de sua vontade. **to put the cart before the horse** pôr o carro diante dos bois.

car.ton [k'a:tən] *n* **1** caixa de papelão. **2** embalagem longa-vida.

car.toon [ka:t'u:n] *n* **1** caricatura. **2** desenho animado. **3** história em quadrinhos.

car.tridge [k'a:tridʒ] *n* **1** *Mil* cartucho. **2** *Phot* rolo de filmes. **3** *Comp* cartucho.

cart.wheel [k'a:twi:l] *n* **1** roda de carroça. **2** acrobacia: fazer estrela.

carve [ka:v] *vt+vi* **1** trinchar carne ou ave à mesa. **2** esculpir, entalhar.

carv.ing [k'a:viŋ] *n* **1** escultura. **2** entalhe, gravura

car.wash [k'a:was] *n* posto de lavar carros.

cas.cade [kæsk'eid] *n* pequena cascata ou cachoeira.

case[1] [keis] *n* **1** estojo. **2** caixa. **3** mala. **4** qualquer objeto que resguarda ou contém outro. **attaché case** pasta executiva 007. **bookcase** estante de livros. **briefcase** pasta para papéis ou documentos. **lower case** minúsculas. **suitcase** mala. **upper case** maiúsculas. **vanity case** *necessaire*.

case[2] [keis] *n* **1** caso. **2** causa judicial. **3** paciente, doente. **a lost case** uma causa perdida. **case in point** exemplo característico. **in any case** em todo o caso, seja como for. **in case of need** em caso de necessidade. **just in case** a título de prevenção.

case.work.er [k'eiswə:kə] *n* assistente social.

cash [kæʃ] *n* **1** dinheiro. **2** pagamento à vista. • *vt* **1** pagar ou receber a vista. **2** descontar cheque. **cash on delivery (COD)** entrega contra reembolso. **hard cash / cold cash** dinheiro vivo. **out** or **short of cash** sem dinheiro, desprevenido. **petty cash** caixa pequena. **ready cash** dinheiro em caixa, disponível. **small cash** troco.

cash-and-car.ry [k'æʃ ənd kæri] *n* loja de atacado a preços menores.

cash dis.pens.er [k'æʃ dispensə] *n Brit* caixa automático 24 horas.

cash.ier [kæʃ'iə] *n* encarregado da caixa.

cas.se.role [k'æseroul] *n* caçarola. • *vt* cozinhar alimentos lentamente em um líquido no forno.

cas.sette [kəs'et] *n* cassete: estojo de fita magnética que é usada para gravar ou tocar sons. **cassette player** toca-fitas. **cassette recorder / tape recorder** gravador de fita cassete.

cast [ka:st; kæst] *n* **1** lance, arremesso. **2** molde. **3** fundição. **4** *Theat* elenco. **5** *Med* atadura rígida para imobilizar parte do corpo. • *vt+vi* (*ps, pp* **cast**) **1** lançar. *they cast dice* / eles jogam (ou lançam) os dados. **2** moldar, fundir. **3** *Theat* escalar artistas. **4** lançar a linha para pescar. • *adj fig* inflexível, rígido. **she cast a spell on me** ela me enfeitiçou. **to be cast away**

naufragar (também *fig*). **to cast aside** rejeitar. **to cast a vote (a ballot)** votar. **to cast away** descartar-se. **to cast lots / to draw lots** tirar a sorte.

cast.a.way [k'a:stəwei] *n* **1** pária. **2** náufrago. • *adj* rejeitado, proscrito.

cas.ti.gate [k'æstigeit] *vt* castigar, corrigir.

cast.ing-voice [k'a:stiŋ vɔis], **cast.ing-vote** [k'a:stiŋ vout] *n* voto decisivo em caso de empate, voto de Minerva.

cast-i.ron [k'a:st aiən] *n* ferro fundido. • *adj* **1** de ferro fundido. **2** *fig* rígido, inflexível. **3** robusto.

cas.tle [k'a:səl; k'æsəl] *n* **1** castelo, fortaleza. **2** *chess* torre.

cast-off [k'a:st ɔf; k'æst ɔf] *n* refugo, lixo. • *adj* rejeitado.

cas.trate [kæstr'eit] *vt* castrar, capar.

cast-steel [k'a:st sti:l] *n* aço fundido.

cas.u.al [k'æʒuəl] *n* **1** visitante ocasional. **2** trabalhador avulso. • *adj* **1** casual, acidental, fortuito. **2** ocasional, irregular, sem método ou sistema. **3** descuidado. **4** incerto, vago. **5** despreocupado.

A grafia semelhante ao português pode induzir a erro de tradução. O adjetivo **casual** sugere:

1) despreocupação: *a casual atitude towards his job* / ele não leva seu emprego muito a sério.

2) também significa situações ocasionais como **a casual worker** um trabalhador avulso, eventual, não fixo.

3) como em **a casual remark** um comentário sem importância.

4) informalidade: *executives are not supposed to wear casual clothes at work* / os executivos não devem vestir-se de modo esportivo no trabalho. **casual shirt** camisa esporte **casual sex** sexo promíscuo.

Veja mais detalhes em **casual** (português).

cas.u.al.ty¹ [k'æʒuəlti] *n* **1** acidente, desastre, sinistro. **2** infortúnio, desventura. **3** ferimento ou morte por acidente.

cas.u.al.ty² [k'æʒuəlti] *n* pronto-socorro, parte do hospital onde são atendidos casos de emergência.

A grafia semelhante pode induzir a erro de tradução. **Casualty** (geralmente **casualties**) se refere:

1) a feridos ou mortos em guerra ou acidente, isto é, vítimas.

2) *Brit* pronto-socorro. Para expressar a acepção de casualidade, usa-se **by coincidence**, **by chance** etc.

cat [kæt] *n* **1** gato, gata. **2** grandes felinos (tigre, leopardo, leão etc.). **a game of cat and mouse** jogo de gato e rato. **at night all cats are grey** à noite todos os gatos são pardos. **pussy cat** bichaninho. **to live like cat and dog** viver como cão e gato. **tom-cat** gato (macho).

cat.a.log, cat.a.logue [k'ætəlɔg] *n* catálogo. • *vt* catalogar, classificar.

cat.a.lys.er [k'ætəlaizə] *n* catalisador.

cat.a.ract [k'ætərækt] *n* **1** catarata, salto, cachoeira. **2** dilúvio, aguaceiro. **3** *Med* opacidade do cristalino.

ca.tas.tro.phe [kət'æstrɔfi] *n* catástrofe.

cat.call [k'ætkɔ:l] *n* vaia. *there were catcalls from the audience* / houve vaias por parte do auditório.

catch [kætʃ] *n* **1** presa boa. **2** captura. **3** resultado da pescaria. **4** pega-pega, pique. **5** armadilha. **6** lingüeta, tramela. • *vt+vi* (*ps, pp* **caught**) **1** alcançar, pegar, tomar (trem). **2** compreender, perceber, escutar. *I did not quite catch what you said* / não compreendi bem o que você disse. **3** pegar de surpresa, surpreender. *we were caught in the rain* / fomos surpreendidos pela chuva. **4** contrair, ser contagioso, pegar (doença). *I have caught a cold* / apanhei resfriado. • *adj* atraente, cativante. **a great catch** um bom partido, um homem desejado. **there is a catch to it** há um problema, entrave. **to catch fire** pegar fogo. **to catch one in a lie** apanhar alguém numa mentira. **to catch sight / to catch a glimpse** ver de repente. **to catch someone redhanded** *sl* pegar alguém em flagrante. **to catch up with** alcançar, emparelhar-se, não ficar para trás.

catch.ing [k'ætʃiŋ] *adj* contagioso, infeccioso.

catch phrase [k'ætʃ freis] *n* frase de propaganda, *slogan*.

catch.y [k'ætʃi] *adj sl* que dá samba, fácil de lembrar.

cat.e.gor.i.cal [kætig'ɔrikəl] *adj* categórico: **1** respeitante à categoria. **2** claro, explícito. **3** terminante.

ca.ter.er [k'eitərə] *n* fornecedor de mantimentos para um clube, hotel etc., fornecedor de serviço de bufê em festas.

cat.er.pil.lar [k'ætəpilə] *n* **1** lagarta. **2** *Tech* trator de esteira.

ca.the.dral [kəθ'i:drəl] *n+adj* catedral.

Cath.o.lic [k'æθəlik] *n* católico. • *adj* católico.

cat's cra.dle [kæts kr'eidəl] *n* brincadeira: cama de gato.

cat's-eye [k'æts ai] *n* **cat's-eyes** olhos-de-gato.

cat.tle [k'ætəl] *n pl* (*p ex* **cattle are grazing**) **1** gado. **2** rebanho.

cat.tle-breed.ing [k'ætəl bri:diŋ] *n* pecuária.

cat.walk [k'ætwɔ:k] *n* passarela em desfile de modelos.

cau.cus [k'ɔ:kəs] *n* convenção de partido político.

cause [kɔ:z] *n* **1** causa. **2** origem. **3** motivo. **4** ação judicial. • *vt* **1** causar, ser causa de, ser motivo de. **2** originar-se. **cause for complaint** motivo de queixa. **to gain one's cause** ganhar a demanda ou o processo. **to give cause for** dar ensejo a. **to plead a cause** defender uma causa. **to stand for a just cause** defender uma causa justa.

cause.way [k'ɔ:zwei] *n* **1** calçada, passadiço. **2** estrada, calçada ou caminho construído em lugares pantanosos.

cau.tion [k'ɔ:ʃən] *n* **1** prudência, cautela, precaução. **2** aviso, advertência, prevenção. **3** admoestação, injunção. • *vt* **1** acautelar. **2** avisar, prevenir de, advertir.

cau.tious [k'ɔ:ʃəs] *adj* cauteloso, precavido, prudente, circunspeto.

cave [keiv] *n* caverna, furna, gruta, toca, antro. • *vt+vi* (**in**) **1** desmoronar, desabar. *the roof caved in under the weight of the snow* / o teto desabou sob o peso da neve. **2** ceder, submeter(-se). *the defendant caved in and confessed after the witness' testimony in court* / o acusa-

do cedeu e confessou diante do testemunho da vítima em juízo.

cave-man [k'eiv mæn] *n* **1** troglodita. **2** homem primitivo, rude, inculto.

cav.ern [k'ævən] *n* caverna, gruta, furna.

cav.i.ty [k'æviti] *n* **1** cavidade. **2** *Dent* cárie.

CDV [si: di: v'i:] *abbr* **compact video disc** (fita de vídeo gravado a laser).

cease-fire [s'i:s faiə] *n Mil* cessar-fogo.

cease.less [s'i:slis] *adj* incessante, contínuo.

ceil.ing [s'i:liŋ] *n* **1** teto. **2** máximo. **to hit the ceiling** ficar louco da vida.

cel.e.brate [s'elibreit] *vt+vi* **1** celebrar. **2** festejar. **3** *coll* divertir-se.

cel.e.brat.ed [s'elibreitid] *adj* **1** célebre. **2** admirado.

cel.e.bri.ty [səl'ebriti] *n* **1** celebridade. **2** notoriedade. **3** pessoa célebre.

cel.lar [s'elə] *n* **1** celeiro, porão. **2** adega.

cel.list, **'cel.list** [tʃ'elist] *n* violoncelista.

cell phone [s'el foun], **cel.lu.lar phone** [seljulə foun] *n* telefone celular.

ce.ment [sim'ent] *n* cimento, argamassa. • *vt+vi* cimentar, consolidar(-se).

ce.ment mix.er [sim'ent miksə] *n* **1** máquina de fazer concreto. **2** caminhão de concreto.

cem.e.tery [s'emətri] *n* cemitério.

cen.sor [s'ensə] *n* censor oficial (autoridade). • *vt* censurar oficialmente.

cen.sor.ship [s'ensəʃip] *n* censura: a) cargo ou dignidade de censor. b) atividade de censor.

cen.sure [s'enʃə] *n* repreensão, crítica, desaprovação. • *vt* censurar, repreender, criticar.

cen.sus [s'ensəs] *n* censo, recenseamento.

cen.ter, **centre** [s'entə] *n* centro: **1** meio. **2** núcleo. **3** ponto de convergência ou radiação. **4** partido político moderado. • *vt+vi* **1** centrar(-se). **2** concentrar, centralizar. **3** atrair. **center of gravity** centro de gravidade. **center of motion** centro de rotação.

cen.ti.me.ter, **cen.ti.me.tre** [s'entimi:tə] *n* centímetro.

cen.tral [s'entrəl] *n Amer* central telefônica. • *adj* **1** central, relativo ao centro. **2** *fig* principal, fundamental. **central processing unit** *Comp* unidade central de processamento.

cen.tral heat.ing [sentrəl h'i:tiŋ] n aquecimento central.

cen.tral.ize [s'entrəlaiz] vt+vi **1** centralizar. **2** reunir num centro. **3** acumular atribuições no poder central.

cen.tu.ry [s'entʃəri] n século. **the turn of the century** a virada do século.

ce.ram.ic [sər'æmik] adj cerâmica, relativo a cerâmica.

ce.re.al [s'iəriəl] n **1** cereal. **2** grão. **3** alimento feito de flocos de cereais. • adj cereal.

cer.e.bral [s'eribrəl; sər'i:brəl] adj cerebral, relativo ao cérebro, racional, intelectual.

cer.e.mo.ny [s'eriməni] n **1** cerimônia, etiqueta. **2** solenidade. **3** cortesia, trato de gente não familiar.

cer.tain [s'ɔ:tən] n número ou quantidade indeterminada. • adj **1** certo, seguro. **2** claro, evidente. **3** exato. **4** um, algum, qualquer. **for certain** com certeza, sem dúvida. I know for certain / tenho certeza absoluta. **I feel certain** não tenho dúvida. **to a certain extent / to a certain degree** até um certo ponto. **to make certain** certificar-se. **certainly not!** claro que não!

cer.tain.ty [s'ɔ:tənti] n **1** certeza. **2** infalibilidade. **3** convicção. **a dead certainty** certeza absoluta.

cer.tif.i.cate [sət'ifikit] n certidão, certificado, atestado, diploma. **birth certificate** certidão de nascimento. **marriage certificate** certidão de casamento.

ces.sa.tion [ses'eiʃən] n cessação, suspensão.

ces.sion [s'eʃən] n cessão: **1** ação de ceder, transferência de direitos ou bens. **2** renúncia, rendição.

CGA [si: dʒi: 'ei] abbr Comp **color graphics adapter** adaptador gráfico colorido.

chad.ded [tʃ'ædid] adj Comp picotado.

chad.less [tʃ'ædlis] adj Comp sem picote total.

chain [tʃein] n **1** corrente. **2** grilheta. **3** cordilheira. **4** fig série sucessiva. • vt acorrentar, escravizar. **chain of operations** série de operações. **chain reaction** reação em cadeia. **to chain up** acorrentar. **to shake off one's chains** livrar-se de seus vínculos.

chain smok.er [tʃ'ein smoukə] n fumante inveterado.

chain store [tʃ'ein stɔ:] n loja pertencente a uma cadeia (de lojas).

chair [tʃɛə] n **1** cadeira. **2** cátedra, magistério, disciplina professada. **3** presidência. **4** Amer cadeira elétrica. • vt presidir reunião. **easy chair** poltrona. **rocking chair** cadeira de balanço. **the chair is taken** abriu-se a sessão.

chair.man [tʃ'ɛəmən] n presidente de uma organização. **chairman of the board** presidente do conselho de administração.

A forma hoje aceita é **chairperson**, aplicável tanto a homem quanto a mulher.

chair.per.son [tʃ'ɛəpə:sən] n presidente ou presidenta de uma reunião ou organização.

chair.wom.an [tʃ'ɛəwumən] n presidenta. Veja nota em **chairman**.

cha.let [ʃ'ælei] n chalé.

chal.lenge [tʃ'ælindʒ] n **1** desafio, provocação. **2** Jur objeção. • vt **1** desafiar, provocar, reptar. **2** opor-se a, objetar.

chal.lenge.a.ble [tʃ'ælindʒəbəl] adj discutível.

chal.leng.ing [tʃ'ælindʒiŋ] adj desafiante, desafiador: diz-se de trabalho que requer grande esforço e determinação para ser cumprido com sucesso. this is a challenging job / este trabalho me estimula (desafia) a dar o máximo de mim.

cham.ber [tʃ'eimbə] n **1** câmara, gabinete. **2** compartimento.

cham.ber.maid [tʃ'eimbəmeid] n camareira.

champ [tʃæmp] n Amer sl campeão.

cham.pagne [ʃæmp'ein] n champanhe.

cham.pi.on [tʃ'æmpiən] n campeão, vencedor.

chance [tʃa:ns; tʃæns] n **1** oportunidade. she had the chance to meet him / ela teve oportunidade de encontrá-lo. **2** possibilidade, chance. let us give him a chance! / vamos dar a ele uma chance! **3** probabilidade, eventualidade. • vt+vi **1** ocorrer, acontecer acidental ou eventualmente. I *chanced to be there* / por acaso eu estive lá. **2** arriscar, pôr em contingência • *adj* acidental, casual, provável, fortuito. **by chance** por acaso. **don't take chances!** não se arrisque! **not a chance!** sem esperança! **take your chance!** arrisque a sorte! **the chances are** é provável.

chan.cel.lor [tʃ'a:nsələ; tʃ'ænsələ] *n* chanceler.

chan.de.lier [ʃændil'iə] *n* lustre.

change [tʃeindʒ] *n* **1** mudança. **2** troca, substituição. **3** variedade. **4** troco (de dinheiro). **5** trocado, moedas de valor baixo. **6** câmbio, conversão. • *vt+vi* **1** alterar ou fazer diferente. **2** trocar (**with** com, **for** por). **3** converter (**from** de, **into** para). **4** substituir. *she changed the linen* / ela trocou a roupa de cama. **5** fazer baldeação. *we must change trains* / temos que fazer baldeação. **to change one's mind** mudar de opinião, idéia. **to keep the change** ficar com o troco.

change.a.ble [tʃ'eindʒəbəl] *adj* **1** mutável. **2** instável, inconstante.

chan.nel [tʃ'ænəl] *n* canal. • *vt* **1** formar sulcos ou canais. **2** transportar em ou por canais. **3** canalizar.

chant [tʃa:nt; tʃænt] *n* canção, canto. • *vt* **1** cantar. **2** entoar como um salmo.

cha.os [k'eiɔs] *n* **1** caos. **2** *fig* confusão.

cha.ot.ic [kei'ɔtik] *adj* caótico.

chap¹ [tʃæp] *n* rachadura na pele.

chap² [tʃæp] *n coll* cara, homem.

chap.el [tʃ'æpəl] *n* capela.

chap.ter [tʃ'æptə] *n* **1** capítulo. **2** parte, seção, divisão.

char¹ [tʃa:] *n* carvão. • *vt+vi* **1** carbonizar. **2** torrar.

char² [tʃa:] *n* **1** serviço doméstico. **2** serviço ocasional, bico. • *vi* fazer serviço doméstico avulso.

char.ac.ter [k'æriktə] *n* **1** caráter. **2** personalidade, individualidade. **3** firmeza moral. **4** renome, reputação. **5** bom caráter, boa reputação. **6** personagem. **7** *coll* pessoa excêntrica. **8** *Comp* caractere: símbolo de código em computador.

cha.rade [ʃər'a:d; ʃər'eid] *n* charada.

char.coal [tʃ'a:koul] *n* **1** carvão vegetal. **2** lápis de carvão. **3** carvão: desenho a carvão.

charge [tʃa:dʒ] *n* **1** carga explosiva. **2** cargo, ofício, dever. **3** custódia. *he gave his daughter into my charge* / ele me confiou sua filha. **4** pessoa ou coisa sob cuidados de alguém. **5** *Jur* acusação formal. **6** encargo financeiro, ônus. **7** carga elétrica. • *vt+vi* **1** carregar. **2** carregar arma de fogo ou bateria. **3** encarregar, confiar. *I charged him with the solemn trust* / confiei-lhe o assunto sério. **4** acusar, incriminar. *he was charged with stealing* / ele foi acusado de furto. **5** cobrar. *he charged me 5 dollars for it* / ele me cobrou 5 dólares por isto. **6** pôr preço a. **7** debitar. **extra charge** despesas extras. **in charge** interino. **no charge / free of charge** grátis, gratuito. **to be taken in charge** ser preso. **to charge for** cobrar por, pôr na conta. **to take charge of** responsabilizar-se por.

charge.a.ble [tʃ'a:dʒəbəl] *adj* **1** taxável, cobrável. **2** oneroso. **3** responsável.

charg.er [tʃ'a:dʒə] *n Electr* carregador (de baterias).

char.i.ot [tʃ'æriət] *n* carro de guerra, biga.

char.is.mat.ic [kærizm'ætik] *adj* carismático.

char.i.ta.ble [tʃ'æritəbəl] *adj* **1** caridoso. **2** generoso, liberal. **3** indulgente. **charitable society** sociedade beneficente.

char.i.ty [tʃ'æriti] *n* caridade. **charities** *pl* instituições beneficentes.

char.la.dy [tʃ'a:leidi] *n* = **charwoman.**

charm [tʃa:m] *n* **1** encanto, atrativo. **2** graça, beleza. **3** talismã. **4** feitiço, encantamento. • *vt+vi* **1** cativar. **2** enfeitiçar. **to work like a charm** funcionar como por encanto.

charm.er [tʃ'a:mə] *n fig* encantador.

chart [tʃa:t] *n* mapa, gráfico, quadro. • *vt* mapear. **the charts** parada de sucessos (músicas populares).

char.ter [tʃ'a:tə] *n* **1** carta patente. **2** título, isenção. **3** alvará, licença. **4** fretamento. • *vt* **1** dar carta patente ou título, alvará. **2** fretar.

char.ter flight [tʃ'a:tə flait] *n* vôo fretado.

char.wom.an [tʃ'a:wuman] *n* arrumadeira, faxineira.

chase [tʃeis] *n* **1** caçada. **2** animal caçado.

3 perseguição. • *vt+vi* **1** perseguir. **2** caçar, ir à caça. **to chase away** afugentar.

chas.ten [tʃ'eisən] *vt* punir, disciplinar.

chas.ti.ty [tʃ'æstəti] *n* **1** castidade. **2** modéstia.

chat [tʃæt] *n* bate-papo. • *vi* **1** conversar, tagarelar. **2** *Port* cavaquear. **to chat up** *Brit coll* passar uma cantada, conversar, flertar. **to have a chat** bater um papo.

chat line [tʃ'æt lain] *n* reunião telefônica.

chat show [tʃ'æt ʃou] *n* programa de rádio ou televisão no qual o entrevistador e entrevistado batem papo.

chat.ter [tʃ'ætə] *n* conversa fiada. • *vi* **1** tagarelar. **2** emitir sons inarticulados. **3** bater os dentes.

chat.ter.box [tʃ'ætə bɔks] *n* tagarela.

chauf.feur [ʃ'oufə] *n* chofer, motorista.

chau.vin.ism [ʃ'ouvinizəm] *n* chauvinismo.

chau.vin.ist [ʃ'ouvinist] *n* chauvinista.

cheap [tʃi:p] *adj* **1** barato. **2** econômico. **3** de baixa qualidade. • *adv* a preço baixo, barato.

cheat [tʃi:t] *n* **1** impostor, trapaceiro. **2** fraude, logro. **3** imitação. **4** cola (em exame). • *vt+vi* **1** enganar, trapacear. **2** colar (copiar nos exames).

check [tʃek] *n* **1** parada repentina, pausa. **2** repressão. **3** controle, supervisão. **4** obstáculo, empecilho. **5** recuo, retrogressão. **6** comparação. **7** chancela, rubrica. **8** *Amer* conta de restaurante. **9** *Amer* cheque. **10** exame, verificação. **11** *chess* xeque. • *vt+vi* **1** controlar(-se). **2** conferir, verificar. **3** rubricar. **4** *Amer* entregar bagagem para despacho. **5** dar xeque a. **in check** sob controle. **to check in** a) registrar-se (em hotel). b) apresentar-se no aeroporto para embarque e despacho de bagagem. **to check out** pagar a conta e sair do hotel.

check.book [tʃ'ekbuk] *n* *Amer* talão de cheques.

check.ered [tʃ'ekəd] *adj* quadriculado.

check.ers [tʃ'ekəz] *n* jogo de damas.

check.out [tʃ'ekaut] *n* caixa de supermercado ou loja de departamentos.

check-up [tʃ'ek ʌp] *n* **1** *Amer* exame minucioso. **2** exame médico completo.

cheek [tʃi:k] *n* **1** face, bochecha. **2** *coll* descaramento. **cheek by jowl** cara a cara, lado a lado. **to cheek it** *coll* ter a cara de pau de. **to dance cheek to cheek** dançar de rosto colado.

cheer [tʃiə] *n* **1** alegria. **2** ânimo. **3** conforto, consolação. • *vt+vi* **1** alegrar(-se). **2** aplaudir, dar vivas. **3** saudar com vivas. **cheer up!** ânimo!, anime-se! **to cheer up** alegrar-se. *presently he cheered up /* ele logo ficou alegre.

cheer.ful [tʃ'iəful] *adj* **1** alegre. **2** agradável. **3** animado.

cheer.i.o [tʃ'iəriou] *interj* tchau!

cheer.lead.er [tʃ'iəli:də] *n* *Sport* chefe, líder da torcida.

cheers [tʃ'iəz] *interj* saúde! à nossa! viva!

cheese [tʃi:z] *n* queijo.

cheese cake [tʃ'i:zkeik] *n* **1** torta de queijo. **2** fotos de belas mulheres com pouca roupa.

chef [ʃef] *n* cozinheiro-chefe.

chem.i.cal de.pen.den.cy [kemikəl dip'endənsi] *n* vício em álcool ou drogas.

chem.ic.als [k'emikəlz] *n pl* produtos químicos.

chem.i.cal weap.ons [kemikəl w'epənz] *n pl* armas químicas.

chem.ist [k'emist] *n* **1** químico. **2** *Brit* farmacêutico.

chem.is.try [k'emistri] *n* química.

chem.ist's [k'emists] *n* farmácia, drogaria.

chem.o.the.ra.py [ki:mouθ'erəpi] *n* *Med* quimioterapia.

cheque [tʃek] *n* *Brit* (*Amer* **check**) cheque. **traveller's cheque** cheque de viagem.

cheque-book [tʃ'ek buk] *n* *Brit* talão de cheques.

cher.ish [tʃ'eriʃ] *vt* **1** estimar. **2** tratar com carinho. **3** lembrar (com prazer).

cher.ry [tʃ'eri] *n* cereja.

cher.ub [tʃ'erəb] *n* (*pl* **cherubs**, **cherubim**) querubim, anjo.

chess [tʃes] *n* xadrez. **to play chess** jogar xadrez.

chest [tʃest] *n* **1** peito, tórax, caixa torácica. *I must get it off my chest /* preciso desabafar. **2** arca, baú. **chest of drawers** cômoda.

chest.nut [tʃ'esnʌt] *n* **1** *Bot* castanheiro. **2** castanha. **3** madeira de castanheiro. **4**

Amer coll piada muito conhecida. • *adj* de cor castanha.

chew [tʃuː] • *vt+vi* 1 mastigar. 2 *fig* remoer, ponderar. **to bite off more than you can chew** *coll* pretender fazer mais do que é capaz. **to chew on/over something** *coll* considerar, pensar cuidadosamente a respeito de algo.

chewi.ng-gum [tʃ'uːiŋ gʌm] *n* goma de mascar, chiclete.

chic [ʃik] *adj* chique, de bom gosto.

chick [tʃik] *n* 1 pintinho. 2 *sl* moça.

chick.en [tʃ'ikin] *n* 1 *Amer* frango, franguinho, galinha. 2 carne de ave doméstica. **don't count your chickens before they are hatched** *fig* não conte com o ovo antes de a galinha botar. **to chicken out** acovardar-se, desistir.

chick.en-pox [tʃ'ikin pɔks] *n Med* varicela, catapora.

chic.o.ry [tʃ'ikəri] *n Bot* chicória.

chief [tʃiːf] *n* chefe. **too many chiefs and not enough Indians** muito cacique para pouco índio.

child [tʃaild] *n* (*pl* **children**) 1 criança. 2 menino ou menina. 3 filho ou filha. 4 descendente. 5 discípulo, adepto. 6 *fig* produto, resultado. **an only child** filho único. **from a child** desde criança.

child.birth [tʃ'aildbəːθ] *n* parto.

child.hood [tʃ'aildhud] *n* infância, meninice.

child.ish [tʃ'aildiʃ] *adj* 1 infantil, pueril. 2 ingênuo, imaturo.

chil.i [tʃ'ili] *n Amer* pimenta malagueta (planta e produto).

chill [tʃil] *n* 1 frio, friagem. 2 resfriado. • *vt+vi* 1 resfriar-se. 2 refrigerar. • *adj* frio. **to catch a chill** resfriar-se.

chil.ly [tʃ'ili] *adj* frio.

chime [tʃaim] *n* carrilhão. • *vt+vi* 1 repicar de sinos. 2 soar, bater (hora).

chim.ney [tʃ'imni] *n* chaminé.

chimp [tʃimp] *n Zool coll* chimpanzé.

chim.pan.zee [tʃimpænz'iː] *n Zool* chimpanzé.

chin [tʃin] *n* queixo.

chi.na [tʃ'ainə] *n* 1 porcelana. 2 louça. • *adj* de porcelana, de louça.

chink [tʃiŋk] *n* fenda, rachadura. • *vi* tilintar como de moedas ou talheres.

chip [tʃip] *n* 1 lasca. 2 objeto lascado. 3 **chips** batatinhas fritas. 4 ficha para o jogo. 5 *Comp* pastilha de componentes eletrônicos miniaturizados montada sobre uma placa de circuito impresso e que executa funções específicas de processamento. • *vt+vi* lascar, fazer cavacos. **to chip in** 1 *sl* intrometer-se na conversa. 2 *Amer sl* contribuir, fazer uma vaquinha.

chip.muck [tʃ'ipmʌk] *n* = **chipmunk**.

chip.munk [tʃ'ipmʌŋk] *n Amer* tâmia.

chi.ro.prac.tic [kairəpr'æktik] *n Amer* quiroprática: tratamento de moléstias por meio de reajustamento da espinha dorsal. • *adj* quiroprático.

chirp [tʃəːp] *n* 1 gorjeio, trinado, pio. 2 cricri, cricrido. • *vt+vi* 1 chilrear, gorjear, trinar. 2 cricrilar.

chirp.y [tʃ'əːpi] *adj coll* alegre, jovial, vivo.

chis.el [tʃ'izəl] *n* cinzel, talhadeira. • *vt+vi* 1 cinzelar, esculpir. 2 *sl* tapear, lograr.

chis.eled [tʃ'izəld] *adj* 1 cinzelado. 2 bem delineado.

chiv.al.ry [ʃ'ivəlri] *n* 1 cavalheirismo, bravura. 2 regras de cavalaria. 3 cavalaria.

chlo.rine [kl'ɔːriːn] *n Chem* cloro.

chlo.ro.phyl [kl'ɔrəfil] *n* = **chlorophyll**.

chlo.ro.phyll [kl'ɔrəfil] *n* clorofila.

choco.late [tʃ'ɔklət] *n* 1 chocolate. 2 cor de chocolate. 3 bombom. • *adj* de chocolate, feito de chocolate.

choice [tʃɔis] *n* 1 escolha. • *adj* o mais fino, melhor. **at choice** à vontade. **by, for, from choice** de preferência, por gosto. **take your choice** escolha à sua vontade. **to have no choice** não ter escolha.

choir [kw'aiə] *n* coro.

choke [tʃouk] *n* 1 asfixia, estrangulação. 2 ruído de sufocação. 3 *Auto* afogador. • *vt+vi* 1 asfixiar, sufocar. 2 engasgar-se, afogar-se, ter falta de ar. 3 *Tech* obstruir.

chol.er.a [k'ɔlərə] *n Med* cólera.

cho.les.ter.ol [kəl'estərɔl] *n Biochem* colesterol.

choose [tʃuːz] *vt+vi* (*ps* **chose**, *pp* **chosen**) 1 escolher. 2 eleger, preferir. *he was chosen king* / ele foi eleito rei. 3 decidir-se, achar melhor. **to choose between** escolher entre. **to pick and choose** escolher cuidadosamente.

chop [tʃɔp] n **1** golpe cortante, corte. **2** costeleta. • vt **1** cortar. **2** picar, retalhar. **to chop up** cortar em pedaços, picar.

chop.per [tʃ'ɔpə] n **1** cutelo, machadinha. **2** sl helicóptero.

chop.sticks [tʃ'ɔpstiks] n pl pauzinhos para comer.

cho.ral [k'ɔːrəl] n coral, hino, canto coral. • adj coral, relativo a coro.

chord [kɔːd] n Mus acorde.

chore [tʃɔː] n **1** Amer pequena tarefa do cotidiano. **2** incumbência difícil ou desagradável. **household chores** afazeres domésticos.

cho.re.og.ra.phy [kɔriˈɔgrəfi] n coreografia.

cho.rus [k'ɔːrəs] n **1** coro. **2** estribilho, refrão. • vt+vi cantar ou falar em coro. **in chorus** em coro.

Christ [kraist] n Cristo, Jesus Cristo.

chris.ten [kr'isən] vt **1** batizar. **2** dar nome, chamar, apelidar. *he is christened Edward* / ele foi batizado com o nome de Edward.

christ.en.ing [kr'isəniŋ] n batismo.

Chris.tian [kr'istʃən] n cristão, cristã. • adj cristão.

Chris.ti.an.i.ty [kristiˈæniti] n **1** cristandade. **2** cristianismo.

Chris.tian name [kr'istʃən neim] n nome de batismo, prenome.

Christ.mas [kr'isməs] n (abreviatura: **Xmas**) Natal. • adj de Natal, natalino.

Christ.mas card [kr'isməs kaːd] n cartão de Natal.

Christ.mas car.ol [kr'isməs kærəl] n cântico de Natal.

Christ.mas wish.es [kr'isməs wiʃiz] n votos de Bom Natal. **Merry Christmas!** Feliz Natal!

chrome [kroum] n Chem cromo. • vt cromar.

chro.mo.some [kr'oumɑsoum] n Biol cromossomo.

chron.ic [kr'ɔnik] adj Med crônico.

chron.i.cle [kr'ɔnikəl] n crônica, narração cronológica. • vt registrar.

chron.i.cler [kr'ɔniklə] n cronista, historiador.

chron.o.gram [kr'ɔnəgræm] n cronograma.

chron.o.log.ic [krɔnəl'ɔdʒik] adj cronológico.

chro.nom.e.ter [krɑnˈɔmitə] n cronômetro.

chrys.an.the.mum [krisˈænθəməm] n Bot crisântemo.

chub.by [tʃ'ʌbi] adj gorducho, bochechudo. **chubby faced** bochechudo.

chuck [tʃʌk] n sl demissão, despedida. *I gave him the chuck* / despedi-o, rompi com ele. • vt atirar, jogar, arremessar.

chuck.le [tʃ'ʌkəl] n risada silenciosa. • vi rir consigo mesmo, silenciosamente.

chum [tʃʌm] n amigo íntimo.

chunk [tʃʌŋk] n coll **1** pedaço grosso. **2** naco. **3** pessoa ou animal troncudo ou corpulento.

chunk.y [tʃ'ʌŋki] adj corpulento, entroncado, grosso.

church [tʃ'əːtʃ] n **1** igreja, templo cristão. **2** cristandade, comunidade cristã. • adj de ou relativo à igreja. **at / in church** na igreja.

church-serv.ice [tʃ'əːtʃ səːvis] n serviço religioso.

church.yard [tʃ'əːtʃjaːd] n **1** terreno em volta da igreja. **2** cemitério.

churn [tʃ'əːn] n batedeira para fazer manteiga. • vt+vi **1** fazer manteiga. **2** agitar, bater violentamente.

chute [ʃuːt] n **1** Amer rampa de emergência para evacuação (aviões), calha de transporte. **2** tobogã em piscina. **3** rampa, ladeira íngreme. **4** coll pára-quedas.

chut.ney [tʃ'ʌtni] n molho picante (de pimenta, frutas e ervas).

ci.ca.da [sikˈaːdə; sikˈeidə] n (pl **cicadas, cicadae**) Ent cigarra.

ci.der [s'aidə] n sidra.

ci.gar [sigˈaː] n charuto.

cig.a.rette [sigərˈet] n cigarro.

cig.a.rette butt [sigərˈet bʌt] n toco de cigarro.

cinch [sintʃ] n Amer sl coisa fácil, canja.

cin.der [s'ində] n **1** n pl escória de carvão ou hulha, cinza. **2** material parcialmente queimado. **3 cinders** cinzas. • vt incinerar.

cin.e.ma [s'inimə] *n* 1 filme. 2 cinema.

cin.na.mon [s'inəmən] *n* canela. • *adj* aromatizado com canela.

ci.pher [s'aifə] *n* 1 criptograma, escrita enigmática ou secreta. 2 *fig* pessoa ou coisa sem importância.

ci.pher-code [s'aifə koud] *n* cifra.

cir.cle [s'ə:kəl] *n* 1 *Geom* círculo. 2 superfície de círculo. 3 circuito. 4 circunferência. 5 assentos no balcão do teatro. 6 período, ciclo. 7 grupo de pessoas. 8 esfera de influência. • *vt+vi* 1 circular. 2 revolver, girar. 3 circundar. **circle of friends** círculo de amizade. **the upper circles** as altas esferas. **to circle in** cercar. **vicious circle** círculo vicioso.

cir.cuit [s'ə:kit] *n* 1 circuito, volta. 2 rota. 3 âmbito, perímetro. • *vt+vi* girar, circundar. **closed circuit** circuito fechado. **short circuit** curto-circuito.

cir.cu.late [s'ə:kjuleit] *vt+vi* 1 circular, mover-se em círculo. 2 pôr(-se) em circulação.

cir.cu.la.tion [sə:kjul'eiʃən] *n* 1 circulação (também *Med*). 2 distribuição de livros ou de revistas. 3 tiragem. 4 ventilação.

cir.cum.cise [s'ə:kəmsaiz] *vt* 1 circuncidar. 2 *fig* purificar.

cir.cum.fer.ence [sək'∧mfərəns] *n* circunferência.

cir.cum.nav.i.gation [sə:kəmnævig'eiʃən] *n* circunavegação.

cir.cum.stance [s'ə:kəmstæns] *n* 1 circunstância. 2 **circumstances** circunstâncias, estado das coisas. • *vt* pormenorizar. **under no circumstances** de modo algum.

cir.cus [s'ə:kəs] *n* 1 circo. 2 praça circular.

cis.tern [s'istən] *n* 1 cisterna. 2 reservatório de água.

cit.a.del [s'itədel] *n* 1 fortaleza, cidadela.

cit.i.zen [s'itizən] *n* cidadão.

cit.i.zen.ship [s'itizənʃip] *n* 1 cidadania. 2 direitos e deveres de cidadão.

cit.y [s'iti] *n* 1 cidade. 2 município. 3 população de uma cidade. • *adj* citadino de cidade importante.

cit.y coun.cil [s'iti kaunsəl] *n Amer* municipalidade, câmara de vereadores.

cit.y hall [siti h'ɔl] *n Amer* prefeitura, governo municipal.

civ.ic [sivik] *adj* cívico.

civ.il [s'ivəl] *adj* 1 cívico, relativo aos cidadãos. 2 polido, cortês.

civ.il dis.o.be.di.ence [sivəl disəb'i:diəns] *n* desobediência à lei.

ci.vil.ian [siv'iljən] *n* indivíduo que não é militar. • *adj* civil.

ci.vil.ity [siv'iliti] *n* 1 cortesia, polidez. 2 civilidade.

civ.i.li.za.tion [sivəlaiz'eiʃən] *n* civilização.

civ.il rights [sivəl r'aits] *n pl* direitos civis.

civ.il-serv.ant [sivəl s'ə:vənt] *n Brit* funcionário público.

civ.il war [sivəl w'ɔ:] *n* guerra civil.

clad [klæd] *ps, pp* of **clothe.** • *adj* 1 vestido. 2 revestido.

claim [kleim] *n* 1 reivindicação, pretensão. 2 asserção, alegação. • *vt+vi* 1 reclamar, reivindicar, requerer seu direito. 2 alegar, afirmar. *he claims to have told the truth* / ele afirma ter dito a verdade.

claim.ant [kl'eimənt] *n* 1 demandante. 2 reivindicador.

clair.voy.ant [klɛəv'ɔiənt] *n* vidente. • *adj* clarividente, vidente, perscrutador.

clam [klæm] *n Zool* marisco, espécie de mexilhão.

clam.ber [kl'æmbə] *vt+vi* 1 subir com dificuldade. 2 *fig* tornar-se proeminente.

clam.my [kl'æmi] *adj* 1 frio e úmido. 2 pegajoso.

clam.or.ous [kl'æmərəs] *adj* clamoroso, barulhento.

clam.our [kl'æmə] *n* clamor. • *vt+vi* 1 gritar, berrar. 2 reclamar, protestar.

clan [klæn] *n* 1 clã. 2 *fig* panelinha. 3 *coll* família.

clan.des.tine [klænd'estin] *adj* clandestino.

clang [klæŋ] *n* tinido. • *vt+vi* 1 tinir. 2 fazer tinir ou ressoar.

clank [klæŋk] *n* ruído de correntes. • *vi* tinir de correntes.

clap [klæp] *n* 1 aplauso. 2 estampido do trovão. • *vi+vt* 1 bater uma coisa contra a outra com estrondo. 2 aplaudir. **to clap someone on the back** dar tapinhas nas costas. **to clap hands** bater palmas, aplaudir.

clar.i.fy [kl'ærifai] *vt+vi* **1** clarificar. **2** *fig* esclarecer(-se).

clar.i.ty [kl'æriti] *n* claridade, limpidez.

clash [klæʃ] *n* **1** estrépito, som metálico. **2** choque, colisão. **3** conflito, oposição. • *vt+vi* **1** colidir, chocar-se com estrondo. **2** discordar, entrar em conflito. **3** destoar (cores). Veja nota em **colidir**.

clasp [kla:sp; klæsp] *n* **1** fecho. **2** abraço. • *vt* **1** apertar. **2** abraçar. **to clasp hands** apertar as mãos. **to clasp one's hands** juntar as mãos.

class [kla:s; klæs] *n* **1** classe, categoria. **2** aula, classe de alunos. **3** curso, aula. **4** *Amer* colegas de turma. • *vt+vi* classificar. • *adj* **1** relativo a classe, de classe. **2** *sl* relativo a qualidade. **first class** de primeira qualidade. **middle-class** classe média. **upper-class** classe alta. **working class** classe trabalhadora.

clas.sic [kl'æsik] *n* **1** obra clássica. **2** autor ou artista clássico. **3** os clássicos, literatura etc. • *adj* **1** de primeira qualidade. **2** clássico. **3** perfeito, sóbrio. **4** típico.

clas.si.cism [kl'æsisizəm] *n* classicismo.

clas.si.fi.ca.tion [klæsifik'eiʃən] *n* classificação.

clas.si.fied [kl'æsifaid] *adj Amer* secreto, confidencial.

clas.si.fied ad [kl'æsifaid æd] *n* anúncio classificado.

clas.si.fy [kl'æsifai] *vt* classificar, agrupar.

class.mate [kl'a:smeit] *n Amer* colega de classe.

class.room [kl'a:sru:m] *n* sala de aula.

clat.ter [kl'ætə] *n* **1** ruído como de pratos chocados entre si. **2** tropel. **3** algazarra. • *vt+vi* **1** mover, cair com estrépito. **2** tagarelar. **3** fazer tinir ou ressoar.

clause [klɔ:z] *n* **1** *Gram* parte da oração. **2** cláusula.

claw [klɔ:] *n* **1** unha afiada, garra. **2** pata com unhas afiadas. • *vt+vi* arranhar.

clay [klei] *n* barro, argila.

clean [kli:n] • *vt+vi* limpar. • *adj* **1** limpo. **2** honesto, escrupuloso. **3** claro, sem manchas, em branco (papel). **4** bem proporcionado. **5** simples, enxuto. **to clean up** limpar, pôr em ordem.

clean-cut [kli:n k'ʌt] *adj* claro, nítido, distinto.

clean.er [kl'i:nə] *n* faxineiro. **vacuum cleaner** aspirador de pó.

clean.ers [kl'i:nəz] *n pl* tinturaria.

clean.ing woman [kl'i:niŋ wumən] *n* faxineira, mulher de limpeza.

cleanse [klenz] *vt* **1** limpar. **2** purificar.

cleans.er [kl'enzə] *n* removedor.

clear [kliə] • *vt+vi* **1** clarear, iluminar. **2** remover. **3** tirar (a mesa). **4** limpar. **5** desobstruir. **6** transpor. **7** absolver. • *adj* **1** claro. **2** livre de. **3** evidente. **4** desimpedido. • *adv* claramente. **as clear as crystal** evidente. **to clear out** a) evacuar, desocupar. b) partir, cair fora. **to clear the way** abrir caminho. **to clear up** a) aclarar. b) limpar (o tempo).

clear.ance [kl'iərəns] *n* **1** desobstrução. **2** autorização.

clear.ance sale [kl'iərəns seil] *n* liquidação total.

clear.ing [kl'iəriŋ] *n* clareira.

clef [klef] *n Mus* clave.

clench [klentʃ] *vt* cerrar (punho, dentes). **clenched fist** punho cerrado.

cler.gy [kl'ə:dʒ] *n* clero.

cler.gy.man [kl'ə:dʒimən] *n* clérigo.

cler.i.cal [kl'erikəl] *adj* **1** relativo a trabalho de escritório. **2** clerical, eclesiástico.

clerk [kla:k; klə:k] *n* **1** *Amer* balconista. **2** escriturário, escrevente.

clev.er [kl'evə] *adj* **1** inteligente, esperto, engenhoso. **2** hábil.

cli.ché [kl'i:ʃei] *n* **1** clichê. **2** *fig* lugar-comum, chavão.

click [klik] *n* estalo, clique. • *vt+vi* **1** fazer tique-taque, dar estalidos. **2** dar um clique.

cli.ent [kl'aiənt] *n* **1** cliente. **2** freguês.

cli.en.tele [kli:ɔnt'el; klaiənt'el] *n* freguesia, clientela.

cliff [klif] *n* penhasco, precipício.

cli.mate [kl'aimit] *n* **1** clima, condições meteorológicas. **2** ambiente.

cli.mat.ic [klaim'ætik] *adj* climático, relativo a clima.

cli.max [kl'aimæks] *n* clímax.

climb [klaim] *n* **1** subida, escalada. **2** lugar a ser escalado. *a steepy climb* / uma subida íngreme. • *vt+vi* subir, trepar.

the boy climbed a tree / o menino subiu numa árvore. **2** escalar.

climb.er [kl'aimə] *n* alpinista.

cling [kliŋ] *vi* (*ps, pp* **clung**) agarrar.

clin.ic [kl'inik] *n* clínica.

clin.i.cal [kl'inikəl] *adj* **1** clínico. **2** sem mostrar emoção.

clink [kliŋk] *n* tinido, som de vidro. • *vt+vi* tinir.

clip [klip] *n* **1** tosquia, corte. **2** bofetada. • *vt+vi* **1** tosquiar. **2** aparar. **3** cortar cabelo ou lã.

clip.ping [kl'ipiŋ] *n Amer* recorte de jornal.

clique [kli:k] *n* grupo exclusivo, panelinha, roda.

cloak [klouk] *n* **1** capote, manto. **2** *fig* disfarce, pretexto. • *vt* esconder, mascarar.

cloak.room [kl'oukru:m] *n* chapelaria (no teatro, restaurante etc).

clock [klɔk] *n* **1** relógio de mesa ou parede. **2** medidor. **3** taxímetro. • *vt* cronometrar **around the clock** dia e noite. **to beat the clock** terminar uma tarefa antes do tempo previsto. **to clock in (out)** marcar o ponto. **to set the clock** acertar o relógio. **to work against the clock** trabalhar sem parar para cumprir prazo.

clock.wise [kl'ɔkwaiz] *adj+adv* no sentido horário.

clock.work [kl'ɔkwə:k] *n* mecanismo. **like clockwork** com perfeição, como um relógio.

clog [klɔg] *n* **1** entupimento, obstrução. **2** tamanco. • *vt+vi* bloquear, obstruir.

clois.ter [kl'ɔistə] *n* **1** claustro. **2** convento, mosteiro.

clone [kloun] *n Biol* clone. • *vt+vi* reproduzir em laboratório (animais e vegetais).

close¹ [klouz] *n* término, conclusão. • *vt+vi* fechar, terminar, confinar. **at the close of day** ao crepúsculo. **to close a bargain** fechar um negócio. **to close down** fechar, encerrar as atividades. **to close in** aproximar-se. *the night closed in* / chegou a noite. **to close one's eyes to** não querer enxergar. **to draw to a close** chegar ao fim.

close² [klous] *adj* **1** junto, próximo. **2** apertado. **3** íntimo. **4** rigoroso. **5** abafado. **6** fechado. **7** atento, observador. • *adv* **1** rente. **2** de perto. **3** rigorosamente. **a close hand** a) uma mão fechada. b) *fig* pessoa sovina. **close at hand** iminente. **close by** perto. **keep close!** fique perto de mim! **to stick close to** ficar perto ou próximo de.

clos.et [kl'ɔzit] *n* armário. **to come out of the closet** admitir abertamente uma prática que era um segredo (especialmente a homossexualidade). **water closet** *abbr* **WC** privada.

close-up [kl'ousʌp] *n Amer Cin* close-up: fotografia tirada de bem perto.

clot [klɔt] *n* **1** coágulo. **2** *adj Brit coll* tolo, idiota.

cloth [klɔ:θ] *n* pano, tecido. Veja nota em **pano**.

clothe [klouð] *vt* (*ps, pp* **clothed** or **clad**) vestir(-se), pôr roupa.

clothes [klouðz] *pl n* roupa (também de corpo), vestuário. **tailored clothes** traje sob medida.

clothes hang.er [kl'ouðz hæŋə] *n* cabide.

cloth.ing [kl'ouðiŋ] *n* roupa. **article of clothing** peça de roupa.

cloud [klaud] *n* **1** nuvem. **2** *fig* sombra, tristeza. *his death cast a cloud over the festival* / sua morte entristeceu a festa. **on cloud nine** *coll* eufórico. **to cloud over** nublar-se, turvar-se.

cloud.y [kl'audi] *adj* nublado.

clove [klouv] *n* **1** cravo-da-índia. **2** dente (alho).

clo.ver [kl'ouvə] *n Bot* trevo, trifólio.

clo.ver leaf [kl'ouvə li:f] *n Amer* trevo (de estrada de rodagem).

clown [klaun] *n* palhaço. • *vi* fazer palhaçadas, bancar o palhaço.

clown.ish [kl'auniʃ] *adj* apalhaçado.

club [klʌb] *n* **1** cacete. **2** *Sport* taco. **3** clube. **4** *Gambling* (geralmente **clubs**) naipe de paus. • *vt+vi* **1** golpear com porrete. **2** associar-se. • *adj* de ou relativo a clube. **to club together** unir-se. **to join the club** *Brit sl* estar na mesma situação.

cluck [klʌk] *n* cacarejo.

clue [klu:] *n* indício. **to clue in** *coll* dar uma dica. **not to have a clue** *coll* não ter uma pista.

clump [klʌmp] *n* moita. • *vt+vi* andar ruidosamente.

clum.sy [kl'ʌmzi] *adj* desajeitado.

clus.ter [kl'ʌstə] *n* agrupamento. • *vt+vi* aglomerar-se, apinhar(-se).

clutch [klʌtʃ] *n* 1 embreagem. 2 garra, mão que pega ou aperta. 3 *fig* (geralmente **clutches**) poder, domínio. • *vt+vi* agarrar. **to throw the clutch in** embrear. **to throw the clutch out** desembrear.

clut.ter [kl'ʌtə] *n* desordem, bagunça. • *vt+vi* amontoar desordenadamente.

c/o [si:'ou] *abbr* **(in)** care of (aos cuidados de).

coach [koutʃ] *n* 1 carruagem. 2 *Amer* vagão, carro de passageiros de estrada de ferro. 3 *Amer* ônibus. 4 *Sport* treinador. • *vt+vi* 1 ensinar, treinar. 2 preparar alguém para exame ou concurso.

coach.ing [k'outʃiŋ] *n* 1 treinamento. 2 instrução.

coal [koul] *n* 1 carvão. 2 brasa.

co.a.li.tion [kouəl'iʃən] *n* coalizão.

coal mine [k'oulmain] *n* mina de carvão.

coal-pit [k'oul pit] *n* = **coal mine**.

coarse [kɔ:s] *adj* 1 grosso. 2 áspero. 3 vulgar.

coast [koust] *n* 1 beira-mar. 2 litoral. • *vi* descer uma ladeira de bicicleta ou automóvel em ponto morto. **from coast to coast** de costa a costa. **on the coast** na costa. **the coast is clear** *fig* passou o perigo.

coast-guard [k'oust ga:d] *n* guarda costeira.

coat [kout] *n* 1 casaco. 2 pêlo, plumagem. 3 demão (de tinta). • *vt* cobrir com camada, pintar, revestir. **fur coat** casaco de pele. **waist coat** colete.

coat.ing [k'outiŋ] *n* revestimento, cobertura.

coax [kouks] *vt* persuadir, influenciar.

cob.web [k'ɔbweb] *n* teia de aranha.

co.caine [kouk'ein] *n* cocaína.

cock [kɔk] *n* 1 galo, frango. 2 ave macho. **cock-and-bull story** conto da carochinha.

cock.crow [k'ɔkkrou] *n fig* madrugada. **at cockcrow** ao cantar do galo.

cock.eyed [kɔk'aid] *adj sl* 1 vesgo. 2 improvável.

cock.ney [k'ɔkni] *n* habitante da Zona Leste de Londres. **the Cockney** dialeto desses londrinos.

cock.pit [k'ɔkpit] *n* 1 *Aeron* cabina de comando. 2 compartimento do piloto em carro de corrida.

cock.roach [k'ɔkroutʃ] *n* barata.

cock.tail [k'ɔkteil] *n* coquetel.

co.coa [k'oukou] *n* 1 chocolate. 2 bebida quente de chocolate e leite ou água.

co.coa.nut [k'oukənʌt] *n* = **coconut**.

co.co.nut [k'oubənʌt] *n Bot* coco.

co.co.nut tree [k'oukənʌt tri:] *n* coqueiro.

co.coon [kək'u:n] *n* casulo (de inseto).

cod [kɔd] *n Ichth* bacalhau. **dried cod** bacalhau seco.

code [koud] *n* código. **code name** codinome. **post code, zip code** código de endereçamento postal (CEP).

co.don [k'oudən] *n Comp* codon.

co.erce [kau'ə:s] *vt* 1 coagir, forçar. 2 reprimir.

co.er.cion [kou'ə:ʃən] *n* 1 coerção. 2 repressão.

cof.fee [k'ɔfi] *n* 1 café. 2 cor de café.

cof.fee break [k'ɔfi breik] *n* hora do cafezinho durante o expediente.

cof.fee shop [k'ɔfi ʃɔp] *n* café (bar).

cof.fin [k'ɔfin] *n* caixão, esquife.

cog [kɔg] *n Mech* dente de roda dentada.

cog.i.tate [k'ɔdʒiteit] *vi* cogitar, ponderar.

cog.ni.tion [kɔgn'iʃən] *n* 1 cognição. 2 percepção.

co.her.ent [kouh'iərənt] *adj* coerente: logicamente consistente ou claro.

coil [kɔil] *n* 1 bobina (também *Electr*). 2 rolo. 3 DIU: dispositivo intra-uterino. • *vt* enrolar, bobinar.

coin [kɔin] *n* moeda. • *vt+vi* 1 cunhar moeda. 2 *fig* inventar.

coin.cide [kouins'aid] *vi* 1 coincidir. 2 acontecer ao mesmo tempo. 3 concordar.

co.in.ci.dence [kou'insidəns] *n* coincidência.

coke [kouk] *n Amer coll sl* 1 cocaína. 2 *abbr* Coca-Cola.

col.an.der [k'ʌləndə] *n* escorredor de macarrão.

cold [kould] *n* 1 frio. 2 resfriado. *I caught a cold /* peguei um resfriado. • *adj* 1 frio. **2** gélido. **3** insensível. **in cold blood** a sangue frio. **to get (become) cold** ficar frio, esfriar.

cold feet [kould f'i:t] *n coll* timidez. **to get cold feet** perder a coragem.

cold-heart.ed [kould h'a:tid] *adj* frio, insensível, cruel.

col.lab.o.rate [kəl'æbəreit] *vi* colaborar.

col.lage [kəl'a:ʒ] *n* colagem.

col.lapse [kəl'æps] *vt+vi* **1** cair, ruir, desmoronar. **2** desmaiar. **3** perder as forças, ceder.

col.laps.i.ble [kəl'æpsəbəl] *adj* desmontável, articulado.

col.lar [k'ɔlə] *n* **1** colarinho. **2** coleira (de cães). • *vt coll* pegar, segurar alguém. **blue collar** operário de produção. **white collar** funcionário administrativo.

col.league [k'ɔli:g] *n* colega.

col.lect [k'ɔlekt] *vt+vi* **1** colecionar. *he collects the works of Picasso* / ele coleciona as obras de Picasso. **2** coletar, reunir. *he collected enough evidence to incriminate the Mayor* / ele reuniu provas suficientes para incriminar o Prefeito. **3** arrecadar, angariar. **4** cobrar. **collect call** chamada telefônica a cobrar.

col.lec.tion [kəl'ekʃən] *n* **1** coleção. **2** coleta. **3** cobrança. **4** arrecadação. **5** acúmulo.

col.lege [k'ɔlidʒ] *n* **1** estabelecimento de ensino superior. **2** *Brit* faculdade. **3** *Amer* universidade.

col.lide [kəl'aid] *vi* colidir. Veja nota em **colidir**.

col.li.sion [kəl'iʒən] *n* colisão.

co.logne [kəl'oun] *n* (forma abreviada de **cologne water** ou **eau de cologne**) água-de-colônia.

colo.nel [k'ə:nəl] *n* coronel.

col.o.ni.za.tion [kɔlənaiz'eiʃən] *n* colonização.

col.o.ny [k'ɔləni] *n* **1** colônia. **2** povoação ou estabelecimento de colonos ou colonizadores.

col.or, col.our [k'ʌlə] *n* **1** cor, colorido. **2** tinta. **3** caráter, feição. *he showed his true colours* / *fig* ele mostrou seu verdadeiro caráter. • *vt+vi* colorir. • *adj* em cores, de cor. **off colour** *coll* exausto,

indisposto. **primary colours** cores primárias. **to change colour** empalidecer ou corar.

col.or-blind [k'ʌlə bl'aind] *adj* daltônico.

col.or.ful [k'ʌləful] *adj* colorido, com várias cores.

col.or tel.e.vi.sion [kʌlə t'eləviʒən] *n* televisão em cores.

colt [koult] *n* potro (macho).

col.umn [k'ɔləm] *n* coluna.

col.um.nist [k'ɔləmnist] *n* colunista de jornal.

co.ma [k'oumə] *n* (*pl* **comas**) *Med* coma.

comb [koum] *n* **1** pente. **2** crista (de ave, de onda ou de montanha). **3** favo (de mel). • *vt+vi* **1** pentear. **2** vascular.

com.bat [k'ɔmbæt] *n* combate. • *adj* relativo a combate. • *vt+vi* lutar, combater (**with** com, **against** contra). **close combat** luta corpo a corpo.

com.bat.ant [k'ɔmbətənt] *n* combatente.

com.bi.na.tion [kɔmbin'eiʃən] *n* **1** associação. **2** combinação.

com.bine [kəmb'ain] *vt+vi* unir(-se) a, associar(-se) a.

A grafia semelhante ao português pode induzir a erro de tradução. **Combine** significa apenas juntar duas ou mais coisas para fazer delas uma só. Por exemplo, combinando os ingredientes como farinha, ovos, manteiga etc., poderemos fazer deles um bolo. Também combinar beleza e inteligência numa mesma pessoa. Para combinar com alguém um encontro ou entrevista, porém, usamos **make a date** ou **make an appointment**.

com.bus.ti.ble [kəmb'ʌstəbəl] *n* material que queima. • *adj* inflamável.

come [kʌm] *vt+vi* (*ps* **came**, *pp* **come**) **1** vir, aproximar(-se). **2** chegar. **3** surgir. **4** atingir. **5** acontecer. **6** redundar. **7** ficar, tornar-se. **8** entrar. **9** importar em. **10** *coll* ter um orgasmo. **come along!** venha comigo!, vamos! **come in!** entre! **come off it!** pare com isso! **come on!** venha!, vamos! **how come?** por quê?, como? **let's come to the point!** vamos ao assunto (principal). **to come about** acontecer, suceder. **to come across** a) encontrar, deparar-se com. b) *Amer coll* ser compreendido (um discurso). c) *Amer coll* dizer a verdade, confessar. **to come after** a) seguir. b) procurar. **to come again** voltar, repetir. **to come back** voltar. **to come behind** a) vir atrás. b) ficar atrás de. **to come by** obter. **to come down** descer. **to come for** vir buscar. **to come into sight** chegar à vista. **to come of** resultar de. **to come off** a) soltar-se, desprender-se, sair (mancha). b) ter bom resultado. **to come round/around** a) fazer uma visita, aparecer. b) recuperar os sentidos. c) pensar melhor. **to come short of** não alcançar o nível. **to come through** a) conseguir. b) superar. **to come to** chegar a. *the war came to an end* / a guerra chegou ao fim. **to come up** a) subir. b) aproximar-se. c) nascer, brotar. d) surgir. **to come upon** a) descobrir. b) surpreender.

come.back [k'ʌmbæk] *n coll* retorno.

co.me.di.an [kəm'i:diən] *n* comediante.

com.e.dy [k'ɔmidi] *n* comédia.

come.li.ness [k'ʌmlinis] *n* graça, beleza.

com.er [k'ʌmə] *n* pessoa promissora, de futuro. **new comer** recém-chegado, novato.

com.fort [k'ʌmfət] *n* **1** conforto. **2** bem-estar. • *vt* **1** confortar. **2** animar. **to take comfort in** ficar confortado por (algum fato ou pensamento).

com.fort.a.ble [k'ʌmfətəbəl] *adj* **1** confortável. **2** cômodo. **3** à vontade. **4** *coll* com meios suficientes, sem necessidades. **to make oneself comfortable** pôr-se à vontade.

com.ic [k'ɔmik] *n* **1** comicidade. **2 comics** *coll* histórias em quadrinhos. • *adj* cômico, engraçado.

com.ma [k'ɔmə] *n* **1** *Gram* vírgula. **2** *Mus* coma. **inverted commas** aspas.

com.mand [kəm'a:nd] *n* **1** comando, ordem. **2** autoridade. **3** conhecimento. • *vt+vi* **1** comandar. **2** dirigir. **3** ordenar.

com.man.dant [k'ɔməndænt] *n* comandante.

com.mand.ment [kəm'a:ndmənt] *n* mandamento, preceito. **the Ten Commandments** os Dez Mandamentos.

com.mem.o.rate [kəm'eməreit] *vt* comemorar, celebrar.

com.mem.o.ra.tion [kəmemər'eiʃən] *n* **1** comemoração. **2** ato de preservar a memória de alguém com cerimônia solene.

com.mence.ment [kəm'ensmənt] *n* **1** início. **2** cerimônia de formatura.

com.mend [kəm'end] *vt+vi* **1** elogiar. **2** recomendar.

com.ment [k'ɔment] *n* comentário. • [kɔm'ent] *vt+vi* comentar. **no coment** sem comentário.

com.merce [k'ɔmə:s] *n* comércio. **Chamber of Commerce** Câmara de Comércio.

com.mer.cial [kəm'ə:ʃəl] *n* comercial. • *adj* comercial.

com.mer.cial.ism [kəm'ə:ʃəlizəm] *n* comercialismo.

com.mer.cial.ize [kəm'ə:ʃəlaiz] *vt* comercializar.

com.mis.er.ate [kəm'izəreit] *vt+vi* comiserar(-se).

com.mis.er.a.tion [kəmizər'eiʃən] *n* compaixão.

com.mis.sion [kəm'iʃən] *n* **1** comissão. **2** cargo, posto. **3** encomenda. • *vt* **1** comissionar, encarregar, incumbir. **2** encomendar.

com.mis.sion.er [kəm'iʃənə] *n* comissário.

com.mit [kəm'it] *vt+vi* **1** consignar. **2** confinar, encerrar. **3** cometer ato ilegal. **4** empenhar(-se), comprometer(-se).

com.mit.ment [kəm'itmənt] *n* compromisso, promessa.

com.mit.tee [kəm'iti] *n* comitê.

com.mod.i.ty [kəm'ɔditi] *n* mercadoria, bem consumível.

com.mon [k'ɔmən] *n* área verde comunitária em vilarejos ou pequenas cidades. • *adj* **1** comum. **2** popular. **3** usual. **4** notório. **5** trivial.

com.mon.er [k'ɔmənə] *n* **1** cidadão, homem do povo. **2** plebeu.

com.mon ground [kɔmən gr'aund] *n* crença ou interesse compartilhado.

com.mon peo.ple [kɔmən p'i:pəl] *n* povo, massa.

com.mon.place [k'ɔmənpleis] *n* lugar-comum, ideia já muito batida. • *adj* trivial, banal.

com.mon sense [kɔmən s'ens] *n* bom senso, juízo.

com.mon.wealth [k'ɔmənwelθ] *n* **1** comunidade, povo, cidadãos. **2** grupo de pessoas, nações etc. ligadas por interesses comuns.

com.mo.tion [kəm'ouʃən] *n* distúrbio, tumulto.

com.mu.nal [k'ɔmjunəl] *adj* comunal.

com.mu.ni.cate [kəmju:nikeit] *vt+vi* comunicar(-se).

com.mu.ni.ca.tive [kəmj'u:nikətiv] *adj* **1** comunicativo. **2** relativo a comunicação.

com.mun.i.on [kəmj'u:niən] *n* **1** comunhão, participação. **2 Communion** comunhão: sacramento da eucaristia.

com.mun.ism [k'ɔmjunizəm] *n* comunismo.

com.mun.ist [k'ɔmjunist] *n* comunista.

com.mu.ni.ta.ri.an [kəmju:nit'ɛəriən] *adj* comunitário.

com.mu.ni.ty [kəmj'u:niti] *n* **1** comunidade, grupo de pessoas ou habitantes. **2** público, povo.

com.mu.ni.ty cen.ter [kəmj'u:niti sentə] *n Amer* centro comunitário.

com.mute [kəmj'u:t] *vt+vi* **1** comutar. **2** viajar grande distância diariamente de casa para o trabalho e de volta para casa.

com.mut.er [kəmj'u:tə] *n Amer* pessoa que viaja diariamente entre a casa e o trabalho.

com.pact [k'ɔmpækt] *n* estojo de pó-de-arroz ou ruge. • [komp'ækt] *vt+vi* **1** comprimir, compactar. **2** condensar, resumir. • [komp'ækt] *adj* **1** compacto. **2** conciso. **3** maciço, sólido. **compact video disc** disco a *laser* que produz som e imagem.

com.pact disc [kompækt disk] (abreviatura: CD) *n* disco a *laser*: disco óptico gravado a *laser* sobre uma superfície metálica.

com.pan.ion [kəmp'ænjən] *n* **1** companheiro. **2** companheiro de viagem.

com.pan.ion.ship [kəmp'ænjənʃip] *n* camaradagem, companheirismo.

com.pa.ny [k'ʌmpəni] *n* **1** companhia. **2** grupo de pessoas. **3** hóspede, visitante. • *vt+vi* fazer companhia a, acompanhar. **two's company, three's a crowd** dois é bom, três é demais.

com.pa.ny name [k'ʌmpəni neim] *n Com* razão social.

com.pare [kəmp'ɛə] *n* comparação. • *vt+vi* **1** comparar(-se), confrontar. **2** igualar(-se).

com.par.i.son [kəmp'ærisən] *n* comparação. **by comparison** em comparação. **in comparison with** em comparação com, comparado com.

com.part.ment [kəmp'a:tmənt] *n* compartimento. • *vt* = **compartmentalize.**

com.part.men.tal.ize [kompa:tm'entəlaiz] *vt* compartimentar, dividir em compartimentos ou categorias.

com.pass [k'ʌmpəs] *n* **1** bússola. **2 compasses** compasso. **3** limite. **to keep within compass** manter-se dentro dos limites.

com.pas.sion [kəmp'æʃən] *n* compaixão, piedade.

com.pas.sion.ate [kəmp'æʃəneit] *adj* compassivo.

com.pat.i.ble [kəmp'ætəbəl] *adj* compatível, conciliável.

com.pel [kəmp'el] *vt* **1** compelir, forçar. **2** sentir-se na obrigação moral de.

com.pel.ling [kəmp'eliŋ] *adj* **1** persuasivo. **2** irresistível.

com.pen.sate [k'ɔmpənseit] *vt+vi* compensar. **2** contrabalançar. **3** indenizar.

com.pen.sa.tion [kompəns'eiʃən] *n* compensação.

com.pete [kəmp'i:t] *vt* **1** competir. **2** contender, lutar (**for** por).

com.pe.tence [k'ɔmpitəns] *n* competência, habilidade.

com.pe.ten.cy [k'ɔmpitənsi] *n* = **competence.**

com.pe.tent [k'ɔmpitənt] *adj* **1** competente, capacitado. **2** suficiente.

com.pe.ti.tion [kompit'iʃən] *n* competição: **1** concorrência, rivalidade. **2** disputa esportiva.

com.pe.ti.tive [kəmp'etitiv] *adj* competitivo.

com.pile [kəmp'ail] *vt* compilar, colecionar, ajuntar.

com.pla.cence [kəmpl'eisəns] *n* complacência.

com.pla.cen.cy [kəmpl'eisənsi] *n* = **complacence.**

com.pla.cent [kəmpl'eisənt] *adj* complacente, satisfeito consigo mesmo.

com.plaint [kəmpl'eint] *n* 1 queixa, denúncia. 2 doença, enfermidade.

com.ple.ment [k'ɔmplimənt] *n* 1 complemento. 2 aperfeiçoamento. • *vt* complementar uma coisa com outra, aperfeiçoar a totalidade.

com.ple.men.ta.ry [komplim'entəri] *adj* complementar. **they are complementary** eles se completam.

com.plete [kəmpl'i:t] *vt* 1 completar, perfazer. 2 terminar, concluir. • *adj* 1 completo, inteiro, total, pleno. 2 perfeito. 3 concluído, acabado.

com.ple.tion [kəmpl'i:ʃən] *n* acabamento, conclusão.

com.plex [k'ɔmpleks] *n* complexo. • *adj* 1 complexo. 2 complicado.

com.plex.ion [kəmpl'ekʃən] *n* 1 tez, cútis. 2 compleição, caráter, natureza.

com.plex.i.ty [kəmpl'eksiti] *n* complexidade.

com.pli.ance [kəmpl'aiəns] *n* 1 obediência ao estabelecido, à lei ou contrato. 2 aquiescência. **in compliance with** conforme, em conformidade com.

com.pli.ant [kəmpl'aiənt] *adj* concordante, dócil.

com.pli.cate [k'ɔmplikeit] *vt+vi* 1 complicar(-se). 2 piorar. • *adj* complicado, complexo.

com.pli.cat.ed [k'ɔmplikeitid] *adj* complicado, complexo.

com.plic.i.ty [kəmpl'isiti] *n* cumplicidade.

com.pli.ment [k'ɔmplimənt] *n* 1 elogio. 2 homenagens. • [k'ɔmpliment] *vt* 1 felicitar, congratular. 2 lisonjear, elogiar. **to return a compliment** retribuir uma gentileza. **with my compliments** com minhas saudações.

com.pli.men.ta.ry [komplim'entəri] *adj* 1 cortês, lisonjeiro. 2 *Amer* gratuito. **complimentary copy** *n* exemplar gratuito. **complimentary ticket** *n* convite de cortesia.

com.ply [kəmpl'ai] *vt+vi* 1 aquiescer, concordar. 2 cumprir, obedecer, estar de acordo. **to comply with** aquiescer, sujeitar-se a.

com.po.nent [kəmp'ounənt] *n* componente. • *adj* componente.

com.pose [kəmp'ouz] *vt+vi* compor. **it is composed of** é composto de. **to compose oneself** acalmar-se.

com.posed [kəmp'ouzd] *adj* calmo, tranqüilo.

com.po.si.tion [kɔmpəz'iʃən] *n* composição.

com.post [k'ɔmpɔst] *n* 1 compostagem. 2 adubo.

com.po.sure [kəmp'ouʒə] *n* compostura.

com.pote [k'ɔmpout] *n* compota.

com.pound[1] [k'ɔmpaund] *n* 1 composto, combinação (de vários elementos). • [kəmp'aund] *vt+vi* 1 compor, misturar. 2 fazer um acordo, ajustar. 3 agravar. • *adj* constituído por dois ou mais elementos, composto.

com.pound[2] [k'ɔmpaund] *n* área cercada ou murada contendo prédios e residências.

com.pre.hend [komprih'end] *vt* compreender, entender, perceber.

com.pre.hen.si.ble [komprih'ensəbəl] *adj* 1 compreensível. 2 abrangível.

com.pre.hen.sion [komprih'enʃən] *n* 1 compreensão. 2 inclusão. 3 extensão, amplitude.

com.pre.hen.sive [komprih'ensiv] *adj* 1 inclusivo. 2 abrangente.

A grafia semelhante ao português pode induzir a erro de tradução. Usa-se o adjetivo **comprehensive** para expressar "abrangente, que encerra, que exclui": **a comprehensive report** um relatório abrangente, com texto, dados, estatísticas etc. Para a acepção de percepção, entendimento, solidariedade, usa-se **understanding**: *John's mother had a deep understanding of his problems* / a mãe de John entendia perfeitamente os problemas de seu filho.

com.press [k'ɔmpres] *n Med* compressa. • [kəmpr'es] *vt+vi* 1 comprimir. 2 condensar, reduzir. 3 resumir.

com.pres.sion [kəmpr'eʃən] *n* compressão.

com.prise [kəmpr'aiz] *vt* 1 incluir, compreender, abranger. 2 consistir de.

com.pro.mise [k'ɔmprəmaiz] *n* conciliação. • *vt+vi* 1 entrar em acordo fazendo concessões. 2 transigir, fazer concessões desonrosas.

com.pul.sion [kəmp'ʌlʃən] *n* compulsão.

under compulsion, upon compulsion sob coação, à força.

com.pul.sive [kəmp'ʌlsiv] *adj* compulsivo, inveterado.

com.pul.so.ry [kəmp'ʌlsəri] *adj* compulsório, obrigatório. **compulsory military service** *n* serviço militar obrigatório.

com.pu.ta.tion [kɔmpjut'eiʃən] *n* computação, cálculo.

com.put.er [kəmpj'u:tə] *n* computador. **personal computer** (abreviatura: PC) computador pessoal.

com.put.er graph.ics [kəmpju:tə gr'æfiks] *n Comp* computação gráfica.

com.pu.ter.ized [kəmpj'u:təraizd] *adj* informatizado.

com.put.ing [kəmpj'u:tiŋ] *n Comp* informática, computação.

com.rade [k'ɔmrid] *n* camarada, companheiro.

com.rade.ship [k'ɔmridʃip] *n* camaradagem.

con.cave [k'ɔnkeiv] *n* côncavo, concavidade. • [kɔnk'eiv] *adj* côncavo.

con.ceal [kəns'i:l] *vt+vi* 1 esconder, ocultar. 2 guardar segredo, calar. 3 dissimular.

con.ceal.ment [kəns'i:lmənt] *n* 1 encobrimento, ato de esconder. 2 segredo.

con.cede [kəns'i:d] *vt+vi* 1 admitir, reconhecer. 2 ceder, consentir. 3 *Sport* dar vantagem. 4 *Sport* admitir derrota.

con.ceit [kəns'i:t] *n* vaidade, presunção.

con.ceit.ed [kəns'i:tid] *adj* presunçoso, vaidoso.

con.ceiv.a.ble [kəns'i:vəbəl] *adj* concebível.

con.ceive [kəns'i:v] *vt+vi* conceber.

con.cen.trate [k'ɔnsəntreit] *n* concentrado, produto concentrado. • *vt+vi* 1 concentrar. 2 concentrar-se (**upon, on** em). • *adj* concentrado.

con.cen.tra.tion [kɔnsəntr'eiʃən] *n* concentração.

con.cept [k'ɔnsept] *n* conceito.

con.cep.tion [kəns'epʃən] *n* concepção.

con.cep.tu.al.ize [kəns'eptʃuəlaiz] *vt* conceituar.

con.cern [kəns'ə:n] *n* 1 interesse. 2 inquietação, preocupação. 3 companhia, empresa. • *vt+vi* 1 concernir, dizer respeito a.

2 interessar. 3 preocupar, inquietar. **to be concerned about a thing** ou **for a person** estar preocupado com uma coisa ou por causa de uma pessoa. **to whom it may concern** *Jur* a quem possa interessar.

con.cerned [kəns'ə:nd] *adj* 1 preocupado, aflito (**for** com, por). 2 interessado, participante. **as far as I am concerned** no que me diz respeito.

con.cert [k'ɔnsət] *n Mus* concerto. • [kəns'ə:t] *vt+vi* combinar. **to act in concert** agir em conjunto, ação conjunta.

con.cert.ed [kəns'ə:tid] *adj* de comum acordo.

con.cer.to [kɔntʃ'ə:tou] *n* concerto.

con.ces.sion [kəns'eʃən] *n* concessão.

con.cil.i.ate [kəns'ilieit] *vt+vi* conciliar, pacificar.

con.cil.i.a.tion [kənsili'eiʃən] *n* conciliação.

con.cise [kəns'ais] *adj* conciso.

con.clave [k'ɔnkleiv] *n* conclave, reunião.

con.clude [kənkl'u:d] *vt+vi* 1 concluir. 2 deduzir, inferir.

con.clu.sion [kənkl'u:ʒən] *n* conclusão. **in conclusion** finalmente, em conclusão. **to draw the conclusion** tirar a conclusão. **to jump to conclusions** tirar conclusões precipitadas.

con.com.i.tant [kənk'ɔmitənt] *adj* simultâneo.

con.cord [k'ɔnkɔ:d] *n* acordo.

con.crete [k'ɔnkri:t] *n* concreto. • *adj* 1 concreto. 2 de concreto.

con.cur [kənk'ə:] *vt+vi* 1 concordar. 2 coincidir.

con.cur.rence [kənk'ʌrəns] *n* conformidade de opiniões, acordo.

con.cur.rent [kənk'ʌrənt] *adj* simultâneo.

con.cus.sion [kənk'ʌʃən] *n* concussão.

con.demn [kənd'em] *vt* condenar.

con.den.sa.tion [kɔndens'eiʃən] *n* condensação.

con.de.scend [kɔndis'end] *vt+vi* condescender.

con.de.scend.ing [kɔndis'endiŋ] *adj* condescendente.

con.di.ment [k'ɔndimənt] *n* condimento, tempero.

con.di.tion [kənd'iʃən] *n* condição. • *vt*

condicionar. **in (good) condition** em (boas) condições. **in no condition to do something** sem condições para fazer algo (bêbado, doente demais). **on no condition** nunca. **on, upon (the) condition that** sob ou com a condição de.

con.di.tion.er [kənd'iʃənə] *n* 1 condicionador (de cabelos). 2 amaciante (de roupas).

con.di.tion.ing [kənd'iʃəniŋ] *n* condicionamento.

con.do.lence [kənd'ouləns] *n* condolência.

con.dom [k'ɔndəm] *n* preservativo, caminha.

con.do.min.i.um [kɔndəm'iniəm] *n* condomínio.

con.done [kənd'oun] *vt* perdoar.

con.duct [k'ɔndʌkt] *n* 1 conduta, procedimento. 2 gestão, gerência. • [kənd'ʌkt] *vt+vi* 1 dirigir, administrar. 2 reger (uma orquestra). 3 liderar. 4 comportar-se.

con.duct.ed tour [kəndʌktid t'uə] *n* excursão ou passeio conduzido por um guia.

con.duc.tor [kənd'ʌktə] *n* 1 condutor. 2 líder. 3 maestro. 4 *Amer* chefe de trem.

cone [koun] *n* cone.

con.fec.tion.er's shop [kənf'ekʃənəz ʃɔp] *n* confeitaria.

con.fed.er.a.tion [kənfedər'eiʃən] *n* 1 confederação, federação. 2 liga.

con.fer [kənf'ə:] *vt+vi* 1 deliberar, trocar idéias. 2 outorgar.

con.fer.ence [k'ɔnfərəns] *n* conferência.

con.fess [kənf'es] *vt+vi* confessar.

con.fi.dant [k'ɔnfidænt] *n* confidente, amigo íntimo

con.fide [kənf'aid] *vt+vi* confiar.

con.fi.dence [k'ɔnfidəns] *n* confiança. **self-confidence** autoconfiança. **in strict confidence** estritamente confidencial.

con.fi.dent [k'ɔnfidənt] *adj* 1 confiante, certo, seguro. *I feel confident that* / estou convencido de que. 2 confiante em si mesmo.

con.fi.den.tial [kɔnfid'enʃəl] *adj* 1 confidencial. 2 secreto.

con.fig.u.ra.tion [kənfigjur'eiʃən] *n* configuração.

con.fine [kənf'ain] *n* (geralmente **confines**) limites. *in the confines of the office* / dentro dos limites do escritório. • *vt* 1 confinar, limitar-se. *he confined himself to generalities* / ele limitou-se a generalidades. 2 encarcerar, pôr na cadeia.

con.fine.ment [kənf'ainmənt] *n* confinamento.

con.firm [kənf'ə:m] *vt* 1 confirmar. 2 aprovar, ratificar. 3 corroborar.

con.fir.ma.tion [kɔnfəm'eiʃən] *n* confirmação.

con.firmed [kənf'ə:md] *adj* 1 confirmado. 2 inveterado, incorrigível.

con.fis.cate [k'ɔnfiskeit] *vt* confiscar.

con.flict [k'ɔnflikt] *n* conflito. • [kənfl'ikt] *vt+vi* 1 lutar, combater. 2 discordar, ser antagônico. **to come into conflict with** entrar em conflito com.

con.flict.ing [kənfl'iktiŋ] *adj* irreconciliável, conflitante.

con.form [kənf'ɔ:m] *vt+vi* 1 obedecer, estar de acordo, sujeitar-se. 2 corresponder (a especificações). 3 adaptar(-se). • *adj* conforme.

con.form.i.ty [kənf'ɔ:miti] *n* conformidade. **in conformity to** de acordo ou em conformidade com.

con.found [kənf'aund] *vt* desconcertar, causar perplexidade.

con.front [kənfr'ʌnt] *vt* 1 confrontar. 2 afrontar.

con.fron.tation [kɔnfrʌnt'eiʃən] *n* 1 confronto. 2 acareação. 3 comparação.

con.fused [kənfj'u:zd] *adj* 1 confuso, desorientado. 2 perplexo, constrangido. Veja nota em **confused**.

con.fu.sion [kənfj'u:ʒən] *n* confusão.

con.geal [kəndʒ'i:l] *vt+vi* 1 congelar(-se). 2 solidificar(-se). 3 coagular.

con.gen.i.al [kəndʒ'i:niəl] *adj* 1 congenial. 2 apropriado.

con.gen.i.tal [kəndʒ'enitəl] *adj* congênito, inato.

con.glom.er.a.tion [kəngləmər'eiʃən] *n* mistura heterogênea, amontoado.

con.grat.u.late [kəngr'ætʃuleit] *vt+vi* congratular(-se), dar parabéns (**on, upon something** pelo, por alguma coisa).

con.grat.u.la.tion [kəngrætʃul'eiʃən] *n* congratulação, felicitação. **congratulations** parabéns.

con.gre.gate [k'ɔŋgrigeit] *vt+vi* congregar(-se), reunir(-se). • [k'ɔŋgrigit] *adj* congregado, reunido.

con.gre.ga.tion [kɔŋgrig'eiʃən] *n* congregação.

con.gress [k'ɔŋgres] *n* congresso, assembléia legislativa.

con.jec.ture [kənd3'ektʃə] *n* conjetura, suposição. • *vt+vi* conjeturar, supor, presumir.

con.ju.ga.tion [kɔnd3ug'eiʃən] *n* conjugação.

con.junc.tion [kənd3'ʌŋkʃən] *n* conjunção. **in conjunction with** em combinação com.

con.junc.ture [kənd3'ʌŋktʃə] *n* conjuntura.

con.jure [k'ʌnd3ə] *vt+vi* 1 conjurar, adjurar. 2 invocar espíritos. 3 praticar a magia. **to conjure up** a) trazer à lembrança, evocar. b) *fig* fazer surgir como por encanto.

con.jur.er [k'ʌnd3ərə] *n* 1 prestidigitador. 2 mágico.

con.jur.ing trick [k'ʌnd3əriŋ trik] *n* truque mágico.

con.jur.or [k'ʌnd3ərə] *n* = **conjurer**.

con.man [k'ɔnmæn] *n* vigarista.

con.nect [kən'ekt] *vt+vi* 1 unir(-se), conectar(-se). 2 associar. 3 relacionar-se, estabelecer relação.

con.nive [kən'aiv] *vi* 1 ser conivente, fazer de conta que não vê. 2 cooperar secretamente, conspirar.

con.niv.ent [kən'aivənt] *adj* conivente (também *Bot, Zool*).

con.no.ta.tion [kɔnət'eiʃən] *n* conotação, implicação.

con.quer [k'ɔŋkə] *vt+vi* conquistar, vencer.

con.quer.ing [k'ɔŋkəriŋ] *adj* conquistador, vitorioso.

con.quest [k'ɔŋkwest] *n* conquista (também *fig*).

con.science [k'ɔnʃəns] *n* consciência. **for conscience's sake** por desencargo de consciência. **freedom of conscience** liberdade de escolha. **a matter of conscience** questão de consciência. **to be on one's conscience** pesar na consciência.

con.sci.en.tious [kɔnʃi'enʃəs] *adj* conscientioso.

con.scious [k'ɔnʃəs] *adj* 1 consciente. 2 cônscio, ciente.

con.script [k'ɔnskript] *n* recruta. • [kənskr'ipt] *vt* recrutar para serviço militar obrigatório. • [k'ɔnskript] *adj* conscrito, recrutado.

con.se.crate [k'ɔnsikreit] *vt* consagrar. • *adj* consagrado, sagrado.

con.sec.u.tive [kəns'ekjutiv] *adj* consecutivo.

con.sen.su.al [kəns'enʃuəl] *adj* consensual.

con.sen.sus [kəns'ensəs] *n* consenso.

con.sent [kəns'ent] *n* 1 consentimento. 2 aquiescência. • *vi* consentir, concordar com. **silence gives consent** quem cala consente.

con.se.quence [k'ɔnsikwəns] *n* 1 conseqüência. *I take the consequences /* arco com as conseqüências. 2 conclusão, inferência. 3 importância. *a question of consequence /* uma questão de importância. **in consequence** conseqüentemente. **of no consequence** sem importância.

con.ser.va.tion [kɔnsəv'eiʃən] *n* conservação.

con.serv.a.tive [kəns'ə:vətiv] *n* (também *Pol*) conservador. • *adj* conservador.

con.serv.a.to.ry [kəns'ə:vətəri] *n* 1 estufa. 2 conservatório de música.

con.serve [kəns'ə:v] *n Cook* conserva de frutas. • *vt* 1 conservar. 2 fazer conservas.

con.sid.er [kəns'idə] *vt+vi* 1 considerar, refletir. 2 estudar. 3 levar em consideração. **consider yourself at home** faça como se estivesse em casa.

con.sid.er.a.ble [kəns'idərəbəl] • *adj* considerável.

con.sid.er.ate [kəns'idərit] *adj* atencioso.

con.sid.er.a.tion [kənsidər'eiʃən] *n* 1 consideração. 2 respeito, estima. 3 importância. **on further consideration** pensando bem.

con.sid.er.ing [kəns'idəriŋ] *prep* levando em conta, considerando que, em vista de.

con.sign [kəns'ə:n] *vt+vi* 1 consignar, enviar, despachar. 2 entregar, confiar. 3 destinar.

con.sig.na.tion [kɔnsign'eiʃən] *n* consignação.

con.sign.ment [kəns'ainmənt] *n* 1 consignação (remessa). **2** mercadorias em consignação.

con.sist [kəns'ist] *vt* consistir. Veja nota em **consistir**.

con.sist.ence [kəns'istəns] *n* consistência.

con.sist.en.cy [kəns'istənsi] *n* = **consistence**.

con.sist.ent [kəns'istənt] *adj* **1** consistente. **2** compatível. **3** coerente. **to be consistent with** condizer com.

con.so.la.tion [kɔnsəl'eiʃən] *n* consolação, consolo.

con.so.la.tion prize [kɔnsəl'eiʃən praiz] *n* prêmio de consolação.

con.sole [kəns'oul] *vt* consolar, confortar.

con.sol.i.date [kəns'olideit] *vt+vi* **1** consolidar-se. **2** incorporar (empresas).

con.so.nant [k'ɔnsənənt] *n Gram* consoante. • *adj* consoante, harmonioso.

con.sor.ti.um [kəns'ɔ:tiəm] *n* (*pl* **consortia**) consórcio.

con.spic.u.ous [kənsp'ikjuəs] *adj* evidente.

con.spir.a.cy [kənsp'irəsi] *n* conspiração.

con.spire [kənsp'aiə] *vt+vi* conspirar.

con.sta.ble [k'ɔnstəbəl] *n Brit* policial. **Chief Constable** chefe de polícia.

con.stan.cy [k'ɔnstənsi] *n* constância.

con.stant [k'ɔnstənt] *adj* constante.

con.sti.pat.ed [k'ɔnstipeitid] *adj* com prisão de ventre.

con.sti.pa.tion [kɔnstip'eiʃən] *n* prisão de ventre.

con.stit.u.ent [kənst'itjuənt] *n* eleitor. • *adj* constituinte, componente.

con.sti.tute [k'ɔnstitju:t] *vt* constituir.

con.sti.tu.tion [kɔnstitj'u:ʃən] *n* constituição.

con.strain [kənstr'ein] *vt* **1** constranger, obrigar. **2** restringir.

con.straint [kənstr'eint] *n* **1** coação. **2** confinamento. **3** restrição.

con.strict [kənstr'ikt] *vt+vi* comprimir, apertar.

con.struct [kənstr'ʌkt] *n Psych* constructo. • *vt* construir.

Usa-se **build** referindo-se à construção de estradas, edifícios etc., ou mesmo uma organização. **Construct**, que é de uso mais formal, expressa principalmente o desenvolvimento de conceitos, idéias ou

princípios. *to construct democracy the willpower of all segments of society is necessary.* / para construir a democracia, é necessária força de vontade de todos os segmentos da sociedade.

con.struc.tion [kənstr'ʌkʃən] *n* construção. **under construction** em construção.

con.struc.tive [kənstr'ʌktiv] *adj* construtivo, útil.

con.strue [kənstr'u:] *vt+vi* **1** explicar, interpretar. **2** traduzir (fragmento por fragmento).

con.sul [k'ɔnsəl] *n* cônsul.

con.su.late [k'ɔnsjulit] *n* consulado.

con.sult [kəns'ʌlt] *vt+vi* **1** consultar. **2** prestar consultoria. *he consults for a large firm* / ele presta consultoria a uma grande empresa.

con.sume [kənsj'u:m] *vt+vi* consumir.

con.sum.er [kənsj'u:mə] *n* consumidor. **consumer goods** bens de consumo.

con.sump.tion [kəns'ʌmpʃən] *n* consumo.

con.tact [k'ɔntækt] *n* contato (também *Math, Electr*). • *vt+vi* **1** entrar ou pôr em contato com. **2** comunicar-se com. **to make contact with** estabelecer contato com. **contact lens** lente de contato.

con.ta.gious [kənt'eidʒəs] *adj* contagioso.

con.tain [kənt'ein] *vt+vi* conter.

con.tained [kənt'eind] *adj* contido, calmo.

con.tain.er [kənt'einə] *n* contêiner, recipiente.

con.tam.i.nant [kənt'æminənt] *n* contaminante.

con.tam.i.nate [kənt'æmineit] *vt* contaminar.

con.tem.plate [k'ɔntəmpleit] *vt+vi* contemplar. • *vt+vi* **1** contemplar.

con.tem.pla.tion [kɔntəmpl'eiʃən] *n* contemplação.

con.tem.po.rar.y [kənt'empərəri] *n* contemporâneo. • *adj* contemporâneo.

con.tempt [kənt'empt] *n* desprezo, desdém. **to feel contempt for** desprezar.

con.tempt.i.ble [kənt'emptəbəl] *adj* desprezível.

con.temp.tu.ous [kənt'emptjuəs] *adj* que despreza, desdenhoso.

con.tend [kənt'end] *vt+vi* **1** contender,

lutar, combater. **2** competir, disputar. **3** afirmar.

con.tend.er [kənt'endə] *n* adversário.

con.tent[1] [k'ɔntənt] *n* (geralmente **contents**) conteúdo.

con.tent[2] [kənt'ent] *n* contentamento. • *vt* contentar(-se), agradar. • *adj* **1** contente. **2** com boa vontade. **to your heart's content** à vontade.

con.tent.ed [kənt'entid] *adj* contente.

con.ten.tion [kənt'enʃən] *n* **1** disputa, contenda. **2** altercação. **3** controvérsia, discórdia. **bone of contention** *fig* objeto da contenda, pomo de discórdia.

con.ten.tious [kənt'enʃəs] *adj* contencioso, litigioso.

con.test [k'ɔntest] *n* **1** torneio. **2** disputa pelo poder.

con.tes.ta.tion [kɔntest'eiʃən] *n* **1** contestação. **2** litígio. **3** controvérsia, disputa.

con.text [k'ɔntekst] *n* contexto.

con.tex.tu.al.ize [kənt'ekstjuəlaiz] *vt* contextualizar.

con.tig.u.ous [kənt'igjuəs] *adj* contíguo, adjacente.

con.ti.nence [k'ɔntinəns] *n* **1** moderação. **2** abstinência.

con.tin.gence [kənt'indʒəns] *n* **1** contato. **2** = **contingency**.

con.tin.gen.cy [kənt'indʒənsi] *n* incerteza, contingência.

con.tin.gent [kənt'indʒənt] *n* **1** contingente (de soldados). **2** eventualidade, contingência. • *adj* **1** eventual, acidental. **2** dependente.

con.tin.u.al [kənt'injuəl] *adj* contínuo.

con.tin.u.a.tion [kəntinju'eiʃən] *n* continuação.

con.tin.ue [kənt'inju:] *vt+vi* continuar, prosseguir.

con.tin.ued [kənt'inju:d] *adj* continuado. **to be continued** a ser continuado.

con.ti.nu.i.ty [kɔntinj'u:iti] *n* continuidade.

con.tin.u.ous [kənt'injuəs] *adj* contínuo.

con.tort [kənt'ɔ:t] *vt+vi* contorcer(-se).

con.tort.ed [kənt'ɔ:tid] *adj* contorcido.

con.tor.tion.ist [kənt'ɔ:ʃənist] *n* contorcionista.

con.tour [k'ɔntuə] *n* **1** contorno. **2** curva de nível.

con.tra.band [k'ɔntrəbænd] *n* contrabando.

con.tra.cep.tion [k'ɔntrəs'epʃən] *n* contracepção.

con.tra.cep.tive [k'ɔntrəs'eptiv] *n* anticoncepcional.

con.tract [k'ɔntrækt] *n* contrato. • [kəntr'ækt] *vt+vi* **1** contrair(-se), encolher. **2** contrair (doença). **3** contratar. **4** assumir compromisso.

con.trac.tion [kəntr'ækʃən] *n* contração.

con.trac.tor [kəntr'æktə] *n* empreiteiro.

con.tra.dict [kɔntrəd'ikt] *vt+vi* **1** contradizer, contestar. **2** discordar, opor-se.

con.tra.dic.tion [kɔntrəd'ikʃən] *n* contradição.

con.trap.tion [kəntr'æpʃən] *n* **1** *coll* aparelho, dispositivo. **2** *sl* geringonça.

con.tra.ry [k'ɔntrəri] *n* contrário, oposto. • *adj* **1** desfavorável, adverso. **2** teimoso. **contrary to nature** contra a natureza. **on the contrary** ao contrário.

con.trast [k'ɔntra:st; k'a:ntræst] *n* contraste. • [kəntr'a:st; kəntr'æst] *vt+vi* **1** contrastar. **2** comparar. **3** destacar-se.

con.tra.ven.tion [kɔntrəv'enʃən] *n* transgressão.

con.trib.ute [kəntr'ibju:t] *vt+vi* contribuir.

con.tri.bu.tion [kəntribj'u:ʃən] *n* **1** contribuição. **2** donativo. **3** artigo escrito para jornal ou revista. **4** taxa, tributo.

con.trite [k'ɔntrait] *adj* contrito, arrependido.

con.trite.ness [k'ɔntraitnis] *n* contrição, arrependimento.

con.tri.tion [kəntr'iʃən] *n* = **contriteness**.

con.triv.ance [kəntr'aivəns] *n* **1** aparelho, dispositivo. **2** idéia, habilidade de invenção.

con.trive [kəntr'aiv] *vt+vi* **1** planejar, projetar. **2** dar um jeito.

con.trol [kəntr'oul] *n* **1** controle, supervisão. **2** autoridade. **3** restrição. **4** fiscalização. **5** comando (de uma máquina). • *vt* **1** dirigir. **2** controlar. **under control** sob controle. **out of control** descontrolado. **to be in control** deter o controle de algo.

con.tro.ver.sial [kɔntrəv'ə:ʃəl] *adj* controverso, polêmico.

con.va.lesce [kɔnvəl'es] *vi* convalescer.

con.va.les.cence [kɔnvəl'esəns] n convalescença.

con.vene [kənv'i:n] vt+vi 1 reunir-se. 2 intimar.

con.ve.ni.ence [kənv'i:niəns] n 1 conveniência. 2 comodidade. **any time that suits your convenience** a hora que, melhor lhe convier. **at your convenience** à vontade, como quiser. **public convenience** mictório público. **suit your own convenience** faça como quiser.

con.ve.ni.ence store [kənv'i:niəns stɔ:] n loja de conveniência.

con.veni.en.cy [kənv'i:niənsi] n = **convenience**.

con.ven.i.ent [kənv'i:niənt] adj 1 conveniente. 2 fácil, simples. 3 acessível.

con.vent [k'ɔnvənt] n convento.

con.ven.tion [kənv'enʃən] n convenção.

con.ven.tion.al [kənv'enʃənəl] adj convencional.

con.verge [kənv'ə:dʒ] vt+vi convergir.

con.ver.gence [kənv'ə:dʒəns] n convergência.

con.ver.gent [kənv'ə:dʒənt] adj convergente.

con.ver.sa.tion [kɔnvəs'eiʃən] n conversação, conversa.

con.ver.sa.tion.al [kɔnvəs'eiʃənəl] adj coloquial.

con.verse[1] [kənv'ə:s] vi conversar, palestrar.

con.verse[2] [k'ɔnvə:s] n 1 coisa oposta ou contrária. 2 proposição inversa. • adj 1 oposto. 2 recíproco, complementar.

con.verse.ly [kənv'ə:sli] adv 1 de modo inverso ou oposto. 2 reciprocamente.

con.vers.ion [kənv'ə:ʃən] n 1 conversão, troca. 2 câmbio (de moeda).

con.vert [k'ɔnvə:t] n convertido. • [kənv'ə:t] vt+vi 1 converter. 2 mudar de religião ou de partido.

con.vert.i.ble [kənv'ə:təbəl] n carro conversível. • adj convertível, conversível.

con.vex.i.ty [kənv'eksiti] n convexidade.

con.vey [kənv'ei] vt 1 levar, conduzir. 2 transmitir. 3 comunicar, tornar conhecido.

con.vey.ance [kənv'eiəns] n transporte, condução.

con.vict [k'ɔnvikt] n condenado, crimino-

so. • [kənv'ikt] vt 1 provar a culpa de um réu. 2 declarar culpado, condenar.

con.vince [kənv'ins] vt convencer.

con.vinc.ing [kənv'insiŋ] adj convincente.

con.voy [k'ɔnvɔi] n 1 ação de comboiar ou escoltar. 2 escolta, proteção. • [kənv'ɔi] vt comboiar, proteger.

con.vulse [kənv'ʌls] vt convulsionar, agitar.

con.vul.sion [kənv'ʌlʃən] n convulsão, contração muscular violenta, espasmo.

cook [kuk] n cozinheiro, cozinheira. • vt+vi cozinhar. **to cook up** fig imaginar, inventar, maquinar. **what's cooking?** Amer coll que há de novo?

cook.book [k'uk buk] n livro de receitas culinárias.

cook.er [k'ukə] n fogão.

cook.e.ry [k'ukəri] n arte culinária.

cook.ie [k'uki] n Amer biscoito.

cool [ku:l] n 1 lugar fresco. let's sit in the cool! / vamos nos sentar num lugar fresco! 2 pose, compostura. • vt+vi 1 esfriar, resfriar. 2 resfriar-se, ficar frio. 3 aclamar(-se). • adj 1 fresco. keep in a cool place! / guarde em lugar fresco! 2 calmo. 3 afrontoso. 5 sl excelente, "legal". • adv de modo distanciado, sem envolvimento. **cool as a cucumber** fig frio, de sangue-frio, calmo. **to cool down** acalmar-se.

cool-head.ed [ku:l h'edid] adj de sangue-frio, calmo, sereno.

cool.ing [k'u:liŋ] adj refrescante.

cool.ing sys.tem [k'u:liŋ sistim] n sistema de refrigeração.

coop [ku:p] n 1 viveiro pequeno para galinhas ou coelhos. 2 sl cadeia. • vt prender, confinar. **to fly the coop** fugir, evadir-se.

co-op.e.rate [kou'ɔpəreit] vt cooperar, colaborar.

co-op.e.ra.tion [kouɔpər'eiʃən] n cooperação.

co-op.e.ra.tive store [kou'ɔpərətiv stɔ:] (abreviatura: co-op) n mercearia de cooperativa.

co-opt [kou'ɔpt] vt cooptar.

co-own.er [kou'ounə] n co-proprietário.

cop [kɔp] n coll tira.

co.part.ner.ship [koup'a:tnəʃip] n sociedade, participação. **labour copartnership** participação dos operários nos lucros da empresa.

cope [koup] *vt+vi* lutar, competir (**with** com) (com sucesso ou em condições de igualdade), enfrentar, poder com.

cop.i.er [k'ɔpiə] *n* **1** copiador. **2** copista. **3** copiadora (máquina).

co.pi.ous [k'oupiəs] *adj* copioso, abundante.

cop.per [k'ɔpə] *n* **1** cobre. **2** tira, policial.

cop.per-co.loured [kɔpə k'ʌləd] *adj* que tem a cor do cobre.

cop.per-plate [k'ɔpə pleit] *n* **1** gravura em chapa de cobre. **2** reprodução de gravura em chapa de cobre.

copse [kɔps] *n* capoeira.

cop.u.late [k'ɔpjuleit] *vt+vi* **1** copular. **2** ter relações sexuais.

cop.y [k'ɔpi] *n* **1** cópia. **2** material. **3** reprodução. **4** exemplar (de livro, revista ou jornal). • *vt+vi* reproduzir. **rough copy** rascunho. **to make a fair copy of** passar a limpo.

cop.y.book [k'ɔpibuk] *n* **1** caderno. **2** *Com* copiador.

cop.y.right [k'ɔpirait] *n* direitos autorais.

cor.al [kɔrəl] *n* coral.

cor.al.line [k'ɔrəlain] *n* coralina, alga marinha. • *adj* **1** coralíneo. **2** coralino.

cor.al-reef [kɔrəl r'i:f] *n* recife de coral.

cord [kɔ:d] *n* **1** corda, cordão. **2 cords** *fig* laços. **3** *Electr* fio elétrico. • *vt* encordoar, amarrar, ligar com corda. **spinal cord** medula espinhal. **vocal cords** cordas vocais.

cor.di.al [k'ɔ:diəl] *n* cordial. • *adj* cordial.

cor.don [k'ɔ:dən] *n* cordão de isolamento ou de guarda. • *vt* cercar, formar cordão em torno de. **to cordon off** isolar com cordão.

core [kɔ:] *n* **1** caroço, miolo de frutas. **2** centro. **3** âmago, essência. • *vt* descaroçar, retirar a parte central. **the heart's core** o âmago do coração.

cork [kɔ:k] *n* **1** cortiça. **2** rolha de cortiça. • *vt* **1** tampar com rolha. **2** reter, refrear. • *adj* cortíceo, de cortiça. **to cork up** a) arrolhar. b) *fig* reprimir sentimentos.

cork.screw [k'ɔ:kskru:] *n* saca-rolhas.

corn[1] [kɔ:n] *n* **1** cereal. **2** *Amer* milho. **3** *Brit* trigo. **4** aveia. • *vt coll* embriagar. **Indian corn** *Amer* milho.

corn[2] [kɔ:n] *n* calo, calosidade.

corn-bread [k'ɔ:n bred] *n* **1** bolo de fubá. **2** broa de fubá.

corn-cob [k'ɔ:n kɔb] *n Amer* espiga de milho.

cor.ne.a [k'ɔ:niə] *n Anat* córnea.

corned [kɔ:nd] *adj* **1** conservado em salmoura ou sal. **2** *sl* bêbado, embriagado.

corned beef [kɔ:nd b'i:f] *n* carne enlatada.

cor.ner [k'ɔ:nə] *n* **1** canto. *the child was stood in the corner* / a criança foi colocada no canto (de castigo). **2** ângulo. **3** esquina. *he came round the corner* / ele dobrou a esquina. **4** escanteio. • *vt+vi* **1** *Amer* encostar na parede. **2** *Amer coll* colocar em posição difícil. **3** *Amer* monopolizar. **4** *Amer* encontrar-se numa esquina. • *adj* de canto, de esquina. *corner house* / casa da esquina. **at the corner** na esquina. **every corner of the earth** todos os cantos do mundo.

corn-field [k'ɔ:n fi:ld] *n* **1** trigal. **2** milharal.

corn.flakes [k'ɔ:nfleiks] *n pl* flocos de milho.

corn-flour [k'ɔ:n flauə] *n Brit* amido de milho, maisena.

corn meal [k'ɔ:n mi:l] *n Amer* fubá.

corn.starch [k'ɔ:nsta:tʃ] *n Amer* amido de milho, maisena.

corn sug.ar [k'ɔ:n ʃugə] *n Chem* dextrose, glicose.

corn syr.up [k'ɔ:n sirəp] *n* glucose de milho.

corn.y [k'ɔ:ni] *adj* **1** caloso. **2** *sl* banal. **3** *sl* sentimental. **4** *Mus sl* brega, cafona.

cor.o.na.ry [k'ɔrənəri] *adj* coronário, coronariano.

cor.o.na.tion [kɔrən'eiʃən] *n* coroação de soberano.

cor.o.ner [k'ɔrənə] *n* **1** juiz investigador de casos de morte suspeita. **2** médico-legista.

cor.o.net [k'ɔrənet] *n* pequena coroa.

cor.po.ral [k'ɔ:pərəl] *n Mil* cabo.

cor.po.ra.tion [kɔ:pər'eiʃən] *n* corporação.

corps [kɔ:] *n pl* **1** *Mil* corpo de exército, unidade militar. **2** corporação.

corpse [kɔ:ps] *n* cadáver, defunto.

cor.rect [kər'ekt] *vt* **1** corrigir. **2** rever, revisar (provas). **3** repreender. **4** castigar. • *adj* **1** correto, certo, exato. **2** próprio, justo. **to be correct** ter razão, estar certo.

cor.rect.ing flu.id [kər'ektiŋ fluid] *n* líquido corretivo.

cor.rec.tion [kər'ekʃən] *n* correção.

cor.rect.i.tude [kər'ektitju:d] *n* retidão, decoro.

cor.res.pond [kɔrisp'ɔnd] *vi* **1** corresponder. **2** trocar correspondência.

cor.re.spond.ence [kɔrisp'ɔndəns] *n* correspondência.

cor.ri.dor [k'ɔridɔ:] *n* corredor, passagem.

cor.rob.o.rate [kər'ɔbəreit] *vt* corroborar, certificar, confirmar.

cor.rob.o.ra.tion [kərɔbər'eiʃən] *n* corroboração, confirmação.

cor.rode [kər'oud] *vt+vi* corroer.

cor.ro.sive [kər'ousiv] *n* corrosivo, agente corrosivo. • *adj* corrosivo, cáustico.

cor.rupt [kər'ʌpt] *vt+vi* corromper(-se). • *adj* **1** corrupto, pervertido. **2** desonesto.

cor.rupt.i.ble [kər'ʌptəbəl] *adj* corruptível.

cor.rup.tion [kər'ʌpʃən] *n* corrupção.

cor.set [k'ɔ:sit] *n* cinta feminina, corpete.

cor.tège [kɔ:t'eiʒ] *n Fr* cortejo funerário.

cos.me.ti.cian [kɔzmət'iʃən] *n* esteticista.

cos.met.ic sur.ge.ry [kɔzmetik s'ə:dʒəri] *n Med* cirurgia plástica.

cos.mic [k'ɔzmik] *adj* cósmico.

cos.mo.naut [k'ɔzmənɔ:t] *n* cosmonauta, astronauta.

cos.mo.pol.i.tan [kɔzməp'ɔlitən] *adj* cosmopolita.

cos.set [k'ɔsit] *vt* mimar, paparicar, proteger.

cost [kɔst; kɔ:st] *n* **1** custo. **2** valor, preço. **3 costs** despesas. • [kɔst] *vt+vi* (*ps, pp* **cost**) **1** custar. **2** orçar, determinar o custo de. **at any cost, at all costs** a qualquer preço/custo. **at my cost** por minha conta, às minhas custas. **cost of living** custo de vida.

co-star [kou st'a:] *n Cin, TV* coadjuvante.

cost-free [k'ɔst fri:] *adj* gratuito, grátis.

cos.tume [k'ɔstju:m] *n* roupa, traje. **tailor-made costume** costume feito sob medida.

co.sy [k'ouzi] *adj* confortável, aconchegante.

cot [kɔt] *n* **1** cama estreita e portátil feita de lona. **2** berço.

cot.tage [k'ɔtidʒ] *n* **1** cabana, casa pequena, chalé. **2** casa de campo ou de verão.

cot.tage cheese [kɔtidʒ tʃ'i:z] *n Amer* queijo *cottage*.

cot.ton [k'ɔtən] *n* algodão. • *adj* de algodão. **to cotton on** perceber.

cot.ton-cand.y [kɔtən k'ændi] *n* algodão-doce.

cot.ton-waste [k'ɔtən weist] *n* estopa.

couch [kautʃ] *n* divã, sofá. • *vt+vi* expressar alguma idéia em determinada linguagem, estilo.

couch po.ta.to [k'autʃ pəteitou] *n sl* pessoa inativa, que passa o tempo todo em frente à TV.

cou.gar [k'u:gə] *n Zool* puma.

cough [kɔf] *n* **1** tossidela. **2** tosse. • *vt* tossir. **to cough down** fazer calar mediante tosse simulada. **to cough up** *sl* soltar (dinheiro), pagar.

cough-drop [k'ɔf drɔp] *n* pastilha contra a tosse.

cough-mix.ture [k'ɔf mikstʃə] *n* xarope contra a tosse.

could [kud] *ps* of **can.**

coun.cil [k'aunsəl] *n* **1** conselho, assembléia. **2** *Brit* grupo de pessoas eleitas para administrar uma cidade: câmara de vereadores.

coun.cil.lor [k'aunsələ] *n Brit* vereador.

coun.sel [k'aunsəl] *n* conselho. • *vt+vi* **1** aconselhar. **2** recomendar.

coun.se.lor, coun.sel.lor [k'aunsələ] *n* conselheiro, consultor.

count¹ [kaunt] *n* **1** contagem, conta. **2** soma, conta total. **3** *Jur* **counts** uma ou mais acusações em juízo contra a mesma pessoa. • *vt+vi* **1** contar. **2** ser incluído, ser tomado em consideração. **3** contar com. **4** calcular, estimar. **5** ter influência, ter valor. **count me in!** conte comigo! **count me out!** não conte comigo! **to count on** contar com alguém, algo.

count² [kaunt] *n* conde.

count.down [k'auntdaun] *n* contagem regressiva.

coun.ter¹ [k'auntə] *n* balcão (de banco, restaurante ou loja). **under the counter** por baixo do pano (ilegalmente).

coun.ter² [k'auntə] *n* oposto, contrário. • *vt+vi* opor, contrariar, agir contra. • *adj* oposto, contrário.

coun.ter ar.gu.ment [kauntə 'a:gjumənt] *n* contra-argumento, argumento contrário ou contrastante.

coun.ter.at.tack [k'auntərətæk] *n* contra-ataque. • *vt* contra-atacar.

coun.ter.feit [k'auntəfit] *n* 1 falsificação. 2 impostor, falsificador. • *vt* 1 falsificar. 2 imitar. • *adj* falsificado, forjado, falso.

coun.ter.pane [k'auntəpein] *n* colcha, coberta (para cama).

coun.ter.part [k'auntəpa:t] *n* 1 duplicata, cópia, fac-símile. 2 sósia. 3 contra partida.

coun.ter.point [k'auntəpɔint] *n* Mus contraponto.

coun.ter state.ment [kauntə st'eitmənt] *n* réplica, contestação.

count.ess [k'auntis] *n* condessa.

count.less [k'auntlis] *adj* inúmero, incontável.

coun.try [k'ʌntri] *n* 1 país. 2 zona, região, território. 3 povo, nação. 4 interior, campo, região rural. *we live in the country* / moramos no campo. • *adj* 1 rural. 2 rústico. **all over the country** em todo o país.

coun.try.man [k'ʌntrimən] *n* compatriota.

coun.try.side [k'ʌntrisaid] *n* zona rural.

coun.ty [k'aunti] *n* Amer comarca.

cou.ple [k'ʌpəl] *n* 1 par, casal. 2 dupla, parelha. • *vt* 1 juntar, unir, ligar. 2 Electr acoplar.

coup.let [k'ʌplət] *n* parelha de versos.

cou.pon [k'u:pɔn] *n* 1 Com cupom. 2 bilhete, talão.

cour.age [k'ʌridʒ] *n* coragem, bravura. **take courage!** coragem! **to take courage** criar coragem.

cour.a.geous [kər'eidʒəs] *adj* corajoso, valente.

cour.gette [kuəʒ'et] *n* abobrinha.

cou.ri.er [k'uriə] *n* 1 mensageiro. 2 guia.

course [kɔ:s] *n* 1 curso. 2 prato. 3 pista, lugar de corrida. 4 forma, linha. • *vt+vi* 1 correr, percorrer. 2 rumar, seguir. **course of action** modo de ação. **course of life** transcurso da vida. **course of nature** andamento natural das coisas. **in due course** na ocasião oportuna. **in the course of** no decurso de. **of course** naturalmente.

court [kɔ:t] *n* 1 corte de justiça, tribunal. 2 área, quadra para jogos. 3 corte. 4 residência real. • *vt+vi* 1 paquerar. 2 namorar. **court of justice** tribunal de justiça. **court of law** tribunal de justiça. **in court** no tribunal, perante um tribunal. **to bring into court** processar. **to come to court** ser julgado (processo).

cour.te.ous [k'ə:tiəs] *adj* cortês, amável.

cour.te.sy [k'ə:tisi] *n* 1 cortesia. 2 favor, obséquio. **by courtesy** por obséquio.

cous.in [k'ʌzən] *n* primo, prima. **first cousins** primos irmãos.

cove [kouv] *n* 1 angra. 2 abrigo.

cov.e.nant [k'ʌvənənt] *n* 1 convenção, pacto. 2 promessa divina, aliança (da Bíblia).

cov.er [k'ʌvə] *n* 1 coberta, cobertura. 2 tampa. 3 cobertor. 4 invólucro, envoltório. 5 capa de livro. • *vt+vi* 1 cobrir, tampar. 2 cobrir a superfície de. 3 abrigar, proteger. 4 incluir, abranger. **from cover to cover** do começo ao fim. **to cover up** encobrir, ocultar. **under cover** a) embrulhado. b) anexo (a uma carta). c) em segredo, escondido. **under cover of** sob a cobertura de.

cov.er.age [k'ʌvəridʒ] *n* 1 cobertura. 2 riscos cobertos por um contrato de seguro. 3 lastro.

cov.er.ing [k'ʌvəriŋ] *n* 1 cobertura. 2 vestuário, capa. 3 *fig* pretexto. • *adj* que cobre, que protege.

cov.er-up [k'ʌvər ʌp] *n* encobrimento da verdade, disfarce.

cov.et [k'ʌvit] *vt* desejar, cobiçar.

cow [kau] *n* 1 vaca. 2 fêmea de outros grandes mamíferos (como do elefante, rinoceronte, baleia etc.).

cow.ard [k'auəd] *n* covarde. • *adj* covarde, medroso.

cow.ard.ice [k'auədis] *n* covardia.

cow.boy [k'aubɔi] *n Amer* **1** vaqueiro, boiadeiro. **2** trambiqueiro, picareta.

cow.er [k'auə] *vi* esconder-se, curvar-se (de medo ou vergonha).

co-work.er [kouw'ə:kə] *n* colega de trabalho, colaborador, cooperador.

coy [kɔi] *adj* **1** reservado. **2** (que se faz de) tímido. **3** pudico, recatado.

co.zy, co.sy [k'ouzi] *adj* aconchegante, confortável.

crab [kræb] *n* caranguejo, siri.

crack [kræk] *n* **1** fenda, rachadura, ruptura. **2** estalo. **3** craque (esportista). **4** droga à base de cocaína. **5** piada de mau gosto. • *vi+vt* **1** rachar, fender(-se), trincar. **2** estalar. *he cracked his fingers* / ele estalou os dedos. **3** estourar. **4** bater. **5** ficar áspero e agudo, falhar, mudar de voz. **6** *sl* ceder, entregar-se. **7** contar (piada). **8** arrombar (cofre). **9** abrir (garrafa) e beber. *they cracked a bottle* / eles beberam uma garrafa. **10** resolver, solucionar. **at the crack of dawn** no raiar do dia. **in a crack** num instante. **to crack down on** tomar medidas severas. **to crack up** a) exaltar, elogiar. b) sofrer um colapso físico ou mental.

crack.down [kr'ækdaun] *n coll* medida severa ou enérgica.

cracked [krækt] *adj* **1** quebrado, trincado, rachado. **2** agudo, estridente. **3** *coll* louco, doido. *he is a little cracked* / ele é um pouco doido.

crack.er [kr'ækə] *n* **1** biscoito de água e sal. **2** busca-pé, bombinha.

crack.le [kr'ækəl] *n* estalido, crepitação. • *vi+vi* crepitar.

cra.dle [kr'eidəl] *n* **1** berço. **2** lugar de origem, terra natal. • *vt+vi* pôr ou balançar no berço, embalar. **from the cradle** desde a infância.

craft [kra:ft; kræft] *n* **1** artesanato. **2** arte, destreza. **3** ofício, profissão.

crafts.man [kr'a:ftsmən; kr'æftsmən] *n* artesão.

crafts.man.ship [kr'a:ftsmənʃip; kr'æftsmənʃip] *n* **1** artesanato. **2** habilidade, arte.

craft.y [kr'a:fti; kr'æfti] *adj* astuto, esperto.

crag [kræg] *n* rochedo, penhasco.

crag.gy [kr'ægi] *adj* escarpado, íngreme.

cram [kræm] *n* abarrotamento, empanturramento. • *vt+vi* **1** abarrotar, encher. **2** forçar, meter à força. **3** fartar(-se), empanturrar(-se). **4** *coll* estudar sofregamente, preparar(-se) apressadamente para um exame. **cram it!** *vulg* enfia naquele lugar! **crammed with** repleto de, abarrotado com.

cramp [kræmp] *n* cãibra. **cramps** cólicas. • *vt* **1** provocar cãibras ou espasmos. **2** impedir.

crane [krein] *n* guindaste, grua. • *vt+vi* esticar o pescoço (para ver algo).

crank [kræŋk] *n* **1** manivela. **2** *Amer coll* pessoa excêntrica.

crank.y [kr'æŋki] *adj* **1** esquisito, excêntrico. **2** irritável, mal-humorado.

crap [kræp] *n vulg* merda, bosta. • *vi* cagar.

crash [kræʃ] *n* **1** estrondo. **2** colisão, batida (de carro). **3** acidente de avião. • *vt+vi* **1** bater o carro, sofrer um acidente. **2** arrebentar, romper-se com ruído. **3** *Amer sl* penetrar, furar uma festa. • *adj* intensivo.

crash-hel.met [kr'æʃ helmit] *n* capacete.

crash-land [kr'æʃ lænd] *vt* aterrissar forçosamente, normalmente com avaria do equipamento.

crass [kræs] *adj* grosseiro, estúpido.

crate [kreit] *n* engradado. • *vt* engradar, encaixotar.

cra.ter [kr'eitə] *n* cratera.

crave [kreiv] *vt+vi* almejar.

crav.ing [kr'eiviŋ] *n* **1** desejo ardente, ânsia. **2** súplica.

crawl [krɔ:l] *n* **1** rastejo, rastejamento. **2** estilo de natação. • *vt+vi* **1** rastejar, arrastar-se pelo chão. **2** andar de gatinhas. **3** mover-se lentamente. **4** formigar. **to be crawling with** fervilhar de, estar cheio de. **to crawl to someone** fazer mimos a, bajular, paparicar alguém.

cray.fish [kr'eifiʃ] *n* lagostim.

cray.on [kr'eiɔn] *n* **1** giz de cera de cores especiais, creiom. **2** pastel.

craze [kreiz] *n* moda, febre ou interesse passageiro.

cra.zy [kr'eizi] *adj* **1** louco, demente, desequilibrado. **2** *coll* obcecado, louco (**about** por).

creak [kri:k] *n* rangido, chiado. • *vi* ranger, chiar.

cream [kri:m] *n* **1** nata, creme. **2** pomada, cosmético. **3** *fig* melhor parte, nata, flor. • *vt+vi* **1** cobrir de creme. **2** bater, misturar para formar creme. • *adj* **1** de creme. **2** amarelo-claro, da cor do creme. **shaving cream** creme de barbear. **the cream of society** a nata da sociedade. **to cream off** selecionar, escolher (as melhores pessoas ou coisas). **whipped cream** creme *chantilly*.

cream cheese [kri:m tʃi:z] *n* queijo cremoso.

cream.y [kri'i:mi] *adj* cremoso, rico em nata.

crease [kri:s] *n* prega, vinco, dobra. • *vt+vi* **1** dobrar, vincar. **2** enrugar-se.

cre.ate [kri'eit] *vt* **1** criar, produzir. **2** provocar, ocasionar.

cre.a.tion [kri'eiʃən] *n* **1** criação. **2** universo, conjunto de seres criados.

cre.a.tive [kri'eitiv] *adj* **1** criativo, inventivo. **2** produtivo.

cre.a.tiv.i.ty [kri:eit'iviti] *n* criatividade.

cre.a.tor[1] [kri'eitə] *n* criador, autor.

Cre.a.tor[2] [kri'eitə] *n* Criador, Deus.

crea.ture [kri'i:tʃə] *n* **1** criatura, ser humano. **2** animal.

crea.ture com.forts [kri:tʃə k'ʌmfəts] *n* necessidades básicas: alimentação, habitação, vestuário.

crèche [kreʃ] *n* Fr creche.

cre.den.tials [krid'enʃəl] *n* **1** referências, qualificações (de trabalho). **2** credenciais.

cred.i.bil.i.ty [kredib'iliti] *n* credibilidade.

cred.i.ble [kr'edəbəl] *adj* **1** crível, acreditável. **2** de confiança, digno de crédito.

cred.it [kr'edit] *n* **1** crédito, empréstimo. **2** honra, mérito. **3 credits** créditos (filmes). • *vt* **1** acreditar. **2** dar crédito bancário ou comercial. **3** creditar em conta. **to do someone credit** dar o devido valor a alguém. **to give credit** dar crédito (**for** para).

cred.it.a.ble [kr'editəbəl] *adj* **1** honroso, respeitável. **2** digno de crédito.

cred.it card [kr'edit ka:d] *n* cartão de crédito.

cred.i.tor [kr'editə] *n* credor.

cre.du.li.ty [krəd'ju:liti] *n* credulidade, ingenuidade.

cred.u.lous [kr'edjuləs] *adj* crédulo, ingênuo.

creed [kri:d] *n* **1** credo. **2** doutrina, crença.

creek [kri:k] *n* **1** córrego, riacho. **2** *Brit* enseada.

creep [kri:p] *n* **1** rastejamento, arrastamento. **2 creeps** arrepio, calafrio. *it gives me the creeps* / causa-me arrepios. **3** bajulador. **4** pessoa ou coisa que causa ojeriza. • *vi* (*ps, pp* **crept**) **1** mover-se lentamente para não ser percebido. **2** rastejar. **3** trepar (plantas). **to creep up** aproximar-se arrastando. **to give someone the creeps** dar calafrios em alguém.

creep.er [kr'i:pə] *n* planta rasteira ou trepadeira.

creep.y [kr'i:pi] *adj* **1** arrepiado, medroso. **2** arrepiador. **to feel creepy** estar com arrepios.

cre.mate [krim'eit] *vt* cremar.

cre.ma.tion [krim'eiʃən] *n* cremação.

crem.a.to.ri.um [krəmət'ɔ:riəm] *n* crematório.

crème [krem] *n* Fr creme. **crème de la crème** o que há de melhor, a nata.

Cre.ole [kr'i:oul] *n* crioulo. • *adj* crioulo.

crepe [kreip] *n* crepe.

cre.pus.cule [kr'epəskju:l] *n* crepúsculo.

cres.cent [kr'esənt] *n* **1** quarto crescente da lua. **2** qualquer objeto em forma de meia-lua.

cress [kres] *n* agrião.

crest [krest] *n* **1** crista. **2** topo, cume. **3** *Her* timbre.

crest.fal.len [kr'estfɔ:lən] *adj* desanimado, abatido.

cre.tin [kr'etin; kr'i:tən] *n* cretino, idiota.

crev.ice [kr'evis] *n* fenda, fissura.

crew [kru:] *n* **1** tripulação. **2** grupo de trabalhadores.

crew cut [k'ru: kʌt] *n* escovinha: corte de cabelo masculino.

crib [krib] *n* **1** berço com grades altas. **2** manjedoura. **3** *coll* cópia (cola) usada clandestinamente nos exames. • *vt+vi* **1** *coll* plagiar. **2** colar (nos exames).

crick.et [kr'ikit] *n* **1** críquete. **2** grilo.

crime [kraim] *n* **1** crime, delito. **2** delinqüência.

crim.i.nal [kr'iminəl] *n* criminoso. • *adj* **1** criminoso. **2** criminal, penal. **3** imoral.

crim.son [kr'imzən] *n* carmesim, vermelho.

cringe [krind3] *vi* **1** encolher-se (de medo, dor ou repugnância). **2** morrer de vergonha.

crin.kle [kr'iŋkəl] *n* **1** ruga, dobra. **2** amassadura (de papel). • *vt+vi* **1** fazer dobras. **2** enrugar(-se).

crin.kly [kr'iŋkli] *adj* enrugado, enrugado, amassado (papel).

crip.ple [kr'ipəl] *n* aleijado. • *vt* **1** mutilar, aleijar. **2** incapacitar, enfraquecer.

crip.pled [kr'ipəld] *adj* mutilado, aleijado.

cri.sis [kr'aisis] *n* (*pl* **crises**) crise.

crisp [krisp] *n* **crisps** batata frita (em fatias). • *adj* **1** crocante. **2** refrescante. **3** incisivo.

crisp.y [kr'ispi] *adj* crocante.

criss.cross [kr'iskrɔs] *vt+vi* marcar, riscar cobrir com linhas cruzadas. • *adj* **1** cruzado, riscado com linhas cruzadas.

cri.te.ri.on [krait'iəriən] *n* critério (*pl* **criteria**).

crit.ic [kr'itik] *n* **1** crítico. **2** difamador.

crit.i.cal [kr'itikəl] *adj* crítico.

crit.i.cism [kr'itisizəm] *n* crítica. **open to criticism** sujeito a críticas.

crit.i.cize, crit.i.cise [kr'itisaiz] *vt+vi* criticar, censurar.

cri.tique [krit'i:k] *n* apreciação ou comentário crítico.

croak [krouk] *n* coaxo. • *vt+vi* coaxar.

cro.chet [kr'ouʃei] *n* crochê. • *vt+vi* fazer crochê.

crock [krɔk] *n* pote, jarro de barro.

crock.er.y [kr'ɔkəri] *n* louça de barro.

croc.o.dile [kr'ɔkədail] *n* crocodilo. **crocodile tears** lágrimas de crocodilo, lágrimas falsas ou hipócritas.

cro.cus [kr'oukəs] *n* (*pl* **crocuses**, **croci**) *Bot* açafrão.

crois.sant [krwa:sɔŋ] *n Fr* pãozinho em forma de meia-lua.

cro.ny [kr'ouni] *n pej* camarada.

crook [kruk] *n* **1** *coll* pessoa desonesta, trapaceiro. **2** dobra, curva.

crook.back [kr'ukbæk] *n* corcunda.

crook.ed [kr'ukid] *adj* **1** torto. **2** desonesto.

crop [krɔp] *n* **1** colheita. **2** safra. **3** grupo, coleção. **to crop up** brotar, surgir.

cro.quet [kr'oukei] *n* croqué: jogo de campo.

cross [krɔs; krɔ:s] *n* **1** cruz. **2 Cross** cruz de Cristo. **3** símbolo escrito igual à letra X. **4** cruzamento. • *vt+vi* **1** atravessar. **2** cruzar, dispor em cruz. **3** formar cruzamento (ruas). **4** marcar com cruz. • *adj* zangado, irritadiço. **the idea crossed my mind** veio-me a idéia de... **to cross off, out** riscar, apagar, cortar. **to cross over** atravessar. **to take up one's cross** carregar sua cruz. **with crossed arms** de braços cruzados.

cross-armed [kr'ɔs a:md] *adj* de braços cruzados.

cross.bar [kr'ɔsba:] *n* **1** barra (de bicicleta). **2** *Tech* trave (também *Ftb*).

cross-coun.try [krɔs k'ʌntri] *adj* através de bosques, campos e trilhas, evitando-se as estradas.

cross cul.tu.ral [krɔs k'ʌltʃərəl] *adj* que combina ou contrasta dois ou mais grupos culturais.

cross-ex.am.i.na.tion [krɔs igzæmin'eiʃən] *n Jur* interrogatório cruzado, inquirição.

cross-ex.am.ine [krɔs igz'æmin] *vt* interrogar, examinar novamente uma declaração contraditória.

cross-eyed [krɔs 'aid] *adj* vesgo, estrábico.

cross fire [kr'ɔsfaiə] *n Mil* fogo cruzado.

cross.ing [kr'ɔsiŋ] *n* **1** cruzamento. **2** viagem através de. **3** passagem de nível. **zebra crossing** faixa para pedestres.

cross-o.ver [kr'ɔs ouvə] *n* **1** passagem. **2** interseção.

cross-pur.poses [krɔs p'ə:pəs] *n* **at cross-purposes** inconsistência, mal-entendido. *they are at cross-purposes* / eles não se entendem.

cross-ref.er.ence [krɔs r'efərəns] *n* referência, citação de uma parte (de um livro etc.) em outro local.

cross.road [kr'ɔsroud] *n* cruzamento. **crossroads** encruzilhada, impasse, ponto crucial.

cross sec.tion [kr'ɔs sekʃən] *n* **1** corte

transversal, seção transversal. **2** amostra representativa.

cross.word puz.zle [kr'ɔswə:d pʌzəl] *n* palavras cruzadas.

crotch [krɔtʃ] *n* virilha.

crouch [krautʃ] *vt+vi* agachar-se, abaixar-se.

crow[1] [krou] *vi (ps* **crew, crowed,** *pp* **crowed) 1** cantar (galo). **2** vangloriar-se.

crow[2] [krou] *n Ornith* corvo, gralha.

crow.bar [kr'ouba:] *n* alavanca, pé-de-cabra.

crowd [kraud] *n* **1** multidão. **2** *coll* grupo. **3** público. • *vt+vi* aglomerar(-se), amontoar(-se). **the crowds** o povo, a massa. **to crowd in** abrir caminho, infiltrar-se.

crowd.ed [kr'audid] *adj* abarrotado, cheio, repleto.

crown [kraun] *n* **1** coroa. **2** topo da cabeça. **3** copa de árvore. **4** copa de chapéu. **5** *Dent* coroa, dente artificial. • *vt* **1** coroar. **2** tornar perfeito. **3** *Dent* colocar uma coroa. *the tooth was crowned* / foi colocada uma coroa no dente. • *adj* pertencente ou relativo à coroa. **the Crown** o poder real.

cru.cial [kr'u:ʃəl] *adj* crucial.

cru.ci.fix [kr'u:sifiks] *n* crucifixo.

cru.ci.fy [kr'u:sifai] *vt* crucificar.

crude [kru:d] *adj* **1** bruto, cru. **2** simples, incipiente. **3** rude, grosseiro.

cru.el [kr'u:əl] *adj* cruel.

cru.el.ness [kr'u:əlnis] *n* crueldade.

cru.el.ty [kr'u:əlti] *n* = **cruelness.**

cruise [kru:z] *n* cruzeiro. • *vt+vi* fazer um cruzeiro.

cruis.er [kr'u:zə] *n* transatlântico.

crumb [krʌm] *n* **1** migalha de pão. **2** miolo de pão. **a crumb of** um pouco de.

crum.ble [kr'ʌmbəl] *vt+vi* **1** desfazer(-se). **2** quebrar (negócios).

crum.bly [kr'ʌmbli] *adj* friável, que se esfarela com facilidade.

crum.ple [kr'ʌmpəl] *vt+vi* amarrotar, amassar, enrugar. **to crumple up** enrugar-se.

crunch [krʌntʃ] *n* hora decisiva, hora h. • *vt+vi* **1** mastigar ruidosamente. **2** moer, triturar ruidosamente.

crunch.y [kr'ʌntʃi] *adj* crocante.

cru.sade [kru:s'eid] *n* **1** (também **Crusade**) cruzada. **2** campanha vigorosa.

cru.sa.der [kru:s'eidə] *n* **1** guerreiro, combatente. **2** cruzado.

crush [krʌʃ] *n* **1** *Amer* multidão de gente, aglomeração, aperto. **2** *sl* paixão intensa e passageira. • *vt+vi* **1** esmagar. **2** espremer, prensar. **3** despedaçar(-se). **4** triturar. **to have a crush on** estar apaixonado por. **to be crushed** estar desapontado, incomodado.

crush.ing [kr'ʌʃiŋ] *adj* esmagador.

crust [krʌst] *n* **1** crosta do pão. **2** casca, crosta torrada (torta, pão).

crust.y [kr'ʌsti] *adj* crocante (casca).

crutch [krʌtʃ] *n* **1** muleta. **2** (também *fig*) apoio, suporte.

crux [krʌks] *n* ponto crucial. **the crux of the matter** o x da questão.

cry [krai] *n* **1** grito. **2** choro. **3** voz de certos animais. • *vt+vi* **1** chorar. **2** gritar. **3** exclamar. **it's no use crying over spilt milk** não adianta chorar pelo leite derramado. **to cry off** desistir de, cancelar. **to cry out for** pedir por, exigir. **to cry up** elogiar, exaltar, louvar. **to cry wolf** alarmar sem motivo.

cry-ba.by [kr'ai beibi] *n* pessoa que chora ou se lamenta com freqüência, especialmente criança pequena.

cry.ing [kr'aiiŋ] *n* choro, pranto, choradeira.

crypt [kript] *n* cripta.

cryp.tic [kr'iptik] *adj* **1** escondido, secreto, oculto. **2** misterioso, obscuro.

cryp.ti.cal [kr'iptikəl] *adj* = **cryptic.**

crys.tal [kr'istəl] *n* cristal.

crys.tal ball [kristəl b'ɔ:l] *n* bola de cristal.

crys.tal-clear [kristəl kl'iə] *adj* absolutamente claro, transparente.

crys.tal.line [kr'istəlain] *adj* cristalino.

crys.tal.lize [kr'istəlaiz] *vt+vi* **1** cristalizar(-se) (também *fig*). **2** cobrir com açúcar.

cub [kʌb] *n* **1** filhote de urso, raposa, leão etc. **2** lobinho (escoteiro principiante).

cube [kju:b] *n* **1** *Geom* cubo. **2** cubo (de açúcar). **3** *Math* terceira potência.

cu.bic [kj'u:bik] *adj* cúbico.

cu.bi.cle [kj'u:bikəl] *n* **1** cubículo. **2** provador, vestiário.

cuck.oo [k'uku:] n *Ornith* cuco.

cu.cum.ber [kj'u:kəmbə] n pepino.

cud.dle [k'ʌdəl] n abraço. • vt abraçar, acariciar, afagar.

cud.dly [k'ʌdli] adj fofo, macio.

cue[1] [kju:] n 1 sugestão, dica. 2 *Theat* deixa. • vt dar sugestão, palpite ou dica.

cue[2] [kju:] n taco de bilhar.

cuff [kʌf] n 1 punho de manga. 2 tapa, soco. **off the cuff** de improviso.

cuff link [k'ʌf liŋk] n abotoadura.

cui.sine [kwiz'i:n] n *Fr* cozinha.

cul-de-sac [k'ʌl də sæk] n *Fr* beco sem saída.

cul.i.na.ry [k'ʌlinəri] adj culinário.

cull [kʌl] vt 1 abater animais (para controlar o número). 2 separar, selecionar, escolher.

cul.mi.nate [k'ʌlmineit] vt+vi culminar, atingir o ponto culminante.

cul.mi.na.tion [kʌlmin'eiʃən] n auge, clímax.

cu.lotte [kju:l'ɔt] n pl saia-calça.

cul.pa.ble [k'ʌlpəbəl] adj culpável, censurável.

cul.prit [k'ʌlprit] n 1 culpado. 2 acusado.

cult [kʌlt] n 1 culto. 2 grupo religioso secreto. 3 na moda, popular.

cul.ti.vate [k'ʌltiveit] vt cultivar.

cul.ti.vat.ed [k'ʌltiveitid] adj 1 culto (pessoa). 2 refinado. 3 cultivado, fertilizado.

cul.ti.va.tion [kʌltiv'eiʃən] n cultivo.

cul.tur.al [k'ʌltʃərəl] adj cultural.

cul.ture [k'ʌltʃə] n 1 cultura. 2 *Biol* cultura (de microorganismos).

cul.tured [k'ʌltʃəd] adj culto.

cul.ture shock [k'ʌltʃə ʃɔk] n choque cultural.

cum.ber.some [k'ʌmbəsəm] adj 1 incômodo, desajeitado. 2 moroso, complicado, ineficiente.

cu.mu.late [kj'u:mjuleit] vt+vi acumular, amontoar, cumular. • [kj'u:mjulit] adj acumulado, amontoado.

cu.mu.la.tive [kj'u:mjulətiv] adj 1 cumulativo. 2 total, acumulado.

cun.ning [k'ʌniŋ] n astúcia, malícia. • adj esperto, astuto.

cunt [kʌnt] n *vulg* boceta, xoxota.

cup [kʌp] n 1 xícara, chávena. 2 xicarada: o que cabe numa xícara. 3 xícara com seu conteúdo. 4 copa, taça (prêmio esportivo). • vt dar forma de cálice ou xícara a.

cup.board [k'ʌbəd] n armário.

cup.ful [k'ʌpful] n xicarada: o que cabe numa xícara.

cur.a.ble [kj'uərəbəl] adj curável.

cu.rate [kj'uərit] n cura, pároco auxiliar.

cu.ra.tor [kjuər'eitə] n curador.

curb [kə:b] n freio, restrição. • vt restringir, refrear.

cur.dle [k'ə:dəl] vt+vi 1 coalhar. 2 engrossar, solidificar.

cure [kjuə] n 1 cura. 2 remédio. • vt+vi 1 curar. 2 tratar, medicar. 3 livrar-se de. 4 curar, defumar. **to undergo a cure** submeter-se a um tratamento. **under cure** sob tratamento.

cur.few [k'ə:fju:] n toque de recolher.

cu.ri.os.i.ty [kjuəri'ɔsiti] n curiosidade.

cu.ri.ous [kj'uəriəs] adj curioso.

curl [kə:l] n 1 cacho. 2 espiral. • vt+vi enrolar, espiralar. **to curl up** a) enrolar (cabelo). b) deitar, sentar encolhido.

curl.y [k'ə:li] adj ondulado.

cur.rant [k'ʌrənt] n 1 (também **dried currant**) passa de Corinto. 2 groselha.

cur.ren.cy [k'ʌrənsi] n 1 moeda corrente. 2 uso geral, aceitação.

cur.rent [k'ʌrənt] n 1 corrente. 2 corrente elétrica. 3 direção geral, tendência. • adj 1 circulante. 2 atual. 3 de uso comum.

cur.rent ac.count [k'ʌrənt əkaunt] n *Com* conta corrente.

cur.ric.u.lum [kər'ikjuləm] n currículo (pl **curriculums** or **curricula**).

cur.ric.u.lum vi.tae [kərikjuləm v'i:tai] n *Lat* currículo, curriculum vitae.

cur.ry [k'ʌri] n 1 caril, curry. 2 prato preparado com caril.

curse [kə:s] n 1 maldição, praga. 2 ofensa. • vt+vi 1 amaldiçoar, rogar praga contra. 2 xingar.

cur.so.ry [k'ə:səri] adj superficial, apressado.

curt [kə:t] adj rude, abrupto.

curt.ail [kə:t'eil] vt reduzir, encurtar.

cur.tain [k'ə:tən] n 1 cortina. 2 pano de boca de teatro.

curt.sy[k'ə:tsi] *n* reverência (feita somente por mulheres). • *vi* fazer reverência.

curve[kə:v] *n* curva. • *vt* **1** curvar(-se). **2** fazer curva. • *adj* curvado.

cush.ion[k'uʃən] *n* **1** almofada. **2** amortecedor. • *vt* amortecer, proteger contra choques.

cush.y[k'uʃi] *adj* **1** *sl* confortável. **2** bom, fácil.

cus.tard[k'ʌstəd] *n* manjar, pudim, iguaria feita de leite, ovos e baunilha.

cus.to.di.an[kʌst'oudiən] *n* guarda, administrador, curador.

cus.to.dy[k'ʌstədi] *n* **1** custódia. **2** proteção, tutela.

cus.tom[k'ʌstəm] *n* **1** costume, hábito. **2** costumes, comportamento. **3 customs** alfândega.

cus.tom.a.ry[k'ʌstəməri] *adj* habitual, costumeiro.

cus.tom.er[k'ʌstəmə] *n* **1** cliente. **2** *coll* indivíduo, pessoa. **regular customer** freguês habitual.

cut[kʌt] *n* **1** corte. **2** redução. **3** porcentagem. **4** faixa de disco a *laser*. • *vt+vi* (*ps, pp* **cut**) **1** cortar(-se). **2** dividir. **3** desbastar. **4** reduzir. **5** fazer corte em (manuscrito, peça). **6** lapidar. • *adj* **1** cortado. **2** gravado, lapidado. **3** ferido. **4** reduzido, remarcado (preço). **cut away!** fora! **cut it out!** *coll* corta essa! **cut the cackle!** *sl* deixe de conversa! **short cut** atalho. **to be cut off** morrer. **to cut across** a) encurtar o caminho. b) atravessar. **to cut a long story short** para resumir. **to cut away** a) cortar, serrar, decepar. b) desviar-se. **to cut back** reduzir gastos. **to cut down** a) derrubar. b) reduzir (despesas). c) resumir (manuscrito). **to cut in** interromper. **to cut off** a) cortar, remover. b) romper (relações). c) interromper (fornecimento ou

comunicações). d) terminar. e) separar. **to cut out** a) recortar. b) retirar, omitir. c) desistir de, abandonar. **to cut up** a) cortar, dividir. b) entristecer.

cut-and-dried [kʌt ən dr'aid] *adj* feito conforme planejado.

cut.back[k'ʌtbæk] *n* redução.

cute[kju:t] *adj* atraente, gracinha.

cu.ti.cle[kj'u:tikəl] *n* cutícula.

cut.ler.y[k'ʌtləri] *n* talheres.

cut.let[k'ʌtlit] *n* **1** costeleta. **2** posta.

cut.off[k'ʌtɔf] *n* atalho.

cut.ting[k'ʌtiŋ] *n* **1** recorte de jornal ou de revista. **2 cuttings** retalhos, cavacos, refugo. • *adj* **1** cortante, afiado. **2** mordaz, sarcástico.

cv *abbr* **curriculum vitae.**

cy.ber.ne.tic[saibən'etik] *adj* cibernético.

cy.ber.ne.tics[saibən'etiks] *n* cibernética.

cy.cle[s'aikəl] *n* **1** ciclo. **2** circuito. **3** bicicleta, motocicleta. • *vi* andar de bicicleta.

cy.clic[s'aiklik] *adj* cíclico.

cy.clist[s'aiklist] *n* ciclista.

cy.clone[s'aikloun] *n* ciclone.

cyg.net[s'ignit] *n* cisne novo.

cyl.in.der[s'ilində] *n* **1** *Geom* cilindro. **2** cilindro de motor ou outra máquina.

cy.lin.dric[sil'indrik] *adj* = **cylindrical.**

cy.lin.dri.cal[sil'indrikəl] *adj* cilíndrico.

cym.bals[s'imbəls] *n pl Mus* pratos.

cyn.ic[s'inik] *n* **1** cínico. **2** céptico.

cyn.i.cal[s'inikəl] *adj* **1** cínico. **2** céptico.

cyn.i.cism[s'inisizəm] *n* **1** cinismo (também *Philos*). **2** cepticismo.

cy.pher[s'aifə] *n* = **cipher.**

cy.press[s'aipris] *n Bot* cipreste.

cyst[sist] *n Med* cisto, quisto.

czar[za:] *n Hist* (também **tsar, tzar**) czar, imperador da Rússia.

cza.ri.na [za:r'i:nə] *n Hist* (também **tsarina, tzarina**) czarina: imperatriz da Rússia.

D, d [di:] **1** quarta letra do alfabeto, consoante. **2** *Mus* ré: segunda nota musical.

d' *v* **1** forma contraída informal de **do** na linguagem oral e escrita. **2** forma contraída de **would** na linguagem oral e na escrita informal. **3** forma contraída de **had** quando for auxiliar, na linguagem oral e na escrita informal.

dab¹ [dæb] *n* toque. • *vt* **1** tocar levemente. **2** aplicar algo suavemente em uma superfície. **3** remover com leves toques.

dab² [dæb] *n fig* perito, experto. *she is a dab hand at cooking* / ela cozinha muito bem.

dab.ble [d'æbəl] *vt+vi* **1** salpicar, molhar com borrifos. **2** estar bolindo com as mãos ou com os pés na água. **3** *fig* intrometer-se em. **4** *fig* fazer alguma coisa ou praticar uma arte superficialmente.

dachs.hund [d'ækshund] *n* bassê: raça de cachorro de pernas curtas e orelhas pendentes.

dad [dæd] *n* papai.

dad.dy [d'ædi] *n* = **dad.**

daf.fo.dil [d'æfədil] *n Bot* narciso silvestre, narciso amarelo.

daf.fy [d'æfi] *adj coll* tolo, maluco.

daft [da:ft; dæft] *adj* = **daffy.**

dag.ger [d'ægə] *n* punhal, adaga.

dai.ly [d'eili] *n* **1** diário, jornal diário. **2** empregado por tarefa, arrumadeira a quem se paga diariamente. • *adj* diário, cotidiano. • *adv* diariamente.

dain.ty [d'einti] *adj* **1** delicado, delicioso. **2** gracioso. **3** caprichoso, extremamente delicado.

dai.ry [d'εəri] *n* **1** leiteria, fábrica de laticínios. **2** estabelecimento de laticínios.

dai.ry farm [d'εəri fa:m] *n* fazenda de gado leiteiro.

dai.ry prod.ucts [d'εəri prɔdʌkts] *n pl* leite e seus derivados como manteiga, queijo etc.

dai.sy [d'eizi] *n Bot* margarida.

dal.ly [d'æli] *vt+vi* **1** brincar, galhofar, gracejar. **2** perder tempo, demorar-se.

dam [dæm] *n* represa, dique. • *vt* represar.

da.ma.ge [d'æmidʒ] *n* **1** dano, prejuízo. **2** injúria. **3** *sl* despesa, preço. • *vt+vi* **1** prejudicar. **2** estragar-se. **3** danificar.

dam.ag.es [d'æmidʒiz] *n* indenização.

dame [deim] *n* **1** *sl* mulher. **2** dama, título honorífico.

damn [dæm] *n* **1** maldição, praga. **2** importância insignificante. • *adj sl* maldito, droga de. • *vt+vi* **1** condenar. **2** amaldiçoar. • *interj* **Damn!** droga! **I don't give a damn / I don't care a damn** não ligo a mínima. **it isn't worth a damn** *sl* não vale nada.

dam.na.tion [dæmn'eiʃən] *n* condenação.

damned [dæmd] *n* os condenados ao inferno. • *adj* **1** danado, condenado. **2** maldito. • *adv* **1** execravelmente. **2** muito (indicando raiva).

damn.ing [d'æmin] *adj* condenatório.

damp [dæmp] *n* **1** umidade. **2** desânimo. • *vt* **1** umedecer levemente. **2** desanimar. **3** amortecer, apagar. • *adj* **1** levemente úmido. **2** desanimado. **to damp down** reduzir, extinguir.

damp.en [d'æmpən] *vt+vi* umedecer(-se), tornar úmido.

damp.er [d'æmpə] *n* abafador, amortecedor. **to act as a damper, to put a damper on** desencorajar.

dance [da:ns; dæns] *n* 1 dança. 2 baile. • *vt+vi* dançar. **to dance to someone's tune** conformar-se com os desejos de alguém, dançar conforme a música.

dan.cer [d'a:nsə; d'ænsə] *n* dançarino, dançarina.

dan.cing [d'a:nsiŋ; d'ænsiŋ] *n* dança, ação e arte de dançar. • *adj* dançante.

dan.de.li.on [d'ændilaiən] *n Bot* dente-de-leão.

dan.druff [d'ændrəf] *n* caspa.

dan.ger [d'eindʒə] *n* perigo, risco. **in danger of** sujeito a, a ponto de. **out of danger** livre de perigo, a salvo.

dan.ger.ous [d'eindʒərəs] *adj* perigoso, arriscado.

dan.gle [d'æŋgəl] *vt* 1 balançar(-se). 2 mostrar e oferecer algo a uma pessoa com o objetivo de persuadi-la a fazer alguma coisa.

dare [d'ɛə] *n* 1 desafio. 2 ousadia, coragem. • *vt+vi* 1 ousar, atrever-se. 2 ter coragem para. 3 desafiar, afrontar. **how dare you!** como ousa! **you dare, don't you dare** (expressando raiva) tente, não ouse.

Dare pode ser um verbo modal. Geralmente é usado nas sentenças negativas, em interrogativas depois de **if**, e de palavras como **hardly**. Após **dare not**, **dared not** e **daren't** nunca se usa o **to** para indicar infinitivo. *I dare not go* (eu não ouso ir) e não *I dare not to go*.

dare.say [dɛəs'ei] (usado somente na 1.ª pessoa do singular do presente do indicativo) 1 (eu) suponho (que); talvez. *I daresay you are right* / talvez você esteja certo. 2 sem dúvida, naturalmente.

dar.ing [d'æriŋ] *n* audácia, ousadia. • *adj* atrevido.

dark [da:k] *n* 1 escuridão. 2 obscuridade. 3 sombra. 4 noite, trevas. • *adj* 1 escuro, sombrio. 2 de cor sombria, carregada. 3 moreno. 4 *fig* misterioso. 5 secreto, oculto. 6 ambíguo, obscuro. 7 triste. **after dark** depois do anoitecer. **in the dark** no escuro, sem informação. **to keep dark** a) ficar quieto. b) não divulgar o que se sabe, *sl* esconder o leite.

dark.en [d'a:kən] *vt+vi* escurecer.

dark glass.es [da:k gl'a:siz] *n pl* óculos escuros, óculos de sol.

dark.ness [d'a:knis] *n* 1 escuridão. 2 obscuridade, trevas. 3 *fig* escuridão, ignorância.

dar.ling [d'a:liŋ] *n* querido, querida, pessoa bem amada. • *adj* 1 querido, querida. 2 meigo, doce.

dart [da:t] *n* 1 dardo, flecha. • *vt+vi* 1 arremessar, dardejar. 2 correr ou mover-se rápida e bruscamente. 3 olhar rapidamente.

dash [dæʃ] *n* 1 uma pequena corrida. 2 pequena porção, um pouco. 3 uma mistura de energia, talento, confiança e entusiasmo. 4 travessão (sinal de pontuação). 5 *Telegr* som longo. • *vt+vi* 1 apressar-se. 2 colidir, chocar-se, quebrar(-se). 3 arremessar, lançar com força e ímpeto. 4 disparar, correr. 5 destruir, acabar com. **to dash into** chocar-se contra, entrar precipitadamente. **to dash off** a) partir depressa. b) escrever ou fazer às pressas. **to dash out** a) sair precipitadamente. b) dar coices, quebrar, despedaçar.

dash-board [dæʃ bɔ:d] *n* painel: quadro de instrumentos de automóvel, avião etc.

dash.ing [d'æʃiŋ] *adj* 1 enérgico, espirituoso, vivo. 2 vistoso, elegante.

da.ta [d'eitə] *n* (*pl of* **datum**) dados, informações.

A grafia semelhante ao português pode induzir a erro de tradução. **Data** significa dados, informações. "Data" em inglês traduz-se por **date.**

da.ta bank [d'eitə bæŋk] *n Comp* = **database.**

da.ta.base [d'eitəbeis] *n Comp* banco de dados.

da.ta proc.es.sing [d'eitə pr'ousesiŋ] *n Comp* processamento de dados.

date¹ [deit] *n* 1 data. 2 época. 3 *coll* encontro. • *vt+vi* 1 datar. 2 achar a data de. 3 ser datado, pertencer a determinado período. 4 *Amer* marcar um encontro com uma pessoa. 5 sair de moda. **blind date** encontro às escuras. **out of date** obsoleto, fora da moda, antiquado. **to date** até agora. **up to date** a) em dia. b) até o presente, até o momento. c) moderno, recente, atual.

Há várias formas de escrever datas: **5 April** ou **(5th April) 2001** ou **5/4/01** (lê-se: **the fifth of April, twenty oh one**); ou **April 5 (April 5th) 2001** ou ainda **4/5/01** (lê-se **April the fifth, twenty oh one**).

Veja outra nota em **data**.

date² [deit] *n Bot* tâmara.

dat.ed [d'eitid] *adj* obsoleto, antiquado.

daugh.ter [d'ɔ:tə] *n* filha.

daugh.ter-in-law [d'ɔ:tə-in-lɔ:] *n* nora.

daunt [dɔ:nt] *vt* atemorizar, amedrontar, intimidar.

daw.dle [d'ɔ:dəl] *vt+vi* vadiar, perder tempo, fazer cera.

dawn [dɔ:n] *n* **1** madrugada, amanhecer. **2** *fig* começo. • *vi* **1** amanhecer. **2** aparecer, começar a manifestar-se. **at dawn** ao amanhecer, de madrugada.

day [dei] *n* **1** dia. **2** dia de trabalho. **all day long** o dia inteiro. **All Soul's Day** Dia de Finados. **Christmas Day** Dia de Natal. **day after day** dia a dia. **day by day, day in day out** dia a dia. **every day** todos os dias. **every other day** dia sim, dia não. **from this day on** de hoje em diante. **New Year's Day** Dia de Ano-Novo. **on the following day** no dia seguinte. **some day** algum dia. **the day after** no dia seguinte. **the day after tomorrow** depois de amanhã. **the day before yesterday** anteontem. **up to this day** até o dia de hoje.

day-care cen.ter [d'ei kɛə sentə] *n* creche para crianças pequenas cujos pais trabalham fora.

day-dream [d'ei dri:m] *n* devaneio. • *vi* sonhar acordado.

day-dream.er [d'ei dri:mə] *n* sonhador.

day.light [d'eilait] *n* luz do dia. **in broad daylight** à luz do dia, em pleno dia.

day off [dei 'ɔf] *n* dia de folga.

day-time [d'ei taim] *n* dia, espaço de tempo entre o nascer e o pôr-do-sol.

day-to-day [dei tə d'ei] *adj* cotidiano.

daze [d'eiz] *vt* ficar aturdido. **in a daze** confuso.

dazed [deizd] *adj* estupefato.

daz.zle [d'æzəl] *n* **1** deslumbramento. **2** *fig* fascinação. • *vt* **1** deslumbrar, turvar a vista momentaneamente pela ação de muita luz. **2** fascinar, encantar, maravilhar-se.

daz.zling [d'æzliŋ] *adj* **1** deslumbrante, ofuscante. **2** fascinante.

de- [di:, di, də] *pref* **1** o oposto de, como em **decentralize**. **2** para baixo, como em **depress**. **3** fora, embora, como em **deport**. **4** inteiramente, como em **despoil**.

dead [ded] *n* morto, (precedido de **the**) os mortos. • *adj* **1** morto (pessoa, animal). **2** seco (planta). **3** descarregado (bateria). **4** mudo (telefone). **5** silencioso, tranqüilo. **6** dormente (falando de pé ou de mão). **7** sem brilho (os olhos). **8** absoluto, completo. **9** *coll* muito cansado, cansadíssimo. • *adv* **1** completamente. **2** imediatamente. **over my dead body** somente sobre o meu cadáver.

dead.en [dedən] *vt+vi* amortecer, abafar.

dead-end [ded 'end] *n* beco sem saída.

dead heat [ded h'i:t] *n* empate.

dead lan.guage [ded l'æŋgwidʒ] *n* língua morta.

dead-line [d'ed lain] *n* último prazo para fazer algo.

dead.lock [d'edlɔk] *n* **1** impasse. **2** *fig* beco sem saída.

dead.ly [d'edli] *adj* **1** mortal, fatal. **2** até a morte, implacável, irreconciliável. **3** *coll* extremo, intenso. **4** maçante. • *adv* muito, bem.

deaf [def] *adj* **1** surdo. **2** que não quer ouvir, desatento. **as deaf as a post** surdo como uma porta. **deaf-aid** *Brit* aparelho de surdez. **deaf and dumb** surdo-mudo. **stone-deaf** surdo como uma porta. **the deaf** os surdos. **to turn a deaf ear** fingir-se surdo.

deaf.en [d'efən] *vt+vi* ensurdecer, tornar surdo.

deaf.ness [d'efnis] *n* surdez.

deal [di:l] *n* **1** quantidade, porção. **2** negociação, acordo. **3** mão, em jogo de cartas. **4** *Amer* plano de administração econômica, acordo administrativo. • *vt+vi* (*ps, pp* **dealt**) **1** desferir. **2** dar as cartas. **3** negociar. **4** tratar. **5** lidar com. **it's a deal** negócio fechado! combinado! **to deal in** negociar com. **to deal out** dispensar.

deal.er [d'i:lə] *n* **1** negociante, revendedor. **2** jogador que dá as cartas. **3** *sl* traficante de drogas.

deal.ings [d'i:liŋz] *n pl* **1** procedimento, conduta. **2** negócio, transação.

dean [di:n] *n* **1** deão. **2** reitor de uma faculdade. **3** decano.

dear [diə] *n* querido, querida. • *adj* **1** querido, caro, estimado. **2** caro. **3** prezado (tratamento). • *adv* **1** a preço elevado. **2** afetuosamente, com ternura. **dear!** *interj* meu Deus!

dear.ly [d'iəli] *adv* muito.

death [deθ] *n* **1** morte. **2** causa de morte. **3** decadência, destruição. **4** homicídio. **5** caveira ou esqueleto: o símbolo da morte.

death-bed [d'eθ bed] *n* leito de morte.

death.ly¹ [de'θli] *adj* mortal, fatal.

death.ly² [d'eθli] *adv* **1** mortalmente, como morte. **2** extremamente.

death pen.al.ty [d'eθ penəlti] *n* pena de morte, pena capital.

de.bat.a.ble [dib'eitəbəl] *adj* contestável, debatível.

de.ba.te [dib'eit] *n* debate, discussão. • *vt+vi* debater, discutir.

deb.au.ched [dib'ɔ:tʃt] *adj* devasso, depravado, libertino, tarado.

de.bauch.er.y [dib'ɔ:tʃəri] *n* devassidão, libertinagem.

de.bil.i.tate [dib'iliteit] *vt* debilitar, enfraquecer.

de.bil.i.tat.ed [dib'iliteitid] *adj* debilitado, enfraquecido.

de.bil.i.ty [dib'iliti] *n* debilidade.

deb.it [d'ebit] *n* **1** débito, dívida. **2** conta de débito. • *vt* debitar.

deb.o.nair [debən'ɛə] *adj* afável, cortês, benévolo.

de.bris [d'ebri:] *n* escombros.

debt [det] *n* dívida. **in debt** endividado. **to clear all debts** pagar as suas dívidas. **to run/get into debt** endividar-se, contrair dívidas.

debt.or [d'etə] *n* devedor.

de.but [d'eibu:] *n* **1** debute. **2** primeira tentativa.

dec.ade [d'ekeid] *n* década.

de.ca.dence [d'ekədəns] *n* decadência.

de.ca.dent [d'ekədənt] *adj* decadente.

de.caf.fe.in.at.ed cof.fee [di:kæfeinetid k'ɔfi] *n* café descafeinado.

de.cant [dik'ænt] *vt* decantar.

de.cath.lon [dek'æθlɔn] *n Sport* decatlo.

de.cay [dik'ei] *n* **1** decadência. **2** deterioração. **3** cárie. • *vt+vi* **1** decair. **2** enfraquecer-se. **3** cariar. **tooth decay** cárie dentária.

de.ceased [dis'i:st] *n* morto, falecido. • *adj* falecido.

de.ceit [dis'i:t] *n* **1** engano, fraude. **2** falsidade, decepção.

de.ceit.ful [dis'i:tful] *adj* **1** mentiroso. **2** desonesto. **3** enganoso.

de.ceive [dis'i:v] *vt+vi* enganar, iludir.

De.cem.ber [dis'embə] *n* dezembro.

de.cen.cy [d'i:sənsi] *n* decência, decoro.

de.cent [d'i:sənt] *adj* decente, apropriado, bondoso, aceitável.

de.cen.tral.ize, de.cen.tral.ise [dis'entrəlaiz] *vt* **1** descentralizar. **2** distribuir (autoridade, poderes).

de.cep.tion [dis'epʃən] *n* fraude.

de.cep.tive [dis'eptiv] *adj* enganoso.

dec.i.bel [d'esibel] *n* decibel.

de.cide [dis'aid] *vt+vi* **1** decidir, resolver. **2** julgar. **3** chegar à conclusão.

de.cid.ed [dis'aidid] *adj* **1** decidido, resolvido. **2** evidente.

dec.i.mal [d'esiməl] *n* fração decimal. • *adj* decimal.

de.ci.pher [dis'aifə] *vt* **1** decifrar. **2** interpretar.

de.ci.sion [dis'iʒən] *n* decisão, resolução.

de.ci.sive [dis'aisiv] *adj* **1** decisivo. **2** resoluto, decidido.

deck¹ [dek] *n* **1** *Naut* convés. **2** andar de um ônibus. **3** *coll* pacote de cocaína ou heroína de venda ilícita. **4** prato de tocadiscos. • *vt+vi* ornar, enfeitar. **double-decker** ônibus de dois andares.

deck² [dek] *n* = **tape deck**.

de.claim [dikl'eim] *vt+vi* declamar, recitar.

dec.la.ra.tion [deklər'eiʃən] *n* declaração.

de.clare [dikl'ɛə] *vt+vi* declarar.

de.cline [dikl'ain] *n* **1** declínio, decadência. **2** deterioração. • *vt+vi* **1** recusar. **2** baixar (os preços), diminuir. **3** decair. **4** deteriorar.

de.code [dik'oud] *vt* decifrar pelo código, descodificar.

de.com.pose [di:kəmp'ouz] *vt+vi* **1** decompor(-se). **2** apodrecer.

de.cor [dik'ɔ:] *n* cenário, decoração.

dec.o.rate [d'ekəreit] *vt* decorar.
dec.o.rat.ed [d'ekəreitid] *adj* decorado.
dec.o.ra.tion [dekər'eiʃən] *n* decoração.
dec.o.ra.tive [d'ekərətiv] *adj* decorativo, ornamental.
dec.o.ra.tor [d'ekəreitə] *n* decorador.
dec.o.rous [d'ekərəs] *adj* decoroso, decente.
de.co.rum [dik'ɔ:rəm] *n* decoro, decência.
de.coy [di:k'ɔi] *n* isca. • *vt+vi* enganar, atrair com engano.
de.crease [d'i:kri:s] *n* diminuição, redução. • [dí:krí:s] *vt+vi* diminuir, reduzir.
de.cree [dikr'i:] *n* decreto. • *vt+vi* decretar.
de.crep.it [dikr'epit] *adj* decrépito, caduco.
de.cry [dikr'ai] *vt* depreciar, censurar publicamente.
ded.i.cate [d'edikeit] *vt* dedicar(-se), consagrar(-se).
ded.i.cat.ed [d'edikeitid] *adj* dedicado (pessoa), devotado.
ded.i.ca.tion [dedik'eiʃən] *n* 1 dedicação. 2 dedicatória.
de.duce [didj'u:s] *vt* deduzir, tirar uma conclusão, inferir.
de.duct [did'ʌkt] *vt* subtrair, diminuir, tirar de.
de.duc.tion [did'ʌkʃən] *n* dedução.
deed [di:d] *n* 1 ação, obra. 2 fato, realidade. 3 escritura.
deem [di:m] *vt+vi* considerar.
deep [di:p] *n* 1 profundidade, profundeza. 2 mar, fundo do mar. 3 abismo. 4 *fig* recesso do coração. • *adj* 1 profundo, fundo. 2 de profundidade. 3 grave (som). 4 secreto, complexo. • *adv* 1 há muito, remotamente. 2 profundamente. **to feel something deep inside / to feel something deep down** sentir algo de maneira profunda apesar de nem sempre demonstrar. **to go / run deep** estar enraizado.
deep.en [d'i:pən] *vt+vi* 1 aprofundar. 2 afundar. 3 aumentar. 4 agravar.
deep freeze [di:p fr'i:z] *n freezer.* • *vt* congelar.
deep-fry [di:p fr'ai] *vt* fritar em grande quantidade de óleo.
deep.ly [di'.pli] *adv* 1 profundamente. 2 muito. 3 completamente.

deep-root.ed [di:p r'u:tid] *adj* enraizado.
deep-sea [di:p s'i:] *n* mar profundo.
deer [diə] *n Zool* cervos.
de.face [dif'eis] *vt* desfigurar, deformar, alterar o aspecto de.
def.a.ma.tion [defəm'eiʃən] *n* difamação, calúnia.
de.fault [dif'ɔ:lt] *n* falta, descuido, omissão.
de.feat [dif'i:t] *n* 1 derrota. 2 frustração, malogro. • *vt* 1 derrotar. 2 frustrar.
def.e.cate [d'efikeit] *vt+vi* defecar.
de.fect [dif'ekt] *n* defeito, imperfeição, deficiência. • *vi* desertar.
de.fec.tive [dif'ektiv] *adj* defectivo, defeituoso.
de.fence.less [dif'enslis] *adj* indefeso, desamparado.
de.fend [dif'end] *vt* (**against, from**) 1 defender, proteger. 2 justificar, fazer defesa.
de.fend.ant [dif'endənt] *n* réu, acusado. • *adj* de defesa.
de.fend.er [dif'endə] *n* 1 defensor. 2 advogado de defesa.
de.fense, de.fence [dif'ens] *n* 1 defesa. 2 proteção. 3 justificação. 4 defesa (futebol).
de.fen.sive [dif'ensiv] *n* defensiva. • *adj* defensivo.
de.fer¹ [dif'ə:] *vt* adiar, protelar.
de.fer² [dif'ə:] *vi* submeter-se, acatar a.
def.er.ence [d'efərəns] *n* 1 deferência. 2 consideração.
de.fi.ance [dif'aiəns] *n* 1 desafio. 2 rebeldia.
de.fi.ant [dif'aiənt] *adj* desafiador.
de.fi.cien.cy [dif'iʃənsi] *n* deficiência.
de.fi.cient [dif'iʃənt] *adj* deficiente.
def.i.cit [d'efisit] *n* déficit.
de.file [dif'ail] *vt+vi* sujar, corromper, poluir.
de.fine [dif'ain] *vt* definir, explicar.
def.i.nite.ly [d'efinitli] *adv* definitivamente.
def.i.ni.tion [defin'iʃən] *n* definição.
de.fin.i.tive [dif'inətiv] *adj* definitivo.
de.flate [difl'eit] *vt* 1 esvaziar, desinflar. 2 *Econ* deflacionar. 3 diminuir ou ridicularizar (alguém ou alguma coisa).
de.fla.tion [difl'eiʃən] *n* 1 esvaziamento. 2 *Econ* deflação.

de.flect [difl'ekt] *vt*+*vi* desviar(-se).

de.for.es.ta.tion [difɔrist'eiʃən] *n* desflorestamento, desmatamento.

de.form [dif'ɔ:m] *vt*+*vi* deformar, desfigurar.

de.formed [dif'ɔ:md] *adj* deformado, disforme.

de.form.i.ty [dif'ɔ:miti] *n* deformidade.

de.frost [di:fr'ɔst] *vt* degelar, descongelar.

deft [deft] *adj* hábil, perito.

de.fuse [di:fj'u:z] *vt* **1** neutralizar, acalmar (diz-se de situações tensas ou perigosas). **2** desarmar, desativar.

de.fy [dif'ai] *vt* desafiar.

de.gen.er.ate [didʒ'enəreit] *vt*+*vi* degenerar. • [didʒ'enərit] *adj* degenerado, corrompido.

de.gen.er.a.tion [didʒenər'eiʃən] *n* degeneração.

de.gra.da.tion [degrəd'eiʃən] *n* degradação.

de.grade [digr'eid] *vt*+*vi* **1** degradar. **2** rebaixar, aviltar.

de.gree [digr'i:] *n* **1** degrau. **2** grau, estágio, classe. **3** título, diploma. **4** intensidade, força. **5** posição, condição. **6** *Geogr* grau de latitude e longitude.

de.hy.drate [di:h'aidreit] *vt* desidratar.

de.hy.dra.ted [di:h'aidreitid] *adj* desidratado.

de.hy.dra.tion [di:haidr'eiʃən] *n* desidratação.

de.i.ty [d'i:iti] *n* deidade, divindade.

de.ject.ed [didʒ'ektid] *adj* abatido, desanimado.

de.jec.tion [didʒ'ekʃən] *n* abatimento, desânimo.

de.lay [dil'ei] *n* demora, atraso. • *vt*+*vi* demorar(-se), adiar, retardar, atrasar, procrastinar.

del.e.gate [d'eligit] *n* delegado, representante. • [d'eligeit] *vt* **1** delegar. **2** transmitir poderes por delegação. **3** encarregar.

del.e.ga.tion [delig'eiʃən] *n* delegação.

de.lete [dil'i:t] *vt Comp* delir, apagar, riscar, excluir.

de.le.tion [dil'i:ʃən] *n* apagamento, anulação.

de.lib.er.ate [dil'ibəreit] *vt*+*vi* deliberar. • [dil'ibərit] *adj* **1** deliberado. **2** intencional. **3** vagaroso.

de.lib.er.a.tion [dilibər'eiʃən] *n* **1** deliberação. **2** discussão. **3** cautela.

del.i.ca.cy [d'elikəsi] *n* **1** delicadeza. **2** iguaria.

del.i.cate [d'elikit] *adj* **1** delicado. **2** frágil. **3** arriscado. **4** diplomático. **5** sutil.

del.i.ca.tes.sen [delikət'esən] *n* casa de mercearias finas.

de.li.cious [dil'iʃəs] *adj* delicioso, gostoso, saboroso.

de.light [dil'ait] *n* delícia, deleite, encanto, prazer. • *vt*+*vi* deleitar-se, encantar, deliciar(-se), ter grande prazer em. **to take delight in** deleitar-se com, ter prazer em.

de.light.ed [dil'aitid] *adj* encantado, muito satisfeito. **to be delighted to** estar encantado em.

de.light.ful [dil'aitful] *adj* encantador, agradável.

de.lin.quen.cy [dil'iŋkwənsi] *n* delinqüência.

de.lin.quent [dil'iŋkwənt] *n* delinqüente. • *adj* delinqüente, culpado.

de.lir.i.ous [dil'iriəs] *adj* delirante.

de.liv.er [dil'ivə] *vt*+*vi* **1** distribuir (cartas, jornais etc.). **2** proferir (uma sentença, um discurso), recitar. **3** desferir (um golpe). **4** entregar. **5** libertar (**from**). **6** partejar, servir de parteira. **to deliver the goods** a) entregar a mercadoria. b) *fig* cumprir uma promessa.

de.liv.er.y [dil'ivəri] *n* **1** entrega. **2** distribuição (de cartas etc.), expedição. **3** parto. **4** pronunciamento.

del.ta [d'eltə] *n* delta.

de.lude [dil'u:d] *vt* iludir, enganar.

del.uge [d'elju:dʒ] *n* **1** dilúvio. **2** grande chuva. **3** avalanche. • *vt* inundar, alagar.

de.lu.sion [dil'u:ʒən] *n* ilusão, desilusão.

de luxe [də l'ʌks] *adj* de luxo.

delve [delv] *n arch* buraco, depressão, cavidade. • *vt* **1** procurar dentro (de um armário, bolsa etc.) **2** pesquisar, investigar.

dem.a.gog.y [d'eməgɔgi] *n* demagogia.

de.mand [dim'a:nd] *n* **1** demanda. **2** reivindicação. • *vt* **1** exigir, requerer. **2** perguntar, demandar. **demand and supply** oferta e procura. **in demand / in great demand** muito procurado.

de.mand.ing [dim'a:ndiŋ] *adj* exigente.

de.mean.or, de.mean.our [dim'i:nə] *n* conduta, comportamento.

dem.e.rar.a sug.ar [deмər'єərə ∫ugə] *n* açúcar mascavo.

dem.o [d'emou] *abbr* **demonstration** *n* **1** manifestação pública, passeata. **2** demonstração.

de.moc.ra.cy [dim'ɔkrəsi] *n* democracia.

dem.o.crat [d'eмəkræt] *n* democrata.

dem.o.crat.ic [deмəkr'ætik] *adj* democrático.

dem.o.crat.ic.al [deмəkr'ætikəl] *adj* = **democratic**.

de.mol.ish [dim'ɔli∫] *vt* **1** demolir, destruir. **2** arruinar.

dem.o.li.tion [deмəl'i∫ən] *n* demolição, destruição.

de.mon [d'i:mən] *n* demônio, espírito maligno, gênio do mal.

de.mon.ic [dim'ɔnik] *adj* possesso, endiabrado, demoníaco.

de.mon.strate [d'eмənstreit] *vt* **1** demonstrar. **2** participar de uma manifestação pública.

dem.on.stra.tion [deмənstr'ei∫ən] *n* **1** demonstração. **2** manifestação, comício, passeata.

de.mon.stra.tive [dim'ɔnstrətiv] *adj* **1** expressivo, carinhoso. **2** demonstrativo.

demo.ns.tra.tor [d'eмənstreitə] *n* **1** demonstrador. **2** manifestante.

de.mor.al.i.za.tion, de.mor.al.i.sa.tion [diмɔrəlaiz'ei∫ən] *n* desmoralização.

de.mor.al.ize, de.mor.al.i.se [dim'ɔrəlaiz] *vt* desmoralizar.

de.mote [dim'out] *vt* degradar, rebaixar de graus.

de.mure [dimj'uə] *adj* sério, reservado.

den [den] *n* toca, covil.

de.ni.al [din'aiəl] *n* **1** negação. **2** recusa.

den.i.grate [d'enigreit] *vt* denegrir.

den.im [d'enim] *n* tecido forte de algodão usado na confecção de calças e saias, brim.

de.nom.i.na.tion [dinɔmin'ei∫ən] *n* **1** denominação. **2** um dos grupos de uma seita.

de.note [din'out] *vt* denotar, significar, indicar.

de.nounce [din'auns] *vt* denunciar, delatar.

dense [dens] *adj* **1** denso. **2** *fig* estúpido.

den.si.ty [d'ensiti] *n* densidade.

dent [dent] *n* mossa. • *vt* amassar.

den.tal [d'entəl] *adj* dental.

den.tal floss [dentəl fl'ɔs] *n* fio dental.

den.tist [d'entist] *n* dentista.

den.tis.try [d'entistri] *n* odontologia.

den.tist's [d'entists] *n* consultório ou clínica dentária.

de.nun.ci.ate [din'∧nsieit] *vt* = **denounce.**

de.nun.ci.a.tion [din∧nsi'ei∫ən] *n* denúncia, acusação.

de.ny [din'ai] *vt+vi* **1** negar. **2** recusar, não conceder, não reconhecer.

de.o.dor.ant [di:'oudərənt] *n* desodorante.

de.part [dip'a:t] *vt+vi* **1** partir, sair. **2** afastar-se de, apartar-se de.

de.part.ed [dip'a:tid] *adj* **1** morto. **2** ido, passado. **the departed** os mortos.

de.part.ment [dip'a:tmənt] *n* **1** departamento, seção. **2** *Amer* ministério, secretaria.

de.part.men.tal [di:pa:tm'entəl] *adj* departamental.

de.part.ment store [dip'a:tmənt stɔ:] *n* loja de departamentos.

de.par.ture [dip'a:t∫ə] *n* partida, saída.

de.pend [dip'end] **(on, upon)** *vt+vi* **1** depender de alguém ou de alguma coisa. **2** contar com, confiar em. **3** estar na dependência de, estar subordinado a. **that depends** isso depende, talvez.

de.pend.a.ble [dip'endəbəl] *adj* fidedigno, de confiança, seguro.

de.pend.ance [dip'endəns] *n* = **dependence.**

de.pend.ant [dip'endənt] *n* dependente.

de.pend.ence [dip'endəns] *n* **1** dependência. **2** confiança.

de.pend.ent [dip'endənt] *adj* **(on)** dependente.

de.pict [dip'ikt] *vt* pintar, descrever, representar.

de.pic.tion [dip'ik∫ən] *n* retrato, pintura.

de.plete [dipl'i:t] *vt* esvaziar, reduzir.

de.plet.ed [dipl'i:tid] *adj* reduzido.

de.plor.a.ble [dipl'ɔ:rəbəl] *adj* deplorável.

de.plor.a.tion [diplərei∫ən] *n* deploração.

de.plore [dipl'ɔ:] *vt* deplorar, lastimar-se.

de.port [dip'ɔ:t] *vt* deportar, exilar.

de.por.ta.tion [dipɔːˈteiʃən] n deportação.

de.pose [dipˈouz] vt+vi depor, destituir, despojar de cargo, ofício ou dignidade.

de.pos.it [dipˈɔzit] n 1 depósito. 2 fiança. 3 sinal, entrada (para comprar algo). 4 sedimento, depósito. • vt+vi 1 depositar. 2 precipitar, sedimentar.

de.pot [dˈepou; dˈiːpou] n 1 Amer estação ferroviária. 2 armazém, depósito. 3 estação rodoviária. 4 garagem onde ficam guardados ônibus.

de.pre.ci.ate [diprˈiːʃieit] vt+vi depreciar(-se).

de.pre.ci.a.tion [dipriːʃiˈeiʃən] n depreciação.

de.press [diprˈes] vt deprimir.

de.pressed [diprˈest] adj deprimido.

de.press.ing [diprˈesin] adj depressivo, deprimente, desanimador.

de.pres.sion [diprˈeʃən] n depressão.

dep.ri.va.tion [deprivˈeiʃən] n 1 privação. 2 pobreza.

de.prive [diprˈaiv] vt 1 (of) privar, desapossar. 2 destituir. 3 impedir alguém de ter ou fazer alguma coisa.

depth [depθ] n 1 profundidade, profundeza. 2 fundo. 3 depths mar, oceano. 4 o mais íntimo, profundo. in depth a fundo, em profundidade.

dep.u.ta.tion [depjutˈeiʃən] n delegação.

dep.u.tize, deputise [ ] vt representar (alguém ou um grupo de pessoas).

dep.u.ty [dˈepjuti] n 1 deputado, delegado. 2 representante, agente.

de.ri.sion [dirˈiʒən] n menosprezo.

de.ri.sive [dirˈaisiv] adj zombeteiro.

de.ri.so.ry [dirˈaisəri] adj ridículo.

der.i.va.tion [derivˈeiʃən] n derivação.

de.riv.a.tive [dirˈivətiv] n derivado. • adj derivado.

de.rive [dirˈaiv] vt+vi 1 derivar. 2 obter. 3 originar-se, proceder.

der.o.gate [dˈerəgeit] vt+vi abaixar-se, rebaixar, depreciar.

de.rog.a.tive [dirˈɔgətiv] adj derrogativo, depreciativo, pejorativo.

de.scend [disˈend] vt+vi descer, aterrissar.

de.scend.ant [disˈendənt] n descendente.

de.scend.ing [disˈendin] adj descendente.

de.scent [disˈent] n 1 descida. 2 queda. 3 descendência, linhagem.

de.scribe [diskrˈaib] vt descrever.

de.scrip.tion [diskrˈipʃən] n descrição.

de.scrip.tive [diskrˈiptiv] adj descritivo.

des.ert[1] [dˈezət] n deserto.

des.ert[2] [dizˈəːt] vt+vi 1 desertar (do exército). 2 abandonar (seus deveres). 3 ausentar-se sem licença.

des.ert.ed [dizˈəːtid] adj abandonado, solitário.

de.sert.er [dizˈəːtə] n desertor.

de.serve [dizˈəːv] vt+vi merecer.

de.served [diːzˈəːvd] adj merecido.

de.serv.ing [dizˈəːvin] adj meritório, digno, merecedor.

de.sign [dizˈain] n 1 projeto. 2 desenho, esboço. 3 intenção. • vt+vi 1 projetar, planejar. 2 desenhar, traçar.

des.ig.nate [dˈezigneit] vt designar. • adj designado, nomeado.

des.ig.na.tion [dezignˈeiʃən] n designação.

de.sign.er [dizˈainə] n 1 desenhista. 2 projetista. fashion designer estilista de modas.

de.sir.a.ble [dizˈairəbəl] adj desejável.

de.sire [dizˈaiə] n 1 desejo. 2 coisa desejada. 3 cobiça sexual, paixão. • vt+vi 1 desejar, cobiçar. 2 ter irrefreável desejo sexual.

de.sist [dizˈist] vt (from) desistir.

desk [dˈesk] n 1 escrivaninha, carteira escolar. 2 balcão.

des.o.late [dˈesəlit] adj 1 desolado, triste. 2 abandonado, desconsolado. 3 deserto, despovoado.

des.o.la.tion [desəlˈeiʃən] n 1 desolação, devastação. 2 deserto.

de.spair [dispˈɛə] n desespero. • vi desesperar, tirar a esperança a.

de.spair.ing [dispˈɛərin] adj desesperador.

des.patch [dispˈætʃ] vt = dispatch.

des.per.ate [dˈespərit] adj 1 desesperado. 2 desesperador.

des.pi.ca.ble [dispˈikəbəl] adj vil, desprezível.

de.spise [dispˈaiz] vt desprezar.

de.spite [dispˈait] prep apesar de. in despite of apesar de, não obstante.

de.spond.ent [dispˈɔndənt] adj desanimado.

des.pot [d'espɔt] n déspota.

des.pot.ic [desp'ɔtik] adj despótico, tirânico, arbitrário.

des.sert [diz'ə:t] n sobremesa.

des.ti.na.tion [destin'eiʃən] n destino, destinação.

des.tine [d'estin] vt (for, to) destinar. **destined for** destinado a.

des.ti.ny [d'estini] n destino.

des.ti.tute [d'estitju:t] adj destituído.

des.ti.tu.tion [destitju:ʃən] n destituição.

de.stroy [distr'ɔi] vt destruir.

de.stroy.er [distr'ɔiə] n 1 destruidor, exterminador. 2 Naut destróier, navio torpedeiro.

de.struc.tion [distr'ʌkʃən] n destruição.

de.struc.tive [distr'ʌktiv] adj destrutivo.

de.struc.tor [distr'ʌktə] n destruidor.

de.tach [dit'ætʃ] vt 1 separar. 2 desligar-se.

de.tach.a.ble [dit'ætʃəbəl] adj destacável.

de.tached [dit'ætʃt] adj 1 destacado, separado. 2 desinteressado. 3 isolada (casa).

de.tach.ment [dit'ætʃmənt] n 1 imparcialidade. 2 Mil destacamento.

de.tail [d'i:teil] n detalhe. • vt 1 detalhar. 2 distribuir serviços militares. **in detail** detalhadamente. **to go into detail** entrar em detalhes.

de.tailed [d'i:teild] adj detalhado, minucioso.

de.tain [dit'ein] vt 1 deter, reter. 2 impedir.

de.tect [dit'ekt] vt 1 descobrir (o crime, o engano ou desígnio de alguém). 2 detectar.

de.tect.a.ble [dit'ektəbəl] adj que se pode descobrir, detectável.

de.tec.tion [dit'ekʃən] n descoberta (de crimes), detecção.

de.tect.ive [dit'ektiv] n detetive, investigador.

de.tect.or [dit'ektə] n 1 denunciador. 2 detector. **lie detector** detector de mentira.

de.ter [dit'ə:] vt intimidar, dissuadir.

de.ter.gent [dit'ə:dʒənt] n detergente.

de.te.ri.o.rate [dit'iəriəreit] vt+vi deteriorar(-se), estragar.

de.te.ri.o.ra.tion [ditiəriər'eiʃən] n deterioração.

de.ter.mi.na.tion [ditə:min'eiʃən] n determinação.

de.ter.mine [dit'ə:min] vt+vi 1 determinar, estabelecer, decidir. 2 resolver.

de.ter.mined [dit'ə:mind] adj determinado, resoluto.

de.ter.min.er [dit'ə:minə] n determinante. Os determinantes são usados antes de substantivos. Os mais comuns são: **the** o, a, os, as; **this** este, esta; **that** aquele, aquela, aquilo; **these** estes, estas; **those** aqueles, aquelas; **my** meu(s), minha(s); **your** seu(s), sua(s); **his** dele; **her** dela; **its** seu(s), sua(s); **our** nosso(s), nossa(s); **their** dele(s), dela(s); **what** o que, qual; **which** o que, qual; **whose** de quem; **some** alguns, algumas; **each** cada; **every** cada; **both** ambos.

de.ter.rent [dit'erənt] n impedimento, estorvo.

de.test [dit'est] vt detestar, odiar, abominar.

de.test.a.ble [dit'estəbəl] adj detestável, abominável.

det.o.nate [d'etəneit] vt+vi detonar, explodir.

de.tour [di:t'uə] n desvio.

de.tract [ditr'ækt] vt+vi 1 diminuir. 2 prejudicar.

det.ri.ment [d'etrimənt] n dano. **to the detriment of** com prejuízo de.

de.val.u.a.tion [di:vælju'eiʃən] n desvalorização (da moeda).

de.va.lue [di:v'ælju:] vt desvalorizar.

dev.as.tate [d'evəsteit] vt devastar, arruinar.

dev.a.stat.ed [d'evəsteitid] adj destruído, arruinado.

dev.as.tat.ing [d'evəsteitiŋ] adj devastador, desolador.

dev.as.ta.tion [devəst'eiʃən] n devastação, destruição.

de.vel.op [div'eləp] vt+vi 1 desenvolver(-se), progredir. 2 contrair. **to develop a disease** / contrair uma doença. 3 fomentar. 4 Phot revelar um filme.

de.vel.op.er [div'eləpə] n 1 fomentador. 2 Phot revelador. 3 incorporador (pessoa) ou incorporadora (companhia) imobiliária, construtor, construtora.

de.vel.op.ing coun.try [div'eləpiŋ kʌntri] n Pol país em desenvolvimento.

de.vel.op.ment [div'eləpmənt] *n* 1 desenvolvimento, evolução. 2 *Phot* revelação.

de.vi.ate [d'i:vieit] *vt+vi* desviar-se (da virtude etc.), divergir.

de.vice [div'ais] *n* artifício, dispositivo, aparelho, instrumento.

dev.il [devəl] *n* diabo, demônio. **to play the devil** fazer mal a. **what the devil!** que diabo! com o diabo!

dev.il.ish [d'evəliʃ] *adj* 1 diabólico. 2 maligno.

dev.il's ad.vo.cate [devəlz 'ædvəkit] *n* advogado do diabo.

de.vi.ous [d'i:viəs] *adj* 1 *fig* desencaminhado, desonesto. 2 tortuoso.

de.vise [div'aiz] *vt+vi* imaginar, inventar.

de.void [div'ɔid] *adj* (**of**) destituído, privado de.

de.vote [div'out] *vt* devotar, dedicar. **to devote oneself** dedicar-se, entregar-se.

de.vot.ed [div'outid] *adj* dedicado.

dev.o.tee [devout'i:] *n* 1 devoto. 2 fã.

de.vo.tion [div'ouʃən] *n* devoção.

de.vour [div'auə] *vt* devorar.

de.vout [div'aut] *adj* 1 devoto. 2 sincero, dedicado.

dew [dj'u:, du:] *n* orvalho.

dex.ter.i.ty [dekst'eriti] *n* destreza, habilidade.

dex.ter.ous [d'ekstərəs] *adj* ágil, hábil.

di.a.be.tes [daiəb'i:ti:z] *n* diabetes, diabete.

di.a.bet.ic [daiəb'etik] *n* diabético, diabética. • *adj* diabético.

di.a.bol.ic [daiəb'ɔlik] *adj* diabólico.

di.ag.nose [d'aiəgnouz] *vt Med* diagnosticar.

di.ag.no.sis [daiəgn'ousis] *n* (*pl* **diagnoses**) *Med* diagnóstico.

di.ag.o.nal [dai'ægənəl] *adj* diagonal.

di.a.gram [d'aiəgræm] *n* diagrama.

di.al [d'aiəl] *n* 1 mostrador ou face de relógio, de rádio, de bússola etc. 2 indicador. 3 disco: peça dos aparelhos telefônicos automáticos com os números. • *vt+vi* discar.

di.a.lect [d'aiəlekt] *n* dialeto.

di.al.ling code [d'aiəliŋ koud] *n Teleph* código de área.

di.a.log, di.a.logue [d'aiəlɔg] *n* diálogo. • *vt+vi* dialogar.

di.am.e.ter, diametre [dai'æmitə] *n* diâmetro.

di.a.mond [d'aiəmənd] *n* 1 diamante. 2 brilhante. 3 losango. 4 **diamonds** ouros (no jogo de cartas).

di.a.per [d'aiəpə] *n* fralda.

di.a.phragm [d'aiəfræm] *n* diafragma.

di.ar.rh.ea [daiər'iə] *n* diarréia.

di.ar.rhoe.a [daiər'iə] *n* = **diarrhea**.

di.a.ry [d'aiəri] *n* 1 diário. 2 agenda. **to keep a diary** fazer um diário.

dice [dais] *n pl* 1 dados. 2 jogo de dados. 3 pequenos cubos. • *vt+vi* 1 jogar dados. 2 cortar em cubos.

dic.ey [d'aisi] *adj* perigoso e incerto.

di.chot.o.my [daik'ɔtəmi] *n* dicotomia.

dic.tate [dikt'eit, d'ikteit] *vt+vi* 1 ditar. 2 dar ordens, impor.

dic.ta.tion [dikt'eiʃən] *n* 1 ditado. 2 ordem, preceito.

dic.ta.tor [dikt'eitə] *n* ditador.

dic.ta.to.ri.al [diktət'ɔ:riəl] *adj* 1 ditatorial. 2 arrogante.

dic.ta.tor.ship [dikt'eitəʃip] *n* 1 ditadura. 2 *fig* despotismo.

dic.tion [d'ikʃən] *n* dicção.

dic.tion.a.ry [d'ikʃənəri] *n* dicionário.

did [did] *ps of* **do.**

di.dac.tic [daid'æktik] *adj* didático, instrutivo.

didn't [didnt] *contr of* **did not.**

die¹ [dai] *n* (*pl* **dice, dies**) 1 dado. 2 azar, sorte, destino. 3 jogo de dados.

die² [dai] *vi* 1 morrer (**from, of**). 2 perder a força ou a vitalidade, definhar. 3 desaparecer. 4 estar louco por. 5 desmaiar(-se). 6 secar, murchar (falando de flores). **to be dying to** desejar ardentemente fazer algo. **to die away** a) definhar. b) desaparecer. **to die for** a) almejar. b) sacrificar-se por, morrer por. **to die hard** demorar para morrer, lutar contra a morte. **to die out** extinguir(-se), desaparecer.

die-hard [d'ai ha:d] *n* teimoso, corajoso. • *adj* teimoso, obstinado, inflexível.

die.sel [d'i:zəl] *n* diesel.

di.et [d'aiət] *n* 1 dieta, regime. 2 alimento, sustento, ração diária. • *adj* dietético. **to be on a diet / to be dieting** estar de dieta.

di.et.a.ry [d'aiətəri] *adj* dietético.

dif.fer [d'ifə] *vt* **1** (**from**) diferir. **2** (**with**) divergir, discordar.

dif.fer.ence [d'ifərəns] *n* diferença.

dif.fer.ent [d'ifərənt] *adj* diferente (**from**, **than**), distinto.

dif.fer.en.ti.ate [difər'enʃieit] *vt+vi* diferenciar.

dif.fer.en.ti.a.tion [difərənʃi'eiʃən] *n* diferenciação.

dif.fi.cult [d'ifikəlt] *adj* difícil.

dif.fi.cul.ty [d'ifikəlti] *n* **1** dificuldade. **2** **difficulties** embaraço financeiro.

dif.fi.dent [d'ifidənt] *adj* difidente, inseguro.

dif.fuse [difj'u:z] *vt+vi* difundir.

dig [dig] *n* **1** ação de cavar, escavação. **2** observação sarcástica. **3** cutucão. • *vt+vi* (*ps, pp* **dug**) **1** cavar. **2** empurrar, fincar. **3** *Amer sl* labutar, trabalhar ou estudar arduamente.

di.gest [d'aidʒest] *n* sumário, condensação. • [daidʒ'est] *vt+vi* digerir.

di.gest.i.ble [daidʒ'estəbəl] *adj* digestível.

di.ges.tion [daidʒ'estʃən] *n* digestão.

di.gest.ive [daidʒ'estiv] *adj* digestivo.

dig.it [d'idʒit] *n* dígito.

dig.i.tal [d'idʒitəl] *adj* digital.

dig.ni.fied [d'ignifaid] *adj* digno.

dig.ni.fy [d'ignifai] *vt* dignificar.

dig.ni.ta.ry [d'ignitəri] *n* dignitário.

dig.ni.ty [d'igniti] *n* dignidade.

di.gress [daigr'es] *vi* divagar, fazer uma digressão.

di.gres.sion [daigr'eʃən] *n* digressão.

di.late [dail'eit] *vt+vi* dilatar(-se).

di.lem.ma [dil'emə] *n* dilema.

dil.i.gence [d'ilidʒəns] *n* zelo, atenção, diligência.

dil.i.gent [d'ilidʒənt] *adj* diligente, aplicado, zeloso.

di.lute [dail'u:t] *vt+vi* diluir.

dim [dim] *vt+vi* ofuscar, turvar a vista. • *adj* escuro, turvo, embaçado.

dime [daim] *n Amer* moeda de prata de dez *cents* (a décima parte de um dólar).

di.men.sion [daim'enʃən] *n* dimensão.

di.min.ish [dim'iniʃ] *vt+vi* diminuir.

di.min.ished [dim'iniʃt] *adj* reduzido.

di.min.ish.ing [dimin'iʃiŋ] *n* diminuição, redução. • *adj* diminuidor, redutor.

dim.i.nu.tion [diminj'u:ʃən] *n* diminuição, redução.

di.min.u.tive [dim'injutiv] *adj* diminutivo.

dim.ple [d'impəl] *n* covinha (nas faces ou no queixo).

dim.pled [d'impəld] *adj* que tem covinhas.

din [din] *n* estrondo, ruído contínuo.

dine [dain] *vt+vi* **1** jantar. **2** dar jantar a. **to dine out** jantar fora de casa.

din.er [d'ainə] *n* **1** aquele que janta. **2** restaurante que imita um vagão-restaurante.

din.ghy [d'iŋgi] *n* **1** barco, bote. **2** barco inflável.

din.gy [d'indʒi] *adj* sujo, sombrio, desbotado.

din.ing [d'ainiŋ] *n* jantar, ato de jantar.

din.ing-room [d'ainiŋ ru:m] *n* sala de jantar.

din.ner [d'inə] *n* **1** jantar **2** banquete. **3** ceia.

din.ner-jack.et [d'inə dʒækit] *n smoking*.

di.no.saur [d'ainəsɔ:] *n* dinossauro

di.o.cese [d'aiəsis] *n* diocese.

dip [dip] *n* **1** mergulho. **2** declive. **3** banho (especialmente de mar). **4** molho cremoso. **5** banho de imersão. • *vt+vi* (*ps, pp* **dipped, dipt**) **1** mergulhar. **2** baixar os faróis. **3** desaparecer.

diph.the.ri.a [difθ'iəriə] *n Path* difteria.

diph.thong [d'if θɔŋ] *n Gram* ditongo.

di.plo.ma [dipl'oumə] *n* diploma.

di.plo.ma.cy [dipl'ouməsi] *n* **1** diplomacia. **2** habilidade.

dip.lo.mat [d'ipləmæt] *n* diplomata.

dip.lo.mat.ic [dipləm'ætik] *adj* **1** diplomático. **2** que tem tato.

dire [d'aiə] *adj* **1** terrível. **2** fatal.

di.rect [dir'ekt] *vt+vi* **1** dirigir. **2** ordenar. **3** indicar o caminho a. • *adj* **1** direto. **2** franco, claro. • *adv* diretamente. **3** absoluto.

di.rect deb.it [direkt d'ebit] *n* débito automático.

di.rec.tion [dir'ekʃən] *n* **1** direção, sentido. **2** instrução, orientação. **in this direction** neste sentido. **sense of direction** senso de direção.

di.rec.tions [dir'ekʃənz] *n pl* instruções.

di.rect.ive [dir'ektiv] *n* diretriz.

di.rect.or [dir'ektə] *n* diretor. **board of directors** diretoria.

di.rect.o.ry [dir'ektəri] *n* catálogo, lista telefônica.

dirt [də:t] *n* sujeira.

dirt.y [d'ə:ti] *vt+vi* sujar, emporcalhar, manchar. • *adj* 1 sujo. 2 vil, sórdido, obsceno. 3 mau (tempo).

dis.a.bil.i.ty [disəb'iliti] *n* 1 incapacidade. 2 deficiência.

dis.a.ble [dis'eibəl] *vt* 1 incapacitar. 2 mutilar.

dis.a.bled [dis'eibəld] *adj* inválido. **the disabled** os deficientes.

dis.a.ble.ment [dis'eibəlmənt] *n* incapacidade, invalidez.

dis.ad.van.tage [disədv'a:ntidʒ; disəd'æntidʒ] *n* desvantagem.

dis.ad.van.ta.geous [disædvənt'eidʒəs] *adj* prejudicial, desfavorável.

dis.a.gree [disəgr'i:] *vi+vt* 1 discordar. 2 desaver-se com alguém. 3 fazer mal ao estômago.

dis.a.gree.a.ble [disəgr'i:əbəl] *adj* desagradável, enfadonho.

dis.a.gree.ment [disəgr'i:mənt] *n* 1 discordância, divergência. 2 desavença.

dis.al.low [disəl'au] *vt* desaprovar, proibir.

dis.ap.pear [disəp'iə] *vi* desaparecer.

dis.ap.pear.ance [disəp'iərəns] *n* desaparecimento.

dis.ap.point [disəp'ɔint] *vt* desapontar, decepcionar.

dis.ap.point.ed [disəp'ɔintid] *adj* desapontado, frustrado.

dis.ap.point.ing [disəp'ɔintiŋ] *adj* decepcionante.

dis.ap.point.ment [disəp'ɔintmənt] *n* decepção.

dis.ap.prov.al [disəpr'u:vəl] *n* desaprovação.

dis.ap.prove [disəpr'u:v] *vt+vi* desaprovar, reprovar.

dis.ap.prov.ing [disəpr'u:viŋ] *adj* de desaprovação.

dis.arm [dis'a:m] *vt+vi* desarmar.

dis.arm.a.ment [dis'a:məmənt] *n* desarmamento.

dis.arm.ing [dis'a:miŋ] *adj fig* afável, irresistível.

dis.ar.range [disər'eindʒ] *vt* desarranjar, desordenar.

dis.ar.ray [disər'ei] *n* desordem.

dis.as.so.ci.ate [disəs'ouʃieit] *vt* dissociar.

dis.as.ter [diz'a:stə] *n* desastre, calamidade.

dis.as.trous [diz'a:strəs] *adj* desastroso.

dis.band [disb'ænd] *vt+vi* debandar, pôr em debandada, dispersar-se.

dis.be.lief [disbil'i:f] *n* descrença.

dis.be.lieve [disbil'i:v] *vt+vi* descrer, não acreditar.

disc [disk] *n* disco.

dis.card [disk'a:d] *vt+vi* descartar.

dis.cern [dis'ə:n] *vt+vi* discernir.

dis.charge [distʃ'a:dʒ] *n* 1 descarga. 2 exoneração. 3 descarga elétrica. • *vt+vi* 1 descarregar. 2 dispensar. 3 cumprir. 4 dar alta.

dis.ci.ple [dis'aipəl] *n* discípulo.

dis.ci.plin.a.ry [d'isiplinəri] *adj* disciplinar.

dis.ci.pline [d'isiplin] *n* disciplina. • *vt* disciplinar.

disc jock.ey [d'isk dʒɔki] *n* locutor de rádio de programas musicais ou pessoa que seleciona e apresenta a programação musical nas rádios e/ou casas noturnas.

dis.claim [diskl'eim] *vt* 1 negar. 2 renunciar.

dis.close [diskl'ouz] *vt* revelar.

dis.clo.sure [diskl'ouʒə] *n* revelação.

dis.co [d'iskou] *n coll* = **discotheque.**

dis.col.or, dis.co.lour [disk'ʌlə] *vt+vi* desbotar(-se).

dis.com.fort [disk'ʌmfət] *n* desconforto, incômodo.

dis.con.cert [diskəns'ə:t] *vt* desconcertar.

dis.con.cert.ed [diskəns'ə:tid] *adj* desconcertado.

dis.con.nect [diskən'ekt] *vt* 1 **(from, with)** desconectar. 2 *Tech* desligar, cortar.

dis.con.tent [diskənt'ent] *n* descontentamento.

dis.con.tent.ed [diskənt'entid] *adj* descontente.

dis.con.tin.ue [diskənt'inju:] *vt+vi* interromper.

dis.cord [d'iskɔ:d] *n* 1 discórdia. 2 *Mus* dissonância.

dis.cord.ant [disk'ɔ:dənt] *adj* dissonante.

dis.co.theque [d'iskətek] *n* discoteca.

dis.count [d'iskaunt] *n* desconto. • [diskount] *vt+vi* **1** descontar. **2** não levar em conta.

dis.cour.age [disk'ʌridʒ] *vt* **1** desanimar. **2** desestimular.

dis.cour.age.ment [disk'ʌridʒmənt] *n* desânimo, desencorajamento.

dis.cour.a.ging [disk'ʌridʒiŋ] *adj* desanimador, desencorajador.

dis.course [disk'ɔ:s] *n* discurso.

dis.cour.te.ous [disk'ɔ:tiəs] *adj* indelicado.

dis.cov.er [disk'ʌvə] *vt* descobrir.

dis.cov.er.y [disk'ʌvəri] *n* descoberta, descobrimento.

dis.cred.it [diskr'edit] *n* descrédito. • *vt* **1** desabonar. **2** descrer.

dis.creet [diskr'i:t] *adj* discreto.

dis.crep.an.cy [diskr'epənsi] *n* discrepância.

dis.crete [diskr'i:t] *adj* discreto, distinto.

dis.cre.tion [diskr'eʃən] *n* **1** discrição. **2** juízo, entendimento. **at the discretion of** à discrição de, sem restrições de.

dis.crim.i.nate [diskr'imineit] *vt+vi* **1** (**between**) discriminar. **2** (**from**) separar.

dis.crim.i.na.tion [diskrimin'eiʃən] *n* discriminação.

dis.cuss [disk'ʌs] *vt* discutir, examinar.

dis.cus.sion [disk'ʌʃən] *n* discussão.

dis.dain [disd'ein] *n* desdém. • *vt* desdenhar.

dis.ease [diz'i:z] *n* doença, enfermidade.

dis.eased [diz'i:zd] *adj* doente, enfermo.

dis.em.bark [disimb'a:k] *vt+vi* desembarcar.

dis.em.bar.ka.tion [disemba:k'eiʃən] *n* desembarque.

dis.en.chant.ment [disintʃ'a:ntmənt] *n* desencanto.

dis.en.gage [dising'eidʒ] *vt+vi* **1** desembaraçar(-se). **2** separar(-se). **3** soltar.

dis.en.tan.gle [disint'æŋgəl] *vt+vi* desembaraçar.

dis.fa.vor, dis.fa.vour [disf'eivə] *n* desfavor, desgosto.

dis.fig.ure [disf'igə] *vt* desfigurar.

dis.grace [disgr'eis] *n* **1** desgraça. **2** vergonha. • *vt* **1** desgraçar. **2** desonrar.

dis.grace.ful [disgr'eisful] *adj* vergonhoso.

dis.grun.tled [disgr'ʌntəld] *adj* descontente, desapontado.

dis.guise [disg'aiz] *n* **1** disfarce. **2** dissimulação. • *vt* **1** disfarçar. **2** fingir. **in disguise** mascarado, disfarçado.

dis.gust [disg'ʌst] *n* (**at, for**) desgosto, aversão. • *vt* causar aversão, repugnar.

dis.gust.ed [disg'ʌstid] *adj* aborrecido, enfastiado.

dis.gust.ing [disg'ʌstiŋ] *adj* desgostoso, repulsivo.

dish [diʃ] *n* **1** prato, iguaria. **2** travessa, tigela. **3 dishes** utensílios para servir à mesa. • *vt+vi* pôr ou servir numa travessa ou prato. **side dish** prato que acompanha o prato principal. **to do the dishes** lavar a louça.

dis.heart.en [dish'a:tən] *vt* desalentar, desanimar.

di.shev.elled [diʃ'evəld] *adj* desalinhado.

dis.hon.est [dis'ɔnist] *adj* desonesto.

dis.hon.es.ty [dis'ɔnisti] *n* desonestidade.

dis.hon.or, dis.hon.our [dis'ɔnə] *n* desonra. • *vt* desonrar.

dis.hon.or.a.ble, dis.hon.our.a.ble [dis'ɔnərəbəl] *adj* desonroso.

dish.wash.er [d'iʃwɔʃə] *n* máquina de lavar louça.

dis.il.lu.sion [disil'u:ʒən] *n* desilusão. • *vt* desiludir.

dis.il.lu.sion.ment [disil'u:ʒənmənt] *n* desilusão, decepção.

dis.in.cli.na.tion [disinklin'eiʃən] *n* indisposição.

dis.in.clined [disinkl'aind] *adj* não propenso.

dis.in.fect [disinf'ekt] *vt* desinfetar.

dis.in.fect.ant [disinf'ektənt] *n* desinfetante.

dis.in.fec.tion [disinf'ekʃən] *n* desinfecção.

dis.in.te.grate [dis'intigreit] *vt+vi* desintegrar(-se).

dis.in.te.gra.tion [disintigr'eiʃən] *n* desintegração.

dis.in.terest.ed [dis'intristid] *adj* desinteressado.

dis.joint.ed [disdʒ'ɔintid] *adj* deslocado, desarticulado.

disk [disk] *n* disco. **hard disk** ou **winchester** *Comp* disco rígido.

disk drive [d'isk draiv] *n Comp* unidade de disco.

dis.kette [disk'et; d'isket] *n Comp* disquete.

disk jock.ey [d'isk dʒɔki] *n* = **disc jockey.**

dis.like [disl'aik] *n* aversão, antipatia. • *vt* não gostar de, ter aversão a.

dis.lo.cate [d'isloukeit] *vt* deslocar.

dis.lodge [disl'ɔdʒ] *vt+vi* desalojar(-se).

dis.loy.al [disl'ɔiəl] *adj* desleal, infiel.

dis.mal [d'izməl] *adj* escuro, sombrio.

dis.man.tle [dism'æntəl] *vt* desmontar.

dis.may [dism'ei] *vt* desanimar.

dis.mem.ber [dism'embə] *vt* desmembrar.

dis.miss [dism'is] *vt* **1** despedir, demitir. **2** rejeitar. **3** encerrar.

dis.miss.al [dism'isəl] *n* demissão.

dis.mount [dism'aunt] *vt+vi* **1** desmontar. **2** apear.

dis.o.be.di.ent [disəb'i:diənt] *adj* desobediente.

dis.o.bey [disəb'ei] *vt+vi* desobedecer.

dis.or.der [dis'ɔ:də] *n* desordem.

dis.or.gan.i.za.tion, dis.or.gan.i.sa.tion [disˈɔ:gənaizeiʃən] *n* desorganização.

dis.or.gan.ize, dis.or.gan.ise [dis'ɔ:gənaiz] *vt* desorganizar.

dis.or.gan.ized, dis.or.gan.ised [dis'ɔ:gənaizd] *adj* desorganizado.

dis.or.i.en.tat.ed [disɔ:riənt'eitid] *adj* desorientado.

dis.own [dis'oun] *vt* repudiar.

dis.pa.rate [d'ispərit] *adj* diferente, discrepante.

dis.par.i.ty [disp'æriti] *n* disparidade.

dis.patch [disp'ætʃ] *n* despacho. • *vt* despachar.

dis.pel [disp'el] *vt+vi* dissipar-se.

dis.pen.sa.ble [disp'ensəbəl] *adj* dispensável.

dis.pense [disp'ens] *vt* dispensar.

dis.perse [disp'ə:s] *vt+vi* **1** dispersar(-se). **2** disseminar

dis.pir.it.ed [disp'iritid] *adj* desanimado, deprimido.

dis.place [displ'eis] *vt* **1** deslocar. **2** substituir.

dis.place.ment [displ'eismənt] *n* **1** deslocação. **2** destituição.

display [displ'ei] *n* **1** exibição, exposi-

ção. **2** manifestação. **3** desfile. • *vt* **1** exibir, expor. **2** revelar. **3** ostentar, mostrar pompa.

dis.please [displ'i:z] *vt+vi* desagradar.

dis.pleased [displ'i:zd] *adj* insatisfeito, descontente.

dis.pleas.ure [displ'eʒə] *n* desgosto, aborrecimento.

dis.pos.a.ble [dip'ouzəbəl] *adj* **1** descartável. **2** disponível.

dis.pos.al [disp'ouzəl] *n* disposição, disponibilidade. **at / in one's disposal** ao dispor, à disposição de alguém.

dis.pose [disp'ouz] *vt+vi* **1** dispor. **2** colocar em posição.

dis.po.si.tion [dispəz'iʃən] *n* temperamento.

dis.prove [dispr'u:v] *vt* refutar.

dis.pu.ta.ble [dispj'u:təbəl] *adj* disputável, discutível.

dis.pu.ta.tion [dispjut'eiʃən] *n* disputa, controvérsia.

dis.pute [dispj'u:t] *n* disputa. • *vt+vi* **1** disputar. **2** discutir. **3** questionar.

dis.qual.i.fi.ca.tion [diskwɔlifik'eiʃən] *n* desqualificação.

dis.qual.i.fied [diskw'ɔlifaid] *adj* desqualificado, desclassificado.

dis.qual.i.fy [diskw'ɔlifai] *vt* desqualificar.

dis.qui.et [diskw'aiət] *n* inquietação.

dis.re.gard [d'isrigˈa:d] *n* desconsideração. • *vt* desconsiderar.

dis.rep.u.ta.ble [disr'epjutəbəl] *adj* vergonhoso.

dis.re.pute [disripj'u:t] *n* infâmia, má reputação.

dis.re.spect [disrisp'ekt] *n* falta de respeito. • *vt* desrespeitar.

dis.re.spect.ful [disrisp'ektful] *adj* desrespeitoso.

dis.rupt [disr'ʌpt] *vt+vi* romper, interromper.

dis.rup.tion [disr'ʌpʃən] *n* rompimento, interrupção.

dis.rupt.ive [disr'ʌptiv] *adj* disruptivo, perturbador.

dis.sat.is.fac.tion [dissætisf'ækʃən] *n* descontentamento.

dis.sat.is.fied [diss'ætisfaid] *adj* insatisfeito.

dis.sat.is.fy [diss'ætisfai] *vt* descontentar, não satisfazer.

dis.sect [dis'ekt] *vt* dissecar.

dis.sec.tion [dis'ek∫ən] *n* 1 dissecação. 2 *fig* exame rigoroso.

dis.sem.i.nate [dis'emineit] *vt* disseminar.

dis.sem.i.na.tion [disemin'ei∫ən] *n* disseminação.

dis.sent [dis'ent] *n* dissensão, discordância.

dis.sent.ing [dis'entiŋ] *adj* discordante, dissidente.

dis.ser.ta.tion [disət'ei∫ən] *n* dissertação.

dis.serv.ice [dis'ə:vis] *n* mau serviço.

dis.si.dent [d'isidənt] *n* dissidente. • *adj* dissidente.

dis.sim.i.lar [dis'imilə] *adj* diferente.

dis.sim.u.late [dis'imjuleit] *vt+vi* dissimular, fingir.

dis.sim.u.la.tion [disimjul'ei∫ən] *n* dissimulação.

dis.si.pate [d'isipeit] *vt+vi* dissipar.

dis.so.ci.a.te [dis'ou∫ieit] *vt+vi* 1 dissociar. 2 separar-se.

dis.so.lu.tion [disəl'u:∫ən] *n* 1 dissolução. 2 separação.

dis.solve [diz'ɔlv] *vt+vi* 1 dissolver(-se). 2 separar, dissolver (casamento, sociedade).

dis.suade [disw'eid] *vt* dissuadir.

dis.tance [d'istəns] *n* distância.

dis.tant [d'istənt] *adj* distante.

dis.taste [dist'eist] *n* aversão, repugnância.

dis.taste.ful [dist'eistful] *adj* desagradável.

dis.tend.ed [dist'endid] *adj* distendido, dilatado, inchado.

dis.till [dist'il] *vt+vi* destilar.

dis.til.la.tion [distil'ei∫ən] *n* destilação.

dis.til.ler.y [dist'iləri] *n* destilaria.

dis.tinct [dist'iŋkt] *adj* distinto.

dis.tinc.tion [dist'iŋk∫ən] *n* distinção.

dis.tinc.tive [dist'iŋktiv] *adj* distintivo, particular.

dis.tin.guish [dist'iŋgwi∫] *vt+vi* distinguir.

dis.tin.guish.a.ble [dist'iŋgwi∫əbəl] *adj* distinguível.

dis.tin.guished [dist'iŋgwi∫t] *adj* distinto, famoso.

dis.tort [dist'ɔ:t] *vt* deformar, distorcer.

dis.tor.tion [dist'ɔ:∫ən] *n* distorção.

dis.tract [distr'ækt] *vt* distrair.

dis.tract.ed [distr'æktid] *adj* 1 distraído. 2 preocupado.

dis.tract.ing [distr'æktiŋ] *adj* que distrai.

dis.trac.tion [distr'æk∫ən] *n* diversão.

dis.traught [distr'ɔ:t] *adj* transtornado.

dis.tress [distr'es] *n* aflição. • *vt* afligir.

dis.tress.ing [distr'esiŋ] *adj* penoso.

dis.trib.ute [distr'ibju:t] *vt* distribuir.

dis.tri.bu.tion [distribj'u:∫ən] *n* distribuição.

dis.trib.u.tor [distr'ibjutə] *n* distribuidor.

dis.trict [d'istrikt] *n* 1 distrito, região, bairro. 2 comarca, jurisdição.

dis.trust [distr'ʌst] *n* desconfiança. • *vt* desconfiar.

dis.trust.ful [distr'ʌstful] *adj* desconfiado.

dis.turb [dist'ə:b] *vt* perturbar, incomodar.

dis.turb.ance [dist'ə:bəns] *n* 1 perturbação. 2 desordem mental.

dis.turbed [dist'ə:bd] *adj* perturbado (mental ou emocionalmente).

dis.turb.ing [dist'ə:biŋ] *adj* perturbador, inquietante.

dis.use [disj'u:s] *n* desuso.

dis.used [disj'u:zd] *adj* fora de uso.

ditch [dit∫] *n* fosso, vala. • *vt+vi* 1 livrar-se. 2 terminar o relacionamento com.

di.u.ret.ic [daijuər'etik] *adj* diurético.

di.va.ga.tion [daivəg'ei∫ən] *n* divagação.

di.van [div'æn; d'aivæn] *n* divã.

dive [daiv] *n* mergulho. • *vt+vi* (*ps* dived, dove, *pp* dived) mergulhar(-se).

div.er [d'aivə] *n* mergulhador.

di.verge [daiv'ə:dʒ] *vi* divergir, separar-se.

di.ver.gent [daiv'ə:dʒənt] *adj* divergente.

di.ver.sion [daiv'ə:∫ən; div'ə:ʒən] *n* 1 desvio. 2 distração, divertimento.

di.ver.si.ty [daiv'ə:siti; div'ə:siti] *n* diversidade.

di.vert [daiv'ə:t; div'ə:t] *vt* 1 redirecionar. 2 distrair(-se), recrear(-se), divertir(-se).

di.vide [div'aid] *n* divisão. • *vt+vi* 1 dividir(-se), separar(-se) em diversas partes. 2 distribuir, repartir, partilhar. 3 demarcar, estabelecer limite entre. 4 *Math* fazer a operação de divisão. **to divide up** separar em partes iguais, repartir.

div.ing [d'aiviŋ] *n* mergulho (esporte aquático, saltos ornamentais).

div.ing board [d'aiviŋ bɔ:d] *n* trampolim.

di.vi.sion [div'iʒən] *n* **1** divisão. **2** seção, departamento.

di.vorce [div'ɔ:s] *n* divórcio. • *vt+vi* divorciar-se de.

DIY [di: ai w'ai] *abbr* **do-it-yourself** (faça você mesmo).

diz.zy [d'izi] *vt* **1** causar desmaios ou vertigens, atordoar. **2** confundir, desconcertar. • *adj* tonto, vertiginoso.

do [du:] *vt+vi* (*ps* **did**, *pp* **done**, *pres p* **doing**) **1** fazer, executar, efetuar, trabalhar. *I did my duty, why didn't you do yours?* / fiz meu dever, por que não fez o seu? **2** acabar, pôr fim a. **3** preparar. **4** interpretar. **5** criar. **6** causar. **7** render. **8** portar-se, proceder. **9** estar ou passar bem ou mal de saúde. **do as you like** faça como quiser. **dos and don'ts** o que se pode e não se pode fazer. **it will do** isto me bastará. **that will do** está bom, isto chega, basta. **that won't do** isto não serve, não está bom. **to be done** *Amer coll* a) estar liberado, dispensado. b) completar uma tarefa. **to do a favour** fazer um favor. **to do away with** a) pôr de lado. b) abolir, suprimir. c) matar, liquidar. **to do badly** fazer maus negócios. **to do better** sair-se melhor. **to do business with** negociar com. **to do for** a) ser suficiente, bastante ou satisfatório. b) pôr fim a. c) arruinar, matar. d) tomar conta (da casa, da cozinha), fazer limpeza para alguém. **to do good/well** fazer bem, ter sucesso. **to do harm, ill** causar dano, prejuízo, fazer mal. **to do in** a) trapacear. b) matar. **to do into** traduzir, modificar. **to do justice** fazer justiça. **to do like for like** tratar do mesmo modo, pagar na mesma moeda. **to do off** tirar, despir. **to do one's best** esforçar-se, fazer o possível. **to do out** a) limpar, arrumar. b) decorar, embelezar. **to do over** refazer, repetir. **to do someone**. a) cansar, extenuar alguém. b) lograr. **to do someone down** desacreditar, desmoralizar com críticas. **to do someone over** *coll* ferir, bater. **to do the dishes** lavar a louça. **to**

do the garden cuidar do jardim. **to do the washing** lavar a roupa. **to do to death** matar. **to do up** a) embrulhar. b) reparar, pôr em condições. c) pentear. d) esgotar-se. e) arruinar. **to do with** a) ter negócio ou relações com, tratar, ter que fazer com alguém ou com alguma coisa. b) encontrar um meio de, dar um jeito. c) contentar-se com. **to do without** dispensar, passar sem. **to have to do with** ter negócio com, ter a ver com. **well done** a) bem-feito, muito bem. b) bem cozido, bem passado.

Verbo auxiliar **do** (forma negativa **do not** ou **don't**); sua forma na 2.ª pessoa é **does** (forma negativa **does not** ou **doesn't**) e no passado é **did** (forma negativa **did not** ou **didn't**).

1) Usa-se **do** com **not** ou **n't** antes do infinitivo do verbo para formar a negativa nos tempos presente e passado simples. *I don't know her* / eu não a conheço. *she didn't want to see him* / ela não quis vê-lo.

2) Usa-se **do** antes do sujeito, com o infinitivo do verbo, para fazer perguntas nos tempos presente e passado simples. *do you take a lot of exercise?* / você faz muito exercício? *where did you put the money?* / onde você colocou o dinheiro? O **do** não é usado com o verbo **to be** ou com o verbo **have** quando este for auxiliar ou ainda com verbos modais (**can, may, must** etc.). *can you* (e não **do you can**) *open the door?* / você pode abrir a porta? Quando o verbo **have** significar possuir, usa-se o auxiliar **do** para fazer perguntas. *do you have a car?* / você tem carro? Em perguntas, o auxiliar **do** pode ser usado com as palavras **who, what, which** quando tiverem a função de objeto. *what did you do?* / o que você fez? *who told you?* / quem te disse? (neste caso, **who** é sujeito e por isso não usamos **do**).

3) **Do** é usado para ordens negativas (imperativo negativo). *don't talk to your mother like that!* / não fale assim com sua mãe! Perceba que, neste uso, **do** pode

vir junto com **be**. *don't be ridiculous! /* não seja ridículo!

4) Usa-se **do** para se referir a um verbo já mencionado, evitando repetição. *he loves chocolate and so does she /* ele adora chocolate e ela também.

5) Usa-se **do** em **question tag**. *you didn't like her, did you? /* você não gostava dela, gostava? *he works hard, doesn't he? /* ele trabalha muito, não trabalha?

Veja outra nota em **fazer**.

do.cile [d'ousail; d'a:səl] *adj* dócil.

dock [dɔk] *n* doca. • *vt+vi* pôr um navio no estaleiro, fazer um navio entrar em doca ou estaleiro.

dock-charg.es [d'ɔk tʃa:dʒiz] *n pl* despesas ou taxas de doca, taxa portuária, direito que se paga para fazer uso do dique, estaleiro ou doca.

doc.tor [d'ɔktə] *n* **1** doutor, médico, cirurgião dentista. **2** qualquer pessoa que recebeu o mais elevado grau de uma faculdade. *he took his doctor's degree /* ele doutorou-se. • *vt+vi* **1** medicar(-se). **2** exercer clínica médica. **3** tratar com medicamentos. **4** adulterar, alterar, falsificar.

doc.tor.ate [d'ɔktərit] *n* doutorado.

doc.trine [d'ɔktrin] *n* doutrina.

doc.u.ment [d'ɔkjumənt] *n* documento. • *vt* documentar.

doc.u.men.ta.ry [dɔkjum'entəri] *adj* documentário.

dodge [dɔdʒ] *vt* **1** esquivar-se ao encontro, evitar, fugir de pessoa ou coisa que nos ameaça. **2** evadir, usar de rodeios.

dodg.y [d'ɔdʒi] *adj* **1** astucioso, manhoso, ladino. **2** arriscado.

doe [dou] *n* corça, gama, fêmea do antílope, do coelho e de outros animais.

does [dʌz, dəz] *vt* terceira pessoa do singular do presente do indicativo do verbo **to do**.

does.n't [d'ʌznt] *vt* contração de **does not**.

dog [dɔg] *n* **1** cão. **2** macho de outros animais (raposa, lobo, chacal etc.). • *vt* **1** perseguir, seguir insistentemente. **2** atormentar. **barking dogs don't bite** cão que ladra não morde. **to lead a dog's life** ter vida de cachorro.

dog.ged [d'ɔgid] *adj* obstinado, cabeçudo.

dog-house [d'ɔg haus] *n* **1** casinha de cachorro. **2** canil. **3** masmorra. **to be in the dog-house** estar em maus lençóis.

dogs.bod.y [d'ɔgzbɔdi] *n Brit coll* serviçal humilde.

do-it-your.self [du: it jəs'elf] *n* atividade de faça-o você mesmo.

dole [d'oul] *n* seguro-desemprego. • *vt* distribuir, repartir com os pobres. **to be on the dole** *coll* receber auxílio-desemprego, estar desempregado. **to dole out** servir, distribuir.

doll [dɔl] *n* boneca, brinquedo de criança. • *vt* **to doll up** *sl* embonecar(-se), enfeitar(-se).

dol.lar [d'ɔlə] *n* dólar.

dol.phin [d'ɔlfin] *n* golfinho.

do.main [dəm'ein] *n* domínio: a) propriedade. b) âmbito de uma arte ou ciência, esfera de ação, ramo especial.

dome [doum] *n* cúpula, abóbada, domo.

do.mes.tic [dəm'estik] *adj* **1** doméstico, caseiro, familiar. **2** nacional, do país, interno.

dom.i.cil.i.ate [dɔmis'ilieit] *vt+vi* domiciliar(-se)

dom.in.ance [d'ɔminəns] *n* predominância.

dom.i.nate [d'ɔmineit] *vt+vi* dominar.

dom.i.na.tion [dɔminei'ʃən] *n* dominação, domínio.

dom.i.neer.ing [dɔmin'iəriŋ] *adj* dominador.

do.min.ion [dəm'injən] *n* domínio.

dom.i.noes [d'ɔminouz] *n pl* jogo de dominó.

do.nate [doun'eit] *vt* doar, fazer donativo, contribuir.

do.na.tion [doun'eiʃən] *n* doação, donativo, contribuição.

done [dʌn] *pp* of **do**. • *adj* **1** acabado, completo, feito, executado, concluído. **2** cozido, assado, pronto. • *interj* está feito! topo! **done for** arruinado, exausto, esgotado, nas últimas. **done in** exausto, esfalfado, fatigado. **done with** acabado, terminado. **easier said than done** falar é fácil, fazer é que são elas. **no sooner said than done** dito e feito. **to have**

done with não interessar-se mais em/por. **well done!** bravo! bem feito! **what's done cannot be undone** o que está feito não tem mais jeito.

don.key [d'ɔŋki] *n* 1 burro, asno. 2 pessoa ignorante. **for donkey's years** por muito tempo.

do.nor [d'ounə] *n* doador.

don't [dount] *vt* contração de **do not.**

do.nut [d'ounʌt] *n* doce tipo sonho.

doom [du:m] *n* perdição. • *vt* julgar, destinar, predestinar.

door [dɔ:] *n* porta, entrada, acesso. **from door to door** de porta em porta. **in doors** em casa, dentro da casa. **next door a** casa ao lado, a porta do lado. **next door to** perto de. **out of doors, outdoors** fora de casa, ao ar livre. **the blame lies at your door** a culpa é sua. **to leave the door open** deixar uma porta aberta, permitir uma possibilidade.

door-bell [d'ɔ: bel] *n* campainha de porta.

door.man [d'ɔ:mən] *n* porteiro.

door-mat [d'ɔ: mæt] *n* capacho.

dope [doup] *n* 1 droga (especialmente maconha). 2 informações confidenciais, particulares, pormenores. 3 *sl* tolo, estúpido (pessoa). • *vt* drogar, dopar.

dor.mant [d'ɔ:mənt] *adj* inativo, latente.

dor.mi.to.ry [d'ɔ:mitəri] *n* 1 dormitório (especialmente de escolas e colégios internos). 2 alojamento estudantil.

DOS [dɔs] *Comp abbr* **disk operating system** (sistema operacional em disco).

dos.age [d'ousidʒ] *n* 1 dosagem. 2 dose.

dose [dous] *n* 1 dose. 2 dosagem. 3 *fig* pílula, coisa desagradável ou custosa de suportar. • *vt* dosar, medicamentar por dose, administrar em doses.

dot [dɔt] *n* 1 ponto. 2 ponto sobre as letras i, j etc. 3 pingo, pinta, salpico, borrão, mancha. 4 coisa minúscula, insignificante. 5 *Math* a) ponto decimal. b) símbolo da multiplicação. • *vt+vi* 1 pontear, fazer ou pôr pontos, marcar com pontos, pontilhar. 2 salpicar, semear, mosquear. **dot and dash** o sistema dos sinais da telegrafia Morse. **on the dot** *coll* em ponto, na hora exata. **polka dots** salpicos, pontinhos de cores (em tecidos). **the year dot**

coll muito tempo atrás. **to dot about / all over** espalhar, derramar em toda parte.

dou.ble [d'ʌbəl] *n* 1 dobro, duplo. 2 cópia duplicada, duplicata. 3 sósia, retrato. 4 *Theat, Cin* dublê. 5 *Ten* partida de duplas (também *pl* **doubles**). • *vt+vi* 1 dobrar, duplicar, multiplicar por dois. 2 desempenhar dois papéis ou funções, ser o substituto. 3 fazer dobras em. • *adj* 1 dobro, dobrado, duplo. 2 para dois, em pares, de casal. • *adv* duplicadamente. **to bend double** dobrar-se ao meio. **to double back** voltar. **to double up** a) dobrar-se de rir. b) partilhar algo com alguém.

dou.ble bed [dʌbəl b'ed] *n* cama de casal.

dou.ble-breast.ed [dʌbəl br'estid] *adj* que tem duas fileiras de botões (casacos, coletes etc.), transpassados.

dou.ble deck.er [dʌbəl d'ekə] *n* ônibus de dois andares.

dou.ble-edged [dʌbəl 'edʒd] *adj* 1 de dois gumes ou fios. 2 de duplo sentido.

doubt [daut] *n* dúvida, questão duvidosa, incerteza, indecisão, hesitação. • *vt+vi* duvidar, não acreditar, hesitar, desconfiar, suspeitar. *I doubt that he will come /* duvido que ele venha. **I make no doubt** não duvido disso. **in doubt** em dúvida. **without doubt, beyond doubt, no doubt** sem dúvida, certamente.

doubt.ful [d'autful] *adj* 1 duvidoso. 2 incerto. 3 ambíguo. 4 suspeito.

dough [dou] *n* 1 massa. 2 *sl* dinheiro.

dough.nut [d'ounʌt] = **donut.**

dove [dʌv] *n* pomba.

dow.dy [d'audi] *adj* desalinhado, desleixado, deselegante, fora da moda.

down [daun] *n* penugem, penas. • *vt+vi coll* engolir. • *adj* 1 abatido, desanimado, deprimido. 2 em estado ou condição inferior. 3 em declive. 4 doente, adoentado. *he is down with the flu /* ele tem gripe. 5 *Amer* terminado. 6 *Comp* fora do ar, inoperante. • *adv* 1 abaixo, para baixo. 2 *Comp* em pane. • *prep* abaixo, para baixo. • *interj* abaixo! deita! senta! **down and out** totalmente desprovido, privado de recursos. **down for** em uma lista. **down on** zangado ou aborrecido com. **down on**

one's knees de joelhos. **down to hell!** vá para o inferno! **down with someone** abaixo alguém. **the ups and downs at life** as vicissitudes da vida. **to be down on** ser severo, rude com alguém. **to calm down** acalmar. **to come down** vir abaixo, descer, *fig* baixar, abater-se. **to get down** a) descer. b) engolir. **to get down to business** ir ao que interessa, ir direto ao assunto. **to get down to work** trabalhar com afinco. **to go down** a) afundar. b) deixar a universidade para as férias ou no fim do trimestre. c) baixar (o preço). d) acalmar-se (o vento). **to have a down on** *coll* guardar rancor a. **to kneel down** ajoelhar-se. **to knock down** atropelar. **to let someone down** a) humilhar. b) deixar ao desamparo. **to lie down** deitar-se. **to put a down on** *sl* dar informações sobre, delatar, denunciar. **to put down** a) depor. b) assentar por escrito, registrar. **to send down** expulsar ou suspender um estudante. **to set down** a) assentar por escrito, anotar. b) mencionar. c) resolver. d) registrar. **to shout down** fazer calar mediante gritos. **to sit down** sentar-se. **to step down** descer. **to take down** a) assentar por escrito, registrar. b) pôr abaixo, deitar abaixo. **to write down** assentar por escrito, registrar. **up and down** aqui e acolá, de lá para cá, para baixo e para cima, por toda parte. **upside down** de cabeça para baixo.
down.fall [d'aunfɔ:l] *n* **1** queda. **2** ruína.
down-grade [d'aun greid] *vt Amer* rebaixar.
down.hill [daunh'il] *n* **1** declive. **2** declínio, decadência. • *adj* em declive. • *adv* **1** em declive, costa abaixo. **2** pior, em decadência.
down load [daun l'oud] *vi* **1** *Comp* carregar um programa de computador central para uma estação. **2** transmitir programas para grupos de especialistas fora do horário normal da programação.
down pay.ment [daun p'eimənt] *n* pagamento inicial, entrada.
down.pour [d'aunpɔ:] *n* aguaceiro, chuvarada, toró.
down.size [d'aunsaiz] *vt* reduzir em tamanho.
down.stairs [daunst'εəz] *n* térreo, andar

térreo. • *adj* de baixo, do andar inferior. • *adv* embaixo, para baixo.
down.stream [daunstr'i:m] *adj* rio abaixo.
down.town [daunt'aun] *n Amer* centro da cidade. • *adj, adv Amer* em direção do, perto do, no centro da cidade.
down.turn [d'auntə:n] *n* declínio (na atividade comercial).
down.ward [d'aunwəd] *adj* para baixo. • *adv* (também **downwards**) **1** para baixo, abaixo. **2** rio abaixo. **3** de superior a inferior, de anterior a posterior, sucessivamente (de pai para filho, de filho para neto etc.).
down.wind [d'aunwind] *adv* a favor do vento.
down.y [d'auni] *adj* penugento, cheio de penugem, felpudo.
dow.ry [d'auəri] *n* dote: bens que leva a mulher que se casa.
doze [douz] *n* soneca, cochilo. • *vt+vi* cochilar, dormir levemente. **doze off** dormitar involuntariamente.
doz.en [d'ʌzən] *n* **1** dúzia (não tem *plural* tomado quantitativamente). **2** (*pl* **dozens**) muitos, muitas, vários. **dozens of times** várias vezes. **to talk nineteen to the dozen** falar pelos cotovelos.
doz.y [d'ouzi] *adj* **1** sonolento. **2** *Brit coll* estúpido, de entendimento retardado.
draft [dra:ft; dræft] *n* **1** desenho, esboço, rascunho. **2** saque, ordem de pagamento, título, letra de câmbio. **3** convocação para servir a uma das Forças Armadas. **4** corrente de ar. • *vt* **1** esboçar, rascunhar. **2** *Mil* recrutar.
draft.y [dr'a:fti; dr'æfti] *adj* ventoso, que provoca corrente de ar.
drag [dræg] *n* **1** chato (pessoa). **2** tragada (cigarro). **3** obstáculo, empecilho. **4** roupa de mulher usada por homens. • *vt+vi* **1** arrastar(-se), puxar à força. **2** dragar. **3** prolongar(-se), tardar. **to drag along, drag on** arrastar-se, demorar. **to drag away** mover-se ou partir sem vontade. **to drag by** passar vagarosamente. **to drag down** a) sentir-se fraco ou deprimido. b) reduzir a um nível social mais baixo. **to drag in** introduzir um assunto sem interesse ou inoportuno. **to drag into** envol-

ver (alguém ou algo) desnecessariamente. **to drag one's feet** não se esforçar, retardar, fazer corpo mole.

drag.on [dr'ægən] *n* dragão.

drag.on-fly [dr'ægən flai] *n Ent* libélula.

drag-queen [dr'æg kwi:n] *n* travesti caricata, não necessariamente homossexual.

drain [drein] *n* **1** esgoto. **2** bueiro. • *vt+vi* **1** drenar. **2** escoar, deixar escorrer pouco a pouco. **3** esgotar-se, exaurir-se, secar. **4** enfraquecer. **to drain away/off/out** a) enfraquecer. b) esvair. **to go down the drain** descer pelo ralo, desperdiçar.

drain.age [dr'einidʒ] *n* drenagem.

drain.er [dr'einə] *n* escorredor de prato.

drain.ing-board [dr'iniŋ bɔ:d] *n* superfície para escorrer / secar as louças (na pia).

drain.pipe [dr'einpaip] *n* cano de esgoto.

dra.ma [dr'a:mə; dr'æmə] *n* **1** drama, obra dramática. **2** peça de teatro. **3** acontecimento terrível, catástrofe.

dram.a.tist [dr'æmətist] *n* dramaturgo.

dram.a.tize, dramatise [dr'æmətaiz] *vt* dramatizar.

drape [dreip] *vt+vi* **1** jogar algo sobre algo. **2** vestir, cobrir de pano.

dra.per.y [dr'eipəri] *n* **1** tecidos em geral. **2** cortinas, tapeçaria, ornatos de pano.

draught [dra:ft; dræft] *n* **1** corrente de ar. **2** gole, trago. **3** *Naut* calado. **4** jogo de damas. **5** desenho, esboço.

draughts [dra:fts; dræfts] *n pl* jogo de damas.

draw [drɔ:] *n* **1** empate (no jogo). **2** atração. **3** sorteio. **4** ato de puxar uma arma. • *vt+vi* (*ps* **drew**, *pp* **drawn**) **1** desenhar. **2** aproximar(-se), retirar(-se) de algum lugar. **3** puxar, arrastar. **4** extrair, tirar (dinheiro do banco). **5** sortear. **6** provocar, causar. **7** empatar (jogo). **8** receber (pensão, salário). **to draw a gun** sacar um revólver. **to draw along** a) consumir-se, definhar. b) arrastar. **to draw a profit** ter lucros. **to draw away** afastar(-se), seguir em frente. **to draw back** retirar(-se), puxar para trás, retrair. **to draw breath** respirar, tomar fôlego. **to draw comparisons** fazer comparações. **to draw forth** a) arrancar, fazer sair. b) suscitar, provocar. **to draw from** desenhar conforme. **to draw in** a) contrair, encolher, recolher. b) seduzir, engodar. c) findar, diminuir (falando de dias). **to draw near** aproximar-se. **to draw off** apartar, retirar(-se). **to draw on** a) atrair. b) aproximar(-se), ir-se chegando (falando do tempo). c) usar algo como recurso, valer-se de. **to draw on one's imagination** fazer afirmações mentirosas. **to draw out** a) prolongar. b) eliciar, fazer sair por instigação. c) sacar, tirar. **to draw over** induzir, persuadir alguém para que mude de partido. **to draw someone into / to** persuadir alguém a. **to draw the attention of** chamar a atenção de. **to draw the attention to** chamar a atenção a. **to draw the curtain** correr, puxar a cortina. **to draw to an end** tender para o fim, estar acabando. **to draw together** contrair. **to draw towards** tender para, inclinar(-se). **to draw up** a) estacionar. b) redigir, escrever (um documento, uma petição etc.). c) erguer-se, empertigar-se.

draw.back [dr'ɔ:bæk] *n* desvantagem, estorvo, inconveniência.

draw.er [dr'ɔ:ə] *n* gaveta. **chest of drawers** cômoda.

draw.ing [dr'ɔ:iŋ] *n* **1** desenho. **2** sorteio. **3** saque, retirada.

draw.ing-room [dr'ɔ:iŋ ru:m] *n* sala de visitas.

drawn [drɔ:n] *pp* of **draw**. • *adj* **1** empatado (jogo). **2** cansado, contraído. **3** puxado.

dread [dred] *n* medo (de), temor. • *vt+vi* temer.

dread.ful [dr'edful] *adj* **1** terrível, horrível, temível. **2** extremo, excessivo.

dream [dri:m] *n* **1** sonho. **2** quimera, utopia, fantasia. **3** algo notável por sua beleza ou excelência. **4** meta, ideal. • *vt+vi* (*ps, pp* **dreamt** or **dreamed**). **1** sonhar. **2** imaginar, fantasiar. **never dreamt** nunca teria imaginado. **day dream** devaneio. *I never dreamt of such a thing* / nunca teria imaginado semelhante coisa. **a bad dream** um pesadelo. **a dream come true** um sonho que se tornou realidade. **the dream shattered** *fig* o castelo desabou. **to dream up** inventar. **would not dream of** jamais pensei, imaginei em. *I wouldn't*

dream of telling your mother / jamais pensei em falar para sua mãe.
dream.er [dr'i:mə] *n* sonhador.
drear.y [dr'iəri] *adj* triste, melancólico, monótono, deprimente.
drench [drentʃ] *n* banho, ensopamento. • *vt* encharcar.
drenched [drentʃt] *adj* ensopado, completamente molhado. **drenched in tears** debulhado em lágrimas.
dress [dres] *n* **1** vestido. **2** traje, roupa, vestuário. • *vt+vi* **1** vestir-se. **2** enfeitar, ornar(-se), compor com alinho ou asseio. **3** limpar uma ferida, fazer curativo. **4** preparar a comida, temperar alimentos. **5** polir (pedra e madeira). **dressed to kill** vestido de forma atraente. **to dress down** a) repreender, castigar. b) vestir-se de forma humilde. **to dress up** a) arrumar-se, vestir-se com elegância. b) disfarçar, vestir-se com traje de mascarado, dar falsa aparência a. **to get dressed** vestir-se.
dress.ing [dr'esiŋ] *n* **1** tempero, condimento. **2** curativo.
dress.ing gown [dr'esiŋ gaun] *n* roupão, robe.
dress.ing ta.ble [dr'esiŋ teibəl] *n Brit* penteadeira.
dress.mak.er [dr'esmeikə] *n* costureira.
drib.ble [dr'ibəl] *n* **1** baba, saliva. **2** pingo, gota. • *vt+vi* **1** gotejar, pingar. **2** babar. **3** *Sport* driblar.
dried [draid] *ps, pp* of **dry.**
dri.er, dry.er [dr'aiə] *n* **1** secador, aparelho de secar. **2** secadora de roupa.
drift.er [dr'iftə] *n* pessoa errante ou sem destino, andarilho, vagabundo.
drill [dril] *n* **1** broca. **2** exercício de recrutas, manobra, treino, exercício ou instrução repetida em qualquer ramo de conhecimento, indústria ou ciência. **3** treinamento de rotina. • *vt+vi* **1** furar, perfurar. **2** exercitar os soldados, treinar. **hand drill** furadeira manual. **pneumatic drill** máquina pneumática de furar, britadeira, perfuratriz.
drink [driŋk] *n* **1** bebida, bebida alcoólica. **2** gole, trago. • *vt+vi* (*ps* **drank**, *pp* **drunk**). **1** beber. *he has taken to drink* / ele deu para beber. **2** embebedar(-se),

embriagar(-se). **3** absorver pelos sentidos, aspirar, ver, ouvir. **4** (**with to**) brindar a, beber à saúde de ou pelo bom êxito de. **soft drink** refrigerante. **to drink down** beber de um gole. **to drink hard / deep** beber muito ou em excesso. **to drink in** absorver pelos sentidos. **to drink off** beber de um só gole. **to drink oneself drunk** beber até embriagar(-se). **to drink to someone's health** ou **to drink to** brindar a, beber à saúde de. **to drink up** beber tudo, esvaziar.
drink.a.ble [dr'iŋkəbəl] *adj* potável, que se pode beber, que é bom para beber.
drink-driv.er [driŋk dr'aivə] *n* pessoa que dirige embriagada.
drink.er [dr'iŋkə] *n* bebedor.
drink.ing [dr'iŋkiŋ] *n* ação de beber álcool.
drink.ing wa.ter [dr'iŋkiŋ wɔ:tə] *n* água potável.
drip [drip] *n* **1** gotejamento. **2** *Archit* goteira. **3** o som de gotas caindo, o gotejar. **4** *Med* gotejamento, equipamento (ou líquido) para administração gota a gota em um vaso sanguíneo. • *vt+vi* gotejar, pingar, estar ensopado.
drive [draiv] *n* **1** passeio de carro, auto etc. **2** percurso, distância a percorrer de carro, auto etc. **3** estrada para carros. **4** entrada para carros em moradias. **5** ato de conduzir, dirigir, condução de gado em manadas. **6** esforço, energia, impulso, dinamismo, ímpeto. **7** força motriz, mecanismo de engrenagem, transmissão, propulsão. **8** *Comp* unidade de disco. • *vt+vi* (*ps* **drove,** *pp* **driven**) **1** conduzir, dirigir (cavalos, carro, navio etc.), levar. **2** ir de carro, auto etc., passear de carro etc. **3** impulsionar, forçar. **4** perfurar, pregar. **5** induzir, levar a. **6** mover-se com grande força (chuva, vento). **7** rebater (bola) no golfe. **disk drive** *Comp* unidade de disco. **to drive a nail in** cravar um prego. **to drive asunder** apartar, separar à força. **to drive at** a) querer dizer, insinuar. b) trabalhar em. **to drive at full speed** guiar a toda velocidade. **to drive away** afastar-se, partir em carro. **to drive back** a) rechaçar. b) voltar de carro etc. **to drive**

home a) ir para casa de carro. b) cravar um prego com um martelo. c) fazer com que seja claramente compreendido. **to drive in / into** inserir à força, fazer entrar a marteladas. **to drive into a corner** colocar em situação difícil, encurralar. **to drive it home** to mostrar, forçar a acreditar. **to drive off** a) partir, ir(-se) embora em carro etc. b) expelir. c) *Golf* dar a primeira tacada. **to drive on** seguir adiante, levar em frente, incentivar. **to drive out** a) expulsar, fazer sair. b) sair ou passear em carro etc. **to drive someone mad / crazy** a) enlouquecer, levar à loucura. b) *fig* exasperar, irritar, deixar louco. **to drive up to** passar de carro por algum lugar.

driv.en [dr'ivən] *pp* of **drive.** • *adj* 1 compulsivo. 2 impulsionado, movido.

driv.er [dr'aivə] *n* quem ou aquele que leva, conduz, motorista, maquinista (de locomotiva).

dri.ver's li.cense, driving licence [dr'aivəz laisəns] *n* carteira de motorista.

dri.ver's seat [dr'aivəz si:t] *n* 1 posição de mando. 2 banco do motorista.

driv.ing school [dr'aiviŋ sku:l] *n* auto-escola.

driz.zle [dr'izəl] *n* garoa. • *vt+vi* garoar.

drone [droun] *n* zumbido, zunido. • *vt+vi* zumbir, zunir. **to drone away the time** matar o tempo.

droop [dru:p] *vi+vt* 1 inclinar(-se), pender. 2 murchar(-se) (flor). 3 desanimar.

drop [drɔp] *n* 1 gota, pingo. 2 porção ínfima, pequena quantidade de líquido. 3 queda, descida. 4 *n pl* gotas medicinais (colírio). 5 bala (doce) 6 pendente, brinco. 7 gole, trago. • *vt+vi* (*ps, pp* **dropped**) 1 deixar cair alguma coisa, cair. 2 diminuir, baixar. 3 desprender-se, soltar. 4 pingar, gotejar. 5 descer, deixar descer dum carro etc. **a drop in the bucket** uma gota de água no oceano. **at the drop of a hat** imediatamente. **by drops** gota a gota. **to drop across** encontrar por acaso. **to drop a hint** insinuar casualmente, dar uma indireta. **to drop a line** escrever uma carta, mandar notícias. **to drop asleep** cair no sono. **to drop a subject** mudar de assunto. **to drop away** afastar-se. **to drop behind** ficar para trás. **to drop by/in/over** aparecer sem avisar, fazer uma visita informal. **to drop dead** cair morto. **to drop off** a) diminuir, cair. b) deixar descer de um carro. c) cochilar. **to drop out** desligar(-se), cair fora, deixar de freqüentar.

drop.out [dr'ɔpaut] *n* 1 estudante que abandona os estudos. 2 marginal, pessoa que abandona a sociedade convencional. 3 *Comp* falha de sinal.

drop.pings [dr'ɔpiŋz] *n pl* excrementos de animal.

drought [draut] *n* seca.

drown [draun] *vt+vi* (*ps, pp* **drowned**) 1 afogar(-se). 2 inundar, transbordar. 3 abafar a voz, o som. 4 *fig* mergulhar, interessar-se profundamente. **to drown out** a) afugentar pela inundação. b) abafar o som. **drowned in debts** carregado de dívidas. **drowned in tears** banhado em lágrimas.

drowse [drauz] *vt+vi* cochilar, dormitar. **to drowse away the time** passar o tempo sonhando.

drow.sy [dr'auzi] *adj* sonolento.

drudg.er.y [dr'ʌdʒəri] *n* trabalho penoso, enfadonho.

drug [drʌg] *n* 1 remédio, medicamento. 2 droga. • *vt+vi* 1 ministrar drogas. 2 ingerir drogas.

drug-ad.dict [dr'ʌg ædikt] *n* viciado em entorpecentes, toxicômano.

drug.store [dr'ʌgstɔ:] *n* drogaria, farmácia, *Amer* drogaria que ao mesmo tempo vende também cosméticos, revistas, balas, sorvetes etc.

drum [drʌm] *n* 1 tambor, bateria. 2 barril, tambor. 3 *Anat* tímpano do ouvido, tambor. • *vt+vi* 1 rufar, tocar tambor. 2 tamborilar, tocar com os dedos ou outro objeto imitando o rufar do tambor. **to beat the drum** falar demais, fazer o possível para chamar a atenção. **to drum into** inculcar, fazer entrar na cabeça. **to drum out** expulsar. **to drum up** *fig* a) martelar, insistir. b) fazer propaganda. c) angariar, andar à cata de fregueses. **with drums beating** ao som da música.

drum.mer [dr'ʌmə] *n* baterista.

drum.stick [dr'ʌmstik] *n* baqueta.

drunk [drʌŋk] *pp* of **drink**. • *adj* bêbado, embriagado. **drunk with power** embriagado pelo poder. **to get drunk** embriagar-se.

drunk.ard [drʌŋkəd] *n* bêbado.

drunk.en [drʌŋkən] *adj* **1** embriagado, de porre. **2** dado à bebedeira. **3** caracterizado por ou resultante de bebedeira.

dry [drai] *vt+vi* **1** secar(-se), enxugar(-se). **2** murchar. **3** secar-se, definhar-se. • *adj* (*compar* **drier**, *sup* **driest**) **1** seco. **2** árido. **3** sedento, sequioso. **4** seco, de poucas palavras, áspero, rude, sarcástico. **5** irônico. **6** murcho, ressequido. **7** desidratado. **to dry out** secar(-se). **to dry up** a) secar. b) deixar de fluir. c) *coll* esquecer o diálogo (ator).

dry-clean [drai kliːn] *vt+vi* lavar a seco.

dry clean.er's [drai kliːnəz] *n* lavanderia.

dry.er [draiə] *n* = **drier**.

dry milk [drai milk] *n* leite em pó.

du.al car.riage.way [djuːəl kˈæridʒwei] *n Brit* rodovia (de duas pistas), autoestrada.

dub [dʌb] *vt Cin* **1** dublar (trilha sonora). **2** acrescentar efeitos sonoros ou diálogos (a filme, programa de rádio, TV etc.). **3** mixar sons gravados.

du.bi.ous [djuːbiəs] *adj* duvidoso, incerto, vago, suspeito. **dubious about** irresoluto (em), indeciso (sobre).

duch.ess [dʌtʃis] *n* duquesa.

duck[1] [dʌk] *n* pato, pata. **to take to something like duck to water** aprender ou habituar-se facilmente a alguma coisa.

duck[2] [dʌk] *vt+vi* **1** mergulhar. **2** desviar rapidamente a cabeça ou o corpo, esquivar-se. **3** fazer profunda reverência. **4** livrar-se de (responsabilidades). **to duck out of** esquivar-se de (responsabilidades).

duct [dʌkt] *n* **1** tubo, canal. **2** *Anat* ducto, via.

dud [dʌd] *n sl* **1** droga, coisa sem valor. **2** *Amer sl* fracasso. • *adj* **1** sem valor, inútil. **2** sem fundo (cheque).

due [djuː] *n* **1** dívida, obrigação, tudo que é devido. **2** direito, tributo. **3** direitos, impostos, dívida. **4** mensalidades (de clubes etc.). • *adj* **1** que se deve, vencido, pagável. **2** devido, conforme, adequado. **3** justo, exato. **4** esperado (para chegar), previsto. *the train is due at 8 o'clock* o trem deve chegar às 8 horas. **5** atribuível, devido a. • *adv* exatamente, diretamente. **due date** data do vencimento. **due to** devido a, por causa de. **in due course** a tempo, em seu devido tempo. **in due form** feito com todas as formalidades. **in due time** no devido tempo, em tempo oportuno. **long past due** vencido há muito tempo. **to become / to fall due** vencer-se, ser pagável. **to be due** ser devido, vencer (uma letra). **when due** no seu vencimento.

du.el [djuːəl] *n* duelo.

duf.fel bag [dʌfəl bæg] *n* **1** saco de pano grosso felpudo. **2** mochila.

duf.fel coat [dʌfəl kout] *n* casaco com capuz feito de pano grosso.

duke [djuːk] *n* duque.

dull [dʌl] *vt+vi* **1** tornar(-se) estúpido. **2** pôr em estado de inércia física e moral, tirar a energia. **3** tirar o brilho de. **4** amainar (o vento etc.). • *adj* **1** chato, monótono. **2** vagaroso, moroso, lerdo. **3** triste, insensível, maçante, enfadonho. **4** escuro, nublado, sombrio. **5** cego, sem corte. **6** estúpido, grosseiro. **7** abafado (som).

dumb [dʌm] *vt* emudecer, silenciar, fazer calar. • *adj* **1** mudo. **2** calado, taciturno, silencioso. **3** *Amer coll* estúpido, bobo. **to strike dumb** emudecer de susto.

dumb.found [dʌmfaund] *vt* embaçar, estontear.

dum.my [dʌmi] *n* **1** chupeta (para crianças). **2** manequim, boneco. **3** simulacro, imitação. **4** *Amer coll* pateta, estúpido. • *adj* simulado, postiço, falsificado, "fantasma". **to dummy up** *sl* recusar-se a falar, ficar de boca fechada.

dump [dʌmp] *n* **1** depósito de lixo ou de entulho. **2** lugar sujo, espelunca. *vt+vi* **1** esvaziar, descarregar lixo etc. **2** liquidar, vender ou exportar a preço abaixo do mercado. **3** livrar-se de sobras ou de pessoas indesejáveis. **4** *Comp* copiar dados de uma área de armazenamento para outra. **city dump** depósito ou entulho municipal.

dumps [dʌmps] *n pl* tristeza, melancolia,

depressão. **in the dumps** melancólico, muito triste, desanimado.

dung [dʌŋ] n esterco.

dun.ga.ree [dʌŋgərˈiː] n espécie de brim (usado para macacões, calças, velas), denim azul. **dungarees** macacão, jardineira (roupa).

dun.geon [dˈʌndʒən] n calabouço, masmorra.

dun.no [dənˈou] coll abbr **do not know** (não sei).

dupe [djuːp] n ingênuo. • vt enganar. **to be the dupe of someone** deixar-se enganar por alguém.

du.plex [djˈuːpleks] n 1 casa para duas famílias. 2 apartamento dúplex. • adj dúplex, dúplice, dupla.

du.pli.cate [djˈuːplikit] n duplicata, cópia exata, réplica. • vt+vi 1 duplicar. 2 copiar, reproduzir. • adj 1 duplicado, reproduzido exatamente. 2 duplo. **in duplicate** em duplicata.

du.pli.cat.ing pa.per [djˈuːplikeitiŋ peipə] n papel carbono.

du.ra.ble [djˈuərəbəl] adj durável, duradouro.

du.ra.tion [djuərˈeiʃən] n duração.

du.ress [djuərˈes] n 1 coerção, coação. 2 força, ameaça.

dur.ing [djˈuəriŋ] prep durante, no tempo de. Veja nota em **for**.

dusk [dʌsk] n 1 crepúsculo, anoitecer. 2 sombra, escuridão. • adj obscuro, sombrio. **after dusk** após o escurecer.

dusk.y [dˈʌski] adj 1 sombrio, escuro. 2 fig triste, sombrio.

dust [dʌst] n 1 pó. 2 poeira. • vi varrer o pó, tirar o pó. **to bite the dust** fig a) ser morto. b) ser derrotado, malograr. **to raise / make** ou **kick up a dust** fig levantar poeira, fazer grande alarde. **to turn to dust and ashes** fig reduzir a cinzas. **when the dust has settled** quando a poeira baixar.

dust.bin [dˈʌstbin] n lata de lixo.

dust.er [dˈʌstə] n 1 pano de pó. 2 pessoa que tira o pó. 3 Amer guarda-pó, casaco leve e comprido.

dust.man [dˈʌstmən] n lixeiro.

dust.pan [dˈʌstpæn] n pá de lixo.

dust.y [dˈʌsti] adj empoeirado.

Dutch [dʌtʃ] n 1 língua holandesa. **the Dutch** o povo holandês. • adj holandês. **let's go Dutch!** cada um paga por si, dividir a conta.

du.ti.ful [djˈuːtiful] adj obediente, respeitoso.

du.ty [djˈuːti] n (pl **duties**) 1 dever, obrigação. 2 função, tarefa, cargo. 3 direito aduaneiro, imposto, taxa. 4 responsabilidade. **export duty** taxa de exportação. **heavy duty** serviço pesado. **import duty / customs duty** taxa de importação. **in duty to** por respeito a. **to be off duty** estar de folga. **to be on duty** estar de plantão, estar de serviço. **to do duty for** substituir, pôr ou ser posto em lugar de outra pessoa a título provisório.

duty-free [djuːti frˈiː] n loja em aeroporto ou navio que vende artigos isentos de taxas aduaneiras. • adj isento de taxas aduaneiras.

dwarf [dwɔːf] n (pl **dwarfs, dwarves**) anão, anã, pigmeu, pigméia. • vt+vi impedir o crescimento ou desenvolvimento de. • adj anão, pequenino.

dwell [dwel] vi (ps, pp **dwelt** or **dwelled**) habitar, morar, viver, residir. **to dwell on / upon** estender(-se), escrever ou discorrer longamente (sobre um assunto), demorar(-se).

dwell.ing [dwˈeliŋ] n habitação, moradia, residência.

dwelling-place [dwˈeliŋ pleis] n residência, vivenda.

dye [dai] n 1 tintura. 2 tom, cor obtida por tintura. • vt+vi tingir(-se).

dy.ing [dˈaiiŋ] n ato de morrer. • adj 1 moribundo, agonizante. 2 mortal, perecível, extinguível. 3 último. **to be in a dying condition** estar para morrer.

dy.nam.ics [dainˈæmiks] n dinâmica.

dy.na.mite [dˈainəmait] n dinamite.

dy.na.mo [dˈainəmou] n dínamo.

dy.nas.ty [dˈinəsti] n dinastia.

dys.en.ter.y [dˈisəntəri] n Med disenteria.

dys.lex.i.a [dislˈeksiə] n Med dislexia.

E, e [i:] *n* **1** quinta letra do alfabeto, vogal. **2** *Mus* mi.

each [i:tʃ] *adj* cada. • *pron* cada, cada qual, todos. • *adv* cada um, para cada um. **each and every** todos. **each one** cada um. **each other** um ao outro (mutuamente). **for each other** um para o outro. Veja nota em **every.**

ea.ger [ˈi:gə] *adj* ansioso, ávido.

ea.gle [ˈi:gəl] *n* águia.

ear[1] [iə] *n* **1** ouvido. **2** orelha. **3** audição. **an ear for music** um ouvido para música. **it came to his father's ears** chegou ao conhecimento de seu pai. **lend me an ear!** ouça-me, escute-me! **to be all ears** ser todo ouvidos. **to box one's ears** esbofetear alguém. **to fall on deaf ears** não ser atendido. **to give ear** dar ouvidos. **to go in one ear and out the other** entrar por um ouvido e sair pelo outro. **to have itching ears** querer ouvir as novidades. **to have or keep an ear to the ground** estar atento à opinião pública ou aos acontecimentos. **to lend an ear** escutar, prestar atenção. **to make someone's ears burn** falar de alguém na sua ausência. **to play by ear** tocar de ouvido. **to play it by ear** agir de improviso, conforme as coisas acontecem. **to prick up one's ears** aguçar os ouvidos, ficar de orelha em pé. **to turn a deaf ear to** não dar ouvido a.

ear[2] [iə] *n* espiga. • *vi* espigar.

ear.ache [ˈiəreik] *n* dor de ouvido.

ear.ly [ˈə:li] *adj* **1** matinal, de manhã, matutino. **2** precoce, prematuro, antecipado. **3** primitivo, antigo. • *adv* **1** cedo. **2** antecipadamente, prematuramente. **3** no princípio. **an early reply** uma resposta rápida. **as early as 1200** já no ano 1200. **at the earliest** não antes de. **in early life** na infância. **in early times** nos tempos antigos. **to be early** chegar cedo. **to keep early hours** levantar e deitar-se cedo.

ear.ly bird [ˈə:li bˈə:d] *n fig* madrugador, homem de ação. **the early bird catches the worm** Deus ajuda quem cedo madruga.

earn [ə:n] *vt* **1** ganhar. **2** merecer. **3** tornar-se merecedor.

ear.nest [ˈə:nist] *adj* **1** sério. **2** sincero, zeloso. **3** intenso, fervoroso. **in earnest / in real earnest / in good earnest** de fato, a sério, com sinceridade, intensamente.

earn.ings [ˈə:niŋz] *n pl* salário, ordenado. **gross earnings** receita bruta.

ear.phone [ˈiəfoun] *n* fone de ouvido.

ear.ring [ˈiəriŋ] *n* brinco.

earth [ə:θ] *n* **1** terra. **2** globo terrestre, Terra. **3** fio terra. **on earth** na Terra. **why on earth do you want that?** mas, por que cargas-d'água você quer aquilo? **to cost the earth** custar muito dinheiro.

earth.en.ware [ˈə:θənwɛə] *n* louça, artefato de barro, produto de cerâmica.

earth.quake [ˈə:θkweik] *n* terremoto.

ease [i:z] *n* **1** bem-estar físico ou espiritual, tranquilidade. **2** alívio, conforto. **3** facilidade. • *vt+vi* **1** aliviar. **2** diminuir, minorar. **3** acalmar. **4** relaxar, afrouxar. **at ease** à vontade, em paz. **ill at ease** constrangido, pouco à vontade. **take your ease** esteja à vontade. **to ease off / ease up** abrandar, suavizar. **to put (set) a person at his ease** tranquilizar, reconfortar alguém. **with ease** facilmente.

ea.sel [ˈiːzəl] *n* cavalete (de pintor ou para quadro-negro etc.).

east [iːst] *n* **1** leste, oriente, levante. **2** East regiões situadas a leste, o oriente, os países asiáticos. • *adj* oriental, oriundo do ou em direção ao leste. • *adv* rumo a leste, no leste. **Far East** Extremo Oriente. **Middle East** Oriente Médio, os países do Levante (Mediterrâneo oriental). **Near East** Oriente Próximo.

East.er [ˈiːstə] *n* Páscoa. **Easter egg** ovo de Páscoa.

east.ward [ˈiːstwəd] *n* leste. • *adj* que se move em direção ou voltado para o leste, oriental. • *adv* em direção ao Oriente, para leste.

eas.y [ˈiːzi] *adj* **1** fácil. **2** tranquilo. • *adv* facilmente, suavemente. • *interj* devagar! cuidado! **easier said than done** mais fácil falar do que fazer. **easy come/easy go** fácil vem, fácil vai. **easy on the ear/eye** agradável aos ouvidos/olhos. **I'm easy** para mim tanto faz, por mim tudo bem. **take it easy** calma! não se afobe! **to go easy on** ir com calma.

eas.y chair [iːzi tʃˈɛə] *n* poltrona, espreguiçadeira.

eas.y.go.ing [iːzigˈouiŋ] *adj* **1** calmo. **2** à vontade, despreocupado. **3** natural, desembaraçado. **4** tolerante.

eat [iːt] *vt+vi* (*ps* ate, *pp* eaten) comer. **to be eaten up by (with)** sentir remorsos. **to be eaten up with** estar corroído de (algum sentimento). **to eat away at** destruir pouco a pouco. **to eat crow** reconhecer o erro, humilhar-se. **to eat humble pie** ser obrigado a admitir erro ou mentira. **to eat in** comer em casa. **to eat into** corroer, consumir. **to eat one's head off** não valer o que come. **to eat one's heart out** consumir-se, sofrer em silêncio. **to eat one's words** retirar o que disse, desmentir as próprias palavras. **to eat out** comer fora de casa. **to eat out of one's hand** subjugar-se a alguém. **to eat up** comer tudo. **what's eating you?** o que o está preocupando?

ebb [eb] *n* **1** maré baixa, vazante da maré. **2** *fig* decadência. • *vi* **1** vazar (da maré), estar na vazante. **2** diminuir, enfraquecer.

ebb and flow fluxo e refluxo. **to be at a low ebb** estar numa situação ruim, estar em maré baixa.

eb.on.y [ˈebəni] *n* ébano.

e.bul.lient [ibˈʌliənt] *adj* ebuliente, exaltado, agitado.

ech.o [ˈekou] *n* (*pl* echoes) eco: **1** repetição de som, repercussão. **2** *fig* imitador. • *vt+vi* **1** ecoar: a) ressoar. b) repetir, repercutir. **2** *fig* arremedar.

e.clipse [iklˈips] *n* *Astr* eclipse. • *vt* **1** eclipsar. **2** ofuscar. **3** desprestigiar. **4** superar.

ec.o.log.ic.al [ikəlˈɔdʒikəl] *adj* ecológico.

ec.ol.o.gy [ikˈɔlədʒi] *n* *Biol* ecologia.

e.co.nom.ics [iːkənˈɔmiks] *n* economia (ciência). **home economics** economia doméstica. **political economics** economia política. **social economics** economia social.

e.con.o.mize, e.con.o.mise [ikˈɔnəmaiz] *vt+vi* economizar, poupar.

e.con.o.my [ikˈɔnəmi] *n* economia. • *adj* econômico.

ec.sta.sy [ˈekstəsi] *n* êxtase.

ec.stat.ic [ekstˈætik] *adj* extático, posto em êxtase.

ec.to.plasm [ˈektouplæzəm] *n* ectoplasma.

ec.ze.ma [ˈeksimə; igzˈiːmə] *n* eczema.

ed.dy [ˈedi] *n* redemoinho.

edge [edʒ] *n* **1** fio, corte. **2** canto, extremidade, margem, beira, borda. **3** aresta. **4** situação crítica. • *vt+vi* **1** margear, emoldurar, cercar, circundar. **2** mover pouco a pouco. **3** afiar, amolar. **on edge** a) nervoso, agitado. b) ansioso, impaciente. **to be on edge** estar com os nervos à flor da pele. **to be on the very edge of doing something** estar prestes a fazer alguma coisa. **to be over the edge** *coll* ter uma crise nervosa. **to edge away** afastar-se devagar. **to have the edge on** ter pequena vantagem sobre. **to put someone on edge** irritar alguém. **to take the edge off** abrandar, suavizar.

edg.y [ˈedʒi] *adj* *fig* irritável, impaciente.

ed.i.ble [ˈedəbəl] *adj* comestível.

ed.i.fy [ˈedifai] *vt* **1** instruir, aperfeiçoar moralmente, fortificar em virtudes. **2** edificar.

ed.it ['edit] *n* edição, revisão. • *vt* **1** editar. **2** revisar.

e.di.tion [id'iʃən] *n* edição, publicação.

ed.u.cate ['edjukeit; 'edʒəkeit] *vt+vi* educar, ensinar, instruir.

ed.u.ca.ted guess ['edjukeitid ges] *n* suposição baseada em fatos ou informações.

ed.u.ca.tion [edjuk'eiʃən; edʒəkeiʃən] *n* educação, ensino, estudo. **elementary education** ensino elementar. **primary education** ensino primário. **secondary education** ensino secundário.

ed.u.ca.tive ['edjukətiv; 'edʒəkeitiv] *adj* educativo, instrutivo.

eel [i:l] *n* enguia.

eer.ie ['iəri] *adj* **1** misterioso. **2** assustador.

ef.face [if'eis] *vt* apagar.

ef.fect [if'ekt] *n* **1** efeito, resultado, conseqüência. **2** impressão (moral ou material) causada. **3** *pl* bens, propriedades. • *vt* efetuar, executar. **for effect** para impressionar ou causar sensação. **in effect** a) realmente. b) em funcionamento. **sound effect** efeito sonoro. **to (ou of) no effect** em vão, inútil. **to take effect** a) entrar em vigor. b) fazer efeito (remédio). **to the (ou this) effect** com o propósito. **to the effect that** no sentido de que. **to the following effect** do seguinte teor. **to the same effect** no mesmo sentido. **without effect** sem efeito, inválido.

ef.fec.tive [if'ektiv] *adj* **1** eficaz, útil. **2** real. **3** impressionante, de grande efeito. **4** em vigor.

ef.fi.ca.cy ['efikəsi] *n* eficácia.

ef.fi.cien.cy [if'iʃənsi] *n* eficiência.

ef.fi.cient [if'iʃənt] *adj* eficiente, competente.

ef.flu.ent ['efluənt] *n* efluente. • *adj* efluente, emanante.

ef.fort ['efət] *n* **1** esforço. **2** realização, conquista. **to make an effort** fazer um esforço.

ef.fort.less ['efətlis] *adj* sem esforço, fácil.

e.gal.i.tar.i.an [igælit'ɛəriən] *n, adj* igualitário.

egg [eg] *n* ovo, *Biol* óvulo, germe. **as sure as eggs** *sl* com toda a certeza. **bad egg** *sl* mau sujeito. **fried eggs** ovos es-

trelados, fritos. **good egg** *sl* bom sujeito. **hard boiled eggs** ovos cozidos. **old egg** velho amigo. **poached eggs** ovos escalfados. **scrambled eggs** ovos mexidos. **soft boiled eggs** ovos cozidos moles. **the white of an egg** a clara do ovo. **the yolk of an egg** a gema do ovo. **to be left with egg on one's face** *sl* ficar com cara de bobo. **to egg on** instigar, provocar, encorajar. **to lay an egg** *Amer sl* fracassar, falhar. **to put all eggs into one basket** arriscar tudo, colocar todo o dinheiro em um único jogo. **to teach your grandmother to suck eggs** ensinar o padre-nosso ao vigário. **to tread upon eggs** pisar em ovos.

egg.plant ['egpla:nt] *n Bot* berinjela.

egg.shell ['egʃel] *n* casca de ovo.

e.go ['i:gou] *n* ego, eu.

e.go.cen.tric [i:gous'entrik] *adj* egocêntrico.

e.go.tism ['egoutizəm] *n* egotismo.

e.go.tist ['egoutist] *n* egotista.

eight [eit] *n, adj, pron* oito.

ei.ther ['aiðə; 'i:ðə] *adj* **1** um ou outro. *either the one or the other* / um ou outro. **2** qualquer um dos dois, cada. *either one will do* / qualquer um dos dois serve. *in either group* / em cada grupo, em qualquer um dos grupos. **3** ambos. *on either side* / em ambos os lados. **4** (sentença negativa) nenhum dos dois. • *adv* **1** igualmente não, tampouco, também não. **2** também, de modo idêntico. **3** em vez de. • *conj* **either... or...** ou... ou... *either you or your brother is wrong* / ou você ou seu irmão está enganado. • *pron* **1** um ou outro, qualquer. **2** nenhum. **3** cada um. Veja nota em **também**.

Em sentenças afirmativas com **either of**, o verbo fica normalmente no singular. *either of those men stands a chance* / qualquer um daqueles homens tem chance. Mas em sentenças negativas e em interrogativas o verbo no plural é mais comum. *I don't believe either of them work as hard as they should* / não acredito que nenhum deles trabalhe tanto quanto deveria.

e.jac.u.late [idʒ'ækjuleit] *n* sêmen

ejaculado. • *vt+vi* **1** ejacular. **2** exclamar repentinamente, proferir.

e.ject [idʒ'ekt] *vt* **1** ejetar, expelir. **2** expulsar.

e.lab.o.rate [il'æbəreit] *vt+vi* **1** elaborar. **2** detalhar. • *adj* [il'əbarit] **1** elaborado, bem trabalhado, esmerado. **2** complicado.

e.lapse [il'æps] *vi* passar (o tempo).

e.las.tic [il'æstik] *n* elástico, fita elástica. • *adj* **1** elástico, flexível. **2** adaptável.

e.late [il'eit] *vt* alegrar, encher de felicidade ou orgulho.

el.bow [ˈelbou] *n* cotovelo. • *vt+vi* acotovelar, empurrar, abrir caminho com os cotovelos. **at one's elbow** à mão, ao alcance. **to elbow one's way (in/out/through)** abrir caminho às cotoveladas. **up to the elbows** a) ocupadíssimo, cheio de serviço. b) muito envolvido. **to give someone the elbow** terminar uma relação ou parceria.

eld.er [ˈeldə] *adj* mais velho.

Elder é usado somente antes de substantivos e nunca com **than**. *my elder brother is a teacher* / meu irmão mais velho é professor. Quando comparamos as idades de pessoas da mesma família usamos **elder**. Usa-se **older** para outras comparações. *it was the older man who spoke first* / foi o homem mais velho que falou primeiro.

eld.er.ly [ˈeldəli] *n* pessoas idosas. • *adj* **1** de idade avançada. **2** ultrapassado.

eld.est [ˈeldist] *adj sup* o mais velho.

e.lect [il'ekt] *vt+vi* **1** eleger. **2** escolher. • *adj* eleito, escolhido.

e.lec.tion [il'ekʃən] *n* eleição, votação. *election day* / dia de eleições.

e.lec.tric [il'ektrik] *adj* **1** elétrico. **2** *fig* vibrante, eletrizante. Veja nota em **elétrico.**

e.lec.tri.cal [il'ektrikəl] *adj* elétrico. Veja nota em **elétrico.**

e.lec.tri.cian [ilektr'iʃən] *n* eletricista.

e.lec.tric.i.ty [ilektr'isiti] *n* eletricidade.

e.lec.tri.fi.ca.tion [ilektrifik'eiʃən] *n* eletrificação.

e.lec.tri.fy [il'ektrifai] *vt* **1** eletrificar. **2** excitar, eletrizar.

e.lec.tro.cute [il'ektrəkju:t] *vt* eletrocutar.

e.lec.tron [il'ektrɔn] *n* elétron.

e.lec.tron.ic [ilektr'ɔnik] *adj* eletrônico.

e.lec.tron.ic mail [ilektrɔnik m'eil] *n Comp* correio eletrônico (sistema de troca de correspondência via computador e por meio de linha telefônica).

e.lec.tron.ics [ilektr'ɔniks] *n pl* eletrônica.

el.e.gant [ˈeligənt] *adj* **1** elegante, gracioso. **2** fino, gracioso.

el.e.gy [ˈelidʒi] *n* elegia.

el.e.ment [ˈelimənt] *n* elemento. **elements** conhecimentos básicos.

el.e.men.ta.ry [elim'entəri] *adj* elementar.

el.e.men.ta.ry school [elim'entəri sku:l] *n* escola primária.

el.e.phant [ˈelifənt] *n* elefante.

el.e.vat.or [ˈeliveitə] *n Amer* elevador.

el.ev.en [il'even] *n, adj, pron* onze.

el.ic.it [il'isit] *vt* extrair, obter.

el.i.gi.ble [ˈelidʒəbəl] *n* pessoa elegível. • *adj* **1** elegível, qualificado. **2** desejável, conveniente. **3** aceitável, permitido.

e.lim.i.nate [il'imineit] *vt* **1** eliminar, expulsar. **2** omitir, livrar(-se). **3** erradicar.

elk [elk] *n Zool* alce.

elm [elm] *n Bot* olmo.

e.lo.cu.tion [eləkj'u:ʃən] *n* elocução, dicção.

e.lope [il'oup] *vi* fugir de casa com o/a namorado/a, fugir para casar.

e.lo.quent [ˈeləkwənt] *adj* eloquente, expressivo.

else [els] *adj* (frequentemente usado após um pronome indefinido ou interrogativo) **1** outro, diverso, diferente. *anyone else* / outro, qualquer um outro. *anything else* / qualquer outra coisa, mais alguma coisa. *no one else* / ninguém mais, nenhuma outra pessoa. *nothing else* / nada mais. *somewhere else* / em qualquer outra parte. *nowhere else* / em nenhuma outra parte. **2** além disso, ainda mais. • *adv* **1** em vez de. **2** do contrário, se não. *where else could it be?* / onde mais podia estar? *who else if not he?* / quem mais a não ser ele? • *conj* ou, senão. *or else* / ou então. *I must hurry or else I shall miss the train* / preciso apressar-me senão eu perco o trem.

else.where ['elswɛə] *adv* em outra parte, para outro(s) lugar(es).

e.lu.ci.da.tion [ilu:sid'eiʃən] *n* elucidação, explicação.

e.lude [ilj'u:d] *vt* 1 esquivar(-se), evadir. 2 escapar, fugir à memória. *it eludes observation* / escapa à atenção.

e.lu.sion [il'u:ʒn] *n* ardil, artifício, estratagema, subterfúgio.

e.lu.sive [il'u:siv] *adj* 1 enganoso. 2 indefinível, difícil de compreender. 3 evasivo, esquivo.

e.ma.ci.ate [im'eiʃieit] *vt+vi* emaciar, emagrecer, definhar.

e-mail, E-mail ['i: meil] *n Comp abbr* **electronic mail** correio eletrônico. • *vt* enviar por correio eletrônico.

em.a.nate ['eməneit] *vt+vi* emanar, exalar.

e.man.ci.pate [im'ænsipeit] *vt* emancipar, livrar(-se).

em.balm [imb'a:m] *vt* embalsamar.

em.bank.ment [imb'æŋkmənt] *n* dique, aterro.

em.bark [imb'a:k] *vt+vi* 1 embarcar. 2 envolver(-se) em negócios. *he embarked in (upon) the enterprise* / ele se envolveu no negócio.

em.bar.rass [imb'ærəs] *vt* 1 envergonhar, atrapalhar. 2 complicar, dificultar.

em.bar.rass.ing [imb'ærəsiŋ] *adj* embaraçoso, desagradável. *what an embarrassing situation!* / que situação desagradável!

em.bar.rass.ment [imb'ærəsmənt] *n* 1 vergonha. 2 estorvo, obstáculo.

em.bas.sy ['embəsi] *n* embaixada.

em.bed [imb'ed] *vt+vi* 1 enterrar. 2 encaixar. 3 embutir, fixar, incrustar.

em.bel.lish [imb'eliʃ] *vt* embelezar, adornar, enfeitar.

em.bez.zle.ment [imb'ezəlmənt] *n* desfalque, desvio.

em.bit.tered [imb'itət] *adj* amargo, cínico.

em.brace [imbr'eis] *n* abraço. • *vt+vi* 1 abraçar. 2 adotar, aceitar. 3 incluir. 4 envolver. 5 aproveitar (oportunidade).

em.broid.er [imbr'ɔidə] *vt+vi* bordar, enfeitar.

em.broid.er.y [imbr'ɔidəri] *n* bordado.

em.bry.o ['embriou] *n* 1 *Zool* embrião. 2 *Med* feto. 3 *fig* estado embrionário. *in embryo* / em estado embrionário.

e.mend [im'end] *vt* corrigir, retificar.

e.mer.ald ['emərəld] *n* esmeralda.

e.merge [im'ə:dʒ] *vi* 1 emergir, aparecer. 2 *fig* desenvolver-se, surgir.

e.mer.gen.cy [im'ə:dʒənsi] *n* emergência.

em.i.grant ['emigrənt] *n* emigrante.

em.i.grate ['emigreit] *vi* emigrar.

em.i.nent ['eminənt] *adj* 1 eminente. 2 *fig* notável, famoso, célebre.

em.is.sa.ry ['emisəri] *n* emissário, mensageiro.

e.mis.sion [im'iʃən] *n* emissão.

e.mit [im'it] *vt* 1 emitir. 2 liberar.

e.mo.tion [im'ouʃən] *n* 1 emoção, comoção. 2 *Psych* sentimento.

e.mo.tive [im'outiv] *adj* emotivo, emocional.

em.pa.thy ['empəθi] *n Psych* empatia.

em.per.or ['empərə] *n* imperador.

em.pha.sis ['emfəsis] *n* 1 ênfase. 2 acentuação, tonicidade.

em.pha.size, em.pha.sise ['emfəsaiz] *vt* dar ênfase, acentuar, enfatizar.

em.pire ['empaiə] *n* império.

em.ploy [impl'ɔi] *n* 1 emprego, serviço, ocupação. 2 uso, aplicação. • *vt* 1 empregar. 2 usar, aplicar.

em.ploy.ee [emplɔi'i:] *n* empregado, funcionário.

em.ploy.er [impl'ɔiə] *n* empregador, patrão.

em.ploy.ment [impl'ɔimənt] *n* emprego, trabalho.

em.press ['empris] *n* imperatriz.

empt.y ['empti] *vt+vi* 1 esvaziar, desocupar. 2 despejar. • *adj* 1 vazio. 2 vão, inútil.

empt.y-hand.ed [empti h'ændid] *adj* de mãos vazias.

empt.y-head.ed [empti h'edid] *adj* de cabeça oca.

en.a.ble [in'eibəl] *vt* habilitar, capacitar, tornar apto.

en.act [in'ækt] *vt* 1 decretar, legalizar. 2 desempenhar um papel, representar (em teatros).

en.am.el [in'æməl] *n* esmalte.

en.am.ored, en.am.oured [in'æməd] *adj* enamorado, apaixonado. *to be enamored of* / estar apaixonado por.

en.cap.su.late [ink'æpsjuleit] *vt+vi* condensar, resumir.

en.case [ink'eis] *vt* 1 encaixar, encaixotar. 2 revestir, envolver. 3 encerrar.

en.chant [intʃ'a:nt; intʃænt] *vt* 1 encantar, maravilhar. 2 encantar, enfeitiçar.

en.chant.ing [intʃ'a:ntiŋ; intʃæntiŋ] *adj* encantador, maravilhoso, fascinante.

en.cir.cle [ins'ə:kəl] *vt* 1 cercar, envolver, circundar. 2 *fig* abraçar.

en.close [inkl'ouz] *vt* 1 circundar. 2 cercar. 3 anexar.

en.closed [inkl'ouzd] *adj* 1 incluso, anexo. 2 fechado.

en.clo.sure [inkl'ouʒə] *n* 1 terreno cercado. 2 documentos etc. anexos à correspondência comercial.

en.coun.ter [ink'auntə] *n* 1 encontro (casual). 2 conflito, combate. 3 duelo. • *vt+vi* 1 encontrar(-se) casualmente, deparar-se com alguém. 2 enfrentar, entrar em conflito.

en.cour.age [ink'ʌridʒ] *vt* 1 encorajar, animar. 2 apoiar, promover. 3 incitar.

en.cour.age.ment [ink'ʌridʒmənt] *n* encorajamento.

end [end] *n* 1 fim, final, extremo. 2 propósito, fim. • *vt+vi* 1 acabar, concluir, terminar. *all's well that ends well* / tudo está bem quando acaba bem. 2 finalizar, parar. 3 matar, morrer. 4 ser ou formar o fim. • *adj* final. **at a loose end** sem trabalho, desempregado. **from one end to the other** do começo ao fim. **his hair stands on end** ele está de cabelo em pé (medo). **I am at my wit's end** não sei mais o que fazer, estou desesperado. **in the end** no fim, finalmente. **she has it all at her fingers' ends** ela tem tudo na ponta da língua. **to be at an end** estar no fim. **to be the thin end of the wedge** ser apenas o começo. **to end up as something** acabar (como, em). **to end up in** parar em. **to get hold of the wrong end of the stick** enganar-se redondamente. **to go off the deep end** *fig* perder o autocontrole. **to keep one's end up** não se deixar vencer. **to make an end of** encerrar. **to make both ends meet** viver de acordo com suas rendas, equilibrar o orçamento, conseguir chegar ao fim do mês. **to no end** em vão, inútil. **to put an end to** pôr fim. **to rain for days on end** chover durante dias a fio.

en.dan.ger [ind'eindʒə] *vt+vi* pôr em perigo, arriscar.

en.dear.ing [ind'iəriŋ] *adj* amável, afetuoso.

en.dear.ment [ind'iəmənt] *n* 1 estima, carinho. 2 agrado, apreço.

en.deav.or, en.deav.our [ind'evə] *n* esforço, empenho. • *vt+vi* esforçar-se, empenhar-se.

end.ing ['endiŋ] *n* fim, final, término.

end.less ['endlis] *adj* 1 infinito, infindável. 2 interminável, perpétuo.

en.dorse [ind'ɔ:s] *vt* 1 endossar. 2 aprovar.

en.dorse.ment [ind'ɔ:smənt] *n* 1 endosso. 2 aprovação.

en.dow [ind'au] *vt* doar, dotar.

en.dow.ment [ind'aumənt] *n* doação.

en.dure [indj'uə] *vt+vi* 1 suportar. 2 resistir.

en.e.my ['enimi] *n* inimigo.

en.er.get.ic [enədʒ'etik] *adj* enérgico, eficaz, vigoroso.

en.er.gy ['enədʒi] *n* energia, resistência.

en.force [inf'ɔ:s] *vt* 1 forçar, conseguir à força, obrigar. 2 fazer cumprir ou executar.

en.force.ment [inf'ɔ:smənt] *n* 1 coação. 2 execução de uma ordem ou lei. 3 reforço.

en.gage [ing'eidʒ] *vt+vi* 1 empenhar, dar a palavra, comprometer(-se). 2 combinar noivado, contratar casamento. 3 encarregar. 4 entregar-se ao trabalho, dedicar-se. 5 ocupar. *he was engaged in writing* / ele estava ocupado escrevendo. 6 empregar, contratar.

en.gaged [ing'eidʒd] *adj* 1 noivo(a). 2 ocupado (telefone). 3 utilizado, usado, empregado.

en.gage.ment [ing'eidʒmənt] *n* 1 compromisso, obrigação, promessa. 2 noivado. 3 encontro marcado.

en.gine ['endʒin] *n* 1 motor (de combustão). *engine off* / com motor parado. *engine on* / com motor ligado. 2 locomotiva.

en.gi.neer [endʒin'iə] *n* 1 engenheiro. 2 técnico. 3 mecânico. 4 maquinista de locomotiva. • *vt* 1 construir, executar, projetar. 2 *fig* pôr em movimento, planejar. 3 *sl* dar um jeito, engendrar.

en.gi.neer.ing [endʒin'iəriŋ] *n* engenharia.

En.glish ['iŋgliʃ] *n* inglês. **The English** o povo inglês.

en.grave[ingr'eiv] *vt* 1 gravar, esculpir. 2 entalhar. 3 estampar. 4 *fig* gravar na memória, inculcar.

en.gross.ed [ingr'oust] *adj* absorto, profundamente interessado.

en.hance [inh'a:ns; inh'æns] *vt* 1 aumentar. 2 melhorar. 3 realçar.

e.nig.mat.ic [enigm'ætik] *adj* enigmático, misterioso.

en.joy [indʒ'ɔi] *vt* 1 desfrutar, deleitar(-se), gostar, apreciar, divertir(-se), ter prazer. *I enjoyed myself* / eu me diverti. 2 possuir. *he enjoys good health* / ele goza de boa saúde.

en.joy.a.ble [indʒ'ɔiəbəl] *adj* 1 agradável. 2 divertido.

en.joy.ment [indʒ'ɔimənt] *n* prazer, alegria, divertimento, satisfação.

en.large [inl'a:dʒ] *vt+vi* 1 alargar(-se). 2 dilatar(-se). 3 aumentar. 4 ampliar.

en.large.ment[inl'a:dʒmənt] *n* 1 ampliação, aumento. 2 dilatação, expansão.

en.light.en[inl'aitən] *vt* 1 esclarecer, instruir. 2 *arch* iluminar, clarear.

en.light.en.ment [inl'aitənmənt] *n* 1 iluminação. 2 esclarecimento. 3 **Enlightenment** *Hist* Iluminismo, tendência filosófica e política do séc. XVIII.

en.list[inl'ist] *vt* 1 *Mil* alistar(-se), recrutar. 2 inscrever(-se). 3 registrar. 4 atrair, interessar.

en.mi.ty['enmiti] *n* animosidade, aversão.

e.nor.mi.ty [in'ɔ:miti] *n* 1 enormidade, monstruosidade. 2 maldade extrema. 3 crime, perversidade.

e.nor.mous[in'ɔ:məs] *adj* enorme.

e.nough [in'ʌf] *n* bastante, suficiente. • *adj* bastante, suficiente. *it is enough for me to know* / basta-me saber. • *adv* suficientemente, adequadamente. *enough of that!* / basta! *I have had enough of it* estou farto disto. *be kind enough to help*

me / faça o favor de ajudar-me. *you know well enough what I mean!* / você bem entende o que eu quero dizer! • *interj* basta! chega! **enough and to spare** mais do que o suficiente.

en.rage[inr'eidʒ] *vt* enfurecer.

en.rich[inr'itʃ] *vt* enriquecer.

en.rich.ment [inr'itʃmənt] *n* 1 enriquecimento. 2 enfeite. 3 adubação. 4 melhoramento.

en.rol, en.roll [inr'oul] *vt+vi* 1 registrar (-se), matricular(-se). 2 inscrever(-se). 3 *Mil* alistar(-se).

en.sure[inʃ'uə] *vt* 1 assegurar. 2 segurar. 3 garantir, proteger (**against, for, from** contra, de).

en.tail[int'eil] *vt* impor (**on** a), envolver, acarretar.

en.tail.ment [int'eilmənt] *n Jur* vínculo, fideicomisso.

en.tan.gled[int'æŋgəld] *adj* emaranhado, intricado, embaraçado.

en.ter['entə] *vt+vi* 1 entrar. 2 dirigir-se, introduzir-se. 3 matricular-se, alistar-se, ingressar. *he entered the Navy* / ele alistou-se na Marinha. *he entered the university* / ele matriculou-se na universidade. 4 admitir, introduzir. 5 começar, iniciar, vir ao pensamento. *it entered my mind* / surgiu-me à idéia. 6 prestar serviço militar. 7 internar(-se). 8 registrar, anotar. *to enter the day-book* / lançar no diário. 9 entrar em cena. *enter Romeo / Theat* Romeu entra em cena. 10 dar entrada, apresentar (queixa). *she entered an action* / ela apresentou uma queixa. 11 celebrar acordo. *to enter into an arrangement* / entrar num acordo. **to enter into** a) iniciar algo. b) influenciar. c) ter a ver com.

en.ter.prise['entəpraiz] *n* 1 empreendimento, empresa. 2 espírito empreendedor.

en.ter.pri.sing['entəpraiziŋ] *adj* 1 empreendedor, ativo. 2 ousado, corajoso.

en.ter.tain[entət'ein] *vt+vi* 1 entreter, divertir, distrair. 2 receber visita. 3 oferecer festas, celebrar. 4 cogitar, nutrir (idéias, planos). 5 manter correspondência.

en.ter.tain.ing[entət'einiŋ] *adj* 1 interessante. 2 divertido.

en.ter.tain.ment [entət'einmənt] n entretenimento, diversão.

en.thrall [inθr'ɔ:l] vt 1 escravizar, subjugar. 2 fig encantar, enfeitiçar.

en.thu.si.asm [inθ'ju:ziæzəm] n entusiasmo.

en.thu.si.ast [inθ'ju:ziæst] n entusiasta, apaixonado.

en.thu.si.as.tic [inθju:zi'æstik] adj entusiástico, muito interessado.

en.tice [int'ais] vt 1 atrair, seduzir. 2 incitar, instigar (**to do, into doing** a, a fazer).

en.ti.cing [int'aisiŋ] adj sedutor, atrativo, encantador.

en.tire [int'aiə] adj inteiro, completo, todo.

en.ti.tle [int'aitəl] vt 1 intitular. 2 dar um direito, autorizar.

en.ti.tle.ment [int'aitəlmənt] n direito de posse.

en.ti.ty ['entiti] n 1 entidade. 2 ente.

en.trails ['entreilz] n pl 1 entranhas. 2 intestinos, vísceras.

en.tran.ce ['entrəns] n 1 entrada, permissão para entrar. 2 ação de entrar. 3 porta, abertura, portão. 4 Theat entrada em cena.

en.trant ['entrənt] n participante.

en.trust [intr'ʌst] vt 1 confiar. 2 incumbir, encarregar. 3 entregar aos cuidados.

en.try ['entri] n 1 entrada, ingresso. 2 apontamento. 3 verbete (dicionário).

en.twine [intw'ain] vt+vi entrelaçar(-se).

e.nun.ci.ate [in'ʌnsieit, in'ʌnʃieit] vt+vi 1 enunciar. 2 manifestar, anunciar.

en.vel.op [inv'eləp] vt envolver.

en.vi.ous ['enviəs] adj invejoso.

en.vi.ron.ment [inv'aiərənmənt] n meio ambiente.

en.vi.ron.men.tal [inv'aiərənmentəl] adj ambiental.

en.vi.ron.men.tal.ist [invaiərənm'entəlist] n ambientalista.

en.vis.age [inv'izidʒ] vt 1 prever. 2 considerar, imaginar.

en.vi.sion [env'iʒən] vt visionar, prever, pressentir.

en.voy ['envɔi] n enviado.

en.vy ['envi] n inveja, cobiça, ciúme. • vt+vi invejar, cobiçar, desejar.

e.phem.er.al [if'emərəl] adj efêmero, passageiro, transitório.

ep.ic¹ ['epik] n epopéia.

ep.ic² ['epik] adj 1 épico, heróico. 2 exagerado.

ep.i.graph ['epigra:f; 'epigræf] n epígrafe, inscrição.

ep.i.lep.sy ['epilepsi] n Med epilepsia.

ep.i.logue ['epilɔg] n epílogo.

ep.i.sode ['episoud] n episódio.

e.pis.tle [ip'isəl] n epístola, carta, missiva.

ep.i.taph ['epita:f; 'epitæf] n epitáfio, inscrição tumular.

e.pit.o.mize, e.pit.o.mise [ip'itəmaiz] vt 1 ser um exemplo perfeito. 2 resumir.

ep.och ['i:pɔk] n época, era, período.

e.qual ['i:kwəl] n igual, semelhante, qualidade ou quantidade igual. • vt igualar (-se), compensar, equiparar. • adj 1 igual, equivalente. 2 uniforme, constante. 3 capaz, à altura de. **to be on equal terms** ter uma relação de igual para igual.

e.qual.i.ty [ikw'ɔliti] n igualdade.

e.quate [ikw'eit] vt+vi 1 igualar. 2 comparar. 3 equiparar.

e.qua.tion [ikw'eiʒən] n 1 igualdade. 2 Astr, Math, Chem equação.

e.qua.tor [ikw'eitə] n equador.

e.ques.tri.an [ikw'estriən] n 1 cavaleiro. 2 equitador. • adj eqüestre.

e.qui.lib.ri.um [i:kwil'ibriəm] n equilíbrio.

e.qui.nox ['i:kwinɔks] n equinócio. autumnal equinox / equinócio de outono. vernal equinox / equinócio de primavera.

e.quip [ikw'ip] vt equipar, prover, preparar.

e.quip.ment [ikw'ipmənt] n equipamento, aparelhamento.

e.quiv.a.lent [ikw'ivələnt] adj equivalente.

e.ra ['iərə] n era, época.

e.rad.i.cate [ir'ædikeit] vt exterminar, erradicar.

e.rad.i.ca.tion [irædik'eiʃən] n erradicação, exterminação.

e.rase [ir'eiz; ir'eis] vt+vi 1 apagar. 2 extinguir. 3 obliterar, suprimir. 4 sl "apagar", matar.

e.ras.er [ir'eizə; ir'eisə] n 1 borracha. 2 apagador.

e.rect [ir'ekt] vt 1 erigir, erguer, levantar. 2

edificar, construir. **3** instalar. **4** fundar. **5** estabelecer. • *adj* ereto, reto, direito, erguido, em pé.

e.rec.tion [ir'ekʃən] *n* ereção.

e.rode [ir'oud] *vt+vi* erodir, corroer, roer, desgastar(-se), sofrer erosão.

e.rog.e.nous [ir'ɔdʒənəs] *adj* erógeno: que produz excitamento sexual.

e.ro.sion [ir'ouʒən] *n* **1** corrosão, desgaste. **2** erosão, desagregação.

e.rot.ic [ir'ɔtik] *adj* erótico, sensual, libidinoso, lascivo.

err [əː] *vi* errar • **1** enganar-se, falhar. **2** cair em culpa, pecar. **3** transgredir as normas.

er.rand ['erənd] *n* mensagem, incumbência, missão, recado. *to go on an errand* / ir a recados, encarregar-se de um serviço (recado, compra etc). **fool's errand** caminhada inútil.

er.rand boy ['erənd bɔi] *n* menino de recados, mensageiro.

er.rat.ic [ir'ætik] *adj* **1** errático, irregular. **2** esquisito, excêntrico, estrambótico. **3** errante.

er.ro.ne.ous [ir'ouniəs] *adj* errôneo, errado, falso, incorreto.

er.ror ['erə] *n* **1** erro, engano, equívoco, desacerto, inexatidão. *error in calculation, measurement, reading* / erro de cálculo, medição, leitura. *in error* / por engano, erroneamente. **2** pecado, culpa, falta. **3** aberração, desvio. **writ of error** *Jur* apelação à instância superior por erro processual.

e.ruct [ir'ʌkt] *vt+vi* eructar, arrotar.

er.u.dite ['erudait] *adj* erudito, sábio, culto, douto, letrado. *an erudite person* / uma pessoa erudita.

e.rupt [ir'ʌpt] *vt+vi* sair com ímpeto, estourar.

e.rup.tion [ir'ʌpʃən] *n* **1** erupção, explosão. **2** *Med* erupção cutânea.

es.ca.la.tor ['eskəleitə] *n* escada rolante.

es.ca.pade [eskəp'eid] *n* **1** escapada, fuga, escapadela. **2** travessura, traquinice, traquinada.

es.cape [isk'eip] *n* **1** fuga, evasão. **2** libertação, salvação, salvamento. *I had a narrow escape from being run over* / por um triz eu teria sido atropelado. *fire escape* / saída de emergência. **3** *Psych* fuga dos fatos da realidade. **4** escape, escapamento, saída (água, gás). • *vt+vi* **1** escapar, evadir(-se), fugir. *nothing escapes him* / nada lhe escapa. *his purpose escapes me* / não compreendo a sua intenção. *his name escapes me* / não me recordo do seu nome. **2** livrar(-se), libertar(-se), desvencilhar(-se). **3** salvar(-se), safar(-se), sobreviver. *the sailor escaped the wreck* / o marujo salvou-se do naufrágio.

es.cape lad.der [isk'eip lædə] *n* escada de emergência.

es.cape pipe [isk'eip paip] *n Tech* cano de escape, cano de descarga.

es.cap.ism [isk'eipizəm] *n Psych* escapismo, alívio ou distração mental de obrigações ou realidades desagradáveis recorrendo a devaneios e imaginações.

es.cap.ist [isk'eipist] *n Psych* escapista: pessoa de tendências escapistas. • *adj* relativo ao escapismo.

es.cort ['eskɔːt] *n* **1** escolta, cobertura, comboio, séquito. **2** acompanhante (geralmente um homem levando uma mulher a uma festa). • *vt* escoltar, acompanhar.

es.o.ter.ic [esout'erik] *adj* esotérico, secreto.

es.pe.cial [isp'eʃəl] *adj* especial: **1** particular, principal. *my especial friend* / meu particular amigo. **2** excelente. **3** excepcional.

es.pe.cial.ly [isp'eʃəli] *adv* especialmente, particularmente, sobretudo, principalmente.

Usa-se **especially** quando nos referimos a determinada pessoa ou coisa entre várias outras: *they all enjoyed the show very much, especially the children* / todos apreciaram muito o show, particularmente as crianças.

Usa-se **specially** com o sentido de "para um fim específico": *this new dress was bought specially for the party* / este vestido novo foi comprado especialmente para a festa.

es.pi.o.nage ['espiəna:ʒ] *n* espionagem.

es.say ['esei] *n* **1** ensaio (peça literária). **2** esforço ou tentativa de realizar algo. **3** ensaio, teste, experiência. **4** trabalho analítico ou interpretativo. • *vt* tentar, experimentar.

es.sence ['esəns] *n* **1** essência, essencialidade, alma. **2** âmago. **3** entidade espiritual. *the divine essence* / a entidade divina. **4** *Chem* essência, concentração. **5** perfume. *rose essence* / essência de rosas.

es.sen.tial [is'enʃəl] *n* **1** qualidade ou elemento indispensável. **2** princípios básicos. *the essentials of astronomy* / os princípios básicos da astronomia. • *adj* essencial, substancial.

es.tab.lish [ist'æbliʃ] *vt+vi* estabelecer: **1** fundar, instituir. *he established an account* / ele abriu uma conta-corrente. **2** fixar, assentar, firmar. **3** determinar, decretar. **4** organizar. *they established order* / eles restabeleceram a ordem. **5** introduzir. **6** bater (recorde). **7** provar, demonstrar. **8** verificar, constatar. **9** formar, constituir (governo).

es.tab.lish.ment [ist'æbliʃmənt] *n* **1** estabelecimento, instituição, fundação. **2** casa ou estabelecimento comercial, negócio. **3** efetivo militar. *military establishment* / exército ativo, permanente. *war establishment* / efetivo em pé de guerra. **the Establishment 1** as autoridades (públicas e privadas) estabelecidas. **2** *Pol* sistema governante.

es.tate [ist'eit] *n* **1** propriedade rural. **2** espólio: conjunto de bens de uma pessoa por ocasião da sua morte. **3** posição, situação, classe, nível. **4** posses, bens, patrimônio. *personal estate* / bens móveis. *real estate* / bens imóveis, bens de raiz. **man's estate** idade viril do homem. **at marriage estate** em idade de casar.

es.tate a.gent [ist'eit eidʒənt] *n* corretor de imóveis.

es.teem [ist'i:m] *n* **1** estima, consideração, apreço. **2** opinião favorável. *he esteems her* / ele a valoriza. **3** estimativa, avaliação, cálculo, cômputo. • *vt* **1** estimar, avaliar, considerar. *I esteem it an honour* / eu considero isso uma honra.

es.ti.mate ['estimət] *n* **1** estimativa, avaliação. **2** opinião, julgamento. • ['estimeit] *vt* **1** estimar, avaliar, calcular, orçar. **2** julgar, considerar. **rough estimate** orçamento aproximado.

es.ti.ma.tion [estim'eiʃən] *n* **1** estimativa, avaliação, apreciação, cálculo, cômputo. **2** julgamento, opinião. **3** estima. *I hold him in high estimation* / tenho-o em alta estima. **in my estimation** a meu ver, na minha opinião.

es.tranged [istr'eindʒd] *adj* afastado, alienado, marginalizado. *he lives his life estranged from civilization* / ele vive afastado da civilização.

es.trange.ment [istr'eindʒmənt] *n* alienação, desavença, malquerença.

es.tu.ar.y ['estjuəri] *n* estuário, esteiro.

e.ter.nal [it'ə:nəl] *adj* **1** eterno, perpétuo. *the eternal triangle* / o eterno triângulo (amoroso). **2** imortal. **3** perdurável, incessante, constante. **4** infinito. **The Eternal** O Eterno, Deus. **The Eternal City** Roma, cidade eterna.

e.ter.ni.ty [it'ə:niti] *n* eternidade, perpetuidade, perenidade, imortalidade.

e.ther ['i:θə] *n* éter: **1** *Chem* líquido volátil, produto da destilação de álcool com um ácido. **2** fluido sutil cuja existência é admitida em todos os vãos do universo. **3** espaço celeste, atmosfera rarefeita em que se movem os corpos celestes.

e.the.re.al [iθ'iəriəl] *adj* **1** etéreo, celeste. **2** etérico. **3** *fig* puro, elevado. **4** *fig* delicado, tênue, sutil.

eth.i.cal ['eθikəl] *adj* ético, moral, decente.

eth.ics ['eθiks] *n pl* **1** ética, sistema moral. **2** princípios da ética.

eth.nog.ra.phy [eθn'ɔgrəfi] *n* etnografia: antropologia descritiva.

eth.nol.o.gy [eθn'ɔlədʒi] *n Anthr* etnologia: ciência que estuda a divisão da humanidade em raças, suas origens e características.

eth.yl al.co.hol [eθil 'ælkəhɔl] *n Chem* álcool etílico.

e.ti.ol.o.gy [i:ti'ɔlədʒi] *n* etiologia: **1** ciência que estuda a origem das coisas. **2** *Med* teoria sobre a origem das doenças.

et.y.mol.o.gy [etim'ɔlədʒi] *n* etimologia: o estudo da origem das palavras.

eu.gen.i.cs [ju:dʒ'eniks] *n pl* eugenia: ciência que estuda as condições para reprodução e melhoramento da raça humana.

eu.nuch [j'u:nək] *n* eunuco, castrado.

eu.phe.mism [j'u:fimizəm] *n* eufemismo.

eu.pho.ny [ju'u:fəni] n eufonia.

eu.pho.ri.a [ju:f'ɔ:riə] n euforia, sentimento de alegria e excitação.

eu.phor.ic [ju:f'ɔrik] adj eufórico.

eu.tha.na.si.a [ju:θən'eiziə] n eutanásia.

e.vac.u.ate [iv'ækjueit] vt+vi 1 evacuar, desocupar, abandonar, retirar(-se). 2 despejar, esvaziar.

e.vac.u.a.tion [ivækju'eiʃən] n 1 evacuação, retirada. 2 despejo, esvaziamento.

e.vade [iv'eid] vt+vi 1 evadir(-se), iludir, escapar, fugir, livrar-se, esquivar(-se), evitar. 2 fig sofismar, usar subterfúgios, burlar, contornar uma lei.

e.val.u.ate [iv'æljueit] vt avaliar, estimar o valor.

e.val.u.a.tion [ivælju'eiʃən] n avaliação, estimação.

e.vap.o.rate [iv'æpəreit] vt+vi 1 evaporar(-se), evaporizar. 2 secar. 3 dissipar (-se), desaparecer.

e.vap.o.ra.tion [ivæpər'eiʃən] n evaporação.

e.va.sion [iv'eiʒən] n evasão: 1 subterfúgio, evasiva. 2 fuga, escusa.

e.va.sive [iv'eisiv] adj evasivo, ambíguo.

eve [i:v] n 1 noite. 2 véspera. on the eve of the event / na véspera do acontecimento. Christmas Eve véspera de Natal. New Year's Eve véspera de Ano-Novo, noite de São Silvestre.

e.ven ['i:vən] vt+vi 1 igualar, aplainar, nivelar, emparelhar, equilibrar, compensar. 2 comparar-se, equiparar. 4 tirar desforra. • adj 1 plano, chato, liso. 2 nivelado, alinhado, no mesmo nível ou plano. 3 inalterável, invariável, regular, uniforme. 4 par, equiparado, emparelhado. 5 exato, certo, preciso. 6 quite, sem saldo, sem compromisso. 7 fig desforrado, vingado. I shall be even with him yet / ainda vou tirar desforra dele. I am even with him / ajustei a conta com ele. 8 justo, eqüitativo, reto, imparcial. • adv até, mesmo. now I like it even more / agora estou gostando ainda mais. even now I have never met him / até agora nunca o encontrei. he never even listened to me / ele nem mesmo me ouviu com atenção. she made no arrangements nor

even told me she was going away / ela não tomou providências nem mesmo me avisou que ia embora. even as if exatamente como se. even in Brazil mesmo no Brasil. even so ainda assim, todavia, mesmo que. even the rich até os ricos. even though (even if) ainda que, mesmo que. even though I am absent / ainda que eu esteja ausente. odd and even ímpar e par. of even date da mesma data. on an even keel Naut com calado equilibrado, sem diferença de imersão. to be even estar em paz, não dever nada. to even out nivelar-se. to even up repartir igualmente, igualar. to make even a) saldar, liquidar. b) Typogr espaçar, ajustar as linhas.

e.ven.ing ['i:vəniŋ] n 1 noite, anoitecer. this evening / hoje à noite. in the evening / à noite, ao anoitecer. on winter evenings / nas noites de inverno. 2 (no sul dos EUA) tarde, véspera. 3 fig velhice. • adj vespertino. evening class, evening classes / aulas à noite, escola noturna. good evening! boa noite! of an evening Poet certa noite.

e.vent [iv'ent] n 1 evento, acontecimento, incidente, ocorrência. athletic events / competições de atletismo. table of events / programa das festividades. 2 eventualidade, caso. 3 conseqüência, resultado. to watch the event / observar o resultado final. 4 número de um programa. 5 Sport prova. in any event / at all events em todo o caso, aconteça o que acontecer, suceda o que suceder. in the event of no caso de. quite an event! Sport grande ocasião! (acontecimento artístico, esportivo etc.)

e.vent.ful [iv'entful] adj 1 acidentado, agitado, cheio de acontecimentos. 2 importante, significativo, memorável.

e.ven.tu.al [iv'entʃuəl] adj 1 eventual, contingente, possível. 2 conseqüente, conclusivo, final.

ev.er ['evə] adv 1 sempre, constantemente, eternamente, continuamente. the ever increasing poverty / a pobreza sempre crescente. 2 jamais, nunca. have you ever seen anything like it? / já viu uma coisa dessas? **3** já, alguma vez. **be as quick as ever you can** apresse-se o mais que puder. **ever after / ever afterwards / ever since** desde então, depois que, desde, desde o tempo que. **ever and again** continuamente, sempre, de novo. **for ever** para sempre. **for ever so long** quem sabe, por quanto tempo. **hardly ever** quase nunca. **if I were ever so rich** por mais rico que eu fosse. **liberty for ever!** viva a liberdade! **not for ever so much** nem por tudo deste mundo. **who ever can it be?** quem poderia ser?

ev.er.green ['evəgri:n] *n Bot* **1** sempre-viva. **2** ramos de sempre-viva. • *adj Bot* perene.

ev.er.last.ing [evəl'a:stiŋ] *n* **1** *Bot* perpétua. **2** eternidade. • *adj* perpétuo, eterno, durável, sólido. **The Everlasting** Deus, o Eterno.

eve.ry ['evri] *adj* cada (um), todo, todos. *I expect her every minute* / eu a espero a cada momento. *his every word* / todas as suas palavras. *she has every bit as much as her sister* / ela tem exatamente tanto quanto a sua irmã. **every day** diariamente, todos os dias. **every now and then** de vez em quando. **every one** cada um isoladamente. **every other day** dia sim, dia não. **every ten days** de dez em dez dias. **every time** a cada momento, a qualquer oportunidade.

Usa-se **every** quando pensamos nas pessoas ou coisas coletivamente. **Every** é sempre usado como adjetivo com substantivos contáveis. *every girl brought some presents* / todas as meninas trouxeram alguns presentes.

Usa-se **each** quando pensamos nas pessoas ou coisas individualmente. *each boy came with a friend* / cada menino veio com um amigo. **Each** pode ser usado como adjetivo com substantivos contáveis e como pronome. *Many children came to the party. Each with a new friend* / Muitas crianças vieram à festa. Cada uma (das crianças) com um novo amigo.

eve.ry.bod.y ['evribɔdi] *pron* todos, toda gente, todo o mundo, cada um, cada qual.

everybody likes chocolate / todo mundo gosta de chocolate.

Usa-se o pronome **everybody** ou **everyone** com o verbo no singular: *has everybody received the books?* / todos receberam os livros? Entretanto, caso um pronome possessivo venha a ser usado com eles, deverá estar no plural: *has everybody received their books?* / todos receberam seus livros?

eve.ry.day [evrid'ei] *adj* **1** diário, cotidiano. **2** para uso diário. **3** comum, medíocre.

eve.ry.one ['evriwʌn] *pron* = **everybody**.

eve.ry.thing ['evriθiŋ] *n* **1** tudo. **2** a situação toda. *is everything well, mother?* / está tudo bem, mãe?. • *pron* tudo.

eve.ry.where ['evriwɛə] *adv* em toda parte, em todo lugar.

e.vict [iv'ikt] *vt* **1** *Jur* desapropriar judicialmente. **2** desapossar, despejar, expulsar.

e.vic.tion or.der [iv'ikʃən ɔ:də] *n Jur* ordem de despejo.

ev.i.dence ['evidəns] *n* **1** evidência, prova, indício. *internal evidence* / prova intrínseca ou inerente. *a striking piece of evidence* / uma prova irrefutável. *circumstantial evidence* / provas indiciadoras, provas indiretas, provas circunstanciais. *forensic evidence* / prova legal. **2** sinal, indicação, mostra. *his letter gives evidence of good education* / sua carta é sinal de boa educação. **3** testemunho, depoimento de testemunha. *state's evidence* / *Amer* testemunha principal.

e.vil [i:vəl] *n* **1** mal, maldade. *wish no one any evil* / não deseje o mal a outrem. *of two evils choose the least!* / de dois males, o menor! *to speak evil of* / falar mal de (alguém). **2** infortúnio, dano, pecado, desgraça. *he did evil in the sight of the Lord* / ele pecou perante Deus. • *adj* **1** mau, malvado, miserável. *he's an evil boy* / ele é um menino malvado. **2** infeliz. **3** daninho, malfazejo, prejudicial, nocivo. **The Evil one** demônio, diabo.

ev.o.lu.tion [i:vəl'u:ʃən] *n* **1** evolução, desenvolvimento, desdobramento. *Theory of Evolution / Biol* teoria da evolução. *evolution of heat* / emissão de calor. **2** *Math* extração da raiz de um número.

e.volve[iv'ɔlv] *vt+vi* **1** desenvolver(-se), evoluir, expandir. **2** *Chem* emitir. **3** deduzir, derivar.

ewe [ju:] *n* ovelha.

ex.act[igz'ækt] *vt* **1** extorquir, cobrar, arrecadar. **2** exigir, obrigar. • *adj* **1** exato, preciso, correto, justo, certo, acertado. *an exact memory* / uma memória precisa. *exact results* / resultados exatos. *my exact words* / minhas próprias palavras. **2** pontual. **3** direito, escrupuloso, consciencioso, minucioso, cuidadoso.

ex.act.ly[igz'æktli] *adv* **1** exatamente, justamente, precisamente. **2** sim, certo, isso mesmo. *exactly what I was looking for* / exatamente o que eu estava procurando. *she's not exactly an expert* / ela não é bem uma especialista.

ex.ag.ger.ate[igz'ædʒəreit] *vt+vi* **1** exagerar. **2** encarecer. **3** agravar, piorar.

ex.am[igz'æm] *n* exame.

ex.am.i.na.tion[igzæmin'eiʃən] *n* **1** exame, prova, teste. *written examination* / prova escrita. *he took an examination* / ele submeteu-se a um exame. *he passed an examination* / ele foi aprovado num exame. *sl he was plucked in an examination* / ele levou pau num exame. *board of examination* / banca examinadora. **2** interrogatório. **3** investigação. *the case is under examination* / o caso está sendo examinado. *post mortem examination* / autópsia.

ex.am.ine[igz'æmin] *vt* **1** examinar, averiguar, investigar. **2** considerar, ponderar. **3** interrogar, inquirir. **4** inspecionar.

ex.am.ple[igz'a:mpəl; igz'æmpəl] *n* **1** exemplo. *for example* / por exemplo. *by way of example* / para citar um exemplo. **2** molde, modelo. **3** exemplar. *beyond example* / nunca visto, sem precedente. *a bad example* / um mau exemplo. *to set a good example* / dar bom exemplo. *to take example by one* / tomar exemplo de alguém. *let this be an example to you* / que isto lhe sirva de lição. *to make an example* / castigar para servir de exemplo.

ex.as.per.ate[igz'æspəreit] *vt* **1** exasperar, irritar(-se), excitar(-se). **2** provocar.

ex.as.per.a.tion[igza:spər'eiʃən] *n* **1** exasperação, irritação, provocação, agravação. **2** ira, raiva.

ex.ca.vate['ekskəveit] *vt+vi* **1** escavar. **2** cavar. **3** desenterrar, (também *fig*) exumar.

ex.ceed[iks'i:d] *vt+vi* **1** exceder, sobrepujar, superar, ultrapassar. **2** distinguir-se, celebrizar-se.

ex.ceed.ing.ly[iks'i:diŋli] *adv* excessivamente, extraordinariamente, muitíssimo.

ex.cel[iks'el] *vt+vi* exceder, avantajar-se, sobrepujar, distinguir-se, primar, sobressair.

ex.cel.lence['eksələns] *n* excelência, superioridade, qualidade superior, mérito.

ex.cel.lent['eksələnt] *adj* excelente, ótimo, esplêndido, primoroso.

ex.cept[iks'ept] *vt+vi* excetuar, omitir, isentar, eximir, excluir. *the present company excepted* / excetuam-se os presentes. • *prep* exceto, fora, salvo, menos, com exclusão de, à exceção de. *all except you* / todos, com exceção de você. • *conj* a menos que, senão, a não ser que. *except he is willing* / a não ser que ele esteja disposto. *except for your help* / se não fosse o seu auxílio.

ex.cep.tion[iks'epʃən] *n* **1** exceção, exclusão. *beyond exception* / incontestável, não admitindo exceção. *there is no rule without exception* / não há regra sem exceção. *she made an exception of me* / no meu caso, ela fez uma exceção. *the exception proves the rule* / a exceção comprova a regra. **2** privilegiado, pessoa ou coisa excluída. **3** acontecimento fora do comum. *an exception to the rule* / uma exceção à regra. *by way of exception* / por exceção, excepcionalmente. **4** *Jur* objeção. *to take exception to* / objetar, criticar, protestar.

ex.cess[iks'es] *n* excesso: **1** demasia. *excess of kindness* / excesso de bondade. **2** excedente, sobejo, sobra. *it is in excess of his duty* / isto ultrapassa os seus deveres. **3** intemperança, imoderação. **4** abuso, violência. **5** demasiado, desregramento. **to excess** em demasia.

ex.ces.sive[iks'esiv] *adj* excessivo: **1** de-

E

masiado, exorbitante. **2** imoderado, desmesurado, exagerado. **3** descomunal, anormal.

ex.change [ikstʃ'eindʒ] *n* **1** troca, permuta. *exchange of views* / troca de idéias. *in exchange* / em troca. **2** câmbio, operações cambiais. **3** Bolsa, central de corretagens ou valores. *bill of exchange* / letra de câmbio. *rate of exchange* / taxa de câmbio. • *vt+vi* trocar, cambiar, permutar. *Mil* transferir. *a dollar exchanges for four francs* / um dólar vale quatro francos.

ex.cite [iks'ait] *vt* excitar: **1** despertar, estimular, incitar. **2** provocar, irritar. **3** emocionar, animar. *do not excite yourself* / não se excite.

ex.cite.ment [iks'aitmənt] *n* **1** excitamento, excitação. **2** instigação, incitamento. **3** irritação, provocação, agitação. **4** estímulo, exaltação.

ex.cit.ing [iks'aitiŋ] *adj* **1** excitante. **2** emocionante, empolgante. **3** estimulante. **4** *coll* excelente, notável, sugestivo.

ex.claim [ikskl'eim] *vt+vi* exclamar, chamar, gritar.

ex.cla.ma.tion [ekskləm'eiʃən] *n* exclamação.

ex.clude [ikskl'u:d] *vt* **1** excluir. **2** excetuar, rejeitar. **3** eliminar.

ex.clu.sion [ikskl'u:ʒən] *n* **1** exclusão. **2** rejeição. **3** expulsão.

ex.clu.sive [ikskl'u:siv] *adj* **1** exclusivo. *exclusive sale* / venda exclusiva. **2** único. **3** privativo. **4** restrito.

ex.cur.sion [iksk'ə:ʃən; iksk'ʒən] *n* **1** excursão, viagem de recreio, passeio. **2** *fig* digressão.

ex.cus.a.ble [ikskj'u:zəbəl] *adj* desculpável, perdoável, escusável.

ex.cuse [ikskj'u:s] *n* **1** escusa, desculpa, apologia, perdão. *he advanced an excuse* / ele apresentou sua escusa. *he offered an excuse* / ele pediu desculpa. **2** pretexto, alegação. *he always makes excuses* / ele tem sempre desculpas, ele sempre inventa pretextos. **3** justificativa. *he has an excuse for his mistake* / ele tem uma desculpa para o seu engano. • [ikskj'u:z] *vt* **1** desculpar, escusar, perdoar. *excuse*

my haste / desculpe minha pressa. *I beg to be excused* / peço desculpar-me. **2** justificar. *I can't excuse his behaviour* / eu não posso desculpar o comportamento dele. **3** dispensar, isentar. *I was excused from attendance* / fui dispensado de comparecer. *he was excused the tax* / perdoaram-lhe o imposto.

Usa-se **excuse me** com o significado de "com licença" quando nos dirigimos a alguém ou queremos interrompê-lo: *excuse me, madam! can you tell where the post-office is, please?* / com licença! a senhora poderia me dizer onde fica o correio, por favor?

Usa-se **sorry** para pedir desculpas por um erro cometido: *I'm sorry I have broken your vase* / desculpe-me por ter quebrado seu vaso.

ex.e.cute ['eksikju:t] *vt* executar: **1** efetuar, cumprir, desempenhar. **2** fazer, realizar, levar a efeito. **3** exercer, praticar. **4** tocar. *to execute a piece of music* / executar uma peça musical. **5** *Jur* penhorar, seqüestrar.

ex.e.cu.tion [eksikj'u:ʃən] *n* execução: **1** realização. **2** *Jur* exação, penhora, seqüestro, embargo. **3** despacho. **4** *Mus* execução, peça, recital. **5** suplício, pena de morte. *writ of execution* / auto de execução. **to do great execution upon the enemy** causar grandes estragos ao inimigo.

ex.e.cu.tion.er [eksikj'u:ʃənə] *n* executor, carrasco, algoz.

ex.empt [igz'empt] *n* pessoa privilegiada, isenta de certo dever. • *vt* isentar, libertar, dispensar, eximir. • *adj* isento, livre, liberto.

ex.emp.tion [igz'empʃən] *n* isenção, dispensa. *exemption from taxation* / isenção de taxação.

ex.er.cise ['eksəsaiz] *n* **1** exercício: a) treino, adestramento, ensaio. b) prática, execução. *I exercise my mind by learning languages* / eu exercito minhas faculdades mentais estudando línguas. c) ginástica, educação física. *I take some exercises every day* / faço diariamente alguns exercícios de ginástica. d) lição, tema escolar. **2** uso, emprego, aplicação. • *vt+vi* exercitar: a) praticar. b) adestrar, ensaiar, treinar. *he exercises himself in swimming* / ele está treinando natação. c) instruir recrutas. d) empregar, usar. **abdominal exercises** exercícios abdominais. **acqua exercises** hidroginástica. **written exercise** exercício escrito.

ex.ert [igz'ə:t] *vt* **1** mostrar, externar, manifestar. **2** exercer. **3** empregar, aplicar. **4** esforçar(-se), empenhar(-se). *I exert myself* / eu me empenho, eu me esforço.

ex.haust [igz'ɔ:st] *n* **1** escape, escapamento, descarga. **2** vapor ou gás de escape. **3** *coll* tubo de descarga ou escape. • *vt+vi* **1** esvaziar, despejar. **2** gastar, consumir. *he exhausted the water in the well* / ele esgotou toda a água do poço. **3** fatigar, esgotar. *she exhausted herself in excuses* / ela não cansou de desculpar-se. **4** exaurir, extenuar.

ex.haust.ing [igz'ɔ:stiŋ] *adj* exaustivo, fatigante.

ex.hib.it [igz'ibit] *n* **1** exibição, apresentação, exposição. **2** *Jur* prova, documento, testemunho. **3** objetos expostos. • *vt+vi* **1** exibir, expor, apresentar. **2** mostrar, revelar. **3** *Jur* apresentar provas.

ex.hi.bi.tion [eksib'iʃən] *n* **1** exposição, mostra. *on public exhibition* / exposto ao público. **2** exibição pública. **3** explicação, explanação. **4** prova, declaração. **to make an exhibition of oneself** fazer figura ridícula, tornar-se ridículo em público.

ex.hil.a.ra.ting [igz'iləreitiŋ] *adj* divertido, hilariante.

ex.hort [igz'ɔ:t] *vt+vi* exortar: **1** incitar, alentar, animar, estimular. **2** aconselhar.

ex.ile ['eksail] *n* **1** exílio, desterro, banimento, degredo, expatriação. **2** *fig* retiro, solidão. **3** exilado, desterrado, degredado, expatriado. • *vt* (**from** de) exilar, desterrar, banir, expatriar.

ex.ist [igz'ist] *vi* existir: **1** viver. *we have to exist in this hole!* / temos de viver nesta cova! **2** subsistir. *how can you exist on so little?* / como você consegue viver com tão pouco? **3** ocorrer. *do such things exist?* / há tal coisa?, já viu tal coisa?

ex.ist.ence [igz'istəns] *n* existência, vida, ser, tudo que existe, ocorrência. *the struggle for existence* / a luta pela vida. *a wretched existence* / uma vida miserável. *in existence* / vivo, existente. **to call into existence** criar, inventar, fundar.

ex.it ['eksit] *n* **1** saída: a) ato ou efeito de sair. b) lugar por onde se sai. **2** *fig* morte. • *vi* **1** sair. **2** *fig* morrer.

ex.on.er.a.tion [igɔnə'reiʃən] *n* **1** exoneração, desobrigação. **2** isenção. **3** perdão, desculpa.

ex.or.bi.tant [igz'ɔ:bitənt] *adj* **1** exorbitante, excessivo. **2** extravagante, imoderado, descomedido.

ex.or.cism ['eksə:sizəm] *n* exorcismo, esconjuro.

ex.o.ter.ics [eksout'eriks] *n* exoterismo.

ex.ot.ic [egz'ɔtik] *n* **1** estrangeirismo. **2** planta ou qualquer coisa exótica. • *adj* **1** exótico, estranho, estrangeiro. **2** raro, invulgar.

ex.pand [iksp'ænd] *vt+vi* **1** expandir(-se), dilatar(-se), ampliar. **2** desenvolver(-se). **3** espalhar(-se), estender(-se), alargar(-se), prolongar(-se). *the flowers expand their petals* / as flores desabrocham as suas pétalas. **to expand on** desenvolver. *the essay was expanded on by the professor* / o ensaio foi desenvolvido pelo professor.

ex.pan.sion [iksp'ænʃən] *n* **1** expansão, dilatação, extensão. **2** propagação, ampliação.

ex.pect [iksp'ekt] *vt+vi* **1** esperar, aguardar, contar com. *I expect him for dinner* / conto com a presença dele no jantar. *I expect (that) she will come* / *I expect her to come* / espero que ela venha. **2** *coll* pensar, supor, presumir. *I expect to meet her in the restaurant* / espero encontrá-la no restaurante. *I expect it was stolen* / suponho que foi furtado. *he expects to leave tomorrow* / ele pretende viajar amanhã. **to be expecting (a baby)** estar grávida.

ex.pect.ant [iksp'ektənt] *n* expectante. • *adj* **1** expectante, esperançoso, prometedor. **2** grávida. *heir expectant* / herdeiro presumível (da coroa).

ex.pec.ta.tion [ekspekt'eiʃən] *n* **1** expectativa. *contrary to expectation* / contra toda expectativa. *the play falls short of my expectations* / a peça não corresponde às minhas expectativas. **2** perspectiva. **3** esperança. **4** suposição.

ex.pe.di.tion [ekspid'iʃən] *n* expedição: **1** viagem (especialmente para exploração). *on an expedition* / numa expedição. **2** *Mil* campanha militar. **3** pressa, urgência, rapidez, velocidade. *with utmost expedition* / com extrema urgência.

ex.pel [iksp'el] *vt* **1** expelir, expulsar. *he was expelled from school* / ele foi expulso da escola. **2** deportar. **3** *Tech* expelir, arremessar.

ex.pend [iksp'end] *vt* expender, despender, gastar, empregar.

ex.pense [iksp'ens] *n* **1** despesa, gasto. *he went to great expense* / ele não poupou despesas. *we must not consider (not spare) the expenses* / não devemos medir (poupar) despesas. **2** custo, dispêndio. **3** perda, sacrifício. **at an expense of** pelo preço de. **expenses covered** franco ou isento de despesas. **expenses of production** custos de produção. **incidental expenses** despesas eventuais, acessórias ou imprevistas. **petty expenses** despesas miúdas. **to laugh at one's expense** rir às custas de alguém. *that was a laugh at my expense* / riram às minhas custas. **travelling expenses** despesas de viagem. **working expenses** despesas de produção.

ex.pen.sive [iksp'ensiv] *adj* dispendioso, caro, custoso.

ex.pe.ri.ence [iksp'iəriəns] *n* **1** experiência, prática. *business experience* / experiência comercial (ou de negócios). **2** peripécia, aventura. **3** ensaio, treinamento. **4** conhecimento, perícia. **a man of experience** um homem de experiência. **by my own experience** pela minha própria experiência. **experience in teaching** prática no magistério. • *vt* **1** experimentar, experienciar, conhecer, saber por experiência. **2** sofrer, sentir, padecer, suportar.

ex.per.i.ment [iksp'erimənt] *n* experiên-

cia, experimentação, tentativa, prova, experimento, ensaio. • *vi* experimentar, tentar, ensaiar, fazer experiências.

ex.pert ['ekspə:t] *n* perito, técnico, especialista. *an art expert* / um perito em arte. *an expert at swimming* / um nadador excelente. • *adj* [eksp'a:t] perito, experimentado, versado, hábil, prático, conhecedor, experto, destro.

ex.pire [iksp'aiə] *vt+vi* expirar: **1** expelir, exalar. **2** *fig* morrer. **3** terminar, vencer (prazo). *your driving licence expires in May* / a sua carteira de motorista expira em maio.

ex.plain [ikspl'ein] *vt+vi* **1** explicar, esclarecer, elucidar, ilustrar. *can you explain your conduct?* / você pode justificar a sua conduta? **2** interpretar. **3** motivar, fundamentar. **to explain away** dar satisfação (geralmente sobre atitudes ou ações erradas).

ex.pla.na.tion [eksplən'eiʃən] *n* **1** explanação, explicação, exposição, esclarecimento. *explanation of symbols* / explicação de símbolos. *in explanation* / em elucidação. *to give an explanation of something* / esclarecer alguma coisa. *he made some explanation* / ele prestou algumas informações. **2** discussão, interpretação. *to have an explanation with* / ter uma discussão ou altercação. **3** reconciliação, entendimento. *they came to an explanation* / eles chegaram a um entendimento.

ex.plode [ikspl'oud] *vt+vi* **1** explodir, detonar. **2** demolir, destruir. **3** estourar, rebentar, dar vazão (a sentimentos).

ex.ploit[1] ['eksploit] *n* bravura, ato de heroísmo, feito heróico, façanha, proeza.

ex.ploit[2] [ikspl'oit] *vt* explorar, aproveitar(-se), tirar partido, utilizar.

ex.ploi.ta.tion [eksploit'eiʃən] *n* exploração, utilização, aproveitamento. **wasteful exploitation** exploração desperdiçada.

ex.plore [ikspl'ɔ:] *vt+vi* explorar, investigar, examinar.

ex.plor.er [ikspl'ɔ:rə] *n* explorador. **space explorer** astronauta.

ex.plo.sion [ikspl'ouʒən] *n* **1** explosão,

estouro. **2** detonação, erupção. **3** *fig* manifestação violenta de sentimentos. **the population explosion** a manifestação violenta da população.

ex.plo.sive [ikspl'ousiv] *n* **1** explosivo. **2** *Phon* som ou consoante explosiva. • *adj* explosivo. **explosive substance** substância explosiva.

ex.port ['ekspɔ:t] *n* **1** exportação. **2** produto da exportação. **3** total de material exportado. • [eksp'ɔ:t] *vt+vi* exportar.

ex.pose [iksp'ouz] *vt* **1** expor, exibir. *he exposed himself to ridicule* / ele se expôs ao ridículo. **2** descobrir. **3** deixar desabrigado. **4** apresentar para venda. **5** desmascarar, evidenciar, patentear. **6** *Phot* expor à luz.

ex.po.sure [iksp'ouʒə] *n* **1** exposição, exibição. **2** abandono ao ar, à água ou às intempéries. **3** comprometimento, revelação. **4** *Phot* tempo de exposição à luz.

ex.press¹ [ikspr'es] *n* **1** mensagem urgente, carta ou encomenda expressa. **2** *Amer* empresa de remessas rápidas de dinheiro, valores e encomendas. **3** expresso: trem rápido. • *vt* despachar como encomenda, enviar por mensageiro, remeter com urgência. • *adj* expresso, claro, definido, categórico, explícito. • *adv* por via expressa. *I sent the package express* / enviei o volume por via expressa.

ex.press² [ikspr'es] *vt* **1** expressar, enunciar por palavras ou gestos. **2** simbolizar, representar. **3** manifestar, externar. **to express oneself** dar vazão aos seus sentimentos, manifestar sua opinião.

ex.pres.sion [ikspr'eʃən] *n* **1** expressão, manifestação, declaração. **2** fraseado, locução. **3** acentuação, atitude, gesto. **4** fórmula algébrica.

ex.press.ive [ikspr'esiv] *adj* expressivo, enérgico, significativo, indicativo.

ex.pul.sion [iksp'ʌlʃən] *n* expulsão, exclusão.

ex.put ['eksput] *n* *Comp* exput: extração de informações de um banco de dados computadorizado.

ex.qui.site ['ikskwizit] *adj* seleto, apurado, requintado. *exquisite weather* / tempo excepcionalmente bom.

A grafia semelhante ao português pode induzir a erro de tradução. **Exquisite** significa "refinado". "Esquisito" em inglês traduz-se por **strange**.

ex.tend [ikst'end] *vt+vi* **1** estender: a) prolongar(-se), alongar(-se). b) ampliar(-se), aumentar, amplificar. c) alargar, dilatar, expandir. d) prorrogar (prazo). **2** oferecer, dar, conceder. *to extend a welcome* / dar as boas-vindas, dar hospitalidade. **3** escrever por extenso (o que havia sido taquigrafado). *he extended a line* / ele traçou uma linha.

ex.ten.sion [ikst'enʃən] *n* extensão: **1** ampliação, amplificação. **2** alongamento, prolongamento. **3** dilatação, expansão. **4** aumento. **5** ramal de telefone.

ex.ten.sive [ikst'ensiv] *adj* extensivo, extenso, largo, vasto, amplo, espaçoso.

ex.tent [ikst'ent] *n* **1** extensão: altura, largura, comprimento, tamanho, volume. **2** amplitude, alcance, âmbito, grau. **extent of tolerance** margem de tolerância. **in extent** em circunferência. **the extent of the forest** a amplidão da floresta. **to a certain extent** até certo ponto. **to a great extent** em grande escala ou proporção. **to its full extent** inteiramente. **writ of extent** *Jur* mandado de penhora.

ex.ter.mi.nate [ekst'ə:mineit] *vt* exterminar, arruinar, eliminar, aniquilar, extirpar.

ex.ter.mi.na.tion [ekstə:min'eiʃən] *n* extermínio, exterminação, destruição, eliminação.

ex.ter.nal [ekst'ə:nəl] *n* **1** exterior, exterioridade, aparência. **2** formalidade. • *adj* **1** externo, exterior. *for external use* / para uso externo. **2** estranho. *external to philosophy* / estranho à filosofia. **3** visível, material, físico, corporal. **4** estrangeiro, forasteiro. **the external world** o mundo exterior.

ex.tinct [ikst'iŋkt] *adj* **1** extinto. *an extinct volcano* / um vulcão extinto. **2** apagado. **3** morto, acabado. **4** revogado, abolido. **5** liquidado.

ex.tinc.tion [ikst'iŋkʃən] *n* **1** extinção, destruição, aniquilação, aniquilamento. **2** abolição. **3** exterminação. **4** liquidação.

ex.tin.guish [ikst'iŋgwiʃ] *vt* **1** extinguir,

apagar. **2** aniquilar, destruir. **3** matar. **4** abolir, eliminar.

ex.tin.guish.er [ikst'iŋgwiʃə] *n* extintor, apagador. *fire extinguisher* / extintor de incêndio.

ex.tort [ikst'ɔ:t] *vt* extorquir, arrebatar, forçar.

ex.tor.tion.ate [ikst'ɔ:ʃənit] *adj* **1** extorsivo. **2** exorbitante.

ex.tra ['ekstrə] *n* **1** extraordinário. **2** acréscimo, aumento. *music is an extra* / cobra-se um acréscimo pela música. **3** edição extra de jornais. **4** figurante em teatro ou filme, operário diarista. **5** extras gastos extraordinários, despesas suplementares, taxa suplementar. *heating and washing are extras* / para aquecimento e lavagem de roupa, cobrar-se-ão taxas adicionais. • *adj* **1** extra, extraordinário, especial, inusitado. **2** superior. **3** suplementar. • *adv* super, extra. *extra large* / supergrande, tamanho acima do grande (roupas).

ex.tract ['ekstrækt] *n* extrato: **1** resumo, sumário. **2** essência, extrato. • [ikstr'ækt] *vt* **1** extrair, arrancar, tirar. **2** *Chem* precipitar, lavar. **3** transcrever. **4** deduzir. **5** calcular. **6** publicar um extrato (trecho de algo escrito).

ex.tra.ne.ous [ekstr'einiəs] *adj* **1** estranho, alheio. **2** irrelevante. **3** externo, exterior. **4** extrínseco.

ex.traor.di.na.ry [ikstr'ɔ:dənəri] *adj* extraordinário, raro, notável, singular.

ex.trav.a.gance [ikstr'ævəgəns] *n* **1** extravagância, gasto excessivo. **2** excesso, exagero.

ex.trav.a.gant [ikstr'ævəgənt] *adj* **1** gastador, perdulário. **2** excessivo, exagerado.

ex.treme [ikstr'i:m] *n* **1** extremo. *in the extreme* / *to an extreme* / extremamente, em extremo. *at the other extreme* / na ponta oposta, na extremidade oposta. **2** extremidade. *extremes meet* / os extremos se tocam, ou contrastes se atraem. *to fly to the opposite extreme* / cair no extremo oposto. **3** último grau. **4** excesso, descomedimento, exagero. *to carry modesty to an extreme* / exagerar a modéstia. *to go to extremes* / ir aos extre-

mos. • *adj* **1** extremo. **2** derradeiro, último. **3** sumo, supremo. **4** grandíssimo, extremado. **5** excessivo, imoderado. **6** violento, severo. **7** exagerado.

ex.trem.i.ties [ikstr'emitiz] *n pl* **1** extremidades. **the extremities** os membros, as extremidades. **2** extrema miséria, necessidade, situação desesperadora ou aflitiva. **reduced to extremities** inteiramente arruinado. **3** medidas extremas. *he went (or proceeded) to extremities* / tomou medidas extremas.

ex.tri.cate ['ekstrikeit] *vt* desembaraçar, livrar, libertar, soltar, desprender, desenredar, deslindar.

ex.tro.vert ['ekstrəvə:t] *adj Psych* extrovertido.

ex.u.ber.ance [igzj'u:bərəns] *n* exuberância, superabundância, opulência.

ex.u.ber.ant [igzj'u:bərənt] *adj* exuberante, abundante.

ex.ult.ant [igz'ʌltənt] *adj* exultante, triunfante, jubilante.

eye [ai] *n* **1** olho, vista. **2** íris. **3** visão, percepção. **4** olhar, olhadela. **5** olhar vigilante. **6** senso, sentido. **7** modo de ver, opinião, ponto de vista. **8** *Bot* botão, broto. **9** olhal, clarabóia. **10** orifício da agulha, colchete. • *vt* olhar, observar, mirar, examinar. **a private eye** detetive particular. **eye of the storm** *Meteor* o centro de um ciclone tropical. **eye of the wind** *Meteor* o ponto do qual o vento sopra. **eyes front, right, left** *Mil* sentido! olhar à frente, à direita, à esquerda. **mind your eyes!** cuidado com os olhos! **the evil eye** mau-olhado. **the sight offends your eyes** o espetáculo ou o procedimento ofende a vista. **the sight relieves the eyes** o espetáculo deleita a vista. **to be up to the eyes with work** estar sobrecarregado de trabalho. **to cast an eye on something** dar uma olhada. **to catch someone's eye** chamar a atenção de alguém. **to eye somebody from top to toe** olhar alguém dos pés à cabeça. **to give someone the eye** demonstrar simpatia. **to keep an eye on** ficar de olho. **to open one's eye to the truth** fazer ver a verdade. **to see something with half an eye** perceber tudo à primeira vista. **to**

set someone's eyes on somebody ver alguém. *I set my eyes on him for the first time* / eu o vi pela primeira vez. **to shut one's eyes** fingir que não vê. **to turn a blind eye to** fingir que não vê.

eye.ball [ˈaibɔːl] *n* globo ocular.

eye.brow [ˈaibrau] *n* sobrancelha.

eye-catch.ing [ˈai kætʃiŋ] *adj* que chama a atenção. *she was wearing an eye-catching blouse* / ela estava usando uma blusa muito vistosa.

eyed [aid] *adj* que tem olhos. *blue eyed* / de olhos azuis.

eye.glass [ˈaiglaːs] *n* **1** lente. **2** óculos. **3** monóculo.

eye.lash [ˈailæʃ] *n* pestana, cílio.

eye.let [ˈailit] *n* **1** ilhó. **2** furo, orifício.

eye.lid [ˈailid] *n* pálpebra.

eye.sight [ˈaisait] *n* vista, visão.

eye sock.et [ˈai sɔkit] *n* órbita ocular.

eye.wit.ness [ˈaiwitnis] *n* testemunha ocular.

f

F, f [ef] n **1** sexta letra do alfabeto, consoante. **2** *Mus* fá: quarta nota da escala musical.

fa.ble [feibəl] n **1** fábula, narração alegórica, lenda, mito. **2** história inventada, mentirosa. **3** enredo de poema, romance ou drama. **4** ficção. • vt contar ou criar fábulas.

fab.ric [f'æbrik] n tecido, pano. *a fabric of synthetic fiber* / um tecido de fibra sintética.

A grafia semelhante ao português pode induzir ao erro de tradução. **Fabric** significa "tecido, pano". "Fábrica" em inglês traduz-se por **factory** ou **plant**.

Veja outra nota em **pano**.

fab.ri.ca.tion [fæbrik'eiʃən] n **1** fabricação. **2** construção. **3** invenção, mentira.

fab.u.lous [f'æbjuləs] adj **1** fabuloso, lendário, alegórico, mitológico. **2** falso, imaginário, inventado, fictício. **3** incrível, admirável, prodigioso, grandioso.

fa.çade [fəs'a:d] n **1** *Archit* fachada, frontispício. **2** *fig* fachada: falsa aparência.

face [feis] n **1** face: a) cara, rosto. b) fisionomia, semblante. c) careta. d) *Poet* presença. **2** expressão de atitude moral: a) descaramento, audácia, atrevimento. b) dignidade, prestígio. **3** parte principal ou dianteira de alguma coisa. **4** parte principal ou lateral de alguma coisa: a) anverso de cristais ou moedas. b) mostrador de relógio. c) *Typogr* olho de tipo. • vt **1** encarar, enfrentar, afrontar, apresentar-se. *he must face the facts* / ele tem de encarar os fatos. **2** fazer face a, opor-se, resistir. *to face the enemy* / encarar (ou enfrentar) o inimigo. **3** ficar em frente de. *the window faces the garden* / a janela dá para o jardim. **4** defrontar-se com. *to be faced with ruin* / estar diante da derrota, da destruição, da falência. **5** virar de face para cima (por exemplo, cartas). **about face!** meia-volta volver! **before my face** diante dos meus olhos. **boldface** *Typogr* negrito. **face to face** a) cara a cara. b) pessoalmente. **for his fair face** pelos seus lindos olhos. **full face** vista de frente. **half face** perfil. **in face of** mediante. **in the face of** diante de, em face de, em virtude de. **in the face of the day** às claras, abertamente. **left face!** à esquerda volver! **on the face of it** a julgar pela aparência. **right face!** à direita volver! **she made up her face** ela maquilou o rosto. **to carry two faces** ter duas caras, ser ambíguo. **to face about, left, right** fazer meia-volta, esquerda volver, direita volver. **to face down** a) alisar. b) *fig* suster com audácia ou imprudência. **to face out** persistir descaradamente. **to face out a lie** mentir desavergonhadamente. **to face up to** enfrentar corajosamente. **to flee from someone's face** fugir de alguém. **to fly into one's face** atacar alguém. **to fly into the face of decency** pecar contra a decência. **to have a face of** fingir. **to have the face to do something** ter o atrevimento de fazer alguma coisa. **to look a person in the face** encarar alguém. **to lose face** desprestigiar-se, ser humilhado. **to make a face** fazer caretas. **to put a good (bold) face on** enfrentar algo com coragem. **to put a new face on** dar novo aspecto. **to**

save one's face salvar as aparências. **to set one's face against** opor-se tenazmente. **to show one's face** mostrar a cara. **to shut the door in a person's face** bater a porta na cara de alguém.

face care [fˈeis kɛə] *n* limpeza de pele.

face-cream [fˈeiskri:m] *n* creme facial.

face.less [fˈeislis] *adj* **1** sem rosto. **2** sem personalidade.

face-lift.ing [fˈeis liftŋ] *n Surg* cirurgia plástica facial para remoção de rugas.

fac.et [fˈæsit] *n* faceta: a) superfície limitante de pedra preciosa. b) aspecto de consideração.

fa.ce.tious [fəsˈiːʃəs] *adj* que faz brincadeiras ou zombarias inoportunas.

fa.cial [fˈeiʃəl] *n* massagem facial, tratamento facial. • *adj* facial.

fac.ile [fˈæsail; fˈæsəl] *adj* fácil: **1** simples, de fácil compreensão. **2** afável, acessível, dócil, tratável, complacente, condescendente. **3** simplório.

fa.cil.i.ties [fæsˈiliti] *n pl* **1** facilidades. **2** instalações. **3** recursos.

fa.cil.i.ty [fəsˈiliti] *n* **1** facilidade. **2** simplicidade. **3** flexibilidade. **4** habilidade, desembaraço.

fact [fækt] *n* fato: **1** coisa ou ação feita. *founded on fact* / baseado em fatos. **2** caso, acontecimento, ocorrência, sucesso, ato. *the fact that I was present, the fact of my being present* / o fato da minha presença. *his facts are doubtful* / os fatos por ele alegados são duvidosos. **3** realidade, verdade. *is that a fact?* / é verdade?, realmente? **4** crime, delito. **a matter-of-fact person** uma pessoa sensata, prática, objetiva. **as a matter of fact** o fato é que, em verdade, para dizer a verdade, realmente. **fact of life** aspecto fatual da vida humana. **facts of life** fatos relativos a sexo, reprodução, parto. **hard facts** crua realidade. **in fact** de fato, para dizer a verdade. *in fact, I won't put up with it* / para dizer a verdade, não admitirei isso.

fac.tor [fˈæktə] *n* **1** fator: elemento, momento, circunstância que concorre para um resultado. **2** *Math* fator, coeficiente.

3 feitor, agente comercial, administrador, econômo. • *vt+vi Math* fatorar, decompor em fatores. **factor of production** *Com* fator de produção. **factor of safety** fator de segurança.

fac.to.ry [fˈæktəri] *n* fábrica, manufatura, usina. Veja nota em **fabric**.

fac.tu.al [fˈæktjuəl] *adj* efetivo, real, fatual.

fac.tu.al.ly [fˈæktjuəli] *adv* efetivamente, realmente, de acordo com os fatos.

fac.ul.ty [fˈækəlti] *n* **1** faculdade: a) poder de fazer. b) direito. c) capacidade, habilidade. d) potência moral. e) talento, aptidão. f) qualidade natural, disposição. **2** faculdade de uma universidade. *faculty of Law* / faculdade de direito. **3** membros de um departamento de uma universidade. **faculty members** corpo docente e técnicos de um departamento acadêmico. **the Four Faculties** as quatro faculdades (teologia, direito, medicina, humanidades).

fad [fæd] *n* moda passageira, mania, *fig* coqueluche. *the fad took hold of the nation* / a moda espalhou-se pelo país inteiro.

fade [feid] *vt+vi* **1** murchar, estiolar. **2** enfraquecer, desmaiar, desfalecer. **3** desbotar, descolorir. **to fade away** desvanecer-se, esmorecer, passar, desaparecer.

fad.ing [fˈeidiŋ] *n* **1** desvanecimento, desaparecimento gradual. **2** *Radio* variação do volume. • *adj* **1** passageiro, transitório, efêmero. **2** que murcha, definha ou desbota.

fag [fæg] *n* **1** trabalho enfadonho ou penoso. **2** esgotamento, exaustão. **3** calouro que presta serviços a alunos veteranos. **4** *sl* cigarro. **5** *Amer* homossexual, *sl* bicha. • *vt+vi* **1** trabalhar muito, estafar-se, cansar-se. **2** prestar serviços a aluno de classe superior. **to fag at** estudar com aplicação. **to fag out** (críquete) interceptar a bola.

fail [feil] *n* reprovação, falta (só na expressão: **without fail** sem falta). • *vt+vi* **1** faltar, haver falta, ser insuficiente ou deficiente. *to fail to keep the promise* / não cumprir a promessa. *he will not fail to succeed* / ele, infalivelmente, será bem-sucedido. *he never failed to come* / ele nunca deixou de vir. **2** minguar, acabarse, extinguir-se, desvanecer-se. **3** definhar, enfraquecer, declinar, decair. *he is failing fast* / suas forças declinam rapidamente. **4** faltar, falhar, não socorrer, trair, desapontar, abandonar. *her sight failed* / sua vista falhou. *words fail me* / faltam-me palavras. **5** fracassar, malograr, ser malsucedido. *his plans failed* / seus planos falharam. **6** ser reprovado em exame, reprovar em exame. *he failed in his examination* / foi reprovado no exame. **7** falir, ir à bancarrota. *the business failed* / o negócio faliu. **to fail a friend in need** abandonar um amigo na desgraça. **to fail in** fracassar em, deixar faltar. *he failed in his work* / ele negligenciou seu trabalho. **to fail of one's word** faltar à palavra.

fail.ing [f'eiliŋ] *n* **1** falta (na perfeição), defeito, deficiência, imperfeição, fraqueza, ponto fraco. **2** falta (na execução): ausência, negligência, culpa. **3** fracasso, quebra, bancarrota, falência. • *adj* que falta ou falha: deficiente, enfraquecido, debilitado, combalido, desistente, negador. *his failing heart is a reality now* / seu coração debilitado é uma realidade atualmente. • *prep* à falta de, na falta de. *failing direct heirs* / na falta de herdeiros diretos. *failing this* / se tal não se der, quando não, senão. *failing wine, I drink beer* / na falta de vinho, beberei cerveja.

fail.ure [f'eiljə] *n* **1** falta, carência, falha, deficiência. **2** omissão, falta de execução. **3** insucesso, malogro, fracasso. **4** declínio, definhamento, decadência, decaimento, colapso. **5** falência, quebra, bancarrota, insolvência. **failure of crops** má colheita.

faint [feint] *n* desmaio, desfalecimento. • *adj* **1** fraco: a) débil, lânguido, abatido, desmaiado, desfalecido, frouxo. *faint hope* / leve esperança. b) tímido, medroso, covarde. c) indistinto, leve, ligeiro, que se ouve mal, vago, tênue. *you do not have the faintest idea...* / você não tem a menor idéia... d) desbotado, pálido, desmaiado (cor). **2** sufocante, abafadiço. • *vi* desmaiar, desfalecer. *she was fainting with hunger* / ela estava desmaiando de

fome. **dead faint** desmaio profundo. **faint heart never won fair lady** quem não arrisca, não petisca.

faint-heart.ed [feint h'a:tid] *adj* covarde, medroso, tímido, frouxo.

fair¹ [fɛə] *n* **1** feira. **2** feira de amostras. **3** *Amer* bazar de caridade. **the book fair** a feira do livro.

fair² [fɛə] • *adj* **1** regular, satisfatório. **2** uniforme, suave. **3** proporcionado, formoso, belo. **4** claro, límpido. **5** claro, louro (cabelo, face). **6** limpo, íntegro. **7** desimpedido. **8** sereno (céu). **9** bom, favorável (vento). **10** legítimo, justo. *he has a fair chance* / ele tem uma oportunidade justa. **11** honesto, franco (jogo, luta). • *adv* **1** de modo justo, favorável. *they played fair* / eles jogaram honestamente. *the wind sits fair* / o vento está favorável. **2** em cheio. **a fair share** uma parte justa. **by fair means** por bem, sem violência. **by fair means or foul** de um modo ou de outro. **fair and softly goes afar** devagar se vai ao longe. **fair and square** honesto, justo. **fair field and no favour** possibilidades iguais para todos. **fair play** jogo limpo. **fair water** água límpida. **fair wear and tear** *Tech* desgaste justo: dano ou desgaste causado aos bens em conseqüência de uso normal. **the belly is not filled with fair words** palavras bonitas não enchem barriga. **the stone hit him fair in the head** a pedra caiu-lhe diretamente na cabeça. **to bid fair to** prometer, ser auspicioso. **to give someone fair warning** avisar em tempo. **to have a fair livelihood** ter para viver comodamente. **to stand fair for** ter esperanças. **to stand fair with a person** estar em bons entendimentos com alguém.

fair.ly [f'ɛəli] *adv* **1** regularmente, razoavelmente. **2** completamente, absolutamente. **3** brandamente. **4** convenientemente, distintamente. **5** justamente, honestamente. Veja nota em **rather**.

fair.y [f'ɛəri] *n* **1** fada. **2** *sl* homossexual, bicha.

fair.y tale [f'ɛəri teil] *n* conto de fadas.

faith [feiθ] *n* fé: **1** fé, crença ou convicção

religiosa. **2** crença, matéria de crença, boas intenções. *in (all) good faith* / de boa fé, com boas intenções. *in bad faith* / de má-fé, com más intenções. **3 the faith** a fé de Cristo, a religião cristã. • *interj* de fato, na verdade! *in faith* / na verdade, por certo. **on the faith of** confiando em. **to break faith** quebrar a fé. **to keep faith with** ser leal, fiel a. **to keep one's faith** cumprir a palavra. **to pin one's faith to** (ou **upon**) ter fé e confiança, não dar ouvidos a razão ou argumentos. **to put faith in** dar fé, acreditar, confiar.

faith.ful [fˈeiθful] *adj* **1** fiel, crente. **2** leal, fidedigno. **3** consciencioso.

faith.ful.ly [fˈeiθfuli] *adv* fielmente, lealmente. **yours faithfully** cordialmente, respeitosamente (em final de cartas).

fake [feik] *n* **1** fraude, algo ou alguém que é falso, falsificação. **2** impostor, charlatão, farsante. *he's a fake* / ele é um farsante. • *vt+vi* **1** falsificar, imitar falsificando. **2** fingir, disfarçar. **3** improvisar. • *adj* Amer falso, falsificado, afetado. *a fake passport* / um passaporte falso.

fall [fɔ:l] *n* **1** queda, caída, distância de caída, tombo, salto, baixa inclinação, iluminação, declive. *to give one a fall* / fazer alguém cair. *the ice gave me a fall* / levei um tombo no gelo. **2** queda d'água, catarata, desaguamento, desembocadura de rio, precipitação de chuva ou de neve e sua quantidade. *a fall of rain* / uma pancada de chuva. *the Niagara Falls* / as cataratas do Niágara. **3** desmoronamento, desabamento (ruínas, destruição), capitulação de praças, rendição, tomada, derrota, aniquilação. **4** corte de árvores, derrubada. **5** baixa de temperatura, de maré, de preço. *to speculate on the fall* / especular na baixa. *a fall in prices* / uma baixa nos preços. *a fall of temperature* / uma queda de temperatura. **6** *Amer* outono. • *vt+vi* (*ps* **fell**, *pp* **fallen**) **1** cair, tombar, deixar-se cair, cair em terra, descer sobre a terra, correr. *when night falls* / ao cair da noite. **2** desaguar, desembocar. **3** abater-se, esmorecer, fraquejar, decair. **4** desmoronar, desabar, ruir. **5**

abater, derrubar. **6** baixar, decrescer, diminuir (temperatura, maré, preço), ceder, abrandar-se, acalmar (vento). **to fall about** rir descontroladamente. **to fall apart** ficar em pedaços, desintegrar-se. **to fall away** abandonar, apostatar, dissolver-se, decair, definhar. **to fall back** recuar, ceder, retirar-se. **to fall back upon** recorrer a. **to fall behind** ficar para trás, perder terreno. **to fall by the ears** começar a disputar, brigar. **to fall calm** acalmar, amainar (o vento). **to fall down** desmoronar. **to fall down with the tide** descer rio abaixo com a maré. **to fall dry** cair em seco. **to fall due** vencer o prazo. **to fall flat** falhar completamente, malograr, não produzir efeito. **to fall for** engraçar-se, enamorar-se. *he fell for her* / ele apaixonou-se por ela. **to fall from** renegar, abandonar, desertar. **to fall from grace** cair em pecado. **to fall in** desabar, ruir, cair, abater-se, *Mil* entrar em forma. **to fall in love with** apaixonar-se por. **to fall in with** encontrar, topar ou dar com alguém ou com alguma coisa acidentalmente, concordar, harmonizar-se, conformar-se. *to fall in with the enemy* / romper as hostilidades. **to fall into** assentir, consentir. *he fell into an error* / ele caiu num erro. *she fell into a passion (ou rage)* / ela encolerizou-se (ou enfureceu-se). **to fall into a habit** adquirir um costume. **to fall into conversation** começar uma conversa. **to fall into disuse** cair em desuso. **to fall into oblivion** cair em esquecimento. **to fall off** descrescer, diminuir. **to fall on** cair, recair sobre, lançar-se sobre, topar ou dar com. *a cry fell on my ear* / um grito chegou-me ao ouvido. *the accent falls on the last syllable* / o acento recai sobre a última sílaba. *he fell on his legs* / ele caiu de pé. **to fall out** soltar-se, desprender-se, cair. *my hair fell out* / meu cabelo caiu. **to fall out of flesh** emagrecer. **to fall out of one's hands** cair das mãos de alguém. **to fall short** faltar, escassear, ser insuficiente. **to fall short of** ficar frustrado, enganado, logrado ou abaixo de, não alcançar, faltar ao cumprimento. *the supplies fell short of the expected* / os fornecimentos não corresponderam ao que era esperado. **to fall silent** emudecer, ficar silencioso, calado. **to fall through** falhar, fracassar, ser reprovado, abortar, dar em nada. **to fall to pieces** desabar, despedaçar-se, desagregar-se. **to fall under one's displeasure** cair no desagrado de alguém. **to fall upon** encontrar-se, lançar-se, assaltar, lançar mão. **to fall within** estar incluído, incorrer. *it falls within the amount* / isto entra no montante.

fal.len [fɔ:lən] *adj* 1 caído: a) abatido. b) decaído, arruinado. c) prostrado. 2 capturado. 3 morto em batalha. **the fallen** os que tombaram na guerra.

fal.li.ble [fæləbəl] *adj* falível.

false [fɔ:ls] *adj* falso: 1 não verdadeiro, contrário à verdade. 2 desleal, infiel. 3 errado, inexato, incorreto. 4 artificial, postiço.

false.hood [fɔ:lshud] *n* falsidade: a) erro, inexatidão. b) calúnia, impostura, hipocrisia.

fal.si.fy [fɔ:lsifai] *vt* falsificar, imitar ou alterar com fraude.

fal.ter [fɔ:ltə] *n* vacilação, hesitação. • *vi* 1 pronunciar com hesitação. 2 agir com hesitação ou incerteza. 3 vacilar, titubear.

fame [feim] *n* fama: 1 renome. 2 voz pública, boato. 3 celebridade. 4 reputação. **house of ill fame** bordel, prostíbulo. **ill fame** má fama.

fa.mil.i.ar [fəmiliə] *n* familiar: 1 íntimo, amigo íntimo. 2 espírito, gênio ou demônio familiar. 3 *Eccl* familiar do Santo Ofício ou de um bispo. • *adj* familiar: 1 íntimo, muito amigo. 2 familiarizado, versado. 3 conhecido. 4 pretensioso. 5 doméstico (animais). **to be on familiar terms with** ter relações amistosas com alguém. **to make oneself familiar with** familiarizar-se com.

fa.mil.i.ar.i.ty [fəmili'æriti] *n* familiaridade: 1 intimidade, convivência, afabilidade, amizade. 2 desembaraço, ausência de todas as formalidades (mas sem grosseria). 3 liberdades, atrevimento, confiança.

fam.i.ly [fæmili] *n* família: 1 pais e fi-

lhos, lar. 2 grupo de pessoas que formam um lar, inclusive parentes e criados. 3 descendência, estirpe. *ancient* ou *old family* / linhagem antiga. 4 linhagem nobre. 5 raça, tribo, clã. 6 gênero, espécie, ordem. 7 filhos (principalmente quando são pequenos).

fam.ine [fæmin] *n* 1 penúria, falta extrema de víveres. 2 escassez absoluta de qualquer produto, crise. 3 fome, inanição.

fa.mous [feiməs] *adj* 1 famoso, afamado, célebre, ilustre, insigne, notável. 2 *coll* ótimo, excelente, de primeira.

fan¹ [fæn] *n* 1 leque, abanico. 2 ventarola, ventoinha, ventilador, abano. 3 asa, cauda das aves em forma de leque. • *vt+vi* 1 abanar, agitar o ar com o leque, refrescar, movendo abano ou leque. 2 ventilar, aventar, arejar. 3 soprar, atear (o fogo), *fig* atiçar, excitar, inflamar. 4 bafejar, soprar brandamente. **to fan out** espalhar-se (diz-se de grupo de pessoas que tomam direções diversas). **to fan the flames** tornar uma situação mais intensa ou extrema.

fan² [fæn] *n* (*abbr* **fanatic**) *coll* fã, admirador, entusiasta, aficionado. *football fan* / torcedor de futebol.

fa.nat.ic [fən'ætik] *adj* fanático.

fan.ci.ful [fænsiful] *adj* 1 fantástico, caprichoso, esquisito, extravagante. 2 fantasioso, imaginário, irreal.

fan.cy [fænsi] *n* 1 fantasia: a) imaginação. b) obra de imaginação. c) idéia, concepção, pensamento, parecer, opinião. d) noção, suposição, ilusão, imagem mental, idéia visionária. e) capricho, extravagância, veneta, desejo singular, gosto passageiro. 2 inclinação, afeição, simpatia. • *vt+vi* 1 imaginar, fantasiar, planejar na fantasia, figurar, formar uma idéia. *she fancied herself to be ill* / ela cismou que estava doente. 2 julgar, reputar, crer, não saber com certeza, supor. *I fancied her to be my friend* / eu achava que ela fosse minha amiga. 3 querer, gostar, agradar-se. *he fancies his game* / ele gosta muito do seu jogo. 4 desejar sexualmente. • *adj* 1 caprichoso. 2 ornamental, de fantasia. 3 extravagante, exorbitante. 4 de qualidade especial. **5** *Com* luxuoso, caro, de bom gosto. **just fancy that!** imagine só! **something that tickles one's fancy** algo que atrai. **to take someone's fancy** cair nas graças de alguém.

fan.cy dress [fænsi dr'es] *n* fantasia. **fancy dress ball** baile à fantasia.

fan.tas.tic [fænt'æstik] *adj* fantástico: **1** muito bom, fabuloso, maravilhoso. **2** grande quantidade. **3** muito estranho e difícil de acreditar, irracional. **4** imaginário, impossível.

fan.ta.sy [f'æntəsi] *n* fantasia: **1** imaginação, imagem mental. **2** ilusão, alucinação, idéia fantástica. **3** capricho. **4** composição musical ao arbítrio do artista: paráfrase de uma ária de ópera.

far [fa:] *adj* (*compar* **farther, further,** *sup* **farthest, furthest**) **1** remoto, distante, afastado, longínquo. **2** adiantado, avançado. **3** o mais afastado, extremo. **4** muito longe. **5** muito diferente, grande contraste. *what a far cry from the life in London!* / que contraste com a vida em Londres! • *adv* **1** longe, ao longe, a grande distância. **2** muito, decididamente, em alto grau, em grande parte. *far into the night* / até altas horas da noite. **3** fundo, profundo. *to reach far into* / penetrar fundo. **4** demasiado. *far in years* / avançado em anos, de idade avançada. **as far as I am concerned** pelo que me toca. **as far as that?** tão longe assim? **as far as that goes** quanto a isso. **as far as there** até ali. **as far as we know** tanto quanto sabemos. **by far** de muito, por grande diferença. **far above** muito acima, muito alto. **far and away the best** por grande diferença o melhor. **far and near** por toda parte. **far and wide** em todo o redor. **far back** muito atrás, remoto, há muito tempo. **far be it from me** longe de mim. **far better** muito melhor. **Far East** Extremo Oriente. **far from doing anything** longe de fazer alguma coisa. **far other** muito diferente. **far out!** *coll* que interessante! que legal! eu gosto disto! **far up** bem no alto. **how far?** a que distância, até onde, até que ponto? **in far gone days** em dias idos, distantes. **in so**

far as na medida em que, tanto quanto. **in the farthest corner** no canto mais remoto. **she is far from strong** ela está longe de ser forte. **so far** até agora, por enquanto. **so far, so good** até aqui tudo bem. **thus far** até aqui. **to carry a thing too far** levar uma coisa ao extremo, levá-la além do que é razoável. **to carry independence too far** levar sua independência longe demais. **to go far towards doing something** contribuir consideravelmente, envidar esforços. Usa-se **far** em orações negativas, em perguntas (especialmente com **how**), ou em combinações com **as**, **so** e **too**. Em orações afirmativas **a long way** é mais comum. *we'd driven a long way from the town* / nós havíamos dirigido para longe da cidade. Veja outra nota em **até.**

far.a.way, far.a.way [fa:rəw'ei] *adj* **1** distante, remoto, longínquo. *far-away cousin* / primo afastado. **2** distraído, pensativo, sonhador. *far-away look* / olhar sonhador.

farce [fa:s] *n* **1** farsa, farsada. **2** pantomima, impostura, pretexto, absurdo.

far.ci.cal [f'a:sikəl] *adj* ridículo, cômico.

fare [fɛə] *n* **1** tarifa, preço de passagem. *what is the fare?* / quanto custa a passagem? **2** comida, mesa, alimentação. • *vi* **1** passar bem ou mal, ter ou não ter sorte. **2** acontecer, suceder, sair (bem ou mal).

fare.well [fɛəw'el] *n* adeus, despedida. • *adj* de despedida. *farewell letter* / carta de despedida. *farewell speech* / discurso de despedida, final. • *interj* adeus! felicidades! **to bid farewell** dizer adeus, despedir-se.

farm [fa:m] *n* fazenda, granja, chácara, herdade, quinta, propriedade rústica, sítio. *dairy farm* / fazenda leiteira. *home farm* / propriedade agrícola cultivada pelo próprio dono. *poultry farm* / granja de avicultura. • *vt+vi* **1** cultivar, amanhar, lavrar (terra), criar gado. **2** cultivar uma fazenda, ser fazendeiro. **fat farms** *coll* spa: clínica de emagrecimento. **funny farms** *sl* a) hospício. b) clínica de tratamento de alcoólatras, drogados etc. **to bet the farm** *sl* apostar tudo.

farm.er [fˈaːmə] *n* fazendeiro, granjeiro, quinteiro, agricultor, lavrador.

farm-hand [fˈaːm hænd] *n* colono, trabalhador agrícola.

farm.ing [fˈaːmiŋ] *n* lavoura, agricultura, exploração agrícola, cultivo. **small farming** cultura em pequena escala.

farm.yard [fˈaːmjaːd] *n* pátio de fazenda.

far-sight.ed [faː sˈaitid] *adj* 1 presbita, hipermétrope. 2 que vê de longe. 3 perspicaz, previdente, acautelado, sagaz.

far.ther [fˈaːðə] *adj* (*compar* of **far**) 1 mais distante, mais remoto, mais afastado, mais longe. 2 adicional, mais. • *adv* 1 mais longe, mais completo, mais adiantado, mais avançado. 2 além disso, também, demais. Veja nota em **farthest.**

far.thest [fˈaːðist] *adj* (*sup* of **far**) o mais distante, o mais remoto, o mais afastado. • *adv* 1 mais. 2 a maior distância. **Farther** (comparativo de **far**) e **farthest** (superlativo de **far**) são formas empregadas quando nos referimos a distância. *he traveled farther and farther into the sea* / ele viajou mais e mais mar adentro.

fas.ci.nate [fˈæsineit] *vt* fascinar: 1 encantar, cativar, atrair irresistivelmente. 2 dominar por encantamento, enfeitiçar, hipnotizar.

fas.ci.nat.ing [fˈæsineitiŋ] *adj* fascinante, cativador, sedutor, atraente.

fash.ion [fˈæʃən] *n* 1 moda, uso, costume, bom-tom. *out of fashion* / fora de moda. *a man of fashion* / homem elegante, na moda. 2 talhe, corte (do vestido). 3 maneira, modo. *in a fashion, after a fashion* / de certo modo. *in such a fashion* / de tal maneira ou modo. *after the fashion of* / como, a modo de. • *vt* 1 formar, dar feitio. 2 moldar, amoldar, talhar, modelar.

fash.ion.a.ble [fˈæʃənəbəl] *adj* na moda, que segue a moda, de bom-tom, de bom gosto, elegante, moderno.

fast¹ [faːst; fæst] *n* 1 jejum, abstenção, abstinência. 2 período de jejum. • *vi* jejuar. *fast day* / dia de jejum. **to break fast** quebrar o jejum, parar com o jejum.

fast² [faːst; fæst] *adj* 1 veloz, rápido. 2 que favorece a velocidade. 3 firme, fixo, seguro, preso. 4 constante, aderente, pegado, estável, durável. *the colors are fast* / as cores não desbotam, são permanentes. • *adv* 1 velozmente, rapidamente, depressa, em rápida sucessão. 2 firmemente, fixamente, fortemente, muito. *it was raining fast* / chovia fortemente. **fast access storage** *Comp* armazenamento de acesso rápido: em processamento de dados, seção que engloba o armazenamento inteiro do qual os dados podem ser recuperados com maior rapidez. **fast asleep** profundamente adormecido. **fast train** trem rápido, expresso. **hard and fast** rígido, definitivamente verdadeiro e correto. **my watch (clock) is fast** meu relógio está adiantado. **to hold fast** segurar com firmeza. **to live fast** ter uma vida desregrada. **to make a fast buck** enriquecer rapidamente de maneira desonesta. **to make fast** fixar seguramente. **to play fast and loose with someone** ser irresponsável e insincero com alguém. **to pull a fast one** enganar ou trapacear alguém.

fas.ten [fˈaːsən; fˈæsən] *vt+vi* 1 firmar, fixar, segurar, pregar, parafusar, cavilhar. *to fasten with pegs, rivets or screws* / prender com pinos, rebites ou parafusos. 2 atar, prender, ligar, apertar, amarrar. *it fastens with a button* / isso se fecha com um botão. 3 trancar, aferrolhar, fechar bem. *to fasten the door* / trancar ou aferrolhar a porta. **he fastened on to me** ele grudou em mim, não me deixou em paz. **to fasten up** abotoar, fechar. **to fasten your attention on / to fasten upon** concentrar o pensamento em alguma coisa, não conseguir pensar em outra coisa.

fat [fæt] *n* 1 gordura, banha, graxa, adiposidade, unto, sebo. *vegetable fat* / gordura vegetal. 2 obesidade. • *adj* 1 gordo, corpulento, obeso, adiposo, carnudo, rechonchudo, cevado. 2 gorduroso, oleoso. **a fat lot of good!** nada bom!

fa.tal [fˈeitəl] *adj* fatal: 1 determinado pelo destino, inevitável, improrrogável. 2 fatídico, agourento, sinistro, trágico. **a fatal**

stroke um golpe mortal, um ataque (cardíaco) fatal.

fa.tal.i.ty [fət'æliti] *n* fatalidade: **1** sorte inevitável, destino. **2** predestinação perniciosa, funesta, trágica. **3** calamidade, desgraça, ruína, acidente mortal, ocorrência fatal, morte por acidente. **fatality rate** coeficiente de letalidade.

fate [feit] *n* **1** fado, destino, sorte. *it has often been his fate to lose* / ele muitas vezes tinha a má sorte de perder. *his fate was sealed* / seu destino estava decidido. **2** morte, destruição. • *vt* fadar, destinar, condenar.

fate.ful [f'eitful] *adj* fatal: **1** determinado pelo fado. **2** decisivo. **3** fatídico, profético, sinistro, funesto.

fa.ther [f'a:ðə] *n* **1** pai: a) genitor, progenitor. b) antepassado, avô. c) protetor, benfeitor. d) fundador, inventor, criador, autor. **2** patriarca, velho venerável, prócer. **3 Father** Padre (primeira pessoa da Trindade), Deus. **4** padre: título prefixado ao nome próprio. • *vt* **1** gerar, procriar. **2** *fig* criar, originar. **3** adotar como filho. **4** atribuir a paternidade ou autoria (**on**, **upon**). *they fathered the child on him* / atribuíram-lhe a paternidade da criança.

fa.ther-in-law [f'a:ðə in lɔ:] *n* sogro.

fa.ther.less [f'a:ðəlis] *adj* órfão, órfã, *fig* anônimo.

fa.tigue [fət'i:g] *n* **1** fadiga, exaustão, cansaço. **2** *Mil* faxina. • *vt* fatigar(-se), exaurir-se.

fat.ten [f'ætən] *vt+vi* **1** engordar, cevar. **2** ficar gordo, aumentar o peso. **3** enriquecer.

fat.ty [f'æti] *n sl* gorducho, gordo, pessoa gorda. • *adj* **1** gorduroso, oleoso. **2** adiposo.

fau.cet [f'ɔ:sit] *n Amer* torneira.

fault [fɔ:lt] *n* falta: a) defeito, imperfeição, falha. *she always found fault with me* / ela sempre tinha alguma coisa a criticar em mim. b) erro, engano. *at fault* / errado, em falta. *whose fault is it?* / de quem é a culpa? c) culpa leve, deslize, defeito moral. *not from his fault* / sem culpa dele. • *vt Geol* **1** formar falha, causar defeito. **2** culpar, encontrar falha. **for all her faults** apesar de suas falhas.

generous to a fault excessivamente generoso.

fault.y [f'ɔ:lti] *adj* defeituoso, imperfeito, errado, errôneo.

fau.na [f'ɔ:nə] *n* fauna.

fa.vor, fa.vour [f'eivə] *n* **1** favor, obséquio, benefício, ato de generosidade, fineza. *to do a favor* / fazer um favor. *a turn in my favor* / uma mudança de rumo a meu favor. **2** permissão. **3** conveniência, facilidade, proteção, predileção, boas graças, favoritismo. *to be in someone's favor* / estar na graça de alguém. *out of favor* / desaprovado. *to be in favor* / ser a favor. *I pleaded in his favor* / intercedi em seu favor. **4** prenda, lembrança, presente, distintivo. • *vt* favorecer, proteger, facilitar. *I mean favor you* / desejo auxiliá-lo. *under favor of darkness* / sob a proteção da escuridão. *he favored us with an interview* / ele nos deu a honra de uma entrevista.

fa.vor.a.ble, fa.vour.a.ble [f'eivərəbəl] *adj* favorável: **1** aprovador, encorajador. **2** benévolo, benigno. **3** conveniente, vantajoso. **4** propício.

fa.vor.ite, fa.vour.ite [f'eivərit] *n* favorito, protegido, predileto. *he is the favorite with* (ou *of*) *her* / ele é o predileto dela. • *adj* favorito, predileto. *my favorite flower* / minha flor predileta.

fawn [fɔ:n] *n* **1** corço, gamo novo. **2** cor do corço, castanho-amarelado. • *adj* castanho-amarelado. *fawn colored* / da cor de corço, fulvo.

fax [fæks] *n abbr* **facsimile**. • *vt coll* enviar por fax.

fear [fiə] *n* **1** medo, temor, susto, receio, apreensão. *there is no fear of his forgetting* / não há perigo de que ele esqueça. **2** terror, pavor. *to put the fear of God into someone* / intimidar alguém, ameaçar alguém com uma punição severa. **3** preocupação, ansiedade. *he goes in constant fear of his life* / ele está em constante receio pela sua vida. • *vt+vi* **1** temer, ter medo de, recear. *he fears making debts* / ele receia endividar-se. **2** estar apreensivo, preocupado, hesitar em, não se atrever a. *they feared for their* *children* / eles receavam por seus filhos. **for fear of accidents** para evitar acidentes. **for fear of losing it** para não perdê-lo. **never fear, fear not** não se preocupe, não tenha medo. **no fear** não há perigo, não é provável. **to be in fear of** ter medo de. **to be in fear of one's life** recear pela própria vida. **to fear God** temer a Deus. **to stand in fear of** ter medo de.

fear.ful [f'iəful] *adj* 1 medroso, receoso, tímido. 2 terrível, temível, horrendo, pavoroso, medonho. 3 apreensivo, amedrontado, assustado. **a fearful noise** um barulho terrível.

fear.less [f'iəlis] *adj* destemido, impávido, intrépido, audaz.

fear.some [f'iəsəm] *adj* espantoso, medonho, terrível, alarmante.

fea.si.bil.i.ty [fi:zəb'iliti] *n* viabilidade, praticabilidade, possibilidade, exeqüibilidade.

fea.si.ble [f'i:zəbəl] *adj* 1 viável, factível, exeqüível, praticável, possível, provável. 2 maneável, manejável.

feast [fi:st] *n* 1 festa, festividade. 2 festim, banquete. 3 regalo, regozijo, deleite. • *vt+vi* 1 festejar, hospedar com suntuosidade. 2 banquetear(-se), comer. **feast-day** dia de festa, festival. **to feast your eyes on** (ou **upon**) **something** deleitar-se, encher os olhos com alguma coisa muito agradável.

feat [fi:t] *n* feito, façanha, proeza.

feath.er [f'eðə] *n* 1 pena, pluma. 2 **feathers** a) plumagem. b) roupagem. 3 penacho. • *vt+vi* empenar, emplumar (-se), cobrir (-se) de penas, forrar ou revestir de penas, pôr penas em, enfeitar, ornar de penas ou plumas. **birds of a feather** gente da mesma laia. **birds of a feather flock together** cada ovelha com a sua parelha, cada qual com o seu igual. **in high** (ou **full**) **feather** bem-disposto, radioso. **light as a feather** leve como uma pena. **that is a feather in your cap** disso pode orgulhar-se. **to feather one's nest** encher os bolsos, estar preocupado somente com o seu bem-estar e o seu próprio ganho. **to make the feathers fly** provocar briga, armar confusão. **to show the white feather** revelar covardia.

fea.ture [f'i:tʃə] *n* 1 feição, traço, aspecto, caráter, distintivo. 2 feições, feições fisionômicas, rosto, lineamentos. 3 característica. 4 ponto saliente, o essencial, ponto mais importante, parte essencial. 5 filme de longa-metragem. 6 artigos ou reportagem de destaque. • *vt+vi* 1 caracterizar. 2 retratar, delinear os traços de, esboçar. 3 *coll* parecer-se com, sair a. 4 dar destaque a, realçar, dar realce a. 5 atuar, representar em um filme. *a film featuring Sir Lawrence Olivier* / um filme com Sir Lawrence Olivier.

Feb.ru.a.ry [f'ebruəri] *n* fevereiro.

fe.ces, fae.ces [f'i:si:z] *n pl* fezes: excremento.

fed [fed] *ps, pp* of **feed. fed up with** farto de, enfastiado, aborrecido, de saco cheio. **underfed** mal alimentado, subnutrido.

fed.er.al [f'edərəl] *n* 1 federalista. 2 *Hist* federal, soldado nortista na Guerra Civil norte-americana. • *adj* federal, federativo.

fed.er.a.tion [fedər'eiʃən] *n* federação, confederação, liga, aliança.

fee [fi:] *n* 1 jóia, propina, taxa de matrícula, de exame. 2 paga, remuneração, emolumento, honorários. *they charge a fee for...* / eles exigem uma taxa por... 3 gratificação, espórtula, gorjeta. 4 *Jur* propriedade hereditária. 5 preço de entradas em exposições. **enrollment fee** taxa de matrícula. Veja nota em **salário**.

fee.ble [f'i:bəl] *adj* 1 fraco, débil, delicado, frágil, tênue. 2 medíocre, insignificante. 3 ineficaz.

feed [fi:d] *n* 1 alimento, pasto, forragem. 2 alimentação, nutrição. 3 *coll* comida, refeição, ração, sustento. • *vt+vi* (*ps, pp* of **fed**) 1 alimentar, nutrir, dar de comer a, comer. *they fed me with promises* / eles embalaram-me com vãs promessas. 2 sustentar, dar sustento a, manter. 3 pastar, fazer pastar o gado, apascentar (-se) o gado. 4 engordar, fazer-se gordo, cevar. 5 suprir, abastecer. **a mouth to feed** uma boca para alimentar. **chicken feed** *sl* mixaria, pouco dinheiro. **off one's feed** sem apetite. **to bite the hand that feeds** ser mal-agradecido. **to feed a**

machine alimentar uma máquina. **to feed high** comer regaladamente. **to feed out of someone's hand** comer pela mão de alguém. **to feed up** cevar, empachar.

feed.back [fˈiːdbæk] *n* **1** *Electr* regeneração, realimentação. **2** resposta.

feel [fiːl] *n* **1** tato, o sentido do tato. **2** sensação, percepção, impressão. • *vt+vi* (*ps, pp* of **felt**) **1** sentir, perceber, notar. *the measure was felt to be premature* / a providência foi considerada prematura. **2** ter, experimentar (sentimento, sensação física ou moral). *I felt that his hand was cold* / senti que a mão dele estava fria. **3** ter consciência de. **4** tocar, examinar pelo tato, apalpar, tatear. *he felt around in his coat* / ele procurou dentro de seu casaco (usando as mãos). **5** ressentir(-se), magoar-se com, melindrar-se. *I feel hurt* / sinto-me ofendido. **6** ser sensível a. *he feels the cold* / ele sente o frio. **7** pressentir, ter impressão ou palpite, achar, considerar. *I feel ill* / sinto-me doente. *it feels like rain* / acho que vai chover. **by the feel** pelo tato. **feel free!** fique à vontade! **to feel angry** irar-se. **to feel cold** estar com frio. **to feel for an object** procurar um objeto usando as mãos. **to feel good** sentir-se bem, *coll* estar levemente bêbado. **to feel grieved** estar aflito. **to feel like doing something** / estar com vontade de fazer algo. **to feel lonely** sentir-se sozinho. **to feel one's way** andar às palpadelas. **to feel quite oneself** sentir-se bem, estar bem-disposto. **to feel sorry for** ter pena de. **to feel strongly that** ter forte impressão de que. **to feel sure that** ter certeza de que. **to feel the pulse** tomar o pulso de, *fig* sondar. **to feel up to** sentir-se à altura de, capaz de enfrentar. **you may feel sure of it** pode estar certo de que.

feel.ing [fˈiːliŋ] *n* **1** tato, sentido do tato. **2** sensibilidade, ternura. **3** sentimento, amor. **4** sensação, impressão, percepção, intuição. **5** pressentimento, opinião. **6** simpatia, compaixão. **a feeling for music** o dom, o gosto da música. **hard feelings** maus sentimentos. **no ill feelings!** não lhe guardo rancor por isso. **to have mixed feelings** estar dividido, não ter certeza. **to hurt someone's feelings**, ferir os sentimentos de alguém.

feet [fiːt] *n pl de* **foot**. **to drag one's feet** arrastar-se, fazer cera, agir com lentidão. **to find one's feet** aprender a andar, tornar-se independente. **to get cold feet** ficar com medo. **to stand on one's feet** assumir a responsabilidade de seus atos, ser independente.

fell[1] [fel] *ps* of **fall**.

fell[2] [fel] *n* **1** derrubada, corte de árvores. **2** as árvores abatidas numa temporada. • *vt* derrubar, cortar, lançar por terra, abater (árvores). **in one fell swoop** de uma tacada só, conseguir algo com uma única ação.

fel.low [fˈelou] *n* **1** companheiro, camarada, colega, sócio, confrade, associado. **2** contemporâneo. **3** membro de um colégio (nas universidades inglesas). **4** membro do conselho de certas universidades. **5** usufruidor de bolsa de estudos. **6** membro de sociedade científica ou literária. **7** igual, par, semelhante, equivalente. *these stockings are not fellows* / estas meias não são do mesmo par. *where is the fellow of this shoe?* / onde está o par deste sapato? **10** *coll* sujeito, indivíduo, cara. **a good fellow** um bom rapaz, um homem jovial. **a naughty** (ou **saucy**) **fellow** um velhaco. **a young fellow** moço, mancebo. **best fellow** melhor amigo. **my dear fellow** meu caro amigo. **old fellow** *coll* meu velho. **poor fellow** coitado! **regular fellow** pessoa honesta, agradável, com valores burgueses de moral. **to be fellows** convir, fazer jogo, emparelhar, andar juntos. **what can a fellow do?** que se pode fazer? que posso fazer?

fel.low.ship [fˈelouʃip] *n* **1** coleguismo, companheirismo, camaradagem, solidariedade, comunidade de interesses, cordialidade, participação, associação. **2** sociedade, companhia, corporação. **3** irmandade, confraternidade, comunhão. **4** congregação de universidade. **5** bolsa de estudos concedida a um graduado universitário para pesquisas. **good fellowship** camaradagem.

fel.on.y [f'eləni] *n* 1 felonia. 2 crime, delito grave.

felt¹ [felt] *ps, pp of* **feel.**

felt² [felt] *n* 1 feltro. 2 artigo feito de feltro. • *vt* feltrar. • *adj* de feltro, feito de feltro.

fe.male [f'i:meil] *n* fêmea: a) mulher, moça. b) animal fêmea. c) *Bot* planta feminina. • *adj* 1 feminino. 2 feminil, mulheril. 3 fêmea. 4 do sexo feminino. **a young female** uma moça. **female friend** amiga. **female labour** trabalho feminino. **female servant** criada. **female suffrage** voto feminino. **males and females** homens e mulheres. **the female clerk** a auxiliar de escritório. **the female student** a estudante.

fem.i.nine [f'eminin] *n Gram* feminino. • *adj* 1 feminino. 2 feminil, mulheril, efeminado, delicado.

fence [fens] *n* 1 cerca, grade, cercado. 2 tapagem, tapada, sebe, tapume, valado, muro. 3 reparo, parapeito, trincheira. • *vt+vi* cercar, rodear, valar, tapar, entaipar, murar, fortificar. 2 defender, resguardar, proteger. 3 esgrimir, jogar as armas, parar, rechaçar. 4 *fig* esgrimir, tergiversar, esquivar-se, argumentar agilmente. **fence-month / fence-season/ fence-time** defeso, época em que é proibido caçar ou pescar. **fence of a plane** régua de plaina. **fence of pales** paliçada, estacada. **fence off** repelir, evitar, desviar, defender-se, isolar, deter. **Suzy and Mary mended their fences** Suzy e Mary fizeram as pazes, ficaram de bem. **to fence in** cercar. **to sit / to stand on the fence** aguardar, hesitar, ficar em cima do muro.

fen.cing [f'ensiŋ] *n* 1 esgrima. 2 cercas, estacaria, valados, material para construção de cercas, ato de construir cercas etc. 3 tergiversação, habilidade em argumentar.

fend [fend] *vt+vi* 1 afastar, desviar, rechaçar (um golpe etc.). 2 prover a. **to fend for oneself** arranjar-se, prover a própria subsistência. **to fend off (people or questions)** agir defensivamente em relação a pessoas ou perguntas para não ser prejudicado. **to fend off a blow** aparar um golpe.

fend.er [f'endə] *n* 1 defesa, guarda, proteção. 2 guarda-fogo de lareira. 3 pára-lama, guarda-lama. 4 limpa-trilhos.

fer.ment [f'ə:mənt] *n* 1 fermento. 2 levedura. 3 fermentação. 4 *fig* comoção, agitação, fermentação, efervescência moral. • [fəm'ent] *vt+vi* fermentar: 1 produzir fermentação em. 2 levedar. 3 *fig* agitar, fomentar, excitar(-se), agitar(-se), entrar em fermentação.

fern [fə:n] *n Bot* 1 feto, samambaia. 2 designação comum a todos os pteridófitos da ordem *Filicales*.

fe.ro.cious [fər'ouʃəs] *adj* feroz, fero, cruel, bárbaro, violento.

fe.roc.i.ty [fər'ɔsiti] *n* ferocidade, braveza, violência.

fer.ry [f'eri] *n* 1 balsa, barco de passagem. 2 travessia em balsa ou barco de passagem. 3 embarcadouro, desembarcadouro. • *vt+vi* transportar em barco ou balsa através de um rio etc., atravessar em balsa, transportar pelo ar.

fer.tile [f'ə:tail; fə:təl] *adj* 1 fértil, fecundo, produtivo, prolífero, frutífero. 2 *fig* criador.

fer.til.i.ty [fə:t'iliti] *n* fertilidade, fecundidade, abundância.

fer.ti.lize, fer.ti.lise [f'ə:tilaiz] *vt* 1 fertilizar, adubar. 2 fecundar.

fer.vent [f'ə:vənt] *adj* 1 férvido, fervente, ardente, abrasador, muito quente. 2 *fig* fervoroso, zeloso, ardoroso, apaixonado. 3 veemente, intenso.

fer.vor, fer.vour [f'ə:və] *n* 1 fervor, calor intenso, abrasamento, ardência, incandescência. 2 zelo, ardor, veemência, grande dedicação. 3 entusiasmo.

fes.ti.val [f'estivəl] *n* festival, divertimento, grande festa, festa artística. • *adj* festival, festivo, alegre, divertido.

fes.tiv.i.ty [fest'iviti] *n* 1 festividade, solenidade, alegria, festejo, regozijo. 2 **festivities** celebrações.

fetch [fetʃ] *vt+vi* 1 ir buscar, ir para trazer, mandar vir. *go and fetch a chair* / vá buscar uma cadeira. 2 alcançar (preço), valer, ser vendido por. **far-fetched** irreal, improvável. **to fetch a blow** dar uma pancada. **to fetch about** fazer um rodeio, rodear, circular. **to fetch a deep breath** respirar profundamente. **to fetch and carry** servir de criado. **to fetch a sigh** arrancar um suspiro. **to fetch up somewhere** dar em algum lugar, chegar a algum lugar sem haver planejado.

Compare **fetch, bring** e **take.**

Usa-se **fetch** quando vamos buscar, pegar e trazer algo. *I'm fetching the kids from school* / vou buscar as crianças na escola.

Usa-se **bring** quando trazemos algo para onde estamos. *I'll bring the books later* / trarei os livros mais tarde.

Usa-se **take** quando levamos algo a um lugar onde a pessoa que fala e a que ouve não estão. *we should take sandwiches with us on the trip* / devemos levar sanduíches conosco na viagem.

fet.id, foe.tid [f'etid] *adj* fétido, fedorento.

feud [fju:d] *n* contenda, rixa, hostilidade, animosidade, inimizade tradicional entre famílias. • *vi* brigar, digladiar-se por um longo tempo. *the two brothers have been feuding for years* / os dois irmãos vêm brigando há muito tempo.

feu.dal [fj'u:dǝl] *adj* feudal, relativo a feudo.

fe.ver [f'i:vǝ] *n* **1** *Med* febre. **2** *fig* febre, exaltação, perturbação de espírito, agitação. • *vt+vi* febrilizar, febricitar, causar febre a. **fever-blister / fever-sore** herpes labial, produzido pela febre. **fever-hot** calor febril, temperatura anormal, exaltação anormal. **hay fever** febre do feno (tipo de alergia). **scarlet fever** escarlatina. **yellow fever** febre amarela.

few [fju:] *n* pequeno número. • *adj* poucos, poucas. *the spectators are few* / há poucos espectadores. *the few strangers* / os poucos estranhos. • *pron* poucos, poucas, raros, raras. *his visits are few and far between* / suas visitas são raras (escassas). **a few** alguns, algumas. **a few of my things** algumas das minhas coisas. **as few as** somente. **I have had a few (too many)**, eu bebi demais. **not a**

few não poucos. **precious few** quase nenhum. **quite a few** um número regular. **some few** alguns, poucos. **the few** a minoria, os eleitos. Veja nota em **less.**

few.er [fj'u:ǝ] *comp* de **few:** menos. **fewer lessons** menos aulas. **no fewer than ten** nada menos que dez. Veja nota em **little.**

few.est [fj'u:ist] *sup* de **few. the fewest** o menor número, a menor quantidade.

fi.an.cé [fi'a:nsei] *n Fr* noivo, prometido.

fi.an.cée [fi'a:nsei] *n Fr* noiva, prometida.

fib [fib] *n* peta, mentirola, lorota. • *vi* petar, dizer mentirolas, contar histórias, fabular. *he told a fib* / ele contou uma lorota.

fi.ber, fi.bre [f'aibǝ] *n* **1** fibra, filamento. **2** força, caráter.

fi.brous [f'aibrǝs] *adj* fibroso. **fibrous tissue** *Med* tecido fibroso. **fibrous tumour** fibroma.

fick.le [f'ikǝl] *adj* inconstante, volúvel, variável, caprichoso, instável, mutável. **the fickle finger of fate** o imprevisível dedo do destino.

fic.tion [f'ikʃǝn] *n* **1** ficção, literatura de ficção. **2** novela, romance. **3** alegoria, lenda, fábula, mito, apólogo.

fid.dle [f'idǝl] *n* violino, rabeca. • *vt+vi* **1** tocar rabeca, tocar violino. **to play (on) the fiddle** / tocar violino. **2** mexer ou tocar nervosamente um objeto. **3** ajustar uma máquina ou outro objeto para que funcione. **4** remexer, bulir. **5** burlar, trapacear, fraudar. **to be on the fiddle** / ganhar dinheiro desonestamente. **fit as a fiddle** em boa forma, bem-disposto. **he is fiddling while Rome burns** ele não está tratando o problema com a seriedade devida, ele está fingindo que não há nada errado. **to fiddle about (ou around)** a) vadiar, perder tempo fazendo coisas sem importância. b) movimentar coisas várias vezes para arranjar uma posição satisfatória. c) mexer ou tocar algo com os dedos com pequenos movimentos nervosos. **to fiddle away** perder tempo, vadiar. **to play second fiddle** ocupar uma posição menos importante, ser subordinado a.

fid.dler [f'idlǝ] *n* **1** violinista, rabequista. **2** trapaceiro.

fi.del.i.ty [fid'eliti] *n* **1** fidelidade, lealdade, probidade. **2** veracidade, exatidão. **3** constância, devoção.

field [fi:ld] *n* **1** campo. **2** esfera de ação. *the whole field of history* / todo o domínio da história. **3** campo de batalha. **4** campo (esportes). *he beat his enemies off the field* / ele derrotou seus inimigos. **air field** campo de aviação. **coal field** jazida de carvão. **diamond field** jazida de diamantes. **field of action** campo de ação. **field of battle** campo de batalha. **field of fire** área sob fogo de artilharia. **field of honour** a) local de duelo. b) campo de batalha. **field of vision** campo de visão. **in the field** na frente, no campo de batalha, *fig* em competição. **to hold the field** permanecer invicto. **to take the field** entrar em campanha ou em campo.

field-work [fi':ld wə:k] *n* trabalho científico de campo.

fiend [fi:nd] *n* **1** demônio, diabo, espírito maligno. **2 the fiend** o Satã. **3** *coll* viciado, fanático. **dope fiend** toxicômano. **football fiend** fanático por futebol.

fiend.ish [fi':ndiʃ] *adj* **1** diabólico, demoníaco, satânico. **2** cruel, perverso.

fierce [fiəs] *adj* **1** feroz, fero, selvagem, bravio, violento, furioso, raivoso. **2** impetuoso, ardente, fogoso. **3** ameaçador, aterrador.

fi.er.y [f'aiəri] *adj* **1** ígneo, de fogo, ardente, causticante. **2** cor de fogo. **3** inflamável, inflamado. **4** *fig* ardente, veemente, fogoso, impetuoso, irascível, furioso, **fiery eyes** olhos faiscantes. **fiery nature** indivíduo fogoso, colérico, impaciente. **fiery pit** inferno. **fiery sore** chaga inflamada.

fifth [fifθ] *n, adj, pron* **1** quinto. **2** *Mus* quinta.

fif.ty [f'ifti] *n, adj, pron* cinqüenta. **a fifty year old man** um qüinquagenário. **a man in his fifties** um cinqüentão. **fifty-one** cinqüenta e um.

fig [fig] *n* **1** figo. **2** *Bot* figueira. **3** *fig* ninharia, coisa sem valor, bagatela. *I don't care a fig for it* / não faço caso

disso, não me importo absolutamente com isso. *he isn't worth a fig* / ele não vale nada. **he is a moldy fig** *sl* ele é um pedante ou um pudico, puritano.

fight [fait] *n* batalha, peleja, briga, rixa, luta, contenda, disputa, combate, pugilato. • *vt+vi* (*ps, pp* **fought**) **1** batalhar, pelejar, guerrear, lutar, combater. **2** brigar, disputar. **3** bater-se por, defender, sustentar, dar combate a. **cat fight** briga ruidosa, estardalhaço. **hand to hand fight** luta corporal, peleja. **he is fighting fit** ele está muito bem fisicamente. **it's worth fighting for** vale a pena bater-se por isso. **to fight a bottle** *sl* beber em demasia. **to fight a duel** bater-se em duelo. **to fight a losing battle** dar murro em ponta de faca. **to fight back** resistir, responder. **to fight down an emotion** lutar contra uma emoção (não sentindo, não mostrando ou não sendo impulsionado por ela). **to fight fire with fire** responder com a mesma moeda. **to fight for breath** tentar respirar, respirar com dificuldade. **to fight for something** disputar uma coisa. **to fight off** repelir, rechaçar (inimigo etc.). **to fight one's way** abrir caminho empregando esforço. **to fight out** decidir pelas armas, resolver pela luta. **to fight show** opor resistência, não se dobrar. **to fight shy of** evitar, esquivar-se a. **to have a fight** bater-se, brigar. **to make a fight for** lutar por. **to put up a fight** lutar valentemente contra alguém mais forte.

fight.er [f'aitə] *n* **1** lutador, batalhador, pelejador. **2** combatente, guerreiro. **3** boxeador. **4** *Aeron* avião de combate. **fighter pilot** piloto de avião de combate. **fighters** *coll* noctívagos, pessoas que preferem trabalhar à noite. **jet fighter** bombardeiro a jato.

fig.ure [f'igə] *n* **1** figura, imagem, forma, aparência, contorno, vulto. *he cuts a sorry figure* / ele faz triste figura. **2** corpo, talhe, parte. **3** individualidade, personagem eminente. **4** diagrama, desenho, emblema, ilustração, figura geométrica. **5** algarismo, cifra aritmética, número. *it* *runs into seven figures* / alcança números de sete algarismos. **6** preço, valor, quantia, importância. *what's the figure?* / quanto custa isso? • *vt+vi* **1** figurar, formar uma imagem de, desenhar, simbolizar. *he figures as the villain* / ele faz o papel de vilão. **2** formar uma idéia ou imagem mental de, imaginar. **3** numerar, marcar por meio de números ou algarismos, computar, calcular, avaliar. **4** fazer cálculos matemáticos, decifrar. **a famous figure in history** um grande vulto da história. **a fine figure of a man or woman** homem ou mulher bem apessoados, atraentes, altos e elegantes. **figure ground perception** *Com* percepção de figura de fundo: em marketing é a percepção de objetos ou eventos quando eles sobressaem claramente em um determinado fundo. **figure of speech** figuras de linguagem (metáfora, antítese, personificação etc.). **figure to yourself** imagine só. **mother figure** símbolo da mãe. **that figures!** isto faz sentido! **to figure as** passar por, parecer, afigurar-se. **to figure in** aparecer, fazer parte de. **to figure on** *Amer coll* contar com, esperar. **to figure out** calcular, imaginar. **to keep one's figure** conservar-se esbelto. **to lose one's figure** engordar, perder a linha. **what a figure you are!** *coll* que figura você faz!

filch [filtʃ] *vt* furtar, gatunhar, surripiar, roubar.

file¹ [fail] *n* **1** pasta de papéis, pasta suspensa. **2** fichário, arquivo, pasta registradora. **3** autos, peças de um processo, lista, rol. **4** coluna do tabuleiro de xadrez. **5** *Comp* a maior unidade em processamento de dados (pode conter grandes quantidades de rolos de fita ou conjunto de discos). • *vt+vi* **1** arquivar, fichar, pôr em ordem. **2** propor uma demanda em juízo. **3** desfilar, marchar em fila. **Indian file / single file** coluna por um. **in double file** em coluna de dois. **in file** em fila. **on file** fichado, no arquivo. **rank and file** os soldados rasos, membros de uma organização ou sindicato. **to file an application** fazer

requerimento, requerer patente. **to file away** arquivar corretamente, anotar com cuidado.

file² [fail] *n* **1** lima (ferramenta). **2** *sl* finório, espertalhão, tipo. • *vt+vi* limar, polir, desgastar, *fig* esmerar, aperfeiçoar. **a deep file** *sl* um espertalhão. **close file** avarento, sovina. **nail file** lixa de unhas. **rough file** lima de desbastar. **smooth file** lima murça.

fil.ing-cab.i.net [fʹailiŋ kæbinət] *n* arquivo, fichário.

fil.ing-de.part.ment [fʹailiŋ dipa:tmənt] *n* seção de arquivo.

fill [fil] *n* **1** suficiência. **2** abastecimento, suprimento suficiente. • *vt+vi* **1** encher. *his voice filled the room* / a sua voz encheu o aposento. **2** atopetar. **3** acumular. **4** ocupar. **5** satisfazer. **6** saciar, completar. **7** executar. **8** preencher, desempenhar. *he fills the position* / ele desempenha o cargo. **9** obturar. **a fill of tobacco** uma cachimbada. **he has filled out recently** ele engordou recentemente. **to drink or take one's fill** tirar a barriga da miséria, aproveitar o máximo. **to fill a cup** encher uma xícara. **to fill an order** executar um pedido. **to fill a prescription** aviar uma receita. **to fill in** a) preencher (tempo, formulários). b) completar (desenhos). c) substituir (alguém impedido de trabalhar). **to fill out a form** preencher um formulário. **to fill the bill** ser competente, adequado. **to fill up** a) encher (recipiente). b) ocupar (espaço). c) empanturrar (de comida). d) completar (formulário). **to fill up time** empregar o tempo. **to have one's fill** ter a sua parte, o suficiente, não agüentar mais.

fill.ing [fʹiliŋ] *n* **1** recheio. **2** *Dent* obturação.

film [film] *n* **1** filme, película, fita de cinema. **2** membrana, pele fina, filamento delicado. **3** véu, névoa. **4** *Phot* filme. • *vt+vi* **1** filmar. **2** cobrir com véu, ou membrana fina. *her eyes filmed over* / seus olhos enevoaram-se (de lágrimas).

film.ing [fʹilmiŋ] *n* filmagem.

fil.ter [fʹiltə] *n* **1** filtro. **2** purificador. • *vt+vi* filtrar, purificar. **to filter out** remover. **traffic filter** sinal de trânsito que controla o fluxo do trânsito que se dirige à direita ou à esquerda.

filth[filθ] *n* **1** sujeira, imundície, porcaria, lixo. **2** corrupção, vileza, depravação, poluição, obscenidade.

filth.y[fˈilθi] *adj* imundo, corrupto, obsceno. **filthy weather** tempo muito ruim (com muita chuva ou neve). **he is filthy rich** ele é muito rico.

fin[fin] *n* **1** barbatana, nadadeira, asa (de peixe). **2** asa de avião, estabilizador.

fi.nal[fˈainəl] *n* **1** etapa, ponto final. **2** última edição (jornal). **3** último jogo ou competição. **4** *pl* **Finals** o último e o mais importante exame na universidade. • *adj* final, último, definitivo, decisivo, conclusivo, derradeiro. **final decision** decisão concludente.

fi.nance[fˈainæns; fənˈæns] *n* **1** finança ou finanças: ciência dos assuntos monetários. **2** recursos pecuniários. **3** erário, estado financeiro de um país, fundos públicos, rendas públicas. • *vt+vi* **1** financiar, custear. **2** administrar as finanças de. **3** realizar operações financeiras.

find[faind] *n* achado, descoberta. • *vt+vi* (*ps, pp* **found**) **1** achar, encontrar. *I find this climate agreeable* / acho este clima agradável. **2** descobrir, verificar, perceber, notar, constatar. *I find no meaning in it* / não descubro sentido nisso. **3** julgar. *I find it hard to believe* / acho difícil acreditar. **take me as you find me** aceite-me como sou. **to find fault with** reprender. **to find oneself** descobrir suas capacidades. **to find one's way to** achar o caminho de. **to find out** descobrir, decifrar, desmascarar.

find.ing[fˈaindiŋ] *n* **1** achado, descoberta. **2** *Jur* veredicto, decisão de um júri.

fine[ˈfain] *n* **1** multa, pena, penalidade. **2** *Mus* fim. • *vt* multar.

fine[ˈfain] *adj* (*compar* **finer**, *sup* **finest**) **1** fino, de excelente qualidade, puro. **2** belo, lindo, excelente, bom, ótimo, agradável. **3** leve, delicado. **4** claro, refinado. **5** bom, bom de saúde. **6** distinto, eminente. • *interj* ótimo! excelente! **to cut it fine** calcular com exatidão, deixar

pouca margem. **to fine down** refinar, tornar mais exato ou preciso.

fin.ger[fˈiŋgə] *n* **1** dedo. **2** qualquer peça saliente de pequeno porte, semelhante a um dedo. • *vt+vi* **1** tocar com os dedos. **2** manusear, apalpar. **the money slipped through his fingers** o dinheiro escorregou pelos seus dedos, ele perdeu o dinheiro. **to be all fingers and thumbs** ser desajeitado com as mãos. **to get your fingers burnt** ou **to burn your fingers** dar com os burros n'água, queimar-se. **to have a finger in the pie** meter o dedo, intrometer-se em um negócio. **to have green fingers** ter uma boa mão para plantas. **to keep one's fingers crossed** torcer, esperar que algo aconteça. **to lay one's finger upon** pôr o dedo em cima, descobrir ou indicar com exatidão. **to point a finger / to point the finger** acusar. **to put a finger on someone's weak spot** pôr o dedo na ferida, encontrar o calcanhar-de-aquiles. **to twist someone round your little finger** fazer gato e sapato de alguém. **to work one's fingers to the bone** dar duro, trabalhar em excesso.

fin.ger-mark[fˈiŋgə ma:k] *n* mancha ou marca deixada pelo dedo.

fin.ger-nail[fˈiŋgə neil] *n* unha.

fin.ger-print[fˈiŋgə print] *n* impressão digital.

fin.ger-tip[fˈiŋgə tip] *n* ponta do dedo. **he is a professional to his finger-tips** ele é um profissional de mão cheia, completo. **to have information at your finger-tips** ter informação à mão, saber algo muito bem e poder lembrar-se e dar informação.

fin.ish[fˈiniʃ] *n* **1** fim, termo, remate, acabamento, conclusão. *they fought to the finish* / eles lutaram até o fim. **2** aperfeiçoamento, retoque, polimento, última demão. • *vt+vi* **1** acabar, terminar, completar. *I finished reading* / acabei de ler. *I have finished with you* / não quero mais saber de você. **2** aperfeiçoar, retocar. **3** rematar, concluir. *he finished with a cheer* / ele terminou com um aplauso. **4** liquidar, dar fim a. *it is finished* *with him* / ele está perdido, arruinado. **5** fenecer, chegar ao fim, cessar, expirar, morrer. **to finish off** a) terminar de destruir, acabar, matar. b) terminar, completar (tarefa), concluir (uma série de ações). c) limpar (o prato).

fire [fʼaiə] *n* **1** fogo, fogueira. **2** incêndio. **3** chama. **4** *fig* ardor, fervor. **5** tiroteio. • *vt+vi* **1** atear fogo a, incendiar, inflamar, queimar, abrasar. **2** explodir. **3** detonar, fazer fogo. **4** demitir, despedir, destituir de emprego. **cross-fire** fogo cruzado. **fire away!** desembuche, fale logo. **it's on fire** está pegando fogo. **out of the frying pan into the fire** pular da frigideira para o fogo, sair de uma situação ruim para outra pior. **to be under fire** estar exposto. **to catch fire** pegar fogo. **to cease fire** cessar fogo. **to fight a fire** lutar contra o fogo. **to fight fire with fire** responder na mesma moeda. **to go through fire and water for** fazer qualquer sacrifício por. **to hold one's fire** controlar-se. **to keep up the fire** conservar o fogo. **to play with fire** brincar com o fogo, correr risco. **to pour oil on the fire** deitar lenha no fogo. **to set fire** atear fogo. **to strike fire** provocar entusiasmo. **under fire** debaixo de fogo.

fire.arm [fʼaiə:m] *n* arma de fogo.
fire-bri.gade [fʼaiə brigeid] *n* corpo de bombeiros.
fire en.gine [fʼaiə endʒin] *n* carro de bombeiros.
fire-es.cape [fʼaiə iʼskeip] *n* saída de emergência, escada salva-vidas contra incêndio.
fire ex.tin.guish.er [fʼaiə ikstiŋgwiʃə] *n* extintor de incêndio.
fire.man [fʼaiəmən] *n* bombeiro.
fire.place [fʼaiəpleis] *n* lareira.
fire-sta.tion [fʼaiə steiʃən] *n* posto de bombeiros.
fire.works [fʼaiəwə:ks] *n pl* fogos de artifício.

firm[1] [fə:m] *n* firma comercial, empresa.
firm[2] [fə:m] *vt+vi* **1** firmar, fixar. **2** confirmar. • *adj* **1** firme, seguro, sólido. **2** tenaz. **3** imóvel. **4** vigoroso, resoluto. **firm bid / firm offer** oferta definitiva. **they held firm to** eles se firmaram em.

to firm up one's body enrijecer o corpo (por meio de ginástica).

first [fə:st] *n* **1** primeiro. **2** começo, princípio. • *adj* **1** primeiro. **2** primitivo, anterior. **3** em primeiro lugar. **4** principal, fundamental, essencial. • *adv* **1** antes de tudo. **2** primeiramente. **3** antes. **4** pela primeira vez. **at first** inicialmente. **at first hand** em primeira mão, diretamente. **first come, first served** quem chega primeiro será atendido primeiro. **first of all** antes de mais nada. **first things first** primeiro as coisas mais importantes. **first turning on the left** primeira rua à esquerda. **from first to last** do começo até o fim. **in the first place** em primeiro lugar. **to come first** ter prioridade. **to go first** viajar de primeira classe. **to put someone first** tratar alguém com deferência, dar prioridade.

first aid [fə:st ʼeid] *n* primeiros socorros.
first-class [fə:st klʼa:s] *adj* de primeira classe, primeira ordem. **to travel first-class** viajar em primeira classe.
first floor [fə:st flʼɔ:] *n* **1** *Amer* andar térreo (de um prédio), rés-do-chão. **2** *Brit* primeiro andar, primeiro pavimento.
first name [fʼə:st neim] *n* prenome, nome de batismo.
first night [fə:st nʼait] *n* estréia, noite de estréia.
fish [fiʃ] *n* peixe, pescado. • *vt+vi* **1** pescar. *he fished something out of the water* / ele fisgou qualquer coisa da água. **2** buscar. **3** lançar a isca, pesquisar, procurar obter. **fish and chips** peixe frito com batatas fritas (comida típica inglesa). **fried fish** peixe frito. **he drinks like a fish** ele é um beberrão. **there are other fish in the sea** esta pessoa ou coisa não é a única no mundo, existem outras que podem dar mais certo. **to be neither fish, flesh, fowl, nor good red herring** não ser nem peixe nem carne, não ter opinião pró nem contra, não se definir. **to feel like a fish out of water** sentir-se fora de seu elemento (ambiente). **to fish for compliments** pescar elogios. **to fish in troubled water** pescar em águas turvas, usar de uma situação difícil para tirar

proveito próprio. **to fish somebody up** salvar alguém de afogamento. **to have other fish to fry** ter outras coisas mais importantes a tratar.

O plural **fish** é sempre correto. Porém pode-se usar **fishes** quando se referir a diferentes tipos de peixe.

fish.er.man [f′iʃəmən] *n* pescador.

fish.ing [f′iʃiŋ] *n* pesca, pescaria.

fish.mon.ger [f′iʃmʌŋgə] *n* peixeiro.

fish.mon.ger's [f′iʃmʌŋgəz] *n* peixaria.

fis.sure [f′iʃə] *n* fissura, fenda, racha, greta, abertura.

fist [fist] *n* punho, mão fechada. *he clenched his fist* / ele cerrou o punho.

fit¹ [fit] *adj* **1** bom, próprio, conveniente, ajustado, justo. **2** preparado, apto, digno, capaz. **3** saudável: em boa condição física e mental. • *vt+vi* (*ps, pp* **fitted**) **1** assentar, ajustar, adaptar, prover, amoldar. **2** convir a, ser conveniente ou apropriado. **3** aprontar, preparar, qualificar. *his talents fit him for this job* / seus talentos habilitam-no para este trabalho. **4** suprir, prover, equipar, aparelhar. **5** *Tech* encaixar, engatar. **6** *Mech* montar. **fit as a fiddle** bem-disposto. **fit for publication** próprio para publicação. **food fit for a king** uma refeição régia. **if the cap fits** se a carapuça servir. **it doesn't fit** não se adapta bem. **it fits in my plan** isto se enquadra no meu plano. **it fits like a glove** assenta como uma luva. **it fits the occasion** isto vem a propósito. **it is fit to do** é conveniente fazer. **to fit in** encaixar, adaptar. **to fit pipes into each other** encaixar tubos um no outro. **to fit up a house** mobiliar uma casa. **to keep fit** manter-se em forma.

fit² [fit] *n* **1** acesso, ataque, espasmo. **2** desmaio, colapso, síncope, convulsão. **by** (ou **in**) **fits and starts** aos trancos e barrancos. **fit of rage** ataque de cólera. **fit to be tied** *coll* doido varrido, irritado. **to have a fit** ter um ataque.

fit.ness [f′itnis] *n* **1** aptidão, conveniência. **2** bom estado.

fit.ted [f′itəd] *adj* **1** instalado (carpete). **2** fixo no lugar (armário). **3** mobiliado (quarto).

fit.ting [f′itiŋ] *n* **1** peça, acessório, com-

ponente. **2** prova (roupa). • *adj* conveniente, adequado, próprio, apropriado.

five [faiv] *n, adj, pron* cinco. **five o'clock shadow** barba por fazer.

fix [fiks] *n* **1** dificuldade, posição difícil, apuro, embaraço, dilema. *we are in a nice fix* / estamos em maus lençóis. **2** *sl* dose de narcótico, droga (injeção). • *vt+vi* **1** fixar, prender, ligar, firmar, pregar, cravar. **2** estabelecer, determinar. **3** ajustar. **4** consertar. **5** *coll* pôr em ordem, arrumar. **6** preparar (refeição). **a fix up** *sl* uma dose de narcótico. **I'll fix him** eu me encarrego dele. **to fix a cop** subornar um policial. **to fix a date** marcar uma data. **to fix a meal** preparar uma refeição. **to fix a post in the ground** cravar um poste no chão. **to fix on** escolher. **to fix the eyes upon** cravar os olhos em. **to fix up** a) consertar. b) acomodar. **to fix upon a resolution** tomar uma resolução firme.

fixed [fikst] *adj* fixo, estável, fixado, estabelecido, permanente, seguro, ligado. *my intentions are fixed* / minhas intenções são definitivas. *he is well fixed* / ele está bem de vida (financeiramente). *he has no fixed address* / ele não tem um endereço fixo.

fix.ture [f′ikstʃə] *n* **1** pessoa ou coisa permanentemente ligada a um lugar. **2** acessório, pertence, instalação. **3** competição esportiva ou peça teatral programada.

fizz [fiz] *vi* **1** chiar, sibilar. **2** efervescer.

fiz.zle [f′izəl] *vi* **1** sibilar, assobiar, chiar. **2** crepitar, estalejar. **3** fracassar, fazer fiasco. **it fizzled out** malogrou. **to have a fizzle** silvar, chiar.

fiz.zy [f′izi] *adj* efervescente, espumante.

flab.by [fl′æbi] *adj* **1** frouxo, lasso, mole, balofo. **2** amolecido. **3** lânguido, fraco, débil.

flag¹ [flæg] *n* **1** bandeira, pavilhão. **2** emblema. **3** *Comp* marco: sinal que marca o início ou o fim de uma palavra em computadores. • *vt+vi* **1** transmitir sinais com bandeiras. **2** enfeitar com bandeiras, embandeirar. **to drop the flag** *Sport* dar sinal de partida. **to hang the flag half-mast high** hastear a bandeira a meio pau. **to hoist the flag** içar a bandeira. **to show the white flag** mostrar a bandeira branca, render-se. **we must keep the flag flying** temos de manter o ânimo.

flag² [flæg] *vi* (*ps, pp* **flagged**) cansar, fatigar-se, desanimar, esmorecer.

fla.grant [fl'eigrənt] *adj* flagrante, escandaloso, vergonhoso.

flair [fleə] *n* **1** faro, instinto. **2** discernimento, talento, habilidade de fazer coisas com estilo, de maneira original.

flake¹ [fleik] *n* **1** floco. **2** lasca, lâmina, camada. • *vt+vi* **1** escamar. **2** lascar(-se), fender-se em lascas. **3** cobrir de flocos. **to flake off** descascar-se.

flak.y [fl'eiki] *adj* **1** escamoso. **2** facilmente separável em flocos. **flaky pastry** massa folhada.

flam.boy.ant [flæmb'ɔiənt] *adj* **1** extravagante, ostentoso, vistoso, exagerado. **2** chamejante, muito brilhante.

flame [fleim] *n* chama, fulgor, fogo, brilho, lume. **an old flame** uma antiga paixão. **in flames** em chamas. **to burst into flames** fazer-se em chamas. **to fan the flames / add fuel to the flames** encorajar, tornar uma situação mais intensa ou extrema. **to go up in flames** incendiar-se rapidamente.

flam.ma.ble [fl'æm, ə bəl] *adj* inflamável.

flank [flæŋk] *n* **1** flanco. **2** ala. **3** *Mil* flanco: parte de uma posição fortificada. • *vt* **1** flanquear, atacar de flanco. **2** ladear. **to take the flank of the enemy** atacar o inimigo pelo flanco. **to turn the flank of someone** derrotar um inimigo, ser mais esperto que alguém.

flan.nel [fl'ænəl] *n* **1** flanela. **2** toalhinha de rosto. **3 flannels** calça de homem.

flap [flæp] *n* **1** aba, ponta, fralda, borda, orla, orelha. **2** *Aeron* flape, freio aerodinâmico. • *vt+vi* (*ps, pp* **flapped**) **1** bater, agitar, oscilar, vibrar. **2** deixar cair, abaixar. **3** sacudir. **the bird flapped its wings** a ave bateu as asas.

flare [fleə] *n* **1** chama trêmula, labareda, luz. **2** dilatação, alargamento em forma de sino para a parte de fora. **3** *fig* explosão, arroubo (de ira, de cólera). • *vt+vi* **1**

chamejar, tremeluzir, cintilar, rutilar, fulgurar, resplandecer. *he flared a candle at me* / ele iluminou-me o rosto com uma vela. **2** ostentar, pavonear-se, irar-se, enfurecer-se. *he flared out against me* / ele encolerizou-se contra mim. **3** abrir-se, alargar-se.

flash [flæʃ] *n* **1** lampejo, clarão ou brilho repentino e passageiro, sinal luminoso, jato de luz, relâmpago. **2** forma abreviada de **flashlight**. **3** boletim ou notícia breve. • *vt+vi* **1** flamejar, chamejar. **2** reluzir, lampejar, faiscar, cintilar, rutilar. **3** agitar, sacudir. **4** enviar informação ou notícia através de computador, satélite ou telex. **a flash of genius** lampejo de gênio. **a flash of lightning** relâmpago. **a flash of the eye** olhadela. **flash in the pan** fogo de palha. **in a flash** instantaneamente, enquanto o diabo esfrega o olho. **it flashed upon me** surgiu-me uma idéia. **quick as a flash** rápido como um raio. **to flash at** lançar luz sobre. **to flash on** lembrar-se. **to flash out** aparecer repentinamente.

flash bulb [fl'æʃ bʌlb] *n Phot* lâmpada para instantâneos.

flash.light [fl'æʃlait] *n* **1** lanterna elétrica. **2** holofote. **3** = **flash bulb**.

flash.y [fl'æʃi] *adj* **1** flamejante, lampejante, cintilante. **2** que tem brilho falso, vistoso, espalhafatoso.

flask [fla:sk; flæsk] *n* **1** frasco. **2** garrafa térmica. **3** retorta.

flat [flæt] *n* **1** apartamento. **2** superfície plana, achatada. **3** baixo, baixio, pântano. **4** *Mus* bemol. • *adj* **1** liso, plano, raso, chato, sem relevo. **2** raso, pouco fundo, achatado. **3** vazio, furado. **4** chato, maçante, monótono, trivial, vulgar, insípido. **5** *Mus* bemol, abemolado. • *adv* **1** horizontalmente, de modo plano, chato. **2** positivamente, redondamente, planamente. **3** completamente, exatamente. **a flat lie** mentira manifesta. **flat against the wall** encostado à parede. *he fell flat on the ground* / ele espatifou-se no chão. **I must lay my clothes flat** tenho de dobrar minha roupa. **it fell flat**

fig isso malogrou. **to go flat** ficar choco (bebida), perder o gás. **to lay flat** arrasar, destruir.

flat.ten [fl'ætən] *vt+vi* 1 aplainar, achatar, nivelar, alisar. 2 tornar ou ficar insípido, monótono. **to flatten out** horizontalizar (vôo).

flat.ter [fl'ætə] *vt+vi* 1 lisonjear, elogiar com excesso, incensar, exaltar, bajular, adular, cortejar. *he was flattered* / ele sentiu-se lisonjeado. 2 favorecer.

flat.ter.ing [fl'ætəriŋ] *adj* 1 lisonjeiro, satisfatório. 2 adulador.

flaunt [flɔ:nt] *n* ostentação, pompa, alarde. • *vt+vi* ostentar, fazer ostentação de, alardear, exibir, pavonear.

fla.vor, fla.vour [fl'eivə] *n* 1 sabor, gosto. 2 condimento, tempero. 3 aroma, odor, fragrância. • *vt* 1 temperar, condimentar. 2 dar sabor, dar gosto. 3 perfumar, aromatizar. Veja nota em **sabor**.

flaw [flɔ:] *n* 1 falha, racha, fenda. 2 imperfeição, defeito. • *vt+vi* 1 tornar inválido, inútil ou defeituoso. 2 quebrar, rachar, fender.

flaw.less [fl'ɔ:lis] *adj* sem defeito, sem mancha, perfeito, impecável.

flea [fli:] *n* pulga. **to have a flea in one's ear** ter pulga atrás da orelha. **to put a flea in one's ear** pôr uma pulga atrás da orelha de alguém.

fleck [flek] *n* pinta, mancha, malha, nódoa, pontinho. • *vt* salpicar, sarapintar, mosquear, listrar. **fleck of dust** mancha de poeira. **flecks of sunlight** sardas.

flee [fli:] *vt+vi* (*ps, pp* **fled**) 1 fugir, escapar, procurar refúgio correndo. 2 evitar, esquivar, abandonar. *he flees his fellowmen* / ele evita os seus próximos, é retraído.

fleet [fli:t] *n* 1 frota, esquadra. 2 comboio de navios mercantes. 3 *Aeron* esquadrilha. **air fleet** frota aérea.

fleet.ing [fl'i:tiŋ] *adj* passageiro, transitório, fugaz, fugitivo.

flesh [fleʃ] *n* 1 carne do homem e dos animais e polpa das frutas. 2 gordura, robustez. 3 corpo, aspecto exterior do corpo, matéria em oposição ao espírito. 4 *fig* sensualidade, concupiscência. **flesh and blood** a natureza humana. **in the** flesh em carne e osso, em pessoa. **one's own flesh and blood** os descendentes. **to flesh out** acrescentar detalhes. **to go the way of all flesh** morrer. **to lose flesh** emagrecer.

flex [fleks] *n Electr* cabo, condutor, fio flexível. • *vt + vi* dobrar-se, curvar-se, flexionar.

flex.i.ble [fl'eksəbəl] *adj* 1 flexível, dobradiço, vergável. 2 adaptável, plástico, elástico. 3 dócil, fácil de manejar, acomodatício.

flick [flik] *n* 1 pancada leve, chicotada rápida, piparote, laçaço. 2 estalido. 3 *coll* fita, filme de cinema. • *vt+vi* 1 chicotear de leve. 2 bater-se de leve. *the boys flicked wet towels at each other* / os rapazes batiam-se com toalhas úmidas. 3 adejar, esvoaçar, agitar, sacudir. 4 mover, repentina e repetidamente. **a flick through the pages** virar as páginas com o polegar. **to flick away/off** tocar ou expulsar com pequeno movimento do dedo ou da mão. **to flick through** dar uma olhada (livros, revistas), virando as páginas.

flick.er [fl'ikə] *n* 1 luz bruxuleante. 2 bruxuleio, tremulação, centelha. 3 meneio, movimento rápido, ligeiro, vacilação. • *vi* 1 bruxulear, tremeluzir, chamejar. 2 adejar, bater as asas, tremular. 3 mover rápida e repetidamente.

flight [flait] *n* 1 vôo, ato, processo ou poder de voar. 2 vôo, extensão percorrida por uma ave voando, um avião, um projétil etc., trajetória. 3 revoada, bando, enxame, migração. 4 *Aeron* esquadrilha. 5 viagem, excursão de avião. 6 fuga, retirada precipitada. 7 *sl* experiência com drogas, *fig* viagem, também **trip. flight of fancy** o vôo da imaginação. **flight of stairs** lance de escada. **flight of steps** escada, andar. **in the first flight** na vanguarda, em posição proeminente. **the flight of time** o vôo do tempo. **to put to flight** afugentar, debandar. **to take flight** pôr-se em fuga.

flim.sy [fl'imzi] *adj* 1 delgado. 2 frágil, fraco.

flinch [flintʃ] *n* recuo, desistência, hesitação. • *vi* recuar, retroceder, hesitar, vacilar, desistir de, desviar-se, esquivar-se, fugir (de algum trabalho, perigo, compromisso etc.). **don't flinch** *Amer* não tire o corpo fora.

fling [fliŋ] *n* **1** arremesso, lanço repentino. **2** folia, farra. • *vt+vi* (*ps, pp* **flung**) **1** arremessar, atirar com ímpeto, lançar, arrojar. **2** arremessar-se, atirar-se, precipitar-se, correr, arremeter-se. **3** entregar-se inteiramente, aventurar-se. **he flung away in a rage** ele afastou-se numa fúria. **he had his fling** ele divertiu-se bastante. **to fling about** espalhar. **to fling aside** atirar para o lado. **to fling away** deitar fora, pôr de lado. **to fling back** retrucar veementemente. **to fling back one's head** atirar a cabeça para trás. **to fling down** lançar ao chão. **to fling in one's face** lançar na cara. **to fling into jail** jogar na cadeia. **to fling off** despir-se rápida e descuidadamente. **to fling on** vestir-se rápida e descuidadamente. **to fling oneself into someone's arms** lançar-se nos braços de alguém. **to fling open** abrir violentamente. **to fling out** a) estender ou lançar repentinamente. b) livrar-se de algo. c) falar de modo agressivo. **to fling stones** atirar pedras. **to fling up** abandonar, renunciar. **to give one his fling** soltar a rédea a alguém.

flint [flint] *n* **1** pederneira. **2** coisa muito dura. **3** pedra de isqueiro. **a heart of flint** coração de pedra. **like a flint** firmemente, resolutamente. **to skin a flint** ser exageradamente avaro ou mesquinho.

flip [flip] *n* **1** sacudidela. **2** arremesso rápido. **3** gemada: aguardente, rum ou cerveja batida com açúcar e ovos. **4** *sl* algo que causa prazer ou hilariedade. • *vt+vi* **1** sacudir, mover com sacudidelas bruscas. **2** atirar para o ar. **3** atirar algo movendo o polegar contra o indicador. **4** *sl* reagir violentamente, ficar bravo. **to flip one's lid** *sl* ficar uma fúria. **to flip one's lip** *sl* jogar conversa fora, bater papo. **to flip out** *sl* provocar uma reação entusiasta, mostrar entusiasmo. **to flip over** mover, virar com movimento brusco. **to flip through** ler (livro, jornal) rápida e descuidadamente. **to flip up** virar (uma carta, uma moeda).

flip.pant [fl'ipənt] *adj* impertinente, petulante, frívolo, leviano, irreverente.

flip.per [fl'ipə] *n* **1** barbatana. **2** membro natatório (das focas, tartarugas), nadadeira (de baleia). **3** *sl* mão. **4** *Brit* pé-depato: calçado de borracha em forma de pé de pato, que os nadadores adaptam aos pés para melhor se deslocarem na água.

flirt [flə:t] *n* namoradeira, coquete. • *vt+vi* **1** flertar, namorar por passatempo, coquetear. **2** brincar com, divertir-se com, folgar. **to flirt a fan** brincar com um leque. **to flirt with** ter interesse passageiro por algo.

flit [flit] *vi* (*ps, pp* **flitted**) **1** voar rapidamente, adejar, esvoaçar. *they flitted about* / eles esvoaçaram para cá e para lá. **2** passar rapidamente, perpassar, roçar. *she flitted by* / ela passou rapidamente. **3** mudar-se, mudar de residência, partir, ir-se, emigrar. **to do a moonlight flit** mudar de residência às escondidas para não pagar aluguéis atrasados. **to flit away** desaparecer.

float [flout] *n* **1** flutuação, ato de boiar. **2** bóia, salva-vidas, flutuador. **3** carro raso, carro-plataforma, carro alegórico para desfile. **4** cortiça da linha de pescar. • *vt+vi* flutuar, sobrenadar, boiar, estar suspenso no ar ou em líquido. **floating on air** eufórico, arrebatado. **to float around** circular, espalhar-se.

flock [flɔk] *n* **1** rebanho, manada, revoada, bando de pássaros. **2** tropa, multidão, coleção, tropel, grande número, grupo. **3** congregação, rebanho, conjunto de paroquianos. • *vi* andar em bandos, concorrer em multidão, afluir, reunir-se, congregar-se. *they flocked to him* / eles acorreram a ele. **birds of a feather flock together** cada qual com seu igual. **flock of birds** bando de pássaros. **flock of sheep** rebanho de carneiros.

flog [flɔg] *vt* **1** fustigar, açoitar, vergastar, chicotear. **2** *sl* ativar, fomentar a venda de, fazer propaganda de. *he flogged it into the boy* / ele incutiu no menino. **that is flogging a dead horse** isso é malhar em ferro frio. **to flog to death** *coll* estragar (história, piada etc.) por excessiva repetição. **you flog yourself to death/into the ground** você trabalha demais, você se arrebenta de trabalhar.

flood[flʌd] *n* **1** inundação, enchente, cheia, dilúvio. **2** aguaceiro, grande abundância, chuvarada. • *vt+vi* **1** inundar, submergir, alagar, transbordar. *I was flooded with letters* / fui inundado de cartas. **2** encher, fazer transbordar. **3** afogar (motor do carro). **a flood of light** torrente de luz. **a flood of tears** torrente de lágrimas. **a flood of words** fluxo de palavras. **by flood and field** por mar e por terra. **the Flood** o dilúvio. **they come in floods** eles vêm em bandos. **to flood in** fluir para dentro. **to flood in upon someone** derramar-se sobre alguém, inundar alguém. **to flood out** abandonar a casa por causa de uma enchente.

flood.gate [flʌdgeit] *n* comporta, dique.

flood.ing [flʌdiŋ] *n* inundação.

floor [flɔ:] *n* **1** piso, assoalho, chão. **2** andar, pavimento. **3** fundo (do navio, de mar etc.). **4** tribuna, parte de uma assembléia onde estão os representantes e de onde falam os oradores. • *vt* **1** pavimentar, assoalhar. **2** *coll* confundir, desconcertar, estar perplexo. **basement floor** subsolo. **boarded floor** assoalho de tábuas. **first floor** primeiro andar, *Amer* andar térreo, rés-do-chão. **ground-floor** *Brit* andar térreo. **inlaid floor** assoalho de tacos. **to have the floor** ter o direito de falar. **top floor** último andar. **to take the floor** (Parlamento) tomar a palavra. **to wipe the floor with** derrotar completamente (numa luta, competição, debate).

floor.board [flɔ:bɔ:d] *n* tábua para assoalho.

flop [flɔp] *n* fracasso, malogro, fiasco, decepção. • *vt+vi* **1** baquear, deixar-se cair pesadamente. **2** *coll* fracassar, falhar completamente.

flop.py [flɔpi] *adj coll* frouxo, mole, bambo, caído, desajeitado, desengonçado, desleixado, desmazelado.

flop.py disk [flɔpi disk] *n Comp* disco flexível, disquete.

flop.py drive [flɔpi draiv] *n Comp* drive em que se inserem disquetes para leitura ou gravação.

flo.ral [flɔ'rəl] *adj* floral, florido.

flo.rist [flɔ'rist] *n* floricultor, florista.

florist's [flɔ'rists] *n* floricultura.

floss [flɔs] *n* fios de seda. **candy floss** *Brit* algodão-doce. **dental floss** *Dent* fio-dental.

floun.der [flaundə] *vi* **1** debater-se, espojar-se, menear-se, estrebuchar, patinhar, tropeçar, chafurdar. **2** atrapalhar-se, enlear-se, cometer erros.

flour[flauə] *n* flor de farinha, farinha fina, farinha de trigo.

flour.ish[flʌriʃ] *vi* **1** florescer, prosperar, medrar, vicejar. **2** distinguir-se, ter fama, existir com renome. **3** florear, brandir, menear, agitar.

flow [flou] *n* **1** fluência, ação de correr líquido, escoamento, fluidez. **2** fluxo, circulação. • *vt* **1** fluir, manar, circular. **2** derramar-se, escorrer, brotar.

flow.er [flauə] *n* **1** flor. **2** escol, nata, a parte mais fina, mais nobre, mais distinta, fina flor. **3** o desabrochar da vida, a flor da idade. *he died in the flower of his age* / ele morreu na flor da idade. • *vt+vi* florescer, desabrochar, florir, produzir flores. **flowers of speech** flores de retórica. **no flowers** pede-se não enviar flores.

flow.er bed[flauə bed] *n* canteiro de flores.

flow.er-girl [flauə gə:l] *n* florista: vendedora de flores.

flow.er shop[flauə ʃɔp] *n* loja de flores, floricultura.

flu [flu:] *n coll* influenza, gripe.

fluc.tu.ate [flʌktʃueit] *vi* **1** flutuar, ondular, oscilar. **2** vacilar, hesitar.

flu.en.cy [flʌ'uənsi] *n* fluência, abundância, espontaneidade de estilo, facilidade de linguagem.

flu.ent [flʌ'uənt] *adj* **1** fluido, fluente, líquido. **2** corrente, copioso, natural, espontâneo. **3** verboso, eloqüente.

fluff [flʌf] *n* penugem, felpa, lanugem, buço. • *vt+vi* **1** afofar. **2** tornar-se fofo ou felpudo. **3** *sl Theat* esquecer ou dizer mal um papel, fracassar. **the bird fluffed up its feathers** a ave arrepiou-se. **to do a fluff** *Theat* representar mal um papel.

to fluff someone off rejeitar, repelir, desprezar alguém intencionalmente.

fluff.y [fl'∧fi] *adj* fofo, leve, macio, peludo, penuginoso, solto (arroz).

flu.id [fl'u:id] *n* fluido, líquido. • *adj* **1** fluido, fluente, líquido. **2** leve, gracioso (movimento). **3** variável, mutável, não fixo.

fluke [flu:k] *n* casualidade de sorte, fortuna inesperada, acaso feliz. • *vt* acertar ou obter por sorte. **by a fluke** por um acaso.

flur.ry [fl'∧ri] *n* **1** lufada, refrega, rajada de vento. **2** pancada de chuva, aguaceiro. **3** comoção, agitação nervosa, excitação, afobação. • *vt* excitar, agitar, confundir, embasbacar, perturbar, aturdir, atrapalhar, atarantar. **flurry of snow** nevada. **in a flurry** excitado, alvoroçado.

flush [fl∧ʃ] *n* **1** rubor, vermelhidão. **2** resplendor, cor ou luz viva, intensa. **3** jato, jorro, esguicho, fluxo de água, descarga de aparelho sanitário. • *vt+vi* **1** corar, enrubescer, ruborizar-se, vermelhar, afoguear. **2** esguichar, correr com ímpeto, jorrar, borbotar, manar, afluir. **3** lavar ou limpar com jato de água, enxaguar. **blood flushed to her cheeks** o sangue afluiu-lhe ao rosto. **flushed with anger** rubro de cólera. **flushed with joy** radiante de alegria. **to be flush** levar boa vida. **to be flush of money** estar bem de dinheiro. **to come flush on someone** *coll* topar com alguém. **to flush from** espantar, assustar, tocar (pássaros das árvores). **to flush out** expulsar, desentocar, destocar.

flush toi.let [fl'∧ʃ tɔilit] *n* vaso sanitário com descarga.

flus.ter [fl'∧stə] *vt+vi* **1** agitar, aquecer, excitar, inebriar, embriagar. **2** confundir, perturbar(-se), aturdir, desconcertar, embaraçar, azafamar-se. **all in a fluster** todo alvoroçado.

flute [flu:t] *n Mus* flauta, registro de flauta em órgão.

flut.ter [fl'∧tə] *n* **1** adejo, ato de esvoaçar, palpitação, agitação, vibração. **2** confusão, excitação, comoção, alvoroço, nervosismo. • *vt+vi* **1** tremular, flutuar, drapejar, ondear. **2** adejar, bater as asas,

esvoaçar, voejar, pestanejar. **3** menear, voltear, saracotear, remexer-se excitadamente. **4** azafamar-se, estar irrequieto ou alvoroçado. **all in a flutter** todo agitado.

fly [flai] *n* (*pl* **flies**) **1** *Zool* mosca vulgar ou doméstica. **2** qualquer inseto díptero. **3** braguilha. **4** anzol dissimulado por penas. • *vt+vi* (*ps* **flew**, *pp* **flown**) **1** voar, esvoaçar, mover-se no ar por meio de asas. **2** flutuar, ondear, drapejar, agitar-se no ar, desfraldar. **3** viajar pelo ar. *he flew the ocean* / ele atravessou o oceano em avião. **4** dirigir, pilotar (avião). *he flies an aeroplane* / ele pilota um aeroplano. **5** fugir, escapar-se. *he will have to fly the country* / ele terá de fugir da pátria. *I must fly the danger* / tenho de escapar deste perigo. **he wouldn't hurt a fly** ele não é capaz de fazer mal a uma mosca. **there are no flies on him** ele não é bobo e não se deixa enganar. **to break a fly on the wheel** arrombar portas abertas. **to die/drop like flies** morrer como moscas. **to find a fly in the ointment** *fig* achar cabelo na sopa, procurar pêlo em casca de ovo. **to fly a flag** hastear uma bandeira. **to fly a kite** soltar um papagaio, *fig* lançar um balão de ensaio. **to fly around** esvoaçar, adejar de um lado para o outro. **to fly at / upon** lançar-se sobre, acometer, atacar violentamente. **to fly away** fugir, escapar. **to fly by instruments** voar por instrumentos. **to fly from** fugir de. **to fly high** ter ambições. **to fly in the face of** insultar alguém.

fly.ing [fl'aiiŋ] *n* ato de voar, aviação. • *adj* **1** voador, voante, volante. **2** flutuante, pendente. **3** muito rápido, veloz. *he made a flying start* / ele partiu precipitadamente. **4** transitório, breve. *a flying visit* / visita breve.

fly.o.ver [fl'aiouvə] *n* **1** viaduto: estrutura que sustenta uma estrada sobre outra num cruzamento. **2** passarela.

fly.sheet [fl'aiʃi:t] *n* **1** folheto, prospecto. **2** cobertura impermeável adicional de uma barraca, para proteção contra a chuva.

foal [foul] *n* cria de animais eqüinos e asininos, potro, poldro. • *vt+vi* parir, dar cria (a égua). **in/with foal** prenhe.

foam [foum] *n* espuma, escuma, *Poet* mar. • *vt+vi* **1** espumar, escumar. **2** fazer espumar. **3** espumejar, lançar espuma, encrespar-se (o mar). *he foamed at the mouth* / ele espumou (na boca). *he foamed with rage* / ele espumejou.

foam rub.ber [fˈoum rʌbə] *n* espuma de borracha.

fo.cus [fˈaukəs] *n* (*pl* **foci**) **1** foco (também *Phys*, *Geom*, *Opt*). **2** distância focal. **3** focagem, focalização (de lente), acomodação (do olho). **4** centro, ponto de convergência, sede. • *vt+vi* (*ps, pp* **focused, focussed**) **1** focar, enfocar, pôr em foco, focalizar sobre. **2** pôr em evidência. **in focus** em foco, claro, distinto. **out of focus** turvo, opaco, indistinto, fosco.

fod.der [fˈodə] *n* forragem. • *vt* dar forragem a, alimentar (gado etc.).

foe [fou] *n* inimigo, antagonista, adversário.

foe.tus, fe.tus [fˈiːtəs] *n Anat* feto.

fog [fog] *n* **1** nevoeiro, cerração, bruma, neblina, névoa. **2** obscuridade, sombra. **in a fog** confuso, perplexo. **pea-soup-fog** neblina amarela londrina.

fog.gy [fˈogi] *adj* **1** nebuloso, nevoento, cerrado, enevoado, brumoso. **2** obscuro, indistinto, velado. **3** confuso, perplexo, obscuro. **4** *Phot* velado. **I haven't the foggiest idea** *coll* não sei de nada, não tenho a menor idéia.

foil¹ [fɔil] *vt* baldar, frustrar.

foil² [fɔil] *n* **1** folha metálica, chapa, lâmina delgada de metal, ouropel. **2** contraste, realce. **it acts as a foil to her** isso lhe dá destaque. **to be a foil to** dar realce a, realçar.

fold¹ [fould] *n* **1** dobra, prega, ruga, vinco, *Mech* rebordo. **2** envoltório, embrulho. • *vt+vi* **1** dobrar(-se), preguear(-se). **2** cruzar (os braços), entrelaçar (os dedos). *he folded his arms* / ele cruzou os braços. **3** abraçar, abarcar, enlaçar, cercar, juntar, rodear. *he folded his arms round her* / ele cingiu-a com os braços. **to fold in/into** *Cook* acrescentar, misturar, incorporar (ingredientes). **to fold up** *coll* fracassar, fechar (diz-se de um negócio).

-fold² [fould] *suf* formador de adjetivos e advérbios multiplicativos, como **twofold** duplo ou duas vezes mais, **tenfold** décuplo ou dez vezes mais, **manifold** múltiplo, multíplice, multiforme.

fold.er [fˈouldə] *n* pasta de papéis, envoltório.

fold.ing [fˈouldiŋ] *n Comp* a) desdobramento. b) dualidade funcional. • *adj* dobrável, flexível.

folk [fouk] *n* **1** povo. **2** tribo, nação. **3** gente, pessoa, parentes. **4** música folclórica. • *adj* popular, comum, folclórico. **hello, folks!** alô, pessoal! **my folks** meus parentes, minha família.

fol.low [fˈɔlou] *vt+vi* **1** seguir, ir atrás de, marchar ou caminhar após, suceder, vir depois. *the talk will be followed by a song* / o discurso será seguido por um canto. **2** resultar, seguir-se. *it follows that* / segue-se que, logo, portanto. **3** perseguir, caçar, dar caça a. **4** imitar, tomar como modelo. *she follows the fashion* / ela acompanha a moda. **5** dedicar-se a. *he follows a profession* / ele exerce uma profissão. *they follow after him* / eles seguem-no. **as follows** como se segue. **follow my advice!** siga o meu conselho! **follow-up letter** carta lembrete. **I don't follow you** não o compreendo. **to follow about/around/round** seguir por toda parte. **to follow close upon** seguir de perto. **to follow in someone's steps** seguir os passos, ir na cola de alguém. **to follow one's nose** ir pelo faro. **to follow one's pleasure** dar-se ao deleite. **to follow out** levar ao cabo, levar até o fim. **to follow the law** estudar leis, seguir a carreira de advogado. **to follow the plough** dedicar-se à lavoura. **to follow up** a) seguir de perto, seguir persistentemente. b) chegar ao fim, levar avante.

fol.low.er [fˈoulouə] *n* seguidor, partidário, sectário.

fol.low.ing [fˈoulouiŋ] *n* seguidores, adeptos. • *adj* seguinte, que segue ou se segue, imediato, próximo. • *prep* depois. *following her visit she...* / depois da sua visita ela... **the following** o seguinte, os seguintes. **the following day, the day following** no dia seguinte.

Não se usa **following** quando se refere ao futuro imediato. Nesse caso usa-se **next** ou **the coming**. *I´m going to the supermarket next Tuesday and on the following Friday* / vou ao supermercado na próxima terça-feira e na sexta-feira seguinte.

fond [fɔnd] *adj* **1** amigo, aficionado, afeiçoado, que tem gosto ou predileção por. **2** afetuoso, carinhoso, terno, amoroso, caro, favorito. **3** tolo, crédulo, insensato. **a fond look** um olhar carinhoso. **to be fond of** gostar muito de alguma pessoa ou de alguma coisa.

fon.dle [fˈɔndəl] *vt* acariciar, afagar, amimar, acarinhar.

food [fuːd] *n* **1** alimento, sustento, pasto, ração. **2** comida. **3** alimento espiritual. **food and drink** comida e bebida. **food for thought** algo para meditar. **infant food** farinha para alimentação de crianças pequenas, farinha láctea. **to be off one's food** estar sem apetite.

food poi.son.ing [fˈuːd pɔizəniŋ] *n Path* intoxicação gastrintestinal provocada pela ingestão de alimentos tóxicos ou contaminados.

food proc.es.sor [fˈuːd prousesə] *n* multiprocessador de alimentos.

food.stuff [fˈuːdstʌf] *n* gêneros alimentícios, víveres.

fool [fuːl] *n* louco, bobo, tolo, néscio, parvo, insensato, imbecil. *I was fool enough to consent* / fui tolo bastante para consentir. • *vt+vi* **1** bobear, fazer o papel de tolo, doidejar, brincar, desapontar. **2** fazer de tolo, fazer escárnio de, chasquear, zombar de. **3** enganar, burlar, engazopar, embrulhar, fraudar, trapacear. **a big fool** um perfeito idiota. **a fool and his money are soon parted** o tolo e seu dinheiro logo se separam. **April Fool's Day / All Fool's Day** dia primeiro de abril, dia da mentira. **no fool like an old one** não há tolo como tolo velho. **to be nobody's fool** ser esperto, ser astuto. **to fool about** ou **to fool around** a) vadiar. b) *sl* prevaricar, ter aventura se-

xual especialmente adulterina. c) *sl* flertar. **to fool away** malbaratar, desperdiçar. **to fool on someone** pregar uma peça a alguém. **to fool someone of his money** apanhar o dinheiro de alguém, com astúcia e velhacaria. **to fool with** não tratar seriamente, brincar irresponsavelmente. **to make a fool of** fazer de tolo. **to make a fool of oneself** fazer-se ridículo, que fazer asneira. **to play the fool** fazer papel de bobo.

fool.ish [fˈuːliʃ] *adj* **1** tolo, bobo, néscio, insensato. **2** ridículo.

fool.ish.ness [fˈuːliʃnis] *n* loucura, tolice, doidice, insensatez, estouvamento.

foot [fut] *n* (*pl* **feet**) **1** pé. **2** base, suporte. **3** sopé, fundo, rodapé. **4** margem inferior (de uma página). **5** pé: medida de comprimento equivalente a doze polegadas ou 30,48 cm. **6** *Poet* pé: divisão de um verso. **a foot in both camps** em cima do muro, não se decidir por nenhum dos lados. **at his feet** aos pés dele. **at the foot** ao pé (da página). **at the foot of the hill** no sopé da colina. **foot by foot** pé ante pé, passo a passo. **he never puts a foot wrong** ele nunca erra. **he put his foot on the floor** *coll Auto* ele acelerou a marcha. **he shall not set foot in my house** ele não há de pôr os pés na minha casa. **on one's feet** em pé, de pé, *fig* de boa saúde, próspero. **they helped him to his feet** eles ajudaram-no a levantar-se. **to carry someone off one's feet** entusiasmar, empolgar alguém. **to drag one's foot** fazer corpo mole, ser deliberadamente lerdo em tomar uma decisão. **to find one's foot** sentir-se confiante. **to get/have cold feet** acovardar-se. **to get off on the wrong foot** começar mal. **to go on foot** andar a pé. **to have one foot in the grave** estar com os pés na cova. **to keep one's feet/footing** manter-se em pé, não cair. **to know the length of someone's foot** conhecer alguém muito bem, conhecer o fraco de alguém. **to put one's best foot forward** *coll* a) andar o mais rápido possível. b) esmerar-se, fazer o melhor possível. c) apresentar boa aparência para causar boa impressão. **to put one's foot down** agir firme e decididamente, bater o pé. **to put one's foot in it** meter os pés pelas mãos. **to put one's foot in one's mouth** falar o que não deve, dar um fora. **to set foot in** introduzir-se. **to set on foot** iniciar, dar o primeiro impulso, lançar, pôr em movimento. **to stand on one's own two feet** ser independente, ser dono do seu nariz. **to start off on the right/left foot** começar com o pé direito/esquerdo. **to sweep off one's feet** entusiasmar-se, apaixonar-se. **two feet long** dois pés de comprimento. **under foot** no meio do caminho.

foot.ball [f'utbɔ:l] *n* 1 futebol. 2 bola de futebol. 3 qualquer jogo ou bola como a de futebol. Veja nota em **futebol**.

foot.bridge [f'utbridʒ] *n* ponte para pedestres, passarela.

foot.ed [f'utid] *adj* que tem pés, que tem determinado número de pés, que tem os pés de determinada forma. **bare-footed** descalço, de pés descalços. **cloven footed** fissípede, que tem o pé ou o casco fendido. **flat-footed** que tem pé chato. **four footed** quadrúpede. **swift footed** de pé ligeiro.

foot.hill [f'uthil] *n* contraforte: montanha no sopé de outra mais alta.

foot.lights [f'utlaits] *n pl* 1 ribalta, rampa. 2 *fig* o teatro, o palco. **before the footlights** no palco, sob os holofotes. **he got across the footlights** ele causou grande impressão.

foot.man [f'utmən] *n* 1 lacaio, criado de libré. 2 soldado de infantaria. 3 trempe para chaleira.

foot.mark [f'utma:k] *n* pegada, pisada.

foot.note [f'utnout] *n* nota ao pé de uma página, nota de rodapé.

foot.step [f'utstep] *n* 1 som de passo. 2 pegada. 3 passo. 4 degrau. 5 *fig* exemplo. **to follow in someone's footsteps** seguir as pisadas de alguém, seguir-lhe o exemplo.

foot.wear [f'utwɛə] *n* calçado, calçados.

for [fɔ:] *prep* 1 por, em lugar de, em vez de. *we used boxes for chairs* / usamos caixas em vez de cadeiras. 2 por, em defesa de, a favor de. *they voted for Roosevelt* / eles votaram em Roosevelt.

3 de, representante de, em nome de. *the lawyer acts for his client* / o advogado age em nome de seu cliente. 4 para, a fim de, no intuito de. *he ran for his life* / ele correu para salvar a vida. 5 para, com destino a. *he has just left for New York* / ele acaba de partir para Nova York. *we have a present for you* / temos um presente para você. • *conj* pois, visto que, desde que, já que. *we can't go, for it is raining* / não podemos ir porque está chovendo. *for all his efforts, he did not succeed* / apesar de todos seus esforços ele não se saiu bem. *for all the improvement you have made last year, you might give up* / em vista do pouco progresso que fez no ano passado, você deveria desistir. **eating too much is bad for one's health** comer demais faz mal à saúde. **for all I know** ao que me é dado supor. **for certain** com certeza. **for example** por exemplo. **for fear of** por medo de. **for how long?** por quanto tempo? **for nothing** de graça, gratuitamente. **for sure** com certeza. **for the present / for the time being** por ora, por enquanto. **to be in for** estar sob a ameaça de. **to be in for it** estar em maus lençóis. **what for?** para quê?

Há diferença entre **for** e **to**. *I caught the train for Rio* / eu peguei o trem para o Rio (o trem que ia para o Rio). *I caught the train to Rio* / eu peguei o trem para ir ao Rio (eu viajei para o Rio).

Usa-se **for** e **ago** quando se referem a um período de tempo; **since** é usado com data ou tempo definido. *I've been waiting for two hours* / estou esperando há duas horas. *I arrived here two hours ago* / cheguei aqui há duas horas. *I've been waiting since 10 o'clock* / estou esperando desde as dez horas.

Usa-se **for** para especificar a duração da ação: *Tina was in Germany for the month of January* / Tina esteve na Alemanha durante o mês de janeiro (o mês inteiro).

Usa-se **during** para indicar o momento em que a ação começa ou o tempo da ação: *Tina was in Germany during January* / Tina esteve na Alemanha em janeiro (não necessariamente o mês inteiro).

for.bear, fore.bear [fɔ:bˈɛə] *vt+vi (ps* **forbore,** *pp* **forborne)** conter, reprimir, abster-se de, deixar de, desistir de, não usar. *I cannot forbear observing* / não posso deixar de observar.

for.bid [fəbˈid] *vt (ps* **forbade, forbad,** *pp* **forbidden) 1** proibir, ordenar que não se faça, impedir, vedar, interditar. *I forbade him my house* / proibi-lhe entrar em minha casa. **2** negar acesso, excluir de, barrar. *he was forbidden to go* / não lhe foi permitido ir. **God forbid!** Deus me livre! Deus não permita!

for.bid.ding [fəbˈidiŋ] *adj* proibitivo, medonho, que causa medo, horror ou aversão, ameaçador.

force [fɔ:s] *n* **1** força, robustez, energia, vigor. *I could not resist the force of his argument* / não pude resistir à força do seu argumento. **2** poder. *the force of circumstances* / o poder das circunstâncias. **3** agremiação, turma de empregados. **4** força militar, naval ou policial. • *vt* **1** forçar, compelir, constranger, coagir, conseguir, obter por força, arrombar. *that means forcing an open door* / isso significa arrombar portas abertas. **2** violentar, violar, estuprar, deflorar. **3** arrebatar, arrancar, tirar, tomar. *she forced the secret from me* / ela arrancou-me o segredo. **by force of** à força de, por meio de. **by main force** à viva força. **force of habit** força do hábito. **in force** a) em vigor. b) em grande número. **in force of** em virtude de, por força de, em consequência de. **natural forces** forças da natureza. **of force** forçosamente. **the law came into force** a lei entrou em vigor. **to force away** obrigar a recuar. **to force back** repelir, rechaçar. **to force down** obrigar a baixar, fazer descer. **to force in/through** fazer entrar, forçar a entrada. **to force on/upon** forçar a aceitar, impor. **to force one's hand** obrigar a mostrar o jogo, obrigar a revelar as intenções. **to force one's way** abrir caminho. **to force open** abrir à força, arrombar. **to force out** arrancar. **to force up** forçar a subida, fazer subir à força. **to join forces with** trabalhar junto com a mesma finalidade.

forced land.ing [fˈɔ:st lændiŋ] *n* aterrissagem forçada, ou de emergência.

forced smile [fˈɔ:st smail] *n* sorriso forçado.

force.ful [fˈɔ:sful] *adj* **1** forte, vigoroso, poderoso, potente, violento, impetuoso, enérgico. **2** substancial, substancioso, eficaz.

for.ci.ble [fˈɔ:səbəl] *adj* **1** forçoso, violento, impetuoso, feito por força. **2** forte, poderoso, enérgico, potente.

ford [fɔ:d] *n* vau: lugar pouco fundo do rio onde se pode transitar a pé ou a cavalo. • *vt* vadear, passar a vau.

fore [fɔ:] *n* parte dianteira, frente, proa. • *adj* dianteiro, anterior, antecedente, prévio, primeiro. • *adv* anteriormente, na frente, adiante, à proa. **he came to the fore** ele ficou conhecido, ele subiu ao poder.

fore.arm [fˈɔ:ra:m] *n* antebraço.

fore.cast [fˈɔ:ka:st; fˈɔ:kæst] *n* **1** previsão, profecia, prognóstico. **2** prevenção, antecedente, premeditação, providência, projeto, plano, cálculo. • [fɔ:kˈa:st; fˈɔ:kæst] *vt (ps, pp* **forecast** or **forecasted) 1** prever, prognosticar, predizer. **2** premeditar, prevenir. **weather forecast** previsão do tempo.

fore.fin.ger [fˈɔ:fiŋgə] *n* índex, dedo indicador.

fore.front [fˈɔ:frʌnt] *n* vanguarda, frente, testa. **he is** (ou **stands) in the forefront** ele está no primeiro plano, na vanguarda.

fore.ground [fˈɔ:graund] *n* primeiro plano.

fore.head [fˈɔrid] *n* testa, fronte.

for.eign [fˈɔrin] *adj* **1** estrangeiro. **2** alienígena, adventício, peregrino. **3** externo, exterior. **4** forasteiro, exótico, alheio. **5** estranho. **sitting still is foreign to a boy's nature** estar quieto não é natural para um menino.

for.eign.er [fˈɔrinə] *n* estrangeiro, forasteiro, produto, artigo ou animal importado. Veja nota em **estrangeiro.**

fore.leg [fˈɔ:leg] *n* perna dianteira.

fore.man [fɔ'ɔ:mən] *n* **1** capataz, contramestre, feitor. **2** chefe de turma, de seção (em oficina). **3** *Jur* primeiro jurado.

fore.most [fɔ'ɔ:moust] *adj* dianteiro, primeiro (em lugar, tempo, ordem etc.), o principal, o mais notável. • *adv* em primeiro lugar, primeiramente, à frente. **feet foremost** com os pés para a frente. **first and foremost** primeiramente, antes de tudo. **head foremost** de cabeça.

fore.run.ner [fɔ:r'ʌnə] *n* **1** precursor. **2** antepassado, ascendente.

fore.see [fɔ:s'i:] *vt+vi* (*ps* **foresaw**, *pp* **foreseen**) prever, antever, calcular, pressupor, pressagiar.

fore.see.a.ble [fɔ:s'i:əbəl] *adj* previsível. **in the foreseeable future** logo, num futuro próximo.

fore.sight [fɔ'ɔ:sait] *n* **1** presciência, previsão. **2** previdência, prevenção, precaução.

fore.skin [fɔ'ɔ:skin] *n Anat* prepúcio.

for.est [fɔ'ɔrist] *n* floresta, mata, selva, bosque. • *vt* arborizar, reflorestar.

fore.tell [fɔ:t'el] *vt* (*ps*, *pp* **foretold**) predizer, vaticinar, prognosticar, profetizar, pressagiar, prenunciar.

fore.thought [fɔ'ɔ:θɔ:t] *n* **1** premeditação, prevenção, disposição prévia, antecipação. **2** previdência, providência, prudência.

fore.told [fɔ:t'ould] *vt ps*, *pp* of **foretell**.

for.ev.er [fər'evə] *n Poet* eternidade. • *adv* (*Brit* **for ever**) **1** para sempre, eternamente. **2** incessantemente, continuamente, sempre. **forever and ever** para todo o sempre.

fore.warn [fɔ:w'ɔ:n] *vt* avisar antecipadamente, prevenir, precaver.

fore.word [fɔ'ɔ:wə:d] *n* prefácio, introdução.

forge[1] [fɔ:dʒ] *n* **1** forja, fornalha, frágua, forno de refinação. **2** oficina de ferreiro, ferraria. **3** fundição, usina siderúrgica. • *vt+vi* **1** forjar, aquecer e trabalhar na forja. **2** fazer, fabricar, inventar. **3** falsificar, contrafazer, dissimular. *he forged coin /* ele falsificou moedas.

forge[2] [fɔ:dʒ] *vi* avançar gradual mas constantemente, impelir para a frente, progredir. **to forge ahead** avançar, tomar a dianteira.

for.ger.y [fɔ'ɔ:dʒəri] *n* **1** falsificação (de assinatura), contrafação, *fig* invenção, ficção, mentira. **2** falsificação, coisa inventada, contrafeita, imitada ou falsificada (documento ou assinatura).

for.get [fəg'et] *vt+vi* (*ps* **forgot**, *pp* **forgotten**) esquecer, olvidar. *I forgot the name /* esqueci o nome. **2** omitir. **forget it!** nem pense mais nisto!

for.give [fəg'iv] *vt+vi* (*ps* **forgave**, *pp* **forgiven**) perdoar, desculpar. *he was forgiven his fault /* seu erro foi-lhe perdoado.

fork [fɔ:k] *n* garfo.

form [fɔ:m] *n* **1** forma, formato. *his gratitude took the form of a check /* sua gratidão manifestou-se em forma de cheque. **2** molde, forma. *the disease appears under various forms /* a doença manifesta-se de vários modos. **3** formulário. • *vt+vi* formar, moldar.

form.er [fɔ'ɔ:mə] *adj* **1** anterior. *Paul and John are brothers, the former is an engineer and the latter is a doctor /* Paulo e João são irmãos, o primeiro é engenheiro e o último é médico. **2** passado.

for.mi.da.ble [fɔ'ɔ:midəbəl] *adj* formidável, extraordinário.

for.mu.la [fɔ'ɔ:mjulə] *n* fórmula.

for.mu.late [fɔ'ɔ:mjuleit] *vt* **1** formular, expor com precisão ou sistematicamente. **2** reduzir à fórmula, pôr em fórmula.

for.sake [fəs'eik] *vt* (*ps* **forsook**, *pp* **forsaken**) renunciar a, desistir de, abandonar, desamparar, desertar, deixar.

for.sak.en [fəs'eikən] *adj* desamparado, abandonado, deixado ao desamparo. • *vt pp* of **forsake.**

fort [fɔ:t] *n* **1** forte, castelo, fortim, fortaleza, fortificação. **2** *Hist, Amer* base fortificada com entreposto comercial. **to hold the fort** *coll* agüentar firme, agüentar a posição.

for.te [fɔ'ɔ:tei] *n* forte, ponto forte, lado forte.

forth [fɔ:θ] *adv* adiante, para a frente, em diante, diante de. **and so forth** e assim por diante. **back and forth** de um lado para outro. **from this day forth** de hoje em diante. **from this time forth** de ora em diante. **to bring forth** mandar sair, fazer nascer. **to go forth** sair, partir. **to put / set forth** divulgar, publicar. **to set forth on an expedition** partir em expedição. **to step forth** adiantar-se, apresentar-se.

forth.com.ing [fɔ:θk'ʌmiŋ] *adj* **1** prestes a aparecer, que está para aparecer, por vir, vindouro, próximo, futuro. *he was forthcoming* / ele apresentou-se, apareceu. **2** à mão, disponível, acessível. *she needed help, but none was forthcoming* / ela necessitava de ajuda, mas nenhuma se apresentou.

forth.right [fɔ:θr'ait] *adj* franco, sincero, direto, reto, sem rodeios.

forth.right.ness [f'ɔ:θraitnis] *n* franqueza, sinceridade.

forth.with [f'ɔ:θwiθ] *adv* em seguida, sem demora, incontinenti, imediatamente.

for.ti.eth [f'ɔ:tiiθ] *n, adj, pron* quadragésimo.

for.ti.tude [f'ɔ:titju:d] *n* fortaleza, coragem.

fort.night [f'ɔ:tnait] *n* quinzena. **a fortnight's holiday** férias de quinze dias.

for.tu.nate [f'ɔ:tʃnit] *adj* afortunado, feliz.

for.tune [f'ɔ:tʃən] *n* **1** fortuna. *he came into a fortune* / ele herdou uma fortuna. **2** sina, sorte. **ill fortune** má sorte.

for.tune.tell.er [f'ɔ:tʃəntelə] *n* adivinho, adivinhador, cartomante, quiromante.

for.ty [f'ɔ:ti] *n, adj, pron* quarenta.

for.ward [f'ɔ:wəd] *vt* enviar, expedir. • *adv* adiante, para a frente. **to go forward** ir para diante. **to look forward to** esperar, aguardar.

fos.ter [f'ɔstə] *adj* adotivo. **foster parents** pais adotivos.

foul [faul] *n* infração, falta. *adj* ilícito, desonesto. **foul play** desonestidade. **to play foul** atraiçoar.

foun.tain [f'auntin] *n* **1** fonte. **2** bebedouro. **fountain-pen** caneta-tinteiro.

four [fɔ:] *n, adj, pron* quatro.

fox [fɔks] *n* **1** raposa. **2** *fig* pessoa astuta.

frac.ture [fr'æktʃə] *n* fratura. • *vt+vi* fraturar.

frag.ile [fr'ædʒail; fr'ædʒəl] *adj* frágil, quebradiço, delicado.

fra.gil.i.ty [frədʒ'iliti] *n* fragilidade.

frag.ment [fr'ægmənt] *n* fragmento, fração, parte de um todo. • *vt+vi* fragmentar(-se).

fra.grance [fr'eigrəns] *n* fragrância, aroma. Veja nota em **smell**.

frail [freil] *adj* frágil, delicado.

frail.ty [fr'eilti] *n* **1** fragilidade, disposição para facilmente se quebrar, delicadeza. **2** fraqueza, debilidade, tibieza.

frame [freim] *n* armação (também de óculos), moldura. • *vt* enquadrar, emoldurar.

frank [fræŋk] *adj* franco, honesto.

frank.ness [fr'æŋknis] *n* franqueza, sinceridade.

fran.tic [fr'æntik] *adj* frenético, furioso.

fra.ter.nal [frət'ə:nəl] *adj* fraterno.

fraud [frɔ:d] *n* fraude, engano.

freck.le [fr'ekəl] *n* sarda (na pele).

freck.led [fr'ekəld] *adj* sardento.

free [fri:] *vt* (*ps, pp* **freed**) **1** livrar, libertar. **2** desobstruir, franquear. • *adj* **1** livre, autônomo. **2** solto, desatado. **3** absolvido, inocente. *he was set free* / ele foi posto em liberdade. **4** gratuito. • *adv* grátis. **duty free** isento de taxa alfandegária. **for free** *coll* grátis. **free will** livre arbítrio.

freed.om [fr'i:dəm] *n* liberdade, autonomia.

free.lance [fr'i: la:ns] *n* trabalhador autônomo.

freeze [fri:z] *vt+vi* (*ps* **froze**, *pp* **frozen**) refrigerar, congelar(-se). **to freeze the wages and the prices** congelar os salários e os preços. **to freeze to death** morrer de frio.

freez.er [fr'i:zə] *n* congelador.

freight [freit] *n* **1** frete. **2** carga.

French [frentʃ] *n* francês. • *adj* francês. **French dressing** tempero de salada. **French fries** batatas fritas.

fre.net.ic [frən'etik] *n* louco. • *adj* frenético, louco.

fre.quen.cy [fr'i:kwənsi] *n* freqüência (também *Electr, Phys*). **high frequency** alta freqüência.

fre.quent [fr'i:kwənt] *vt* freqüentar, ir ou visitar amiudadas vezes. • *adj* **1** freqüente, amiudado, repetido, continuado. **2** numeroso, abundante. **frequent caller** visita freqüente.

fre.quent.ly [fr'i:kwəntli] *adv* freqüentemente, amiúde, habitualmente. Veja nota em **always.**

fresh [freʃ] *adj* fresco: a) novo, recente. *she asked for a fresh cup* / ela pediu por outra xícara. b) não enlatado. c) viçoso. d) moderadamente frio. **fresh fish** peixe fresco.

Fri.day [fr'aidei] *n* sexta-feira. **Good Friday** sexta-feira da Paixão.

fridge [fridʒ] *n Brit coll* refrigerador, geladeira. **fridge-freezer** geladeira e *freezer.*

fried [fraid] *ps, pp* of **fry.** • *adj* frito.

friend [frend] *n* amigo. **close friend** amigo íntimo.

friend.less [fr'endlis] *adj* sem amigos.

friend.ly [fr'endli] *adj* amigável, amigo, benévolo. **they are on friendly terms** eles mantêm relações amigáveis.

friend.ship [fr'endʃip] *n* amizade.

fright.ened [fr'aitənd] *adj* amedrontado, aterrorizado.

fright.eni.ng [fr'aitəniŋ] *adj* amedrontador, assustador.

fright.ful [fr'aitful] *adj* **1** assustador, espantoso, pavoroso. **2** *coll* tremendo.

fringe [fridʒ] *n* franja.

frog [frɔg] *n Zool* rã. **frogman** homem-rã.

from [frɔm, frəm] *prep* **1** de. *where are you from?* / de onde você é, onde você nasceu? **2** proveniente de. **3** para longe de, para fora de, a partir de. *I saw him from the window* / eu o vi da janela. **4** desde. **5** por causa de. **6** afastado de, distante de. **apart from** salvo, exceto. **from bad to worse** de mal a pior. **from now on** de agora em diante, doravante. **from the beginning** desde o início.

fron.tier [fr'ʌntiə] *n* fronteira.

frost [frɔst] *n* geada. • *vt+vi* **1** gear. **2** polvilhar com açúcar, cobrir (bolo) de glacê.

fro.zen [fr'ouzən] *pp* of **freeze.** • *adj* congelado.

fruit [fru:t] *n* fruta. **dried fruit** frutas secas. **fruit-cake** bolo de frutas (secas).

frus.trate [frʌstr'eit] *vt+vi* frustrar, decepcionar.

fry [frai] *vt+vi* fritar.

fry.ing-pan [fr'aiiŋ pæn] *n* frigideira.

fuck [fʌk] *n sl* **vulg 1** trepada, transada. **2** parceiro sexual. **3** *coloq* a mínima importância. *I don't give (ou care) a fuck* / não ligo a mínima. • *vt+vi* **vulg 1** trepar, transar. **2** prejudicar.

fu.el [fj'u:əl] *n* combustível. • *vt+vi* (*ps, pp* **fuelled** / **fueled**) **1** abastecer com combustível. **2** inflamar, acender. Veja nota em **petróleo.**

fu.gi.tive [fj'u:dʒitiv] *n* fugitivo, foragido. • *adj* **1** fugitivo. **2** fugaz, passageiro.

ful.fill, ful.fil [fulf'il] *vt* (*ps* **fulfilled**) cumprir: a) cumprir (palavra, promessa etc.). b) satisfazer (pedido, desejo etc.).

ful.fill.ment, ful.fil.ment [fulf'ilmənt] *n* cumprimento, realização.

full [ful] *adj* **1** cheio. **2** lotado, ocupado. **3** inteiro, completo. **4** satisfeito, saciado. • *adv* **1** completamente, totalmente, integralmente. **2** diretamente, em cheio. *he hit me full in the eye* / ele me atingiu em cheio na vista. **a full hour** uma hora inteira. **at full speed** a toda velocidade. **in full** completamente. *please write in full* / favor escrever por extenso.

fun [fʌn] *n* **1** brincadeira, pilhéria, gracejo. *I do not see the fun of it* / não vejo graça nisso. **2** diversão, prazer. *it was great fun* / foi muito divertido. • *adj* divertido, engraçado. **for fun, in/for the fun of it** por brincadeira, por prazer. **to have fun** divertir-se.

func.tion [f'ʌŋkʃən] *n* **1** função. **2** espetáculo, solenidade. • *vi* funcionar, trabalhar.

fun.ny [f'ʌni] *adj* **1** engraçado, divertido. **2** esquisito, estranho.

fur [fə:] *n* **1** pêlo (de animal). **2** (geralmente **furs**) peles, peliça.

fu.ri.ous [fj'uəriəs] *adj* furioso, violento, irado, colérico.

fur.nish [f'ə:niʃ] *vt* **1** mobiliar. **2** suprir.

fur.ni.ture [f'ə:nitʃə] *n* mobília, móveis. Usa-se **furniture** como substantivo não contável. Usa-se **a piece of furniture** para se referir a qualquer peça do mobiliário particularmente.

fur.ther [f'ə:ðə] *adj* **1** mais distante. **2** adicional, outro. • *adv* mais, além, mais longe, além disso. **till further notice** até novas notícias. Veja nota em **furthest.**

fur.thest [fʹəːðist] *adj, adv sup* de **far.**
Further (comparativo de **far**) e **furthest** (superlativo de **far**) como **farther** e **farthest** são formas empregadas quando nos referimos a distância. *He traveled farther and farther into the sea* / ele viajou mais e mais mar adentro. *I've got to go much further* / tenho que ir bem mais longe. Entretanto **further** e **furthest** são formas também usadas em expressões de grau ou extensão. *She had never read further than a comic strip* / ela nunca leu além de história em quadrinhos.

fur.tive [fʹəːtiv] *adj* **1** furtivo, oculto, secreto, às escondidas. **2** dissimulado, sonso, manhoso.

fur.tive.ly [fʹəːtivli] *adv* **1** furtivamente. **2** dissimuladamente.

fur.tive.ness [fʹəːtivnis] *n* dissimulação, astúcia, manha.

fu.ry [fjʹuəri] *n* fúria (também *Myth*): **1** furor, frenesi, raiva. **2** violência, agitação violenta, ferocidade, impetuosidade.

fu.sel.age [fjʹuzəlaːʒ] *n Aeron* fuselagem.

fu.sion [fjʹuːʒən] *n* fusão: **1** derretimento, fundição. **2** liga, mistura, combinação.

fuss [fʌs] *n* **1** espalhafato, espavento, rebuliço, barulho, excesso de pormenores, bulha, azáfama, agitação, lufa-lufa. **2** pessoa exagerada, irrequieta, nervosa, exigente ou meticulosa demais. • *vt+vi* exagerar, espalhafatar, estardalhaçar, excitar-se, inquietar-se, alvoroçar-se, estar irrequieto, agastar-se à toa, ocupar-se com ninharias. **don't make a fuss** não se exalte, não faça tanto estardalhaço. **to**

fuss about ficar muito ansioso, dar importância exagerada. **to kick up a fuss** criar confusão, protestar com veemência. **to make a fuss of** tratar com atenção ou demonstrações de afeto exageradas.

fuss.i.ly [fʹʌsili] *adv* de maneira irrequieta ou exagerada.

fuss.y [fʹʌsi] *adj* **1** atarantado, nervoso, irrequieto, irritável. **2** exigente, meticuloso, escrupuloso, muito particular. **3** espalhafatoso, exagerado.

fu.tile [fjʹuːtail; fjʹuːtəl] *adj* fútil: **1** vão, inútil, infrutífero. **2** frívolo, sem importância, trivial.

fu.til.i.ty [fjutʹiliti] *n* futilidade.

fu.ture [fjʹuːtʃə] *n* futuro: **1** porvir. **2** destino, fado, perspectivas, esperanças. **3** *Gram* tempo futuro. • *adj* futuro (também *Gram*), vindouro. **for / in the future** futuramente, no ou para o futuro. **in the near future** dentro em breve, brevemente.

fu.tur.is.tic [fjuːtʃərʹistik] *adj* futurista, futurístico.

fuze, fuse[1] [fjuːz] *n* **1** *Electr* fusível. **2** estopim, pavio, rastilho, detonador, mecha, espoleta. **to blow a fuse** queimar um fusível.

fuze, fuse[2] [fjuːz] *vt+vi* **1** fundir(-se), derreter(-se), queimar(-se). **2** soldar-se, unir-se, amalgamar(-se).

fuzz [fʌz] *n* flocos, partículas finas (de fibra vegetal etc.), cotão, felpa, penugem, lanugem.

fuzz.y [fʹʌzi] *adj* **1** flocoso, penugento, felpudo. **2** confuso (pensamento). **3** vago, indistinto.

g

G, g [dʒi:] *n* sétima letra do alfabeto, consoante.

gadg.et [g'ædʒit] *n coll* equipamento eletrônico (em geral pequeno e moderno).

gaffe [gæf] *n* gafe.

gai.e.ty [g'eiəti] *n* alegria, júbilo, divertimento, folia.

gain [gein] *n* lucro, benefício, ganho, renda. • *vt+vi* **1** ganhar, obter, adquirir. *he gained his ends* / ele alcançou seu objetivo. **2** beneficiar-se, lucrar.

gale [geil] *n* vento forte, temporal.

gal.ler.y [g'æləri] *n* galeria.

gam.ble [g'æmbəl] *vt+vi* **1** jogar jogos de azar. **2** arriscar, aventurar-se. *he gambled away his money* / ele perdeu seu dinheiro no jogo.

game [geim] *n* **1** jogo. **2** partida. *a game of chess* / uma partida de xadrez. **3** caça, animais que são caçados.

gang [gæŋ] *n* bando, turma.

gang.ster [g'æŋstə] *n Amer coll* gângster, bandido.

gap [gæp] *n* **1** abertura, fenda, brecha. **2** lacuna.

ga.rage [g'æra:ʒ; gər'a:ʒ] *n* garagem. **garage sale** liquidação de artigos domésticos usados.

gar.bage [g'a:bidʒ] *n* lixo. **garbage can** lata de lixo.

gar.den [g'a:dən] *n* jardim, horta. • *vt+vi* cuidar de jardim.

gar.den.ing [g'a:dəniŋ] *n* jardinagem, horticultura.

gar.lic [g'a:lik] *n* alho. **clove of garlic** dente de alho.

gas [gæs] *n* **1** gás: corpo gasoso, combustível, iluminação, mistura de gases, arma de guerra. **2** *Amer coll* gasolina. Veja nota em **petróleo**.

gas.o.line [g'æsəli:n] *n* gasolina.

gasp [ga:sp; gæsp] *n* respiração penosa, ofego. • *vt+vi* respirar com dificuldade, ofegar, arfar. **to gasp for breath** ofegar.

gas-sta.tion [g'æs steiʃən] *n* posto de gasolina.

gate [geit] *n* portão, porta, cancela.

gath.er.ing [g'æðəriŋ] *n* encontro, reunião.

gay [gei] *n, adj* gay, homossexual.

gaze [geiz] *n* olhar fixo. • *vi* olhar fixamente, encarar. *he gazed at the picture* / ele olhou demoradamente para o quadro.

gear [giə] *n* **1** engrenagem. **2** equipamento. • *vt+vi* **1** engrenar. **2** engatar marcha. *he went into second gear* / ele engatou a segunda marcha. **fishing gear** equipamento de pesca. **to be geared to / towards** ser direcionado a. *this book is geared to teenagers* / este livro é direcionado a adolescentes.

gen.er.al [dʒ'enərəl] *n Mil* general. • *adj* **1** geral. **2** comum, usual. **as a general rule** como regra geral. **a topic of general interest** um tópico de interesse geral.

gen.er.ate [dʒ'enəreit] *vt* gerar, produzir, causar.

gen.er.a.tion [dʒenər'eiʃən] *n* **1** geração, criação, produção. **2** descendência. **3** *Math* formação.

ge.ner.ic [dʒən'erik] *adj* genérico.

gen.er.os.i.ty [dʒenər'ɔsiti] *n* generosidade.

gen.er.ous [dʒ'enərəs] *adj* **1** generoso, liberal. **2** nobre, magnânimo. **3** amplo, abundante.

ge.net.ic [dʒən'etik] *adj* genético.

ge.net.ics [dʒən'etiks] *n Genet* genética.

ge.ni.al [dʒʼiːniəl] *adj* cordial, amável, brilhante.

gen.i.tal [dʒʼenitəl] *adj* genital.

gen.i.tals [dʒʼenitəlz] *n pl* órgãos genitais.

ge.ni.us [dʒʼiːniəs] *n* (*pl* genii, geniuses) gênio: 1 capacidade, talento. 2 pessoa genial. a man of genius um gênio.

gen.re [ʒʼɔnrə] *n* gênero, espécie.

gen.tle [dʒʼentəl] *adj* 1 suave, brando. 2 moderado. 3 humano, meigo, amável. 4 nobre, digno.

gen.tle.man [dʒʼentəlmən] *n* (*pl* gentlemen) cavalheiro.

gents [dʒentz] *n* banheiro masculino. Veja nota em rest-room.

gen.u.ine [dʒʼenjuin] *adj* genuíno, autêntico.

gents [dʒentz] *n* banheiro masculino. Veja nota em rest-room.

germ [dʒɜːm] *n* 1 germe, micróbio. 2 origem. germ-proof esterilizado.

Ger.man [dʒʼɔːmən] *n* 1 alemão, alemã. 2 língua alemã. • *adj* alemão.

ges.ture [dʒʼestʃə] *n* 1 gesto. 2 ato. • *vt+vi* gesticular. a fine gesture um gesto bonito.

get [get] *vt+vi* (*ps* got, *pp* got, *Amer* gotten) 1 receber, obter. 2 ficar, tornar-se. *they got to be friends* / eles ficaram amigos. 3 adquirir, contrair. 4 suceder, conseguir. *he got there* / ele chegou lá (conseguiu o seu intento). 5 induzir, persuadir. *you must get him to do it* / você tem de convencê-lo a fazer isso. 6 mandar fazer, providenciar. 7 chegar, vir, ir. *he got as far as Rio de Janeiro* / ele chegou até o Rio de Janeiro. 8 compreender, entender. *do you get me?* / você me compreende? 9 ter, possuir. to get along dar-se bem com alguém. *he is not easy to get along with* / não é fácil lidar com ele. to get away escapar, fugir. *the thieves got away* / os ladrões escaparam. to get dressed vestir-se. to get drunk embriagar-se. to get home chegar em casa. to get married casar-se. to get over restabelecer-se de. *she got over her sorrow* / ela se recuperou do sofrimento. to get up levantar da cama. to have got ter. to have got to ter de. *I have got to go* / tenho de ir.

ghost [goust] *n* 1 espírito. 2 fantasma.

gi.ant [dʒʼaiənt] *n* gigante. • *adj* gigantesco.

gift [gift] *n* 1 presente. 2 talento, dom.

gin [dʒin] *n* gim.

girl [gəːl] *n* 1 moça, menina. 2 namorada.

girl.friend [gʼəːlfrend] *n* 1 namorada. 2 amiga.

give [giv] *vt+vi* (*ps* gave, *pp* given) 1 dar, presentear, conceder. *I was given a book* / recebi um livro de presente. 2 entregar, ceder. 3 oferecer. 4 fornecer, prover. *he gave me a lift* / ele me deu uma carona. to give away a) dar de presente, doar. b) delatar. c) revelar. to give back devolver. to give in entregar-se, ceder. *don't give in to his opinion* / não ceda às opiniões dele. to give out a) distribuir para as pessoas. b) parar de funcionar. *his strenght gave out* / suas forças acabaram. to give up abandonar. *he gave up smoking* / ele parou de fumar.

glad [glæd] *adj* alegre, contente. *I am glad* / estou alegre, satisfeito.

glam.or.ous [glʼæmərəs] *adj* fascinante, glamouroso.

glance [glaːns; glæns] *n* relance, olhadela. • *vt+vi* passar os olhos. at a glance só de olhar. at first glance à primeira vista.

glare [gleə] *n* 1 clarão, luz forte e ofuscante. 2 olhar penetrante. • *vt+vi* 1 resplandecer, luzir, cegar. 2 olhar de modo penetrante, encarar, olhar com raiva.

glass [glaːs; glæs] *n* 1 vidro. 2 copo. 3 coisa feita de vidro, vidraça, espelho, vidro de relógio, óculos, binóculo. magnifying glass lupa, lente.

glimpse [glimps] *n* olhar rápido, vislumbre, relance. • *vt+vi* olhar rapidamente, vislumbrar, ver de relance. to catch a glimpse at / of perceber de relance.

glit.ter.ing [glʼitəriŋ] *adj* brilhante, resplandecente.

glo.bal [glʼoubəl] *adj* 1 esférico. 2 global, mundial. 3 integral, total.

globe [gloub] *n* globo (terrestre), esfera.

gloom.y [glʼuːmi] *adj* 1 escuro, obscuro. 2 triste, sombrio. 3 deprimente, sombrio.

glo.ri.ous [glʼɔːriəs] *adj* glorioso, ilustre, magnífico. a glorious view uma vista maravilhosa.

glo.ry [glʼɔːri] *n* 1 glória, exaltação. 2 beleza, resplendor.

gloss [glɔs] *n* **1** lustro, brilho. **2** brilho para os lábios (cosmético).

glove [glʌv] *n* luva, luva de boxe. **glove compartment** porta-luvas.

glow [glou] *n* brasa, brilho. • *vi* arder, brilhar intensamente.

go [gou] *vt+vi* (*ps* **went**, *pp* **gone**) **1** ir, prosseguir. **2** sair, partir. **3** funcionar (máquinas). **4** tornar-se, vir a ser. **5** deixar de existir, desaparecer. **be gone!** afaste-se!, saia! **let me go!** solte-me! **to go abroad** viajar para o exterior. **to go against** ir contra. **to go ahead** continuar, ir adiante. **to go away** partir. **to go back** voltar. **to go in** entrar. **to go for** valer, aplicar-se a. **to go on** continuar. *you can't go on the way you've been* / você não pode continuar desta maneira. **to go wrong** dar errado, falhar, fracassar.

goal [goul] *n* **1** meta, objetivo. **2** *Ftb* gol.

goal.keep.er [g'oulki:pə] *n Ftb* goleiro.

goat [gout] *n* **1** cabra, bode. **2** **Goat** *Astr* Capricórnio.

god [gɔd] *n* **1** deus, ídolo. **2** **God** Deus. **for God's sake** pelo amor de Deus. **thank God** graças a Deus.

god.child [g'ɔdtʃaild] *n* afilhado (de batismo).

god.fa.ther [g'ɔdfa:ðə] *n* padrinho (de batismo).

god.moth.er [g'ɔdmʌðə] *n* madrinha (de batismo).

god.par.ent [g'ɔdpɛərənt] *n* padrinho, madrinha.

god.son [g'ɔdsʌn] *n* afilhado.

gog.gle [g'ɔgəl] *n* (geralmente **goggles**) óculos de proteção, óculos de natação.

gold [gould] *n* **1** ouro. **2** dinheiro, riqueza. • *adj* **1** feito de ouro, como ouro. **2** amarelo-ouro. **a heart of gold** um coração de ouro. **gold watch** relógio de ouro.

gold.en [g'ouldən] *adj* **1** de ouro, como ouro. **2** amarelo-ouro. **3** excelente.

golf [gɔlf] *n* golfe. **golf-club** a) taco para jogar golfe. b) clube de golfe. **golf course** campo de golfe.

gone [gɔn] *pp* of go. Veja nota em **been**.

good [gud] *n* **1** bem, benefício. **2** justo, útil. **3** bem-estar, prosperidade. • *adj* (*compar* **better**, *sup* **best**) **1** bom, desejável. **2** justo, próprio. **3** comportado. **4** virtuoso. **5** sincero, verdadeiro. **6** pleno. **7** adequado. **8** saudável. **9** fresco, não deteriorado. • *interj* bom! bem! **for good** para sempre. **good afternoon** boa tarde. **good breeding** boa educação. **good evening** boa noite. **good luck** boa sorte. **good morning** bom dia. **good night** boa noite.

good-by, good-bye [gud b'ai] *interj contr* de **God be with ye** adeus!

good-for-noth.ing [gud fə n'ʌθiŋ] *n* pessoa inútil. • *adj* inútil, imprestável.

good-look.ing [gud l'ukiŋ] *adj* bonito, vistoso.

good-na.tured [gud n'eitʃəd] *adj* afável, agradável, bondoso, benévolo.

good.ness [g'udnis] *n* bondade, afabilidade. • *interj* Deus! **for goodness sake!** pelo amor de Deus! **goodness gracious!** meu Deus!

goods [gudz] *n pl* **1** posses, bens. **2** mercadoria, carga.

good-tem.pered [gud t'empəd] *adj* de bom gênio.

good.will [gudw'il] *n* boa vontade, benevolência.

goose [gu:s] *n* (*pl* **geese**) ganso.

gor.geous [g'ɔ:dʒəs] *adj* deslumbrante, esplêndido.

gos.sip [g'ɔsip] *n* **1** bisbilhotice, mexerico, fofoca. **2** bisbilhoteiro, mexeriqueiro. • *vi* bisbilhotar, mexericar.

gos.sip.ing [g'ɔsipiŋ] *n* fofoca. mexerico.

gov.ern [g'ʌvən] *vt+vi* **1** governar, dirigir, administrar. **2** determinar. **3** controlar.

gov.ern.ment [g'ʌvənmənt] *n* governo: **1** autoridade, administração. **2** controle, direção. **3** sistema político, regime.

grab [græb] *vt+vi* agarrar, arrebatar.

grace [greis] *n* **1** graça, beleza. **2** favor. **3** perdão. **4** graça divina. **5** oração de mesa. **6** adiamento. **by the grace of God** pela graça de Deus.

grace.ful [gr'eisful] *adj* gracioso, elegante.

gra.cious [gr'eiʃəs] *adj* cortês, afável.

grade [greid] *n* **1** grau de qualidade, classe, categoria. **2** série, nota. • *vt+vi* **1** classificar. **2** nivelar.

grad.u.al [gr'ædjuəl] *adj* gradual.

grad.u.ate [gr'ædjueit] *n* pessoa di-

G

plomada. • *vt+vi*, receber diploma de universidade. • *adj* graduado, diplomado.

gram, gramme [græm] *n* grama: unidade de massa.

grand [grænd] *n Amer sl* 1.000 dólares. • *adj* 1 maravilhoso, formidável, grandioso, enorme, grande. 2 fino, nobre, ilustre, sublime, digno, distinto. 3 majestoso, imponente. 4 completo, total.

gran.dad [gr'ændæd] *n coll* vovô.

grand.aunt [gr'ænda:nt] *n* tia-avó.

grand.child [græ'ntʃaild] *n* neto, neta.

grand.dad.y [gr'ændædi] *n* = grandad.

grand.daugh.ter [gr'ændɔ:tə] *n* neta.

gran.deur [gr'ændʒə] *n* grandeza, majestade.

grand.fa.ther [gr'ændfa:ðə] *n* avô.

grand.father clock [gr'ændfa:ðə klɔk] *n* relógio de pé, relógio de pêndulo.

gran.di.ose [gr'ændious] *adj* 1 grandioso, imponente. 2 pomposo, afetado.

grand.ma [gr'ændma:] *n* vovó.

grand.moth.er [gr'ændmʌðə] *n* avó. teach your grandmother to suck eggs ensine o padre-nosso ao vigário.

grand.pa [gr'ændpa:] *n* vovô.

grand.par.ents [gr'ændpɛərənts] *n pl* avós.

grand.son [gr'ændsʌn] *n* neto.

grant [gra:nt; grænt] *n* concessão, doação. • *vt* conceder.

graph.ic [gr'æfik] *adj* gráfico, relativo a gráfica ou a gráficos.

grape [greip] *n* uva, videira. a bunch of grapes um cacho de uvas.

graph.ic [gr'æfik] *adj* gráfico, relativo a gráfica ou a gráficos.

grasp [gra:sp; græsp] *n* 1 força de pegar e segurar. 2 compreensão. 3 alcance. • *vt+vi* 1 agarrar, pegar. 2 compreender. beyond my grasp incompreensível para mim. within my grasp ao meu alcance.

grass [gra:s; græs] *n* grama, gramado.

grass.hop.per [gr'a:shɔpə; gr'æshɔpə] *n* gafanhoto.

grate.ful [gr'eitful] *adj* grato, agradecido.

grat.i.tude [gr'ætitju:d] *n* gratidão.

gra.tu.i.tous [grətj'u:itəs] *adj* 1 gratuito. 2 sem fundamento.

grave¹ [greiv] *n* sepultura, túmulo. at the grave-side of na sepultura de. to have one foot in the grave estar com um pé na cova.

grave² [greiv] *adj* 1 grave, sério. 2 solene.

grav.el [gr'ævəl] *n* pedregulho, cascalho.

grave.yard [gr'eivja:d] *n* cemitério.

grav.i.ty [gr'æviti] *n* 1 gravidade. 2 sobriedade, seriedade gravidade.

gra.vy [gr'eivi] *n* molho ou caldo de carne.

gray [grei] *n* cinza.

grease [gri:s] *n* banha, graxa, brilhantina. • *vt* engraxar, untar.

great [greit] *adj* 1 grande, vasto. 2 importante, famoso. 3 formidável, magnífico. 4 muito. that is great isto é formidável. the great majority a grande maioria. Veja nota em grande.

great-grand.daugh.ter [greit gr'ænd'ɔ:tə] *n* bisneta.

great-grand.fa.ther [greit gr'ændfa:ðə] *n* bisavô.

great-grand.moth.er [greit gr'ændmʌðə] *n* bisavó.

great-grand.son [greit gr'ændsʌn] *n* bisneto.

greed.y [gr'i:di] *adj* ganancioso, guloso.

Greek [gri:k] *n* 1 grego. 2 língua grega. 3 *fig* algo ininteligível. that is Greek to me / isto para mim é grego. • *adj* grego.

green [gri:n] *n* 1 verde. 2 greens verdura. • *adj* 1 verde. 2 coberto de plantas, de grama. 3 fresco, cru, natural. 4 não-maduro. 5 inexperiente.

green.gro.cer [gr'i:ngrousə] *n* verdureiro, quitandeiro.

green.house [gr'i:nhaus] *n* estufa para plantas.

green.ish [gr'i:niʃ] *adj* esverdeado.

green light [gri:n l'ait] *n* 1 sinal verde do trânsito: passe. 2 *coll* permissão para continuar uma tarefa.

greet [gri:t] *vt* cumprimentar, saudar.

greet.ing [gr'i:tiŋ] *n* saudação, cumprimento.

grey [grei] *n* cor cinza. • *adj* 1 cinzento. 2 grisalho. grey-headed *adj* grisalho.

grey.hound [gr'eihaund] *n* galgo: cão de talhe elevado e pernas longas.

grid [grid] *n* 1 grade. 2 grelha.

grief [gri:f] *n* 1 aflição, tristeza, mágoa, pesar. 2 desgraça, revés.

grill [gril] *n* 1 grelha. 2 restaurante de grelhados. • *vt* grelhar.

grind [graind] *vt (ps, pp* ground) 1 moer, triturar. 2 ranger, rilhar. to grind the teeth ranger os dentes.

grip [grip] *n* 1 ação de agarrar. 2 força da mão. 3 cabo, alça. • *vt* agarrar, apanhar. to come to grips engalfinhar-se, atracar-se.

groan [groun] *n* gemido, suspiro. • *vt+vi* gemer, suspirar.

gro.cer [gr'ousə] *n* 1 dono de mercearia. 2 grocer's mercearia, armazém.

gro.cer.ies [gr'ousəriz] *n pl* mantimentos, secos e molhados.

gro.cer.y [gr'ousəri] *n* armazém, empório, mercearia.

groin [grɔin] *n* virilha.

ground [graund] *n* 1 terra, chão, solo. 2 terreno, área, região. 3 campo de esporte. 4 motivo, pretexto. 5 base, fundamento. • *vt* estabelecer, fundamentar, basear. *the story is grounded in fact* / a história baseia-se em fatos.

ground-floor [graund fl'ɔ:] *n Brit* andar térreo. on the ground-floor no andar térreo.

ground.less [gr'aundlis] *adj* 1 sem motivo, sem razão. 2 *fig* infundado. groundless fear medo infundado.

group [gru:p] *n* grupo. • *vt* agrupar.

grow [grou] *vt+vi (ps* grew, *pp* grown) 1 crescer, aumentar, florescer. 2 germinar. 3 vir a ser, nascer. 4 tornar-se, ficar. 5 deixar crescer. he grew a beard ele deixou crescer a barba. to grow into a habit tornar-se hábito. to grow old envelhecer. to grow up crescer.

grown-up [gr'oun ʌp] *n* pessoa adulta. • *adj* [groun 'ʌp] adulto, adulta.

growth [grouθ] *n* 1 crescimento. 2 aumento. 3 cultivo.

guard [ga:d] *n* 1 guarda, vigia. 2 proteção, defesa. • *vt* 1 guardar, vigiar, proteger. 2 conservar, preservar. body-guard guarda-costas.

guard.i.an [g'a:diən] *n* 1 guardião, protetor. 2 tutor. guardian angel anjo da guarda.

guard.rail [g'a:d reil] *n* cerca de segurança, *guard-rail*.

gua.va [gw'a:və] *n Bot* goiaba.

guess [ges] *n* suposição. • *vt+vi* 1 adivinhar. 2 supor, crer.

guest [gest] *n* hóspede, convidado.

guest.room [g'estru:m] *n* quarto de hóspedes.

guide [gaid] *n* 1 guia. 2 marco. 3 roteiro. 4 manual. • *vt+vi* 1 guiar, indicar. 2 controlar, dirigir. a guide to London um guia de Londres.

guide.line [g'aidlain] *n* diretriz, norma de procedimento.

guilt [gilt] *n* culpa.

guilt.y [g'ilti] *adj* culpado. guilty conscience consciência pesada.

guin.ea-pig [g'ini pig] *n* cobaia.

gui.tar [git'a:] *n* violão, guitarra. acoustic guitar violão acústico. electric guitar guitarra elétrica.

gulp [gʌlp] *n* ato de engolir, gole, trago. • *vt* tragar, engolir, devorar. at one gulp de um só trago. to gulp the disappointment dominar a decepção. to gulp up regurgitar.

gum¹ [gʌm] *n* 1 látex, goma. 2 cola. 3 goma de mascar. chewing gum chiclete.

gum² [gʌm] *n* (geralmente gums *pl*) gengiva.

gun [gʌn] *n* qualquer arma de fogo: revólver, pistola. • *vt+vi* atirar, matar a tiro.

gut [gʌt] *n* 1 intestino, tripa. 2 guts *fig* a) coragem. b) entranhas. 3 fio feito de tripa.

guy [gai] *n Amer coll* rapaz, sujeito, cara. hi guys! oi, pessoal!

gym [dʒim] *n* 1 ginásio de esportes. 2 aula de ginástica.

gym.na.si.um [dʒimn'eiziəm] *n* ginásio de esportes.

gym.nas.tics [dʒimn'æstiks] *n* ginástica, exercícios físicos.

gym suit [dʒ'im su:t] *n* traje de ginástica.

H, h [eitʃ] *n* oitava letra do alfabeto, consoante.

hab.it [h'æbit] *n* **1** hábito, costume. **2** vício. **3** hábito (religioso).

ha.bit.u.al [həb'itʃuəl] *adj* habitual.

hack.er [h'ækə] *n Comp* pessoa que usa seu conhecimento técnico para ganhar acesso a sistemas privados.

hack.ing [h'ækiŋ] *n Comp* acesso ilegal a sistema(s).

had [hæd] *ps, pp* of **have.**

hadn't [h'ædənt] *contr* of **had not.**

hail[1] [heil] *n* granizo. • *vi* chover granizo. **hail storm** tempestade de granizo.

hail[2] [heil] *n* saudação, aclamação. • *vt* saudar, chamar por gestos. *they hailed a taxi* / chamaram (por sinal) um táxi.

hair [hɛə] *n* **1** cabelo, pêlo. **2** *fig* algo muito pequeno ou fino.

hair.brush [h'ɛəbrʌʃ] *n* escova de cabelo.

hair.cut [h'ɛəkʌt] *n* corte de cabelo.

hair.do [h'ɛədu:] *n coll* penteado.

hair.dress.er [h'ɛədresə] *n* cabeleireiro.

hair dry.er [h'ɛə draiə] *n* secador de cabelo.

half [ha:f, hæf] *n* (*pl* **halves**) **1** metade, meio. *he does things by halves* / ele faz as coisas pela metade. **2** semestre. **3** *Sport* tempo, parte. *the first half is over* / o primeiro tempo terminou. • *adj* **1** meio. **2** bastante, quase. **3** incompleto, parcial. • *adv* **1** meio, em parte. **2** consideravelmente. **half a dozen** meia dúzia. **half hour** meia hora. **half-price** a) metade do preço. b) meia-entrada. **half-sister** meia-irmã.

hall [hɔ:l] *n* **1** saguão. **2** sala de reunião. **3** *Amer* alojamento para estudantes. **4** entrada de um edifício.

Hal.low.een [hælou'i:n] *n* véspera de Todos os Santos, dia das bruxas (31 de outubro).

hal.lu.ci.na.tion [həlu:sin'eiʃən] *n* alucinação.

ham [hæm] *n* presunto.

ham.burg.er [h'æmbə:gə] *n* hambúrguer.

ham.mer [h'æmə] *n* martelo. • *vt+vi* **1** martelar, bater. **2** elaborar com muito esforço. **3** forçar.

ham.mer-smith [h'æmə smiθ] *n* ferreiro.

ham.mock [h'æmək] *n* rede (para dormir).

hand [hænd] *n* **1** mão. **2** caligrafia. **3** assinatura. **4** palmo (de comprimento). **5** ponteiro de relógio. • *vt* dar, entregar. **at hand** à mão. **by hand** manual. **to hand in** entregar algo a (alguém). *I handed in my homework* / entreguei minha tarefa. **to hand out** distribuir. **to shake hands** dar um aperto de mão.

hand.bag [h'ændbæg] *n* **1** bolsa feminina. **2** maleta para viagem.

hand.book [h'ændbuk] *n* manual, guia.

hand.cuff [h'ændkʌf] *n* algema. • *vt* algemar.

hand.ful [h'ændful] *n* **1** punhado. *there was a handful of children in the playground* / havia um punhado de crianças no parquinho. **2** pessoa difícil. *this boy is really a handful* / este menino é mesmo difícil de aturar.

hand.i.cap [h'ændikæp] **1** deficiência física. **2** obstáculo. • *vt* ter ou impor desvantagens.

hand.i.capped [h'ændikæpt] *adj* **1** deficiente (físico ou mental). **2** prejudicado. *I was handicapped by my stubborness* / fui prejudicado pela minha teimosia.

hand.i.craft [h'ændikra:ft] *n* artesanato.

hand.i.work [h'ændiwə:k] *n* trabalho manual.

hand.ker.chief [h'æŋkətʃif] *n* lenço (de bolso).

han.dle [h'ændəl] *n* **1** asa, alça, cabo. **2** maçaneta. • *vt* **1** manobrar, controlar. **2** manusear. **3** lidar com.

hand lug.gage [h'ænd lʌgidʒ] *n* bagagem de mão.

hand.made [hændm'eid] *adj* feito à mão.

hand.shake [h'ændʃeik] *n* aperto de mão.

hand.some [h'ænsəm] *adj* **1** atraente, bonitão. *a handsome man* / um homem atraente. **2** generoso. *a handsome contribution* / uma generosa contribuição.

hands-on [h'ændz ɔn] *adj coll* com a mão na massa. **a hands-on job** trabalho que tem de ser feito na prática.

hand.writ.ing [h'ændraitiŋ] *n* caligrafia.

hand.writ.ten [hændr'itən] *adj* manuscrito, escrito à mão.

hand.y [h'ændi] *adj* **1** à mão, acessível. **2** cômodo. **3** conveniente.

hand.y.man [h'ændimən] *n* faz-tudo: pessoa habilidosa.

hang[1] [hæŋ] *vt+vi (ps, pp* **hung**) **1** pendurar. **2** suspender(-se), estar suspenso.

hang[2] [hæŋ] *(ps, pp* **hanged**) **1** enforcar(-se), ser enforcado. **2** pairar.

hang glid.er [h'æŋ glaidə] *n* asa-delta.

hang glid.ing [h'æŋ glaidiŋ] *n Sport* vôo livre (asa-delta).

hang.o.ver [h'æŋouvə] *n* ressaca (de bebedeira).

hap.pen [h'æpən] *vi* **1** acontecer, ocorrer. *many accidents happened* / houve muitos desastres. **2** acontecer por acaso. *he happened to be there* / ele estava lá por acaso.

hap.pen.ing [h'æpəniŋ] *n* acontecimento, ocorrência.

hap.pi.ness [h'æpinis] *n* felicidade, alegria.

hap.py [h'æpi] *adj* feliz, contente, satisfeito. *I am happy to see you* / estou contente em vê-lo. *I am very happy* / sou muito feliz.

hap.py hour [h'æpi auə] *n* hora de tomar drinques, no final da tarde.

har.ass [h'ærəs] *vt* atormentar, assediar.

har.ass.ment [h'ærəsmənt] *n* tormento, assédio. **sexual harassment** assédio sexual.

har.bor, har.bour [h'a:bə] *n* **1** porto, ancoradouro. **2** abrigo, refúgio. • *vt* **1** abrigar, proteger. **2** nutrir.

hard [ha:d] *adj* **1** duro, sólido. **2** difícil. *hard lessons* / lições difíceis. **3** severo, inflexível. **4** fatigante. • *adv* **1** duramente, fortemente. **2** com empenho. **hard to please** difícil contentar. **hard worker** trabalhador eficiente. **to drink hard** beber muito.

hard cop.y [ha:d k'ɔpi] *n* material impresso por meio de computador.

hard disk [ha:d d'isk] *n Comp* disco rígido.

hard.ly [h'a:dli] *adv* **1** dificilmente. **2** apenas, mal. *I can hardly wait* / mal posso esperar. *I hardly know him* / mal o conheço. **hardly ever** raramente, quase nunca.

hard.ware [h'a:dwɛə] *n* **1** ferragens. **2** *Comp* hardware: conjunto de unidades físicas que compõem um computador ou seus periféricos.

hard-work.ing [ha:d w'ə:kiŋ] *adj* aplicado, trabalhador.

hare [hɛə] *n* lebre.

harm [ha:m] *n* **1** mal, dano. **2** injustiça. • *vt* **1** prejudicar. **2** injuriar, ofender. **3** causar dano. **to mean no harm** não ter más intenções.

harm.ful [h'a:mful] *adj* prejudicial, nocivo.

harm.less [h'a:mlis] *adj* **1** inofensivo. **2** inocente.

har.mon.i.ca [ha:m'ɔnikə] *n Mus* gaita-de-boca.

har.mo.ni.ous [ha:m'ouniəs] *adj* **1** harmonioso, sonoro. **2** concordante.

har.mo.nize [h'a:mənaiz] *vt+vi* **1** harmonizar. **2** conciliar, concordar.

har.mo.ny [h'a:məni] *n* harmonia: **1** concordância. **2** simetria.

har.ness [h'a:nis] *n* arreio. • *vt* **1** arrear (**to** a). **2** aproveitar (**by** por meio de).

harp [ha:p] *n* harpa. • *vi* tocar harpa. **to harp on something** repisar o mesmo assunto. *he is always harping on his unhappiness* / ele só fala de sua infelicidade.

har.poon [ha:p'u:n] *n* arpão.

har.row.ing [h'ærouiŋ] *adj* angustiante, aflitivo.

harsh [ha:ʃ] *adj* 1 áspero. *a harsh sound* / um som áspero. 2 berrante (cor). 3 rude, ríspido. 4 cruel.

har.vest [h'a:vist] *n* colheita, safra. • *vt+vi* colher, ceifar.

has [hæz; həz] terceira pessoa do singular do presente do indicativo de **to have**.

hasn't [hæznt] *contr* of **has not.**

haste [heist] *n* 1 pressa, ligeireza. 2 precipitação • *vt+vi* apressar, ir ou andar depressa. **in haste** apressadamente. **make haste!** apresse-se!

hat [hæt] *n* chapéu.

hate [heit] *n* ódio, aversão. • *vt+vi* odiar, detestar.

hate.ful [h'eitful] *adj* detestável, odioso.

ha.tred [h'eitrid] *n* ódio, aversão.

haunted [hɔ:ntid] *adj* assombrado. **haunted house** casa assombrada.

have [hæv; həv] *vt+vi* (*ps, pp* **had**) 1 ter, possuir. 2 sofrer. 3 reter (na memória). 4 conter, compreender. 5 precisar, dever. *you have to pay* / você precisa pagar. 6 tolerar, admitir. *I will not have it* / não o admito. 7 tomar, beber. *have a cup of tea!* / tome uma xícara de chá! 8 comer. **have a nice trip!** boa viagem! **to have a nice time** divertir-se. **to have dinner** jantar. Veja nota em **ter**.

haven't [hævnt] *contr* of **have not.**

ha.zel.nut [h'eizlnʌt] *n* avelã.

he [hi:, hi] *pron* ele. *He's my brother* / ele é meu irmão.

head [hed] *n* 1 cabeça. 2 cabeça de prego, alfinete, alho etc. 3 parte superior, ponta, topo. 4 chefe. 5 **heads** face de uma moeda. • *vt+vi* 1 encabeçar, liderar. 2 ir na dianteira. **heads or tails** cara ou coroa. **to head for** rumar, seguir.

head.ache [h'edeik] *n* dor de cabeça.

head.hunt.er [h'edhʌntə] *n* recrutador de executivos.

head.ing [h'ediŋ] *n* título, cabeçalho.

head.lights [h'edlaits] *n pl* faróis (de automóvel).

head.line [h'dlain] *n* título, manchete (de jornal).

head.mas.ter [h'edma:stə] *n* diretor (de escola).

head.phones [h'edfoun] *n pl* fones de ouvido.

head.quar.ters [h'edkwɔ:təz] *n pl* 1 centro de operações, sede. 2 quartel-general.

heal [hi:l] *vt+vi* 1 curar, sarar. 2 cicatrizar.

health [helθ] *n* saúde. **health care** serviço de saúde.

health.y [h'elθi] *adj* saudável, salubre.

hear [hiə] *vt* (*ps, pp* **heard**) 1 ouvir. 2 escutar. *she heard strange noises* / ela ouviu barulhos estranhos. 3 ter notícia (**about** sobre, **of, from** de). *I heard from him* / tive notícias dele.

hear.ing [h'iəriŋ] *n* 1 audição. 2 audiência.

hear.say [h'iəsei] *n* boato, rumor.

heart [ha:t] *n* 1 coração. 2 âmago, centro. 3 alma. 4 amor. 5 ânimo. **heart attack** ataque cardíaco. **the heart of the matter** o essencial da questão. **to learn by heart** decorar. **to put the heart in** empenhar-se de corpo e alma em.

heart.burn [h'a:tbə:n] *n* azia.

heart.less [h'a:tlis] *adj* cruel, insensível.

heart pace.mak.er [ha:t p'eismeikə] *n* marca-passo cardíaco.

heat [hi:t] *n* 1 calor. 2 temperatura elevada. • *vt+vi* 1 aquecer, esquentar. 2 inflamar. 3 excitar(-se). **heat wave** onda de calor. **in the heat of an argument** no calor de uma discussão.

heat.er [h'i:tə] *n* aquecedor.

heat.ing [h'i:tiŋ] *n* aquecimento, calefação. **central heating** aquecimento central.

heav.en [h'evən] *n* 1 céu, firmamento. 2 paraíso. **for heaven's sake!** pelo amor de Deus!

heav.y [h'evi] *adj* 1 pesado. 2 de grande quantidade. 3 forte. 4 carregado (**with** com).

he'd [hi:d, hid] *contr* of **he had, he would.**

heel [hi:l] *n* 1 calcanhar. 2 salto do sapato.

height [hait] *n* 1 altura. 2 alto, cume. 3 apogeu. 4 estatura.

heir.ess [´ɛəris] *n* herdeira.

hel.i.cop.ter [h'elikɔptə] *n* helicóptero.

he'll [hi:l; hil] *contr* of **he will.** *he'll go* / ele irá.

hell [hel] *n* inferno (também *fig*). **like hell** muito, intensamente. *it hurts like hell* /

está doendo incrivelmente. **what the hell!** que diabo!

hel.lo [hel'ou] *interj* olá, alô, oi.

hel.met [h'elmit] *n* elmo, capacete.

help [help] *n* **1** ajuda, auxílio. **2** remédio. **3** alívio, socorro. **4** auxiliar, ajudante. • *vt+vi* **1** ajudar, assistir (**with** com, **in** em). *she helped me with the washing* / ela ajudou-me a lavar a roupa. **2** socorrer, amparar. **3** medicar. **4** evitar, impedir. *it can't be helped* / não pode ser evitado. **5** abster-se. *I cannot help laughing* / não posso deixar de rir. **6** servir(-se) (à mesa). *help yourself* / sirva-se à vontade.

help.ful [h'elpful] *adj* **1** útil. **2** que ajuda.

help.less [h'elplis] *adj* **1** desamparado. **2** indefeso. **3** incapaz.

hen [hen] *n* galinha.

her [hə:] *pron* lhe, a ela, seu, sua, a. *I saw her* / eu a vi.

herb [hə:b] *n* **1** erva. **2** planta de propriedades medicinais ou culinárias.

here [hiə] *n* este lugar, tempo ou estado. • *adv* **1** aqui, neste lugar, cá, para cá. *does this belong here?* / é aqui o lugar disso? **2** neste momento, agora. • *interj* presente! **come here!** vem cá!

he.ro [h'iərou] *n* **1** herói. **2** *Cin, Theat, TV* mocinho (também **good guy**).

her.o.ine [h'erouin] *n* heroína.

her.o.ism [h'erouizəm] *n* heroísmo.

hers [hə:z] *possessive pron* seu, sua, seus, suas, dela. *it is hers* / é dela. *a friend of hers* / um amigo dela.

her.self [hə:s'elf] *pron* ela mesma, se, si mesma. *she hurt herself* / ela se feriu. **by herself** sozinha. *she cannot do that by herself* / ela não pode fazer isso sozinha.

he's [hi:z, hiz] *contr* of **he is, he has.**

hes.i.tant [h'ezitənt] *adj* hesitante, indeciso.

hes.i.tate [h'eziteit] *vi* hesitar, vacilar (**about, over** sobre).

hid.den [h'idən] *pp* of **hide.** • *adj* escondido, secreto, obscuro.

hide [haid] *vt+vi* (*ps* **hid,** *pp* **hidden, hid**) **1** esconder(-se), ocultar, encobrir. **2** sair, afastar-se. **hide and seek** jogo de esconde-esconde.

hid.e.ous [h'idiəs] *adj* horrível, medonho, terrível.

hi.er.arch.y [h'aiəra:ki] *n* **1** hierarquia. **2** sacerdocracia. **3** graduação de autoridade.

hi.er.at.ic [haiər'ætik] *adj* hierático: relativo às coisas sagradas.

hi.er.o.glyph.ics [haiərəgl'ifik] *n* hieróglifo. • *adj* **1** hieroglífico. **2** enigmático.

high [hai] *adj* **1** elevado, alto. **2** superior. **3** principal. **4** excelente, eminente. **5** caro, dispendioso. • *adv* **1** altamente, fortemente. **2** em alto grau. **it is high time** está mais do que na hora.

Geralmente usa-se **high** para coisas largas, amplas, e **tall** para as mais estreitas. Mas, quando se está referindo ao topo de um objeto estreito, pode-se usar **high. a tall man, a tall chimney, tall** ou **high buildings, a tall tree. High** também é usado para medida do fundo à base: **a high wall** ou para medir a altura de alguma coisa: **a – 2000 m – high mountain. Tall** se refere à altura de pessoas: *John is 1,70 m tall.*

high school [h'ai sku:l] *n Amer* escola secundária.

high street [h'ai str:it] *n* rua principal.

hi.jack [h'aidʒæk] *vt* seqüestrar (avião etc.) em trânsito.

hi.jack.er [h'aidʒəkə] *n* seqüestrador.

hike [haik] *n* caminhada, passeio a pé. • *vt+vi* caminhar grandes distâncias.

hi.la.ri.ous [hil'eəriəs] *adj* hilário, divertido.

hill [hil] *n* **1** morro, colina. **2** ladeira.

him [him] *pron* lhe, a ele, o. *give him this book* / dê-lhe este livro.

him.self [hims'elf] *pron* ele mesmo, se, si mesmo. *he is not quite himself* / ele não está bem. **by himself** sozinho, só. *he came by himself* / ele veio sozinho.

hint [hint] *n* sugestão, palpite. *I took the hint* / eu entendi a indireta. • *vt+vi* sugerir, dar a entender.

hip [hip] *n* quadril.

hire [haiə] *n* aluguel, arrendamento. • *vt+vi* alugar, arrendar. **on hire** a) para alugar. b) empregado.

No inglês britânico usa-se **hire** para aluguel por períodos curtos: **to hire a car**, e **rent** para períodos mais longos: **to rent a house**. No inglês americano, usa-se **rent** em todos os sentidos mencionados: **to rent a car**; **to rent a house**.

his [hiz] *pron* dele, seu, sua, seus, suas. *a friend of his* / um amigo dele. *it is his* / é dele.

hiss [his] *n* assobio, silvo. • *vt+vi* assobiar, sibilar.

his.to.ry [h'istəri] *n* história.

hit [hit] *n* **1** golpe, pancada. **2** sucesso, sorte. **3** ataque, crítica. • *vt+vi (ps, pp* **hit)** **1** dar um golpe, dar uma pancada (**at** em). *he hit me a blow* / ele me deu uma pancada. **2** acertar, atingir. *he was hit by the ball* / ele foi atingido pela bola. **hit-and-run** motorista que atropela e foge.

hitch.hike [h'itʃhaik] *vi* viajar pedindo carona.

hob.by [h'ɔbi] *n hobby:* passatempo predileto.

hock.ey [h'ɔki] *n* hóquei.

hold [hould] *n* **1** ação de segurar ou agarrar. **2** ponto por onde se pega (cabo, alça etc.). **3** forte influência. • *vt+vi (ps, pp* **held)** **1** pegar, agarrar, segurar. *hold my pencil!* / segure meu lápis! **2** reter. **3** manter. **4** defender. *he holds the view* / ele defende a opinião. **5** ocupar (cargo). • *interj* pare!, quieto!, espere! **to hold a call** colocar alguém em espera (ao telefone). **to hold hands** ficar de mãos dadas.

hold-up [h'ould ʌp] *n* **1** assalto à mão armada. **2** engarrafamento (trânsito).

hole [houl] *n* **1** buraco, orifício. **2** cova, toca. **3** embaraço, dificuldade. *I am in a hole* / estou em apuros.

hol.i.day [h'ɔlədei] *n* **1** dia santo, feriado. **2** férias. • *adj* **1** de ou relativo a feriado. **2** alegre, festivo. **on holiday** de férias.

hol.low [h'ɔlou] *n* **1** buraco. **2** espaço vazio. **3** cavidade. • *vt* tornar oco. • *adj* **1** oco, vazio. **2** côncavo. **3** profundo.

ho.ly [h'ouli] *n* santuário, lugar sagrado. • *adj* santo, sagrado, divino. **Holy Thursday** Quinta-feira Santa.

home [houm] *n* **1** lar, casa. **2** asilo de idosos. **3** pátria, terra natal. **4** hábitat.

• *adv* **1** para casa, rumo à pátria, de retorno. **2** em casa. **at home** a) em casa. b) na pátria. c) à vontade. *make yourself at home* / esteja à vontade.

home.less [h'oumlis] *adj* sem lar. **the homeless** os sem-teto.

home.made [houmm'eid] *adj* feito em casa.

home-page [h'oum peidʒ] *n* página na Internet.

home.sick [h'oumsik] *adj* saudoso da pátria, do lar. **to be homesick** sentir saudade da pátria.

home.town [houmt'aun] *n* cidade natal.

home.work [h'oumwɜ:k] *n* lição de casa.

hom.i.cide [h'ɔmisaid] *n* **1** homicida, assassino(a). **2** homicídio, assassínio.

ho.mon.y.mous [həm'ɔniməs] *adj* homônimo.

ho.mo.sex.u.al [houməs'ekʃuəl] *n, adj* homossexual.

hon.est [' ɔnist] *adj* **1** honesto. **2** franco, sincero.

hon.es.ty [' ɔnisti] *n* honestidade, integridade.

hon.ey [h'ʌni] *n* **1** mel. **2** *Amer coll* amor, querida.

hon.ey-moon [h'ʌni mu:n] *n* lua-de-mel. • *vi* estar em lua-de-mel.

hon.or [' ɔnə] *n* **1** honra, dignidade. *a man of honor* / um homem de bem. **2** reputação, fama. **3** lealdade. • *vt* **1** honrar, respeitar. **2** exaltar. **3** condecorar. **affair of honor** questão de honra. **code of honor** código de honra.

hood [hud] *n* **1** capuz. **2** capô. **3** toldo.

hook [huk] *n* **1** gancho. **2** anzol. • *vt+vi* **1** enganchar, prender. **2** pescar, fisgar.

hoo.li.gan [h'u:ligən] *n* desordeiro, vândalo.

hope [houp] *n* esperança, expectativa. • *vt+vi* esperar (**for** por), ter esperança (**in** em). **I hope so** assim espero. **to hope for the best** esperar o melhor. **to raise hopes** encorajar, dar esperanças.

hope.ful [h'oupful] *adj* **1** esperançoso. **2** auspicioso.

hope.less [h'ouplis] *adj* **1** desesperado. **2** incorrigível. **3** inútil.

horn [hɔ:n] *n* **1** chifre. **2** buzina. • *adj* feito de chifre. **handle of horn** cabo de chifre. **shoe horn** calçadeira.

hor.o.scope [h'ɔrəskoup] *n* horóscopo.

hor.ri.ble [h'ɔrəbəl] *adj* **1** horrível, terrível. **2** deplorável.

hor.ror [h'ɔrə] *n* **1** horror, pavor. **2** repugnância. **horror film** filme de terror.

horse [hɔ:s] *n* **1** cavalo. **2** suporte de madeira para exercícios e ginástica.

horse.back [h'ɔ:sbæk] *adv* a cavalo. **on horseback** a cavalo. **to ride on horseback** montar a cavalo.

hose [houz] *n* mangueira. • *vt* esguichar, regar (com mangueira).

ho.sier.y [h'ouzjəri; h'ouʒəri] *n* departamento de loja para venda de meias em geral.

hos.pice [h'ɔspis] *n* asilo de doentes à beira da morte.

hos.pi.tal [h'ɔspitəl] *n* hospital.

host [houst] *n* **1** apresentador (TV). **2** anfitrião. • *vt* hospedar, receber. *Seul was the host city for the Olympic Games* / Seul foi a cidade sede dos Jogos Olímpicos.

hos.tage [h'ɔstidʒ] *n* refém.

host com.put.er [houst kəmpj'u:tə] *n Comp* computador principal.

hos.tel [h'ɔstəl] *n* albergue, hospedaria. **youth hostel** albergue da juventude.

host.ess [h'oustis] *n* **1** anfitriã. **2** recepcionista (restaurantes etc.).

hos.tile [h'ɔstail; h'a:stəl] *adj* hostil, inimigo.

hot [h'ɔt] *adj* **1** quente. **2** apimentado, picante. **3** excitado, fogoso. **4** acalorado. **5** difícil, árduo. *it is hot work* / é uma tarefa árdua. • *adv* **1** de modo quente. **2** ansiosamente. **3** furiosamente. **to give someone a hot time** fazer alguém passar apertado.

hot-dog [hot d'ɔg] *n* cachorro-quente.

ho.tel [hout'el] *n* hotel.

hot-tem.pered [hot t'empəd] *adj* esquentado (facilmente irritável).

hour [h'auə] *n* **1** hora. **2** tempo. **3** período. **4** momento. **at all hours** o tempo todo.

house [haus] *n* **1** casa, lar. **2** edifício. • [hauz] *vt+vi* **1** morar. **2** alojar(-se), abrigar.

house.work [h'auswə:k] *n* serviço doméstico.

how [hau] *adv* como, de que maneira. *she knows how to make a cake* / ela sabe (como) fazer bolo. **how about having tea?** que tal tomar um chá? **how are you?** como vai? **how do you do!** muito prazer! **how many?** quantos? **how much?** quanto?

how.e.ver [hau'evə] *adv* **1** de qualquer modo, por qualquer meio. **2** por mais que. • *conj* porém, não obstante, contudo, todavia, entretanto.

hug [hʌg] *n* abraço. • *vt* **1** abraçar. **2** acariciar.

huge [hju:dʒ] *adj* imenso, enorme.

hul.lo [hʌl'ou] *interj* = **hello**.

hu.man [hj'u:mən] *n* ser humano, homem. • *adj* humano. **human being** ser humano.

hu.mane [hju:m'ein] *adj* humano, humanitário.

hu.man.i.ty [hju:m'æniti] *n* **1** humanidade. **2** humanitarismo.

hum.ble [h'ʌmbəl] *vt* humilhar, rebaixar. • *adj* **1** humilde, modesto. **2** pobre. **3** submisso.

hu.mid [hj'u:mid] *adj* úmido.

hu.mil.i.ate [hju:m'ilieit] *vt* humilhar, rebaixar.

hu.mil.i.at.ing [hju:m'ilieitiŋ] *adj* humilhante.

hu.mor, hu.mour [hj'u:mə] *n* **1** humor, graça. **2** temperamento. • *vt* condescender, ceder a. **good humor** bom humor. **ill humor** mau humor.

hu.mor.ous, hu.mour.ous [hj'u:mərəs] *adj* **1** humoroso. **2** caprichoso. **3** cômico.

hun.dred [h'ʌndrəd] *n* cem, cento, centena. • *adj, pron* cem, cento. **by the hundred** às centenas.

hun.dreds [h'ʌndrədz] *n pl* centenas. *hundreds of times* / centenas de vezes.

Hun.ga.ri.an [hʌŋg'ɛəriən] *n, adj* húngaro.

hun.ger [h'ʌŋgə] *n* **1** fome, apetite. **2** desejo (**for, after** de). • *vt+vi* **1** ter fome. **2** desejar, ansiar.

hun.gry [h'ʌŋgri] *adj* **1** com fome, faminto. **2** ansioso, ávido (**for** de). *they are hungry* / eles estão com fome.

hunt [hʌnt] *n* **1** caça, caçada. **2** perseguição. • *vt+vi* **1** caçar. **2** perseguir. **3** procurar.

hur.ri.cane [h'ʌrikən; h'ə:rikein] n 1 fura-cão, ciclone. 2 fig situação violenta.

hur.ry [h'ʌri] n pressa. • vt+vi apressar, apressar-se. **hurry up!** depressa! **to be in a hurry** estar com pressa.

hurt [hə:t] vt+vi (ps, pp **hurt**) 1 ferir. 2 magoar, ofender. it hurts his feelings / isso fere os seus sentimentos. 3 prejudi-car, danificar. that won't hurt / isto não faz mal. 4 doer. my hand hurts / estou com dor na mão.

hus.band [h'ʌzbənd] n marido.

hush [h'ʌʃ] n silêncio. • vt+vi silenciar. • interj quieto!, silêncio! **to hush up** encobrir (escândalo).

hy.gien.ic [haidʒ'i:nik] adj higiênico.

hymn [him] n hino. • vt+vi cantar hinos.

hy.per.me.di.a [h'aipəmi:diə] n Comp facilidade, possibilidade de criar uma combinação de texto, sons, vídeo e grá-fico de vários pacotes.

hy.phen [h'aifən] n hífen: traço de união.

hyp.no.sis [hipn'ousis] n hipnose.

hyp.no.tism [h'ipnətizəm] n hipnotismo.

hyp.no.tize, hyp.no.tise [hi'pnətaiz] vt 1 hipnotizar. 2 coll dominar por meio de sugestão.

hyp.o.crite [h'ipəkrit] n hipócrita.

hys.ter.ics [hist'eriks] n histeria. she went into hysterics / ela teve um ataque de histeria.

i

I¹, i [ai] nona letra do alfabeto, vogal.

I² [ai] *n, pron* eu.

IAS *Comp abbr* **immediate access store** (memória de acesso imediato).

ice [ais] *n* **1** gelo. **2** sorvete. • *vt+vi* gelar, congelar. **2** cobrir com glacê. **dry ice** gelo seco.

ice.berg ['aisbə:g] *n* iceberg: monte de gelo flutuante.

ice.box ['ais bɔks] *n Amer* geladeira.

ice-cream ['ais kri:m] *n* sorvete.

ice skate ['ais skeit] *n* patim. • **ice-skate** *vi* patinar no gelo.

i.cing ['aisiŋ] *n* cobertura de açúcar, glacê.

i.con ['aikɔn] *n* ícone: **1** imagem sacra. **2** *Comp* desenho que identifica um grupo de informações ou um programa.

i.cy ['aisi] *adj* **1** gelado, congelado. **2** *fig* indiferente.

I'd [aid] *contr* of **I should, I had, I would.**

i.de.a [ai'diə] *n* **1** idéia, plano, conceito. *the idea is not bad* / não é má idéia. **2** opinião. **3** noção. **to have no idea** não ter a menor idéia. **what's the big idea?** que negócio é esse?

i.de.al [aid'iəl] *n* **1** ideal, ídolo. **2** perfeição. • *adj* **1** ideal, imaginário. **2** perfeito.

i.de.al.ist [aid'iəlist] *n* idealista.

i.den.tic.al [aid'entikəl] *adj* = **identic 1** idêntico, equivalente. **2** igual.

i.den.ti.fi.ca.tion [aidentifik'eiʃən] *n* **1** identificação. **2** empatia.

i.den.ti.fy [aid'entifai] *vt+vi* identificar.

i.den.ti.ty [aid'entiti] *n* **1** identidade, igualdade. **2** individualidade.

id.i.om ['idiəm] *n* **1** idioma, língua. **2** modo peculiar de expressão. **3** expressão idiomática.

id.i.om.at.i.cal [idiəm'ætikəl] *adj* = **idiomatic** idiomático.

id.i.ot ['idiət] *n* idiota, ignorante, estúpido.

i.dle ['aidəl] *vt+vi* ficar à toa. • *adj* **1** desocupado. **2** indolente, preguiçoso.

i.dol [aidəl] *n* ídolo.

i.dyl.lic [id'ilik; aid'ilik] *adj* idílico.

i.e. [ai'i:] *Lat abbr* **id est** (isto é).

if [if] *conj* se, caso, sempre que, ainda que. *if she lost in wealth, she gained in popularity* / embora ela perdesse em fortuna, ganhou em popularidade. **if I were you** se eu fosse você. **if so** neste caso.

ig.no.ble [ign'oubəl] *adj* ignóbil, baixo.

ig.no.rance ['ignərəns] *n* ignorância. *ignorance of the law is no defence* / a ignorância da lei não exime de culpa.

ig.no.rant ['ignərənt] *adj* **1** ignorante. **2** rude, mal-educado.

ig.nore [ign'ɔ:] *vt* **1** ignorar. **2** negligenciar.

I'll [ail] *contr* of **I will, I shall.**

ill [il] *n* mal, desgosto. • *adj* **1** doente, indisposto. *I was ill* / fiquei doente. **2** ruim, desfavorável. **3** maligno. • *adv* **1** mal. **2** erradamente. **ill at ease** a) desconfortável. b) inquieto, intranqüilo.

ill-bred [il br'ed] *adj* malcriado, mal-educado.

il.le.gal [il'i:gəl] *adj* ilegal, ilegítimo.

il.leg.i.ble [il'edʒəbəl] *adj* ilegível.

il.le.git.i.mate [ilidʒ'itimit] *adj* ilegítimo, bastardo.

il.lic.it [il'isit] *adj* ilícito, proibido.

il.lit.er.ate [il'itərit] *adj* iletrado, analfabeto, ignorante.

ill-na.tured [il n'eitʃəd] *adj* mau, malvado.

ill.ness ['ilnis] *n* **1** doença. **2** indisposição.

il.lu.mi.nate [il'u:mineit] *vt+vi* 1 iluminar. 2 esclarecer. • *adj* 1 iluminado. 2 culto.

il.lu.mi.na.ting [il'u:mineitiŋ] *adj* esclarecedor.

il.lu.mi.na.tion [ilu:min'eiʃən] *n* 1 iluminação, luz. 2 esplendor. 3 iluminura.

il.lu.sion [il'u:ʒən] *n* 1 ilusão. 2 decepção.

il.lu.so.ry [il'u:səri] *adj* ilusório, enganador.

il.lus.trate ['iləstreit] *vt* 1 esclarecer, elucidar. 2 ilustrar (revista, livro). • *adj* ilustre, renomado.

il.lus.tri.ous [il'∧striəs] *adj* ilustre, renomado.

I'm [aim] *contr* of **I am.**

im.age ['imidʒ] *n* 1 imagem, estátua. 2 símbolo. 3 idéia.

im.ag.i.na.ble [im'ædʒinəbəl] *adj* imaginável.

im.ag.i.na.tion [imædʒin'eiʃən] *n* imaginação.

im.ag.i.na.tive [im'ædʒinətiv] *adj* 1 imaginativo. 2 construtivo, criador.

im.ag.ine [im'ædʒin] *vt+vi* 1 imaginar. 2 pensar, supor. **just imagine!** imagine!

im.i.tate ['imiteit] *vt* imitar, copiar.

im.me.di.ate [im'i:diət] *adj* imediato, urgente.

im.me.di.ate.ly [im'i:diətli] *adv* 1 imediatamente. 2 diretamente.

im.mense [im'ens] *adj* imenso, enorme.

im.merse [im'ə:s] *vt* imergir, afundar.

im.mi.grant ['imigrənt] *n, adj* imigrante.

im.mi.nent ['iminənt] *adj* iminente, pendente.

im.mo.bile [im'oubail] *adj* imóvel, inalterável.

im.mor.al [im'ɔrəl] *adj* imoral, desonesto.

im.mo.ral.i.ty [imɔr'æliti] *n* imoralidade.

im.mor.tal [im'ɔ:təl] *n* imortal. • *adj* 1 imortal, eterno. 2 eternamente famoso.

im.mor.tal.i.ty [imɔ:t'æliti] *n* imortalidade.

im.mune [imj'u:n] *adj* imune, protegido.

im.mu.ni.ty [imj'u:niti] *n* 1 imunidade. 2 isenção (de direitos, de penalidades).

im.pact ['impækt] *n* impacto, colisão.

im.pair [imp'εə] *vt* 1 prejudicar. 2 enfraquecer.

im.par.tial [imp'a:ʃəl] *adj* imparcial, neutro.

im.pas.sive [imp'æsiv] *adj* impassível, insensível.

im.pa.tience [imp'eiʃəns] *n* 1 impaciência. 2 intolerância.

im.pa.tient [imp'eiʃənt] *adj* 1 impaciente, ansioso. 2 intolerante.

im.peach.ment [imp'i:tʃmənt] *n* 1 *Pol* impedimento legal de exercer mandato, de ocupar cargo. 2 contestação.

im.pec.ca.ble [imp'ekəbəl] *adj* impecável, irrepreensível.

im.ped.i.ment [imp'edimənt] *n* impedimento, obstáculo.

im.pel [imp'el] *vt* 1 impelir. 2 incitar.

im.pen.e.tra.ble [imp'enitrəbəl] *adj* impenetrável, insondável.

im.per.a.tive [imp'erətiv] *n* imperativo. • *adj* imperativo, autoritário, premente.

im.per.cep.ti.ble [impəs'eptəbəl] *adj* imperceptível.

im.per.fect [imp'ə:fikt] *n* imperfeito. • *adj* imperfeito, defeituoso.

im.per.son.al [imp'ə:sənəl] *adj* impessoal.

im.per.son.ate [imp'ə:səneit] *vt* 1 personificar. 2 representar. 3 fingir.

im.per.ti.nent [imp'ə:tinənt] *adj* 1 inoportuno. 2 insolente.

im.pet.u.ous [imp'etjuəs] *adj* impetuoso, violento.

im.pla.ca.ble [impl'ækəbəl] *adj* implacável.

im.plant [impl'a:nt; impl'ænt] *n* implante. • *vt* implantar, enxertar.

im.ple.men.ta.tion [implimənt'eiʃən] *n* 1 execução. 2 implementação.

im.pli.cate ['implikeit] *vt* enredar, envolver.

im.ply [impl'ai] *vt* 1 inferir, deduzir. 2 sugerir. **it is implied from** isto se deduz de.

im.po.lite [impəl'ait] *adj* indelicado, grosseiro.

im.port [imp'ɔ:t] *vt+vi* importar.

im.por.tance [imp'ɔ:təns] *n* importância. **of great importance** de grande importância.

im.por.tant [imp'ɔ:tənt] *adj* 1 importante. 2 influente. 3 essencial.

im.por.tune [impɔ:tj'u:n] *vt* importunar, estorvar, molestar.

im.pose [imp′ouz] *vt+vi* **1** impor, ordenar. **2** impor-se a.

im.pos.ing [imp′ouziŋ] *adj* imponente,
grandioso.

im.pos.si.ble [imp′ɔsəbəl] *adj* **1** impossível. **2** incrível, inacreditável. **3** insuportável.

im.pos.tor [imp′ɔstə] *n* impostor.

im.po.tent [′impətənt] *adj* impotente,
incapaz.

im.pov.er.ished [imp′ɔvəriʃt] *adj* empo-
brecido.

im.prac.ti.ca.ble [impr′æktikəbəl] *adj*
impraticável, impossível.

im.prac.ti.cal [impr′æktikəl] *adj* pouco
prático.

im.pre.cise [impris′ais] *adj* impreciso,
inexato.

im.preg.nate [′impregneit] *vt* impregnar.
• [impr′egnit] *adj* impregnado.

im.press [′impres] [impr′es] *vt* **1** impressionar, afetar. *she was deeply impressed
/* ela ficou profundamente impressiona-
da. **2** incutir.

im.pres.sion [impr′eʃən] *n* **1** impressão,
sentimento. **2** idéia, noção.

im.pres.sive [impr′esiv] *adj* comovente,
impressionante.

im.pris.on.ment [impr′izənmənt] *n* prisão, detenção.

im.prob.a.ble [impr′ɔbəbəl] *adj* **1** improvável, implausível. **2** fantástico.

im.prop.er [impr′ɔpə] *adj* **1** impróprio,
inconveniente. **2** inexato.

im.prove [impr′u:v] *vt+vi* **1** melhorar, aperfeiçoar. **2** restabelecer-se (de doença).

im.prove.ment [impr′u:vmənt] *n* **1** me-
lhora, melhoria. **2** progresso.

im.pro.vise [′imprəvaiz] *vt+vi* improvisar.

im.pru.dent [impr′u:dənt] *adj* imprudente.

im.pulse [′impʌls] *n* impulso, ímpeto.

im.pul.sive [imp′ʌlsiv] *adj* impulsivo.

im.pu.ni.ty [impj′u:niti] *n* impunidade.

im.pure [impj′uə] *adj* impuro, adulterado.

in [in] *adj* interno, na moda. *having the
hair dyed is in for men /* tingir os cabelos está na moda para homens. • *adv*
dentro (casa, trabalho). *she won't be in
until the afternoon /* ela não vai estar

aqui até à tarde. • *prep* em, dentro, durante, por, de, a, para. *there is nothing
in it /* não há nada nisto. **in pairs** em
pares. **in spring** na primavera. **in town**
na cidade. **in trouble** com problemas.

in.ac.cess.i.ble [inəks′esəbəl] *adj* inacessível.

in.ac.cu.rate [in′ækjurit] *adj* inexato,
incorreto.

in.ad.e.quate [in′ædikwit] *adj* inadequado, impróprio.

in.an.i.mate [in′ænimit] *adj* inanimado.

in.au.di.ble [in′ɔ:dəbəl] *adj* inaudível.

in.au.gu.rate [in′ɔ:gjureit] *vt* **1** inaugurar.
2 empossar.

in.cal.cu.la.ble [ink′ælkjuləbəl] *adj* incalculável, inestimável.

in.ca.pa.ble [ink′eipəbəl] *adj* **1** incapaz,
inábil. **2** incapacitado.

in.ca.pac.i.ty [inkəp′æsiti] *n* incapacidade, incompetência.

in.cen.tive [ins′entiv] *n* incentivo, estímulo. • *adj* incentivador, estimulante.

in.ces.sant [ins′esənt] *adj* incessante,
contínuo.

in.ces.tu.ous [ins′estjuəs] *adj* incestuoso.

inch [intʃ] *n* **1** polegada: 2,54 cm. **2** distância pequena. • *vt+vi* avançar ou mover
lentamente. **by inches** passo a passo.

in.ci.dent [′insidənt] *n* incidente, acontecimento. **without incident** sem incidentes.

in.ci.sive [ins′aisiv] *adj* incisivo.

in.cline [inkl′ain] *n* inclinação, declive.
• *vt+vi* **1** inclinar-se, ter tendência para. *he
did not feel inclined to sing /* ele não estava disposto a cantar. **2** inclinar, curvar.

in.clude [inkl′u:d] *vt* incluir, abranger.

in.clu.sive [inkl′u:siv] *adj* inclusive, abran-
gido. *Monday inclusive /* inclusive segunda-feira.

in.cog.ni.to [ink′ɔgnitou] *n* incógnito. • *adj*
incógnito, oculto. • *adv* em incógnito.

in.co.her.ent [inkouh′iərənt] *adj* incoeren-
te, contraditório.

in.come [′inkʌm] *n* renda, salário. **income
tax** imposto de renda.

in.com.pat.i.ble [inkəmp′ætəbəl] *adj* incompatível.

in.com.pe.tence [ink′ɔmpitəns] *n* incompetência, inabilidade.

in.com.pe.tent [ink'ɔmpitənt] adj incompetente, incapaz, inábil.

in.com.plete [inkəmpl'i:t] adj incompleto, imperfeito.

in.con.ceiv.a.ble [inkəns'i:vəbəl] adj incompreensível, inconcebível.

in.con.ven.i.ent [inkənv'i:niənt] adj inconveniente, inoportuno.

in.cor.po.rate [ink'ɔ:pəreit] vt+vi incorporar, unir. • [ink'ɔ:pərit] adj incorporado, unido.

in.cor.rect [inkər'ekt] adj 1 incorreto, errado. 2 impróprio.

in.crease ['iŋkri:s] n aumento, crescimento. • [iŋkr'i:s] vt+vi aumentar, crescer, ampliar.

in.cred.i.ble [inkr'edəbəl] adj 1 inacreditável. 2 fantástico, maravilhoso.

in.cred.u.lous [inkr'edjuləs] adj incrédulo.

in.crim.i.nate [inkr'imineit] vt+vi incriminar, culpar.

in.cur [ink'ə:] vt incorrer, atrair sobre si. to incur a penalty ficar sujeito a penalidade.

in.cur.a.ble [inkj'uərəbəl] adj incurável.

in.de.ci.sive [indis'aisiv] adj indeciso, hesitante.

in.deed [ind'i:d] adv de fato, realmente, na verdade. this is indeed a problem / isto é realmente um problema. • interj realmente!, é mesmo! thank you very much indeed! muito obrigado!

in.def.i.nite [ind'efinit] adj indefinido, vago.

in.de.pend.ent [indip'endənt] adj 1 independente, livre. 2 auto-suficiente. 3 imparcial.

in.de.struc.ti.ble [indistr'ʌktəbəl] adj indestrutível, inalterável.

in.de.ter.mi.nate [indit'ə:minit] n indeterminado, indefinido, vago.

in.dex ['indeks] n (pl indexes, indices) índex, índice, tabela. • vt 1 prover de índice. 2 incluir em índice. 3 indexar.

in.di.cate ['indikeit] vt 1 indicar, aludir, mostrar. 2 sinalizar (com pisca-pisca).

in.di.ca.tors ['indikeitəz] n pl pisca-pisca (do carro).

in.dif.fer.ence [ind'ifərəns] n 1 indiferença, imparcialidade. 2 negligência.

in.dif.fer.ent [ind'ifərənt] adj 1 indiferente, apático. 2 regular, passável.

in.di.ges.tion [indidʒ'estʃən] n indigestão.

in.dig.nant [ind'ignənt] adj indignado, furioso.

in.dig.na.tion [indign'eiʃən] n indignação.

in.di.go ['indigou] adj azul-escuro.

in.di.rect [indir'ekt] adj 1 indireto. 2 secundário.

in.dis.ci.pline [ind'isiplin] n indisciplina, desobediência.

in.dis.creet [indiskr'i:t] adj indiscreto, imprudente.

in.dis.pen.sa.ble [indisp'ensəbəl] adj indispensável, necessário.

in.dis.pu.ta.ble [indispj'u:təbəl] adj indisputável, incontestável.

in.dis.tinct [indist'iŋkt] adj indistinto, confuso.

in.di.vid.u.al [indiv'idjuəl] n indivíduo. • adj individual, pessoal, característico.

in.di.vid.u.al.i.ty [individju'æliti] n individualidade, personalidade.

in.door ['indɔ:] adj interno, interior. indoor garden jardim interno.

in.doors ['indɔ:z] adv dentro de casa, em casa, ao abrigo. we'd better stay indoors / é melhor ficarmos dentro de casa.

in.duce [indj'u:s] vt 1 induzir, persuadir. 2 provocar.

in.dul.gent [ind'ʌldʒənt] adj indulgente, tolerante.

in.dus.tri.al [ind'ʌstriəl] n, adj industrial. industrial city cidade industrial.

in.dus.tri.al.ize, in.dus.tri.al.ise [ind'ʌstriəlaiz] vt industrializar.

in.dus.tri.ous [ind'ʌstriəs] adj laborioso, diligente. • adv diligentemente.

in.dus.try ['indəstri] n 1 indústria, fábrica. 2 diligência, esforço.

in.ed.i.ble [in'edəbəl] adj não comestível.

in.ef.fect.ive [inif'ektiv] adj ineficaz, ineficiente.

in.ept [in'ept] adj inepto.

in.ept.i.tude [in'eptitju:d] n inépcia, incompetência.

in.ert [in'ə:t] adj inerte.

in.ev.i.ta.ble [in'evitəbəl] adj inevitável.

in.ex.cus.a.ble [inikskj'u:zəbəl] adj indesculpável, imperdoável.

in.ex.o.ra.ble [in'eksərəbəl] *adj* inexorável, implacável.

in.ex.pens.ive [iniksp'ensiv] *adj* barato.

in.ex.pe.ri.enced [iniksp'iəriənst] *adj* inexperiente.

in.ex.pli.ca.ble [in'eksplikəbəl] *adj* inexplicável, incompreensível.

in.fal.li.ble [inf'æləbəl] *adj* 1 infalível. 2 inevitável.

in.fa.mous ['infəməs] *adj* infame, abjeto.

in.fan.cy ['infənsi] *n* 1 infância. 2 começo.

in.fant ['infənt] *n* criança (nos primeiros anos de vida).

in.fan.tile ['infəntail; 'infəntəl] *adj* infantil. **infantile behavior** comportamento infantil.

in.fect.ed [inf'ektid] *adj* infetado, contagiado.

in.fec.tion [inf'ekʃən] *n* infecção.

in.fec.tious [inf'ekʃəs] *adj* infeccioso, contagioso.

in.fer [inf'ə:] *vt+vi* inferir, deduzir.

in.fe.ri.or [inf'iəriə] *n* subordinado, subalterno. • *adj* 1 inferior, subordinado. 2 pior, que vale menos. *he is inferior to none* / ele não fica atrás de ninguém. 3 insignificante.

in.fest.ed [inf'estid] *adj* infestado.

in.fi.del.i.ty [infid'eliti] *n* 1 adultério. 2 deslealdade.

in.fil.trate ['infiltreit] *vt+vi* infiltrar, penetrar.

in.fi.nite ['infinit] *adj* infinito, ilimitado.

in.firm [inf'ə:m] *n adj* 1 fraco, débil. 2 irresoluto.

in.flamed [infl'eimd] *adj* 1 inflamado. 2 exaltado.

in.flam.ma.ble [infl'æməbəl] *adj* inflamável.

in.flam.ma.tion [infləm'eiʃən] *n* inflamação.

in.flat.a.ble [infl'eitəbəl] *adj* inflável.

in.flate [infl'eit] *vt+vi* inflar, encher de ar.

in.flat.ed [infl'eitid] *adj* 1 inchado, cheio de ar. 2 enfatuado, cheio de si.

in.fla.tion [infl'eiʃən] *n* inflação.

in.flex.i.bil.i.ty [infleksəb'iliti] *n* inflexibilidade.

in.flex.i.ble [infl'eksəbəl] *adj* inflexível.

in.flict [infl'ikt] *vt* infligir, impor.

in.flu.ence ['influəns] *n* influência, prestígio. • *vt* 1 influenciar, influir. 2 persuadir, manipular. **to be under the influence of** estar sob a influência de.

in.flu.en.tial [influ'enʃəl] *adj* que exerce influência, influente.

in.form [inf'ɔ:m] *vt+vi* 1 informar, instruir. 2 denunciar.

in.form.al [inf'ɔ:məl] *adj* 1 informal. 2 sem cerimônias. 3 em traje informal.

in.form.ant [inf'ɔ:mənt] *n* informante.

in.for.mat.ics [infəm'ætiks] *n Comp* informática, tecnologia da informação.

in.for.ma.tion [infəm'eiʃən] *n* 1 informação, notícia. 2 instrução. 3 dado.

in.frac.tion [infr'ækʃən] *n* infração, violação.

in.fringe [infr'indʒ] *vt* infringir, transgredir, violar.

in.fu.ri.ate [infj'uərieit] *vt* enraivecer, enfurecer. • *adj* enfurecido, enraivecido.

in.fu.ri.at.ing [infj'uərieitiŋ] *adj* enfurecedor, exasperador.

in.gen.i.ous [indʒ'i:niəs] *adj* 1 engenhoso, habilidoso. 2 bem planejado.

in.grained [ingr'eind] *adj* arraigado.

in.grat.i.tude [ingr'ætitju:d] *n* ingratidão.

in.hab.i.tant [inh'æbitənt] *n* habitante, cidadão, morador, residente.

in.hale [inh'eil] *vt+vi* inalar, aspirar.

in.her.ent [inh'iərənt] *adj* inerente, inato, próprio, pertencente.

in.her.it [inh'erit] *vt+vi* herdar.

in.hib.it [inh'ibit] *vt* 1 inibir, impedir. 2 dificultar.

in.hos.pi.ta.ble [inh'ospitəbəl] *adj* inóspito, inospitaleiro.

in.i.tial [in'iʃəl] *vt* rubricar. • *adj* inicial, no princípio.

in.i.ti.a.tion [iniʃi'eiʃən] *n* iniciação, inauguração, posse.

in.it.i.a.tive [in'iʃiətiv] *n* iniciativa. • *adj* iniciativo, inicial. **to take the initiative** tomar a iniciativa.

in.ject [indʒ'ekt] *vt* injetar.

in.jec.tion [indʒ'ekʃən] *n* injeção.

in.jured ['indʒəd] *adj* ferido, machucado.

in.jus.tice [indʒ'ʌstis] *n* injustiça.

ink [iŋk] *n* tinta de escrever ou de imprimir.

in-laws ['in lɔːz] *n pl* parentes por afinidade. **mother-in-law** sogra.

inn [in] *n* estalagem, pousada.

in.ner ['inə] *adj* interior, íntimo.

in.no.cence ['inəsəns] *n* inocência, simplicidade.

in.no.cent ['inəsənt] *adj* inocente, ingênuo. **innocent as a lamb** inocente como um cordeirinho.

in.noc.u.ous [in'ɔkjuəs] *adj* inócuo, inofensivo.

in.no.va.tion [inəv'eiʃən] *n* inovação, novidade.

in.nu.mer.a.ble [inj'uːmərəbəl] *adj* inumerável.

in.o.dor.ous [in'oudərəs] *adj* inodoro.

in.op.por.tune [in'ɔpətjuːn] *adj* inoportuno, inconveniente.

in-pa.tient ['in peiʃənt] *n* paciente internado.

in.put ['input] *n* **1** entrada, contribuição. **2** produção. **3** *Comp* entrada de dados. • *vt Comp* alimentar o computador com informação.

in.quire [inkw'aiə] *vt+vi* perguntar (por), informar-se, investigar.

in.sane [ins'ein] *adj* **1** insano, demente. **2** *coll* tolo, inconseqüente.

in.sa.tia.ble [ins'eiʃəbəl] *adj* insaciável, ávido.

in.scrip.tion [inskr'ipʃən] *n* **1** inscrição. **2** dedicatória.

in.scru.ta.ble [inskr'uːtəbəl] *adj* inescrutável, impenetrável.

in.sect ['insekt] *n* **1** inseto. **2** *fig* pessoa desprezível.

in.se.cure [insikj'uə] *adj* inseguro, incerto.

in.sen.si.tive [ins'ensitiv] *adj* insensível, insensitivo, impassível.

in.sep.a.ra.ble [ins'epərəbəl] *adj* inseparável.

in.sert [ins'əːt] *n vt* inserir, introduzir.

in.ser.tion [ins'əːʃən] *n* **1** inserção. **2** anúncio.

in.side ['insaid] *n* interior. • *adj* **1** que está dentro, interior. **2** secreto, confidencial. • [ins'aid] *adv* dentro, no meio, para dentro. • *prep* dentro, dentro dos limites. *he did the job inside of an hour* / ele executou o serviço em menos de uma hora.

in.sight ['insait] *n* discernimento.

in.sig.nif.i.cant [insign'ifikənt] *adj* insignificante.

in.sin.cere [insins'iə] *adj* insincero, falso.

in.sin.u.a.ting [ins'injueitiŋ] *adj* insinuante.

in.sip.id [ins'ipid] *adj* insípido: **1** sem sabor. **2** monótono.

in.sist [ins'ist] *vt+vi* insistir, persistir. *I insist on your coming* / insisto em sua vinda.

in.sist.ence [ins'istəns] *n* insistência.

in.sist.ent [ins'istənt] *adj* insistente, teimoso.

in.so.lent ['insələnt] *adj* insolente, atrevido.

in.som.ni.a [ins'ɔmniə] *n* insônia.

in.spect [insp'ekt] *vt* **1** inspecionar. **2** vistoriar.

in.spec.tor [insp'ektə] *n* **1** inspetor. **2** oficial de polícia.

in.spi.ra.tion [inspər'eiʃən] *n* inspiração.

in.sta.bil.i.ty [instəb'iliti] *n* instabilidade, inconstância.

in.sta.ble [inst'ɛːbəl] *adj* instável, inseguro.

in.stall [inst'ɔːl] *vt* instalar.

in.stal.ment, in.stall.ment [inst'ɔːlmənt] *n* **1** prestação. **2** capítulo (livro, TV). **on installments** em prestações.

in.stance ['instəns] *n* exemplo, caso. • *vt* exemplificar. **for instance** por exemplo. **in her instance** no caso dela.

in.stant ['instənt] *n* momento, instante. • *adj* **1** imediato. **2** urgente.

in.stan.ta.ne.ous [instənt'einiəs] *adj* instantâneo, rápido.

in.stant cof.fee [instənt k'ɔfi] *n* café solúvel.

in.stead [inst'ed] *adv* em vez, em lugar (**of** de). *she cried instead of laughing* / ela chorou em vez de rir.

in.stinct ['instiŋkt] *n* **1** instinto. **2** talento.

in.stinc.tive [inst'iŋktiv] *adj* instintivo, espontâneo.

in.sti.tute ['institjuːt] *n* instituição, associação. • *vt* **1** instituir, criar, fundar. **2** iniciar.

in.sti.tu.tion [institj'uːʃən] *n* **1** instituição, organização, instituto. **2** costume, praxe.

in.struct [instr'∧kt] *vt* **1** instruir, informar. **2** ensinar.

in.struc.tion [instr'∧kʃən] *n* **1** instrução, regulamento. **2** ensino. **3** *Comp* padrão de dígitos para um computador significando que deve ser feita uma determinada operação. **instructions for use** modo de usar.

in.struct.ive [instr'∧ktiv] *adj* instrutivo, educativo.

in.struct.or [instr'∧ktə] *n* instrutor, professor.

in.stru.ment ['instrumənt] *n* **1** instrumento. **2** instrumento musical. • *vt* instrumentar.

in.sult ['ins∧lt] *n* insulto, afronta. *that's adding insult to injury* / isto é insultar além de injuriar. • [ins'∧lt] *vt* insultar, injuriar, ofender.

in.sult.ing [ins'∧ltiŋ] *adj* insultante, insultuoso. **insulting language** palavrões.

in.sur.ance [inʃ'uərəns] *n* seguro, prêmio de seguro. **life insurance** seguro de vida.

in.tact [int'ækt] *adj* intato, ileso.

in.te.gral ['intigrəl] *n* **1** *Math* integral. **2** total. • *adj* **1** integrante. **2** integral.

in.te.grate ['intigreit] *vt+vi* **1** integrar, incorporar. • *adj* completo, inteiro.

in.te.gra.tion [intigr'eiʃən] *n* integração.

in.teg.ri.ty [int'egriti] *n* **1** integridade, honestidade. **2** totalidade.

in.tel.lec.tu.al [intil'ektjuəl] *n* intelectual. • *adj* **1** intelectual. **2** inteligente.

in.tel.li.gent [int'elidʒənt] *adj* **1** inteligente. **2** destro.

in.tel.li.gi.ble [int'elidʒəbəl] *adj* inteligível, compreensível.

in.tend [int'end] *vt+vi* **1** pretender, planejar, tencionar. *do you intend to stay?* / você pretende ficar? **2** destinar.

in.tense [int'ens] *adj* **1** intenso. **2** profundo.

in.ten.si.fy [int'ensifai] *vt+vi* intensificar, reforçar.

in.ten.si.ty [int'ensiti] *n* intensidade, força.

in.ten.sive [int'ensiv] *adj* **1** intensivo, intenso, ativo. **2** enfático. **intensive care unit** (ICU) unidade de terapia intensiva (UTI).

in.tent [int'ent] *n* intenção, propósito.

in.ten.tion [int'enʃən] *n* **1** intenção, propósito. **2** significação. **3 intentions** intenções (de casamento).

in.ten.tion.al [int'enʃənəl] *adj* intencional.

in.ter.ac.tion [intər'ækʃən] *n* interação.

in.ter.ac.tive [intər'æktiv] *adj* interativo: **1** com interação. **2** *Comp* relativo a uma aplicação na qual cada entrada provoca uma resposta.

in.ter.cept [intəs'ept] *vt* interceptar.

in.ter.change ['intətʃeindʒ] *n* permuta, intercâmbio. • [intətʃ'eindʒ] *vt+vi* permutar, intercambiar.

in.ter.com ['intəkəm] *n coll* (*abbr* **intercommunication system**) **1** sistema de comunicação interna. **2** interfone.

in.ter.course ['intəkɔ:s] *n* relações sexuais.

in.terest ['intrist] *n* **1** interesse, atração. **2** vantagem. **3** juros. *he cannot pay the interest on the capital* / ele não pode pagar os juros sobre o capital. • *vt* **1** interessar, atrair. **2** provocar interesse em alguém. **interest free** sem juros.

in.terest.ing ['intristiŋ] *adj* interessante, atraente.

in.ter.face ['intəfeis] *n Comp* interface: refere-se a canais e circuitos associados que fazem conexão entre um processador central e sua unidade periférica.

in.ter.fere [intəf'iə] *vt+vi* **1** interferir, intervir. **2** intrometer-se.

in.ter.fer.ing [intəf'iəriŋ] *adj* interferente, perturbador.

in.te.ri.or [int'iəriə] *n* interior: **1** parte interna. **2** parte interior de um país. • *adj* **1** interior, interno. **2** afastado da costa. **3** doméstico.

in.ter.lace [intəl'eis] *vt+vi* entrelaçar(-se), entretecer(-se).

in.ter.lude ['intəlu:d] *n* intervalo.

in.ter.me.di.a.ry [intəm'i:diəri] *n* intermediário, mediador. • *adj* intermediário.

in.ter.me.di.ate [intəm'i:diit] *adj* intermediário. • [intəm'i:dieit] *vi* intermediar, intervir.

in.tern ['intə:n] *n* médico interno. • [int'ə:n] *vt+vi* internar.

in.ter.na.tion.al [intən'æʃənəl] *adj* internacional.

in.ter.net ['intənet] *adj Internet*: rede de comunicação via computadores.

in.ter.pret [int'ə:prit] *vt+vi* **1** aclarar, elucidar. **2** representar. **3** interpretar, traduzir.

in.ter.pret.er [int'ə:pritə] *n* intérprete.

in.ter.rupt [intər'ʌpt] *vt+vi* interromper, fazer parar.

in.ter.rup.tion [intər'ʌpʃən] *n* interrupção, suspensão.

in.ter.sec.tion [intəs'ekʃən] *n* cruzamento (de rodovias ou ruas).

in.ter.val ['intəvəl] *n* intervalo. **at intervals** de tempo em tempo.

in.ter.ven.tion [intəv'enʃən] *n* **1** intervenção. **2** interferência.

in.ter.view ['intəvju:] *n* entrevista. • *vt* entrevistar.

in.ter.view.ee [intəvju:'i:] *n* pessoa entrevistada.

in.ter.view.er ['intəvju:ə] *n* entrevistador.

in.tes.tine [int'estin] *n* (geralmente **intestines**) intestino. **large intestine /** intestino grosso. **small intestine** intestino delgado.

in.ti.ma.cy ['intiməsi] *n* intimidade, familiaridade.

in.tim.i.date [int'imideit] *vt* intimidar.

in.tim.i.dat.ing [int'imideitiŋ] *adj* ameaçador, assustador.

in.to ['intu] *prep* **1** dentro, de fora para dentro. *the window looks into the street /* a janela dá para a rua. **2** em. **3** na direção de. *I was led into error /* fui enganado. **4** acerca de, a respeito de. *I am doing research into linguistics /* estou pesquisando a respeito de lingüística. **5** passagem de um estado para outro. *the vase broke into pieces /* o vaso quebrou em pedaços.

in.tol.er.a.ble [int'olərəbəl] *adj* intolerável.

in.tol.er.ant [int'olərənt] *n* pessoa intolerante. • *adj* intolerante.

in.to.na.tion [intən'eiʃən] *n* entoação.

in.tox.i.cat.ed [int'oksikeitid] *adj* **1** embriagado. **2** excitado.

in.tox.i.ca.ting [intoksik'eitiŋ] *adj* **1** que embriaga. **2** inebriante.

in.tran.si.gent [intr'ænsidʒənt] *adj* intransigente.

in.trep.id [intr'epid] *adj* intrépido, corajoso.

in.tri.cate ['intrikit] *adj* intricado, complicado.

in.trigue [intr'i:g] *n* intriga. • *vt+vi* intrigar, conspirar.

in.tri.guing [intr'i:giŋ] *adj* intrigante.

in.trin.sic [intr'insik] *adj* intrínseco, inerente.

in.tro.duce [intrədj'u:s] *vt+vi* **1** trazer, inserir. **2** introduzir, fazer adotar. *he introduced me to the modern poetry /* ele me introduziu à poesia moderna. **3** apresentar. *I introduced John to Mary /* eu apresentei João a Maria.

in.trude [intr'u:d] *vt+vi* incomodar, intrometer(-se).

in.trud.er [intr'u:də] *n* intruso.

in.tru.sive [intr'u:siv] *adj* intruso, importuno.

in.tu.i.tion [intju'iʃən] *n* intuição, percepção.

in.tu.i.tive [intj'u:itiv] *adj* intuitivo.

in.un.date ['inʌndeit] *vt* inundar.

in.un.da.tion [inʌnd'eiʃən] *n* inundação.

in.vade [inv'eid] *vt* **1** invadir, tomar. *the house was invaded by insects /* a casa foi invadida por insetos. **2** violar.

in.val.id ['invəli:d] *n* inválido. *she was treated like an invalid /* ela era tratada como inválida. • *adj* inválido, doente. *she looked after her invalid father /* ela cuidou de seu pai inválido.

in.val.u.a.ble [inv'æljuəbəl] *adj* inestimável.

in.va.ri.a.ble [inv'ɛəriəbəl] *adj* invariável, inalterável.

in.va.sion [inv'eiʒən] *n* **1** invasão. **2** violação, intromissão.

in.va.sive [inv'eisiv] *adj* invasivo, agressivo.

in.ven.tion [inv'enʃən] *n* invenção.

in.vent.ive [inv'entiv] *adj* inventivo, engenhoso.

in.vent.or [inv'entə] *n* inventor.

in.vert [inv'ə:t] *vt* **1** inverter, virar. **2** converter. **3** virar de cabeça para baixo.

in.vest [inv'est] *vt+vi* **1** investir. **2** dar autoridade. *he was invested with authority /* ele foi investido de autoridade.

in.ves.ti.gate [inv'estigeit] *vt+vi* investigar, pesquisar.

in.ves.ti.ga.tive [inv'estigətiv] *adj* investigativo.

in.vest.ment [inv'estmənt] *n* investimento.

in.vig.i.late [inv'idʒileit] *vi* vigiar.

in.vig.or.at.ing [inv'igəreitiŋ] *adj* revigorante.

in.vin.ci.ble [inv'insəbəl] *adj* invencível, indômito.

in.vis.i.ble [inv'izəbəl] *adj* invisível.

in.vi.ta.tion [invit'eiʃən] *n* convite.

in.vite [inv'ait] *vt* 1 convidar. 2 pedir, solicitar.

in.vol.un.ta.ry [inv'ɔləntəri] *adj* involuntário.

in.volve [inv'ɔlv] *vt* 1 envolver, incluir. 2 implicar, comprometer.

i.ras.ci.ble [ir'æsəbəl] *adj* irascível, irritável.

i.rate [air'eit] *adj* irado, colérico.

I.rish ['aiəriʃ] *n, adj* irlandês.

i.ron ['aiən] *n* 1 ferro. 2 firmeza, dureza. 3 ferro de passar roupa. • *vt+vi* passar a ferro (roupa). • *adj* 1 feito de ferro. 2 duro, firme. 3 cruel.

i.ron.ic [air'ɔnik] *adj* irônico, sarcástico.

i.ron.y ['aiərəni] *n* ironia, sarcasmo.

ir.ra.tion.al [ir'æʃənəl] *adj* irracional.

ir.ref.u.ta.ble [ir'efjutəbəl] *adj* irrefutável.

ir.reg.u.lar [ir'egjulə] *adj* 1 irregular, contra a regra. 2 áspero, desigual.

ir.rel.e.vant [ir'elivənt] *adj* irrelevante.

ir.rep.a.ra.ble [ir'epərəbəl] *adj* irreparável, irremediável.

ir.re.place.a.ble [iripl'eisəbəl] *adj* insubstituível.

ir.rep.re.hen.si.ble [ireprih'ensəbəl] *adj* irrepreensível, correto.

ir.re.sist.i.ble [iriz'istəbəl] *adj* irresistível.

ir.re.spon.si.bil.i.ty [irispɔnsəb'iliti] *n* irresponsabilidade.

ir.re.spon.si.ble [irisp'ɔnsəbəl] *n* pessoa irresponsável. • *adj* irresponsável.

ir.rev.er.ence [ir'evərəns] *n* irreverência, desrespeito.

ir.rev.er.ent [ir'evərənt] *adj* irreverente.

ir.re.vers.i.ble [iriv'ə:səbəl] *adj* irrevogável, irreversível.

ir.rev.o.ca.ble [ir'evəkəbəl] *adj* irrevogável, inalterável.

ir.ri.gate ['irigeit] *vt* irrigar.

ir.ri.ta.ble ['iritəbəl] *adj* irritável, impaciente.

ir.ri.tate ['iriteit] *vt* 1 irritar. 2 provocar.

ir.ri.tat.ing ['iriteitiŋ] *adj* irritante, perturbador.

is [iz] terceira pessoa do singular do presente do indicativo de **to be.**

is.land ['ailənd] *n* ilha.

isn't ['izənt] *contr of* **is not.**

i.so.la.ted ['aisəleitid] *adj* isolado, único.

is.sue ['iʃu:] *n* 1 emissão, edição, tiragem. 2 assunto, questão. *the question raises the whole issue* / a pergunta atinge todos os fatos. • *vt+vi* 1 emitir, pôr em circulação. 2 publicar, editar. **a big issue** um problema crucial.

it [it] *n* 1 objeto indefinido em expressões idiomáticas. 2 atrativo pessoal. 3 ponto, questão. *that is simply it* / aí é que está a coisa. • *pron* 1 ele, ela, o, a, lhe. *it is cherries* / são cerejas. 2 isso, isto.

I.tal.ian [it'æljən] *n, adj* italiano.

i.tal.i.cs [it'æliks] *n* impressão em letras itálicas. • *adj* itálico, grifo. **in italics** em caracteres itálicos.

itch [itʃ] *n* coceira. • *vt+vi* 1 coçar. 2 desejar, ansiar.

it'd ['itəd] *contr of* **it would, it had.**

i.tem ['aitəm] *n* 1 item, artigo, ponto. 2 notícia (jornal).

i.tin.er.a.ry [ait'inərəri] *n* itinerário, roteiro.

it'll ['itəl] *contr of* **it will.**

its [its] *pron* seu, sua, seus, suas, dele, dela: indica que algo pertence a uma coisa, lugar, animal, criança etc. *the dog's tail – its tail* / a cauda do cão – sua cauda.

it's [its] *contr of* **it is, it has.**

it.self [its'elf] *pron* si mesmo, o próprio, a própria, propriamente dito. **by itself** por si mesmo, sozinho. **in itself** em si mesmo.

I've [aiv] *contr of* **I have.**

i.vo.ry ['aivəri] *n* marfim. • *adj* 1 de marfim. 2 da cor de marfim.

J, j[dʒei] *n* décima letra do alfabeto, consoante.

jack[dʒæk] *n* **1** *Tech* macaco, guindaste. **2** valete: carta de baralho. • *vt* içar, levantar. **to jack up** levantar (com macaco).

jack.al[dʒ'ækɔ:l, dʒ'ækəl] *n* chacal.

jack.et[dʒ'ækit] *n* **1** jaqueta. **3** sobrecapa (livro). **bomber jacket** blusão. **jacket potato** batata assada com casca.

jade[dʒeid] *n* jade.

jag.uar[dʒ'ægjuə; dʒ'ægwa:] *n* jaguar.

jail[dʒeil] *n* *Amer* cadeia, prisão. • *vt* encarcerar.

jam [dʒæm] *n* **1** geléia. **2** congestionamento (trânsito). **3** situação difícil. **4** *Comp* aglomeração, congestionamento. • *vt+vi* **1** amontoar-se. *they jam into the elevator* / eles se amontoam no elevador. **2** emperrar. *this door jams* / esta porta emperra. **jam session** sessão de *jazz*. **to be in a jam** estar em apuros. **traffic jam** congestionamento.

jan.i.tor[dʒ'ænitə] *n* zelador de prédio.

Jan.u.ar.y [dʒ'ænjuəri] *n* janeiro.

jar[dʒa:] *n* pote.

jaw[dʒɔ:] *n* **1** maxila. **2 jaws** mandíbula.

jazz[dʒæz] *n* jazz.

jeal.ous[dʒ'eləs] *adj* ciumento.

jeal.ous.y[dʒ'eləsi] *n* ciúme.

jeans[dʒi:nz] *n jeans*: calças de brim azul.

jeep[dʒi:p] *n* jipe.

jel.ly[dʒ'eli] *n* **1** geléia. **2** gelatina.

jeop.ard.ize, jeop.ard.ise[dʒ'epədaiz] *vt* aventurar, pôr em perigo.

jerk [dʒə:k] *n* empurrão, solavanco, pu-

xão. • *vt+vi* **1** arrancar, retirar depressa. **2** mover-se aos arrancos. **by jerks** aos trancos.

jer.sey[dʒ'ə:zi] *n* **1** malha de tricô. **2** jérsei (tecido).

jet[dʒet] *n* **1** jato, jorro. **2** avião a jato.

jet.lag[dʒ'etlæg] *n* fadiga de vôo.

Jew [dʒu:] *n* judeu. • *adj* judaico.

jew.el [dʒ'u:əl] *n* **1** jóia. **2** gema. **3** *fig* pessoa ou coisa de grande valor.

jew.el.ery, jew.el.lery [dʒ'u:əlri] *n* jóias. **costume jewelery** bijuteria.

Jew.ess [dʒ'u:is] *n* judia.

Jew.ish [dʒ'u:iʃ] *adj* judaico, hebreu, israelita.

jig.saw[dʒ'igsɔ:] *n* jogo de quebra-cabeça.

jin.gle[dʒ'ingəl] *n* *Radio, TV* jingle: canção publicitária.

jit.ter.y [dʒ'itəri] *adj* *Amer sl* nervoso, ansioso.

job[dʒɔb] *n* **1** empreitada, tarefa. **2** emprego. **3** trabalho. **bad job** mau negócio.

job.less [dʒ'ɔblis] *adj* desempregado.

jock.ey [dʒ'ɔki] *n* jóquei.

jog.ger[dʒ'ɔgə] *n* corredor.

jog.ging [dʒ'ɔgiŋ] *n* corrida, *jogging*.

join[dʒɔin] *vt+vi* **1** juntar(-se), unir(-se). *they joined in the work* / fizeram o serviço juntos. **2** confluir, encontrar(-se). **3** participar, aderir, tomar parte. *he joined the army* / ele entrou no exército. **4** casar(-se). *they were joined in marriage* / eles foram unidos em matrimônio. **5** concordar. *there I join with you* / nisto concordo com você. **to join a club** entrar para um clube.

join.er [dʒʼɔinə] n marceneiro.

joint [dʒɔint] n 1 junta, junção. 2 articulação. 3 encaixe. 4 dobradiça. 5 sl baseado, cigarro de maconha. • adj 1 reunido, ligado. 2 conjunto.

joint ac.count [dʒʼɔint ək'aunt] n conta (bancária) conjunta.

joke [dʒouk] n 1 gracejo, brincadeira. 2 piada. I do not see the joke / não sei qual é a graça. • vt+vi 1 troçar, gracejar. you are joking / você está brincando. 2 ridicularizar, zombar. a practical joke travessura. to tell a joke contar uma anedota.

jok.er [dʒʼoukə] n 1 brincalhão, gracejador. 2 Cards curinga.

jol.ly¹ [dʒʼɔli] adj alegre, divertido. • adv coll bastante, muito. a jolly good fellow um rapaz extraordinário.

jolt [dʒoult] n solavanco. • vt+vi sacudir, sacolejar.

jour.nal [dʒʼə:nəl] n 1 diário. 2 revista especializada.

jour.ney [dʒʼə:ni] n 1 viagem, jornada. a three days' journey / uma viagem de três dias. 2 excursão. 3 trajeto. • vi viajar, excursionar. Veja nota em voyage.

joy [dʒɔi] n 1 alegria. 2 felicidade. I wish you joy / desejo-lhe felicidades.

joy.ful [dʒʼɔiful] adj jovial, alegre.

joy.less [dʒʼɔilis] adj triste.

joy stick [dʒʼɔi stik] n alavanca de controle de avião, video game, computador etc.

ju.bi.lee [dʒʼu:bili:] n jubileu.

Ju.da.ism [dʒʼu:deiizəm] n judaísmo.

judge [dʒʌdʒ] n 1 juiz. 2 árbitro. 3 perito, especialista. • vt+vi 1 julgar, sentenciar. 2 avaliar. 3 criticar, censurar. 4 considerar, pensar. as far as I can judge segundo meu modo de pensar.

judge.ment [dʒʼʌdʒmənt] n 1 julgamento. 2 sentença. 3 opinião, apreciação. 4 crítica, reprovação. it's a judgement on him / é um castigo para ele. in my judgement a meu modo de ver.

ju.di.cial [dʒu:d'iʃəl] adj judicial, forense.

ju.di.ciar.y [dʒu:d'iʃəri] n poder judiciário.

ju.di.cious [dʒu:d'iʃəs] adj judicioso, criterioso.

ju.do [dʒʼu:dou] n judô.

jug [dʒʌg] n jarro, jarra.

jug.gle [dʒʼʌgəl] vt+vi 1 fazer prestidigitações. 2 lograr, burlar.

jug.gler [dʒʼʌglə] n prestidigitador.

juice [dʒu:s] n suco.

jui.cy [dʒʼu:si] adj 1 sumarento, suculento. 2 fig interessante, picante.

Ju.ly [dʒul'ai] n julho.

jum.ble [dʒʼʌmbəl] n desordem, confusão. • vt misturar, criar confusão.

jum.ble-sale [dʒʼʌmbəl seil] n venda de artigos em saldos ou no bazar de caridade.

jum.bo [dʒʼʌmbou] adj gigantesco.

jump [dʒʌmp] n 1 salto, pulo. he gave a jump / ele deu um pulo. 2 Sport obstáculo. 3 sobressalto. 4 subida repentina de preço. • vt+vi 1 saltar, pular. 2 sobressaltar. 3 subir (preços). to jump at aceitar avidamente. he jumped at the proposal / ele aceitou a proposta avidamente. to jump at / to conclusions tirar conclusões precipitadas. to jump the queue furar a fila.

jump.er [dʒʼʌmpə] n 1 malha de lã, suéter. 2 vestido tipo avental.

junc.tion [dʒʼʌŋkʃən] n entroncamento, cruzamento.

June [dʒu:n] n junho.

jun.gle [dʒʼʌŋgəl] n 1 selva. 2 sl bagunça, amontoado.

jun.gle-gym [dʒʼʌŋgəl dʒim] n trepa-trepa: estrutura formada de barras metálicas em diferentes níveis, usada pelas crianças para se dependurarem ou pularem de uma barra a outra.

ju.n.ior [dʒʼu:niə] n 1 pessoa mais moça. 2 iniciante na profissão. 3 Amer estudante da penúltima série do ensino médio. 4 Brit aluno do primário. • adj 1 júnior: mais moço. 2 filho com o mesmo nome do pai. 3 profissional iniciante.

junk [dʒʌŋk] n 1 velharia, refugo. 2 material de má qualidade.

junk food [dʒʼʌŋk fu:d] n alimento de baixo valor nutritivo.

junk.ie [dʒʼʌŋki] n coll viciado em drogas.

junk mail [dʒʼʌŋk meil] n correspondência de publicidade não desejada.

jur.or [dʒʼuərə] n jurado.

ju.ry [dʒʼuəri] n júri.

just [dʒʌst] *adj* 1 justo. 2 íntegro. 3 merecido. 4 correto, exato. • *adv* 1 exatamente. *that's just it!* / exatamente assim! 2 quase. 3 há pouco. *he's just gone* / ele acaba de sair. 4 somente. 5 realmente. *it was just marvellous!* / era realmente magnífico! 6 no mesmo momento. *just as he came* / no momento em que chegou. **just now** agora mesmo. **just a moment** espere um minuto. **just like** igualzinho. **just about** quase. *I'm just about ready* / estou quase pronto.

just.ice [dʒʌstis] *n* 1 justiça, imparcialidade. *he did him justice* / ele o tratou com justiça. 2 honestidade, retidão. 3 legalidade. 4 juiz, magistrado. **to bring to justice** levar aos tribunais. **to do justice to** fazer justiça a. *he did justice to the roast meat* / ele fez honra ao churrasco.

jus.ti.fi.a.ble [dʒʌstifaiəbəl] *adj* 1 justificável. 2 perdoável.

jus.ti.fi.ca.tion [dʒʌstifik'eiʃən] *n* 1 justificativa. 2 causa.

jus.ti.fy [dʒʌstifai] *vt+vi* justificar.

jute [dʒuːt] *n* juta.

ju.ve.nile [dʒuːvənail; dʒuːvənəl] *n* jovem menor de idade. • *adj* 1 juvenil, jovem. 2 imaturo, infantil.

jux.ta.pose [dʒʌkstəp'ouz] *vt* justapor.

jux.ta.po.si.tion [dʒʌkstəpəz'iʃən] *n* justaposição.

K, k [kei] *n* décima primeira letra do alfabeto, consoante.

ka.lei.do.scope [kəl'aidəskoup] *n* caleidoscópio.

kan.ga [k'æŋgə] *n* canga: tecido retangular de algodão estampado, enrolado no corpo como vestuário feminino.

kan.ga.roo [kæŋgər'u:] *n Zool* canguru.

kar.a.o.ke [kæri'ouki] *n* karaokê.

kar.at [k'ærət] *n* (*Amer* **carat**) quilate.

ka.ra.te [kər'a:ti] *n* karatê.

keel [ki:l] *n* quilha. • *vt+vi* **keel over 1** *fig* tombar, virar. **2** *Amer coll* desmaiar.

keen [ki:n] *adj* **1** agudo, aguçado. **2** mordaz. **3** penetrante, perspicaz. **4** vivo. *she has a keen sense of duty* / ela tem uma viva compreensão de seu dever. **5** sutil, fino. **6** entusiástico, muito interessado. **to be keen on** *coll* ser, estar muito interessado, gostar de alguém. *he's keen on a girl at school* / ele está muito interessado em uma garota da escola.

keep [ki:p] *n* sustento, manutenção. • *vt+vi* (*ps, pp* **kept**) **1** ter, possuir. *she keeps lodgers* / ela tem inquilinos. **2** conservar, reter. **3** manter. **4** preservar, durar. *the meat will keep till tomorrow* / a carne conservar-se-á até amanhã. **5** continuar, prolongar. **6** alimentar. *I keep him on milk* / alimento-o com leite. **7** criar. *they keep hens* / criam galinhas. **8** ter um negócio. *they keep a shop* / eles têm uma loja. **for keeps** para sempre. **how are you keeping?** como vai?, como tem passado? **keep distance** mantenha distância. **keep going!** continue! **keep off!** mantenha distância!, cuidado! **keep out!** entrada proibida! **to keep a low profile** *sl* tentar não chamar a atenção. **to keep an eye on** *coll* vigiar, tomar conta. **to keep at it** persistir numa coisa. **to keep away** a) conservar-se afastado. b) abster-se. **to keep clear of** manter-se afastado. **to keep company** fazer companhia. **to keep fit** conservar a forma. **to keep from** a) impedir, abster-se. b) esconder (fato). *are you keeping something from me?* / você está escondendo alguma coisa de mim? **to keep in mind** ter em mente, lembrar-se. **to keep off** a) impedir, barrar. b) ficar longe de. c) repelir. d) evitar. **to keep on** a) continuar, prosseguir. b) avançar, seguir. **to keep out** a) impedir a entrada. b) excluir, afastar. **to keep something to oneself** guardar segredo.

keep.er [k'i:pə] *n* **1** guarda. **2** zelador. **book keeper** guarda-livros. **goalkeeper** goleiro.

keep.ing [k'i:piŋ] *n* **1** manutenção, sustento. **2** cuidado, custódia. • *adj* que se mantém guardado, cuidadosamente protegido. **in keeping with** de acordo com. **out of keeping with** em desacordo com.

ken.nel [k'enəl] *n* canil.

kerb [kə:b] *n* (*Amer* **curb**) *Brit* meio-fio.

ker.o.sene [k'erəsi:n] *n* **1** querosene. **2** *Amer* petróleo.

ketch.up [k'etʃəp] *n* ketchup: molho picante de tomate.

ket.tle [k'etəl] *n* chaleira.

key [ki:] *n* **1** chave. **2** código. **3** solução. **4** posição-chave. **5** pessoa ou coisa indispensável. **6** tecla. • *vt Comp* digitar informações, dados. • *adj* essencial, fundamental. *she has a key role in the company* / ela tem uma função-chave na empresa. **master key** chave-mestra. **to key in** *Comp* introduzir dados através da digitação.

key-board [k'i: bɔ:d] *n* teclado.

key.hole [k'i:houl] *n* buraco de fechadura.

key word [k'i: wɔ:d] *n* palavra-chave.

kha.ki [k'a:ki] *n* cáqui.

kick [kik] *n* **1** pontapé. **2** chute. **3** coice. **4** *Amer sl* emoção, excitação. • *vt+vi* **1** dar pontapés, espernear. **2** *Sport* chutar. **to kick off** *Ftb* dar o chute inicial.

kid¹ [kid] *n* **1** *coll* garoto. **2** cabrito. • *adj coll* mais moço (irmão ou irmã). *my kid sister* / minha irmã mais moça.

kid² [kid] *vt+vi* caçoar, zombar, arreliar. **no kidding!** não brinque! **to kid oneself** enganar a si mesmo.

kid.nap [k'idnæp] *vt* raptar, seqüestrar.

kid.nap.per [k'idnæpə] *n* seqüestrador.

kid.nap.ping [k'idnæpiŋ] *n* rapto, seqüestro.

kid.ney [k'idni] *n* rim.

kill [kil] *n* **1** matança. **2** animais abatidos na caça. • *vt+vi* **1** matar, abater. **2** assassinar. **3** gastar (tempo). **dressed to kill** vestido para arrasar. **to kill oneself** fazer um grande esforço. **to kill time** matar o tempo.

kill.er [k'ilə] *n* assassino. **serial killer** assassino em série.

kill.ing [k'iliŋ] *n* **1** quantidade de animais abatidos numa caçada. **2** assassínio, matança. • *adj* **1** mortal, mortífero. **2** exaustivo.

kil.o.gram, kil.o.gramme [k'iləgræm] *n* quilograma.

kil.o.me.ter, kil.o.me.tre [k'iləmi:tə; kəl'ɔmitə] *n* quilômetro.

kilt [kilt] *n kilt:* **1** saiote usado pelos homens da Escócia. **2** saia pregueada.

ki.mo.no [kim'ounou] *n (pl* **kimonos)** quimono: **1** roupão usado no Japão por ambos os sexos. **2** roupa feminina com mangas largas.

kin [kin] *n* parentes, parentela, consangüinidade. *all of my immediate kim are dead* / todos os meus parentes próximos já morreram. **next of kin** o parente mais próximo.

kind¹ [kaind] *n* **1** espécie, grupo, gênero. **2** tipo. *what kind of person is he?* / que tipo de pessoa é ele? **3** modo. **a strange kind of behaviour** um comportamento estranho. **nothing of the kind** nada disso.

kind² [kaind] *adj* **1** amável. **2** gentil.

kin.der.gar.ten [k'indəga:tən] *n* jardim-de-infância.

kind.ness [k'aindnis] *n* **1** bondade. **2** benevolência. **3** favor, gentileza. *do me the kindness* / faça-me o favor.

king [kiŋ] *n* **1** rei. **2** líder. • *adj* **1** principal. **2** *sl* excelente.

king.dom [k'iŋdəm] *n* **1** reino. **2** monarquia. **3** domínio.

king-size [k'iŋ saiz] *adj* maior do que o tipo comum.

kin.ship [k'inʃip] *n* **1** parentesco. **2** afinidade. **3** semelhança.

ki.osk [ki'ɔsk] *n* **1** quiosque. **2** coreto. **telephone kiosk** cabine de telefone público.

kiss [kis] *n* **1** beijo. • *vt+vi* **1** beijar. **2** tocar. **kiss of life** respiração boca-a-boca.

kit [kit] *n* **1** estojo. **2** conjunto de instrumentos. **3** *coll* conjunto.

kitch.en [k'itʃən] *n* cozinha.

kitch.en.ware [k'itʃənwɛə] *n* utensílios de cozinha.

kite [kait] *n* papagaio de papel, pipa.

kit.ten [k'itən] *n* gatinho.

kit.ty [k'iti] *n coll* vaquinha (dinheiro). *they each put some money into the kitty* / cada um contribuiu com algum dinheiro para a vaquinha.

knack [næk] *n* **1** destreza. **2** jeito. *knitting is very easy once you're got the knack* / tricotar é muito fácil uma vez que se pegue o jeito.

knap.sack [n'æpsæk] *n* mochila.

knead [ni:d] *vt* amassar, sovar (pão).

knee [ni:] *n* joelho. **to be down on one's knees** ficar de joelhos. **to sit on someone's knee** sentar no colo.

kneel [ni:l] *vi (ps, pp* **knelt** or **kneeled) 1** ajoelhar(-se). **2** ficar de joelhos.

knee-length [n'i: leŋθ] *adj* na altura do joelho. *a knee-length sweater* / uma malha que vai até o joelho.

knee.pad [n'i:pæd] *n* joelheira.

knell [nel] *n* toada fúnebre de sinos. • *vt+vi* dobrar (dos sinos) em finados.

knick.ers [n'ikəz] *n pl Brit* calcinha de mulher.

knife [naif] *n* (*pl* **knives**) **1** faca. **2** coisa semelhante em forma ou função, como: punhal, canivete, navalha. • *vt+vi* esfaquear.

knight [nait] *n* **1** cavaleiro, fidalgo. **2** cavalo no jogo de xadrez. • *vt* conferir título de cavaleiro (Sir).

knit [nit] *vt+vi* (*ps, pp* **knit** or **knitted**) **1** tricotar. **2** ligar, unir, entrelaçar.

knit.ting [n'itiŋ] *n* trabalho de tricô ou malha.

knob [nɔb] *n* botão (TV, rádio), maçaneta (porta), puxador (armário).

knock [nɔk] *n* **1** batida. **2** som de pancada. • *vt+vi* **1** bater. **2** derrubar batendo. **3** criticar, censurar. **to knock down** a) abater, derrubar com uma pancada. b) *fig* deixar perplexo. **to knock out** a) *Sport* eliminar. b) *Box* nocautear. c) *coll* surpreender.

knock.out [n'ɔkaut] *n* **1** *Box* nocaute. **2** *sl* algo sensacional.

knot [nɔt] *n* **1** nó. **2** aglomeração. **3** nó de madeira • *vt+vi* amarrar, atar. **2** fazer um nó. **3** *fig* complicar(-se).

know [nou] *vt* (*ps* **knew**, *pp* **known**) **1** saber, conhecer, entender. *he knows all the answers* / ele tem resposta para tudo. *she knows him by sight* / ela o conhece de vista. **2** reconhecer, indentificar. **3** estar ciente, estar informado. *please let me know of your arrival* / queira por favor informar-me da sua chegada. **4** ter certeza. *I know her to be my friend* / tenho certeza de sua amizade. **5** conhecer pessoalmente. *she knows him* / ela o conhece. **for all I know** que eu saiba. **to know by heart** saber de cor. **to know oneself** conhecer a si mesmo.

know-all [n'ou ɔ:l] *n* sabichão.

know-how [n'ouhau] *n know-how*: experiência, técnica.

know.ing [n'ouiŋ] *adj* **1** instruído. **2** hábil, astuto. **3** consciente, intencional.

knowl.edge [n'ɔlidʒ] *n* **1** conhecimento, entendimento. *it is public knowledge* / é de conhecimento público. **2** saber, sabedoria. *knowledge is power* / saber é poder. **3** instrução. **4** compreensão. **general knowledge** cultura geral.

known [noun] *pp of* **know. well-known for** afamado por.

knuck.le [n'ʌkəl] *n* nó dos dedos, articulação.

Ko.ran [kɔ:r'a:n] *n* Alcorão.

ko.sher [k'ouʃə] *n* alimento preparado de acordo com os preceitos judaicos.

L, l [el] *n* décima segunda letra do alfabeto, consoante.

lab [læb] *n coll* laboratório.

la.bel [l'eibəl] *n* **1** rótulo, etiqueta. **2** marca. **3** selo adesivo. • *vt* **1** etiquetar. **2** qualificar, marcar. **designer label** etiqueta de grife.

la.bor, la.bour [l'eibə] *n* **1** trabalho, mão-de-obra. **2** trabalho de parto. • *vt+vi* **1** trabalhar, lidar. **2** estar em trabalho de parto.

lab.o.ra.to.ry [ləb'ɔrətəri; l'æbərətɔri] *n* laboratório.

laborer [l'eibərə] *n* trabalhador.

la.bo.ri.ous [ləb'ɔ:riəs] *adj* **1** laborioso, ativo. **2** difícil, árduo.

la.bo.ri.ous.ly [ləb'ɔ:riəsli] *adv* laboriosamente, diligentemente.

lab.y.rinth [l'æbərinθ] *n* **1** labirinto. **2** confusão.

lace [leis] *n* **1** cordão (sapato). **2** renda. • *vt+vi* atar cordões.

lack [læk] *n* falta, carência, ausência. • *vt+vi* faltar, necessitar, carecer de. **for lack of money** por falta de dinheiro.

lac.ta.tion [lækt'eiʃən] *n* lactação: formação, secreção e excreção do leite.

la.cy [l'eisi] *adj* rendado.

lad [læd] *n* **1** rapaz, moço. **2** *coll* camarada, sujeito.

lad.der [l'ædə] *n* **1** escada de mão. **2** meio usado para ascensão social. **3** desfiado em meia. • *vt* correr (malhas ou pontos de tecido).

lad.e [l'eid] *vt+vi* (*pp* **laded**, *pp* **laden**) carregar.

la.dies [l'eidiz] *n* banheiro feminino. Veja nota em **rest-room**.

la.dies' room [l'eidiz ru:m] *n* = **ladies**.

la.dle [l'eidəl] *n* concha (cozinha).

la.dy [l'eidi] *n* (*pl* **ladies**) **1** senhora. **2** esposa, dona da casa. **3 Lady** título de nobreza.

la.dy.bird [l'eidibə:d] *n* joaninha (inseto).

la.dy.like [l'eidilaik] *adj* refinada.

lag [læg] *n* **1** atraso, demora. **2** defasagem. • *vt+vi* retardar-se, demorar-se, atrasar-se. **time lag** defasagem de tempo.

la.goon [ləg'u:n] *n* lagoa.

laid up [leid'ʌp] *adj* acamado.

lain [lein] *pp* de **lie**.

lake [l'eik] *n* lago.

lamb [læm] *n* **1** cordeiro. **2** carne de cordeiro. **3** pessoa inocente.

lame [l'eim] *adj* **1** manco. **2** imperfeito, defeituoso. **3** pouco convincente. **a lame excuse** uma desculpa esfarrapada. **lame duck** político que tinha um mandato e não conseguiu reeleger-se.

la.ment [ləm'ent] *n* **1** lamentação. **2** elegia. **3** queixa. • *vt+vi* lamentar, prantear.

lam.en.ta.ble [l'æmntəbəl] *adj* lamentável.

lamp [læmp] *n* lâmpada, lanterna.

lamp.shade [l'æmpʃeid] *n* abajur.

land [lænd] *n* **1** terra. **2** região, país. **3** terras, solo. • *vt+vi* **1** aportar, desembarcar. **2** aterrissar.

land.ing [l'ændiŋ] *n* **1** desembarque. **2** aterrissagem. **3** desembarcadouro. **4** patamar (escada).

land.la.dy [l'ændleidi] *n* **1** proprietária. **2** senhoria.

land.lord [l'ændlɔ:d] *n* **1** proprietário. **2** senhorio.

land.mark [l'ændma:k] *n* marco, ponto de referência.

and.mine [l'ændmain] *n* mina terrestre (explosivo).

and.own.er [l'ændounə] *n* proprietário de terras.

and.scape [l'ændskeip] *n* paisagem, panorama, cenário.

and.slide [l'ændslaid] *n* 1 deslizamento de terra. 2 *Amer* vitória esmagadora de um só partido em eleições.

ane [lein] *n* 1 vereda. 2 alameda. 3 pista (em rua, estrada). 4 pista (boliche). 5 *Sport* raia.

an.guage [l'æŋgwidʒ] *n* 1 língua, idioma. 2 linguagem (também *Comp*). 3 estilo de falar ou escrever. **bad language** xingamento.

an.guid [l'æŋgwid] *adj* lânguido.

an.tern [l'æntən] *n* lanterna.

ap¹ [læp] *n* regaço, colo.

ap² [læp] *n* volta completa (em uma pista de atletismo, automobilismo, raia de natação etc.).

ap³ [læp] *n* 1 lambida. 2 ação de beber (cães e gatos). • *vt+vi* 1 beber às lambidas. 2 marulhar. **to lap up** *coll* escutar avidamente.

a.pel [lɘp'el] *n* lapela.

apse [læps] *n* 1 espaço de tempo, intervalo. 2 lapso, descuido. 3 deslize. 4 prescrição. • *vt+vi* 1 escoar, decorrer. 2 errar. 3 decair, diminuir. *the boy's interest lapsed* / o interesse do rapaz decaiu. 4 *Jur* prescrever, caducar. *the title lapsed* / o título prescreveu.

ap.top com.put.er [l'æptɔp kəmpj'u:tə] *n Comp* computador portátil.

ard [la:d] *n* toicinho, banha de porco.

arge [la:dʒ] *adj* 1 grande. 2 largo, extenso. 3 abundante. • *adv* largamente, abundantemente. **at large** a) livremente. b) livre. **by and large** no geral. *by and large it was a success* / no geral, foi um sucesso. Veja nota em **grande.**

arge.ly [l'a:dʒli] *adv* 1 basicamente. 2 em grande medida.

arge-scale [la:dʒ sk'eil] *adj* amplo, em grande escala.

ark [la:k] *n* cotovia.

a.ser [l'eizə] *n abbr* **light amplification by stimulated emission of radiation** (amplificação de luz por radiação estimulada), raio *laser*.

la.ser print.er [l'eizə printə] *Comp* impressora a *laser*.

lash [læʃ] *n* chicotada. • *vt+vi* 1 chicotear, açoitar. 2 mover repentinamente. **to lash out** a) dar coices, bater em ou contra. b) atacar severamente.

last¹ [la:st; læst] *n* 1 último. 2 fim, final. *faithful to the last* / fiel até o fim. • *adj* 1 último, derradeiro, final, extremo. 2 passado, anterior. *we saw him last evening* / nós o vimos ontem à noite. 3 mais recente. 4 conclusivo. **at last** finalmente. **last night** a noite passada. **the last time** a última vez.

last² [la:st; læst] *vt+vi* 1 durar, continuar. 2 perseverar, agüentar.

last.ing [l'a:stiŋ, l'æstiŋ] *adj* durável, duradouro.

last name [l'ast neim] *n* sobrenome.

latch [lætʃ] *n* trinco, ferrolho. • *vt* aferrolhar, trancar.

late [l'eit] *adj* 1 tardio. 2 atrasado. 3 perto do fim. 4 último, recente. 5 recém-falecido. • *adv* 1 tarde. 2 até tarde. 3 no fim. 4 recentemente. **better late than never** antes tarde do que nunca. **later on** mais tarde. **of late** ultimamente. **the late teacher** o antigo professor. **to be late** estar atrasado.

late.com.er [l'eitkʌmə] *n* retardatário.

late.ly [l'eitli] *adv* 1 ultimamente, nos últimos tempos. 2 recentemente.

lath.er [l'a:ðə; l'æðə] *n* espuma (sabão). • *vt+vi* 1 espumar. 2 cobrir ou estar coberto com espuma.

lat.i.tude [l'ætitju:d] *n* 1 latitude. 2 liberdade de ação ou expressão.

lat.ter [l'ætə] *adj* último, mencionado em segundo lugar. • *pron* **the latter** este último.

laugh [la:f; læf] *n* 1 riso, risada. 2 escárnio. 3 piada, coisa engraçada. • *vt+vi* 1 rir, gargalhar. 2 escarnecer. **to have the last laugh** rir por último. **to laugh at** rir-se de.

laugh.a.ble [l'a:fəbəl; l'æfəbəl] *adj* ridículo, digno de riso.

laugh.ter [l'a:ftə; l'æftə] *n* risada, riso. **roars of laughter** gargalhadas. **to**

break into a fit of laughter cair numa gargalhada.

launch¹ [lɔ:ntʃ] *n* **1** lançamento. **2** inauguração. • *vt+vi* **1** lançar (navio, foguete etc.). **2** *Com* começar (um negócio). **3** arremessar. **4** *Com* lançar (produto).

launch² [lɔ:nt] *n* lancha.

laun.der.ette [lɔ:ndərˈet] *n* lavanderia automática.

laun.dro.mat [lˈɔ:ndrəmæt] *n* lavanderia automática.

laun.dry [lˈɔ:ndri] *n* **1** lavanderia. **2** roupa para lavar.

la.va [lˈa:və] *n* lava.

lav.a.to.ry [lˈævətəri] *n* lavatório, banheiro. Veja nota em **rest-room.**

lav.en.der [lˈævəndə] *n* lavanda, alfazema. • *vt* perfumar, borrifar com lavanda. • *adj* da cor da alfazema.

lav.ish [lˈæviʃ] *vt* dissipar, esbanjar, desperdiçar. • *adj* **1** pródigo, profuso. **2** liberal, generoso.

law [lɔ:] *n* **1** lei. **2** direito. **3** regulamento. **4** regra. **5** advocacia. **6** *coll* policial, polícia. **civil law** direito civil. **to take the law into one's hands** fazer justiça pelas próprias mãos.

law court [lˈɔ: kɔ:t] *n* tribunal de justiça.

law.ful [lˈɔ:ful] *adj* legal, legítimo, lícito.

lawn [lɔ:n] *n* gramado, relvado.

lawn mow.er [lˈɔ:n mouə] *n* cortador de grama.

law.suit [lˈɔ:su:t] *n* processo, ação judicial.

law.yer [lˈɔ:jə] *n* advogado.

lay¹ [lei] *vt+vi* (*ps, pp* **laid**) **1** derrubar, deitar, abater. **2** pôr, colocar, assentar. **3** dispor, arranjar. **4** imputar, atribuir. *the crime is being laid to her* / o crime está sendo atribuído a ela. **5** apresentar (queixa, protesto). **to lay eggs** pôr ovos. **to lay hands on** a) pôr mãos à obra. b) tocar. c) assaltar. d) agarrar. **to lay the blame on someone** imputar responsabilidade a alguém. **to lay the table** pôr a mesa. Veja nota em **lie.**

lay² [lei] *ps* of **lie.**

lay³ [lei] *adj* leigo.

lay-by [lˈei bai] *n* **1** acostamento de rodovia. **2** ancoradouro em rio.

lay.er [lˈeiə] *n* **1** camada. **2** *Geol* estrato.

layer cake bolo de várias camadas, bolo recheado.

lay.man [lˈeimən] *n* leigo.

lay.out [lˈeiaut] *n* esquema.

la.zi.ly [lˈeizili] *adv* preguiçosamente.

la.zi.ness [lˈeizinis] *n* preguiça, indolência.

la.zy [lˈeizi] *adj* preguiçoso, indolente, vadio.

lead¹ [led] *n* **1** chumbo. **2** grafita. • *adj* de chumbo.

lead² [li:d] *n* **1** comando, liderança. **2** vanguarda. **3** exemplo, precedente. **4** *Theat* papel principal. **5** *Theat* ator principal. • *vt+vi* (*ps, pp* **led**) **1** encabeçar. **2** conduzir. **3** dirigir, comandar. **4** levar, passar (a vida). **to have the lead** ser o líder. **to lead a healthy life** levar uma vida saudável. **to lead the way** mostrar o caminho. **to take the lead** a) assumir o comando. b) tomar a iniciativa.

lead.er [lˈi:də] *n* **1** guia. **2** líder, chefe.

lead.er.ship [lˈi:dəʃip] *n* liderança, chefia, comando.

lead.ing [lˈi:din] *n* **1** chefia. **2** direção. • *adj* **1** principal, primeiro. **2** condutor.

leaf [li:f] *n* (*pl* **leaves**) **1** folha (planta, livro, porta). **2** folhagem. **3** pétala de uma flor. **to leaf through** folhear rapidamente (livro, revista).

league [li:g] *n* **1** liga, aliança. **2** liga (grupo de associações). **to be in league with** estar em conluio.

leak [li:k] *n* **1** fenda. **2** vazamento. **3** goteira. • *vt+vi* **1** escoar. **2** vazar. **to leak out** tornar público, transpirar.

lean¹ [li:n] *n* inclinação. • *vt+vi* (*ps, pp* **leant** or **leaned**) **1** inclinar(-se), curvar (-se), recostar(-se). **2** apoiar(-se).

lean² [li:n] *n* carne magra. • *adj* **1** magro. **2** delgado (animal).

lean.ing [lˈi:niŋ] *n* **1** inclinação, propensão. **2** parcialidade • *adj* **1** inclinado. **2** propenso. **the leaning tower of Pisa** a torre inclinada de Pisa.

leap [li:p] *n* **1** salto. **2** transição súbita. • *vt+vi* (*ps, pp* **leapt** or **leaped**) **1** pular, saltar. **2** fazer pular. **a leap in the dark** ação de consequências imprevisíveis, um salto no escuro.

leap year [lˈi:p jiə] *n* ano bissexto.

learn [lə:n] vt+vi (ps, pp **learned** or **learnt**) 1 aprender, instruir-se. 2 ter conhecimento. 3 fixar na memória. 4 ficar sabendo. **to learn by heart** memorizar.

learn.ed [l'ə:nid] ps, pp of **learn**. • adj instruído, erudito. **the learned** os eruditos.

learn.er [l'ə:nə] n aluno, aprendiz.

learn.ing [l'ə:niŋ] n 1 erudição, saber. 2 aprendizagem.

lease [li:s] n 1 arrendamento, aluguel. 2 contrato ou período de arrendamento. • vt arrendar, alugar. **to take on lease** tomar em arrendamento, em aluguel.

least [li:st] n a menor parcela, o mínimo. • adj menor, mínimo. • adv menos. **at least** ao menos. **at the least** no mínimo. **in the least** de maneira alguma.

leath.er [l'əðə] n couro.

leave[1] [li:v] n 1 licença. 2 partida. **leave of absence** licença do trabalho. **on leave** de licença.

leave[2] [li:v] vt+vi (ps, pp **left**) 1 partir. 2 abandonar. 3 retirar-se, sair. 4 cessar. 5 desistir. 6 deixar. 7 legar. 8 sobrar. **there is nothing left** nada sobrou. **to leave alone** deixar em paz. **to leave something up to somebody** deixar alguma coisa por conta de alguém.

leaves [li:vz] n pl of **leaf** (folhas).

lec.ture [l'ektʃə] n 1 preleção, conferência. 2 repreensão. 3 aula expositiva. • vt+vi 1 fazer preleções ou conferências. 2 repreender.

lec.tur.er [l'ektʃərə] n 1 conferencista. 2 palestrista.

leek [li:k] n alho-porro.

left [left] n lado esquerdo. • adj esquerdo. • adv à esquerda. **the Left** Pol a esquerda. **to the left** à esquerda. • ps, pp of **leave.**

left-hand [left hænd] adj à esquerda, da esquerda.

left-hand.ed [left h'ændid] adj 1 canhoto. 2 feito para uso pela mão esquerda.

left.o.vers [l'eftouvəz] n pl sobras (comida). • adj restante.

left wing [left w'iŋ] n Pol ala esquerdista.

leg [leg] n 1 perna. 2 pata. 3 pé (de mesa, cama etc.). 4 cano (de bota). 5 trecho de um percurso.

leg.a.cy [l'egəsi] n legado, herança.

le.gal [l'i:gəl] adj 1 legal. 2 legítimo. 3 lícito.

leg.end [l'edʒənd] n 1 lenda. 2 inscrição, legenda.

leg.end.ar.y [l'edʒəndəri] adj legendário.

leg.gings [l'egiŋz] n pl 1 perneiras. 2 fusô (calça justa de malha ou Lycra).

leg.i.ble [l'edʒəbəl] adj legível.

le.gion [l'i:dʒən] n 1 legião. 2 multidão. • adj numeroso.

leg.is.late [l'edʒisleit] vt+vi legislar.

leg.is.la.tion [ledʒisl'eiʃən] n legislação.

leg.is.la.tive [l'edʒislətiv] n poder legislativo. • adj legislativo.

leg.is.la.tor [l'edʒisleitə] n legislador: aquele que legisla.

leg.is.la.ture [l'edʒisleitʃə] n assembléia legislativa.

le.git.i.ma.cy [lidʒ'itəməsi] n legitimidade.

le.git.i.mate [lidʒ'iəimeit] vt legitimar, legalizar. • [lidʒ'itimit] adj legítimo, autêntico, legal.

lei.sure [l'eʒə; l'i:ʒə] n lazer, folga. • adj desocupado, livre. **leisure time** tempo livre.

lem.on [l'emən] n 1 limão. 2 sl pessoa desagradável. • adj 1 da cor do limão (amarelo-pálido). 2 referente ao limão.

lem.on.ade [lemən'eid] n limonada.

lend [lend] vt+vi (ps, pp **lent**) emprestar, fazer empréstimo. **to lend a hand** auxiliar, ajudar. **to lend an ear** prestar atenção, dar ouvidos. Veja nota em **borrow.**

length [leŋθ] n 1 comprimento. 2 extensão. 3 duração. 4 grau. **at full length** estendido, esticado. **at length** a) finalmente. b) detalhadamente.

length.en [l'eŋθən] vt+vi 1 encompridar. 2 estirar. 3 prolongar.

length.y [l'eŋθi] adj 1 comprido. 2 enfadonho.

lens [lens] n 1 lente. 2 Anat cristalino. 3 objetiva.

Lent [lent] n Rel quaresma. • lent ps, pp of **lend.**

len.til [l'entil] n lentilha.

Le.o [l'i:ou] n Leão (signo).

leop.ard [l'epəd] n leopardo.

les.bi.an [l'ezbiən] *n* lésbica. • *adj* lésbico.

les.bi.an.ism [l'ezbiənizəm] *n* lesbianismo.

less [les] *adj* **1** menos. **2** menor. **3** inferior. • *adv* menos. • *prep* menos. **in less than no time** imediatamente. **more or less** mais ou menos.

Less é o comparativo de **little** e, portanto, é usado com substantivos incontáveis. Com substantivos contáveis usa-se **fewer**. É comum, entretanto, na linguagem oral coloquial, o uso de **less** mesmo com plurais. *the fewer children, the less expense* / quanto menos filhos, menos despesa(s). *the tree has produced less mangoes this year* / a árvore deu menos mangas este ano.

Veja mais detalhes em **menos**.

less.en [l'esən] *vt+vi* **1** diminuir, reduzir. **2** depreciar.

less.er [l'esə] *adj* **1** menos. **2** menor. **3** inferior. • *adv* menos.

les.son [l'esən] *n* **1** lição. **2** repreensão. **3** aula.

let[1] [let] *vt+vi* (*ps, pp* **let**) **1** permitir, deixar. **2** causar. **let alone** quanto mais, muito menos. *he can't even walk let alone run* / ele não pode nem andar, quanto mais correr. **let's go** vamos. **to let be** não interferir, deixar em paz. **to let down** a) baixar. b) deixar cair. c) desapontar. **to let go** soltar, largar. **to let in for** arranjar encrenca. **to let know** fazer saber, informar. **to let loose** largar, soltar. **to let out** a) deixar sair. b) deixar escapar. c) divulgar.

Let us e **let's** têm como negativa **let us not** e **let's not**. Muito informalmente usa-se na linguagem oral: **don't let's**. *let's wait another ten minutes* / vamos esperar mais dez minutos. *let's not argue*, ou *don't let's argue* / não vamos discutir.

let[2] [let] *vt+vi* (*ps, pp* **let**) alugar.

le.thal [l'i:θəl] *adj* **1** letal, mortal. **2** *fig* devastador.

leth.ar.gy [l'eθədʒi] *n* letargia, apatia.

let's [lets] *contr* of **let us**. Veja nota em **let**[1].

let.ter [l'etə] *n* **1** letra. **2** carta. **3** o sentido exato. **letter of introduction** carta de recomendação. **to the letter** exato, ao pé da letra.

let.ter.box [l'etəbɔks] *n* caixa postal.

let.tuce [l'etis] *n* alface.

leu.ke.mi.a [luk'i:miə] *n Med* leucemia.

lev.el [l'evəl] *n* **1** nível. **2** superfície plana. **3** nível social ou cultural. • *vt+vi* **1** nivelar. **2** dirigir (crítica). *serious criticism has been levelled at the police* / a polícia tem recebido críticas graves. **3** demolir. • *adj* **1** plano. **2** horizontal. **3** nivelado, liso. **4** em pé de igualdade. **to level against** levantar crítica contra (alguém). *violence is one of the charges levelled against him* / violência é uma das acusações que lhe têm sido feitas.

lev.el cros.sing [levəl kr'ɔsiŋ] *n* passagem de nível.

lev.er [l'i:və; l'evə; l'i:və] *n* **1** alavanca. **2** *fig* influência. *they used the rebellion as a lever to get more benefits* / eles usaram a rebelião como "alavanca" para conseguir mais benefícios. • *vt* **1** erguer com alavanca. **2** usar como alavanca.

lev.y [l'evi] *n* **1** taxação. **2** cobrança. • *vt+vi* **1** arrecadar. **2** cobrar impostos.

li.a.bil.i.ty [laiəb'iliti] *n* (*pl* **liabilities**) **1** responsabilidade civil. **2** compromissos financeiros.

li.a.ble [l'aiəbəl] *adj* **1** sujeito a. *we are all liable to make a mistake* / todos estamos sujeitos a errar. **2** responsável por. **3** propenso. **to be liable for** ser responsável por.

li.ar [l'aiə] *n* mentiroso.

lib.er.al [l'ibərəl] *n Pol* liberal: **1** membro de um partido político que defende as reformas sociais e políticas. **2** qualquer pessoa que tem idéias liberais. • *adj* liberal: **1** generoso. **2** independente. **3** abundante. **4** livre.

lib.er.ate [l'ibəreit] *vt* liberar, libertar.

lib.er.a.tion [libər'eiʃən] *n* liberação.

lib.er.ty [l'ibəti] *n* (*pl* **liberties**) **1** liberdade. **2** permissão. **3** regalias, imunidades. **to take liberties** tomar liberdades.

Li.bra [l'i:brə] *n* Libra, Balança (signo).

li.brar.i.an [laibr'ɛəriən] *n* bibliotecário.

li.brar.y [l'aibrəri] *n* biblioteca.

lice [lais] *n pl* of **louse.**

li.cense [l'aisəns] *n* 1 licença, permissão. 2 liberdade de ação. 3 demasiada liberdade ou abuso da liberdade. 4 licenciosidade. • *vt* licenciar, permitir, autorizar. **driver's license** carta de motorista.

li.cense plate [l'aisəns pleit] *n Auto* placa de automóvel.

lick [lik] *n* lambida. • *vt+vi* lamber. **to lick one's shoes** mostrar-se servil.

lid [lid] *n* tampa. • *vt* tampar.

lie¹ [lai] *n* mentira. • *vt+vi* (*ps, pp* **lied**) mentir. **an out-and-out lie** uma mentira deslavada.

lie² [lai] *vt+vi* (*ps* **lay**, *pp* **lain**) 1 jazer. 2 estar deitado. 3 encontrar-se. *two villages lie along the river* / duas aldeias rodeiam as margens do rio. 4 ficar. **to lie about** viver na ociosidade. **to lie behind** ser a razão (oculta para algo). **to lie down** deitar-se. **to lie in the way** ser um obstáculo. Há diferenças entre **to lie** (intransitivo) e **to lay** (transitivo).

To lie (**lay, lain, lying**) significa "estar deitado", "jazer": *he was lying in bed when we arrived* / ele estava deitado na cama quando chegamos.

To lay (**laid, laid, laying**) significa "colocar sobre", "colocar em posição horizontal": *he laid fresh flowers on his mother's grave* / ele colocou flores frescas no túmulo de sua mãe.

Existe também o verbo **to lie** (**lied, lied, lying**), que significa "mentir": *she lied about her age to be accepted by the group* / ela mentiu sobre sua idade para ser aceita pelo grupo.

lieu.ten.ant [left'enənt; lu:t'enənt] *n* tenente.

life [laif] *n* 1 vida. 2 duração. 3 conduta. 4 vivacidade. 5 biografia. **a matter of life and death** uma emergência. **for life** para o resto da vida. **to lead a double life** levar vida dupla. **to take one's life** suicidar-se.

life belt [l'aif belt] *n* cinto salva-vidas.

life.boat [l'aifbout] *n* barco salva-vidas.

life.guard [l'aifga:d] *n* salva-vidas.

life im.pris.on.ment [laif impr'izənmənt] *n* prisão perpétua.

life in.sur.ance [l'aif inʃurəns] *n* seguro de vida.

life-jack.et [l'aif dʒækit] *n* colete salva-vidas.

life.long [l'aifləŋ] *adj* vitalício.

life sen.tence [laif s'entəns] *n Jur* sentença de prisão perpétua.

life span [l'aif spæn] *n* tempo de vida.

life.style [l'aifstail] *n* estilo de vida.

life.time [l'aiftaim] *n* vida, existência. *there are so many changes in a person's lifetime* / há tantas mudanças na vida de uma pessoa. • *adj* vitalício.

lift [lift] *n* 1 ação de levantar. 2 elevador (*Brit*). 3 carona. 4 furto. • *vt+vi* 1 erguer, içar. 2 surgir (no horizonte). 3 retirar, revogar. 4 furtar. **to give one a lift** dar carona a alguém.

light¹ [lait] *n* 1 luz, claridade. 2 fonte de luz (lâmpada, vela etc.). 3 *fig* exposição. 4 compreensão. 5 luz interior. 6 sinal de trânsito. 7 algo usado para acender (fósforo, isqueiro). 8 inspiração. • *vt+vi* (*ps, pp* **lit** or **lighted**) iluminar, acender. • *adj* brilhante, claro, luminoso. **against the light** contra a luz. **in the light of** considerando. **to see the light** compreender.

light² [lait] *adj* 1 leve. 2 fácil. 3 rápido, ágil. 4 de digestão fácil (comida). • *adv* 1 levemente. 2 facilmente. **light in the head** a) tonto. b) bobo. c) louco.

light bulb [l'ait bʌlb] *n* lâmpada.

light.en¹ [l'aitən] *vt+vi* 1 iluminar, acender. 2 relampejar. 3 emitir luz, brilhar. 4 tornar-se claro.

light.en² [l'aitən] *vt+vi* 1 tornar mais leve. 2 mitigar. 3 alegrar.

light.er [l'aitə] *n* isqueiro.

light.house [l'aithaus] *n* farol.

light.ing [l'aitiŋ] *n* 1 iluminação. 2 ignição.

light.ning [l'aitniŋ] *n* relâmpago, raio. • *vi* relampejar. • *adj* rápido, de surpresa.

light.weight [laitw'eit] *n Box* peso leve. • *adj* inconseqüente, superficial.

like¹ [laik] *n* 1 igual. 2 semelhante. • *adj* 1 semelhante, igual. 2 relacionado. 3 característico. • *adv* 1 provavelmente. 2 por assim dizer. 3 aproximadamente. *something like £ 5.00* / cerca de £ 5,00.

4 tal como. • *conj* como, como se. • *prep* **1** como. *do not shout like that* / não grite tanto. **2** típico de. *what is he like?* / como ele é? **like master, like man** tal senhor, tal criado. **to feel like** ter vontade de. **to look like** parecer.

like² [laik] *vt+vi* **1** gostar de, achar bom. *I should like you to come* / eu gostaria que você viesse. **2** querer, desejar. **3** convir, agradar. **as you like** como queira. *do as you like* / faça o que quiser. **how do you like it?** o que você acha disso? **to like better** gostar mais.

like.li.hood [lʾaiklihud] *n* **1** probabilidade, plausibilidade. **2** semelhança. **3** indício.

like.ly [lʾaikli] *adj* **1** provável, plausível. **2** apto, apropriado. • *adv* provavelmente. **as likely as not** provavelmente. **most likely** muito provavelmente. **not likely** provavelmente não.

like.ness [lʾaiknis] *n* **1** semelhança, similitude. **2** retrato, imagem. **3** forma, aparência.

like.wise [lʾaikwaiz] *adv, conj* **1** do mesmo modo, igualmente. **2** também, outrossim.

lik.ing [lʾaikiŋ] *n* inclinação, amizade, preferência. **to one's liking** a seu gosto. **to take a liking to** simpatizar com.

li.lac [lʾailək] *n* lilás. • *adj* de cor lilás.

lil.y [lʾili] *n* lírio.

limb [lim] *n* membro (braço, perna etc.).

lime¹ [laim] *n* **1** visco. **2** cal, óxido de cálcio.

lime² [laim] *n* limão-galego.

lime.light [lʾaimlait] *n* notoriedade. • *vt* colocar em evidência. **to be in the limelight** estar em evidência.

lim.it [lʾimit] *n* **1** limite, marco, extremo. *he will go the limit* / ele irá ao extremo. **2** fronteira. • *vt* **1** limitar, restringir. **2** demarcar. **3** confinar. **off limits** proibida a entrada. **within limits** com moderação.

lim.i.ta.tion [limitʾeiʃən] *n* **1** limitação, restrição. **2** termo. **3** prescrição. **4** demarcação.

lim.it.less [lʾimitlis] *adj* ilimitado, irrestrito.

limp¹ [limp] *n* claudicação. • *vi* **1** coxear. **2** *fig* prosseguir ou avançar com dificuldade.

limp² [limp] *adj* **1** flácido, mole. **2** sem firmeza, sem energia, hesitante, vacilante.

line¹ [lain] *n* **1** linha. **2** corda. **3** arame. **4** fila. **5** via, direção. **6** ramo de negócio. **7** conexão telegráfica ou telefônica. **8** via férrea. *a train was thrown off the line* / um trem descarrilou. • *vt+vi* **1** riscar. **2** formar fila. **busy / engaged line** *Teleph* linha ocupada. **hot line** linha direta. **in line for** prestes a. **in line with** de acordo com. **off line** desligado, desconectado. **on line** ligado, conectado com. **to read between the lines** ler nas entrelinhas.

line² [lain] *vt* revestir, forrar.

lined [laind] *adj* **1** marcado por rugas (rosto). **2** pautado (papel).

lin.en [lʾinən] *n* **1** linho. **2** roupa branca (de cama). • *adj* feito de linho.

lin.er [lʾainə] *n* navio ou avião grandes para passageiros.

lin.ger [lʾiŋgə] *vt+vi* **1** demorar-se, deixar-se ficar. **2** protelar. **3** persistir.

lin.guist [lʾiŋwist] *n* lingüista.

lin.guis.tic [liŋwʾistik] *adj* lingüístico.

lin.guis.tics [liŋwʾistiks] *n pl* lingüística: estudo da linguagem humana.

lin.ing [lʾainiŋ] *n* forro, revestimento.

link [liŋk] *n* **1** elo. **2** conexão. **3** ligação, vínculo. • *vt* encadear, unir. **to link up** unir-se.

linked [liŋkt] *adj* **1** unido. **2** acoplado.

link.up [lʾiŋkʌp] *n* acoplamento, conexão.

li.on [lʾaiən] *n* leão. **the lion's share** a maior parte, a parte do leão.

lip [lip] *n* lábio, beiço.

lip.stick [lʾipstik] *n* batom.

li.queur [likjʾuə; likʾəː] *n* licor.

liq.uid [lʾikwid] *n* líquido, fluido. • *adj* **1** líquido, fluido. **2** *fig* claro. **3** fluente.

liq.uid.iz.er, liq.uid.is.er [lʾikwidaizə] *n* liquidificador.

liq.uor [lʾikə] *n* bebida alcoólica.

list [list] *n* lista, rol. • *vt+vi* listar, arrolar, registrar.

lis.ten [lʾisən] *vt+vi* **1** escutar, prestar atenção. **2** obedecer. **to listen in** escutar a conversa de outros (telefone). **to listen**

to escutar (alguém, algo). *don't listen to what she says* / não escute o que ela diz.

lis.ten.er [l'isənə] *n* ouvinte.

li.ter, li.tre [l'i:tə] *n* litro.

lit.er.a.cy [l'itərəsi] *n* alfabetização.

lit.er.al [l'itərəl] *adj* literal, ao pé da letra.

lit.er.ar.y [l'itərəri] *adj* literário.

lit.er.ate [l'i:tər'rit] *adj* alfabetizado.

lit.er.a.ture [l'itərətʃə] *n* **1** literatura. **2** *coll* folheto, matéria impressa.

lit.ter [l'itə] *n* **1** lixo. **2** ninhada (animais). • *vt+vi* **1** colocar em desordem. **2** atirar lixo em lugares públicos.

lit.tle [l'itəl] *adj* **1** pequeno. **2** novo (de idade). *a little boy* / um menininho. **3** curta (distância). • *adv* **1** em pequena escala. **2** escassamente. **3** de modo algum. **little by little** pouco a pouco. **little or nothing** quase nada. **not a little** nem um pouco. **the little ones** as crianças. **to go a little way** durar pouco.

Little (pouco, pouca, quase nenhum, nenhuma) tem uma conotação negativa: *there is little sugar at home* / há pouco açúcar em casa (é preciso comprar mais, pois o que temos é muito pouco). **A little** (um pouco, não muito, mas algum, alguma) passa uma idéia mais positiva: *we have a little sugar at home* / temos um pouco de açúcar em casa (o que temos é suficiente para o momento).

Few (poucos, poucas, quase nenhum, nenhuma) tem uma conotação negativa: *he has few friends here* / ele tem poucos amigos aqui (quase ninguém gosta dele).

A few (uns poucos, não muitos ou muitas, mas alguns, algumas) passa uma idéia mais positiva: *he has a few friends here and they go to parties quite often* / ele tem alguns amigos aqui, e freqüentemente vão a festas (ele tem um número razoável de amigos).

live¹ [laiv] *adj* **1** vivo. **2** ativo, esperto. **3** ao vivo (transmissão). **4** carregado com eletricidade (fio). **5** vivo, brilhante (cor). **6** *fig* eficaz, cheio de energia. • *adv* ao vivo.

live² [liv] *vt+vi* **1** viver, existir. **2** subsistir. **3** morar, habitar. **4** ganhar a vida. *she lives by sewing* / ela ganha a vida costurando. **5** gozar a vida. **to live and let live** cuidar da própria vida e deixar os outros em paz. **to live off** viver à custa de. **to live to a great age** atingir uma idade avançada. **to live up to** a) viver à altura de. b) corresponder às expectativas.

live.a.ble.ness [l'ivəbəlnis] *n* habitabilidade.

live.li.hood [l'aivlihud] *n* sustento, meio de vida.

live.ly [l'aivli] *adj* **1** vivo, vívido. **2** animado. **3** ativo. **4** vivaz. **5** jovial. • *adv* **1** vivamente. **2** alegremente. **3** vigorosamente.

liv.er [l'ivə] *n* **1** fígado. **2** vivente, habitante.

live.stock [l'aivstɔk] *n* gado.

liv.ing [l'iviŋ] *n* **1** sustento. **2** existência. **3** modo de vida. • *adj* vivo. **living and learning** vivendo e aprendendo. **to make a living** ganhar a vida.

liv.ing-room [l'iviŋ ru:m] *n* sala de estar.

liz.ard [l'izəd] *n* lagarto, lagartixa.

load [loud] *n* **1** carga. **2** carregamento. **3** fardo. **4** opressão. **5 loads** *coll* grande quantidade. • *vt+vi* **1** carregar. **2** tornar mais pesado. **3** oprimir. **4** encher até as bordas. **5** acumular. **6** adulterar. **7** *Comp* carregar.

load.ed [l'oudid] *adj* **1** carregado. **2** capcioso. **loaded question** pergunta capciosa.

loaf [louf] *n* (*pl* **loaves**) **1** filão de pão. **2** cubos de açúcar refinado. **loaf sugar** açúcar em cubinhos.

loan [loun] *n* empréstimo. • *vt* emprestar. **on loan** por empréstimo.

loathe [louð] *vt* detestar, ter repugnância.

lob.by [l'ɔbi] *n* **1** vestíbulo, saguão. **2** *Pol* grupo que influencia legisladores. **3** grupo de pessoas que se unem a favor ou contra alguma ação. • *vt+vi* **1** fazer *lobby,* pressionar a aprovação de um projeto ou de uma lei. **2** tentar influenciar.

lob.by.ist [l'ɔbiist] *n* lobista.

lob.ster [l'ɔbstə] *n* lagosta.

lo.cal [l'oukəl] *n* habitante local. • *adj* local.

lo.ca.li.ty [louk'æliti] *n* localidade.

lo.cate [louk'eit] *vt+vi* **1** situar. **2** determinar a situação ou posição de algo.

L

lo.cat.ed [louk′eitid] *adj* localizado, situado.

lo.ca.tion [louk′eiʃən] *n* posição, local. **2** paradeiro. **on location** no local.

lock [lɔk] *n* **1** fechadura. **2** fecho. **3** cadeado. • *vt+vi* **1** fechar à chave. **2** trancar. **under lock and key** a) preso a sete chaves. b) guardado a sete chaves.

lock.er [l′ɔkə] *n* armário com chave.

lo.co.mo.tive [loukəm′outiv] *n* locomotiva.

lodge [lɔdʒ] *n* **1** alojamento. **2** cabana, chalé. • *vt+vi* **1** alojar, hospedar, abrigar. **2** depositar. **3** fixar. **4** alojar-se. *the kite lodged in the tree* / a pipa ficou presa na árvore.

lodg.ing, lodg.ings [l′ɔdʒiŋ] *n* alojamento, aposento.

loft [lɔft] *n* **1** sótão. **2** apartamento pequeno e requintado.

log [lɔg] *n* tora, lenha. • *vt+vi* **1** cortar em toras. **2** *Comp* conectar. **to log in** *Comp* registrar, conectar. **to log out / off** *Comp* desligar, desconectar. **to sleep like a log** dormir profundamente.

log.ic [l′ɔdʒik] *n* **1** lógica. **2** raciocínio. **3** coerência.

log.i.cal [l′ɔdʒikəl] *adj* **1** lógico. **2** racional. **3** coerente.

log.o, log.o.type [l′ougou; l′ɔgoutaip] *n* logotipo.

loin-cloth [l′ɔin klɔθ] *n* tanga.

lol.li.pop [l′ɔlipɔp] *n* pirulito.

lone [loun] *adj* **1** solitário. **2** retirado. **3** desabitado.

lone.li.ness [l′ounlinis] *n* solidão, isolamento.

lone.ly [l′ounli] *adj* **1** solitário, só. **2** abandonado. **3** isolado, desolado.

long¹ [lɔŋ] *adj* longo: **1** comprido, extenso. *she has long legs* / ela tem pernas compridas. **2** muito tempo. • *adv* **1** durante. **2** por longo tempo. **3** longamente. **4** a grande distância. **as long as** contanto que. **before long** logo, em breve. **how long...?** há quanto tempo...? *how long have you been here?* / há quanto tempo você já está aqui? **long since** há muito tempo. **so long** até logo.

long² [lɔŋ] *vt* cobiçar, ansiar. *the children*

are longing for ice-cream / as crianças estão loucas por sorvete.

long-dis.tance call [lɔŋ distəns k′ɔ:l] *n* ligação interurbana.

long.ing [l′ɔŋiŋ] *n* desejo, ânsia, saudade.

long.ing.ly [l′ɔŋiŋli] *adv* ardentemente.

long-range [lɔŋ r′eind3] *adj* **1** *Mil* de longo alcance. **2** que prevê o futuro distante. **long-range planning** planejamento de longo prazo.

long-run [lɔŋ r′ʌn] *adj* de longo prazo. **in the long-run** a longo prazo.

long.stand.ing [l′ɔŋstændiŋ] *adj* existente há muito tempo.

long-suf.fer.ing [lɔŋ s′ʌfəriŋ] *adj* resignado, paciente.

long-term [lɔŋ t′ə:m] *adj* de longo prazo. **long-term investment** investimento de longo prazo.

loo [lu:] *n Brit coll* banheiro, toalete. *she's in the loo* / ela está no banheiro. Veja nota em **rest-room**.

look [luk] *n* **1** olhar, olhadela. *have a look at it* / dê uma olhada nisto. **2** expressão, aspecto. *I do not like the look of it* / isto não me agrada. • *vt+vi* **1** olhar. **2** contemplar. **3** considerar. **4** prestar atenção. **5** parecer. **look out!** cuidado! **to look about** a) olhar em torno. b) estar vigilante. **to look about for** procurar. **to look after** a) procurar. b) cuidar. **to look back** rememorar. **to look for** a) procurar. b) esperar. c) antecipar. **to look forward to** aguardar com interesse. **to look like** parecer. *it looks like rain* / parece que vai chover. **to look over** examinar superficialmente.

look-a.like [l′uk əlaik] *n* sósia.

look.ing [l′ukiŋ] *adj* aspecto ou aparência. **bad looking** de má aparência. **good looking** de boa aparência.

loom [lu:m] *vt+vi* **1** aparecer indistintamente. **2** assomar.

loon.y [l′u:ni] *n, adj* maluco, lunático.

loop [lu:p] *n* **1** laço, laçada. **2** presilha. **3** acrobacia aérea. • *vt+vi* **1** dar laços ou laçadas. **2** prender com presilha. **3** fazer *loop* (acrobacia aérea).

loose [lu:s] *vt+vi* **1** soltar, afrouxar, desamarrar. **2** libertar. • *adj* **1** solto, desatado. **2** folgado, amplo. **3** relaxado. **4** vago, indefinido. **at a loose end** sem ter o que fazer. **to cut loose** a) separar. b) libertar-se. **to set loose** libertar.

loot [lu:t] *n* 1 pilhagem, saque. 2 ganhos ilícitos. • *vt+vi* pilhar, saquear.

lop-sid.ed [lɔp s'aidid] *adj* 1 torto. 2 assimétrico.

lord [lɔ:d] *n* 1 lorde: a) título de nobreza na Grã-Bretanha. b) título conferido aos que exercem determinados cargos públicos na Grã-Bretanha. c) indivíduo rico que vive com ostentação. 2 soberano, amo. 3 *coll* marido. **good Lord!** meu Deus! **to live like a lord** viver no luxo.

Lord chan.cel.lor [lɔ:d tʃ'a:nsələ] *n Brit* lorde chanceler: presidente da Câmara dos Lordes.

Lord-Mayor [lɔ:d m'ɛə] *n* prefeito de algumas cidades importantes, tais como Londres, York e Dublin.

lor.ry [l'ɔri] *n Brit* caminhão.

lose [lu:z] *vt+vi* (*ps, pp* **lost**) 1 perder. 2 ser privado de. 3 fazer perder. 4 desperdiçar. 5 extraviar-se. **to lose ground** perder terreno. **to lose one's head** perder a cabeça. **to lose one's mind** enlouquecer. **to lose oneself** a) perder-se. b) estar atônito.

los.er [l'u:zə] *n* perdedor, vencido.

loss [lɔs] *n* 1 perda, prejuízo. 2 esforço inútil. **dead loss** perda total. **to bear a loss** perder sem demonstrar contrariedade. **to be at a loss** estar desorientado.

lost [lɔst] *ps, pp* of **lose**. • *adj* 1 perdido. 2 desperdiçado. 3 desorientado. 4 desnorteado. **lost and found office** departamento de achados e perdidos. **to get lost** perder-se, extraviar-se.

lot [lɔt] *n* 1 sorte, sina. 2 lote. 3 terreno. 4 grande quantidade. • *pron* muito. *we can do a lot to help them* / podemos fazer muito para ajudá-los. *a lot of what you say is false* / muito do que você diz é falso • *vt+vi* lotear, dividir. • *adv* em grande parte, muito. *I like him a lot* / gosto muito dele.

lo.tion [l'ouʃən] *n* loção.

lot.ter.y [l'ɔtəri] *n* loteria. **to win the lottery** ganhar na loteria.

loud [laud] *adj* 1 alto, sonoro. 2 barulhento. 3 espalhafatoso. • *adv* 1 em voz alta. 2 ruidosamente. 3 espalhafatosamente.

loud.speak.er [l'audspi:kə] *n* alto-falante.

lounge [laundʒ] *n* saguão de hotel ou prédio. • *vi* passar o tempo ociosamente.

louse [laus] *n* (*pl* **lice**) piolho.

lous.y [l'auzi] *adj* 1 vil, torpe. 2 ruim, malfeito.

lov.a.ble [l'ʌvəbəl] *adj* 1 amável. 2 digno de amor.

love [lʌv] *n* 1 amor, forte afeição. 2 pessoa amada. 3 *Sport* pontuação zero (no tênis). • *vt+vi* amar, querer, gostar de. **for love of one's country** por amor à pátria. **for love or money** de qualquer maneira. **to fall in love** apaixonar-se. **to make love to** fazer amor.

love-af.fair [l'ʌv əfɛə] *n* caso de amor.

love.ly [l'ʌvli] *adj* encantador, gracioso, atraente, adorável, fascinante. • *adv* graciosamente.

love-mak.ing [l'ʌv meikiŋ] *n* atividade sexual.

lov.er [l'ʌvə] *n* 1 amante, amado. 2 namorado.

lov.ing [l'ʌviŋ] *adj* amoroso, afetuoso, carinhoso.

low [lou] *n* o que é baixo. • *adj* 1 baixo. 2 pequeno. • *adv* 1 baixo. 2 humildemente. 3 profundamente. 4 em voz baixa. 5 suavemente. 6 fracamente, debilmente. **to keep a low profile** passar despercebido. **to lie low** a) agachar-se. b) estar prostrado. c) passar despercebido.

low cost [lou k'ɔst] *adj* de baixo custo.

low.er [l'ouə] *vt+vi* 1 abaixar, baixar. 2 baratear. • *adj* compar of **low.**

low.est [l'ouist] *adj sup* of **low.**

low-pres.sure [lou preʃə] *adj* de baixa pressão.

low-priced [lou pr'aist] *adj* de preço baixo, barato.

low pro.file [lou pr'oufail] *n* pessoa discreta.

loy.al [l'ɔiəl] *adj* leal, fiel.

loy.al.ty [l'ɔiəlti] *n* lealdade, fidelidade.

luck [lʌk] *n* 1 acaso. 2 sorte. 3 sucesso. • *vi* prosperar, ter sucesso. **a great piece of luck** muita sorte. **bad / ill luck** azar. **to be down one's luck** ter má sorte. **to try one's luck** tentar a sorte.

luck.i.ly [l'ʌkili] *adj* afortunadamente, felizmente.

luck.y [l'ʌki] *adj* 1 afortunado, com sorte. 2 auspicioso. **to be lucky** ter sorte.

lu.di.crous [l'u:dikrəs] *adj* burlesco, ridículo.

lug.gage [l'ʌgidʒ] *n* bagagem.

luke.warm [l'u:kwɔ:m] *n* pessoa indiferente ou desinteressada. • *adj* 1 morno, tépido. 2 indiferente, desanimado.

lull [lʌl] *vt+vi* 1 embalar. 2 aquietar. 3 acalmar-se.

lull.a.by [l'ʌləbai] *n* canção de ninar. • *vt* ninar.

lum.ber[1] [l'ʌmbə] *n* 1 madeira serrada. 2 trastes, cacarecos. 3 gordura supérflua.

lum.ber[2] [l'ʌmbə] *vi* 1 mover-se com dificuldade. 2 fazer um ruído surdo.

lump [lʌmp] *n* 1 massa informe. 2 inchaço. 3 *Med* caroço. 4 torrão de açúcar. • *vt+vi* 1 amontoar. 2 mover-se pesadamente. 3 embolar, empelotar. **to have a lump in the throat** sentir um nó na garganta.

lu.na.cy [l'u:nəsi] *n* 1 demência, insânia. 2 extravagância.

lu.na.tic [l'u:nətik] *n, adj* lunático.

lunch [lʌntʃ] *n* almoço. • *vt+vi* almoçar.

lunch time [l'ʌntʃ taim] *n* hora do almoço.

lung [lʌŋ] *n* pulmão.

lurch [lə:tʃ] *n* 1 desamparo, abandono. 2 guinada. • *vi* 1 balançar, jogar (navio). 2 cambalear. **to leave in the lurch** deixar em apuros.

lure [ljuə] *n* isca, chamariz. • *vt* engodar, atrair, seduzir.

lush [lʌʃ] *adj* 1 viçoso. 2 suculento. 3 sumarento. 4 exuberante.

lust [lʌst] *n* 1 luxúria, lascívia. 2 entusiasmo, avidez. • *vt+vi* 1 cobiçar. 2 entregar-se à luxúria. **to lust for** desejar ardentemente (sexo).

lust.y [l'ʌsti] *adj* 1 robusto, vigoroso. 2 sensual.

lux.u.ri.ant [lʌgzj'uəriənt] *adj* 1 luxuriante, exuberante, viçoso. 2 fértil. 3 florido.

lux.u.ry [l'ʌkʃəri] *n* luxo, fausto.

ly.ing [l'aiiŋ] *pres p* of **lie.**

lynch [lintʃ] *vt* linchar.

lyr.i.cal [l'irikəl] *adj* lírico.

lyr.ics [l'iriks] *n* 1 versos de uma composição lírica. 2 letra de música.

m

M, m [em] *n* décima terceira letra do alfabeto, consoante.

mac.a.ro.ni [mækər'ouni] *n* macarrão.

ma.chine [məʃ'i:n] *n* **1** máquina. **2** *fig* pessoa que age automaticamente. **3** motocicleta.

ma.chine.gun [məʃ'i:ngʌn] *n* metralhadora.

ma.chine-made [məʃi:n m'eid] *adj* feito à máquina.

ma.chin.er.y [məʃ'i:nəri] *n* **1** maquinismo. **2** maquinaria.

mad [mæd] *adj* **1** louco. **2** furioso. **3** insensato. **like mad** a) furiosamente. b) muito rapidamente. **to be mad about someone** gostar demais de alguém. **to drive somebody mad** irritar demais. **to go mad** ficar enfurecido.

mad.am [m'ædəm] *n Fr* (*pl* **mesdames**) senhora.

mad.den.ing [m'ædəniŋ] *adj* **1** louco, furioso. **2** de enlouquecer, exasperante.

made [meid] *ps, pp of* **make**. • *adj* **1** feito, fabricado. **2** terminado. **3** artificialmente produzido. **a made man** um homem feito.

mad.ness [m'ædnis] *n* **1** loucura. **2** raiva. **3** tolice.

mag.a.zine [mægəz'i:n] *n* revista, periódico.

ma.gic [m'ædʒik] *n* magia: **1** mágica, feitiço. **2** simpatia, encanto. • *adj* mágico. **black magic** magia negra.

ma.gi.cal [m'ædʒikəl] *adj* mágico.

mag.is.trate [m'ædʒistreit] *n* magistrado, juiz.

mag.net [m'ægnit] *n* magneto, ímã.

mag.net.ic [mægn'etik] *adj* **1** magnético. **2** atraente.

mag.net.ic disc [mægnetik d'isk] *n Comp* disco magnético usado para armazenar programas e dados.

mag.nif.i.cent [mægn'ifisənt] *adj* **1** magnífico, grandioso, esplêndido. **2** *coll* de qualidade superior, excelente.

mag.ni.fy.ing glass [m'ænifaiiŋ gla:s] *n* lupa, lente de aumento.

mag.ni.tude [m'ægnitju:d] *n* **1** magnitude, grandeza. **2** dimensão.

maid [meid] *n ant* **1** donzela, mulher solteira. **2** criada. **house maid** criada. **maid of all work** criada para todos os serviços.

maid.en [m'eidən] *n ant* **1** donzela. **2** mulher solteira. • *adj* solteira.

maid.en name [m'eidən neim] *n* nome de solteira.

mail [meil] *n* **1** correio. **2** correspondência. • *vt* enviar pelo correio. **air mail** via aérea. **snail mail** apelido dado pelos usuários do *e-mail* ao correio tradicional.

mail.box [m'eilbɔks] *n* caixa de correio.

mail.ing list [m'eiliŋ list] *n* lista de mala-direta.

mail.man [m'eilmæn] *n* carteiro.

mail or.der [m'eil ɔ:də] *n* pedido por reembolso postal.

maim [meim] *n* **1** mutilação. **2** deformidade. • *vt* **1** mutilar. **2** desfigurar.

main [mein] *n* esgoto principal, cano mestre. • *adj* principal, essencial. **with might and main** com toda a força.

main course [m'ein kɔ:s] *n* prato principal.

main frame [m'ein freim] *n Comp* unidade central de processamento e armazenamento de um computador.

main.ly [m'einli] *adv* principalmente, essencialmente.

main.stream [m'einstri:m] *adj* corrente em voga, tendência atual.

main.tain [meint'ein] *vt* 1 manter, sustentar. 2 preservar. 3 suportar. 4 afirmar.

main.te.nance [m'eintinəns] *n* 1 manutenção. 2 subsistência. 3 apoio.

maize [meiz] *n* milho.

ma.jes.tic [mədʒ'estik] *adj* majestoso, grandioso.

maj.es.ty [m'ædʒisti] *n* 1 majestade, grandiosidade. 2 poder supremo. 3 título de rei ou imperador.

ma.jor [m'eidʒə] *n* 1 *Mil* major. 2 *Jur* maior de idade. 3 *Mus* a clave maior. • *vi Educ* formar-se, especializar-se. • *adj* maior, principal.

ma.jor.i.ty [mədʒ'ɔriti] *n* 1 maioria. *he won by a large majority* / ele ganhou por grande maioria. 2 maioridade.

make [meik] *n* 1 feitura. 2 marca. 3 fabricação. • *vt+vi* (*ps, pp* **made**) 1 fazer. 2 construir. 3 criar. 4 elaborar. 5 compor. 6 efetuar. 7 preparar. 8 promover. 9 forçar, induzir, compelir. 10 marcar pontos (jogos). 11 surtir efeito. **to make a call** dar um telefonema. **to make acquaintance** travar relações. **to make fun of** ridicularizar. **to make love** namorar, fazer amor. **to make off** partir de repente. **to make out** a) distinguir, perceber com dificuldade. *she could make out that a boat was coming* / ela distinguiu que um barco estava se aproximando. b) entender com dificuldade. *it was impossible to make out the gist of his speech* / não dava para entender o tom de seu discurso. **to make room** abrir espaço. **to make sure** certificar-se. **to make up for** compensar. **to make up one's mind** decidir-se. **to make up to** recompensar. **to make way** a) abrir caminho. b) progredir. Veja nota em **fazer**.

mak.er [m'eikə] *n* 1 fabricante. 2 tomador de empréstimo, que assina nota promissória.

make.shift [m'eikʃift] *adj* temporário, provisório.

make-up [m'eik ʌp] *n* 1 composição. 2 maquiagem. 3 constituição física e moral.

mak.ing [m'eikiŋ] *n* 1 fabricação. 2 criação. 3 qualidades essenciais. 4 potencialidade. 5 **makings** lucros, ganhos. **in the making** em formação.

male [meil] *n* macho. • *adj* 1 masculino, macho. 2 viril.

ma.lev.o.lent [məl'evələnt] *adj* malévolo.

mal.func.tion [mælf'ʌŋkʃən] *n* mau funcionamento, disfunção. • *vi* funcionar de modo falho.

mal.ice [m'ælis] *n* 1 malícia, malignidade. 2 maldade.

ma.li.cious [məl'iʃəs] *adj* 1 malicioso. 2 maligno. 3 mal-intencionado.

mall [mæl, mɔ:l] *n* (de **shopping mall**) centro comercial, *shopping center*.

mal.nu.tri.tion [mælnjutr'iʃən] *n* subnutrição, desnutrição.

mam.mal [m'æməl] *n* mamífero.

mam.moth [m'æməθ] *n* mamute. • *adj* enorme.

man [mæn] *n* (*pl* **men**) 1 homem. 2 ser humano. 3 gênero humano. 4 pessoa, indivíduo. 5 *coll* marido, amante, namorado. 6 peão (no jogo de xadrez). • *vt* funcionar, operar pela ação do homem. *they called an expert to man the machine* / chamaram um especialista para operar a máquina. • *interj* nossa! **every man for himself** cada um por si. **man in the street** homem comum.

Man pode ser usado com os sentidos de "um ser humano do sexo masculino ou feminino" (*problems that every man must face* / problemas que toda pessoa deve enfrentar) e de "seres humanos em geral" (*all men are equal in the sight of the law* / todas as pessoas são iguais perante a lei). Para muitos, porém, esse uso é discriminatório por não dar às mulheres a mesma importância atribuída aos homens. Preferem, então, usar termos como **humanity**, **humankind** (humanidade), **people** (povo, pessoas) ou **human beings** (seres humanos): *Adolf Hitler was guilty of monstrous crimes against humanity* / Adolf Hitler foi culpado de crimes monstruosos contra a humanidade.

man.age [m'ænidʒ] *vt+vi* 1 administrar, gerenciar. 2 conseguir fazer. 3 conseguir arranjar-se (dinheiro). *she manages to live on very little money* / ela consegue viver com muito pouco dinheiro.

man.age.a.ble [m'ænidʒəbəl] *adj* 1 manejável, controlável. 2 dócil.

man.age.ment [m'ænidʒmənt] *n* 1 administração, gerência. 2 manejo. 3 conduta. 4 corpo de diretores.

man.a.ger [m'ænidʒə] *n* administrador, gerente. **file manager** *Comp* gerenciador de arquivos.

man.a.ge.ri.al [mænidʒ'iəriəl] *adj* administrativo, diretivo.

man.date [m'ændeit] *n* Jur mandato, ordem.

man.da.to.ry [m'ændətəri] *adj* obrigatório.

mane [mein] *n* 1 crina. 2 juba.

ma.neu.ver [mən'u:və] *n* manobra. • *vt+vi* manobrar.

man.go [m'æŋgou] *n* (*pl* **mangoes, mangos**) manga.

man.hood [m'ænhud] *n* 1 virilidade, masculinidade. 2 coragem.

ma.ni.a [m'einiə] *n* mania.

ma.ni.ac [m'einiæk] *adj* maníaco.

man.i.cure [m'ænikjuə] *n* manicure. • *vt* cuidar das unhas.

man.i.fest [m'ænifest] *n* manifesto. • *vt* 1 manifestar. 2 demonstrar. • *adj* manifesto, evidente.

man.i.fold [m'ænifould] *adj* múltiplo.

ma.nip.u.late [mən'ipjuleit] *vt* manipular, manejar.

ma.nip.u.lation [mənipjul'eiʃən] *n* manipulação.

man.kind [mænk'aind] *n* gênero humano, humanidade.

man.ly [m'ænli] *adj* másculo, valoroso.

man-made [mæn m'eid] *adj* artificial.

manned [mænd] *adj* tripulado.

man.ner [m'ænə] *n* 1 maneira, modo. 2 uso. 3 estilo. 4 **manners** conduta, modos. *he is a man of good manners* / ele é um homem refinado. **in a manner** a) até certo ponto. b) por assim dizer.

man pow.er, man.pow.er [m'ænpauə] *n* 1 corpo de trabalhadores. 2 mão-de-obra.

man.sion [m'ænʃən] *n* mansão, solar.

man.slaugh.ter [m'ænslɔ:tə] *n* homicídio culposo (sem intenção).

man.tel.piece [m'æntəlpi:s] *n* consolo da lareira.

man.u.al [m'ænjuəl] *n* manual. • *adj* 1 manual. 2 feito à mão.

man.u.fac.ture [mænjuf'æktʃə] *n* manufatura, fabricação. • *vt+vi* 1 manufaturar, fabricar. 2 inventar. *he manufactured evidence against his brother* / ele inventou provas contra seu irmão.

man.u.fac.tur.er [mænjuf'æktʃərə] *n* produtor, fabricante.

ma.nure [mənj'uə] *n* adubo, esterco.

man.u.script [m'ænjuskript] *n* manuscrito. • *adj* escrito à mão.

man.y [m'eni] *adj, pron* muitos, muitas, numerosos. **to be one too many there** estar sobrando. **too many** demasiado.

Many é geralmente substituído por **a lot of** ou **lots of** em frases afirmativas, especialmente na conversa informal. *she has lots of money, but does not have many friends* / ela tem muito dinheiro, mas não tem muitos amigos.

Veja outra nota em **muito**.

map [mæp] *n* mapa (geográfico, de cidade, de rodovias). • *vt+vi* 1 mapear. 2 planejar pormenorizadamente. **off the map** a) sem importância. b) obsoleto. **on the map** importante, atual.

mar.a.thon [m'ærəθɔn] *n* maratona.

mar.ble [m'a:bəl] *n* 1 mármore. 2 escultura em mármore. 3 **marbles** bolinha de gude.

March¹ [ma:tʃ] *n* março.

march² [ma:tʃ] *n* passeata. • *vi* 1 marchar. 2 ir em passeata. *the workers marched to the city center* / os operários foram em passeata para o centro da cidade.

mare [m'ɛə] *n* égua.

mar.ga.rine [ma:dʒər'i:n] *n* margarina.

mar.gin [m'a:dʒin] *n* margem (rio, papel, erro).

mar.gin.al [m'a:dʒinəl] *adj* marginal: 1 impresso na margem de uma folha. 2 sem grande importância. *it is a marginal problem* / é um problema sem grande de importância.

ma.ri.jua.na [mæriw'a:nə] *n* maconha.

ma.rine [mər'i:n] *n* 1 marinha. 2 **marines** fuzileiros navais. • *adj* 1 marinho, marítimo. 2 náutico.

M

mar.i.time [m'æritaim] *adj* marítimo.

mark[1] [ma:k] *n* **1** marca, sinal. **2** símbolo. **3** alvo. **4** nota escolar. • *vt+vi* **1** marcar, assinalar. **2** distinguir. **3** indicar. **4** tomar nota. **mark my words!** ouça o que lhe digo! **to make one's mark** ganhar prestígio. **to mark down / up** aumentar ou reduzir preços.

mark[2] [ma:k] *n* marco: unidade monetária da Alemanha.

marked [m'a:kt] *adj* **1** marcado. *he is a marked man /* ele é um homem marcado. **2** marcante.

marked.ly [m'a:kidli] *adv* marcadamente, notadamente.

mark.er [m'akə] *n* **1** marcador (caneta). **2** sinalizador.

mar.ket [m'a:kit] *n* mercado. • *vt+vi* comercializar, colocar no mercado. **black market** câmbio negro. **to come into / put on the market** estar no mercado. **to meet with a ready market** ter boa saída.

mar.ket.ing [m'a:kitiŋ] *n marketing*.

mar.ket.place [m'a:kitpleis] *n* mercado.

mar.ma.lade [m'a:məleid] *n* geléia de laranja ou limão.

mar.riage [m'æridʒ] *n* casamento. *he asked her in marriage /* ele a pediu em casamento. **civil marriage** casamento civil.

mar.ried [m'ærid] *adj* casado, casada. *he is married to her /* ele é casado com ela. **to get married** casar.

mar.row [m'ærou] *n* **1** tutano. **2** medula.

mar.ry [m'æri] *vt+vi* casar.

marsh [ma:ʃ] *n* pântano.

mar.shal [m'a:ʃəl] *n* **1** marechal. **2** delegado da polícia em algumas cidades dos EUA. • *vt* tomar posições (tropas etc.) para combate.

mar.tial [m'a:ʃəl] *adj* marcial.

mar.tial arts [ma:ʃəl 'a:ts] *n* artes marciais.

mar.tian [m'a:ʃən] *n, adj* marciano.

mar.tyr [m'a:tə] *n* mártir.

mar.tyr.dom [m'a:tədəm] *n* **1** martírio. **2** tormento.

mar.vel [m'a:vəl] *n* **1** maravilha. **2** prodígio. • *vt+vi* **1** maravilhar-se. **2** admirar-se (**at** de).

mar.vel.ous, mar.vel.lous [m'a:vələs] *adj* **1** maravilhoso. **2** admirável. **3** incrível.

Marx.ism [m'a:ksizəm] *n* marxismo.

mas.ca.ra [mæsk'a:rə] *n* rímel.

mas.cu.line [m'æskjulin] *n* gênero masculino. • *adj* masculino, viril.

mas.cu.lin.i.ty [mæskjul'initi] *n* masculinidade.

mash [mæʃ] *n coll* purê de batata. • *vt* **1** triturar. **2** esmagar. **mashed potatoes** purê de batata.

mask [ma:sk] *n* **1** máscara. **2** disfarce. • *vt+vi* **1** mascarar. **2** dissimular, encobrir. **3** mascarar-se.

masked [ma:skt] *adj* **1** mascarado. **2** disfarçado. **3** encapuzado.

ma.son [m'eisən] *n* **1** pedreiro. **2** maçom. • *vt* executar trabalhos de alvenaria, de pedreiro.

ma.son.ic [məs'ɔnik] *adj* maçônico.

ma.son.ry [m'eisənri] *n* alvenaria.

Mass[1] [mæs] *n* missa. **all souls Mass** missa de finados. **Mass book** missal. **to say Mass** celebrar a missa.

mass[2] [mæs] *n* **1** massa. **2** grande número. **3** a maioria. **4** multidão. • *vt+vi* **1** amontoar, reunir em massa. **2** concentrar (tropas). • *adj* **1** para o povo em geral. **2** em massa. **3** total.

mas.sa.cre [m'æsəkə] *n* massacre. • *vt* massacrar, chacinar.

mas.sage [m'æsa:ʒ; məs'a:ʒ] *n* massagem. • *vt* fazer massagens.

mas.sive [m'æsiv] *adj* **1** maciço. **2** sólido. **3** enorme.

mass me.di.a [mæs m'i:diə] *n* meios de comunicação de massa.

mass pro.duc.tion [mæs prəd'ʌkʃən] *n* produção em massa.

mast [ma:st; mæst] *n* **1** mastro. **2** poste.

mas.ter [m'a:stə; m'æstə] *n* **1** dono. **2** patrão. **3** professor. **4** chefe. **5** título honorífico nas universidades. • *vt* **1** controlar. **2** dominar a fundo. **3** ser perito em. • *adj* **1** magistral. **2** principal. **master bedroom** quarto principal de uma residência. **Master of Arts** *Educ* mestre em Ciências Humanas. **master of ceremonies** mestre-de-cerimônias.

mas.ter.ly [m'a:stəli] *adj* magistral, perfeito. • *adv* magistralmente.

mas.ter.piece [m'a:stəpi:s] *n* **1** obra-prima. **2** trabalho brilhante.

mas.ter.y [m'a:stəri] *n* **1** domínio. **2** controle.

mas.tur.bate [m'æstəbeit] *vt+vi* masturbar(-se).

mas.tur.ba.tion [mæstəb'eiʃən] *n* masturbação, onanismo.

mat [mæt] *n* **1** capacho. **2** tapete.

match[1] [mætʃ] *n* **1** igual. **2** companheiro. **3** partida, jogo. • *vt+vi* **1** combinar. **2** unir. **3** equiparar. **4** igualar-se. **an even match** competição equilibrada. **football match** jogo de futebol. **to be a match for** estar à altura. *he is more than a match for you* / ele é superior a você. **to match a color to another** combinar uma cor com outra.

match[2] [mætʃ] *n* fósforo (palito). **to light a match** acender um fósforo.

match.box [m'ætʃbɔks] *n* caixa de fósforos.

mate [meit] *n* **1** companheiro, colega. **2** cônjuge. **3** macho ou fêmea (de animais). • *vt+vi* acasalar.

ma.te.ri.al [mət'iəriəl] *n* **1** material, substância. **2** tecido. **3** dados para trabalho acadêmico. • *adj* **1** material. **2** importante, essencial. Veja nota em **pano**.

ma.ter.nal [mət'ə:nəl] *adj* maternal, materno.

ma.ter.ni.ty [mət'ə:niti] *n* maternidade.

math [mæθ] *Amer coll abbr* **mathematics** (matemática).

math.e.mat.i.cal [mæθəm'ætikəl] *adj* **1** matemático. **2** exato.

math.e.mat.ics [mæθəm'ætiks] *n* matemática: **1** ciência. **2** processos matemáticos.

mat.i.née [m'ætinei] *n* matinê (cinema, teatro).

matt, matte [mæt] *adj* fosco (tinta, acabamento).

mat.ted [m'ætid] *adj* **1** emaranhado. **2** fosco.

mat.ter [m'ætə] *n* **1** matéria, substância. **2** assunto. **3** questão, causa. • *vi* importar, significar. **no matter** não importa. **what is the matter?** o que há?

mat.ter-of-fact [mætə əv f'ækt] *adj* **1** prático. **2** prosaico.

mat.tress [m'ætris] *n* colchão. **spring mattress** colchão de molas.

ma.ture [mətʃ'uə] *vt+vi* amadurecer. • *adj* **1** maturo, maduro. **2** desenvolvido.

mau.so.le.um [mɔ:səl'i:əm] *n* mausoléu.

max.i.mize, max.i.mise [m'æksimaiz] *vt+vi* **1** maximizar. **2** interpretar num sentido amplo.

max.i.mum [m'æksiməm] *n* máximo. • *adj* máximo.

may[1] [mei] *modal verb (ps **might**)* **1** poder, ter faculdade ou permissão. **2** ser possível ou admissível. *he may come today* / a) é possível que ele venha hoje. b) ele pode (é permitido) vir hoje. **come what may** aconteça o que acontecer. **may all be well** que tudo esteja bem.

May é um verbo modal e seguido do infinitivo sem **to** significa "poder" com a idéia de permissão. É geralmente mais formal do que **can**. *may I use your telephone?* / posso usar seu telefone? A forma negativa é **may not**.

May[2] [mei] *n* maio.

may.be [m'eibi] *adv* talvez, possivelmente.

may.or [mɛə; m'eiə] *n* prefeito.

mayor.ess [m'ɛəris] *n* **1** esposa do prefeito. **2** prefeita.

maze [meiz] *n* **1** labirinto. **2** estado de encantamento ou perplexidade. **3** confusão. • *vt* confundir, embaraçar.

me [mi:, mi] *pron* me, mim. **dear me!** valha-me Deus! **for me** / **to me** para mim. **poor me!** pobre de mim! **tell me** diga-me.

mead.ow [m'edou] *n* prado.

mea.ger, mea.gre [m'i:gə] *adj* **1** magro. **2** escasso.

meal [mi:l] *n* refeição.

mean[1] [mi:n] *n* **1** meio, média. **2 means** forma, expediente. **3** recursos. • *vt+vi (ps, pp **meant**)* **1** significar. *what do you mean?* / o que você quer dizer? **2** pretender, tencionar. **3** destinar. **4** dispor-se a. **a man of means** homem de recursos, abastado. **by all means** certamente, sem dúvida.

mean[2] [mi:n] *adj* **1** baixo, vil. **2** sovina. **3** egoísta. **4** malvado. **5** *sl* ótimo, excelente.

mean.ing [m'i:niŋ] *n* **1** significado. **2** propósito. • *adj* significativo, expressivo.

M

mean.ing.ful [m'i:niŋful] adj significativo.

mean.ing.less [m'i:niŋlis] adj sem sentido, inexpressivo.

mean.time [m'i:ntaim] adv entrementes, entretanto.

mean.while [m'i:nwail] adv = meantime.

mea.sles [m'i:zəlz] n sarampo.

meas.ure [m'eʒə] n 1 medida. 2 extensão. 3 quantidade. • vt+vi 1 medir. 2 comparar. 3 pesar. 4 tomar medidas (costura). to make something to measure fazer algo sob medida. to measure up estar à altura. to take one's measure tirar medida para roupa.

meas.ure.ment [m'eʒəmənt] n medição, medida.

meat [mi:t] n carne (alimento).

me.chan.ic [mik'ænik] n mecânico. • adj mecânico.

me.chan.i.cal [mik'ænikəl] adj 1 mecânico. 2 maquinal. 3 automático. 4 feito à máquina.

mech.a.nism [m'ekənizəm] n mecanismo.

med.al [m'edəl] n medalha.

me.di.a [m'i:diə] n mídia: meio de comunicação.

me.di.ae.val [medi'i:vəl] adj medieval.

med.i.cal [m'edikəl] adj 1 médico. 2 medicinal.

med.i.ca.tion [medik'eiʃən] n medicação.

medi.cine [m'edsən] n 1 medicina. 2 medicamento, remédio.

med.i.ta.tion [medit'eiʃən] n meditação, reflexão.

me.di.um [m'i:diəm] n 1 meio-termo, média. 2 agente. 3 ambiente. 4 meio de comunicação. 5 médium: pessoa que se comunica com os espíritos. • adj 1 médio, intermediário. 2 moderado.

meek [mi:k] adj 1 meigo, manso. 2 submisso.

meet [mi:t] vt+vi (ps, pp met) 1 encontrar, encontrar-se. 2 satisfazer (um compromisso). 3 travar conhecimento. 4 reunir-se, agrupar-se.

meet.ing [m'i:tiŋ] n 1 reunião, assembléia. 2 encontro. meeting place / meeting point ponto de encontro.

mel.an.chol.y [m'elənkəli] n melancolia,

tristeza, depressão. • adj melancólico, triste.

mel.low [m'elou] adj 1 maduro 2 envelhecido. 3 alegre, jovial. 4 relaxado. • vt 1 amadurecer, sazonar. 2 abrandar.

mel.o.dy [m'elədi] n melodia.

mel.on [m'elən] n melão.

melt [melt] vt+vi (ps melted, pp melted, molten) 1 fundir, derreter. 2 dissolver, liquefazer. 3 enternecer, comover. to melt into tears desfazer-se em lágrimas.

melt.ing-pot [m'eltiŋ pɔt] n 1 cadinho. 2 mistura racial e assimilação cultural. in the melting-pot fig de futuro incerto.

mem.ber [m'embə] n 1 membro (do corpo). 2 parte de um todo. 3 sócio, associado.

mem.ber.ship [m'embəʃip] n 1 condições de membro ou sócio. 2 número de sócios. 3 quadro de membros ou associados.

mem.o [m'emou] n coll memorando, circular.

mem.oir [m'emwa:] n 1 memória, biografia, estudo biográfico. 2 memoirs autobiografia, memórias.

mem.o.ra.ble [m'emərəbəl] adj memorável, notável.

me.mo.ri.al [mem'ɔ:riəl] n memorial: monumento em memória de uma pessoa. • adj comemorativo.

men [men] n pl (pl of man) gênero humano.

men.ace [m'enəs] n ameaça. • vt ameaçar.

men.a.cing [m'enəsiŋ] adj ameaçador.

mend [mend] vt+vi consertar, remendar. to be on the mend estar melhorando (doença). to mend one's way corrigir-se.

men's room [m'enz ru:m] n lavatório ou banheiro masculino.

men.stru.al [m'enstruəl] adj menstrual.

men.stru.a.tion [menstru'eiʃən] n menstruação.

menswear [m'enz weə] n roupa de homem.

men.tal [m'entəl] adj 1 mental, intelectual, espiritual. 2 insano. to go mental sl ficar louco.

men.tion [m'enʃən] n menção, alusão, referência. • vt mencionar, aludir, referir-se a, citar. don't mention it coll não há de quê.

men.u [m'enju:] n 1 cardápio. 2 Comp menu.

mer.chan.dise [m'ə:tʃəndaiz] n mercadoria.

mer.chan.dis.ing [m'ə:tʃəndaiziŋ] n mercadização: propaganda de produtos ou marcas.

mer.chant [m'ə:tʃənt] n comerciante (especialmente de atacado). • adj mercantil, mercante.

mer.ci.ful [m'ə:siful] adj misericordioso, clemente, indulgente.

mer.ci.less [m'ə:silis] adj impiedoso, inclemente, inexorável.

mer.cy [m'ə:si] n 1 mercê, clemência, piedade. 2 sorte, fortuna. at the mercy of à mercê de.

me.re [m'iə] adj mero, simples.

mere.ly [m'iəli] adv meramente, simplesmente.

mer.it [m'erit] n 1 mérito, merecimento. 2 merits méritos, virtudes. • vt merecer, ser digno de.

mer.maid [m'ə:meid] n sereia.

mer.ry [m'eri] adj alegre, divertido. Merry Christmas! Feliz Natal! to make merry divertir-se.

mer.ry-go-round [m'eri gou raund] n carrossel.

mesh [meʃ] n 1 malha. 2 aramado. 3 rede. • vt+vi 1 encaixar. 2 enredar.

mess [mes] n desordem, bagunça. this room is a mess! / este quarto está uma bagunça! • vt+vi promover desordem, bagunça. to make a mess fazer desordem. to mess around / about mexer em tudo, fazer asneiras.

mes.sage [m'esidʒ] n 1 mensagem. 2 recado. to get the message perceber, coll sacar.

mes.sen.ger [m'esindʒə] n mensageiro.

mess.y [m'esi] adj 1 confuso, desordenado. 2 sujo.

me.tab.o.lism [met'æbəlizəm] n metabolismo.

met.al [m'etəl] n 1 metal. 2 qualidade intrínseca. cowards are not made of the same metal as heroes / covardes não são feitos do mesmo material que heróis.

met.al.work [m'etəlwə:k] n trabalho em metal.

met.a.mor.phose [metəm'ɔ:fouz] vt+vi metamorfosear.

met.a.mor.pho.sis [metəm'ɔ:fəsis] n (pl metamorphoses) metamorfose, transformação.

me.t.a.phor [m'etəfə] n metáfora.

met.a.phys.ics [metəf'iziks] n metafísica.

me.ter, me.tre [m'i:tə] n 1 metro. 2 métrica. 3 medidor de água ou líquidos. 4 relógio para medir consumo de eletricidade. gas meter medidor de gás. parking meter parquímetro.

meth.od [m'eθəd] n método.

meth.od.ol.o.gy [meθəd'ɔlədʒi] n metodologia.

me.tic.u.lous [mət'ikjuləs] adj meticuloso, escrupuloso.

met.ric [m'etrik] adj métrico.

me.trop.o.lis [mətr'ɔpəlis] n metrópole.

met.ro.pol.i.tan [metrəp'ɔlitən] adj metropolitano.

mew [mju:] n miado. • vt+vi miar.

mice [mais] n pl of mouse (camundongo).

micro [m'aikrou] Comp abbr microcomputer (microcomputador).

mi.crobe [m'aikroub] n micróbio.

mi.cro.cosm [m'aikroukɔzəm] n microcosmo.

mi.cro.or.gan.ism [maikrou'ɔ:gənizəm] n microrganismo.

mi.cro.phone [m'aikrəfoun] n microfone.

mi.cro.pro.ces.sor [m'aikrouprousesə] n Comp microprocessador.

mi.cro.scope [m'aikrəskoup] n microscópio.

mi.cro.scop.ic [maikrəsk'ɔpik] adj 1 microscópico. 2 pequeníssimo.

mi.cro.wave [m'aikrouweiv] n microonda.

mi.cro.wave ov.en [m'aikrouweiv ʌvən] n forno de microondas.

mid [mid] adj meio, médio. • pref semi. in mid air no ar. in mid May em meados de maio.

mid.day [midd'ei] n meio-dia. • adj do meio-dia.

mid.dle [m'idəl] n 1 meio. 2 centro. 3 cintura. • adj 1 meio, médio. 2 intermediário. 3 central.

mid.dle age [midəl 'eidʒ] n meia-idade.

mid.dle-aged [midəl 'eidʒd] adj de meia-idade. *he is a middle-aged man* / ele é um homem de meia-idade.

mid.dle class [midəl k'la:s] *n* classe média. • *adj* de classe média.

Mid.dle East [midəl 'i:st] *n* Oriente Médio.

mid.dle fin.ger [midəl f'iŋ-ə] *n* dedo médio.

mid.dle-sized [midəl s'aizd] *adj* de tamanho médio.

mid.night [m'idnait] *n* meia-noite. • *adj* relativo à meia-noite. **midnight sun** sol da meia-noite.

midst [midst] *n* meio, centro. • *adv, prep* no meio, entre. **in the midst of** no meio de.

mid.way [m'idwei] *n* meio de caminho. • *adv* a meio caminho.

mid.wife [m'idwaif] *n* parteira.

might [m'ait] *ps* of **may**. • *n* força, poder. **with might and main** com toda a força.

might.i.ly [m'aitili] *adv* poderosamente, vigorosamente.

might.y [m'aiti] *adj* 1 poderoso, forte. 2 imenso. • *adv* muitíssimo, extremamente. *he is a mighty powerful man* / ele é um homem muito poderoso.

mi.graine [m'i:grein; m'aigrein] *n* enxaqueca.

mi.grate [maigr'eit] *vi* 1 migrar. 2 emigrar.

mild [m'aild] *adj* 1 suave, brando. 2 tenro. 3 moderado, compassivo.

mile [m'ail] *n* 1 milha. 2 *fig* grande distância. **to be miles away** *coll* estar com o pensamento em outro lugar.

mile.stone [m'ailstoun] *n* 1 marco miliário. 2 marco (situação, data de muita importância).

mil.i.tant [m'ilitənt] *adj* 1 militante. 2 combativo.

mil.i.tar.y [m'ilitəri] *n* exército. • *adj* 1 militar. 2 bélico. 3 marcial.

milk [milk] *n* 1 leite. 2 suco leitoso. • *vt+vi* 1 ordenhar. 2 explorar, esfolar. 3 dar leite. **condensed milk** leite condensado. **dried milk** leite em pó. **evaporated milk** leite evaporado. **skimmed milk** leite desnatado. **to cry over spilt milk** chorar pelo leite derramado.

milk.man [m'ilkmən] *n* leiteiro.

milk-shake [milk ʃ'eik] *n* leite batido com sorvete.

milk-tooth [m'ilk tuθ] *n* dente de leite.

milk.y [m'ilki] *adj* 1 leitoso, lácteo. 2 que contém muito leite.

Milk.y Way [milki w'ei] *n* Via Láctea.

mill [mil] *n* 1 moinho: engenho para moer. 2 fábrica (em geral). • *vt+vi* 1 moer, triturar. 2 fabricar. **paper-mill** fábrica de papel. **sugar-mill** engenho de açúcar. **to mill around / about** mover-se sem destino e de maneira confusa (multidão de pessoas). **to put someone through the mill** pôr à prova. **wind mill** moinho de vento.

mil.lion [m'iljən] *n* 1 milhão. 2 grande quantidade. • *adj, pron* milhão.

mil.lion.aire [miljən'ɛə] *n* milionário.

mime [m'aim] *n* mímica. *he is a mime artist* / ele é mímico. • *vt+vi* 1 fazer mímica. 2 mimicar, gesticular.

mim.ic [m'imik] *n* imitador. • *adj* 1 mímico. 2 imitativo. • *vt* imitar, arremedar.

mince pie [mins p'ai] *n* torta com recheio de carne moída.

mind [maind] *n* 1 mente, intelecto. 2 memória, lembrança. 3 opinião. • *vt+vi* 1 concentrar-se. *keep your mind on your work!* / concentre-se no seu trabalho! 2 dedicar-se a, cuidar de. *mind the baby* / cuide da criança. *mind your own business* / vá cuidar da sua vida. 3 objetar a. *I don't mind it* / não faço caso. 4 alertar. *mind the car!* / cuidado com o carro! **never mind** não tem importância, não faz mal. **out of sight, out of mind** longe dos olhos, longe do coração. **presence of mind** presença de espírito. **to bear / keep something in mind** levar em consideração. **to change one's mind** mudar de opinião. **to make up one's mind** decidir-se. **to mind one's own business** não se meter onde não é chamado. **to speak one's mind** dizer tudo que pensa.

mind.ful [m'aindful] *adj* atento, cuidadoso.

mind.less [m'aindlis] *adj* 1 descuidado. 2 estúpido.

mine¹ [main] *pron* meu, meus, minha, minhas. **a friend of mine** um amigo meu.

mine² [main] *n* mina: **1** de minérios. **2** bomba terrestre. **3** *fig* manancial, fonte. *he is a mine of information* / ele é uma mina (fonte) de informações. • *vt+vi* **1** minerar, extrair minério. **2** minar, solapar. **3** colocar minas.

min.er [mainə] *n* mineiro.

min.er.al, min.er.als [mˈinərəl] *n* **1** mineral. **2** minério. • *adj* mineral. **mineral coal** carvão mineral.

min.gle [mˈingəl] *vt+vi* **1** misturar. **2** matizar. **3** entrar em contato (com pessoas), conhecer.

min.i [mˈini] *pref* para formar palavras compostas, indicando menor do que o usual.

min.ia.ture [mˈinətʃə] *n* miniatura. • *adj* em miniatura.

min.i.bus [mˈinibʌs] *n* microônibus.

min.i.mal [mˈiniməl] *adj* mínimo.

min.i.mize, min.i.mise [mˈinimaiz] *vt* **1** reduzir ao mínimo. **2** fazer pouco, subestimar.

min.i.mum [mˈiniməm] *n, adj* mínimo. **minimum wage** salário mínimo.

min.i-skirt [mˈiniskə:t] *n* minissaia.

min.is.ter [mˈinistə] *n* **1** ministro: membro de um ministério. **2** sacerdote. **3** clérigo, pastor. • *vt+vi* **1** ministrar, servir. **2** oficiar.

min.is.try [mˈinistri] *n* **1** ministério. **2** clero.

mink [miŋk] *n* marta, visom.

mi.nor [mˈainə] *n* menor (de idade). • *adj* **1** de pouca importância. **2** secundário.

mi.nor.i.ty [mainˈɔriti] *n* **1** minoria. **2** menoridade. **minority group** grupo minoritário.

mint¹ [mint] *n* casa da moeda. • *vt* **1** cunhar moedas. **2** inventar, engendrar. • *adj* novo, sem uso.

mint² [mint] *n* **1** hortelã. **2** bala de hortelã. **mint sauce** molho de hortelã.

mi.nus [mˈainəs] *n* desvantagem. *the noise is a minus in this street* / o barulho é uma desvantagem nesta rua. • *prep, adj* **1** menos. **2** negativo. **3** desprovido de.

mi.nute¹ [mˈinit] *n* **1** minuto. **2** momento, instante. *come here this minute* / venha já, neste instante. *he came at the last minute* / ele chegou na última hora. **3** minuta, rascunho. **4 minutes** atas, protocolos. • *vt* **1** minutar. **2** anotar. **3** cronometrar. **up to the minute** em dia. **within minutes** logo depois.

min.ute² [mainjˈu:t] *adj* **1** miúdo, minúsculo. **2** preciso, exato.

mir.a.cle [mˈirəkəl] *n* **1** milagre. **2** maravilha.

mi.rac.u.lous [mirˈækjuləs] *adj* milagroso, fenomenal.

mi.rage [mirˈaːʒ] *n* **1** miragem. **2** ilusão.

mir.ror [mˈirə] *n* **1** espelho. **2** exemplo, modelo. • *vt* **1** espelhar. **2** ver-se em espelho.

mis.be.have [misbihˈeiv] *vt+vi* portar-se mal.

mis.be.havi.our [misbihˈeivə] *n* mau comportamento, má conduta.

mis.cal.cu.la.tion [miskælkjulˈeiʃən] *n* **1** erro de cálculo. **2** orçamento falho.

mis.car.riage [miskˈæridʒ] *n* aborto espontâneo.

mis.cel.la.ne.ous [misilˈeiniəs] *adj* misto, variado.

mis.chief [mˈistʃif] *n* **1** prejuízo, injúria. **2** travessura. *the children do what mischief they can* / as crianças cometem todas as travessuras possíveis.

mis.chie.vous [mˈistʃivəs] *adj* **1** prejudicial, nocivo. **2** travesso. **3** malvado. **4** malicioso.

mis.con.cep.tion [miskənsˈepʃən] *n* concepção errônea, juízo falso.

mis.con.duct [miskˈɔndʌkt] *n* **1** conduta imprópria, especialmente adultério. **2** má administração.

mi.ser [mˈaizə] *n* avarento, sovina.

mis.er.a.ble [mˈizərəbəl] *adj* desgraçado, infeliz, desprezível. **to feel miserable** sentir-se infeliz, indisposto.

mis.er.y [mˈizəri] *n* **1** miséria, penúria. **2** tristeza, aflição.

mis.for.tune [misfˈɔːtʃən] *n* infortúnio, azar.

mis.hap [mˈishæp] *n* **1** infortúnio. **2** azar.

mis.judge [misdʒˈʌdʒ] *vt+vi* julgar mal.

mis.judge.ment [misdʒ′∧dʒmənt] *n* juízo errôneo.

mis.lead [misl′i:d] *vt* (*ps, pp* misled) 1 desencaminhar. 2 enganar, iludir.

mis.lead.ing [misl′i:diŋ] *adj* enganoso.

mis.place [mispl′eis] *vt* 1 colocar fora de lugar. 2 extraviar. 3 aplicar mal, empregar mal.

mis.print [mispr′int] *n* erro de impressão. • *vt* cometer erros de impressão.

Miss¹ [mis] *n* 1 senhorita. 2 *coll* moça.

miss² [mis] *n* falha, erro. • *vt+vi* 1 errar, não acertar (o alvo). 2 faltar (aula). 3 perder (trem etc.). 4 ter saudade. **to miss a chance** perder uma chance. **to miss out** omitir, não incluir. **to miss the bus** perder o ônibus. **to miss the meaning** não entender o significado.

mis.sile [m′isail; m′isəl] *n, adj* projétil, míssil. **guided missile** míssil guiado.

miss.ing [m′isiŋ] *adj* 1 que falta. 2 extraviado, perdido. *there are several books missing* / faltam diversos livros. 3 ausente.

mis.sion [m′iʃən] *n* missão: 1 encargo. 2 desígnio. 3 embaixada ou legação. 4 estabelecimento de missionários. 5 trabalho de missionários.

mis.sion.ar.y [m′iʃənəri] *n, adj* missionário.

mist [mist] *n* névoa, neblina. • *vt+vi* cobrir de nevoeiro, obscurecer. *her eyes misted over* / seus olhos encheram-se de lágrimas (impedindo a visão).

mis.take [mist′eik] *n* engano, erro. • *vt+vi* (*ps* mistook, *pp* mistaken). 1 enganar-se, equivocar-se. 2 interpretar mal. 3 confundir, errar. **by mistake** por engano. **to make a mistake** errar, equivocar-se.

mis.tak.en [mist′eikən] *pp of* mistake. • *adj* 1 enganado, equivocado. 2 errado.

Mis.ter [m′istə] *n* (abreviatura: **Mr.**) senhor (título).

mis.treat [mistr′i:t] *vt* maltratar.

mis.treat.ment [mistr′i:tmənt] *n* 1 maus-tratos. 2 abuso.

mis.tress [m′istris] *n* 1 patroa. 2 amante. 3 professora.

mis.trust [mistr′∧st] *n* desconfiança, suspeita. • *vt+vi* desconfiar, suspeitar.

mist.y [m′isti] *adj* 1 nebuloso. 2 sombrio. 3 obscuro. 4 vago, indistinto. **misty eyes** olhos enevoados (de lágrimas).

mis.un.der.stand [mis∧ndəst′ænd] (*ps, pp* misunderstood) *vt+vi* 1 entender mal. 2 interpretar mal.

mis.un.der.stand.ing [mis∧ndəst′ændiŋ] *n* 1 equívoco, engano. 2 divergência.

mis.un.der.stood [mis∧ndəst′ud] *ps, pp of* misunderstand. • *adj* mal compreendido.

mis.use [misj′u:s] *n* abuso, uso errado. • *vt* [misj′u:z] abusar, fazer mau uso.

mit.i.gate [m′itigeit] *vt* 1 mitigar, aliviar. 2 acalmar.

mix [miks] *n* 1 mistura. 2 *coll* confusão. • *vt+vi* 1 misturar, mesclar. 2 relacionar-se. **cake mix** mistura para bolo. **to mix up** confundir, atrapalhar.

mixed [mikst] *adj* 1 misturado, mesclado. 2 misto. 3 confuso. **mixed farming** lavoura mista. **mixed feelings** *pl* sentimentos confusos.

mixed-up [mikst ′∧p] *adj* 1 confuso. 2 envolvido.

mix.er [m′iksə] *n* 1 misturador, batedeira. 2 intruso. 3 pessoa sociável. 4 mixador: especialista em mixagens e efeitos especiais.

mix.ture [m′ikstʃə] *n* mistura, composição.

mix-up [m′iks ∧p] *n* 1 confusão. 2 desordem.

moan [moun] *n* gemido, lamento. • *vt+vi* 1 gemer, lamentar-se. 2 *coll* queixar-se.

mob [mɔb] *n* turba, multidão, ralé. • *vt* tumultuar, amotinar.

mo.bile [m′oubail; m′oubəl] *n* móbile. • *adj* 1 móvel. 2 inconstante, volúvel.

mo.bi.lize, mo.bi.lise [m′oubilaiz] *vt+vi* mobilizar.

mock [mɔk] *n* 1 escárnio, zombaria. 2 imitação. • *vt+vi* 1 escarnecer, zombar. 2 arremedar. • *adj* 1 falso, simulado. 2 imitado. **mock examination** exame simulado.

mock.er.y [m′ɔkəri] *n* 1 escárnio, zombaria. 2 imitação, arremedo.

mod.al [m′oudəl] *adj* modal: relativo a verbos modais, anômalos.

mode [moud] n 1 modo, método. 2 uso, hábito. 3 Comp modo de operação.

mod.el [m'ɔdəl] n modelo: 1 molde. 2 maquete. 3 figurino. 4 exemplo. 5 padrão. • vt+vi 1 modelar, moldar. 2 exibir. • adj perfeito, ideal.

mod.el.ing [m'ɔdəliŋ] n 1 construir modelos. 2 posar como modelo. 3 modelagem.

mo.dem [m'oudəm] n Comp modem: modulador, demodulador.

mod.er.ate [m'ɔdərit] n indivíduo moderado. • vt+vi 1 moderar, acalmar, abrandar. 2 restringir. 3 acalmar-se, moderar-se. • adj 1 moderado, comedido. 2 calmo. 3 módico.

mod.er.a.tion [mɔdər'eiʃən] n 1 moderação, comedimento. 2 temperança.

mod.ern [m'ɔdən] adj 1 moderno, recente, atual. 2 progressista. 3 contemporâneo.

mod.ern.ism [m'ɔdənizəm] n modernismo.

mod.ern.ist [m'ɔdənist] n modernista.

mo.der.ni.ty [mɔd'ə:niti] n 1 modernidade, condição de moderno, atual. 2 novidade. 3 inovação.

mod.est [m'ɔdəst] adj 1 modesto, despretensioso. 2 moderado. 3 recatado.

mod.est.y [m'ɔdəsti] n 1 modéstia, moderação. 2 recato. 3 humildade.

mod.i.fy [m'ɔdifai] vt+vi 1 modificar, transformar. 2 adaptar.

mod.ule [m'ɔdju:l] n módulo, unidade.

mo.gul [m'ougəl] n magnata.

moist [mɔist] adj 1 úmido. 2 chuvoso. 3 hidratado.

mois.ten [m'ɔisən] vt+vi 1 umedecer. 2 hidratar.

mois.tur.iz.er, mois.tur.is.er [m'ɔistʃəraizə] n creme hidratante (para pele).

mold, mould [mould] n 1 mofo. 2 molde.

mold.y, mould.y [m'ouldi] adj mofado.

mole [moul] n toupeira.

mol.e.cule [m'ɔlikju:l] n 1 molécula. 2 partícula pequena.

mo.lest [m'əlest] vt 1 abusar sexualmente. 2 molestar, perturbar. 3 agredir.

mol.ten [m'oultən] pp of melt. • adj fundido, derretido.

mom [mɔm] n coll mamãe.

mo.ment [m'oumənt] n momento, instante. at the moment no momento. for the moment por ora. on the spur of the moment sob o impulso do momento.

mo.men.ta.ri.ly [m'ouməntərili] adv 1 momentaneamente. 2 a todo momento.

mo.men.tar.y [m'ouməntəri] adj momentâneo, transitório, passageiro.

mom.my [m'ɔmi, m'a:mi] n mamãe.

mon.arch [m'ɔnək] n monarca, soberano.

mon.arch.y [m'ɔnəki] n monarquia.

mon.as.ter.y [m'ɔnəstəri] n mosteiro, convento.

mo.nas.tic [mən'æstik] adj monástico.

Mon.day [m'ʌndei] n segunda-feira.

mon.e.tar.y [m'ʌnitəri] adj monetário. monetary policy política monetária.

mon.ey [m'ʌni] n dinheiro, moeda. pocket money dinheiro para pequenos gastos. time is money tempo é dinheiro. to be short of money estar sem dinheiro. to make a lot of money ganhar muito.

mon.i.tor [m'ɔnitə] n 1 Comp monitor. 2 vídeo, tela. 3 operador (TV, rádio). • vt 1 controlar, supervisionar. 2 Comp supervisionar um programa. 3 acompanhar, controlar.

monk [mʌŋk] n monge, frade.

mon.key [m'ʌŋki] n 1 macaco. 2 traquinas (criança).

mon.o.lingual [mɔnəl'iŋgwəl] adj que fala ou utiliza uma só língua.

mon.o.log, mon.o.logue [m'ɔnəlɔg] n 1 monólogo. 2 solilóquio.

mon.o.plane [m'ɔnəplein] n monoplano.

mo.nop.o.ly [mən'ɔpəli] n monopólio.

mon.o.syl.lab.ic [mɔnəsil'æbik] adj monossilábico.

mon.o.syl.la.ble [mɔnəs'iləbəl] n monossílabo.

mo.not.o.nous [mən'ɔtənəs] adj monótono.

mon.stros.i.ty [mɔnstr'ɔsiti] n 1 monstruosidade. 2 monstro.

mon.strous [m'ɔnstrəs] adj monstruoso, disforme, horrendo.

month [mʌnθ] n mês. lunar month mês lunar. month after month todo mês. month by month a cada mês.

month.ly [m'ʌnθli] n publicação mensal. • adj mensal. • adv mensalmente.

mood [mu:d] n disposição, humor. he was

in a cheerful mood / ele estava de bom humor. **in no mood for something** sem disposição para fazer algo. **in the mood** disposto a. **to be in a mood** estar bravo e impaciente com todos.
mood.y [m'u:di] *adj* **1** mal-humorado, taciturno. **2** de humor instável.
moon [mu:n] *n* **1** lua. **2** satélite. • *vi* **1** andar ou olhar de modo desatento. **2** *Braz* estar no mundo da lua. **full moon** lua cheia. **new moon** lua nova. **to promise the moon** prometer mundos e fundos.
moon-faced [m'u:n feist] *adj* que tem cara de lua, redonda.
moon.light [m'u:nlait] *n* luar.
mop [mɔp] *n* **1** esfregão. **2** madeixa(s). • *vt* esfregar, lavar.
mor.al [m'ɔrəl] *n* **1** moral: a) máxima, princípio moral. b) ética. **2 morals** moralidade, costumes, conduta. • *adj* **1** digno. **2** edificante. **the moral of the story** a moral da história.
mo.rale [mər'a:l, mər'æl] *n* moral (das tropas), disposição de ânimo.
mo.ral.i.ty [mər'æliti] *n* moralidade, decência.
mor.al.ize, mor.al.ise [m'ɔrəlaiz] *vt* moralizar.
mor.bid [m'ɔ:bid] *adj* **1** mórbido, lânguido. **2** doentio.
more [mɔ:] *adj* (*compar* of **much**) **1** mais. **2** adicional, extra. • *adv* **1** além do mais. **2** ainda. **more and more** cada vez mais, mais e mais. **more or less** mais ou menos. **never more** nunca mais. **no more / not any more** não mais. **once more** mais uma vez. **what is more** ainda mais, além disto.
more.o.ver [mɔ:r'ouvə] *adv* além disso, além do mais.
morgue [mɔ:g] *n* necrotério.
morn.ing [m'ɔ:niŋ] *n* manhã. • *adj* matutino. **early in the morning** de manhã bem cedo. **good morning** bom dia. **on Friday morning** sexta-feira de manhã. **on the morning of April 1st** na manhã do dia 1.º de abril. **this morning** esta manhã. **yesterday morning** ontem de manhã.
morn.ing star [mɔ:niŋ st'a:] *n* estrela-d'alva.

Morse al.pha.bet [mɔ:s 'ælfəbet] *n* código Morse.
mor.tal [m'ɔ:təl] *n* mortal, homem. • *adj* **1** efêmero, transitório. **2** fatal.
mor.tal.i.ty [mɔ:t'æliti] *n* mortalidade.
mor.tar [m'ɔ:tə] *n* **1** argamassa. **2** pilão.
mort.gage [m'ɔ:gidʒ] *n* **1** hipoteca. **2** empréstimo para compra de imóvel. • *vt* hipotecar.
mor.ti.fy [m'ɔ:tifai] *vt+vi* **1** mortificar. **2** envergonhar(-se). **3** constranger(-se). *I was mortified when the teacher pointed out my mistakes* / fiquei constrangido quando o professor apontou meus erros.
mor.tu.ar.y [m'ɔ:tjuəri] *n* necrotério.
mos.qui.to [məsk'i:tou] *n Ent* pernilongo. **mosquito net** mosquiteiro.
most [moust] *n* **1** a maior parte, o maior número. **2** a maioria. **3** máximo. • *adj* (*sup* of **much** and **many**). a maioria de, a maior parte de, o (a) mais, os (as) mais. *most people believe in miracles* / a maioria das pessoas acredita em milagres • *adv* **1** o(a) mais, os(as) mais. *she was the most interesting woman in town* / ela era a mulher mais interessante da cidade. **2** muitíssimo. **at most** quando muito. **for the most part** geralmente. **mostly** principalmente. **to make the most of a thing** tirar o máximo proveito.
mo.tel [mout'əl] *n Amer* motel: **1** hotel à beira de rodovias. **2** *Braz* hotel usado por casais para encontros.
moth [mɔθ] *n* **1** traça. **2** mariposa.
moth.er [m'ʌðə] *n* **1** mãe. **2** madre, freira. **3** matriz, fonte, origem. **mother country** país de nascimento, pátria. **motherhood** maternidade. **mother language** língua pátria. **motherly** maternal.
moth.er-in-law [m'ʌðə in lɔ:] *n* sogra.
mo.tion [m'ouʃən] *n* **1** movimento. **2** moção, proposta. • *vt+vi* **1** guiar por gestos. **2** acenar.
mo.tion pic.ture [mouʃən p'iktʃə] *n* filme cinematográfico.
mo.ti.va.tion [moutiv'eiʃən] *n* motivação.
mo.tive [m'outiv] *n* motivo, causa, razão.
mo.tor [m'outə] *n* motor (geralmente a eletricidade). • *vi* viajar, passear de automóvel.

mo.tor.bike [m'outəbaik] *n coll* motocicleta.

mo.tor.boat [m'outəbout] *n* lancha.

mo.tor.car [m'outəka:] *n* automóvel.

mo.tor.cy.cle [m'outəsaikəl] *n* motocicleta.

mo.tor.way [m'outəwei] *n Brit* via expressa: rodovia de alta velocidade. **orbital motorway** anel viário.

mot.to [m'ɔtou] *n* mote, lema, divisa.

moun.tain [m'auntin] *n* 1 montanha, serra. 2 grande quantidade.

moun.tain range [m'auntin reindʒ] *n* cordilheira.

mourn [mɔ:n] *vt+vi* 1 prantear. 2 condoer-se. 3 pôr luto.

mourn.ing [m'ɔ:niŋ] *n* luto. • *adj* enlutado. **in mourning** de luto.

mouse¹ [maus] *n* (*pl* **mice**) 1 camundongo. 2 pessoa tímida, quieta.

mouse² [maus] *n Comp* **mouse**: periférico para o deslocamento rápido do cursor na tela. **mouse driven system** sistema de *software* dirigido por *mouse*.

mous.tache [məst'a:ʃ; m'ʌstæʃ] *n* bigode.

mouth [mauθ] *n* 1 boca. 2 foz. **shut your mouth** cale a boca. **to hear something from the horse's mouth** saber algo direto da fonte. **to keep one's mouth shut** manter a boca calada.

mov.a.ble [m'u:vəbəl] *n* 1 móvel. 2 **movables** bens móveis. • *adj* móvel, móbil.

move [mu:v] *n* 1 movimento. 2 mudança. 3 lance. • *vt+vi* 1 mover(-se), deslocar (-se). 2 acionar. 3 mexer(-se). 4 induzir, incitar. 5 emocionar(-se), comover(-se). 6 agir. *God moves in a mysterious way* / Deus age de maneira misteriosa. 7 mudar-se. *we move next week* / vamos mudar na próxima semana. **get a move on** apresse-se. **on the move** a caminho, em viagem. **to make a move** fazer um lance. **to move heaven and earth** mover céus e terra. **to move on / away** mudar (para algo novo). **to move to tears** comover até as lágrimas.

move.ment [m'u:vmənt] *n* 1 movimento, ação. 2 grupo de pessoas com idênticos objetivos. **liberal movement** movimento liberal.

mov.ie [m'u:vi] *n Amer* 1 filme cinematográfico. 2 **movies** cinema.

mov.ing [m'u:viŋ] *adj* comovente, tocante. **moving van** caminhão de mudança.

mow [mou] *vt+vi* (*ps* **mowed**, *pp* **mown**, **mowed**) aparar, cortar rente.

MP [em p'i:] *abbr Brit* **Member of Parliament** (membro do Parlamento, deputado).

Mr. [m'istə] *abbr* **Mister** (senhor).

Mrs. [m'isiz] *abbr* **Misstress** (senhora, usado antes do nome de uma mulher casada).

Ms. [miz] *abbr* **Miss** (abreviação usada antes do nome de uma mulher ao referir-se a ela por escrito; esta abreviação não especifica se ela é casada ou não).

much [mʌtʃ] *n* grande quantidade. • *adj* muito. • *adv* muito. **as much as** tanto quanto. **how much?** quanto? **much the same** quase a mesma coisa. **so much** tanto. Veja nota em **muito**.

muck [mʌk] *n* 1 sujeira. 2 *fig* qualquer coisa desagradável.

mud [mʌd] *n* lama, barro, lodo. **to throw mud at** caluniar, difamar.

mud.dle [m'ʌdəl] *n* confusão, desordem. • *vt+vi* 1 confundir, desorganizar. 2 desnortear.

mud.dy [m'ʌdi] *vt* 1 enlamear. 2 aumentar a confusão. • *adj* barrento, turvo, enlameado.

mud.guard [m'ʌdga:d] *n* pára-lama.

muf.fler [m'ʌflə] *n* 1 cachecol. 2 *Amer* silenciador do escapamento.

mug [mʌg] *n* 1 caneca. 2 quantidade de líquido contida em uma caneca. 3 *sl* careta. 4 otário. • *vt+vi* praticar assaltos.

mul.ber.ry [m'ʌlbəri] *n* amora.

mule [mju:l] *n* 1 mulo, mula. 2 teimoso. 3 sapato ou chinelo aberto no calcanhar.

mul.ish [mj'u:liʃ] *adj* teimoso, obstinado.

mul.ti.com.put.er sys.tem [mʌltikəmpju:tə s'istim] *n Comp* sistema com mais de um computador, normalmente ligados a um computador maior (*master*).

mul.ti.lin.gual [mʌltil'iŋgwəl] *adj* 1 multilíngüe. 2 poliglota. 3 escrito ou falado em várias línguas.

mul.ti.me.di.a [mʌltim'i:diə] *n* 1

M

multimídia, combinação de meios: filmes, diapositivos, efeitos de luz e som etc. **2** *Comp* aplicativo de computador que combina vídeo, áudio e animação.

mul.ti.na.tion.al [mʌltin'æʃənəl] *n, adj* multinacional.

mul.ti.ple [m'ʌltipəl] *n, adj* múltiplo. **multiple access computer** *Comp* computador de múltiplo acesso.

mul.ti.ple-choice [mʌltipəl tʃ'ɔis] *n* múltipla escolha, teste de escolha múltipla.

mul.ti.pli.ca.tion [mʌltiplik'eiʃən] *n Math* multiplicação.

mul.ti.plic.i.ty [mʌltipl'isiti] *n Math* multiplicidade.

mul.ti.ra.cial [mʌltir'eiʃəl] *adj* multirracial.

mul.ti.tude [m'ʌltitju:d] *n* **1** multidão. **2** turba.

mum [mʌm] *n coll* mamãe.

mum.ble [m'ʌmbəl] *n* resmungo. • *vt+vi* resmungar.

mum.my[1] [m'ʌmi] *n* múmia.

mum.my[2] [m'ʌmi] *n coll* mamãe.

mumps [mʌmps] *n Path* parotidite, caxumba.

munch [mʌntʃ] *vt+vi* mastigar sem parar e ruidosamente.

mu.ral [mj'u:rəl] *n* quadro mural. • *adj* mural.

mur.der [m'ə:də] *n* assassinato, homicídio. • *vt+vi* assassinar, matar. **murder in the first degree** homicídio doloso. **murder in the second degree** homicídio culposo.

mur.der.er [m'ə:dərə] *n* assassino, homicida.

murk.y [m'ə:ki] *adj* **1** escuro. **2** obscuro. **3** *Brit* desonesto.

mur.mur [m'ə:mə] *n* murmúrio. • *vt+vi* **1** murmurar, sussurrar. **2** segredar.

mus.cle [m'ʌsəl] *n* músculo. **to muscle in / to muscle your way in** *coll* intrometer-se, forçar a barra. **to muscle out** sair (usando força).

muse [mju:z] *n* musa. • *vt+vi* **1** meditar. **2** escrever e falar os pensamentos ao mesmo tempo.

mu.se.um [mju:z'iəm] *n* museu.

mu.se.um piece [mju:z'iəm pi:s] *n* **1** peça de museu. **2** coisa obsoleta, ultrapassada.

mush [mʌʃ] *n Amer* **1** papa. **2** conversa tola.

mush.room [m'ʌʃru:m] *n* **1** cogumelo, fungo. **2** nuvem após explosão atômica. • *vi* crescer com grande rapidez. • *adj* semelhante a um cogumelo. **mushroom cloud** cogumelo atômico.

mu.sic [mj'u:zik] *n* **1** música. **2** arte de produzir música. **3** partitura. • *adj* musical.

mu.sic-hall [m'ju:zik hɔ:l] *n* teatro de variedades.

mu.si.cian [mju:z'iʃən] *n* músico.

musk [mʌsk] *n* **1** almíscar. **2** odor de almíscar.

mus.ket.eer [mʌskit'iə] *n* mosqueteiro.

Mus.lim [m'ʌslən], **Mos.lem** [m'ɔzləm] *n* pessoa que professa o islamismo, muçulmano.

mus.sel [m'ʌsəl] *n* mexilhão.

must [mʌst] *n* **1** obrigação, dever, necessidade. **2** coisa que deve ser feita, ouvida, vista etc., must. *her new novel is a must for all lovers of literature* / o novo romance dela é uma leitura inprescindível (um *must*) para todos os que amam a literatura. • *auxiliary verb* ser obrigado a, ser forçado a, dever, ter de. *I must go* / preciso ir. *I must not* / não devo, não me é permitido. *you must be there in the morning* / é preciso que você esteja lá de manhã.

Must é um verbo modal e vem seguido por um infinitivo sem **to**: *I must go to the bank* / preciso ir ao banco. *why must you leave so soon?* / por que você tem de ir embora tão cedo? *you must not (mustn't) eat so much* / você não deve comer tanto. Como **must** é usado apenas na forma do presente, recorremos a **to have to** quando precisamos de outras formas: *we had to leave the house immediately* / tivemos de deixar a casa imediatamente. *she will (she'll) have to talk to me tomorrow* / ela terá de falar comigo amanhã. A negativa **must not (mustn't)** expressa proibição: *you mustn't leave the door open* / você não deve deixar a porta aberta (não admito que a deixe aberta). Para expressar falta de necessidade ou obrigação, usamos **do not have to** (**don't have to**) e **need not** (**needn't**): *I don't have to agree with everything my parents say* / não preciso concordar com tudo que meus pais dizem. *you needn't arrive so early if you're tired* / você não precisa chegar tão cedo se está cansado(a).

mus.ter [m'ʌstə] *vt+vi* **1** reunir tropas. **2** reunir (força, coragem etc.).

mustn't [m'ʌsənt] *contr* of **must**.

mu.ta.ble [mj'u:təbəl] *adj* **1** mutável. **2** inconstante.

mu.ta.tion [mjut'eiʃən] *n* **1** mutação. a) alteração. b) *Zool, Bot* variação devida à alteração de fatores hereditários. **2** variedade nova resultante de mutação.

mute [mju:t] *vt* **1** diminuir o volume (barulho, som). **2** silenciar (sentimentos, emoções). • *adj* mudo, calado.

mu.ti.late [mj'u:tileit] *vt* **1** mutilar. **2** truncar. **3** adulterar (documento ou mensagem).

mu.ti.ny [mj'u:tini] *n* motim, rebelião. • *vi* amotinar-se, revoltar-se.

mut.ton [m'ʌtən] *n* carne de carneiro.

mu.tu.al [mj'u:tuəl] *adj* **1** mútuo, recí-

proco. **2** comum. **on mutual terms** em termos de reciprocidade. **our mutual friend** nosso amigo comum.

muz.zle [m'ʌzəl] *n* **1** focinho. **2** mordaça, focinheira. **3** boca de arma de fogo. • *vt* **1** amordaçar. **2** compelir alguém a guardar silêncio.

my [mai] *pron* meu, minha, meus, minhas. • *interj* **1** caramba! **2** meu Deus!

my.op.ic [mai'ɔpik] *adj* míope.

my.self [mais'elf] *pron* **1** me, eu mesmo. *I did it myself* / eu mesmo o fiz. *I am not quite myself* / não me sinto muito bem. *I myself will go* / eu irei pessoalmente. **2** me, a mim mesmo. *I hurt myself* / eu me machuquei.

mys.ter.y [m'istəri] *n* mistério, enigma, segredo.

mys.ti.cal [m'istikəl] *adj* **1** místico. **2** misterioso.

mys.ti.fy [mistifai] *vt* mistificar, iludir, embair.

myth [miθ] *n* **1** mito, fábula. **2** pessoa ou coisa imaginária. **3** ilusão.

M

N, n [en] *n* décima quarta letra do alfabeto, consoante.

nag [næg] *vt+vi* **1** resmungar. **2** dar broncas constantemente.

nail [neil] *n* **1** prego. **2** unha. **3** garra. • *vt* **1** pregar. **2** cravar. **3** agarrar. **hard as nails** frio, sem emoções. **to hit the nail on the head** acertar.

na.ïve [nai'i:v] *adj Fr* ingênuo, simples, cândido.

na.ked [n'eikid] *adj* **1** nu. **2** exposto. **3** desprotegido. Veja nota em **nu**.

na.ked eye [neikid 'ai] *n* olho nu.

name [neim] *n* **1** nome. *what is your name?* / qual é o seu nome? **2** título. **3** reputação, fama, renome. • *vt* **1** chamar pelo nome. **2** dar nome a. **3** mencionar, citar. **4** designar. **5** nomear, indicar. **brand name** marca registrada. **Christian name** nome de batismo, prenome. **in the name of** em nome de. **maiden name** sobrenome de solteira. **the above named** o acima mencionado. **to call names** xingar, dizer insultos.

name.ly [n'eimli] *adv* a saber, isto é.

name.sake [n'eimseik] *n* homônimo, xará.

nan.ny [n'æni] *n Brit* babá.

nap [næp] *n* soneca, cochilo. • *vi* **1** dormitar, cochilar. **2** estar desprevenido ou descuidado. **to catch someone napping** pegar alguém desprevenido, de calças curtas. **to take a nap** tirar uma soneca.

nape [neip] *n* nuca: parte de trás do pescoço.

nap.kin [n'æpkin] *n* guardanapo.

nap.py [n'æpi] *n Brit* fralda (também *Amer diaper*).

nar.cot.ic [na:k'ɔtik] *n, adj* narcótico.

nar.ra.tive [n'ærətiv] *n* narrativa, conto, história. • *adj* narrativo.

nar.row [n'ærou] *vt+vi* **1** estreitar. **2** limitar, restringir. • *adj* **1** apertado. **2** limitado, exíguo. **3** insuficiente. **to have a narrow escape** escapar por pouco.

nar.row-mind.ed [nærou m'aindid] *adj* tacanho.

na.sal [n'eizəl] *n, adj* nasal.

nas.ty [n'a:sti, n'æsti] *adj* **1** desagradável. **2** repugnante. **3** vexatório, odioso. **don't be nasty** não seja malcriado.

na.tion [n'eiʃən] *n* **1** nação, país. **2** raça.

na.tion.al [n'æʃənəl] *n* cidadão. • *adj* **1** nacional. **2** público.

na.tion.al an.them [næʃənəl'ænθəm] *n* hino nacional.

na.tion.al.i.ty [næʃən'æliti] *n* nacionalidade, naturalidade.

na.tion.al.ize, na.tion.al.ise [n'æʃənəlaiz] *vt+vi* nacionalizar(-se), naturalizar(-se).

na.tion.wide [neiʃənw'aid] *adj* de âmbito nacional.

na.tive [n'eitiv] *n* **1** nativo, natural. **2** indígena. • *adj* nativo, natural. **native speaker of English** pessoa que fala inglês como primeira língua.

na.tive coun.try [neitiv k'ʌntri] *n* pátria.

na.tive lan.guage [neitiv l'æŋgwidʒ] *n* língua pátria.

nat.u.ral [n'ætʃərəl] *adj* **1** natural. **2** inato, nato. **3** espontâneo.

nat.u.ral.ize, nat.u.ral.ise [n'ætʃərəlaiz] *vt+vi* naturalizar(-se).

nat.u.ral.ly [n'ætʃərəli] *adv* naturalmente, obviamente, logicamente.

nat.u.ral re.sourc.es [nætʃərəl riz'ɔ:siz] *n pl* recursos naturais.

na.ture [n'eitʃə] n 1 natureza, universo. 2 caráter. 3 índole. **back to nature** volta à natureza. **beyond nature** sobrenatural. **by nature** inato. **call of nature** necessidade de ir ao banheiro. **good-natured** de boa índole.

naught [nɔːt] n 1 nada, zero. 2 cifra (0).

naugh.ty [n'ɔːti] adj 1 desobediente. 2 malcriado.

nau.se.a [n'ɔːsiə] n 1 náusea. 2 nojo.

nau.ti.cal [n'ɔːtikəl] adj 1 náutico. 2 marítimo.

na.val war.fare [neivəl w'ɔːfɛə] n guerra marítima.

na.vel [n'eivəl] n umbigo.

nav.i.ga.tion [nævig'eiʃən] n 1 navegação, pilotagem. 2 náutica. 3 comércio marítimo.

na.vy [n'eivi] n 1 conjunto de forças navais. **2 the Navy** a Marinha.

na.vy blue [neivi bl'uː] n, adj azul-marinho.

Na.zi [n'aːtsi] n, adj nazista.

near [niə] • adj 1 próximo. 2 vizinho. 3 íntimo, familiar. • adv 1 perto, a pouca distância. 2 quase. 3 escassamente. • prep 1 junto a. 2 perto de. **in the near future** num futuro próximo. **near at hand** perto, à mão. **nearest to me** o mais próximo de mim.

near.by [niəb'ai] adj próximo, perto, vizinho. *a nearby country* / um país vizinho. • adv próximo, perto, à mão. *he lived nearby* / ele morava nas vizinhanças.

near.ly [n'iəli] adv aproximadamente. **not nearly** nem de longe.

near.sight.ed [niəs'aitid] adj míope.

neat [niːt] adj 1 limpo, asseado. 2 caprichado. 3 puro, não diluído (líquidos, bebida). 4 hábil. 5 sl maravilhoso.

nec.es.sar.y [n'esəsəri] adj 1 necessário, indispensável. 2 inevitável.

ne.ces.si.ty [nis'esiti] n 1 necessidade, carência. 2 coisa insubstituível. *water is a necessity* / água é algo imprescindível.

Tanto **necessity** quanto **need** significam "necessidade", mas há algumas diferenças de sentido entre os dois termos.

Necessity sugere uma necessidade imperiosa de alguma coisa indispensável: *food*

is one of the basic necessities of life / o alimento é uma das necessidades básicas da vida.

Need tem conotações muito mais emocionais do que **necessity**: *they are in need of food* / eles estão precisando de alimentos (estão sem ter o que comer). *she helped me in my hour of need* / ela me ajudou na hora da necessidade (quando mais precisei de ajuda).

neck [nek] n 1 pescoço, colo. 2 gargalo. • vi sl Amer ficar de agarramento, dar um amasso. **by a neck** (ganhar ou perder) por pouco. **stiff neck** torcicolo. **to break one's neck** dar duro para conseguir algo. **to risk one's neck** arriscar o pescoço. **up to the neck** até o pescoço.

neck.lace [n'eklis] n colar.

neck.tie [n'ektai] n gravata.

nec.ta.rine [n'ektərin] n nectarina.

need [niːd] n 1 necessidade, carência. 2 dificuldade, emergência. 3 indigência, pobreza. • vt+vi 1 necessitar, carecer de. 2 ter de, dever. *she needs to go* / ela precisa ir. **if need be** se for preciso. **in case of need** em caso de necessidade. Veja nota em **necessity**.

nee.dle [n'iːdəl] n agulha (de costura, bússola, fonógrafo etc.). • vt coll alfinetar, irritar alguém.

need.less [n'iːdlis] adj desnecessário, supérfluo. **needless to say** obviamente, não é preciso dizer.

need.y [n'iːdi] adj indigente, paupérrimo, necessitado.

neg.a.tive [n'egətiv] n 1 negativa. 2 veto. • adj 1 negativo. 2 contrário. 3 nulo.

ne.glect [nigl'ekt] n 1 negligência, desleixo. 2 omissão. • vt 1 negligenciar, descuidar. 2 omitir.

ne.glect.ful [nigl'ektful] adj negligente, desleixado, omisso.

neg.li.gent [n'eglidʒənt] adj 1 negligente, desatento. 2 indiferente.

neg.li.gi.ble [n'eglidʒəbəl] adj desprezível, insignificante, dispensável.

ne.go.ti.ate [nig'ouʃieit] vt+vi negociar, transacionar.

neigh.bor, neigh.bour [n'eibə] n 1 vizinho. 2 próximo. • adj vizinho, contíguo, confinante. **next door neighbor** vizinho do lado.

neigh.bor.hood, neigh.bour.hood [n'eibəhud] *n* **1** vizinhança. **2** bairro, área, zona, região.

nei.ther [n'aiðə, n'i:ðə] *pron* **1** nenhum. *neither of us is unfailing* / nenhum de nós é infalível. **2** nem um nem outro. • *adv* tampouco. • *conj* nem. *neither you nor I will win* / nem você nem eu ganharemos. **neither here nor there** não tem importância, não é relevante.

Usamos **neither** quando estamos nos referindo a duas coisas distintas: *neither restaurant is very good* / nenhum dos (dois) restaurantes é muito bom.

Também usamos a estrutura **neither of**, mas nesse caso precisaremos sempre das palavras **the, these, those, my, your** etc.: *neither of the restaurants was very good* / nenhum dos restaurantes era muito bom. *neither of those paintings was an original* / nenhuma daquelas pinturas era um original (não podemos dizer *neither of restaurants, neither of paintings*).

Depois de **neither of** também podemos usar os pronomes pessoais **us, you, them**: *I wanted to talk to George and Martha, but neither of them came to school today* / eu queria falar com George e Martha, mas nenhum deles veio à escola hoje.

A estrutura **neither ... nor** ("nem ... nem") é bastante usada em inglês: *neither George nor Martha came to school today* / nem George nem Martha vieram à escola hoje.

Veja outra nota em **nenhum**.

ne.o.na.tal [ni:oun'eitəl] *adj* neonatal: que se relaciona ao recém-nascido.

neph.ew [n'efju:] *n* sobrinho.

nerve [nə:v] *n* **1** nervo. **2** vigor, energia. **3** ousadia. *he has the nerve to do it* / ele tem a ousadia de fazê-lo. **4 nerves** nervosismo. **a fit of nerves** um ataque de nervos.

nerv.ous [n'ə:vəs] *adj* **1** nervoso. **2** excitável, ansioso.

nerv.ous break.down [nə:vəs br'eikdaun] *n* esgotamento, colapso nervoso.

nest [nest] *n* **1** ninho. **2** covil, toca. • *vi* fazer ninho.

nes.tle [n'esəl] *vt+vi* **1** aconchegar(-se). **2** abrigar.

net¹ [net] *n* **1** rede. **2** malha. **3** rede de proteção. • *vt+vi* apanhar (a presa).

net² [net] *vt* obter um lucro líquido de. • *adj* líquido, livre de taxas. **net profit** lucro líquido.

net³ [net] *n Comp* abreviatura de Internet.

net.tle [n'etəl] *n* urtiga. • *vt* **1** irritar. **2** exasperar.

net.work [n'etwə:k] *n* **1** rede (ferroviária, hospitalar etc.). **2** rede de comunicações (rádio e TV). **3** *Comp* rede: vários computadores ligados entre si.

neu.ron [nj'uərən] *n* neurônio.

neu.ter [nj'u:tə] *adj* neutro, assexuado. • *vt* capar.

neu.tral [nj'u:trəl] *n* **1** nação neutra. **2** indivíduo neutro. • *adj* **1** imparcial. **2** neutro, indefinido.

nev.er [n'evə] *adv* nunca, jamais. **it will / would never do** não vai funcionar, não é bom o suficiente. **never fear** não tenha medo. **never mind** a) não faça caso. b) não tem importância. Veja nota em **always.**

nev.er.the.less [nevəðəl'es] *adv, conj* todavia, não obstante.

new [nju:, nu:] *adj* **1** novo, não usado. **2** recente, moderno. **3** original. **4** desconhecido. • *adv* **1** novamente, de novo. **2** recentemente. **as good as new** como novo. **brand new** novinho em folha.

new.born [nj'u:bɔ:n] *adj* recém-nascido.

new.com.er [nj'u:kʌmə, n'u:kʌmə] *n* recém-chegado.

news [nju:z; nu:z] *n sing* **1** notícia, nova. **2** noticiário.

news.let.ter [nj'u:zletə] *n* boletim.

news.pa.per [nj'u:zpeipə] *n* jornal, gazeta, diário.

news.stand [nj'u:zstænd] *n* banca de jornais.

New Year [nju: j'iə] *n* Ano-Novo.

next [nekst] *n* próximo. *who's next?* / quem é o próximo? • *adj* seguinte, próximo. *next week* / a próxima semana. • *adv* logo, em seguida. • *prep* junto a, pegado. **next but one** segundo. **next door** ao lado (casa, apartamento). **next door to** vizinho do lado.

nib.ble [n'ibəl] n Comp nibble: meio byte.
• vt+vi 1 mordiscar. 2 beliscar (alimento).

nice [nais] adj 1 bonito. 2 amável, bondoso. 3 agradável. 4 gentil. 5 simpático. **how nice of you** muito amável de sua parte.

nice-look.ing [n'ais lukiŋ] adj fisicamente atraente.

nick [nik] n 1 entalhe, corte. 2 momento crítico. • vt 1 entalhar, chanfrar. 2 roubar, enganar. **to come in the nick of time** vir no momento exato.

nick.name [n'ikneim] n apelido. • vt apelidar.

nic.o.tine [n'ikəti:n] n nicotina.

niece [ni:s] n sobrinha.

nig.gard [n'igəd] adj avaro, mesquinho.

night [nait] n 1 noite, anoitecer. **a night out** uma noite em festa. **at night / by night / during the night / in the night** à noite, de noite. **good night!** boa noite! **to have a bad night** dormir mal.

night.club [n'aitklʌb] n boate.

night.life [n'aitlaif] n vida noturna.

night.ly [n'aitli] adv todas as noites, à noite. • adj noturno.

night.mare [n'aitmɛə] n pesadelo.

nil [nil] n nada, zero.

nim.ble [n'imbəl] adj 1 ágil, destro. 2 esperto.

nine [nain] n, adj, pron nove. **nine days' wonder** sensação do momento.

nip [nip] n 1 beliscão, mordidela leve. 2 um gole de bebida alcoólica. • vt+vi 1 beliscar. 2 ir rápido até algum lugar. **there's a nip in the air** está frio.

nip.ple [n'ipəl] n 1 mamilo. 2 bico de mamadeira.

no [nou] n 1 não. 2 recusa. 3 voto negativo. • pron nenhum, nenhuma. there is no coffee / não há café. • adv 1 não, nenhum (antes de substantivo). I can drink no more / não posso beber mais. if you're no better tomorrow morning I'll call your father / se você não estiver melhor amanhã cedo, telefonarei para o seu pai. 2 de modo algum. **by no means** de forma alguma. **no big deal** nada importante. **no doubt** não há dúvida. **no smoking** é proibido fumar. Veja nota em **nenhum**.

no.bil.i.ty [noub'iliti] n 1 nobreza, aristocracia. 2 grandeza.

no.ble.man [n'oubəlmən] n (pl noblemen) nobre, fidalgo, aristocrata.

no.bod.y [n'oubədi] n joão-ninguém. she regarded me as a nobody / ela me via como um joão-ninguém. • pron ninguém.

no-break [n'ou breik] n Comp aparelho que é ativado na ocorrência de uma queda de energia elétrica ou pico de tensão.

noc.tur.nal [nɔkt'ə:nəl] adj noturno.

nod [nɔd] n 1 aceno de cabeça (indicando aquiescência). 2 fig comando, ordem. • vt+vi 1 acenar com a cabeça aquiescendo ou indicando uma direção. 2 sentir sonolência. **to nod off** adormecer, cochilar.

noise [nɔiz] n 1 alarido, barulho, som. 2 rumor. **to make a noise** fazer barulho.

noise.less [n'ɔizlis] adj silencioso.

nois.y [n'ɔizi] adj ruidoso, barulhento.

nom.i.nate [n'ɔmineit] vt 1 nomear, designar. 2 indicar (candidato). 3 lançar (candidatura).

nom.i.nee [nɔmin'i:] n pessoa nomeada.

Usa-se **non** (prefixo) como:

1) adjetivo significando "não" ou "o oposto de": all non-essential personnel were given the day off / todos os funcionários dispensáveis tiveram o dia livre.

2) substantivo terminado em er ou ing, indicando pessoas que não fazem ou não tomam parte em algo ou locais onde não se faz algo: this table is reserved for non-smokers / esta mesa é reservada para não-fumantes. there are five seats in the non-smoking area of the aircraft / há cinco poltronas na área de não-fumantes do avião.

non.cha.lant [n'ɔnʃələnt] adj indiferente, desinteressado.

non.con.form.ist [nɔnkənf'ɔ:mist] n dissidente, rebelde.

non.de.script [n'ɔndiskript] adj desinteressante, comum na aparência.

none [nʌn] adj 1 nenhum. 2 ninguém. 3 nada. • adv de modo algum, em absoluto. • pron 1 nenhum. 2 ninguém. 3 nada. **I will have none of it** eu me recuso a tolerar isto. **it is second to none** é o melhor, está em primeiro lugar. **none but** somente. **this is none of your business** isto não é de sua conta. Veja nota em **nenhum**.

N

none.the.less [nʌnðəl'es] *adv, conj* = **nevertheless.**

non.ex.ist.ent [nɔnigz'istənt] *adj* inexistente.

non.sense [n'ɔnsəns] *n* absurdo, besteira. • *interj* tolice!, bobagem!

non.stop [nɔnst'ɔp] *adj* 1 contínuo. 2 sem parada.

noose [nu:s] *n* laço, nó corrediço.

no park.ing [nou p'a:kiŋ] *n* estacionamento proibido.

nor [nɔ:] *conj* nem, também não. *neither you nor he* / nem você nem ele. Veja nota em **neither.**

norm [nɔ:m] *n* norma, padrão, modelo.

north [nɔ:θ] *n* 1 norte. **2 the north, the North** parte de um país, continente etc. que fica mais no norte do que outras partes. *the North of England* / o norte da Inglaterra. • *adj* norte, setentrional. *the north wall* / o muro do norte. • *adv* em direção ao norte. *they sailed north* / eles partiram para o norte.

north.east, north-east [nɔ:θ'i:st] *n, adj* nordeste. • *adj* para o nordeste.

north.ern.er [n'ɔ:ðənə] *n* nortista.

north.west [nɔ:θw'est] *n, adj* noroeste. • *adj* para o noroeste.

nose [nouz] *n* 1 nariz. 2 focinho. 3 faro. 4 proa. • *vt+vi* 1 farejar. 2 cheirar. 3 procurar. **on the nose** na mosca. **to blow one's nose** assoar o nariz. **to lead by the nose** fazer alguém seguir cegamente. **to nose about** bisbilhotar. **under one's nose** bem à vista.

nos.tal.gic [nɔst'ældʒik] *adj* nostálgico, emotivo.

nos.tril [n'ɔstril] *n* narina.

nos.y [n'ouzi] *adj coll* curioso, abelhudo, intrometido.

not [nɔt] *adv* não. *I do not know* / não sei. **not at all** de forma alguma. **not even** nem sequer. **not long ago** há pouco tempo. **not once or twice** muitas vezes. **not so much** nem sequer. **not yet** ainda não. **why not?** por que não?, como não?

no.ta.bly [n'outəbli] *adv* particularmente, marcadamente.

no.ta.ry [n'outəri] *n* notário, tabelião.

note [nout] *n* 1 nota, apontamento. 2 bilhete, lembrete. 3 sinal, marca. 4 cédula,

dinheiro • *vt* 1 anotar. 2 observar, prestar atenção. 3 mencionar. **note of warning** aviso de perigo, advertência. **to note down** anotar por escrito. **to strike the right note** fazer ou dizer algo com propriedade, acertar. **to take no note of** não tomar conhecimento de. **to take note** considerar, ter em mente.

note.book [n'outbuk] *n* 1 caderno. 2 *Comp* computador portátil.

note.wor.thy [n'outwə:ði] *adj* digno de nota.

noth.ing [n'ʌθiŋ] *n* 1 nada, coisa nenhuma. 2 ninharia. 3 nulidade, zero. • *adv* de modo algum, absolutamente. **for nothing** de graça, em vão. **good for nothing** imprestável. **nothing at all** de forma alguma. **nothing doing** nada feito. **nothing else** nada mais, apenas isto, só. **to come to nothing** falhar. **to make nothing of** não compreender. Veja nota em **nada.**

no.tice [n'outis] *n* 1 anúncio. 2 notificação, aviso, letreiro. • *vt* 1 notar, perceber, reparar. 2 avisar, advertir. 3 notificar. **a month's notice** aviso prévio de trinta dias. **eviction notice** notificação de despejo. **on short notice** em cima da hora.

no.tice.a.ble [n'outisəbəl] *adj* perceptível, visível.

no.tice board [n'outisə bɔ:d] *n* quadro de avisos.

no.tion [n'ouʃən] *n* 1 idéia. 2 opinião, conceito. 3 intenção. 4 teoria. **5 notions** *Amer* pequenos artigos úteis, como agulhas, alfinetes, linha etc.

no.to.ri.ous [nout'ɔ:riəs] *adj* 1 notório, público, manifesto, evidente. 2 infame, de má reputação.

not.with.stand.ing [nɔtwiðst'ændiŋ] *prep* não obstante, apesar de. • *adv* entretanto, não obstante.

nought [nɔ:t] *n* nada, zero.

noun [nawn] *n Gram* substantivo.

nour.ish [n'ʌriʃ] *vt* 1 nutrir, alimentar (**on** de). 2 manter, fomentar.

nour.ish.ing [n'ʌriʃiŋ] *adj* nutritivo.

nov.el [n'ɔvəl] *n* romance. Veja nota em **romance.**

nov.el.ty [n'ɔvəlti] *n* 1 novidade. 2 inovação.

now [nau] *adv* 1 agora, presentemente. 2 já, imediatamente. • *conj* assim sendo. **any day now / any time now / any moment now** a qualquer hora. **every now and then** ocasionalmente. **from now on** de agora em diante. **just now** agora mesmo, há pouco. **now and again / now and then** de vez em quando. **now or never** agora ou nunca. **right now** já, imediatamente. **up till now** até agora.

now.a.days [n'auədeiz] *adv* no momento atual, atualmente.

no.where [n'ouwɛə] *adv* em lugar nenhum. **nowhere else** em nenhum outro lugar.

nu.ance [nj'u:əns] *n* nuança, matiz.

nu.cle.ar [nj'u:kliə, n'u:kliə] *adj* nuclear.

nu.cle.us [nj'u:kliəs, n'u:kliəs] *n* (*pl* **nuclei**) núcleo.

nude [nju:d; nu:d] *n* nu (arte). • *adj* nu, despido. Veja nota em **nu**.

nudge [nʌdʒ] *n* cutucada. • *vt* cutucar levemente (com o cotovelo).

nu.di.ty [nj'u:diti] *n* nudez.

nui.sance [nj'u:səns, n'u:səns] *n* 1 incômodo, aborrecimento, estorvo. 2 pessoa aborrecida, chato. **what a nuisance!** que aborrecimento!

numb [nʌm] *adj* entorpecido, dormente. • *vt* 1 entorpecer. 2 atenuar a dor.

num.ber [n'ʌmbə] *n* número, algarismo. • *vt* 1 numerar. 2 contar. **a number of** diversos. **even number** *Math* número

par. **odd number** *Math* número ímpar.

nu.mer.ous [nj'u:mərəs] *adj* numeroso, abundante.

nun [nʌn] *n* freira, monja.

nurse [nə:s] *n* enfermeira. • *vt+vi* trabalhar como enfermeira. **male nurse** enfermeiro. **to nurse a cold** curar um resfriado.

nurse.maid [n'ə:smeid] *n* babá.

nurs.er.y [n'ə:səri] *n* 1 quarto de crianças. 2 viveiro de mudas. 3 berçário. 4 creche.

nurs.er.y school [n'ə:səri sku:l] *n* creche, jardim-de-infância, escola maternal.

nursi.ng-home [n'ə:siŋ houm] *n* 1 casa de saúde. 2 clínica de repouso.

nut [nʌt] *n* 1 noz. 2 porca (de parafuso). 3 *fig* problema difícil. 4 *sl* louco. **a hard nut to crack** um osso duro de roer. **tough nut** pessoa difícil.

nut.meg [n'ʌtmeg] *n* noz-moscada.

nu.tri.tion [nju:tr'iʃən, nu:tr'iʃən] *n* nutrição.

nu.tri.tious [nju:tr'iʃəs] *adj* nutritivo, alimentício.

nut.shell [n'ʌtʃel] *n* casca de noz. **in a nutshell** laconicamente, em poucas palavras.

ny.lon [n'ailən] *n* náilon.

nymph [nimf] *n* 1 ninfa. 2 *fig* mulher jovem e formosa.

nym.phet [nimf'et] *n* ninfeta: garota de dez a quatorze anos considerada sexualmente desejável.

N

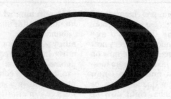

O, o [ou] *n* décima quinta letra do alfabeto, vogal.

oar [ɔ:] *n* remo.

o.a.sis [ou'eisis] *n sg+pl* oásis.

oat [out] *n* aveia.

oath [ouθ] *n* **1** juramento. **2** praga, blasfêmia. **under oath** sob juramento.

o.be.di.ent [əb'i:diənt] *adj* obediente, submisso.

o.bese [oub'i:s] *adj* obeso, pançudo.

o.bey [əb'ei] *vt* obedecer.

ob.ject ['ɔbdʒikt] *n* **1** objeto, coisa. **2** assunto, matéria. • *vt+vi* **1** objetar. **2** opor-se. **3** desaprovar.

ob.jec.tive [əbdʒ'ektiv] *n* **1** objetivo, propósito. **2** objetiva. • *adj* objetivo, impessoal.

ob.li.ga.tion [əblig'eiʃən] *n* **1** obrigação. **2** compromisso. **without obligation** sem compromisso.

o.blige [əbl'aidʒ] *vt* **1** obrigar. **2** favorecer. **I am obliged to you for this** fico-lhe grato por isto.

ob.scene [əbs'i:n] *adj* obsceno.

ob.scure [əbskj'uə] *vt* obscurecer. • *adj* **1** obscuro, vago. **2** duvidoso, incerto.

ob.ser.va.tion [əbzəv'eiʃən] *n* observação, exame. **under observation** em observação.

ob.serv.er [əbz'ə:və] *n* espectador.

ob.ses.sion [əbs'eʃən] *n* obsessão, idéia fixa.

ob.ses.sive [əbs'esiv] *n* obsessivo, pessoa que tem obsessão. • *adj* obsessivo, obsessor.

ob.sta.cle ['ɔbstəkəl] *n* obstáculo, empecilho.

ob.sti.nate ['ɔbstinit] *adj* obstinado, teimoso.

ob.struc.tion [əbstr'ʌkʃən] *n* obstrução, obstáculo.

ob.tain [əbt'ein] *vt+vi* **1** obter. **2** adquirir.

ob.tain.a.ble [əbt'einəbəl] *adj* conseguível, alcançável.

ob.vi.ous ['ɔbviəs] *adj* óbvio, evidente.

oc.ca.sion [ək'eiʒən] *n* **1** ocasião, oportunidade. **2** ensejo. • *vt* ocasionar, causar. **on occasion** de vez em quando.

oc.ca.sion.al [ək'eiʒənəl] *adj* esporádico, eventual.

oc.cult [ɔk'ʌlt; ək'ʌlt] *adj* **1** oculto, secreto. **2** místico.

oc.cu.pa.tion [ɔkjup'eiʃən] *n* ofício, profissão.

oc.cur [ək'ə:] *vt* **1** ocorrer. **2** lembrar. **it occurs to me that** ocorre-me que.

o.cean ['ouʃən] *n* **1** oceano. **2** *fig* imensidade. **oceans of** *coll* grande quantidade de.

o'clock [əkl'ɔk] *abbr* **of the clock** do relógio. **the six o'clock train** o trem das seis.

oc.to.pus ['ɔktəpəs] *n* polvo.

odd ['ɔd] *adj* **1** ímpar. **2** desemparelhado. **3** ocasional, casual. **4** estranho, bizarro. **how odd** que estranho. **odd number** número ímpar.

odds [ɔdz] *n pl* **1** vantagem. **2** probabilidades (contra / a favor).

o.di.ous ['oudiəs] *adj* odioso, detestável.

o.dor, o.dour ['oudə] *n* **1** odor, cheiro, aroma. **2** fragrância, perfume.

o.dor.less, o.dour.less ['oudəlis] *adj* inodoro.

of [ɔv; ʌv] *prep* **1** de. **2** do, da (denota conexão ou relação em casos de: situação, ponto de partida, separação, origem, substância ou material, posse etc.). **made of wood** de madeira. **of age** maior de idade. **of course** naturalmente.

off [ɔf] *adj* 1 desligado. 2 desocupado, livre. 3 mais distante. 4 lateral. 5 não muito bom, estragado. 6 possível mas não provável. 7 cancelado. • *adv* 1 embora. *he saw her off* / ele acompanhou-a até a estação etc. 2 distante. *Easter is four weeks off* / a Páscoa é daqui a quatro semanas. 3 fora, ausente. • *prep* 1 fora. 2 fora de. 3 distante. 4 ao lado de. • *interj* saia! fora! **an off street** rua lateral. **far off** a grande distância. **ten percent off** dez por cento de desconto. **the milk has gone off** o leite se estragou.

off-bal.ance [ɔf b'æləns] *adj+adv* desequilibrado, sem equilíbrio.

of.fend [əf'end] *vt+vi* 1 ofender. 2 melindrar. 3 transgredir.

of.fense, of.fence [əf'ens] *n* 1 ofensa. 2 pecado, transgressão. **no offense!** não leve a mal. **to give offense** ofender, insultar.

of.fen.sive [əf'ensiv] *n* ofensiva, ataque. • *adj* 1 ofensivo. 2 agressivo. 3 repulsivo.

of.fer ['ɔfə] *n* 1 oferta. 2 oferenda. 3 proposta. • *vt+vi* 1 ofertar, presentear. 2 oferecer. 3 propor.

off-guard [ɔf g'a:d] *adj* desprevenido.

off-hand [ɔf h'ænd] *adj* de repente, sem mais nem menos.

of.fice ['ɔfis] *n* 1 escritório, gabinete, consultório (de médico ou dentista). 2 profissão.

of.fic.er ['ɔfisə] *n* 1 *Mil* oficial. 2 alto funcionário público. 3 policial.

of.fi.cial [əf'iʃəl] *adj* oficial, autorizado.

off-line [ɔf l'ain] *adj Comp* fora de rede.

off-peak [ɔf p'i:k] *adj* horário de baixa demanda. **an off-peak train** horário de baixa demanda em trem, a tarifa reduzida.

of.ten ['ɔ:fən] *adv* freqüentemente. **as often as** sempre que. **how often?** com que freqüência? Veja nota em **always**.

oil [ɔil] *n* 1 óleo. 2 petróleo. 3 azeite. • *vt* lubrificar. **oil by-product** derivado de petróleo. Veja nota em **petróleo**.

o.kay [ouk'ei] *n Amer* O. K. • *vt* aprovar. • *adj* correto.

o.kra ['oukrə] *n* quiabo.

old [ould] *adj* 1 velho. 2 idoso. 3 antigo. **how old are you?** quantos anos você tem? **to grow old** envelhecer.

old age [ould e'idʒ] *n* velhice.

old-fash.ioned [ouldf'æʃənd] *adj* antiquado.

o.live ['ɔliv] *n* azeitona. **o.live-oil** azeite de oliva.

O.lym.pic games [əlimpik g'eimz] *n pl* olimpíadas, jogos olímpicos.

om.buds.man ['ɔmbudzmən] *n Swedish +Brit ombudsman*: funcionário designado para receber e investigar reclamações dos cidadãos contra órgãos governamentais ou empresas.

om.e.let ['ɔmlit] *n* omelete.

o.men ['oumən] *n* agouro, presságio. **ill-omened** de mau agouro.

o.mis.sion [oum'iʃən] *n* omissão, falta, lacuna.

o.mit [oum'it] *vt* 1 omitir, excluir. 2 negligenciar, desprezar.

on [ɔn] *adj* posto, colocado. • *adv* 1 sobre, por cima de. 2 em diante, a partir de. 3 adiante, para a frente. 4 em andamento, em ação. • *prep* 1 sobre, em cima de. 2 em, no, nos, na, nas. 3 por meio de. 4 a respeito de. **and so on** e assim por diante. **come on!** venha, vamos. **go on!** prossiga. **hold on!** segure-se. **later on** mais tarde. **on duty** de plantão. **on foot** a pé. **on holiday** em férias. **on time** na hora.

once [wʌns] *n* uma vez. • *adv* 1 uma vez. 2 outrora, no passado. 3 algum dia. 4 logo que. • *conj* uma vez que, desde que. **all at once** a) simultaneamente. b) subitamente. **at once** imediatamente. **once in a while** de vez em quando. **once or twice** algumas vezes. **once upon a time...** era uma vez...

one [wʌn] *n* 1 um, uma. 2 o número um, unidade, o todo. • *num* 1 um, uma. 2 algum, alguma. 3 o mesmo, a mesma. 4 um certo, um tal. 5 só. 6 único. • *pron* 1 um, uma. 2 alguém, algum. **the little ones** as crianças.

one.self [wʌns'elf] *pron* si mesmo, si próprio. **by oneself** por si mesmo, sozinho.

one-sid.ed [wʌn s'aidid] *adj* 1 unilateral. 2 parcial.

one-way street [wʌn wei str'i:t] *n* rua de mão única.

on.go.ing ['ɔngouiŋ] *n adj* em andamento.

on.ion [ˈʌnjən] *n* cebola.

on.line [ɔnlˈain] *n Comp* em linha.

on.look.er [ˈɔnlukə] *n* espectador, assistente.

on.ly [ˈounli] *adj* 1 único. 2 só. 3 solitário. • *adv* somente, apenas, simplesmente. *not only intelligent but also honest* / não apenas inteligente mas também honesto. • *conj* exceto.

o.pen [ˈoupən] *n* 1 clareira. 2 ar livre. 3 abertura. • *vt+vi* 1 abrir. 2 destampar. 3 tornar acessível. 4 esclarecer. 5 franquear, desobstruir. 6 inaugurar. • *adj* 1 aberto. 2 acessível. 3 público, notório. 4 evidente. 5 franco, direto. **half open** meio aberto. **wide open** escancarado.

o.pen.ing [ˈoupəniŋ] *n* 1 passagem. 2 início. 3 inauguração. 4 vaga. • *adj* inicial. **opening hours** *pl* horário de funcionamento. **open-minded** sem preconceitos, liberal.

o.pen-mouthed [oupən mˈauðd] *adj* boquiaberto.

op.er.ate [ˈɔpəreit] *vt+vi* 1 acionar. 2 operar, executar. 3 agir. 4 gerir, administrar. **to operate on** operar (fazer uma cirurgia).

op.er.a.tion [ɔpərˈeiʃən] *n* 1 operação. 2 funcionamento. 3 processo. 4 transação. 5 intervenção cirúrgica.

op.er.a.tion.al [ɔpərˈeiʃənəl] *adj* operacional.

op.er.a.tor [ˈɔpəreitə] *n* pessoa que opera uma máquina.

o.pin.ion [əpˈinjən] *n* 1 opinião, juízo, conceito. 2 impressão. 3 ponto de vista. 4 parecer.

o.pi.um [ˈoupiəm] *n* ópio.

op.po.nent [əpˈounənt] *n* oponente, antagonista. • *adj* oposto, antagônico, contrário.

op.por.tune [ˈɔpətjuːn] *adj* oportuno, propício.

op.por.tu.ni.ty [ɔpətjuˈuːniti] *n* oportunidade, ensejo. **to miss the opportunity** perder a oportunidade.

op.pose [əpˈouz] *vt+vi* 1 opor-se. 2 objetar.

op.po.site [ˈɔpəzit] *n* oposto, o contrário. • *adj* 1 fronteiro. 2 contrário. 3 antagônico • *adv* defronte, frente a frente. • *prep* defronte, em frente de. **just the opposite** justamente o contrário.

op.po.si.tion [ɔpəzˈiʃən] *n* oposição, resistência.

op.pres.sion [əprˈeʃən] *n* opressão, tirania.

op.pres.sive [əprˈesiv] *adj* 1 opressivo. 2 sufocante.

opt [ɔpt] *vt* optar, escolher.

op.ti.cal fi.ber [ˈɔptikəl fˈaibə] *n* fibra óptica.

op.ti.cian [ɔptˈiʃən] *n* 1 óptico. 2 oculista.

op.ti.mis.tic [ɔptimˈistik] *adj* otimista.

op.ti.mize [ˈɔptimaiz] *vt+vi* aperfeiçoar ao máximo, otimizar.

op.tion [ˈɔpʃən] *n* 1 opção. 2 preferência. 3 alternativa.

op.tion.al [ˈɔpʃənəl] *adj* facultativo, optativo.

or [ɔ:] *conj* 1 ou. 2 senão. **either you or he** ou você ou ele.

o.ral [ˈɔ:rəl] *adj* oral, verbal.

or.ange [ˈɔrindʒ] *n* laranja. • *adj* alaranjado.

or.ange-mar.ma.lade [ˈɔrindʒ ma:məleid] *n* geléia de laranja.

or.chard [ˈɔ:tʃəd] *n* pomar.

or.ches.tra [ˈɔ:kistrə] *n Mus* orquestra. **or.ches.tra pit** poço de orquestra.

or.chid [ˈɔ:kid] *n* orquídea.

or.deal [ɔ:dˈiːl] *n* provação.

or.der [ˈɔ:də] *n* 1 ordem, seqüência. *alphabetical order* / ordem alfabética. 2 regra. 3 condição, estado. 4 categoria. 5 diretiva. 6 pedido, encomenda. • *vt+vi* 1 ordenar, arranjar. 2 mandar 3 regular. 4 pedir, encomendar. **in good order** em bom estado. **made to order** feito por encomenda. **mail order** compra pelo correio. **out of order** enguiçado.

or.di.nar.y [ˈɔ:dənəri] • *adj* costumeiro, usual. **in an ordinary way** normalmente, comumente.

o.re.ga.no [ɔrigˈəːnou, ərˈegənou] *n* orégano.

or.gan [ˈɔ:gən] *n* órgão.

or.gan.ic [ɔ:gˈænik] *adj* orgânico.

or.gan.i.za.tion [ɔ:gənaizˈeiʃən] *n* 1 organização. 2 sociedade.

or.gan.ize [ˈɔ:gənaiz] *vt+vi* 1 organizar (-se), constituir(-se). 2 ordenar, formar (-se), dispor.

or.gy ['ɔːdʒi] n orgia, bacanal.

o.ri.ent ['ɔːriənt] n oriente. • vt+vi orientar. to orient oneself orientar-se.

o.ri.en.ta.tion [ɔːrient'eiʃən] n orientação.

or.i.fice ['ɔrifis] n orifício.

or.i.gin ['ɔridʒin] n 1 origem. 2 início. 3 ascendência. 4 causa.

o.rig.i.nal [ər'idʒənəl] n 1 original, texto. 2 esquisitão. • adj 1 original, único. 2 inicial. 3 inventivo, engenhoso.

o.rig.i.nal.i.ty [əridʒən'æliti] n originalidade.

or.na.ment ['ɔːnəmənt] n ornamento, adorno. • vt ornamentar, adornar.

or.phan ['ɔːfən] n órfão. • vt tornar órfão (passivo). • adj órfão.

or.phan.age ['ɔːfənidʒ] n 1 orfandade. 2 orfanato.

or.tho.pe.dics [ɔːθoup'iːdiks] n ortopedia.

os.ten.si.ble [ɔst'ensəbəl] adj ostensivo.

os.trich ['ɔstritʃ] n avestruz.

oth.er ['ʌðə] adj 1 outro, outra, outros, outras. 2 diferente. 3 alternado. • pron outro, outra, outros, outras. • adv de outra maneira. every other day dia sim, dia não.

oth.er.wise ['ʌðəwaiz] adv 1 de outra maneira. 2 diferentemente, diversamente. • conj 1 caso contrário. 2 também. Edson Arantes, otherwise known as Pelé / Edson Arantes, também conhecido por Pelé.

ot.ter ['ɔtə] n lontra.

ouch [autʃ] interj ai! (dor).

ought [ɔːt] • v aux (seguido de infinitivo com to) dever, convir, ser necessário. you ought to have written você devia ter escrito.

our ['auə] adj nosso, nossa, nossos, nossas.

ours ['auəz] pron nosso, nossa, nossos, nossas. ours is a poor country o nosso é um país pobre.

our.selves [auəs'elvz] pron nós mesmos, nós. all by ourselves sozinhos, sem ajuda. we hurt ourselves nós nos ferimos (reflexivo).

out [aut] vt+vi a) colocar para fora. b) sair. • adj a) falta de, extinção. b) fora de moda. • adv fora, para fora. • prep de dentro de... para fora. • interj fora! saia! out of money

sem dinheiro. out of question fora de cogitação. way out saída.

Usa-se out:

1) Como prefixo para indicar vantagem em comparação. Ex.: outdistance (bater os concorrentes), outlast (viver ou existir mais).

2) Para indicar: a) falta de, extinção. the lights are out / estamos sem luz. b) fora de moda. plantinum hair is out / a cor louro platinado está fora de moda.

3) Com verbos de movimento: go out, walk out, come out etc. as it was raining hard, she decided not to go out / como estava chovendo, ela achou melhor não sair.

4) Para indicar remoção: take something out of tirar algo de dentro de. she took a lipstick out of her handbag / ela tirou um batom de dentro da bolsa. drop out of school largar os estudos.

5) Alguém de dentro, olhando ou dirigindo-se para fora. he looked out of the window at the children in the garden / ele olhou da janela as crianças no jardim.

6) Para indicar proporção. eight good-looking girls out of ten dream of becoming movie stars / oito entre dez moças bonitas sonham tornar-se estrelas de cinema.

out.break ['autbreik] n 1 erupção. 2 insurreição. 3 afloramento.

out.burst ['autbəːst] n irrupção, explosão, acesso (de raiva etc.).

out.come ['autkʌm] n resultado, efeito, consequência.

out.dat.ed [autd'eitid] adj antiquado, obsoleto.

out.door ['autdɔː] adj ao ar livre, do lado de fora.

out.doors ['autdɔːz] n o ar livre, mundo exterior, campo.

out.fit ['autfit] n 1 equipamento, aparelhamento. 2 roupa. • vt equipar.

out.ing ['autin] n passeio, excursão.

out.law ['autlɔː] n proscrito.

out.let ['autlet] n 1 passagem, saída. 2 ponto de revenda. 3 tubo de descarga. 4 tomada (de eletricidade). outlet center loja de ponta de estoque.

out.line ['autlain] *n* **1** contorno. **2** esboço, croqui. • *vt* **1** esboçar, delinear. **2** resumir.

out.live [autl'iv] *vt* sobreviver.

out.look ['autluk] *n* **1** perspectiva, previsão. **2** panorama. **3** ponto de vista.

out.pa.tient ['autpeiʃənt] *n* paciente de ambulatório.

out.put ['autput] *n* **1** produção. **2** *Econ output*: produto.

out.rage ['autreidʒ] *n* ultraje, afronta. • *vt* ultrajar, insultar.

out.ra.geous [autr'eidʒəs] *adj* ultrajante, chocante.

out.right [autr'ait] *adj* **1** direto. **2** completo, total. *an outright statement* / uma afirmação direta, completa. • *adv* **1** completamente, diretamente. **2** imediatamente. **3** indiscutivelmente.

out.set ['autset] *n* início.

out.side [auts'aid] *n* **1** exterior. **2** aparência. *to judge by the outside* / julgar pela aparência. • *adj* externo. • *adv* do lado de fora. **from the outside** do lado de fora.

out.sid.er ['autsaidə] *n* estranho, intruso.

out.skirts ['autskə:ts] *n* cercanias.

out.source [auts'ɔ:s] *vt* terceirizar.

out.sourc.ing [auts'ɔ:siŋ] *n* *Com* terceirização.

out.spo.ken [autsp'oukən] *adj* franco, sincero.

out.stand.ing [auts'ændiŋ] *adj* notável, proeminente.

o.val ['ouvəl] *n, adj* oval.

o.va.ry ['ouvəri] *n* ovário.

o.va.tion [ouv'eiʃən] *n* ovação, aclamação.

ov.en ['ʌvən] *n* forno.

ov.en.proof ['ʌvənpru:f] *adj* refratário: resistente a altas temperaturas.

ov.en.ware ['ʌvənwɛə] *n* louça ou cerâmica refratária.

o.ver ['ouvə] *adj* **1** excedente. **2** superior. **3** terminado, acabado. • *adv* **1** de novo, novamente. **2** completamente. • *prep* **1** demasiado. **2** sobre. **3** no decurso de. **4** virado. **all over** a) completamente. b) por toda parte. **ask them over** convide-os para cá. **come over here** venha aqui. **for over a year** durante mais de um ano.

over there lá adiante.

o.ver.all [ouvər'ɔ:l] *adj* **1** geral, abrangente. **2** absoluto.

o.ver.alls ['ouvərɔ:lz] *n pl* macacão.

o.ver.coat ['ouvəkout] *n* sobretudo, capote.

o.ver.come [ouvək'ʌm] *vt* (*ps* **overcame**, *pp* **overcome**) superar, conquistar.

o.ver.do [ouvəd'u:] *vt+vi* (*ps* **overdid**, *pp* **overdone**) exceder, exagerar.

o.ver.dose ['ouvedous] *n* dose excessiva.

o.ver.eat [ouvər'i:t] *vi* (*imp* **overate**, *pp* **overeaten**) empanturrar-se.

o.ver.es.ti.mate [ouvər'estimeit] *vt* superestimar, sobrestimar.

o.ver.flow ['ouvəflou] *n* **1** inundação, alagamento. **2** superabundância. • [ouvəfl'ou] *vt+vi* inundar, transbordar.

o.ver.hear [ouvəh'iə] *vt+vi* (*ps, pp* **overheard**) **1** ouvir por acaso. **2** escutar, ouvir secretamente.

o.ver.heat.ing [ouvəh'i:tiŋ] *n* superaquecimento.

o.ver.leaf [ouvəl'i:f] *adv* no verso.

o.ver.load ['ouvəloud] *n* sobrecarga. • [ouvəl'oud] *vt* sobrecarregar.

o.ver.look [ouvəl'uk] *vt* **1** supervisionar. **2** negligenciar.

o.ver.night ['ouvənait] *adj* noturno. • *adv* **1** durante a noite. **2** da noite para o dia.

o.ver.pass ['ouvəpa:s] *n* passagem elevada.

o.ver.priced [ouvəpr'aist] *adj* de preço excessivo.

o.ver.qual.i.fied [ouvəkw'ɔlifaid] *adj* com mais qualificação que o necessário para o posto.

o.ver.tly [ouv'ə:tli] *adv* publicamente, abertamente.

o.ver.weight ['ouvəweit] *n* obesidade. • *adj* com excesso de peso, obeso.

o.ver.work ['ouvəwə:k] *n* trabalho excessivo. • *vt+vi* esfalfar, extenuar(-se).

owe [ou] *vt+vi* dever, ter dívidas.

own [oun] *vt* **1** possuir, ter. **2** reconhecer. • *adj* próprio. **a house of their own** sua casa própria. **on one's own** por iniciativa própria. **to own up** confessar, admitir.

own.er ['ounə] *n* proprietário, dono.

ox.y.gen ['ɔksidʒən] *n* oxigênio.

oy.ster ['ɔistə] *n* ostra.

o.zone ['ouzoun] *n* ozônio. **ozone layer** camada de ozônio.

P, p [pi:] *n* décima sexta letra do alfabeto, consoante.

pace [peis] *n* 1 passo. 2 compasso, ritmo. • *vt+vi* andar a passo. **to pace up and down** andar de cá para lá, nervosamente. **at one's own pace** no seu próprio ritmo.

pace-mak.er [p'eis meikə] *n* marca-passo.

pac.i.f.ier [p'æsifaiə] *n* chupeta.

pac.i.fist [p'æsifist] *n* pacifista.

pack [pæk] *n* 1 mochila, pacote, embrulho. 2 bando, quadrilha: *a pack of journalists*. 3 matilha: *a pack of dogs*. 4 alcatéia: *a pack of wolves*. 5 baralho: *a pack of cards*. 6 maço (de cigarros). • *vt+vi* 1 empacotar, fazer as malas, acondicionar. 2 *Comp* condensar, compactar.

pack.age [p'ækidʒ] *n* 1 pacote, embrulho. 2 *Comp* pacote: conjunto de programas.

pact [pækt] *n* pacto, tratado.

pad [pæd] *n* 1 material de enchimento, chumaço. 2 *Sports* caneleira. 3 bloco. • *vt* colocar enchimento. **ink pad** almofada de carimbo.

pad.lock [p'ædlɔk] *n* cadeado. • *vt* fechar a cadeado.

pa.gan [p'eigən] *n* pagão. • *adj* pagão.

page [peidʒ] *n* 1 pajem. 2 mensageiro. 3 página. • *vt* 1 anunciar por alto-falante. 2 localizar.

pag.er [p'eidʒə] *n pager:* transmissor eletrônico de mensagens.

paid [peid] *ps, pp* de **pay**. • *adj* pago. **paid in** totalmente pago.

pail [peil] *n* balde.

pain [pein] *n* 1 dor, sofrimento. *back pain* / dor nas costas. 2 esforço, trabalho. • *vt+vi* 1 causar dor a, doer. *it pains me to see you leave home* / me dói muito ver você partir. 2 esforçar-se, empenhar-se. **to be at great pains** fazer um grande esforço. **to be in pains** sofrer, padecer.

pain.ful [p'einful] *adj* 1 doloroso, penoso. 2 difícil, trabalhoso.

pain.kil.ler [p'einkilə] *n coll* analgésico.

pain.less [p'einlis] *adj* indolor.

paint [peint] *n* 1 pintura. 2 tinta. • *vt+vi* 1 pintar, colorir. 2 retratar. 3 *fig* descrever, relatar. **to paint the town red** pintar o sete. **wet paint!** tinta fresca!

paint.box [p'eintbɔks] *n* estojo de tintas.

paint.brush [p'eintbrʌʃ] *n* pincel, broxa.

paint.er [p'eintə] *n* pintor (de quadros, de parede). **landscape painter** paisagista. **portrait painter** retratista.

pair [pɛə] *n* 1 par. 2 dupla. 3 parelha. 4 casal. • *vt+vi* 1 juntar, unir. 2 acasalar-se. **a pair of gloves** um par de luvas. **a pair of scissors** uma tesoura. **in pairs** aos pares. **to pair off** formar pares, duplas.

pa.jam.as [pədʒ'a:məz] *n pl* (também **pyjamas**) pijama.

pal [pæl] *n* camarada, companheiro.

pale [peil] *vt+vi* 1 empalidecer. 2 *fig* apagar-se, perder a importância. • *adj* pálido, lívido. **to grow/turn pale** empalidecer.

palm¹ [pa:m] *n* 1 palma da mão. 2 palmo (medida). • *vt* 1 *sl* subornar. 2 esconder na palma. **to grease the palm of** *coll* molhar a mão, subornar.

palm² [pa:m] *n* palma, palmeira.

pal.pi.ta.tion [pælpit'eiʃən] *n* 1 palpitação, pulsação. 2 tremor.

pal.sy [p'ɔ:lzi] *n* paralisia. *cerebral palsy* / paralisia cerebral.

pan [pæn] *n* caçarola, panela. **baking pan** assadeira. **bed pan** penico.

P

pan.cake [p'ænkeik] *n* panqueca.

pan.da [p'ændə] *n* panda.

pan.el [p'ænəl] *n* **1** painel, almofada de porta. **2** quadro, painel.

pan.el dis.cus.sion [p'ænəl disk∧ʃən] *n* mesa-redonda.

pang [pæŋ] *n* **1** pontada, dor aguda e repentina. **2** ânsia, aflição. **pangs of death** angústia mortal.

pan.ic [p'ænik] *n* pânico. • *vt+vi* apavorar. **to be in / get into panic** entrar em pânico.

pant [pænt] *vt+vi* arquejar, ofegar. **to pant after something** almejar alguma coisa.

pan.ther [p'ænθə] *n* pantera.

pant.ies [p'æntiz] *n pl* calcinha de crianças e mulheres.

pan.try [p'æntri] *n* **1** despensa. **2** copa.

pants [pænts] *n pl coll* calças.

pant.y.hose [p'æntihouz] *n* meia-calça.

pa.pa.ya [pəp'aiə] *n* mamão.

pa.per [p'eipə] *n* **1** papel. **2** documentos. **3** jornal. • *vt* empapelar. • *adj* **1** de papel. **2** fictício, teórico. **3** fino como papel, frágil. **carbon paper** papel-carbono. **tissue paper** papel de seda. **toilet paper** papel higiênico.

pa.per.back [p'eipəbæk] *n* **1** *coll* brochura, livro de capa mole. **2** livro de bolso.

pa.per nap.kin [p'eipə næpkin] *n* guardanapo de papel.

pa.per.work [p'eipəwɔ:k] *n* papelada.

par.a.chute [p'ærəʃu:t] *n* pára-quedas. • *vt+vi* saltar de pára-quedas. **parachute jump** salto com pára-quedas.

pa.rade [pər'eid] *n* **1** parada, desfile. **2** passeata. • *vt+vi* **1** desfilar. **2** exibir-se. **hit parade** parada de sucesso.

par.a.dise [p'ærədais] *n* **1** paraíso. **2** sítio aprazível. **3** felicidade, bem-aventurança. **in paradise** no sétimo céu.

par.a.dox.i.cal [pærəd'ɔksikəl] *adj* paradoxal.

par.a.graph [p'ærəgra:f; p'ærəgræf] *n* parágrafo, alínea.

par.al.lel [p'ærələl] *n* **1** linha paralela. **2** paralelo, confronto. • *vt* **1** comparar, confrontar. **2** igualar, assemelhar. • *adj* **1** paralelo. **2** semelhante.

pa.ral.y.sis [pər'ælisis] *n Med* paralisia.

par.a.med.ics [pærəm'ediks] *n* paramédico.

par.cel [p'a:səl] *n* **1** quantidade. **2** pacote, embrulho. • *vt* embrulhar, empacotar. • *adj* em parcelas.

par.don [pa:d'ɔn] *n* perdão, indulto. • *vt* **1** perdoar. **2** absolver. **I beg your pardon** perdoe-me, desculpe-me.

par.ent [p'ɛərənt] *n* pai ou mãe. • *adj* paterno ou materno. **the parents** os pais.

pa.ren.the.sis [pər'enθisis] *n* parêntese.

par.ents-in-law [p'ɛərənts in lɔ:] *n pl* sogros.

park [pa:k] *n* **1** parque. **2** local para estacionamento de veículos. • *vt+vi* estacionar (veículos). **amusement park** parque de diversões. **car park** estacionamento para carros.

par.lia.ment [p'a:ləmənt] *n* parlamento.

par.rot [p'ærət] *n* papagaio.

part [pa:t] *n* **1** parte, pedaço, trecho. **2** peça. **3** membro. **4** *Theat* papel. • *vt+vi* **1** partir. **2** repartir. **3** quebrar(se). **4** ir-se embora. **5** separar-se de. *we parted friends* / separamo-nos como amigos. **spare parts** peças sobressalentes.

par.tic.i.pate [pa:t'isipeit] *vt+vi* participar, compartilhar.

par.ti.cle [p'a:tikəl] *n* partícula.

par.tic.u.lar [pət'ikjulə] *n* **1** particularidade. **2** *sl* peculiaridade. **3** dados, detalhes. • *adj* **1** particular, específico. **2** exigente. **3** minucioso. *don't be too particular about it* / não seja tão minucioso a respeito. **4** especial. *a particular way* / modos singulares. **in particular** especialmente. **to enter into particulars** entrar em detalhes.

par.tic.u.lar.i.ty [pətikjul'æriti] *n* particularidade, individualidade.

par.tic.u.lar.ly [pət'ikjuləli] *adv* de modo particular. **most particularly** encarecidamente.

par.ti.tion [pa:t'iʃən] *n* **1** divisão. **2** divisória.

part.ly [p'a:tli] *adv* em parte.

part.ner [p'a:tnə] *n* **1** sócio. **2** parceiro. **3** par (de dança). **4** cúmplice. **acting partner** sócio ativo. **sleeping partner** sócio passivo.

part-time job [p'a:t taim dʒɔb] *n* serviço de meio expediente.

par.ty [p'a:ti] *n* **1** partido, grupo. **2** festa. **3** parte. **stag party** despedida de solteiro. **the parties concerned** os interessados.

pass [pa:s; pæs] *n* **1** desfiladeiro. **2** passe: a) licença, salvo-conduto. b) bilhete gratuito. c) passe de mágica. **3** aprovação em exame. • *vt* passar. **pass me the butter, please!** passe-me a manteiga, por favor! **to let pass** deixar passar.

pas.sage [p'æsidʒ] *n* **1** passagem. **2** episódio, incidente. **3** travessia, viagem.

pas.sen.ger [p'æsindʒə] *n* passageiro, viajante.

pass.er.by [p'a:səbai] *n* transeunte, caminhante.

pas.sion [p'æʃən] *n* paixão, entusiasmo. *she has a passion for music* / ela tem paixão por música.

pas.sion.ate [p'æʃənit] *adj* apaixonado, veemente. **a passionate speech** um discurso veemente.

pas.sion fruit [p'æʃən fru:t] *n* maracujá.

pas.sive [p'æsiv] *n* passivo, que não oferece resistência.

pass.port [p'a:spɔ:t] *n* passaporte.

pass.word [p'a:swə:d; p'æswə:d] *n* senha.

past [pa:st, pæst] *n* passado. *very little is known of his past* / não se sabe quase nada de seu passado. • *adj* **1** passado, decorrido. *she is past thirty* / ela passou dos trinta. **2** anterior. • *prep* **1** além, adiante de. **2** após. *it was past midnight when the party was over* / a festa acabou depois da meia-noite. **3** fora de alcance ou possibilidade.

pas.time [p'a:staim] *n* passatempo.

pas.tor [p'a:stə; p'æstə] *n* pastor, pároco.

pas.try [p'eistri] *n* **1** doce. **2** massa para torta.

pat [pæt] *n* tapinha, afago. • *vt+vi* bater de leve. **a pat on the back** uma palavra de encorajamento.

patch [pætʃ] *n* **1** remendo. **2** esparadrapo colocado sobre uma ferida. **3** trecho. • *vt+vi* **1** remendar. **2** fazer às pressas. **3** reconciliar. **patchwork** trabalho feito de retalhos.

path [pa:θ; pæθ] *n* **1** atalho, passagem. **2** rota, trajetória. **3** *Comp* caminho: seqüência hierárquica de diretórios.

pa.thet.ic [pəθ'etik] *adj* **1** patético. **2** digno de pena.

pa.tience [p'eiʃəns] *n* paciência, perseverança. *I have no patience with him* / não posso suportá-lo.

pa.tient [p'eiʃənt] *n* paciente. • *adj* paciente, perseverante.

pa.tri.arch [p'eitria:k] *n* patriarca.

pat.ri.mo.ny [p'ætriməni] *n* patrimônio.

pa.tri.ot [p'ætriət; p'eitriət] *n* patriota. • *adj* patriota.

pa.trol car [pətr'oul ka:] *n* carro da polícia, *Braz coll* radiopatrulha.

pa.trol.man [pətr'oul mæn] *n* patrulheiro, policial, soldado.

pa.tron.ize, pa.tron.ise [p'ætrənaiz] *vt* **1** apadrinhar. **2** tratar de forma paternalista.

pat.tern [p'ætən] *n* **1** padrão. **2** molde. **3** desenho, estampa (em tecido etc.). • *vt* **1** modelar. **2** decorar com desenho. • *adj* estampado.

paunch [pɔ:ntʃ] *n* pança, barriga.

pau.per [p'ɔ:pə] *n* indigente.

pause [pɔ:z] *n* pausa. • *vi* pausar.

pave [peiv] *vt* pavimentar. **to pave the way for** abrir caminho para algo ou alguém.

pave.ment [p'eivmənt] *n* **1** pavimento, pavimentação. **2** calçada.

pawn [pɔ:n] *n* penhor. • *vt* penhorar, empenhar.

pay [pei] *n* **1** pagamento, remuneração. **2** salário, ordenado. **3** recompensa. • *vt+vi* (*ps, pp* **paid**) pagar: a) remunerar. b) satisfazer um débito. *it has been paid for* / já está pago. c) dar em troca de compras efetuadas. *I'll pay for the dinner* / pagarei o jantar. d) recompensar, gratificar. e) expiar. f) retribuir. g) retaliar. *he shall pay for this* / ele pagará por isso. **to pay attention** prestar atenção. **well-paid** bem remunerado.

pay.check [p'eitʃek] *n* cheque de pagamento.

pay.ment [p'eimənt] *n* pagamento.

pay-per-view [pei pə vj'u:] *n* *TV* taxa cobrada por programa escolhido individualmente.

pay.phone [p'eifoun] *n* telefone público.

pay.roll [p'eiroul] *n* folha de pagamento.

PC [pi: s'i:] *abbr* **personal computer** (computador pessoal).

pea [pi:] *n* ervilha. **chick pea** grão-de-bico.

peace [pi:s] *n* 1 paz. 2 paz de espírito. **at peace** em paz.

peace.ful [p'i:sful] *adj* 1 sereno. 2 pacato.

peach [pi:tʃ] *n* pêssego.

pea.cock [p'i:kɔk] *n* pavão. • *vt+vi* pavonear(-se). **proud as a peacock** orgulhoso como um pavão.

peak [pi:k] *n* 1 pico, cume. 2 ponta. 3 auge. 4 *Tech* máximo. • *vt+vi* chegar (ou levar) ao ponto máximo. • *adj* máximo. **peak time** horário de maior audiência (TV, rádio).

pea.nut [p'i:nʌt] *n* 1 amendoim. 2 *Amer sl pl* quantia insignificante (peanuts).

pear [pɛə] *n* pêra.

pearl [p'ə:l] *n* 1 pérola. 2 pessoa muito estimada ou especial.

peas.ant [p'ezənt] *n* 1 camponês, agricultor. 2 pessoa rústica, caipira.

peb.ble [p'ebəl] *n* seixo.

pe.can [pik'æn] *n* noz-pecã.

peck [pek] *n* 1 bicada. 2 *coll* beijo ligeiro. • *vt+vi* 1 bicar. 2 *coll* mordiscar. 3 beijar de forma apressada.

peck.ish [p'ekiʃ] *adj* faminto.

pe.cu.liar [pikj'u:liə] *n, adj* 1 peculiar, característico. 2 excêntrico.

pe.cu.ni.ar.y [pikj'u:niəri] *adj* pecuniário, monetário.

ped.a.go.gy [p'edəgɔgi] *n* pedagogia.

ped.al [p'edəl] *n* pedal. • *vt+vi* pedalar, andar de bicicleta.

pe.dan.tic [pid'æntik] *adj* pedante, pretensioso.

pe.des.tri.an [ped'estriən] *n* pedestre.

pe.des.tri.an cross.ing [pedestriən kr'ɔsiŋ] *n* faixa de pedestre.

pe.di.a.tri.cian [pi:diətr'iʃən] *n Med* pediatra.

ped.i.gree [p'edigri:] *n* 1 linhagem. 2 raça pura. **a pedigree horse** um cavalo de ótima linhagem.

pee [pi:] *vi sl* urinar, fazer xixi. • *n* urina, xixi.

peel [pi:l] *n* casca (de fruta). • *vt+vi* descascar.

peep [pi:p] *n* olhadela, espiada. • *vt+vi* espreitar, espiar.

peep.hole [p'i:phoul] *n* olho mágico.

peg [peg] *n* 1 pino. 2 gancho de parede. 3 pregador de roupa. • *vt* prender (roupas no varal).

pe.jo.ra.tive [pidʒ'ɔrətiv] *adj* pejorativo, depreciativo.

pen [pen] *n* caneta. **ballpoint pen** caneta esferográfica.

pen.al.ty [p'enəlti] *n* 1 penalidade. 2 *Ftb* pênalti.

pence [pens] *n pl of* **penny.**

pen.cil [p'ensəl] *n* lápis. • *vt* desenhar, traçar ou esboçar a lápis.

pen.cil sharp.en.er [p'ensəl ʃa:pənə] *n* apontador de lápis.

pen.e.trate [p'enətreit] *vt+vi* penetrar.

pen.e.trat.ing [p'enətreitiŋ] *adj* 1 penetrante. 2 perspicaz.

pen.i.cil.lin [penəs'ilin] *n* penicilina.

pen.i.ten.tia.ry [penit'enʃəri] *n* penitenciária, presídio.

pen.knife [p'ennaif] *n* canivete.

pen name [p'en neim] *n* pseudônimo (de escritor).

pen.ny [p'eni] *n* (*pl* **pennies, pence**) 1 pêni: moeda divisionária inglesa (1/100 da libra). 2 *Amer coll* centavo. **the penny dropped!** *Braz* a ficha caiu!

pen.sion [p'enʃən] *n* pagamento a pensionista. **old age pension** aposentadoria.

pen.sion.er [p'enʃənə] *n* aposentado.

pent.house [p'enthaus] *n* apartamento de cobertura.

peo.ple [p'i:pəl] *n* 1 povo. 2 nação, raça. 3 gente, público. 4 multidão. 5 habitantes. • *vt* 1 povoar. 2 habitar.

pep.per [p'epə] *n* 1 pimenta. 2 pimentão. • *vt* temperar com pimenta.

pep.per.mint [p'epəmint] *n* 1 hortelã-pimenta. 2 bala de hortelã.

pep.per.o.ni [pepər'ouni] *n* lingüiça calabresa.

per.ceive [pəs'i:v] *vt* 1 perceber. 2 distinguir. 3 compreender.

per.cen.tage [pəs'entidʒ] *n* 1 porcentagem. 2 *fig* parte, proporção. 3 *sl* quinhão.

per.cep.tion [pəs'epʃən] *n* 1 percepção, discernimento. 2 noção, idéia.

per.fect [pəf'ekt] *vt* **1** aperfeiçoar(-se). **2** melhorar. • [p'ə:fikt] *adj* **1** perfeito. **2** impecável. *he is a perfect gentleman* / ele é um cavalheiro impecável.

per.form [pəf'ɔ:m] *vt+vi* **1** realizar. **2** efetuar. **3** executar. **4** desempenhar(se).

per.for.mance [pəf'ɔ:məns] *n* **1** execução, desempenho. **2** atuação (de artista, atleta etc.).

per.form.ing arts [pəf'ɔ:miŋ a:ts] *n pl* artes dramáticas e musicais.

per.fume [p'ə:fju:m] *n* perfume. • [pafj'u:m] *vt* perfumar. Veja nota em **smell**.

per.haps [pəh'æps] *adv* talvez.

pe.ri.od [p'iəriəd] *n* **1** período. **2** época, era, idade. **3** *Gram* ponto final. **4** fim, termo, limite.

pe.riph.er.al [per'ifərəl] *n Comp* periférico. • *adj* periférico.

per.ish [p'eriʃ] *vt+vi* **1** perecer, morrer, sucumbir. **2** deteriorar, estragar.

per.ma.nent [p'ə:mənənt] *adj* permanente, duradouro.

per.mis.si.ble [pəm'isəbəl] *adj* permissível, admissível.

per.mis.sion [pəm'iʃən] *n* permissão, autorização.

per.mis.sive [pəm'isiv] *adj* permissivo, tolerante.

per.mit [p'ə:mit] *n* passe, autorização. • [pəm'it] *vt+vi* **1** permitir, autorizar.

per.mute [pəmj'u:t] *vt* permutar.

per.ni.cious [pə:n'iʃəs] *adj* **1** pernicioso, nocivo. **2** mortal, fatal.

per.plexed [pəpl'ekst] *adj* perplexo, desorientado.

per.se.cute [p'ə:sikju:t] *vt* **1** perseguir. **2** atormentar.

per.se.vere [pə:siv'iə] *vt+vi* perseverar, persistir.

per.se.ver.ing [pə:siv'iəriŋ] *adj* perseverante, persistente.

per.sist [pəs'ist] *vt+vi* **1** persistir. **2** subsistir.

per.sist.ent [pəs'istənt] *adj* **1** persistente, perseverante. **2** constante.

per.son [p'ə:sən] *n* **1** pessoa, indivíduo, homem ou mulher. **2** presença pessoal. **in person** pessoalmente.

per.son.al [p'ə:sənəl] *n, adj* pessoal, particular.

per.son.al ef.fects [pə:sənəl if'ekts] *n* objetos de uso pessoal.

per.son.i.fy [pəs'ɔnifai] *vt* personificar.

per.son.nel [pə:sən'el] *n* pessoal: quadro de funcionários.

per.spec.tive [pəsp'ektiv] *n* **1** perspectiva. **2** visão abrangente. • *adj* perspectivo.

per.spi.ra.tion [pə:spər'eiʃən] *n* transpiração, suor.

per.spire [pəsp'aiə] *vi* transpirar, suar.

per.suade [pəsw'eid] *vt* persuadir, convencer.

per.sua.sive [pəsw'eisiv] *adj* persuasivo, convincente.

per.ti.na.cious [pə:tin'eiʃəs] *adj* pertinaz, obstinado.

per.ti.nent [p'ə:tinənt] *adj* pertinente, apropriado.

per.turb [pət'ə:b] *vt* perturbar.

per.ver.sion [pəv'ə:ʃən] *n* perversão.

pes.si.mis.tic [pesim'istik] *adj* pessimista.

pet [pet] *n* **1** animal de estimação. **2** favorito. • *adj* **1** bonzinho. *be a pet and fetch me my book* / seja bonzinho e vá buscar meu livro. **2** de estimação.

pet.al [p'etəl] *n* pétala.

pe.trol [p'etrəl] *n* gasolina. Veja nota em **petróleo**.

pe.trol sta.tion [p'etrəl steiʃən] *n* posto de gasolina.

pet.ti.coat [p'etikout] *n* anágua.

pet.ty [p'eti] *adj* **1** trivial. **2** mesquinho. **petty cash** fundo para pequenos gastos.

pew [pju:] *n* banco de igreja.

phar.ma.cy [f'a:məsi] *n* farmácia, drogaria.

phase [feiz] *n* **1** fase. **2** período. • *vt* **1** sincronizar. **2** planejar em fases.

phi.los.o.pher [fil'ɔsəfə] *n* filósofo.

phi.los.o.phy [fil'ɔsəfi] *n* filosofia.

phleg.mat.ic [flegm'ætik] *adj* fleumático.

phone.booth [f'ounbu:ð] *n* cabine telefônica.

pho.ny [f'ouni] *n Amer sl* **1** impostor. **2** imitação, falsificação. • *adj* falso.

pho.to [f'outou] *n* foto, fotografia. • *vt+vi* fotografar. • *adj* fotográfico.

pho.to.cop.y [f'outoukɔpi] *n* fotocópia. • *vt* fotocopiar.

pho.to.graph [f'outəgra:f; f'outəgræf] *n* fotografia. • *vt* **1** fotografar. **2** prestar-se para ser fotografado. **to take a photograph** tirar uma fotografia.

pho.tog.ra.pher [fət'ɔgrəfə] *n* fotógrafo.

pho.tog.ra.phy [fət'ɔgrəfi] *n* arte fotográfica.

phrase [freiz] *n* **1** *Gram, Mus* frase. **2** expressão. **3** expressão idiomática. • *vt* frasear, expressar.

phrase.book [f'reizbuk] *n* livro de expressões de língua estrangeira (para uso em viagem).

phys.i.cal [f'izikəl] *adj* físico: material, natural. **physical disability benefit** auxílio por invalidez. **physical education** educação física.

phy.si.cian [fiz'iʃən] *n* médico.

phys.i.cist [f'izisist] *n* físico.

phys.ics [f'iziks] *n pl* **1** física. **2** propriedades físicas.

phys.io.ther.a.pist [fiziouθ'erəpist] *n Med* fisioterapeuta.

phys.i.o.ther.a.py [fiziouθ'erəpi] *n Med* fisioterapia.

pi.an.ist [p'i:ənist; pi'ænist] *n* pianista.

pi.a.no [pi'ænou] *n* piano.

pick [pik] *n* **1** escolha, seleção. **2** a fina flor. • *vt+vi* **1** esburacar, abrir buracos em. **2** apanhar com o bico. **3** colher (frutas, flores). **to pick and choose** escolher a dedo.

pick.le [p'ikəl] *n* picles.

pick.pock.et [p'ikpɔkit] *n* batedor de carteiras.

pick.up [p'ikʌp] *n* caminhonete de plataforma baixa.

pic.ture [p'iktʃə] *n* **1** pintura, retrato, quadro. *she is as pretty as a picture* / ela é linda como um quadro. **2** desenho, ilustração. **3** filme cinematográfico. **4** **pictures** *Brit* cinema. **to be the very picture of** ser a perfeita imagem de.

pie [pai] *n* **1** torta, pastelão. **2** torta de frutas.

piece [pi:s] *n* **1** peça, pedaço, fragmento. *a piece of cake* / fatia de bolo. **2** parte de uma coleção. **3** composição literária. **4** composição musical. **5** obra, trabalho. • *vt* juntar, unir. *to piece the facts together and reach a conclusion* / juntar as peças e chegar a uma conclusão • *adj* por peça.

a piece of advice um conselho. **a piece of furniture** um móvel. **in pieces** quebrado, partido. **to tear into pieces** despedaçar.

pier [piə] *n* **1** píer. **2** embarcadouro.

pierce [piəs] *vt+vi* furar, penetrar, trespassar com objeto pontiagudo.

pierc.ing [p'iəsiŋ] *adj* **1** perfurante, cortante. *piercing words* / palavras cortantes, incisivas. **2** penetrante. *a piercing look* / um olhar penetrante. **3** agudo, lancinante. *a piercing cry* / um grito lancinante.

pi.e.ty [p'aiəti] *n* piedade, compaixão.

pig [pig] *n* porco, leitão.

pig.tail [p'igteil] *n* (also **pigtails**) penteado maria-chiquinha.

pile [pail] *n* pilha, montão. • *vt+vi* empilhar, amontoar. **to pile up** empilhar(-se), acumular(-se).

pil.grim.age [p'ilgrimidʒ] *n* peregrinação, romaria.

pill [pil] *n* **1** pílula. **2** *fig* coisa desagradável. **a bitter pill to swallow** um osso duro de roer.

pil.low [p'ilou] *n* travesseiro.

pil.ot [p'ailət] *n* **1** *Naut, Aeron* piloto. **2** navegador. **3** piloto: primeiro de uma série. • *vt* **1** pilotar. **2** guiar, conduzir.

pim.ple [p'impəl] *n* espinha.

pin [pin] *n* **1** alfinete. **2** pino. **3** broche. **4** *fig* ninharia. • *vt* **1** prender com alfinetes. **2** atribuir. **3** segurar, prender.

pin.ball [p'inbɔ:l] *n* fliperama.

pinch [pintʃ] *n* **1** beliscão. **2** apuros. **3** *sl* roubo, furto. **4** *sl* prisão, detenção. • *vt+vi* **1** beliscar. **2** *sl* roubar, furtar. **3** *sl* prender.

pine [pain] *n* pinheiro.

pine.ap.ple [p'ainæpəl] *n* abacaxi.

ping-pong [p'iŋ pɔŋ] *n* pingue-pongue, tênis de mesa.

pink [piŋk] *n* cor-de-rosa.

pi.o.neer [paiən'iə] *n* pioneiro, precursor. • *vi* abrir caminho, agir como pioneiro.

pi.ous [p'aiəs] *adj* pio, devoto.

pipe [paip] *n* **1** cano, tubo. **2** cachimbo.

pipe.line [p'aiplain] *n* **1** oleoduto. **2** *fig* fonte de informações.

pi.ra.cy [p'airəsi] *n* **1** pirataria. **2** plágio.

pi.rate [p'airət] *n* **1** pirata, corsário. **2** plagiário. • *vt+vi* piratear.

piss [pis] *n vulg* mijo, urina. • *vi vulg* mijar, urinar. **to piss someone off** irritar alguém, • *adj* **pissed off** zangado.

pis.tol [p'istəl] *n* pistola (arma de fogo).

pit.i.ful [p'itiful] *adj* 1 lamentável, deplorável. 2 que inspira compaixão.

pit.i.less [p'itilis] *adj* desapiedado, cruel.

pit.y [p'iti] *n* piedade, compaixão, pena, dó. • *vt* compadecer-se de. **what a pity!** que pena!

place [pleis] *n* 1 localidade, cidade, região etc. 2 local, ponto. 3 emprego. 4 posição, classe. 5 moradia. 6 assento. *he took his place* / ele ocupou seu lugar. • *vt+vi* colocar, pôr, depositar. *he placed confidence in her* / ele depositou confiança nela. **out of place** fora de propósito. **to take place** ter lugar, realizar-se.

plain [plein] *n* 1 planície. 2 **plains** *Amer* prado, campina. • *adj* 1 plano, raso. 2 claro, evidente. 3 simples, modesto. 4 comum, sem beleza. 5 unicolor. **in plain clothes** em trajes civis. **in plain English** em bom e claro inglês.

plan [plæn] *n* plano: 1 planta, projeto. 2 gráfico. 3 desígnio. 4 esquema. 5 arranjo ou disposição. • *vt+vi* 1 planejar, projetar. 2 *coll* idear.

plan.et [pl'ænit] *n Astr* planeta.

plant [pla:nt, plænt] *n* 1 planta, vegetal. 2 fábrica, usina. 3 maquinaria, instalação. 4 trapaça. • *vt+vi* 1 plantar. 2 fincar. 3 implantar. 4 *sl* forjar falsos indícios.

plan.ta.tion [plaint'eiʃən; plænt'eiʃən] *n* plantação.

plas.ter [pl'a:stə; pl'æstə] *n* 1 argamassa. 2 gesso. **plaster of Paris** gesso.

plas.tic [pl'æstik] *n* plástico. • *adj* plástico. **plastic bag** saco plástico.

plas.tic arts [plæstik 'a:ts] *n pl* artes plásticas.

plas.tic mon.ey [plæstik m'ʌni] *n* cartão de crédito, cartão de banco.

plate [pleit] *n* 1 chapa, lâmina. 2 placa.

plat.ed [pl'eitid] *adj* 1 blindado. 2 laminado.

plat.form [pl'ætfɔ:m] *n* plataforma.

plau.si.ble [pl'ɔ:zəbəl] *adj* plausível, razoável, aceitável.

play [plei] *n* 1 jogo, partida, disputa. 2 divertimento. 3 peça teatral ou cinematográfica. *a play of Shaw* (ou *by Shaw*) / uma peça de Shaw. 4 *Mus* execução, interpretação. • *vt+vi* 1 jogar, disputar. 2 brincar, divertir-se. 3 tocar (instrumentos musicais), executar. 4 representar, desempenhar. **at play** em jogo. **in full play** em plena atividade.

play.back [pl'eibæk] *n* reprodução de gravação fonográfica.

play.boy [pl'eibɔi] *n Amer* playboy: homem de família rica que desfruta os prazeres da vida.

play.er [pl'eiə] *n* 1 jogador. 2 músico. 3 ator, atriz.

play.ground [pl'eigraund] *n playground*.

play.wright [pl'eirait] *n* dramaturgo, teatrólogo.

pleas.ant [pl'ezənt] *adj* 1 agradável. 2 amável. 3 ameno, calmo (tempo).

please [pli:z] *adv* por favor. *please do seat down* / sente-se por favor. • *vt+vi* agradar. *he pleased everybody* / ele agradou a todos. *they are hard to please* / eles são difíceis de contentar.

pleased [pli:zd] *adj* satisfeito, contente.

plea.sure [pl'eʒə] *n* 1 prazer, gosto, satisfação. *it's a pleasure to hear her* / é um prazer ouvi-la. 2 desejo. 3 favor, obséquio. • *vt+vi* aprazer. *she takes pleasure in singing* / ela gosta de cantar.

plen.i.tude [pl'enitju:d] *n* plenitude, totalidade.

plen.ti.ful [pl'entiful] *adj* abundante, copioso.

plen.ty [pl'enti] *n* abundância, fartura. • *adj* abundante, copioso, farto. **plenty of time** tempo de sobra.

pli.ers [pl'aiəz] *n pl* alicate. **a pair of pliers** um alicate.

plot [plɔt] *n* 1 terreno para construção. 2 mapa, plano. 3 conspiração, conluio. 4 enredo. • *vt+vi* 1 delinear, demarcar. 2 representar graficamente. 3 tramar, conspirar.

plough [plau] *n* arado. • *vt* arar, lavrar.

pluck [plʌk] *n* 1 puxão. 2 coragem, determinação. • *vt+vi* 1 colher. 2 depenar. 3 puxar.

plug [plʌg] *n* tampão, plugue. • *vt* tampar, arrolhar, tapar. **to plug a hole** tampar um buraco.

plum [plʌm] *n* ameixa.

plumb.er [plʹʌmə] *n* encanador, bombeiro hidráulico.

plu.ral [plʹuərəl] *n, adj Gram* plural.

plus [plʌs] *n* **1** sinal de adição (+). **2** qualidade positiva (**a plus**). **3** saldo positivo. • *adj* **1** positivo. **2** adicional, extra. • *prep* mais, acrescido de. **two plus two equals four** dois mais dois igual a quatro.

plush [plʌʃ] *n* pelúcia. • *adj* de pelúcia.

P. O. Box [pi: ou bʹɔks] *abbr* **Post Office Box** (caixa postal).

pock.et [pʹɔkit] *n* **1** bolso. **2** recursos financeiros. • *vt* **1** embolsar, pôr no bolso. *I pocketed my sorrow* / escondi a minha mágoa. **2** apropriar-se de dinheiro. • *adj* **1** de bolso. **2** pecuniário. **to pick a person's pocket** bater a carteira de alguém. **to pocket one's pride** pôr o orgulho de lado.

pock.et.book [pʹɔkitbuk] *n* livro de bolso.

pock.et.knife [pʹɔkitnaif] *n* canivete.

pock.et mon.ey [pʹɔkit mʌni] *n* **1** dinheiro para pequenos gastos. **2** *Braz coll* mesada.

po.et [pʹouit] *n* poeta.

po.et.ry [pʹouitri] *n* poesia, forma de arte literária.

point [pɔint] *n* **1** ponto: a) sinal. b) pormenor. *there is a point we have not tackled* / há um pormenor que não discutimos. c) *Sports* tento. d) consideração relevante. *you certainly have a point there* / realmente o ponto que você levantou é relevante. e) local, sítio. *it's quite a good point for the business you have in mind* / é um ótimo local para o comércio que você tem em mente. f) propósito, objetivo. *what's the point of discussing this now?* / qual é o propósito, o que adianta, discutirmos isso agora? **2** extremidade aguçada, ponta. • *vi+vt* **1** fazer ponta em, aguçar. **2** indicar. **3** salientar, evidenciar. **in point of fact** de fato, na realidade. **point of view** ponto de vista.

point.less [pʹɔintlis] *adj* inútil, fora de propósito.

poi.son [pʹɔizən] *n* veneno. • *vt+vi* envenenar, corromper.

poi.son.ous [pʹɔizənəs] *adj* **1** venenoso, tóxico, peçonhento. **2** nocivo, pernicioso. **poisonous food** comida estragada.

poker face [pʹoukə] *n* pôquer. **poker face** fisionomia inexpressiva, cara-de-pau.

pole [poul] *n* **1** poste, estaca. **2** mastro. **3** vara. **4** pólo.

po.lem.ic [pəlʹemik] *n* **1** polêmica, controvérsia. **2** polemista. • *adj* polêmico, controverso.

po.lice [pəlʹi:s] *n* polícia. • *vt* **1** policiar. **2** manter a ordem.

po.lice of.fi.cer [pəlʹi:s ɔfisə] *n* policial.

po.lice head.quar.ters [pəlʹi:s hedkwɔ:təz] *n* delegacia, quartel, central de polícia.

po.lice.man [pəlʹi:smən] *n* policial.

po.lice sta.tion [pəlʹi:s steiʃən] *n* distrito policial, delegacia de polícia.

pol.i.cy [pʹɔlisi] *n* **1** prática, tática. **2** orientação política, programa de ação, diretriz. **bad policy** prática inadequada. **foreign policy** política externa.

pol.ish [pʹɔliʃ] *n* **1** lustro, brilho. **2** *fig* refinamento. **3** acabamento. **4** graxa para sapatos. • *vt+vi* **1** polir, lustrar. **2** engraxar (sapatos). **3** refinar, melhorar. *he needs to polish his French* / ele precisa melhorar seu francês.

po.lite [pəlʹait] *adj* polido, cortês.

po.lit.i.cal [pəlʹitikəl] *adj* político. **for political reasons** por motivos políticos.

pol.i.ti.cian [pɔlitʹiʃən] *n* político.

pol.i.tics [pʹɔlitiks] *n pl* **1** (verbo no singular) política. **2** (verbo no singular) interesse partidário. **3** (verbo no plural) opiniões políticas. *what are your politics?* / qual é a sua opinião política? **to talk politics** discutir questões políticas.

poll [poul] *n* **1** pesquisa de opinião pública. **2** número total de votos.

pol.lute [pəlʹu:t] *vt* poluir.

pol.lut.ed [pəlʹu:tid] *adj* poluído, contaminado.

pol.lu.tion [pəlʹu:ʃən] *n* poluição, contaminação.

po.lyg.a.mous [pɔlʹigəməs] *adj* polígamo.

po.lyg.a.my [pɔlʹigəmi] *n* poligamia.

pol.y.glot [pʹɔliglɔt] *n* poliglota.

pomp.ous [p'ɔmpəs] *adj* **1** esplêndido. **2** pretensioso. **3** empolado.

pond [pɔnd] *n* **1** tanque. **2** lagoa. **3** açude. **fish pond** viveiro de peixes.

pon.der [p'ɔndə] *vt+vi* ponderar, considerar, refletir.

po.ny [p'ouni] *n* pônei.

po.ny.tail [p'ouniteil] *n* rabo-de-cavalo (penteado).

pool[1] [pu:l] *n* **1** poça. **2** tanque, reservatório. **swimming pool** piscina.

pool[2] [pu:l] *n* combinação de recursos. **car pool** rodízio de usuários de carro.

poor [puə] *n* **the poor** os pobres. • *adj* **1** pobre. **2** inferior, medíocre. **3** insatisfatório. **poor me!** coitado de mim!

poor.ly [p'uəli] *adj* adoentado, indisposto. • *adv* insuficientemente. **poorly gifted** pouco talentoso.

pope [poup] *n* papa, sumo pontífice.

pop.py [p'ɔpi] *n* papoula.

pop.u.lar [p'ɔpjulə] *adj* **1** popular. **2** barato. **3** estimado. **4** de moda.

pop.u.lar.i.ty [pɔpjul'æriti] *n* popularidade.

porce.lain [p'ɔ:slin] *n* porcelana. • *adj* de porcelana.

porch [pɔ:tʃ] *n* **1** alpendre. **2** *Amer* varanda. **3** entrada, vestíbulo.

pore [pɔ:] *n* poro.

pork [pɔ:k] *n* carne de porco.

por.nog.ra.phy [pɔ:n'ɔgrəfi] *n* pornografia.

po.rous [p'ɔ:rəs] *adj* poroso.

por.ridge [p'ɔridʒ] *n* mingau de cereal.

port [pɔ:t] *n* **1** porto, ancoradouro. **2** abrigo, refúgio. **port of call** porto de escala.

port.a.ble [p'ɔ:təbəl] *adj* portátil.

por.ter [p'ɔ:tə] *n Brit* **1** porteiro. **2** carregador.

por.tion [p'ɔ:ʃən] *n* porção, parcela, fração.

por.trait [p'ɔ:trit] *n* retrato.

posh [pɔʃ] *adj sl* bacana, chique.

po.si.tion [pəz'iʃən] *n* **1** situação, postura. **2** situação social ou econômica. **3** emprego, cargo. • *vt* posicionar. *make sure you position the sign where it is visible to all* / certifique-se de que o aviso foi posicionado onde está visível para todos. **financial position** situação financeira.

pos.i.tive [p'ɔzitiv] *adj* **1** inegável, indiscutível. **2** categórico.

pos.sess [pəz'es] *vt* **1** possuir. **2** apoderar-se, controlar. **3** ser fortemente influenciado.

pos.si.bil.i.ty [pɔsib'iliti] *n* **1** possibilidade. *she was worried about the possibility of failing her test* / ela estava preocupada com a possibilidade de não passar no teste. **2** possibilities *pl* capacidades, valor potencial.

pos.si.ble [p'ɔsəbəl] *n* possível. • *adj* **1** possível, realizável, praticável. **2** potencial.

pos.si.bly [p'ɔsəbli] *adv* possivelmente, talvez.

post[1] [poust] *n* poste, mourão, pilar. **starting post** poste de partida.

post[2] [poust] *n* correio, agência postal. *by return of the post* / por volta do correio. • *vi+vt* postar: pôr no correio.

pos.tal or.der [p'oustəl ɔ:də] *n* vale postal.

post.card [p'oustka:d] *n* cartão postal.

post.code [p'oustkoud] *n Brit* código de endereçamento postal (CEP).

pos.ter.i.ty [pɔst'eriti] *n* posteridade.

post.grad.u.ate [poustgr'ædjuit] *n* estudante de pós-graduação. • *adj* relativo a estudos de pós-graduação.

post.man [p'oustmən] *n* (*pl* **postmen**) carteiro.

post of.fice [p'oust ɔfis] *n* **1** departamento dos correios e telégrafos. **2** correio, agência postal.

post of.fice box [p'oust ɔfis bɔks] *n* caixa postal.

post.pone [poustp'oun] *vt* adiar, procrastinar.

post.script [p'oustskript] *n* pós-escrito.

pos.ture [p'ɔstʃə] *n* postura, pose, atitude.

pot [pɔt] *n* **1** panela. **2** *sl* maconha.

po.ta.to [pət'eitou] *n* (*pl* **potatoes**) batata. **baked potato** batata assada. **couch potato** *sl* pessoa cuja única distração é sentar-se em frente da televisão. **mashed potatoes** purê de batatas.

po.tent [p'outənt] *adj* **1** potente, forte. **2** enérgico.

po.ten.tial [pət'enʃəl] *n* potencialidade, latência. • *adj* potencial.

pot.ter.y [p'ɔtəri] *n* **1** olaria. **2** cerâmica. **3** louça de barro.

poul.try [p'oultri] *n* aves domésticas.

poul.try farm [p'oultri fa:m] *n* granja de aves.

pound [paund] *n* libra: a) medida de peso. b) libra esterlina: unidade monetária inglesa.

pour [pɔ:] *n* chuvarada. • *vt+vi* **1** despejar. **2** emanar, brotar. *heavy smoke poured from the chimney* / saía uma densa fumaça da chaminé. **3** servir em xícara etc. **4** chover. **to pour down** chover a cântaros.

pov.er.ty [p'ɔvəti] *n* pobreza, indigência.

pow.der [p'audə] *n* **1** pó. **2** pólvora. • *vt+vi* **1** polvilhar. **2** empoar. **3** reduzir(-se) a pó.

pow.dered milk [paudəd m'ilk] *n* leite em pó.

pow.er [p'auə] *n* **1** poder: a) capacidade. b) autoridade, controle. c) governo. d) ascendência. e) recurso. f) força. **2** potência: a) nação. b) força. c) alcance. • *vt* prover de energia. • *adj* força. **electric power** força elétrica. **in power** no poder, no governo.

pow.er.ful [p'auəful] *adj* **1** poderoso, forte. **2** eficaz. **3** influente.

pow.er plant [p'auə pla:nt] *n* usina de força.

prac.ti.ca.ble [pr'æktikəbəl] *adj* praticável, viável, factível.

prac.ti.cal [pr'æktikəl] *adj* **1** prático. **2** experiente. **3** fácil, útil.

prac.tice [pr'æktis] *n* **1** prática: a) uso, costume. b) experiência. c) exercício. d) desempenho de uma profissão. **2** clínica. • *vt+vi* (também **practise**) **1** executar, fazer. **2** exercer, desempenhar. **3** exercitar(se), treinar. **out of practice** sem prática.

praise [preiz] *n* louvor, elogio. • *vt+vi* **1** louvar, elogiar. *he praised him to the sky* / ele o elogiou muitíssimo. **2** vangloriar-se. *he praised himself on his practice* / ele vangloriou-se da sua experiência.

pram [præm] *abbr* **perambulator** *n coll* carrinho de bebê.

prawn [prɔ:n] *n* pitu: camarão grande.

pray [prei] *vt+vi* **1** rezar, orar. **2** suplicar.

3 interceder por. **4** salvar por meio de orações.

prayer [prɛə] *n* **1** oração, reza. *she said her prayers* / ela fez as suas orações. **2** súplica, rogo. **morning prayers** preces matinais.

preach [pri:tʃ] *n coll* prédica, sermão. • *vt+vi* pregar: a) proclamar o Evangelho. b) pronunciar sermões.

preach.er [pr'i:tʃə] *n* pastor.

pre.car.i.ous [prik'ɛəriəs] *adj* precário.

pre.cau.tion [prik'ɔ:ʃən] *n* precaução, prevenção.

pre.cede [pris'i:d] *vt+vi* preceder: a) anteceder. *they went in preceded by their master* / eles entraram precedidos pelo seu mestre. b) chegar antes de.

pre.cious [pr'eʃəs] *adj* **1** precioso, valioso. **2** querido.

prec.i.pice [pr'esipis] *n* **1** precipício. **2** *fig* situação difícil, ruína.

pre.cip.i.ta.tion [prisipit'eiʃən] *n* precipitação: a) queda. b) pressa irrefletida. c) *Meteor* queda de chuva, neve, granizo etc.

pre.cise [pris'ais] *adj* preciso, exato, meticuloso.

pre.cise.ly [pris'aisli] *adv* **1** precisamente. **2** pontualmente.

pre.co.cious [prik'ouʃəs] *adj* precoce, prematuro.

pre.dict [prid'ikt] *vt+vi* predizer, prognosticar.

pre.dic.tion [prid'ikʃən] *n* predição, vaticínio, prognóstico.

pre.dom.i.nance [prid'ominəns] *n* **1** predominância. **2** preponderância.

pre.dom.i.nant [prid'ominənt] *adj* predominante.

pref.ace [pr'efis] *n* prefácio. • *vt+vi* prefaciar (**by** / **with** com).

pre.fer [prif'ə:] *vt* preferir, escolher. *they preferred going home* / preferiram voltar para casa.

pref.er.a.bly [pr'efərəbli] *adv* preferivelmente, de preferência.

pref.er.ence [pr'efərəns] *n* preferência.

preg.nan.cy [pr'egnənsi] *n* gravidez, gestação.

preg.nant [pr'egnənt] *adj* grávida.

prej.u.dice [pr'edʒudis] *n* **1** discriminação. **2** preconceito. *minorities are usually the victims of prejudice* / as minorias geralmente são vítimas de preconceito. • *vt* **1** prejudicar, lesar. *his school attendance record was prejudiced by long periods of illness* / sua freqüência à escola foi prejudicada por longos períodos de doença. **2** predispor.

prej.u.diced [pr'edʒudist] *adj* preconceituoso.

prej.u.di.cial [predʒud'iʃəl] *adj* prejudicial, nocivo.

pre.ma.ture [pr'emətʃə] *adj* **1** prematuro. **2** precipitado.

pre.med.i.ta.tion [pri:medit'eiʃən] *n* premeditação.

prem.i.er [pr'emiə; prim'iə] *n Fr* primeiro-ministro. • *adj* principal.

pre.mi.um [pr'i:miəm] *n* prêmio de seguro.

pre.mo.ni.tion [primən'iʃən] *n* **1** premonição. **2** *coll* presságio, pressentimento.

pre.oc.cu.pied [pri'ɔkjupaid] *adj* preocupado, absorto (**with** com).

pre.pare [prip'ɛə] *vt+vi* **1** preparar(se), aprontar(se). **2** equipar.

pre.pon.der.ance [prip'ɔndərəns] *n* preponderância, predomínio.

pre.pon.der.ant [prip'ɔndərənt] *adj* preponderante, predominante.

pre.pos.ter.ous [prip'ɔstərəs] *adj* **1** irracional, ilógico. **2** absurdo, ridículo.

pres.age [pr'esidʒ] *n* presságio, augúrio. • *vt+vi* pressagiar, prognosticar.

pre.scribe [priskr'aib] *vt+vi* **1** determinar, ordenar. **2** receitar.

pre.scrip.tion [priskr'ipʃən] *n* receita médica.

pres.ence [pr'ezəns] *n* presença, comparecimento. **in the presence of danger** diante do perigo. **presence of mind** presença de espírito.

pre.sent [pr'ezənt] *n* **1** presente, atualidade. **2** oferta, presente. • *vt+vi* **1** apresentar. *we presented our compliments to him* / apresentamos a ele os nossos cumprimentos. **2** submeter à consideração de. **3** presentear, ofertar. • *adj* **1** presente, que comparece. **2** existente. **3** atual, contemporâneo. **at present** no momento.

pres.en.ta.tion [prizent'eiʃən] *n* **1** explicação, descrição. **2** oferecimento, doação.

pres.ent.ly [pr'ezəntli] *adv* **1** logo, em breve, daqui a pouco. **2** agora, num instante.

pre.serve [priz'ə:v] *n* (geralmente **preserves** *pl*) conserva, compota. • *vt+vi* preservar: a) proteger. b) pôr em conserva.

pre.side [priz'aid] *vt* **1** presidir. **2** *fig* ocupar posição de destaque.

pres.i.den.cy [pr'ezidənsi] *n* presidência.

pres.i.dent [pr'ezidənt] *n* **1** presidente. **2** presidente de empresa.

press [pres] *n* **1** prelo, máquina de impressão. **2** imprensa, jornalismo. • *vt+vi* **1** comprimir, prensar. **2** pressionar, forçar. *she was pressed by feelings of shame* / ela estava oprimida por sentimentos de vergonha. **3** oprimir. **4** passar a ferro.

press a.gent [pr'es eidʒənt] *n* assessor de imprensa.

press con.fe.rence [pr'es kɔnfərəns] *n* entrevista coletiva à imprensa.

press.ing [pr'esiŋ] *adj* urgente, premente.

press re.lease [pr'es rili:s] *n Jour* matéria liberada para publicação.

pres.sure [pr'eʃə] *n* **1** pressão. **2** urgência, premência. **blood pressure** pressão sangüínea.

pres.tige [prest'i:ʒ] *n* **1** prestígio, renome, admiração. **2** influência.

pre.sume [prizj'u:m] *vt+vi* **1** presumir, supor. *he is presumed to know* / supõe-se que ele saiba. **2** inferir, deduzir. *democracy presumes the existence of a free press* / a democracia presume a existência de livre imprensa.

pre.tence [prit'ens] **1** pretexto, escusa. **2** simulação, fingimento.

pre.tend [prit'end] *vt+vi* **1** fingir, simular. *he pretended illness* / ele simulou doença. **2** ter pretensões. **I don't pretend to be an artist** não me julgo um artista.

pre.ten.tious [prit'enʃəs] *adj* pretensioso, presunçoso.

pre.text [pr'i:tekst] *n* pretexto. • *vt* pretextar, alegar.

pret.ty [pr'iti] *adj* **1** bonito. **2** atraente (somente pessoa do sexo feminino). **3** bom, fino, agradável. • *adv* (só antes de *adj* ou *adv*) bastante. *they get along pretty well* /

P

eles se dão bastante bem. **a pretty face** uma carinha bonita. **pretty good** razoável.

pre.vail [priv'eil] *vi* prevalecer. *our argument prevailed* / nosso argumento prevaleceu.

pre.vent [priv'ent] *vt+vi* frustrar, impedir. *the rain prevented his coming* / a chuva impediu sua vinda.

pre.ven.tion [priv'enʃən] *n* cautela, prevenção.

pre.ven.tive [priv'entiv] *n adj* preventivo.

pre.view [pr'i:vju:] *n* pré-estréia.

pre.vi.ous [pr'i:viəs] *adj* prévio, anterior.

price [prais] *n* preço: a) custo, esforço. *I shall get it at any price* / vou consegui-lo a qualquer custo. b) valor, valia. • *vt* 1 fixar o preço de. 2 avaliar. **at any price** custe o que custar. **cut price** preço reduzido.

price.less [pr'aislis] *adj* inestimável.

pride [praid] *n* 1 orgulho, soberba. *he lost his best friend on account of his insufferable pride* / ele perdeu seu melhor amigo devido a seu orgulho irritante. 2 brio, dignidade. • *vt* vangloriar-se, orgulhar-se.

priest [pri:st] *n* sacerdote, padre.

pri.ma.ry [pr'aiməri] *n adj* primário: a) primitivo. b) principal, fundamental. **primary school** escola primária.

prime time [pr'aim taim] *n Radio, TV* horário nobre.

prim.i.tive [pr'imitiv] *n* habitante primitivo, aborígine. • *adj* primitivo, rudimentar.

prince [prins] *n* príncipe.

princ.ess [prins'es; pr'insəs] *n* princesa.

prin.ci.pal [pr'insəpəl] *n* 1 chefe, dirigente. 2 *Amer* diretor de colégio. • *adj* principal, o mais importante.

prin.ci.ple [pr'insipəl] *n* 1 preceito. 2 caráter, essência. *he is a man of sound principles* / ele é um homem de sólidos princípios.

print [print] *n* 1 impressão: marca, sinal. 2 estampa. 3 impressão, publicação. 4 edição. 5 gravura. 6 cópia fotográfica. • *vt+vi* 1 estampar, cunhar, gravar. 2 imprimir. 3 publicar, editar. 4 *Phot* copiar. **fingerprints** impressões digitais.

print.er [pr'intə] *n Comp* impressora. **laser printer** impressora a laser.

print-out [pr'int aut] *n Comp* dados impressos produzidos pelo computador. • *vt Comp* imprimir.

pri.or [pr'aiə] *adj* anterior, prévio. **prior to** antes de.

pri.or.i.ty [prai'ɔriti] *n* prioridade.

pris.on [pr'izən] *n* 1 prisão, cadeia. 2 *Amer* penitenciária. • *vt Poet* prender, encarcerar.

pris.on.er [pr'izənə] *n* preso, detento. **prisoner of war** prisioneiro de guerra.

pri.va.cy [pr'aivəsi] *n* privacidade.

pri.vate [pr'aivit] *n* soldado raso. • *adj* 1 particular, privado. *he retired to private life* / ele se recolheu à vida privada. 2 pessoal. **in private** em particular.

priv.i.lege [pr'ivilidʒ] *n* privilégio, prerrogativa. • *vt* privilegiar. *we were privileged to belong to* / tínhamos o privilégio de pertencer a.

prize [praiz] *n* 1 prêmio, recompensa. 2 prêmio lotérico. • *vt* estimar, apreciar. • *adj* 1 premiado. 2 digno de um prêmio.

prize win.ner [pr'aiz winə] *n* vencedor de um prêmio.

prob.a.bil.i.ty [prɔbəb'iliti] *n* probabilidade. **in all probability** com toda probabilidade.

prob.a.ble [pr'ɔbəbəl] *adj* provável.

prob.a.bly [pr'ɔbəbli] *adv* provavelmente.

pro.ba.tion [prɔb'eiʃən] *n* período de experiência. **on probation** em livramento condicional.

pro.bi.ty [pr'oubiti] *n* probidade, honradez.

prob.lem [pr'ɔbləm] *n* problema, questão. *violence is a serious problem to urban populations* / a violência é um grave problema para populações urbanas. • *adj* problema. *a problem child* / uma criança problema.

pro.ce.dure [prəs'i:dʒə] *n* 1 procedimento, método. 2 uso, norma.

pro.cess¹ [pr'ouses; pr'a:ses] *n* processo, técnica, sistema • *vt* beneficiar, manipular. • *adj* manipulado, processado. **in process** em curso, em andamento.

proc.ess² [pr'ouses; pr'a:ses] *n Comp* processo: operações efetuadas com dados, segundo um procedimento estabelecido. • *vt Comp* processar. **process control computer** *Comp* computador de controle de processos.

pro.ces.sing [prʼousesiŋ] *n Comp* processamento. **data processing** processamento de dados.

pro.claim [prəklʼeim] *vt* proclamar, decretar.

pro.di.gious [prədʼidʒəs\] *adj* prodigioso.

pro.duce [prʼɔdju:s] *n* produtos agropecuários. • [prədjuʼs] *vt* produzir: a) apresentar. *the ticket must be produced on demand* / o bilhete deve ser exibido quando for exigido. b) gerar, originar. c) fabricar. d) fazer, realizar. *a photograph produced by my sister* / uma fotografia feita por minha irmã. **produce of the country** produtos agrícolas.

pro.duc.er [prədjʼu:sə] *n* produtor.

prod.uct [prʼɔdəkt] *n* produto. **perishable products** produtos perecíveis.

pro.duc.tion [prədʼʌkʃən] *n* produção.

pro.duc.tiv.i.ty [prɔdʌktʼiviti] *n* produtividade.

pro.fes.sion [prəfʼeʃən] *n* profissão. **by profession** de profissão.

pro.fes.sion.al [prəfʼeʃənəl] *n* profissional. • *adj* profissional.

pro.fi.cien.cy [prəfʼiʃənsi] *n* proficiência, competência.

pro.file [prʼoufəil] *n* **1** perfil. **2** contorno. **to keep a low profile** evitar chamar a atenção sobre si próprio.

prof.it [prʼɔfit] *n* **1** lucro. *they made a profit* / obtiveram lucro. **2** benefício. *it's for your own profit* / é para seu próprio bem. • *vt+vi* **1** tirar proveito de. *he profited from an opportunity* / ele se aproveitou de uma oportunidade. **2** lucrar. **3** beneficiar(se).

prof.it.a.ble [prʼɔfitəbəl] *adj* **1** proveitoso **2** lucrativo.

pro.fu.sion [prəfjuʼːʒən] *n* profusão, abundância. **in profusion** em abundância.

pro.gram [prʼougræm] *n Amer* **1** programa. **2** projeto, plano. **3** *Comp* programa. • *vt* programar.

pro.gram.ming [prʼougræmiŋ] *n Comp* programação. **language programming** linguagem artificial para expressar programas de computação.

prog.ress [prʼougres, prʼaːgres] *n* progresso: a) trajetória, avanço. *he has been making progress* / ele tem feito progres-

sos. b) aperfeiçoamento, melhoria. *his progress is out standing* / sua melhoria é notável. • [prəgrʼes] *vi* progredir: **1** evoluir. **2** prosseguir. **in progress** em desenvolvimento.

pro.hi.bi.tion [prouibʼiʃən] *n* **1** proibição. **2** interdição.

proj.ect [prʼɔdʒekt] *n* projeto: **1** plano. **2** esboço, planta. • [prədʒʼekt] *vt+vi* projetar: **1** arremessar, lançar. **2** planejar.

pro.logue [prʼoulɔg] *n* prólogo, prefácio.

prom.i.nent [prʼɔminənt] *adj* proeminente, notável.

pro.mis.cu.ous [prəmʼiskjuəs] *adj* **1** promíscuo. **2** desordenado. **3** indiscriminado.

prom.ise [prʼɔmis] *n* promessa: compromisso, palavra. *she made (gave) a solemn promise* / ela fez uma solene promessa. • *vt+vi* prometer: **1** empenhar a palavra. **2** assegurar. *I promise you* / eu lhe asseguro.

pro.mote [prəmʼout] *vt* promover.

pro.mo.tion [prəmʼouʃən] *n* **1** promoção: a) elevação a situação superior. b) estímulo. **2** *Amer* aumento de vendas mediante propaganda.

pro.noun [prʼounaun] *n Gram* pronome.

pro.nounce [prənʼauns] *vt+vi* pronunciar. *he pronounced the word "chasm" incorrectly* / ele pronunciou a palavra "chasm" erradamente.

proof [pruːf] *n* **1** prova, evidência, comprovação. • *adj* **1** à prova de. **2** de prova.

prop.a.gan.da [prɔpəgʼændə] *n* propaganda política.

pro.pel.ler [prəpʼelə] *n* hélice.

pro.pen.si.ty [prəpʼensiti] *n* propensão, tendência.

prop.er [prʼɔpə] *adj* **1** próprio: a) apropriado, oportuno. b) correto. **2** decente. **at the proper time** na ocasião oportuna.

prop.er.ty [prʼɔpəti] *n* propriedade: a) qualidade inerente. b) pertence, posses. c) bens.

proph.e.cy [prʼɔfisi] *n* profecia, predição.

proph.et [prʼɔfit] *n* profeta.

pro.pi.tious [prəpʼiʃəs] *adj* propício.

pro.por.tion [prəpʼɔːʃən] *n* **1** proporção: a) relação (de uma coisa com outra). b) tamanho. **2 proportions** dimensões. **in due proportion** na justa proporção.

pro.pos.al [prəp'ouzəl] n **1** proposta formal, moção. *we placed our proposals before him* / submetemos-lhe nossas propostas. **2** pedido de casamento.

pro.pri.e.tor [prəpr'aiətə] n proprietário, dono.

pro.pri.e.ty [prəpr'aiəti] n **1** retidão. **2** decoro.

pros.pect [pr'ɔspekt] n **1** perspectiva. **2** probabilidade. **3 prospects** chance de futuro sucesso. *what are my prospects?* / quais são as minhas probabilidades?

pros.per [pr'ɔspə] vi prosperar.

pros.per.i.ty [prɔsp'eriti] n prosperidade.

pros.per.ous [pr'ɔspərəs] adj **1** próspero. **2** auspicioso.

pros.ti.tu.tion [prɔstitj'u:ʃən] n prostituição, meretrício.

pro.tect [prət'ekt] vt proteger, defender. *protect my interests!* / proteja os meus interesses!

pro.tec.tion [prət'ekʃən] n proteção.

pro.tec.tive [prət'ektiv] adj protetor, protetivo.

pro.test [pr'outest] n **1** protesto. **2** objeção. • [prət'est] vt+vi **1** reclamar, queixar-se. **2** insurgir-se. **under protest** sob protesto.

Prot.es.tant [pr'ɔtistənt] n Rel protestante. • adj Rel protestante.

pro.to.col [pr'outəkɔl] n protocolo, registro.

pro.to.type [pr'outətaip] n protótipo.

proud [praud] adj **1** orgulhoso, arrogante. **2** magnífico, imponente. **to be proud of** orgulhar-se de.

prove [pru:v] vt+vi (ps **proved**, pp **proved, proven**) provar: a) submeter à prova. b) comprovar. **the exception proves the rule** a exceção confirma a regra.

prov.erb [pr'ɔvəb] n provérbio.

pro.vide [prəv'aid] vt+vi **1** prover. *he is well provided with evidence* / ele está bem provido de provas. **2** estabelecer, estipular. *it is provided by law* / está estipulado por lei. **to provide for** sustentar (com comida, dinheiro etc). *he provides for his old mother* / ele sustenta sua velha mãe.

pro.vid.ed [prəv'aidid] conj contanto que, desde que.

prov.i.dence [pr'ɔvidəns] n providência.

pro.vid.er [prəv'aidə] n provedor, mantenedor.

pro.voc.a.tive [prəv'ɔkətiv] adj estimulante, excitante.

pro.voke [prəv'ouk] vt provocar: **1** desafiar, afrontar. **2** ocasionar, causar. *they provoked him to anger* / levaram-no à exasperação.

pru.dent [pr'u:dənt] adj prudente, circunspeto, cauteloso.

prune [pru:n] n ameixa seca.

pry [prai] vi **1** inquirir, indagar (**into**). **2** intrometer-se. *don't pry into my things* / não se intrometa em meus negócios.

psalm [sa:m] n salmo.

pseu.don.y.mous [sju:d'ɔniməs] adj pseudônimo.

psy.chi.at.ric [saiki'ætrik] adj psiquiátrico.

psy.chi.a.trist [saik'aiətrist] n Med psiquiatra.

psy.chi.a.try [saik'aiətri] n Med psiquiatria.

psy.chic [s'aikik] n médium, sensitivo, paranormal. • adj **1** psíquico, mental. **2** sobrenatural.

psy.cho.log.ic [saikəl'ɔdʒik] adj psicológico.

psy.chol.o.gist [saik'ɔlədʒist] n psicólogo.

psy.chol.o.gy [saik'ɔlədʒi] n psicologia.

psy.cho.path [s'aikəpæθ] n psicopata.

psy.cho.sis [saik'ousis] n (pl **psychoses**) psicose.

pub [pʌb] n abbr coll **public-house** taverna, bar (típico do Reino Unido).

pu.ber.ty [pj'u:bəti] n puberdade.

pub.lic [p'ʌblik] n público: a) povo. b) auditório, assistência. • adj público: a) comum. b) popular. c) notório, conhecido. **public library** biblioteca pública. **public school** escola pública. **in public** em público.

pub.li.ca.tion [pʌblik'eiʃən] n publicação: **1** editoração. **2** livro, jornal, folheto, revista, matéria impressa.

pub.li.cist [p'ʌblisist] n publicitário.

pub.lic.i.ty [pʌbl'isiti] n publicidade: **1** notoriedade. **2** anúncios.

pub.lish [p'ʌbliʃ] vt+vi publicar, divulgar, difundir. *he published the book at his own expense* / ele editou o livro por conta própria. **desktop publishing** *Comp* editoração eletrônica.

pub.lish.er [p'ʌbliʃə] *n* editor.

pud.ding [p'udiŋ] *n* 1 pudim. 2 *Brit* sobremesa.

puff [pʌf] *n* 1 sopro, baforada de fumo. 2 lufada (de vento ou fumaça) • *vt+vi* 1 soprar, bufar, ofegar. 2 fumar. *I puffed at my pipe* / eu fumei o meu cachimbo.

pull [pul] *n* 1 puxão. 2 atração. 3 gole. *he took a pull at the bottle* / ele tomou um trago da garrafa. • *vt+vi* 1 puxar. *I pulled him by the hair* / puxei-o pelos cabelos. 2 extrair (dentes). 3 *sl* sacar. *he pulled a pistol* / ele sacou de um revólver. **to pull down** demolir. **to pull oneself together** controlar-se.

pull.o.ver [p'ulouvə] *n* pulôver.

pulp [pʌlp] *n* polpa.

pulse [pʌls] *n* 1 pulso. *we felt his pulse* / tomamos-lhe o pulso. 2 vibração, trepidação. • *vi* pulsar, palpitar, latejar.

pump [pʌmp] *n* bomba de ar, de água ou de gasolina. • *vt+vi* 1 bombear. 2 pressionar por informações. 3 latejar, pulsar. **gas / petrol pump** bomba de gasolina.

pump.kin [p'ʌmpkin] *n* abóbora, jerimum.

punch [pʌntʃ] *n* 1 soco, murro. 2 *coll* vigor, ímpeto. • *vt+vi* esmurrar, socar.

punc.tu.al [p'ʌŋktʃuəl] *adj* pontual.

punc.ture [p'ʌŋktʃə] *n* furo no pneu. *I had a puncture* / meu pneu furou. • *vt+vi* 1 perfurar. 2 furar.

pun.ish [p'ʌniʃ] *vt* punir, infligir pena a.

pun.ish.ment [p'ʌniʃmənt] *n* punição, castigo.

pu.pil [pj'u:pəl] *n* pupilo: aluno, educando.

pup.pet [p'ʌpit] *n* 1 marionete, títere. 2 pessoa que age industriada por terceiros.

pup.py [p'ʌpi] *n* filhote de cachorro.

pur.chase [p'ə:tʃəs] *n* compra, aquisição. • *vt* comprar, adquirir.

pure [pjuə] *adj* puro: a) genuíno. b) simples. c) castiço. d) imaculado. **pure and simple** puro e simples. **pure Portuguese** português castiço.

pu.ri.fy [pj'uərifai] *vt+vi* purificar.

pur.ple [p'ə:pəl] *n* roxo. • *adj* purpúreo, arroxeado.

pur.pose [p'ə:pəs] *n* propósito, finalidade. *it answered his purpose, it served his purpose* / correspondia aos seus propósitos. **on purpose** de propósito. **to the purpose** relevante, pertinente.

purr [pə:] *n* *vt+vi* ronronar.

purse [pə:s] *n* 1 bolsa, carteira de mulher. 2 coleta, dinheiro. *we made up a purse for him* / fizemos uma coleta em seu benefício. • *vt* enrugar, franzir. **to purse one's lips** fazer beicinho.

push [puʃ] *n* 1 empurrão. *give him a push* / dê-lhe um empurrão. 2 esforço, tentativa. *we made a push for the money* / esforçamo-nos para obter o dinheiro. 3 arremetida, investida. • *vt+vi* 1 empurrar. 2 arremeter, investir. 3 pressionar. 4 *coll* vender drogas. **to push ahead** progredir. **to push aside** não dar importância.

push-but.ton [p'uʃ bʌtən] *n* *Comp* tecla de comando. **push-button dialing** discagem por teclas.

push-cart [p'uʃka:t] *n* carrinho de mão.

puss.y [p'usi] *n* 1 bichano. 2 gatinha. **pussy cat** *sl* pessoa delicada e agradável.

put [put] *vt+vi* (*ps, pp* **put**) 1 pôr, colocar. 2 expressar. 3 formular, propor. *how shall I put it?* / como direi. **to put across** conseguir explicar algo. **to put an end to** acabar, dar fim. *he put an end to his life* / ele deu cabo da vida. **to put away** a) descartar, dispor de. b) economizar. **to put off** adiar, protelar. **to put on** vestir, calçar. **to put through** *coll* fazer ligação telefônica. **to put up with** tolerar, agüentar.

puz.zle [p'ʌzəl] *n* 1 quebra-cabeça, enigma. 2 perplexidade, embaraço. 3 jogo de quebra-cabeça. • *vt+vi* confundir, desconcertar. *that puzzles me* / isto me confunde.

puz.zled [p'ʌzəld] *adj* perplexo.

py.jam.as [pədʒ'a:məz] *n* *pl* pijama.

P

Q, q [kju:] *n* décima sétima letra do alfabeto, consoante.

quack [kwæk] *n* **1** charlatão, curandeiro. **2** grasnido, grasno. • *vt* **1** grasnar. **2** charlatanear, praticar curandeirismo.

quad.ru.ple [kwˈɔdrupəl] *n* quádruplo. • *vt+vi* quadruplicar. • *adj* quádruplo.

quag.mire [kwˈægmaiə] *n* **1** pântano, charco. **2** situação difícil.

quail [kweil] *n* *Ornith* codorniz. • *vi* ceder, temer.

quaint [kweint] *adj* estranho, esquisito, fantástico.

quake [kweik] *n* tremor. • *vi* tremer, estremecer. **earthquake** terremoto.

qual.i.fied [kwˈɔlifaid] *adj* qualificado, habilitado.

qual.i.fy [kwˈɔlifai] *vt+vi* **1** qualificar, estar qualificado, classificar(se): preencher os requisitos. **2** capacitar, habilitar. **3** modificar. **to qualify oneself** qualificar-se, habilitar-se.

qual.i.ty [kwˈɔliti] *n* **1** qualidade, propriedade. **2** condição, caráter. **3** posto, cargo. **4** dignidade.

quan.da.ry [kwˈɔndəri] *n* dúvida, dilema.

quan.ti.fy [kwˈɔntifai] *vt* quantificar, determinar.

quan.ti.ta.tive [kwˈɔntitətiv] *adj* quantitativo.

quan.ti.ty [kwˈɔntiti] *n* quantidade, soma.

quar.rel [kwˈɔrəl] *n* briga, rixa. • *vi* brigar **(about, at, with)**. **to pick a quarrel with** procurar briga com. **to take up a quarrel** iniciar uma disputa.

quar.rel.some [kwˈɔrəlsəm] *adj* briguento.

quar.ter [kwˈɔ:tə] *n* **1** quarto, quarta parte, trimestre. **2** quarteirão. **3** abrigo. **4** moeda de um quarto de dólar (EUA ou Canadá). **5** área de uma cidade com características peculiares. *Italian quarter* bairro italiano. • *vt+vi* **1** esquartejar. **2** repartir em quatro partes iguais. **a quarter past six** seis horas e quinze minutos. **a quarter to three** quinze para as três. **at close quarters** muito perto. **in this quarter** nesta parte.

quar.ter.fi.nal [kwˈɔ:təfainəl] *n* *Sport* quartas de final.

quar.ter.ly [kwˈɔ:təli] *n* periódico publicado trimestralmente. • *adj* trimestral. • *adv* por trimestre.

quash [kwɔʃ] *vt* **1** anular. **2** aniquilar. **3** esmagar. *the militia quashed the rebellion mercilessly.* / os milicianos esmagaram a rebelião sem piedade.

quay [ki:] *n* cais, molhe.

queen [kwi:n] *n* **1** rainha. **2** *Chess, Cards* dama. **3** *sl* homossexual. **closet queen** *sl* bicha enrustida. **drag queen** *sl* travesti caricata, não necessariamente homossexual.

queer [kwiə] *adj* **1** esquisito, fantástico, estranho. **2** *sl* homossexual.

quench [kwentʃ] *vt* **1** debelar. **2** satisfazer, saciar. *he quenched his thirst* / ele saciou sua sede.

que.ry [kwˈiəri] *n* **1** pergunta. **2** dúvida. • *vt* perguntar, indagar.

quest [kwest] *n* procura, busca.

ques.tion [kwˈestʃən] *n* **1** pergunta, questão. **2** exame. **3** discussão. **4** dúvida. *I call it in question* / tenho minhas dúvidas a respeito. • *vt+vi* **1** indagar. **2** desconfiar. **3** debater. **beyond question** sem dúvida. **in question** em questão, em consideração. **it is a question of** é uma questão de. **out of question** sem qualquer dúvida. **that's open to question** isto é questão de opinião. **there is no question of doing it** é impossível fazê-lo.

ques.tion.a.ble [kw´est∫ənəbəl] *adj* **1** incerto. **2** duvidoso, suspeito.

ques.tion mark [kw´est∫ən ma:k] **1** *Phon* ponto de interrogação: ?. **2** *fig* ponto de interrogação, incerteza.

ques.tion.naire [kwest∫ən´ɛə] *n* questionário.

ques.tion tag [kw´est∫ən tæg] *n* expressão interrogativa acrescentada a uma afirmativa, para reforço da idéia. *You can go, can't you?* / você pode ir, não pode?

queue [kju:] *n* fila. • *vi* **queue up** entrar ou ficar na fila.

queue-jump [kj´u: dʒ∧mp] *vt+vi* furar a fila.

quick [kwik] *n* **1** carne viva, cerne. *he was cut to the quick* / ele foi atingido no mais íntimo, ferido na carne, até o âmago. **2** sabugo (do dedo). • *adj* **1** ligeiro. *she is quick of foot* / ela é veloz. **2** irritável. *he has a quick temper* / ele tem pavio curto, fica nervoso facilmente. **3** sagaz, penetrante. • *adv* (também **quickly**) sem demora, rapidamente. *he is quick at learning* / ele aprende rapidamente. **quick as a flash** rápido como um corisco. **quick on the draw** rápido no gatilho.

quick.en [kw´ikən] *vt+vi* acelerar(se).

quick.ly [kw´ikli] *adv* rapidamente.

quick.ness [kw´iknis] *n* **1** velocidade. **2** vivacidade, atividade.

quick.sand [kw´iksænd] *n* areia movediça.

qui.et [kw´aiət] *n* quietude, tranqüilidade. • *vt+vi* aquietar, acalmar. • *adj* **1** quieto. **2** sossegado. **3** secreto. **at quiet** em paz. **on the quiet** secretamente. **to keep something quiet** manter algo em segredo. **to quiet down** acalmar.

quilt [kwilt] *n* acolchoado.

quin.tet [kwint´et] *n* quinteto.

quirk [kwə:k] *n* **1** hábito peculiar, idiossincrasia. **2** virada inesperada, estranha.

quit [kwit] *vt+vi* (*ps, pp* **quitted** or **quit**) renunciar, desistir, quitar (dívidas). • *adj* quite, livre, desembaraçado. **to quit a job** deixar um emprego.

quite [kwait] *adv* **1** completamente, totalmente. **2** relativamente. **3** muito, um bocado. **4** exatamente (com verbo no negativo). *I don't know quite where to go* / eu não sei aonde ir exatamente. **5** realmente, verdadeiramente. *it was quite a problem* / foi realmente um problema. **quite so** sim, concordo. Veja nota em **rather**.

quiv.er [kw´ivə] *n* **1** tremor, estremecimento. **2** aljava: estojo para setas levado ao ombro. • *vt+vi* estremecer, tremer.

quo.ta.tion [kwout´ei∫ən] *n* **1** citação. **2** orçamento.

quo.ta.tion marks [kwout´ei∫ən ma:ks] *n pl* aspas.

quote [kwout] *vt+vi* citar.

quo.tid.i.an [kwout´idiən] *adj* cotidiano, diário.

Q

R, r [a:] *n* décima oitava letra do alfabeto, consoante.
rab.bi [r′æbai] *n* rabino.
rab.bit [r′æbit] *n* coelho.
race [reis] *n* **1** corrida. **2** competição, rivalidade. **3** raça humana. • *vt+vi* **1** competir numa corrida. **2** correr em disparada. *the ambulance carrying the two injured men raced to the hospital* / a ambulância levando os dois feridos disparou para o hospital. **3** disparar (coração, pulso). **a race against time** corrida contra o tempo. **car race** corrida automobilística. **rat race** competição extremada no trabalho.
race-horse [r′eis hɔ:s] *n* cavalo de corridas.
race-track [reis træk] *n* pista de corridas.
ra.cial [r′eiʃəl] *adj* racial.
rac.ing [r′eisin] *adj* de ou para corrida, por exemplo, **racing-boat**, **racing-car**, **racing-horse** etc.
ra.cist [r′eisist] *n* racista. • *adj* racista.
rack [ræk] *n* **1** prateleira. **2** bagageiro. **book-rack** estante para livros.
rack.et [r′ækit] *n* raquete (para jogar tênis, pingue-pongue etc.).
ra.dar [r′eida:] *n* radar. **radar traffic control** controle de tráfego por radar.
ra.di.a.tion [reidi′eiʃən] *n* radiação.
ra.di.a.tor [r′eidieitə] *n* radiador.
rad.i.cal [r′ædikəl] *adj* radical, extremo. **free radical** radical livre.
ra.di.o [r′eidiou] *n* aparelho transmissor ou receptor. • *vt+vi* transmitir por rádio. • *adj* de ou relativo ao rádio.
ra.di.o.ac.tive [reidiou′æktiv] *adj* radioativo.
ra.di.o sta.tion [r′eidiou steiʃən] *n Radio* emissora de rádio.

rad.ish [r′ædiʃ] *n Bot* rabanete.
raf.fle [r′æfəl] *n* rifa. • *vt* rifar.
raft [ra:ft; ræft] *n* **1** jangada, balsa. **2** bote inflável.
rag [ræg] *n* **1** trapo, farrapo. **2** pano de limpeza.
rage [reidʒ] *n* **1** raiva, ira, fúria. **2** violência, intensidade extrema. **3** *fig* moda, voga. • *vi* **1** enraivecer-se. **2** assolar, devastar. *the area was raged by drought* / a área foi assolada pela seca.
raid [reid] *n* **1** reide, ataque repentino. **2** batida da polícia etc. • *vt* fazer uma incursão. **air raid** ataque aéreo.
rail [reil] *n* **1** grade, parapeito, balaústre, barreira. **2** corrimão. **3** trilho.
rail.road [r′ɔilroud] *n Amer* ferrovia. **railroad crossing** passagem de nível.
rail.way [r′eilwei] *n* ferrovia.
rain [r′ein] *n* **1** chuva. **2** queda abundante de qualquer coisa. • *vt+vi* chover. **as right as rain** *coll* bom novamente. **heavy rain** chuva pesada. **rain or shine** chova ou faça sol. **to rain cats and dogs** chover a cântaros.
rain.bow [r′einbou] *n* arco-íris. **to chase rainbows** perseguir objetivos impossíveis.
rain-coat [r′einkout] *n* capa impermeável.
rain.fall [r′einfɔ:l] *n* chuva, aguaceiro.
rain for.est [r′ein fɔrist] *n* floresta tropical.
rain.y [r′eini] *adj* chuvoso. **a rainy day** a) um dia chuvoso. b) *fig* tempo de privações.
raise [reiz] *n* **1** aumento. **2** subida, elevação. • *vt+vi* **1** levantar, erguer. *I raised my glass to him* / eu o brindei. **2** elevar, aumentar. **3** criar, cultivar, plantar. **4** criar, educar. *he was born and raised in*

New York / ele nasceu e foi educado em Nova York. **5** suscitar. **6** angariar fundos. *she raised the dough* / ela arranjou o dinheiro. **to raise an eyebrow** ficar surpreso, objetar. **to raise a point** levantar uma questão.

rai.sin [r'eizən] *n* uva passa.

ral.ly [r'æli] *n Sport* rali: competição automobilística.

RAM [ræm] *Comp abbr* **random access memory** (memória de acesso aleatório).

ramp [r'æmp] *n* rampa, declive, ladeira.

ranch [ræntʃ] *n Amer* fazenda, estância de gado, ovinos etc.

ranch.er [r'æntʃə] *n* rancheiro, estancieiro.

ran.dom [r'ændəm] *n* **1** acaso. **2** impetuosidade. • *adj* feito ao acaso, aleatório. **at random** sem propósito, ao acaso. **random access memory** *Comp* memória de acesso aleatório.

range [reindʒ] *n* **1** extensão, distância. **2** raio de ação, âmbito. **3** alcance, calibre. **4** percurso. **5** cadeia de montanhas, cordilheira. • *vt+vi* **1** agrupar, ordenar. **2** estender-se (de lado a lado). **at close range** à queima-roupa. **free-range hen** galinha caipira.

rank [ræŋk] *n* **1** fileira. **2** grau, classe. **3** qualidade, distinção, posição. • *vt+vi* **1** enfileirar(-se). **2** ter certo grau ou posição. **3** classificar, avaliar. **a man of rank** um homem de posição.

ran.som [r'ænsəm] *n* resgate. **to hold someone to ransom** seqüestrar para exigir resgate.

rape [reip] *n* estupro. • *vt* estuprar.

rap.er [r'eipə] *n* estuprador.

rap.id [r'æpid] *n* corredeira. • *adj* rápido.

rare[1] [rɛə] *adj* **1** raro, não freqüente, fora do comum. **2** excelente.

rare[2] [rɛə] *adj Cook* malpassado (carne). **rare meat** carne malpassada.

ra.re.fied [r'ɛərifaid] *adj* rarefeito.

rare.ly [r'ɛəli] *adv* **1** raramente. **2** magnificamente. **a rarely carved panel** um painel magnificamente entalhado. Veja nota em **always.**

rash[1] [ræʃ] *n Med* erupção da pele, exantema. **nettle-rash** urticária. **to come out in a rash** irromper uma erupção, uma urticária.

rash[2] [ræʃ] *adj* precipitado, impetuoso, imprudente. **in a rash moment** irrefletidamente.

rasp.ber.ry [r'a:zbəri; r'æzberi] *n Bot* framboesa.

rat [ræt] *n* **1** *Zool* rato, ratazana. **2** *fig* pessoa vil, desleal, vira-casaca. **as poor as a rat** pobre como um rato. **a rat out** *sl* retirada desleal ou desprezível. **rat race** competição exacerbada por sucesso. **to smell a rat** suspeitar de uma tramóia.

rate [reit] *n* **1** índice, razão, proporção. **2** grau de velocidade ou marcha. *they proceeded with the march at the rate of 10 km per hour* / eles prosseguiram com a marcha a 10 km por hora. **3** valor, taxa *exchange rate* / taxa de câmbio. *interest rate* / taxa de juros. **4** *Brit* imposto territorial municipal. • *vt+vi* **1** fixar preço ou taxa, estimar, avaliar. **2** impor uma contribuição ou direito. **3** ser classificado. *their work was rated adequate* / o trabalho deles foi considerado somente médio. **at any rate** em qualquer caso. **at the rate of** à razão de. **death rate** índice de mortalidade. **first rate** de primeira ordem. **exchange rate** câmbio.

rath.er [r'a:ðə; r'æðə] *adv* **1** preferivelmente. *I would rather stay* / Eu preferiria ficar. **2** um tanto, um pouco, quiçá, muito. *it is rather cold* / está um tanto frio. *it is rather late* / é um tanto tarde. **rather old** idoso. **rather too much** excessivo. Usa-se **rather, fairly** e **quite** para modificar a intensidade do adjetivo ou advérbio.

Tanto **quite** como **fairly** significam "moderação"; **fairly** é usado com adjetivos ditos "favoráveis" ou "de aprovação" e é o mais fraco dos dois em intensidade. Não é tão elogioso dizer que o filme foi **fairly good** ou que o hotel era **fairly comfortable. Quite** é mais forte, e portanto, ao dizermos que o filme é **quite good**, estamos recomendando-o; assim como o hotel **quite comfortable.** Quando associado a adjetivos com sentido exponencial, como *perfect, shocking, marvellous* etc., ele ganha a intensidade de **very**, como em: *the concert was quite* *perfect* / o concerto foi perfeito, impecável. O segundo significado de **quite** indica "completamente", e acompanha adjetivos como *empty, full, finished, sure, all right, ready* etc. *I am quite ready* / estou pronta. *my work is quite finished* / acabei meu trabalho. *my glass is quite empty* / meu copo está vazio.

Rather, que imprime ainda maior intensidade, freqüentemente modifica adjetivos desfavoráveis, como *boring* (tedioso), *tired* (cansado): *I am rather tired* / estou bastante cansado. *the play was rather boring* / a peça de teatro foi tediosa. Com adjetivos ou verbos de sentido favorável, fica praticamente igual a **very**. *She is rather smart* significa o mesmo que *she is very smart*, isto é, ela é muito inteligente. *I rather enjoy driving fast cars* / gosto muito de dirigir carros rápidos.

rat.ing [r′eitiŋ] *n* avaliação, índice de popularidade ou qualidade.

rat.ings [r′eitiŋz] *n pl* estatísticas de audiência de programas de televisão.

ra.tion.al [ræ′ʃənəl] *adj* racional. **a rational decision** uma decisão equilibrada, com base na razão e não na emoção. **a rational person** pessoa de raciocínio claro.

ra.tion.al.ize, ra.tion.al.ise [r′æʃənəlaiz] *vt+vi* ponderar, apresentar razões.

rat.tle [r′ætəl] *n* **1** matraca, chocalho, guizo. **2** algazarra, tagarelice. • *vt+vi* **1** chocalhar, matraquear, agitar ruidosamente. **2** fazer algazarra, tagarelar. **the rattle of a drum** o rufar de um tambor. **to rattle off** repetir de memória. **to rattle on / away** falar sem parar.

rat.tle.snake [r′ætəlsneik] *n Zool* cascavel.

rav.age [r′ævidʒ] *n* devastação, desolação. • *vt+vi* assolar, saquear, devastar.

rave [reiv] *n* **1** moda passageira, novidade. **2** *Brit* festa louca e animada. • *vi* **1** delirar, proferir palavras incoerentes. **2** falar com grande entusiasmo, elogiar exageradamente.

ra.ven [r′eivən] *n Ornith* corvo. • *adj* da cor do corvo, negro, preto.

raw [rɔ:] *adj* **1** cru. **2** em estado natural, bruto. **3** inexperiente. **in the raw** ao natural, nu. **raw flesh** em carne viva. **raw materials** matéria-prima.

ray [rei] *n* raio (de luz, calor). **cosmic rays** raios cósmicos. **Roentgen, X rays** raios X. **sun ray** raio solar.

ra.zor [r′eizə] *n* navalha. • *adj fig* afiado, aguçado, preciso. **a blunt-edge razor** uma navalha cega. **a sharp-edge razor** uma navalha afiada. **safety razor** *Brit* gilete, lâmina de barbear.

ra.zor blade [r′eizə bleid] *n* lâmina de barbear.

ra.zor-edge [reizə ′edʒ] *n* fio de navalha.

reach [ri:tʃ] *n* **1** alcance. **2** ação de agarrar, apanhar, estender. • *vt+vi* **1** alcançar. *he reached toward the door* / moveu-se em direção à porta. *I cannot reach the top of the wall* / não alcanço a parte superior do muro. *radio reaches millions* / o rádio alcança milhões. **2** passar. *will you reach me that book?* / quer passar-me aquele livro? **as far as the eye can reach** tão longe quanto a vista alcança. **beyond reach** fora de alcance. **out of one's reach** fora de alcance. **to reach the heart** tocar o coração. **within the reach of a gunshot** à distância de um tiro de espingarda.

re.act [ri′ækt] *vi* **1** reagir. **2** *Chem* reagir, combinar. **to react against** rebelar-se.

re.ac.tion [ri′ækʃən] *n* reação (freqüentemente usado em substituição às palavras: **opinion, attitude, response, feeling**), resposta.

re.ac.tion.ar.y [ri′ækʃənəri] *n* pessoa reacionária, retrógrada, conservadora. • *adj* reacionário, retrógrado.

read [ri:d] *n* leitura (também *Comp*). • *vt+vi* (*ps, pp* read [red]) **1** ler. **2** compreender uma significação. **3** dizer (texto), estar escrito. **a good read** leitura agradável. **the text reads as follows** o texto é o seguinte. **to be well read in** ser versado em. **to read about** ler a respeito de. **to read aloud** ler em voz alta. **to read between the lines** ler as entrelinhas. **to read for** estudar para. **to read out of the same book** rezar pela mesma cartilha. **to read someone loud and clear** compreender alguém muito bem. **to read**

someone's mind ler o pensamento de alguém. **to read through** ler do princípio ao fim. **to read up on** informar-se sobre.

read.er [r'i:də] *n* **1** leitor. **2** livro de leitura escolar. **3** *Comp* leitora: dispositivo que converte informação de uma forma de armazenamento para outra.

read.y [r'edi] *adj* **1** preparado, disposto. **2** inclinado, propenso. **3** vivo, esperto. **4** fácil, à mão. **5** acabado, terminado. **to get / make ready** preparar, aprontar.

read.y-made [redi m'eid] *n* roupa feita. • *adj* **1** já feito (roupas etc.). **2** pouco original, que é lugar-comum.

re.al [r'iəl] *adj* **1** real. **2** legítimo, autêntico. **the real thing** objeto genuíno. **to get real** *Amer sl* cair na real, acordar para a realidade da situação.

re.al es.tate [r'iəl isteit] *n* bens imóveis. **real estate agent** *Brit* corretor de imóveis.

re.al.i.ty [ri'æliti] *n* realidade, verdade, veracidade. **in reality** na verdade.

re.al.i.za.tion [riəlaiz'eiʃən] *n* realização, compreensão.

re.al.ize, re.al.ise [r'iəlaiz] *vt* **1** perceber, dar-se conta, compreender. **2** realizar, concretizar. **to realize the drift** compreender o sentido.

re.al.ly [r'iəli] *adv* **1** realmente, de fato. **2** honestamente. **3** muito. **4** sem dúvida. **really?** deveras?

realm [relm] *n* **1** reino. **2** campo, terreno. **3** *Zool, Bot* hábitat. **the realm of physics** o campo da física.

reap [ri:p] *vt+vi* **1** segar, colher. **2** *fig* obter ou tirar proveito, colher os frutos.

re.ap.pear [ri:əp'iə] *vi* reaparecer.

rear [riə] *n* **1** a parte traseira, o fundo. **2** retaguarda. **3** *sl* traseiro, assento. • *vt+vi* **1** criar, educar, cultivar. **2** empinar-se, levantar-se nas patas traseiras. **at the rear** nos fundos, na parte de trás. **rear window** janela traseira.

rea.son [r'i:zən] *n* **1** razão, motivo. **2** bom senso. **3** eqüidade, justiça. • *vt+vi* **1** raciocinar, pensar, concluir. **2** argumentar. **3** persuadir ou dissuadir, apresentar razões, provar. **neither rhyme nor reason**

sem tom nem som. **to bring to reason** trazer à razão. **to reason out** chegar a uma conclusão. **to stand to reason** ser justo, razoável, lógico. **to yield to reason** ceder à razão. **within reason** dentro dos limites do possível.

rea.son.a.ble [r'i:zənəbəl] *adj* **1** razoável, justo. **2** racional.

re.as.sure [ri:əʃ'uə] *vt* **1** tranqüilizar. **2** renovar a confiança de.

reb.el [r'ebəl] *n* rebelde, revoltoso. • [rib'el] *vi* rebelar(-se), revoltar(-se), sublevar(-se).

re.bel.lion [rib'eljən] *n* rebelião, revolta, sublevação.

re.birth [r'i:bə:θ] *n* renascimento.

re.buke [ribj'u:k] *n* repreensão, censura. • *vt* repreender, reprovar.

re.call [rik'ɔ:l] *n* **1** chamada de volta. **2** recordação, lembrança. **3** recolha de produtos defeituosos. • *vt* **1** mandar voltar. **2** recordar. **beyond recall** impossível de lembrar. **total recall** capacidade de lembrar nos mínimos detalhes.

re.cap.ture [ri:k'æptʃə] *n* retomada, recaptura. • *vt* recapturar, retomar.

re.ceipt [ris'i:t] *n* **1** recibo, quitação. **2** recebimento. • *vt* passar, dar recibo ou quitação. **on receipt of** contra o recebimento de. **receipt in full** quitação plena. **to acknowledge receipt of** acusar o recebimento de. **to write out a receipt** passar recibo.

re.ceive [ris'i:v] *vt+vi* **1** receber. **2** acolher. **3** conter, ter capacidade para.

re.ceiv.er [ris'i:və] *n* **1** destinatário, depositário, consignatário. **2** *Radio, Telegr* aparelho receptor. **3** *Brit* fone.

re.cep.tion [ris'epʃən] *n* **1** recepção. **2** audiência. **3** recepção: festa formal. **to give/ hold a reception** dar uma recepção, uma festa.

re.cep.tive [ris'eptiv] *adj* receptivo, impressionável.

re.cess [ris'es] *n* **1** intervalo, pausa (para descanso). **2** rebaixo, reentrância. • *vt+vi* entrar em recesso, parar temporariamente. **the most secret recess of the human heart** o mais recôndito do coração humano.

R

rec.i.pe [r'esipi] n receita culinária.

re.cip.i.ent [ris'ipiənt] n a pessoa que recebe, destinatário.

reck.less [r'eklis] adj 1 despreocupado, descuidado. 2 temerário.

reck.on [r'ekən] vt+vi 1 calcular, computar. reckon the cost before you decide / calcule o custo antes de decidir. 2 considerar. he is reckoned the best player / ele é considerado o melhor jogador. 3 coll supor. I reckon you are right / suponho que você tenha razão.

re.claim [rikl'eim] vt 1 recuperar, reabilitar. 2 exigir em devolução. 3 regenerar (materiais). beyond reclaim irrecuperável.

re.cline [rikl'ain] vt+vi 1 reclinar(-se), recostar(-se). 2 repousar.

rec.og.ni.tion [rekəgn'iʃən] n reconhecimento, identificação. to change beyond/out of all recognition ficar irreconhecível (por causa de mudança).

rec.og.nize, rec.og.nise [r'ekəgnaiz] vt 1 reconhecer, identificar, admitir. 2 admitir como legal ou verdadeiro. 3 mostrar-se agradecido por.

rec.ol.lect [rekəl'ekt] vt+vi lembrar, relembrar. it is worth recollecting / vale a pena lembrar(-se).

rec.om.mend [rekəm'end] vt 1 recomendar. 2 sugerir, lembrar. 3 aconselhar, advertir. 4 louvar (as qualidades de algo ou alguém).

rec.om.pense [r'ekəmpens] n recompensa. • vt 1 recompensar alguém por alguma perda, dificuldade ou empenho. 2 indenizar.

re.con.sid.er [ri:kəns'idə] vt+vi reconsiderar, submeter a novo estudo, alterar opinião ou julgamento.

re.con.struct [ri:kənstr'ʌkt] vt reconstruir, restabelecer, reedificar.

re.cord [r'ekɔ:d] n 1 registro, inscrição, anotação (também Comp). 2 ata, protocolo, relatório. 3 relação, crônica, história. 4 records cadastro, arquivo, anais. 5 ficha, folha corrida. 6 testemunho, evidência. 7 Sport recorde. 8 disco de vinil. • [rik'ɔ:d] vt+vi 1 registrar, assentar, inscrever, anotar. 2 protocolar. 3 gravar na memória. 4 gravar em disco ou fita mag-

nética. a matter of record consenso geral, algo admitido publicamente. for the record publicamente, oficialmente. off the record confidencial. on record registrado, protocolado, conhecido publicamente. record of service Mil folha de serviço. speed record recorde de velocidade. to beat/break a record bater um recorde. to go on record as expressar uma opinião publicamente. to put the record straight dirimir dúvida, corrigir erro.

re.cord play.er [r'ekɔ:d pleiə] n toca-discos.

re.cov.er [rik'ʌvə] vt+vi 1 recuperar, reaver. 2 recobrar. recover consciousness / recobrar os sentidos. 3 salvar, aproveitar. to recover shipwrecked goods reaver mercadorias de navio naufragado.

re.cov.er.y [rik'ʌvəri] n 1 recuperação, restauração (também Comp). 2 restabelecimento. 3 adjudicação. past recovery que não tem mais remédio.

rec.re.a.tion [rekri'eiʃən] n recreação, divertimento.

re.cruit [rikr'u:t] vt+vi 1 recrutar, alistar. 2 reforçar (exército ou marinha), reabastecer-se.

rec.tor [r'ektə] n 1 reitor, diretor, dirigente. 2 pároco, prior.

rec.to.ry [r'ektəri] n reitoria, presbitério, residência paroquial.

re.cur [rik'ə:] vi 1 ocorrer periodicamente. leap years recur every four years / anos bissextos ocorrem de quatro em quatro anos. 2 tornar a suceder, suceder repetidamente. to recur in / on the mind vir à memória.

re.cy.cle [ri:s'aikəl] vt reciclar.

re.cy.cling [ris'aikliŋ] n reciclagem.

red [red] n 1 cor vermelha. 2 rubor, vermelhidão. 3 comunista, esquerdista. • adj 1 vermelho encarnado, escarlate. 2 ruivo. bright red vermelho vivo. dark / deep red vermelho escuro. in the red Amer estar endividado, estar no vermelho. red as a beetroot vermelho como um pimentão. red herring pista falsa. the reds comunistas. to paint the town red sl fazer uma farra, cair na gandaia. to

see red *coll* enfurecer-se. **to turn red** corar.

red.dish [r'ediʃ] *adj* avermelhado.

re.deem [ridi:m] *vt* **1** remir, redimir, resgatar, libertar, salvar. **2** amortizar. **3** compensar, indenizar.

re.de.liv.er [ri:dil'ivə] *vt* **1** restituir, devolver. **2** tornar a libertar. **3** entregar novamente.

re.demp.tion [rid'empʃən] *n* **1** redenção, resgate, libertação, salvação. **2** expiação, penitência. **3** amortização (de uma dívida).

re.de.vel.op.ment [ri:div'eləpmənt] *n* ato de desenvolver novamente, renovação de área deteriorada.

red-haired [red h'ɛəd] *adj* ruivo, de cabelos vermelhos.

red.head.ed [red h'edid] *adj* **1** ruivo, de cabelo ruivo, de cabeça vermelha. **2** furioso.

red-hot [red h'ɔt] *adj* **1** incandescente, em brasa. **2** *fig* excitado, furioso. **3** muito entusiástico. **red-hot information** notícias de última hora.

re.dis.cov.er [ri:disk'∧və] *n* redescobridor. • *vt* redescobrir, tornar a descobrir.

re.dis.tri.bu.tion [ri:distribj'u:ʃən] *n* redistribuição, nova distribuição. **redistribution of income** *Econ* redistribuição de renda.

red.ness [r'ednis] *n* vermelhidão.

re.do [ri:d'u:] *vt* (*ps* **redid**, *pp* **redone**) *vt* refazer, fazer novamente.

re.dou.ble [ri:d'∧bəl] *n* **1** redobramento. **2** redobro. • *vt+vi* **1** redobrar. **2** aumentar muito, duplicar. **3** repetir, ressoar, ecoar.

red pep.per [red p'epə] *n Bot* **1** malagueta. **2** pimentão.

re.dress [ridr'es] *n* **1** emenda, reforma, retificação. **2** reparação. **3** alívio, socorro. • *vt* **1** emendar, corrigir, retificar, restabelecer. **2** reparar, remediar. **3** aliviar, socorrer. **to redress the balance** restabelecer o equilíbrio.

re-dress [ri:dr'es] *vt+vi* vestir ou arrumar de novo. **to re-dress the hair** arrumar novamente os cabelos. **to re-dress a wound** fazer novo curativo.

red-tape [red t'eip] *n* formalidades, rotina

burocrática. • *adj* cheio de formalidades e burocracia.

red-tapist [red t'eipist] *n* burocrata.

re.duce [ridj'u:s] *vt+vi* **1** reduzir, diminuir, abreviar, contrair. **2** rebaixar, degradar. **3** fazer voltar ao estado ou posição original. **4** emagrecer. **to reduce someone to tears** fazer alguém chorar. **to reduce to ashes** reduzir a cinzas. **to reduce to nothing** reduzir a nada.

re.duc.tion [rid'∧kʃən] *n* **1** redução, diminuição, abreviação, corte. **2** abatimento, desconto. **3** decréscimo. **4** conversão (de moeda). **5** *Surg* colocação no lugar certo.

re.dun.dance [rid'∧ndəns] *n* redundância: a) superabundância, excesso, superfluidade. b) *Gram* pleonasmo. c) demissão de funcionários por excesso de pessoal.

re.dun.dant [rid'∧ndənt] *adj* **1** redundante, superabundante, excessivo, desnecessário, supérfluo. **2** pleonástico. **3** *Gram* abundante (referente a verbos que possuem duas formas para o passado e o particípio passado). **4** *Brit* desempregado.

reed [ri:d] *n Bot* **1** cana, junco ou plantas semelhantes (bambu, caniço). **2** coisas feitas desse material. **3** *Mus* palheta (de instrumento de sopro). **4** flauta pastoril. **5** pente de tecelão. • *vt* **1** *Mus* prover com palhetas. **2** *Archit* ornar com molduras. **3** cobrir com junco.

reef [ri:f] *n* **1** recife, escolho, rochedo ou banco de areia. **2** *Min* veio metálico, camada.

reek [ri:k] *n* **1** cheiro forte, desagradável. **2** fumaça, vapor, neblina. • *vt+vi* **1** emitir um cheiro forte e desagradável. **2** emitir fumaça ou vapores. **3** estar molhado de suor ou sangue. **to reek of** cheirar a.

reel[1] [ri:l] *n* **1** carretel, sarilho, bobina. **2** molinete (de linha de pescar). **3** tambor. **4** torniquete. **5** dobadoura. • *vt* **1** bobinar, enrolar em carretel ou bobina. **2** filmar.

reel[2] [ri:l] *n* movimento vacilante ou cambaleante. • *vt+vi* **1** vacilar, cambalear. **2** andar de modo cambaleante, vacilante.

re-en.force [ri:inf'ɔ:s] *vt* reforçar, fortificar.

re-es.tab.lish [ri:ist'æbliʃ] *vt* restabelecer, restaurar.

re.fer [rif'ə:] *vt+vi* (*ps, pp* **referred**) **1** referir, aludir, reportar. *the minister often refers to the Bible* / o pastor ou sacerdote freqüentemente faz alusão à Bíblia. **2** encaminhar, dirigir, apresentar. **3** recorrer. **4** submeter, entregar (para julgamento). **5** atribuir. **6** aplicar. *the rule refers to special cases* / o regulamento se aplica a casos especiais. **to refer the case to a judge** entregar o caso a um juiz. **to refer to a dictionary** recorrer a um dicionário.

ref.er.ee [refər'i:] *n* **1** árbitro, juiz (também *Sport*). **2** julgador: pessoa que aprecia, julga algo. • *vt* arbitrar, agir como juiz, *Sport* apitar uma partida (de futebol, basquetebol, voleibol etc.).

ref.er.ence [r'efərəns] *n* **1** referência, relação, respeito, alusão, menção. **2** marca, sinal ou marca de referência. **3** recomendação, informação. **4** arbitragem. • *adj* que serve para referência ou consulta. **in/ with reference to** em/com referência a. **reference book / work of reference** livro de consulta, dicionário etc.

re.fill [r'i:fil] *n* **1** carga ou material que serve para encher ou suprir de novo, refil. **2** reenchimento. • [ri:f'il] *vt* encher ou suprir novamente, reabastecer.

re.fine [rif'ain] *vt+vi* **1** refinar(-se), purificar. **2** clarificar, purir. **3** aperfeiçoar, educar, cultivar. **4** requintar, sutilizar, esmerar(-se), aprimorar(-se).

re.fined [rif'aind] *adj* **1** refinado, purificado. **2** aperfeiçoado. **3** apurado, fino, culto, sofisticado.

re.fine.ment [rif'ainmənt] *n* **1** refinação ou refinamento. **2** purificação. **3** requinte, cultura, distinção.

re.fin.er.y [rif'ainəri] *n* refinaria.

re.flect [rifl'ekt] *vt+vi* **1** refletir ou fazer refletir, espelhar. *the walls reflect the heat* / as paredes refletem o calor. **2** ponderar, pensar bem, meditar. *reflect carefully about what you are going to do* / pense bem sobre o que vai fazer. **3** recair (**on / upon** em / sobre).

re.flect.ing [rifl'ektiŋ] *adj* de reflexão, refletor, refletidor. **reflecting telescope** telescópio de reflexão.

re.flec.tion [rifl'ekʃən] *n* **1** reflexão, reflexo, repercussão. **2** ponderação, estudo minucioso, consideração, meditação. **3** censura, repreensão, crítica. **angle of reflection** ângulo de reflexão. **to be / cast reflections on** censurar, fazer restrições a, falar mal. **upon reflection** depois de muito refletir.

re.flex [r'i:fleks] *n* reflexo, reflexão. • [rifl'eks] *vt* recurvar. • [r'i:fleks] *adj* **1** reflexivo, refletivo. **2** *Bot* recurvado. **3** *Physiol* produzido por estímulo, reflexo. **4** *Gram* reflexivo. **conditioned reflex** reflexo condicionado.

re.flex.ive [rifl'eksiv] *n Gram* verbo ou pronome reflexivo. • *adj* reflexivo.

Os pronomes reflexivos (**myself, yourself, himself, herself, itself, ourselves, yourselves, themselves**) são usados como objeto de um verbo e de algumas preposições quando o sujeito da frase for a mesma pessoa: *have you hurt yourself?* / você se machucou? *he has cut himself* / ele se cortou.

re.for.es.ta.tion [ri:fɔrist'eiʃən] *n* reflorestamento.

re.form [rif'ɔ:m] *n* reforma, melhoria, emenda, correção. • *vt+vi* **1** reformar, melhorar, restaurar. **2** emendar, corrigir. **3** transformar, dar nova forma a.

Ref.or.ma.tion [refəm'eiʃən] *n Rel* Reforma: movimento dissidente na Igreja Católica, que resultou no protestantismo (século XVI).

re.form.er [rif'ɔ:mə] *n* **1** reformador. **2** reformista.

re.frain¹ [rifr'ein] *vt+vi* **1** refrear, conter, reprimir, deter. **2** abster-se. *to refrain from smoking and drinking* / abster-se de fumar e beber.

re.frain² [rifr'ein] *n* estribilho, refrão.

re.fresh [rifr'eʃ] *vt+vi* **1** refrescar. **2** revigorar, restaurar as forças, reanimar. **3** reabastecer. **4** refrigerar. **5** renovar. **6** *Comp* atualizar. **to refresh one's memory** lembrar-se, refrescar a memória.

re.fresh.ing [rifr'eʃiŋ] *adj* **1** refrescante, refrescativo. **2** restaurador, reanimador. **3** agradável pela surpresa ou novidade.

re.fresh.ment [rifr'eʃmənt] *n* **1** refresco, ligeira refeição. *we ordered some light refreshments* / pedimos alguma coisa leve para comer. **2** descanso, repouso. **3** refrigério.

re.frig.er.ate[rifr'idʒəreit] *vt* **1** refrigerar, refrescar. **2** tornar-se frio ou fresco.

re.frig.er.at.ing cham.ber[rifr'idʒəreitiŋ tʃeimbə] *n* refrigerador, câmara frigorífica.

re.frig.er.a.tor[rifr'idʒəreitə] *n* refrigerador, geladeira.

ref.uge[r'ef juːdʒ] *n* **1** refúgio, asilo, abrigo, albergue. *to take refuge from a storm* / procurar refúgio de uma tempestade. **2** amparo, proteção. **3** aquele que dá refúgio ou acolhe alguém. **4** recurso, subterfúgio, pretexto.

ref.u.gee[refjudʒ'iː] *n* refugiado.

re.fund[r'iːfʌnd] *n* devolução do dinheiro pago, reembolso. • [rif'ʌnd] *vt* devolver (o dinheiro pago), reembolsar, restituir, pagar.

re.fus.al[rifj'uːzəl] *n* recusa, repulsa, resposta negativa, rejeição. **to meet with a refusal** receber uma recusa.

re.fuse[r'efjuːs] *n* refugo, rebotalho, resíduo, lixo. • *adj* de refugo ou rebotalho, sem valor.

re.fuse²[rifj'uːz] *vt* recusar, negar, rejeitar, repulsar, repelir, opor, refugar. *she refused to reveal the name of her informant* / ela recusou-se a revelar o nome de seu informante.

re.fuse dump[r'efjuːs dʌmp] *n* depósito de lixo: local onde o lixo recolhido de uma cidade é colocado.

re.fute[rifj'uːt] *vt* **1** refutar, impugnar. **2** contradizer, contestar.

re.gain[rig'ein] *n* recuperação, reconquista. • *vt* recuperar, tornar a alcançar ou ganhar.

re.gal[r'iːgəl] *n* realeza, magnificência. • *adj* real, régio.

re.gard[rig'aːd] *n* **1** consideração, atenção, respeito. **2** olhar firme. **3** estima. *we hold him in high regard* / nós o temos em alta estima. **4** respeito, relação. **5** *pl* **regards** cumprimentos, saudações, lembranças. • *vt+vi* **1** considerar, julgar, ter como. *he is regarded as the best doctor in town* / ele é considerado o melhor médico da cidade. *I regard him*

as such / eu o considero como tal. **2** respeitar, acatar, dar atenção. *she regards her parents' wishes* / ela respeita / acata os desejos de seus pais. **3** olhar, observar atentamente. **4** dizer respeito, ter relação, concernir. **5** estimar, venerar. **as regards that** quanto àquilo. **in this regard** sob esse aspecto. **in/with regard to** com referência a, relativamente a, quanto a. **with due regard** com o devido respeito. **with kind regards** com atenciosas saudações.

re.gard.ing [rig'aːdiŋ] *prep* relativamente, com respeito a, a respeito de, com referência a.

re.gard.less [rig'aːdlis] *adj* **1** que não tem consideração ou respeito. **2** descuidado, desatento, negligente. **3** indiferente. **regardless of** não obstante, embora, indiferente a.

re.gent [r'iːdʒənt] *n* **1** regente, reinante. **2** *Amer* membro do conselho de uma universidade. • *adj* regente, reinante.

re.gime [rei ʒ'iːm] *n* **1** regime, forma de governo. **2** norma vigente. **3** administração.

reg.i.ment [r'edʒimənt] *n* **1** regimento. **2** *arch* governo, poder, domínio. **3** grande número. • *vt* arregimentar.

re.gion [r'iːdʒən] *n* região, zona, distrito, área, território. **in the region of** por volta de, aproximadamente. **the infernal, lower / nether regions** o inferno. **the upper regions** a) a estratosfera. b) *fig* o céu.

reg.is.ter [r'edʒistə] *n* **1** *Comp, Mus, Typogr* registro. **2** inscrição, matrícula. **3** lista, controle, arquivo, rol. **4** torneira (regulador da passagem ou do consumo de água, gás etc.). **5** registrador. **6** índice. **7** anel de centragem. • *vt+vi* **1** registrar, inscrever, assentar, anotar, lançar, protocolar. **2** alistar, matricular. *students must register by 5 o'clock on wednesday* / alunos devem matricular-se às 5 horas na quarta-feira. **3** remeter sob registro (uma carta). **4** indicar, apontar (falando de um aparelho de medição). **cash register** caixa registradora. **in register** *Graph Arts* que está em registro, em ordem. **to register oneself** alistar-se, dar entrada em seu nome.

R

reg.is.tered mail [redʒistəd m'eil] *n* correspondência registrada.

reg.is.tered nurse [redʒistəd n'ə:s] *n* enfermeira diplomada.

reg.is.ter of.fice [r'edʒistə ɔfis] *n* cartório.

reg.is.tra.tion [redʒistr'eiʃən] *n* 1 registro, inscrição, matrícula. 2 ação de registrar ou inscrever. 3 número de pessoas inscritas.

reg.is.tra.tion num.ber [redʒistr'eiʃən n⌃mbə] *n* número de licença (de um veículo).

reg.is.try of.fice [r'edʒistri ɔfis] *n* cartório de registro civil.

re.gret [rigr'et] *n* 1 pesar, sentimento de perda, tristeza, pena. 2 arrependimento, remorso. 3 desgosto, desapontamento. • *vt* 1 sentir, lastimar, lamentar, deplorar. *we regret it very much* / sentimos muito. *it is to be regretted* / é lamentável. 2 arrepender-se, afligir-se por alguma coisa. **to feel / have regret at** lamentar, sentir pesar por. **to send one's regrets** enviar mensagem recusando um convite.

reg.u.lar [r'egjulə] *n* 1 soldado de linha. 2 membro de uma ordem religiosa ou monástica. 3 *Amer* partidário, fiel, freguês. • *adj* 1 regular, segundo o hábito ou a regra, normal, comum, corrente, certo. 2 exato, pontual. 3 ordeiro, metódico, uniforme. 4 autorizado. 5 *Gram* que se conjuga regularmente. **the regular candidate** o candidato regular, oficial. **to keep regular hours** ter vida metódica.

reg.u.lar.i.ty [regjul'æriti] *n* regularidade, ordem, método, simetria.

reg.u.late [r'egjuleit] *vt* regular, regularizar, ajustar, dispor, ordenar, pôr em ordem, acertar (o relógio).

reg.u.la.tion [regjul'eiʃən] *n* regulamento, regra, ordem, direção. • *adj* 1 de acordo com o regulamento ou a praxe, regulamentar. 2 normal, usual.

re.ha.bil.i.tate [ri:əb'iliteit] *vt* reabilitar, restaurar.

re.ha.bil.i.ta.tion [ri:əbilit'eiʃən] *n* reabilitação, restauração.

re.hears.al [rih'ə:səl] *n* 1 *Theat* ensaio, prova. 2 repetição. **dress rehearsal** ensaio geral.

re.hearse [rih'ə:s] *vt+vi* 1 ensaiar, exerci-

tar, treinar. 2 repetir. 3 relatar detalhadamente. 4 recitar.

reign [rein] *n* 1 reino, reinado. 2 poder, soberania, domínio. 3 prevalência, predomínio. • *vt+vi* 1 reinar, imperar. 2 prevalecer, predominar. **in the reign of** durante o reinado de.

re.im.burse [ri:imb'ə:s] *vt* reembolsar, pagar, compensar.

re.im.burse.ment [ri:imb'ə:smənt] *n* reembolso.

rein [rein] *n* 1 rédea. 2 *fig* freio, controle, refreamento. • *vt+vi* 1 levar as rédeas. 2 *fig* governar, controlar. **to draw rein** apertar as rédeas, deter o passo. **to give rein to** dar rédeas a, largar as rédeas. **to keep a rein on** controlar. **to rein in** reter, refrear. **to rein up / back** fazer parar o cavalo. **to take the reins** assumir o controle.

re.in.force [ri:inf'ɔ:s] *n* reforço (também *Psych*). • *vt* reforçar.

re.in.forced con.crete [ri:infɔ:st k'ɔŋkrit] *n* concreto armado.

re.in.force.ment [ri:inf'ɔ:smənt] *n* reforço.

re.in.state [ri:inst'eit] *vt* restabelecer, empossar novamente, reintegrar, reinstalar.

re.in.sure [ri:inʃ'uə] *vt* ressegurar.

re.in.vest [ri:inv'est] *vt Econ* reaplicar (fundos).

re.ject [ridʒ'ekt] *n* refugo, rebotalho, rejeito. • *vt* 1 rejeitar, recusar, repelir, desprezar. *as parents, we hope our children won't reject the values we try to give them* / como pais, esperamos que nossos filhos não rejeitem os valores que tentamos lhes passar. 2 expelir, vomitar.

re.jec.tion [ridʒ'ekʃən] *n* 1 rejeição, recusa. 2 rebotalho, refugo. 3 *pl* excrementos, fezes.

re.joice [ridʒ'ɔis] *vt* regozijar-se, alegrar (-se), exultar. *we rejoice in the success of our friends* / alegramo-nos com o sucesso de nossos amigos.

re.join [ri:dʒ'ɔin] *vt+vi* 1 reunir, tornar a reunir, ajuntar, tornar a ajuntar. 2 reingressar (numa sociedade). 3 retorquir, replicar. 4 *Jur* treplicar.

re.lapse [ril'æps] *n* 1 reincidência, recaída. 2 *Med* recidiva. • *vt* recair, reincidir, ser relapso.

re.late [ril'eit] *vt+vi* **1** relatar, contar, narrar (**to** a). **2** referir, dizer respeito (**to** a). **3** ter referência, ter relação. **4** ligar(-se), unir(-se). **to relate to** relacionar(-se) com.

re.lat.ing [ril'eitiŋ] *adj* relativo (**to** a).

re.la.tion [ril'eiʃən] *n* **1** relação. *he had relations with the society* / ele tinha relações com a sociedade. **2** relacionamento, ligação. **3** parente, parentela. *is he a relation of yours?* / é seu parente? **4** referência, alusão. **distant relation** parente afastado. **in/with relation to** com referência a, com respeito a. **near relation** parente próximo. **to bear little/some relation to** ter pouco/algo a ver com. **to bear no relation to** não ter nada a ver com. **to have relations with** *coll* fazer sexo com, ter relações sexuais com.

re.la.tion.ship [ril'eiʃənʃip] *n* **1** parentesco. **2** conexão, afinidade, relacionamento, relação, ligação.

rel.a.tive [r'elativ] *n* **1** parente. **2** pronome, adjetivo ou advérbio relativos. • *adj* **1** relativo, referente, concernente. **2** comparativo.

re.lax [ril'æks] *vt+vi* **1** relaxar, afrouxar. **2** diminuir a tensão, moderar, mitigar, abrandar. **3** pôr-se à vontade, descansar, repousar.

re.lax.a.tion [ri:læks'eiʃən] *n* **1** relaxamento, afrouxamento. **2** descanso. **3** remissão. **4** diversão.

re.lax.ing [ril'æksiŋ] *adj* relaxante, calmante.

re.lease [ril'i:s] *n* **1** libertação, soltura, livramento. **2** relaxamento, diminuição (de dor, sofrimento), alívio. **3** liberdade de publicação. **4** obra literária cuja reprodução é permitida. **5** *Phot* obturador. **6** *Mech* desarme, disparo. **7** lançamento (de disco ou vídeo). **8** exibição (de filme). • *vt* **1** soltar, libertar, livrar, liberar. **2** desobrigar. **3** *Jur* ceder, renunciar a, quitar. **4** licenciar, lançar (publicação pela imprensa ou exibição cinematográfica). **on (general) release** em exibição (geral).

re.lent [ril'ent] *vt* **1** tornar menos áspero, severo ou rígido. **2** abrandar. **3** apiedar-se, ter compaixão. **4** ceder, condescender.

re.lent.less [ril'entlis] *adj* inexorável,

implacável, inflexível, impiedoso.

rel.e.vance [r'elivəns] *n* **1** relevância, importância, pertinência. **2** aplicabilidade, relação.

rel.e.vant [r'elivənt] *adj* **1** relevante, importante. **2** pertinente, relativo, atinente. **3** apropriado, correto.

re.li.a.bil.i.ty [rilaiəb'iliti] *n* confiança, confiabilidade, fidedignidade.

re.li.a.ble [ril'aiəbəl] *adj* de confiança, seguro, confiável, fidedigno.

rel.ic [r'elik] *n* **1** relíquia. **2** *coll* pessoa ou coisa de muita idade. **3** lembrança, objeto de estimação. **4** *pl* restos mortais. **5** *pl* ruínas.

re.lief¹ [ril'i:f] *n* **1** alívio. **2** assistência, socorro, ajuda. **3** remédio. **4** revezamento ou substituição de pessoal ou tropas. **5** indulto. **6** *Mil pl* reforços. **7** libertação (após um cerco). **8** *Euphem* satisfação sexual. **indoor relief** serviço de assistência social interno. **much to one's relief** para satisfação de alguém. **on relief** recebendo assistência social.

re.lief² [ril'i:f] *n* **1** relevo, saliência. **2** realce, contraste, distinção. **3** *Archit* saliência. **4** *Geol* elevação de terreno, parte montanhosa. **in relief** em relevo. **to place /throw into relief** realçar.

re.lieve [ril'i:v] *vt* **1** aliviar, mitigar, abrandar. **2** assistir, ajudar, socorrer. **3** substituir, revezar (turmas, sentinelas). **4** levantar o cerco (de uma fortaleza, cidade etc.). **5** *coll* tirar, privar. **6** pôr em relevo, realçar. **7** livrar de, desobrigar. **8** liberar, soltar, libertar. *he relieved his feelings* / ele deu expansão a seus sentimentos, desabafou, expandiu-se. **to relieve of** a) aliviar (de um peso). b) demitir, despedir. c) roubar.

re.li.gion [ril'idʒən] *n* **1** religião. **2** ordem religiosa. **3** fé, crença. **4** *pl* serviços divinos. **5** *fig* senso de responsabilidade. **to enter into religion** entrar numa ordem religiosa.

re.li.gious [ril'idʒəs] *n* religioso, frade, freira. • *adj* **1** religioso, devoto, pio. **2** de ou relativo à religião. **3** monástico, eclesiástico. **4** *fig* consciencioso, zeloso. **the religious** os religiosos (coletivamente).

re.lin.quish [ril'iŋkwiʃ] *vt* **1** abandonar, desistir de. **2** ceder. **3** renunciar a. **4** capitular.

rel.ish [r'eliʃ] *n* **1** gosto, sabor, paladar. **2** condimento, tempero. **3** apetite, deleite. **4** petisco, gulodice, iguaria. **5** satisfação, prazer, inclinação. *he had no relish to write* / ele não tinha inclinação para escrever. *they had a relish in hunting* / eles tinham gosto pela caça. • *vt+vi* **1** dar bom gosto ou sabor a. **2** gostar de, participar com prazer. *did you relish the dinner?* / você gostou do jantar? **3** ter bom gosto, ser agradável ao paladar. **4** condimentar, temperar. **5** apreciar, ter prazer em.

re.luc.tance [ril'ʌktəns] *n* relutância, repugnância, resistência, aversão.

re.luc.tant [ril'ʌktənt] *adj* relutante, avesso a, recalcitrante, hesitante, resistente.

re.ly [ril'ai] *vi* confiar em, fiar-se, contar com. *may I rely on him?* / posso confiar nele? *they can be relied on* / eles são de confiança.

re.main [rim'ein] *vi* **1** ficar, permanecer. **2** sobrar, restar. *that remains to be proved* / isto ainda precisa ser provado. *that remains to do* / isto está por fazer. **3** perdurar, continuar, persistir. **4** sobreviver. **we remain yours sincerely** (em cartas) permanecemos (ou subscrevemo-nos), atenciosamente.

re.main.der [rim'eində] *n* **1** resto, sobra, restante, resíduo. **2** saldo, excesso. **3** *Math* resto. • *vt* vender saldo (de livros) por preço mais baixo.

re.main.ing [rim'einiŋ] *adj* restante, remanescente, remanente.

re.mains [rim'einz] *n pl* **1** sobras, restos, resíduos. **2** vestígios, traços. **3** relíquias humanas. **4** restos mortais, cadáveres. **5** obra póstuma.

re.make [ri:m'eik] *n Cin* refilmagem. • *vt* (*ps, pp* **remade**) **1** refazer. **2** refilmar.

re.mand [rim'a:nd; rim'ænd] *n* **1** devolução. **2** *Jur* ação de tornar a pôr sob detenção preventiva. • *vt* **1** devolver. **2** mandar voltar. **3** *Jur* reencarcerar, recolocar sob detenção preventiva. **4** *Jur* devolver (processo) a instância inferior para com-

plementação. **on remand** sob prisão preventiva. **to remand on bail** libertar sob fiança.

re.mark [rim'a:k] *n* **1** observação, anotação, nota, reparo, comentário. **2** *Typogr* marca de acerto, cruz de acerto. • *vt+vi* observar, notar, reparar. **to remark on / upon** comentar a respeito de.

A grafia semelhante ao português pode induzir a erro de tradução. **Remark** significa observar, advertir, fazer ver, ponderar, comentar, dizer. "Remarcar" em inglês traduz-se por **relabel, mark up** (para mais), **mark down** (para menos).

re.mark.a.ble [rim'a:kəbəl] *adj* **1** notável, digno de nota. **2** fora do comum, extraordinário, singular.

rem.e.dy [r'emidi] *n* **1** remédio, curativo, medicamento. **2** reparação, corretivo. **3** *Jur* recurso, solução jurídica, direito de ação. **4** solução. • *vt* **1** curar, remediar. *that is not to be remedied* / para isto não há remédio. **2** reparar, melhorar, corrigir. **past remedy** irreparável. **there is no remedy but...** não há outra alternativa senão...

re.mem.ber [rim'embə] *vt+vi* **1** lembrar, recordar. *do you remember him?* / você se lembra dele? **2** guardar, ter em mente, conservar na memória. **3** transmitir saudações ou lembranças. *remember me to your mother* / dê minhas lembranças à sua mãe. **4** *coll* dar presente ou gorjeta, gratificar. **5** possuir memória. **if I remember rightly** se eu estou bem lembrado. **to remember someone in one's will** contemplar alguém com herança.

O significado de **remember** é variável, dependendo de ser seguido por **to** + infinitivo ou por uma forma em **-ing**. Quando significa "não se esquecer de praticar uma ação", é seguido de **to** + infinitivo: *please remember to lock the door before you leave* / por favor, lembre-se de trancar a porta antes de sair. Quando é seguido por verbo na forma **-ing**, refere-se a uma ação já praticada: *I remember locking the door before I left* / eu me lembro de ter trancado a porta antes de sair.

re.mem.brance [rim'embrəns] *n* 1 lembrança, recordação. *it escaped my remembrance* / fugiu-me à memória. 2 objeto de lembrança. 3 memento, memorial. 4 *pl* remembrances lembranças, saudações, cumprimentos. *give my kind remembrances to him* / dê-lhe minhas lembranças. in remembrance em memória.

re.mind [rim'aind] *vt+vi* fazer lembrar, trazer à memória. it reminds me of... faz-me lembrar de... this is to remind you that... isto é para lembrá-lo de que... Remind tem dois usos distintos. Quando significa "fazer lembrar de alguma coisa futura", usa-se a construção verbo + objeto + to + infinitivo: *please remind me to phone Mary tomorrow* / por favor me lembre de ligar para Mary amanhã. Quando significa "fazer lembrar de algo ou alguém", o objeto é seguido pela preposição of: *this song reminds me of France* / esta canção me faz lembrar da França.

re.mind.er [rim'aində] *n* lembrança, lembrete.

rem.i.nis.cence [remin'isəns] *n* 1 reminiscência, lembrança, recordação. 2 *pl* memórias.

re.mit [rim'it] *vt+vi* 1 remeter, enviar, mandar. 2 adiar, protelar, cancelar. 3 remitir, perdoar, permitir. 4 diminuir, afrouxar, mitigar. 5 desistir, ceder. 6 reenviar à prisão. 7 submeter à apreciação de. 8 *Jur* devolver à instância inferior.

re.mit.tance [rim'itəns] *n* 1 remessa de valores. 2 valores remetidos.

rem.nant [r'emnənt] *n* 1 sobra, resto, restante. 2 retalho, resíduo. 3 refugo. 4 vestígio, indício.

re.morse [rim'ɔ:s] *n* remorso, contrição, arrependimento.

re.morse.ful [rim'ɔ:sful] *adj* arrependido, contrito, que tem remorso.

re.morse.less [rim'ɔ:slis] *adj* sem remorsos, desapiedado, desumano.

re.mote [rim'out] *adj* 1 remoto, afastado, distante, retirado, segregado. 2 improvável. 3 indireto, mediato. 4 mínimo, vago, leve. *we had not got the remotest idea* / não tínhamos a mínima idéia. 5 arredio, frio, reservado. a remote relative um parente afastado.

re.mote con.trol [rimout kəntr'oul] *n Mech* controle remoto.

re.mov.a.ble [rim'u:vəbəl] *adj* removível, desmontável.

re.mov.al [ri:m'u:vəl] *n* 1 remoção. 2 mudança. 3 demissão, destituição. 4 transferência.

re.move [rim'u:v] *n* 1 remoção, transferência, deslocamento. *I got my remove* / fui transferido. 2 espaço, intervalo. 3 promoção. • *vt+vi* 1 remover, transferir, mudar de lugar ou posição. 2 retirar, tirar, livrar-se de, afastar(-se), eliminar. *we removed ourselves* / nós nos afastamos. 3 demitir, afastar. 4 pôr fim a, eliminar, matar.

rend.er [r'endə] *n* 1 retribuição. 2 primeira mão de reboco. • *vt* 1 retribuir, restituir, devolver. 2 entregar-se, capitular. 3 dar, conferir, pagar, suprir. 4 reproduzir, exprimir, representar, interpretar. 5 traduzir, verter. *how would you render "bon voyage" into Portuguese?* / como você traduziria "bon voyage" para o português? 6 prestar (favor, homenagem, serviços etc.). 7 tornar, fazer que. to render back devolver, restituir. to render good services prestar bons serviços. to render up a) dizer uma prece. b) capitular, entregar.

ren.dez.vous [r'ɔndivu:] *n Fr* 1 encontro em hora e lugar marcado. 2 lugar de encontro. 3 reunião. • *vt+vi* encontrar-se em hora e lugar marcado, reunir-se.

ren.e.gade [r'enigeid] *n* 1 renegado, apóstata. 2 desertor, trânsfuga, traidor, vira-casaca. • *adj* 1 renegador, apóstata. 2 traidor.

re.new [rinj'u:] *vt+vi* 1 renovar, refazer. 2 regenerar, reanimar, reavivar. 3 reparar, substituir. 4 recomeçar, repetir. to renew a subscription renovar uma assinatura.

re.new.al [rinj'u:əl] *n* 1 renovação, renovamento. 2 prorrogação. 3 substituição.

re.nounce [rin'auns] *vt* 1 renunciar, desistir, abandonar. 2 rejeitar, repudiar. 3 abjurar, renegar.

re.nown [rin'aun] *n* renome, fama, reputa-

R

ção, celebridade. • *vt* tornar renomado ou famoso. **a man of renown** um homem de reputação.

re.nowned [rin'aund] *adj* renomado, famoso, reputado. *she is renowned as an actress* / ela é famosa como atriz.

rent [rent] *n* 1 aluguel. 2 renda, arrendamento. • *vt+vi* 1 alugar. 2 cobrar aluguel. **for rent** para alugar. **to rent at a certain price** arrendar (ou alugar) por determinado preço. Veja nota em **hire**.

rent boy [r'ent bɔi] *n* garoto de programa: rapaz que se entrega à prostituição.

re.pair [rip'eə] *n* 1 conserto, reparo. 2 estado de conservação. • *vt* 1 reparar, consertar, remendar, emendar, corrigir. 2 indenizar. **beyond repair** sem conserto. **in bad repair / out of repair** em mau estado. **in good repair** em bom estado. **repair shop** oficina de conserto. **under repair** em conserto.

re.pay [ri:p'ei] *vt+vi (ps, pp* **repaid)** 1 reembolsar, pagar de volta, recompensar. 2 retribuir, corresponder. 3 compensar, indenizar.

re.pay.ment [ri:p'eimənt] *n* retribuição, reembolso.

re.peat [rip'i:t] *n* 1 repetição, retransmissão. 2 *Mus* sinal de reprodução, estribilho. • *vt+vi* 1 repetir, reiterar. 2 fazer novamente. 3 contar, passar adiante (um segredo). 4 recitar. 5 cursar pela segunda vez. 6 ensaiar. 7 reproduzir, imitar. 8 votar fraudulentamente mais de uma vez.

repel [rip'el] *vt+vi* 1 repelir, repulsar, rechaçar, rebater. 2 rejeitar, repudiar. 3 causar aversão a.

re.pel.lent [rip'elənt] *n* repelente, insetífugo, tecido impermeável. • *adj* 1 repelente, repulsivo. 2 repugnante. 3 impermeável. **insect repellent** repelente contra insetos. **water repellent** impermeável.

re.pent [rip'ent] *vt+vi* arrepender-se, ter arrependimento, estar sentido, estar arrependido. *she repented her folly* / ela se arrependeu de sua tolice. *he will repent of this* / ele vai arrepender-se disto.

re.pent.ance [rip'entəns] *n* arrependimen-

to, sentimento, pesar, penitência, contrição.

re.per.cus.sion [ri:pək'ʌʃən] *n* 1 repercussão, reverberação. 2 eco. 3 ricochete.

rep.er.to.ry [r'epətəri] *n* 1 repertório. 2 coleção. 3 armazém, depósito. 4 inventário, lista, índice. **to perform in repertory** representar peças com o mesmo grupo de atores em noites alternadas.

rep.e.ti.tion [repət'iʃən] *n* 1 repetição. 2 recitação. 3 cópia, reprodução. 4 recapitulação.

re.pet.i.tive [rip'etitiv] *adj* de repetição, repetitivo, repetitório.

re.place [ripl'eis] *vt* 1 repor, tornar a pôr no mesmo lugar. 2 substituir (**by** por), tomar o lugar de.

re.place.ment [ripl'eismənt] *n* 1 substituição. 2 reposição.

re.play [r'i:plei] *n* 1 partida decisiva (de futebol) entre dois times empatados. 2 *replay*: repetição de gravação em vídeo. • [ri:pl'ei] *vt* 1 tornar a disputar uma partida (por dois times empatados). 2 repetir uma imagem de vídeo ou filme. 3 tocar de novo, executar novamente. **instant replay** repetição imediata.

re.plete [ripli:t] *adj* 1 repleto, cheio (**with** de), abarrotado. 2 farto, saciado.

re.ply [ripl'ai] *n* resposta, réplica. • *vt+vi* 1 responder, replicar, retorquir. 2 *Jur* contestar uma ação. **in reply to** em resposta a. **make no reply!** não responda! **we said in reply that** respondemos que. Veja nota em **respond**.

re.port [rip'ɔ:t] *n* 1 relatório (também *Comp*), informação, parecer do auditor, notícia. 2 rumor, boato. 3 reputação, fama. 4 estampido, detonação, estrondo. 5 resenha, descrição. • *vt+vi* 1 relatar, fazer relatório, informar, contar, noticiar, comunicar. 2 queixar-se, dar parte, denunciar. 3 apresentar-se, comparecer. 4 ressoar, repercutir. 5 trabalhar como repórter. **as report has it** segundo boatos. **a yearly report** relatório anual. **he reported himself** ele comunicou sua presença. **it is reported** dizem que. **school report** boletim escolar. **to report back** trazer a informação, voltar com a informação. **to report on** informar a respeito de.

re.port.ed.ly [rip'ɔ:tidli] *adv* segundo notícias ou boatos, pelo que fala o povo.

re.port.er [rip'ɔ:tə] *n* relator, repórter, informante, correspondente de jornal.

rep.re.hend [repri'hend] *vt* repreender, censurar.

rep.re.hen.sion [reprih'enʃən] *n* repreensão, censura.

rep.re.sent [repriz'ent] *vt* 1 reproduzir a imagem de, retratar, pintar, descrever, representar. *I was represented by him* / fui representado por ele. 2 tipificar, simbolizar, representar. 3 patentear, revelar, mostrar claramente. 4 desempenhar, fazer executar (um papel, uma missão etc.). 5 aparentar, figurar, parecer ter. 6 equivaler a, corresponder a. 7 fazer as vezes de, agir em lugar de. 8 desempenhar um mandato. 9 objetar, protestar. 10 expressar, significar, descrever, expor.

rep.re.sen.ta.tion [repriznt'eiʃən] *n* 1 representação, ato ou efeito de representar. 2 imagem, retrato, desenho. *the cave walls are covered with primitive representations of animals* / as paredes da caverna estão cobertas de imagens primitivas de animais. 3 representantes, deputados. 4 espetáculo, exibição. 5 protesto, queixa. 6 conta, computação, relato. 7 simbolização. 8 simulação. 9 **representations** exposição (de fatos, argumentos, protestos), reclamações oficiais.

rep.re.sent.a.tive [repriz'entətiv] *n* 1 representante, substituto. 2 deputado, agente, delegado. 3 aquele ou aquilo que representa. 4 espécime, tipo. • *adj* 1 representativo, representante. 2 típico, característico.

re.press [ripr'es] *vt* 1 reprimir, conter. 2 suprimir, sufocar, subjugar. 3 conter-se, refrear-se. 4 *Psych* recalcar.

re.pres.sion [ripr'eʃən] *n* 1 repressão. 2 recalque (também *Psych*).

rep.ri.mand [r'eprima:nd; r'eprimænd] *n* reprimenda, repreensão, admoestação. • *vt* repreender, censurar, admoestar.

re.pri.sal [ripr'aizəl] *n* represália, retaliação.

re.proach [ripr'outʃ] *n* 1 repreensão, exprobração, censura, reprovação. *she* looked at me with reproach / ela me olhou com reprovação. 2 vergonha, desgraça, mancha, opróbrio. *it brought reproach on him* / trouxe-lhe vergonha. *it is no reproach to you* / não é vergonha para você. • *vt* 1 repreender, exprobrar, censurar, increpar. 2 acusar, vituperar, difamar. **above / beyond reproach** perfeito, irrepreensível, inatacável.

re.pro.duce [ri:prədj'u:s] *vt+vi* 1 reproduzir, tornar a produzir. 2 multiplicar, propagar, procriar. 3 copiar, imitar, retratar. 4 recordar, lembrar.

re.pro.duc.tion [ri:prəd'ʌkʃən] *n* 1 reprodução (também *Biol*), nova produção. 2 propagação, procriação. 3 cópia, imitação, fac-símile.

re.pro.duc.tive [ri:prəd'ʌktiv] *adj* reprodutivo, reprodutor.

re.prov.al [ripr'u:vəl] *n* censura, reprovação.

re.prove [ripr'u:v] *vt* reprovar, censurar, repreender, criticar.

rep.tile [r'eptail; r'eptəl] *n* 1 réptil. 2 *fig* rasteiro, vil.

re.pub.lic [rip'ʌblik] *n* república. **republic of letters** a) república das letras, literatura, mundo dos livros e seus autores. b) classe dos homens de letras.

re.pub.lic.an [rip'ʌblikən] *n* republicano. • *adj* 1 republicano, partidário da república. 2 (Republican) republicano, partidário, membro ou eleitor de um partido republicano.

re.pug.nance [rip'ʌgnəns] *n* 1 repugnância, antipatia, aversão, nojo. 2 oposição.

re.pug.nant [rip'ʌgnənt] *adj* 1 repugnante, repulsivo, detestável. 2 contrário, oposto. 3 inconsistente, incompatível.

re.pul.sive [rip'ʌlsiv] *adj* 1 repulsivo, repelente, repugnante. 2 de repulsão.

rep.u.ta.ble [r'epjutəbəl] *adj* honrado, respeitável, bem conceituado.

rep.u.ta.tion [repjut'eiʃən] *n* 1 reputação, conceito, renome, crédito. *they have the reputation of being rich* / eles são tidos como ricos. 2 fama, celebridade. 3 boa reputação, bom nome. **to enjoy good reputation** gozar de bom conceito.

re.pute [ripj'u:t] *n* reputação, fama, renome. • *vt* reputar, ter em conta de, considerar, julgar. **of bad repute** de má fama. **to be in high repute** ter ou gozar de boa fama.

re.pu.ted [ripj'u:tid] *adj* reputado, suposto, pretenso, renomado.

re.quest [rikw'est] *n* 1 petição, requerimento, requisição. 2 *Com* pedido, demanda, solicitação. • *vt* requerer, pedir, rogar, solicitar. *I request a favour of you* / peço-lhe um favor. **as requested** conforme pedido. **at the request of** a pedido de. **upon request, by request** a pedido.

re.quire [rikw'aiə] *vt+vi* 1 requerer, exigir, pedir, solicitar. 2 precisar, necessitar. 3 mandar, ordenar. *require him to go* / mande-o embora, diga-lhe que vá. **if required** a) se preciso for. b) a pedido. **it is required** é preciso.

re.quire.ment [rikw'aiəmənt] *n* 1 exigência, necessidade. 2 condição essencial, requisito. 3 requerimento, requisição. **to meet with requirements** corresponder às necessidades, exigências.

res.cue [r'eskju:] *n* livramento, salvamento, salvação, resgate. • *vt* livrar, salvar, socorrer, resgatar. *they are coming to our rescue* / eles vêm nos socorrer.

res.cu.er [r'eskju:ə] *n* libertador, salvador.

re.search [ris'ə:tʃ] *n* pesquisa, busca, indagação, investigação, exame. *he makes researches* / ele faz pesquisas. • *vt+vi* pesquisar, indagar, investigar, examinar (**for, after, on**). *they are researching on the spread of AIDS* / eles estão pesquisando sobre o avanço da AIDS. **he is engaged in researches on** ele se ocupa com pesquisas sobre.

re.search.er [ris'ə:tʃə] *n* pesquisador, investigador.

re.sem.blance [riz'embləns] *n* 1 semelhança, parecença. 2 imagem, retrato. **close resemblance** perfeita semelhança, analogia. **striking resemblance** semelhança impressionante. **to bear / have a resemblance to** ter semelhança com.

re.sem.ble [riz'embəl] *vt* assemelhar-se, ser parecido com.

re.sent [riz'ent] *vt* ressentir-se, ofender-se,

guardar rancor. *she resented my leaving* / ela ressentiu-se com minha saída.

re.sent.ful [riz'entful] *adj* ressentido, que se ofende facilmente, melindroso, rancoroso.

re.sent.ment [riz'entmənt] *n* ressentimento, indignação, rancor.

res.er.va.tion [rezəv'eiʃən] *n* 1 reserva, reservação. 2 restrição, limitação. 3 território reservado (para índios, por exemplo). **mental reservation** restrição ou reserva mental. **without reservation** incondicionalmente.

re.serve [riz'ə:v] *n* 1 *Com, Mil* reserva. 2 restrição, ressalva. 3 circunspeção, discrição. 4 estoque. 5 área reservada. 6 **reserves** *Econ* reservas, lastro. • *vt* 1 reservar, guardar. 2 reter, conservar. 3 apartar, excluir, excetuar. 4 pôr de parte, destinar. **cash reserve** reserva monetária. **in reserve** em reserva. **reserve fund** fundo de reserva. **to reserve the right to** reservar-se o direito de. **without reserve** sem reserva (venda), incondicionalmente. **with reserve** com restrições.

re.served [riz'ə:vd] *adj* 1 reservado, guardado. 2 cauteloso, circunspecto, discreto. 3 sisudo, taciturno. **all the rights reserved** todos os direitos reservados.

res.i.dence [r'ezidəns] *n* 1 residência, morada, habitação, domicílio. 2 ato de morar. 3 inerência. **in residence** residente no local em que exerce um cargo. **to take up residence** ir morar.

res.i.dent [r'ezidənt] *n* 1 residente, habitante, habitador. 2 residente, título dado a alguns funcionários coloniais. 3 médico residente. • *adj* 1 residente, habitante. 2 *Zool* não migratório, permanente.

re.sign [riz'ain] *vt+vi* 1 resignar-se, renunciar. 2 conformar-se, submeter-se. 3 demitir-se. 4 *Chess* abandonar. **to resign from office** demitir-se de seu cargo.

res.ig.na.tion [rezign'eiʃən] *n* 1 resignação, renúncia, demissão, exoneração. 2 pedido de demissão (por escrito). *I sent in my resignation* / solicitei minha demissão. 3 submissão, sujeição, paciência.

re.sist [riz'ist] *vt+vi* 1 resistir, opor-se, repelir. *he cannot resist making a joke* /

ele não pode deixar de fazer uma brincadeira. **2** frustrar, impedir, deter.

re.sist.ance [riz'istəns] *n* **1** resistência, oposição. **2** capacidade de resistência. **3** *Med* imunidade. **4** *Electr* resistência.

re.sist.ant [riz'istənt] *n* o que resiste, proteção. • *adj* **1** resistente. **2** imune.

res.o.lu.tion [rezəl'u:ʃən] *n* **1** resolução (também *Comp*), decisão, determinação. **2** dissolução, decomposição. **3** constância, firmeza. **4** análise. **5** solução de um problema. **to come to a resolution** chegar a uma decisão.

re.solve [riz'ɔlv] *vt+vi* **1** decompor, dissolver, desintegrar, reduzir a suas partes elementares, separar, analisar. **2** resolver, solucionar, esclarecer, explicar. *it resolved itself* / resolveu-se. **3** decidir, determinar. **4** aprovar, votar (uma proposta em assembléia).

re.sort [riz'ɔ:t] *n* **1** lugar muito freqüentado. *a park is a place of public resort* / um parque é um lugar freqüentado pelo público. **2** lugar, local (de diversão, de férias, de veraneio). **3** recurso, refúgio. **4** recanto. • *vt* **1** ir, dirigir-se a, freqüentar. **2** recorrer, lançar mão, valer-se de. **as a last resort** como último recurso. **seaside resort** estância balneária. **to resort to** recorrer a, apelar a. **water resort** estância hidromineral.

re.sound.ing [riz'aundiŋ] *adj* ressonante, retumbante.

re.source [riz'ɔ:s] *n* **1** recurso, meio, expediente. **2 resources** recursos, riquezas (de um país), meios pecuniários, faculdades. **3** desembaraço. **a man of no resource** um homem sem expediente, sem recurso. **to leave someone to his own resources** deixar alguém por sua própria conta.

re.source.ful [riz'ɔ:sful] *adj* desembaraçado, expedito, despachado.

re.spect [risp'ekt] *n* **1** respeito, deferência, consideração, apreço, acatamento. *he is held in high respect* / ele goza de muito respeito ou consideração. **2** relação, referência. **3** detalhe, ponto, aspecto especial. **4** circunstância, aspecto, motivo. **5 respects** cumprimentos, saudações. • *vt*

1 respeitar, acatar, honrar. **2** dizer respeito a, relacionar-se com, concernir, referir-se a. **in all respects** sob todos os pontos de vista. **in respect of** em relação a. **in respect that** considerando que. **in respect to** a respeito de. **out of respect for** por respeito a. **to pay one's last respects** comparecer a um funeral. **to pay one's respects** apresentar seus cumprimentos, fazer uma visita. **without respect to** sem consideração por. **with respect to** com respeito a.

re.spect.a.ble [risp'ektəbəl] *adj* **1** respeitável, venerável, estimável, honorável. **2** apreciável. *it is a respectable but not extraordinary result* / um resultado apreciável mas não extraordinário. **3** digno, honrado, decente. **4** considerável.

re.spect.ful.ly [risp'ektfuli] *adv* respeitosamente, atenciosamente. **yours respectfully** (em fechos de cartas) atenciosamente, respeitosamente.

re.spec.tive [risp'ektiv] *adj* respectivo, relativo, correspondente.

re.spire [risp'aiə] *vi* **1** *fig* tomar fôlego, reanimar-se. **2** exalar, emanar. **3** respirar. A grafia semelhante ao português pode induzir a erro de tradução. **Respire** é pouco usado como respirar; seu sentido mais freqüente é tomar fôlego, sentir alívio. "Respirar" em inglês traduz-se por **breathe.**

res.pite [r'espait; r'espit] *n* **1** repouso, intervalo, pausa, folga. **2** adiamento, prorrogação, mora. **3** *Jur* suspensão temporária da execução (de condenado à morte). • *vt* **1** prorrogar, adiar. **2** suspender temporariamente a execução (de condenado).

re.spond [risp'ɔnd] *n* *vt* **1** responder, replicar (diz-se também da congregação na igreja). **2** *Psych, Physiol* reagir, ser suscetível, corresponder. **3** responder por. A grafia semelhante ao português pode induzir a erro de tradução. **Respond** é pouco usado como responder; seu sentido mais freqüente é ser influenciado, agir em conseqüência de. "Responder" em inglês traduz-se por **answer** e **reply.**

R

re.sponse [risp'ɔns] *n* 1 resposta, réplica. 2 responsório. 3 *Psych, Physiol* reação, efeito. **in response to your request** em atenção a seu pedido.

re.spon.si.bil.i.ty [rispɔnsəb'iliti] *n* 1 responsabilidade. 2 encargo, incumbência. **to do something on one's own responsibility** fazer algo sob sua única responsabilidade.

re.spon.si.ble [risp'ɔnsəbəl] *adj* 1 responsável, com responsabilidade, prudente, equilibrado. *they are responsible for the failure* / eles são responsáveis pelo fracasso. 2 respeitável, de confiança, confiável. **a responsible position** uma posição de responsabilidade. **a responsible person** uma pessoa de confiança.

rest[1] [rest] *n* 1 descanso, repouso, folga, trégua, tranqüilidade, paz, sossego. *Sunday is a day of rest* / domingo é dia de descanso. 2 sono. 3 lugar de repouso, sanatório. 4 abrigo, albergue, pousada, parada. 5 suporte, apoio, pedestal. • *vt+vi* 1 descansar (**from** de), repousar, fazer uma pausa, estar parado, não se mover, ficar quieto. *I shall not rest until this matter is settled* / não descansarei até este assunto ser resolvido. 2 estar calmo, sossegado ou despreocupado. *you can rest assured that we will do all we can* / você pode ter a certeza de que faremos tudo que pudermos. 3 ser apoiado ou apoiar-se (**on, against** sobre, em), basear-se (**upon** sobre), motivar-se (**in** em). 4 depender (**on** de), confiar (**in** em). 5 dirigir, fixar (os olhos). *our eyes rest on the book* / nossos olhos estão fixos no livro. **the fault rests with you** a culpa é sua. **to be at rest** a) estar dormindo. b) estar parado. c) estar despreocupado, livre de aborrecimentos. d) *Euphem* estar morto. **to give a rest** deixar em paz, não amolar. **to lay at rest** sepultar, enterrar. **to let the matter rest** dar o assunto por liquidado. **to put / set someone's mind at rest** tranqüilizar, apaziguar. **to rest up** *coll* descansar. **to set at rest** acalmar, aquietar. **to take a rest** descansar.

rest[2] [rest] *n* 1 resto, restante, sobra, resíduo. 2 saldo, reserva. 3 *Ten* série longa de trocas de bola. • *vt+vi* 1 restar, sobrar, sobejar. 2 ficar, permanecer. **among the rest** entre as outras coisas. **and all the rest of it** e tudo mais. **and the rest**? e quem mais? **for the rest** demais, além disso. **the rest** os outros, os demais.

res.tau.rant [r'estərɔnt] *n* restaurante.

rest.ful [r'estful] *adj* tranqüilo, quieto, descansado, sossegado.

rest.ing-place [r'estiŋ pleis] *n* 1 lugar de descanso. 2 túmulo.

rest.less [r'estlis] *adj* 1 impaciente, agitado, que não pára quieto, desassossegado, indócil. *the audience was becoming restless* / o público estava ficando impaciente. 2 insone.

res.to.ra.tion [restər'eiʃən] *n* 1 restauração, reintrodução (também *Dent*). 2 restituição, reposição, reintegração. 3 restabelecimento, cura. 4 reparo, conserto.

re.store [rist'ɔ:] *vt* 1 restaurar, reparar, reconstruir. 2 recolocar, repor, restituir, devolver. *they restored him to liberty* / recolocaram-no em liberdade. 3 restabelecer, curar, recuperar. 4 reintegrar.

re.strain [ristr'ein] *vt* 1 conter, reter, reprimir, refrear, retrair. 2 impedir, estorvar, atalhar. 3 dominar, controlar, restringir, limitar. 4 encarcerar.

re.straint [ristr'eint] *n* 1 restrição, limitação. 2 impedimento, estorvo, atalho, embaraço. 3 freio, obstáculo. 4 comedimento, moderação, prudência, controle. **without restraint** livremente.

re.strict [ristr'ikt] *vt* 1 restringir, limitar, confinar. 2 impedir, atrapalhar, diminuir.

re.stric.tion [ristr'ikʃən] *n* 1 restrição, limitação, reserva. 2 exclusão, discriminação.

rest room [r'est ru:m] *n Amer* toalete, banheiro (em restaurantes, hotéis etc.).

Em inglês britânico, "banheiro" também se traduz por **toilet**, **lavatory** (termo atualmente em desuso) e **loo**, mais informal. Em locais públicos, traduz-se por **Gents** (masculino) e **Ladies** (feminino). Em inglês norte-americano, o banheiro de uma casa se traduz por **lavatory, toilet** ou **bathroom**, e o banheiro em locais públicos é chamado de **washroom** ou **rest room**.

re.sult [riz'Alt] *n* resultado, consequência, efeito. • *vt* resultar, provir, originar-se (**from** de).

re.sume [rizj'u:m] *vt* **1** retomar, reocupar, reassumir. **2** recuperar. **3** prosseguir, recomeçar. **4** reiterar.
A grafia semelhante ao português pode induzir a erro de tradução. **Resume** está fora de uso como "resumir"; significa retomar, reassumir etc. Em inglês, "resumir" se traduz por **sum up**. *now sum up your views in a few words* / agora resuma seus pontos de vista em poucas palavras.

ré.su.mé [r'ezjumei] *n Fr* **1** *curriculum vitae,* currículo profissional. **2** resumo, sumário, epítome.

res.ur.rect [rezər'ekt] *vt* **1** ressuscitar. **2** trazer de volta, fazer reaparecer.

res.ur.rec.tion [rezər'ekʃən] *n* **1** ressurreição. **2** renovação, restabelecimento, restauração, ressurgimento.

re.sus.ci.tate [ris'ʌsiteit] *vt+vi* **1** ressuscitar, fazer reviver, reanimar. **2** voltar a viver, renascer. **3** *fig* renovar, revitalizar.

re.tail [r'i:teil] *n* varejo, venda a varejo. • *vt+vi* **1** vender a varejo. **2** [rit'eil] recontar, contar minuciosamente. • [r'i:teil] *adj* de varejo, varejista, retalhista. • *adv* no varejo. **at retail / by retail** no varejo. **retail business** negócio a varejo. **retail goods** mercadorias de varejo. **retail trade** comércio varejista

re.tail.er [r'i:teilə] *n* varejista.

re.tain [rit'ein] *vt* **1** reter, conservar, manter, preservar, guardar. **2** contratar (especialmente serviços de advogado). **3** conservar na memória.

re.take [r'i:teik] *n Cin, TV* retomada, refilmagem de uma cena. • [ri:t'eik] *vt* (*ps* **retook**, *pp* **retaken**) **1** retomar. **2** recapturar. **3** *Cin, TV* tornar a filmar (uma cena).

re.tal.i.ate [rit'ælieit] *vt* retaliar, pagar na mesma moeda, revidar, desforrar-se.

re.tal.i.a.tion [ritæli'eiʃən] *n* retaliação, represália, desforra.

re.tard [rit'a:d] *n* demora, atraso. • *vt+vi* **1** retardar-se, demorar-se, atrasar-se, protelar, pôr obstáculos, embaraçar. **2** impedir, deter.

re.tard.ed [rit'a:did] *adj* retardado: que sofre de retardo mental.

retch [retʃ] *n* ânsia de vômito. • *vt* fazer esforço para vomitar.

re.ten.tion [rit'enʃən] *n* **1** retenção. **2** faculdade retentiva. **3** conservação. **4** fixação. **5** memória.

re.think [ri:θ'iŋk] *n* reconsideração. • *vt+vi* **1** reconsiderar. **2** repensar.

ret.i.cence [r'etisəns] *n* **1** reserva, discrição, reticência. **2** relutância.

ret.i.cent [r'etisənt] *adj* **1** reservado, discreto, reticente. **2** relutante.

re.tire [rit'aiə] *n Mil* toque de retirada. • *vt+vi* **1** retirar(-se), afastar(-se), apartar(-se). **2** reformar(-se), aposentar(-se). *he retired from business* / ele aposentou-se. **3** recolher-se. *she retired to a convent* / ela recolheu-se a um convento. **4** ir dormir. **5** recuar, retroceder. **6** retirar (de circulação).

re.tired [rit'aiəd] *adj* **1** retirado, afastado, isolado. **2** retraído, reservado. **3** aposentado, reformado. **on the retired list** aposentado, reformado.

re.tire.ment [rit'aiəmənt] *n* **1** retirada, recuo. **2** retraimento, segregação, isolamento. **3** aposentadoria, reforma. **4** vida privada, intimidade. **5** retiro, lugar retirado. **6** retirado de circulação. **retirement pension** pagamento de aposentadoria, pensão.

re.tir.ing [rit'aiəriŋ] *adj* **1** que se retira, afasta ou aposenta. **2** retraído, reservado. **3** acanhado, tímido.

re.tort [rit'ɔ:t] *n* réplica mordaz, resposta ao pé da letra. • *vt+vi* **1** replicar, retrucar, retorquir. **2** repelir, rebater, revidar. **3** retaliar.

re.trace [ritr'eis] *vt* **1** remontar à origem ou ao princípio, refazer. *the police retraced the movements of the murder victim* / a polícia refez os movimentos da vítima do assassinato. **2** voltar, volver pelo mesmo caminho. **3** rememorar, trazer à lembrança. **4** expor ou relatar de novo. **5** retroceder, voltar atrás. **6** repassar.

R

re.tract[ritr'ækt] *vt* 1 retrair, recolher, encolher. 2 retratar(-se), desdizer(-se). 3 *Aeron* recolher (trem de aterrissagem).

re.trac.tive[ritr'æktiv] *adj* retrativo: que produz retração.

re.treat[ritr'i:t] *n* 1 retirada (especialmente em sentido militar). 2 toque de recolher, retreta. 3 retiro, asilo, abrigo, refúgio. 4 recolhimento. 5 recuo, afastamento. • *vt+vi* 1 retirar-se, retroceder, afastar-se, fugir. 2 refugiar-se, procurar asilo. **to beat a retreat** bater em retirada.

re.ri.bu.tion[retribj'u:∫ən] *n* 1 retribuição, recompensa. 2 justiça divina. 3 desforra, vingança, castigo.

re.trib.u.tive[ritr'ibjutiv] *adj* retribuidor, vingador, punitivo.

re.triev.al [ritr'i:vəl] *n* 1 recuperação. 2 possibilidade de recuperação. **beyond retrieval** irreparável: que não se pode remediar.

re.trieve[ritr'i:v] *n* 1 ato de reaver, recobrar etc. 2 possibilidade de recuperação. • *vt* 1 recobrar, recuperar, reaver. 2 apanhar a caça (diz-se dos cães). 3 restabelecer, restaurar, corrigir, reparar. 4 *Comp* obter dados processados.

re.tro.act.ive[retrou'æktiv] *adj* retroativo.

re.tro.ces.sion [retrəs'e∫ən] *n* 1 retrocessão, retrocesso, recuo. 2 restituição de um direito obtido por cessão.

re.tro.grade[r'etrəgreid] *adj* 1 que retrocede, que torna atrás. 2 inverso, oposto, contrário. 3 *fig* retrógrado, atrasado. 4 deteriorado. 5 decadente, em declínio.

re.tro.spect[r'etrəspekt] *n* retrospecto, ação de volver para o passado, retrospecção, rememoração do passado. • *vt+vi* volver para o passado, rever, considerar as coisas do passado.

re.tro.spec.tive[retrəsp'ektiv] *n* retrospectiva (da obra de um artista). • *adj* 1 retrospectivo, que olha para o passado. 2 retroativo.

re.turn[rit'ə:n] *n* 1 volta, regresso, retorno. 2 devolução, restituição. 3 retribuição, paga, compensação, favor ou serviço recíproco. 4 **returns** lucro, proveito, retorno. 5 *Sport* rebatida. 6 reenvio, remessa, reentrada. 7 réplica, resposta. 8

passagem de volta. 9 declaração de imposto de renda. 10 *Brit* passagem de ida e volta (*Amer* **round-trip ticket**). • *vt+vi* 1 voltar, regressar, retornar. 2 repetir-se, recorrer. 3 replicar, responder, retorquir. 4 devolver, restituir. 5 reverter. 6 volver para trás (os olhos etc.). 7 retribuir, recompensar, reciprocar. 8 eleger. 9 render, lucrar. 10 rebater (uma bola). • *adj* 1 em devolução. 2 de regresso. **in return for** em troca de. **many happy returns of the day!** (aniversário) que a data se repita ainda muitas vezes! felicitações cordiais! **on his return** por ocasião de seu regresso. **on sale or return** *Com* em consignação. **return of payment** reembolso. **return on sales** índice de lucros sobre vendas. **to make good returns** ser lucrativo. **to return a favour** retribuir um favor. **to yield quick returns** *Com* ter grande saída.

re.turn.ing [rit'ə:nin] *n* 1 volta, regresso. 2 devolução, restituição, retribuição. • *adj* 1 de regresso. 2 em devolução.

re.un.ion [ri:j'u:njən] *n* 1 reunião, reencontro. 2 reconciliação. 3 festa social de reencontro.

re.u.nite [ri:ju:n'ait] *vt* 1 reunir(-se). 2 tornar a unir. 3 reconciliar.

re.use[ri:j'u:s] *n* reutilização. • [ri:j'u:z] *vt* reutilizar.

re.val.i.date [ri:v'ælideit] *vt* revalidar.

re.val.u.ate [ri:v'ælju:eit] *vt* valorizar (moeda).

re.val.ue[ri:v'ælju:] *vt* 1 valorizar (moeda), revalorizar. 2 reavaliar.

re.veal [riv'i:l] *vt* 1 revelar, descobrir. 2 exibir, mostrar.

re.veal.ing [riv'i:lin] *n* revelação, ato de revelar. • *adj* revelador, esclarecedor.

rev.el[r'evəl] *vi* 1 fazer folias, divertir-se, festejar. 2 deleitar-se, ter satisfação intensa. **to revel away** esbanjar em festas ou folias.

rev.e.la.tion[revəl'ei∫ən] *n* revelação.

rev.el.ry[r'evəlri] *n* festança, folia.

re.venge[riv'end3] *n* 1 vingança, desforra, desagravo, represália. *I took (my) revenge* / vinguei-me. 2 desejo de vingança. • *vt* vingar-se, desforrar(-se), retaliar. **in revenge** por vingança. **to revenge oneself on / upon** vingar-se em.

rev.e.nue [r'evənju:] n 1 receita bruta, renda, rendimento. 2 rendimentos públicos, proventos, impostos, taxas. 3 fonte de renda. 4 fisco. **inland (internal) revenue** taxas e impostos sobre o comércio interno, imposto de consumo. **revenue reserves** reservas de lucros.

re.ver.ber.ate [riv'ə:bəreit] vt+vi 1 reverberar, refletir, ecoar, repercutir, causar repercussão. 2 fundir em forno de revérbero. 3 rechaçar, repelir.

re.ver.ber.a.tion [rivə:bər'eiʃən] n 1 verberação, repercussão, reflexão. 2 fundição em forno de revérbero.

re.vere [riv'iə] vt honrar, respeitar, acatar, venerar.

rev.er.ence [r'evərəns] n 1 reverência, respeito, veneração. 2 inclinação por cortesia ou respeito, mesura. • vt 1 reverenciar, honrar, respeitar. 2 saudar respeitosamente. **His (Your) Reverence** Vossa Reverência (título honorífico que se dá ao clero). **we paid reverence to him** prestamos-lhe homenagem.

re.verse [riv'ə:s] n 1 reverso, contrário, oposto, avesso, inverso. 2 revés, mudança completa, reviravolta, contratempo, derrota. *he met with a reverse* / ele sofreu uma derrota. 3 dorso, costas, verso, reverso (de moeda). 4 *Mech* inversão. • vt+vi 1 inverter, virar em sentido contrário, virar do lado avesso. 2 transpor, colocar um em lugar do outro. 3 anular, revogar, abolir. 4 dar contravapor ou contramarcha, marcha à ré. • adj 1 inverso, oposto, contrário, invertido, verso, virado de ponta cabeça. 2 anulado, revogado. 3 que opera em sentido contrário. 4 virado para o lado oposto. 5 *Mech* de inversão. 6 *Mil* vindo da retaguarda. **in the reverse** em marcha à ré. **it was the reverse** foi o contrário. **much the reverse of** muito ao contrário de. **to reverse the charges** telefonar a cobrar.

re.verse gear [riv'ə:s giə] n marcha à ré.

re.verse.less [riv'ə:slis] adj irreversível.

re.vert [riv'ə:t] vi 1 reverter. 2 voltar, retroceder. 3 voltar ao estado primitivo,

recair, retrogradar. 4 *Jur* reverter à posse do antigo herdeiro ou proprietário.

re.view [riv'ju:] n 1 revista, inspeção (de tropas). 2 exame repetido, reconsideração. 3 rememoração, recapitulação, retrospecto. 4 revisão judicial. 5 crítica literária, resenha. 6 revista ou periódico de crítica literária. 7 revisão. 8 peça teatral, revista. • vt+vi 1 rever, recapitular, repassar. 2 revisar, vistoriar, inspecionar, examinar. 3 escrever ou publicar críticas ou resenhas. 4 *Mil* passar em revista. 5 rever (um processo).

re.view.er [rivj'u:ə] n 1 revisor. 2 crítico, examinador (especialmente de livros).

re.vin.di.cate [riv'indəkeit] vt reivindicar.

re.vise [riv'aiz] vt 1 revisar, examinar, rever. 2 corrigir, emendar (por exemplo, provas tipográficas), alterar, modificar. **revised edition** edição revista ou melhorada.

re.vis.er [riv'aizə] n revisor.

re.vi.sion [riv'iʒən] n 1 revisão. 2 edição revista.

re.vi.tal.ize [ri:v'aitəlaiz] vt revitalizar.

re.viv.al [riv'aivəl] n 1 revivificação, revivescimento. 2 restabelecimento, renovação. 3 reflorescimento, renascimento. 4 nova montagem ou publicação (de peça ou livro antigo).

re.vive [riv'aiv] vt+vi 1 ressuscitar, reviver, tornar a viver. 2 despertar, avivar. 3 renovar, restaurar, renascer, restabelecer, voltar à baila ou à moda. 4 animar, excitar, reanimar, encorajar de novo. 5 fazer recordar, lembrar.

re.voke [riv'ouk] vt+vi 1 revocar. 2 anular, cancelar, revogar, abolir, rescindir.

re.volt [riv'oult] n revolta, levante, rebelião, insurreição, motim, sedição, sublevação. • vt+vi 1 revoltar(-se), levantar(-se), rebelar(-se), amotinar(-se), sublevar(-se). 2 revolucionar. 3 causar ou sentir aversão ou repugnância, indignar, irritar.

re.volt.ing [riv'oultiŋ] adj 1 revoltante, insurgente. 2 desgostoso, repugnante.

rev.o.lu.tion [revəl'u:ʃən] n 1 revolução, levante, insurreição. 2 *Astr* revolução, volta, ciclo. 3 mudança radical, agitação. 4 rotação, volta em torno de um eixo.

rev.o.lu.tion.ar.y [revəl'u:ʃənəri] n revolucionário. • adj revolucionário, rebelde, insurreto, sedicioso.

re.volve [riv'ɔlv] vt 1 revolver, girar, volver em círculo, órbita ou ciclo, rotar. 2 pensar, refletir, meditar, ponderar, analisar sob os diversos pontos de vista.

re.volv.er [riv'ɔlvə] n revólver, pistola.

re.volv.ing [riv'ɔlviŋ] adj 1 giratório, rotativo. 2 repetente, recorrente.

re.volv.ing door [rivɔlviŋ d'ɔ:] n porta giratória.

re.ward [riw'ɔ:d] n recompensa, remuneração, retribuição, gratificação, prêmio, galardão. • vt recompensar, retribuir, gratificar, premiar. **to reward evil for good** pagar o bem com o mal.

re.ward.ing [riw'ɔ:diŋ] adj recompensador, benéfico, gratificante, satisfatório.

re.write [ri:r'ait] n (ps **rewrote**, pp **rewritten**) 1 ato de reescrever. 2 texto reescrito. • vt 1 tornar a escrever, reescrever. 2 revisar, copidescar.

rhet.or.ic [r'etərik] n retórica: a arte de falar bem. • [rit'ɔrik] adj retórico, ou relativo à retórica.

rheu.ma.tism [r'u:mətizəm] n Med reumatismo.

rhi.ni.tis [rain'aitis] n Med rinite.

rhi.noc.e.ros [rain'ɔsərəs] n Zool rinoceronte.

rhu.barb [r'u:ba:b] n 1 Bot ruibarbo. 2 sl barulho de muitas pessoas falando ao mesmo tempo, vozerio.

rhyme, rime [raim] n rima, verso, poesia. • vt 1 rimar, fazer versos, versificar, versejar. 2 fig estar de acordo, harmonizar. **eye-rhyme** rima imperfeita. **head-rhyme** aliteração. **internal rhyme** rima interna. **nursery rhyme** canção de criança, canção de ninar. **rich-rhyme** rima rica. **without rhyme or reason** sem pé nem cabeça.

rhythm [r'iðəm] n 1 ritmo, cadência, compasso, harmonia. 2 periodicidade.

rhyth.mic [r'iðmik] adj 1 rítmico, ritmado, cadenciado. 2 harmonioso.

rib [rib] n Anat, Zool 1 costela. 2 qualquer coisa que tem forma ou função idêntica, por exemplo as balizas de um na-

vio. 3 asna de teto em arco. 4 vareta (de guarda-chuva). 5 fig mulher, esposa (em alusão a Eva). 6 costela: corte de carne. • vt 1 guarnecer com suportes, reforços, em forma ou função de costelas ou nervuras. 2 marcar, enfeitar com listas ou balizas. **false rib / floating rib** costela flutuante. **true rib** costela fixa.

ribbed [ribd] adj 1 que tem costelas. 2 que tem suportes, reforços, em forma ou função de costelas ou nervuras.

rib.bon [r'ibən] n 1 fita. 2 tira, cinta. 3 banda, faixa. 4 lista, listão. 5 rendas, adornos. 6 **ribbons** rédeas. • vt 1 guarnecer ou ornar com fitas. 2 separar ou dispor em forma de fitas. • adj em forma ou disposição de fitas, tiras.

rice [rais] n arroz. **brown rice** arroz integral. **rice-paper** papel-arroz. **rice-pudding** arroz-doce. **wild rice** arroz silvestre.

rice pow.der [r'ais paudə] n pó de arroz.

rich [ritʃ] n **the rich** os ricos. • adj 1 rico, opulento, abastado. 2 suntuoso, magnífico, esmerado, esplêndido. 3 valioso, precioso, custoso. 4 abundante, fértil, copioso. 5 saboroso, delicioso, suculento, bem temperado, sazonado, substancioso. 6 brilhante, vivo (falando de cores). 7 melodioso, harmonioso, sonoro. **rich in** (with) rico em (de). **rich in ideas** espirituoso. **rich in virtues** virtuoso. **rich wine** vinho bom, excelente. **that's rich** essa é boa!

rich.es [r'itʃiz] n pl riquezas, grandes cabedais, bens, opulência, propriedades.

rich.ness [r'itʃnis] n 1 riqueza, opulência, abundância, fertilidade. 2 excelência. 3 viveza (de cores). 4 sonoridade. 5 gosto, boa qualidade, substância (de vinhos, pratos).

rick.et.y [r'ikiti] adj 1 raquítico, fraco, débil. 2 instável, sem firmeza, em perigo de desmoronar.

ric.o.chet [r'ikəʃei] n 1 ricochete. 2 Mil fogo de ricochete. • vt 1 ricochetar, ricochetear. 2 submeter a fogo de ricochete.

rid [rid] vt (ps **rid** or **ridded**, pp **rid**) libertar, desembaraçar, livrar(-se), desfazer-se, deixar de. **to rid the sea of pirates**

livrar o mar de piratas. **we got well rid of it** livramo-nos em boa hora.

rid.den [r'idən] *pp* of **ride**. • *adj* 1 dominado, oprimido. *he is wife ridden* / ele é dominado pela mulher. 2 repleto de. **ghost ridden** perseguido por fantasmas.

rid.dle¹ [r'idəl] *n* 1 enigma, mistério, charada, adivinhação. 2 pessoa ou coisa de natureza ambígua ou misteriosa. **to ask a riddle** fazer uma pergunta enigmática. **to read a riddle** decifrar. **to speak riddles** falar por enigmas.

rid.dle² [r'idəl] *n* crivo, ciranda, joeira, peneira grossa. • *vt* 1 joeirar, peneirar, cirandar. 2 *fig* perfurar, furar com tiros, crivar. 3 *fig* permear, encher de. **riddled with bullets** crivado de balas.

ride [raid] *n* 1 passeio (a cavalo, ou de bicicleta etc.). 2 cavalgada. 3 condução, meio de transporte. 4 picada (em bosque). 5 animal que pode ser montado. 6 corona. 7 viagem. 8 trajeto, percurso, estrada. • *vt* (*ps* **rode**, *pp* **ridden**) 1 montar a cavalo. 2 viajar por qualquer meio de transporte. 3 percorrer, andar por. 4 flutuar, vagar. *the boat rode at the waves* / o barco boiou sobre as ondas. 5 ser conduzido, ser levado. *I rode my child on my back* / levei meu filho às costas. **a one-way ride** a) assassinato. b) morte (viagem para o cemitério). **a ride on horseback** um passeio a cavalo. **to give him a ride** dar-lhe uma carona. **to let ride** deixar correr (sem interferência). **to ride away** partir, ir-se. **to ride by** passar (a cavalo ou em veículo). **to ride for a fall** desafiar o perigo. **to ride hard** galopar. **to ride on a bicycle** andar de bicicleta. **to ride on a train** viajar de trem. **to ride out** a) passear a cavalo. b) *Naut* sobreviver a uma tempestade. c) superar com êxito, sobreviver a. **to ride over** percorrer, passar sobre. **to ride past** passar adiante (a cavalo, de bicicleta etc.). **to ride the high horse** dar-se ares de. **to ride through** atravessar. **to ride up** subir. **to take someone for a ride** a) enganar, ludibriar. b) *Amer* levar a vítima num carro para assassiná-la.

rid.er [r'aidə] *n* 1 cavaleiro, ginete. 2

picador, peão. 3 ciclista. 4 viajante, passageiro.

ridge [ridʒ] *n* 1 espinhaço, cume, cimo. 2 serrania, cordilheira, cadeia. 3 cumeeira. 4 *Agric* rego, sulco formado pelo arado.

rid.i.cule [r'idikju:l] *n* zombaria, ridículo, mofa, escárnio. *she held him up to ridicule* / ela o expôs ao ridículo. • *vt* ridicularizar, ridiculizar, zombar, escarnecer, mofar. *don't turn all he said into ridicule* / não ridicularize tudo que ele disse.

ri.dic.u.lous [rid'ikjuləs] *adj* 1 ridículo, que move a riso ou desprezo. 2 absurdo.

rid.ing [r'aidiŋ] *n* 1 equitação, ação de cavalgar, cavalgada. 2 passeio a cavalo ou de carro. 3 caminho próprio para passeio a cavalo ou de carro ao longo ou através de um bosque.

rife [raif] *adj* 1 predominante, reinante. 2 comum, abundante, freqüente, bem provido de. 3 espalhado, que lavra muito (falando de epidemias), cheio de. *the epidemic is rife* / a epidemia está se alastrando. **rife with** cheio de, abundante em.

rif.fle [r'ifəl] *n* 1 *Min* dispositivo para reter a areia aurífera numa passagem inclinada. 2 *Amer* cascata, corredeira. 3 ação ou processo de embaralhar cartas. • *vt+vi* 1 embaralhar (cartas). 2 fluir, formar ou mover em corredeiras (água). 3 folhear rapidamente (páginas, papéis).

ri.fle [r'aifəl] *n* 1 rifle, carabina ou espingarda que tem o cano raiado. 2 tropas armadas com espingardas ou rifles. • *vt* 1 raiar: guarnecer o cano de uma arma de fogo com raias, para dar um movimento de rotação ao projétil. 2 atirar com espingarda ou rifle.

ri.fle.ry [r'aifəlri] *n* tiro ao alvo.

rift [rift] *n* 1 greta, racha, abertura, fenda, brecha, fissura, rombo. 2 falha, fratura (em rochas e terrenos). • *vt+vi* rachar (-se), abrir(-se), fender, arrebentar, romper(-se), rasgar.

rig [rig] *n* 1 fraude, plano fraudulento, burla. 2 brincadeira, peça. • *vt* manipular ou arranjar fraudulentamente. **to rig the market** provocar alta e baixa no mercado. **to turn a rig** pregar uma peça.

R

right [rait] *n* **1** direito, o que é justo ou correto. *we had a right to do so* / tínhamos o direito de assim proceder. **2** justiça, eqüidade. **3** reivindicação, pretensão. **4** privilégio, prerrogativa, regalia. **5** lado direito ou o que fica no lado direito, mão direita. **6** *Sport* soco com a direita. **7** direita: o partido conservador. • *vt+vi* **1** corrigir, pôr em ordem, regularizar, retificar, endireitar. **2** fazer justiça, reabilitar, defender. **3** reassumir ou restaurar posição correta. • *adj* **1** direito, reto. **2** vertical, a prumo. **3** correto, justo, honesto. **4** bom, próprio, adequado, conveniente, indicado. **5** sadio, são, normal. *he is not in his right mind* / ele não está com a cabeça no lugar. **6** exato, correto, certo. **7** verdadeiro, genuíno, real, legítimo. **8** à direita, do lado direito. **9** externo, superior (lado de um tecido etc.). • *adv* **1** corretamente, justamente, de acordo com os princípios de justiça e moral, verdadeiramente, propriamente. **2** exatamente, corretamente, bem, satisfatoriamente, precisamente. *he did quite right to leave* / ele fez bem em partir. **3** muito, bastante, extremamente. **4** para a direita. **5** diretamente, em linha reta, de modo reto. **6** imediatamente, sem demora, logo, neste instante. **all right** muito bem, está certo, está em ordem. **all rights reserved** todos os direitos reservados. **as of right** de direito. **by right of** por força de. **by rights** por direito. **he is a right fool** ele é um perfeito idiota. **he is in the right** ele tem razão. **human rights** direitos humanos. **I am not right** a) não estou bem, não estou disposto. b) não tenho razão. **in one's own right** por si mesmo, por seus próprios méritos. **in one's right mind** em sã consciência. **it serves you right!** bem feito! **on the right** à direita. **right about turn** meia-volta (à direita). **right ahead!** para a frente! para diante! **right away** imediatamente. **right down** completamente, perfeitamente, inteiramente. **right enough** a) satisfatório. b) sem sombra de dúvida. **right here** aqui mesmo. **right in** bem para dentro. **right now** agora mesmo. **right**

off imediatamente. **right there** aí, ali ou lá mesmo. **the right man in the right place** o homem certo no lugar certo. **the right way** modo, método, caminho certo, a seguir. **to be right out** estar de saída, sair já. **to put (to set) to rights** pôr em ordem, acertar. **to spend money right and left** esbanjar dinheiro a torto e a direito. **we got it right** esclarecemos o caso.

right.eous [r'aitʃəs] *adj* **1** justo, honrado, reto, íntegro, virtuoso, idôneo. **2** justificado.

right.ful [r'aitful] *adj* **1** por direito, legítimo. **2** reto, justo, probo.

right hand [rait h'ænd] *n* **1** mão direita. **2** lado direito. **3** auxiliar indispensável ou de confiança, braço direito. • *adj* **righthand** **1** da mão direita. **2** do lado direito. **3** no sentido horário. **right-hand man** pessoa de confiança e auxiliar indispensável, braço direito.

right-hand.ed [rait h'ændid] *adj* **1** destro, que usa mais a mão direita do que a esquerda. **2** feito com ou para a mão direita. **3** que se opera da esquerda para a direita (no sentido dos ponteiros do relógio).

right.ly [r'aitli] *adv* **1** justamente, corretamente. **2** acertadamente, perfeitamente. **3** honestamente. **4** razoavelmente. **5** com certeza.

right-mind.ed [rait m'aindid] *adj* **1** reto, honrado, honesto. **2** adequado, correto.

right.ness [r'aitnis] *n* **1** retidão, justiça, probidade, eqüidade. **2** exatidão, correção.

right wing [rait w'iŋ] *n Pol* ala direitista, direita.

rig.id [r'idʒid] *adj* **1** rígido, teso, hirto. **2** firme, rigoroso, inflexível, severo, austero, estrito. **3** exato, minucioso.

rig.or, rig.our [r'igə] *n* **1** rigor, severidade. **2** rigidez. **3** dureza. **4** austeridade, inclemência, aspereza. **5** inclemência (do tempo). **6** sofrimento, desgraça, aflição. **7** *Med* rigidez, torpor, insensibilidade a estímulos.

rig.or.ous [r'igərəs] *adj* **1** rigoroso, severo, áspero, inflexível, inclemente. **2** acurado, rigorosamente exato.

rim [rim] *n* **1** borda, beira, margem. **2** aba

(de chapéu), aro. • *vt+vi* **1** formar ou guarnecer com aro. **2** servir de aro, margem. **3** rodear, cercar, orlar.

rimmed [rimd] *adj* que tem bordos, beiras, margens ou abas. **rimmed glasses** óculos com aros.

rind [raind] *n* casca, crosta, pele, película, couro (de toicinho). • *vt* descascar.

rind.ed [r'aindid] *adj* que tem casca (geralmente em combinação, como: **coarse rinded** de casca grossa).

ring¹ [riŋ] *n* **1** anel, círculo, argola, aro, roda. *the children formed into a ring* / as crianças formaram uma roda. **2** qualquer coisa em forma anular. **3** associação. **4** circo, arena, pista, picadeiro. **5** ringue. • *vt+vi* **1** prover de ou guarnecer com um anel ou aro. **2** rodear, cercar. *we ringed ourselves about him* / formamos uma roda em volta dele. **rings of Saturn** anéis de Saturno. **to make / run rings round** exceder, sobrepujar, superar facilmente. **wedding ring** aliança.

ring² [riŋ] *n* **1** toque de campainha ou sino. **2** ação de tocar os sinos, repique de sinos, badalada. **3** carrilhão. **4** som semelhante ao do sino, contínuo. **5** ressonância, som. **6** chamada telefônica. *give me a ring* / me dê uma ligada (telefônica). • *vt+vi* (*ps* **rang**, *pp* **rung**) **1** tocar (campainha), tanger, soar, repicar, badalar, retinir (sinos). **2** ressoar, reverberar, retumbar. **3** zumbir (dos ouvidos). **4** chamar, convocar (com toque de sino). **5** fazer soar ou retinir. **6** soar como, parecer. *it rings true (false)* / soa bem (mal), parece ser verdadeiro (falso). **7** *Brit* telefonar. **8** soar, tinir. **teething ring** mordedor. **to ring back** retornar um telefonema. **to ring off** desligar o telefone. **to ring up** a) telefonar para. b) marcar o dinheiro recebido em caixa registradora (o que faz soar um sino).

ring fin.ger [r'iŋ fiŋgə] *n* dedo anular.

ring road [r'iŋ roud] *n Brit* anel viário.

rink [riŋk] *n* pista de patinação.

rinse [rins] *n* **1** enxaguadura, enxágue. **2** rinçagem (para tingir cabelos). • *vt* **1** enxaguar, lavar. **2** passar rinçagem nos cabelos.

ri.ot [r'aiət] *n* **1** distúrbio, tumulto, agitação. **2** desordem violenta, grande confusão, levante, motim, revolta. • *vt+vi* **1** provocar distúrbios, desordens, fazer barulho ou algazarra. **2** levantar(-se), amotinar(-se), revoltar(-se). **3** passar o tempo à toa e desperdiçar dinheiro.

ri.ot.ous [r'aiətəs] *adj* **1** sedicioso, revoltoso, amotinador, tumultuoso, turbulento. **2** desenfreado, descomedido. **3** desordeiro. **4** animado, excitante. **they had a riotous life** levaram uma vida agitada.

rip [rip] *n* rasgo, rasgão, fenda. • *vt+vi* **1** rasgar, abrir à força, fender, romper, rachar, arrancar (**out, off, up**). *to rip the cover off the box* / arrancar a tampa da caixa. **2** serrar madeira na direção do fio. **3** *coll* proferir com violência, blasfemar, praguejar (**out**).

ripe [raip] *vt+vi* = **ripen**. • *adj* **1** maduro, sazonado, amadurecido. **2** desenvolvido, perfeito. **3** pronto, semelhante à fruta madura. **4** suculento, delicioso. **5** de idade avançada. **6** pronto, preparado.

rip.en [r'aipən] *vt+vi* **1** amadurecer. **2** fazer amadurecer. **3** desenvolver-se (**into** em). **4** aprimorar.

rip-off [r'ip ɔf] *n sl* **1** *Amer* roubo. **2** exploração, ato de cobrar caro demais. **3** imitação barata.

rip.per [r'ipə] *n* **1** o que rasga ou arrebenta, rasgador. **2** serrote, serra circular. **3** *sl* pessoa ou coisa espetacular.

rip.ple [r'ipəl] *n* **1** ondulação, agitação. **2** sussurro, murmúrio. **3** **ripples** reverberações. • *vt+vi* **1** encrespar-se, ondular, agitar-se. **2** sussurrar, murmurar. **3** enrugar.

rise [raiz] *n* **1** ação de levantar ou subir. **2** ascensão, elevação. **3** colina, aclive, ladeira, rampa, elevação de terreno. **4** promoção, avanço, progresso. **5** subida dos peixes à superfície. **6** subida. **7** lance de escadas. **8** *Brit* aumento (de salário). **9** ponto elevado. **10** origem, causa, fonte, nascente, início, princípio. **11** alta, encarecimento. • *vi* (*ps* **rose**, *pp* **risen**) **1** subir, ir para cima. **2** levantar(-se), erguer(-se), pôr-se de pé, sair da cama. *I rose from my seat* / levantei-me da mi-

R

nha cadeira. **3** terminar (levantando-se).
4 ressuscitar, ressurgir. **5** crescer (massa
de pão). **6** promover, ser promovido,
progredir. **7** aumentar (salários, preços).
8 ascender (terreno). **9** nascer, surgir (sol).
10 vir à superfície (peixes). **11** revoltar-
se, rebelar-se, insurgir-se contra. *they rose
in arms* / pegaram em armas, subleva-
ram-se. **12** elevar (edifícios, montanhas).
13 originar, começar. **14** animar-se, criar
ânimo. *her spirit rose* / ela ficou alegre,
animou-se. **15**. vir à mente. *it rose to my
mind* / veio-me à mente. **on the rise** em
alta. **rise in (of) prices** aumento de preços. **she rose to her feet** ela levantou-se,
ficou de pé. **they rose to the bait** morde-
ram a isca. **to give rise to** originar, produzir, ocasionar, causar.

ris.er [r'aizə] *n* **1** o que se levanta. **2** espelho: parte vertical de um degrau de esca-
da. **an early riser** um madrugador.

ris.ing [r'aiziŋ] *n* **1** ação de levantar. **2**
subida, ascensão, elevação. **3** revolta,
insurreição. **4** nascer (do sol). **5** ressurreição, renascimento. **6** proeminência,
saliência. **7** protuberância, tumor. • *adj* **1**
ascendente. **2** nascente. **3** progressivo,
que progride. **the rising generation** a
geração em formação.

risk [risk] *n* risco, perigo. *do it at your
own risk* / faça-o por sua conta e risco.
we ran (took) risks / expusemo-nos a
perigos. • *vt* arriscar, expor ao perigo,
aventurar-se. **at risk** em perigo. **at the
consignee's risk** por conta e risco do
consignatário. **to run a risk** correr um
perigo.

risk.y [r'iski] *adj* arriscado, perigoso, temerário.

rite [rait] *n* rito, ritual, cerimônia solene.
nuptial rites ritos ou cerimônias
nupciais. **rite of passage** *Anthr* ritual de
passagem, ritual de iniciação.

rit.u.al [r'itʃuəl] *n* **1** ritual, cerimonial. **2**
livro de ritos ou cerimônias. • *adj* ritual,
cerimonial.

riv.al [r'aivəl] *n* rival, concorrente, competidor, antagonista, êmulo. • *vt+vi* **1**
rivalizar, concorrer, disputar, competir,
emular. **2** ser rival de. **3** igualar. • *adj*

rival, êmulo, competidor. **without rival**
inigualado, sem rival, sem igual.

ri.val.ry [r'aivəlri] *n* rivalidade, concorrência, disputa, emulação.

rive [raiv] *n* rocha, fenda. • *vt* (*pp* **riven**) **1**
rachar, fender, rasgar. **2** arrancar, rasgar,
abrir ou separar à força (**away, from, off**).
3 rachar facilmente. **4** fazer ripas ou lou-
sas para o telhado.

riv.er [r'ivə] *n* **1** rio. **2** *fig* abundância. •
adj **1** fluvial. **2** ribeirinho. **down the
river** rio abaixo. **river bank** ribanceira,
barranco, margem de rio. **river basin**
bacia hidrográfica ou fluvial. **river bed**
leito fluvial. **river-bottom** terreno de alu-
vião ao longo da margem de um rio.
riverhead nascente de rio. **river-mouth**
foz, embocadura, estuário. **riverside** beira
do rio. **the Hudson River** o Rio Hudson.
the River Thames o Rio Tâmisa. **up
the river** rio acima.

riv.er-hog [r'ivə hɔg] *n Zool* capivara.

riv.er-horse [r'ivə hɔːs] *n Zool* hipo-
pótamo.

riv.et [r'ivit] *n* rebite. • *vt* **1** rebitar. **2** *fig*
prender, segurar firmemente. **3** *fig* fixar a
atenção, o olhar (**upon / on** em), cravar,
fascinar.

roach [routʃ] *n* **1** *Amer* barata. **2** *sl* toco de
cigarro de maconha.

road [roud] *n* **1** estrada, rodovia. **2** caminho, curso. *he is in my road* / ele está no
meu caminho. *there is no royal road to
knowledge* / não há caminho fácil para o
saber. **3** *Amer* estrada de ferro. **4** *Naut*
ancoradouro. **5** jornada, viagem. **cross
road** encruzilhada. **high road** estrada
principal, rodovia. **in the road** a) na estrada ou rodovia. b) no ancoradouro. **one
for the road** saideira, a última bebida
antes de partir. **on the road** a caminho,
de passagem, viajando, excursionando.
orbital road anel viário. **rule of the road**
regulamento do tráfego. **to take to the
road** a) partir, pegar a estrada. b) tornar-
se andarilho. **to travel by road** viajar
por rodovia.

road.bed [r'oudbed] *n* **1** leito de estrada.
2 material de que é feita a estrada.

road.block [r'oudblɔk] *n* **1** obstáculo na

estrada. **2** obstáculo ao progresso. • *vt* obstruir, fazer parar.

road-book [r'oud buk] *n* roteiro, guia rodoviário.

road map [r'oud mæp] *n* **1** mapa rodoviário. **2** esquema, roteiro.

road.way [r'oudwei] *n* **1** leito da rua. **2** pista da estrada ou rodovia.

road.works [r'oudwə:ks] *n pl* construção ou conserto e manutenção de uma rodovia.

roam [roum] *n* perambulação, passeio ou viagem sem fim definido. • *vt+vi* **1** vagar, perambular, andar a esmo. **2** passear, viajar. *we roamed about the country* / percorremos o país.

roar [rɔ:] *n* **1** rugido, bramido, urro. **2** mugido, berro. **3** o rugir da tempestade, o bramir das ondas e do mar, zunido. **4** o troar do canhão, o ribombar do trovão, estrondo. **5** risada estrondosa, gargalhada estrepitosa. **6** ronqueira, o arfar ruidoso do cavalo. **7** o ruído ensurdecedor dos motores de um avião. • *vt+vi* **1** rugir, bramir, zunir, uivar (mar, tempestade). **2** urrar, bradar.

roar.ing [r'ɔ:riŋ] *n* **1** rugido, bramido, estrondo. **2** ronqueira de cavalo. • *adj* **1** rugidor, uivador. **2** barulhento, estrondoso, atroador. **3** extraordinário, formidável. **4** *coll* vivo, animado. **5** crepitante (fogo). • *adv* muito, extremamente.

roast [roust] *n* **1** assado, carne assada. **2** *Amer* churrasco: reunião ao ar livre para comer carne assada. **3** *sl* crítica. • *vt+vi* **1** assar, torrar, tostar. **2** esquentar excessiva ou violentamente. **3** calcinar. **4** ser assado. **5** *coll* ridicularizar, chacotear, zombar, escarnecer. **6** criticar severamente, destruir com críticas. • *adj* (também **roasted**) assado, torrado. **roast beef** rosbife, carne assada.

rob [rɔb] *vt+vi* **1** roubar. **2** pilhar. **3** despojar, privar. *he robbed her of all her savings* / ele despojou-a de todas as suas economias. **to rob Peter to pay Paul** despir um santo para vestir outro. Veja nota em **steal.**

rob.ber [r'ɔbə] *n* ladrão, assaltante. **sea robber** pirata. Veja nota em **thief.**

rob.ber.y [r'ɔbəri] *n* **1** roubo, furto, rapi-

na. **2** saque, pilhagem. **3** exploração, extorsão. **daylight robbery** assalto à luz do dia, extorsão. Veja nota em **theft.**

robe [roub] *n* **1** manto. **2** vestidura que serve de insígnia de alguma entidade, toga, beca. **3** hábito talar. **4** roupão, robe. • *vt+vi* **1** vestir trajes cerimoniais, paramentar. **2** vestir. **the gentlemen of the robe** os magistrados, juízes togados, advogados.

ro.bust [roub'ʌst] *adj* **1** robusto, forte, vigoroso, rijo, resistente. **2** sadio. **3** que requer força, vigor ou resistência (trabalho, esporte).

rock[1] [rɔk] *n* **1** rocha, rochedo. **2** penhasco, recife, escolho. **3** pedra. **4** *Geol* camada pedregosa. **5** algo firme como um rochedo. **6** apoio, amparo, refúgio, defesa. **7** *fig* qualquer coisa que pode causar infortúnio, contratempo ou dificuldades. **8** *crack*: droga à base de cocaína. • *adj* rochoso, pétreo. **on the rocks** a) em dificuldades. b) falido. c) com cubos de gelo (bebida).

rock[2] [rɔk] *n* **1** embalo, balanço. **2** *Mus* rock: dança de origem norte-americana, de compasso quaternário, surgida na década de 50. • *vt+vi* **1** balançar. **2** embalar, acalentar. **3** agitar, tremer, sacudir, abalar. *the storm rocked the house* / a tempestade sacudiu a casa. **4** dançar *rock*.

rock-climb.er [r'ɔk klaimə] *n* alpinista.

rock-climb.ing [r'ɔk klaimiŋ] *n* alpinismo.

rock.et [r'ɔkit] *n* **1** foguete. **2** rojão, rúcula. • *vt+vi* **1** subir (voar) verticalmente. **2** subir rápida e vertiginosamente (preços etc.). **3** *Mil* atacar com foguetes.

rock.ing [r'ɔkiŋ] *n* ação de balançar, embalar ou agitar, balanço, baloiço. • *adj* de balanço.

rock.ing chair [r'ɔkiŋ tʃɛə] *n* cadeira de balanço.

rock.y[1] [r'ɔki] *adj* **1** rochoso, cheio de penhascos, rochedos ou penedias. **2** de ou relativo a rochas. **3** *fig* firme, sólido. **4** duro, insensível, empedernido.

rock.y[2] [r'ɔki] *adj* **1** que balança. **2** instável, agitado, trêmulo. **3** vacilante, cambaleante. **4** cheio de obstáculos, difícil, complicado.

rod [rɔd] *n* **1** vara, varinha, vareta, haste. **2**

barra, bastão, bordão. **3** biela, tirante. **4** açoite. **5** *fig* castigo, punição. **6** poder, domínio. **7** *sl* pênis. **8** caniço, vara de pesca. **divining rod** varinha de condão, varinha mágica.

ro.dent [r'oudənt] *n* roedor. • *adj* roedor, que rói.

roe [rou] *n* **1** ova (de peixe). **2** corça, cerva.

rogue [roug] *n* **1** velhaco, embusteiro, tratante, enganador, mentiroso. **2** pessoa malévola, elemento nocivo. **3** vagabundo, malandro, vadio. **4** animal selvagem, perigoso, especialmente um elefante separado da manada. • *vi* **1** usar de velhacaria. **2** fraudar. • *adj* **1** perigoso, selvagem (animal separado da manada). **2** nocivo, pernicioso, danoso. **3** brincalhão.

ro.guer.y [r'ougəri] *n* **1** velhacaria, patifaria, maroteira, malandragem. **2** travessura, peça, brincadeira.

role, rôle [roul] *n Fr* **1** *Cin, Theat* papel, parte. **2** função ou posição na vida real. **to play the role of** fazer o papel de.

role-play [r'oul plei] *n* interpretação de um papel. • *vt+vi* encenar, desempenhar um papel.

roll [roul] *n* **1** rolo (de arame, papel etc.), qualquer coisa enrolada. **2** cilindro ou qualquer forma aproximadamente cilíndrica. **3** movimento de rotação, ondulação, agitação. **4** rufar de tambor. **5** lista, rol, catálogo, registro, relação. *he called the rolls /* ele procedeu à leitura dos nomes, fez a chamada. **6** pãozinho, pão francês. **7** *sl* maço de notas ou cédulas, dinheiro. **8** **rolls** atas, anais, crônica, anuário. • *vt* **1** rolar, fazer rolar. **2** enrolar, dar forma de rolo a. **3** girar, revolver. **4** agitar, balançar (navio). **5** ondular, flutuar. **6** preparar massas alimentícias com o rolo. **7** aplicar cor, por meio de um rolo. **8** ribombar (trovão). **9** correr (rio), fluir. **10** rodar (carro). **11** gingar, menear, bambolear. **12** enfaixar, envolver. **13** começar a operar (câmera), rodar. **heads will roll** cabeças vão rolar, punições severas vão acontecer (com perda de cargos). **pay roll** folha de pagamento **to be rolling in** a) *coll* chegar em grande número ou quantidade. b) ter

em grande quantidade, estar "nadando" em. **to roll back** a) reduzir (preço). b) recuar, ir para trás. **to roll in wealth** nadar em dinheiro. **to roll up** a) enrolar. b) fazer recuar (inimigo). c) chegar, vir.

roll call [r'oul kɔ:l] *n* **1** chamada. **2** toque para reunir.

roll.er [r'oulə] *n* **1** rolo, cilindro, tambor. **2** laminador, calandra. **3** vaga, onda alta. **4** o que rola, enrola. **5** atadura, ligadura.

rol.ler coast.er [r'oulə koustə] *n* montanha-russa.

rol.ler skate [r'oulə skeit] *n* patim de rodas. • *vi* patinar (com patins de rodas).

rol.ler-skat.ing [r'oulə skeitiŋ] *n* patinação.

roll.ing [r'ouliŋ] *n* **1** ação de rolar, rodar ou girar. **2** rotação, revolução. **3** ondulação. **4** balanço (do navio nas ondas). • *adj* **1** rolante, rodante, giratório. **2** ondulado. **3** gigante, bamboleante.

rol.ling pin [r'ouliŋ pin] *n* rolo ou pau de macarrão.

rol.ling stone [r'ouliŋ stoun] *n* pessoa que não tem endereço fixo ou responsabilidade. **a rolling stone gathers no moss** pedra que muito rola não cria limo, pessoa que não se fixa, não progride.

roll-neck [r'oul nek] *adj* rolê, enrolado.

ro.man [r'oumən] *n* **1** *Typogr* tipo romano. **2** algarismo romano. • *adj* **1** relativo ao tipo romano. **2** relativo ao algarismo romano.

ro.mance[1] [rəm'æns] *n* **1** história de amor, aventura etc. geralmente passada em épocas ou lugares distantes, com eventos mais grandiosos que na vida real. **2** romantismo. **3** romance, caso amoroso. **4** ambiente ou atmosfera romântica. **5** algo exagerado, sem base em fatos. **6** *Mus* romança. • *vt+vi* **1** romancear. **2** pensar ou falar de modo romântico. **3** exagerar.

A grafia semelhante ao português pode induzir a erro de tradução. **Romance** significa romance no sentido de história de amor ou caso amoroso entre duas pessoas (*all the romance had gone out of my marriage /* não havia mais romance algum em meu casamento), e também no sentido de fantasia, fábula, conto medieval (*the absence of the beloved is a very* *important aspect of medieval romances* / a ausência da pessoa amada é um aspecto muito importante dos romances medievais). No inglês moderno, "romance" no sentido de texto literário se traduz por **novel** (*have you read any of Clarice Lispector's novels?* / você já leu algum romance de Clarice Lispector?)

ro.mance² [rəmˈæns] *n* romance, românico, qualquer das línguas romanas. • *adj* romântico, de ou relativo a estas línguas ou aos povos que as falam.

ro.man.tic [roumˈæntik] *n* **1** pessoa romântica. **2** *Lit* (com inicial maiúscula) romântico. • *adj* **1** romântico, sentimental, romanesco. **2** fictício. **3** fantástico, fabuloso. **4** pitoresco.

romp [rɔmp] *n* **1** brincadeira descomedida, folia. **2** brincadeira, travessura. **3** *Turf* vitória fácil. **4** criança travessa. **5** rapaz ou moça dado a brincadeiras descomedidas. • *vi* **1** brincar ruidosa e descomedidamente. **2** fazer uma farra, fazer travessura. **3** *Turf* ganhar facilmente. *the horse romped home* / o cavalo ganhou facilmente. **to romp through** executar algo rapida e facilmente.

roof [ru:f] *n* (*pl* **roofs**) **1** telhado. **2** casa, moradia, lar, abrigo. **3** cume, topo. **4** céu da boca (palato) ou cobertura de qualquer cavidade. **5** limite mais alto. • *vt* **1** cobrir com telhas, telhar. **2** abrigar, alojar, acolher. **the roof at heaven** a abóbada celeste. **the roof of the mouth** o céu da boca. **the roof of the world** o teto do mundo. **tiled roof** telhado de telhas.

roof.ing [rˈu:fiŋ] *n* **1** cobertura, telhadura. **2** material para telhado, material que forma o telhado. **3** *fig* proteção, abrigo. • *adj* feito para ou empregado em telhado.

roof rack [rˈu:f ræk] *n Brit* bagageiro de teto (do carro), porta-bagagens.

room [ru:m, rum] *n* **1** quarto, aposento, apartamento, dependência. **2** espaço, capacidade, lugar. *we made room for him* / demos-lhe lugar, arranjamos-lhe lugar. *it took up much room* / ocupou muito espaço. **3** oportunidade, ensejo, ocasião. **4** alojamento, quarto ou residência mobiliada. • *vt+vi* **1** ocupar um quarto, morar

num aposento. **2** prover com quarto ou aposento, hospedar ou estar hospedado (**with** com / **in** em). **bathroom** banheiro. **bedroom** dormitório. **dining-room** sala de jantar. **drawing-room** sala de visitas. **in the next room** no quarto anexo, no aposento contíguo. **no room for hope** nenhum motivo para ter esperança. **plenty of room** muito espaço. **room and board** pensão completa. **the whole room** a) todos os presentes. b) *sl* o pessoal, a turma toda. **to give room** proporcionar o ensejo, dar oportunidade ou motivo. **to leave the room** *Euphem* ir ao banheiro.

roomed [ru:md] *adj* que tem quartos ou aposentos. **five roomed flat** apartamento com cinco cômodos.

room.mate [rˈu:mmeit] *n* companheiro de quarto.

room ser.vice [rˈu:m sə:vis] *n* serviço de copa nos quartos (em hotel).

room.y [rˈu:mi] *adj* espaçoso, amplo, largo.

roost [ru:st] *n* **1** poleiro. **2** abrigo ou lugar de repouso para as aves. **3** alojamento, pousada. • *vt+vi* **1** empoleirar. **2** pousar, pernoitar, alojar. **to come home to roost** voltar para ficar. **to rule the roost** cantar de galo, ser o líder.

roost.er [rˈu:stə] *n Amer* galo.

root [ru:t] *n* **1** raiz. **2** qualquer coisa com forma ou função de raiz. **3** causa, fonte, origem. *he is the root of our misfortunes* / ele é a causa da nossa desgraça. **4** parte ou ponto essencial. *he went to the root of the question* / ele foi ao fundo da questão. **5** *Math* raiz. **6** nota fundamental ou tônica. **7** *Phil* raiz (de uma palavra). **8** fundamento, base. **9** antepassado, linhagem. • *vt* **1** arraigar, lançar ou criar raízes. **2** radicar, fixar, consolidar, enraizar. **3** erradicar, extirpar, arrancar (**up, out, away**). **4** originar-se. **the root of all evil** a origem de todos os males. **to take root, to strike root** criar raízes (também *fig*).

root.ed [rˈu:tid] *adj* enraizado, arraigado, radicado.

root.less [rˈu:tlis] *adj* que não tem raiz, desarraigado.

rope [roup] *n* **1** corda, cabo, cordame. **2**

R

laço. **3** baraço. **4** *fig* enforcamento. **5** enfiada, fileira, réstia. • *vt+vi* **1** amarrar, atar com corda. **2** rodear, cingir ou separar com corda. **3** laçar. **4** *sl* puxar como que por corda, atrair, induzir, enredar. **5** ser formado em corda. **6** refrear o cavalo (para evitar sua vitória na corrida). **give him rope** deixe-o fazer como queira, dê-lhe corda. **the rope** pena de morte por enforcamento. **to be at the end of one's rope** estar no limite dos recursos, estar em situação desesperada. **to hang by a rope** enforcar. **to know the ropes** saber que apito toca, estar a par das coisas, entender do assunto. **to rope in** a) cingir com cordas. b) aliciar, atrair, envolver. c) enganar, lograr, fraudar.

ro.sa.ry [rˈouzəri] *n* **1** roseiral. **2** *RC* rosário, terço.

rose [rouz] *n* **1** *Bot* rosa. **2** roseira, rosácea. **3** florão, roseta. **4** crivo (de regador). **5** *Med* erisipela. **6** cor-de-rosa. **7** rosa-dos-ventos. • *adj* **1** cor-de-rosa. **2** relativo a rosas. **miniature rose** minirrosa. **on a bed of roses** num mar de rosas. • *ps of* **rise.**

rose.bud [rˈouzbʌd] *n* botão de rosa.

rose.mar.y [rˈouzməri] *n Bot* alecrim.

rose-tree [rˈouz tri:] *n Bot* roseira comum.

ros.y [rˈouzi] *adj* **1** róseo, rosado, encarnado, cor-de-rosa. **2** viçoso. **3** corado. **4** feito de rosas. **5** alegre. **6** prometedor, auspicioso.

rot [rɔt] *n* **1** podridão, putrefação, deterioração, decomposição. **2** coisa podre ou estragada. • *vt+vi* **1** apodrecer, putrefazer, deteriorar, decompor, estragar. **2** decair, corromper, tornar-se corrupto, degenerar. **3** fazer apodrecer. • *interj* exclamação de desgosto, irritação: arre! irra! bolas!

ro.ta [rˈoutə] *n* **1** relação, rol, lista. **2** escala de serviços. **3** rota: tribunal pontifício. **Sacred Roman Rota** Sagrada Rota Romana (supremo tribunal da Igreja Católica).

ro.tate [routˈeit] *vt+vi* **1** girar, rodar, rotar, revolver. **2** revezar-se, alternar-se. **3** rotar, fazer rotar ou revolver. **4** *Agric* alternar.

ro.ta.tion [routˈeiʃən] *n* **1** rotação, revolução, movimento giratório. **2** revezamento, alternação, turno, alternância, rodízio. **by (in) rotation** por turnos. **rotation of crops** rotação de culturas para aproveitamento do solo.

rot.ten [rˈɔtən] *adj* **1** podre, putrefato, apodrecido, pútrido, estragado. **2** fétido, fedorento, choco. **3** quebradiço, fraco, frágil. **4** insalubre. **5** corrupto, desonesto. **6** *sl* mau, ruim, detestável, desagradável, nojento.

rot.ten ap.ple [rˈɔtən æpəl] *n* pessoa corrupta, maçã podre.

rot.ten.ness [rˈɔtənnis] *n* **1** podridão. **2** corrupção, depravação.

rough [rʌf] *n* **1** condição ou estado inacabado, tosco, bruto. **2** aspereza. **3** terreno irregular, acidentado. **4** pessoa bruta, indivíduo violento, brutamontes. **5** idéia esboçada, linhas gerais. **6** rascunho, esboça. **7** pedra não lapidada, em estado bruto. • *vt* **1** tornar(-se) áspero, executar toscamente. **2** desbastar. **3** esboçar. **4** amansar, domar. **5** *Ftb* jogar desleal e brutalmente. **6** maltratar, tratar com rudeza. • *adj* **1** áspero, desigual, irregular, acidentado. **2** rude, tosco, bruto, inacabado, cru, preliminar, em esboço. **3** agitado, encrespado, encapelado (mar.) **4** tempestuoso, borrascoso (tempo). **5** aproximado (cálculo), imperfeito, incompleto (pensamento, plano). **6** inculto, incivil. **7** cansativo, duro, difícil (**on someone** para alguém). **8** brutal, ríspido, grosseiro, indelicado. **9** severo, duro, rígido (**with** com). **10** acre, picante, azedo (gosto). **11** rústico, simples (vida). **12** eriçado, peludo, cabeludo. **13** desordeiro, turbulento, violento. **14** desagradável. **15** bravio, agreste, inculto (terra). **16** dissonante, desarmonioso. **17** aspirado (fonética). • (também **roughly**) *adv* **1** asperamente, brutalmente. **2** aproximadamente. **3** inacabadamente.

rough cop.y [rʌf kˈɔpi] *n* esboço, rascunho.

rough.en [rˈʌfən] *vt+vi* **1** tornar(-se) áspero, rude. **2** encapelar, encrespar-se. **3** irritar. **4** arrepiar.

rough.ness [rˈʌfnis] *n* **1** aspereza, rudeza, escabrosidade, desigualdade. **2** rusticidade, grosseria. **3** rigor, severidade. **4** violência. **5** rigor do tempo.

round [raund] *n* **1** qualquer coisa em forma de bola, círculo, cilindro. **2** círculo, circunferência, esfera, abóbada, volta, curva, argola, orbe, anel. **3** redondeza. **4** órbita. **5** ronda, rotação, circuito, curso, rota. *he made his rounds, he went his rounds* / ele fez a ronda. **6** sucessão, série, ciclo, rotina. **7** rodada (de bebidas ou em competições ou jogos). **8** carne de coxão. **9** fatia (em forma circular), rodela. **10** degrau de escada. **11** grupo, roda (de políticos). **12** *Box* assalto, *round.* • *vt+vi* **1** arredondar(-se), curvar, bolear, dobrar. **2** contornar, voltear, rodear, circundar, rondar. **3** circunavegar. **4** virar, volver. **5** cercar, envolver (inimigo). **6** completar, terminar, acabar. **7** arredondar (números). • *adj* **1** redondo, circular, cilíndrico, rotundo, curvo, arredondado, esférico, orbicular, globular, boleado. **2** cheio, corpulento, rechonchudo. **3** amplo, grande, considerável, vultosa (importância). **4** *Phon* labial, labializado. **5** completo. **6** arredondado, não fracionado. **7** corrente, fluente (estilo). **8** aproximado (cálculo). **9** ininterrupto, contínuo. • *adv* **1** circularmente, em círculo, contornando. **2** de ou por todos os lados, em todas as direções, por toda parte. **3** em volta, em redor, em torno, na redondeza, perto, nas proximidades. **4** de circunferência. **5** de passagem por. **6** para a casa (de alguém). **7** de volta (viagem). **8** de porta em porta, de mão em mão. **9** completamente, do princípio ao fim, de cabo a rabo. • *prep* **1** em volta, por toda parte. **2** à volta de, em torno de. **3** na vizinhança de, perto de. **4** mais ou menos, em torno de. **5** durante todo, por todo. **all the year round** durante o ano todo. **a long way round** desvio, caminho mais longo que outro para o mesmo destino. **a round of drinks** uma rodada de bebida. **in round figures** aproximadamente, em números redondos. **round about** a) em volta de. b) indiretamente. c) aproximadamente. **round game** jogo, folguedo em que diversas pessoas podem partici-

par (como jogo de prendas). **round me** em volta de mim. **round-the-clock** que dura vinte e quatro horas. **round the corner** virando a esquina. **the daily round** a rotina, as obrigações diárias. **to bring round** a) trazer para. b) fazer voltar a si. c) convencer, persuadir. **to come round** a) voltar a si, recuperar-se. b) visitar. c) mudar de opinião, ceder. **to go round** to procurar (alguém), visitar. **to look round oneself** olhar em redor de si. **to round out** preencher. **to round to** *Naut* vir a vento. **to round up** a) arrebanhar, ajuntar, reunir (gado). b) *Mil* cercar, envolver. c) capturar (criminosos). d) arredondar (números). **to show him round the city** mostrar-lhe a cidade. **to turn round** a) virar(-se). b) voltar. c) mudar de idéia ou opinião.

round.a.bout [rˈaundəbaut] *n* **1** caminho ou curso indireto, desvio, rodeio. **2** circunlóquio, rodeio de palavras. **3** carrossel. • *adj* indireto, perifrástico, vago. **with many roundabouts** indiretamente.

round.ness [rˈaundnis] *n* **1** redondeza, rotundidade. **2** clareza, positividade, franqueza (resposta). **3** vigor, severidade. **4** harmonia (estilo).

round num.ber [raund nˈʌmbə] *n* número redondo.

round trip [raund trˈip] *n* viagem de ida e volta.

rouse¹ [rauz] *n Mil* alvorada, toque de alvorada, o despertar. • *vt+vi* **1** despertar, acordar. **2** incitar, suscitar, provocar, estimular, instigar, excitar (**to** para). **to rouse oneself** animar-se, recobrar-se, recuperar-se.

rouse² [rauz] *n* copo cheio, taça cheia, brinde. **to give a rouse** brindar. **we had a rouse** tomamos um copo.

rous.ing [rˈauziŋ] *adj* **1** despertador, excitador, incitador, estimulante. **2** enorme, extraordinário, excessivo, surpreendente, assombroso. **3** ovacional, estrondoso (aplauso). **4** entusiástico. **a rousing lie** uma mentira assombrosa.

rout¹ [raut] *n* **1** fuga desordenada de um exército derrotado, debandada. **2** derrota completa. **3** turba, chusma, horda, multidão. • *vt* **1** derrotar, desbaratar, destroçar, aniquilar. **2** debandar, expulsar, afugentar.

rout² [raut] *vt+vi* **1** mandar sair, expulsar, desenterrar, cavar, escavar, tirar com o focinho (como os porcos), desarraigar, extirpar. **2** descobrir, encontrar. **3** fazer levantar da cama.

route [ru:t] *n* **1** rota, diretriz, direção, rumo, curso, roteiro, itinerário. **2** caminho, via, senda, estrada, artéria, traçado. **3** marcha, carreira, jornada.

rou.tine [ru:t'i:n] *n* **1** rotina, uso geral, hábito, prática regular. **2** discurso ou fórmula repetitiva. • *adj* rotineiro, costumeiro, habitual, de praxe.

row¹ [rou] *n* **1** fileira, fila, linha, fiada, série, ordem, carreira. **2** travessa, rua curta. **3** fila de casas. • *vt* dispor em fila, enfileirar. **in a row** sucessivamente, um após o outro. **row of seats** fileira de cadeiras.

row² [rou] *n* **1** ação de remar, remada, remadura, voga. **2** passeio de bote, de barco a remos. • *vt+vi* **1** remar, vogar. **2** conduzir um bote, num barco a remos.

row³ [rau] *n* **1** barulho, motim, algazarra, desordem, agitação, clamor, distúrbio. **2** disputa, altercação, contenda, briga, rixa. • *vi* fazer barulho, causar alvoroço, promover desordem, brigar, armar motim ou tumulto.

row.boat [r'oubout] *n* barco a remos, bote a remos.

row.dy [r'audi] *n* desordeiro, arruaceiro, valentão, turbulento. • *adj* desordeiro, arruaceiro, brigão, brutal.

row.er [r'ouə] *n* remador.

row.ing [r'ouiŋ] *n* **1** *Sport* remo. **2** ação de remar, remadura, voga.

roy.al [r'ɔiəl] *n* **1** membro da família real. **2** *Naut* sobrejoanete ou joanete volante. **3** formato de papel, de 19 × 24 polegadas para escrever e de 20 × 25 para imprimir. • *adj* **1** real, régio. **2** nobre, majestoso, augusto. **3** magnífico, excelente, esplêndido. **4** superior. **Her Royal Highness** Sua Alteza Real.

roy.al.ty [r'ɔiəlti] *n* (*pl* **royalties**) **1** realeza: a) pessoa ou pessoas reais. b) dignidade ou prerrogativa real. c) nobreza, majestade, magnificência, pompa, grandiosidade. **2** poderes reais. **3** terras ou propriedades reais. **4** direitos de exploração devidos à coroa. **5** direitos autorais, *royalty*, direitos de exploração de patentes.

rub [rʌb] *n* **1** esfrega, esfregadura, esfregação, fricção, atrito. **2** obstáculo, impedimento, embaraço, tropeço, obstrução, dificuldade. • *vt+vi* **1** esfregar, friccionar. *we rubbed our hands* / esfregamos as mãos. **2** raspar, rasurar, escoriar. **3** roçar, coçar. *the boat rubbed the ground* / a canoa roçou o chão. **4** polir, lustrar, limpar (esfregando). **5** passar, deslizar. **6** irritar, vexar, exasperar. **to rub off** a) esfregar até sair, tirar esfregando. b) *fig* desgastar, perder o brilho. **to rub out** a) apagar, raspar, rasurar. b) *fig* eliminar, matar. **to rub up** a) polir, lustrar. b) refrescar (memória). c) recordar, repassar (lição, estudo).

rub.ber [r'ʌbə] *n* **1** borracha, goma-elástica. **2** objeto feito de borracha, como galocha. **3** pneumático. **4** grosa, lima, raspador. **5** esfregão, esfregalho, esfregador, polidor. **6** *sl* camisa-de-vênus, camisinha. • *vt+vi* **1** *Amer sl* esticar o pescoço, virar a cabeça para ver alguma coisa. **2** emborrachar. • *adj* feito de borracha.

rub.ber.boat [r'ʌbəbout] *n* bote de borracha.

rub.ber bul.let [rʌbə b'ulit] *n* *Mil* bala de borracha, usada pela polícia para controle de manifestações.

rub.ber stamp [rʌbə st'æmp] *n* **1** carimbo de borracha. **2** *coll* pessoa ou grupo de pessoas que endossa e aprova qualquer coisa sem questionar.

rub.ber tape [rʌbə t'eip] *n* fita isolante (de borracha).

rub.bish [r'ʌbiʃ] *n* **1** refugo, entulho, lixo, resíduos, cacos, farrapos, recortes. **2** droga, porcaria, qualquer coisa sem valor. **3** bobagem, asneira, tolice, absurdo, despropósito. • *vt* criticar, considerar sem valor.

rub.ble [r'∧bəl] *n* **1** pedregulho, cascalho, entulho, pedra britada. **2** pedra bruta, calhau. • *vt* reduzir a entulho.

rub.ble.work [r'∧bəlwə:k] *n* alvenaria de pedra bruta.

ru.by [r'u:bi] *n* **1** *Min* rubi, rubim. **2** cor do rubi. **3** algo semelhante ao rubi em cor como: vinho tinto, carbúnculo, sangue. **4** *Typogr* tipo de corpo 5 1/2. • *vt* ruborizar. • *adj* da cor do rubi, vermelho-vivo.

ru.by wed.ding [r'u:bi wediŋ] *n* bodas de rubi: quadragésimo aniversário de casamento.

ruck.sack [r'∧ksæk] *n* mochila.

rud.der [r'∧də] *n* **1** *Naut* leme, timão. **2** *Aeron* leme de direção.

rude [ru:d] *adj* **1** rude, descortês, incivil, grosseiro. **2** incivilizado, não educado, selvagem, bárbaro. **3** simples, primitivo, não lavrado, inculto, tosco, bruto, agreste. **4** insolente, insultuoso, impertinente, impudente, descarado. **5** violento, impetuoso.

rude.ness [r'u:dnis] *n* **1** rudeza, grosseria. **2** rigor, severidade, violência. **3** simplicidade, primitivismo. **4** incivilidade. **5** escabrosidade, aspereza. **6** inclemência.

ru.di.men.ta.ry [ru:dim'entəri] *adj* **1** rudimentar. **2** fundamental, elementar. **3** embrionário, pouco desenvolvido, incompleto.

rue.ful [r'u:ful] *adj* **1** sentido, triste, pesaroso, magoado, arrependido. **2** infeliz, desventurado. **3** lamentável, deplorável.

ruf.fi.an [r'∧fiən] *n* rufião, malfeitor, desordeiro • *adj* rufianesco.

ruf.fle [r'∧fəl] *n* **1** folho, franzido, tufo, rufo. **2** ondulação, agitação leve (das águas). **3** irritação, perturbação, contrariedade. **4** desordem, confusão, agitação, bulha. • *vt+vi* **1** franzir, enrugar, amarrotar. **2** fazer tufos ou folhos em, preguear. **3** irritar, perturbar, vexar, amolar. **4** desarranjar, desordenar, desmanchar. **5** eriçar, ouriçar(-se). **6** arrepiar. **7** encrespar-se, agitar(-se). **8** baralhar (cartas). **9** folhear rapidamente (páginas).

rug [r∧g] *n* **1** tapete pequeno, capacho. **2** manta de viagem.

rug.by [r'∧gbi] *n* *Sport* rúgbi (também **rugby football**).

rug.ged [r'∧gid] *adj* **1** áspero, desigual, rugoso, sulcado. **2** rude, ríspido. **3** severo, austero, rigoroso. **4** escabroso, escarpado, irregular, acidentado.

ru.in [r'u:in] *n* **1** ruína, destruição, estrago, dano. *they brought him to ruin* / levaram-no à ruína. **2** decadência, queda, arruinamento. **3** aniquilamento, assolação. **4** bancarrota, falência, perda. **5** **ruins** ruínas, destroços, escombros. • *vt* **1** arruinar, estragar, decair, destruir. *he ruined himself* / ele arruinou-se. **2** falir, ir à falência ou bancarrota. **3** seduzir, desonrar, fazer perder. **4** desgraçar, empobrecer. **to go to ruin** arruinar-se, decair.

rule [ru:l] *n* **1** regra, regulamento, preceito, estatuto, método, código, guia, critério, sistema. *it is the rule* / é uso, é regra, é praxe. *we made it a rule* / fizemos disto uma regra. **2** ordem, prescrição, lei. **3** controle, regime, governo, mando, poder. **4** praxe, hábito, uso, costume. **5** régua (desenho). **6** *Typogr* fio. • *vt* **1** determinar, ordenar, mandar, decretar. **2** decidir, estabelecer. **3** regulamentar, estabelecer uma regra. **4** guiar, dirigir, governar, administrar, reger. **5** dominar, mandar, controlar. **6** refrear, conter, reprimir. **7** riscar com régua, traçar, pautar. **8** prevalecer, ser corrente, estar em voga, vigorar. **as a rule** por via de regra. **rule of the road** práticas de trânsito. **rule of three** regra de três. **rule of thumb** regra prática. **sliding rule** régua de cálculo. **to be ruled by** ser influenciado por, ser guiado por. **to lay down a rule** estabelecer uma regra. **to rule out** a) expulsar, excluir, riscar, descartar. b) tornar impossível, impedir. **to rule over** imperar sobre, governar, dominar.

rul.er [r'u:lə] *n* **1** governador, soberano, monarca, regente, administrador. **2** *Typogr* pautador. **3** régua.

rul.ing [r'u:liŋ] *n* **1** decisão judicial, parecer oficial, disposição regulamentar, despacho. **2** pautação. • *adj* **1** prevalente, predominante. **2** em vigor, corrente. **3** reinante.

rum [rʌm] *n* 1 rum. 2 *Amer* bebida alcoólica. • *adj Brit sl* 1 estranho, singular, esquisito. 2 perigoso.

rum.ble [rʌmbəl] *n* 1 ruído surdo e prolongado, rumor, estrondo, o rolar distante do trovão, ribombo, ruído produzido por um veículo pesado, ronco. 2 briga de rua. • *vt+vi* 1 ribombar, estrondear, retumbar, ressoar, troar, bramir, roncar. 2 mover ou passar com um barulho semelhante. 3 resmungar. 4 participar de briga de rua. 5 falar com voz grossa e retumbante.

ru.mi.nate [rˈuːmineit] *vt+vi* 1 ruminar, remoer. 2 *fig* ponderar, meditar, considerar (**upon, about** sobre).

rum.mage [rˈʌmidʒ] *n* 1 busca minuciosa, vistoria, revista, inspeção. 2 transtorno, desordem, confusão. 3 bugigangas, miscelânea. • *vt+vi* 1 dar uma busca minuciosa, rebuscar, vistoriar, revistar, investigar. 2 remexer, revolver (procurando). 3 descobrir.

ru.mor, ru.mour [rˈuːmə] *n* rumor, boato (**of** acerca de). • *vt* espalhar, propalar boatos. **it is rumoured that** dizem que. **rumour has it, the rumour runs** corre, circula o boato. **to spread rumours** espalhar boatos.

rump [rʌmp] *n* 1 anca, garupa, nádega, traseiro. 2 uropígio. 3 alcatra. 4 parte traseira de qualquer coisa.

rum.ple [rˈʌmpəl] *n* ruga, prega, dobra, vinco. • *vt+vi* enrugar, amarrotar, pôr em desordem.

run [rʌn] *n* 1 corrida, carreira. 2 tempo ou porção determinada de trabalho, movimento, operação, série. 3 passeio, viagem curta, giro, jornada, viagem, volta. 4 período, temporada, continuação, duração. 5 correr (dos dias), marcha, curso (dos acontecimentos). 6 *Typogr* tiragem. • *vt+vi* (*ps* **ran**, *pp* **run**) 1 correr. 2 apressar. 3 fugir, escapar. *they ran for their lives /* fugiram, deram aos calcanhares, deram às de vila-diogo, correram a mais não poder. 4 fazer correr, mover ou andar. 5 seguir, ir. *let things run their course /* deixe as coisas tomarem seu rumo. 6 fazer percurso ou trajeto. 7 perseguir, dar

caça a. 8 passar ou fazer passar (o tempo). 9 estender-se, prolongar-se (ruas, estradas). *our garden runs east /* nosso jardim estende-se para o leste. 10 ter duração de, durar, continuar. *school runs from eight to twelve /* as aulas duram das oito às doze horas. 11 ter força legal, vigorar, ser válido. 12 conduzir, guiar, transportar. 13 ter forma, qualidade ou caráter específico. 14 participar de uma corrida, disputar, competir. 15 *Amer* ser candidato à eleição. 16 funcionar, operar, trabalhar. 17 estar em cartaz, continuar sendo exibido ou apresentado (filme, peça teatral etc.). 18 conduzir, dirigir (negócios). 19 contrabandear. 20 publicar (periodicamente). 21 mover-se sobre ou como sobre rodas, revolver, girar, virar. 22 fluir, escorrer, vazar, gotejar, supurar. 23 espalhar rapidamente, circular, correr. 24 tender, inclinar-se (**to, towards** para). 25 *Comp* rodar, executar. **a heavy sea was running** o mar estava agitado. **a run of bad luck** um período de infelicidade, uma maré de azar. **a run of two months** *Theat* exibição de dois meses. **at a run** correndo. **feelings run high** os ânimos estão exaltados. **his words ran in my head** suas palavras não me saíram da cabeça. **how your tongue runs!** *coll* como você fala! que tagarela! **I am run down** estou esgotado. **in the long run** no final das contas, com o correr do tempo, a longo prazo. **in the short run** a curto prazo. **on the run** a) na correria, correndo, sempre em atividade. b) *coll* fugindo. **run of office** gestão. **she ran with tears** ela desfez-se em lágrimas. **the common run / the ordinary run** a maioria, o tipo comum. **the runs** diarréia. **to be run out of town** ser expulso da cidade. **to have a run for one's money** tirar bom proveito de seu dinheiro. **to have the run of the place** ser o senhor na casa. **to run about** a) andar de um lado para outro. b) correr para cá e para lá. **to run across** a) encontrar por acaso. b) atravessar correndo. **to run after** perseguir, procurar obter ou alcançar, correr atrás. **to run against** a) chocar, abalroar, colidir. b) precipitar-se, opor-se a, ser contrário a, ser rival de. c) *Sport* competir com. **to run ahead** a) levar vantagem. b) adiantar-se, correr na frente. **to run a race** disputar uma corrida. **to run a risk** correr um risco. **to run ashore** encalhar, parar. **to run at** atacar, atirar-se sobre. **to run away** fugir, esquivar-se **(from** de). **to run away with** a) fazer perder o controle. b) roubar. c) fugir com. **to run back** voltar, retroceder. **to run by** correr, passar por. **to run cold** gelar. *my blood ran cold* / meu sangue gelou. **to run counter to** ser oposto a, correr em sentido oposto a. **to run down** a) parar por falta de corda (relógio). b) enfraquecer, cansar. c) perseguir até pegar, alcançar. d) criticar, ofender com palavras, menosprezar, depreciar. e) *Naut* chocar-se e derrubar ou afundar. f) abalroar, atropelar. **to run dry** a) secar. b) esgotar-se. **to run for** a) esforçar-se por. b) correr. c) candidatar-se a. **to run for it** fugir, pôr-se a salvo. **to run from** fugir de, escapar de. **to run high** enfurecer-se, esbravejar, irar-se. **to run in** a) correr para dentro. b) fazer uma breve visita a. c) *coll* prender, pôr no xadrez. **to run into** a) entrar correndo, afluir. b) colidir, chocar-se com. c) encontrar por acaso. d) endividar-se. **to run mad** a) enlouquecer. b) *fig* ficar furioso. **to run off** a) fugir, escapar. b) escoar, vazar. c) imprimir (cópias). d) escrever às pressas. **to run off with** *coll* tomar, roubar, escapar com. **to run on** a) continuar, prosseguir. b) falar muito. c) voltar-se para, relacionar-se. d) *Typogr* prosseguir sem interrupção. **to run out** a) sair (correndo). b) jorrar, escorrer, transbordar. c) esgotar, acabar. *he ran himself out* / ele esgotou-se (correndo). d) terminar. **to run out of** usar até o fim, não ter mais. **to run out on** abandonar. **to run over** a) examinar brevemente. b) recapitular. c) transbordar. d) passar por cima. e) passar correndo. f) passar para o outro lado (desertar). g) atropelar. *he was run over by the train* / ele foi apanhado pelo trem.

to run short estar no fim. **to run the show** a) *sl* conduzir ou manejar as coisas. b) ter controle ou poder. **to run through** a) passar por ou examinar rapidamente. b) tirar, gastar, acabar com, esbanjar. c) penetrar, espalhar, encher. d) transfixar, transpassar. e) passar por. **to run to** a) estender-se até. b) correr até. c) tender, inclinar-se para. d) atingir, montar (falando de dinheiro). **to run up** a) correr para cima. b) hastear (bandeira). c) fazer subir (preços). d) acumular dívidas. e) montar ou edificar apressadamente. **to run up and down** correr de cá para lá, de cima para baixo. **to run upon** a) estar absorto em. b) encontrar inesperada e acidentalmente. c) referir-se a, versar sobre. d) correr sobre, em cima de. e) dedicar-se a, ocupar-se com. f) precipitar-se sobre. **to run wild** enfurecer, ficar fora de si. **to run with** a) estar de acordo com. b) assumir a responsabilidade.

run.a.way [r'ʌnəwei] *n* **1** fugitivo, desertor. **2** cavalo desembestado. **3** fuga. • *adj* **1** fugitivo. **2** desertor. **3** levado a efeito por meio de rapto ou seqüestro. **4** desembestado, desgovernado. **5** descontrolado.

run.a.way in.fla.tion [r'ʌnəwei infleiʃən] *n Econ* inflação descontrolada, inflação galopante.

run-down [rʌn d'aun] *adj* **1** em estado precário. **2** fatigado, exausto. **3** parado por não ter corda (relógio). **4** dilapidado (construção).

rung [rʌŋ] *n* **1** degrau de escada de mão. **2** raio da roda. **3** travessa de madeira que liga as pernas de uma cadeira. • *pp* of **ring**.

run.ner [r'ʌnə] *n* **1** corredor, o que corre. **2** mensageiro. **3** objeto ou dispositivo sobre o qual corre alguma coisa, roldana, anel. **4** patim de trenó. **5** *Amer* lâmina de um patim. **6** filete. **7** contrabandista. **8** passadeira: tapete comprido e estreito.

run.ning [r'ʌniŋ] *n* **1** ato de correr, fazer correr ou dirigir. **2** carreira, corrida. **3** contrabando. **4** escoamento, supuração, corrimento. **5** direção, administração. •

adj **1** cursivo, fluente. **2** corrente, fluente. **3** supurante. **4** em vigor. **5** repetido continuamente, contínuo, incessante. **6** que sobe, ascende (de plantas trepadeiras). • *adv* em sucessão, consecutivamente. **four** ou **five days running** quatro ou cinco dias consecutivos.

run.ning wa.ter [r∧niɳ w'ɔ:tə] *n* água corrente.

run.ny [r'∧ni] *adj* que goteja ou escorre.

run-up [r'∧n ∧p] *n* aumento repentino.

run.way [r'∧nwei] *n* **1** *Aeron* pista de pouso e decolagem. **2** *Tech* canal, trilha. **3** batida de caça, passadiço. **4** desfile de moda em passarela.

rup.ture [r'∧ptʃə] *n* **1** ruptura, rompimento. **2** *fig* desinteligência, discórdia. *there was a rupture between them* / houve uma separação entre eles. **3** *Med* hérnia. • *vt+vi* **1** romper, quebrar. **2** separar-se.

rush [r∧ʃ] *n* **1** ímpeto, investida, arremetida. **2** movimento rápido, avanço. **3** pressa, precipitação, agitação, afobação. **4** fúria, torrente. **5** *coll* grande procura (no comércio). **6** corrida, grande afluxo de pessoas. **7** aumento súbito. **8** grande movimento, grande atividade. **9** afluência, afluxo. **10** "barato" (efeito de drogas). • *vt+vi* **1** impelir, empurrar, executar a toda pressa. **2** ir, vir, ou passar com pressa. **3** apressar, acelerar, precipitar. *we rushed our car to town* / seguimos desabaladamente de carro para a cidade. **4** tomar de assalto, atacar. **5** mover, correr com ímpeto e precipitação ou violência. **6** entrar, agir com falta de consideração. • *adj* urgente. **a rush on the banks** uma corrida aos bancos. **it rushed into my mind** veio-me à mente de súbito, precipitadamente. **the Christmas rush** a grande procura por ocasião das compras de Natal. **to rush in** entrar de roldão, entrar apressadamente. **to rush into print** pu-

blicar apressadamente. **to rush out** sair precipitadamente. **with a rush** de repente, rapidamente.

rush hour [r'∧ʃ auə] *n* hora do *rush*, hora de grande movimento nas ruas.

rust [r∧st] *n* **1** ferrugem, óxido formado sobre metais. **2** ferrugem dos trilhos. **3** cor-de-ferrugem. • *vt+vi* **1** enferrujar. **2** *fig* decair, enfraquecer. **3** avermelhar. **4** *Bot* ser afetado por ferrugem. • *adj* da cor da ferrugem.

rust-eat.en [r∧st 'i:tən] *adj* corroído pela ferrugem.

rus.tic [r'∧stik] *n* **1** homem rústico, camponês, sertanejo. **2** *Mil sl* recruta. • *adj* **1** rústico, rural, do campo, agrário. **2** simples, sem afetação. **3** rude, descortês.

rus.tle [r'∧səl] *n* sussurro, ruído. • *vt+vi* **1** sussurrar, farfalhar (da folhagem). **2** roçar (da seda). **3** *fig* murmurar, ressoar, zunir. **4** *coll* roubar (gado).

rus.tling [r'∧sliɳ] *n* sussurro, ruído, o roçar (de sedas). • *adj* sussurrante, rumorejante.

rust.y [r'∧sti] *adj* **1** enferrujado, ferrugento. **2** áspero, rouco. **3** da cor da ferrugem. **4** descorado, desbotado. **5** ruivo.

rut¹ [r∧t] *n* **1** cio: excitação sexual dos animais. **2** período do cio. • *vi* estar no cio.

rut² [r∧t] *n* **1** sulco de carros, trilho, sulco. **2** rotina. • *vt* sulcar, formar trilhos. **in a rut** rotineiramente.

ruth.ful [r'u:θful] *adj* **1** compassivo, compadecido, misericordioso. **2** triste, melancólico. **3** lastimável.

ruth.less [r'u:θlis] *adj* cruel, implacável, desapiedado, insensível, desumano, sem escrúpulos.

rye [rai] *n* **1** centeio. **2** *Amer coll* uísque destilado do centeio. **3** semente de centeio. **4** *Amer* pão de centeio.

rye cof.fee [rai k'ɔfi] *n* substituto do café, preparado com grãos de centeio torrados.

S, s [es] *n* **1** décima nona letra do alfabeto, consoante. **2** objeto formado como um S. • *adj* com forma de S.

's [s, z, iz, əz] **1** forma contrata de: a) **is**. *he's absolutely deaf* / ele é absolutamente surdo. b) **has**. *he's never read a good book* / ele nunca leu um bom livro. c) **us**. *let's go!* / vamos! **2** indica o caso genitivo ou possessivo de substantivos. *John's father* / o pai de João.

sab.bat [s'æbət] *n* sabá: reunião de bruxos e bruxas à meia-noite de sábado, na tradição medieval.

sab.o.tage [s'æbəta:3] *n* sabotagem. • *vt* sabotar, danificar.

sa.bre [s'eibə] *n* **1** sabre. **2 sabres** cavalaria. • *vt* bater, ferir ou matar com sabre.

sac [sæk] *n Biol* saco, bolsa, cavidade, receptáculo.

sac.cha.rin [s'ækərin] *n* sacarina.

sa.chet [s'æʃei] *n Fr* **1** sachê, saquinho com substâncias perfumadas. **2** saquinho plástico com pequena quantidade de líquido (xampu etc.).

sack¹ [sæk] *n* **1** saco. **2** saca, conteúdo de um saco. **3** *coll* despedida de emprego, demissão. **4** *sl* cama. **5** *Baseball* base. • *vt* **1** ensacar. **2** despedir, demitir. **to get the sack** ser despedido.

sack² [sæk] *n* saque, roubo, pilhagem. *they put the town to sack* / pilharam a cidade. • *vt* saquear, pilhar, devastar.

sac.ra.ment [s'ækrəmənt] *n* **1** sacramento. **2** hóstia. **3** coisa sagrada. **4** juramento, promessa.

sa.cred [s'eikrid] *adj* **1** sagrado, sacro, consagrado, santificado. **2** religioso. **3** venerável. **4** dedicado, reservado. **5** inviolável, que deve ser respeitado. **Sacred College** a) Sacro Colégio (dos Cardeais). b) conclave dos cardeais para eleger o novo papa.

sa.cred cow [seikrid k'au] *n* vaca-sagrada: pessoa ou coisa acima de suspeita ou crítica.

sac.ri.fice [s'ækrifais] *n* **1** sacrifício, oferta solene. **2** holocausto, renúncia. **3** perda. **4** vítima, oferenda. • *vt* **1** sacrificar, oferecer a um deus. **2** entregar em holocausto, renunciar. **3** oferecer em sacrifício. **4** vender com prejuízo.

sac.ri.lege [s'ækrilidʒ] *n* sacrilégio, profanação.

sac.ro.sanct [s'ækrousæŋkt] *adj* consagrado, sacrossanto, sagrado, inviolável.

sad [sæd] *adj* **1** triste, abatido, melancólico. **2** lamentável, deplorável, que causa aborrecimento ou preocupação. **3** escuro, sombrio. **4** péssimo, muito ruim. • *adv* **1** muito, altamente. **2** lamentavelmente. **3** tristemente, de modo abatido.

sad.den [s'ædən] *vt* tornar(-se) triste ou abatido, deprimir, entristecer(-se).

sad.dle [s'ædəl] *n* **1** sela, selim, assento (de bicicleta). **2** parte do arreio que segura as correias do varal. **3** objeto em forma de sela. **4** *Geol* selada, anticlinal. **5** parte central de encadernação de livro. • *vt+vi* **1** pôr sela em. **2** encarregar, sobrecarregar, colocar responsabilidade excessiva sobre alguém. **to saddle up** selar um cavalo, montar.

sad.dler [s'ædlə] *n* seleiro.

sad.ism [s'eidizəm] *n* sadismo.

sad.ly [s'ædli] *adv* tristemente, desafortunadamente.

S

sad.ness [s'ædnis] *n* tristeza, melancolia.

safe [seif] *n* **1** cofre, caixa-forte. **2** lugar para guardar coisas, guarda-comida. **3** *sl* camisinha, preservativo. • *adj* **1** seguro, fora de perigo. *the bridge is safe* / a ponte é segura. **2** são, ileso. **3** salvo. **4** cauteloso, cuidadoso, prudente. **5** idôneo, de confiança. **6** seguro, inofensivo. **safe and sound** são e salvo. **to play safe** agir com cautela, não correr riscos.

safe.guard [s'eifga:d] *n* **1** proteção, defesa. **2** salvaguarda. • *vt* salvaguardar, proteger, defender.

safe.keep.ing [s'eifki:piŋ] *n* custódia, guarda, proteção, segurança.

safe.ty [s'eifti] *n* **1** segurança. *he plays for safety* / ele joga com cuidado, ele é cuidadoso, *fig* ele vai na certeza. **2** dispositivo de segurança. • *vt* proteger. • *adj* que protege, que dá segurança. **in safety** seguro, em segurança. **safety first** cuidado!, não corra riscos!

safe.ty belt [s'eifti belt] *n* cinto de segurança.

safe.ty is.land [s'eifti ailənd] *n* ilha: calçada erguida no meio da rua para separar as mãos de direção e para proteção dos pedestres.

safe.ty mar.gin [s'eifti ma:dʒi] *n* margem de segurança.

safe.ty match [s'eifti mætʃ] *n* fósforo de segurança.

safe.ty pin [s'eifti pin] *n* alfinete de segurança.

safe.ty rail [s'eifti reil] *n* corrimão.

safe.ty ra.zor [s'eifti reizə] *n* aparelho para fazer a barba.

safe.ty valve [s'eifti vælv] *n* **1** válvula de segurança. **2** *fig* válvula de escape.

sag [sæg] *vt* **1** ceder (debaixo do peso), vergar, curvar-se. **2** pender, estar inclinado. **3** cair, decair, ceder, perder a firmeza, declinar, fraquejar. **4** cair (preço).

sage [seidʒ] *n* sábio. • *adj* **1** sábio, instruído. **2** prudente. **3** circunspecto, sério, solene.

sag.gy [s'ægi] *adj* propenso a ceder, curvar-se, cair.

said [sed] *ps, pp* of **say.** • *adj* dito, mencionado, citado.

sail [seil] *n* **1** vela (de navio), velas, velame. **2** asa de moinho de vento. **3** navio, veleiro. **4** viagem marítima, cruzeiro em barco à vela. • *vt+vi* **1** velejar, viajar. **2** viajar, navegar (em navio, vapor etc.). **3** deslizar, planar. **4** singrar. **5** navegar, manobrar (navio). **6** partir, iniciar viagem. **to go sailing** sair para velejar. **to sail through** executar ou levar a cabo com facilidade. **to set sail** fazer-se à vela. **to take in sail** abaixar ou diminuir as velas, *fig* diminuir suas esperanças ou ambições. **under full sail** a todo pano.

sail.boat [s'eilbout] *n* veleiro, barco à vela.

sail.cloth [s'eilklɔθ] *n* lona, pano para velas.

sail.ing [s'eiliŋ] *n* **1** navegação (à vela), iatismo. **2** partida (de navio). • *adj* de vela, veleiro. **sailing boat** veleiro.

sail.or [s'eilə] *n* **1** marinheiro, marujo. **2** palheta, chapéu de palha dura com copa baixa e aba redonda e estreita. • *adj* de marinheiro, como marinheiro. **sailor's knot** nó de marinheiro.

saint [seint] *n* **1** santo, santa. **2** *coll* beatão. **3** pessoa falecida (que está no céu). **4** pessoa impecável como um santo. • *vt* canonizar, declarar santo, considerar santo, santificar. **All Saints' Day** dia de Todos os Santos. **Saint's day** dia santificado. **St. Elmo's fire** fogo-de-santelmo. **St. Martin's summer** veranico. **St. Peter's** a basílica de São Pedro, em Roma. **St. Valentine's Day** dia dos namorados, 14 de fevereiro, nos Estados Unidos, Grã-Bretanha e Austrália. **St. Vitus's dance** *Med* dança de São Vito.

sake [seik] *n* **1** causa, motivo. **2** fim, finalidade. **art for art's sake** arte pela arte. **for goodness sake!** pelo amor de Deus! **for one's own sake** em interesse próprio, para o próprio bem. **for the sake of appearances** para salvar as aparências. **for the sake of her child** por causa da sua criança. **for the sake of peace** por amor à paz. **for whose sake?** por causa de quem?

sal.ad [s'æləd] *n* **1** salada. **2** mistura, confusão.

sal.ad dress.ing [s'æləd dresiŋ] *n* tempero ou molho para salada.

sal.a.man.der [s'æləmændə] n 1 *Zool* salamandra. 2 gênio que vive no fogo. 3 vários utensílios usados para fogo ou lareira.

sal.a.ry [s'æləri] n salário, remuneração. Veja nota em **salário**.

sale [seil] n 1 venda. 2 receita bruta proveniente de vendas, movimento de vendas. 3 mercado, procura. 4 leilão. 5 liquidação. **for sale** à venda. **on sale** a) à venda. b) em liquidação.

sale.a.ble [s'eiləbəl] adj vendável, que tem saída.

sales.clerk [s'eilzkla:k] n balconista.

sales de.part.ment [s'eilz dipə:tmənt] n departamento de vendas.

sales girl [s'eilz gə:l] n balconista.

sales.man [s'eilzmən] n agente de vendas, vendedor, representante de vendas.

sales.per.son [s'eilzpə:sən] n vendedor ou vendedora.

sales price [s'eilz prais] n preço de venda.

sales rep.re.sen.ta.tive [s'eilz reprizentətiv] n representante de vendas, vendedor.

sales tax [s'eilz tæks] n imposto sobre circulação de mercadorias.

sales.wom.an [s'eilzwumən] n vendedora.

sa.li.ent [s'eiliənt] n ângulo saliente, parte saliente (de fortaleza), saliência. • adj 1 saliente, proeminente, evidente, notável. 2 que ressalta, que se projeta para fora. 3 saltante, que pula.

sa.li.va [səl'aivə] n saliva.

sal.i.vate [s'æliveit] vt+vi salivar, produzir saliva.

sal.low [s'ælou] vt tornar amarelo ou pálido. • adj amarelado, pálido, com aspecto doentio.

salm.on [s'æmən] n 1 *Ichth* salmão e outros peixes da mesma família. 2 cor salmão. • adj vermelho-amarelado, salmão.

sa.lon [səl'ɔn] n 1 salão (de recepção). 2 salão de arte, exposição. 3 salão de beleza.

sa.loon [səl'u:n] n 1 salão, sala. 2 primeira classe (em navios). 3 *Amer* taverna, bar.

salt [sɔ:lt] n 1 sal, sal de cozinha, cloreto de sódio. 2 *Chem* sal. 3 *coll* marujo. • vt 1 salgar, pôr sal. 2 salmourar, tratar com sal. 3 abastecer com sal, depositar sal. •

adj 1 salgado. 2 com gosto de sal. 3 curado, conservado em sal. 4 ardido, pungente, forte, picante (também *fig*). **an old salt** um marujo experimentado, um velho lobo-do-mar. **in salt** em salmoura. **to rub salt in a wound** esfregar sal na ferida, agravar o sofrimento de alguém. **to salt out** vt coagular. **with a grain of salt** com certo cuidado, com certas restrições.

salt.ed [s'ɔ:ltid] adj 1 salgado. 2 *fig* levado, esperto. 3 experimentado.

salt-wa.ter [s'ɔ:lt wɔ:tə] n água salgada, água do mar. • adj do mar, marinho.

salt.y [s'ɔ:lti] adj 1 salgado. 2 picante, apimentado. 3 *fig* malicioso.

sal.u.tar.y [s'æljutəri] adj salutar, saudável. **a salutary exercise** um exercício salutar.

sa.lute [səl'u:t] n 1 saudação, cumprimento. 2 *Mil* continência. 3 salva. • vt 1 saudar. 2 fazer continência, apresentar armas. 3 cumprimentar. **to take the salute of the troops** passar em revista as tropas.

sal.vage [s'ælvidʒ] n 1 salvamento, recuperação. 2 despesas de salvamento. 3 objetos ou propriedades salvos. • vt salvar (de fogo, de naufrágio), recuperar.

sal.va.tion [sælv'eiʃən] n 1 salvação, redenção. 2 saudação.

sal.ver [s'ælvə] n bandeja, salva.

same [seim] adj 1 mesmo, mesma, idêntico. 2 igual. 3 inalterado. 4 dito, mencionado. • pron o mesmo, a mesma. • adv do mesmo modo, da mesma maneira (em geral com **the**). **all the same** ainda assim, mesmo assim. **it'll be all the same in a hundred years** / daqui a cem anos ninguém mais se importará. **just the same** não faz diferença. **one and the same** o mesmo. **same here** *coll* eu também. **the same to you!** igualmente!, o mesmo! **the very same** exatamente o mesmo.

same.ness [s'eimnis] n 1 identidade, similaridade. 2 monotonia, uniformidade.

sam.ple [s'a:mpəl, s'æmpəl] n amostra, prova, exemplo. • vt tirar ou fornecer amostra, provar, testar. • adj que serve como amostra ou exemplo. **according**

to sample / up to sample conforme amostra. **free sample** amostra grátis. **sample of no value** amostra sem valor.

sam.pler [s'a:mplə; sæmplə] *n* **1** o que tira amostras, classificador. **2** pano com amostras de bordados.

sam.pling [s'a:mpliŋ, s'æmpliŋ] *n* **1** ato de tirar amostra ou prova. **2** *Stat* amostra, amostragem.

sam.pling ma.te.ri.al [s'a:mpliŋ mətiəriəl] *n* material de amostra.

san.a.to.ri.um [sænət'ɔ:riəm] *n* (*pl* **sanatoriums, sanatoria**) sanatório, casa de saúde para doenças crônicas.

sanc.ti.fy [s'æŋktifai] *vt* **1** santificar. **2** consagrar, considerar sagrado. **3** tornar livre de pecados.

sanc.tion [s'æŋkʃən] *n* **1** aprovação, sanção, autorização. **2** ratificação, confirmação. **3** *Jur* penalidade, recompensa. **4** *Pol* represália, sanção. • *vt* sancionar, autorizar, aprovar.

sanc.tu.ar.y [s'æŋktuəri] *n* **1** santuário, lugar sagrado. **2** altar. **3** refúgio, imunidade. **4** reserva natural animal ou vegetal.

sand [sænd] *n* **1** areia. **2** *fig* coragem. **3 sands** areal, região arenosa, deserto de areia. **4** praia. **5** cor marrom amarelado claro. • *vt* **1** jogar areia. **2** arear, limpar com areia. **to build on sand** edificar sobre areia.

san.dal [s'ændəl] *n* sandália, alpargata, chinelo aberto.

sand-bank [s'ænd bæŋk] *n* banco de areia.

sand-glass [s'ænd gla:s] *n* ampulheta.

sand.pa.per [s'ændpeipə] *n* lixa. • *vt* lixar.

sand-storm [s'ænd stɔ:m] *n* tempestade de areia.

sand.wich [s'ænwidʒ] *n* sanduíche. • *vt* colocar entre duas coisas, imprensar.

san.dy [s'ændi] *adj* **1** arenoso, areento. **2** da cor de areia, amarelado. **3** instável.

sane [sein] *adj* **1** são, sadio, sensato. **2** racional, razoável, ajuizado.

san.gui.nar.y [s'æŋgwinəri] *adj* **1** sangrento, sanguinolento, ensangüentado. **2** sanguinário, feroz.

san.i.tar.i.an [sænit'ɛəriən] *n* sanitarista. • *adj* sanitário.

san.i.tar.y [s'ænitəri] *adj* **1** sanitário, saudável, higiênico. **2** limpo, asseado.

san.i.tar.y nap.kin [sænitəri n'æpkin] *n Amer* absorvente feminino.

san.i.tar.y tow.el [sænitəri t'auəl] *n Brit* absorvente higiênico, geralmente de uso feminino.

san.i.tar.y ware [sænitəri w'ɛə] *n* louça sanitária (pia, bidê e vaso sanitário).

san.i.ta.tion [sænit'eiʃən] *n* instalações e medidas sanitárias, saneamento.

san.i.ty [s'æniti] *n* **1** sanidade mental. **2** razão.

sank [sæŋk] *ps of* **sink**.

sap[1] [sæp] *n* **1** seiva. **2** fluido vital, vigor. • *vt* extrair a seiva.

sap[2] [sæp] *n* **1** sapa. **2** galeria subterrânea, solapa, solapamento. • *vt+vi* **1** sapar, minar, cavar. **2** enfraquecer, consumir, gastar, esgotar. **3** entrincheirar-se, solapar. **4** aproximar-se (da posição inimiga) por meio de sapa ou trincheira.

sap.ful [s'æpful] *adj* viçoso, cheio de seiva.

sap.head [s'æphed] *n coll* bobo, idiota, *Braz sl* pato, laranja.

sap.less [s'æplis] *adj* **1** sem seiva, seco. **2** fraco, sem vigor.

sap.ling [s'æpliŋ] *n* **1** broto, árvore nova. **2** pessoa moça e inexperiente.

sap.phire [s'æfaiə] *n* **1** safira. **2** cor azul-safira. • *adj* azul-safira.

sap.phism [s'æfizəm] *n* safismo, lesbianismo.

sar.casm [s'a:kæzəm] *n* sarcasmo, zombaria, ironia.

sar.cas.tic [sa:k'æstik] *adj* sarcástico, irônico, satírico, mordaz.

sar.coph.a.gus [sa:k'ɔfəgəs] *n* sarcófago, ataúde de pedra.

sar.dine [sa:d'i:n] *n Ichth* sardinha. **packed like sardines** *Braz coll* como sardinhas em lata: grudados um no outro, amontoados.

sash[1] [sæʃ] *n* caixilho de janela ou de porta envidraçada. • *vt* colocar caixilhos.

sash[2] [sæʃ] *n* cinta, faixa, banda.

sas.sy [s'æsi] *adj Amer coll* **1** insolente, atrevido. **2** vivo, vigoroso. **3** elegante, na moda.

sa.tan.ic [sət'ænik] *adj* satânico, diabólico.

satch.el [s'ætʃəl] *n* mochila escolar.

sate [seit] *vt* **1** satisfazer, saciar (o apetite). **2** encher, fartar. **3** *arch ps of* **sit.**

sat.ed [s'eitid] *adj* farto, satisfeito.

sat.el.lite [s'ætəlait] *n* **1** *Astr* satélite. **2** adepto, seguidor, partidário.

sa.ti.ate [s'eiʃieit] *vt* **1** saciar, satisfazer. **2** fartar, encher. • *adj* satisfeito, farto.

sa.ti.e.ty [sət'aiəti] *n* saciedade, satisfação do apetite, fartura.

sat.in [s'ætin] *n* cetim. • *adj* acetinado, cetinoso, de cetim.

sat.ire [s'ætaiə] *n* **1** sátira. **2** ridicularização.

sat.i.rise [s'ætəraiz] *vt+vi* satirizar.

sat.is.fac.tion [sætisf'ækʃən] *n* **1** satisfação. *it gave me a great satisfaction* / foi uma grande satisfação para mim. *it is a satisfaction to know this* / é tranqüilizador saber isso. **2** contentamento. **3** gratificação. **4** penitência.

sat.is.fy [s'ætisfai] *vt+vi* **1** satisfazer, contentar, saciar. **2** corresponder, cumprir, realizar. *he satisfied all wants* / ele eliminou todas as deficiências. **3** agradar, convencer. *he satisfied the court* / ele convenceu a corte. *I am satisfied (that he is right)* / estou convencido (de que ele tem razão). **4** pagar, liquidar, obter quitação. **5** indenizar, reparar, recompensar, remunerar.

sat.is.fy.ing [s'ætisfaiiŋ] *adj* **1** satisfatório, suficiente. **2** que satisfaz o apetite, que tem valor alimentício.

sat.u.rate [s'ætʃəreit] *vt* saturar, encher, fartar, embeber. • *adj* saturado, intenso.

sat.u.ra.tion [sætʃər'eiʃən] *n* saturação.

Sat.ur.day [s'ætədi, s'ætədei] *n* sábado.

sa.tyr.ic [sət'irik] *adj* satírico.

sauce [sɔ:s] *n* **1** *Cook* molho, calda. **2** *Amer* compota. **3** tempero. **4** *Brit sl* birita, mé: bebida alcoólica, especialmente uísque. • *vt* temperar, condimentar. **hunger is the best sauce** a melhor cozinheira é a fome.

sauce.pan [s'ɔ:spən] *n Brit* panela com cabo e geralmente com tampa.

sau.cer [s'ɔ:sə] *n* **1** pires. **2** objeto em forma de pires. **flying saucer** disco voador.

sau.cy [s'ɔ:si] *adj* **1** atrevido, insolente, impertinente. **2** vivo, esperto. **3** *Brit sl* alinhado.

sau.na [s'ɔ:nə] *n* sauna: banho a vapor de origem finlandesa.

saun.ter [s'ɔ:ntə] *n* passeio, saracoteio. • *vi* passear, saracotear.

sau.sage [s'ɔsidʒ] *n* lingüiça. **sausage skin paper** tripa artificial.

sau.sage roll [sɔsidʒ r'oul] *n Brit* tortinha de lingüiça.

sav.age [s'ævidʒ] *n* **1** selvagem, bárbaro. **2** bruto, pessoa brutal ou grosseira. • *adj* **1** selvagem, feroz. **2** incivilizado. **3** rude, cruel, brutal. **4** *coll* feroz, irado, encolerizado. • *vt* atacar ou tratar brutalmente.

sav.age.ry [s'ævidʒəri] *n* **1** selvajaria, ferocidade, selvageria. **2** crueldade, brutalidade, raiva.

save[1] [seiv] *vt+vi* **1** salvar. *he saved my life* / ele salvou minha vida. **2** guardar, preservar, resguardar, proteger, abrigar. *God save the King!* / Deus guarde o rei! **3** colher, recolher, armazenar, juntar, guardar. **4** economizar, poupar. *he saved a lot of money* / ele economizou muito dinheiro. **5** prevenir, evitar. **to save appearances** salvar as aparências. **to save one's face** escapar de uma humilhação.

save[2] [seiv] *prep* exceto, salvo. • *conj* a não ser que, exceto. *he invited all save my friend* / ele convidou todos exceto meu amigo. **save for** com exceção de, salvo. **save that** a menos que, só que, a não ser que.

sav.ing [s'eiviŋ] *n* **1** ato de economizar, de poupar. **2** economia. **3** ressalva. • *adj* **1** econômico, poupador. **2** salvador, protetor, redentor. • *prep* **1** salvo, exceto. **2** com todo respeito, em consideração. • *conj* com a exceção de, a não ser que, senão. *he called all saving my daughter* / ele chamou todos, exceto minha filha.

sav.ings [s'eiviŋz] *n pl* economias, dinheiro economizado, poupança.

sav.ings ac.count [s'eiviŋz əkaunt] *n* **1** conta remunerada. **2** caderneta de poupança.

sa.vior, sa.viour [s'eiviə] *n* salvador. **the Saviour** o Salvador, Jesus Cristo.

sa.vor.y, sa.vour.y [s'eivəri] *n* **1** petisco,

tira-gosto, aperitivo. **2** sobremesa picante, petisco. • *adj* **1** saboroso, cheiroso. **2** agradável, apetitoso.

saw¹ [sɔ:] *ps* of **see.**

saw² [sɔ:] *n* **1** serra, serrote. **2** provérbio, ditado. • *vt+vi* (*ps* **sawed**, *pp* **sawn, sawed**) **1** serrar. **2** fazer, formar com serra. **3** deixar-se serrar. **board saw** serra grande para toras. **pad saw** serrote de ponta. **to saw down** cortar, derrubar serrando.

saw.dust [s'ɔ:dʌst] *n* **1** serragem, serradura. **2** *sl* açúcar.

saw.fish [s'ɔ:fiʃ] *n Ichth* peixe-serra, espadarte.

saw-mill [s'ɔ: mil] *n* serraria.

saw.yer [s'ɔ:jə] *n* **1** serrador. **2** *Amer* árvore boiando na água.

say [sei] *n* **1** fala, palavra. **2** ocasião para falar. • *vt+vi* (*ps*, *pp* **said**) **1** falar, dizer, afirmar. *I am sorry to say* / lamento dizer. *do you say so?* / está falando sério? *you don't say so* / não me diga. *so he says* / é o que ele afirma, é o que ele diz. **2** exprimir, declarar, anunciar, pôr em palavras. *as I was about to say* / como ia dizendo. *that is well said* / isto é bem formulado. *that is saying a great deal* / isto é bem significativo. *all I wanted to say was...* / somente queria dizer... *he has nothing to say* / ele não tem nada a dizer. *he is said to be a drunkard* / ele é tido como beberrão. **3** recitar, repetir. *he says mass* / ele celebra missa. *she says her prayers* / ela reza. **4** supor, dar como exemplo. *(let's) say twenty* / digamos vinte. *shall we say Haydn* / por exemplo, Haydn. *does that mean to say that...?* / isto quer dizer que...? *I should say that...* / estou inclinado a acreditar que... *it says* / diz-se, consta que. **5** explicar, dar uma opinião. *let him have his say* / deixe-o falar. *when all is said* / pensando bem, em suma. *when all is said and done* / no fim das contas. **6 say** é usado para se introduzir uma possibilidade que permita discutir o que fazer em seguida se alguma coisa realmente acontecer: *say he doesn't come: what do we do then?* / Digamos que ele não venha: o que faremos então? **I say!** escute!, ora essa!, não diga! **it is said** ou **they say** diz-se, consta que. **no sooner said than done** dito e feito. **say away!** *sl* diga logo! **so to say** por assim dizer. **that is to say** isto quer dizer, ou seja, em outras palavras. **to say nothing of** sem mencionar.

Em geral, é difícil decidir quando devemos usar **say, tell, talk** ou **speak** pois todos esses verbos se referem ao mesmo tipo de atividade.

Say é mais freqüentemente usado para introduzir uma citação direta ou indireta: *John said: "I don't like Martha."* / John disse: "não gosto de Martha". *John said that he didn't like Martha.* / John disse que não gostava de Martha.

Quando dizemos com quem estamos falando, usamos **tell**: *Paul told me everything about his last trip.* / Paul contou-me tudo sobre sua última viagem. *I told him not to arrive before midnight.* / eu disse a ele para não chegar antes da meia-noite.

Talk geralmente se refere a uma conversa entre duas ou mais pessoas. Quase nunca é seguido por objeto direto (a não ser em expressões como *talk politics, talk business* / falar sobre política, falar sobre negócios), e às vezes é seguido por objeto indireto depois de **to**: *the students talked until the professor arrived.* / os alunos falaram até o professor chegar. *they talked to one another for almost an hour.* / eles falaram uns com os outros por quase uma hora.

Speak é freqüentemente usado quando uma pessoa se dirige a um grupo: *she spoke to the class about the dangers of smoking.* / ela conversou com a classe sobre os perigos do fumo.

Em geral, **speak** e **talk** têm sentidos semelhantes, com a diferença de que **speak** é mais formal e é sempre usado quando se faz referência a línguas: *can I talk to William, please?* / por favor, posso falar com William? *I'd like to speak to Mrs. Jones, please.* / por favor, eu gostaria de falar com a sra. Jones. *Mrs.*

Won speaks Chinese with her friends. / a sra. Won fala chinês com seus amigos.

Veja mais detalhes em **falar**.

say.ing [s'eiiŋ] *n* **1** o que é dito, declaração, depoimento. **2** ditado, dito popular. **as the saying goes...** como se costuma dizer... **that goes without saying** isto se compreende por si, isto é lógico. **there is no saying...** não se pode saber...

say-so [s'ei sou] *n Amer coll* palavra, autoridade, ordem. *they respected my sayso* / eles respeitaram minha ordem.

scab [skæb] *n* **1** crosta de ferida, cicatriz. **2** sarna, escabiose. **3** *Amer sl* fura-greve. • *vi* **1** formar crosta. **2** *Amer* furar greve.

sca.bi.es [sk'eibi:z] *n Med* escabiose, sarna.

scaf.fold [sk'æfəld] *n* **1** andaime, palanque, armação. **2** patíbulo, cadafalso. **3** *Anat* esqueleto.

scaf.fold.ing [sk'æfəldiŋ] *n* **1** sistema de andaimes. **2** material para andaime.

scald [skɔ:ld] *n* **1** queimadura, escaldadura. **2** *Amer* destruição ou amarelecimento das folhas de plantas provocado por doença ou calor. • *vi* **1** queimar (com líquido quente ou vapor). **2** escaldar. **3** aquecer quase ao ponto de ebulição.

scald.ing [sk'ɔ:ldiŋ] *n* escaldadura, queimadura. • *adj* escaldante.

scale¹ [skeil] *n* **1** escama. **2** camada fina, crosta. **3** *Ent* cochonilha. • *vi* **1** escamar, remover escamas. **2** descascar. **to scale off** esfoliar.

scale² [skeil] *n* prato de balança. • *vt* pesar. *the calf scales 125 pounds* / o vitelo pesa 125 libras.

scale³ [skeil] *n* **1** escala, seqüência, série de graus. **2** graduação, régua, metro, instrumento de medida. **3** escala: proporção de tamanho. **4** extensão, tamanho. **5** *Mus* escala. • *vi* **1** reduzir, baixar em certa proporção. **2** representar em escala. **3** escalar, subir, ascender. **on a large scale** em larga escala. **plain scale** tamanho natural (desenho). **reduced (enlarged) scale** escala reduzida (aumentada). **to scale down** reduzir proporcionalmente.

scalp [skælp] *n* **1** couro cabeludo do crânio. **2** escalpo: couro cabeludo do crânio, cortado como troféu pelos índios dos EUA. • *vt* escalpar, arrancar o escalpo.

scal.pel [sk'ælpəl] *n* escalpelo, bisturi.

scan [skæn] *n Comp* escaneamento, varredura. • *vt+vi* **1** olhar de perto, examinar cuidadosamente, esquadrinhar. **2** escandir. **3** *TV* decompor, expor a imagem ponto por ponto a fim de transmiti-la. **4** sondar com radar. **5** *Comp* escanear, varrer. **scan code** código de varredura. **scan head** cabeçote de varredura. **scan line** linha de varredura.

scan.dal [sk'ændəl] *n* **1** escândalo. **2** desgraça, desonra. **3** difamação, calúnia, mexerico. • *vt* **1** desonrar. **2** difamar. **to raise a scandal** fazer um escândalo.

scan.dal.ize, scan.dal.ise [sk'ændəlaiz] *vt* **1** ofender, chocar, escandalizar. *they were scandalised at her behaviour* / ficaram escandalizados com o comportamento dela. **2** caluniar, difamar.

scan.dal.ous [sk'ændələs] *adj* **1** escandaloso, infame, vergonhoso. **2** difamador.

scan.ner [sk'ænə] *n* **1** *TV* explorador, seletor eletrônico. **2** *Comp scanner,* explorador.

scant [skænt] *vt* **1** restringir, cortar, limitar. **2** mostrar-se avaro. • *adj* **1** escasso, apertado, parco. **2** insuficiente, deficiente, pouco.

scant.y [sk'ænti] *adj* **1** escasso, pouco, apertado. **2** insuficiente.

scape.goat [sk'eipgout] *n* bode expiatório. • *vt* fazer alguém de bode expiatório.

scar [ska:] *n* **1** cicatriz, escoriação. **2** mancha, mácula. **3** sinal. • *vt+vi* **1** causar uma cicatriz, escoriar. **2** marcar com cicatriz ou sinal.

scarce [skɛəs] *adj* **1** raro, infreqüente, incomum. **2** escasso. **he made himself scarce** ele manteve-se afastado, ele sumiu.

scarce.ly [sk'ɛəsli] *adv* apenas, mal, raramente. *I can scarcely hear you* / mal posso escutá-lo.

scar.ci.ty [sk'ɛəsiti] *n* falta, escassez, insuficiência.

scare [skɛə] *n* susto, espanto, pânico. • *vt+vi* **1** espantar, assustar. **2** alarmar.

scare.crow [sk'ɛəkrou] *n* espantalho, pessoa malvestida ou esquálida.

scarf [ska:f] *n (pl* **scarfs, scarves)** **1** lenço.

2 toalha retangular usada sobre móveis. **silk scarf** lenço de seda de pescoço.

scar.let fe.ver [ska:lit f'i:və] *n Med* escarlatina.

scarp [ska:p] *n* **1** precipício, escarpa. **2** *Mil* escarpa. • *vt* escarpar, cortar em declive.

scarred [ska:d] *adj* marcado, danificado. *a bullet-scarred wall* / uma parede com marcas de tiros.

scar.y [sk'εəri] *adj* **1** assustador. **2** assustado, medroso, acanhado, amedrontado.

scat [skæt] *vi Amer sl* **1** sair às pressas, fugir. **2** movimentar-se depressa.

scath.ing [sk'eiðiŋ] *adj* **1** severo, rigoroso. **2** sarcástico, mordaz.

scat.ter [sk'ætə] *n* **1** ato de espalhar. **2** dispersão. • *vt+vi* **1** espalhar, esparramar. *it was scattered to the wind* / foi espalhado em todas as direções. **2** dispersar-se, dissipar. *our hopes were scattered* / frustraram-se as nossas esperanças.

scav.en.ger [sk'ævindʒə] *n* **1** animal que se alimenta de carniça. **2** pessoa que revira o lixo para catar algo de aproveitável.

sce.nar.i.o [sin'a:riou] *n* **1** *Theat* enredo, libreto. **2** *Cin* sinopse de um filme. **3** conjuntura, panorama global de uma situação.

scene [si:n] *n* **1** cenário. **2** cena, decoração teatral. *the scene closes* / a cortina cai. **3** cena, subdivisão de um ato. *it was a love scene* / era uma cena de amor. *the scene opens with a conversation* / a cena começa com um diálogo. **4** ação, situação. *the scene is set in Verona* / o local da cena é Verona. **5** vista, panorama. **behind the scenes** *fig* atrás dos bastidores.

scen.er.y [s'i:nəri] *n* **1** *Theat* cenário, decoração teatral. **2** panorama, vista.

scen.ic [s'i:nik] *adj* **1** relativo à paisagem, pitoresco. **2** cênico, teatral.

scent [sent] *n* **1** aroma, perfume. **2** olfato, faro. **3** vestígio, cheiro do rasto. *you are on the wrong scent* / você está na pista errada. • *vt+vi* **1** cheirar, sentir pelo olfato. **2** perfumar, encher (o ar) com perfume. **3** pressentir. Veja nota em **smell**.

scent.ed [s'entid] *adj* cheiroso, perfumado.

scent.less [s'entlis] *adj* inodoro, sem cheiro.

scep.tic [sk'eptik] *n* cético. • *adj* **1** cético, descrente, partidário do ceticismo. **2** pessoa que tem dúvidas sobre o que outras crêem.

scep.ti.cal, skeptical [sk'eptikəl] *adj* cético, pessoa com dúvidas sérias a respeito de algo. *He is sceptical about her success* / Ele tem sérias dúvidas sobre o sucesso dela.

sched.ule [ʃ'edju:l, sk'edʒu:l] *n* **1** lista, relação. **2** horário. • *vt* planejar, fixar (data). *the meeting is scheduled on Monday* / a reunião está marcada para segunda-feira. **on scheduled time** no horário.

sche.mat.ic [skim'ætik] *adj* esquemático, diagramático.

scheme [ski:m] *n* **1** esquema, desenho, plano, projeto, forma. **2** plano, conspiração, intriga, maquinação, esquema, sistema, método. • *vt+vi* **1** planejar, fazer planos. **2** conspirar, maquinar.

schism [skizəm, s'izəm] *n* cisma: divisão, separação.

schol.ar [sk'ɔlə] *n* **1** pessoa estudada, sábio, estudioso. *he is an excellent Greek scholar* / ele é um grande conhecedor de grego. **2** bolsista. **3** escolar, estudante.

schol.ar.ship [sk'ɔləʃip] *n* **1** conhecimento, sabedoria, erudição. **2** bolsa de estudos. **to win a scholarship** ganhar uma bolsa de estudos.

school¹ [sku:l] *n* **1** escola, colégio, lugar de ensino. **2** corpo docente e discente. **3** grupo de pessoas com os mesmos interesses. **4** faculdade. **5** escola de uma universidade. • *vt* **1** educar, ensinar. **2** treinar, disciplinar. **a dancing school** uma escola de dança. **endowed school** escola mantida por uma fundação. **girls' school** escola de meninas. **grade school** *Amer* escola primária. **junior high school** escola de 1.° grau. **preparatory school** escola preparatória. **primary school** *Brit* escola primária. **public school** *Amer* escola pública. **school is over** as aulas terminaram. **senior high school** escola de 2.° grau. **Sunday school** escola dominical. **technical school** escola técnica.

school² [sku:l] *n* cardume de peixes.
school age [sk'u:l eidʒ] *n* idade escolar.
school board [sk'u:l bɔ:d] *n* conselho de diretores, em escola pública.
school.book [sk'u:lbuk] *n* livro escolar.
school.child [sk'u:ltʃaild] *n* aluno, aluna.
school-fee [sk'u:l fi:] *n* mensalidade escolar.
school.ing [sk'u:liŋ] *n* 1 instrução, educação escolar. 2 custo de educação.
school.mate [sk'u:lmeit] *n* colega, companheiro de escola.
school.room [sk'u:lru:m] *n* sala de aulas, classe.
school.teach.er [sk'u:lti:tʃə] *n* professor.
school term [sk'u:l tə:m] *n* semestre escolar.
school.time [sk'u:ltaim] *n* 1 hora de aula. 2 tempos de escola.
school.work [sk'u:lwə:k] *n* lição, trabalho escolar.
school.yard [sk'u:lja:d] *n* pátio da escola.
school year [sku:l j'iə] *n* ano escolar.
sci.ence [s'aiəns] *n* 1 ciência. 2 conhecimento, sabedoria. 3 conhecimento teórico e prático. 4 sistema ou método baseado em princípios científicos. **Christian Science** ciência cristã. **man of science** homem de ciência, cientista. **natural science** ciências naturais.
sci.ence fic.tion [saiəns f'ikʃən] *n Lit* ficção científica.
sci.en.tif.ic [saiənt'ifik] *adj* 1 instruído, sabido, com perícia. 2 científico. 3 sistemático, exato.
sci.en.tist [s'aiəntist] *n* cientista, pesquisador científico.
scin.til.late [s'intileit] *vt+vi* cintilar, faiscar, brilhar.
scis.sors [s'izəz] *n pl* tesoura. **a pair of scissors** uma tesoura.
scold [skould] *n* pessoa ralhadora. • *vt+vi* ralhar, xingar, repreender.
scold.ing [sk'ouldiŋ] *n* ação de ralhar, repreensão. *she gave him a good scolding* / ela lhe passou um grande pito.
scoop [sku:p] *n* 1 pá. 2 concha. 3 *Amer* furo jornalístico. • *vt* escavar, tirar (com concha). 3 *Amer sl* dar um furo de reportagem.
scoot.er [sk'u:tə] *n* 1 patinete. 2 espécie de barco à vela para navegar na água e no

gelo. 3 lambreta. **motor scooter** motoneta, lambreta, moto leve.
scope [skoup] *n* 1 extensão, distância. *he gave free (full) scope to his fury* / ele deu expansão à sua raiva. 2 escopo, alcance, âmbito. *that comes within my scope* / isto é da minha alçada. 3 oportunidade. *give scope to his abilities* / dê-lhe oportunidade de mostrar suas habilidades. 4 extensão da operação.
scorch [skɔ:tʃ] *n* queimadura leve. • *vt+vi* 1 chamuscar, queimar superficialmente. 2 secar, ressecar, murchar. 3 *fig* criticar com palavras ásperas.
score [skɔ:] *n* 1 contagem, número de pontos feitos num jogo etc. *what's the score?* / como está o jogo? 2 dívida, quantidade devida, débito. *you can put that down to my score* / você pode pôr isto na minha conta. 3 razão, motivo. 4 *Mus* partitura. 5 entalhe, corte. 6 grupo ou jogo de vinte. • *vt+vi* 1 entalhar, fazer incisão, marcar. 2 fazer pontos. 3 registrar, anotar. *this scores for me* / isto conta para mim. 4 ganhar, receber, alcançar. 5 *Mus* instrumentar, orquestrar. **on the score of...** em consideração de..., por causa de... **to score a hit** *Amer* ter grande sucesso. **to score high in a test** conseguir pontuação alta numa prova. **to score off** bater, ultrapassar, superar. **to score out** riscar, anular, apagar. **to score up** somar na conta, atribuir (alguma coisa a alguém).
score.board [sk'ɔ:bɔ:d] *n Sport* placar.
scorn [skɔ:n] *n* 1 desprezo, escárnio, desdém. *they treated him with scorn* / trataram-no com desprezo. 2 alvo de escárnio. *he was their scorn* / ele era o alvo do seu escárnio. • *vt* 1 desprezar, rejeitar. 2 desdenhar.
Scor.pi.o [sk'ɔ:piou] *n* 1 *Astr* Escorpião. 2 *Astrol* escorpiano. 3 *Astrol* Escorpião: signo do zodíaco.
scor.pi.on [sk'ɔ:piən] *n Zool* escorpião.
Scot [skɔt] *n* escocês, escocesa.
Scotch [skɔtʃ] *n* 1 escocês. 2 uísque escocês. • *adj* escocês.
Scot.land [sk'ɔtlənd] *n* Escócia.

S

Scots.man [sk'ɔtsmən] *n* escocês.

Scots.wom.an [sk'ɔtswumən] *n* escocesa.

Scot.tish [sk'ɔtiʃ] *n* língua escocesa. • *adj* escocês.

scoun.drel [sk'aundrəl] *n* salafrário, vilão.

scour [sk'auə] *vt+vi* **1** esfregar, arear, polir. **2** pesquisar intensamente, esquadrinhar, vasculhar.

scourge [skə:dʒ] *n* flagelo. • *vt* **1** causar grande sofrimento a muitas pessoas. **2** afligir, flagelar.

scout [skaut] *n* **1** observador, batedor. **2** navio, avião etc. de reconhecimento. **3** escoteiro. • *vt+vi* **1** espiar, observar, examinar. **2** fazer reconhecimento, patrulhar. **boy scout** escoteiro. **girl scout** bandeirante. **talent scount** caçador de talentos. **to scout around** procurar em vários lugares.

scowl [skaul] *n* carranca, olhar zangado. • *vt* fazer carranca, olhar bravo ou zangado, franzir a testa.

scrab.ble [skr'æbəl] *n* rabisco, garatuja. • *vi* **1** escarafunchar, procurar às apalpadelas. **2** rabiscar, garatujar.

scrag.gy [skr'ægi] *adj* **1** alto e magro. **2** esquálido. **3** áspero, rugoso, eriçado.

scram.ble [skr'æmbəl] *n* **1** escalada ou subida sobre terreno áspero. **2** luta (por possuir). • *vt+vi* **1** subir, arrastar-se, andar com dificuldade. **2** disputar com outros por alguma coisa. **scrambled eggs** ovos mexidos. **to scramble for** estender a mão para agarrar. **to scramble through** executar com dificuldade.

scrap [skræp] *n* **1** pedaço, fragmento. **2** recorte de jornal ou revista. **3** refugo, sobras. • *vt* descartar, jogar no ferro-velho. **scrapbook** álbum de recortes sobre uma pessoa ou assunto.

scrape [skreip] *vt+vi* **1** raspar, tirar por raspagem. **2** roçar, arranhar. **scrape together** juntar coisas, economizar com dificuldade. **scrape through** passar, alcançar sucesso com dificuldade.

scratch [skrætʃ] *n* **1** arranhadura, esfoladura, raspadura. **2** ruído de raspar ou arranhar. **3** raspagem. **4** lugar de partida, linha de saída para corrida etc. **5** rabiscos. • *vt+vi* **1** arranhar, esfregar. **2** coçar. **3** rabiscar, escrever às pressas. **4** riscar, cancelar. • *adj* **1** colecionado ou juntado às pressas. **2** acidental. **to start from scratch** começar do nada.

scratch-and-win [skr'ætʃ ən win] *n Gambling Braz* raspadinha (tipo de loteria).

scratch line [skr'ætʃ lain] *n Sport* linha de largada.

scratch.y [skr'ætʃi] *adj* **1** rangente. **2** tosco (desenho). **3** *Sport* heterogêneo. **4** áspero (tecido).

scrawl [skrɔ:l] *n* rabisco, letra ilegível. • *vt+vi* escrevinhar, rabiscar, escrever de modo ilegível.

scream [skri:m] *n* **1** grito agudo, estridente. **2** coisa muito divertida. • *vt+vi* **1** gritar. **2** falar alto.

screech.y [skr'i:tʃi] *adj* estridente, agudo.

screen [skri:n] *n* **1** biombo, anteparo. **2** grade, tela. **3** tela de cinema, de computador ou televisão. **4** triagem. • *vt* **1** proteger, esconder. **2** projetar (um filme sobre a tela), exibir. **3** filmar. **4** fazer triagem. **summer screen** tela de janela ou porta. **to screen off** separar ambientes com divisória. **to screen out** marginalizar pessoas.

screen.play [skr'i:nplei] *n Cin* roteiro cinematográfico. **adapted screenplay** roteiro adaptado. **original screenplay** roteiro original.

screen.writ.er [skr'i:nraitə] *n Cin* roteirista de cinema.

screw [skru:] *n* **1** parafuso. **2** fuso. **3** volta de parafuso, movimento fusiforme. • *vt+vi* **1** parafusar, atarraxar. **2** montar ou desmontar por meio de parafusos. **3** apertar, oprimir. **4** *vulg* trepar, foder. **endless screw** rosca sem fim. **female screw** rosca fêmea. **male screw** rosca macha. **to have a screw loose** *fig* ter um parafuso solto. **to screw up** meter os pés pelas mãos, estragar tudo.

screw.driv.er [skr'u:draivə] *n* **1** chave de fenda, chave de parafuso. **2** vodca com suco de laranja.

scrib.ble [skr'ibəl] *n* rabiscos. • *vt+vi* rabiscar, escrevinhar, escrever às pressas.

scrib.bling [skr'ibliŋ] *n* **1** escrevinhadura, rabiscos. **2** letra ilegível.

scrim.mage [skr'imidʒ] *n* tumulto, briga,

escaramuça, *Ftb* luta pela bola. • *vi* participar de briga ou tumulto.

scrimp [skrimp] *Amer vt+vi* **1** economizar, mesquinhar. **2** encurtar, estreitar, limitar. **3** tratar com muita economia.

script [skript] *n* **1** manuscrito, escrita. **2** letra. **3** manuscrito, documento original. **4** roteiro de cinema ou teatro. • *vt* preparar um roteiro.

script.writ.er [sk'riptraitə] *n Cin, Radio, TV* roteirista.

scroll [skroul] *n* **1** rolo de papel, de pergaminho. **2** *Archit* voluta. **3** ornamento, arabesco. **4** documento escrito. • *vi Comp* mover, rolar (texto na tela do computador).

scrooge [skru:dʒ] *n* avaro, *sl* pão-duro.

scroung.er [skr'aundʒə] *n* **1** surrupiador, filador. **2** parasita, pessoa que vive à custa de outros.

scrub [skrʌb] *n* **1** capoeira, moita, arbustos. **2** esfregação. • *vt+vi* lavar esfregando.

scruff [skrʌf] *n* cangote, nuca. *he took the dog by the scruff* / ele pegou o cachorro pelo cangote.

scruf.fy [skr'ʌfi] *adj* **1** usado, sujo. **2** bagunçado, desorganizado.

scru.pu.lous [skr'u:pjuləs] *adj* **1** conscencioso, meticuloso, escrupuloso, cuidadoso. **2** hesitante.

scru.ti.ny [skr'u:tini] *n* escrutínio: **1** exame minucioso. **2** apuração de votos.

scuba div.ing [sk'u:bə daiviŋ] *n Sport* mergulho por longo período de tempo com a utilização do cilindro de mergulho.

scuff [skʌf] *n* **1** ato de arrastar os pés. **2** som de passos arrastados. • *vt+vi* **1** arrastar os pés. **2** marcar, desgastar, arranhar (superfície).

scuf.fle [sk'ʌfəl] *n* luta rápida corpo a corpo, briga. • *vi* lutar, brigar.

sculpt [skʌlpt] *vt* esculpir, entalhar, modelar.

sculp.ture [sk'ʌlptʃə] *vt+vi* esculpir, entalhar, gravar, ornar com escultura.

scum [skʌm] *n* **1** espuma suja de superfície. **2** escória, escumalha, ralé. • *vi* **1** formar espuma. **2** tirar escuma, escumar.

scur.ry [sk'ʌri] *n* pressa, correria por medo. • *vi* correr, apressar-se por medo ou susto.

scut.tle¹ [sk'ʌtəl] *vi* correr, andar a passos rápidos. **to scuttle away** partir correndo.

scut.tle² [sk'ʌtəl] *Naut* escotilha, portinhola. • *vt* **1** afundar um navio fazendo furos no casco. **2** prejudicar ou fazer abortar um plano ou projeto.

sea [si:] *n* **1** mar. **2** oceano. **3** movimento das ondas. **4** algo vasto como o mar. **at full sea** na maré alta, *fig* no auge. **at sea** no mar, em alto-mar, *fig* confuso, desnorteado. **by sea** via marítima. **by the sea** perto do mar, na costa. **choppy sea** mar crespo. **the high seas** o alto-mar.

sea-bath.ing [s'i: beiðiŋ] *n* banho de mar.

sea.bed [s'i:bed] *n* solo oceânico, fundo do mar.

sea-bird [s'i: bə:d] *n* ave marinha, pássaro marinho.

sea-breeze [s'i: bri:z] *n* brisa do mar.

sea-chart [s'i: tʃa:t] *n* mapa marítimo.

sea-coast [s'i: koust] *n* costa, litoral.

sea-dog [s'i: dɔg] *n* foca, *fig* lobo-do-mar, maruja experiente.

sea.far.ing [s'i:fɛəriŋ] *n* navegação, ato de viajar por mar. • *adj* navegante, relativo ao mar.

sea.food [s'i:fu:d] *n* frutos do mar.

sea gull [s'i: gʌl] *n Ornith* gaivota.

sea horse [s'i: hɔ:s] *n* **1** cavalo-marinho. **2** morsa.

seal¹ [si:l] *n* **1** selo, brasão, escudo. **2** lacre, selo, fecho. **3** sigilo, sinete, marca, sinal. **4** *fig* autenticação, ratificação. • *vt* **1** marcar, autenticar. **2** fechar com lacre como garantia. **3** fechar com barreiras (polícia). **my lips are sealed** prometo total sigilo.

seal² [si:l] *n* **1** foca. **2** pele ou couro deste animal. • *vi* caçar focas.

sea-lev.el [s'i: levəl] *n* nível do mar.

sea-line [s'i: lain] *n* horizonte.

seam [si:m] *n* **1** costura. **2** sutura, junção. **3** *Geol* filão, veio, camada. • *vt* costurar, juntar com costura, coser. **flat seam** costura rebatida. **joining seam** emenda (costura). **seamless** sem costura ou emenda. **to burst at the seams** estar superlotado. **to come apart at the seams** desmantelar-se, entrar em colapso.

sea.man [s'i:mən] *n* marinheiro, marujo.

S

sea mile [s'i: mail] *n* milha marítima.

seam.y [s'i:mi] *adj* **1** que tem ou que mostra costuras. **2** péssimo, desagradável. **the seamy side** o avesso, o lado pior. **the seamy side of life** as amarguras da vida.

sea.port [s'i:pɔ:t] *n* porto de mar, cidade com porto marítimo.

search [sə:tʃ] *n* **1** procura, busca, diligência. **2** pesquisa, exame. • *vt+vi* **1** procurar. **2** investigar, examinar. **3** revistar. **to search one's heart** investigar o íntimo. **to search out** procurar saber, descobrir, explorar.

search.ing [s'ə:tʃiŋ] *n* inquirição, procura, exame, pesquisa, inspeção. • *adj* **1** perscrutador, minucioso. **2** penetrante, agudo (olhar).

search.light [s'ə:tʃlait] *n* holofote, farol, faixa de luz.

sear.ing [s'iəriŋ] *adj* muito intenso. **searing pain** dor pungente. **searing heat** calor abrasador.

sea.scape [s'i:skeip] *n* **1** *Paint* marinha: pintura de motivos marítimos. **2** paisagem marítima.

sea.shell [s'i:ʃel] *n* concha do mar, concha marinha.

sea.sick.ness [s'i:siknis] *n* enjôo do mar.

sea.side [s'i:said] *n* orla marítima, litoral, costa. • *adj* costeiro.

sea.son[1] [s'i:zən] *n* **1** estação do ano. **2** época. **3** temporada. **4** cio dos mamíferos. **bathing season** estação de águas, temporada de praia. **dead season** época morta, sem movimento comercial. **everything in its season** cada coisa em seu tempo. **in season** em voga, no cio, em qualquer época. **theatrical season** temporada teatral. **to be at the height of the season** estar em plena estação.

sea.son[2] [s'i:zən] *vt+vi* **1** condimentar, temperar. **2** amadurecer, deixar secar (madeira), tornar próprio para o uso, curar (queijo etc.).

sea.son.al [s'i:zənəl] *adj* sazonal.

sea.soned [s'i:zənd] *adj* que tem muita experiência.

sea.son.ing [s'i:zəniŋ] *n* tempero, condimento.

sea.son-tick.et [s'i:zən tikit] *n* bilhete de temporada (esportes, excursões, concertos, teatros etc.).

seat [si:t] *n* **1** assento, banco, cadeira, poltrona. **2** cadeira no parlamento. **3** traseiro, nádegas. **4** base, alicerce, assento (também *Mech*). **5** sede. • *vt+vi* **1** assentar, colocar em um lugar. **2** ter lugar ou assentos, acomodar. **keep your seat** fique sentado! **please take a seat / have a seat!** por favor, sente-se! **take your seats!** tomem seus assentos! **to be seated** estar sentado, ter seu domicílio, estar localizado.

seat belt [s'i:t belt] *n Auto, Aeron* cinto de segurança.

sea.weed [s'i:wi:d] *n* alga marinha.

se.clud.ed [sikl'u:did] *adj* retirado, isolado.

sec.ond[1] [s'ekənd] *adj* **1** segundo, segunda. **2** secundário. **3** subordinado. **4** outro, diferente. • *adv* em segundo lugar. **on second thoughts** pensando bem. **to be / to stand second to none** equiparar-se aos melhores.

sec.ond[2] [s'ekənd] *n* **1** segundo, 1/60 de um minuto, de tempo ou de ângulo. **2** instante, momento. **3** *Mus* segunda.

sec.ondary school [sekəndəri sku:l] *n Educ* escola secundária.

sec.ond-best [sekənd b'est] *n* o que está em segundo lugar. • *adj* em segundo lugar, segunda opção. **to come off second-best** a) ser o segundo colocado, estar em segundo lugar. b) perder (luta, competição).

sec.ond-hand [sekənd h'ænd] *adj, adv* de segunda mão, usado.

sec.ond-rate [sekənd r'eit] *adj* inferior.

se.cre.cy [s'i:krisi] *n* **1** segredo. **2** sigilo.

se.cret [s'i:krit] *n* **1** segredo, mistério. **2** razão ou causa oculta. • *adj* **1** secreto, oculto, clandestino. **2** fechado, reservado. **in secret** secretamente, em segredo.

sec.re.tar.i.at [sekrət'ɛəriət] *n* secretariado.

sec.re.tar.y [s'ekrətəri] *n* secretário, secretária.

Sec.re.tar.y of State [sekrətəri əv st'eit] *n* **1** ministro de Estado. **2** Ministro das Relações Exteriores.

se.cre.tion [sikr'i:ʃən] *n* secreção.

sect [sekt] *n* seita.

sec.tar.i.an [sekt'εəriən] *adj* sectário.

sec.tion [s'ekʃən] *n* 1 seção, divisão, parte. 2 faixa (rodovia). 3 artigo. 4 caderno (de jornal).

sec.tor [s'ektə] *n* setor.

se.cu.ri.ty [sikj'uəriti] *n* 1 segurança. 2 garantia, fiança. 3 **securities** apólice, certificado de valores, ações.

se.cu.ri.ty guard [sikj'uəriti ga:d] *n* segurança.

se.date [sid'eit] *vt* sedar. • *adj* tranqüilo, sereno.

sed.a.tive [s'edətiv] *n* medicamento sedativo, calmante.

sed.en.tar.y [s'edəntəri] *adj* sedentário.

sed.i.men.ta.ry [sedim'entəri] *adj* sedimentar, sedimentário.

se.duce [sidj'u:s] *vt* 1 seduzir, persuadir. 2 corromper.

se.duc.tion [sid'ʌkʃən] *n* sedução, tentação, atração.

see [si:] *vt+vi (ps* **saw**, *pp* **seen**) 1 ver, olhar. 2 perceber, compreender. *I don't see the good of doing that* / não vejo a razão para fazer isto. 3 encontrar, conversar com. *she sees much company* / ela recebe muita visita. 4 pensar, considerar. 5 procurar, consultar. *I must see a doctor* / tenho de consultar um médico. 6 acompanhar, escoltar. **let me see!** deixe-me ver!, deixe-me pensar! **oh I see!** estou compreendendo! **see you later!** até mais tarde! **to see into** examinar. *we'll see into this* / examinaremos isto. **to see off** a) despedir-se de alguém. b) livrar-se de alguém. **to see over** inspecionar. **to see things** ter alucinações. **to see through** a) não se deixar iludir, perceber. b) ajudar alguém. *she saw me through it* / ela me ajudou a passar (este tempo duro). c) levar algo até o fim. *we must see the thing through* / precisamos levar isto até o fim, temos de agüentar. **to see to** tomar conta, tomar providências. **we'll see!** vamos ver!, vamos esperar! **you see** sabe, veja bem.

seed [si:d] *n* 1 semente. 2 germe. 3 sêmen. • *vt+vi* 1 semear. 2 remover sementes. **to run to seed** produzir semente, espigar, *fig* relaxar, desleixar, envelhecer.

seed.ling [s'i:dliŋ] *n* muda.

seed.y [s'i:di] *adj* 1 cheio de sementes. 2 *coll* gasto, usado. 3 com má reputação. 4 sujo, desleixado.

seek [si:k] *vt+vi (ps, pp* **sought**) 1 procurar. 2 tentar, empenhar-se. **to seek after** procurar obter. **to seek someone out** procurar alguém. **to seek something through** revisar alguma coisa.

seem [si:m] *vt* parecer, dar a impressão. *it seems impossible to me* / parece-me impossível.

see.saw [s'i:sɔ:] *n* gangorra, balanço.

see-through [si: θru:] *adj* transparente.

seg.ment [s'egmənt] *n* 1 segmento. 2 gomo (de laranja).

seg.re.gate [s'egrigeit] *vt+vi* segregar.

seize [si:z] *vt+vi* 1 agarrar. 2 *fig* pescar, entender. 3 aproveitar, pegar (oportunidade). 4 apreender, confiscar. 5 capturar, prender. **to seize up** a) gripar (motor). b) enrijecer (articulação). **to seize upon** apoderar-se (de alguma coisa).

sei.zure [s'i:ʒə] *n* 1 apreensão, confisco. 2 ataque repentino (doença). 3 convulsão.

sel.dom [s'eldəm] *adv* raramente. Veja nota em **always.**

se.lect [sil'ekt] *vt+vi* selecionar, escolher. • *adj* seleto.

se.lect.ed [sil'ektid] *adj* selecionado.

se.lec.tive [sil'ektiv] *adj* seletivo.

self [self] *n (pl* **selves** [selvz]) eu, a própria pessoa, ego. • *pron* si, mesmo, mesma. *I did it myself* / eu mesmo o fiz. • *pref* **self-** indicando: 1 de si mesmo, por si mesmo. 2 independente, autônomo.

self-ac.cess [self 'ækses] *n Educ* centro de estudos onde o aluno utiliza materiais sem ajuda de terceiros.

self-ad.dressed [self ədr'est] *adj* diz-se de envelope com porte pago endereçado de volta ao remetente.

self-ap.point.ed [self əp'ɔintid] *adj* autodesignado.

self-as.sured [self əʃ'ɔ:d] *adj* confiante, seguro de si.

self-cen.tered [self s'entəd] *adj* egocêntrico, egoísta.

self-con.fi.dence [self k'ɔnfidəns] *n* confiança em si mesmo, autoconfiança.

S

self-con.scious [self k'ɔnʃəs] *adj* pouco à vontade, constrangido.

self-con.tained [self kənt'eind] *adj* completo, independente.

self-con.trol [self kəntr'oul] *n* autocontrole.

self-crit.i.cism [self kr'itəsizəm] *n* autocrítica.

self-de.fense, self-de.fence [self dif'ens] *n* autodefesa, legítima defesa.

self-de.ter.mi.na.tion [self dit'ə:mən'eiʃən] *n* autodeterminação.

self-dis.ci.pline [self d'isəplin] *n* autodomínio.

self-em.ployed [self impl'ɔid] *adj* autônomo.

self-es.teem [self ist'i:m] *n* auto-estima, amor-próprio.

self-ex.plan.a.to.ry [self ikspl'ænətəri] *adj* óbvio.

self-gov.ern.ment [self g'ʌvənmənt] *n* governo autônomo.

self-help [self h'elp] *n* auto-ajuda.

self.less [s'elflis] *adj* abnegado, altruísta.

self-made [self m'eid] *adj* que vence na vida por esforço próprio.

self-pity [self p'iti] *n* autopiedade.

self-por.trait [self p'ɔ:trət] *n* auto-retrato.

self-pres.er.va.tion [self prezəv'eiʃən] *n* autopreservação.

self-res.pect [self risp'ekt] *n* respeito próprio, auto-respeito.

self-right.eous [self r'aitʃəs] *adj* farisaico, que se considera virtuoso.

self-sat.is.fied [self s'ætisfaid] *adj* satisfeito consigo mesmo, presumido.

self-suf.fi.cient [self səf'iʃənt] *adj* autosuficiente.

sell [sel] *vt+vi (ps, pp sold)* 1 vender. 2 *coll* ter saída, ter aceitação. **sold!** logrado! **to sell off** liquidar. **to sell out** vender tudo, esgotar-se (ingressos). *the tickets for the show are sold out* / não há mais ingressos para o show.

sell-by-date [s'el bai deit] *n* prazo de validade.

sel.lo.tape [s'eləteip] *n Brit* fita adesiva, geralmente transparente, durex (marca registrada).

se.men [s'i:mən] *n* sêmen, esperma.

se.mes.ter [sim'estə] *n* semestre.

sem.i-de.tached [semi dit'ætʃt] *n Brit* geminado. *I live in a semi-detached house* / moro em uma casa geminada.

sem.i.fi.nal.ist [semif'ainəlist] *n* semifinalista.

sem.i.nar [s'emina:] *n* seminário (aula).

sem.i-pre.cious [semi pr'eʃəs] *adj* semiprecioso.

sen.a.tor [s'enətə] *n* senador.

send [send] *n* força, corrente de ondas. • *vt+vi (ps, pp sent)* 1 enviar, mandar. 2 emitir, difundir, propagar. 3 jogar, lançar. 4 *Radio, TV* transmitir. 5 fazer com que. **to send down** mandar para baixo. **to send for** mandar buscar. **to send forth** enviar, expedir, emitir, exalar, lançar. **to send in** enviar, entregar, solicitar. **to send off** a) remeter, enviar (pelo correio). b) *Sport* deixar o campo, ser expulso. **to send out** mandar sair, emitir, expedir, irradiar. **to send round** fazer circular, fazer girar. **to send somebody out of one's mind** enlouquecer, perturbar profundamente. **to send up** a) mandar subir. b) *sl* mandar para a cadeia, sentenciar. c) parodiar.

se.nile [s'i:nail] *adj* senil.

sen.i.or [s'i:niə] *n* 1 a pessoa mais velha. 2 pessoa superior no cargo ou em tempo de serviço. 3 *Amer* estudante do último ano. • *adj* 1 sênior, mais velho. 2 superior, mais antigo. 3 *Amer* pertencente aos estudantes do último ano do curso.

sen.i.or cit.i.zen [si:niə s'itizən] *n* pessoa idosa.

sen.ior.i.ty [si:ni'ɔriti] *n* superioridade em importância ou poder.

sen.i.or part.ner [s'i:niə pa:tnə] *n Econ* sócio majoritário ou principal.

sense [sens] *n* 1 os sentidos. 2 percepção. 3 compreensão, inteligência, sabedoria. 4 sentido, significado. • *vt* 1 sentir, perceber. 2 *coll* entender. **common sense** bom senso. **figurative sense** sentido figurado. **in a sense** de certo modo, até certo ponto. **literal sense** sentido literal. **sense of guilt** sentimento de culpa. **the five senses** os cinco sentidos. **the sixth sense** o sexto sentido. **to come to someone's sense** recobrar o juízo. **to make sense** fazer sentido.

sense.less [s'enslis] *adj* **1** inconsciente, insensível. **2** estúpido, insensato.

sen.si.bil.i.ty [sensəb'iliti] *n* sensibilidade.

sen.si.ble [s'ensəbəl] *adj* **1** ajuizado, sábio, sensato. **2** consciente, ciente, cônscio. A grafia semelhante ao português pode induzir a erro de tradução. **Sensible** significa sensato. "Sensível" em inglês traduz-se por **sensitive**.

sen.si.bly [s'ensəbli] *adv* sensatamente, com juízo.

sen.si.tive¹ [s'ensətiv] *adj* **1** sensível, sensitivo. **2** suscetível. **3** delicado. Veja nota em **sensible**.

sen.si.tive² [s'ensətiv] *n* sensitivo: pessoa com poderes extra-sensoriais.

sen.si.tiv.i.ty [sensət'iviti] *n* **1** sensibilidade. **2** suscetibilidade.

sen.so.ry [s'ensəri] *adj* sensorial, sensório.

sen.su.al [s'enʃuəl] *adj* **1** sensual, carnal. **2** voluptuoso.

sen.su.ous [s'enʃuəs] *adj* sensual, sensório, sensível, que é percebido pelos sentidos.

sen.ti.ment [s'entimənt] *n* **1** sentimento. **2** sentimentalidade, emoção. **3** opinião.

sep.a.rate [s'epəreit] *vt+vi* **1** separar(-se). **2** dividir. • *adj* **1** separado. **2** isolado. **3** independente. **4** distinto.

Sep.tem.ber [səpt'embə] *n* setembro.

se.quel [s'i:kwəl] *n* **1** seqüência, continuação. **2** conseqüência, resultado. **in the sequel** subseqüentemente, em seguida.

se.ren.i.ty [sər'eniti] *n* serenidade, quietude, calma.

ser.geant [s'a:dʒənt] *n* sargento.

se.ri.al [s'iəriəl] *n* seriado, romance, novela (de rádio) em série.

se.ri.al kill.er [s'iəriəl kilə] *n* assassino em série.

se.ries [s'iəri:z] *n sg+pl* **1** série. **2** sucessão, seguimento.

se.ri.ous [s'iəriəs] *adj* **1** sério, grave. **2** importante, momentoso. **3** perigoso, crítico.

ser.mon.ize, ser.mon.ise [s'ə:mənaiz] *vt +vi* pregar, fazer um sermão, admoestar.

se.ro.neg.a.tive [siəroun'egətiv] *n* soronegativo.

se.ro.pos.i.tive [siəroup'ozitiv] *n* soropositivo, portador do vírus HIV (AIDS).

serv.ant [s'ə:vənt] *n* empregado, criado, empregada doméstica. **civil servant** funcionário público. **public servant** servidor público (que serve diretamente a comunidade como policial, bombeiro etc.).

serve [sə:v] *n Sport* saque no jogo de tênis, serviço. • *vt* **1** servir, trabalhar para. **2** servir à mesa. **3** atender (clientes). **4** fazer serviço militar, servir o exército. **5** ser útil, ser apropriado. **6** *Tennis* dar o saque, servir. **that serves him right** bem-feito para ele. **to serve a sentence** cumprir uma pena. **to serve the ball** *Tennis* dar o saque. **to serve up** servir à mesa. **to serve with** trabalhar com.

serv.ice [s'ə:vis] *n* **1** serviço. **2** cerimônia religiosa, culto. **3** serviço público. **4** serviço militar. **5** atendimento. **6** *Tennis* saque. **7** revisão (carro). • *vt Autom* fazer revisão, manter em ordem. **baptismal service** cerimônia do batismo. **in service** em serviço, em operação. **to be at someone's service** estar à disposição.

serv.ice.a.ble [s'ə:visəbəl] *adj* útil.

serv.ice.man [s'ə:vismən] *n* membro das forças armadas, militar.

serv.ice sta.tion [s'ə:vis steiʃən] *n* posto de gasolina, restaurante, oficina à beira de uma estrada.

ses.a.me oil [s'esəmi ɔil] *n Chem* óleo de gergelim.

ses.sion [s'eʃən] *n* sessão, reunião.

set [set] *n* **1** jogo, grupo, conjunto, coleção, série. **2** sociedade, círculo. **3** *Radio* aparelho, receptor, emissor. **4** *Tennis* set: série de seis pontos. **5** *Theat, Cin* cenário. • *vt+vi* (*ps, pp* **set**) **1** pôr, localizar, assentar. **2** ajustar, colocar. **3** regular, acertar. **4** fixar, estabelecer. **5** determinar. **6** descer, pôr-se (sol), baixar (maré). **7** ficar firme, solidificar, coalhar, endurecer, pegar (cimento). **8** montar, engastar. • *adj* **1** fixado, estabelecido. **2** fixo, rígido, firme. **3** decidido, decisivo. **to set about** começar, tomar providências. **to set apart** pôr de lado, reservar. **to set a poem to music** pôr versos em música. **to set aside** desprezar, pôr de lado. **to set back** atrasar (relógio), retroceder, impedir, parar. **to set by** reservar, separar para uso no futuro. **to set down** depositar, descer, registrar. **to set fire to** pôr fogo em, acender. **to set free** liberar. **to set in** começar, iniciar. **to set off** a) partir. b) ocasionar algo. c) realçar, destacar. **to set off against** destacar-se de. **to set on** incitar, instigar, atacar. **to set one's hand to** meter mãos à obra. **to set out** a) iniciar uma viagem, partir. b) iniciar, pôr-se a fazer. **to set pen to paper** começar a escrever. **to set right** corrigir. **to set to** começar a brigar. **to set to work** começar a trabalhar, fazer trabalhar. **to set up** iniciar (negócio), fundar, instalar, estabelecer-se, tornar-se independente.

set-back [s'et bæk] n **1** revés, contrariedade. **2** retrocesso, recuo.

set point [s'et pɔint] n Sport set point: ponto que fecha um set, como no tênis.

set.tee [set'i:] n canapé, sofá.

set.tle [s'etəl] vt+vi **1** estabelecer-se, vir morar, fixar residência. **2** determinar, decidir, fixar. **3** pousar, assentar. **4** acalmar, sossegar, diminuir. **5** afundar, baixar. **to settle down** instalar-se, estabelecer-se, sossegar. **to settle for** tomar uma certa direção.

set.tle.ment [s'etəlmənt] n **1** decisão. **2** acordo. **3** colonização, colônia, assentamento. **4** povoado. **5** transferência de propriedade, doação.

set.tler [s'etlə] n colonizador.

set.up [s'et∧p] n arranjo, organização, configuração.

sev.en [s'evən] n, adj, pron sete. **the seven deadly sins** os sete pecados capitais. **the seven wonders of the world** as sete maravilhas do mundo.

sev.er [s'evə] vt+vi **1** separar, dividir. **2** cortar, romper.

sev.er.al [s'evərəl] adj vários, várias, diversos, diversas.

sew [sou] vt+vi (ps **sewed**, pp **sewn**, **sewed**) **1** coser. **2** costurar. **to sew on** fixar, costurar. **to sew up** fechar com costura.

sew.er [s'ouə] n tubo, cano de esgoto.

sew.er.age [sj'u:əridʒ] n canalização, sistema de esgoto.

sew.ing [s'ouiŋ] n ato de coser, costura,

trabalho de costura. • adj relativo a costura. **sewing machine** máquina de costura.

sex [seks] n **1** sexo. **2** relações sexuais.

sex ap.peal [s'eks əpi:əl] n atração sexual, encanto pessoal capaz de atrair pessoas de outro sexo.

sex.less [s'ekslis] adj sem sexo, assexual, assexuado.

sex.tet [sekst'et] n sexteto.

se.xu.al a.buse [sekʃuəl əbj'u:s] n abuso sexual, ato sexual à força, à revelia.

se.xu.al ha.rass.ment [sekʃuəl h'ærəsmənt] n assédio sexual.

se.xu.al in.ter.course [s'ekʃuəl intəkɔ:s] n relação sexual, coito, cópula.

sex.u.al.i.ty [sekʃu'æliti] n sexualidade.

sex.u.al.ly trans.mit.ted dis.ease [sekʃuəli trænsmitid diz'i:z] n doença venérea.

sex.y [s'eksi] adj **1** sexualmente atraente, erótico. **2** excitante.

shab.by [ʃ'æbi] adj **1** gasto, surrado. **2** maltrapilho. **3** fig miserável, vil.

shack [ʃæk] n cabana.

shack.le [ʃ'ækəl] n **1** algema. **2** cadeia. **3** impedimento, obstáculo. • vt algemar.

shade [ʃeid] n **1** sombra. **2** penumbra. **3** cortina, veneziana. **4** tonalidade, matiz, tom. **5** sombreado (de pintura). **6** quebra-luz, abajur. • vt+vi **1** sombrear, proteger da luz. **2** escurecer.

shad.ow [ʃ'ædou] n **1** sombra. **2** lugar sombreado, escuridão. **3** vulto. **4** companheiro inseparável. **5** tristeza, melancolia. • vt+vi **1** proteger, abrigar da luz, escurecer. **2** seguir, perseguir de perto e secretamente.

shad.y [ʃ'eidi] adj sombreado.

shaft [ʃa:ft, ʃæft] n **1** cabo, haste. **2** dardo. **3** eixo, fuso. **4** coluna, fuste de coluna. **5** mastro (de bandeira). **6** poço (mina, elevador, chaminé). **7** raio. **elevator shaft** (Amer), **lift shaft** (Brit) poço do elevador.

shag.gy [ʃ'ægi] adj felpudo, peludo, sempre de forma desordenada.

shake [ʃeik] n **1** sacudida. **2** terremoto. **3** bebida batida. • vt+vi (ps **shook**, pp **shaken**) **1** sacudir, agitar. **2** derrubar, tirar por agitação. **3** tremer. **4** vibrar, estremecer, abalar. **5** apertar as mãos (cumprimentar). **shake a leg!** coll corra! **to**

shake down derrubar, jogar para baixo por sacudida. **to shake off** livrar-se, tirar. **to shake one's head** abanar a cabeça negativamente.

shak.y [ʃ'eiki] *adj* 1 trêmulo. 2 fraco, instável, inseguro.

shall [ʃæl] *modal verb (ps should)* 1 dever. *he shall go* / ele deve ir. *shall I tell you what I think?* / quer que lhe diga o que estou pensando? 2 como auxiliar indica: a) o tempo futuro. *shall you go to London?* / você irá a Londres? b) uma promessa ou determinação. *I shall come* / virei.

A forma contrata de **shall** é **'ll**. As formas negativas são **shall not** ou **shan't**.

Usa-se **shall** com outros verbos no infinitivo sem o **to** para indicar:

1) futuro simples (com **I** e **we** apenas): *I shall return to Brazil in May* / eu retornarei ao Brasil em maio. *we shall buy everything you need* / nós compraremos tudo o que você necessita.

2) necessidade de sugestão ou convite: *shall I invite Peter for the party?* / você acha que eu deveria convidar Peter para a festa? *shall we go out for dinner tonight?* / que tal se saíssemos para jantar hoje à noite?

3) proibição (com **never/again**): *you shall never use my car again* / você jamais usará meu carro novamente. *they shall never enter my room again* / eles jamais entrarão no meu quarto novamente.

4) promessa: *I promise the work shall be done on time* / prometo que o trabalho será realizado a tempo. *we give you our word: this kind of incident shall never occur again* / damos a nossa palavra: esse tipo de incidente jamais ocorrerá novamente.

A gramática diz que **shall** deve ser usado com **I** e **We**. No entanto, na prática, **will** (**'ll**) é mais freqüentemente usado com todas as pessoas.

shal.low [ʃ'ælou] *n* lugar raso. • *vt* 1 tornar raso. 2 ficar raso. • *adj* 1 raso, não profundo. 2 superficial (pessoa).

sham [ʃæm] *n* 1 engano, logro, fraude. 2 impostor. • *adj* 1 imitado. 2 fingido, falso.

sham.bles [ʃ'æmbəlz] *n pl coll* bagunça.

shame [ʃeim] *n* 1 vergonha, humilhação. 2 desonra. 3 causa de vergonha, causa de desgraça. 4 **a shame** pena, lástima. *it is a shame that he leaves already* / é pena que ele já vai. • *vt* 1 envergonhar, humilhar. 2 trazer ou causar desonra. 3 estar envergonhado. **what a shame!** a) que vergonha! b) que pena!

shame.less [ʃ'eimlis] *adj* sem-vergonha, desavergonhado.

shan.ty.town [ʃ'æntitaun] *n* cidade ou bairro de uma cidade com casas ou barracos de madeira, espécie de favela.

shape [ʃeip] *n* 1 forma, figura. 2 molde. 3 modelo, aparência. 4 imagem. • *vt* 1 dar forma, modelar. 2 formar, construir. **in shape** em forma. **to take shape** tomar forma, formar-se.

share [ʃɛə] *n* 1 parte, quota. 2 ação. • *vt* 1 compartilhar. 2 dividir, repartir. **ordinary share** *Com* ação ordinária. **preferred share** ação preferencial.

share.hold.er [ʃ'ɛəhouldə] *n* acionista.

shark [ʃa:k] *n* tubarão.

sharp [ʃa:p] *n Mus* sustenido. • *adj* 1 afiado, aguçado. 2 pontudo. 3 brusco, fechado (curva), acentuado (subida). 4 frio. 5 severo, mordaz, sarcástico. 6 dolorido, penetrante, agudo, lancinante. 7 nítido, distinto. 8 esperto, astuto, inescrupuloso. 9 *Mus* elevado meio tom, sustenido. • *adv* 1 pontualmente. 2 repentinamente. 3 desafinadamente. C **sharp** *Mus* dó sustenido. **look sharp!** cuidado! depressa!

sharp.en.er [ʃ'a:pənə] *n* afiador, amolador, apontador. **a pen sharpener** um apontador de lápis.

shat.tered [ʃ'ætəd] *adj* 1 desolado. 2 exausto.

shat.ter.ing [ʃ'ætəriŋ] *adj* avassalador.

shave [ʃeiv] *vt+vi (ps shaved, pp shaved, shaven).* 1 fazer a barba. 2 barbear-se. 3 depilar(-se), raspar.

shav.ing cream [ʃ'eivi kri:m] *n* creme de barbear.

she [ʃi:] *pron* ela.

sheath [ʃi:θ] *n* 1 *Anat, Biol* bainha. 2 revestimento. **protective sheath** *Brit* camisa-de-vênus, camisinha.

shed¹ [ʃed] *n* abrigo, telheiro, barracão, galpão.

shed² [ʃed] *vt+vi (ps, pp* **shed**) 1 derramar, verter. 2 mudar (de pele). 3 perder (folhas). 4 espalhar. **to shed light upon something** esclarecer alguma coisa.

sheen [ʃi:n] *n* resplendor, brilho.

sheep [ʃi:p] *n sg+pl* 1 carneiro, ovelha. 2 pele de carneiro. **black sheep** pessoa de má reputação. **to be a wolf in sheep's clothes** *fig* ser um lobo em pele de carneiro.

sheep-dog [ʃ'i:p dɔg] *n* cão pastor.

sheer [ʃiə] *adj* 1 fino, transparente, diáfano. 2 puro, completo, absoluto. 3 íngreme, abrupto.

sheet [ʃi:t] *n* 1 lençol. 2 folha de papel. 3 chapa, lâmina. **scandal sheet** tablóide, jornal sensacionalista.

shelf [ʃelf] *n (pl* **shelves**) prateleira, estante. **she is on the shelf** *fig* ela ficou para tia.

shell [ʃel] *n* 1 casca, concha, carapaça. 2 casca, cápsula (que cobre semente). 3 granada, bomba. • *vt+vi* 1 descascar. 2 bombardear. **to shell out** gastar (muito dinheiro), *Braz* enfiar a mão no bolso.

shelt.er [ʃ'eltə] *n* 1 abrigo. 2 proteção, refúgio, asilo. • *vt+vi* proteger, abrigar, esconder. **night-shelter** abrigo noturno, asilo. **to give shelter** oferecer abrigo.

shep.herd [ʃ'epəd] *n* pastor.

sher.ry [ʃ'eri] *n* xerez (vinho espanhol).

shield [ʃi:ld] *n* 1 escudo. 2 blindagem. • *vt+vi* 1 proteger, defender. 2 servir de proteção.

shift [ʃift] *n* 1 substituição, mudança. 2 turno (trabalho). • *vt+vi* 1 mudar, deslocar. 2 arranjar-se, defender-se, recorrer a expedientes. *don't shift the blame on me* / não ponha a culpa em mim. 3 *Auto* mudar de marcha. **to shift off** livrar-se de.

shift.y [ʃ'ifti] *adj* 1 esperto, safado. 2 negligente, inconstante, desonesto.

shil.ling [ʃ'iliŋ] *n* xelim.

shim.mer [ʃ'imə] *vi* alumiar fracamente, emitir luz trêmula.

shine [ʃain] *n* 1 luz, claridade, brilho. 2 lustre, polimento. • *vt+vi (ps, pp* **shone**) 1 brilhar, resplandecer. 2 ser brilhante, destacar-se. 3 polir, lustrar. 4 iluminar com lanterna. **to get a shine** *Amer coll* mandar engraxar os sapatos. **to shine up to somebody** *Amer sl* procurar agradar. **to take a shine to someone** apaixonar-se, encantar-se.

shin.gle [ʃ'iŋgəl] *n* 1 telha fina de madeira. 2 cascalho, pedregulho. **shingles** herpes-zóster.

shin.y [ʃ'aini] *adj* 1 lustroso, brilhante. 2 surrado (roupa).

ship [ʃip] *n* navio, embarcação, barco. • *vt+vi* enviar, mandar (por via marítima). **food is being shipped to Africa** alimentos estão sendo enviados para a África por navio. **by ship** por navio, por via marítima.

ship-build.ing [ʃ'ip bildiŋ] *n* construção naval.

ship.ment [ʃ'ipmənt] *n* carregamento.

ship.shape [ʃ'ipʃeip] *adj* em ordem, em forma.

ship.wreck [ʃ'iprek] *n* 1 naufrágio. 2 navio que naufragou. • *vt+vi* naufragar, arruinar, arruinar-se.

ship.yard [ʃipja:d] *n* estaleiro.

shirt [ʃə:t] *n* camisa. **sweat shirt** blusão de agasalho esportivo. **T-shirt** camiseta.

shit [ʃit] *n sl* 1 bosta, merda, fezes. 2 porcaria. • *vt (ps, pp* **shitted** or **shat**) cagar, evacuar. **not to give a shit** não se incomodar. *I don't give a shit* / eu não dou a mínima.

shiv.er [ʃ'ivə] *n* tremor, calafrio, arrepio. • *vi* 1 tremer (de frio), tiritar. 2 arrepiar-se.

shoal [ʃoul] *n* cardume.

shock.ing [ʃ'ɔkiŋ] *adj* 1 chocante. 2 revoltante, escandaloso. 3 *coll* péssimo, horrível, terrível.

shoe [ʃu:] *n* 1 sapato. 2 objeto em forma de sapato. 3 ferradura. • *vt (ps, pp* **shod**) 1 ferrar. 2 calçar. **to be in someone's shoes** *coll* pôr-se na pele de alguém, pôr-se no lugar de alguém.

shoe.lace [ʃ'u:leis] *n* cordão de sapato.

shoot [ʃu:t] *n* tiro, chute (futebol), exercício de tiro. • *vt+vi (ps, pp* **shot**) 1 atirar, ferir com tiro. **2** dar tiro, disparar arma de fogo. **3** mover rapidamente, passar, percorrer em grande velocidade. **4** fotografar, filmar. *they are shooting a film in Rio* / estão filmando no Rio. **5** *Sport* chutar em direção ao gol. **6** injetar (drogas). **to shoot at** atirar. **to shoot down** a) matar, liquidar. b) derrubar, abater (avião). **to shoot forth** brotar, germinar. **to shoot one's mouth off** falar demais, não medir palavras. **to shoot up** crescer muito.

shoot.ing star [ʃ'u:tiŋ sta:] *n* estrela cadente, meteoro.

shop [ʃɔp] *n* loja.

shop-as.sis.tant [ʃ'ɔp əsistənt] *n* vendedor(a).

shop.keep.er [ʃ'ɔpki:pə] *n* lojista, dono ou gerente de uma loja pequena.

shop.lift.er [ʃ'ɔpliftə] *n* ladrão de lojas. Veja nota em **thief**.

shop.ping [ʃ'ɔpiŋ] *n* compra. **to go shopping** fazer compras.

shop.ping cen.ter [ʃ'ɔpiŋ sentə], **shop.ping mall** [ʃ'ɔpiŋ mɔ:l] *n* centro comercial, *shopping center*.

shop-win.dow [ʃ'ɔp windou] *n* vitrina.

shore [ʃɔ:] *n* **1** costa, praia. **2** litoral, orla. **on shore** em terra, na costa. **the shores** *pl* as costas (de um país).

short [ʃɔ:t] *n* **1** som curto, sílaba curta. **2** filme de curta-metragem. • *adj* **1** curto. **2** breve. **3** baixo, pequeno. **4** restrito. **5** limitado, escasso. **6** conciso, resumido. **7** abrupto, rude. **8** quebradiço (metal). **9** com falta de (estoque). **at short notice** sem aviso prévio.**in short** em resumo. **make it short and sweet!** seja breve! **to be short with somebody** tratar uma pessoa secamente; tratar mal. **to be/to run/to go/to come short of something** faltar, estar em falta. *we are short of flour* / estamos com falta de farinha. **to stop short of something** parar abruptamente.

short.age [ʃ'ɔ:tidʒ] *n* falta, deficiência, escassez.

short-cir.cuit [ʃ'ɔ:t sə:kit] *n Electr* curto-circuito. • *vt+vi* dar curto-circuito.

short.com.ing [ʃ'ɔ:tkʌmiŋ] *n* falta, falha, fraqueza, defeito.

short-cut [ʃ'ɔ:t kʌt] *n* atalho. **to take a short-cut** cortar caminho.

short.en [ʃ'ɔ:tən] *vt+vi* encurtar, cortar, diminuir.

short.hand [ʃ'ɔ:thænd] *n* taquigrafia.

short.list [ʃ'ɔ:tlist] *n* lista curta de nomes resultante de uma seleção mais longa para prêmios, empregos etc.

short-lived [ʃ'ɔ:tlivd] *adj* de vida curta, de pouca duração.

short.ly [ʃ'ɔ:tli] *adv* logo, em breve.

short-sight.ed [ʃɔ:t s'aitid] *adj* **1** míope. **2** imprudente.

short-tem.pered [ʃɔ:t t'empəd] *adj* irritável, violento, irascível.

short-term [ʃ'ɔ:t tə:m] *adj* a curto prazo.

shot [ʃɔt] *ps,pp* of **shoot**. • *n* **1** tiro. **2** chumbo. **3** bala. **4** descarga de arma de fogo. **5** distância de tiro. **6** atirador. **7** lance, chute. **8** tentativa. **9** fotografia. **10** dose (de bebida). **11** injeção. **12** cena ou seqüências de um filme. **a long shot** tentativa com pouca possibilidade de sucesso. **a shot in the arm** estímulo, encorajamento. **like a shot** como um raio. **to be a big shot** ser muito importante, *sl* manda-chuva. **to give a shot in the dark** dar um tiro no escuro, um palpite, uma tentativa.

shot-gun [ʃ'ɔt gʌn] *n* espingarda.

should [ʃud] **1** *ps* of **shall**. **2** *modal verb*: a) dar conselho, recomendar. *you should always obey your parents* / você deveria sempre obedecer a seus pais. b) expressar arrependimento. *I should have studied German* / eu deveria ter estudado alemão. c) pedir permissão, informação, conselho. *should we tell her the truth?* / devemos contar-lhe a verdade?

As formas negativas de **should** são **should not** ou **shouldn't**. Usa-se **should** com infinitivos sem **to** de outros verbos para indicar:

1) obrigação: *he should study more. his grades are rather low.* / ele deve estudar mais. suas notas estão bastante baixas.

2) sugestão: *you should visit New York. It's a wonderful city.* / você deveria visitar Nova York. é uma cidade maravilhosa.

3) dedução lógica: *John lived many years in England. he should speak English*

S

well. / John morou muitos anos na Inglaterra. ele deve falar inglês bem.

Should é usado como passado de **shall** no discurso indireto. *he demanded that I should be there at nine.* / ele exigiu que eu estivesse lá às nove.

shoul.der [ʃ'ouldə] *n* ombro. • *vi* **1** levar ao ombro, suportar com os ombros. **2** carregar, assumir, sustentar. **3** abrir caminho com os ombros. **a shoulder to cry on** um ombro (amigo) para chorar. **shoulder arms!** ombro armas!

shout [ʃaut] *n* grito. • *vt+vi* gritar. *don't shout at me!* / não grite comigo! *they shouted for help* / chamaram por socorro. *he shouted to me* / ele gritou para mim. **to shout a person down** abafar a voz de uma pessoa (com gritos). **to shout something from the housetops** espalhar aos quatro ventos.

show [ʃou] *n* **1** mostra, exibição. **2** espetáculo, exposição. **3** *coll* divertimento, entretenimento. • *vt+vi* (*ps* **showed**, *pp* **shown** or **showed**) **1** mostrar, expor, exibir. **2** revelar, manifestar, demonstrar. **3** aparecer, estar visível. **4** explicar, esclarecer. **for show** para impressionar. **on show** em exibição. **to give one a fair show** dar a alguém uma oportunidade. **to have something to show for** mostrar serviço, mostrar resultados. **to put up a good show** fazer uma boa tentativa. **to show forth** anunciar. **to show in** mandar entrar, acompanhar para dentro. **to show off** mostrar-se, destacar-se, exibir-se, ostentar. **to show one's hand** pôr as cartas na mesa. **to show someone out** acompanhar alguém até a porta. **to show up** a) aparecer, apresentar-se. b) desmascarar-se. **to show up against** destacar-se de.

show biz [ʃ'ou biz] *n Amer sl* = **show business.**

show busi.ness [ʃ'ou biznis] *n* produções em cinema, rádio, televisão, teatro como indústria, especialmente em relação ao trabalho e vida de atores, diretores e produtores; mundo do espetáculo.

show-down [ʃ'ou daun] *n* ato de colocar as coisas em pratos limpos, confrontação.

show.er [ʃ'auə] *n* **1** período curto de chuva leve. **2** chuveiro, ducha, banho de chuveiro. • *vt+vi* **1** chover por um período curto. **2** tomar banho de chuveiro. **to shower someone with** *coll* cobrir, encher alguém de.

show-room [ʃ'ou ru:m] *n* sala de exposição, salão de luxo.

shrewd [ʃru:d] *adj* astuto, inteligente, perspicaz, sagaz.

shriek [ʃri:k] *n* som agudo, alto; grito. • *vt+vi* gritar, emitir som agudo. **to shriek with laughter** rir às gargalhadas.

shrimp [ʃrimp] *n* camarão.

shrink [ʃriŋk] *vt+vi* (*ps* **shrank** or **shrunk**, *pp* **shrunk** or **shrunken**) encolher-se, reduzir, diminuir. **to shrink at** ter pavor de. **to shrink back** assustar-se, recuar. **to shrink from** evitar, recuar diante de.

Shrove [ʃrouv] *n* usado nos compostos (que precedem a quarta-feira de cinzas). **Shrove Sunday** domingo de carnaval. **Shrove Monday** segunda-feira de carnaval. **Shrove Tuesday** terça-feira de carnaval.

shrug [ʃrʌg] *n* ação de encolher os ombros. • *vt+vi* encolher os ombros (em sinal de dúvida, indiferença, impaciência etc.).

shrunk.en [ʃr'ʌnkən] *adj* encolhido, enrugado.

shud.der [ʃ'ʌdə] *n* tremor, estremecimento, arrepio. • *vi* tremer, estremecer. *he shuddered at the thought* / ele tremeu com a idéia.

shuf.fle [ʃ'ʌfəl] *vt+vi* **1** arrastar os pés, andar sem levantar os pés. **2** embaralhar (cartas), misturar.

shut [ʃʌt] *vt+vi* (*ps, pp* **shut**) **1** fechar, tampar. **2** cerrar. **3** trancar. **4** fechar-se. • *adj* fechado, trancado. **shut up!** cale a boca! **to shut down** fechar. **to shut in** prender, aprisionar. **to shut off** cortar, fechar, desligar. **to shut out** excluir. **to shut the door upon someone** não receber a pessoa. **to shut up** a) fechar, trancar, prender. b) calar(-se).

shut-down [ʃ'ʌt daun] *n* **1** paralisação de empresas. **2** *Comp* parada temporária, suspensão.

shut.tle [ʃ'ʌtəl] *n* serviço de transporte por avião, ônibus ou trem que faz viagens freqüentes de ida e volta entre dois lugares (relativamente próximos).

shut.tle.cock [ʃ'ʌtəlkɔk] *n* peteca.

shy [ʃai] *vt* espantar-se, recuar, assustar-se. • *adj* tímido, acanhado, modesto. **to shy at** recuar. **to shy away from** evitar fazer algo, esquivar-se de.

sib.ling [s'ibliŋ] *n* irmãos e irmãs.

sick [sik] *n Brit coll* vômito. • *adj* **1** doente, enfermo. **2** *coll* enjoado. **3** indisposto. **4** farto. **to be sick of something / to be sick and tired of something** estar farto, cansado, *Braz sl* cheio, de saco cheio. **to be worried sick** estar extremamente preocupado. **to make someone sick** irritar, aborrecer alguém.

sick.en.ing [s'ikəniŋ] *adj* repugnante, enjoativo.

sick.ness [s'iknis] *n* **1** doença, enfermidade. **2** náusea, vômito.

side [said] *n* **1** lado, lateral. **2** aspecto, ponto de vista. **3** encosta de montanha, declive. **4** partido, grupo de pessoas, equipe. **5** posição, atitude. **6** margem, beira. **7** parte da família, linha de descendentes. • *vt+vi* tomar partido, favorecer. • *adj* **1** lateral, de lado. **2** de um lado, num lado. **3** para um lado, em direção a um lado. **a side door** porta lateral.**at/by my side** ao meu lado. **on each side of** em cada lado de. **(on) either side of** dos dois lados de. **on every side / on all sides** de todos os lados. **on my side** da minha parte. **on the other side** por outro lado. **on this side** deste lado. **side by side** ombro a ombro. **to be on somebody's side** apoiar alguém em situação de crise. **to be on the safe side** para não correr riscos, por via das dúvidas. **to side against somebody** ficar contra alguém.

side-effect [s'aid ifekt] *n* efeito colateral.

side-track [s'aid træk] *vt* desviar-se, afastar-se (de um assunto).

side.walk [s'aidwɔːk] *n* calçada.

sift [sift] *vt+vi* **1** peneirar. **2** examinar, analisar cuidadosamente. **to sift out** separar, escolher.

sigh [sai] *n* suspiro. • *vt+vi* suspirar.

sight [sait] *n* **1** visão, vista. **2** aspecto, espetáculo, vista. **3** aparência estranha, ridícula. • *vt* **1** ver, avistar. **2** observar. **3** fazer pontaria. **at first sight** à primeira vista. **at short sight** a curto prazo. **out of sight** não visível, que não está à vista. **out of sight, out of mind** longe dos olhos, longe do coração. **to be a sight for sore eyes** ser um deleite para os olhos, para o coração. **to keep in sight** a) manter contato. b) manter à vista. **to lose sight of** a) perder de vista. b) perder contato.

sights [saits] *n* locais interessantes de se conhecer.

sight-see.ing [s'ait siːiŋ] *n* turismo. • *adj* turístico.

sign [sain] *n* **1** sinal, marca, indício. **2** *Astrol* signo. **3** distintivo. **4** símbolo. **5** senha. **6** agouro, presságio. • *vt+vi* **1** assinar. **2** contratar. **3** fazer sinal ou gesto com as mãos para se comunicar. **sign of the zodiac** signos do zodíaco. **to sign away** ceder (propriedade), deixar. **to sign in** assinar na entrada (hotel, empresa, prédio etc.) **to sign off** assinar demissão de emprego. **to sign on** assinar contrato de emprego, de trabalho. **to sign out** assinar saída (hotel, prédio etc.). **to sign up** *Amer* contratar, registrar. **to sign up for something** a) inscrever-se. b) associar-se. Veja nota em **signal**.

sig.nal [s'ignəl] *n* sinal. • *vt+vi* **1** fazer sinal. **2** comunicar por meio de sinal. **3** mostrar. • *adj* destacado, notável.

O verbo mais comum para se referir à comunicação entre pessoas através de sinais é **signal** e não **sign**.

sig.na.ture [s'ignətʃə] *n* **1** assinatura. **2** *Mus* sinal.

sig.nif.i.cant [sign'ifikənt] *adj* **1** significante. **2** significativo.

sign lan.guage [s'ain læŋgwidz] *n* dactilologia: comunicação por sinais e gestos.

sign.post [s'ainpoust] *n* poste indicador de caminhos, poste de sinalização.

si.lenc.er [s'ailənsə] *n* silenciador (de escape de viatura, de arma de fogo).

si.lent [s'ailənt] *adj* **1** silencioso, calmo,

quieto. **2** calado, taciturno, mudo. **3** *Cin, Gram* mudo.

sil.i.cone [s'ilikoun] *n* silicone. • *vi* implantar silicone nos seios (cirurgia plástica).

silk [silk] *n* seda.

sill [sil] *n* soleira de porta, peitoril.

sil.ly [s'ili] *n* pessoa tola, boba, simplória. • *adj* **1** imbecil, tolo, estúpido. **2** ridículo.

sil.ver [s'ilvə] *n* **1** prata. **2** moedas de prata. **3** prataria, talheres. **4** cor de prata. **5** *Sport* medalha de prata. • *vt+vi* pratear. • *adj* **1** feito de prata. **2** relativo a prata. **3** de cor de prata. **speech is silver, silence is golden** falar é prata, calar é ouro. **to be born with a silver spoon in one's mouth** ser de família rica e aristocrática.

sil.ver.ware [s'ilvəweə] *n* prataria.

sim.i.lar.i.ty [simil'æriti] *n* semelhança, similaridade, analogia.

sim.i.le [s'imili] *n* símile, comparação.

sim.mer [s'imə] *vt+vi* cozinhar lentamente. **to simmer down** esfriar, acalmar-se.

sim.ple-mind.ed [simpəl m'aindid] *adj* **1** franco, sincero. **2** ignorante, estúpido. **3** simplório, ingênuo.

sim.pli.fy [s'implifai] *vt* simplificar, tornar fácil ou simples.

sim.ply [s'impli] *adv* **1** simplesmente, de maneira simples. **2** sem ornamento, sem afetação. **3** meramente. **4** estupidamente, tolamente.

since [sins] *adv* **1** desde, desde então. *I have been waiting since last week* / estou esperando desde a semana passada. *I have not met him since* / desde então não mais o encontrei. **2** antes, antigamente. • *prep* desde, desde então. • *conj* **1** desde que. **2** já que, visto que, uma vez que, como. *since he was tired he went to bed* / como estivesse cansado, ele foi para a cama. **ever-since** desde então. **since when**? desde quando? Veja nota em **for.**

sin.cere [sins'iə] *adj* sincero, franco, verdadeiro.

sin.cere.ly [sin'siəli] *adv* sinceramente. **yours sincerely** (fim de cartas) atenciosamente.

sin.ew [s'inju:] *n* tendão, nervo.

sin.ful [s'inful] *adj* **1** pecador, pecaminoso. **2** depravado, corrompido.

sing [siŋ] *vt+vi* (*ps* **sang**, *pp* **sung**) cantar.

sing.ing [s'iŋiŋ] *n* **1** canto. **2** zumbido (de ouvido). • *adj* que canta, de canto.

sin.gle [siŋgəl] *n* **1** passagem de ida. **2** jogo, competição para duas pessoas somente. **men's single** partida de tênis para dois competidores. **3** quarto para uma pessoa só (em hotel). **4** disco que tem uma canção de cada lado. • *vt+vi* separar, escolher. • *adj* **1** um só, um único. **2** individual. **3** solteiro. **to single out** escolher, selecionar entre outros.

sin.gle-hand.ed [siŋgəl h'ændid] *adj* sem ajuda, sozinho, que trabalha sozinho.

sin.gle-mind.ed [siŋgəl m'aindid] *adj* que visa uma só finalidade, decidido.

sin.gle pa.rent [siŋgəl p'eərənt] *n* pai ou mãe que cria filho/filhos sozinho.

sing.song [s'iŋsɔŋ] *n* ocasião em que um grupo de pessoas canta por prazer.

sin.gu.lar.i.ty [siŋgjul'æriti] *n* singularidade, particularidade.

sin.is.ter [s'inistə] *adj* sinistro, ameaçador.

sink [siŋk] *n* **1** pia. **2** lavabo. • *vt+vi* (*ps* **sank**, *pp* **sunk**, *arch* **sunken**) **1** afundar. **2** baixar, fazer descer. **3** fazer desaparecer, esconder. **4** levar à ruína, arruinar, destruir. **5** ficar mais baixo ou mais fraco. **to sink in** a) absorver. b) penetrar. **to sink into** a) penetrar em. b) mergulhar em. **to sink into oblivion** cair no esquecimento. **to sink or swim** ou vai ou racha. **to sink to one's knees** cair de joelhos.

sin.ner [s'inə] *n* pecador(a).

sip [sip] *n* gole. • *vt+vi* **1** beber em goles pequenos. **2** bebericar, sorver.

si.ren [s'aiərin] *n* sirene (apito).

sis.sy [s'isi] *n* **1** homem ou rapaz efeminado. **2** tímido, covarde.

sis.ter [s'istə] *n* **1** irmã. **2** enfermeira-chefe. **3** irmã de ordem religiosa, freira. • *adj* relacionado como por irmandade.

sis.ter-in-law [s'istə in lɔ:] *n* cunhada.

sit [sit] *vt+vi* (*ps, pp* **sat**) **1** sentar, sentar-se. **2** fazer sentar, acomodar. **3** sentar sobre, estar sentado, estar montado. **4** ocupar cargo, ter assento ou cadeira (em assembléia), ser membro de. **5** posar. **6** descansar. **7** fazer, prestar (exame). **8** reunir(-se). **to sit about / to sit around** *Brit* não fazer nada de útil, *Braz* ficar à toa. **to sit back** a) relaxar, reclinar-se. b) *coll* não se envolver, acomodar-(se). **to sit in** assistir para observar, mas sem participar. **to sit out** esperar pacientemente pelo final. **to sit through** esperar pelo final embora não esteja gostando. **to sit up** a) sentar-se eretamente. b) ficar acordado durante a noite.

sit.com [s'itkɔm] *n abbr* **situation comedy** (seriado cômico de TV, comédia de costumes).

site [sait] *n* posição, lugar, terreno.

sit.ting [s'itiŋ] *n* **1** sessão, reunião. **2** assento, lugar (na igreja). **3** turnos. **to be sitting pretty** *coll* estar em situação superior e muito agradável.

sit.ting room [s'itiŋ ru:m] *n* sala de estar.

sit.u.at.ed [s'itjueitid] *adj* **1** situado, localizado, estabelecido. **2** colocado, disposto.

sit.u.a.tion com.e.dy [sitʃuei∫ən k'ɔmidi] *n* tipo de comédia de rádio ou TV.

sit up [s'it ʌp] *n Gym* exercícios abdominais.

six [siks] *n, adj, pron* seis.

size [saiz] *n* **1** tamanho, área. **2** extensão, dimensão, medida, volume, quantidade. **3** medida, número, tamanho. **4** *coll* condição. • *vt* **1** arranjar, classificar de acordo com o tamanho. **2** medir. **to size up** taxar, calcular, julgar, formar conceito sobre.

size.a.ble, sizable [s'aizəbəl] *adj* de tamanho considerável.

siz.zle [s'izəl] *vi* chiar ao fogo.

skate [skeit] *n* patim. • *vi* patinar. **roller skate** patim de rolemãs. **to get the skates on** apressar-se. **to skate round / over a problem** evitar discutir um problema, esquivar-se.

skate.board [sk'eitbɔ:d] *n* prancha de skate.

skep.tic, sceptic [sk'eptik] *n* cético(a).

sketch [sketʃ] *n* **1** esboço, desenho rápido. **2** projeto, plano. **3** história curta. **4** *sketch TV, Radio, Theat* cena, ato cômico. • *vt* **1** esboçar. **2** traçar, projetar.

sketch.y [sk'etʃi] *adj* incompleto, superficial.

skew.er [skj'uə] *n* espeto. • *vt* prender com espeto.

skid [skid] *n* escorregão, derrapagem. • *vt+vi* **1** escorregar, derrapar. **2** deslizar.

ski.ing [ʃ'iiŋ] *n* ato de esquiar.

skill [skil] *n* **1** habilidade, prática, destreza. **2** experiência, perícia.

skilled [skild] *adj* qualificado, especialista, habilitado.

skim [skim] *vt+vi* **1** desnatar, tirar da superfície. **2** deslizar sobre. **3** ler às pressas, folhear, passar os olhos. **to skim along / to skim over** passar por cima, deslizar.

skim-milk [sk'im milk] *n* leite desnatado.

skin [skin] *n* **1** pele. **2** couro. **3** casca, crosta. • *vt+vi* **1** tirar a pele, descascar. **2** esfolar. **3** mudar de pele. **to be in somebody's skin** *coll* estar na pele de alguém. **to be nothing but skin and bones** ser/estar muito magro. **to jump out of somebody's skin** exasperar-se.

skin-deep [sk'in di:p] *adj* superficial, leve. **beauty is only skin deep** a beleza é superficial.

skin.head [sk'inhed] *n Brit* skinhead: jovem rebelde que raspa a cabeça e usa calças justas e botas.

skip [skip] *n* **1** pulo, salto. **2** ato de passar por cima. • *vt+vi* **1** pular, saltar. **2** pular corda. **3** omitir. **4** faltar, não comparecer a (aula etc). **to skip over something** fazer algo, mas não integralmente.

skip.ping rope [sk'ipiŋ roup] *n* corda de pular.

skull [skʌl] *n* **1** caveira. **2** cabeça.

sky [skai] *n* céu. **the sky's the limit** o céu é o limite.

sky div.ing [sk'ai daiviŋ] *n Sport* pára-quedismo.

sky.line [sk'ailain] *n* **1** horizonte. **2** silhueta.

sky.rock.et [sk'airɔkit] *n* foguete (fogos de artifício). • *vt+vi* subir muito e rapidamente (preços).

sky.scraper [sk'aiskreipə] *n* arranha-céu.

slack [slæk] *n* **1** parte solta de um cabo. **2** inatividade ou recesso de uma indústria. • *adj* **1** solto, frouxo. **2** descuidado. **3** lento, folgado. **4** calmo, sem atividade ou movimento.

S

slack.en [slǽkən] *vt+vi* soltar, afrouxar (-se), ficar solto.

slan.der [slá:ndə, slǽndə] *n* 1 difamação, calúnia. 2 ato de espalhar notícias falsas. • *vt+vi* caluniar, difamar.

slant [slá:nt, slǽnt] *n* 1 ladeira, inclinação. 2 intenção, ponto de vista. • *vt+vi* 1 inclinar, inclinar-se, pender. 2 apresentar algo de forma tendenciosa.

slap-dash [slǽp dæʃ] *adj* impetuoso, precipitado, sem cuidado, apressado.

slate [sleit] *n* ardósia. • *vt* cobrir com telhas de ardósia.

slaugh.ter [slɔ́:tə] *n* matança, carnificina, massacre, abate. • *vt* 1 matar, abater, massacrar. 2 *coll* reduzir o preço. 3 *coll* derrotar (em jogo).

slaugh.ter-house [slɔ́:tə haus] *n* matadouro.

slav.er.y [sléivəri] *n* escravidão.

slay [slei] *vt* (*ps* slew, *pp* slain) matar, assassinar de maneira violenta.

sledge-ham.mer [slédʒ hæmə] *n* marreta, malho.

sleep [sli:p] *n* sono, soneca. • *vt* (*ps, pp* slept) 1 dormir, tirar soneca. 2 descansar, pernoitar. 3 acomodar, ter espaço ou camas para pessoas dormirem. **not to sleep a wink** *coll* não pregar o olho. **to go to sleep** adormecer, pegar no sono. **to put to sleep** a) pôr para dormir. b) sacrificar, matar um animal doente ou ferido. **to sleep around** manter relações sexuais com várias pessoas. **to sleep in** dormir demais, acordar atrasado. **to sleep like a log** dormir como uma pedra. **to sleep with** dormir com, ter relações sexuais com alguém.

sleep.er [slí:pə] *n* 1 pessoa que dorme. 2 carro dormitório. 3 dormente. **to be a heavy / light sleeper** ter sono pesado/leve.

sleep.ing pill [slí:piŋ pil] *n* sonífero (pílula ou tablete).

sleep.less [slí:plis] *adj* sem sono, com insônia, *fig* irrequieto, agitado.

sleep-walk.er [slí:p wɔ:kə] *n* sonâmbulo(a).

sleep.y [slí:pi] *adj* 1 sonolento. 2 quieto, sossegado.

sleet [sli:t] *n* granizo, saraiva (junto com chuva ou neve).

sleeve [sli:v] *n* 1 manga (de roupa). 2 luva, junta. 3 capa de disco. • *vt* colocar mangas. **to have something up the sleeve** ter alguma coisa pronta para ser usada numa emergência.

slice [slais] *n* 1 fatia, posta. 2 parte, porção, pedaço. • *vt+vi* 1 cortar em fatias ou postas. 2 cortar, talhar. **to slice up** fatiar.

slick [slik] *n* mancha de petróleo. • *adj* 1 *coll* engenhoso. 2 esperto. 3 lisonjeiro, agradável (de maneiras ou palavras). 4 bem-sucedido.

slide [slaid] *n* 1 escorregador. 2 lâmina (para microscópio). 3 diapositivo. • *vt+vi* (*ps* slid, *pp* slid, slidden) 1 deslizar, escorregar. 2 fazer deslizar. 3 andar, mover-se quietamente ou em segredo. **to let things slide** deixar piorar.

slid.ing door [slaidiŋ d'ɔ:] *n* porta de correr.

slim [slim] *vt+vi* emagrecer, ficar magro. • *adj* 1 delgado, fino. 2 pequeno, fraco. 3 ligeiro.

slim.y [sláimi] *adj* 1 enlodado, coberto com lodo ou limo. 2 viscoso, lodoso, limoso.

sling [sliŋ] *n* 1 estilingue. 2 tipóia. • *vt* (*ps, pp* slung) 1 atirar, arremessar, lançar (com estilingue). 2 suspender.

slip [slip] *n* 1 escorregão. 2 erro, lapso, engano. 3 combinação. 4 tira estreita (de papel). • *vt+vi* 1 mover-se quietamente, fácil ou rapidamente. 2 deslizar, escorregar. 3 passar despercebido, escapar. 4 soltar, largar. **to be a slip of the pen** cometer erro de ortografia, de palavra. **to be a slip of the tongue** cometer um erro verbal, cometer um lapso verbal. **to give somebody the slip** *coll* escapar de alguém. **to let something slip** deixar (algo) escapar. **to slip away** escapulir. **to slip in** inserir de forma disfarçada. **to slip up** cometer erro de menor importância.

slip.per.y [slípəri] *adj* 1 escorregadio. 2 enganoso, falso. 3 obsceno.

slit [slit] *n* 1 fenda, fresta. 2 corte. 3 rachadura. • *vt* (*ps, pp* slit) 1 fender, rachar. 2 cortar.

sliv.er [sl'ivə] *n* **1** lasca. **2** estilhaço. **3** fatia fina.

slob [slɔb] *n sl* **1** pessoa preguiçosa, relaxada. **2** preguiçoso, porcalhão.

slop [slɔp] *n* lavagem: restos de comida que se dá aos porcos. • *vt+vi* derramar, deixar transbordar ou entornar.

slope [sloup] *n* **1** ladeira, rampa. **2** pista de esqui. • *vt+vi coll* fugir, escapar. **to slope off** *coll* dar no pé, fugir, ir embora rapidamente.

slop.py [sl'ɔpi] *adj* **1** desmazelado. **2** malfeito (trabalho). **3** sentimentalóide, piegas, babaca.

slot [slɔt] *n* **1** fenda. **2** abertura para colocar moedas. **3** janela: vaga em um programa ou horário. • *vt* **1** fazer fenda. **2** fazer entrar pela abertura. **3** encaixar (num horário).

slot ma.chine [sl'ɔt məʃi:n] *n* papa-níqueis, caça-níqueis.

slov.en.ly [sl'ʌvənli] *adj* sujo, relaxado, desleixado, desalinhado.

slow [slou] *vt+vi* **1** reduzir a velocidade, diminuir, tornar lento. **2** ficar lento, ir mais lento. • *adj* **1** lento, demorado. **2** lerdo. **3** atrasado (relógio). • **slowly** *adv* lentamente, vagarosamente. **to slow down** diminuir a velocidade, diminuir a marcha, tornar-se menos ativo. **to slow up** reduzir a velocidade, ir mais devagar.

slow-mo.tion-pic.ture [slou m'ouʃən piktʃə] *n* filme em câmara lenta.

slow-wit.ted [slou w'itid] *adj coll* bronco, obtuso, tapado.

slug.gish [sl'ʌgiʃ] *adj coll* **1** lento, moroso. **2** preguiçoso, vadio.

sluice [slu:s] *n* **1** eclusa. **2** comporta de eclusa. • *vt+vi* **1** soltar, tirar água, abrindo comporta. **2** correr, fluir. **3** lavar, limpar com fluxo de água.

slum [slʌm] *n* **1** rua suja de bairro pobre. **2** favela.

slump [slʌmp] *n* **1** queda brusca (de preços). **2** *fig* fracasso. • *vi* cair, baixar, baixar repentinamente (preços, valores), fracassar.

slur [slə:] *n* **1** pronúncia indistinta. **2** insulto, crítica. **3** *Mus* modulação. • *vt* **1** desprezar. **2** pronunciar inarticuladamente, engolir as palavras. **3** *Mus* modular, ligar.

slush fund [sl'ʌʃ fʌnd] *n* fundo para compra de favores políticos, caixinha.

sly [slai] *adj* **1** furtivo. **2** astuto. **3** dissimulado.

smack [smæk] *n* **1** estalo feito com os lábios. **2** beijoca. **3** pancada, palmada. • *vt+vi* **1** dar palmada. **2** fazer estalo com os lábios.

small [smɔ:l] *adj* **1** pequeno. **2** pouco. **3** insignificante. **4** minúsculo. • *adv* **1** em pequenos pedaços. **2** em tom baixo. **to feel small** sentir-se envergonhado. **to sing small** *coll* baixar a crista, perder a arrogância.

small change [smɔ:l tʃ'eindʒ] *n* troco miúdo, trocado.

small talk [sm'ɔ:l tɔ:k] *n* conversa fiada, conversa que as pessoas têm em ocasiões sociais sobre assuntos sem importância.

small-time [sm'ɔ:l taim] *n* diz-se de trabalhadores ou negócios que têm muita importância porque operam em pequena escala.

smart [sma:t] *n* **1** dor aguda. **2** *fig* sentimento, aborrecimento. • *vi* **1** sentir dor aguda. **2** ressentir-se. *the senator still smarts from the criticism of his peers* / o senador ainda se ressente das críticas de seus pares. • *adj* **1** agudo, severo, forte. **2** esperto. **3** elegante, moderno.

smash [smæʃ] *n* **1** quebra, rompimento. **2** estrondo. **3** queda, desastre. **4** golpe, soco. **5** sucesso (filme, peça de teatro). **6** trombada. • *vt+vi* **1** quebrar, esmagar, despedaçar (com ruído). **2** destruir. **3** quebrar, romper-se. **4** atirar-se (contra). **5** *coll* dar soco, golpear. **to smash down** derrubar (uma porta). **to smash up** destruir completamente.

smash hit [smæʃ h'it] *n* sucesso estrondoso (filme, peça de teatro).

smash.ing [sm'æʃiŋ] *adj Brit coll* bárbaro, excelente, estupendo.

smash-up [sm'æʃ ʌp] *n* **1** colisão, choque (de veículos). **2** desastre.

smell [smel] *n* **1** olfato. **2** cheiro. **3** indício. • *vt+vi* (*ps, pp* **smelt** or **smelled**) **1** cheirar. **2** emitir cheiro, ter cheiro. **3** pressentir. **4** ter traços de. **5** feder. **to smell a rat** suspeitar, desconfiar. **to smell blood** *sl* excitar. **to smell like a rose** *sl* ser puro

S

e inocente. **to smell out** descobrir, farejar. **to smell up** causar mau cheiro.

Smell (cheiro) pode ser agradável ou não, mas é freqüentemente desagradável; **odour** (odor) é geralmente desagradável e **stench** (fedor) é muito desagradável; **aroma** (aroma) é um cheiro agradável de comida saborosa; **fragrance** (fragrância), **scent** (aroma) ou **perfume** (perfume) são cheiros agradáveis.

smell.y [sm'eli] *adj* **1** *coll* de mau cheiro. **2** *fig* duvidoso.

smirk [smə:k] *n* sorriso afetado ou malicioso. • *vi* sorrir de modo afetado ou malicioso.

smog [smɔg] *n contr of* **smoke** and **fog** (mistura de neblina e fumaça).

smoke [smouk] *n* fumaça. • *vt+vi* **1** soltar fumaça. **2** fumar. **3** defumar, curar. **there's no smoke without fire** não há fumaça sem fogo. **to go up in smoke** ser destruído pelo fogo, virar fumaça. **no smoking** é proibido fumar.

smoke.less zone [sm'ouklis zoun] *n* área da cidade na qual é proibido o uso de combustível que produz fumaça.

smooth [smu:ð] *vt+vi* **1** alisar, aplainar, polir. **2** suavizar. **3** remover saliências, tornar plano. • *adj* **1** liso. **2** macio. **3** plano. **4** fácil, sem obstáculos. **5** polido, agradável, afável. **to smooth away** afastar, descartar. **to smooth down** acalmar, suavizar. **to smooth out** passar a ferro, tirar dobras ou pregas. **to smooth over** atenuar.

smoth.er [sm'ʌðə] *vt+vi* **1** sufocar. **2** cobrir com. **3** extinguir, abafar (fogo).

smug [smʌg] *adj* presunçoso, convencido.

smug.gler [sm'ʌglə] *n* contrabandista.

snack [snæk] *n* **1** lanche, refeição leve. **2** petisco. **to have a snack** fazer um lanche.

snag [snæg] *n* obstáculo, empecilho. • *vt+vi* prender ou rasgar ou puxar o fio (de tecido ou roupa) em qualquer protuberância.

snail [sneil] *n* lesma, caracol.

snake [sneik] *n* **1** cobra, serpente. **2** *fig* pessoa traiçoeira. • *vt* serpentear, serpear. **to see snakes** ver coisas que não existem.

snap [snæp] *n* **1** estalo, estalido. **2** *Amer*

coll instantâneo (foto). **3** temporada, época curta. **4** jogo de cartas. • *vt* **1** estalar. **2** fechar (com estalo). **3** falar ríspida e rapidamente. • *adj Amer* que é feito rapidamente ou de improviso. **snap it up!** apresse-se! **snap out of it!** *coll* tome uma atitude mais razoável! **to snap one's fingers** estalar os dedos.

snap.shot [sn'æpʃɔt] *n Phot, Comp* instantâneo.

snare [snɛə] *n* **1** laço. **2** cilada, armadilha. • *vt* **1** enganar, trair. **2** pegar um animal ou pássaro com armadilha. **to lay a snare** armar uma cilada ou um laço.

snatch [snætʃ] *n* **1** fragmento. **2** *sl* seqüestro. **3** roubo. • *vt+vi* **1** agarrar, apanhar. **2** aproveitar (oportunidade). **3** arrancar. **4** roubar. **by snatches** aos pedaços, aos poucos. **to snatch at** querer pegar, tentar apanhar. **to snatch away** tirar, roubar.

sneak [sni:k] *vt+vi* **1** andar furtivamente. **2** obter, passar às escondidas. **3** *coll* roubar, surrupiar. **4** agir furtivamente. **to go on the sneak** *sl* entrar sorrateiramente para roubar. **to sneak about** investigar secretamente.

sneak.ers [sn'i:kəz] *n Amer* calçado esportivo, tênis.

sneeze [sni:z] *n* espirro. • *vi* espirrar.

sniff [snif] *n* **1** fungada. **2** inalação, respiração. • *vt+vi* **1** aspirar ar pelo nariz audivelmente. **2** desdenhar. **3** farejar. **4** cheirar (drogas). **not to be sniffed at** ser muito importante, não poder ser desdenhado ou ignorado. **to sniff around** *fig* farejar informação, obter informação.

snip [snip] *n* **1** corte (com tesoura). **2** barganha. • *vt+vi* cortar (com tesoura). **to snip off** cortar fora.

sni.per [sn'aipə] *n* franco atirador.

snitch [snitʃ] *n* dedo-duro. • *vt* dedurar.

snob [snɔb] *n* esnobe.

snob.bish [sn'ɔbiʃ] *adj* esnobe.

snoop [snu:p] *vi coll* bisbilhotar, espionar, xeretar.

snooze [snu:z] *n coll* soneca. • *vi* tirar uma soneca, cochilar.

snore [snɔ:] *n* ronco. • *vi* roncar.

snor.kel [sn'ɔ:kəl] *n* tubo de respiração

para mergulhadores. • *vi* nadar usando tubo de respiração.

snout [snaut] *n* focinho, tromba.

snow [snou] *n* neve. • *vt+vi* nevar. **to be snowed in / snowed up** estar ilhado, preso. **to snow under** a) soterrar na neve. b) *fig* estar sobrecarregado.

snow-bound [snou b'aund] *adj* cercado de neve, impedido de se movimentar, bloqueado pela neve.

snow.fall [sn'ɔufɔ:l] *n* nevada.

snow.flake [sn'oufleik] *n* floco de neve.

snow.plow, snow.plough [sn'ouplau] *n* *Amer* máquina para limpar as ruas e estradas de neve.

Snow-White [snou w'ait] *n* Branca de Neve.

snug.gle [sn'ʌgəl] *vt+vi* aconchegar-se, agasalhar-se. **to snuggle together** aconchegar-se, juntar-se. **to snuggle up** agasalhar-se, cobrir-se.

so [sou] *adv* **1** assim, deste modo, desta maneira, desta forma. *I think so* / penso que sim. **2** como consta. **3** naquele estado, naquela condição. **4** tão, de tal modo. *it was so expensive that I didn't buy it* / era tão caro que desisti de comprá-lo. **5** igualmente, também. *are you hungry? so am I* / está com fome? eu também. **6** aproximadamente. *he drove for 3 hours or so* / ele guiou aproximadamente 3 horas. • *conj* **1** de maneira que, para que, por isso. *we left the book on the table, so that he'd find it* / deixamos o livro em cima da mesa, para que ele o achasse. **2** sob a condição de, se. **and so forth** e assim por diante. **and so on** e assim por diante. **ever so much** muito. **if so** nesse caso, caso que, se... **is that so**? é verdade? **just/quite so** assim mesmo, bem assim. **Mr. so-and-so** fulano. **Mrs. so-and-so** fulana. **so far so good** até aqui, muito bem. **so help me God!** que Deus me ajude! **so much the better!** tanto melhor! **so so** assim, assim, mais ou menos.

soak [souk] *vt+vi* **1** encharcar. **2** deixar de molho. **3** penetrar, infiltrar. **to soak up** embeber, absorver, enxugar.

soak.ing [s'oukiŋ] *adj* que molha, que embebe. **to be soaking wet** estar completamente encharcado.

soap [soup] *n* sabão. • *vt* ensaboar. **bath soap / face soap / toilet soap** sabonete.

soap-op.er.a [s'oup ɔpərə] *n* novela de TV ou rádio.

sob [sɔb] *n* soluço. • *vt+vi* soluçar.

so.ber [s'oubə] *vt+vi* tornar sóbrio, ficar sóbrio. • *adj* **1** sóbrio, não alcoolizado. **2** sensato, ajuizado.

so-called [sou k'ɔ:ld] *adj* assim chamado.

soc.cer [s'ɔkə] *Sport* futebol. Veja nota em **futebol**.

so.cia.ble [s'ouʃəbəl] *adj* sociável.

so.cial [s'ouʃəl] *adj* social.

so.cial.ize, so.cial.ise [s'ouʃəlaiz] *vt+vi* socializar.

so.cial se.cu.ri.ty [souʃəl sikj'uəriti] *n* seguridade social.

social work [s'ouʃəl wə:k] *n* assistência social.

so.cial work.er [s'ouʃəl wə:kə] *n* assistente social.

so.ci.e.ty [səs'aiəti] *n* **1** sociedade, associação, clube. **2** companhia. **3** convívio. **4** alta sociedade. **Society of Jesus** ordem dos jesuítas, Companhia de Jesus.

so.ci.o.log.ic.al [sousiəl'ɔdʒikəl] *adj* sociológico.

so.ci.ol.o.gist [sousi'ɔlədʒist] *n* sociólogo.

sock [sɔk] *n* (*pl* **socks**) *Amer coll* meia curta. **pull your socks up!** a) comporte-se! b) esforce(-se)!

so.da [s'oudə] *n* *Amer* refrigerante. **bicarbonate of soda** bicarbonato de sódio.

so.fa-bed [s'oufə bed] *n* sofá-cama.

soft [sɔft] *adj* **1** macio, flexível, maleável. **2** mole. **3** baixo (voz). **4** afável, meigo. **to be soft on the head** *coll* ser um tonto, fazer coisas bobas. **to be soft with somebody** ser benevolente demais. **to have a soft spot in the heart for somebody** *coll* ter um fraco (uma inclinação) por alguém.

soft drink [s'ɔft driŋk] *n* *Amer* refresco, suco (de frutas).

soft drugs [s'ɔft drʌgz] *n* drogas leves.

sof.ten [s'ɔfən] *vt+vi* **1** amolecer. **2** suavizar, acalmar. **to soften up** preparar, amaciar alguém antes de pedir algo.

soft-spo.ken [sɔft spʹoukən] *adj* falado em voz baixa, *fig* afável.

soft.ware [sʹɔftwɛə] *n Comp software*: suporte lógico, suporte de programação.

sog.gy [sʹɔgi] *adj* **1** encharcado. **2** empapado.

soil¹ [sɔil] *n* terra, solo.

soil² [sɔil] *vt+vi* **1** sujar, manchar, poluir. **2** desonrar.

sol.ace [sʹɔləs] *n* consolo, conforto. *she found solace in reminiscing happier days* / ela achou consolo na lembrança de dias mais felizes.

so.lar sys.tem [sʹoulə sʹistim] *n* sistema solar.

sold [sould] *ps, pp of* **sell**. **sold out** esgotado. **to be sold on** acreditar, ter fé em.

sole [soul] *adj* **1** só, sozinho. **2** único. **3** exclusivo.

so.lem.ni.ty [sɔlʹemniti] *n* **1** solenidade, seriedade. **2** ato solene, cerimônia.

so.lic.i.tor [səlʹisitə] *n Brit* advogado que dá conselhos legais, prepara documentos e se ocupa de casos jurídicos.

sol.id [sʹɔlid] *n* **1** corpo sólido. **2** *Geom* corpo que tem largura, comprimento e altura. **3 solids** comidas sólidas. • *adj* **1** sólido. **2** maciço, compacto. **3** uniforme. **4** genuíno, verdadeiro. **5** incontestável, de confiança. *he has a solid reputation as a contractor* / ele é um empreiteiro altamente confiável. **6** contínuo. *she cried for two solid hours* / ela chorou sem parar por duas horas

so.lid.i.fy [səlʹidifai] *vt+vi* solidificar, endurecer.

sol.i.ta.ry [sʹɔlitəri] *adj* **1** solitário, só, único. **2** retirado, abandonado, sem companhia.

sol.i.ta.ry con.fine.ment [sɔlitəri kənfʹainmənt] *n* prisão em solitária.

sol.i.tude [sʹɔlitjuːd] *n* solidão (em geral agradável).

so.lo.ist [sʹoulouist] *n* solista.

sol.u.ble [sʹɔljubəl] *adj* solúvel.

solve [sɔlv] *vt* **1** resolver, esclarecer. **2** dissolver.

some [sʌm] *adj* **1** uns, umas. **2** alguns, algumas. *some few guests left* / alguns

poucos hóspedes foram-se. **3** um pouco, certa quantidade. *some more tea?* / mais um pouco de chá? **4** um, uma. *it will happen some day* / acontecerá um dia. **5** cerca de, mais ou menos. **6** *Amer coll* notável, grande, forte. *some man your husband* / seu marido é um homem e tanto. • *adv* **1** *coll* um tanto, até certo grau. **2** *Amer coll* até alto grau ou até grande extensão. • *pron* **1** alguns, algumas. **2** um pouco, certa quantidade. **after some time** depois de algum tempo. **someplace** algum lugar. **some time ago** algum tempo atrás. **to some extent** até certo ponto ou grau.

Some e **any** são usados tanto com substantivos incontáveis como com substantivos contáveis no plural. Eles indicam "uma certa quantidade" ou "um certo número". Na frase negativa, **any** indica ausência de quantidade ou número. *would you please give me some sugar?* / você poderia me dar um pouco de açúcar? / *I saw some children in the park this morning.* / vi algumas crianças no parque esta manhã.

Some e **any** são usados como adjetivos, isto é, precedendo um substantivo, ou como pronomes, substituindo o substantivo. *please, bring me some magazines.* (adjetivo) / por favor, traga-me algumas revistas. *has he made any mistakes?* (adjetivo) *yes, he's made some.* (pronome) / ele cometeu algum erro? sim, cometeu alguns.

Some é geralmente usado em frases afirmativas. *he has some good ideas* / ele tem algumas idéias boas.

Some é também usado em frases interrogativas e interrogativas-negativas que indicam: a) oferecimento ou pedido: *do you want some coffee?* / você quer café? b) a expectativa por parte do falante de uma resposta afirmativa. *aren't there some books on the table?* não há alguns livros sobre a mesa?

Any é usado em frases negativas, em frases interrogativas e interrogativas-negativas. *there isn't any orange juice left.* / não sobrou nenhum suco de laranja. *do you have any relatives here?* / você tem algum parente aqui? *don't you have any relatives here?* / você não tem nenhum parente aqui?

some.bod.y [s'ʌmbɔdi] *n* pessoa importante. *he is somebody* / ele é importante. • *pron* alguém, alguma pessoa.

Somebody e **someone** são usados no singular. **They** é o pronome que os substitui. *someone has got to do the work, haven't they?* / alguém tem que fazer o trabalho, não tem?

some.bod.y else [sʌmbɔdi els] *pron* alguém mais, alguma outra pessoa.

some day [sʌm d'ei] *adv* qualquer dia no futuro.

some.how [s'ʌmhau] *adv* de qualquer maneira, de algum modo, por qualquer razão.

some.one [s'ʌmwʌn] *n, pron* = **somebody**.

some.thing [s'ʌmθiŋ] *n* **1** alguma coisa. **2** um tanto, um bocado, um pouco. *would you like another biscuit or something?* / você aceitaria outro biscoito ou alguma outra coisa? **3** coisa ou pessoa de valor ou de importância. *that's really something!* / isto é realmente impressionante! *there is something in it, you've got something there* / há nisso algo de certo, isto tem alguma vantagem.• *adv* algo, até certo ponto, um pouco, um tanto. *he is something of an actor* / ele sabe atuar, interpretar até um certo ponto.

some.thing like [s'ʌmθiŋ laik] *adv* espécie de, algo assim como. *she is something like a maid* / ela é uma espécie de arrumadeira.

some.time [s'ʌmtaim] *adj* ocasional, antigo, de outro tempo. *he is a sometime pupil* / ele é um antigo aluno. • *adv* algum dia, em algum momento.

Há distinção entre **sometime** e **some time:** *I'll see you sometime this afternoon* / irei ver-te, em algum momento à tarde. *after some time they found the book* / Depois de algum tempo eles acharam o livro.

some.time a.go [sʌmtaim əg'ou] *adv* tempos atrás.

some.times [s'ʌmtaimz] *adv* às vezes, ocasionalmente, de vez em quando. Veja nota em **always.**

some.what [s'ʌmwɔt] *n* algo, um pouco, alguma coisa. *it loses somewhat of its importance* / perde um pouco da sua importância. • *adv* algo, um tanto, até certo grau, um pouco, levemente, relativamente. *he is somewhat rash* / ele é um tanto precipitado.

some.where [s'ʌmwɛə] *adv* **1** em algum lugar, em alguma parte, algures. **2** aproximadamente.

some.where else [sʌmwɛə 'els] *adv* em outro lugar, em outra parte.

son [sʌn] *n* filho.

song-bird [s'ɔŋ bə:d] *n* pássaro canoro.

son-in-law [s'ʌn in lɔ:] *n* genro.

son.net [s'ɔnit] *n* soneto.

soon [su:n] *adv* **1** logo, brevemente. *I'll go as soon as I can* / irei assim que puder. **2** cedo. **3** prontamente, rapidamente. **as soon as possible** tão logo que for possível.

soon.er [s'u:nə] *compar of* **soon. no sooner...than...** imediatamente após. *no sooner did he come than she began to cry* / tão logo ele chegou, ela começou a chorar. **sooner or later** mais cedo ou mais tarde. **the sooner the better** quanto antes melhor.

sooth.ing [s'u:ðiŋ] *adj* calmante, suavizante.

so.phis.ti.ca.tion [səfistik'eiʃən] *n* sofisticação, refinamento, requinte.

soph.o.more [s'ɔfəmɔ:] *n Amer* estudante do segundo ano.

sop.py [s'ɔpi] *adj Brit sl* sentimental, piegas.

sore [sɔ:] *n* **1** chaga, ferida, machucado. **2** dor, mágoa. • *adj* **1** dolorido, doloroso. **2** *Amer* irritável. **3** constrangido, furioso. *he's sore at me* / ele está furioso comigo. **4** delicado, embaraçoso. **a sore point** um assunto delicado.

sore.ly [s'ɔ:li] *adv* extremamente, muito, altamente. *more effective policies to fight corruption are sorely needed* / planos de

S

ação mais eficazes para combater a corrupção são extremamente necessários.

sor.row [s'ɔrou] *n* **1** tristeza, pesar. **2** sofrimento, aflição.

sor.ry [s'ɔri] *adj* **1** pesaroso, arrependido. **2** miserável, lamentável, pobre, fraco, que causa dó. **3** melancólico. **(I am) sorry!** perdão! desculpe! sinto muito! **sorry?** como disse? repita, por favor. **sorry about that** desculpe-me, por favor. **to be sorry for somebody** ter pena de alguém. **to be sorry for something** estar arrependido. *I am sorry for it /* estou arrependido. Veja nota em **excuse**.

sort [sɔ:t] *n* **1** tipo. **2** pessoa ou coisa de certa qualidade. • *vt+vi* classificar, selecionar. **a sort of** um tipo de, uma espécie de. **of all sorts** de toda espécie. **sort of** *coll* um tanto, um pouco, meio, mais ou menos. *he is sort of tired /* ele está meio cansado. **to sort out** a) separar, escolher. b) pôr em ordem. c) *Brit coll* resolver.

sought-af.ter [s'ɔ:t a:ftə] *adj* muito procurado, em grande demanda.

soul [soul] *n* **1** alma. **2** espírito, energia de sentimento. **a good soul!** uma boa alma! (pessoa). **from my soul** com profundo sentimento. **not a soul** ninguém, nem uma pessoa. **poor soul**! coitado, pobrezinho!

soul-des.troy.ing [s'oul distrɔiiŋ] *adj* deprimente, arrasante, arrasador.

soul mate [s'oul meit] *n* **1** amigo e confidente. **2** alma gêmea.

soul mu.sic [s'oul mju:zik] *n* tipo de música popular dos negros americanos.

sound¹ [saund] *n* **1** som. **2** vibrações sonoras. **3** ruído. **4** volume. • *vt+vi* **1** soar. **2** fazer soar, tocar, dar. **3** ressoar. **4** pronunciar. **5** parecer. *you sound disappointed /* você parece desapontado. **to sound off** expressar-se pública e ofensivamente. **to stay within sound** ficar dentro do alcance do ouvido.

sound² [saund] *adj* **1** sem defeito, inteiro, perfeito. **2** são, sadio. **3** forte, seguro. **4** sólido. **5** profundo (sono). • *adv* profundamente. *sound asleep* / profundamente adormecido. **to be safe and sound** estar são e salvo. **to have a sound mind in a**

sound body ter mente sã num corpo são.

sound ef.fects [s'aund ifekts] *n pl Radio, Cin, Theat* efeitos sonoros.

sound.proof [s'aundpru:f] *adj* à prova de som. • *vt* isolar, vedar à prova de som.

sound-track [s'aund træk] *n Cin* trilha sonora.

sour [s'auə] *adj* **1** azedo, ácido, acre. **2** rançoso, estragado, coagulado (leite). • *vt+vi* estragar. **to go / turn sour** azedar.

source [sɔ:s] *n* **1** fonte, nascente. **2** origem. **3** fonte de informações.

south [sauθ] *n* **1** sul, direção sul. **2** (também **South**) parte sul. • *adj* **1** sul. **2** do sul, meridional. • *adv* para o sul.

south.east [sauθ'i:st] *n* sudeste. • *adj* do sudeste. • *adv* para o sudeste.

south.ern.most [s'ʌðənmoust] *adj* que está mais para o sul, mais meridional.

South Pole [s'auθ poul] *n* Pólo Sul.

south.ward [s'auθwəd], **south.wards** [s'auθwədz] *adv* para o sul.

south.west [sauθw'est] *n* sudoeste. • *adj* **1** sudoeste. **2** do sudoeste. • *adv* em direção ao sudoeste.

sove.reign.ty [s'ɔvrinti] *n* soberania, poder supremo.

sow¹ [sau] *n Zool* porca.

sow² [sou] *vt+vi* (*ps* **sowed**, *pp* **sown** or **sowed**) semear.

soy [sɔi], **soy.a** [s'ɔiə] *n* **1** soja, molho feito de soja. **2** feijão-soja.

spa [spa:] *n* **1** fonte de água mineral. **2** estação de águas, balneário.

space [speis] *n* **1** espaço, universo. **2** lugar, extensão. **3** área, superfície. **4** distância. **5** espaço de tempo, prazo. **6** intervalo. **7** folga, oportunidade. • *vt* **1** espaçar, separar com espaço. **2** dividir em espaços.

space.craft [sp'eiskra:ft] *n Aeron* nave espacial, espaçonave.

space shut.tle [sp'eis ʃʌtəl] *n Aeron* ônibus espacial.

spa.cious [sp'eiʃəs] *adj* espaçoso, amplo, vasto.

spade [speid] *n* pá. • *vt+vi* cavoucar com pá. **to call a spade a spade** chamar pelo nome real, falar franca e abertamente.

spades [speidz] *n Cards* espadas.

Spain [spein] *n* Espanha.

span [spæn] *n* **1** vão. **2** período de tempo entre dois eventos. **3** abrangência. • *vt* estender sobre (ponte), abarcar. **life span** expectativa de vida.

Span.ish [sp'æniʃ] *n* **1** povo espanhol. **2** língua espanhola. • *adj* espanhol.

spank [spæŋk] *vt+vi* **1** bater. **2** dar palmadas em.

spare [spɛə] *n* objeto de reserva. • *vt+vi* **1** poupar, dispensar. *spare me all this!* / poupe-me de tudo isso! **2** aliviar, desobrigar. **3** economizar. **4** privar-se. **5** dispor. *can you spare me a moment?* / você dispõe de um momento para mim? **6** ter de sobra. *we have time to spare* / temos tempo de sobra. • *adj* **1** sobressalente, de sobra, extra. **2** livre. **to spare** de sobra. **spare tyre** sobressalente, estepe.

spare time [sp'ɛə taim] *n* tempo livre, folga.

spark [spa:k] *n* faísca, centelha (também *fig*). • *vt+vi* **1** reluzir. **2** faiscar. **3** entusiasmar. **the spark of life** a centelha de vida. **to spark off** *Brit* levar a, causar.

spark.ling [sp'a:kliŋ] *adj* **1** cintilante, brilhante, faiscante. **2** efervescente, espumante. **3** *fig* vivaz, espirituoso. **sparkling water** água com gás.

spar.row [sp'ærou] *n Ornith* pardal.

sparse [spa:s] *adj* **1** esparso, disperso. **2** escasso, raro. **3** ralo.

Spar.tan [sp'a:tən] *adj* espartano, *fig* austero, disciplinado, simples, frugal.

spasm [sp'æzəm] *n* **1** *Med* espasmo, contração muscular. **2** acesso.

spa.tial [sp'eiʃəl] *adj* espacial, do espaço.

spat.ter [sp'ætə] *n* **1** respingo. **2** mancha, borrão. • *vt+vi* **1** respingar. **2** cair em gotas ou partículas. **3** borrifar.

speak [spi:k] *vt+vi* (*ps* **spoke** / *pp* **spoken**) **1** dizer. **2** falar (**with** / **to** com, a), conversar. **3** fazer discurso. **4** contar, declarar. **5** exprimir (idéia), pronunciar, comunicar. **nothing to speak of** nada digno de menção. **not to speak of** isso sem mencionar. **so to speak** por assim dizer. **to speak about** falar sobre, tratar de. **to speak for** falar por alguém. *he can*

speak for himself / ele pode falar por si mesmo. **to speak on** continuar falando. **to speak one's mind** falar sem rodeios. **to speak out** falar à vontade, dar opinião abertamente. **to speak up** a) falar alto. b) defender alguém, protestar. Veja nota em **say**.

speak.er [sp'i:kə] *n* locutor, orador. **loud speaker** alto-falante.

speak.ing [sp'i:kiŋ] *adj* **1** que fala, falante. **2** usado para falar. **Brown speaking!** (telefone) aqui fala Brown. **generally speaking** em geral. **strictly speaking** no sentido exato.

spear.mint [sp'iəmint] *n Bot* hortelã.

spe.cial ef.fect [speʃəl if'ekt] *n Cin* efeito especial.

spe.cial.ist [sp'eʃəlist] *n* especialista, perito, médico especialista.

spe.ci.al.i.ty [speʃi'æliti], **spe.cial.ty** [sp'eʃəlti] *Amer n* especialidade: a) campo de conhecimento ou habilidade de particular interesse. b) coisa superior, muito fina ou rara.

spe.cial.ize, spe.cial.ise [sp'eʃəlaiz] *vt+vi* especializar(-se) em algo.

spe.cial.ly [sp'eʃəli] *adv* especialmente, particularmente. Veja nota em **especially.**

spe.cies [sp'i:ʃi:z] *n Zool, Bot* espécie.

spe.cif.ic [spəs'ifik] *adj* **1** específico, preciso, particular. **2** característico, peculiar. **3** específico (medicamento).

spec.i.fi.ca.tion [spesifik'eiʃən] *n* **1** especificação. **2** descrição detalhada. **3** relação, lista.

spec.i.men [sp'esimin] *n* espécime, exemplar, amostra.

speck [spek] *n* **1** mancha pequena, pinta. **2** partícula. • *vt* manchar.

spec.ta.cles [sp'ektəkəlz] *n Brit* óculos.

spec.ta.tor [spekt'eitə] *n* espectador.

spec.trum [sp'ektrəm] *n* (*pl* **spectra**) **1** espectro. **2** gama.

spec.u.la.tive [sp'ekjulətiv] *adj* especulativo.

spec.u.la.tor [sp'ekjuleitə] *n* especulador, negociador.

sped [sped] *ps, pp* de **speed.**

speech [spi:tʃ] *n* **1** fala. **2** discurso. **3** linguagem.

S

speech.less [sp'i:tʃlis] *adj* atônito, sem fala.

speech ther.a.py [spi:tʃ θ'erəpi] *n* logopedia, terapia da fala, fonoaudiologia.

speed [spi:d] *n* velocidade, rapidez. • *vt+vi* (*ps, pp* sped) 1 apressar-se, correr, andar depressa. 2 acelerar. at full speed em velocidade máxima. to speed up acelerar, apressar.

speed.ily [sp'i:dli] *adv* rapidamente, velozmente.

speed-lim.it [sp'i:d limit] *n* limite máximo de velocidade.

spell [spel] *n* 1 encanto, feitiço. *the witch cast a spell on the princess* / a bruxa lançou um feitiço sobra a princesa. 2 período de tempo, trabalho, turno. 3 revezamento. • *vt+vi* (*ps, pp Amer* spelled, *Brit* spelt) 1 soletrar. *he can't spell* / ele não sabe soletrar. 2 resultar. to spell out a) soletrar. b) *sl* explicar nos mínimos detalhes.

spell.bind [sp'elbaind] *vt* (*ps, pp* spellbound) encantar, fascinar, enfeitiçar.

spell.bound [sp'elbaund] *adj* encantado, fascinado.

spell.ing [sp'eliŋ] *n* ortografia.

spend [spend] *vt+vi* (*ps, pp* spent) 1 gastar (dinheiro). 2 passar (tempo). 3 exaustar-se, esgotar. to spend oneself esgotar-se.

spend.ing [sp'endiŋ] *n* gasto, despesa.

spent [spent] *ps, pp of* spend. • *adj* 1 gasto, consumido. 2 exausto, esgotado.

sperm [spə:m] *n* esperma.

sper.ma.to.zoid [spə:mətəz'ouid] *n* espermatozóide.

spice [spais] *n* 1 tempero, condimento. 2 gosto, sabor, traço. • *vt* 1 condimentar, temperar. 2 conferir graça ou interesse a alguma coisa, *fig* apimentar.

spi.der-web [sp'aidə web] *n* teia de aranha.

spik.y [sp'aiki] *adj* pontudo, pontiagudo.

spill [spil] *vt+vi* (*ps, pp* spilt, spilled) 1 derramar, transbordar. 2 matéria derramada. 3 *sl* espalhar uma notícia. it is no use crying over spilt milk não adianta chorar sobre o leite derramado. oil spill vazamento de petróleo. to spill out revelar, contar, espalhar (intimidades).

to spill over transbordar. to spill the beans divulgar um segredo.

spin [spin] *n* 1 rotação, giro. 2 corrida ou viagem rápida. • *vt+vi* (*ps* spun, span, *pp* spun) 1 girar, virar, fazer girar. 2 torcer roupa na máquina de lavar. 3 fiar. to spin out prolongar, fazer durar. to spin round girar, rodar.

spine [spain] *n* 1 espinha, espinha dorsal. 2 suporte. 3 lombada (de livro). 4 crista, cume.

spin.ster [sp'instə] *n* 1 mulher solteira. 2 solteirona.

spi.ral [sp'aiərəl] *n* espiral, mola em forma de espiral, hélice. • *vt+vi* espiralar, formar em espiral. • *adj* espiral, espiralado.

spir.it [sp'irit] *n* 1 espírito, alma. 2 ser sobrenatural. 3 princípio vital, vida. 4 sentido, intenção. *that's the spirit* / esse é o sentido exato. 5 coragem, determinação. 6 entusiasmo, energia. 7 spirits disposição, mentalidade, humor. *he is in high (low) spirits* / ele está animado (deprimido). 8 spirits bebida alcoólica. Holy Spirit Espírito Santo. to spirit away fazer sumir (por mágica). to spirit up animar.

spir.it.ed [sp'iritid] *adj* vivo, animado, corajoso, espirituoso, determinado. high spirited animado. low spirited deprimido, desanimado.

spir.it.u.al.i.ty [spiritou'æliti] *n* espiritualidade.

spit [spit] *n* saliva, cuspo. • *vt+vi* (*ps, pp* spat, spit) 1 cuspir. 2 emitir, esguichar. 3 fungar. 4 *fig* chuviscar. spit it out! fale! to spit at cuspir em. to spit up a) cuspir fora. b) vomitar. to spit upon someone tratar alguém com desprezo.

spite [spait] *n* malevolência, rancor, malvadez. • *vt* ofender, magoar. in spite of apesar de.

splash [splæʃ] *n* mancha de líquido espirrado, mancha, salpico. • *vt+vi* 1 patinhar, chapinhar. 2 espirrar, salpicar. 3 esparramar líquido, molhar. 4 *coll* esbanjar. to make a splash chamar a atenção, causar sensação. to splash out / about *Brit* esbanjar, alardear.

splen.did [spl'endid] *adj* 1 esplêndido, brilhante. 2 magnífico, rico, suntuoso.

splint [splint] *n Med* tala (para fratura).

splin.ter [spl'intə] *n* lasca, estilhaço. • *vt+vi* lascar, quebrar em estilhaços.

split [split] *n* 1 divisão, separação (grupos ou partidos). 2 ruptura, trinca, racho, rasgo. • *vt+vi (ps, pp* **split**) 1 partir, separar-se, desunir-se. 2 dividir, repartir. 3 fender-se, rachar-se. • *adj* dividido, fendido, separado. **in a split second** em uma fração de segundo. **to split on a rock** dar com os burros n'água. **to split one's sides** arrebentar de rir. **to split the difference** chegar a um meio termo. **to split up** a) repartir-se. b) separar, separar-se (casal ou grupo).

spoil [spɔil] *n* 1 (também **spoils** *pl*) espólio. 2 pilhagem, saque. • *vt+vi (ps, pp* **spoilt** or **spoiled**) 1 arruinar, estragar, destruir. 2 estragar (crianças) com mimos, mimar. 3 deteriorar.

spoke [spouk] *n* raio (de roda). *ps of* **speak.**

spo.ken [sp'oukən] *pp of* **speak.** • *adj* oral, proferido, falado. **well spoken of** considerado, reputado. **widely spoken of** muito popular.

spokes.per.son [sp'oukspə:sən] *n* porta-voz, orador (usado quando é irrelevante destacar se é homem ou mulher).

sponge [spʌndʒ] *n* 1 esponja. 2 coisa parecida com esponja (como bolo, pão ou doce porosos). • *vt+vi* esfregar, limpar com esponja. **to sponge on someone** viver à custa de alguém. **to throw up the sponge** dar-se como vencido, entregar os pontos, desistir.

sponge-cake [sp'ʌndʒ keik] *n Cook* pão-de-ló.

spon.sor.ship [sp'ɔnsəʃip] *n* patrocínio.

spon.ta.ne.i.ty [spɔntən'i:iti] *n* espontaneidade.

spook.y [sp'u:ki] *adj* fantasmagórico, misterioso.

spoon.feed [sp'u:nfi:d] *vt (ps, pp* **spoonfed**) 1 dar de comer na colher (bebês). 2 dar na boca, facilitar a vida.

sport [spɔ:t] *n* camarada, bom companheiro. • *vt+vi coll* exibir, ostentar. *at the awards presentation he sported a pink,* *silky tuxedo and sneakers* / na entrega dos prêmios, ele apresentou-se com um smoking de seda rosa e tênis. **be a sport!** não seja desmancha-prazeres!

sport.ing [sp'ɔ:tin] *adj* 1 de esporte, esportivo. 2 decente, leal, honrado.

sports [spɔ:ts] *n* esporte, competição esportiva. • *adj* de esporte, para esporte. **sports car** *n* carro esporte.

sports.man [sp'ɔ:tsmən], **sports.wom.an** [sp'ɔ:tswumən] *n* esportista.

sports.man.ship [sp'ɔ:tsmənʃip] *n* espírito esportivo.

spot [spɔt] *n* 1 marca. 2 pinta, espinha. 3 lugar, local. 4 bolinha (estampa). • *vt+vi* 1 marcar, manchar. 2 *coll* localizar, descobrir, reconhecer. *he spotted the redhead in the bar* / ele reconheceu a ruiva no bar. **on the spot** a) naquele mesmo lugar, no lugar certo. b) imediatamente. c) *Amer sl* em dificuldade, em apuros. **to hit the high spots** tratar dos pontos principais.

spot.less [sp'ɔtlis] *adj* limpo, sem manchas, impecável.

spot.light [sp'ɔtlait] *n* 1 luz de holofote ou de refletor. 2 refletor, holofote. **to be in the spotlight** estar na berlinda, estar em foco.

spot.ted [sp'ɔtid] *adj* 1 manchado. 2 com pintas, pontilhado.

spout [spaut] *n* 1 cano, tubo. 2 bico (bule). • *vt+vi* 1 jorrar, espirrar. 2 correr, sair com força.

sprain [sprein] *n* deslocamento, distensão. • *vt* torcer, deslocar, distender.

sprawl [sprɔ:l] *vt+vi* 1 espreguiçar-se. 2 deitar ou sentar com o corpo relaxado, esparramar(-se). 3 alastrar-se, crescer muito. 4 mover(-se) de modo desajeitado.

spread [spred] *n* 1 expansão, difusão, propagação. 2 extensão. 3 *Amer* colcha, coberta, toalha. 4 *Amer* o que se passa no pão (como manteiga etc.). • *vt+vi (ps, pp* **spread**) 1 propagar, espalhar, difundir. 2 distribuir-se, espalhar-se. 3 untar.

spring [sprin] *n* 1 pulo, salto. 2 mola. 3 elasticidade. 4 primavera. 5 fonte, nascente. • *vt+vi (ps* **sprang,** *pp* **sprung**) 1 pular, saltar. 2 voltar, ressaltar por força elástica. 3 brotar, nascer, crescer. 4 surgir repentinamente. **to spring a leak** fazer água. **to spring back** pular para trás, voltar para trás (por força de mola). **to spring forth** saltar para fora. **to spring something on someone** revelar algo de surpresa a alguém. **to spring up** brotar, surgir.

spring-board [spr'iŋ bɔ:d] *n* trampolim.

spring.time [spr'iŋtaim] *n* primavera.

sprin.kle [spr'iŋkəl] *n* **1** um pouco, pequena quantidade. **2** chuvisco, aspersão. • *vt+vi* **1** pulverizar, polvilhar, salpicar. **2** borrifar.

sprint [sprint] *n* corrida de curta distância, período curto de atividade intensa. • *vi* correr a toda velocidade.

sprout [spraut] *n* broto, rebento. • *vt+vi* **1** brotar, germinar. **2** fazer crescer, estimular o crescimento: **Brussels sprouts** couve-de-bruxelas.

spur [spə:] *n* **1** espora. **2** coisa que estimula, incentivo, impulso, estímulo. • *vt+vi* (*ps, pp* **spurred**) estimular. **on the spur of the moment** impulsivamente. **to spur on** acelerar, estimular.

spurt [spə:t] *n* **1** jato, jorro. **2** arrancada. **3** esforço vigoroso (especialmente em corrida). • *vt+vi* **1** jorrar, fazer esguichar. **2** arrancar (carro). **3** despender grande esforço (durante pouco tempo). **to spurt out** esguichar para fora.

spy [spai] *n* espião, espiã. • *vt+vi* espionar, investigar, espreitar.

squab.ble [skw'ɔbəl] *n* briga, barulho. • *vt+vi* brigar, disputar, fazer barulho.

squad [skwɔd] *n* **1** pelotão, esquadra. **2** *Sport* seleção.

squal.or [skw'ɔlə] *n* esqualidez, miséria, sordidez.

squan.der [skw'ɔndə] *vt+vi* desperdiçar, esbanjar.

square [skwɛə] *n* **1** quadrado. **2** casa (tabuleiro). **3** praça, quadra. **4** esquadro. **5** pessoa antiquada, conservadora. • *vt+vi* **1** fazer retangular, fazer quadrado. **2** dividir em quadrados. **3** *Math* elevar ao quadrado. **4** regularizar. **5** adaptar(-se). • *adj* **1** quadrado, quadrangular. **2** em quadrado. **3** completo, absoluto. **4** *Math* ao quadrado. **5** *coll* satisfatório, abundante. • *adv* **1** *coll* honestamente. **2** diretamente. **back to square one** de volta ao ponto

de partida. **square root** raiz quadrada. **to square away** *coll* concluir uma pendência e seguir adiante. **to square one's shoulders** enfrentar o destino. **to square the circle** *fig* tentar fazer uma coisa quase impossível. **to square up** liquidar uma conta. **to start from square one** começar do princípio.

squash[1] [skwɔʃ] *n* **1** refresco de frutas. **2** aperto, queda de um corpo mole, baque. **3** espécie de jogo de tênis de ginásio, *squash*. • *vt+vi* esmagar, amassar, espremer.

squash[2] [skwɔʃ] *n Bot* abóbora.

squat [skwɔt] *vt+vi* **1** agachar-se. **2** sentar de cócoras. **3** invadir terras desocupadas. • *adj* **1** agachado. **2** atarracado.

squat.ter [skw'ɔtə] *n Amer* intruso que se apossa de terras alheias.

squeak [skwi:k] *n* guincho, rangido. • *vt+vi* ranger, chiar, guinchar, gritar.

squeal [skwi:l] *n* grito estridente, prolongado. • *vt+vi* gritar, guinchar (como um porco ferido).

squeam.ish [skw'i:miʃ] *adj* **1** melindroso. **2** escrupuloso. **3** enjoadiço, sensível.

squeeze [skwi:z] *n* **1** aperto. **2** compressão. **3** suco espremido. **4** *coll* situação difícil, aperto. • *vt+vi* **1** apertar. **2** espremer, torcer. **3** abrir caminho, forçar passagem. **to squeeze in** enfiar(-se), colocar com força, meter-se. **to squeeze out** espremer, *fig* interrogar. **to squeeze through** passar empurrando.

squint [skwint] *n* estrabismo. • *vt+vi* **1** olhar com os olhos meio fechados. **2** ser estrábico ou vesgo. • *adj* estrábico, vesgo, que olha de soslaio.

squir.rel [skw'irəl] *n Zool* esquilo.

stab [stæb] *n* golpe, punhalada, facada. • *vt+vi* **1** apunhalar. **2** perfurar, trespassar. **3** espetar, golpear. **4** ferir os sentimentos, injuriar. **stab in the back** *fig* golpe traiçoeiro.

sta.bil.i.ty [stəb'iliti] *n* estabilidade.

sta.bil.ize, sta.bil.ise [st'eibilaiz] *vt* estabilizar.

stable [st'eibəl] *n* **1** estábulo. **2** (também **stables**) estrebaria. • *vt+vi* estabular.

stack [stæk] *n* **1** pilha, monte. **2** *coll* grande quantidade, monte. • *vt* empilhar, amontoar.

staff [sta:f; stæf] *n* (*pl* **staffs, staves**) pessoal, quadro de funcionários. • *vt* prover com pessoal.

stage [steidʒ] *n* **1** palco. **2** profissão de ator. **3** plataforma, tablado. **4** trecho, estágio, etapa. • *vt+vi* **1** encenar, organizar peça, evento. **back stage** bastidores. **stage by stage** passo a passo. **to set the stage** preparar o terreno, tornar possível.

stag.ger.ing [stˈægəriŋ] *adj* **1** cambaleante. **2** surpreendente.

stag.nant [stˈægnənt] *adj* estagnado.

stag-par.ty [stˈæg pa:ti] *n* despedida de solteiro.

stain [stein] *n* **1** mancha. **2** descoloração. • *vt+vi* **1** manchar. **2** tingir. **stained glass** vitral.

stain.less [stˈeinlis] *adj* sem mancha, inoxidável.

stair.way [stˈɛəwei] *n* escadaria.

stake¹ [steik] *n* estaca. • *vt* **1** fixar, segurar em poste ou estaca. **2** *Amer* marcar, delimitar com estacas. **to stake a claim** fazer valer direitos. **to stake in** fixar com estaca. **to stake out** demarcar (terra).

stake² [steik] *n* **1** aposta. **2** prêmio (de corrida ou competição esportiva). **3** risco, interesse, participação. • *vt* apostar. **at stake** em jogo, em risco.

stale.mate [stˈeilmeit] *n* **1** *Chess* impasse. **2** paralisação, beco sem saída.

stalk [stɔ:k] *n* **1** talo, haste. **2** ato de aproximar-se silenciosamente (da caça). • *vt+vi* **1** aproximar-se silenciosamente. **2** andar com arrogância.

stal.wart [stˈɔ:lwət] *n* pessoa fiel e leal. • *adj* **1** robusto, forte. **2** corajoso, leal.

stam.i.na [stˈæminə] *n* força, resistência, perseverança.

stam.mer [stˈæmə] *n* gagueira. • *vt+vi* gaguejar.

stamp [stæmp] *n* **1** selo. **2** carimbo. **3** marca. **4** caráter. • *vt+vi* **1** bater o pé (com força). **2** imprimir, gravar, cunhar. **3** caracterizar, carimbar. **4** selar. **food stamp** vale alimentação. **to stamp down** pisar, apagar pisando. **to stamp out** a) estampar. b) *fig* aniquilar, erradicar.

stance [stæns] *n* **1** *Sport* posição dos pés de um jogador na hora do lance (golfe etc.). **2** postura. **3** atitude.

stand [stænd] *n* **1** postura, atitude diante de uma questão. **2** tribuna, estrado. **3** barraca, banca (de jornais e revistas), estande. **4** *Amer* banco das testemunhas. **5** arquibancada. **6** descanso, suporte. • *vt+vi* (*ps, pp* **stood**) **1** estar em pé. **2** levantar(-se). **3** estar situado ou localizado. **4** colocar, pôr em pé. *don't stand the umbrella against the table!* / não encoste o guarda-chuva na mesa! **5** estar colocado, ocupar certo lugar ou cargo. **6** sustentar, tolerar, agüentar. *I can't stand it any longer* / não agüento mais isso. **to come to a stand** chegar a um impasse. **to make a stand** declarar convicções ou agir de acordo. **to stand about** ficar à toa, rodear. **to stand a good chance** ter boas probabilidades. **to stand aside** não interferir. **to stand back** afastar-se, recuar. **to stand by** estar de prontidão. **to stand for** a) significar, querer dizer. b) ser responsável por, representar. **to stand in** substituir alguém (serviço). **to stand off** afastar-se, retrair-se. **to stand on** basear-se em alguma coisa, contar com alguma coisa. **to stand out** salientar-se, distinguir-se. **to stand up** a) levantar-se. b) *Amer* não comparecer a um encontro marcado, decepcionar. **to stand up against** levantar-se contra, rebelar-se, lutar contra. **to stand up for** defender, apoiar. **to stand up to** encarar, enfrentar. **to take a firm stand** tomar uma posição firme. **to take the stand** *Jur* depor.

stand.ard [stˈændəd] *n* padrão, critério. • *adj* **1** padrão. **2** exemplar. **above (below) the standard** acima (abaixo) da média. **standard of living** padrão de vida.

stand.ard.ize, stand.ard.ise [stˈændədaiz] *vt* **1** padronizar. **2** regulamentar, oficializar.

stand.ing [stˈændiŋ] *n* **1** status, reputação. **2** duração. **3** ato ou lugar de ficar em pé. • *adj* **1** em pé. **2** permanente, estabelecido, estável.

stand.ing or.ders [stændiŋ ˈɔ:dəz] *n* *Com* débito automático (em conta corrente bancária).

S

stand.point [st'ændpɔint] n ponto de vista.
stand.still [st'ændstil] n paralisação.
sta.ple [st'eipəl] adj importante, principal, básica para a vida. • vt grampear.
sta.pler [st'eiplə] n grampeador.
star [sta:] n 1 estrela. 2 astro, corpo celeste. 3 estrela(s) para indicar classificação. *a five-star hotel* / um hotel cinco estrelas. 4 ator, atriz, pessoa que se distingue em alguma arte (estrela de cinema, de teatro). 5 insígnia. 6 fig sorte, horóscopo. • vt+vi (ps, pp **starred**) 1 estrelar. 2 brilhar, ser proeminente ou célebre. • adj principal, excelente, célebre, talentoso.
starch [sta:tʃ] n 1 amido. 2 goma, cola de amido. • vt engomar. **corn starch** maisena.
stare [steə] n olhar fixo. • vt+vi fitar, olhar com os olhos fixos ou arregalados, encarar.
star.light [st'a:lait] n luz estelar. • adj claro, iluminado pelas estrelas, estrelado.
start [sta:t] n 1 partida, começo (de um movimento, de viagem, de corrida etc.). 2 início, princípio. 3 impulso, ímpeto. • vt+vi 1 partir, levantar vôo, zarpar, embarcar, sair de viagem. 2 começar, iniciar. 3 dar partida (de motor). **for a start** primeiro, em primeiro lugar. **to get off to a good / a bad start** começar bem/mal. **to get** ou **have the start of someone** tomar a dianteira de alguém. **to have a false start** ter um mau começo. **to make a new start** começar de novo. **to start from scratch** começar do nada. **to start out** (ou **off**) partir, levantar-se, pôr-se em marcha. **to start over** Amer começar de novo. **to start up** a) levantar-se bruscamente. b) dar partida (motor). c) fundar, abrir (um negócio). **to start with** para começar.
start.er [st'a:tə] n 1 autor, iniciador. 2 (motor), contato de partida. 3 Brit coll entrada (de uma refeição). **for starters** a) para começar. b) primeiro prato de uma refeição (entrada).
star.tle [st'a:təl] vt+vi 1 chocar, surpreender. 2 espantar-se, assustar-se. *the thunderbolt startled me* / o raio me assustou.
star.va.tion [sta:v'eiʃən] n fome, inanição.

starve [sta:v] vt+vi 1 morrer de fome. 2 sofrer fome. 3 forçar ou subjugar pela fome. 4 desejar ardentemente, sentir falta de alguma coisa. **to starve for** sofrer falta de.
state¹ [steit] n 1 estado, condição, situação, circunstância. 2 classe, posição, cargo. 3 dignidade, grandeza, magnificência. 4 (também **State**) estado, nação, país. 5 governo, autoridade. 6 **the States** os EUA. • adj 1 formal, cerimonial. 2 estadual. 3 estatal, público, do governo. **in a state** coll em pânico, em dificuldade. **state of affairs** situação, conjuntura. **state of mind** estado de espírito. **a state visit** uma visita de estado (de chefes de estado).
state² [steit] vt 1 declarar, afirmar (em palavras ou letras). 2 relatar, especificar.
state.ly [st'eitli] adj grandioso, majestoso.
state.ment [st'eitmənt] n declaração. **bank statement** Com extrato de conta bancária. **statement of account** extrato de contas.
states.man [st'eitsmən] n político, estadista.
stat.ic [st'ætik] n 1 eletricidade atmosférica. 2 estática. • adj estático, parado, imóvel.
sta.tion [st'eiʃən] n 1 lugar, posto, posição. 2 estação ferroviária etc. 3 posto policial. 4 radioemissora. • vt postar, estacionar (militares). **gas station** Amer posto de gasolina. **naval station** base naval. **petrol station** Brit posto de gasolina. **police station** delegacia de polícia. **service station** posto de serviços. **weather station** estação meteorológica.
sta.tion.ar.y [st'eiʃənəri] adj estacionário, fixo. **to be stationary** ter lugar ou residência fixa. **to remain stationary** não progredir.
sta.tion.er.y [st'eiʃənəri] n artigos de papelaria.
stat.ure [st'ætʃə] n 1 estatura, altura. 2 desenvolvimento (físico ou mental).
sta.tus [st'eitəs] n Lat 1 estado, condição. 2 cargo, posição social, *status*, prestígio. 3 posição legal. **equality of status** igualdade de direitos (políticos). **marital status** estado civil.
stat.u.to.ry [st'ætʃutəri] adj estatutário, estatucional, determinado por estatuto.

staunch [stɔ:ntʃ] *adj* fiel.

stay [stei] *n* **1** permanência, estada, parada, tempo, temporada. **2** paralisação, impedimento, estorvo, restrição. **3** suspensão (de um processo). **4** *coll* resistência, tolerância. • *vt+vi* **1** ficar, permanecer. **2** morar, passar certo tempo ou uma temporada, residir. *she is staying with her sister* / ela mora com sua irmã. **to stay away** ficar afastado, ficar ausente. **to stay behind** ficar para trás. **to stay for someone** esperar por alguém. **to stay home / to stay in** ficar em casa. **to stay on** perdurar. **to stay out** ficar fora, demorar. **to stay over** *Amer* passar a noite fora. **to stay put** *Amer* estabelecer-se, ficar firme, não arredar pé. **to stay single** ficar solteiro. **to stay the course** competir até agüentar. **to stay up** ficar acordado.

stead.y [st'edi] *vt+vi* **1** firmar, fixar. **2** firmar-se, estabilizar-se. • *adj* **1** fixo, firme. **2** constante, regular. **3** calmo. **4** seguro. **steady on!** a) mantenha a calma! b) não seja tolo! c) não tenha pressa! **to go steady** namorar firme.

steak [steik] *n* bife, fatia de carne.

steal [sti:l] *n* **1** *coll* roubo, ato de roubar. **2** *coll* objeto roubado. **3** *Amer* roubo, furto. • *vt+vi* (*ps* **stole**, *pp* **stolen**) **1** roubar, furtar. **2** tomar em segredo. **3** obter, ganhar com modos agradáveis. **4** andar às escondidas. *he stole into the house* / ele entrou às escondidas na casa. **to steal away** sair às escondidas **to steal into** a) meter-se secretamente em. b) entrar furtivamente. **to steal out** sair furtivamente. **to steal someone's heart** fazer com que alguém se apaixone por você. **to steal the show** roubar a cena.

Usa-se **rob** quando mencionamos o lugar roubado ou as pessoas envolvidas e geralmente há violência. Já com o verbo **steal**, menciona-se o objeto furtado. *the thief robbed me* / o ladrão me roubou. *the thief stole all my money* / o ladrão furtou todo o meu dinheiro. Uma pessoa que rouba é **thief**, **robber** ou **burglar**.

Veja outra nota em **thief**.

steam [sti:m] *n* **1** vapor. **2** fumaça. **3** *coll* força, energia. • *vt+vi* **1** emitir fumaça ou vapor, evaporar. **2** cozinhar, operar a vapor. • *adj* **1** a vapor. **2** aquecido a vapor. **steam engine** máquina a vapor. **to be steamed up** *coll* a) ficar furioso. b) embaçado de vapor. **to let off steam** soltar fumaça, *fig* desabafar. **to run out of steam** perder a força, perder o pique. **to steam someone up** entusiasmar alguém. **under one's steam** por seu próprio esforço.

steam.er [st'i:mə] *n* **1** (também **steamboat** ou **steamship**) navio a vapor, vapor. **2** utensílio para cozinhar a vapor.

steam-rol.ler [st'i:m roulə] *n* **1** rolo compressor (a vapor). **2** *fig* força esmagadora.

steel [sti:l] *n* aço. • *vt* **1** cobrir com aço, colocar ponta ou corte de aço. **2** endurecer, robustecer. **3** *fig* afiar, estimular. **cast steel** aço fundido. **corrugated steel** aço ondulado. **hardened steel** aço temperado ou endurecido. **nerves of steel** nervos de aço. **stainless steel** aço inoxidável. **to steel oneself** robustecer-se, fortificar-se. **steel mill** [st'i:l mil], **steel.works** [st'i:lwə:ks] *n* usina siderúrgica.

steep [sti:p] *adj* **1** íngreme, abrupto. **2** *Amer coll* excessivo.

steer [stiə] *vt+vi* **1** guiar, dirigir (pessoas, veículos). **2** adotar uma direção ou diretiva. **to steer clear of** *fig* manter-se afastado ou evitar. **to steer off** desviar.

steer.ing-wheel [st'iəriŋ wi:l] *n* **1** roda do leme. **2** volante.

stem [stem] *n* **1** tronco, talo. **2** causa, motivo. **3** pé, suporte, base. **4** *Gram* raiz. • *vt+vi* **1** remover o talo ou a haste de. **2** ser proveniente de, descender de. **to stem from** *Amer* originar-se de.

stench [stentʃ] *n* fedor, mau cheiro.

step [step] *n* **1** passo. **2** degrau. **3** ação, medida. **4 steps** escada, degraus. • *vt+vi* **1** andar, dar um passo. **2** pisar, pôr os pés. **3** entrar. *step this way please* / por favor, entre aqui! **in step** a) no mesmo passo. b) *fig* de acordo. **mind the step!** cuidado, degrau! **out of step** a) fora do passo. b) *fig* em desacordo. **step by step** passo a passo, gradativamente. **step on it!** *coll* pé na tábua! vamos! **to step aside** abdicar (de um cargo). **to step back** retroceder, recuar. **to step in** a) entrar. b) intervir, interferir. **to step on** a) pisar, calcar, tripudiar. b) apressar-se. **to step**

out a) acelerar os passos. b) *Amer coll* sair para divertir-se. **to step up** *Amer* aumentar (a produção). **to take steps** tomar medidas, providenciar. **to watch one's step** tomar cuidado.

step.brothe.r [st'epbrʌðə] *n* meio-irmão (filho de padrasto ou de madrasta).

step.daugh.ter [st'epdɔ:tə] *n* enteada

step.fa.ther [st'epfɑ:ðə] *n* padrasto.

step-lad.der [st'ep lædə] *n* escadinha.

step.moth.er [st'epmʌðə] *n* madrasta.

step.sis.ter [st'epsistə] *n* meio-irmã (filha de padrasto ou de madrasta).

step.son [st'epsʌn] *n* enteado.

ster.e.o.type [st'eriətaip] *n* estereótipo.

ster.il.i.ty [ster'iliti] *n* esterilidade, infecundidade.

ster.il.ize, ster.il.ise [st'erilaiz] *vt* esterilizar.

ster.ling [st'ɔ:liŋ] *adj* **1** de prata de lei. **2** genuíno, excelente, legítimo.

stern[1] [stɔ:n] *n Naut* popa.

stern[2] [stɔ:n] *adj* **1** severo, rigoroso. **2** duro, rígido. **3** feio.

stew[stju:] *n* **1** *Cook* carne ensopada com legumes, guisado. **2** *coll* confusão, agitação. • *vt+vi* **1** cozinhar por fervura lenta. **2** *coll* preocupar-se. **to be in a stew** estar em apuros.

stew.ard [stj'u:əd] *n* **1** comissário de bordo. **2** camareiro.

stew.ard.ess [stj'u:ədis] *n* **1** comissária de bordo. **2** camareira. **3** governanta.

stick[1] [stik] *n* **1** vara, talo, graveto. **2** bastão, pau. **3** bengala.

stick[2] [stik] *vt+vi (ps, pp* **stuck)** **1** perfurar, espetar, furar. **2** fincar. **3** pôr, guardar. **4** colar, grudar. **5** continuar, persistir. **to be stuck on** *coll* estar obcecado por. **to stick around** esperar, ficar por aí. **to stick at** segurar em, persistir em, agarrar-se em. **to stick by** manter-se fiel a, apegar-se. **to stick in** não ceder, continuar no cargo. **to stick out** persistir, ficar firme. **to stick out for** lutar por. **to stick to** apoiar, apegar-se a, agarrar-se em, obedecer (lei, regra). **to stick together** a) colar, juntar com cola. b) *fig* ter amizade, ser inseparável. **to stick to one's guns** *coll* manter-se firme em seus princípios. **to**

stick to one's knitting ficar na sua. **to stick up** a) salientar-se, sobressair. b) ficar em pé (cabelos). c) *sl* assaltar (à mão armada), levantar as mãos para o alto (sob ameaça de arma de fogo). **to stick up for** ficar do lado de, agir em defesa de.

stick.er [st'ikə] *n* adesivo.

stick.ler [st'iklə] *n coll* pessoa persistente.

stick.y [st'iki] *adj* **1** grudento, pegajoso, adesivo. **2** úmido, abafado (tempo).

stiff [stif] *adj* **1** duro, rijo. **2** difícil, duro. **3** formal, frio. **4** teimoso, intransigente. **5** forte (bebida). • *adv* extremamente. **to bore someone stiff** aborrecer alguém com conversa chata. **to scare someone stiff** assustar alguém.

stiff neck [st'if nek] *n Med* torcicolo.

sti.fle [st'aifəl] *vt+vi* **1** abafar, sufocar, cobrir. *he stifled the child with his kisses* / ele cobriu a criança de beijos. **2** segurar, reprimir. *she stifled a sob* / ela reprimiu um soluço.

sti.fling [st'aifliŋ] *adj* sufocante, abafadiço.

still[1] [stil] *n* **1** *Poet* silêncio, quietude. **2** pose, retrato. **3** natureza-morta. • *vt* **1** tranqüilizar, silenciar. **2** tranqüilizar-se, acalmar-se. **3** aliviar. • *adj* **1** quieto. **2** calmo. **3** parado. **still waters run deep** águas silenciosas são profundas, quem vê cara não vê coração. **to be / hold / keep still** ficar quieto.

still[2] [stil] *adv* **1** ainda. **2** ainda assim, contudo, todavia. Veja notas em **already** e **yet.**

still.born [st'ilbɔ:n] *adj* natimorto.

still.ness [st'ilnis] *n* calma, tranqüilidade, silêncio.

stilt [stilt] *n* **1** pernas de pau. **2** estacas.

stim.u.lat.ing [st'imjuleitiŋ] *adj* estimulante, excitante, incentivador.

stim.u.lus [st'imjuləs] *n (pl* **stimuli)** estímulo, incentivo.

sting [stiŋ] *n* **1** picada, ferroada. **2** ferida, lugar de picada. **3** *Zool* ferrão, espinho. **4** dor aguda. • *vt+vi (ps, pp* **stung). 1** picar. **2** doer, arder. **3** atormentar. **stung with remorse** atormentado pela consciência. **to take the sting out** aliviar, abrandar.

sting.y [st'indʒi] adj mesquinho, pão-duro, miserável. to be stingy of ser pão-duro com.

stink.ing [st'iŋkiŋ] adj fedorento. • adv muito, extremamente. he's stinking rich / ele é podre de rico.

stint [stint] n tarefa com prazo limitado.

stip.u.late [st'ipjuleit] vt estipular.

stir [stə:] n 1 alvoroço. 2 distúrbio, levante, revolta. • vt+vi (ps, pp stirred) 1 mover, agitar, mexer (com a colher). misturar-se, mexer-se, movimentar-se. to stir in / into acrescentar e mexer, misturar. to stir up causar problemas.

stir-fry [stə: fr'ai] vt (ps, pp stir-fried) fritar rapidamente no óleo bem quente (método usado na culinária chinesa).

stitch [stitʃ] n 1 ponto de costura, ponto de tricô, ponto de crochê. 2 malha. 3 pontada. • vt+vi 1 costurar. 2 Med suturar. a stitch in time saves nine mais vale prevenir do que remediar. to be in stitches rir a bandeiras empregadas, morrer de rir.

stock [stɔk] n 1 estoque, sortimento, mercadoria. 2 suprimento, reserva. 3 gado, animais de fazenda. 4 capital, apólices, ações. 5 Cook caldo (de carne ou de peixe). • vt+vi 1 estocar, armazenar. 2 abastecer, suprir. • adj comum, convencional, negócio normal, rotina. in stock em estoque. out of stock em falta, esgotado. to put stock in valorizar. to stock up with abastecer-se de. to take stock a) inventariar, fazer balanço ou inventário. b) fig considerar, avaliar. to take stock in Com comprar ações.

stock.bro.ker [st'ɔkbroukə] n corretor de títulos, corretor de valores.

stock ex.change [st'ɔk ikstʃeindʒ] n bolsa de valores.

stock.hold.er [st'ɔkhouldə] n acionista.

stock in trade [stɔk in tr'eid] n elementos essenciais para exercer determinada atividade, negócio normal, rotina.

stock mar.ket [st'ɔk ma:kit] n Com 1 bolsa de valores. 2 mercado, movimento de bolsa. 3 cotações de ações na bolsa.

stock.tak.ing [st'ɔkteikiŋ] n levantamento do estoque, inventário das mercadorias em depósito.

stock.y [st'ɔki] adj robusto.

stodg.y [st'ɔdʒi] adj 1 enfadonho. 2 pesado, indigesto.

stoke [stouk] vt+vi atiçar o fogo. to stoke up atiçar fogo/entusiasmo.

stol.id [st'ɔlid] adj estólido, impassível, apático.

stom.ach [st'ʌmək] n 1 estômago. 2 abdome, cintura. • vt 1 engolir. 2 suportar, agüentar. I have no stomach for it não tenho estômago para isso. to have butterflies in one's stomach coll ficar muito nervoso.

stomp [stɔmp] vt+vi bater o pé, pisar duro, andar com passos pesados.

stone [stoun] n 1 pedra, rocha, rochedo. 2 pedra preciosa, jóia, gema. 3 caroço, semente dura. 4 Brit (pl inalterado) unidade de peso correspondente a 14 libras. • vt 1 colocar pedras, revestir de pedras. 2 apedrejar. 3 descaroçar. • adj 1 de pedra, feito de pedra. 2 relativo a pedra. a rolling stone gathers no moss diz-se que rola não cria limo. rolling stone a) pedra que rola. b) pessoa nômade. to cast the first stone atirar a primeira pedra. to get blood from a stone tirar leite das pedras. to have a heart of stone ter um coração de pedra. to kill two birds with one stone matar dois coelhos com uma só cajadada. to leave no stone unturned mover céus e terras, tentar de tudo. within a stone's throw bem perto.

stone age [st'oun eidʒ] n idade da pedra.

stone-blind [stoun bl'ain] adj totalmente cego.

stoned [stound] adj sl intoxicado com drogas, embriagado, chapado.

stone-dead [stoun d'ed] adj completamente morto.

stone-deaf [stoun d'ef] adj completamente surdo, surdo como uma porta.

stop [stɔp] n 1 parada. 2 obstáculo, impedimento. 3 ponto (de ônibus). 4 Gram ponto. 5 fim. • vt+vi 1 parar. 2 pôr fim a, cessar. 3 interromper, deter. 4 cancelar, sustar, suspender (pagamento). • interj alto! pare! full stop Gram ponto final. stop it! pára com isso. to put a

stop to pôr um fim a. **to stop at** hospedar-se em. **to stop by** fazer uma visita rápida. **to stop dead** ou **short** parar de repente. **to stop off** Amer interromper a viagem. **to stop over** Amer parar, fazer escala.

Há diferença de significado entre **stop doing something** (parar de) e **stop to do something** (parar para): Peter stopped watching TV / Peter parou de assistir à TV. he stopped to answer the phone / ele parou (de fazer algo) para atender o telefone.

stop.gap [st'ɔpgæp] n substituto, Brit tapaburaco. • adj provisório, temporário.

stop.page [st'ɔpidʒ] n **1** interrupção, parada, pausa. **2** obstrução. **3** suspensão de pagamento, de trabalho.

stop.per [st'ɔpə] n rolha, tampa, bujão.

stop.watch [st'ɔpwɔtʃ] n cronômetro.

stor.age [st'ɔ:ridʒ] n **1** armazenagem. **2** Comp armazenamento.

store [stɔ:] n **1** Amer armazém, loja, casa de negócios. **2** suprimento. **3** provisões. • vt **1** pôr em estoque. **2** guardar, armazenar. **chain store** estabelecimento de uma rede de lojas de departamentos ou rede de supermercados, filial. **department store** loja de departamentos. **to be in store** algo está para acontecer. **to set great store by something** dar muito valor a. **to store up** reservar, guardar.

store.win.dow [st'ɔ:windou] n Amer vitrine.

stork [stɔ:k] n Ornith cegonha.

storm [stɔ:m] n **1** tempestade. **2** temporal, chuva forte. • vt+vi **1** chover, fazer temporal. **2** ser violento, enfurecer-se. **3** gritar, berrar. **4** entrar em algum lugar fazendo barulho (demonstrando raiva). **5** assaltar. **a storm in a teacup** tempestade num copo d'água. **the calm after the storm** a bonança após a tempestade. **to raise a storm** promover desordens. **to take by storm** tomar de assalto, conquistar.

storm.y [st'ɔ:mi] adj **1** tempestuoso. **2** tormentoso, violento. **3** turbulento.

sto.ry¹ [st'ɔ:ri] n **1** conto, narrativa, crônica. **2** novela, lenda, história, anedota. **3** Amer artigo de jornal, reportagem. **as the story**

has it / as the story goes conforme consta. **short story** conto. **that is another story** isto é outra história ou coisa diferente. **the same old story** a mesma desculpa. **to make** ou **to cut a long story short** para abreviar a história.

sto.ry², **sto.rey** [st'ɔ:ri] n andar, pavimento.

sto.ry.book [st'ɔ:ribuk] n livro de contos. • adj de contos de fada.

sto.ry-tell.ing [st'ɔri t'eliŋ] n narração de histórias.

stout [staut] adj **1** corpulento, robusto. **2** forte. **3** valente, bravo. **4** fig resistente, determinado.

stow.a.way [st'ouəwei] n passageiro clandestino. • vt embarcar clandestinamente (em avião ou navio).

strad.dle [str'ædəl] vt+vi **1** estar montado (em cavalo ou bicicleta, cadeira etc.) com as pernas abertas. **2** Amer coll estar indeciso, evitar tomar partido. **3** estender-se sobre, transpor. **to straddle the fence** ficar em cima do muro.

straight [streit] n **1** reta, linha, posição. **2** seqüência (de pôquer). • adj **1** reto. **2** direto. **3** ereto, direito. **4** liso (cabelo). **5** sl heterossexual. **6** sl não viciado (em drogas). • adv **1** em linha reta. **2** de forma ereta, em posição direita. **3** sl corretamente, bem. make sure you get the facts straight / certifique-se que entendeu corretamente. **straight ahead** bem em frente, sempre em frente. **straight away** imediatamente. **straight from the shoulder** honestamente. **straight to the point** diretamente ao que interessa. **straight up?** de verdade? **to go straight** a) corrigir-se, desistir de atividades criminosas. b) ir, caminhar reto, em frente. **to keep a straight face** abster-se de sorrir. **to put the record straight** pôr em pratos limpos. **to set someone straight** corrigir alguém, esclarecer alguém. **to think straight** pensar logicamente.

straight.en [str'eitən] vt+vi **1** endireitar, tornar reto. **2** pôr em ordem. **to straighten out** resolver. **to straighten up** a) endireitar-se. b) acertar, arranjar.

straight.for.ward [streitf'ɔ:wəd] adj **1** franco, honesto. **2** direto.

strain¹ [strein] *n* **1** tensão, pressão, compressão. **2** luxação, deslocamento, contorção. **3** esforço, solicitação, extenuação. • *vt+vi* **1** esforçar-se, exceder-se. **2** torcer, luxar, deslocar, contorcer. **3** peneirar. **to strain at** esforçar-se para. **to strain something to the limit** ir, forçar até o limite.

strain² [strein] *n* **1** raça, descendência. **2** linhagem. **3** qualidade ou caráter hereditário. **4** traço, tendência.

strain.er [str'einə] *n* coador, passador, filtro, peneira.

strait.en.ed [str'eitənd] *adj* limitado, com poucos recursos, com dificuldades. *they live in straitened circumstances* / eles vivem em dificuldades financeiras.

strait jack.et [str'eit dʒækit] *n* camisa-de-força.

strand.ed [str'ændid] *adj* encalhado, *fig* fracassado. **to be stranded** a) ficar retido (por falta de dinheiro). b) ficar abandonado.

strange [streindʒ] *adj* **1** estranho. **2** desconhecido. **3** não-experiente, não-acostumado. Veja nota em **exquisite**.

stran.ger [str'eindʒə] *n* pessoa estranha, desconhecido, forasteiro.

A grafia semelhante ao português pode induzir a erro de tradução. **Stranger** significa pessoa estranha ou desconhecido. "Estrangeiro" em inglês traduz-se por **foreigner**.

Veja outra nota em **estrangeiro**.

stran.gle [str'æŋgəl] *vt* **1** estrangular. **2** sufocar.

strap [stræp] *n* **1** tira, correia. **2** alça, cordão. • *vt* segurar, amarrar com fita ou correia. **to strap in/into** usar cinto de segurança. **to strap up** enfaixar.

strat.a.gem [str'ætədʒəm] *n* estratagema, artifício.

strat.e.gy [str'ætədʒi] *n* estratégia.

straw [strɔ:] *n* **1** palha. **2** canudo. • *adj* **1** de palha. **2** sem valor. **3** cor de palha. **to clutch at a straw** *fig* agarrar-se em qualquer coisa no desespero.

straw.ber.ry [str'ɔ:bəri] *n* morango.

stray [str'ei] *n* **1** pessoa errante. **2** animal desgarrado. • *vi* **1** errar, andar a esmo. **2** extraviar(-se). • *adj* **1** esporádico. **2** extraviado. **3** perdido.

stream [stri:m] *n* **1** rio, córrego. **2** corrente, torrente. **3** fluxo. **4** sucessão. • *vt+vi* **1** correr, fluir. **2** jorrar. **3** escorrer, derramar. **4** ondear (ao sabor do vento). **stream of consciousness** *Psych* fluxo de consciência, diálogo interior (principalmente em literatura).

stream.lined [str'i:mlaind] *adj* **1** aerodinâmico. **2** moderno, eficiente, "enxuto". **3** *coll* alinhado.

street [stri:t] *n* rua. **dead end street** rua sem saída. **(right) up one's street** perfeito para, especialidade de. **the man in the street** o homem do povo. **to be streets ahead of** ser muito superior a. **to walk the streets** a) vaguear pelas ruas. b) ser prostituta.

strength.en [str'eŋθən] *vt+vi* fortalecer, reforçar.

stress [stres] *n* **1** tensão. **2** ênfase. **3** esforço. **4** *Med* estresse. **5** *Gram* acento tônico. • *vt* **1** enfatizar. **2** pronunciar com acento tônico, acentuar na pronúncia. **3** estressar, submeter a tensão.

stretch [stretʃ] *n* **1** estiramento, esticamento. **2** extensão, distância, trecho. **3** período de tempo. **4** espreguiçamento. **5** pequena caminhada para esticar as pernas. **6** elasticidade. • *vt* **1** esticar, estender, estirar. **2** estender-se, cobrir grande distância, espalhar-se. **3** esticar o corpo ou os membros, espreguiçar-se. **4** exigir o máximo de. **to be stretched to the limit** estar no limite dos seus recursos (financeiros, diplomáticos etc). **to stretch forth / forward** estender, avançar. **to stretch one's legs** esticar as pernas. **to stretch out** espalhar, estender, alargar-se.

stretch.er [str'etʃə] *n* maca.

stretch-out [str'etʃ aut] *n* sistema de esticar a produção, sem elevar as despesas com mão-de-obra.

strick.en [str'ikən] *pp* of **strike.** • *adj* afetado, acometido, atacado.

strict [strikt] *adj* **1** rigoroso, severo, austero. **2** exato, pontual. **in strict confidence** estritamente confidencial. **in the**

S

strict sense of the word / strictly speaking no sentido exato da palavra.

strict.ly [str'iktli] *adv* estritamente, rigorosamente, exatamente.

strid.den [str'idən] *pp* of **stride.**

stride [straid] *n* **1** passo largo. **2** distância que corresponde a um passo largo. **3** *fig* progresso, avanço. • *vt+vi* (*ps* **strode,** *pp* **stridden**) andar com passos largos. **to get into / hit one's stride** entrar no ritmo. **to take something in one's stride** fazer algo sem dificuldades.

strike [straik] *n* **1** greve. **2** ataque. **3** ato de derrubar todos os pinos no jogo de boliche, pontos feitos assim. • *vt* (*ps* **struck,** *pp* **struck, stricken**) **1** bater, golpear. **2** acender (fósforo). **3** atingir, cair (raio). **4** impressionar. *he struck me as being reliable* / ele me deu a impressão de ser confiável. **5** tocar, soar, bater as horas. **6** descobrir, encontrar (petróleo, ouro etc.). **7** surgir, aparecer, vir de repente. *the thought struck him* / ocorreu-lhe a idéia. **strike me dead!** Deus me castigue! **to go on strike** entrar em greve. **to strike a balance** chegar a um acordo. **to strike a bargain** fechar um negócio. **to strike back** revidar. **to strike down** derrubar. **to strike off** a) cortar. b) copiar, imprimir. **to strike out** a) apagar, cancelar. b) golpear. **to strike the eye** chamar a atenção. **to strike through** remover, cancelar (algo escrito). **to strike up** a) *Mus* começar a tocar. b) iniciar (relacionamento, conversa etc.). **to strike upon** incidir sobre, cair sobre.

strik.er [str'aikə] *n* **1** grevista. **2** artilheiro(a).

strik.ing [str'aikiŋ] *adj* que chama a atenção, notável, impressionante. **within striking distance** muito perto.

string [striŋ] *n* **1** cordão, barbante. **2** corda (de instrumento musical). **3 strings** instrumentos de corda. **4** colar. **5** cadeia, seqüência. • *vt* (*ps, pp* **strung**). **1** enfileirar. **2** pendurar. **to pull the strings** exercer influência discretamente, mexer os pauzinhos. **to string along** ir com, acompanhar. **to string together** enfiar, enfileirar. **without strings / with no strings attached** sem restrições.

strip¹ [strip] *n* **1** tira, faixa. **2** *Amer* (também **comic strip**) história em quadrinhos. **3** faixa, pista (para avião). **4** *striptease*: ato de tirar a roupa dançando, em espetáculo de variedades.

strip² [strip] *vt* **1** despir-se. **2** *Naut* desmantelar. **3** tirar, roubar. **4** cortar em tiras. **to strip a cow** ordenhar uma vaca.

striped [straipt] *adj* listrado.

strip.per [str'ipə] *n* pessoa que faz número de *striptease*.

strive [straiv] *vt* (*ps* **strove,** *pp* **striven**) **1** esforçar-se, empenhar-se em. **2** lutar, batalhar.

stroke¹ [strouk] *n* **1** golpe. **2** batida, som de pancada. **3** façanha. **4** braçada. **5** traço, pincelada. **6** golpe (de sorte etc.). **7** badalada (de sino, relógio etc.). **at a stroke** em um só golpe, de uma só vez.

stroke² [strouk] *n* afago, carícia. • *vt* acariciar, afagar.

stroll [stroul] *n* passeio, volta. • *vt* passear, dar uma volta. **to take a stroll** dar uma volta.

stroll.er [str'oulə] *n* carrinho de bebê.

strong [strɔŋ] *adj* forte • **strong as a horse** forte como um touro. **to be going strong** continuar firme e forte, continuar em atividade. **with a strong hand** com mão forte, com força.

strong-box [str'ɔŋ bɔks] *n* caixa-forte.

strong.hold [str'ɔŋhould] *n* **1** lugar seguro, fortaleza. **2** *fig* baluarte.

struck [strʌk] *ps, pp* of **strike.** • *adj* chocado, perplexo (**with** com), comovido, tocado (**at** por, de).

struc.ture [str'ʌkt∫ə] *n* **1** construção. **2** estrutura. • *vt* **1** estruturar. **2** construir.

strug.gle [str'ʌgəl] *n* **1** esforço, trabalho, empenho. **2** luta, conflito. • *vt* **1** esforçar-se por. **2** lutar. **3** mover-se com grande esforço.

strum [strʌm] *vt+vi* dedilhar um instrumento de cordas.

stub [stʌb] *n* **1** toco. **2** canhoto (de cheque etc.). **to stub out** apagar (cigarros).

stub.born [st'ʌbən] *adj* obstinado, teimoso, inflexível.

stub.by [st'ʌbi] *adj* **1** curto e grosso. **2** grosso, espesso.

stuck [stʌk] *ps, pp* of **stick.** • *adj* emperrado, preso, empacado. **stuck in the mud** *coll* perplexo, pasmado. **to be stuck on someone** estar apaixonado por alguém. **to be stuck with** estar preso (com algo ou alguém indesejável de que é difícil se livrar).

stuck-up [stʌk ʌp] *adj coll* orgulhoso, convencido.

stud [stʌd] *n* 1 *Amer* garanhão. 2 haras.

stud.ied [stʌdid] *adj* 1 instruído, lido, erudito. 2 pensado, refletido. 3 premeditado.

stu.di.o a.part.ment [stjuːdiou əpaːtmənt] *n* quitinete.

stud.y [stʌdi] *n* 1 estudo. 2 exame, investigação. 3 matéria estudada, disciplina, objeto de estudo. 4 trabalho científico. 5 sala de estudos, escritório. 6 *Arts* modelo, esboço. • *vt+vi* 1 estudar. 2 investigar, pesquisar. 3 considerar, ponderar, pensar. 4 observar atentamente. **to be a fast study** *Theat* decorar o papel rapidamente. **to be in a brown study** pensar muito em algo.

stuff [stʌf] *n* 1 material, matéria (prima). 2 pertences, bens. 3 coisa inútil, bugiganga. • *vt* 1 forçar, empurrar, socar, empanturrar. 2 empalhar. 3 rechear (um assado). **to do one's stuff** cumprir a sua parte, fazer o que se tem de fazer. **to have the stuff** ter habilidade, ter competência. **to know one's stuff** entender do assunto, entender do seu ofício. **to stuff into** encher, forçar para dentro. **to stuff oneself** empanturrar-se.

stuff.ing [stʌfiŋ] *n* 1 ato de rechear. 2 recheio.

stum.ble [stʌmbəl] *n* 1 erro, lapso, deslize, falta. 2 tropeço, passo falso. • *vt* 1 tropeçar, pisar em falso. 2 equivocar-se. 3 encontrar por acaso, topar com. **to stumble in** chocar-se com. **to stumble into** meter-se em alguma coisa sem querer. **to stumble over** tropeçar sobre. **to stumble upon** achar por acaso, topar com.

stun.ning [stʌniŋ] *adj* 1 atordoante. 2 *coll* formidável, excelente. 3 impressionante.

stunt¹ [stʌnt] *vt* retardar, impedir o crescimento.

stunt² [stʌnt] *n* 1 atração, acrobacia. 2 golpe, truque. • *vt* fazer acrobacias.

stunt man [stʌnt mæn] *n Cin* dublê.

stunt wom.an [stʌnt wumən] *n Cin* dublê.

stu.pen.dous [stjupendəs] *adj* estupendo, espantoso, assombroso.

stu.pid [stjuːpid] *n* estúpido, pessoa estúpida. • *adj* 1 estúpido, sem inteligência, tolo. 2 cansativo, desinteressante. 3 imbecil, absurdo, sem sentido.

stur.dy [stʌːdi] *adj* 1 robusto. 2 firme. 3 sólido. 4 resistente.

stut.ter [stʌtə] *n* gagueira. • *vt+vi* gaguejar.

sty [stai] *n* (*pl* **sties**) chiqueiro, pocilga. • *vt+vi* viver em chiqueiro.

styl.ish [stailiʃ] *adj* elegante, moderno.

styl.ist [stailist] *n* estilista.

suave [swaːv] *adj* suave, delicado, cortês.

sub.con.scious [sʌbkɔnʃəs] *adj* subconsciente.

sub.con.trac.tor [sʌbkəntrˈæktə] *n* subempreiteiro, terceiro.

sub.di.vi.sion [sʌbdiviʒən] *n* subdivisão.

sub.due [səbdjuː] *vt* 1 subjugar. 2 dominar. 3 persuadir, conquistar, domesticar.

sub.em.ploy.ment [sʌbimplˈɔimənt] *n* subemprego.

sub.ja.cent [sʌbdʒeisənt] *adj* subjacente.

sub.ject [sʌbdʒikt] *n* 1 assunto, tópico, tema. 2 súdito, vassalo. 3 disciplina, matéria. 4 sujeito de experiência. 5 tema de melodia em que se baseia uma composição musical. • [səbdʒˈekt] *vt* 1 subjugar. 2 submeter. • *adj* 1 sujeito, sob o domínio de. 2 exposto. 3 com disposição ou tendência para. 4 condicionado a. **subject to** sujeito a, dependente de.

sub.jec.tive [səbdʒˈektiv] *adj* subjetivo.

sub.ject-mat.ter [sʌbdʒikt mætə] *n* assunto, tema (de livro), matéria de estudo.

sub.ju.gate [sʌbdʒugeit] *vt* subjugar, dominar.

sub.let [sʌblˈet] *vt+vi* (*ps, pp* **sublet**) (também **sublease**) sublocar.

sub.lim.i.nal [sʌblˈiminəl] *adj Psych* subliminar.

sub.ma.chine gun [sʌbməʃ'iːn gʌn] *n* submetralhadora.

sub.merge [səbm'əːdʒ] *vt+vi* **1** inundar. **2** submergir, afundar.

sub.mis.sive [səbm'isiv] *adj* submisso.

sub.mit [səbm'it] *vt* **1** submeter(-se). **2** apresentar (a exame ou apreciação).

sub.or.di.nate [səb'ɔːdineit] *vt* subordinar, sujeitar, subjugar. • [səb'ɔːdinit] *adj* inferior, subalterno, subordinado.

sub.scribe [səbskr'aib] *vt+vi* **1** aceitar ou aprovar assinando embaixo. **2** assinar (jornal, revista etc.). **3** concordar, aprovar. **to subscribe for** concordar em comprar ou pagar. **to subscribe to** apoiar uma idéia, ponto de vista etc.

sub.scrip.tion [səbskr'ipʃən] *n* **1** subscrição. **2** contribuição. **3** assinatura (de revista, jornal, telefone etc.). **by subscription** por meio de subscrição, contribuição, assinatura.

sub.se.quent [s'ʌbsikwənt] *adj* subseqüente, seguinte. **subsequent to** posterior, depois, em seguida. **subsequent upon** devido a, em conseqüência de.

sub.side [səbs'aid] *vi* **1** baixar. **2** diminuir, acalmar-se. **3** ceder, afundar.

sub.sid.i.ar.y [səbs'idiəri] *n* **1** auxílio, auxiliar. **2** companhia subsidiária • *adj* subsidiário, secundário.

sub.si.dize, sub.si.dise [s'ʌbsidaiz] *vt* subsidiar, auxiliar, assistir.

sub.si.dy [s'ʌbsidi] *n* subsídio, auxílio, subvenção.

sub.sist [səbs'ist] *vt+vi* subsistir, existir, ser.

sub.stance [s'ʌbstəns] *n* substância.

sub.stan.tial [səbst'ænʃəl] *adj* **1** substancial. **2** sólido.

sub.stan.tive [səbst'æntiv, s'ʌbstəntiv] *adj* **1** substantivo. **2** real. **3** importante.

sub.sti.tute [s'ʌbstitjuːt] *n* substituto. • *vt+vi* substituir. • *adj* substituto.

sub.sti.tu.tion [sʌbstitj'uːʃən] *n* substituição.

sub.ter.ra.ne.an [sʌbtər'einiən] *adj* subterrâneo.

sub.ti.tle [s'ʌbtaitəl] *n* **1** subtítulo. **2** *Cin* legenda. • *vt* **1** colocar subtítulo. **2** colocar legenda.

sub.ti.tled [s'ʌbtaitəld] *adj* que tem subtítulo ou legenda, legendado.

sub.tle [s'ʌtəl] *adj* sutil.

sub.tle.ty [s'ʌtəlti] *n* sutileza.

sub.tract [səbtr'ækt] *vt+vi* **1** *Math* subtrair. **2** tirar.

sub.trac.tion [səbtr'ækʃən] *n* subtração.

sub.trop.i.cal [sʌbtr'ɔpikəl] *adj* subtropical.

sub.urb [s'ʌbəːb] *n* **1** subúrbio. **2** (geralmente **suburbs**) bairros residenciais afastados da cidade. **3 suburbs** arredores, vizinhanças.

sub.ur.ban [səb'əːbən] *adj* suburbano.

sub.ver.sion [səbv'əːʃən] *n* subversão.

sub.ver.sive [səbv'əːsiv] *adj* subversivo.

sub.way [s'ʌbwei] *n* **1** *Brit* passagem subterrânea. **2** *Amer* metrô.

suc.ceed [səks'iːd] *vt+vi* **1** ter êxito. **2** suceder.

suc.cess [səks'es] *n* sucesso, êxito.

suc.cess.ful [səks'esful] *adj* bem-sucedido.

suc.ces.sion [səks'eʃən] *n* sucessão.

suc.ces.sive [səks'esiv] *adj* sucessivo.

suc.ces.sor [səks'esə] *n* sucessor.

suc.cinct [səks'iŋkt] *adj* sucinto.

suc.cu.lent [s'ʌkjulənt] *adj* suculento.

suc.cumb [sək'ʌm] *vt* sucumbir.

such [sʌtʃ] *adj* **1** desta maneira. **2** tal, de modo que. **3** semelhante, igual. **4** tanto, tamanho. **5** certo, certa, assim. • *pron* **1** tal pessoa, tal coisa. **2** esse, essa, o tal. **3** isto, aquilo. **as such** como tal. • *adv* **1** tão, em tal grau. **2** assim mesmo. **3** de tal maneira. **as such** como tal, em si. **Mr. such and such** fulano de tal. **such as** tais como, por exemplo.

Observe que **such** é geralmente usado em frases negativas e interrogativas e depois de **if**. Nas frases afirmativas, usa-se **like that** (desse tipo) e **that sort of** (desse tipo) ou **that kind of** (do tipo) em vez de **such**. *politicians like that should be ignored* / os políticos desse tipo devem ser ignorados. *I find that kind of discussion interesting* / acho esse tipo de discussão interessante.

such.like [s'ʌtʃlaik] *adj* semelhante. • *pron* coisa parecida, esse tipo de coisa.

suck [sʌk] n chupada. • vt+vi 1 sugar. 2 chupar. 3 mamar. **something sucks** coll é muito mal, é muito ruim.

suck.er [sʌkə] n 1 chupador. 2 chupeta. 3 ventosa. 4 bobo, otário. **to play the sucker** bancar o trouxa, fazer papel de bobo.

suck.le [sʌkəl] vt 1 amamentar. 2 alimentar, criar.

suc.tion [sʌkʃən] n sucção.

sud.den [sʌdən] adj repentino. **all of a sudden** de repente.

sud.den.ly [sʌdənli] adv repentinamente.

suds [sʌdz] n pl espuma, bolhas de sabão.

sue [sju:] vt processar, acionar. **to sue for** a) processar por. b) pedir, implorar.

suède [sweid] n Fr camurça. • adj feito de camurça.

suf.fer [sʌfə] vt sofrer.

suf.fer.ing [sʌfəriŋ] n sofrimento.

suf.fice [səfais] vt+vi ser suficiente ou adequado.

suf.fi.cient [səfiʃənt] adj suficiente.

suf.fix [sʌfiks] n Gram sufixo.

suf.fo.cate [sʌfəkeit] vt+vi sufocar, asfixiar.

suf.fo.ca.ting [sʌfəkeitiŋ] adj sufocante, asfixiante.

suf.fo.ca.tion [sʌfəkeiʃən] n sufocação, asfixia.

suf.frage [sʌfridʒ] n 1 voto, sufrágio. 2 direito de voto.

su.gar [ʃugə] n 1 açúcar. 2 coll benzinho, amorzinho (forma de tratamento). • vt+vi adoçar.

sug.ar.y [ʃugəri] adj doce, açucarado.

sug.gest [sədʒest] vt 1 sugerir. 2 propor, aconselhar. 3 insinuar.

sug.ges.tion [sədʒestʃən] n 1 sugestão. 2 proposta.

sug.ges.tive [sədʒestiv] adj sugestivo, indicativo.

su.i.cid.al [su:isaidəl] adj suicida.

su.i.cide [su:isaid] n 1 suicídio. 2 suicida. • vt+vi cometer suicídio, matar-se. **to commit suicide** suicidar-se.

suit [su:t] n 1 terno de roupa. 2 tailleur. 3 naipe. 4 processo, caso jurídico. • vt+vi 1 adaptar, acomodar. this suits my purpose / isto corresponde às minhas intenções.

2 ficar bem, cair bem (roupas). 3 combinar com.

suit.a.bil.i.ty [su:təbiliti] n conveniência.

suit.a.ble [su:təbəl] adj apropriado, adequado.

suit.case [su:tkeis] n mala de viagem.

suite [swi:t] n 1 suíte (em hotel). 2 conjunto, jogo.

suit.ed [su:tid] adj apropriado, condizente.

sul.fur [sʌlfə] n = **sulphur.**

sulk [sʌlk] n mau humor (também **the sulks**). • vt estar de mau humor, emburrar.

sul.len [sʌlən] adj 1 calado. 2 mal-humorado, rabugento.

sul.phur [sʌlfə] n enxofre. • adj da cor de enxofre, amarelo-claro.

sul.try [sʌltri] adj 1 abafado. 2 provocante, sensual.

sum [sʌm] n 1 soma, adição. 2 total. 3 coll conta. • vt+vi 1 somar. 2 resumir. **in sum** em resumo. **to sum up** resumir.

sum.ma.rize, sum.ma.rise [sʌməraiz] vt resumir.

sum.ma.ry [sʌməri] n resumo. • adj 1 conciso, resumido. 2 direto, simples.

sum.mer [sʌmə] n verão

sum.mer.time [sʌmətaim] n verão, temporada de verão.

sum.mer.y [sʌməri] adj de verão, estival.

sum.mit [sʌmit] n 1 cume, topo. 2 reunião, conferência de cúpula.

sum.mon [sʌmən] vt convocar.

sump.tu.ous [sʌmptʃuəs] adj suntuoso.

sun [sʌn] n sol. • vt tomar sol.

sun.bathe [sʌnbeið] vi tomar banho de sol.

sun.beam [sʌnbi:m] n raio de sol.

sun.burn [sʌnbə:n] n queimadura de sol. • vt+vi ficar queimado pelo sol.

sun.burned [sʌnbə:nd] adj 1 Brit queimado pelo sol, bronzeado. 2 Amer com queimadura de sol.

sun.burnt [sʌnbə:nt] adj = **sunburned.**

sun.dae [sʌndei; sʌndi] n sorvete com cobertura, frutas, nozes etc.

Sun.day [sʌndei, sʌndi] n domingo. • adj 1 domingueiro. 2 amador, de fim de semana.

sun.di.al [sʌndaiəl] n relógio de sol.

sun.down [sʌndaun] n pôr-do-sol.

sun.flow.er [sʌnflauə] n girassol.

S

sun.glass.es [sˈʌnglɑːsiːz; sˈʌnglæsiz] *n* óculos escuros.

sun.light [sˈʌnlait] *n* luz solar.

sun.lit [sˈʌnlit] *adj* iluminado pelo sol.

sun.ny [sˈʌni] *adj* 1 ensolarado. 2 radiante, alegre, feliz.

sun.rise [sˈʌnraiz] *n* nascer do sol.

sun.set [sˈʌnset] *n* ocaso, pôr-do-sol.

sun.shine [sˈʌnʃain] *n* 1 luz solar. 2 claridade, alegria.

sun.stroke [sˈʌnstrouk] *n* insolação.

sun.tan [sˈʌntæn] *n* bronzeamento.

sun.tanned [sˈʌntænd] *adj* bronzeado.

su.per [sˈuːpə,] *adj* sl excelente, formidável.

su.perb [suːpˈəːb] *adj* magnífico, esplêndido.

su.per.cil.i.ous [suːpəsˈiliəs] *adj* arrogante, desdenhoso.

su.per.fi.cial [suːpəfˈiʃəl] *adj* superficial.

su.per.flu.ous [suːpˈəːfluəs] *adj* supérfluo.

su.per.hu.man [suːpəhjˈuːmən] *adj* sobre-humano, além das forças humanas.

su.per.in.tend.ent [suːpəintˈendənt] *n* superintendente.

su.pe.ri.or [supˈiəriə] *n* 1 pessoa superior (em cargo etc.). 2 superior. • *adj* superior.

su.pe.ri.or.i.ty [supiəriˈɔriti] *n* superioridade.

su.per.la.tive [suːpˈəːlətiv] *n* 1 exemplo supremo. 2 *Gram* superlativo. • *adj* 1 insuperável. 2 *Gram* superlativo.

su.per.mar.ket [sˈuːpəmɑːkit] *n* supermercado.

su.per.nat.u.ral [suːpənˈætʃərəl] *n* **(the supernatural)** sobrenatural. • *adj* sobrenatural.

su.per.pow.er [sˈuːpəpauə] *n Pol* superpotência.

su.per.son.ic [suːpəsˈɔnik] *adj* 1 de alta freqüência. 2 supersônico.

su.per.sti.tion [suːpəstˈiʃən] *n* superstição, crendice.

su.per.sti.tious [suːpəstˈiʃəs] *adj* supersticioso.

su.per.vise [sˈuːpəvaiz] *vt* supervisionar.

su.per.vi.sion [suːpəvˈiʒən] *n* supervisão.

su.per.vi.sor [sˈuːpəvaizə] *n* supervisor.

sup.per [sˈʌpə] *n* jantar, ceia.

sup.ple [sˈʌpəl] *vt* fazer flexível, tornar-se flexível. • *adj* flexível.

sup.ple.ment [sˈʌplimənt] *n* 1 suplemento. 2 apêndice (de livro). • *vt* completar, acrescentar, adicionar.

sup.ple.men.ta.ry [sʌplimˈentəri] *adj* adicional, suplementar.

sup.pli.er [səplˈaiə] *n* abastecedor, fornecedor.

sup.plies [səplˈaiz] *n pl* material, suprimento.

sup.ply [səplˈai] *n* 1 estoque, suprimento. 2 abastecimento, oferta. 3 substituto temporário. • *vt+vi* fornecer, abastecer, suprir.

sup.ply and de.mand [səplˈai ənd dimˈaːnd] *n* oferta e procura.

sup.port [səpˈɔːt] *n* 1 apoio. 2 sustento. 3 suporte. • *vt* 1 sustentar, suportar. 2 encorajar. 3 sustentar, cuidar. 4 apoiar. 5 torcer, defender, patrocinar. **with my support** com meu auxílio.

sup.port.er [səpˈɔːtə] *n* torcedor.

sup.port.ing [səpˈɔːtin] *adj* 1 de sustento, auxiliador, de suporte. 2 *Cin* coadjuvante.

sup.pose [səpˈouz] *vt* 1 supor. *I suppose you know* / suponho que você saiba. 2 considerar como possibilidade. 3 acreditar. 4 presumir, esperar. *you are not supposed to work all day* / não se espera que você trabalhe o dia inteiro. 5 pressupor. 6 conceber. • *conj* que tal, e se. *suppose we had supper now?* / que tal se jantarmos agora? **I suppose so** creio que sim.

sup.posed [səpˈouzd] *adj* suposto, admitido.

sup.pos.ed.ly [səpˈouzidli] *adv* supostamente, provavelmente.

sup.pos.ing [səpˈouzin] *conj* se, caso. *supposing you were ill* / caso você esteja doente.

sup.po.si.tion [sʌpəzˈiʃən] *n* suposição.

sup.press [səprˈes] *vt* 1 suprimir, oprimir. 2 reprimir. 3 ocultar, abafar.

sup.pres.sion [səprˈeʃən] *n* supressão.

su.prem.a.cy [suprˈeməsi] *n* supremacia.

su.preme [suprˈiːm] *adj* supremo, principal.

sure [ʃˈuə] *adj* certo, seguro. • *adv coll* seguramente, com certeza. **for sure** claro. **sure enough** sem dúvida. **to be sure of** ter certeza de. **to make sure** certificar-se.

sure.ly [ʃ'uəli] *adv* certamente, realmente, de fato.

surf [sə:f] *n* rebentação, espuma de ondas. • *vi Sport* surfar, praticar surfe. **to go surfing** surfar, praticar surfe. **to surf on the net** procurar na Internet algo que interessa, surfar na Internet.

sur.face [s'ə:fis] *n* 1 superfície. 2 face, lado. • *vt+vi* 1 vir à tona. 2 revestir. 3 *Amer* tornar-se público. • *adj* 1 superficial. 2 aparente. **on the surface** superficialmente. **to come to the surface** vir à tona.

surf.er [s'ə:fə] *n* surfista.

surf.ing [s'ə:fiŋ] *n Sport* surfe. **channel / cyber surfing** a) mudar de canal rapidamente para olhar os programas. b) olhar no computador (Internet) para ver se tem algo que interessa.

surge [sə:dʒ] *n* onda, vaga. • *vt+vi* mover-se como as ondas.

sur.geon [s'ə:dʒən] *n* cirurgião, médico operador.

sur.ger.y [s'ə:dʒəri] *n* cirurgia.

sur.gi.cal [s'ə:dʒikəl] *adj* cirúrgico.

sur.ly [s'ə:li] *adj* de mau humor, carrancudo.

sur.mise [sə:m'aiz] *vt* imaginar, supor, inferir.

sur.mount [sə:m'aunt] *vt* superar, vencer.

sur.name [s'ə:neim] *n* sobrenome.

sur.pass [sə:p'a:s; sə:p'æs] *vt* superar.

sur.plus [s'ə:pləs] *n* excedente. • *adj* excedente.

sur.prise [səpr'aiz] *n* surpresa. • *vt* surpreender. **to take by surprise** pegar em flagrante, pegar de surpresa.

sur.prised [səpr'aizid] *adj* surpreso.

sur.pris.ing [səpr'aiziŋ] *adj* surpreendente.

sur.ren.der [sər'endə] *n* rendição. • *vt* render-se, entregar-se.

sur.ro.gate [s'ʌrəgeit] *n* substituto, delegado. • *vt* substituir. • *adj* substituto. **surrogate mother** mãe de aluguel.

sur.round [sər'aund] *vt* 1 rodear, envolver. 2 cercar, circundar.

sur.round.ing [sər'aundiŋ] *adj* 1 circundante. 2 adjacente, vizinho.

sur.round.ings [sər'aundiŋz] *n pl* arredores.

sur.vey [s'ə:vei] *n* 1 pesquisa, levantamento. 2 inspeção, vistoria. • [səv'ei] *vt+vi* 1 inspecionar. 2 fazer levantamento topográfico. 3 fazer levantamento, pesquisar.

sur.vey.or [səv'eiə] *n* 1 agrimensor. 2 inspetor. 3 pesquisador.

sur.viv.al [səv'aivəl] *n* 1 sobrevivência. 2 pessoa, coisa, costume etc. que sobrevive.

sur.vive [səv'aiv] *vt* sobreviver.

sur.viv.or [səv'aivə] *n* sobrevivente.

sus.cep.ti.bil.i.ties [səseptəb'ilitiz] *n pl* suscetibilidades.

sus.cep.ti.bil.i.ty [səseptəb'iliti] *n* suscetibilidade, sensibilidade.

sus.cep.ti.ble [səs'eptəbəl] *adj* suscetível, sensível. **susceptible of** suscetível de. **susceptible to** sujeito a, sensível a.

sus.pect [s'ʌspekt] *n* suspeito, pessoa suspeita. • [səp'ekt] *vt+vi* 1 imaginar, pensar. 2 suspeitar, desconfiar. 3 duvidar.

sus.pend [səsp'end] *vt+vi* 1 suspender, pendurar. 2 suspender, interromper temporariamente. 3 sustar, adiar.

sus.pend.er [səsp'endə] *n* 1 liga. 2 *Med* funda, cinta ortopédica. 3 **suspenders** *Amer* suspensórios.

sus.pense [səsp'ens] *n* suspense. **in suspense** suspenso, incerto.

sus.pen.sion [səsp'enʃən] *n* interrupção, suspensão.

sus.pen.sion bridge [səsp'enʃən bridʒ] *n* ponte pênsil.

sus.pen.sion points [səsp'enʃən pɔints] *n* reticências.

sus.pi.cion [səsp'iʃən] *n* 1 dúvida, suspeita. 2 desconfiança. **above suspicion** acima de qualquer suspeita. **to remove a suspicion** afastar uma suspeita. **under suspicion** sob suspeita.

sus.pi.cious [səsp'iʃəs] *adj* 1 suspeito, duvidoso. 2 desconfiado.

sus.pi.cious.ly [səsp'iʃəsli] *adv* de modo suspeito.

sus.tain [səst'ein] *vt* 1 sustentar, manter. 2 suportar, segurar. 3 tolerar, agüentar. 4 sofrer, experimentar.

swab [swɔb] *n* 1 esfregão, estropalho. 2 chumaço de algodão fixado à extremidade de uma haste, para aplicar medicamentos ou colher material para exames laboratoriais.

swag.ger [sw'ægə] n 1 gabolice, bazófia. 2 andar afetado. • vt+vi 1 andar de modo afetado, andar com ares de superior. 2 vangloriar-se, gabar-se.

swal.low¹ [sw'ɔlou] n trago, gole. • vt+vi 1 engolir, tragar. 2 ter de tolerar ou aceitar. 3 reprimir, conter. to swallow up engolir, consumir.

swal.low² [sw'ɔlou] n andorinha. one swallow does not make a summer uma andorinha só não faz verão.

swamp [swɔmp] n brejo, pântano. • vt inundar, alagar.

swamp.y [sw'ɔmpi] adj pantanoso, alagadiço.

swan [sw'ɔn] n cisne. swan song canto do cisne (também fig).

swap, swop [swɔp] n coll troca, permuta. • vt trocar, permutar, negociar.

swarm [swɔ:m] n 1 enxame (de abelhas). 2 multidão, horda. • vt+vi 1 enxamear. 2 fervilhar. the place swarmed with people / o lugar fervilhava de gente.

swat [swɔt] n 1 golpe violento. 2 mata-moscas. • vt 1 esmagar, matar com um golpe (moscas). 2 atingir com uma pancada.

swathe [sweið] n bandagem, faixa. • vt 1 embrulhar. 2 enfaixar, envolver em bandagem.

sway [swei] n 1 balanço. 2 influência, domínio. • vt+vi 1 balançar. 2 fazer agitar, fazer balançar. 3 mudar de opinião. 4 influenciar.

swear [swɛə] n praga, imprecação, palavrão. • vt (ps swore, pp sworn) 1 xingar, blasfemar, falar palavrões. 2 jurar, prestar juramento. I have sworn to myself never to drink again / jurei nunca mais beber. to swear at maldizer, rogar pragas. to swear by ter confiança em. to swear someone in prestar juramento. all witnesses were sworn in / todas as testemunhas prestaram juramento. to swear to afirmar ou identificar sob juramento.

swear.word [swɛəw'ɔ:d] n coll palavrão, blasfêmia.

sweat [swet] n 1 suor, transpiração. 2 coll

sofrimento, ansiedade que produz suor. 3 trabalho duro. • vt+vi 1 suar, transpirar. 2 fazer suar. 3 fermentar, fazer perder umidade. in a cold sweat fig em um estado de terror ou ansiedade. no sweat sl sem problemas. to sweat it out agüentar até o fim. to sweat one's guts out trabalhar muito.

sweat.er [sw'etə] n suéter, pulôver, malha de lã.

sweat.shirt [sw'etʃə:t] n Sport pulôver de abrigo, blusão de moletom.

sweat suit [sw'et su:t] n Sport agasalho, abrigo (roupa para praticar esportes).

sweat.y [sw'eti] adj 1 suado, cheio de suor. 2 que faz suar.

sweep [swi:p] n 1 varredura, varrição, limpeza. 2 movimento impetuoso. • vt+vi (ps, pp swept) 1 varrer, limpar. 2 correr, mover-se rapidamente. 3 procurar, olhar (o horizonte), vascular. 4 devastar. 5 abarcar, abranger. at one sweep de uma só vez. to make a clean sweep of a) ganhar todos os prêmios, concursos etc. b) limpar completamente. to sweep off arrastar, levar, varrer. to sweep someone off their feet coll fig fazer alguém ficar impressionado, atraído por você. to sweep the board ganhar tudo, limpar a mesa (jogo de apostas).

sweep.er [sw'i:pə] n varredor, limpador.

sweet [swi:t] n 1 coisa doce, doçura. 2 Brit sobremesa. 3 sweets bombom, doce, coisa agradável. 4 querida, amor (forma de tratamento carinhosa). • adj 1 doce, açucarado, adocicado. 2 cheiroso. 3 atraente, bonito, encantador. 4 amável, gentil. 5 querido. home sweet home lar doce lar. to have a sweet tooth gostar de doces.

sweet.en [sw'i:tən] vt+vi 1 adoçar. 2 tornar agradável, suavizar. to sweeten up agradar alguém.

sweet.en.er [sw'i:tənə] n adoçante.

sweet.heart [sw'i:tha:t] n querido, namorado, querida, namorada.

sweet.ly [sw'i:tli] adv 1 docemente. 2 suavemente.

sweet.ness [sw'i:tnis] n 1 doçura. 2 suavidade, brandura. 3 perfume, aroma.

sweet po.ta.to [swi:t pət'eitou] *n* batata-doce.

swell [swel] *n* 1 aumento, dilatação. 2 intumescência, protuberância. 3 pessoa importante. • *vt* (*pp* **swollen, swelled**) 1 inchar, intumescer, dilatar. 2 ter saliência, dilatar-se. • *adj* 1 *coll* elegante, gráfino. 2 excelente, formidável.

swell.ing [sw'eliŋ] *n* inchaço. • *adj* 1 que expande, que incha. 2 elevado, túrgido.

swelt.er [sw'eltə] *n* calor opressivo. • *vt* 1 sofrer de calor. 2 suar, transpirar. 3 abafar, sufocar.

swel.ter.ing [sw'eltəriŋ] *adj* sufocante, abafado.

swerve [swə:v] *n* desvio, virada. • *vt+vi* desviar.

swift [swift] *n* 1 *Ornith* andorinhão. 2 salamandra aquática. 3 dobadoura. • *adj* 1 rápido, veloz. 2 imediato, pronto. 3 esperto, vivo.

swift.ness [sw'iftnis] *n* rapidez, vivacidade.

swig [swig] *n sl* trago ou gole grande. • *vt+vi* beber em goles grandes.

swill [swil] *n* 1 lavagem para porco. 2 enxaguada. • *vt+vi* lavar com água, enxaguar.

swim [swim] *n* 1 natação, nado, distância percorrida a nado. 2 **the swim** vida, corrente da vida. 3 vertigem, tontura. • *vt+vi* (*ps* **swam**, *pp* **swum**). 1 nadar. 2 atravessar a nado. 3 boiar, flutuar. 4 estar tonto ou zonzo, girar. • *adj* de natação. **to go for a swim / to take a swim** nadar.

swim.mer [sw'imə] *n* nadador, nadadora.

swim.ming [sw'imiŋ] *n* 1 nado, natação. 2 tontura. • *adj* 1 natatório, que nada. 2 atordoado, aturdido. 3 de natação, próprio para natação.

swim.ming pool [sw'imiŋ pu:l] *n* piscina.

swim.ming suit [swimiŋ su:t] *n* traje de banho, maiô.

swim.ming trunks [sw'imiŋ trʌnks] *n* calção de banho.

swim.suit [sw'imsu:t] *n* traje de banho.

swin.dle [sw'indəl] *n* engano, fraude. • *vt+vi* 1 enganar, fraudar. 2 obter fraudulentamente.

swin.dler [sw'indlə] *n* caloteiro, trapaceiro.

swine [sw'ain] *n pl* porco, suíno. **don't cast pearls before swine** não atire pérolas aos porcos.

swing [swiŋ] *n* 1 balanço. 2 balanço (brinquedo). 3 virada. 4 (também **swing music**) tipo de música e dança. • *vt+vi* (*ps* **swung, swang**, *pp* **swung**) 1 balançar, oscilar. 2 girar, voltear, mover-se em linha curva. 3 mover-se livremente. 4 pendurar, estar suspenso. **in full swing** em plena atividade. **to go with a swing** seguir sem dificuldades.

swing door [swiŋ dɔ:] *n* porta de vaivém.

swing.ing door [sw'iniŋ dɔ:] *n* porta de vaivém.

swipe [swaip] *n coll* soco, golpe violento. • *vt+vi* 1 bater, golpear. 2 *Amer sl* roubar, furtar.

swirl [swə:l] *n* redemoinho, torvelinho. • *vt+vi* 1 rodar, girar, redemoinhar. 2 arrastar em torvelinho.

swish [swiʃ] *n* 1 assobio, zunido. 2 rugeruge (de saias). • *vt+vi* 1 assobiar, sibilar. 2 fazer sibilar.

switch [switʃ] *n* 1 *Electr* chave, interruptor. 2 mudança, virada. • *vt+vi* 1 *Electr* comutar. 2 mudar, trocar, desviar. **to make the switch** fazer a troca. **to switch back** retornar à situação anterior. **to switch off** desligar (rádio), apagar, fechar. **to switch on** ligar, acender, abrir. **to switch over** mudar, alterar. **to switch with someone** trocar com alguém.

switch.board [sw'itʃbɔ:d] *n* 1 painel de comando. 2 *Electr* quadro de ligação ou de distribuição. 3 mesa telefônica. **to jam the switchboard** congestionar as linhas telefônicas.

swiv.el [sw'ivəl] *vt+vi* rodar, girar.

swoll.en [sw'oulən] *pp of* **swell.** • *adj* inchado.

swoon [swu:n] *n* desmaio. • *vt* desmaiar.

swoop [swu:p] *n* descida rápida, ataque de aves de rapina. • *vt+vi* 1 descer, precipitar-se, mergulhar. 2 apanhar, arrebatar. **at one fell swoop** de uma só vez.

sword [sɔ:d] *n* 1 espada. 2 força militar. 3 arma branca, baioneta, sabre. **at the point of the sword** com violência, por meio de força, sob ameaça de morte.

sworn [swɔ:n] *pp of* **swear.** • *adj* 1 jurado. 2 ligado por juramento.

S

swot [swɔt] *n Brit* **1** estudo esforçado. **2** estudante esforçado, *Braz sl* cê-dê-efe, iniciais de cu-de-ferro. • *vi Brit* estudar com afinco.

syl.lab.ic [sil'æbik] *adj* silábico.

syl.la.ble [s'iləbəl] *n* sílaba.

syl.la.bus [s'iləbəs] *n Lat* (*pl* **syllabuses, syllabi**) lista, resumo, plano de ensino.

sym.bol [s'imbəl] *n* símbolo.

sym.bol.ic [simb'ɔlik] *adj* simbólico, alegórico.

sym.bol.ism [s'imbəlizəm] *n* simbolismo.

sym.bol.ize, sym.bol.ise [s'imbəlaiz] *vt* simbolizar.

sym.met.ri.cal [sim'etrikəl] *adj* simétrico.

sym.me.try [s'imətri] *n* **1** simetria. **2** harmonia.

sym.pa.thet.ic [simpəθ'etik] *adj* compreensivo, solidário, que compreende os sentimentos dos outros.

A grafia semelhante ao português pode induzir a erro de tradução. **Sympathetic** significa compreensivo, solidário. "Simpático" em inglês traduz-se por **nice.**

sym.pa.thize, sym.pa.thise [s'impəθaiz] *vi* **1** compartilhar ou compreender os sentimentos de alguém, ter ou demonstrar compaixão. **2** aprovar, concordar. **3** condoer-se, compadecer-se. **to sympathize with** concordar, compartilhar com, exprimir seus pêsames.

sym.pa.thi.zer [s'impəθaizə] *n* **1** pessoa que compreende ou compartilha os sentimentos de outra. **2** partidária, concordante.

sym.pa.thy [s'impəθi] *n* **1** compreensão, empatia, solidariedade. **2** compaixão, condolência. **3** harmonia, afinidade.

sym.pho.ny [s'imfəni] *n* sinfonia.

symp.tom [s'imptəm] *n* sintoma.

symp.to.mat.ic [simptəm'ætik] *adj* sintomático.

syn.a.gogue [s'inəgɔg] *n* sinagoga.

syn.chro.nize, syn.chro.nise [s'iŋkrənaiz] *vt+vi* sincronizar.

syn.di.cate [s'indikit] *n* **1** sindicato. **2** associação que distribui material para publicação em várias revistas e jornais.

syn.dro.me [s'indroum] *n Path* síndrome.

syn.o.nym [s'inənim] *n* sinônimo.

syn.on.y.mous [sin'ɔniməs] *adj* sinônimo.

syn.op.sis [sin'ɔpsis] *n* (*pl* **synopses**) sinopse, resumo.

syn.tax [s'intæks] *n Gram* sintaxe.

syn.the.sis [s'inθisis] *n* síntese.

syn.the.size, syn.the.sise [s'inθisaiz] *vt+vi* **1** combinar. **2** *Chem* sintetizar.

syn.thet.ic [sinθ'etik] *n* material sintético, produto sintético. • *adj* sintético.

syph.i.lis [s'ifilis] *Med* sífilis.

syr.inge [sir'indʒ] *n* seringa. • *vt* lavar, limpar, injetar por meio de seringa.

syr.up [s'irəp] *n* xarope, melado.

syr.up.y [s'irəpi] *adj* xaroposo, meloso (também *fig*).

sys.tem [s'istim] *n* **1** sistema. **2** organização. **3** organismo.

sys.tem.at.ic [sistim'ætik] *adj* sistemático.

T, t [ti:] *n* vigésima letra do alfabeto, consoante.

ta [ta:] *interj Brit coll* obrigado.

tab [tæb] *n* **1** tira, aba. **2** alça. **3** etiqueta de roupa.

tab key [t'æb ki:] *n* tabulador.

ta.ble [t'eibəl] *n* **1** mesa. **2** tabela, lista. **3** tabuada. • *vt* **1** colocar na mesa. **2** fazer lista ou tabela. **3** aprontar discussão, colocar na pauta. **4** *Amer* adiar discussão (de moção, relatório etc.). **table of contents** índice de matéria, sumário. **to clear the table** tirar a mesa. **to lay on the table** *Brit* colocar em discussão. **to lay / spread the table** pôr a mesa. **under the table** às escondidas, por baixo do pano.

ta.ble.cloth [t'eibəlklɔ:θ] *n* toalha de mesa.

ta.ble man.ners [t'eibəl mænəz] *n pl* boas maneiras à mesa.

ta.ble.spoon [t'eibəlspu:n] *n* colher de sopa.

ta.ble.spoon.ful [t'eibəlspu:nful] *n* colher de sopa cheia (medida culinária).

tab.let [t'æblit] *n* **1** placa. **2** comprimido, tablete.

ta.ble ten.nis [t'eibəl tenis] *n Sport* tênis de mesa.

ta.ble.ware [t'eibəlwɛə] *n* utensílios para mesa: louça, talheres.

tab.loid [t'æblɔid] *n* tablóide.

ta.boo, ta.bu [təb'u::; tæb'u:] *n* interdição, proibição. • *vt* declarar como tabu, interdizer. • *adj* tabu.

tab.u.late [t'æbjuleit] *vt* arranjar em forma de tabela.

tac.it [t'æsit] *adj* tácito, implícito.

tac.i.turn [t'æsitə:n] *adj* taciturno, calado.

tack [tæk] *n* **1** tacha, preguinho de cabeça larga. **2** *Naut* curso de um navio. **3** rumo. • *vt* **1** pregar com tachas. **2** *Naut* manobrar, mudar de rumo ou curso. **3** *fig* mudar de conduta ou política. **to change tack** tomar nova direção, mudar o curso.

tack.le [t'ækəl] *n* equipamento, aparelho, aparelhagem. • *vt+vi* **1** manejar, tentar resolver, lidar. **2** agarrar. **3** *Ftb* cometer falta.

tact [tækt] *n* tato, discernimento.

tact.ful [t'æktful] *adj* diplomático, discreto.

tac.tics [t'æktiks] *n pl* tática, métodos táticos.

tact.less [t'æktlis] *adj* indelicado, sem tato, sem diplomacia.

tact.less.ly [t'æktlisli] *adv* indelicadamente.

tad.pole [t'ædpoul] *n* girino.

tag [tæg] *n* **1** etiqueta, identificação. **2** rótulo. **3** pegador, pique, pega-pega (jogo infantil). • *vt+vi* **1** marcar preço de mercadoria. **2** tocar, pegar (em jogos infantis).

ta.glia.ri.ni [tæljər'i:ni] *n It Cook* talharim.

tag ques.tion [t'æg kwestʃən] *n* oração interrogativa acrescentada ao fim de uma afirmação, sugerindo concordância, como, por exemplo: *you can, can't you?* / você pode, não pode?

tail [teil] *n* **1** cauda. **2 tails** (moeda) coroa. • *vt+vi sl* seguir, perseguir. **heads or tails?** cara ou coroa? (ao tirar a sorte com moeda). **to tail off** diminuir, enfraquecer.

tail end [teil 'end] *n* parte final, fim.

tai.lor [t'eilə] *n* alfaiate. • *vt+vi* **1** costurar. **2** adaptar, fazer sob medida.

tai.lor-made [teilə m'eid] *n* roupa feita sob medida. • *adj* feito sob medida.

taint [t'eint] *n* mancha, mácula, nódoa. • *vt+vi* **1** manchar. **2** estragar.

take [teik] *n* Cin tomada. • *vt+vi* (*ps* **took**, *pp* **taken**) **1** tomar, pegar. *a pain took him in the leg* / ele foi tomado de dores na perna. **2** agarrar, prender. **3** levar. **4** receber (como pagamento), aceitar, obter, adquirir. *he won't take "no" for an answer* / ele não vai aceitar um "não" como resposta. **5** tomar, receber como marido ou mulher, tomar alojamento ou pensão. **6** suportar, receber, acolher. **7** tomar, comer, beber, consumir. **8** ganhar. **9** apanhar, contrair (doença). **10** ocupar. **11** usar, tomar (um veículo). **12** aproveitar (oportunidade). **13** tirar, tomar. **14** suportar, agüentar. *he couldn't take it* / *Amer coll* ele não agüentou. **15** necessitar, exigir. *it takes an honest man to...* / é necessário um homem honesto para... **16** consumir (tempo). **17** fazer (curso, exame). **18** tirar (fotografia). **to take aback** surpreender, espantar (alguém). **to take account of** prestar atenção a, considerar. **to take action** a) tomar medidas. b) *Jur* demandar. **to take advantage of** tirar proveito de, prevalecer-se de. **to take after** puxar a, sair à semelhança de. *she takes after her mother* / ela puxa à mãe. **to take away** a) tirar, roubar, tomar. b) descontar. c) levar embora, afastar. **to take back** a) levar de volta, devolver. b) aceitar de volta. c) retirar (palavra dita). **to take care** ser cauteloso, tomar cuidado. **to take care of** cuidar de. **to take charge of** encarregar-se de. **to take down** a) tirar de cima, descer, trazer para baixo. b) escrever, anotar, registrar por escrito, tomar nota. c) derrubar (árvore), demolir (casa). **to take effect** entrar em vigor. **to take for** tomar por, considerar, confundir com. **to take for granted** tomar como certo, não dar atenção por julgar óbvio. **to take in** a) incluir. b) receber (dinheiro), comprar (mer-

cadorias). c) receber (hóspede). d) ajustar (roupas). e) receber (trabalho) para fazer em casa. f) perceber, compreender. g) engolir (mentiras), enganar. *you can't take me in* / você não pode me tapear. **to take into account** levar em conta, considerar. **to take it easy** ir com calma, ir devagar. **to take leave** a) despedir-se, partir. b) *Mil* pedir licença. **to take off** a) tirar. b) decolar (também *fig*). *he'll take off any minute now* / ele vai decolar a qualquer momento. c) escapar, safar-se. *he took himself off* / *coll* ele safou-se, ele deu às de vila-diogo. d) despir-se, tirar a roupa. **to take on** a) tomar conta. b) empregar, contratar. c) assumir (aparência). d) adotar, adquirir, contrair. **to take out** a) tirar. b) tirar de dentro. c) extrair, arrancar (dente). d) sacar (dinheiro). e) emprestar (livro). f) tirar (mancha). g) convidar uma dama (para dançar). h) levar para um passeio. **to take over** a) assumir (cargo, serviço), tomar posse. b) tomar conta de algo. **to take part in** tomar parte. **to take place** acontecer, ocorrer. **to take someone by surprise** surpreender alguém, pegar de surpresa. **to take to** a) ir para. b) refugiar-se em. *the fox took to the earth* / a raposa refugiou-se na cova. c) ocupar-se, dedicar-se. *he takes to study* / ele dedica-se aos estudos. d) afeiçoar-se, dar-se bem com. *children take to him* / crianças gostam dele. e) começar a fazer habitualmente, acostumar-se. *we took kindly to this way of life* / acostumamo-nos facilmente a este modo de vida. **to take up** a) começar a estudar. *he took up law* / ele começou a estudar Direito. b) encurtar, diminuir. *you'd better take that skirt up a little* / é melhor você encurtar um pouco essa saia. c) adotar, começar, seguir. *he took up teaching* / ele seguiu a carreira de professor. d) ocupar, fazer uso de. e) utilizar, absorver. *it takes up all my time* / isto toma todo o meu tempo. Veja nota em **fetch.**

take a.way [t'eik əwei] *n* **1** comida para ser levada para casa. **2** restaurante que vende comida pronta para levar para casa. • *adj* para viagem, para ser levado para casa.

take.off [t'eikɔ:f] n decolagem, partida.

take.o.ver [t'eikouvə] n posse (cargo, controle), tomada de posse.

tak.er [t'eikə] n 1 comprador. 2 aceitador (de apostas).

tak.ings [t'eikiŋz] n pl 1 arrecadação, féria. 2 receita, entrada, ganhos.

tal.cum pow.der [t'ælkəm paudə] n talco.

tale [teil] n narrativa, história, narração, conto. **fairy tale** conto de fadas. **to tell a tale** revelar algo importante. **to tell tales** fuxicar, fofocar.

tal.ent [t'ælənt] n talento.

tal.ent.ed [t'æləntid] adj talentoso.

talk [tɔ:k] n 1 conversa, conversação. 2 conferência, discurso. 3 fala. 4 boato, rumor. • vt+vi 1 falar, conversar, dizer. 2 levar a, influenciar. *money talks* / dinheiro convence. 3 discutir. 4 consultar, conferenciar. 5 manifestar-se, explicar. 6 tagarelar. **small talk** conversa superficial. **talk is cheap!** falar é fácil! **to talk away** matar o tempo com conversa amigável, *Brit coll* jogar conversa fora. **to talk back** dar uma resposta rude. **to talk big** sl contar vantagem. **to talk down to** tratar de modo superior. **to talk into** persuadir. **to talk of** falar sobre, discutir, mencionar. *don't talk of it!* / nem fale disto! **to talk round** convencer, persuadir. **to talk sense** falar com juízo. Veja nota em **say.**

talk.a.tive [t'ɔ:kətiv] adj falador.

tall [tɔ:l] adj 1 alto, grande. 2 elevado. 3 exagerado, inacreditável. Veja nota em **high.**

tal.ly [t'æli] n registro (de contas). • vt marcar, contar, controlar, registrar.

tal.on [t'ælən] n garra (aves de rapina).

tam.bour.ine [tæmbər'i:n] n Mus pandeiro.

tame [t'eim] vt+vi 1 domesticar. 2 ficar manso. 3 submeter, subjugar. • adj 1 manso, domesticado. 2 insípido.

tame.less [t'eimlis] adj indomável.

tamp.er [t'æmpə] vt+vi 1 mexer (indevidamente). 2 falsificar.

tam.pon [t'æmpɔn] n tampão de algodão.

tan [tæn] n bronzeado. • vt+vi 1 curtir. 2 bronzear (pelo sol). 3 ficar bronzeado.

• adj bronzeado, marrom-claro, da cor do couro cru.

tan.dem [t'ændəm] n tandem. **in tandem** em cooperação.

tang [tæŋ] n cheiro penetrante, gosto forte.

tan.gent [t'ændʒənt] n Math tangente. • adj tangente. **to fly/go off at a tangent** mudar de assunto, sair pela tangente.

tan.ger.ine [t'ændʒəri:n] n Bot tangerina. • adj da cor ou do sabor da tangerina.

tan.gi.ble [t'ændʒəbəl] adj tangível, palpável.

tan.gi.bly [t'ændʒəbli] adv de modo tangível.

tan.gle [t'æŋgəl] n 1 entrelaçamento. 2 confusão. • vt+vi 1 entrelaçar. 2 enroscar, embaraçar. 3 confundir, complicar. **to tangle with** argumentar, discutir com.

tan.gled [t'æŋgəld] adj confuso, embaraçado.

tank [t'æŋk] n 1 tanque, reservatório. 2 Mil tanque (de guerra). **to fill up the tank** encher o tanque.

tanned [tænd] adj bronzeado.

tan.ner.y [t'ænəri] n curtume.

tan.ta.liz.ing, tan.ta.lis.ing [t'æntəlaiziŋ] adj atormentador, torturante.

tan.ta.mount [t'æntəmaunt] adj equivalente, igual.

tan.trum [t'æntrəm] n (pl **tantrums**) furor, acesso de raiva.

tap [tæp] n 1 pancadinha, batida, golpe leve. 2 torneira. 3 peça metálica adaptada à sola e salto do sapato para sapatear. • vt+vi 1 bater de leve, dar pancadinha. 2 grampear (telefone). 3 sapatear.

tape [teip] n 1 fita, cadarço. 2 fita (de aço), trena. 3 fita adesiva. 4 fita magnética. • vt+vi 1 colocar fita, amarrar com fita. 2 gravar em fita. **insulation tape** *Electr* fita isolante. **masking tape** fita crepe. **to breast the tape** *Sport* romper a fita de chegada.

tape deck [t'eip dek] n toca-fitas e gravador em posição horizontal.

tape mea.sure [t'eip meʒə] n fita métrica.

ta.per [t'eipə] n círio. • vt+vi afilar(-se).

tape re.cord.er [t'eip rikɔ:də] n gravador.

tape.script [t'eipskript] n transcrição completa de um texto gravado em fita.

tap.es.try [t′æpistri] *n* tapeçaria.

tar [ta:] *n* alcatrão. • *vt* pichar.

tar.get [t′a:git] *n* 1 alvo. 2 meta. • *vt* 1 atingir. 2 apontar na direção de.

tar.iff [t′ærif] *n* 1 tarifa, direitos alfandegários. 2 lista de preços.

tar.mac [t′a:mək], tar.ma.cad.am [t′a:məkædəm] *n* pista, asfalto.

tar.nish [t′a:ni∫] *n* 1 mancha. 2 deslustre. • *vt+vi* 1 manchar, sujar. 2 deslustrar.

tar.pau.lin [ta:p′ɔ:lin] *n* encerado.

tart¹ [ta:t] *n* 1 *Cook* torta. 2 *Brit, sl* prostituta.

tart² [ta:t] *adj* 1 azedo. 2 *fig* rude, mordaz.

tar.tan [t′a:tən] *n* 1 tecido de lã (da Escócia) com desenho xadrez. 2 padrão de desenho xadrez.

task [ta:sk; tæsk] *n* tarefa. • *vt* 1 incumbir, forçar (a trabalhar). 2 sobrecarregar.

tas.sel [t′æsəl] *n* borla. • *vt+vi* ornar com borla.

taste [teist] *n* 1 gosto. 2 paladar. 3 gustação, prova. • *vt+vi* 1 experimentar, provar. 2 sentir o gosto. 3 ter gosto de. 4 saborear, experimentar. Veja nota em **sabor.**

taste.ful [t′eistful] *adj* 1 saboroso. 2 com bom gosto.

taste.less [t′eistlis] *adj* 1 insípido, insosso. 2 sem gosto.

tast.y [t′eisti] *adj* saboroso.

tat.ter [t′ætə] *n* farrapo, trapo. • *vt+vi* rasgar, esfarrapar. **in tatters** em pedaços, em farrapos.

tat.tered [t′ætəd] *adj* esfarrapado, maltrapilho.

tat.too [tət′u:] *n* tatuagem. • *vt* tatuar.

tat.ty [t′æti] *adj* esfarrapado, surrado.

taunt [tɔ:nt] *n* insulto, escárnio. • *vt* insultar, escarnecer.

taut [tɔ:t] *adj* esticado.

tav.ern [t′ævən] *n* 1 taberna. 2 estalagem.

tax [tæks] *n* 1 imposto, tributo, taxa. 2 encargo, dever. 3 taxação. • *vt* 1 cobrar imposto, tributar. 2 impor, sobrecarregar. 3 reprovar, acusar. 4 estabelecer preço, fixar custos. **highway tax** imposto sobre propriedade de veículos automotores (IPVA). **income tax** imposto de renda. **property tax** imposto predial e territorial urbano (IPTU). **to impose a tax on** taxar, tributar a.

tax.a.tion [tæks′ei∫ən] *n* 1 taxação. 2 impostos.

tax e.va.sion [t′æks ivei3ən] *n* sonegação de impostos.

tax-free [tæks fr′i:] *adj* isento de imposto.

tax.i [t′æksi] *n* táxi. • *vt+vi* 1 andar de táxi. 2 *Aeron* taxiar.

tax.ing [t′æksiŋ] *adj* 1 exigente. 2 oneroso. 3 desgastante.

tax.i rank [t′æksi ræŋk] *n Brit* ponto de táxis.

tax.i stand [t′æksi stænd] *n Amer* ponto de táxis.

tax.pay.er [t′ækspeiə] *n* contribuinte (de impostos).

tea [ti:] *n* chá. **it's not my cup of tea** não é o meu forte, não é a minha especialidade.

tea bag [t′i: bæg] *n* saquinho de chá.

teach [ti:t∫] *vt+vi* (*ps, pp* **taught**) ensinar. **you can't teach an old dog new tricks** macaco velho não aprende arte nova, burro velho não pega andadura.

teach.er [t′i:t∫ə] *n* professor, professora. **supply teacher** professor eventual.

teach.ing [t′i:t∫iŋ] *n* 1 magistério. 2 ensino, educação. 3 doutrina, preceito.

tea.cup [t′i:kʌp] *n* chávena, xícara de chá. **storm in a teacup** tempestade em copo d'água.

tea.ket.tle [t′i:ketəl] *n* chaleira para chá.

team [ti:m] *n* 1 time, equipe. 2 junta. **to team up with** juntar forças com.

team.work [t′i:mwə:k] *n* trabalho de equipe.

tea.pot [t′i:pɔt] *n* bule para chá.

tear¹ [tiə] *n* 1 lágrima. 2 gota. **in tears** em pranto. **to burst into tears** romper em lágrimas. **to shed tears** derramar lágrimas.

tear² [teə] *n* 1 rasgo, rasgão. 2 rasgadura. • *vt+vi* (*ps* **tore**, *pp* **torn**) 1 dilacerar, romper. 2 rasgar. *she tore her dress /* ela rasgou seu vestido. **to tear about** afobar-se, excitar-se. **to tear apart** a) separar com força. b) comover, emocionar. **to tear off** a) tirar, arrancar. b) sair apressadamente, em disparada. **to tear one's**

hair arrancar os cabelos. **to tear up** arrancar (**by the roots** pela raiz).

tear.drop [t'iədrəp] *n* lágrima.

tear gas [t'iə gæs] *n* gás lacrimogêneo.

tease [ti:z] *n* caçoador. • *vt* **1** importunar, provocar. **2** caçoar.

tea.spoon [t'i:spu:n] *n* colher de chá.

teat [ti:t] *n* teta, bico do seio.

tea.time [t'i:taim] *n* hora do chá.

tea tow.el [t'i: tauəl] *n* pano de prato.

tech.ni.cal [t'eknikəl] *adj* técnico.

tech.ni.cal.i.ties [teknik'ælitiz] *n pl* detalhes técnicos.

tech.ni.cal.i.ty [teknik'æliti] *n* assunto técnico, termo técnico, qualidade ou caráter técnico.

tech.ni.cal school [t'eknikəl sku:l] *n Educ* escola técnica.

tech.ni.ci.an [tekn'iʃən] *n* **1** técnico. **2** perito.

tech.nol.o.gy [tekn'ɔlədʒi] *n* tecnologia.

ted.dy bear [t'edi bɛə] *n* ursinho de pelúcia.

te.di.ous [t'i:diəs] *adj* tedioso, monótono.

teem [ti:m] *vt+vi* **1** abundar. **2** chover muito.

teen [ti:n] *n, adj* adolescente.

teen.age [t'i:neidʒ] *adj* adolescente.

teen.ag.er [t'i:neidʒə] *n* adolescente.

teens [ti:nz] *n pl* anos de idade entre 13 e 19 (os que terminam em -**teen**).

tee shirt [t'i: ʃə:t] *n* camiseta.

teeth [ti:θ] *n pl* of **tooth** (dente).

tee.to.tal [ti:t'outəl] *n* abstêmio. • *adj* abstinente.

tee.to.tal.ler [ti:t'outələ] *n* **1** abstêmio. **2** pessoa que prega a abstinência de álcool.

tel.e.com.mu.ni.ca.tion [telikəmju:nik'eiʃən] *n* telecomunicação.

tel.e.con.fe.rence [t'elikɔnfərəns] *n* teleconferência.

tel.e.course [t'elikɔ:s] *n Educ* telecurso.

tel.e.gram [t'eligræm] *n* telegrama. **by telegram** por telegrama.

tel.e.graph [t'eligra:f; t'eligræf] *n* telégrafo. • *vt* **1** telegrafar, sinalizar. **2** revelar (sem querer) intenção, decisão.

tel.e.graph.ic [teligr'æfik] *adj* telegráfico.

te.leg.ra.phy [təl'egrəfi] *n* telegrafia. **wireless telegraphy** telegrafia sem fio.

te.lep.a.thy [təl'epəθi] *n* telepatia.

tel.e.phone [t'elifoun] *n* telefone. • *vt+vi* telefonar. **cellular telephone** *Amer*, **mobile telephone** *Brit* telefone celular. **cordless telephone** telefone sem fio. **dial telephone** telefone de disco. **over the telephone** pelo telefone. **press-button / pushbutton telephone** telefone de teclas. **telephone answering machine** secretária eletrônica.

tel.e.phone booth [t'elifoun bu:θ] *n* cabine telefônica.

tel.e.phone call [t'elifoun kɔ:l] *n* telefonema, chamada telefônica.

tel.e.phone di.rec.to.ry [t'elifoun dərektəri] *n* lista telefônica.

tel.e.phone ex.change [t'elifoun ikstʃeindʒ] *n* estação telefônica, central telefônica.

tel.e.phone op.e.ra.tor [t'elifoun ɔpəreitə] *n Amer* telefonista.

te.leph.o.nist [təl'efənist] *n Brit* telefonista.

te.leph.o.ny [təl'efəni] *n* telefonia. **fixed telephony** telefonia fixa. **mobile telephony** telefonia móvel.

tel.e.pho.to [telif'outou] *n* telefoto. • *adj* telefotográfico.

tel.e.pho.tog.ra.phy [telifət'ɔgrəfi] *n* telefotografia.

tel.e.photo lens [t'elifoutou lens] *n Phot* teleobjetiva.

tel.e.proc.ess.ing [t'eliprousesiŋ] *n Comp* teleprocessamento.

tel.e.scope [t'eliskoup] *n* telescópio. • *vt+vi* encaixar(-se).

tel.e.type [t'elitaip] *n* teletipo.

tel.e.vise [t'elivaiz] *vt* televisionar.

tel.e.vi.sion [teliv'iʒən] (abreviatura: TV) *n* televisão. **pay TV / cable TV** TV a cabo. **subscription TV** TV por assinatura.

tel.ex [t'eleks] *n* telex. • *vt* enviar mensagem por telex.

tell [tel] *vt+vi* (*ps, pp* told) **1** dizer, contar, narrar. *tell me the secret! /* conte-me o segredo! **2** informar, tornar conhecido, relatar. **3** mandar. **4** reconhecer, distinguir. *can you tell one from the other? /* é capaz de distinguir um do outro? **I told**

you so bem que o avisei. **to tell about** a) relatar sobre. b) denunciar. **to tell apart** distinguir um do outro. **to tell by / from** reconhecer por, pelo. **to tell by the ear** julgar por ter ouvido. **to tell fortunes** ler a sorte. **to tell off** repreender, advertir. **to tell on** a) agir (de modo prejudicial) sobre. *his troubles have told on him* / as preocupações consumiram-no. b) *coll* denunciar. **to tell over** conferir (contagem). **to tell the time** dizer as horas. Veja nota em **say.**

tell.er [t'elə] *n* caixa de banco.

tell.ing [t'eliŋ] *adj* significativo, importante.

tell.ing off [t'eliŋ'of] *n* reprimenda, bronca.

tell.tale [t'elteil] *adj* revelador.

tel.ly [t'eli] *n Brit, coll* televisão.

Tel.net [t'elnet] *n Comp* recurso da Internet em que um computador disca para outro, o que permite rodar programas remotamente.

temp [temp] *n coll* trabalhador temporário (geralmente de escritório). • *vi* trabalhar como funcionário temporário.

tem.per [t'empə] *n* **1** calma, equilíbrio. **2** humor, temperamento • *vt+vi* moderar. **to keep one's temper** manter a calma.

tem.per.a.ment [t'empərəmənt] *n* temperamento.

tem.per.a.men.tal [tempərəm'entəl] *adj* temperamental.

tem.per.ate [t'empərit] *adj* brando, ameno, temperado (clima).

tem.per.a.ture [t'empərətʃə] *n* **1** temperatura. **2** febre. **to have a temperature** ter febre. **to take the temperature** medir a temperatura.

tem.pest [t'empist] *n* tempestade.

tem.pes.tu.ous [temp'estʃuəs] *adj* tempestuoso.

tem.pes.tu.ous.ly [temp'estʃuəsli] *adv* tempestuosamente.

tem.ple[1] [t'empəl] *n* templo.

temple[2] [t'empəl] *n Anat* têmpora.

tem.po [t'empou] *n (pl* tempos, tempi*) Mus* tempo, ritmo.

tem.po.rar.i.ly [t'empərərili] *adv* temporariamente.

tem.po.rar.y [t'empərəri] *adj* temporário.

tempt [tempt] *vt* tentar.

temp.ta.tion [tempt'eiʃən] *n* tentação.

tempt.ing [t'emptiŋ] *adj* tentador.

ten [ten] *n* **1** dez. **2** nota de dez dólares. • *adj, pron* dez.

te.na.cious [tin'eiʃəs] *adj* tenaz.

te.na.cious.ly [tin'eiʃəsli] *adv* tenazmente.

ten.ant [t'enənt] *n* **1** inquilino. **2** ocupante, morador.

tend[1] [tend] *vt+vi* tender, inclinar-se. **to tend to** ter tendência a.

tend[2] [tend] *vt+vi* tomar conta, cuidar, zelar.

tend.en.cy [t'endənsi] *n* tendência. **to have a tendency to** ter uma tendência para.

ten.der[1] [t'endə] *n* **1** proposta, oferta (também *Com*). **2** *Jur* prova. • *vt* **1** oferecer, ofertar (também *Com*). *we tendered our thanks* / exprimimos nossos agradecimentos. **2** oferecer em pagamento. **3** *Jur* provar.

ten.der[2] [t'endə] *adj* **1** tenro, macio. **2** delicado. **3** carinhoso. **4** gentil. **5** sensível.

ten.der.ness [t'endərnis] *n* ternura.

ten.don [t'endən] *n* tendão. **tendon of Achilles** *Anat* tendão de Aquiles.

ten.nis [t'enis] *n Sport* tênis. **table tennis** pingue-pongue, tênis de mesa. **tennis court** quadra de tênis.

ten.nis shoes [t'enis ʃu:z] *n pl* tênis (calçado).

ten.nist [t'enist] *n* tenista, jogador de tênis.

ten.or [t'enə] *n* tenor.

tense[1] [tens] *n Gram* tempo de verbo.

tense[2] [tens] *vt* **1** enrijecer. **2** tornar tenso, ficar nervoso. • *adj* **1** tenso. **2** preocupado, nervoso.

ten.sion [t'enʃən] *n* tensão.

tent [tent] *n* barraca, tenda.

ten.ta.cle [t'entəkəl] *n* tentáculo.

ten.ta.tive [t'entətiv] *adj* experimental.

ten.u.ous [t'enjuəs] *adj* tênue.

ten.ure [t'enjə] *n Jur* **1** posse, direito de posse. **2** direito de estabilidade no emprego. **3** mandato.

tep.id [t'epid] *adj* tépido, morno.

term [tə:m] *n* **1** termo. **2** prazo, duração, limite. **3** período. • *vt* chamar, denominar. **in the long term** a longo prazo. **in**

the short term a curto prazo. **to come to terms** chegar a um acordo.

ter.mi.nal [t'ə:minəl] n terminal. • adj terminal, final.

ter.mi.nol.o.gy [tə:min'ɔlədʒi] n terminologia.

ter.mi.nus [t'ə:minəs] n (pl **termini, terminuses**) **1** estação final, ponto final. **2** fim, final.

ter.mite [t'ə:mait] n Ent cupim.

ter.race [t'erəs] n **1** conjunto de casas geminadas. **2** terraço, sacada, varanda. **3** **terraces** terraço. **4** arquibancadas. • vt formar ou construir terraços. **terraced house** casa geminada.

ter.ri.ble [t'erəbəl] adj terrível, horrível, medonho.

ter.ri.bly [t'eribli] adv **1** terrivelmente. **2** extremamente.

ter.rif.ic [tər'ifik] adj **1** impressionante. **2** sl extraordinário, excelente.

ter.ri.fy [t'erifai] vt apavorar, amedrontar. **to be terrified of** ter medo de.

ter.ri.fy.ing [t'erifaiiŋ] adj horripilante, apavorante.

ter.ri.to.ri.al [terit'ɔ:riəl] adj territorial.

ter.ri.to.ry [t'eritəri] n território.

ter.ror [t'erə] n terror.

ter.ror.ism [t'erərizəm] n terrorismo.

ter.ror.ist [t'erərist] n terrorista.

ter.ror.ize, ter.ror.ise [t'erəraiz] vt aterrorizar, assustar.

ter.ror-strick.en [t'erə strikən] adj aterrorizado, apavorado.

test [test] n **1** prova, exame. **2** teste. **3** análise, ensaio. • vt examinar, pôr à prova, analisar. **to give someone a test** examinar alguém. **to put someone to the test** submeter alguém à prova. **to stand the test** ser aprovado.

tes.ta.ment[1] [t'estəmənt] n testamento.

Tes.ta.ment[2] [t'estəmənt] n Testamento: cada uma das duas divisões principais da Bíblia (Novo e Antigo Testamento).

tes.ti.cle [t'estikəl] n Anat testículo.

tes.ti.fy [t'estifai] vt+vi **1** testificar, afirmar, comprovar. **2** testemunhar.

tes.ti.mo.ny [t'estiməni] n testemunho.

test.ing [t'estiŋ] n prova, ensaio. • adj de prova, de ensaio.

tes.tis [t'estis] n (pl **testes**) Anat testículo.

test tube [t'est tju:b] n Biol tubo de ensaio, proveta.

test tube ba.by [t'est tju:b beibi] n Biol bebê de proveta.

tet.a.nus [t'etənəs] n Path tétano.

teth.er [t'eθə] n **1** corda. **2** fig âmbito, limite. • vt amarrar.

text [tekst] n texto.

text.book [t'ekstbuk] n livro escolar.

tex.tile [t'ekstail; t'ekstəl] n **1** tecido, pano. **2** fibra têxtil.

tex.ture [t'ekstʃə] n textura.

than [ðæn; ðən] conj (usado depois do comparativo) que, do que.

thank [θæŋk] n (geralmente **thanks**) agradecimento, graças, gratidão. • vt **1** agradecer, ficar grato. I will thank you for the book / ficar-lhe-ei grato pelo livro. **2** exprimir gratidão, dar graças. **many thanks!** muito obrigado! **no, thanks!** não, obrigado! **thank God!, thank goodness!** ou **thank heavens!** graças a Deus!

thank.ful [θ'æŋkful] adj grato, agradecido, reconhecido.

thank.less [θ'æŋklis] adj ingrato, malagradecido.

thanks.giv.ing [θ'æŋksgiviŋ] n ação de graças.

thank you [θ'æŋk ju] interj obrigado: expressão de gratidão.

that [ðæt] demonstrative pron (pl **those**) esse, essa, isso, aquele, aquela, aquilo. who is that man? / quem é aquele homem? • relative pron o, que, o que. the day that I met you / no dia em que o encontrei. • conj para que, que, a fim de que, de modo que. do you remember that she said so? / você se lembra de que ela falou assim? • adv tão, de tal modo, de tal maneira, assim. I did not go that far / não cheguei a tal ponto. **at that time** naquele tempo. **in order that** a fim de que. **now that** agora que. **that is** (abreviatura: i.e., Lat id est) isto é.

Não se usa **that** após uma preposição. the ring with **which** he gifted me is very expensive / o anel com o qual ele me presenteou é muito caro. Pode-se omitir

that onde for objeto do verbo. *I've written down the itens (that) we need* / anotei os itens de que precisamos.

Veja outras notas em **which** e **whom**.

thatch [θætʃ] *n* **1** sapé, palha. **2** telhado de sapé ou palha. • *vt* cobrir com sapé ou palha.

thatched [θætʃt] *adj* de palha, coberto de sapé.

thaw [θɔ:] *n* descongelamento, degelo. • *vt+vi* **1** descongelar, degelar. **2** derreter(-se).

the [ðə, ði, enfaticamente ði:] *art* o, a, os, as. *the day I spoke to him* / o dia em que falei com ele.

Usa-se **the:** 1) antes de nomes geográficos: *the Alps* / os Alpes; 2) com superlativos: *Glenda is the tallest girl in our class* / Glenda é a garota mais alta da nossa classe; 3) com o comparativo para indicar que duas coisas aumentam ou diminuem na mesma proporção: *the more I go there, the less I like it* / quanto mais vou lá, menos o aprecio; 4) com numerais ordinais: *the first time* / a primeira vez; 5) com nomes próprios quando indicam a família inteira: *the Taylors are coming to visit us* / os Taylors vêm nos visitar.

Omite-se **the:** 1) antes de nomes próprios: *they live in Los Angeles* / eles moram em Los Angeles. *Sandy bought a new car* / Sandy comprou um carro novo; 2) antes de nomes de refeições: *I have breakfast at eight* / eu tomo café às oito; 3) diante de substantivos como **bed, church, court, hospital, prison, college, home, work** etc: *they went home* / eles foram para casa; 4) diante de substantivos não contáveis ou que indicam material: *silk is much used in summer* / a seda é muito usada no verão; 5) antes de partes do corpo, contudo usando o pronome possessivo: *I've hurt my hand* / machuquei a mão.

thea.ter, thea.tre [θ'iətə] *n* **1** teatro, cinema. **2** anfiteatro. **3** teatro, arte dramática. **movie theater** cinema (o prédio).

the.at.ri.cal [θi'ætrikəl] *adj* **1** cênico, teatral. **2** artificial.

theft [θeft] *n* roubo, furto.

Usa-se **theft** no sentido de furto: ato que acontece quando ninguém vê e não há violência. Usa-se **robbery** para assaltos em que há violência e ameaças. **Burglary** refere-se a roubo realizado em casas ou lojas quando não há ninguém nelas. **Shoplifting** significa pequenos furtos realizados em lojas pelos próprios fregueses. **Stealing** tem o sentido de furto, algo que se pega, consegue furtiva, secretamente.

their [ðɛə] *possessive pron* seu, sua, seus, suas, deles, delas.

theirs [ðɛəz] *possessive pron* o seu, os seus, os deles, as deles, os delas, as delas. *the fault was theirs* / a culpa foi deles (delas).

them [ðem; ðəm] *pron* (*dative and accusative form of* **they**) os, as, lhes, a elas, a eles. *he saw them* / ele os (as) viu. *they saw the house before them* / viram a casa diante deles (de si).

theme [θi:m] *n* tema, assunto, tópico.

them.selves [ðəms'elvz] *pron* a si mesmos, a si mesmas, se, eles mesmos, elas mesmas. *they said to themselves that it was impossible* / eles disseram a si mesmos que era impossível.

then [ðen] *adj* existente naquele tempo, de então, desse tempo. *the then king* / o então rei. • *adv* **1** então, naquele tempo. *life was better then* / a vida era melhor naquele tempo. **2** depois, em seguida. *then I left him* / depois o deixei. **3** em outra ocasião, outra vez. **4** também, além. **5** em tal caso. **by then** até lá, enquanto, naquela altura. **till then** até lá. **what then?** e então?

thence [ðens] *adv* **1** dali, daquele lugar. **2** por esta razão. **3** daquele tempo.

the.o.lo.gi.an [θiəl'oudʒiən] *n* teólogo: especialista em teologia.

the.o.log.i.cal [θiəl'ɔdʒikəl] *adj* teológico.

the.o.lo.gy [θi'ɔlədʒi] *n* teologia.

the.o.rem [θ'iərəm] *n* teorema.

the.o.ret.i.cal [θiər'etikəl] *adj* teorético, teórico.

the.o.rize, the.o.rise [θ'iəraiz] *vt+vi* teorizar.

the.o.ry [θ'iəri] *n* teoria.

ther.a.peu.tic [θerəpj'u:tik] *adj* terapêutico.

ther.a.pist [θ'erəpist] *n Med* terapeuta.

ther.a.py [θ'erəpi] *n* terapia.

there [ðɛə] *adv* **1** aí, ali, lá, acolá. *there! didn't you see that?* / lá! você não viu? **2** para lá. **3** nesse lugar, nesse ponto. **4** nesse assunto, nessa particular, nesse respeito. • *interj* eis! *have you got the book? there you are.* conseguiu o livro? ei-lo. **here and there** cá e acolá, de vez em quando, às vezes. **over there** para lá, lá. **to get there** *sl* chegar lá, ter sucesso. *he has got there* / ele teve sucesso, ele conseguiu.

Usa-se **there + to be** como um pronome para expressar algo que aparece, acontece, existe ou está disponível. *is there a visit in the living-room?* / há uma visita na sala? *I don't expect there to be any messages* / não espero que haja nenhuma mensagem. *has there been a phone call?* / houve uma chamada telefônica?

Usa-se **there** com verbos modais + **be**. *I think there must be something wrong with this door* / acho que deve haver algo de errado com esta porta. *there can be no excuse* / não pode haver desculpa.

Usa-se **there** também com verbos como **seem, come, appear, enter, follow**. *there followed a complete silence* / seguiu-se um silêncio total.

there.a.bout [ðɛərəb'aut], there.a.bouts [ðɛərəb'auts] *adv* por aí, mais ou menos assim, mais ou menos tanto.

there.aft.er [ðɛər'a:ftə; ðɛə'æftə] *adv* depois disso, depois.

there.by [ðɛəb'ai] *adv* **1** por meio disso. **2** em consequência.

there.fore [ð'ɛəfɔ:] *adv* **1** por essa razão, por isso. **2** portanto.

there's [ðɛəz] *contr* of **there is** (há, existe).

there to be [ðɛə tə b'i:] *v aux* haver, existir.

there.up.on [ðɛərəp'ɔn] *adv* **1** logo após, nisso. **2** por causa disso, por isso.

ther.mal [θ'ə:məl] *adj* termal, térmico.

ther.mic [θ'ə:mik] *adj* térmico.

ther.mom.e.ter [θəm'ɔmitə] *n* termômetro.

ther.mos [θ'ə:məs] *n* garrafa térmica.

ther.mo.stat [θ'ə: məstæt] *n* termostato.

these [ði:z] *demonstrative pron pl* of **this:** estes, estas.

the.sis [θ'i:sis] *n* (*pl* **theses**) *Educ* tese.

they [ðei] *pron* eles, elas.

they'd [ðeid] *contr* of **1 they had.** *they'd better go* / é melhor que eles partam. **2 they would.** *they'd rather wait* / é melhor que eles esperem.

they'll [ðeil] *contr* of **they will.** *they'll be here tomorrow* / eles estarão aqui amanhã.

they're [ðɛə] *contr* of **they are** (eles são, elas são).

they've [ðeiv] *contr* of **they have.** *they've sent me a card* / eles me enviaram um cartão.

thick [θik] *adj* **1** gordo, grosso, de grossura. **2** denso, compacto. **3** abundante. **4** cheio, coberto. *the street is thick with dust* / a rua está cheia de poeira. **5** espesso, denso. **6** turvo. **7** *coll* estúpido. • *adv* (também **thickly**) **1** espessamente. *the snow fell thick* / a neve caía em densos flocos. **2** intensamente. **3** abundantemente. *the letters came thick and fast* / choveram cartas.

thick.en [θ'ikən] *vt+vi* engrossar.

thick.et [θ'ikit] *n* moita, mato trançado.

thick.ness [θ'iknis] *n* **1** espessura. **2** densidade.

thick-skinned [θik sk'ind] *adj* insensível.

thief [θi:f] *n* (*pl* **thieves**) ladrão, ladra.

Thief é o ladrão que furta secretamente sem violência. **Robber** é o ladrão que assalta violentamente com ameaças. **Burglar** é o ladrão que assalta uma casa ou loja quando o proprietário está ausente. **Shoplifter** é a pessoa que furta pequenos objetos de uma loja, fingindo-se de freguês.

thigh [θai] *n* coxa, quarto traseiro.

thim.ble [θ'imbəl] *n* dedal.

thin [θin] *vt+vi* **1** afinar. **2** diluir. • *adj* **1** fino. **2** esbelto, magro. **3** escasso. **4** leve, rarefeito. **5** ralo.

thine [ðain] *possessive pron Poet* teu, tua, teus, tuas. *the error is thine* / o erro é teu.

thing [θiŋ] *n* **1** coisa. **2** negócio, coisa não definida. *that is not quite the thing to do*

/ não é bem isso que se deve fazer. **3** criatura. **4 things** pertences, coisas. **first thing** em primeiro lugar, antes de tudo. **the thing is** a questão é.

thing.a.ma.bob [θ'iŋəməbɔb] *n coll* coisa, troço.

think [θiŋk] *vt+vi* (*ps, pp* **thought**) **1** pensar, achar. *I think it is* (ou *it to be*) *true* / penso que é verdade. **2** conceber, imaginar. *I can't think what he means* / não posso imaginar o que ele pretende. **3** considerar. **4** refletir, meditar. **5** lembrar, recordar. *I cannot think of his name* / não me lembro do nome dele. **to think again** pensar melhor. **to think better** mudar de opinião. **to think better of** reconsiderar. **to think little of** ter opinião desfavorável de. **to think over** pensar bem, reconsiderar. *you must think it over* / você deve pensar bem sobre isso. **to think twice** pensar duas vezes. **to think up** inventar, pensar em.

think.er [θ'iŋkə] *n* pensador.

think.ing [θ'iŋkiŋ] *n* **1** pensamento. **2** opinião. • *adj* que pensa, pensativo, refletido. **way of thinking** modo de pensar.

thin.ness [θ'inis] *n* **1** magreza. **2** finura; qualidade de fino.

thin-skinned [θin sk'ind] *adj* sensível.

third [θə:d] *n, adj, pron* terceiro. • *adv* em terceiro lugar.

third.ly [θ'ə:dli] *adv* em terceiro lugar.

third par.ty [θə:d p'a:ti] *n Jur* a terceira pessoa.

third world [θə:d w'ə:ld] *n Pol* terceiro mundo.

thirst [θə:st] *n* **1** sede. **2** ânsia, vontade, desejo. • *vt+vi* **1** ter sede. **2** desejar, ansiar. **to quench one's thirst** matar a sede. **to thirst after** estar ávido de.

thirst.y [θ'ə:sti] *adj* **1** com sede, sedento. **2** seco. **3** ansioso.

this [ðis] *demonstrative pron* (*pl* **these**) este, esta, isto. *this is my friend* / este é meu amigo. *who are these?* / quem são estes? • *adv* a este ponto, deste modo. *she sings like this* / ela canta assim.

Quando se conversa ao telefone usa-se **who is that?** (quem fala?) na Inglaterra. Nos Estados Unidos, usa-se **who is this?** (quem fala?).

thorn [θɔ:n] *n* **1** espinho. **2** espinheiro. **3** *fig* tormento.

thorn.y [θ'ɔ:ni] *adj* **1** espinhoso, cheio de espinhos. **2** *fig* penoso.

thor.ough [θ'ʌrə; θ'ə:rou] *adj* completo, inteiro.

thor.ough.fare [θ'ʌrəfɛə; θ'ə:roufɛə] *n* rua, passagem, via pública.

thor.ough.ly [θ'ʌrəli; θ'ə:rouli] *adv* completamente, inteiramente.

those [ðouz] *demonstrative pron* (*pl* of **that**) esses, essas, aqueles, aquelas.

thou [ðau] *pron Eccl* tu. *thou shalt not sin!* / tu não deves pecar!, não pecarás!

though [ðou] *conj* ainda que, posto que, embora, não obstante, entretanto, ainda quando, apesar de (também **tho, tho'**). *though he saw the danger, he stayed* / apesar de ver o perigo, ele ficou.

thought [θɔ:t] *n* **1** pensamento, conceito, idéia, opinião. *a penny for his thoughts* / eu pagaria para conhecer os pensamentos dele. **2** mentalidade. **3** raciocínio. **4** consideração. **5** intenção. *she had no thought of doing that* / ela não teve a intenção de fazer isso. • *ps, pp* of **think**. **lost in thoughts** perdido em reflexões. **on second thought** depois de pensar bem.

thought.ful [θ'ɔ:tful] *adj* **1** pensativo. **2** cuidadoso. **3** zeloso.

thought.ful.ly [θ'ɔ:tfuli] *adv* **1** refletidamente. **2** atenciosamente.

thought.less [θ'ɔ:tlis] *adj* irrefletido, descuidado, relaxado.

thought.less.ly [θ'ɔ:tlisli] *adv* irrefletidamente, desatenciosamente.

thou.sand [θ'auzənd] *n* **1** mil. **2** milhar. • *adj* mil. **a thousand times** mil vezes. **one in a thousand** um entre mil.

thrash [θræʃ] *vt+vi* **1** espancar. **2** agitar-se, mover-se violentamente. **3** vencer, derrotar (partida, jogo).

thrash.ing [θr'æʃiŋ] *n* surra (partida, jogo).

thread [θred] *n* **1** linha de coser, fio. *the thread is broken* / o fio arrebentou. **2** rosca. • *vt+vi* **1** enfiar (fio na agulha). **2** passar com dificuldade. **3** roscar. **to thread one's way through** procurar seu caminho com dificuldade, atravessar com dificuldade.

hread.bare [θr'edbɛə] *adj* **1** puído, gasto. **2** surrado, batido. *a threadbare joke* / uma piada batida.

hreat [θret] *n* ameaça, perigo. *there was a threat of rain* / estava ameaçando chuva.

hreat.en [θr'etən] *vt+vi* **1** ameaçar. *they were threatened with dismissal* / eles foram ameaçados com demissão. **2** pôr em perigo.

hreat.en.ing [θr'etəniŋ] *adj* ameaçador.

hree [θri:] *n* **1** três. **2** grupo de três (pessoas ou coisas), tríade, trindade. • *adj, pron* três. **by / in threes** em três. **Three in One** Trindade.

hree-di.men.sion.al [θri: daim'enʃənəl] *adj* tridimensional.

hree-quart.er [θri: kw'ɔtə] *adj* três-quartos. *a three-quarter coat* / um casaco três-quartos.

hresh [θreʃ] *vt+vi* debulhar (grãos).

hresh.old [θr'eʃhould] *n* **1** limiar. **2** começo, princípio.

hrift [θrift] *n* economia.

hrift.y [θr'ifti] *adj* **1** econômico. **2** *Amer* florescente.

hrill [θril] *n* **1** vibração. **2** emoção, sensação. • *vt+vi* **1** emocionar, excitar. **2** impressionar-se, emocionar-se. **3** vibrar.

hrill.er [θr'ilə] *n* história, romance, filme ou peça de suspense.

hrill.ing [θr'iliŋ] *adj* emocionante.

hrive [θraiv] *vi* (*ps* **throve, thrived,** *pp* **thriven, thrived**) **1** prosperar, ter sucesso. **2** florescer, vicejar.

hriv.ing [θr'aiviŋ] *adj* próspero.

hroat [θrout] *n* **1** garganta. **2** pescoço. **to clear one's throat** pigarrear. **to have a sore throat** estar com dor de garganta.

hrob [θrɔb] *n* pulsação, palpitação. • *vi* **1** pulsar, bater. **2** palpitar. **3** latejar.

hrone [θroun] *n* **1** trono. **2** *fig* poder, autoridade real.

hrong [θrɔŋ] *n* multidão. • *vt+vi* aglomerar.

hrot.tle [θr'ɔtəl] *n* afogador. • *vt+vi* **1** estrangular, sufocar. **2** suprimir, impedir.

hrough [θru:] *adj* **1** direto, sem interrupção. **2** completo, terminado, até o fim. **3** *coll* conectado, ligado. • *adv* **1** completamente, totalmente. **2** do começo ao fim.

read the letter through / leia a carta toda, até o fim. • *prep* **1** de uma extremidade a outra, de lado a lado, através de, do princípio ao fim, de parte a parte. *we must pass through many dangers* / temos de passar por muitos perigos. **2** dentro de, por. **3** devido a, por causa de. **4** por meio de, por intermédio de, por. **Monday through Friday** de segunda a sexta-feira. **to carry through** levar ao fim, realizar. **to go through with** pôr em prática, realizar alguma coisa.

through.out [θru:'aut] *prep* por tudo, em toda parte, do começo ao fim. • *adv* completamente, inteiramente, por toda parte. **throughout the country** em todo o país. **throughout the year** durante todo o ano.

throw [θrou] *n* **1** lance, arremesso. **2** distância à qual um objeto é atirado. • *vt+vi* (*ps* **threw,** *pp* **thrown**) **1** atirar, arremessar, lançar, jogar. *he threw stones at me* / ele atirou pedras em mim. **2** derrubar. **to throw a party** *Amer* dar uma festa. **to throw away** a) jogar fora. b) desperdiçar. **to throw back** a) repelir. b) forçar alguém a depender de alguma coisa. *he was thrown back upon his own ability* / ele dependeu de sua própria habilidade. **to throw down** derrubar, jogar ao chão. **to throw in** incluir como bônus ou bonificação. **to throw off** livrar-se, desfazer-se de. *I could not throw off my cold* / não consegui me livrar do meu resfriado. **to throw oneself into** empenhar-se de corpo e alma. *I threw my soul into this idea* / dediquei-me completamente a esta idéia. **to throw open** abrir (porta), inaugurar. **to throw out** a) expulsar. b) rejeitar. c) estragar, danificar. **to throw over** a) abandonar. b) encobrir. **to throw up** a) elevar, erigir. b) *coll* vomitar.

throw.a.way [θr'ouəwei] *n* circular, folheto de propaganda. • *adj* descartável.

throw.back [θr'oubæk] *n* **1** regresso, retorno. **2** reversão ao passado, revés. **3** atavismo.

thru [θru:] *adj, adv, prep* = **through.**

thrust [θrʌst] *n* **1** impulso, ímpeto. **2** *Mech* propulsão, impulso. • *vt+vi* (*ps, pp*

thrust) **1** empurrar. *they thrust the task upon him* / empurraram a tarefa para ele. **2** enfiar a faca, furar. **3** forçar, apertar. **to thrust on / upon** empurrar, forçar, impor(-se).

thud [θʌd] *n* **1** som monótono. **2** golpe, batida. • *vi* bater com som surdo, estrondear.

thug [θʌg] *n* matador, assassino.

thumb [θʌm] *n* polegar. • *vt* **1** folhear (livro). **2** *coll* pedir carona. **thumbs up!** *coll* viva! (exclamação de satisfação). **to give the thumbs up** aprovar. **to travel on the thumb** viajar de carona.

thumb.nail [θʌ'ʌmneil] *n* unha do polegar. • *adj* breve, conciso.

thumbs-down [θʌ'ʌmz daun] *n coll* desaprovação, crítica negativa.

thumbs-up [θʌ'ʌmz ʌp] *n* sinal de aprovação com o polegar voltado para cima.

thump [θʌmp] *n* pancada. • *vt+vi* golpear, bater.

thun.der [θʌ'ʌndə] *n* trovão, estrondo. • *vi* **1** trovejar. **2** estrondear.

thun.der.bolt [θʌ'ʌndəboult] *n* raio junto com trovão.

thun.der.ing [θʌ'ʌndəriŋ] *adj* **1** fulminante. **2** enorme.

thun.der.ous [θʌ'ʌndərəs] *adj* ensurdecedor.

thun.der.storm [θʌ'ʌndəstɔ:m] *n* temporal com relâmpago e trovão.

Thurs.day [θə'ə:zdei] *n* quinta-feira. **on Thursday** na quinta-feira.

thus [ðʌs] *adv* **1** deste modo, desta maneira, assim, da seguinte maneira. **2** de acordo, conseqüentemente, portanto, neste caso. **3** tanto, até.

thwart [θwɔ:t] *vt* contrariar, frustrar, impedir.

thy [ðai] *possessive pron arch* teu, tua, teus, tuas (também **thine**).

thyme [taim] *n Bot* tomilho.

thy.roid [θ'airɔid] *n Anat* tireóide.

thy.self [ðais'elf] *pron arch* tu mesmo, a ti mesmo.

ti.ar.a [ti'a:rə] *n* tiara.

tick [tik] *n* **1** tique: sinal em forma de "V" usado para conferir listas. **2** *Brit* momento, instante. **3** tique-taque. • *vt+vi* **1**

fazer tique-taque. **2** conferir. **3** ticar. **t tick off** a) assinalar, marcar (um item, b) repreender.

tick.et [t'ikit] *n* **1** bilhete, entrada, ingres so. **2** *Amer* multa de trânsito. *th policeman gave me a ticket* / o policia me deu uma multa. **3** etiqueta.

tick.le [t'ikəl] *n* cócega, coceira. • *vt+v* **1** fazer cócegas. **2** coçar, causar coce ra. **3** divertir. **to be tickled to deatl** morrer de rir.

tick.lish [t'ikliʃ] *adj* **1** coceguento. *A* sensível, melindroso.

tid.al [t'aidəl] *adj* relativo à maré.

tid.al wave [t'aidəl weiv] *n* **1** onda d maré. **2** movimento, tendência de grande impacto.

tide [taid] *n* maré.

tid.ings [t'aidiŋz] *n pl* novidades, infor mações, notícias.

ti.dy [t'aidi] *vt+vi* **1** assear, limpar. **2** ar rumar, pôr em ordem. • *adj* **1** asseado limpo. **2** em ordem, arrumado.

tie [tai] *n* **1** grav... a. **2** laço. **3** *Sport* empa te. • *vt+vi* **1** am .rar, atar. *we are tied t time* / estamos presos ao fator tempo. 2 fixar, juntar. **3** dar nó. **4** empatar. **to tie down** a) amarrar, prender. b) submeter **to tie in** realizar ligação ou conexão. t **tie up** amarrar. *I tied up my shoe* / amar rei meu sapato. **to tie up with** ligar-se a juntar-se com. **to tie with** a) estar en igualdade com. b) *Sport* empatar com.

tier [tiə] *n* fila.

ti.ger [t'aigə] *n* **1** tigre. **2** *fig* pessoa muito dinâmica.

tight [tait] *adj* **1** apertado. **2** esticado. **3** firme, compacto. **4** rigoroso. • *adv* firmemente.

tight.en [t'aitən] *vt+vi* apertar. **to tighten on** agarrar, apertar.

tight.fist.ed [taitf'istid] *n coll* pão-duro.

tight.ly [t'aitli] *adv* **1** justamente. **2** firmemente.

tight.ness [t'aitnis] *n* **1** tensão. **2** aperto, rigor.

tight.rope [t'aitroup] *n* corda bamba (em circo).

tights [taits] *n* **1** malha de ginástica, malha usada por bailarinos e acrobatas. **2** meia-calça.

i.gress [t'aigris] *n* tigre fêmea.

ile [tail] *n* **1** telha. **2** *sl* cartola. **3** azulejo, ladrilho. • *vt* **1** cobrir com telhas. **2** ladrilhar, colocar piso. **floor tile** ladrilho, cerâmica para piso.

iled [taild] *adj* **1** coberto com telhas. **2** ladrilhado, azulejado.

ill¹ [til] *n* gaveta de caixa registradora ou de balcão.

ill² [til] *prep* até, antes de. *they did not come till Sunday* / não chegaram antes de domingo. • *conj* até que. Veja nota em **até**.

tilt [tilt] *n* inclinação. • *vt+vi* inclinar.

tim.ber [t'imbə] *n* **1** madeira de construção, madeira de lei. **2** viga. **3** *Amer* floresta.

time [taim] *n* **1** tempo. **2** espaço de tempo, época, período. *the time of the action is in the 9th century* / a ação se passa no século IX. **3** hora, momento. *can you tell me the right time?* / pode dizer-me que horas são? **4** prazo. **5** vez. **6** *sl* tempo de prisão. *he did (his) time* / *sl* ele cumpriu sua pena na cadeia. **7** tempos, condições de vida. • *vt+vi* **1** cronometrar. **2** acompanhar, seguir o tempo ou o ritmo. **3** escolher o momento ou a ocasião. **all that time** o tempo todo. **at any time** a qualquer hora. **at a time** de uma vez. **at that time** aquela vez. **at the present time** no momento. **at the same time** ao mesmo tempo. **at times** às vezes. **each time / every time** cada vez. **for the first time** pela primeira vez. **for the time (being)** por enquanto. **from time to time** de tempos em tempos. **high time** na hora. **in due time** pontual. **in good time** em tempo, na hora. **in the meantime** nesse meio tempo. **in the nick of time** no último momento. **in time** em tempo, a tempo. **in time to come** futuramente. **just in time** ainda em tempo. **many times** muitas vezes. **once upon a time** era uma vez. **on time** *Amer* em tempo, a tempo. **prime time** horário nobre. **quick time** a) marcha rápida. b) *Sport* o melhor tempo. **standard time** hora local. **the right time** a hora exata. **time after time / time and again** repetidas vezes, freqüentemente. **time is up** o tempo acabou.

time out *Amer* a) tempo livre, intervalo. b) tempo esgotado. **to have a good time** divertir-se. **to have one's time** aproveitar a vida. **to have the time of one's life** divertir-se muito. **to kill time** matar o tempo.

time-con.sum.ing [t'aim kənsju:miŋ] *adj* demorado, moroso.

timed [taimd] *adj* com tempo determinado.

time.less [t'aimlis] *adj* eterno, infinito.

time lim.it [t'aim limit] *n* prazo.

time.ly [t'aimli] *adj* oportuno.

time-out [taim 'aut] *n* intervalo, interrupção.

tim.er [t'aimə] **1** cronômetro. **2** temporizador, marcador de tempo.

time.ta.ble [t'aimteibəl] *n* horário.

time zone [t'aim zoun] *n* área com o mesmo fuso horário.

tim.id [t'imid] *adj* **1** tímido. **2** medroso.

tim.id.ly [t'imidli] *adv* timidamente.

ti.mid.i.ty [tim'iditi] *n* timidez.

tim.ing [t'aimiŋ] *n* **1** regulação de tempo, de velocidade, de ritmo. **2** cronometragem. **3** escolha do tempo mais adequado para fazer alguma coisa.

tin [tin] *n* **1** estanho. **2** folha-de-flandres, latão. **3** lata. • *vt* enlatar.

tinge [tindʒ] *n* toque.

tin.gle [t'iŋgəl] *n* formigamento. • *vi* **1** tinir, zunir. **2** formigar.

tink.er [t'iŋkə] *vt+vi* remendar, consertar.

tin.kle [t'iŋkəl] *n* tinido. • *vt+vi* tilintar.

tin-o.pen.er [t'in oupənə] *n* abridor de lata.

tin.sel [t'insəl] *n* **1** ouropel, lantejoula, brocatel. **2** *fig* bugiganga.

tint [tint] *n* **1** matiz, tonalidade. **2** tintura (cabelo). • *vt* tingir.

ti.ny [t'aini] *adj* minúsculo, muito pequeno.

tip¹ [tip] *n* **1** ponta (dos dedos), extremidade. **2** cume, pico. **3** parte final. **4** ponta. **on the tip of the tongue** na ponta da língua.

tip² [tip] *n* **1** gorjeta, gratificação. **2** palpite. **3** sugestão, conselho, dica. *he took my tip* / ele seguiu meu conselho. • *vt* **1** dar gorjeta. **2** dar palpite. *they tipped me the wink* / deram-me um palpite. **3** aconselhar, sugerir. **4** bater.

tip³ [tip] *n* depósito de lixo, lixeira. • *vt* **1** despejar. **2** virar. **to tip off / to tip out** despejar, virar, derramar.

tip-off [t'ip ɔf] *n* aviso, palpite, dica.

tip.sy [t'ipsi] *adj* **1** levemente embriagado. **2** *fig* tonto, fraco das pernas.

tip.toe [t'iptou] *n* ponta do pé. • *vi* andar nas pontas dos pés. • *adj* **1** nas pontas dos pés. **2** ansioso. **3** cuidadoso.

tire¹, tyre [t'aiə] *n* **1** pneumático, pneu. **2** aro, arco.

tire² [t'aiə] *vt+vi* cansar(-se).

tired [t'aiəd] *adj* cansado, esgotado.

tired.ness [t'aiədnis] *n* **1** fadiga. **2** enfado.

tire.some [t'aiəsəm] *adj* **1** cansativo. **2** enfadonho.

tir.ing [t'aiəriŋ] *adj* cansativo.

'tis [tiz] *contr* of **it is.**

tis.sue [t'iʃu:] *n* **1** *Biol* tecido. **2** tecido, pano leve. **3** lenço de papel.

tis.sue pa.per [t'iʃu: peipə] *n* papel de seda.

tit.bit [t'itbit] *n* **1** petisco. **2** fuxico.

ti.tle [t'aitəl] *n* **1** título (de livro). **2** título, grau.

ti.tled [t'aitəld] *adj* nobre, titulado.

ti.tle role [t'aitəl roul] *n Cin, Theat* papel principal.

tit.ter [t'itə] *n* **1** riso sufocado. **2** riso nervoso. • *vi* rir nervosamente.

tit.ty [t'iti] *n coll* **1** mama. **2** mamilo.

tit.u.lar [t'itjulə] *n* titular. • *adj* titular, honorário.

to [tu:; tə] *adv* **1** em direção a, para diante. **2** em posição normal ou de contato. **3** para si, a si, à consciência. • *prep* [tu; tə; tu:] **1** para, em direção a, a, ao, à. *he goes to London* / ele vai para Londres. *it came to my hand* / chegou às minhas mãos. **2** até. **3** para, a fim de. **4** em. **5** com. **6** de, da, do. **7** em honra de. **8** na, no, contra. *throw it to the ground* / jogue-o no chão. **9** sobre, a respeito. **10** por. **11** *Gram* marcador do infinitivo. *we expected him to go* / esperávamos que ele fosse. **face to face** cara a cara. **from hand to hand** de mão em mão. **in comparison to** em comparação a. **to my feeling** a) em minha opinião. b) de acordo com o meu sentimento. **to my knowledge** segundo

meu conhecimento. **to the contrary** ao contrário. Veja nota em **for.**

toad [toud] *n* **1** sapo. **2** *fig* pessoa detestável ou repulsiva.

toad.stool [t'oudstu:l] *n* cogumelo (venenoso).

to-and-fro¹ [tu: ən fr'ou] *n* vaivém. • *adj* para lá e para cá.

to and fro² [tu: ən fr'ou] *adv* de um lugar para o outro.

toast [t'oust] *n* **1** torrada. **2** brinde. • *vt+vi* **1** torrar. **2** brindar.

toast.er [t'oustə] *n* torradeira, tostadeira.

to.bac.co [təb'ækou] *n* **1** fumo, tabaco. **2** planta de fumo.

to.bac.co.nist [təb'ækənist] *n* vendedor de fumo. **tobacconist's (shop)** tabacaria.

to-be [tə b'i:] *n* futuro. • *adj* futuro, a ser. **bride to-be** a futura noiva.

to.bog.gan [təb'ɔgən] *n* tobogã. • *vi* escorregar num tobogã.

to.day [təd'ei] *n* hoje, época atual. • *adv* **1** hoje, neste dia. **2** presentemente.

tod.dle [t'ɔdəl] *n* andar com passo incerto. • *vi* andar como criança.

tod.dler [t'ɔdlə] *n* criança entre um e três anos de idade.

to-do [tə d'u:] *n sl* tumulto, confusão. *don't make a to-do about it* / não faça barulho por causa disto.

toe [tou] *n* **1** dedo do pé. *I toasted my toes* / *sl* aqueci meus pés (na lareira). **2** biqueira do sapato. **from top to toe** da cabeça aos pés. **toe to toe** em confronto direto, face a face. **to tread on someone's toes** pisar nos calos de alguém.

toe.nail [t'ouneil] *n* unha de dedo do pé.

tof.fee [t'ɔfi] *n* bala de leite, tofe.

to.geth.er [təg'eðə] *adv* junto.

to.ge.ther.ness [təg'eðənis] *n* união.

toil [tɔil] *n* trabalho pesado, labuta. • *vt+vi* **1** labutar. **2** avançar lentamente.

toi.let [t'ɔilit] *n* **1** banheiro. **2** vaso sanitário, privada. Veja nota em **rest-room.**

toi.let pa.per [t'ɔilit peipə] *n* papel higiênico.

toi.let roll [t'ɔilit roul] *n* rolo de papel higiênico.

toi.let soap [t'ɔilit soup] *n* sabonete.

to.ken [t'oukən] *n* **1** símbolo, sinal, indício. **2** ficha (de telefone, máquina etc). • *adj* simbólico.

tol.er.a.ble [t'ɔlərəbəl] *adj* tolerável.

tol.er.ance [t'ɔlərəns] *n* tolerância.

tol.er.ant [t'ɔlərənt] *adj* tolerante.

tol.er.ate [t'ɔləreit] *vt* tolerar.

tol.er.a.tion [tɔlər'eiʃən] *n* tolerância.

toll¹ [toul] *n* badalada, dobre de sino. • *vt+vi* soar, dobrar sinos.

toll² [toul] *n* **1** taxa, pedágio. **2** direito de cobrar taxas. **3** tributo. • *vt* **1** cobrar taxas, pedágio. **2** pagar taxas ou pedágio. **toll-bar / toll-gate** barreira de pedágio.

toll-free [toul fr'i:] *adj* grátis, livre de taxa.

to.ma.to [təm'a:tou; təm'eitou] *n* **1** tomate. **2** tomateiro. **cherry tomato** tomate-cereja (ou japonês). **salad tomato** tomate comum.

tomb [tu:m] *n* túmulo.

tom.boy [t'ɔmbɔi] *n* menina que se interessa por atividades masculinas.

tomb.stone [t'u:mstoun] *n* lápide.

tom.cat [t'ɔmkæt] *n* gato macho.

to.mor.row [təm'ɔrou] *n* amanhã, o futuro. • *adv* amanhã. **the day after tomorrow** depois de amanhã.

ton [tʌn] *n* **1** tonelada = 1.000 kg (*Brit* = 1.016,06 kg, *Amer* = 907,20 kg). *he weighed tons* / ele pesava muito. **2** *coll* grande quantidade. **metric ton** tonelada, 1.000 quilos.

tone [t'oun] *n* tom. • *vt+vi* **1** harmonizar, combinar. **2** dar tom. **3** *Mus* afinar.

tongs [tɔŋz] *n pl* tenaz, pinça.

tongue [tʌŋ] *n* **1** *Anat* língua. *he puts out his tongue* / ele mostra a língua. **2** idioma. **3** fala, modo de falar, linguagem. *he had lost his tongue* / *coll* ele perdeu a fala. **mother tongue** língua materna. **on the tip of the tongue** na ponta da língua. **slip of the tongue** deslize. **the gift of tongues** talento para idiomas.

ton.ic [t'ɔnik] *n* **1** tônico. **2** água de quinino. **3** água tônica.

to.night [tən'ait] *n* noite de hoje, esta noite. • *adv* hoje à noite.

ton.nage [t'ʌnidʒ] *n* tonelagem: capacidade de um navio.

ton.sil [t'ɔnsəl] *n Med* amígdala, tonsila.

ton.sil.li.tis [tɔnsil'aitis] *n Path* amigdalite, tonsilite.

too [tu:] *adv* **1** também, além, igualmente. *they are coming too* / eles também vêm. **2** demais, demasiadamente. *is it not too much?* / não será demais? **3** muito, excessivamente. Veja nota em **também**.

tool [tu:l] *n* ferramenta, instrumento, utensílio. • *vt* usar ferramenta, trabalhar com ferramentas. **tool box/kit** caixa de ferramentas.

toot [tu:t] *n* toque (de buzina, de corneta etc.). • *vt+vi* **1** tocar (instrumento de sopro). **2** buzinar.

tooth [tu:θ] *n* (*pl* **teeth**) **1** dente. *he clenched his teeth* / ele cerrou os dentes. **2** *Mech* dente de engrenagem ou de serra. **to have a sweet tooth** adorar doces. **tooth and nail** trabalhar com todo esforço.

tooth.ache [t'u:θeik] *n* dor de dentes.

tooth.brush [t'u:θbrʌʃ] *n* escova de dentes.

tooth.less [t'u:θlis] *adj* sem dentes, desdentado.

tooth.paste [t'u:θpeist] *n* pasta de dentes.

tooth.pick [t'u:θpik] *n* palito de dente.

top [tɔp] *n* **1** ponto mais alto, cume, pico, topo. **2** parte ou superfície superior. **3** tampo (de mesa). **4** cargo mais alto. **5** pessoa mais importante. **6** auge, ápice. • *vt+vi* **1** tampar, cobrir, coroar. **2** estar no auge, estar no alto. **3** alcançar, subir ao topo. **4** exceder, superar. • *adj* **1** superior, primeiro. **2** maior, máximo. **3** principal. **from top to bottom** de cima para baixo. **to be at the top of the tree** *fig* ter um cargo alto. **to go over the top** *fig* arriscar. **to top off with / to top up with** completar, aumentar.

top hat [tɔp h'æt] *n* cartola. • *adj* **top-hat** a) grã-fino. b) destinado a beneficiar altos executivos.

top.ic [t'ɔpik] *n* **1** assunto, objeto, tema. *he dismissed the topic* / ele abandonou o assunto. **2** tópico, ponto principal.

top.ic.al [t'ɔpikəl] *adj* atual, do momento.

top.less [t'ɔplis] *adj* **1** sem topo. **2** *fig* descabeçado. **3** imensamente alto. **4** diz-se de mulher que não está usando roupa nenhuma da cintura para cima.

topped [tɔpt] *adj* coberto de.

top.ping [t'ɔpiŋ] *n Cook* cobertura (de bolo, sorvete), glacê.

top.ple [t'ɔpəl] *vt+vi* 1 cair a frente, tombar. 2 derrubar, fazer cair.

top se.cret [tɔp s'ikrit] *n* segredo muito importante. • *adj* extremamente secreto, do maior sigilo.

torch [tɔːtʃ] *n* 1 tocha. 2 maçarico. 3 *Brit* farolete.

torch.light [t'ɔːtʃlait] *n* lanterna.

tor.ment [t'ɔːmənt] *n* tormento. • [tɔːm'ent] *vt* atormentar, torturar.

tor.ment.or [tɔːm'entə] *n* atormentador.

tor.na.do [tɔːn'eidou] *n* (*pl* **tornadoes, tornados**) tufão, furacão.

tor.pe.do [tɔːp'iːdou] *n* torpedo. • *vt* torpedear.

tor.rent [t'ɔrənt] *n* 1 torrente, corrente. 2 temporal, pé d'água.

tor.ren.tial [tɔr'enʃəl] *adj* torrencial.

tor.so [t'ɔːsou] *n* tronco, busto, torso (de estátua ou de pessoa).

tor.toise [t'ɔːtəs] *n* tartaruga (terrestre).

tor.ture [t'ɔːtʃə] *n* tortura. • *vt* torturar, atormentar.

toss [tɔs] *n* 1 lance, arremesso. 2 sacudida, agitação. 3 ação de atirar a cabeça para trás. • *vt+vi* 1 lançar. 2 agitar(-se), chacoalhar. 3 atirar uma moeda para o ar a fim de tirar a sorte. **to toss about** jogar de cá para lá, sacudir-se. **to toss up** tirar a sorte jogando uma moeda ao ar, jogo de cara ou coroa.

toss-up [t'ɔs ʌp] *n* 1 lance, jogo de cara ou coroa. 2 probabilidade igual.

tot[1] [tɔt] *n* criancinha.

tot[2] [tɔt] *vt+vi* somar, totalizar. **to tot up** somar.

to.tal [t'outəl] *n* total, soma. • *vt+vi* totalizar. • *adj* total.

to.tal.ly [t'outəli] *adv* totalmente.

to.tal.i.ty [tout'æliti] *n* totalidade, soma.

tot.ter [t'ɔtə] *n* cambaleio, bamboleio. • *vi* cambalear, titubear. *he tottered to his feet* / ele levantou-se cambaleando.

touch [tʌtʃ] *n* 1 toque, tato. *he gave the finishing touch(es) to it* / *fig* ele deu os últimos retoques. 2 tato. 3 jeito. • *vt+vi* 1 tocar, apalpar, pegar em, pôr em contato, encostar uma coisa na outra. *they that touch pitch will be defiled* / quem

mexe em piche se suja. 2 comover, impressionar. *he was touched to the heart.* / ele ficou profundamente comovido. **at a touch** por simples contato. **to get in touch with** entrar em contato com. **to touch down** tocar o solo, aterrissar. **to touch off** desencadear. **to touch on** mencionar, escrever sobre. **to touch up** retocar. **to touch upon** tocar, formar limite com. **to touch wood** bater na madeira para evitar azar ou mau-olhado.

touch.down [t'ʌtʃdaun] *n* aterrissagem (avião).

touched [tʌtʃt] *adj* 1 emocionado, comovido. 2 *sl* maluco, tantã. *he is a little touched* / ele é meio tantã. 3 compadecido.

touch.ing [t'ʌtʃiŋ] *adj* tocante, comovente. • *prep* com respeito a, sobre.

touch.line [t'ʌtʃlain] *n Ftb* linha lateral.

touch.y [t'ʌtʃi] *adj* 1 sensível, melindroso, irritável. 2 delicado.

tough [tʌf] *n* valentão, brigão. • *adj* 1 flexível, elástico. 2 resistente, rijo, robusto. 3 consistente, duro. 4 forte, vigoroso. 5 difícil, árduo. **to get tough** agir com firmeza.

tough.en [t'ʌfən] *vt+vi* endurecer, enrijar(-se).

tou.pee [t'uːpei] *n* topete postiço, peruca.

tour [t'uə] *n* 1 viagem, circuito, roteiro. 2 viagem de turismo, excursão, passeio. 3 *Mil* turno, plantão, tempo de serviço. • *vt+vi* 1 viajar, excursionar. 2 viajar através de. 3 dar uma volta. Veja nota em **voyage.**

tour.ism [t'uərizəm] *n* turismo.

tour.ism pack.age [t'uərizəm pækidʒ] *n* pacote de turismo.

tour.ist [t'uərist] *n* turista, excursionista.

tour.ist a.gen.cy [t'uərist eidʒənsi] *n* agência de turismo.

tour.na.ment [t'uənəmənt] *n* torneio, competição.

tout [taut] *n* cambista. • *vt+vi* angariar, catar, procurar fregueses.

tow [tou] *n* reboque. • *vt* rebocar. **to be on tow** estar sendo guinchado.

to.wards [təw'ɔːdz; tɔːdz] também**toward** [tɔːd] *prep* 1 para, em direção a, rumo a. *my contribution towards the expenses* / minha contribuição para as despesas. 2

com respeito a, concernente, sobre. *your attitude towards slavery* / sua atitude com respeito à escravidão. **3** perto, próximo. **4** para, a fim de.

tow.el [t'auəl] *n* toalha. • *vt* enxugar com toalha. **to throw in / up the towel** entregar os pontos, render-se.

tow.el.ing, tow.el.ling [t'auəliŋ] *n* pano para toalhas.

tow.er [t'auə] *n* **1** torre. **2** fortaleza, cidadela, castelo. **3** *fig* defesa, proteção. • *vi* elevar-se, dominar.

tow.er block [t'auə blɔk] *n* prédio alto residencial ou de escritórios.

tow.er.ing [t'auəriŋ] *adj* **1** muito alto, muito grande. **2** muito violento ou intenso.

town [t'aun] *n* **1** cidade. **2** centro da cidade. • *adj* relativo a cidade, característico de cidade, municipal. **in town** na cidade. **out of town** em viagem. **to go downtown** *Amer* ir à cidade (para fazer compras etc.). **to go on town** ou **to paint the town red** fazer uma farra, cair na gandaia.

town coun.cil [taun k'aunsəl] *n* câmara municipal.

town hall [taun h'ɔ:l] *n* prefeitura.

tox.ic [t'ɔksik] *adj* tóxico.

tox.in [t'ɔksin] *n* toxina.

toy [t'ɔi] *n* brinquedo. • *vi* brincar, divertir-se, jogar. • *adj* como brinquedo.

trace [treis] *n* **1** rasto, pegada, trilha, pista. **2** vestígio, indício. **3** traço. **4** desenho, traçado. • *vt+vi* **1** seguir pelo rasto, localizar. **2** traçar. **3** copiar. **4** rastrear. **to trace back** seguir o passado. **to trace down** descobrir. **to trace out** escrever ou marcar cuidadosamente. **without trace** sem vestígio.

tra.cing [tr'eisiŋ] *n* **1** cópia. **2** desenho, traçado. **3** *Comp* rastreio.

tra.cing pa.per [tr'eisiŋ peipə] *n* papel transparente para copiar.

track¹ [træk] *n* **1** rasto, pegada, pista. *they left their tracks* / deixaram seus rastos. **2** caminho, trilho, estrada, rota. **3** conduta, rotina. **4** estrada de ferro. **5** pista (de corrida). **6** faixa em um CD. • *vt* **1** deixar impressões. **2** rastrear. **3** localizar. **off the**

track a) fora dos trilhos. b) no caminho errado. **on the right / wrong track** no caminho certo / errado. **to go off the beaten track** sair da rotina. **to keep track of** manter contato com, manter informado sobre. **to track down** ir no encalço de.

track² [træk] *n Comp* **1** pista. **2** área de registro.

track rec.ord [tr'æk rekɔ:d] *n* histórico de uma pessoa ou empresa desde o início da carreira profissional.

track.suit [tr'æksu:t] *n* agasalho (calça e blusão) para prática esportiva, abrigo, *training*.

tract [trækt] *n* **1** área, região, extensão. **2** *Med* trato, aparelho. **digestive tract** *Med* trato digestivo. **tract of swamp** região pantanosa.

tract.or [tr'æktə] *n* trator.

trade [treid] *n* **1** comércio. **2** negócio. *he does a good trade* / ele faz bons negócios. **3** tráfico. • *vt+vi* **1** comerciar, negociar. **2** trocar, intercambiar. **foreign trade** comércio exterior. **home/domestic trade** comércio nacional. **jack of all trades** homem dos sete instrumentos. **to trade (up) on** tirar proveito de, especular. **trade and industry** comércio e indústria.

trade.mark [tr'eidma:k] *n* marca registrada.

trad.er [tr'eidə] *n* comerciante, negociante.

trades.man [tr'eidzmən] *n* negociante, lojista, varejista, comerciante.

trade un.ion [tr'eid ju:njən] *n* sindicato trabalhista.

tra.di.tion [trəd'iʃən] *n* tradição.

tra.di.tion.al [trəd'iʃənəl] *adj* tradicional.

tra.di.tion.al.ly [trəd'iʃənəli] *adv* tradicionalmente.

traf.fic [tr'æfik] *n* **1** tráfico, tráfego, movimento, trânsito. **2** comércio, negócio. • *vi* negociar, comerciar, traficar. **heavy traffic** trânsito intenso, movimento grande.

traf.fic jam [tr'æfik dʒæm] *n* congestionamento de trânsito.

traf.fick.er [tr'æfikə] *n* **1** traficante (de drogas). **2** comerciante, negociante.

traf.fic light [tr'æfik lait] *n* semáforo.

traf.fic warden [tr'æfik wɔ:dən] *n* guarda de trânsito.

trag.e.dy [tr'ædʒədi] *n* **1** *Theat* drama. **2** tragédia.

trag.ic [tr'ædʒik] *adj* trágico.

trail [treil] *n* **1** rasto, traço, vestígio, faro, cheiro. **2** trilho, trilha. **3** cauda (também de vestido). • *vt+vi* **1** puxar, arrastar. **2** arrastar-se, ser arrastado. **3** seguir, seguir a fila. **4** deixar rasto. **5** rastejar-se. **to blaze a trail** abrir caminho, ser pioneiro em alguma coisa. **to trail away / to trail off** diminuir, morrer (voz).

trail.er [tr'eilə] **1** *Amer* trailer: carro de moradia rebocado por automóvel. **2** *Cin* trechos de filmes que anunciam a próxima atração.

train [trein] *n* **1** *rail* trem. **2** fileira, comboio de carros etc. **3** cauda (de vestido), rabo. • *vt+vi* **1** criar, educar, ensinar, treinar. *he was trained as an architect* / ele estudou arquitetura. **2** *Mil* exercitar, instruir. **3** treinar, fazer exercícios. **railway train** trem de estrada de ferro. **to go by train** viajar de trem. **to take a train** tomar um trem. **train of thought** seqüência de idéias. **well trained** bem educado.

train.ee [trein'i:] *n* estagiário.

train.er [tr'einə] *n* treinador, instrutor.

train.ers [tr'einəz] *n pl* tênis de corrida.

train.ing [tr'einiŋ] *n* treinamento, instrução, educação. **to be in training** estar em treinamento.

trait [treit] *n* traço (característico), feição, peculiaridade.

trai.tor [tr'eitə] *n* traidor.

tra.ject.o.ry [trədʒ'ektəri] *n Aeron, Geom* trajetória.

tram [træm] *n Brit* bonde (também **tram-car, tramway**).

tramp [træmp] *n* **1** vagabundo. **2** *sl* prostituta. **3** caminhada. • *vt+vi* **1** andar com passos pesados. **2** andar, caminhar. **3** vaguear. **on the tramp** a) em viagem a pé. b) vagabundeando. **to go for a tramp** fazer uma longa caminhada.

tram.ple [tr'æmpəl] *vt+vi* **1** pisar pesadamente, pisotear. **2** maltratar. **to trample upon someone** pisar, maltratar alguém.

tram.po.line [tr'æmpəli:n] *n Sport* cama elástica.

trance [tra:ns; træns] *n* transe.

tran.quil [tr'æŋkwil] *adj* tranqüilo.

tran.quil.ize, tran.quil.ise [tr'æŋkwilaiz] *vt+vi* tranqüilizar(-se).

tran.quil.i.zer,   tran.quil.i.ser [tr'æŋkwilaizə] *n Pharm* sedativo, tranqüilizante.

tran.quil.li.ty, tran.quil.i.ty [træŋkw'iliti] *n* tranqüilidade.

trans.act [trænz'ækt; træns'ækt] *vt+vi* negociar.

trans.ac.tion [trænz'ækʃən] *n* transação.

trans.at.lan.tic [trænzətl'æntik] *adj* transatlântico.

tran.scend [træns'end] *vt* transcender.

tran.scribe [trænskr'aib] *vt* transcrever.

tran.script [tr'ænskript] *n* cópia, reprodução, transcrito.

trans.fer [tr'ænsfə:] *n* **1** transferência. **2** *Amer* baldeação. **3** decalque. • [trənsf'ə:] *vt+vi* transferir.

trans.fer.a.ble [trænsf'ə:rəbəl] *adj* transferível.

trans.fer.ence [tr'ænsfərəns] *n* transferência.

trans.form [trænsf'ɔ:m] *vt* transformar.

trans.for.ma.tion [trænsfəm'eiʃən] *n* transformação.

trans.fu.sion [trænsfj'u:ʒən] *n* transfusão.

trans.gen.ic [trænzdʒ'enik] *adj Bot, Zool* transgênico.

tran.sis.tor [trænz'istə] *n Phys* transistor.

trans.it [tr'ænsit] *n* trânsito.

tran.si.tion [trænz'iʃən] *n* transição.

tran.si.tion.al [trænz'iʃənəl] *adj* transicional.

tran.si.tive [tr'ænsitiv] *n Gram* verbo transitivo. • *adj* transitivo.

tran.si.to.ry [tr'ænsitəri] *adj* transitório, passageiro.

trans.late [træ:nsl'eit] *vt+vi* traduzir.

trans.la.tion [trænsl'eiʃən] *n* tradução.

trans.lat.or [trænsl'eitə] *n* tradutor.

trans.lu.cent [trænsl'u:sənt] *adj* translúcido.

trans.mis.sion [trænzm'iʃən] *n* transmissão (também *Radio, Mech, Med*).

trans.mit [trænzm'it] *vt* transmitir.

trans.mit.ter [trænzm'itə] *n* transmissor.

trans.par.en.cy [trænsp'ærənsi] *n* transparência.

trans.par.ent [trænsp'ærənt] *adj* transparente.

trans.plant [trænspl'a:nt; trænspl'ænt] *n Surg* transplante. • *vt+vi* 1 transplantar (-se). 2 enxertar, transferir.

trans.port [tr'ænspo:t] *n* transporte. • [trænsp'ɔ:t] *vt* transportar.

trans.por.ta.tion [trænspɔ:t'eiʃən] *n* transporte.

trans.po.si.tion [trænspəz'iʃən] *n* transposição (também *Comp*).

trans.sex.u.al [træns'ekʃuəl] *adj* transexual.

trans.ves.tite [trænzv'estait] *n* travesti.

trap [træp] *n* 1 armadilha (também *Comp*). 2 cilada. • *vt* pegar em armadilha. **to be trapped** ficar preso, ficar sem saída, não ter escapatória.

trap.door [tr'æpdɔ:] *n* alçapão.

tra.peze [trəp'i:z] *n* trapézio.

trap.pings [tr'æpiŋz] *n pl fig* decoração, ornamento.

trash [træʃ] *n* lixo.

trash.can [t'ræʃkæn] *n Amer* lata de lixo.

trash.y [tr'æʃi] *adj* sem valor, inútil.

trau.ma [tr'ɔ:mə] *n* (*pl* **traumata**) trauma.

trau.mat.ic [trɔ:m'ætik] *adj* traumático.

trav.el [tr'ævəl] *n* 1 viagem. 2 **travels** viagens (para o estrangeiro), excursões. • *vt+vi* 1 viajar. 2 movimentar-se. **to travel light** viajar com pouca bagagem. Veja nota em **voyage**.

trav.el a.gen.cy [tr'ævəl eidʒənsi] *n* agência de viagens.

trav.el a.gent [tr'ævəl eidʒənt] *n* agente de viagens.

trav.el.er, trav.el.ler [tr'ævələ] *n* viajante.

trav.el.ler's cheque [tr'ævələz tʃek] *n* cheque de viagem.

trawl.er [tr'ɔ:lə] *n* 1 o que pesca com rede de arrasto. 2 traineira.

tray [tr'ei] *n* bandeja.

treach.er.ous [tr'etʃərəs] *adj* traiçoeiro.

treach.er.y [tr'etʃəri] *n* traição.

tread [tred] *n* 1 passo, ruído de passos. 2 andar, modo de andar. 3 piso de degrau. 4 face de rolamento de uma roda, banda de rodagem de pneu, superfície de rolamento do trilho. • *vt+vi* (*ps* **trod**, *pp* **trodden** or **trod**) 1 andar, caminhar. 2 pisar. 3 pisotear, esmagar com os pés.

trea.son [tr'i:zən] *n* traição.

treas.ure [tr'eʒə] *n* tesouro. • *vt* 1 estimar. 2 entesourar.

treas.ur.er [tr'eʒərə] *n* tesoureiro, caixa.

treas.ur.y [tr'eʒəri] *n* 1 tesouraria, tesouro público. 2 departamento das finanças. 3 caixa. **Treasury Department** *Amer* Ministério da Fazenda.

treat [tri:t] *n* convite para comer e beber, regalo. *it's my treat* / é a minha vez de convidar. • *vt+vi* 1 tratar. 2 oferecer (comida e bebida). 3 pagar as despesas.

trea.tise [tr'i:tiz] *n* tratado, obra, estudo.

treat.ment [tr'i:tmənt] *n* tratamento (também *Med*).

trea.ty [tr'i:ti] *n* 1 tratado. 2 pacto.

treb.le [tr'ebəl] *n* triplo, três. • *vt+vi* triplicar(-se).

tree [tri:] *n* árvore. **family tree** árvore genealógica.

trek [trek] *n* viagem longa e difícil. • *vi* viajar enfrentando muitas dificuldades.

trem.ble [tr'embəl] *n* tremor. • *vi* tremer, estremecer.

tre.men.dous [trəm'endəs] *adj* 1 enorme. 2 extraordinário.

trem.or [tr'emə] *n* tremor.

trem.u.lous [tr'emjuləs] *adj* trêmulo.

trench [trentʃ] *n* trincheira.

trend [trend] *n* direção, tendência.

trend.y [tr'endi] *n depr* pessoa que segue a última moda. • *adj coll* na moda, moderno. *it is a trendy shop* / é uma loja moderna.

tres.pass [tr'espəs] *n* 1 transgressão, intrusão. 2 violação. • *vi* 1 violar os direitos de propriedade. 2 transgredir.

tres.pass.er [tr'espəsə] *n* transgressor, intruso.

tri.al [tr'aiəl] *n* 1 julgamento. 2 prova. 3 sofrimento.

trials [tr'aiəlz] *n* competição esportiva que testa a destreza e a habilidade do competidor.

trials run [tr'ailz rʌn] *n* ensaio, primeira tentativa que ainda não conta pontos.

tri.an.gle [tr'aiæŋgəl] *n* triângulo.

tri.an.gu.lar [trai'æŋgjulə] *adj* triangular.

trib.al [tr'aibəl] *adj* tribal.

tribe [traib] *n* tribo.

tribes.man [tr'aibzmən] *n* membro de uma tribo.

trib.u.la.tion [tribjul'eiʃən] *n* tribulação.

tri.bu.nal [traibj'u:nəl] *n* tribunal.

trib.u.tar.y [tr'ibjutəri] *n* **1** rio afluente. *the Ohio River is a tributary of the Mississippi River* / o Rio Ohio é um afluente do Rio Mississippi. **2** tributário.

trib.ute [tr'ibju:t] *n* tributo. **tribute of respect** homenagem.

trick [trik] *n* **1** truque, malícia. **2** peça, ardil. *he played a dirty trick upon me* / ele me pregou uma peça. • *vt+vi* enganar, pregar uma peça. • *adj* mágico, relativo ao truque. **tricks of memory** ciladas da memória.

trick.er.y [tr'ikəri] *n* malandragem, trapaça.

trick.le [tr'ikəl] *n* gota, pingo. • *vt+vi* gotejar.

trick.y [tr'iki] *adj* difícil, complicado, delicado.

tri.cy.cle [tr'aisikəl], **trike** [traik] *n* triciclo.

tried [traid] *ps, pp* of **try**. • *adj* experimentado, provado.

tri.fle [tr'aifəl] *n* **1** ninharia. *don't stick at trifles* / não se preocupe com ninharias. **2** *Cook* doce feito de bolo, creme, frutas e vinho.

tri.fling [tr'aifliŋ] *adj* insignificante.

trig.ger [tr'igə] *n* **1** gatilho. **2** alavanca ou gancho para travar alguma coisa. • *vt* desencadear.

tril.o.gy [tr'ilədʒi] *n* trilogia.

trim [trim] *n* **1** aparada, corte. **2** adorno. • *vt+vi* **1** podar (plantas), cortar ou aparar (cabelo). **2** enfeitar. **3** pôr em ordem. • *adj* bem cuidado.

trim.ming [tr'imiŋ] *n* **1** enfeite. **2** poda.

trin.ket [tr'iŋkit] *n* balangandã, bugiganga.

tri.o [tr'i:ou] *n* (*pl* **trios**) trio.

trip [trip] *n* **1** viagem, excursão, passeio. **2** tropeço, passo falso. **3** *coll* viagem: experiências sob o efeito de drogas. • *vt* tropeçar, cambalear, escorregar. **have a nice trip**! boa viagem! Veja nota em **voyage**.

trip.le [tr'ipəl] *n* triplo. • *vt+vi* triplicar. • *adj* triplo, tríplice.

trip.let [tr'iplit] *n* trigêmeo.

trip.li.cate [tr'iplikeit] *vt* triplicar. **in triplicate** em três exemplares.

tri.pod [tr'aipɔd] *n* tripé.

trite [trait] *adj* **1** muito usado. **2** banal. **3** repetitivo, batido.

tri.umph [tr'aiəmf] *n* triunfo. • *vi* triunfar.

tri.um.phant [trai'ʌmfənt] *adj* triunfante.

tri.um.phant.ly [trai'ʌmfəntli] *adv* triunfantemente.

triv.i.a [tr'iviə] *n pl* trivialidades.

triv.i.al [tr'iviəl] *adj* trivial, insignificante.

triv.i.al.i.ty [triviˈæliti] *n* trivialidade.

tri.vi.al.ize, triv.i.al.ise [tr'iviəlaiz] *vt+vi* trivializar.

trod.den [tr'ɔdən] *pp* of **tread**. • *adj* pisado, pisoteado (por muitas pessoas ou animais).

trol.ley [tr'ɔli] *n* **1** *Amer* bonde. **2** mesa pequena sobre rodinhas. **3** carrinho (de supermercado, de bagagem).

trol.ley bus [tr'ɔli bʌs] *n* ônibus elétrico.

trom.bone [trɔmb'oun] *n Mus* trombone.

trom.bon.ist [trɔmb'ounist] *n Mus* trombonista, tocador de trombone.

troop [tru:p] *n* **1** grupo (de pessoas). **2** rebanho, bando. **3** tropa. **4** unidade de escoteiros. • *vi* agrupar-se, reunir-se.

tro.phy [tr'oufi] *n* troféu.

trop.ic [tr'ɔpik] *n* trópico. • *adj* trópico.

trop.i.cal [tr'ɔpikəl] *adj* tropical.

trot [trɔt] *n* trote. • *vt+vi* trotar.

troub.le [tr'ʌbəl] *n* **1** problema. **2** distúrbio, encrenca. *don't ask (look) for trouble* / não procure encrencas. **3** incômodo. *I am sorry to give you so much trouble* / sinto causar-lhe tanto incômodo. **4** esforço, trabalho extra. *it is too much trouble* / é trabalho demais. **5 troubles** problemas da vida, desgraças. • *vt+vi* **1** importunar, perturbar. **2** incomodar. **3** incomodar-se, preocupar-se. *don't trouble (yourself)* / não se incomode, não se preocupe. **to be in trouble** estar em apuros, em dificuldade. **to get into trouble** a) meter-se em dificuldades. *you will get into trouble* / você vai meter-se em apuros. b) engravidar. **troubled waters** *fig* situação confusa.

troub.led [tr'ʌbəld] *adj* perturbado, inquieto, agitado.

troub.le.mak.er [tr'ʌbəlmeikə] *n* encrenqueiro, causador de problemas.

troub.le.shoot [tr'ʌbəlʃu:t] *vi Comp* **1** localizar erros para corrigi-los. **2** localizar avarias.

troub.le.some [tr'ʌbəlsəm] *adj* **1** incômodo. **2** laborioso, difícil.

trough [trɔf] *n* cocho.

troupe [tru:p] *n Theat* companhia de artistas.

trou.ser [tr'auzə] *n* (geralmente **trousers** *pl*) calças compridas.

trout [traut] *n Ichth* truta.

trow.el [tr'auəl] *n* **1** trolha: colher de pedreiro. **2** espátula para desenterrar plantas. • *vt* colocar ou alisar reboco com trolha.

tru.an.cy [tr'uənsi] *n* **1** ociosidade, vadiagem. **2** cábula: falta (na escola).

tru.ant [tr'uənt] *n* **1** estudante cabulador, gazeteiro. **2** vadio. • *adj* **1** cabulador. **2** negligente (nos deveres), relaxado. **to play truant** cabular aula, gazetear.

truce [tru:s] *n* trégua.

truck [trʌk] *n* **1** *Amer* caminhão. **2** truque, vagão plataforma.

truc.u.lent [tr'ʌkjulənt] *adj* truculento.

trudge [trʌdʒ] *n* caminhada longa e penosa. • *vt+vi* arrastar-se.

true [tru:] *adj* **1** verdadeiro. **2** real. **3** leal, fiel. *will you be true to me?* / você me será fiel? **to come true** realizar-se (sonho), acontecer como esperado.

truf.fle [tr'ʌfəl] *n* trufa, túbera.

tru.ly [tr'u:li] *adv* verdadeiramente, sinceramente, realmente. **yours truly**... (em cartas) sinceramente de V.Sa.

trump [trʌmp] *n* trunfo. • *vt+vi* trunfar.

trump.et [tr'ʌmpit] *n* **1** trombeta, corneta, clarim. **2** barrido, barrito (a voz do elefante). • *vt+vi* **1** tocar trombeta ou corneta. **2** trombetear. **to blow one's own trumpet** elogiar a si próprio.

trun.ca.ted [tr'ʌŋkeitəd] *adj* truncado.

trun.cheon [tr'ʌntʃən] *n Brit* porrete, cassetete.

trun.dle [tr'ʌndəl] *vt+vi* rodar lenta e barulhentamente, rolar.

trunk [trʌŋk] *n* **1** tronco de árvore. **2** baú,

mala de viagem. **3** tronco, corpo (sem os membros). **4** parte principal. **5** linha tronco (de telefone, de estrada de ferro). **6** tromba de elefante. **7** *Amer* porta-malas (carro). **8 trunks** calção de banho, sunga. **bathing trunk** calção de banho masculino.

trust [trʌst] *n* **1** confiança. *there is no trust to be placed in him* / não se pode ter confiança nele. **2** pessoa ou coisa em que se confia. **3** responsabilidade. **4** depósito, crédito. **5** truste. • *vt+vi* confiar. *I do not trust him round the corner* / não tenho nenhuma confiança nele. **in trust** em confiança, em custódia. **on trust** a) em fiança, a crédito. b) em confiança.

trus.tee [trʌst'i:] *n* curador.

trust.wor.thy [tr'ʌstwə:ði] *adj* digno de confiança, fidedigno.

trust.y [tr'ʌsti] *n* **1** pessoa de confiança. **2** condenado de bom comportamento. • *adj* fiel, de confiança.

truth [tru:θ] *n* verdade. *there is no truth in it* / não há nada de verdade nisto. **to tell the truth** falar a verdade. **to tell you the truth** para ser honesto, na realidade.

truth.ful [tr'u:θful] *adj* **1** verídico. **2** sincero.

truth.ful.ly [tr'u:θfuli] *adv* de fato, honestamente.

try [trai] *n* tentativa, experiência, prova, teste. • *vt+vi* tentar, experimentar, ensaiar, provar. *he tried his hand at it* / ele experimentou fazê-lo. *he tried his luck at it* / ele tentou a sorte nisto. **to try on** provar (roupa). **to try out** testar, provar.

try.ing [tr'aiiŋ] *adj* **1** difícil, cansativo. **2** irritante.

T-shirt [t'i: ʃə:t] *n* camiseta.

tub [tʌb] *n* **1** tina. **2** banheira. **3** banho de imersão.

tu.ba [tj'u:bə] *n Mus* tuba. **bass tuba** *Mus* tuba baixo.

tub.by [t'ʌbi] *adj* rechonchudo.

tube¹ [tju:b] *n* **1** tubo, cano. **2** bisnaga, tubo. **3** trem subterrâneo. **4** cilindro. **5** *sl* televisão. **to go down the tubes** arruinar-se, fracassar.

tube² [tj'u:b] *Brit* metrô.

tu.ber.cu.lo.sis [tjubə:kjul′ousis] *n* tuberculose.

tub.ing [tj′u:biŋ] *n* tubulação, encanamento.

tuck [tʌk] *n* **1** dobra, prega (costurada). **2** *Brit* gulodices, doces. • *vt+vi* enfiar, guardar. *the hen tucked her head under her wing* / a galinha enfiou a cabeça debaixo da asa. **to tuck in** a) embrulhar (-se) nas cobertas. b) *coll* empanturrar-se.

Tues.day [tj′u:zdi] *n* terça-feira. **on Tuesday(s)** às terças-feiras.

tuft [tʌft] *n* topete, tufo.

tug [tʌg] *n* **1** puxão. **2** esforço, luta. **3** rebocador. • *vt+vi* puxar com força, arrastar.

tug.boat [t′ʌgbout] *n* rebocador.

tu.i.tion [tju′iʃən] *n* **1** instrução, ensino. *he is under my tuition* / ele é meu aluno. **2** custo da instrução.

tu.lip [tj′u:lip] *n* tulipa.

tum.ble [t′ʌmbəl] *n* queda, tombo. • *vt+vi* cair, tombar.

tum.ble dri.er [tʌmbəl dr′aiə] *n* secadora de roupas elétrica.

tum.ble-dry [tʌmbəl dr′ai] *vt* secar (roupas) em secadora.

tum.bler [t′ʌmblə] *n* **1** copo sem haste. **2** joão-teimoso: boneco que sempre fica em pé.

tum.my [t′ʌmi] *n childish* barriga.

tu.mor, tu.mour [tj′u:mə] *n* tumor.

tu.mult [tj′u:mʌlt] *n* tumulto.

tu.mul.tu.ous [tju:m′ʌltʃuəs] *adj* tumultuoso.

tu.na [tj′u:nə] *n Ichth* atum.

tu.na-fish [tju:nə fiʃ] *n Ichth* = **tuna.**

tune [tju:n] *n* melodia. • *vt+vi* **1** cantar, entoar. **2** afinar. **3** *Radio* sintonizar. **4** adaptar, ajustar, regular (motor). **in tune** afinado. **out of tune** desafinado. **to sing out of tune** cantar de modo desafinado. **to tune up** a) afinar (instrumento). b) entoar. c) ajustar uma máquina.

tune.ful [tj′u:nful] *adj* melodioso, harmônico.

tu.nic [tj′u:nik] *n* túnica.

tun.nel [t′ʌnəl] *n* túnel. • *vt+vi* escavar um túnel.

tur.ban [t′ə:bən] *n* turbante.

tur.bine [t′ə:bain] *n* turbina.

tur.bu.lence [t′ə:bjuləns] *n* turbulência.

tur.bu.lent [t′ə:bjulənt] *adj* turbulento.

turf [tə:f] *n* **1** gramado, relvado. **2** torrão de grama. **3** (geralmente **the turf**) a) pista de corrida, turfe. b) corrida de cavalos. • *vt* cobrir com grama.

tur.key [t′ə:ki] *n* **(turkey-cock)** peru.

tur.moil [t′ə:mɔil] *n* tumulto, distúrbio, desordem.

turn [tə:n] *n* **1** volta, giro. *I took two turns up and down the room* / andei duas vezes para cá e para lá dentro do quarto. **2** *fig* reviravolta, crise. **3** esquina. **4** vez, ocasião. *now it is my turn* / agora é a minha vez. **5** tempo, período, turno. *we did it in turns* / fizemos isto em turnos. • *vt+vi* **1** girar, rodar, virar (-se). *he turned her head* / ele lhe virou a cabeça. **2** mudar (de direção), alterar o curso. **3** transformar. **4** tornar-se. **at every turn** a cada momento, em cada ocasião. **by turns** alternativamente, em intervalos. **to take turns** a) revezar-se. b) experimentar. **to turn about** virar(-se), voltar(-se). **to turn against** virar-se contra. **to turn around** virar ao contrário, torcer (palavras), mudar de atitude. **to turn away** a) desviar. b) virar-se. **to turn back** a) regressar, voltar. b) recusar. c) devolver. **to turn down** a) diminuir (gás, som etc.). b) declinar, rejeitar (oferta). c) desprezar, abandonar. **to turn in** a) ir dormir. b) entregar (alguém). **to turn into** a) converter em. b) instigar a. c) traduzir. **to turn off** a) fechar, desligar (gás, rádio, torneira). b) desligar emocionalmente ou sexualmente. **to turn on** a) abrir (torneira), ligar (rádio etc.). b) *coll* excitar (sexualmente). c) usar narcóticos. **to turn out** a) expulsar, mandar embora. *they turned him out of doors (out of the house)* / botaram-no para fora. b) despejar. c) apagar, desligar (luz). d) vir à luz, confirmar (-se). **to turn over** denunciar, entregar (às autoridades). **to turn round** girar, virar. **to turn to** a) aproveitar. b) dirigir-se a, recorrer. **to turn up** a) aumentar (som, fogo). b) aparecer, chegar. *she has turned up at last* / ela chegou finalmente.

turned off [t'ə:nd ɔf] *adj* **1** *sl* que não usa mais narcóticos, limpo. **2** desligado, indiferente (sexualmente ou emocionalmente).

turned out [t'ə:nd aut] *adj* apresentado, arrumado.

turn.ing [t'ə:niŋ] *n* **1** curva, ângulo. **2** travessa, esquina. **3** desvio.

turn.ing point [t'ə:niŋ pɔint] *n* ponto decisivo, ponto crítico, momento decisivo.

tur.nip [t'ə:nip] *n Bot* nabo.

turn.o.ver [t'ə:nouvə] *n Com* **1** rotação de estoque. **2** rotação de empregados.

turn.stile [t'ə:nstail] *n* catraca.

turn.ta.ble [t'ə:nteibəl] *n* **1** *rail* plataforma giratória. **2** prato de toca-disco.

turn.up [t'ə:nʌp] *n* barra italiana (calça).

tur.pen.tine [t'ə:pəntain] *n* aguarrás, terebintina.

tur.quoise [t'ə:kwɔiz] *n* **1** turquesa. **2** cor azul celeste, cor azul-esverdeada. • *adj* azul celeste, azul-esverdeado.

tur.ret [t'ʌrit] *n* torre pequena (geralmente ligada a um canto de um edifício).

tur.tle [tə:təl] *n* tartaruga marítima.

tusk [tʌsk] *n* presa, dente comprido (de elefante).

tus.sle [t'ʌsəl] *n* luta, briga. • *vi* lutar, brigar.

tu.tor [tj'u:tə] *n* **1** professor particular. **2** *Amer* assistente, instrutor de universidade. • *vt+vi* ensinar, lecionar.

tu.to.ri.al [tjut'ɔ:riəl] *n* aula ou sessão dirigida por um professor ou assistente para um aluno ou um grupo pequeno. • *adj* tutorial, relativo ao tutor.

TV [ti: v'i:] *n abbr* **television** (televisão).

twang [twæŋ] *n* som metálico, som nasal. • *vt+vi* **1** produzir som agudo ou metálico. **2** vibrar.

'twas [twɔz] *abbr* **it was** (estava, esteve, era, foi).

tweed [twi:d] *n* **tweed**: **1** tecido de lã ou lã e algodão geralmente de duas cores, muito usado em roupas masculinas. **2** roupa desse pano.

tweez.ers [tw'i:zəz] *n pl* pinça.

twen.ties [tw'entiz] *n pl* casa dos vinte, os anos ou os números de 20 a 29. *she is in her twenties* / ela está na casa dos vinte.

twice [twais] *adv* duas vezes. *think not twice about doing that!* / faça-o sem pensar muito. **twice a year** duas vezes por ano.

twid.dle [tw'idəl] *vt+vi* **1** virar, girar (os polegares). **2** brincar (com os dedos).

twig [twig] *n* galho fino, ramo.

twi.light [tw'ailait] *n* **1** crepúsculo. **2** luz fraca, lusco-fusco.

twin [twin] *n* gêmeo. • *adj* **1** gêmeo. **2** duplo.

twine [twain] *n* barbante, corda. • *vt+vi* entrelaçar(-se).

twinge [twindʒ] *n* pontada.

twin.kle [tw'iŋkəl] *n* **1** cintilação. **2** brilho. **3** piscar dos olhos, piscadela. • *vi* **1** brilhar, cintilar. **2** piscar.

twirl [twə:l] *n* rodopio. • *vt+vi* **1** rodopiar. **2** torcer, enrolar.

twist [twist] *n* **1** guinada, mudança repentina. **2** giro, volta, rotação. **3** torcedura, torção. **4** trança, entrelaçamento. **5** esquisitice, idiossincrasia. *she has got a twist in her character* / ela não regula bem. • *vt+vi* torcer, retorcer. *he twisted his wrist* / ele torceu o pulso.

twist.ed [tw'istid] *adj* **1** pervertido. **2** trançado, torcido. **3** *sl* muito intoxicado (drogas).

twit [twit] *n* pateta, toleirão, palerma, besta. *don't be a twit!* / não seja besta!

twitch [twitʃ] *n* repelão, puxão, contração muscular, movimento rápido, estremeção. • *vt+vi* **1** contrair-se, fazer um movimento brusco. *she twitched her face (her eyelids)* / ela contorceu seu rosto (piscou o olho). **2** puxar, arrancar (**from, off** de).

twit.ter [tw'itə] *vt+vi* **1** cantar, gorjear, chilrear, pipilar, estridular. **2** rir em surdina. **3** falar rápido e alto sobre coisas sem importância devido ao fato de estar nervoso.

two [tu:] *n* **1** número dois. **2** dupla, grupo de dois objetos ou de duas pessoas. **3** o dois de baralho ou de dado. • *adj* dois, duas, ambos. **by twos / in twos** em dois. **(his) two sisters** as duas (ambas as suas) irmãs. **the two** a) os dois, as duas. b) ambos. **the two of us** nós dois. **to kill two birds with one stone** matar dois coelhos com uma cajadada só. **to put**

two and two together tirar uma conclusão dos fatos. **two-bit** *sl* barato, trivial. **two bits** *Amer, coll* vinte e cinco centavos. **two's company, three's a crowd** (um é pouco) dois é bom, três é demais. **two-up / two-down** que possui dois quartos em cima e duas salas em baixo.

two-faced [tu: f'eist] *adj* falso, hipócrita.

two-way [tu: w'ei] *adj* de duas vias. **two-way cultural agreement** convênio de intercâmbio cultural.

two-way street [tu: wei str'i:t] *n* rua de duas mãos de direção.

ty.coon [taik'u:n] *n* magnata.

type [taip] *n* **1** tipo, classe, categoria, espécie. *he is not my type* / ele não é o meu tipo. **2** modelo, símbolo, exemplo, protótipo. **3** *Typogr* tipo, caráter tipográfico. • *vt+vi* **1** tipificar. **2** determinar o tipo. **3** datilografar. **4** *Comp* digitar. **bold type** tipo negrito. **italic type** itálico.

type.write [t'aiprait] *vt+vi* datilografar.

type.writ.er [t'aipraitə] *n* máquina de escrever.

type.writ.ten [t'aipritən] *adj* datilografado (máquina de escrever) ou digitado (processador de texto, computador).

ty.phoid [t'aifɔid] *n Path* febre tifóide. • *adj* tifóide.

ty.phoon [taif'u:n] *n* tufão, furacão.

typ.i.cal [t'ipikəl] *adj* **1** típico, característico, simbólico. **2** previsível. **it is typical of** é característico de.

typ.i.fy [t'ipifai] *vt* **1** tipificar, simbolizar. **2** exemplificar.

typ.ing [t'aipiŋ] *n* **1** datilografia. **2** digitação.

typ.ist [t'aipist] *n* datilógrafo.

tyr.an.ny [t'irəni] *n* tirania, opressão.

ty.rant [t'aiərənt] *n* tirano, déspota.

tyre [t'aiə] *n* **1** aro. **2** pneu. **spare tyre** estepe.

u

U, u [ju:] *n* **1** vigésima primeira letra do alfabeto, vogal. **2** qualquer coisa em forma de U. • *adj Brit, coll* de, da classe alta. **the U behaviour** comportamento de classe alta.

u.biq.ui.tous [jub'ikwətəs] *adj* ubíquo, onipresente, que está ao mesmo tempo em toda parte.

ud.der ['ʌdə] *n* úbere, úbero.

UFO [ju: ef'ou] *abbr* **unidentified flying object** (OVNI / objeto voador não identificado, disco voador).

ugh *interj* de aborrecimento: puf!, ui!

ug.li.ness ['ʌglinis] *n* fealdade, feiúra.

ug.ly ['ʌgli] *adj* **1** feio, repelente, repulsivo, disforme, hediondo, horrendo. **2** fatal, crítico, arriscado, perigoso, temível.

ul.te.ri.or [ʌlt'iəriə] *adj* **1** oculto, dissimulado, inconfesso. *his ulterior objects* / seus objetivos ocultos. **2** ulterior, além. **3** mais distante, mais afastado, mais longe. *my ulterior motives* / meus motivos mais profundos.

ul.ti.mate ['ʌltimit] *adj* **1** último, final, derradeiro. **2** máximo, supremo. **ultimate facts of nature** os fatos básicos da natureza. **the ultimate in** o máximo em.

ul.ti.mate.ly ['ʌltimitli] *adv* **1** enfim, no final das contas. **2** basicamente, fundamentalmente, em última análise.

um.bil.i.cal cord [ʌmbilikəl k'ɔ:d] *n* cordão umbilical.

um.brel.la [ʌmbr'elə] *n* **1** guarda-chuva ou guarda-sol. **2** proteção conferida por uma organização. **beach umbrella** guarda-sol de praia. **pocket umbrella** sombrinha de bolsa.

un.a.ble [ʌn'eibəl] *adj* incapaz. *are you unable to do it?* / você não é capaz de fazer isto?

un.ac.cept.a.ble [ʌnəks'eptəbəl] *adj* **1** inaceitável. **2** intolerável.

un.ac.com.plished [ʌnək'ʌmpliʃt] *adj* **1** não terminado, inacabado, incompleto. **2** sem cultura.

un.ac.cus.tomed [ʌnək'ʌstəmd] *adj* **1** desacostumado, não habituado, desabituado, estranho, não familiar. **2** incomum, extraordinário. *he is unaccustomed to it* / ele não está acostumado a isto.

un.a.dapt.ed [ʌnəd'æptid] *adj* mal-adaptado (**to** a).

un.af.fect.ed ['ʌnəfektid] *adj* **1** não afetado, não influenciado. **2** impassível, insensível. **3** sem afetação, simples, natural, sincero.

un.aid.ed [ʌn'eidid] *adj* **1** sem ajuda ou auxílio (**by** de), desamparado (**by** por). **2** nu (olho).

un.am.big.u.ous [ʌnæmb'igjuəs] *adj* claro, sem ambigüidade.

u.na.nim.i.ty [ju:nən'imiti] *n* unanimidade.

u.nan.i.mous [ju:n'æniməs] *adj* unânime.

un.an.swered [ʌn'a:nsə:d] *adj* que não tem resposta, irrespondível.

un.ap.proach.a.ble [ʌnəpr'outʃəbəl] *adj* **1** inacessível, inalcançável. **2** reservado, intratável, que mantém distância.

un.armed [ʌn'a:md] *adj* desarmado, indefeso, inerme.

un.as.hamed [ʌnəʃ'eimd] *adj* **1** desavergonhado, sem-vergonha. **2** franco, desembaraçado.

un.as.hamed.ly [ʌnəʃ'eimdli] *adv* **1** des-

U

caradamente, desavergonhadamente. **2** admitido francamente.

un.asked[ʌn'a:skt; ʌn'æskt] *adj* não perguntado ou solicitado, sem ser convidado, espontâneo, voluntário.

un.as.sist.ed[ʌnəs'istid] *adj* sem auxílio ou ajuda.

un.at.tract.ive[ʌnətr'æktiv] *adj* sem atrativos, não estimulante.

un.a.void.a.ble[ʌnəv'ɔidəbəl] *adj* **1** inevitável. **2** *Jur* irrevogável.

un.a.ware[ʌnəw'ɛə] *adj* inconsciente, que não percebe. *he was unaware of it* / ele não o sabia, ignorava-o.

un.a.wares[ʌnəw'ɛəz] *adv* **1** sem querer, sem pensar, sem intenção, por descuido. **2** inesperadamente, de improviso, inopinadamente, de surpresa.

un.bal.anced[ʌnb'ælənst] *adj* **1** desequilibrado. **2** não compensado, não balanceado. **3** desajustado (mental).

un.bear.a.ble[ʌnb'ɛərəbəl] *adj* insuportável, intolerável.

un.be.liev.a.ble[ʌnbil'i:vəbəl] *adj* incrível, extraordinário, inacreditável, implausível.

un.bend.ing[ʌnb'endiŋ] *adj* **1** inflexível. **2** irredutível, firme, não abatido. **3** rígido.

un.bro.ken[ʌnbr'oukən] *adj* **1** inteiro, intato, incólume. **2** não minorado ou diminuído. **3** ininterrupto, contínuo.

un.but.ton[ʌnb'ʌtən] *vt* desabotoar.

un.can.ny[ʌnk'æni] *adj* **1** esquisito, estrambótico. **2** misterioso, fantástico, estranho.

un.ceas.ing[ʌns'i:siŋ] *adj* incessante, contínuo, ininterrupto.

un.cer.tain[ʌns'ə:tən] *adj* **1** incerto, duvidoso. **2** indeterminado. **3** irresoluto, indeciso.

un.cer.tain.ty[ʌns'ə:tənti] *n* incerteza, dúvida.

u.nchain[ʌntʃ'ein] *vt* **1** desacorrentar. **2** soltar, largar. **3** desencadear.

un.chal.lenged [ʌntʃ'ælindʒd] *adj* indisputado, incontestado.

un.checked[ʌntʃ'ekt] *adj* incontrolado, irreprimido, inverificado.

un.civ.il.ized, **un.civ.il.ised**[ʌns'ivilaizd]

adj incivilizado, bárbaro, selvagem, inculto.

un.cle['ʌŋkəl] *n* **1** tio. **2** *sl* homem idoso. **to say uncle** *Amer*, *coll* render-se, dar-se por vencido.

un.clear[ʌnkl'iə] *adj* pouco nítido, obscuro, indistinto, incerto, ininteligível.

un.com.fort.a.ble[ʌnk'ʌmfətəbəl] *adj* **1** pouco confortável, incômodo, desconfortável. **2** inquietante. **3** desagradável. **4** pouco à vontade, constrangedor.

un.com.mon [ʌnk'ɔmən] *adj* incomum: **1** raro. **2** fora do comum. **3** notável, excepcional.

un.com.mu.ni.ca.tive[ʌnkəmj'u:nikətiv] *adj* pouco comunicativo, taciturno, calado, silencioso, reservado.

un.com.pro.mis.ing [ʌnk'ɔmprəmaiziŋ] *adj* **1** inflexível, intransigente. **2** firme, determinado.

un.con.cerned [ʌnkəns'ə:nd] *adj* **1** despreocupado, tranqüilo. **2** indiferente, desinteressado (**about** por). **3** não envolvido ou implicado (**in** em).

un.con.di.tion.al [ʌnkənd'iʃənəl] *adj* incondicional, sem restrições, absoluto, irrestrito.

un.con.di.tion.al.ly [ʌnkənd'iʃənəli] *adv* incondicionalmente.

un.con.nect.ed [ʌnkən'ektid] *adj* desligado, distinto, desconexo.

un.con.scious[ʌnk'ɔnʃəs] *n Psychoanalysis* o inconsciente. • *adj* **1** inconsciente. **2** não intencional. **3** involuntário. **4** desacordado, sem sentidos.

un.con.sti.tu.tion.al [ʌnkɔnstitj'u:ʃənəl] *adj* inconstitucional.

un.con.trol.la.ble [ʌnkəntr'ouləbəl] *adj* **1** incontrolável, ingovernável. **2** indomável, irrefreável. **3** irresistível.

un.con.ven.tion.al[ʌnkənv'enʃənəl] *adj* não convencional, sem cerimônias, natural, informal.

un.con.vinc.ing[ʌnkənv'insiŋ] *adj* **1** não convincente, dúbio. **2** incerto, fraco.

un.count.a.ble [ʌnk'auntəbəl] *adj* incontável, inúmero.

un.count.a.ble noun[ʌnk'auntəbəl naun] *n Gram* substantivo incontável, que não se pode contar.

un.couth [ʌnk'u:θ] *adj* **1** áspero, rude,

inelegante (na linguagem). **2** tosco, grosseiro, bruto, inculto.

un.cov.er [ʌnk'ʌvə] vt+vi **1** descobrir (-se), despir(-se) **2** revelar, expor, tornar público **3** destampar. *I uncovered myself* / eu fiz uma saudação, tirei o chapéu.

unc.tion ['ʌŋkʃən] n **1** unção (rito religioso). *he administered Extreme Unction* / ele administrou a unção dos enfermos (extrema-unção).

un.daunt.ed [ʌnd'ɔ:ntid] adj **1** destemido, intrépido, audaz. **2** não desanimado ou intimidado.

un.de.cid.ed [ʌndis'aidid] adj **1** indeciso, indecidido, indeterminado. **2** irresoluto, hesitante.

un.de.ni.a.ble [ʌndin'aiəbəl] adj **1** inegável, incontestável, claro, irrefutável. **2** indiscutivelmente bom, excelente, ótimo.

un.der ['ʌndə] adj inferior. • adv **1** inferiormente. **2** embaixo, por baixo. **3** em estado de inferioridade, em sujeição a, sob as ordens de. • prep debaixo, embaixo, por baixo, sob, abaixo de. **as under** conforme indicação abaixo. **to be under discussion** estar em estudos, sob discussão. **to be under oath** estar sob juramento. **to be under one's care** estar sob cuidados, sob supervisão. **to go under** sucumbir, ser vencido, fracassar. **under these circumstances...** nestas circunstâncias..., nestas condições...

under- pref **1** sub (indica inferioridade, sob as ordens de, por baixo de). **2** des (indica privação, negação). **underfed children** crianças mal-alimentadas.

un.der.age [ʌndər'eidʒ] adj **1** de menor idade. **2** menor de idade. **the problem of under-age drinking** o problema do consumo de bebida por menores de idade.

un.der.clothes ['ʌndəklouðz] n pl roupa de baixo, trajes menores.

un.der.cov.er ['ʌndəkʌvə] adj encoberto, furtivo, secreto.

un.der.de.vel.oped [ʌndədiv'eləpt] adj **1** subdesenvolvido. **2** *Phot* insuficientemente revelado.

un.der.es.ti.mate [ʌndər'estimit] n estimativa ou orçamento baixo, subestima, depreciação. • [ʌndər'estimeit] vt+vi **1**

orçar muito baixo, avaliar por um preço inferior. **2** subestimar, menosprezar.

un.der.go [ʌndəɡ'ou] vt (ps **underwent**, pp **undergone**) passar por, sofrer, agüentar, resistir a, suportar, ser submetido a, experimentar. *he underwent an operation* / ele submeteu-se a uma operação.

un.der.ground ['ʌndəgraund] n **1** subterrâneo. **2** subsolo. **3** *Pol* movimento de resistência. **4** *Brit* trem subterrâneo, metrô. **5** vanguarda cultural, contracultura. • adj **1** subterrâneo, subtérreo. **2** secreto. **3** de resistência ou oposição secreta. **4** que atua na vanguarda cultural ou na contracultura. • adv **1** debaixo da terra, no subsolo. **2** em segredo, às escondidas, ocultamente, secretamente.

un.der.line ['ʌndəlain] n sublinhado, grifo. • [ʌndəl'ain] vt sublinhar: **1** traçar um sublinhado. **2** realçar, salientar, grifar.

un.der.ly.ing [ʌndəl'aiiŋ] adj **1** subjacente. **2** básico, fundamental, essencial. **3** sujeito ou subordinado a. **4** oculto, obscuro, encoberto.

un.der.mine [ʌndəm'ain] vt **1** minar: a) escavar, solapar. b) arruinar gradativamente, corroer. **2** enfraquecer, debilitar insidiosamente.

un.der.neath [ʌndən'i:θ] n parte ou lado inferior. • adv embaixo, debaixo, por baixo. • prep **1** embaixo, debaixo, por baixo. **2** sob o poder ou domínio de. **3** sob o aspecto de.

un.der.pants [ʌndəp'ænts] n pl coll cueca(s).

un.der.pay [ʌndəp'ei] vt (ps, pp **underpaid**) pagar insuficientemente, pagar mal.

un.der.rate [ʌndər'eit] vt depreciar: **1** subestimar, avaliar mal. **2** menosprezar, desprezar.

un.der.shirt ['ʌndəʃə:t] n camiseta, camisa de baixo.

un.der.sized ['ʌndəsaizd] adj menor que o normal, abaixo da altura média, de estatura baixa.

un.der.skirt ['ʌndəskə:t] n anágua, saiote, combinação.

un.der.stand [ʌndəst'ænd] vt+vi (ps, pp **understood**) **1** compreender, entender, perceber. *he understands boys* / ele tem habilidade para lidar com rapazes. *I cannot understand him* / eu não o posso compreender. **2** saber. **3** reconhecer. **4** ouvir, tomar conhecimento, ficar inteirado, ser informado. **5** supor, pensar, julgar, inferir, acreditar, crer. *I understood him to say...* / compreendi que ele disse... *I understand that we need help* / creio que precisamos de ajuda. **6** subentender, ser subentendido. *am I to understand that you wish to go?* / você quer dizer que deseja ir embora? **as I understand it** assim como eu o entendo. **that is understood** isto é evidente, subentendido, natural. **to make oneself understood** fazer-se entender. **to understand by** compreender por. **to understand each other (one another)** entender-se.

un.der.stand.a.ble [∧ndəst'ændəbəl] *adj* compreensível, inteligível, perceptível.

un.der.stand.a.bly [∧ndəst'ændəbli] *adv* compreensivelmente.

un.der.stand.ing [∧ndəst'ændiŋ] *n* **1** compreensão, simpatia. **2** conhecimento, entendimento. **3** acordo, ajuste, combinação. **4** cooperação. • *adj* sensível, sensato, compreensivo, simpático. *he is a very understanding man* / ele é um homem muito compreensivo. **to come to an understanding with** / **to have an understanding with** chegar a um acordo.

un.der.state [∧ndəst'eit] *vt* **1** indicar ou expor de forma moderada ou diminuída, abrandar, suavizar, apresentando os fatos de forma atenuada. **2** dizer menos do que é, falar pela metade.

un.der.state.ment [∧ndəst'eitmənt] *n* indicação ou exposição incompleta, suavizada.

un.der.stood [∧ndəst'ud] *ps, pp* of **understand**. • *adj* **1** compreendido, entendido. **2** de acordo. **3** implícito.

un.der.stud.y ['∧ndəst∧di] *n Theat* substituto de ator. • [∧ndəst'∧di] *vt+vi* estudar o papel de um ator para poder substituí-lo.

un.der.take [∧ndət'eik] *vt+vi* (*ps* **undertook**, *pp* **undertaken**) **1** encarregar-se de, tomar a seu cargo, incumbir-se de. **2** comprometer-se a. **3** garantir, prometer. **4** combinar, tratar, contratar.

un.der.tak.er [∧ndət'eikə] *n* **1** empresário, empreendedor, empreiteiro. **2** ['∧ndəteikə] empresário de serviços funerários, agente funerário.

un.der.tak.ing [∧ndət'eikiŋ] *n* **1** empresa, tarefa, incumbência, empreendimento. **2** promessa, garantia.

un.der.val.ue [∧ndəv'ælju:] *vt* subestimar: **1** avaliar em menos que o valor real, indicar valor inferior. **2** menosprezar, desprezar, depreciar.

un.der.wear ['∧ndəwɛə] *n* roupa de baixo, roupa íntima.

un.der.weight ['∧ndəweit] *n* peso inferior ao normal. • *adj* de peso inferior ao normal.

un.der.world ['∧ndəwə:ld] *n* submundo, mundo dos criminosos, camada inferior da sociedade, ralé, escória.

un.de.served [∧ndəz'ə:vd] *adj* imerecido, injusto.

un.de.sir.a.ble [∧ndiz'aiərəbəl] *n* pessoa ou coisa indesejável. • *adj* **1** indesejado, indesejável. **2** desagradável.

un.discov.ered [∧ndisk'∧vəd] *adj* encoberto, não detectado, escondido.

un.dis.guised [∧ndisg'aizd] *adj* **1** indisfarçado. **2** franco, claro, aberto.

un.dis.put.ed [∧ndispj'u:tid] *adj* indisputado, incontestado, incontestável, inconcusso, inconteste.

un.dis.tin.guished [∧ndist'iŋgwiʃt] *adj* indistinto, sem qualidade.

un.dis.turbed [∧ndist'ə:bd] *adj* imperturbado, tranqüilo, calmo, sereno, inalterado.

un.do [∧nd'u:] *vt* (*ps* **undid**, *pp* **undone**) **1** desfazer, desmanchar, anular, cancelar. **2** descoser. **3** desabotoar. **4** desatar, desamarrar. **5** destruir, aniquilar, estragar

un.do.ing [∧nd'u:iŋ] *n* **1** estrago, destruição, queda, perda. **2** causa ou motivo de destruição ou ruína.

un.done [∧nd'∧n] *pp* of **undo**. • *adj* **1** inacabado, incompleto. **2** negligenciado, omitido. **to leave nothing undone** fazer todo o possível, não deixar nada por fazer. **one of your shoelaces has come undone** um dos cordões do seu sapato desamarrou. **to be undone** estar arruinado.

un.doubt.ed [ʌnd'autid] *adj* indubitado, indubitável, incontestável, evidente, manifesto, óbvio.

un.doubt.ed.ly [ʌnd'autidli] *adv* indubitavelmente, incontestavelmente, certamente.

un.dress [ʌndr'es] *vt* despir(-se), tirar a roupa. • ['ʌndres] *adj* caseiro, de uso comum (roupa, uniforme).

un.dressed [ʌndr'est] *adj* 1 despido. 2 em roupa caseira. 3 não preparado (salada). 4 não enfeitado (bolo). 5 sem atadura (ferida). 6 não curtido (couro). **to get undressed** tirar as roupas.

un.due [ʌndj'u:] *adj* 1 muito grande, demasiado, excessivo. 2 imoderado, desmedido.

un.du.ly [ʌndj'u:li] *adv* 1 indevidamente, injustificadamente, sem razão. 2 impropriamente. 3 excessivamente.

un.earth [ʌn'ə:θ] *vt* 1 desenterrar. 2 desentocar. 3 descobrir, revelar.

un.earth.ly [ʌn'ə:θli] *adj* 1 sobrenatural. 2 sinistro, estranho, extraordinário, misterioso. 3 despropositado. **at an unearthly hour** alta noite, pela calada da noite.

un.eas.i.ly [ʌn'i:zili] *adv* 1 inquietamente, preocupadamente. 2 constrangidamente. 3 incomodamente.

un.eas.i.ness [ʌn'i:zinis] *n* preocupação, inquietação, intranquilidade, inquietude, desassossego, mal-estar.

un.eas.y [ʌn'i:zi] *adj* 1 preocupado, inquieto, desassossegado, receoso, apreensivo, ansioso. 2 alarmante, inquietante. 3 embaraçado, desajeitado.

un.eat.a.ble [ʌn'i:təbəl] *adj* intragável, não comestível.

un.ec.o.nom.ic [ʌni:kən'ɔmik], **un.ec.o.nom.i.cal** [ʌni:kən'ɔmikəl] *adj* 1 não econômico. 2 desperdiçador, esbanjador.

un.em.ployed [ʌnimpl'ɔid] *adj* 1 não usado, não aproveitado. 2 desocupado, desempregado. 3 inativo, improdutivo, morto (capital). **the unemployed** os desempregados.

un.em.ploy.ment [ʌnimpl'ɔimənt] *n* desemprego. **unemployment benefit** au-

xílio-desemprego. **unemployment insurance** seguro-desemprego.

un.end.ing [ʌn'endiŋ] *adj* interminável, incessante, ininterrupto, contínuo, eterno.

un.e.qual [ʌn'i:kwəl] *adj* 1 desigual. 2 desequilibrado, desproporcional. 3 insuficiente. 4 inadequado (**to** para), que não está à altura (**to** de). *she is unequal to him* / ela não está à sua altura. *he is unequal to his task* / ele não está à altura de sua tarefa.

un.e.quiv.o.cal [ʌnikw'ivəkəl] *adj* inequívoco, claro, evidente, patente.

un.eth.i.cal [ʌn'eθikəl] *adj* contrário à ética, antiético.

un.e.ven [ʌn'i:vən] *adj* 1 desigual. 2 irregular, acidentado, escabroso. 3 inconsistente. 4 desequilibrado (jogo).

un.ex.cit.ing [ʌniks'aitiŋ] *adj* sem atritos, calmo, quieto, manso.

un.ex.pect.ed [ʌniksp'ektid] *adj* inesperado, imprevisto, inopinado.

un.ex.pect.ed.ly [ʌniksp'etidli] *adv* inesperadamente.

un.ex.pen.sive [ʌniksp'ensiv] *adj* barato.

un.ex.pe.ri.enced [ʌniksp'iəriənst] *adj* inexperiente.

un.ex.plained [ʌnikspl'eind] *adj* inexplicado.

un.fail.ing [ʌnf'eiliŋ] *adj* 1 infalível. 2 firme. 3 incansável, infatigável. 4 fiel, leal, dedicado. 5 que não acaba, constante, interminável, inesgotável, inexaurível.

un.fair [ʌnf'ɛə] *adj* 1 incorreto, injusto, iníquo. 2 desonesto, ímprobo. 3 desleal. 4 parcial.

un.fair.ly [ʌnf'ɛəli] *adv* 1 incorretamente. 2 desonestamente. 3 parcialmente.

un.faith.ful [ʌnf'eiθful] *adj* 1 desleal, infiel, desonesto. 2 adúltero.

un.fa.mil.i.ar [ʌnfəm'iliə] *adj* 1 pouco conhecido, fora do comum, estranho, inusual, desconhecido. 2 que não é habitual ou familiar. **to be unfamiliar with** não estar familiarizado com, ser pouco versado em.

un.fash.ion.a.ble [ʌnf'æʃənəbəl] *adj* antiquado, desusado, fora de moda.

un.fas.ten [ʌnf'a:sn; ʌnf'æsən] *vt+vi* desatar(-se), desamarrar(-se), abrir(-se), soltar(-se), desprender(-se).

U

un.fa.vor.a.ble, un.fa.vour.a.ble [ʌnf'eivərəbəl] *adj* 1 desfavorável, desvantajoso (**to** para). 2 adverso, contrário. 3 danoso, prejudicial, nocivo.

un.fer.tile [ʌnf'ə:tail; ʌnf'ə:təl] *adj* infértil, estéril.

un.fin.ished [ʌnf'iniʃt] *adj* 1 inacabado, incompleto. 2 sem acabamento, tosco, bruto, não polido ou lapidado.

un.fit [ʌnf'it] *adj* 1 inadequado, impróprio, não adaptado. 2 insuficientemente bom, que não está em condições, imprestável. 3 incompetente, incapaz, inepto (**for** para). 4 em má forma física.

un.fold [ʌnf'ould] *vt+vi* 1 abrir(-se), desdobrar(-se), estender(-se), desembrulhar (-se), desenrolar(-se). 2 revelar, expor, explicar, esclarecer, mostrar.

un.fore.seen [ʌnfɔ:s'i:n] *adj* imprevisto, inesperado, inopinado.

un.for.get.ta.ble [ʌnfəg'etəbəl] *adj* inesquecível, inolvidável.

un.for.giv.able [ʌnfəg'ivəbəl] *adj* imperdoável.

un.for.tu.nate [ʌnf'ɔ:tʃənit] *n* infeliz, desgraçado. • *adj* 1 infeliz, desventurado, azarado. 2 desastroso, inauspicioso. 3 inadequado, impróprio.

un.found.ed [ʌnf'aundid] *adj* infundado, sem fundamento, improcedente, sem razão, vão.

un.friend.ly [ʌnfr'endli] *adj* 1 descortês, pouco amável, inamistoso, inamigável (**to** com, para com). 2 hostil (**to** contra, a, para com). 3 desfavorável, adverso. • *adv* 1 descortesmente. 2 hostilmente.

un.fur.nished [ʌnf'ə:niʃt] *adj* desmobiliado, desguarnecido.

un.gif.ted [ʌng'iftid] *adj* pouco dotado, desprovido de talento.

un.grace.ful [ʌngr'eisful] *adj* desgracioso, deselegante, desajeitado.

un.grate.ful [ʌngr'eitful] *adj* ingrato, malagradecido.

un.guard.ed [ʌng'a:did] *adj* 1 desprotegido, sem proteção, não guardado. 2 descuidado, incauto, imprudente. 3 irrefletido, precipitado.

un.gui.ded [ʌng'aidid] *adj* desorientado, desgovernado, sem guia.

un.hap.pi.ly [ʌnh'æpili] *adv* 1 infelizmente, desgraçadamente. 2 tristemente, preocupadamente.

un.hap.pi.ness [ʌnh'æpinis] *n* infelicidade, desgraça, desventura, miséria, infortúnio.

un.hap.py [ʌnh'æpi] *adj* 1 infeliz, desgraçado, infortunado, desventurado, miserável. 2 funesto, de mau agouro. 3 triste, preocupado, pesaroso, magoado. 4 inadequado, inapropriado.

un.harmed [ʌnh'a:md] *adj* incólume, ileso.

un.health.i.ly [ʌnh'elθili] *adv* 1 insalubremente. 2 de modo doentio.

un.health.y [ʌnh'elθi] *adj* 1 insalubre. 2 doentio, adoentado, lânguido. 3 característico de má saúde ou insalubridade.

un.heard [ʌnh'ə:d] *adj* 1 não ouvido. 2 não interrogado. 3 desconhecido. 4 desatendido.

un.heard-of [ʌn'ə:d əv] *adj* 1 sem precedente, inaudito, incomum. 2 desconhecido.

un.helped [ʌnh'elpt] *adj* desamparado (**by** por), sem auxílio (**by** de).

un.hur.ried [ʌnh'ʌrid] *adj* sem pressa, devagar, calmo.

u.ni.corn [j'u:nikɔ:n] *n* unicórnio.

un.i.den.ti.fied [ʌnaidentifaid] *adj* não identificado. **unidentified flying object** (abreviatura: **UFO**) objeto voador não identificado (abreviatura: OVNI).

u.ni.fi.ca.tion [ju:nifik'eiʃən] *n* unificação, união.

u.ni.form [j'u:nifɔ:m] *n* uniforme, farda. • *adj* 1 uniforme: a) igual, regular, homogêneo. b) invariável. 2 monótono.

u.ni.fy [j'u:nifai] *vt* unificar, unir, uniformizar.

u.ni.lat.er.al [ju:nil'ætərəl] *adj* unilateral.

un.i.ma.gi.na.ble [ʌnim'ædʒinəbəl] *adj* inimaginável.

un.i.ma.gi.na.tive [ʌnim'ædʒinətiv] *adj* pouco criativo, sem imaginação, prosaico, monótono, aborrecido.

un.in.hab.it.a.ble [ʌninh'æbitəbəl] *adj* inabitável.

un.in.ha.bi.ted [ʌninh'æbitid] *adj* desabitado.

un.in.hib.it.ed [ʌninh'ibitid] *adj* desinibido.

un.in.jured [ʌn'indʒəd] *adj* incólume, ileso.

un.in.spired [ʌninsp'aiəd] *adj* não inspirado, sem arrojo, sem inspiração.

un.in.spir.ing [ʌninsp'aiəriŋ] *adj* desinteressante, sem inspiração, aborrecido, monótono.

un.in.tel.li.gi.ble [ʌnint'elidʒəbəl] *adj* ininteligível, incompreensível.

un.in.ten.tion.al [ʌnint'enʃənəl] *adj* desintencional, involuntário, não propositado.

un.in.ter.est.ed [ʌn'intristid] *adj* desinteressado.

un.in.ter.est.ing [ʌn'intristiŋ] *adj* 1 desinteressante, insípido. 2 enfadonho.

un.in.ter.rupt.ed [ʌnintər'ʌptid] *adj* ininterrupto, contínuo, incessante, sem interrupção, sem estorvo.

un.in.vit.ed [ʌninv'aitid] *adj* não convidado.

un.in.vit.ing [ʌninv'aitiŋ] *adj* 1 pouco convidativo, sem atrativo. 2 não apetitoso.

u.nion [j'u:njən] *n* união: 1 associação, liga, círculo. 2 sindicato trabalhista, coalizão, aliança, coligação. 3 combinação. 4 casamento, enlace. **students union** centro acadêmico, grêmio estudantil. **the Union** os Estados Unidos. **trade union** sindicato operário.

u.nique [ju:n'i:k] *n* 1 exemplo sem par, qualquer coisa sem paralelo. 2 *fig* pessoa de hábitos ou costumes singulares. • *adj* 1 único, só, ímpar, exclusivo. 2 raro, invulgar, singular. 3 inalcançado, inigualado, sem paralelo, sem igual.

u.ni.sex [j'u:niseks] *adj coll* unissex: relativo a roupa, penteado etc. iguais para ambos os sexos.

u.ni.son [j'u:nisən] *n* 1 acordo, concordância, harmonia. *we acted in perfect unison with him* / agimos perfeitamente de acordo com ele. 2 *Mus* unissonância, uníssono. **in unison** a) *Mus* em uníssono, em uma só voz. b) juntos ao mesmo tempo.

u.nit [j'u:nit] *n* unidade: 1 quantidade (de um todo). 2 pessoa ou coisa isoladamente. 3 *Mil* grupo, formação. 4 *Math* o menor número inteiro: um. 5 departamento hospitalar. **army unit** unidade do exército. **disk unit** *Comp* unidade de disco. **fighting unit** unidade ou formação de combate. **input unit** *Comp* unidade de entrada. **replacement unit** unidade de substituição. **tape unit** *Comp* unidade de fita. **the burns unit** a unidade dos queimados. **X-ray unit** unidade radiológica.

u.nite [ju:n'ait] *vt+vi* 1 unir(-se): a) ajuntar(-se), reunir(-se) (**with** com), unificar. b) combinar. c) conciliar. d) ligar. e) casar (**to** com). f) aderir, aliar(-se). 2 agir em conjunto.

u.nit.ed [ju:n'aitid] *adj* unido: 1 reunido, ajuntado. 2 junto, conjunto. 3 ligado, combinado. 4 de acordo, harmonioso. **United Nations Organization** Organização das Nações Unidas (abreviatura: ONU).

U.nit.ed King.dom [ju:naitid k'iŋdəm] *n* Reino Unido, Grã-Bretanha.

U.nit.ed States, United States of America [ju:naitid st'eits] *n* Estados Unidos da América.

u.ni.term [ju:nit'ə:m] *n Comp* unitermo: palavra, símbolo ou número usado como descritor para recuperação de informações.

u.nit.or ['ju:nitə] *n Comp* descritor para recuperação de informações.

u.ni.ty [j'u:niti] *n* 1 unidade (também *Lit, Art*). 2 uniformidade, homogeneidade. 3 união, concórdia, harmonia, acordo. 4 *Math* número um, unidade.

u.ni.ver.sal [ju:niv'ə:səl] *adj* 1 universal, geral, total, ilimitado. 2 *Mech* adaptável a diversos tamanhos, formas etc. **universal product code** *Comp* código de barras.

u.ni.verse [j'u:nivə:s] *n* 1 universo, cosmo, mundo. 2 *Stat* população.

u.ni.ver.si.ty [ju:niv'ə:siti] *n* universidade, academia. **to enter the university / to go up the university** freqüentar a universidade. **to go down from the university** abandonar a universidade.

un.just [ʌndʒ'ʌst] *adj* 1 injusto, iníquo (**to** para), incorreto. 2 injustificado.

U

un.jus.ti.fied [∧ndʒ′∧stifaid] *adj* injustificado, indevido.

un.kempt [∧nk′empt] *adj* **1** despenteado, desgrenhado. **2** desleixado, relaxado.

un.kind [∧nk′aind] *adj* **1** desamável, indelicado, descortês, rude, grosseiro. **2** desatencioso (**to** para com).

un.kind.ly [∧nk′aindli] *adv* **1** indelicadamente, grosseiramente. **2** desatenciosamente.

un.kind.ness [∧nk′aindnis] *n* **1** descortesia, indelicadeza. **2** insensibilidade, dureza, crueldade.

un.known [′∧nnoun] *n* **1** desconhecido. **2** *Math* incógnita. • *adj* **1** desconhecido, ignorado, obscuro. *she is unknown to me* / não a conheço. **2** estranho, de fora. **3** extraordinário, invulgar. **4** indescritível. **equation of two unknown quantities** equação com duas incógnitas. **unknown to...** sem conhecimento...

un.law.ful [∧nl′ɔ:ful] *adj* ilegal: **1** contrário à lei. **2** proibido, ilícito. **3** ilegítimo.

un.less [ənl′es] *conj* a menos que, a não ser que, senão, exceto se, salvo se. • *prep* exceto, salvo. *we shall go unless it rains* / iremos, a não ser que chova.

un.like [∧nl′aik] *adj* desigual, dessemelhante, dissimilar, diverso, distinto, diferente. *the two are unlike* / os dois são diferentes. • *prep* **1** não como, de modo diferente. *that's quite unlike her* / isto não é de seu feitio. **2** ao contrário, diferentemente de. **to act unlike others** agir de modo diferente dos outros.

un.like.ly [∧nl′aikli] *adj* **1** improvável, inverossímil. *I am unlikely to come* / é provável que eu não venha. **2** inauspicioso, pouco prometedor. *he has an unlikely errand* / ele tem uma incumbência inauspiciosa.

un.lim.it.ed [∧nl′imitid] *adj* ilimitado: **1** sem limites, imenso. **2** irrestrito. **3** indefinido.

un.lit [∧nl′it] *adj* **1** apagado, não aceso. **2** às escuras.

un.load [∧nl′oud] *vt+vi* **1** descarregar: a) desembarcar, ser desembarcado. b) tirar a carga de (arma). **2** aliviar, suavizar, tornar menos pesado. **3** livrar-se de. **4** desabafar, expandir-se.

un.lock [∧nl′ɔk] *vt+vi* **1** abrir a fechadura, destrancar, desaferrolhar. **2** abrir. **3** destravar (arma).

un.luck.i.ly [∧nl′∧kili] *adv* infelizmente, desventuradamente, desgraçadamente, desastrosamente.

un.luck.y [∧nl′∧ki] *adj* **1** infeliz, desventurado, desafortunado. **2** agourento, aziago, infausto. **3** azarado, sem sorte. *he is unlucky in cards* / ele não tem sorte no jogo.

un.made [∧nm′eid] *adj* não arrumado, desfeito, desmanchado.

un.man.age.a.ble [∧nm′ænidʒəbəl] *adj* **1** que não se deixa dirigir, ingovernável. **2** intratável, indócil, teimoso. **3** pouco manejável, de difícil manejo, não jeitoso. **4** dificultoso, difícil.

un.man.ly [∧nm′ænli] *adj* **1** que não é viril, efeminado. **2** fraco. **3** covarde.

un.manned [∧nm′ænd] *adj* **1** não tripulado. *it is an unmanned spacecraft* / é uma nave espacial não tripulada. **2** emasculado, desprovido de qualidades viris. **3** privado de homens, com escassez de homens. **4** despovoado.

un.mar.ried [∧nm′ærid] *adj* solteiro, não casado.

un.men.tion.a.ble [∧nm′enʃənəbəl] *adj* não mencionável.

un.mis.tak.a.ble [∧nmist′eikəbəl] *adj* inconfundível, inequívoco, manifesto, claro, óbvio, evidente, indiscutível.

un.mo.ti.va.ted [∧nm′outiveitid] *adj* desmotivado, imotivado.

un.named [∧nn′eimd] *adj* **1** não denominado, sem nome. **2** não mencionado. *he wishes to be unnamed* / ele não deseja ser mencionado. **3** anônimo.

un.nat.u.ral [∧nn′ætʃərəl] *adj* **1** desnatural, inatural, contrário às leis da natureza. **2** artificial, afetado. **3** estranho, extraordinário. **4** desnaturado, terrível. *she is an unnatural mother* / ela é uma mãe desnaturada.

un.nat.u.ral.ly [∧nn′ætʃərəli] *adv* **1** contra a natureza, desnaturalmente. **2** extraordinariamente. **3** artificialmente. **4** desnaturadamente.

un.nec.es.sar.i.ly [∧nn′esisərili] *adv* desnecessariamente, inutilmente.

un.nec.es.sar.y [ʌnn'esisəri] *adj* desnecessário, supérfluo, inútil. **the unnecessaries** as coisas desnecessárias, supérfluas.

un.nerve [ʌnn'ə:v] *vt* **1** enervar, aborrecer, enfraquecer, debilitar. **2** desanimar, desalentar.

un.nerv.ing [ʌnn'ə:viŋ] *adj* preocupante, inquietante, desconcertante.

un.no.ticed [ʌnn'outist] *adj* despercebido, não notado.

un.oc.cu.pied [ʌn'ɔkjupaid] *adj* desocupado: **1** vago, vazio, desabitado. **2** não usado. **3** ocioso.

un.of.fi.cial [ʌnəf'iʃəl] *adj* não oficial, extra-oficial.

un.pack [ʌnp'æk] *vt* **1** desempacotar, desembrulhar, tirar da mala, desencaixotar. **2** desenfardar, desembalar. **3** descarregar (animal de carga). **4** *Comp* descompactar.

un.paid [ʌnp'eid] *adj* **1** não pago, não saldado. **2** não remunerado, gratuito, a título honorífico. **3** não franqueado (correio).

un.paved [ʌnp'eivd] *adj* não pavimentada, não asfaltada (estrada, rua), não calçada (rua).

un.pleas.ant [ʌnpl'ezənt] *adj* desagradável, aborrecido, desprazível.

un.pleas.ant.ly [ʌnpl'ezəntli] *adv* desagradavelmente, desprazivelmente.

un.plug.ged [ʌnpl'ʌgd] *adj* **1** desligado. **2** destampado, desarrolhado. **3** *Mus* sem uso de amplificadores elétricos.

un.pop.u.lar [ʌnp'ɔpjulə] *adj* impopular, malquisto.

un.pre.ce.dent.ed [ʌnpr'esidəntid] *adj* sem precedente, inaudito, sem exemplo, sem par, nunca visto, inédito.

un.pre.dict.a.ble [ʌnprid'iktəbəl] *adj* imprevisível, não esperado.

un.pre.pared [ʌnprip'ɛəd] *adj* despreparado, não preparado, sem preparo, destreinado, desprevenido.

un.pro.duc.tive [ʌnprəd'ʌktiv] *adj* improdutivo, não rendoso, não proveitoso, infrutífero, vão, inútil. *his method was unproductive of good results* / seu método não foi proveitoso ou rendoso.

un.pro.fes.sion.al [ʌnprəf'eʃənəl] *adj* **1**

não profissional. **2** que não é perito ou especialista, leigo. **3** contrário à ética profissional, antiético, impróprio.

un.pro.fit.a.ble [ʌnpr'ɔfitəbəl] *adj* **1** não proveitoso, não lucrativo, inaproveitável. **2** desvantajoso.

un.pro.tect.ed [ʌnprət'ektid] *adj* **1** desprotegido, desguarnecido, desamparado, sem defesa, sem apoio, descoberto. **2** não protegido por taxas aduaneiras.

un.pub.lished [ʌnp'ʌbliʃt] *adj* inédito (obra), não publicado.

un.pun.ished [ʌnp'ʌniʃt] *adj* impune, não castigado. *they went unpunished* / ficaram impunes, não foram castigados.

un.qual.i.fied [ʌnkw'ɔlifaid] *adj* **1** não qualificado. **2** inadequado, impróprio. **3** inabilitado, incompetente. **4** completo, absoluto.

un.ques.tion.a.ble [ʌnkw'estʃənəbəl] *adj* inquestionável, indisputável, indubitável, indiscutível, certo, incontestável.

un.read.a.ble [ʌnr'i:dəbəl] *adj* **1** ilegível, que não se pode ler. **2** que não merece ser lido, impróprio para leitura.

un.re.al [ʌnr'iəl] *adj* **1** irreal, imaginário, fictício, artificial, quimérico, ilusório, sem consistência. **2** *coll* incrível, tremendo, maravilhoso.

un.rec.og.niz.a.ble, un.rec.og.nis.a.ble [ʌnr'ekəgnaizəbəl] *adj* irreconhecível.

un.re.li.a.ble [ʌnril'aiəbəl] *adj* que não é de confiança, em que não se pode confiar, inseguro, falível, incerto.

un.re.mit.ting [ʌnrim'itiŋ] *adj* **1** incessante, constante, contínuo, ininterrupto. **2** incansável, infatigável.

un.re.spon.sive [ʌnrisp'ɔnsiv] *adj* **1** que não responde ou corresponde, que não reage (**to** a). **2** indiferente, impassível.

un.rest [ʌnr'est] *n* desassossego, mal-estar, inquietação, agitação.

un.rest.ful [ʌnr'estful] *adj* desassossegado, inquieto, agitado.

un.re.strict.ed [ʌnristr'iktid] *adj* irrestrito, ilimitado.

un.re.ward.ing [ʌnriw'ɔ:diŋ] *adj* pouco compensador, que não traz recompensa, não gratificante.

U

un.ripe [ʌnr'aip] *adj* 1 verde, não maduro, não sazonado. 2 pouco desenvolvido, imaturo. 3 precoce, prematuro.

un.ri.valled [ʌnr'aivəld] *adj* sem rival, incomparável, sem par, insuperado, inigualado.

un.ru.ly [ʌnr'u:li] *adj* 1 teimoso, obstinado. 2 rebelde, desobediente, indisciplinado, bravio, insubordinado, refratário.

un.safe [ʌns'eif] *adj* inseguro, arriscado, perigoso, precário.

un.said [ʌns'ed] *adj* não dito, não proferido, não mencionado. **it shall be left unsaid** fica sem ser mencionado, fica o dito por não dito.

un.sal.ted [ʌns'ɔ:ltid] *adj* sem sal, insosso, insípido.

un.sat.is.fac.to.ry [ʌnsætisf'æktəri] *adj* 1 insatisfatório, inadequado, insuficiente. 2 desagradável.

un.sat.is.fied [ʌns'ætisfaid] *adj* insatisfeito, descontente.

un.sched.uled [ʌnʃ'edju:ld; ʌnsk'edʒu:ld] *adj* não programado, imprevisto, de emergência.

un.screw [ʌnskr'u:] *vt+vi* 1 desparafusar (-se), soltar(-se). 2 desenroscar, desatarraxar.

un.scru.pu.lous [ʌnskr'u:pjuləs] *adj* inescrupuloso, sem escrúpulos, inconscientioso, sem consideração.

un.seem.ly [ʌns'i:mli] *adj* 1 impróprio: a) inconveniente, indecoroso, indecente. b) inadequado. 2 pouco apresentável ou vistoso.

un.seen [ʌns'i:n] *adj* 1 não visto, despercebido, inobservado. 2 invisível. **the unseen** o mundo dos espíritos, o além, o invisível.

un.self.ish [ʌns'elfiʃ] *adj* desinteressado, altruísta, generoso.

un.set.tle [ʌns'etəl] *vt+vi* 1 desarranjar, pôr em desordem. 2 perturbar(-se), agitar(-se), inquietar(-se). 3 instabilizar.

un.set.tled [ʌns'etəld] *adj* 1 inseguro, incerto, vago, duvidoso. 2 indecidido, irresoluto, hesitante, vacilante. 3 irregular, instável, inconstante, variável.

un.settl.ing [ʌns'etlin] *adj* perturbador, perturbativo, desestabilizador, inquietante.

un.shaved [ʌnʃ'eivd] *adj* não barbeado, por barbear.

un.shel.tered [ʌnʃ'eltəd] *adj* 1 desprotegido, exposto. 2 desabrigado, sem abrigo.

un.skilled [ʌnsk'ild] *adj* inexperiente, inábil, sem prática, não adestrado, sem instrução (profissional).

un.so.cia.ble [ʌns'ouʃəbəl] *adj* insociável, reservado, retraído.

un.so.lic.it.ed [ʌnsəl'isitid] *adj* não solicitado, não rogado, espontâneo.

un.solved [ʌns'ɔlvəd] *adj* não solucionado, sem solução, não decifrado, não explicado.

un.so.phis.ti.cat.ed [ʌnsəf'istikeitid] *adj* 1 genuíno, puro, legítimo, natural, não adulterado. 2 verdadeiro, não falsificado. 3 não sofisticado, simples, não afetado.

un.sound [ʌns'aund] *adj* 1 insalubre, não sadio. 2 doente, enfermo, mórbido. 3 doentio, débil. 4 quebradiço, rachado. 5 em mau estado ou condição.

un.speak.a.ble [ʌnsp'i:kəbəl] *adj* 1 inexprimível, indizível, inefável. 2 indescritível, terrível.

un.spoiled [ʌnsp'ɔild], **un.spoilt** [ʌnsp'ɔilt]*adj* 1 não estragado. 2 intato, incólume.

un.spo.ken [ʌnsp'oukən] *adj* não dito, não mencionado, não pronunciado. **unspoken-of** não mencionado. **unspoken-to** não endereçado.

un.sta.ble [ʌnst'eibəl] *adj* 1 movediço, móvel. 2 sem firmeza, inseguro. 3 oscilante, variável, instável. 4 inconstante.

un.stead.i.ly [ʌnst'edili] *adv* 1 inseguramente. 2 irregularmente. 3 variavelmente. 4 incertamente, irresolutamente.

un.stead.y [ʌnst'edi] *adj* 1 oscilante, inseguro. 2 variável, desigual. 3 desregrado. *they are notoriously unsteady* / é bem conhecido o seu modo desregrado de vida. 4 trôpego. 5 irresoluto, hesitante, vacilante, indeciso. *unsteady in his resolutions* / irresoluto em suas decisões

un.suc.cess.ful [ʌnsəks'esful] *adj* 1 malsucedido, infeliz, infrutífero, desventurado. **2** fracassado (aluno). **3** rejeitado (candidato). **4** derrotado (partido).

un.suc.cess.ful.ly [ʌnsəks'esfuli] *adv* em vão, sem êxito, sem nenhum resultado, malogradamente, infelizmente, debalde.

un.suit.a.ble [ʌns'u:təbəl] *adj* **1** impróprio, inadequado, inconveniente (**to, for** a, para). **2** inapto, imprestável. **3** incompatível.

un.sure [ʌnʃ'uə] *adj* **1** inseguro, incerto, dúbio. **2** indeciso, irresoluto. **3** de pouca confiança.

un.sus.pect.ing [ʌnsəsp'ektiŋ] *adj* **1** que não desconfia, confiante, que não suspeita. **2** que não supõe.

un.tamed [ʌnt'eimd] *adj* indomado, indômito, não domesticado, não amansado, bravio.

un.tan.gle [ʌnt'æŋgəl] *vt* **1** desembaraçar, desemaranhar, desenredar. **2** desvendar, esclarecer.

un.test.ed [ʌnt'estid] *adj* **1** não experimentado, não examinado. **2** não atestado, não comprovado.

un.think.a.ble [ʌnθ'iŋkəbəl] *adj* **1** inimaginável, inconcebível, impensável. **2** *coll* improvável. **3** doloroso de se pensar.

un.think.ing [ʌnθ'iŋkiŋ] *adj* **1** irrefletido, sem pensar. **2** descuidado, estouvado, desatento, não atencioso.

un.thought [ʌnθ'ɔ:t] *adj* não imaginado ou pensado, não premeditado. **unthought-of** imprevisto, inopinado, inesperado.

un.ti.di.ness [ʌnt'aidinis] *n* desordem, desmazelo, desleixo, falta de asseio.

un.ti.dy [ʌnt'aidi] *adj* desordenado, em desordem, desmazelado, desleixado, desasseado, desarrumado, relaxado.

un.tie [ʌnt'ai] *vt+vi* **1** desamarrar(-se), desatar(-se). **2** soltar (nó). **3** abrir (pacote). **4** resolver, expor, esclarecer.

un.til [ənt'il] *prep* até. *I waited for him until midnight /* esperei-o até meia-noite. • *conj* até que. *until I wrote him, he did not believe it /* ele não o acreditou, até que eu lhe escrevi. Veja nota em **até.**

un.time.ly [ʌnt'aimli] *adj* **1** precoce, imaturo, prematuro, antecipado. **2** inoportuno, impróprio.

un.told [ʌnt'ould] *adj* **1** inúmero, incontável, incalculável, imenso. **2** não contado, narrado, relatado, revelado ou dito, inenarrável.

un.touched [ʌnt'ʌtʃt] *adj* **1** não tocado, intato, intocado, ileso. **2** não enfeitado, sem maquilagem, não retocado.

un.trained [ʌntr'eind] *adj* não instruído ou ensinado, não adestrado, destreinado.

un.trou.bled [ʌntr'ʌbəld] *adj* **1** imperturbado, calmo, tranqüilo. **2** não estorvado, não molestado. **3** claro, límpido, transparente, não turvo.

un.true [ʌntr'u:] *adj* **1** falso, incorreto, insincero. **2** infiel, desleal, inconstante.

un.trust.wor.thy [ʌntr'ʌstwə:ði] *adj* indigno de confiança.

un.truth [ʌntr'u:θ] *n* falta de verdade, inverdade, mentira, falsidade, deslealdade.

un.truth.ful [ʌntr'u:θful] *adj* mentiroso, falso, desleal, insincero.

un.us.a.ble [ʌnj'u:zəbəl] *adj* inútil, imprestável, inutilizável.

un.used [ʌnj'u:zd] *adj* **1** não usado, novo. **2** desacostumado, desabituado (**to** a).

un.u.su.al [ʌnj'u:ʒuəl] *adj* invulgar, incomum, extraordinário, raro, singular, notável.

un.wan.ted [ʌnw'ɔ:tid] *adj* não desejado, indesejável.

un.war.rant.ed [ʌnw'ɔrəntid] *adj* **1** injustificado, sem motivo. **2** não autorizado.

un.wel.come [ʌnw'elkəm] *adj* mal acolhido, mal recebido, importuno, indesejável.

un.wiel.dy [ʌnw'i:ldi] *adj* **1** de difícil manejo ou manuseio. **2** de difícil controle. **3** pesado, volumoso.

un.will.ing [ʌnw'iliŋ] *adj* sem vontade, de má vontade, relutante, pertinaz, teimoso.

un.will.ing.ly [ʌnw'iliŋli] *adv* com relutância, a contragosto, de má vontade.

un.will.ing.ness [ʌnw'iliŋnis] *n* má vontade, relutância.

un.wind [ʌnw'aind] *vt+vi* (*ps, pp* **unwound**) **1** desenrolar(-se), soltar(-se) (cabo etc.). **2** abrir, desenfaixar (ataduras). **3** desatar(-se) (fita, laço). **4** *coll* relaxar, descansar.

U

un.wise [ʌnw'aiz] *adj* ininteligente, imprudente, insensato. *is it not unwise for him to do that?* / não é insensatez dele fazer isto?

un.wished [ʌnw'iʃt] *adj* indesejado (também **unwished for**).

un.wont.ed [ʌnw'ountid; ʌnw'ɔ:ntid] *adj* 1 não costumeiro, não usual, desusado. 2 desabituado, desacostumado. 3 invulgar, fora do comum, raro.

un.wor.thy [ʌnw'ə:ði] *adj* 1 indigno (**of** de), desonroso, vergonhoso, ignóbil, vil, baixo, torpe. 2 desmerecido, imerecido. *he is unworthy of her* / ele não a merece.

un.wound [ʌnw'aund] *ps, pp* of **unwind**.
• *adj* 1 desenrolado. 2 sem corda (relógio).

un.wrap [ʌnr'æp] *vt+vi* desembrulhar (-se), desempacotar, abrir(-se).

un.writ.ten [ʌnr'itən] *adj* 1 não escrito, em branco. 2 não por escrito, oral, verbal. 3 tradicional.

un.zip [ʌnz'ip] *vt* abrir o zíper.

up [ʌp] *adj* 1 avançado, adiantado, dianteiro. 2 ascendente, alto. *prices are up* / os preços subiram, estão elevados. 3 ereto. 4 intoxicado, excitado (por narcóticos). 5 terminado (tempo, período de tempo). *time is up* / o tempo acabou. • *adv* 1 para cima, para o alto. 2 em cima, no alto. 3 de pé, em pé, levantado. *keep your head up* / mantenha sua cabeça ereta. 4 cá, para cá. *come up here!* / venha aqui! 5 exaltado, em agitação, em revolta, em atividade, em ação. 6 terminado, expirado. 7 passado. 8 fora da cama. 9 inteiramente, completamente, todo, até o fim. *we ate it up* / comemos tudo, acabamos com o que havia. • *prep* 1 em cima, para cima, acima. 2 em, sobre. *she was up a ladder painting the ceiling* / ela estava na escada pintando o teto. 3 ao longo, através. *I saw him walking up the street* / eu o vi caminhando na rua. • *interj* de pé! levanta! levantai! vamos! **to be up and about / around** estar recuperado (de doença). *he will be up and about in ten days* / ele estará recuperado em dez dias. **to be up to date** estar atualizado, estar na moda. **to get up** levantar-se (da cama). **to have something up one's**

sleeve ter um trunfo na manga. **to hurry up** apressar-se. **to speak up** falar em voz alta. **to stand up** ficar em pé. **ups and downs** altos e baixos, vicissitudes. **what's up!** o que há? o que está errado?

up.bring.ing [´ʌpbriŋiŋ] *n* educação, formação, criação.

up.date [´ʌpdeit] *n Comp* dados a processar. • *vt* pôr em dia, atualizar, modernizar.

up.dat.ing [ʌpd´eitiŋ] *n* atualização.

up.grade [´ʌpgreid] *n* 1 elevação, subida, aclive. 2 melhoria de situação. *he is on the upgrade* / ele está subindo, vai progredindo. 3 *Comp upgrade*: atualização. • [ʌpgr´eid] *vt* elevar o nível de posição ou qualidade, melhorar, aumentar.

up.heav.al [ʌph´i:vəl] *n* 1 motim, levante, revolta, sublevação. 2 mudança drástica que causa preocupação.

up.hill [´ʌphil] *adj* 1 ascendente, íngreme, dirigido para cima. 2 elevado. 3 penoso, difícil, dificultoso, árduo, trabalhoso. *that would be uphill work* / aquilo exigiria muito esforço. • *adv* para cima, para o alto, morro acima, além.

up.hold [ʌph´ould] *vt* (*ps, pp* **upheld**) 1 segurar, sustentar, suster, apoiar, manter em pé. 2 manter, confirmar, aprovar. 3 defender.

up.hol.ster.ed [ʌph´oulstəd] *adj* 1 estofado, almofadado. 2 atapetado.

up.keep [´ʌpki:p] *n* manutenção, conservação.

up.lift.ed [ʌp´liftəd] *adj* levantado, elevado.

up.lift.ing [ʌpl´iftiŋ] *adj* edificante, enriquecedor.

up.load [´ʌploud] *n Comp* processo de transferência de dados de um computador para outro.

up.on [əp´ɔn] *prep* = **on**.

up.per [´ʌpə] *adj* superior, mais alto, parte mais alta. **to be on one's uppers** a) estar com os sapatos furados. b) *coll* estar na miséria, na pobreza. **to have the upper hand** ter mais poder, controlar.

up.per class [ʌpə kl´a:s] *n* classe alta, classe social superior.

up.per lip [ʌpə l´ip] *n* lábio superior, parte do rosto entre a boca e o nariz.

up.per.most [ˈʌpəmoust] *adj* **1** superior, mais alto, mais elevado, supremo. **2** mais importante, principal, predominante. • *adv* **1** no lugar mais alto. **2** em primeiro lugar. *we came uppermost* / obtivemos a supremacia. *she said whatever came uppermost* / *fig* ela dizia o que bem lhe vinha à mente.

up.right [ˈʌprait] *adj* **1** perpendicular, vertical, aprumado, ereto, em pé. **2** direito, honesto, correto, justo. • *adv* em posição vertical, verticalmente, a prumo. **to be an upright man** ser um homem correto. **to sit upright** sentar-se direito (não com a espinha curvada). **to stand upright** conservar-se de pé.

up.ris.ing [ˈʌprˈaiziŋ] *n* **1** revolta, rebelião, insurreição, motim. **2** subida: a) ladeira, aclive. b) ascensão, elevação.

up.roar [ˈʌprɔ:] *n* grande barulho, distúrbio, tumulto, alvoroço, rebuliço, bulha, gritaria. **to set in an uproar** pôr em rebuliço.

up.root [ʌpˈru:t] *vt* desarraigar: **1** arrancar, erradicar (**from** de). **2** exterminar, extirpar. **3** expulsar.

up.set [ʌpsˈet] *n* **1** distúrbio, desordem, desarranjo, transtorno. **2** indisposição. • *vt+vi* (*ps, pp* upset) **1** tombar, virar, capotar. **2** desordenar, transtornar, desconcertar, desnortear, descontrolar, desarranjar. *have you eaten something that upsets you?* / você comeu alguma coisa que lhe fez mal? **3** perturbar. **4** contrariar. • *adj* **1** virado, capotado, tombado. **2** desordenado, desarranjado, embrulhado (estômago). **3** perturbado, agitado. *I am very upset about it* / estou muito preocupado, aflito com isso. *that upsets me* / isso me incomoda.

up.shot [ˈʌpʃɔt] *n* fim, final, resultado, desfecho, conclusão. **in the upshot** no final das contas.

up.side-down [ʌpsaid dˈaun] *adj* **1** de ponta-cabeça. **2** confuso, desordenado. • *adv* **1** de cabeça para baixo, de pernas para o ar, virado, invertido. **2** em completa confusão ou desordem, remexido, em rebuliço.

up.stairs [ʌpstˈɛəz] *n* o andar superior.

• *adj* do andar superior. • *adv* **1** em cima, situado no andar superior. **2** para cima, escada acima. *she went upstairs* / ela foi para cima. **3** *Aeron, coll* em grande altura.

up.stand.ing [ʌpstˈændiŋ] *adj* honrado, honesto, correto.

up.start [ˈʌpsta:t] *n* **1** pessoa que repentinamente surgiu do nada, novo-rico, filho da fortuna. **2** pessoa arrogante, convencida, pretensiosa.

up.stream [ʌpstrˈi:m] *adj, adv* rio acima, contra a corrente.

up.time [ˈʌptaim] *n Comp* tempo produtivo, tempo ativo, tempo de operação, condições de operação.

up-to-date [ʌp tə dˈeit] *adj* **1** em dia, atualizado. **2** moderno, de acordo com a moda. **to bring up-to-date** pôr em dia, atualizar.

up.town [ˈʌptaun] *n* bairro residencial de uma cidade. • *adj* **1** na parte superior de uma cidade. **2** no bairro residencial. **3** *Amer* suburbano. • [ʌptˈaun] *adv* rumo à parte superior de uma cidade, rumo aos arrabaldes.

up.turn [ʌptˈə:n] *n* **1** ação de virar para cima. **2** mudança para melhor. • [ʌptˈa:n] *vt+vi* **1** virar para cima, elevar, levantar. **2** revolver, abrir. **3** erguer-se.

up.turned [ʌptˈə:nd] *adj* **1** virado para cima. **2** tombada, capotado, soçobrado.

up.ward [ˈʌpwəd], **up.wards** [ˈʌpwədz] *adj* dirigido para cima, ascendente, superior. • *adv* acima, para cima, por cima, além, mais, adiante.

u.ra.ni.um [juərˈeiniəm] *n Chem* urânio.

ur.ban [ˈə:bən] *adj* urbano: de ou relativo à cidade.

urge [ə:dʒ] *n* desejo, ânsia, anseio, ímpeto, impulso. • *vt+vi* **1** urgir, instar, insistir. *he was urged to sing* / insistiram em que ele cantasse. **2** recomendar com insistência. *they urged upon him* / recomendaram-lhe com insistência. **3** solicitar com insistência.

ur.gent [ˈə:dʒənt] *adj* **1** urgente, premente, imediato, iminente, indispensável. *he was in urgent need of money* / ele tinha premente necessidade de dinheiro. **2** insistente. *I was urgent about it* / eu fiz questão absoluta disto.

ur.gent.ly ['ə:dʒəntli] *adv* 1 urgentemente. 2 insistentemente.

u.ri.nate [j'uərineit] *vi* urinar.

u.rine [j'uərin] *n* urina.

urn [ə:n] *n* 1 urna (também cinerária ou funerária). 2 vaso, cântaro. 3 túmulo.

us [ʌs] *pron* nós, nos. *he came to see us* / ele veio visitar-nos. *they gave us this book* / eles nos deram este livro. *let's sing* / vamos cantar! **all of us** nós todos. **both of us** nós dois. **for us** para nós. **to us** a nós, para nós. **with us** conosco.

us.a.ble [j'u:zəbəl] *adj* usável, utilizável.

us.age [j'u:sidʒ] *n* 1 uso: costume, hábito, prática. 2 tratamento, método de tratar, trato. 3 emprego, aplicação. *the usage of our modern writers* / o modo de escrever, o estilo de nossos modernos escritores. 4 serviço. **common usage** uso generalizado, praxe. **of long usage** de uso tradicional.

use [ju:s] *n* 1 uso. *he made use of this book* / ele fez uso deste livro. 2 prática. 3 hábito, costume. *you didn't use to smoke* / você não costumava fumar. 4 aplicação, utilização, emprego. 5 função, serventia. *we have no use for it* / não usamos isso, não é de proveito para nós. 6 utilidade, finalidade. *there is no use in ringing up, it is no use to ring up* / não adianta telefonar, é inútil telefonar. 7 *Jur* usufruto. • [ju:z] *vt+vi* 1 usar. *I used it for a journey* / usei-o, gastei-o para uma viagem. 2 praticar. 3 habituar, acostumar, costumar. 4 aproveitar(-se), servir(-se), utilizar(-se), explorar. *I used him badly* / trataram-no mal. **for use** para uso. **in use** em uso, usual, de praxe. **to be used to...** estar acostumado a... **to use up** gastar até o fim, esgotar. **used up** a) exausto, esgotado. b) que já serviu o bastante.

Usa-se o verbo modal **used to** quando se quer expressar algo que costumava acontecer regularmente no passado. *I'm not as strong as I used to be* / não sou tão forte quanto costumava ser. *My memory isn't what it used to be* / minha memória não é o que costumava ser. *I used to cycle to work* / eu costumava ir de bicicleta para o trabalho.

A forma negativa de **used to** é **used not to** (mais formal) ou **didn't use**. *he used not to like fish* / ele não gostava de peixe (mas agora gosta).

Para a forma interrogativa usa-se **did** e **use**. *there used not to be* (*there didn't use to be*) *a bridge here* / não existia uma ponte aqui antes. *What did you use to do?* ou *what used you to do?* / o que você costumava fazer? *didn't she use to live in the country?* / ela não morava no campo?

used[1][ju:st] *adj* 1 usual, habitual, de praxe. 2 acostumado, habituado.

used[2][ju:zd] *adj* 1 usado, de segunda mão. 2 sujo (em consequência do uso).

use.ful [j'u:sful] *adj* 1 aproveitável, útil. *I made myself useful* / procurei ser útil, ajudei. 2 proveitoso, benéfico.

use.ful.ly [j'u:sfuli] *adv* proveitosamente, beneficamente, utilmente.

use.ful.ness[j'u:sfulnis] *n* utilidade, proveito, benefício.

use.less[j'u:slis] *adj* 1 inútil, desnecessário, vão, fútil. *it is useless* / é inútil, supérfluo. 2 inaproveitável, imprestável, sem valor.

us.er[j'u:zə] *n* 1 usuário, consumidor, o que usa ou faz uso de. 2 *Jur* direito de uso adquirido pelo uso contínuo. 3 *sl* viciado em drogas, consumidor de drogas.

ush.er['ʌʃə] *n* 1 porteiro. 2 oficial de justiça. 3 indicador de lugar (em cinema, teatro), *Braz coll* vaga-lume, lanterninha. • *vt* 1 conduzir, acompanhar. 2 introduzir. 3 anunciar. **to usher in** prenunciar, profetizar, antecipar.

usher.ette['ʌʃəret] *n* porteira, indicadora de lugar (em cinema, teatro etc.), *Braz coll* lanterninha, vaga-lume.

u.su.al[j'u:ʒuəl] *n* o usual, o costumeiro. • *adj* usual, costumeiro, de praxe, habitual, comum. *they came later than usual* / vieram mais tarde do que o habitual. *the pride usual with her* / sua costumeira arrogância. *we did it the usual way* / fizemos da forma habitual. **as usual** como de costume.

u.su.al.ly [ju'ʒuəli] *adv* usualmente, habitualmente, comumente.

u.ten.sil [ju:'tɛnsəl] *n* utensílio, louça, ferramenta. **agricultural utensils** implementos agrícolas. **cooking / kitchen utensils** utensílios de cozinha.

u.til.i.tar.i.an [ju:tilit'ɛəriən] *adj* utilitário, funcional.

u.til.i.ty [ju:t'iliti] *n* **1** utilidade. **2** coisa útil. **3** vantagem, proveito (**for** para). **4** empresa de serviço público.

u.til.i.ty com.pa.ny [ju:t'iliti kʌmpəni] *n* empresa de serviço público.

u.til.ize, u.ti.lise [j'u:tilaiz] *vt* utilizar, aproveitar, usar.

ut.most ['ʌtmoust] *n* o máximo, o extremo, o maior. *they did their utmost* / fizeram o máximo que puderam. • *adj* máximo, extremo, maior, derradeiro. *I will do it with the utmost pleasure* / farei com o máximo prazer. **at the utmost** no máximo. **to the utmost** até o máximo.

u.to.pi.an [ju:t'oupiən] *adj* utópico, idealista, quimérico, visionário.

ut.ter¹ ['ʌtə] *adj* total, completo, absoluto, rematado, incondicional. *I am an utter stranger here* / eu sou completamente estranho aqui. *I am an utter stranger to this news* / esta notícia é totalmente nova para mim.

ut.ter² ['ʌtə] *vt* **1** proferir, exprimir, articular, expressar, dizer, pronunciar. **2** publicar, revelar, divulgar. **3** emitir.

ut.ter.ance ['ʌtərəns] *n* **1** expressão vocal, elocução, modo de falar, forma de expressão. **2** declaração, dito, afirmação. **3** emissão (de dinheiro falso). **political utterances** discursos políticos.

ut.ter.ly ['ʌtəli] *adv* totalmente, completamente, absolutamente, terminantemente.

U

V, v [vi:] *n* **1** vigésima segunda letra do alfabeto, consoante. **2** qualquer objeto em forma de V. **3** número romano equivalente a cinco.

va.can.cy [v'eikənsi] *n* **1** vaga, lugar vago, vacância, vagância. *he must fill the vacancy* / ele precisa preencher a vaga. **2** vácuo, vazio.

va.cant [v'eikant] *adj* **1** vago, desocupado, livre. **2** desabitado.

va.cate [vək'eit; v'eikeit] *vt+vi* **1** deixar vago, sair, vagar. **2** renunciar.

va.ca.tion [vək'eiʃən; veik'eiʃən] *n* **1** férias, feriado, período de descanso. **2** lazer, ócio, folga. **3** desocupação (posto, casa). • *vi* ir em férias, gozar férias, tirar férias.

vac.ci.nate [v'æksineit] *vt+vi* vacinar, inocular.

vac.cine [v'æksi:n] *n* **1** vacina. **2** *Comp* vacina: peça de *software* destinada a atacar um vírus eletrônico.

vac.il.late [v'æsileit] *vi* vacilar: **1** oscilar, cambalear, tremer. **2** titubear, hesitar, ficar irresoluto, indeciso.

vac.u.um [v'ækjuəm] *n* (*pl* **vacuums, vacua**) **1** vácuo. **2** aspirador de pó. • *vt coll* limpar com aspirador de pó.

vac.u.um clean.er [v'ækjuəm kli:nə] *n* aspirador de pó.

vac.u.um-packed [v'ækjuəm pækt] *adj* embalado a vácuo (especialmente alimentos).

va.gi.na [vədʒ'ainə] *n* (*pl* **vaginas, vaginae**) **1** *Anat* vagina. **2** bainha, ou parte semelhante.

vague [veig] *adj* **1** vago: a) indeterminado, indefinido. b) incerto, oscilante. c) remoto (lembrança). **2** distraído.

vain [vein] *adj* **1** convencido, vaidoso, presunçoso. **2** vão, fútil, infrutífero, inútil. *all was in vain* / foi tudo em vão.

Val.en.tine's Day [v'æləntainz dei] *n* dia de São Valentim, celebrado a 14 de fevereiro, quando os namorados trocam presentes e cartões.

val.id [v'ælid] *adj* válido: que tem valor legal bem fundamentado ou motivado, convincente, verídico.

va.lid.i.ty [vəl'iditi] *n* **1** validez, validade. **2** força, solidez (de argumento). **3** eficácia.

val.ley [v'æli] *n* **1** vale, baixada. **2** *arch* revessa, água-furtada (telhados).

val.or, val.our [v'ælə] *n* valor, bravura, coragem, heroísmo.

val.u.a.ble [v'æljuəbəl] *adj* valioso, de valor, precioso.

val.ue [v'ælju:] *n* **1** *Math, Mus, Paint* valor. **2** valia. **3** preço. **4** valor cambial da moeda. **5** importância. • *vt* **1** avaliar, estimar, taxar. **2** orçar. **3** prezar, respeitar, dar valor a. **above below value** acima abaixo do valor. **appraised value** valor estimativo. **approximate value** valor aproximado. **of little value** de pouco valor.

valve [vælv] *n* **1** *Anat, Electr, Mech, Tech* válvula. **2** *Zool, Bot* valva. **3** dispositivo para regular o tom (em instrumento de sopro).

vam.pire [v'æmpaiə] *n* vampiro: **1** morcego. **2** entidade imaginária que sai da sepultura para sugar o sangue dos vivos.

van [væn] *n* **1** *Auto* furgão. **2** *rail Brit* vagão de carga fechado ou carro de bagagem. **delivery van** furgão de entregas.

van.dal [v'ændəl] *n fig* vândalo, bárbaro, o que destrói estupidamente.

van.dal.ism [v'ændəlizəm] *n* vandalismo.

van.guard [v'ænga:d] *n* 1 vanguarda, anteguarda, dianteira. 2 os líderes de um movimento.

va.nil.la [vən'ilə] *n* baunilha. • *adj* com sabor ou aroma de baunilha.

van.ish [v'æni∫] *vt+vi* 1 desaparecer, sumir. *she vanished from sight* / ela desapareceu de vista. 2 definhar, desvanecer, esvaecer, acabar, morrer.

van.i.ty [v'æniti] *n* 1 vaidade, presunção, ostentação. 2 futilidade, inutilidade.

van.tage point [v'ɑntidʒ pɔint] *n* 1 posição vantajosa. 2 ponto de observação. 3 perspectiva, ponto de vista.

va.por, va.pour [v'eipə] *n* 1 vapor. 2 nevoeiro, neblina, bruma, névoa, cerração.

var.i.a.ble [v'ɛəriəbəl] *n* variável. • *adj* variável, mudável, alternável.

var.i.ance [v'ɛəriəns] *n* 1 diferença, discrepância, divergência, contradição. 2 desinteligência, discórdia, briga, dissensão, desarmonia. **to be at variance** a) discutir, brigar, estar em desacordo. b) contradizer-se.

var.i.ant [v'ɛəriənt] *n* variante, variação. • *adj* 1 variante, diferente, divergente. 2 variável.

var.i.a.tion [vɛəri'ei∫ən] *n* 1 variação (também *Mus, Bot, Math, Phys*). 2 alteração, mudança, modificação.

var.ied [v'ɛərid] *ps, pp* of **vary**. • *adj* 1 variado, diverso. 2 modificado, alterado, mudado.

va.ri.e.ty [vər'aiəti] *n* 1 variedade: a) diversidade. b) quantidade, multiplicidade. *he had all varieties of bad luck* / ele teve toda espécie de má sorte. 2 variação, diferença, discrepância. 3 *vaudeville*, espetáculo de variedades.

var.i.ous [v'ɛəriəs] *adj* 1 vário, diferente, diverso. 2 diversos, muitos. 3 variado, variegado.

var.nish [v'ɑ:ni∫] *n* 1 verniz. 2 esmalte (vitrificado). 3 *Brit* esmalte de unhas. • *vt* 1 envernizar, lustrar, polir. 2 vidrar.

var.y [v'ɛəri] *vt* (*ps, pp* **varied**) 1 variar, modificar, mudar. 2 diversificar,

tornar variado. 3 alternar(-se). 4 diferenciar(-se), transformar(-se).

vase [va:z; veis] *n* vaso.

vast [va:st; væst] *adj* vasto, enorme, imenso, incomensurável.

vat [væt] *n* tonel, barril, tina, cuba, dorna.

VAT [vi: ei t'i:] *Brit abbr* **value-added tax** (*Braz* correspondente ao ICMS, imposto sobre circulação de mercadorias e serviços).

vault[1] [vɔ:lt] *n* salto, pulo (especialmente com auxílio de uma vara). • *vt* saltar, pular.

vault[2] [vɔ:lt] *n* 1 *Archit* abóbada. 2 galeria ou passagem arqueada ou abobadada, caverna.

veal [vi:l] *n* carne de vitela.

veer [viə] *n* 1 mudança, volta, giro, virada, guinada. • *vt* virar, mudar (de direção), voltear, guinar.

veg.e.ta.ble [v'edʒitəbəl] *n* 1 verdura, hortaliça. 2 vegetal. • *adj* 1 vegetal. 2 vegetável.

veg.e.ta.bles [v'edʒitəbəlz] *n* = **vegetable. green vegetables** legumes, hortaliças frescas. **preserved vegetables** legumes, hortaliças em conserva.

veg.e.tar.i.an [vedʒit'ɛəriən] *n, adj* vegetariano.

veg.e.ta.tion [vedʒit'ei∫ən] *n* 1 vegetação. 2 vida pobre, vida miserável.

ve.he.ment [v'i:imənt] *adj* veemente, impetuoso, ardente, violento, fervoroso.

ve.hi.cle [v'i:ikəl] *n* veículo: 1 meio de transporte, viatura. 2 *fig* meio, instrumento.

veil [veil] *n* 1 véu, tecido com que se cobre alguma coisa. 2 cortina.

veiled [veild] *adj* velado: 1 coberto. 2 dissimulado, disfarçado.

vein [vein] *n* 1 *Anat, Zool* veia: canal que conduz o sangue ao coração. 2 *Bot, Ent* nervura. 3 veio (de água). 4 *Min* veio, filão. 5 *fig* tendência, inclinação, vocação, talento, veia. *he has an artistic vein* / ele tem veia artística. 6 *fig* animação, disposição, estado de espírito.

ve.loc.i.ty [vil'ɔsiti] *n* velocidade, rapidez, celeridade.

vel.vet [v'elvit] *n* veludo ou qualquer coisa semelhante. • *adj* aveludado, de veludo.

vend.ing ma.chine [v'endiŋ məʃi:n] *n* máquina de vender: distribuidora automática de pequenos artigos por meio de moedas inseridas em uma fenda.

vend.or [v'endə] *n* **1** parte vendedora, fornecedor. **2** = **vending machine. street vendor** vendedor ambulante, vendedor de rua, *Braz coll* camelô.

ve.neer [vən'iə] *n* **1** embutido, compensado, folheado, madeira compensada. **2** camada superficial, verniz, polimento.

ve.ne.re.al disease [vin'iəriəl dizi:z] *n Med* doença venérea.

Ve.ne.tian blind [vini:ʃən bl'aind] *n* veneziana (janela).

venge.ance [v'endʒəns] *n* vingança, desforra, vindita, desforço. *he took vengeance on his foe* / ele vingou-se de seu inimigo. **with a vengeance** *fig* muito, bastante, com ímpeto, turbulentamente.

venge.ful [v'endʒful] *adj* vingativo.

ven.om [v'enəm] *n* **1** veneno (de animais), peçonha. **2** *fig* malignidade, malevolência.

vent [vent] *n* **1** abertura, orifício, passagem, saída, vazão, escape. **2** respiradouro. **3** suspiro (de barril). • *vt* **1** dar saída a, prover de saídas ou aberturas. **2** desabafar, desafogar.

ven.ti.la.tor [v'entileitə] *n* ventilador, exaustor.

ven.ture [v'entʃə] *n* **1** aventura, risco, perigo. **2** especulação (comercial), empreendimento que envolve risco. **3** acaso, chance. • *vt+vi+vpr* aventurar(-se), arriscar(-se), pôr em jogo.

ven.ue [v'enju:] *n* local de um evento, de uma atividade.

verb [və:b] *n Gram* verbo.

ver.bal [v'ə:bəl] *adj* **1** *Gram* verbal. **2** oral. **3** textual, exato, palavra por palavra, literal.

ver.dict [v'ə:dikt] *n* veredicto: **1** decisão do júri, sentença, julgamento. **2** decisão, opinião.

verge [və:dʒ] *n* **1** beira, margem, borda, orla. **2** limite, divisa. **3** cercadura de um canteiro. • *vi* estar à margem de, limitar com, fazer divisa com, aproximar-se de. **to be on the verge of starvation** estar à beira da miséria, da fome.

ver.i.fi.ca.tion [verifik'eiʃən] *n* verificação, comprovação, prova, confirmação, autenticação.

ver.i.fy [v'erifai] *vt* **1** verificar, examinar, conferir, averiguar. **2** comprovar, provar. **3** dar fé, autenticar.

ver.i.ta.ble [v'eritəbəl] *adj* verdadeiro, veraz, genuíno, real, autêntico.

ver.sa.tile [v'ə:sətail; v'ə:sətəl] *adj* **1** versátil. **2** volúvel, inconstante, variável, mutável.

verse [və:s] *n* **1** poesia. **2** estrofe. **3** verso. **4** poema. **5** *Bib* versículo. • *vt+vi* versejar, versificar. **free verse** verso livre. **in verse** em verso.

versed [və:st] *adj* versado, experimentado, hábil.

ver.sion [v'ə:ʃən; v'ə:ʒən] *n* versão: **1** tradução. **2** interpretação. *he gave me his version of the incident* / ele me deu a sua versão do incidente.

ver.te.bra [v'ə:tibrə] *n* (*pl* **vertebras, vertebrae**) *Anat* vértebra.

ver.ti.cal [v'ə:tikəl] *adj* **1** vertical. **2** do vértice. **3** oposto à base.

ver.y [v'eri] *adj* **1** completo, absoluto. **2** puro, genuíno. *she is the very picture of her mother* / ela é o retrato fiel de sua mãe. **3** justo, exato. *he was caught in the very act* / ele foi pego no momento exato (em flagrante). • *adv* muito, bastante, grandemente, extremamente. *he is very ill* / ele está muito doente. *we had very many guests* / tivemos muitas visitas. **at the very beginning** logo no começo. **at the very moment** no mesmo instante. **that very day** ainda no mesmo dia. **the very thought** o simples pensamento.

ves.sel [v'esəl] *n* **1** vaso: a) navio, embarcação, nave. b) veia, artéria. c) recipiente, vasilha. **2** dirigível, aeronave.

vest [vest] *n* **1** *Amer* colete. **2** *Brit* camiseta.

vest.ed rights [vestid r'aits] *n* direitos adquiridos.

ves.tige [v'estidʒ] *n* vestígio: **1** rasto, traço, pegada. **2** sobra, resto, resquício. *I have not a vestige of respect left for him* / eu não tenho mais nem um pouco de respeito para com ele.

vet [vet] *n, adj Amer coll* veterano.

vet.er.an [v'etərən] *n* **1** veterano. **2** veterano de guerra. • *adj* veterano, experimentado, traquejado.

vet.er.i.nar.i.an [vetərin'ɛəriən] *n* veterinário.

vet.er.i.nar.y [v'etərənəri] *adj* veterinário.

ve.to [v'i:tou] *n* (*pl* **vetoes**) veto, proibição, oposição, interdição. • *vt* vetar, proibir, vedar.

vi.a [v'aiə] *prep* via, por via de, por meio de. *he went to Rome via Paris* / ele seguiu para Roma via Paris.

vi.a.ble [v'aiəbəl] *adj* viável.

vi.brate [v'aibreit] *vt+vi* **1** vibrar (também *Phys*), oscilar, trepidar, agitar. **2** tremer, estremecer. **3** pulsar.

vi.bra.tion [vaibr'eiʃən] *n* vibração (também *Phys*), oscilação, vacilação, trepidação, agitação, tremor.

vic.ar [v'ikə] *n* vigário: **1** cura, pároco. **2** aquele que faz as vezes de outro, substituto, representante. **Vicar of Christ** Vigário de Cristo, o Papa.

vice [vais] *n* vício, mau hábito, tendência habitual condenável.

vice- [vais] *pref* correspondente a *vice-* em português.

vi.ce ver.sa [vaisiv'ə:sə] *adv* vice-versa, reciprocamente, mutuamente, em sentido inverso.

vi.cin.i.ty [vis'initi] *n* vizinhança, adjacência.

vi.cious [v'iʃəs] *adj* **1** vicioso, viciado. **2** depravado, corrupto. **3** mau, malvado.

vic.tim [v'iktim] *n* vítima. *he fell victim to his carelessness* / ele foi vítima de seu desleixo.

vic.tim.ize, vic.tim.ise [v'iktimaiz] *vt* **1** vitimar, sacrificar (também *fig*). **2** atormentar, fustigar, amolar. **3** enganar, ludibriar, iludir.

vic.tor [v'iktə] *n* vencedor, conquistador.

Vic.to.ri.an [vikt'ɔ:riən] *n* vitoriano. • *adj* vitoriano, relativo à Rainha Vitória da Inglaterra ou à sua época (1819-1901).

vic.to.ri.ous [vikt'ɔ:riəs] *adj* vitorioso, triunfante.

vic.to.ry [v'iktəri] *n* vitória, conquista, triunfo.

vid.e.o [v'idiou] *n* vídeo, programa gravado para passar na televisão. • *vt* **1** gravar um filme ou programa de televisão. **2** filmar um evento com câmera de vídeo.

vi.de.o.cas.sette re.cord.er [vidioukəs'et riko:də] *n* aparelho de videocassete.

vi.de.o game [v'idiou geim] *n video game*: jogo eletrônico manipulado por meio de imagens em tela de vídeo.

vi.de.o.tape [v'idiouteip] *n TV* videoteipe. • *vt* gravar em videoteipe.

vi.de.o.tape re.cord.er [v'idiouteip riko:də] *n* videocâmera.

view [vju:] *n* **1** vista: a) visão, aspecto. b) faculdade de ver física ou mentalmente. *it disappeared from view* / desapareceu de vista. c) cenário, panorama, paisagem. **2** ponto de vista, opinião, parecer. **3** concepção, idéia, teoria. • *vt* **1** ver, observar, visualizar, enxergar. **2** examinar, averiguar. *she viewed the books with a critical eye* / ela examinou os livros criticamente. **3** assistir (especialmente televisão). **4** considerar, ponderar. **a bird's eye view** a) vista panorâmica, vista aérea. b) visão de conjunto, visão geral. **at first view** à primeira vista. **in my view** na minha opinião. **in view of** devido a, por causa de, em virtude de, em vista de. **on nearer view** examinando melhor ou de mais perto. **to take a view of** olhar, examinar. **with a view to** a) com a finalidade ou a intenção de. b) na esperança ou na expectativa de.

view.er [vj'u:ə] *n* **1** espectador, observador. **2** vigia, inspetor. **3** espectador (especialmente de televisão), telespectador.

view.ing [vj'u:iŋ] *n* **1** exame, inspeção, observação. **2** ato de assistir à televisão.

view.point [vj'u:point] *n* **1** ponto de vista. **2** local de onde se tem uma vista panorâmica.

vig.il [v'idʒil] *n* **1** vigília (também em sentido eclesiástico, freqüentemente no plural). **2** insônia.

vig.i.lant [v'idʒilənt] *adj* vigilante, cuidadoso, cauteloso, precavido, alerta.

vig.or, vig.our [v'igə] *n* **1** vigor, vitalidade. **2** viço. **3** vigência.

vig.or.ous [v'igərəs] *adj* **1** vigoroso, forte, potente, robusto. **2** ativo, enérgico, veemente. **3** impressivo, eficaz.

vile [vail] *adj* **1** vil, baixo, desprezível. **2** malvado, depravado, imoral, perverso.

vil.lage [v'ilidʒ] *n* **1** aldeia, povoação, burgo. **2** população de uma aldeia. • *adj* relativo a aldeia ou burgo.

vil.lain [v'ilən] *n* **1** vilão, homem desprezível, miserável, patife. **2** *coll* maroto, pândego, bandido.

vin.di.cate [v'indikeit] *vt* **1** vindicar, justificar, defender (**against / from** contra), manter, sustentar. **2** provar, demonstrar.

vine [vain] *n Bot* **1** videira, vinha. **2** trepadeira.

vin.e.gar [v'inigə] *n* **1** vinagre. **2** azedume, mau humor.

vine.yard [v'injəd] *n* vinhedo, vinha.

vin.tage [v'intidʒ] *n* **1** vindima: safra de vinho. **2** ano da vindima. **3** *coll* qualquer colheita ou produção de determinado período. **4** data de origem ou fabricação. • *adj* **1** de determinada safra. **2** clássico, de importância ou qualidade reconhecida.

vi.nyl [v'ainil] *n Chem* vinil.

vi.o.late [v'aiəleit] *vt* violar: profanar, desonrar, violentar (raramente em sentido sexual, que em inglês é expresso por **to rape**).

vi.o.lence [v'aiələns] *n* **1** violência, força. **2** veemência, impetuosidade, intensidade.

vi.o.lent [v'aiələnt] *adj* **1** violento. **2** veemente, impetuoso, ardente, furioso.

vi.o.let [v'aiəlit] *n* **1** *Bot* violeta. **2** cor roxa ou violeta • *adj* roxo, violeta.

vi.o.lin [v'aiəlin] *n* violino.

VIP [vi: ai p'i:] *coll abbr* **Very Important Person** (pessoa muito importante).

vir.gin [v'ə:dʒin] *n* **1** virgem, donzela. **2** *Astr* virgem (também maiúsculo). **3 the Virgin** a Virgem Maria. • *adj* **1** virgem. **2** virginal, casto, puro, imaculado.

vir.ile [v'irail; v'irəl] *adj* **1** viril, varonil. **2** másculo, vigoroso.

vir.tu.al [v'ə:tjuəl] *adj* virtual: **1** quase, praticamente. **2** *Comp* diz-se de característica ou dispositivo que na realidade não existe mas que é simulado por um computador e pode ser usado como se existisse.

vir.tu.al.ly [v'ə:tjuəli] *adv* virtualmente, quase, praticamente.

vir.tu.al re.al.i.ty [və:tjuəl ri'æliti] *n Comp* realidade virtual.

vir.tue [v'ə:tʃu:] *n* **1** virtude. **2** probidade, retidão. **3** eficiência, eficácia, efeito. **4** excelência, valor, mérito. **5** castidade, pureza.

vir.tu.ous [v'ə:tʃuəs] *adj* **1** virtuoso, bom. **2** puro, casto. **3** honrado, probo, íntegro.

vir.u.lent [v'irulənt] *adj* virulento: **1** extremamente venenoso, mortal. **2** maligno, rancoroso.

vi.rus [v'aiərəs] *n* vírus: **1** agente causador de doenças infecciosas. **2** *Comp* programa que interfere em sistemas e destrói as informações arquivadas.

vi.sa [v'i:zə] *n* visto (em passaporte). • *vt* (*ps* **visaed**) visar, pôr o visto em.

vis.i.ble [v'izəbəl] *adj* **1** visível, perceptível. **2** evidente, claro, manifesto, óbvio. • *adv* visivelmente, evidentemente, claramente.

vi.sion [v'iʒən] *n* visão: **1** vista, faculdade de ver. **2** aparição sobrenatural. **3** fantasia, miragem. **4** modo de ver ou considerar.

vis.it [v'izit] *n* **1** visita. *I paid her a visit* / eu a visitei. **2** consulta (médico, dentista etc.). • *vt+vi* **1** visitar, fazer visita a, ir ver, percorrer, viajar. **2** *Brit* consultar (médico, dentista etc.).

vis.ta [v'istə] *n* **1** vista, perspectiva, panorama. **2** retrospecto.

vis.u.al [v'iʒuəl] *n* recursos visuais (como figuras, gráficos etc.). • *adj* **1** visual, visório. **2** visível, perceptível.

vis.ual aid [v'iʒuəl eid] *n* material de apoio visual: filmes, diapositivos, gráficos etc.

vi.tal [v'aitəl] *adj* vital, capital, essencial, muito importante, imprescindível. **of vital importance** de importância vital.

vi.tal.i.ty [vait'æliti] *n* vitalidade, força vital.

vi.ta.min [v'aitəmin] *n* vitamina.

vi.va.cious [viv'eiʃəs] *adj* **1** vivaz, vivo, esperto, ativo. **2** animado, alegre, jovial.

viv.id [v'ivid] *adj* **1** vivo, vívido, esperto, ativo, animado, cheio de vida. **2** brilhante, fulgurante.

vix.en [v'iksən] *n* **1** raposa fêmea. **2** megera, mulher de mau gênio.

V-neck [v'i: nek] *n* decote em V.

vo.cab.u.lar.y [vək'æbjuləri] *n* vocabulário.

vo.cal [v'oukəl] *n* som vocal. • *adj* **1** vocal: de ou relativo a voz. **2** oral.

vo.cal.ist [v'oukəlist] *n* vocalista, cantor.

vo.cals [v'oukəlz] *n pl* voz, vocais, parte cantada de uma música.

vo.ca.tion [vouk'eiʃən] *n* **1** vocação, inclinação, tendência. **2** profissão, ocupação, emprego. *you have mistaken your vocation* / você errou de profissão.

vogue [voug] *n* voga: **1** popularidade, aceitação, preferência. **2** moda. **in vogue** na moda. **it is all the vogue / it is in full vogue** é a grande moda, é de preferência geral. **to come into vogue** entrar na moda. **to go out of vogue** sair de moda.

voice [vɔis] *n* voz (também *Gram, Mus*). *he is not in good voice* / ele não está com boa voz. *he is in splendid voice* / ele está com excelente voz. • *vt* **1** dizer, exprimir. **2** opinar, dar opinião. **active voice** *Gram* voz ativa. **in a low voice** em voz baixa. **passive voice** *Gram* voz passiva.

void [vɔid] *n* vácuo, vazio, lacuna. • *vt* **1** anular, cancelar, suspender, invalidar. **2** desocupar, esvaziar. • *adj* **1** vazio. **2** livre, isento (**of** de). **3** inútil, vão, à-toa, ineficiente. **to fill a void** preencher uma lacuna. **to make void** tornar sem efeito, anular.

vol.a.tile [v'ɔlətail; v'ɔlətəl] *adj* volátil: **1** volúvel, inconstante, frívolo. **2** que se converte facilmente em gás ou vapor.

vol.ca.no [vɔlk'einou] *n* (*pl* **volcanos, volcanoes**) vulcão. **active volcano** vulcão ativo. **dormant volcano** vulcão inativo. **extinct volcano** vulcão extinto.

volt [voult] *n Electr* volt: unidade de medida de corrente elétrica.

volt.age [v'oultid3] *n Electr* voltagem.

vol.u.ble [v'ɔljubəl] *adj* volúvel, que muda de atitude com facilidade.

vol.ume [v'ɔlju:m] *n* volume: **1** tomo, livro. **2** capacidade, cubagem. **3** quantidade, massa. **4** intensidade do som, sonoridade. **5** tamanho, extensão. • *adj* volumoso, em grande quantidade.

vo.lu.mi.nous [vəlj'u:minəs] *adj* volumoso: **1** vultoso, copioso, extenso, grande. **2** que contém muitos volumes ou tomos.

vol.un.tar.y [v'ɔləntəri] *adj* voluntário, espontâneo, proposital, intencional.

vol.un.teer [vɔlənt'iə] *n* voluntário (também *Mil*). • *vt+vi* **1** apresentar-se, oferecer-se ou servir voluntariamente. **2** contar ou dizer voluntariamente.

vom.it [v'ɔmit] *n* **1** vômito. **2** vomitado. • *vt+vi* vomitar, expelir (também *fig*).

vo.ra.cious [vər'eiʃəs] *adj* voraz, faminto, ávido, insaciável.

vor.tex [v'ɔ:teks] *n* (*pl* **vortexes, vortices**) vórtice: **1** redemoinho, voragem. **2** turbilhão. **3** furacão.

vote [vout] *n* **1** voto, sufrágio. **2** direito de voto. **3** votação, eleição. *the case was decided by vote* / o caso foi decidido por votação. • *vt* **1** votar. **2** eleger (por meio de voto). **to vote in** admitir por votação, eleger. **to vote out** derrotar ou afastar por voto.

vot.er [v'outə] *n* eleitor, votante.

vouch [vautʃ] *n* **1** atestação, asseveração. **2** garantia, fiança. • *vt+vi* **1** atestar, assegurar o caráter genuíno, legítimo de uma pessoa ou coisa, comprovar. **2** afiançar, responder ou responsabilizar-se por, garantir.

vouch.er [v'autʃə] *n* **1** recibo, certificado, certidão. **2** vale, tíquete.

vow [vau] *n* **1** voto, promessa solene. *he is under a vow* / ele fez uma promessa, um juramento. **2** juramento. • *vt+vi* **1** fazer voto ou promessa solene. **2** jurar.

vow.el [v'auəl] *n* vogal.

voy.age [v'ɔiidʒ] *n* viagem.

Há diferenças de sentido entre as palavras **voyage**, **travel**, **trip**, **jouney** e **tour**.

Voyage refere-se a uma viagem espacial ou marítima relativamente longa. *a voyage across the Atlantic* / uma viagem através do Atlântico.

Travels (sempre no plural) indica um período razoavelmente longo de viagens por vários lugares, em geral no exterior.

this book is a record of her travels around the world / este livro é um registro de suas viagens ao redor do mundo.

Trip sugere uma viagem mais curta, apesar de ser normalmente usada como equivalente de **journey**. *during our holiday in Paris we went on a few trips to small towns near by* / durante nossas férias em Paris, fizemos algumas viagens a vilarejos vizinhos.

Journey, uma palavra mais formal, em geral implica uma viagem razoavelmente longa, quase sempre por terra, sem sugerir necessariamente a idéia de retorno. *they will go on a long train journey* / eles vão fazer uma longa viagem de trem.

Tour significa excursão, uma viagem em que se fazem paradas em muitos lugares. *I took a tour to Africa* / fiz uma excursão à África.

voy.ag.er [v'ɔiidʒə] *n* viajante.
vul.gar [v'ʌlgə] *adj* vulgar: **1** comum, trivial. **2** grosseiro, baixo, ordinário, rude.
vul.gar.i.ty [vʌlg'æriti] *n* vulgaridade.
vul.ner.a.ble [v'ʌlnərəbəl] *adj* vulnerável, sensível.
vul.ture [v'ʌltʃə] *n* **1** *Zool* abutre, urubu. **2** *fig* pessoa voraz ou predatória.

W

W, w [d'ʌbəlju:] *n* vigésima terceira letra do alfabeto, semivogal.

wade [weid] *n* **1** vadeação. **2** vau. • *vt+vi* **1** vadear. **2** passar com dificuldade (por água, neve, lama ou qualquer coisa que dificulte os movimentos).

wa.fer [w'eifə] *n wafer*: **1** bolinho delgado, folhado. **2** obreia. **3** hóstia. **4** *Comp* bolacha: fatia fina de silício usada na fabricação de circuitos integrados.

wag [wæg] *n* sacudidela, abano, menejo, balanço. • *vt+vi* sacudir, abanar, balançar, agitar, menear. *he wagged his finger* / ele fez um sinal de advertência com o dedo.

wage [weidʒ] *n* (geralmente **wages**) salário, ordenado, soldo, paga (calculado por hora, dia ou tarefa, geralmente recebido por dia ou por semana). • *vt+vi* empreender, promover, manter, travar. Veja nota em **salário**.

wag.gon [w'ægən] *n* **1** *Brit* carro pesado de quatro rodas para carga volumosa, carroção. **2** caminhão, carro de entrega. **3** *Brit* vagão (de carga), galera, gôndola.

wag.on [w'ægən] *n* **1** veículo puxado a cavalo. **2** carrinho de criança. **3** = **waggon**.

wail [weil] *n* lamentação, lamúria, lamento, pranto, gemido, grito de dor. • *vt* lamentar(-se), prantear, lamuriar, gritar de dor, gemer, chorar, choramingar.

waist [w'eist] *n* **1** cintura (do corpo). **2** *Amer* corpete. **3** cintura (de vestido).

waist.coat [w'eiskout, w'eskət] *n Brit* colete (para homem).

wait [weit] *n* espera, tardança, delonga, demora. *they had a long wait at the gate* / eles tiveram de esperar muito no portão. • *vt+vi* **1** esperar, aguardar. *we waited for him at the station* / esperamos por ele na estação. **2** servir, atender, cuidar de (**at** / **on** / **upon**). **to wait at table** servir à mesa.

wait.er [w'eitə] *n* **1** garçom. **2** quem espera, protela ou retarda.

wait.ing [w'eitiŋ] *n* **1** espera, demora, delonga, tardança. **2** ato de servir, serviço. • *adj* que espera.

wait.ress [w'eitris] *n* garçonete, copeira.

waive [weiv] *vt* desistir, ceder, abandonar, abrir mão, renunciar.

wake¹ [weik] *vt+vi* (*ps* **woke, waked,** *pp* **waked, woken**) acordar, despertar. *I woke up at seven o'clock* / eu acordei às sete horas. **to wake up** a) acordar, despertar. b) animar-se, tornar-se ativo.

wake² [weik] *n* **1** esteira, sulco (de navio). **2** rastro (deixado por qualquer coisa em movimento). **in the wake of** a) seguindo o mesmo caminho, no encalço de. b) como resultado de, como conseqüência de.

walk [wɔ:k] *n* passeio, caminhada, excursão. • *vt* passear, levar a passeio, andar a pé, caminhar. *we walked home* / fomos para casa a pé. *she used to walk me home after school* / ela costumava me levar para casa (a pé) depois que as aulas terminavam.

walk.er [w'ɔ:kə] *n* passeador, andador, caminhador, pedestre. *I am not much of a walker* / eu não sou muito amigo de caminhadas.

walk.ie-talk.ie [wɔ:ki t'ɔ:ki] *n* aparelho transmissor e receptor portátil.

walk.ing [w'ɔ:kiŋ] *n* **1** ação ou modo de andar. **2** caminhada a marcha, passeio. **3** calçada, passeio. • *adj* **1** andador, passeador, que marcha. **2** de passeio, usado em passeio.

walk.ing stick [wʼɔ:kiŋ stik] *n* bengala, bordão, bastão.

walk.way [wʼɔ:kwei] *n* passarela de pedestres.

wall [wɔ:l] *n* **1** parede, muro, paredão. **2** *Fort* muralha (também **walls**). **3** *fig* barreira, muro. • *vt* **1** prover, cercar, dividir ou proteger com parede ou muro, murar, emparedar. **2** *Fort* fortificar.

wal.let [wʼɔlit] *n* **1** carteira (de bolso). **2** estojo de couro (para ferramentas etc.). **3** pasta de couro.

wall paint.ing [wʼɔ:l peintiŋ] *n* **Paint 1** afresco, mural. **2** arte de pintar murais.

wall.pa.per [wʼɔ:lpeipə] *n* papel de parede. • *vt+vi* revestir (paredes) com papel.

wal.nut [wʼɔ:lnʌt] *n* **1** noz. **2** nogueira: a) árvore (*Juglans regia*). b) madeira da nogueira. • *adj* cor da nogueira.

wal.rus [wʼɔ:lrəs] *n* (*pl* **walruses, walrus**) **1** *Zool* morsa. **2** *coll* bigode de pontas caídas.

waltz [wɔ:ls] *n* valsa (dança e música). • *vt+vi* dançar uma valsa, valsar.

wand [wɔnd] *n* **1** varinha, vara. **2** vara mágica, vara de condão. **3** batuta.

wan.der [wʼɔndə] *vt+vi* **1** errar, vaguear, andar ao léu, perambular, vagar, passear. **2** serpentear, seguir um curso sinuoso (rio). **to allow one's thoughts to wander** permitir que os pensamentos voem sem rumo. **to wander about** andar ao léu, perambular.

wan.der.er [wʼɔndərə] *n* **1** viajante, viandante, viajor. **2** quem perambula, vagueador.

wane [wein] *n* **1** míngua, diminuição, decréscimo. **2** minguante, quarto minguante (lua). *the moon is on the wane* / a lua está no quarto minguante. • *vi* **1** minguar (lua), decrescer, diminuir. **2** decair, declinar, enfraquecer, definhar.

wan.ing moon [wʼeiniŋ mu:n] *n* quarto minguante (lua).

want [wɔnt] *n* **1** falta, carência, escassez. *they failed for want of money* / eles falharam por falta de dinheiro. **2** necessidade, precisão. *we have few wants* / nós

temos poucas necessidades, precisamos de pouco. • *vt+vi* **1** desejar, querer, pretender. *what do you want?* / o que você quer, deseja? **2** precisar, necessitar, dever, ter necessidade de. **for want of** por falta de. **to be wanted by the police** ser procurado pela polícia. **to live in want** sofrer necessidade, passar privação.

Quando se oferece alguma coisa a alguém, usa-se o verbo **like**, que significa querer, em lugar de **want**. *would you like a cup of coffee?* / você quer uma xícara de café?

war [wɔ:] *n* **1** guerra. *they declared war* / eles declararam guerra. **2** luta, batalha, contenda, conflito, combate, hostilidades. • *vi* guerrear, fazer guerra, batalhar, pelejar, lutar. **at war** em guerra. **man-of-war** vaso de guerra, belonave. **state of war** estado de guerra. **tariff war** guerra alfandegária. **theatre of war** palco da guerra. **to make war upon** guerrear contra. **to war (against / on / with)** guerrear (contra / com), hostilizar. **war of aggression** guerra de agressão. **war of nerves** guerra de nervos.

ward [wɔ:d] *n* **1** custódia, proteção, tutela, cuidado. **2** ala (de prisão). **3** ala ou divisão (de um hospital), enfermaria. • *vt* **1** *arch* guardar, cuidar, proteger (**from** de). **2** precaver-se, parar, aparar, desviar, repelir (**off** contra).

war.den [wʼɔ:dən] *n* **1** diretor (de colégio, escola). **2** administrador ou diretor (de presídio). **3** guarda, guardião, sentinela.

ward.er [wʼɔ:də] *n* **1** guarda, sentinela, vigia. **2** carcereiro.

ward.ress [wʼɔ:dris] *Brit n* carcereira.

ward.robe [wʼɔ:droub] *n* guarda-roupa: **1** as roupas que alguém ou uma companhia teatral possui. **2** móvel para guardar roupas.

ware [wɛə] *n* **1** (geralmente **wares**) artigo, produto manufaturado, mercadoria. **2** louça. **china ware** porcelana. **delft ware** porcelana da Holanda. **earthen ware** louça de barro. **small wares** miudezas (botões, linha, agulhas).

ware.house [wʼɛəhaus] *n* armazém.

war.fare [wʼɔ:fɛə] *n* guerra, luta, combate, hostilidades.

war.like [w'ɔ:laik] *adj* beligerante, marcial, militar, guerreiro, belicoso, hostil.
warm [wɔ:m] *n* aquecimento. *you must have a warm* / você precisa aquecer-se. *give your hands a warm* / esquente as suas mãos. • *vt+vi* 1 aquecer(-se), esquentar, aquentar. *we were warming ourselves by the fire* / estivemos nos aquecendo ao fogo. 2 acalorar(-se), avivar(-se), animar(-se), interessar-se, tornar(-se) interessante, entusiasmar(-se). • *adj* 1 quente, cálido, morno, tépido, aquecido, 2 cordial, afetuoso, fervoroso, amoroso, apaixonado, ardente. 3 quente (cores, como vermelho, amarelo, alaranjado). **to warm up** a) animar-se. b) *fig* incitar, instigar. c) fazer exercício ligeiro antes do jogo para aquecimento.
warm-heart.ed [w'ɔ:m h'a:tid] *adj* de coração bondoso, amável, cordial, simpático.
warmth [wɔ:mθ] *n* 1 quentura, tepidez, calor. 2 cordialidade, simpatia, receptividade. 3 afeto, ternura.
warm-up [w'ɔ:m ʌp] *n* 1 *Sport* aquecimento. 2 atividade curta que prepara (aquece) para uma atividade mais longa e complexa.
warn [wɔ:n] *vt+vi* 1 advertir. *he warned him against coming* / ele o advertiu para que não viesse. 2 prevenir, acautelar.
warn.ing [w'ɔ:niŋ] *n* 1 advertência. *we gave him fair warning of it* / advertimo-lo em tempo. 2 alarma: sinal de perigo. • *adj* que adverte, preventivo, avisador, de aviso ou alarma.
warp [wɔ:p] *n* 1 *Weav* urdidura, urdimento, urdume. 2 empenamento, arqueamento (de tábua, prancha etc.). 3 desvio mental, aberração. • *vt+vi* 1 empenar, arquear, entortar (prancha, tábua). 2 perverter, desvirtuar, deitar a perder.
war.rant [w'ɔrənt] *n* 1 autorização, ordem, permissão. 2 mandado (de prisão, arresto, busca etc.). *he was pursued by a warrant of apprehension* / ele foi procurado pela polícia (com ordem de prisão). 3 *warrant*: recibo (ou quitação) de depósito. • *vt* 1 dar autorização, autorizar, permitir. 2 justificar. 3 garantir, afiançar, assegurar. *I warrant him honest* / eu me responsabilizo pela sua honestidade.
war.ri.or [w'ɔ:riə] *n* guerreiro, soldado experimentado.
war.ship [w'ɔ:ʃip] *n* navio de guerra, belonave.
wart [wɔ:t] *n* 1 verruga. 2 *Bot* papila, protuberância, excrescência. 3 defeito, imperfeição.
war.time [w'ɔ:taim] *n* tempo de guerra.
war.y [w'ɛəri] *adj* 1 cuidadoso, cauteloso. 2 circunspecto, prudente, precavido, ponderado.
was [wɔz; wəz] *ps* of **to be** (1.ª e 3.ª pessoas do singular).
wash [wɔʃ] *n* 1 lavagem, lavadura, ablução. 2 quantidade de roupa lavada de uma só vez. 3 roupa para lavar. *it is in the wash* / está na roupa (a ser lavada). • *vt+vi* 1 lavar(-se), banhar(-se), enxaguar. *I washed myself* / eu me lavei. *you must wash your hands* / você precisa lavar as mãos. 2 limpar(-se), tirar, remover (mancha). 3 purificar(-se). **to wash out** a) remover lavando. b) desbotar com lavagem. c) rejeitar. d) estragar ou destruir pela ação da água. **to wash up** a) lavar a louça. b) lavar o rosto e as mãos.
wash.ba.sin [w'ɔʃbeisən] *n* pia, lavatório (banheiro).
wash.cloth [w'ɔʃklɔθ] *n* pano para lavar o rosto ou para tomar banho em substituição a uma esponja.
wash.ing [w'ɔʃiŋ] *n* 1 lavagem, lavadura, ablução. 2 roupa suja (a ser lavada). 3 roupa lavada. 4 água usada (na lavagem), águas servidas (também **washings**).
wash.ing ma.chine [w'ɔʃiŋ məʃi:n] *n* máquina de lavar roupa.
wash.ing pow.der [w'ɔʃiŋ paudə] *n* sabão em pó.
wash.ing-up [w'ɔʃiŋ ʌp] *n Brit, coll* lavagem da louça.
wash.room [w'ɔʃru:m] *n* banheiro. Veja nota em **rest room**.
wasp [wɔsp] *n Zool* vespa.
waste [weist] *n* 1 desperdício, esbanjamento, dissipação. 2 gasto, desgaste. 3 sobras, resíduos, refugo, borra. 4 lixo. 5 deserto, solidão, ermo. • *vt+vi* 1 desperdiçar, dissipar, esbanjar. 2 perder, não

aproveitar. *he is wasted* / ele não está sendo aproveitado, está em lugar errado. **3** gastar, consumir, destruir. • *adj* **1** sem valor, inútil. **2** inaproveitado, não usado ou em uso, sobrado, supérfluo. **3** deserto, ermo, desabitado, desolado, devastado. **4** abandonado. **to waste away** definhar-se, decair. *he is wasting away, has a wasting disease* / ele está definhando, sofre de uma doença que o vai consumindo. **waste of time** perda de tempo.

waste.bas.ket [w'eistba:skit] *n* cesto de lixo, especialmente para papéis.

waste.bin [w'eistbin] *n* lata de lixo.

wast.ed [w'eistid] *adj* **1** inútil, desnecessário. **2** desperdiçado.

waste.ful [w'eistful] *adj* **1** desperdiçador, esbanjador, imprevidente, pródigo. **2** devastador, destrutivo.

waste.land [w'eistlænd] *n* **1** solo improdutivo. **2** terra devastada ou devoluta.

waste pipe [w'eist paip] *n* cano de esgoto, tubo de descarga.

waste prod.uct [w'eist prɔdəkt] *n* **1** refugo industrial. **2** excrementos.

watch [wɔtʃ] *n* **1** cuidado, atenção. **2** guarda, vigilância, espreita. *he is on the watch* / ele está de espreita, atento, vigilante. **3** relógio de bolso ou de pulso. • *vt+vi* **1** olhar atentamente, assistir a (jogo, televisão etc.). **2** estar atento, ter cuidado, prestar atenção. *watch what you're doing!* / preste atenção no que você está fazendo! *watch your mouth!* / cuidado com o que você diz! **to be on the watch for someone** esperar alguém de tocaia, de espreita. *they were on the watch for him* / eles o esperaram de tocaia. **to watch out** estar alerta, atento. **watch yourself!** cuidado! **watch your step!** atenção (degrau etc.).

watch.dog [w'ɔtʃdɔg] *n* **1** cão de guarda. **2** órgão de defesa (do meio ambiente, dos direitos do consumidor etc.).

watch.ful [w'ɔtʃful] *adj* **1** vigilante, atento, acautelado, alerta. **2** cauteloso, cuidadoso.

wa.ter [w'ɔ:tə] *n* **1** água: a) o líquido. b) chuva (também **waters**). **2** curso de água, rio, lago, lagoa. **3 waters** águas: a) águas

correntes. b) águas agitadas, ondeantes, o mar, o alto-mar. *he fished in troubled waters* / ele pescou em águas turvas. c) águas de fonte, águas minerais. • *vt+vi* **1** molhar. **2** irrigar, banhar. **3** regar, aguar. **4** encher de água (boca), salivar. **5** lacrimejar. *it makes your eyes water* / faz lacrimejar os seus olhos. **by water** por via marítima ou fluvial. **to make the mouth water** dar água na boca. *it makes my mouth water* / me dá água na boca. **to pass / make water** soltar água, urinar. **to throw cold water on** *fig* jogar balde de água fria em, desencorajar. **water of life** a) refresco espiritual. b) conhaque, uísque.

wa.ter clos.et [w'ɔ:tə klɔzit] *n* **1** privada com descarga de água. **2** banheiro (abreviatura: WC).

wa.ter.col.or, wa.ter.col.our [w'ɔ:tək^lə] *n* aquarela.

wa.ter.cress [w'ɔ:təkres] *n Bot* agrião.

wa.ter.fall [w'ɔ:təfɔ:l] *n* cachoeira, cascata de água, catarata.

wa.ter.ing [w'ɔ:təriŋ] *n* **1** irrigação. **2** diluição, umidade. **3** ação de abeberar. **4** abastecimento de água. **5** *Naut* aguada. • *adj* **1** que tem água. **2** que tem fontes medicinais.

wa.ter.ing can [w'ɔ:təriŋ kæn] *n* regador.

wa.ter.mel.on [w'ɔ:təmelən] *n* **1** melancia. **2** melancieira.

wa.ter.proof [w'ɔ:təpru:f] *n* impermeável, capa impermeável. • *vt* impermeabilizar. • *adj* impermeável, impermeabilizado, à prova de água.

wa.ter.side [w'ɔ:təsaid] *n* margem de rio, lago ou mar, beira-mar, praia, costa. • *adj* que fica à beira d'água, praiano, ribeirinho, lacustre.

wa.ter.ski [w'ɔ:tə ski:] *n* esqui aquático.

wa.ter sports [w'ɔtə spɔ:ts] *n* esportes aquáticos.

wa.ter.tight [w'ɔ:tətait] *adj* **1** à prova de água, impermeável. **2** *fig* seguro, de confiança, perfeito. **3** *fig* claro, explícito.

wa.ter.way [w'ɔ:təwei] *n* **1** qualquer curso de água navegável. **2** canal.

wa.ter.y [w'ɔ:təri] *adj* **1** aquoso. **2** molhado, cheio de água, ensopado. **3** aguado, fraco, diluído, ralo. **4** lacrimoso. **5** pálido (cor).

watt [wɔt] *n Electr watt:* unidade de medida de potência.

wave [weiv] *n* **1** onda: a) vaga. b) *Phys* vibração c) *Poet* água, mar. **2** ondulação, ondeado. **3** aceno, gesto, sinal com a mão. • *vt+vi* **1** ondear, ondular. **2** acenar, fazer sinal (com a mão). *we waved him farewell /* nós lhe acenamos um adeus. **3** abanar, agitar. **a wave of indignation** uma onda de indignação. **cold wave** onda de frio. **heat wave** onda de calor. **long waves** *Radio* ondas longas. **long wave set** *Radio* aparelho de ondas longas. **short waves** *Radio* ondas curtas. **wave of light** onda de luz.

wave band [w'eiv bænd] *n Radio* faixa de onda.

wave.length [w'eivleŋθ] *n* comprimento de onda.

wa.ver [w'eivə] *n* oscilação, indecisão, hesitação, vacilação. • *vi* **1** mover para cá e para lá, oscilar. **2** estar indeciso, hesitar, vacilar.

wav.y [w'eivi] *adj* **1** ondulante, flutuante. **2** ondulatório, ondulado.

wax [wæks] *n* cera. • *vt* encerar, untar de cera. **as tight as wax** *fig* mudo como um peixe. **bee's wax** cera de abelha. **ear-wax** cerume. **vegetable wax** cera vegetal.

way [wei] *n* **1** modo, estilo, maneira. *he mended his ways /* ele melhorou, corrigiu-se. **2** jeito, feitio, forma. *how did she get that way? /* como foi possível ela ficar assim? *she will never get it done that way /* ela nunca conseguirá fazê-lo desta forma. **3** rumo, curso. *they each went their different ways /* cada qual tomou o seu rumo. **4** hábito, costume, modo, peculiaridade (também **ways**). *any way you please /* de qualquer forma que queira. • *adv* embora, longe. **a good way** uma boa distância. **a great / long way off** a grande distância daqui, de longe. **a way out** uma saída. **all the way** a) inteiramente. b) todo o caminho. c) durante todo o tempo. **by the way** a) de passagem, a caminho. b) a propósito. **half the way** a meio caminho, meio. **in a way** de certo modo. **in no way** de ma-

neira alguma. **once in a way** uma vez, excepcionalmente. **one way** uma direção. **one way or the other** por um meio ou por outro, de um jeito ou de outro. **one-way street** *Traffic* via de uma só mão, direção única. **Milky Way** Via Láctea. **this way!** por aqui! **to be in the family way** estar grávida, esperando bebê. **to give way** a) dar passagem. b) dar vazão. c) ceder. *they gave way /* eles cederam, recuaram. **to give way to** a) sucumbir. b) dar prioridade a. **to go one's (own) way** agir independentemente. **to have one's way** conseguir o que quer. **to make way** a) dar lugar a. *I made way for him /* eu dei lugar a ele. b) progredir. *she made way /* ela venceu, progrediu. **under way.** a) a caminho, em marcha. b) *fig* em andamento. **Way of the Cross** via-sacra. **way off** muito longe. **way up** bem alto. **where there's a will, there's a way** querer é poder. **which way?** por onde? *which way did they go? /* para (por) onde foram eles?

way out [w'eiaut] *n* saída (também *fig*). *on our way out /* enquanto saíamos, em nossa saída, na saída.

way-out [wei 'aut] *adj coll* fora do comum, extravagante, de vanguarda.

-ways [weiz] *suf* elemento de composição que forma advérbios, como **sideways.**

way.ward [w'eiwəd] *adj* **1** caprichoso, genioso, cabeçudo, indócil, teimoso. **2** instável, irregular, incerto, imprevisível, inconstante.

WC [dʌbəlju: s'i:] *abbr* **water closet** (banheiro).

we [wi; wi:] *pron* nós.

weak [wi:k] *adj* **1** fraco: a) débil. b) frágil, quebradiço. c) aguado, ralo, diluído. **2** ineficiente, deficiente, ineficaz, inadequado. **his weak part / paint / side / spot** seu lado ou ponto fraco. **weak and weary** cansado, fatigado, esgotado, exausto.

weak.en [w'i:kən] *vt+vi* **1** enfraquecer (-se), debilitar(-se). **2** atenuar, diminuir, reduzir. **3** afrouxar.

weak.ness [w'i:knis] *n* fraqueza: **1** fragilidade. **2** debilidade, estado adoentado. **a weakness for someone / something**

Braz, coll uma queda por (inclinação para/
por, gostar muito de). *she had a weakness
for him* / ela tinha uma queda por ele.
wealth [welθ] *n* **1** prosperidade, riqueza,
bem-estar. **2** fortuna, bens. **3** opulência.
4 fartura, abundância, profusão.
wealth.y [w'elθi] *adj* **1** rico, opulento,
endinheirado, abastado. **2** abundante,
copioso.
weap.on [w'epən] *n* arma (também *fig*),
armamento.
wear [wɛə] *n* **1** uso (roupas). *they have
these dresses in wear* / elas têm estes
vestidos em uso. **2** roupas, artigos de
vestuário. **3** moda. **4** gasto, desgaste,
estrago. • *vt+vi* (*ps* wore, *pp* worn) **1**
usar, vestir, trajar. *what shall I wear?* /
que devo vestir? **2** gastar, consumir, estragar com o uso. **men's wear** roupas
para homem. **to wear out** a) gastar-se,
desgastar-se (com o uso). b) usar, trajar
(roupa) até o fim. c) esgotar (paciência).
d) esgotar-se, cansar-se. e) apagar, destruir. **to wear well** estar conservado, em
boas condições. **wear and tear** a) desgaste pelo uso comum. b) depreciação
normal.
wear.a.ble [w'ɛərəbəl] *adj* **1** usável, que
se pode trajar. **2** gastável, que se pode
desgastar.
wea.ry [w'iəri] *vt+vi* **1** cansar(-se), fati-
gar(-se), esgotar(-se). **2** aborrecer(-se),
enfadar(-se), enfastiar(-se). • *adj* **1** cansado, fatigado, exausto (with de). **2** aborrecido, cansativo, exaustivo, enfadonho,
maçante, molesto.
weath.er [w'eðə] *n* **1** tempo (estado at-
mosférico). **2** temporal, vento, chuva. •
vt+vi expor às intempéries. **under the
weather** indisposto. **weather permitting**
se o tempo permitir.
weath.er fore.cast [w'eðə fɔ:ka:st] *n* previsão do tempo.
weath.er.man [w'eðəmən] *n coll*
meteorologista.
weave [wi:v] *n* tecedura. • *vt* (*ps* wove, *pp*
woven) **1** tecer. **2** trançar, entrelaçar, en-
tremear. **3** combinar, compor (into em).
4 imaginar, inventar, tramar.
weav.er [w'i:və] *n* tecelão: quem trabalha
em tecelagem.

web [web] *n* **1** teia. **2** rede, trama, entrelaçamento. **3** *Comp* the Web a Web.
we'd [wi:d] *contr* of **1** we had. **2** we
would. **3** we should.
wed [wed] *vt* (*ps, pp* wed, wedded) **1**
casar(-se), desposar(-se). **3** contrair
matrimônio (with, to com). **2** unir, ligar.
wed.ding [w'ediŋ] *n* **1** casamento, festa de
casamento, núpcia (to com). **2** boda, aniversário de casamento. **golden wedding**
bodas de ouro. **silver wedding** bodas de
prata.
wedge [wedʒ] *n* **1** cunha (também *fig*),
calço. **2** objeto em forma de cunha. •
vt+vi **1** usar cunha, cunhar, rachar por
meio de cunha. **2** entalar, prender ou segurar com cunha, calçar.
Wednes.day [w'enzdei] *n* quarta-feira.
on Wednesday na quarta-feira. **on
Wednesday morning** (na) quarta-feira
de manhã. **on Wednesdays** às quartas-
feiras.
weed [wi:d] *n* **1** *Bot* qualquer erva inútil
ou daninha. **2** pessoa ou animal magro
ou de aparência magricela. • *vt+vi* **1** ca-
pinar, limpar de ervas daninhas. **2** eliminar, extirpar (seguido de out).
week [wi:k] *n* semana. **a week of
Sundays** uma eternidade, muito tempo. **a week or two** uma ou duas semanas. **by the week** semanalmente. **for
weeks** durante semanas. **Friday week**
na sexta-feira da semana que vem. **in
the week** durante a semana. **(in) the
week of four Fridays** no dia de São
Nunca. **today week** daqui a uma semana. **week by week** semana por semana.
week in, week out semana após semana, sem cessar. **weeks ago** há semanas.
week.day [w'i:kdei] *n* dia de semana,
dia útil.
week.end [w'i:kend] *n* fim de semana.
week.ly [w'i:kli] *n* semanário. • *adj* sema-
nal. • *adv* semanalmente.
weep [wi:p] *n* choro, ato de chorar. *she
had a good weep* / ela chorou bastante.
• *vt+vi* (*ps, pp* wept) chorar (at, over,
for de, sobre, por). *she wept for him* / ela
chorou por ele. *she wept for joy* / (*rage*)
/ ela chorou de alegria (de raiva).

weigh [wei] *n* pesagem. • *vt+vi* pesar: **1** determinar ou avaliar o peso de. *how much does it weigh?* / quanto pesa? **2** ter o peso de. *it weighs 10 lbs (pounds)* / pesa dez libras. **3** afligir, oprimir, acabrunhar, causar mágoa ou desgosto. *it weighed on him* / pesou muito sobre ele, oprimiu-o bastante.

weight [weit] *n* peso: **1** fadiga, opressão. **2** carga. **3** *fig* ônus, encargo. **4** importância, relevância, influência. *his words have great weight with us* / suas palavras têm grande peso para nós. **5** valor, significado. *that adds weight to his words* / isto dá valor a suas palavras. • *vt* pesar: **1** determinar o peso de. **2** *fig* ponderar, considerar atentamente. **gross weight** peso bruto. **live weight** peso vivo. **net weight** peso líquido. **to gain weight** engordar. **to lose weight** emagrecer. **under / over weight** abaixo / acima do peso ideal. **weights and measures** pesos e medidas.

weight.less [w'eitlis] *adj* **1** leve. **2** sem importância ou gravidade.

weight.y [w'eiti] *adj* **1** importante, grave, momentoso. **2** influente. **3** convincente. **4** significativo.

weird [wiəd] *adj* **1** sobrenatural, misterioso. **2** estranho, esquisito.

wel.come [w'elkʌm] *n* saudação amável, boas-vindas, bom acolhimento, recepção cordial. *they gave him a kind welcome* / deram-lhe cordiais boas-vindas. • *vt* saudar amavelmente, dar as boas-vindas, a receber com agrado, com alegria. • *adj* bem-vindo! bem recebido. • *interj* bem-vindo! seja bem-vindo! **welcome home**! seja bem-vindo a nossa casa! **you're welcome** (como resposta a **thank you**) disponha sempre, de nada, não há de quê.

weld [weld] *n* **1** solda, soldadura. **2** caldeamento. • *vt+vi* **1** soldar. **2** caldear. **3** *fig* unir, ajuntar, consolidar.

wel.fare [w'elfeə] *n* **1** bem-estar, prosperidade. **2** felicidade, saúde social. **3** Previdência Social, Assistência Social (governamental). **4** salário-desemprego.

wel.fare state [w'elfeə steit] *n* estado cujo governo proporciona o bem-estar de seus cidadãos por meio de leis sociais.

well¹ [wel] *n* **1** poço (água, petróleo, gás). **2** fonte, nascente. • *vt+vi* manar, nascer, jorrar, verter, brotar (**out, up, forth** de). *tears welled up to her eyes* / lágrimas brotaram de seus olhos.

well² [wel] *adj* **1** bom, certo, satisfatório. *all will be well* / tudo ficará bom. **2** favorável, apropriado. **3** desejável, aconselhável. *it would be well for him to come* / seria aconselhável que ele viesse. **4** saudável, curado. • *adv* **1** bem, satisfatoriamente, favoravelmente. *I am quite well here* / eu me sinto bem satisfeito aqui. **2** perfeitamente, excelentemente, completamente, cabalmente. **3** bastante, suficientemente. • *interj* bem! bom! incrível! **as well** também, em adição, igualmente. **as well as** assim como, tanto... como. *in London as well as in New York* / tanto em Londres como em Nova York. **it may well be that** é bem possível que. **just as well** por sorte. **pretty well** quase. **to mean well** ter boas intenções. **to wish someone well** desejar sorte, sucesso para alguém, desejar que nada de mau aconteça para alguém. *I wish you well!* / eu lhe desejo todo o sucesso! **very well** muito bem. **well and good** está tudo muito bem. **well, and what of all this?** bem, e então? e daí? **well done!** bem feito! muito bem! bravo! **well enough** aceitável, passável, aproveitável. **well off** a) em circunstâncias satisfatórias. b) bem de vida, abastado. *they are well off* / eles estão bem de vida. c) felizardo, sortudo. **well on in years** de idade avançada. **you may well say** pode-se dizer (ou afirmar) seguramente.

we'll [wil] *contr* of **1 we shall**. **2 we will**.

well-be.haved [wel bih'eivd] *adj* bem-comportado.

well-being [wel bi:iŋ] *n* **1** bem-estar, conforto. **2** felicidade.

well-bred [wel br'ed] *adj* **1** bem-educado, de boas maneiras, polido, fino. **2** de boa descendência (pessoa). **3** de boa raça (animal).

well-done [wel d'ʌn] *adj* **1** bem-feito. **2** *Cook* bem passado.

wel.ling.ton [w'eliŋtən] *n* bota de borracha de cano alto, galocha.

well-in.ten.tioned [wel int'enʃənd] *adj* bem-intencionado.

well-kept [wel k'ept] *adj* bem-tratado, bem cuidado.

well-known [wel n'oun] *adj* **1** bem conhecido, de renome. **2** familiar. **3** de conhecimento geral, notório.

well-man.nered [wel m'ænəd] *adj* educado, de boas maneiras.

well-timed [wel t'aimd] *adj* oportuno, em tempo apropriado.

well-to-do [wel tə d'u:] *adj* próspero, abastado.

welt [welt] *n* **1** vira (de calçado). **2** debrum, ribete, orla.

we're [wiə] *contr* of **we are**.

were [wə:, wə] *ps* do indicativo e do subjuntivo de **to be**. *you were late* / você atrasou-se. *if I were you* / se eu fosse você. *we were to do it* / nós devíamos fazê-lo. **as it were** por assim dizer, de certo modo.

weren't [wə:nt] *contr* of **were not**.

west [west] *n* **1** oeste, ocidente, poente. *the wind is in the west* / o vento vem do oeste. **2 the West** a) o Ocidente (mundo ocidental). b) a parte ocidental de Londres. c) o oeste dos EUA. • *adj* **1** ocidental. **2** do oeste, que vem do oeste. • *adv* para o oeste. *they went west* / eles foram para o oeste. **to the west of** ao oeste de.

west.bound [w'estbaund] *adj* em direção ao oeste, rumo oeste.

west.ern [w'estən] *n coll* história ou filme sobre o Oeste americano, filme de banguebangue, filme de faroeste, *western*. • *adj* ocidental, do poente, do hemisfério ocidental. **Western Roman Empire** *Hist* Império Romano do Ocidente.

west.ward [w'estwəd] *n* oeste, direção ou parte ocidental. • *adj* ocidental, que fica ou se dirige para o ocidente. • *adv* para o oeste (também **westwards**).

wet [wet] *n* **1** água ou outro líquido. *let's have a wet!* / vamos tomar um trago! **2** umidade. **3** chuva, tempo chuvoso. • *vt+vi* (*ps, pp* **wet, wetted**) **1** molhar(-se). **2** umedecer. **3** *coll* beber, celebrar. • *adj* **1**

molhado. **2** úmido. **3** ensopado. **4** aguado. **5** chuvoso. **6** *Amer* contrário à lei seca. **7** sedento, que tem sede. **8** tocado, alcoolizado. **wet to the skin** molhado até os ossos. **wet with tears** molhado de lágrimas.

wet paint [w'et peint] *n* tinta fresca.

we've [wi:v; wiv] *contr* of **we have**.

whack [wæk] *n coll* pancada forte, golpe. • *vt+vi* **1** golpear, dar pancada forte em. **2** derrotar, vencer.

whack.ed [wækt] *adj* cansado, exausto.

whale [weil] *n* **1** *Zool* baleia. **2** *Amer* algo muito grande, impressionante. *he is a whale at tennis* / ele é um colosso em tênis.

wharf [wɔ:f] *n* (*pl* **wharves, wharfs**) cais, desembarcadouro, molhe.

what [wɔt] *adj* que, qual, quais. *what kind of book is it?* / que espécie de livro é? *what books has he bought?* / que livros ele comprou? *what time is it?* / que horas são? *what a fool he is!* / que tolo ele é! • *pron* **1** *interrogative* quê? *what do you call it?* / como é que isso se chama? *what did he say?* / que foi que ele disse? *what is he?* / qual é a profissão dele? **2** *relative* o(s) que, a(s) que, aquele(s) que, aquela(s) que, aquilo que. *we did what we could* / fizemos o que pudemos. *think of what you say!* / pense no que diz! • *interj* quê! como! **I tell you what!** quer saber de uma coisa? **that's what it is!** é assim que é! **what about going?** que tal, vamos? **what a fine place!** que lugar bonito! **what a pity!** que pena! **what are you laughing at?** de que você está rindo? **what for?** para quê? **what is she like?** como ela é? **what news!** que notícias! **what next?** que mais? mais alguma coisa? **what nonsense!** que bobagem! que absurdo! **what of him?** que há com ele?

Usa-se **what** quando as pessoas ou coisas não são limitadas. *what are the best days to go there?* / quais são os melhores dias para ir lá?

Which é usado quando se refere a um ou mais elementos de um grupo ou para referir-se a uma escolha entre pessoas ou coisas possíveis. *which colour do you* prefer? / que cor você prefere? *which restaurant shall we eat at today?* / em qual restaurante comeremos hoje?

what.ev.er [wɔt'evə] *adj* **1** qualquer, qualquer que, de qualquer tipo, seja qual for. *whatever reasons we had* / quaisquer razões que tivéssemos. *whatever her merits* / sejam quais forem os seus méritos. **2** tudo o que, tudo quanto. **3** por mais que. • *pron* **1** qualquer, qualquer coisa, de qualquer tipo. **2** tudo o que, tudo quanto. **3** por mais que, não importa, o que quer que. *whatever he did* / o que quer que ele tenha feito. *whatever I may do, I never satisfy you* / por mais que eu faça nunca o satisfaço. **4** o que é que, que raios, que diabo. *whatever did she mean by that?* / o que é que ela queria dizer com isto? • *adv* de forma alguma, de nenhuma forma, absolutamente nenhum, sem nenhuma. *they have no hope whatever* / eles estão sem nenhuma esperança. **no patience whatever** sem a menor paciência. **nothing whatever** absolutamente nada.

what.so.ev.er [wɔtsou'evə] *adj, pron* forma enfática de **whatever.** *have you any doubt? – none whatsoever.* / você tem alguma dúvida? – absolutamente nenhuma.

wheat [wi:t] *n Bot* trigo.

wheel [wi:l] *n* **1** roda. **2** volante. **3** movimento giratório, rotação, giro. • *vt+vi* **1** rodar, **2** transportar (sobre rodas). **3** virar(-se), volver(-se). **4** mover em forma circular. **at the wheel** a) ao volante. b) na roda do leme. c) no controle.

wheel.bar.row [w'i:lbærou] *n* carrinho de mão.

wheel.chair [w'i:ltʃɛə] *n* cadeira de rodas.

wheeze [wi:z] *n* respiração dificultosa ou ruidosa (como a dos asmáticos), respiração ofegante, chiado. • *vi* respirar dificultosa e ruidosamente, chiar, ofegar, resfolegar.

when [wen] *pron* quando, em que, no qual, na qual. • *adv* quando. *when will he go?* / quando irá ele? *when I went home* / quando eu fui para casa. • *conj* **1** quando, no tempo em que, durante. *we asked him when he could do it* / nós lhe perguntá-

mos quando ele poderia fazê-lo. *I will write when I have time* / eu escreverei quando tiver tempo. **2** uma vez que, já que. **since when?** desde quando? desde então? **the when and the why** o quando e o porquê. **till when?** até quando?

when.ev.er [wen'evə] *adv* quando, toda vez que, sempre que, quando quer que, em qualquer tempo / hora que. *whenever will you do that?* / quando, afinal, você pretende fazer aquilo? • *conj* quando, toda vez que, sempre que, quando quer que, em qualquer tempo / hora que. *whenever you need it* / sempre que você precisar disso.

where [wɛə] *pron* onde, em que. *the place where they had an accident* / o lugar em que tiveram um acidente. • *adv* onde, aonde, em que lugar. *where are you?* / onde você está? *where did he see that?* / onde ele viu isto? *where have you come from?* / de onde vem você? • *conj* onde, aonde, em que lugar. *you are where you wished to be* / você está onde quis estar. **from where** de onde. **the where and the how** o onde e o como.

where.a.bout [wɛərəb'aut] (também **whereabouts**) *n* paradeiro. *your whereabout was unknown* / ignorava-se o seu paradeiro. • *adv* onde, por onde, perto de quê. *whereabout can I find a doctor?* / onde posso encontrar um médico?

where.as [wɛər'æz] *conj* **1** considerando que, atendendo a que. *whereas peace is in danger...* / considerando que a paz está em perigo... **2** enquanto, ao passo que. *some girls went to dance whereas others did not* / algumas moças foram dançar ao passo que outras não foram. **3** desde que, já que, visto que.

where.in [wɛər'in] *pron* em que. • *adv* **1** em quê? dentro de quê? **2** em que, no qual, como. *and this is wherein we err* / e é nisto que erramos.

where.up.on [wɛərəp'ɔn] *adv* a respeito de quê? concernente a quê? • *conj* **1** ao que, do que, depois do que. **2** em consequência disso, em seguida, depois disso.

wher.ev.er [wɛər'evə] *adv* **1** onde quer que, para onde quer que, seja onde for, em qualquer lugar que, em qualquer parte que. *they will be happy wherever they live* / onde quer que vivam eles serão felizes. **2** *onde? para onde? wherever are they going?* / para onde estão indo eles? • *conj* onde quer que, em todo lugar que, seja onde for, para onde quer que, em qualquer lugar que, em qualquer parte que.

whet [wet] *n* **1** afiação, aguçadura. **2** tiragosto, petiscos de entrada. **3** trago de bebida. • *vt* **1** afiar, amolar, aguçar. **2** excitar (alguém). **3** estimular (apetite).

wheth.er [w'eðə] *conj* se, quer, ou. *let us know whether you come or stay* / avisenos se você vem ou fica. *we shall go whether it rains or not* / nós iremos quer chova, quer não. *it is doubful whether they play* / é duvidoso que joguem. *tell him whether you stay* / diga-lhe se você fica.

which [witʃ] *adj, pron* **1** qual? quais? quê? *which pictures did you like best?* / de qual dos quadros você gostou mais? *to which of our theaters do you wish to go?* / para qual dos nossos teatros você deseja ir? **2** qual, quais, que, o que, qualquer. *this red which is the most demanded colour* / este vermelho que é a cor mais procurada. **all of which** todos os quais. **do you know which is which?** você sabe distinguir as duas coisas? **of which** do qual, dos quais, de que. **which of you?** quem (ou qual) de vocês? Veja nota em **what**.

Quando pronome relativo, **which** pode ser substituído por **that** desde que não seja precedido por preposição ou quando **which** for sujeito do verbo. *here is the book which (that) you wanted* / eis o livro que você queria. Neste caso tanto **which** quanto **that** podem ser omitidos. *here is the book you wanted* / eis o livro que você queria.

Veja outra nota em **what**.

which.ev.er [witʃ'evə] *adj* qualquer (que), quaisquer (que), seja qual for. • *pron* **1** qualquer coisa, qualquer. **2** tudo o que, tudo quanto. *whichever side you choose* / seja qual for o lado que você escolher.

whiff [wif] *n* **1** brisa, bafejo, corrente de ar. **2** baforada, sopro (também *fig*). *he took a whiff at his pipe* / ele deu uma baforada em seu cachimbo. • *vi* **1** baforar, lançar baforadas, fumar. **2** soprar, bafejar.

while [wail] *n* tempo, espaço de tempo. • *vt* passar o tempo de forma agradável (normalmente usado com **away**). • *conj* **1** durante, enquanto. *while I was writing he went away* / enquanto eu escrevia ele foi embora. *she drowned while bathing* / ela se afogou durante o banho. **2** embora. *while I like reading your letters, I object to your style* / embora eu goste de ler as suas cartas, tenho objeções ao seu estilo. **a little while** um curto espaço de tempo. **a long while** muito tempo. **in a little while** em pouco, daqui a pouco. **once in a while** de vez em quando, de quando em quando. **to while away** passar, gastar (tempo) descuidadamente. **while there's life, there's hope** enquanto há vida, há esperança.

whim [wim] *n* capricho, veneta, fantasia, extravagância.

whim.per [w'impə] *n* **1** choradeira, lamúria. **2** queixa, protesto. • *vi* **1** choramingar, lamuriar. **2** queixar-se, protestar.

whine [wain] *n* **1** lamento, choro, queixume, lamúria, choradeira. **2** ganido (de cão). • *vt+vi* **1** lamentar(-se), choramingar, lamuriar, jeremiar. **2** ganir (cão).

whip [wip] *n* **1** chicote, azorrague, açoite, látego. **2** chicotada. • *vt+vi* **1** chicotear, açoitar, surrar, vergastar. **2** sacar (arma). **3** *coll* derrotar, vencer. **4** bater (creme, ovos etc.).

whipped cream [w'ipt kri:m] *n Cook* creme *chantilly*.

whip.ping [w'ipiŋ] *n* **1** surra, açoitamento. **2** *Sport* derrota. **3** disposição de cordas ou cordões enrolados em volta de qualquer coisa.

whirl [wə:l] *n* **1** giro, rodopio, volta rápida. **2** remoinho, vórtice, turbilhão. **3** pressa confusa, excitação, atropelo. • *vt+vi* girar, rodopiar, voltar, turbilhonar. *we whirl round the room* / nós rodopiamos dentro da sala. **in a whirl** a) com pressa louca. b) confuso. *my head is in a whirl* / minha cabeça está confusa.

whirl.pool [w'ə:lpu:l] *n* redemoinho de água.

whirl.wind [w'ə:lwind] *n* **1** redemoinho de vento. **2** furacão, tufão, vendaval. **3** qualquer coisa semelhante a furacão.

whisk [wisk] *n* **1** espanador, vassourinha. **2** batedor de ovos. • *vt* bater (ovos, creme, nata).

whis.ker [w'iskə] *n* **1** pêlo de suíças ou bigode. **2** bigode de gato, rato etc. **3** (geralmente **whiskers**) suíças, costeleta.

whis.key, whis.ky [w'iski] *n* uísque.

whis.per [w'ispə] *n* **1** cochicho, murmúrio, sussurro, cicio. **2** confidência, segredo. **3** boato, rumor. *there are whispers* / há rumores, boatos. • *vt+vi* **1** sussurrar, murmurar, cochichar. *she whispered him to come* / ela lhe disse em voz baixa que viesse. **2** segredar. **in a whisper** em voz baixa.

whis.tle [w'isəl] *n* **1** apito, assobio (som e instrumento). **2** silvo, zunido. • *vt+vi* apitar, assobiar. *whistle the dog back!* / assobie para o cachorro voltar! *we whistled for him* / nós o chamamos assobiando.

white [wait] *n* **1** branco (cor, pessoa ou objeto). **2** brancura, alvura. **3** **whites** roupas brancas. • *adj* **1** branco ou quase branco, alvo. **2** pálido, lívido. **3** claro, transparente. **dressed in white** vestido de branco. **white coffee** café com leite ou creme. **white of the eye** branco do olho.

white-haired [wait h'ɛəd] *adj* de cabelos brancos, grisalho.

white meat [w'ait mi:t] *n* carne branca.

whit.en [w'aitən] *vt+vi* **1** branquear, alvejar. **2** empalidecer. **3** caiar.

white.ness [w'aitnis] *n* brancura, alvura, palidez.

white.wash [w'aitwɔʃ] *n* **1** cal para caiar. **2** caiação. **3** encobrimento de erros ou defeitos. • *vt* **1** caiar. **2** encobrir faltas ou defeitos.

whit.ish [w'aitiʃ] *adj* esbranquiçado, alvacento, claro.

who [hu:] *pron interrogative* **1** quem? *who goes there?* / quem está aí? *did you know who that was?* / você sabia quem era? **2** *relative* quem, que, o(a) qual, aquele ou

aquela que. *I who am your master* / eu que sou o seu mestre.

who.ev.er [hu:'evə] *pron* quem quer que, seja quem for, cada pessoa que, todos que, qualquer que.

whole [houl] *n* todo, total, conjunto, totalidade. • *adj* **1** completo. **2** todo. **3** inteiro: a) *Math* não fracional. b) integral. **a whole** um todo. **as a whole** como um todo, no conjunto. **his whole energy** toda a sua energia. **in the whole (wide) world** em todo (o) mundo. **in whole or in part** inteiro ou em partes. **on the whole** de modo geral. **with my whole heart** com todo meu coração. **whole towns** cidades inteiras.

whole bread [h'oul bred] *n* pão integral.

whole-heart.ed [houl h'a:tid] *adj* **1** sincero. **2** sério. **3** cordial.

whole.ness [h'oulnis] *n* inteireza, totalidade.

whole.sale [h'oulseil] *adj* **1** por atacado. **2** indiscriminado. • *adv* **1** por atacado. *they buy wholesale* / eles compram por atacado. **2** indiscriminadamente. **by wholesale** a) por atacado, em grandes quantidades. b) globalmente. c) *fig* indiscriminadamente.

whole.sal.er [h'oulseilə] *n* atacadista, negociante por atacado.

whole.some [h'oulsəm] *adj* **1** salubre, salutar, saudável, são, sadio. **2** benéfico, proveitoso, benfazejo.

who'll [hu:l, hul] *contr* of **1** who will. **2** who shall.

whol.ly [h'ouli] *adv* inteiramente, completamente, totalmente.

whom [hu:m] *pron* (caso objetivo de **who**). **1** *interrogative* quem? *whom did she inquire for?* / por quem ela perguntou? *whom did you speak to?* / com quem você falou? **2** *relative* quem, que, o qual, os quais, as quais. *the enemies to whom a traitor had shown the path* / os inimigos a quem um traidor havia mostrado o caminho. *whom the gods love dies young* / aquele a quem os deuses amam morre cedo. **to whom?** a quem?, para quem? Quando o pronome relativo **whom** funciona como objeto, pode ser substituí-

W

do por **that** ou **who** ou pode simplesmente ser omitido. *the woman whom (who, that) you saw was not Brazilian /* a mulher que você viu não era brasileira.

Quando **whom** é complemento de uma preposição, geralmente a preposição vai para o fim da oração. *the girl whom you were talking about is here now /* a moça de quem você estava falando está aqui agora.

whoop.ing cough [h'u:piŋ kɔf] *n* coqueluche, tosse comprida.

whore [hɔ:] *n* prostituta.

whore.house [h'ɔ:haus] *n* bordel, prostíbulo.

whose [hu:z] *pron* 1 *interrogative* de quem? *whose book is this? /* de quem é este livro? *whose else might it be? /* de quem mais poderia ser? 2 *relative* de quem, cujo(s), cuja(s). *the girl whose parents I know /* a menina cujos pais eu conheço. *the house whose windows are open /* a casa cujas janelas estão abertas.

why [wai] *pron* por que, pela qual, pelo qual, pelas quais, pelos quais. • *adv interrogative* por quê? *why didn't you go there? /* por que você não foi lá? *why did he not come? /* por que ele não veio? • *conj* por que. *she wanted to know why he didn't come /* ela queria saber por que ele não veio. • *interj* ora! ora sim! como! *why, he does not do it! /* ora, ele não faz isso! **the reason why** o motivo pelo qual. **the why(s) and wherefore(s)** o(s) motivo(s) todo(s). **why not?** por que não? **why so?** por que isso?

wick.ed [w'ikid] *adj* 1 mau, ruim. 2 pecaminoso, vicioso. 3 malvado, perverso. **the Wicked One** o capeta.

wick.ed.ness [w'ikidnis] *n* maldade, ruindade, malvadez, perversidade.

wide [waid] *adj* largo: 1 extenso, amplo, espaçoso, vasto. 2 distendido, dilatado. 3 grande, enorme, considerável (diferença). 4 liberal, tolerante. • *adv* 1 largamente. 2 extensamente. 3 completamente, totalmente. *we had our eyes wide open /* nós ficamos de olhos bem abertos, atentos.

wide.ly [w'aidli] *adv* 1 largamente. *it is a widely known fact /* é um fato ampla-

mente conhecido. 2 extensamente, vastamente. 3 extraordinariamente. 4 bastante, bem. *their views differ widely /* as suas opiniões divergem bastante. *this is a widely read paper /* este é um jornal muito lido.

wid.en [w'aidən] *vt* 1 alargar(-se), estender(-se), dilatar(-se). 2 aumentar, ampliar(-se).

wide.rang.ing [w'aidreindʒiŋ] *adj* 1 extenso. 2 variado, diversificado.

wide.spread [w'aidspred] *adj* 1 muito espalhado ou difundido, comum. 2 que se estende sobre vasta área.

wid.ow [w'idou] *n* viúva.

wid.owed [w'idoud] *adj* 1 viúvo. 2 *fig* abandonado, solitário.

wid.ow.er [w'idouə] *n* viúvo.

width [widθ] *n* 1 largura, extensão. 2 amplidão, vastidão. 3 largura de pano. 4 liberalidade, largueza de visão.

wield [wi:ld] *vt Brit* manejar: 1 manusear, lidar, usar. *she wields a formidable pen /* seu estilo de escrever é muito eficiente. 2 brandir, empunhar.

wife [waif] *n* (*pl* **wives**) esposa, mulher casada. *she was a good wife to him /* ela foi boa esposa para ele. *he took her to wife /* ele casou-se com ela.

wig [wig] *n* cabeleira postiça, peruca, chinó. • *vt* prover de cabeleira postiça, guarnecer com peruca.

wig.gle [w'igəl] *n* 1 meneio. 2 linha ondulada. • *vt+vi* 1 sacudir(-se), agitar(-se), menear(-se), abanar(-se). 2 serpear.

wild [waild] *n* terra agreste, deserto, ermo (também **wilds**). • *adj* 1 selvagem, agreste, silvestre, bravio. 2 não-cultivado ou lavrado, inculto, não-domesticado. 3 ermo, solitário. 4 turbulento, traquinas, travesso, alegre. 5 enfurecido, furioso, violento, frenético. 6 louco, desvairado. *they were wild about books /* eles eram loucos por livros, gostavam demais de livros. **a wild storm** temporal furioso, tremendo. **wild animals** animais selvagens (ou silvestres).

wil.der.ness [w'ildənis] *n* 1 selva, deserto, sertão. 2 lugar ou região despovoada, ermo.

wil.ful, will.ful [w'ilful] *adj* **1** teimoso, obstinado. **2** intencional, proposital.

will¹ [wil] *n* **1** vontade. *we have our will* / fizemos prevalecer nossa vontade. **2** desejo, inclinação. *what is your will?* / qual é o seu desejo? **3** testamento. *he made his will* / ele fez o seu testamento. • *vt* **1** querer. *God wills it* / Deus quer assim. *we willed it to be so* / nós o queríamos assim, determinamos que assim fosse. **2** desejar. *as God wills* / como Deus deseja. **against my will** contra minha vontade. **at will** à vontade. **free will** livre-arbítrio. **good will** boa vontade. **ill will** má vontade. **of one's own free will** de livre e espontânea vontade. **strong will** vontade forte. **to work one's will** fazer a vontade de, fazer prevalecer a vontade de. *I worked my will on him* / fiz prevalecer minha vontade junto a ele. **when the cat is away, the mice will play** quando o gato sai, os ratos fazem a festa. **where there is a will, there is a way** querer é poder.

will² [wil] *modal verb* **1** usa-se com o infinitivo de outros verbos sem **to** para formar o tempo futuro. *she will leave tomorrow* / ela partirá amanhã. **2** é usado com **have** com o sentido de ter de. *you will have to hurry* / você precisa se apressar. **3** é empregado quando há a intenção ou desejo de realizar algo. *I'll ring you tomorrow* / vou lhe telefonar amanhã. **4** usa-se quando se pede a alguém para fazer algo. *will you be quiet?* / você quer ficar quieto? **5** pode ser usado quando se dá uma ordem. *you will write the report immediately* / você vai escrever o relatório imediatamente. **6** é empregado quando se quer oferecer algo. *will you have a cup of coffee?* / você aceita um café? **7** usa-se com o sentido de crítica a um comportamento. *she will leave the dishes dirty* / ela vai deixar os pratos sem lavar.

will.ing [w'iliŋ] *adj* **1** disposto, pronto. **2** inclinado, propenso. **3** concorde.

will.ing.ly [w'iliŋli] *adv* **1** de modo disposto, prontamente, de boa vontade. **2** propensamente. **3** de acordo.

will.ing.ness [w'iliŋnis] *n* boa vontade, espontaneidade, voluntariedade, prontidão, disposição.

wil.low [w'ilou] *n* **1** *Bot* salgueiro. **2** madeira do salgueiro. **weeping willow** *Bot* salgueiro chorão.

will pow.er [w'il pauə] *n* força de vontade.

wil.ly-nil.ly [wili n'ili] *adv* quer queira, quer não, por bem ou por mal.

wilt [wilt] *vt* **1** murchar, emurchecer. **2** perder ou fazer perder a força ou energia, desvigorizar(-se), definhar.

win [win] *n coll* vitória, sucesso. • *vt+vi* (*ps, pp* **won**) vencer, ganhar, triunfar. *they won their way* eles impuseram-se. **to win by a head / short head** ganhar apertado. **to win in** impor-se, obter as simpatias. **to win through** a) vencer as dificuldades, passar com êxito por obstáculos. b) prevalecer, ser bem-sucedido. **you can't win** não tem jeito, nada do que você fizer será bom, satisfatório. **you win** você ganhou (eu desisto).

wince [wins] *n* estremecimento. • *vi* **1** estremecer, tremer. **2** recuar, retrair-se (repentinamente, pelo susto). **3** assustar-se (**at** de, com). **with a wince** assustado. **without wincing** sem pestanejar.

wind¹ [wind] *n* **1** vento. **2** brisa, aragem. **3** vento forte, temporal, ventania. **4** gases, flatulência. **5** fôlego. • *vt* **1** expor ao vento e ao ar, arejar. **2** farejar, seguir o cheiro de. **3** exaustar, cansar (cavalo). **4** (deixar) resfolegar, tomar fôlego, descansar (cavalo). *you must wind your horse* / você precisa deixar o seu cavalo descansar. *I was winded with my run* / fiquei sem fôlego com a corrida. **contrary wind** vento contrário. **fair / good wind** vento favorável. **gone with the wind** levado pelo vento. **he got his wind** ele tomou fôlego. **in the wind's eye / in the teeth of the wind** contra o vento. **on the wind** a favor do vento, levado pelo vento. **the wind is very high** está soprando um vento forte. **there is something in the wind** *fig* há algo no ar, está se passando ou acontecendo alguma coisa. **to be winwed** ficar sem fôlego. **to speak to the wind** *fig* falar ao vento, em vão. **under the wind** a sotavento.

wind² [waind] *vt+vi* (*ps, pp* **wound**) **1** serpear, serpentear. *the river wound its way through the valley* / o rio serpenteava pelo vale. **2** envolver, enroscar(-se), abraçar (**round** em volta de). *she wound her arms round her child* / ela envolveu o filho em seus braços. **3** dar corda a. **4** (*ps, pp* **wound, winded**) soprar, tocar instrumento de sopro. **she wound the wool into a ball** ela formou um novelo de lã. **to wind off** a) desenrolar. b) filmar. **to wind on** enrolar.

wind ins.tru.ment [w'ind instrəmənt] *n Mus* instrumento de sopro.

wind.mill [w'indmil] *n* moinho de vento.

win.dow¹ [w'indou] *n* **1** janela. *does your window look on the street?* / a sua janela dá para a rua? **2** vidraça de janela. **3** vitrina. **4** guichê. **5** qualquer abertura que sugere janela. **bay window** janela de sacada, janela saliente. **French window** janela de batentes. **sash window** janela tipo guilhotina, janela corrediça.

window² [w'indou] *n Comp* **1** janela: espaço que se abre numa tela para obter informações sem perder aquelas com as quais se trabalhava até o momento. **2 windows** interface construída de janelas e ícones.

win.dow dress.ing [w'indou dresiŋ] *n* **1** decoração de vitrina. **2** *fig* fachada, aparência, apresentação enganosa.

win.dow frame [w'indou freim] *n* quadro ou caixilho de janela. **to fit panes in a window frame** colocar vidros na janela.

win.dow.pane [w'indoupein] *n* vidraça, vidro de janela.

wind.shield [w'indʃi:ld] *n* **1** *Amer Auto* pára-brisa. **2** painel de vidro ou plástico usado para proteção contra o vento, como, por exemplo, na motocicleta.

wind.shield wip.er [w'indʃi:ld waipə] *n Amer Auto* limpador de pára-brisa.

wind.surf.ing [w'indsə:fiŋ] *n Sports* surfe à vela.

wind.y [w'indi] *adj* **1** ventoso, tempestuoso, borrascoso. **2** exposto ao vento, do lado do vento.

wine [wain] *n* **1** vinho (de uva ou outras frutas). **2** cor do vinho.

wing [wiŋ] *n* **1** *Zool, Bot, Anat* asa. **2** qualquer coisa semelhante a asa em forma ou uso. **3** braço de moinho. **4** pá ou palheta de ventilador. **5** vôo, transporte aéreo, aviação. **6** bastidor (teatro). **7** *Mil* ala, flanco. **8** facção, parte ou grupo de uma organização. **9** *Sport* ala (esquerda ou direita), jogador de ala. **10** folha de porta ou janela. **11** pára-lama (carro). **bird's wing** asa de pássaro. **side wing** bastidor de teatro. **to spread wings** alçar vôo, fazer algo novo e difícil. **to take wings** a) levantar vôo (pássaros). b) *fig* fugir, morrer.

wink [wiŋk] *n* **1** pestanejo, piscadela, abrir e fechar de olhos. **2** instante, momento. • *vt+vi* piscar, abrir e fechar os olhos rapidamente. *I winked at her* / pisquei para ela. **in a wink** num instante. **to wink at something** tolerar, fazer que não vê, fechar os olhos a. *I winked at it* / fiz de conta que não vi.

win.ner [w'inə] *n* vencedor, indivíduo vitorioso.

win.ning [w'iniŋ] *n* **1** ação de vencer. **2 winnings** ganhos, lucros, proveito. • *adj* vitorioso, vencedor.

win.ter [w'intə] *n* **1** inverno. **2** período de declínio ou tristeza. **a hard / mild / soft winter** um inverno rigoroso / ameno / suave. **in (the) winter** no inverno. **winter('s) day** dia de inverno.

win.ter.time [w'intətaim] *n* período que o inverno dura, tempo de inverno, estação invernal.

wipe [waip] *vt+vi* **1** esfregar, limpar, passar pano em. *she wiped her nose* / ela limpou o nariz. *he wiped his eyes* / ele esfregou os olhos. **2** secar, enxugar. **3** passar (cartão, passagem) pela leitora magnética. **to wipe away** limpar enxugando, secar ou limpar esfregando. **to wipe off** a) limpar esfregando. b) pagar, saldar (dívida). **to wipe up** remover sujeira (com um pano).

wire [w'aiə] *n* **1** arame. **2** corda de instrumento. **3** fio elétrico. **4** rede ou tela de arame. **5** linha telegráfica ou telefônica. **6** telegrama, despacho telegráfico. • *vt+vi* **1** amarrar ou prender com arame. **2** *Electr* ligar, fazer ligação ou instalação. **3** *coll* telegrafar a. *he was wired for* / ele foi chamado por telegrama. **barbed wire** a) arame farpado. b) cerca de arame farpado. **live wire** *Electr* condutor sob tensão. **to wire up** fazer ligação elétrica.

wire.less [w'aiəlis] *n* **1** telegrafia sem fios, radiotelegrafia. **2** *ant* rádio (aparelho). *I turned on the wireless to get the news* / liguei o rádio para ouvir as notícias. • *vt+vi* comunicar-se (com) por radiotelefonia ou radiotelegrafia. **by wireless** por meio da radiotelegrafia, pelo rádio.

wire tap.ping [w'aiə tæpiŋ] *n* ato ou ação de ouvir telefonemas por meio de ligações clandestinas.

wis.dom [w'izdəm] *n* **1** sabedoria, ciência, saber. **2** prudência, discrição. **3** bom senso, juízo, siso, critério, sensatez. **4** *Hist* erudição, cultura. **wisdom tooth** dente do siso.

wise¹ [waiz] *adj* **1** sábio, douto. **2** inteligente. **3** compreensivo, criterioso, judicioso. **4** instruído, culto, erudito, versado. **to be / get wise to** *sl* perceber o jogo (de alguém), ver o que se passa.

wise² [waiz] *n* modo, maneira, forma. **in any wise** de qualquer forma, seja como for. **in no wise** de forma alguma, de modo algum. **in such wise as to** de tal forma que. **on this wise** assim, desta forma, deste modo.

-wise [waiz] elemento de composição, por exemplo: **lengthwise** (no sentido do comprimento), **clockwise** (no sentido do horário) etc.

wish [wiʃ] *n* **1** desejo, vontade, anseio, anelo. *give him his wish* / faça-lhe a vontade. **2** expressão de desejo ou vontade, pedido, ordem. **3 wishes** votos, saudações. • *vt+vi* desejar, ter vontade de, querer, almejar. *we wish you all good luck* / nós lhe desejamos boa sorte. *I wish I were dead* / eu bem que queria estar morto. **as might be wished** como seria de desejar. **his last wishes** sua última vontade. **to make a wish** formular um desejo, pensar em algo que se deseja. **with all good wishes / our best wishes** com os melhores votos.

wish.ful think.ing [wiʃful θ'iŋkiŋ] *n* cria-

ção ilusória de fatos que se desejaria fossem realidade.

wist.ful [w'istful] *adj* **1** saudoso, desejoso, anelante, ansiante, ávido. **2** pensativo, sério, calado. **3** melancólico, tristonho.

wit [wit] *n* **1** juízo. **2** razão, inteligência viva. **3** destreza, habilidade. *have you not the wit to do it?* / será que você não tem habilidade para fazer isto? **4** finura, perspicácia, agudeza, sagacidade. **5 wits** sabedoria, juízo. *she is out of her wits* / ela perdeu o juízo. *don't lose your wits in an emergency!* / não fique desorientado numa emergência! **to have a ready wit** ser espirituoso.

witch [witʃ] *n* **1** bruxa, feiticeira. **2** mulher velha e feia. • *vt* enfeitiçar: sujeitar à ação do feitiço.

witch.craft [w'itʃkra:ft; witʃkræft] *n* **1** feitiçaria, bruxaria, magia, malefício, sortilégio. **2** atração, fascinação, sedução, encantamento.

with [wið, wiθ] *prep* **1** com. *he lives with us* / ele mora conosco. *I carry everything with me* / eu tenho, levo tudo comigo. *I am displeased with him* / estou desgostoso com ele. **2** por, a, em, de. *what do you want with me?* / o que você quer de mim? *his eyes sparkled with joy* / seus olhos brilharam de alegria. **3** a respeito de, apesar de, por meio de. **4** em relação a, relacionado com, como resultado de. **to get with it** estar por dentro dos últimos acontecimentos, progressos, idéias etc. **to start with** para começar. **with all speed** a toda pressa. **with bare feet** descalço. **with child** grávida. **with this** com isto, a seguir.

with.draw [wiðdr'ɔ:] *vt+vi* (*ps* **withdrew**, *pp* **withdrawn**) **1** retrair, retirar(-se), recolher(-se), privar de. **2** afastar(-se), tirar, remover (**from** de). *the boy was withdrawn from the school* / o menino foi tirado da escola. **3** sair, ir-se. **4** tirar dinheiro, sacar. *he withdrew 200 dollars from the bank* / ele sacou 200 dólares do banco.

with.draw.al [wiðdr'ɔ:əl] *n* **1** retirada (também *Mil*). **2** afastamento, remoção. **3** saída (**from** de). **4** retratação.

with.er [w'iðə] *vt+vi* **1** (fazer) murchar, secar, definhar, mirrar. **2** *fig* claudicar, debilitar. **to wither away** definhar, enfraquecer, secar até morrer.

with.hold [wiðh'ould] *vt* (*ps, pp* **withheld**) **1** reter, segurar, deter, conter. **2** impedir, estorvar (**from doing** de fazer). **3** negar, recusar. **to withhold something from someone** retrair ou sonegar alguma coisa a alguém.

with.in [wið'in] *adv* **1** dentro, interiormente. **2** dentro de casa, em casa. *is your father within?* / o seu pai está em casa? **3** intimamente, no íntimo. *I have this within* / tenho isto em mim, dentro de mim. • *prep* **1** dentro dos limites de, ao alcance de. *it is within my power* / está em meu poder. **2** no interior de, dentro de, em, na parte interna de. *we came within a mile of the town* / nós nos aproximamos a uma milha da cidade. **3** dentro do prazo de, no período de. **from within** de dentro, da parte interna. **within reach** ao alcance (de ser pego). **within sight** ao alcance dos olhos.

with.out [wið'aut] *prep* sem, destituído de, falta de, fora de. *I can't bear life without you* / não suporto a vida sem você. **to do / go without** passar sem. *you must learn to go without* / você precisa aprender o que é ter falta. *it went without saying* / foi subentendido, sem necessidade de menção especial. **without doubt** sem dúvida.

with.stand [wiðst'ænd] *vt+vi* (*ps, pp* **withstood**) resistir, agüentar, suportar.

wit.ness [w'itnis] *n* **1** testemunha. **2** testemunho, prova, evidência, indício. • *vt* **1** testemunhar, presenciar, ver, assistir a. *we witnessed to the truth* / nós testemunhamos a verdade. **2** dar fé. **3** atestar, testificar. **4** depor (como testemunha), servir de testemunha. *we called / took him to witness* / nós o chamamos para depor. **in witness of** em testemunho de. **to produce a witness** apresentar uma testemunha. **witness for the defence** testemunha de defesa. **witness for the prosecution** testemunha de acusação.

wit.ty [w'iti] *adj* **1** engenhoso, arguto. **2**

gracioso, humorístico, chistoso. **3** espirituoso. **4** mordaz, satírico.

wives [waivz] *n pl* of **wife.**

wiz.ard [w'izəd] *n* **1** mágico, feiticeiro, bruxo, encantador, adivinho. **2** prestidigitador. **3** *coll* especialista, perito. *he was a financial wizard* / ele era um perito em finanças. • *adj* mágico.

wob.ble [w'ɔbəl] *n* **1** agitação, oscilação, balouço. **2** ação de cambalear, bamboleio. • *vi* **1** cambalear, bambolear. **2** agitar, oscilar, balançar(-se). **3** sacudir, tremer.

woe [wou] *n* **1** aflição, angústia, preocupação, pena, pesar. **2** dor, mágoa. **3** desgraça, calamidade, infortúnio. **4** miséria, desventura, desdita. • *interj* ai! **woe is me!** ai de mim! **woe the day!** maldito o dia!

wok [wɔk] *n* panela grande usada no preparo de comida chinesa. • *vi* cozinhar nesta panela.

wolf [wulf] *n* (*pl* **wolves**) lobo: **1** o animal (*Canis lupus*). **2** *fig* pessoa cruel, voraz e insaciável. • *vt* comer avidamente, devorar, tragar. **he is a lonely wolf** ele é um lobo solitário. **to throw someone to the wolves** jogar alguém na fogueira (para ser maltratado ou criticado severamente).

wolves [wulvz] *n pl* of **wolf.**

wom.an [w'umən] *n* (*pl* **women**) **1** mulher. **2** mulheres em geral, sexo feminino. **man and woman** ambos os sexos. **single woman** mulher que vive só, solteira. **woman of the street** mulher da rua. **woman of the world** mulher que conhece o mundo. **young woman** moça, mulher jovem.

wom.an.like [w'umənlaik] *adj* **1** semelhante à mulher, feminil. **2** próprio da mulher, feminino.

wom.an.ly [w'umənli] *adj* = **womanlike.**

womb [wu:m] *n* **1** útero. **2** ventre.

wom.en [w'imin] *n pl* of **woman.**

won.der [w'ʌndə] *n* **1** milagre. *he did / worked wonders* / ele realizou milagres. **2** prodígio, portento. **3** maravilha. **4** admiração, surpresa, espanto. *I was filled with wonder* / fiquei muito surpreso. *they looked at me in wonder* / eles todos me olharam surpresos. • *vt+vi* **1** admirar-se, surpreender-se, espantar-se (**at, over** de, com). **2** querer saber, estar curioso por saber, ter curiosidade para descobrir. *I wonder who it was!* / eu gostaria de saber quem foi. *I wonder how he did it?* / como será que ele fez isto? **3** perguntar, inquirir. *he wondered to himself how...* / ele ficou pensando (consigo mesmo) como... • *adj* milagroso. **no wonder that** não é de admirar que. **what wonder?** é de admirar?

won.der.ful [w'∧ndəful] *adj* maravilhoso, admirável, lindo, notável, magnífico, esplêndido, extraordinário, estupendo, fenomenal.

won.drous [w'∧ndrəs] *adj arch* **1** maravilhoso, magnífico, extraordinário. **2** surpreendente, admirável.

won't [wount] *contr* of **will not.**

wood [wud] *n* **1** madeira, lenha. **2** floresta, selva, bosque, mato (também **woods**). **3 woods** *Mus* instrumentos de sopro de madeira de uma orquestra.

wood.en [w'udən] *adj* **1** de madeira. **2** *fig* sem jeito, canhestro, desajeitado. **3** estúpido, tolo. **4** tedioso, enfadonho, insípido.

wood.land [w'udlænd] *n* terreno arborizado, região florestal, floresta, mata.

wood.peck.er [w'udpekə] *n Ornith* pica-pau.

wood.wind [w'udwind] *n Mus* instrumento de sopro de madeira. • *adj* de ou relativo a instrumento de sopro de madeira.

wood.work [w'udwə:k] *n* **1** madeiramento (de casa). **2** obra, trabalho ou artigo de madeira.

wool [wul] *n* **1** lã. **2** fazenda ou roupa de lã. **3** fio de lã.

wool.len [w'ulən] *adj* lanoso. • *n* **woollens** roupas de lã.

wool.ly [w'uli] *n* **1** artigo de lã, pulôver. **2** *Amer* carneiro. **3 woolies** *sl* roupa de baixo de lã. • *adj* **1** de lã. **2** semelhante a lã, lanuginoso.

word [wə:d] *n* **1** palavra: a) vocábulo, termo. b) fala. c) promessa. **2** expressão, linguagem (muitas vezes **words**). **3** senha, sinal. **4** notícia, informação. • *vt* pôr em palavras, exprimir, enunciar, frasear, redigir. **a man / woman of few**

words um homem / mulher de poucas palavras. **by word of mouth** oralmente, verbalmente. **give the word!** a senha! **he sent (me) word** ele me avisou, mandou-me um recado ou notícias. **in a word** numa palavra, brevemente. **in other words** em outras palavras. **mark my words!** pode escrever o que estou dizendo! **take my word for it!** pode acreditar no que digo! **to bring word** trazer notícias. **to have a word with** falar com, conversar com. **to have no words for** não ter palavras para. **word for word** palavra por palavra. **word of honour** palavra de honra.

word.ing [w'ə:diŋ] *n* estilo ou maneira de expressar algo em palavras, fraseado.

word.play [w'ə:dplei] *n* trocadilho, jogo de palavras.

word pro.ces.sor [w'ə:d prousesə] *n Comp* processador de textos.

work [wə:k] *n* trabalho: **1** labor, faina, lida. **2** ocupação, emprego. **3** profissão, ofício. **4** tarefa. **5** serviço, mister. **6** produto manufaturado. **7** obra (também artística, literária etc.). **8** atividade, esforço. **9** costura, bordado. • *vt+vi* **1** trabalhar: a) dar trabalho a. b) labutar, laborar, lidar, operar. c) correr, funcionar, andar (máquina). d) produzir, estar em atividade (fábrica, oficina). e) formar, forjar, talhar, moldar, prensar, preparar, produzir. f) lavrar, cultivar, plantar. g) executar cuidadosamente, tratar, examinar. h) esforçar-se, empregar seus esforços. **2** calcular, resolver (problema). **a work in three volumes** uma obra em três volumes (ou tomos). **at work** a) (pessoas) de serviço, trabalhando. b) (máquina) em movimento. **it is the work of poison** é o efeito do veneno. **out of work** desempregado. **to work against time** trabalhar sob controle de tempo. **to work at** dedicar-se a. **to work in** a) penetrar no assunto, adquirir prática. b) encaixar, inserir. **to work into** a) penetrar. *the dye worked into the stuff* / o corante penetrou no material. b) insinuar. c) transformar em (um produto).

work.a.ble [w'ə:kəbəl] *adj* **1** que se pode

W

trabalhar. **2** utilizável, aproveitável, explorável. **3** executável, praticável.

work.a.hol.ic [w'ɔ:kəhɔlik] *n* pessoa que tem necessidade compulsiva de trabalhar muito.

work.book [w'ɔ:kbuk] *n* **1** livro de exercícios. **2** registro de trabalho planejado ou completado.

work.day [w'ɔ:kdei] *n* **1** dia de trabalho, dia útil. **2** parte do dia em que se trabalha.

work.er [w'ɔkə] *n* trabalhador, operário, obreiro, artesão. **social worker** assistente social.

work force [w'ɔ:k fɔ:s] *n* **1** mão-de-obra. **2** total de pessoas empregadas por uma empresa.

work.ing [w'ɔ:kiŋ] *n* **1** operação. **2** modo ou processo de trabalhar. • *adj* **1** que trabalha, trabalhador. **2** que funciona. **3** aproveitável, útil. **4** que possibilita o trabalho. **5** em andamento, atividade ou funcionamento. **6** próprio para (ou usado no) trabalho.

work.ing ca.pac.i.ty [wɔ:kiŋ kəp'æsiti] *n* capacidade produtiva.

work.ing clas.ses [wɔ:kiŋ kl'a:siz] *n pl* classes trabalhadoras.

work.man [w'ɔ:kmən] *n* (*pl* **workmen**) trabalhador, operário, artífice.

work.man.ship [w'ɔ:kmənʃip] *n* **1** artesanato. **2** obra, manufatura, trabalho. **3** feitura, acabamento. **4** habilidade, arte (manual).

work.mate [w'ɔ:kmeit] *n* colega de trabalho.

work.shop [w'ɔ:kʃɔp] *n* **1** oficina. **2** seminário. **3** curso intensivo.

world [wɔ:ld] *n* mundo: **1** Terra, globo terrestre. **2** parte determinada do mundo, continente. **3** mundo em determinada época. **4** macrocosmo. **5** humanidade, gênero ou raça humana, os homens. **all over the world** em todas as partes do mundo. **not for all the world** por nada deste mundo. **nothing in the world can help him** nada neste mundo pode ajudá-lo. **the New World** o Novo Mundo, a América. **the other / the next world / the world to come** o outro mundo (vida após a morte), o além. **the ways of the world** o modo, o curso do mundo. **the whole world** o mundo todo, a humanidade inteira. **there's a world of a difference** são totalmente diferentes. **they are worlds apart** eles são dois mundos diferentes. **to bring into the world** dar à luz. **to come into the world** nascer. **to have gone up in the world / to have come up in the world** progredir, melhor de vida.

world-wide [wə:ld w'aid] *adj* pelo mundo inteiro, espalhado pelo mundo inteiro. **of world-wide fame** mundialmente famoso.

worm [wə:m] *n* verme, gorgulho, gusano, caruncho, lombriga, larva, minhoca, traça, lagarta. • *vt+vi* mover-se como verme, serpear, rastejar. **glow worm** pirilampo, vaga-lume. **silk worm** bicho da seda. **to worm out** a) desparafusar. b) obter, descobrir ardilosamente.

worn [wɔ:n] *pp* of **wear**. • *adj* **1** usado, gasto. **2** extenuado, emaciado, macilento, cansado, esgotado. **3** batido (expressão, frase). **4** fatigado, exausto.

worn-out [wɔ:m 'aut] *adj* **1** usado, gasto, estragado pelo uso. **2** fatigado, exausto, abatido, esgotado.

wor.ried [w'ʌrid] *adj* preocupado, inquieto, ansioso, angustiado, aflito, aborrecido.

wor.ry [w'ʌri] *n* preocupação, aflição, angústia, ansiedade, tormento, aborrecimento. • *vt+vi* **1** atormentar(-se), inquietar(-se). **2** preocupar(-se), afligir(-se) (**with**, **about** com). **there is nothing to worry about** não há nada com o que se preocupar. **to worry at** considerar, pensar cuidadosamente. **to worry oneself** preocupar-me, estar preocupado, exaltar-se.

worse [wɔ:s] *adj* (*compar* of **bad**, **evil**, **ill**) **1** pior. **2** inferior. **3** mais, mais intenso. **4** mais maligno. **5** em pior estado. *we want to prevent an even worse tragedy* / queremos evitar uma tragédia ainda pior. • *adv* pior. *the storm raged worse in our village* / o temporal desabou com mais violência sobre nossa aldeia. **a change for the worse** uma mudança para pior. **from bad to worse** de mal a pior. **so much / the worse** tanto pior. **the later**

the worse quanto mais tarde, pior. **to become worse** piorar, tornar-se pior. **to get worse** piorar. **to make matters worse** tornar as coisas piores. **worse and worse** cada vez pior. **worse off** em pior situação, mais pobre. *he is worse off than he was* / ele está passando pior, está em pior situação que antes.

wors.en [wɔ'ə:sən] *vt+vi* piorar.

wor.ship [wɔ'ə:ʃip] *n* **1** adoração, veneração. **2** culto (religioso). **3** conceito, respeito, admiração. **4** deferência. • *vt+vi* (*ps, pp* **worshipped**) **1** adorar, venerar. **2** idolatrar. **3** cultuar, prestar culto a.

wor.ship.per [wɔ'ə:ʃipə] *n* adorador, venerador. **worshipper of idols** idólatra.

worst [wə:st] *n* o pior (de tudo, de todos). *the worst is yet to come* / o pior ainda está por vir. • *adj* (*sup* of **bad, evil, ill**) pior. *this novelist, even at his worst, is better than most* / este romancista, mesmo onde é mais fraco, é melhor do que a maioria. • *adv* pior. **at his / its / her worst** no seu pior estado, fase, lado. *don't see him at his worst* / no veja pelo seu lado pior. *the heat was at its worst* / o calor tinha atingido o seu ponto culminante. **at the worst** na pior das hipóteses. **to be prepared for the worst** estar preparado para o pior. **to do one's worst** causar o maior mal possível (supondo que pouco mal pode ser feito). **to get the worst of it** ficar com a pior parte, sair perdendo. **to make the worst of** ver só o lado negro, ser pessimista.

worth [wə:θ] *n* **1** valor: a) preço, custo. b) qualidade. c) conceito. d) mérito. e) importância, significação, excelência. f) utilidade. **2** propriedade, riqueza, bens. • *adj* **1** que vale, valedor. **2** que merece, merecedor, digno. **3** equivalente a. **4** que tem o preço de. **5** que vale a pena. **a bird in the hand is worth two in the bush** mais vale um pássaro na mão do que dois voando. **a book worth reading** um livro digno de ser lido. **a man of great worth** um homem de grande valor, de grandes méritos. **it is worth it!** vale a pena! **it is worth its price** vale o preço. **not worth mentioning** a) indigno de ser

mencionado. b) insignificante. **of little worth** de pouco valor. **to be worth** valer. *it is worth little / much / nothing* / vale pouco / muito / não vale nada. *what is it worth?* / quanto vale? *it is worth ten shillings* / vale dez xelins. **to make life worth living** valer a pena viver.

worth.less [wɔ'ə:θlis] *adj* **1** sem valor, imprestável, inútil. **2** sem merecimento. **3** indigno, desprezível.

worth.while [wə:θwɔ'ail] *adj* que vale a pena, conveniente, vantajoso, lucrativo. **to be worthwhile** valer a pena.

wor.thy [wɔ'ə:ði] *n* pessoa meritória, notável ou ilustre, sumidade, notabilidade. • *adj* **1** meritório, merecedor. *he is worthy of reward* / ele é digno de recompensa. *he is not worthy of her* / ele não é digno dela. **2** valioso, estimável. **3** digno, conceituado, honrado, respeitável. **worthy people** gente respeitável, honrada.

would [wud] *v aux* **1** usado na formação de frases interrogativas. *would you care to see my photos?* / você gostaria de ver minhas fotos? **2** usado para formar o futuro do pretérito. *he knew he would be late* / ele sabia que se atrasaria. *that would be her third husband* / aquele devia ser seu terceiro marido. **3** usado para expressar condição. *he would write if you would answer* / ele escreveria se você respondesse. **4** usado no discurso indireto para expressar idéia de futuro. *he said he would bring it* / ele disse que o traria. **5** usado para expressar desejo. *I would love to see your children* / eu adoraria ver os seus filhos. **6** usado em formas polidas de pedidos ou afirmações. *would you come to lunch tomorrow?* / você poderia vir almoçar amanhã? **7** usado para oferecer algo. *would you like a drink?* / você aceitaria uma bebida? **would better** / *Amer* **had better** seria melhor. *you would better go now* / é melhor você ir agora. **would rather** preferiria. *I would rather not say what I think* / preferiria não dizer o que penso.

would-be [w'ud bi:] *adj* **1** que pretende ser, suposto, imaginário. **2** assim cha-

W

mado. **would-be facetious** que pretende ser engraçado ou espirituoso. **would-be gentleman** pretenso cavalheiro. **would-be poet** poetastro, pseudopoeta. **would-be sportsman** esportista de meia pataca.

wouldn't [wudnt] *contr* of **would not.**

would've [w´udv] *contr* of **would have.** *I would've remembered sooner or later* / cedo ou tarde teria me lembrado.

wound[1] [waund] *ps, pp* of of **wind**[2].

wound[2] [wu:nd] *n* ferida: **1** ferimento, chaga, machucadura. *her wounds were cleaned and dressed this morning* / os ferimentos dela foram limpos e tratados hoje cedo. **2** ofensa, mágoa. • *vt+vi* ferir: **1** golpear, machucar. **2** ofender, magoar. *he wounded her honour* / ele feriu a sua honra.

wove [wouv] *ps* of **weave.**

wo.ven [w´ouvən] *pp* of **weave.**

wow [wau] *n Amer sl* sucesso extraordinário, atração. • *vt* causar profunda impressão, empolgar a platéia. • *interj* de surpresa agradável, alegria, oba! opa! magnífico!

wran.gle [r´æŋgəl] *n* disputa, contenda, altercação, briga, discussão, porfia. • *vt+vi* disputar, discutir, altercar, porfiar, brigar (**for, over** por, por causa de).

wrap [ræp] *n* **1** agasalho, xale, cachecol, casaco, manta, capa (também **wraps**), abrigo. **2** cobertor. **3** segredo, ocultamento, encobrimento, censura. *the wraps come off* / os segredos vêm à tona, revelam-se, aparecem. • *vt+vi* (*ps, pp* **wrapped, wrapt**) **1** enrolar, envolver (**round, about** em, em volta). **2** cobrir, encobrir. **3** embrulhar, empacotar. *wrap it in paper* / embrulhe-o em papel. **to keep something under wraps** esconder, ficar em segredo, ficar debaixo dos panos. **to wrap up** a) agasalhar-se. *I wrapped myself up* / agasalhei-me bem. b) *coll* completar, resolver, solucionar (um acordo, um trabalho). c) confundir, enrolar (com frases complicadas). d) *sl* calar-se, ficar quieto.

wrap.per [r´æpə] *n* **1** empacotador, embalador. **2** sobrecapa de livro. **3** invólucro, envoltório. **4** cobertor, coberta. **5** manta, roupão, penteador. **6** guarda-pó. **7** tira, cinta (de jornais, revistas etc.). **8** folha exterior de charuto. **9** linhagem para fardos.

wrap.ping [r´æpiŋ] *n* **1** empacotamento, embalagem. **2** invólucro, envoltório (geralmente **wrappings**).

wrath [rɔθ; ræθ] *n* **1** ira, fúria, cólera, raiva, indignação. **2** castigo, vingança. **God's wrath!** a ira de Deus!

wreath [ri:θ] *n* **1** grinalda, coroa (de flores), festão, guirlanda, trança. **2** qualquer coisa semelhante a grinalda. **a wreath of flowers** uma coroa de flores. **a wreath of smoke** uma espiral de fumaça. **a wreath of snow** uma nevasca.

wreathe [ri:ð] *vt+vi* **1** entrançar, entretecer (grinalda, coroa), tecer, trançar. **2** engrinaldar, enfeitar. **3** cingir, cercar, envolver, enrolar(-se).

wreck [rek] *n* **1** destruição parcial ou total (de navio, aeroplano, edifício etc.). **2** ruína, perda. **3** pessoa arruinada física ou financeiramente. **4** naufrágio, soçobro. **5** navio naufragado. • *vt+vi* **1** naufragar ou fazer naufragar, soçobrar, pôr a pique. *the ship has been wrecked* / o navio naufragou. **2** aniquilar, destruir, destroçar (também *fig*). *my hopes were wrecked* / minhas esperanças foram destruídas. **to be a wreck** estar uma ruína, *Braz* estar um caco.

wreck.age [r´ekidʒ] *n* **1** naufrágio, soçobro (também *fig*). **2** destroços (de navio naufragado, de carro acidentado etc.), escombros.

wrench [rentʃ] *n* **1** arranco, puxão violento, repelão, sacalão. **2** torcedura, distensão, deslocamento, luxação, torção. *I gave my foot a wrench* / sofri uma distensão no pé. • *vt* **1** arrancar com puxão violento, arrebatar violentamente (**out of**). **2** torcer, distender, deslocar, luxar. **I wrenched myself** (**from**) livrei-me à força (de). **monkey wrench** chave inglesa. **to wrench something from someone** arrancar alguma coisa a alguém.

wres.tle [r´esəl] *n* **1** *Sport* luta romana. **2** luta corporal, contenda, luta livre, disputa. • *vt+vi* **1** *Sport* praticar luta romana. **2** lutar, brigar, combater, contender (**against, with** contra, com; **for** por, para) *he wrestled with him* / lutou com ele.

wres.tler [r'eslə] *n* **1** *Sport* lutador, contendor.

wretch [retʃ] *n* **1** patife, vilão, vil, canalha. **2** miserável, infeliz, coitado, desgraçado. **my little wretch** meu pobre coitadinho. **poor wretch** coitado, pobrediabo.

wretch.ed [r'etʃid] *adj* **1** baixo, ordinário, desprezível, ignóbil, vil, infame. **2** triste, infeliz, desgraçado, desditoso.

wrig.gle [r'igəl] *n* **1** movimento serpente ou sinuoso, ziguezague. **2** meneio. **3** torcedura, torção. • *vt+vi* **1** serpear, mover-se em ziguezague, ir ou seguir sinuosamente, colear. **2** menear(-se), mexer(-se). **3** torcer-se, retorcer-se. **4** insinuar-se, infiltrar-se maliciosamente (**into** em). **5** sair (de uma dificuldade), tirar o corpo fora, esquivar-se. **6** dar evasivas, tergiversar.

wring [riŋ] *n* **1** torcedura, torção. **2** espremedura. **3** aperto. **4** prensa (de queijo), espremedor de fruta. • *vt+vi* (*ps, pp* **wrung**) **1** torcer(-se), retorcer(-se). *I'd like to wring his neck* / tenho vontade de torcer-lhe o pescoço, estou furioso com ele. **2** espremer. **3** prensar (**up**). **4** apertar (mão).

wrin.kle [r'iŋkəl] *n* **1** dobra, prega, carquilha, vinco. **2** ruga (rosto). • *vt+vi* **1** dobrar(-se), vincar(-se), pregar. **2** enrugar(-se), franzir(-se) (rosto, testa). *he wrinkled up his brows* / ele franziu a testa. *he wrinkled up his eyes* / ele lançou os olhos em. *he wrinkled up his nose at* / ele torceu o nariz para.

wrin.kled [r'iŋkəld] *adj* enrugado, engelhado, franzido, encarquilhado.

wrist [rist] *n* **1** pulso, munheca. **2** punho (de camisa etc.).

wrist watch [r'ist wotʃ] *n* relógio de pulso.

write [rait] *vt+vi* (*ps* **wrote**, *pp* **written**) escrever (**about /** on sobre; **for** para): **1** redigir. **2** compor, ser escritor. **3** dirigir (carta). *she writes plain* / ela escreve claramente. *she writes in pencil* / ela escreve a lápis. *she wrote a letter to him* / *she wrote him a letter* / ela lhe escreveu uma carta. **to write back** responder por escri-

to. **to write down** a) anotar, fazer apontamento de. b) relatar. c) descrever, qualificar maldosamente, depreciar (por escrito). *it is written down a failure* / é tido (ou qualificado) como fracasso. d) *Com* baixar de valor. **to write down in full** escrever por extenso. **to write in** a) intercalar, inserir (palavra, texto). b) lançar, registrar, anotar. c) enviar uma carta fazendo um pedido ou dando uma opinião. d) *Amer* votar escrevendo o nome do candidato que não consta da cédula de votação. **to write up** a) expor, descrever minuciosamente. b) completar. c) realçar, destacar. *we write him up* / nós o destacamos elogiosamente, nós o exaltamos. d) lançar, pôr em dia.

write-off [r'ait ɔf] *n* **1** algo completamente destruído, algo irrecuperável. *the car was a write-off after the accident* / o carro ficou irrecuperável após o acidente. **2** *Com* baixa contábil.

writ.er [r'aitə] *n* **1** escritor, autor. **2** escrivão, escrevente, amanuense. **ghost-writer** escritor-fantasma: indivíduo que escreve texto ou obra cuja autoria é atribuída a outro. **the writer of this / hereof** o abaixo-assinado.

write-up [r'ait ʌp] *n* **1** *Amer, coll* narração ou relatório por escrito. **2** crítica literária. **3** reportagem elogiosa.

writhe [raið] *n* **1** estremecimento, convulsão, contração. **2** distorção, torcedura. • *vt+vi* **1** torcer(-se), retorcer(-se). **2** estorcer-se, debater-se, contorcer-se. **3** virar (**with pain** de dor).

writ.ing [r'aitiŋ] *n* **1** escrita. **2** composição (literária ou musical). **3** livro, artigo, poema, história, novela. **4** escrito, documento, ata, escritura. **5** letra, caligrafia. **6 writings** trabalhos escritos, escritos literários. **in one's own writing** de próprio punho. **in writing** por escrito. *he put it in writing* / ele o fez por escrito.

writ.ten [r'itən] *pp of* **write.** • *adj* escrito, por escrito.

wrong [rɔŋ] *n* **1** injustiça. **2** pecado, iniquidade. **3** ofensa, injúria, agravo. **4** dano. **5** mal. **6** crime, delito, erro, transgressão de um preceito legal. • *vt* **1** ser injusto para com. **2** tratar injustamente. **3** proceder mal, fazer mal a. • *adj* **1** errado, incorreto, errôneo, falso. *you are wrong* / você está errado. **2** que induz em erro, desacertado. **3** impróprio, inconveniente, inoportuno. **4** injusto. • *adv* (também **wrongly**) **1** mal, erradamente, ao contrário, erroneamente, incorretamente, desacertadamente, sem razão. *I guessed wrong* / não acertei em minha suposição, errei em meu palpite. **2** impropriamente. **3** injustamente. **4** indevidamente. **a wrong guess** uma suposição errônea, um palpite errado. **to be the wrong side out** estar mal-humorado. **to be wronged** sou vítima de uma injustiça. **it was wrong of him** foi um erro dele, ele errou (em agir assim). **the watch is / goes wrong** o relógio está errado, não anda bem. **the wrong side** a) o avesso (pano, tecido). b) o reverso (da medalha). **to do wrong** agir ilegalmente, imoralmente. **to get out of bed on the wrong side** levantar com o pé esquerdo (estar de mau humor). **to get wrong** entender mal, não entender, interpretar mal. *don't get me wrong* / não me entenda mal. **to go wrong** a) sair errado, acabar mal. b) errar. c) tomar um mau caminho, desencaminhar. d) funcionar mal. *his lungs went wrong* / ele começou a sofrer dos pulmões, ficou tuberculoso. **what's wrong?** o que há de errado? o que aconteceu?

wrong.do.er [r'ɔŋduːə] *n* malfeitor, injusto, pecador, transgressor. **wrongdoer of the people** inimigo da (ou prejudicial à) sociedade.

wrong.do.ing [r'ɔŋduːiŋ] *n* **1** mal, dano, prejuízo, injustiça. **2** mau procedimento, crime, delito, má ação.

wrong.ful [r'ɔŋful] *adj* **1** injusto. **2** iníquo, mau, ilegal. **3** nocivo, prejudicial. **4** ofensivo.

wry [rai] *adj* **1** torto. **2** torcido, retorcido, contorcido. **3** oblíquo. **to make / pull a wry face** fazer caretas. *he made a wry face* / ele fez cara atravessada, fez caretas.

X

X, x [eks] *n* **1** vigésima quarta letra do alfabeto, consoante. **2** *Math* a) incógnita. b) sinal de multiplicação. **3** qualquer coisa em forma de X. **4** número romano equivalente a dez.

xen.o.pho.bi.a [zenəf'oubiə] *n* xenofobia: aversão a pessoas e coisas estrangeiras.

Xerox [z'iərɔks] *n* (marca registrada) sistema de copiar por xerografia. • *vt+vi* copiar por xerografia, xerografar.

Xmas [kr'isməs; 'eksməs] *abbr* **Christmas** (Natal).

X-ray ['eks rei] *n* raio X, radiografia. • *vt* tirar chapa, examinar ou tratar por meio de raios X, radiografar. • *adj* de, por ou relativo aos raios X.

xi.lo.graph [z'ailəgra:f; z'ailəgræf] *n* xilogravura: gravura em madeira.

xi.log.ra.pher [zail'ɔgrəfə] *n* xilógrafo: artista que faz gravura em madeira.

xi.log.ra.phy [zail'ɔgrəfi] *n* xilografia: fase da impressão durante a qual a impressão de textos e imagens se fazia através de pranchas de madeira.

Y, y [wai] *n* **1** vigésima quinta letra do alfabeto, semivogal. **2** qualquer coisa em forma de Y. **3** *Math* quantidade desconhecida.

-y [i] *suf* que forma: **1** adjetivos, como **angry** (com raiva), **juicy** (suculento). **2** substantivos, como **jealousy** (inveja, ciúme), **perjury** (perjúrio). **3** diminutivos, como **aunty** (tiazinha), **daddy** (paizinho).

yacht [jɔt; ja:t] *n* iate. • *vi* navegar, viajar ou competir em iate.

yacht.ing [j'ɔtiŋ] *n* iatismo.

yam [jæm] *n Bot* **1** inhame, cará. **2** *Amer* batata-doce.

yank [jæŋk] *n coll* puxão, arranco, empurrão. • *vt+vi coll* sacudir, empurrar, empuxar, arrancar.

Yan.kee [j'æŋki] *n* ianque: a) *Amer* nativo da Nova Inglaterra. b) *Amer* nativo de qualquer um dos Estados do Norte. c) alcunha de pessoa natural dos EUA. • *adj* ianque.

yard[1] [ja:d] *n* **1** jarda (91,4 cm). **2** *Naut* verga.

yard[2] [ja:d] *n* **1** pátio, área (junto ou ao redor de uma casa, colégio etc.), terreiro, quintal. **2** cercado, curral, viveiro. **back yard** quintal. **church yard** cemitério. **dock yard** estaleiro. **farm yard** chácara, sítio. **front yard** jardim fronteiro (a uma casa).

yard.stick [j'a:dstik] *n* **1** medida de uma jarda. **2** qualquer medida para julgamento ou comparação, padrão de medida.

yarn [ja:n] *n* **1** fio (de lã, algodão etc.). **2** *coll* história, narração, conto (freqüentemente duvidoso). *do you believe such a yarn as that?* / você acredita numa história dessas? • *vi* **1** *coll* contar histórias. **2** conversar, falar. **woollen / woolen yarn** fio de lã.

yawn [jɔ:n] *n* **1** bocejo. *he suppressed a yawn* / ele conteve um bocejo. **2** hiato, sorvedouro, abertura, voragem. **3** *coll* aborrecimento, chateação. *it made me yawn* / foi terrivelmente fastidioso. • *vt+vi* bocejar ou dizer bocejando.

yeah [jeə] *adv coll* sim.

year [j'iə] *n* **1** ano. **2 years** a) idade. b) muito tempo. *I have not seen him for years* / não o vejo há anos. **a three-year old child** uma criança de três anos de idade. **all the year round** durante o ano inteiro. **calendar year / civil year / legal year** ano civil. **ecclesiastical year** ano eclesiástico. **every other year** de dois em dois anos. **fiscal year** ano fiscal. **half a year** meio ano. **half year** semestre. **in a year / within a year** em um ano. **leap year** ano bissexto. **lunar year** ano lunar. **new year** ano novo. **once a year** uma vez por ano. **school year** ano letivo. **solar year** ano solar. **to be well in years** ser de idade avançada. **year after year** ano após ano. **year by year** ano a ano, anual-mente. **year in, year out** entra ano, sai ano. **year of grace** ano do Senhor, ano da era cristã.

year.ly [j'iəli] *adj* **1** uma vez por ano. **2** anual, que dura um ano. **3** por um ano. • *adv* anualmente. **yearly income** renda anual. **yearly instalment** anuidade.

yearn [jə:n] *vi* **1** ansiar, anelar, desejar vivamente, aspirar. **2** ter saudade (**after, for** de).

yearn.ing [j'ə:niŋ] *n* anseio, anelo, desejo ardente, aspiração, saudade. • *adj* ansioso, anelante, desejoso.

yeast [ji:st] *n* **1** levedura, fermento. **2** espuma (água, cerveja).

yell [jəl] *n* grito, bramido, alarido, berro, urro. • *vt+vi* gritar, berrar, urrar.

yel.low [j'elou] *n* **1** amarelo, cor amarela. **2** pigmento amarelo. **3** gema (de ovo). **4 yellows** icterícia (especialmente de animais). • *vt+vi* amarelar. • *adj* **1** amarelo. **2** de pele amarela. **3** sensacionalista (imprensa).

yel.low fe.ver [jelou f'i:və] *n Path* febre amarela.

yel.low.ish [j'elouiʃ] *adj* amarelado, amarelento.

yel.low jour.nal.ism [jelou dʒ'ə:nəlizəm] *n* imprensa marrom ou sensacionalista.

yelp [jelp] *n* **1** latido, caim, ganido, grito curto. **2** uivo, aulido. **3** *sl* sirene de carro policial. • *vt+vi* **1** latir, gritar. **2** uivar.

yen [jen] *n* iene: unidade monetária do Japão.

yes [jes] *n* sim, resposta afirmativa. *he said yes to my reques* / ele concordou com o meu pedido. • *vt+vi* (*ps, pp* **yessed**) dizer sim, concordar, consentir. • *adv* sim, é mesmo, é verdade. **yes?** deveras? é mesmo? sim? **yes indeed** sim, realmente, deveras. **yes, Sir!** sim, senhor!

yes.ter.day [j'estədei] *n* **1** ontem, o dia de ontem. **2** *fig* o passado. • *adj* de ou relativo ao dia de ontem. • *adv* **1** ontem. **2** recentemente. **the day before yesterday** anteontem. **yesterday evening** ontem à noite

yet [jet] *adv* **1** ainda. **2** até agora, até o momento, por ora. **3** já, agora. **4** também. **5** outra vez, de novo, novamente. **6** demais, além. **7** ainda mais. **8** mesmo. • *conj* contudo, mas, não obstante, porém, no entanto. **as yet** até agora. **have you done yet?** você já acabou? **nor yet** tampouco. **not just yet** não justamente agora. **not yet** ainda não. **yet again** outra vez, novamente. **yet a moment** só mais um momento. **yet more** ainda mais. **yet why?** mas por quê?

Usa-se **yet** no final de orações interrogativas e quando demonstra surpresa pela demora da ação. *has he read it yet?* / ele já o leu? **Yet** também é usado em orações negativas. *Nancy has not arrived yet* / Nancy não chegou ainda.

Usa-se **already** em orações afirmativas e interrogativas, depois dos verbos auxiliares e antes dos demais verbos. *he has already read it* / ele já o leu. *he hasn't left already* / ele não foi embora ainda. Pode também ser usado no final da oração quando demonstra surpresa por algo ter acontecido tão rapidamente. *has he read it already?* / ele já acabou de ler?

Still é usado em orações afirmativas, após os verbos auxiliares ou antes dos demais verbos. *he is still waiting for you* / ele ainda está esperando por você. *Mary still works at that company* / Mary ainda trabalha naquela empresa. Usa-se **still** também em orações interrogativas *are you still here?* / você ainda está aqui?

Veja outra nota em **already**.

yield [ji:ld] *n* **1** rendimento, lucro, produto. **2** produção. • *vt+vi* **1** dar, conceder, consentir, permitir, aquiescer, autorizar. **2** entregar(-se), capitular, render-se, deixar (para o inimigo). **3** ceder (pressão, peso). **4** render, produzir. **to yield an abatement** conceder um desconto. **to yield to despair** entregar-se ao desespero. **to yield to temptation** cair em tentação.

yo.ga [j'ougə] *n* ioga (filosofia hindu).

yo.ghurt, yo.gurt [j'ɔgət; j'ougət] *n* iogurte: alimento semi-sólido preparado com leite fermentado.

yoke [jouk] *n* **1** jugo, canga (também *fig*). **2** opressão, escravidão, submissão. **to bring under the yoke** subjugar, dominar. **to come / pass under the yoke** ser subjugado.

yolk [jouk] *n* gema de ovo.

you [ju:] *pron sg, pl* tu, te, ti; vós, vos; você(s), senhor(es), senhora(s), a gente, lhe(s), o(s), a(s). *are you here?* / você, o senhor, a senhora está? tu estás? vocês, os senhores, as senhoras estão? *I give the book to you* / eu lhe (te) dou o livro; eu dou o livro a você(s), ao(s) senhor(es), à(s) senhora(s). *I see you* / eu o(s), a(s), te, vos vejo; eu vejo você(s), o(s) senhor(es), a(s) senhora(s). *the book gives you deep satisfaction* / o livro dá muita satisfação à gente. *that keeps you calm /* isto mantém a gente calma. **with you** com você, contigo, convosco. **you all** vocês todos.

you'd [ju:d] *contr* of **you had, you would.**

you'll [ju:l] *contr* of **you will, you shall.**

young [jʌŋ] *n* **1** moços, jovens, mocidade, juventude. **2** prole, filhotes, crias. • *adj* **1** jovem, moço, novo. **2** vigoroso, robusto. **he is fifty years young** ele tem cinqüenta anos mas aparenta menos. **to grow young** rejuvenescer. **to look young** parecer jovem. **young blood** a) sangue novo. b) juventude, suas idéias e experiências. **young people** mocidade, os moços. **young shoot** *Bot* rebento, broto, renovo.

young.er [jʌŋgə] *n* mais moço. *beware of your youngers /* cuidado com os mais moços. • *adj* **1** mais moço. **2** posterior. **in his younger days** em seus dias de mocidade.

young.ster [jʌŋstə] *n* **1** criança, menino, menina. **2** jovem, moço, rapaz, moça.

your [jɔ:; juə] *adj possessive sg, pl* **1** seu(s), sua(s), do(s) senhor(es), da(s) senhora(s). *it is your own fault /* é seu, teu, vosso próprio erro. **2** teu(s), tua(s). **3** vosso(s), vossa(s).

you're [juə] *contr* of **you are.**

yours [jɔ:z; juəz] *pron possessive sg, pl* **1** teu(s), tua(s). **2** seu(s), sua(s), do(s) senhor(es), da(s) senhora(s), de você(s). *is this yours? /* isso é seu? *I have lost my book, may I have yours? /* eu perdi meu livro, pode ceder-me o seu? **3** vosso(s), vossa(s). **you and yours** você e os seus.

yours very truly atenciosamente, respeitosamente (no final de carta).

your.self [jɔ:s'elf; juəs'elf] *pron reflexive* tu, você, te, ti, tu mesmo, você mesmo(a), se, si mesmo(a), o senhor mesmo, próprio, a senhora mesma, própria. *you yourself know what she deserves /* você sabe o que ela merece, ninguém mais do que você sabe o que ela merece. *can you do it yourself? /* você, o senhor mesmo pode fazê-lo? *what will you do with yourself? /* o que pretende fazer? *you will hurt yourself /* você, o senhor vai ferir-se. **be yourself!** anime-se! coragem! **by yourself** só, sem auxílio. **you must see for yourself!** você mesmo precisa agir, achar o seu caminho!

your.selves [jɔ:s'elvz, juəs'elvz] *pron reflexive pl* vós, vocês, vos, vós mesmos(as), vocês mesmos(as), os senhores mesmos, próprios, as senhoras mesmas, próprias, se. **by yourselves** sós, sem auxílio. **you must see for yourselves** vocês mesmos precisam resolver (um problema, uma questão).

youth [ju:θ] *n* **1** mocidade, juventude, gente moça. *in my youth /* na minha mocidade. **2** jovem, moço, rapaz, moça. **a youth of sixteen** um jovem de dezesseis anos.

youth.ful [j'u:θful] *adj* **1** juvenil, moço, jovem. **2** vigoroso, viçoso. **3** imaturo, principiante.

you've [ju:v] *contr* of **you have.**

yup.pie [j'ʌpi] *n abbr* **young urban professional** (jovem profissional urbano, ambicioso e próspero, *yuppie*).

Z, z [zed; zi:] *n* vigésima sexta e última letra do alfabeto, consoante.

zap [zæp] *vt+vi coll* **1** matar, liquidar, *Brit* despachar. **2** mover-se com rapidez, fazer rapidamente. **3** *Telev* usar o controle remoto para mudar rapidamente de um canal para outro.

zeal [zi: l] *n* zelo, fervor, ardor, entusiasmo. **full of zeal** zeloso, solícito.

zeal.ot [z′elət] *n* zelote, fanático, pessoa demasiadamente zelosa, entusiasta.

zeal.ous [z′eləs] *adj* zeloso, entusiasta, ardoroso, fervoroso.

ze.bra [z′i:brə] *n Zool* zebra.

ze.bra cros.sing [zi:brə kr′ɔsiŋ] *n Brit* faixa de pedestre.

ze.nith [z′eniθ; z′i:niθ] *n* **1** zênite. **2** cimo, cume, pico. **3** *fig* auge, apogeu, culminação. **at his zenith** em seu apogeu.

ze.ro [z′iərou] *n* (*pl* **zeros, zeroes**) *adj* **1** zero: a) *Arith* cifra. b) *Phys* ponto zero ou ponto de congelamento. c) *fig* nada, insignificância, nulidade. **2** o ponto mais baixo. **above / below zero** acima / abaixo de zero. **at the zero hour** *Mil* na hora H. **down at zero** no ponto zero, no ponto de congelamento.

ze.ro tol.e.rance [ziərou t′ɔlərəns] *n* tolerância zero: aplicação rígida da lei em resposta a comportamentos anti-sociais.

zest [zest] *n* **1** gosto, sabor, paladar agradável. **2** prazer, deleite. **3** *Cook* casca de laranja ou limão. **4** *fig* interesse, atrativo, vida.

zig.zag [z′igzæg] *n* ziguezague. • *vt+vi* (*ps, pp* **zigzagged**) ziguezaguear. • *adj* em ziguezague.

zinc [ziŋk] *n* zinco. • *vt* zincar, galvanizar.

zip [zip] *n Brit* zíper. • *vt+vi* (*ps, pp* **zipped**) fechar com zíper ou fecho de correr (com **up**). **to zip one's lip / mouth** passar um zíper na boca, calar-se, emudecer.

zip code [z′ip koud] *n Amer* código de endereçamento postal (CEP).

zip fas.ten.er [z′ip fa:sənə] *n* = **zipper.**

zip.per [z′ipə] *n* zíper: fecho de correr, fecho *éclair.*

zo.di.ac [z′oudiæk] *n* **1** *Astr* zodíaco. **2** *Astrol* diagrama do zodíaco.

zom.bi, zom.bie [z′ɔmbi] *n* **1** cadáver reanimado por feitiçaria, zumbi. **2** *sl* pessoa que aparenta pouca inteligência ou de aspecto doentio.

zone [zoun] *n* **1** zona (também *Geogr*), distrito, região. **2** faixa, banda, cinta. **3** círculo. **4** circuito. • *vt+vi* **1** dividir em ou formar zonas. **2** cingir, cercar.

zon.ing [z′ouniŋ] *n* zoneamento: divisão de uma cidade em distritos.

zoo [zu:] *n coll* jardim zoológico. **at the zoo** no jardim zoológico.

zo.ol.o.gy [zou′ɔlədʒi] *n* **1** zoologia. **2** vida animal de uma determinada região.

zoom [zu:m] *n Opt* zum: afastamento ou aproximação de uma imagem em cinema e televisão. • *vt+vi* **1** zunir, zumbir. **2** subir rápida e repentinamente. **to zoom in / out** dar um *close* / tirar um *close* com a lente zum.

zoom lens [zu:m lens] *n Opt* lente de *zoom*, lente varifocal.

zuc.chi.ni [zuk′i:ni] *n Bot* abobrinha italiana.

Z

PORTUGUÊS-INGLÊS
PORTUGUESE-ENGLISH

A
B
C
D
E
F
G
H
I
J
K
L
M
N
O
P
Q
R
S
T
U
V
W
X
Y
Z

A, a[a] *sm* **1** the first letter of the alphabet. **2** *Mús* the 6th tone of a C-major scale. **3** *Fís* ampère.

a²[a] *art def (pl* **as**) the. **a mãe** the mother. **as mães** the mothers.

a³[a] *pron pess (pl* **as** them) her, it. **vendo-a(s)** seeing her (them).

a⁴[a] *pron dem* that, the one.

a⁵[a] *prep* according to, after, against, at, by, from, in, of, on, till, to, towards, under, upon, with, within. **a leste** towards the east. **a meu ver** in my opinion. **a pé** on foot. **a que horas?** at what time? **a seu modo** after his (her) way. **passo a passo** step by step.

à [ˈa] contração da *prep* **a** com o *art* ou *pron* **a**. **à direita** on the right. **à hora marcada** at the appointed time. **da manhã à noite** from morning till night.

a.ba[ˈaba] *sf* **1** brim (hat). **2** flap (envelope).

a.ba.ca.te [abakˈati] *sm* avocado.

a.ba.ca.xi [abakaˈʃi] *sm* pineapple.

a.ba.di.a [abadˈiə] *sf* abbey.

a.ba.fa.do [abafˈadu] *adj* **1** sultry (tempo). **2** *fig* hushed up. **3** stuffy (aposento). **4** muffled (ruído).

a.ba.fa.men.to [abafamˈẽtu] *sm* choking, suffocation, oppression, smothering.

a.ba.far [abafˈar] *vt* **1** to smother. **2** to stifle. **3** to repress, *fig* to hush up. **abafar a voz** to muffle the voice. **abafar os rumores** to hush up rumours.

a.bai.xar [abajʃˈar] *vt+vint* **1** to lower. **2** to turn down. **3** to diminish, lessen. **4** to decrease. **5** to abate.

a.bai.xo[abˈajʃu] *adv* down, under, below, beneath, underneath. • *interj* down with! **abaixo o imperialismo!** / down with imperialism. **abaixo de zero** below zero. **acima e abaixo** up and down.

a.ba.jur [abaʒˈur] *sm* **1** lampshade. **2** bedside lamp.

a.ba.lar [abalˈar] *vt+vint* **1** to shatter. **2** to affect. **3** to agitate. **4** to shock. **5** **abalar-se** to cool oneself with a fan. *a notícia abalou a cidade* / the town was shocked by the news. **abalar a saúde** to affect one's health.

a.ba.lo [abˈalu] *sm* **1** commotion. **2** shock. **3** grief. **4** earthquake. **causar abalo** to affect.

a.ba.nar [abanˈar] *vt+vpr* **1** to fan. **2** to wave. **3** to wag (rabo). **4** to shake. **5** **abanar-se** to cool oneself with a fan. **abanar a cabeça** to shake the head.

a.ban.do.nar [abãdonˈar] *vt* **1** to abandon. **2** to discard. **3** to leave. **4** to quit, to give up. **5** to desert. **6** to withdraw (esporte). **abandonar o jogo** to give up gambling. **abandonar o país** to leave one's country. **abandonar uma idéia** to discard an idea.

a.ban.do.no [abãdˈonu] *sm* **1** abandonment. **2** desertion. **3** disregard. **4** dereliction.

a.bar.ro.tar [abaʁotˈar] *vt+vpr* **1** to overfill. **2** to overload. **3** to overcrowd.

a.bas.te.cer[abastesˈer] *vt+vpr* **1** to supply, fuel, fill up. **2 abastecer-se de** to provide oneself with.

a.bas.te.ci.men.to [abastesimˈẽtu] *sm* **1** supply, provision. **2** supplying. **abastecimento de água** water supply.

a.ba.ter [abatˈer] *vt+vpr* **1** to cut down, fell. **2** to kill, slaughter (cattle). **3** to weaken. **4** to shoot down (plane). **5** **abater-se** to prostrate oneself. **abater a ár-**

vore to fell the tree. **abater o avião** to shoot down the plane.

ab.di.car [abdik'ar] *vt+vint* **1** to abdicate, resign. **2** to give up. **3** to relinquish, abandon. **abdicar a pátria** to go into exile. **abdicar em favor de** to resign in favor of.

ab.do.me [abd'ɔmi], **ab.dô.men** [abd'omẽj] *sm* abdomen.

ab.do.mi.nal [abdomin'aw] *adj m+f* (*pl* **abdominais**) **1** abdominal. **2** **abdominais (exercícios)** sit-ups.

a.be.ce.dá.rio [abesed'arju] *sm* alphabet.

a.be.lha [ab'eʎə] *sf* bee.

a.be.lhu.do [abeʎ'udu] *adj* **1** curious, indiscreet, nosey. **2** interfering. **3** impudent, bold.

a.ben.ço.ar [abẽso'ar] *vt* to bless.

a.ber.to [ab'ɛrtu] *sm* opening, aperture. • *adj* **1** open, opened. **2** exposed. **3** frank, open-hearted. **4** broad, wide. **5** clear. **aberto ao público** open to the public. **carta aberta** open letter. **falar abertamente** to speak openly. **ficar aberto** to remain open. **mar aberto** open sea.

a.ber.tu.ra [abert'urə] *sf* **1** opening: a) act of opening. b) crevice. c) aperture. d) inauguration. e) *Mús* overture. **2** sincerity, candour. **abertura das hostilidades** outbreak of hostilities. **abertura de crédito** opening of credit.

a.bis.ma.do [abizm'adu] *adj* astonished, shocked.

a.bis.mo [ab'izmu] *sm* **1** abyss. **2** a difficult situation. **à beira do abismo** on the brink of ruin.

ab.ne.ga.ção [abnegas'ãw] *sf* (*pl* **abnegações**) abnegation, self-denial. **ato de abnegação** self-sacrifice.

ab.ne.ga.do [abneg'adu] *sm* unselfish person. • *adj* unselfish, self-forgetful.

a.bó.ba.da [ab'ɔbadə] *sf* vault.

a.bó.bo.ra [ab'ɔborə] *sf* pumpkin, squash.

a.bo.bri.nha [abɔbr'iɲə] *sf* **1** *bras* summer squash, zucchini. **2** *bras, gír* baloney.

a.bo.li.ção [abolis'ãw] *sf* (*pl* **abolições**) **1** abolition, abolishment. **2** revocation. **3** annulment.

a.bo.lir [abol'ir] *vt* **1** to abolish. **2** to annul, cancel. **3** to suppress.

a.bo.mi.nar [abomin'ar] *vt* **1** to abominate, loathe, hate. **2** to feel repulsion.

a.bo.no [ab'onu] *sm* bonus. **abono de Natal** Christmas bonus.

a.bor.da.gem [abord'aʒẽj] *sf* (*pl* **abordagens**) **1** boarding. **2** approach. **3** landing.

a.bor.dar [abord'ar] *vt* **1** to board. **2** to approach. **3** to approach, tackle (a problem, subject).

a.bor.re.cer [aboɾes'er] *vt+vint+vpr* **1** to bore, tire, annoy. **2** **aborrecer-se** to become disgusted, feel duel. *isto me aborrece muito* / this annoys me very much.

a.bor.re.ci.do [aboɾes'idu] *adj* **1** disgusted, bored, annoyed. *eu estou aborrecido com o seu comportamento* / I am annoyed by your (his, her) behaviour. **2** disgusting, tiresome, annoying. **conversa aborrecida** tiresome talk.

a.bor.re.ci.men.to [aboɾesim'ẽtu] *sm* **1** annoyance, nuisance. **2** tediousness. **3** trouble, worry. **que aborrecimento!** what a nuisance!

a.bor.tar [abort'ar] *vint+vt* **1** to abort. **2** to miscarry.

a.bor.to [ab'ortu] *sm* **1** abortion. **2** miscarriage. **3** *fig* monstrosity, monster. **aborto provocado** abortion. **um aborto da natureza** a freak of nature.

a.bo.to.a.du.ra [abotoad'urə] *sf* cuff link.

a.bo.to.ar [aboto'ar] *vt+vint* to button.

a.bra.çar [abras'ar] *vt+vpr* **1** to embrace. **2** to hug. *abraçaram-no* / they hugged him. **3 abraçar-se** to embrace each other. **abraçar uma idéia** to embrace an idea.

a.bra.ço [abr'asu] *sm* **1** embrace. **2** hug.

a.bran.dar [abrãd'ar] *vt+vint* **1** to mitigate. **2** to soften. **3** to appease. **4** to subside. **5** to calm, calm down. **6** to ease off.

a.bran.gên.cia [abrãʒ'ẽsjə] *sf* range, scope.

a.bran.gen.te [abrãʒ'ẽti] *adj m+f* comprehensive, wide-ranging.

a.bran.ger [abrãʒ'er] *vt* **1** to embrace, enclose. *o estudo abrange muitas matérias* / the study embraces many subjects. **2** to comprise. **3** to comprehend. **4** to reach. **até onde a vista abrange** as far as the eyes can reach.

a.bra.sa.dor [abrazad'or] *adj* **1** scorching.

2 blazing. 3 ardent. **o vento abrasador do deserto** the scorching wind of the desert.

a.bre.vi.ar [abrevi'ar] vt 1 to abbreviate. 2 to curtail. 3 to shorten.

a.bri.dor [abrid'or] sm opener (latas).

a.bri.gar [abrig'ar] vt+vpr 1 to shelter, protect. 2 **abrigar-se** to take shelter. **abrigar-se da chuva** to take shelter from the rain.

a.bri.go [abr'igu] sm 1 shelter. **ofereci-lhe abrigo** / I gave him shelter. 2 protection. 3 cover. 4 orphanage. 5 rest-home. 6 a short waterproof coat.

a.bril [abr'iw] sm April. **1.° de abril** All Fools' Day.

a.brir [abr'ir] vt+vint 1 to open (tear, cut, dig, or break open). 2 to break up. 3 to unlock. 4 to uncover. 5 to unfasten, untie. 6 to unbutton. 7 to unfold. 8 to make an incision. 9 to initiate. 10 to inaugurate. 11 to clear up (weather). 12 to reveal, disclose. **abrir uma conta-corrente** to open a current account. **abrir uma exceção** to make an exception. **não abrir a boca** to keep one's mouth shut. **num abrir e fechar de olhos** in the twinkling of an eye.

a.brup.to [abr'uptu] adj 1 abrupt: a) very steep. b) unexpected. c) disconnected. 2 fig rough.

ab.so.lu.ta.men.te [absolutam'ẽti] adv 1 absolutely. 2 completely (sentido negativo) **eu não sabia absolutamente o que fazer** / I simply did not know what to do. 3 certainly not. **você lhes contou a verdade? absolutamente!** / have you told them the truth? certainly not. 4 by all means. **absolutamente o melhor** far and away the best.

A grafia semelhante ao inglês pode induzir a erro de tradução. **Absolutely** é uma forma enfática para "sim", "sem dúvida". **Absolutamente** tem conotação negativa: de forma alguma.

ab.so.lu.to [absol'utu] adj 1 absolute, unrestricted. 2 total, complete. **confiança absoluta** absolute trust. **em absoluto** absolutely not!

ab.sol.ver [absowv'er] vt 1 to absolve, acquit. **os jurados absolveram-no** / the

jury acquitted him. 2 to clear, free (from). 3 to isent, exempt. 4 to forgive.

ab.sor.to [abs'ortu] adj 1 absorbed, deep in thought. 2 enraptured. **ele estava absorto com o seu trabalho** / he was enraptured by his work.

ab.sor.ven.te [absorv'ẽti] sm 1 absorbent. 2 feminine napkin. • adj m+f 1 absorbing, absorbent. 2 attractive. 3 dominating.

ab.sor.ver [absorv'er] vt+vpr 1 to absorb. 2 to consume. 3 to assimilate. **absorver a umidade** to absorb the moisture.

abs.tê.mio [abst'emju] adj 1 abstemious. 2 teetotal.

abs.ter [abst'er] vt+vpr 1 to abstain. 2 to restrain, refrain. **eu me abstive de empregar violência** / I refrained from using violence. 3 **abster-se** to deprive oneself. 4 not to interfere. **abster-se de votar** to abstain from voting.

abs.ti.nên.cia [abstin'ẽsjə] sf 1 abstinence, temperance. 2 forbearance. 3 fasting.

abs.tra.ir [abstra'ir] vt+vpr 1 to abstract. **ele abstraiu sua atenção do trabalho** / he abstracted his attention from work. 2 to separate, isolate. 3 **abstrair-se** a) to become absorbed in thought. b) to distract oneself from. **ele abstraiu-se em sua lição** / he concentrated himself on his lesson.

a.bun.dân.cia [abũd'ãsjə] sf 1 abundance. 2 riches. **em abundância** abundantly.

a.bun.dan.te [abũd'ãti] adj m+f 1 abundant, copious. 2 rich in.

a.bu.sar [abuz'ar] vt+vint 1 to abuse, misuse. 2 to deceive. 3 to go beyond limits. 4 to cause damage. 5 to violate, rape.

a.bu.so [ab'uzu] sm 1 abuse. 2 misuse. 3 overuse. 4 contravention. **abuso de álcool** alcohol abuse. **abuso de confiança** breach of trust.

a.bu.tre [ab'utri] sm vulture.

a.ca.ba.do [akab'adu] adj 1 finished, accomplished. 2 complete, done. 3 excellent, perfect. 4 worn, used. 5 worn-out, exhausted. 6 debilitated, impaired.

a.ca.ba.men.to [akabam'ẽtu] sm 1 finishing, finish. 2 final touch.

a.ca.bar [akab'ar] vt+vint 1 to finish, end. **acabou em casamento** / it ended in marriage. **2** to conclude, complete. **3** to accomplish, achieve. **4** to cease, come to an end. **5** to be over. *ainda bem que já acabou* / I am glad it is over. **6** to put out. **7** to give the final touch. **8** to destroy. **acabar a sua tarefa** to accomplish one's task. **acabar bem (mal)** to end well (badly). **acabou-se** it is all over. **como acabará tudo isto?** how will it all turn out?

a.ca.de.mi.a [akadem'iə] *sf* **1** academy: a) college. b) society of learned men. **2** student's association. **3** gymnasium, place for the practice of physical activities. **Academia de Belas-Artes** Academy of Fine Arts. **academia de ginástica** fitness center, fitness club.

a.cal.mar [akawm'ar] *vt+vpr* **1** to calm, appease. **2** to quiet, silence. **3** to alleviate, soothe. **4** to tranquilize. **5 acalmar-se** to grow calm.

a.cam.pa.men.to [akãpam'ētu] *sm* camp, camping.

a.cam.par [akãp'ar] *vint* to camp, go camping.

a.ca.nha.do [akañ'adu] *adj* **1** timid, shy. **2** tight, narrow. *eu me sinto acanhado aqui* / I do not feel at ease here.

a.ção [as'ãw] *sf* (*pl* **ações**) **1** action, movement, activity. *o conto se ressente de falta de ação* / the story lacks action. **2** act. **3** deed. **4** feat. **5** way of acting. **6** event. **Ação de Graças** Thanksgiving. **entrar em ação** to come into operation. **homem de ação** man of action. **liberdade de ação** liberty of action. **pôr em ação** to put into practice. **uma má ação** a wicked deed.

a.ca.ri.ci.ar [akarisi'ar] *vt* **1** to caress, fondle. **2** to pet.

a.car.re.tar [akařet'ar] *vt* **1** to cause. **2** to provoke.

a.ca.sa.lar [akazal'ar] *vt* **1** to mate, couple. **2** to join, bring together.

a.ca.so [ak'azu] *sm* chance, hazard, fortune, accident. • *adv* by chance. **ao acaso** at random. **por acaso** by chance.

a.ca.tar [akat'ar] *vt* **1** to respect. **2** to obey. **acatar uma ordem** to obey an order.

a.cei.rar [asejr'ar] *vt* **1** to make a clearing

around a wood. **2** to divide or distribute uncultivated land. **3** to surround, encircle. **4** to observe, lurk, spy. **5** to look longingly at, covet.

a.cei.ro [as'ejru] *sm* **1** clearing around a wood (to prevent the spreading of fire). **2** *bras* resting place from which the underwood has been removed by fire. **3** *bras* a clearing on both sides of a fence to avoid its destruction by fire.

a.cei.ta.ção [asejtas'ãw] *sf* (*pl* **aceitações**) **1** acceptance. **2** approval. **ter boa aceitação** to meet with approval.

a.cei.tar [asejt'ar] *vt* **1** to accept. **2** to receive, take. **3** to admit, acknowledge. **4** to consent, permit, approve. **5** to agree to. *ele aceitou a proposta* / he agreed to the proposal. **aceitar a responsabilidade** to assume the responsibility.

a.cei.tá.vel [asejt'avew] *adj m+f* (*pl* **aceitáveis**) acceptable, admissible.

a.ce.le.ra.ção [aseleras'ãw] *sf* (*pl* **acelerações**) **1** acceleration, increase in speed. **2** speed. **aceleração negativa** deceleration, retardation.

a.ce.le.ra.dor [aselerad'or] *sm* accelerator. • *adj* accelerating.

a.ce.le.rar [aseler'ar] *vt+vint+vpr* **1** to accelerate. **2** to push on. **3** to speed up. **4 acelerar-se** to gather speed.

a.ce.nar [asen'ar] *vint+vt* **1** to nod. **2** to wave.

a.cen.der [asēd'er] *vt* **1** to light, ignite. **2** to set on fire. **3** to turn on (light). **4 acender-se:** a) to become lighted. b) to catch fire. **acender a luz** to turn on the light. **acender a vela** to light the candle.

a.cen.to [as'ētu] *sm* accent stress. **acento agudo** acute accent. **acento secundário** secondary stress. **acento tônico** stress.

a.cen.tu.a.ção [asētwas'ãw] *sf* (*pl* **acentuações**) accentuation, accent.

a.cen.tu.a.do [asētu'adu] *adj* **1** stressed, having an accent mark (a letter in a word). **2** accentuated. **3** *fig* evident, outstanding.

a.cen.tu.ar [asētu'ar] *vt* **1** to accentuate. **2** to put an accent mark on. **3** *fig* to emphasize, stress.

a.cep.ção [aseps'ãw] *sf* (*pl* **acepções**) meaning, sense. **na verdadeira acepção do termo** in the true sense of the term.

a.cer.ca [as'erkə] *adv* near, about. *falamos acerca disso* / we talked about that. • *prep* concerning, regarding.

a.cer.tar [asert'ar] *vt* 1 to set right, adjust, settle. 2 to find out, guess right 3 to hit (target, mark). **acertar as contas** to settle an account/score. **acertar em cheio** to hit the nail on the head **acertar no alvo** to hit the mark. **acertar um relógio** to set a watch.

a.ce.so [as'ezu] *adj* 1 lighted, lit, burning. 2 inflamed, excited.

a.ces.sí.vel [ases'ivew] *adj m+f* (*pl* **acessíveis**) 1 accessible, available. 2 attainable. 3 tractable.

a.ces.so [as'ɛsu] *sm* 1 access, admittance, entrance. 2 approach. 3 accessibility. 4 promotion. 5 fit. **acesso de choro** crying fit. **um acesso de febre** an attack of fever. **um acesso de raiva** a fit of temper.

a.ces.só.rio [ases'ɔrju] *sm* 1 accessory. 2 complement. 3 addition. 4 **acessórios** *pl* fittings, accessories. • *adj* 1 accessory. 2 additional. 3 secondary.

a.ce.to.na [aset'onə] *sf* 1 acetone. 2 nail polish remover.

a.cha.do [aʃ'adu] *sm* 1 finding: a) act of finding. b) thing found, find. 2 invention. 3 good bargain.

a.char [aʃ'ar] *vt+vpr* 1 to find, come across. *achei o que queria* / I found what I was looking for. 2 to find out. 3 to suppose, think. *acho difícil acreditar* / I find it hard to believe. *que acha do livro?* / what do you think of the book? *você acha?* / do you think so? **achar conveniente** to think (it) advisable. **achar erros** to find mistakes. **achar-se em grandes dificuldades** to be in great difficulties. **achar um emprego** to get a job.

a.cha.tar [aʃat'ar] *vt* 1 to flatten. 2 to crush.

a.ci.den.ta.do [asidẽt'adu] *sm* casualty: victim of an accident. • *adj* 1 rough, irregular (ground). 2 damaged, injured.

a.ci.den.te [asid'ẽti] *sm* accident: a) disaster. b) chance. **acidente de automóvel** car accident. **morte por acidente** accidental death. **sofrer um acidente** to have an accident.

á.ci.do [as'idu] *sm* acid. • *adj* acid, sour. **chuva ácida** acid rain.

a.ci.ma [as'imə] *adv* above, up. **acima da média** above the average. **acima de** a) above. b) beyond. c) over. **acima de tudo** above all. **como acima** as above.

a.ci.o.nis.ta [asjon'istə] *s m+f* shareholder, stockholder.

ac.ne [ak'ni] *sf* acne.

a.ço [as'u] *sm* 1 steel. 2 *fig* steellike hardness and strength. 3 *fig* power, hardness. **aço inoxidável** stainless steel.

a.çoi.te [as'ojti] *sm* whip, lash, scourge.

a.col.cho.a.do [akowʃo'adu] *sm bras* quilt, comforter. • *adj* padded, stuffed.

a.co.lhe.dor [akoʎed'or] *adj* welcoming, sheltering.

a.co.lher [akoʎ'er] *vt+vpr* 1 to welcome. 2 to shelter. 3 to listen to. 4 **acolher-se** to take shelter.

a.co.mo.dar [akomod'ar] *vt+vint+vpr* 1 to put in order. 2 to make comfortable. 3 **acomodar-se** a) to make oneself comfortable. b) to conform oneself. 4 to settle. 5 to make suitable. 6 to lodge.

a.com.pa.nhan.te [akõpañ'ãti] *s m+f* companion, attendant. • *adj m+f* accompanying, attendant.

a.com.pa.nhar [akõpañ'ar] *vt+vint* 1 to accompany: a) come or go along with. *o que é que acompanha isto?* / what goes with it? b) escort. *ele acompanhou-a à casa* / he escorted her home. c) follow. *ela acompanha a moda* / she follows the fashion. d) wait on, attend. 2 to observe. 3 to join, unite. 4 to match. 5 to follow, understand.

a.con.che.gan.te [akõʃeg'ãti] *adj m+f* cozy, comfortable.

a.con.che.gar [akõʃeg'ar] *vt+vpr* 1 to draw near. 2 to make cosy. 3 **aconchegar-se** to snuggle together.

a.con.se.lhar [akõseʎ'ar] *vt+vpr* 1 to advise. 2 to counsel. 3 **aconselhar-se** to take advice, consult. *I took advice with my aunt* / aconselhei-me com minha tia.

a.con.se.lhá.vel [akõseλˈavew] *adj m+f* (*pl* **aconselháveis**) advisable. *seria aconselhável que ele viesse* / it would be advisable for him to come.

a.con.te.cer [akõtesˈer] *vint* to happen, take place. *aconteceu eu estar aí* / I happened to be there. **aconteça o que acontecer** a) come what may. b) whatever may happen. **como geralmente acontece** as is usually the case.

a.con.te.ci.men.to [akõtesimˈẽtu] *sm* happening, incident, event. **acontecimentos imprevistos** unexpected events.

a.cor.da.do [akordˈadu] *adj* 1 awake. 2 agreed upon. **ficar acordado** to stay up.

a.cor.dar [akordˈar] *vt+vint* 1 to wake up, awake. *acorda!* / wake up! 2 to rouse, stir up. 3 to agree upon. **estar acordado** to be awake.

a.cor.do [akˈordu] *sm* (*pl* **acordos**) 1 agreement. 2 accordance. *agimos perfeitamente de acordo com a lei* / we acted in perfect unison with the law. 3 treaty, pact. 4 conciliation. 5 settlement. **acordo trabalhista** labor agreement. **acordo verbal** verbal agreement. **chegar a um acordo** to come to terms. **estar de acordo com** to be in accordance with.

a.cos.ta.men.to [akostamˈẽtu] *sm* (highway) shoulder, hard shoulder.

a.cos.tu.ma.do [akostumˈadu] *adj* accustomed, used, customary. *nós estamos acostumados a andar* / we are used to walking.

a.cos.tu.mar [akostumˈar] *vt+vpr* 1 to accustom, habituate. 2 to familiarize a person with something. 3 **acostumar-se a** to get accustomed or used to.

a.çou.gue [asˈowgi] *sm* butchery, butcher shop.

a.çou.guei.ro [asowgˈejru] *sm* butcher.

a.cre.di.tar [akreditˈar] *vt* to believe. **acreditar em Deus** to believe in God.

a.cres.cen.tar [akresẽtˈar] *vt+vint* 1 to add. *"E isto é verdade", acrescentou ele* / "And that's a fact", he added. 2 increase, enlarge.

a.crés.ci.mo [akrˈɛsimu] *sm* increase. *cobra-se um acréscimo pela música* / music is an extra.

a.cro.ba.ci.a [akrobasˈiə] *sf* acrobatics. **acrobacia aérea** aerial acrobatics. **fazer acrobacias** to perform acrobatics.

a.cro.ba.ta [akrobˈatə] *s m+f* 1 acrobat. 2 tightrope walker.

a.çú.car [asˈukar] *sm* sugar. **açúcar cristal** granulated sugar. **açúcar em tabletes** lump-sugar. **açúcar mascavo** brown sugar.

a.çu.ca.rei.ro [asukarˈejru] *sm* sugar bowl.

a.cu.dir [akudˈir] *vt* to run to help, assist. *Deus me acuda!* / God help me!

a.cu.mu.lar [akumulˈar] *vt+vpr* 1 to accumulate, amass. 2 to gather. 3 to fill (to excess). 4 **acumular-se** to become accumulated.

a.cu.pun.tu.ra [akupũtˈurə] *sf Med* acupuncture.

a.cu.sa.ção [akuzasˈãw] *sf* (*pl* **acusações**) 1 accusation, charge. *a acusação não me atinge* / the accusation does not affect me. 2 denouncement.

a.cu.sa.do [akuzˈadu] *sm* accused, defendant. • *adj* accused (of **de**), charged (with **de**).

a.cu.sar [akuzˈar] *vt+vpr* 1 to accuse, charge with. 2 to expose. 3 **acusar-se** to accuse oneself, confess. 4 to acknowledge (the receipt of goods).

a.cús.ti.ca [akˈustikə] *sf* acoustics.

a.dap.ta.dor [adaptadˈor] *sm* 1 adapter. 2 connector. • *adj* adapting.

a.dap.tar [adaptˈar] *vt+vpr* 1 to adapt, adjust. *ele adaptou-se às circunstâncias* / he adapted himself to circumstances. 2 to apply. 3 to conform. 4 to fit. *estas peças adaptam-se uma à outra* / these pieces fit together. 5 **adaptar-se** to adapt or accustom oneself to.

a.dap.tá.vel [adaptˈavew] *adj m+f* (*pl* **adaptáveis**) adaptable, adjustable.

a.de.ga [adˈɛgə] *sf* wine cellar.

a.de.mais [ademˈajs] *adv* besides, furthermore, moreover.

a.den.tro [adˈẽtru] *adv* 1 inwards. *meteu-se pelo mato adentro* / he took his way wood inwards. 2 indoors.

a.dep.to [adˈɛptu] *sm* follower.

a.de.qua.do [adekˈwadu] *adj* fit, suitable, proper.

a.de.quar [adek'war] *vt+vint* **1** to adjust, adapt. **2** to fit, make fit.

a.de.ren.te [ader'ẽti] *adj m+f* adherent, sticking.

a.de.rir [ader'ir] *vint* **1** to adhere. **2** to approve. **3** to join. **4** to stick to (or together). **5** to apply. **aderir à opinião** to stick to (one's) point.

a.de.são [adez'ãw] *sf (pl* **adesões**) **1** adhesion. **2** manifestation of solidarity to a cause. **a sua adesão aos princípios** his adherence to the principles.

a.de.si.vo [adez'ivu] *sm* sticking plaster, adhesive tape or bandage. • *adj* adhesive, sticking.

a.deus [ad'ews] *sm* good-bye, farewell. • *interj* good-bye, bye-bye, so-long! **adeus, até a vista** good-bye, see you again.

a.di.a.men.to [adjam'ẽtu] *sm* adjournment, postponement, delay.

a.di.an.ta.do [adjãt'adu] *adj* **1** advanced. **2** forwarded. • *adv* **adiantado ou adiantadamente** fast, in advance, beforehand. **chegar adiantado** to arrive ahead of time. *meu relógio está adiantado* / my watch is fast.

a.di.an.ta.men.to [adjãtam'ẽtu] *sm* advancement.

a.di.an.tar [adjãt'ar] *vt* **1** to advance: a) to move forward. b) to pay in advance. c) to go ahead. **2** to accelerate, speed up, hasten. **3** to progress, improve. **4** to say beforehand. **5** to set ahead (watch or clock). **adiantar o relógio** to set the watch (clock) ahead. *de que adianta isso?* / what's the use of that?

a.di.an.te [adi'ãti] *adv* **1** ahead (of). **2** forward. **3** farther on, further. • *interj* go on! **ir adiante** to go on.

a.di.ar [adi'ar] *vt* to postpone, to put off.

a.di.ção [adis'ãw] *sf (pl* **adições**) addition.

a.di.ci.o.nal [adisjon'aw] *s m+f (pl* **adicionais**) extra, supplement. • *adj m+f* additional, extra. **pagamento adicional** supplemental payment.

a.di.ci.o.nar [adisjon'ar] *vt* to add.

a.di.vi.nhar [adiviɲ'ar] *vt* **1** to prophecy, predict, foretell. **2** to unriddle, find out. **3** to guess. *adivinhei a intenção dele* / I made a guess at his purpose.

ad.je.ti.vo [adʒet'ivu] *sm* adjective. • *adj* adjective.

ad.jun.to [adʒ'ũtu] *sm* **1** adjunct, assistant. **2** aggregate. • *adj* **1** joined, annexed. **2** contiguous. **3** associated. **professor adjunto** assistant professor.

ad.mi.nis.tra.ção [administras'ãw] *sf (pl* **administrações**) administration: a) management, government. b) direction, control. c) directorship. d) administration office. e) act of administering something to others (medicine, examination etc.).

ad.mi.nis.tra.dor [administrad'or] *sm* administrator. **administrador de empresa** business administrator.

ad.mi.nis.trar [administr'ar] *vt* **1** to administer, manage, control. **2** *Med* dispense. **3** apply, give. **4** govern. **administrar remédios** to give medicine to someone. **administrar uma propriedade** to manage an estate.

ad.mi.ra.ção [admiras'ãw] *sf (pl* **admirações**) **1** admiration. **2** wonder. **3** astonishment.

ad.mi.ra.dor [admirad'or] *sm* **1** admirer. **2** lover. • *adj* admiring.

ad.mi.rar [admir'ar] *vt+vpr* **1** to admire. **2** to appreciate. **3** to cause admiration. *eu não me admiro disso* / I do not wonder at it. **4** to surprise. **5** **admirar-se** to be astonished (at).

ad.mis.são [admis'ãw] *sf* admission. **taxa de admissão** initiation fee. **livre admissão** open door.

ad.mi.tir [admit'ir] *vt* **1** to admit. **2** to let in. **3** to acknowledge. *eu o admito* / I acknowledge it. **4** to allow, tolerate. *admito a sua razão quanto a isto* / I allow that you are right in that. **5** to confess.

a.do.çan.te [ados'ãti] *sm* sweetener.

a.do.çar [ados'ar] *vt* **1** to sweeten. **2** to soften, assuage. **3** to facilitate.

a.do.e.cer [adoes'er] *vint* to become sick or ill.

a.do.les.cên.cia [adoles'ẽsjə] *sf* adolescence, teenage.

a.do.les.cen.te [adoles'ẽti] *s m+f* adolescent, teenager. • *adj m+f* adolescent, teenager.

a.do.rar [ador'ar] *vt* **1** to adore, worship.

2 to have a great liking for. **adorar a Deus** to worship God. *eu adoro chocolate / I* simply adore chocolate.

a.do.rá.vel [ador'avew] *adj m+f* (*pl* **adoráveis**) 1 adorable. 2 charming.

a.dor.me.cer [adormes'er] *vint* 1 to fall asleep. 2 to rest. 3 to lose enthusiasm. **estar adormecido** to be asleep.

a.dor.me.ci.do [adormes'idu] *adj* asleep. **a bela adormecida** the sleeping beauty.

a.dor.no [ad'ornu] *sm* (*pl* **adornos**) ornament, decoration.

a.do.tar [adot'ar] *vt* 1 to adopt. 2 to accept. 3 to use. 4 to follow, embrace. **adotar medidas de precaução** to take precautions. **adotar uma criança** to adopt a child.

a.do.ti.vo [adot'ivu] *adj* 1 adoptive. *pai adotivo* adoptive father. 2 adopted. *filho adotivo* adopted son.

ad.qui.rir [adkir'ir] *vt* 1 to acquire. 2 to get, obtain. 3 buy, purchase. **adquirir bons hábitos** to form good habits. **adquirir reputação** to become renowned. **adquirir uma doença** to catch a disease.

a.du.bar [adub'ar] *vt* to manure, fertilize.

a.du.bo [ad'ubu] *sm* fertilizer, manure. **adubo animal** manure.

a.du.la.ção [adulas'ãw] *sf* (*pl* **adulações**) flattery.

a.du.lar [adul'ar] *vt* to flatter.

a.dúl.te.ra [ad'uwterə] *sf* adulteress.

a.dul.te.rar [aduwter'ar] *vt* 1 to adulterate, falsify. 2 to corrupt. 3 to counterfeit.

a.dul.té.rio [ad'uwtεrju] *sm* adultery.

a.dúl.te.ro [ad'uwteru] *sm* adulterer. • *adj* 1 adulterous. 2 adulterated, falsified.

a.dul.to [ad'uwtu] *sm* adult, grown-up person. • *adj* adult, grown-up.

ad.vér.bio [adv'εrbju] *sm* adverb.

ad.ver.sá.rio [advers'arju] *sm* 1 opponent, adversary. 2 enemy. • *adj* 1 adverse, antagonistic. 2 hostile.

ad.ver.si.da.de [adversid'adi] *sf* adversity, misfortune.

ad.ver.tên.cia [advert'ẽsjə] *sf* 1 warning. *que isto sirva de advertência para você /* let this be a warning to you. 2 reprimand.

ad.ver.tir [advert'ir] *vt* 1 to warn, advise. 2 to admonish, reprimand. **advirto-lhe que...** I warn you that...

ad.vo.ca.ci.a [advokas'iə] *sf* lawyering.

ad.vo.ga.do [advog'adu] *sm* lawyer, *amer* attorney-at-law, attorney, *brit* barrister, solicitor. **advogado do Diabo** Devil's advocate. **Ordem dos Advogados** Bar Association.

ad.vo.gar [advog'ar] *vt* 1 to act as a lawyer. 2 to plead a cause (at court). 3 to defend. 4 to patronize. 5 to advocate.

a.é.reo [a'εrju] *adj* 1 air. 2 *fig* absent-minded. 3 like air. **ataque aéreo** air raid. **estar aéreo** to be in the clouds.

a.e.ró.bi.ca [aer'ɔbikə] *sf* (**ginástica aeróbica**) aerobics.

a.e.ró.dro.mo [aer'ɔdromu] *sm* aerodrome, airfield.

a.e.ro.mo.ça [aerom'osə] *sm* flight attendant, stewardess.

a.e.ro.náu.ti.ca [aeron'awtikə] *sf* 1 aeronautics. 2 aviation.

a.e.ro.na.ve [aeron'avi] *sf* aircraft, airship.

a.e.ro.pla.no [aeropl'ʌnu] *sm* airplane.

a.e.ro.por.to [aerop'ortu] *sm* airport.

a.e.ros.sol [aeros'ɔw] *sm* aerosol.

a.fa.gar [afag'ar] *vt* to caress, fondle.

a.fa.go [af'agu] *sm* caress, fondle.

a.fas.ta.do [afast'adu] *adj* 1 remote, distant. 2 apart. **manter-se afastado de** *fig* to steer clear of. **parente afastado** a distant relative.

a.fas.tar [afast'ar] *vt+vpr* 1 to remove, separate. 2 to dismiss. 3 to repel, reject. 4 to deviate, avert. 5 to withdraw. *ele afastou-se de nossa companhia /* he withdrew himself from our company. 6 **afastar-se** to stand back. **afastar uma suspeita** to remove a suspicion.

a.fá.vel [af'avew] *adj m+f* (*pl* **afáveis**) 1 gentle. 2 kind. 3 friendly.

a.fei.ção [afejs'ãw] *sf* (*pl* **afeições**) affection, fondness. **tomar afeição por** to become fond of.

a.fei.ço.ar [afejso'ar] *vt+vpr* 1 to captivate, charm. 2 **afeiçoar-se** to take a fancy to, to become attached.

a.fer.ro.lhar [afeõoʎ'ar] *vt* 1 to bolt (up). 2 to imprison. 3 to shut up.

a.fe.ta.do [afet'adu] *adj* 1 affected: a) unnatural. b) sick. 2 presumptive. 3 vain.

a.fe.tar [afet'ar] *vt* to affect. *his eyesight*

was affected by the accident / sua visão foi afetada pelo acidente.

a.fe.to [aˈfɛtu] *sm* affection.

a.fe.tu.o.so [afetuˈozu] *adj* affectionate, gentle.

a.fi.a.do [afiˈadu] *adj* 1 sharpened. 2 sharp. 3 sharp-edged. 4 *bras* well-trained.

a.fi.ar [afiˈar] *vt* 1 to sharpen. 2 to improve, perfect. **pedra de afiar** grindstone.

a.fi.lha.da [afiʎˈadə] *sf* god-daughter.

a.fi.lha.do [afiʎˈadu] *sm* godson.

a.fi.li.ar [afiliˈar] *vt+vpr* to affiliate, join.

a.fim [aˈfĩ] *s m+f* (*pl* **afins**) kinsman, kinswoman. • *adj m+f* similar, related to.

a.fi.nal [afinˈaw] *adv m+f* finally, at last, after all. **afinal de contas** after all.

a.fi.nar [afinˈar] *vt+vpr* 1 to tune up, put in tune. 2 to agree, harmonize. 3 **afinar-se** to become fine or thin.

a.fi.ni.da.de [afinidˈadʒi] *sf* 1 affinity. 2 relationship. 3 conformity. **parentes por afinidade** in-laws.

a.fir.ma.ção [afirmasˈãw] *sf* (*pl* **afirmações**) affirmation, assertion.

a.fir.mar [afirmˈar] *vt* 1 to affirm, asseverate, assert. 2 to say. 3 to confirm, ratify. **afirmar-se de alguma coisa** to make oneself sure of a thing.

a.fi.xar [afiksˈar] *vt* 1 to fix, fasten. 2 to pin / put (something) up.

a.fli.ção [aflisˈãw] *sf* (*pl* **aflições**) 1 affliction, trouble, grief, anguish, distress. 2 agony, anxiety.

a.fli.gir [afliʒˈir] *vt+vpr* 1 to afflict, trouble, distress. 2 to torment. 3 to devastate, ravage. 4 **afligir-se** to be afflicted. *não se aflija por isso* / don't worry about it.

a.fli.to [aflˈitu] *adj* afflicted, distressed, worried. **deixar alguém aflito** *coloq* to keep someone on tenterhooks.

a.fo.ba.do [afobˈadu] *adj bras* very busy, in a haste.

a.fo.gar [afogˈar] *vt+vpr* 1 to drown. *ele afogou suas mágoas na bebida* / he drowned his sorrows in drink. *o menino caiu da ponte e se afogou* / the boy fell from the bridge and drowned. 2 to choke (a car).

a.foi.to [aˈfojtu] *adj* 1 fearless, courageous. 2 bold, daring.

a.fô.ni.co [aˈfoniku] *adj* aphonic, voiceless.

a.fo.ra [aˈfɔrə] *adv* 1 outside. 2 farther. • *prep* except, save. **e por aí afora** and so on.

a.fron.ta [afrˈõtə] *sf* affront, insult, offence.

a.fron.tar [afrõtˈar] *vt* 1 to affront, insult, offend. 2 to annoy.

a.frou.xar [afrowʃˈar] *vt* 1 to slacken, relax. 2 to loosen. 3 to release. 4 to slow down. 5 to widen. 6 to moderate, diminish. 7 to lose strength, weaken.

af.ta [ˈaftə] *sf* aphtha, thrush.

a.fu.gen.tar [afuʒẽtˈar] *vt* 1 to chase away, put to flight, scare away. 2 to repel, reject.

a.fun.dar [afũdˈar] *vt+vpr* 1 **afundar-se** to sink. 2 to collapse. 3 to deepen. 4 to go under.

a.fu.ni.lar [afunilˈar] *vt* 1 to shape like a funnel. 2 to narrow.

a.ga.char [agaʃˈar] *vpr* 1 to crouch, squat. 2 to humiliate oneself.

a.gar.rar [agarˈar] *vt* 1 to catch, seize. 2 to clasp, grasp. 3 to lay hold of. 4 to hold (firmly). 5 to take. **agarrar-se com unhas e dentes** to stick obstinately to. *ele agarrou a idéia* he snapped at the idea.

a.ga.sa.lhar [agazaʎˈar] *vt+vpr* 1 to shelter, give shelter to. 2 warm. 3 to protect. 4 to receive kindly. 5 **agasalhar-se** to keep oneself warm. *agasalhei-me bem* / I wrapped myself up.

a.ga.sa.lho [agazˈaʎu] *sm* 1 shelter. 2 warm clothing. 3 jogging suit, sweat suit.

a.gên.cia [aʒˈẽsjə] *sf* 1 agency. 2 business office. 3 branch office. **agência de empregos** employment agency. **agência de notícias** news agency. **agência de viagens** travel agency.

a.gen.da [aʒˈẽdə] *sf* 1 diary. 2 agenda: list of things to be done.

a.gen.te [aʒˈẽti] *s m+f* agent. • *adj m+f* agent, acting. **agente de viagens** travel agent.

á.gil [ˈaʒiw] *adj m+f* (*pl* **ágeis**) agile, quick.

a.gi.li.da.de [aʒilid'adi] *sf* agility, quickness.

a.gi.o.ta [aʒi'ɔtə] *s m+f* usurer, loanshark.

a.gir [aʒ'ir] *vint* 1 (também *Jur*) to act, proceed. 2 to act as an agent. 3 to operate. 4 to take action. **agir com cautela** to play safe. **agir corretamente** to play fair.

a.gi.ta.ção [aʒitas'ãw] *sf* (*pl* **agitações**) 1 agitation. 2 conflict.

a.gi.ta.do [aʒit'adu] *adj* 1 agitated, excited. 2 confused. 3 troubled. 4 turbulent. **mar agitado** rough sea.

a.gi.tar [aʒit'ar] *vt+vpr* 1 to agitate. 2 to shake (up). 3 to shock. 4 to excite, disturb. 5 to riot, revolt. 6 to give rise to. 7 **agitar-se** to be anxious.

a.go.ni.a [agon'iə] *sf* 1 agony. 2 pangs of death. 3 extreme anguish, grief.

a.go.ni.zan.te [agoniz'ãti] *s m+f* agonizing, dying person. • *adj m+f* agonizing, dying.

a.go.ni.zar [agoniz'ar] *vint* to be dying.

a.go.ra [ag'ɔrə] *adv* 1 now, at the present time. *agora é a vez dela* / now it is her turn. 2 however. • *conj* but. **agora mesmo** just now. **agora ou nunca** now or never. **até agora** up to now. **de agora em diante** from now on.

a.gos.to [ag'ostu] *sm* August.

a.gou.ro [ag'owru] *sm* omen, prediction, presage.

a.gra.dar [agrad'ar] *vt+vint* 1 to please. *ele agradou a todos* / he pleased everybody. 2 to be pleased with. 3 to be agreeable. 4 to content, satisfy. 5 to cause a good impression. 6 to take a liking to. 7 *bras* to pet, caress. **de modo a agradar** to pleasure. **ela não me agrada** I don't like her.

a.gra.dá.vel [agrad'avew] *adj m+f* (*pl* **agradáveis**) agreeable, pleasant, pleasing.

a.gra.de.cer [agrades'er] *vt* to thank, show gratitude, return thanks. *agradeço a sua delicadeza* / I thank you for your kind attention.

a.gra.de.ci.do [agrades'idu] *adj* grateful, thankful, obliged. *fico-lhe muito agradecido* / I am much obliged to you. **malagradecido** ungrateful.

a.gra.de.ci.men.to [agradesim'ẽtu] *sm* thanks, thankfulness, gratefulness. **receber agradecimentos** to receive thanks.

a.gra.do [agr'adu] *sm* 1 pleasure, contentment. 2 kindness, courtesy. 3 *bras* tenderness, caress. **com agrado** willingly, with pleasure. *isto não foi de meu agrado* / that did not please me at all..

a.grá.rio [agr'arju] *adj* agrarian. **reforma agrária** land reform.

a.gra.var [agrav'ar] *vt* 1 to aggravate. 2 to worsen.

a.gre.dir [agred'ir] *vt* 1 to attack, assault. *agrediram-me* / they attacked me. 2 to strike, beat. 3 to provoke.

a.gre.gar [agreg'ar] *vt* 1 to aggregate. 2 to join, annex, associate. 3 to add, increase.

a.gres.são [agres'ãw] *sf* (*pl* **agressões**) 1 aggression. 2 wound, injury. 3 blow, stroke. 4 attack, assault. 5 provocation. 6 insult. 7 offense.

a.gres.si.vo [agres'ivu] *adj* 1 aggressive, offensive. 2 injurious. 3 provocative.

a.gri.ão [agri'ãw] *sm Bot* water-cress.

a.grí.co.la [agr'ikolə] *adj m+f* agricultural. **produtos agrícolas** agricultural products.

a.gri.cul.tor [agrikuwt'or] *sm* agriculturist, farmer.

a.gri.cul.tu.ra [agrikuwt'urə] *sf* 1 agriculture, farming. 2 cultivation.

a.gri.do.ce [agrid'osi] *adj m+f* sour-sweet.

a.grô.no.mo [agr'onomu] *sm* agronomist.

a.gro.pe.cu.á.ria [agropeku'arjə] *sf* farming and cattle raising.

a.gru.par [agrup'ar] *vt+vpr* 1 to group, form (into) a group. 2 **agrupar-se** a) gather together. b) to get into groups.

á.gua ['agwə] *sf* water. **água de chuva** rain water. **água doce** fresh water. **água mineral** mineral water. **água potável** drinking water. **água salgada** salt water. **à prova de água** waterproof. **claro como água** as clear as clear can be.

a.gua.do [ag'wadu] *adj* watery.

a.guar [ag'war] *vt* to water.

a.guar.dar [agward'ar] *vt* 1 to expect. 2 to await, wait for. *ele o aguardou pacientemente* / he patiently waited for him. **aguardando notícias** looking forward to news.

a.guar.den.te [agward'ẽti] *sf* **1** sugarcane rum. **2** spirits, liquor. **cachaça** sugarcane rum.

á.gua-vi.va ['agwəv'ivə] *sf* (*pl* **águas-vivas**) jelly-fish.

a.gu.do [ag'udu] *sm* sharp. • *adj* **1** pointed. **2** sharpened. **3** thin. **4** keen, acute. **5** quick-witted. **dor aguda** acute pain. **voz aguda** high-pitched voice.

a.güen.tar [agwẽt'ar] *vt* **1** to stand, bear. *não aguento mais!* / I can't stand it any longer! **2** to bear the weight of. **3** to maintain. **4** to resist. **5** to suffer. **6** to tolerate.

á.guia ['agjə] *sf* eagle. **olhos de águia** piercing eyes.

a.gu.lha [ag'uʎə] *sf* needle. **agulha de costura** sewing needle. **agulha de crochê** crochet hook. **agulha de tricô** knitting needle. **enfiar (linha n) a agulha** to thread a needle. **procurar agulha no palheiro** to look for a needle in a haystack.

ah ['a] *interj* ah! oh! *Ah, que pena!* / Oh, what a pity!

ai ['aj] *sm* groan, moan. • *interj* ah!, ouch! **dar ais** to groan, lament.

a.í [a'i] *adv* **1** there, in that place. **2** in this respect. **3** *bras* in that moment. • *interj* of cheer: splendid!, good!, fine! **aí em cima up** there. **aí embaixo** down there. **aí mesmo** right there. **ele vem aí** there he comes.

ai.dé.ti.co [ajd'εtiku] *sm* a person who has AIDS. • *adj* of or relating to AIDS.

AIDS ['ajdis] *sf Med* = SIDA.

a.in.da [a'ĩdə] *adv* **1** still, yet. *ainda está dormindo?* are you still asleep? *ainda há tempo* / there is time yet. **2** again. **3** further, more. **ainda agora** just now. **ainda assim** nevertheless, even so. **ainda bem** fortunately. **ainda que** though, although. *ainda que eu esteja ausente* / even though I am absent. **ainda uma vez** once more. **não, ainda não** no, not yet.

ai.po ['ajpu] *sm* celery.

a.jei.tar [aʒejt'ar] *vt+vpr* **1** to arrange, dispose. **2** to adapt, fit. **3** to manage. **4 ajeitar-se** to adapt oneself easily. **ajei-**

tar-se de acordo com as necessidades to make both ends meet.

a.jo.e.lhar [aʒoeʎ'ar] *vpr* to kneel, kneel down. *ele se ajoelhou* / he knelt.

a.ju.da [aʒ'udə] *sf* **1** help, assistance, support, aid. **2** act of kindness. **ajuda de custo** expense allowance. **ajuda externa** foreign aid. **ajuda financeira** financial aid.

a.ju.dar [aʒud'ar] *vt+vpr* **1** to help, aid, assist. *eles o ajudaram a levantar-se* / they helped him to his feet. **2** to favor, facilitate. **3** to collaborate. **4** to be useful. **5 ajudar-se** a) to prevail oneself of. b) to help each other.

a.ju.i.zar [aʒwiz'ar] *vt+vint* **1** to judge. **2** to form an opinion. **3** to estimate.

a.jun.tar [aʒũt'ar] *vt+vint* **1** to gather. **2** to add. **3** to assemble. **4 ajuntar-se** to marry. **ajuntar dinheiro** to save money.

a.jus.tar [aʒust'ar] *vt+vint+vpr* **1** to adjust, regulate. **2** to accord. **3** to adapt. **4** to fit. **5** to fit a thing to another. **6** to join closely. **7** to make an agreement. **8** to settle (accounts). **9 ajustar-se** to adapt, accommodate oneself. *ajustei as contas com ele* / I am even with him. *ela tem contas a ajustar com você* / she has a bone to pick with you.

a.la ['alə] *sf* **1** line, row. **2** wing (of a building). **abrir ala** to make space.

a.la.ga.men.to [alagam'ẽtu] *sm* flooding, inundation.

a.la.gar [alag'ar] *vt+vint* **1** to inundate, overflow, flood. **2** to form a pond.

a.lar.ga.men.to [alargam'ẽtu] *sm* **1** widening. **2** expansion.

a.lar.gar [alarg'ar] *vt* **1** to widen. **2** to dilate. **3** to spread out. **4** to enlarge. **5** to extend. **alargar as rédeas** to give reins. **alargar o passo** to go faster.

a.lar.mar [alarm'ar] *vt+vpr* **1** to alarm. **2** to frighten. **3** to disturb. **4 alarmar-se** to become frightened.

alarme [al'armi] *sm* alarm. **fire alarm** alarme de incêndio.

a.la.van.ca [alav'ãkə] *sf* lever. **alavanca de câmbio** gear shift.

al.ber.gue [awb'εrgi] *sm* **1** inn, hostel. **2** lodging. **albergue da juventude** youth hostel.

ál.bum ['awbũ] *sm* (*pl* **álbuns**) album. **álbum de recortes** scrapbook.

al.ça ['awsə] *sf* **1** loop. **2** handle. **3** strap (of chess etc.).

al.ca.cho.fra [awkaʃ'ofrə] *sf* artichoke.

al.ça.da [aws'adə] *sf* **1** competence. *isto é da minha alçada* / that comes within my scope. **2** jurisdiction. **3** *fig* sphere of influence. **4** power.

al.can.çar [awkãs'ar] *vt+vint* **1** to reach, attain, achieve. *alcancei o meu objetivo* / I've reached my target. **2** to obtain, get, succeed. **3** to catch up, overtake. *eles não me alcançaram* / they did not catch up with me.

al.can.ce [awk'ãsi] *sm* **1** reach (sight, mind). *não está ao meu alcance* / it is not within my reach. **2** range (weapon, TV), obtainment, attainment. **3** understanding. **4** power. *farão tudo o que estiver ao seu alcance* / they will do all in their power. **ao alcance da mão** within arm's reach. **fora de alcance** out of one's reach.

al.ca.par.ra [awkap'arə] *sf* caper.

ál.co.ol ['awkoɔw] *sm* (*pl* **álcoois**) **1** alcohol. **2** spirit(s).

al.co.ó.la.tra [awko'ɔlatrə] *s m+f* alcoholic, drunkard.

al.dei.a [awd'ejə] *sf* village.

a.le.crim [alekr'ĩ] *sm* (*pl* **alecrins**) rosemary.

a.le.gar [aleg'ar] *vt* to allege, claim. **alegar doença** to allege illness.

a.le.grar [alegr'ar] *vt+vpr* **1** to make happy, cheer. **2 alegrar-se** to be pleased. *ela alegrou-se com a carta* / she was pleased with the letter.

a.le.gre [al'ɛgri] *adj m+f* **1** happy, cheerful. **2** lively (music). **3** pleased. **4** bright (colors).

a.le.gri.a [alegr'iə] *sf* **1** joy, cheerfulness. **2** satisfaction. **3** pleasure.

a.lei.ja.do [alejʒ'adu] *sm* cripple. • *adj* crippled.

a.lei.jar [alejʒ'ar] *vt* to cripple, maim, disable.

a.lém [al'ẽj] *sm* afterlife, eternity. • *adv* **1** over there. **2** farther on. **3** beyond. **4** besides. **além disto** besides, moreover.

além do que in addition (to). **além-mar** overseas.

a.ler.gi.a [alerʒ'iə] *sf* allergy.

a.ler.tar [alert'ar] *vt+vint+vpr* **1** to alert, warn. **2 alertar-se** to be watchful.

al.fa.be.ti.zar [awfabetiz'ar] *vt* to teach to read and write.

al.fa.be.to [awfab'ɛtu] *sm* alphabet.

al.fa.ce [awf'asi] *sf* lettuce. **pé de alface** head of lettuce.

al.fai.a.te [awfaj'ati] *sm* tailor.

al.fân.de.ga [awf'ãdegə] *sf* customs.

al.fi.ne.te [awfin'eti] *sm* pin. **alfinete de segurança** safety-pin.

al.ga ['awgə] *sf* seaweed.

al.ga.ris.mo [awgar'izmu] *sm* **1** numeral. **2** number. **algarismo arábico** Arabic numeral.

al.ga.zar.ra [awgaz'arə] *sf* uproar, shouting.

al.ge.ma [awʒ'emə] *sf* handcuffs.

al.ge.mar [awʒem'ar] *vt* to handcuff.

al.go ['awgu] *adv* somewhat, a little. • *pron indef* something, anything. **algo de belo** something beautiful.

al.go.dão [awgod'ãw] *sm* cotton: a) fibre. b) cloth. **algodão doce** cotton-candy, candy floss.

al.guém [awg'ẽj] *pron indef* **1** somebody, someone **2** anybody, anyone. *há alguém aí?* / is there anybody there?

al.gum [awg'ũ] *adj indef* (*pl* **alguns**; *f* **alguma**, *pl* **algumas**) **1** some. **2** any. *ele vale alguma coisa?* / is he any good? **3** *pl* some, a few, several. **algumas das minhas coisas** a few of my things. **alguns cigarros** some cigarettes. **coisa alguma** nothing. **de forma alguma** by no means. **depois de algum tempo** after some time. **em algum lugar** someplace, somewhere.

a.lhei.o [aʎ'eju] *adj* **1** somebody else's. **2** distracted, lost in thought. *ele estava alheio a tudo* / he was lost in his thoughts.

a.lho ['aʎu] *sm* garlic. **alho porro** leek. **dente de alho** clove of garlic.

a.li [al'i] *adv* there, in that place. **ali dentro** in there. **ali fora** out there. **até ali** as far as there. **por ali** that way.

a.li.an.ça [ali'ãsə] *sf* **1** alliance, union. **2** wedding ring.

a.li.ar [ali'ar] *vt+vpr* **1** to join, connect. **2** to combine. **3** to unite by marriage. **4** **aliar-se** to enter into an alliance. **aliar-se a** to make an alliance with.

a.li.ás [ali'as] *adv* **1** else, otherwise. **2** besides. **3** by the way. **4** incidentally.

a.li.ca.te [alik'ati] *sm* (a pair of) pliers. **alicate de unhas** nail clipper.

a.li.cer.ce [alis'ɛrsi] *sm* foundation. *a casa estremeceu até os alicerces* / the house rocked to its foundation.

a.li.men.ta.ção [alimẽtas'ãw] *sf* (*pl* **alimentações**) **1** food. **2** supplies, provisions. **3** feeding (action).

a.li.men.tar [alimẽt'ar] *vt+vpr* **1** to feed. **2** to be nourishing. *chocolate alimenta* / chocolate is nourishing. **3** **alimentar-se** to eat. *ele precisa se alimentar* / he needs to eat. **4** **alimentar-se de** to live on something. *ele se alimenta só de doces* / he lives on sweets.

a.li.men.to [alim'ẽtu] *sm* food. **alimento enlatado** canned / tinned food.

a.li.sar [aliz'ar] *vt* **1** to smooth. **2** to straighten. **3** to comb.

a.lis.tar [alist'ar] *vt+vpr* **1** to enlist. **2** to enrol. **3** **alistar-se** to join (up). **alistar-se no exército** to join the army.

a.li.vi.ar [alivi'ar] *vt+vint* **1** to alleviate, relieve. **2** to lessen.

a.lí.vio [al'ivju] *sm* relief. **suspiro de alívio** a sigh of relief.

al.ma ['awmə] *sf* soul: a) the spiritual part of a person. b) nature. c) enthusiasm. **de corpo e alma** with body and soul. **sem alma** heartless. **uma boa alma** a good soul.

al.ma.na.que [awman'aki] *sm* almanac. **conhecimento de almanaque** superficial knowledge.

al.mi.ran.te [awmir'ãti] *sm* admiral.

al.mo.çar [awmos'ar] *vint* to have lunch. *eu almoço ao meio-dia* / I have lunch at midday.

al.mo.ço [awm'osu] *sm* (*pl* **almoços**) lunch. *o almoço está pronto?* / is lunch ready?

al.mo.fa.da [awmof'adə] *sf* cushion. **al-mofada da porta** door panel. **almofada para carimbo** ink pad.

al.môn.de.ga [awm'õdegə] *sf* meat balls.

a.lô [al'o] *interj* hullo! hello! hi!

a.lo.ja.men.to [aloʒam'ẽtu] *sm* **1** hall of residence, dormitory (alunos). **2** accommodation, habitation. **3** *Mil* barracks.

a.lo.jar [aloʒ'ar] *vt+vint* **1** to accomodate. *esta casa acomoda 10 pessoas* / this house accomodates 10 people. **2** to put somebody up. *vou alojar alguns alunos em minha casa* / I am going to put some students up in my house.

a.lon.gar [alõg'ar] *vt+vpr* **1** to lengthen, stretch. **2** to expand. **3** **alongar-se** to stretch.

al.pen.dre [awp'ẽdri] *sm* porch, terrace.

al.pi.nis.mo [awpin'izmu] *sm* mountaineering, mountain climbing.

al.pi.nis.ta [awpin'istə] *sm+f* mountaineer, mountain climber. • *adj m+f* of or referring to mountaineering. **alpinista social** social climber.

al.ta ['awtə] *sf* **1** raising, rise. **2** increase. **3** discharge (from hospital). • *adj f* of **alto**: high. **alta noite** high night.

al.tar [awt'ar] *sm* altar.

al.te.rar [awter'ar] *vt+vpr* **1** to change, alter. **2** to disturb. **3** to spoil. **4** to falsify. *ele alterou o balanço* / he falsified the account. **5** **alterar-se** to get excited, upset.

al.ter.na.ti.va [awternat'ivə] *sf* alternative. *não há outra alternativa a não ser retirar-se* / you have no choice but to go.

al.ti.tu.de [awtit'udi] *sf* altitude, height.

al.to ['awtu] *sm* **1** height. **2** heaven. **3** peak. • *adj* **1** high, elevated, tall. **2** excellent. **3** distinguished. **4** important. **5** loud. • *adv* **1** aloud, loud. **2** atop. **a alta sociedade** the high society. **o alto Amazonas** the upper Amazonas. **de alto a baixo** from head to toe. Veja nota em **high.**

al.to-fa.lan.te [awtufal'ãti] *sm* (*pl* **alto-falantes**) loudspeaker.

al.tu.ra [awt'urə] *sf* **1** height. **2** altitude. **3** top, summit. **4** time, period. **5** tallness. **a certa altura** at a certain point. **até a altura de** as high as.

a.lu.ci.na.ção [alusinas'ãw] *sf* (*pl* **alucinações**) hallucination.

a.lu.ci.nar [alusin'ar] *vt* to hallucinate.

a.lu.gar [alug'ar] *vt* to hire (out), rent, let, lease. **para alugar** for rent, on hire. Veja nota em **hire**.

a.lu.guel [alug'ɛw] *sm* (*pl* **aluguéis**) rental, rent, hire, leasing. **aluguel de casa** house rent. **firma de aluguel de carros** car rental.

a.lu.no [al'unu] *sm* pupil, student.

a.lu.são [aluz'ãw] *sf* (*pl* **alusões**) allusion, hint.

al.vo ['awvu] *sm* 1 target, aim. 2 objective. • *adj* 1 white. 2 pure. 3 clear, limpid. **errar o alvo** to miss the mark.

al.vo.ra.da [awvor'adə] *sf* dawn, daybreak.

al.vo.ro.ço [awvor'osu] *sm* 1 excitement, agitation. 2 enthusiasm. 3 noise, tumult. 4 *bras* shouting, *fig* effervescence.

a.ma.ci.ar [amasi'ar] *vt* to smooth, soften.

a.ma.dor [amad'or] *sm* amateur. • *adj* amateur, non profissional.

a.ma.du.re.cer [amadures'er] *vt+vint* 1 to ripen. 2 to mature.

a.mal.di.ço.a.do [amawdiso'adu] *sm* cursed person. • *adj* cursed, execrated, damned, odious.

a.mal.di.ço.ar [amawdiso'ar] *vt* 1 to curse, execrate, damn, anathematize. 2 to blaspheme.

a.ma.men.tar [amamẽt'ar] *vt* 1 to breastfeed, nurse. 2 to suckle (animal).

a.ma.nhã [aman'ã] *sm* 1 tomorrow. 2 *fig* the future. • *adv* tomorrow. **amanhã ou depois** later. **de amanhã a oito dias** a week from tomorrow. **depois de amanhã** the day after tomorrow.

a.ma.nhe.cer [amañes'er] *sm* dawn, daybreak. • *vint* 1 to dawn. 2 to rise (sun). 3 to come in the early morning. *nós amanhecemos no Rio* / we arrived in Rio at dawn (or in the morning). **ao amanhecer** at dawn.

a.man.te [am'ãti] *s m+f* 1 lover. *ela é sua amante* / she is his lover. 2 mistress. • *adj m+f* 1 loving, in love. 2 fond of. *ele é amante de boa música* / he is fond of good music.

a.mar [am'ar] *vt+vint+vpr* 1 to love, be in love. 2 to like, be found of. 3 to worship. 4 **amar-se** to love each other.

a.ma.re.la.do [amarel'adu] *adj* 1 yellowish. 2 pale, colourless.

a.ma.re.lo [amar'ɛlu] *sm* yellow (colour). • *adj* 1 yellow. 2 pale. 3 faded. 4 forced (smile).

a.mar.go [am'argu] *adj* bitter. **até o amargo fim** to the bitter end.

a.mar.gu.ra [amarg'urə] *sf* 1 bitterness. 2 sorrow.

a.mar.rar [amar̄'ar] *vt+vint* 1 to fasten, tie (down). 2 to moor. *amarrei o meu sapato* / I tied up my shoe. **amarrar a cara** to get angry.

a.mar.ro.tar [amar̄ot'ar] *vt* 1 to crumple. 2 to wrinkle, crease.

a.mas.sar [amas'ar] *vt* 1 to knead. 2 to crumple, wrinkle. 3 to mash.

a.má.vel [am'avew] *adj m+f* (*pl* **amáveis**) 1 kind, gentle, nice. *o senhor é muito amável* / you are most kind. 2 friendly, polite.

am.bi.ção [ãbis'ãw] *sf* (*pl* **ambições**) ambition.

am.bi.ci.o.so [ãbisi'ozu] *adj* ambitious, greedy.

am.bi.en.tal [ãbjẽt'aw] *adj m+f* (*pl* **ambientais**) environmental.

am.bi.en.te [ãbi'ẽti] *sm* environment. • *adj m+f* surrounding, environmental, ambient.

am.bí.guo [ãb'igwu] *adj* 1 ambiguous. 2 dubious.

âm.bi.to ['ãbitu] *sm* 1 extent, scope. 2 sphere or field of action.

am.bos ['ãbus] *pron* both. *ambos chegaram* / both of them have arrived. *ambas gostamos de sorvete* / both of us like ice-cream. **em ambos os lados** on either side.

am.bu.lân.cia [ãbul'ãsjə] *sf* ambulance.

am.bu.lan.te [ãbul'ãti] *s m+f* street vendor. • *adj m+f* itinerant, traveling.

a.me.a.ça [ame'asə] *sf* threat. **fazer ameaça** to threaten.

a.me.a.ça.dor [ameasad'or] *adj* threatening, intimidating.

a.me.a.çar [ameas'ar] *vt* to threaten. *eles foram ameaçados com demissão* / they were threatened with dismissal.

a.me.dron.tar [amedrõt'ar] vt+vint+vpr 1 to frighten, scare. 2 amedrontar-se to be afraid.

a.mei.xa [am'ej∫ə] sf plum. ameixa seca prune.

a.mên.doa [am'ẽdwə] sf almond.

a.men.do.im [amẽdo'ĩ] sm (pl amendoins) peanut.

a.me.no [am'enu] adj 1 bland, mild. 2 agreeable. 3 delicate.

a.me.ri.ca.no [amerik'∧nu] sm American. • adj American.

a.mi.do [am'idu] sm starch. amido de milho corn starch.

a.mi.gá.vel [amig'avew] adj m+f (pl amigáveis) friendly, kind, sociable.

a.mi(g).dà.la [am'i(g)dalə] sf tonsil.

a.mi.go [am'igu] sm friend. eles são amigos muito íntimos / they are very close friends. • adj friendly. ele tem cara de poucos amigos / he has an unfriendly look. tornar-se amigo de to make friends with.

a.mis.to.so [amist'ozu] adj friendly, amicable.

a.mi.za.de [amiz'adi] sf friendship. fazer amizade to make friends.

a.mo.la.ção [amolas'ãw] sf (pl amolações) 1 affliction, nuisance. 2 bore. 3 sharpening.

a.mo.lar [amol'ar] vt 1 to sharpen. 2 to pester, annoy. não me amole! / don't be a nuisance!

a.mo.le.cer [amoles'er] vt 1 to soften. 2 to soak, macerate. 3 to weaken.

a.mo.ní.a.co [amon'iaku] sm ammonia.

a.mon.to.ar [amõto'ar] vt+vint 1 to heap or pile up. 2 to accumulate. 3 to amass, gather.

a.mor [am'or] sm (pl amores) love, affection, attachment. amor maternal mother's love. fazer amor to make love. pelo amor de Deus! for Goodness sake! por amor out of love.

a.mo.ro.so [amor'ozu] adj 1 loving, amorous. 2 gentle. vida amorosa love life

a.mor-pró.prio [am'orpr'oprju] sm self-esteem.

a.mos.tra [am'ostrə] sf sample, example. amostra grátis free sample.

am.pa.rar [ãpar'ar] vt+vint+vpr 1 to support. 2 to protect, help. 3 amparar-se to take refuge with.

am.pa.ro [ãp'aru] sm 1 support. 2 protection

am.pli.ar [ãpli'ar] vt to amplify, enlarge.

am.pli.fi.ca.dor [ãplifikad'or] sm 1 (também Fot, Rád) amplifier, receiver. 2 Tecn booster.

am.pli.fi.car [ãplifik'ar] vt to amplify, enlarge.

am.plo ['ãplu] adj 1 ample. 2 wide. 3 spacious, uma casa ampla a spacious house.

am.pu.ta.ção [ãputas'ãw] sf (pl amputações) amputation.

am.pu.tar [ãput'ar] vt to amputate.

a.mu.a.do [amu'adu] adj sulky, sullen. estar amuado to be sulky.

a.mu.ar [amu'ar] vt to sulk.

a.nal.fa.be.tis.mo [anawfabet'izmu] sm analphabetism, illiteracy.

a.nal.fa.be.to [anawfab'εtu] sm analphabet, illiterate.

a.nal.gé.si.co [anaw3'εziku] sm pain killer.

a.na.li.sar [analiz'ar] vt to analyse, analyze.

a.ná.li.se [an'alizi] sf analysis. análise clínica clinical analysis.

a.não [an'ãw] sm (pl anões) (fem anã) dwarf.

a.nar.qui.a [anark'iə] sf anarchy

a.na.to.mi.a [anatom'iə] sf anatomy.

ân.co.ra ['ãkorə] sf 1 anchor. 2 fig refuge, shelter. 3 TV anchorman, anchorwoman. levantar a âncora to weigh anchor.

an.dai.me [ãd'∧jmi] sm scaffold.

an.da.men.to [ãdam'ẽtu] sm process, proceeding. em andamento in process.

an.dar [ãd'ar] sm 1 gait (walking). 2 floor (building). leve-me ao andar térreo / take me down to the ground floor, please. 3 layer. • vint+vt 1 to go, walk. andamos pela cidade / we walked about the town. 2 to drive, ride. gosto de andar de bicicleta / I like to ride a bicycle. 3 to function, work. 4 to be, feel. andar desesperado to be desperate.

an.do.ri.nha [ãdor'iñə] sf swallow.

a.nel [an'εw] sm (pl anéis) 1 ring. 2 lock

of hair. **anel de casamento** wedding-ring.
anel rodoviário ring road.

a.nê.mi.co [an'emiku] *adj* **1** anemic. **2**
weak. **3** pale.

a.nes.te.si.a [anestez'iə] *sf* anesthesia.

a.nes.te.si.ar [anestezi'ar] *vt* to anesthetize.

a.nes.té.si.co [anest'ɛziku] *sm* anesthetic.
• *adj* anesthetic.

a.ne.xar [aneks'ar] *vt* to annex, join,
attach, incorporate.

a.ne.xo [an'ɛksu] *sm* supplementary
building. • *adj* attached.

an.fí.bio [ãf'ibju] *sm* amphibian (animal
or plant). • *adj* amphibious.

an.fi.te.a.tro [ãfite'atru] *sm* amphitheatre.

an.fi.tri.ão [ãfitri'ãw] *sm* (*pl* **anfitriões**)
(*fem* **anfitriã**) host.

an.ga.ri.ar [ãgari'ar] *vt* **1** to raise (fundos). **2** to collect, obtain.

an.gli.ca.no [ãglik'ʌnu] *sm* Anglican. •
adj Anglican.

an.glo-sa.xão [ãglusaks'ãw] *sm* (*pl* **anglo-
saxões**) Anglo-Saxon. • *adj* Anglo-
Saxon.

ân.gu.lo [ã'gulu] *sm* **1** angle. **2** point of
view.

an.gús.tia [ãg'ustʃə] *sf* **1** anguish. **2**
distress, agony.

a.ni.ma.ção [animas'ãw] *sf* (*pl* **animações**)
1 animation. **2** liveliness. **3** enthusiasm.

a.ni.ma.do [anim'adu] *adj* **1** enthusiastic.
2 encouraged. **3** lively.

a.ni.mal [anim'aw] *sm* (*pl* **animais**) animal. • *adj m+f* **1** animal. **2** material.
animal carnívoro carnivorous animal.
reino animal animal kingdom.

a.ni.mar [anim'ar] *vt* **1** to encourage, cheer
up. *preciso animá-lo* / I must cheer him
up. **2 animar-se** to cheer (oneself) up.

â.ni.mo [ã'nimu] *sm* **1** vitality. **2** spirit. •
interj **ânimo!** courage! cheer up! **perder
o ânimo** to be discouraged.

a.ni.qui.lar [anikil'ar] *vt+vpr* **1** to
annihilate, extinguish. **2** to kill. **3** to
destroy physically or morally. **4 aniqui-
lar-se** to destroy oneself.

a.nis [an'is] *sm* anise, aniseed.

a.nis.ti.a [anist'iə] *sf* amnesty.

a.ni.ver.sá.rio [anivers'arju] *sm*

anniversary, birthday (person). • *adj*
anniversary. **aniversário de casamento**
wedding anniversary. **aniversário nata-
lício** birthday. Veja nota em **anniversary**.

an.jo [ã'ʒu] *sm* **1** angel. **2** *fig* very kind
person. *seja um anjo e ajude-me* / be an
angel and help me. **anjo da guarda**
guardian angel.

a.no [ʌ'nu] *sm* **1** year. *deve fazer um ano* /
it must be about a year. **2 anos** a person's
years of existence. *quantos anos você
tem?* / how old are you? **ano a ano** year
by year. **ano bissexto** leap year. **anos
atrás** years ago. **de dois em dois anos**
every other year. **Feliz Ano Novo!** Happy
New Year! **todo ano** every year. **uma vez
por ano** once a year. **anos 80** in the 80's.

a.noi.te.cer[1] [anojtes'er] *sm* nightfall,
dusp. **ao anoitecer** at dusk.

a.noi.te.cer[2] [anojtes'er] *vint* to get dark.
anoitece cedo aqui / it gets dark early here.

a.no-luz [ʌnul'us] *sm* (*pl* **anos-luz**)
light-year.

a.nô.ni.mo [an'onimu] *adj* anonymous.

a.no.re.xi.a [anoreks'iə] *sf* anorexia.

a.nor.mal [anorm'aw] *adj* **1** abnormal,
anomalous. **2** disabled (person).

a.no.tar [anot'ar] *vt* to write down.

an.sei.o [ãs'eju] *sm* **1** longing. **2** wish.

ân.sia [ã'sjə] *sf* **1** anguish, anxiety. **2**
longing. **3 ânsias** nausea.

an.si.ar [ãsi'ar] *vt+vint+vpr* **1** to crave,
yearn. **2** to be anxious, worry about. **3
ansiar-se** to fret about. **ansiar por** to
pine for.

an.si.e.da.de [ãsjed'adi] *sf* **1** anxiety,
worry. **2** anguish, longing.

an.si.o.so [ãsi'ozu] *adj* anxious.

an.ta.go.nis.mo [ãtagon'izmu] *sm* antagonism, opposition.

an.te [ã'ti] *prep* before, in the face of, in
view of.

an.te.bra.ço [ãtebr'asu] *sm* forearm.

an.te.ce.dên.cia [ãtesed'ẽsjə] *sf* ante-
cedence, precedence. **com antecedência**
in advance.

an.te.ce.den.te, an.te.ce.den.tes [ãtesed'ẽti]
sm antecedent. • *adj m+f* antecedent,
preceding, previous, prior.

an.te.ci.pa.da.men.te [ãtesipadam'ẽti] adv beforehand, in advance.

an.te.ci.par [ãtesip'ar] vt+vint+vpr 1 to anticipate. 2 to advance (time or date), bring forward. 3 antecipar-se to foresee. antecipar os agradecimentos to thank in advance.

an.te.mão [ãtem'ãw] adv beforehand. isso já se sabia de antemão / it was a foregone conclusion. de antemão previously, in advance. fazer de antemão to anticipate.

an.te.na [ãt'enə] sf 1 antenna, aerial (TV, radio). 2 antenna antena parabólica satellite dish.

an.te.on.tem [ãte'õtẽj] adv the day before yesterday.

an.te.pas.sa.do [ãtepas'adu] sm 1 forefather, ancestor. 2 antepassados ancestors.

an.te.ri.or [ãteri'or] adj m+f former, previous, prior. no caso anterior in the former case.

an.tes ['ãtis] adv before, formerly, previously. antes de previous to. antes de tudo first of all. o quanto antes as soon as possible. pouco antes shortly before. quanto antes melhor the sooner the better.

an.ti.a.de.ren.te [ãtjader'ẽti] adj non-stick.

an.ti.bi.ó.ti.co [ãtibi'ɔtiku] sm antibiotic. • adj antibiotic.

an.ti.con.cep.ci.o.nal [ãtikõsepsjon'aw] s m+f (pl anticoncepcionais) contraceptive. • adj m+f contraceptive. pílula anticoncepcional contraceptive pill.

an.ti.cor.po [ãtik'orpu] sm antibody.

an.ti.do.to [ãt'idotu] sm antidote.

an.ti.ga.men.te [ãtigam'ẽti] adv formerly, in the old days.

an.ti.go [ãt'igu] adj 1 ancient, old. 2 antique. 3 archaic, old-fashioned. à moda antiga old-fashioned. meu antigo professor my former teacher. objetos antigos antiquities.

an.ti.gui.da.de [ãtigid'adi] sf 1 antique, antiquities. 2 ancient times. 3 seniority. história da Antiguidade ancient history.

an.tí.lo.pe [ãt'ilopi] sm antelope.

an.ti.pa.ti.a [ãtipat'iə] sf aversion, dislike.

an.ti.pá.ti.co [ãtip'atiku] adj unpleasant.

an.ti.qua.do [ãtik'wadu] adj 1 out of date, obsolete. 2 old-fashioned, ancient.

an.ti.quá.rio [ãtik'warju] sm 1 antiquarian. 2 antique shop.

an.ti.sép.ti.co [ãtis'ɛptiku] sm antiseptic, germicide. • adj antiseptic.

an.tô.ni.mo [ãt'onimu] sm antonym, opposite.

an.tro.po.lo.gi.a [ãtropoloʒ'iə] sf anthropology.

an.tro.pó.lo.go [ãtrop'ɔlogu] sm anthropologist.

a.nu.al [anu'aw] adj m+f (pl anuais) 1 annual, yearly. 2 once a year. assinatura anual yearly subscription.

a.nu.al.men.te [anuawm'ẽti] adv annually, yearly.

a.nu.lar¹ [anul'ar] adj m+f annular, ring-shaped. dedo anular ring-finger.

a.nu.lar² [anul'ar] vt 1 to annul, cancel. 2 to destroy. 3 to declare something invalid. anular um voto to annul a vote.

a.nun.ci.an.te [anũsi'ãti] s m+f advertiser.

a.nun.ci.ar [anũsi'ar] vt 1 to announce. 2 to advertise.

a.nún.cio [an'ũsju] sm 1 advertisement, notice. 2 bill. 3 announcement.

â.nus ['ʌnus] sm sing+pl anus.

an.zol [ãz'ɔw] sm (pl anzóis) 1 fishhook. 2 fig bait, trick. pescar com anzol to angle.

ao [aw] contr da prep a e o art o: in the, for the, at the, to the, by the etc. ao amanhecer at dawn. ao invés de instead of. ao menos at least. ao pé da letra literally. ao romper do dia at daybreak. ao todo all in all.

a.on.de [a'õdi] adv where, wherever. aonde você vai? / where are you going to?

a.pa.ga.do [apag'adu] adj 1 extinguished, extinct, put out. 2 erased. 3 faint, vague. 4 colourless. 5 fig quiet, modest, plain.

a.pa.ga.dor [apagad'or] sm eraser.

a.pa.gar [apag'ar] vt+vint+vpr 1 to extinguish. 2 to erase. 3 to delete. 4 bras, gír to kill someone. 5 apagar-se to die away, go out.

a.pai.xo.na.do [apajʃon'adu] sm 1 lover. 2 enthusiast. • adj 1 enamoured. 2 enthusiastic. apaixonado por livros crazy about books.

a.pai.xo.nar [apajʃon'ar] *vt+vpr* **1** to infatuate, enamour. **2 apaixonar-se** to fall in love. *ele apaixonou-se por ela* / he fell in love with her.

a.pal.par [apawp'ar] *vt* to touch, feel, palpate.

a.pa.nhar [apañ'ar] *vt+vint+vpr* **1** to pick, pluck. **2** to catch (as a ball). **3** to fetch. *vou apanhar as crianças no clube* / I'm going to fetch the children at the club. **apanhar flores** to pick flowers. **apanhar um resfriado** to catch a cold.

a.pa.ra.fu.sar [aparafuz'ar] *vt* to bolt, fasten with a screw.

a.pa.rar [apar'ar] *vt* to clip, trim, cut.

a.pa.re.cer [apares'er] *vint* **1** to appear, show up. *finalmente você torna a aparecer* / you finally showed up again. **2** to come to sight. **aparecer inesperadamente** to appear, turn up unexpectedly.

a.pa.re.ci.men.to [aparesim'ẽtu] *sm* appearance.

a.pa.re.lha.gem [apareʎ'aʒẽj] *sf* (*pl* **aparelhagens**) implements, equipments.

a.pa.re.lho [apar'eʎu] *sm* **1** equipment. **2** apparatus, device. **3** machine. **4** braces (teeth).

a.pa.rên.cia [apar'ẽsjə] *sf* **1** appearance, aspect. *eles tentam salvar as aparências* / they try to keep up appearances. **2** semblance. **3** likelihood, likeness. **as aparências enganam** appearances are deceptive. **de boa aparência** good-looking.

a.pa.ren.tar [aparẽt'ar] *vt* **1** to look. *ele aparenta ter 30 anos* / he looks 30. **2** to have the appearance.

a.pa.ren.te [apar'ẽti] *adj m+f* **1** apparent. **2** false. **3** evident, obvious.

a.pa.ri.ção [aparis'ãw] *sf* (*pl* **aparições**) **1** appearance. **2** vision.

a.par.ta.men.to [apartam'ẽtu] *sm* flat (England), apartment (USA).

a.pa.ti.a [apat'iə] *sf* apathy.

a.pa.vo.rar [apavor'ar] *vt+vint+vpr* to frighten, terrify, appal.

a.pa.zi.guar [apazig'war] *vt* **1** to pacify, appease. **2** to calm.

a.pe.ar [ape'ar] *vt+vint+vpr* **1** to put or help down (as from a car). **2** to dismount (from a horse). **3 apear-se** to dismount.

a.pe.ga.do [apeg'adu] *adj* attached, affectionate.

a.pe.go [ap'egu] *sm* affection, attachment, fondness. *ter grande apego à família* / to be strongly attached to the family.

a.pe.lar [apel'ar] *vt+vint* **1** to appeal. **2** to ask for assistance.

a.pe.li.dar [apelid'ar] *vt+vpr* to nickname.

a.pe.li.do [apel'idu] *sm* nickname.

a.pe.lo [ap'elu] *sm* **1** appeal, plea. **2** call (as for assistance). **fazer um apelo** to make a plea.

a.pe.nas [ap'enas] *adv, conj* **1** hardly. **2** only. *se é apenas isso* / if it is only that. **3** just. *diga-me apenas* / just tell me.

a.pên.di.ce [ap'ẽdisi] *sm* (também *Anat*, *Zool*) **1** appendix. **2** supplement, appendage. **3 addendum.**

a.pen.di.ci.te [apẽdis'iti] *sf* appendicitis.

a.per.fei.ço.a.men.to [aperfejsoam'ẽtu] *sm* improvement.

a.per.fei.ço.ar [aperfejso'ar] *vt+vpr* **1** to improve in/upon, better. **2** to refine. **3 aperfeiçoar-se** to improve in, correct one's own faults, develop one's abilities.

a.pe.ri.ti.vo [aperit'ivu] *sm* **1** aperitif. **2** appetizer.

a.per.tar [apert'ar] *vt* **1** to press. **2** to tighten, to take in. **apertar a mão** to shake hands.

a.per.to [ap'ertu] *sm* (*pl* **apertos**) **1** pressure. **2** distress, trouble.

a.pe.sar.de [apez'ar di] *frase preposicional*: in spite (of), despite, although, not withstanding, though. **apesar de ver o perigo, ele ficou** though he saw the danger, he stayed.

a.pe.te.cer [apetes'er] *vt+vint* **1** to have an appetite for. **2** to desire, hunger for. **3** to be in the mood for. *não me apetece o trabalho hoje* / I do not feel like working today.

a.pe.ti.te [apet'iti] *sm* appetite. **falta de apetite** inappetence.

a.pe.ti.to.so [apetit'ozu] *adj* appetizing.

a.pe.tre.chos [apetr'eʃus] *sm pl* supplies, equipment, gear. **apetrechos de pescar** fishing tackle.

a.pi.á.rio [api'arju] *sm* apiary. • *adj* apiarian: of or relating to beekeeping or bees.

a.pi.men.ta.do [apimẽt'adu] *adj* peppery, spicy.

a.pi.nha.do [apiñ'adu] *adj* crammed, crowded. **apinhado de gente** crowded with people.

a.pi.tar [apit'ar] *vint+vt* **1** to blow the whistle. **2** to whistle (trem).

a.pi.to [ap'itu] *sm* whistle: instrument, sound.

a.pla.car [aplak'ar] *vt +vint* **1** to placate. **2** to soothe. **3** to quench.

a.plai.nar [aplajn'ar] *vt* **1** to plane. **2** to level, smooth.

a.plau.dir [aplawd'ir] *vt+vint* to applaud, clap. *ele foi muito aplaudido* / he was very much applauded.

a.plau.so [apl'awzu] *sm* applause.

a.pli.ca.ção [aplikas'ãw] *sf (pl* **aplicações)** **1** application. **2** perseverance. **3** invest money.

a.pli.ca.do [aplik'adu] *adj* **1** applied. **2** diligent, hard-working.

a.pli.car [aplik'ar] *vt+vpr* **1** to apply. **2** to administer (a remedy). **3** to suit, fit. *isto não se aplica ao caso* / that does not suit the case. **4 aplicar-se** a) to be applied to. b) to be diligent.

a.pli.cá.vel [aplik'avew] *adj m+f (pl* **aplicáveis)** applicable.

a.po.de.rar [apoder'ar] *vpr* to take possession, seize. *o pavor apoderou-se dele* / he was seized by fear.

a.po.dre.cer [apodres'er] *vt+vi* to rot.

a.poi.ar [apoj'ar] *vt+vpr* **1** to support. *eles apoiam o novo presidente* / they support the new president. **2** patronize, encourage. **3 apoiar-se (sobre, em, ao, à)** to rest, lean (on, against), rely, depend on. *ela estava se apoiando na árvore* / she was leaning against the tree.

a.poi.o [ap'oju] *sm* protection, support. **apoio moral** moral support.

a.pó.li.ce [ap'ɔlisi] *sf* policy, bond. **apólice de seguro** insurance policy.

a.po.lo.gi.a [apoloʒ'iə] *sf* **1** apology: defense. **2** high praise.

a.pon.ta.dor [apõtad'or] *sm* pencil sharpener.

a.pon.ta.men.to [apõtam'ẽtu] *sm* note, entry.

a.pon.tar [apõt'ar] *vt+vint+vpr* **1** to indicate, show. **2** to point out. **3** to point to. **4** to sharpen. **5** to rise. *o sol estava apontando quando levantamos* / the sun was rising when we got up. **ao apontar do dia** at daybreak. **apontar os erros** to show the mistakes.

a.por.ri.nhar [aporiñ'ar] *vt+vpr* pop to annoy, pester.

a.pós [ap'ɔs] *adv* after, thereafter, behind. • *prep* after, behind. **após isso** thereafter. **dia após dia** day after day. **um após o outro** one after another.

a.po.sen.ta.do [apozẽt'adu] *sm* pensioner. • *adj* retired.

a.po.sen.ta.do.ri.a [apozẽtador'iə] *sf* pension, retirement. **idade para aposentadoria** retirement age.

a.po.sen.tar [apozẽt'ar] *vt+vpr* **1** to pension off. *ele foi aposentado* / he was pensioned off. **2 aposentar-se** to retire.

a.pos.ta [ap'ɔstə] *sf* bet. *vamos fazer uma aposta* / let's make a bet.

a.pos.tar [apost'ar] *vt+vint* **1** to bet, make a bet. *apostar quinhentos reais num cavalo* / to lay five hundred reais on a horse. *quanto quer apostar?* / what will you bet? **2** to challenge, defy. *eu aposto que você não sabe fazê-lo!* / I defy you to do it!

a.pos.ti.la [apost'ilə] *sf* xeroxed texts for students, instead of a book.

a.pós.to.lo [ap'ɔstolu] *sm* apostle.

a.pra.zí.vel [apraz'ivew] *adj m+f (pl* **aprazíveis)** pleasant, delightful.

a.pre.ci.a.ção [apresjas'ãw] *sf (pl* **apreciações)** **1** appreciation. **2** valuation. **3** opinion.

a.pre.ci.ar [apresi'ar] *vt* **1** to appreciate. *aprecio seu esforço* / I appreciate your effort. **2** to rate, estimate, judge. **3** recognize (the value of). *reconheço tudo o que você fez por mim* / I appreciate everything you have done for me.

a.pre.ço [apr'esu] *sm* regard, esteem.

a.pre.en.der [apreẽd'er] *vt+vint* to apprehend: a) to arrest. b) to confiscate. c) to understand.

a.pre.en.são [apreẽs'ãw] *sf (pl* **apreensões)** apprehension: a) act or fact of apprehending. b) arrest. c) seizure, capture. d) understanding. e) fear. **de fácil apreensão** easy to be understood.

a.pre.en.si.vo [apreẽs'ivu] *adj* apprehensive, uneasy.

a.pren.der [aprẽd'er] *vt+vint* to learn. **aprender de cor** to learn by heart.

a.pren.diz [aprẽd'is] *sm* (*pl* **aprendizes**) apprentice, beginner.

a.pren.di.za.gem [aprẽdiz'aʒẽj] *sf* (*pl* **aprendizagens**) learning

a.pre.sen.ta.ção [aprezẽtas'ãw] *sf* (*pl* **apresentações**) **1** presentation. **2** introduction. **3** personal appearance.

a.pre.sen.tar [aprezẽt'ar] *vt+vpr* **1** to present: a) to introduce. *apresentar um projeto de lei* / to introduce a bill. b) to show. c) to display. d) to submit for consideration, propose. *o documento foi apresentado para assinatura* / the document was submitted for signature. **2 apresentar-se** to introduce oneself. **apresentar desculpas** to apologize.

a.pres.sar [apres'ar] *vt+vint+vpr* **1** to speed up, rush. **2 apressar-se** make haste, get moving. **apressar o passo** to quicken one's steps.

a.pri.mo.ra.do [aprimor'adu] *adj* refined, elegant, well done.

a.pri.mo.rar [aprimor'ar] *vt+vpr* **1** to improve. **2 aprimorar-se** to improve oneself.

a.pri.si.o.nar [aprizjon'ar] *vt* to arrest, capture.

a.pro.fun.dar [aprofũd'ar] *vt+vpr* **1** to deepen, to go deep into. **2 aprofundar-se** to deepen (the knowledge). *ele aprofundou-se no estudo de história* / he deepened his studies on history.

a.pron.tar [aprõt'ar] *vt+vint* to make or get ready. *preciso aprontar-me* / I must get ready.

a.pro.pri.a.do [apropri'adu] *adj* appropriate, proper, adequate. *é apropriado para ela* / it is proper for her.

a.pro.va.ção [aprovas'ãw] *sf* (*pl* **aprovações**) **1** approval. **2** pass (examination). **3** *fig* sympathy, applause.

a.pro.va.do [aprov'adu] *adj* approved, accredited. *aprovado!* / agreed! right! *ele*

foi aprovado no exame / he has passed his examination.

a.pro.var [aprov'ar] *vt+vint* **1** to approve. **2** sanction, pass. **aprovar uma lei** to pass a law. **aprovar um aluno** to pass a student in an examination.

a.pro.vei.tar [aprovejt'ar] *vt+vint+vpr* **1** make good use of, benefit from. **2** to use. *ela aproveitou as sobras* / she used the leftovers. **3 aproveitar-se (de)** to avail oneself (of), take advantage (of). *ela se aproveitou de mim* / she took advantage of me.

a.pro.xi.ma.ção [aprosimas'ãw] *sf* (*pl* **aproximações**) **1** approach, nearness. **2** close estimate.

a.pro.xi.mar [aprosim'ar] *vt+vpr* **1** bring near. **2 aproximar-se** to come near, approach. *não se aproxime de mim!* / don't come near me! *você conseguirá aproximar-se dele?* / will you be able to approach him?.

ap.ti.dão [aptid'ãw] *sf* (*pl* **aptidões**) aptitude, ability, capacity, talent. **aptidão física** physical fitness. **ter aptidão para o estudo** to be good at learning.

ap.to ['aptu] *adj* able, qualified, fit. *apto para o trabalho* / fit for work.

a.pu.nha.lar [apuñal'ar] *vt* to stab.

a.pu.ra.ção [apuras'ãw] *sf* (*pl* **apurações**) **1** investigation, verification. **2** improvement. **3** result. **4** counting (of votes).

a.pu.rar [apur'ar] *vt+vint* **1** to improve. **2** to refine. **3** to verify, investigate. **4** to count (votes).

a.pu.ro [ap'uru] *sm* **1** accuracy. **2** carefulness in dressing or speaking. **3** plight, fix, difficulty. *estar em apuros* / to be in a fix.

a.qua.re.la [akwar'ɛlə] *sf* watercolour.

a.quá.rio [ak'warju] *sm* **1** aquarium. **2** Aquarius.

a.quá.ti.co [ak'watiku] *adj* aquatic. **esportes aquáticos** water sports.

a.que.ce.dor [akesed'or] *sm* heater. **aquecedor elétrico** electric heater.

a.que.cer [akes'er] *vt+vpr* **1** to make or become hot, warm. *aqueci os pés* / I warmed my feet, *coloq* I toasted my toes.

2 to heat up. **3 aquecer-se** to get warmed up. **aquecer demais** to overheat.

a.que.ci.men.to [akesim′ẽtu] *sm* **1** heating. **2** *Esp* warm-up. **aquecimento central** central heating.

a.que.du.to [akeɖ′utu] *sm* aqueduct, an artificial channel.

a.que.la [ak′ɛlə] *pron dem (fem of* **aque-le**) **1** that (one), the one. *esta casa é nova, aquela é velha /* this house is new, that one is old. **2 aquelas** those.

à.que.la [ak′ɛlə] *contr* da *prep* **a** e do *pron dem fem* **aquela:** to that, to that one. *dei o livro àquela moça /* I gave the book to that girl.

a.que.le [ak′eli] *pron dem* **1** that one, the former. *aquele livro é bom /* that book is good. **2 aqueles** those. *Pedro e Paulo pintam; este (Paulo) pinta bem; aquele (Pedro) pinta muito bem /* Peter and Paul paint; the later (Paul) paints well; the former (Peter) paints very well.

à.que.le [ak′eli] *contr* da *prep* **a** e do *pron dem* **aquele:** to that, to that one. *dê o livro àquele rapaz /* give the book to that boy.

a.quém [ak′ẽj] *adv* **1** on this side. **2** beneath, below. *fica aquém do que esperávamos /* it is beneath our expectations.

a.qui [ak′i] *adv* here, herein, now, at this time. **aqui dentro** in here. **aqui mesmo** right here. *aqui estou /* here I am.

a.qui.lo [ak′ilu] *pron dem* that. *aquilo é melhor /* that is better. **aquilo que...** what. *obrigado por aquilo que você fez por nós /* thanks for what you have done for us. **por aquilo** therefore, for (all) that.

ar [′ar] *sm* air: a) atmosphere. *há algo no ar /* *fig* there is something in the air. b) breath. c) breeze. d) look, appearance. *você está com ar de cansado /* you look tired. **ao ar livre** out of doors. **apanhar as coisas no ar** to understand readily. **ar livre** open air. **ar puro** fresh air. **falta de ar** shortness of breath. **ir aos ares** to explode. **tomar ar** to get some fresh air.

á.ra.be [′arabi] **1** *s m+f* Arab. **2** *sm* Arabic. • *adj m+f* Arabic, Arabian.

a.rá.bi.co [ar′abiku] *adj* Arabic, Arabian.

a.rac.ní.deo [arakn′idju] *sm* arachnid: any of the *Arachnida* (spiders, scorpions).

a.ra.do [ar′adu] *sm* plough, plow.

a.ra.me [ar′ʌmi] *sm* wire. **arame farpado** barbed wire.

a.ra.nha [ar′ʌ̃ə] *sf* spider. **estar em palpos de aranha** *pop* to be in a very difficult position. **teia de aranha** cobweb.

a.rar [ar′ar] *vt* to plow, plough.

a.ra.ra [ar′arə] *sf* macaw, a Brazilian parrot. **ficar uma arara** *bras gír* to get very angry.

ar.bi.tra.gem [artitr′aʒẽj] *sf (pl* **arbitra-gens)** **1** arbitration. **2** *Fut* refereing.

ar.bi.trar [arbitr′ar] *vt* **1** to arbitrate, decide. **2** to umpire (tennis), referee (football).

ar.bi.trá.rio [arbitr′arju] *adj* arbitrary, despotic.

ar.bí.trio [arb′itrju] *sm* will, discretion. **ao arbítrio de** at one's discretion. **livre arbítrio** free will.

ár.bi.tro [′arbitru] *sm* arbiter, umpire, judge, judger, referee.

ar.bus.to [arb′ustu] *sm* shrub, bush.

ar.ca [′arkə] *sf* ark, chest. **arca de Noé** Noah's Ark.

ar.cai.co [ark′ajku] *adj* **1** archaic. **2** disused.

ar.car [ark′ar] *vt* **1** to struggle, afford. *bem posso arcar com as despesas de um táxi /* I can well afford to take a taxi. **2** to face, to cope with. **arcar com dificuldades** to cope with difficulties.

ar.ce.bis.po [arseb′ispu] *sm* archbishop.

ar.co [′arku] *sm* **1** (também *Geom*) arc. **2** *Arquit* arch. **3** *Mús* bow (também **weapon**). **4** *Fut* goal. **5 arcos** arcade.

arco-e-flecha [arkwifl′εʃɔ] *sm* archery.

ar.co-í.ris [arku′iris] *sm, sing+pl* rainbow.

ar.den.te [ard′ẽti] *adj m+f* **1** ardent: a) vehement. b) ablaze, burning. c) intense, violent. **2** impassionate. **câmara ardente** death chamber. **desejo ardente** violent desire.

ar.der [ard′er] *vint* **1** to burn. **2** to sting. *my eyes sting at nigth /* meus olhos ardem à noite. **3** to long. **arder em febre** to have a burning fever.

ar.dor [ard′or] *sm* ardor.

ar.dó.sia [ard'ɔzjə] *sf* slate.

á.rea ['arjə] *sf* area: 1 surface. 2 space. 3 sector, region. 4 scope, field. **área de estudo** field of study. **área residencial** residential area.

a.rei.a [ar'ejə] *sf* sand. **areia de construção** building sand. **areia movediça** quicksand.

a.re.jar [areʒ'ar] *vt+vint* 1 to air, ventilate. 2 to relax, rest the mind.

a.re.na [ar'enə] *sf* arena, ring. **arena de touros** bull ring.

a.re.no.so [aren'ozu] *adj* sandy.

a.ren.que [ar'ẽki] *sm* herring, anchovy.

ar.far [arf'ar] *vint* to puff and pant. **arfar de cansaço** to pant from exhaustion.

ar.gen.ti.no [arʒẽt'inu] *sm* Argentinian. • *adj* Argentinian.

ar.gi.la [arʒ'ilə] *sf* clay.

ar.go.la [arg'ɔlə] *sf* 1 ring. 2 hoop (earring).

ar.gu.men.tar [argumẽt'ar] *vt+vint* to argue.

ar.gu.men.to [argum'ẽtu] *sm* argument. 1 argumentation, reason. *isto não serve como argumento* / that is no argument. 2 plot, topic. 3 *Inform* an independent variable.

a.ri.dez [arid'es] *sf* 1 aridness, dryness. 2 drought. 3 barrenness. 4 *fig* dullness.

á.ri.do ['aridu] *adj* 1 arid, dry. 2 barren. 3 hard, insensitive. 4 tedious. 5 complex.

a.ris.to.cra.ci.a [aristokras'iə] *sf* 1 aristocracy. 2 distinction.

a.ris.to.cra.ta [aristokr'atə] *s m+f* aristocrat, noble. • *adj* aristocratic, aristocratical.

a.rit.mé.ti.ca [aritm'ɛtikə] *sf* arithmetic. • *adj* arithmetic.

ar.ma ['armə] *sf* 1 weapon, arm. 2 power. 3 resource. 4 **armas** a) arms, weapons. b) armed forces. c) coat of arms. **arma branca** any blade (dagger, sword etc.). **arma de fogo** firearm.

ar.ma.ção [armas'ãw] *sf* (*pl* **armações**) frame, framework.

ar.ma.da [arm'adə] *sf* navy.

ar.ma.di.lha [armad'iʎə] *sf* trap. **cair na armadilha** to fall into the trap.

ar.ma.men.to [armam'ẽtu] *sm* weapons.

ar.mar [arm'ar] *vt+vint+vpr* 1 to arm. 2 to equip. 3 to fix, set. 4 to put something up. 5 to scheme, plot. 6 **armar-se** to arm, get ready for war. **armar uma briga** to start a quarrel.

ar.ma.ri.nho [armar'iñu] *sm* haberdashery.

ar.má.rio [arm'arju] *sm* cupboard, wardrobe, closet.

ar.ma.zém [armaz'ẽj] *sm* (*pl* **armazéns**) 1 grocery store. 2 warehouse, storehouse.

ar.ma.ze.nar [armazen'ar] *vt+vint* to store.

ar.mis.tí.cio [armist'isju] *sm* armistice, truce.

a.ro ['aru] *sm* 1 ring. 2 rim of a wheel. 3 frame of eyeglasses.

a.ro.ma [ar'omə] *sm* 1 aroma. 2 perfume. 3 smell, scent.

a.ro.má.ti.co [arom'atiku] *adj* aromatic.

ar.pão [arp'ãw] *sm* (*pl* **arpões**) harpoon.

ar.quei.ro [ark'ejru] *sm* 1 archer. 2 *bras Fut* goalkeeper.

ar.que.o.lo.gi.a [arkeoloʒ'iə] *sf* archaeology.

ar.que.o.ló.gi.co [arkeol'ɔʒiku] *adj* archaeological.

ar.que.ó.lo.go [arke'ɔlogu] *sm* archaeologist.

ar.qui.ban.ca.da [arkibãk'adə] *sf* bleachers, *brit* terraces.

ar.qui.pé.la.go [arkip'ɛlagu] *sm* archipelago.

ar.qui.te.tar [arkitet'ar] *vt* 1 to devise, to project. 2 to scheme, orchestrate.

ar.qui.te.to [arkit'ɛtu] *sm* 1 architect. 2 creator, founder.

ar.qui.te.tu.ra [arkitet'urə] *sf* architecture.

ar.qui.var [arkiv'ar] *vt* 1 to file. 2 to shelve. 3 register.

ar.qui.vo [ark'ivu] *sm* 1 archive, file. 2 register.

ar.rai.ga.do [aʀajg'adu] *adj* 1 deep-rooted. 2 inveterate.

ar.ran.car [aʀãk'ar] *vt+vint* 1 to pull or tear away violently, to pull up. 2 to snatch away. 3 to uproot. 4 to start rapidly (as an engine). 5 to pull out. *tive que arrancar meu dente* / I had to have my tooth pulled out.

ar.ra.nha-céu [aʀ'ñas'ɛw] *sm* (*pl* **arranha-céus**) skyscraper.

ar.ra.nhão [aɾãñ'ãw] *sm* (*pl* **arranhões**) scratch.

ar.ra.nhar [aɾãñ'aɾ] *vt+vint+vpr* **1** to scratch, graze. **2** to know little (a language etc.). **3** to play badly (a musical instrument). **4 arranhar-se** to suffer a slight wound.

ar.ran.jar [aɾãʒ'aɾ] *vt+vpr* **1** to arrange: a) to provide for. b) to set in order. c) to adjust, settle. *deixe que eu arranjo tudo* / I will settle matters for you. d) to tidy. **2** to obtain, get. *arranje-me um carro* / get me a taxi. **3 arranjar-se** to know how to take care of oneself. **4 arranjar-se** to find a good situation. **arranjar dinheiro** to raise money. **arranjar problema** to look for trouble. **arranjar uma colocação** to find a job.

ar.ran.jo [aɾ'ãʒu] *sm* **1** settling. **2** fixing. **3** solution.

ar.ran.que [aɾ'ãki] *sm* sudden start. **motor de arranque** engine starter.

ar.ra.sa.do [aɾaz'adu] *adj* **1** demolished. **2** knocked down. **3** depressed. **4** exhausted, very tired. **olhos arrasados em lágrimas** eyes swimming in tears.

ar.ra.sar [aɾaz'aɾ] *vt* **1** to destroy. *arrasaram a fortaleza* / they destroyed the fort. **2** *fig* to crush, ruin, humiliate. **3** to win hands down

ar.ras.tar [aɾast'aɾ] *vt+vint+vpr* **1** to drag, draw. *a reunião se arrastou por horas* / the meeting dragged on for hours. **2** to pull. **3** to induce into. **4** to carry away. **5 arrastar-se** to move slowly and with difficulty.

ar.re.ba.tar [aɾebat'aɾ] *vt* **1** to snatch, grab. **2** to enchant.

ar.re.ben.tar [aɾebẽt'aɾ] *vt+vint* to burst, crush, explode.

ar.re.bi.ta.do [aɾebit'adu] *adj* turned up (nose).

ar.re.don.da.do [aɾedõd'adu] *adj* round, roundish.

ar.re.don.dar [aɾedõd'aɾ] *vt+vint* to round off.

ar.re.do.res [aɾed'ɔris] *sm pl* outskirts. *nos arredores da cidade* / in the outskirts of the city.

ar.re.ga.çar [aɾegas'aɾ] *vt* to tuck up, pin

up, roll up, turn up (as trousers, shirts, sleeves).

ar.re.ga.nhar [aɾegañ'aɾ] *vt+vint* to split, open. **arreganhar os dentes** to bare (one's) teeth.

ar.rei.o [aɾ'eju] *sm* saddlery, harness.

ar.re.me.dar [aɾemed'aɾ] *vt* **1** to imitate. **2** to ape.

ar.re.mes.sar [aɾemes'aɾ] *vt* to fling, dart, hurl.

ar.ren.dar [aɾẽd'aɾ] *vt* to let, rent, lease. **arrendar uma fazenda** to rent a farm.

ar.re.pen.der [aɾepẽd'er] *vpr* **1** to repent, be sorry for, regret. *você vai arrepender-se disto* / you will be sorry for that. **2** to change one's mind.

ar.re.pen.di.do [aɾepẽd'idu] *adj* regretful, penitent, sorry.

ar.re.pen.di.men.to [aɾepẽdim'ẽtu] *sm* **1** regret. **2** repentance. **3** change of mind. **4** remorsefulness.

ar.re.pi.a.do [aɾepi'adu] *adj* **1** standing on end (hair). **2** covered in goose bumps.

ar.re.pi.an.te [aɾepi'ãti] *adj m+f* frightening, terrifying.

ar.re.pi.ar [aɾepi'aɾ] *vt+vint+vpr* **1** to ruffle. **2** to make one's hair stand on end. **3** fill with horror. **4 arrepiar-se** to shudder, shiver.

ar.re.pi.o [aɾep'iu] *sm* shiver, creep.

ar.ri.mo [aɾ'imu] *sm* support. **arrimo de família** breadwinner.

ar.ris.ca.do [aɾisk'adu] *adj* **1** risky, daring. **2** hazardous. *situação arriscada* / hazardous situation. **3** adventurous.

ar.ris.car [aɾisk'aɾ] *vt+vint+vpr* **1** to risk, dare. **2** to endanger. **3 arriscar-se** to expose oneself to risks. **arriscar a vida** to risk one's life.

ar.ro.gân.cia [aɾog'ãsjɐ] *sf* arrogance, presumption.

ar.ro.gan.te [aɾog'ãti] *adj m+f* arrogant, disdainful, presumptuous, insolent.

ar.ro.ja.do [aɾoʒ'adu] *adj* **1** bold. **2** daring. **3** enterprising.

ar.rom.bar [aɾõb'aɾ] *vt* **1** to break into. **2** to wrench.

ar.ro.tar [aɾot'aɾ] *vt+vint* **1** to belch, burp. **2** *fig* to boast, swagger, brag.

ar.ro.to [aɾ'otu] *sm* (*pl* **arrotos**) belch, burp.

ar.roz [aȓ'os] *sm* rice.

ar.ro.zal [aȓoz'aw] *sm* (*pl* **arrozais**) rice field, rice paddy.

arroz-doce [aȓ'ozd'osi] *sm* rice pudding.

ar.ru.a.ça [aȓu'asə] *sf* uproar, street riot

ar.ru.i.nar [aȓujn'ar] *vt+vint+vpr* **1** to ruin. **2** to destroy, devastate. **3** to spoil. **4 arruinar-se** a) to ruin oneself. b) to go bankrupt.

ar.ru.ma.dei.ra [aȓumad'ejrə] *sf* **bras** housemaid, chambermaid.

ar.ru.mar [aȓum'ar] *vt+vpr* **1** to arrange, set in order. **2** to settle. **3** to pack. **4 arrumar-se** to get dressed, get ready.

ar.se.nal [arsen'aw] *sm* (*pl* **arsenais**) **1** arsenal. **2** *fig* great quantity.

ar.sê.ni.co [ars'eniku] *sm Quím* arsenic, arsenic trioxide.

ar.te ['arti] *sf* **1** art. **2** skill, craft. **3** workmanship. **artes e ofícios** arts and crafts. **fazer uma arte** to be up to tricks.

ar.té.ria [art'ɛrjə] *sf* **1** artery. **2** highway.

ar.te.sa.na.to [artezan'atu] *sm* workmanship, handicraft, handiwork.

ar.te.são [artez'ãw] *sm* (*pl* **artesãos**) artisan, craftsman.

ár.ti.co ['artiku] *adj* arctic.

ar.ti.cu.la.ção [artikulas'ãw] *sf* (*pl* **articulações**) *Anat, Biol, Bot, Mec, Zool* **1** articulation, joint. **2** articulation (pronunciation).

ar.ti.cu.lar [artikul'ar] *vt* **1** to articulate. **2** to link.

ar.ti.fi.ci.al [artifisi'aw] *adj m+f* (*pl* **artificiais**) **1** artificial. **2** synthetic. **3** false. **inseminação artificial** artificial insemination.

ar.ti.go [art'igu] *sm* article: **1** commodity product. **2** a literary composition (as for a newspaper or a journal). **3** *Gram* the definite and indefinite articles **o, a, um, uma.**

ar.ti.lha.ri.a [artiλar'iə] *sf* artillery.

ar.ti.ma.nha [artim'ʌɲə] *sf* trick.

ar.tis.ta [art'istə] *s m+f* artist.

ar.tís.ti.co [art'istiku] *adj* artistic.

ar.tri.te [artr'iti] *sf* arthritis.

ár.vo.re ['arvori] *sf* tree. **árvore de Natal** Christmas tree. **árvore genealógica** family tree.

ar.vo.re.do [arvor'edu] *sm* **1** a grove of trees, stand. **2** *Mar* the masts of a ship.

as¹ [as] *fem pl* do *art def* **a** the.

as² [as] *fem pl* do *pron pess* **a** those, them. *eu as vi* / I saw them.

as³ [as] *fem pl* do *pron dem* **a** the ones.

ás ['as] *sm* **1** *Aeron, Jogo* ace. **2** *fig* star.

às ['as] *contr* da *prep* **a** + *pl* do *art fem* **as** to the, at the etc. **às armas!** to arms! **às cegas** blindly.

a.sa ['azə] *sf* **1** wing. **2** handle. **dar asas à imaginação** to give free rein to fancy.

a.sa-del.ta [azo d'ɛwtə] *sf Esp* hang glider.

as.cen.são [asẽs'ãw] *sf* (*pl* **ascensões**) **1** ascension. **2** promotion, rise.

as.co ['asku] *sm* loathing, repugnance.

as.fal.tar [asfawt'ar] *vt* to asphalt, pave.

as.fal.to [asf'awtu] *sm* asphalt.

as.fi.xi.a [asfiksi'iə] *sf* asphyxia.

as.fi.xi.an.te [asfiksi'ãti] *adj m+f* stifling, suffocating.

as.fi.xi.ar [asfiksi'ar] *vt+vint* **1** to asphyxiate, suffocate, stifle. **2** to oppress. **3** to choke.

a.si.á.ti.co [azi'atiku] *sm* Asian. • *adj* Asian.

a.si.lar [azil'ar] *vt+vpr* **1** to shelter, give shelter. **2 asilar-se** to take shelter, refuge.

a.si.lo [az'ilu] *sm* **1** home. **asilo dos velhos** home for old people. **2** refuge. **3** asylum (politics). **asilo político** political asylum.

as.ma ['azmə] *sf* asthma.

as.má.ti.co [azm'atiku] *sm* asthmatic person. • *adj* asthmathic.

as.nei.ra [azn'ejrə] *sf* **1** foolishness, stupidity. **2** nonsense, blunder. *Mas que asneira!* / what a dumb thing to say/do

as.no ['aznu] *sm* **1** ass, donkey. **2** stupid, a fool.

as.par.go [asp'argu] *sm* asparagus.

as.pas ['aspəs] *sf* inverted commas (" "), quotation marks.

as.pec.to [asp'ɛktu] *sm* **1** aspect, look, appearance, form, shape. **2** point of view. **3** feature. **4** side. *todas as questões têm dois aspectos* / there are two sides to every question.

ás.pe.ro ['asperu] *adj* **1** rough. **2** coarse.

as.pi.ra.dor [aspirad'or] *sm* vacuum cleaner. **passar o aspirador** to vacuum.

as.pi.rar [aspir′ar] *vt+vint* **1** to vacuum. **2** to inhale (air, smoke). **3** to aspire to. **4** to aim at, desire.

as.pi.ri.na [aspir′inə] *sf* aspirin.

as.que.ro.so [asker′ozu] *adj* sickening, disgusting.

as.sa.do [as′adu] *sm* a roast (meat). • *adj* roasted, baked.

as.sa.la.ri.a.do [asalari′adu] *sm* person who receives a salary.

as.sal.tan.te [asawt′ãti] *s e adj m+f* **1** assailant. **2** robber. **3** burglar. **4** mugger.

as.sal.tar [asawt′ar] *vt+vint* **1** to assault, attack. **2** to ambush. **3** to mug. *ele foi assaltado na rua* / he was mugged in the street. **4** to hold up. *eles assaltaram uma loja a mão armada* / they held up a shop.

as.sal.to [as′awtu] *sm* **1** assault, attack. **2** robbery. **3** hold up. **4** mugging. **5** round (boxing). **assalto a mão armada** holdup. Veja nota em **steal**.

as.sar [as′ar] *vt+vint* **1** to roast, bake. **2** to provoke an irritation on the skin. **assar no espeto** to barbecue. **assar no forno** to bake.

as.sas.si.na.do [asasin′adu] *adj* murdered, killed.

as.sas.si.nar [asasin′ar] *vt* to murder.

as.sas.si.na.to [asasin′atu] *sm* murder, homicide.

as.sas.si.no [asas′inu] *sm* murderer, killer. • *adj* murderous.

as.sé.dio [as′ɛdju] *sm* harassment. **assédio sexual** sexual harassment.

as.se.gu.rar [asegur′ar] *vt+vint+vpr* **1** to assert, ensure. **2** to assure. **3** **assegurar-se** to verify, make sure.

as.sei.o [as′eju] *sm* cleanliness.

as.sem.bléi.a [asẽbl′ɛjə] *sf* assembly, meeting.

as.se.me.lhar [asemeʎ′ar] *vpr* to be similar to.

as.sen.tar [asẽt′ar] *vt+vint* to settle: a) to fix. b) to calm down. c) to settle down.

as.sen.tir [asẽt′ir] *vt+vint* to agree, consent, nod.

as.sen.to [as′ẽtu] *sm* a seat.

as.ses.sor [ases′or] *sm* advisor. **assessor técnico** technical advisor.

as.ses.so.ri.a [asesor′iə] *sf* advisement, advisory body.

as.sí.duo [as′idwu] *adj* assiduous, constant.

as.sim [as′ĩ] *adv* thus, so, like this, then, consequently, therefore. **ainda assim** even so. **assim como** as well as, just as, such as. **assim que** as soon as. *assim que ele vier, eu avisarei* / I will let him know as soon as he comes. **como assim** how come? **e assim por diante** and so on, and so forth. **mesmo assim** nevertheless.

as.si.mi.lar [asimil′ar] *vt* to assimilate.

as.si.na.do [asin′adu] *adj* **1** signed. **2** subscribed. **o abaixo-assinado** the undersigned.

as.si.na.lar [asinal′ar] *vt* **1** to mark. **2** to point out.

as.si.nan.te [asin′ãti] *s m+f* subscriber (a newspaper).

as.si.nar [asin′ar] *vt* **1** to sign. **2** to subscribe. **assinar um jornal** to subscribe a newspaper.

as.si.na.tu.ra [asinat′urə] *sf* **1** signature. **2** subscription. **3** *Teat* season ticket.

as.sis.tên.cia [asist′ẽsjə] *sf* **1** audience. **2** assistance, care. **3** protection, aid. **assistência médica** medical care. **assistência religiosa** ministerial office. **assistência social** social welfare work.

as.sis.ten.te [asist′ẽti] *s m+f* assistant, helper. • *adj m+f* assisting, auxiliary. **assistente social** social worker.

as.sis.tir [asist′ir] *vint* **1** to attend. **2** to be present at. **3** to see (a play, a movie). **4** to watch (TV). **5** to assist, aid, help.

as.so.a.lho [aso′aʎu] *sm* = **soalho**.

as.so.ar [aso′ar] *vt* to blow one's nose.

as.so.bi.ar [asobi′ar] *vint* to whistle.

as.so.bi.o [asob′iu] *sm* whistle, whistling. *o assobio do vento me acordou* / I was woken up by the whistling of the wind.

as.so.ci.a.ção [asosjas′ãw] *sf* (*pl* **associações**) **1** association. **2** society. **Associação de Pais e Mestres** Parent-Teacher Association.

as.so.ci.ar [asosi′ar] *vt+vpr* **1** to associate with, to join. **2** **associar-se** to become member of a society.

as.som.bra.do [asõbr′adu] *adj* **1** haunted,

spooky. **2** astonished. *fiquei assombrado* / I was quite astonished. **casa mal assombrada** a haunted house.

as.som.bro [as'õbru] *sm* **1** astonishment. **2** to be amazing. *a peça foi um assombro* / the play was amazing.

as.so.prar [asopr'ar] *vt+vint* to blow.

as.su.mir [asum'ir] *vt* **1** to assume. **2** to take over. **3** to take upon oneself. **4** to admit. **assumir a responsabilidade** to assume responsibility. **assumir o comando** to take over the command.

as.sun.to [as'ũtu] *sm* **1** topic, subject, theme. **2** affair, matter. *isso não tem nada a ver com o assunto* / that has nothing to do with the matter. **3** plot, argument. **assunto importante** important subject. **assuntos familiares** family affairs.

as.sus.ta.dor [asustad'or] *adj* frightening, alarming.

as.sus.tar [asust'ar] *vt+vpr* **1** to frighten. **2** to startle. **3** to terrify. **4 assustar-se** to become afraid, startled.

as.tro ['astru] *sm* star: a) constellation. b) celebrity.

as.tro.lo.gi.a [astrolo3'iə] *sf* astrology.

as.tró.lo.go [astr'ɔlogu] *sm* astrologer.

as.tro.nau.ta [astron'awtə] *s m+f* astronaut.

as.tro.no.mi.a [astronom'iə] *sf* astronomy.

as.trô.no.mo [astr'onomu] *s m+f* astronomer.

as.tu.to [ast'utu] *adj* astute, cunning, shrewd.

a.ta ['atə] *sf* **1** record, register. **2 atas** minutes (meeting).

a.ta.ca.dis.ta [atakad'istə] *s m+f* wholesaler. • *adj m+f* wholesale.

a.ta.ca.do [atak'adu] *adj* **1** attacked. **2** wholesale. **comércio de atacado** wholesale business.

a.ta.can.te [atak'ãti] *s m+f* **1** aggressor, assailant. **2** *Fut* lineman.

a.ta.car [atak'ar] *vt* to attack, assault.

a.ta.du.ra [atad'urə] *sf* bandage.

a.ta.lho [at'aʎu] *sm* **1** bypath. **2** shortcut (também *fig*).

a.ta.que [at'aki] *sm* **1** attack, assault, aggression. **2** raid. **3** fit, seizure. **ataque aéreo** air raid. **ataque de cólera** fit of rage.

a.tar [at'ar] *vt+vpr* **1** to tie, fasten. **2 atar-se** a) to be irresolute. b) to bind oneself. c)

to addict oneself to. d) to entangle oneself.

a.ta.re.fa.do [ataref'adu] *adj* very busy. *eu ando muito atarefado* / I am overloaded with work.

a.tar.ra.ca.do [atarak'adu] *adj* short and stout, thickset.

a.tar.ra.xar [ataraʃ'ar] *vt* to screw down, fasten with bolts.

a.té [at'ɛ] *prep* till, until, by, up to, as far as. • *adv* thus, even, likewise, not only, but also. *ele disse até que não viria* / he even said he would not come. **até agora** up to now, as yet. **até amanhã** see you tomorrow.

Traduz-se **até** por until / till quando se referir a tempo. *esperei-o até as 10 horas* / I waited for him until 10 o'clock. Quando **até** se referir a distância, usa-se **as far as.** *fui a pé até o parque* / I walked as far as the park.

a.te.ar [ate'ar] *vt+vint* to set fire.

a.te.mo.ri.zar [atemoriz'ar] *vt* **1** to intimidate, scare. **2** to frighten.

a.ten.ção [atẽs'ãw] *sf* (*pl* **atenções**) **1** attention, concentration. **2** care. **3** watchfulness. **4** respect, regard. • *interj* watch out! **falta de atenção** inattention. **prestar atenção** to pay attention. **tratar com atenção** to be courteous with.

a.ten.ci.o.sa.men.te [atẽsjɔzam'ẽti] *adv* respectfully, yours sincerely.

a.ten.ci.o.so [atẽsi'ozu] *adj* **1** attentive. **2** respectful, considerate. **3** polite. **4** mindful.

a.ten.der [atẽd'er] *vt* to attend: **1** to see (give assistance). *o médico ainda tem que atender a dois pacientes* / the doctor still has to see two clients. **2** to answer (telephone...). *ninguém atendeu o telefone* / nobody has answered the phone. **3** to serve. **atendendo às circunstâncias** in view of the circumstances.

a.ten.ta.do [atẽt'adu] *sm* **1** attempt. **2** attack, assault. *houve um atentado contra a vida do presidente* / there was an attempt on the life of the president.

a.ten.to [at'ẽtu] *adj* **1** attentive. **2** alert. **3** diligent.

a.ter.ra.dor [aterad'or] *adj* frightening, apalling, terrifying.

a.ter.rar [ateř'ar] *vt* to fill (in) or cover with earth, level.

a.ter.ris.sa.gem [ateřis'aʒẽj] *sf* (*pl* **aterrissagens**) landing (aircraft). **pista de aterrissagem** runway.

a.ter.ris.sar [ateřis'ar] *vint* to land (aircraft).

a.ter.ro [at'eřu] *sm* embankment.

a.ter.ro.ri.za.dor [ateřorizad'or] *adj* terrifying, appalling.

a.ter.ro.ri.zar [ateřoriz'ar] *vt+vpr* **1** to terrify, frighten. **2 aterrorizar-se** to be horrified.

a.tes.ta.do [atest'adu] *sm* certificate. • *adj* certified. **atestado de saúde** health certificate.

a.teu [a'tew] *sm* (*fem* **atéia**) atheist. • *adj* atheistic.

a.ti.çar [atis'ar] *vt* **1** to poke up a fire. **2** to instigate.

a.tin.gir [atĩʒ'ir] *vt* **1** to reach. **2** to attain. **3** to arrive at. **4** to hit. *ele foi atingido pela bola* / he was hit by the ball. **5** to affect, concern. *isto não me atinge* / this does not affect me. **atingir a maioridade** to come of age. **o rebanho atinge 800 cabeças de ovelhas** the herd amounts to 800 sheep.

a.ti.ra.dei.ra [atirad'ejrə] *sf bras* slingshot, catapult (toy).

a.ti.ra.do [atir'adu] *adj bras* bold, daring.

a.ti.rar [atir'ar] *vt+vpr* **1** to shoot, fire. **2** to throw (violently). **3** to hurl, fling. **4 atirar-se (contra, em)** to throw oneself (against, in, into). **atirar a esmo** to shoot at random. **atirar ao chão** to throw to the ground. **atirar bem** to be a good shot. **atirar pedras** to fling stones.

a.ti.tu.de [atit'udi] *sf* attitude. *eles alteraram a sua atitude* / they changed their attitude. **uma atitude amigável** a friendly attitude.

a.ti.var [ativ'ar] *vt* to activate, bring into action.

a.ti.vi.da.de [ativid'adi] *sf* **1** activity. **2** vigor. **3** profession, occupation. **em atividade** in operation. **em plena atividade** in full activity.

a.ti.vo [at'ivu] *adj* **1** active, busy. **2** energetic.

a.tlân.ti.co [atl'ãtiku] *sm* Atlantic Ocean. • *adj* Atlantic.

a.tlas ['atlas] *sm* atlas.

a.tle.ta [atl'ɛtə] *s m+f* **1** athlete. **2** a strong and vigorous person.

a.tlé.ti.co [atl'ɛtiku] *adj* athletic: **1** referring to athletes. **2** *fig* vigorous.

a.tle.tis.mo [atlet'izmu] *sm* athletics.

at.mos.fe.ra [atmosf'ɛrə] *sf* atmosphere: a) the air around the earth. b) *fig* climate, environment.

a.to ['atu] *sm* **1** act: a) performing of a function. b) action. c) division of a theatrical work. **2** event, ceremony. **no ato** in the act.

a.to.lar [atol'ar] *vt+vpr* **1** to stick, mud. **2 atolar-se** to get stuck in the mud.

a.to.lei.ro [atol'ejru] *sm* bog.

a.tô.mi.co [at'omiku] *adj* atomic.

á.to.mo ['atomu] *sm* **1** atom. **2** any extremely small particle. **3** anything insignificant.

a.tô.ni.to [at'onitu] *adj* perplexed, astonished, amazed.

a.tor [at'or] *sm* (*pl* **atores**) **1** *Cin, Teat* actor, star, artist. **2** *fig* **ator coadjuvante** supporting actor.

a.tor.do.ar [atordo'ar] *vt* **1** to stun. **2** to make dizzy. **3** to confuse.

a.tor.men.ta.do [atormẽt'adu] *adj* **1** tormented, afflicted. **2** annoyed, irritated.

a.tor.men.tar [atormẽt'ar] *vt+vpr* **1** to torture, afflict. **2** to annoy, irritate. **3 atormentar-se** to worry, be afflicted.

a.tra.ção [atras'ãw] *sf* (*pl* **atrações**) attraction. **atração sexual** sex appeal.

a.tra.en.te [atra'ẽti] *adj m+f* attractive, lovely, appealing, alluring, seductive.

a.trai.ço.ar [atrajso'ar] *vt+vpr* **1** to betray, double-cross. **2** to be unfaithful to. **3 atraiçoar-se** to reveal oneself.

a.tra.ir [atra'ir] *vt* to attract: **1** to captivate. **2** to magnetize. **3** to draw, pull (to oneself). *ela atraiu um grande público* / she drew a large public. **4** to appeal, interest. *o seu modo de viver não me atrai* / your way of living does not appeal to me. **5** to fascinate.

a.tra.pa.lhar [atrapaʎ'ar] *vt+vpr* **1** to confuse, upset. **2** to frustrate. *ele atrapalhou meus planos* / he frustrated my plans. **3 atrapalhar-se** to get mixed up, become confused.

a.trás [atr'as] *adv* **1** behind, back, after. *atrás de que anda você?* / what are you after? **2** before, ago. **anos atrás** years ago. **atrás da casa** at the back of the house.

a.tra.sa.do [atraz'adu] *adj* **1** backward, retrograde. **2** late. *ela chegou atrasada* / she came late. **3** overdue. **4** slow (watch). *seu relógio está atrasado* / your watch is slow.

a.tra.sar [atraz'ar] *vt+vint+vpr* **1** to set back (watch). **2** to delay, put off. **3** to lose time. **4** to be slow (clock or watch). **5 atrasar-se** a) to stay or fall behind. b) to be late. *você atrasou-se* / you were late.

a.tra.so [atr'azu] *sm* **1** delay. **2** tardiness, lateness. **3** backwardness.

a.tra.ti.vo [atrat'ivu] *sm* **1** charm. **2** appeal. **3** attraction. • *adj* appealing, attractive, charming.

a.tra.vés [atrav'ɛs] **através de** *adv* through, over, across, throughout, from one side to the other, among. *você enxerga através dos muros* / you see through a brick wall. **através dos séculos** throughout the centuries.

a.tra.ves.sar [atraves'ar] *vt* **1** to cross (over). *cuidado ao atravessar a rua!* / be careful when you cross the street! **2** go through. *atravessamos um tempo difícil* / we are going through hard times. **3** hinder, block. *o rio atravessou o nosso caminho* / the river blocked our way.

a.tre.lar [atrel'ar] *vt* **1** to harness. **2** to leash. **3** to link.

a.tre.ver [atrev'er] *vpr* to dare. *como se atreveu a fazer isto?* / how did you dare to do so?

a.tre.vi.do [atrev'idu] *adj* **1** daring, bold. **2** inconsiderate. **3** insolent.

a.tre.vi.men.to [atrevim'ẽtu] *sm* **1** boldness. **2** insolence.

a.tri.bu.ir [atribu'ir] *vt* **1** to attribute, assign. *foi-lhe atribuída uma função* / he was assigned a function. **2** to tax (blame) *o crime está sendo atribuído a ela* / the crime is being laid to her. **3** to confer, award.

a.tri.bu.to [atrib'utu] *sm* attribute.

a.tri.to [atr'itu] *sm* **1** attrition, friction. **2** **atritos** difficulties. **provocar atritos** to cause trouble.

a.triz [atr'is] *sf* (*pl* **atrizes**) actress, star.

a.tro.ci.da.de [atrosid'adi] *sf* atrocity, cruelty.

a.tro.pe.la.do [atropel'adu] *adj* to be run over. *ela foi atropelada por uma moto* / she was run over by a motorbike.

a.tro.pe.lar [atropel'ar] *vt* to run over.

a.troz [atr'ɔs] *adj m+f* (*pl* **atrozes**) atrocious, cruel.

a.tu.a.ção [atwas'ãw] *sf* (*pl* **atuações**) performance.

a.tu.al [atu'aw] *adj m+f* (*pl* **atuais**) at this moment, present, present day. **a atual situação** the present situation. Veja nota em **actually**.

a.tu.a.li.da.de [atwalid'adi] *sf* **1** the present, the present time or situation. **2 atualidades** news.

a.tu.a.li.za.do [atwaliz'adu] *adj* up-to-date.

a.tu.a.li.zar [atwaliz'ar] *vt+vpr* **1** to modernize, bring up to date. **2 atualizar-se** to get up to date.

a.tu.al.men.te [atuawm'ẽti] *adv* nowadays, currently, presently. Veja nota em **actually**.

a.tu.ar [atu'ar] *vt+vint* **1** to perform. **2** to function, act.

a.tum [at'ũ] *sm* (*pl* **atuns**) tuna.

a.tu.rar [atur'ar] *vt* to tolerate, put up with, stand, bear. *eu não aturaria isso* / I wouldn´t put up with this.

a.tur.dir [aturd'ir] *vt* **1** to amaze. **2** to confound.

au.dá.cia [awd'asjə] *sf* **1** audacity, daring. **2** bravery.

au.da.ci.o.so [awdasi'ozu] *adj* **1** daring, bold. **2** courageous.

au.di.ção [awdis'ãw] *sf* (*pl* **audições**) **1** hearing. *ele perdeu a audição* / he lost his hearing. **2** audition (test).

au.di.ên.cia [awdi'ẽsjə] *sf* audience *chegaram a ter 58% de audiência* / they reached an audience of 58%.

au.di.tó.rio [awdit'ɔrju] *sm* **1** hall. **2** auditorium.

au.ge [ʼaw3i] *sm* summit, peak, apogee. *o movimento alcançou seu auge* / the movement reached its peak.

au.la ['awlə] *sf* class, lesson. **dar aulas** to teach.

au.men.tar [awmẽt'ar] *vt+vint+vpr* **1** to increase. *os preços aumentaram novamente* / prices increased again. **2** to amplify. **3** to add to. *isso aumenta as nossas dificuldades* / that adds to our difficulties. **4** rise, raise. **aumentar o salário** to raise the salary.

au.men.to [awm'ẽtu] *sm* **1** amplification. **2** increase. **3** rise, raise. *a temperatura vai subir* / temperature will be rising.

au.ro.ra [awr'orə] *sf* daybreak, dawn. *acordei ao romper da aurora* / I woke up at day break.

au.sên.cia [awz'ẽsjə] *sf* **1** absence. **2** privation.

au.sen.tar [awzẽt'ar] *vpr* **1** to absent oneself. **2** to leave, go away.

au.sen.te [awz'ẽti] *s m+f* absentee. • *adj m+f* absent, away, missing. *ele está ausente* / he is absent.

aus.te.ri.da.de [awsterid'adi] *sf* austerity.

aus.te.ro [awst'ɛru] *adj* severe, strict.

aus.tra.li.a.no [awstrali'ʌnu] *sm* Australian. • *adj* Australian.

aus.trí.a.co [awstr'iaku] *sm* Austrian. • *adj* Austrian.

au.tên.ti.co [awt'ẽtiku] *adj* authentic, legitimate, genuine.

au.to.a.de.si.vo [awtwadez'ivu] *sm* sticker. • *adj* self-adhesive.

au.to.a.fir.ma.ção [awtwafirmas'ãw] *sf* self-assurance.

au.to.a.va.li.a.ção [awtwavalias'ãw] *sf* self-evaluation.

au.to.bi.o.gra.fi.a [awtobjograf'iə] *sf* autobiography.

au.to.bi.o.grá.fi.co [awtobjogr'afiku] *adj* autobiographical.

au.to.con.tro.le [awtocõtr'oli] *sm* self-control.

au.to.crí.ti.ca [awtokr'itikə] *sf* self-criticism.

au.to.de.fe.sa [awtodef'eza] *sf* self-defense.

au.to.di.da.ta [awtodid'atə] *sm* autodidact. • *adj* self-taught.

au.tó.dro.mo [awt'ɔdromu] *sm* motor-drome, *amer* racecourse.

au.to.es.co.la [awtwesk'ɔlə] *sf* driving school.

au.to.es.ti.ma [awtwest'imə] *sf* self-esteem.

au.to.es.tra.da [awtwestr'adə] *sf* (*pl* **autoestradas**) highway, expressway.

au.to.gra.far [awtograf'ar] *vt* to autograph.

au.tó.gra.fo [awt'ɔgrafu] *sm* autograph.

au.to.má.ti.co [awtom'atiku] *adj* automatic, mechanical.

au.to.mo.bi.lis.mo [awtomobil'izmu] *sm* motor-racing, car-racing.

au.to.mó.vel [awtom'ɔvew] *sm* (*pl* **automóveis**) automobile, car.

au.to.no.mi.a [awtonom'iə] *sf* autonomy, self-government.

au.tô.no.mo [awt'onomu] *sm* self-employed, *freelance*. • *adj* autonomous.

au.tóp.sia [awt'ɔpsjə], **au.top.si.a** [awtops'iə] *sf* autopsy.

au.tor [awt'or] *sm* (*pl* **autores**) **1** author, writer, composer. **2** creator, inventor, maker. **autor de peças teatrais** playwright.

au.to.re.tra.to ['awtuŕetr'atu] *sm* (*pl* **autoretratos**) self-portrait.

au.to.ri.a [awtor'iə] *sf* **1** authorship. **2** responsibility.

au.to.ri.da.de [awtorid'adi] *sf* **1** authority. *precisamos nos dirigir às autoridades* / we must apply to the authorities. **2** an expert. *ele é uma autoridade no assunto* / he is an authority on this matter.

au.to.ri.za.ção [awtorizas'ãw] *sf* (*pl* **autorizações**) authorization, permission, permit. *eu fiz aquilo com autorização especial de meu pai* / I did that by my father's special permission.

au.to.ri.zar [awtoriz'ar] *vt+vint* to authorize, permit, allow.

au.to.su.fi.ci.en.te [awtusufisi'ẽti] *adj m+f* (*pl* **auto-suficientes**) self-sufficient, independent.

au.xi.li.ar[1] [awsili'ar] *sm* assistant. • *adj m+f* auxiliary.

au.xi.li.ar[2] [awsili'ar] *vt* to help, assist. *auxiliaram-no* / he was helped.

au.xí.lio [aws'ilju] *sm* help, aid, assistance, support. *ela representa um grande auxílio para nós* / she is a great help to us. **chamar por auxílio** to cry for help.

a.va.lan.che [aval'ãʃi] sf avalanche. **avalanche de neve** avalanche.

a.va.li.a.ção [avaljas'ãw] sf (pl **avaliações**) **1** estimation, appraisal. **2** evaluation. **3** analysis. **4** assessment.

a.va.li.ar [avali'ar] vt+vint **1** to evaluate, appraise, estimate, rate. **2** to analyze.

a.van.çar [avãs'ar] vt+vint **1** to move. **2** to go, bring or put forward. **3** to progress, improve. **avançar contra alguém** to go for someone. **ele avançou ao sinal** *Trânsito* he drove through the red light.

a.van.ço [av'ãsu] sm advance. *os avanços da tecnologia nos surpreenderam* / the advances in technology have surprised us.

a.va.ren.to [avar'ẽtu] sm miser, penny pincher. • adj stingy, mean.

a.va.re.za [avar'ezə] sf avarice.

a.ve ['avi] sf bird, fowl. **ave aquática** water bird. **ave de rapina** bird of prey. **ave rara** rare bird. • interj hail!

a.vei.a [av'ejə] sf oat, oats. **flocos de aveia** oat flakes. **mingau de aveia** oatmeal.

a.ve.lã [avel'ã] sf hazelnut.

a.ve-ma.ri.a [avimar'iə] sf (pl **ave-marias**) Hail Mary (prece).

a.ve.ni.da [aven'idə] sf avenue.

a.ven.tal [avẽt'aw] sm (pl **aventais**) **1** apron, pinafore. **2** lab coat. **3** overall.

a.ven.tu.ra [avẽt'urə] sf **1** adventure. **2** hazard, risk. **3** love affair. **ter uma aventura amorosa** to have a love affair.

a.ven.tu.rei.ro [avẽtur'ejru] sm adventurer. • adj audacious, bold, adventurous.

a.ve.ri.guar [averig'war] vt+vint **1** to inquire, investigate, verify. **2** to find out, make sure.

a.ver.são [avers'ãw] sf (pl **aversões**) **1** aversion, dislike. **2** repulse.

a.ves.sas [av'ɛsəs] sf pl the wrong way. **às avessas** upside down, inside out.

a.ves.so [av'esu] sm the wrong side. • adj opposite, contrary. **sua blusa está no avesso** her blouse is on inside out.

a.ves.truz [avestr'us] s m+f (pl **avestruzes**) ostrich.

a.vi.a.ção [avjas'ãw] sf (pl **aviações**) aviation. **aviação civil** civil aviation.

a.vi.a.dor [avjad'or] sm pilot.

a.vi.ão [avi'ãw] sm (pl **aviões**) airplane, plane. **avião a jato** jet plane. **pilotar um avião** to fly an aeroplane. **viajar de avião** to travel by plane, fly.

á.vi.do ['avidu] adj eager, greedy.

a.vi.sar [aviz'ar] vt+vint+vpr **1** advise, let know, inform. **2** to warn. **3** to admonish. **4** **avisar-se** to consider or think of, reflect upon, to be well advised, be careful.

a.vi.so [av'izu] sm **1** notice. **2** warning. *deram-lhe o aviso prévio de um mês* / they gave him a month's warning. **3** admonition. **até novo aviso** until further notice. **quadro de aviso** notice board. **sem aviso prévio** without prior notice.

a.vô [av'o] sm grandfather. **avô materno** maternal grandfather.

a.vó [av'ɔ] sf grandmother, grandma.

a.vós [av'ɔs] sm pl grandparents.

a.vul.so [av'uwsu] adj **1** detached. **2** sundry. **3** loose. **artigos avulsos** sundry articles.

a.xi.la [aks'ilə] sf armpit.

a.zar [az'ar] sm **1** misfortune, bad luck, hard luck. **2** chance. **jogo de azar** game of chance. **trazer azar a alguém** to bring bad luck upon a person.

a.za.ra.do [azar'adu] adj unfortunate, unlucky.

a.ze.dar [azed'ar] vt to become sour, to turn sour. *o leite azedou* / the milk turned sour.

a.ze.do [az'edu] adj sour, acid.

a.zei.te [az'ejti] sm olive-oil.

a.zei.to.na [azejt'onə] sf olive.

a.zi.a [az'iə] sf heartburn.

a.zul [az'uw] sm (pl **azuis**) the colour blue. • adj blue, azure. **azul acinzentado** grayish blue. **azul-anil** indigo. **azul-marinho** navy blue.

a.zu.la.do [azul'adu] adj bluish.

a.zu.le.jo [azul'eʒu] sm wall tile.

B, b [b'e] *sm* the second letter of the alphabet.
ba.ba [b'abə] *sf* **1** saliva, slaver, dribble.
  2 slime.
ba.bá [bab'a] *sf* nanny.
ba.ba.do [bab'adu] *sm* frill.
ba.ba.dor [babad'or] *sm* bib.
ba.bar [bab'ar] *vt+vint+vpr* to slaver,
  slobber, dribble. **babar-se por** to dote.
  babar-se por uma mulher to be madly
  in love with a woman.
ba.ca.lhau [bakaʎ'aw] *sm* cod, codfish.
ba.ca.na [bak'∧nə] *adj m+f coloq* good,
  nice.
ba.ci.a [bas'iə] *sf* **1** basin, wash-basin. **2**
  bowl. **3** *Geog* basin. **bacia fluvial**
  drainage-basin. **4** *Anat* pelvis, hip.
ba.ço [b'asu] *sm* spleen.
bacon [b'ejkõw] *sm* bacon (toucinho defumado).
bac.té.ria [bakt'εrjə] *sf* bacterium (*pl*
  bacteria).
ba.da.la.da [badal'adə] *sf* clang of a bell,
  stroke of the clock, toll. *ouvimos as ba-*
  daladas fúnebres / we heard the tolling
  of the bell. • *adj coloq* much talked-
  about.
ba.da.lar [badal'ar] *vt+vint* **1** to ring,
  peal, toll. (sino). **2** *coloq* to flatter.
ba.der.na [bad'εrnə] *sf* riot, quarrel.
ba.du.la.que [badul'aki] *sm* trash,
  rubbish.
ba.fa.fá [bafaf'a] *sm bras, gír* confusion,
  uproar.
ba.fo [b'afu] *sm* **1** breath, respiration. **2**
  soft and warm puff of wind, air. *ele sen-*
  tiu um bafo de vento no rosto / he felt a
  gentle breeze in his face.
ba.fô.me.tro [baf'ometru] *sm* breathlyzer.
ba.fo.ra.da [bafor'adə] *sf* whiff, puff. *ele*

deu uma baforada em seu cachimbo / he
took a whiff at his pipe.
ba.ga.gei.ro [bagaʒ'ejru] *sm* luggage-rack.
ba.ga.gem [bag'aʒẽj] *sf* (*pl* **bagagens**)
  baggage, luggage. **bagagem de mão** hand
  luggage.
ba.ga.te.la [bagat'εlə] *sf* trifle. **isto é uma**
  bagatela that's very cheap.
ba.go [b'agu] *sm* each fruit of a bunch of
  grapes.
ba.gre [b'agri] *sm* catfish.
ba.gun.ça [bag'ũsə] *sf bras gír* disorder,
  confusion, mess. *era uma bagunça da-*
  nada / it was a terrible mess. **que ba-**
  gunça! what a mess!
ba.gun.çar [bagũs'ar] *vt+vint* to provoke
  disorder, feast noisily, cause confusion.
ba.í.a [ba'iə] *sf* bay (of a sea, lake or river),
  inlet.
bai.la.do [bajl'adu] *sm* ballet, dance.
bai.lar [bajl'ar] *vint* to dance.
bai.la.ri.na [bajlar'inə] *sf* dancer, ballet-
  dancer, ballerina.
bai.le [b'ajli] *sm* ball, dance. **baile à fan-**
  tasia fancy dress ball. **baile de másca-**
  ras masked ball.
ba.i.nha [ba'iñə] *sf* hem. *ela costurou a*
  bainha do vestido / she sewed the hem
  of the dress.
bai.o.ne.ta [bajon'etə] *sf* bayonet.
bair.ro [b'ajru] *sm* district, quarter. *bairro*
  residencial residential quarter.
bai.xa [b'ajʃə] *sf* **1** decrease, reduction (in
  price or value). *uma baixa considerável*
  dos preços / a considerable decrease in
  prices. **2** dismissal, discharge (from
  military service or office). *ele deu baixa*
  ao soldado / he discharged the soldier. **3**
  casualty.

bai.xa-mar [b'ajʃəm'ar] *sf* (*pl* **baixa-ma-res**) low-tide, ebbtide.

bai.xar [bajʃ'ar] *vt+vint+vpr* **1** to lower, put down. *ele baixou os preços* / he lowered the prices. **2** to bring down. **3** to incline. **4** to turn down (volume). **5** to fall (temperatura). *a temperatura vai baixar amanhã* / the temperature will fall tomorrow. **6** to lessen, diminish. *sua influência baixou muito* / his influence diminished considerably. **7** to look down, cast down (eyes). *ela baixou os olhos* / she cast down her eyes. **8 baixar-se** a) to bow, bend, stoop. b) to humble, humiliate oneself.

bai.xa.ri.a [bajʃar'iə] *sf bras, gír* gross behaviour.

bai.xe.la [bajʃ'ɛlə] *sf* table-set.

bai.xo [b'ajʃu] *sm* bass (instrumento musical). • *adj* (*sup abs* **baixíssimo, ínfimo**) **1** low. *ele é de nascença baixa* / he is of low birth. **2** almost soundless. **3** cheap, inexpensive. *ele vendeu por preço baixo* / he sold for a low price. **4** small. *o quadro é de baixo valor* / the picture is of small value. **5** vulgar, base. **6** short. *um homem baixo* / a short man. • *adv* **1** low, lowly. **2** softly, whisperingly. *eles falaram baixo* / they spoke softly. *vá para baixo* / go downstairs. **de alto a baixo** from head to toe. **de cabeça para baixo** upside down. **por baixo** underneath, under.

ba.ju.la.ção [baʒulas'ãw] *sf* (*pl* **bajulações**) flattery.

ba.ju.la.dor [baʒulad'or] *sm* flatterer, bootlicker.

ba.ju.lar [baʒul'ar] *vt* **1** to flatter. **2** to adulate, cajole.

ba.la [b'alə] *sf* **1** bullet, shot, ball. **2** candy, caramel. **bala de leite** toffee. **bala perdida** stray bullet.

ba.lan.ça [bal'ãsə] *sf* balance, scales. *balança comercial* balance of trade. *balança de cozinha* kitchen scale.

ba.lan.çar [balãs'ar] *vt+vint* to swing, rock, waggle.

ba.lan.ce.te [balãs'eti] *sm* summary of an annual balance.

ba.lan.ço [bal'ãsu] *sm* **1** swinging,

oscillation. **2** swing, see-saw. **3** tossing, rocking. **4** rolling (ship). *balanço de navio* / rolling of a ship. **5** *Com* balance (accounts), balance-sheet.

ba.lão [bal'ãw] *sm* (*pl* **balões**) **1** aerostat, balloon. **2** toy balloon. **3** speech balloon.

bal.bu.ci.ar [bawbusi'ar] *vt+vint* **1** to stammer, stutter. *ele balbuciava uma desculpa* / he stammered an apology. **2** to mumble.

bal.búr.dia [bawb'urdjə] *sf* disorder, tumult, mess. **fizeram uma balbúrdia terrível** they made a hell of a row. **que balbúrdia!** what a mess!

bal.cão [bawk'ãw] *sm* (*pl* **balcões**) **1** *Arquit* balcony. **2** counter (shop). **3** *Teat* dress-circle. **balcão de bar** bar.

bal.co.nis.ta [bawkon'istə] *s m+f* shop assistant.

bal.de [b'awdi] *sm* pail, bucket.

bal.de.a.ção [bawdeas'ãw] *sf* (*pl* **baldeações**) change, connexion transfer.

bal.di.o [bawd'iu] *adj* uncultivated, barren. **terreno baldio** vacant lot.

ba.lé [bal'ɛ] *sm* ballet.

ba.lei.a [bal'ejə] *sf* **1** whale. **2** *bras, pop* something impressive in size. **3** *fig* a fat person.

ba.li.za [bal'izə] *sf* **1** mark, land-mark. **2** indication-sign, traffic signal. **3** buoy, beacon. *baliza luminosa* / light beacon.

bal.ne.á.rio [bawne'arju] *sm* health-resort, spa.

ba.lo.fo [bal'ofu] *adj* **1** puffy, spongy. **2** fat.

bal.sa [b'awsə] *sf* ferry-boat.

bál.sa.mo [b'awsamu] *sm* balsam, balm.

bam.bo [b'ãbu] *adj* slack, loose, wobbly.

bam.bu [bãb'u] *sm* bamboo.

ba.nal [ban'aw] *adj m+f* (*pl* **banais**) banal, trivial, commonplace.

ba.na.na [ban'ʌnə] *sf Bot* **1** banana. **2** *sm* weakling, coward. **a preço de banana** dirt-cheap. **banana de dinamite** stick of dynamite.

ba.na.na.da [banan'adə] *sf* jam of bananas in consistent form.

ba.na.nei.ra [banan'ejrə] *sf* banana plant. **plantar bananeira** *bras, coloq, Ginást* to make a handstand.

ban.ca [b'ãkə] *sf* **1** bench. **2** business office. **3** board of examiners. *banca de examinadores* / examining board. **4** newspaper stall, bookstall. *bras* newsstand. **banca de jornais** / newsstand. **banca de feirantes** market-stall.

ban.ca.da [bãk'adə] *sf* workbench.

ban.car [bãk'ar] *vt+vint* **1** to finance. *ele bancou o jantar* / he paid for the dinner. **2** to pretend to be. *ele banca o rico* / he pretends to be rich.

ban.cá.rio [bãk'arju] *sm* bank clerk. • *adj* of or concerning banks. **conta bancária** bank account.

ban.car.ro.ta [bãkar̃'otə] *sf* bankruptcy.

ban.co [b'ãku] *sm* **1** seat, bench. **2** bank (estabelecimento bancário). **3** stool. **4** pew (igreja). **banco de areia** sandbank. **banco de dados** database. **banco de sangue** blood bank.

ban.da [b'ãdə] *sf* **1** side. **2** band, strip. **3** band of musicians. **banda de onda** *Rád* band of wave length.

ban.da.gem [bãd'aʒẽj] *sf* (*pl* **bandagens**) dressing, bandaging.

ban.da.lhei.ra [bãdaλ'ejrə] *sf* scoundrelism, rascality.

ban.dei.ra [bãd'ejrə] *sf* **1** flag. *içar a bandeira* / to hoist the flag. **2** banner. **bandeira nacional** national flag. **mostrar a bandeira branca** to show the white flag. **rir às bandeiras despregadas** to have a roar with laughter. **virar bandeira** to change sides.

ban.dei.ra.da [bãdejr'adə] *sf* basic fare (taxi).

ban.de.ja [bãd'eʒə] *sf* tray. **dar de bandeja** to give something without getting any payment or reward.

ban.di.do [bãd'idu] *sm* **1** bandit, outlaw, gangster. **2** robber.

ban.di.tis.mo [bãdit'izmu] *sm* banditry, robbery.

ban.do [b'ãdu] *sm* **1** party, group. **2** crowd, bunch. **3** gang, mob. **4** flock. *bando de perdizes* / a flock of partridges.

ba.nha [b'ʌɲə] *sf* lard, fat, drippings.

ba.nhar [baɲ'ar] *vt+vpr* **1** to bathe, take a shower. **2** to flow or run along (the banks or shore). **3** to plate. *banhado a ouro*

gold-plated. **4 banhar-se** to have / take a bath / shower.

ba.nhei.ra [baɲejrə] *sf* bath-tub, bath, jacuzzi (trademark).

ba.nhei.ro [baɲ'ejru] *sm* **1** bathroom. **2** toilet, washroom, restroom. **3** *coloq* loo, john. Veja nota em **rest room.**

ba.nhis.ta [baɲ'istə] *s m+f* bather.

ba.nho [b'ʌɲu] *sm* **1** bath, shower. **2 banhos** *pl* therapeutic baths. **banho de mar** sea bathing. **banho de sol** sun-bath. **tomar banho de sol** to sunbathe.

ba.nir [ban'ir] *vt* **1** to banish, expatriate. **2** to expel, eliminate. **3** *fig* to cast out.

ban.quei.ro [bãk'ejru] *sm* banker.

ban.que.ta [bãk'etə] *sf* stool, footstool.

ban.que.te [bãk'eti] *sm* banquet dinner.

ban.zé [bãz'ɛ] *sm pop* racket, brawl, disorder.

bar [b'ar] *sm* bar, counter in a bar.

ba.ra.lho [bar'aλu] *sm* pack of playing cards, deck of cards.

ba.rão [bar'ãw] *sm* (*pl* **barões**) baron (*fem* **baroness**).

ba.ra.ta [bar'atə] *sf* cockroach. **ter sangue de barata** to be a coward, be chicken.

ba.ra.to [bar'atu] *adj* **1** cheap. **2** common, vulgar. **3** awesome. • *adv* cheaply, at a low price.

bar.ba [b'arbə] *sf* (*pl* **barbas**) beard, whiskers. *raspei a barba dele* / I shaved off his beard. **barba de milho** corn silk. **barba por fazer** stubbles.

bar.ban.te [barb'ãti] *sm* string.

bar.ba.ri.da.de [barbarid'adi] *sf* **1** barbarity, cruelty. **2** *fig* nonsense, absurdity. *ele diz barbaridades* / he talks nonsense.

bar.ba.ta.na [barbat'ʌnə] *sf* fin.

bar.be.a.dor [barbead'or] *sm* shaver. **barbeador elétrico** electric shaver.

bar.be.ar [barbe'ar] *vt+vpr* **1** to shave. **2 barbear-se** to shave oneself. **aparelho para barbear** shaver. **creme de barbear** shaving cream.

bár.ba.ro [b'arbaru] *sm* barbarian. • *adj* **1** barbarous, brutal. **2** *bras, coloq* excellent, smashing, terrific.

bar.be.a.ri.a [barbear'iə] *sf* barber's shop, barbershop.

bar.bei.ra.gem [barbejr'aʒẽj] *sf* (*pl* **barbeiragens**) *bras, pop* bad driving (any vehicle).

bar.bei.ro [barb'ejru] *sm* 1 barber. 2 barber's. 3 *Entom* barbeiro (bug). 4 *coloq* inexperienced or bad driver. • *adj* 1 referring to a bad driver. 2 referring to an unskilful person.

bar.ca [b'arkə] *sf* 1 flatboat, barge. 2 ferryboat.

bar.co [b'arku] *sm* boat, ship. **agüentar o barco** to face the situation. **barco a motor** motorboat. **barco a remo** rowboat. **barco a vela** sailboat.

ba.ri.to.no [bar'itonu] *sm* barytone.

ba.rô.me.tro [bar'ometru] *sm* barometer.

bar.quei.ro [bark'ejru] *sm* boatman.

bar.ra [b'aɾə] *sf* 1 bar, iron bar. 2 trimming, hem. 3 bar of chocolate, soap. 4 horizontal bar, **barras** *pl* parallel bars. **forçar a barra** to be inconvenient, insistent.

bar.ra.ca [baɾ'akə] *sf* stall, tent, hut, barrack. *barraca de lona* / tent.

bar.ra.cão [baɾak'ãw] *sm* (*pl* **barracões**) shelter, shed.

bar.ra.co [baɾ'aku] *sm bras* shack.

bar.ra.gem [baɾ'aʒẽj] *sf* (*pl* **barragens**) dam, dike.

bar.ran.co [baɾ'ãku] *sm* gorge, ravine, precipice. **conseguir uma coisa aos trancos e barrancos** to obtain something under great difficulties.

bar.ra-pe.sa.da [baɾəpez'adə] *s m+f* (*pl* **barras-pesadas**) 1 aggressive person. 2 a serious problem. • *adj* tough, rough.

bar.rar [baɾ'ar] *vt* 1 to cross with bars. 2 to obstruct, bar.

bar.rei.ra [baɾ'ejrə] *sf* 1 barrier. 2 barricade. 3 bounds, limit. 4 *fig* obstacle.

bar.ri.ga [baɾ'igə] *sf* 1 stomach, belly, tummy. 2 paunch, potbelly. **barriga da perna** calf of the leg. **dor de barriga** bellyache.

bar.ri.gu.do [baɾig'udu] *adj* 1 stout, obese. 2 potbellied, punchy.

bar.ril [baɾ'iw] *sm* (*pl* **barris**) barrel, cask. **cerveja de barril** draught beer.

bar.ro [b'aɾu] *sm* 1 clay. 2 mud. **artefato de barro** earthenware.

bar.ro.co [baɾ'oku] *sm* baroque. • *adj* baroque, quaint.

ba.ru.lhen.to [baruʎ'ẽtu] *adj* 1 loud, noisy, uproarious. 2 excited, agitated.

ba.ru.lho [bar'uʎu] *sm* 1 noise, uproar, clamour. 2 tumult, disturbance. **armar barulho** to raise hell.

bas.cu.lan.te [baskul'ãti] *adj m+f* inclinable, tilting. **janela basculante** ventilation flap.

ba.se [b'azi] *sf* base: a) basis. b) foot, bottom. c) fundamental principle. d) principal element. e) essential part. f) foundation. **base aérea** air base. **indústria de base** basic industry

ba.se.a.do [baze'adu] *sm gír* joint: a marijuana cigarette.

ba.se.ar [baze'ar] *vt+vpr* 1 to base: a) form, make or serve as a base. *um argumento baseado em fatos* / an argument based on facts. b) found, establish. 2 **basear-se** to be based, grounded, consist of. *a história se baseia em fatos reais* / the story is grounded in real facts.

bá.si.co [b'aziku] *adj* 1 basic, fundamental, essential. *os fatos básicos da natureza* / the ultimate facts of nature. 2 elementary. 3 *fig* central.

bas.que.te.bol [baskɛteb'ɔw] *sm Esp* basketball.

bas.ta [b'astə] *interj* enough!, that's enough!

bas.tan.te [bast'ãti] *adj m+f* 1 enough, sufficient. 2 rather, quite. *bastante comprido* / rather long. • *adv* sufficiently, plenty, pretty, a lot. *bastante amplo* / pretty large. **bastante ruim** rather bad. Veja nota em **rather.**

bas.tão [bast'ãw] *sm* (*pl* **bastões**) 1 stick. 2 bat. **bastão de beisebol** baseball bat. **bastão de esquiar** ski-stick.

bas.tar [bast'ar] *vt+vint+vpr* 1 to be enough. *basta-me saber* / it is enough for me to know. 2 **bastar-se** to be self-sufficient. *ele se basta* / he is self-sufficient. **dar o basta** to put an end to (conversation, nuisance etc).

bas.tar.do [bast'ardu] *sm* bastard, illegitimate child. • *adj* spurious, illegitimate, unfathered.

bas.ti.dor [bastid'or] *sm* 1 embroidery frame. 2 **bastidores** *Teat* wing of a scene.

3 *fig* intimacy, confidence (for instance politics). **por detrás dos bastidores** secretly.

ba.ta.lha [bat'aʎə] *sf* **1** battle, combat. **2** conflict, fight. **3** *fig* contest. **4** dispute.

ba.ta.lhão [bataʎ'ãw] *sm* (*pl* **batalhões**) **1** battalion. **2** a great number of persons.

ba.ta.lhar [bataʎ'ar] *vt+vint* **1** to fight, engage in battle. **2** to combat. **3** to persist.

ba.ta.ta [bat'atə] *sf* potato. **batata assada** baked potato. **batata da perna** calf of the leg. **batata-doce** sweet potato. **batatas fritas** fried potatoes, *amer, coloq* French fries. **purê de batatas** mashed potatoes

ba.te-bo.ca [batib'okə] *sm* (*pl* **bate-bocas**) **1** bawling, shouting. **2** quarrel, argument.

ba.te.dei.ra [bated'ejrə] *sf* beater, whisk. mixer. **batedeira de ovos** egg whisk. **batedeira elétrica** electric mixer.

ba.ten.te [bat'ẽti] *sm* **1** door or window frame. **2** *bras, pop* work.

ba.te-pa.po [batip'apu] *sm* (*pl* **bate-papos**) chat, small talk, chit-chat.

ba.ter [bat'er] *vt+vint+vpr* **1** to beat, strike, hit. *bater em alguém* / to strike at or beat someone. **2** to mix, agitate. **3** to defeat, vanquish. **4** to flutter, flap (the wings). *a ave bateu as asas* / the bird flapped its wings. **5** to kick, stamp (the feet), clap (the hands), applaud. *os amigos bateram palmas* / the friends clapped their hands. **6** knock against, bump, crash. **7** to palpitate, pant, pound. **8** to slam, bang. *a porta bateu* / bang went the door. **9** to chatter (the teeth). *bateram-lhe os dentes de frio* / his teeth chattered with cold. **bater boca** *bras* to quarrel. **bater com a língua nos dentes** *coloq* to spill the beans. **bater o pé** a) to insist, persist. b) to stamp one's foot. **bater o queixo** to shiver. **bater pernas** *coloq* to knock about, to wander. **bater uma foto** to take a photo.

ba.te.ri.a [bater'iə] *sf* **1** battery. **2** *Mús* drums.

ba.te.ris.ta [bater'istə] *sm Mús* drummer.

ba.ti.da [bat'idə] *sf* **1** beat. **2** *bras* police raid. *a polícia deu uma batida na favela*

/ the police raided the slum. **3** *bras* drink made of brandy, lemon, sugar. **4** *bras* bump, crash, (of vehicles). **5** knock, blow. **batida do coração** heartbeat.

ba.ti.do [bat'idu] *adj* **1** beaten, hit. **2** defeated. **3** worn out, threadbare. **4** *fig* commonplace, ordinary.

ba.ti.na [bat'inə] *sf* cassock.

ba.tis.mal [batizm'aw] *adj m+f* (*pl* **batismais**) baptismal. **pia batismal** baptismal font.

ba.tis.mo [bat'izmu] *sm* **1** baptism, christening. **2** launching of a ship, airplane etc. **batismo de fogo** baptism of fire. **certidão de batismo** certificate of baptism.

ba.ti.za.do [batiz'adu] *sm* **1** baptism. **2** baptized person.

ba.ti.zar [batiz'ar] *vt* to baptize, christen.

ba.tom [bat'õw] *sm* lipstick.

ba.tu.ta [bat'utə] *sf* a conductor's baton, wand. • *adj m+f bras* intelligent, sagacious.

ba.ú [ba'u] *sm* trunk, chest. locker.

bau.ni.lha [bawn'iʎə] *sf* vanilla.

ba.zar [baz'ar] *sm* oriental market, jumble-sale.

bê.ba.do [b'ebadu] *sm* drunk(ard). • *adj* drunk, tipsy, boozed. **bêbado como um gambá** as drunk as a skunk.

be.bê [beb'e] *sm* baby, babe.

be.be.dei.ra [bebed'ejrə] *sf* **1** drinking bout, *gír* binge. **2** drunkenness.

be.be.dou.ro [bebed'owru] *sm* drinking fountain.

be.ber [beb'er] *vt+vint* **1** to drink. **2** to be given to drinking. **beber como um gambá** to drink like a fish.

be.be.ri.car [beberik'ar] *vt+vint* to sip, drink little by little.

be.be.rrão [bebeʀ'ãw] *sm* (*pl* **beberrões**) (*f* **beberrona**) drunkard, heavy drinker. *ele é tido como beberrão* / he is said to be a drunkard.

be.bi.da [beb'idə] *sf* drink, beverage. **bebidas alcoólicas** alcoholic drinks, spirits. **dado à bebida** addicted to drink.

be.ça [b'ɛsə] *sf bras* usado na locução **à beça** in great quantities, a great deal.

be.co [b'eku] *sm* alley, dead-end street.

be.ge [b'εʒi] *sm* beige. • *adj m+f* beige.

bei.ci.nho [bejs'iɲu] *sm* usado na locução **fazer beicinho** to pout. **ela fez beicinho** she was on the verge to cry.

bei.ço [b'ejsu] *sm* lip.

bei.ja-flor [bejʒəfl'or] *sm* (*pl* **beija-flores**) hummingbird.

bei.jar [bejʒ'ar] *vt+vpr* 1 to kiss. 2 **beijar-se** to kiss each other. *eles se beijam o tempo todo* / they kiss each other all the time.

bei.ji.nho [bejʒ'iɲu] *sm* 1 light or little kiss. 2 *bras* sweetmeat made from eggs, coconut and sugar.

bei.jo [b'ejʒu] *sm* kiss. **atirar um beijo** to throw a kiss.

bei.ra [b'ejrə] *sf* 1 bank, edge, margin. 2 rim, brim. 3 verge. **à beira da miséria** on the verge of starvation. **à beira de um abismo** a) on the edge of a precipice. b) on the verge of a catastrophe. **estar à beira da ruína** to be nearly ruined.

bei.ra.da [bejr'adə] *sf* 1 edge. 2 margin, border.

bei.ra-mar [bejrəm'ar] *sf* 1 sea-shore. 2 coast. • *adj* coastal, near the sea-shore. *à beira-mar* / at the seaside.

bei.se.bol [bejzeb'ɔw] *sm* baseball.

be.la [b'εlə] *sf* beauty, beautiful woman. **Bela Adormecida** Sleeping Beauty.

be.las-ar.tes [bεlaz'artis] *sf pl* the fine (plastic, visual) arts. **academia das belas-artes** academy of arts.

bel.da.de [bewd'adi] *sf* beauty, belle.

be.le.za [bel'ezə] *sf* 1 beauty, handsomeness, good looks. 2 beautiful person, animal or thing. **salão de beleza** beauty parlour, hairdresser's.

be.li.che [bel'iʃi] *sm* 1 sleeping berth, bunk. 2 cabin.

bé.li.co [b'εliku] *adj* warlike, war. **armas bélicas** war weapons.

be.lis.cão [belisk'ãw] *sm* (*pl* **beliscões**) pinch(ing), nip. **dar um beliscão** to give someone a pinch.

be.lis.car [belisk'ar] *vt+vint* to pinch.

be.lo [b'εlu] *adj* 1 beautiful. 2 handsome, graceful. **bela casa** fine house.

bel.tra.no [bewtr'ʌnu] *sm* Mr. So-and-So. **ele brigou com fulano e beltrano** he quarreled with everybody.

bem [b'ẽj] *sm* (*pl* **bens**) 1 the good. 2 object of love, darling. 3 **bens** *pl*: property, riches, wealth. • *adv* 1 well, very, right. *fizeram bem em ir embora* / they did well to go. **eu estou bem de saúde** I am quite all right. 2 conveniently, properly. 3 affectionately. 4 healthfully. 5 for sure, certainly. • *interj* well!, so! • *conj* **se bem que** though, although. **bem-acabado** well finished. **bem conhecido** well-known. **bem educado** well-bred, **bem feito!** it serves you. **bem pago** highly paid. **bem-passado** well-done. **de idade bem avançada** well on in years. **está bem** all right. **meu bem!** darling, honey. **muito bem** very well.

bem-com.por.ta.do [bẽjkõport'adu] *adj* well-behaved.

bem-es.tar [bẽjest'ar] *sm* comfort, welfare, well-being.

bem-su.ce.di.do [bẽjsused'idu] *adj* successful.

bem-vin.do [bẽjv'ĩdu] *adj* (*pl* **bem-vindos**) welcome. **seja bem-vindo à nossa cidade!** / welcome to our town!

bên.ção [b'ẽsãw] *sf* (formerly **bençăo; *pl* bênçãos**) 1 blessing. 2 benediction.

ben.di.to [bẽd'itu] *adj* blessed.

be.ne.fi.cên.cia [benefis'ẽsjə] *sf* beneficence, charity. **obra de beneficência social** social welfare work.

be.ne.fi.cen.te [benefis'ẽti] *adj m+f* charitable. **obra beneficente** charity work.

be.ne.fi.ci.ar [benefisi'ar] *vt+vr* 1 to benefit, be beneficial to. 2 to improve, better. 3 to increase the value. 4 to process. 5 **beneficiar-se** to gain.

be.ne.fí.cio [benef'isju] *sm* 1 benefit, favor, mercy. *em benefício das vítimas* / for the benefit of the victims. 2 advantage, gain.

be.né.fi.co [ben'εfiku] *adj* beneficial, benefic, useful.

be.ne.vo.lên.cia [benevol'ẽsjə] *sf* 1 benevolence, goodwill. 2 complaisance, affability.

be.ne.vo.len.te [benevol'ẽti] *adj m+f* benevolent, kind, charitable.

ben.ga.la [bẽg'alə] *sf* walking-stick, cane

be.nig.no [ben'ignu] *adj* **1** kind, benign. **2** mild, gentle. **3** *Med* benign, not malignant.

ben.quis.to [bẽk'istu] *adj* **1** beloved, esteemed, respected. **2** popular. *você é benquisto aqui* / you are popular here.

ben.to [b'ẽtu] *adj* sacred, blessed. **água benta** holy water.

ben.zer [bẽz'er] *vt+vpr* **1** to bless. **2** to make the sign of the cross. **3 benzer-se** to make the sign of the cross.

ber.çá.rio [bers'arju] *sm* baby ward of a maternity hospital.

ber.ço [b'ersu] *sm* **1** cradle, crib. **2** birthplace, home.

be.rin.je.la [berĩʒ'ɛlə] *sf* egg-plant, aubergine.

ber.mu.da [berm'udə] *sf* Bermuda shorts.

ber.ran.te [beř'ãti] *sm bras* a bull's horn blown by the herdsman as a trumpet in order to drive cattle. • *adj m+f* **1** crying, shouting. **2** showy, striking. *camisa berrante* / striking shirt. *cores berrantes* / flashy (glaring) colours.

ber.rar [beř'ar] *vint+vt* **1** to cry, shout. **2** to roar, howl. **3** to bellow, bleat. **4** to vociferate, clamour.

ber.ro [b'eřu] *sm* **1** the cry of animals: howl, bellow, bleat, shriek etc. **2** shout.

be.sou.ro [bez'owru] *sm* beetle.

bes.ta [b'estə] *sf* **1** mule. **2** brutish person. **3** idiot. • *adj m+f* stupid, silly, simple. **fazer-se de besta** to play the fool.

bes.tei.ra [best'ejrə] *sf* **1** nonsense, absurdity. **2** foolishness, stupidity. **3** *bras* worthless thing.

be.sun.tar [bezũt'ar] *vt* **1** to anoint. **2** to grease.

be.ter.ra.ba [beteř'abə] *sf* beetroot.

be.xi.ga [beʃ'igə] *sf* **1** bladder. **2** bexigas, smallpox. **sinal deixado por bexiga** pockmark.

be.zer.ro [bez'eřu] *sm* calf. **chorar como bezerro desmamado** cry loudly like a child.

bí.blia [b'ibljə] *sf* **1** Bíblia: the Bible. **2** *fig* a valuable or important work of literature.

bí.bli.co [b'ibliku] *adj* biblical.

bi.bli.o.gra.fi.a [bibljograf'iə] *sf* bibliography.

bi.bli.o.te.ca [bibljot'ɛkə] *sf* **1** library: a) a collection of books. b) room or building housing a library. c) *Inform* a collection of computer programmes. **2** bookshelf. **biblioteca circulante** lending library. **biblioteca pública** public library, **biblioteca viva** *fig* a very learned person.

bi.bli.o.te.cá.rio [bibljotek'arju] *sm* librarian. • *adj* referring to a library.

bi.bo.ca [bib'ɔkə] *sf bras* **1** hole, hollow. **2** cave. **3** gully, ravine. **4** hovel. **5** an out-of-the-way, very humble dwelling.

bi.ca [b'ikə] *sf* **1** faucet, tap, water spring. **2** fountain. **correr em bica** to flow abundantly. **estar na bica** *fig* to be on the brink of, very near. **suor em bica** dripping with sweat.

bi.ca.da [bik'adə] *sf* **1** peck, thrust (with the bill or beak), pecking (of birds). **2** beakful. **3** edge of a wooded area. **4** *bras, coloq* sip of an alcoholic drink. **dar bicadas em** to pick at, beak. **marca de bicada** peck.

bi.ca.ma [bik'∧mə] *sf* couch: a piece of furniture consisting of two beds, a normal and another retractable.

bi.cão [bik'ãw] *sm coloq* freeloader, cadger.

bi.car [bik'ar] *vt* to peck.

bi.cen.te.ná.rio [bisẽten'arju] *sm* bicentennial, bicentenary. • *adj* bicentennial, bicentenary.

bi.cha [b'iʃə] *s m+f bras* homosexual, gay. **bicha enrustida** *deprec* closet queen.

bi.cha.do [biʃ'adu] *adj* wormy, worm-eaten, maggoty.

bi.cha.no [biʃ'∧nu] *sm pop* kitten, pussy.

bi.cha.ra.da [biʃar'adə] *sf* a lot of animals, animals collectively.

bi.chei.ro [biʃ'ejru] *sm* ticket-vendor of a sort of animal lottery, banker of this lottery.

bi.cho [b'iʃu] *sm* **1** any animal, excepting fowl and fish. **2** ugly, repulsive or unsociable person. **3** expert, skilful, cunning or intelligent person. *ele é um bicho na matemática* / he is very good at Maths. **4** freshman. **bicho da madeira** woodworm. **bicho que rói na consciência** remorse. **eles foram matar o bicho** they had a drink. **ele virou bicho** he became furious and aggressive. **fazer de alguma coisa um bicho de sete cabeças** to exaggerate, make a mountain out of a molehill. **jogo do bicho** *bras* forbidden kind of animal lottery. **ver que bicho dá** wait for the results or consequences of something.

bi.cho-car.pin.tei.ro [biʃukarpĩt'ejru] *sm* (*pl* **bichos-carpinteiros**) *Entom* woodworm. **ter o bicho-carpinteiro** to be fidgety.

bi.cho-da-se.da [b'iʃudəs'edə] *sm* (*pl* **bichos-da-seda**) *Entom* silkworm.

bi.cho-pa.pão [biʃupap'ãw] *sm* (*pl* **bichos-papões**) bogeyman.

bi.ci.cle.ta [bisikl'ɛtə] *sf* bicycle, bike,*USA* wheel. **bicicleta de corrida** racing bicycle. **andar de bicicleta** to ride a bicycle, go cycling.

bi.co [b'iku] *sm* **1** beak, bill. **2** anything resembling a beak or bill: point, sharp end, spout. **3** nib of a pen. **4** *coloq* human mouth. *ficar de bico calado /* to keep one's mouth shut. *calar o bico /* to keep quiet. **5** a temporary job. **6** *coloq* pacifier. • *interj* hush! mum! **abrir o bico** to snitch. **bico de mamadeira** top of feeding bottle. **bico do peito** nipple. **desenho a bico de pena** pen-and-ink drawing. **fazer bico** to make a long face. **levar alguém no bico** to deceive. **meter o bico em** to meddle. **não ser para o bico de** not to be enjoyed or taken advantage of. **ser bom de bico** to have the gift of the gab.

bi.cu.do [bik'udu] *sm, adj* **1** having a beak or a sharp point. **2** difficult. *tempos bicudos /* difficult days. **3** angry, surly.

bi.dê [bid'e] *sm* bidet.

bi.ê.nio [bi'enju] *sm* biennium: period of two years.

bi.fe [b'ifi] *sm* **1** steak, beefsteak. **2** any kind of meat cut as a beefsteak. **bife a cavalo** beefsteak with a fried egg over it.

bi.fo.cais [bifok'ajs] *sm pl* eyeglasses with bifocal lenses.

bi.fur.ca.ção [bifurkas'ãw] *sf* (*pl* **bifurcações**) **1** road, path or river fork. **2** a railroad junction.

bi.fur.car [bifurk'ar] *vt+vpr* to branch, to fork.

bi.ga.mi.a [bigam'iə] *sf* bigamy.

bí.ga.mo [b'igamu] *sm* bigamist. • *adj* bigamous.

bi.go.de [big'ɔdi] *sm* moustache. **bigode de rato, gato** etc. whiskers.

bi.gor.na [big'ɔrnə] *sf* anvil.

bi.ju.te.ri.a [biʒuter'iə] *sf* costume jewellery.

bi.lha [b'iʎə] *sf* pitcher.

bi.lhão [biʎ'ãw] *sm* (*pl* **bilhões**) billion.

bi.lhar [biʎ'ar] *sm* **1** billiards. **2** billiard-room or house. **bolas de bilhar** ivories. **mesa de bilhar** a billiards table.

bi.lhe.te [biʎ'eti] *sm* **1** note, a short written message. *escreva-me um bilhete /* drop me a line. **2** ticket. **bilhete com direito a baldeação** transfer ticket. **bilhete de ida e volta** return ticket, *amer* round-trip ticket. **bilhete de ingresso** admission ticket, card. **bilhete de loteria** lottery ticket. **bilhete gratuito** pass. **ele recebeu o bilhete azul** he was fired/sacked.

bi.lhe.te.ri.a [biʎeter'iə] *sf* box-office.

bi.lín.güe [bil'ĩgwi] *adj m+f* bilingual.

bi.li.o.ná.rio [biljon'arju] *sm* billionaire, multimillionaire.

bí.lis [b'ilis] *sf sing+pl* *Anat* bile.

bi.ná.rio [bin'arju] *sm* *Tecn* couple, something made of or based on two things or parts. • *adj* binary, dual.

bin.go [b'ĩgu] *sm* **1** bingo, a game of chance. **2** a bingo hall, a bingo palace.

bi.nó.cu.lo [bin'ɔkulu] *sm* binoculars.

bi.o.de.gra.dá.vel [bjodegrad'avew] *adj m+f* biodegradable.

bi.o.gra.fi.a [bjograf'iə] *sf* biography.

bi.o.lo.gi.a [bjoloʒ'iə] *sf* biology.

bi.o.lo.gis.ta [bjoloʒ'istə] *s m+f* (também **biólogo** *sm*) biologist.

bi.om.bo [bi'õbu] *sm* folding screen, partition.

bi.qui.nho [bik'iɲu] *sm* (*dim* de **bico**) little beak or bill. **fazer biquinho** to pout.

bi.quí.ni [bik'ini] *sm* **1** bikini. **2** bikini panties.

bi.ri.ta [bir'itə] *sf* *bras* any alcoholic drink, booze. **tomar uma birita** to have an alcoholic drink.

bir.ra [b'iʀə] *sm* **1** obstinacy, stubbornness. **2** *fig* whim, freak. • *vi* **fazer birra** to throw a tantrum.

bir.ren.to [biʀ'ẽtu] *adj* stubborn, obstinate.

bi.ru.ta [bir'utə] *sf Aeron* wind sock. **s** *m+f* a lunatic.

bi.sar [biz'ar] *vt* to repeat, do or play once more, encore.

bi.sa.vô [bizav'o] *sm* great-grandfather.

bi.sa.vó [bizav'ɔ] *sf* great-grandmother.

bi.sa.vós [bizav'ɔs] great-grandparents.

bis.bi.lho.tar [bizbiʎot'ar] *vi+vint* **1** to pry, to snoop. **2** to gossip.

bis.bi.lho.tei.ro [bizbiʎot'ejru] *sm* a snoop, a gossip.

bis.ca.te [bisk'ati] *sm* **1** odd job, casual earnings. **2** *bras, gír* whore.

bis.ca.te.ar [biskate'ar] *vint* to do odd jobs, live on odd jobs.

bis.coi.to [bisk'ojtu] *sm* biscuit, tea-cake, cookie, cracker.

bis.na.ga [bizn'agə] *sf* **1** tube (for toothpaste, vaseline etc.). **2** French bread.

bis.po [b'ispu] *sm Ecles, Xadrez* bishop. **queixar-se ao bispo** to have nobody to complain to. **trabalhar para o bispo** to work without pay.

bis.sex.to [bis'estu] *adj* bissexto. **ano bissexto** leap year. **prosador bissexto, poeta bissexto** one who writes very scarcely.

bis.se.xu.al [biseksu'aw] *s m+f* (*pl* **bissexuais**) bisexual. • *adj m+f* bisexual: a) hermaphroditic. b) sexually oriented towards both sexes.

bis.tu.ri [bistur'i] *sm* scalpel.

bit [b'ajt] *sm Inform* binary digit.

bi.to.la [bit'ɔlə] *sf* **1** gauge. **2** norm, pattern. **3** railway gauge. **bitola estreita** narrow railway gauge. **bitola normal** standard gauge. **medir tudo pela mesma bitola** to treat all alike, make no difference.

bi.zar.ro [biz'aru] *adj* **1** generous. **2** elegant, well dressed, eccentric, odd.

bla.bla.blá [blablabl'a] *sm bras, gír* chatter, idle or excessive talk.

black-tie [blɛktaj] *sm* tuxedo: man's formal wear.

blas.fê.mia [blasf'emjə] *sf* blasphemy, profanity.

ble.fa.dor [blefad'or] *sm* a sham, a bluffer.

blin.da.do [blĩd'adu] *adj* armor-plated, armored, steel-plated.

blo.co [bl'ɔku] *sm* **1** a block of some material, pig iron, earth, stone etc. **2** writing pad. **3** *fig* bloc: a political group etc. **4** *bras* carnivalesque group of dancers. **bloco de desenho** drawing block or pad. **como um bloco** blocky. **em bloco** lump. *ele comprou a mercadoria em bloco* / he bought the merchandise wholesale. *eles apareceram em bloco* / they appeared all together. **um bloco de casas** a group of houses. **um bloco de edifícios** a group of buildings.

blo.que.ar [bloke'ar] *vint* **1** to block up, blockade. **2** to block access to a road, place etc. **3** to prevent normal functioning.

blo.quei.o [blok'eju] *sm* **1** siege. **2** obstruction, obstacle, stoppage.

blu.sa [bl'uzə] *sf* blouse.

blu.são [bluz'ãw] *sm* (*pl* **blusões**) windbreaker (sports jacket).

bo.a [b'oə] *adj* **1** *fem* de **bom**. **2** *gír* sexy. **boa viagem!** have a nice trip! **dar as boas noites** to say good night. **nas boas graças de** in somebody's great favour. **escapar de boa** to have a narrow escape. **estar de boa saúde** to enjoy good health. **estar em boas condições físicas** *Esp* to be in good form. **estar numa boa** in a very advantageous situation. **lapso de boa conduta** fall from grace. **uma boa piada** not a bad joke.

bo.as-fes.tas [boasf'ɛstas] *sf pl* greetings at Christmas and New Year.

bo.as-vin.das [boazv'idas] *sf pl* welcome.

bo.a.to [bo'atu] *sm* rumor. *correu o boato de boca em boca* / there is a persistent rumor. *corre o boato* / rumor has it that. **espalhar boatos** to spread rumors.

bo.ba [b'obə] *sf* silly (woman or girl).

bo.ba.gem [bob'aʒẽj] *sf* (*pl* **bobagens**) nonsense, *fig* moonshine. *eles falaram bobagens* / they talked nonsense, they talked dumb. • *interj* **ora, que bobagem!** that's nonsense!

bo.b(e).ar [bob(e)'ar] *vint bras* to blunder.

bo.bi.na [bob'inə] *sf* bobbin: **1** a small cylinder on which thread is wound. **2** *Eletr* a coil of insulated wire or the reel it is wound on.

bo.bo [b'obu] *adj* **1** foolish, silly. **2** trifling, trivial. **bobo!** you silly! **dia dos bobos** April Fools' Day. *ele não é bobo* / he is no fool. **fazer alguém de bobo** to make a fool of someone. **fazer papel de bobo** to make a fool of oneself.

bo.ca [b'okə] *sf* **1** mouth. *você me deixa com água na boca* / you make my mouth water. **2** throat, gullet. **3** passage, entrance. **4** bottleneck. **à boca da noite** at nightfall. **abrir a boca** to talk. **adoçar a boca** to coax, cajole somebody. **bater boca** to argue. **boca de túnel** the entrance to a tunnel. **cair na boca do povo** to become the talk of the town. **cale a boca!** shut up! **corre à boca pequena** it is rumored, it is whispered. **dizer o que vem à boca** to call a spade a spade. **falar mais do que a boca** to blab, a blabbermouth. **ficar de boca aberta** to gape in wonder. **pegar com a boca na botija** to catch red-handed. **ter a boca suja** to use foul language. **vire essa boca pra lá** God forbid! Heaven forbid!

bo.ca-de-lo.bo [b'okədil'obu] *sf* (*pl* **bo-cas-de-lobo**) gutter drain.

bo.ca-de-si.no [b'okədis'inu] *sm* (*pl* **bo-cas-de-sino**) blunderbuss. **bell bottomed trousers** calças boca-de-sino.

bo.ca.do [bok'adu] *sm* **1** a mouthful, bit. *ele comeu um bocado* / he ate a wee bit. **2** morsel. **3** a lot (frequently with a negative). *não o vejo há um bocado de tempo* / I haven't seen him for quite a long time. **bocado sem osso** *coloq* gains without pains.

bo.cal [bok'aw] *sm* (*pl* **bocais**) **1** mouth of a flask, vase etc. **2** mouthpiece, nipple, nozzle (of a wind instrument).

bo.ce.jar [bose3'ar] *vint* to yawn.

bo.che.cha [bo∫'e∫ə] *sf* cheek. **dizer nas bochechas de alguém** to tell to one's face.

bo.che.char [bo∫e∫'ar] *vt+vint* to rinse out one's mouth with water or another liquid.

bo.da [b'odə] *sf* (*pl* **bodas**) wedding ceremony and party. **bodas de diamante** diamond anniversary. **bodas de ouro** golden anniversary. **bodas de prata** silver anniversary.

bo.de [b'ɔdi] *sm* **1** billy-goat. *eles foram pegos em flagrante e deu o maior bode* / they were caught redhanded and got a real fix. **2** a difficult situation, a brawl. **bode expiatório** scapegoat. **de bode amarrado** ill-humoured.

bo.dum [bod'ũ] *sm* (*pl* **boduns**) foul smell of animal and human sweat.

bo.fe.ta.da [bofet'adə] *sf* **1** a slap in the face, a cuff. *ela lhe deu uma bofetada* / she slapped him hard across the face. **2** *fig* insult, offense. **bofetada com luva de pelica** a fine retaliation.

boi [b'oj] *sm* **1** ox, steer. **2** *bras* the main animal character in the **bumba-meu-boi** feast. **boi na linha** an unexpected difficulty. **carro de bois** oxcart. **colocar o carro diante dos bois** to put the cart before the oxen. **dar nome aos bois** to call a spade a spade. **pé de boi** a hardworking person. **pegar o boi pelo chifre** to tackle a task with energy.

bói.a [b'ɔjə] *sf* **1** buoy. **2** lifebuoy, a life preserver. **3** float, ball (for level regulation in a tank). **3** *bras, coloq* meal, grub.

bói.a-fri.a [bɔjəfr'iə] *sf+m* (*pl* **bóias-frias**) a country hand, who does temporary jobs and eats the cold meal he brings with him.

boi.ar [boj'ar] *vt+vint* **1** to float, be afloat. **2** to be unable to understand something.

boi.co.tar [bojkot'ar] *vt* to boycott.

boi.na [b'ojnə] *sf* beret.

bo.ju.do [bo3'udu] *adj* big-bellied, pot-bellied.

bo.la [b'ɔlə] *sf* **1** ball, globe, sphere, any round-shaped object. **2** *pop* head, wits, think-box. **3** an obese person. **4** *bras* poisoned meatballs (to kill stray dogs). **bola ao cesto** basketball. **bola de futebol** football. **bola de sabão** soap-bubble. **comer bola** to be bribed. **dar bola** to encourage attentions. **pisar na bola** to make a bad mistake.

bo.la.cha [bol'a∫ə] *sf* **1** biscuit, cracker. **2** *pop* box on the ear, slap on the cheek.

bo.la.ço [bol'asu] *sm* *bras* a very good move by a player in a football game. **jogar um bolaço** to play extremely well (football).

bo.la.da [bol′adə] *sf* **1** to hit someone with a ball. **2** a lot of money. **uma boa bolada** *pop* a pretty penny.

bo.le.tim [bolet′ĩ] *sm* (*pl* **boletins**) **1** bulletin. **2** school report. **boletim informativo** news report. **boletim meteorológico** weather forecast.

bo.lha [b′oλə] *sf* **1** blister. **2** bubble. **3** *s m+f bras*, *gír* an annoying person. **bolha de sabão** soap-bubble.

bo.li.che [bol′iʃi] *sm* **1** bowling. **2** bowling alley. **jogar boliche** to go bowling.

bo.li.nha [bɔl′iñə] *sf* **1** polka dot. **2** *bras* an illegal drug.

bo.li.nho [bol′iñu] *sm Cul* a small savory dough with varied fillings, usually fried. **bolinho de bacalhau** dough prepared with codfish.

bo.li.vi.a.no [bolivi′ʌnu] *sm* Bolivian, a native of Bolivia. • *adj* of, or related to Bolivia.

bo.lo [b′olu] *sm* cake. **birthday cake** bolo de aniversário. **bolo de claras** angel cake.

bo.lor [bol′or] *sm* **1** mold. **2** decay.

bo.lo.ren.to [bolor′ētu] *adj* moldy.

bol.sa [b′owsə] *sf* **1** purse, bag, handbag. **2** scholarship, studentship. **3** stock exchange, stock market. **bolsa de água quente** hot-water bottle. **bolsa de ar** air pocket.

bol.sis.ta [bows′istə] *s m+f* student on a scholarship.

bol.so [b′owsu] *sm* pocket. **bolso interno do paletó** breast-pocket. **do bolso do colete** a ready-made answer suitable for all occasions. **edição de bolso** pocket edition.

bom [b′õw] *sm* (*pl* **bons**) a good, kind-hearted man. • *adj* (*f* **boa**; *comp* **melhor**; *sup* **o melhor**; *sup abs sint* **boníssimo**) **1** good, fine, right. *isto é bom para você /* this is good for you. **2** generous. **3** fair. **4** reliable. **5** safe. **6** tasty. *esta comida tem bom aspecto /* this food looks tasty. • *interj* splendid! that's nice (fine, well, swell etc.)! **achar bom** to approve. **bom acolhimento** welcome. **bom para a saúde** wholesome. **bom senso** common sense. **bom tempo** fine weather. **de bom grado** willingly. **não estou bom hoje** I don't feel well today. **ser bom de** to be good at something. **um bom ano** a good year.

bom.ba [b′õbə] *sf* **1** *Mil* shell, bomb. **2** a pump. **3** *Cul* éclair. **4** unexpected event. **5** *bras* flunk. *ele levou bomba /* he flunked (failed in an examination). **à prova de bombas** shellproof. **bomba arrasa-quarteirão** blockbuster. **bomba atômica** atom bomb. **bomba de gasolina** petrol pump, *amer* gasoline pump. **bomba de hidrogênio** fusion bomb, hydrogen bomb. **casa de bomba** pump house.

bom.bar.de.ar [bõbarde′ar] *vt* to bomb, to bombard: a) to attack especially with continuous gunfire. b) to question someone persistently.

bom.bar.dei.o [bõbard′eju] *sm* bombardment, bombing.

bom.be.ar [bõbe′ar] *vt* to pump.

bom.bei.ro [bõb′ejru] *sm* **1** fireman. **2** *bras* plumber. **carro de bombeiros** fire engine. **corpo de bombeiros** fire brigade.

bom.bom [bõb′õw] *sm* (*pl* **bombons**) chocolate. *uma caixa de bombons /* a box of chocolates.

bo.nan.ça [bon′āsə] *sf* **1** fair weather. **2** *fig* calm, tranquil(l)ity.

bon.da.de [bõd′adi] *sf* goodness, kindness, amiability. *ela é a bondade em pessoa /* she is kindness herself. **tenha a bondade de...** will you be kind enough to / will you be so kind as to.

bon.de [b′õdi] *sm bras* streetcar, *amer* trolley (car). **comprar bonde** to be swindled, make a bad bargain.

bon.do.so [bõd′ozu] *adj* amiable, good-natured, kindhearted.

bo.né [bon′ɛ] *sm* cap.

bo.ne.ca [bon′ɛkə] *sf* **1** doll, toy, baby. **2** a neat doll-like woman.

bo.ne.co [bon′ɛku] *sm* doll, toy. **boneco de neve** snow man.

bo.ni.ti.nha [bonit′iñə] *adj* (*dim* de **bonita**) cute.

bo.ni.to [bon′itu] *sm, adj* **1** pretty. *uma carinha bonita /* a pretty face. **2** handsome. *um jovem atraente, bonito /*

bônus 434 braço

a handsome young man. **3** beautiful. *uma bela paisagem* / a beautiful landscape.

bô.nus [b'onus] *sm, sing+pl* bonus.

bon.zi.nho [bõz'iñu] *adj* (*dim* de **bom**) nice. *seja bonzinho e vá buscar meu livro* / be a pet and fetch me my book.

bo.qui.a.ber.to [bokjab'ɛrtu] *adj* **1** open-mouthed, gaping. **2** staring. **3** dumbfounded, amazed.

bor.bo.le.ta [borbol'etə] *sf* **1** *Entom* butterfly. **2** *bras* turnstile. **gravata borboleta** bow tie.

bor.bo.le.te.ar [borbolete'ar] *vint* to flutter, flit, flirt about.

bor.bu.lhan.te [borbuλ'ãti] *adj m+f* bubbling, bubbly.

bor.da [b'ɔrdə] *sf* **1** border, edge. **2** bank. *a borda do rio* / a river bank. **3** brim. *um copo cheio até a borda* / a glass full to the brim. **4** shore, strand. **borda do mar** seaside, seashore.

bor.da.do [bord'adu] *sm* embroidery. • *adj* embroidered. **bordado em ponto de cruz** cross-stitch embroidery.

bor.dão [bord'ãw] *sm* (*pl* **bordões**) **1** stick, staff. **2** *fig* help, support. **3** catch-phrase.

bor.dar [bord'ar] *vt+vint* to embroider.

bor.del [bord'ɛw] *sm* (*pl* **bordéis**) brothel, bawdy-house, whorehouse, *amer, gír* cathouse.

bor.do [b'ɔrdu] *sm* board of a ship, aircraft. **a bordo** on board, aboard ship. **a bordo do *Eagle*** on board the *Eagle*. **todos a bordo!** all aboard!

bor.do.a.da [bordo'adə] *sf* a blow with a cudgel.

bor.ra [b'õrə] *sf* dregs, sludge. **borra de chá** tea-leaves.

bor.ra.cha [boʀ'aʃə] *sf* **1** rubber. **2** eraser. **espuma de borracha** foam rubber. **borracha para apagar tinta** ink eraser. **borracha sintética** synthetic rubber.

bor.ra.chei.ro [boʀaʃ'ejru] *sm* **1** *bras* latex collector. **2** tire repairman.

bor.ra.do [boʀ'adu] *adj* blurry, smudgy, smeared.

bor.rão [boʀ'ãw] *sm* (*pl* **borrões**) **1** blot, stain, spatter, spot, smudge. **2** sketch, rough draft, outline.

bor.rar [boʀ'ar] *vt* to blot, besmear.

bor.ras.ca [boʀ'askə] *sf* tempest, thunderstorm, gale.

bor.ri.far [boʀif'ar] *vt* **1** to (be)sprinkle, spray. **2** to drizzle.

bor.ri.fo [boʀ'ifu] *sm* **1** sprinkling. **2** drizzling rain. **3** spray.

bos.que [b'ɔski] *sm* woods. **sem bosques** woodless.

bos.ta [b'ɔstə] *sf* **1** cow dung. **2** crap, shit. **3** filthy work.

bo.ta [b'ɔtə] *sf* boot. **bater as botas, bater a bota** to kick the bucket, die. **botas de borracha** rubber boots, waders. **botas de montaria** riding boots. **gato de botas** / puss in boots. **onde Judas perdeu as botas** in a far-away, impassable place.

bo.tão [bot'ãw] *sm* (*pl* **botões**) **1** bud, flower-bud. **2** metal knob, stud. **3** button. **apertar o botão** to press the button. **botão de campainha** bell-button. **botão de colarinho** collar stud. **botão de contato** push-button. **botão de partida** starter. **botão de rosa** rose-bud. **casa de botão** buttonhole.

bo.tar [bot'ar] *vt+vpr* **1** to throw, cast, fling (also oneself). **2** to throw out. *botaram-no para fora* / they threw him out. **3 botar-se** a) to throw or fling oneself. b) to dare, venture. c) to leave, depart. **botar o navio ao mar** to launch a ship.

bo.te [b'ɔti] *sm* **1** boat. **2** dinghy. **bote a remo** rowboat. **bote de borracha** rubber boat. **bote salva-vidas** lifeboat.

bo.te.co [bot'ɛku] *sm bras* tavern, bar.

bo.te.quim [botek'ĩ] *sm* (*pl* **botequins**) tavern, bar.

bo.ti.cá.rio [botik'arju] *sm* pharmacist.

bo.vi.no [bov'inu] *sm* bovine. • *adj* bovine.

bo.xe [b'ɔksi] *sm* boxing. **luta a curta distância no boxe** infighting.

bo.xe.a.dor [boksead'or] *sm Esp* boxer.

bra.ça.da [bras'adə] *sf* **1** armful, as much as the arms can seize. **2** *Nat* crawl stroke. **braçada em nado de costas** *Nat* backstroke.

bra.ça.dei.ra [brasad'ejrə] *sf* **1** bracket. **2** armband.

bra.ce.le.te [brasel'eti] *sm* bracelet.

bra.ço [br'asu] *sm* **1** arm. **2** power, might,

courage. **3** labor. **4** branch (river). **apoi-ar-se ao braço de alguém** to take someone's arm. **braço de mar** inlet, gulf. river. **dar o braço a torcer** to give in. **de braço dado** arm in arm. **de braços abertos** with open arms. **ele é o meu braço direito** he is my right hand.

bra.dar [brad'ar] *vt+vint* **1** to cry, call, shout. **2** to scream, yell, to cry for help. **3** to cry out in protest. **que brada ao céu** crying to heaven.

bra.do [br'adu] *sm* cry, shout, scream. **brado de guerra** cry of war.

bra.gui.lha [brag'iλə] *sf* fly, the front opening in a pair of trousers.

bra.mar [bram'ar] *vint+vt* to roar, bellow, howl.

bra.mi.do [bram'idu] *sm* roar, bellow, howling yell (animals, storm, sea).

bran.co [br'ãku] *sm* **1** the color white, whiteness. **2** a white person. **3** blank, gap. • *adj* **1** white. **2** clear, bright. **3** blank. **bandeira branca** white flag. **branco como a neve** snow-white. **branco como um fantasma** as white as a sheet. **cheque em branco** blank check. **de cabelos brancos** white-haired. **de pele branca** white-skinned. *ele passou a noite em branco /* he didn't sleep a wink. **em branco** blank. **molho branco** white sauce. **ter carta branca** to be given free hand. **verso branco** blank verse. **vestido de branco** dressed in white.

bran.cu.ra [brãk'urə] *sf* whiteness.

bran.dir [brãd'ir] *vt* to brandish, to wield. **brandir uma espada** to brandish a sword.

bran.do [br'ãdu] *adj* **1** tender, soft, mild, temperate. **2** *fig* gentle, kind. **a fogo brando** over low heat.

bran.du.ra [brãd'urə] *sf* **1** tenderness. **2** docility. **3** moderation.

bran.que.ar [brãke'ar] *vt+vpr* **1** to whiten. **2** to bleach. **3** to whitewash.

bra.sa [br'azə] *sf* **1** live or burning coal. **2** ember, cinder. **3** *fig* ardor, zeal. **em brasa** red-hot, ardent. **estar em brasas** to be on pins and needles. **mandar brasa** *gír* go ahead boldly. **pisar em brasas** to deal with a very difficult situation. **pu-**

xar a brasa para sua sardinha bring grist to one's mill.

bra.são [braz'ãw] *sm* (*pl* **brasões**) coat of arms. **dourar o brasão** to marry a rich woman of low birth.

Bra.sil [braz'iw] *sm* Brazil.

bra.si.lei.ro [brazil'ejru] *sm* Brazilian: native or inhabitant of Brazil. • *adj* Brazilian.

bra.vo [br'avu] *sm* a brave, courageous, daring man. • *adj* **1** brave, valiant, courageous, gallant. **2** furious, angry, ill-tempered. *ele ficou bravo /* he became angry. **3** turbulent, rough. *o mar está bravo /* the sea is rough. • *interj* bravo!, very well!

bre.car [brek'ar] *vt+vint bras* **1** to brake, put on the brakes. **2** to stop, halt. **3** to check, control, restrain.

bre.cha [br'ɛʃə] *sf* **1** breach, gap, rent, fissure, chasm (também *Mil*). **2** void. **3** a narrow opening. **abrir uma brecha** to breach through. **entrar na brecha** to step into the breach.

bre.ga [br'ɛgə] *adj m+f* tacky, over-dressed.

bre.jei.ro [brez'ejru] *sm* impish, coquettish, provocative.

bre.jo [br'ɛʒu] *sm* **1** swamp, bog, marsh. **2** moorland, wasteland. **ir para o brejo** to fail utterly, come off badly.

bre.que [br'ɛki] *sm bras* brake (vehicles). **breque de mão** handbrake. **dar um breque em alguém** *gír* to keep someone within limits.

breu [br'ew] *sm* pitch. **escuro como breu** pitch-dark.

bre.ve [br'ɛvi] *adj m+f* **1** short, brief. **2** concise. • *adv* soon, before long. **em breve** at an early date, soon, early. **o mais breve possível** as soon (or brief) as possible. **seja breve!** cut it short!, be brief! make it short and sweet!

bri.ga [br'igə] *sf* **1** strife, quarrel. **2** fighting, brawl(ing), row. **briga de foice** a hot fight. **briga de galo** cock-fight(ing). **comprar a briga de alguém** to fight another's battle. **homem de briga** brawler. **meter-se em briga** to get into a fight. **procurar briga com** to pick a quarrel with.

bri.gão [brig'ãw] *sm* (*pl* **brigões**) (*f* **brigona**) bully, tough, blusterer, troublemaker. • *adj* quarrelsome, rowdy.

bri.gar [brig'ar] *vint+vt* **1** to quarrel. **2** to fight, row. **brigar por dá cá aquela palha** to dispute about nothing. **quando um não quer, dois não brigam** it takes two to tango.

bri.lhan.te [briλ'ãtĩ] *sm* diamond of a particular cut. • *adj m+f* **1** bright, radiant, sparkling, dazzling. **2** intelligent, talented, magnificent.

bri.lhar [briλ'ar] *vi* **1** to shine, glitter, sparkle, scintillate, flash. *o sol começa a brilhar cedo no verão* / the sun shines early in the morning in summer. *as luzes da rua cintilavam no asfalto molhado* / the lamplights glittered on the wet asphalt. *Seus olhos brilharam de alegria* / his (her) eyes sparkled with joy. **2** to excel.

bri.lho [br'iλu] *sm* **1** brightness, brilliancy, radiance, blaze (fire), luminosity, shininess. **2** *fig* vivacity. **3** *fig* ability, talent. **sem brilho** plain.

brin.ca.dei.ra [brĩkad'ejrə] *sf* **1** entertainment, fun, child's play *dito por brincadeira* / said in fun. **2** joke, jest, prank, hoax *ele não pode deixar de fazer uma brincadeira* / he cannot resist playing a joke. **3** *coloq* something very easy. **de brincadeira** in joke, in jest. **deixando de brincadeira** joking apart. **por brincadeira** for the fun of it. **sem brincadeira!** seriously now! **uma brincadeira de mau gosto** a dirty trick.

brin.car [brĩk'ar] *vint+vt* **1** to play, dally. **2** to frolic, gambol, caper. **3** to play pranks. **4** to entertain, amuse. **brincar com** to play with. **brincar com fogo** to play with fire. **brincar de casinha** to play house. *eu estava brincando* / I was just kidding. **brincar de esconder** to play at hide-and-seek. **com disposição para brincar** in wild spirits. *com ele não se brinca* / he stands no nonsense. **quarto de brincar** playroom.

brin.co [br'ĩku] *sm* **1** earring. **2** something

very neat, clean or delicate. **3 brincos** earrings, eardrops.

brin.co-de-prin.ce.sa [br'ĩkudiprĩs'ezə] *sm* (*pl* **brincos-de-princesa**) *Bot* fuchsia.

brin.dar [brĩd'ar] *vt* **1** to drink a toast, to propose a toast. **2** to make a gift. *ele nos brindou com um livro* / he presented us with a book. **brindar à saúde de alguém** to drink (propose) to someone's health. **brindar-se mutuamente** to toast each other. *eu o brindei* / I raised my glass to him.

brin.que.do [brĩk'edu] *sm* toy, plaything. **loja de brinquedos** toyshop.

bri.sa [br'izə] *sf* breeze, light wind. *batido pela brisa* / airy. **sem brisa** airless.

brin.tâ.ni.co [brit'∧niku] *sm* the British, the Brits. • *adj* Britannic, British.

bro.a [br'oə] *sf Cul* corn bread.

bro.ca [br'ɔkə] *sf* drill.

bro.che [br'ɔʃi] *sm* brooch, pin.

bro.chu.ra [broʃ'urə] *sf* **1** brochure. **2** paperback.

bró.co.lis [br'ɔkolis] *sm pl* = **brócolos.**

bró.co.los [br'ɔkolus] *sm pl Bot* broccoli.

bron.ca [br'õkə] *sf gír* scolding, reprimand. **dar uma bronca** to give (a person) a good scolding. **levar uma bronca** to be blown up at, reprimanded.

bron.co [br'õku] *sm* moron, idiot. • *adj* stupid, dim-witted, dense.

bron.qui.te [brõk'iti] *sf Med* bronchitis.

bron.ze [br'õzi] *sm* **1** bronze. **2** sculpture, medal etc, made of bronze. **Idade do bronze** Bronze Age.

bron.ze.a.do [brõze'adu] *adj* attractively sun-tanned.

bron.ze.a.dor [brõzead'or] *sm* a bronzing, sun-tanning lotion.

bro.tar [brot'ar] *vt+vint* **1** to produce, appear, bear, break out, grow. *as batatas brotaram* / the potatoes have grown out. **2** to originate, arise. **3** to bud, germinate, sprout, shoot forth. **4** to flow, stream, spring up, spout. *as águas brotaram do solo* / waters sprang from the earth. *lágrimas brotaram de seus olhos* / tears welled up in her eyes.

bro.to [br'otu] *sm bras* bud, shoot, sprout.

bru.ços [brus'us] *sm pl* used only in the

adverbial locution: **de bruços** lying face down.

brus.ca.men.te [bruskam'ẽti] *adv* abruptly, brusquely, curtly. **levantar-se bruscamente** to start up.

bru.tal [brut'aw] *adj m+f* (*pl* **brutais**) 1 brutal, cruel, inhuman. 2 brutish, uncivil, coarse. 3 violent, terrible. *uma seca brutal assolou as roças* / a terrible drought devastated the crops.

bru.ta.li.da.de [brutalid'adi] *sf* 1 brutality, savagery. 2 rudeness.

bru.to [bru'tu] *sm* brute, inhuman person. • *adj* 1 rude, coarse. *o homem tinha uma feição bruta* / the man had a coarse countenance. 2 raw, rough, unfinished. 3 gross, uncivilized. *ele tinha modos brutos* / his manners were uncivilized. **diamante bruto** rough diamond. **em bruto** in the rough, raw. **força bruta** brute force. **peso bruto** gross weight. **produto interno bruto** gross domestic product. **renda bruta** gross income.

bru.xa [br'uʃə] *sf* witch, sorceress.

bru.xo [br'uʃu] *sm* sorcerer.

bu.cha [bu'uʃə] *sf* 1 a piece of cloth, wood or other materials used to plug a hole. 2 a screw plug. 3 fibrous, spongy material obtained from a type of gourd (luffa cyllindrica). **na bucha** without delay, immediately.

bu.cho [b'uʃu] *sm* 1 paunch, belly. 2 *bras, gír* ugly woman. **de bucho** pregnant.

bu.dis.mo [bud'izmu] *sm* Buddhism.

bu.ei.ro [bu'ejru] *sm* culvert, drainpipe.

bu.far [buf'ar] *vint+vt* (também **bufir**) 1 to breathe hard (through the nose or mouth), to be breathless. 2 to snort (in disapproval). 3 to get mad, grow furious.

bu.fê [buf'e] *sm* buffet: a) sideboard. b) canteen, bar for refreshments (in railway stations, clubs etc.). c) table at weddings, cocktail parties etc, where delicacies and drinks are displayed and guests serve themselves from it. d) the food served as such, buffet-style.

bu.gi.gan.ga [buʒig'ãgə] *sf* **bugigangas** *pl* trifles, knick-knacks, pieces.

bu.jão [buʒ'ãw] *sm* (*pl* **bujões**) 1 plug, stopper, for tanks, casks, vats etc. 2 *bras*

(também **botijão**) metallic container for home-delivered compressed gas.

bu.la [b'ulə] *sf* 1 papal bull. 2 printed directions for the use of medicines.

bu.le [b'uli] *sm* teapot, coffeepot. **abafador para o bule de chá** tea cosy.

bu.lir [bul'ir] *vt* 1 to agitate, to stir. 2 to move. 3 to touch lightly. **o sofrimento dela buliu comigo** / her sorrow filled me with emotion.

bu.quê [buk'e] *sm* 1 bouquet, bunch of flowers, nosegay, posy. 2 fragrance, bouquet (of wine).

bu.ra.co [bur'aku] *sm* 1 hole, gap, hollow. 2 cavity. 3 loophole. 4 *bras* a game of cards. **buraco de fechadura** keyhole. **tapar buracos** to mend carelessly. **tapar um buraco** to pay a debt.

bu.ri.lar [buril'ar] *vt* 1 to chisel. 2 to perfect, polish. (a text, work of art etc.).

bur.la [b'urlə] *sf* 1 gibe, joke, mockery. 2 deceit, fraud. *ele não é homem de burla* / he is not a man to be trifled with.

bur.lar [burl'ar] *vt* 1 to fool, tease a person. 2 to cheat, swindle. *não me deixo burlar* / I am not to be swindled. *eles me burlaram em vinte reais* / they swindled me out of twenty reais. 3 to circumvent. **burlar a lei** to circumvent the law.

bu.ro.cra.ci.a [burokras'iə] *sf* bureaucracy, red tape, officialdom.

bu.ro.crá.ti.co [burokr'atiku] *adj* 1 bureaucratic(al). 2 formal, rigid, red-tape.

bur.ra [b'uɾə] *sf* 1 she-ass, she-mule, jenny-ass. 2 safe. 3 stupid, idiot.

bur.ra.da [buɾ'adə] *sf* 1 stupidity. 2 foolishness, blunder.

bur.ri.nho [buɾ'iñu] *sm* 1 a young donkey. 2 main piston in brake line.

bur.ro [b'uɾu] *sm* 1 donkey, mule, jackass, burro. 2 stupid fool. 3 children's game at cards. • *adj* stupid, foolish. *burro velho não aprende línguas* / an old dog will not learn new tricks. **dar com os burros n'água** to meet with disappointment, end in failure. **ele tem dinheiro pra burro** *bras, gír* he has heaps of money.

bus.ca [b'uskə] *sf* 1 search(ing). 2 inquiry, quest. 3 investigation, research, rummage. 4 pursuit, raid, hunt. **andar**

em busca de alguém to inquire after somebody. **busca de falhas** fault testing. **em busca de** in search of. **em busca de fortuna** in pursuit of wealth.

bus.ca-pé [buskǝp'ɛ] *sm* (*pl* **busca-pés**) firecracker.

bus.car [busk'ar] *vt* **1** to search, look for. **2** to inquire, quest. **3** to investigate, examine. **4** to seek *procuramos um bom contador* / we seek a good accountant. **5** to go for, fetch, hunt. *vá buscar uma cadeira!* / go and fetch a chair! **6** to appeal to, resort to. **buscar a vida** to work for one's bread and cheese. **buscar desculpas** to use lame excuses. **buscar o seu proveito** to mind one's own interest. **ir buscar** to fetch, go and get. **mandar buscar** to send for. *vá buscá-lo* / go and get it! Veja nota em **fetch.**

bús.so.la [b'usolǝ] *sf* **1** compass. **2** *fi* orientation, direction. **bússola de incli** **nação** dipping compass. **bússola d** **observação** bearing compass. **bússol** **giratória** gyro-compass. **desvio da bús** **sola** compass variation.

bus.to [b'ustu] *sm* bust: a) torso. b) half length portrait, kit-cat portrait. c) woman's bust, bosom.

bu.zi.na [buz'inǝ] *sf* horn, toot.

bu.zi.na.ção [buzinas'ãw] *sf* (*p* **buzinações**) horn blowing, tootin (também *fig*).

bu.zi.nar [buzin'ar] *vint+vt* **1** to sound the horn, hoot, toot, honk. **2** to insis stubbornly. **3** *gír* to talk nonsense.

byte [b'ajt] *sm Inform* byte: a set of eigh binary digits considered as a unit.

C, c [s'e] *sm* **1** the third letter of the alphabet. **2** *Mús* formerly the keynote of the major musical scale (replaced in Brazil and Portugal by **dó**). **3** *Mús* (when placed after the clef) common measure, common time. **4** one hundred in Roman numerals. **5** *Quím símb* de **carbono** (carbon).

cá [k'a] *adv* **1** here, in this place. *venha cá, já!* / come here immediately! **andar para cá e para lá** to go about, go up and down. **cá e lá** here and there. **cá e lá, más fadas há** bad people may be found anywhere. **cá entre nós eu lhe digo que** confidentially I tell you that. **de cá** from this side. **de cá e de lá** from both sides. **dê cá o livro!** give me that book! **de cinco anos para cá** it is five years since. **de 1950 para cá** since 1950. **ele me manda para cá e para lá** he orders me about.

ca.a.tin.ga [kaat'ĩgə] *sf bras* **1** a stunted sparse forest. **2** region covered with brushwood.

ca.ba.lís.ti.co [kabal'istiku] *adj* **1** cabalistic(al): of or referring to occultism or magic. **2** secret, occult.

ca.ba.na [kab'ʌnə] *sf* cabin.

ca.be.a.men.to [kabeam'ẽtu] *sm* cabling.

ca.be.ça [kab'esə] *sf* **1** head, mind. *não encha a cabeça dele!* / don't put ideas into his head! *você tem de tirar isto de sua cabeça* / you've got to forget that. **2** intelligence. *ele tem boa cabeça para estudar* / he has good brains. *isto não quer entrar na minha cabeça* / I cannot understand that. **3** discernment, judgment. *ele não sabe onde anda com a cabeça* / he does not know which way

to turn. **4** the upper end of anything, top, summit, **5** chief, leader. **6** ringleader. **abaixar a cabeça** yield, submit. **acertar o prego na cabeça** to hit the nail on the head. **andar com a cabeça no ar** to be absentminded. **aprender de cabeça** to learn by heart. **assentar a cabeça** to develop good sense, settle down. **cabeça de alfinete** pinhead. **cabeça dura** thickhead. **cabeça fria** serenity, calm, coolness. **cabeça oca** scatterbrained. **com a cabeça para frente** head first. **da cabeça aos pés** from head to foot, from top to toe. **de cabeça para baixo** upside down. **dor de cabeça** headache. **duro de cabeça** obstinate. **ele arrisca a sua cabeça** he risks his neck. **estar de cabeça virada por alguém** to be head over heels. **eu não consigo tirar da cabeça** I can't help thinking, remembering . **fazer a cabeça de** to convince altogether. **ganhar por cabeça** to win by a head. **ir pras cabeças** *gír* to rise to the heights, have success. **levar na cabeça** to suffer a financial loss. **mergulhar de cabeça** to dive headlong. **meter na cabeça** a) to set one's mind on. b) to make someone believe, convince. **não cabe na cabeça de ninguém** this is incomprehensible, it's absurd. **não é bicho de sete cabeças** *coloq* it is not so difficult as it looks. **não estar certo da cabeça** to be daft. **quebrar a cabeça** to rack one's brains. **subir à cabeça** to go to one's head. **ter a cabeça nas nuvens** to live in the clouds. **ter a cabeça no lugar** to be sensible, have good judgment. **ter cabeça** to be intelligent, be naturally gifted. **ter cabe-**

ça para matemática to have a head for figures. **usar a cabeça** use one's wits. **virar a cabeça de** to turn someone's head.

ca.be.ça.da [kabes'adə] *sf* **1** a bump with the head. **2** blunder, folly, nonsense. **3** *Fut* heading of the ball.

ca.be.ça-de-ca.sal [kab'esədikaz'aw] *sm* (*pl* **cabeças-de-casal**) the head of a married couple.

ca.be.ça.lho [kabes'aʎu] *sm* **1** heading (title of a chapter). **2** masthead (of a newspaper). **3** letterhead. **4** subject-heading (on index or file cards).

ca.be.ce.ar [kabese'ar] *vt+vint* **1** to doze. **2** *Fut* to head.

ca.be.cei.ra [kabes'ejrə] *sf* **1** headboard. **2** head of a table. **3** *bras* spring or source of a river, headwater(s), head.

ca.be.çu.do [kabes'udu] *sm* **1** pigheaded. **2** dullwitted. • *adj* **1** headstrong, stubborn, obstinate. **2** self-willed.

ca.be.lei.ra [kabel'ejrə] *sf* **1** head of hair (one's own). **2** wig. **3** *Astr* coma, head of a comet. **4** mane.

ca.be.lei.rei.ro [kabelejr'ejru] *sm* **1** hairdresser, *coiffeur*. **2** hairdresser's.

ca.be.lo [kab'elu] *sm* hair: a) any growth of hair on the human body. *seus cabelos eriçaram-se* / his hair stood on end. b) a thread of hair. *não lhe torceram um cabelo sequer* / not a hair of his head was touched. **agarrar a ocasião pelos cabelos** to take the occasion by the forelock. **arrumar os cabelos** to do the hair, to have one's hair done. **cabelo à escovinha** a crewcut. **cabelo carapinha** kinky hair. **cabelo crespo** crisp or frizzled hair. **cabelo curto** short hair. **cabelo encaracolado** curly hair. **cabelo lambido/escorrido** lank hair. **cabelo liso** straight hair. **cabelo ondulado** wavy hair. **corte de cabelo** haircut. **de arrepiar os cabelos** hair-raising. **de cabelo na venta** touchy, ill-tempered. **por um fio de cabelo** by the skin of one's teeth.

ca.be.lu.do [kabel'udu] *sm bras* a hairy or long-haired person. • *adj* **1** hairy, long-haired. **2** difficult.

ca.ber [kab'er] *vt+vint* **1** to be contained

in. *os livros não cabem na prateleira* / the books won't go on that stand. **2** to fit in or inside of. *não pode caber aqui tanta gente* / there is not room enough for so many people. *no salão cabem 100 pessoas* / the hall holds one hundred people. **3** to be possible to be done, made or said. *não me cabe fazer crítica* / it is not up to me to find fault. **4** to be proper, suitable or fit. *isto não cabe em nossos dias* / this is ill-timed nowadays. **5** to fall to a person by right of inheritance. *a propriedade coube a ele* / the property fell to him. *dê-me o que me cabe* / let me have my own. **6** to come or happen opportunely. *não cabe agora nem aqui discutir isso* / this is neither the time nor the place to argue about that. **não caber em si de contente** to be overjoyed.

ca.bi.de [kab'idi] *sm* **1** stand (hat-stand, coat-stand). **2** hanger, clothes hanger (inside a wardrobe). **3** peg (on a wall). **cabide de empregos** *bras* a place that employs many people without requiring the proper qualifications or without having real need. **colocar (roupa) em cabides** to hang.

ca.bi.men.to [kabim'ẽtu] *sm* relevance, pertinence, suitability, congruity. *isto não tem cabimento* / there is no sense in it, it is irrelevant, unreasonable, incongruous, out of the question. *sua reclamação não tem cabimento*. / your claim is unsound.

ca.bi.na [kab'inə] *sf* **1** cabin. **2** booth. **3** *Aeron* cockpit. **cabina de elevador** cage, car (elevator). **cabina telefônica** call box, telephone booth.

ca.bi.ne [kab'ini] *sf* = **cabina**.

ca.bis.bai.xo [kabizb'ajʃu] *adj* downcast.

ca.bo¹ [k'abu] *sm Mil* corporal. **cabo de guerra** tug of war.

ca.bo² [k'abu] *sm* **1** terminal, end. **2** the extreme end of. **3** headland, promontory, cape. **ao cabo de** at the end of. **Cabo da Boa Esperança** the Cape of Good Hope. **dar cabo de** to put an end to, destroy, kill. **de cabo a rabo** thoroughly. **dobrar o cabo** a) to get over a difficulty. b) to pass the age of fifty. **levar a cabo** to carry out, accomplish, complete.

ca.bo³ [k'abu] *sm* **1** handle. **2** hilt. **3** cable. **4** stem. **5** stalk. **cabo de ferramenta** tool handle. **cabo de vassoura** broomstick. **cabo elétrico** cable, flex. **cabo subterrâneo** underground cable. **televisão a cabo** cable television.

A palavra **cabo** tem várias traduções dependendo do uso: **handle** para xícara, panela, ferro de passar roupa, páde lixo, tesoura; **hilt** para espada, punhal, faca; **cable, cord, flex, lead** para fios elétricos; **stem** para flores e frutas; e **fruit stalk** para frutas.

ca.bra [k'abrə] *sf Zool* she-goat, nanny-goat. **pé-de-cabra** crowbar.

ca.bra-ce.ga [kabrəs'ɛgə] *sf* (*pl* **cabras-cegas**) blindman's buff.

ca.bres.to [kabr'estu] *sm* halter. **trazer pelo cabresto** *fig* to subjugate.

ca.bri.ta [kabr'itə] *sf* a young she-goat.

ca.bri.to [kabr'itu] *sm* young goat, kid. **cabrito montês** mountain goat.

ca.bu.lar [kabul'ar] *vint* to play truant.

ca.ça [k'asə] *sf* **1** act of hunting or chasing. **2** game: the animals chased, quarry. **3** pursuit. **à caça de** in pursuit of. **avião de caça** fighter. **caça à fortuna** fortune-hunting. **caça à raposa** fox-hunting. **caça às bruxas** witch-hunt. **caça-fantasma** ghost buster. **caça grossa** big game. **caça miúda** small game. **cão de caça** hunting dog. **dar caça** pursue, chase.

ca.ça.da [kas'adə] *sf* **1** hunting party. **2** the game killed at a hunting party.

ca.ça.dor [kasad'or] *sm* hunter, huntsman. **caçador de aves** fowler. **caçador de espera** stalker. **caçador furtivo** poacher.

ca.çam.ba [kas'ãbə] *sf bras* **1** bucket, pail. **2** dump truck. **caçamba basculante** dump body of a dump truck. **caçamba de lixo** garbage container.

ca.ça-ní.quel [kasən'ikew] *sm* (*pl* **caça-níqueis**) a slot machine.

ca.çar [kas'ar] *vt* **1** to hunt, chase. **2** to pursue. **3** to get, catch. **4** to follow, seek. **caçar à espreita** to stalk. **caçar aves** to fowl. **caçar raposas** to foxhunt. **sair para caçar** to go out hunting.

ca.ca.re.jar [kakarɛʒ'ar] *vint* to cackle, cluck.

ca.ça.ro.la [kasar'ɔlə] *sf* saucepan, skillet, casserole.

ca.cau [kak'aw] *sm* cocoa bean, cocoa. **manteiga de cacau** cocoa butter.

ca.ce.ta.da [kaset'adə] *sf* a blow with a club, a whack.

ca.ce.te [kas'eti] *sm* **1** club, cudgel, stick. **2** *fig* annoying or tiresome person. *é cacete mesmo* / it's a real nuisance.

ca.cha.ça [kaʃ'asə] *sf* **1** sugar cane liquor. **2** *gír* booze.

ca.che.col [kaʃek'ɔw] *sm* (*pl* **cachecóis**) muffler, scarf.

ca.chim.bo [kaʃ'ĩbu] *sm* pipe (for smoking). **cachimbo de barro** clay pipe.

ca.cho [k'aʃu] *sm* **1** cluster, bunch. **2** curl, ringlet (of hair). **estar de cacho com** *pop* to have an affair with. **um cacho de uvas** a bunch of grapes.

ca.cho.ei.ra [kaʃo'ejrə] *sf* **1** waterfall. **2** river rapids.

ca.chor.ra [kaʃ'orə] *sf* bitch, a female dog. **estar com a cachorra** *bras, gír* to be ill-humoured.

ca.chor.ri.nho [kaʃor'iñu] *sm* puppy. **nadar cachorrinho** to dog-paddle.

ca.chor.ro [kaʃ'oRu] *sm* **1** young dog, puppy. **2** *bras* any dog. **3** the young of wild animals, cub. **cachorro que late não morde** barking dogs do not bite. **cachorro vira-lata** mongrel. **eles vivem como gato e cachorro** they live like cat and dog. **estar matando cachorro a grito** to be in a desperate situation. **estar no mato sem cachorro** to be helpless, in a tight spot. **levar uma vida de cachorro** to lead a dog's life. **soltar os cachorros** to kick up a stink.

ca.chor.ro-quen.te [kaʃoruk'ẽti] *sm* (*pl* **cachorros-quentes**) *bras, pop* hot dog.

ca.ci.que [kas'iki] *sm* cacique: a) Indian tribal chief. b) *fig* political boss, big shot, bigwig.

ca.co [k'aku] *sm* **1** piece of broken glass or china. **2** a sick or old person. *sou um caco velho* / I am an old thing, a wreck. **3** *cacos* rubbish, trash. **fazer em cacos** / **reduzir a cacos** to smash something. **juntar os cacos** to pick up the pieces.

ca.ço.a.da [kaso'adə] *sf* mockery, raillery, derision.

ca.çu.la [kas'ulə] *sm bras* the youngest

child of a family. • *adj m+f* youngest (of several brothers and sisters).

ca.da [k'adə] *pron indef* every, each. *cada qual fará o que melhor lhe parecer* / every one will do what he thinks best. **a cada momento** every time. *eu a espero a cada momento* / I expect her every minute. **a cada passo** frequently, step by step, often. **cada dia** every day. **cada dois ou três dias** every two or three days. **cada qual de nós** each of us. **cada um** every one, each and all. **cada um isoladamente** every one. **cada vez** every time. **cada vez mais** more and more. **cada vez melhor** better and better. **cada vez que** whenever. **em cada grupo** in each group. **está ficando cada vez mais escuro** it is becoming darker and darker. **você tem cada idéia!** you get the queerest ideas! Veja nota em **every.**

ca.dar.ço [kad'arsu] *sm* shoestring, shoelace.

ca.das.trar [kadastr'ar] *vt+vpr* to register your personal data with credit organizations, Internal Revenue etc.

ca.das.tro [kad'astru] *sm* personal data records.

ca.de.a.do [kade'adu] *sm* padlock. **fechar a cadeado** to padlock.

ca.dei.a [kad'ejə] *sf* 1 chain. 2 prison. 3 train, sequence (events, facts etc.). **cadeia de estações de rádio** radio network. **cadeia de montanhas** mountain range. **cadeia de supermercados** supermarket chain.

ca.dei.ra [kad'ejrə] *sf* 1 seat, chair. *o partido democrático ganhou oito cadeiras nas últimas eleições* / the democratic party won eight seats at the last elections. *sentei-me na cadeira insegura que me indicaram* / I sat on the rickety chair they motioned to me. 2 a branch of science, subject of teaching. 3 professorship. 4 **cadeiras** hips. **cadeira de balanço** rocking chair. **cadeira de rodas** wheelchair. **cadeira de vime** wicker chair. **cadeira dobradiça** folding chair. **cadeira giratória** swivel chair.

ca.de.la [kad'ɛlə] *sf* female dog, bitch.

ca.der.ne.ta [kadern'etə] *sf* 1 notebook. 2 school record. 3 bankbook. **caderneta de crediário** passbook. **caderneta de poupança** savings account.

ca.der.no [kad'ɛrnu] *sm* notebook.

ca.du.car [kaduk'ar] *vint* 1 to decay, decline. 2 *bras* to become feeble-minded (from old age), senile. 3 lapse, expire. **o legado vai caducar** the legacy will lapse.

ca.fa.jes.te [kafaʒ'esti] *sm* scoundrel.

ca.fé [kaf'ɛ] *sm* 1 coffee (bean or infusion). *o café está um pouco fraco* / the coffee is watery. 2 a cup of coffee. *vamos tomar um café* / let's have a coffee. 3 coffeehouse. **café com leite** *café-au-lait*, white coffee. **café da manhã** breakfast. **café-pequeno** *bras* a) something very easy. *é café pequeno!* / piece of pie! b) thing or person of little or no importance. **café preto** black coffee. **grão de café** coffee bean. **jogo de café** coffee set. **pausa para o café** coffee break. **torrar café** to roast coffee.

ca.fe.ei.ro [kafe'ejru] *sm* coffee tree, shrub of the family *Rubiaceae* (*Coffea arabica*).

ca.fe.zal [kafez'aw] *sm* (*pl* **cafezais**) coffee plantation.

ca.fo.na [kaf'onə] *s m+f bras, gír* one who tries to show elegance or wealth, but with remarkable bad taste. • *adj m+f* tacky, gaudy.

cá.ga.do [k'agadu] *sm* 1 *Zool* common name of several fresh-water and land turtles. 2 *fig* a slow or dull fellow, laggard.

cai.ar [kaj'ar] *vt* to whitewash.

cãi.bra [k'ãjbrə] *sf Med* cramp.

cai.bro [k'ajbru] *sm* rafter(s), roof timber.

ca.í.do [ka'idu] *adj* 1 fallen. 2 decayed, decrepit. 3 enamored, in love with. *ele está caído por ela* / he is head over heels in love with her.

cai.pi.ra [kajp'irə] *s m+f* 1 *bras* inhabitant of the rural or inland areas of Brazil's southeastern states as opposed to urban dwellers. 2 of, pertaining to or relative to backwoods people. 3 peasant, farm hand. • *adj m+f fig* shy.

Caipira, que tinha uma conotação pejorativa, passa modernamente a designar a cultura do interior, rica e florescente nas áreas de artes, esportes, tradições, moda e economia.

ca.ir [ka'ir] *vt+vint* **1** to fall: a) to fall down. b) to drop, let fall. c) to come down. d) to coincide, incur. e) occur. **2** to break down, collapse. **3** to arrive unexpectedly. **4** harmonize with. *o vestido me cai bem* / the dress looks good on me. **a criança caiu no sono** the child fell asleep. **ao cair da noite** at nightfall. **cair ao mar** to fall overboard. **cair de cama** to be taken ill. **cair do céu** to happen unexpectedly. **cair em desuso** to fall into disuse. **cair em esquecimento** to fall into oblivion. **cair em pecado** to fall from grace. **cair em prantos** *pop* to burst into tears. **cair em tal dia** to fall on (a certain day). *no ano passado, o Natal caiu num domingo* / Christmas fell on Sunday last year. **cair fora** to beat it, flee. **cair morto** to drop dead. **cair verticalmente** to plummet. **deixar cair** to drop, let fall. **não ter onde cair morto** to be very poor.

cais [k'ajs] *sm sing+pl* **1** quay, wharf. **2** dock, pier.

cai.xa [k'ajʃə] *sf* **1** box. **2** case, chest. **3** cash register, till. **4** casing. **5** receptacle, container. **6** cashier, teller. **7** *Com* cashbook. **caixa acústica** sound box. **caixa beneficente** relief society. **caixa-d'água** reservoir, watertank. **caixa de câmbio** gear box. **caixa de charutos** cigar box. **caixa de correio** mailbox, letterbox. **caixa de ferramentas** toolbox, tool kit. **caixa de folha-de-flandres** tin case. **caixa de fósforos** matchbox. **caixa de música** musical box, music box. **caixa de papelão** cardboard box. **caixa de previdência** social security. **caixa econômica** savings bank. **caixa eletrônico** cash dispenser. **caixa-forte** safe. **caixa postal** post office, PO box. **caixa registradora** cash register. **fluxo de caixa** *Econ* cash flow. **livro-caixa** cashbook. **uma caixa de cerveja** a case of beer.

cai.xi.lho [kajʃ'iʎu] *sm* frame, molding. **caixilho de porta, de janela** door frame, window frame.

cai.xo.te [kajʃ'ɔti] *sm* **1** a crude box. **2** small wooden box for packing.

ca.ja.do [kaʒ'adu] *sm* **1** shepherd's staff. **2** cane, club, stick.

ca.ju [kaʒ'u] *sm Bot* fruit of the cashew tree. **castanha de caju** cashew nut.

cal [k'aw] *sf* (*pl* **cales, cais**) lime. **cal hidratada** hydrated lime. **cal virgem/viva** quicklime. **forno de cal** limekiln. **pedra de cal** limestone.

ca.la.bou.ço [kalab'owsu] *sm* dungeon.

ca.la.do [kal'adu] *adj* **1** silent, quiet. *eles ficaram calados* / they kept silent. **2** close tongued, mum. *ele se mantém calado* / he keeps mum. **3** tacturn, wordless. *ele é um homem calado* / he is a man of few words.

ca.la.fri.o [kalafr'iu] *sm* **1** fit of cold, a shivering sensation. **2** chill, shiver, shakes. **essa história me dá calafrios** that story sends shivers down my spine.

ca.la.mi.da.de [kalamid'adi] *sf* **1** calamity. **2** disaster.

ca.la.mi.to.so [kalamit'ozu] *adj* **1** calamitous. **2** disastrous. **3** tragic.

ca.lar [kal'ar] *vt+vint+vpr* **1** to hold one's tongue, not to answer, stop talking. *cale a boca!* / hold your tongue!, shut up! **2** to conceal, hide. **3** to impose silence. **4** **calar-se** a) to say nothing. b) to be quiet. **calar sua mágoa** to conceal one's grief. **quem cala consente** silence gives consent.

cal.ça [k'awsə] *sf* = **calças**.

cal.ça.da [kaws'adə] *sf* pavement, sidewalk.

cal.ça.do [kaws'adu] *sm* footwear.

cal.ça.men.to [kawsam'ẽtu] *sm* **1** street paving. **2** act or method of paving.

cal.ca.nhar [kawkañ'ar] *sm* heel. **dar aos calcanhares** to take to one's heels, run away. **ele não lhe chega aos calcanhares** he is no match for him(her).

cal.ção [kaws'ãw] *sm* (*pl* **calções**) trunks, shorts. **calção de banho** bathing trunks.

cal.çar [kaws'ar] *vt+vint* **1** to put on (any footwear, stockings, socks, trousers, gloves). **2** to pave, cover with rock or stones. **3** *Constr* to underprop. **4** to wedge. **5** to suit or fit well. *estas luvas calçam bem* / these gloves fit well. **calçar uma roda** to scotch a wheel.

cal.ças [k'awsas] *sf pl* **1** trousers, pants. **2** jeans.

cal.ci.nar [kawsin'ar] *vt+vint* **1** to reduce to lime. **2** to heat excessively. **3** to burn to ashes.

cal.ci.nhas [kaws'iñas] *sf pl* panties, briefs, bikini.

cal.ço [k'awsu] *sm* **1** wedge. **2** a piece of wood or a rock used to prop up an object.

cal.cu.lar [kawkul'ar] *vt+vint* **1** to calculate, compute, reckon. *ele sabe calcular bem* / he is good at sums, he is quick at figures. **2** to evaluate, estimate. **3** to presume. **4** to reflect, consider, judge. **calcular a média** to average, strike an average. **calcular mentalmente** to reckon in one's head. **calcular o valor** to estimate. **máquina de calcular** calculating machine.

cál.cu.lo [k'awkulu] *sm* **1** calculation. *enganei-me no cálculo* / I made a mistake in my calculation. *eu calculo que vai dar certo* / I reckon it will come off well. **2** *Mat* calculus. **cálculo aproximado** rough estimate. **cálculo mental** mental arithmetics. **cálculo por alto** rough calculation. **régua de cálculos** slide rule.

cal.da [k'awdə] *sf* **1** syrup. **2** preserves, fruit in syrup. **3 caldas** hot springs.

cal.dei.ra [kawd'ejrə] *sf* boiler. **caldeira a vapor** steam-boiler.

cal.do [k'awdu] *sm* **1** soup. **2** broth. **caldo de carne** *bouillon, consommé*. **caldo de galinha** chicken broth. **entornaram o caldo** they made a mess of it.

ca.lei.dos.có.pio [kalejdosk'ɔpju] *sm* = **calidoscópio.**

ca.len.dá.rio [kalɛ̃d'arju] *sm* calendar.

ca.lha [k'aʎə] *sf* gutter, gutter pipe.

ca.lham.be.que [kaʎãb'ɛki] *sm* jalopy, an old car.

ca.lhar [kaʎ'ar] *vint* **1** to happen. *calhou de nos encontrarmos à saída, e então conversamos* / we happened to meet on the way out, and then we talked. **2** to be opportune. *aquele dinheiro veio-lhe a calhar* / that money came in handy. **3** to

coincide with.*calhou dele me ligar quando eu ainda estava em casa* / he happened to call when I was still at home.

ca.li.bre [kal'ibri] *sm* caliber, calibre: a) the intern width of a firearm. *um rifle calibre .22* / a .22 caliber rifle. b) size of a bullet. c) dimension, measurement.

cá.li.ce [k'alisi] **1** wine glass, liquour-glass. **2** chalice (religious cerimonial) .

ca.li.dos.có.pio [kalidosk'ɔpju] *sm* kaleidoscope.

ca.li.gra.fi.a [kaligraf'iə] *sf* calligraphy: a) artistic handwriting. b) handwriting.

ca.lis.ta [kal'istə] *s m+f brit* chiropodist, podiatrist.

cal.ma [k'awmə] *sf* **1** calm, serenity, composure. *ela perdeu a calma* / she lost her temper. *ele recebeu o golpe com grande calma* / he bore the blow with great composure. **2** silence, peace. **calma!** cool off!, take it easy! **calma com isso!** hold your horses! **com voz calma** soft-voiced. **manter a calma** to keep one's temper.

cal.man.te [kawm'ãti] *sm Med* tranquilizer, sedative.

cal.mo [k'awmu] *adj* **1** calm, still, quiet. *fique calmo!* / keep calm!, keep your temper! **2** serene, undisturbed. **3** even-minded, even-tempered.

ca.lo [k'alu] *sm* **1** corn (between or on top of the toes). **2 callus** (on the palm of one's hands, or on the soles of one's feet).

ca.lor [kal'or] *sm* heat, warmth. *eu sinto calor* / I feel quite hot. *faz calor hoje* / it's hot today. *faz muito calor por volta do meio-dia* / it gets very hot around midday. **com calor** fervently. **onda de calor** heat wave.

ca.lo.ri.a [kalor'iə] *sf* calorie. **dieta de baixas calorias** low calorie diet.

ca.lo.ro.so [kalor'ozu] *adj* warm.

ca.lo.te [kal'ɔti] *sm* swindle, unpaid debt or one contracted without intention to pay it back.

ca.lou.ro [kal'owru] *sm* **1** freshman (college). **2** beginner, novice.

cal.vo [k'awvu] *adj* bald. **ficar calvo** to go bald.

ca.ma [k'ʌmə] *sf* bed. *ele teve de reco-*

lher-se à cama / he had to take to bed. *ele ficou de cama durante três anos* / he lay on his back for three years. **arejar a cama** to air the bed. **arrumar a cama** to make the bed. **cair de cama** to fall ill. **cama-beliche** double-decker bed, bunk bed. **cama de casal** double bed. **cama de solteiro** single bed. **fazer a cama a alguém** to intrigue against someone. **ir para a cama** to go to bed.

ca.ma.da [kam'adə] *sf* **1** layer. **2** *fig* class, category. **3** coat, coating (of paint). **as diversas camadas sociais** the various *strata* of society. **camada de concreto** surface concrete. **em três camadas** triple-tiered. **nas camadas mais altas da sociedade** in the highest walks of life. **pessoas de todas as camadas sociais** people of every condition.

ca.ma.le.ão [kamale'ãw] *sm* (*pl* **camaleões**) **1** *Zool* chameleon. **2** *fig* a fickle or inconstant person. **3** *fig* a hypocrite.

câ.ma.ra [k'∧marə] *sf* **1** chamber. **2** camera. **3** city council, town council. **4** City Hall, town hall. **câmara cinematográfica** motion picture camera. **câmara de vídeo** camcorder. **câmara escura** darkroom. **câmara fotográfica / de televisão** camera. **câmara lenta** slow motion.

ca.ma.ra.da [kamar'adə] *s m+f* **1** comrade, pal, buddy, friend, man. *ele é um camarada um tanto esquisito* / he is a rather weird fellow. **2** farmhand. **3** fellow traveller. • *adj m+f* **1** companionable. **2** friendly. **3** favourable, advantageous. *faça um preço camarada!* / make a favourable (cheap) price! **vento camarada** a favourable wind.

câ.ma.ra-de-ar [k'∧marədiar'] *sf* (*pl* **câmaras-de-ar**) inner tube.

ca.ma.rão [kamar'ãw] *sm* (*pl* **camarões**) *Zool* shrimp, prawn.

ca.ma.rim [kamar'ĩ] *sm* (*pl* **camarins**) dressing-room (theater or stadium).

ca.ma.ro.te [kamar'ɔti] *sm* **1** *Teat* box, box in a theater. **2** cabin, stateroom on a passenger ship.

cam.ba.le.ar [kãbale'ar] *vint* **1** to sway,

reel. **2** to stagger.

cam.ba.lho.ta [kãbaλ'ɔtə] *sf* somersault. **dar uma cambalhota** to turn, do a somersault.

câm.bio [k'ãbju] *sm* **1** exchange of currency. **2** conversion. **3** *Mec* switchgear, switching, change gear. **alavanca de câmbio** *Mec* gear-shift lever. **ao câmbio do dia** at the current rate, at the day's rate. **caixa de câmbio** gear-box. **câmbio exterior** foreign exchange. **câmbio negro** black market. **corretor de câmbio** exchange broker. **letra de câmbio** bill of exchange. **taxa de câmbio** rate of exchange.

ca.mé.lia [kam'εljə] *sf Bot* camellia.

ca.me.lo [kam'elu] *sm Zool* camel. **lã de camelo** mohair, camel's hair.

ca.me.lô [kamel'o] *sm* hawker, street vendor.

câ.me.ra [k'∧merə] *sf* = **câmara**.

ca.mi.nha.da [kamiñ'adə] *sf* **1** walk, stroll. **2** hike: to go for a long walk in the country. **após uma caminhada de três horas** after a three-hour walk. **caminhada em terreno montanhoso, difícil** trek. **um dia de caminhada** a day's journey.

ca.mi.nhar [kamiñ'ar] *vint* **1** to walk, go on foot. *caminharam penosamente* / they trudged along. **2** to hike, march. **3** to travel on foot. *caminharam muita terra* / they covered a long distance.

ca.mi.nho [kam'iñu] *sm* **1** road, way, drive. *cada qual tomou o seu caminho* / they each went their different ways. *eles erraram o caminho*/they lost their way. *indagamos qual era o caminho* / we asked our way. *abriram uma via direta do aeroporto ao centro* / they've opened a new route from the airport to the center. **3** direction. **4** *fig* way, means, expedient. *não é um caminho fácil* / it's no royal road. *não sei que caminho hei de tomar* / I don't know which way to turn. **abrir caminho** to pioneer, lead a path. **a caminho** on the way. **a meio caminho** halfway. **atravessar o caminho** to cross the path. **caminho batido** beaten track. **caminhos cruzados**

crossroads. **cortar o caminho** to take a shortcut. **estar a caminho** to be on the road. **estar no caminho** to stand in the way. **no caminho para o sucesso** on the highroad to success. **trilhar o caminho do dever** to walk the path of duty.

ca.mi.nho.nei.ro [kamiñon´ejru] *sm bras* trucker, truck driver.

ca.mi.nho.ne.te [kamiñon´ɛti] *sf bras* pickup truck, van.

ca.mi.sa [kam´izə] *sf* 1 shirt. *não ter uma camisa para vestir* / not to have a shirt to one's back. 2 *Mec* any kind of casing, case, jacket. **camisa de baixo** undershirt. **camisa-de-força** straitjacket. **camisa esporte** sports shirt. **camisa social** dress shirt. **em mangas de camisa** in shirtsleeves. **peito de camisa** shirt front. **punhos de camisa** shirt cuffs.

ca.mi.se.ta [kamiz´etə] *sf* T-shirt, undershirt. **camiseta regata** tank top, athletic shirt.

ca.mi.si.nha [kamiz´iñə] *sf bras, coloq* rubber, durex, condom.

ca.mi.so.la [kamiz´ɔlə] *sf* night-dress, nightie.

cam.pa.i.nha [kãpa´iñə] *sf* bell, doorbell. *a campainha está tocando* / the bell is ringing. **atender a campainha** to answer the bell. **campainha da porta** doorbell.

cam.pa.nha [kãp´ʌñə] *sf* campaign. **campanha eleitoral** election campaign. **campanha para arrecadar fundos** fundraising. **campanha política** political campaign. **campanha publicitária** advertising campaign.

cam.pe.ão [kãpe´ãw] *sm (pl* **campeões)** champion. **campeão mundial** world champion. **o time campeão** the champion team.

cam.pe.o.na.to [kãpeon´atu] *sm* championship, tournament.

cam.pes.tre [kãp´ɛstri] *adj m+f* 1 rural. 2 of or belonging to the countryside. **vida campestre** country life.

cam.po [k´ãpu] *sm* 1 field. *as duas equipes entraram em campo* / both teams took the field. *isto cobre um vasto campo* / that covers a wide field. 2 open country, prairie, meadow, grassland. 3

camp, encampment. **andar pelos campos** to ramble through the fields. **campo de ação** field of activity. **campo de aviação** airfield. **campo de batalha** battlefield. **campo de concentração** concentration camp. **campo de engorda** pasture, grazing fields. **campo de futebol** football field, soccer field. **campo petrolífero** oilfield. **campo visual** field of vision. **casa de campo** cottage, country-house. **cultivar o campo** to till the ground. **entrar em campo** to enter the field.

cam.po.nês [kãpon´es] *sm (pl* **camponeses)** 1 countryman, farmer. 2 peasant. • *adj* rural, rustic, pastoral.

ca.mu.fla.gem [kamufl´aʒēj] *sf (pl* **camuflagens)** camouflage, disguise.

ca.mun.don.go [kamũd´õgu] *sm bras* mouse, house mouse.

ca.mur.ça [kam´ursə] *sf* suède, soft leather with a slightly rough surface.

ca.na [k´ʌnə] *sf* 1 *Bot* cane, reed. 2 sugar cane. 3 *bras, gír* prison, gaol, jail. *ele está em cana* / he is in jail. 4 *bras, coloq* sugar cane liquor, *cachaça.* **cana-da-índia / cana-de-bengala** fine Indian cane. **tomar uma cana** to drink *cachaça.*

ca.na-de-a.çú.car [k´ʌnədjas´ukar] *sf (pl* **canas-de-açúcar)** sugar cane (*Saccharum officinarum*).

ca.nal [kan´aw] *sm (pl* **canais)** 1 canal. 2 waterway, water-course for irrigation or navigation (the Venetian canals). 3 channel: a) navigation channel. b) *Rád, Telev* channel. **canal de ventilação** air flue, airway, cooling vent. **canal para gás de escape** waste-gas flue. **pelos canais competentes** through official channels.

ca.na.lha [kan´aʎə] *sf* scoundrel, rascal. • *adj m+f* 1 shameless, shameful. 2 infamous, vile.

ca.na.li.za.ção [kanalizas´ãw] *sf (pl* **canalizações)** 1 system of canals. 2 drainage system, sewerage, drains.

ca.ná.rio [kan´arju] *sm* 1 *Ornit* canary, canary bird. 2 *Geogr* native or inhabitant of the Canary Islands.

can.ção [kãs'ãw] *sm* (*pl* canções) 1 song. 2 tune. 3 ballad. canção de amor love-song. canção de Natal Christmas carol. canção de ninar lullaby.

can.ce.la.men.to [kãselam'ẽtu] *sm* 1 act of cancelling. 2 cancellation. 3 abrogation, annulment, invalidation.

can.ce.lar [kãsel'ar] *vt* 1 to cancel, call off. 2 to cross out. 3 to annul, revoke, invalidate.

cân.cer [k'ãser] *sm* (*pl* cânceres) cancer. câncer de mama breast cancer. câncer de pele skin cancer. câncer de pulmão lung cancer.

can.de.ei.ro [kãde'ejru] *sm* oil or gas lamp.

can.de.la.bro [kãdel'abru] *sm* candlestick.

can.di.da.tar [kãdidat'ar] *vpr* to run for a public office (an election); to stand in an election. *ele é candidato a senador /* he is running for the Senate.

can.di.da.to [kãdid'atu] *sm* 1 candidate. *ele é candidato à reeleição /* he is up for reelection. 2 applicant. *ele é candidato a um emprego numa multinacional /* he is applying for a job with a multinational company.

ca.ne.ca [kan'ɛkə] *sf* mug.

ca.ne.co [kan'ɛku] *sm* tankard: a large metal beer mug.

ca.ne.la¹ [kan'ɛlə] *sf* the fragrant bark of the cinnamon tree. cor de canela cinnamon colored.

ca.ne.la² [kan'ɛlə] *sf* 1 shinbone, shin. 2 shank. dar às canelas to bolt, run away. esticar as canelas *gír* to die.

ca.ne.ta [kan'etə] *sf* pen, penholder. caneta esferográfica ball-point pen. caneta hidrográfica felt pen. caneta marcadora de texto highlighter, felt-tip pen. caneta tinteiro fountain pen.

can.gu.ru [kãgur'u] *sm Zool* kangaroo. filhote de canguru joey.

ca.nhão [kañ'ãw] *sm* (*pl* canhões) 1 *Mil* cannon. 2 canyon. 3 *Fot, Teat* floodlight. bala de canhão cannon-ball. bucha-de-canhão cannon fodder. canhão anti-aéreo anti-aircraft gun. canhão antitanque anti-tank gun. o troar dos canhões the roar of guns.

ca.nho.to [kañ'otu] *sm* stub in checkbook, counterfoil. • *adj* left-handed.

ca.ni.bal [kanib'aw] *s m+f* (*pl* canibais) cannibal.

ca.ni.ço [kan'isu] *sm* 1 slender reed or cane. 2 fishing-rod, rod.

ca.nil [kan'iw] *sm* (*pl* canis) kennel.

ca.ni.no [kan'inu] *sm Anat* canine tooth, eye tooth. • *adj* 1 canine. 2 of or relative to the eye-teeth. ele tem uma fome canina he has a wolfish appetite.

ca.ni.ve.te [kaniv'ɛti] *sm* pocket-knife, penknife. vou fazê-lo, nem que chova canivetes I'll do it at any rate.

can.ja [k'ãʒə] *sf* 1 chicken soup with rice, chicken broth. 2 *bras, gír* something very easy or agreeable to do, cinch. é canja! it's a pushover! piece of pie!

ca.no [k'ʌnu] *sm* 1 general designation of pipes. 2 barrel of a gun. 3 drain pipe, sewer. cano de água water supply pipe. cano de descarga flushing pipe. cano de escapamento *Autom* exhaust pipe. cano de esgoto waste-pipe. espingarda de dois canos double barrelled gun.

ca.no.a [kan'oə] *sf* canoe.

ca.no.a.gem [kano'aʒẽj] *sf* (*pl* canoagens) canoeing.

can.sa.ço [kãs'asu] *sm* 1 fatigue, weariness. *ela estava acabada de cansaço /* she was done up with fatigue. 2 tiredness. *ele estava morto de cansaço /* he was dead-tired. 3 exhaustion. *ele caiu de cansaço /* he passed out from sheer exhaustion.

can.sa.do [kãs'adu] *adj* 1 tired, weary. *estou cansado de ouvir sempre a mesma coisa /* I am tired of hearing always the same thing. *estou cansado deste negócio /* I am fed up with this business. 2 weary, spent. *agora estou cansado /* now I am weak and weary. cansado deste mundo world weary. cansado de trabalhar toil-worn. terra cansada worn-out or impoverished soil.

can.sar [kãs'ar] *vt+vint+vpr* 1 to tire, to wear out. *este trabalho cansa muito meus pés /* this work is very demanding on my feet. 2 to become annoyed. *ele se cansou de trabalhar com um grupo tão pouco cooperativo /* he got fed up with working with such an uncooperative team. 3 to be bored. *ela está cansada de fazer o mesmo trabalho tão desinteressante há cinco anos* / she is tired of doing the same dry-as-dust job for five years. **4** to give up, to discontinue. *ele cansou de esperar por reconhecimento de seu trabalho* / he gave up waiting for recognition of his work. **5** to strive to do something. *ele não se cansa de lutar por seus objetivos* / he never tires of struggling for his intent. **6 cansar-se** to get tired.

can.sa.ti.vo [kãsat'ivu] *adj* **1** tiring. **2** boring, tedious. **3** tiresome.

can.ta.da [kãt'adə] *sf bras, coloq* seduction and a proposition. **dar/passar uma cantada em** to make a pass at someone, to chat someone up.

can.tar [kãt'ar] *vt+vint* **1** to sing. *cante para nós!* / give us a song! *she sings beautifully* / ela canta muito bem. **2** to sing along. *ele nos convidou para fazermos coro a ele e foi divertido* / he invited us to sing along and it was great fun. **3** (birds, people) to warble (pleasant, high-pitched sounds); to chirp (insects and birds). *um passarinho cantava sua alegria pelo retorno da primavera* / a bird was warbling its joy at the return of spring. **4** (rooster) to crow. *alguém atirou no galo que cantava sempre ao amanhecer* / someone shot the rooster that always crowed at daybreak. **5** to sing praise. *ele não perdia ocasião de elogiar as habilidades culinárias de sua esposa* / he never missed a chance to sing praise to his wife's cooking skills. **cantar de ouvido** to sing by ear. **cantar desafinado** to sing out of tune. **cantar uma música / uma modinha** to sing a tune. **os pneus cantaram na curva** the fires screeched on the bend.

can.ta.ro.lar [kãtarol'ar] *vt+vint* to hum.

can.tei.ro [kãt'ejru] *sm* stone-cutter, stone-mason. **canteiro de flores** flower-bed. **canteiro de obras** building site.

can.ti.ga [kãt'igə] *sf* **1** poetry set to music. **2** ballad. **3** tune. **cantiga amorosa** love-song.

can.ti.na [kãt'inə] *sf* **1** cafeteria. **2** canteen. **3** a restaurant specialized in Italian food and wines.

can.to¹ [k'ãtu] *sm* **1** corner, edge. *a criança foi colocada no canto (de castigo)* / the child was made to stand in the corner of the room (for punishment). **2** angle. **3** nook. **4** a lonely, remote place. **canto da boca** corner of the mouth, commisure. **canto da rua** street corner. **canto do olho** corner of the eye. **meter-se em um canto** to creep into a corner.

can.to² [k'ãtu] *sm* **1** song, singing. **2** modulation of the human or animal voice. **aula de canto** singing lesson. **canto de galo** cockcrow, cockcrowing. **canto do cisne** *fig* an artist's last creation: swan song. **canto gregoriano** Gregorian chant. **canto popular** folk song.

can.tor [kãt'or] *sm* singer.

ca.nu.di.nho [kanud'iñu] *sm* drinking straw, straw.

cão [k'ãw] *sm* (*pl* **cães**, *fem* **cadela**) **1** dog. **2** hammer or cock of a gun. **3** a contemptible person. **cão dálmata** Dalmatian. **cão de caça** hound. **cão de fila** mastiff. **cão-de-guarda** watchdog. **cão de pastor** shepherd's dog. **cão que ladra não morde!** her bark is worse than her bite. **cão vira-lata** mongrel. **levaram uma vida de cão** they led a dog's life.

ca.o.lho [ka'oλu] *sm* one-eyed or cross-eyed fellow.

ca.pa [k'apə] *sf* **1** cape, cloak. **2** cover. **3** pretense. *sob a capa de benfeitor ele roubou muita gente* / under the pretense of a benefactor he swindled a many people. **capa de chuva** raincoat, mackintosh. **capa de livro** book cover.

ca.pa.ce.te [kapas'eti] *sm* helmet. **capacete de aço** steel helmet. **capacete de proteção** crash helmet.

ca.pa.cho [kap'aʃu] *sm* door-mat. **ele é apenas um capacho** he is a doormat.

ca.pa.ci.da.de [kapasid'adi] *sf* **1** capability: competence, ability, power, talent. *isto ultrapassa nossa capacidade* / this is beyond our competence. **2** capacity: a) room, dimensions, volume. *este tanque tem 100 litros de capacidade* / the capacity of this tank is for 100 litres. b) ability, aptitude, potential. *ele* *tem a capacidade de resistir a todos os ataques* / he has the ability to resist crushing and shattering. **3** *Jur* legal qualification. **capacidade aquisitiva** purchasing power. **capacidade de raciocínio** reasoning power. **capacidade de trabalho mecânico** performance. **capacidade de um tanque** tankage. **medida de capacidade** dry measure, measure of capacity.

ca.pa.ci.tar [kapasit'ar] *vt+vint+vpr* **1** to render capable. **2** to provide the means for someone else to qualify. **3** to qualify (oneself). **4** to convince, persuade. **5 capacitar-se** a) to be convinced. b) to persuade oneself.

ca.pan.ga [kap'ãgə] *sm* **1** a hired assassin, bully, gangster, hit man. **2** *fem bras* a small little pouch, *amer, gír* waist pack, fanny pack.

ca.pa.taz [kapat'as] *sm* **1** foreman. **2** overseer.

ca.paz [kap'as] *adj m+f* (*pl* **capazes**) **1** capable, able. *ele não parece capaz de fazer isso direito* / he hardly appears capable of doing this properly. **2** up to, ready for. *ele é capaz de cometer toda e qualquer sujeira* / he is up to any mean trick. *ele é capaz de tudo* / he is game for anything. **3** ample, capacious. *as instalações não são capazes para o evento* / the facilities are not large enough for the event. **4** susceptible to. *ele é bem capaz de cometer tal tolice* / he is susceptible to committing such a blunder. **5** competent, skillful. *ela é capaz de tudo* / she has it in her. **6** likely to, probably, possible. *você vem amanhã? é capaz.* / are you coming tomorrow? it's possible.

ca.pe.la [kap'ɛlə] *sf* **1** chapel. **2** a little church with one altar only. **3** side aisle of a church with its own altar. **4** a group of church musicians, band, choir. **capela de Nossa Senhora** Our Lady's chapel. **capela real** royal chapel. **coro de capela** choir with no musical instrument.

ca.pe.lão [kapel'ãw] *sm* (*pl* **capelães**) chaplain.

ca.pe.ta [kap'etə] *sm bras, pop* **1** the devil. **2** a naughty or mischievous child.

ca.pim [kap'ĩ] *sm* (*pl* **capins**) common name of several species of grass.

ca.pin.zal [kapĩz'aw] *sm* (*pl* **capinzais**) **1** land covered with a dense growth of grass. **2** pasture, hayfield.

ca.pi.tal [kapit'aw] *sm* (*pl* **capitais**) **1** capital. **2** funds, stock. **3** *fem* capital, metropolis. • *adj m+f* **1** capital. **2** essential, of special importance.

ca.pi.tão [kapit'ãw] *sm* (*pl* **capitães**) **1** captain. **2** leader, chief, headman. **3** commander or master of a vessel, skipper. **4** *Esp* leader of a team. **capitão da indústria** industrial leader, tycoon.

ca.pi.tão-do-ma.to [kapit'ãwdum'atu] *sm* (*pl* **capitães-do-mato**) *bras, Hist* hunter of runaway slaves.

ca.pi.tu.lar [kapitul'ar] *vt+vint* to surrender on terms.

ca.pí.tu.lo [kap'itulu] *sm* **1** chapter: division of a book. **2** paragraph of a law. **3** section of a treatise, contract or agreement. **isto é um capítulo à parte** *coloq* that is a horse of a different colour.

ca.pô [kap'o] *sm Autom, amer* car hood, *brit* bonnet.

ca.po.ta [kap'ɔtə] *sf* top or hood of a carriage or motor-car. **capota conversível/dobrável** collapsible hood.

ca.po.tar [kapot'ar] *vint* **1** to capsize. **2** to overturn. *o carro capotou na curva* / the car overturned around the bend.

ca.po.te [kap'ɔti] *sm* **1** overcoat. **2** *Baralho* capot. **dar um capote** to win all the tricks, score a capot against.

ca.pri.char [kapriʃ'ar] *vt* **1** to try to excel. **2** to pride oneself on (or upon).

ca.pri.cho [kapr'iʃu] *sm* **1** caprice. **2** fancy, whim. **ele fez o serviço com capricho** he did his work to perfection.

cáp.su.la [k'apsulə] *sf* capsule: a) cartridge case, fuse-cap. b) *Med, Farm* container of digestible material for remedies, cachet.

cap.tar [kapt'ar] *vt* **1** to attract. **2** to collect, impound (water), dam up. **3** *Rád, Telev* to pick up, receive (a radio broadcast). **captar a benevolência de** to curry favour with.

cap.tu.ra [kapt'urə] *sf* **1** capture, seizure. **2** arrest, detention.

cap.tu.rar [kaptur'ar] *vt* **1** to capture. **2** to seize by force, take forcibly possession of. **3** *Mil* to conquer, occupy, take. **4** to arrest. **o inimigo capturou a cidade** the enemy seized the town.

ca.puz [kap'us] *sm* **1** hood. **2** cowl.

ca.qui [kak'i] *sm bras, Bot* persimmon.

cá.qui [k'aki] *sm* khaki, khaki-coloured cotton cloth. • *adj m+f* khaki, khaki-coloured.

ca.ra [k'arə] *sf* **1** face. *não quero mais ver a cara dele!* / I do not want to see him again. *nunca vi a cara dele* / I don't know him from Adam. **2** countenance. **3** *bras, gír* a guy, an unknown person. **cara a cara** face to face. **cara de poucos amigos** unfriendly countenance. **cara de quem comeu e não gostou** a look of distaste. **cara ou coroa** heads or tails. **dar as caras** to show up. **dar de cara com** to bump into. **de cara cheia** *bras, pop* drunken. **ir com a cara de** to take a liking to. **meter as caras** to take the bull by the horns. **pagar o olho da cara** to pay through the nose. **quebrar a cara** to fail. **ser a cara do pai** to take after the father. **só caras conhecidas** only familiar faces. **ter cara-de-pau** to be cheeky, to have a nerve. **ter duas caras** to be two-faced.

ca.ra.col [karak'ow] *sm* (*pl* **caracóis**) **1** snail. **2** ringlets, a curl of hair. **casa de caracol** snail shell. **escada em caracol** spiral staircase.

ca.rac.te.rís.ti.ca [karakter'istikə] *sf* characteristic(s), quality. *ele tem as características de um bibliômano* / he shows the signs of a bookworm.

ca.rac.te.rís.ti.co [karakter'istiku] *adj* **1** characteristic. **2** distinctive, typical, peculiar.

ca.rac.te.ri.za.ção [karakteriza'ãw] *sf* (*pl* **caracterizações**) **1** characterization. **2** artistic representation of a personality, impersonation.

ca.ra.du.ra [karad'urə] *s m+f bras, pop* cynical or brazen fellow.

ca.ram.bo.la [karãb'ɔlə] *sf* **1** billiards: the red ball. **2** *Bot* star-fruit, *carambola*.

ca.ra.me.lo [karam'ɛlu] *sm* blackjack, caramel, candy.

ca.ra.mu.jo [karam'uʒu] *sm Zool* any of various small marine univalve mollusks.

ca.ran.gue.jo [karãg'eʒu] *sm* **1** *Zool* crab. **2** *Astr* Crab: a zodiacal sign, Cancer. **3** *pop* a sluggish person. **andar como o caranguejo** move sideways.

ca.ra.pu.ça [karap'usə] *sf* **1** skull cap. **2** *fig* allusion, insinuation. **enfiar/vestir a carapuça** *fig* to react to an insinuation.

ca.rá.ter [kar'ater] *sm* (*pl* **caracteres**) **1** character. **2** stamp, mark. *ele imprimiu seu caráter à sua época* / he left his mark upon his period. **3** color, tone, note. *ele mostrou seu verdadeiro caráter* / he came out in his true colours. **4** moral attitude. **5** nature. **6** temperament. **caráter autoritário** authoritarianism. **caráter caprichoso** whimsicality. **caráter comunicativo** communicativeness. **caráter distintivo** characteristic trait. **caráter duvidoso** fishiness. **caráter efeminado** womanishness. **caráter tipográfico** type. **ele agiu de acordo com o seu caráter** he acted in character. **ele não tem nenhum traço de falsidade em seu caráter** he has not an atom of guile in his composition. **em caráter oficioso** off the record. **firmeza de caráter** staunch character. **sem caráter** unprincipled.

car.bo.i.dra.to [karbojdr'atu] *sm Quím* carbohydrate.

car.bo.ni.za.do [karboniz'adu] *adj* charred.

car.bo.ni.zar [karboniz'ar] *vt* to char.

car.ca.ça [kark'asə] *sf* **1** carcass. **2** framework. **3** old hull of a ship.

cár.ce.re [k'arseri] *sm* prison, jail, *amer, gír* can. **cárcere privado** a place where someone is kept captive illegaly.

car.ce.rei.ro [karser'ejru] *sm* prison guard, *amer, gír* yard patrol.

car.dá.pio [kard'apju] *sm* bill of fare, *menu, carte*.

car.de.al¹ [karde'aw] *sm* (*pl* **cardeais**) *Ecles* cardinal, dignitary of the Roman Catholic Church.

car.de.al² [karde'aw] *adj m+f* (*pl* **cardeais**) cardinal, preeminent. **pontos cardeais** cardinal points. **signos cardeais** cardinal signs. **ventos cardeais** cardinal winds. **virtudes cardeais** cardinal virtues.

car.dí.a.co [kard'iaku] *sm Med* cardiac patient, person suffering from a heart condition. • *adj* cardiac(al): of, designating or relative to the heart.

car.di.o.lo.gi.a [kardjoloʒ'iə] *sf Med* cardiology: the science that studies the heart, its function and diseases.

car.du.me [kard'umi] *sm* shoal of fish. **um cardume de arenques** a shoal of herrings.

ca.re.ca [kar'ɛkə] *sf* **1** baldness. **2** *s m+f* a bald-headed person. • *adj m+f* bald. **um pneu careca** a worn-out tyre.

ca.re.cer [kares'er] *vt+vint* **1** not to have, to lack. **2** to be in need of, be deficient in. *ele carece muito de educação* / he is rather uneducated.

ca.rên.cia [kar'ẽsjə] *sf* lack, want, need.

ca.res.ti.a [karest'iə] *sf* high prices, costliness.

ca.re.ta [kar'etə] *sf* **1** grimace. **2** scowl, mow. **3** *bras, gír* a conservative, straight person, as opposed to drug users and law-defying persons. **fazer caretas** to make grimaces.

car.ga [k'argə] *sf* **1** load, burden. **2** freight, cargo. **3** shipment. **4** hardship. **5** *fig* responsibility. **6** attack, assault, onset. **animal de carga** beast of burden. **carga admissível** working load. **carga cerrada** volley. **carga de profundidade** *Mar* depth-charge. **carga e descarga** loading and unloading. **carga elétrica** electric charge. **carga perecível** perishable goods. **carga pesada** heavy load. **carga tributária** tax burden. **carga útil** payload. **trem de carga** freight train.

car.go [k'argu] *sm* **1** load. **2** employment, public office. **3** post. **a cargo de** in charge of. **alto cargo** high position, dignity. **cargo da consciência** sense of responsibility. **cargo de confiança** position of trust. **cargo honorífico** honorary post.

ca.ri.ca.tu.ra [karikat'urə] *sf* **1** caricature. **2** humoristic or grotesque representation of persons or facts, *coloq* takeoff. **3** sketch, drawing.

ca.ri.ca.tu.ris.ta [karikatur'istə] *s m+f* caricaturist, cartoonist.

ca.rí.cia [kar'isjə] *sf* **1** caress, fondling. **2** endearments. **carícias enganosas** deceitful caresses.

ca.ri.da.de [karid'adi] *sf* **1** charity. *a caridade começa em casa* / charity begins at home. **2** benevolence, benefaction. **3** compassion. **irmã de caridade** Sister of Charity. **um ato de caridade** an act of mercy.

ca.ri.do.so [karid'ozu] *adj* **1** charitable. **2** benevolent.

cá.rie [k'arji] *sf Odont* cavity, tooth decay.

ca.rim.bo [kar'ĩbu] *sm* metal, wood or rubber stamp. **almofada de carimbo** pad. **carimbo oficial** hall-mark. **carimbo postal** postmark.

ca.ri.nho [kar'iɲu] *sm* **1** gentleness. **2** caress, endearment. **3** loving care, affection. *criado com amor e carinho* / brought up with loving care. **com carinho** affectionately. **estudarei sua proposta com carinho** I shall give your proposal my careful attention.

ca.ri.nho.so [kariɲ'ozu] *adj* **1** affectionate. **2** loving.

ca.ri.ta.ti.vo [karitat'ivu] *adj* charitable.

car.na.val [karnav'aw] *sm* (*pl* **carnavais**) carnival, *Mardi Gras*.

car.ne [k'arni] *sf* **1** flesh. **2** meat. **3** the fleshy, muscular part of the human body. **4** the pulp of fruits. **5** kinship. **6** carnal nature. **7** sensuality. **8** lasciviousness, lust. **carne congelada** frozen meat. **carne de boi** beef. **carne de canhão** cannon-fodder. **carne de carneiro** mutton. **carne de cavalo** horse-flesh. **carne de cordeiro** lamb. **carne defumada** smoked meat. **carne de porco** pork. **carne de vitela** veal. **carne enlatada/em conserva** canned meat. **carne grelhada** grilled meat. **carne magra** lean meat. **carne moída** mince, ground meat. **cortes de carne** meat cuts. **em carne e osso** in the flesh. **ser carne e unha** to be hand and glove.

car.ne-de-sol [k'arnidis'ɔw] *sf* (*pl* **carnes-de-sol**) jerked meat.

car.nei.ra.da [karnejr'adə] *sf* **1** a flock of sheep. **2** *fig* defenseless or submissive people.

car.nei.ro [karn'ejru] *sm* **1** ram. **2** *Astr* Aries: the first sign of the zodiac. **3** *fig* gentle, meek person. **criação de carneiros** sheep farm. **perna de carneiro** a leg of mutton.

car.ne-se.ca [karnis'ekə] *sf* (*pl* **carnes-secas**) jerked meat.

car.ni.ça [karn'isə] *sf* carrion.

car.ni.fi.ci.na [karnifis'inə] *sf* **1** carnage, bloodshed. **2** massacre. **3** indiscriminate slaughter.

car.ni.vo.ro [karn'ivoru] *sm* *Zool* carnivore. • *adj* carnivorous, flesh-eating.

ca.ro [k'aru] *adj* **1** dear: a) highly valued or priced. b) costly, expensive. *as entradas para o Ballet Russo são muito caras* / the tickets for the Russian Ballet are very expensive. c) priced or esteemed higher than the real value. *acho que essa roupa está cara demais: ela não vale tudo isso* / I think this outfit is overpriced: it is not worth all that much. d) dear, beloved, highly esteemed. *tudo que nos é caro* / all that is dear to us. **2** difficult, hard earned, requiring sacrifice. *custou-nos caro convencê-la a ficar* / it cost us a lot of persuasion to make her stay. **a vida aqui é muito cara** living is expensive here. **o barato sai caro** the cheapest comes dear in the long run! **pagar caro demais por algo** to pay through the nose. **vender caro sua vida** to die hard.

ca.ro.ço [kar'osu] *sm* **1** stone in some kinds of fruits. **2** seed kernel, pit, core. **3** lump. **caroço de algodão** cotton seed. **caroço de cereja** cherry-stone. **caroço de uva** grape seed.

ca.ro.na [kar'onə] *sf* hitch-hiking, a free ride. **dar carona a alguém** to give someone a lift, a ride. **pedir uma carona** to hitch-hike.

ca.ro.nis.ta [karon'istə] *s m+f* hitch-hiker.

car.pa [k'arpə] *sf* *Ictiol* carp.

car.pin.ta.ri.a [karpĩtar'iə] *sf* a carpenter's office and workshop, carpentry.

car.pin.tei.ro [karpĩt'ejru] *sm* **1** carpenter. **2** joiner.

car.pir [karp'ir] *vt* **1** to weed, hoe. **2** to mourn, lament. **3** *bras* to clear a piece of land and prepare it for cultivation.

car.ran.ca [kaῤ'ākə] *sf* **1** scowl, frown. **2** ill humour. **3** hook or catch to fasten open shutters. **4** a distorted head carved in wood that decorates the prow of certain boats. **fazer carrancas** to frown.

car.ran.cu.do [kaῤāk'udu] *adj* **1** scowling, frowning. **2** gruff, grim.

car.ra.pa.to [kaῤap'atu] *sm* **1** tick. **2** *fig* importunate or troublesome person, clinger, hanger-on.

car.ra.pi.cho [kaῤap'iʃu] *sm* *Bot* popular designation of the spiny seed kernels of various plants.

car.ras.co [kaῤ'asku] *sm* **1** hangman. **2** executioner. **3** *fig* inhuman or cruel person.

car.re.a.ta [kaῤe'atə] *sf* a group of vehicles moving slowly along as a political demonstration.

car.re.ga.dor [kaῤegad'or] *sm* **1** porter, carrier. **2** charger (battery).

car.re.ga.men.to [kaῤegam'ẽtu] *sm* cargo, load.

car.re.gar [kaῤeg'ar] *vt+vint* **1** to lay a load on. **2** to load. *ele carregou sua espingarda* / he loaded his rifle. **3** to bear, carry. **4** to overcharge. **5** to become darker (countenance, sky). **a cozinheira carregou no sal** the cook had a heavy hand with the salt. **carregar armas de fogo** to charge firearms. **carregar às costas** to pack up. **carregar em triunfo** to carry in triumph. **carregar no preço da carne** to raise up the price of the meat. **o céu estava carregado** the sky was overcast.

car.rei.ra [kaῤ'ejrə] *sf* **1** track, course. **2** run, a dash. **3** career, profession. **4** race, racecourse. **5** rows. *o café foi plantado em carreiras* / the coffee was planted in rows. **às carreiras** hastily. **barco de carreira** liner. **carreira de cocaína** a dose of cocaine. **diplomata de carreira** a career diplomat. **estar na carreira** to follow a profession. **fazer carreira** to do well in a profession, career.

car.re.tel [kaῤet'ɛw] *sm* (*pl* **carretéis**) spool, reel.

car.re.to [kaῤ'etu] *sm* **1** cartage, truckage. **2** freight.

car.ri.lhão [kaῤiλ'ãw] *sm* (*pl* **carrilhões**) **1**

carillon: set of bells. **2** musical clock. **3** grandfather's clock.

car.ri.nho [kaŕ'iñu] *sm* **1** *dim* de **carro**. **2** a child's play car. **carrinho de bagagem** luggage trolley. **carrinho de bebê** baby buggy, pram. **carrinho de chá** tea waggon. **carrinho de mão** wheelbarrow. **carrinho de passeio** pushchair, stroller. **carrinho de supermercado** shopping cart. **carrinho elétrico** electric trolley. **empurrar o carrinho de bebê** to wheel the pram.

car.ro [k'aŕu] *sm* **1** car. **2** automobile, motorcar. **3** railway carriage, coach. **carro alegórico** float. **carro blindado** armored car. **carro-bomba** bomb car. **carro conversível** convertible. **carro de aluguel** cab, taxi. **carro de bois** oxcart. **carro de bombeiros** fire engine. **carro de entrega** delivery van. **carro de rádio-patrulha** cruiser. **carro esporte** sports car. **carro fúnebre** hearse. **carro-leito** wagon lit. **carro-restaurante** dining car.

car.ro.ça [kaŕ'ɔsə] *sf* cart.

car.ro.ce.ri.a [kaŕoseŕ'iə] *sf* the body of a motorcar, truck or van. **carroceria basculante** tipping, dump body.

car.ta [k'artə] *sf* **1** letter, missive. **2** map, chart. **3** playing card. **4** charter, bill *a Carta das Nações Unidas* / the United Nations Charter. *a Carta dos Direitos do Cidadão* / *amer* Bill of Rights. **carta aberta** open letter. **carta circular** circular letter. **carta comercial** business letter. **carta de amor** love-letter, *billet-doux*. **carta de apresentação** letter of introduction. **carta de crédito** letter of credit. **carta de fiança** *Com* bond. **carta de motorista** driver's licence. **carta de recomendação** letter of recommendation. **carta expressa** express letter. **carta patente** charter, patent. **carta registrada** registered letter. **carta revogatória** writ of annulment. **papel de carta** writing-paper. **pôr as cartas na mesa** to show one's hand, to act openly. **ser carta fora do baralho** to have no say. **ter carta branca** to have a free hand, have full power.

car.ta-bom.ba [kartəb'õbə] *sf* letter-bomb.

car.tão [kart'ãw] *sm* (*pl* **cartões**) **1** pasteboard, cardboard. **2** visiting card, calling card. **cartão de crédito** credit card, plastic money. **cartão de Natal** Christmas card. **cartão de ponto** punching-card, clock card. **cartão postal** post card.

car.taz [kart'as] *sm* **1** poster. **2** billboard, hoarding. **3** display. **4** *coloq* popularity, fame, prestige, success. *ele não tem cartaz* / he has no prestige. **afixar cartazes** to put a poster. **estar em cartaz** to be on. **é proibido colocar cartazes** post no bills. **o filme mais novo do cartaz** the newest film on, now showing.

car.tei.ra [kart'ejrə] *sf* **1** wallet, billfold, purse. **2** *Com* designation of the different departments of a bank. **3** a pack (of cigarettes). **4** official documents delivered in the form of a notebook. **batedor de carteiras** pickpocket. **carteira de habilitação de motorista** driving licence. **carteira de identidade** identity card. **carteira de valores** *portfolio*. **carteira escolar** desk, school desk. **carteira vazia** a light purse. **uma carteira recheada** a well-filled purse.

car.tei.ro [kart'ejru] *sm* postman, mailman.

car.to.man.te [kartom'ãti] *s m+f* fortuneteller.

car.tó.rio [kart'ɔrju] *sm* **1** registry office. **2** public notary's office. **cartório de notas** register of deeds. **casamento no cartório** civil marriage.

car.tu.cho [kart'uʃu] *sm* cartridge.

car.tum [kart'ũ] *sm* cartoon: a comic or satirical drawing commenting on topical events or politics.

car.tu.nis.ta [kartun'istə] *s m+f* cartoonist: a person who draws or makes cartoons.

car.va.lho [karv'aʎu] *sm* **1** *Bot* oak, oak tree. **2** oak wood. **de carvalho** oaken.

car.vão [karv'ãw] *sm* (*pl* **carvões**) **1** coal, charcoal. **2** a charcoal drawing. **carvão de lenha/vegetal** charcoal. **carvão de pedra** coal or pit coal. **mina de carvão** coal mine.

ca.sa [k'azə] *sf* **1** house. **2** home. *a casa é sua!* / make yourself at home, feel at home! **3** lodgings. **4** household. **5** buttonhole. **6** roof, shelter. **arrombamento de casa** house-breaking. **arrumar a casa** to tidy up the house. **Casa Branca** the White House. **casa comercial** firm. **casa da moeda** mint. **casa de abelha** beehive. **casa de bombas** pumping station. **casa de câmbio** *Com* exchange office. **casa de campo** country-house, cottage. **casa decimal** *Mat* decimal place. **casa de cômodos** slum. **casa de conjunto habitacional** house in a housing estate. **casa de correção** reformatory. **casa de saúde** hospital. **casa de tolerância** whorehouse, brothel. **casa editora** publishing house. **casa geminada** terraced house. **casa noturna** night-club. **casa real** royal palace, royal family. **casa semigeminada** semi-detached house. **dentro de casa** within walls. **ele está na casa dos quarenta** he is in his forties. **em casa** home, indoors, at home. **feito em casa** home-made. **ser o homem da casa** to wear the pants.

ca.sa.co [kaz'aku] *sm* **1** coat, jacket. **2** overcoat, top-coat. **3** wrap. **casaco de peles** fur-coat.

ca.sa.do [kaz'adu] *sm* **1** married man. **2** **casados** married people, a married couple. • *adj* married, wedded.

ca.sal [kaz'aw] *sm* (*pl* **casais**) **1** a married couple, a couple. **2** a pair, male and female. **um casal feliz** a happy couple.

ca.sa.men.tei.ro [kazamẽt'ejru] *sm* matchmaker, marriage broker. • *adj* matchmaking.

ca.sa.men.to [kazam'ẽtu] *sm* **1** marriage, wedding. **2** wedlock. **3** *fig* harmony, alliance. **casamento civil** civil marriage. **casamento religioso** (cerimônia) wedding. **pedir em casamento** to propose.

ca.sar [kaz'ar] *vt+vpr* **1** to marry, wed. **2** **casar-se** to get married. *eles se casaram* / they got married. **casar mal** to mismate. **casar na igreja** to get married in a church. **casar novamente** to remarry.

cas.ca [k'askə] *sf* **1** bark of trees. **2** husk. **3** peelings, peel, skin, shell. **4** outward appearance. **casca de árvore** bark, cortex.

casca de ervilha ou vagem hull. **casca de limão** lemon-peel. **casca de ovo** eggshell. **porcelana casca de ovo** egg china. **sair de sua casca** become lively. **ser uma casca grossa** to be an uncouth fellow.

cas.ca.lho [kask'aʎu] *sm* **1** rock fragments, gravel. **2** pebbles.

cas.ca.ta [kask'atə] *sf* **1** cascade. **2** waterfall. **3** *bras, gír* idle talk, lie, boast.

cas.ca.vel [kaskav'ɛw] *sf* (*pl* **cascavéis**) *bras* **1** *Zool* a rattlesnake, rattler (*Crotalus terrificus*). **2** *fig* malignant, backbiting person.

cas.co [k'asku] *sm* **1** hull. **2** hoof. **3** *ant* helmet. **4** *bras* empty bottle. **casco de navio** hull, hulk or bottom of a ship. **casco de tartaruga** turtleshell.

cas.cu.do [kask'udu] *adj* having a thick bark, skin, peel or shell.

ca.se.a.do [kaze'adu] *sm* buttonhole stitch.

ca.se.bre [kaz'ɛbri] *sm* hovel, hut, shack.

ca.sei.ra [kaz'ejrə] *sf bras* woman who does the housework, housekeeper. • *adj* home-loving woman.

ca.sei.ro [kaz'ejru] *sm* caretaker, housekeeper. • *adj* **1** relative to house or home. **2** home-made. **3** home-loving man. **pão caseiro** home-baked bread. **remédio caseiro** household medicine.

ca.si.nha [kaz'iñə] *sf bras, pop* outhouse, backhouse, *amer, coloq* privy. **casinha de cachorro** dog-house, kennel.

ca.so [k'azu] *sm* **1** case. *é um caso raríssimo* / it is a case in a million. **2** event, occurrence. *em caso de acidente, chamar...* / in case of accident, call... **3** situation, matter, condition. *é um caso à parte* / it is a different situation, another story. **4** contingency, predicament. **5** *Med* a patient under treatment. **6** *bras, pop* a fling, a love affair. **7** *bras* an anecdote. **caso contrário** otherwise. **caso de consciência** a matter of conscience. **caso de honra** affair of honor. **caso grave** a serious affair, serious crime. **caso particular** private affair. **criar caso** to cause difficulties. **dado o caso** in case, supposing that. **de caso pensado** on purpose. **em caso de necessidade** in case of need. **em qualquer caso** at all events, at any rate, anyway. **em todo e qualquer caso** in any and every case. **fazer muito caso de** to attribute great importance to. *não faça caso disto* / don't take any notice. *ninguém faz caso disto* / nobody cares a hoot about it. **fazer pouco caso de** treat without consideration. **ir ao caso** to come to the point. *vamos ao caso* / let's come to the point, let's get down to brass tacks. **na maioria dos casos** for the most part. **neste caso** thus, if so, in that case. **no seu caso** in your instance. **o caso em pauta** the matter in hand. **o caso é que...** the fact is that... **tratar com pouco caso** to ignore, to snub. **um caso perdido** a lost case. **um caso que bem ilustra isso é...** a case in point is... *isto não vem ao caso* / this has no bearing on the case, it is irrelevant.

cas.pa [kʼaspə] *sf Med* dandruff.

cas.qui.nha [kaskʼiɲə] *sf dim* de **casca**. **tirar a sua casquinha** to have one's part in. **sorvete de casquinha** ice-cream cone.

cas.sar [kasʼar] *vt* to abrogate: abolish or repeal someone's civil or political rights.

cas.se.te.te [kasetʼɛti] *sm* truncheon, a police officer's billy club.

cas.ta [kʼastə] *sf* **1** caste. **2** race, lineage. *vem-lhe de casta* / it runs in his blood. **3** stock, breed. **4** species. **da mesma casta** of the same stock or race, of the same sort. **de boa casta** of good stock. **sair à casta** to take after one's father.

cas.ta.nha [kastʼʌɲə] *sf* fruit of the chestnut tree, chestnut. **castanha de caju** cashew nut.

cas.ta.nha-do-pa.rá [kastʼʌɲəduparʼa] *sf* (*pl* **castanhas-do-pará**) *Bot* Brazil nut.

cas.ta.nho [kastʼʌɲu] *sm* chestnut brown. • *adj* chestnut.

cas.ta.nho.las [kastaɲʼɔlas] *sf pl* castanets.

cas.te.lo [kastʼelu] *sm* **1** castle, manor-house. **2** stronghold, fortified place. **3** *Xadrez* castle, rook. **4** *bras* whorehouse. **castelo de água** water castle. **castelo de vento** castle in the air. **fazer castelos no ar** to build castles in the air. **seus planos ruíram como um castelo de cartas** his plans collapsed like a house of cards.

cas.ti.çal [kastisʼaw] *sm* (*pl* **castiçais**) candlestick, candle-holder.

cas.ti.ço [kastʼisu] *adj* **1** of good birth, of good stock. **2** *fig* correct, genuine (language). **português castiço** pure Portuguese.

cas.ti.da.de [kastidʼadi] *sf* chastity. **votos de castidade** chastity vows.

cas.ti.go [kastʼigu] *sm* **1** punishment, penalty. **2** chastisement. **ficar de castigo** to be punished (in school).

cas.to [kʼastu] *adj* chaste.

cas.tor [kastʼor] *sm Zool* beaver.

cas.tra.ção [kastrasʼãw] *sf* (*pl* **castrações**) castration.

cas.tra.do [kastrʼadu] *sm* **1** castrate, eunuch. **2** castrated animal. • *adj* castrated.

ca.su.al [kazuʼaw] *adj m+f* (*pl* **casuais**) **1** casual, happening or coming to pass by chance. **2** occasional, incidental. **3** accidental.

Usa-se **casual** e **casually** para significar despreocupação, relaxamento, informalidade. *eles têm uma atitude muito despreocupada em relação à criação dos filhos* / they have a very casual attitude concerning the upbringing of their children.

Casual clothes são roupas informais. *o príncipe e a princesa usavam roupas informais, ainda que elegantes* / the prince and princess were smartly but casually dressed. *ele faz trabalhos ocasionais para nós* / he does casual jobs for us.

Quando nos referimos a situações acidentais, não planejadas, o significado é o mesmo do português. *um encontro casual, fortuito* / a casual, chance meeting.

Veja mais detalhes em **casual** (inglês).

ca.su.al.men.te [kazawmʼẽti] *adv* occasionally, fortuitously.

ca.su.lo [kazʼulu] *sm Entom* cocoon.

ca.ta.cum.ba [katakʼũbə] *sf* catacomb.

ca.ta.du.pa [katadʼupə] *sf* **1** waterfall,

cataract. 2 *fig* outpour. **em catadupas** in great quantity, as an outpour.

ca.ta.li.sar [kataliz'ar] *vt* 1 *Quím* to catalyze. 2 *fig* to promote, further, inspire.

ca.tá.lo.go [kat'alogu] *sm* catalogue, catalog.

ca.ta.po.ra [katap'ɔrə] *sf bras, Med* chicken pox, *varicella*.

ca.tar [kat'ar] *vt+vpr* 1 to seek. 2 to gather, collect. 3 to investigate carefully. 4 **catar-se** to be on the watch, be cautious.

ca.ta.ra.ta [katar'atə] *sf* cataract: a) waterfall, especially a large one over a precipice. b) *Med* cataracts.

ca.tar.ro [kat'aɾu] *sm Med* 1 catarrh. 2 nasal mucus.

ca.tás.tro.fe [kat'astrofi] *sf catastrophe*.

ca.ta.tau [katat'aw] *sm* 1 rap, blow. 2 *bras* a short person.

ca.ta-ven.to [katəv'ẽtu] *sm* (*pl* **cata-ventos**) *Meteor* weather vane, weathercock. **cata-vento de papel** pinwheel.

ca.te.cis.mo [kates'izmu] *sm* catechism.

cá.te.dra [k'atedrə] *sf* a lecturer's chair, professor's chair.

ca.te.dral [katedr'aw] *sf* (*pl* **catedrais**) cathedral, minster. • *adj m+f* cathedral: of, or relating to the head church of a diocese.

ca.te.drá.ti.co [katedr'atiku] *sm* 1 college or university professor. 2 *bras* someone who is an expert on a certain subject. • *adj* related to a university professor.

ca.te.go.ri.a [kategor'iə] *sf* 1 category, class, order. 2 degree, rate, status. 3 high quality. **de alta categoria** highly placed, first-rate. **terceira categoria** third-rate.

ca.te.gó.ri.co [kateg'ɔriku] *adj* 1 of or relative to a category, rank or class. 2 categorical, explicit.

ca.te.go.ri.za.do [kategoriz'adu] *adj* 1 of good category or rank. 2 placed in categories, classified.

ca.ter.va [kat'ɛrvə] *sf* 1 crowd, throng. 2 mob, gang. 3 a great number of animals, herd, flock.

ca.tin.ga¹ [kat'ĩgə] *sf bras* 1 offensive body odour. 2 fetid or foul smell.

ca.tin.ga² [kat'ĩgə] *sf bras* 1 a forest of small knotty trees. 2 region of stunted

vegetation. 3 a plant of the family *Bignoniaceae* (*Tecoma catinga*).

ca.ti.van.te [kativ'ãti] *adj m+f* 1 captivating, engaging. 2 charming, fascinating. 3 enthralling, bewitching. **um sorriso cativante** an engaging smile.

ca.ti.var [kativ'ar] *vt+vpr* 1 to take prisoner, capture. 2 to hold captive. 3 to charm, fascinate, enchant. 4 **cativar-se** to become enraptured or fascinated. **cativar benevolências** to curry favours. **ele cativou minha simpatia** he engaged my sympathy.

ca.ti.vei.ro [kativ'ejru] *sm* 1 captivity. 2 bondage. 3 prison, jail.

ca.ti.vo [kat'ivu] *sm* prisoner, slave. • *adj* 1 captive, held in prison or bondage. 2 confined, constrained. 3 enamored, charmed. **cadeira cativa** a seat in a public place granting exclusive right to the person who bought it.

ca.to.li.cis.mo [katolis'izmu] *sm* 1 Catholicism. 2 faith, principles and system of the Catholic Church. 3 universality of the Roman Catholic Church.

ca.tó.li.co [kat'ɔliku] *sm* a Catholic. • *adj* Catholic. **defender-se de forma não muito católica** to leave doubts concerning one's innocence. **não andar muito católico** to have health problems.

ca.tra.ca [katr'akə] *sf* 1 *Tecn* ratchet. 2 turnstile.

cau.ção [kaws'ãw] *sf* (*pl* **cauções**) 1 guaranty, surety, guarantee. 2 pledge, bond. 3 collateral. **sob caução** under bond.

cau.da [k'awdə] *sf* 1 tail, prolongation of the rear-end of most animals. 2 tail feathers. 3 train of a gown. 4 trail. **cauda de andorinha** dovetail. **cauda de avião** tail of an airplane. **cauda de leque** fan tail. **piano de cauda** grand piano.

cau.da.lo.so [kawdal'ozu] *adj* abundant, copious.

cau.di.lho [kawd'iʎu] *sm* 1 military leader, commander. 2 caudillo, head of a party or political faction. 3 a Spanish or Latin-American military dictator.

cau.le [k'awli] *sm Bot* stalk, stem, shaft.

cau.sa [k'awzə] *sf* cause: **1** motive, reason, justification. *os presidiários alegaram superpopulação desumana como causa da recente erupção de violência* / the prisoners alleged cause for the recent outbreak of violence was inhuman overpopulation. **2** root, origin. *recentes resultados de pesquisas procuram definir as causas científicas fundamentais do vício da droga* / recent findings attempt to define the underlying scientific causes of drug addiction. **3** aim, principle. *ação violenta contra a propriedade e a pessoa por ambientalistas radicais gera descrédito para sua causa* / violent action against property and civilians by radical conservationists generates wide discredit for their cause. **4** lawsuit, legal action. *levante-se o advogado do queixoso desta causa* / the claimant's counsel for this cause is to rise. **causa final** final cause. **com conhecimento de causa** with confirmed knowledge or experience. **dar causa a** to give cause for. **fazer causa com** to side with, make common cause with. **ganhar uma causa** to win a lawsuit, recover a right. **por causa de** by reason of, because of, on account of. **por causa disto** for that reason, on that account. **qual é a causa da comoção?** what is all this about? **ser a causa de** to be instrumental in. **ser fiel à causa** to stick to one's colors. **uma causa perdida** a lost cause. **uma causa pública** a public affair, a common cause.

cau.sa.dor [kawzad'or] *sm* something or someone that determines an event. • *adj* causing, causative.

cau.sar [kawz'ar] *vt* **1** to cause, be the cause of. *isto lhe causará bastante dor de cabeça* / that will cause him much trouble. **2** to motivate, motive. **3** to originate, raise, bring about. **causar aversão a** to be repulsive to. **causar colisão** to cause a collision. **causar dano** to do harm to. **causar desgraça** to bring about misfortune. **causar dificuldades** ask for trouble. **causar dor** to give pain, rankle. **causar irritação** to irritate. **causar res-**

sentimento to cause resentment, rankle. **ele causa boa impressão** he impresses favourably.

cau.te.la [kawt'ɛlə] *sf* **1** caution, cautiousness. **2** prudence. **3** voucher, ticket stub. **à cautela / por cautela** as a preventive measure. **com cautela** cautiously.

cau.te.lo.so [kawtel'ozu] *adj* **1** cautious. **2** prudent. **3** watchful, vigilant. **4** wary.

ca.va [k'avə] *sf* **1** furrow, trench, hole. **2** armhole of a garment. **3** wine cellar.

ca.va.lar [kaval'ar] *adj m+f* excessive, huge. **dose cavalar** an excessive dose of something. **resistência cavalar** the physical resistance of a horse.

ca.va.la.ri.a [kavalar'iə] *sf* **1** *Mil* military force which serves on horseback, cavalry. **2** horsemanship, art of riding on horseback.

ca.va.lei.ro [kaval'ejru] *sm* **1** horseman. **2** cavalryman, trooper. **3** knight.

ca.va.le.te [kaval'eti] *sm* **1** trestle. **2** easel (of a painter's).

ca.va.lhei.ro [kavaʎ'ejru] *sm* **1** gentleman. **2** nobleman. **3** well-bred and well educated man. **4** the partner of a lady in a dance. • *adj* gentlemanly. **indigno de um cavalheiro** ungentlemanly, unbecoming of a gentleman.

ca.va.lo [kav'alu] *sm* **1** *Zool* horse. **2** *Hortic* rootstock for grafting. **3** *fig* a rough-mannered fellow. **cavalo com alças** *Ginást* pommel horse. **cavalo de balanço** rocking horse. **cavalo de corridas** race-horse. **cavalo empinado** prancer. **cavalo puro sangue** thoroughbred. **cavalo-vapor** horsepower. **corrida de cavalos** horseracing. **fazer cavalo de batalha** to make a mountain out of a molehill. **montar a cavalo** to ride on horseback, horseback riding. **rabo de cavalo** horse-tail.

ca.var [kav'ar] *vt+vint* **1** to dig. **2** *bras, pop* to obtain something by unfair means. **cavar a vida** to earn one's daily bread. **cavar com a enxada** to hoe.

ca.vei.ra [kav'ejrə] *sf* skull. **caveira de burro** *pop* bad luck. **fazer a caveira de alguém** *pop* to belittle someone.

ca.ver.na [kav'ɛrnə] *sf* cave, cavern.

ca.xi.as [kaʃ'ias] *s m+f, sing+pl* a person who is excessively punctilious, a stickler. • *adj m+f* punctilious, strict, self-demanding.

ca.xum.ba [kaʃ'ũbə] *sf bras, Med* mumps.

CD-ROM [seder´õw] *sm Inform* CD-ROM (abbreviation of: compact disk read only memory).

ce.bo.la [seb'olə] *sf Bot* onion (*Allium cepa*).

ce.bo.li.nha [sebol'iñə] *sf Bot* chive, chives. **salsa e cebolinha** parsley and chives.

ce.der [sed'er] *vt+vint* to cede, yield: a) to allow others to gain control/power over oneself. *eles não tiveram alternativa a não ser ceder à pressão militar* / they had no alternative but to yield to military pressure. b) to yield (to break down / move). *a cadeira cedeu sob o peso de Judy e espatifou-se* / the chair yielded under Judy's weight and broke into pieces. c) to substitute for another. *a música caipira autêntica está rapidamente cedendo espaço a musiquinhas adocicadas falsas* / genuine caipira folk music is quickly giving way to fake and sugary tunes. *aqui temos que parar e ceder passagem* / we are supposed to stop here and give way. **ceder a passagem** to give way. **ceder à razão** to yield to reason. **ceder com dificuldade** to yield with great reluctance. **não ceder** to stand out, stick in, wait it out. **os muros cederam** the walls caved in.

ce.di.lha [sed'iʎə] *sf Gram* cedilla: diacritical mark (ç) placed under the letter C (before a, o, u) to indicate its pronunciation as an initial s in Portuguese.

ce.do [s'edu] *adv* 1 early. *ele chegou cedo* / he arrived early. *fez-se desde cedo uma tentativa* / an early attempt was made. 2 soon, in a short time. 3 promptly, quickly. **bem cedo na vida** at an early age. **cedo demais** too early. **chegar suficientemente cedo** to be in good time. **de manhã cedo** early in the morning. **demasiado cedo** too soon. **mais cedo**

ou mais tarde sooner or later, in the long run.

ce.dro [s'ɛdru] *sm Bot* cedar.

cé.du.la [s'ɛdulə] *sf* 1 various kinds of written documents. 2 banknote, bill, currency note. 3 *bras* voting paper, ballot. **cédula de banco** banknote. **cédula de identidade** identity card. **cédula eleitoral** ballot.

ce.gar [seg'ar] *vt+vint+vpr* 1 to blind. 2 to dazzle, daze. *as luzes dos faróis me cegaram por um momento* / the headlights dazzled me for a moment. 3 *fig* to fascinate, charm. 4 **cegar-se** a) to deceive oneself. b) to become hallucinated, become deranged.

ce.gas [s'ɛgas] word used only in the adverbial locution: **às cegas** blindly, groping, feeling one's way. **caminhar às cegas** to find one's way by groping. **fazer as coisas às cegas** to go blindly.

ce.go [s'ɛgu] *sm* blind man. • *adj* 1 blind. 2 dazzled, fascinated. 3 *fig* unreasoning, unquestioning. 4 (of a knife) blunt, dull. **a faca é cega** the knife is blunt. **amor cego** blind love. **cego de nascença** blind born. **cego para o mundo** oblivious to the world. **completamente cego** stone-blind. **nó cego** a person that causes annoyance, a nuisance.

ce.go.nha [seg'oñə] *sf Ornit* stork.

ce.guei.ra [seg'ejrə] *sf* blindness.

cei.a [s'ejə] *sf* supper, evening meal.

cei.far [sejf'ar] *vt+vint* to reap. **ceifar os lauréis da glória** to gather the laurels of glory. **ceifar vidas** to kill, cause the death of.

ce.la [s'ɛlə] *sf* cell.

ce.le.bra.ção [selebras'ãw] *sf (pl* **celebrações)** celebration.

ce.le.brar [selebr'ar] *vt+vint* to celebrate, to perform a solemn ceremony. **celebrar matrimônio** to celebrate one's wedding, give a wedding party. **celebrar um contrato** to come to an agreement. **ele celebra a missa** he celebrates mass.

cé.le.bre [s'ɛlebri] *adj m+f* 1 famous, well-known, renowned. 2 eminent. **tornar-se célebre** to get a name.

ce.lei.ro [sel'ejru] *sm* 1 barn. 2 granary, loft.

ce.les.te [sel'ɛsti] *adj m+f* celestial, heavenly. **as forças celestes** the powers above. **corpos celestes** celestial bodies. **esfera celeste** celestial sphere.

cé.lu.la [s'ɛlulə] *sf* cell. **célula fotoelétrica** photoelectric cell.

ce.lu.lar [selul'ar] *adj m+f* cellular. **estrutura celular** *Bot* cellular tissue. **prisão celular** isolated imprisonment. **telefone celular** cell phone.

ce.lu.li.te [selul'iti] *sf Med* cellulitis, cellulite.

cem [s'ẽj] *num* one hundred. **cem por cento** a hundred per cent, totally, completely. **cem vezes** a hundred times. **cem vezes mais** hundred fold.

ce.mi.té.rio [semit'ɛrju] *sm* cemetery, graveyard.

ce.na [s'enə] *sf* 1 *Teat* scene, subdivision of an act (in a play). *a cena passa-se em Verona* / the scene is set in Verona. 2 stage. *eles entraram em cena* / they entered the stage. 3 *Cin, Telev* part of a film. 4 violent discussion, exhibition of strong feelings. *não faça cenas!* / *gír* now, do not make scenes! **a cena do crime** the wheres and hows of the crime. **cena cômica** comedy. **direção de cena** stage-management. **diretor de cena** stage director. **pôr em cena** to stage. *a peça está em cena há um ano* / the play has been on for a year now.

ce.ná.rio [sen'arju] *sm* 1 scenery: a) *Teat* stage setting. b) in the country: the elements of nature. c) *Cin* scenario, an outline of the film. 2 the possible developments of an event.

ce.nou.ra [sen'owrə] *sf Bot* carrot.

cen.sor [sẽs'or] *sm* censor.

cen.su.ra [sẽs'urə] *sf* 1 censorship. 2 reproach. 3 criticism.

cen.su.rar [sẽsur'ar] *vt* 1 to censor, control, examine officially. 2 to censure: to disapprove. **censurar a alguém pelos erros cometidos** to reproach someone for faults committed.

cen.ta.vo [sẽt'avu] *sm* cent: a coin representing a hundred part of a real (or *peso, sucre* etc.). *ele não tem um centavo no bolso* / he hasn't got a cent in his

pocket. *ele os pagou até o último centavo* / he paid them scot and lot.

cen.tei.o [sẽt'eju] *sm Bot* rye (*Secale cereale*).

cen.te.lha [sẽt'eλə] *sf* spark. **a última centelha de esperança** the last flicker of hope. **centelha da vida** the spark of life. **ignição por centelhas** spark ignition.

cen.te.na [sẽt'enə] *sf* 1 a hundred, position of hundreds in a number. 2 a group of one hundred. 3 *bras* in the lottery, any number with three figures. **às centenas** by the hundred. **centenas de vezes** hundreds of times.

cen.té.si.mo [sẽt'ɛzimu] *sm* a hundredth.

cen.tí.gra.do [sẽt'igradu] *adj* centigrade: relating to a thermometric scale (Celsius).

cen.tí.me.tro [sẽt'imetru] *sm* centimeter, centimetre.

cen.to [s'ẽtu] *sm* 1 a hundred. *encaixotado aos centos* / boxed by hundreds. 2 a group of one hundred. 3 the number hundred. **cinco por cento** five per cent. **por cento** per cent. **um cento de ovos** one hundred eggs.

cen.tral [sẽtr'aw] *sf* headquarters, central office. • *adj m+f* 1 central. 2 *fig* principal. **aquecimento central** central heating. **central da polícia** police headquarters. **central do correio** central post office. **central elétrica** power station. **Central Geral dos Trabalhadores (CGT)** Worker's Central Union. **forças centrais** central forces. **sistema nervoso central** central nervous system. **terra central** inland country.

cen.tro [s'ẽtru] *sm* 1 center, centre. 2 focal point. 3 *nucleus*. 4 *pivot*, core. 5 bull's eye. **centro acadêmico** student union. **centro comercial** shopping mall. **centro da roda** hub of wheel. **centro de gravidade** center of gravity. **centro de mesa** centerpiece. **centro de pesquisas** research center. **centro do alvo** bull's eye. **centro telefônico** telephone exchange. **no centro da cidade** downtown.

cen.tro.a.van.te [sẽtroav'ãti] *sm Fut* center-forward.

CEP [s'ɛpi] abreviação de **Código de Endereçamento Postal** zip code, post code.

cera [s'erə] *sf* wax, beeswax. **cera de abe-lha** beeswax. **cera de carnaúba** Brazil wax. **cera para assoalho** floor wax. **fa-zer cera** to work slowly on purpose. **fei-to de cera** / waxy, waxen. **vela de cera** wax-candle.

ce.râ.mi.ca [ser'ʌmikə] *sf* ceramics, pottery.

cer.ca¹ [s'erkə] *sf* fence, railing. **cerca de arame** wire fence. **cerca viva** hedge, quickset.

cer.ca² [s'erkə] *adv* **1** near, nearly, close by. *ele chegou cerca das 8 horas* / it was nearly 8 when he arrived. *ela chegou há cerca de uma hora* / she arrived about an hour ago. **2** approximately, *circa*. **3** about, around.

cer.car [serk'ar] *vt+vpr* **1** to fence, surround with a fence. **2** to enclose, close in. **3** to surround. **4** *Mil* to lay siege to, besiege. **5** **cercar-se** to approach slowly, draw near, surround oneself with. **cercar com ara-me** to wire in. **cercar-se de amigos** to associate with friends, surround oneself with friends.

ce.re.al [sere'aw] *sm* (*pl* **cereais**) **1** cereal. **2** corn, edible grain.

ce.re.bral [serebr'aw] (*pl* **cerebrais**) *adj m+f* cerebral. **paralisia cerebral** cere-bral palsy. **lavagem cerebral** brain-washing.

cé.re.bro [s'ɛrebru] *sm* *Anat* brain. *ele é o cérebro da família* / he is the brains of the family.

ce.re.ja [sere'ʒə] *sf* cherry. • *adj* cherry-red.

ce.re.jei.ra [sereʒ'ejrə] *sf* cherry tree. **flor de cerejeira** cherry blossom.

ce.ri.mô.nia [serim'onjə] *sf* **1** ceremony. **2** civility, urbanity. **3** etiquette. **cerimônia de casamento** wedding ceremony. **não faça cerimônia** please make yourself at home. **sem cerimônias** unconventional, casual. **traje de cerimônia** evening dress, dress suit.

cer.ra.ção [seɾas'ãw] *sf* (*pl* **cerrações**) fog.

cer.ra.do [seɾ'adu] *sm* open pasture land with patches of stunted vegetation, woodsy pasture. • *adj* **1** dense, thick. **2** tight.

cer.rar [seɾ'ar] *vt* **1** to close, shut. *ele cer-*

rou os olhos / he closed his eyes. **2** to tighten, clench. **cerrar o punho** clench the fist.

cer.ta.men.te [sɛrtam'ẽti] *adv* certainly, undoubtedly, unquestionably.

cer.tei.ro [sert'ejru] *adj* **1** well-aimed. **2** accurate. **com um tiro certeiro** with a well-aimed shot.

cer.te.za [sert'ezə] *sf* **1** certainty. **2** conviction. **3** confidence, assurance. **cer-teza absoluta** dead certainty. **com certe-za** certainly. **com toda certeza** as sure as can be.

cer.ti.dão [sertid'ãw] *sf* (*pl* **certidões**) certificate. **certidão de casamento** marriage certificate. **certidão de nasci-mento** birth certificate.

cer.ti.fi.ca.do [sertifik'adu] *sm* certificate. • *adj* certified. **certificado de saúde** health certificate.

cer.ti.fi.car [sertifik'ar] *vt+vint+vpr* **1** to certify. **2** make sure. *certificamo-nos da sua ajuda* / we made sure of her help. **3** **certificar-se** to convince oneself, have the assurance. *ele certificou-se de que esse era o caminho a seguir* / he made sure that this was the right way to go.

cer.to [s'ɛrtu] *sm* **1** certainty. *nunca deixe o certo pelo duvidoso* / never quit certainty for hope. **2** the right or correct thing. • *adj* **1** certain. **2** true. **3** accurate, right. **4** sure, assured. *o sr. está certo do que diz?* / are you sure of what you say? *não sei ao certo* / I don't know for sure. **absolutamente certo** absolutely right, cocksure. **até certo ponto** to some extent, in a sense. **certo de** convinced of. **isso é o certo** that's the right thing to do. **não se sabe ao certo** it is not exactly known. **um certo homem** a certain man.

cer.ve.ja [serv'eʒə] *sf* beer, ale. **cerveja escura** bock beer. **cerveja escura e forte** stout.

cer.ve.ja.da [serveʒ'adə] *sf* a party of beer tipplers.

ce.sa.ri.a.na [sezari'ʌnə] *sf* *Med*, *Cir* caesarian, caesarian section. • *adj f* caesarian.

ces.sar [ses'ar] *vint* to cease. **cessar de falar** to stop talking. **cessar fogo** ceasefire.

ces.ta[s'estə] *sf* **1** basket. **2** hoop **cesta de vime** wicker-basket. *Esp* **fazer uma cesta** to score a basket.

ces.to[s'estu] *sm* basket. **cesto de papéis** waste basket. **cesto de roupa usada** laundry basket.

céu[s'ɛw] *sm* **1** sky. *elogiaram-no até aos céus* / they praised him to the skies. **2** heaven. **alto como o céu** sky-high. **cair do céu** *fig* to fall from the sky, appear unexpectedly. **céu da boca** *Anat* palate. **céu nublado/escuro** cloudy sky. **ir para o céu** / go to heaven. **mover céu e terra** to move heaven and earth.

ce.va.da [sev'adə] *sf Bot* barley.

chá[ʃ'a] *sm* **1** *Bot* tea. *eu gosto de chá sem açúcar* / I take tea without sugar. *o que há para o chá?* / what is there for tea? *venha tomar chá conosco* / come to tea with us. **2** tea-party. **bandeja de chá** tea-tray. **bule de chá** teapot. **chá das cinco** afternoon tea, five o'clock tea. **chá verde** green tea. **hora do chá** teatime. **saquinho de chá** tea bag.

cha.bu [ʃab'u] *sm bras* the defective explosion of a fire cracker. **dar chabu** to go wrong.

cha.cal [ʃak'aw] *sm* (*pl* **chacais**) *Zool* jackal.

chá.ca.ra[ʃ'akarə] *sf* **1** country seat, rural residence. **2** small property in the country.

cha.ci.na[ʃas'inə] *sf* massacre.

cha.co.ta [ʃak'ɔtə] *sf* mockery, teasing. **fazer chacota de alguém** to scoff at a person.

cha.fa.riz [ʃafar'is] *sm* fountain, waterworks.

cha.ga [ʃ'agə] *sf* an open wound, sore. **mal de chagas** *Med* Chagas' disease.

cha.lé[ʃal'ɛ] *sm* chalet, log cabin, cottage.

cha.lei.ra [ʃal'ejrə] *sf* kettle.

cha.ma[ʃ'∧mə] *sf* **1** flame. **2** blaze, fire. **chama de gás** gas-jet. **em chamas** ablaze, alight, on fire.

cha.ma.da[ʃam'adə] *sf* **1** call (phone). **2** roll call. **3** reprimand. *ela levou uma chamada da professora* / the teacher reprimanded her. **chamada interurbana** long-distance call. **chamada telefônica** telephone call. **fazer a chamada** to call the roll(s).

cha.ma.do [ʃam'adu] *sm* call, act of calling. • *adj* called, summoned.

cha.mar [ʃam'ar] *vt+vint+vpr* **1** to call, shout someone's name. *chamarei de novo (pelo telefone)* / I shall call again. *permita-me chamar-lhe a atenção para...* / may I call your attention to...? **2** **chamar-se** to be called or named. *eu me chamo João* / my name is João. **chamar um táxi** (gesto) to hail a cab. **como se chama isso?** what do you call that? **ele chama a atenção** he attracts attention. **ele se chama** his name is. **mandar chamar** to send for.

cha.ma.riz [ʃamar'is] *sm* **1** bait, lure. **2** decoy.

chá-ma.te [ʃam'ati] *sm* (*pl* **chás-mate, chás-mates**) *bras* maté, mate.

cha.me.go [ʃam'egu] *sm* **1** sexual excitement. **2** intimate relationship. **3** infatuation.

cha.mi.né [ʃamin'ɛ] *sf* **1** chimney. **2** funnel (on a steam-engine, ship etc.).

cha.mus.car[ʃamusk'ar] *vt+vpr* to singe, burn slightly.

chan.ce[ʃ'ãsi] *sf fr* **1** chance. *vamos dar-lhe uma chance* / we'll give him chance. **2** opportunity.

chan.ce.ler[ʃãsel'ɛr] *sm* chancellor.

chan.cha.da[ʃãʃ'adə] *sf Cin, Teat, Telev* a slapstick comedy interspersed with dances and songs.

chan.ta.ge.ar [ʃãtaʒe'ar] *vt+vint* to blackmail.

chan.ta.gis.ta [ʃãtaʒ'istə] *s m+f* blackmailer, extortionist. • *adj m+f* blackmailing.

chão[ʃ'ãw] *sm* (*pl* **chãos**) **1** level ground, ground. **2** earth. **ficar com a cara no chão** to be extremely embarrassed.

cha.pa[ʃ'apə] *sf* **1** metal sheet, plate. **2** *Polít* list of candidates of a political group. **3** *bras, pop* friend. *ele é meu chapa* / he is a good friend of mine. **chapa de vidro** glass plate. **chapa fria** a fake licence plate.

cha.pa.do [ʃap'adu] *adj pop* stoned.

cha.péu[ʃap'ɛw] *sm* hat. **chapéu de palha** straw hat. **porta-chapéu** hat stand.

cha.ra.da[ʃar'adə] *sf* **1** charade. **2** riddle.

char.co[ʃ'arku] *sm* bog, mire.

char.la.tão [ʃarlat'ãw] sm (pl **charlatões**) (f **charlatona**) 1 charlatan, quack, mountebank. 2 faker, swindler.

char.me [ʃ'armi] sm charm, grace, pleasant manners.

char.que [ʃ'arki] sm jerked beef.

char.re.te [ʃar'ɛti] sf a light two-wheeled cart, drawn by a horse.

cha.ru.to [ʃar'utu] sm cigar, cheroot.

chas.si [ʃas'i] sm Mec, Tecn chassis, frame, body.

cha.te.ar [ʃate'ar] vt+vint 1 to annoy. estas moscas estão me chateando / those flies are really annoying me. 2 pester.

cha.vão [ʃav'ãw] sm (pl **chavões**) platitude.

cha.ve [ʃ'avi] sf 1 key. 2 key factor, key element. a chave do sucesso é a determinação / the key to success is determination. **chave da porta** door key. **chave de fenda** screwdriver. **chave inglesa** monkey wrench.

cha.vei.ro [ʃav'ejru] sm 1 key ring (object). 2 key maker, locksmith.

check-in [ʃɛk'ĩ] sm check-in. **fazer o check-in** present tickets and luggage at the airline counter before a trip. fizemos o check-in uma hora antes do vôo / we checked-in one hour before take-off.

che.fe [ʃ'ɛfi] s m+f 1 boss. 2 head. **chefe de cozinha** chef. **chefe de Estado** head of state. **chefe de família** head of the family. **chefe de quadrilha** ringleader.

che.fi.ar [ʃefi'ar] vt+vint to head, lead.

che.ga.da [ʃeg'adə] sf arrival. **linha de chegada** homestretch.

che.gar [ʃeg'ar] vint+vt 1 to arrive (at/in...). chegamos ao aeroporto com cinco minutos de atraso / we arrived at the airport five minutes late. eles chegarão em São Paulo ao meio-dia / they will arrive in São Paulo at noon. 2 to draw near. chegue-se mais perto a nós / come closer to us. 3 to reach. levou algum tempo para eles chegarem a uma conclusão / it took them sometime to reach a conclusion. 4 to be enough. esta comida chega para uma semana / this food is enough for a week. **chegar tarde** to be late.

chei.a [ʃ'ejə] sf flood.

chei.o [ʃ'eju] adj 1 full, filled up. lua cheia / a full moon. 2 crowded, packed. a rua está cheia de gente / the street is crowded with people. **estar cheio** gír to be fed up to the teeth.

chei.rar [ʃejr'ar] vt+vint to smell. este negócio não cheira bem / I smell a rat there. **está cheirando agradavelmente a** it smells good.

chei.ro [ʃ'ejru] sm 1 smell. cheiro de pão saído do forno / the smell of freshly baked bread. 2 scent. o aroma favorito dela é jasmim / her favorite scent is jasmine.

che.que [ʃ'ɛki] sm check, brit cheque. o cheque dele não tinha fundos / his check bounced. **cheque ao portador** Com bearer's check. **cheque de viagem** traveller's check. **cheque em branco** blank check. **descontar um cheque** to cash a check. **preencher um cheque** to write someone a cheque for. **talão de cheques** checkbook, chequebook.

chi.ar [ʃi'ar] vint 1 make some shrill noise. 2 bras, gír to complain. não adianta chiar agora / it's no use complaining now.

chi.cle.te [ʃikl'ɛti] sm chewing gum.

chi.co.ta.da [ʃikot'adə] sf a stroke with a whip.

chi.co.te [ʃik'ɔti] sm whip, horsewhip.

chi.fre [ʃ'ifri] sm horn. **pôr/botar chifre em** to cuckold.

chi.le.no [ʃil'enu] sm Chilean: native or inhabitant of Chile. • adj Chilean.

chi.li.que [ʃil'iki] sm pop faint. **ter um chilique** to have, throw a tantrum.

chim.pan.zé [ʃĩpãz'ɛ] sm Zool chimpanzee.

chi.ne.lo [ʃin'ɛlu] sm slipper. **botar no chinelo / pôr no chinelo** fig to surpass a person in.

chi.nês [ʃin'es] sm (pl **chineses**) (f **chinesa**, pl **chinesas**) Chinese: 1 native or inhabitant of China. 2 the Chinese language. • adj Chinese.

chip [ʃipt] sm chip.

chi.que [ʃ'iki] adj m+f well-dressed, stylish, chic. **uma festa chique** a posh party.

chis.par [ʃisp'ar] *vint* **1** to sparkle, spark, flash. **2** to scamper.

cho.ça [ʃ'ɔsə] *sf* hut, shack. **choça de barro** clay hut. **choça de palha** straw shack.

cho.ca.lho [ʃok'aʎu] *sm* rattle.

cho.can.te [ʃok'ãti] *adj m+f* shocking.

cho.car¹ [ʃok'ar] *vt+vint+vpr* **1** to collide, strike against, knock against. *os dois veículos chocaram-se de frente a grande velocidade* / the two vehicles collided head on at great speed. **2** to crash into. *a motocicleta em velocidade chocou-se contra o muro* / the speeding motorbike crashed into the wall. **3** to shock. *ele ficou chocado com o comportamento dela* / he was shocked at (or by) her behaviour. **4 chocar-se** to become shocked. **chocar-se com** to stumble at, fall out with somebody abruptly.

cho.car² [ʃok'ar] *vt+vint* to hatch.

cho.co.la.te [ʃokol'ati] *sm* chocolate.

cho.fer [ʃof'ɛr] *sm* chauffeur (a professional), driver. **chofer de caminhão** truck driver.

cho.pe [ʃ'ɔpi] *sm* draught beer, draft beer.

cho.que [ʃ'ɔki] *sm* **1** collision. **2** clash (of interests, ideas). **3** startle, shock (sudden). *a perda do emprego foi um grande choque para ele* / the loss of his job was a great shock to him. **4** electric shock. **à prova de choque** shock-proof. **rosa choque** shocking pink.

cho.ra.min.gas [ʃoram'ĩgas] *s m+f, sing+pl* crybaby.

cho.rão [ʃor'ãw] *sm* (*pl* **chorões**) (*f* **chorona**) **1** crybaby. **2** weeping willow.

cho.rar [ʃor'ar] *vt+vint* **1** to weep, cry. *ela chorou lágrimas amargas* / she wept bitter tears. *ela chorou muito* / she cried her eyes out. **2** to mourn, to grieve. *chorar a perda de pessoa querida* / to mourn, grieve, a loved one.

cho.ro [ʃ'oru] *sm* crying. **romper em choro** to burst into tears.

cho.ver [ʃov'er] *vint+vt* to rain. *chove muito* / it's raining hard. *quer chova, quer faça sol* / rain or shine.

chu.chu [ʃuʃ'u] *sm* **1** *Bot* chayote (*Sechium edule*). **2** a beautiful and dear person.

chu.ma.ço [ʃum'asu] *sm* wad.

chum.bo [ʃ'ũbu] *sm* **1** lead (chemical symbol Pb). **2** shot, lead pellet. **levar chumbo** to fail. **passar chumbo** to shoot.

chu.pa.de.la [ʃupad'ɛlə] *sf* suck, sucking.

chu.par [ʃup'ar] *vt* **1** to suck. **2** to absorb, soak in.

chu.pe.ta [ʃup'etə] *sf* **1** dummy, pacifier. **2** rubber nipple. **3** *vulg* blow job.

chur.ras.ca.ri.a [ʃuʀaskar'iə] *sf* restaurant specialized in roasted meat.

chur.ras.co [ʃuʀ'asku] *sm* barbecue.

chu.tar [ʃut'ar] *vt+vint* **1** *Fut* to kick the ball. **2** to kick (anything). **3** to guess, try to guess an answer.

chu.va [ʃ'uvə] *sf* **1** rain. **2** *fig* lots, heaps. *recebi uma chuva de convites* / I received lots of invitations. **à prova de chuva** rainproof. **capa de chuva** raincoat. **chuva fina** drizzle. **chuva radioativa** fall out.

chu.va.ra.da [ʃuvar'adə] *sf* downpour.

chu.vei.ro [ʃuv'ejru] *sm* shower; the shower bath compartment. **tomar um banho de chuveiro** to take/have a shower.

chu.vis.car [ʃuvisk'ar] *vint* to drizzle.

chu.vo.so [ʃuv'ozu] *adj* rainy, wet. **um dia chuvoso** a wet rainy day.

ci.ca.triz [sikatr'is] *sf* scar.

ci.ca.tri.zar [sikatriz'ar] *vt+vint* to heal.

ci.clis.mo [sikl'izmu] *sm Esp* cycling.

ci.clis.ta [sikl'istə] *s m+f* cyclist.

ci.clo [s'iklu] *sm* **1** cycle. **2** round. **o ciclo dos descobrimentos** the cycle of navigators. **um ciclo de conferências** a round of lectures.

ci.clo.ne [sikl'oni] *sm* hurricane, *amer* twister.

ci.da.da.ni.a [sidadan'iə] *sf* citizenship.

ci.da.dão [sidad'ãw] *sm* (*pl* **cidadãos**) citizen.

ci.da.de [sid'adi] *sf* **1** city, town. **2** the commercial center of a city. **cidade natal** home-town. **ir ao centro da cidade** to go downtown. **na cidade** in town. *ela está na cidade há 2 dias* / she has been in town for two days.

ci.ên.cia [si'ẽjə] *sf* science. **as ciências**

exatas exact sciences. **ciências humanas** humanities. **ciências sociais** social science.

ci.en.te [si'ẽti] *adj m+f* aware. *ele está ciente disso* / he is aware of it.

ci.en.tí.fi.co [sjẽt'ifiku] *adj* scientific. **ficção científica** science fiction.

ci.en.tis.ta [sjẽt'istə] *s m+f* scientist.

ci.fra [s'ifrə] *sf* **1** cipher, cypher. **2** naught, zero. **3** figure. **4** code.

ci.frão [sifr'ãw] *sm* (*pl* **cifrões**) symbol used to indicate currency ($).

ci.ga.no [sig'∧nu] *sm* (*fem* **cigana**) gypsy.

ci.gar.ra [sig'ařə] *sf Entom* cicada.

ci.gar.ro [sig'ařu] *sm* cigarette.

ci.la.da [sil'adə] *sf* **1** ambush. **2** trap. **armar uma cilada** to lay a snare, to set a trap.

ci.lín.dri.co [sil'ĩdriku] *adj* cylindrical.

ci.lin.dro [sil'ĩdru] *sm* cylinder.

ci.ma [s'imə] *sf* top, summit. • *adv* up. *lá em cima* / up there. **dar em cima de bras,** *pop* to court insistently. **de cima** from above. **de cima para baixo** from top to bottom. **em cima** upstairs. **em cima de** on top of. **em cima, na página dez** at the top of page ten. **para cima** up, upwards. **para cima e para baixo** up and down. **passar por cima** to disregard.

ci.men.to [sim'ẽtu] *sm* cement. **cimento armado** reinforced concrete.

cin.co [s'ĩku] *sm* five, the number five.

ci.ne.as.ta [sine'astə] *s m+f* moviemaker, cinematographer.

ci.ne.ma [sin'emə] *sm* **1** cinema, movies, pictures. **2** movie theatre, motion picture theater. **cinema falado** a talkie, the talkies. **cinema mudo** silent movie. **ir ao cinema** to go to the movies.

ci.ne.ma.to.grá.fi.co [sinematogr'afiku] *adj* film, movie.

cí.ni.co [s'iniku] *sm* cynic. • *adj* cynic(al).

ci.nis.mo [sin'izmu] *sm* cynicism.

cin.qüen.ta [sĩk'wẽtə] *num* fifty, the number fifty. • *adj* fifty. *ele já passou dos cinqüenta anos* / he is past fifty.

cin.qüen.tão [sĩkwẽt'ãw] *sm* (*pl* **cinqüentões**) (*f* **cinqüentona**) *pop* a man in his fifties. • *adj* fiftyish.

cin.ta [s'ĩtə] *sf* girdle.

cin.ti.lar [sĩtil'ar] *vint* **1** to sparkle, flare. **2** to twinkle.

cin.to [s'ĩtu] *sm* belt. **cinto de segurança** safety belt. **cinto salva-vidas** life-belt.

cin.tu.ra [sĩt'urə] *sf* waist, waistline.

cin.za [s'ĩzə] *sf* **1** ash(es), ember, cinder. **2** *sm* gray (the colour). • *adj m+f* gray. **quarta-feira de cinzas** Ash Wednesday.

cin.zei.ro [sĩz'ejru] *sm* ashtray.

cin.zen.to [sĩz'ẽtu] *sm* gray. • *adj* gray.

ci.pres.te [sipr'ɛsti] *sm Bot* cypress, cypress tree.

cir.co [s'irku] *sm* circus.

cir.cui.to [sirk'ujtu] *sm* **1** a racing circuit (for cars, motorcycles, bicycles). **2** *Eletr* the complete path of an electric current.

cir.cu.la.ção [sirkulas'ãw] *sf* (*pl* **circulações**) **1** circulation. **2** transit, passage, traffic. **3** flow. **circulação sangüínea** blood circulation. **pôr em circulação** to issue to.

cir.cu.lar[1] [sirkul'ar] *sf* circular letter. • *adj m+f* circular. **2** round, ring-shaped. **uma mesa circular** a round table.

cir.cu.lar[2] [sirkul'ar] *vt+vint* **1** to circulate, flow (traffic). **2** to move in a circle. **3** to walk (pedestrians). **4** to renew (air).

cir.cu.lo [s'irkulu] *sm* circle. **círculo de amigos** circle of friends.

cir.cun.fe.rên.cia [sirkũfer'ẽsjə] *sf* circumference, perimeter.

cir.cun.fle.xo [sirkũfl'ɛksu] *adj* circumflex.

cir.cuns.cri.ção [sirkũskris'ãw] *sf* (*pl* **circunscrições**) circumscription. **circunscrição eleitoral** constituency.

cir.cuns.tân.cia [sirkũst'ãsjə] *sf* circumstance. **dadas as circunstâncias** under the circumstances.

ci.rur.gi.a [sirurʒ'iə] *sf Med* surgery. **cirurgia plástica** plastic surgery. **grande cirurgia** major surgery. **pequena cirurgia** minor surgery.

ci.rur.gi.ão [sirurʒi'ãw] *sm* (*pl* **cirurgiões**, *fem* **cirurgiã**) *Med* surgeon.

ci.rúr.gi.co [sir'urʒiku] *adj* surgical.

cis.mar [sizm'ar] *vt+vint* **1** to daydream. **2** to take something into one's head, to believe doggedly.

cis.ne [s'izni] *sm Ornit* swan.

cis.ter.na [sist'ɛrnə] *sf* 1 a rain water tank. 2 well.

ci.ta.ção [sitas'ãw] *sf* (*pl* citações) 1 quotation. 2 official summons, arraignment. 3 *Jur* subpoena.

ci.tar [sit'ar] *vt* 1 to quote. 2 to summon, subpoena. 3 to name. *cite-me os nomes* / give me the names.

ci.ú.me [si'umi] *sm* jealousy. *ele está louco de ciúme* / he is mad with jealousy. **causar ciúmes a alguém** to make someone jealous. **ter ciúmes de alguém** to be jealous of someone.

ci.u.men.to [sjum'ẽtu] *sm* a jealous person. • *adj* jealous, envious. *ele é ciumento* / he is jealous.

cí.vel [s'ivew] *sm* (*pl* cíveis) the jurisdiction of civil courts. • *adj m+f Jur* of, pertaining to or relative to civil law.

cí.vi.co [s'iviku] *adj* civic, civil. *isto é um dever cívico* / this is a civic duty.

ci.vil [siv'iw] *sm* (*pl* civis) a civilian (non-military), a citizen. • *adj m+f* civil, urbane, well-bred. **ano civil** calendar year. **casamento civil** civil marriage. **engenheiro civil** civil engineer. **estado civil** marital status. **guerra civil** civil war.

ci.vi.li.za.ção [sivilizas'ãw] *sf* (*pl* civilizações) civilization.

ci.vi.li.za.do [siviliz'adu] *adj* civilized.

ci.vis.mo [siv'izmu] *sm* 1 adhesion to public interests and welfare, public spirit.

cla.mar [klam'ar] *vt+vint* 1 to cry out, shout. 2 to clamor, vociferate. **clamar por justiça** to clamor for justice.

cla.mor [klam'or] *sm* clamor, outcry.

clan.des.ti.no [klãdest'inu] *sm* stowaway. • *adj* 1 clandestine. 2 illegal, illicit. **escuta telefônica clandestina** wiretapping.

cla.que [kl'aki] *sf* claque: a group hired to applaud in the audience.

cla.ra [kl'arə] *sf* the egg white. **claras em neve** stiff-peaked egg whites.

cla.ra.bói.a [klarab'ɔjə] *sf* skylight.

cla.rão [klar'ãw] *sm* (*pl* clarões) flash, intense brightness in the sky.

cla.re.ar [klare'ar] *vt+vint* 1 to clear up. 2 to become light or clear (at dawn). **o tempo está clareando** it is clearing up.

cla.rei.ra [klar'ejrə] *sf* clearing.

cla.re.za [klar'ezə] *sf* 1 clarity. 2 intelligibility. 3 plainness. **falar com clareza** to speak plainly.

cla.ri.da.de [klarid'adi] *sf* 1 clarity. 2 brightness.

cla.rim [klar'ĩ] *sm* (*pl* clarins) bugle.

cla.ri.ne.te [klarin'etə] *sf Mús* 1 clarinet. 2 clarinet(t)ist, clarinet player.

cla.ro [kl'aru] *sm* clear space, blank space. • *adj* 1 clear. 2 bright. 3 frank, open. 4 blond, light-coloured, fair. **às claras** in the open, openly. **claro que não!** of course not! **ele falou em voz alta e clara** he spoke loud and clear. **preencher os claros** to fill the blanks. **uma noite em claro** a sleepless night.

clas.se [kl'asi] *sf* 1 class. 2 category. 3 classroom. 4 *Sociol* a social group. **a classe baixa** lower class. **classes trabalhadoras** working classes. **de alta classe** first-class, first-rate. *é autor de primeira classe* / he is a first-rate author.

clás.si.co [kl'asiku] *adj* 1 classical (arts, music, literature). 2 classic. *estilo clássico* / classic style. 3 usual, typical. *as desculpas clássicas* / the usual excuses. **autor clássico** classic author.

clas.si.fi.ca.ção [klasifikas'ãw] *sf* (*pl* classificações) 1 classification. 2 *Esp* ranking of athletes.

clas.si.fi.ca.do [klasifik'adu] *sm bras* classified ad. • *adj* classified, ranked.

clas.si.fi.car [klasifik'ar] *vt+vpr* 1 to classify, class. 2 to catalogue. 3 to qualify. *ao bater seu adversário, ele se classificou para a final* / beating by his opponent, he qualified for the final.

cláu.su.la [kl'awzulə] *sf* clause. **cláusula de invalidez** disability clause.

cla.ve [kl'avi] *sf Mús* clef. **clave de fá** bass clef. **clave de sol** treble clef.

cla.ví.cu.la [klav'ikulə] *sf Anat* collarbone.

cle.ro [kl'eru] *sm* the clergy (as a class).

cli.chê [klif'e] *sm fig* cliché, commonplace.

cli.en.te [kli'ẽti] *s m+f* 1 client. 2 customer (in shops). 3 patient. 4 patron (restaurants).

cli.en.te.la [kljẽt'ɛlə] *sf* clientele.

cli.ma [kl'imə] *sm* 1 climate, clime. 2 atmosphere. *um clima amigável* / a friendly atmosphere.

clí.max [kl'imaks] *sm* climax.

clí.ni.ca [kl'inikə] *sf Med* hospital, clinic, medical establishment. **médico de clínica geral** general practitioner.

cli.pe [kl'ipi] *sm* 1 clip, paperclip. 2 videoclip.

clo.ne [kl'oni] *sm Biol, Bot* clone.

clo.ro [kl'ɔru] *sm Quím* chlorine.

clu.be [kl'ubi] *sm* club.

co.ad.ju.van.te [koadʒuv'ãti] *s m+f Cin, Teat* supporting actor/actress. • *adj m+f* co-operating, supporting.

co.a.dor [koad'or] *sm* strainer. **coador de chá** tea strainer.

co.a.gir [koaʒ'ir] *vt* 1 to coerce (someone into doing something). 2 to constrain.

co.a.gu.lar [koagul'ar] *vt+vint* 1 to coagulate. 2 to curdle (milk, eggs). 3 to clot (blood).

co.á.gu.lo [ko'agulu] *sm* clot.

co.a.lha.da [koaʎ'adə] *sf* curdled milk.

co.a.li.zão [koaliz'ãw] *sf* (*pl* **coalizões**) coalition, alliance.

co.ar [ko'ar] *vt+vpr* 1 to filter, to percolate (coffee). 2 to strain (broth, tea).

co.a.xar [koaʃ'ar] *vt+vint* to croak.

co.bai.a [kob'ajə] *sf Zool* guinea pig.

co.ber.ta [kob'ɛrtə] *sf* 1 bedspread. 2 *Náut* deck.

co.ber.to [kob'ɛrtu] *sm* 1 shelter. 2 a covered place. • *adj* 1 covered. *a cama estava coberta com um acolchoado* / the bed was covered with a duvet. 2 full, filled (a surface). *a mesa estava coberta de moscas* / the table was thick with flies.

co.ber.tor [kobert'or] *sm* blanket.

co.ber.tu.ra [kobert'urə] *sf* 1 covering, surface finish. 2 press coverage. 3 penthouse. **cobertura de bolo** icing. **dar cobertura** to safeguard.

co.bi.ça [kob'isə] *sf* 1 greed (for money, power). 2 avarice.

co.bi.çar [kobis'ar] *vt* to covet, lust after, for.

co.bra [k'ɔbrə] *sf* 1 *Zool* snake. 2 *fig* a sneaking, treacherous person, wicked tongue. 3 *s m+f bras pop* expert. **dizer cobras e lagartos de alguém** to denigrate someone. **matar a cobra e mostrar o pau** to make a statement and prove it.

co.bra.dor [kobrad'or] *sm* 1 (bills) collector. 2 (bus) conductor.

co.bran.ça [kobr'ãsə] *sf* collection, charge.

co.brar [kobr'ar] *vt+vint* 1 to collect (bills, debts). 2 to charge. *eles cobram preços absurdos* / they charge awfully high prices. 3 to demand, require. *ele cobrou uma definição deles* / he demanded a definition from them. **chamada telefônica a cobrar** collect call, *Brit* return charge.

co.bre [k'ɔbri] *sm* copper.

co.brir [kobr'ir] *vt+vpr* 1 to cover (também *fig*). *ele cobriu a criança de beijos* / he covered the child with kisses. 2 to hide, conceal. *ele andou na grama para cobrir suas pegadas* / he walked on the grass to conceal his footprints. 3 compensate. *o preço não cobre as despesas* / the price does not cover the cost. **4 cobrir-se** a) to take shelter, cover oneself. b) to become cloudy (sky). **cobrir-se de suor** to break out in sweat.

co.ca [k'ɔkə] *sm coloq* Coca-cola, coke.

co.ca.í.na [koka'inə] *sf Farm* cocaine.

co.çar [kos'ar] *vt+vint* 1 to scratch. 2 to itch. 3 **coçar-se** to scratch oneself.

có.ce.gas [k'ɔsegas] *sf pl* tickle, tickling. **fazer cócegas a alguém** to tickle a person. **ter cócegas na língua** to have a mind to speak.

co.ce.i.ra [kos'ejrə] *sf* itching, itch.

co.chi.char [koʃiʃ'ar] *vt+vint* to whisper.

co.chi.lar [koʃil'ar] *vint* to nod off, doze off, snooze. *meu avô sempre cochila sobre o jornal* / my grandfather always nods over the paper. *acho que ele vai cochilar ao volante* / I think he is going to doze off at the wheel.

co.chi.lo [koʃ'ilu] *sm* 1 doze, drowse. 2 nap. *vou tirar um cochilo depois do almoço* / I'll take an after-lunch nap. 3 *fig* mistake, error.

co.co [k'oku] *sm* coconut. **leite de coco** coconut milk.

co.cô [kok'o] *sm* poo. **fazer cocô** to poop.

có.co.ras [k'ɔkoras] *sf pl* squatting. **pôr-se de cócoras** to squat.

có.di.go [k'ɔdigu] *sm* 1 *Com* area code (phone). 2 *brit* post, *amer* zipcode. **código genético** genetic code.

co.dor.na [kod'ɔrnə] *sf Ornit* quail. **ovo de codorna** quail's egg.

co.e.fi.ci.en.te [koefisi'ẽti] *sm* 1 *Mat, Fís* coefficient. 2 rate. 3 quotient. **coeficiente de inteligência** intelligence quotient (I.Q.). **coeficiente de natalidade** birth-rate.

co.e.lha [ko'eʎə] *sf* doe rabbit.

co.e.lho [ko'eʎu] *sm Zool* rabbit. **aí há dente de coelho** *pop* something fishy. **coelho macho** buck rabbit.

co.en.tro [ko'êtru] *sm Bot* coriander (*Coriandrum sativum*).

co.e.rên.cia [koer'ẽsjə] *sf* coherence, consistency.

co.e.são [koez'ãw] *sf (pl* **coesões**) cohesion. **força de coesão** power of cohesion.

co.e.xis.tir [koezist'ir] *vint* to coexist, exist together, exist at the same time.

co.fre [k'ɔfri] *sm* safe. **cofre particular em banco** safe deposit box.

co.gi.ta.ção [kɔʒitas'ãw] *sf (pl* **cogitações**) cogitation. *isto é fora de cogitação* / this is out of question.

co.gu.me.lo [kogum'ɛlu] *sm Bot* mushroom.

coi.ce [k'ojsi] *sm* 1 a backward kick (horse). 2 recoil (of a fire-arm).

co.in.ci.dên.cia [koĩsid'ẽsjə] *sf* coincidence. **encontrei-o por coincidência** I happened to come across him. **é pura coincidência** it is pure chance.

co.in.ci.dir [koĩsid'ir] *vt* 1 to coincide (with). 2 to agree, correspond exactly to, to tally.

coi.sa [k'ojzə] *sf* 1 thing, object. *as coisas como são* / things as they are. *como andam as coisas?* / how are things? *ele não leva as coisas a sério* / he does not take things seriously. 2 matter, substance. 3 **coisas** goods, means, possessions. **coisa sem valor** trash, rubbish. **falar é uma coisa, fazer é outra** talking is easy, doing is hard. **há alguma coisa errada?** is there anything wrong? **não é lá grande coisa** it's not worth a while. **são**

coisas que acontecem that just happens.

coi.ta.do [kojt'adu] *sm* wretch. • *adj* poor, pitiful. • *interj* poor thing! **coitado de mim!** poor me! **um pobre coitado** a poor thing.

co.la [k'ɔlə] *sf* 1 glue (adhesive). 2 *bras, gír* crib: to copy, to cheat.

co.la.bo.ra.ção [kolaboras'ãw] *sf (pl* **colaborações**) 1 collaboration, co-operation. 2 contribution.

co.la.bo.rar [kolabor'ar] *vt* 1 to collaborate. 2 to co-operate, work together. 3 to contribute.

co.lap.so [kol'apsu] *sm* 1 collapse. 2 breakdown.

co.lar[1] [kol'ar] *sm* necklace, string.

co.lar[2] [kol'ar] *vt+vint* 1 to glue, to fasten with glue. 2 *gír* to crib, cheat at examinations. 3 to adhere, hold together.

co.la.ri.nho [kolar'iɲu] *sm* 1 shirt collar. 2 the white foam on a glass of beer.

col.chão [kowʃ'ãw] *sm (pl* **colchões**) mattress.

co.le.ção [koles'ãw] *sf (pl* **coleções**) collection. **coleção de selos** stamp collection.

co.le.ci.o.na.dor [kolesjonad'or] *sm* collector.

co.le.ci.o.nar [kolesjon'ar] *vt* to collect.

co.le.ga [kol'ɛgə] *s m+f* 1 colleague. 2 co-worker in the same profession or office. 3 mate, fellow. **colega de classe** classmate. **colega de escola** schoolmate.

co.lé.gio [kol'ɛʒju] *sm* 1 school. 2 private school. 3 guild, society. **colégio eleitoral** electoral college.

có.le.ra[1] [k'ɔlerə] *sf* 1 anger. 2 wrath, rage, ire.

có.le.ra[2] [k'ɔlerə] *sf Med* cholera: an infectious disease.

co.les.te.rol [kolester'ɔw] *sm Bioquím* cholesterol.

co.le.ta [kol'ɛtə] *sf* collection, church collection.

co.le.te [kol'eti] *sm* waistcoat, vest. **colete salva-vidas** life jacket, air-jacket.

co.le.ti.vo [kolet'ivu] *sm bras* public transportation vehicles (bus, trolleybus, streetcar). • *adj* collective. **entrevista coletiva** press conference.

co.lhei.ta [koʎ'ejtə] *sf* **1** harvest. **2** harvest time.

co.lher¹ [koʎ'ɛr] *sf* **1** spoon. **2** a spoonful. **colher de chá** tea-spoon. **colher de sobremesa** dessert spoon. **colher de sopa** tablespoon.

co.lher² [koʎ'er] *vt* **1** to harvest. **2** to reap, gather. *colhi informações* / I gathered information. **3** to cut, gather (flowers).

co.lhe.ra.da [koʎer'adə] *sf* spoonful. **às colheradas** by the spoonfuls.

co.li.bri [kolibr'i] *sm Ornit* hummingbird.

có.li.ca [k'ɔlikə] *sf Med* colic, pain or cramp in the abdomen.

co.li.dir [kolid'ir] *vt+vint* **1** to collide. **2** to crash. **3** to bump into. **4** to clash.

Usa-se **collide** (**with**):

1) quando um agente em movimento se choca com um outro estacionário: *o nevoeiro fez o navio colidir com os recifes* / the fog made the ship collide with the reefs. No mesmo exemplo, poderíamos usar o verbo **crash** (**into**): the fog made the ship crash into the reefs.

2) quando o choque se dá com ambos em movimento: *os caminhões colidiram de frente em velocidade* / the speeding trucks collided head on.

Usa-se **bump** (**into**):

1) como nas acepções 1) e 2) acima, mas com uma idéia de menor intensidade: *colidi (choquei-me) com a porta e feri o joelho* / I bumped into the door and hurt my knee.

2) com o sentido de "encontrar por acaso", "dar de cara com": *ela deu de cara com o ex-marido hoje de manhã* / she bumped into her ex-husband this morning.

Usa-se **clash** (**with**):

1) para expressar a idéia de oposição: *o governo colidiu (entrou em choque) com a oposição* / the Government clashed with the Opposition.

2) quando queremos dizer que cores, desenhos, estilos etc. não combinam entre si: *as cortinas não combinam com a mobília* / the curtains clash with the furniture.

co.li.ga.ção [koligas'ãw] *sf* (*pl* **coligações**) coalition.

co.li.na [kol'inə] *sf* knoll, hill.

co.lí.rio [kol'irju] *sm Med* eye drops, eyewash.

co.li.são [koliz'ãw] *sf* (*pl* **colisões**) **1** collision. **2** crash, shock, clash. **colisão frontal** head-on collision.

col.lant [kol'ã] *sm fr* leotard.

col.méi.a [kowm'ɛjə] *sf* beehive, hive.

co.lo [k'ɔlu] *sm* **1** neck. **2** lap. **3** bosom, breast.

co.lo.ca.ção [kolokas'ãw] *sf* (*pl* **colocações**) **1** placement, qualification. *ele obteve colocação para as finais* / Esp he qualified for the finals. **2** job, place.

co.lo.car [kolok'ar] *vt+vint+vpr* **1** to place, put. *ele colocou o livro na prateleira* / he placed the book on the shelf. **2** to dispose, arrange. *ela colocou a garrafa de pé* / she put the bottle upright. **3** **colocar-se** to place oneself, get a job. *ele colocou-se como gerente* / he got a job as a manager. *ele colocou-se em situação difícil* / he placed himself in an awkward position.

co.lom.bi.a.no [kolõbi'∧nu] *sm* Colombian: native or inhabitant of Colombia. • *adj* Colombian.

co.lô.nia [kol'onjə] *sf* **1** territory. **2** community, a group of immigrants in a foreign country. **3** settlement. **colônia de férias** summer camp.

co.lo.ni.al [koloni'aw] *adj m+f* colonial.

co.lo.ni.za.ção [kolonizas'ãw] *sf* (*pl* **colonizações**) **1** colonization. **2** settlement.

co.lo.no [kol'onu] *sm* **1** settler, planter. **2** farm hand, tenant-farmer.

co.lo.qui.al [koloki'aw] *adj m+f* (*pl* **coloquiais**) colloquial. **linguagem coloquial** colloquial language.

co.lo.rau [kolor'aw] *sm Cul* a natural food colorant.

co.lo.ri.do [kolor'idu] *sm* color, coloring. • *adj* colourful. **filme colorido** color film.

co.lo.rir [kolor'ir] *vt* to color.

co.lu.na [kol'unə] *sf* **1** column, pillar, post. **2** upright section (of a newspaper, periodical, book). **coluna de fumaça** a spiral of smoke. **coluna vertebral** backbone, spiral column.

.lu.nis.ta [kolun'istə] *s m+f* columnist.

.m [k'õw] *prep* with. *ele adoeceu com gripe* / he fell ill with influenza. *concordo com ele* / I agree with him. *vim com ele* / I came with him. **café com bolo** coffee and cake. **confundi-o com meu amigo** I mistook him for my friend. **estar com pressa** to be in a hurry. **estar com sono** to be sleepy. **estou com medo** I am afraid. **pão com manteiga** bread and buttler.

.ma.dre [kom'adri] *sf* **1** godmother (in relation to the godchild's parents). **2** *coloq* midwife. **3** a bedpan.

.man.dan.te [komãd'ãti] *sm* commander.

..man.do [kom'ãdu] *sm* **1** command, authority. **2** leadership.

.m.ba.te [kõb'ati] *sm* **1** combat, fight, battle. **2** *Mil* action, engagement. *o soldado morreu em combate* / the soldier died in action. **avião de combate** fighter. **combate aéreo** air fighting.

.m.ba.ten.te [kõbat'ẽti] *s m+f* combatant. • *adj m+f* fighting, combatant.

.m.ba.ter [kõbat'er] *vt+vint* to combat, fight. **combater corpo a corpo** to fight at close quarters.

.m.bi.na.ção [kõbinas'ãw] *sf* (*pl* **combinações**) **1** combination. *uma combinação de cores* / a combination of colors. **2** agreement, understanding. **3** slip. *ela comprou uma combinação de seda* / she bought a silk slip.

.m.bi.nar [kõbin'ar] *vt+vint* **1** to arrange, assort. **2** to match. *as cortinas não combinam com o tapete* / the curtains don't match the carpet. **3** to agree. **4** to mix, blend.

.m.bus.tão [kõbust'ãw] *sf* (*pl* **combustões**) combustion.

.m.bus.tí.vel [kõbust'ivew] *sm* (*pl* **combustíveis**) fuel.

..me.çar [komes'ar] *vt+vint* **1** to begin, start. *ele começou do nada* / he started from scratch. **2** to originate. *o fogo começou na cozinha* / the fire originated in the kitchen. **começar a trabalhar** to start working. **começar novamente com** to start anew, start over again. **começar uma conversa** to start a conversation.

ele começou a estudar direito he took up law.

co.me.ço [kom'esu] *sm* (*pl* **começos**) beginning, start. *isto é apenas o começo* / this is only the beginning. *tivemos um bom começo* / we had a good start. **no começo da noite** early in the evening.

co.mé.dia [kom'ɛdjə] *sf* Teat, Cin, Telev comedy. **comédia de costumes** comedy of manners. **comédia musical** musical comedy.

co.me.di.an.te [komedi'ãti] *s m+f* comedian, comedienne.

co.me.mo.ra.ção [komemoras'ãw] *sf* (*pl* **comemorações**) **1** commemoration. **2** celebration.

co.me.mo.rar [komemor'ar] *vt* **1** to commemorate. **2** to celebrate.

co.men.tar [komẽt'ar] *vt* **1** to comment, commentate. **2** to explain.

co.men.tá.rio [komẽt'arju] *sm* comment, remark. **sem comentário** no comment.

co.men.ta.ris.ta [komẽtar'istə] *s m+f* commentator.

co.mer [kom'er] *vt* **1** to eat. *eles sempre comem pizza aos sábados* / they always eat pizza on Saturdays. **2** to feed. *precisamos dar de comer ao gato* / we must feed the cat. **3** omit, miss out. *você comeu uma palavra neste parágrafo* / you have missed out a word in this paragraph. **comer avidamente** to wolf down. **comer demais** to overeat. **comer fora** to eat out.

co.mer.ci.al [komersi'aw] *sm* Telev, Rád a commercial.

co.mer.ci.an.te [komersi'ãti] *s m+f* **1** tradesman. **2** businessman, businesswoman. **3** shopkeeper, retailer. **4** dealer. • *adj m+f* trading, commercial.

co.mer.ci.ar [komersi'ar] *vt+vint* to do business, to trade.

co.mér.cio [kom'ɛrsju] *sm* **1** commerce, trade. *o comércio está paralisado* / there is a trade depression. **2** trading, business, dealing. **3** barter. *o comércio de troca ou permuta é um sistema interessante para alguns países* / barter is an interesting system of commerce for some countries. **4** mercantile transactions. **comércio ex-**

terior foreign trade. **comércio nacional** domestic trade. **comércio por atacado** wholesale trade. **comércio varejista** retail trade.

co.mes.tí.vel [komest′ivew] *s m+f* (*pl* **comestíveis**) comestible(s), food. • *adj m+f* edible.

co.me.ter [komet′er] *vt+vint* **1** to commit (crimes, misdemeanors, something illegal). **2** to make. *não podemos cometer erros ou lapsos* / there must be no mistakes or slips. **cometer um pecado** to sin.

co.mi.chão [komiʃ′ãw] *sf* (*pl* **comichões**) **1** itching. **2** ardent desire. **ter comichão na língua** to have a mind to speak.

co.mí.cio [kom′isju] *sm* **1** meeting, rally. **2** demonstration.

co.mi.da [kom′idə] *sf* **1** food. **2** cuisine. **comida caseira** homemade food. **comida e bebida** food and drink.

co.mi.go [kom′igu] *pron pess* with me. *dizendo comigo* / saying to myself. *eu levo tudo comigo* / I carry everything with me. *isso não é comigo* / that is not my business. *deixe comigo* / I'll take care of this. *não agiram bem para comigo* / they did not treat me well. **para comigo** towards me.

co.mi.lão [komil′ãw] *sm* (*pl* **comilões**, *fem* **comilona**) a big eater, a gobbler, greedy feeder. • *adj* greedy.

co.mi.nho [kom′iɲu] *sm Bot* cumin, cummin.

co.mis.são [komis′ãw] *sf* (*pl* **comissões**) **1** commission (percentage paid). **2** committee. **comissão sobre vendas** sales commission.

co.mis.sá.rio [komis′arju] *sm* **1** police superintendent. **2** deputy. **3** *Aeron* steward, stewardess, flight attendant.

co.mi.tê [komit′e] *sm* committee. *ele pertence ao comitê* / he is on the committee.

com.mo.di.ty [kom′ɔditi] *sf ingl Com* commodity: any primary article of trade or commerce (coffee, soy, iron ore).

co.mo [k′omu] *adv* **1** how. *como aconteceu isso?* / how did it happen? *como vai?* / how are you? **2** wherein. **3** to what degree. **4** for what reason. **5** to what effect.

• *conj* as, when, while, because, why. *como segue* / as follows. *a sua posição como banqueiro* / his position as a banker. *deixe-me dizer-lhe como amigo* / let me tell you as a friend. *faça como quiser* / do as you wish. • *interj* what!, why! **como assim?** how is that?, why is it so? **como disse?** I beg your pardon? **como quiser** as you like it. **como se** as if, as though. **como também** as well as. **não como professor, mas como amigo** not as a master, but as a friend. **pesado como chumbo** heavy as lead. **seja como for** however it may be.

co.mo.ção [komos′ãw] *sf* (*pl* **comoções**) **1** commotion. **2** sensation, emotion.

co.mo.di.da.de [komodid′adi] *sf* **1** convenience. *para sua comodidade* / to suit your convenience. **2** comfort. *mudaram-se para uma casa com muita comodidade* / they have moved to a very comfortable house.

co.mo.dis.ta [komod′istə] *s m+f* a selfish or self-centered person, egotist. • *adj m+f* selfish.

cô.mo.do [k′omodu] *sm* room, accommodation. • *adj* **1** convenient, handy. **2** comfortable, easy. **em cômodas prestações** in easy instalments. **preço cômodo** a reasonable price.

co.mo.ve.dor [komoved′or] *adj* moving.

co.mo.ven.te [komov′ẽti] *adj m+f* = **comovedor**.

co.mo.ver [komov′er] *vt+vint+vpr* **1** to move, affect. **2** to upset. **3 comover-se** to become moved, be touched with sity, take to the heart.

com.pac.to [kõp′aktu] *adj* compact.

com.pa.de.cer [kõpades′er] *vt+vpr* **1** to pity. **2** to sympathize. **3 compadecer-se** to feel pity for.

com.pai.xão [kõpajʃ′ãw] *sf* (*pl* **compaixões**) **1** compassion. **2** sympathy.

com.pa.nhei.ris.mo [kõpañejr′izmu] *sm* companionship, comradeship.

com.pa.nhei.ro [kõpañ′ejru] *sm* **1** friend, colleague, pal. **2** *pop* husband, partner. • *adj* friendly, congenial, agreeable. **bom companheiro** good companion. **companheiro de armas** fellow soldier. **com**

panheiro de classe classmate. **compa-nheiro de escola** schoolmate.

om.pa.nhia [kõpañ'iə] *sf* **1** company. *ele anda em má companhia* / he keeps bad company. *ele trabalha para uma companhia estrangeira* / he works for a foreign company. **companhia de seguros** insurance company. **fazer companhia a alguém** to keep someone company.

om.pa.ra.ção [kõparas'ãw] *sf (pl* **comparações)** **1** result of comparing. **2** comparison, confrontation. **3** similitude. **acima de qualquer comparação / sem comparação** beyond comparison. **em comparação com** in comparison with, when compared with. **fazer comparações** to draw comparisons.

om.pa.rar [kõpar'ar] *vt+vint* to compare. *não dá para comparar a maneira de viver no Brasil com a dos Estados Unidos* / you can't compare Brazil's lifestyle and that of the United States.

om.pa.re.cer [kõpares'er] *vi* **1** to attend. *comparecer, assistir às aulas* / to attend classes. **2** to turn up, appear, show up. *ele compareceu tão tarde ao trabalho que seu chefe o repreendeu na hora* / he turned up so late for work that his boss told him off then and there. **comparecer em pessoa** to appear in person.

com.par.ti.lhar [kõpartiλ'ar] *vt* to share.

om.pas.si.vo [kõpas'ivu] *adj* compassionate, tenderhearted, sympathetic, kindhearted, merciful.

om.pas.so [kõp'asu] *sm* **1** compass. **2** *Mús* bar. *os primeiros compassos introduzem os violinos* / the first bars introduce the violins. **3** *Mús* pace, rhythm. *dançamos ao rápido compasso da música* / we dance to the fast rhythm of the music.

com.pa.tí.vel [kõpat'ivew] *adj m+f (pl* **compatíveis)** compatible, harmonious.

om.pe.lir [kõpel'ir] *vt* **1** to compel. **2** to coerce.

com.pen.sa.ção [kõpẽsas'ãw] *sf (pl* **pensações)** compensation. **em compensação** on the other hand.

com.pen.sa.do [kõpẽs'adu] *sm Carp* veneer: a thin layer of wood or plastic

glued to the surface of a cheaper material to improve its quality.

com.pen.sar [kõpẽs'ar] *vt* **1** to compensate. **2** to make up for. *para compensar as palavras duras da noite anterior ela foi muito carinhosa* / to make up for the previous night's harsh words, she was very loving. **3** to indemnify. **o crime não compensa** crime does not pay.

com.pe.tên.cia [kõpet'ẽsjə] *sf* competence. **falta de competência** incompetence. **isto é de sua competência** this is within your scope.

com.pe.ten.te [kõpet'ẽti] *adj m+f* **1** competent. *ele não é competente para... /* he is not competent to ... **2** capable, able, apt. **3** qualified, fit.

com.pe.ti.ção [kõpetis'ãw] *sf (pl* **competições)** competition, contest, tournament, rivalry.

com.pe.tir [kõpet'ir] *vint* to compete. *eles estão competindo pelo prêmio internacional* / they are competing for the international prize. **compete ao senhor fazer a proposta** it is for you to propose. **não lhe compete decidir** he is not entitled to decide.

com.plei.ção [kõplejs'ãw] *sf (pl* **compleições)** build, physical constitution. *ele tem uma compleição forte* / is a strongly built man.

com.ple.tar [kõplet'ar] *vt* **1** to complete. **2** to finish. **3** to fill up. *complete o tanque, por favor* / fill up the tank with petrol, please. **ela completou 18 anos agora** she has just turned eighteen.

com.ple.to [kõpl'ɛtu] *adj* **1** complete. **2** finished. **3** whole. **por completo** entirely, out and out. **um tolo completo** an absolute fool.

com.ple.xo [kõpl'ɛksu] *sm* **1** complex. **2** concatenation of things or matter. **3** facilities (a complex of offices). **4** *Psicol* a psychological complex. • *adj* **1** complex. **2** complicated, intricate. **complexo de inferioridade** *Psicol* inferiority complex. **complexo industrial** industrial complex. **um tema complexo** a complex theme.

com.pli.ca.ção [kõplikas'ãw] *sf (pl* **com-**

plicações) 1 complication. **2** difficulty. **3** entanglement. **4** trouble. *ele meteu-se em complicações* / he got into trouble.

com.pli.ca.do [kõplik'adu] *adj* complicated, intricate, tricky, complex. **um sistema complicado** a complicated system.

com.por [kõp'or] *vt+vpr* **1** to compose. **2** to consist of. **3** to reconcile, harmonize. **4 compor-se** a) to set oneself up as, constitute as. b) to conform oneself to. **a obra compõe-se de...** the work consists of...

com.por.ta.men.to [kõportam'ẽtu] *sm* **1** manner, conduct. **2** behavior.

com.por.tar [kõport'ar] *vt+vpr* **1** to comprehend. **2** to hold or contain. *a sala comportava cem pessoas* / the room could seat one hundred persons. *o ônibus comporta cinqüenta passageiros* / the bus carries fifty passengers. *o preço comporta todas as despesas* / the price comprehends expenses. **3 comportar-se** to behave, behave oneself. *as crianças se comportaram bem* / the children behaved themselves well.

com.po.si.ção [kõpozis'ãw] *sf (pl* **composições) 1** composition: a) essay. b) literary or musical work. c) disposition, arrangement. **2** *bras* the railway carriages which make up a train.

com.po.si.tor [kõpozit'or] *sm Mús* composer.

com.pra [k'õprə] *sf* **1** purchase, buy. **2** object bought. **compra a crédito** purchase on credit. **compra de ocasião** bargain. **compra e venda** purchase and sale (contract). **fazer compras** to go shopping.

com.pra.dor [kõprad'or] *sm* buyer, shopper, customer.

com.prar [kõpr'ar] *vt* **1** to purchase, buy. *o dinheiro não compra felicidade* / money cannot buy happiness. **2** *fig* to bribe, corrupt. **comprar a crédito** to buy on credit. **comprar a dinheiro** to pay cash. **comprar a prestações** to buy on instalments.

com.pre.en.der [kõpreẽd'er] *vt* **1** to comprise, include, comprehend. **2** to

consist of. **3** to understand, apprehend, grasp. *eu não compreendi bem o que você disse* / I did not quite understand what you said. **está compreendendo** do you follow me?

com.pre.en.são [kõpreẽs'ãw] *sf (pl* **compreensões)** apprehension, understanding.

com.pre.en.si.vel [kõpreẽs'ivew] *adj m+* (*pl* **compreensíveis)** intelligible, perceivable, understandable. **fazer-s compreensível** to make oneself understood. **tornar compreensível** to clear, make plain.

com.pre.en.si.vo [kõpreẽs'ivu] *adj* understanding. **2** tolerant, sympathetic.

com.pri.do [kõpr'idu] *sm* length. • *ad* long, lengthy.

com.pri.men.to [kõprim'ẽtu] *sm* length. **comprimento de onda** *Rád* wave-length.

com.pri.mi.do [kõprim'idu] *sm* tablet, pill. • *adj* compressed, tight.

com.pro.me.ter [kõpromet'er] *vt+vpr* **1** to promise, pledge. **2** to involve, implicate. *as suas palavras comprometem-no* / his own words implicate him. **3** to endanger, jeopardize. *eles comprometeram a boa reputação da moça* / they jeopardized the girl's good reputation. **4 comprometer-se** to bond oneself (to do something), promise (to do something).

com.pro.mis.so [kõprom'isu] *sm* **1** a debt, obligation. **2** commitment, pledge. *tenho muitos compromissos e não posso aceitar nenhum outro* / I have a lot of commitments and cannot accept any more. *eu honro meus compromissos* / I heed my pledges. **3** engagement. **4** settlement by arbitration, agreement. **assumir um compromisso** to undertake a responsibility.

com.pro.va.ção [kõprovas'ãw] *sf (pl* **comprovações)** proof, evidence.

com.pro.var [kõprov'ar] *vt* to prove, to give evidence.

com.pul.si.vo [kõpuws'ivu] *adj* compulsive.

com.pu.ta.dor [kõputad'or] *sm* computer. **computador pessoal** personal computer, PC. **computador portátil** laptop.

co.mum [kom'ũ] *adj m+f* **1** common. **2** usual. **3** habitual, customary. **4** simple.

5 trivial, ordinary. **comum a todos** common to all. **de comum acordo** unanimously. **em comum** in common. **fora do comum** out of the ordinary, uncommon.

co.mun.gar [komũg'ar] *vt* **1** *Rel* to receive Communion. **2** to share, participate in. *eles comungam os mesmos princípios* / they share the same beliefs.

co.mu.nhão [komuñ'ãw] *sf (pl* **comunhões)** **1** *Rel* Communion. **2** sharing, participation.

co.mu.ni.ca.ção [komunikas'ãw] *sf (pl* **comunicações) 1** communication. *estou em comunicação com* / I am in communication with. **2** transmission, conveyance, passage. **meio de comunicação** vehicle. **meios de comunicação** / **mídia** media.

co.mu.ni.ca.do [komunik'adu] *sm* announcement, press release.

co.mu.ni.car [komunik'ar] *vt+vpr* **1** to communicate. *já comunicamos a transferência* / we have already communicated the tranfer. **2** to announce. **3** to report. **ele comunicou-se com seu amigo** he contacted his friend.

co.mu.ni.ca.ti.vo [komunikat'ivu] *adj* **1** communicative. **2** approachable, easygoing.

co.mu.ni.da.de [komunid'adi] *sf* community.

co.mu.nis.mo [komun'izmu] *sm* communism.

co.mu.nis.ta [komun'istə] *s* m+f communist.

côn.ca.vo [k'õkavu] *sm* concavity. • *adj* concave.

con.ce.ber [kõseb'er] *vt+vint* to conceive: **1** to become pregnant. **2** to perceive.

con.ce.der [kõsed'er] *vt* **1** grant. **2** to award. **3** allow. *seu pai lhe concede 200 libras por ano* / his father allows him 200 pounds a year. **conceder uma entrevista** to grant a person an interview. **conceder uma patente** to file a patent. **conceder um desconto** to grant a discount. **conceder um prêmio / uma medalha** to award, to be awarded.

con.cei.to [kõs'ejtu] *sm* **1** concept. **2** opinion. **fazer mau conceito de uma pessoa** to think badly of a person. **gozar de bom conceito** to enjoy a good reputation.

con.cei.tu.a.do [kõsejtu'adu] *adj* highly respected. **bem-conceituado** well thought of, reputable. **malconceituado** ill-reputed.

con.cen.tra.ção [kõsẽtras'ãw] *sf (pl* **concentrações)** concentration.

con.cen.tra.do [kõsẽtr'adu] *sm* concentrate. *suco de laranja concentrado* / orange concentrate. • *adj* **1** centralized. **2** intent, absorbed.

con.cen.trar [kõsẽtr'ar] *vt* to concentrate, centralize, focus. *concentrar esforços é vencer* / to concentrate efforts is to win.

con.cep.ção [kõseps'ãw] *sf (pl* **concepções) 1** conception. **2** opinion. **3** perception.

con.cer.to [kõs'ertu] *sm (pl* **concertos)** *Mús* concert. **concerto ao ar livre** an open-air concert.

con.ces.são [kõses'ãw] *sf (pl* **concessões) 1** concession, grant. **2** compromise.

con.ces.si.o.ná.rio [kõsesjon'arju] *sm* dealer. **uma concessionária Ford** a Ford dealer.

con.cha [k'õ∫ə] *sf* **1** shell. **2** ladle, soup ladle.

con.ci.li.ar [kõsili'ar] *vt* **1** to mediate. **2** to reconcile. **3** to harmonize. *temos de conciliar os nossos interesses* / we have to harmonize our interests. **conciliar opiniões diferentes** to reconcile different opinions.

con.ci.são [kõsiz'ãw] *sf (pl* **concisões) 1** briefness. **2** exactness, preciseness.

con.ci.so [kõs'izu] *adj* **1** concise, brief. **2** exact, precise. **estilo conciso** close style.

con.clu.ir [kõklu'ir] *vt* **1** to conclude, bring to an end, finish. *concluindo, o orador disse...* / concluding, the speaker said... **2** to complete, finish. **concluir um acordo** to come to an agreement. **concluir um trabalho** to finish a task.

con.clu.são [kõkluz'ãw] *sf (pl* **conclusões)** conclusion. *chego à conclusão de que...* / I come to the conclusion that... **tirar uma conclusão** draw a conclusion.

con.cor.dar [kõkord'ar] *vt+vint* **1** to agree. *concordo com você* / I agree with you. *você concorda com isso?* / do you agree to that? **2** to accept. *ele concordou com as condições do contrato* / he accepted the terms of the contract.

con.cor.rên.cia [kõkoř'ẽsjǝ] *sf* **1** competition. **2** competitiveness. **concorrência desleal** unfair competition. **concorrência pública** public bidding.

con.cor.ren.te [kõkoř'ẽti] *s m+f* **1** competitor. **2** contestant. *no total havia 30 concorrentes ao título de Miss Mundo* / there were 30 contestants altogether in the Miss World pageant. • *adj* competitive.

con.cor.rer [kõkoř'er] *vt* **1** to compete with, for. **2** to apply for. *concorreram à vaga* / they applied for the post.

con.cre.to [kõkr'ɛtu] *adj* **1** concrete. *o que há de concreto a respeito?* / what is concrete about that? **2** positive, factual, real. **concreto armado** *Constr* reinforced concrete.

con.cur.sa.do [kõkurs'adu] *adj* someone who passed examinations to become a public or civil servant.

con.cur.so [kõk'ursu] *sm* **1** contest, competition. *ele tomou parte num concurso* / he entered a competition. **2** official examination for a public post. **concurso de beleza** beauty contest. **concurso de prêmios** prize competition.

con.de.co.rar [kõdekor'ar] *vt* **1** to distinguish, honour. *ele foi condecorado com uma medalha* / he was distinguished with a medal. **2** to award a decoration to.

con.de.na.ção [kõdenas'ãw] *sf* (*pl* **condenações**) **1** conviction (sentence of law). **2** *fig* censure, disapproval. **condenação à morte** capital sentence.

con.de.na.do [kõden'adu] *sm* convict.

con.de.nar [kõden'ar] *vt+vpr* **1** to condemn. *suas próprias palavras o condenam* / his own words condemn him. **2** to sentence. **3** to declare guilty. **4** *fig* to censure, blame. **5 condenar-se** plead guilty.

con.di.ção [kõdis'ãw] *sf* (*pl* **condições**) **1** condition. **2** circumstance, state. **3** quality, nature. **4 condições** terms. **condição prévia** prerequisite. **diante das condições atuais** under present circumstances.

con.di.ci.o.na.do [kõdisjon'adu] *adj* subject to, conditioned to. **ar condicionado** air-conditioning.

con.di.ci.o.nal [kõdisjon'aw] *sm* (*pl* **condicionais**) conditional. • *adj m+f* conditional, probationary. **liberdade condicional** probation.

con.di.zen.te [kõdiz'ẽti] *adj m+f* **1** suitable. **2** in harmony with.

con.di.zer [kõdiz'er] *vt* **1** to agree, match. **2** to harmonize. **3** measure up to. *seus modos rudes não condizem com seu cargo* / your rough manners do not measure up to your position.

con.do.mí.nio [kõdom'inju] *sm* **1** joint ownership. **2** condominium, condo. **3** rated charges.

con.du.ção [kõdus'ãw] *sf* (*pl* **conduções**) transportation, *brit* transport, public transportation. *não há condução para lá* / there is no public transportation to that place. *há falta de condução* / there is a shortage of public transportation.

con.du.ta [kõd'utǝ] *sf* **1** behavior, procedure. **2** morals, manners.

con.du.zir [kõduz'ir] *vt+vpr* **1** to conduct: a) to lead, guide. *ele conduziu o grupo a um refúgio seguro* / he guided the group to a safe haven. b) to manage, carry out. **2 conduzir-se** to behave oneself. *ele não se conduziu como devia* / he did not behave himself as he should.

co.ne.xão [koneks'ãw] *sf* (*pl* **conexões**) **1** connection or connexion. **2** relation, relationship. **3** analogy.

con.fei.ta.ri.a [kõfejtar'iǝ] *sf* confectioner's.

con.fe.rên.cia [kõfer'ẽsjǝ] *sf* **1** conference. **2** lecture.

con.fe.rir [kõfer'ir] *vt+vint* **1** to compare, confront. **2** to check. **3** to tally. *seus números não conferem com os meus* / your figures do not tally with mine.

con.fes.sar [kõfes'ar] *vt* **1** to confess. **2** to declare. **3** to acknowledge, admit, avow. *confesso que fiquei muito surpreso* / I must admit that I was very much surprised.

con.fi.an.ça [kõfi'ãsə] *sf* **1** confidence. *faltou-lhe confiança em si mesmo* / he lacked confidence. **2** trust, faith. **3** assurance. **4** reliability. **5** impertinence. **abuso de confiança** breach of trust. **autoconfiança** self-confidence, self-assurance. **cargo de confiança** position of trust. **de pouca confiança** unreliable. **de toda confiança** as good as gold. **ele é digno de confiança** he is trustworthy. **ter confiança em** to rely on.

con.fi.an.te [kõfi'ãti] *adj m+f* confident, sure. *estamos confiantes na vitória* / we are confident of victory. **confiante em si mesmo** self-reliant.

con.fi.ar [kõfi'ar] *vt+vint* **1** to trust. *confio nele* / I trust him. **2** to rely on, count on. *você pode confiar no que ele diz* / you may rely upon his words. **3** to entrust. *essa missão pode ser confiada a eles* / they can be entrusted with this mission.

con.fi.den.ci.al [kõfidẽsi'aw] *adj m+f* (*pl* **confidenciais**) confidential, classified, private, secret. **estritamente confidencial** in strict confidence.

con.fir.ma.ção [kõfirmas'ãw] *sf* (*pl* **confirmações**) **1** *Ecles* Confirmation. **2** confirmation.

con.fir.mar [kõfirm'ar] *vt+vpr* **1** to confirm. *a exceção confirma a regra* / the exception confirms the rule. **2** to validate, corroborate. **3 confirmar-se** to receive confirmation. **as notícias confirmaram-se** the news proved to be true.

con.fis.car [kõfisk'ar] *vt* **1** to confiscate. **2** to requisition. **3** to seize.

con.fis.são [kõfis'ãw] *sf* (*pl* **confissões**) confession: **1** *Rel* act of confessing before a priest. **2** acknowledgement. **3** declaration.

con.fli.to [kõfl'itu] *sm* **1** conflict. *ele entrou em conflito com* / he came into a situation of conflict with. **2** discord, disagreement.

con.for.mar [kõform'ar] *vt+vpr* **1** to form, shape. **2** to adapt, to reconcile. **3 conformar-se** to resign, to put up with

something. **ele se conformará com a perda** he will get over the loss. **ele tem de se conformar com os fatos** he must face the facts.

con.for.me [kõf'ormi] *adv* conformably, accordingly, correspondingly. • *adj m+f* concordant, conformable, compliant. • *prep* according to. *ela sempre age conforme seus princípios* / she always acts according to her principles. • *conj* as, according to, according to circumstances, how, as per.

con.for.tar [kõfort'ar] *vt+vpr* **1** to comfort. **2** to console. **3 confortar-se** to find confort in. *ele confortou-se com...* / he found confort in, with.

con.for.to [kõf'ortu] *sm* **1** comfort, consolation. *a filha era o seu único conforto* / her daughter was her sole comfort. **2** wellbeing. **ser amigo do conforto** to be fond of comfort.

con.fun.dir [kõfũd'ir] *vt+vpr* **1** to confuse. **2** to mistake. **3** to disconcert. *os elogios exagerados a confundiram* / the exaggerate flattery disconcerted her. **4 confundir-se** become mixed up, be confused.

con.fu.são [kõfuz'ãw] *sf* (*pl* **confusões**) **1** confusion. **2** uproar, tumult. **3** disorder, commotion.

con.fu.so [kõf'uzu] *adj* **1** confusing. **2** confused, perplexed, bewildered.

Usa-se **confusing** para indicar que alguma coisa é difícil de entender: *as instruções nesta caixa são terrivelmente confusas* / the instructions on this box are terribly confusing. *a situação toda é muito confusa* / the whole situation is very confusing.

Usa-se **confused** para indicar que alguma coisa é difícil de entender, e que fica difícil saber o que fazer a respeito: *ela ficou confusa diante de várias escolhas* / she was confused by so many alternatives. *os jurados ficaram confusos com o testemunho do velho professor* / the jurors were confused by the old professor's testimony.

con.ge.la.men.to [kõʒelam'ẽtu] *sm* freeze. **congelamento salarial** wage freeze.

con.ge.lar[kõʒel'ar] *vt* to freeze. **alimento congelado** frozen food.

con.ges.ti.o.na.do [kõʒestjon'adu] *adj* **1** congested. **2** jammed, blocked (by traffic). **3** crowded (streets). **4** stuffed up. *meu nariz está totalmente congestionado* / my nose is all stuffed up.

con.ges.ti.o.na.men.to[kõʒestjonam'ẽtu] *sm* congestion. **causar um congestionamento de trânsito** to cause a traffic congestion.

con.gres.sis.ta [kõgres'istə] *s m+f* member of the Congress, Congressman.

con.gres.so[kõgr'ɛsu] *sm* **1** Congress. **2** conference. **3** reunion, assembly.

co.nha.que [koñ'aki] *sm* brandy.

co.nhe.ce.dor [koñesed'or] *sm* **1** connoisseur (of art). **2** expert. **3** good judge. • *adj* expert.

co.nhe.cer [koñes'er] *vt+vpr* **1** to know. *conheço bem a Noruega* / I know Norway quite well. **2** to perceive, understand. **3** to meet, to be acquainted with. *eu o conheci ontem, numa festa* / I met him yesterday at a party. **4 conhecer-se** to know oneself. **conhecer de nome** to know by name. **conhecer de vista** to know by sight.

co.nhe.ci.do [koñes'idu] *sm* an acquaintance. • *adj* **1** known, well-known. **2** notorious (well-known for something bad). **bem conhecido** well-known. **suas obras mais conhecidas** his best-known works.

co.nhe.ci.men.to [koñesim'ẽtu] *sm* **1** knowledge. **2** cognizance, awareness. **3** acquaintance, familiarity. **é de conhecimento geral** it is common knowledge. **ele não tomou conhecimento de** he took no notice of.

co.ni.vên.cia [koniv'ẽsjə] *sf* connivance, collusion, collaboration.

co.ni.ven.te[koniv'ẽti] *adj m+f* conniving.

con.ju.gar[kõʒug'ar] *vt* to conjugate: a) a verb. b) to coordinate (efforts).

côn.ju.ge [k'õʒuʒi] *s m+f* **1** spouse. **2 cônjuges** married couple.

con.jun.ção[kõʒũs'ãw] *sf* (*pl* **conjunções**) conjuction: a) a connective. b) union, association. **uma conjugação de fatores** a conjunction of factors.

con.jun.to[kõʒ'ũtu] *sm* **1** a complex. *um conjunto hospitalar* / a hospital complex. **2** set. *um conjunto de ferramentas* / a tool set. **3** band, a group of musicians. **4** a woman's outfit. • *adj* **1** united, connected. **2** combined. **conjunto de provas** body of evidence. **conjunto habitacional** housing estate. **em conjunto** together. **no conjunto** as a whole. **trabalho em conjunto** team-work.

co.nos.co [kon'osku] *pron pess* with us.

con.quis.ta [kõk'istə] *sf* **1** conquest, conquering. **2** that which is conquered.

con.quis.ta.dor [kõkistad'or] *sm* **1** conqueror. **2** *fig* lady-killer. • *adj* conquering, gallant.

con.quis.tar [kõkist'ar] *vt* **1** to conquer. **2** to overcome, capture. **3** to win one's heart or affection. **ele conquistou a estima de todos** he won the respect of all.

con.sa.grar[kõsagr'ar] *vt+vpr* **1** to devote. *ele consagrou sua vida aos sem-teto* / he devoted his life to the homeless. **2 consagrar-se** to be acclaimed, to devote oneself. *ele consagrou-se como o melhor intérprete de Hamlet* / he was acclaimed as Hamlet's best characterization.

cons.ci.ê.ncia[kõsi'ẽsjə] *sf* **1** conscience. *há uma coisa que me pesa na consciência* / I have something on my conscience, I have a guilty conscience. **2** consciousness. *ela perdeu a consciência* / she lost consciousness. **apelar à consciência de alguém** to appeal to a person's conscience. **com uma consciência tranqüila** to have a clear conscience. **em sã consciência** with a good conscience. **sem consciência** unscrupulous, objectionable, unprincipled.

cons.ci.en.ti.zar[kõsjẽtiz'ar] *vt+vpr* **1** to acquire knowledge about. **2 conscientizar-se** to become aware of.

con.se.guir [kõseg'ir] *vt* **1** to obtain, achieve, get. *consegui a ligação telefônica* / I got the telephone connection. **2** to succeed in. *consegui ajudar meu amigo* / I succeeded in helping my friend. **3** to manage. **4** to contrive. *ele conseguiu escapar* / he contrived to escape. **ele conseguiu ter-minar esta obra** he succeeded in completing this work.

con.se.lhei.ro [kõseʎ'ejru] *sm* council-man, alderman. • *adj* counseling, advising, advisory.

con.se.lho [kõs'eʎu] *sm* 1 council, synod. 2 board, assembly. 3 advice, recommen-dation. *ele pediu meu conselho* / he asked for advice. *ele seguiu meu conselho* / he followed my advice. **a conselho médico** on medical advice. **conselho de admi-nistração** board of directors. **conselho de segurança** security council. **conselho paterno** fatherly advice. **um bom conselho** a piece of advice.

con.sen.ti.men.to [kõsẽtim'ẽtu] *sm* 1 consent. *obtido o seu consentimento, saí* / having obtained his consent, I left. 2 permission. **com o consentimento de todos** by common consent.

con.sen.tir [kõsẽt'ir] *vt+vint* 1 to consent. 2 to tolerate. 3 to authorize. *ele resolveu consentir na adoção deste plano* / he decided to authorize the adoption of this plan.

con.se.qüên.cia [kõsek'wẽsjə] *sf* 1 consequence. 2 product, result. 3 outcome. **arcar com as conseqüências** to take the consequences. **em conse-qüência** therefore, as a result.

con.ser.tar [kõsert'ar] *vt* 1 to repair. 2 to patch up, to fix. 3 to service.

con.ser.to [kõs'ertu] *sm* repair, service. **em conserto** under repair. **necessitando de conserto** in need of repair. **sem conserto** beyond repair.

con.ser.va [kõs'ɛrvə] *sf* 1 preserve. 2 canned goods, tinned goods. **vidro de conserva** preserving jar.

con.ser.va.ção [kõservas'ãw] *sf* (*pl* **conservações**) 1 conservation (of the environment). 2 maintenance, upkeep. **conservação de alimentos** food preservation. **em bom estado de con-servação** in good order, shape or repair.

con.ser.va.dor [kõservad'or] *adj* conservative.

con.ser.var [kõserv'ar] *vt+vpr* 1 to con-serve, preserve from destruction. 2 to

maintain. 3 to keep. **bem-conservado** well-preserved, well-kept. **conservaram-se em silêncio** they kept silent.

con.ser.va.tó.rio [kõservat'ɔrju] *sm* 1 conservatory, a glass-enclosed sitting room used to grow and keep plants. 2 conservatory, a school for teaching music.

con.si.de.ra.ção [kõsideras'ãw] *sf* (*pl* **considerações**) 1 consideration, reflec-tion. *temos de levar em consideração que* / we must take into consideration that. 2 respect, regard. 3 deference, thoughtfulness. 4 **considerações** rea-sons, motives. **em consideração a** out of consideration for. **falta de consideração** lack of consideration, in-considerateness. *foi falta de consideração dele* / he was inconsider-ate. **tomar em consideração** to take into account, make allowance for.

con.si.de.rar [kõsider'ar] *vt+vpr* 1 to consider, regard. *considero-o meu ami-go* / I regard him as my friend. 2 to examine carefully, observe, *coloq* think over. *preciso considerar sua sugestão cuidadosamente* / I must think your suggestion over. 3 to esteem, appreciate highly, respect. *eu o considero uma hon-ra* / I esteem it an honour. 4 **considerar-se** to believe oneself to be, regard oneself as. *ele se considera um fracassado* / he regards himself as a loser.

con.si.de.rá.vel [kõsider'avew] *adj m+f* (*pl* **consideráveis**) considerable.

con.si.go [kõs'igu] *pron pess* with him (her, it), with himself (herself, itself, themselves), to himself (herself, itself, themselves). *ela não tinha dinheiro con-sigo* / she had no money about her. *eles disseram consigo mesmos que...* / they said to themselves that... **isto não é con-sigo** that is none of your business.

con.sis.ten.te [kõsist'ẽti] *adj m+f* consistent, solid.

con.sis.tir [kõsist'ir] *vt* to consist in (or of). *o plano consiste na criação de no-vas bases* / the plan consists in forming new bases.

Tanto **consist in** quanto **consist of** po-dem ser traduzidos como **consistir em** (que é a regência mais aceita e prestigiada em português), mas em inglês há uma diferença entre essas duas regências:

Consist (in) exprime a idéia de "ter alguma coisa como parte ou componente principal": *a beleza desta estátua consiste em seu equilíbrio de formas* / the beauty of this statue consists in its balance of forms.

Consist (of) exprime a idéia de "ser feito"ou "ser composto de": *um time de futebol consiste em onze jogadores* / a football team consists of eleven players.

con.so.an.te [kõso'ãti] sf consonant. • *prep* consonant with, according to.

con.so.la.ção [kõsolas'ãw] sf (*pl* consolações) consolation. **prêmio de consolação** consolation prize.

con.so.lar [kõsol'ar] vt+vint+vpr 1 to console. 2 consolar-se a) to be comforted. b) to console oneself. **ele teve de consolar-se com o segundo lugar** he had to put up with the second place.

cons.pi.ra.ção [kõspiras'ãw] sf (*pl* conspirações) conspiracy.

cons.pi.rar [kõspir'ar] vt to conspire.

cons.tan.te [kõst'ãti] sf Fís, Lóg, Mat constant. • *adj m+f* 1 constant. 2 stable, steadfast. 3 continuous, ceaseless.

cons.tar [kõst'ar] vt+vint 1 to consist of. 2 to appear. **conforme consta** as the story has it. **consta ainda que...** added to this is that... **consta que** it is reported, it is said. **o nome dela não consta de nossa lista** her name does not appear in our list.

cons.ter.na.ção [kõsternas'ãw] sf (*pl* consternações) 1 consternation. 2 desolation, despair.

cons.ti.pa.ção [kõstipas'ãw] sf Med constipation (a state of being unable to empty the bowels).

cons.ti.tu.i.ção [kõstituj's'ãw] sf (*pl* constituições) 1 constitution, fundamental law of state. 2 nature, physical build.

cons.ti.tu.ir [kõstitu'ir] vt+vpr 1 to constitute. 2 to form, put together, establish. 3 to represent. 4 constituir-se to consist of.

cons.tran.ge.dor [kõstrãʒed'or] adj embarrassing.

cons.tran.ger [kõstrã'ʒer] vt to make someone ill at ease, to embarass.

cons.tran.gi.do [kõstrã'ʒidu] adj 1 uneasy. 2 self-conscious.

cons.tru.ção [kõstrus'ãw] sf (*pl* construções) construction, building, edification. *a casa está em construção* / the house is under construction. **construção aeronáutica** aircraft construction. **construção civil** civil construction.

cons.tru.ir [kõstru'ir] vt+vint to build. **construir castelos no ar** to build castles in the air. Veja nota em **construct**.

cons.tru.tor [kõstrut'or] sm a construction worker, builder.

cons.tru.to.ra [kõstrut'orə] sf a construction company, a contractor.

côn.sul [k'õsuw] sm (*pl* cônsules, *fem* consulesa) consul.

con.su.la.do [kõsul'adu] sm consulate. **consulado geral** consulate general.

con.sul.ta [kõs'uwtə] sf consultation. **consulta médica** medical consultation, appointment with a doctor.

con.sul.tar [kõsuwt'ar] vt+vint 1 to look something up. *tenho de consultar o dicionário* / I must look it up. 2 to ask for advice or counsel. 3 to seek information. **tenho de consultar um médico** I must see a doctor.

con.sul.tó.rio [kõsuwt'ɔrju] sm 1 consulting room. 2 doctor's office, *brit* doctor's surgery.

con.su.mi.dor [kõsumid'or] sm consumer.

con.su.mir [kõsum'ir] vt+vpr 1 to consume. *ele se consome de inveja* / he is consumed with envy. 2 to spend. 3 to use. *o condicionador de ar consome muita eletricidade* / the airconditioner uses a lot of electricity. 4 consumir-se to be consumed, waste away, pine away.

con.su.mis.ta [kõsum'istə] adj m+f consumerist. *uma sociedade consumista* / a consumerist society.

con.su.mo [kõs'umu] sm 1 consumption. 2 use. 3 waste. 4 absorption. 5 Com sale of goods. 6 Com expenditure, disbursement.

con.ta [k'õtə] *sf* **1** account, accounts. *este é o estado em que se encontram as nossas contas* / this is the current status of our accounts. *vamos prestar contas uma vez por ano* / we shall balance accounts once a year. **2** reckoning, calculation. **3** bead. *as contas do rosário espalharam-se no chão* / the rosary beads scattered all over the floor. **4** check, bill, note, statement. *não sei onde eu pus a conta da luz* / I wonder where I put the electricity bill. **abrir uma conta** to open an account. **a conta, por favor, garçom** waiter, check please. **ajustar contas** to settle accounts. (with an enemy or opponent). **conta atrasada** overdue bill. **conta bancária** bank account. **conta conjunta** joint account. **conta corrente** current account, checking account. **conta de poupança** savings account, deposit account. **ele ficou por conta** *pop* he got awfully angry. **eu não faço conta disso** I really don't mind. **fazer de conta que** to pretend that, act as if. **incluir na conta** to count in. **isto não é de sua conta** that's no concern of yours, it is none of your business. **levar em conta / fazer conta de** to take into account. **liquidar uma conta** to settle a bill, a debt. **no fim das contas** in the long run. **por conta (de)** on account (of). **por minha conta** at my cost. **sem conta** countless. **ter em grande conta** to esteem someone highly.

con.ta.bi.li.da.de [kõtabilid'adi] *sf* accounts, accountancy, bookkeeping.

con.ta.dor [kõtad'or] *sm* **1** accountant. **2** meter: instrument for measuring and recording consumption.

con.ta.gem [kõt'aʒẽj] *sf* (*pl* **contagens**) counting. **contagem regressiva** countdown.

con.ta.gi.an.te [kõtaʒi'ãti] *adj m+f* infectious. **riso contagiante** infectious laughter.

con.ta.gio [kõt'aʒju] *sm* infection, contagion.

con.ta.gi.o.so [kõtaʒi'ozu] *adj* contagious.

con.ta.mi.na.ção [kõtaminas'ãw] *sf* (*pl* **contaminações**) contamination.

con.ta.mi.nar [kõtamin'ar] *vt+vpr* **1** to contaminate, infect. **2 contaminar-se** to be infected.

con.tar [kõt'ar] *vt+vpr* **1** to count. *ela sabe contar até dez* / she can count up to ten. **2** to calculate, reckon. **3** to tell, narrate, relate, report. *conta-se* / it is reported. *conte-me o segredo!* / tell me the secret! **4 contar-se** to consider oneself. **a contar de** from... on. **contar com** to count on, depend on, include, trust. *você não pode contar com ele* / you can't count on him. **contar prosa** to boast. **contar uma história** to spin a yarn, tell a tale. **ele não é contado entre os melhores** he does not rank among the best. Veja nota em **say**.

con.ta.tar [kõta'tar] *vt+vint* to contact.

con.ta.to [kõt'atu] *sm* **1** contact. *ele estabelece, entra em contato com* / he gets in touch with. *manter o contato* / to keep in touch. **2** social or business connection(s).

con.tem.plar [kõtẽpl'ar] *vt* **1** to regard, observe, gaze upon. **2** to meditate, ponder. **3** to give someone something as a prize or proof of consideration.

con.tem.po.râ.neo [kõtẽpor'ʌnju] *sm* contemporary. • *adj* contemporaneous, contemporary.

con.ten.tar [kõtẽt'ar] *vt+vpr* **1** to content, satisfy. **2** to suffice. **3** to please. **4 contentar-se** to be or become contented, satisfied. *tenho de contentar-me com pouco* / I must be contented with little. **ele não se contenta com um simples "não"** he won't take "no" for an answer.

con.ten.te [kõt'ẽti] *adj m+f* **1** cheerful, joyful, hilarious. **2** satisfied. **3** happy, glad, pleased. *estou contente por você gostar disso* / I am glad you like this. *a notícia me deixou contente* / the news made me happy.

con.ter [kõt'er] *vt+vpr* **1** to contain. **2** to comprise, comprehend, carry. **3 conter-se** to refrain from, moderate oneself.

con.ter.râ.neo [kõteř'ʌnju] *sm* fellow countryman.

con.te.ú.do [kõte'udu] *sm* content, contents. *ela despejou o conteúdo da sacola do supermercado na mesa* / she dumped the contents of the carrier bag on the table. **o conteúdo da conversa** the subject of the conversation. **o conteúdo do romance** the tenor of the novel.

con.tex.to [kõt'ɛstu] *sm* context.

con.ti.go [kõt'igu] *pron pess* with you, in your company.

con.ti.nen.te [kõtin'ẽti] *sm* **1** *Geogr* continent. **2** *Geogr* mainland. • *adj m+f* continental.

con.ti.nu.a.ção [kõtinwas'ãw] *sf* (*pl* **continuações**) **1** continuation. **2** sequel, sequence.

con.ti.nu.ar [kõtinu'ar] *vt* **1** to continue. **2** to go on, proceed. *ele continuou falando /* he went on talking. *você não pode continuar desta maneira /* you can't go on the way you've been. **a lei continua em vigor** the law remains in force. **a menina continuou com o berreiro** the girl kept on howling. **continuar até o fim** to follow through. **ele continua em forma** he is still in form, fit.

con.tí.nuo [kõt'inwu] *sm* office-boy, errand boy, company messenger. • *adj* **1** continued, continuous, continual. **2** ongoing. **3** incessant.

con.to [k'õtu] *sm* short story. **conto de aventuras** adventure story. **conto de fada** fairy tale. **conto policial** detective story. **conto popular** folk tale. **livro de contos** short story book.

con.tor.nar [kõtorn'ar] *vt* **1** to go round. *ele contornou o quarteirão para estacionar /* he went round the block to park. **2** to outline. **3** to bypass.

con.tor.no [kõt'ornu] *sm* (*pl* **contornos**) **1** contour. **2** outline.

con.tra [k'õtrə] *adv* contra, contrariwise, adversely. • *prep* against, counter to, contrary to, versus. *fê-lo contra sua vontade /* he did it against his will. **contra a lei** against the law, unlawfully. **ela lhe deu o contra** she gave him the brush-off (or the mitten). **eu dei o contra** I opposed myself to it. **lutar contra** to fight against. **os prós e contras** the pros and cons. **ser do contra** *bras* to be a wet blanket.

con.tra-a.ta.car [kõtrəatak'ar] *vt* to counter-attack.

con.tra.bai.xo [kõtrab'ajʃu] *sm Mús* double-bass.

con.tra.ban.dis.ta [kõtrabãd'istə] *s m+f* smuggler.

con.tra.ban.do [kõtrab'ãdu] *sm* **1** illegal commerce. **2** smuggled goods. **3** smuggling.

con.tra.ce.nar [kõtrasen'ar] *vt+vint Teat* to perform, act.

con.tra.cep.ti.vo [kõtrasept'ivu] *sm+adj* contraceptive.

con.tra.che.que [kõtraʃ'ɛki] *sm* pay slip: a document that reports the total amount and the deductions of the employee's salary.

con.tra.di.ção [kõtradis'ãw] *sf* (*pl* **contradições**) **1** contradiction. *ela caiu em contradições /* she became entangled in contradictions. **2** incoherence, discrepancy. **espírito de contradição** spirit of contradiction.

con.tra.di.tó.rio [kõtradit'ɔrju] *adj* **1** contradictory. **2** conflicting. **3** inconsistent.

con.tra.di.zer [kõtradiz'er] *vt+vpr* **1** to contradict. *ele contradisse minha declaração /* he contradicted my statement. *estas afirmativas se contradizem /* these statements contradict each other. **2** to oppose. **3 contradizer-se** to contradict oneself.

con.tra.fi.lé [kõtrafil'ɛ] *sm bras Cul* sirloin.

con.tra.gos.to [kõtrag'ostu] *sm* dislike, aversion. **a contragosto** against one's will.

con.tra-in.di.ca.ção [kõtrəĩdikas'ãw] *sf* (*pl* **contra-indicações**) *Med* contra-indication.

con.tra.ir [kõtra'ir] *vt* **1** to contract. *ele contraiu uma grave enfermidade /* he contracted a serious illness. **contrair dívidas** to run into debts. **contrair matrimônio** to get married, wed.

con.tra.mão [kõtram'ãw] *sf bras* the opposite direction of a one-way street. • *adv* out of the way. *sua casa fica contramão para mim /* your house is out of my way.

con.tra.ri.a.do [kõtrari'adu] *adj* vexed, annoyed, upset, displeased.

con.tra.ri.a.men.te [kõtrarjam'ẽti] *adv* oppositely, adversely, unfavourably, repugnantly, negatively.

con.tra.ri.ar [kõtrari'ar] *vt+vpr* 1 to counter, counteract. 2 to oppose, contest. 3 to refute. 4 to contradict.

con.tra.ri.e.da.de [kõtrarjed'adi] *sf* 1 opposition, resistance. 2 contrariety, contrariness.

con.trá.rio [kõtr'arju] *sm* opponent, adversary, enemy, rival. • *adj* 1 contrary. 2 opposite, opposed. 3 adverse, antagonistic. 4 unfavourable. 5 discrepant. **ao contrário** on the contrary, to the contrary, unlike, the other way about. **caso contrário** otherwise. **do contrário** if not, else, otherwise. **justamente o contrário** just the opposite. **muito ao contrário** much the reverse. **pelo contrário** on the contrary.

con.tra-sen.so [kõtrəs'ẽsu] *sm* (*pl* **contra-sensos**) 1 nonsense, absurdity, foolishness. 2 incongruity.

con.tras.tar [kõtrast'ar] *vt+vint* 1 to contrast, form a contrast. 2 to fight against. 3 to oppose, withstand.

con.tras.te [kõtr'asti] *sm* 1 contrast. *ele e o pai formam um grande contraste* / he is a great contrast to his father. 2 opposition. 3 nuance, delicate gradations of light or hues.

con.tra.ta.ção [kõtratas'ãw] *sf* (*pl* **contratações**) 1 act of contracting. 2 contract, agreement. 3 engagement.

con.tra.ta.do [kõtrat'adu] *sm* a person under contract. • *adj* contracted, agreed upon.

con.tra.tan.te [kõtrat'ãti] *s m+f* contractor, covenanter, contracting party. • *adj m+f* contracting.

con.tra.tar [kõtrat'ar] *vt* 1 to contract, enter into mutual obligations. 2 to stipulate, agree upon. 3 to engage, hire. 4 to acquire by contract. **eu estou contratado para...** I am under engagement to... **o direito de contratar e despedir** the right to hire and dismiss, *gír* to hire and fire.

con.tra.tem.po [kõtrat'ẽpu] *sm* 1 mischance, mishap. 2 accident. 3 backset, check.

con.tra.to [kõtr'atu] *sm* 1 contract, indenture. *fiz um contrato* / I made a contract. 2 covenant, agreement. 3 engagement. **contrato aberto** open indent. **contrato anulável** voidable contract. **contrato casado** tying contract. **contrato de casamento** marriage contract, marriage settlement, covenant of marriage. **contrato de risco** hazardous contract. **contrato de trabalho** labour agreement. *firmei um contrato de trabalho com ele* / I contracted with him for work. **fechar um contrato** to make a contract.

con.tra.ven.ção [kõtravẽs'ãw] *sf* (*pl* **contravenções**) 1 contravention. 2 infraction. 3 transgression, trespass. 4 violation, breach (of contract). 5 *Jur* misdemeanour.

con.tra.ven.tor [kõtravẽt'or] *sm* contravener, transgressor, offender, forfeiter.

con.tri.bu.i.ção [kõtribujs'ãw] *sf* (*pl* **contribuições**) 1 contribution. 2 quota, share. 3 assessment. 4 tribute, tax.

con.tri.bu.in.te [kõtribu'ĩti] *s m+f* 1 contributor. 2 taxpayer, ratepayer.

con.tri.bu.ir [kõtribu'ir] *vt+vint* 1 to contribute. *eles contribuíram com cinco milhões de dólares para equipar o hospital* / they contributed five million dollars to equip the hospital. 2 to pay taxes. 3 to donate, give.

con.tro.la.do [kõtrol'adu] *adj* dispassionate, self-possessed, self-controlled.

con.tro.lar [kõtrol'ar] *vt+vpr* 1 to control: a) to supervise, manage, boss. b) to dominate, hold in leash, bridle, master. 2 **controlar-se** to control oneself.

con.tro.le [kõtr'oli] *sm* 1 control. 2 regulation. 3 direction, management. **controle de estoque** stock control. **controle de natalidade** birth control. **controle de qualidade** quality control. **controle remoto** remote control, remote electronics. **controle sobre si mesmo** self-discipline. **perder o controle** to lose self-control, lose one's temper, see red. **sem controle** undisciplined.

con.tro.vér.sja [kõtrov'ɛrsjə] *sf* **1** controversy. **2** contest, contestation.

con.tu.do [kõt'udu] *conj* however, yet, although, nevertheless, notwithstanding.

con.tun.den.te [kõtũd'ēti] *adj m+f* **1** contusing, bruising. **2** incisive, decisive. **3** aggressive.

con.tun.dir [kõtũd'ir] *vt* to contuse, bruise, injure.

con.tu.são [kõtuz'ãw] *sf* (*pl* **contusões**) contusion, bruise.

con.va.les.cen.ça [kõvales'ēsə] *sf* convalescence, recovery from disease. **entrar em convalescença** to be convalescent.

con.va.les.cen.te [kõvales'ēti] *s e adj m+f* convalescent.

con.va.les.cer [kõvales'er] *vt+vint* **1** to convalesce, recover. **2** to regain health or forces. **3** to fortify, strengthen.

con.ven.ção [kõvēs'ãw] *sf* (*pl* **convenções**) **1** convention. **2** covenant, agreement.

con.ven.cer [kõvēs'er] *vt+vpr* **1** to convince. *ela me convenceu* / she convinced me. **2** to persuade. *convencemo-nos de que...* / we persuaded ourselves that. **3** to overcome, subdue. **4 convencer-se** to become convinced.

con.ven.ci.do [kõvēs'idu] *adj* **1** convinced. **2** satisfied, assured. *estou convencido da sinceridade dele* / I am assured of his good faith. **3** sure of oneself. **4** *coloq* conceited, vain, cocky, smart-alecky.

con.ven.ci.men.to [kõvēsim'ētu] *sm* **1** act or result of convincing. **2** argument, persuasion. **3** satisfaction. **4** self-importance, *coloq* conceit, cockiness.

con.ve.ni.a.do [kõveni'adu] *sm bras* a person who holds either a health plan or a health insurance.

con.ve.ni.ên.cia [kõveni'ēsjə] *sf* **1** convenience, conveniency. **2** appropriateness, suitability. **3** fittingness, becomingness. **4** advantage, profit. *não vejo nenhuma conveniência nisto* / I do not see any advantage therein. **5 conveniências** social rules. **loja de conveniência** convenience store.

con.ve.ni.en.te [kõveni'ēti] *adj m+f* **1** convenient. **2** suitable, fitting, appropriate. *o livro mais conveniente é este* / this is the most suitable book. **acho conveniente ir** I think it fit to go. **não é conveniente** it is not fit.

con.vê.nio [kõv'enju] *sm* **1** convention. **2** covenant, accord. **3** concordat. **4** international pact. **convênio de saúde** health plan.

con.ven.to [kõv'ētu] *sm* **1** convent, cloister, monastery. **2** *fig* a very large house. **convento de freiras** nunnery.

con.ver.gen.te [kõver3'ēti] *adj m+f* convergent, converging. **lentes convergentes** convergent lenses. **linhas convergentes** convergent lines.

con.ver.gir [kõver3'ir] *vt* to converge, tend to one point, approach one center.

con.ver.sa [kõv'ɛrsə] *sf* **1** conversation. **2** talk, chatter. *é o assunto da conversa da cidade* / it's the talk of the town. *ele tinha uma conversa particular com ela* / he had a private talk with her. **conversa chata** boring talk. **conversa fiada** idle talk. **ir na conversa de** to believe in someone's talk. **jogar conversa fora** to talk to kill the time. **passar uma conversa em** a) to try to convince someone. b) to cheat, trick. **puxar conversa** to strike up a conversation.

con.ver.sa.ção [kõversas'ãw] *sf* (*pl* **conversações**)

con.ver.são [kõvers'ãw] *sf* (*pl* **conversões**) **1** conversion, commutation. **2** change, alteration.

con.ver.sar [kõvers'ar] *vt* to converse, chat, talk. **eu preciso conversar com você** I must have a word with you.

con.ver.sí.vel [kõvers'ivew] *sm* (*pl* **conversíveis**) convertible: a car which has a convertible top. • *adj m+f* (*pl* **conversíveis**) convertible, reducible, exchangeable, reciprocal.

con.ver.sor [kõvers'or] *sm Eletr, Inform, Metal* converter. **conversor de imagem** image converter.

con.ver.ter [kõvert'er] *vt+vint+vpr* **1** to convert, proselyte, proselytize. **2** to transform, transubstantiate. **3** to invert. **4 converter-se** a) to be or become converted. b) *pop* to turn round. **converter em** to turn into.

con.ver.ti.do [kõvert'idu] *sm* convert, proselyte. • *adj* converted, regenerate.

con.vés [kõv'ɛs] *sm Náut* deck (of a ship), ship-board.

con.ves.co.te [kõvesk'ɔti] *sm* picnic.

con.ve.xo [kõv'ɛksu] *adj* convex, curved, rounded.

con.vic.ção [kõviks'ãw] *sf* (*pl* **convicções**) 1 conviction. 2 certitude, certainty. **poder de convicção** cogency.

con.vic.to [kõv'iktu] *adj* 1 convinced, assured, persuaded. 2 convicted, sentenced.

con.vi.da.do [kõvid'adu] *sm* guest, visitor, one who received an invitation. *ele foi meu convidado* / he was a guest at my house. • *adj* invited.

con.vi.dar [kõvid'ar] *vt+vpr* 1 to invite. 2 to ask, bid. *convidei-o para o almoço* / I asked him to lunch. *convide-o para subir* / ask him upstairs. *ele convidou-me para ir à sua casa* / he asked me to his house. 3 **convidar-se** a) to offer oneself, make a proffer. b) to consider oneself invited.

con.vi.da.ti.vo [kõvidat'ivu] *adj* inviting, invitory.

con.vin.cen.te [kõvĩs'ẽti] *adj m+f* 1 convincing. 2 strong, potent, powerful. 3 cogent, conclusive. 4 forcible, evincible.

con.vir [kõv'ir] *vt+vint* 1 to agree to, be suitable. 2 to beho(o)ve, beseem, befit. 3 to correspond to. 4 to be convenient, useful or proper. **agora não me convém mais** now it does not suit me any more. **ele sabe o que lhe convém** he knows what suits him best. **ele trabalha quando lhe convém** he works when he feels like it. **farei o que me convier** I shall do as I choose. **isto não convém** that will not do.

con.vi.te [kõv'iti] *sm* 1 invitation. *aceitei o convite* / I accepted the invitation. 2 call, convocation.

con.vi.va [kõv'ivə] *s m+f* commensal, feaster, banqueter, guest.

con.vi.vên.cia [kõviv'ẽsjə] *sm* 1 act or result of living in society. 2 company, companionship.

con.vi.ver [kõviv'er] *vt* 1 to live together, cohabit. 2 to be familiar or intimate with, have a close relationship with.

con.vo.ca.ção [kõvokas'ãw] *sf* (*pl* **convocações**) 1 convocation. 2 invitation. 3 convening, meeting. 4 summons. **convocação para o serviço militar** conscription.

con.vo.ca.do [kõvok'adu] *sm Mil* draftee. • *adj* 1 *Mil* drafted. 2 convoked, summoned.

con.vo.car [kõvok'ar] *vt* 1 to convoke, call together, summon. 2 *Mil* to conscript (into), draft (into). *ele foi convocado para a Marinha em 1981* / he was drafted into the Navy in 1981. **convocar uma assembléia** to call together an assembly.

con.vos.co [kõv'osku] *pron pess* with you.

con.vul.são [kõvuws'ãw] *sf* (*pl* **convulsões**) 1 convulsion, convulsive fit. 2 cataclism. 3 tumult, commotion.

con.vul.si.vo [kõvuws'ivu] *adj* 1 convulsive. 2 spasmodic(al), jerky. 3 effervescent.

co.o.nes.tar [koonest'ar] *vt* to give the appearance of honesty to, make it look decent.

co.o.pe.ra.ção [kooperas'ãw] *sf* (*pl* **cooperações**) co-operation, coaction, concurrency. **espírito de cooperação** team-spirit.

co.o.pe.rar [kooper'ar] *vt+vint* 1 to co-operate, work together, *gír* play balls. 2 to collaborate, coact, concur.

co.o.pe.ra.ti.va [kooperat'ivə] *sf* co-operative, co-operative society. **cooperativa de crédito** credit union. **cooperativa de produtores** producer co-operative.

co.o.pe.ra.ti.vo [kooperat'ivu] *adj* co-operative, co-operating.

co.or.de.na.ção [koordenas'ãw] *sf* (*pl* **coordenações**) co-ordination, co-ordinateness.

co.or.de.na.das [koorden'adas] *sf pl Mat* co-ordinates. **coordenadas cartesianas** cartesian co-ordinates. **coordenadas parabólicas** parabolic co-ordinates.

co.or.de.nar [koorden'ar] *vt* 1 to co-ordinate. 2 to put in a certain order or rank, classify. **3** to organize. **4** to arrange, order.

co.pa¹ [k'ɔpə] *sf* **1** pressing vat. **2** top or crown of a tree. **3** crown of hat. **fechar-se em copas** to keep something under one's hat.

co.pa² [k'ɔpə] *sf* **1** pantry, butler's pantry. **2** tableware. **de copa e cozinha** intimate circle.

co.pa³ [k'ɔpə] *sf* **1** chalice, cup, goblet. **2 copas** hearts at a card game. **3** *Esp* competition.

co.pa-co.zi.nha [k'ɔpəkoz'iñə] *sf* (*pl* **co-pas-cozinhas**) a kitchen and pantry.

có.pia [k'ɔpjə] *sf* **1** copy. *ela fez uma cópia a limpo* / she made a fair copy. *ele tirou uma cópia* / he took a copy from it. **2** reproduction. **3** transcript, replication. **cópia em papel carbono** carbon copy. **cópia fotográfica** print. **cópia xerográfica** xerox copy. **fazer uma cópia** to replicate. **produzir uma cópia** to print.

co.pi.a.do.ra [kopjad'orə] *sf* **1** female copyist. **2** copying or duplicating machine, xerox machine.

co.pi.ão [kopi'ãw] *sm* *Cin* a soundless copy of a film.

co.pi.ar [kopi'ar] *vt* **1** to copy, reproduce. **2** to transcribe, duplicate. **3** to imitate. **4** *Fot* to print.

co.pi.des.car [kopidesk'ar] *vt* to copyedit.

co.pi.des.que [kopid'ɛski] *sm* copydesk.

co.pi.lo.to [kopil'otu] *sm* *Aeron* copilot.

co.pir.rai.te [kopir'ajti] *sm* *Jur* copyright.

co.po [k'ɔpu] *sm* **1** cup. **2** glass, drinking glass, goblet, tumbler. *ele tomou um copo a mais* / he has had a glass too much. **copo para cerveja** beer glass. **copo para vinho** wineglass. **ser um bom copo** to be a heavy drinker. **tempestade num copo d'água** storm in a tea-cup.

co-pro.du.ção [koprodus'ãw] *sf* joint production, co-production.

có.pu.la [k'ɔpulə] *sf* **1** coition, *coitus*. **2** copulation, coupling.

co.pu.lar [kopul'ar] *vt+vint* **1** to copulate. **2** to unite in sexual intercourse. **3** to have sexual contact with.

co.quei.ro [kok'ejru] *sm* **1** popular designation of all nut-bearing palm trees. **2** *Bot* coconut palm.

co.que.lu.che [kokel'uʃi] *sf* **1** *Med* whooping cough. **2** *pop* craze, fad.

co.que.tel [koket'ɛw] *sm* (*pl* **coquetéis**) cocktail.

cor¹ [k'ɔr] *sm obsol* heart. **de cor** by heart. **saber de cor** to know by heart, memorize.

cor² [k'or] *sm* **1** colour, color. *ele mudou de cor* / he changed colours. **2** hue, tint. **3** paint, dye. **cor de aço** steel-blue. **cor-de-azeitona** olive. **cor-de-canela** cinnamon. **cor-de-carne** flesh-coloured. **cor de índigo** indigo-blue. **cor-de-malva** mauve. **cores básicas** fundamental colours. **de cor firme** unfading. **de cor fixa** of a fast colour. **ficar sem cor** / **perder a cor** to turn pale. **um homem de cor** a coloured man, a black man.

co.ra.ção [koras'ãw] *sm* (*pl* **corações**) **1** *Anat* heart. *ele sofre do coração* / he has a heart trouble. **2** *fig* courage, mettle. **3** *fig* feeling(s), sentiment. **com o coração nas mãos** afflicted, distressed, sick at heart. **conquistar o coração de** to win the heart of. **cortar o coração** to break one's heart. **de bom coração** sweet-tempered. **de todo o coração** with all my heart and soul. **fazer das tripas coração** to pluck up courage. **não ter coração** to be heartless. **no fundo do seu coração** deep in his heart. **ter um coração de ouro** to have a heart of gold.

co.ra.do [kor'adu] *adj* **1** red-faced, ruddy, rosy. **2** fresh, florid. **3** full-blooded.

co.ra.gem [kor'aʒẽj] *sf* **1** courage, daring, fearlessness. *ele tinha a coragem de responder pelas suas opiniões* / he had the courage of his opinions. **2** boldness, undauntedness, bravery, nerve. • *interj* have courage!, pluck up!, never say die! **criar coragem** to take courage. **não perca a coragem!** don't be discouraged!, keep a stiff underlip!

co.ra.jo.so [koraʒ'ozu] *adj* **1** courageous, daring. **2** valiant, valorous, dauntless. **3** bold, brave, plucky.

co.ral¹ [kor'aw] *sm* (*pl* **corais**) **1** *Zool* coral. **2** calcareous substance secreted by marine polyps, a piece of coral. **3** coral red. **4** coral red caruncles of certain birds. • *adj* coral, coral-red, coralline.

co.ral² [kor'aw] *sf* (*pl* **corais**) **1** *Bot* coral plant. **2** mountain rose. **3** scarlet plume.

co.ral³ [kor'aw] *sf* (*pl* **corais**) *Zool* coral snake.

co.ral⁴ [kor'aw] *sm* (*pl* **corais**) *Mús* choral(e), chorus. • *adj m+f* choral, choric.

co.ran.te [kor'ãti] *sm* colour, dye, pigment, colouring, colorant, dyestuff. • *adj m+f* colouring, dyeing, colorific.

Co.rão [kor'ãw] *sm Rel* Koran: the Muslim Scriptures in Arabic.

co.rar [kor'ar] *vt* **1** to colour. **2** to dye, paint. **3** to bleach, expose to the sun, whiten. **4** to blush, redden.

Cor.co.va.do [korkov'adu] *sm* Corcovado: a landmark mountain in Rio de Janeiro, Brazil.

cor.cun.da [kork'ũdə] *s m+f* **1** humpback, hunchback, crookback. **2** *sf* hump, hunch. • *adj m+f* humped, humpbacked.

cor.da [k'ɔrdə] *sf* **1** cord, rope, line. **2** leash, thong. **3** sinew, tendon. **4** twine. **5** cable. **6** *Mús* fiddlestring, string. **7** spring of a watch or clock. **8** halter, tether. **9** *Anat* vocal chord. **dançar na corda bamba** *pop* to be in a nice mess. **dar corda ao relógio** to wind up the watch. **estar com a corda no pescoço** to be frightfully hard-pressed. **estar com a corda toda** a) to be uninhibited, unconstrained. b) to speak continuously. **instrumentos de corda** string instruments. **roer a corda** a) to fail one's promise. b) to break a contract. **sem corda** unwound.

cor.dão [kord'ãw] *sm* (*pl* **cordões**) **1** string, thread. **2** twist, fillet. **3** rank(s). **4** lace, lacing, girdle. **5** cordon. **6** strap. **7** *bras* organized group of carnival revellers. **cordão de isolamento** cordon. **cordão de sapato** shoe-lace, shoestring, latchet. **cordão umbilical** umbilical cord, navel string.

cor.das [k'ɔrdas] *sf pl Mús* the strings (in an orchestra).

cor.da.to [kord'atu] *adj* prudent, wise, sensible.

cor.dei.ri.nho [kordejr'iñu] *sm* **1** a little lamb, lambkin. **2** *coloq* a meek person.

cor.dei.ro [kord'ejru] *sm* **1** lamb. **2** *fig* a gentle, sweet-tempered person. **3** *fig* an innocent being. **ele é um lobo em pele de cordeiro** he is a wolf in sheep's clothing.

cor.del [kord'ɛw] *sm* (*pl* **cordéis**) **1** twine, fine string. **2** thread. **3** bobbin. **literatura de cordel** cheap literature hanging on a line in a street market.

cor-de-ro.sa [kordir'ɔzə] *sm* pink, damask, rose. • *adj m+f, sing+pl* pink, roseate, rose-coloured, damask, rosy. **ver tudo cor-de-rosa** to see everything through rose-coloured spectacles.

cor.di.al [kordi'aw] *adj m+f* (*pl* **cordiais**) **1** cordial. **2** sincere, heartfelt. **3** kind, amiable. **cordiais felicitações!** I wish you joy!

cor.di.al.men.te [kordjawm'ẽti] *adv* cordially, kindly, genially, whole-heartedly.

cor.di.lhei.ra [kordiλ'ejrə] *sf* **1** mountain range. **2** range, ridge. **3** chain or system of mountains.

co.re.o.gra.fi.a [koreograf'iə] *sf* choreography, choregraphy: **1** the art of dancing. **2** the art of composing dances and ballets.

co.re.ó.gra.fo [kore'ɔgrafu] *sm* choreographer.

co.re.to [kor'etu] *sm* bandstand.

co.ris.co [kor'isku] *sm* **1** electric spark. **2** lightning, sheet-lightning. **3** coruscation, glittering, sparkling.

cor.ja [k'ɔrʒə] *sf* **1** rabble, mob. **2** multitude, throng. **3** dregs of society, scum.

cór.nea [k'ɔrnjə] *sf Anat* cornea: the outer cover of the eye.

cor.ne.ta [korn'etə] *sf* **1** *Mús* bugle: a) trumpet, bugle-horn, cornet. b) hunting horn. **2** alto horn. **3** organ-stop. **4** *sm* trumpeter, bugler.

cor.no [k'ornu] *sm* (*pl* **cornos**) **1** horn, cornu: a) **cornos** head defenses of ruminants, antlers. b) feeler, antenna. c) any hornlike object. **2** *coloq* cuckold.

cor.nu.do [korn'udu] *sm* cuckold. • *adj* cornute, horned.

co.ro [k'oru] *sm* (*pl* **coros**) **1** choir. **2** chorus. **3** a group of singers. **em coro** *Mús* a) reciting, singing or playing simultaneously. b) in unison.

co.ro.a [kor'oə] *sf* **1** crown **2** *s m+f bras, gír* a middle-aged or elderly person, a person older in relation to who is speaking. **cara ou coroa?** heads or tails? **coroa de espinhos** crown of thorns. **coroa de louros** laurel wreath. **coroa funerária** funeral wreath. **uma coroa de flores** a wreath of flowers.

co.ro.a.ção [koroas'ãw] *sf* (*pl* **coroações**) **1** act of crowning. **2** crowning, coronation. **a coroação do seu trabalho** the completion of his work, the crowning of his work.

co.ro.a.do [koro'adu] *adj* crowned, coroneted. **cabeças coroadas** crowned heads.

co.ro.a.men.to [koroam'ẽtu] *sm* coronation: ceremony of investing a sovereign with a royal crown.

co.ro.ar [koro'ar] *vt* to crown, invest with royalty, enthrone. *ele foi coroado rei /* he was crowned king.

co.ro.ca [kor'ɔkə] *sf* an ugly old woman, hag. • *adj m+f* old, decrepit, failing, doting, senile.

co.ro.i.nha [koro'iñə] *sf* **1** (*dim* de **coroa**) small crown. **2** *sm* a choir-boy, altar-boy, server, acolyte.

co.ro.ná.ria [koron'arjə] *sf Anat* coronary artery.

co.ro.nel [koron'ɛw] *sm* (*pl* **coronéis**) **1** colonel: commander of a regiment. **2** *Aeron* Group Captain. **3** *bras, coloq* a political chief, in general a landowner in rural areas. **4** old man who supports a young lover, *amer, gír* sugar daddy.

co.ro.nha [kor'oñə] *sf* butt of a rifle, gunstock, stock, butt.

cor.pan.zil [korpãz'iw] *sm* (*pl* **corpanzis**) **1** a big body. **2** stoutness, tallness.

cor.pe.te [korp'eti] *sm* **1** bodice, corselet. **2** *camisole*. **3** corsage.

cor.po [k'orpu] *sm* **1** body: a) structure of man or animal. b) limited portion of

matter. c) *corpus*, mass, bulk. **2** a cadaver, corpse. **corpo celeste** heavenly body, star. **corpo de baile** *ballet*, corps de ballet. **corpo de bombeiros** fire brigade. **corpo diplomático** diplomatic corps. **corpo discente** student body. **corpo docente** teaching staff, faculty. **ter o corpo fechado** to be invulnerable after black magic rites.

cor.po.ral [korpor'aw] *adj m+f* (*pl* **corporais**) corporal, corporeal, material. **linguagem corporal** body language.

cor.pu.len.to [korpul'ẽtu] *adj* **1** corpulent. **2** stout, fat.

cor.re.ção [kores'ãw] *sf* (*pl* **correções**) **1** correction. **2** correctness. **3** rectitude, rightness. **4** rectification, amendment. **casa de correção** reform school. **correção monetária** *Econ* indexation.

corre-corre [kɔrik'ɔri] *sm* great haste, hurry, hurry-scurry, rushing around, dashing about, headlong flight.

cor.re.dei.ra [kored'ejrə] *sf* chute, river rapids.

cor.re.di.ço [kored'isu] *adj* **1** sliding, gliding. **2** slipping easily. **3** running.

cor.re.dor [kored'or] *sm* **1** runner, racer. **2** corridor, gangway. **3** passage, aisle, gallery.

cor.re.go [k'ɔregu] *sm* **1** streamlet, stream. **2** runlet, brook, creek.

cor.rei.a [kor'ejə] *sf* **1** leather strap, thong. **2** belt, belting.

cor.rei.o [kor'eju] *sm* **1** post office, postal service. **2** mailman. **3** mail, post. *leve estas cartas ao correio /* take these letters to the post. **caixa de correio** mailbox. **correio aéreo** air mail. **correio eletrônico** *Inform* e-mail. **pela volta do correio** by return of mail. **pelo correio de hoje** by today's post. **por correio expresso** by dispatch.

cor.re.li.gi.o.ná.rio [koreliʒjon'arju] *sm* coreligionist: a person of the same religion, political party, doctrine or system as another.

cor.ren.te¹ [koř'ẽti] *sf* **1** chain, metal chain, tie. **2** cable, rope, hawser. **3** fetters, shackle.

cor.ren.te² [koř'ẽti] *sf* **1** current. **2** stream,

watercourse. **3** torrent. **4** *fig* tendency. • *adj m+f* **1** current. *a opinião corrente é... /* the current opinion is... **2** running, fluent. **água corrente** running water. **contra a corrente** upstream. **em dinheiro corrente** in current money. **estar ao corrente** to be well informed of. **moeda corrente** currency. **nadar contra a corrente** to swim against the tide. **uma corrente de ar** a draught.

cor.ren.te.za [kořět'ezə] *sf* **1** current. **2** stream, watercourse. *ele nada contra a correnteza /* he goes against the stream.

cor.ren.tis.ta [kořět'istə] *s m+f bras* **1** clerk in charge of the current accounts. **2** a person who has an account in a bank.

cor.rer [kořer] *vt+vint* **1** to run. *ela correu para seu quarto /* she ran to her room. *ele correu para salvar a sua vida /* he ran for his life. **2** to travel. **3** to go rapidly, hurry. **4** to run after, chase, hunt, pursue. **corre o boato que...** there is a rumor that... **correr atrás de alguém** to run after a person. **correr em auxílio de alguém** to run to a person's aid. **correr o risco** to run the risk, risk. **correr perigo** to expose oneself to danger.

cor.re.ri.a [kořer'iə] *sf* **1** running, scurry, rushing around. **2** foray, incursion, inroad.

cor.res.pon.dên.cia [kořespõd'ẽsjə] *sf* correspondence, exchange of letters, notes or telegrams. **em correspondência com** in accordance with.

cor.res.pon.den.te [kořespõd'ẽti] *s m+f* **1** correspondent: one who communicates with another by letter. **2** newspaper correspondent. • *adj m+f* **1** correspondent, corresponding, fitting, conforming. **2** suitable, agreeable.

cor.res.pon.der [kořespõd'er] *vt+vpr* **1** to correspond: a) to be in conformity or agreement. b) to communicate with a person by exchange of letters. **2** to retribute, repay, reciprocate. **corresponder às exigências** to meet the requirements, *coloq* to come up to the mark. **ele não corresponde à tarefa** he is not up to his job. **ele não correspondeu às minhas expectativas** he did not come up to my expectations.

cor.re.to [koř'ɛtu] *adj* **1** correct. **2** irreprehensible, perfect. **3** accurate, exact. **4** proper. **5** sound.

cor.re.tor [kořet'or] *sm* **1** broker, commission agent. **2** agent. **3** factor. **corretor de ações** share-broker. **corretor de câmbio** discount broker, exchange broker, bill-broker. **corretor de imóveis** realtor, house-agent, *brit* estate agent, *amer* real estate agent. **corretor de seguros** insurance broker. **corretor de texto** correction fluid.

cor.ri.da [koř'idə] *sf* **1** run, the act of running. **2** running, coursing. **3** race, racing. *ele disputou a corrida /* he ran the race. **corrida armamentista** arms race, armamental race. **de corrida** hastily, in a hurry.

cor.ri.gir [koři3'ir] *vt+vint+vpr* **1** to correct, rectify. **2** to amend, emendate. **3** to grade. *as provas foram corrigidas* the tests have been graded. **4 corrigir-se** a) to change one's ways or life, turn over a new leaf. b) to grow better, correct oneself.

cor.ri.mão [kořim'ãw] *sm* (*pl* **corrimãos, corrimões**) **1** stair rail. **2** handrail, guardrail. **3** balustrade, banister.

cor.ri.quei.ro [kořik'ejru] *adj* **1** current, trivial, commonplace, trite.

cor.rom.per [kořõp'er] *vt* to corrupt: a) to taint, spoil, adulterate, disfigure, mar. b) to deprave, pervert, debauch, seduce.

cor.ro.são [kořoz'ãw] *sf* (*pl* **corrosões**) corrosion, erosion.

cor.ro.si.vo [kořoz'ivu] *sm* corrosive. • *adj* corrosive: tending or having the power to corrode.

cor.rup.ção [kořups'ãw] *sf* (*pl* **corrupções**) corruption.

cor.rup.to [koř'uptu] *adj* corrupt: a) dissolute, lewd. b) depraved.

cor.tan.te [kort'ãti] *adj m+f* **1** cutting: a) that cuts. b) keen, sharp-edged. **2** keen, biting, nipping (cold).

cor.tar [kort'ar] *vt+vint+vpr* **1** to cut: a) to make a cut, incise, slice, cut out. b) to divide a pack of cards. c) to intercept. d) to interrupt, cut one short. **2 cortar-se** to wound oneself with a cutting instrument.

3 to overtake a car. **cortar à esquerda** to take the turning to the left. **cortar o cabelo** to have one's hair cut. **cortar relações com** to break with (a person).

cor.te¹ [k'ɔrti] *sm* **1** cut: a) act of cutting, blow. b) incision. c) cutting edge of a knife etc. **2** felling of trees. **3** interruption. **4** piece of cloth sufficient for a garment. **corte de cabelo** haircut. **sem corte** blunt.

cor.te² [k'ɔrti] *sf* **1** court: a sovereign's residence, household, retinue, residential city. **2** courtship, love-making. **fazer a corte a alguém** to pay one's courtship to a lady, *coloq* to flirt with a girl, woo.

cor.te.jo [kort'eʒu] *sm* **1** act or effect of courting. **2** suite, retinue, train. **3** procession. **cortejo fúnebre** funeral procession.

cor.te.sia [kortez'iə] *sf* courtesy, courteousness, politeness, civility.

cor.ti.ça [kort'isə] *sf* cork: bark of the cork-tree.

cor.ti.ço [kort'isu] *sm* **1** *bras* slum tenement-house.

cor.ti.na [kort'inə] *sf* curtain. **cortina de fumaça** smoke screen.

co.ru.ja [kor'uʒə] *sf* owl, owlet, screech-owl.

cor.vo [k'orvu] *sm* raven, crow.

cós [k'ɔs] *sm, sing+pl* (*pl* também **coses**) waistband of a garment, especially trousers or skirts.

co.ser [koz'er] *vt+vint* to sew, stitch, stitch up.

cos.mé.ti.co [kozm'ɛtiku] *sm e adj* cosmetic.

cós.mi.co [k'ɔzmiku] *sm* celestial globe. • *adj* cosmic(al).

cos.mo [k'ɔzmu] *sm* cosmos: the universe, cosmic system, an orderly harmonious systematic universe.

cos.ta [k'ɔstə] *sf* **1** coast, sea-shore. **2** declivity, slope of a hill. **3** costas back. **cair de costas** to fall on one's back, backwards. **costa a costa** coast to coast.

cos.te.la [kost'ɛlə] *sf Anat* rib.

cos.te.le.ta [kostel'etə] *sf* **1** (pork, mutton) chop, (veal) cutlet. **2** bras sideburns.

cos.tu.mar [kostum'ar] *vt+vpr* **1** to be accustomed, used or wont to. **2** to be in

the habit of, use to. **3 costumar-se** to get accustomed, habituated or used to. **como se costuma dizer** as one usually says, as the saying goes. **costumar fazer** to use to do.

cos.tu.me [kost'umi] *sm* **1** custom: habit, usage, use, way, practice. *é contra o meu costume fazer isso* / it is not my habit to do this. **2** costume: fashion (style of dress). **como de costume** as usual. **de bons costumes** well-bred, behaved or mannered.

cos.tu.ra [kost'urə] *sf* **1** sewing, needlework stitching. **2** seam. **3** *Med* suture.

cos.tu.rar [kostur'ar] *vt+vint* **1** to sew, do needlework. **2** *bras, gír* to drive dangerously, overtake the other cars in a dangerous way.

cos.tu.rei.ra [kostur'ejrə] *sf* seamstress, sewing woman, needlewoman, dressmaker.

co.ta [k'ɔtə] *sf* **1** quota, share, portion, part. **2** instalme t. **cota-parte** share. **cota social** *Com* brought in capital, partner's share.

co.ta.ção [kotas'ãw] *sf* (*pl* **cotações**) quotation (of prices of goods, stocks). **cotação do câmbio** quotation of exchange. **cotação do preço** quotation of price.

co.ti.di.a.no [kotidi'∧nu] *sm* quotidian: that which is done or happens daily. • *adj* quotidian, daily, everyday, belonging to each day.

co.tis.ta [kot'istə] *s m+f Com* a shareholder of a limited company.

co.to.ne.te [koton'eti] *sm* swab, *brit* cotton bud.

co.to.ve.lo [kotov'elu] *sm* (*pl* **cotovelos**) elbow. **dor de cotovelo** jealousy. **falar pelos cotovelos** to talk nineteen to the dozen.

cou.ra.ça [kowr'asə] *sf* **1** cuirass, breastplate. **2** the sheath of certain animals.

cou.ra.ça.do [kowras'adu] *sm* ironclad, battleship.

cou.ro [k'owru] *sm* **1** leather. **2** hide. **3** *fig* skin. **4** hag. **couro cabeludo** scalp. **couro**

cru rawhide, untanned hide. **couro fresco / couro verde** green hide. **dar no couro** *bras, fig* to hit the mark, make a good hit.

cou.ve [k'owvi] *sf* cale, kale, cabbage. **couve à mineira** Brazilian typical dish made of minced cabbage stewed in oil. **couve-de-bruxelas** brussels sprouts. **couve galega** green kale. **couve lombarda** white cabbage.

cou.ve-flor [kowvifl'or] *sf (pl* **couves-flores)** cauliflower.

co.va [k'ɔva] *sf* 1 hole, hollow, cavity, depression, cavern, pit. 2 grave.

co.var.de [kov'ardi] *s m+f* coward, poltroon, dastard. • *adj m+f* coward, cowardly, dastard.

co.var.dia [kovard'iə] *sf* 1 cowardliness, cowardice. 2 treacherousness.

co.vil [kov'iw] *sm (pl* **covis)** den: a) lair of a wild beast. b) lurking-place of robbers.

co.xa [k'oʃə] *sf* thigh.

co.xe.ar [koʃe'ar] *vint* to limp, halt, hobble, be or become lame.

co.xo [k'oʃu] *sm* lame or limping person, hobbler. • *adj* lame, limping, halting.

co.zer [koz'er] *vt+vint* to cook, undergo the action of being cooked. **cozer a carne** to boil the meat. **cozer o pão (no forno)** to bake the bread. **cozer tijolos** to burn (or bake) bricks.

co.zi.do [koz'idu] *sm* 1 a dish consisting of boiled beef, vegetables, eggs, potatoes etc. 2 something that was cooked. • *adj* cooked.

co.zi.men.to [kozim'ẽtu] *sm* 1 cooking, cookery. 2 decoction. 3 infusion.

co.zi.nha [koz'iña] *sf* 1 kitchen. 2 *cuisine,* cookery: a) art of cooking. b) preparation of dishes. 3 the typical dishes of a region or a country. **cozinha brasileira** Brazilian *cuisine.*

co.zi.nhar [koziñ'ar] *vt+vint* 1 to cook, boil. 2 to stew, simmer. 3 to do the cooking. 4 *coloq* to postpone the solution of a problem, delay.

co.zi.nhei.ra [kozĩ'ejrə] *sf* (female) cook.

co.zi.nhei.ro [kozĩ'ejru] *sm* (male) cook.

CPD [seped'e] *Inform abrev* **Centro de Processamento de Dados** (Data Processing Center).

cra.chá [kraʃ'a] *sm* badge, ID card: a card with personal information usually worn on the chest in order to identify a person as a participant in fairs, congresses or any other sort of event, or as an employee or a military.

crâ.nio [kr'∧nju] *sm* 1 cranium, skull, braincase. 2 *bras, gír* a clever head.

cra.que [kr'aki] *sm bras* 1 excellent racehorse or footballer. 2 a person who has a superior excellence or ability to do something. 3 *bras* financial ruin caused by several bankruptcies. 4 crack: highly purified cocaine in small chips used illicitly usually for smoking.

cra.se [kr'azi] *sf Gram* crasis: a) contraction of two vowels into one. b) contraction of **aa** into **à.** c) the accent indicating a crasis.

cras.so [kr'asu] *adj* crass, thick, gross, coarse, dense, stupid. **ignorância crassa** crass ignorance.

cra.te.ra [krat'ɛrə] *sf* crater.

cra.var [krav'ar] *vt* 1 to drive, thrust in (as a nail). 2 to stick (into). *o assassino cravou um punhal no coração de sua vítima /* the killer stuck a dagger into his victim's heart.

cra.ve.jar [kraveʒ'ar] *vt* 1 to set gems. 2 to stud with nails. 3 to intercalate, interpose.

cra.vo [kr'avu] *sm* 1 horseshoe nail. 2 shoe tack. 3 crucifixion nail, spike. 4 *Med* comedo, blackhead. 5 *Mús* harpsichord. 6 *Bot* carnation, pink.

cre.che [kr'ɛʃi] *sf* day nursery, day care center, nursery school.

cre.den.ci.al [kredẽsi'aw] *adj m+f (pl* **credenciais)** credential: warranting credit or confidence.

cre.di.á.rio [kredi'arju] *sm bras* installment plan: a system of paying for goods by installments.

cre.di.bi.li.da.de [kredibilid'adi] *sf* credibility: the quality or power of inspiring belief.

cré.di.to [kr'editu] *sm* credit. **comprar a crédito** to buy on credit. **crédito a longo (curto) prazo** long (short) credit. **merecer crédito** to deserve credit.

cre.do [kr'ɛdu] *sm Catól* Credo, Creed,

credo, creed. • *interj* goodness alive!, good gracious!

cre.dor [kred'or] *sm* one to whom a debt is owed, especially a person to whom money or goods are due. • *adj* 1 creditor. 2 person deserving credit, worthy of or entitled to credit, consideration etc.

cré.du.lo [kr'ɛdulu] *sm* a credulous, simple-minded person. • *adj* credulous, simple-minded, naïve.

cre.ma.tó.rio [kremat'ɔrju] *sm* crematorium, crematory: place where corpses are cremated. • *adj* crematory: employed in or relating to cremation.

cre.me [kr'emi] *sm* 1 cream: a) greasy part of milk. b) custard. c) a whitish-yellow colour. 2 a dense liqueur. 3 a food prepared with cream (soup, pastry-filling, sauces, ice-cream). 4 *fig* the choicest part, the best. • *adj m+f* cream-coloured. **creme chantilly** whipped cream. **creme de limpeza** cleanser.

cren.ça [kr'ẽsə] *sf* 1 belief, faith, creed. 2 opinion, conviction. **crenças políticas** political creeds, political beliefs.

cren.di.ce [krẽd'isi] *sf* superstition, absurd belief.

cren.te [kr'ẽti] *s m+f Rel* 1 believer. 2 *bras* protestant. 3 one who has a religious faith.

cre.pús.cu.lo [krep'uskulu] *sm* 1 crepuscle, crepuscule, twilight, dusk. 2 *fig* decadence, decline, close, sunset.

crer [kr'er] *vt+vint* to believe: a) to hold to be true, give credit to. b) to have confidence in, trust in. *creio em Deus* / I believe in God. *creio em você* / I have confidence in you. c) to think, judge, be of opinion. *creio que sim* / I think so. **ver para crer** seeing is believing.

cres.cen.te [kres'ẽti] *sm* 1 crescent: a) increasing moon, half-moon (first quarter). b) crescent-shaped object. 2 period during which the moon increases, from new moon to full moon. • *adj m+f* crescent, increasing, growing. **quarto crescente (da lua)** the first quarter (of the moon).

cres.cer [kres'er] *vt+vint* to grow: a) to increase in height, bulk. b) to multiply, increase in number or quantity. c) to develop, grow up.

cres.ci.do [kres'idu] *adj* 1 grown, grown up, adult. 2 augmented, increased, enlarged. 3 developed.

cres.ci.men.to [kresim'ẽtu] *sm* growth, increase, augmentation, enlargement, development, progress.

cres.po [kr'espu] *sm* wrinkles. (*pl* **crespos**) *adj* 1 rough, rugged, craggy. 2 wrinkled. 3 bristling. 4 crisped, curly, curled, frizzled (hair).

cre.ti.no [kret'inu] *adj* stupid, idiot, cretinous.

cri.a [kr'iə] *sf* 1 suckling (animal), young, breed, brood, litter, calf, foal, kid. 2 stable-bred cattle, cattle. **gado de cria** young cattle.

cri.a.ção [krjas'ãw] *sf* (*pl* **criações**) 1 creation: a) act or effect of creating. b) all the created beings, universe. c) invention. d) work of art, production. 2 cattle, poultry. 3 *bras* small cattle (caprine and ovine). **filho de criação** an adopted child.

cri.a.da [kri'adə] *sf* woman-servant, maid-servant, maid.

cri.a.do [kri'adu] *sm* servant, man-servant, domestic. • *adj* 1 bred, reared, brought up, raised. 2 nursed, suckled.

cri.a.do-mu.do [krjadum'udu] *sm* (*pl* **criados-mudos**) *bras* bedside table, night table.

cri.a.dor [krjad'or] *sm* creator, maker, the Creator, God. • *adj* 1 creative. 2 breeding, raising.

cri.an.ça [kri'ãsə] *sf* 1 child, infant, baby. 2 a childish, naïve person. **criança de peito** a sucking child, a very young child who was not weaned.

cri.ar [kri'ar] *vt+vint* 1 to create: a) to generate, produce, originate, bring forth, cause. b) to invent, imagine. 2 to nurse, suckle, nourish, feed. **criar coragem** to take courage. **criar forças** to acquire strength. **criar gado** to raise cattle.

cri.a.ti.vo [krjat'ivu] *adj* creative.

cri.a.tu.ra [krjat'urə] *sf* creature: a) each of the created beings. b) man, individual, person.

cri.cri [krikr'i] *sm bras* **1** a cricket's stridulation. **2** a boring person. • *adj m+f* said of a very tedious, boring person who always talks about uninteresting subjects.

cri.me [kr'imi] *sm* crime, misdeed, fellony, offence, delinquency, trespass, outrage, murder. **crime capital** capital crime. **crime contra a natureza** crime against nature. **crime de Estado** treason against the State.

cri.mi.nal [krimin'aw] *sm* (*pl* **criminais**) **1** criminal case. **2** criminal jurisdiction, criminal court. • *adj m+f* criminal: relating to crime. **advogado criminal** criminal lawyer.

cri.mi.na.li.zar [kriminaliz'ar] *vt* to criminalize: make illegal.

cri.mi.no.so [krimin'ozu] *sm* criminal: a) one who has committed a crime. b) a person who has been convicted of a crime. • *adj* criminal: relating to, involving, or being a crime (as neglect).

cri.na [kr'inə] *sf* horse-hair, hair of the mane and the tail of some animals.

cri.ou.lo [kri'owlu] *sm bras* (*f* **crioula**) creole: originally a home-born slave, now any Negro. • *adj* creole: a) pertaining to the natives of a region. b) Negro, black-skinned.

cri.se [kr'izi] *sf* crisis: a) *Med* decisive change in a disease. b) decisive moment. **crise de nervos** nervous breakdown.

cris.ta [kr'istə] *sf* crest: a) cockscomb. b) plume of a helmet. c) tuft of feathers. **levantar a crista** to grow arrogant.

cris.tã [krist'ã] *s+adj fem* de **cristão** (Christian).

cris.tal [krist'aw] *sm* (*pl* **cristais**) **1** *Min* crystal. **2** **cristais** crystalware: glassware of superior quality.

cris.ta.lei.ra [kristal'ejrə] *sf* crystal closet, used to keep crystal objects, glasses and bottles.

cris.ta.li.no [kristal'inu] *sm* crystalline lens (of the eye). • *adj* crystalline.

cris.tão [krist'ãw] *sm* (*pl* **cristãos**) **1** Christian. **2** *bras* human being, person. • *adj* Christian: of, relating to or pertaining to Christianism.

cris.ti.a.nis.mo [kristjan'izmu] *sm* Christianity.

Cris.to [kr'istu] *sm* **1** Christ, Jesus, the Saviour. **2** *bras, coloq* sufferer. **3** *bras, coloq* victim of mistakes, tricks or ill-treats. **bancar o Cristo / ser o Cristo** to be made the scapegoat.

cri.té.rio [krit'ɛrju] *sm* **1** criterion, standard, rule. **2** judgment, discernment, discretion. **deixar a critério de alguém** to leave to a person's discretion.

cri.te.ri.o.so [kriteri'ozu] *adj* discerning, sensible, judicious, clear-sighted.

crí.ti.ca [kr'itikə] *sf* critique, criticism: a) the art of judging works of art, literature or science. b) written account of such works, review, recension. *a peça teve críticas desfavoráveis* / the play got very unfavourable reviews. **abaixo da crítica** very bad, of poor quality, deplorable. **crítica literária** literary criticism. **fazer a crítica de** to review, comment upon.

cri.ti.car [kritik'ar] *vt* **1** to criticise, review, judge. **2** to censure, disparage, find fault with.

crí.ti.co [kr'itiku] *sm* **1** critic, reviewer, recensor. **2** censurer, fault-finder. • *adj* critical: a) relating to critique, censorious. b) relating to a crisis: serious, crucial, dangerous.

cro.chê [kroʃ'e] *sm* **1** crochet. **2** crochet work: the act of crocheting.

cro.co.di.lo [krokod'ilu] *sm Zool* crocodile. **lágrimas de crocodilo** crocodile tears.

cro.mo [kr'omu] *sm Quím* chromium.

cro.mos.so.mo [kromos'omu] *sm Biol* chromosome.

crô.ni.ca [kr'onikə] *sf* chronicle: a) chronological record of historical events, annals. b) narrative, account, record. c) news-section in a newspaper. **crônica esportiva** sports section. **crônica policial** police-news section.

crô.ni.co [kr'oniku] *adj* chronic, chronical: a) of long duration. b) *fig* inveterate. **doença crônica** chronic disease.

cro.no.gra.ma [kronogr'ʌmə] *sm* **1** chronogram. **2** a step-by-step schedule for the execution of a job.

cro.no.lo.gia[kronoloʒ'iə] *sf* chronology: science of the division of time and the proper sequence of dates of events.

cro.no.ló.gi.co [kronol'ɔʒiku] *adj* chronologic(al): a) relating to chronology. b) according to the order of time or occurrence. **ordem cronológica** chronological order.

cro.no.me.trar [kronometr'ar] *vt* to time, clock.

cro.que.te [krok'ɛti] *sm Cul* croquette: ball of minced meat.

cros.ta [kr'ɔstə] *sf* 1 crust, rind. 2 *Med* eschar, scab. **crosta da Terra** crust of the earth, lithosphere.

cru [kr'u] *adj* raw: 1 uncooked. 2 not prepared or dressed, unprocessed. **algodão cru** unbleached cotton, raw cotton. **couro cru** rawhide, green skin.

cru.ci.al [krusi'aw] *adj m+f* (*pl* **cruciais**) crucial: 1 cruciate, cruciform, cross-shaped. 2 decisive, critical.

cru.ci.fi.car [krusifik'ar] *vt* to crucify: 1 to nail to the cross. 2 to torture, excruciate, mortify, torment.

cru.ci.fi.xo [krusif'iksu] *sm* crucifix. • *adj* crucified.

cru.el [kru'ɛw] *adj m+f* (*pl* **cruéis**) (*sup* **cruelíssimo, crudelíssimo**) cruel, fierce, inhuman, unmerciful, merciless, sanguinary, bloodthirsty.

cru.el.da.de [krwewd'adi] *sf* cruelty, inhumanity, ferocity, cruel action.

crus.tá.ceo [krust'asju] *sm Zool* crustacean: specimen of the *Crustaceae*. • *adj* crustaceous.

cruz [kr'us] *sf* cross: 1 ancient instrument of torture. 2 Christian symbol of redemption. • **cruzes** *interj* indicating horror or shock: good heavens! **em cruz** crosswise. **entre a cruz e a caldeirinha** in a dilemma, in a critical situation, between the devil and the deep blue sea. **fazer o sinal da cruz** to cross oneself, sign oneself with the cross, make the sign of the cross.

cru.za.do [kruz'adu] *sm* 1 crusader. 2 ancient Portuguese gold coin. 3 the basic monetary unity of Brazil 1986-90. • *adj* crossed, crosswise, intersected. **cheque**

cruzado crossed cheque. **palavras cruzadas** crossword puzzle.

cru.za.dor [kruzad'or] *sm* 1 crosser: one who or that which crosses. 2 *Mar* cruiser.

cru.za.men.to [kruzam'ẽtu] *sm* crossing.

cru.zar [kruz'ar] *vt+vint* to cross: 1 to traverse, pass over. 2 to pass through in various directions. 3 to cruise (the sea). **cruzar com alguém** to cross someone (meet and pass by).

cru.zei.ro [kruz'ejru] *sm* 1 large cross erected in churchyards, squares, cemiteries. 2 *Náut* sea route, maritime route. 3 *Náut* cruise. 4 **Cruzeiro** *Astr* = **Cruzeiro do Sul**. 5 a former Brazilian monetary unit.

Cru.zei.ro do Sul [kruʒ'ejrudus'uw] *sm* Southern Cross.

cu [k'u] *sm vulg* ass, asshole, arsehole, arse, bum, buttocks, butt. **ficar com o cu na mão** *vulg* to be scared, shiver with fright.

cú.bi.co [k'ubiku] *adj* cubic, cubical. **metro cúbico** cubic meter. **raiz cúbica** *Mat* cube root.

cu.bí.cu.lo [kub'ikulu] *sm* cubiculum, cubicle.

cu.bis.mo [kub'izmu] *sm Pint* cubism.

cu.bo [k'ubu] *sm* cube. **cubo de um número** the third power of a number.

cu.ca [k'ukə] *sf* 1 *bras*: a) bugbear, hobgoblin. b) hag, ugly old woman. 2 *bras, gír* head. 3 *bras, gír* mind, reasoning, intelligence. **estar lelé da cuca** to have a screw loose, be crazy. **fundir a cuca** to go crazy, go nuts.

cu.co [k'uku] *sm* 1 *Ornit* cuckoo. 2 cuckoo clock.

cu.cui.a [kuk'ujə] *sf* used in the expression **ir para a cucuia** *bras, pop* a) to die. b) to fail utterly, go down the drain.

cu-de-fer.ro [k'udif'ɛru] *sm* (*pl* **cus-de-ferro**) *gír* student who never shirks a lesson.

cu-do.ce [kud'osi] *s m+f* (*pl* **cus-doces**) *bras, vulg* a person full of airs, fussy person. **fazer cu-doce** to be fussy, put on airs.

cu-do-mun.do [k'udum'ũdu] *sm* (*pl* **cus-do-mundo**) *vulg* a distant and secluded place.

cu.e.cas [ku'ɛkas] *sf pl* underpants, slip.

cu.í.ca [ku'ikə] *sf* a percussion instrument open at one end and having a stick attached to the center of the drum-skin which, when rubbed, produces a grunting noise.

cui.da.do [kujd'adu] *sm* care: **1** precaution, heed. **2** diligence, solicitude. **3** responsibility, custody. • *adj* considered, cared for. • *interj* take care!, look out!, watch out! *cuidado com o degrau! /* mind the step, watch out for the step! *cuidado com os batedores de carteiras! /* beware of pickpockets! **aos cuidados de** (*abrev* **a/c**) in care of, care of (c/o). **com cuidado** carefully, heedfully. **ter / tomar cuidado** to look to, take care of.

cui.da.do.sa.men.te [kujdadɔzam'ẽti] *adv* carefully.

cui.da.do.so [kujdad'ozu] *adj* careful: a) cautious, heedful, mindful. b) attentive, solicitous.

cui.dar [kujd'ar] *vt* **1** to care. **2** to take care of, look after, take charge of. **cuidar de** to see to.

cu.jo [k'uʒu] *pron adj* whose, of whom, of which. *em cujo testemunho falei /* in witness whereof I spoke. *o homem cujo livro perdi /* the man whose book I lost. *Pedro, de cuja casa eu venho /* Peter, from whose house I come.

cu.la.tra [kul'atrə] *sf* breech: a) part of a fire arm at the rear of the bore, breech piece of a cannon. b) *gír* buttocks. **sair o tiro pela culatra** a) to backfire. b) *fig* to be contrary to expectation (result).

cu.li.ná.ria [kulin'arjə] *sf* cookery, culinary art.

cu.li.ná.rio [kulin'arju] *adj* culinary: relating to the kitchen or cooking.

cul.pa [k'uwpə] *sf* **1** *Jur* culpa, delict, offence, delinquency, crime. **2** fault, blame, guilt, cause of an evil. *a culpa é minha /* it is my fault. *de quem é a culpa /* whose fault is it? **ter culpa no cartório** to have a guilty conscience.

cul.pa.do [kuwp'adu] *sm* culprit, criminal, the guilty person. • *adj* culpable, guilty, criminal, blameworthy. *quem é culpado disso? /* who is to blame for this?

cul.par [kuwp'ar] *vt* **1** to inculpate, accuse, incriminate, charge, indict. **2** to blame, censure.

cul.ti.var [kuwtiv'ar] *vt* to cultivate: **1** to till, manure. **2** to apply oneself to. **3** to promote, favour. **4** to grow (plants).

cul.to [k'uwtu] *sm* cult: worship, adoration, veneration, religious ritual. • *adj* cultivated, enlightened, cultured, learned, educated, civilized.

cul.tu.ar [kuwtu'ar] *vt* to worship, adore.

cul.tu.ra [kuwt'urə] *sf* culture: **1** cultivation, tillage, growing. **2** intellectual development, learning, education. **3** *Biol* the culture of bacteria or other microorganisms. **cultura geral** general knowledge. **sem cultura** unlettered, ignorant.

cul.tu.ral [kuwtur'aw] *adj m+f* (*pl* **culturais**) cultural: relating to culture.

cu.me [k'umi] *sm* **1** summit, peak, mountaintop, hilltop. **2** *fig* climax, apogee.

cúm.pli.ce [k'ũplisi] *s m+f* accomplice: **1** accessory to a crime. **2** co-operator, partner in an action, supporter, conniver.

cum.pli.ci.da.de [kũplisid'adi] *sf* complicity, connivance.

cum.pri.men.tar [kũprimẽt'ar] *vt+vint* **1** to salute, greet, bow to, hail, welcome. **2** to compliment, pay one's compliments to, congratulate.

cum.pri.men.to [kũprim'ẽtu] *sm* **1** accomplishment, execution, fulfilment, performance. **2** compliment, salutation, salute, greeting, bow, hail, welcome.

cum.prir [kũpr'ir] *vt+vint* to accomplish, execute, fulfil, keep, perform, carry out, make good, meet, satisfy, serve. **cumprir a palavra** to keep one's word. **cumprir a sua promessa** to fulfil one's promise. **cumprir (com) os seus deveres** to perform one's duties.

cú.mu.lo [k'umulu] *sm* **1** cumulus, accumulation, heap. **2** acme, apex, summit, top. **é o cúmulo!** that's the limit! **para cúmulo da desgraça** to crown it all.

cu.nha [k'uñə] *sf* wedge, *Tip* quoin.

cu.nha.da [kuñ'adə] *sf* sister-in-law.

cu.nha.do [kuñ'adu] *sm* brother-in-law.

cu.pi.do [kup'idu] *sm* **1** *Mit* Cupid: personification of love. **2** love.

cu.pim [kup'ĩ] *sm bras* termite: white ant.

cu.pom [kup'õw] *sm* (*pl* **cupons**) coupon.

cú.pu.la [k'upulə] *sf* **1** *Arquit* a) cupola, dome. b) vault. **2** the ruling staff of a party, organization, faculty etc. **reunião de cúpula** summit meeting.

cu.ra [k'urə] *sf* cure: **1** healing, sanation, recovery. **2** treatment of a disease, medication. **3** restoration to health. **ter cura** to be curable, be remediable.

cu.ran.dei.ro [kurãd'ejru] *sm* quack, quackster, quacksalver, witch-doctor, charlatan.

cu.rar [kur'ar] *vt+vint+vpr* **1** to cure: a) to heal, remedy. b) to treat, medicate, dress. **2 curar-se** to medicate oneself, recover, restore one's health.

cu.ra.ti.vo [kurat'ivu] *sm* **1** curative, remedy. **2** treatment, medication. • *adj* curative, curatory. **curativo adesivo** first aid dressing. **curativo de um ferimento** dressing, bandaging of a wound.

cu.rau [kur'aw] *sm bras* **1** *Cul* dish made of salted meat brayed together with manioc flour. **2** *Cul* pap made of green maize, milk and sugar.

cu.rin.ga [kur'ĩgə] *sm bras* **1** joker (in card games). **2** *Teat* actor who performs several parts in the same play.

cu.ri.o.sa [kuri'ozə] *sf coloq* a midwife without a licence.

cu.ri.o.si.da.de [kurjozid'adi] *sf* curiosity, rarity, oddity, object of interest.

cu.ri.o.so [kuri'ozu] *sm* **1** curious, inquisitive individual. **2** *bras* Jack-of-all-trades. • *adj* curious.

cur.ral [kur'aw] *sm* (*pl* **currais**) **1** corral, pen. **2** a fish-trap.

cur.rí.cu.lo [kur'ikulu] *sm* **1** curriculum. **2** *curriculum vitae, resumé*.

cur.sar [kurs'ar] *vt* **1** to follow a course of studies. **2** to attend any kind of school. **3** to run through or over, cross. **4** to travel, cruise, navigate, voyage.

cur.si.nho [kurs'iñu] *sm bras* a preparatory course in order to take entrance examinations at a college or university.

cur.so [k'ursu] *sm* **1** course: a) run, running, race. b) motion. c) direction. d) progress, sequence. e) course of studies. **2** route, path, way, track. **curso primário** primary school, grade school, elementary school. **curso secundário** secondary school. **curso superior** university study, college study. **em curso** in operation, in progress. **fazer o curso de medicina** to study medicine. **o ano em curso** the present year.

cur.sor [kurs'or] *sm Inform* cursor. **tecla de cursor** cursor key.

cur.ta [k'urtə] *sm Cin* = **curta-metragem**.

cur.ta-me.tra.gem [kurtəmetr'aʒẽj] *sf* (*pl* **curtas-metragens**) *Cin* a short-feature movie.

cur.ti.ção [kurtis'ãw] *sf* (*pl* **curtições**) *bras, gír* **1** ecstasy caused by drugs. **2** riot: something extremely amusing.

cur.tir [kurt'ir] *vt+vint* **1** to tan hides. **2** to steep flax or hemp. **3** *gír* to have a wild time.

cur.to [k'urtu] *adj* **1** short, brief. **2** scant, scarce.

cur.to-cir.cui.to [kurtusirk'ujtu] *sm* (*pl* **curtos-circuitos**) *Eletr* short circuit.

cu.ru.pi.ra [kurup'irə] *sm bras* folkloric sylvan phantom with backwards pointing feet.

cur.va [k'urvə] *sf* curve: a) *Geom* a curved line. b) bend, turn, crook, bow. c) arch, arc. **curva de estrada** bend of the road. **curva de nível** contour curve. **curva fechada** hairpin bend, sharp curve.

cur.var [kurv'ar] *vt+vpr* **1** to curve, bend, arch, bend over. **2 curvar-se** a) to bend, form a curve. b) to submit, humiliate oneself. *ele curvou-se ao peso dos anos* / he curved under the weight of years.

cur.vo [k'urvu] *adj* curved, bent, crooked, arched.

cus.cuz [kusk'us] *sm, sing+pl bras, Cul* **1** couscous. **2** a small flat cake made of tapioca or corn flour. **3** dish made of steamed rice and tapioca.

cus.pe [k'uspi] *sm* spit, spittle, saliva.

cus.pir [kusp'ir] *vt+vint* **1** to spit, spit out. **2** to eject, reject, cast off, toss.

cus.ta [k'ustə] *sf* **1** cost, expense. **2 cus-**

tas *Jur* costs of a lawsuit, law costs. *a quanto montam as custas?* / what do the costs amount to? **viver à custa de outrem** to live at another's expense.

cus.tar [kust'ar] *vt+vint* to cost: a) to be obtainable at the price of, at the cost of. *quanto lhe custou o chapéu?* / how much did your hat cost?, how much did you pay for your hat? b) to cause the expenditure of, be worth. *custe o que custar!* / cost what it may!, whatever it may cost! **custar caro** to be expensive. **custar os olhos da cara** to cost a fortune.

cus.te.ar [kuste'ar] *vt* 1 to defray, bear the expense. 2 to finance, provide money for.

cus.to [k'ustu] *sm* 1 cost, expense, price. 2 worth. 3 *fig* difficulty, trouble, pain. **a custo** with difficulty. **a custo de** by means of. **a muito custo** with great difficulty. **a todo custo** at all costs. **o custo de vida** the cost of living.

cus.tó.dia [kust'ɔdjə] *sf* custody. **sob custódia** in custody.

cus.to.so [kust'ozu] *adj* 1 expensive. 2 difficult, painful, troublesome. 3 *bras* slow, lingering.

cu.tâ.neo [kut'ʌnju] *adj* cutaneous: of or relating to the skin.

cu.ti.a [kut'iə] *sf bras, Zool* agouti: a rodent of the family *Caviidae* (*Dasyprocta aguti*).

cu.tí.cu.la [kut'ikulə] *sf* cuticle: tough skin surrounding the base and sides of a fingernail or toenail.

cú.tis [k'utis] *sf, sing+pl* 1 *Anat* cutis, derma, dermis, skin. 2 complexion: hue of the skin.

cu.tu.car [kutuk'ar] *vt bras, coloq* to jog, nudge, poke (as to arouse attention).

D, d [d'e] *sm* **1** the fourth letter of the alphabet. **2** *abrev* a) **Digno** (estimable, worthy, noble). b) **Dom** (don: honorific title). c) **Dona** (dona).

da [də] *contr prep* **de** + *art def fem* **a**: of, from. *eu o vi da janela* / I saw him from the window.

dá.di.va [d'adivə] *sf* gift, present, donation.

da.do¹ [d'adu] *sm* **1** dice. **2** datum, figure. **3** basis, fundamental principle. • *adj* **1** allowed, permitted, licit. **2** given, *gratis*, free. **3** affable, communicative, amiable, good-natured. **lançar os dados** to cast the dice.

da.do² [d'adu] *conj* in view of, considering that. **dado que** provided that.

da.dos [d'adus] *sm pl* **1** dice. **2** *Inform* data. **dados de entrada/saída** input/output data.

da.í [da'i] *contr prep* **de** + *adv* **aí**: **1** thence, from there. **2** *fig* for that reason, that for, therefore. **3** then. **daí em diante** from then on, ever since, thereafter. **e daí?** so what?

da.li [dal'i] *contr prep* **de** + *adv* **ali**: **1** thence, therefrom, from there. *os visitantes chegaram daqui e dali* / the visitors came from here and there. **2** *fig* therefore, for this. **dali a pouco** a little later.

dal.tô.ni.co [dawt'oniku] *sm* daltonian. • *adj* colour-blind.

dal.to.nis.mo [dawton'izmu] *sm* daltonism, colour blindness.

da.ma [d'∧mə] *sf* **1** lady, maid. **2** queen (at chess and cards). **3 damas** draughts, *amer* checkers. **a primeira dama do país** the first lady of the country. **dama de copas** queen of hearts (at cards). **dama de honra** bridesmaid, maid of honor.

da.mas.co [dam'asku] *sm* **1** *Bot* apricot. **2** damask (the fabric).

da.na.do [dan'adu] *adj* **1** damned, condemned. **2** furious, angry. **3** *bras* smart, keen, clever. **4** *coloq* hydrophobic, rabid, mad. **com uma pressa danada** in a big hurry. **danado da vida** furious. **isto é danado de bom** it's damned good.

da.nar [dan'ar] *vt+vint+vpr* **1** to harm, hurt, injure, damage. **2** to ruin. **3 danar-se** to become angry, exasperate oneself. **pra danar** *bras, pop* very much.

dan.ça [d'ãsə] *sf* **1** dance. **2** dancing, ball. **3** *fig* work, business. **dança do ventre** belly dance. **entrar na dança** *fig* to get involved in a business.

dan.çar [dãs'ar] *vt+vint* **1** to dance. **2** to bob, turn around, shake. **3** *bras, gír* to fail, come off badly. **4** *bras, gír* to be taken to jail. **dançar conforme a música** to dance to the music.

dan.ça.ri.no [dãsar'inu] *sm* dancer.

da.ni.nho [dan'iñu] *adj* damaging, detrimental, injurious, harmful, evil. **ervas daninhas** weeds.

da.no [d'∧nu] *sm* damage, harm, injury. *o temporal causou muito dano* / the storm caused much harm.

da.que.le [dak'eli] *contr prep* **de** + *dem* **aquele**: from that, of that. *ele não é daqueles homens que/...* he is not that kind of men who...

da.qui [dak'i] *contr prep* **de** + *adv* **aqui**: from here, within. *daqui a quatro semanas será Páscoa* / Easter is four weeks off. **daqui a pouco** in a little while, shortly. **daqui em diante** from now on, henceforward.

da.qui.lo [dak'ilu] *contr prep* **de** + *dem* **aquilo**: from that, of that.

dar [d'ar] *vt+vint+vpr* **1** to give, offer, bestow, present. *dei-lhe uma gorjeta* / I gave him a tip. *dê-me um cigarro* / give me a cigarette. *ela deu à luz uma filha* / she gave birth to a daughter. **2** to hand over, deliver. **3** to grant, concede. **4** *vulg* to have sex (to cause or experience pleasurable feelings in one's body, usually centred on one's anus or vagina). **5 dar-se** a) to happen, come to be, occur. b) to agree, live in harmony. *ele se dá bem com seus professores* / he gets along well with his teachers. *nós nos damos muito bem* / we get along very well together. **dá na mesma** it's all the same. **dar alta** to discharge (from a hospital). **dar as boas-vindas a** ʾo welcome, extend a welcome to. **dar ʾʾ caras** to show up. **dar cabo de** to kill. **dar certo** to come out right, turn out fine. **dar com** to meet, run across. **dar com a língua nos dentes** to blab, tattle, spill the beans. **dar no pé / dar o fora** to take to one's heels. **dar uma de doente** to feign illness. **dar um fora** *gír* to dump, get rid of someone. **dar um jeito** to fix up, manage, find a way. **dê o fora!** get out of here! **isto não dará certo** this won't work. **o relógio deu cinco horas** the clock struck five.

das [d'as] *contr prep* **de** + *art def fem pl* **as**: from the, of the.

da.ta [d'atə] *sf* **1** date. **2** time, period. **de longa data** from former times.

da.ti.lo.gra.far [datilograf'ar] *vt+vint* to typewrite, type.

da.ti.lo.gra.fi.a [datilograf'iə] *sf* typewriting, typing.

da.ti.ló.gra.fo [datil'ɔgrafu] *sm* typist.

de [di] *prep* **1** of. **2** from. *de onde você é?* / where are you from? **3** by. **4** to. **5** with. **6** on. **7** in. **a fim de que** in order that. **cego de um olho** blind on one eye. **de cabelo louro** with fair, fair-haired. **de cima** from above. **de fato** in fact. **de mau**

humor in a bad humour. **de preto** in black. **de propósito** on purpose. **de trás da árvore** from behind the tree. **de trem** by train. **de avião** by plane. **dormir de cansaço** to fall asleep from exhaustion.

de.bai.xo [deb'ajʃu] *adv* **1** under, beneath, below. **2** inferior. **3** decadently.

de.ban.dar [debãd'ar] *vt+vint* **1** to put to flight, scatter. **2** to flee, disperse.

de.ba.te [deb'ati] *sm* **1** debate, discussion. **2** contention, contest (of arguments). *a questão está em debate* / the matter lies at issue.

de.ba.ter [debat'er] *vt+vint+vpr* **1** to discuss. **2** to contend, debate. **3** to contest, argue. **4 debater-se** to fight, struggle, attempt to free oneself.

dé.bil [d'ɛbiw] *adj m+f* (*pl* **débeis**) **1** weak. **2** vacillating, irresolute, faint-hearted. **3** feeble, frail, infirm. **um débil mental** a feebleminded person.

de.bi.lói.de [debil'ɔjdi] *s m+f bras, deprec* a feebleminded person. • *adj m+f* feebleminded.

dé.bi.to [d'ɛbitu] *sm* **1** debt. **2** debit. **ao débito de** to the debit of.

de.bo.cha.do [deboʃ'adu] *adj* **1** lewd, licentious, indecent, obscene. **2** *bras* scoffing, mocking.

de.bo.che [deb'ɔʃi] *sm* **1** debauch, debauchery. **2** mockery, jeer.

de.bru.çar [debrus'ar] *vt+vpr* **1** to stoop, bend forward, lean over. **2** to incline, curve. **3 debruçar-se** to bend oneself, stoop.

de.bu.tan.te [debut'ãti] *sf* débutante. *ela foi debutante o ano passado* / she came out last year.

dé.ca.da [d'ɛkadə] *sf* decade.

de.ca.dên.cia [dekad'ẽsjə] *sf* decadence, decline, decay.

de.ca.den.te [dekad'ẽti] *adj m+f* decadent, decaying, deteriorating.

de.cal.que [dek'awki] *sm* **1** tracing, copying. **2** decalcomania.

de.cên.cia [des'ẽsjə] *sf* decency, propriety, *decorum*.

de.cen.te [des'ẽti] *adj m+f* **1** decent, proper, decorous. **2** honest, fair. **3** convenient.

de.ce.par [desep'ar] *vt* **1** to cut off, amputate, sever, maim. **2** to mutilate.

de.cep.ção [deseps'ãw] *sf (pl* **decepções**) disappointment, disillusion(ment), disenchantment, let-down.

de.cep.ci.o.nan.te [desepsjon'ãti] *adj m+f* disappointing.

de.cep.ci.o.nar [desepsjon'ar] *vt+vpr* to disappoint, surprise in an unpleasant way.

de.ci.di.da.men.te [desididam'ẽti] *adv* **1** resolutely. **2** courageously. **3** steadily. **decididamente a favor** flatly in favour of.

de.ci.di.do [desid'idu] *adj* **1** resolute, decided. **2** courageous, bold. **3** determined, unwavering. *estou decidido a ir* / I am resolved to go.

de.ci.dir [desid'ir] *vt+vint+vpr* **1** to decide. **2** to resolve. **3** to determine. **4** to settle, sentence. **5 decidir-se** to make up one's mind.

de.ci.frar [desifr'ar] *vt* **1** to decipher. *você consegue decifrar os garranchos desse médico?* / can you decipher this doctor's scrawl? **2** to interpret. **3** to guess.

de.ci.mal [desim'aw] *sf (pl* **decimais**) decimal (fraction). • *adj m+f* decimal.

de.cí.me.tro [des'imetru] *sm* decimetre, decimeter.

dé.ci.mo [d'ɛsimu] *sm* tenth, tenth part. • *adj* tenth.

de.ci.são [desiz'ãw] *sf (pl* **decisões**) **1** decision. **2** resolution, determination. **chegar a uma decisão** to come to a decision. **tomada de decisão** decision-making. **tomar uma decisão** to make a decision.

de.ci.si.vo [desiz'ivu] *adj* **1** decisive, conclusive. **2** critical, crucial. **isto foi decisivo** this was decisive. **resposta decisiva** final answer.

de.cla.mar [deklam'ar] *vt+vint* **1** to declaim. **2** to recite.

de.cla.ra.ção [deklaras'ãw] *sf (pl* **declarações**) **1** declaration, assertion. **2** statement. **3** document. **4** announcement. **5** declaration of love. **declaração de imposto de renda** income tax statement.

de.cla.ra.do [deklar'adu] *adj* **1** manifest, proved, obvious, apparent, evident, clear.

2 confessed, sworn, avowed. **inimigo declarado** sworn enemy.

de.cla.rar [deklar'ar] *vt+vint+vpr* **1** to declare, assert, state. *tem algo a declarar?* / (at customs) have you anything to declare? **2** to manifest, state. **3** to confess, admit of. **4 declarar-se** to pronounce oneself. **declarar guerra** to declare war.

de.cli.nar [deklin'ar] *vint+vt* **1** to reject, refuse, decline. **2** to decline, inflect. **3** to decline, sink, fall, decrease, decay.

de.clí.nio [dekl'inju] *sm* **1** decline, declination. **2** decay, decadence.

de.cli.ve [dekl'ivi] *sm* descending slope, declivity. • *adj* declivitous.

de.co.di.fi.car [dekodifik'ar] *vt* to decode, decipher.

de.co.la.gem [dekol'aӡẽj] *sf (pl* **decolagens**) *Aeron* take-off. **pista de decolagem** landing strip, landing field.

de.co.lar [dekol'ar] *vint Aeron* to take off.

de.com.po.si.ção [dekõpozis'ãw] *sf (pl* **decomposições**) **1** decomposition. **2** analysis.

de.co.ra.ção [dekoras'ãw] *sf (pl* **decorações**) **1** decoration. **2** ornamentation, adornment. **3** scenery, *décor.* **decoração de interiores** interior design, interior decoration. **decoração de vitrina** window dressing.

de.co.ra.dor [dekorad'or] *sm* decorator, interior designer.

de.co.rar[1] [dekor'ar] *vt+vint* **1** to learn by heart. **2** to know by heart. **3** to remember, retain, keep in mind.

de.co.rar[2] [dekor'ar] *vt* **1** to decorate. *eles decoraram a sala com azevinho* / they decorated the room with holly. **2** to adorn, ornament, embellish.

de.co.re.ba [dekor'ebə] *sf bras, gír* habit of learning by heart, without really understanding.

de.cor.ren.te [dekoř'ẽti] *adj m+f* **1** current, passing, elapsing. **2** deriving, resulting from, due to.

de.cor.rer [dekoř'er] *vt+vint* **1** to elapse, pass by. **2** to happen, occur. **3** to derive, originate from. **no decorrer do tempo** in the course of time.

de.co.ta.do [dekot'adu] *adj* low-necked, *décolleté.*

de.co.te [dek'ɔti] *sm* low neck (of a dress), neckline.

de.cre.to [dekr'ɛtu] *sm* 1 decree, edict. 2 plan, design. **nem por decreto** *fig* never, on no account.

de.cre.to-lei [dekrɛtul'ej] *sm* decree-law.

de.dal [ded'aw] *sm* (*pl* **dedais**) thimble.

de.dão [ded'ãw] *sm coloq* 1 thumb. 2 big toe.

de.dar [ded'ar] *vt+vint bras* 1 to accuse, denounce, delate. 2 to point one's finger at.

de.de.ti.za.ção [dedetizas'ãw] *sf* (*pl* **dedetizações**) spraying of insecticide.

de.de.ti.zar [dedetiz'ar] *vt* to spray insecticide.

de.di.ca.ção [dedikas'ãw] *sf* (*pl* **dedicações**) 1 devotion, affection, fondness. 2 dedication.

de.di.ca.do [dedik'adu] *adj* 1 dedicated, devoted. 2 consecrated. 3 zealous. **ser dedicado a** to be attached to.

de.di.car [dedik'ar] *vt+vpr* 1 to dedicate, devote. 2 to consecrate. 3 to dedicate, offer. 4 **dedicar-se** to devote oneself. *dedicar-se aos estudos* / to devote oneself to study.

de.di.ca.tó.ria [dedikat'ɔrjə] *sf* dedication.

de.do [d'edu] *sm* 1 finger (da mão). 2 toe (do pé). **cheio de dedos** mixed up, confused. **de dedo em riste** with pointing finger. **dedo anular** ring finger. **dedo indicador** forefinger, index finger. **dedo médio** middle finger. **dedo mínimo / dedo mindinho** little finger. **dedo polegar** thumb. **escolher a dedo** to pick and choose carefully. **ponta do dedo** finger tip.

de.do-du.rar [dedudur'ar] *vt+vint bras, gír* to accuse, delate.

de.do-du.ro [dedud'uru] *s m+f* (*pl* **dedos-duros**) *bras, gír* stool pigeon, stoolie, delator, informer.

de.du.rar [dedur'ar] *vt+vint bras, gír* = **dedo-durar**.

de.du.zir [deduz'ir] *vt+vint* 1 to deduce. 2 to reduce, deduct, subtract. 3 to infer, draw as a conclusion.

de.fe.car [defek'ar] *vt+vint* 1 to defecate. 2 to purify, clarify.

de.fei.to [def'ejtu] *sm* 1 defect. 2 fault,

imperfection, deficiency. **pôr defeitos em** find faults with.

de.fei.tu.o.so [defejtu'ozu] *adj* defective, faulty, imperfect.

de.fen.der [defẽd'er] *vt+vint+vpr* 1 to defend, protect. *ele me defendeu* / he defended me. 2 to help, aid, support. 3 **defender-se** *bras* to earn one's living (through smartness). *ele se defende com biscates* / *bras* he earns his living with odd jobs. **defender tese** to defend a thesis. **defender uma causa** to support a cause.

de.fen.si.vo¹ [defẽs'ivu] *sf* defensive, position of defence. **estar na defensiva** to be on the defensive.

de.fen.si.vo² [defẽs'ivu] *sm* protection, preservative, safeguard. • *adj* defensive, protective. **defensivo agrícola** pesticide.

de.fen.sor [defẽs'or] *sm* 1 defender, protector. 2 *Jur* attorney.

de.fe.sa¹ [def'ezə] *sf* 1 defence, defense. 2 justification, vindication. **defesa aérea** air defence. **em defesa de suas teorias** in support of his theories. **em defesa própria/em legítima defesa** in self-defence.

de.fe.sa² [def'ezə] *sm Fut* backfield, defence, defense.

de.fi.ci.ên.cia [defisi'êsjə] *sf* 1 deficiency. 2 lack, want, need. 3 insufficiency, shortage.

de.fi.ci.en.te [defisi'ẽti] *adj m+f* 1 deficient, defective, imperfect, faulty. 2 insufficient, wanting.

dé.fi.cit [d'ɛfisit] *sm* deficit, shortage.

de.fi.ci.tá.rio [defisit'arju] *adj* deficient, giving *deficit*, affording loss.

de.fi.ni.ção [definis'ãw] *sf* (*pl* **definições**) 1 definition, definement. 2 explanation.

de.fi.nir [defin'ir] *vt* 1 to define. 2 to determine, fix, decide.

de.fi.ni.ti.vo [definit'ivu] *adj* 1 definitive. 2 conclusive, final. 3 decisive. **uma resposta definitiva** a definite answer.

de.for.ma.ção [deformas'ãw] *sf* (*pl* **deformações**) 1 deformation, disfigurement. 2 deformity.

de.for.mar [deform'ar] *vt* to deform, distort, disfigure, misshape. *a artrite pode de-*

formar gravemente as mãos e os dedos / arthritis can severely deform the hands and fingers.

de.for.mi.da.de [deformid'adi] *sf* deformity, disfigurement, malformation.

de.fron.tar [defrõt'ar] *vt+vpr* **1** to confront, stand facing. **2** to face, meet, encounter. *temos de nos defrontar com a possibilidade de ruína financeira* / we have to face the possibility of financial ruin.

de.fron.te [defr'õti] *adv* face to face, opposite to, in front of. **defronte de** in face of.

de.fu.ma.dor [defumad'or] *sm* **1** smoker: one who cures or smokes. **2** vessel for fumigating. **3** incense burner. • *adj* smoking, curing.

de.fu.mar [defum'ar] *vt* **1** to smoke-dry, cure with smoke. **2** *bras* to burn incense or herbs to attract good luck.

de.fun.to [def'ũtu] *sm* deceased, dead person. • *adj* dead, extinct, deceased.

de.ge.ne.ra.do [deʒener'adu] *sm* a degenerate person. • *adj* degenerate, degraded.

de.ge.ne.rar [deʒener'ar] *vt+vint* **1** to degenerate. **2** to fall off, deteriorate. **3** to decline.

de.go.lar [degol'ar] *vt* to decollate, behead, decapitate, cut off the head of.

de.gra.da.ção [degradas'ãw] *sf* (*pl* **degradações**) **1** degradation, deposition, demotion. **2** degeneration, decay.

de.gra.dan.te [degrad'ãti] *adj m+f* degrading, debasing.

de.grau [degr'aw] *sm* **1** stairstep, step. **2** rung, tread (of a ladder). **3** *fig* degree or grade of progress.

de.grin.go.lar [degrĩgol'ar] *vint* **1** to roll down, fall. **2** to come down, decay, ruin.

dei.ta.do [dejt'adu] *adj* **1** lying, stretched out. **2** in bed.

dei.tar [dejt'ar] *vt+vpr* **1** to lie, lay (down), put down horizontally. *deitei-o no chão* / I laid him down. **2 deitar-se** a) to lie down. b) to go to bed. *você deita-se muito tarde* / you go to bed very late. **deitar abaixo** to pull down, demolish, destroy. **deitar cedo** to go to bed early.

deitar e rolar a) to do as one pleases, taking advantage of one's position or situation. b) to have fun, enjoy oneself.

dei.xa [d'ejʃə] *sf* **1** letting. **2** legacy. **3** *Teat* cue. **4** cue, hint.

dei.xar [dejʃ'ar] *vt+vpr* **1** to leave. *deixe isto a critério dele!* / leave that to him! *deixe-me em paz!* / leave me alone! *ele deixou todos para trás* / he left everybody behind. **2** to abandon, forsake. **3** to release, let go. **4** to allow, permit, let. *não se deixe dominar pelas suas paixões!* / don't let your passions overcome you! **5** to postpone, put off. **6** to leave, desist from, abstain from, quit. **deixar de fumar** to give up smoking, stop smoking, quit smoking. **deixar entrar** to let in, admit. **deixar muito a desejar** to be quite unsatisfactory. **deixar para lá** not to worry, let it be. *deixe para lá!* / never mind!, forget it! **deixe disso!** come out of that!, give it a miss! **ela me deixa nervoso** she gets on my nerves. **vamos deixar como está, para ver como fica** let's wait and see.

de.je.to [deʒ'ɛtu] *sm* **1** evacuation, defecation. **2** excrements, feces, dejecta.

de.la [d'ɛlə] *contr prep* **de** + *pron pess fem sing* **ela**: her, hers, of her, from her. *um amigo dela* / a friend of hers. *ela faz suas próprias roupas* / she makes her own clothes. *sempre tive medo dela* / I've always been afraid of her.

de.la.ção [delas'ãw] *sf* (*pl* **delações**) delation, denouncement, accusation.

de.las [d'ɛləs] *contr prep* **de** + *pron pess fem pl* **elas**: their(s). *um amigo delas* / a friend of theirs. *nossos interesses e os delas geralmente coincidem* / our interests and theirs usually coincide. *minhas irmãs acabaram de vender sua casa (a casa delas)* / my sisters have just sold their house.

de.la.tar [delat'ar] *vt* **1** to delate, inform against. **2** to denounce, accuse.

de.la.tor [delat'or] *sm* delator, informer, squealer.

de.le [d'eli] *contr prep* **de** + *pron pess masc sing* **ele**: his, of his, from him, of him. *a culpa foi dele* / the fault was his.

um amigo dele / a friend of his. *ele faz seu próprio pão* / he makes his own bread. *Paul estava muito zangado e eu estava com medo dele* / Paul was very angry and I was afraid of him.

de.le.ga.ci.a [delegas'iə] *sf* **1** office or position of a delegate. **2** police station.

de.le.ga.do [deleg'adu] *sm* **1** delegate, representative, deputy. **2** commissioner. **3** police officer, the chief officer in a police station.

de.les [d'elis] *contr prep* **de** + *pron pess masc pl* **eles**: their(s). *um amigo deles* / a friend of theirs. *estes livros são meus, não deles* / these books are mine, not theirs. *acho que eu devia dizer-lhes que a culpa foi deles* / I think I should tell them it was their fault.

de.li.be.ra.do [deliber'adu] *adj* deliberate, intentional, studied, premeditated.

de.li.be.rar [deliber'ar] *vt+vint* **1** to deliberate, ponder, reflect upon. **2** to premeditate.

de.li.ca.de.za [delikad'ezə] *sf* **1** delicacy. **2** politeness, courtesy, attentiveness. **3** subtlety, sensitivity.

de.li.ca.do [delik'adu] *adj* **1** delicate. **2** courteous, polite, attentive. **3** subtle. **4** sensitive. **5** critical. **6** effeminate.

de.lí.cia [del'isjə] *sf* **1** delicacy, dainty. **2** any delightful thing. *isto é uma delícia* / this is delicious.

de.li.ci.ar [delisi'ar] *vt+vpr* **1** to delight, please greatly, gratify, charm. **2** to be pleased, have pleasure in, enjoy. **5 deliciar-se** to take delight in, indulge in. *ela se deliciou com uma xícara de café* / she indulged in a cup of coffee.

de.li.ci.o.so [delisi'ozu] *adj* **1** delicious, delightful, dainty. **2** excellent, perfect. **3** toothsome.

de.lin.qüên.cia [delĩk'wẽsjə] *sf* **1** delinquency. **2** fault, guilt, misdemeanor. **delinqüência juvenil** juvenile delinquency.

de.lin.qüen.te [delĩk'wẽti] *s m+f* delinquent, transgressor. • *adj* delinquent.

de.li.ran.te [delir'ãti] *adj m+f* **1** delirious, insane, lightheaded. **2** frantic, excited, raving.

de.li.rar [delir'ar] *vint* to be delirious, talk nonsense, rave, wander in mind.

de.lí.rio [del'irju] *sm* **1** *delirium*, derangement, insanity. **2** excitement, enthusiasm. **3** ecstasy.

de.li.to [del'itu] *sm* delict, fault, offense against the law. **em flagrante delito** in the very act.

de.lon.ga [del'õgə] *sf* delay, postponement, procrastination. **sem delongas** without any delay.

de.ma.go.gi.a [demagoʒ'iə] *sf* demagogy, principles and methods of a demogogue.

de.ma.go.go [demag'ogu] *sm* demagogue.

de.mais¹ [dem'ajs] *adj* too much, excessive, overmuch. *não será demais?* / isn't it too much? • *adv* besides, moreover, too much, too many, excessively, more than enough. **arriscar-se demais** to risk too much. **beber demais** to overdrink, drink too much. **bom demais para ser verdade** too good a thing to be true. **cedo demais** too soon. **comer demais** to overeat. **falar demais** to overspeak, talk too much. **levar longe demais** to overcarry, go too far. **por demais** excessively. **tarde demais** too late.

de.mais² [dem'ajs] *pron pl* the others, the rest. *não consigo resolver a primeira e a terceira questões, mas resolvi todas as demais* / I can't do the first and third questions, but I've done all the others.

de.mão [dem'ãw] *sf* (*pl* **demãos**) coat, coating (of paint etc.). **dar uma demão de tinta** to apply a coat of paint. **última demão (de tinta)** paint finish.

de.ma.si.a [demaz'iə] *sf* **1** surplus, overplus. **2** excess. **3** remainder. **4** superfluity, superabundance. **comprar em demasia** to overbuy. **descuidado em demasia** overcareless. **eles comeram em demasia** they ate too much.

de.ma.si.a.da.men.te [demazjadam'ẽti] *adv* excessively, overmuch, too. *estou demasiadamente cansado!* / I am too tired! **demasiadamente ativo** overactive. **demasiadamente curioso** overcurious.

de.ma.si.a.do [demazi'adu] *adj* **1** excessive, overmuch, too much. *esta* *mesada é demasiada para um estudante tão jovem* / that allowance is too large for so a young student. **2** exaggerated.

de.mên.cia [dem'ẽsjə] *sf* (*pl* **demências**) **1** *Med* dementia. **2** *pop* insanity, madness, craziness.

de.men.te [dem'ẽti] *s m+f* **1** *Med* demented person. **2** *pop* madman, lunatic. • *adj m+f* **1** *Med* demented. **2** *pop* insane, mad, crazy, lunatic.

de.mis.são [demis'ãw] *sf* (*pl* **demissões**) **1** dismissal, discharge. **2** resignation, abdication. *solicitei minha demissão* / I sent in my resignation. **pedir demissão** to resign.

de.mi.ti.do [demit'idu] *adj* dismissed, fired.

de.mi.tir [demit'ir] *vt+vpr* **1** to dismiss, discharge, fire. **2** to give leave of departure. **3** to renounce, give up. **4 demitir-se** to resign, quit. *ele foi demitido* / he got the boot, he got the sack, he was fired, he was dismissed.

de.mo [d'emu] *sm* **1** demon, devil. **2** turbulent or cunning person. **3** demo, demonstration.

de.mo.cra.ci.a [demokras'iə] *sf m+f* democracy. **social democracia** social democracy.

de.mo.cra.ta [demokr'atə] *s m+f* democrat. • *adj m+f* democratic(al).

de.mo.dê [demod'e] *adj m+f démodé*: out of fashion.

de.mo.li.ção [demolis'ãw] *sf* (*pl* **demolições**) **1** demolition, demolishment. **2** destruction.

de.mo.lir [demol'ir] *vt* **1** to demolish, pull down, peck down. **2** to ruin, destroy.

de.mo.ní.a.co [demon'iaku] *adj* demoniac(al), demonic, devilish.

de.mô.nio [dem'onju] *sm* **1** demon, devil. **2** evil spirit. **3** wicked person. **4** reckless or dashing person. **5** impish child.

de.mons.tra.ção [demõstras'ãw] *sf* (*pl* **demonstrações**) **1** demonstration. **2** proof, evidence. **3** manifestation, exhibition, display. **4** exposition. **demonstração de lucros** profit statement. **demonstração financeira** financial statement.

de.mons.trar [demõstr'ar] *vt* **1** to demonstrate. **2** to prove by reasoning. *ela demonstrou ser boa filha* / she proved herself a good daughter. **3** to give evidence of, evince, show. *ele demonstrou muita perseverança* / he showed great perseverance.

de.mo.ra [dem'ɔrə] *sf* **1** delay, retardation, lateness. **2** procrastination, deferring, postponement. **venha sem demora!** come at once!

de.mo.ra.do [demor'adu] *adj* **1** long, lengthy, protracted. **2** slow, lingering, dragging.

de.mo.rar [demor'ar] *vt+vint+vpr* **1** to retard, keep back, detain. **2** to stay, dwell, live, abide, sojourn. *demorei-me muito no Rio de Janeiro* / I stayed a long time in Rio de Janeiro. **3** (também **demorar-se**) to be late, be long. *a operação demorou muito* / the operation took a long time.

den.dê [dẽd'e] *sm bras, Bot* **1** African oil palm (*Elaeis guineensis*). **2** its fruit.

de.ne.grir [deneg'rir] *vt+vpr* **1** to denigrate, defame, slander. **2** to sully, stain, defile. **3** to blacken.

den.go.so [dẽg'ozu] *adj* **1** affected, finical, dainty. **2** coy. **3** effeminate, womanly. **4** whining.

den.gue [d'ẽgi] *sf Med* dengue, breakbone fever.

de.no.tar [denot'ar] *vt* to denote: a) to show, indicate, point out. b) to signify, mean, symbolize.

den.si.da.de [dẽsid'adi] *sf* **1** density, thickness, compactness, closeness. **2** *Estat* density of population.

den.so [d'ẽsu] *adj* dense: **1** thick, compact. **2** close, tight. **3** *fig* dark.

den.ta.da [dẽt'adə] *sf* **1** bite, biting. **2** wound made by biting. **3** morsel. **4** biting remark.

den.ta.do [dẽt'adu] *adj* **1** toothed. **2** *Bot* dentate: having a tooth-shaped pattern. **roda dentada** cogwheel, toothed wheel.

den.ta.du.ra [dẽtad'urə] *sf* denture, set of artificial teeth.

den.tal [dẽt'aw] *sf* (*pl* **dentais**) *Fon* dental consonant. • *adj m+f* dental. **creme dental** toothpaste. **fio dental** dental floss.

den.te [d'ēti] *sm* **1** tooth. *ela defendeu-se com unhas e dentes* / she fought tooth and nail. *nasceu-lhe o primeiro dente* / he cut his first tooth. **2** fang, tusk. **armado até os dentes** armed to the teeth. **arrancar um dente** to have a tooth pulled. **dente de alho** clove of garlic. **dente de leite** milk tooth. **dente do siso** wisdom tooth. **dente por dente** a tooth for a tooth, tit for tat. **escova de dentes** toothbrush. **escovar os dentes** to brush one's teeth. **obturar um dente** to fill a tooth, have a tooth filled. **pasta de dentes** toothpaste.

den.ti.frí.cio [dẽtifr'isju] *sm* dentifrice: a paste, powder, or liquid for cleaning the teeth.

den.tis.ta [dẽt'istə] *s m+f* dentist. **cirurgião-dentista** dental surgeon.

den.tre [d'ẽtri] *prep* **1** among(st), in the midst of. **2** from among.

den.tro [d'ẽtru] *adv* inside, within, indoors. *a árvore estava oca por dentro* / the tree was hollow inside. **aqui dentro** in here. **de dentro** from within. **dentro de alguns minutos** within a few minutes. **dentro de casa** indoors. **dentro de quinze dias** within a fortnight. **dentro de um ano** in the course of a year. **já para dentro!** in with you! **lá dentro** in there. **para dentro** inwards, into.

de.nún.cia [den'ũsjə] *sf* **1** denunciation, denouncement, accusation, deletion. **2** *Jur* indictment: a formal accusation. **3** report, disclosure.

de.nun.ci.ar [denũsi'ar] *vt* **1** to denounce, accuse, inform against. *não me denuncie!* / don't inform on me! *o cheiro denunciou sua presença* / the smell denounced his presence. **2** *Jur* to indict.

de.pa.rar [depar'ar] *vt+vpr* **1** to cause to appear suddenly. **2** to find, fall in with, come upon. **3** to encounter, stumble upon, come across. **deparar(-se) com** to come across.

de.par.ta.men.to [departam'ẽtu] *sm* department. **Departamento dos Correios e Telégrafos** Post Office Department.

de.pe.nar [depen'ar] *vt* **1** to pluck the feathers of. **2** *fig* to fleece, skin, strip of money.

de.pen.dên.cia [depẽd'ẽsjə] *sf* **1** dependence, subjection. **2** subordination. **3** dependency. **4** *Educ* an incomplete subject.

de.pen.den.te [depẽd'ẽti] *s e adj m+f* dependent.

de.pen.der [depẽd'er] *vt* **1** to depend on, be contingent on. *isso depende das circunstâncias* / that depends upon circumstances. *depende inteiramente de você* / it all depends on you. **2** to be conditioned on, be based on. **depender de alguém** to depend on someone.

de.plo.rá.vel [deplor'avew] *adj m+f (pl* **deploráveis)** **1** deplorable, lamentable. **2** detestable, abominable. **3** pitiable, pitiful. *ele se encontrava em estado deplorável* / he was in a pitiful condition.

de.po.i.men.to [depojm'ẽtu] *sm* **1** deposition, affidavit, testimony. **2** declaration, statement. **prestar depoimento** to bear testimony.

de.pois [dep'ojs] *adv* **1** after, afterward(s), later on, subsequently, then. **2** besides, moreover. **depois de** behind, following. **depois de amanhã** the day after tomorrow. **depois de anoitecer** after dark. **depois disso** thereafter. **depois e não antes** then and not till then. **depois que** after, subsequent to. **seis meses depois** six months later.

de.por [dep'or] *vt+vint* **1** to put down, lay down, set aside. **2** to depose, divest or deprive of office, discharge, dethrone. **3** to testify, witness, depone, bear witness.

de.por.tar [deport'ar] *vt* to deport, banish, exile, expatriate.

de.po.si.tar [depozit'ar] *vt* to deposit, commit to for custody, entrust, lodge with for safekeeping. **depositar em banco** to deposit in a bank, make a deposit.

de.pó.si.to [dep'ɔzitu] *sm* deposit: a) that which is deposited, especially money lodged with a bank. b) depot, depository, store, storehouse, warehouse. **comprovante de depósito** deposit slip. **em depósito** on hand, in stock. **fazer um depósito bancário** to make a deposit.

de.pra.va.do [deprav'adu] *adj* depraved, corrupt, vicious, degenerate.

de.pre.ci.ar [depresi'ar] *vt* to depreciate: a) to lessen in price or estimated value, lower the worth of. b) to disparage, undervalue, belittle.

de.pre.dar [depred'ar] *vt* 1 to depredate, despoil, lay waste, prey upon, plunder. 2 to destroy, make into ruins.

de.pres.sa [depr'ɛsə] *adv* 1 fast, quickly, swiftly, readily, speedily. 2 hurriedly, hastily. **depressa!** hurry up!, make haste!

de.pres.são [depres'ãw] *sf (pl* **depressões)** 1 depression, dejection, low-spiritedness, melancholy. 2 hollow, concavity, pit. 3 *Econ* recession, slowdowm, stagnation.

de.pres.si.vo [depres'ivu] *adj* 1 depressive. 2 depressing.

de.pri.men.te [deprim'ẽti] *adj m+f* 1 depressive, depressing. 2 debasing, degrading.

de.pri.mi.do [deprim'idu] *adj* depressed, dejected, dispirited, downcast, low-spirited.

de.pri.mir [deprim'ir] *vt* to depress: a) to lower, press down. b) to enfeeble, weaken, enervate. c) to deject, sadden, dispirit.

de.pu.ta.do [deput'adu] *sm* 1 deputy: representative delegate, commissioner. 2 *brit* MP (Member of Parliament), a member of the House of Commons, *amer* congressman, member of the House of Representatives.

de.ri.va.do [deriv'adu] *sm Gram, Mús, Quím* derivative. • *adj* derivative, secondary. **derivados do leite** dairy products.

de.ri.var [deriv'ar] *vt+vint* 1 to derive: to form from, create from. 2 to originate from, arise from, issue, descend.

der.ra.dei.ro [derad'ejru] *adj* 1 last, hindmost. 2 final, conclusive, ultimate.

der.ra.mar [deram'ar] *vt* 1 to spill. 2 to exhale, give forth, discharge, emanate. 3 to cause to flow or fall from a cut or wound. 4 to disperse, drive asunder, scatter.

der.ra.me [deř'ʌmi] *sm pop, Med* stroke, apoplexy.

der.ra.par [deřap'ar] *vint bras* to skid, sideslip.

der.re.a.do [deře'adu] *adj* bowed down, worn out, jaded.

der.re.ter [deřet'er] *vt+vpr* 1 to melt, liquefy, fuse. 2 to thaw. 3 **derreter-se** to become softhearted, become tender.

der.ro.ta [deř'ɔtə] *sf* defeat, rout, overthrow.

der.ro.tar [deřot'ar] *vt* 1 to defeat, rout, vanquish, overthrow. 2 to beat, outdo.

der.ru.bar [deřub'ar] *vt+vpr* 1 to throw down, throw to the ground, knock down. 2 to overthrow, overturn. 3 to cut down (trees).

de.sa.ba.far [dezabaf'ar] *vt+vint+vpr* 1 to uncover, expose to the air. 2 to open, reveal, disclose. 3 **desabafar-se** a) to uncover oneself. b) to pour out one's heart (to), unburden oneself. *ela se desabafou* / she poured out her heart.

de.sa.bar [dezab'ar] *vt+vint* 1 to crumble, fall down, tumble. 2 to collapse.

de.sa.bo.to.ar [dezaboto'ar] *vt+vint* to unbutton, loose the buttons (of).

de.sa.bri.ga.do [dezabrig'adu] *adj* 1 unsheltered, unprotected, uncovered. 2 exposed, open.

de.sa.bu.sa.do [dezabuz'adu] *adj* 1 unprejudiced, impartial. 2 impudent, bold-faced, impertinent. 3 unrestrained, unchecked, inconvenient.

de.sa.ca.tar [dezakat'ar] *vt+vint* 1 to disrespect, disregard, slight, neglect. 2 to affront, insult.

de.sa.ca.to [dezak'atu] *sm* 1 disrespect, disregard, discourtesy. 2 profanation, desecration.

de.sa.con.se.lhá.vel [dezakõseλ'avew] *adj m+f (pl* **desaconselháveis)** inadvisable, inexpedient.

de.sa.cor.da.do [dezakord'adu] *adj* unconscious, not aware, senseless.

de.sa.cor.do [dezak'ordu] *sm* 1 disagreement, disaccord, discord, dissension, divergency, difference, disharmony. 2 disunion, contrariety, variance. **estar em desacordo** to be at variance.

de.sa.cos.tu.ma.do [dezakostum'adu] *adj* unaccustomed, unused to, not used to.

de.sa.fe.to [dezaf'ɛtu] *sm* 1 disaffection, disloyalty. 2 *bras* adversary, opponent, enemy, foe, rival.

de.sa.fi.ar [dezafi'ar] *vt* 1 to challenge, defy, provoke, dare. 2 to invite (to a match or game). **desafiar para um duelo** to challenge or summon to a duel. **desafiar para um jogo** to invite to a game.

de.sa.fi.na.do [dezafin'adu] *adj* dissonant, inharmonious, out of tune, jarring. *o piano está desafinado* / the piano is out of tune.

de.sa.fi.o [dezaf'iu] *sm* 1 challenge, defiance, provocation, defy, contest, competition. 2 *bras* a musical competition between two popular singers.

de.sa.fo.ro [dezaf'oru] *sm* 1 insolence, impudence, impertinence. 2 insult, injury, affront, effrontery, sauciness, outrage. **que desaforo!** what a cheek!

de.sa.gra.dar [dezagrad'ar] *vt+vpr* 1 to discontent, disgust, displease, dissatisfy. 2 **desagradar-se** to become disgusted with, dislike. *a coisa que mais me desagrada* / the thing I dislike most. *isto me desagrada* / I don't like that.

de.sa.gra.dá.vel [dezagrad'avew] *adj m+f* (*pl* **desagradáveis**) 1 disagreeable, unpleasant, displeasing. 2 nasty, troublesome. 3 rash, rough. 4 joyless, offensive. **tempo desagradável** bad weather.

de.sa.gra.do [dezagr'adu] *sm* unpleasantness, distaste, displeasure, dislike, discontent. **cair no desagrado** to lose a person's favour, be disgraced, be in someone's black books.

de.sa.jei.ta.do [dezaʒejt'adu] *adj* unskillful, awkward, clumsy, fumbling, left-handed, uncouth, tactless, heavy-handed.

de.sa.jus.ta.do [dezaʒust'adu] *sm* misfit. • *adj* 1 disconnected, disarranged, badly fitted. 2 maladjusted.

de.sa.len.to [dezal'ẽtu] *sm* 1 discouragement, disheartenment, faintness, dispiritedness. 2 dejection, prostration, dismay, despondency.

de.sa.mar.rar [dezamar'ar] *vt+vpr* 1 to untie, unfasten, loosen, detach, unbind, unlace. 2 **desamarrar-se** to get loose.

de.sa.mor [dezam'or] *sm* want of love, lovelessness, disaffection, dislike.

de.sam.pa.rar [dezãpar'ar] *vt* to abandon, quit, leave, forsake, desert.

de.sam.pa.ro [dezãp'aru] *sm* abandonment, destitution, helplessness, friendlessness, defencelessness. **estar no maior desamparo** to be forsaken by everybody. **viver ao desamparo** to live forsaken.

de.sa.ni.ma.do [dezanim'adu] *adj* discouraged, dispirited, disheartened, downhearted, exanimate, hopeless, depressed. **estar desanimado** to be discouraged, have the blues.

de.sa.ni.mar [dezanim'ar] *vt+vint* 1 to discourage, dishearten, depress, deject, dispirit, despond. 2 to deter from, discountenance. **desanimar alguém** to put someone out of countenance, discourage a person.

de.sâ.ni.mo [dez'ʌnimu] *sm* discouragement, disheartenment, dispiritedness, depression, dismay, prostration, hopelessness.

de.sa.pa.re.cer [dezapares'er] *vint* to disappear, vanish, go out of sight. *ele desapareceu da cidade* / he disappeared from town.

de.sa.pa.re.ci.do [dezapares'idu] *sm* missing person. • *adj* absent, disappeared, vanished, missing.

de.sa.pa.re.ci.men.to [dezaparesim'ẽtu] *sm* disappearance, vanishing, evanishment, fading, loss.

de.sa.per.ce.bi.do [dezaperseb'idu] *adj* 1 unprepared, destitute, unfurnished, unequipped, deprived of. 2 incautious, careless, negligent, unguarded.

de.sa.pon.ta.do [dezapõt'adu] *adj* disappointed, frustrated, thwarted.

de.sa.pon.ta.men.to [dezapõtam'ẽtu] *sm* disappointment, frustration, baffling, letdown.

de.sa.pon.tar [dezapõt'ar] *vt* to disappoint, frustrate, baffle, thwart.

de.sa.pren.der [dezaprẽd'er] *vt* to unlearn, forget.

de.sa.pro.var [dezaprov'ar] *vt* 1 to disapprove, disallow, disfavour, dislike, dispraise. 2 to censure, condemn, criticize.

de.sar.ma.men.to [dezarmam'ẽtu] *sm* 1 disarmament, reduction of troops. 2 unmanning of a ship, unrigging.

de.sar.mar [dezarm'ar] *vt+vint* 1 to disarm, unarm, deprive of arms. 2 to dismount, disjoint, disassemble, dismantle, knock down.

de.sar.ran.jo [dezar̃'aʒu] *sm* disarrangement, disorder, derangement, distemper, disconcertment, breakdown. **desarranjo intestinal** diarrhea, dysentery.

de.sar.ru.mar [dezar̃um'ar] *vt* 1 to disarrange, put out of place, displace, dislocate. 2 to disorder, derange, disturb, put in confusion.

de.sas.tra.do [dezastr'adu] *adj* 1 disastrous. 2 awkward, clumsy, maladroit.

de.sas.tre [dez'astri] *sm* disaster: a) calamity, misfortune, unhappiness. b) accident. c) loss, damage.

de.sa.ten.ção [dezatẽs'ãw] *sf* (*pl* **desatenções**) inattention, absence of mind, inattentiveness, mindlessness, carelessness, headlessness, regardlessness, disregard, negligence.

de.sa.ten.to [dezat'ẽtu] *adj* inadvertent, absentminded, heedless, careless, thoughtless, regardless, forgetful, unmindful.

de.sa.ti.na.do [dezatin'adu] *adj* 1 hotheaded. 2 crazy, giddy, mad.

de.sa.ti.no [dezat'inu] *sm* madness, folly, nonsense.

de.sa.tu.a.li.za.do [dezatwaliz'adu] *adj* 1 outdated, outmoded. 2 old-fashioned, *démodé.*

de.sa.ven.ça [dezav'ẽsə] *sf* dissension, disagreement, discord, disunion, quarrel, debate, strife.

de.sa.ver.go.nha.do [dezavergoñ'adu] *sm* shameless person. • *adj* shameless, impudent, brazen-faced, insolent, unabashed, unashamed.

de.sa.vi.sa.do [dezaviz'adu] *adj* ill-advised, not informed, unwise, imprudent.

des.ban.car [dezbãk'ar] *vt* to surpass, excel, beat, outclass.

des.bo.ca.do [dezbok'adu] *adj* unrestrained, foul-mouthed.

des.bo.tar [dezbot'ar] *vt+vpr* 1 to discolour, deface the colour. 2 **desbotar-se** to fade, tarnish, be discoloured.

des.bun.da.do [dezbũd'adu] *adj bras, gír* 1 lacking self-control. 2 shocking.

des.bun.dan.te [dezbũd'ãti] *adj m+f bras, gír* excellent, great.

des.bun.dar [dezbũd'ar] *vint bras, gír* 1 to lose self-control. 2 to cause impact, shock.

des.bun.de [dezb'ũdi] *sm bras, gír* craziness, derangement.

des.ca.bi.do [deskab'idu] *adj* improper, inopportune, not suitable.

des.ca.la.bro [deskal'abru] *sm* 1 breakdown, ruin. 2 damage, loss. 3 rout, defeat. 4 trouble, calamity, misfortune.

des.cal.çar [deskaws'ar] *vt+vpr* 1 to take off (shoes, stockings, gloves). 2 to take away (paving stones). 3 **descalçar-se** to pull off one's shoes.

des.cal.ço [desk'awsu] *adj* barefoot, barefooted.

des.cam.bar [deskãb'ar] *vint* 1 to slide. 2 *fig* to talk imprudently. 3 *bras* to descend, incline. 4 to degenerate into.

des.can.sa.do [deskãs'adu] *adj* 1 calm, tranquil, serene. 2 slow, sluggish.

des.can.sar [deskãs'ar] *vt* to repose, give rest, put at rest: a) to repose, give rest, put at rest. b) to relax, be at ease. c) to pause. d) to slumber, sleep. **descanse em paz!** rest in peace! **sem descansar** without intermission, incessantly, continually.

des.can.so [desk'ãsu] *sm* 1 rest, resting, repose. 2 sleep, slumber.

des.ca.ra.do [deskar'adu] *sm* shameless person. • *adj* shameless, saucy, impudent, insolent, barefaced.

des.ca.ra.men.to [deskaram'ẽtu] *sm* shamelessness, impudence, barefacedness, sauciness, insolence, cheek. *ele teve o descaramento de dizer* / he had the cheek to say.

des.car.ga [desk'argə] *sf* **1** discharge: a) unloading. b) firing, gunfire. **2** *Med* evacuation, excretion.

des.car.re.gar [deskaɾeg'ar] *vt+vint* **1** to discharge: a) to unload, unburden. b) to dump. c) to fire off, shoot off (a gun). **2** to vent, give vent to, wreak. *não descarregue suas frustrações em mim* / don't vent your frustrations on me. **3** to ease, lighten, alleviate.

des.car.tar [deskart'ar] *vt+vpr* **1** to discard, reject, throw aside, dismiss. **2 descartar-se (de)** to get rid of, put off, leave alone.

des.cas.car [deskask'ar] *vt* **1** to peel, shell, bark, husk. **2** to skin, scale. **3** *bras* to reprimand, reproof, censure, condemn, scold.

des.ca.so [desk'azu] *sm* **1** negligence, inattention. **2** indifference, carelessness.

des.cen.dên.cia [desẽd'ẽsjə] *sf* **1** descent, lineage, pedigree. **2** issue, offspring. **de baixa descendência** lowborn. **de descendência ilustre** highborn.

des.cen.den.te [desẽd'ẽti] *s m+f* descendant, descendent. • *adj m+f* descending, descendent.

des.cen.der [desẽd'er] *vt* to descend, proceed, come from.

des.cen.tra.li.za.ção [desẽtralizas'ãw] *sf* (*pl* **descentralizações**) decentralization.

des.cen.tra.li.zar [desẽtraliz'ar] *vt* to decentralize.

des.cer [des'er] *vt+vint* **1** to descend: to go down, come down, dismount, step down. **2** to get off, disembark. **3** to down, bring down, put down, take down, get down. **desça!** down! **descer do ônibus** to get off the bus. **os preços estão descendo** prices are falling.

des.ci.da [des'idə] *sf* **1** descent, descending. **2** declivity, slope, hillside. **3** decadence, deterioration.

des.clas.si.fi.car [desklasifik'ar] *vt* **1** to disqualify. **2** to lower, degrade, dishonour, disgrace.

des.co.ber.ta [deskob'ɛrtə] *sf* **1** discovery, invention, finding, disclosure. **2** discovered land.

des.co.ber.to [deskob'ɛrtu] *adj* **1** discovered. **2** (também *Com, Mil*) uncovered, bare, bare-headed, naked, nude.

des.co.bri.men.to [deskobrim'ẽtu] *sm* **1** discovery. **2** finding. **o descobrimento do Brasil** the discovery of Brazil.

des.co.brir [deskobr'ir] *vt* **1** to discover. **2** to uncover. **3** to find. **4** to detect, perceive, see. **descobrir uma mina de ouro** to discover a gold mine.

des.co.la.do [deskol'adu] *adj bras, gír* **1** up-to-date. **2** fashionable. **3** clever at doing and making things.

des.com.pos.tu.ra [deskõpost'urə] *sf* **1** discomposure, disorder, agitation, disturbance. **2** reprimand, censure.

des.co.mu.nal [deskomun'aw] *adj m+f* (*pl* **descomunais**) **1** uncommon, rare. **2** extraordinary, remarkable. **3** huge, enormous, gigantic.

des.con.cer.tan.te [deskõsert'ãti] *adj m+f* **1** disconcerting, disarranging. **2** upsetting, disturbing, perplexing.

des.con.cer.tar [deskõsert'ar] *vt+vpr* **1** to disconcert, disarrange, disorder, derange. **2** to discompose, confuse, upset, embarrass, perplex. **3 desconcertar-se** to become upset, get confused, be perplexed, bewildered, puzzled or confounded. **a notícia o desconcertou** he was put out by the news.

des.co.ne.xo [deskon'ɛksu] *adj* **1** disconnect(ed), unconnected, separate. **2** incoherent, abrupt (style).

des.con.fi.a.do [deskõfi'adu] *adj* distrustful, mistrustful, suspicious.

des.con.fi.an.ça [deskõfi'ãsə] *sf* distrust, suspicion, mistrust, doubt.

des.con.fi.ar [deskõfi'ar] *vt* **1** to distrust, mistrust, suspect, doubt. **2** to conceive, imagine.

des.con.fi.ô.me.tro [deskõfi'ometru] *sm* *bras, coloq* the capacity a person has in order to feel if he or she is inconvenient. *ela nunca tem desconfiômetro* / she never realizes she is inconvenient.

des.con.for.to [deskõf'ortu] *sm* **1** uncomfortableness, discomfort. **2** affliction, distress.

des.con.ge.lar [deskõʒel'ar] *vt* to thaw, defrost.

des.con.ges.ti.o.nan.te [deskõʒestjon'ãti] *sm Med* decongestant. • *adj m+f* decongestant.

des.con.ges.ti.o.nar [deskõʒestjon'ar] *vt+vpr* 1 *Med* to decongest. 2 to deplete. 3 **descongestionar-se** to free of, clear.

des.co.nhe.cer [deskoñes'er] *vt* 1 to ignore, not to know. 2 to be ignorant of. 3 to be ungrateful.

des.co.nhe.ci.do [deskoñes'idu] *sm* stranger, an unknown person. • *adj* unknown, anonymous, nameless. **ilustre desconhecido** an obscure individual.

des.co.nhe.ci.men.to [deskoñesim'ẽtu] *sm* 1 ignorance, want of knowledge, non-acquaintance, unfamiliarity. 2 ungratefulness, thanklessness.

des.con.si.de.rar [deskõsider'ar] *vt* 1 to disrespect, disregard. 2 to lose one's reputation.

des.con.so.la.do [deskõsol'adu] *adj* disconsolate, desolate, distressed, afflicted. *ele está muito desconsolado /* he is disconsolate.

des.con.tar [deskõt'ar] *vt* 1 to discount. 2 to abate, deduct. 3 to diminish, lessen. 4 to leave out, disregard. **descontar uma letra de câmbio** to discount a bill of exchange.

des.con.ten.te [deskõt'ẽti] *adj* discontent, unsatisfied, ill-pleased. **viver descontente da vida** to live a discontented life.

des.con.to [desk'õtu] *sm* 1 discount, reduction. 2 rebate. **desconto pelo pagamento à vista** cash discount. **desconto para revenda** trade discount. **sem desconto** without discount.

des.con.tra.ção [deskõtras'ãw] *sf* 1 spontaneity. 2 relaxation.

des.con.tra.í.do [deskõtra'idu] *adj* 1 spontaneous, natural. 2 relaxed.

des.con.tra.ir [deskõtra'ir] *vt+vpr* 1 to eliminate formality. 2 to overcome shyness. 3 to become spontaneous. 4 **descontrair-se** to relax, become relaxed.

des.con.tro.la.do [deskõtrol'adu] *adj* uncontrolled, unrestrained, out of control.

des.con.tro.lar [deskõtrol'ar] *vt+vpr* 1 to lose control, to be out of control. 2 **des-controlar-se** to break down, become emotionally upset.

des.con.tro.le [deskõtr'oli] *sm* lack of control.

des.cor.tês [deskort'es] *adj m+f* (*pl* **descorteses**) discourteous, unkind, ill-mannered, impolite, rude, unfriendly.

des.cor.te.si.a [deskortez'iə] *sf* discourtesy, unkindness, impoliteness, rudeness, unfriendliness.

des.cren.ça [deskr'ẽsə] *sf* incredulity, lack of faith, unbelief.

des.crer [deskr'er] *vt* 1 to disbelieve, refuse to believe, deny the truth. 2 to discredit, fail to give credit to.

des.cre.ver [deskrev'er] *vt* to describe.

des.cri.ção [deskris'ãw] *sf* (*pl* **descrições**) description.

des.cri.ti.vo [deskrit'ivu] *adj* descriptive.

des.cru.zar [deskruz'ar] *vt* to uncross.

des.cui.da.da.men.te [deskujdadam'ẽti] *adv* incautiously.

des.cui.da.do [deskujd'adu] *adj* careless, forgetful, negligent.

des.cui.dar [deskujd'ar] *vt+vint* 1 to neglect, disregard. 2 to overlook.

des.cul.pa [desk'uwpə] *sf* 1 excuse, pardon, apology. *peço-lhe desculpas /* I beg your pardon. 2 subterfuge, pretext.

des.cul.par [deskuwp'ar] *vt+vpr* 1 to excuse, pardon, apologize, forgive. 2 **desculpar-se** to excuse oneself.

des.cum.prir [deskũpr'ir] *vt* to disobey, not to comply with.

des.de [d'ezdi] *prep* since, from, after. **desde criança** since childhood. **desde então** ever since. **desde quando?** since when?, how long ago? **desde que** since, as soon as. *desde que nasci /* since I was born.

des.dém [dezd'ẽj] *sm* 1 disdain, contempt, scorn. 2 arrogance, presumption.

des.de.nhar [dezdeñ'ar] *vt* to disdain, scorn, despise.

des.de.nho.so [dezdeñ'ozu] *adj* disdainful, scornful.

des.do.brar [dezdobr'ar] *vt* 1 to unfold, unroll. 2 to develop, expand.

de.se.jar [dezeʒ'ar] *vt* to wish, want, desire. *o que você deseja? /* what do you want?

de.se.já.vel [dezeʒ'avew] *adj m+f* (*pl* **desejáveis**) desirable.

de.se.jo [dez'eʒu] *sm* **1** desire, wish, will. **2** longing.

de.se.le.gan.te [dezeleg'ãti] *adj m+f* ungraceful.

de.sem.ba.ra.ço [dezẽbar'asu] *sm* **1** unrestraint. **2** readiness, agility.

de.sem.bar.car [dezẽbark'ar] *vt* to disembark, land.

de.sem.bar.que [dezẽb'arki] *sm* disembarkation, debarkation, landing.

de.sem.bol.sar [dezẽbows'ar] *vt* to disburse, spend.

de.sem.bru.lhar [dezẽbruʎ'ar] *vt* **1** to unpack, unwrap. **2** to unfold.

de.sem.pe.nhar [dezẽpeñ'ar] *vt* **1** to fulfill, perform (promise). **2** to act, perform. **desempenhar bem o seu papel** to act one's part.

de.sem.pe.nho [dezẽp'eñu] *sm* performance, acting. *o seu desempenho foi ótimo* / your performance was excellent.

de.sem.pre.ga.do [dezẽpreg'adu] *sm* **1** an unemployed. **2 desempregados** the unemployed. • *adj* unemployed, out of work.

de.sem.pre.go [dezẽpr'egu] *sm* unemployment. **indenização por desemprego** unemployment benefit.

de.sen.ca.mi.nhar [dezẽkamiñ'ar] *vt+vpr* **1** to misguide, misdirect, mislead. **2** to corrupt, pervert. **3 desencaminhar-se** to go astray, take a bad course.

de.sen.can.to [dezẽk'ãtu] *sm* disenchantment, disillusion.

de.sen.car.dir [dezẽkard'ir] *vt* to clean, whiten.

de.sen.con.trar [dezẽkõtr'ar] *vt* to fail to meet one another.

de.sen.co.ra.ja.do [dezẽkoraʒ'adu] *adj* discouraged, depressed.

de.sen.co.ra.jar [dezẽkoraʒ'ar] *vt* to discourage.

de.sen.fer.ru.ja.do [dezẽfeʀuʒ'adu] *adj* rustless, free of rust.

de.sen.fre.a.do [dezẽfre'adu] *adj* **1** unruled, unbridled, uncontrolled. **2** riotous, wild.

de.sen.ga.na.do [dezẽgan'adu] *adj* **1** disillusioned. **2** without cure.

de.sen.ga.no [dezẽg'ʌnu] *sm* **1** disillusion. **2 desenganos** bitter experiences.

de.sen.gon.ça.do [dezẽgõs'adu] *adj* clumsy, awkward.

de.se.nhar [dezeñ'ar] *vt* **1** to draw, outline, sketch, delineate. **2** to picture. **3** to design, project.

de.se.nhis.ta [dezeñ'istə] *s m+f* drawer, draftsman, designer, projector.

de.se.nho [dez'eñu] *sm* **1** drawing, draft, outline. **2** picture, layout. **3** design, project. **desenho à mão livre** freehand sketching. **desenho animado** cartoon.

de.sen.la.ce [dezẽl'asi] *sm* **1** outcome, end, ending. **2** *fig* death.

de.sen.ro.lar [dezẽʀol'ar] *vt+vpr* **1** to unroll, spread out. **2** to uncoil, unwind. **3** desenrolar-se to develop, progress.

de.sen.sa.bo.ar [dezẽsabo'ar] *vt* to remove the soap from, rinse (washed clothes).

de.sen.sa.car [dezẽsak'ar] *vt* to take out of a sack, unsack.

de.sen.ten.der [dezẽtẽd'er] *vt+vpr* **1** to misunderstand, misconceive. **2 desentender-se** to come to grips.

de.sen.ten.di.do [dezẽtẽd'idu] *adj* lacking understanding. **fazer-se de desentendido** to feign ignorance, pretend not to understand.

de.sen.ten.di.men.to [dezẽtẽdim'ẽtu] *sm* misunderstanding.

de.sen.ter.rar [dezẽteʀ'ar] *vt* to unbury, exhume.

de.sen.tu.pir [dezẽtup'ir] *vt* **1** to unstop, cleanse, clear. **2** to free from obstructions.

de.sen.vol.tu.ra [dezẽvowt'urə] *sf* nimbleness, agility.

de.sen.vol.ver [dezẽvowv'er] *vt+vpr* **1** to develop: a) expand. b) to advance, progress. **2 desenvolver-se** to grow, expand.

de.sen.vol.vi.do [dezẽvowv'idu] *adj* **1** developed, grown. **2** advanced, ahead. **país desenvolvido** developed country.

de.sen.vol.vi.men.to [dezẽvowvim'ẽtu] *sm* development, growth, progress.

de.se.qui.li.bra.do [dezekilibr'adu] *adj* **1** unbalanced, unsteady. **2** *fig* crazy, insane.

de.se.qui.li.brar [dezekilibr'ar] *vt+vpr* **1** to unbalance, throw out of balance. **2 dese-**

quilibrar-se lose one's balance. **desequilibrar os nervos** to shatter one's nerves.

de.se.qui.lí.brio [dezekil'ibrju] *sm* **1** unbalance, distemper. **2** unstability, unsteadiness.

de.ser.ção [dezers'ãw] *sf* (*pl* **deserções**) desertion, defection.

de.ser.dar [dezerd'ar] *vt* to disinherit.

de.ser.to [dez'ɛrtu] *sm* **1** desert. **2** desolation, solitude. • *adj* desert, uninhabited, solitary.

de.ser.tor [dezert'or] *sm* deserter, renegade.

de.ses.pe.ra.do [dezesper'adu] *adj* hopeless, desperate.

de.ses.pe.ra.dor [dezesperad'or] *adj* despairing, hopeless.

de.ses.pe.ran.te [dezesper'ãti] *adj m+f* despairing, hopeless.

de.ses.pe.rar [dezesper'ar] *vt+vpr* **1** to despair. **2 desesperar-se** a) to rave, anger. b) to lose all hopes.

de.ses.pe.ro [dezesp'eru] *sm* **1** despair, hopelessness, desperation. **2** rage, anger. **em desespero** in despair.

de.ses.tru.tu.rar [dezestrutur'ar] *vt+vpr* **1** to eliminate the structure of. **2 desestruturar-se** to lose emotional control.

des.fal.car [desfawk'ar] *vt* **1** to misappropriate, embezzle. **2** to steal, rob.

des.fa.le.cer [desfales'er] *vt* to faint, swoon.

des.fal.que [desf'awki] *sm* peculation, embezzlement.

des.fa.vo.rá.vel [desfavor'avew] *adj m+f* (*pl* **desfavoráveis**) unfavourable, disadvantageous.

des.fa.vo.ra.vel.men.te [desfavoravewm'ẽti] *adv* **1** unfavourably. **2** adversely.

des.fa.vo.re.ci.do [desfavores'idu] *adj* **1** unprotected. **2** disgraced.

des.fa.zer [desfaz'er] *vt+vpr* **1** to undo, unmake. **2** to demolish, break, destroy. **3** to dissolve. **4** to disperse. **5 desfazer-se** to get rid of.

des.fe.cho [desf'eʃu] *sm* outcome, conclusion.

des.fei.ta [desf'ejtə] *sf* affront, insult.

des.fe.rir [desfer'ir] *vt* **1** to brandish (as a sword). **2** to fling, throw.

des.fi.a.do [desfi'adu] *sm* unweaving. • *adj* untwisted, shredded.

des.fi.ar [desfi'ar] *vt* to unweave, untwist, unknit.

des.fi.gu.ra.do [desfigur'adu] *adj* disfigured, deformed.

des.fi.gu.rar [desfigur'ar] *vt* to disfigure, deform.

des.fi.la.dei.ro [desfilad'ejru] *sm* ravine, gorge.

des.fi.lar [desfil'ar] *vint* **1** to march in a line. **2** to parade. **3** to model at a fashion show.

des.fi.le [desf'ili] *sm* march, parade. **desfile de modas** fashion show.

des.flo.res.ta.men.to [desflorestam'ẽtu] *sm bras* deforestation.

des.fo.lhar [desfoʎ'ar] *vt* **1** to take away the leaves or petals, defoliate. **2** to husk (maize or corn).

des.for.ra [desf'ɔrə] *sf* revenge, vengeance, retaliation. **tirar uma desforra** to get even, take revenge.

des.for.rar [desfoʀ'ar] *vt+vpr* **1** to avenge, revenge. **2 desforrar-se** to get even, be revenged of.

des.fral.dar [desfrawd'ar] *vt* to spread, furl.

des.gar.ra.do [dezgaʀ'adu] *adj* stray, lost.

des.gas.tan.te [dezgast'ãti] *adj m+f* tiresome, tiring.

des.gas.tar [dezgast'ar] *vt* wear down.

des.gas.te [dezg'asti] *sm* **1** wearing, consuming, wastage, wear and tear. **2** abrasion, erosion.

des.gos.tar [dezgost'ar] *vt* to disrelish, dislike.

des.gos.to [dezg'ostu] *sm* **1** displeasure, annoyance, trouble. **2** grief, sorrow. **imensos desgostos** a sea of troubles.

des.gos.to.so [dezgost'ozu] *adj* **1** displeased, dissatisfied. **2** sorrowful, grieved.

des.go.ver.na.do [dezgovern'adu] *adj* ungoverned, misgoverned, uncontrolled.

des.gra.ça [dezgr'asə] *sf* **1** misfortune, bad luck. **2** disaster, catastrophe, fatality. **aproveitar-se da desgraça alheia** to take advantage of another's misfortune. **por desgraça** unfortunately.

des.gra.ça.do [dezgras'adu] *sm gír* rascal,

scoundrel, devil. • *adj* unhappy, unfortunate, miserable.

des.gra.var [dezgrav'ar] *vt* to unrecord.

des.gre.nha.do [dezgreñ'adu] *adj* dishevelled, shaggy, unkempt, untidy.

des.gre.nhar [dezgreñ'ar] *vt* to dishevel, tousle, rumple.

des.gru.dar [dezgrud'ar] *vt* to unglue, come off.

de.si.dra.ta.ção [dezidratas'ãw] *sf* (*pl* **desidratações**) dehydration.

de.si.dra.tar [dezidrat'ar] *vt+vpr* 1 to dehydrate. 2 **desidratar-se** to become dehydrated.

de.sign [diz'ajn] *sm ingl* design: a) preliminary outline. b) pattern of an artistic work.

de.sig.na.ção [dezignas'ãw] *sf* (*pl* **designações**) 1 designation, denomination. 2 appointment.

de.sig.nar [dezign'ar] *vt* 1 to designate, appoint, mark, point out. 2 to appoint. 3 to nominate, assign.

de.sig.ner [diz'ajner] *s m+f ingl* designer. **designer de moda** fashion designer.

de.si.gual [dezigw'aw] *adj m+f* (*pl* **desiguais**) 1 unequal, unlike, different, irregular. 2 uneven, rough, rugged.

de.si.gual.da.de [dezigwawd'adi] *sf* 1 inequality, unlikeness, dissimilarity, difference. 2 unevenness, roughness.

de.si.lu.di.do [dezilud'idu] *sm* person without illusions.• *adj* disillusioned, disenchanted.

de.si.lu.dir [dezilud'ir] *vt+vpr* 1 to disillusion, disenchant. 2 to lose illusions. 3 **desiludir-se** to be disillusioned, despair of.

de.si.lu.são [deziluz'ãw] *sf* (*pl* **desilusões**) 1 disillusion, disillusionment, disenchantment. 2 disappointment, deception.

de.sim.pe.di.do [deziped'idu] *adj* 1 unimpeded, unstopped, unobstructed, free, clear. 2 disengaged.

de.sim.pe.dir [deziped'ir] *vt* 1 to disencumber, disengage, disembarrass. 2 to clear up, unstop.

de.sin.cum.bir [dezikũb'ir] *vpr* to acquit oneself of, carry out.

de.sin.fes.tar [dezifest'ar] *vt* to disinfest, rid of insects or rodents.

de.sin.fe.tan.te [dezifet'ãti] *s m+f* disinfectant. • *adj m+f* disinfecting.

de.sin.fe.tar [dezifet'ar] *vt+vint* 1 to disinfect, decontaminate. 2 to cleanse, purify. 3 *bras, gír* to disappear, make oneself scarce.

de.sin.for.ma.ção [deziformas'ãw] *sf* (*pl* **desinformações**) disinformation, false information.

de.sin.for.ma.do [deziform'adu] *adj* 1 not informed. 2 falsely informed.

de.si.ni.bi.ção [dezinibis'ãw] *sf* (*pl* **desinibições**) disinhibition.

de.si.ni.bi.do [dezinib'idu] *adj* disinhibited, sociable.

de.si.ni.bir [dezinib'ir] *vt+vpr* 1 to disinhibit. 2 **desinibir-se** to become disinhibited.

de.sin.te.gra.ção [dezĩtegras'ãw] *sf* (*pl* **desintegrações**) disintegration, disassociation.

de.sin.te.gra.do [dezĩtegr'adu] *adj* disintegrated, decomposed.

de.sin.te.grar [dezĩtegr'ar] *vt+vpr* 1 to disintegrate, decompose, dissolve. 2 **desintegrar-se** to dissolve, crumble away.

de.sin.te.res.sa.do [dezĩteres'adu] *adj* disinterested, indifferent.

de.sin.te.res.san.te [dezĩteres'ãti] *adj m+f* uninteresting, insignificant.

de.sin.te.res.sar [dezĩteres'ar] *vt+vpr* 1 to disinterest, divest of interest. 2 **desinteressar-se** to lose interest.

de.sin.te.res.se [dezĩter'esi] *sm* 1 disinterest, indifference. 2 impartiality.

de.sin.to.xi.ca.ção [dezĩtoksikas'ãw] *sf* (*pl* **desintoxicações**) disintoxication, detoxification.

de.sin.to.xi.car [dezĩtoksik'ar] *vt* to disintoxicate, detoxify.

de.sis.tên.cia [dezist'ẽsjə] *sf* 1 desistance, stopping. 2 giving up.

de.sis.ten.te [dezist'ẽti] *adj m+f* desisting, renouncing.

de.sis.tir [dezist'ir] *vt* 1 to desist, cease, stop. 2 to renounce. 3 to quit, leave, give up. **desistir de fumar** give up smoking.

des.je.jum [dezʒeʒ'ũ] *sm* breakfast.

des.le.al [dezle'aw] *adj m+f* (*pl* **desleais**) disloyal, false, dishonest.

des.le.al.da.de [dezleawd'adi] *sf* disloyalty, falseness, infidelity.

des.lei.xa.do [dezlejʃ'adu] *sm* neglecter, careless person. • *adj* careless, negligent, untidy, unkempt.

des.lei.xo [dezl'ejʃu] *sm* negligence, carelessness.

des.li.ga.do [dezlig'adu] *adj* 1 *Téc* off, out, turned off. 2 disconnected, disjoint. 3 indifferent, disinterested.

des.li.gar [dezlig'ar] *vt+vpr* 1 to separate, disconnect. 2 to stop, switch off or out. 3 **desligar-se** to get loose, detach oneself. **desligar o rádio** to turn off the radio

des.li.za.men.to [dezlizam'ẽtu] *sm* sliding, gliding.

des.li.zar [dezliz'ar] *vt+vint* 1 to glide, slide, skid. 2 to slip.

des.li.ze [dezl'izi] *sm* 1 slip, sliding. 2 fault, error, lapse.

des.lo.ca.ção [dezlokas'ãw] *sf* (*pl* **deslocações**) 1 dislocation, luxation. 2 dislodgment.

des.lum.bran.te [dezlũbr'ãti] *adj m+f* dazzling, gorgeous.

des.lum.brar [dezlũbr'ar] *vt* to dazzle, fascinate, seduce.

des.mai.a.do [dezmaj'adu] *adj* 1 faint, unconscious. 2 dull, dim.

des.mai.ar [dezmaj'ar] *vt+vint* to swoon, faint, pass out.

des.ma.mar [dezmam'ar] *vt* to wean. **desmamar uma criança** to wean a child.

des.man.cha-pra.ze.res [dezmãʃopraz'eris] *s m+f, sing+pl* spoil-sport, kill-joy, wet blanket.

des.man.char [dezmãʃ'ar] *vt* 1 to undo, unmake, break up. 2 to disarrange.

des.man.che [dezm'ãʃi] *sm bras* chop shop: a place where stolen cars are stripped of salable parts.

des.man.do [dezm'ãdu] *sm* 1 disobedience, insubordination. 2 disorder, irregularity.

des.man.te.lar [dezmãtel'ar] *vt+vpr* 1 to dismantle, demolish. 2 **desmantelar-se** to fall in, tumble down.

des.mar.car [dezmark'ar] *vt* 1 to take away

the marks or signs. 2 to remove the boundary-stones. 3 to cancel.

des.mas.ca.rar [dezmaskar'ar] *vt* to expose, reveal, disclose.

des.ma.ta.men.to [dezmatam'ẽtu] *sm bras* deforestation, clearing of timber.

des.ma.te.ri.a.li.zar [dezmaterjaliz'ar] *vt* to dematerialize, turn immaterial.

des.ma.ze.la.do [dezmazel'adu] *sm* slipshod fellow, sloven. • *adj* negligent, sloppy.

des.ma.ze.lo [dezmaz'elu] *sm* negligence.

des.me.di.do [dezmed'idu] *adj* excessive, immoderate, huge.

des.me.mo.ri.a.do [dezmemori'adu] *sm* person who lost his(her) memory. • *adj* 1 forgetful. 2 deprived of memory.

des.men.ti.do [dezmẽt'idu] *sm* denial, contradiction. • *adj* contradicted, denied.

des.men.tir [dezmẽt'ir] *vt+vpr* 1 to belie, contradict. 2 to deny. 3 **desmentir-se** to contradict oneself.

des.me.re.cer [dezmeres'er] *vt+vint* to demerit, undeserve.

des.me.su.ra.do [dezmezur'adu] *adj* excessive, huge.

des.mon.tar [dezmõt'ar] *vt+vint* 1 to unhorse. 2 to dismantle, disassemble.

des.mon.te [dezm'õti] *sm* dismounting, taking to pieces, disassembly.

des.mo.ra.li.za.ção [dezmoralizas'ãw] *sf* (*pl* **desmoralizações**) demoralization, corruption.

des.mo.ro.nar [dezmoron'ar] *vt* to fall down, collapse.

des.mo.ti.va.do [dezmotiv'adu] *adj* 1 unfounded, groundless. 2 unmotivated.

des.mu.nhe.ca.do [dezmuñek'adu] *adj bras, vulg* effeminate, womanish.

des.na.ta.do [deznat'adu] *adj* skim. **leite desnatado** skim milk.

des.na.tu.ra.do [deznatur'adu] *sm* monster. • *adj* unnatural, cruel.

des.ne.ces.sa.ri.a.men.te [deznesesarjam'ẽti] *adv* uselessly, unnecessarily.

des.ne.ces.sá.rio [dezneses'arju] *adj* unnecessary, needless.

des.ni.ve.lar [deznivel'ar] *vt* to unlevel, make uneven.

des.nor.te.a.do [deznorte'adu] *adj* 1 bewildered, lost, confused. 2 puzzled, disorientated.

des.nu.dar [deznud'ar] *vt+vpr* 1 to undress, unclothe. 2 to bare, lay bare. 3 **desnudar-se** to take off one's clothes.

des.nu.tri.ção [deznutris'ãw] *sf* (*pl* **desnutrições**) malnutrition, underfeeding.

de.so.be.de.cer [dezobedes'er] *vt* to disobey, violate, disregard.

de.so.be.di.ên.cia [dezobedi'ẽsjə] *sf* disobedience, insubordination, indiscipline.

de.so.be.di.en.te [dezobedi'ẽti] *adj m+f* disobedient, insubordinate.

de.so.bri.ga.do [dezobrig'adu] *adj* exempt, free.

de.sobs.tru.ir [dezobstru'ir] *vt* to free, clear.

de.so.cu.pa.do [dezokup'adu] *sm* unemployed person. • *adj* 1 unemployed, disengaged. 2 idle. 3 free, vacant.

de.so.do.ran.te [dezodor'ãti] *sm* deodorant. • *adj* deodorant.

de.so.la.ção [dezolas'ãw] *sf* (*pl* **desolações**) 1 desolation, devastation. 2 sadness.

de.so.la.do [dezol'adu] *adj* 1 desolate, ruined. 2 sad.

de.so.la.dor [dezolad'or] *adj* desolating, distressing, grievous.

de.so.ne.rar [dezoner'ar] *vt* to exempt, dispense.

de.so.nes.ta.men.te [dezonɛstam'ẽti] *adv* dishonestly.

de.so.nes.ti.da.de [dezonestid'adi] *sf* dishonesty, crookedness, foul play.

de.so.nes.to [dezon'ɛstu] *sm* scoundrel, knave. • *adj* dishonest, crooked, corrupt.

de.son.ra [dez'õrə] *sf* dishonour, disgrace, disrepute.

de.son.rar [dezõr'ar] *vt* 1 to dishonour, disgrace, disrepute. 2 to ravish, deflower.

de.son.ro.so [dezõr'ozu] *adj* dishonourable, shameful, disgraceful.

de.sor.dei.ro [dezord'ejru] *sm* ruffian, rioter, hooligan. • *adj* turbulent, riotous.

de.sor.dem [dez'ordẽj] *sf* (*pl* **desordens**) 1 disorder, confusion, disturbance. 2 riot, turmoil, brawl, quarrel.

de.sor.de.na.do [dezorden'adu] *adj* 1 disordered, confused. 2 troublesome. 3 unruly, loose.

de.sor.de.nar [dezorden'ar] *vt* to disorder, disarray.

de.sor.ga.ni.za.ção [dezorganizas'ãw] *sf* (*pl* **desorganizações**) disorder, chaos, confusion.

de.sor.ga.ni.zar [dezorganiz'ar] *vt* to disorganize, disturb, confuse.

de.so.ri.en.ta.do [dezorjẽt'adu] *sm* a confused person. • *adj* 1 disorientated, confused. 2 lost, adrift.

de.sos.sar [dezos'ar] *vt* to bone.

des.pa.cha.do [despaʃ'adu] *adj* 1 settled, resolved. 2 expedite, ready. 3 frank, sincere.

des.pa.chan.te [despaʃ'ãti] *s m+f* dispatcher. • *adj m+f* forwarding, dispatching.

des.pa.char [despaʃ'ar] *vt* 1 to forward, send 2 *bras* to dismiss, dispense. **despachar bagagem** to check in one's luggage.

des.pe.da.ça.do [despedas'adu] *adj* shattered, broken to pieces.

des.pe.da.çar [despedas'ar] *vt* to smash, break, crash, destroy.

des.pe.di.da [desped'idə] *sf* 1 farewell, leave-taking. 2 discharge, dismissal. **despedida de solteiro** stag party. **jantar de despedida** farewell dinner.

des.pe.dir [desped'ir] *vt+vpr* 1 to dismiss, sack, fire. 2 **despedir-se** to take leave, part.

des.pei.ta.do [despejt'adu] *adj* hurt, offended.

des.pe.ja.do [despeʒ'adu] *adj* 1 unhoused. 2 *Jur* evicted.

des.pe.jar [despeʒ'ar] *vt+vint* 1 to spill, pour, empty. 2 to remove, unhouse. 3 *Jur* to evict.

des.pen.car [despẽk'ar] *vt* to fall down disastrously from a high place.

des.pe.nha.dei.ro [despeñad'ejru] *sm* precipice, cliff.

des.pen.sa [desp'ẽsə] *sf* store-room, pantry.

des.pen.te.a.do [despẽte'adu] *adj* unkempt, disheveled.

des.per.ce.bi.do [desperseb'idu] *adj* unperceived, unnoticed.

des.per.di.ça.do [desperdis'adu] *adj* wasted, lost.

des.per.di.çar [desperdis'ar] *vt* to waste, misspend, cast away.

des.per.dí.cio [desperd'isju] *sm* wastefulness, squandering, loss.

des.per.ta.dor [despertad'or] *sm* alarmclock.

des.per.tar [despert'ar] *sm* awakening. • *vt* 1 to awake, wake. 2 to excite, stir up.

des.pe.sa [desp'ezə] *sf* disbursement, expense. **despesas bancárias** bank fees. **despesas de viagem** traveling expenses.

des.pi.do [desp'idu] *adj* undressed, naked, bare.

des.pir [desp'ir] *vt+vpr* 1 to undress, unclothe. 2 to lay bare, bare. 3 despir-se a) undress oneself. b) to be divested of.

des.pis.tar [despist'ar] *vt* to foil, misguide.

des.plan.te [despl'ãti] *sm* boldness, impudence, insolence.

des.po.lu.í.do [despolu'idu] *adj* unpolluted.

des.po.lu.ir [despolu'ir] *vt* to fight pollution, turn unpolluted, make clean.

des.por.te [desp'orti] *sm* 1 sport, play, game. 2 recreation, amusement.

des.por.tis.ta [desport'istə] *s m+f* athlete, sportsman, sportswoman. • *adj* sportive.

des.por.ti.vo [desport'ivu] *adj* athletic, sportive, sporting.

des.po.sar [despoz'ar] *vt+vpr* 1 to marry, wed. 2 **desposar-se** to get married.

dés.po.ta [d'ɛspotə] *s m+f* despot, tyrant.

des.pó.ti.co [desp'ɔtiku] *adj* despotical, tyrannical, imperious.

des.po.tis.mo [despot'izmu] *sm* despotism, tyranny, oppression.

des.po.vo.a.do [despovo'adu] *adj* desert, uninhabited.

des.pra.zer [despraz'er] *sm* displeasure, disgust.

des.pre.gar [despreg'ar] *vt* to unhook, unnail, unpin.

des.pren.di.do [desprẽd'idu] *adj* 1 unfastened, loose. 2 disinterested, indifferent.

des.pre.o.cu.pa.da.men.te [despreoku padam'ẽti] *adv* at ease.

des.pre.o.cu.pa.do [despreokup'adu] *adj* carefree, unconcerned.

des.pres.ti.gi.ar [desprestiʒi'ar] *vt* to depreciate, discredit.

des.pre.ten.si.o.so [despretẽsi'ozu] *adj* unpretentious, unambitious.

des.pre.ve.ni.do [despreven'idu] *adj* 1 unprovided, unready, unprepared, unwary, unaware. 2 *coloq* pennyless, broke.

des.pre.za.do [desprez'adu] *adj* despised, disregarded.

des.pre.zar [desprez'ar] *vt* to despise, scorn, disdain, look down upon.

des.pre.zí.vel [desprez'ivew] *adj m+f* (*pl* **desprezíveis**) despicable, contemptible.

des.pre.zo [despr'ezu] *sm* contempt, disdain, scorn.

des.pro.gra.mar [desprogram'ar] *vt* 1 *Inform* to delete a program. 2 to alter a program or plans.

des.pro.por.ci.o.nal [desproporsjon'aw] *adj* (*pl* **desproporcionais**) unproportional.

des.pro.po.si.ta.da.men.te [despropozi tadam'ẽti] *adv* nonsensically.

des.pro.pó.si.to [desprop'ɔzitu] *sm* preposterousness, extravagance, nonsense.

des.pro.te.gi.do [desproteʒ'idu] *adj* 1 unprotected, defenseless. 2 exposed.

des.pro.vi.do [desprov'idu] *adj* unprovided, destitute.

des.pu.do.ra.da.men.te [despudoradam'ẽti] *adv* impudently.

des.pu.do.ra.do [despudor'adu] *adj* impudent, shameless.

des.qua.li.fi.ca.ção [deskwalifikas'ãw] *sf* (*pl* **desqualificações**) disqualification, elimination.

des.qua.li.fi.ca.do [deskwalifik'adu] *adj* 1 disqualified, eliminated. 2 worthless, dishonourable.

des.qui.tar [deskit'ar] *vt+vpr bras, Jur* 1 to separate legally, disunite. 2 **desquitar-se** to be separated.

des.re.gra.do [dezr̃egr'adu] *adj* disorderly, unruly, dissolute.

des.res.pei.tar [dezr̃espejt'ar] *vt* to disrespect.

des.res.pei.to [dezr̃esp'ejtu] *sm* 1 disrespect. 2 impoliteness.

des.res.pei.to.so [dezr̄espejt'ozu] *adj* disrespectful.

des.sa [d'ɛsə] *contr prep* **de** + *dem fem* **essa**: **1** of that, from that. **2 dessas** of those, from those.

des.se [d'esi] *contr prep* **de** + *dem masc* **esse**: **1** from that, of that. **2 desses** from those, of those.

des.ta [d'ɛstə] *contr prep* **de** + *dem fem* **esta**: **1** of this, from this. **2 destas** of these, from these.

des.ta.ca.do [destak'adu] *adj* **1** detached, disconnected. **2** outstanding, distinguished. **3** *Art Gráf* in relief.

des.ta.car [destak'ar] *vt+vpr* **1** to detach. **2** to stand out. **3 destacar-se** a) to be outstanding. b) to be in relief.

des.ta.cá.vel [destak'avew] *adj m+f* (*pl* **destacáveis**) detachable.

des.tam.par [destãp'ar] *vt* to take off the lid, open.

des.ta.par [destap'ar] *vt* to uncover, open.

des.ta.que [dest'aki] *sm* prominence, distinction.

des.tar.te [dest'arti] *adv* in this manner, thus.

des.te [d'esti] *contr prep* **de** + *dem masc* **este**: **1** of this, from this. **2 destes** of these, from these.

des.te.lha.do [desteʎ'adu] *adj* unroofed.

des.te.mi.do [destem'idu] *adj* fearless, brave.

des.ter.ra.do [dester̄'adu] *sm* expatriated. • *adj* banished, exiled.

des.ti.la.do [destil'adu] *adj* distilled, filtered.

des.ti.la.ri.a [destilar'iə] *sf* distillery.

des.ti.nar [destin'ar] *vt+vpr* **1** to destine. **2** to purpose, reserve. **3** to apply, determine. **4 destinar-se** a) to devote or dedicate oneself to. b) to be meant for. c) to be destined or addressed to.

des.ti.na.tá.rio [destinat'arju] *sm* addressee, receiver.

des.ti.no [dest'inu] *sm* **1** destiny, fate. **2** destination. **3** purpose, intention.

des.ti.tu.í.do [destitu'idu] *adj* **1** dismissed, deposed. **2** wanting. **3** unprovided.

des.ti.tu.ir [destitu'ir] *vt* **1** to depose, fire

(position, employment). **2** to deprive, take away.

des.to.an.te [desto'ãti] *adj m+f* dissonant, discordant.

des.tram.be.lha.do [destrãbeʎ'adu] *adj* silly, crazy.

des.tran.car [destrãk'ar] *vt* to unlock.

des.tra.tar [destrat'ar] *vt* to abuse (with ill language), insult, offend.

des.tra.var [destrav'ar] *vt* to unlock.

des.trei.na.do [destrejn'adu] *adj* untrained, unprepared.

des.tre.za [destr'ezə] *sf* dexterity, ability, skill.

des.tro [d'estru] *adj* ingenious, clever.

des.tro.çar [destros'ar] *vt* **1** to break or cut into pieces, destroy. **2** to defeat.

des.tro.ço [destr'osu] *sm* **1** destruction. **2 destroços** wreckage, ruins.

des.tron.ca.do [destrõk'adu] *adj* out of joint.

des.tru.i.ção [destrwis'ãw] *sf* (*pl* **destruições**) **1** destruction, devastation. **2** annihilation, extermination.

des.tru.í.do [destru'idu] *adj* **1** destroyed, ruined. **2** extinguished, demolished.

des.tru.i.dor [destrwid'or] *sm* destroyer, exterminator. • *adj* destructive.

des.tru.ir [destru'ir] *vt+vpr* **1** to destroy. **2** to devastate. **3** to unmake, undo. **4** to extinguish. **5 destruir-se** to kill oneself, come to ruin.

des.tru.ti.vo [destrut'ivu] *adj* destructive, ruinous.

de.su.ma.ni.da.de [dezumanid'adi] *sf* inhumanity, cruelty.

de.su.ma.no [dezum'ʌnu] *adj* inhuman(e), brutal, cruel.

de.su.ni.ão [dezuni'ãw] *sf* (*pl* **desuniões**) **1** disunion, separation. **2** dissension.

de.su.ni.do [dezun'idu] *adj* disconnected, divided.

de.su.nir [dezun'ir] *vt* to disunite, disjoint, separate.

de.su.so [dez'uzu] *sm* disuse. **cair em desuso** to fall out of use or grow out of fashion.

des.vai.ra.do [dezvajr'adu] *adj* **1** wild, frenetic. **2** confused.

des.va.li.do [dezval'idu] *adj* helpless.

des.va.lo.ri.za.ção [dezvalorizas'ãw] *sf* (*pl* **desvalorizações**) depreciation, devaluation.

des.va.lo.ri.za.do [dezvaloriz'adu] *adj* devaluated, depreciated.

des.va.lo.ri.zar [dezvaloriz'ar] *vt* to devaluate, depreciate.

des.va.ne.cer [dezvanes'er] *vt* to dissolve, vanish.

des.van.ta.gem [dezvãt'azɛj] *sf* (*pl* **desvantagens**) disadvantage.

des.van.ta.jo.so [dezvãtaʒ'ozu] *adj* disadvantageous, unfavourable.

des.va.ri.o [dezvar'iu] *sm* **1** loss of wits. **2** absurdity. **3** extravagance.

des.ven.dar [dezvẽd'ar] *vt* **1** to take the blindfold from the eyes. **2** *fig* a) to unmask, uncover. b) to disentangle. **desvendar um mistério** to solve a mystery.

des.ven.tu.ra [dezvẽt'urə] *sf* misfortune.

des.ven.tu.ra.do [dezvẽtur'adu] *adj* unfortunate, distressful.

des.vi.ar [dezvi'ar] *vt+vpr* **1** to put out of the way. **2** to deviate. **3** to dissuade, divert. **4** to embezzle. **5** to distract. **6** **desviar-se** to miss one's way, wander.

des.vi.o [dezv'iu] *sm* **1** deviation. **2** diversion. **3** detour, bypass. **4** embezzlement.

des.vir.tu.ar [dezvirtu'ar] *vt* to depreciate, pervert.

de.ta.lha.da.men.te [detaλadam'ẽti] *adv* particularly, fully, in details.

de.ta.lha.do [detaλ'adu] *adj* detailed.

de.ta.lhar [detaλ'ar] *vt* to detail, give full account, specify.

de.ta.lhe [det'aλi] *sm* detail. **entrar em detalhes** to go (enter) into particulars.

de.tec.tar [detekt'ar] *vt* to detect, discover.

de.ten.ção [detẽs'ãw] *sf* (*pl* **detenções**) detention, arrest.

de.ten.to [det'ẽtu] *sm bras* prisoner, convict.

de.ter [det'er] *vt+vpr* **1** to detain, deter, stop. **2** to keep in arrest. **3** **deter-se** a) to delay. b) to be detained. c) to keep oneself back.

de.ter.gen.te [deterʒ'ẽti] *sm* detergent.

de.te.ri.o.ra.ção [deterjoras'ãw] *sf* (*pl* **deteriorações**) deterioration, decay.

de.te.ri.o.rar [deterjor'ar] *vt+vpr* **1** to deteriorate. **2** **deteriorar-se** to grow worse, become rotten.

de.ter.mi.na.ção [determinas'ãw] *sf* (*pl* **determinações**) **1** determination, resolution. **2** instruction. **3** courage.

de.ter.mi.na.do [determin'adu] *adj* **1** determinate, definitive. **2** settled, decided. **3** courageous, determined.

de.ter.mi.nar [determin'ar] *vt* **1** to determine. **2** to establish. **3** to settle, decide. **4** to limit, fix.

de.tes.tar [detest'ar] *vt+vpr* **1** to detest, loathe. **2** **detestar-se** to hate oneself.

de.tes.tá.vel [detest'avew] *adj m+f* (*pl* **detestáveis**) detestable, hateful.

de.te.ti.ve [detet'ivi] *sm* detective, private eye. **detetive particular** private detective.

de.ti.do [det'idu] *adj* delayed, detained. **ficar detido** to be under arrest.

de.to.nar [deton'ar] *vt+vint* to detonate, explode.

de.trás [detr'as] *adv* after, behind, back. **por detrás** behind one's back.

de.tri.men.to [detrim'ẽtu] *sm* detriment, damage, loss.

de.tri.to [detr'itu] *sm* remains, rubbish, debris. **saco para detritos** litter bag.

de.tur.pa.ção [deturpas'ãw] *sf* (*pl* **deturpações**) **1** alteration. **2** perversion.

de.tur.par [deturp'ar] *vt* to disfigure, distort.

Deus [d'ews] *sm* God, the Supreme Being. **Deus lhe pague!** God reward you! **Deus nos livre!** God forbid! **Deus te guarde!** God bless you! **meu Deus!** Good Lord! **pelo amor de Deus!** for God's sake! **se Deus quiser** God willing. **vá com Deus!** God be with you!

deu.sa [d'ewzə] *sf* **1** goddess. **2** *fig* adored woman.

de.va.gar [devag'ar] *adj* slow. • *adv* slowly, at leisure, softly. • *interj* steady!, easy!

de.va.ne.ar [devane'ar] *vt* to daydream.

de.va.nei.o [devan'eju] *sm* dream, daydream, illusion.

de.vas.so [dev'asu] *sm* debauchee,

libertine. • *adj* debauched, licentious, immoral.

de.vas.ta.ção [devastas'ãw] *sf* (*pl* **devastações**) devastation, havoc, destruction.

de.vas.ta.dor [devastad'or] *sm* ravager, devastator. • *adj* devastating, ravaging.

de.vas.tar [devast'ar] *vt* to devastate, destroy.

de.ve.dor [deved'or] *sm* debtor. • *adj* in debt, owing.

de.ver [dev'er] *sm* **1** duty, job, chore. **2** *bras* homework. • *vt+vint* **1** must (sentenças afirmativas no tempo presente ou futuro). *deve ser meio-dia* / it must be twelve o'clock. **2** can (sentenças negativas no tempo presente ou futuro). *não deve ser verdade* / it can't be true. **3** should (tempo passado ou condicional). *você devia ter feito isso* / you should have done that. **4** to be due. *devo estar no escritório às 9 horas* / I am due at the office at 9 o'clock. **5** to owe, to be in debt. *ele deve a fortuna aos seus pais* / he owes his fortune to his parents.

de.vi.do [dev'idu] *sm* **1** due, debt, charge. **2** right, just right. • *adj* due, just, owing. **devido a** due to, owing to.

de.vo.ção [devos'ãw] *sf* (*pl* **devoções**) **1** devotion. **2** adherence.

de.vo.lu.ção [devolus'ãw] *sf* (*pl* **devoluções**) **1** devolution, restitution. **2** refund.

de.vol.ver [devowv'er] *vt* to return, give back, refund, render.

de.vo.rar [devor'ar] *vt* **1** to devour, engorge. **2** to consume.

de.vo.ta.ção [devotas'ãw] *sf* (*pl* **devotações**) devotion.

de.vo.ta.do [devot'adu] *adj* **1** devoted, attached, dedicated.

de.vo.ta.men.to [devotam'ẽtu] *sm* **1** dedication. **2** fidelity.

de.vo.tar [devot'ar] *vt+vpr* **1** to devote, dedicate. **2 devotar-se** to dedicate oneself to.

de.vo.to [dev'ɔtu] *sm* **1** devotee. **2** church-goer. • *adj* devoted, religious.

dez [d'ɛs] *num* ten.

de.zem.bro [dez'ẽbru] *sm* December.

de.ze.na [dez'enə] *sf* **1** ten, a set of ten. **2** ten days.

de.ze.no.ve [dezen'ɔvi] *num* nineteen.

de.zes.seis [dezes'ejs] *num* sixteen.

de.zes.se.te [dezes'ɛti] *num* seventeen.

de.zoi.to [dez'ojtu] *num* eighteen.

di.a [d'iə] *sm* day, daylight, daytime. **algum dia** someday. **até outro dia!** so long! **bom dia!** good morning! **dia das mães** Mother's Day. **dia de finados** All Soul's Day. **dia de folga** day off. **dia de Natal** Christmas Day. **dia de pagamento** pay-off, pay-day. **dia de Páscoa** Easter day. **dia de semana** weekday. **em dia** up-to-date. **em nossos dias** in our days. **hoje em dia** nowadays, in our days. **mais dia, menos dia** sooner or later. **meio-dia** midday, noon. **pôr em dia** to update.

di.a.be.tes [djab'ɛtis] *s m+f Med* diabetes.

di.a.bé.ti.co [djab'ɛtiku] *adj Med* diabetic.

di.a.bo [di'abu] *sm* **1** devil, evil spirit. **2** *interj* the devil!, hell!

di.a.bó.li.co [djab'ɔliku] *adj* **1** devilish, diabolical. **2** very wicked. **3** intricate.

di.a.frag.ma [djafr'agmə] *sm* diaphragm.

di.ag.no.se [djagn'ɔzi] *sf Med* diagnosis.

di.ag.nos.ti.car [djagnostik'ar] *vt Med* to diagnose.

di.ag.nós.ti.co [djagn'ɔstiku] *sm* diagnosis. • *adj* diagnostic.

di.a.go.nal [djagon'aw] *sf* (*pl* **diagonais**) diagonal line or direction. • *adj m+f* diagonal.

di.a.gra.ma [djagr'ʌmə] *sm* diagram, graph, figure.

di.a.le.to [djal'ɛtu] *sm* dialect.

di.a.lo.gar [djalog'ar] *vt+vint* **1** to dialog. **2** to talk.

di.á.lo.go [di'alogu] *sm* dialog.

di.a.man.te [djam'ãti] *sm* diamond.

di.â.me.tro [di'ʌmetru] *sm Mat, Geom* diameter.

di.an.te [di'ãti] *adv* before, in front of. **e assim por diante** and so forth.

di.an.tei.ra [djãt'ejrə] *sf* **1** lead. **2** vanguard. **na dianteira** ahead, leading.

di.á.ria [di'arjə] *sf* **1** daily wages or income. **2** daily expenses or rate (as of a board or hotel).

di.á.rio [di'arju] *sm* **1** diary, daybook. **2** daily newspaper. • *adj* daily, everyday.

di.a.ris.ta [djar'istə] *s m+f bras* day-labourer, day-worker.

di.ar.réi.a [djar'ɛjə] *sf Med* diarrhea, diarrhoea.

di.ca [d'ikə] *sf bras, gír* hint, tip, clue.

di.ci.o.ná.rio [disjon'arju] *sm* dictionary. **dicionário ambulante** *fig* walking dictionary.

di.dá.ti.ca [did'atikə] *sf* didactics.

di.dá.ti.co [did'atiku] *adj* didactic, instructive, pedagogical. **livro didático** schoolbook, textbook.

di.e.ta [di'etə] *sf* diet. **estar de dieta** to be on a diet. **fazer dieta** to diet.

di.e.té.ti.co [djet'ɛtiku] *adj Med* dietary, dietetic(al).

di.fa.ma.ção [difamas'ãw] *sf (pl* **difamações**) defamation, calumny.

di.fa.ma.dor [difamad'or] *sm* detractor, slanderer. • *adj* defamatory, detractive.

di.fa.mar [difam'ar] *vt+vpr* **1** to defame, vilify, slander. **2 difamar-se** to lose one's reputation.

di.fa.ma.tó.rio [difamat'ɔrju] *adj* defamatory, calumnious.

di.fe.ren.ça [difer'ẽsə] *sf* **1** difference. **2 diferenças** a) dispute, quarrel. b) odds.

di.fe.ren.ci.ar [diferẽsi'ar] *vt+vpr* **1** differentiate. **2** to distinguish. **3 diferenciar-se** to differ, be distinguished from.

di.fe.ren.te [difer'ẽti] *adj m+f* **1** different, unlike. **2** distinct, particular. **3** divergent.

di.fí.cil [dif'isiw] *adj m+f (pl* **difíceis**) difficult. **difícil de contentar** hard to please.

di.fi.cí.li.mo [difis'ilimu] *adj sup abs sint* de **difícil** very difficult.

di.fi.cil.men.te [difisiwm'ẽti] *adv* hardly.

di.fi.cul.da.de [difikuwd'adi] *sf* difficulty. **criar dificuldades** to raise objections. **meter-se em dificuldades** to get into trouble.

di.fi.cul.tar [difikuwt'ar] *vt* **1** to render difficult, raise difficulties. **2** to hamper.

di.fun.di.do [difud'idu] *adj* **1** spread, scattered. **2** divulged, widespread. **3** broadcast.

di.fun.dir [difud'ir] *vt+vpr* **1** to spread, scatter. **2** to publish. **3** to broadcast. **4 difundir-se** to spread.

di.fu.são [difuz'ãw] *sf (pl* **difusões**) *Antrop, Fís, Quím* **1** diffusion. **2** infiltration. **3** spread. **4** broadcasting.

di.ge.rir [diʒer'ir] *vt* **1** to digest. **2** to tolerate, put up with.

di.ges.tão [diʒest'ãw] *sf (pl* **digestões**) digestion.

di.ges.ti.vo [diʒest'ivu] *sm* digestive. • *adj* digestive. **distúrbio digestivo** indigestion.

di.gi.ta.ção [diʒitas'ãw] *sf (pl* **digitações**) digitation.

di.gi.ta.do [diʒit'adu] *adj* **1** digitiform. **2** *Inform* typed on a computer keyboard.

di.gi.ta.dor [diʒitad'or] *sm Inform* keyboarder, typist.

di.gi.tal [diʒit'aw] *adj m+f (pl* **digitais**) digital, digitate. **impressão digital** fingerprint.

di.gi.tar [diʒit'ar] *vt Inform* to type on a computer keyboard, key in, enter.

dí.gi.to [d'iʒitu] *sm* digit.

di.gla.di.ar [digladi'ar] *vint+vpr* to digladiate, quarrel.

dig.nar [dign'ar] *vpr* to deign.

dig.ni.da.de [dignid'adi] *sf* dignity.

dig.no [d'ignu] *adj* **1** worthy, deserving. **2** honourable. **3** decent.

di.gres.são [digres'ãw] *sf (pl* **digressões**) digression.

di.la.ce.ran.te [dilaser'ãti] *adj m+f* pungent, cruel.

di.la.ce.rar [dilaser'ar] *vt* to dilacerate, lacerate, tear.

di.la.pi.dar [dilapid'ar] *vt* to dilapidate.

di.la.ta.ção [dilatas'ãw] *sf (pl* **dilatações**) dilatation.

di.la.ta.do [dilat'adu] *adj* dilated.

di.la.tar [dilat'ar] *vt+vpr* **1** to dilate. **2 dilatar-se** to grow wide, expand.

di.le.ma [dil'emə] *sm* dilemma.

di.li.gen.ci.ar [diliʒẽsi'ar] *vt* to endeavour, make efforts.

di.lu.ir [dilu'ir] *vt* **1** to dilute. **2 diluir-se** to become more liquid, dissolve.

di.lú.vio [dil'uvju] *sm* **1** deluge. **2** flood. **3** heavy rainfall. **4** *fig* abundance.

di.men.são [dimẽs'ãw] *sf (pl* **dimensões**) **1** dimension, extension. **2** size, measure. **3 dimensões** proportions.

di.mi.nu.i.ção [diminwis'ãw] *sf* (*pl* diminuições) 1 decrease, reduction, fall. 2 *Mat* subtraction.

di.mi.nu.ir [diminu'ir] *vt+vint* 1 to diminish, reduce. 2 to shorten, fall off. 3 to subtract. 4 to weaken. 5 to slow down. 6 to moderate. 7 to thin down. **diminuir o volume** *Rád* to turn down.

di.mi.nu.ti.vo [diminut'ivu] *sm* diminutive. • *adj Gram* diminutive.

di.nâ.mi.ca [din'∧mikə] *sf* dynamics. **dinâmica de grupo** group dynamics.

di.nâ.mi.co [din'∧miku] *adj* dynamic(al).

di.na.mis.mo [dinam'izmu] *sm* dynamism.

di.na.mi.te [dinam'iti] *sf* dynamite.

di.nas.ti.a [dinast'iə] *sf* dynasty.

di.nhei.rão [diñejr'ãw] *sm* a lot of money, fortune.

di.nhei.ri.nho [diñejr'iñu] *sm* a little money.

di.nhei.ro [diñ'ejru] *sm* money, currency, cash, *gír* dough. **arranjar dinheiro** to raise money. **com pouco dinheiro** short of money. **dinheiro à vista** ready cash. **pagar em dinheiro** to pay cash.

di.nos.sau.ro [dinos'awru] *sm* dinosaur.

di.o.ce.se [djos'εzi] *sf* diocese.

di.plo.ma [dipl'omə] *sm* 1 diploma. 2 degree, certificate.

di.plo.ma.ci.a [diplomas'iə] *sf* diplomacy.

di.plo.ma.do [diplom'adu] *adj* certificated, licensed, graduate, qualified.

di.plo.ma.ta [diplom'atə] *s m+f* diplomat.

di.que [d'iki] *sm* dike.

di.re.ção [dires'ãw] *sf* (*pl* direções) 1 direction. 2 management. 3 steering. **assistente de direção** assistant director. **assumir a direção** to take the lead.

di.re.ci.o.nar [diresjon'ar] *vt* 1 to give the direction. 2 to conduct, guide. 3 to point toward, aim.

di.rei.ta [dir'ejtə] *sf* right side, right hand. **à direita** on the right. **virar à direita** to turn (to the) right.

di.rei.to [dir'ejtu] *sm* 1 right. 2 law, jurisprudence. • *adj* 1 right, right-hand. 2 straight. 3 even, flat. 4 honest, loyal. 5 fit, suitable. 6 upright. 7 just. **adquirir**

um direito to acquire a right. **direitos autorais** copyright. **direitos humanos** human rights. **faculdade de direito** law school.

di.re.ta.men.te [dirεtam'ẽti] *adv* directly, straight.

di.re.to [dir'εtu] *sm bras, Box* righthander, punch, strike. • *adj* 1 direct, straight. 2 immediate. 3 clear, evident. 4 straightforward, sincere. **vôo direto** nonstop flight.

di.re.tor [diret'or] *sm* 1 director, manager. 2 (de escola) principal. 3 (jornal) editor. • *adj* ruling, guiding, managing.

di.re.to.ri.a [diretor'iə] *sf* 1 administration, management. 2 board of directors.

di.re.triz [diretr'is] *sf* 1 *Geom* directrix. 2 route, line of direction. 3 policy.

di.ri.gen.te [diriʒ'ẽti] *s m+f* director, leader, controller. • *adj m+f* head, leading.

di.ri.gi.do [diriʒ'idu] *adj* 1 directed, ruled, managed. 2 pointed, aimed.

di.ri.gir [diriʒ'ir] *vt+vpr* 1 to direct, manage. 2 to drive. 3 to ride. 4 to conduct. 5 to address. 6 to run (negócios). 7 **dirigir-se** a) to address oneself to, apply to. b) to head for.

dis.car [disk'ar] *vt+vint bras, Telecom* to dial.

dis.cer.ni.men.to [disernim'ẽtu] *sm* discernment, insight, judgement.

dis.cer.nir [disern'ir] *vt+vint* to discern.

dis.ci.pli.na [disipl'inə] *sf* 1 discipline. 2 subject.

dis.ci.pli.na.do [disiplin'adu] *adj* disciplined, correct.

dis.ci.pli.nar [disiplin'ar] *vt+vpr* 1 to discipline, train, educate. 2 to correct. 3 **disciplinar-se** to discipline oneself.

disc-jó.quei [disk3'okej] *sm* disc-jockey.

dis.co [d'isku] *sm* 1 record (gramophone). 2 disk, disc. 3 discus. 4 dial (phone). **disco rígido** *Inform* hard disk.

dis.cor.dar [diskord'ar] *vt+vint* to disagree.

dis.cór.dia [disk'ɔrdjə] *sf* discord, disharmony.

dis.co.te.ca [diskot'εkə] *sf* discotheque, disco.

dis.cre.pân.cia [diskrep'ãsjə] *sf* discrepancy, difference.

dis.cre.to [diskr'ɛtu] *adj* discreet, tactful, reserved, modest.

dis.cri.ção [diskris'ãw] *sf* (*pl* **discrições**) **1** discretion. **2** discreetness. **3** modesty.

dis.cri.mi.na.ção [diskriminas'ãw] *sf* (*pl* **discriminações**) discrimination. **discriminação racial** racial segregation.

dis.cri.mi.na.do [diskrimin'adu] *adj* **1** discriminate, distinguished. **2** segregated.

dis.cri.mi.nar [diskrimin'ar] *vt+vint* **1** to discriminate. **2** to segregate.

dis.cur.sar [diskurs'ar] *vt+vint* **1** to discourse. **2** to argue. **3** to narrate, tell.

dis.cur.so [disk'ursu] *sm* discourse, speech. **fazer um discurso** to make a speech.

dis.cus.são [diskus'ãw] *sf* (*pl* **discussões**) **1** discussion, debate. **2** contestation, quarrel. **3** argumentation. **sem discussão** out of question.

dis.cu.tir [diskut'ir] *vt+vint* **1** to discuss, argue. **2** to consider, examine. **3** to wrangle, quarrel.

dis.cu.tí.vel [diskut'ivew] *adj m+f* (*pl* **discutíveis**) disputable, arguable.

di.sen.te.ri.a [dizẽter'iə] *sf Med* diarrhea.

dis.far.çar [disfars'ar] *vt+vpr* **1** to disguise. **2** to pretend. **3 disfarçar-se** to disguise oneself.

dis.far.ce [disf'arsi] *sm* disguise.

dis.jun.tor [dizȝũt'or] *sm Eletr* circuit breaker.

dis.le.xi.a [dizleks'iə] *sf Med* dyslexia.

dis.pa.ra.do [dispar'adu] *adj* high speed. **sair em disparada** to shoot out.

dis.pa.rar [dispar'ar] *vt* to discharge, fire off, shoot.

dis.pa.ra.ta.do [disparat'adu] *adj* foolish, silly.

dis.pa.ra.te [dispar'ati] *sm* foolishness, nonsense, stupidity. **dizer disparates** to talk nonsense.

dis.pa.ri.da.de [disparid'adi] *sf* **1** disparity. **2** nonsense.

dis.pa.ro [disp'aru] *sm* discharge, shooting, shot, detonation.

dis.pen.di.o.so [dispẽdi'ozu] *adj* expensive.

dis.pen.sa [disp'ẽsə] *sf* **1** exemption. **2** leave, license, discharge. **3** dismissal.

dis.pen.sar [dispẽs'ar] *vt* **1** to dispense (t exempt, excuse, free from an obligation **2** to do without. **3** to distribute, dea out.

dis.pen.sá.vel [dispẽs'avew] *adj m+f* (*p* **dispensáveis**) dispensable, unessential

dis.per.sar [dispers'ar] *vt+vpr* **1** to dis perse. **2 dispersar-se** to become diffuse or spread.

dis.per.si.vo [dispers'ivu] *adj* dispersive

dis.pli.cên.cia [displis'ẽsjə] *sf* **1** annoy ance, sorrow. **2** carelessness, negligence

dis.pli.cen.te [displis'ẽti] *s m+f bra* disorderly person. • *adj m+f* unpleasant. **2** careless, indifferent.

dis.po.ni.bi.li.da.de [disponibilid'adi] *s* availability.

dis.po.ní.vel [dispon'ivew] *adj m+f* (*p* **disponíveis**) available.

dis.por [disp'or] *vt+vpr* **1** to arrange. **2** t place. **3** to rank, range. **4** to have, coun on. *você dispõ̃͂ de um momento par mim?* / can you spare me a moment? **dispor-se (a)** make oneself ready. **di por de** to dispose of.

dis.po.si.ção [dispozis'ãw] *sf* (*pl* **dis posições**) disposition, disposal arrangement, order. **estar à disposiçã** to be available.

dis.po.si.ti.vo [dispozit'ivu] *sm* gadget device, mechanism.

dis.pu.tar [disput'ar] *vt* **1** to dispute, de bate, quarrel, contest, fight. **2** to rival compete with.

dis.que.te [disk'ɛti] *sm Inform* diskette disk, disc.

dis.se.mi.na.ção [diseminas'ãw] *sf* (*p* **disseminações**) dissemination, diffusion

dis.se.mi.nar [disemin'ar] *vt* t disseminate, scatter, broadcast.

dis.ser.ta.ção [disertas'ãw] *sf* (*pl* **disser tações**) dissertation, paper.

dis.si.dên.cia [disid'ẽsjə] *sf* dissidence disagreement.

dis.si.den.te [disid'ẽti] *s m+f* dissident opponent. • *adj m+f* dissident.

dis.si.mu.la.do [disimul'adu] *adj* dissimulative, feigned, furtive.

dis.si.mu.lar [disimul'ar] *vt* **1** t dissimulate, disguise. **2** to feign, pretend.

dis.si.pa.ção [disipas'ãw] *sf* (*pl* **dissipações**) dissipation.

dis.si.par [disip'ar] *vt* 1 to dissipate, dispel. 2 to vanish, disappear.

dis.so [d'isu] *contr prep* de + *pron dem* **isso**: of that, thereof, about that, therefrom. **além disso** besides, furthermore. **apesar disso** even so. **nada disso** nothing of the sort.

dis.so.lu.ção [disolus'ãw] *sf* (*pl* **dissoluções**) dissolution.

dis.sol.ver [disowv'er] *vt* to dissolve.

dis.sol.vi.do [disowv'idu] *adj* melted, dissolved.

dis.so.nan.te [dison'ãti] *adj m+f* dissonant.

dis.su.a.dir [diswad'ir] *vt+vpr* 1 to dissuade, deter. 2 **dissuadir-se** to change one's mind.

dis.tân.cia [dist'ãsjə] *sf* distance. **a que distância?** how far? **cobrir uma distância** to cover a distance. **uma longa distância** a long way off.

dis.tan.ci.ar [distãsi'ar] *vt+vpr* 1 to distance. 2 **distanciar-se** to keep away from.

dis.tan.te [dist'ãti] *adj m+f* distant. **mais distante** farther.

dis.ten.der [distẽd'er] *vt+vpr* 1 to distend, dilate, expand. 2 **distender-se** to become distended.

dis.ten.são [distẽs'ãw] *sf* (*pl* **distensões**) distension.

dis.tin.ção [distĩs'ãw] *sf* (*pl* **distinções**) distinction. **sem distinção de sexo ou idade** regardless of sex or age.

dis.tin.guir [distĩg'ir] *vt+vpr* 1 to distinguish, distinct, differentiate. 2 to remark, single out. 3 to honour, make famous. 4 to give prominence or distinction to. 5 **distinguir-se** to distinguish oneself, stand out.

dis.tin.ti.vo [distĩt'ivu] *sm* decoration, emblem, badge, symbol.

dis.tin.to [dist'ĩtu] *adj* 1 distinct. 2 fine, elegant. 3 distinctive.

dis.to [d'istu] *contr prep* de + *pron dem* **isto**: of this, of it, at it, hereof. **muito antes disto** long before this.

dis.tor.ção [distors'ãw] *sf* (*pl* **distorções**) distortion.

dis.tor.cer [distors'er] *vt* to distort. **distorcer os fatos** to distort the facts.

dis.tra.ção [distras'ãw] *sf* (*pl* **distrações**) 1 distraction. 2 absent-mindedness. 3 diversion, recreation.

dis.tra.í.do [distra'idu] *sm* absent-minded person. • *adj* 1 absent-minded, forgetful. 2 amused, entertained.

dis.tra.ir [distra'ir] *vt+vpr* 1 to distract. 2 to amuse, entertain. 3 **distrair-se** to enjoy oneself.

dis.tri.bu.i.ção [distribwis'ãw] *sf* (*pl* **distribuições**) 1 distribution. 2 arrangement.

dis.tri.bu.ir [distribu'ir] *vt* to distribute.

dis.tri.to [distr'itu] *sm* 1 district, quarter. 2 section, zone. **distrito federal** federal district. **distrito policial** police station.

dis.túr.bio [dist'urbju] *sm* 1 disturbance. 2 riot. **distúrbio mental** mental disorder.

di.ta.do [dit'adu] *sm* 1 dictation. 2 proverb, saying.

di.ta.dor [ditad'or] *sm* dictator.

di.ta.du.ra [ditad'urə] *sf* 1 dictatorship. 2 despotism, absolutism.

di.tar [dit'ar] *vt* 1 to dictate. 2 to impose, command. 3 to inspire.

di.to [d'itu] *sm* 1 *ditto*, the same. 2 *dictum*, aphorism, maxim. 3 meddling, gossip. • *adj* stated, something that was said. **como foi dito** as stated.

diu.ré.ti.co [djur'ɛtiku] *sm Med* diuretic. • *adj Med* diuretic.

di.ur.no [di'urnu] *adj* diurnal, of the day.

di.va.ga.ção [divagas'ãw] *sf* (*pl* **divagações**) 1 divagation, wandering. 2 *fig* digression.

di.va.gar [divag'ar] *vint* 1 to divagate, wander. 2 to depart from the main subject. 3 to daydream.

di.ver.gên.cia [diverʒ'ẽsjə] *sf* divergence, difference, disagreement.

di.ver.gir [diverʒ'ir] *vt+vint* to diverge, to differ. **divergir de opinião** to differ in opinion.

di.ver.são [divers'ãw] *sf* (*pl* **diversões**) 1 amusement. 2 fun. 3 entertainment, pastime. **parque de diversão** amusement park.

di.ver.si.da.de [diversid'adi] *sf* diversity.

di.ver.si.fi.ca.ção [diversifikas'ãw] *sf* (*pl*

diversificações) diversification, variation, change.

di.ver.si.fi.car [diversifik'ar] *vt+vint* **1** to diversify, vary. **2** to differ.

di.ver.so [div'ɛrsu] *adj* **1** different, various. **2 diversos** several, various. **diversas vezes** several times.

di.ver.ti.do [divert'idu] *adj* **1** amusing, entertaining, pleasing. **2** comical, funny.

di.ver.ti.men.to [divertim'ẽtu] *sm* amusement, pastime, entertainment.

di.ver.tir [divert'ir] *vt+vpr* **1** to entertain, amuse. **2 divertir-se** to enjoy oneself.

di.vi.da [d'ividə] *sf* debt. **em dívida** in debt. **fazer dívidas** to get into debt.

di.vi.dir [divid'ir] *vt+vint+vpr* **1** to divide, share, split. **2 dividir-se** to become separated, split.

di.vin.da.de [divĩd'adi] *sf* **1** divinity. **2** Divinity, God.

di.vi.no [div'inu] *sm bras* the Holy Ghost. • *adj* divine.

di.vi.sa [div'izə] *sf* **1** boundary, frontier. **2 divisas** exchange value, foreign currency.

di.vi.são [diviz'ãw] *sf* (*pl* **divisões**) **1** division. **2** compartment.

di.vi.sí.vel [diviz'ivew] *adj m+f* (*pl* **divisíveis**) divisible.

di.vi.só.ria [diviz'ɔrjə] *sf* partition, screen.

di.vor.ci.ar [divorsi'ar] *vt+vpr* **1** to divorce. **2 divorciar-se** to get divorced.

di.vór.cio [div'ɔrsju] *sm* divorce.

di.vul.gar [divuwg'ar] *vt+vpr* **1** to divulge, make public, publish. **2 divulgar-se** to become known.

di.zer [diz'er] *vt+vint* **1** to say. **2** to tell. **3** to speak. **4** to talk. **dizer adeus** to say good-bye. **para dizer a verdade** to tell the truth. **por assim dizer** so to say.

Geralmente usamos **say** quando não mencionamos a pessoa com a qual falamos. *ela disse que iria ao supermercado* / she said she would go to the supermarket.

Quando mencionamos a pessoa com a qual falamos, é preferível usar **tell**. *Peter me disse que iria ao banco* / Peter told me he would go to the bank.

Veja outra nota em **say**.

diz-que-diz-que [diskid'iski] *sm, sing+pl bras* rumour, gossip.

DNA [deeni'a] *sm Genét* DNA.

do [du] **1** *contr prep* **de** + *art def masc* **o**: of the, from the. **2** *contr prep* **de** + *pron dem masc* **o**: of that.

dó¹ [d'ɔ] *sm* pity, compassion. **fazer dó** to arouse pity.

dó² [d'ɔ] *sm Mús* do.

do.a.ção [doas'ãw] *sf* (*pl* **doações**) donation, gift.

do.a.dor [doad'or] *sm* donor. **doador de sangue** blood donor.

do.ar [do'ar] *vt+vpr* **1** to donate. **2 doar-se** to dedicate oneself to something or someone.

do.bra [d'ɔbrə] *sf* **1** plait, fold. **2** flap (livro). **dobra em folha de livro** dog's-ear.

do.bra.di.ça [dobrad'isə] *sf* hinge, joint (of a door, window etc.).

do.brar [dobr'ar] *vt+vint* **1** to double. **2** to fold, fold up. **3** to turn, bend.

do.brá.vel [dobr'avew] *adj m+f* (*pl* **dobráveis**) folding, collapsible.

do.bro [d'obru] *sm* double.

do.ca [d'ɔkə] *sf* dock.

do.ce [d'osi] *sm* sweets. • *adj m+f* **1** sweet, honeyed, candied. **2** gentle, agreeable.

dó.cil [d'ɔsiw] *adj m+f* (*pl* **dóceis**) **1** docile. **2** tame.

do.cu.men.ta.ção [dokumẽtas'ãw] *sf* (*pl* **documentações**) documentation.

do.cu.men.tá.rio [dokumẽt'arju] *sm Telev, Cin* documentary.

do.cu.men.to [dokum'ẽtu] *sm* document.

do.çu.ra [dos'urə] *sf* **1** sweetness. **2** *fig* softness, gentleness. **3** delight, pleasure.

do.en.ça [do'ẽsə] *sf* **1** illness, sickness. **2** (infecciosa) disease. **doença contagiosa** contagious disease. **doença hereditária** hereditary disease.

do.en.te [do'ẽti] *s m+f* patient, invalid, sick person. • *adj m+f* sick, diseased, ill. **ficar doente** to be taken ill.

do.en.ti.o [doẽt'iu] *adj* sickly, unhealthy.

do.er [do'er] *vt+vint* to ache, cause pain, hurt.

doi.di.ce [dojd'isi] *sf* madness, foolishness, silliness.

doi.do [d'ojdu] *sm* fool. • *adj* **1** mad, crazy, out of one's mind. **2** foolish. **3** enthusiastic, merry. **4** extravagant.

do.í.do [do'idu] *adj* aching, painful, troubled.

dois [d'ojs] *num* two. **a dois** two and two, in twos, by pairs. **de dois em dois dias** every two days. **os dois** both. **tão certo como dois e dois são quatro** as sure as eggs are eggs.

dois-pon.tos [dojsp'õtus] *sm, sing+pl* semicolon.

dó.lar [d'ɔlar] *sm* (*pl* **dólares**) dollar.

do.lo.ri.do [dolor'idu] *adj* sore.

do.lo.ro.so [dolor'ozu] *adj* 1 painful, aching, dolorous. 2 grievous, painful, *fig* distressing.

dom [d'õw] *sm* (*pl* **dons**) gift. **dom da natureza** a natural gift.

do.mar [dom'ar] *vt* to tame.

do.més.ti.ca [dom'ɛstikə] *sf* a maid.

do.mes.ti.car [domestik'ar] *vt* 1 to domesticate, tame. 2 to civilize.

do.més.ti.co [dom'ɛstiku] *adj* domestic: a) familiar, private. b) homemade. c) of the household and the family. d) devoted to home duties. e) local, not foreign. **orçamento doméstico** family budget.

do.mi.cí.lio [domis'ilju] *sm* residence, house, home. **entrega em domicílio** home delivery.

do.mi.na.ção [dominas'ãw] *sf* (*pl* **dominações**) domination, supremacy.

do.mi.na.dor [dominad'or] *sm* dominator, ruler.

do.mi.nan.te [domin'ãti] *sf* dominant. • *adj* m+f dominant, commanding.

do.mi.nar [domin'ar] *vt+vpr* 1 to dominate, to rule, command. 2 to overlook. 3 to master, be fluent in. 4 **dominar-se** to control oneself.

do.min.go [dom'ĩgu] *sm* Sunday. **aos domingos** on Sundays. **domingo da Páscoa** Easter Sunday.

do.mí.nio [dom'inju] *sm* dominion: a) rule, authority. b) power, territory. c) field of action. d) control. e) mastery.

do.mi.nó [domin'ɔ] *sm* dominoes.

do.na [d'onə] *sf* 1 lady. 2 Mrs. 3 *bras* woman, wife, spouse. **dona-de-casa** housewife.

do.na.ti.vo [donat'ivu] *sm* donation.

do.no [d'onu] *sm* 1 master. 2 owner, proprietor. 3 landlord.

don.ze.la [dõz'ɛlə] *sf* maid, maiden.

do.pa.do [dop'adu] *adj* doped.

do.par [dop'ar] *vt+vpr* 1 to dope. 2 to give a narcotic to an athlete. 3 **dopar-se** to become intoxicated by drugs.

doping [d'ɔpĩ] *sm* dope.

dor [d'or] *sf* 1 ache, pain. 2 sorrow, grief. **aliviar sua dor** to ease one's pain. **dor de cabeça** headache. **grito de dor** a scream of pain. **sofrer uma dor** to suffer pain.

do.ra.van.te [dɔrav'ãti] *adv* from now on, for the future.

dor.men.te [dorm'ẽti] *sm* railway sleeper. • *adj* m+f 1 dormant, sleeping. 2 benumbed, stiff.

dor.mi.nho.co [dormiñ'oku] *sm* lie-a-bed, sleepyhead.

dor.mir [dorm'ir] *vt+vint* 1 to sleep, fall asleep. 2 to lie, rest. 3 to be quiet, calm. **dormir como uma pedra** to sleep like a log.

dor.mi.tó.rio [dormit'ɔrju] *sm* bedroom.

do.sar [doz'ar] *vt* to dose.

do.se [d'ozi] *sf* 1 dose. 2 shot (bebidas). **exagerar na dose** to overdose.

do.ta.do [dot'adu] *adj* gifted, talented.

do.te [d'ɔti] *sm* 1 dowry, fortune. 2 talent, natural gift.

dou.ra.do [dowr'adu] *adj* 1 golden, gilt. 2 coated with gold.

dou.tor [dowt'or] *sm* doctor.

dou.tri.nar [dowtrin'ar] *vt+vint* to teach, instruct, preach.

do.ze [d'ozi] *num* twelve.

dra.gão [drag'ãw] *sm* (*pl* **dragões**) dragon.

drá.gea [dr'aʒjə] *sf* a medicinal pill coated by a hardened substance.

dra.ma [dr'ʌmə] *sm* drama.

dra.má.ti.co [dram'atiku] *adj* dramatic.

dra.ma.ti.za.ção [dramatizas'ãw] *sf* (*pl* **dramatizações**) dramatization.

dra.ma.ti.zar [dramatiz'ar] *vt+vint* to dramatize.

dra.ma.tur.go [dramat'urgu] *sm* playwright.

drás.ti.co [dr'astiku] *adj* drastic, powerful, violent.

dre.nar [dren'ar] *vt* to drain.

dri.blar [dribl'ar] *vt Fut* to dribble.

drin.que [dr'ĩki] *sm* drink.

driver [dr'ajver] *sm ingl Inform* driver.

dro.ga [dr'ɔgə] *sf* 1 drug. 2 *bras* thing that lost its value, trash, junk. *isto é uma droga* / this is not worth a pin.

dro.ga.do [drog'adu] *sm* drug addict.

dro.gar [drog'ar] *vt+vpr* 1 to drug. 2 **drogar-se** to take drugs for narcotic effect.

dro.ga.ri.a [drogar'iə] *sf* drugstore, pharmacy.

du.as [d'uas] *num* two (*fem de* **dois**). **duas vezes** twice.

dú.bio [d'ubju] *adj* dubious, ambiguous, doubtful.

du.bla.do [dubl'adu] *adj* dubbed.

du.bla.gem [dubl'aʒẽj] *sf Cin, Telev,* dubbing.

du.blar [dubl'ar] *vt Cin, Telev,* to dub.

du.blê [dubl'e] *sm* stuntman, stunt-woman.

du.cha [d'uʃə] *sf* shower-bath.

du.e.lo [du'ɛlu] *sm* duel.

du.en.de [du'ẽdi] *sm* dwarf, elf.

du.e.to [du'etu] *sm* duet.

du.na [d'unə] *sf* dune.

duo [d'uu] *sm* duo, duet.

du.o.dé.ci.mo [dwod'ɛsimu] *num* twelfth.

du.pla [d'uplə] *sf bras, coloq* two persons, pair.

dú.plex [d'uplɛks] *adj* duplex.

du.pli.ca.ção [duplikas'ãw] *sf* (*pl* **duplicações**) duplication, doubling.

du.pli.ca.do [duplik'adu] *sm* duplicate, copy, transcript. • *adj* duplicate, double.

du.pli.car [duplik'ar] *vt+vint* 1 to double, duplicate. 2 to copy.

du.pli.ca.ta [duplik'atə] *sf* promissory note, bill.

du.plo [d'uplu] *adj* double, dual.

du.que [d'uki] *sm* duke.

du.que.sa [duk'ezə] *sf* duchess.

du.ra.bi.li.da.de [durabilid'adi] *sf* durability.

du.ra.ção [duras'ãw] *sf* (*pl* **durações**) 1 duration, length. 2 life (pilhas, lâmpadas). 3 *Cin* the time of projection of a film. **de curta duração** of short duration.

du.ran.te [dur'ãti] *prep* during, while, in the time of, in the course of, for, by. *ele afogou-se durante o banho* / he drowned while bathing. *fui seu hóspede durante três semanas* / I was his guest for three weeks. **durante algum tempo** for some time. **durante a noite** during the night. **durante horas** for hours. **durante muitos séculos** for ages. **durante o seu sono** in his sleep. **durante o vôo** on the flight.

du.rar [dur'ar] *vint* to last. *quanto tempo vai durar?* / how long will it last?

du.rá.vel [dur'avew] *adj m+f* (*pl* **duráveis**) durable, lasting.

du.re.za [dur'ezə] *sf* 1 hardness. 2 solidity. 3 stiffness, toughness.

du.ro [d'uru] *adj* 1 hard. 2 solid. 3 strong. 4 difficult. 5 tough. 6 cruel. 7 unkind, insensible. 8 *bras, coloq* broke. 9 stale (pão). **uma vida dura** a hard life.

dú.vi.da [d'uvidə] *sf* 1 doubt. *não há dúvida alguma* / there is no doubt about it. 2 question. *é fora de dúvida que...* / there is no question that... **sem dúvida!** absolutely.

du.vi.dar [duvid'ar] *vt+vint* to doubt.

du.vi.do.so [duvid'ozu] *adj* 1 doubtful, uncertain, questionable. 2 undecided, unsettled. 3 suspicious, dubious.

du.zen.tos [duz'ẽtus] *num* two hundred. **de duzentos anos** bicentennial.

dú.zia [d'uzjə] *sf* 1 dozen (twelve). 2 *fig* a lot (of things). **às dúzias** by the dozen, by dozens.

E, e [ˈe] **1** the fifth letter of the alphabet. **2** *conj* and. *experimente e você verá! /* try and you will see! **3** what about (em interrogativas) *E você? /* what about you? **4** past, after (time) *são três e vinte /* it is twenty after three.

é.ba.no [ˈɛbanu] *sm* ebony.

é.brio [ˈɛbrju] *sm* drunkard. • *adj* drunk(en).

e.bu.li.ção [ebulisˈãw] *sf* (*pl* **ebulições**) **1** boiling. **2** *fig* agitation, excitement.

e.char.pe [eʃˈarpi] *sf* scarf.

e.cle.si.ás.ti.co [eklezjˈastiku] *sm* ecclesiastic. • *adj* ecclesiastic(al).

e.clé.ti.co [eklˈɛtiku] *sm* eclectic. • *adj* eclectic.

e.clip.se [eklˈipsi] *sm* eclipse.

e.clo.dir [eklodˈir] *vint* to come to light, arise, appear.

e.co [ˈɛku] *sm* echo.

e.co.lo.gi.a [ekoloʒˈiə] *sf* ecology.

e.co.ló.gi.co [ekolˈɔʒiku] *adj* ecologic(al).

e.co.lo.gis.ta [ekoloʒˈistə] *s m+f* ecologist.

e.co.no.mi.a [ekonomˈiə] *sf* **1** economy. **2** economics (disciplina). **3 economias** savings. **fazer economias** to save.

e.co.nô.mi.co [ekonˈomiku] *adj* **1** economical (que gasta pouco). **2** economic (relacionado à Economia). **caixa econômica** Savings Bank.

e.co.no.mis.ta [ekonomˈistə] *s m+f* economist.

e.co.no.mi.zar [ekonomizˈar] *vt+vint* to save.

e.cos.sis.te.ma [ɛkosistˈemə] *sm* ecosystem.

e.co.tu.ris.mo [ɛkoturˈizmu] *sm* eco-tourism.

É.den [ˈɛdɛj] *sm* Eden, paradise.

e.di.ção [edisˈãw] *sf* (*pl* **edições**) **1** edition. *a edição esgotou-se /* the edition is sold out. **2** publication. **edição abreviada** abridged version. **edição de bolso** pocket edition.

e.di.fi.can.te [edifikˈãti] *adj m+f* edifying, instructive.

e.di.fi.car [edifikˈar] *vt+vint* to construct, build.

e.di.fí.cio [edifˈisju] *sm* building.

É.di.po [ˈɛdipu] *sm* Oedipus. **complexo de Édipo** Oedipus complex.

e.di.tar [editˈar] *vt* **1** to edit, publish (a book, magazine etc.). **2** to edit (a TV or radio programme).

e.di.tor [editˈor] *sm* **1** publisher. **2** editor.

e.di.to.ra [editˈorə] *sf* publishing house.

e.dre.dom [edredˈõw], **e.dre.dão** [edredˈãw] *sm* **1** quilt. **2** comforter.

e.du.ca.ção [edukasˈãw] *sf* (*pl* **educações**) **1** education. **2** good manners. **3** up bringing (de criança). **educação física** physical education. **sem educação** ill-bred, uncivil, uneducated.

e.du.ca.ci.o.nal [edukasjonˈaw] *adj m+f* (*pl* **educacionais**) educational.

e.du.ca.do [edukˈadu] *adj* **1** educated. **2** polite. *ela é bem-educada /* she is polite.

e.du.ca.dor [edukadˈor] *sm* educator.

e.du.car [edukˈar] *vt* **1** to educate, bring up. *ela educou seus filhos /* she brought up her children. **2** to teach. **3** to train. *ela educou o ouvido /* she trained the ear.

e.du.ca.ti.vo [edukatˈivu] *adj* educative, educational. **televisão educativa** educational television.

e.fei.to [ef'ejtu] *sm* effect. **com efeito** in fact, as a matter of fact. **efeito estufa** greenhouse effect. **efeitos especiais** *Cin* special effects.

e.fê.me.ro [ef'emeru] *adj* ephemeral.

e.fe.mi.na.do [efemin'adu] *adj* effeminate.

e.fer.ves.cên.cia [eferves'ẽsjə] *sf* effervescence.

e.fer.ves.cen.te [eferves'ẽti] *adj m+f* effervescent.

e.fe.ti.vo [efet'ivu] *adj* 1 permanent. 2 real, effective. 3 satisfactory.

e.fe.tu.ar [efetu'ar] *vt+vpr* 1 to effect, accomplish. 2 to carry out, perform. 3 **efetuar-se** to take place.

e.fi.caz [efik'as] *adj m+f* 1 effective. 2 efficient.

e.fi.ci.ên.cia [efisi'ẽsjə] *sf* efficiency, efficacy.

e.fi.ci.en.te [efisi'ẽti] *adj m+f* 1 efficient. 2 efficacious, effective.

e.fu.si.vo [efuz'ivu] *adj* 1 effusive. 2 expressive.

e.go ['ɛgu] *sm Psicol* ego.

e.go.cên.tri.co [egos'ẽtriku] *sm* egocentric. • *adj* egocentric, self-centered.

e.go.ís.mo [ego'izmu] *sm* selfishness.

e.go.ís.ta [ego'istə] *adj* selfish.

é.gua ['ɛgwə] *sf* mare.

eis ['ejs] *adv* here is, this is, here are, these are, here it is. *eis a questão* / that's the question. *eis os meus livros* / here are my books.

ei.xo ['ejʃu] *sm* 1 axle. 2 *Astr, Geom* axis. *a Terra gira em volta do seu próprio eixo* / the Earth rotates about its own axis. 3 *fig* main point, pivotal question.

e.ja.cu.la.ção [eʒakulas'ãw] *sf* (*pl* **ejaculações**) ejaculation.

e.ja.cu.lar [eʒakul'ar] *vt* to ejaculate.

e.la ['ɛlə] *pron pess* 1 she. *ela gosta muito de você* / she loves you very much. 2 her. *dê o livro a ela* / give the book to her. 3 it (things). 4 **elas** they. *elas não sabem* / they don't know. **é ela 1** it is her. 2 speaking (ao telefone).

e.la.bo.rar [elabor'ar] *vt* 1 to elaborate, work out in detail. *por fim, decidiu-se elaborar um relatório* / finally it was decided to work out a report. 2 to organize. 3 to prepare.

e.las.ti.ci.da.de [elastisid'adi] *sf* 1 elasticity. 2 flexibility.

e.lás.ti.co [el'astiku] *sm* rubber band. • *adj* 1 elastic. 2 supple (person).

e.le ['eli] *pron pess* 1 he. *é ele* / that's he. 2 him. 3 it (thing). 4 **eles** they. *eles foram ao cinema* / they went to the movies. **ele próprio** he himself. **É ele** a) it's him. b) speaking (ao telefone).

e.le.fan.te [elef'ãti] *sm* elephant.

e.le.gân.cia [eleg'ãsjə] *sf* elegance, grace(fulness), smartness.

e.le.gan.te [eleg'ãti] *adj m+f* elegant, smart, graceful.

e.le.ger [ele'ʒer] *vt* to elect.

e.lei.ção [elejs'ãw] *sf* (*pl* **eleições**) 1 election. 2 choice. 3 preference.

e.lei.to [el'ejtu] *sm* elect, the chosen. • *adj* elect(ed), chosen.

e.lei.tor [elejt'or] *sm* voter.

e.lei.to.ra.do [elejtor'adu] *sm* electorate.

e.lei.to.ral [elejtor'aw] *adj m+f* (*pl* **eleitorais**) electoral. **campanha eleitoral** electoral campaign. **colégio eleitoral** electoral college.

e.le.men.tar [elemẽt'ar] *adj m+f* elementary.

e.le.men.to [elem'ẽtu] *sm* 1 element. 2 member. 3 fact. 4 **elementos** rudiments.

e.len.co [el'ẽku] *sm bras Teat* cast. *o elenco da peça é bom* / the play is well cast.

e.le.tri.ci.da.de [eletrisid'adi] *sf* electricity. **descarregar eletricidade** to discharge electricity.

e.le.tri.cis.ta [eletris'istə] *s m+f* electrician.

e.lé.tri.co [el'ɛtriku] *adj* 1 electric. 2 electrical. **acendedor elétrico** electric lighter. **choque elétrico** electric shock. **rede elétrica** electrical supply system.

Usamos **electric** quando nos referimos a objetos que produzem eletricidade ou precisam dela para funcionar.

Usamos **electrical** quando há uma conexão ou relação (indireta) com a força elétrica.

e.le.tri.zan.te [eletriz'ãti] *adj m+f* 1 electrifying. 2 *fig* exciting. 3 fascinating.

e.le.tro.do.més.ti.co [eletrodom'estiku] *sm* household appliances, electrical appliances.

e.le.trô.ni.ca [eletr'onikə] *sf Fís* electronics.

e.le.trô.ni.co [eletr'oniku] *adj* electronic.

e.le.va.ção [elevas'ãw] *sf (pl* **elevações)** **1** lifting up, raising. **2** ascension. **3** (up)rising.

e.le.va.do [elev'adu] *adj* **1** high. *acharam o preço elevado* / they found the price too high. **2** promoted. *ele foi elevado à categoria de* / he was promoted to.

e.le.va.dor [elevad'or] *sm* elevator, lift.

e.le.var [elev'ar] *vt+vpr* **1** to raise, lift (up). **2** to increase, shoot up. *os preços estão se elevando rapidamente* / the prices are shooting up. **3 elevar-se** to rise. **elevar a voz** to speak louder.

e.li.mi.na.ção [eliminas'ãw] *sf (pl* **eliminações)** elimination.

e.li.mi.nar [elimin'ar] *vt+vpr* to eliminate.

e.li.te [el'iti] *sf* elite. **a elite da sociedade** the cream of society.

e.lo ['ɛlu] *sm* **1** link (of a chain). **2** *fig* connexion.

e.lo.gi.ar [eloʒi'ar] *vt* to praise.

e.lo.gi.o [eloʒ'iu] *sm* praise.

e.lo.gi.o.so [eloʒi'ozu] *adj* flattering, complimentary. *falou acerca dele com palavras elogiosas* / he spoke about him in the most flattering terms.

e.lo.qüen.te [elok'wẽti] *adj m+f* eloquent.

em ['ẽj] *prep* **1** in a) (dentro) *o dinheiro está no meu bolso* / the money is in my pocket. b) (city, country). *moro em São Paulo* / I live in São Paulo. c) (months, years). *nasci em setembro* / I was born in September. d) (dentro de). *o pai estará aqui dentro de duas horas* / Dad will be here in two hours. **2** on a) (sobre). *as chaves estão na mesa* / the keys are on the table. b) (day). *meu aniversário é no sábado* / my birthday is on Saturday. **3** at a) (ponto de referência). *você pode me esperar na biblioteca?* / can you wait for me at the library? b) (local de estudo, trabalho). *Sheila trabalha no banco* / Sheila works at the bank. **4** into (para dentro). *ela acabou de entrar no quarto* / she's just gone into her room. **5** up, upon, during, within, by, to. **baseado em fatos** based on facts.

e.ma.gre.cer [emagres'er] *vt* to lose weight.

e.man.ci.pa.ção [emãsipas'ãw] *sf (pl* **emancipações)** emancipation, freeing.

e.man.ci.par [emãsip'ar] *vt+vpr* **1** to emancipate, set free. **2 emancipar-se** to become independent.

em.ba.ça.do [ẽbas'adu] *adj* blurred.

em.ba.çar [ẽbas'ar] *vt* **1** to dim, dull (as window panes with mist). **2** to steam up (vapour).

em.bai.xa.da [ẽbajʃ'adə] *sf* embassy.

em.bai.xa.dor [ẽbajʃad'or] *sm* ambassador.

em.bai.xo [ẽb'ajʃu] *adv* **1** below, beneath, under(neath). **2** downstairs. **lá embaixo** down there.

em.ba.la.gem [ẽbal'aʒẽj] *sf (pl* **embalagens)** **1** packing up. **2** package, packaging. **3** wrapping. **embalagem descartável** disposable pack.

em.ba.lar [ẽbal'ar] *vt+vpr* **1** to rock (a child) to sleep, cradle. **2** to wrap up, pack (up).

em.ba.ra.ça.do [ẽbaras'adu] *adj* **1** embarrassed, ill at ease, perplexed, puzzled. **2** tangled. **3** confused.

em.ba.ra.çar [ẽbaras'ar] *vt+vpr* **1** to embarrass. **2** to complicate, mix up. **3** to perplex. **4** to get tangled (cabelo). **5 embaraçar-se** to get entangled, get embarrassed.

em.ba.ra.ço.so [ẽbaras'ozu] *adj* embarrassing.

em.ba.ra.lhar [ẽbaraʎ'ar] *vt+vint* **1** to shuffle (cards). **2** to mix (up). **3** to confuse. **4** to entangle, complicate.

em.bar.ca.ção [ẽbarkas'ãw] *sf (pl embarcações)* **1** embarkation. **2** vessel, ship, boat.

em.bar.car [ẽbark'ar] *vt+vint+vpr* **1** to embark. **2** to put on board, load. **3** to go on board, board (train, ship, plane etc.). **4** to depart, leave (for).

em.bar.que [ẽb'arki] *sm* boarding. **cartão de embarque** boarding card.

em.be.be.dar [ẽbebed'ar] *vt+vint+vpr* **1** to intoxicate, make drunk. **2 embebedar-se** to get drunk.

em.be.le.zar [ẽbelez'ar] *vt* to embellish, beautify.

em.bir.rar [ēbiř'ar] *vt+vint* **1** to be stubborn. **2** to dislike, feel antipathy or aversion for. **3** to sulk. **embirrar com alguém** to take a dislike to.

em.ble.ma [ēbl'emə] *sm* emblem, badge.

em.bo.lar [ēbol'ar] *vt+vint+vpr* **1** to tangle, confuse. **2** to shape into a ball.

em.bo.lo.ra.do [ēbolor'adu] *adj* mouldy, musty.

em.bol.sar [ēbows'ar] *vt* **1** to pocket. **2** to pay, reimburse.

em.bo.ra [ēb'ɔrə] *conj* (al)though, even though. *embora fosse tarde, decidimos partir* / though it was late we decided to set out. **ir embora** to go away, leave, depart. *tenho de ir-me embora* / I must be off. **mandar embora** to send away. **vá embora!** go away!, be off!

em.bos.ca.da [ēbosk'adə] *sf* ambush.

em.bran.que.cer [ēbrãkes'er] *vt+vint+vpr* **1** to whiten. **2 embranquecer-se** a) to grow white. b) to turn gray (hair).

em.bre.a.gem [ēbre'aჳẽj] *sf (pl* **embreagens**) clutch.

em.bri.a.ga.do [ēbrjag'adu] *adj* **1** drunk(en). **2** *fig* enchanted.

em.bri.a.gar [ēbrjag'ar] *vt+vint+vpr* **1** to make drunk. **2** *fig* to enchant. **3** *fig* to ravish. **4 embriagar-se** a) to get drunk. b) *fig* to become enchanted.

em.bri.a.guez [ēbrjag'es] *sf* **1** drunkenness. **2** *fig* ecstasy.

em.bri.ão [ēbri'ãw] *sm (pl* **embriões**) *Biol* embryo.

em.bro.mar [ēbrom'ar] *vt+vint bras* **1** to swindle, cheat. **2** to make false promises. **3** to make fun of. **4** to delay, put off (business).

em.bru.lhar [ēbruλ'ar] *vt+vpr* **1** to wrap up, pack up. **2** to confuse. **3** to upset (stomach). **4** *bras* to deceive, cheat. **5 embrulhar-se** a) to hesitate. b) to wrap oneself up (in a coat). **embrulhar para presente** to gift wrap.

em.bru.lho [ēbr'uλu] *sm* package. **papel de embrulho** wrapping paper.

em.bru.te.cer [ēbrutes'er] *vt+vint+vpr* **1** to brutalize. **2 embrutecer-se** to become brutish, grow stupid.

em.bur.ra.do [ēbuř'adu] *adj* sulky, moody.

em.bur.rar [ēbuř'ar] *vt+vint* to sulk, become sullen.

em.bu.ti.do [ēbut'idu] *adj* built-in. **armário embutido** built-in closet.

e.men.da [em'ẽdə] *sf* **1** amendment. **2** seam. **3** *fig* patch, repair. **sem emenda** seamless.

e.men.dar [emẽd'ar] *vt+vpr* **1** to correct, remove faults or errors from, amend. **2** to seam. **3** to join in order to complete. **4 emendar-se** to repent, reform.

e.mer.gên.cia [emerჳ'ẽsjə] *sf* emergency. **saída de emergência** emergency exit.

e.mer.gir [emerჳ'ir] *vint+vt* to emerge.

e.mi.gra.ção [emigras'ãw] *sf (pl* **emigrações**) emigration.

e.mi.grar [emigr'ar] *vint+vt* to emigrate.

e.mi.nen.te [emin'ẽti] *adj m+f* **1** eminent, prominent. *ele foi um estadista eminente* / he was an eminent statesman. **2** high. **3** excellent. **4** famous.

e.mis.são [emis'ãw] *sf (pl* **emissões**) **1** emission. **2** discharge. **3** radio broadcast.

e.mis.so.ra [emis'ɔrə] *sf* broadcasting station, radio station.

e.mi.tir [emit'ir] *vt+vint* **1** to emit, issue. **2** to put into circulation. **3** to broadcast.

e.mo.ção [emos'ãw] *sf (pl* **emoções**) emotion, thrill, excitement.

e.mo.ci.o.na.do [emosjon'adu] *adj* emotioned, thrilled, touched. **profundamente emocionado** deeply touched.

e.mo.ci.o.nal [emosjon'aw] *adj m+f (pl* **emocionais**) emotional.

e.mo.ci.o.nan.te [emosjon'ãti] *adj m+f* **1** moving, exciting, thrilling. **2** impressive.

e.mo.ci.o.nar [emosjon'ar] *vt+vint+vpr* **1** to thrill, cause emotion. **2** to move, touch. **3** to impress. **4 emocionar-se** to be moved, be touched.

e.mol.du.rar [emowdur'ar] *vt* to frame.

e.mo.ti.vo [emot'ivu] *adj* emotive, emotional.

em.pa.co.tar [ēpakot'ar] *vt+vint* **1** to pack or wrap up, package. **2** *gír* to die.

em.pa.li.de.cer [ēpalides'er] *vt+vint* to pale: go or turn pale.

em.pan.tur.rar [ēpãtuř'ar] *vt+vpr* **1** to stuff, gorge (with food). **2 empanturrar-se** to fill one's belly.

em.pa.ta.do [ẽpat'adu] *adj* **1** drawn, even (game). *o jogo terminou empatado* / the game ended in a draw/tie. **2** invested (money).

em.pa.te [ẽp'ati] *sm* draw, tie.

em.pa.ti.a [ẽpat'iə] *sf* empathy.

em.pe.ci.lho [ẽpes'iʎu] *sm* difficulty, snag, obstacle.

em.pe.na.do [ẽpen'adu] *adj* **1** feathered. **2** warped (wood, board).

em.pe.nha.do [ẽpeñ'adu] *adj* **1** indebt(ed). *ele está empenhado até os olhos* / *coloq* he is hopelessly in debt. **2** engaged, mortgaged. **3** concerned in, committed.

em.pe.nhar [ẽpeñ'ar] *vt+vpr* **1** to mortgage. **2** to pawn. **3 empenhar-se** to strive, exert oneself.

em.per.ra.do [ẽpeʀ'adu] *adj* **1** hard to open (as a lock). **2** jammed.

em.pe.te.car [ẽpetek'ar] *vt+vpr bras* to overdress, adorn in excess.

em.pi.lhar [ẽpiʎ'ar] *vt+vpr* **1** to heap or pile up, stack. **2** to accumulate, amass.

em.pi.na.do [ẽpin'adu] *adj* **1** straight, upright. **2** *fig* proud, haughty.

em.pi.nar [ẽpin'ar] *vt* **1** to raise or lift up. **2** to put straight. **empinar um papagaio** to fly a kite.

em.pi.po.car [ẽpipok'ar] *vint bras* **1** to crackle, pop. **2** to break out in pustules or bubbles.

em.po.bre.cer [ẽpobres'er] *vt+vint* to make poor, impoverish.

em.po.ei.ra.do [ẽpoejr'adu] *adj* dusty.

em.pol.gan.te [ẽpowg'ãti] *adj m+f* **1** grasping, gripping. **2** exciting, thrilling.

em.pol.gar [ẽpowg'ar] *vt+vpr* **1** to grasp, seize. **2** to thrill, grip (attention, interest).

em.por.ca.lhar [ẽporkaʎ'ar] *vt+vpr* **1** to dirty, mess up. **2 emporcalhar-se** to drabble, dirty oneself.

em.pó.rio [ẽp'ɔrju] *sm bras* a grocer's store or shop.

em.pre.en.de.dor [ẽpreẽded'or] *sm* entrepreneur. • *adj* **1** pushing, active. **2** enterprising.

em.pre.en.der [ẽpreẽd'er] *vt* to undertake, attempt. *empreendi um negócio* / I undertook a business.

em.pre.en.di.men.to [ẽpreẽdim'ẽtu] *sm* **1** undertaking, enterprise. **2** (ad)venture, attempt. **3** business.

em.pre.ga.da [ẽpreg'adə] *sf bras* maid.

em.pre.ga.do [ẽpreg'adu] *sm* employee. • *adj* **1** employed. **2** applied.

em.pre.ga.dor [ẽpregad'or] *sm* employer.

em.pre.gar [ẽpreg'ar] *vt* **1** to employ. **2** invest. **3** spend (time).

em.pre.go [ẽpr'egu] *sm* **1** employment. **2** job. **abandonar o emprego** to leave one's job, quit. **agência de empregos** employment agency.

em.pre.sa [ẽpr'ezə] *sf* **1** company, firm. **2** enterprise. **3** business.

em.pre.sa.ri.al [ẽprezari'aw] *adj m+f* business.

em.pre.sá.rio [ẽprez'arju] *sm* entrepreneur.

em.pres.ta.do [ẽprest'adu] *adj* **1** lent, loaned. **2** borrowed. **tomar ou pedir emprestado** to borrow.

em.pres.tar [ẽprest'ar] *vt* **1** to lend, loan (**a** to). *emprestei o livro a ela* / I lent her the book. **2** to borrow (**de** from). *emprestei a caneta dela* / I borrowed her pen.

em.prés.ti.mo [ẽpr'ɛstimu] *sm* **1** loan, lending. **2** borrowing. **levantar um empréstimo** to raise a loan.

em.pri.si.o.nar [ẽprizjon'ar] *vt* (usually **aprisionar**) to imprison.

em.pu.nhar [ẽpuñ'ar] *vt* to hold (up), lay hold of.

em.pur.rão [ẽpuʀ'ãw] *sm* (*pl* **empurrões**) push, shove. **aos empurrões** shovingly.

em.pur.rar [ẽpuʀ'ar] *vt+vpr* **1** to push, thrust (aside, away, forward). *não empurre!* / don't push! **2** to force. **3** to shove.

e.mu.de.cer [emudes'er] *vt+vint* **1** to silence, still. **2** to make quiet, become silent. **3** to be struck dumb, grow mute.

e.nal.te.cer [enawtes'er] *vt* **1** to exalt, ennoble. **2** to praise.

e.na.mo.ra.do [enamor'adu] *adj* infatuated, in love. *estou loucamente enamorado* / I am madly in love.

en.ca.be.çar [ẽkabes'ar] *vt* to head, lead.

en.ca.bu.la.do [ẽkabul'adu] *adj bras* bashful, timid, shy.

en.ca.bu.lar [ẽkabul'ar] *vt+vint+vpr* **1** to abash. **2** to ashame. **3 encabular-se** to get shy.

en.ca.der.na.ção [ẽkadernas'ãw] *sf* (*pl* **encadernações**) bookbinding.

en.ca.der.na.do [ẽkadern'adu] *adj* bound, provided with a cover (book). *o livro ainda não foi encadernado* / the book is still in sheets.

en.ca.der.na.dor [ẽkadernad'or] *sm* bookbinder.

en.ca.der.nar [ẽkadern'ar] *vt* to bind (books).

en.cai.xar [ẽkajʃ'ar] *vt+vpr* 1 to box. 2 to set or fit into a groove. 3 *fig* to come in handy, suit the purpose. 4 **encaixar-se** to fit in.

en.cai.xo.tar [ẽkajʃot'ar] *vt* to box, pack (goods) in boxes.

en.cal.ço [ẽk'awsu] *sm* pursuit, chase. *fomos ao encalço dele* / we pursued him.

en.ca.lhar [ẽkaλ'ar] *vt+vint* 1 to run aground or ashore (ship). 2 *fig* to be difficult to sell, stick on the shelves (goods). 3 *bras, pop* not find a partner to marry.

en.ca.mi.nhar [ẽkamiñ'ar] *vt* 1 to conduct, lead, forward. 2 to put on the way, refer to. 3 to advise, put on the right track.

en.ca.na.dor [ẽkanad'or] *sm* plumber.

en.ca.na.men.to [ẽkanam'ẽtu] *sm* plumbing, piping. **encanamentos** drainage.

en.can.ta.do [ẽkãt'adu] *adj* 1 enchanted, bewitched. *ela deixou-me encantado* / she enchanted me. 2 delighted. 3 overjoyed.

en.can.ta.dor [ẽkãtad'or] *adj* 1 enchanting, delightful. 2 lovely.

en.can.tar [ẽkãt'ar] *vt+vpr* 1 to enchant. 2 to cast a spell (enfeitiçar). 3 **encantar-se** to become charmed, delighted.

en.can.to [ẽk'ãtu] *sm* 1 enchantment, charm, delight. *ela ostenta seus encantos* / she flashes her charms. 2 *fig* perfect beauty. 3 spell. **quebrar o encanto** to break the spell.

en.ca.ra.co.la.do [ẽkarakol'adu] *adj* 1 spiral(led). 2 curly, curled, crisp (hair).

en.ca.ra.co.lar [ẽkarakol'ar] *vt+vint+vpr* 1 to spiral. 2 to twist and turn. 3 to curl.

en.ca.rar [ẽkar'ar] *vt* 1 to stare at, face, look straight at. 2 to face, confront. *devemos encarar as coisas como elas são* / we must face the facts.

en.car.ce.rar [ẽkarser'ar] *vt+vpr* 1 to imprison, put in jail. *ele foi encarcerado* / he was put in jail. 2 **encarcerar-se** to seclude oneself.

en.car.di.do [ẽkard'idu] *adj* soiled, dirty, grimy.

en.ca.re.cer [ẽkares'er] *vt+vint* 1 to raise the prices. 2 to grow dear.

en.car.go [ẽk'argu] *sm* 1 responsibility, duty. *tenho muitos encargos* / I have many duties. 2 charge.

en.car.na.ção [ẽkarnas'ãw] *sf* (*pl* **encarnações**) incarnation.

en.car.nar [ẽkarn'ar] *vt+vint+vpr* 1 to incarnate. 2 embody. 3 *Teat* to live a part.

en.ca.ro.ça.do [ẽkaros'adu] *adj* lumpy, full of lumps.

en.car.re.ga.do [ẽkařeg'adu] *sm* 1 person in charge. 2 commissioner, manager. • *adj* 1 in charge. 2 head. **encarregado da seção** department head.

en.car.re.gar [ẽkařeg'ar] *vt+vpr* 1 to put in charge of. 2 **encarregar-se** a) to take upon oneself. *ele encarregou-se do assunto* / he took the task upon himself. b) to take care of. *encarregue-se disso* / take care of this.

en.ce.nar [ẽsen'ar] *vt+vint* 1 to stage. 2 to show, display. 3 to feign, simulate. 4 to dramatize.

en.ce.rar [ẽser'ar] *vt* to wax.

en.cer.ra.men.to [ẽseřam'ẽtu] *sm* 1 closing. 2 finishing, end. 3 conclusion. 4 closure.

en.cer.rar [ẽseř'ar] *vt+vpr* 1 to enclose, contain. 2 to close, finish, end. 3 to shut up, lock up. 4 **encerrar-se** to shut oneself up, seclude oneself.

en.ces.tar [ẽsest'ar] *vt+vint* 1 to put in baskets. 2 *Esp* to score.

en.char.car [ẽʃark'ar] *vt+vpr* 1 to soak. 2 to form into a puddle. 3 **encharcar-se** to get thoroughly wet.

en.chen.te [ẽʃ'ẽti] *sf* flood.

en.cher [ẽʃ'er] *vt+vint* 1 to fill. 2 to stuff. 3 to crowd.

en.chi.men.to [ẽʃim'ẽtu] *sm* 1 filling. 2 stuffing. 3 padding.

en.ci.clo.pé.dia [ẽsiklop'ɛdjə] *sf* encyclop(a)edia.

en.clau.su.ra.do [ēklawzur'adu] *adj* **1** cloistered, confined in a cloister. **2** enclosed, shut up.

en.clau.su.rar [ēklawzur'ar] *vt+vpr* **1** to cloister. **2** to confine in an enclosure. **3** to refrain from society. **4 enclausurar-se** a) to shut oneself up in or as in a convent. b) to lead a secluded life.

en.co.ber.to [ēkob'ɛrtu] *adj* **1** covered. **2** cloudy, overcast (sky).

en.co.brir [ēkobr'ir] *vt+vint* **1** to cover. **2** to hide, conceal. **3** to disguise. **4** to keep secret.

en.co.le.ri.zar [ēkoleriz'ar] *vt+vpr* **1** to make angry, enrage. **2 encolerizar-se** to get angry.

en.co.lher [ēkoλ'er] *vt+vint+vpr* **1** to shrink. *este tecido não encolhe com a lavagem* / this cloth does not shrink in the wash. **2** to shrug (shoulder). *ele encolheu os ombros* / he gave a shrug. **3 encolher-se** a) to be shy, timid, disheartened. b) to humble oneself. c) to cringe, crouch, cower.

en.co.men.da [ēkom'ēdɐ] *sf* **1** order (for goods). *eu mandei uma encomenda* / I sent an order. **2** package, thing ordered. **feito de encomenda** made to order.

en.co.men.dar [ēkomēd'ar] *vt+vpr* to order.

en.con.trar [ēkõtr'ar] *vt+vpr* **1** to meet, encounter. *encontrei-o na rua* / I met him in the street. **2** to find, find out. *encontrei-a chorando* / I found her in tears. **3** to come across. *a primeira pessoa que encontrei* / the first person I came across. **4 encontrar-se** a) to be (in a certain place or disposition). b) to come across. c) to meet, meet up with. **encontrar alguém por acaso** to run across someone.

en.con.tro [ēk'õtru] *sm* **1** meeting, encounter. **2** a date. **faltar a um encontro** to stand someone up.

en.co.ra.jar [ēkoraʒ'ar] *vt+vpr* to encourage.

en.cos.tar [ēkost'ar] *vt+vpr* **1** to lean (against). **2** to place against. **3** to close (door, window). *encoste a porta, por favor!* / please, close the door! **4 encostar-se** a) to lean back. b) to lie down.

en.cren.ca [ēkr'ēkɐ] *sf bras, gír* obstacle, difficulty, trouble. *não procure encrencas* / don't ask for trouble.

en.cren.quei.ro [ēkrēk'ejru] *sm* troublemaker.

en.cres.par [ēkresp'ar] *vt+vpr* **1** to curl, frizzle, crisp (hair). **2 encrespar-se** a) to bristle up, stand on end (hair, quills). b) get angry. *ele encrespou-se com seu amigo* / he got angry with his friend.

en.cru.zi.lha.da [ēkruziλ'adɐ] *sf* crossroad, crossway.

en.cur.ra.lar [ēkuʀal'ar] *vt+vpr* **1** to corner. **2 encurralar-se** to take refuge, take shelter.

en.cur.tar [ēkurt'ar] *vt* to shorten. **encurtar o caminho** to cut across (way).

en.de.re.çar [ēderes'ar] *vt+vpr* **1** to address. **2 endereçar-se** to address oneself to.

en.de.re.ço [ēder'esu] *sm* (*pl* **endereços**) address.

en.di.a.bra.do [ēdjabr'adu] *adj* **1** devilish. **2** mischievous, naughty (child). **3** furious. **4** demoniac.

en.di.nhei.ra.do [ēdiñejr'adu] *adj* rich, wealthy.

en.di.rei.tar [ēdirejt'ar] *vt+vint+vpr* **1** to straighten. **2 endireitar-se** to straighten.

en.di.vi.da.do [ēdivid'adu] *adj* in debt, indebted. *estou endividado* / I am in debt.

en.di.vi.dar [ēdivid'ar] *vt+vpr* **1** to indebt, run into debt. **2 endividar-se** to run into debt.

en.doi.de.cer [ēdojdes'er] *vt+vint* to go crazy.

en.dos.sar [ēdos'ar] *vt* **1** to endorse. **2** *fig* to protect, back.

en.du.re.cer [ēdures'er] *vt+vint+vpr* **1** to harden. **2** to toughen. **3** to become insensible. **4 endurecer-se** a) to harden. b) to become hard-hearted.

en.du.re.ci.do [ēdures'idu] *adj* **1** hardened. **2** unfeeling.

e.ne.gre.ci.do [enegres'idu] *adj* blackened.

e.ner.gé.ti.co [enerʒ'ɛtiku] *adj* energetic.

e.ner.gi.a [ener'ʒiɐ] *sf* energy.

e.nér.gi.co [en'ɛrʒiku] *adj* strict.

e.ner.gi.zar [enerʒiz'ar] *vt* to energize.

e.ner.var [enerv'ar] *vt+vint+vpr* **1** to

annoy, irritate. **2 enervar-se** to get annoyed.

e.ne.vo.a.do [enevo'adu] *adj* **1** foggy, misty. **2** cloudy.

en.fa.do.nho [ẽfad'oñu] *adj* tiresome, irksome, boring, tedious.

en.fai.xar [ẽfaj∫'ar] *vt* to bandage.

en.far.te [ẽf'arti] *sm* heart attack.

ên.fa.se ['ẽfazi] *sf* emphasis.

en.fas.ti.ar [ẽfasti'ar] *vt+vint+vpr* **1** to tire. **2** to bore, annoy. **3 enfastiar-se** to become bored, tired.

en.fa.ti.zar [ẽfatiz'ar] *vt* to emphasize, stress.

en.fei.tar [ẽfejt'ar] *vt+vint+vpr* **1** to adorn, decorate. *enfeitei a sala com quadros* / I decorated the room with pictures. **2** to flourish. *ele enfeitou o discurso* / he flourished his speech. **3 enfeitar-se** to make oneself beautiful.

en.fei.te [ẽf'ejti] *sm* ornament, decoration.

en.fei.ti.çar [ẽfejtis'ar] *vt* **1** to bewitch. **2** to enchant, seduce. *ela enfeitiçou-me* / she cast a spell on me.

en.fer.ma.gem [ẽferm'aʒẽj] *sf* (*pl* **enfermagens**) nursing.

en.fer.ma.ri.a [ẽfermar'iə] *sf* ward.

en.fer.mei.ra [ẽferm'ejrə] *sf* nurse.

en.fer.mei.ro [ẽferm'ejru] *sm* nurse.

en.fer.mi.da.de [ẽfermid'adi] *sf* **1** disease, sickness, ailment, illness. **2** weakness.

en.fer.mo [ẽf'ermu] *sm* (*pl* **enfermos**) patient, a sick person. • *adj* **1** sick, ill. **2** weak, feeble.

en.fer.ru.ja.do [ẽfeřuʒ'adu] *adj* rusty.

en.fer.ru.jar [ẽfeřuʒ'ar] *vt+vint+vpr* **1** to rust. **2 enferrujar-se** become rusty.

en.fe.zar [ẽfez'ar] *vt+vint+vpr* **1** to annoy, irritate. **2 enfezar-se** to become riled or irritated.

en.fi.ar [ẽfi'ar] *vt+vint+vpr* **1** to thread (as a needle). **2** to put on. **3** to put in. **4** to slip on (dresses, shoes etc.). **5 enfiar-se** to enter in, penetrate.

en.fim [ẽf'ĩ] *adv* **1** at last, finally, after all, ultimately. **2** in short, to sum up.

en.fo.car [ẽfok'ar] *vt* to focus.

en.for.ca.do [ẽfork'adu] *adj* **1** hanged. **2** *bras* pressed for money.

en.for.car [ẽfork'ar] *vt+vpr* **1** to hang. **2**

enforcar-se a) to hang oneself (by the neck). b) to lose money. c) *gír* to get married.

en.fra.que.cer [ẽfrakes'er] *vt+vint+vpr* **1** to weaken. **2** to lose courage. **3 enfraquecer-se** to grow weak or feeble.

en.fra.que.ci.do [ẽfrakes'idu] *adj* weak.

en.fren.tar [ẽfrẽt'ar] *vt* **1** to face, front, meet. **2** to come face to face with, confront. **3** to stand up to. **4** *Esp* to play or fight against.

en.fu.ma.çar [ẽfumas'ar] *vt* to fill or cover with smoke.

en.fu.re.cer [ẽfures'er] *vt+vint+vpr* **1** to infuriate, enrage. **2** to be furious. **3 enfurecer-se** to become furious.

en.fu.re.ci.do [ẽfures'idu] *adj* furious, enraged.

en.gai.o.lar [ẽgajol'ar] *vt+vpr* **1** to cage. **2 engaiolar-se** to withdraw, isolate oneself.

en.ga.na.do [ẽgan'adu] *adj* **1** wrong, mistaken. *você está enganado* / you are mistaken. **2** deceived, deluded. **3** betrayed.

en.ga.nar [ẽgan'ar] *vt+vint+vpr* **1** to deceive, mislead. **2** to cheat, trick. *ele o está enganando* / he is cheating you. **3** to conceal. **4** to betray, cheat on. **5** to give a wrong impression. **6 enganar-se** to make a mistake. *enganei-me* / I made a mistake.

en.ga.no [ẽg'∧nu] *sm* **1** mistake, error, fault. **2** misunderstanding.

en.ga.no.so [ẽgan'ozu] *adj* **1** deceiving. **2** deceitful. **3** false.

en.gar.ra.fa.do [ẽgařaf'adu] *adj* **1** bottled, in bottles. **2** *fig* blocked up. **trânsito engarrafado** heavy traffic.

en.gar.ra.fa.men.to [ẽgařafam'ẽtu] *sm* traffic jam.

en.gas.gar [ẽgazg'ar] *vt+vint+vpr* **1** to choke. **2 engasgar-se** a) to be choked. b) to suffocate. c) to have something sticking in the throat. d) to swallow the wrong way.

en.ga.tar [ẽgat'ar] *vt* **1** to clamp. **2** to hook. **3** to gear, put in gear.

en.ga.ti.nhar [ẽgatiñ'ar] *vint+vt* to crawl.

en.ga.ve.ta.men.to [ẽgavetam'ẽtu] *sm* pile-up (acidente).

en.ge.nha.ri.a [ẽʒeñar'iə] *sf* engineering. **engenharia de trânsito** traffic engineering.

en.ge.nhei.ro [ẽʒeñ'ejru] *sm* engineer. **engenheiro agrônomo** agronomist.

en.ge.nho.so [ẽʒeñ'ozu] *adj* 1 ingenious. 2 artful. 3 talented.

en.ges.sa.do [ẽʒes'adu] *adj* in plaster.

en.ges.sar [ẽʒes'ar] *vt* 1 to plaster. 2 to put something in a plaster cast.

en.go.lir [ẽgol'ir] *vt* 1 to swallow. *ele engole sem mastigar* / he swallows without chewing. 2 to gulp down. 3 *fig* to believe, accept as true.

en.gor.dar [ẽgord'ar] *vt+vint* 1 to fatten. 2 to grow fat, gain weight. 3 to be fattening.

en.gor.du.ra.do [ẽgordur'adu] *adj* greasy.

en.gor.du.rar [ẽgordur'ar] *vt+vpr* 1 to grease. 2 to stain (clothes) with grease.

en.gra.ça.do [ẽgras'adu] *sm* funny or witty person. • *adj* funny, amusing, witty.

en.gra.da.do [ẽgrad'adu] *sm bras* crate.

en.gran.de.ci.men.to [ẽgrãdesim'ẽtu] *sm* 1 enlargement, increase, rise. 2 exaltation, elevation.

en.gra.vi.dar [ẽgravid'ar] *vt+vint* to get pregnant.

en.gra.xar [ẽgraʃ'ar] *vt* to shine, polish (shoes).

en.gra.xa.te [ẽgraʃ'ati] *sm* shoeshiner, shoeblack.

en.gre.na.gem [ẽgren'aʒẽj] *sf* (*pl* **engrenagens**) 1 gear, set of gears, works. 2 *fig* organization.

en.gros.sar [ẽgros'ar] *vt+vint* 1 to enlarge, thicken. 2 to increase. 3 *gír* to turn nasty. 4 *gír* to get difficult.

en.gui.çar [ẽgis'ar] *vt+vint* break down (car). *meu carro enguiçou* / my car broke down.

e.nig.ma [en'igmə] *sm* 1 enigma, riddle. 2 *fig* mystery.

e.nig.má.ti.co [enigm'atiku] *adj* enigmatic(al).

en.jau.lar [ẽʒawl'ar] *vt* 1 to cage. 2 to imprison.

en.jo.a.do [ẽʒo'adu] *adj* 1 nauseated, sick. 2 sick and tired. 3 *bras* out of humour, in a bad temper.

en.jo.ar [ẽʒo'ar] *vt+vint+vpr* 1 to nauseate, to get sick. 2 to bore, annoy. 3 **enjoar-se** to become tired of.

en.jo.a.ti.vo [ẽʒoat'ivu] *adj* 1 nauseating, nauseous. 2 nasty, loathsome.

en.jô.o [ẽʒ'ou] *sm* nausea, sickness.

en.la.ta.do [ẽlat'adu] *sm* canned (tinned) food. • *adj* canned (tinned), preserved in cans (tins) or jars.

en.lou.que.cer [ẽlowkes'er] *vt+vint* 1 to madden, craze: make or become crazy. 2 to lose one's reason, to lose one's head. *não me deixe enlouquecer!* / don't drive me crazy! 3 to go wild. 4 to hallucinate.

en.lu.a.ra.do [ẽlwar'adu] *adj* moonlit. **noite enluarada** a moonlit night.

e.no.ja.do [enoʒ'adu] *adj* nauseated, squeamish.

e.no.jar [enoʒ'ar] *vt+vpr* 1 to nauseate. 2 **enojar-se** to feel nausea for.

e.nor.me [en'ɔrmi] *adj m+f* enormous, huge, vast.

en.qua.drar [ẽkwadr'ar] *vt+vpr* 1 to frame. 2 to fit (in). 3 **enquadrar-se** to square, conform.

en.quan.to [ẽk'wãtu] *conj* 1 while. *enquanto há vida, há esperança* / while there's life, there's hope. 2 as long as. *enquanto eu viver* / as long as I live. 3 during the time that. 4 whereas. **por enquanto** for the time being.

en.rai.ve.ci.do [ẽrajves'idu] *adj* enraged, angry.

en.ra.i.za.do [ẽrajz'adu] *adj* 1 rooted. 2 *fig* fixed.

en.re.dar [ẽred'ar] *vt+vpr* 1 to embarrass, entangle, complicate. 2 **enredar-se** a) to become entangled. b) to get involved in.

en.re.do [ẽr'edu] *sm* plot.

en.ri.que.cer [ẽrikes'er] *vt+vpr* 1 to enrich. 2 **enriquecer-se** to grow rich.

en.ri.que.ci.do [ẽrikes'idu] *adj* 1 enriched. 2 developed.

en.ri.que.ci.men.to [ẽrikesim'ẽtu] *sm* enrichment.

en.ro.la.do [ẽrol'adu] *adj* 1 rolled up, coiled. 2 complicated (person).

en.ro.lar [ẽrol'ar] *vt+vpr* 1 to roll, roll up. 2 to wind (around), coil, twist. 3 to curl. 4 **enrolar-se** a) to roll. b) to wind, coil up. c) to get mixed up.

en.ros.car [ẽrosk'ar] *vt+vpr* 1 to twine, twist. 2 to screw. 3 **enroscar-se** a) to coil up. b) to curl up.

en.ru.ga.do [ẽrug'adu] *adj* wrinkled. **rosto enrugado** wrinkled face.

en.ru.gar [ẽrug'ar] *vt* to wrinkle. **enrugar a testa** to frown.

en.sa.bo.ar [ẽsabo'ar] *vt+vpr* 1 to soap. 2 **ensaboar-se** to rub oneself with soap, wash oneself.

en.sai.ar [ẽsaj'ar] *vt* 1 to exercise, practice. 2 *Teat* to rehearse.

en.sai.o [ẽs'aju] *sm* 1 test. 2 *Teat* rehearsal. 3 training. 4 exercise, practice. 5 essay. **ensaio literário** literary essay. **tubo de ensaio** test tube.

en.san.güen.ta.do [ẽsãgwẽt'adu] *adj* blooded, bloody, bloodstained.

en.se.a.da [ẽse'adə] *sf* cove, small bay.

en.se.ba.do [ẽseb'adu] *adj* greasy.

en.se.jo [ẽs'eʒu] *sm* opportunity, chance, occasion.

en.si.na.do [ẽsin'adu] *adj* 1 instructed, trained, learned. *meu cão é ensinado* / my dog is trained. 2 educated.

en.si.na.men.to [ẽsinam'ẽtu] *sm* teaching.

en.si.nar [ẽsin'ar] *vt+vpr* 1 to teach, instruct. *você não pode ensiná-lo a comportar-se?* / can't you teach him manners? 2 to explain, show. *ele ensinou-me o caminho* / he showed me the way.

en.si.no [ẽs'inu] *sm* 1 teaching, instruction. 2 education. 3 training.

en.so.la.ra.do [ẽsolar'adu] *adj* sunny.

en.so.pa.do [ẽsop'adu] *sm Cul* stew. • *adj* soaked to the skin. *fiquei ensopado até os ossos* / I was wet to the skin.

en.sur.de.ce.dor [ẽsurdesed'or] *adj* deafening.

en.ta.la.do [ẽtal'adu] *adj* 1 pressed. 2 stuck. 3 put between splints. 4 in a difficult situation. **estar entalado** to be in a tight corner.

en.tan.to [ẽt'ãtu] *adv* in the meantime, meanwhile. **no entanto** nevertheless, notwithstanding, however.

en.tão [ẽt'ãw] *adv* then: 1 at that time. 2 on that occasion. 3 in that case. 4 after that. 5 so. • *interj* well?, so what?!, now then! **até então** till then. **desde então** ever since. **e então?** what then?, what about it?

en.tar.de.cer [ẽtardes'er] *sm* dusk, setting of the sun.

en.te ['ẽti] *sm* being. **entes queridos** dear ones, loved ones.

en.te.a.da [ẽte'adə] *sf* stepdaughter.

en.te.a.do [ẽte'adu] *sm* stepson.

en.te.di.ar [ẽtedi'ar] *vt+vpr* 1 to bore, weary. 2 **entediar-se** to become bored or weary.

en.ten.der [ẽtẽd'er] *vt+vpr* 1 to understand. *agora entendi* / now I understand. 2 to conceive, imagine. *que entende você por isso?* / what do you mean by that? 3 **entender-se** to understand each other, agree. *nós nos entendemos* / we understand each other. **dar a entender** to insinuate. **entender mal** to misunderstand.

en.ten.di.do [ẽtẽd'idu] *sm* expert, knower. *não me tenho na conta de entendido* / I don't profess to be an expert. • *adj* 1 understood. *está entendido!* / that is understood! 2 skilled, erudite.

en.ten.di.men.to [ẽtẽdim'ẽtu] *sm* 1 understanding. 2 judgement. 3 agreement.

en.ter.rar [ẽteʀ'ar] *vt+vpr* 1 to bury. 2 to sink. 3 **enterrar-se** a) to ruin oneself. b) to get involved in difficulties. c) to bury oneself in solitude. *ele enterrou-se numa cadeira de braços* / he sank down into an armchair.

en.ter.ro [ẽt'eʀu] *sm* 1 burial. 2 funeral.

en.to.ar [ẽto'ar] *vt* 1 to intone. 2 to sing.

en.tor.pe.cen.te [ẽtorpes'ẽti] *sm* narcotic. • *adj m+f* narcotic.

en.tor.pe.cer [ẽtorpes'er] *vt+vint+vpr* 1 to make torpid, numb. 2 to paralyze. 3 to weaken. 4 to narcotize. 5 **entorpecer-se** a) to grow torpid. b) to grow dull or inactive.

en.tor.tar [ẽtort'ar] *vt+vint* to bend, bow, twist.

en.tra.da [ẽtr'adə] *sf* 1 entrance. 2 entry. 3 ticket. 4 *bras, Com* down payment. 5 beginning. **dar entrada** (hospital) to be admitted to. **entrada franca** free admission. **meia-entrada** half-price (ticket).

en.trar [ẽtr'ar] *vint* 1 to enter: a) to come or go in (or into). *ele entrou no comércio* / he went into business. *entre!* / come in! b) to penetrate into, pierce. c) to go inside of. d) to join, become a member. *entrei na universidade* / I entered the university. **2** to arrive. **deixar entrar** to admit. **entrar em greve** to go on strike.

en.tre [ẽtri] *prep.* **1** between. *ele está entre a vida e a morte* / he is between life and death. **2** among, amongst. *eles brigaram entre si* / they quarrelled among themselves. **3** during the interval. **4** amid. *ele disse isso entre aplausos* / he said this amid cheers. **entre outras coisas** among other things.

en.tre.ga [ẽtr'ɛgɐ] *sf* **1** delivery. **2** handing over. **3** surrender. **4** treachery, treason. **contra entrega** on delivery. **entrega em domicílio** home delivery.

en.tre.ga.dor [ẽtregad'or] *sm* deliverer.

en.tre.gar [ẽtreg'ar] *vt+vpr* **1** to deliver. **2** to hand in. **3** to hand over. *o carteiro entregou-me uma carta* / the postman handed me over a letter. **4** **entregar-se** a) to apply or devote oneself to. *ela entrega-se toda ao trabalho* / she applies herself earnestly to work. b) to abandon oneself. *não se entregue ao desespero* / don't abandon yourself to despair. c) to surrender, give oneself up. *o soldado entregou-se* / the soldier surrendered.

en.tre.li.nha [ẽtrel'iñɐ] *sf* **1** space between two lines. **2** **entrelinhas** *fig* implied sense, meaning. **ler nas entrelinhas** to read between the lines.

en.tre.tan.to [ẽtret'ãtu] *adv* meantime, meanwhile, in the meantime, in the meanwhile. • *conj* nevertheless, however, notwithstanding.

en.tre.te.ni.men.to [ẽtretenim'ẽtu] *sm* entertainment, pastime.

en.tre.ter [ẽtret'er] *vt+vpr* **1** to entertain, amuse. **2** to delay, postpone. **3** to distract, draw the attention from. **4** **entreter-se** a) to amuse oneself. *ele se entretém com a leitura* / he amuses himself with reading. b) to have a good time.

en.tre.vis.ta [ẽtrev'istɐ] *sf* **1** interview. **2** meeting. **3** appointment. **conceder uma entrevista** to grant an interview. **entrevista coletiva** press conference.

en.tre.vis.ta.do [ẽtrevist'adu] *sm* interviewee.

en.tre.vis.ta.dor [ẽtrevistad'or] *sm bras* interviewer.

en.tre.vis.tar [ẽtrevist'ar] *vt* to interview.

en.tris.te.cer [ẽtristes'er] *vt+vpr* **1** to sadden, make sad. **2** to afflict, grieve. **3** **entristecer-se** to become sad.

en.tro.sa.men.to [ẽtrozam'ẽtu] *sm* **1** adaptation, adjustment. **2** *fig* coincidence of view-points. **3** agreement.

en.tu.lho [ẽt'uʎu] *sm* rubbish, waste or refuse material.

en.tu.pi.do [ẽtup'idu] *adj* **1** obstructed. **2** blocked up, clogged.

en.tur.mar [ẽturm'ar] *vt+vpr bras* **1** to form a group. **2** **enturmar-se** to get together in a group.

en.tu.si.as.ma.do [ẽtuzjazm'adu] *adj* **1** thrilled. **2** enthusiastic. *ela está entusiasmada com a sua carreira* / she is enthusiastic about her work. **3** *bras* exalted, proud.

en.tu.si.as.mar [ẽtuzjazm'ar] *vt+vpr* **1** to fill with enthusiasm. **2** **entusiasmar-se** to be enthusiastic.

en.tu.si.as.mo [ẽtuzi'azmu] *sm* enthusiasm.

e.nu.me.rar [enumer'ar] *vt* **1** to enumerate. **2** to specify.

e.nun.ci.ar [enũsi'ar] *vt* to enunciate.

en.vai.de.cer [ẽvajdes'er] *vt+vpr* **1** to make proud or vain, puff up with pride. **2** **envaidecer-se** to become proud, vain.

en.ve.lhe.cer [ẽveʎes'er] *vt+vint* **1** to age. **2** to get old.

en.ve.lo.pe [ẽvel'ɔpi] *sm* envelope.

en.ve.ne.na.do [ẽvenen'adu] *adj* poisoned.

en.ve.ne.na.men.to [ẽvenenam'ẽtu] *sm* poisoning, intoxication.

en.ve.ne.nar [ẽvenen'ar] *vt+vpr* **1** to poison. **2** **envenenar-se** to take poison.

en.ver.go.nha.do [ẽvergoñ'adu] *adj* ashamed. *ele devia ficar envergonhado* / he ought to be ashamed.

en.ver.go.nhar [ẽvergoñ'ar] *vt+vpr* **1** to shame: a) to cause to feel shame. *envergonharam-no em público* / they put him to shame publicly. b) to make ashamed. c) *fig* to disgrace, dishonour. **2** to humble. **3** **envergonhar-se** a) to be ashamed. b) to blush.

en.ver.ni.za.do [ẽverniz'adu] *adj* **1** varnished. **2** polished.

en.ver.ni.zar[ẽverniz'ar] *vt* **1** to varnish. **2** to lacquer. **3** to polish.

en.vi.a.do [ẽvi'adu] *sm* **1** messenger. **2** person in charge. • *adj* sent, dispatched.

en.vi.ar[ẽvi'ar] *vt* to send. *enviei-lhe uma carta* / I sent him a letter.

en.vi.dra.ça.do [ẽvidras'adu] *adj* glazed.

en.vi.e.sa.do [ẽvjez'adu] *adj* oblique, diagonal.

en.vi.o [ẽv'iu] *sm* **1** sending, remittance, dispatch. **2** shipment.

en.vi.u.var [ẽvjuv'ar] *vint* to become a widow or widower.

en.vol.ver[ẽvowv'er] *vt+vpr* **1** to involve. **2** to surround, enclose. **3** to seduce, captivate. **4 envolver-se** a) to be involved. b) to wrap oneself up (as in a coat). *ela envolveu o filho em seus braços* / she wound her arms round her child.

en.vol.vi.do [ẽvowv'idu] *adj* **1** involved in. *ele está envolvido em dívidas* / he is involved in debt. **2** embarrassed.

en.vol.vi.men.to [ẽvowvim'ẽtu] *sm* envolvement.

en.xa.da [ẽʃ'adə] *sf* hoe.

en.xa.guar [ẽʃag'war] *vt* to rinse.

en.xa.me [ẽʃ'ami] *sm* swarm.

en.xa.que.ca [ẽʃak'ekə] *sf* migraine.

en.xer.gar[ẽʃerg'ar] *vt* to see.

en.xer.tar[ẽʃert'ar] *vt* **1** to graft. **2** to treat by the operation of grafting. **3** *fig* to insert into or incorporate in.

en.xer.to [ẽʃ'ertu] *sm* **1** graft, act of grafting. **2** *Cir* transplanted piece of skin or bone. **3** bud.

en.xo.tar [ẽʃot'ar] *vt* **1** to scare, fright or drive away. **2** to expel, throw out. **3** to banish.

en.xo.val [ẽʃov'aw] *sm* (*pl* **enxovais**) **1** trousseau (bride). **2** layette (baby).

en.xu.gar [ẽʃug'ar] *vt+vpr* **1** to dry, make dry, wipe. *ela enxugou as mãos* / she dried her hands. **2 enxugar-se** to become dry. **enxugar as lágrimas** to wipe off one's tears.

en.xur.ra.da [ẽʃuʀ'adə] *sf* **1** torrent, rushing stream of water. **2** *fig* abundance, plenty.

en.xu.to [ẽʃ'utu] *adj* **1** dry. **2** in good shape (body).

en.zi.ma [ẽz'imə] *sf Quím* enzyme.

e.pi.cen.tro[epis'ẽtru] *sm Geofís* epicenter.

é.pi.co [ˈɛpiku] *sm* epic. • *adj* epic(al).

e.pi.de.mi.a[epidem'iə] *sf Med* epidemic.

e.pi.dê.mi.co [epid'emiku] *adj Med* epidemic(al).

e.pí.gra.fe [ep'igrafi] *sf* epigraph: **1** an inscription. **2** a superscription or title at the beginning of a book.

e.pi.lep.si.a [epileps'iə] *sf Med* epilepsy: a chronic nervous affection.

e.pi.lép.ti.co [epil'ɛptiku], e.pi.lé.ti.co [epil'ɛtiku] *sm* epileptic. • *adj* epileptic.

e.pí.lo.go [ep'ilogu] *sm* **1** epilog(ue): the conclusion or closing part of a discourse. **2** *Teat* the last act or scene of a play.

e.pi.só.dio [epiz'ɔdju] *sm* episode: a) an incident or story in a literary work. b) *Mús* an intermediate section of a composition. c) a happening in real life or in a story.

e.pís.to.la [ep'istolə] *sf* **1** epistle, letter. **2** Epistle: a letter of an apostle in the New Testament.

e.pi.tá.fio [epit'afju] *sm* epitaph.

é.po.ca [ˈɛpokə] *sf* **1** epoch, era, period, age. **2** season, time. **3** cycle. **4** *Geol* a division of geological time. **em nossa época** in our age. **fora de época** unseasonable, out of season.

e.qua.ção [ekwas'ãw] *sf* (*pl* **equações**) *Mat* equation.

e.qua.dor [ekwad'or] *sm* equator.

e.qua.li.zar [ekwaliz'ar] *vt* to equalize: make equal or uniform.

e.qües.tre[ek'wɛstri] *adj m+f* equestrian.

e.qüi.da.de [ekwid'adi] *sf* equity: a) fairness, impartiality. b) equal justice. c) rightness. d) equality.

e.qui.li.brar [ekilibr'ar] *vt+vpr* **1** to balance, equilibrate. **2** to compensate. **3 equilibrar-se** to maintain oneself in equilibrium or balance. **bem-equilibrado** well poised.

e.qui.lí.brio [ekil'ibrju] *sm* equilibrium, balance, poise. *ele perdeu o equilíbrio* / he lost his balance.

e.qui.pa.men.to [ekipam'ẽtu] *sm* equipment.

E

e.qui.par [ekip'ar] *vt+vpr* 1 to equip. 2 **equipar-se** to be equipped with.

e.qui.pa.ra.ção [ekiparas'ãw] *sf (pl* **equiparações**) equalization, levelling, making equal.

e.qui.pa.rar [ekipar'ar] *vt* 1 to equalize, match, compare. 2 to make equal.

e.qui.pe [ek'ipi] *sf* 1 team: *Esp* a number of players on the same side. 2 a group of persons engaged in joint work. **equipe de salvamento** rescue-party.

e.qui.ta.ção [ekitas'ãw] *sf (pl* **equitações**) horse riding.

e.qui.va.lên.cia [ekival'ẽsjə] *sf* equivalence, equal value.

e.qui.va.len.te [ekival'ẽti] *adj m+f* equivalent, of equal value, force, power or weight.

e.qui.vo.car [ekivok'ar] *vt+vint+vpr* 1 to mistake, make a mistake. 2 to take one thing for another.

e.qui.vo.co [ek'ivoku] *sm* 1 mistake, error. *aconteceu por equívoco* / it happened by mistake. 2 ambiguity, misunderstanding. *surgiu um equívoco* / a misunderstanding arose.

e.ra ['εrə] *sf* era. **era cristã** Christian era.

e.re.ção [eres'ãw] *sf (pl* **ereções**) 1 erection, raising. 2 erection of the penis.

e.re.mi.ta [erem'itə] *s m+f* hermit, recluse.

e.re.to [er'εtu] *adj* erected, raised (up), erect, upright.

er.go.mé.tri.co [ergom'εtriku] *adj Eng* ergometric.

er.guer [erg'er] *vt+vpr* 1 to raise, lift (up). 2 to elevate, rear. 3 to build, erect. 4 to found. 5 to increase (strength of voice). 6 to set upright. 7 **erguer-se** a) to rise. b) to get or stand up. **erguer os olhos** to raise the eyes. **erguer um brinde** to propose a toast.

er.gui.do [erg'idu] *adj* 1 raised, lifted. 2 elevated. 3 erect. **com as mãos erguidas** with hands upraised.

e.ri.ça.do [eris'adu] *adj* bristly, brushy, frizzled, rough.

e.ri.gir [eriʒ'ir] *vt* 1 to erect, raise, set up, lift up. 2 to build. 3 to found. 4 to elevate, rear.

er.mo ['ermu] *adj* solitary, retired, secluded, desert.

e.ro.são [eroz'ãw] *sf* erosion, corrosion.

e.ro.si.vo [eroz'ivu] *adj m* erosive, corrosive.

e.ró.ti.co [er'ɔtiku] *adj* erotic.

e.ro.tis.mo [erot'izmu] *sm* eroticism.

er.ra.di.ca.ção [eɾadikas'ãw] *sf (pl* **erradicações**) eradication, extirpation.

er.ra.do [eɾ'adu] *adj* 1 mistaken, erroneous. *ele está errado* / he is wrong, he is mistaken. 2 wrong. *meu relógio está errado* / my watch is wrong. 3 false, incorrect. 4 faulty.

er.ran.te [eɾ'ãti] *adj m+f* erring, errant, wandering, nomad.

er.rar [eɾ'ar] *vt* 1 to mistake, make a mistake, be mistaken. 2 to take one thing for another. 3 to miss. 4 to fail. 5 to ramble, wander. 6 to sin, trespass. **errar o caminho** to lose one's way.

er.ro ['eɾu] *sm* 1 error, fault, mistake. 2 false judgement. 3 blunder, oversight, slip. *ele cometeu um erro crasso* / he made a blunder. 4 incorrectness. 5 miss. *erro é erro* / a miss is as good as a mile. **erro ortográfico** misspelling.

er.rô.neo [eɾ'onju] *adj* erroneous, false, mistaken, untrue.

e.ru.di.ção [erudis'ãw] *sf (pl* **erudições**) erudition, extensive knowledge.

e.ru.di.to [erud'itu] *sm* erudite, a learned person. • *adj* erudite.

e.rup.ção [erups'ãw] *sf (pl* **erupções**) eruption: a) a bursting forth. b) *Med* breaking out, rash. c) outbreak.

er.va ['εrva] *sf* 1 herb. 2 grass. 3 *bras* venomous plant. 4 herbage. 5 *bras, gír* marijuana, pot. 6 **ervas** *pl* greens, herbs, vegetables.

er.vi.lha [erv'iʎə] *sf* pea.

es.ba.fo.ri.do [ezbafor'idu] *adj* 1 hasty. 2 panting, puffing, breathless. 3 tired.

es.ban.ja.dor [ezbãʒad'or] *sm* lavisher, squanderer, prodigal, spendthrift. • *adj* prodigal, lavish, squandering.

es.ban.jar [ezbãʒ'ar] *vt* to misspend, waste, squander.

es.bar.rão [ezbaɾ'ãw] *sm (pl* **esbarrões**) shock, collision, clash, bump.

es.bar.rar [ezbaɾ'ar] *vt+vpr* 1 to bump, collide with (**com, contra**). 2 to run against, stumble. **3 esbarrar-se** to elbow, jostle one another.

es.bel.to [ezb'ɛwtu] *adj* **1** slender, tall and thin, slim. **2** elegant, graceful. **garota esbelta** a slender girl.

es.bo.ça.do [ezbos'adu] *adj* sketched, delineated.

es.bo.çar [ezbos'ar] *vt* to sketch, to outline, to plan.

es.bo.ço [ezb'osu] *sm* (*pl* **esboços**) **1** sketch, outline, rough draught, first plan. **2** *fig* summary, synopsis.

es.bo.de.ga.do [ezbodeg'adu] *adj bras* **1** panting, breathless. **2** tired, worn out.

es.bo.fe.te.ar [ezbofete'ar] *vt* to slap, strike with a slap in the face.

es.bran.qui.ça.do [ezbrãkis'adu] *adj* **1** whitish, pale. **2** discoloured, faded.

es.bra.ve.jar [ezbraveʒ'ar] *vint* to roar, shout, cry out.

es.bu.ga.lha.do [ezbugaʎ'adu] *adj* staring, bulging, pop-eyed. **olhos esbugalhados** goggle-eyes.

es.bu.ra.ca.do [ezburak'adu] *adj* **1** full of holes. **2** tattered, torn.

es.ca.da [esk'adə] *sf* **1** staircase, stairs. **2** flight of steps. **3** ladder. **descer as escadas** to go downstairs. **escada de corda** rope ladder. **escada de mão** ladder. **escada rolante** escalator. **subir as escadas** to go upstairs, to climb the stairs.

es.ca.da.ri.a [eskadar'iə] *sf* **1** a flight of stairs. **2** a wide and fine stair (at the entrance of a church or theatre).

es.ca.fan.dro [eskaf'ãdru] *sm* diving-dress.

es.ca.la [esk'alə] *sf* **1** scale: a) a series of degrees. b) a series of marks made along a line to be used in measuring. c) proportional size of a plan, map or model. d) *Mús* a series of ascending and descending tones. **2** sea-port. **3** *Aeron* stop.

es.ca.la.da [eskal'adə] *sf* climbing.

es.ca.lar [eskal'ar] *vt* **1** to scale, climb, escalade, mount or enter by means of a ladder. **2** to designate (persons) for a specific purpose.

es.cal.da.do [eskawd'adu] *adj* **1** scalded, burned. **2** *fig* warned, made wise by experience.

es.cal.dan.te [eskawd'ãti] *adj m+f* scalding, burning.

es.ca.ma [esk'ʌmə] *sf Zool, Bot, Med* scale (of or as of a fish).

es.ca.mo.te.ar [eskamote'ar],**es.ca.mo.tar** [eskamot'ar] *vt+vint+vpr* **1** to pilfer, filch. **2** to perform sleight of hand tricks. **3** to pilfer. **4 escamot(e)ar-se** to make away, make oneself scarce.

es.can.ca.ra.do [eskãkar'adu] *adj* **1** wide-open (door). **2** patent, public, manifest.

es.can.da.li.zar [eskãdaliz'ar] *vt+vpr* **1** to scandalize, offend, slander, shock. *eles ficaram escandalizados com o seu procedimento* / they were scandalized at his (her, your) conduct. **2** to behave ill. **3** to make a scandal. **4 escandalizar-se** a) to take offence. b) to be scandalized or offended at.

es.cân.da.lo [esk'ãdalu] *sm* scandal, offence, outrage.

es.can.da.lo.so [eskãdal'ozu] *adj* **1** scandalous. **2** improper, indecorous. **3** shocking.

es.can.ga.lhar [eskãgaʎ'ar] *vt* **1** to break, break to pieces. **2** to spoil, ruin, destroy.

es.ca.pa.da [eskap'adə] *sf* escape, evasion, flight

es.ca.pa.men.to [eskapam'ẽtu] *sm* **1** exhaust. **2** escapement, escape.

es.ca.par [eskap'ar] *vt+vpr* **1** to escape, get free, run away. *escapou-me da memória* / it escaped my memory. **2** to flee, bolt. **3** to avoid, slip (danger). **4** to survive, be saved, rescued. **5 escapar-se** a) to run away. b) to escape from, free from. c) to free oneself.

es.ca.pu.lir [eskapul'ir] *vt+vint* **1** to slip out of the hand. **2** to steal away. **3** to slip away, sneak out. **4** to escape, disappear.

es.ca.ra.mu.ça [eskaram'usə] *sf* **1** skirmish. **2** contest, quarrel.

es.car.céu [eskars'ɛw] *sm fig* a) clamour, uproar, tumult. b) exaggeration, excess. **fazer grandes escarcéus** to make great fuss about nothing.

es.car.la.te [eskarl'ati] *adj* scarlet, bright red.

es.car.la.ti.na [eskarlat'inə] *sf Med* scarlatina, scarlet fever.

es.car.ne.ce.dor [eskarnesed'or] *adj* jeering, mocking.

es.car.ne.cer [eskarnes'er] *vt* **1** to mock, laugh at, ridicule, make fun of. **2** to illude, cheat.

es.cár.nio [esk'arnju] *sm* mockery, scorn, contempt.

es.ca.ro.la [eskar'ɔlə] *sf* escarole, chicory.

es.car.pa.do [eskarp'adu] *adj* sloped, steep, sheer, abrupt.

es.car.ra.pa.cha.do [eskaʁapaʃ'adu] *adj* spread out, sprawled.

es.car.rar [eskaʁ'ar] *vt+vint* to spit (out), expectorate. **escarrar sangue** to spit blood.

es.car.ro [esk'aʁu] *sm* spittle, saliva, spawl, mucus.

es.cas.se.ar [eskase'ar] *vt* **1** to be scanty of. **2** to make or become scarce. **3** to diminish, slacken, abate.

es.cas.sez [eskas'es] *sf* scarcity, scarceness: **1** state or condition of being scarce. **2** want, lack.

es.cas.so [esk'asu] *adj* scarce, scant(y), insufficient.

es.ca.va.ção [eskavas'ãw] *sf bras* (*pl* **escavações**) excavation.

es.ca.va.dei.ra [eskavad'ejrə] *sf* excavator, digging machine.

es.ca.var [eskav'ar] *vt* to excavate, dig away or out (especially for archaeological research). c) cut (as for a road, railway).

es.cla.re.cer [esklares'er] *vt+vpr* **1** to clear, enlighten, brighten. **2** to clarify, elucidate, explain. **3 esclarecer-se** to instruct oneself, be informed.

es.cla.re.ci.men.to [esklaresim'ẽtu] *sm* explanation, elucidation, information. *ele sempre pede esclarecimentos* / he always asks for explanations. **para o esclarecimento de** in exemplification of.

es.cle.ro.se [eskler'ɔzi] *sf Med* sclerosis. **esclerose arterial** arteriosclerosis. **esclerose múltipla** multiple sclerosis.

es.co.a.men.to [eskoam'ẽtu] *sm* **1** flowing off, drainage, flowage. **2** discharge, outlet.

es.co.ar [esko'ar] *vt+vpr* **1** to flow off, drain, empty. **2** to decant. **3** to make a passage for water.

es.co.cês [eskos'es] *sm* Scotch(man): native or inhabitant of Scotland. • *adj* Scotch, Scottish.

es.co.ce.sa [eskos'ezə] *sf* **1** Scotchwoman. **2** a Scottish dance. • *adj* Scotch, Scottish.

es.coi.ce.ar [eskojse'ar] *vt* **1** to kick (horse). **2** *fig* a) to affront, insult, injure. b) *fig* to maltreat, mistreat.

es.co.la [esk'ɔlə] *sf* **1** school. **2** schoolhouse. **3** education. **escola maternal** nursery school. **escola técnica** technical school.

es.co.lar [eskol'ar] *s m+f* student, schoolboy, school-girl. • *adj* school (of school). **idade escolar** school age. **livro escolar** school-book.

es.co.la.ri.da.de [eskolarid'adi] *sf* schooling.

es.co.lha [esk'oʎə] *sf* choice, selection, option. *deixo à sua escolha* / I let you make your choice. *na escolha de um livro* / in the choice of a book. **escolha múltipla** multiple choice.

es.co.lher [eskoʎ'er] *vt* to choose, make a choice of, pick out, select. *escolhi-o como amigo* / I chose him as my friend. **escolher a dedo** to pick and choose.

es.co.lhi.do [eskoʎ'idu] *sm* person or thing chosen, the elect. • *adj* chosen, elected.

es.col.tar [eskowt'ar] *vt* to escort, convoy, conduct.

es.con.de-es.con.de [eskõdjesk'õdi] *sm* hide-and-seek.

es.con.der [eskõd'er] *vt+vpr* **1** to hide: a) put, out of sight. *ela se escondeu atrás da árvore* / she hid behind the tree. b) occult, conceal. *escondi a minha mágoa* / I concealed my grief. c) cover up. d) keep secret. e) disguise, dissimulate. **2 esconder-se** a) to steal away from. b) to hide or disguise oneself.

es.con.de.ri.jo [eskõder'iʒu] *sm* hiding-place.

es.co.rar [eskor'ar] *vt* **1** to prop, stay, brace, support. **2** to make firm. **3** to resist.

es.co.re [esk'ɔri] *sm* score.

es.có.ria [esk'ɔrjə] *sf* **1** scoria. **2** scum, refuse. **3** *fig* mob, underworld.

es.co.ri.a.ção [eskorjas'ãw] *sf* (*pl* **escoriações**) **1** scratch or abrasion of the skin. **2** a light wound.

es.cor.pi.ão [eskorpi'ãw] *sm* (*pl* **escorpiões**) scorpion.

es.cor.ra.ça.do [eskoɾas'adu] *adj* 1 put to flight, expulsed. 2 *bras* rejected.

es.cor.ra.çar [eskoɾas'ar] *vt* 1 to put to flight, drive away, banish. 2 *bras* to reject, refuse.

es.cor.re.dor [eskoɾed'or] *sm* drainer. **escorredor de pratos** dish drainer.

es.cor.re.ga.de.la [eskoɾegad'ɛlə] *sf* 1 slipping, sliding. 2 a slip, false step. 3 fault, error, mistake.

es.cor.re.ga.di.ço [eskoɾegad'isu], es.cor.re.ga.di.o [eskoɾegad'iu] *adj* slipping, slippery.

es.cor.re.ga.dor [eskoɾegad'or] *sm* child's slide.

es.cor.re.gar [eskoɾeg'ar] *vt+vint* 1 to slide, slip, skid, miss one's step (or footing). 2 *fig* to err, commit a sin.

es.cor.rer [eskoɾ'er] *vt+vint* 1 to let flow off, empty. 2 to drain. 3 to drop, trickle, drip. *ele escorria em suor* / he was dripping with sweat. 4 to run or flow out, stream.

es.co.tei.ro [eskot'ejru] *sm* a Boy Scout, a scout. **acampamento de escoteiro** scout camp.

es.co.va [esk'ovə] *sf* 1 brush. 2 brushing.

es.co.var [eskov'ar] *vt* to brush. *escovo os dentes todos os dias* / I brush my teeth every day.

es.cra.va.tu.ra [eskravat'urə] *sf* slave-trade, slavery.

es.cra.vi.dão [eskravid'ãw] *sf* (*pl* **escravidões**) slavery, bondage. **escravidão branca** traffic of women for prostitution.

es.cra.vi.zar [eskraviz'ar] *vt+vpr* 1 to enslave. 2 **escravizar-se** to be enslaved, enslave oneself.

es.cra.vo [eskr'avu] *sm* slave. *hoje trabalhei como um escravo* / today I worked like a slave. **escravo do trabalho** workaholic.

es.cre.ven.te [eskrev'ẽti] *s m+f* clerk, copyist, notary.

es.cre.ver [eskrev'er] *vt+vpr* to write. *ela escreve claramente* / she writes plain.

es.cri.ta [eskr'itə] *sf* 1 writing. 2 handwriting. 3 book-keeping, accounting.

es.cri.tor [eskrit'or] *sm* writer, author.

es.cri.tó.rio [eskrit'ɔrju] *sm* office. **escritório central** head office.

es.cri.tu.ra [eskrit'urə] *sf* 1 deed. 2 transfer of ownership.

es.cri.tu.ra.ção [eskrituras'ãw] *sf* (*pl* **escriturações**) book-keeping, entry, accounting.

es.cri.tu.rá.rio [eskritur'arju] *sm* bookkeeper, clerk.

es.cri.va.ni.nha [eskrivan'iɲə] *sf* desk, writing-table.

es.cri.vão [eskriv'ãw] *sm* (*pl* **escrivões**) (*f* **escrivã**) clerk (especially in a court of justice), notary.

es.cro.que [eskɾ'ɔki] *sm* swindler, crook.

es.crú.pu.lo [eskr'upulu] *sm* 1 scruple. *ele não tem escrúpulos* / he has no scruples. 2 susceptibility.

es.cru.pu.lo.so [eskrupul'ozu] *adj* scrupulous.

es.cu.de.ri.a [eskuder'iə] *sf* car racing team.

es.cu.la.cha.do [eskulaʃadu] *sm bras, gír* a sloppy person. • *adj bras, gír* 1 demoralized. 2 untidy, messy.

es.cu.la.cho [eskul'aʃu] *sm bras, gír* blow, stroke.

es.cu.lham.ba.do [eskuʎãb'adu] *adj* 1 messy, disorderly. 2 demoralized.

es.cu.lham.bar [eskuʎãb'ar] *vt bras, gír* 1 to shatter, decompose, destroy. 2 to demoralize. 3 to reprimand, scold.

es.cul.pir [eskuwp'ir] *vt* 1 to sculpture, engrave. 2 to chisel, carve, cut. 3 to shape, mold.

es.cul.tor [eskuwt'or] *sm* 1 sculptor. 2 carver, stone-cutter. **escultor em argila** modeller.

es.cul.to.ra [eskuwt'orə] *sf* sculptress.

es.cul.tu.ra [eskuwt'urə] *sf* sculpture.

es.cu.ma.dei.ra [eskumad'ejrə] *sf* skimmer, skimming ladle.

es.cu.na [esk'unə] *sf* schooner.

es.cu.re.cer [eskures'er] *vt+vint+vpr* 1 to darken, cloud, to grow dark. *está escurecendo* / it is growing dark. 2 **escurecer-se** a) to grow dark. b) to become dull, dimmed, tarnished.

es.cu.ri.dão [eskurid'ãw] *sf* (*pl* **escuridões**) 1 darkness, blackness. 2 *fig* blindness, ignorance.

es.cu.ro [esk'uru] *sm* **1** darkness, obscurity. **2** *fig* night. • *adj* **1** dark, obscure. **2** cloudy, shady. **azul-escuro** dark blue. **dia escuro** cloudy day.

es.cu.ta [esk'utə] *sf* listening, hearkening. **aparelho de escuta** sound locator, wire.

es.cu.tar [eskut'ar] *vt+vint* **1** to listen. *escute! /* listen to me! **2** to hear. **3** to give ear to.

es.fa.ce.la.do [esfasel'adu] *adj* shattered, broken up, destroyed.

es.fa.ce.lar [esfasel'ar] *vt* to crush, smash, to break up.

es.fai.ma.do [esfajm'adu] *adj* ravenous, starving, hungry.

es.fal.fa.do [esfawf'adu] *adj* overtired, worn-out.

es.fal.far [esfawf'ar] *vt+vpr* **1** to fatigue, tire, exhaust. **2 esfalfar-se** a) to tire oneself. b) to overwork.

es.fa.que.a.men.to [esfakeam'ẽtu] *sm* stabbing, knifing.

es.fa.que.ar [esfake'ar] *vt* to stab, pierce or wound with a knife.

es.fa.re.lar [esfarel'ar] *vt* **1** to reduce to bran. **2** to bolt, sift (meal).

es.far.ra.pa.do [esfarap'adu] *adj* torn, tattered, ragged. **desculpa esfarrapada** lame excuse.

es.fe.ra [esf'ɛrɐ] *sf* sphere.

es.fé.ri.co [esf'ɛriku] *adj* spherical, round.

es.fe.ro.grá.fi.ca [esferogr'afikə] *sf* ballpoint pen.

es.fi.a.par [esfjap'ar] to fray out, unthread.

es.fin.ge [esf'ĩʒi] *sf* sphinx.

es.fo.lar [esfol'ar] *vt+vpr* **1** to strip off the skin, skin. **2** to scratch, scrape. **3** to graze, rub. **4 esfolar-se** to suffer a scratch, scrape.

es.fo.li.a.ção [esfoljas'ãw] *sf* (*pl* **esfoliações**) exfoliation.

es.fo.me.a.do [esfome'adu] *sm* hungry, ravenous person. • *adj* hungry, famished.

es.for.ça.do [esfors'adu] *sm* diligent, hardworking person. • *adj* diligent, industrious, active.

es.for.çar [esfors'ar] *vt+vpr* **1** to encourage, stimulate. **2** to take a heart, cheer up. **3 esforçar-se** to strain, strive, do one's best. *você precisa esforçar-se mais /* you must try harder. **esforçar-se para** to take pains for.

es.for.ço [esf'orsu] *sm* (*pl* **esforços**) **1** effort, endeavour. *ela não poupa esforços /* she is unsparing in her efforts. *todos os nossos esforços foram em vão /* all our efforts were in vain. **2** struggle attempt. **3** strength, energy. **empregar todos os seus esforços** to do one's best.

es.fran.ga.lha.do [esfrãgaʎ'adu] *adj* ragged, tattered.

es.fre.gar [esfreg'ar] *vt+vpr* **1** to rub, scrub. **2** to clean, wipe, mop up. *ele o esfregou /* he wiped it. **3 esfregar-se** to rub or massage oneself.

es.fri.a.men.to [esfrjam'ẽtu] *sm* cooling, refrigeration.

es.fri.ar [esfri'ar] *vt+vint+vpr* **1** to cool, make cool, chill. *o tempo esfriou /* the weather has turned cooler. **2** refrigerate, freeze. **3** to lose heart. **4 esfriar-se** a) to grow cold. b) to lose heart or enthusiasm. **esfriar o entusiasmo** to cool one's enthusiasm.

es.fu.ma.ça.do [esfumas'adu] *adj* smoky, filled with smoke.

es.fu.ma.çar [esfumas'ar] *vt* to fill (a place) with smoke.

es.fu.zi.an.te [esfuzi'ãti] *adj m+f* lively, animated.

es.ga.na.ção [esganas'ãw] *sf* (*pl* **esganações**) **1** strangulation, choking. **2** desire, avidity, voracity. **3** greediness.

es.ga.nar [ezgan'ar] *vt* to strangle, stifle, suffocate.

es.ga.ni.ça.do [ezganis'adu] *adj* shrieking, screechy.

es.ga.ni.çar [ezganis'ar] *vt* **1** to howl (as dogs). **2** to sing in a loud yelling way. **3** to yell, shriek.

es.gar.çar [ezgars'ar] *vt+vint* **1** to tear, shred (cloth). **2** to fray out.

es.go.e.lar [ezgoel'ar] *vt+vint+vpr* **1** to bawl, yell, cry very much. **2** to strangle.

es.go.ta.do [ezgot'adu] *adj* **1** drained, emptied, exhausted. **2** worn out, tired out. *ele está muito esgotado /* he is tired out. **3** finished, sold out. **4** out of print. *a edição está esgotada /* the edition is out of print. **5** *coloq* dog-tired, dead beat.

es.go.ta.men.to [ezgotam'ẽtu] *sm* **1** exhaustion. **2** prostration, debility. **3** fatigue. **esgotamento nervoso** nervous breakdown.

es.go.tar [ezgot'ar] *vt+vpr* **1** to drain to the last drop. **2** to exhaust, dry, empty. *esgotei-lhe a paciência* / I exhausted his patience. **3** to use up, wear out. **4 esgotar-se** a) to become exhausted. b) to debilitate. c) to be sold out, go out of print. *a edição esgotou-se em um mês* / the edition was sold out in a month.

es.go.to [ezg'otu] *sm* drain(age), sewer(age). **rede de esgoto** sewerage system.

es.gri.ma [ezgr'imə] *sf* fencing (art or act).

es.guei.rar [ezgejr'ar] *vt+vpr* **1** to slip away. **2 esguerirar-se** to steal away, sneak out.

es.gui.char [ezgiʃ'ar] *vt+vint* **1** to spirt (up), spurt. **2** to squirt, jet. **3** to spout out, gush.

es.gui.cho [ezg'iʃu] *sm* **1** jet, water-spout. **2** hose.

es.gui.o [ezg'iu] *adj* **1** long and thin. **2** slender.

es.ma.e.ci.do [ezmaes'idu] *adj* faded, discoloured, pale.

es.ma.ga.dor [ezmagad'or] *adj* **1** smashing, crushing. *ele obteve esmagadora vitória* / he had a crushing victory. **2** *fig* irrefutable, undeniable.

es.ma.gar [ezmag'ar] *vt+vint+vpr* **1** to compress, squeeze, press. **2** to crush, smash, squash. **3 esmagar-se** to be crushed.

es.mal.te [ezm'awti] *sm* **1** enamel. **2** nail polish. **trabalho em esmalte** enamelling.

es.me.ra.do [ezmer'adu] *adj* **1** performed with care. **2** accurate, neat. **3** fine, elegant. **4** perfect, accomplished. **acabamento esmerado** perfect finish.

es.me.ral.da [ezmer'awdə] *sf* emerald. • *adj m+f* bright green. **verde-esmeralda** emerald green.

es.me.rar [ezmer'ar] *vt+vpr* **1** to perform with care. **2** to perfect, bring to perfection. **3 esmerar-se** a) to make as good as possible, do one's best. b) to work with care.

es.me.ro [ezm'eru] *sm* **1** care, diligence. **2** perfection. **3** accuracy. **4** correctness. **5** cleanliness.

es.mi.ga.lhar [ezmigaʎ'ar] *vt* **1** to crumb(le), triturate. **2** to shatter.

es.mi.u.çar [ezmjus'ar] *vt* to examine, scrutinize, explain in details.

es.mo.la [ezm'ɔlə] *sf* alms, charity. **cofre de esmolas** offertory box. **pedir esmolas** to beg.

es.mo.lar [ezmol'ar] *vt+vint* **1** to beg, ask for alms. **2** to live by begging.

es.mo.re.cer [ezmores'er] *vt+vint* **1** to dismay, discourage, to lose one's courage. **2** to grow weak, feeble.

es.mo.re.ci.men.to [ezmoresim'ẽtu] *sm* **1** discouragement, disheartening. **2** dejection, depression. **3** faintness.

es.mur.rar [ezmur'ar] *vt* **1** to box, sock, pummel. **2** to mistreat, beat.

es.no.be [ezn'ɔbi] *s m+f* snob. • *adj* snobbish, snobby.

es.no.bis.mo [eznob'izmu] *sm* snobbery, snobbishness.

e.sô.fa.go [ez'ofagu] *sm Anat* esophagus, gullet.

e.so.té.ri.co [ezot'ɛriku] *adj* esoteric.

e.so.te.ris.mo [ezoter'izmu] *sm* esoterism, esotericism.

es.pa.ça.do [espas'adu] *adj* spaced, set at intervals.

es.pa.çar [espas'ar] *vt* **1** to space: a) set at intervals. b) divide into spaces. **2** to delay, retard.

es.pa.ci.al [espasi'aw] *adj m+f* (*pl* **espaciais**) spatial. **era espacial** space age. **estação espacial** space station.

es.pa.ço [esp'asu] *sm* **1** space: a) unlimited room. *a terra gira no espaço* / the earth moves through the space. b) room, area, place. *não há espaço neste ônibus* / there is no room in this bus. c) length of time, duration. d) interval. e) distance. **2** delay.

es.pa.ço.na.ve [espason'avi] *sf* spacecraft, spaceship.

es.pa.ço.so [espas'ozu] *adj* spacious: a) wide, extensive. b) roomy, large. c) ample, broad.

es.pa.da [esp'adə] *sf* **1** sword. **2 espadas** *Jogos* spades. **peixe-espada** swordfish.

es.pa.da.ú.do [espada'udu] *adj* **1** broad-shouldered. **2** full-bodied, stout.

es.pá.dua [esp'adwa] *sf* shoulder, the

junction of the arm and trunk, scapula, shoulder blade.

es.pa.gue.te [espag′ɛti] *sm Cul* spaghetti.

es.pai.re.cer [espajres′er] *vt+vpr* to amuse, entertain, distract, divert (also oneself).

es.pal.dar [esp′awdar] *sm* back rest, back of a chair.

es.pa.lha.do [espaʎ′adu] *adj* **1** scattered, dispersed, spread. **2** divulgated, diffused. **3** spaced at intervals. **coisas espalhadas pelo chão** things lying about.

es.pa.lha.fa.to [espaʎaf′atu] *sm* **1** fuss, much bother about small matters. **2** noise, disorder, confusion, uproar. **3** exaggerated ostentation.

es.pa.lha.fa.to.so [espaʎafat′ozu] *adj* **1** fussy. **2** noisy, blatant. **3** ostentatious.

es.pa.lhar [espaʎ′ar] *vt+vpr* **1** to spread. **2** to scatter about, strew. **3** to divulge, reveal. **4 espalhar-se** a) to disband, scatter. b) to become known. *o boato espalhou-se rapidamente* / the rumour spread like wildfire. **espalhar um boato** to spread a rumour.

es.pa.na.dor [espanad′or] *sm* feather duster, duster.

es.pa.nar [espan′ar] *vt+vpr* **1** to dust, wipe off the dust. **2** to strip (screw thread).

es.pan.ca.do [espãk′adu] *adj* beaten, spanked.

es.pan.ca.men.to [espãkam′ẽtu] *sm* spanking, beating.

es.pan.car [espãk′ar] *vt* to spank, beat, hit.

es.pa.nhol [españ′ɔw] *sm* (*pl* **espanhóis**) **1** Spaniard: native or inhabitant of Spain. **2** Spanish: the language of Spain. • *adj* Spanish.

es.pan.ta.do [espãt′adu] *adj* surprised, amazed, astonished.

es.pan.ta.lho [espãt′aʎu] *sm* scarecrow.

es.pan.tar [espãt′ar] *vt+vpr* **1** to frighten, terrify, alarm, scare. *ele espantou o gato* / he frightened away the cat. **2** to put to flight, drive away. **3** to surprise, astonish. **4** to marvel (at). **5 espantar-se** a) to be startled, marvelled or astonished. b) to be surprised. c) to become frightened.

es.pan.to [esp′ãtu] *sm* **1** fright, terror. **2** scare, fear. **3** amazement, astonishment. **4** admiration, surprise. **5** marvel, wonder. **causar espanto** to cause astonishment.

es.pan.to.so [espãt′ozu] *adj* **1** dreadful, frightful, terrible. **2** amazing, astonishing, marvellous. *esperam-se revelações espantosas* / amazing revelations are expected. **3** extraordinary, uncommon. **4** incredible.

es.pa.ra.dra.po [esparadr′apu] *sm* adhesive plaster, sticking plaster.

es.par.gir [esparʒ′ir] *vt* **1** to sprinkle, spray. **2** to scatter about, spread. **3** to spill, shed (liquids).

es.par.ra.mar [espaRam′ar] *vt+vpr* **1** to scatter about, spread, strew. **2 esparramar-se** to disband, disperse.

es.pas.mo [esp′azmu] *sm* **1** *Med* spasm. **2** *fig* ecstasy, delight.

es.pa.ti.far [espatif′ar] *vt+vpr* **1** to shatter, smash. **2** to break into or tear to pieces. **3 espatifar-se** to break up, be torn. *o avião espatifou-se contra o solo* / the plane crashed.

es.pá.tu.la [esp′atula] *sf* **1** spatula. **2** paper knife.

es.pe.ci.al [espesi′aw] *adj m+f* (*pl* **especiais**) **1** especial, special, particular, peculiar. **2** reserved, extra. **3** excellent, very good. **oferta especial** special bargain.

es.pe.ci.a.li.da.de [espesjalid′adi] *sf* speciality, particularity, peculiarity, specialty.

es.pe.ci.a.lis.ta [espesjal′istə] *s m+f* specialist, expert.

es.pe.ci.a.li.za.ção [espesjalizas′ãw] *sf* (*pl* **especializações**) specialization.

es.pe.ci.a.li.zar [espesjaliz′ar] *vt+vpr* **1** to specialize, differentiate, particularize. **2** to distinguish. **3 especializar-se** a) to distinguish oneself b) to train oneself for a special branch.

es.pe.ci.a.ri.a [espesjar′iə] *sf* spices (in general), spicery.

es.pé.cie [esp′ɛsji] *sf* **1** species, sort, kind, variety. **2** *Biol* class, genus, group. **3** nature, gender, quality. **de toda a espécie** of all sorts. **pagar em espécie** to pay in goods (not in money).

es.pe.ci.fi.ca.ção [espesifikas′ãw] *sf* (*pl*

especificações) specification, particularization.

es.pe.ci.fi.ca.do [espesifik'adu] *adj* **1** specified. **2** detailed. **3** particularized.

es.pe.ci.fi.car [espesifik'ar] *vt* to specify, mention or name precisely, indicate, stipulate.

es.pe.cí.fi.co [espes'ifiku] *adj* specific, particular, special.

es.pé.ci.me(n) [esp'εsimẽj] *sm* (*pl* **espécimens, espécimenes**) specimen, example, sample.

es.pec.ta.dor [espektad'or] *sm* spectator, onlooker, observer.

es.pe.cu.la.ção [espekulas'ãw] *sf* (*pl* **especulações**) speculation: a) act of speculating. b) inspection, examination.

es.pe.cu.la.dor [espekulad'or] *sm* speculator: a) observer, onlooker. b) person who practises speculation. c) swindler.

es.pe.cu.lar [espekul'ar] *vt* to speculate: a) observe, consider, view. b) inspect, examine. c) conjecture, contemplate upon. d) invest money.

es.pe.da.çar [espedas'ar] *vt+vpr* **1** to break into or tear to pieces, shatter, smash. **2 espedaçar-se** to be broken up.

es.pe.lho [esp'eʎu] *sm* **1** mirror, looking-glass. **2** *fig* model, example. **3** *Eletr* switch plate. **espelho retrovisor** rear mirror.

es.pe.lun.ca [espel'ũkə] *sf* **1** cavern, den, hole. **2** miserable room or house. **3** den of vice.

es.pe.ra [esp'εrə] *sf* **1** expectation, waiting for. *ele estava à sua espera* / he was waiting for you (him or her). **2** a wait. • *interj* wait! **sala de espera** waiting room.

es.pe.ran.ça [esper'ãsə] *sf* hope: a) an expectant desire. *eles estão sem nenhuma esperança* / they have no hope whatever. b) expectation. c) the object of hope. **aquém das minhas esperanças** beyond my expectations. **que esperança!** not a chance!, no way!.

es.pe.ran.ço.so [esperãs'ozu] *adj* hopeful, full of hope, expectant.

es.pe.rar [esper'ar] *vt+vint* **1** to hope for. *assim o espero* / I hope so. *espero o*

melhor / I hope for the best. **2** to wait (for), expect, await. *ela espera com ansiedade* / she waits anxiously. *espero que ela venha* / I expect (that) she will come. **3** to look forward to, watch. **4** to suppose, presume. *espera-se que você trabalhe o dia inteiro* / you are supposed to work all day. **5** to conjecture. **6** to count on, rely. **esperar em fila** to wait in line. **espere aí** / hold on. **espere pelo momento oportuno** / watch your time. **fazer alguém esperar** to keep someone waiting. *sabemos o que temos de esperar* / we know what we are up to. *apanhei-o sem ele esperar* / I caught him unawares.

es.per.ma [esp'εrmə] *sm* semen.

es.per.ta.lhão [espertaʎ'ãw] *sm* (*pl* **espertalhões**, *fem* **espertalhona**) clever, cunning, crooked, sharp guy.

es.per.te.za [espert'ezə] *sf* **1** cleverness, smartness. **2** vivacity. **3** astuteness, cunning(ness).

es.per.to [esp'εrtu] *sm* a sly or tricky person. • *adj* **1** awake. **2** intelligent, bright, acute. *ela é esperta* / she is quick-witted, *gír* she was born with her eyes open. **3** energetic, vigorous. **ficar esperto** to learn wit.

es.pes.so [esp'esu] *adj* (*pl* **espessos**) **1** thick. **2** dense, consistent.

es.pe.ta.cu.lar [espetakul'ar] *adj m+f bras* spectacular, splendid, magnificent.

es.pe.tá.cu.lo [espet'akulu] *sm* **1** show, display, spectacle. *milhares de pessoas compareceram ao espetáculo de fogos de artifício* / thous ands turned up for the fireworks spectacle. **2** view, scene. *o encontro de pai e filho foi um espetáculo comovente* / father and son coming together made a moving scene. **um triste espetáculo!** a sorry sight!

es.pe.ta.da [espet'adə] *sf* a prick, a jab.

es.pe.tar [espet'ar] *vt+vpr* **1** to pierce, prick. **2** to impale. **3** to poke (as with a stick). *ela se espetou com um alfinete* / she pricked herself with a pin. **4 espetar-se** a) to get hurt. b) to get stuck. c) to be pricked.

es.pe.to [esp'etu] *sm* **1** skewer (as for

roasting meat). **2** a sharp-pointed stick. **3** *bras, gír* a difficult thing, a rub. *isto é um espeto! / coloq* that's a fix, tough situation!

es.pi.a.da [espi'adə] *sf bras* glance, peek, peep.

es.pi.ão [espi'ãw] *sm* (*pl* **espiões**, *fem* **espiã**) spy, secret agent, undercover man.

es.pi.ar [espi'ar] *vt* **1** to spy, watch, observe. **2** to pry into. **3** to peek, peep. **espiar alguém** to spy upon someone.

es.pi.char [espi'ʃar] *vt+vint+vpr* **1** to stretch out, extend. **2** to prolong. **3** to enlarge. **4** **espichar-se** to stretch oneself out.

es.pi.ga [espi'gə] *sf* **1** ear of corn. **espiga de centeio** *Bot* ear of rye. **espiga de milho** corn-cob. **espiga de trigo** wheatear.

es.pi.gão [espi'gãw] *sm* (*pl* **espigões**) **1** top of a wall. **2** ridge of a mountain. **3** *bras* a tall building.

es.pi.na.frar [espinaf'rar] *vt bras, gír* **1** to ridicule, deride, laugh at. **2** to reprove or admonish severely.

es.pin.gar.da [espĩg'ardə] *sf* shot-gun. **cano de espingarda** barrel. **cão da espingarda** cock (of a gun). **desarmar uma espingarda** to uncock a gun. **espingarda a ar comprimido** air gun, air rifle. **espingarda de dois canos** double-barreled gun. **espingarda de pederneira** flintlock.

es.pi.nha [esp'iñə] *sf* **1** *Anat* spine, backbone, spinal column. **2** fishbone. **3** pimple. **4** *fig* obstacle, difficulty, trouble. **curvatura da espinha** curvature of the spine. **espinha dorsal** dorsal column, backbone, stitch. **ter uma espinha atravessada na garganta** to be a thorn in one's side.

es.pi.nho [esp'iñu] *sm* **1** thorn, prickle. *não há rosa sem espinhos* / no rose without a thorn, no joy without annoy. **2** a small sharp point, sting. **3** *fig* difficulty, affliction, uneasiness. **cheio de espinhos** thorny.

es.pi.nho.so [espiñ'ozu] *adj* **1** thorny, prickly. **2** *fig* difficult, arduous, disagreeable. **ponto espinhoso** knotty point.

es.pi.o.na.gem [espjon'aʒẽj] *sf* (*pl* **espionagens**) espionage, intelligence service.

es.pi.ral [espir'aw] *sf* (*pl* **espirais**) spiral: a spiral curve, formation, spring or the like (as the thread of a screw). • *adj m+f* spiral, coiled, helical. **ascensão em espiral** wave soaring. **espiral de salários-preços** wage-price spiral. **espiral inflacionária** inflationary spiral. **linha espiral** spiral line, spiral gear.

es.pi.ri.tis.mo [espirit'izmu] *sm* spiritualism, spiritism.

es.pí.ri.to [esp'iritu] *sm* spirit: a) soul, immaterial part of man, mind. b) a ghost, apparition, spectre. c) vigour of mind or intellect. d) enthusiasm, animation, life. e) distilled alcohol. **abatimento de espírito** depression of mind. **abstração de espírito** absence of mind. **cultivar o espírito** to cultivate the mind. **espírito de camaradagem** team spirit. **espírito de equipe** esprit de corps. **espírito maligno** devil, demon. **espírito prático** practical mind, pragmatist. **Espírito Santo** Holy Ghost, Holy Spirit. **jogar com espírito esportivo** to play fair. **pessoa de espírito** person of wit. **presença de espírito** presence of mind, readiness of mind. **um espírito ativo** an active mind.

es.pi.ri.tu.al [espiritu'aw] *adj m+f* (*pl* **espirituais**) spiritual, immaterial.

es.pi.ri.tu.o.so [espiritu'ozu] *adj* witty, spirited, clever.

es.pir.rar [espir'ar] *vt+vint* to sneeze.

es.pir.ro [espi'řu] *sm* sneeze. **dar um espirro** to sneeze.

es.plên.di.do [espl'ẽdidu] *adj* splendid: a) brilliant, shining. b) magnificent. c) excellent, very fine.

es.plen.dor [esplẽd'or] *sm* splendo(u)r: a) great brightness, brilliance. b) magnificence, pomp, glory. *todo o esplendor de um casamento da realeza* / all the splendor of a royalty wedding.

es.po.car [espok'ar] *vint bras* **1** to pop, burst or cause to burst (corn). **2** *fig* to sprout, bloom. (flower).

es.po.le.ta [espol'etə] *sf* **1** fuse, cap of a gun. **2** detonator.

es.po.li.ar [espoli′ar] *vt* to rob, plunder, swindle. *o fraudador espoliou o aposentado de suas parcas economias* / the impostor swindled the pensioner of his meagre savings. *os invasores espoliaram e atearam fogo ao castelo* / the imoders plundered and burnt the castle.

es.pó.lio [esp′ɔlju] *sm* **1** *Jur* assets, estate, property or goods of a deceased person. **2** booty, plundering.

es.pon.ja [esp′õʒə] *sf* sponge: **1** a marine animal. **2** its soft elastic framework used in bathing. **3** any spongelike substance. **banho de esponja** sponge bath. **passar a esponja em** (ou **sobre**) *fig* to forgive, forget.

es.pon.tâ.neo [espõt′∧nju] *adj* spontaneous: **1** voluntary, free. **2** growing naturally, indigenous. **3** unaffected, unstudied. **combustão espontânea** spontaneous combustion. **geração espontânea** spontaneous generation, abiogenesis.

es.po.ra [esp′ɔrə] *sf* spur: **1** instrument on a horseman's hell to goad the horse. *ele meteu as esporas no cavalo* / he set spurs to his horse. **2** the spine on a cock's leg. **3** *fig* incitement, incentive, stimulus.

es.po.rá.di.co [espor′adiku] *adj* sporadic(al), infrequent, scattered, occurring singly. **doença esporádica** sporadic disease.

es.por.ro [esp′oỹu] *sm bras, gír* **1** quarrel, row, brawl. **2** a fit of rage. **3** reprimand, reproof, severe rebuke.

es.por.te [esp′ɔrti] *sm* sport. *ele pratica esporte* / he goes in for sport. • *adj* sports, casual (clothes). **equipamento para esporte** sports kit. **esporte aquático** water sports. **esportes de inverno** winter sports. **por esporte** amateurishly.

es.por.tis.ta [esport′istə] *s m+f* **1** sportsman. *ele é um esportista moderno e competente* / he is the last word as sportsman. **2** sportswoman. • *adj m+f* sporting, referring to sport. *seja esportista!* / *fig* be a sport!

es.po.sa [esp′ozə] *sf* wife, consort, spouse. *ela tem sido boa esposa (para ele)* / she has been a good wife (to him). *os meus cumprimentos para a sua esposa!* / remember me to your wife! **sua esposa** his (your) wife.

es.po.so [esp′ozu] *sm* husband, spouse, consort.

es.prai.ar [espraj′ar] *vt+vpr* **1** to extend, stretch, spread ashore. **2** to widen, spread. **3 espraiar-se** a) to overflow, run over the banks (river or sea). b) to speak at length upon.

es.pre.gui.çar [espregis′ar] *vt+vpr* **1** to rouse one (from sleep). **2 espreguiçar-se** to stretch oneself and yawn.

es.prei.ta [espr′ejtə] *sf* **1** peep, pry. **2** watch, vigil. **3** lookout. *ele está à espreita* / he is on the lookout.

es.prei.tar [esprejt′ar] *vt+vint+vpr* **1** to peep, pry, observe attentively. **2** to watch. **3** *coloq* to snoop. **4 espreitar-se** to take care of oneself. **espreitar pelo buraco da fechadura** to spy through the keyhole.

es.pre.mer [esprem′er] *vt+vpr* **1** to press, squeeze out, pinch. **2** to crush. **3** to contract. **4 espremer-se** a) to strain. b) to press, crowd (together).

es.pu.ma [esp′umə] *sf* froth, foam, lather, suds. **banho de espuma** bubble bath. **colchão de espuma** foam mattress. **espuma de borracha** foam rubber. **espuma de sabão** soap-suds, lather. **extintor de espuma** *amer* foam gun.

es.pu.man.te [espum′ãti] *adj m+f* **1** frothy, foamy, bubbly, fizzy. **2** sparkling. **vinho espumante** sparkling wine.

es.pu.mar [espum′ar] *vt+vint* **1** to skim. **2** to foam, froth. **3** to bubble.

es.qua.drão [eskwadr′ãw] *sm* (*pl* **esquadrões**) **1** *Mil* squadron. **2** squad. **esquadrão da morte** death squad.

es.qua.dri.lha [eskwadr′iʎə] *sf* **1** *Náut* flotilla: a fleet of small vessels. **2** *Aeron* squadron: formation of two or more flights.

es.qua.dri.nhar [eskwadriñ′ar] *vt* to investigate, search, scan, scrutinize. **esquadrinhar o horizonte (com binóculos)** to scan the horizon.

es.quá.li.do [esk′walidu] *adj* squalid, sordid, filthy, extremely dirty.

es.quar.te.jar [eskwarteʒ'ar] *vt* **1** to quarter, cut into quarters. **2** to lacerate, tear to pieces.

es.que.cer [eskes'er] *vt+vpr* **1** to forget. *esqueci o nome* / I forgot the name. **2** to omit, leave out. **3** *fig* to pardon. *vamos esquecer isso* / let's pass the sponge over it. **4 esquecer-se** a) to forget. *não se esqueça de aparecer* / remember to come. b) to be forgotten or forgetful. c) to be absent-minded. *esqueci-me completamente disso* / I never thought of it. **5** to leave behind. *esqueci o relógio em casa* / I left my watch at home. **esquecer suas obrigações** to forget one's duties. **esquecer o passado** to wipe off the slate. **esquecer uma ofensa** to forget an injury.

es.que.ci.do [eskes'idu] *sm, adj* **1** forgotten. **2** forgetful, unmindful. *ele é esquecido* / he is forgetful. **sentir-se esquecido** to feel neglected.

es.que.ci.men.to [eskesim'ẽtu] *sm* **1** forgetfulness, oblivion. **2** omission. **3** negligence, carelessness. **cair no esquecimento** to be forgotten.

es.que.le.to [eskel'etu] *sm* skeleton: a) *Anat, Zool* the bones of a body, carcass. b) framework. c) *fig* outline, rough sketch. d) a very thin person or animal, *coloq* a bag of bones.

es.que.ma [esk'emə] *sm* **1** scheme, project, plan, design. **2** summary, outline.

es.que.ma.ti.zar [eskematiz'ar] *vt* to schematize: form a scheme or schemes.

es.quen.tar [eskẽt'ar] *vt+vpr* **1** to heat, warm, overheat. **2** *fig* to inflame, incense, animate, provoke. **3 esquentar-se** a) to grow warm. b) to grow angry, become irritated, lose one's temper. **o motor esquentou** the motor ran hot.

es.quer.dis.ta [eskerd'istə] *s m+f Polít* leftist. • *adj m+f* leftist.

es.quer.do [esk'erdu] *adj* **1** left. **2** left-handed. **3** clumsy, awkward. **do lado esquerdo** a) on the left. b) from the left. **levantar-se da cama com o pé esquerdo** to get out of bed the wrong side.

es.qui [esk'i] *sm Esp* **1** ski: a narrow piece of wood or metal attachable to boots to make sliding on the snon possible. **2** skiing (the sport). **bastão de esqui** ski-stick. **botas de esqui** ski boots.

es.qui.a.dor [eskjad'or] *sm* skier.

es.qui.ar [eski'ar] *vint* to ski.

es.qui.mó [eskim'ɔ] *s m+f* Eskimo: a member of a race inhabiting Greenland and the adjacent parts of North America. • *adj m+f* Eskimo: of or pertaining to the Eskimos. **cão esquimó** husky.

es.qui.na [esk'inə] *sf* corner: a) street corner. *ele dobrou (virou) a esquina* / he came round the corner, he turned the corner. b) angle. **na esquina** at the corner. **na próxima esquina** at the next corner.

es.qui.si.to [eskiz'itu] *adj* **1** singular, rare. **2** strange, odd, queer, peculiar, weird. *ele é um homem esquisito* / he is weird, *coloq* a queer fish. **3** eccentric(al). **modos esquisitos** particular ways.

es.qui.var [eskiv'ar] *vt+vpr* **1** to shun, avoid, dodge. **2** to duck, parry (a blow). **3 esquivar-se** a) to avoid, escape, keep away from. b) to avoid doing something. **esquivar-se a uma responsabilidade** avoid a liability.

es.sa ['ɛsə] *pron dem fem* de *esse* **1** that. *essa é boa!* / that's a good one! *essa é a moça que eu tinha visto* / that is the girl I had seen. **2 essas** those. *essas são as garotas* / those are the girls. **ainda mais essa!** how now!, and now this! **corta essa!** cut it out! let's put a stop to it. **ora essa!** well now!

es.se ['esi] *pron dem masc* **1** that, that one. *quem é esse?* / who is that? *esse é o homem* / that is the man. *prefiro esse livro* / I prefer that book. *que grito foi esse?* / what is that cry? **2 esses** those. *esses são os homens* / those are the men. **durante esses três dias** during those three days.

es.sên.cia [es'ẽsjə] *sf* essence: a) substance, core, nature. b) existence, life, being. c) extract, solution obtained by distillation. d) perfume, scent.

es.sen.ci.al [esẽsi'aw] *sm* (*pl* **essenciais**) the essential, main or principal point. • *adj m+f* essential: a) substantial, natural, constitutive, intrinsic. b) indispensable. c) fundamental, pivotal. **a parte essencial disto** the sum and substance of it. **o essencial da questão** the heart of the matter.

es.ta ['ɛstə] *pron dem fem de* **este 1** this. **2** the latter. **3 estas** these. **esta mulher** this woman. **esta noite** tonight. **por esta vez** (for) this time.

es.ta.be.le.cer [estabeles'er] *vt+vpr* **1** to establish: a) to settle, fix, set up, install. *o clube estabeleceu um novo comitê* / the club set up a new committee. b) to ordain, determine, appoint. *o governo estabeleceu uma nova lei* / the government passed a new law. d) to make firm, stable or sure. **2 estabelecer-se** to settle or establish oneself. **estabelecer-se solidamente** to establish oneself firmly, *coloq* get a footing.

es.ta.be.le.ci.men.to [estabelesim'ẽtu] *sm* **1** establishment, an organization, institution, foundation. **2** a business organization, shop, a store, outlet. **3** a house. **estabelecimento aberto** open shop. **estabelecimento de ensino** a school. **estabelecimento de ensino superior** university, college. **estabelecimento fechado** closed shop.

es.ta.bi.li.da.de [estabilid'adi] *sf* stability, stableness, steadiness, firmness. **estabilidade de preço** price stability. **estabilidade dinâmica** dynamic stability.

es.ta.ca [est'akə] *sf* **1** stake, pale, pole, post, picket. **2** pile, palisade. **3** slip, cutting, tree prop. **4** peg. **cerca de estaca** wooden fence. **fixar com estacas** to stake in. **voltar à estaca zero** *bras* to go back to square one.

es.ta.ção [estas'ãw] *sf* (*pl* **estações**) **1** station: a) short stay, sojourn. b) police post. c) railway station, a depot, bus station. d) *Catól* any of a series of 14 pictures representing sucessive scenes of Christ's passion. **2** a season of the year. **em plena estação** at the height of the season. **estação das águas, estação das chuvas** rainy season. **estação de águas** watering resort. **estação de rádio** broadcasting station. **estação de televisão** TV station. **estação de veraneio** summer resort. **estação do ano** season. **estação ferroviária** railway station,

railroad station. **estação meteorológica** weather station. **estação rodoviária** bus station, depot.

es.ta.ci.o.na.men.to [estasjonam'ẽtu] *sm* parking, parking lot. **estacionamento proibido** no parking. **ponto de estacionamento** parking place.

es.ta.ci.o.nar [estasjon'ar] *vint* to park (vehicles).

es.ta.da [est'adə] *sf* sojourn, stay.

es.tá.dio [est'adju] *sm* stadium. a) a structure with rows of seats around a large open space for athletic games. b) a Greek measure of length. **estádio de futebol** soccer field.

es.ta.dis.ta [estad'istə] *s m+f* statesman, stateswoman.

es.ta.do [est'adu] *sm* state: a) condition, constitution, circumstance. *seus nervos estão em estado alarmante* / his nerves are in a shocking state. b) situation, position, rank, station, status. c) dignity, pomp, magnificence. d) government, administration. e) (também **Estado**) State, nation. **conselho de estado** State Council. **em bom estado** in good repair, sound, well. **em estado deplorável** in a deplorable plight. **em estado natural** in a natural state. **em mau estado** out of repair. **estado civil** marital status. **estado de graça** state of grace. **estado de inércia** (state of) inertia. **estado desesperador** desperate state. **estado de sítio** state of siege. **estado do bem-estar** welfare state. **mudar de estado** to change one's civil status. **negócio de estado** state affair. **num triste estado** in a sorry plight. **receita do estado** public revenue. **servidores do estado** civil servants.

es.ta.do-mai.or [estadumaj'or] *sm* (*pl* **estados-maiores**) *Mil* general staff. **oficial do estado-maior** staff officer.

es.ta.du.al [estadu'aw] *adj m+f* (*pl* **estaduais**) *bras* state: of or pertaining to the State. **controle estadual** state control.

es.ta.fa.do [estaf'adu] *adj* weary, fatigued, tired.

es.ta.gi.ar [esta3i'ar] *vint* to be in a period of probation or apprenticeship, be subjected to a period of testing and trial to ascertain fitness (as for a job, school or civil service).

es.ta.gi.á.rio [estaʒi'arju] *sm* **1** trainee: a person who is under training, probationer. **2** *Educ* student teacher. **3** *Amer* intern.

es.ta.lar [estal'ar] *vt+vint* **1** to crack, split, break into pieces. *ele estalou os dedos* / he cracked his fingers. **2** to crackle, crepitate, pop. **3** to burst, explode. **4** to snap (as with a whip). **estalar um chicote** to snap a whip, crack a whip. **sentir a cabeça estalar** to have a terrible headache.

es.ta.lei.ro [estal'ejru] *sm* shipyard, dockyard: a yard where ships are built or repaired.

es.ta.lo [est'alu] *sm* **1** crack: a) a sharp noise. b) a sound made by things suddenly broken. **2** cracking, crackling, burst.

es.tam.pa [est'ãpə] *sf* **1** a printed image, picture or figure. **2** model, pattern, stencil. **3** *bras, fig* appearance, looks. **dar à estampa** to put in print, publish, bring out.

es.tam.pa.do [estãp'adu] *sm bras* printed cloth. • *adj* **1** printed, impressed, stamped. **2** published. **papel estampado** embossed paper. **tecido de algodão estampado** printed cotton.

es.tam.pi.do [estãp'idu] *sm* **1** clap, crack, report (as of a gun). **2** explosion, detonation, burst, blast.

es.tan.car [estãk'ar] *vt+vint+vpr* **1** to stop, hinder from running or flowing (as blood). **2** to drain, dry up, exhaust. **3** to stagnate. **4** to put an end to. **5** to stop flowing. **6** estancar-se a) to halt, come to a standstill. b) to stanch, stop, cease running. c) to become exhausted. d) to end, finish, become stagnated.

es.tân.cia [est'ãsjə] *sf* **1** ranch, estate, country seat. **2** stay, home, residence. **3** resting place, resort. **4** farm where cattle is kept, stock farm. **estância balneária** watering-place, seaside resort. **estância turística** touristic resort.

es.ta.nho [est'∧ñu] *sm Quím* **1** tin (metal). **2** any tin alloy. **3** an object made of

a tin alloy. **cloreto de estanho** stannic chloride. **estanho de soldar** soldering tin. **folha de estanho** tinfoil. **fundição de estanho** tinwork. **objetos de estanho** pewter. **solda de estanho** soft solder.

es.tan.te [est'ãti] *sf* **1** bookstand, bookshelf, bookcase. **2** music-stand. **estante de regente** rostrum. **estante para flores** flower-stand.

es.ta.pa.fúr.dio [estapaf'urdju] *adj* **1** odd, queer, freakish, peculiar. **2** heedless, harebrained. **3** extravagant, irregular, strange.

es.ta.pe.ar [estape'ar] *vt bras* to mistreat by slapping someone's face.

es.tar [est'ar] *vint+vpr* to be: *como está o caso de...?* / how is it with...? *como está você?* / how are you? *ele está com um chapéu novo* / he has a new hat on. *ele está louco por ela* / he is crazy about her. *estou com pressa* / I am in a hurry. *estou indo bem* / I am doing well. *como estamos?* / how do we stand? *ele esteve lá por acaso* / he happened to be there. *ainda está em tempo* / it is in time yet. *ele está com esta idéia na cabeça* / he got the idea into his head. *está bem!* / all right! *OK, está bom!* / it is good! *está chovendo!* / it is raining. *está combinado!* / that's understood! **estar afeiçoado por alguma coisa** to be attached to something, hang upon something. **estar à mão** to be at hand. **estar a ponto de** to be on the verge of. **estar às portas da morte** to be at death's door. **estar boquiaberto** to stare open-mouthed. **estar certo** to be sure of a thing, feel certain. **estar cheio de** *fig, gír* to be fed up with. **estar com alguém** to be with someone. **estar com a pulga atrás da orelha** *fig* to have a flea in one's ear. **estar com azar** to have a run of ill luck. **estar com saúde** to be in health. **estar confuso** to be perplexed, be in a fog. **estar de acordo** to conform. **estar de olho em** to be with an eye on. **estar desenganado** to be given up (a patient). **estar doente** to be sick. **estar dormindo** to be asleep. **estar em casa** to be at home. **estar em dia com** to be up-to-date with. **estar em discussão** to be under discussion. **estar em dúvi-**

da to hang (be) in doubt, be at a stand. **estar em harmonia** to be in harmony, be harmonious. **estar em perigo** to be in danger. **estar em poder de alguém** to be in one's power. **estar enganado** to be mistaken, be wrong. **estar frito** *gír* to be in a difficult situation, have serious problems. **estar grávida** to be pregnant. **estar indeciso** to hesitate. **estar na defensiva** to stand on the defensive. **estar na moda** to be in vogue. **estar no mundo da lua** to be daydreaming. **estar para** to be going to, be about, be ready to. *está para acontecer alguma coisa /* something is about to happen, there is something in the air. *está para chover /* it is going to rain. *estou para casar-me /* I am going to be married. *esta casa está para cair /* this house is ready to collapse. **estar pela hora da morte** *gír* to be exorbitant in price. **estar por um fio** to hang by a thread. **estar presente** to stand by. **estar quieto** to stand still, be quiet. **estar sozinho** to stand alone. **estar visível** to stick out, be evident. **no pé em que as coisas estão...** as things stand...

es.tar.da.lha.ço [estardaλ'asu] *sm* 1 fuss. 2 roar, rattle. 3 noisy display, showing-off or confusion. *ele fez muito estardalhaço /* he made a great stir.

es.tar.re.cer [estaɾes'er] *vt+vpr* 1 to frighten, terrorize, terrify. 2 to appall. 3 **estarrecer-se** a) to become frightened. b) to become appalled, grow weak, swoon.

es.ta.tal [estat'aw] *adj m+f (pl* **estatais)** of or referring to the state.

es.ta.te.lar [estatel'ar] *vt+vpr* 1 to throw or knock down. 2 to be stretched out on the ground. 3 to be or become stunned. 4 **estatelar-se** to fall flat down. **estatelar-se no solo** to fall down full length.

es.tá.ti.co [est'atiku] *adj* static: 1 standing still, at rest. 2 of or pertaining to atmospheric electricity that interferes with radio reception. 3 *Eletr* pertaining to forces in equilibrium. **carga estática** static load. **eletricidade estática** static electricity.

es.ta.tís.ti.ca [estat'istikə] *sf Estat* statistics.

es.ta.ti.zar [estatiz'ar] *vt* to nationalize.

es.ta.tu.ra [estat'urə] *sf* 1 stature, natural height of a living being, tallness, size. 2 *fig* quality or status gained by growth, development or achievement. **de estatura média** middle-sized.

es.ta.tu.to [estat'utu] *sm* statute: 1 a law enacted by the legislative branch of a government. 2 an act of a corporation or of its founder intended as a permanent rule. 3 a system of laws and rules: a code. **estatuto adicional** bylaw.

es.tá.vel [est'avew] *adj m+f (pl* **estáveis)** 1 stable, firm, solid. 2 steady, permanent. **temperatura estável** steady temperature.

es.te ['ɛsti] *sm* 1 east: the general direction of sunrise: the direction toward the right of one facing north. 2 east wind. 3 regions lying to the east of a specified or implied point of orientation.

es.tei.o [est'eju] *sm* 1 prop, stay, support, brace. *ele é o esteio de sua família /* he is the support of his family. 2 *fig* help, protection, aid, assistance.

es.te.li.o.na.tá.rio [esteljonat'arju] *sm Jur* swindler a person who obtains money or properties by fraud or deceit.

es.ten.der [estẽd'er] *vt+vint* 1 to extend, stretch out. 2 to enlarge, expand, widen. **estender a mão** to put out one's hand. **estender a roupa** to hang out the washing. **estender-se sobre** to enlarge upon.

es.té.reo [est'ɛrju] *sm* stereo: a stereophonic reproduction or a stereophonic sound system. • *adj* stereophonic.

es.te.re.ó.ti.po [estere'ɔtipu] *sm* stereotype: 1 *Tip* a printing plate cast from a mould. 2 *fig* something conforming to a fixed or general pattern.

es.té.ril [est'ɛriw] *adj m+f (pl* **estéreis)** sterile: 1 barren, unfruitful, unproductive, infertile, unprolific. 2 lacking in stimulating emotional or intellectual quality, lifeless. 3 *Med* sterilized, free from living germs. **terra estéril** barren soil.

es.te.ri.li.za.ção [esteriliza'ãw] *sf (pl* **esterilizações)** 1 sterilization: the act or process of making sterile, especially the process of freeing from living germs. 2 destruction, devastation.

es.ter.no [est'εrnu] *sm Anat* sternum, breastbone.

es.te.ta [est'εtə] *s m+f* (a)esthete: **1** person versed in (a)esthetics. **2** one assuming an exclusive attitude towards beauty in art and life.

es.té.ti.ca [est'εtikə] *sf* (a)esthetics: the rational study of the beautiful and how it affects mankind.

es.te.ti.cis.ta [estetis'istə] *s m+f bras* a beautician.

es.te.tos.có.pio [estetosk'ɔpju] *sm Med* stethoscope: instrument used to detect and study sounds produced in the body.

es.ti.a.gem [esti'aȝẽj] *sf* (*pl* **estiagens**) **1** fine, dry weather following a rainy season. **2** dry weather. **3** want of rain, lack of water.

es.ti.ca.da [estik'adə] *sf bras* continuation of a social gathering to continue the party that was coming to an end.

es.ti.car [estik'ar] *vt+vpr* **1** to stretch out, extend, tighten. **2** to lengthen, draw out, pull. **3 esticar-se** to stretch out.

es.tig.ma [est'igmə] *sm* stigma.

es.tig.ma.ti.zar [estigmatiz'ar] *vt* **1** to stigmatize: mark with a stigma or brand. **2** *fig* to censure, blame, describe or identify in opprobrious terms.

es.ti.lha.ço [estiλ'asu] *sm* **1** splinter, fragment, chip. **2** a fragment of a splintered object which is projected with violence. **à prova de estilhaços** splinterproof. **estilhaço de granada** a grenade splinter.

es.ti.lin.gue [estil'ĩgi] *sm bras amer* slingshot, *brit* catapult.

es.ti.lis.ta [estil'istə] *s m+f* stylist: a) a writer having or cultivating a good style. b) a person who creates or adapts a style. **estilista de moda** fashion designer. • *adj m+f* stylistic(al).

es.ti.li.za.ção [estilizas'ãw] *sf* stylization.

es.ti.lo [est'ilu] *sm* style: **1** fashion. **2** distinctive mode of presentation, construction or execution in any fine art. **3** a particular manner or technique by which something is done, created, or performed. **4** fashionable elegance. **estilo barroco** baroque style.

es.ti.ma [est'imə] *sf* **1** esteem, respect,

regard. *ele conquistou a estima de todos* / he has won the respect of all. *temo-lo em alta estima* / we hold him in high regard. **2** affection, fondness.

es.ti.mar [estim'ar] *vt+vpr* **1** to esteem: a) regard with respect and admiration. b) prize. **2** to estimate: appraise, rate, size up. **3** to like, admire. *ele a estima muito* / he likes her much. **4** to be glad, rejoice. *estimo muito vê-lo com saúde* / I am very glad to see you in good health. **5 estimar-se** a) to steem oneself, count oneself for, know one's worth. b) to like one another. c) to be esteemed, beloved.

es.ti.ma.ti.va [estimat'ivə] *sf* **1** calculation, reckoning, computation. **2** judgement. **3** a statement of the cost of work to be done.

es.ti.mu.lar [estimul'ar] *vt+vpr* **1** to stimulate. **2 estimular-se** to be resentful, brisk oneself up, be offended.

es.ti.mu.lo [est'imulu] *sm* stimulus, incentive, encouragement.

es.ti.o [est'iu] *sm* summer. • *adj* = **estival. no rigor do estio** in the height of summer.

es.ti.pên.dio [estip'ẽdju] *sm* stipend, wages, salary, pay.

es.ti.pu.lar [estipul'ar] *vt* to stipulate, contract, settle terms.

es.ti.rão [estir'ãw] *sm* (*pl* **estirões**) **1** tiring walk, long way. **2** *bras* a straight stretch of river. **3** act or effect of stretching.

es.ti.rar [estir'ar] *vt+vpr* **1** to extend, stretch, lengthen. **2** to distend, strain. **3 estirar-se** to stretch oneself (out).

es.tir.pe [est'irpi] *sf* a) stock, origin, lineage, source. b) family tree. c) pedigree, ancestry, genealogy.

es.ti.va.dor [estivad'or] *sm* longshoreman, docker, stevedore: one who loads or unloads ships.

es.ti.val [estiv'aw] *adj m+f* (*pl* **estivais**) estival: of or belonging to the summer, summery.

es.to.ca.da [estok'adə] *sf* **1** thrust, lunge, jab. **2** a stab with a dagger.

es.to.ca.gem [estok'aȝẽj] *sf bras* stocks of goods.

es.to.far [estof'ar] *vt* **1** to upholster, stuff,

cover. **2** to wad, pad, quilt. **3** to make thick, bolstered.

es.to.jo [est'oʒu] *sm* (*pl* **estojos**) case, box, kit, set, chest. **estojo de barba** shaving set. **estojo de costura** sewing kit. **estojo de desenho** drawing set. **estojo de pintura** colour-box. **estojo de tintas** paint-box. **estojo para pó de arroz** vanity case.

es.tô.ma.go [est'omagu] *sm* **1** *Anat* stomach. **2** the part of the body that contains the stomach: belly, abdomen. **3** *fig* inclination, courage, guts, patience. **boca do estômago** pit of the stomach. **dor de estômago** stomachache.

es.ton.te.an.te [estõte'ãti] *adj m+f* **1** stunning. **2** confusing, disturbing. **3** dazzling. **4** dizzying.

es.ton.te.ar [estõte'ar] *vt+vint+vpr* **1** to stun, puzzle, astonish. **2** to dazzle. **3** to make dizzy. **4** disturb. **5 estontear-se** to become confused, dazzled, muddled.

es.to.pim [estop'ĩ] *sm* (*pl* **estopins**) **1** fuse: a mechanical or electrical detonating device for setting off the bursting charge of a projectile, bomb or a torpedo. **2** an element that causes a great disturbance. **estopim à prova de água** sump fuse.

es.to.que [est'ɔki] *sm* **1** stock (of goods). **2** *fig* reserve, supply. **levantamento do estoque** stock-taking. **manter em estoque** to keep in stock.

es.tor.nar [estorn'ar] *vt Com* to cancel: debit or credit an account for which it had been mistakenly credited or debited.

es.tor.ri.car [estoʀik'ar] *vt* **1** to dry (up). **2** to toast, parch, overroast.

es.tor.vo [est'orvu] *sm* (*pl* **estorvos**) **1** hindrance, embarrassment, obstruction, obstacle. **2** difficulty. **3** something or someone that hinders or obstructs.

es.tou.rar [estowr'ar] *vint+vt* **1** to cause to burst. **2** to burst (with great noise), explode. *a garrafa estourou* / the bottle burst. *quase estourei de riso* / I almost burst with laughter. **3** to split, crack, clatter, break up, shatter. **4** to blow out. *de volta para casa um pneu estourou* / on my way home a tire blew out. **5** to stampede (cattle). **6** *fig* to enrage, lose

one's temper, scold, rail, bawl. *por pouco ele estoura* / *fig* he is about to fly into a passion of rage, *coloq* he'll take off any minute now.

es.tou.ro [est'owru] *sm* **1** burst, bursting. **2** noise of bursting, similar to the explosion of a bomb or a grenade. **3** crack, clap, peal, detonation, report, explosion. **4** *fig* a noisy quarrel. **5** *bras, gír* something very good or excellent. **dar um estouro na praça** to go bankrupt causing a lot of damage. **estouro da boiada** the stampede of cattle.

es.trá.bi.co [estr'abiku] *sm* a cross-eyed person. • *adj* cross-eyed, squinting.

es.tra.ça.lhar [estrasaλ'ar] *vt+vpr* **1** to cut, tear, rend to pieces. **2** to shred, slash. **3** to smash, shatter.

es.tra.da [estr'adə] *sf* **1** road, highway, main road, public road. *eles abriram uma estrada* / they opened a road. *a linha férrea atravessa a estrada neste ponto* / the railway line crosses the road at this point. **comer estrada** to walk a drive very fast. **consertar uma estrada** to mend a road. **estrada de duas vias** two-way road. **estrada de ferro** railway, railroad. **estrada de rodagem** arterial road, highway. **estrada de uma só via** one-way road. **estrada principal** main road, highway. **estrada secundária** by-road. **plano e construção das estradas** highway planning and building. **ladrão de estradas** highwayman **uma curva na estrada** a bend, a curve in the road.

es.tra.do [estr'adu] *sm* **1** a slightly raised platform. **2** mattress frame, bedframe. **estrado com molas (da cama)** steel mattress.

es.tra.ga.do [estrag'adu] *adj* **1** rotten, deteriorated, damaged ar worn beyond repair. **2** corrupt(ed). **3** spoiled, dissipated. *meus sapatos estão muito estragados* / my shoe is much worn.

es.tra.go [estr'agu] *sm* **1** damage, ruin, distruction. **2** harm, hurt, injury. **3** waste, squandering, dissipation. **4** deterioration. **causar grandes estragos ao inimigo** to do great execution upon the enemy.

es.tran.gei.ro [estrãʒ'ejru] *sm* **1** foreigner,

alien. **2** foreign countries. *ele mora no estrangeiro* / he resides abroad. • *adj* foreign, outlandish. **comércio estrangeiro** foreign trade. **crédito estrangeiro** foreign credit. **tanto estrangeiro como nacional** both foreign and domestic. **valores estrangeiros** foreign assets. **viver no estrangeiro** to live abroad.

A tradução correta para o substantivo **estrangeiro** é **foreigner**, *pessoa de país que não o nosso*; o mesmo vale para os adjetivos, **foreign** e **abroad** como: *comércio* (com o) *estrangeiro* / foreign trade. *línguas estrangeiras* / foreign languages. *o ministro do Exterior português* / the Portuguese Foreign Minister.

Alien indica alguém que não é cidadão de nosso país, um termo legal considerado ofensivo por alguns. *pessoas de outros países em situação ilegal no país* / illegal aliens. O adjetivo **alien** também sugere desaprovação, e refere-se a alguém ou algo de outro país, raça ou grupo social que não o nosso. *a Índia é o único país de cultura estranha à nossa que conheço* / India is the only country of alien culture that I've been to. E, claro, os seres de outros planetas que também são referidos como *aliens*.

Stranger é um desconhecido. Usado também ironicamente quando revemos alguém com quem não nos comunicávamos recentemente: *hello, stranger*.

E os adjetivos **strange, peculiar, odd, freakish** referem-se a algo que não é comum, familiar ou esperado: *que mensagem esquisita* / what a strange message. *aquela atriz usa roupas esquisitíssimas* / that actress wears the most freakish clothes.

es.tran.gu.lar [estrãgul'ar] *vt+vpr* **1** to strangle, suffocate. **2** to choke, throttle. **3** to restrain, check. **4 estrangular-se** a) to strangle oneself. b) to be suffocated or choked. c) to narrow down.

es.tra.nhar [estrʌñ'ar] *vt+vpr* **1** to find queer, odd or strange. **2** to wonder, admire. **3** to be surprised. *estou estranhando o seu modo de proceder* / I am surprised at

your conduct. **4** to feel uneasiness in the presence of unknown persons. **5 estranhar-se** to strange oneself, shun, avoid, desert, forsake, quarrel with another.

es.tra.nho [estr'ʌñu] *sm* stranger; a person one has not met before. • *adj* strange: **1** unusual, unexpected, unfamiliar. *é estranho!* / it is strange! **2** peculiar. **3** odd, queer, freakish. *por estranho que pareça ele escreveu isso* / oddly enough he wrote that. *que estranho!* how odd! Veja nota em **estrangeiro**.

es.tra.ta.ge.ma [estrataʒ'emə] *sm* stratagem.

es.tra.te.gis.ta [estrateʒ'istə] *s m+f* strategist: person skilled in the art of war or in strategy.

es.tra.ti.fi.ca.ção [estratifikas'ãw] *sf* (*pl* **estratificações**) **1** stratification: the act or process of stratifying. **2** *fig* arrangement in layers. **3** *fig* sedimentation, settling.

es.tra.to [estr'atu] *sm* **1** *Geol* stratum, bed, layer. **2** stratus: a continuous horizontal sheet of clouds.

es.tra.tos.fe.ra [estratosf'ɛrə] *sf* stratosphere.

es.tre.an.te [estre'ãti] *s m+f* **1** debutant(e). **2** beginner, novice, first-timer. • *adj m+f* inicial, beginning, that appears for the first time.

es.tre.ba.ri.a [estrebar'iə] *sf* horse stable.

es.tréi.a [estr'ɛjə] *sf* **1** *Teat, Cin* première: the first performance of a play or showing of a film. **2** beginning, debut, first appearance. **3** a fact that determines the beginning of a series of important events.

es.trei.ta.men.to [estrejtam'ẽtu] *sm* narrowing, straitening, tightening.

es.trei.to [estr'ejtu] *sm* strait. • *adj* **1** narrow. **2** sparing, scanty. **3** narrow-minded. **4** difficult, hard, rough. **5** intimate, deep. **de bitola estreita** narrow gauge (railway). **estreito de Gibraltar** the straits of Gibraltar. **visão estreita** narrow-mindedness.

es.tre.la [estr'elə] *sf* star: a) any heavenly body appearing as a luminous point. *as estrelas cintilam* / the stars scintillate. b) fate, fortune, destiny, guide. *sua estrela é ascendente* / *fig* his star is in the ascendant. c) person of brilliant qualities. d) leading actress, film star. *o filme apre-*

senta uma nova estrela / the picture is starring a new actress. e) *fig* guide, direction. **estrela cadente** shooting star. **estrela matutina** morning star. **estrela polar** north star. **estrela vespertina** evening star. **ver estrelas ao meio-dia** *fig* to be stunned.

es.tre.la.do [estrel′adu] *adj* starry, starred, studded or covered with stars. **noite de céu estrelado** starlit night.

es.tre.la-do-mar [estr′eladum′ar] *sf* (*pl* **estrelas-do-mar**) *bras, Zool* starfish.

es.tre.la.to [estrel′atu] *sm bras* stardom: the brilliant position and social status of a famous and successful person, especially theater and movie stars.

es.tre.lis.mo [estrel′izmu] *sm bras* conspicuous behaviour of a person who wishes to be famous and successful either in social life or in the artistic level.

es.tre.me.ci.men.to [estremesim′ẽtu] *sm* 1 shudder(ing), trembling. 2 fright, start, shock. 3 *fig* extreme love.

es.tre.mu.nha.do [estremuñ′adu] *adj* 1 startled (from sleep). 2 not completely awake.

es.tre.par [estrep′ar] *vt+vpr* 1 to provide with sharp points or caltrops. 2 **estreparse** a) to be wounded by a caltrop, thorn or sharp point. b) *bras* to come off badly, fail. *ele estrepou-se com isto* / he came off badly, he got his teeth into it.

es.tré.pi.to [estr′ɛpitu] *sm* 1 great noise. 2 clap, crack, crash, peal, thunder. 3 rattle, racket.

es.tres.san.te [estres′ãti] *adj m+f Med* stressful.

es.tres.se [estr′ɛsi] *sm Med* stress: a physical, chemical, or emotional factor that causes bodily or mental tension and may be a factor in disease causation.

es.tri.a [estr′iə] *sf* stretch marks.

es.tri.bei.ra [estrib′ejrə] *sf* 1 step, footboard (of a coach). 2 stirrup. **perder as estribeiras** to lose one's temper, *gír* to fly off the handle.

es.tri.bi.lho [estrib′iʎu] *sm* 1 refrain, chorus. 2 *fig* pet phrase or expression.

es.tri.den.te [estrid′ẽti] *adj m+f* 1 strident, shrill, whistling, grating. 2 noisy. 3 penetrating.

es.tri.lar [estril′ar] *vint bras, gír* 1 to protest noisily. 2 to rail (against). 3 to shout, bawl. 4 *fig* to chirp as a cricket.

es.tri.pa.do [estrip′adu] *adj* disemboweled, eviscerated.

es.tri.pu.li.a [estripul′iə] *sf bras, coloq* 1 naughtiness. 2 confusion, tumult, racket, din. 3 disorder. *não faça estripulias* / don't play the giddy goat.

es.tri.to [estr′itu] *adj* strict: a) rigorous, severe, rigid. b) exact, accurate, precise.

es.tro.go.no.fe [estrogon′ɔfi] *sm Cul* stroganoff: a dish of meat cut thinly and cooked with onions, mushrooms and seasoning in a sour cream sauce.

es.trói.na [estr′ɔjnə] *s m+f* wastrel, spendthrift. • *adj* 1 extravagant, irregular. 2 dissipated, wild, wanton.

es.tron.do [estr′õdu] *sm* 1 cracking, boom, thundering, roaring, rumble. 2 detonation, explosion, blast. **estrondo de trovão** thunder-clap.

es.tron.do.so [estrõd′ozu] *adj* 1 noisy, tumultuous, thunderous. 2 loud, clamorous. 3 *fig* famous, renowned. 4 ostentatious, sumptuous. **aplausos estrondosos** thunderous applause.

es.tro.pi.a.do [estropi′adu] *adj* 1 maimed, mangled, mutilated, crippled. 2 hobbling (horse).

es.tru.me [estr′umi] *sm* manure, dung, fertilizer.

es.tru.tu.ra [estrut′urə] *sf* 1 structure, framework. *esta estrutura política está em conformidade com a nossa tradição* / this political framework is in keeping with our historical tradition. 2 something (as a building) that is constructed. 3 something arranged in a definite pattern of organization.

es.tru.tu.ral [estrutur′aw] *adj m+f* (*pl* **estruturais**) structural: of or pertaining to a structure, constructional, constructive. **gene estrutural** structural gene.

es.tu.á.rio [estu′arju] *sm* estuary: the mouth of a river in which the tide meets the current.

es.tu.da.do [estud′adu] *adj* 1 studied, examined, analyzed, carefully considered or prepared. 2 *fig* affected, skilful, artful.

es.tu.dan.ta.da [estudãt'adə] *sf* 1 a great number of students. 2 prank of students.

es.tu.dan.te [estud'ãti] *s m+f* 1 student. *ele é estudante de Medicina* / he is a med student. 2 scholar, learner. **estudante de teologia** student of divinity.

es.tu.dar [estud'ar] *vt+vint+vpr* to study: 1 to apply oneself to study. 2 to learn. 3 to inquire into, investigate. *ando estudando* / I have been studying. 4 to meditate, reflect, consider. *é um assunto para ser estudado* / it is a matter for consideration. *estudei bem o assunto* / I thought it out. 5 to attend a course, to be a student. 6 **estudar-se** to analyze, examine oneself. **estar estudando francês** to work at French. **estudar até altas horas** to study far into the night. **estudar com aplicação** to study hard. **estudar o papel** to get up the part.

es.tú.dio [est'udʒu] *sm bras* studio: a) working room as of a painter, photographer, atelier. b) place where motion pictures are made. c) place from where radio programmes are broadcast. d) studio apartment.

es.tu.di.o.so [estudi'ozu] *adj* studious, bookish, diligent. **estudioso de antiguidades** one who appreciates antiques.

es.tu.do [est'udu] *sm* study: 1 application, learning, effort to learn. *ele se dedica aos estudos* / he devotes himself to study. 2 treatise. 3 particular branch of learning. *o estudo dos genomas é de grande importância* / the study of genomes is of major importance. 4 sketch for a picture, story, work, plan. **atrasado nos estudos** backward in one's studies. **bolsa de estudos** scholarship. **comissão de estudos** research staff. **curso de estudos** curriculum.

es.tu.fa [est'ufə] *sf* 1 hothouse, greenhouse. 2 sterilizer. 3 *fig* very hot place. **efeito estufa** greenhouse effect. **planta de estufa** greenhouse plant.

es.tu.gar [estug'ar] *vt* to accelerate, quicken one's step, hurry along.

es.tu.pe.fa.to [estupef'atu] *adj* 1 astonished, amazed. 2 motionless.

es.tu.pen.do [estup'ẽdu] *adj* 1 stupendous, amazing, wonderful, admirable. 2 extraordinary, uncommon.

es.tu.pi.dez [estupid'es] *sf* 1 stupidity, foolishness, dullness, heaviness of mind. 2 blunder. 3 *bras* coarseness, rudeness, discourtesy. **estupidez crassa** crass stupidity.

es.tú.pi.do [est'upidu] *sm* 1 brute. 2 dunce, blockhead, half-wit. • *adj* 1 stupid, dull, idiotic(al), obtuse. *não seja estúpido!* / don't be a fool. 2 *bras* coarse, rude, brute, ill-mannered. *ele é muito estúpido* / he is very ignorant, he is very rude.

es.tu.po.rar [estupor'ar] *vt+vint+vpr* 1 to cause stupor. 2 *coloq* to die. 3 **estuporar-se** a) to become spoiled or damaged. b) (também *fig*) to become rotten, become vile, base or contemptible.

es.tu.pra.dor [estuprad'or] *sm* rapist. • *adj* raping, that rapes.

es.tu.pro [est'upru] *sm* rape: sexual intercourse without the individual's consent and chiefly by force or deception.

es.tu.que [est'uki] *sm* 1 stucco: a) plaster of Paris. b) a work made of stucco. 2 *bras* stuccoed ceiling.

es.tur.ri.ca.do [estuřik'adu] *adj* 1 very dry. 2 too roasted, almost burnt.

es.va.e.ci.men.to [ezvaesim'ẽtu] *sm* 1 evanescence. 2 giddiness, fainting. 3 weakness. 4 discouragement.

es.va.ir [ezva'ir] *vt+vpr* 1 to disperse, dissipate. 2 to evaporate. 3 **esvair-se** a) to evanesce, disappear gradually. b) to faint. c) to become exhausted. d) to pass quickly (time). **esvair-se em sangue** to bleed to death.

es.va.zi.ar [ezvazi'ar] *vt+vpr* 1 to empty, exhaust, evacuate. *ele esvaziou uma garrafa* / he drank a bottle. 2 to annul the importance, the meaning, of something. 3 to deflate (as a tire). 4 **esvaziar-se** to become exhausted, empty or devoid of.

es.ver.de.a.do [ezverde'adu] *adj* greeny, greenish.

es.vis.ce.rar [ezviser'ar] *vt* to eviscerate, disembowel.

e.ta ['etə] *interj bras* wow!

e.ta.pa [et'apə] *sf* stage. **por etapas** in stages.

e.té.reo [et'ɛrju] *adj* **1** ethereal. **2** *fig* heavenly, immaterial, intangible, spiritual.

e.ter.ni.da.de [eternid'adi] *sf* eternity: a) eternal duration. b) the after death. c) immortality. d) a seemingly endless or unmeasurable time. *esperei uma eternidade* / I have been waiting ages. **uma eternidade** *coloq* a long while, a week of sundays.

e.ter.no [et'ɛrnu] *adj* **1** eternal: a) without beginning or end. b) everlasting, endless, **2** unalterable, unchanging. **Roma, a cidade eterna** the Eternal City (Rome).

é.ti.ca ['ɛtikə] *sf* ethics: the moral science or philosophy.

é.ti.co ['ɛtiku] *adj* ethic(al), moral: relating to morals or principles of morality.

e.ti.mo.lo.gi.a [etimoloʒ'iə] *sf* etymology.

e.ti.que.ta [etik'etə] *sf* **1** etiquette: a) the conventional rules of behaviour in polite society. b) the ceremonial of the court or of official. **2** label, ticket, tag.

e.ti.que.tar [etiket'ar] *vt* to label, ticket, tag.

et.ni.a [etn'iə] *sf Etnol* ethnic group, a biological group which is culturally homogeneous.

et.no.lo.gi.a [etnoloʒ'iə] *sf* ethnology: a science that deals with the division of human beings into races and their origin, distribution, relations and characteristics.

e.to.lo.gi.a [etoloʒ'iə] *sf* ethology: **1** a branch of knowledge dealing with human moral nature and character and with its formation and evolution. **2** the scientific and objective study of animal behaviour, especially under natural conditions.

eu ['ew] *pron pess* I. *como eu* / like me, as I am. *eu, por exemplo* / take me, for example. *sou eu* / it is me. **eu mesmo** myself.

eu.ca.lip.to [ewkal'iptu] *sm* eucalyptus.

eu.fe.mis.mo [ewfem'izmu] *sm* euphemism: **1** the use of a pleasing term for one that is harsh or offensive. **2** the expression so substituted.

eu.fo.ni.a [ewfon'iə] *sf* euphony: **1** an agreeable sound. **2** a pleasing pronunciation. **3** a harmonious succession of words having a pleasing sound.

eu.fo.ri.a [ewfor'iə] *sf* euphoria: a sense of well-being or elation.

eu.ge.ni.a [ewʒen'iə] *sf* eugenics: a science that deals with the improvement (as by control of human mating) of hereditary qualities of a race or breed.

eu.ro.peu [ewrop'ew] *sm* (*fem* **européia**) European: a native or inhabitant of Europe. • *adj* European: of or pertaining to Europe.

eu.ta.ná.sia [ewtan'azjə] *sf* euthanasia: **1** an easy or painless death. **2** the putting to death of a person suffering from an incurable disease.

e.va.cu.ar [evaku'ar] *vt+vint+vpr* **1** to evacuate: a) empty, void, clear. b) withdraw from (troops). **2** to excrete, defecate. **3 evacuar-se** to leave spontaneously.

e.va.dir [evad'ir] *vt+vpr* **1** to avoid, shun, escape. **2 evadir-se** to steal away, make one's escape.

e.van.ge.lho [evãʒ'ɛʎu] *sm* the Gospel. **pregar o evangelho** to preach the gospel.

e.van.ge.li.zar [evãʒeliz'ar] *vt* to evangelize: a) to preach the Gospel to. b) to convert to Christianism.

e.va.po.ra.ção [evaporas'ãw] *sf* (*pl* **evaporações**) evaporation, conversion into vapor.

e.va.si.va [evaz'ivə] *sf* excuse, pretext, subterfuge.

e.va.si.vo [evaz'ivu] *adj* evasive, tending or intended to evade, equivocal. **resposta evasiva** evasive answer.

e.ven.to [ev'ẽtu] *sm* event, occurrence.

e.ven.tu.al [evẽtu'aw] *adj m+f* (*pl* **eventuais**) fortuitous, occasional, contingent, casual. **gastos eventuais** incidental expenses.

e.ven.tu.a.li.da.de [evẽtwalid'adi] *sf* eventuality, event, contingency, chance, possibility.

e.vic.ção [eviks'ãw] *sf* (*pl* **evicções**) *Jur* eviction: **1** the recovery of a thing by law. **2** the act of putting (a tenant) out by legal process.

e.vi.den.ci.ar [evidẽsi'ar] *vt+vpr* **1** to evidence: a) to make evident or clear. b) to show clearly, offer evidence of. **2 evidenciar-se** to become evident, clear. *evi-*

denciou-se que tinham conhecimento / they proved to know.

e.vi.den.te [evid'ẽti] *adj m+f* evident, clear, plain, manifest. *é evidente* / it is evident, goes without saying. *isto é evidente* / that is understood.

e.vi.tar [evit'ar] *vt* **1** to avoid, shun, spare, escape, dodge, keep clear of. *a fim de evitar mal-entendidos* / in order to avoid misunderstandings. *ele procurava evitar-me* / he sought to avoid me. *ele não pôde evitar sua ruína financeira* / he could not avoid his financial ruin. **2** to impede, hinder, prevent, embarrass. *não pode ser evitado* / it can't be helped. **para evitar acidentes** for fear of accidents, to prevent accidents.

e.vi.tá.vel [evit'avew] *adj m+f* (*pl* **evitáveis**) avoidable, that can be avoided.

e.vo.car [evok'ar] *vt* to evoke: **1** to call or summon forth or out, invoke. **2** to remember, remind. **3** to conjure, raise up (spirits). **evocar os espíritos** to conjure up spirits.

e.vo.lu.ção [evolus'ãw] *sf* (*pl* **evoluções**) evolution: a) gradual development. b) movement of ships or soldiers, maneuver. c) theory that all living things developed from preexisting forms of life.

e.vo.lu.ci.o.nis.ta [evolusjon'istə] *s m+f* evolutionist. • *adj* evolutionist: of or pertaining to the doctrine of evolution.

e.vo.lu.ir [evolu'ir] *vint+vt* **1** to develop, unfold, evolve, progress. **2** to perform evolution. **3** to become developed.

ex- ['es] *pref* que forma palavras: ex former. **ex-combatente** ex-serviceman, **ex-libris** ex-libris, book-plate.

e.xa.cer.bar [ezaserb'ar] *vt+vpr* **1** to exacerbate, aggravate, exasperate, make more violent, bitter or severe. **2 exacerbar-se** to get worse, become aggravated.

e.xa.ge.rar [eʒaʒer'ar] *vt+vint+vpr* **1** to exaggerate, to exceed. *não exagere tanto* / don't overact, *coloq* draw it mild. **2 exagerar-se** to use exaggerations in speech or writing. **exagerar a modéstia** to carry modesty to an extreme. **exagerar bastante** *coloq* to lay it on (thick).

e.xa.ge.ro [eʒaʒ'eru] *sm* (*pl* **exageros**) ex-

aggeration, excessiveness, overstatement.

e.xa.lar [ezal'ar] *vt* **1** to exhale, emit, emanate. **2** to breathe out.

e.xal.tar [ezawt'ar] *vt+vpr* **1** to exalt: a) magnify, glorify, praise. b) dignify, elevate. c) excite, elate. **2 exaltar-se** a) to extol oneself, boast, pride, become vain. b) get angry, become irritated, exasperate. *ela foi se exaltando* / she was becoming irritated. *não se exalte!* / keep your temper!, don't make a fuss!

e.xa.me [ez'∧mi] *sm* examination: a) a formal interrogation, questioning. b) test of knowledge. *ele foi aprovado num exame* / he passed an examination. *ele foi reprovado num exame* / he failed in an examination, flunked a test. *fui bem no exame* / I did well in the examination. *o menino atrapalhou-se no exame* / the child muddled his examination. c) inquiry, investigation, search, scrutiny, survey. *ele submeteu-se a um exame* / he took an examination. *farei um exame detalhado disto* / I'll make a check-up of it. **exame de admissão** entrance examination. **exame de consciência** examination of one's conscience. **exame de sangue** blood test. **exame médico** medical examination. **exame oral** oral examination. **exame vestibular** university entrance examination. **prestar um exame** (university) to take, to sit an examination.

e.xa.mi.na.dor [ezaminad'or] *sm* examiner. • *adj* examining. **banca examinadora** board of examination.

e.xa.mi.nan.do [ezamin'ãdu] *sm* examinee.

e.xa.mi.nar [ezamin'ar] *vt+vpr* **1** to examine: a) to search, inquire into, interrogate. b) to scrutinize, study, canvass, discuss. *ele examinou o caso de mais perto* / he took a nearer view of the affair. *ela examinou os livros criticamente* / she viewed the books with a critical eye. *examinei os cadernos dos meus alunos* / I looked over my pupils' copybooks. c) to test, try, analyze, prove, make or give an examination. *ela examinou a situação com serenidade* / she took a calm survey of the situation.

examinei uma conta / I looked through an account. **2 examinar-se** to examine one's conscience.

e.xas.pe.rar [ezasper'ar] *vt+vpr* **1** to exasperate: a) to provoke, to anger. b) drive to despair. **2 exasperar-se** a) to become exasperated. b) to grow furious, irritated, become aggravated. *ele exasperou-se* / he flew into a rage.

e.xa.ta.men.te [ezatam'ẽti] *adv* **1** exactly. *exatamente o que eu estava procurando* / exactly what I was looking for. *é exatamente o que preciso* / it is exactly what I want, it suits me to a T. *isto é exatamente o motivo por que...* / that is the very reason why... *são exatamente três horas* / it is three o'clock sharp. **2** just. *é isso exatamente o que lhe convém* / that will just suit him. *fiz exatamente o contrário* / I did just the reverse. **exatamente assim!** that's just it! **exatamente duas horas** precisely two hours. **exatamente o contrário** quite the contrary. *é exatamente o contrário* / it is all the other way round.

e.xa.to [ez'atu] *adj* exact: **1** accurate, precise. **2** punctual. **3** correct, right, strict. **4** careful, perfect. **5** true, faithful. **à hora exata** at the right time. **cálculo exato** accurate calculation. **no sentido exato** in the strict sense.

e.xaus.ti.vo [ezawst'ivu] *adj* **1** exhaustive, exhausting, wearisome. **2** testing all possibilities or considering all elements.

e.xaus.to [ez'awstu] *adj* exhausted, drained, drawn out, dog-tired, worn-out. *estou completamente exausto* / I am thoroughly drained, quite knocked up. *estou exausto depois de ter estudado tanto* / I am tired out after so much study.

ex.ce.ção [eses'ãw] *sf* (*pl* **exceções**) **1** exception. *a exceção comprova a regra* / the exception proves the rule. *não há regra sem exceção* / there is no rule without exception. *no meu caso ela fez uma exceção* / she made an exception of me. **2** prerogative, privilege. **3** a person whose behavior or thought differs from the normal standards. *à exceção de* / except. **abrir uma exceção** to stretch a

point. **com exceção de, exceto** with the exception of, excepting. **por exceção** by way of exception. **sem exceção** without exception. **todos, com exceção de você** all except you. **todos, sem exceção** all without exception.

ex.ce.den.te [esed'ẽti] *sm* **1** excess, surplus. **2** remainder. **3** *bras* a student who, although having passed the entrance examination to a school cannot attend the course for lack of vacancies. • *adj m+f* exceeding, excessive, spare.

ex.ce.der [esed'er] *vt+vpr* **1** to exceed: a) pass or go beyond, transcend. *eu excedi o crédito do banco* / I overdrew the banking account. b) go too far. c) surpass, be superior to, excel. **2** to trespass. **3 exceder-se** to exceed oneself. *você já se excedeu* / you went beyond the limit. **exceder no peso** to poise, overpoise, overweigh. **exceder os limites** *fig* to overstep the limits. **exceder-se em algo** to carry a thing too far.

Ex.ce.lên.cia [esel'ẽsjə] *sf* Excellence, Excellency. **Vossa Excelência** Your Excellency.

ex.ce.lên.cia [esel'ẽsjə] *sf* excellence, primacy, outstanding or valuable quality. **por excelência** par excellence.

ex.ce.len.te [esel'ẽti] *adj m+f* excellent, fine, admirable. *aprendo inglês com um excelente professor* / I am learning English with an excellent teacher. *isto parece excelente* / that sounds just perfect. • *interj* fine!, splendid! **uma coisa excelente** an excellent thing. **um excelente contador de histórias** a great story teller. **um nadador excelente** an expert at swimming. **variedade de pratos excelentes** a variety of excellent dishes.

ex.cen.tri.ci.da.de [esẽtrisid'adi] *sf* **1** eccentricity, deviation from a center. **2** originality. **3** extravagance. **4** oddity.

ex.cep.ci.o.nal [esepsjon'aw] *adj m+f* (*pl* **excepcionais**) exceptional: **1** irregular, unusual, uncommon, peculiar, anomalous. **2** deviating from the norm: having above or below average intelligence or being physically handicapped. **condições excepcionais** exceptional conditions.

ex.ces.si.vo [eses'ivu] *adj* excessive, exceeding, immoderate, beyond measure. **trabalho excessivo** overwork.

ex.ces.so [es'ɛsu] *sm* **1** excess: a) immoderation, exorbitance. *todo excesso é prejudicial* / too much of a thing is prejudicial. b) surplus, superfluity. *nós trabalhamos em excesso* / we work too hard, work ourselves to a shadow. c) intemperance, luxury, debauch. **2** redundance. **3** abuse, outrage. **cometer excessos** to run riot. **excesso de bagagem** excess luggage.

ex.ce.to [es'ɛtu] *prep* except(ing), save, unless, excluding, with the exception of. **exceto minha filha** saving my daughter. **todos, exceto meu amigo** all, save my friend.

ex.ci.ta.ção [esitas'ãw] *sf* (*pl* **excitações**) **1** stimulation, excitement, commotion. **2** irritation. **excitação nervosa** nervous excitement.

ex.ci.ta.do [esit'adu] *adj* excited.

ex.ci.tan.te [esit'ãti] *s m+f* excitant. • *adj m+f* exciting, stimulating

ex.cla.mar [esklam'ar] *vt+vint* to exclaim, cry out, say loudly, utter sharply, passionately or vehemently.

ex.cla.ma.ti.vo [esklamat'ivu] *adj* exclamative, exclamatory: **1** containing, expressing, using or relating to exclamation. **2** pertaining to one who exclaims. **tom exclamativo** exclamatory tone.

ex.clu.ir [esklu'ir] *vt+vpr* **1** to exclude, preclude, seclude or debar from, shut out. **2** to eliminate. **3** to refuse, reject. **4** to bar from participation, consideration or inclusion. **5 excluir-se** a) to deprive oneself of, abstain from. b) to eliminate oneself.

ex.clu.são [eskluz'ãw] *sf* (*pl* **exclusões**) exclusion.

ex.clu.si.vi.da.de [eskluzivid'adi] *sf* exclusiveness.

ex.clu.si.vo [eskluz'ivu] *adj* **1** exclusive. **2** private. **3** stylish, fashionable. **4** accepting or soliciting only a socially restricted patronage (as of the upper class).

ex.co.mun.gar [eskomũg'ar] *vt* to excommunicate, anathematize, ban, exclude from the rites of the Church.

ex.cre.men.to [eskrem'ẽtu] *sm* excrement, fecal matter, feces.

ex.cre.tar [eskret'ar] *vt* **1** to excrete. **2** to expel, secrete, discharge. **3** to evacuate.

ex.cru.ci.an.te [eskrusi'ãti] *adj m+f* excruciating, tormenting, extremely painful.

ex.cur.são [eskurs'ãw] *sf* (*pl* **excursões**) excursion: journey, trip, outing, tour. **bilhete de excursão** excursion ticket.

ex.cur.si.o.nar [escursjon'ar] *vi* to go on a usually brief pleasure trip.

e.xe.crar [ezekr'ar] *vt+vpr* **1** to execrate, abhor, abominate, detest, hate. **2 execrar-se** to abhor or detest oneself.

e.xe.crá.vel [ezekr'avew] *adj m+f* (*pl* **execráveis**) execrable, abominable, detestable, cursed, odious.

e.xe.cu.ção [ezekus'ãw] *sf* execution: **1** judicial proceedings to make a sentence effective. **2** accomplishment. *isto é de difícil execução* / this is a difficult task to accomplish. **3** style or mode of performance (as in *Mús*). **4** infliction of capital punishment. **5** effective action. *isto foi posto em execução* / this was carried out. **acelerar a execução** to press the execution. *ele acelerou a execução dos trabalhos* / he pushed on the work. **auto de execução** writ of execution. **execução de sentença** judgment execution. **execução fiscal** tax foreclosure.

e.xe.cu.ta.do [ezekut'adu] *sm* **1** judgment debtor. **2** person who has been executed. • *adj* executed: **1** put to death. **2** performed, accomplished.

e.xe.cu.tar [ezekut'ar] *vt* **1** to realize, effectuate, carry out, accomplish, put into practice. *ele executou-o* / he carried it into effect. **2** *Jur* put one to death. *o assassino foi executado* / the murderer was put to death. **3** to play, perform (as a piece of music). **a ser executado imediatamente** *Com* to receive immediate attention. **executar uma operação** to perform an operation. **executar um pedido** to fill an order.

e.xe.cu.ti.vo [ezekut'ivu] *sm* executive: one

that exercises administrative or managerial control.

e.xe.cu.tor [ezekut′or] *sm* **1** executor: a) agent, mandatary, attorney. b) one who accomplishes, carries out, realizes. **2** executioner: person who carries into effect a death sentence. • *adj* executive, carries out an action.

e.xem.plar [ezẽpl′ar] *s m+f* exemplar: **1** something that serves or can serve as an example or model. *estes são diferentes exemplares de nossa linha de produção* / these are different models of our production lines. **2** pieces. *esta taça é um exemplar do século XII* / this is a XII century piece. **3** individual. *este é um exemplar de cobra-coral do Nordeste* / this is a coral snake specimen from the Northeast. **4** copies of the same printing. *foram vendidos mil exemplares de seu livro* / his new book sold one thousand copies. • *adj* exemplary: **1** model. *uma exemplar seleção de candidatos* / an exemplary selection of candidates. **2** harsh punishment to serve as a warning. *é preciso castigo exemplar para tais crimes* / exemplary punishment for such crimes is essential.

e.xem.pli.fi.car [ezẽplifik′ar] *vt* to exemplify: a) to show or illustrate by example. b) to be an instance or serve as an example.

e.xem.plo [ez′ẽplu] *sm* example, model, instance, precedent, pattern, one that serves as a model or example. *quando ela saiu, os outros seguiram o seu exemplo* / when she went out, the others followed suit. **castigar para servir de exemplo aos outros** to make an example of. **dar bom exemplo** to set a good example. **para citar um exemplo** by way of example. **por exemplo** for instance, for example. **seguir o exemplo de alguém** to follow someone's example. **servir de exemplo** to serve as example. **um exemplo para** an instance of.

e.xe.qüi.vel [ezek′wivew] *adj m+f* (*pl* **exeqüíveis**) feasible, capable of being done, carried out, performed or executed.

e.xer.cer [ezers′er] *vt* **1** to exercise: a) to practise, put in practice. b) to carry out or put in(to) action. c) to perform the function or duties of. *ela exerce a medicina* / she practises medicine. *ele exerce a advocacia* / he practises law. **2** to bring to bear: exert. **exercer influência** to exert influence. **exercer pressão sobre** to put pressure on. *exerceram pressão sobre ele* / they put pressure on him, *gír* put the screw on him. **exercer uma profissão** to follow a profession. **exercer um cargo** to hold an office.

e.xer.cí.cio [ezers′isju] *sm* **1** exercise, practice. **2** work, labor, service, task, lesson. **3** training. **4** use, custom. **5** *Mil* drill, manoeuvres. **6** holding of a position or job. **campo de exercícios** parade ground. **exercício de ginástica** bodily exercise, workout. **exercício militar** military drill. **fazer exercício** to take exercise. *faço diariamente alguns exercícios de ginástica* / I exercise every day.

e.xer.ci.tar [ezersit′ar] *vt+vpr* **1** to exercise, practise. *eu exercito minha mente estudando línguas* / I exercise my mind by studying languages. **2** to dress, drill, train, instruct. **3** to dedicate oneself. **4** **exercitar-se** to exercise, practise or train in. **exercitar a memória** to exercise one's memory.

e.xér.ci.to [ez′ɛrsitu] *sm* army: a) troops. b) *fig* a multitude, host. c) an organized body. d) *bras* the Armed Forces. e) the national army.

e.xi.bi.ção [ezibis′ãw] *sf* (*pl* **exibições**) exhibition: act of exhibiting or display(ing) (as for inspection). **dois meses de exibição** *Cin* a run of two months. **exibição aviatória** air display. **exibição industrial** industrial exhibition.

e.xi.bi.ci.o.nis.ta [ezibisjon′istə] *s m+f* exhibitionist.

e.xi.bir [ezib′ir] *vt+vpr* **1** to exhibit: a) show, display. *o bilhete deve ser exibido quando for exigido* / the ticket must be produced on demand. b) expose. c) unfold, reveal, manifest. d) present, offer. e) flaunt, boast, show off. *ela exibiu seu vestido novo* / she made a show of her new dress. **2 exibir-se** to pride, show oneself.

e.xi.gên.cia [eziʒ'ẽsjə] *sf* **1** exigency, demands, difficulties of a particular situation. **2** the quality or state of being exigent. **3** a state of affairs that makes urgent demands, urge. **4** necessity, need. **5** insistent request. **6** requirement. *este trabalho satisfez as suas exigências* / this work fulfilled your (his) requirements. **corresponder às exigências** to meet with the requirements. *ela não corresponde às exigências* / she is not up to the standard.

e.xi.gen.te [eziʒ'ẽti] *adj m+f* **1** exacting, demanding. **2** impertinent, difficult, fussy. **3** pretentious. **uma tarefa exigente** an exacting task, a demanding task.

e.xi.gir [eziʒ'ir] *vt+vint* **1** to claim, exact, demand, require, urge. *este crime exige castigo* / this crime calls for punishment. *este serviço exige cuidado especial* / this work asks for great care. *isso quando as circunstâncias o exigirem* / as occasion may require. **2** to impose (as an obligation). *não se pode exigir de ninguém* / it is too much to ask of anyone. *exijo uma explicação* / I demand an explanation. **3** to make an authoritative demand. *ele exigiu um quarto para si só* / he stipulated for a room of his own. **exigir demais** to ask too much.

e.xí.guo [ez'igwu] *adj* exiguous, small, slender, excessively scanty.

e.xí.lio [ez'ilju] *sm* **1** exile, expulsion from one's country, banishment, expatriation, the state or a period of forced absence from one's country or home. **2** *fig* a lonely place, not fit to be inhabited.

e.xí.mio [ez'imju] *adj* eminent, excellent, extraordinary, distinguished.

e.xi.mir [ezim'ir] *vt+vpr* **1** to exempt, free, deliver, dispense, release. **2** to clear from accusation. **3** to relieve of a responsibility, obligation or hardship. **4 eximir-se** to refuse to, escape, shy away from, shun. **eximir-se de uma responsabilidade** to shun a responsibility.

e.xis.tên.cia [ezist'ẽsjə] *sf* existence: **1** being, life. **2** reality, truth. **mínimo para**

a existência minimum of subsistence.

e.xis.ten.ci.al [ezistẽsi'aw] *adj m+f* (*pl* **existenciais**) existential: **1** of or pertaining to existence. **2** grounded in existence or the experience of existence.

e.xis.tir [ezist'ir] *vi* **1** to exist, be, live, be alive. **2** to subsist. **3** to endure, last.

ê.xi.to ['ezitu] *sm* success, effect, result, outcome, triumph. *consegui bom êxito* / I had good success. *ela teve muito êxito na vida* / she had much success in her life. *ele tem muito êxito* / he is a big success.

e.xo.ne.ra.ção [ezoneras'ãw] *sf* (*pl* **exonerações**) exoneration, dismissal, discharge.

e.xor.bi.tan.te [ezorbit'ãti] *adj m+f* exorbitant, excessive, extravagant, unreasonable, inordinate. **preços exorbitantes** fancy prices.

e.xor.bi.tar [ezorbit'ar] *vt+vint* **1** to go beyond the usual orbit. **2** to deviate from the rules. **3** to exceed. **4** to go beyond the limits. **5** to go too far.

e.xor.cis.ta [ezors'istə] *s m+f* exorcist, exorcizer.

e.xor.tar [ezort'ar] *vt* **1** to exhort: a) admonish, advise, warn, counsel. b) incite, stimulate, encourage, animate. c) appeal to. **2** to persuade, induce.

e.xó.ti.co [ez'ɔtiku] *adj* **1** exotic, foreign, not native. **2** odd, strange, queer. **3** extravagant. **4** strikingly, excitingly, or mysteriously different or unusual.

ex.pan.dir [espãd'ir] *vt* to expand: a) spread or stretch out, unfold. b) extend, open, enlarge, widen, broaden. c) amplify, augment, dilate. d) distended or enlarged. e) to be expansive. f) to express oneself freely. g) to develop, grow. h) to be talkative, open one's heart to someone.

ex.pan.são [espãs'ãw] *sf* (*pl* **expansões**) **1** expansion: a) act of expanding. b) enlargement, dilatation, spreading. **2** expansiveness. **3** free expression of one's feelings, frankness, sincerity. *ele deu expansão a seus sentimentos* / he gave free scope to his feelings. **a vasta expansão do mar** the vast expanse of the sea.

ex.pan.si.o.nis.mo [espãsjon'izmu] *sm*

expansionism: a policy or practice of expansion and especially of territorial expansion by a nation.

ex.pan.si.vo [espãs'ivu] *adj* 1 expansive: marked by expansion, expansible. 2 *fig:* a) enthusiastic. b) frank, free, sincere.

ex.pa.tri.ar [espatri'ar] *vt+vpr* 1 to expatriate, exile, banish. 2 **expatriar-se** a) to quit one's own country, leave one's native country to live elsewhere. b) to go into exile.

ex.pec.ta.ti.va [espektat'ivə] *sf* expectation: 1 hope. 2 anticipation, expectancy, reliance, presumption. *a peça não corresponde às minhas expectativas* / the play falls short of my expectations. *as expectativas são boas* / expectations are good. *mantenha-o na expectativa* / keep him in suspense. **contra toda expectativa** contrary to all expectation, against all expectation. **expectativa de vida** expectation of life. **na expectativa da sua chegada** in expectation of your arrival, against your arrival. **na expectativa de uma breve resposta** expecting an early reply. **segundo todas as expectativas** according to all expectations.

ex.pec.to.ra.ção [espektoras'ãw] *sf* (*pl* **expectorações**) expectoration: 1 *Med* act of expectorating: the discharge or ejection of mucus from the throat or lungs by coughing or hawking and spitting. 2 the matter expectorated.

ex.pe.di.ção [espedis'ãw] *sf* (*pl* **expedições**) 1 expedition: a) haste, speed, activity, promptness. b) excursion, journey, trip, raid. c) military expedition. d) a group that has the purpose of exploring, researching and studying a region with a scientific scope. 2 *bras* the department in charge of dispatching goods.

ex.pe.di.ci.o.ná.rio [espedisjon'arju] *sm* 1 person who takes part in an expedition. 2 *bras, Mil* a member of the FEB (Brazilian Expeditionary Force) during World War II. • *adj* expeditionary: of or pertaining to an expedition.

ex.pe.di.en.te [espedi'ẽti] *sm* 1 business or office hours. 2 the work of an office or

governmental bureau. 3 everyday tasks. 4 the post or mail of a governmental bureau. 5 something expedient: a temporary means to an end. *tenho de inventar um expediente* / I must think of a way out, of a loophole. • *adj m+f* 1 expeditious, quick, hasty, speedy, active. 2 dispatching. **ter expediente** to be hasty, active, ready. **viver de expedientes** to do odd jobs, engage in illegal business to survive.

ex.pe.dir [esped'ir] *vt+vpr* 1 to dispatch, issue, forward, express, ship (goods). 2 to remit, send, deliver. *expedi os malotes (do correio)* / I made up the mails. 3 to promulgate, publish. 4 to hasten. 5 to expel, eject. 6 **expedir-se** a) to disentangle oneself. b) to make haste.

ex.pe.lir [espel'ir] *vt* 1 to expel, force or throw out, eject. 2 to expectorate, spit out. 3 to utter offensive words. 4 to force to leave.

ex.pe.ri.ên.cia [esperi'ẽsjə] *sf* 1 experience. *eu sei por experiência* / I know it by experience. 2 practice, knowledge (as of life). 3 experiment, proof, trial, test. 4 ability. 5 the events that make up the conscious past of a community or nation or mankind generally. 6 a practical knowledge. **a título de experiência** by way of trial. **em experiência** on probation. **experiência do mundo** worldly wisdom. **um homem de experiência** a man of experience.

ex.pe.ri.en.te [esperi'ẽti] *s m+f* expert: an experienced or skilful person. • *adj* experienced, skilful, skilled, expert.

ex.pe.ri.men.ta.do [esperimẽt'adu] *adj* experienced, tried, tested, able, apt, skilled, submitted to a test. **marinheiro experimentado** old sea-dog. **um professor experimentado** a teacher of tried experience. **um soldado experimentado** a seasoned soldier. **um velho experimentado** an old hand.

ex.pe.ri.men.tar [esperimẽt'ar] *vt* 1 to experiment, try, try out. *experimente a sua sorte!* / try your luck! *experimente outra vez!* / try a second time! *preciso experimentar este carro antes de dizer* *que ele é bom* / I want to try out this car before saying it is good. **2** to attempt, essay. **3** to practise. **4** to taste. **5** to experience, to undergo. *ele experimentou grande solidão* / he experienced immense loneliness. **experimentar alguma coisa** to give something a trial. **experimentar fazer alguma coisa** to try one's hand at something. *ele experimentou* / he tried his hand at it. **experimentar um pouco** to take a taste of.

ex.pe.ri.men.to [esperim´ẽtu] *sm* experiment, trial, test.

ex.per.to [esp´ɛrtu] *sm* an expert. • *adj* **1** skilful, expert. **2** experienced.

ex.pi.ar [espi´ar] *vt+vpr* to expiate: **1** to atone for. **2** to give satisfaction or offer reparations for, pay for a crime or sin. **3** to propitiate. **4** to purify a sacred place after a profanation or sacrilege. **expiar uma falta** to atone for a fault. **expiar um crime** to serve time.

ex.pi.a.tó.rio [espjat´ɔrju] *adj* expiatory. **bode expiatório** scapegoat.

ex.pi.rar [espir´ar] *vt+vint* to expire: **1** to exhale, breathe out. **2** to die, emit one's last breath. **3** to end, conclude, terminate, finish. **4** to come to an end. **o prazo expirou** the time is up.

ex.pla.nar [esplan´ar] *vt* to explain, explicate, expound, interpret, elucidate, illustrate, make plain.

ex.pli.ca.ção [esplikas´ãw] *sf* (*pl* **explicações**) **1** explanation, explication, elucidation. **2** solution, definition. **3** commentary. **4** interpretation. **dar uma explicação de alguma coisa** to give an explanation of something. **reclamar explicação** to call to account.

ex.pli.car [esplik´ar] *vt+vint+vpr* **1** to explain, expound, develop, interpret, make clear. *que isto fique explicado de uma vez para sempre* / let this be made clear once for all. **2** to account for. *como se explica isso?* / how do you account for that? **3** to teach, coach. **4** **explicar-se** to explain or express oneself. *expliquei-me com ele* / I came to an explanation with him, I had it out with him.

ex.plí.ci.to [espl´isitu] *adj* explicit, plain, clear, fully revealed or expressed, categorical, positive.

ex.plo.dir [esplod´ir] *vint+vt* **1** to explode, blow up, detonate, burst. **2** to roar out, vociferate. **3** to cause the explosion. **4** to rush in, break out. **fazer explodir uma mina** to spring a mine.

ex.plo.ra.dor [esplorad´or] *sm* **1** explorer, researcher: one who travels in search of geographical or scientifical information. **2** exploiter: one who abuses, deludes or deceives, one who takes advantage of others. • *adj* **1** exploring. **2** exploitative or exploitive, exploiting.

ex.plo.rar [esplor´ar] *vt* **1** to explore, search, look into, inquire into. **2** to exploit, fleece, soak, plunder, strip. **3** *Med* to examine especially for diagnostic purposes. **4** to abuse, deceive. **explorar alguém** to exploit someone, play fast and loose with a person.

ex.plo.si.vo [esploz´ivu] *sm* explosive: an explosive agent or substance (as dynamite, gunpowder). • *adj* explosive. **pólvora explosiva** explosive powder. **projétil explosivo** explosive projectile.

ex.po.nen.ci.al [esponẽsi´aw] *adj m+f* (*pl* **exponenciais**) exponential: **1** *Mat* of, or relating to an exponent. **2** *Mat* involving a variable in an exponent. **3** *bras* that is an exponent, one that champions, practices or exemplifies. **função exponencial** exponential function.

ex.por [esp´or] *vt+vint+vpr* **1** to expose, lay out, exhibit, show, display. *ela expôs o caso* / she stated the case. **2** to offer for sale. **3** to explain, expound, make clear, lay open, disclose. **4** to declare, narrate, relate, report, tell. **5** **expor-se** a) to expose oneself to danger. b) to show oneself. **expor à mostra** to hang out. **expor à venda** to expose for sale. **expor-se ao perigo** to expose oneself to a danger, incur a risk, put one's fingers in the fire. **expor-se ao ridículo** to hold oneself up to ridicule, make an ass of oneself.

ex.por.ta.ção [esportas´ãw] *sf* (*pl* **exportações**) exportation, export: a) the act of exporting. b) the commodity exported. **artigos de exportação** exports. **comércio de exportação** export trade.

ex.por.ta.dor [esportad'or] *sm* exporter. • *adj* exporting. **casa exportadora** exporting firm.

ex.po.si.ção [espozis'ãw] *sf* (*pl* **exposições**) exposition: a) act of exposing. b) *Fot* an exposure. c) a public exhibition or show, display. d) explanation, interpretation, account, statement. **exposição de gado** cattle-show. **exposição de quadros** picture gallery. **sala de exposição** showroom.

ex.po.si.ti.vo [espozit'ivu] *adj* expositive, expository, descriptive.

ex.pos.to [esp'ostu] *adj* **1** exposed. *está exposto* / it is on show. *pede-se o favor de não tocar nos objetos expostos* / visitors are requested not to touch the exhibits. **2** bare. **3** patent, open, evident. **exposto ao público** on public exhibition. **pelas razões expostas** for the reasons shown.

ex.pres.são [espres'ãw] *sf* (*pl* **expressões**) **1** expression: a) act of expressing (squeezing out). b) utterance, saying, a word, phrase, term, sentence, way of expressing one's thought. *desculpe a expressão, mas...* / forgive the word, but... c) a combination of algebraical symbols. **2** countenance, look. **3** personification. **expressões vulgares** everyday expressions, vulgar expressions.

ex.pres.sar [espres'ar] *vt+vpr* to express, delineate, depict, state, show, reflect. *ele expressou os nossos sentimentos* / he gave voice to our feelings. *ele o expressou muito bem* / he put it well.

ex.pres.si.o.nis.mo [espresjon'izmu] *sm Art Plást* expressionism: a theory or practice in art of seeking to depict the subjective emotions and responses that objects and events arouse in the artist.

ex.pres.si.vo [espres'ivu] *adj* expressive, significant, significative, meaningful.

ex.pres.so [espr'esu] *sm* express train. • *adj* express: clearly made known, explicit, plain, clear, expressed. **carta expressa** special delivery letter, express letter. **uma ordem expressa** an express command.

ex.pri.mir [esprim'ir] *vt+vpr* **1** to express: a) utter, describe, phrase, speak, say. b) represent, signify. c) manifest, demonstrate, reveal. *ele exprimiu sua satisfação* / he expressed his satisfaction at. **2** **exprimir-se** to express oneself, give expression to one's feelings. **exprimir os seus pensamentos** to frame one's thoughts into words.

ex.pro.brar [esprobr'ar] *vt* to exprobrate, upbraid, reproach, blame, censure, rebuke.

ex.pro.pri.ar [espropri'ar] *vt* to expropriate, take from, dispossess (especially for public use), deprive of possession or proprietary rights.

ex.pul.sar [espuws'ar] *vt* **1** to expel, drive away, turn out, send off. **2** to force out. **3** to banish. **4** *Med* to eject, evacuate. **expulsar do tribunal** to banish from the court. **expulsar da escola** to expel from school.

ex.su.dar [esud'ar] *vt+vint* to exude, ooze out, discharge through the pores (sweat).

ex.ta.si.ar [estazi'ar] *vt+vpr* **1** to ravish, enrapture, transport, entrance. **2** **extasiar-se** a) to fall into an ecstasy. b) to be enchanted, delighted. c) to become enraptured.

ex.tá.ti.co [est'atiku] *adj* ecstatic(al), ravished, raptured, enchanted.

ex.ten.são [estẽs'ãw] *sf* (*pl* **extensões**) **1** extension, stretching. **2** enlargement, expansion, amplification, prolongation. **3** extent, range, space, length. **4** duration. **5** generalization. **6** extension: an extra telephone connected to the principal line. **7** *Mat* a mathematical set (as a field or group) that includes a given and similar set as a subset. **8** extension cord. **a vasta extensão do céu** the vast extent of the sky. **em toda extensão** at full length. **em toda extensão da palavra** in the full meaning of the word.

ex.ten.sí.vel [estẽs'ivew] *adj m+f* (*pl* **extensíveis**) extensible, capable of being extended.

ex.ten.si.vo [estẽs'ivu] *adj* **1** extensive, extensible, extendible. **2** expansive.

ex.ten.so [est'ẽsu] *adj* **1** extensive, ample, large, vast. **2** wide, broad. *é favor escrever por extenso* / please write in full. **por extenso** at full length.

ex.te.nu.a.do [estenu'adu] *adj* **1** exhausted, worn out. **2** tired out. **3** enfeebled, weakened.

ex.te.ri.or [esteri'or] *sm* **1** the exterior, external, outside. **2** the foreign countries. **3** a scene filmed outdoors. **4** *fig* looks, complexion, appearance. • *adj m+f* exterior, external, outer, outward, outside, superficial. **do exterior** from abroad. **Ministro das Relações Exteriores** Secretaty/Minister of Foreign Affairs. **no exterior** abroad, in foreign parts. **o mundo exterior** the external world. **relações exteriores** foreign affairs.

ex.te.ri.o.ri.zar [esterjoriz'ar] *vt+vpr* **1** utter, express, externalize. **2** to manifest. **3 exteriorizar-se** to manifest, show itself, express oneself.

ex.ter.mi.nar [estermin'ar] *vt* to exterminate.

ex.ter.mí.nio [esterm'inju] *sm* extermination, extirpation, destruction, desolation, ruin, extinction, massacre.

ex.ter.nar [estern'ar] *vt+vpr* = **exteriorizar.**

ex.ter.na.to [estern'atu] *sm* day-school.

ex.tin.ção [estĩs'ãw] *sf* (*pl* **extinções**) extinction, destruction, annihilation.

ex.tin.guir [estĩg'ir] *vt+vpr* **1** to extinguish: a) put out, quench, stifle. b) destroy, put an end to. c) abolish, annul, exterminate, pay a debt, suppress. **2 extinguir-se** a) to be extinguished, go out. b) to become extinct. *o título extinguiu-se* / the title lapsed. c) to die, dissolve.

ex.tin.to [est'ĩtu] *sm* a dead person. • *adj* **1** extinct, extinguished, put out. **2** dead, defunct. **vulcão extinto** extinct volcano.

ex.tin.tor [estĩt'or] *sm* extinguisher. **extintor de incêndio** fire-extinguisher. • *adj* extinguishing.

ex.tir.par [estirp'ar] *vt* to extirpate: a) pull out by the roots, root out, eradicate, uproot. *é difícil extirpar preconceitos* / it is difficult to root out prejudices. b) destroy totally. c) *Cir* make an excision.

ex.tor.são [estors'ãw] *sf* (*pl* **extorsões**) **1**

extortion, the act or practice of extorting especially money or other property, exaction, concussion. **2** blackmail. **3** usurpation.

ex.tra ['ɛstrə] *s m+f* extra: an extra paper or person. • *adj m+f* **1** extra, additional, supplementary. **2** extraordinary. **edição extra** special edition. **hora extra** overtime. **trabalho extra** surplus work.

ex.tra.ção [estras'ãw] *sf* (*pl* **extrações**) **1** extraction: a) act of extracting or pulling out. b) that which is extracted. **2** *Mat* process of extracting a root. **3** mining. **4** drawing (lottery). **5** *fig* derivation, lineage, origin.

ex.tra.con.ju.gal [estrakõʒug'aw] *adj m+f* extramarital: outside marriage.

ex.tra.di.ção [estradis'ãw] *sf* (*pl* **extradições**) extradition: the surrender of fugitive criminals.

ex.tra.ir [estra'ir] *vt* **1** to extract: a) draw out, withdraw, pull out. b) *Mat* calculate or find (as the root of a number). **2** to make an extract of. **3** to pick, pluck. **4** to derive (a conclusion). **extrair a raiz de um número** to extract the root of a number. **extrair o suco das uvas** to extract the juice of grapes. **extrair um dente** to pull a tooth.

ex.tra.ju.di.ci.al [estraʒudisi'aw] *adj m+f* (*pl* **extrajudiciais**) *Jur* extrajudicial: out of the regular course of legal procedure.

ex.tra.o.fi.ci.al [estrɔofisi'aw] *adj m+f* (*pl* **extra-oficiais**) **1** unofficial: that does not have an official origin or source. **2** strange to public affairs.

ex.tra.or.di.ná.rio [estraordin'arju] *adj* extraordinary: **1** unusual, extra, uncommon, not ordinary, rare. *isto não é nada de extraordinário* / that is all in the day's work. **2** remarkable, exceptional, phenomenal. **3** astonishing. **caso extraordinário** extraordinary case. *eles trabalham horas extraordinárias, eles fazem extraordinário* / they work overtime. **uma memória extraordinária** a portent of memory. **um rapaz extraordinário** a jolly good fellow.

ex.tra.po.lar [estrapol'ar] *vt* **1** to extrapolate: a) *Mat* to infer (values of a variable in an unobserved interval) from values within an already observed interval. b) to predict by projecting past experience or known data. **2** to go too far, exceed, go beyond.

ex.tra-sen.so.ri.al [estrəsẽsori′aw] *adj m+f (pl* **extra-sensoriais)** extrasensory: residing beyond or outside the ordinary senses. **percepção extra-sensorial** extrasensory perception.

ex.tra.ti.vis.ta [estrativ′istə] *adj m+f* of, or related to something that is extractive. **economia extrativista** extractive economy. **indústria extrativista** extractive industry.

ex.tra.to [estr′atu] *sm* extract: a) that which is extracted or drawn out. b) abridgement, summary, excerpt. c) a copy. d) an essence (as of tincture or perfume). **extrato bancário** bank statement. **extrato de conta** extract or statement of account. **extrato de rosas** extract of roses.

ex.tra.va.gân.cia [estravag′ãsjə] *sf* **1** extravagance: a) absurdity, folly. b) excess, exorbitance. c) dissipation. d) extravagant action or thing. **2** oddity, queerness. **3 extravagâncias** excesses (as of drink). *ele arruinou-se com suas extravagâncias /* he was ruined by his own extravagance.

ex.tra.va.sar [estravaz′ar] *vt+vpr* **1** to overflow. **2** to spill over. **3** to express oneself in an impetuous manner. **4 extravasar-se** to overflow, go beyong limits in speech or behaviour.

ex.tra.vi.a.do [estravi′adu] *adj* **1** astray, lost, amiss. **2** depraved, corrupt, perverted. **carta extraviada** miscarried letter. **objetos extraviados** lost property.

ex.tra.vi.o [estrav′iu] *sm* **1** *bras* waste. **2** loss, misplacement. **3** embezzlement, purloining.

ex.tre.ma.men.te [estremam′ẽti] *adv* extremely.

ex.tre.ma-un.ção [estreməũs′ãw] *sf (pl*

extremas-unções, extrema-unções) *Rel* last rites.

ex.tre.mis.mo [estrem′izmu] *sm* extremism: advocacy of extreme political measures.

ex.tre.mo [estr′emu] *sm* **1** extreme: a) extremity, end. b) utmost point or limit. *ele irá ao extremo /* he will go to the limit. c) highest degree. **2** *fig* the last resource. **3 extremos** excessive fondness. • *adj* **1** extreme: a) last, final. b) utmost, greatest. c) farthest, most distant. d) highest. e) extravagant, excessive. **2** perfect. **até os limites extremos** to its utmost limits. **cair no extremo oposto**, **ir aos extremos** to fly to the opposite extreme. **de extremo a extremo** from out to out. **extrema miséria** deep poverty. *ela vive em extrema miséria /* she lives in abject poverty. **levar uma coisa ao extremo** to carry a thing too far.

ex.trín.se.co [estr′ĩseku] *adj* extrinsic(al), external, exterior, not essential.

ex.tro.ver.ti.do [estrovert′idu] *sm Psicol* an extrovert: one whose personality is characterized by extroversion. • *adj* extrovert: that is talkative, gregarious and communicative.

ex.tru.são [estruz′ãw] *sf (pl* **extrusões)** extrusion, expulsion: the act or process of extruding.

e.xu.be.ran.te [ezuber′ãti] *adj m+f* exuberant: **1** superabundant, plenteous, copious, profuse, rich. **2** luxuriant, rank, lush. **3** *fig* effusive, full of life.

e.xul.tan.te [ezuwt′ãti] *adj m+f* exultant, exulting, jubilant, radiant.

e.xul.tar [ezuwt′ar] *vint* to exult, rejoice, jubilate, triumph over.

e.xu.ma.ção [ezumas′ãw] *sf (pl* **exumações)** exhumation, disinterment.

e.xu.mar [ezum′ar] *vt* to exhume: **1** disinter, dig out of the ground (a corpse). **2** bring back from neglect or obscurity.

, f [ˈɛfi] *sm* the sixth letter of the alphabet.

á [ˈfa] *sm Mús* fa.

ã [ˈfã] *s m+f* devotee, admirer, fan (*abrev* de **fanatic**).

á.bri.ca [ˈfabrikə] *sf* **1** factory, workshop. **2** mill, plant, work(s), manufacturer, industry. **fábrica de armas** armo(u)ry. **fábrica de automóveis** automobile plant. **fábrica de cerâmica** pottery. **fábrica de conservas** cannery. **fábrica de fiação** spinning mill. **fábrica de folhas de cobre** copper mill. **fábrica de laticínios** dairy. **fábrica de obras de bronze** brass works. **fábrica de papel** paper mill. **fábrica de produtos químicos** chemical works. **fábrica de seda** silk factory. **fábrica têxtil** textile mill. **preço de fábrica** cost price.

a.bri.ca.do [fabrikˈadu] *adj* made, built, milled. **fabricado sob encomenda** custom-made.

a.bri.can.te [fabrikˈãti] *s m+f* **1** manufacturer, maker, producer, industrialist. **2** organizer, inventor. **fabricante de cerveja** brewer, brewery. **fabricante de ferramentas** tool maker. **fabricante de laticínios** dairyman. **fabricante de velas** tallow chandler.

a.bri.car [fabrikˈar] *vt+vint* **1** to produce, manufacture, make. **2** to form. **3** to edify.

á.bu.la [ˈfabulə] *sf* **1** fable: a) fictitious narrative. b) legend, myth. c) story made up to teach a lesson. d) fabrication, falsehood, invention. **2** plot of a literary composition (epic or dramatic). **3** *bras* a lot of money. *o carro custou uma fábula /* the car cost me a packet. *ganhei uma fábula na transação /* I made a killing on the deal.

fa.bu.lo.so [fabulˈozu] *adj* fabulous: **1** fictitious, imaginary, feigned, invented, legendary. **2** mythologic, mythic(al). **3** incredible, not believable. **4** great, wonderful.

fa.ca [ˈfakə] *sf* **1** knife. **2** cutting blade or tool in a machine. **amolador de facas** knife grinder. **à ponta de faca** brutally. **entrar na faca** *gír* to be operated on, go under the knife. **faca de carniceiro** chopping knife. **faca de cozinha** kitchen knife. **faca de dois gumes** (também *fig*) double-edged sword. **faca de mato** machete, hunting knife. **faca de mesa** table knife. **faca de trinchar** carver, carving knife. **faca para enxertar** grafting knife. **faca para peixe** fish carver. **lâmina de faca** knife blade. **meter a faca** *fig* to overcharge. **pôr a faca no peito de** to back into a corner. **ter/estar com a faca e o queijo na mão** to have the upper hand. **uma faca afiada** a sharp knife.

fa.ca.da [fakˈadə] *sf* **1** stab, thrust with a knife. **2** painful surprise, shock. **dar uma facada em** to try to borrow money from, tap, *gír* touch a person for. *levei uma facada /* I was touched for money. **matar às facadas** to stab, pierce (kill).

fa.ça.nha [fasˈʌɲə] *sf* **1** achievement, exploit, feat, prowess, adventure, stunt. **2** *iron* evil deed, perversity. **uma vida de façanhas** a life of adventure.

fa(c).ção [fa(k)sˈãw] *sf* (*pl* **facções**) **1** faction, wing, political party or group, sect. **2** partiality, bias, favouritism.

fa.ce [f'asi] *sf* face: a) countenance, features. b) look, expression, aspect. c) head (coin). d) *bras Arquit* any side of a building. e) *Geom* any of the limiting surfaces of a geometric solid. **a face da Terra** the face of the earth. **de faces coradas** rosy-faced. **em face de** a) in the face (or presence) of. b) in view of. **este negócio tem duas faces** there are two sides to this business. **face a face** face to face, opposite. **face externa** outface. **face posterior** back. **faces muito magras** lantern jaws. **fazer face a** to oppose, resist, meet. *fazer face às despesas* / to meet expenses. *a casa faz face para a rua* / the house faces the street.

fa.ce.ci.o.so [fasesi'ozu] *adj* facetious, waggish, jocose.

fa.cei.ro [fas'ejru] *adj* **1** coquettish, conceited, coxcombical. **2** elegant, graceful, fashionable. **3** cheerful.

fa.ce.ta [fas'etə] *sf* **1** facet: a) any of the polished surfaces of precious stones. b) any of the features of a person or thing. **2** pane.

fa.ce.to [fas'etu] *adj* (*pl* **facetos**) **1** cheerful. **2** merry, witty, jocose, facetious.

fa.cha.da [faʃ'adə] *sf* **1** face of a building, front, façade. **2** *coloq* face, countenance. **3** frontispiece, title page. **de fachada** giving an appearance that is not real.

fá.cil [f'asiw] *adj m+f* (*pl* **fáceis**) **1** easy, simple, effortless. *é fácil de obter* / it is easy to get. **2** fluent, flowing. *ele tem um estilo fácil* / he has an easy style. **3** clear, comprehensible, intelligible. **4** mild, smooth. **5** accessible, attainable. **6** *bras, coloq* easy of morals (woman). • *adv* easy, easily: a) without undue speed or excitement. b) with moderation. c) without worry or care. **é facílimo** it is dead easy. **fácil de fazer** easy to do. **facilmente acessível** easy of access. **mais fácil falar do que fazer** easier said than done.

fa.ci.li.da.de [fasilid'adi] *sf* **1** ease, easiness. **2** promptness, readiness. **3** clearness, comprehensibility. **4** **facilidades** a) condescension. b) opportunities. **com facilidade** easily. **com facilidades** (payment) by instalments. **facilidade em falar** readiness of speech.

fa.cí.no.ra [fas'inorə] *sm* crimina[l], malefactor, evil doer. • *adj m+f* crue[l], perverse.

fac-sí.mi.le [faks'imili] *sm* (*pl* **fac-símile[s]** facsimile, fax.

fa(c).tí.vel [fa(k)t'ivew] *adj m+f* (*p*[l] **factíveis**) feasible, practicable, possibl[e]

fa.cul.da.de [fakuwd'adi] *sf* **1** faculty: [a] capacity, power, ability. b) natura[l] aptitude, talent. c) moral authorit[y] intellectual capability. d) right, privileg[e] e) any of the departments of learning at [a] university. f) teaching body in any [of] these departments. g) establishment [of] higher education, college. **2** **faculdade[s]** resources. **estar em plena posse de sua[s] faculdades mentais** to be in one's righ[t] or perfect mind. **faculdade de concen[-] tração** ability to concentrate. **faculdad[e] de lembrar** power of recollection. **fa[-] culdade de medicina** medical schoo[l] **faculdades mentais** lights, wits.

fa.cul.tar [fakuwt'ar] *vt* **1** to grant, permi[t] facilitate, empower, authorize. **2** to plac[e] at a person's disposal, offer.

fa.da [f'adə] *sf* **1** fairy, fay, faerie. **2** *fi[g]* charming woman. **conto de fadas** fair[y] tale.

fa.dar [fad'ar] *vt* **1** to predetermine[,] preordain. **2** to endow with (talent[,] fortune etc.).

fa.di.ga [fad'igə] *sf* **1** fatigue, tiredness[,] weariness. **2** work, drudgery, toil. **3** fa[-] tigue: failure under repeated stress, as i[n] metal. **fadiga ocular** eyestrain.

fa.go.te [fag'ɔti] *sm Mús* bassoon.

fa.gu.lha [fag'uʎə] *sf* spark.

fai.an.ça [faj'ãsə] *sf* faience: glaze[d] earthenware. **faiança italiana** maiolica[,] *majolica*.

fai.são [fajz'ãw] *sm* (*pl* **faisões**) *Orni[t]* pheasant. **viveiro de faisões** pheasantr[y]

fa.ís.ca [fa'iskə] *sf* **1** spark, flash. **2** flas[h] of lightning, thunderbolt. • *adj m+f bra[s]* flashy, fiery. **faísca de ignição** spark.

fai.xa [f'ajʃə] *sf* **1** band, strip, bar. **2** waistband, sash. **3** bandage, swathe[,] binding. **4** strip of land. **5** track (on [a] phonograph record). **faixa com grava[-] ção de som** *Cin* sound track. **faixa de**

freqüência *Rád* channel, frequency band. **faixa de onda** wave band. **faixa de pedestres** crosswalk, *zebra* crossing. **faixa de rodagem** roadway. **faixa etária** age group. **faixa salarial** salary range. **na faixa de** in the range of.

fa.la [f'alə] *sf* 1 speech, talk. 2 voice, its timbre or character. 3 style of speech. 4 *Teat* line. **boas falas!** glad to hear it! **chamar (alguém) à(s) fala(s)** to call (someone) to account. **defeito na fala** speech impediment. **fala arrastada** drawl. **fala do trono** royal speech. **fala ininteligível** babble. **homem de poucas falas** man of few words. **sem fala** speechless.

fa.la.ção [falas'ãw] *sf* (*pl* **falações**) *bras, pop* verbosity, idle talk. **deitar falação** to make a speech.

fa.la.ci.o.so [falasi'ozu] *adj* fallacious, deceitful, deceptive.

fa.la.dor [falad'or] *sm* gossip, chatterbox, windbag, blabbermouth. • *adj* indiscreet, slandering, gabby.

fa.lan.ge [fal'ãʒi] *sf* 1 phalanx: a) *Hist* battle formation of the Greek infantry. b) *Anat* digital bones of the hand or foot. c) *fig* multitude, crowd. 2 body of soldiers.

fa.lan.te [fal'ãti] *adj m+f* eloquent, expressive, talkative. **alto-falante** loudspeaker.

fa.lar [fal'ar] *vint+vt* 1 to speak, say, tell, talk. *aqui se fala inglês* / English is spoken here. 2 to enunciate, pronounce. 3 to express. 4 to address. **a coisa fala por si** the thing speaks for itself. **aqui fala Brown!** *Telecom* this is Brown, Brown (is) speaking (here). **deixe-o falar** let him have his say. **deu o que falar** it was widely commented. **ele falou a meu favor** he spoke in my favor. **ele falou sem chegar ao assunto** he talked round it. **ele mesmo pode falar** he can speak for himself. **é mais fácil falar do que fazer** easier said than done. **eu estou falando sério** I mean it, I mean business. **falando nisso, por falar nisso** come to think of it. **falando seriamente** joking apart, no kidding. **falar alto** to speak up. **falaram com juízo** they talk sense. **falar a um**

auditório to address an audience. **falar a um surdo** to preach to deaf ears. **falar autoritariamente** to lay down the law. **falar bem de** speak highly of. **falar com alguém** to speak to someone. **falar com franqueza** to speak out. **falar da vida alheia** to gossip. **falar de cátedra** to speak with authority. **falar francamente** not to mince matters, words, speak one's mind. **falar mais alto que** to outspeak. **falar mal de** to speak ill of. **falar para dentro** to mumble. **falar pelos cotovelos** to talk nineteen to the dozen. **falar por enigmas** to speak riddles. **falar por trás de alguém** to speak behind one's back. **falar sem rodeios** to speak to the point. **falar sobre** to talk of, to tell about. **fale!** speak out!, *gír* spit it out. **fale mais alto!** speak up! **fale o que está pensando** speak your mind. **falou!** *gír* you said it!, that's all right! **foi impossível conseguir falar uma só palavra** it was impossible to get a word in edgeways. **isto fala por si mesmo** that speaks for itself. **modo de falar** manner of speech. **não falemos mais nisso** forget it, will you. **não falo mais com ele** I am no more on speaking terms with him. **para falar a verdade** to tell the truth. **posso falar com o Sr. Silva?** can I see Mr. Silva? **sem falar das despesas** not to speak of expenses, let alone the costs. **só ela falou** she did all the talking.

Em geral **speak** é mais formal do que **talk**, que se refere mais à conversação: *o bebê já sabe falar?* / can the baby talk yet? *posso lhe falar por alguns minutos?* / can I talk to you for a few minutes? *preciso lhe falar por que ele tem sido desobediente* / I'll have to speak to him because he has been disobedient.

Speak é usado par referir-se ao conhecimento de línguas: *eles falam alemão* / they speak German.

Talk é usado em expressões como: *falar bobagem, falar besteira* / talk nonsense, talk rubbish.

Tell, no sentido de falar, é usado na expressão; *to tell the truth* / para falar a verdade.

fa.la.tó.rio [falat'ɔrju] *sm bras* **1** chit-chat, gossip, talk. **2** slander. **deram motivo a falatório** they set the tongues wagging.

fal.ca.tru.a [fawkatr'uə] *sf* **1** imposture, fraud. **2** deceit, trick, hoax.

fa.le.ci.do [fales'idu] *sm* deceased, departed. • *adj* deceased, late. **meu falecido pai** my late father.

fa.lên.cia [fal'ẽsjə] *sf* **1** bankruptcy. *ele requereu falência* / he filed a petition for bankruptcy. **2** collapse, crash, ruin, smash(up). **abrir falência, ir à falência** to go bankrupt, *amer, gír* (go) bust. **falência fraudulenta** fraudulent bankruptcy. **levar à falência** to bankrupt, *amer, gír* bust. **pedido de falência** bankruptcy notice.

fa.lé.sia [fal'ɛzjə] *sf* sea cliff.

fa.lhar [faʎ'ar] *vt+vint* **1** to fail, come out badly, flop. **2** lose strength, *gír* peter out, miss, lapse, fall short. **a tentativa falhou completamente** the experiment fell flat, flopped. **falhar ao compromisso** to break one's word. **os seus planos falharam** his plans came to nothing, fell through, failed. **sua vista falhou** her/his sight failed.

fa.lho [f'aʎu] *adj* **1** defective, imperfect, deficient, faulty, flawed. **2** unsuccessful, fruitless. **ato falho** *Psiq* Freudian slip. **de modo falho** lamely.

fa.lí.vel [fal'ivew] *adj m+f (pl* **falíveis)** fallible, liable to err or to be erroneous.

fal.sá.rio [faws'arju] *sm* forger, counterfeiter.

fal.se.ar [fawse'ar] *vt+vint* **1** to falsify, misrepresent. **2** to deceive, cheat. **3** to induce into a mistake. **4** to miss a step.

fal.se.te [faws'eti] *sm falsetto.*

fal.si.da.de [fawsid'adi] *sf* **1** falsehood, mendacity, lie. *falsidade me causa nojo* / falsehood makes me sick. **2** hypocrisy, deception, imposture. **3** slander, defamation. **4** double-dealing.

fal.si.fi.car [fawsifik'ar] *vt* **1** to counterfeit, forge, fake. **2** to adulterate, tamper. **3** to imitate, copy, plagiarize. **a carta foi falsificada** the letter has been tampered with.

fal.so [f'awsu] *adj* **1** false, untrue. *não há nada de mais falso* / there is nothing

more untrue. **2** fraudulent, spurious, crooked, artificial. **3** sham, adulterated, fake, feigned. **4** disloyal, unfaithful, treacherous, double-dealing. **5** unfounded, baseless. **alarme falso** false alarm. **chave falsa** skeleton key. **em falso** in vain. **fundo falso** double or false bottom. **juramento falso** perjury. **passo em falso** a false step.

fal.ta [f'awtə] *sf* **1** lack, want, need, destitution, scantiness. *isto não me faz falta* / I can manage without it. **2** absence. **3** privation, necessity. *eles falharam por falta de dinheiro* / they failed for want of money. **4** shortage, deficiency, shortcoming, scarceness. **5** fault, mistake. **6** sin, guilt. **acusar alguém de alguma falta** to charge somebody with a fault. **cometer uma falta** to make a mistake. **dar por falta de** to miss. *sentimos muito a falta dele* / we miss him very much. **dupla falta** *Tênis* double fault. **em falta** lacking, out of stock. **estar em falta com alguém** to feel guilty with respect to someone. **falta de água** water shortage. **falta de comparecimento (às aulas)** truancy. **falta de educação** rudeness, bad form. **falta de graça** gracelessness. **falta de juízo** injudiciousness, witlessness. **falta de lisura** unfairness. **falta de pagamento** default, non-payment. **falta de sorte** bad luck. **ficar em falta** to neglect one's duty. **na falta de** in the absence of. **por falta de provas** for want or in default of evidence. **sem falta!** without fail. *deixe uma notícia sem falta!* / be sure you leave a message! **ter falta de** to be deficient in.

fa.ma [f'ʌmə] *sf* **1** fame, renown, glory. **2** rumour. **3** reputation, standing, prestige, name, repute, *gír* kudos. **4** celebrity: famous person. *ele alcançou fama mundial* / he gained a worldwide reputation. **de má fama** of bad repute, ill-famed. **ela tem fama de** she is famed for, she is reputed to be. **ganhar fama** to become famous.

fa.mí.lia [fam'iljə] *sf* family: a) folk. b) household, house, home. c) tribe, clan, kin. d) lineage. e) a group of related plants or animals forming a category. **carregar-se de família** to have a large family. **chefe de família** head of the family. **de boa família** wellborn. **ela é uma moça de família** she is a decent, well-behaved, honest girl. **isso é de família** that runs in the family. **médico de família** family doctor. **nome de família** surname, family name. **pessoa da família** relation, relative. **questões de família** family affairs. **tamanho-família** family size.

fa.mi.li.a.ri.da.de [familjarid'adi] *sf* 1 familiarity, intimacy, acquaintance. 2 frankness. 3 confidence, reliance. **agir com familiaridade indevida** to take liberties.

fa.mi.li.a.ri.za.do [familjariz'adu] *adj* well acquainted, familiar with, conversant. **não familiarizado** unconversant.

fa.min.to [fam'ĩtu] *adj* 1 hungry, starving, famished. *estou faminto* / I am starving. 2 greedy, voracious. **de modo faminto** hungrily.

fa.mo.so [fam'ozu] *adj* famous: 1 famed, renowned, celebrated. 2 notable, remarkable, distinguished, eminent. 3 excellent, great.

fa.ná.ti.co [fan'atiku] *sm* 1 fanatic. 2 enthusiast, fan. 3 zealot, bigot. • *adj* 1 fanatic(al). 2 very enthusiastic. 3 bigoted. **fanático por cinema** film fan. **fanático por futebol** football fiend.

fan.far.ra [fãf'ařə] *sf* 1 flourish of trumpets, fanfare. 2 brass band.

fan.far.rão [fãfař'ãw] *sm* (*pl* **fanfarrões**) braggart, swaggerer. • *adj* boastful, bragging, blustering.

fa.nho.so [faɲ'ozu] *adj* 1 having a twangy voice. 2 nasal, twangy.

fan.ta.si.ar [fãtazi'ar] *vt+vint+vpr* 1 to fantasize, imagine. 2 to indulge in dreams, be given to reveries. 3 **fantasiar-se** to wear a fancy dress.

fan.ta.si.o.so [fãtazi'ozu] *adj* 1 fantastic(al), fanciful. 2 imaginary, visionary.

fan.tas.ma [fãt'azmə] *sm* 1 phantasm: a) phantom. b) apparition, ghost, haunt, spook, spirit. c) delusion, vision, imagi-

nation, fancy. 2 ghost: false image on a television screen caused by poor reception. **cidade fantasma** ghost town. **trem fantasma** ghost train.

fan.tás.ti.co [fãt'astiku] *adj* 1 fantastic, imaginary, unreal. 2 quaint, queer, fancy. 3 excellent, extraordinary. 4 wild, *gír* terrific.

fan.to.che [fãt'ɔʃi] *sm* puppet. **governo fantoche** puppet government.

fa.quei.ro [fak'ejru] *sm* case for cutlery.

fa.quir [fak'ir] *sm* fakir: a religious (especially Muslim) mendicant, ascetic or wonder-worker in India.

fa.ra.ó [fara'ɔ] *sm* 1 *Hist* pharaoh. 2 *Baralho* faro (at a card game).

far.da [f'ardə] *sf* 1 uniform, regimentals, military dress. 2 livery, garb, service dress. **despir a farda** to retire from military service. **enlamear a farda** to disgrace the colors.

far.do [f'ardu] *sm* 1 bale, bunch, bundle, pack. 2 load, burden (também *fig*). **fardo de algodão** cotton bale. **fardos volumosos** bulky packages. **fazer um fardo** to bale or package. **o fardo dos anos** the burden of the years.

fa.re.lo [far'ɛlu] *sm* 1 bran, chaff. 2 *fig* bagatelle, trifle. **poupar o farelo e estragar a farinha** penny-wise and pound-foolish.

far.fa.lhar [farfaλ'ar] *vint* to rustle, swish.

fa.rin.ge [far'ĩʒi] *sf Anat* pharynx: the cleft or cavity forming the upper part of the gullet, lying behind the nose, mouth and *larynx*.

fa.ri.nha [far'iɲə] *sf* 1 flour. 2 meal. 3 breadstuff. **farinha de aveia** oatmeal. **farinha de centeio** rye flour. **farinha de cevada** barley meal. **farinha de mandioca** cassava, manioc meal. **farinha de milho** cornmeal. **farinha de trigo** wheat flour. **farinha integral** wholemeal flour, wholewheat flour. **ser farinha do mesmo saco** to be birds of feather. **tirar farinha com alguém** *bras* to provoke a quarrel, demand satisfaction.

far.ma.cêu.ti.co [farmas'ewtiku] *sm* pharmacist, apothecary, druggist. • *adj* pharmaceutical.

far.má.cia [farm'asjə] *sf* pharmacy. a) drugstore, apothecary's or chemist's shop. b) collection of medicines kept for first aid.

fa.ro [f'aru] *sm* **1** scent: a) odour. b) sense of smell(ing), *fig* nose. *ele tem um faro para isso* / he has a snout or nose for it. *a matilha seguiu pelo faro* / the pack followed the scent. **2** sagacity, flair. **tomar o faro de alguma coisa** to smell a rat, get an inkling.

fa.ro.es.te [faro'esti] *sm bras* (from Far West) western (especially a motion picture).

fa.ro.fa [far'ɔfə] *sf* **1** manioc flour toasted in butter or olive oil (sometimes mixed with meat or eggs). **2** boast, swagger, pretension. *ele não tira farofa comigo gír* he won't get the better of me.

fa.rol [far'ɔw] *sm* (*pl* **faróis**) **1** lighthouse, beacon. **2** searchlight. **3** *Autom* headlight. **4** *bras* traffic light. **abaixar os faróis** to dim the headlights, switch on the dim lights. **farol de freio** stop light, brake light. **farol de neblina** fog lamp, fog light. **farol de ré** reversing light, back-up light. **farol pisca-pisca/intermitente** blinker, flashing beacon. **fazer farol** to show off, boast.

fa.ro.le.te [farol'eti] *sm bras* **1** torch, flashlight. **2** *Autom* a) rear light, taillight. b) small light on mudguard. c) spot lamp.

far.pa.do [farp'adu] *adj* barbed, pronged. **arame farpado** barbed wire.

far.ra [f'aɾə] *sf bras* carousal, spree, bender, lark. **fazer uma farra** to go on a spree.

far.ra.po [faɾ'apu] *sm* **1** rags, tatter, worn-out, tattered clothing. **2** shabby fellow, scamp, ragamuffin.

far.ris.ta [faɾ'istə] *s m+f* carouser, reveller, gadabout, merrymaker.

far.sa [f'arsə] *sf* **1** farce, burlesque, satirical composition or play. **2** buffoonery, joke, jest.

far.san.te [fars'ãti] *s m+f* **1** buffoon, coarse jester, trickster. **2** impostor, fake.

far.ta.men.te [fartam'ẽti] *adv* fully, richly.

far.tar [fart'ar] *vt+vint+vpr* **1** to satiate, saturate, fill the belly, satisfy one's hunger or thirst. **2** to sate, surfeit, cram, stuff. **3** to tire, wear out. **4 fartar-se** a) to become annoyed, sick of or weary, get enough of. b) to indulge in, satiate oneself. **comer até fartar-se** to eat one's fill.

far.tu.ra [fart'urə] *sf* **1** abundance, wealth, profusion, plenty. **2** fullness, repletion, surfeit, satiation.

fas.ci.na.do [fasin'adu] *adj* fascinated, spellbound, entranced, captive, enamored.

fas.ci.nan.te [fasin'ãti] *adj m+f* **1** charming, enchanting. **2** fascinating, captivating. **3** bewitching, entrancing. **4** alluring, lovely.

fas.cis.ta [fas'istə] *s m+f* **1** Fascist, Black Shirt: a member of the ruling party in Italy from 1922-43, or a similar party elsewhere. **2** fascist: anyone with extreme right-wing nationalistic views or methods. • *adj m+f* Fascist, fascist(ic).

fa.se [f'azi] *sf* phase: **1** (também *Astr*) a) state of change or development. b) aspect. c) period, stage. **2** side, angle or aspect of a question, situation etc.

fas.tí.gio [fast'iʒju] *sm* **1** apex, summit, top. **2** high position, eminence.

fa.tal [fat'aw] *adj m+f* (*pl* **fatais**) fatal: **1** destructive, ruinous, pernicious, harmful. **2** deadly, mortal. *ela sofreu um acidente fatal* / she suffered a deadly accident. *ele lhe deu o golpe fatal* / he gave him the fatal blow. **3** fateful. *a hora fatal* / the fateful hour. **4** inevitable, irrevocable, inescapable. *sua vida tomou o seu curso fatal* / his life took its inevitable course. **5** fated, foredoomed.

fa.ta.li.da.de [fatalid'adi] *sf* fatality: a) destiny, fate. b) misfortune, disaster. c) inevitableness. d) fatefulness. *por fatalidade viajou neste trem* / unfortunately he travelled in this train.

fa.ti.a [fat'iə] *sf* slice, piece, section. **fatia grossa** hunch. **fatia torrada** toast. **uma fatia de pão com manteiga** a piece of bread and butter.

fa.tí.di.co [fat'idiku] *adj* fateful, ominous, portentous.

fa.ti.gan.te [fatig'ãti] *adj m+f* **1** fatiguing,

wearisome, tiresome, wearing, tiring. **2** tedious.

fa.ti.o.ta [fati'ɔtə] *sf pop* **1** dress, clothes, *coloq* duds. **2** old rags. **levantar a fatiota** to pack up one's traps.

fa.to [f'atu] *sm* fact: a) thing, deed, doing. *o fato da minha presença* / the fact that I was present, the fact of my being present. b) event, occurence. *os fatos por ele alegados são duvidosos* / his facts are doubtful. c) actuality, reality. **baseado em fatos** founded on facts. **de fato** actually, in fact. **é um fato consumado** it is a *fait accompli*. **ir às vias de fato** to come to grips.

fa.to.ri.al [fatori'aw] *sm* (*pl* **fatoriais**) *Mat* factorial. • *adj* factorial, factor. **análise fatorial** factor analysis.

fá.tuo [f'atwu] *adj* **1** fatuous, foolish, stupid, silly. **2** arrogant, conceited, vain, smug. **3** transitory, fleeting, short-lived. **fogo-fátuo** *ignis fatuus*, will-o'-the-wisp, friar's lantern.

fa.tu.ra [fat'urə] *sf* **1** invoice, bill. **2** a) act or mode of making, manufacture. b) workmanship. **conforme fatura** as invoiced, as per invoice. **fazer uma fatura** to (make out an) invoice.

fa.tu.ra.men.to [faturam'ẽtu] *sm* **1** invoicing, billing. **2** invoiced revenue.

fau.na [f'awnə] *sf* fauna: animals and animal life of a region.

faus.to [f'awstu] *sm* luxury, ostentation, pomp, pageant(ry). • *adj* lucky, fortunate, auspicious.

fa.ve.la [fav'ɛlə] *sf bras* settlement of poorly built shacks, slum, shantytown.

fa.ve.la.do [favel'adu] *adj* dweller in a *favela*.

fa.vo [f'avu] *sm* **1** honeycomb. **2** any similar object. **favo de mel** honeycomb.

fa.vor [fav'or] *sm favor:* **1** regard, esteem. **2** interest, credit. **3** protection, assistance, support, help, patronage. *intercedi em seu favor* / I pleaded in his favour. **4** partiality, favouritism. **5** behalf. **a favor da correnteza** with the stream. **a favor de** pro, for, in behalf of, on account of, to the credit of. **faça-me o favor** do me a kindness. **faça o favor de sentar-se!**

please be seated! **fazer um favor** to do a favor. **isto tem muito a seu favor** there is much to be said for it, to it's credit. **negar um favor** to refuse a favor. **posso pedir-lhe um favor?** may I ask you a favor? **saldo a seu favor** balance in your favor. **ser a favor de** to be in favor of.

fa.vo.rá.vel [favor'avew] *adj m+f* (*pl* **favoráveis**) favorable: **1** favouring, well-inclined, toward(ly), friendly. **2** advantageous, propitious. **3** helpful, benefic, suitable, opportune. **4** lucky, happy, fortunate. **5** prosperous. **6** accommodating. **a sorte lhe é favorável** fortune smiles upon him. **disposição favorável** propitiousness. **em condições favoráveis** on easy terms. **ter opinião demasiadamente favorável sobre** to take too bright a view of.

fa.vo.re.ci.men.to [favoresim'ẽtu] *sm* **1** aiding and abetting. **2** partiality. **favorecimento de partidários políticos** spoils system.

fa.xi.nei.ro [faʃin'ejru] *sm* cleaner. *sf* cleaning woman.

fa.zen.da [faz'ẽdə] *sf* **1** farm, *amer* ranch. **2** estate, property, homestead, holding. **3** farm building, farmstead. **4** cultivated land. **5** public finances, treasury. **6** cloth, fabric, textile material. **fazenda de café** coffee plantation. **fazenda de gado** cattle farm. **fazendas de lã** wool, wool(l)en cloth. **fazenda real** the king's revenue, exchequer. **Ministério da Fazenda** Treasury Department. **Ministro da Fazenda** Minister of Finance, *brit* Chancellor of the Exchequer, *amer* Secretary of the Treasury.

fa.zen.dei.ro [fazẽd'ejru] *sm* **1** farmer. **2** *bras* great landholder.

fa.zer [faz'er] *vt+vint+vpr* **1** to do, make, create. **2** to form, fashion, mo(u)ld. **3** to construct, build, erect. **4** to manufacture, produce. **5** to compose, assemble. **6** to write, compose. **7** to execute, perform. **8** to be, happen, there to be. *ontem eu fiz vinte e cinco anos* / yesterday it was my 25th birthday. *faz frio* / it is cold. **9 fazer-se** a) to stablish oneself. b) to transform oneself into. c) to become, get to be, cause to be. **a comida fez mal ao meu estômago** the food has upset my stomach. **a enfermeira fez as vezes do médico** the nurse acted as a doctor's substitute. **ela fê-lo trabalhar** she put him to work. **ele faz um exame** he sits an examination. **ele fez das tripas coração** he plucked up courage, he took heart. **ele fez de conta que não a conhecia** he pretended not to know her. **ele fez um triste papel** he cut a sorry figure. **eu faria bem em** I had better. **faça como quiser** do as you like, have it your own way. **faça como se estivesse em casa** make yourself at home. **faça-o como deve ser** do it the proper way. **faça-o entrar** show him in. **faça uma tentativa** have a go at it! **fazer a cama** to make the bed. **fazer a chamada** to call the roll. **fazer água** *Náut* to (spring a) leak. **fazer a vontade de alguém** to comply with someone's desire. **fazer baldeação** to change (trains). **fazer bem** to do good. **fazer cera/hora** to stall, dillydally, kill time. **fazer cócegas** to tickle. **fazer companhia a** to keep someone company. **fazer concorrência** to compete with. **fazer corar** to make someone blush. **fazer de tolo** to make a fool of. **fazer dieta** to (go on a) diet. **fazer dormir** to put to sleep. **fazer economias** to retrench, economize. **fazer em pedaços** to break to pieces, cut to pieces. **fazer face ao inimigo** to face the enemy. **fazer festa(s) a alguém** to give a warm reception, welcome heartily. **fazer gazeta às aulas** to play truant. **fazer greve** to (go on) strike. **fazer hora extra** to work overtime. **fazer justiça** to do justice. **fazer mal** to do harm, to hurt, wrong. **fazer o papel de** to play the part of. **fazer o seu dever** to do one's duty. **fazer parte de** to be a part of, belong to. **fazer planos** to make plans. **fazer pouco de** to belittle. **fazer progresso** to make headway. **fazer saber** to let know, denounce. **fazer sensação** to cause sensation. **fazer-se passar por** to pretend to be. **fazer trocadilhos** to play on/upon words. **fazer uma asneira** to blunder. **fazer uma caminha-**

da to go for a walk. **fazer uma expedição** to go on an expedition. **fazer uma pausa** to take a rest. **fazer uma pergunta** to ask a question. **fazer uma prova** to take/sit a test. **fazer uma viagem** to go on a journey, take a trip. **fazer uma visita** to pay a visit. **fazer um bolo** to bake a cake. **fazer um cavalo de batalha de** to make an issue of. **fazer um discurso** to make a speech. **fazer um laço** to tie a bow. **fazer um passeio** to take a walk. **fazer um requerimento** to file an application. **fazer um trabalho** to do a job. **fazer um tratamento** to undergo/receive a (medical) treatment. **fazer zombaria de alguém** to mock a person. **fizemos o que quisemos** we did as we liked. **frutas verdes me fazem mal** unripe fruit does not agree with me. **isto não se faz** you shouldn't do that. **mandei fazê-lo** I got it done. **não faça mais assim!** don't do it again. **não faria isto se eu fosse você** I should not do that if I were you. **não faz mal** never mind. **não há nada mais a fazer** there is nothing you could do about it. **não sei o que fazer** I am at my wit's end, I don't know which way to turn. **para mim tanto faz se ele vem ou não** I do not care whether he comes or not. **sem ter o que fazer** to be at a loose end. **tanto faz!** that's all the same to me! **uma coisa é dizer, outra é fazer** easier said than done. **você fez falta ontem na festa** we missed you at the party last night.

Make e **do** significam *fazer* e têm significados semelhantes. É difícil escolher entre eles.

Usa-se **do** quando se fala de uma atividade sem especificar do que se trata: *não sei o que fazer* / I don't know what to do. **Do** também é usado quando se refere a trabalho: *detesto lavar os pratos* / I hate doing the dishes.

Make expressa idéia de criação ou construção: *fiz um bolo* / I've made a cake; *fizemos uma mesa* / we've made a table.

Em outras situações não há regras definidas. É preciso consultar os exemplos do dicionário.

faz-tu.do [fast'udo] *sm, sing+pl* handy man, *factotum*, Jack of all trades.

fé [f'ɛ] *sf* **1** faith, creed. **2** religion, persuasion, profession. **3** belief, trust, credit, conviction. **4** loyalty, fidelity, faithfulness. **artigo de fé** article of faith. **dar fé de** a) to testify, certify. b) to take notice of, become aware of. **de boa-fé** in good faith, *bona fide*. **de má-fé** faithlessly, dishonestly. **em fé de que** in testimony whereof, in verification of which. **em fé disto** in witness whereof. **fazer/ter/levar/pôr fé em** to believe, trust, have confidence in. **fé cega** blind or implicit faith. **homem de boa-fé** trustful man. **homem digno de fé** trustworthy man. **ter fé em** to have faith in, put trust in.

fe.bre [f'ɛbri] *sf* **1** fever, temperature, *pyrexia*. **2** *fig* excitement, agitation. **arder em febre** to have a burning fever. **febre aftosa** foot-and-mouth disease. **febre amarela** yellow fever. **febre de feno** hay fever. **febre intermitente** intermittent fever. **febre palustre** *malaria*. **febre recorrente** relapsing fever. **febre reumática** rheumatic fever. **febre tifóide** typhoid. **ter/estar com febre** to have a temperature, be feverish.

fe.bri.ci.tan.te [febrisit'ãti] *adj m+f* **1** feverish. **2** exalted, excited.

fe.cha.da [feʃ'adə] *sf* cutting in: act of suddenly driving into the space between two moving cars in a dangerous way.

fe.cha.do [feʃ'adu] *adj* **1** close(d), shut, enclosed, shut in, locked, unopened. **2** secluded, hidden. **3** reserved. **4** overcast (weather). **a portas fechadas** in private. **circuito fechado** closed circuit. **curva fechada** sharp bend. **ele é um homem fechado** he is a reticent man. **noite fechada** dark night. **sinal/farol fechado** tráfego red light. **ter o corpo fechado** to be immune to physical dangers by means of amulets.

fe.cha.du.ra [feʃad'urə] *sf* lock. **fechadura de segurança** safety lock.

fe.char [feʃ'ar] *vt+vint+vpr* **1** to close: a) shut. *ele fechou a porta /* he shut the door. b) fasten. *a janela não fecha /* the window will not fasten. c) close with a

key, lock up. d) latch, bar (up), bolt. e) stop, stopper, plug up. f) enclose, encompass, surround. g) finish, conclude, terminate. h) limit, restrict. i) heal. j) agree, come to terms, close (a deal). **2** to overcast (weather). **3** to change to red (traffic lights). **4 fechar-se** a) to close oneself up or in. b) to have an end. c) to be reserved. d) to become dark or overcast (weather). **as lojas fecharam suas portas** the shops closed down. **fechar a cara** to frown. **fechar à chave** to lock (up), to key. **fechar a porta na cara de alguém** to slam the door in a person's face. **fechar as contas** to close an account. **fechar com cerca** to fence off/in. **fechar com chave de ouro** to finish well. **fechar com o ferrolho** to bolt. **fechar o negócio** to close the deal. **fechar os ouvidos a** to refuse to listen to, turn a deaf ear. **fechar violentamente** to clash, bang, slam. **num abrir e fechar de olhos** in the twinkling of an eye.

fe.cho [f'eʃu] *sm* **1** bolt, latch, bar. **2** clasp, hasp. **3** fastening, fastener, clip. **4** conclusion, termination, closure. **5** seal. **fecho de segredo** combination lock. **fecho éclair** zipper, slide, fastener. **fecho hidráulico** water seal.

fe.cun.dar [fekũd'ar] *vt+vint+vpr* **1** Biol to fecundate, inseminate, impregnate, fertilize. **2** *fig* to fertilize. **fecundar as artes** to foster the arts.

fe.cun.do [fek'ũdu] *adj* **1** fecund, fertile. **2** conceptive, procreative. **3** prolific, productive, fruitful. **4** copious, abundant. **5** inventive, creative.

fe.de.lho [fed'eʎu] *sm* **1** *coloq* brat. **2** cheeky boy or girl, childish youth.

fe.der [fed'er] *vint+vt* to stink, stench, smell badly.

fe.de.ral [feder'aw] *adj m+f* **1** federal. **2** *bras, gír* great, intense, unusual.

fe.dor [fed'or] *sm* stench, stink, fetidness, pong.

fe.do.ren.to [fedor'ẽtu] *adj* stinking, malodorous, pongy.

fei.ção [fejs'ãw] *sf* (*pl* **feições**) **1** feature: a) form, figure, shape. b) countenance. **2** aspect, appearance, look. **à feição de** in the manner of. **de feições acentuadas** with marked features. **de feições duras** hard-featured.

fei.o [f'eju] *sm* **1** awkward or improper situation. **2** repulsive, immoral attitude. **3** *fig* bad figure. • *adj* **1** ugly, ill-favoured, unsightly, *amer* homely. **2** disagreeable, unpleasing. **fazer feio** to cut a sorry figure. **nem tudo é tão feio como se pinta** every cloud has its silver lining. **patinho feio** ugly duckling. **quem o feio ama, bonito lhe parece** love is blind.

fei.ra [f'ejrə] *sf* **1** fair. **2** open-air market. **3** *fig* clamour, noise, shouting. **dia de feira** market day. **feira do livro** bookseller's fair. **feira industrial** industries' fair. **feira livre** street market.

fei.ran.te [fejr'ãti] *s m+f* stallkeeper in a fair.

fei.ti.ça.ri.a [fejtisar'iə] *sf* **1** witchcraft, witchery, sorcery, black magic. **2** charm, enchantment, fascination, incantation.

fei.ti.cei.ra [fejtis'ejrə] *sf* **1** witch, sorceress. **2** charming woman.

fei.ti.cei.ro [fejtis'ejru] *sm* **1** sorcerer, wizard, wise man, witch doctor, medicine man. **2** magician, conjurer. • *adj* charming, attractive, fascinating.

fei.to¹ [f'ejtu] *sm* **1** feat, achievement, deed, accomplishment. **2** fact. **3** act, action. **4 feitos** legal acts. **um feito brilhante** a stroke of genius.

fei.to² [f'ejtu] *adj* **1** made, done, built, wrought, fashioned. **2** accomplished, finished. **3** adult, grown-up. *ele é um homem feito* / he is a grown-up, an adult. **4** ripe, mature. **5** established. **6** ready, prepared. • *conj bras* like. **bem-feito** well done. **bem feito!** it serves you (him, her etc.) right! **dito e feito** no sooner said than done. **feito!** agreed!, all right! **feito à mão** handmade. **feito sob encomenda** made to order, custom-made. **feito sob medida** tailor-made, made to measure. **frase feita** *cliché*, trite expression. **já feito** ready-made. **nada feito!** nothing doing! **um terno bem-feito** a well-tailored suit.

fei.tor [fejt'or] *sm* foreman, overseer.

fei.ú.ra [fej'urə] *sf bras, coloq* ugliness, *amer* homeliness, ill-favouredness.

fei.xe [f'ejʃi] *sm* **1** sheaf, bundle. *ele é um feixe de nervos* / he is a bundle of nerves. **2** beam, shaft (light). **feixe de ossos** bag of bones.

fel [f'ew] *sm* (*pl* **féis**) **1** gall, bile. **2** *fig* bad temper, anger, hate. **3** rancour, grudge, bitterness.

fe.li.ci.da.de [felisid'adi] *sf* **1** happiness, bliss. **2** good luck, good fortune. *desejo-lhe felicidades* / I wish you good luck, I hope you will be very happy. **3** satisfaction, contentment. **a felicidade suprema** bliss. **por nossa felicidade** fortunately for us.

fe.li.ci.ta.ção [felisitas'ãw] *sf* (*pl* **felicitações**) congratulation, good wishes. *apresento minhas felicitações por... /* congratulations on... **carta de felicitações** letter of congratulation(s). **felicitações cordiais!** (birthday compliments) many happy returns of the day!

fe.li.no [fel'inu] *sm Zool* feline, animal of the cat family. • *adj* **1** feline. **2** catlike, cattish. **3** *fig* stealthy. **4** *fig* agile, lithe.

fe.liz [fel'is] *adj m+f* (*pl* **felizes**) **1** lucky, in luck, happy. *sou muito feliz /* I am very fortunate, happy. **2** fortunate, blessed, blissful. *ele é feliz por ter filhos bons /* he is fortunate in having good children. **3** satisfied, content.

fe.lo.ni.a [felon'iə] *sf* **1** felony, crime. **2** perfidy, treachery. **3** cruelty.

fel.pu.do [fewp'udu] *adj* **1** hairy, shaggy. **2** fluffy, downy. **3** fuzzy, piled, plushy. **4** fleecy.

fel.tro [f'ewtru] *sm* felt.

fê.mea [f'emjə] *sf* **1** female. **2** female animal, hen, jenny, cow. **3** a hollow part, tool etc., into which is inserted a corresponding, or male part. **4** nut of a screw. **fêmea da baleia** cow-whale. **fêmea do lobo** bitch-wolf, she-wolf.

fe.mi.ni.li.da.de [feminilid'adi] *sf* femininity, womanliness.

fe.mi.ni.no [femin'inu] *adj* female, feminine, womanly, womanish, womanlike. **equipe feminina** women's team. **gênero feminino** feminine gender. **sexo feminino** female sex. **sufrágio feminino** woman suffrage. **trabalho feminino** female labor.

fe.mi.nis.mo [femin'izmu] *sm* feminism: advocacy of women's rights, or of the movement for the advancement and emancipation of women.

fê.mur [f'emur] *sm Anat femur*, thighbone.

fen.da [f'ẽdə] *sf* **1** crack, chink. **2** fissure. **3** gap, crevice. **4** rent, slot, slit, notch. **cheio de fendas** cracky. **fenda de geleira** crevasse.

fen.di.do [fẽd'idu] *adj* **1** cleft, split, cloven. **2** fissured, cracked. **3** creviced.

fe.ne.ci.men.to [fenesim'ẽtu] *sm* **1** end, conclusion. **2** death. **3** dying out. **4** fading, withering.

fe.no [f'enu] *sm* hay. **colheita de feno** hay harvest or crop. **febre do feno** hay fever. **meda de feno** haymow, haystack.

fe.nô.me.no [fen'omenu] *sm phenomenon*: a) any observable action, appearance, change or fact, symptom. b) rare or unusual event, exceptional or abnormal occurrence, thing or person. c) person of outstanding talents or capacity. **fenômeno físico ou químico** physical or chemical *phenomenon*.

fe.ra [f'ɛrə] *sf* **1** wild animal or beast, beast of prey. **2** *fig* brutal person. **3** *fig* very austere and irascible person. **4** *fig* person of great knowledge. **ficar uma fera** to get furious.

fé.re.tro [f'ɛretru] *sm* coffin, bier.

fé.ria [f'ɛrjə] *sf* **1** proceeds, sales receipts, returns. **2 férias** holidays, vacations. *ele passou as férias na praia* / he spent his holidays at the seaside. *ele está de férias* / he is on holiday/on vacation. **acampamento de férias** holiday camp.

fe.ri.a.do [feri'adu] *sm* holiday. • *adj* like a holiday, free, leisure. **feriado bancário** bank holiday. **feriado nacional** national holiday.

fe.ri.da [fer'idə] *sf* **1** wound, sore, cut, slash. **2** ulcer, boil. **3** pain, grievance, affliction. **deixar cicatrizar a ferida** *fig* to bury in oblivion a painful occurrence. **ferida mortal** mortal wound. **ferida por mordida** tooth wound, bite. **reabrir a ferida** to reopen an old sore. **tocar na ferida** *fig* to touch a sore spot. **uma ferida aberta** an open sore.

fe.ri.do [fer'idu] *sm* wounded person. • *adj* **1** wounded, hurt. *ele está ligeiramente ferido* / he is slightly wounded. *ele foi ferido gravemente* / he received severe injuries. **2** grieved, offended, hurt. **ferido de raio** thunderstruck. **ferido por garras/unhas** clawed. **orgulho ferido** wounded pride.

fe.rir [fer'ir] *vt+vint+vpr* **1** to wound, injure, bruise. **2** to beat, strike, smite, hit. **3** to damage or harm. **4** to hurt, cut, sting. *sua grosseria me feriu o coração* / his unkindness cut me to the heart. **5** to afflict, annoy, vex, harrow, attack. **6 ferir-se** a) to wound or hurt oneself. b) to become angry or offended about something. **ferir as cordas** to pluck the strings (of a musical instrument). **ferir até a medula** to cut to the quick. **ferir num ponto sensível** to touch on the raw. **ferir os sentimentos de alguém** to hurt one's feelings. **ferir superficialmente** to scrape.

fer.men.to [ferm'ẽtu] *sm* ferment: a) leaven(ing), yeast. b) enzyme. c) cause, fomentation. d) excitement, agitation. **fermento de discórdia** cause of discord. **fermento em pó** baking powder. **sem fermento** unleavened.

fe.ro.ci.da.de [ferosid'adi] *sf* **1** ferocity, ferociousness, fierceness. **2** savagery. **3** brutality, cruelty, atrocity.

fe.roz [fer'ɔs] *adj m+f* **1** ferocious, fierce. **2** wild, savage, feral, fell, truculent. **3** furious, violent, sanguinary.

fer.ra.du.ra [feřad'urə] *sf* horseshoe.

fer.ra.gem [feř'aʒẽj] *sf* (*pl* **ferragens**) **1** hardware, ironware. **2** iron fittings or trimmings. **3** iron tools or utensils. **loja de ferragens** hardware shop.

fer.ra.men.ta [feřam'ẽtə] *sf* tool, instrument, implement, utensil. **caixa de ferramentas** tool box. **ferramentas de carpinteiro e marceneiro** tools for joiners and cabinet-makers.

fer.ra.men.tei.ro [feřamẽt'ejru] *sm* toolmaker.

fer.rão [feř'ãw] *sm* (*pl* **ferrões**) **1** goad, prick, spike. **2** stinger, sting. **sem ferrão** stingless.

fer.rei.ro [feˈejru] *sm* 1 blacksmith, forger, forgeman. 2 ironmonger, hardware dealer.

fer.re.nho [feˈeñu] *adj* 1 uncompromising, inflexible. 2 tenacious, persevering, obstinate, unrelenting.

fér.reo [fˈɛrju] *adj* 1 ferrous, ferruginous. 2 made of iron. 3 hard, strong. 4 uncompromising, inflexible. **extensão de linha férrea** trackage. **linha férrea** railway track, railroad. **rede férrea** railway network.

fer.ro [fˈɛru] *sm* 1 iron (symbol: Fe). 2 iron instruments or just the cutting and/or piercing parts of them. 3 iron tool, implement. 4 iron, flat iron. 5 **ferros** a) chains, fetters. b) *fig* jail, prison, captivity. c) anchor. d) tongs. 6 any piece of iron. **a ferro e a fogo** by any means. **ele governa com mão de ferro** he rules with an iron hand. **ele tem saúde de ferro** he has an iron constitution. **estrada de ferro** railway, railroad. **ferro de marcar gado** branding iron. **ferro de passar roupa** iron. **ferro de plaina** plane iron, cutting iron, bit. **ferro em barras** bar iron. **ferro em folhas** sheet iron. **ferro em lingotes** ingot iron. **ferro em T** T iron, T bar. **ferro forjado** forged or wrought iron. **ferro fundido** cast iron. **ferro laminado** rolled iron (bars). **ferro redondo** round bar iron. **ferro U** channel iron. **lançar ferros** to drop/cast anchor. **levantar ferros** to weigh anchor. **levar ferro** to fail, come off badly. **limalha de ferro** iron filings. **malhar em ferro frio** to labour in vain, preach to the winds. **malhar o ferro enquanto está quente** to strike while the iron is hot. **meter em ferros** to put in shackles, clap in irons. **ninguém é de ferro** there's a limit to human endurance. **pau-ferro** ironwood.

fer.ro.a.da [feˈoˈadə] *sf* sting, prick, goad, jab, bite.

fer.ro.lho [feˈoʎu] *sm* bolt, push bolt, door bolt, latch, snap, closing clasp, fastening.

fer.ro-ve.lho [feˈuvˈɛʎu] *sm* (*pl* **ferros-velhos**) 1 junk dealer. 2 junk shop. 3 scrap iron.

fer.ro.vi.a [feˈoˈviə] *sf* railway, railroad.

fer.ro.vi.á.rio [feˈoviˈarju] *sm* railway employee. • *adj* railroad: of, pertaining to or relative to railways. **comunicação ferroviária** train service.

fer.ru.gem [feˈuʒẽj] *sf* (*pl* **ferrugens**) rust, rustiness. **criar ferrugem** to rust, grow rusty. **ferrugem do trigo** wheat rust.

fer.ru.gi.no.so [feˈuʒinˈozu] *adj* ferrous, ferruginous.

fér.til [fˈɛrtiw] *adj m+f* (*pl* **férteis**) 1 fertile, fecund, creative. 2 abundant. 3 productive.

fer.ti.li.zan.te [fertilizˈãti] *sm* fertilizer, manure. • *adj m+f* fertilizing.

fer.ti.li.zar [fertilizˈar] *vt+vint+vpr* 1 to fertilize, fecundate, impregnate. 2 to make productive or fruitful. 3 to become fertile.

fer.ver [fervˈer] *vt+vint* 1 to boil, bubble. 2 to be agitated, stirred up. *o mar está fervendo* / the sea is agitated. 3 to appear in great numbers, swarm. 4 to seethe, excite, rouse up. **a coisa está fervendo** things are getting hot. **fervem as águas de peixes** the water swarms with fishes. **ferver em fogo lento** to simmer. **ferver em pouca água** to get excited about nothing. **isso me faz ferver o sangue** that makes my blood boil.

fer.vi.lha.men.to [ferviʎamˈẽtu] *sm* 1 simmering. 2 agitation, commotion.

fer.vo.ro.so [fervorˈozu] *adj* 1 fervent. 2 devoted, zealous. 3 eager, keen, ardent.

fes.ta [fˈɛstə] *sf* 1 feast, festival, entertainment, merry-making, party, treat. 2 celebration, commemoration. **animar a festa** to get the party warmed up. **Boas festas!** a merry Christmas and happy New Year! **dar as boas festas** to wish a happy Christmas, send the compliments of the season. **dar uma festa** to throw/give a party. **dias de festa** feast days. **ele não está para festas** *coloq* he is out of humour. **fazer a festa e soltar os foguetes** to applaud one's own feasts. **festa de bodas** wedding party. **festa de colheita** harvest festival, thanksgiving. **festa de confraternização** bean-feast, end-of-term party (students). **festa de guarda** *Rel* strict holiday. **festa escolar** school treat. **festas (i)móveis** (im)movable feasts. **festa**

social social meeting. **festa só para homens** stag party. **festa só para mulheres** hen party. **foi dada uma festa em sua honra** a party was given for her/him. **furar uma festa** to crash a party. **hoje ele está de festa** today he is in high spirits. **no melhor da festa** when least expected. **sair no melhor da festa** to leave a feast at its height. **vestido de festa** party dress.

fes.tan.ça [fest'ãsə] *sf* a big feast, revel(ry), carousal, merrymaking.

fes.tei.ro [fest'ejru] *sm* **1** host, entertainer, patron. **2** merrymaker, reveller.

fes.te.jar [festeʒ'ar] *vt* **1** to celebrate, commemorate. **2** to applaud, praise. **3** to salute, welcome. **eles festejaram bastante** they made a night of it.

fes.tim [fest'ĩ] *sm* (*pl* **festins**) **1** private feast, party, festive family gathering. **2** banquet.

fes.ti.vo [fest'ivu] *adj* festive, merry, joyful.

fe.tal [fet'aw] *adj m+f* (*pl* **fetais**) **1** f(o)etal. **2** of, pertaining to or relative to ferns.

fe.ti.che [fet'iʃi] *sm* **1** fetish, charm: an object believed to have magical power. **2** *fig* person or object of special devotion, idol.

fe.to [f'ɛtu] *sm Anat* f(o)etus.

feu.dal [fewd'aw] *adj m+f* (*pl* **feudais**) feudal, liege. **direito feudal** feudal law. **regime feudal** feudal system. **senhor feudal** feudal lord, liege, liege lord.

feu.do [f'ewdu] *sm* **1** fief, feudal tenure. **2** vassalage.

fe.ve.rei.ro [fever'ejru] *sm* February. **o dia 29 de fevereiro** leap day.

fe.zes [f'ɛzis] *sf pl* (*sing* **fez**, now rare) f(a)eces, excrements.

fi.a.ção [fjas'ãw] *sf* (*pl* **fiações**) **1** spinning. **2** spinning mill.

fi.a.da [fi'adə] *sf* **1** layer of bricks, tier of stones. **2** line, row, file.

fi.an.ça [fi'ãsə] *sf* **1** guarantee. **2** security, caution, pledge. **3** bail. **4** responsibility. **5 dar/prestar fiança** to go bail for, give security, stand surety. **em fiança** on trust.

fi.ar¹ [fi'ar] to spin.

fi.ar² [fi'ar] *vt+vpr* **1** to rely, trust, confide in. **2** to stand bail, warrant, give security. **3** to sell on credit. **4** to hope for, expect. **5 fiar-se** to trust, have confidence in.

fi.as.co [fi'asku] *sm* **1** fiasco, failure. **2** *gír* flop, flunk. **fazer fiasco** to blunder.

fi.bra [f'ibrə] *sf* **1** fibre, fiber, filament, thread, strand. **2** *fig* strength, energy. **fibra de vidro** fiberglass. **fibra sintética** synthetic fiber. **homem de fibra** he is a man of firm character.

fi.bro.so [fibr'ozu] *adj* fibrose, fibrous.

fi.car [fik'ar] *vint* **1** to remain, stay. *ele ficará com você?* / will he stay with you? *ficarei se você assim o desejar* / I shall stay if you wish me to do so. **2** to rest, sojourn. **3** to stop in one place for a while to do something. *ficaram para tomar chá!* / they stopped for tea! **4** to be situated or located, lie. *onde fica sua casa?* / where is your house? **5** to continue, last, endure. **6** to lag behind. **7** to fit, suit, become. *isto não fica bem a um homem de sua posição* / this does not become a man of your position. *este chapéu lhe fica bem* / this hat suits you. **8** to be postponed, be put off. **9** to get, grow, become. *ele está ficando velho* / he is getting old. **10** to agree. *ficamos de partir no dia seguinte* / we agreed to set out the next day. **afinal, em que ficamos?** after all what shall we agree upon? **ela ficou com o melhor** she kept the best of it. **ela ficou mais moderada** she came down a peg or two. **ele ficou com medo** he was afraid. **ele ficou impune** he went unpunished. **ele ficou zangado** he became angry. **eles ficaram noivos** they became engaged. **ficamos devendo na loja** we are indebted at the store. **ficar afastado** to stay away. **ficar à toa** to idle. **ficar atrás/para trás** to stay behind. **ficar ausente** to stay away. **ficar à vontade** to make oneself comfortable. **ficar bem/mal** to be appropriate/unappropriate. **ficar bravo** to grow angry. **ficar de cama** to take to bed. **ficar de emboscada** to lie in wait. **ficar de fora** to be left out. **ficar de joelhos** to kneel. **ficar em casa** to stay home. **ficar em pé** a) to stand up. b) to stick up (hair). **ficar em volta de**

alguém to dangle about a person. **ficar ensopado** to become soaking wet. **ficar fora de uso** to grow out of use. **ficar indeciso/irresoluto** to vacillate. **ficar inteirado** to be informed. **ficar junto** to stick or stay together. **ficar louco** to go mad. **ficar pálido** to turn pale. **ficar parado** to standstill. **ficar por aí** to stick around. **ficar quieto** to be quiet. **ficar responsável por alguma coisa** to warrant for something. **ficar sem dinheiro** to run out of cash. **ficar senhor de si** to have self-control. **ficar tonto** to turn dizzy. **não ficou nada** there was nothing left. **não fique triste** don't be sad. **pode ficar com o troco** keep the change.

fic.ção [fiks'ãw] *sf (pl* **ficções)** *Lit* fiction. **ficção científica** science fiction.

fic.ci.o.nis.ta [fiksjon'istə] *s m+f Lit* fictionist, storyteller.

fi.cha [f'iʃə] *sf* **1** card chip (at games). **2** filing card, index card. **3** entrance form, record. **4** slip, ticket. **ficha de trabalho** timecard, time sheet.

fi.char [fiʃ'ar] *vt* **1** to register, record, file. **2** to hire (workers).

fi.chá.rio [fiʃ'arju] *sm* card index.

fic.tí.cio [fikt'isju] *adj* **1** fictitious, imaginary. **2** unreal, assumed. *ela deu um nome fictício* / she gave an assumed name. **personagem fictício do romance** fictitious character of the novel.

fi.dal.gui.a [fidawg'iə] *sf* **1** nobility. **2** magnanimity, generosity.

fi.de.dig.no [fided'ignu] *adj* **1** trustworthy, reliable. **2** authentic. **novidades fidedignas** authentic news.

fi.de.li.da.de [fidelid'adi] *sf* **1** fidelity, faithfulness. **2** fealty, loyalty. **3** veracity, honesty, truth. **4** exactness, accuracy. **5** integrity, probity, trustworthiness.

fi.du.ci.á.rio [fidusi'arju] *sm* fiduciary, trustee, fideicommissor. • *adj* fiducial, fiduciary. **circulação fiduciária** paper currency. **emprego fiduciário de capital** investment of trust money.

fi.el [fi'ɛw] *sm (pl* **fiéis) 1** tongue, cock, pointer or hand of a balance or weighing-machine. **2 fiéis** *Rel* the faithful, true believers, followers, churchgoers. • *adj*

m+f **1** faithful, true. **2** loyal, devoted, reliable. **3** sincere, honest. **ele é o fiel da balança** he will decide the question. **ficar fiel a** to abide by, adhere. *fique fiel aos seus juramentos* / adhere to your vows. **fiel à sua promessa** true to his promise. **manter-se fiel a** to stick by. **você me será fiel?** will you be true to me?

fi.el.men.te [fjɛwm'ẽti] *adv* faithfully, loyally.

fi.ga.do [f'igadu] *sm* **1** *Anat* liver. **2** *fig* a) courage, tenacity. *ela tem fígado* / she has courage. b) character, moral firmness. **ele tem maus fígados** he is a vindictive man. **óleo de fígado de bacalhau** codliver oil.

fi.gu.ra [fig'urə] *sf* **1** figure: a) appearance. b) aspect, shape, frame. c) social importance, eminence. d) person, personality, individuality. e) drawing, design. f) image, picture. **2** *Baralho* face card (a king, queen or jack in a deck of cards). **3** character: a person marked by notable or conspicuous traits. *ele é uma figura* / he is quite a character. **depois daquela minha conversa com ele o caso mudou de figura** after that conversation with him the case looked quite different. **ele é apenas uma figura de proa** he is nothing but a figure head. **em figura** in attitude, in posture. **fazer boa figura** to cut a good figure. **figura de cera** waxwork. **figura de retórica** figure of speech. **mudar de figura** to put a new face on things, become different.

fi.gu.ra.ção [figuras'ãw] *sf (pl* **figurações)** *Teat, Cin* nonspeaking part in a crowd scene.

fi.gu.ran.te [figur'ãti] *s m+f Teat, Cin* extra: one who plays a nonspeaking part.

fi.gu.rão [figur'ãw] *sm* big shot.

fi.gu.ra.ti.vo [figurat'ivu] *adj* figurative, representative, symbolic(al).

fi.gu.ri.nha [figur'iɲə] *sf bras* **1** card: any small picture or drawing available at news-stands usually for collection. **2** *fig* a popular or easy person. **figurinha difícil** an inaccessible person.

fi.gu.ri.no [figur'inu] *sm* **1** model, fashion plate, pattern (for cutting a dress). **2 figurinos** pattern book, fashion magazine.

fi.la [fˈilə] *sf* **1** line, queue, file. **2** row. **em fila** in line. **fila da frente** front row. **fila indiana** Indian file. **formar fila** to queue up, line up. **pôr em fila** to set in a row.

fi.la.men.to [filamˈẽtu] *sm* **1** filament. **2** fibre, fiber. **3** mineral fibre. **circuito de filamento** filament circuit. **filamento de quartzo** quartz fibre. **sem filamento** filamentless, fibreless.

fi.lan.tro.po [filãtrˈopu] *sm* philanthropist, humanitarian. • *adj* philanthropist.

fi.lão [filˈãw] *sm* (*pl* **filões**) **1** *Miner.* lode, vein. **2** *bras* loaf of (wheaten) bread.

fi.lar.mô.ni.ca [filarmˈonikə] *sf* Philharmonic: philharmonic society, concert or orchestra.

fi.la.te.lis.ta [filatelˈistə] *s m+f* philatelist: stamp collector.

fi.lé [filˈɛ] *sm* **1** *filet mignon*, tenderloin. **2** broiled or cooked steak. **eu queria um filé com batatas fritas** I would like a steak with French fries.

fi.lei.ra [filˈejrə] *sf* **1** row, rank, tier. **2** file, line. **3** wing, ala. **4 fileiras** military life or active service. **cerrar as fileiras** to close the ranks. **em fileiras** in tiers. **paletó de uma fileira de botões** a single-breasted coat. **uma fileira de soldados** a column.

fi.lha [fˈiʎə] *sf* daughter. **a ambição é filha do orgulho** ambition is the daughter of pride. **as filhas de Eva** the fair sex. **filha adotiva** foster daughter.

fi.lha.ra.da [fiʎarˈadə] *sf* large family, great number of children.

fi.lho [fˈiʎu] *sm* **1** son. **2** native, national. **3 filhos** children. **ele é filho de peixe** he is a chip of the old block. **ele é também filho de Deus** he has the same rights. **filho adotivo** adopted son. **filho de criação** foster child. **filho ilegítimo** bastard. **filho mais novo** the youngest son. **filho mais velho** the oldest son. **filho natural** natural child. **filho primogênito** first-born. **filho pródigo** prodigal (son). **filho único** an only child. **tal pai, tal filho** like father, like son.

fi.lho.te [fiʎˈɔti] *sm* **1** younglet, nestling, cub. **2** sonny, little son. **filhote de águia** eaglet. **filhote de cachorro** pup(py),

whelp. **filhote de gato** kitten. **filhote de leão, urso, lobo, raposa** cub.

fi.li.al [filiˈaw] *sf* (*pl* **filiais**) **1** branch. **2** chain store. • *adj* filial. **filial de banco** branch. **obediência filial** filial obedience.

fi.li.ar [filiˈar] *vt+vpr* **1** to affiliate, admit, enroll, incorporate. **2 filiar-se** to enter, join (a group or party). **eles não se filiam a nenhum partido** / they affiliate with no party. **companhia filiada** subsidiary company. **pessoa/organização filiada** affiliate.

fil.mar [fiwmˈar] *vt* to film, shoot.

fil.me [fˈiwmi] *sm* **1** film, movie, motion picture. **2** pellicle, thin layer. **3** film strip. **filme cinematográfico** motion picture. **filme colorido** color movie. **filme colorizado** color-imaged film. **filme de curta/longa metragem** short/long feature movie. **filme de faroeste/bangue-bangue** western. **filme de ficção científica** science fiction movie. **filme de guerra** war movie. **filme de suspense** thriller. **filme em branco e preto** black and white movie. **filme em rolo** roll film, film cartridge. **filme mudo** silent movie. **filme para televisão** telefilm. **filme pornográfico/pornô** pornographic/blue movie. **filme sonoro** sound film.

fi.lo.lo.gi.a [filoloʒiˈə] *sf* philology: historical study of language as through literary and non-literary texts.

fi.lo.so.fi.a [filozofˈiə] *sf* philosophy.

fi.lo.só.fi.co [filozˈɔfiku] *adj* philosophic(al).

fi.ló.so.fo [filˈɔzofu] *sm* **1** philosopher. **2** quiet thinker, calm reasoner. **3** queer fellow.

fil.tra.ção [fiwtrasˈãw] *sf* (*pl* **filtrações**) **1** filtration: act or process of filtering. **2** percolation.

fil.tra.gem [fiwtrˈaʒẽj] *sf* (*pl* **filtragens**) = **filtração.**

fil.tro [fˈiwtru] *sm* **1** filter, strainer, percolator. **2** filtering material (bag, cloth, porous mass, paper etc.). **filtro amoroso** love potion. **filtro de algodão** bag filter. **filtro de ar** air filter. **filtro de papel** paper filter.

fim [fĩ] *sm* (*pl* **fins**) **1** end, conclusion, termination. **2** expiration, ending. **3** closure, close, closing. **4** aim, intention, finality. **5** extremity, tail, tail end. **6** stop. *pomos um fim nisto* / we put a stop to it. **7** death, end of life. **a fim de, com o fim de** in order to, by way of, for. **a fim de que** so that, in order to. **a partida está no fim** the game is up. **até o fim** through, to the end, **até o fim do mundo** to the end of the world. **chegar ao fim** to come to an end, to draw to a close. **dar fim a alguma coisa** to finish, accomplish something. **do começo ao fim** from one end to the other. **em fins de maio** at the end of May. **fiel até o fim** faithful to the last. **fim de semana** weekend. **levar ao fim** to carry through. **não sabe qual é o começo e o fim** he cannot make head or tail of it. **no fim** at the end. **no fim das contas, no fim de tudo** after all. **no fim do dia** at the close of the day. **o fim justifica os meios** the end justifies the means. **por fim** at last. **ter fim** to be at an end. **você será o meu fim** you will be the end of me.

fi.na.do [fin'adu] *sm* deceased, departed, dead. • *adj* dead, deceased. **Finados** All Soul's Day.

fi.nal [fin'aw] *sm* (*pl* **finais**) **1** conclusion, finish, end. **2** terminal. **3** tail, tag. **4** result, outcome. • *adj m+f* final: a) last. b) terminal, ultimate. c) decisive, conclusive, definite. d) concluding, finishing. **aguardar o resultado final** to watch the final result. **causa final** final cause. **cláusula final** final clause. **linha final** tag line. **no final das contas** in the long run. **objetivo final** final aim. **o juízo final** doomsday. **parte final** tail end. **sessão final** *Jur* final hearing. **um final feliz** a happy ending.

fi.na.li.da.de [finalid'adi] *sf* **1** aim, purpose, finality. **2** end, design, intention. **3** motive, sake. **com a finalidade** to the effect. **com esta finalidade** for this purpose. **com que finalidade?** for what purpose? **qual foi a finalidade disto?** what was it intended for?

fi.na.li.zar [finaliz'ar] *vt* **1** to finish, terminate, conclude, accomplish. **2** to

put an end to, bring to a conclusion.

fi.nan.ças [fin'ãsas] *sf pl* finances: a) funds, capital. b) the science of monetary affairs. c) financial management.

fi.nan.ci.ar [finãsi'ar] *vt* **1** to finance, provide capital for, supply money. **2** to support, maintain. **ela lhe financiou os estudos** she put him through college.

fi.nan.cis.ta [finãs'istə] *s m+f* financier.

fin.car [fĩk'ar] *vt+vpr* **1** to thrust in, nail in, drive in, ram down (piles), dig, stick, plunge. **2 fincar-se** a) to stand still, remain fixed on the spot. b) to persevere, persist.

fin.do [f'ĩdu] *adj* finished, over, ended, past.

fi.ne.za [fin'ezə] *sf* **1** perfection, elegance, gracefulness. **2** attentiveness, gentleness. **3** favour, kindness. **4** courtesy, politeness, finesse. **dever uma fineza** to be under an obligation. **faça-me a fineza** be so kind. **fazer uma fineza** to do a kindness. **feito com fineza** delicately done. **fineza das cores** brightness of colours.

fin.gi.do [fĩʒ'idu] *adj* **1** sham, artificial, fake. **2** insincere, false, double-faced, hypocritical. **dedicação fingida** spurious devotion. **lágrimas fingidas** false tears.

fin.gi.men.to [fĩʒim'ẽtu] *sm* **1** simulation, hypocrisy, dissimulation, feigning. **2** deceit, deception, fraud.

fin.gir [fĩʒ'ir] *vt+vint+vpr* **1** to simulate, feign, make believe, sham, play-act, fake, assume. **2** to pretend, affect. **ela se fingiu morta** she played dead. **ele fingiu inocência** he had a face of innocence. **fingir não conhecer alguém** to cut someone. **fingir-se doente** to feign sickness.

fi.no [f'inu] *adj* **1** thin, slim, slender. **2** graceful, elegant. **3** delicate, gentle. **4** pure, fine. **5** excellent, superior, refined, exquisite. **6** polite, courteous, well-bred. **à fina força** by mere force. **ela é muito fina** she is very refined. **fino como uma cobra** sly as a snake. **um tanto fino** thinnish.

fi.nu.ra [fin'urə] *sf* **1** thinness, slimness. **2** subtleness, wit. **3** courtesy, politeness. **4** niceness.

fi.o [f'iu] *sm* **1** thread, twine, yarn. **2** row, line. **3** wire. **4** trickle. **5** connection, link. **6** string. **7** cutting edge. **achar o fio da meada** to find the clue of the problem. **cinco anos a fio** five years running. **correr em fio** to trickle. **de fio a pavio** from the beginning to the end. **estava por um fio de cabelo** it was touch and go. **fio condutor** conducting wire. **fio de algodão** cotton yarn. **fio de cabelo** one hair. **fio de lã** wool fibre, wool yarn. **fio de linha** sewing-thread. **fio de navalha** razor's edge. **fio de prumo** plumb line. **fio elétrico** wire, flex. **fios de teia de aranha (flutuantes no ar)** air threads, gossamer. **fio-terra** *Eletr* ground wire. **foi por um fio** it was a matter of touch-and-go. **minha vida estava por um fio** my life hung by a thin thread. **perder o fio da meada** to lose track of oneself. **por horas a fio** hours and hours. **por um fio (de cabelo)** *fig* within a hair's breadth, by a fraction of an inch. **reatar o fio da conversa** to resume (or take up) the thread.

fir.ma [f'irmə] *sf* **1** firm: a) trade or business name. b) commercial or industrial establishment. **2** signature. **a firma extinta** the late firm. **assinar pela firma** to sign for the firm. **firma reconhecida** notarized signature. **uma firma conceituada** a firm of good reputation.

fir.mar [firm'ar] *vt* **1** to fasten, fix, secure. **2** to settle, establish definitely, steady, stabilize, consolidate. **3** to confirm, sanction. **4** to contract, pact. **5** to sign, ratify, subscribe, undersign, seal. *ela firmou de próprio punho* / she signed with her own hand.

fir.me.za [firm'ezə] *sf* **1** firmness, fortitude, strength. **2** stability. **3** solidity, steadiness. **4** constancy, steadfastness, tenaciousness, determination. **5** strength, vigour. *ela falou com firmeza* / she spoke with determination. **devido à firmeza de seu braço** due to his arm's strength. **ele mostrou firmeza de ânimo** he showed valor. **firmeza de vontade** firmness of purpose. **sem firmeza** unsteadily, unstable, *fig* invertebrate.

fis.cal [fisk'aw] *sm* (*pl* **fiscais**) **1** custom inspector, surveyor of taxes, revenue officer. **2** controller, inspector. **3** supervisor. • *adj m+f* fiscal. **ano fiscal** fiscal year.

fis.ca.li.zar [fiskaliz'ar] **1** to act as a fiscal or revenue officer. **2** to observe, examine. **3** to control, check, inspect, supervise.

fis.co [f'isku] *sm* **1** public revenue, public treasury, the Exchequer. **2** revenue office, tax collection office.

fis.ga.da [fizg'adə] *sf* **1** stabbing. **2** sharp pain, pang.

fí.si.ca [f'izikə] *sf* physics.

fí.si.co [f'iziku] *sm* **1** constitution, build. **2** physicist. • *adj* **1** physical. **2** bodily, corporeal, personal. **3** natural, material. **as propriedades físicas** the physical properties. **condição física** physical condition. **cultura física** physical culture. **treinamento físico** physical training, physical exercise.

fi.si.o.lo.gi.a [fizjoloʒ'iə] *sf Biol* physiology: a branch of biology that deals with the functions and activities of life or of living matter.

fi.si.o.no.mi.a [fizjonom'iə] *sf* **1** face, countenance. **2** facial features. **3** look, aspect.

fi.si.o.te.ra.pia [fizjuterap'iə] *sf* physiotherapy.

fis.são [fis'ãw] *sf Fís* fission.

fis.su.ra [fis'urə] *sf* chink, split, crack, cleft.

fi.ta [f'itə] *sf* **1** ribbon, band, braid. **2** edging. **3** bind(er), string. **4** tape, clamp. **5** strip, zone, belt. **6** riband, ribbon of an order, cordon. **7** *bras* a) movie, film, picture, flick. b) deception, lie, falsehood. **fazer fita** to pretend. **fita adesiva** scotch tape. **fita cassete** cassette tape. **fita corretiva** correction paper. **fita crepe** masking tape. **fita de aço/de ferro** hoopiron. **fita de chapéu** hatband. **fita de máquina de escrever** typewriter ribbon. **fita de videocassete** VCR cassette tape. **fita isolante** insulation tape. **fita métrica** tape measure. **fitas do avental** apron strings. **queimar a fita** to spoil the pleasure.

fi.tar [fit′ar] *vt* to stare, gaze, fix the glance upon. **ele fitou-me com os olhos** he stared at me. **fitar alguém desconfiadamente** to look askance at someone.

fi.ve.la [fiv′ɛlə] *sf* buckle.

fi.xa.ção [fiksas′ãw] *sf (pl* **fixações**) 1 fixing. 2 settlement. 3 determination.

fi.xa.do [fiks′adu] *adj* fixed, set.

fi.xa.dor [fiksad′or] *sm* 1 fixer. 2 clamp, locking device. 3 *Quím* fixative. • *adj* fixative.

fi.xar [fiks′ar] *vt* 1 to fix. 2 to remember. **fixar cartazes** to fix posters on. **fixar o pensamento em** to concentrate upon. **fixar o preço** to rate. **fixar os olhos sobre** to look attentively upon. **fixar uma data** to set a date.

fi.xo [f′iksu] *adj* 1 fixed. 2 stable. 3 steady. **idéia fixa** fixed idea. **renda fixa** sure income.

fla.ci.dez [flasid′es] *sf* 1 flaccidity, laxity. 2 slackness, flabbiness.

flá.ci.do [fl′asidu] *adj* flabby.

fla.ge.la.ção [flaʒelas′ãw] *sf (pl* **flagelações**) 1 flagellation. 2 torture, suffering.

fla.ge.la.do [flaʒel′adu] *adj* 1 *Biol* flagellated. 2 tortured.

fla.ge.lo [flaʒ′ɛlu] *sm* 1 punishment. 2 calamity.

fla.gran.te [flagr′ãti] *sm* 1 the very act. 2 moment. • *adj m+f* 1 flagrant. 2 evident. **em flagrante** in the act, red-handed. **pegar em flagrante** to take by surprise.

fla.grar [flagr′ar] *vint* 1 to burn. 2 to see.

fla.ma [fl′ʌmə] *sf* 1 flame, blaze. 2 enthusiasm.

fla.min.go [flam′ĩgu] *sm Ornit* flamingo.

flâ.mu.la [fl′ʌmulə] *sf* pennant.

flan.co [fl′ãku] *sm* flank.

fla.ne.la [flan′ɛlə] *sf* flannel.

flau.ta [fl′awtə] *sf* flute. **levar tudo na flauta** to take things easy.

flau.tis.ta [flawt′istə] *s m+f* flutist, flute player.

fle.cha [fl′ɛʃə] *sf* arrow. **arco e flecha** bow and arrow.

fle.cha.da [fleʃ′adə] *sf* arrow shot.

fler.tar [flert′ar] *vint* to flirt.

fler.te [fl′erti] *sm* flirtation.

fleu.ma [fl′ewmə] *s m+f* phlegm.

fle.xão [fleks′ãw] *sf (pl* **flexões**) 1 flexion. 2 (exercício físico) push-up.

fle.xi.bi.li.da.de [fleksibilid′adi] *s* flexibility.

fle.xi.bi.li.zar [fleksibiliz′ar] *vt* to make flexible.

fle.xí.vel [fleks′ivew] *adj m+f (pl* **flexíveis**) flexible.

flo.co [fl′ɔku] *sm* flake, chip, flock. **em flocos** in flakes.

flor [fl′or] *sf* 1 flower, blossom. 2 darling, pet. **coroa de flores** wreath of flowers. **flor da sociedade** the cream of society. **na flor da mocidade** in the pride of youth (or flower).

flo.ra [fl′ɔrə] *sf* Flora.

flo.re.a.do [flore′adu] *adj* adorned, decorated.

flo.re.ar [flore′ar] *vt* 1 to flourish. 2 to cover or adorn with flowers.

flo.res.cen.te [flores′ẽti] *adj m+f* florescent.

flo.res.cer [flores′er] *vint* 1 to bloom, blossom. 2 to flourish.

flo.res.ta [flor′ɛstə] *sf* forest. **floresta tropical** rain forest.

flo.res.tal [florest′aw] *adj m+f (pl* **florestais**) forestal, forestial. **guarda florestal** forest ranger.

flo.ri.cul.tor [florikuwt′or] *sm* florist. • *adj* floricultural.

flo.ri.do [flor′idu] *adj* flowery.

flo.rir [flor′ir] *vt+vint* 1 to flower, blossom, flourish. 2 to develop.

flu.ên.cia [flu′ẽsjə] *sf* fluency.

flu.en.te [flu′ẽti] *adj m+f* 1 fluent. 2 natural, spontaneous.

flui.do [fl′ujdu] *sm* fluid, liquid. • *adj* 1 fluid. 2 liquid.

flu.ir [flu′ir] *vint* to flow, run, stream.

flú.or [fl′uor] *sm Quím* fluor, fluorite.

flu.o.res.cên.cia [flwores′ẽsjə] *sf Fís* fluorescence.

flu.o.res.cen.te [flwores′ẽti] *adj m+f Fís* fluorescent.

flu.tu.a.ção [flutwas′ãw] *sf (pl* **flutuações**) fluctuation, floating.

flu.tu.an.te [flutu′ãti] *adj m+f* fluctuant, floating.

flu.tu.ar [flutu′ar] *vint* to fluctuate, float.

flu.vi.al [fluvi'aw] *adj m+f* (*pl* **fluviais**) fluvial.

flu.xo [fl'uksu] *sm* flow. **o fluxo e o re-fluxo** rise and fall.

flu.xo.gra.ma [fluksogr'∧mə] *sf Inform* flow chart.

fo.bi.a [fob'iə] *sf* phobia.

fo.ca [f'ɔkə] *sf Zool* sea lion, seal.

fo.ca.li.zar [fokaliz'ar] *vt* to focus.

fo.car [fok'ar] *vt* **1** to focus. **2** to concentrate.

fo.ci.nho [fos'iɲu] *sm* **1** muzzle, snout. **2** *coloq* face, nose.

fo.co [f'ɔku] *sm* focus. **em foco** in focus.

fo.der [fod'er] *vt+vint vulg* to fuck.

fo.fo [f'ofu] *adj* **1** soft, fluffy. **2** *coloq* cute.

fo.fo.ca [fof'ɔkə] *sf coloq* gossip.

fo.fo.car [fofok'ar] *vint* to gossip.

fo.fo.quei.ro [fofok'ejru] *sm coloq* gossip.

fo.gão [fog'ãw] *sm* stove. **fogão a gás** gas stove. **fogão a lenha** wood stove. **fogão elétrico** electric stove.

fo.go [f'ogu] *sm* fire. • *interj Mil* fire!. **à prova de fogo** fireproof. **armas de fogo** fire-arms. **fazer/dar fogo** to fire, give fire. **fogo cruzado** crossfire. **fogos de artifício** fireworks. **manter o fogo aceso** to keep the fire burning. **pegar fogo** to catch fire. **pôr fogo** to set fire.

fo.go.so [fog'ozu] *adj* **1** hot, fiery. **2** burning. **3** ardent, passionate.

fo.guei.ra [fog'ejrə] *sf* bonfire.

fo.gue.te [fog'eti] *sm* rocket. • *adj m+f* lively. **sair como um foguete** to run like mad.

foi.ce [f'ojsi] *sf* scythe, sickle.

fol.clo.re [fowkl'ɔri] *sm* folklore.

fol.cló.ri.co [fowkl'ɔriku] *adj* folkloric.

fô.le.go [f'olegu] *sm* breath. *fiquei sem fôlego / I* was out of breath. **falta de fôlego** shortness of breath. **perder o fôlego** to lose one's wind. **tomar fôlego** to gather breath.

fol.ga [f'owgə] *sf* **1** pause. **2** rest. **3** gap. **dia de folga** day off. **ele está de folga** he is off duty.

fol.ga.do [fowg'adu] *adj* **1** broad, wide, ample. **2** loose-fitting. **3** (pessoa) cheeky.

fol.gar [fowg'ar] *vt+vint* to rest, be off duty.

fo.lha [f'oλə] *sf* **1** leaf. **2** blade. **3** (livro) page. **4** sheet. **folha de pagamento** payroll. **folha de papel** sheet of paper. **novo em folha** brand-new.

fo.lha.do [foλ'adu] *sm Cul* puff pastry. • *adj* **1** leafy. **2** leaf-shaped.

fo.lha.gem [foλ'aʒẽj] *sf* (*pl* **folhagens**) foliage.

fo.lhe.a.do [foλe'adu] *adj* **1** coated, covered. **2** plated. **folheado a ouro** gold-plated.

fo.lhe.ar [foλe'ar] *vt* **1** to leaf through, skim (book, magazine). **2** to cut into sheets.

fo.lhe.tim [foλet'ĩ] *sm* (*pl* **folhetins**) serial (publication).

fo.lhe.to [foλ'etu] *sm* **1** pamphlet, brochure. **2** flyer. **3** prospectus.

fo.lhi.nha [foλ'iɲə] *sf* calendar.

fo.li.a [fol'iə] *sf* merry-making, merriment, revelry. **que folia!** what a fun!

fo.li.ão [foli'ãw] *sm* (*pl* **foliões**) **1** reveller, merry-maker. **2** *bras* carnival reveller.

fo.me [f'ɔmi] *sf* hunger. **greve de fome** hunger strike. **morrer de fome** to starve.

fo.men.tar [fomẽt'ar] *vt* to foment.

fo.men.to [fom'ẽtu] *sm* **1** fomentation. **2** *fig* protection, assistance.

fo.mi.nha [fom'iɲə] *adj gír* greedy.

fo.ne [f'oni] *sm* phone, telephone receiver. **fone de ouvido** ear-phone, headphone.

fon.te [f'õti] *sf* **1** fountain. **2** *Anat* temple. **3** *fig* source. **fonte de água mineral** spa. **fonte de energia** source of energy. **fonte de informação** a wellspring of information.

fo.ra [f'ɔrə] *adv* out, outside, outdoors, beyond, abroad, off, away. • *prep* **1** except, excepting, without. **2** besides. • *interj* out!, get out!, off!, be off!, be gone! **cai fora!** *bras, gír* go out!, get out! **dar o fora** to hop it. **dar o fora em alguém** to give a person the air. **de fora** outside. **fora de cogitação** out of question. **fora de moda** out of fashion. **fora de perigo** out of danger. **fora de propósito** out of mind. **fora do lugar** out of place. **fora do tempo** inopportune. **jantar fora** to dine out. **lá fora** out there. **morar fora da cidade** to live out of town. **pôr para fora** to turn out, show the door to.

fo.ra.da.lei [fˈɔrədəlˈej] *s e adj m+f* outlaw, outcast, criminal.

fo.ra.gi.do [foraʒˈidu] *sm* 1 fugitive. 2 outlaw. • *adj* fugitive.

fo.ras.tei.ro [forastˈejru] *sm* foreigner, stranger, outlander.

for.ca [fˈorkə] *sf* 1 gallows. 2 (jogo) hangman.

for.ça [fˈorsə] *sf* 1 force. 2 strength. 3 power. 4 energy. **camisa-de-força** strait jacket. **força aérea** air force. **força de vontade** will-power. **força elétrica** electric power.

for.ça.do [forsˈadu] *adj* 1 compelled, obliged. 2 forced, compulsory. **trabalho forçado** hard labour.

for.çar [forsˈar] *vt* to force, oblige. **eles forçaram a alta dos preços** they pushed up the prices.

for.ja.do [forʒˈadu] *adj* forged.

for.jar [forʒˈar] *vt* to forge.

for.ma¹ [fˈɔrmə] *sf* 1 form, appearance. 2 figure, shape. 3 configuration. 4 way. **da melhor forma possível** to the best of one's ability. **de forma alguma** in no case, by no means, not at all. **de qualquer forma** a) at any rate. b) in any way. c) at the least. **de tal forma que** so that. **em boa forma** in good shape. **estar em forma** to be in shape. **tomar forma** to take shape.

for.ma² [fˈɔrmə] *sf* 1 mold. 2 baking pan, cake pan. **escrever em letra de forma** to write in print. **letra de forma** type, print.

for.ma.ção [formasˈãw] *sf* (*pl* **formações**) formation.

for.ma.do [formˈadu] *adj* 1 formed, shaped. 2 graduated.

for.mal [formˈaw] *adj m+f* formal.

for.ma.li.da.de [formalidˈadi] *sf* formality. *eles observaram todas as formalidades legais* / they complied with all legal formalities.

for.man.do [formˈãdu] *sm Educ* a senior student who is about to graduate.

for.mar [formˈar] *vt+vpr* 1 to form. 2 to determine. 3 to promote, further. 4 **formar-se** a) to be formed or made. *no céu formaram-se nuvens* / clouds formed in the sky. b) to take shape. c) to cultivate one's mind, train. d) to graduate, take a degree, major. *ela formou-se em história* / she majored in history.

for.ma.tar [formatˈar] *vt* to format.

for.ma.to [formˈatu] *sm* format, shape, size, form.

for.ma.tu.ra [formatˈurə] *sf* 1 formation. 2 graduation.

fór.mi.ca [fˈɔrmikə] *sf* Formica: trademark of a laminated plastic.

for.mi.dá.vel [formidˈavew] *adj m+f* (*pl* **formidáveis**) 1 formidable, *gír* corking, roaring. 2 *bras* splendid, excellent.

for.mi.ga [formˈigə] *sf Entom* ant.

for.mi.ga.men.to [formigamˈẽtu] *sm Med* formication.

for.mi.gar [formigˈar] *vint* 1 to formicate. 2 to have pins and needles.

for.mi.guei.ro [formigˈejru] *sm* anthill.

for.mo.so [formˈozu] *adj* 1 beautiful. 2 charming. 3 splendid, brilliant.

for.mo.su.ra [formozˈurə] *sf* 1 beauty. 2 perfection.

fór.mu.la [fˈɔrmulə] *sf* formula.

for.mu.lar [formulˈar] *vt* to formulate.

for.mu.lá.rio [formulˈarju] *sm* form. **formulário de imposto de renda** income-tax form.

for.ne.ce.dor [fornesedˈor] *sm* supplier.

for.ne.cer [fornesˈer] *vt* 1 to furnish, supply. 2 to provide, cater. 3 to stock, store.

for.ne.ci.men.to [fornesimˈẽtu] *sm* supply, providing, provision. **fornecimento de água** water supply.

for.no [fˈornu] *sm* 1 oven. 2 kiln, furnace. **forno a gás** gas furnace. **forno a óleo** oil heating furnace. **forno de microondas** microwave oven. **forno elétrico** a) electric oven. b) electric furnace. **pá de forno** oven peel, oven shovel.

for.qui.lha [forkˈiʎə] *sf* 1 fork. 2 crutch, crotch.

for.ra [fˈɔrə] *sf bras, pop* revenge. **ir à forra** *bras* to revenge, get even.

for.ra.ção [foɾasˈãw] *sf* (*pl* **forrações**) furring, lining.

for.rar [foɾˈar] *vt* to line, cover with pad. *um tapete bonito forrava a parede* / a beautiful carpet covered the wall. **forrar**

com madeira to timber, pane. **forrar com tacos** to parquet.

for.ro [f'oῖu] *sm* (*pl* **forros**) lining, covering. **forro de parede** wallpaper.

for.ta.le.cer [fortales'er] *vt+vpr* **1** to fortify. **2** to strengthen. **3 fortalecer-se** to increase one's strength, become strong.

for.ta.le.ci.do [fortales'idu] *adj* fortified, strengthened.

for.ta.le.ci.men.to [fortalesim'ẽtu] *sm* strengthening.

for.ta.le.za [fortal'ezə] *sf* fortress, fort.

for.te [f'ɔrti] *sm* **1** fort(ress), fortification. **2** talent, strong point. • *adj m+f* **1** strong. **2** (chuva) heavy. **3** solid, sound. **4** intense. **5** spicy. **6** hot (colours). • *adv Mús* **forte**, loudly, high-toned. **caixa-forte** safe. **de cor forte** high-coloured. **de espírito forte** strong-minded.

for.ti.fi.can.te [fortifik'ãti] *sm* tonic, fortifier. • *adj m+f* fortifying, invigorant.

for.ti.fi.car [fortifik'ar] *vt* **1** to fortify. **2** to encourage. **3** to strengthen.

for.tui.to [fort'ujtu] *adj* casual, accidental.

for.tu.na [fort'unə] *sf* fortune. **lance de fortuna** lucky strike or hit. **roda da fortuna** wheel of fortune.

fos.co [f'osku] *adj* (*pl* **foscos**) **1** dim. **2** lustreless, dull. **3** dark, murky. **4** opaque.

fos.fo.res.cen.te [fosfores'ẽti] *adj m+f* phosphorescent.

fós.fo.ro [f'ɔsforu] *sm* **1** *Quím* phosphorus (symbol: P). **2** match. **riscar/acender um fósforo** to strike a match.

fos.sa [f'ɔsə] *sf* pit. **estar na fossa** *bras, gír* to be depressed.

fós.sil [f'ɔsiw] *sm* (*pl* **fósseis**) fossil.

fos.si.li.za.do [fosiliz'adu] *adj* fossilized.

fo.to [f'ɔtu] *sf* **1** *abrev* de **fotografia** (photo, snapshot). **2** a photographer's store.

fo.to.có.pia [fotok'ɔpjə] *sf* photocopy. **fotocópia azul** blueprint.

fo.to.co.pi.ar [fotokopi'ar] *vt* to photocopy.

fo.to.gê.ni.co [foto3'eniku] *adj* photogenic.

fo.to.gra.far [fotograf'ar] *vt* to photograph, take a photograph (snapshot) of.

fo.to.gra.fi.a [fotograf'iə] *sf* **1** photography. **2** photograph. **álbum de fotografias** photographic album. **tirar uma fotografia de** to take a photo(graph) of.

fo.tó.gra.fo [fot'ɔgrafu] *sm* photographer.

foz [f'ɔs] *sf* mouth.

fra.ção [fras'ãw] *sf* (*pl* **frações**) fraction.

fra.cas.sar [frakas'ar] *vt+vint* **1** to fail. **2** to fall through.

fra.cas.so [frak'asu] *sm* failure.

fra.co [fr'aku] *adj* **1** weak. **2** faint. **3** not resistant, fragile. **4** poor. **5** slim, slender. *temos apenas fracas esperanças* / we have but slender hope. **6** dim. **7** thin. *ele apresentou uma desculpa fraca* / he proffered a thin excuse. **8** dilute, lacking in concentration, light (liquor, tea, coffee etc.). **vinho fraco** weak wine. **voz fraca** weak voice.

fra.de [fr'adi] *sm* friar.

frá.gil [fr'a3iw] *adj m+f* (*pl* **frágeis**) fragile. **sexo frágil** gentle sex.

fra.gi.li.da.de [fra3ilid'adi] *sf* **1** fragility, infirmity, frangibility, brittleness. **2** weakness, shakiness. **3** frailty, delicacy. **4** lack of willpower, feebleness of character.

frag.men.tar [fragmẽt'ar] *vt+vpr* **1** to fragment. **2** to split. **3 fragmentar-se** to break up.

frag.men.to [fragm'ẽtu] *sm* fragment.

fra.grân.cia [fragr'ãsjə] *sf* fragrance.

fral.da [fr'awdə] *sf* diaper, nappy.

fran.cês [frãs'es] *sm* (*pl* **franceses**) French. • *adj* French. **à francesa** Frenchlike. **sair à francesa** to take a French leave.

fran.co [fr'ãku] *adj* frank. **para ser franco** to be honest.

fran.go [fr'ãgu] *sm* **1** chicken. **2** *Fut gír* blunder goal. **frango assado** roast(ed) chicken.

fran.ja [fr'ã3ə] *sf* **1** fringe. **2** (cabelo) bangs.

fran.que.ar [frãke'ar] *vt* **1** to exempt, free, frank (from taxes or duties). **2** to facilitate, to clear. **3** to prepay, pay the postage or transport of. *ela franqueou todas as dificuldades* / she overcame all difficulties. **franquear as cartas** to prepay, stamp, pay postage.

fran.que.za [frãk'ezə] *sf* frankness.

fran.qui.a [frãk'iə] *sf* **1** postage. **2** postage stamp. **3** *Com* franchise.

fran.zi.no [frãz'inu] *adj* **1** slender, slim. **2** weak.

fran.zir [frãz'ir] *vt+vpr* **1** to wrinkle,

pucker, curl. *ele franziu os beiços* / he curled his lips. **2** to fold, plait. **3** to frown. *ele franziu as sobrancelhas (a testa)* / he frowned, he wrinkled up his brows.

fra.que.za [frak′ezə] *sf* weakness.

fras.co [fr′asku] *sm* bottle, flask.

fra.se [fr′azi] *sf Gram, Mús* phrase.

fra.ter.nal [fratern′aw] *adj m+f* (*pl* **fraternais**) fraternal.

fra.ter.ni.da.de [fraternid′adi] *sf* brotherhood.

fra.ter.ni.zar [fraterniz′ar] *vt+vint* to fraternize.

fra.ter.no [frat′εrnu] *adj* fraternal, brotherly. **caridade fraterna** fraternal love, charity.

fra.tu.ra [frat′urə] *sf* fracture.

fra.tu.rar [fratur′ar] *vt Med, Geol* to fracture.

frau.dar [frawd′ar] *vt* **1** to defraud. **2** to deceive, cheat.

frau.de [fr′awdi] *sf* fraud.

frau.du.len.to [frawdul′ẽtu] *adj* fraudulent.

fre.a.da [fre′adə] *sf bras* sudden braking (car). **dar uma freada** to slam on the brakes.

fre.ar [fre′ar] *vt+vint* to brake.

fre.guês [freg′es] *sm* (*pl* **fregueses**) (*fem* **freguesa**) customer, client. **freguês da casa** regular customer. **provável freguês** prospective customer, potential client.

fre.gue.si.a [fregez′iə] *sf* clientele, customers.

frei.o [fr′eju] *sm Mec* brake. **freio de mão** hand brake. **freio de pé** foot brake. **freio de segurança** safety brake. **não ter freio na língua** to be outspoken, have a big mouth.

frei.ra [fr′ejrə] *sf Ecles* nun, sister.

frei.re [fr′ejri] *sm Ecles* monk, friar.

fre.ne.si [frenez′i] *sm* frenzy, madness.

fre.né.ti.co [fren′εtiku] *adj* frenetic(al), hectic.

fren.te [fr′ẽti] *sf* front. **à frente de** a) in front of. b) at the head of. **bem em frente de** straight in front of. **de frente** facing, face to face. **em frente de** opposite. **estar à frente** to be ahead. **estar à frente de alguém** to be in advance of someone. **frente a frente** opposite, *vis-à-vis*. **para frente!** go ahead! **porta da frente** front door.

fren.tis.ta [frẽt′istə] *sm* **1** *Arquit* façade finisher, stuccoworker, plasterer. **2** *bras* a gas station.

fre.qüên.cia [frekw′ẽsjə] *sf* frequency. **alta freqüência** high frequency. **com freqüência** often, frequently. **faixas de freqüência** frequency bands. **freqüência à escola** attendance at school.

fre.qüen.tar [frekwẽt′ar] *vt* **1** to frequent. **2** *Educ* to attend. *eles freqüentaram uma escola pública* / they attended a public school.

fre.qüen.te [frek′wẽti] *adj m+f* frequent, often.

fre.qüen.te.men.te [frekwẽtem′ẽti] *adv* frequently.

fres.cão [fresk′ãw] *sm bras, coloq* a big, comfortable air-conditioned bus.

fres.co [fr′esku] *adj* **1** fresh, new. *está ainda muito fresco na minha memória* / it is still fresh in my memory. **2** cool, refreshing. *guarde-o em lugar fresco* / keep it in a cool place. **3** (*notícia*) latest. **4** efeminate. **a fresco** *Pint* in *fresco*. **ar fresco** fresh or cool air. **pão fresco** new bread. **tinta fresca** wet paint.

fres.cor [fresk′or] *sm* freshness, cool(ness).

fres.cu.ra [fresk′urə] *sf* **1** = **frescor**. **2** *bras, pop* vulgarity. **3** *bras, coloq* queerness. **cheio de frescura** *bras, coloq* fussy, picky, choosy.

fres.ta [fr′εstə] *sf* **1** skylight. **2** window slit. **3** opening. **4** crack.

fre.ta.men.to [fretam′ẽtu] *sm* freight(age).

fre.tar [fret′ar] *vt* to charter.

fre.te [fr′eti] *sm* freight. **frete marítimo** shipping charges.

fri.a.gem [fri′aʒẽj] *sf* **1** cold(ness). **2** chill(iness), coolness. **3** cold weather or wind.

fric.ção [friks′ãw] *sf* (*pl* **fricções**) friction.

fric.ci.o.nar [friksjon′ar] *vt* to rub.

fri.ei.ra [fri′ejrə] *sf* **1** *Med* chilblain. **2** *Med* athlete's foot.

fri.e.za [fri′ezə] *sf* coldness.

fri.gi.dei.ra [friʒid′ejrə] *sf* frying-pan.

fri.gi.dez [friʒid′es] *sf* **1** coldness, coldness of affection. **2** frigidity.

frí.gi.do [fr′iʒidu] *adj* **1** frigid. **2** **frígida** sexually cold (said of a woman).

fri.go.rí.fi.co [frigor′ifiku] *sm* **1** freezer. **2**

refrigerator, icebox. **3** cold-storage room (or building).

fri.o [fri'u] *adj* cold. **homem frio** a coldhearted man. **sangue frio** cold blood. **tempo frio** cold weather.

fri.o.ren.to [frjor'ẽtu] *adj* very sensitive to cold.

fri.sar [friz'ar] *vt+vint* **1** to frizz(le), curl. **2** to stress, emphasize.

fri.tar [frit'ar] *vt+vint* to fry.

fri.tas [fr'itas] *sf pl Cul* French fries.

fri.to [fr'itu] *sm* fried food, fritter. • *adj* fried. **batatas fritas** French fries. **estamos fritos** *fig, coloq* we are in a tight corner.

fri.tu.ra [frit'urə] *sf Cul* any fried food, fritter, fry.

fro.nha [fr'oñə] *sf* pillowcase.

fron.tei.ra [frõt'ejrə] *sf* frontier, border. **fazer fronteira com** to border on.

fro.ta [fr'ɔtə] *sf* fleet.

frou.xo [fr'owʃu] *adj* slack, lax, loose.

frus.tra.ção [frustras'ãw] *sf* (*pl* **frustrações**) frustration.

frus.tra.do [frustr'adu] *adj* **1** frustrate. **2** disappointed.

frus.tran.te [frustr'ãti] *adj m+f* frustrating.

fru.ta [fr'utə] *sf* fruit. **barraca de frutas** fruit stall. **bolo de frutas** fruit cake. **fruta em conserva** canned fruit. **frutas cristalizadas** candied fruit. **frutas da estação** fruits of the season. **frutas secas** dried fruit.

fru.ta-de-con.de [fr'utədik'õdi] *sf* (*pl* **frutas-de-conde**) *Bot* sweetsop.

fru.tei.ra [frut'ejrə] *sf* fruit bowl or plate.

fru.tei.ro [frut'ejru] *sm* fruit dealer, greengrocer.

fru.tí.fe.ro [frut'iferu] *adj* **1** fruitful. **2** fruit.

fru.to [fr'utu] *sm* fruit. **dá frutos** it yields fruits. **dar fruto** a) to fructify. b) to show results.

fu.bá [fub'a] *sm bras* maize flour, *amer* corn meal.

fu.çar [fus'ar] *vt bras* **1** to nose, investigate. **2** to mix things up.

fu.ga [f'ugə] *sf* escape. **em fuga** in flight, *gír* on the lam. **pôr-se em fuga** to take to flight, take to one's heels.

fu.ga.ci.da.de [fugasid'adi] *sf* **1** fugacity,

fugitiveness. **2** transitoriness. **3** rapidity, swiftness. **4** flightiness, fickleness.

fu.gaz [fug'as] *adj m+f* **1** fugacious. **2** transitory. **3** fleeting.

fu.gir [fu3'ir] *vt+vint* to flee, run away, run, escape. *o menino fugiu* / they boy ran away. **fugir da justiça** to escape the law. **fugir de perigos** to flee from danger. **fugir do trabalho** to be afraid of work.

fu.gi.ti.vo [fu3it'ivu] *sm* fugitive. • *adj* fugitive.

fu.la.no [ful'ʌnu] *sm coloq* Mr. So-and-So.

fu.li.gem [ful'i3ẽj] *sf* (*pl* **fuligens**) soot.

ful.mi.nan.te [fuwmin'ãti] *adj m+f* **1** fulminant. **2** thundering. **3** *fig* terrible, ruthless, cruel.

fu.lo [f'ulu] *adj* furious.

fu.ma.ça [fum'asə] *sf* smoke. **cortina de fumaça** smoke-screen. **não há fumaça sem fogo** there is no smoke without fire.

fu.ma.cen.to [fumas'ẽtu] *adj* smoky.

fu.man.te [fum'ãti] *s m+f* smoker. • *adj m+f* smoking, smoky. **sala para fumantes** smoking room.

fu.mar [fum'ar] *vt+vint* to smoke. **proibido fumar** no smoking

fu.mo [f'umu] *sm* **1** smoke. **2** tobacco. **3** *bras, gír* marijuana, grass. **levar fumo** *bras, gír* to get screwed. **puxar fumo** to smoke *marijuana*, smoke a joint.

fun.ção [fũs'ãw] *sf* (*pl* **funções**) function. **função logarítmica** *Mat* logarithmic function.

fun.ci.o.na.men.to [fũsjonam'ẽtu] *sm* operation, running. **funcionamento de uma máquina** running or behaviour of a machine. **modo de funcionamento** working method.

fun.ci.o.nar [fũsjon'ar] *vint* to function.

fun.ci.o.ná.rio [fũsjon'arju] *sm* employee, clerk. **funcionário público** civil servant, public servant.

fun.da.ção [fũdas'ãw] *sf* (*pl* **fundações**) foundation. **fundações de beneficência** charitable institutions.

fun.da.do [fũd'adu] *adj* founded, established.

fun.da.dor [fũdad'or] *sm* founder. • *adj* founding.

fun.da.men.tal [fũdamẽt'aw] *adj m+f* (*pl* **fundamentais**) fundamental.

fun.da.men.tar [fũdamẽt'ar] *vt+vpr* **1** to found. **2** to base. **3 fundamentar-se** to be based upon.

fun.da.men.to [fũdam'ẽtu] *sm* **1** *basis.* **2** origin, motive. **3** justification. **lançar os fundamentos** to lay the foundation.

fun.dar [fũd'ar] *vt+vint* to found.

fun.dir [fũd'ir] *vt+vint+vpr* **1** to melt. **2 fundir-se** a) to get confused, mixed up. b) to incorporate, fuse. **fundir a cuca** *bras, gír* to blow one's mind. **fundir-se com outra companhia** to consolidate (unite) with another company.

fun.do [f'ũdu] *sm* **1** bottom. **2** remotest, profoundest or innermost part of a thing. **3** bottom of the sea. **4** depth. **5** *Teat* background. **6** ground (paint, sea, river). **7** foundation. **8** base. **9 funds** fundos. • *adj* **1** deep. **2** back. **3** profound. **4** intimate. **a fundo** deeply. **alcançar o fundo** to bottom. **conhecer a fundo** to have a thorough knowledge of. **fundo musical** background music. **ir a fundo em** to get to the bottom of something. **ir-se ao fundo** to sink. **no fundo** deep down, at heart. **no fundo do palco** on the backstage. **o fundo do mar** the bottom of the sea. **olhos fundos** sunken eyes. **prato fundo** soup plate. **sem fundo** bottomless.

fun.du.ra [fũd'urə] *sf* profundity, depth, deepness.

fú.ne.bre [f'unebri] *adj m+f* **1** funeral. **2** sad, gloomy. • *adj m+f* funeral.

fu.ne.ral [funer'aw] *sm* (*pl* **funerais**) funeral. • *adj m+f* funeral.

fu.ne.rá.rio [funer'arju] *adj* funerary, funeral. **agente funerário** mortician, undertaker. **casa funerária** funeral home, funeral parlour. **urna funerária** coffin, casket.

fun.go [f'ũgu] *sm fungus.*

fu.nil [fun'iw] *sm* (*pl* **funis**) funnel.

fu.ra.cão [furak'ãw] *sm* (*pl* **furacões**) hurricane.

fu.ra.dei.ra [furad'ejrə] *sf Tecn* drill, drilling machine.

fu.ra.do [fur'adu] *sm bras* hole. • *adj* bored, bad, flat, leaky, pierced, punctured. **não valer um tostão furado** not to be worthy a penny. **pneu furado** flat tyre.

fu.rar [fur'ar] *vt+vint* to bore, pierce, drill a hole, perforate, puncture. **furar a greve** *coloq* to rat: work during a strike. **furar de lado a lado** to bore through. **furar o casco** to stave. **furar uma festa** *coloq* to crash an entertainment. **furar um pneu** to puncture a tyre. **máquina de furar** drilling machine.

fur.gão [furg'ãw] *sm* (*pl* **furgões**) van.

fú.ria [f'urjə] *sf* fury. **num ataque de fúria** in a fit of rage.

fu.ri.o.so [furi'ozu] *adj* furious. **estar furioso** to be in a rage.

fu.ro [f'uru] *sm* hole. **furo jornalístico** beat.

fu.ror [fur'or] *sm* **1** furor, fury, rage, passion. **2** frenzy. **3** enthusiasm.

fur.tar [furt'ar] *vt* to steal.

fur.ti.vo [furt'ivu] *adj* furtive.

fur.to [f'urtu] *sm* theft.

fu.são [fuz'ãw] *sf* (*pl* **fusões**) **1** fusion. **2** merger. **fusão de raças** amalgamation of races. **fusão nuclear** *Fís* nuclear fusion. **ponto de fusão** melting point.

fu.sí.vel [fuz'ivew] *sm* (*pl* **fusíveis**) *bras, Eletr* fuse. **o fusível queimou** / The fuse is blown. **caixa de fusível** fuse box.

fu.so [f'uzu] *sm* spindle, spool. **o fuso horário** time zone.

fu.te.bol [futeb'ɔw] *sm Esp brit* football, *amer* soccer. **campo de futebol** football/soccer field. **futebol americano** *amer* football. **jogo de futebol** football/soccer game.

Football é o termo usado na Grã-Bretanha para essa modalidade esportiva. Nos Estados Unidos usa-se **soccer** para diferenciar do futebol americano, que é outra modalidade de jogo.

fú.til [f'utiw] *adj m+f* (*pl* **fúteis**) **1** futile. **2** frivolous.

fu.ti.li.da.de [futilid'adi] *sf* futility.

fu.tu.ro [fut'uru] *sm* future. • *adj* future.

fu.xi.car [fuʃik'ar] *vt+vint bras* to intrigue, gossip.

fu.xi.co [fuʃ'iku] *sm bras* gossip, plot.

fu.zil [fuz'iw] *sm* (*pl* **fuzis**) gun, rifle.

fu.zi.la.men.to [fuzilam'ẽtu] *sm* shooting.

fu.zi.lar [fuzil'ar] *vt+vint* to shoot.

fu.zu.ê [fuzu'e] *sm bras, gír* **1** noise. **2** *bras* confusion.

g

G, g [ʒ'e] *sm* **1** the seventh letter of the alphabet. **2** symbol of gram.

ga.bar [gab'ar] *vt+vpr* **1** to praise. **2 gabar-se de** to boast (of).

ga.bi.ne.te [gabin'eti] *sm* **1** cabinet. **2** office. **gabinete de imprensa** editorial office.

ga.do [g'adu] *sm* **1** cattle, stock, live stock. **2** herd. **3** flock. **criação de gado** cattle raising. **gado de corte, gado de abate** animal for slaughter, beef cattle.

ga.fe [g'afi] *sf* blunder. **cometer uma gafe** to make a *faux pas,* goof.

ga.gá [gag'a] *adj m+f gal* decrepit, senile.

ga.go [g'agu] *sm* stutterer. • *adj* stuttering. **ser gago** to have a stutter.

ga.gue.jar [gageʒ'ar] *vt+vint* to stammer, stutter. **falar gaguejando** to stammer.

gai.o.la [gaj'ɔlə] *sf* cage.

gai.ta [g'ajtə] *sf* **1** shepherd's pipe or flute. **2** *bras, gír* money, dough. **3** *bras* harmonica. **estar cheio da gaita** *bras, gír* to be well off.

ga.la [g'alə] *sf* pomp, show, gala. **vestido de gala** gala dress, court-dress.

ga.lã [gal'ã] *sm* **1** *Cin, Teat, Telev* leading gentleman, leading actor. **2** *coloq* lover, admirer. **3** *fig* a handsome man.

ga.lan.te.a.dor [galãtead'or] *sm* flatterer. • *adj* **1** courteous, polite. **2** flirtatious.

ga.lan.tei.o [galãt'eju] *sm* **1** courtesy. **2** courtship. **3** flirtation.

ga.lão [gal'ãw] *sm* (*pl* **galões**) **1** gallon (*bras* 4.55 liters, *amer* 3.78 liters, *brit* 4.55 liters). **galão de gasolina** gallon of gas.

ga.lá.xia [gal'aksjə] *sf Astr* galaxy.

ga.le.ri.a [galer'iə] *sf* gallery. **galeria de arte** art gallery. **galeria de escoamento** culvert, drain gallery.

ga.le.to [gal'etu] *sm bras* **1** spring chicken. **2** roasted spring chicken.

gal.gar [gawg'ar] *vt+vint* **1** to move along swiftly and elegantly. **2** to jump over, spring. **3** to climb. **4** to rise rapidly.

gal.go [g'awgu] *sm* greyhound.

ga.lho [g'aλu] *sm* branch (of trees). **pular de galho em galho** to find no rest, be restless. **quebrar o galho** to shoot the trouble.

ga.li.nha [gal'iɲə] *sf Zool* hen. **galinha choca** brooding hen. **muita galinha e poucos ovos** much cry and little wool. **ter memória de galinha** to have a very short memory.

ga.li.nhar [galiɲ'ar] *vt+vint* **1** to pet, neck. **2** to philander.

ga.lo [g'alu] *sm Zool* **1** cock, *amer* rooster. **2** bump. **ao cantar do galo** at daybreak, at dawn, very early.

ga.lo.cha [gal'ɔʃə] *sf* galosh, rubber overshoe, wellies.

ga.lo.par [galop'ar] *vint* to gallop.

ga.lo.pe [gal'ɔpi] *sm* gallop. **sair a galope** to strike a canter. **vir a todo galope** to come at full tilt.

gal.pão [gawp'ãw] *sm* (*pl* **galpões**) *bras* hangar, shed.

ga.mar [gam'ar] *vt+vint bras, gír* to love.

gam.bá [gãb'a] *sm Zool* skunk. **bêbedo como um gambá** as drunk as a skunk. **beber como um gambá** to drink like a fish.

gam.bi.ar.ra [gãbi'aɾə] *sf coloq* an illegal electrical installation.

ga.me.ta [gam'etə] *sm Biol* gamete.

ga.nân.cia [gan'ãsjə] sf greed.

ga.nan.ci.o.so [ganãsi'ozu] sm greedy or ambitious fellow. • adj greedy.

gan.cho [g'ãʃu] sm hook. **gancho do telefone** receiver hook, receiver rest, cradle.

gan.gor.ra [gãg'oʀə] sf bras seesaw.

gan.gre.na [gãgr'enə] sf Med gangrene, necrosis.

gângs.ter [g'ãgster] sm gangster.

gan.gue [g'ãgi] sf bras, gír gang.

ga.nha.dor [gañad'or] sm winner. • adj winning.

ga.nhar [gʌñ'ar] vt+vint 1 to earn. *não ganho muito* / I do not earn much. 2 to get, obtain, receive. 3 to procure, gain. 4 to win. **ganhar a vida** to make a living. **ganhar dinheiro** to make or earn money. **ganhar o jogo** to win the game or match. **ganhar o pão de cada dia** to earn one's daily bread. **ganhar tempo** to gain time. **ganhar terreno** to gain ground. **ganhar uma batalha** to win a battle. **ganhar um prêmio** to win a prize.

ga.nho [g'ʌñu] sm 1 profit, gain. 2 advantage. • adj gained, acquired. **ganho de capital** capital gain. **ganhos e perdas** profit and loss.

ga.nir [gan'ir] vint to bark, yelp, whine.

gan.so [g'ãsu] sm Zool goose.

ga.ra.gem [gar'aʒẽj] sf (pl **garagens**) garage.

ga.ra.nhão [garañ'ãw] sm (pl **garanhões**) 1 stallion. 2 a man who is notoriously good with women.

ga.ran.ti.a [garãt'iə] sf guarantee.

ga.ran.tir [garãt'ir] vt to guarantee.

gar.çom [gars'õw] sm waiter.

gar.ço.ne.te [garson'ɛti] sf 1 waitress. 2 stewardess.

gar.fo [g'arfu] sm fork.

gar.ga.lha.da [gargaʎ'adə] sf laughter. **cair numa gargalhada** to burst out laughing.

gar.ga.lhar [gargaʎ'ar] vint to burst into laughter.

gar.ga.lo [garg'alu] sm neck of a bottle or pot.

gar.gan.ta [garg'ãtə] sf Anat throat. **dor de garganta** a sore throat. **limpar a garganta** to clean the throat.

gar.gan.ti.lha [gargãt'iʎə] sf collar, necklace.

gar.ga.re.jar [gargareʒ'ar] vt+vint to gargle.

gar.ga.re.jo [gargar'eʒu] sm 1 gargling. 2 gargle.

ga.ri [gar'i] sm bras street-sweeper.

ga.rim.par [garĩp'ar] vint 1 to search for diamonds or other valuable mineral deposits. 2 coloq to pick one's nose.

ga.rim.pei.ro [garĩp'ejru] sm diamond or gold seeker, prospector.

ga.rim.po [gar'ĩpu] sm 1 diamond mine, gold mine. 2 Miner claim, prospect.

ga.ro.a [gar'oə] sf drizzle.

ga.ro.ar [garo'ar] vint to drizzle.

ga.ro.ta [gar'otə] sf girl, lass.

ga.ro.ta.da [garot'adə] sf a lot of boys.

ga.ro.to [gar'otu] sm 1 boy. 2 lad, youngster, kid. **garoto de programa** bras rent boy, hustler.

gar.ra [g'aʀə] sf 1 claw. 2 nail. 3 fig strength, vigour.

gar.ra.fa [gaʀ'afə] sf bottle. **garrafa térmica** vacuum bottle, thermos flask.

gar.ra.fão [gaʀaf'ãw] sm (pl **garrafões**) flagon.

gás [g'as] sm 1 gas. 2 fig liveliness. **câmara de gás** gas chamber. **gás carbônico** carbon dioxide. **gás combustível** fuel or power gas. **gás lacrimogêneo** tear gas. **gás natural** natural gas.

ga.so.li.na [gazol'inə] sf petrol, amer gas, gasoline. **bomba de gasolina** petrol pump, amer gasoline pump. **posto de gasolina** gas station.

ga.so.so [gaz'ozu] adj 1 gaseous. 2 (bebida) sparkling. **água gasosa** aerated water.

gas.ta.dor [gastad'or] sm spendthrift. • adj prodigal, wasteful.

gas.tar [gast'ar] vt 1 to spend. *ela gasta seu dinheiro em jóias* / she spends her money on jewels. 2 to consume, use up, work up. 3 to waste.

gas.to [g'astu] sm expense, expenditure. *nós temos muitos gastos* / we have many expenses. • adj 1 spent, worn out, used up. 2 broken-down. 3 tired. 4 fig weakened, discouraged, worn out. 5 fig consumed. **gasto pelo tempo** time-worn, weather-worn. **gastos miúdos** petty charges.

ga.ta [g'atə] *sf* **1** *Zool* female cat, pussycat. **2** *bras* a young, beautiful and attractive woman.

ga.ti.lho [gat'iʎu] *sm* trigger.

ga.ti.nha [gat'iɲə] *sf bras*, *gír* a very pretty girl, especially a teenager.

ga.ti.nhar [gatiɲ'ar] *vint+vt* to go on all fours, like a cat.

ga.to [g'atu] *sm* **1** cat, tomcat. *saem os gatos, folgam os ratos* / when the cat's away the mice will play. **2** *fig* cunning fellow, crook. **3** *bras* a handsome, attractive man.

ga.ú.cho [ga'uʃu] *sm* gaucho: a) native or inhabitant of the pampas of South America. b) a cowboy of the South American pampas. c) skilled horseman. d) a native of the State of Rio Grande do Sul.

ga.ve.ta [gav'etə] *sf* drawer **gaveta de caixa (registradora)** till.

ga.ve.tei.ro [gavet'ejru] *sm* **1** a built-in chest of drawers. **2** *bras* a miser.

ga.vi.ão [gavi'ãw] *sm* (*pl* **gaviões**) *Ornit* hawk.

gay [g'ej] *s m+f ingl* a homosexual. • *adj m+f* of, relating to, or used by homosexuals.

ga.ze [g'azi] *sf* gauze.

ga.ze.ta [gaz'etə] *sf* **1** gazette: an official journal, newspaper. **2** truancy. **pôr na gazeta** to make known, bring to public notice.

ga.ze.te.ar [gazete'ar] *vint* to play truant, shirk (a lesson or work).

ge.a.da [ʒe'adə] *sf* frost.

ge.ar [ʒe'ar] *vint* to frost, chill, freeze slightly.

gel [ʒ'ɛw] *sm* gel.

ge.la.dei.ra [ʒelad'ejrə] *sf bras* refrigerator, fridge.

ge.la.di.nha [ʒelad'iɲə] *sf bras* **1** a can or bottle of beer. **2** a beer (in a can or bottle).

ge.la.do [ʒel'adu] *sm* **1** a cold drink. **2** ice-cream. • *adj* **1** frozen, icy. **2** frosty. **3** covered with ice.

ge.lar [ʒel'ar] *vt+vint* **1** to freeze. **2** to chill.

ge.la.ti.na [ʒelat'inə] *sf* jelly.

ge.la.ti.no.so [ʒelatin'ozu] *adj* gelatinous, resembling jelly, jellying.

ge.léi.a [ʒel'ɛjə] *sf* jam.

ge.lei.ra [ʒel'ejrə] *sf Geol* glacier.

gé.li.do [ʒ'ɛlidu] *adj* very cold, gelid, icy, frosty.

ge.lo [ʒ'elu] *sm* (*pl* **gelos**) **1** ice. *o gelo do rio se desfaz* / the river ice breaks up. **2** *fig* indifference, insensibility. **pista de gelo** ice-rink. **quebrar o gelo** *fig* to break the ice.

ge.ma [ʒ'emə] *sf* (ovo) yolk.

gê.meo [ʒ'emju] *sm* twin. • *adj* **1** twin. **2** *fig* identical, equal. **irmã gêmea** twin sister. **irmão gêmeo** twin brother.

Gê.meos [ʒ'emjus] *sm pl Astr* Gemini.

ge.mer [ʒem'er] *vint* to groan, moan.

ge.mi.do [ʒem'idu] *sm* groan, moan(ing).

ge.ne [ʒ'eni] *sm Biol* gene.

ge.ne.ral [ʒener'aw] *sm* (*pl* **generais**) **1** *Mil* general. **2** *fig* leader, commander, chief.

ge.ne.ra.li.da.de [ʒeneralid'adi] *sf* **1** generality. **2 generalidades** rudiments, generalities. *sua conversa limitou-se a generalidades* / their conversation confined itself to generalities.

ge.ne.ra.li.za.ção [ʒeneralizas'ãw] *sf* (*pl* **generalizações**) generalization.

ge.ne.ra.li.zar [ʒeneraliz'ar] *vt+vpr* **1** to generalize. **2 generalizar-se** to be or become generalized, become widespread. *a doença generalizou-se* / the disease struck inwards.

ge.né.ri.co [ʒen'ɛriku] *adj* generic(al).

gê.ne.ro [ʒ'eneru] *sm* **1** genre. **2** kind, sort. *gosto desse gênero de música* / I like this kind of music. **3** *Gram* gender. **4 gêneros** goods. **gênero de vida** style of living. **o gênero humano** humankind.

ge.ne.ro.si.da.de [ʒenerozid'adi] *sf* generosity.

ge.ne.ro.so [ʒener'ozu] *adj* generous.

gê.ne.se [ʒ'enezi] *sm* genesis.

ge.né.ti.ca [ʒen'ɛtikə] *sf Biol* genetics.

ge.né.ti.co [ʒen'ɛtiku] *adj* genetic(al). **código genético** genetic code. **engenha-ria genética** genetic engineering.

gen.gi.bre [ʒẽʒ'ibri] *sm Bot* ginger.

gen.gi.va [ʒẽʒ'ivə] *sf* gum.

ge.ni.al [ʒeni'aw] *adj m+f (pl* geniais) *fig* brilliant.

gê.nio [ʒ'enju] *sm* genius. *ela é o seu bom gênio* / she is his good genius. **de mau gênio** bad-tempered. *ela tem um gênio ruim* / she is very bad-tempered. **o gênio das trevas** the prince of darkness. **o gênio do mal** the devil, demon. **ter um bom gênio** to be kind-hearted.

ge.ni.tal [ʒenit'aw] *adj m+f (pl* genitais) genital.

gen.ro [ʒ'eɾu] *sm* son-in-law.

gen.te [ʒ'eti] *sf* people. **falam como gente grande** they talk like grown-ups. **gente de bem** honest people.

gen.til [ʒẽt'iw] *adj m+f (pl* gentis) kind.

gen.ti.le.za [ʒẽtil'ezə] *sf* **1** kindness. *quer fazer a gentileza?* / will you do me the kindness (or the favour)?

gen.til.men.te [ʒẽtiwm'eti] *adv* kindly.

ge.nu.í.no [ʒenu'inu] *adj* genuine.

ge.o.cên.tri.co [ʒeos'etriku] *adj Astr* geocentric.

ge.o.fí.si.ca [ʒeof'izikə] *sf* geophysics.

ge.o.gra.fi.a [ʒeograf'iə] *sf* geography.

ge.o.grá.fi.co [ʒeogr'afiku] *adj* geographic(al).

ge.ó.gra.fo [ʒe'ɔgrafu] *sm* geographer.

ge.o.lo.gi.a [ʒeoloʒ'iə] *sf* geology.

ge.o.ló.gi.co [ʒeol'ɔʒiku] *adj* geologic(al).

ge.ó.lo.go [ʒe'ɔlogu] *sm* geologist.

ge.o.me.tri.a [ʒeometr'iə] *sf* geometry.

ge.o.mé.tri.co [ʒeom'etriku] *adj* geometric(al). **progressão geométrica** geometric progression.

ge.ra.ção [ʒeras'ãw] *sf (pl* gerações) generation. **a geração vindoura** the rising generation. **geração espontânea** spontaneous generation.

ge.ra.do [ʒer'adu] *adj* generated, born.

ge.ra.dor [ʒerad'or] *sm* generator. • *adj* generating.

ge.ral [ʒer'aw] *adj m+f (pl* gerais)**1** common, usual. **2** generic. **3** general, universal. **como regra geral** as a general rule. **conhecimentos gerais** general knowledge. **correio geral** the General (Post Office). **dar uma geral** to inspect, examine. **de um modo geral** generally

speaking. **em geral** generally speaking. **em termos gerais** in general terms. **greve geral** general strike. **opinião geral** current opinion.

ge.ral.men.te [ʒerawm'eti] *adv* generally.

ge.rar [ʒer'ar] *vt+vpr* to generate.

ge.rên.cia [ʒer'esjə] *sf* management.

ge.ren.ci.al [ʒeresi'aw] *adj m+f (pl* gerenciais) managerial.

ge.ren.ci.ar [ʒeresi'ar] *vt* to manage.

ge.ren.te [ʒer'eti] *s m+f* manager. **gerente de compras** purchasing manager **gerente de vendas** sales manager. **gerente financeiro** finance manager. **gerente-geral** general manager.

ger.ge.lim [ʒerʒel'ĩ] *sm (pl* gergelins) *Bot* sesame.

ger.mâ.ni.co [ʒerm'ʌniku] *sm* Germanic. • *adj* German.

ger.me [ʒ'ermi] *sm* germ.

ger.mi.ci.da [ʒermis'idə] *sm* germicide. • *adj m+f* germicidal.

ger.mi.na.ção [ʒerminas'ãw] *sf (pl* germinações) germination.

ger.mi.nar [ʒermin'ar] *vint+vt* to germinate.

ges.so [ʒ'esu] *sm* **1** plaster. **2** plaster cast.

ges.ta.ção [ʒestas'ãw] *sf (pl* gestações) pregnancy.

ges.tan.te [ʒest'ati] *sf* pregnant woman. • *adj m+f* pregnant.

ges.tão [ʒest'ãw] *sf (pl* gestões) management, administration. **gestão dos negócios** management of business. **gestão presidencial** presidency.

ges.ti.cu.lar [ʒestikul'ar] *vint+vt* to gesticulate.

ges.to [ʒ'ɛstu] *sm* gesture. **fazer gestos** to gesticulate. **um gesto de amigo** a friendly turn.

gi.bi [ʒib'i] *sm bras* comic book, strip cartoon.

gi.gan.te [ʒig'ati] *sm* giant. • *adj m+f* giant, gigantic.

gi.gan.tes.co [ʒigãt'esku] *adj* **1** gigantic. **2** enormous, huge, *amer, coloq* jumbo.

gi.go.lô [ʒigol'o] *sm bras* gigolo.

gi.le.te [ʒil'eti] *sf* **1** Gillette (trade name), razor blade.

gim [ʒ'ĩ] *sm* gin.

gim.tô.ni.ca [ʒĩt'onikə] sm bras gin mixed up with tonic water.

gi.ná.sio [ʒin'azju] sm gymnasium: a) place or building for athletic exercises and competitions. b) bras secondary school.

gi.nas.ta [ʒin'astə] s m+f gymnast.

gi.nás.ti.ca [ʒin'astikə] sf gymnastics.

gi.ne.co.lo.gi.a [ʒinekoloʒ'iə] sf Med gynecology.

gi.ne.co.ló.gi.co [ʒinekol'ɔʒiku] adj gynecologic(al).

gi.ne.co.lo.gis.ta [ʒinekoloʒ'istə] s m+f gynecologist.

gin.gar [ʒĩg'ar] vint 1 to roll, pitch. 2 to sway, swing.

gi.ra.fa [ʒir'afə] sf Zool giraffe.

gi.rar [ʒir'ar] vint+vt 1 to turn (a)round. 2 to spin round. fazer girar Com to bring into circulation. fazer girar um pião to pin a top.

gi.ras.sol [ʒiras'ɔw] sm (pl girassóis) Bot sunflower.

gi.ra.tó.rio [ʒirat'ɔrju] adj revolving, spinning. ponte giratória turn (or swing, swivel) bridge. porta giratória revolving door.

gí.ria [ʒ'irjə] sf slang. gíria profissional jargon.

gi.ro [ʒ'iru] sm 1 rotation, revolution. 2 Mec turn. • adj silly, slightly crazy. dar um giro to take a stroll, go for a walk.

giz [ʒ'is] sm chalk. giz de alfaiate French chalk.

gla.ci.al [glasi'aw] adj m+f (pl glaciais) glacial, icy, freezing. período glacial ice age. vento glacial bleak wind.

glân.du.la [gl'ãdulə] sf Anat, Bot gland. glândula lacrimal lachrymal gland. glândula odorífera scent-gland. glândula pituitária hypophysis, pituitary gland. glândula sudorípara sweat gland.

gli.ce.ri.na [gliser'inə] sf glycerin(e).

gli.co.se [glik'ɔzi] sf 1 Bioquím glucose. 2 corn syrup.

glo.bal [glob'aw] adj m+f (pl globais) global. aldeia global global village.

glo.ba.li.za.ção [globalizas'ãw] sf (pl globalizações) globalization.

glo.ba.li.zar [globaliz'ar] vt to globalize.

glo.bo [gl'obu] sm 1 sphere, ball, globe. 2 terrestrial globe. globo ocular eyeball. globo terrestre the globe.

gló.ria [gl'ɔrjə] sf glory.

glo.ri.fi.car [glorifik'ar] vt 1 to glorify. 2 to honour.

glo.ri.o.so [glori'ozu] adj glorious.

glos.sá.rio [glos'arju] sm glossary.

glu.tão [glut'ãw] sm (pl glutões) glutton. • adj voracious, greedy.

gno.mo [gn'omu] sm gnome.

go.e.la [go'ɛlə] sf throat, gullet.

go.gó [gog'ɔ] sm bras Adam's apple.

goi.a.ba [goj'abə] sf guava.

goi.a.ba.da [gojab'adə] sf guava jam.

goi.a.bei.ra [gojab'ejrə] sf Bot guava (tree).

gol [g'ow] sm Esp goal.

go.la [g'ɔlə] sf collar.

go.le [g'ɔli] sm 1 gulp. 2 sip. um gole de cerveja a drain of beer. um golinho de uísque a spot of whisky. vamos tomar um gole let's have a drink.

go.le.ar [gole'ar] vt+vint to score many goals in a football game.

go.lei.ro [gol'ejru] sm bras, Esp goalkeeper.

gol.fe [g'owfi] sm Esp golf.

gol.fi.nho [gowf'iñu] sm Zool dolphin.

gol.fo [g'owfu] sm gulf.

gol.pe [g'ɔwpi] sm blow, stroke. dar o golpe do baú to marry someone for money. golpe de estado coup d'état. golpe de mestre master-stroke. ter bom golpe de vista to have a good (straight) eye. um golpe de sorte a lucky hit, a stroke of luck.

gol.pe.ar [gowpe'ar] vt 1 to strike, beat, knock, hit. 2 to wound, injure.

go.ma [g'omə] sf gum, latex.

go.ma de mas.car [g'omədimask'ar] sf chewing gum.

go.mo [g'omu] sm segment.

go.rar [gor'ar] vt+vint 1 to go wrong, end in failure. 2 to frustrate, disappoint.

gor.do [g'ordu] adj 1 fat. 2 corpulent, plump(y). 3 fatty.

gor.du.cho [gord'uʃu] sm plump, chubby.

gor.du.ra [gord'urə] sf grease, fat, shortening.

gor.du.ro.so [gordur'ozu] *adj* greasy.

go.ri.la [gor'ilə] *sm Zool* gorilla.

gor.je.ta [gorʒ'etə] *sf* tip. **dar gorjeta** to tip.

gos.tar [gost'ar] *vt+vpr* 1 to like, hold dear. 2 to enjoy, feel pleasure, be pleased with. *eu gostaria que você viesse* / I should like you to come.

gos.to [g'ostu] *sm* 1 taste. 2 pleasure, enjoyment, fondness. 3 sympathy, liking. 4 *fig* taste, opinion. **bom gosto** good taste. **com gosto** with pleasure. **sem gosto** a) in bad style. b) insipid, tasteless. **ter gosto de** to taste of. *o vinho tem gosto de rolha* / the wine tastes of the cork (is corked).

gos.to.são [gostoz'ãw] *sm* (*pl* **gostosões**) *bras*, *gír* a handsome fellow, very attractive to women.

gos.to.so [gost'ozu] *adj* 1 tasty, savoury. 2 appetizing. 3 tasteful. 4 delicious.

go.ta [g'otə] *sf* drop (também *fig*). **gota a gota** by drops.

go.tei.ra [got'ejrə] *sf* leak.

go.te.ja.men.to [goteʒam'ẽtu] *sm* drip(ping), dropping, trickle.

go.te.jar [goteʒ'ar] *vint+vt* to drip.

gó.ti.co [g'ɔtiku] *adj* Gothic.

go.ver.na.dor [governad'or] *sm* governor, ruler, commander. • *adj* governing.

go.ver.nan.ta [govern'ãtə] *sf* 1 female housekeeper. 2 governess.

go.ver.nan.te [govern'ãti] *s m+f* ruler, governor. • *adj m+f* governing.

go.ver.nar [govern'ar] *vt+vint* to govern, rule, command.

go.ver.no [gov'ernu] *sm* government. **a queda do governo** the overthrow of the government. **para o seu governo** for your guidance.

go.za.ção [gozas'ãw] *sf* (*pl* **gozações**) *bras* mockery.

go.za.do [goz'adu] *adj bras*, *gír* 1 comical, funny. 2 amusing, entertaining. 3 *bras* peculiar, excentric.

go.za.dor [gozad'or] *sm bras*, *coloq* mocker. • *adj* mocking.

go.zar [goz'ar] *vt+vint+vpr* 1 to enjoy, derive pleasure from. 2 to enjoy oneself. 3 to take delight in. 4 to profit, benefit.

5 *bras* to mock, laugh at someone or something. 6 *bras* to come, reach an orgasm. 7 **gozar-se (de)** to find pleasure in. **gozar férias** to be on holiday, go on holiday.

go.zo [g'ozu] *sm* 1 joy, enjoyment. 2 pleasure, delight. 3 *bras* sexual pleasure. **estar em pleno gozo de seus direitos** to be in full enjoyment of one's rights. **estar em pleno gozo de suas faculdades mentais** to be mentally sane.

grã [gr'ã] *adj m+f abrev* **grande** (used in compounds as: **Grã-Bretanha** Great Britain.)

gra.ça [gr'asə] *sf* 1 favour, goodwill. 2 sweetness. 3 charm, loveliness. 4 fun, joke. *não vejo graça nisto* / I do not see the fun of it. **ação de graças** thanksgiving. **de graça** free, gratis, gratuitous. **estar nas graças de** to be in the grace of. **sem graça** graceless(ly).

gra.ci.o.so [grasi'ozu] *adj* gracious.

gra.de [gr'adi] *sf* 1 rail(ing). 2 grill, grate. 3 grid, screen. 4 (prisão) bars. **ir para as grades** to be run in. *finalmente foi posto entre as grades* / finally he was locked in jail.

gra.du.a.ção [gradwas'ãw] *sf* (*pl* **graduações**) 1 graduation. 2 gradation scale. 3 rank. **curso de graduação** undergraduate course.

gra.du.a.do [gradu'adu] • *adj* graduated.

gra.du.al.men.te [gradwawm'ẽti] *adv* gradually.

gra.du.ar [gradu'ar] *vt+vpr* 1 to graduate. 2 **graduar-se** to graduated.

grá.fi.co [gr'afiku] *sm* 1 graph. 2 chart, plan, diagram. 3 • *adj* graphic(al). **artes gráficas** graphic arts. **oficina gráfica** printing office.

gra.fi.te [graf'iti] *sf* graffiti.

gra.lha [gr'aλə] *sf Ornit* rook.

gra.ma¹ [gr'ʌmə] *sf Bot* 1 grass. 2 grama, grama-grass. **proibido pisar na grama** keep off the grass.

gra.ma² [gr'ʌmə] *sm* gram, gramme: a metric unit of mass equal to 1/1,000 kilogram.

gra.ma.do [gram'adu] *sm bras* 1 lawn. 2 football field.

gra.má.ti.ca [gram'atikə] *sf* grammar.

gra.ma.ti.cal [gramatik'aw] *adj m+f* (*pl* **gramaticais**) grammatic(al).

gra.má.ti.co [gram'atiku] *sm* grammarian, grammatist. • *adj* grammatic(al).

gram.pe.ar [grãpe'ar] *vt* 1 to fasten with clamps or staples. 2 *gír* to impair someone's movements, immobilize someone in order to rob. 3 *gír* to rob, steal. 4 *gír* to arrest. 5 *bras* to bug.

gram.po [gr'ãpu] *sm* 1 clamp. 2 brace. 3 staple. 4 clip. **grampo para cabelo** hairpin.

gra.na [gr'ʌnə] *sf bras*, *gír* money, dough, buck.

gra.na.da [gran'adə] *sf Mil* grenade. **granada de mão** hand grenade, egg-bomb.

gran.de [gr'ãdi] *adj m+f* 1 large. saiu um *pouco grande* / it came out on the large side. 2 big. 3 great. **a grande maioria** the great majority. **formato grande** large size. **ganhar o grande prêmio** to win the first prize.

Quando nos referimos a tamanho usamos **big** ou **large**. **Big** é mais informal do que **large**.

Large é preferível quando se trata do tamanho de mercadorias à venda e quando se refere a quantidades: *um grande número de pessoas chegou à reunião* / a large number of people came to the meeting.

Big e **great** têm também sentido mais abstrato. Nesse caso, **great** é mais formal que **big**: *você está cometendo um grande erro* / you're making a big/great mistake.

Great também significa "famoso", "poderoso", "importante": *ele era um homem grande e um grande homem também* / he was a big man and a great man also.

gran.di.o.si.da.de [grãdjozid'adi] *sf* 1 grandeur, greatness, grandiosity. 2 splendour, magnificence.

gran.di.o.so [grãdi'ozu] *adj* 1 grand, grandiose. 2 very great.

gra.ni.to [gran'itu] *sm Miner* granite.

gra.ni.zo [gran'izu] *sm* hail. **temporal de granizo** hailstorm.

gran.ja [gr'ãʒə] *sf* farm, estate, ranch.

gra.nu.la.do [granul'adu] *adj* granulated.

grão [gr'ãw] *sm* 1 grain. 2 (semente) seed. 3 (café) bean. **de grão em grão a galinha enche o papo** little strokes fell great oaks, many a pickle makes a mickle. **em grão** gritty.

grão-de-bi.co [gr'ãwdib'iku] *sm* (*pl* **grãos-de-bico**) *Bot* chick-pea.

gras.na.dor [graznad'or] *sm* screamer, screecher, croaker, jabberer. • *adj* screaming, screeching.

gras.nar [grazn'ar] *vint* 1 to caw, croak, clang. 2 to quack. 3 to screech (birds). 4 to chatter.

gras.ni.do [grazn'idu] *sm* quack.

gra.ti.dão [gratid'ãw] *sf* gratitude, gratefulness, thankfulness.

gra.ti.fi.ca.ção [gratifikas'ãw] *sf* (*pl* **gratificações**) 1 gratification. 2 reward.

gra.ti.fi.can.te [gratifik'ãti] *adj m+f* rewarding.

grá.tis [gr'atis] *adv* 1 gratis. 2 free of charge.

gra.to [gr'atu] *adj* grateful, thankful.

gra.tui.to [grat'ujtu] *adj* free.

grau [gr'aw] *sm* degree. **até certo grau** to a certain degree. **de grau em grau** gradually. **grau Celsius** centigrade degree. **grau centígrado** centigrade degree.

gra.va.ção [gravas'ãw] *sf* (*pl* **gravações**) 1 engraving, *intaglio*. 2 recording (of sound, visual images or data). **gravação de som em fita** tape-recording.

gra.va.dor [gravad'or] *sm* 1 engraver, chaser. 2 recorder. **gravador de fita** tape recorder.

gra.va.do.ra [gravad'orə] *sf bras* company that produces recordings with commercial purposes.

gra.var [grav'ar] *vt* 1 to engrave, carve, sculpture. 2 to record.

gra.va.ta [grav'atə] *sf* (neck)tie. **alfinete de gravata** scarf pin, tie pin.

gra.va.ta-bor.bo.le.ta [gravatəborbol'etə] *sf* (*pl* **gravatas-borboletas**) *bras* bow tie.

gra.ve [gr'avi] *adj m+f* 1 serious. 2 heavy. 3 solemn. 4 severe. 5 *Mús* bass, deep.

grá.vi.da [gr'avidə] *adj* pregnant.

gra.vi.da.de [gravid'adi] *sf* 1 gravity. 2 seriousness. **o centro de gravidade** the center of gravity.

gra.vi.dez [gravid'es] *sf* pregnancy.

gra.vu.ra [grav'urə] *sf* 1 engraving. 2 illustration, picture.

gra.xa [gr'aʃə] *sf* 1 shoe polish. 2 grease. **graxa para sapato** shoe polish.

gre.go [gr'egu] *adj* 1 Greek. 2 *fig* obscure, unintelligible. **agradar a gregos e troianos** to please both sides.

gre.go.ri.a.no [gregori'∧nu] *adj* Gregorian.

gre.lha [gr'eλə] *sf* grill.

gre.lha.do [greλ'adu] *adj* grilled.

gre.lhar [greλ'ar] *vint* to broil, grill.

grê.mio [gr'emju] *sm* 1 bosom. 2 community, society, fraternity, organization. 3 student union.

gre.ve [gr'ɛvi] *sf* strike. **entrar em greve** to go on strike. **estar em greve** to be on strike. **greve de fome** hunger strike. **greve geral** general strike. **greve patronal** lockout.

gre.vis.ta [grev'istə] *s m+f* striker, workman on strike. **os grevistas** the walkouts.

gri.far [grif'ar] *vt* 1 emphasize. 2 to underline (words).

grif.fe [gr'if] *sf fr* designer label, signature label. **roupas de griffe** fashionable expensive clothes.

gri.la.do [gril'adu] *adj bras, gír* 1 worried, troubled. 2 suspicious.

gri.lo [gr'ilu] *sm* 1 *Entom* cricket. 2 *bras, gír* annoyance, trouble. 3 *bras, gír* confusion. **estar com um grilo na cabeça** to be worried or suspicious about something. **qual é o grilo?** what's the matter?

grin.go [gr'ĩgu] *sm deprec* (among Latin Americans) gringo, any foreigner.

gri.pe [gr'ipi] *sf Med* influenza (flu).

gri.sa.lho [griz'aλu] *adj* grey, greyish. **tornar-se grisalho** to grizzle.

gri.tan.te [grit'ãti] *adj m+f* 1 gross, flagrant. 2 shouting, crying. 3 very vivid (a colour).

gri.tar [grit'ar] *vint+vt* 1 to cry, shout. 2 to scream, yell. **gritar de alegria** to sing for joy. **gritar de dor** to yell with pain. **gritar por socorro** to cry for help.

gri.ta.ri.a [gritar'iə] *sf* crying, shouting.

gri.to [gr'itu] *sm* 1 shout, cry. 2 call. 3 yawp. 4 yell. **dar um grito** to cry out. **grito de dor** scream of pain.

gro.se.lha [groz'eλə] *sf* currant.

gros.sei.ro [gros'ejru] *sm* clumsy fellow, bumpkin. • *adj* 1 coarse. 2 rude. **em linguagem grosseira** in rude terms. **um erro grosseiro** a gross error.

gros.se.ri.a [groser'iə] *sf* vulgarity, vulgarism.

gros.so [gr'osu] *adj* 1 thick, stout, squat, stubby, stocky. 2 bulky, big, gross, great. 3 *gír* coarse, crude. 4 dense. 5 rude. **intestino grosso** large intestine. **sal grosso** unrefined salt.

gros.su.ra [gros'urə] *sf* 1 thickness, stoutness. 2 bigness, bulkiness. 3 grossness. 4 corpulence. 5 *gír* impoliteness. 6 *gír* immoral act or expression, rudeness.

gro.tes.co [grot'esku] *adj* grotesque.

gru.a [gr'uə] *sf Ornit* female crane.

gru.dar [grud'ar] *vt+vint* 1 to glue, paste. 2 to join, unite. 3 stick together.

gru.den.to [grud'ẽtu] *adj* sticky.

gru.nhi.do [gruñ'idu] *sm* grunting.

gru.nhir [gruñ'ir] *vint+vt* 1 to grunt. 2 *fig* to grumble, growl.

gru.pal [grup'aw] *adj m+f* (*pl* **grupais**) of, pertaining to or relative to a group.

gru.pa.men.to [grupam'ẽtu] *sm* grouping.

gru.po [gr'upu] *sm* group. **grupo sangüíneo** blood group.

gru.ta [gr'utə] *sf* grotto, cave.

gua.che [g'waʃi] *sm* gouache.

gua.ra.ná [gwaran'a] *sm bras* guarana.

gua.ra.ni [gwaran'i] *sm bras* Guarani.

guar.da [g'wardə] *sf* 1 guard. 2 care, concern. **anjo da guarda** guardian angel. **baixar a guarda** lower the guard. **cão de guarda** watchdog. **de guarda** on the lookout. **estar de guarda** be on guard, to keep guard. **guarda de trânsito** traffic cop. **guarda pessoal** bodyguard. **guarda policial** policeman, *coloq* cop.

guar.da-chu.va [gwardəʃ'uvə] *sm* (*pl* **guarda-chuvas**) umbrella.

guar.da-ci.vil [gwardəsiv'iw] *sm* (*pl* **guardas-civis**) civil policeman.

guar.da-cos.tas [gwardək'ɔstas] *sm sing+pl* bodyguard.

guar.da-flo.res.tal [gwardəflorest′aw] *sm* (*pl* **guardas-florestais**) ranger, forest ranger.

guar.da-li.vros [gwardəl′ivrus] *s m+f, sing+pl* bookkeeper.

guar.da-lou.ça [gwardəl′owsə] *sm* (*pl* **guarda-louças**) china cupboard, buffet, sideboard.

guar.da.na.po [gwardan′apu] *sm* table-napkin, serviette.

guar.da-no.tur.no [gwardənot′urnu] *sm* (*pl* **guardas-noturnos**) night watchman.

guar.dar [gward′ar] *vt* 1 to guard, protect. 2 to defend, shield. 3 to watch over, check. 4 to keep. 5 to watch. 6 to take care of, look after. **guardar a sete chaves** to keep under lock and key. **guardar um segredo** to keep a secret.

guar.da-rou.pa [gwardər′owpə] *sm* (*pl* **guarda-roupas**) 1 wardrobe. 2 closet.

guar.da-sol [gwardəs′ɔw] *sm* (*pl* **guarda-sóis**) sunshade, parasol.

guar.di.ão [gwardi′ãw] *sm* (*pl* **guardiões**) guardian.

gua.ri.ta [gwar′itə] *sf* sentry-box.

guar.ni.ção [gwarnis′ãw] *sf* (*pl* **guarnições**) 1 garrison. 2 *Cul* garnish. 3 *Mil* post.

gu.de [g′udi] *sm bras* game played with marbles. **bola de gude** marble.

guer.ra [g′ɛ̃rə] *sf war.* **crime de guerra** war crime. **em guerra e paz** in war and peace. **estar em guerra com** to be at war with. **guerra civil** civil war. **guerra de nervos** war of nerves. **guerra fria** cold war. **guerra nuclear** nuclear warfare. **guerra psicológica** psychological warfare. **guerra química** chemical warfare. **preparar-se para a guerra** to

arm. **prisioneiro de guerra** prisoner of war. **veterano de guerra** war veteran.

guer.rei.ro [geȓ′ejru] *sm* warrior, fighter, combatant. • *adj* warlike.

guer.ri.lha [geȓ′iʎə] *sf* guerrilla warfare.

gue.to [g′etu] *sm* ghetto.

gui.a [g′iə] *sf* 1 guidance. 2 delivery bill. 3 pass bill, way bill, permit. 4 form (document). 5 prospectus. 6 *bras* curb (street). 7 *masc+fem* guide. 8 handbook, guidebook. **guia de viagem** traveller's guide, guide-book.

gui.ar [gi′ar] *vt+vint* 1 to guide, lead. 2 to conduct, direct. 3 to drive. **guiar a dança** to lead the dance. **guiar a toda velocidade** to drive at full speed.

gui.chê [giʃ′e] *sm* 1 sliding window, ticket office window, information counter. 2 booking office, ticket office.

gui.dão [gid′ãw] *sm* handle bar (bicycle).

gui.na.da [gin′adə] *sf* swerve.

guin.char [gĩʃ′ar] *vint bras* to tow cars.

guin.cho [g′ĩʃu] *sm* tow truck.

guin.das.te [gĩd′asti] *sm* crane.

gui.sa.do [giz′adu] *sm* stew.

gui.tar.ra [git′aȓə] *sf Mús* guitar.

gui.tar.ris.ta [gitaȓ′istə] *s m+f* guitar player, guitarist.

gu.la [g′ulə] *sf* 1 gluttony, voracity. 2 greed(iness), ravenousness.

gu.lo.sei.ma [guloz′ejmə] *sf* dainties, sweets.

gu.lo.so [gul′ozu] *adj* gluttonous.

gu.me [g′umi] *sm* cutting or sharp edge.

gu.ri [gur′i] *sm bras* child, little boy.

gu.ri.a [gur′iə] *sf bras coloq* 1 little girl. 2 sweetheart girl.

H, h [ag'a] *sm* **1** the eighth letter of the alphabet. **2** *Mús* si: the seventh note of the octave. **3** *Quím* chemical symbol of hydrogen.

há.bil ['abiw] *adj m+f* (*pl* **hábeis**) **1** skilful, skilled, apt, dexterous. **2** capable, able, fit. **3** pert, clever, adroit. **advogado hábil** clever lawyer. **hábil em** skilful at, skilled in. **hábil em prever o tempo** weather-wise. **médico hábil** skilful physician.

ha.bi.li.da.de [abilid'adi] *sf* **1** aptitude, ability. **2** capacity, capability. **3** cleverness, skill. **4** dexterity, handiness, workmanship. **exceder em habilidade** to outcraft. **falta de habilidade** ungainliness. **habilidade oratória** readiness of speech. **ter habilidade para tudo** to be a good hand at everything.

ha.bi.li.do.so [abilid'ozu] *sm* skilled worker or practitioner. • *adj* **1** skilful, skilled. **2** handy, dexterous. **3** clever, cunning.

ha.bi.li.ta.ção [abilitas'ãw] *sf* (*pl* **habilitações**) **1** habilitation, qualification, fitness. **2** *Jur* legal evidence. **3** capacity, competence. **carteira de habilitação** driver's license, driver's licence.

ha.bi.li.tar [abilit'ar] *vt+vpr* **1** to qualify, habilitate. *seus talentos habilitam-no para este trabalho* / his talents qualify him for this job. **2** to entitle, give a right to. **3** to prepare, make ready, fit out. **4** to authorize. **5** to make able, capable or fit. **6 habilitar-se:** a) to become able, capable or fit for. b) to qualify oneself.

ha.bi.ta.ção [abitas'ãw] *sf* (*pl* **habitações**) **1** habitation: a) act of inhabiting, state of being inhabited. b) quarters *pl*, abode, dwelling, lodging, house, residence. **2** housing. **habitação provisória** temporary (or emergency) dwelling.

ha.bi.tan.te [abit'ãti] *s m+f* **1** inhabitant, habitant, resident. **2** inmate, dweller, lodger. • *adj m+f* **1** inhabiting, dwelling. **2** residing. **habitante das florestas** woodlander. **habitante de uma cidade** townsman.

ha.bi.tar [abit'ar] *vt* **1** to inhabit, reside, live in. **2** to populate, people, settle, occupy.

ha.bi.te-se [ab'itisi] *sm sing+pl* document which declares a building in conditions of habitability.

há.bi.to ['abitu] *sm* **1** custom, usage, habit, use. **2** natural condition, customary behavior. **3** dress, garment. **4** habit, frock. **5** insignia and garb of religious or knightly orders. **cavaleiros do hábito de Cristo** knights of Christ. **como é de seu hábito escrever** as it is his custom (or way) to write. **falta de hábito** unwontedness. **hábitos da clientela** buying habit. **mau hábito** vice. **o hábito de fazer** the habit of doing, custom, practice. **o hábito de fumar incessantemente** chain-smoking. **o hábito faz o monge** fine feathers make fine birds. **o hábito não faz o monge** it is not the coat that makes the man. **privar do hábito** *Ecles* to unfrock. **tomar o hábito** to take the religious habit, take the veil. **um costume consagrado pelo hábito** a habit rooted in custom.

ha.bi.tu.a.do [abitu'adu] *adj* accustomed, used. *não estão habituados à luz* / they are not accustomed to light. *eu estava habituado a fazê-lo* / I was used to doing it.

ha.bi.tu.al [abitu′aw] *adj m+f* (*pl* **habituais**) **1** habitual, customary. **2** usual, regular. **3** common, vulgar, ordinary. **4** frequent, chronic, inveterate. **doença habitual** inveterate illness. **freguês habitual** regular customer. **que não é habitual** unfamiliar.

ha.bi.tu.ar [abitu′ar] *vt+vpr* **1** to habituate, familiarize. **2** to accustom, get acquainted with. **3 habituar-se a:** a) to take the habit of. b) to accustom oneself, become used to. *habituei-me a fazê-lo* / I got used to doing it.

há.li.to [′alitu] *sm* **1** breath, respiration. **2** *fig* breeze, breath of air. **mau hálito** *Med* halitosis, bad or fetid breath.

ha.li.to.se [alit′ɔzi] *sf Med* halitosis, bad breath.

ha.lo [′alu] *sm* **1** halo, corona. **2** aureole, nimbus. **3** areola: rose-coloured ring around the nipple. **formar halo** to halo.

hal.te.re [awt′ɛri] *sm* **1** barbell. **2** dumbbell.

hal.te.ro.fi.lis.ta [awterofil′istə] *s m+f bras* weight-lifter.

ham.búr.guer [ãb′urger] *sm* hamburger.

han.de.bol [ãdeb′ɔw] *sm Esp* handball.

han.se.ní.a.se [ãsen′iazi] *sf Patol* Hansen's disease, leprosy.

ha.ras [′aras] *sm* stud, stud farm, horse breeding establishment.

hardware [ř′ardwɛr] *sm ingl Inform* hardware.

ha.rém [ar′ẽj] *sm* (*pl* **haréns**) **1** harem, seraglio. **2** the occupants of a harem.

har.mo.ni.a [armon′iə] *sf* **1** harmony, accord, consonance, concord. *eles viveram em harmonia na mesma casa* / they lived peacefully in the same house. **2** *Mús* harmonics, rules of harmony, tonal laws. **3** smoothness and concordance of style. **4** agreement, consent. **5** due proportion, symmetry. **a boa harmonia entre nós** the good understanding between us. **harmonia de cores** harmony of colours.

har.mô.ni.ca [arm′onikə] *sf Mús* **1** glass

harmonica. **2** harmonica, mouth organ. **3** concertina. **4** *bras* an accordion.

har.pa [′arpə] *sf* harp.

has.te [′asti] *sf* **1** pole. **2** stem, stalk. **3** flagpole.

has.te.a.men.to [asteam′ẽtu] *sm* hoist, hoisting.

has.te.ar [aste′ar] *vt* to raise at the end of a pole, to hoist. **hastear a bandeira** to hoist the flag.

ha.ver [av′er] *vt+vint+vpr* **1** to have, possess, own. **2** to get, obtain. **3** to attain, succeed in. **4** to consider, decide. **5** to exist, there to be. *havia ali uma janela* / there used to be a window there. **6** to happen, occur. *o que há com você?* / what is the matter with you? *o que é que há?* / what is all about? **há anos** a) years ago. b) for years (back). **haja o que houver** come what may. **há muito tempo** long ago. **não há de que** don't mention it, you're welcome.

O verbo *haver* com sentido de existir é impessoal, usado em todos os tempos, mas somente na 3.ª pessoa do singular: **há, havia, houve** etc.

Em inglês o verbo *there to be*, que corresponde a *haver*, é usado em todos os tempos na 3.ª pessoa do singular e do plural, conforme a necessidade de concordância. *Há alguém na porta* / there is somebody at the door. *Houve um temporal na cidade ontem* / there was a storm downtown yesterday. *Há muitas crianças sem teto aqui* / there are many homeless children here.

ha.xi.xe [aʃ′iʃi] *sm* hashish, hasheesh.

hec.ta.re [ekt′ari] *sm* hectare: 100 ares or 10.000 square meters.

he.di.on.do [edi′õdu] *adj* **1** hideous, dreadful. **2** revolting.

hé.li.ce [′ɛlisi] *s m+f* propeller.

he.li.por.to [elip′ortu] *sm* heliport.

he.ma.to.ma [emat′omə] *sm* haematoma, bruise.

he.mis.fé.rio [emisf′ɛrju] *sm* hemisphere. **hemisfério norte** northern hemisphere. **hemisfério sul** southern hemisphere.

he.mo.fi.li.a [emofil′iə] *sf* hemophilia.

he.mo.fí.li.co [emof′iliku] *adj* hemophiliac, hemophilic.

he.mor.ra.gi.a [emoɾaʒ'iə] sf hemorrhage.

he.pa.ti.te [epat'iti] sf hepatitis.

he.ra ['ɛɾə] sf ivy.

he.ran.ça [er'ãsə] sf 1 inheritance. 2 legacy. 3 heritage. **por herança** by inheritance.

her.dar [erd'ar] vt to inherit.

her.dei.ra [erd'ejrə] sf heiress.

her.dei.ro [erd'ejru] sm heir. **herdeiro legal** heir-at-law. **príncipe herdeiro** crown prince. **sem herdeiro** heirless.

he.re.di.tá.rio [eredit'arju] adj hereditary.

her.mé.ti.co [erm'ɛtiku] adj hermetic, air-proof, air-tight.

hér.nia ['ɛrnjə] sf hernia, rupture. *ele sofre de hérnia* / he suffers from hernia.

he.rói [er'ɔj] sm hero. *ele agiu como um herói* / he acted like a hero.

he.rói.co [er'ɔjku] adj 1 heroic(al). 2 bold. 3 valorous. 4 courageous.

he.ro.í.na [ero'inə] sf 1 heroine. 2 heroin: narcotic.

he.ro.ís.mo [ero'izmu] sm 1 heroism. 2 courage. 3 valour.

he.si.ta.ção [ezitas'ãw] sf (pl **hesitações**) 1 hesitation. 2 indecision.

he.si.tan.te [ezit'ãti] adj m+f hesitant, indecisive.

he.si.tar [ezit'ar] vt+vint 1 to hesitate. *ele hesitou ao ouvir as palavras dela* / he paused upon hearing her words. 2 to vacillate.

he.te.ros.se.xu.al [eteroseksu'aw] s m+f heterosexual. • adj m+f heterosexual.

he.xá.go.no [eks'agonu] sm hexagon.

hi.ber.na.ção [ibernas'ãw] sf (pl **hibernações**) hibernation, winter-sleep.

hi.ber.nar [ibern'ar] vint to hibernate.

hi.dra.tan.te [idrat'ãti] sm moisturizer. • adj m+f moisturizing. **loção hidratante** moisturizing lotion.

hi.dra.tar [idrat'ar] vt 1 to hydrate. 2 to moisturize.

hi.dráu.li.co [idr'awliku] adj hydraulic. **freio hidráulico** hydraulic brake. **macaco hidráulico** hydraulic jack.

hi.dro.a.vi.ão [idroavi'ãw] sm (pl **hidroaviões**) seaplane.

hi.dro.e.lé.tri.co [idroel'ɛtriku] adj hydroelectric. **energia hidroelétrica** hydropower.

hi.dro.gê.nio [idroʒ'enju] sm hydrogen. **bomba de hidrogênio** H-bomb.

hi.dro.mas.sa.gem [idromas'aʒẽj] sf massage by means of water jets. **banheira de hidromassagem** whirlpool bath, Jacuzzi.

hi.dro.vi.a [idrov'iə] sf waterway.

hi.e.na [i'enə] sf Zool hyena.

hi.e.rar.qui.a [jerark'iə] sf hierarchy.

hi.e.ró.gli.fo [jer'ɔglifu] sm 1 hieroglyph. 2 fig illegible writing.

hi.fen ['ifẽj] sm hyphen.

hi.gi.e.ne [iʒi'eni] sf 1 hygienics, hygiene. 2 cleanliness.

hi.gi.ê.ni.co [iʒi'eniku] adj hygienic(al), sanitary. **papel higiênico** toilet paper.

hi.la.ri.an.te [ilari'ãti] adj m+f hilarious, exhilarating.

hi.no ['inu] sm hymn: a) religious song. b) anthem. **hino nacional** national anthem.

hi.per.mer.ca.do [ipermerk'adu] sm hypermarket.

hi.per.me.tro.pi.a [ipermetrop'iə] sf hypermetropia, far-sightedness.

hi.per.ten.são [ipertẽs'ãw] sf hypertension: high blood pressure.

hi.per.tex.to [ipert'estu] sm Inform hypertext: computer-readable text which allows very excessive cross-referencing.

hi.pis.mo [ip'izmu] sm horsemanship, horseback riding.

hip.no.se [ipn'ɔzi] sf hypnosis.

hip.no.ti.zar [ipnotiz'ar] vt+vpr 1 to hypnotize. 2 to mesmerize, fascinate.

hi.po.con.drí.a.co [ipokõdr'iaku] sm hypochondriac. • adj hypochondriac(al).

hi.po.cri.si.a [ipokriz'iə] sf 1 hypocrisy. 2 falseness.

hi.pó.cri.ta [ip'ɔkritə] s m+f 1 hypocrite. 2 pretender. • adj m+f 1 hypocritic(al). 2 double-faced.

hi.pó.dro.mo [ip'ɔdromu] sm race-track, race-course.

hi.po.pó.ta.mo [ipop'ɔtamu] sm Zool hippopotamus.

hi.po.te.ca [ipot'ɛkə] sf mortgage.

hi.pó.te.se [ip'ɔtezi] sf 1 hypothesis. 2 theory. 3 supposition. **em hipótese alguma** on no account. **na hipótese de** assuming that.

his.te.ri.a [ister'iə] *sf* **1** hysteria, hysterics. *ela teve ataques de histeria* / she went into hysterics. **2** *coloq* excitement.

his.tó.ria [ist'ɔrjə] *sf* **1** history. **2** story, tale. **3** *coloq* rumour. **4** *coloq* a lie. **5** *coloq* thing, matter. *que história é essa?* / what are you talking about? **a mesma velha história** the same old story. **história de amor** love story. **história em quadrinhos** comic strip. **história natural** *sf* natural history.

his.tó.ri.co [ist'ɔriku] *sm* description, detailed report. *os médicos discutiram o histórico do caso*/the physicians discussed the case history. • *adj* **1** historical. *ele fez o histórico do clube* / he talked about the club's historical development. **2** traditional. **romance histórico** historical novel.

HIV [ag'aiv'e] *sm Med* HIV: *abrev de* human immunodeficiency virus.

ho.je [ʹoʒi] *adv* **1** today. **2** nowadays. **3** at the present time. **ainda hoje** this very day. **até o dia de hoje** to this very day. **de hoje a uma semana** in a week's time. **de hoje em diante** from this day on. **hoje em dia** nowadays, at our days.

ho.lan.dês [olãd'es] *sm* **1** Dutchman, Netherlander. **2** Dutch (language). • *adj* Dutch.

ho.lo.caus.to [olok'awstu] *sm* **1** holocaust. **2** *fig* sacrifice. **3** destruction.

ho.lo.fo.te [olof'ɔti] *sm* **1** spotlight, flood light. **2** holophote.

ho.mem [ʹɔmẽj] *sm* (*pl* **homens**) **1** man. **2** human being. **3** mankind, humanity. **4** male, husband, lover. **5** individual, person. *que espécie de homem é ele?* / what kind of a person is he? Veja nota em **man**.

ho.me.na.ge.ar [omenaʒe'ar] *vt* to homage, pay homage to.

ho.me.na.gem [omen'aʒẽj] *sf* (*pl* **homenagens**) **1** homage, honor. *prestaram uma solene homenagem ao velho casal* / they paid a solemn homage to the old couple. **2** tribute.

ho.men.zar.rão [omẽjzaɾ'ãw] *sm* (*pl* **homenzarrões**) tall, stout man.

ho.men.zi.nho [omẽjz'iɲu] *sm* **1** little man. **2** lad, young man.

ho.me.o.pa.ta [omeop'atə] *s m+f* homeopath, homoeopathist.

ho.me.o.pa.ti.a [omeopat'iə] *sf* homeopathy.

ho.mi.ci.da [omis'idə] *s m+f* murderer. • *adj m+f* murderous, homicidal.

ho.mi.cí.dio [omis'idju] *sm* homicide, murder, assassination.

ho.mo.gê.neo [omoʒ'enju] *adj* homogeneous.

ho.mô.ni.mo [om'onimu] *sm* homonym, namesake. • *adj* homonymic, homonymous.

ho.mos.se.xu.al [omoseksu'aw] *sm* (*pl* **homossexuais**) homosexual, gay. • *adj m+f* homosexual, gay.

ho.nes.ti.da.de [onestid'adi] *sf* **1** honesty, dignity. *a honestidade é a melhor política* / honesty is the best policy. **2** straightforwardness of conduct. **3** integrity.

ho.nes.to [on'ɛstu] *adj* **1** honest, honourable. **2** frank. **3** truthful. **4** straightforward. **5** reliable.

ho.no.rá.rios [onor'arjus] *sm pl* fees, pay.

hon.ra [ʹõɾə] *sf* **1** honor. *isto é uma questão de honra* / this is an affair of honor. **2** reputation, good name. **3** respect. **código de honra** code of honor. **pela minha honra** on my honor.

hon.ra.dez [õɾad'es] *sf* **1** honour, probity. **2** virtuousness. **3** righteousness.

hon.ra.do [õɾ'adu] *adj* **1** honourable, reputable. **2** honest. **3** respected. **4** righteous.

hon.rar [õɾ'ar] **1** to honor. *ela nos honrou com sua presença* / she honored us with her presence. **2** to respect.

hó.quei [ʹɔkej] *sm* hockey.

ho.ra [ʹɔrə] *sf* **1** hour. *que horas são?* / what time is it? **2** point of time indicated by a timepiece, time of day. *ele esperou até altas horas* / he waited until late at night. **3** stroke of the clock. **4** opportunity, chance. **5** the moment, the time. *chegou a hora das orações* / prayer time has come. **de hora em hora** from hour to hour. **fazer horas extraordinárias** to work overtime. **fora de hora** ill-timed.

H

há uma hora an hour ago. **hora de dormir** bedtime. **hora oficial** standard time. **uma meia hora** half an hour.

ho.rá.rio [or'arju] *sm* time table, schedule. *o trem chegou no horário* / the train arrived on schedule. **horário de trabalho** working hours. **horário nobre** prime time.

ho.ri.zon.tal [orizõt'aw] *adj m+f (pl* **horizontais)** horizontal, even, flat.

ho.ri.zon.te [oriz'õti] *sm* **1** horizon. **2** sky-line, sea-line. **3** *fig* limit, range of perception. **horizonte artificial** artificial horizon.

hor.mô.nio [orm'onju] *sm* hormone. **reposição de hormônio** hormone replacement.

ho.rós.co.po [or'ɔskopu] *sm* **1** horoscope. **2** *fig* prediction, prophecy.

hor.rí.vel [oř'ivew] *adj m+f (pl* **horríveis) 1** horrible, terrible. **2** dreadful, shocking. **3** hideous. **4** frightful.

hor.ror [oř'or] *sm* **1** horror, terror. *isto causa uma sensação de horror na gente* / it gives you the creeps. **2** hate. **3** repulsion, aversion. *ele tem horror ao crime* / he abhors crime.

hor.ro.ro.so [ořor'ozu] *adj* **1** horrible, terrible. **2** frightful. **3** appalling. **4** hideous.

hor.ta ['ɔrtə] *sf* vegetable-garden, kitchen-garden.

hor.ta.li.ça [ortal'isə] *sf* vegetable, greenery.

hor.te.lã [ortel'ã] *sf* mint, peppermint. **bala de hortelã** peppermint drop.

hor.tên.sia [ort'ẽsjə] *sf* hydrangea.

hos.pe.dar [osped'ar] *vt+vpr* **1** to receive as a guest. **2** to house, lodge. **3 hospedar-se** to be or become a guest, take up quarters in.

hós.pe.de ['ɔspedi] *sm* **1** guest, visitor. **2** paying guest, lodger. **casa de hóspedes** guest-house.

hos.pí.cio [osp'isju] *sm* asylum.

hos.pi.tal [ospit'aw] *sm (pl* **hospitais) 1** hospital. **2** clinic. **3** sanatorium.

hos.pi.ta.lei.ro [ospital'ejru] *adj* hospitable.

hos.pi.ta.li.da.de [ospitalid'adi] *sf* hospitality.

hos.pi.ta.li.za.ção [ospitalizas'ãw] *sf (pl* **hospitalizações)** hospitalization.

hos.pi.ta.li.zar [ospitaliz'ar] *vt* to hospitalize.

hós.tia ['ɔstjə] *sf* host: eucharistic bread.

hos.til [ost'iw] *adj m+f (pl* **hostis) 1** hostile. **2** antagonistic. **3** aggressive.

hos.ti.li.da.de [ostilid'adi] *sf* **1** hostility, enmity. **2** antagonism. **3** opposition.

hos.ti.li.zar [ostiliz'ar] *vt* **1** to hostilize, antagonize. **2** to oppose.

ho.tel [ot'ɛw] *sm (pl* **hotéis) 1** hotel. *ele é o gerente do hotel* / he is the hotel manager. **2** inn, lodging house. **hotel de luxo** luxury hotel.

hu.ma.ni.da.de [umanid'adi] *sf* **1** humanity. **2** human nature. **3** human beings, mankind. **4** kindness, benevolence. **5 humanidades** *pl* classical learning. Veja nota em **man**.

hu.ma.ni.tá.rio [umanit'arju] *sm* humanitarian, philanthropist. • *adj* humanitarian, humane, benevolent.

hu.ma.no [um'ʌnu] *adj* **1** human. **2** humane, benevolent. **o gênero humano** the human race. **um ser humano** a human being.

hu.mil.da.de [umiwd'adi] *sf* **1** humbleness, humility. **2** modesty. **3** submission. **4** poverty.

hu.mil.de [um'iwdi] *adj m+f* **1** humble, modest. **2** submissive. **3** unpretending. **4** poor, needy.

hu.mi.lha.ção [umiʎas'ãw] *sf (pl* **humilhações) 1** humiliation. **2** mortification. **3** shame.

hu.mi.lha.do [umiʎ'adu] *adj* humiliated.

hu.mi.lhan.te [umiʎ'ãti] *adj m+f* humiliating, depressing, mortifying.

hu.mi.lhar [umiʎ'ar] *vt+vpr* **1** to humiliate, humble. **2** to mortify. **3** to debase. **4** to lower, let down. *ele humilhou seu amigo* / he let his friend down. **5** to shame. **6** to treat contemptuously. **7 humilhar-se** to humble/ abase oneself.

hu.mor [um'or] *sm* humour, mood. *encontramo-lo de bom humor* / we met him in a cheerful mood. **de bom humor** good-humoured. **de mau humor** in bad temper, ill-humoured.

hu.mo.ris.ta [umor'istə] *s m+f* humorist, comedian.

i

I, i ['i] *sm* the ninth letter of the alphabet.

i.a.te [i'ati] *sm* yacht.

i.a.tis.mo [jat'izmu] *sm* yachting.

i.çar [is'ar] *vt* to hoist, hoist up. **içar a bandeira** to hoist the flag.

í.co.ne ['ikoni] *sm* icon.

i.da ['idə] *sf* **1** departure, setting out. **2** starting, leaving. **3** travel, trip. *ele comprou um bilhete de ida e volta* / he bought a round trip ticket. **idas e vindas** comings and goings.

i.da.de [id'adi] *sf* **1** age. *ela é menor de idade* / she is underage. *ele é de idade avançada* / he is well-advanced in years. *ele não mostra a idade* / he does not look his age. **2** historical or geological period. **a flor da idade** the prime of life. **idade da pedra** Stone Age.

i.de.al [ide'aw] *sm* (*pl* **ideais**) ideal. *eles comungaram dos mesmos ideais* / they cherished the same ideals. • *adj m+f* **1** ideal(ístico). *ela foi de uma beleza ideal* / she was an ideal beauty. **2** imaginary.

i.de.a.lis.mo [ideal'izmu] *sm* idealism.

i.de.a.lis.ta [ideal'istə] *s m+f* idealist.

i.de.a.li.zar [idealiz'ar] *vt* **1** to idealize. **2** to organize. **3** to imagine.

i.déi.a [id'ɛjə] *sf* **1** idea, thought, notion. *foi uma idéia impraticável* / it was an impracticable idea. *não é má idéia* / the idea is not bad. **2** concept. **3** image. **4** perception, opinion. *mudei de idéia* / I changed my mind. **idéia fixa** obsession. **uma idéia brilhante** a brilliant idea.

i.dem ['idēj] *pron* idem, ditto, the same (as).

i.dên.ti.co [id'ētiku] *adj* **1** identical, exactly alike. **2** equal. **3** similar. **4** same. **quase idêntico** almost the same.

i.den.ti.da.de [idētid'adi] *sf* **1** identity. **2** individuality. **cédula de identidade** ID card.

i.den.ti.fi.ca.ção [idētifikas'ãw] *sf* (*pl* **identificações**) identification.

i.den.ti.fi.car [idētifik'ar] *vt+vpr* **1** to identify, to recognize. **2** **identificar-se** **(com)** to identify oneself with.

i.de.o.lo.gi.a [ideoloʒ'iə] *sf* ideology.

i.di.o.ma [idi'omə] *sm* **1** idiom. **2** tongue, language. *ele tem talento para idiomas* / he has the gift for languages. **3** idiomatic expression.

i.di.o.ta [idi'ɔtə] *s m+f* idiot, dumb, ignorant, simpleton, fool. • *adj m+f* idiotic(al), stupid, foolish, silly. *ele é um perfeito idiota* / he is a big fool.

i.di.o.ti.ce [idjot'isi] *sf* foolishness, madness, nonsense.

i.do.la.tri.a [idolatr'iə] *sf* **1** idolatry, worship of idols. **2** excessive love.

í.do.lo ['idolu] *sm* **1** idol, icon. **2** effigy. **3** object of passionate devotion. *ele é o ídolo das meninas* / he is the favourite of the girls. **4** pagan god.

i.dô.neo [id'onju] *adj* **1** convenient. **2** honest. **3** incorrupt, taintless.

i.do.so [id'ozu] *adj* old, aged, advanced in years.

ig.ni.ção [ignis'ãw] *sf* (*pl* **ignições**) **1** ignition. **2** combustion.

ig.no.rân.cia [ignor'ãsjə] *sf* **1** ignorance. *a ignorância da lei não exime da culpa* / ignorance of the law is no defence. **2** illiteracy. **alegar ignorância** to plead ignorance.

ig.no.ran.te [ignor'ãti] *s m+f* **1** ignorant. **2** illiterate. • *adj m+f* **1** ignorant. **2** unlearned, illiterate. **3** fool, stupid.

ig.no.rar [ignor'ar] *vt* **1** to be ignorant of. **2** to disregard, ignore. **3** not to know. *eu ignoro onde eles estão* / I do not know their there abouts.

i.gre.ja [igr'eʒə] *sf* church. *ele foi à igreja* / he went to church.

i.gual [ig'waw] *s m+f* (*pl* **iguais**) equal, peer. • *adj m+f* **1** equal, equable. *eles são iguais em força e idade* / they are equal in strength and age. **2** even, uniform. **3** identic(al). **4** like, alike, same. **de igual para igual** between equals. **de tamanho igual** of equal size. **quase igual** nearly equal. **sem igual** unrivaled, incomparable.

i.gua.lar [igwal'ar] *vt+vpr* **1** to equal, make equal. **2** to even, level. **3** to compare, conform. **4 igualar-se** a) to compare oneself with. b) to be on the level with. c) to adjust differences.

i.gual.da.de [igwawd'adʒi] *sf* **1** equality, equalness. **2** equity. **3** uniformity. **4** levelness. **5** evenness. **igualdade de condições** equality of condition, parity.

i.gual.men.te [igwawm'ẽti] *adv* equally, identically, alike. • *interj* the same to you!

i.le.gal [ileg'aw] *adj m+f* (*pl* **ilegais**) illegal, unlawful. *o seu procedimento foi ilegal* / his action was unlawful.

i.le.ga.li.da.de [ilegalid'adʒi] *sf* illegality, unlawfulness.

i.le.gí.vel [ileʒ'ivew] *adj m+f* (*pl* **ilegíveis**) illegible, unreadable.

i.le.so [il'ezu] *adj* unhurt, uninjured, unharmed.

i.lha [ʼiʎə] *sf* island, isle.

i.lhar [iʎ'ar] *vt+vpr* **1** to separate. **2** to isolate. **3** to confine. **4 ilhar-se** to become incommunicable or secluded.

i.lhéu [iʎ'ɛw] *sm* islander.

i.lí.ci.to [il'isitu] *adj* **1** illicit, illegal. **2** unlawful. **3** illegitimate.

i.li.mi.ta.do [ilimit'adu] *adj* unlimited, limitless.

i.ló.gi.co [il'ɔʒiku] *adj* **1** illogical, irrational. **2** inconsequent. **3** absurd.

i.lu.dir [ilud'ir] *vt+vpr* **1** to illude, deceive. **2** to cheat. **3** to mislead. **4 iludir-se** to fool oneself.

i.lu.mi.na.ção [iluminas'ãw] *sf* (*pl* **iluminações**) **1** illumination. **2** act of lighting up. **3** decoration by means of many lights. **4** *Cin, Teat, Telev* lighting. **iluminação artificial** artificial lighting.

i.lu.mi.na.do [ilumin'adu] *adj* illuminated, lit up. *seu rosto estava iluminado de alegria* / her (his) face was lit up with joy.

i.lu.mi.nar [ilumin'ar] *vt* **1** to illuminate, light up. **2** to decorate with many lights. **3** to make luminous. **4** *Cin, Teat, Telev* to light up, spotlight.

i.lu.são [iluz'ãw] *sf* (*pl* **ilusões**) **1** illusion, delusion. **2** fantasy. **3** fleeting dream. **uma ilusão de óptica** a trick of the eye.

i.lus.tra.ção [ilustras'ãw] *sf* (*pl* **ilustrações**) illustration.

i.lus.trar [ilustr'ar] *vt+vpr* **1** to illustrate. **2 ilustrar-se** to become cultivated or cultured.

i.lus.tre [il'ustri] *adj m+f* **1** illustrious, distinguished. **2** famous, renowned.

í.mã [ʼimã] *sm* magnet.

i.ma.gem [im'aʒẽj] *sf* (*pl* **imagens**) **1** image. *o homem foi feito à imagem de Deus* / man was created as God's image. **2** likeness, semblance. **3** picture, sculpture. **4** mental picture. **imagem virtual** virtual image.

i.ma.gi.na.ção [imaʒinas'ãw] *sf* (*pl* **imaginações**) **1** imagination. *não passa de imaginação sua* / it is all your imagination. **2** idea, thought. **3** fantasy, fancy. *só existe na imaginação* / it is just imaginary. **4** fantastic or illusory opinion.

i.ma.gi.nar [imaʒin'ar] *vt+vpr* **1** to imagine. *imagine!* / just imagine! **2** to create in the mind. *não posso imaginar nada melhor* / I can conceive nothing better. **3** to suppose. **4** to devise. **5** to fancy, presume. **6 imaginar-se** to picture oneself as. *não posso imaginar-me em seu lugar* / I can't picture myself in his place.

i.ma.gi.ná.rio [imaʒin'arju] *adj* **1** imaginary. **2** illusory. **3** fictional. **4** not real.

i.ma.tu.ro [imat'uru] *adj* **1** immature. **2** premature.

im.be.cil [ĩbe'siw] *s m+f* (*pl* **imbecis**) idiot, fool. • *adj m+f* 1 feeble-minded, dumb. 2 silly, stupid. 3 foolish.

i.me.di.a.ta.men.te [imedjatam'ẽti] *adv* 1 immediately. *eles decidiram a questão imediatamente* / they came to a decision then and there. 2 instantly, right away. *ela chegou imediatamente* / she came right away.

i.me.di.a.to [imedi'atu] *adj* immediate. **de imediato** right away, at once.

i.men.so [im'ẽsu] *adj* immense, huge, vast. *eles habitavam uma mansão imensa* / they were living in a huge mansion.

i.mer.so [im'ɛrsu] *adj* 1 immersed. 2 *fig* absorbed in (thought, activity etc.).

i.mi.gra.ção [imigras'ãw] *sf* (*pl* **imigrações**) immigration.

i.mi.gran.te [imigr'ãti] *s m+f* immigrant. • *adj m+f* immigrant, immigrating.

i.mi.grar [imigr'ar] *vint* to immigrate.

i.mi.ta.ção [imitas'ãw] *sf* (*pl* **imitações**) 1 imitation. 2 simulated reproduction, copy.

i.mi.tar [imit'ar] *vt* 1 to imitate. 2 to (make a) copy. 3 to falsify, counterfeit.

i.mo.bi.li.á.ria [imobili'arjɐ] *sf* real estate office, estate agency.

i.mo.ral [imor'aw] *adj m+f* (*pl* **imorais**) 1 immoral. 2 vicious. 3 dissolute. 4 obscene.

i.mo.ra.li.da.de [imoralid'adi] *sf* 1 immorality. 2 dissoluteness. 3 obscenity.

i.mor.tal [imort'aw] *adj m+f* (*pl* **imortais**) 1 immortal. 2 eternal.

i.mor.ta.li.da.de [imortalid'adi] *sf* immortality, eternity.

i.mó.vel [im'ɔvew] *sm* (*pl* **imóveis**) real estate. • *adj m+f* 1 immovable. 2 motionless. 3 quiet, still. **corretor de imóveis** realtor, real estate agent.

im.pa.ci.ên.cia [ĩpasi'ẽsjɐ] *sf* 1 impatience. 2 eagerness. 3 restlessness. 4 anxiety. 5 irritability.

im.pa.ci.en.tar [ĩpasjẽt'ar] *vt+vpr* 1 to exhasperate. 2 to grow impatient. 3 to irritate. 4 **impacientar-se** to become angry, impatient.

im.pa.ci.en.te [ĩpasi'ẽti] *adj m+f* 1 impatient. 2 restless. 3 touchy, irritable.

im.pac.to [ĩp'aktu] *sm* 1 impact. 2 shock.

ím.par ['ĩpar] *adj m+f* 1 odd, uneven. 2 unique.

im.par.ci.al [ĩparsi'aw] *adj m+f* (*pl* **imparciais**) 1 impartial, just. 2 unbiased. 3 objective.

im.pe.cá.vel [ĩpek'avew] *adj m+f* (*pl* **impecáveis**) 1 impeccable. 2 flawless.

im.pe.di.do [ĩped'idu] *adj* 1 blocked, hindered. 2 *Fut* offside.

im.pe.di.men.to [ĩpedim'ẽtu] *sm* 1 impediment, obstruction. 2 obstacle. 3 *Fut* offside.

im.pe.dir [ĩped'ir] *vt* 1 to hinder, obstruct, bar. 2 to prevent. *a chuva impediu sua vinda* / the rain prevented his (her, their) coming.

im.pe.ne.trá.vel [ĩpenetr'avew] *adj m+f* (*pl* **impenetráveis**) 1 impenetrable. 2 insensible. 3 incomprehensible.

im.pen.sá.vel [ĩpẽs'avew] *adj m+f* (*pl* **impensáveis**) unthinkable, inconceivable.

im.pe.ra.dor [ĩperad'or] *sm* emperor.

im.pe.ra.triz [ĩperatr'is] *sf* empress.

im.per.do.á.vel [ĩperdo'avew] *adj m+f* imperdoáveis) unforgivable.

im.per.fei.ção [ĩperfejs'ãw] *sf* (*pl* **imperfeições**) 1 imperfection. 2 defect, flaw.

im.per.fei.to [ĩperf'ejtu] *adj* 1 imperfect. 2 defective.

im.pé.rio [ĩp'ɛrju] *sm* 1 empire. 2 power.

im.per.me.á.vel [ĩperme'avew] *sm* (*pl* **impermeáveis**) raincoat, trench coat. • *adj m+f* 1 impermeable. 2 impenetrable. 3 waterproof. **impermeável ao ar** airtight.

im.per.ti.nen.te [ĩpertin'ẽti] *s m+f* impertinent person. • *adj m+f* 1 impertinent. 2 insolent.

im.pes.so.al [ĩpeso'aw] *adj m+f* (*pl* **impessoais**) impersonal.

ím.pe.to ['ĩpetu] *sm* 1 impulse. 2 impetuosity.

im.pe.tu.o.so [ĩpetu'ozu] *adj* 1 impetuous. 2 vehement. 3 temperamental.

im.pi.e.do.so [ĩpjed'ozu] *adj* pitiless, merciless, cruel.

im.pla.cá.vel [ĩplak'avew] *adj m+f* (*pl* **implacáveis**) 1 implacable. 2 irreconcilable, inexorable. 3 inflexible. 4 insensible.

im.plan.tar [ĩplãt'ar] *vt+vpr* **1** to implant. **2** to introduce, establish. **3** to insert. **4 implantar-se** to fix oneself firmly.

im.plan.te [ĩpl'ãti] *sm* implant.

im.pli.car [ĩplik'ar] *vt+vpr* **1** to implicate. **2** to involve. **3** to imply, hint. *isto não implica que... /* this does not imply that... **4** to cause. **5 implicar-se** to become involved. **implicar com alguém** to pick on somebody.

im.plí.ci.to [ĩpl'isitu] *adj* implicit, implied, inferred.

im.plo.rar [ĩplor'ar] *vt* **1** to implore. **2** to beg. *ele implorou por seu perdão /* he begged for her forgiveness.

im.plo.são [ĩploz'ãw] *sf* (*pl* **implosões**) implosion.

im.por [ĩp'or] *vt+vpr* **1** to impose. **2** to burden. **3** to establish, institute. *impusemos um plano de trabalho /* we established a working plan. **4** to determine, decide. **5 impor-se** to impose oneself.

im.por.ta.ção [ĩportas'ãw] *sf* (*pl* **importações**) importation.

im.por.tân.cia [ĩport'ãsjə] *sf* **1** importance. *não dou importância às suas queixas /* I give no importance to his complaints. **2** amount of money. *ela pagou uma importância considerável /* she paid a good round sum. **3** consideration, regard. **4** influence, authority. **5** significance, value. **não tem importância** it does not matter, never mind. **sem importância** of no consequence. **uma pessoa sem importância** a person of no account.

im.por.tan.te [ĩport'ãti] *adj m+f* **1** important. *isto não é importante /* this is of no importance. **2** vital, significant. *é um assunto muito importante /* it is a vital topic. **3** eminent, distinguished.

im.por.tar [ĩport'ar] *vt+vint+vpr* **1** to import. **2** to amount to, aggregate. *o preço importava em 32 dólares /* the price amounted to 32 dollars. **3** to interest, concern. *isto não me importa /* I am not concerned about this. **4 importar-se** to care for about. *ele não se importa /* he doesn't care.

im.por.tu.no [ĩport'unu] *adj* troublesome, impertinent, disturbing.

im.pos.sí.vel [ĩpos'ivew] *adj m+f* (*pl* **impossíveis**) **1** impossible. *eles pedem o impossível /* they ask for the impossible. **2** very difficult. **3** impracticable. **4** incredible. **uma história impossível** an incredible story.

im.pos.to [ĩp'ostu] *sm* tax. *ele requereu isenção de imposto /* he requested tax exemption. • *adj* imposed, forced. **imposto de renda** income tax. **isento de imposto** tax-free, tax-exempt. **lançar impostos** to levy taxes.

im.pos.tor [ĩpost'or] *sm* **1** impostor, imposter. **2** deceiver. **3** charlatan.

im.po.ten.te [ĩpot'ẽti] *adj m+f* impotent.

im.pre.ci.so [ĩpres'izu] *adj* **1** inaccurate, inexact. **2** vague.

im.preg.nar [ĩpregn'ar] *vt* **1** to impregnate. **2** to saturate. **3** to soak.

im.pren.sa [ĩpr'ẽsə] *sf* **1** printing press. **2** typography. **3** press: newspapers and periodicals collectively. **imprensa livre** free press.

im.pren.sar [ĩprẽs'ar] *vt* to press, compress.

im.pres.cin.dí.vel [ĩpresĩd'ivew] *adj m+f* (*pl* **imprescindíveis**) vital, necessary, indispensable.

im.pres.são [ĩpres'ãw] *sf* (*pl* **impressões**) **1** impression. *ele causou a impressão de estar doente /* he gave the impression of being sick. **2** print, imprint. *tratava-se de um erro de impressão /* it was a misprint. **3** edition. **4** impact, shock. *os fatos causaram forte impressão /* the facts produced a deep impact. **5** feeling, sensation. **6** opinion, belief. **impressão em cores** colour printing.

im.pres.si.o.nan.te [ĩpresjon'ãti] *adj m+f* **1** impressing. **2** moving. **3** awful.

im.pres.si.o.nar [ĩpresjon'ar] *vt+vpr* **1** to impress. *ele não impressiona bem /* he does not impress favourably. **2** to affect deeply, move. **3 impressionar-se** to be impressed, become nervous.

im.pres.so [ĩpr'ɛsu] *adj* printed. *o folheto saiu impresso /* the folder appeared in type.

im.pres.so.ra [ĩpres'orə] *sf* printer. **impressora a laser** laser printer.

im.pres.tá.vel [ĩprest'avew] *adj* (*pl* **imprestáveis**) **1** useless, worthless. **2** wretched, rotten.

im.pre.vi.sí.vel [ĩpreviz'ivew] *adj m+f* (*pl* **imprevisíveis**) unexpected, unpredictable.

im.pre.vis.to [ĩprev'istu] *sm* unforeseen, unexpected. • *adj* unforeseen.

im.pri.mir [ĩprim'ir] *vt* **1** to print, imprint. *o livro está sendo impresso* / the book is being printed. **2** to inculcate, implant.

im.pro.du.ti.vo [ĩprodut'ivu] *adj* **1** unproductive. **2** unfruitful, barren.

im.pró.prio [ĩpr'ɔprju] *adj* **1** improper, inappropriate. *ele agiu de modo impróprio* / he acted in an improper way. **2** unsuitable. **3** inconvenient.

im.pro.vá.vel [ĩprov'avew] *adj m+f* (*pl* **improváveis**) unlikely. *é muito improvável que ele o faça* / he is most unlikely to do it.

im.pro.vi.sar [ĩproviz'ar] *vt* to improvise.

im.pru.den.te [ĩprud'ẽti] *s m+f* imprudent person. • *adj m+f* **1** imprudent. **2** precipitate. **3** thoughtless. **4** incautious.

im.pul.si.vo [ĩpuws'ivu] *adj* **1** impulsive. **2** hasty, rash. **3** impetuous.

im.pul.so [ĩp'uwsu] *sm* **1** impulse. *trata-se de um impulso instintivo* / it is an instinctive impulse. **2** impulsion, propulsion. **3** impetus, force. **4** incentive.

im.pu.re.za [ĩpur'ezə] *sf* impurity. **nível de impureza** impurity level.

im.pu.ro [ĩp'uru] *adj* **1** impure. **2** contaminated, polluted.

i.mun.dí.cie [imũd'isji] *sf* uncleanness, uncleanliness, filth.

i.mun.do [im'ũdu] *adj* **1** dirty, filthy. **2** immoral, obscene.

i.mu.ne [im'uni] *adj m+f* immune, exempt. **imune a infecções** immune to infections.

i.mu.ni.da.de [imunid'adi] *sf* immunity, exemption. **imunidade diplomática** diplomatic immunity.

i.na.ba.lá.vel [inabal'avew] *adj m+f* (*pl* **inabaláveis**) **1** unshakable. **2** adamant. **3** constant, firm.

i.na.bi.ta.do [inabit'adu] *adj* **1** uninhab-

ited. **2** unoccupied, untenanted (house). **3** deserted.

i.na.ca.ba.do [inakab'adu] *adj* **1** unfinished, uncompleted. **2** undone.

i.na.cei.tá.vel [inasejt'avew] *adj m+f* (*pl* **inaceitáveis**) unacceptable, inadmissible.

i.na.ces.sí.vel [inases'ivew] *adj m+f* (*pl* **inacessíveis**) **1** inaccessible. **2** unapproachable, unattainable.

i.na.cre.di.tá.vel [inakredit'avew] *adj m+f* (*pl* **inacreditáveis**) **1** incredible, unbelievable. **2** extraordinary.

i.na.de.qua.do [inadek'wadu] *adj* **1** improper, inappropriate. **2** unfit, unsuitable. **3** unsatisfactory.

i.na.di.á.vel [inadi'avew] *adj m+f* (*pl* **inadiáveis**) **1** undelayable. **2** pressing, urgent.

i.nad.mis.sí.vel [inadmis'ivew] *adj m+f* (*pl* **inadmissíveis**) inadmissible, unacceptable.

i.na.la.dor [inalad'or] *sm* inhaler.

i.na.lar [inal'ar] *vt* to inhale.

i.nal.te.ra.do [inawter'adu] *adj* inaltered, unchanged.

i.na.ni.ção [inanis'ãw] *sf* (*pl* **inanições**) starvation, famishment.

i.na.ni.ma.do [inanim'adu] *adj* **1** inanimate. **2** lifeless.

i.nap.ti.dão [inaptid'ãw] *sf* (*pl* **inaptidões**) **1** inaptness, inaptitude. **2** unfitness, inability. **3** incapacity.

i.nap.to [in'aptu] *adj* **1** inapt, unfit. **2** unable, incapable. **3** inefficient. **4** unsuitable.

i.na.tin.gí.vel [inatĩʒ'ivew] *adj m+f* (*pl* **inatingíveis**) unattainable, unachievable.

i.na.ti.vi.da.de [inativid'adi] *sf* **1** inactivity. **2** passiveness. **3** idleness. **4** retirement.

i.na.ti.vo [inat'ivu] *adj* **1** inactive. **2** passive. **3** idle. **4** retired.

i.na.to [in'atu] *adj* **1** innate, native. **2** inborn, connate. **talento inato** innate talent.

i.nau.gu.ra.ção [inawguras'ãw] *sf* (*pl* **inaugurações**) inauguration, opening.

i.nau.gu.rar [inawgur'ar] *vt* **1** to inaugurate. **2** to open, start.

in.can.sá.vel [ĩkãs'avew] adj m+f (pl incansáveis) tireless, untiring, indefatigable. ele é um homem incansável / he is an indefatigable man.

in.ca.paz [ĩkap'as] adj m+f incapable, inapt, incompetent, inefficient, unable.

in.cen.di.ar [ĩsẽdi'ar] vt to set on fire, burn down, set fire to. incendiaram a fazenda / they set fire to the farm.

in.cên.dio [ĩs'ẽdju] sm fire. o incêndio florestal causou grandes prejuízos / the forest fire caused great losses. alarme de incêndio fire alarm. extintor de incêndio fire extinguisher.

in.cen.so [ĩs'ẽsu] sm incense.

in.cen.ti.var [ĩsẽtiv'ar] vt 1 to motivate. 2 to encourage.

in.cen.ti.vo [ĩsẽt'ivu] sm 1 incentive. 2 encouragement. • adj incentive. inciting.

in.cer.to [ĩs'ɛrtu] adj uncertain, doubtful. isto é um caso incerto / this is a doubtful case.

in.ces.san.te [ĩses'ãti] adj m+f incessant, endless, constant.

in.cha.ço [ĩʃ'asu] sm swelling, lump, bump.

in.cha.do [ĩʃ'adu] adj 1 swollen. 2 bloated, bulgy. 3 coloq proud.

in.char [ĩʃ'ar] vt 1 to swell. 2 coloq to grow proud.

in.ci.ne.rar [ĩsiner'ar] vt to incinerate, cremate.

in.ci.si.vo [ĩsiz'ivu] adj incisive, sharp.

in.ci.tar [ĩsit'ar] vt 1 to incite, stimulate. 2 encourage. 3 to arouse, stir. ele incitou as massas / he stirred up the crowd. 4 challenge, defy. 5 to urge, prompt. incitamo-los a tomar providências / we urged them to take steps.

in.cle.men.te [ĩklem'ẽti] adj m+f 1 merciless. 2 cruel. 3 rigorous.

in.cli.na.ção [ĩklinas'ãw] sf (pl inclinações) 1 inclination. 2 vocation, talent.

in.cli.nar [ĩklin'ar] vt+vint+vpr 1 to incline, recline. 2 to bow, bend. 3 to tilt. 4 to be well-disposed toward. 5 inclinar-se to become inclined, bent or tilted. o pai inclinou-se sobre o filho adormecido / the father bent over his sleeping son.

in.clu.ir [ĩklu'ir] vt+vpr 1 to include, enclose. 2 to comprise. 3 to contain. 4 to involve, implicate. 5 to insert. 6 to cover. inclui todos os casos / it covers all cases. 7 incluir-se to include oneself as part of.

in.clu.si.ve [ĩkluz'ivi] adv inclusively, including.

in.clu.so [ĩkl'uzu] adj included, enclosed.

in.cóg.ni.to [ĩk'ɔgnitu] sm incognito. puseram em perigo o seu incógnito / his incognito was endangered. • adj incognito, unknown, disguised. o príncipe viajou incógnito / the prince travelled incognito.

in.co.lor [ĩkol'or] adj m+f colourless.

in.co.mo.dar [ĩkomod'ar] vt+vpr 1 to inconvenience. 2 to trouble, disturb. tinha de incomodá-lo / I had to trouble you. 3 to annoy, bother. não o incomode! / don't bother him. 4 incomodar-se a) not to care. b) to trouble. não se incomode / don't trouble!, never mind! eu não me incomodo com coisa alguma / I do not care a pin.

in.cô.mo.do [ĩk'omodu] sm 1 indisposition, disease. 2 discomfort, trouble. sinto causar-lhe tanto incômodo / I am sorry to give you so much trouble. 3 nuisance. • adj 1 troublesome. 2 inconvenient. 3 exasperating. 4 uncomfortable, disagreeable.

in.com.pa.rá.vel [ĩkopar'avew] adj m+f (pl incomparáveis) 1 incomparable. 2 matchless, unparalleled. ele é um orador incomparável / he is unparalleled as an orator.

in.com.pa.tí.vel [ĩkopat'ivew] adj m+f (pl incompatíveis) 1 incompatible. 2 discordant.

in.com.pe.tên.cia [ĩkopet'ẽsjə] sf incompetence, incapacity.

in.com.pe.ten.te [ĩkopet'ẽti] adj m+f incompetent, incapable.

in.com.ple.to [ĩkopl'ɛtu] adj 1 incomplete, uncompleted. 2 unfinished.

in.com.pre.en.sí.vel [ĩkopreẽs'ivew] adj m+f (pl incompreensíveis) 1 incomprehensible, inconceivable. 2 incredible. 3 unintelligible.

in.co.mum [ĩkom'ũ] *adj m+f* **1** uncommon, unusual. **2** rare.

in.co.mu.ni.cá.vel [ĩkomunik'avew] *adj m+f* (*pl* **incomunicáveis**) incommunicable, noncommunicable, cut off.

in.con.ce.bí.vel [ĩkõseb'ivew] *adj m+f* (*pl* **inconcebíveis**) inconceivable, unthinkable.

in.con.fun.dí.vel [ĩkõfũd'ivew] *adj m+f* (*pl* **inconfundíveis**) unmistakable, distinct.

in.cons.ci.ên.cia [ĩkõsi'ẽsjə] *sf* unconsciousness.

in.cons.ci.en.te [ĩkõsi'ẽti] *adj m+f* unconscious, unaware.

in.con.sis.ten.te [ĩkõsist'ẽti] *adj m+f* **1** inconsistent. **2** unstable (physical or moral).

in.cons.tan.te [ĩkõst'ãti] *adj m+f* **1** inconstant. **2** unstable. **3** capricious. **4** variable, changing.

in.con.tá.vel [ĩkõt'avew] *adj m+f* (*pl* **incontáveis**) uncountable, countless, incalculable.

in.con.tro.lá.vel [ĩkõtrol'avew] *adj m+f* (*pl* **incontroláveis**) uncontrollable, ungovernable.

in.con.ve.ni.en.te [ĩkõveni'ẽti] *sm* **1** inconvenience, embarassment. **2** trouble, nuisance. • *adj m+f* **1** improper. **2** inconvenient, inopportune. **3** rude, impolite.

in.cor.po.ra.ção [ĩkorporas'ãw] *sf* (*pl* **incorporações**) **1** incorporation, assembly. **2** annexation, entry.

in.cor.po.rar [ĩkorpor'ar] *vt+vpr* **1** to incorporate. **2** to joint, unite. **3** to merge (two or more corporations). **4** to assemble. **5** to affiliate, associate. **6** **incorporar-se** to be or become incorporated.

in.cor.re.to [ĩkoʀ'ɛtu] *adj* **1** incorrect. **2** faulty, wrong. **3** innacurate. **4** improper. **5** false.

in.cor.rup.tí.vel [ĩkoʀupt'ivew] *adj m+f* (*pl* **incorruptíveis**) **1** incorruptible. **2** not easily impaired or spoiled. **3** unbribable. **4** untainted. **5** undecayable. **6** just, fair. **7** righteous.

in.cor.rup.to [ĩkoʀ'utu] *adj* incorrupt, uncorrupt, unspoiled, undefiled.

in.cré.du.lo [ĩkr'ɛdulu] *adj* **1** incredulous. **2** skeptical. **3** distrustful.

in.cre.men.tar [ĩkremẽt'ar] *vt* to develop, increase.

in.cri.mi.nar [ĩkrimin'ar] *vt+vpr* **1** to incriminate. *eles o incriminaram falsamente* / they falsely incriminated him. **2** to accuse. **3** to charge, blame. **4** **incriminar-se** to incriminate oneself.

in.crí.vel [ĩkr'ivew] *adj m+f* (*pl* **incríveis**) **1** incredible. *ele contou uma história incrível* / he told us an incredible story. **2** unbelievable. **3** extraordinary, amazing. **4** strange.

in.cu.ba.do.ra [ĩkubad'orə] *sf* **1** incubator. **2** hatchery.

in.cul.car [ĩkuwk'ar] *vt* **1** to inculcate. **2** instil. **3** to drum into.

in.cul.to [ĩk'uwtu] *adj* **1** uncultivated, uncultured. **2** rude, rough. **3** unschooled. **4** desert, wild.

in.cu.rá.vel [ĩkur'avew] *adj m+f* (*pl* **incuráveis**) **1** incurable. **2** hopeless. **3** incorrigible.

in.da.gar [ĩdag'ar] *vt* **1** to inquire. *ele indagou o caminho* / he inquired the way. **2** to investigate. **3** to query, question.

in.de.cen.te [ĩdes'ẽti] *adj m+f* indecent, indecorous, obscene.

in.de.ci.so [ĩdes'izu] *adj* **1** undecided, indecisive. *ela estava indecisa* / she was undecided. **2** hesitant.

in.de.fe.so [ĩdef'ezu] *adj* **1** unprotected. **2** unarmed. **3** *fig* weak.

in.de.fi.ni.do [ĩdefin'idu] *adj* **1** indefinite. **2** vague. **3** indeterminate.

in.de.li.ca.do [ĩdelik'adu] *adj* **1** impolite, tactless, unkind. **2** disrespectful.

in.de.ni.zar [ĩdeniz'ar] *vt* to indemnify, compensate.

in.de.pen.dên.cia [ĩdepẽd'ẽsjə] *sf* **1** independence. **2** freedom, liberty. **3** autonomy, self-sufficiency.

in.de.pen.den.te [ĩdepẽd'ẽti] *adj m+f* **1** independent, self-sufficient. *ele é independente* / he is self-sufficient. **2** free. **3** autonomous.

in.de.se.já.vel [ĩdeʒeʒ'avew] *adj m+f* (*pl* **indesejáveis**) undesirable, unwelcome.

in.de.ter.mi.na.do [ĩdetermin'adu] *adj* **1**

indeterminate, undetermined. **2** indefinite, vague.

in.di.a.no [ĩdi'ʌnu] *sm* Indian.

in.di.ca.ção [ĩdikas'ãw] *sf (pl* **indicações) 1** indication. **2** symptom. **3** sign, evidence. **4** information, hint.

in.di.ca.do [ĩdik'adu] *adj* **1** designate. **2** specified. *o assunto indicado não me interessa* / the specified subject is not of my interest. **3** instructions. *as indicações que me foram passadas não eram corretas* / the indications I was given were not accurate.

in.di.ca.dor [ĩdikad'or] *sm* **1** index-finger, forefinger. **2** indicator. • *adj* indicatory, indicative. **indicador de andar** floor indicator. **indicador de velocidade** speedometer.

in.di.car [ĩdik'ar] *vt* **1** to indicate, outpoint. **2** to show. **3** to nominate.

ín.di.ce ['ĩdisi] *sm* **1** index. **2** table of contents. **3** rate. **índice de mortalidade** death rate. **índice de preços** price index.

in.dí.cio [ĩd'isju] *sm* **1** clue, trace. **2** evidence, proof. **3** symptom. **4** sign, mark.

in.di.fe.ren.ça [ĩdifer'ẽsə] *sf* **1** indifference. **2** unconcern. **3** negligence, carelessness. **4** coldness.

in.di.fe.ren.te [ĩdifer'ẽti] *s m+f* e *adj m+f* **1** indifferent, unconcerned. *sou indiferente à política* / I am unconcerned with politics. **2** negligent, careless. **3** cold, disinterested. *ela lhe deu um olhar indiferente* / she gave him a cold look. **4** impassive, unresponsible. **5** insensitive.

in.dí.ge.na [ĩd'iʒenə] *s m+f* e *adj m+f* indigenous, native, aboriginal.

in.di.gen.te [ĩdiʒ'ẽti] *s m+f* e *adj m+f* beggar.

in.di.ges.tão [ĩdiʒest'ãw] *sf (pl* **indigestões)** indigestion.

in.dig.na.do [ĩdign'adu] *adj* **1** indignant. **2** exasperated. **3** angry. *a multidão indignada avançou* / the angry crowd pushed ahead.

in.dig.nar [ĩdign'ar] *vt+vpr* **1** to infuriate. **2** to provoke. **3 indignar-se** to be offended.

in.dig.no [ĩd'ignu] *sm* an unworthy person. • *adj* **1** unworthy, worthless. **indigno de ser mencionado** not worth mentioning. **2** undeserving. **3** base, ignoble. **4** inconvenient. **5** shameful.

ín.dio ['ĩdju] *sm* Indian: a) native of India. b) native of North or South America. **cabana de índio** Indian hut.

in.di.re.ta [ĩdir'ɛtə] *sf bras* allusion, hint.

in.di.re.to [ĩdir'ɛtu] *adj* indirect.

in.dis.ci.pli.na [ĩdisipl'inə] *sf* **1** indiscipline. **2** insubordination, disobedience. **3** disorder.

in.dis.cre.to [ĩdiskr'ɛtu] *adj* **1** indiscreet. **2** gossipy.

in.dis.cu.tí.vel [ĩdiskut'ivew] *adj m+f (pl* **indiscutíveis)** unquestionable, incontestable.

in.dis.pos.to [ĩdisp'ostu] *adj* not well, unwell, sick. *ele bebeu demais e agora está indisposto* / he drank too much and now he is unwell. *ele sente-se indisposto* / he feels bad.

in.dis.tin.to [ĩdist'ĩtu] *adj* **1** indistinct. **2** vague, uncertain.

in.di.vi.du.al [ĩdividu'aw] *s m+f (pl* **individuais)** *bras, Esp* single. • *adj m+f* **1** individual, personal, private. *isto é sua opinião individual* / this is your/his/her/ their private opinion. **2** single, singular. *é uma qualidade individual desta raça* / it is a peculiar quality of this race.

in.di.vi.du.a.lis.ta [ĩdividwal'istə] *adj m+f* individualistic.

in.di.ví.duo [ĩdiv'idwu] *sm* **1** being, individual, person. **2** *coloq* guy, fellow. • *adj* **1** individual. **2** single. **3** particular. **4** indivisible.

ín.do.le ['ĩdoli] *sf* **1** nature. *ele revelou má índole* / he showed his ill nature. **2** temper, character. **um menino de boa índole** a good-natured boy.

in.do.len.te [ĩdol'ẽti] *adj m+f* indolent, apathetic, lazy.

in.do.lor [ĩdol'or] *adj m+f* painless.

in.do.má.vel [ĩdom'avew] *adj m+f (pl* **indomáveis) 1** indomitable. **2** invincible. **3** fierce.

in.dul.gen.te [ĩduwʒ'ẽti] *adj m+f* **1** indulgent. **2** lenient.

in.dús.tria [ĩd'ustrjə] *sf* industry. **indústria de automóveis** car industry.

in.dus.tri.al [ĩdustri'aw] *s m+f* (*pl* in-dustriais) manufacturer, producer. • *adj m+f* manufacturing, industrial. cidade industrial industrial town.

in.du.zir [ĩduz'ir] *vt+vpr* 1 to induce. 2 to incite, entice. 3 to persuade.

i.né.di.to [in'εditu] *adj* 1 unedited, unpublished. 2 *fig* original, unheard of.

i.ne.fi.caz [inefik'as] *adj m+f* 1 inefficacious. 2 ineffectual, ineffective.

i.ne.fi.ci.ên.cia [inefisi'ẽsjə] *sf* inefficiency, incompetency.

i.ne.gá.vel [ineg'avew] *adj m+f* (*pl* ine-gáveis) 1 undeniable, incontestable. 2 evident.

i.nér.cia [in'εrsjə] *sf* 1 inertia, inactivity. 2 indolence.

i.ne.ren.te [iner'ẽti] *adj m+f* inherent, intrinsic(al).

i.nes.cru.pu.lo.so [ineskrupul'ozu] *adj* unscrupulous, unprincipled.

i.nes.go.tá.vel [inezgot'avew] *adj m+f* (*pl* inesgotáveis) 1 inexhaustible. 2 copious, abundant.

i.nes.pe.ra.do [insper'adu] *adj* unexpected, sudden, surprising.

i.nes.que.cí.vel [ineskes'ivew] *adj m+f* (*pl* inesquecíveis) unforgettable.

i.nes.ti.má.vel [inestim'avew] *adj m+f* (*pl* inestimáveis) 1 invaluable. 2 priceless.

i.ne.vi.tá.vel [inevit'avew] *adj m+f* (*pl* inevitáveis) unavoidable, inevitable.

i.ne.xis.ten.te [inezist'ẽti] *adj m+f* 1 inexistent, nonexistent. 2 absent.

i.nex.pe.ri.ên.cia [inesperi'ẽsjə] *sf* 1 inexperience. 2 unskillness.

i.nex.pe.ri.en.te [insperi'ẽti] *adj m+f* 1 inexperienced, unexperienced. 2 fresh, young. 3 *pop* green. *ele é inexperiente neste negócio* / he is green in this business.

i.nex.pli.cá.vel [inesplik'avew] *adj m+f* (*pl* inexplicáveis) inexplicable, unex-plainable.

in.fa.lí.vel [ĩfal'ivew] *adj m+f* (*pl* infalí-veis) 1 infallible. 2 certain, sure. 3 inevitable.

in.fa.me [ĩf'∧mi] *adj m+f* 1 infamous. 2 odious. 3 disgraceful. 4 abominable.

in.fân.cia [ĩf'ãsjə] *sf* infancy, childhood, babyhood. *ela é uma amiga de infância* / she is a childhood friend.

in.fan.til [ĩfã'tiw] *adj m+f* (*pl* infantis) 1 for children. 2 childish, babyish. 3 innocent. atitudes infantis childish behavior.

in.fec.ção [ĩfeks'ãw] *sf* (*pl* infecções) infection.

in.fec.ci.o.nar [ĩfeksjon'ar] *vt+vint+vpr* 1 to infect, contaminate. 2 infeccionar-se to be or become infected.

in.fec.ci.o.so [ĩfeksi'ozu] *adj* 1 infective, infectious. 2 contagious. doença infec-ciosa infectious disease.

in.fe.li.ci.da.de [ĩfelisid'adi] *sf* 1 unhappiness. 2 misfortune. *isto traz in-felicidade* / this brings misfortune. 3 adversity, calamity.

in.fe.liz [ĩfel'is] *adj m+f* 1 unhappy, unfortunate, unlucky. *ela é infeliz* / she is unfortunate. 2 disastrous. 3 miserable, wretched.

in.fe.ri.or [ĩferi'or] *adj m+f* inferior: 1 of poorer quality, less capacity or merit, of lower rank. *o material não é nada infe-rior* / the material is in no way inferior to. 2 low(er). 3 ordinary, common. 4 subordinate.

in.fer.nal [ĩfer'naw] *adj m+f* (*pl* infernais) 1 infernal. 2 hellish, diabolical. 3 atrocious. 4 furious, raging. um baru-lho infernal a hell of a noise.

in.fer.no [ĩf'εrnu] *sm* 1 hell. *fizeram de sua vida um inferno* / they made his life hell. 2 despair, torment. vá para o in-ferno! go to hell!.

in.fi.el [ĩfi'εw] *adj m+f* (*pl* infiéis) 1 unfaithful. 2 disloyal. 3 false.

in.fil.trar [ĩfiwtr'ar] *vt+vpr* 1 to infiltrate, infilter. 2 to sift in. 3 to penetrate. 4 to soak in. 5 *fig* to penetrate gradually (ideas, thoughts, principles), worm in. 6 infiltrar-se to filter through, slip in.

ín.fi.mo [ˈifimu] *adj* 1 lowermost. 2 insignificant.

in.fi.ni.da.de [ĩfinid'adi] *sf* 1 infinity. 2 endlessness. 3 immensity. 4 num-berlessness.

in.fi.ni.ti.vo [ĩfinit'ivu] *adj* infinitive.

in.fi.ni.to [ĩfin'itu] *sm* infinite, infinity. •

adj **1** infinite, infinitive. **2** boundless, limitless. **3** endless. **4** timeless. **5** eternal.

in.fla.ção [ĩflas'ãw] *sf* (*pl* **inflações**) inflation.

in.fla.ma.ção [ĩflamas'ãw] *sf* (*pl* **inflamações**) **1** inflammation. **2** enthusiasm, passion.

in.fla.ma.do [ĩflam'adu] *adj* inflamed.

in.fle.xí.vel [ĩfleks'ivew] *adj m+f* (*pl* **inflexíveis**) **1** inflexible. **2** stiff, rigid. **3** implacable, inexorable. **4** adamant.

in.flu.ên.cia [ĩflu'ẽsjə] *sf* **1** influence. *ela tem grande influência sobre as crianças* / she exercises a great influence on the children. **2** authority, power. **3** importance, prestige. **estar sob a influência de** to be under the influence of. **um homem de influência** a man of some concernment.

in.flu.en.ci.ar [ĩflwẽsi'ar] *vt+vpr* **1** to influence. *ele o influenciou* / he influenced him. **2 influenciar-se** to be influenced.

in.flu.en.te [ĩflu'ẽti] *adj m+f* **1** influential. **2** powerful, important. **gente influente** influential people, people of consequence.

in.flu.ir [ĩflu'ir] *vt+vint* **1** to influence, exercise power over. **2** to inspire.

in.for.ma.ção [ĩformas'ãw] *sf* (*pl* **informações**) **1** information. *ele recebeu uma informação secreta* / he received a secret piece of information. **2** news. **3** inquiry. *pedimos informações* / we made inquiries. **balcão de informações** information desk. **dar boas informações** to give good references. **serviço de informações telefônicas** directory enquiries.

in.for.mal [ĩform'aw] *adj m+f* (*pl* **informais**) informal.

in.for.man.te [ĩform'ãti] *s m+f e adj m+f* informer.

in.for.mar [ĩform'ar] *vt+vint+vpr* **1** to inform. *ele informou-me a respeito* / he informed me of it. **2** to instruct, teach. **3** to tell, communicate. **4** to disclose, reveal. **5** to advertise, publish. **6 informar-se** to inquire, inform oneself about. *ele informou-se sobre o meu estado de saúde* / he inquired after my health.

in.for.má.ti.ca [ĩnform'atikə] *sf Inform* informatics, information science.

in.for.ma.ti.zar [ĩformatiz'ar] *vt* to computerize.

in.for.tú.nio [ĩfort'unju] *sm* **1** misfortune, unhappiness. **2** distress.

in.fra.ção [ĩfras'ãw] *sf* (*pl* **infrações**) **1** infraction, infringement, violation. **2** *Esp* foul, foul play.

in.fra.ver.me.lho [ĩfrəverm'eλu] *adj* infrared.

in.frin.gir [ĩfrĩʒ'ir] *vt* **1** to infringe. **2** to commit an infraction. **3** to disobey.

in.fu.são [ĩfuz'ãw] *sf* (*pl* **infusões**) infusion.

in.gê.nuo [ĩʒ'enwu] *adj* **1** innocent. **2** naïve, simple.

in.ge.rir [ĩʒer'ir] *vt+vpr* **1** to ingest. **2** to consume. **3** to interfere in. **4 ingerir-se em** to interfere in.

in.glês [ĩgl'es] *sm* **1** Englishman. **2** English. • *adj* English. *ele fala inglês* / he speaks English.

in.gra.to [ĩgr'atu] *adj* **1** ungrateful, ingrate. **2** thankless. **3** troublesome. **uma tarefa ingrata** a thankless task.

in.gre.di.en.te [ĩgredi'ẽti] *sm* ingredient, component. **ingredientes para bolos e doces** baking ingredients.

ín.gre.me ['ĩgremi] *adj m+f* steep, abrupt.

in.gres.sar [ĩgres'ar] *vt* to enter, ingress, go in, join.

in.gres.so [ĩgr'ɛsu] *sm* **1** admission. **2** ticket. **bilhete de ingresso** admission ticket.

i.nha.me [iñ'ʌmi] *sm* yam.

i.ni.bi.ção [inibis'ãw] *sf* (*pl* **inibições**) inhibition.

i.ni.bir [inib'ir] *vt* to inhibit, repress.

i.ni.ci.a.ção [inisjas'ãw] *sf* (*pl* **iniciações**) **1** initiation, beginning, start. **2** introduction.

i.ni.ci.al [inisi'aw] *sf* (*pl* **iniciais**) initial: first letter of a word. • *adj m+f* initial.

i.ni.ci.ar [inisi'ar] *vt* **1** to begin, start. *iniciaram uma conversa* / they started a conversation. **2** to introduce. **3** to enter. **iniciar o trabalho** to start work.

i.ni.ci.a.ti.va [inisjat'ivə] *sf* **1** initiative. *de quem foi a iniciativa?* / whose initiative was it? **2** enterprise, activity. *ele é um homem de iniciativa* / he is a man of enterprise. **3** diligence. **iniciativa particular** private enterprise. **ter muita iniciativa** to be enterprising. **tomar a iniciativa** to take the initiative.

i.ní.cio [in'isju] *sm* **1** beginning, start. **2** inauguration. **3** outset, origin. **4** opening. **de início** at first. **desde o início** from the start.

i.ni.mi.go [inim'igu] *sm* **1** enemy, adversary. *ele é o seu próprio inimigo* / he is his own enemy. **2** foe. **3** opponent. **4** antagonist. • *adj* inimical, hostile.

i.ni.mi.za.de [inimiz'adi] *sf* **1** enmity, hostility. **2** animosity, disaffection.

i.nin.te.li.gí.vel [inĩteliʒ'ivew] *adj m+f* (*pl* **ininteligíveis**) unintelligible, incomprehensible.

in.je.ção [ĩʒes'ãw] *sf* (*pl* **injeções**) injection, *amer, coloq* shot.

in.je.tar [ĩʒet'ar] *vt* to inject, treat, force in.

in.jú.ria [ĩʒ'urjə] *sf* injury: offense, insult.

in.jus.ti.ça [ĩʒust'isə] *sf* injustice, unfairness, wrong. *ele cometeu uma injustiça para comigo* / he did me wrong. **corrigir/reparar uma injustiça** to right a wrong.

in.jus.to [ĩʒ'ustu] *adj* unjust, unfair, wrongful.

i.no.cên.cia [inos'ẽsjə] *sf* innocence, purity, simplicity.

i.no.cen.te [inos'ẽti] *adj m+f* **1** innocent. *ele foi declarado inocente* / he was found innocent. **2** inoffensive, harmless. **3** simple. **4** pure. **inocente como uma criança** innocent as a lamb.

i.no.fen.si.vo [inofẽs'ivu] *adj* harmless, inoffensive, innocent.

i.no.por.tu.no [inoport'unu] *adj* **1** inopportune, untimely. *é um tanto inoportuno* / it is rather untimely. **2** inconvenient. **3** ill-timed.

i.no.va.dor [inovad'or] *sm* innovator. • *adj* innovative.

i.no.xi.dá.vel [inoksid'avew] *adj m+f* (*pl* **inoxidáveis**) stainless. **aço inoxidável** stainless steel.

in.put ['ĩpʌt] *sm* input: a) *Proc dados* data entering into a calculation. b) *Econ*

materials and energy entering into a process. c) *fig* elements, data.

in.que.brá.vel [ĩkebr'avew] *adj m+f* (*pl* **inquebráveis**) unbreakable.

in.qué.ri.to [ĩk'εritu] *sm* **1** inquiry. **2** investigation.

in.qui.e.tan.te [ĩkjet'ãti] *adj m+f* **1** disturbing, troubling. *é muito inquietante* / it is quite disturbing. **2** alarming.

in.qui.e.tar [ĩkjet'ar] *vt+vpr* **1** to disquiet. **2** to alarm. **3** to worry. **4 inquietar-se** to be uneasy.

in.qui.e.to [ĩki'εtu] *adj* disturbed, worried, uneasy. *ela estava muito inquieta* / she was uneasy, apprehensive.

in.qui.li.no [ĩkil'inu] *sm* tenant.

in.sa.lu.bre [ĩsal'ubri] *adj m+f* insalubrious, unhealthy.

in.sa.no [ĩs'∧nu] *adj* **1** insane, crazy. **2** arduous, excessive.

in.sa.tis.fa.tó.rio [ĩsatisfat'ɔrju] *adj* unsatisfactory.

in.sa.tis.fei.to [ĩsatisf'ejtu] *adj* dissatisfied, discontented.

ins.cre.ver [ĩskrev'er] *vt+vpr* **1** to register, book. **2** to enrol. **3** to inscribe. **4 inscrever-se** to enrol, enter.

ins.cri.ção [ĩskris'ãw] *sf* (*pl* **inscrições**) **1** inscription. **2** enrolment. **3** registration.

in.se.gu.ran.ça [ĩsegur'ãsə] *sf* **1** insecurity, unstableness. **2** *fig* doubt, apprehension.

in.se.gu.ro [ĩseg'uru] *adj* **1** insecure, unsafe. **2** unstable, unsteady. **3** *fig* uncertain, doubtful.

in.sen.sa.to [ĩsẽs'atu] *adj* unreasonable, foolish, unwise, absurd.

in.sen.si.bi.li.da.de [ĩsẽsibilid'adi] *sf* **1** insensibility. **2** indifference. **3** coldheartedness. **4** *fig* hardness.

in.sen.sí.vel [ĩsẽs'ivew] *adj m+f* (*pl* **insensíveis**) **1** insensible. **2** hard, callous. **3** indifferent, cold-hearted. **4** ruthless, implacable.

in.se.rir [ĩser'ir] *vt* to insert, introduce.

in.se.ti.ci.da [ĩsetis'idə] *adj m+f e sm* insecticide.

in.se.to [ĩs'εtu] *sm* insect.

in.sig.ni.fi.can.te [ĩsignifik'ãti] *adj m+f* insignificant, unimportant.

in.si.nu.a.ção [ĩsinwas'ãw] *sf* (*pl* **insinuações**) insinuation, hint.

in.si.nu.ar [ĩsinu'ar] *vt+vint+vpr* **1** to insinuate. **2** to hint, suggest. **3 insinuar-se** to introduce oneself subtly.

in.sí.pi.do [ĩs'ipidu] *adj* insipid, bland, dull.

in.sis.tên.cia [ĩsist'ẽsjə] *sf* insistence, perseverance. *a insistência vence* / perseverance triumphs.

in.sis.ten.te [ĩsist'ẽti] *adj m+f* insistent, persistent, obstinate.

in.sis.tir [ĩsist'ir] *vt+vint* (**em, sobre**) **1** to insist. *insisto em sua vinda* / I insist on your coming. **2** to persist, urge on. *insistiram em que ele cantasse* / he was urged to sing.

in.so.la.ção [ĩsolas'ãw] *sf* (*pl* **insolações**) sunstroke.

in.so.len.te [ĩsol'ẽti] *adj m+f* **1** insolent, impertinent. *ele é um sujeito insolente* / he is an insolent fellow. **2** arrogant. **3** rude, uncivil. **4** insulting, offensive.

in.so.lú.vel [ĩsol'uvew] *m+f* (*pl* **insolúveis**) **1** insoluble. **2** unsolvable.

in.sô.nia [ĩs'onjə] *sf* insomnia, sleeplessness.

in.sos.so [ĩs'osu] *adj* **1** saltless, tasteless. **2** flat. **3** dull. **4** bland.

ins.pe.ci.o.nar [ĩspesjon'ar] *vt* to inspect, scrutinize, examine.

ins.pe.tor [ĩspet'or] *sm* inspector, supervisor.

ins.pi.ra.ção [ĩspiras'ãw] *sf* (*pl* **inspirações**) inspiration. **uma inspiração súbita** a sudden inspiration, *coloq* a brain wave.

ins.pi.rar [ĩspir'ar] *vt+vint+vpr* **1** to inspire, breathe in. **2 inspirar-se** get enthusiastic about, feel inspired.

ins.ta.bi.li.da.de [ĩstabilid'adi] *sf* **1** instability. **2** inconstancy. **3** uncertainty.

ins.ta.la.ção [ĩstalas'ãw] *sf* (*pl* **instalações**) **1** installation. **2 instalações** facilities. **instalação elétrica** wiring. **instalações sanitárias** toilet facilities.

ins.ta.lar [ĩstal'ar] *vt+vpr* **1** to instal(l). **2** to settle. **3 instalar-se** to settle down.

ins.tan.tâ.neo [ĩstãt'ʌnju] *sm Fot* snapshot. • *adj* instantaneous, immediate. **café instantâneo** instant coffee.

ins.tan.te [ĩst'ãti] *sm* **1** instant, moment. *ela parou por um instante* / she stopped for a moment. **2** minute, second. *espere um instante!* / wait a minute! • *adj m+f*, instant, pressing, urgent. **a todo instante** at every moment. **no primeiro instante** in the first moment. **num instante!** in a jiffy!, in a second! *ela voltou num instante* / she came back in no time.

ins.tá.vel [ĩst'avew] *adj m+f* (*pl* **instáveis**) **1** unstable. **2** inconstant, changeable.

ins.tin.ti.vo [ĩstĩt'ivu] *adj* instinctive, spontaneous, impulsive.

ins.tin.to [ĩst'ĩtu] *sm* **1** instinct, intuition. **2** *fig* inspiration. **agir por instinto** to act on instinct.

ins.ti.tu.i.ção [ĩstitwis'ãw] *sf* (*pl* **instituições**) **1** institution. **2** establishment. **3** creation, constitution.

ins.ti.tu.to [ĩstit'utu] *sm* institute, institution.

ins.tru.ção [ĩstrus'ãw] *sf* (*pl* **instruções**) instruction: a) act of teaching. b) education, sch ·oling. *ela não tem instrução* / she is nschooled. c) training. **instrução primária** elementary education. **instrução programada** programmed instruction. **instruções de manejo** operating instructions.

ins.tru.ir [ĩstru'ir] *vt+vpr* **1** to instruct: a) teach. b) educate. c) train. d) inform. **2 instruir-se** to acquire learning.

ins.tru.men.to [ĩstrum'ẽtu] *sm* instrument, tool. **caixa de instrumentos** instrument unit. **instrumentos de corda** *Mús* stringed instruments.

ins.tru.tor [ĩstrut'or] *sm* **1** instructor, teacher. **2** trainer, coach.

in.su.bor.di.na.do [ĩsubordin'adu] *adj* **1** insubordinate. **2** disobedient. **3** rebellious.

in.subs.ti.tu.í.vel [ĩsubstitu'ivew] *adj m+f* (*pl* **insubstituíveis**) irreplaceable.

in.su.ces.so [ĩsus'ɛsu] *sm* failure, *amer, coloq* flop.

in.su.fi.ci.en.te [ĩsufisi'ẽti] *adj m+f* **1** insufficient, deficient. **2** inadequate.

in.su.li.na [ĩsul'inə] *sf* insulin.

in.sul.tar [ĩsuwt'ar] *vt* **1** to insult. **2** to abuse, affront. **3** to offend. wound. **4** to outrage.

in.sul.to [ĩs'uwtu] *sm* **1** insult. **2** abuse, affront. **3** offense.

in.su.por.tá.vel [ĩsuport'avew] *adj m+f* (*pl* **insuportáveis**) **1** insufferable, intolerable, unbearable. *que pessoa insuportável!* / what an intolerable being! **2** annoying.

in.ta.to [ĩt'atu] *adj* **1** intact, untouched, perfect. **2** whole, entire.

ín.te.gra ['ĩtegrə] *sf* **1** totality, a whole. **2** completeness, entireness. **3** full text. **na íntegra** in full, word by word.

in.te.gra.ção [ĩtegras'ãw] *sf* (*pl* **integrações**) integration. **integração racial** racial integration.

in.te.gral [ĩtegr'aw] *adj m+f* (*pl* **integrais**) **1** integral. **2** total, whole. *eles pagam a importância integral* / they pay the whole sum. **3** unabridged. **4** entire, complete. **pão integral** whole wheat bread.

in.te.grar [ĩtegr'ar] *vt+vpr* **1** to integrate. **2** to complete. **3 integrar-se** a) to join, make part of. b) to inform oneself in detail.

in.te.gri.da.de [ĩtegrid'adi] *sf* **1** integrity. **2** *fig* honesty.

ín.te.gro ['ĩtegru] *adj* **1** complete, entire. **2** honest. **3** incorruptible.

in.tei.rar [ĩtejr'ar] *vt+vpr* **1** to complete. **2** to acquaint. *inteire-se de seus deveres!* / acquaint yourself with your duties! **3 inteirar-se** a) to inquire about something. b) to inform oneself in detail.

in.tei.ro [ĩt'ejru] *sm+adj* **1** entire, whole. *esperei duas semanas inteiras* / I waited for two whole weeks. **2** intact, uninjured. **3** complete, full. *ele pagou a conta inteira* / he paid in full. **número inteiro** *Mat* whole number. **retrato de corpo inteiro** whole-length picture.

in.te.lec.tu.al [ĩtelektu'aw] *s m+f* (*pl* **intelectuais**) **1** intellectual. **2 intelectuais** educated people. • *adj m+f* **1** intellectual. **2** mental.

in.te.li.gên.cia [ĩteliʒ'ẽsjə] *sf* intelligence, sagacity.

in.te.li.gen.te [ĩteliʒ'ẽti] *adj m+f* intelligent, clever, wise.

in.tem.pes.ti.vo [ĩtẽpest'ivu] *adj* inopportune, untimely.

in.ten.ção [ĩtẽs'ãw] *sf* (*pl* **intenções**) intention, intent, purpose. *descobri as intenções dele* / I found out his intentions. **com a melhor das intenções** with the best intentions. **fazer alguma coisa com boas intenções** to mean well. **ter a intenção de** to intend to.

in.ten.si.da.de [ĩtẽsid'adi] *sf* **1** intensity, intenseness. **2** strength. **3** vehemence.

in.ten.si.fi.car [ĩtẽsifik'ar] *vt* **1** to intensify. **2** to enhance. **3** to amplify.

in.ten.si.vo [ĩtẽs'ivu] *adj* intensive, intensifying. **estudo intensivo** intensive study.

in.ten.so [ĩt'ẽsu] *adj* **1** intense. *ela tinha uma intensa dor de cabeça* / she had an intense headache, *coloq* a splitting headache. **2** lively. **3** energetic. **4** heavy. *a chuva estava intensa* / the rain was heavy. **5** severe. *ela tinha uma dor intensa* / she felt severe pain.

in.ten.to [ĩt'ẽtu] *sm* **1** intention, intent. **2** plan, project. **3** aim, purpose. *conseguiram o seu intento* / they attained their purpose.

in.te.ra.ção [ĩteras'ãw] *sf* (*pl* **interações**) interaction.

in.te.ra.ti.vo [ĩterat'ivu] *adj* interactive.

in.ter.ca.lar [ĩterkal'ar] *vt+vint* to insert between, fit in. *intercalaram um dia de descanso* / they fitted in a day of rest.

in.ter.câm.bio [ĩterk'ãbju] *sm* interchange, reciprocal exchange.

in.ter.ce.der [ĩtersed'er] *vt* **1** to intercede. **2** to meditate. *intercedi com ele a seu respeito* / I interceded with him in your behalf. **3** to intervene.

in.ter.cep.tar [ĩtersept'ar] *vt* **1** to intercept. **2** to interrupt, break off.

in.ter.di.tar [ĩterdit'ar] *vt* **1** to interdict. *a piscina está interditada* / the use of the swimming pool is interdicted. **2** to forbid, prohibit.

in.te.res.sa.do [ĩteres'adu] *adj* **1** interested. *ele não está muito interessado* / he is not particularly interested in. **2** concerned. *encontraram-se as partes interessadas* / the concerned parties met. **3** to be keen on. *estou interessada em* *aprender isto depressa* / I am keen on learning this quickly.

in.te.res.san.te [ĩteres'ãti] *adj m+f* **1** interesting. **2** entertaining, engaging.

in.te.res.sar [ĩteres'ar] *vt+vpr* **1** to interest, concern, be of interest to. *isto lhe interessa* / that concerns you. **2** engage the attention of, attract. **3** to have or arouse interest. **4 interessar-se** to interest oneself in, concern oneself with. *não me interesso por estas coisas* / I have no concern for such things. **não se interessar por** to take no interest in.

in.te.res.se [ĩter'esi] *sm* **1** interest, advantage. *é no seu interesse* / it is to your advantage. *ele tem interesse no negócio* / he is interested in the business. **2** personal concern. *ela tem interesse pela criança* / she is concerned for the child.

in.ter.fe.rir [ĩterfer'ir] *vt* to interfere. *melhor não interferir* / it is better not to interfere.

in.ter.fo.ne [ĩterf'oni] *sm* intercom.

in.te.rim ['ĩterĩ] *sm* (*pl* **ínterins**) interim, the meantime. **no ínterim** in the meantime, meanwhile.

in.te.ri.no [ĩter'inu] *adj* **1** acting. **2** provisional. **professor interino** acting teacher.

in.te.ri.or [ĩteri'or] *sm* **1** interior. **2** inland, country, countryside. *moramos no interior* / we live in the country. **3** inside. • *adj m+f* **1** interior. **2** upcountry, midland. **3** inner. **o interior de uma casa** the inner rooms of a house.

in.ter.jei.ção [ĩterʒejs'ãw] *sf* (*pl* **interjeições**) interjection.

in.ter.me.di.á.rio [ĩtermedi'arju] *sm* **1** intermediate, intermediary. **2** mediator, middleman. • *adj* intermediate. **exame intermediário** intermediate examination.

in.ter.mi.ná.vel [ĩtermin'avew] *adj m+f* (*pl* **intermináveis**) endless. **um discurso interminável** an endless speech.

in.ter.na.ci.o.nal [ĩternasjon'aw] *adj m+f* (*pl* **internacionais**) international. **direito internacional** international law.

in.ter.nar [ĩtern'ar] *vt* **1** to intern. **2** to hospitalize. *a vítima foi internada no hospital* / the victim was hospitalized. **3** to confine.

in.ter.na.to [ĩtern'atu] *sm* boarding school.

in.ter.no [ĩt'ernu] *sm* **1** intern. **2** inmate of a boarding school. • *adj* **1** internal. **2** interior, inside. **a natureza interna do assunto** the internal nature of the problem.

in.ter.pre.ta.ção [ĩterpretas'ãw] *sf* (*pl* **interpretações**) **1** interpretation. **2** translation. **3** *Cin, Teat, TV* art and technique of interpreting. **interpretação errônea** misinterpretation.

in.ter.pre.tar [ĩterpret'ar] *vt* **1** to interpret. *ela interpretou mal as nossas palavras* / she misinterpreted our words. **2** to translate. **3** to act as an interpreter. **4** *Mús, Teat* to play.

in.tér.pre.te [ĩt'ɛrpreti] *s m+f* **1** interpreter. **2** performer, singer.

in.ter.ro.gar [ĩteŕog'ar] *vt+vint* **1** to interrogate. *ele me interrogou minuciosamente* / he interrogated me thoroughly. **2** to question.

in.ter.ro.ga.tó.rio [ĩteŕogat'ɔrju] *sm* interrogation, questioning.

in.ter.rom.per [ĩteŕõp'er] *vt* to interrupt, discontinue. *o jogo foi interrompido pela chuva* / the match was interrupted by rain.

in.ter.rup.ção [ĩteŕups'ãw] *sf* (*pl* **interrupções**) **1** interruption. **2** cessation. **3** suspension, discontinuance.

in.ter.rup.tor [ĩteŕupt'or] *sm* switch.

in.ter.ur.ba.no [ĩterurb'∧nu] *sm bras* long-distance call. • *adj* inter-city.

in.ter.va.lo [ĩterv'alu] *sm* **1** interval. *plantaram árvores no intervalo de dez metros* / they set trees at intervals of ten meters. **2** intermission. **3** break. **intervalo para o café** coffee break.

in.ter.vir [ĩterv'ir] *vt+vint* **1** to intervene. **2** to interfere, intercede. *por favor, não intervenha nos meus negócios* / please do not interfere in my affairs. **3** to intermediate.

in.tes.ti.no [ĩtest'inu] *sm* intestine, bowel(s), gut. **intestino delgado** small intestine. **intestino grosso** large intestine.

in.ti.ma.ção [ĩtimas'ãw] *sf* (*pl* **intimações**) **1** notification. **2** citation.

in.ti.mi.da.de [ĩtimid'adi] *sf* **1** intimacy.

2 privacy, familiarity. *eles têm muita intimidade* / they are close friends. **3** private life.

in.ti.mi.dar [ĩtimid'ar] *vt+vint+vpr* **1** to intimidate. **2** to frighten. **3** to threaten, bully. **4** to scare, discourage. **5 intimidar-se** to become discouraged or intimidated.

ín.ti.mo ['ĩtimu] *adj* **1** intimate. *eles são muito íntimos* / they are very intimate. **2** inner, inmost. *ela conhece os meus pensamentos íntimos* / she knows my inmost thoughts. **3** near, close. *somos amigos íntimos* / we are close friends.

in.ti.tu.la.do [ĩtitul'adu] *adj* entitled, called.

in.to.le.rân.cia [ĩtoler'ãsjɐ] *sf* intolerance, intransigence.

in.to.le.ran.te [ĩtoler'ãti] *s m+f* e *adj m+f* intolerant, intransigent.

in.to.xi.ca.ção [ĩtoksikas'ãw] *sf* (*pl* **intoxicações**) intoxication, poisoning. **intoxicação alimentar** food poisoning.

in.tra.gá.vel [ĩtrag'avew] *adj m+f* (*pl* **intragáveis**) **1** uneatable. **2** unbearable.

in.tran.si.gen.te [ĩtrãziʒ'ẽti] *adj m+f* intransigent, intolerant, strict.

in.tré.pi.do [ĩtr'ɛpidu] *sm* dare-devil, darer, bold or reckless fellow. • *adj* intrepid, bold, courageous, adventurous.

in.tri.ga [ĩtr'igɐ] *sf* **1** intrigue, plot, scheme. *ela sempre faz intriga* / she is always plotting. **2** conspiracy. **3** gossip.

in.trin.ca.do [ĩtrĩk'adu] *adj* intricate, complex.

in.trín.se.co [ĩtr'ĩseku] *adj* intrinsic(al), inherent.

in.tro.du.ção [ĩtrodus'ãw] *sf* (*pl* **introduções**) **1** introduction. *ela escreveu a introdução* / she wrote the introduction. **2** insertion. **3** preface, foreword.

in.tro.du.zir [ĩtroduz'ir] *vt+vpr* **1** to introduce. **2** to bring in. **3** to show in. **4** to bring into practice. **5** to begin with. **6** to insert. *ele tentou introduzir o aparelho no mercado* / he tried to put the gadget in the market. **7** to intrude, infiltrate. **8 introduzir-se** to introduce oneself, edge in.

in.tro.me.ter [ĩtromet'er] *vpr* **intrometer-se** to interfere, meddle. *ele se intromete em tudo* / he meddles in everything.

in.tro.me.ti.do [ĩtromet'idu] *sm* **1** meddler. *ele é muito intrometido* / he is an awful meddler. **2** eavesdropper. **3** intruder. • *adj* **1** meddlesome, intrusive. **2** snoopy, prying.

in.tro.ver.ti.do [ĩtrovert'idu] *sm* introvert. • *adj* introverted.

in.tru.so [ĩtr'uzu] *sm* **1** intruder, trespasser. **2** interloper, meddler. • *adj* intruded, intrusive, meddling.

in.tu.i.ção [ĩtujs'ãw] *sf* (*pl* **intuições**) intuition, perception.

in.tui.to [ĩt'ujtu] *sm* design, intention, plan, aim.

i.nú.me.ro [in'umeru] *adj* innumerable, numberless, countless.

i.nun.da.ção [inũdas'ãw] *sf* (*pl* **inundações**) flood.

i.nun.dar [inũd'ar] *vt+vint+vpr* **1** to flood. **2 inundar-se** to be covered with water, become wet.

i.nú.til [in'util] *s m+f* (*pl* **inúteis**) worthless person, good-for-nothing. • *adj m+f* **1** useless. **2** worthless.

in.va.dir [ĩvad'ir] *vt* **1** to invade, raid. *o inimigo invadiu o país* / the enemy invaded the country. **2** to trespass.

in.va.li.dez [ĩvalid'es] *sf* invalidity, disability.

in.vá.li.do [ĩv'alidu] *sm* invalid, disabled person. • *adj* **1** disabled, sickly. **2** invalid, null.

in.va.são [ĩvaz'ãw] *sf* (*pl* **invasões**) invasion, raid.

in.va.sor [ĩvaz'or] *sm* invader, trespasser.

in.ve.ja [ĩv'ɛʒɐ] *sf* envy. **causar inveja a alguém** to excite a person's envy. **fazer inveja** to make somebody jealous.

in.ve.jar [ĩveʒ'ar] *vt* **1** to envy, feel envious of. *não lhe invejo a posição* / I don't envy him his position. **2** to desire, long after.

in.ve.jo.so [ĩveʒ'ozu] *adj* envious.

in.ven.ção [ĩvẽs'ãw] *sf* (*pl* **invenções**) **1** invention. **2** a phantasy. **3** subterfuge, lie. **a invenção da Santa Cruz** the invention of the Cross. **de invenção própria** out of one's own head.

in.ven.cí.vel [ĩvẽs'ivew] *adj m+f* (*pl* invencíveis) invincible, insuperable.

in.ven.tar [ĩvẽt'ar] *vt+vint* 1 to invent, create, devise. 2 to fabricate, fake, forge. 3 to make up. 4 *bras, coloq* to imagine explanations, think up. *inventaremos alguma coisa* / let us think up something. **inventar uma mentira** to frame a lie.

in.ver.no [ĩv'ɛrnu] *sm* winter. **dia de inverno** a winter's day.

in.ve.ros.sí.mil [ĩveros'imiw] *adj m+f* (*pl* inverossímeis) improbable, unlikely.

in.ver.so [ĩv'ɛrsu] *sm* contrary, reverse, inverse. • *adj* inverted, inverse, opposite.

in.ver.te.bra.do [ĩvertebr'adu] *adj* invertebrate.

in.ver.ter [ĩvert'er] *vt+vint+vpr* to invert, reverse.

in.vés [ĩv'ɛs] *sm* **ao invés** on the contrary. **ao invés de** contrary to, opposite to.

in.ves.ti.dor [ĩvestid'or] *adj+sm* investor.

in.ves.ti.ga.ção [ĩvestigas'ãw] *sf* (*pl* investigações) 1 investigation. 2 inquiry. 3 research.

in.ves.ti.ga.dor [ĩvestigad'or] *sm* 1 investigator. 2 *bras* a police agent. • *adj* investigating, investigative, investigatory.

in.ves.ti.gar [ĩvestig'ar] *vt* 1 to investigate. *vamos investigar o assunto* / let's investigate the matter. 2 to inquire. 3 to examine. 4 to do research.

in.ves.ti.men.to [ĩvestim'ẽtu] *sm* investment.

in.ves.tir [ĩvest'ir] *vt+vpr* 1 to attack, assault. 2 to invest. **investir capital em** to invest capital in. **investir contra o inimigo** to fall on the enemy.

in.vic.to [ĩv'iktu] *adj* unconquered, unbeaten.

in.vi.sí.vel [ĩviz'ivew] *sm* (*pl* invisíveis) the invisible. • *adj m+f* invisible, unseen.

in.vó.lu.cro [ĩv'ɔlukru] *sm* 1 involucre. 2 wrapper.

in.vo.lun.tá.rio [ĩvolũt'arju] *adj* 1 involuntary. 2 unintentional.

i.o.do [i'odu] *sm* iodine.

i.o.ga [i'ɔgə] *sf* yoga.

i.o.gur.te [jog'urti] *sm* yoghurt, yogurt.

ir ['ir] *vint+vpr* 1 to go, leave, go away *eles foram para a universidade* / they

went to the university. *tenho de ir embora* / I must go. 2 to be well (ill, so-so). *como vai indo?* / how are you getting along? *as coisas estão indo bem* / things are going on well. 3 **ir-se** a) to go away, be off, go out. b) to disappear, vanish. **ir abaixo** to go down, *fig* to fail. **ir a cavalo** to go on horseback. **ir à cidade** to go downtown. **ir adiante** to go ahead. **ir a pé** to go on foot. **ir às pressas** to hurry. **ir até o fim** *fig* to go to the limit. **ir bem** to be well. **ir de carro/de ônibus** to go by car/by bus. **ir dormir** to go to bed. **ir embora** to go away. **ir em férias** to go on vacation. **vamos!** let us go!, come on! **vamos ao assunto!** let's come to the point! **vamos depressa!** let's hurry! **vamos ver!** let us see! **você vai ver!** you will see!

i.ra ['irə] *sf* anger, rage. **acesso de ira** fit of rage.

i.ras.cí.vel [iras'ivew] *adj m+f* (*pl* irascíveis) 1 irascible, irritable. 2 short-tempered.

í.ris ['iris] *s m+f, sing+pl* iris.

ir.lan.dês [irlãd'es] *sm* 1 Irish, Irishman. 2 the Irish language. • *adj* Irish.

ir.mã [irm'ã] *sf* sister. **irmã de caridade** Sister of Charity. **meia-irmã** half sister.

ir.man.da.de [irmãd'adi] *sf* 1 brotherhood, sisterhood. 2 fraternity. 3 association. **irmandade religiosa** religious order.

ir.mão [irm'ãw] *sm* (*pl* irmãos) brother. *ele o tratou de irmão* / he called him brother. **irmão gêmeo** twin brother. **meio-irmão** half brother.

A palavra *irmãos* em português é freqüentemente usada para se referir a irmãos e irmãs coletivamente. Em inglês isso não é possível. Usa-se **brothers and sisters**: *somos seis irmãos* / we are six brothers and sisters.

i.ro.ni.a [iron'iə] *sf* irony, sarcasm.

i.rô.ni.co [ir'oniku] *adj* ironic(al), sarcastic(al).

ir.ra.ci.o.nal [irasjon'aw] *adj m+f* (*pl* irracionais) 1 irrational. 2 unreasonable, senseless.

ir.ra.di.ar [irãdi'ar] *vt* 1 to irradiate. 2 *Radio* to broadcast.

ir.re.al [iʀe'aw] *adj m+f* (*pl* irreais) unreal.

ir.re.co.nhe.cí.vel[iřekoñes'ivew] *adj m+f* (*pl* **irreconhecíveis**) unrecognizable.

ir.re.cu.pe.rá.vel[iřekuper'avew] *adj m+f* (*pl* **irrecuperáveis**) irrecoverable, irretrievable.

ir.re.du.tí.vel [iředut'ivew] *adj m+f* (*pl* **irredutíveis**) irreducible.

ir.re.gu.lar[iřegul'ar] *adj m+f* **1** irregular. not regular. *ele tem uma vida irregular* / he leads an irregular life. **2** unruly, disorderly. **3** variable.

ir.re.le.van.te [iřelev'ãti] *adj m+f* irrelevant.

ir.re.pa.rá.vel [iřepar'avew] *adj m+f* (*pl* **irreparáveis**) irreparable, irretrievable.

ir.re.qui.e.to [iřeki'εtu] *adj* unquiet, restless.

ir.re.sis.tí.vel [iřezist'ivew] *adj m+f* (*pl* **irresistíveis**) **1** irresistible. **2** charming.

ir.res.pon.sá.vel [iřespõs'avew] *adj m+f* (*pl* **irresponsáveis**) irresponsible.

ir.res.tri.to [iřestr'itu] *adj* **1** unrestricted. **2** unlimited.

ir.re.ve.ren.te [iřever'ẽti] *adj m+f* irreverent, disrespectful, insolent.

ir.ri.ga.ção [iřiga'ãw] *sf* (*pl* **irrigações**) irrigation, watering.

ir.ri.gar [iřig'ar] *vt* to irrigate, water, moisten.

ir.ri.ta.ção [iřitas'ãw] *sf* (*pl* **irritações**) **1** irritation. **2** anger, enragement.

ir.ri.tan.te [iřit'ãti] *adj m+f* irritant, annoying.

ir.ri.tar[iřit'ar] *vt+vpr* **1** to irritate. *isto me irrita* / this irritates me. **2** to anger, annoy. **3** **irritar-se** to be irritated, grow angry.

is.ca[′iskə] *sf* **1** bait, lure. **2** *fig* allurement, enticement. **isca viva** live bait. **morder a isca** to take the bait.

i.sen.ção [izẽs'ãw] *sf* (*pl* **isenções**) **1** exemption. **2** freedom. **isenção de imposto** tax exemption.

i.sen.to [iz'ẽtu] *adj* **1** exempt. **2** free. **isento de culpa** free from guilt.

i.so.la.do [izol'adu] *adj* **1** isolated, isolate. **2** alone, secluded.

i.so.lan.te [izol'ãti] *adj m+f* isolating, insulating. **fita isolante** insulating tape.

i.so.lar [izol'ar] *vt+vpr* **1** to isolate, set or place apart. **2** to detach, separate. **3** to segregate. **4** to let alone. **5** to insulate. **6** **isolar-se** to retire from, withdraw.

i.so.por [izop'or] *sm brit* polystyrene, *amer* Styrofoam (trademark).

is.quei.ro [isk'ejru] *sm* lighter.

is.so [′isu] *pron dem* that. *isso não importa* / that doesn't matter. *eu não disse isso* / I didn't say that. **apesar de tudo isso** for all that. **apesar disso** nevertheless. **isso mesmo!** *coloq* that's just it! **por isso** therefore.

ist.mo [′istmu] *sm* isthmus: a) a narrow strip of land connecting two larger land areas. b) a narrow anatomical part of passage connecting two larger structures or cavities.

is.to[′istu] *pron dem* this. *que quer dizer isto?* / what does this mean? *conversamos sobre isto e aquilo* / we talked this, that and the other. **além disto** besides. **isto é** that is. **tudo isto** all this.

i.ta.li.a.no [itali'∧nu] *sm* Italian. • *adj* Italian.

i.tem [′itẽj] *sm* (*pl* **itens**) item, article.

i.ti.ne.rá.rio [itiner'arju] *sm* itinerary, route.

j

J, j [ʒɔtə] *sm* the tenth letter of the alphabet.
já [ʒa] *adv* **1** now, at once, immediately. *já estou entendendo* / now I understand it. **2** at any time in the past. *já foi para Santos?* / have you ever been to Santos? • *conj* already, since. *Eu já almocei* / I have already had lunch. **já então** even then. **já, já** immediately. **já para fora!** out with you! **já que** since, whereas.
ja.ca.ran.dá [ʒakarãdˈa] *sm bras Bot* rosewood.
ja.ca.ré [ʒakarˈɛ] *sm Zool* alligator.
ja.cin.to [ʒasˈĩtu] *sm* hyacinth.
ja.guar [ʒagwˈar] *sm* jaguar.
ja.gun.ço [ʒagˈũsu] *sm bras* gunman, assassin.
ja.mais [ʒamˈajs] *adv* never, ever, at no time.
ja.nei.ro [ʒanˈejru] *sm* **1** January. **2** **janeiros** *pl* years of age.
ja.ne.la [ʒanˈɛlə] *sf* window. *a janela dá para a rua* / the window looks upon the street.
jan.ga.da [ʒãgˈadə] *sf* raft.
jan.ga.dei.ro [ʒãgadˈejru] *sm* raftsman.
jan.ta [ʒˈãtə] *sf pop* dinner.
jan.tar [ʒãtˈar] *sm* dinner, eveningmeal. *o jantar está na mesa* / dinner is served. • *vint* to dine. **hora de jantar** dinner time. **jantar fora** to dine out. **sala de jantar** dining room.
ja.po.na [ʒapˈonə] *sf* short winter coat made of thick wool.
ja.po.nês [ʒaponˈes] *sm* Japanese: a) native of Japan. b) language. • *adj* Japanese.
ja.que.ta [ʒakˈetə] *sf* a short jacket.

ja.que.tão [ʒaketˈãw] *sm* (*pl* **jaquetões**) double-breasted coat.
jar.da [ʒˈardə] *sf* yard.
jar.dim [ʒardˈĩ] *sm* (*pl* **jardins**) garden. **jardim botânico** botanical garden. **jardim da infância** kindergarten. **jardim de inverno** conservatory. **jardim zoológico** zoo.
jar.di.na.gem [ʒardinˈaʒẽj] *sf* (*pl* **jardinagens**) gardening.
jar.di.nei.ra [ʒardinˈejrə] *sf* **1** window box: a piece of furniture used to hold flowers or plants. **2** a garnish for meat consisting of several cooked vegetables cut into pieces. **3** a kind of dungaree, overalls.
jar.di.nei.ro [ʒardinˈejru] *sm* gardener.
jar.gão [ʒargˈãw] *sm* (*pl* **jargões**) jargon: technical terminology.
jar.ra [ʒˈarə] *sf* **1** pitcher, jug. **2** vase, flowerpot.
jar.ro [ʒˈaru] *sm* pitcher, jug.
jas.mim [ʒazmˈĩ] *sm* (*pl* **jasmins**) *Bot* jasmin(e).
ja.to [ʒˈatu] *sm* jet, gush, flush. **avião a jato** jet plane. **jato de areia** sandblast. **jato de luz** flash.
jau.la [ʒˈawlə] *sf* cage.
ja.va.li [ʒavalˈi] *sm* (*fem* **javalina**) *Zool* wild pig, boar.
ja.zi.da [ʒazˈidə] *sf* natural deposit of ores, mine.
ja.zi.go [ʒazˈigu] *sm* grave, tomb, burial monument. **jazigo de família** family vault.

jeans [dʒi:nz] *sm* **1** calça jeans, jeans. **2** denim (tecido). **saia de jeans** a denin skirt.

jei.to [ʒ'ejtu] sm **1** aptitude, talent. *não tenho jeito para línguas* / I have no talent for languages. **2** skill, knack. **3** way, manner. *ela tem um jeito especial de lidar com crianças* / she has a way with children. **dar um jeito** to manage, engineer. *ela sempre dá um jeito de ficar mais bonita do que as outras* / she always manages to look prettier than the others. **de qualquer jeito** at any rate. **de todo jeito** at all events. **falta de jeito** awkwardness, left-handedness. **o jeito de uma coisa** the hang of a thing. **sem jeito** awkward. *fiquei sem jeito* / I felt awkward, embarrassed.

jei.to.so [ʒejt'ozu] *adj* **1** skillful, dexterous. **2** manageable. *meu cabelo não é jeitoso* / my hair is unmanageable. **3** graceful.

je.jum [ʒeʒ'ũ] *sm* (*pl* **jejuns**) **1** fast(ing), abstinence from food (and *fig* from anything else). **2** a time of fasting. **dia de jejum** fast day. **em jejum** fasting. **quebrar o jejum** to break one's fast.

je.su.í.ta [ʒezu'itə] *sm* Jesuit.

ji.bói.a [ʒib'ɔjə] *sf* Zool boa constrictor.

ji.pe [ʒ'ipi] *sm* Jeep.

jo.a.lhei.ro [ʒoaʎ'ejru] *sm* jeweller.

jo.a.lhe.ri.a [ʒoaʎer'iə] *sf* jewellery store, jeweller's.

jo.a.ni.nha [ʒoan'iɲə] *sf* bras lady-bug.

jo.e.lhei.ra [ʒoeʎ'ejrə] *sf* kneepad.

jo.e.lho [ʒoe'ʎu] *sm* knee. **cair de joelhos** to fall on one's knees. **pôr-se de joelhos** to kneel down.

jo.ga.da [ʒog'adə] *sf* **1** play, game. **2** (in a game) throw, move, hit. **3** bras a scheme, a plot. **bela jogada!** good shot! well played!

jo.ga.dor [ʒogad'or] *sm* **1** Esp player. **2** gambler. **jogador de futebol** soccer player.

jo.gar [ʒog'ar] *vt+vint+vpr* **1** Esp to play. **2** to take part in a game. **3** to gamble, stake. **4** to bet. **5** to throw. **6 jogar-se** to throw oneself. **jogar com malícia** to play foul. **jogar limpo** to play fair. **jogar para cima** to toss. **jogar uma partida** to play a game.

jog.ging [dʒ'ɔgĩ] *sm ingl Esp* **1** jogging. **2** track suit.

jo.go [ʒ'ogu] *sm* **1** game. *você quer entrar no jogo?* / will you join us in the game? **2** gamble. **3** set, collection. **jogo de azar** game of chance. **jogo de damas** checkers game. **jogo de esconde-esconde** hide and seek. **jogo de palavras** play on words, pun. **jogo de salão** parlour game. **jogos olímpicos** Olympic Games. **pôr em jogo a carreira** to risk one's career. **ter jogo de cintura** to act with a lot of ability. **um jogo de copos** a set of glasses.

jói.a [ʒ'ɔjə] *sf* **1** jewel, trinket, gem. **2** entrance fee for new club members. **3** *fig* person or thing of great esteem and value. **4** jóias jewelry.

jó.quei [ʒ'ɔkej] *sm* jockey.

jor.na.da [ʒorn'adə] *sf* **1** a day's work. **2** a journey.

jor.nal [ʒorn'aw] *sm* (*pl* **jornais**) newspaper, paper. **banca de jornais** newsstand. **jornal da manhã** morning paper.

jor.na.lei.ro [ʒornal'ejru] *sm* newsagent, newsdealer.

jor.na.lis.mo [ʒornal'izmu] *sm* journalism.

jor.na.lis.ta [ʒornal'istə] *s m+f* journalist, newspaperman.

jor.rar [ʒoř'ar] *vint+vt* to gush, spout out, (out)pour, eject.

jor.ro [ʒ'ořu] *sm* outpour, gush, jet, spout.

jo.vem [ʒ'ovẽj] *s m+f* (*pl* **jovens**) young person, youth. • *adj m+f* young, youthful. **uma jovem bonita** a beautiful girl.

ju.ba [ʒ'ubə] *sf* a lion's mane.

ju.bi.leu [ʒubil'ew] *sm* jubilee.

jú.bi.lo [ʒ'ubilu] *sm* exultation, joy.

ju.das [ʒ'udas] *sm sing+pl fig* traitor, false friend.

ju.deu [ʒud'ew] *sm* (*fem* **judia**) Jew. • *adj* Jewish.

ju.dô [ʒud'o] *sm* judo.

ju.go [ʒ'ugu] *sm* **1** *fig* submission, oppression. **2** authority, domination.

ju.iz [ʒu'is] *sm* **1** judge. **2** Esp referee, umpire. **juiz de linha (bandeirinha)** linesman.

ju.í.zo [ʒu'izu] *sm* **1** sense, good sense. *ela não tem juízo bastante para deixá-lo* / she has not enough sense to leave him. **2** discernment. **3** opinion. **criar juízo** to settle down. **dia do juízo final** doomsday. **juízo!** be sensible!

jul.ga.men.to [ʒuwgam'ẽtu] *sm* **1** judgement. **2** *Jur* trial, sentence, decision. **3** opinion, understanding. **4** appreciation.

jul.gar [ʒuwg'ar] *vt+vint+vpr* **1** to judge. **2** to think, believe. *julgo que ele o fará* / I believe he will do it. **3** to criticize, censure. **julgar-se feliz** to consider oneself happy.

ju.lho [ʒ'uʎu] *sm* July.

ju.men.to [ʒum'ẽtu] *sm Zool* donkey, ass.

ju.nho [ʒ'uɲu] *sm* June.

jú.nior [ʒ'unjor] *sm* junior (abreviatura: **Jr**). • *adj* **1** junior, younger. **2** *Esp* of the younger set.

jun.tar [ʒũt'ar] *vt+vint+vpr* **1** to join, connect. *juntei-me a eles* / I joined them. **2** to collect, pile up. **3** to annex, attach, add, assemble. **4 juntar-se** to gather, to get together. *eles se juntaram para comemorar* / they got together to celebrate.

jun.to [ʒ'ũtu] *adj* together, joined. *mandarei as batatas junto com as cenouras* / I'll send the potatoes together with the carrots. • *adv* near, next to, close. **pôr junto a** to put next to. **todos juntos** all together.

ju.ra.do [ʒur'adu] *sm* juror. • *adj* **1** sworn to, solemnly declared. **2** *bras* threatened of death. **inimigo jurado** sworn enemy.

ju.ra.men.to [ʒuram'ẽtu] *sm* oath, vow. **prestar juramento** to take an oath, swear in. **sob juramento** under oath.

ju.rar [ʒur'ar] *vt* **1** to swear, confirm by oath. *juro que sim (não)* / I swear it is (not) so. **2** to declare, affirm.

jú.ri [ʒ'uri] *sm* jury.

ju.ro [ʒ'uru], **juros** [ʒ'urus] *sm* interest (on money). **juros atrasados** back interest.

jus.ta.men.te [ʒustam'ẽti] *adv* just, precisely. **justamente isto!** this of all things! **justamente no meio** in the very middle.

jus.ti.ça [ʒust'isə] *sf* **1** justice. **2** rightness, fairness, equity. **3** right. **4** the law. **fazer justiça** to do justice. **fazer justiça pelas próprias mãos** to take the law into one's own hand.

jus.ti.fi.car [ʒustifik'ar] *vt+vpr* **1** to justify. *o fim justifica os meios* / the end justifies the means. **2** to prove. **3** to explain. *você pode justificar a sua conduta?* / can you explain your conduct?

jus.to [ʒ'ustu] *sm* fair, correct, righteous person. • *adj* **1** just, fair, right. *ele só pede o que é justo* / he only asks what is fair. **2** deserved, fairly earned. **3** reasonable. **4** narrow, tight. *este vestido é muito justo* / this dress is too tight. • *adv* precisely, exactly.

ju.ve.nil [ʒuven'iw] *sm bras* a sports contest only for adolescents. • *adj m+f* (*pl* **juvenis**) **1** juvenile, young, youthful. **2** *bras* junior: contest or team formed only by adolescents.

ju.ven.tu.de [ʒuvẽt'udi] *sf* **1** youth. **2** young people. **conservar a juventude** to keep one's youthfulness.

K, k [k'a] *sm* letter used in Portugal and Brazil only in internationally known symbols and abbreviations and in foreign words adopted by the Portuguese language.

ka.ra.o.kê [karaok'e] *sm jap* karaoke.

kar.de.cis.mo [kardes'izmu] *sm* religious doctrine of the French spiritualist thinker Allan Kardec (1804-1869).

kar.de.cis.ta [kardes'istə] *s m+f* a follower of Allan Kardec or of his doctrine. • *adj m+f* of or referring to Allan Kardec or to his doctrine.

kart [k'art] *sm* kart.

kar.tó.dro.mo [kart'ɔdromu] *sm* a kart racing track.

kit [k'it] *sm ingl* kit, collection.

kit.che.net.te [kitʃen'ɛti] *sf ingl* studio flat, studio apartment.

ki.wi [kiw'i] *sm* kiwi.

L, l [ˈɛli] *sm* the eleventh letter of the alphabet.

la [lə] *pron pess f* third person singular used after verbal forms ending in **r, s** or **z,** after the pronouns **nos** and **vos** and after the adverb **eis.** *eu não pude vê-la /* I could not see her.

lá¹ [lˈa] *sm Mús* la.

lá² [lˈa] *adv* **1** there, over there. *viemos de lá /* we came from there. **2** beyond. **cá e lá** here and there. **lá dentro** in there. **lá embaixo** down there, downstairs. **lá em cima** upstairs, up there. **lá fora** out there. **para lá** over there. **para lá de** more than. **sei lá!** heaven knows!

lã [lˈã] *sf* wool. **artigos de lã** woolen goods. **meias de lã** wool socks.

la.ba.re.da [labarˈedə] *sf* blaze, flame.

lá.bio [lˈabju] *sm* lip. **morder os lábios** to bite one's lips.

la.bi.rin.to [labirˈĩtu] *sm* labyrinth, maze.

la.bo.ra.tó.rio [laboratˈɔrju] *sm* laboratory, *coloq* lab.

la.bu.ta [labˈutə] *sf* drudgery, (hard) work, grind.

la.çar [lasˈar] *vt* to lace, tie, bind.

la.ço [lˈasu] *sm* **1** bowknot. **2** bow, knot, loop. **3** ribbon. **4** bond. **laços de sangue** blood ties.

la.crar [lakrˈar] *vt* to seal (up).

la.cre [lˈakri] *sm* **1** sealing wax. **2** seal.

la.cri.me.jan.te [lakrimeʒˈãti] *adj m+f* tearful.

la.cri.me.jar [lakrimeʒˈar] *vint* to water (eyes).

lác.teo [lˈaktju] *adj* dairy, milky. **produtos lácteos** dairy goods. **Via Láctea** Milky Way.

la.cu.na [lakˈunə] *sf* gap, blank. **preencher as lacunas** to fill in the blanks.

la.dei.ra [ladˈejrə] *sf* **1** slope. **2** steep street. **ladeira abaixo** downhill. **ladeira acima** uphill.

la.do [lˈadu] *sm* side: a) the right or left part of a body. b) face of an object. c) direction, position, d) site, place. **ao lado** by the side, next door. **ao lado de** beside, next to. **deixar de lado** to put/set aside. **de lado a lado** throughout, from side to side. **em cada lado de** on each side of. **lado a lado** side by side. **manter-se de lado** to keep out of the way. **o lado agradável** the bright side. **o lado de dentro** the inside. **por outro lado** otherwise, on the other hand. **por todos os lados** all around.

la.drão [ladrˈãw] *sm* (*pl* **ladrões**) thief, burglar, robber. Veja nota em **thief.**

la.drar [ladrˈar] *vint+vt* to bark.

la.dri.lhar [ladriʎˈar] *vt+vint* to tile.

la.dri.lho [ladrˈiʎu] *sm* tile, floor tile.

la.gar.ta [lagˈartə] *sf Zool* caterpillar.

la.gar.ti.xa [lagartˈiʃə] *sf Zool* lizard, gecko.

la.gar.to [lagˈartu] *sm Zool* lizard.

la.go [lˈagu] *sm* lake.

la.go.a [lagˈoə] *sf* pond, pool, small lake.

la.gos.ta [lagˈostə] *sf* lobster.

lá.gri.ma [lˈagrimə] *sf* tear. *com olhos marejados de lágrimas /* with the eyes filled with tears. **derramar lágrimas** to shed tears. **desfazer-se em lágrimas** to burst into tears. **lágrimas de alegria** tears of joy.

la.je [lˈaʒi] *sf* flag(stone), stone slab.

la.jo.ta [laʒˈɔtə] *sf* floor tile.

la.ma [l'ʌmə] *sf* **1** mud, slush. **2** *fig* blemish, dishonour.

la.ma.cen.to [lamas'ẽtu] *adj* **1** muddy. **2** dirty.

lam.ba.da [lãb'adə] *sf* **1** blow, stroke. **2** lambada: a rhythmic Brazilian dance of the late 1980s.

lam.ber [lãb'er] *vt+vpr* **1** to lick. **2** lamber-se to lick your lips.

lam.bis.car [lãbisk'ar] *vt+vint* to nibble.

lam.bre.ta [lãbr'etə] *sf* scooter.

lam.bu.zar [lãbuz'ar] *vt+vpr* **1** to dirty, smear. **2** lambuzar-se smear one's face.

la.men.tar [lamẽt'ar] *vt+vpr* **1** to lament: to express sorrow, regret. *ele lamentou a morte de seu amigo* / he regretted his friend's death. **2** lamentar-se a) to complain. b) to cry.

la.men.to [lam'ẽtu] *sm* lament, wailing, moaning.

lâ.mi.na [l'ʌminə] *sf* blade. **lâmina de barbear** razor blade.

lâm.pa.da [l'ãpadə] *sf* **1** lamp. **2** bulb. **3** *fig* light. **lâmpada de cabeceira** bedside lamp. **lâmpada fluorescente** fluorescent lamp.

lam.pa.ri.na [lãpar'inə] *sf* oil lamp.

la.mú.ria [lam'urjə] *sf* lamentation, wailing, whimpering.

lan.ça [l'ãsə] *sf* spear. **em forma de lança** spear-shaped.

lan.ça.men.to [lãsamẽtu] *sm* **1** *Com* entry, registration. **2** launch. **3** publication, release. **o último lançamento da moda** the latest fashion.

lan.çar [lãs'ar] *vt+vint+vpr* **1** to cast, throw, launch, hurl. **2** *Com* to make an entry, enter, register. *a importância foi lançada a seu crédito* / the sum was entered to his credit. **3** to publish (books), release (films, records etc.). **4** lançar-se a) to throw oneself. b) to rush, dart. c) to dare, venture. **lançar luz sobre** to throw light on. **lançar no mercado** to launch in the market. **lançar um livro** to publish a book.

lan.ce [l'ãsi] *sm* **1** throw. **2** happening, event. **3** bidding (auction). **cobrir um lance** to outbid (auction). **lance de sorte** a stroke of luck.

lan.cha [l'ãʃə] *sf* launch.

lan.char [lãʃ'ar] *vint+vt* to have a snack.

lan.che [l'ãʃi] *sm* snack, sandwich or the like.

lan.chei.ra [lãʃ'ejrə] *sf* a snack box.

lan.cho.ne.te [lãʃon'ɛti] *sf* cafeteria, snack bar.

lân.gui.do [l'ãgidu] *adj* languid. feeble, sensual, voluptuous.

lan.ter.na [lãt'ɛrnə] *sf* **1** lantern. **2** torch, flashlight.

la.pe.la [lap'ɛlə] *sf* lapel (of a coat).

la.pi.da.ção [lapidas'ãw] *sf* (*pl* **lapidações**) **1** cutting and polishing of gems. **2** *fig* improvement, perfecting. **lapidação de diamantes** diamond-cutting.

lá.pi.de [l'apidi] *sf* gravestone, tombstone.

lá.pis [l'apis] *sm sing+pl* pencil. **lápis de cor** colored pencil. **lápis de olhos** eyeliner.

lap.so [l'apsu] *sm* lapse, slip, error. **lapso de memória** a memory lapse.

la.quê [lak'e] *sm* hair spray.

lar [l'ar] *sm* home, native country, the family. **lar de idosos** retirement home.

la.ran.ja [lar'ãʒə] *sf* **1** orange (fruit). **2** naive person. • *adj m+f* orange. **casca de laranja** orange peel. **espremedor de laranjas** orange squeezer. **suco de laranjas** orange juice.

la.ran.ja.da [larãʒ'adə] *sf* orangeade: beverage made of orange juice, water and sugar.

la.ran.jei.ra [larãʒ'ejrə] *sf* orange tree. **flor de laranjeira** orange blossom.

la.rei.ra [lar'ejrə] *sf* fireplace.

lar.gar [larg'ar] *vt+vint* **1** to release, let go, free. **2** to slacken, ease. **3** to give up, abandon, leave aside. **4** to yield, give up. *vou largar de fumar* / I am going to give up smoking.

lar.go [l'argu] *sm* public square, plaza. • *adj* **1** broad, wide. **2** generous, liberal. **3** loose, loose-fitting.

lar.gu.ra [larg'urə] *sf* width, broadness. *tem 90 cm de largura* / it has a width of 90 cm.

la.rin.ge [lar'ĩʒi] *s m+f Anat* larynx.

la.rin.gi.te [larĩʒ'iti] *sf* laryngitis.

lar.va [l'arvə] *sf* **1** larva. **2** maggot.

la.sa.nha [laz'∧ɲə] *sf* lasagne.

las.ca [l'askə] *sf* **1** splinter. **2** chip(ping). **3** *fig* morsel, bit, piece.

las.ti.mar [lastim'ar] *vt+vpr* **1** to regret. **2** to grieve. **3** to pity. **4 lastimar-se** to complain.

la.ta [l'atə] *sf* can, tin. **abridor de lata** can/tin opener. **lata de lixo** dustbin, garbage can.

la.tão [lat'ãw] *sm* **1** brass. **2** (*pl* **latões**) large can. **latão de leite** milk can.

la.te.jar [lateʒ'ar] *vint* to throb.

la.ten.te [lat'ẽti] *adj m+f* latent, hidden.

la.te.ral [later'aw] *sf* (*pl* **laterais**) **1** lateral. **2** a side street. *sm Fut* throw-in. • *adj m+f* lateral to the side, situated at the side. **entrada lateral** side entrance. **linha lateral** touch-line. **porta lateral** side door.

la.ti.cí.nio [latis'inju] *sm* dairy.

la.ti.do [lat'idu] *sm* bark(ing).

la.ti.fún.dio [latif'ũdju] *sm* latifundium: large state.

la.tim [lat'ĩ] *sm* **1** Latin. **2** *fig* something difficult to understand.

la.ti.no [lat'inu] *adj* Latin.

la.tir [lat'ir] *vint* **1** to bark, yelp, bay. *cão que late não morde* / barking dogs do not bite. **2** to howl.

la.ti.tu.de [latit'udi] *sf* latitude, scope, extent.

la.va [l'avə] *sf* **1** lava. **2** *fig* torrrent.

la.va.bo [lav'abu] *sm* **1** a washbasin. **2** small lavatory, bathroom.

la.va.gem [lav'aʒẽj] *sf* (*pl* **lavagens**) **1** wash, laundry, cleansing. **2** *bras* clyster, enema. **lavagem a seco** dry cleaning. **lavagem cerebral** brainwashing. **lavagem de louça** a washing-up.

la.va-lou.ças [laval'owsəs] *sm sing+pl* dishwasher.

la.van.de.ri.a [lavãder'iə] *sf* laundry, dry-cleaner's, place where laundering is done, washhouse. **lavanderia automática** laundromat, launderette.

la.var [lav'ar] *vt+vint+vpr* **1** to wash, bathe, cleanse. *lavar as mãos de* / to wash one's hands of. **2 lavar-se** to bathe oneself, take a bath. **lavar a louça** to

wash up, do the dishes. **lavar a roupa** to wash the linen. **lavar e passar** to launder.

la.va.tó.rio [lavat'ɔrju] *sm* **1** lavatory, washstand, a washbasin. **2** bathroom.

la.vou.ra [lav'owrə] *sf* **1** farming. **2** ploughing, cultivation of land, field work.

la.vra.dor [lavrad'or] *sm* peasant, farm hand.

la.vrar [lavr'ar] *vt+vint* **1** to cultivate, till. **2** to plough, plow.

la.zer [laz'er] *sm* leisure, spare time. **momentos de lazer** leisure time.

le.al [le'aw] *adj m+f* **1** loyal, faithful, devoted. **2** sincere, honest.

le.al.da.de [leawd'adi] *sf* **1** loyalty. **2** sincerity, honesty.

le.ão [le'ãw] *sm* (*pl* **leões**, *fem* **leoa**) **1** *Zool* lion. **2 Leão** Lion: the sign Leo. **3** *fig* very courageous man. **a parte do leão** the lion's share.

le.bre [l'ɛbri] *sf Zool* hare. **comprar gato por lebre** to buy a pig in a poke.

le.ci.o.nar [lesjon'ar] *vt+vint* to teach.

le.ga.do [leg'adu] *sm* **1** legate. **2** legacy.

le.gal [leg'aw] *adj m+f* (*pl* **legais**) legal, lawful.

le.ga.li.zar [legaliz'ar] *vt* to legalize.

le.gen.da [leʒ'ẽdə] *sf* **1** *Tip* caption. **2** *Cin* subtitles.

le.gis.la.ção [leʒizlas'ãw] *sf* (*pl* **legislações**) legislation.

le.gis.lar [leʒizl'ar] *vint+vt* to legislate.

le.gis.la.ti.vo [leʒizlat'ivu] *sm* legislative. • *adj* legislative.

le.gí.ti.mo [leʒ'itimu] *adj* legitimate, lawful, genuine, authentic. **filho legítimo** legitimate child. **legítima defesa** self-defense.

le.gí.vel [leʒ'ivew] *adj m+f* (*pl* **legíveis**) legible, readable.

le.gu.me [leg'umi] *sm Bot* vegetable.

lei [l'ej] *sf* law. **lei civil** civil law. **lei criminal** criminal law. **lei divina** divine law.

lei.go [l'ejgu] *sm* layman. • *adj* not expert.

lei.lão [lejl'ãw] *sm* (*pl* **leilões**) auction. **pôr em leilão** to sell by (at) auction.

lei.tão [lejt'ãw] *sm* (*pl* **leitões**, *fem* **leitoa**) a sucking pig.

lei.te [le'ejti] *sm* **1** milk. **2** the white juice of some plants. **dente de leite** milk tooth. **leite de coco** coconut milk. **leite desnatado** skim milk. **leite em pó** powdered milk.

lei.tei.ro [lej'tejru] *sm* milkman. • *adj* **1** milky. **2** yielding milk. **vaca leiteira** milk cow.

lei.to [l'ejtu] *sm* **1** bed. berth, **2** a river, sea or lake bottom. **guardar o leito** to keep the bed. **leito de estrada** road bed. **leito de rio** river bed.

lei.to.ra [lejt'orə] *sf Inform* reader.

lei.tu.ra [lejt'urə] *sf* reading. **leitura em voz alta** reading aloud. **leitura labial** lip-reading. **leitura óptica** *Inform* optical character recognition.

le.ma [l'emə] *sm* motto, saying, slogan.

lem.bran.ça [lẽbr'ãsə] *sf* **1** remembrance, recollection. **2** souvenir. **3** gift. **4** memory. **5** reminder. **6** lembranças regards, greetings, compliments. **lembranças à família!** give my regards to your family!

lem.brar [lẽbr'ar] *vt+vpr* **1** to remind. *lembrei-o de sua promessa /* I reminded him of his promise. **2** to recollect. **3** lembrar-se to remember, recollect. *você se lembra daquilo? /* do you remember it? *não me lembro do nome dele* I cannot remember his name.

le.me [l'emi] *sm* **1** rudder, helm. **2** *fig* government, control. **perder o leme** *fig* to get confused. **ter o leme** to govern, control.

len.ço [l'ẽsu] *sm* **1** handkerchief. **2** neckerchief. **lenço de papel** tissue.

len.çol [lẽs'ow] *sm* (*pl* lençóis) sheet.

len.da [l'ẽdə] *sf* legend, myth.

le.nha [l'eñə] *sf* firewood, fuel. **pôr lenha na fogueira** to add fuel to the flames.

len.te [l'ẽti] *sf* lens. **lente bifocal** bifocal lens. **lente de contato** contact lens.

len.ti.lha [lẽt'iλə] *sf Bot* lentil.

len.to [l'ẽtu] *adj* **1** slow. **2** lazy, indolent. **câmara lenta** slow motion.

le.o.a [le'oa] *sf* **1** *Zool* lioness. **2** *fig* a brave woman.

le.o.par.do [leop'ardu] *sm Zool* leopard.

le.pra [l'ɛprə] *sf Patol* leprosy.

le.pro.so [lepr'ozu] *sm* leper. • *adj* leprous.

le.que [l'ɛki] *sm* **1** fan. **2** *fig* range. *Um leque de possibilidades* a range of chances.

ler [l'er] *vt+vint* **1** to read. *eu li um bom livro /* I read a good book. **2** to interpret. **ler a sorte de** to tell or read the fortune of. **ler em voz alta** to read aloud. **ler os lábios** to lip-read.

le.sa.do [lez'adu] *adj* **1** injured, hurt. **2** cheated, defrauded. *ele foi lesado em 200 reais /* he was cheated out of 200 reais.

le.são [lez'ãw] *sf* (*pl* lesões) hurt, wound, injury, damage. **lesão cerebral** brain damage.

le.sar [lez'ar] *vt+vint* **1** to injure, hurt, wound. **2** to damage. **3** to cheat.

les.ma [l'ezmə] *sf* **1** *Zool* snail, slug. **2** *fig* a slow-moving person, sluggard.

les.te [l'ɛsti] *sm* east. **a (para) leste** eastward. **ao leste de** in the east of.

le.tal [let'aw] *adj m+f* (*pl* letais) lethal, deadly.

le.tra [l'etrə] *sf* **1** letter. **2** handwriting. **3** the words of a tune, lyrics. **4** *Com* promissory note. **5** letras letters, literature, learning. **ao pé da letra** literally. **letra de câmbio** bill of exchange. **letra de forma** block letter. **letra maiúscula** capital letter. **letra minúscula** lower case letter.

le.trei.ro [letr'ejru] *sm* **1** lettering, inscription. **2** poster, placard, sign. **3** *Cin* subtitles.

leu.ce.mi.a [lewsem'iə] *sf Patol* leuk(a)emia.

le.va.di.ça [levad'isə] *sf bras* drawbridge.

le.va.do [lev'adu] *adj bras* **1** mischievous, naughty. *ele é um menino levado da breca /* he is a mischievous boy. **2** unquiet, fidgety. **3** undisciplined, disobedient.

le.van.ta.men.to [levãtam'ẽtu] *sm* **1** lifting, raising. **2** survey. **3** a gathering or collecting of facts. **levantamento de pesos** weight-lifting.

le.van.tar [levãt'ar] *vt+vint+vpr* **1** to lift (up), raise(up). **2** to rise, set upright. **3** to stand or get up. **4** to erect, build, construct. **5** to hoist, heave. **6** to pick up, take up. **7** to raise, collect (money).

8 levantar-se a) to rise. *levantei-me da cama* / I rose from my bed. b) to stand up. *eles se levantaram* / they stood up. **levantar a voz** to raise the voice. **levantar dúvidas** to raise doubts. **levantar uma questão** to put a question. **levantar um brinde** to raise a toast.

le.var [lev'ar] *vt+vint* **1** to carry, take (away), bear, remove. *leve esta carta ao correio* / take this letter to the post office. **2** to convey, transport, drive. **3** to lead, guide, conduct, *fig* induce. **4** to obtain, get, receive. **deixar-se levar** to be yield to. **levar a cabo** to accomplish. **levar à força** to take by force. **levar a mal** to take offense. **levar a melhor** to get the better of. **levar a sério** to take seriously. **levar de volta** to take back. **levar em conta** to consider. **levar vantagem** to have the advantage over. Veja nota em **fetch**.

le.ve [l'ɛvi] *adj m+f* **1** light, (almost) weightless. **2** quick, agile. **3** easy. **4** slight(ly). **5** thin, delicate, fine (cloth). **leve como uma pena** light as a feather. **ter sono leve** to be a light sleeper. **tocar de leve** to touch lightly. **um leve resfriado** a slight cold.

le.vi.a.no [levi'ʌnu] *adj* **1** flighty, thoughtless. **2** frivolous, flippant. **3** inconsiderate.

lé.xi.co [l'ɛksiku] *sm* lexicon: a) dictionary. b) the vocabulary of a language. • *adj* lexical.

lha.ma [λ'ʌmə] *sm* llama.

lhe [λi] *pron pess* **1** to him, her or it. **2** to you. **3 lhes** for them, to you. *dei-lhe* / I gave you/him/her.

li.bé.lu.la [lib'ɛlulə] *sf* dragonfly.

li.be.ral [liber'aw] *s m+f* (*pl* **liberais**) liberal(ist) • *adj m+f* liberal: a) generous, open-handed. b) broad-minded. **artes liberais** liberal arts.

li.be.rar [liber'ar] *vt* **1** to set free (from an obligation). **2** to release, liberate.

li.ber.da.de [liberd'adi] *sf* **1** liberty, freedom. *o senhor tem toda a liberdade de ir* / you are free to go. **2** independence, autonomy. **3** intimacy. **4 liberdades** undue familiarities. **em liberdade** free, at liberty. **em liberdade condicional** on parole. **liberdade de culto** freedom of religion. **liberdade de expressão** freedom of speech. **liberdade de imprensa** liberty of the press **liberdade individual** individual freedom. **tomar liberdades com alguém** to take liberties with someone.

li.ber.ta.ção [libertas'ãw] *sf* (*pl* **libertações**) liberation, release. **teologia da libertação** liberation theology.

li.ber.tar [libert'ar] *vt+vpr* **1** to liberate, set free, release. **2 libertar-se** to free oneself of (**de**), escape from, get rid of.

li.bra [l'ibrə] *sf* **1** pound: the unit of weight and the monetary unit. **2** pound sterling. **3** *Astr* Libra.

li.ção [lis'ãw] *sf* (*pl* **lições**) **1** lesson. **2** *fig* experience, example. **3** homework (for school). **dar uma lição a alguém** *fig* to teach someone a lesson. **lição de casa** homework. **lição de piano** piano lesson.

li.cen.ça [lis'ẽsə] *sf* **1** license, permission. *dê-lhe licença* / give him permission. **2** leave. **com licença!** excuse me! **em licença** on leave. **licença de motorista** driver's license. **licença de obras** building permit. **licença maternidade** maternity leave. **licença paternidade** paternity leave.

li.cen.ci.ar [lisẽsi'ar] *vt+vpr* **1** to licence: a) to permit, authorize. b) to give a licence to. **2 licenciar-se** a) to take leave. b) to take the degree of licentiate. *ele licenciou-se em história* / he got a degree in history.

li.cen.ci.a.tu.ra [lisẽsjat'urə] *sf Educ* a bachelor degree. *ela tem licenciatura em matemática* / she has a major in mathematics.

li.ci.tar [lisit'ar] *vint* **1** *Econ* to prepare an estimate for services. **2** *Econ* to send a quotation.

li.cor [lik'or] *sm* liqueur. **licor de cereja** cherry brandy.

li.dar [lid'ar] *vt+vint* **1** to work. **2** to deal (with). *ela sabe lidar com ele* / she knows how to deal with him.

lí.der [l'ider] *sm* leader.

li.de.ran.ça [lider'ãsə] *sf* leadership.

li.de.rar [lider'ar] *vt* to lead, guide.

li.ga [l'igə] *sf* **1** league, alliance. **2** garter (stockings). **Liga das Nações** League of Nations.

li.ga.ção [ligas'ãw] *sf* (*pl* **ligações**) **1** binding, fastening. **2** connection, relation. **3** liaison. **4** bond, tie. **5** *fig* friendship, familiarity.

li.gar [lig'ar] *vt* **1** to tie, bind, fasten. **2** to link, connect. **3** to alloy, amalgamate (metals). **4** to switch (turn) on (electric appliances). *ligue o rádio! /* turn on the radio! **5** to care for, to take notice of. *ele não liga para a mãe /* he does not care for his mother. **6** to telephone, to call (up). *ligue para mim /* call me.

li.gei.ra.men.te [liʒejram'ẽti] *adv* slightly, superficially.

li.gei.ro [liʒ'ejru] *sm* **1** quick, swift, agile. **2** fast, speedy, rapid. **3** light. **4** slight, superficial. **andar ligeiro** to speed, walk fast. **um resfriado ligeiro** a slight cold.

li.lás [lil'as] *sm* (*pl* **lilases**) lilac. • *adj m+f* lilac.

li.ma¹ [l'imə] *sf* file.

li.ma² [l'imə] *sf Bot* sweet lime.

li.mão [lim'ãw] *sm* (*pl* **limões**) *Bot* lemon, lime. **suco de limão** lemon juice.

li.mi.ar [limi'ar] *sm* **1** threshold. **2** *fig* doorway, entrance. **3** beginning, start. **o limiar da consciência** the threshold of consciousness.

li.mi.tar [limit'ar] *vt+vpr* **1** to limit, circumscribe. **2** to restrict, restrain. **3** to border on. *o Brasil limita com quase todos os países sul-americanos /* Brazil borders on most of the South American countries. **4 limitar-se** to keep oneself back, refrain from, limit oneself. *ele limitou-se a generalidades /* he restricted himself to generalities.

li.mi.te [lim'iti] *sm* **1** limit, boundary, border. **2** frontier. **3** end, aim. **limite máximo de velocidade** speed limit.

li.mo.ei.ro [limo'ejru] *sm Bot* lemon tree (*Citrus limonum*).

li.mo.na.da [limon'adə] *sf* lemonade, soda.

lim.pa.dor [lĩpad'or] *sm* **1** cleaner. **2** wiper. **limpador de pára-brisa** windshield wiper.

lim.par [lĩp'ar] *vt+vpr* **1** to clean (up). **2** to wipe off, wash. **3** to empty entirely (glass, plate). **4** to steal (from). **5** to clear up. **6 limpar-se** a) to wash, clean oneself. b) to become clean. **limpar o nariz** to wipe one's nose. **limpar o nome** to clear one's name.

lim.pe.za [lĩp'ezə] *sf* **1** cleannesss, cleanliness. **2** neatness. **3** cleansing, cleaning. **4** sweep, washing.

lím.pi.do [l'ĩpidu] *adj* **1** limpid, clear, transparent. **2** clean, neat. **3** pure. **4** cloudless. *o céu está límpido /* the sky is cloudless. **água límpida** clear water.

lim.po [l'ĩpu] *adj* **1** clean. **2** clear. **3** *bras* moneyless, broke. **estar com a consciência limpa** to have a clear conscience. • *adv* fair. **jogar limpo** to play fair.

lin.ce [l'ĩsi] *sm Zool* lynx.

lin.char [lĩʃ'ar] *vt* to lynch.

lin.do [l'ĩdu] *adj* pretty, beautiful, handsome. **que lindo!** how beautiful!

lín.gua [l'ĩgwə] *sf* **1** tongue. **2** *fig* speech. **3** language, idiom. **dar com a língua nos dentes** to let the cat out of the bag. **língua materna** mother tongue. **língua morta** dead language.

lin.gua.do [lĩg'wadu] *sm* sole.

lin.gua.gem [lĩg'waʒẽj] *sf* (*pl* **linguagens**) **1** language, idiom, tongue. **2** speech, diction. **3** dialect. **linguagem falada** oral language.

lin.gua.ru.do [lĩgwar'udu] *sm* **1** chatterbox. **2** gabbler, gossip. • *adj* gabbling, long-tongued.

lin.güi.ça [lĩg'wisə] *sf* sausage. **encher lingüiça** to say or write things which are irrelevant. **lingüiça calabresa** peperoni. **lingüiça defumada** smoked sausage.

li.nha [l'iñə] *sf* **1** line. **2** sewing thread. **3** rope, string, cord. **4** track. **5** fishing line. **6** row, file. **7** a regular transportation service between two places. **8** a row of printed letters or words. **9** a telephone or telegraph line. **a linha de conduta** line of conduct. **linha aérea** airline. **linha d'água** watermark. **linha de montagem** assembly line. **linha férrea** railway. **linha reta** straight line.

li.nho [l'iñu] *sm* **1** flax: any plant of the

family *Linaceae* (*Linum usitatissimum*). **2** linen: cloth made of flax.

li.que.fa.zer [likefaz'er] *vt+vpr* **1** to liquefy. **2 liquefazer-se** to become liquid.

li.qui.da.ção [likidas'ãw] *sf* (*pl* **liquidações**) **1** liquidation, settlement of debts. **2** *Com* clearance sale, sale. **3** *fig* extinction. **liquidação anual** annual sale.

li.qui.di.fi.ca.dor [likidifikad'or] *sm* blender, liquidizer.

lí.qui.do [l'ikidu] *sm* **1** liquid, solution. **2** drink. • *adj* **1** liquid, fluid. **2** net. **3** clear, evident. **lucro líquido** net profit.

lí.ri.co [l'iriku] *adj* **1** lyrical, lyric. **2** *fig* sentimental.

lí.rio [l'irju] *sm Bot* lily.

li.ris.mo [lir'izmu] *sm* lyrism, lyricism: quality of being lyric.

li.so [l'izu] *adj* **1** smooth, even. **2** plane, flat. **3** straight. **4** plain. **5** *bras, pop* moneyless, broke. **cabelo liso** straight hair.

li.son.je.ar [lizõʒe'ar] *vt* to flatter, adulate. *ela sabia lisonjeá-lo* / she knew how to flatter him.

li.son.jei.ro [lizõʒ'ejru] *adj* **1** flattering, adulatory. **2** pleasing.

lis.ta [l'istə] *sf* **1** list, roll. **2** catalogue. **lista de contribuições** subscription list. **lista de preços** price list. **lista de vinhos** wine list. **lista telefônica** telephone directory.

lis.tra [l'istrə] *sf* stripe (in a cloth).

lis.tra.do [listr'adu] *adj* striped.

li.te.ral [liter'aw] *adj m+f* (*pl* **literais**) literal, following the exact words (translation), exact, true. *não é o sentido literal da palavra* / it is not the exact meaning of the word.

li.te.rá.rio [liter'arju] *adj* literary. **obra literária** literary work.

li.te.ra.tu.ra [literat'urə] *sf* literature. *ele especializou-se no ramo da literatura* / he made literature his special study. **literatura comparada** comparative literature. **literatura infantil** children's literature.

li.to.ral [litor'aw] *sm* (*pl* **litorais**) coastline, coastal region.

li.tro [l'itru] *sm* liter, litre.

lí.vi.do [l'ividu] *adj* livid, ashy, pale.

li.vrar [livr'ar] *vt+vpr* **1** to liberate, release, free, set at liberty, let go. **2** to save, rescue. **3** to protect, shield. **4** to exempt from. **5 livrar-se** a) to get rid of, escape from. *livramo-nos disso em boa hora* / we got rid of it in time. b) to be free from. **livrar-se de alguém** to get rid of someone.

li.vra.ri.a [livrar'iə] *sf* bookshop, bookstore.

li.vre [l'ivri] *adj m+f* free, at liberty, unoccupied. **ao ar livre** out of doors. **de minha livre e espontânea vontade** of my own free will. **livre-arbítrio** free will.

li.vrei.ro [livr'ejru] *sm* bookseller.

li.vro [l'ivru] *sm* book. *o livro foi bem recebido* / the book had a favourable acception. **livro de bolso** pocketbook. **livro de orações** prayer-book. **livro de receitas** cookbook.

li.xa [l'iʃə] *sf* sand paper, glass paper. **lixa de unha** nail-file.

li.xar [liʃ'ar] *vt+vpr* **1** to rub with sandpaper. **2** to smooth, polish. **3** *gír* a) to grow angry. b) to turn out badly. **4 lixar-se** not to give a damn.

li.xei.ro [liʃ'ejru] *sm bras* **1** garbage collector. **2** dustman.

li.xo [l'iʃu] *sm* **1** garbage, trash. **2** refuse, waste. **3** dirtiness, filthiness.

lo.bo [l'obu] *sm Zool* wolf; any of the doglike animals of the genus *Canis lupus*. **ele é um lobo em pele de cordeiro** he is a wolf in sheep's clothing.

lo.ca.ção [lokas'ãw] *sf* (*pl* **locações**) **1** leasing, rent. **2** rental. **3** *Cin* location. **em locação** on location.

lo.ca.do.ra [lokad'orə] *sf* rental shop. **locadora de jogos de computador** computer games rental shop.

lo.cal [lok'aw] *sm* (*pl* **locais**) **1** place, spot, site. **2** *sf* local news. **3** venue. **4** premises. • *adj m+f* local. **cor local** local colour. **local de descoberta** site of discovery. **local de entrega** place of delivery. **local de origem** point of origin.

lo.ca.li.da.de [lokalid'adi] *sf* locality, place.

lo.ca.li.zar [lokaliz'ar] *vt* to localize, locate.

lo.ção [los'ãw] *sf* (*pl* **loções**) lotion.

lo.ca.tá.rio [lokat'arju] *sm* tenant.

lo.cu.tor [lokut'or] *sm* **1** radio announcer. **2** newscaster.

lo.do [l'odu] *sm* **1** mud, mire, slush. **2** *fig* ignominy, degradation.

ló.gi.ca [l'ɔʒikə] *sf* logic: a) the science of reasoning. b) argumentation. c) coherence. *ele pensa com lógica* / he thinks coherently.

ló.gi.co [l'ɔʒiku] *adj* **1** logical. **2** rational. **3** coherent, consistent.

lo.go [l'ɔgu] *adv* **1** immediately, at once, right away. **2** soon, before long. **3** later on. • *conj* therefore / consequently, hence. *penso, logo existo* / I think, therefore I am. **até logo!** so long!, see you soon! **logo depois** soon after. **logo mais** before long. **logo no começo** at the very beginning. **logo que** as soon as. **tão logo que** for possível as soon as possible.

lo.ja [l'ɔʒə] *sf* shop, store. *eles abriram uma loja* / they set up a shop. **ladrão de lojas** shoplifter. **loja de doces** sweetshop. **loja de ferragens** hardware shop.

lo.jis.ta [loʒ'istə] *s m+f* shopkeeper.

lom.ba.da [lõb'adə] *sf* **1** back of a book, spine. **2** a ramp (on a street).

lom.bo [l'õbu] *sm* **1** loin, back (of an animal). **2** pork loin (smoked or roasted). **lombo de boi** sirloin, loin of beef.

lo.na [l'onə] *sf* **1** canvas, sailcloth. **2** tarpaulin. **lona de freio** brake lining.

lon.ge [l'õʒi] *adj m+f* distant, far away, far off. • *adv* **1** far, far off, at a great distance. *ela está longe de ser forte* / she is far from strong. *ela mora um pouco mais longe* / she lives a little farther away. **2** to a great degree, by a great deal. • *interj* by no means! **ao longe** at a distance, far off. **bem longe** a good way off. **de longe em longe** from time to time. **longe disso** far from it. **muito longe** very far away.

lon.gín.quo [lõʒ'ĩkwu] *adj* distant, faraway.

lon.gi.tu.de [lõʒit'udi] *sf* longitude.

lon.go [l'õgu] *sm* a long dress. • *adj* **1** long, lengthy. **2** throughout. **ao longo**

de along of, alongside. **ao longo do país** throughout the country. **vôo de longa distância** long-distance flight.

lon.tra [l'õtrə] *sf Zool* otter.

lo.ta.do [lot'adu] *adj* **1** full, filled. **2** crowded (as a bus).

lo.tar [lot'ar] *vt* **1** to fix the number of. **2** to designate a civil servant to a specific department.

lo.te [l'ɔti] *sm* **1** lot, allotment, portion. **2** a plot of land, lot. **3** quantity of articles sold at a time.

lo.te.ri.a [loter'iə] *sf* **1** lottery. *ele ganhou uma fortuna na loteria* / he won a fortune in the lottery. **2** *fig* an affair of chance.

lou.ça [l'owsə] *sf* **1** chinaware, dishware. **2** earthenware, crockery. **lavar a louça** to do the dishes.

lou.co [l'owku] *sm* an insane person. • *adj* **1** mad, crazy, insane. *não me faça ficar louco!* / don't drive me mad! **2** extravagant. **3** bold, daring. **4** furious, enraged. **5** wild, enthusiastic (about). *eles estavam loucos para me ver* / they were wild to see me. **louco de alegria** mad with joy. **louco de raiva** frantic with anger.

lou.cu.ra [lowk'urə] *sf* **1** madness, craziness, insanity. **2** folly, nonsense, foolishness. **3** extravagance.

lou.ra [l'owrə] *sf* blond, blonde, a blonde woman. • *adj* blond, blonde. **loura platinada** platinum blonde.

lou.ro [l'owru] *sm* **1** bay leaf. **2** laurel. **louros** *fig* triumph, glory. **4** parrot.

lou.sa [l'owzə] *sf bras* blackboard.

lou.var [lowv'ar] *vt* **1** to praise, eulogize. **2** to exalt. **3** to glorify, bless. **4** to approve, applaud.

lou.vá.vel [lowv'avew] *adj m+f* (*pl* **louváveis**) praiseworthy, laudable.

lou.vor [lowv'or] *sm* **1** praise, eulogy. **2** glorification.

lu.a [l'uə] *sf* **1** moon. **2** *fig* month. **3** *coloq* bad humour, neurasteny. **andar no mundo da lua** to walk in the clouds. **lua cheia** full moon.

lu.a-de-mel [l'uədim'ɛw] *sf* (*pl* **luas-de-mel**) honeymoon.

lu.ar [lu'ar] *sm* moonlight.

L

lu.bri.fi.can.te [lubrifik'ãti] *sm* lubricant. • *adj m+f* lubricative, lubricating.

lu.bri.fi.car [lubrifik'ar] *vt* to lubricate. to grease.

lú.ci.do [l'usidu] *adj* lucid, bright, clear-headed.

lu.crar [lukr'ar] *vt* 1 to profit, benefit. 2 to take advantage of.

lu.cro [l'ukru] *sm* 1 profit, gain, returns, earning. *obtiveram lucro disto* / they made a profit on it. 2 advantage. **lucro bruto** gross profit. **lucro líquido** net profit. **lucros e perdas** profits and losses.

lu.gar [lug'ar] *sm* 1 place, room, space. *deixe um lugar para mais uma cadeira* / leave room for another chair. *ele ocupou seu lugar* / he took his place. 2 spot, site, locality. 3 position, employment. 4 *Teat etc.* seat. *tomem seus lugares!* / take your seats! **em qualquer lugar** anywhere. **lugar de honra** place of honour. **lugar santo** holy place.

lu.ga.re.jo [lugar'eʒu] *sm* small village.

lú.gu.bre [l'ugubri] *adj m+f* 1 lugubrious, sad. 2 gloomy, dark. 3 dreadful, terrible. 4 frightful, sinister.

lu.la [l'ulə] *sf Zool* squid, calamary.

lu.mi.ná.ria [lumin'arjə] *sf* 1 luminary, an artificial light. 2 **luminárias** festive illumination.

lu.mi.no.so [lumin'ozu] *adj* luminous, bright, brilliant.

lu.nar [lun'ar] *adj m+f* lunar. **eclipse lunar** lunar eclipse.

lu.ná.ti.co [lun'atiku] *sm* a lunatic, madman. • *adj* lunatic.

lu.pa [l'upə] *sf* magnifying glass.

lus.co-fus.co [luskuf'usku] *sm* (*pl* **lusco-fuscos**) twilight, dusk, nightfall.

lus.trar [lustr'ar] *vt* to polish, gloss, shine.

lus.tre [l'ustri] *sm* 1 luster, gloss, shine. 2 chandelier, candelabrum.

lu.ta [l'utə] *sf* 1 fight, contest, combat. 2 conflict, war. 3 struggle, effort, pains. **a luta pela vida** the struggle for life. **luta de classes** class-conflict.

lu.ta.dor [lutad'or] *sm* fighter, wrestler, contender. • *adj* combative, fighting.

lu.tar [lut'ar] *vint* 1 to fight, contend, combat. *eles lutaram ombro a ombro* / they fought shoulder to shoulder. 2 to wrestle. 3 to struggle, strive. **lutar até o fim** to fight to the bitter end.

lu.to [l'utu] *sm* 1 mourning, lamentation. 2 sorrow, grief, affliction. **luto fechado** deep mourning.

lu.va [l'uvə] *sf* 1 glove, mitten. 2 **luvas** key money: premium (as for a contract). **assentar como uma luva** to fit like a glove. **luvas de boxe** boxing gloves. **porta-luvas** glove compartment.

lu.xo [l'uʃu] *sm* 1 luxury, splendour, magnificence. *eles vivem com todo luxo* / they live luxuriously. 2 luxuriance, exuberance. 3 ostentation, pomp. **artigos de luxo** luxury goods.

lu.xu.o.so [luʃu'ozu] *adj* 1 luxurious, sumptuous. 2 ostentatious, showy.

lu.xú.ria [luʃ'urjə] *sf* 1 luxuriance, exuberance. 2 lust: strong sexual desire.

luz [l'us] *sf* 1 light, illumination, luminosity. 2 clearness, brightness. 3 *fig* knowledge, understanding. 4 electricity. **à meia luz** darkly. **dar à luz** to give birth to. *ela deu à luz um filho* / she gave birth to a son. **luz artificial** artificial light. **luz do dia** daylight. **luz solar** sunlight. **vir à luz** to come to light.

lu.zir [luz'ir] *vint* 1 to shine, light, radiate. 2 to gleam, glitter. 3 to brighten.

m

M, m ['emi] *sm* the twelfth letter of the alphabet.

má [m'a] *adj f* de **mau. ação má** misdeed.

ma.ca [m'akə] *sf* stretcher.

ma.çã [mas'ã] *sf* apple. **maçã de Adão** Adam's apple. **maçã do rosto** cheek. **maçã verde** green apple.

ma.ca.bro [mak'abru] *adj* macabre, lugubrious.

ma.ca.co [mak'aku] *sm* **1** monkey. **2** jack. **macaco hidráulico** hydraulic jack.

ma.ça.ne.ta [masan'etə] *sf* knob, door handle, doorknob.

ma.car.rão [makaʀ'ãw] *sm* macaroni.

ma.cha.da.da [maʃad'adə] *sf* stroke or blow with an axe.

ma.cha.di.nha [maʃad'iñə] *sf* small axe, hatchet.

ma.cha.do [maʃ'adu] *sm* axe, hatchet.

ma.chão [maʃ'ãw] *sm* (*pl* **machões**) macho, macho man.

machista [maʃ'istə] *s m+f* **1** sexist. **2** male chauvinist. *nunca pensei que ele fosse tão machista* / I have never realized he was such a male chauvinist.

ma.cho [m'aʃu] *sm* **1** male animal. **2** male plug. **3** *pop* a very virile man. • *adj* **1** male, masculine. **2** *pop* strong, virile, manly.

ma.chu.car [maʃuk'ar] *vt* to bruise, hurt, injure.

ma.ci.ço [mas'isu] *adj* **1** massive, compact, solid. **2** bulky. **ouro maciço** solid gold.

ma.ci.ei.ra [masi'ejrə] *sf* apple tree.

ma.ci.ez [masi'es] *sf* softness, smoothness.

ma.ci.o [mas'iu] *adj* **1** soft, smooth. **2** tender.

ma.ço [m'asu] *sm* **1** mallet. **2** bundle, bunch. **3** pack, packet (cigarettes).

ma.ço.na.ri.a [masonar'iə] *sf* **1** Freemasonry. **2** masonry.

ma.co.nha [mak'oñə] *sf bras, Bot* **1** *marijuana*, pot. **2** dope.

má-cri.a.ção [makrjas'ãw] *sf* **1** ill breeding, bad manners. **2** rudeness, discourtesy.

ma.cro.bi.ó.ti.co [makrobi'ɔtiku] *adj* macrobiotic.

má.cu.la [m'akulə] *sf* **1** macula, taint. **2** *fig* dishonour, disgrace.

ma.cum.ba [mak'ũbə] *sf bras, Rel* **1** *macumba*, voodoo. **2** sorcery, witchcraft.

ma.dei.ra [mad'ejrə] *sf* wood, timber, lumber. **bater na madeira** to knock on wood. **cadeira de madeira** wooden chair.

ma.dei.xa [mad'ejʃə] *sf* lock or strand of hair.

ma.dras.ta [madr'astə] *sf* **1** stepmother. **2** *fig* unloving and harsh mother.

ma.dre [m'adri] *sf* mother: professed nun. **madre superiora** mother superior.

ma.dre.pé.ro.la [madrep'ɛrolə] *sf* mother-of-pearl.

ma.dri.nha [madr'iñə] *sf* **1** godmother. **2** (female) witness at a marriage. **3** *fig* sponsor, protector, patroness. **madrinha de casamento** maid or matron of honor.

ma.dru.ga.da [madrug'adə] *sf* dawn(ing), day-break. **de madrugada** at dawn, very early.

ma.dru.gar [madrug'ar] *vint* to get up early. **Deus ajuda quem cedo madruga** early to bed and early to rise makes a man happy, healthy and wise.

ma.du.ro [mad'uru] *adj* **1** ripe, mature. **2** middle-aged. *foi uma decisão madura* / it was a mature decision.

mãe [m'ãj] *sf* mother. **mãe adotiva** foster mother.

ma.es.tro [ma'ɛstru] *sm Mús maestro*: conductor of an orchestra.

ma.gi.a [maȝ'ia] *sf* **1** magic. **2** sorcery, witchcraft. **3** *fig* enchantment, fascination. **magia negra** black magic.

má.gi.co [m'aȝiku] *sm* **1** magician. **2** juggler. **3** wizard. • *adj* **1** magic(al). **2** *fig* enchanting, extraordinary. **truque de mágica** magician's trick.

ma.gis.té.rio [maȝist'ɛrju] *sm* teaching.

ma.gis.tra.do [maȝistr'adu] *sm* magistrate, judge.

mag.na.ta [magn'atə] *sm* magnate, tycoon.

mag.né.ti.co [magn'ɛtiku] *adj* **1** magnetic(al). **2** *fig* attractive, enchanting. **campo magnético** magnetic field. **ressonância magnética** magnetic resonance.

mag.ne.ti.zar [magnetiz'ar] *vt* **1** to magnetize. **2** *fig* a) to dominate. b) to influence. c) to attract, enchant.

mag.ni.fi.cen.te [magnifis'ẽti] *adj m+f* **1** magnificent, extraordinary. **2** superb, sumptuous.

mag.ní.fi.co [magn'ifiku] *adj* superb, wonderful.

ma.go [m'agu] *sm* sorcerer, magician, wizard. **os Reis Magos** the three wise men.

má.goa [m'agwə] *sf* sorrow, grief.

ma.go.ar [mago'ar] *vt* to hurt, upset, afflict, offend, distress. *magoaram-no* / they offended him.

ma.gri.ce.la [magris'ɛlə] *s m+f* a lean, skinny person. • *adj* lean, skinny.

ma.gro [m'agru] *adj* **1** thin, lean, slim. **2** *fig* insignificant, scarce.

mai.o [m'aju] *sm* May.

mai.ô [maj'o] *sm* bathing suit.

mai.o.ne.se [majon'ɛzi] *sf fr mayonnaise*.

mai.or [maj'ɔr] *s m+f* person of full or mature age. • *adj* **1** *comp de* **grande** larger, higher, bigger etc. (in size, space, intensity, or number). **2** adult, of age. **3** *pop* the most important. *você é o maior* / you are the greatest. **a maior parte** the lion's share. **na maior parte** mostly.

mai.o.ria [major'iə] *sf* majority, the greater number or part. **a maioria de** most of. *a maioria das crianças gosta de chocolate* / most of the children like chocolate.

mai.o.ri.da.de [majorid'adi] *sf* adulthood, full legal age.

mais [m'ajs] *sm* **1** the greater part. *é o mais que eu posso fazer* / it is the most I can do. **2** something else. • *adj m+f, sing+pl* **1** more. **2** further. • *adv* **1** more. *não posso esperar mais* / I cannot wait any longer. **2** also. **3** besides. **4** over. **5** further. **a mais** more than necessary. **de mais a mais** besides, moreover. **mais detalhes** further particulars. **mais e mais** more and more. **mais tarde** later on. **nunca mais** never again, never more. **um pouco mais** a bit more.

ma.i.se.na [majz'enə] *sf* corn starch, corn flour.

mai.ús.cu.la [maj'uskulə] *sf* capital letter.

ma.jes.ta.de [maȝest'adi] *sf* **1** majesty, nobility title given to sovereigns and their consorts. **2** *grandeur*, splendor.

ma.jes.to.so [maȝest'ozu] *adj* **1** majestic. **2** regal, imperial.

ma.jor [maȝ'ɔr] *sm Mil* major.

mal [m'aw] *sm* (*pl* **males**) **1** evil, ill. **2** maleficence. **3** disease, illness. • *adv* **1** scarcely, hardly. *mal o conheço* / I hardly know him. **2** wrong, wrongly. **3** badly, with difficulty. **4** ill. • *conj* **1** hardly. **2** no sooner. *mal eu tinha saído, começou a chover* / I had hardly left when it started to rain. **de mal a pior** from bad to worse. **dos males o menor** of two evils choose the least. **estar de mal com alguém** to be on bad terms with somebody. **estar mal de saúde** to be sick or ill. **falar mal de alguém** to speak evil of somebody. **fazer mal** a) to do harm. b) to disagree (food). **mal de Parkinson** Parkinson's disease. **mal-educado** ill-mannered. **não faz mal** it doesn't matter. **por bem ou por mal** by hook or by crook.

ma.la [m'alə] *sf* suitcase, bag, trunk. **fazer as malas** to pack. **mala aérea** air mail. **mala-direta** direct mail.

mal-a.gra.de.ci.do [malagrades'idu] *sm* (*pl* **mal-agradecidos**) an ungrateful person. • *adj* ungrateful.

ma.la.gue.ta [malag'etə] *sf malagueta* pepper, chili.

ma.lan.dro [mal'ãdru] *sm* **1** scoundrel, rogue, rascal. **2** thief.

mal-ar.ru.ma.do [malaῤum'adu] *adj* untidy, ill-dressed.

mal.chei.ro.so [mawʃejr'ozu] *adj* stinking, fetid.

mal.cri.a.do [mawkri'adu] *adj* ill-bred, ill-mannered, rude, impolite.

mal.da.de [mawd'adi] *sf* **1** badness, wickedness. **2** iniquity, cruelty. **3** naughtiness, mischief (of children).

mal.di.ção [mawdis'ãw] *sf* (*pl* **maldições**) malediction, curse.

mal.di.to [mawd'itu] *adj* cursed, damned, wretched. *que tempo maldito!* / what bloody weather!

mal.di.zer [mawdiz'er] *vt* **1** to defame. **2** to curse. **3** to swear.

mal.do.so [mawd'ozu] *adj* **1** wicked, bad, spiteful. **2** *fig* malicious, mischievous.

ma.le.á.vel [male'avew] *adj m+f* (*pl* **maleáveis**) **1** malleable. **2** adaptable, docile, flexible.

ma.le.di.cên.cia [maledis'ẽsjə] *sf* slander, calumny, defamation.

mal-e.du.ca.do [maleduk'adu] *adj* (*pl* **mal-educados**) ill-bred, ill-mannered, impolite.

ma.lé.fi.co [mal'ɛfiku] *adj* **1** malefic, malign, evil. **2** harmful.

mal-en.ten.di.do [malẽtẽd'idu] *sm* (*pl* **mal-entendidos**) misunderstanding. • *adj* misunderstood.

mal-es.tar [malest'ar] *sm* (*pl* **mal-estares**) **1** moral or physical indisposition. **2** unrest, uneasiness.

ma.le.ta [mal'etə] *sf* small valise or suitcase, handbag, overnight bag, flight bag.

mal.fei.tor [mawfejt'or] *sm* **1** malefactor, evil-doer. **2** criminal, villain.

ma.lha [m'aʎə] *sf* **1** mesh (net). **2** knitting. **3** knitwear. **malha de ginástica** leotard. **malha de lã** sweater, cardigan. **tecido de malha** knitted fabric.

ma.lha.do [maʎ'adu] *adj* speckled, spotted.

ma.lhar [maʎ'ar] *vt+vint* **1** to hammer, beat with a mallet. **2** to work out.

mal-hu.mo.ra.do [malumor'adu] *adj* (*pl* **mal-humorados**) **1** ill-humoured. **2** *fig* angry, ill-tempered, irritable.

ma.lí.cia [mal'isjə] *sf* **1** malice, evil intention. **2** malevolence. **3** astuteness.

ma.li.ci.o.so [malisi'ozu] *adj* **1** malicious, malevolent. **2** artful, foxy.

ma.lig.no [mal'ignu] *adj* malign, pernicious. **espíritos malignos** malign spirits. **tumor maligno** malignant tumour, cancer.

mal-in.ten.ci.o.na.do [malĩtẽsjon'adu] *adj* (*pl* **mal-intencionados**) evil-minded, perfidious, malicious.

ma.lo.grar [malogr'ar] *vt* to frustrate, fail, spoil, wreck.

ma.lo.te [mal'ɔti] *sm* small suitcase, bag, pouch. **malote postal** delivery pouch, mailbag.

mal.pas.sa.do [mawpas'adu] *adj bras* rare. **filé malpassado** rare steak.

mal.su.ce.di.do [mawsused'idu] *adj* unsuccessful, unlucky.

mal.tra.pi.lho [mawtrap'iʎu] *sm + adj* ragged, shabby.

mal.tra.tar [mawtrat'ar] *vt* **1** to treat badly, mistreat. *eles o maltrataram* / they mistreated him. **2** to insult. **3** to vex.

ma.lu.co [mal'uku] *sm* **1** nut, crackpot. **2** fool. **3** extravagant person. • *adj* **1** wacky, screwball, nutty. **2** crazy, mad. **3** odd, weird. **deixar alguém maluco** to drive somebody nuts.

ma.lu.qui.ce [maluk'isi] *sf* **1** madness. **2** craziness. **3** eccentricity.

mal.va.do [mawv'adu] *sm* **1** *bras, fam* devil. **2** mean, perverse person. • *adj* **1** mean, wicked. **2** perverse. **3** evil.

ma.ma [m'ʌmə] *sf* mamma, female breast.

ma.ma.dei.ra [mamad'ejrə] *sf* bottle, nursing bottle.

ma.mãe [mam'ãj] *sf* mom, mum, mommy, mummy.

ma.mão [mam'ãw] *sm Bot* (*pl* **mamões**) papaya.

ma.mar [mam'ar] *vt+vint* **1** to suck, take the breast. **2** *bras, pop* to get drunk. **dar de mamar** to suckle, nurse, bottle feed.

ma.ma.ta [mam'atə] *sf bras* shady business, theft.

ma.mí.fe.ro [mam'iferu] *sm Zool* mammal, mammifer. • *adj* mammalian, mammiferous.

ma.mi.lo [mam'ilu] *sm* mammilla, nipple.

ma.na.da [man'adə] *sf* 1 herd of cattle. 2 *fig* gang, mob.

man.ca.da [mãk'adə] *sf bras, fam*, blunder, gaffe.

man.car [mãk'ar] *vt* to limp.

man.cha [m'ãʃə] *sf* 1 spot, stain, speck. 2 blemish, disgrace.

man.char [mãʃ'ar] *vt+vpr* 1 to spot, blot, stain. 2 to blemish. 3 *fig* to dishonour, discredit. 4 **manchar-se** to dirty oneself.

man.che.te [mãʃ'ɛti] *sf bras* 1 headline. 2 streamer (newspaper). **manchete de jornal** banner headline.

man.co [m'ãku] *adj* lame, crippled.

man.da-chu.va [mãdaʃ'uvə] *sm* (*pl* **manda-chuvas**) 1 bigwig, big shot. 2 *bras* boss. 3 influential person.

man.da.men.to [mãdam'ẽtu] *sm* commandment. **os dez mandamentos** the Ten Commandments.

man.dar [mãd'ar] *vt+vint* 1 to order, tell. *mande-o falar comigo* / tell him to see me. 2 to lead and direct. 3 to dominate, govern, manage. *ela quer mandar* / she wants to manage. 4 to send, forward, ship. *mandaram-no para fora* / they sent him out. 5 **mandar-se** a) to leave, go away. b) to flee, run away. **mandar buscar** to send for. **mandar embora** to sack, send away. **mandar lembranças a** to give one's kind regards. **mandar para o inferno** to send to hell.

man.dí.bu.la [mãd'ibulə] *sf* jaw.

man.din.ga [mãd'ĩgə] *sf bras* witchcraft, sorcery.

man.di.o.ca [mãdi'ɔkə] *sf* cassava, manioc.

ma.nei.ra [man'ejrə] *sf* 1 way, manner, form. 2 fashion. 3 possibility. *não há maneira de fazer isto* / there is no possibility to do it. 4 behaviour, manners. 5 **maneiras** manners, behaviour. **de maneira que** thus, so that. **de muitas maneiras** in many ways. **de qualquer maneira** anyhow, anyway.

ma.ne.jar [maneʒ'ar] *vt* 1 to handle 2 to operate. **manejar mal** to mishandle.

ma.ne.quim [manek'ĩ] *sm* (*pl* **manequins**) 1 manikin, mannequin, dummy. 2 a model.

ma.ne.ta [man'etə] *s m+f* one-handed or one-armed person. • *adj m+f* one-handed, one-armed.

man.ga [m'ãgə] *sf* 1 sleeve. 2 mango (fruit). **dar panos para mangas** *bras, fam* to give food for thoughts. **em mangas de camisa** in one's shirt sleeves. **manga comprida** long sleeve.

man.gar [mãg'ar] *vt+vint* 1 to joke, mock. 2 to scorn.

man.gue [m'ãgi] *sm* swamp, marsh.

man.guei.ra [mãg'ejrə] *sf* 1 rubber or canvas hose. 2 mango tree. **mangueira de incêndio** fire hose.

ma.nha [m'∧ɲə] *sf* 1 slyness, cunningness, shrewdness, malice. 2 dexterity, skill. 3 trick, act. **ser cheio de manhas** to be shrewd.

ma.nhã [maɲ'ã] *sf* morning, forenoon. **amanhã de manhã** tomorrow morning. **de manhã** in the morning. **todas as manhãs** every morning. **uma manhã maravilhosa** a wonderful morning.

ma.ni.a [man'iə] *sf* 1 *Psicol* mania. 2 quirk, excentricity. 3 obsession, fad. 4 fixed idea. **mania de grandeza** megalomania.

ma.ní.a.co [man'iaku] *sm* maniac, madman, lunatic. • *adj* maniac, maniacal, obsessed, obstinate.

ma.ni.cô.mio [manik'omju] *sm* lunatic asylum.

ma.ni.cu.re [manik'uri] *sf* manicure.

ma.ni.fes.ta.ção [manifestas'ãw] *sf* (*pl* **manifestações**) manifestation, demonstration (of the people to show their opinions), expression.

ma.ni.fes.tar [manifest'ar] *vt+vpr* 1 to manifest: a) to make public, reveal, express. *seus preconceitos manifestam-se em seu relato* / his report reveals his prejudices. b) to show plainly, display. 2 **manifestar-se** to express oneself. **manifestar sua opinião** to voice one's opinion.

ma.ni.fes.to [manif'ɛstu] *sm* manifest: a) public explanation of reasons. b) political program. • *adj* 1 manifest, evident, plain. 2 public. **mentira manisfesta** a flat lie.

ma.ni.pu.lar [manipul'ar] *vt* 1 to manipulate, handle. 2 to prepare medicine. 3 to invent, make up. 4 to manage through artful skill.

ma.ni.ve.la [maniv'ɛlə] *sf* handle, crank.

man.jar [mãʒ'ar] *sm* 1 delicious and appetizing specialty. 2 *Cul* custard, pudding. 3 *fig* a feast or treat to the eye or the mind. **manjares finos** delicacies.

man.je.ri.cão [mãʒerik'ãw] *sm* basil.

ma.no [m'ʌnu] *sm* 1 *fam* brother. 2 **manos** brothers and sisters.

ma.no.brar [manobr'ar] *vt* to maneuver.

man.são [mãs'ãw] *sf* (*pl* **mansões**) mansion, a manor-house.

man.so [m'ãsu] *adj* 1 tame, domesticated. 2 meek, gentle, docile. **manso como um cordeiro** meek as a lamb.

man.ta [m'ãtə] *sf* blanket, travelling rug, shawl, wrap. **manta de cama** bedspread.

man.tei.ga [mãt'ejgə] *sf* butter. **manteiga de cacau** cocoa butter.

man.ter [mãt'er] *vt+vpr* 1 to maintain, keep, support, pay for. *ele mantém vivas as tradições* / he keeps the traditions alive. 2 to carry on, continue. 3 **manter-se** a) to maintain oneself. b) to carry on, keep up. **manter a ordem** to keep order. **manter na expectativa** to keep in suspense. **manter-se à distância** to hold one's distance. **manter uma decisão** to abide by one's decision. **manter um segredo** to keep a secret.

man.ti.men.to [mãtim'ẽtu] *sm* 1 maintainance. 2 provisions, supply.

man.tô [mãt'o] *sm* ladies' overcoat.

ma.nu.al [manu'aw] *sm* (*pl* **manuais**) manual, handbook. • *adj m+f* 1 manual, done by hand. 2 light, portable. **habilidade manual** handicraft.

ma.nu.fa.tu.rar [manufatur'ar] *vt* 1 to make by hand. 2 to manufacture, produce.

ma.nu.se.ar [manuze'ar] *vt* 1 to handle. 2 to turn over the pages of a book.

ma.nu.ten.ção [manutẽs'ãw] *sf* (*pl* **manutenções**) maintenance.

mão [m'ãw] *sf* (*pl* **mãos**) 1 hand. 2 handful. 3 *bras* side: each of the directions of the traffic. 4 handwriting. 5 *fam* coat of paint. **à mão** by hand. **à mão armada** armed. **aperto de mão** handshake. **cair em boas mãos** to fall into good hands. **com uma mão na frente e outra atrás** completely broke, penniless. **dar de mão beijada** to give for free. **estar em boas mãos** to be in good hands. **feito à mão** handmade.

mão-a.ber.ta [mãwab'ɛrtə] *s m+f* (*pl* **mãos-abertas**) *bras* 1 prodigal, spendthrift. 2 generous person.

mão-de-o.bra [m'ãwdi'ɔbrə] *sf* (*pl* **mãos-de-obra**) 1 labor. 2 workers.

ma.pa [m'apə] *sm* map, chart, graph. **não estar no mapa** *bras, pop* to be exceptional, be uncommon. **sair do mapa** to disappear.

maquiagem [mak'jaʒẽy] *sf* make-up.

ma.qui.ar [maki'ar] *vt+vpr* 1 to make-up. 2 *fig* to disguise, give a false appearance to. 3 **maquiar-se** to make oneself up.

ma.qui.a.vé.li.co [makjav'ɛliku] *adj* sly, cunning, tricky.

má.qui.na [m'akinə] *sf* 1 machine. 2 engine. 3 *bras* car, automobile. **máquina de escrever** typewriter. **máquina de lavar louça** dishwasher. **máquina de lavar roupa** washing machine, washer. **máquina de moer** grinder. **máquina fotográfica** camera.

ma.qui.na.ri.a [makinar'iə] *sf* machinery.

ma.qui.nis.ta [makin'istə] *s m+f* 1 train driver. 2 locomotive engineer.

mar [m'ar] *sm* 1 sea, ocean. 2 *fig* large quantity. **água do mar** sea water. **alga do mar** seaweed. **mar de cabeças** a sea of faces.

ma.ra.cu.já [marakuʒ'a] *sm* passion fruit.

ma.ra.já [maraʒ'a] *sm* 1 maharaja(h). 2 *bras, fam* a civil servant who gets a high salary.

ma.ra.to.na [marat'onə] *sf* marathon, marathon race.

ma.ra.vi.lha [marav'iʎə] *sf* marvel, wonder. **às mil maravilhas**, admirably well. **as sete maravilhas do mundo** the seven wonders of the world. **fazer maravilhas** to work wonders.

ma.ra.vi.lho.so [maraviʎ'ozu] *adj* wonderful, marvellous, amazing.

mar.ca [m'arkə] *sf* **1** mark. **2** brand. **3** sign. **4** blemish. **5** make (car). **marca d'água** watermark. **marca registrada** trademark.

mar.ca.pas.so [markap'asu] *sm* pacemaker.

mar.car [mark'ar] *vt+vi* **1** to mark, brand, seal. **2** to indicate, determine, fix. **3** to book. **4** to score. *meu time marcou três gols /* my team scored three goals. **5** to stain, spot. **6** to meet. *marcamos em frente ao parque /* we will meet in front of the park. **marcar a data** to set a date. **marcar lugar (no teatro, avião** etc.**)** to book seats, tickets, places. **marcar o ponto** to sign in. **marcar uma hora** to fix an appointment. **marcar um encontro** to make a date. **o termômetro marca 35°C** the thermometer reads 35°C (95° F).

mar.cha [m'arʃə] *sf* **1** march. **2** *Esp* walk. **3** gear (automobile). **a marcha do progresso** the march of progress. **marcha a ré** the reverse gear.

mar.char [marʃ'ar] *vt+vint* to march, walk with a regular gait.

mar.co [m'arku] *sm* mark: a) boundary, limit. b) landmark. c) monetary unit of Germany.

mar.ço [m'arsu] *sm* March.

ma.ré [mar'ɛ] *sf* **1** tide. *a maré está subindo /* the tide is rising. **2** *fig* ups and downs in human affairs. **3** *fig* opportunity, disposition. **perder a maré** to slip the occasion. **remar/nadar contra a maré** to go against the tide.

ma.re.a.do [mare'adu] *adj* **1** seasick. **2** *bras, fam* tipsy.

ma.re.mo.to [marem'otu] *sm* seaquake.

mar.fim [marf'ĩ] *sm* (*pl* **marfins**) ivory.

mar.ga.ri.da [margar'idə] *sf* daisy.

mar.ga.ri.na [margar'inə] *sf* margarine.

mar.gem [m'arʒẽj] *sf* (*pl* **margens**) **1** margin, border, bank, brim, rim, edge. **2** possibility, cause. **margem de lucro** profit margin. **margem de segurança** safety margin. **pôr à margem** to lay aside.

mar.gi.nal [marʒin'aw] **1** *s m+f bras* outcast, pariah. **2** *sf* coast road. • *adj m+f* (*pl* **marginais**) **1** outcast. **2** marginal.

mar.gi.na.li.zar [marʒinaliz'ar] *vt+vpr* **1** to marginalize. **2 marginalizar-se** to become apart from society or public life.

ma.ri.cas [mar'ikas] *sm sing+pl* **1** sissy, milk-sop, gay. **2** coward.

ma.ri.do [mar'idu] *sm* husband.

ma.ri.nha [mar'iɲə] *sf* navy, marine.

ma.ri.nhei.ro [mariɲ'ejru] *sm* sailor, seaman.

ma.ri.nho [mar'iɲu] *adj* marine: of or pertaining to the sea. **azul-marinho** navy blue. **cavalo marinho** sea-horse.

ma.ri.o.ne.te [marjon'ɛti] *sf* marionette, puppet.

ma.ri.po.sa [marip'ozə] *sf* **1** moth. **2** butterfly. **3** *bras, gír* whore, prostitute.

ma.ris.co [mar'isku] *sm* shellfish.

ma.rí.ti.mo [mar'itimu] *adj* maritime, marine, coastal. **porto marítimo** sea port.

mar.me.la.da [marmel'adə] *sf* **1** marmalade made out of quinces. **2** *gír* advantage, bargain. **3** *bras, gír* crooked deal.

mar.me.lo [marm'ɛlu] *sm* quince.

mar.mi.ta [marm'itə] *sf* dinner-pail, lunch box.

már.mo.re [m'armori] *sm* marble. **bolo mármore** marble cake.

ma.ro.to [mar'otu] *sm* **1** rascal, rogue. **2** naughty child.

mar.quês [mark'es] *sm* (*pl* **marqueses**) marquis.

mar.que.sa [mark'ezə] *sf* marchioness, marquise.

mar.re.co [maʀ'ɛku] *sm* teal.

mar.re.tei.ro [maʀet'ejru] *sm bras* street vendor.

mar.rom [maʀ'õw] *adj m+f* (*pl* **marrons**) brown, hazel, chestnut.

Mar.te [m'arti] *sm* Mars.

mar.te.lar [martel'ar] *vt+vint* **1** to hammer, beat. **2** to bother, annoy. **3** to insist.

mar.te.lo [mart'ɛlu] *sm* hammer.

már.tir [m'artir] *s m+f* **1** martyr. **2** sufferer. **fazer-se de mártir** to act the martyr.

mar.ti.ri.zar [martiriz'ar] *vt+vpr* **1** to martyr, martyrize, torment. **2 martirizar-se** to mortify oneself.

ma.ru.jo [mar'uʒu] *sm* sailor, mariner, seaman.

mas [m'as] *adv* indeed, yes. • *conj* but,

only, however, still, yet, even, nevertheless. *não só preguiçoso mas também malcriado* / not only lazy but also ill-mannered.

mas.car [mask'ar] *vt+vint* to chew. **goma de mascar** chewing gum.

más.ca.ra [m'askarə] *sf* **1** mask. **2** *fig* disguise. **3** cosmetic face pack. **baile de máscara** fancy dress ball.

mas.ca.rar [maskar'ar] *vt+vpr* **1** to mask. **2** to disguise, hide. **3** to give a false appearance to. **4 mascarar-se** a) to put on a mask, a fancy dress. b) to disguise oneself.

mas.ca.te [mask'ati] *sm bras* peddler, pedlar.

mas.co.te [mask'ɔti] *sf* mascot, talisman.

mas.cu.li.no [maskul'inu] *adj* masculine: **1** male. **2** manly, virile.

mas.mor.ra [mazm'oɣə] *sf* dungeon.

ma.so.quis.mo [mazok'izmu] *sm* masochism.

má-sor.te [mas'ɔrti] *sf* bad luck, misfortune.

mas.sa [m'asə] *sf* **1** dough, bread paste. **2** soft or pulverized substance. **3** mass of things. **4** totality. **5** *Constr* mortar. **6** *Sociol* **massas** masses of people, multitude. **comunicação de massa** mass medium. **massa cinzenta** *bras, fam* brains. **massa de pão** kneaded dough. **produção em massa** mass production.

mas.sa.crar [masakr'ar] *vt* **1** to massacre, kill cruelly, butcher. **2** *bras* to bother, exhaust.

mas.sa.cre [mas'akri] *sm* massacre, carnage.

mas.sa.ge.ar [masaʒe'ar] *vt* to massage.

mas.sa.gem [mas'aʒẽj] *sf* (*pl* **massagens**) massage.

mas.sa.gis.ta [masaʒ'istə] *s m+f masseur, masseuse.*

mas.ti.gar [mastig'ar] *vt+vint* **1** to chew. **2** *fig* to ponder, think over.

mas.tro [m'astru] *sm* **1** mast of a ship. **2** flagpole. **mastro da antena** aerial mast.

mas.tur.bar [masturb'ar] *vt+vpr* to masturbate.

ma.ta [m'atə] *sf* wood, forest, jungle.

ma.ta-bor.rão [matabor'ãw] *sm* (*pl* **mataborrões**) blotting paper.

ma.ta.dor [matad'or] *sm* killer, assassin, murderer.

ma.ta.dou.ro [matad'owru] *sm* butchery, slaughterhouse.

ma.tan.ça [mat'ãsə] *sf* **1** killing. **2** massacre, bloodshed(ding). **3** slaughter.

ma.tar [mat'ar] *vt+vint+vpr* **1** to kill, murder. **2** to destroy, annihilate. **3** to slaughter, butcher. **4** to extinguish, eliminate, quench. **5** to ruin, discredit. **6** to do something fast and badly. **7** to satisfy, quench (hunger, thirst). **8 matar-se** a) to commit suicide. b) to ruin one's health. c) to kill oneself working, toil to death. *você se mata trabalhando* / you toil yourself to death. **matar a sede** to quench one's thirst. **matar a tiro** to shoot (dead).

ma.te [m'ati] *sm* **1** *Xadrez* checkmate. **2** *Bot maté*, mate.

ma.te.má.ti.ca [matem'atikə] *sf* mathematics.

ma.te.má.ti.co [matem'atiku] *sm* mathematician. • *adj* **1** mathematical. **2** *fig* exact, correct.

ma.té.ria [mat'ɛrjə] *sf* **1** matter, substance, material. **2** subject, topic. **3** newspaper article or text. **matéria orgânica** organic matters.

ma.te.ri.al [materi'aw] *sf* (*pl* **materiais**) material, substance: **1** building material. **2** equipment. • *adj m+f* material: **1** solid. **2** perceptible to the senses. **3** corporeal, bodily. **material de construção** building material.

ma.te.ri.a.lis.ta [materjal'istə] *s m+f* materialist. • *adj m+f* materialistic.

ma.té.ria-pri.ma [matɛrjəpr'imə] *sf* (*pl* **matérias-primas**) **1** raw material. **2** *fig* basis, foundation.

ma.ter.nal [matern'aw] *adj m+f* (*pl* **maternais**) maternal, motherly, motherlike. **amor maternal** mother love.

ma.ter.ni.da.de [maternid'adi] *sf* maternity: a) motherhood. b) maternity ward, maternity hospital.

ma.ter.no [mat'ɛrnu] *adj* **1** maternal: a) motherly. b) related on the mother's side. **2** *fig* kind, sweet, affectionate. **língua materna** native language, mother tongue.

ma.ti.lha [mat'iʎə] *sf* pack of hounds.

M

ma.ti.nal [matin'aw] *adj m+f* (*pl* **matinais**) matinal, matutinal, matutine.

ma.tiz [mat'is] *sm* **1** tint, tincture, shade. **2** *fig* nuance. **3** blending of colours.

ma.to [m'atu] *sm* **1** wood, brush, thicket. **2** *bras* the country in opposition to the city. **3** *bras* marijuana, hemp.

ma.tra.ca [matr'akə] *sf* **1** a percussion instrument that produces a rattling sound. **2** *bras, fam* eloquent, talkative fellow.

ma.trí.cu.la [matr'ikulə] *sf* **1** registration, enrollment. **2** matriculation fee.

ma.tri.cu.lar [matrikul'ar] *vt+vpr* to register, enroll. • *adj* referring to enrollment, registration.

ma.tri.mô.nio [matrim'onju] *sm* matrimony, marriage, wedlock. **contra-ir matrimônio** to marry. **matrimônio dissolvido** dissolved marriage. **matrimônio morganático** left-handed or morganatical marriage. **matrimônio rato** legal marriage not consummated.

ma.triz [matr'is] *sf* **1** matrix: a) uterus, womb. b) origin, spring, source. c) *Tip* mat, mold for casting type. **2** main house, main office. • *adj m+f* **1** original, primitive. **2** main, principal. **3** basic. **igreja matriz** mother church.

ma.tro.na [matr'onə] *sf fam* **1** matron: woman respected due to age, estate, conduct. **2** a lawfully-wedded woman, wife. **3** old or elderly lady. **4** a mature, bulky woman.

ma.tu.la [mat'ulə] *sf* **1** gang, rabble, mob. **2** *bras* travelling provisions carried in the knapsack.

ma.tu.ra.ção [maturas'ãw] *sf* **1** maturation, ripening. **2** *fig* development, perfecting, improvement.

ma.tu.ri.da.de [maturid'adi] *sf* **1** maturity, full development. **2** a state of psychological maturation. **3** *fig* prudence, judgement. **chegar à maturidade** to come of age.

ma.tu.tar [matut'ar] *vt+vint* **1** *pop* to think, brood, ponder. **2** to plan, try, intend.

ma.tu.ti.no [matut'inu] *sm* morning newspaper. • *adj* morning.

ma.tu.to [mat'utu] *sm* **1** *bras* back-woodsman. **2** rustic and naïve person (see **caipira**). • *adj* **1** rustic, peasant. **2** *bras* shy, awkward.

mau [m'aw] *sm* person of bad character. • *adj* (*fem* **má**, *sup abs sint* **malíssimo**, **péssimo**) **1** bad, harmful, noxious. **2** mean, evil, perverse, mischievous. **3** of poor quality. **4** awkward, unable. **5** contrary to reason, justice or duty. **de mau gosto** of bad taste. **de mau humor** ill-tempered. **em mau estado** in poor condition. **más línguas** evil tongues. **mau caráter** bad character. **mau cheiro** bad smell. **mau negócio** bad bargain. **mau procedimento** misbehavior. **maus modos** bad manners. **mau tempo** bad weather. **mau trato** maltreatment. **ter mau coração** to be hardhearted.

mau-ca.rá.ter [mawkar'ater] *sm* a rogue, a scoundrel, a troublemaker.

mau-o.lha.do [mawoʎ'adu] *sm* (*pl* **mau-solhados**) the evil eye.

mau.ri.ci.nho [mawris'iñu] *sm gír* (*dim* de **Maurício**, *np*) **1** an upper-class young man. **2** dandy, a man who pays great attention to his attire.

ma.xi.lar [maksil'ar] *sm* jaw. • *adj m+f* maxillary: pertaining to the jaw or jawbone.

má.xi.ma [m'asima] *sf* maxim, aphorism, a saying of proverbial nature.

má.xi.mo [m'asimu] *sm* maximum. *ele trabalhou até o máximo de suas forças* / he worked to the top of his bent. • *adj* maximum, greatest, best. **carga máxima** peak load. **com o máximo prazer** with the utmost pleasure. **com velocida-de de máxima** at maximum speed, at top speed. **no máximo** at most, at the most. **tirar o máximo proveito de algo** to make the most of it.

ma.ze.la [maz'ɛlə] *sf* **1** wound, sore, bruise. **2** infirmity, illness. **3** something that annoys, disturbs or is harrowing.

me [mi] *pron pess* **1** me, to me, myself, to myself (oblique form of the pronoun **eu**). *ele me disse* / he told me. *ele não me disse* / he did not tell me. **2** it substitutes the possessive and corresponds to **meu**. *puxou-me o cabelo* / he pulled my hair.

me.a.da [me′adə] *sf* **1** skein. **2** tangle. **3** *fig* mess, entanglement. **o fio da meada** the clue to the puzzle.

me.an.dro [me′ãdru] *sm* meander: a) winding, turning. b) *fig* confusion, entanglement. **meandro do rio** bend of the river, meander.

me.câ.ni.ca [mek′ʌnikə] *sf* mechanics. **mecânica aplicada / mecânica prática** applied, practical mechanics. **mecânica de precisão** precision mechanics. **mecânica dos fluidos** mechanics of fluids.

me.câ.ni.co [mek′ʌniku] *sm* **1** mechanic. **2** an employee in a car garage. • *adj* mechanic, mechanical. **engenharia mecânica** mechanical engineering. **mecânico de vôo** *Aeron*, flight mechanic.

me.ca.nis.mo [mekan′izmu] *sm* mechanism, gear, device, machinery, clockwork. **mecanismo de acionamento** driving gear. **mecanismo de avanço** feed gear. **mecanismo de desligar/de disparo** releasing mechanism. **mecanismo de distribuição** motor timing device. **mecanismo de inversão de marcha** reversing gear. **mecanismo de relógio** clockwork.

me.ca.ni.za.do [mekaniz′adu] *adj* mechanized.

me.cha [m′ɛʃə] *sf* **1** sulphurized paper or rag. **2** wick of a lamp, stove etc. **3** hair lock. **4 mechas** dyed hair locks, highlights.

me.da.lha [med′aʎə] *sf* **1** medal. **2** decoration. *ele recebeu uma medalha de mérito militar /* he was awarded a military decoration. **3** award given to the winner of a contest. **medalha de bronze** bronze medal. **medalha de honra** prize medal. **medalha de ouro** gold medal. **o reverso da medalha** the reverse of the medal.

me.da.lhão [medaʎ′ãw] *sm* (*pl* **medalhões**) **1** medallion. **2** locket. **3** *fig, pop* VIP.

mé.dia [m′ɛdjə] *sf* **1** mean, medium, average. **2** *bras* cup of coffee with milk. **3** pass mark. **média aproximada** rough average. **média aritmética** arithmetic mean. **média ponderada** weighted mean, weighted average. **média propor-**cional mean proportional. **produzir/vender em média** to average. **tirar a média** to strike an average.

me.di.a.no [medi′ʌnu] *adj* **1** average, medium. **2** mediocre, middling, ordinary. **homem de estatura mediana** a middle-sized man.

me.di.an.te [medi′ãti] *prep* by means of, through. **mediante os bons ofícios de** through the kind offices of. **mediante pagamento à vista** against cash payment.

me.di.ca.men.to [medikam′ẽtu] *sm* medication, medicine.

me.di.ção [medis′ãw] *sf* (*pl* **medições**) measurement, measuring. **instrumentos de medição** instruments for measuring.

me.di.car [medik′ar] *vt+vint* **1** to administer medication. **2** to give medical treatment.

me.di.ci.na [medis′inə] *sf* medicine: the treatment of illnesses and injuries by doctors and nurses. **medicina legal** forensic medicine.

mé.di.co [m′ɛdiku] *sm* physician, doctor, general practitioner. • *adj* medical, medicinal. **consultar um médico** to see a doctor. **médico-cirurgião** surgeon. **médico da família** family doctor. **médico de clínica geral** general practitioner. **tratamento médico** medical treatment, medical care.

me.di.da [med′idə] *sf* **1** measure, standard of measurement. **2** gauge. **3** proportion. **4** standard. **5** arrangements, provision. **à medida de** in proportion to. **feito sob medida** tailor-made, made to order. **medida acertada** right move. **medida de volume** cubic measure. **medida padrão** standard. **medidas anticoncepcionais** contraception, birth control. **medidas extremas** extreme measures, extremities. *ele tomou medidas extremas /* he went to extremities.

me.di.e.val [medjev′aw] *adj m+f* (*pl* **medievais**) medieval: pertaining to the Middle Ages.

mé.dio [m′ɛdju] *adj* **1** middle, average, intermediate. **2** referring to high-school education. **classe média** middle class. **dedo médio** middle finger. **distância**

média average distance. **Idade Média** Middle Ages. **vida média** *Estat* average lifetime.

me.dí.o.cre [med'iokri] *sm* **1** something common, ordinary. **2** *s m+f* a mediocre person. • *adj m+f* mediocre, average, middling, commonplace, second-rate, ordinary.

me.dir [med'ir] *vt+vint+vpr* **1** to measure, gauge, survey. **2** to consider. **medir as palavras** to weigh one's words. **medir todos pela mesma bitola** to measure all by the same yardstick. **não medir esforços** to grudge no pains.

me.di.tar [medit'ar] *sm* meditation. • *vt+vint* to meditate, think, reflect.

me.di.ter.râ.neo [mediteř'ʌnju] *sm* Mediterranean. • *adj* mediterranean.

me.do [m'edu] *sm* fear, fright, dread. **não ter medo de caretas** to have no fear of threats. **ter medo da própria sombra** to be extremely frightened.

me.do.nho [med'oñu] *adj* awful, frightful, horrible, hideous.

me.dro.so [medr'ozu] *sm* faint-hearted person. • *adj* **1** fearful, timid, frightened. **2** hesitant, uneasy.

me.du.la [med'ulə] *sf* **1** medulla: *Anat* marrow. **2** *fig* the most intimate part, pith, essence. **até a medula** to the quick. **medula óssea** bone marrow.

me.du.sa [med'uzə] *sf* jellyfish.

me.ei.ro [me'ejru] *sm* **1** person having half a share in business or interest. **2** *Agr* share cropper. • *adj* equally divided into two parts.

megabyte [megab'ajti] *sm Inform* megabyte: unit of computer information storage capacity equal to 1,048,576 bytes.

me.ga.lo.ma.ni.a [megaloman'iə] *sf* megalomania, delusion of *grandeur*.

me.ge.ra [meʒ'ɛrə] *sf* **1** cruel woman, shrew. **2** ugly, shrewish woman.

mei.a [m'ejə] *sf* **1** stocking, hose, sock. **2** referring to number 6, used in speech to avoid confusion with number three. **meia elástica** elastic stocking. **meias curtas** socks. **meias de lã** worsted stockings. **pé-de-meia** savings. **ponta da meia** toe. **ponto meia** knit stitch. **um par de meias** a pair of stockings.

mei.a-á.gua [mejə'agwə] *sf* (*pl* **meias-águas**) **1** a lean-to roof. **2** a house with such a roof.

mei.a-cal.ça [mejək'awsə] *sf* (*pl* **meias-calças**) panty hose, tights.

mei.a-ti.ge.la [mejəti3'ɛlə] *sf* used only in the adverbial phrase **de meia-tigela** mediocre, vulgar, second-rate.

mei.go [m'ejgu] *adj* sweet, affectionate.

mei.gui.ce [mejg'isi] *sf* **1** tenderness, sweetness. **2** meiguices** endearments.

mei.o [m'eju] *sm* **1** middle, center, midst. **2** medium, means, way, course. **3** environment, element. *ele está fora de seu meio* / he is out of his element. **4** way of life. **5** *Mat* mean. **6** meios** means, riches, wealth, resources. • *adj* half, mean, middle. • *adv* mean, half, not entirely, almost. *ele está meio cansado* / he is sort of tired. **a meia voz** in an undertone. **a meio caminho** halfway. **emprego de meio período** part-time job. **encontrar-se no seu meio** to be in one's element. **estar sem meios** to be resourceless. **meia dúzia** half a dozen. **meia entrada** half price (ticket). **meia hora** half an hour. **meias palavras** allusions, hints. **meio ambiente** environment. **meio de comunicação** means of communication. **meio de transporte** means of transportation. **meio de vida** livelihood. **meio-morto** half-dead. **meios escassos** narrow means. **meios legais** legal means. **meio tempo** *Fut* half time. **neste meio tempo** meanwhile. **no meio da noite** in the deep of night. **no meio de** in the midst of, amid, between, among. **pelo meio** unfinished. **por meio de** by means of, through. **por qualquer meio** by any means. **tirar alguém do seu meio** to take someone out of his sphere. **uma hora e meia** a) one hour and a half. b) (time of day) half past one. **um e meio / uma e meia** one and a half, half past one.

mei.o-cam.pis.ta [mejukãp'istə] *s m+f Fut* midfielder.

mei.o-di.a [mejud'iə] *sm* (*pl* **meios-dias**) midday, noon. *ante meridiem* (*abrev* a.m.). **ao meio-dia** at noon.

mei.o-fi.o [mejuf'iu] *sm* curb, kerb.

mel [m'ɛw] *sm* (*pl* meles, méis) 1 honey. 2 *fig* sweetness, candor. cair a mosca no mel to come in very handy. favo de mel honeycomb. lua-de-mel honeymoon. mais doce do que o mel very sweet. mel de pau *bras* honey produced by bees that live in hollow trees. mel silvestre wild honey.

me.la.do [mel'adu] *sm bras* sugar-cane syrup, molasses.

me.lan.ci.a [melãs'iə] *sf Bot* watermelon.

me.lan.có.li.co [melãk'ɔliku] *adj* melancholy, low-spirited, depressed.

me.lão [mel'ãw] *sm* (*pl* melões) *Bot* melon.

me.lar [mel'ar] *vt+vint+vpr* 1 to cover or sweeten with honey. 2 to mess (things) up, to fail.

me.lhor [meʎ'ɔr] *sm* 1 the best. *ele fará o melhor que pode* / he will do his best. 2 the wise or clever thing to do. • *adj m+f* better, superior, preferable, best. *sinto-me melhor* / I feel better. *ela é a minha melhor amiga* / she is my very best friend. • *adv* better, preferably. *ele está melhor* / he is doing better. à falta de melhor for want of better. cada vez melhor better and better. fazer o melhor possível to do one's utmost. levar a melhor to get the better of. melhor que better than. não há nada melhor there is nothing better. o melhor the best. o melhor a fazer the best thing to do. o melhor que eu puder as best as I can. passar melhor to be better. tirar o melhor partido de to make the best of.

me.lho.ra [meʎ'ɔrə] *sf* 1 improvement, advance, progress. 2 recovery. *estimo as suas melhoras* / I wish you may recover soon!

me.lho.rar [meʎor'ar] *vt+vint+vpr* 1 to improve, to feel, to be, to get better. 2 to reform, refurbish. 3 to prosper. 4 to recover. *o gado foi melhorado por cruzamento* / the cattle was graded up. 5 to clear up (weather). *o tempo está melhorando* / the weather is clearing up. melhorar de posição to better oneself. melhorar de saúde to grow better, to recover.

me.lin.drar [melĩdr'ar] *vt+vpr* 1 to hurt the feelings of, to aggrieve. 2 to offend. 3 melindrar-se to take offence, feel hurt. melindrar alguém to hurt someone's feelings.

me.lin.dro.so [melĩdr'ozu] *adj* 1 delicate, susceptible, squeamish, touchy. 2 risky, ticklish. assunto melindroso a ticklish affair.

me.lo.di.a [melod'iə] *sf* 1 melody, tune, air. 2 melodiousness.

me.lo.di.o.so [melodi'ozu] *adj* melodious, harmonious, sweet.

mem.bra.na [mẽbr'ʌnə] *sf Anat, Bot* membrane.

mem.bro [m'ẽbru] *sm* member: a) limb. b) fellow, associate. c) associate of a corporation. d) member of a jury. membro do clube member of the club. Membro do Parlamento Member of Parliament. membro honorário honorary member. membros inferiores lower limbs. membros superiores upper limbs.

me.mo.rá.vel [memor'avew] *adj m+f* (*pl* memoráveis) 1 memorable, remarkable. 2 noteworthy.

me.mó.ria [mem'ɔrjə] *sf* 1 memory: a) faculty of remembering. *sua memória vai muito longe* / she remembers a long way back. b) remembrance, reminiscence. c) reputation, fame of a person or thing particularly after death. 2 record, report, account, narrative. 3 *Inform* the computer memory. 4 memórias memoirs: historical narratives by eyewitnesses, autobiography. conservar na memória to keep in mind. digno de memória memorable, notable. em memória de in memory of. memória auxiliar backing memory, auxiliary storage. memória de acesso aleatório *Inform* random access memory (RAM). memória de acesso imediato immediate access storage. memória exclusiva de leitura *Inform* read only memory (ROM). puxar pela memória to try to remember. trazer à memória to call to mind. vir à memória to come back to mind.

M

me.mo.ri.zar [memoriz'ar] *vt* to memorize: a) to commit to memory. b) to learn by heart.

men.ção [mẽs'ãw] *sf* (*pl* menções) 1 mention, reference. 2 gesture indicating a purpose. *ela recolheu rapidamente seus pertences, fazendo menção de retirar-se* / she gathered her belongings very quickly, as if ready to leave. 3 record, note. menção honrosa mention.

men.ci.o.nar [mẽsjon'ar] *vt* 1 to mention, refer to, cite, name. *ele não deseja ser mencionado* / he wishes to be unnamed. 2 to narrate, report, relate. o acima mencionado the above-mentioned. sem mencionar without mentioning.

men.di.gar [mẽdig'ar] *vt+vint* 1 to beg, cadge. 2 *amer* to panhandle.

men.di.go [mẽd'igu] *sm* 1 beggar, cadger. 2 *amer* panhandler.

me.ni.na [men'inɐ] *sf* 1 girl, young woman. 2 familiar and affectionate term for a person of the feminine sex, adult or child. menina-do-olho pupil of the eye. menina-dos-olhos *fig* the apple of one's eye.

me.ni.ni.ce [menin'isi] *sf* childhood.

me.ni.no [men'inu] *sm* 1 boy. 2 *fam* sonny. menino de coro choir boy.

me.nor [men'ɔr] *s m+f* 1 a minor. *ele é menor* / he is underage. 2 menores minute details, details, trifles. • *adj* 1 little, small, smaller, lesser, younger. 2 minor. condição de pessoa menor minority. frade menor Franciscan monk. sem a menor paciência with no patience whatever. trajes menores underclothes, undies. tribunal de menores Juvenile Court. um detalhe sem importância a minor detail.

me.nos [m'enus] *sm* 1 the least, smallest quantity. *é o menos que se pode fazer* / it is the least thing one can do. 2 that of the least importance. *isto é o menos que se esperaria* / this is the least one would expect. • *pron indef* less, fewer, least, fewest. *por menos disso não o faço* / I shall not do it for less. • *adv* least, with less intensity. • *prep* but, save, except. *ele faria tudo com isto, menos...* / he would do anything with it rather

than... a menos / de menos too little, short. a menos que except, unless. ao menos / pelo menos at least. cada vez menos less and less. em menos de uma hora in less than an hour. menos mal not so bad, so so. menos que under, below. nada menos de nothing less than. nem mais nem menos que neither more nor less than. o menos possível as little as possible. pelo menos at least. quanto menos, melhor the fewer, the better. Usa-se less como comparativo de número ou quantidade com substantivos não contáveis. *há menos honestidade hoje em dia* / there is less honesty nowadays.

Usa-se fewer com substantivos contáveis. *eles têm menos qualificações que as requisitadas* / they have fewer qualifications than necessary.

A forma less, para ambos os casos, já se torna bastante freqüente.

Usa-se o superlativo least como: substantivo masculino e feminino: *é o menos que se pode fazer* / it is the least one can do. *ela é a menos recomendada para o cargo* / she is the least recommended for the position.

Com substantivos contáveis, usa-se o superlativo fewest: *este foi o ano com menos candidatos* / this year we got the fewest candidates.

Como advérbio: 1) para menor quantidade: *ela falou menos que de costume* / she spoke less than she used to. 2) para menor intensidade: *você deveria trabalhar menos* / you should work less.

Como preposição: exceto, afora, salvo, a menos que: *eu faria tudo, menos isso* / I'd do anything but that. *todos ganharam, menos João* / all succeeded except John. *a menos que ele concorde, teremos problemas* / unless he agrees, we'll be in trouble.

me.nos.pre.zar [menosprez'ar] *vt* 1 to despise, scorn. 2 to underestimate, underrate. *ele menosprezou seus opositores* / he underrated his opponents.

me.nos.pre.zo [menospr'ezu] *sm* 1 contempt, disdain, scorn. *ele não perde oportunidade de mostrar seu menospre-zo pelos menos ofortunados* / he does not pass up a chance to show his contempt for the less fortunate. **2** under-estimation, slight.

men.sa.gei.ro [mẽsaʒ'ejru] *sm* messenger.

men.sa.gem [mẽs'aʒẽj] *sf* (*pl* **mensagens**) **1** message. **2** the essence of a thought, school, style, culture etc.

men.sal [mẽs'aw] *adj m+f* (*pl* **mensais**) monthly. **a produção mensal** the monthly production.

mens.tru.a.ção [mẽstrwas'ãw] *sf* (*pl* **mens-truações**) menstruation, menstrual period.

men.ta.li.da.de [mẽtalid'adi] *sf* intellect, frame of mind, outlook. **mentalidade aberta** open-mindedness. **mentalidade estreita** narrow mindedness.

men.te [m'ẽti] *sf* **1** mind, intellect. **2** intent, design. **3** perception, insight. **ter em mente** a) to keep in mind. b) to have a mind to.

men.tir [mẽt'ir] *vint+vt* **1** to lie, tell a lie, to tell a falsehood. **2** to deceive. **3** to induce into error. **mentir descaradamen-te** to lie impudently.

men.ti.ra [mẽt'irə] *sf* **1** lie, untruth, falsehood, fabrication. **2** deceit. **3** habit of lying. **espalhar uma mentira** to broach a lie. **mentira enorme** a whopper. **mentira inocente** white lie.

men.ti.ro.so [mẽtir'ozu] *sm* liar. • *adj* lying, mendacious.

mer.ca.di.nho [merkad'iñu] *sm* **1** *bras* small store selling vegetables, fruit and cereals etc. **2** corner shop.

mer.ca.do [merk'adu] *sm* **1** market, marketplace, fair. **2** trading centre, commercial centre. **3** trade, commerce. **lançar no mercado** to put something onto the market. **mercado aberto** open market. **mercado de trabalho** labor, job market. **mercado financeiro** stockmarket, the market. **mercado ne-gro** black market.

mer.ca.do.lo.gi.a [merkadoloʒ'iə] *sf* marketing.

mer.ca.do.ri.a [merkador'iə] *sf* merchandise, goods, commodities, ware.

mercadoria avariada damaged goods. **mercadoria de contrabando** smuggled goods. **mercadorias em consignação** consignment.

mer.ce.a.ria [mersear'iə] *sf* a grocer's, grocery store.

mer.ce.ei.ro [merse'ejru] *sm* grocer.

mer.ce.ná.rio [mersen'arju] *sm* mercenary. • *adj* mercenary, greedy, rapacious. **tro-pas mercenárias** mercenary troops.

mer.cú.rio [merk'urju] *sm* **1** *Quím* mercury. **2** Mercury: a) *Astr* the planet. b) *Mit* a god of trade or commerce.

mer.da [m'ɛrdə] *sf vulg* **1** excrement. **2** shit. **3** dirt, foulness, filthiness. • *interj* of disgust and nausea: shit!, *Hum, Teat* break a leg!

me.re.cer [meres'er] *vt* **1** to earn, deserve. *ele bem o mereceu (castigo, repreensão)/ coloq* he had it coming to him. **2** to merit, be worthy of. *ele merece bem o que ganha* / he is well worth what he earns. **merecer atenção** to deserve attention. **merecer confiança** to be trustworthy, reliable. **merecer ser casti-gado** to deserve to be punished. **merecer uma boa nota** to deserve a good mark. **merecer uma recompensa** to deserve a reward.

me.ren.da [mer'ẽdə] *sf* snack: a) a light meal. b) packed food. **merenda escolar** school lunch.

me.ren.gue [mer'ẽgi] *sm* meringue.

mer.gu.lhar [merguʎ'ar] *vt+vint+vpr* **1** to dive, sink. **2** to immerse, submerge, dip. **3** to plunge *o motorista perdeu o con-trole do ônibus, que mergulhou no rio /* the bus driver lost control of the vehicle which plunged into the river.

mer.gu.lho [merg'uʎu] *sm* **1** dive, plunge. **2** *Aeron* dive. **3** *Geol* dip. **dar um mergulho** to take a dive, to go for a dip. **praticar mergulho** to go scuba diving.

mé.ri.to [m'ɛritu] *sm* merit. *o discurso dele contém poucos itens de valor.* his argument contains few merits. **ter méri-to** to be praiseworthy.

me.ro [m'ɛru] *adj* mere, sheer, simple. **um mero subterfúgio** a mere subterfuge.

mês [m'es] *sm* (*pl* **meses**) **1** month. **2** every month. *quanto você ganha por mês?* / how much do you earn a month? **a três meses da data** in three months time. **de hoje a um mês** a month from today, within a month. **do mês corrente** *Com* instant. **mês sim mês não** every other month. **no começo do mês** at the beginning of the month. **no fim do mês** at the end of the month. **no mês passado** last month. **no próximo mês** next month. **todos os meses** monthly, every month, a month.

me.sa [m'ezə] *sf* **1** table. *ela pôs a sopa na mesa* / she served up the soup. **2** board, board of directors, committee, jury. **3** *fig* food, fare, board. **à mesa** at the table, during meals. **cama e mesa** board and lodging. **mesa de cirurgia** surgical table. **mesa de desenho** drawing table. **mesa de escritório** desk. **mesa de jantar** dining table. **mesa de jogo** gambling table, card table. **mesa eleitoral** polls. **pôr a mesa** to set, to lay the table. **roupa de mesa** table linen. **sentar-se à mesa** to sit down to table. **servir à mesa** to wait at table. **tirar a mesa** to clear the table.

me.sa.da [mez'adə] *sf* allowance.

me.sa-de-ca.be.cei.ra [m'ezədikabes'ejrə] *sf* (*pl* **mesas-de-cabeceira**) bedside table.

me.sa-re.don.da [mezər̃ed'õdə] *sf* (*pl* **mesas-redondas**) round table: a conference for discussion or deliberation with several participants.

mes.mi.ce [mezm'isi] *sf* **1** lack of variety, progress. **2** apathy, dejectedness.

mes.mo [m'ezmu] *sm* **1** the same thing or person. *você não parece o mesmo esta noite* / you are not quite yourself tonight. **2** something that is indifferent or doesn't matter. *isso vem a dar no mesmo* / it comes to the same thing. **3** **na mesma** *fem* a) the same state, the same circumstances. b) unaltered state. *o doente continua na mesma* / the state of the patient is unchanged. • *adj* same, equal, identical. • *adv* exactly, precisely. • *pron* same, identical, like. **agora mesmo** just now. **ainda mesmo que** although, even

if, notwithstanding. **ao mesmo tempo** at the same time. **da mesma data** of even date. **da mesma maneira** in the same manner, likewise. **hoje mesmo** this very day. **isso mesmo** quite so. **mesmo assim** even so. **nem mesmo** not even. **por isso mesmo** for that very reason. **por si mesmo** by itself. **quase o mesmo** much the same.

mes.qui.nho [mesk'iɲu] *sm* niggard, skinflint, miser. • *adj* stingy, niggardly, skimpy, mean.

mes.qui.ta [mesk'itə] *sf* mosque: a building used for public worship by Muslims.

mes.ti.ço [mest'isu] *sm* of mixed race, of mixed blood.

mes.tra.do [mestr'adu] *sm* **1** *bras* a graduate course for attainment of a master's degree. **2** a master's degree.

mes.tre [m'ɛstri] *sm* (*fem* **mestra**) **1** master, teacher, instructor. **2** title given to an eminent personality, as a sign of respect. **3** someone who has a master's degree. • *adj bras* main, principal. **mestre-cuca** cook, chef.

mes.tre-de-o.bras [m'ɛstridi'ɔbras] *sm* construction foreman.

me.ta [m'ɛtə] *sf* mark, finishing line.

me.ta.de [met'adi] *sf* half, moiety. **cara metade** better half, wife. **fazer as coisas pela metade** to do things by halves.

me.tá.fo.ra [met'aforə] *sf Ret* metaphor.

me.tais [met'ajs] *sm pl Mús* the metal wind instruments in an orchestra.

me.tal [met'aw] *sm* **1** metal. **2** *fig* money. **3** timbre of a voice. **4** **metais** wind instruments. **metal precioso** precious metal. **o vil metal** money.

me.tá.li.co [met'aliku] *adj* metallic. **não-metálico** nonmetallic.

me.te.o.ri.to [meteor'itu] *sm Astr* meteorite.

me.te.o.ro [mete'ɔru] *sm* meteor, shooting star.

me.te.o.ro.ló.gi.co [meteorol'ɔʒiku] *adj* meteorological. **boletim meteorológico** weather forecast. **observatório meteorológico** meteorological observatory.

me.te.o.ro.lo.gis.ta [meteorolo3'istə] *s m+f* weather forecaster, meteorologist.

me.ter [met'er] *vt+vint+vpr* **1** to put. **2** to put into, introduce. *ele meteu a arma na gaveta e fechou-a* / he put the gun into the drawer and shut it. **3** to place. **4** to dip. **5** to cause, inspire. *ele se delicia em meter medo às crianças* / he delights in terrorizing the children. **6** to include, involve. *não quero meter amigos nesse assunto* / I don't want to involve friends in this business. **7** *pop* to attack, hit. **8 meter-se** a) to meddle, interfere. *ele mete sua colher torta em tudo* / he meddles in all our affairs. b) to provoke. **meta-se com a sua própria vida!** mind your own business! **meter a mão** to sell very dear, extort. **meter a mão em** to slap, to hit someone. **meter em boas** to let in for. **meter em ferros** to chain. **meter mãos à obra** to set to work. **meter medo a alguém** to frighten, scare someone. **meter no bolso** to pocket. **meter o nariz em** to meddle, interfere with. **meter-se a** to pretend to be. **meter-se a caminho** to set out. **meter-se com alguém** to provoke someone. **meter-se consigo** to mind one's own business. **meter-se em dificuldades** to run into trouble. **meter-se em um negócio** to engage in a business. **meter-se no meio** to intervene, intercede, interfere.

me.ti.cu.lo.so [metikul'ozu] *adj* meticulous, painstaking, scrupulous, exact, precise.

me.ti.do [met'idu] *adj* **1** meddlesome, pushy. **2** busy. **3** *pop* conceited. **metido consigo** self-absorbed, reserved.

mé.to.do [m'ɛtodu] *sm* **1** method, system, style. **2** *fig* circumspection, prudence. **3** process or technique of learning. **sem método** at random.

me.tra.lha.do.ra [metraʎad'orə] *sf* machine gun.

mé.tri.co [m'ɛtriku] *adj* metric. **fita métrica** tape measure. **sistema métrico** metric system.

me.tro [m'ɛtru] *sm* **1** meter, metre: unit of length equal to 100 centimetres, 39.37 inches. **2** tape measure. **3** unit of metrical verse. **metro cúbico** cubic meter. **metro quadrado** square meter. **por metro** by the meter.

me.trô [metr'o] *sm* **1** *amer* subway, *brit* underground. **2** *brit* the tube.

meu [mew] *pron adj poss (fem* **minha)** my. *meu chapéu* / my hat. *meu irmão* / my brother. *minha irmã* / my sister. • *pron subs poss* mine. *este chapéu é o meu* / this hat is mine. *os meus são maiores que os seus* / mine are larger than yours. **a meu ver** in my opinion. **um amigo meu** a friend of mine.

me.xer [meʃ'er] *vt+vint+ vpr* **1** to move, stir, shake, fidget, budge. *ela não se mexeu do lugar* / she didn't budge. *não se mexa* / don't budge. **2** to touch. *não mexa nisso* / leave it alone. **3** to rummage. *quem mexeu nesta gaveta?* / who has been rummaging around this drawer? **4** to swagger, move one's body. **5 mexer-se** hurry, move on. *mexa-se!* / get a move on!, keep yourself busy! **mexer céu e terra** to move heaven and earth. **mexer com** to tease, annoy, provoke, harass. **mexer num vespeiro** to stir up a hornets' nest. **mexer o café** to stir one's coffee. **mexer os pauzinhos** to do everything exactly right to get what one wants.

me.xe.ri.car [meʃerik'ar] *vt+vint+vpr* **1** to gossip. **2 mexericar-se** to become evident, expose oneself.

me.xe.ri.co [meʃer'iku] *sm* gossip, chit-chat, tattle.

me.xe.ri.quei.ro [meʃerik'ejru] *sm* gossip.

me.xi.ca.no [meʃik'ʌnu] *sm* Mexican: native or inhabitant of Mexico. • *adj* Mexican.

me.xi.lhão [meʃiʎ'ãw] *sm (pl* **mexilhões,** *fem* **mexilhona)** *Zool* mussel.

mi [m'i] *sm* **1** *Mús* mi. **2** the twelfth letter of the Greek alphabet. • *pron* old form of **mim. mi bemol** E flat. **mi sustenido** E sharp.

mi.a.do [mi'adu] *sm* mewing of a cat.

mi.au [mi'aw] *sm* **1** *onom* miaow, mew. **2** *pop* the cat.

mi.co [m'iku] *sm bras, Zool* **1** tamarin. **2** name for various monkeys. **destripar o**

M

mico *bras, pop* to vomit. **pagar mico** *bras, gír* to be cheated.

mi.cró.bio [mikr'ɔbju] *sm* microbe: germ, microorganism, bacterium.

mi.cro.em.pre.sa [mikroẽpr'eza] *sf* a small-sized business with a limited number of employees.

mi.cro.fo.ne [mikrof'oni] *sm* microphone.

mi.cro.on.da [mikro'õdə] *sf Fís* microwave. **forno de microondas** microwave oven.

mi.cros.có.pio [mikrosk'ɔpju] *sm* microscope.

mi.ga.lha [mig'aʎə] *sf* **1** crumb. **2** bit, small portion. **3 migalhas** leftovers, scraps.

mi.gra.ção [migras'ãw] *sf* (*pl* **migrações**) migration: a) wandering, change of residence, often in search of work. b) *Zool* periodical change of habitat. **animais de migração** migratory animals. **em migração** wandering.

mi.grar [migr'ar] *vt+vint* to migrate: a) to move from one country, place, or locality to another. b) to pass periodically or seasonally from one region or climate to another for feeding or breeding.

mil [m'iw] *num, sm* **1** thousand. **2** multitude, great number. **a mil** *bras* in a state of great excitement. **Mil e Uma Noites** Arabian Nights. **mil reais** one thousand reais.

mi.la.gre [mil'agri] *sm* **1** miracle, wonder, marvel. **2** extraordinary success. **ele realizou milagres** he worked wonders. **fazer milagres** *fig* to do almost impossible things.

mi.lê.nio [mil'enju] *sm* millennium.

mi.lé.si.mo [mil'ɛzimu] *num* millesimal, thousandth.

mi.lha [m'iʎə] *sf* mile. **milha marítima / milha náutica** sea mile, nautical mile (*bras* 6076.1 feet).

mi.lha.gem [miʎ'aʒẽj] *sf* mileage.

mi.lhão [miʎ'ãw] *num* (*pl* **milhões**) million.

mi.lhar [miʎ'ar] *sm* a thousand. **aos milhares** by the thousands. **milhares de** thousands of.

mi.lha.ral [miʎar'aw] *sm* (*pl* **milharais**) maize field.

mi.lho [m'iʎu] *sm* maize, corn, Indian corn (plant or grain). **catar milho** *bras, coloq* to type very slowly. **farinha de milho** maize meal, *amer* Indian meal.

mi.lí.me.tro [mil'imetru] *sm* millimeter.

mi.li.o.ná.rio [miljon'arju] *sm* millionnaire. • *adj* very rich.

mi.li.tar [milit'ar] *sm* military. • *vt+vint* to serve as a soldier. • *adj m+f* military. **disciplina militar** military discipline. **policial militar** military policeman. **polícia militar** military police. **serviço militar** military service, active duty.

mim [m'ĩ] *pron pess* me. *que será de mim?* / what will become of me? **a mim** to me. **de mim** of me, from me. **para mim** for me, to me. **por mim / quanto a mim** as for me, for my part.

mi.mar [mim'ar] *vt* to spoil, pamper someone, to fuss over someone.

mí.mi.ca [m'imikə] *sf* mime. **fazer mímica** to mime.

mi.mo [m'imu] *sm* **1** delicate gift, offering, present. **2** tenderness, sweetness. **3** pampering, spoiling (through indulgence). **dar mimos / encher de mimos** to spoil (children), pamper. **que mimo!** how sweet!, how lovable!

mi.na [m'inə] *sf* **1** mine, quarry, pit. **2** *Mil* mine. **3** *fig* source of richness, wealth. **4** *bras, pop* girl. **campo de mina / campo minado** minefield. **engenheiro de minas** mining engineer. **mina de carvão** coal-mine, coal-pit. **mina de ouro** (atividade produzindo grandes lucros) goldmine.

mi.nar [min'ar] *vt+vint* **1** to dig, excavate a mine. **2** to explore furtively. **3** *fig* to undermine, sap. **4** to hurt secretly. *a doença latente minava-o* / the latent sickness tormented him. **5** to spread, rage. *o incêndio minando nos porões do navio* / the fire raging in the holds of the ship. **6** *Mil* to lay mines. **7** to ooze, flow slowly, exude. *de seus ferimentos minava sangue* / blood oozed from his wounds.

min.di.nho [mĩd'iñu] *sm* the little finger, pinkie.

mi.nei.ro [min'ejru] *sm* **1** miner, collier, mineowner. **2** *bras* native or inhabitant of the state of Minas Gerais. • *adj* **1** mining. **2** *bras* of or pertaining to Minas Gerais. **região mineira** mining region.

mi.ne.ral [miner'aw] *sm* (*pl* **minerais**) mineral: an inorganic substance. • *adj m+f* mineral. **água mineral** mineral water. **carvão mineral** mineral coal. **óleo mineral** mineral oil. **reino mineral** mineral kingdom.

mi.né.rio [min'ɛrju] *sm* ore. **minério de ferro** iron ore.

min.gau [mĩg'aw] *sm bras* **1** wheat or manioc pap. **2** *fig* something very watery or sloppy. **mingau de aveia** porridge.

min.guan.te [mĩg'wãti] *sm* wane (of the moon). • *adj m+f* waning, diminishing. **quarto minguante** last quarter, waning quarter.

min.guar [mĩg'war] *vt+vint* **1** to wane, dwindle. **2** to decline, decay.

mi.nha [m'iñə] *pron adj poss* (*fem de* **meu**) my. *minha irmã* / my sister. *pron subs poss esta caneta é minha* / this pen is mine. **eu, por minha parte** I for one.

mi.nho.ca [miñ'ɔkə] *sf* **1** *Zool* earthworm. **2 minhocas** *coloq* whims, ridiculous beliefs, fancies.

mi.ni.mi.zar [minimiz'ar] *vt* to minimize: a) to produce or keep to a minimum. b) to underestimate intentionally, belittle.

mí.ni.mo [m'inimu] *sm* **1** minimum: the least. **2** the little finger. • *adj* **1** minimal, least, very little. *os custos eram mínimos* the costs were minimal. **2** remote, faint. *eu não tenho a mínima idéia* / I haven't the faintest idea. **mínimo múltiplo comum** *Mat* least common multiple. **no mínimo** at least, in the least. **reduzir os gastos ao mínimo** to reduce one's expenses to a minimum. **salário mínimo** minimum wages.

mi.nis.té.rio [minist'ɛrju] *sm* **1** ministry, cabinet, state department. **2** office or service of a minister. **3** charge, office, profession, post, function. **Ministério da Agricultura** ministry of agriculture. **Ministério da Fazenda** *bras* ministry of finance, *brit* the Exchequer, *amer* Treasury Dept. **Ministério da Guerra** ministry of war. **Ministério da Justiça e dos Negócios Interiores** ministry of justice and home affairs. **Ministério das Relações Exteriores** *bras* ministry of foreign affairs, *brit* Foreign Office *amer* State Dept. **Ministério do Trabalho e Comércio** ministry of labor and commerce. **ministério público** prosecuting counsel.

mi.nis.tro [mini'stru] *sm* **1** a) minister of state. b) *Rel* clergyman, priest. **2** *bras* member of the Supreme Court or Supreme Military Court, and the Audit Department of the Exchequer. **ministro da Fazenda** *bras* minister of finance. *brit* chancellor of the Exchequer, *amer* secretary of the treasury. **ministro da Justiça e dos Negócios Interiores** minister of justice and home affairs. *amer* Attorney General. **ministro sem pasta** minister without a post or a specific department.

mi.no.rar [minor'ar] *vt* **1** to lessen, reduce, abate. **2** to alleviate, mitigate.

mi.no.ri.a [minor'iə] *sf* minority, a minor part in a group. **a minoria** few, the few. *eles compõem só uma minoria* / they comprise only a minority.

mi.nú.cia [min'usjə] *sf* **1** minute, detail. **2** particularity. **3 minúcias** minutiae. **fazer questão de minúcias** to stand up to niceties.

mi.nu.ci.o.so [minusi'ozu] *adj* **1** minute, particular, detailed. **2** conscientious, thorough, scrupulous. **3** *deprec* finical, fussy. **detalhes minuciosos sobre** full details about.

mi.nús.cu.lo [min'uskulu] *adj* minuscule. **letra minúscula** small letter, lowercase letter.

mi.nu.to [min'utu] *sm* minute: a) sixtieth part of an hour. b) *Mat* sixtieth part of a degree. c) moment, instant. *espere um minuto!* / wait a minute! • *adj* minute, tiny. **um minuto de silêncio** / a moment of silence.

mi.o.lo [mi'olu] *sm* **1** brain. **2** soft part of bread. **3** pulp of some fruits. **4** the interior of anything. *ele não tem miolo* / he has not a grain of sense. **dar no miolo** to come into one's head. **estar com o miolo**

M

mole to be old or crazy. **miolo dos ossos** medulla.

mí.o.pe [m'iopi] *s m+f* **1** a myopic person. **2** *fig* near-sighted person, person of little discernment. • *adj* myopic.

mi.o.pi.a [mjop'iə] *sf* myopia: a) nearsightedness, shortsightedness. b) lack of perspicacity.

mi.ra.gem [mir'aʒẽj] *sf* (*pl* **miragens**) mirage.

mi.ran.te [mir'ãti] *sm* belvedere, viewpoint: a place or a building that provides a good view.

mi.rar [mir'ar] *vt+vpr* **1** stare at, look at. **2** to aim, take aim, aim a gun. **3** to have in mind, plan, consider. **4** mirar-se to look at oneself in the mirror.

mi.se.rá.vel [mizer'avew] *s m+f* (*pl* **miseráveis**) **1** miserable, wretch. **2** miser, skinflint. **3** infamous person, villain. • *adj* wretched, pitiful. **2** niggard, stingy. **3** mean, infamous, despisable, abject.

mi.sé.ria [miz'ɛrjə] *sf* **1** misery, unhappiness, wretchedness, distress. **2** poverty, indigence. **3** avarice, niggardliness. **4** sordidness. **cair na miséria** to come to poverty. **estar na miséria / passar miséria** to be hard up. **fazer misérias** *gír* to do wild things, behave in a way that excites admiration. **ficar reduzido à miséria** to be reduced to poverty. **ganhar uma miséria** to earn a pittance. **viver na miséria** to live in extreme poverty.

mi.se.ri.cór.dia [mizerik'ɔrdjə] *sf* **1** mercy, compassion. **2** pardon, clemency, forgiveness. **3** charity. **golpe de misericórdia** finishing stroke. **pedir misericórdia** to beg for mercy.

mis.sa [m'isə] *sf* Church Mass. **celebrar a missa** to say mass. **ir à missa** to go to mass. **missa cantada** high mass. **missa do galo** midnight mass. **não saber da missa a metade** to be badly informed. **ouvir missa** to atend mass.

mis.são [mis'ãw] *sf* (*pl* **missões**) mission: a) a specific task with which someone is charged. b) missionary station. **missão cumprida** mission accomplished. **missão espacial** space mission.

mís.sil [m'isiw] *sm* (*pl* **mísseis**) missile. • *adj* *m+f* missile: that may be thrown. **míssil ar-ar** air-to-air missile. **míssil balístico** ballistic missile. **míssil teleguiado** guided missile. **míssil terra-ar** surface-to-air missile.

mis.si.o.ná.rio [misjon'arju] *sm* missionary.

mis.té.rio [mist'ɛrju] *sm* mystery. **fazer mistério de alguma coisa** to make a mystery of a thing.

mis.te.ri.o.so [misteri'ozu] *adj* mysterious, enigmatic, secret, obscure.

mis.to [m'istu] *adj* **1** mixed. **2** variegated. **3** confused. **colégio misto** coed school. **economia mista** mixed economy.

mis.to-quen.te [mistuk'ẽti] *sm* (*pl* **mistos-quentes**) *bras, Cul* a hot ham and cheese sandwich.

mis.tu.ra [mist'urə] *sf* **1** mixture of different things. *uma mistura de coragem e medo* / a mixture of courage and fear. **2** a blend of quality whiskies, teas or coffee. **3** side dish, such as salad, meat, egg, to accompany rice and beans. **mistura para bolo** cake mix. **mistura racial** a racial mix.

mis.tu.rar [mistur'ar] *vt+vpr* **1** to mix, blend, mingle. **2** to confuse, mix up. *ele misturou as instruções* / he mixed up the directions. **3** misturar-se to intrude, unit, join.

mi.to [m'itu] *sm* myth. • *adj* mythic. *Senna é uma figura mítica no mundo das corridas* / Senna is a mythic name in the world of car racing.

mi.u.de.za [mjud'ezə] *sf* **1** minuteness. **2** miudezas a) particularities, details. b) small wares, odds and ends.

mi.ú.do [mi'udu] *sm* **1** pastern part of an animal's leg where the fetters are fastened. **2** miúdos a) change (money). b) giblet and pluck. • *adj* small, little. **despesas miúdas** petty expenses. **troco miúdo** small change.

mó [m'ɔ] *sf* **1** millstone. **2** grindstone, whetstone. **3** large quantity, masses.

mo.bí.lia [mob'iliə] *sf* furniture. Veja nota em **furniture**.

mo.bi.li.ar [mobili'ar] *vt bras* to furnish, provide with furniture. **mobiliar uma**

casa to fit up a house. **quarto mobiliado** furnished room.

mo.ça [m'osə] *sf* young woman, girl, lass, gal. **ser uma moça** *bras, coloq* to be very polite.

mo.chi.la [moʃ'ilə] *sf* rucksack, knapsack, haversack, backpack.

mo.ci.da.de [mosid'adi] *sf* youth: a) youthfulness. b) young people. c) *fig* lack of sense and ponderation.

mo.ço [m'osu] *sm* young man. • *adj* **1** young, youthful. **2** *fig* inexperienced.

mo.da [m'ɔdə] *sf* **1** fashion, vogue. *este estilo passou da moda* / this style has gone out of fashion. **2** way, method. **3 modas** feminine fashion and apparel. **à moda antiga** in the old-fashioned way. **a última moda** the latest fashion. **canção da moda** hit. **desfile de modas** fashion show. **estar na moda** to be in fashion. **na moda** fashionable, up-to-date. **vestir-se na moda** to follow the fashion.

mo.de.lo [mod'elu] *sm* (*pl* **modelos**) model: a) mold, pattern, standard. b) *fig* ideal, example. c) fashion model. d) person who poses for a painter or sculptor. **servir de modelo** to serve as an example. **tomar alguém por modelo** to follow someone's example.

mo.dem [m'ɔdẽj] *sm ingl, Inform* modem: a device that converts digital data from a computer into analogue signals that are transmittable to another computer over a telephone system.

mo.de.ra.ção [moderas'ãw] *sf* (*pl* **moderações**) **1** moderation. **2** prudence, sense.

mo.de.rar [moder'ar] *vt+vpr* **1** to moderate. **2** to restrain, control, regulate. **3 moderar-se** to act with moderation, keep one's temper.

mo.der.ni.zar [moderniz'ar] *vt+vpr* **1** to modernize. **2 modernizar-se** to accommodate oneself to modern usages.

mo.der.no [mod'ɛrnu] *adj* **1** modern, new, recent. **2** *bras* young, juvenile. **arte moderna** modern art.

mo.dés.tia [mod'ɛstjə] *sf* modesty: **1** unpretentiousness, simplicity. **2** chastity, property in dress, speech or conduct.

mo.des.to [mod'ɛstu] *adj* modest: **1** unassuming, unpretentious. **2** decent, chaste, proper. **3** limited.

mo.di.fi.car [modifik'ar] *vt+vpr* **1** to modify: a) to change the form or quality of. b) *Gram* to limit or qualify the sense of (a word or phrase). **2** to alter, change. **3 modificar-se** to suffer a modification.

mo.di.nha [mod'iɲə] *sf* popular song, glee, tune.

mo.do [m'ɔdu] *sm* **1** manner, way. *isto não é modo de agir* / this is no way of doing. *modo de usar* / instructions directions. *a meu modo de ver* / to my way of thinking. **2** humour, state of mind. **3** decency, propriety. *isso são modos de falar com sua professora?* / that's no way to talk to your teacher. **ao seu modo** in his way. **com bons modos** politely. **com maus modos** rudely, impolitely. **de certo modo** in a way. **de modo a** so as to. **de modo algum** under no circumstances. **de modo geral** on the whole, generally speaking, by and large. **de modo nenhum** no way, not at all. **de qualquer modo** by any means. **de tal modo que** in such a manner as. **de um modo ou de outro** one way or another. **do mesmo modo** in the same manner. **do modo seguinte** in the following way. **modo de andar** gait. **modo de falar** manner of speaking. **modo de pensar** way of thinking, point of view.

mo.e.da [mo'ɛdə] *sf* coin, token, money. **Casa da Moeda** the mint. **moeda corrente** currency. **moeda falsa** counterfeit money. **pagar na mesma moeda** to give tit for tat. **papel-moeda** paper money, bills.

mo.e.dor [moed'or] *sm* grinder. **moedor de carne** meat grinder, mincer.

mo.er [mo'er] *vt+vint+vpr* **1** to grind, crush. **2** to tire, fatigue, wear out. *estou moído de cansaço.* / I am worn out. **3 moer-se** to be afflicted, worry, fret. **moer de pancadas** to beat soundly, thrash.

mo.fa.do [mof'adu] *adj* musty, moldy.

mo.fo [m'ofu] *sm* (*pl* **mofos**) mold, mildew, mustiness. **cheirar a mofo** to smell musty. **criar mofo** to mold, grow moldy.

M

mog.no [m'ɔgnu] *sm Bot* mahogany.

mo.i.nho [mo'iñu] *sm* mill. **levar água ao seu moinho** to bring grist to one's mill. **moinho de água** water mill. **moinho de café** coffee mill, coffee grinder. **moinho de vento** windmill.

moi.ta [m'ojtə] *sf* shrub, brush, bush. • *interj* designating silence, secrecy. **na moita** *bras* secretly, on the sly.

mo.la [m'ɔlə] *sf Téc* spring. **colchão de mola** spring mattress. **fecho de mola** spring catch. **mola espiral** spiral spring.

mo.lar [mol'ar] *sm* molar (tooth).

mol.dar [mowd'ar] *vt+vpr* **1** to mold. **2** to make molds for casting. **3 moldar-se** to accomodate oneself, adapt oneself.

mol.de [m'ɔwdi] *sm* **1** mold, casting mold. **2** pattern. **3** template. **molde de fundição** casting mold.

mol.du.ra [mowd'urə] *sf* frame, borders.

mo.le [m'ɔli] *sf adj m+f* **1** soft. **2** lazy, sluggish. **3** sensitive, tender. **4** *bras, pop* very easy. **conversa mole** idle talk. **no mole** easily.

mo.lé.cu.la [mɔl'ɛkulə] *sf Quím* molecule.

mo.le.que [mɔl'ɛki] *sm* **1** *bras* young boy. **2** frivolous and unreliable person. • *adj* funny, playful.

mo.les.tar [molest'ar] *vt+vpr* **1** to abuse, disturb, bother, annoy, harass. **2** to hurt, ill-treat. **3 molestar-se** to be annoyed, take offense.

mo.lés.tia [mol'ɛstjə] *sf* disease, illness.

mo.le.za [mol'ezə] *sf* **1** softness, weakness. **2** slowness. **3** *bras, coloq* something very easy. **na moleza** easily.

mo.lha.do [mo'ʎadu] *sm* **1** place wetted by an overturned or spilled liquid. **2 molhados** *bras* wine, oil, and other liquids sold in a store. • *adj* wet, moist. **armazém de secos e molhados** grocery, emporium. **chover no molhado** to explain something obvious.

mo.lhar [mo'ʎar] *vt+vpr* **1** to wet, dampen. *ele molhou as calças* / he wetted his pants. **2** to soak, drench. **3 molhar-se** to get wet. **molhar a goela** *bras* to have a drink. **molhar a mão de** to bribe, grease the hand of.

mo.lhe [m'ɔʎi] *sm* breakwater, pier, jetty.

mo.lho¹ [m'ɔʎu] *sm* bundle. **molho de chaves** bunch of keys.

mo.lho² [m'ɔʎu] *sm* **1** sauce, gravy. **2** soak: liquid in which anything is soaked. **estar de molho** to keep to one's bed. **molho branco** white sauce. **pôr de molho** to soak (clothes).

mo.men.to [mom'ẽtu] *sm* **1** moment, instant. **2** consequence, importance, weight. **3** *Fís* momentum. **a cada momento** at every moment. **até este momento** up to this moment. **conseqüências de grande (pouco) momento** consequences of great (little) importance. **desde este momento** from this moment. **de um momento para outro** suddenly, unexpectedly. **espere um momento** wait just a second. **momentos depois** some time later. **no momento** at present. **no momento oportuno** at the proper time. **por momentos** for a few moments. **por um momento** for a moment.

mo.nar.ca [mon'arkə] *sm* monarch.

mo.nar.qui.a [monark'iə] *sf* monarchy.

mon.ção [mõs'ãw] *sf* (*pl* **monções**) monsoon.

mo.ne.tá.rio [monet'arju] *sm* collection of coins. • *adj* monetary. **circulação monetária** circulation of money. **sistema monetário** monetary system.

mon.ge [m'õʒi] *sm* (*fem* **monja**) monk.

mo.ni.to.rar [monitor'ar] *vt* to monitor: watch, keep track of or check.

mo.no.ga.mi.a [monogam'iə] *sf* monogamy.

mo.nó.lo.go [mon'ɔlogu] *sm* monologue, monolog, soliloquy.

mo.no.pó.lio [monop'ɔlju] *sm* monopoly.

mo.no.po.li.zar [monopoliz'ar] *vt* to monopolize: obtain or possess a monopoly.

mo.no.te.ís.ta [monote'istə] *s m+f* monotheist. • *adj m+f* monotheistic.

mo.no.to.ni.a [monoton'iə] *sf* monotony: a) disgusting uniformity of sound. b) sameness, uniformity, want of variety.

mo.nó.to.no [mon'ɔtonu] *adj* monotonous, unvarying, dull, tedious.

mo.nó.xi.do [mon'ɔksidu] *sm Quím* monoxide: an oxide with an oxygen atom in the molecule. **monóxido de carbono** carbon monoxide.

mons.tro [mõstru] *sm* monster.

mons.tru.o.so [mõstru'ozu] *adj* monstrous.

mon.ta.dor [mõtad'or] *sm Téc* fitter, assembler. **montador de máquinas** engine fitter.

mon.ta.do.ra [mõtad'orə] *sf bras* a factory whose final product is the result of an assembly line (as of motor cars).

mon.ta.gem [mõt'aʒẽj] *sf (pl* **montagens)** 1 assembly, fitting up. 2 *Teat* stage setting, *mise-en-scène.* 3 *Jorn* collating. 4 assemblage. 5 *Cin, Telev* editing. **linha de montagem** assembly line. **montagem de máquinas** assembly.

mon.ta.nha [mõt'aɲə] *sf* 1 mountain. 2 large heap, pile. 3 large volume. **cadeia de montanhas** mountain range. **mal das montanhas** mountain sickness.

mon.ta.nha-rus.sa [mõtʌɲə'rusə] *sf (pl* **montanhas-russas)** roller coaster.

mon.ta.nho.so [mõtaɲ'ozu] *adj* mountainous, alpine. **região montanhosa** highlands, mountainous country.

mon.tan.te [mõt'ãti] *sm* 1 amount, sum. 2 post, pillar. 3 *Mat* sum of the capital plus the produced interest. • *adj m+f* upstream. **a montante** upstream.

mon.tar [mõt'ar] *vt+vint+vpr* 1 to ride (horse). 2 to assemble, fit up. 3 to provide with everything necessary. 4 to set, encase (gem). 5 *Teat* to stage, to put on (a play). **montar bem a cavalo** to be a good horseman. **montar guarda** to mount guard. **montar uma casa** to fit up a house. **montar uma fábrica** to set up a factory. **montar uma máquina** to fit up an engine. **montar um andaime, uma barraca,** put up a scaffolding, a tent. **montar uma peça** *Teat* to stage a play. **montar um negócio** to set up a business.

mon.ta.ri.a [mõtar'iə] *sf* riding horse, mule.

mon.tu.ro [mõt'uru] *sm* dunghill, rubbish heap, dust heap.

mo.nu.men.to [monum'ẽtu] *sm* 1 monument. 2 beautiful, majestic building.

mo.que.ca [mok'ɛkə] *sf bras Cul* fish or mussels simmered in oil and pepper (**poqueca** in Pará).

mo.ra.da [mor'adə] *sf* residence, dwelling, domicile, home. **a última morada** the grave.

mo.ra.di.a [morad'iə] *sf =* **morada.**

mo.ra.dor [morad'or] *sm* inhabitant, dweller, resident, lodger.

mo.ral [mor'aw] *sf* 1 *Filos* moral philosophy, morals, ethics. 2 morality. 3 *masc* morale: mental condition. • *adj m+f (pl* **morais)** moral, ethical. **levantar o moral de alguém** to boast someone's morale, cheer one up. **moral da história** conclusion or moral lesson from some fact that has been told.

mo.ra.li.zar [moraliz'ar] *vt* to moralize: a) to censure. b) to render moral, improve the moral of. c) to teach morality to.

mo.ran.go [mor'ãgu] *sm Bot* strawberry.

mo.rar [mor'ar] *vt+vint* to live, dwell, inhabit, reside. **ir morar em** to move over to. **morar no assunto** *gír* to realize, understand, get the point. **onde ele mora?** where does he live?

mor.ce.go [mors'egu] *sm (pl* **morcegos)** *Zool* bat.

mor.da.ça [mord'asə] *sf* 1 gag. 2 *fig* repression of liberty of press and speech.

mor.de.du.ra [morded'urə] *sf =* **mordida.**

mor.der [mord'er] *vt+vint+vpr* 1 to bite. *o seu cão o mordeu* / his own dog bit him. 2 to hurt, torment. *ele sentia que sua doença mordia e devorava suas entranhas* / he felt as if his illness bit and devoured his entrails. 3 **morder-se** a) to bite oneself. *ela se mordia de ciúme* / she was overwhelmed by jealousy. b) to despair, to be overwhelmed by, worry. **morder a isca** to bite, take the bait. **morder a língua** to bite one's tongue, to hold one's tongue. **morder o pó** to bite the dust. **morder-se de inveja** to be green with envy.

mor.di.da [mord'idə] *sf bras, coloq* 1 bite, teethmark. 2 *fig* painful reminder, offense.

mor.do.mo [mord'omu] *sm* butler.

mo.re.na [mor'enə] *sf* 1 *bras* brunette. 2 *bras* country girl.

mo.re.no [mor'enu] *sm* brunet. • *adj* dark,

tanned, swarthy. *ele é mais moreno que o irmão* / he is darker than his brother.

mor.fi.na [morf'inə] *sf Farm* morphine.

mo.ri.bun.do [morib'ũdu] *sm* dying person. • *adj* moribund, dying.

mor.no [m'ornu] *adj* (*pl* **mornos**) **1** lukewarm, tepid. **2** *fig* indifferent, halfhearted.

mo.ro.so [mor'ozu] *adj* **1** morose, dispirited, sullen. **2** slow, lagging.

mor.rer [moř'er] *sm* dying, death. • *vint+vt+vpr* **1** to die, perish, pass away. *ele morreu de câncer* / he died of cancer. **2** to terminate, cease. *minha dívida morre aqui* / my debt is all paid now. **3** to fade, wither, die away, *os velhos costumes estão morrendo* / the old ways are dying away. **4** to go out (light, fire). **5** to suffer. **6** to long, crave for. *ele morre de saudades da família* / he misses his family terribly. **7** to stall (a car). *deixei o carro morrer* / I stalled the car. **lindo de morrer** *gír* very beautiful. **morrer de amores por alguém** to be crazy about someone. *morrer de calor* / to swelter. **morrer de fome** a) to starve. b) to be very hungry. *estou morrendo de fome* / I'm starving. **morrer de frio** to freeze to death. **morrer de medo** to be scared stiff. **morrer de morte natural** to die a natural death, in one's bed. **morrer de morte violenta** to die a violent death. **morrer de rir** laugh one's head off. **morrer de velhice** to die of old age. **morrer para o mundo** to die to the world. **seguro morreu de velho** better safe than sorry.

mor.ro [m'ořu] *sm* hill. **morro pelado** *bras* hill with sparse or no vegetation.

mor.ta.de.la [mortad'ɛlə] *sf* large Italian sausage.

mor.tal [mort'aw] *sm* (*pl* **mortais**) **1** human being. **2 mortais** human kind. • *adj m+f* mortal: a) lethal, deadly, fatal. b) extreme. c) implacable. d) unbearable, very unpleasant. **doença mortal** fatal illness. **inimigo mortal** mortal enemy. **ódio mortal** deadly hatred. **os restos mortais de** the mortal remains of. **pecado mortal** mortal sin. **tédio mortal** sheer boredom.

mor.ta.lha [mort'aʎə] *sf* shroud.

mor.tan.da.de [mortãd'adi] *sf* slaughter, bloodshed, massacre, anihilation.

mor.te [m'ɔrti] *sf* death, decease, demise. **estar às portas da morte** to be at death's door. **estar pela hora da morte** to be very expensive. **leito de morte** deathbed. **morte matada** murder. **morte morrida** a natural death. **morte súbita** a) *Med* sudden death. b) *Fut* golden goal. **pena de morte** death penalty. **perigo de morte** danger of life. **tão certo como a morte** as sure as death.

mor.to [m'ortu] *sm* **1** dead, deceased. **2** *bras* buried beam supporting wire fence poles. **3** partial win in the canasta card game. • *adj* **1** dead, deceased, killed. **2** wilted, dried (vegetable). **3** stagnant, lifeless. **cair morto** to drop dead. **cidades mortas** stagnant towns. **estação morta** dead season. **mais morto do que vivo** more dead than alive. **morto de cansaço** dogtired. **morto de tédio** bored to death. **mortos e feridos** casualties. **os mortos de guerra** the war dead. **peso morto** deadweight. **quase morto** all but dead. **rei morto, rei posto** the king is dead, long live the king.

mo.sai.co [moz'ajku] *sm* **1** mosaic. **2** *fig* miscellany.

mos.ca [m'oskə] *sf* **1** fly. **2** beauty spot. **3** the bull's-eye (of a target). **acertar na mosca** to hit the bull's-eye. **estar às moscas** without clients or spectators. *o supermercado estava às moscas* / the supermarket was deserted. **mosca artificial** fly (for fishing). **mosca varejeira** flesh-fly, bluebottle.

mos.qui.tei.ro [moskit'ejru] *sm* mosquito net.

mos.qui.to [mosk'itu] *sm* mosquito.

mos.tar.da [most'ardə] *sf* mustard: a) the plant. b) the seed. c) the powder. d) the condiment.

mos.tei.ro [most'ejru] *sm* convent, monastery.

mos.tra [m'ɔstrə] *sf* **1** show, exhibition, display. **2 mostras** indications, signal. *ela dava mostras de estar exausta* / she looked worn out. **à mostra** bare, visible. **pôr à mostra** to show, exhibit.

mos.tra.dor [mostrad'or] *sm* **1** dial, face of a clock. **2** showcase.

mos.trar [mostr'ar] *vt+vpr* **1** to show, exhibit, display. **2** to signify, denote. **3** to signal, point out, indicate. **4** to simulate. **5** to teach, show, demonstrate. **6** to prove. **7 mostrar-se** to manifest, show oneself, appear. *eles mostraram-se interessados no negócio* / they showed interest in the deal. **mostrar boa cara** to take it well. **mostrar o caminho** to show the way.

mo.tim [mot'ĩ] *sm* (*pl* **motins**) mutiny, rebellion. **promover um motim** to stir up a rebellion.

mo.ti.vo [mot'ivu] *sm* **1** motive, ground. **2** intent, purpose. **3** scope. **dar motivo a** to give grounds to. **por motivo de** by reason of, on account of. **por motivo de força maior** for reasons beyond one's control. **por motivos pessoais** for personal reasons. **sem motivo** groundlessly, without any reason.

mo.to [m'ɔtu] *sm* **1** motion, movement, impulse. **2** *fem red* de **motocicleta** motorcycle. **de moto próprio** spontaneously, of one's own accord.

mo.to.ci.cle.ta [motosikl'ɛta] *sf* motorcycle.

mo.to.ci.clis.ta [motosikl'ista] *s m+f* motorcyclist.

mo.tor [mot'or] *sm* **1** motor, engine. *o motor falhou* / the engine/motor stalled. **2** person or thing causing or imparting motion, motive force. • *adj* (*fem* **motora, motriz**) motor, motive, moving. **barco a motor** motorboat. **desligar o motor** to stop the engine. **ligar o motor** to start the engine. **motor a dois, a quatro tempos** two-stroke, four-stroke engine. **motor de arranque** starter. **motor de popa** outboard motor.

mo.to.ris.ta [motor'ista] *s m+f* **1** driver. **2** *chauffeur*. **carteira de motorista** driver's licence. **motorista de praça** taxi driver.

mouse [mawz] *sm Comp* mouse: a manual device connected electronically to a computer, and whose operation generates a corresponding movement of the cursor on the screen.

mo.ve.di.ço [moved'isu] *adj* **1** movable. **2** unstable. **3** *fig* fickle. **areia movediça** quicksand.

mó.vel [m'ɔvew] *sm* (*pl* **móveis**) **1** cause, motive. **2** piece of furniture. • *adj m+f* movable, moveable, changeable, variable. **festas móveis** movable feasts. **móveis estofados** upholstered furniture.

mo.ver [mov'er] *vt+vint+vpr* **1** to move: a) to put in motion. b) to advance. c) to stir. d) *coloq* to get going. **2 mover-se** to move oneself, move itself, set out. **mover ação judicial** to sue. **mover às lágrimas** to move to tears. **mover guerras** to promote wars. **não se mova!** don't move!

mo.vi.men.tar [movimẽt'ar] *vt+vpr* to move, put in motion.

mo.vi.men.to [movim'ẽtu] *sm* **1** movement, motion, activity. **2** a general tendency or current of thought. **3** turnover, business. **4** traffic. **estar em movimento** to be in motion. **movimento comercial** business turnover. **o carro está em movimento** the car is in motion. **pôr em movimento** to start. **pôr-se em movimento** to move, set out. **rua de muito movimento** busy street.

mu.çul.ma.no [musuwm'ʌnu] *adj* Muslim.

mu.dan.ça [mud'ãsə] *sf* **1** the changing of one's residence or business premises. **2** furniture and belongings being moved. **3** change, modification, transformation. **caixa de mudanças** gearbox. **caminhão de mudança** moving van. **mudança de marcha** *Mec* change of gear.

mu.dar [mud'ar] *vt+vint+vpr* **1** to change, alter, modify. *ela mudou a roupa da cama* / she changed the linen. **2** to move. **3** to exchange, substitute, shift. **4** to take turns, shift. **5 mudar-se** to move, change one's lodgings. **as coisas mudaram** the tide has turned. **mudar a cena** to shift the scene. **mudar a sorte** to turn the tables. **mudar de conversa** to change the subject. **mudar de cor** to change color. **mudar de opinião** to change one's mind. **mudar de roupa** to change clothes. **mudar de vida** to amend. **mudar o disco** *gír* to change the subject.

M

mudar para melhor to change for the better. **mudar para pior** to change for the worse.

mu.do [m'udu] *sm* **1** mute person, *amer* speech impaired. **2** a kind of game. • *adj* **1** dumb, mute, speechless, voiceless. **2** silent. **cinema mudo** silent movie. **surdo-mudo** deaf-mute.

mu.gi.do [muʒ'idu] *sm* moo.

mu.gir [muʒ'ir] *vt+vint* **1** to moo. **2** to bellow (a bull).

mui.to [m'ujtu] *sm* large quantity. • *pron indef* **1** much, plenty, very, a lot, a great deal. *há muito para comer* / there's plenty to eat. **2 muitos** many, a great many, a good many, too many. • *adv* very, most, considerably, much, too, too much, very much. *não é muito agradável* / it is none too pleasant. *não importa muito* / it is no great matter. **de muitas maneiras** in many ways. **de muito** by far, for a long time. **gostar muito de** to be very fond of. **há muito** long ago. **muita gente** many people. **muitas vezes** many times, frequently, often. **muito acima** far above. **muito barato** very cheap. **muito bem!** very well!, bravo!, well done! **muito bom** very good. **muito cedo** very early, too soon. **muito dinheiro** much money. **muito doente** very ill. **muito embora** even though. **muito longe** a great way off. **muito mais** much more. **muito menos** much less. **muito obrigado** many thanks. **muito pequeno** very little. **muito pouco** too little, not enough. **muito prudente** most wise, very wise. **muito tarde** very late. **não há muito** not long since. **não muito** not much. **não ser muito de** not to be much of. **nem pouco nem muito** neither too much, nor too little. **quando muito** at most. **viver muito** to live long.

Much é usado no singular e **many** no plural. Ambos são frequentemente usados em orações interrogativas e negativas. Nas orações afirmativas, usam-se **lots (of), a lot (of), plenty (of), a great deal (of):** *não há muita comida* / there isn't much food. *há muito pão e carne* / there's lots of bread and meat. *ele não*

conhece muitas garotas / he doesn't know many girls. *"você teve muito problema com o carro?" "sim, muito"* / "did you have much trouble with the car?" "yes, a lot".

mu.la [m'ulə] *sf* mule. **picar a mula** to flee, go away.

mu.la.to [mul'atu] *sm* mulatto.

mu.le.ta [mul'etə] *sf* crutch.

mu.lher [muλ'ɛr] *sf* **1** woman. **2** wife. **mulher casada** married woman. **mulher solteira** single woman.

mul.ta [m'uwtə] *sf* fine. **tomar uma multa** to be fined.

mul.tar [muwt'ar] *vt* to fine.

mul.ti.dão [muwtid'ãw] *sf* (*pl* **multidões**) multitude: a) crowd, throng. b) the people, masses. c) abundance.

mul.ti.pli.car [muwtiplik'ar] *vt* to multiply. **multiplicar por** to multiply by.

múl.ti.plo [m'uwtiplu] *sm* multiple. • *adj* multiple. **mínimo múltiplo comum** smallest common multiple.

mú.mia [m'umjə] *sf* mummy.

mun.da.no [mũd'ʌnu] *adj* mundane: a) wordly. b) wordly-minded. **vida mundana** the great social life.

mun.di.al [mũdi'aw] *adj m+f* (*pl* **mundiais**) worldwide, general. **fama mundial** worldwide reputation. **guerra mundial** world war.

mun.do [m'ũdu] *sm* **1** world, universe, globe, earth. *assim é o mundo* / that's the way of the world. **2** humanity, mankind. **3** social class, society. **4** *bras* large quantity, great many, great number. *eu daria o mundo para saber* / I'd give anything to know. **alma do outro mundo** ghost, apparition. **cair no mundo** *bras, pop* to flee. **desde que o mundo é mundo** from the beginning of times. **homem do mundo** man of the world, gentleman. **meio mundo** all the world and his wife. **o mundo de hoje** our age, the world we live in. **o mundo todo** the whole world. **o novo mundo** the New World. **pessoa** ou **coisa do outro mundo** *bras, pop* splendid, excellent person or thing. **pôr a boca no mundo** to yell, shout. **prometer mundos e fundos** to make extraordinary promises. **um mun-**

do de dificuldades a world of troubles.
um mundo de gente an enormous crowd.
velho como o mundo old as the hills.
ver o mundo to see the world, travel.

mu.ni.ção [munis'ãw] *sf* (*pl* **munições**)
ammunition.

mu.ni.ci.pal [munisip'aw] *sm* (*pl* **munici-pais**) *bras* municipal theatre. • *adj m+f*
municipal, relating to town administration.
câmara municipal town hall.

mu.ni.cí.pio [munis'ipju] *sm* 1 munici-pality. 2 city council.

mu.ra.lha [mur'aʎə] *sf* wall, battlement.

mu.rar [mur'ar] *vt+vpr* 1 to wall, fence
in, enclose. 2 to fortify, strengthen. 3
murar-se to fortify, defend oneself.

mur.char [murʃ'ar] *vt+vpr* 1 to wilt,
wither, dry up. 2 *fig* to take away the
strength from. 3 **murchar-se** a) to
languish. b) to wilt, wither, fade.

mur.cho [m'urʃu] *adj* 1 wilted, withered
(flower). 2 *fig* sad, pensive.

mur.mu.rar [murmur'ar] *vt* 1 to murmur,
whisper. 2 to buzz a. 3 to gossip. 4 to
rustle (leaves). 5 to whisper (wind), to
ripple (waves).

mur.mú.rio [murm'urju] *sm* 1 murmur of
many voices. 2 rustling of leaves, purl
of a brook, ripple of waves. 3 sound of
low talk.

mu.ro [m'uru] *sm* wall. **muro de arrimo**
Arquit retaining wall.

mur.ro [m'uɾu] *sm* punch, blow, slug.

mu.sa [m'uzə] *sf* 1 muse. 2 poetical
inspiration.

mus.cu.la.ção [muskulas'ãw] *sf* (*pl*
musculações) workout.

mus.cu.lar [muskul'ar] *adj m+f* muscu-lar, muscle. **distrofia muscular** muscu-lar dystrophy.

mús.cu.lo [m'uskulu] *sm Anat* muscle.

mus.cu.lo.so [muskul'ozu] *adj* 1 muscu-lar. 2 brawny, sturdy, strong.

mu.seu [muz'ew] *sm* museum. **museu de
arte moderna** museum of modern art.
museu de cera wax museum. **museu
histórico** historical museum. **peça de
museu** *fig* museum piece.

mus.go [m'uzgu] *sm* moss.

mú.si.ca [m'uzikə] *sf* music. **caixa de
música** music box. **música clássica**
classical music. **música de câmara**
chamber music. **música de dança** dance
music. **música pop** pop music. **música
popular** popular music.

mú.si.co [m'uziku] *sm* musician. • *adj*
musical.

mu.ta.ção [mutas'ãw] *sf* (*pl* **mutações**)
mutation.

mu.tan.te [mut'ãti] *s, adj m+f* mutant.

mu.ti.lar [mutil'ar] *vt+vpr* 1 to mutilate,
maim. 2 **mutilar-se** to mutilate oneself.

mu.ti.rão [mutir'ãw] *sm* (*pl* **mutirões**)
bras help that members of a community
give each other.

mu.tre.ta [mutr'etə] *sf bras, coloq* 1 monkey
business. 2 fraud, deception, swindle.

mu.tu.á.rio [mutu'arju] *sm* borrower:
person who gets a loan.

M

n

N, n ['eni] *sm* **1** the thirteenth letter of the alphabet. **2** *Quím* symbol of nitrogen.

na [nə] **1** contraction of the preposition **em** with the article **a**. *ela mora na casa da Sra. Smith* / she lives at Mrs. Smith's. **2** enclitic form of the pronoun **a** after a nasal sound: her, it. *viram-na* / they saw her. **na chuva** in the rain. **na escola** at school. **na esperança** in hopes. **na guerra** at war. **na miséria** in adversity. **na sexta-feira** on Friday. *ponha isto na luz* / put it to the light.

na.bo [n'abu] *sm Bot* turnip.

na.ção [nas'ãw] *sf* (*pl* **nações**) nation.

na.ci.o.nal [nasjon'aw] *adj m+f* **1** national, domestic. **2** vernacular. **bandeira nacional** national flag. **de âmbito nacional** nationwide. **de fabricação nacional** home-made. **economia nacional** home economy. **hino nacional** national anthem.

na.ci.o.na.li.da.de [nasjonalid'adi] *sf* nationality: a) country of birth. b) citizenship. c) national character.

na.da [n'adə] *sm* nothingness, nought, nil, insignificance, trifle, non-existence. • *pron indef* nothing, anything. *ele não faz nada* / he does nothing. *não tenho nada a ver com isso* / I have nothing to do with it. *ele não vale nada* / he is good for nothing. *isto não é nada* / that is nothing. *você não tem nada com isto* / that is none of your business. • *adv* **1** nothing. **2** not at all. **acabar em nada** to end in smoke. **antes de mais nada** first of all. **muito obrigado! de nada!** thank you very much! don't mention it! **nada feito** nothing doing. **nada mais** nothing else.

não quer mais nada? / don't you want anything else? **não há nada de novo** there is no news. *por nada neste mundo revelaria isto* / wild horses shall not drag it from me. **quase nada** next to nothing. Usa-se **nothing** sempre em orações afirmativas, pois em inglês não se permitem duas negações ao mesmo tempo: *ele não disse nada* / he said nothing. Com orações negativas, usa-se **anything**: *não recebi nada* / I haven't got anything.

na.da.dor [nadad'or] *sm* swimmer.

na.dar [nad'ar] *vint* to swim. *você sabe nadar?* / can you swim? *fui nadar* / I took a swim. *vamos nadar?* / let's go for a swim. **nadar a favor da correnteza** *fig* to swim with the tide. **nadar em dinheiro** to wallow in money, to roll in wealth.

ná.de.ga [n'adegə] *sf* buttock. **nádegas** *pl* seat, backside, behind.

na.do [n'adu] *sm* **1** swim, act or fact of swimming. **2** distance covered by swimming. • *adj* **a nado** swimming. **atravessar a nado** to swim across. **nado borboleta** butterfly stroke. **nado crawl** to crawl. **nado de costas** back stroke. **nado de peito** breast stroke. **nado livre** free style swimming.

nai.pe [n'ajpi] *sm* suit. (of playing cards). **naipe de: copas** hearts; **de espadas** spades; **de ouros** diamonds; **de paus** clubs.

na.mo.ra.da [namor'adə] *sf* girlfriend, sweetheart.

na.mo.ra.do [namor'adu] *sm* boyfriend, beau, sweetheart.

na.mo.rar [namor'ar] *vt* **1** to date, go out with. *ela namora Tony* / she dates Tony. **2** to make love. **3** to desire ardently. *há tempos estou namorando aquele relógio* / that watch has been my heart's desire for quite sometime.

na.mo.ro [nam'oru] *sm* **1** a romantic or passionate attachment. **2** love affair. **3** lovemaking. **namoro de criança** puppy love.

não [n'ãw] *sm* **1** no. **2** refusal, denial. • *adv* no, not. *não é tanto assim* / it is not so very much. *não faça caso* / never mind. *não posso* / I cannot. *não que eu gostasse* / not that I should like it. *creio que não* / I do not think so. *é ou não é?* / is it so or not? *isto não está bem* / that is not right. *já não há mais* / there are not any more. *vem conosco? pois não!* / will you come with us? certainly, why not! *foi você quem fez isto? claro que não!* / was it you who's done that? of course not! *não tenha medo* / never fear. • *pref* non-. **ainda não** not yet. **a não ser que** except, unless. **não incomodar / não interferir** to leave alone. **não obstante** in spite of. *quem não arrisca, não petisca* / nothing ventured, nothing gained. **não posso trabalhar mais** I can work no more. **não sei** I do not know. **não vir** to fail to come.

não-a.gres.são [nãwagres'ãw] *sf* nonaggression.

não-par.ti.ci.pan.te [nãwpartisip'ãti] *adj m+f* nonparticipant.

na.palm [nap'awm] *sm Quím* napalm: inflammable jelly used in bombs and flame-throwers.

na.que.le [nak'eli] contraction of the preposition **em** and the pronoun **aquele**. **1** at that. *naquele tempo éramos apenas alunos* / at that time we were just students. **2** in that, therein. *ele se encontra naquela sala* / you will find him in that room. **3** on that, thereon. **naquela direção** over there. **naquele tempo** at that time.

na.qui.lo [nak'ilu] contraction of the preposition **em** and the pronoun **aquilo** *ficou naquilo* / there the matter ended.

na.ri.na [nar'inə] *sf* nostril.

na.riz [nar'is] *sm (pl* **narizes)** **1** nose. **2** *gír*

pecker. **3** *fig* prow (as the nose of an airplane, ship). **cair de nariz** to fall face downwards. **dar com o nariz na porta** to find closed doors. **de nariz vermelho** red-nosed. **levar pelo nariz** to lead by the nose. **limpar o nariz** to blow one's nose. **meter o nariz onde não é chamado** to poke one's nose into other people's business. **nariz aquilino** aquiline nose. **nariz arrebitado** snub nose. **nariz de batata** bulbous nose. **nariz grande (narigão)** *gír* a big conk. **saber onde tem o nariz** to be competent, smart. **torcer o nariz** to turn up one's nose.

nar.ra.dor [nařad'or] *sm* narrator. • *adj* narrative, descriptive.

nar.rar [nař'ar] *vt* to narrate, to tell. **narrar novamente** to retell.

nas.cen.te [nas'ẽti] *sf* **1** a) source. (of a river). b) spring. *nascentes, águas termais* / hot springs. **2** east, orient. • *adj m+f* rising. *sol nascente* / rising sun.

nas.cer [nas'er] *sm* rising, uprising. • *vint* **1** to be born. *ele nasceu em Nova York* / he was born in New York. *não nasci ontem* / I was not born yesterday. *nasceu-lhe um filho* / he had a son. **2** to originate. **3** *Bot* to shoot, germinate. **ao nascer do dia** at dawn. **ao nascer do sol** at sunrise. *ele nasceu de novo hoje* / he had a narrow escape today. **nascer para ser ator** a born actor. **nasceu para fazer isso** to the matter born.

nas.ci.men.to [nasim'ẽtu] *sm* birth. **data de nascimento** date of birth.

na.ta.ção [natas'ãw] *sf* swimming. **aula de natação** swimming lesson.

na.tal [nat'aw] *sm (pl* **natais)** Christmas. • *adj m+f* natal, native. **árvore de Natal** Christmas tree. **dia de Natal** Christmas day. **época de Natal** Christmastide. **Feliz Natal!** Merry Christmas! **véspera de Natal** Christmas eve.

na.ta.li.da.de [natalid'adi] *sf* birth-rate.

na.ti.vo [nat'ivu] *sm* native. • *adj* **1** native, indigenous. **2** original. **língua nativa** native language.

na.tu.ral [natur'aw] *sm (pl* **naturais)** **1** native. **2** something natural. • *adj m+f* natural: a) of or pertaining to nature. b) native. c) spontaneous. d) genuine, true. e) original. f) raw. g) elemental. • *interj* indeed! of course! well, to be sure! **comida natural** natural food. **em estado natural** crude. **fora do natural** extraordinary. **gás natural** natural gas. **história natural** natural history. **isto é natural** that is understood. **natural de São Paulo** born in São Paulo. **número natural** natural number. **recurso natural** natural resource. **seleção natural** natural selection. **ser natural do Sul** to be of southern stock, to come from the South. **uma coisa natural** a matter of course.

na.tu.ral.men.te [naturawm'ẽti] *adv* **1** of course. *ele naturalmente ficou preocupado com as recomendações do médico!* he obviously got upset at his doctor's recommendations. **2** naturally. *ela é naturalmente meticulosa!* it comes naturally to her to be thorough.

na.tu.re.za [natur'ezə] *sf* nature. **contra a natureza** against the grain. **de natureza** innate(ly). **natureza feminil** womanliness. **natureza humana** a) human nature. b) humanity. **natureza morta** *Arte* still life. **segundo a natureza** true to nature.

nau.fra.gar [nawfrag'ar] *vint* to wreck, shipwreck. *o navio naufragou* / the ship has been wrecked. **quase a naufragar** waterlogged.

nau.frá.gio [nawfr'aʒju] *sm* **1** wreck, shipwreck. **2** failure, frustration, ruin.

náu.sea [n'awzjə] *sf Med* nausea: a) (sea)sickness, queasiness. **causar náusea** to make somebody feel nauseous. **sentir náusea** to feel nauseous.

náu.ti.co [n'awtiku] *adj* nautical, sailing.

na.val [nav'aw] *adj m+f (pl* **navais)** naval, marine, maritime. **base naval** naval base. **batalha naval** sea-fight. **potência naval** naval power. **supremacia naval** naval supremacy.

na.va.lha [nav'aʎə] *sf* **1** razor. **2** bad driver. **o fio da navalha** the razor's edge.

na.ve [n'avi] *sf* **1** *Arquit* nave. **2** *obs* ship. **nave de igreja** *Arquit* aisle. **nave espacial** spaceship.

na.ve.ga.ção [navegas'ãw] *sf (pl* **navegações)** navigation, sailing, shipping.

na.ve.gar [naveg'ar] *vt* to navigate: a) to

manage a vessel. b) to travel by sea, sailing, to travel by air, flying. **navegar com o vento de popa** to sail before the wind. **navegar contra o vento** to sail into the wind's eye. **navegar na Internet** to surf the Net. **navegar sob bandeira falsa** to sail under false colors.

na.vi.o [nav'iu] *sm* ship, boat. **casco de navio** hull. **construtor de navios** shipwright. **navio alvo** target ship. **navio canhoneiro** gunboat. **navio de carga** cargo ship. **navio de guerra** warship. **navio de linha** liner. **navio mercante** merchant ship. **navio quebra-gelo** icebreaker, iceboat. **navio tanque** tanker. **navio-transporte de tropas**, troopship.

ne.bli.na [nebl'inə] *sf* mist.

ne.ces.sá.rio [neses'arju] *adj* necessary, indispensable, requisite, essential, needful. *é necessário um homem honesto para... /* it takes an honest man to... *não é necessário /* there is no need for it, it is not necessary. *faremos o que for necessário para ajudar /* we will do whatever is necessary to help. **as coisas necessárias à vida** the necessaries of life.

ne.ces.si.da.de [nesesid'adi] *sf* **1** necessity. *a necessidade desconhece a lei /* necessity knows no law. **2** want, need. *nós temos poucas necessidades /* we have few wants. *ele tinha premente necessidade de dinheiro /* he was in urgent need of money. *é na necessidade que se conhece o amigo /* a friend in need is a friend indeed. **3** privation, hardship, distress, poverty. *nós passamos muita necessidade /* we kept the wolf from the door. **em caso de necessidade** in case of need. **gêneros de primeira necessidade** essential commodities. **ter necessidade de** to stand in need of. Veja nota em **necessity**.

ne.ces.si.tar [nesesit'ar] *vt* **1** to need. **2** to suffer distress.

ne.cro.té.rio [nekrot'ɛrju] *sm* morgue.

ne.ga.ção [negas'ãw] *sf (pl* **negações)** **1** negation. **2** denial. **3** disavowal. **4** lack of some positive quality, failure. *ele é uma negação completa /* he is a complete failure.

ne.gar [neg'ar] *vt+vpr* **1** to deny, say no.

ele negou tê-la visto / he denied having seen her. *não se pode negar-lhe isto /* you cannot deny it to him.**2** to contradict. **3** to disavow. *a artista de TV negou a veracidade da notícia!* the TV star disavowed the news. **4** to refuse, reject. **5 negar-se** to deny oneself. **negar a autoridade a** to disallow. **negar um favor** to deny a favor.

ne.ga.ti.va [negat'ivɐ] *sf* a negative reply, refusal.

ne.ga.ti.vo [negat'ivu] *sm Fot* negative. • *adj* **1** negative (também *Quím, Mat, Fot, Fís*). **2** null.

ne.gli.gen.ci.ar [negliʒẽsi'ar] *vt* **1** to neglect, disregard. **2** to slight, leave out of account. **3** to omit, fail. *ele negligenciou o seu trabalho /* he failed in his work.

ne.gli.gen.te [negliʒ'ẽti] *adj m+f* **1** negligent, neglectful. **2** careless, thoughtless. **3** slipshod.

ne.go.ci.an.te [negosi'ãti] *s m+f* **1** tradesman. **2** shopkeeper, retailer. **3** businessman, businesswoman. • *adj m+f* negotiating, trading.

ne.go.ci.ar [negosi'ar] *vint* **1** to do business. **2** to transact, buy or sell.

ne.go.ci.a.ta [negosi'atɐ] *sf* swindle.

ne.gó.cio [neg'ɔsju] *sm* **1** business. *ele viajou a negócio /* he traveled on business. *o negócio não é tão simples /* there are some strings attached to it. **2** commerce, trade. *ele faz bons negócios /* he does a good trade. *não quero saber de negócios com ele /* I do not want to have anything to do with him. **3** deal(ing). **4** enterprise. **homem de negócios** businessman. **negócio a varejo** retail. **negócio de corretagens e consignações** factorage. **negócio de estado** state affair. **negócio de ocasião** bargain. **negócio feito!** Deal! **tratar de diversos negócios ao mesmo tempo** to have many irons in the fire.

ne.gro [n'egru] *sm* **1** Negro, black (person). **2** of African origin.• *adj* **1** black. **2** African.

nem [n'ẽj] *adv+conj* neither, nor, not even. *nem mesmo me ouviu com atenção /* he never even listened to me. *ela não to-*

mou providências nem mesmo me avisou que saía / she made no arrangements nor even told me she was going. *nem por isso deixei de ir /* I went just the same. **nem assim nem assado** neither this way nor that. **nem mais nem menos** neither more nor less. **nem peixe nem carne** neither fish nor fowl. **nem por nada** not for all the world. **nem sempre** not always. **nem todos** not all. **sem pé nem cabeça** without rhyme or reason.

ne.nhum [neñ'ũ] *adj* (*pl* **nenhuns**) neither, any, no. *não tive chance nenhuma /* I had no chance whatsoever. • *pron indef* none, no one, nobody, not any, neither. *ela tem pouco dinheiro, talvez nenhum /* she has little money if any. **de modo nenhum** on no account, by no means, not at all. **de nenhuma utilidade** of no use. **em nenhuma parte** nowhere. **ficar a nenhum** be pennyless. **nenhum de nós** none of us, neither of us.

Usa-se **no** em orações afirmativas e com substantivo não acompanhado de artigo, pronome demonstrativo ou pronome possessivo: *nenhum turista visitou o lago hoje /* no tourists visited the lake today. *não há nenhum ônibus disponível /* there is no bus available.

Usa-se **any** quando a oração for negativa: *não há nenhum ônibus disponível /* there isn't any bus available.

None é usado em orações afirmativas. Em orações negativas, usa-se **not any.** Antes de artigo, pronome demonstrativo ou pronome possessivo, usa-se **none of:** *nenhum de meus amigos mora aqui perto /* none of my friends live near here. *não gostei de nenhum destes vestidos /* I liked none of these dresses.

Neither é usado em lugar de **no** ou **none** quando nos referirmos a duas pessoas ou coisas: *nenhum de seus pais a recebeu /* neither of her parents received her.

ner.vo [n'ervu] *sm* **1** nerve. *meus nervos estão abalados /* my nerves are shattered. *ela é uma pilha de nervos /* she is a bundle of nerves. *ela tem os nervos à* *flor da pele* / she is highly-strung. **2** *Anat* sinew, tendon. **3** courage, strength, power. **dar nos nervos (irritar)** (it) gets on (one's) nerves. *a preguiça dele dá nos nervos* / his lazyness gets on my nerves. **nervo ciático** sciatic nerve. **nervo óptico** optic nerve.

ner.vo.sis.mo [nervoz'izmu] *sm* nervousness, jitter.

ner.vo.so [nerv'ozu] *adj* **1** nervous: a) of or referring to the nerves. b) energetic, vigorous. **2** tense, on edge. *ela está nervosa* / she is on edge. *ela anda muito nervosa desde que terminou os exames* / she has been on the edge ever since she sat her exams. **3** excitable, irritable. *ela está muito nervosa por estar desempregada* / being unemployed makes her irritable. **4** apprehensive, distressed. *os pais de Mary estão muito nervosos desde que ela desapareceu* / Mary's parents have been very distressed since she has been missing. **esgotamento nervoso** nervous breakdown. **muito nervoso** highstrung. **sistema nervoso** nervous system.

ne.ta [n'εtə] *sf* granddaughter, grandchild.

ne.to [n'εtu] *sm* grandson, grandchild.

neu.tro [n'ewtru] *sm Gram* neuter. • *adj* **1** *Gram* neuter. **2** (também *Biol, Quím, Eletr*) neutral. **3** impartial. **4** nonbelligerent.

ne.var [nev'ar] *vint* to snow.

ne.ve [n'εvi] *sf* snow. **coberto de neve** snow-capped, snow-covered. **confinado pela neve** snow-bound. **floco de neve** snow-flake. **to be snowed under** receber grande quantidade, dilúvio, *fig* ser soterrado por.

né.voa [n'εvwə] *sf* mist.

ne.vo.ei.ro [nevo'ejru] *sm* **1** dense fog. **2** *fig* obscurity.

nin.guém [nig'ẽj] *pron indef* **1** nobody, no one. *ele não vê ninguém* / he sees nobody. **2** anybody, anyone. *não há ninguém?* / isn't there anybody? **ser um joão-ninguém** to be a nobody.

Em inglês, usa-se **nobody, no one** quando o verbo está na forma afirmativa: *ninguém o viu* / nobody saw him. Em orações negativas, usa-se **anybody, anyone**:

ele não quer falar com ninguém / he doesn't want to talk to anyone.

ni.nha.da [niñ'adə] *sf* **1** brood. **2** *pop* the children in a family. **uma ninhada de filhos** a brood of children. **uma ninhada de pintinhos** a brood of chickens. **uma ninhada de porcos** a litter of pigs.

ni.nha.ri.a [niñar'iə] *sf* insignificance, trifle. **apenas uma ninharia** a mere trifle. **ocupar-se de ninharias** to be busy with trifles.

ni.nho [n'iñu] *sm* **1** nest. **2** hole, den. **3** *fig* a shelter. *saíram do ninho* / they flew the nest. **ninho de metralhadoras** machinegun nest. **um ninho de amor** a love nest.

ní.ti.do [n'itidu] *adj* **1** clear. **2** distinct, sharp. **3** vivid (memory).

ní.vel [n'ivew] *sm* (*pl* **níveis**) **1** level, grade. **2** plane. **3** *fig* situation, position, standard, degree. *este livro é de um nível muito alto* / the standard of this book is very high. **nível de água** water-level. **nível de bolha de ar** spirit level, air level. **nível de prumo** plumb rule, plummet. **nível de vida** standard of living. **nível do lençol de água** water table. **nível do mar** sea-level. **nível perfeito** dead level. **no nível** levelly, flush. **passagem de nível** level crossing, grade crossing.

ni.ve.lar [nivel'ar] *vt+vpr* **1** to level, grade. **2** nivelar-se to put oneself on the same level with.

no [nu] **1** contraction of the preposition **em** and the article **o**: in the, on the. *jogue-o no chão* / throw him to the ground. **2** enclitic form of the pronoun **o** after a nasal sound: him. *respeitam-no* / they respect him. **no jantar** at dinner. **no que me concerne** so far as I am concerned. **no Sul** in the south.

nó [n'ɔ] *sm* **1** knot. **2** *fig* rub, problem. *aí é que está o nó da questão* / there is the rub. **3** *Náut* unit of speed. **4** knuckle, joint, articulation. **dar nó** to knot, tie in a knot. **não dar ponto sem nó** to act on the safe side. **nó corrediço** noose, running knot. **nó na garganta** a lump in the throat.

no.bre [n'ɔbri] *sm* noble, nobleman, aristocrat. • *adj m+f* **1** noble: high-bred, aristocratic. **2** dignified. **3** illustrious. **de sangue nobre** of aristocratic blood. **o nobre colega** (in a speech) the honorable gentleman.

no.bre.za [nobr'ezə] *sf* nobility: aristocracy, gentility.

no.ção [nos'ãw] *sf* (*pl* **noções**) **1** notion, idea. **2** perception. **noções superficiais** elementary ideas.

no.cau.te [nok'awti] *sm Esp* knock-out. **nocaute técnico** technical knock-out.

no.ci.vo [nos'ivu] *adj* noxious, harmful, bad, malign, pernicious.

nó.doa [n'ɔdwə] *sf* **1** spot, stain. **2** blemish. **3** ignominy, offence.

no.guei.ra [nog'ejrə] *sf* walnut: a) the tree. b) its wood.

noi.te [n'ojti] *sf* **1** night: time between dusk and dawn. **2** evening. *à noite ela costumava ler para mim* / in the evening she would read to me. **à alta noite** late at night. **à noite / ao anoitecer** in the evening. **ao cair da noite** at dusk, at nightfall. **boa noite!** a) good evening! (saudação) b) good night! (despedida) **durante a noite** overnight. **esta noite / hoje à noite** tonight, this evening. **fazer-se noite** to become dark, grow late. **passar uma noite em claro** to have a sleepless night. **pela calada da noite** in the dead of night. **pela noite afora** far into the night. **uma noite em festa** a night out.

noi.va [n'ojvə] *sf* **1** fiancée: girl promised in marriage. **2** bride, woman who has just married or is about to be married. **ela ficou noiva de/** she got engaged to. **vestido de noiva** bridal dress, wedding dress. **véu de noiva** bridal veil.

noi.vo [n'ojvu] *sm* **1** fiancé: betrothed man. **2** bridegroom, groom, man who has just married or is about to be married. **3 noivos** *pl*: a) engaged couple. b) newlyweds.

no.jen.to [noʒ'ẽtu] *adj* **1** filthy, dirty. **2** disgusting, sickening.

no.jo [n'oʒu] *sm* **1** nausea. **2** disgust, repugnance. **3** loathing. **causar / dar nojo** to sicken. **é de dar nojo** it is enough to make one sick. **sentir / ter nojo de** to feel sick about.

no.me [n'omi] *sm* **1** name. *conheço-o de nome* / I know him by name. *qual é o seu nome?* / what is your name? *o advogado age em nome de seu cliente* / the lawyer acts on his client's behalf. **2** reputation, fame, renown. *ele é um médico de grande nome/* he is a doctor of great renown. **3** *Gram* noun or substantive. **bom nome** reputation. **chamar nomes** to call names. **dar nome a** to name. **dar nome aos bois** to call a spade a spade. **dar novo nome a** to rename. **de nome** a) *adj* named. b) by name. **nome completo** full name. **nome de batismo** christian name. **nome de família** family name. **nome de guerra** a) pseudonym. b) alias. **nome de solteira** maiden name.

no.me.ar [nome'ar] *vt+vpr* **1** to name, give a name, denominate. **2** to call (by name), to nominate. *ele foi nomeado para o prêmio de melhor diretor/* he was nominated for the best director's award. **3** to appoint, assign. *ele foi nomeado para o cargo de diretor/* he was appointed as director. **4** **nomear-se** to entitle oneself. **nomear cavalheiro** to knight. **nomear um professor** to appoint a teacher.

no.no [n'onu], **no.na** [n'ona] *num* ninth.

no.ra [n'ɔrə] *sf* daughter-in-law.

nor.des.te [nord'ɛsti] *sm* **1** northeast. **2** northeaster (wind). **do nordeste / para o nordeste** northeastwardly.

nor.des.ti.no [nordest'inu] *sm* northeaster. • *adj* of or pertaining to the northeast.

nor.ma [n'ɔrmə] *sf* **1** norm, rule. *tenho como norma deitar-me cedo/* I always go to bed early / I go to bed early as a rule. **2** pattern, form, model. **norma prática** rule of thumb. **norma vigente** regime.

nor.mal [norm'aw] *adj m+f* normal, regular, natural. *para ele é normal trabalhar 10 horas sem intervalo/* he finds it normal to work ten hours non-stop. *siga o procedimento normal/* follow the regular, standard procedure. *foi um dia normal/* it was an ordinary day.

no.ro.es.te [noro'ɛsti] *sm* northwest. **do / para o noroeste** northwestwardly.

nor.te [n'ɔrti] *sm* **1** north. **2** northern regions. • *adj* north. **do norte** northern, boreal. **em**

N

direção ao norte / para o norte northwardly. **latitude norte** north latitude. **o ponto mais ao norte** northern-most. **perder o norte** *fig* to lose one's head.

nor.tis.ta [nort'istə] *s m+f* northerner. • *adj* of or pertaining to the north.

nos [nus] *contr da prep* em e o *art masc pl* **os**: at the, in the, on the. • *pron pess* oblíquo da 1.ª pessoa *pl* (to) us, ourselves. *visitaram-nos* / they came to see us. • *pron* enclítico **os** após som nasal: them. *mandam-nos trabalhar* / they send them to work. **nos livros** in the books. **nos telhados** on the roofs.

nós [n'ɔs] *pron pess* **1** we. *nós nos ferimos* / we hurt ourselves. **2** us. *olhamos em redor de nós* / we looked about us. **entre nós** between us. **nós mesmos** (we) ourselves. **nós todos** all of us. **nós três** the three of us.

nos.so [n'ɔsu] *pron adj poss* our. *o pão nosso de cada dia* / our daily bread. • *pron subs poss* ours. *o tempo é nosso* / the time is ours. *ele é dos nossos* / he is a friend of ours. **os nossos** our relatives, our folks.

nos.tal.gi.a [nostawʒ'iə] *sf* nostalgia, homesickness. *estou com nostalgia* / I feel homesick. **sofrer nostalgia** to be homesick.

no.ta [n'ɔtə] *sf* **1** note, reminder. *preciso tomar nota disto* / I must write this down. **2** distinctive mark or sign. **3** mark, grade, short informal letter. **4** diplomatic memorandum. **5** comment, explanation. **6** check, bill. **7** bank-note. **digno de nota** noteworthy. **nota falsa** counterfeit bill. **nota marginal** side-note. **nota promissória** promissory note. **tomar nota** to (make a) note, commit to paper.

no.tar [not'ar] *vt* to note: a) notice, observe, remark. *eu notei bem a observação* / I well noticed the remark. b) mind. *eu notei a sua ausência* / I missed him. c) make a notice of, set down in writing. **precisamos notar que** we must have in mind that.

no.tá.vel [not'avew] *adj m+f* (*pl* **notáveis**) **1** noteworthy. **2** considerable, remarkable. **3** (socially) prominent,

eminent. **um homem notável** a remarkable man.

no.tí.cia [not'isjə] *sf* **1** news, piece of news, information. *as notícias espalham-se rapidamente* / the news runs like wildfire. *as notícias são boas* / the news is good. **2** report, word. *aguardamos suas breves notícias* / Com we are looking forward to your early good news. **agência de notícias** news agency. **conforme notícias** as per advice. **dar notícias (de, sobre)** to inform about. **mandou notícias** he sent word. **más notícias** bad news. **notícias alvissareiras** good news. **notícias comerciais** city news. **notícias de primeira mão** first-hand news. **notícias infundadas** false report.

no.ti.ci.ar [notisi'ar] *vt* **1** to announce. **2** to publish. **3** to report.

no.ti.ci.á.rio [notisi'arju] *sm* news, news service (also for broadcasting, television).

no.ti.fi.ca.ção [notifikas'ãw] *sf* (*pl* **notificações**) **1** notice. **2** summons, citation. **notificação de despejo** eviction notice.

no.ti.fi.car [notifik'ar] *vt* to notify. **prazo para notificar a cessação** term for giving notice.

no.tur.no [not'urnu] *sm bras* night train or bus. • *adj* nocturnal, nightly. **escola noturna** night-school. **trabalho noturno** night-work. **vigília noturna** night-watch.

no.va.men.te [novam'ẽti] *adv* again, once more, over, over and again. **fazer tudo novamente** to do all over again. **tentar novamente** to try once more.

no.ve [n'ɔvi] *sm* nine. • *num* nine.

no.ve.cen.tos [nɔves'ẽtus] *num* nine hundred.

no.ve.la [nov'ɛlə] *sf* **1** *Rád, Telev* soap-opera. **2** *fig* a funny or dramatic situation.

no.ve.lo [nov'elu] *sm* (*pl* **novelos**) ball (of yarn).

no.vem.bro [nov'ẽbru] *sm* November.

no.ven.ta [nov'ẽtə] *sm* ninety. • *num* ninety.

no.vi.da.de [novid'adi] *sf* **1** novelty. *saber que animais e plantas podem ser replicados é uma novidade* / to learn that animals and plants can be replicated is a novelty. **2** news. *há alguma novidade? /* anything doing?, any news? **3** latest fashion. *esta é a última novidade em sapatos /* this is the latest word in shoes. **sem novidade** in good order. **uma novidade** a piece of news.

no.vo [n'ovu] *adj* **1** young. **2** new, recent. **3** fresh. **4** original. **5** strange. **6** unused, not worn. **7** inexperienced. **começar de novo** to make a new start. **de novo** anew, over again, afresh. **em estado de novo** like new. **lua nova** new moon. **novo em folha** brand new. **o Novo Mundo** the New World. **que há de novo?** what's cooking? what is the news? **sempre de novo** time and again. **voltar de novo** to come again.

noz [n'ɔs] *sf* walnut. **casca de noz** nutshell.

nu [n'u] *sm Arte* nude. • *adj* **1** nude. **2** naked. *ele fotografou centenas de crianças africanas nuas e famintas/* he photographed hundreds of naked, starving African children. **3** bare. *a modelo exibia suas pernas longas, nuas e douradas de sol/* the model showed off the long, bare, sun-tanned legs. **4** without ornaments, artless. **a olho nu** with the naked eye. **nu em pêlo** stark-naked. **verdade nua e crua** the naked truth.

A palavra *nu* tem três diferentes conotações em inglês: **bare**, para partes do corpo como pernas (sem meias, por exemplo) ou braços (sem mangas); **naked** para a nudez de todo o corpo; e **nude** quando há um sentido artístico ou erótico. Usa-se também **naked wall** (uma parede sem decoração ou quadros).

nu.bla.do [nubl'adu] *adj* **1** cloudy. **2** overcast.

nu.ca [n'ukə] *sf* nape.

nú.cleo [n'uklju] *sm* **1** nucleus. **2** core.

nu.dez [nud'es] *sf* nakedness, nudity, bareness.

nu.lo [n'ulu] *adj* null, void, invalid. **tornar nulo** to nullify.

num(a) [n'ũ; n'umə] contraction of the preposition **em** and **um(a)**: at a (one), in a (one), on a (one). **num abrir e fechar de olhos** in two shakes of a duck's tail,

in a twinkling. **numa parede** on a wall. **num baile** at a ball.

nu.me.ral [numer'aw] *sm* (*pl* **numerais**) *Gram* numeral. • *adj m+f* numeral, numeric(al).

nu.me.rar [numer'ar] *vt* to number: provide with or indicate by numbers.

nú.me.ro [n'umeru] *sm* number: a) figure. b) quantity, amount. c) numeral. d) number of a show or vaudeville. e) size. *o número do calço é 36 /* I take number 36 shoes. *ele é um número / fig coloq* he is a funny guy. **número atrasado (de revista, jornal etc.)** back number. **número cardinal** cardinal number. **número de ordem** reference number. **número ímpar** odd number. **número par** even number. **números arábicos** Arabic numerals. **números romanos** Roman numerals. **ordinal** ordinal (number). **sem número** countless, uncountable.

nun.ca [n'ũkə] *adv* never, at no time, ever. *nunca se pode saber /* you can never tell. *ela nunca tinha subido num avião/* she had never been on a plane. *ela nunca havia recebido um presente/* nobody had ever given her a present. **mais do que nunca** more than ever. **nunca mais** never more. **quase nunca** hardly ever.

núp.cias [n'upsjas] *sf pl* nuptials, wedding, marriage. *um filho de suas primeiras núpcias /* a son of his first marriage.

nu.tri.ção [nutris'ãw] *sf* (*pl* **nutrições**) **1** nutrition. **2** nourishment.

nu.trir [nutr'ir] *vt* **1** to nourish, feed. **2** to maintain, sustain. **3** to nurse, rear, bring up.

nu.vem [n'uvẽj] *sf* (*pl* **nuvens**) **1** cloud. **2** a good amount of smoke, gas or vapor. **3** *fig:* a) gloom, sadness. b) shadow, shade. c) multitude. • *adj bras* sly, cunning. **cair das nuvens** to be flabbergasted. **coberto de nuvens** overcast, cloudy. **ir às nuvens** *fig* to give vent, explode. **nuvem de andorinhas** flock of swallows. **nuvem de fumaça** cloud of smoke. **nuvens de neblina** streaks of mist.

N

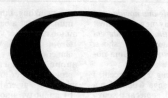

O, o [ɔ] *sm* **1** the fourteenth letter of the alphabet. **2** zero, cipher. • *art masc* the. • *pron* **1** it, him, to him. *eu o avisei mas ele não me atendeu* / I warned him but he didn't care. **2** you, to you. *eu o preveni* / I warned you.

ó [ɔ] *interj* o!, oh!, wo!, hallo! *ó garçom, traga-me o café!* / waiter, bring me the coffee! **ó de casa!** hello in there!, anybody home?

ob.ce.ca.do [obsek'adu] *adj* obsessed. *ele é obcecado por loterias e bingos*/ he is obsessed with lotteries and bingos.

o.be.de.cer [obedes'er] *vt* **1** to obey. *ele me obedece* / he obeys me. **2** to execute, comply with (order, request). *ele o fez obedecendo a um pedido de seu chefe*/ he did that to comply with his boss'request. **3** to subordinate, submit. *o menino já não obedece ao professor* / the boy has got beyond his master's control. **obedecer cegamente** to obey blindly.

o.be.di.ên.cia [obedi'ẽsjə] *sf* **1** obedience, compliance, submissiveness. **2** allegiance.

o.be.so [ob'ezu] *adj* obese.

ó.bi.to [ɔ'bitu] *sm* death, decease. **atestado de óbito** death certificate.

ob.je.tar [obʒet'ar] *vt* **1** to object, oppose. **2** to disapprove.

ob.je.ti.va [obʒekt'ivə] *sf Ópt* objective: a lens or system of lenses that forms an image of an object.

ob.je.ti.vo [obʒet'ivu] *sm* **1** objective, end, aim. **2** purpose, intent. *nosso objetivo primordial é o lucro*/ our first and foremost objective is profit. *o objetivo desta reunião é nos conhecermos melhor*/ the purpose of this meeting is to get to know one another better. *ele conseguiu o seu objetivo* / he gained his ends. • *adj* objective. **sem objetivo** aimlessly.

ob.je.to [obʒ'ɛtu] *sm* **1** object, concrete thing. **2** *Gram* word toward which the action of the verb is directed. **3** motive. **4** intention, purpose. **objeto de estimação** a prized possession. **objeto direto/indireto** *Gram* direct/indirect object. **objetos perdidos** lost property.

o.bra [ɔ'brə] *sf* **1** work, workmanship, job. *pusemos mãos à obra* / we went (or set) to work. *ele pôs mãos à obra* / he put his shoulder to the wheel. **2** handiwork. **3** opus: literary or musical composition. **4** painting, artistic creation. **5** production, treatise. **as obras de Deus** the works of God. **fé e boas obras** faith and works. **mãos à obra!** let's get to work! **obra de arte** work of art. **obra de cantaria** stonework. **obra de caridade** charity. **obra de consulta** reference book. **obras póstumas** *Lit* remains. **obras públicas** public works. **uma obra de Picasso** a work of Picasso. **uma obra em três volumes** a work in three volumes.

o.bri.ga.ção [obrigas'ãw] *sf* (*pl* **obrigações**) **1** obligation, duty. *cumpra primeiro as suas obrigações* / first do your duty. *ela lhe deve muitas obrigações* / she is under an obligation to him. **2** charge, responsibility. **3** indebtedness. *devo-lhe obrigações* / I owe him a debt of gratitude. **estar sob a obrigação de** to be under obligation to. **primeiro a obrigação, depois a devoção** duty before pleasure. **ter a obrigação de** to be obliged to.

o.bri.ga.do [obrig'adu] *adj* **1** obliged, compelled. *fico-lhe obrigado por isto* / I am obliged to you for this. *ficamos muito obrigados* / we are much obliged. **2** obligatory. *fui obrigado a falar* / I was forced to speak. **3** bound (in duty). *sinto-me obrigado à fidelidade com meus eleitores*/ I am committed to fidelity with my constituency. **4** necessary, inevitable. • *interj* thanks!, thank you! **muito obrigado!** many thanks!, thank you very much! **não, obrigado!** no, thank you! **sou obriga-do a** I am under the necessity of.

o.bri.gar [obrig'ar] *vt+vpr* **1** to oblige. **2** to put under an obligation. **3** to force, impose. *obrigaram-no a concordar* / they forced him to agree. **4** to compel, constrain. *obrigaram-no, pela fome, a obedecer* / they starved him into obedience. **5** to render grateful. *estamos (lhes) muito obrigados por sua assistência* / we are much obliged for your assistance. **6 obrigar-se** to assume an obligation. **obrigar alguém ao cumprimento de uma promessa** to pin someone down to his promise.

obs.ce.no [obs'enu] *adj* obscene, bawdy, indecent.

obs.cu.ro [obsk'uru] *adj* **1** obscure, dim. **2** unknown, enigmatic, vague, ambiguous. **3** secluded.

ob.sé.quio [obz'ɛkju] *sm* courtesy, kindness. **por obséquio, onde fica esta rua?** can you please tell me where this street is?

ob.ser.va.ção [observas'ãw] *sf* (*pl* **observações**) **1** remark, comment. **2** note. **3** study, examination, investigation. **estar sob observação** to be under observation. *a área está sob observação por técnicos da ONU* / the area is under observation by U.N. experts.

ob.ser.var [observ'ar] *vt+vpr* **1** to observe, watch, look at. **2** to notice, perceive. *você notou que gente estranha essa?*/ did you notice the strange characters? **3** to obey, comply, follow (a rule). **4** to

remark, advise. *ele observou que eu deveria consultar um médico*/ he remarked that I should see a doctor. **5** observar-se to observe oneself. **observar a criança** to keep an eye on the child.

ob.ses.são [obses'ãw] *sf* (*pl* **obsessões**) obsession, fixed idea, mania.

obs.tá.cu.lo [obst'akulu] *sm* **1** obstacle, hindrance, obstruction. *ele removeu todos os obstáculos* / he removed all obstacles. **2** inconvenience, drawback. **3** *Esp* hurdle: a portable barrier over which runners jump. **corrida de obstáculos** obstacle race. **passar sobre um obstáculo** *fig* to hurdle. **sem obstáculo** unopposed.

obs.tan.te [obst'ãti] *adj m+f* hindering, obstructive, impeding. **não obstante 1** in spite of, despite. **2** however, notwithstanding. *não obstante a sua resistência* / notwithstanding his resistence. **não obstante isso** despite all that.

obs.tru.ir [obstru'ir] *vt+vpr* **1** to obstruct, block up. *a chaminé está obstruída por fuligem* / the chimney is foul. **2** to clog. **3** to hinder, embarrass. **4 obstruir-se** to be or become obstructed. **obstruir uma passagem** to obstruct a passage.

ob.ter [obt'er] *vt* **1** to obtain, gain, win, achieve. *nós obtivemos influência sobre ele* / we gained influence with him, we won him. *queriam obter minha colaboração* / they wanted to gain me over. *eles obtiveram a mais irrestrita admiração de todos* / they won unanimous laudes. **2** to get. **3** to acquire, buy, purchase. *obtive isto por uma ninharia* / *coloq* I picked up the thing for a song, I got the thing for a trifle. **obter fiança** to find bail. **obter informações** to get information. **obter por força** to obtain by force, compel. **obter um emprego** to get a job.

ob.tu.rar [obtur'ar] *vt Odont* to fill (a tooth). **o dentista obtura dentes cariados** the dentist fills decayed teeth.

ób.vio ['ɔbvju] *adj* **1** obvious, plain, evident, unmistakable. **2** manifest, not to be doubted. **3** visible, patent, clear.

O.

o.ca.si.ão [okazi'ãw] *sf* (*pl* **ocasiões**) **1** occasion, opportunity. *a ocasião faz o ladrão* / opportunity makes the thief. *esta é a ocasião propícia* / there is no occasion for it. **2** motive, cause, reason. **3** time at one's disposal, spare time. **4** instance, circumstances. **aproveitar a ocasião favorável** to strike while the iron is hot. **deixar escapar uma ocasião** to slip a fair opportunity. **em outra ocasião** another time. **na ocasião oportuna** in due time. **negócio de ocasião** bargain. **os amigos conhecem-se nas ocasiões de necessidade** a friend in need is a friend indeed. **por ocasião de** on the occasion of.

o.ce.a.no [ose'∧nu] *sm* **1** ocean, sea. **2** high seas. **3** *fig* imensity, great deal. **ele é um oceano de virtudes** he is a paragon of virtues. **Oceano Antártico, Ártico, Atlântico, Índico, Pacífico** Antartic, Artic, Atlantic, Indian, Pacific Ocean.

o.ci.den.te [osid'ẽti] *sm* occident, west, the Western Hemisphere. **o Ocidente** the West.

ó.cio ['ɔsju] *sm* **1** leisure, rest (time). **2** laziness, idleness. *entregar-se ao ócio* / to live in idleness.

o.co ['oku] *sm* (*pl* **ocos**) *bras* hollow. • *adj* **1** hollow, empty, void. **2** *fig* futile, vain, insignificant, trivial. **oco do mundo** *bras* faraway place.

o.cor.rer [okor'er] *vt+vint* **1** to occur. *ocorreu-me que...* / it occurred to me that... *não me ocorreu que...* / it did not occur to me that. **2** to happen, take place. *as eleições ocorreram no mesmo ano* / the elections took place in the same year. *não quero que isso volte a ocorrer* / I don't want that to happen again.

o.cu.lar [okul'ar] *adj m+f* ocular: of or pertaining to the eye, visual. **cansaço ocular** eyestrain. **cavidade ocular** eye socket. **globo ocular** eyeball. **testemunha ocular** eyewitness.

o.cu.lis.ta [okul'istə] *s m+f* **1** ophtalmologist, eye specialist. **2** optician: person who makes or sells optical glasses or instruments.

ó.cu.lo ['ɔkulu] *sm* **1** spy-glass, telescope.

2 circular or eyed window, with or without glass. **3** **óculos** spectacles, glasses. *ele precisa de óculos* / he must wear glasses. **óculo-de-alcance** spy-glass, telescope. **óculos de esqui** skiing goggles. **óculos de proteção** goggles. **óculos de sol** sun-glasses.

o.cul.tar [okuwt'ar] *vt+vpr* **1** to hide. *ele ocultou a valise sob a cama* / he hid the suitcase under the bed. **2** to conceal. *não se nos ocultou nada* / nothing was concealed from us. **3 ocultar-se** to hide oneself. **ocultar a verdade** to hold back the truth.

o.cu.pa.ção [okupas'ãw] *sf* (*pl* **ocupações**) occupation: business, employment, job. **uma ocupação de tempo integral** a full time occupation.

o.cu.par [okup'ar] *vt+vpr* to occupy: a) possess, take possession of. b) live in, inhabit. c) take up. *a mesa ocupa muito lugar* / the table takes up too much room. *ocupem seus lugares!* / take your seats! d) invade, encroach upon. e) to hold, to be incumbent. *ele ocupa um bom lugar* / he holds a good position. f) **ocupar-se** to devote oneself to, busy oneself with. *deixe que me ocupe com os meus assuntos* / let me attend to my business. *ele se ocupa de ilusionismo nas horas vagas* / he dabbles in prestidigitation in his spare hours. **ocupar lugar de destaque** to rank high. **ocupar-se com alguma coisa** to occupy oneself with something. **os soldados ocuparam as ruas** the soldiers lined the streets.

o.di.ar [odi'ar] *vt+vpr* to hate, detest. *eles se odeiam* / they hate each other.

ó.dio ['ɔdju] *sm* hatred, hate. **ódio enraigado** inveterate hatred, riveted hatred. **reanimar o ódio** *fig* to blow the coals.

o.di.o.so [odi'ozu] *adj* hateful, odious.

o.dor [od'or] *sm* smell, odor, aroma.

o.es.te [o'ɛsti] *sm* west, occident. *vento do oeste* / a west wind. *eles foram para o oeste* / they went west. • *adj m+f* **1** west, western, westerly. **2** blowing from the west (wind). **a oeste de** to the west of. **mais para o oeste** further west. **para o oeste** westwards.

o.fe.gan.te [ofeg'ãti] *adj m+f* panting, breathless, puffing.

o.fe.gar [ofeg'ar] *vint* to pant, puff, gasp.

o.fen.der [ofẽd'er] *vt+vpr* **1** to offend, insult, hurt. *não o ofenda* / don't offend him. *não havia intenção de ofender* / no offence was meant. **2 ofender-se** to resent, feel hurt, take offence.

o.fen.sa [of'ẽsə] *sf* **1** offense, outrage, insult, affront. **2** disrespect, impoliteness. **3** resentment. **4** disdain, underestimation.

o.fen.si.vo [ofẽs'ivu] *adj* offensive.

o.fe.re.cer [oferes'er] *vt+vpr* **1** to offer, tender, give. *ofereceram-me dinheiro* / I was offered money. *eles me ofereceram um emprego* / they offered me a job. **2 oferecer-se** to volunteer. *eles se ofereceram para levá-la ao hospital* / they volunteered to take her to the hospital. **oferecer resistência** to stand against.

o.fer.ta [of'ɛrtə] *sf* **1** offer(ing). **2** donation, gift, present. **3** tender, bid. **4** *fig* bargain, deal. **em oferta** on sale. **fazer uma oferta para** to make a tender for. **oferta e procura** *Com* supply and demand.

o.fi.ci.al [ofisi'aw] *sm* (*pl* **oficiais**) **1** *Mil* officer. **2** a skilled workman. **3** craftsman. **4** official (person who holds an office). • *adj m+f* **1** official. **2** authorized, authoritative. **3** solemn, important. **hora oficial** standard time.

o.fi.ci.na [ofis'ina] *sf* workshop, shop. **oficina autorizada** agent's garage, dealer's garage. **oficina de conserto** repair shop. **oficina de encadernação** bookbinder's workshop. **oficina de marceneiro** joiner's. **oficina de vidraceiro** glazier's. **oficina mecânica** garage.

o.fí.cio [of'isju] *sm* **1** art, craft, workmanship. **2** occupation, trade, profession. *ele aprendeu seu ofício com o pai* / he learnt his trade with his father. **3** *Ecles* office, rites. **4** official letter (especially on government business). **artes e ofícios** arts and crafts.

o.fus.car [ofusk'ar] *vt+vint* **1** to obfuscate. **2** to cloud. **3** to dazzle. *os faróis do carro ofuscaram as duas crianças, imó-*veis *no meio da estrada* / the car headlights dazzled the two children, who stood petrified in the middle of the road. **4** *fig* to confuse, bewilder.

oh ['ɔ] *interj* o!, oh!, ay (my)!, ah!

oi ['oj] *interj* hallo!, hello!, hoy!, hi!

oi.ten.ta [ojt'ẽtə] *num* eighty. **é oito ou oitenta** it's all or nothing. **oitenta vezes** eightyfold.

oi.to ['ojtu] *num* eight. **oito vezes** eightfold.

oi.to.cen.tos [ojtos'ẽtus] *num* eight hundred.

o.lá [ol'a] *interj* hallo!, hi!, hoy!, hey!, hello! **olá você!** you there!

o.la.ri.a [olar'iə] *sf* **1** pottery. **2** brickyard, brick factory. **3** tilery. **forno de olaria** circular kiln, brickkiln.

ó.leo ['ɔlju] *sm* **1** oil. **2** *Pint* oil painting. **fábrica de óleo** oil mill. **filtro de óleo** oil filter. **óleo aromático** essence. **óleo bruto** ou **cru** crude, crude oil. **óleo de amendoim** peanut oil. **óleo de baleia** whale oil. **óleo de canola** canola oil. **óleo de caroço de algodão** cottonseed oil. **óleo de coco** coconut oil. **óleo de dendê** palm oil. **óleo de fígado de bacalhau** cod-liver oil. **óleo de lavanda** lavender oil. **óleo de linhaça** linseed oil. **óleo de oliva** olive oil. **óleo de rícino** / **óleo de mamona** castor oil. **óleo de soja** soybean oil. **óleo diesel** diesel oil. **óleo lubrificante** lubricating oil. **óleo mineral** petroleum. **reservatório de óleo** oil chamber, oil tank. **tinta a óleo** oil colo(u)r, oil paint.

o.le.o.so [ole'ozu] *adj* **1** oily. **2** greasy, oleaginous.

ol.fa.to [owf'atu] *sm* the sense of smell.

o.lha.da [oʎ'adə] *sf* look, glance. *dei uma olhada no livro* / I just glanced at the book. **dê uma olhada nisto** / have a look at it. **dar uma olhada em** to glance at.

o.lha.do [oʎ'adu] *sm* the eye. • *adj* **deitar mau-olhado a** / **dirigir mau-olhado sobre** to cast an evil eye on.

o.lhar [oʎ'ar] *sm* **1** look, glance, regard. **2** expression of the eyes (or face), countenance, mien. • *vt+vint+vpr* **1** to look, eye, stare at, gaze. *ela olhou em redor de si* / she looked round her. *ele olhou demoradamente para o quadro* /

he gazed at the picture. *ele me olhou dos pés à cabeça* / he looked at me from head to toe. *ele olhou para* / he glanced at. **2** to consider. **3** to care for, protect, look after. *olhe bem as crianças na minha ausência* / look after the children while I am gone. **4 olhar-se** to look at oneself (in the mirror) or at each other. **olhar alguém de frente** to look someone in the eye. **olhar através** to look through. **olhar de superioridade** to look down on. **olhar fixo** to stare. **olhar pelo rabo do olho** to glance sideways at. **olhar por si** to look out for oneself.

o.lhei.ras [oλ′ejras] *sf pl* rings under one's eyes.

olho [′oλu] *sm* (*pl* olhos) **1** eye, vision. *ela tem olhos azuis* / she is blue-eyed, has blue eyes. **2** eyesight. **3** sight, view, look. **4** care, attention. **a olho nu** with naked eye. **a olhos vistos** visibly, plainly, obviously. **arregalar os olhos** to open wide one's eyes, stare. **custar os olhos da cara** to be excessively expensive, *coloq* to cost the earth. **de olhos abertos (fechados)** with the eyes open (shut). *ficamos de olhos abertos* / our eyes were wide open. **de olhos fechados** a) in complete confidence. b) easily, with no difficulty. **fechar os olhos a** to connive at, overlook. **ficar de olho em** to keep an eye on. **levantar os olhos** to look up. **longe dos olhos, longe do coração** out of sight, out of mind. **menina-dos-olhos** *fig* the apple of one's eye, darling. **não pregar o olho** not to sleep a wink. **num abrir e fechar de olhos** in the twinkling of an eye. **olho clínico** clinical eye. **olho da rua** *o patrão o pôs no olho da rua!* / *fig* his boss threw him out. **olho nu** naked eye. **olho por olho** tit for tat, an eye for an eye. **olho preto** black eye. **ter o olho maior do que a barriga** to bite off more than one can chew. **ter olho gordo / olho grande** to be envious. **ver com bons olhos** to accept, to be in favor.

o.lho-d'á.gua [′oλud′agwə] *sm* (*pl* olhos-d'água) water spring.

o.lho má.gi.co [oλum′aʒiku] *sm* (*pl* olhos mágicos) peephole to identify would-be visitors.

o.lim.pí.a.da [olĩp′iadə] *sf* the Olympic games (também **olimpíadas**).

o.lím.pi.co [ol′ĩpiku] *adj* Olympic. **jogos olímpicos** Olympic games. **tocha olímpica** Olympic torch.

o.li.va [ol′ivə] *sf* **1** olive. **2** olive tree. **óleo de oliva** olive oil.

o.li.vei.ra [oliv′ejrə] *sf* olive tree. **ramo de oliveira** olive branch.

om.bro [′õbru] *sm* **1** shoulder. **2** *fig* robustness, strength, diligence, effort. **de ombros largos** square-built (person). **encolher os ombros / levantar os ombros** (também *fig*) to shrug one's shoulders. **ombro a ombro** side by side. **ombro armas!** slop arms!, shoulder arms!

om.buds.man [õb′udzmã] *sm* ombudsman: an official who is appointed to investigate complaints made against a government or a large organization.

o.me.le.te [omel′ɛti] *sf* omelet.

o.mis.são [omis′ãw] *sf* (*pl* omissões) omission, neglect, oversight, negligence.

o.mis.so [om′isu] *adj* neglectful, careless, remiss.

o.mi.tir [omit′ir] *vt+vpr* **1** to omit, overlook, neglect. **2** to fail. **3 omitir-se** to be ommissive.

on.ça[1] [′õsə] *sf* ounce: old unit of weight about 1/16th of a libra (28.69 gr), also the ounce avoir-dupois (1/16th of a pound or 28.3495 gr).

on.ça[2] [′õsə] *sf* **1** *Zool* jaguar. **2** *fig* someone with a fiery temper. **3** *fig* very strong and courageous man, daredevil. • *adj* courageous, bold, daring. **amigo-da-onça** *bras* a false friend. **do tempo do onça** very old, old-fashioned, from way back. **ficar uma onça / virar onça** *bras* to become very angry.

on.da [′õdə] *sf* **1** wave: a) swell of water, roughness of the sea. b) *Fís*, *Rád* vibration, oscillation. **2** *fig* agitation, tumult, confusion. **3** *bras*, *gír* simulation, feigning. **ao sabor das ondas** adrift. **estar na crista da onda** *bras*, *gír* to be a hit, to be a success. **fazer onda** to make a fuss, to cause a tumult. **ir na onda** to be cheated, to be taken in. **onda de choque** shock wave. **onda de**

frio cold wave. **onda sonora** sound wave. **ondas curtas** short waves. **ondas longas** long waves. **ondas ultracurtas** ultra-short waves.

on.de [ˈõdi] *adv* where. *onde ele viu isto?* / where did he see that? • *pron* wherein, in which. **de onde?** (= **donde?**) (from) whence? *de onde você vem?* / where do you come from? **onde quer que seja** no matter where, wherever. **para onde?** wherever. *para onde eles estão indo?* / wherever are they going? **por onde?** which way? *por onde eles foram?* / which way did they go?

on.du.la.ção [õdulaˈsãw] *sf* (*pl* **ondulações**) **1** undulation, fluctuation, waving. **2** vibration.

on.du.la.do [õdulˈadu] *adj* **1** wavy. **2** corrugated. **cabelo ondulado** wavy hair.

ô.ni.bus [ˈonibus] *sm sing+pl* omnibus, bus. **ônibus de dois andares** double-deck bus, double-decker. **ônibus elétrico** trolleybus. **ônibus rodoviário** coach, motor coach. **ponto de ônibus** bus stop. **tomar / perder o ônibus** to catch, to miss the bus.

on.li.ne [õwˈlajn] *adj ingl* on-line. *o terminal está on-line com o computador de grande porte* / the terminal is on-line to the main frame. **banco de dados on-line** on-line database.

on.tem [ˈõtẽj] *sm* yesterday. • *adv* yesterday: on the day before today. *ontem eu fui ao cinema* / yesterday I went to the movies. **antes de ontem** the day before yesterday. **ontem à noite** last night. **ontem à tarde** yesterday afternoon. **ontem de manhã** yesterday morning.

ONU [ˈonu] *abrev* **Organização das Nações Unidas** (UN–United Nations Organization).

ô.nus [ˈonus] *sm sing+pl* **1** onus, burden, charge. **2** obligation, responsibility. **ônus da prova** *Jur* burden of proof.

on.ze [ˈõzi] *sm* (também *Fut*) eleven. • *num* eleven.

o.pa [ˈopə] *interj* oh!, wow!, whoop!

o.pa.co [opˈaku] *adj* **1** opaque: a) not transparent. b) difficult to understand. **2** matt, matte, dull rather than shiny.

op.ção [opsˈãw] *sf* (*pl* **opções**) option, choice. **opção de ações** *Econ* share option. **opção de compra** call. **opção de venda futura** option forward.

op.ci.o.nal [opsjonˈaw] *adj m+f* (*pl* **opcionais**) optional.

ó.pe.ra [ˈɔpərə] *sf* **1** *Mús* opera. **2** opera-house.

o.pe.ra.ção [operasˈãw] *sf* (*pl* **operações**) operation: a) act or fact of operating, working. b) surgical procedure on a patient's body. c) *Mat* the process of adding, dividing etc. d) *Com* business transaction. **mesa de operações** operating table. **operação cesariana** *Cir* caesarean operation. **operação militar** military operation. **sala de operações** operation room, operating theater. **submeter-se a uma operação** to undergo an operation.

o.pe.ra.ci.o.nal [operasjonˈaw] *adj m+f* (*pl* **operacionais**) operational, ready for action.

o.pe.rar [operˈar] *vt+vint* **1** to produce, work, function. *ele operou um milagre* / he worked a miracle. **2** to operate on, perform a surgical operation.

o.pe.rá.ria [operˈarjə] *sf* woman factory worker.

o.pe.ra.ri.a.do [operariˈadu] *sm* the workers, working classes, proletariat.

o.pe.rá.rio [operˈarju] *sm* worker, workman, labourer, factory-hand. **operário especializado** skilled workman. **operário metalúrgico** metalworker. **sindicato operário** trade union, *amer* labor union.

o.pi.nar [opinˈar] *vi+vt* **1** to judge, deem. **2** to think, consider, suppose. **3** to vote, give or express an opinion about.

o.pi.ni.ão [opiniˈãw] *sf* (*pl* **opiniões**) opinion, view, judg(e)ment. *ele dá muito valor à opinião dela* / he sets great store by her opinion. *qual é a sua opinião?* / what is your opinion? *ninguém pediu sua opinião* / your criticism was not called for. **de acordo com a opinião geral** by all accounts. **mudar de opinião** to sway, to change one's mind. **opinião pública** public opinion. **pesquisa de opinião** opinion poll. **ser da**

O

mesma opinião to be of the same mind. **uma questão de opinião** a matter of opinion.

ó.pio [ˈɔpju] *sm* opium.

o.po.nen.te [oponˈẽti] *s m+f* opponent, antagonist, adversary, rival. • *adj m+f* opponent, opposing.

o.por [opˈor] *vt+vpr* **1** to oppose. **2** to make a stand, contradict, refuse. **3** to object to, offer resistance. *ele opôs resistência* / he offered resistance. **4 opor-se** to be against, be opposed to.

o.por.tu.na.men.te [oportunamˈẽti] *adv* opportunely.

o.por.tu.ni.da.de [oportunidˈadi] *sf* **1** opportunity. **2** chance. *cada qual tem a sua oportunidade* / everyone has his chance, every dog has his day. **aproveitar a oportunidade** to take an opportunity. **na primeira oportunidade** at the first opportunity. **perder a oportunidade** to miss the opportunity. **uma boa oportunidade** a lucky chance.

o.por.tu.no [oportˈunu] *adj* opportune, suitable, well-timed, timely. **na ocasião oportuna** at the proper time.

o.po.si.ção [opozisˈãw] *sf* (*pl* **oposições**) opposition. **em oposição a** in opposition to, against. **encontrar oposição** to meet with opposition. **o líder da oposição** the leader of the opposition.

o.po.si.tor [opozitˈor] *sm* opponent, opposer, antagonist. • *adj* opposing, opponent.

o.pres.são [opresˈãw] *sf* (*pl* **opressões**) **1** oppression, **2** tyranny, cruelty.

o.pres.si.vo [opresˈivu] *adj* **1** oppressive, tyrannical. **2** *fig* burdensome, heavy-handed.

op.tar [optˈar] *vt+vint* to opt, choose, make a choice, decide for

o.ra [ˈɔrə] *adv* now, at present, presently. • *conj* but, nevertheless, however. • *interj* well!, why!, pooh!, bah! **ora bem, ora mal** sometimes well, sometimes badly. **ora este, ora aquele** now this, now that. **ora, ela pode ter razão** why, yes, she may be right. **por ora** for the present.

o.ra.ção [orasˈãw] *sf* (*pl* **orações**) **1** *Rel* prayer. *ela fez as suas orações* / she said

her prayers. **2** oration, formal speech or discourse. **3** *Gram* clause, sentence, proposition.

o.ral [orˈaw] *adj m+f* (*pl* **orais**) oral: **1** of or pertaining to the mouth. **2** spoken, by word of mouth, verbal, vocal. **exame oral** oral examination. **sexo oral** oral sex.

o.rar [orˈar] *vint+vt* to pray.

ór.bi.ta [ˈɔrbitə] *sf* **1** orbit: a) *Astr* the path of a heavenly body. b) *Anat, Zool* the bony cavity of the eye, eye socket. **2** *fig* range or sphere of action, scope. **ficar fora de órbita** *bras, coloq* to be insane, to be out of one's wits.

or.bi.tar [orbitˈar] *vt* to orbit (around something): describe an orbit.

or.ça.men.to [orsamˈẽtu] *sm* **1** budget. **2** cost estimate. **fazer um orçamento** to draw up an estimate.

or.dem [ˈɔrdẽj] *sf* (*pl* **ordens**) order: **1** disposition, regularity, method. **2** tidiness, neatness. **3** rule, law. **4** rank, grade, category. **5** direction. **6** religious order, brotherhood. **às ordens de** under the order of, at the disposal of. **às suas ordens** at your service. **chamar à ordem** to call to order. **dar ordens** to lay down the law. **de primeira ordem** first-rate, top quality. **em perfeita ordem** in due order, shipshape. **fora de ordem** out of order, untidy. **manter em ordem** to keep in order. **ordem cronológica** chronological order. **ordem de despejo** *Jur* eviction notice. **ordem de pagamento** money order. **ordem de prisão** writ of attachment, warrant for arrest. **ordem do dia** order of the day, agenda. **ordem social** social order. **pôr em ordem** to put (or set) to right. **por ordem de** by order (direction or authority) of. **sob as ordens de** under the commands of.

or.de.na.do [ordenˈadu] *sm* salary, wages. • *adj* orderly: **1** in good shape or order. **2** methodical, systematical. **3** *Ecles* ordained.

or.de.nar [ordenˈar] *vt+vpr* **1** to order: a) to put in good order or shape, organize. b) to rule, command. *o rei ordenou que o prisioneiro fosse libertado* / the king ruled that the prisoner be set free. **2 ordenar-se** to take (holy) orders.

or.de.nhar [ordeñ'ar] *vt+vint* to milk.

or.di.nal [ordin'aw] *adj m+f* (*pl* **ordinais**) *Gram* ordinal. **número ordinal** ordinal numeral.

or.di.ná.rio [ordin'arju] *adj* **1** ordinary: a) usual, common, everyday. b) regular, normal. **2** bad, of poor quality. **3** impolite, gross. **4** *bras* characterless, base. **de ordinário** usually.

o.re.lha [or'eλə] *sf Anat* ear: a) the organ of hearing. b) the external ear. **estar com a pulga atrás da orelha** to smell a rat. **orelha de um livro** flap (of a dust-jacket). **texto da orelha** *Art Gráf* blurb.

o.re.lha.da [oreλ'adə] *sf* **de orelhada** by hearsay.

or.fa.na.to [orfan'atu] *sm* orphanage.

ór.fão ['ɔrfãw] *sm* (*pl* **órfãos**, *fem* **órfã**) orphan. • *adj* orphan. **órfão de pai/mãe** fatherless/motherless.

or.gâ.ni.co [org'∧niku] *adj* organic(al): pertaining to or organs, organization or organized beings. **química orgânica** organic chemistry.

or.ga.nis.mo [organ'izmu] *sm* **1** organism. **2** *Polít* social, political or administrative entity, organization.

or.ga.ni.za.ção [organizas'ãw] *sf* (*pl* **organizações**) **1** organization: a) act of organizing. b) the state of being organized, arrangement, order. c) organism. d) organic structure. **2** *fig* institution.

or.ga.ni.zar [organiz'ar] *vt+vpr* **1** to organize, organise: a) to give organic structure to. b) to arrange, put in order, dispose. **2 organizar-se** a) to assume organic structure. b) to get organized. **organizar uma festa** to promote a party.

ór.gão ['ɔrgãw] *sm* (*pl* **órgãos**) organ: a) *Mús* pipe organ. b) any part of an organism. c) instrument, means. **órgãos genitais** private parts, genitals. **órgãos internos** *Anat* internal organs. **os órgãos visuais** the organs of vision.

or.gu.lhar [orguλ'ar] *vt+vpr* **1** to make someone, something proud of, boast. **2 orgulhar-se** a) to pride oneself on, be proud (of). *disto você pode orgulhar-se* / it's something for you to be proud of. *ele*

orgulhou-se do seu trabalho / he took pride in his work. b) to boast. *ele orgulha-se de sua boa aparência* / he boasts of his good looks.

or.gu.lho [org'uλu] *sm* **1** pride. *ele é o orgulho de sua classe* / he is the pride of his class. **2** vanity, conceit. **3** arrogance.

or.gu.lho.so [orguλ'ozu] *sm* a proud person. • *adj* **1** proud. **2** conceited.

o.ri.en.ta.ção [orjẽtas'ãw] *sf* (*pl* **orientações**) **1** orientation: act of orientating. **2** *fig* direction, course. **3** guidance, beacon. **orientação educacional** educational guidance. **orientação vocacional** professional guidance. **para sua orientação** for your information, for your guidance.

o.ri.en.tal [orjẽt'aw] *s m+f* (*pl* **orientais**) (more usually in the plural form) Oriental. • *adj m+f* **1** Oriental: of or pertaining to the Orient or East. **2** eastern. **hemisfério oriental** the Eastern Hemisphere.

o.ri.en.tar [orjẽt'ar] *vt+vint+vpr* **1** to guide, direct, give directions to. **2 orientar-se** a) to find one's way, get one's bearings. b) to orient oneself. *ele orientou-se pelo sol* / he oriented himself by the sun.

o.ri.en.te [ori'ẽti] *sm* **1** orient, east. **2 Oriente** the Orient, the eastern countries (Asia). **o Extremo Oriente** the Far East. **o Oriente Médio** the Middle East. **o Oriente Próximo** the Near East.

o.ri.fí.cio [orif'isju] *sm* orifice, opening, hole.

o.ri.gem [or'iʒẽj] *sf* (*pl* **origens**) **1** origin: a) source, provenance. b) ancestry, ascendance, roots. c) cause, reason.

o.ri.gi.nal [oriʒin'aw] *sm* (*pl* **originais**) original: that from which anything is derived (literature or artistic works). *este é o original da obra* / this is the original of the book (work). • *adj m+f* original: a) pertaining to the origin or beginning. b) creative, inventive. c) new, fresh. d) *fig* eccentric. **pecado original** original sin.

o.ri.gi.na.li.da.de [oriʒinalid'adi] *sf* originality: the quality or state of being original.

o.ri.gi.nar [oriʒin'ar] *vt+vpr* **1** to

originate, cause, bring about. *várias influências originaram o movimento* / different influences brought about the movement. **2 originar-se** to arise, stem, emerge (from).

or.la ['ɔrlə] *sf* **1** margin, border. **2** edge, rim.

or.na.men.to [ornan'ĕtu] *sm* ornament, decoration, adornment, trimming.

or.ques.tra [ork'ɛstrə] *sf Mús, Teat* orchestra. **fosso da orquestra** orchestra pit. **orquestra de câmara** chamber orchestra. **orquestra sinfônica** symphony orchestra.

or.qui.dea [ork'idjə] *sf Bot* orchid.

or.to.gra.fi.a [ortograf'iə] *sf Gram* orthography: correct spelling. **erro de ortografia** misspelling.

or.va.lho [orv'aʎu] *sm* dew.

os.ci.la.ção [osilas'ãw] *sf* (*pl* **oscilações**) *Fís, Eletr* **1** oscillation. **2** *fig* a) vacillation, unsteadiness. b) perplexity, doubt.

os.ci.lar [osil'ar] *vint+vt* **1** to oscillate: a) to swing, sway. b) to move back and forward. **2** *fig* to hesitate. **3** to rock, see-saw.

os.so ['osu] *sm* **1** *Anat* bone. **2** *fig* difficulty, nut. *eu tenho um osso duro de roer* / I have a hard nut to crack. **carne sem osso** *fig* profit without pain. **em carne e osso** in flesh and bone, in person. **estar molhado até os ossos** to be soaked, drenched. **ossos do ofício** the seamy side of a job. **roer os ossos** to get a raw deal. **ser pele e osso** to be nothing but skin and bones.

os.su.do [os'udu] *adj* big-boned, bony, rawboned.

os.ten.si.vo [ostẽs'ivu] *adj* conspicuous.

os.ten.ta.ção [ostẽtas'ãw] *sf* (*pl* **ostentações**) ostentation, show(ing), display.

os.ten.tar [ostẽt'ar] *vt+vint+vpr* **1** to exhibit, make a show of, display, parade. **2** to flaunt. **3** **ostentar-se** to show off.

os.tra ['ostrə] *sf Zool* oyster.

o.tá.rio [ot'arju] *sm bras, gír* sucker, idiot, dupe, foolish fellow. • *adj* credulous, gullible.

o.ti.mis.mo [otim'izmu] *sm* optimism.

o.ti.mis.ta [otim'istə] *s m+f* optimist. • *adj* optimistic(al), hopeful, confident.

ó.ti.mo ['ɔtimu] *adj* (*sup abs sint* de **bom**) **1** excellent, very good. *seu trabalho está ótimo* / your work is very good. **2** grand. **3** fine. • *interj* fine!, excellent!, swell!

ou ['ow] *conj* or, either. **ou então** or else. *comporte-se ou então vá embora!* / behave or else you may go! *é um erro ou então uma imprudência* / it is a mistake or else it is an imprudence. **oito ou oitenta** all or nothing. **ou seja** in other words. **ou você ou ele** either you or he. *ou você ou seu irmão está enganado* / either you or your brother is wrong.

ou.ro ['owru] *sm* **1** gold. *ele vale seu peso em ouro* / he is worth his weight in gold. *ele tem um coração de ouro* / he has a heart of gold. **2** *pop* wealth, riches, money. **3** ouros diamond (cards). **a preço de ouro** at a very high price. **mina de ouro** gold mine. **nadar em ouro** to roll in money. **naipe de ouros** suit of diamonds (cards).

ou.sa.do [owz'adu] *adj* **1** bold, audacious. **2** daring. **3** insolent, impudent.

ou.sar [owz'ar] *vt+vint* **1** to dare. **2** to risk, attempt. **3** to have the courage or audacity for, have the nerve or cheek to.

out.door ['awtdor] *sm ingl amer* billboard, *brit* hoarding: a large panel designed to carry outdoor advertising.

ou.to.no [owt'onu] *sm* **1** autumn, fall. **2** *fig* decline of human life.

out.put ['awtpʌt] *sm* **1** *bras, Econ* output: product or result of production. **2** *Inform* output: data in either printed or coded form after processing by a computer.

ou.trem ['owtrẽj] *pron* **1** somebody else. **2** other people. *não devemos desejar os bens de outrem* / we ought not to covet other people's goods.

ou.tro ['owtru] *adj* **1** other, another, different, not the same. *isto é outra coisa* / this is another thing. *ela pediu outra xícara* / she asked for a fresh cup. *outra pessoa não o faria* / nobody else would do it. **2** following, next after, second. *outro delito como este o levará à cadeia* / another such misdemeanour will land him in jail. • *pron* **1** other, another. *uma de minhas filhas é médica, e a outra é professora* / one of my daughters is a doctor and the other a teacher. **2 outros** others, other people. *algumas crianças aprendem mais rapidamente que outras* / some children learn more quickly than others. *que dirão os outros?* / what will people say? **de um ou outro modo** some way or other. **em outra ocasião** then, at another time. **em outra parte** somewhere else. **nem um nem outro** neither one nor the other. **o outro mundo** the beyond, the other world. **ou por outra** otherwise, this means, that is to say. **outro qualquer** any other. **outro tanto** twice as much. **um e outro** both. **uns e outros** all of them.

ou.tro.ra [owtr'ɔrə] *adv* formerly, in former times.

ou.tu.bro [owt'ubru] *sm* October: the tenth month of the year.

ou.vi.do [owv'idu] *sm* 1 audition, the sense of hearing. **2** *Anat* ear. *as paredes têm ouvidos* / walls have ears. *não dê ouvidos a isso* / don't pay any attention to it. **ao pé do ouvido** in whispers. **dar ouvidos a** to believe in, listen to. **de ouvido** by ear. **dor de ouvido** earache.

ou.vin.te [owv'ĩti] *s m+f* 1 listener. **2** unregistered student.

ou.vir [owv'ir] *vt+vint* 1 to hear, listen (to). *ouvi um grito aqui por perto* / I heard a shout somewhere nearby. *ouvi o que ela tinha a dizer* / I listened to what she had to say. **2** to pay attention to, attend to, heed. *ouça o que lhe digo!* / mark my words! **3** to understand, perceive (by hearing). **por ouvir dizer** by hearsay.

o.va ['ɔvə] *sf* 1 fish ovary. **2 ovas** roe, spawn, eggs of fishes. **uma ova!** fiddlesticks!, nuts!

o.val [ov'aw] *adj m+f* (*pl* **ovais**) oval, egg-shaped, oviform.

o.vá.rio [ov'arju] *sm* ovary, ovarium. **parede do ovário** ovary wall.

o.ve.lha [ov'eλə] *sf* 1 *Zool* ewe (female), sheep. **2** *fig* member of a spiritual flock. **a ovelha negra da família** the black sheep of the family.

o.ver.do.se [overd'ɔzi] *sf bras* overdose.

óv.ni ['ɔvni] *sm abrev* **objeto voador não-identificado** (UFO: unidentified flying object).

o.vo ['ovu] *sm* ovum, egg, a cell formed in the ovary. **a clara do ovo** the white of the egg. **a gema do ovo** the yolk of the egg. **batedor de ovos** egg beater. **estar de ovo virado** *bras, coloq* to be in bad temper. **ovo de Páscoa** Easter egg. **ovo fresco** new-laid egg. **ovos caipiras** free range eggs. **ovos de granja** battery eggs. **ovos escaldados** poached eggs. **ovos estrelados** fried eggs. **ovos mexidos** scrambled eggs. **ovos quentes** soft-boiled eggs.

o.xa.lá [oʃal'a] *interj* God willing! let's hope! **oxalá assim seja!** I hope so.

o.xi.dar [oksid'ar] *vt+vpr* 1 to oxidize, oxidate, combine (a substance) with oxygen. **2** oxidar-se to cause the oxidation of, rust, make or become rusty.

o.xi.gê.nio [oksiʒ'enju] *sm Quím* oxygen. **aparelho de oxigênio** oxygen apparatus, resuscitator. **máscara de oxigênio** oxygen mask.

o.xí.to.no [oks'itonu] *sm Gram adj* oxytone: having the acute accent on the last syllable.

o.zô.nio [oz'onju] *sm Quím* ozone: an allotropic form of oxygen. **buraco de ozônio** ozone hole. **camada de ozônio** ozone layer, ozonosphere.

P, p [p'e] *sm* **1** the fifteenth letter of the alphabet. **2** *abrev* a) **padre** (priest). b) *Mús* **piano** (piano). c) **pp próximo passado** (immediately precedent, *Com* last month). d) *Quím* symbol of phosphorus.

pá [p'a] *sf* **1** spade, shovel, scoop. **2** shoulder of an ox or lamb. **3** *bras, gír* a great quantity. **da pá virada** *bras* brash, hotheaded. **pá de lixo** dustpan. **pôr uma pá de cal** to put an end to the matter. **uma pá de livros** a great deal of books.

pa.ca.to [pak'atu] *adj* **1** peaceful. **2** placid, serene.

pa.chor.ren.to [paʃoɾ'ẽtu] *adj* **1** phlegmatic, sluggish. **2** easy-going.

pa.ci.ên.cia [pasi'ẽsjə] *sf* patience: **1** state or quality of being patient. *tenha paciência com ele!* / have patience with him! **2** forbearance. **3** name of several card games (usually a form of solitaire). • *interj* easy!, take it easy!, calm down! **paciência de Jó** Job's patience. **perder a paciência** to lose one's temper.

pa.ci.en.te [pasi'ẽti] *s m+f* patient: **1** a person under treatment. **2** *Gram* the object or recipient of an action. • *adj m+f* patient: **1** resigned. **2** persevering. **3** forbearing.

pa.cí.fi.co [pas'ifiku] *adj* conciliatory, peaceful, calm. **Oceano Pacífico** Pacific Ocean.

pa.ci.fis.mo [pasif'izmu] *sm* pacifism: policy of settling international disputes by peaceful means without recourse to war.

pa.ci.fis.ta [pasif'istə] *s m+f* pacifist.

pa.co.te [pak'oti] *sm* **1** package, packet, pack, parcel, bundle. *fiz um pacote com seus livros e despachei-o* / I made a parcel with his books and mailed it. *achei um pacote de roupas sujas sob a cama dele* / I found a bundle of dirty clothes under his bed. **2** *bras* a great quantity of merchandise dealt on the whole. **3** *bras* a series of decrees signed all at one time. **fazer pacotes** to pack. **pacote turístico** package tour.

pac.to [p'aktu] *sm* pact, agreement, alliance. **pacto de morte** suicide pact. **ter pacto com o diabo** to have the devil's own luck.

pa.da.ri.a [padaɾ'iə] *sf* bakery.

pa.dei.ro [pad'ejru] *sm* baker.

pa.drão [padɾ'ãw] *sm* (*pl* **padrões**) **1** standard: rule of measure and weight, gauge. **2** model, pattern. **3** a decorative design. **padrão de vida** standard of living. **padrão ouro** gold standard, gold currency.

pa.dras.to [padɾ'astu] *sm* (*fem* **madrasta**) stepfather.

pa.dre [p'adɾi] *sm* priest. *ele tornou-se padre* / he took holy orders, he became a priest. **o Santo Padre** the Holy Father.

pa.dri.nho [padɾ'iɲu] *sm* (*fem* **madrinha**) **1** *Ecles* godfather. **2** best man (at a wedding). **3** *fig* protector.

pa.dro.ei.ro [padɾo'ejru] *sm Ecles* patron saint.

pa.dro.ni.zar [padɾoniz'ar] *vt* to standardize.

pa.ga.men.to [pagam'ẽtu] *sm* pay (the money you get as your wages or salary), payment (a sum of money paid). **condições de pagamento** terms of payment. **dia de pagamento** pay-day. *hoje é nosso dia de pagamento* / today is our pay-

day. **envelope de pagamento** pay-packet.
folha de pagamento payroll. **pagamento adiantado** payment in advance. **pagamento à vista** payment in cash. **pagamento em prestações** payment by instalments.

pa.gão [pag'ãw] *sm* (*pl* **pagãos**, *fem* **pagã**) pagan. • *adj* pagan: a) of or pertaining to pagans. b) heathen, irreligious.

pa.gar [pag'ar] *vt* **1** to pay: a) to make a payment. *eu mesmo pago minha despesa* / I pay for myself. *pagarei o almoço* / I'll pay for the dinner. b) to compensate. *ele teve de pagar por sua negligência* / he had to pay for his carelessness. **2** to expiate, atone for. *você me paga!* / I'll get even with you! **pagar adiantado** to pay in advance, prepay. **pagar as dívidas** to pay one's debts, quit scores. **pagar à vista** to pay cash. **pagar o bem com o mal** to render good for evil. **pagar o pato** to pay the piper.

pa.ger [p'ejdʒer] *sm* pager: an electronic device, which pages a person by means of a beep and a visual display.

pá.gi.na [p'aʒinə] *sf* page: one side of a leaf of a book, manuscript etc. **na página 9** at page 9. **página em branco** (também *fig*) blank page. **página virada** a bygone person, thing or fact.

pa.go.de [pag'ɔdi] *sm* **1** pagoda. **2** frolic, revel(ry). **3** an informal singing and dancing party.

pai [p'aj] *sm* (*fem* **mãe**) **1** father. *o seu pai está em casa?* / is your father home? **2** **pais** parents, mom and dad. **como um pai** fatherly. **o Pai Nosso** the Lord's Prayer. **pai de família** family man. **sem pai** fatherless. **tal pai, tal filho** like father, like son.

pai.na [p'ʌjnə] *sf Bot* kapok, floss, vegetable silk, silk cotton.

pai.nel [pajn'ɛl] *sm* (*pl* **painéis**) panel: a) framed picture, painting. b) pane. **painel de instrumentos** *Aeron* instrument panel, dashboard.

pai.ol [paj'ɔw] *sm* (*pl* **paióis**) **1** *Mil* a magazine for military stores. **2** storehouse, barn.

pai.rar [pajr'ar] *vt+vint* **1** to hover (over). **2** to float.

pais [p'ajs] *sm pl* **1** parents (father and mother). **2** ancestors.

pa.ís [pa'is] *sm* (*pl* **países**) country: a) nation, land. b) fatherland. **em todo o país** all over the country.

pai.sa.gem [pajz'aʒēj] *sf* (*pl* **paisagens**) landscape. **paisagem marinha** seascape, waterscape.

pai.sa.no [pajz'ʌnu] *sm* **1** compatriot, fellow citizen, fellow countryman. **2** civilian. • *adj* **1** countryman. **2** civilian. **à paisana** in civilian clothes, in plain clothes.

pai.xão [pajʃ'ãw] *sf* (*pl* **paixões**) passion: **1** love, affection, infatuation. **2** strong feeling (as hate, love, joy). *a leitura é a paixão dele* / reading is a passion with him. *ela tem paixão por música* / she has a passion for music. **3** martyrdom, suffering, affliction. **Paixão de Cristo** the suffering of Christ. **Semana da Paixão** Passion Week. **Sexta-Feira da Paixão** Good Friday.

pa.je.lan.ça [paʒel'ãsə] *sf bras* witchcraft.

pa.la.ce.te [palas'eti] *sm* **1** a small palace. **2** stately house.

pa.la.ci.a.no [palasi'ʌnu] *sm* courtier. • *adj* **1** aristocratic. **2** *bras, pop* polite, courteous.

pa.lá.cio [pal'asju] *sm* palace: a) a stately house. b) a large public building, edifice. **palácio da justiça** courthouse.

pa.la.dar [palad'ar] *sm* **1** palate. **2** sense of taste. **3** taste, flavor, savor. **de paladar agradável** toothsome, tasty, appetizing. **paladar refinado** a discerning palate.

pa.lan.que [pal'ãki] *sm* **1** open-air stand, scaffold, raised platform whence spectacles may be viewed. **2** *bras* post.

pa.la.vra [pal'avrə] *sf* **1** word: a) what is said or written. *ele ouviu atentamente as palavras dela* / he hung on her words. *suas palavras não me saíram da cabeça* / his words ran in my head. b) promise, warrant, declaration. *acreditei cegamente em palavras dela* / I took his word for it. **2** permission to talk. *foi-lhe concedida a palavra* / he was given permission to speak. **a bom entendedor meia pala-**

vra basta a word to the wise is sufficient. **cortar a palavra a alguém** to interrupt someone. **dar a palavra** to give one's word. *dou-lhe a minha palavra* / I give you my word for it. **dar a última palavra** to give the last word. **em outras palavras** in other words. **em poucas palavras** in a few words, in short. **faltar com a palavra** to break one's word. **homem de palavra** a man of his word. **homem de poucas palavras** a man of few words. **jogo de palavras** a) wordplay. b) wordgame. **manter a sua palavra** to keep one's word. *ele cumpre bem a sua palavra* / he is as good as his word. **Palavra de Deus** the Word of God, the Gospels. **palavra de honra** word of honor. **palavra de ordem** word of command. **palavra empenhada** pledged word. **palavra por palavra** word for word, literally. **palavras cruzadas** crossword puzzle.

pa.la.vra-cha.ve [palavrəʃ'avi] *sf* keyword.

pa.la.vrão [palavr'ãw] *sm* (*pl* **palavrões**) bad language. **dizer palavrões** to swear, sling the language, use base language.

pa.la.vri.nha [palavr'iɲə] *sf* **1** *dim* de **palavra** little word. **2** a word, chat. *quero dar-lhe uma palavrinha* / I want to have a word with you.

pal.co [p'awku] *sm* the stage: a) *fig* scenary of an event. b) *fig* the theatre.

pa.ler.ma [pal'εrmə] *s m+f* idiot, fool, imbecile. • *adj m+f* foolish, idiotic, stupid.

pa.les.tra [pal'εstrə] *sf* **1** conversation, talk. **2** a lecture or discussion on a cultural subject.

pa.le.ta [pal'etə] *sf* **1** palette (of painters or sculptors). **2** *bras, Anat, Zool* shoulderblade.

pa.le.tó [palet'ɔ] *sm bras* a man's coat, jacket.

pa.lha [p'aʎə] *sf* straw. **chapéu de palha** straw hat. **não mexer uma palha** *bras* to be lazy. **palha de aço** steel wool.

pa.lha.ça.da [paʎas'adə] *sf* **1** buffoonery, clowning. **2** slapstick comedy. **fazer palhaçada** to play the fool.

pa.lha.ço [paʎ'asu] *sm* **1** buffoon, clown, jester. **2** *fig* funny person.

pa.lhei.ro [paʎ'ejru] *sm* **1** hayloft: place for keeping straw or hay. **2** haystack. **3** *bras* a straw cigarette. **procurar agulha em palheiro** to look for a needle in a haystack.

pa.lhi.nha [paʎ'iɲə] *sf* cane splints for chair-bottoms.

pa.lho.ça [paʎ'ɔsə] *sf* thatched hut.

pá.li.do [p'alidu] *adj* **1** pale, wan. **2** faint. **cara pálida** pale face. **ficar pálido** to go pale.

pa.li.to [pal'itu] *sm* **1** toothpick. **2** *pop* a match. **3** *gír* a very thin person. *ela está um palito* / she is as thin as a rake. **jogar com palitos** to draw cuts.

pal.ma.da [pawm'adə] *sf* slap, cuff, smack.

pal.ma.tó.ria [pawmat'ɔrjə] *sf* a ferule or palmer formerly used for striking school children on the palm of the hand. **dar a mão à palmatória** to see one's error, acknowledge one's mistake.

pal.mei.ra [pawm'ejrə] *sf Bot* palm tree: any tree of the family Arecaceae.

pal.mei.ren.se [pɛ ˌvmejr'ẽsi] *s m+f bras* a member, supporter or player of the Sociedade Esportiva Palmeiras, a football team from São Paulo. • *adj m+f bras* of, referring to or related to this football team.

pal.mi.to [pawm'itu] *sm* heart of palm.

pal.mo [p'awmu] *sm* **1** span (of the hand). **2** palm: a lineal measure. **palmo a palmo** inch by inch, foot by foot. **palmo de terra** a small extension of land.

pál.pe.bra [p'awpebrə] *sf Anat* eyelid.

pal.pi.tar [pawpit'ar] *vt+vint* **1** to palpitate: a) to beat rapidly, pulsate. b) to flutter, throb, quiver. **2** to give suggestions.

pal.pi.te [pawp'iti] *sm* **1** suggestion. **2** tip (as at horse racing). **3** presentiment, suspicion. **palpite bom** hot tip.

pa.mo.nha [pam'oɲə] *sf bras* **1** a sweetish concoction of which green corn paste is the chief ingredient, rolled and baked in fresh corn husks. **2** *masc* a) fool. b) loafer.

pan.ça [p'ãsə] *sf* **1** *Zool* rumen: the first stomach of ruminants. **2** *pop* paunch, belly, potbelly.

pan.ca.da [pãk'adə] *sf* **1** blow, knock, bang, hit. **2** shock, collision, impact. **3** *masc bras* crazy, lunatic person. • *adj m+f bras* crazy, nuts. **pancada de água** a sudden and strong rain.

pân.creas [p'ãkrjas] *sm sing+pl Anat* pancreas.

pan.da [p'ãdə] *sm Zool* giant panda: a large black-and-white bearlike animal.

pan.dei.ro [pãd'ejru] *sm* tambourine.

pan.de.mô.nio [pãdem'onju] *sm* pandemonium: a wild uproar, tumult.

pa.ne.la [pan'ɛlə] *sf* **1** pot, pan for kitchen use. **2** *bras* the underground nest of ants. **3** *fig* any kind of closed group. **panela de pressão** pressure cooker.

pa.ne.li.nha [panɛl'iñə] *sf* **1** a small pot or pan. **2** literary clique. **3** *fig* intrigue, plot. **4** any very closed group.

pan.fle.to [pãfl'etu] *sm* pamphlet.

pan.ga.ré [pãgar'ɛ] *sm bras* a bad, worthless horse. • *adj m+f* said of such a horse.

pâ.ni.co [p'ãniku] *sm* panic: sudden and unreasonable fear, terror, sudden alarm. • *adj* panic: of, pertaining to or resulting from a panic or fear. **em pânico** panic-driven, panic-stricken.

pa.ni.fi.ca.do.ra [panifikad'orə] *sf bras* bakery.

pa.no [p'ʌnu] *sm* **1** cloth: a) a general word for any woven fabric of wool, silk, cotton, linen. b) cover (of cloth). **2** *Náut* sail. **3** fabric, material. **4** *Teat* curtain. **a todo o pano** a) under full sail. b) with full speed. **cai o pano** *Teat* the curtain comes down. **fecha-se o pano** the scene closes. **pano cru** unbleached cloth. **pano de boca** stage curtain. **pano de cozinha** dishcloth. **pano de mesa** tablecloth, tablecover. **panos quentes** *fig* mollifications, silencings. **por baixo do pano** in a hidden way, disguisedly.

Usa-se a palavra **cloth** para definir *pano* de maneira geral. Já **fabric** e **material** referem-se mais propriamente ao tecido empregado ou a ser empregado em artigo de confecção.

pa.nô [pan'o] *sm* an ornamental panel made of flat, printed or painted cloth used on walls or as a garrison for curtains.

pa.no.ra.ma [panor'ʌmə] *sm* panorama: a) scene, scenery, view. b) landscape. c) *fig* a broad view of a subject.

pan.que.ca [pãk'ɛkə] *sf bras* pancake: a thin batter cake fried in a pan, a griddle cake.

pan.ta.nal [pãtan'aw] *sm* (*pl* **pantanais**) **1** swampland. **2** *bras* the lowlands of the states of Mato Grosso (MT) and Mato Grosso do Sul (MS).

pân.ta.no [p'ãtanu] *sm* swamp, marsh, bog, morass, quagmire.

pan.te.ra [pãt'ɛrɐ] *sf* **1** *Zool* panther. **2** *bras*, *fig* a very beautiful and attractive woman.

pão [p'ãw] *sm* (*pl* **pães**) **1** bread. **2** food in general, sustenance. **3** loaf. **4** Host, the consecrated wafer. **5** *bras*, *gír*, *obsol* a handsome man or a pretty woman. **comer o pão que o diabo amassou** to undergo difficulties and problems. **ganhar o pão** to earn a living. **miolo de pão** bread crumb. **pão amanhecido** stale bread. **pão caseiro** home-made bread. **pão com manteiga** bread and butter. **pão de forma** sandwich loaf. **pão de queijo** a baked cassava starch and cheese delicacy. **pão integral** whole bread.

pão-de-ló [p'ãwdil'ɔ] *sm* (*pl* **pães-de-ló**) sponge-cake.

pão-du.ro [pãwd'uru] *sm* (*pl* **pães-duros**) *bras*, *coloq* niggard, miser, stingy person.

pão.zi.nho [pãwz'iñu] *sm* (*pl* **pãezinhos**) *dim* de **pão** little bread, roll.

pa.pa¹ [p'apə] *sm* the Pope.

pa.pa² [p'apə] *sf* pap: a) any soft food for babies, mush. b) any solid substance converted into paste. **não ter papas na língua** to be outspoken.

pa.pa.gai.o [papag'aju] *sm* **1** parrot. **2** paper kite. • *interj bras*, *pop* indicating a strong surprise or amazement, heavens!, good heavens! **falar como um papagaio** to chatter like a parrot.

pa.pai [pap'aj] *sm coloq* papa, dad(dy), father, pappy. **Papai Noel** Santa Claus.

pa.pão [pap'ãw] *sm* (*pl* **papões**) bugbear, hobgoblin, bugaboo.

pa.pa.ri.car [paparik'ar] *vt* to treat with excessive care, pamper.

pa.pel [pap'ɛw] *sm* (*pl* **papéis**) **1** paper. **2** *Teat* role, *rôle*. **3** paper money. **4** a written sheet of paper. **5** function, role. *ele não está dentro do seu papel* / he is out of his character. **6** papéis documents. **desempenhar o papel de** to play the part of. **fazer papel de bobo** to play the fool. **folha de papel** a sheet of paper. **papel-alumínio** aluminum foil. **papel-bíblia** Bible paper. **papel brilhante** *Fot* glossy paper. **papel-carbono** carbon paper. **papel de embrulho** wrapping paper. **papel de impressão** printing paper. **papel higiênico** toilet paper. **papel pautado** ruled paper. **papel quadriculado** graph paper. **papel usado** waste paper. **saco de papel** paper bag.

pa.pe.la.da [papel'adə] *sf* paperwork.

pa.pe.lão [papel'ãw] *sm* (*pl* **papelões**) cardboard: pasteboard used for making cards, boxes. **fazer um papelão** to make a fool of yourself.

pa.pe.la.ri.a [papelar'iɐ] *sf* stationer's.

pa.po [p'apu] *sm* **1** crop, pouch, craw (of birds). **2** goiter, goitre. **3** *fig* arrogance, pride. **4** *bras, gír* conversation, chatter. **bater papo** to chatter, talk, chat. **estar no papo** *bras, coloq* to be in the bag. **ficar de papo para o ar** to lead an idle life. **papo furado** *bras, gír* idle talk. **ser um bom papo** *bras, coloq* to be a person of agreeable conversation.

pa.pou.la [pap'owlə] *sf Bot* poppy.

pa.pu.do [pap'udu] *sm bras* one who is boastful. • *adj* goitrous.

pa.que.ra [pak'ɛrə] *sf bras, gír* **1** flirt, flirtation. **2** *masc+fem* a person who flirts, flirter, flirt.

pa.que.rar [paker'ar] *vt+vint bras, gír* to flirt.

par [p'ar] *sm* **1** pair, couple. **2** peer. **3** two of a kind. *estas meias não são do mesmo par* / these stockings are not fellows. *onde está o par deste sapato?* / where is the fellow of this shoe? **4** partner: one of two persons united in some enterprise (as marriage, dance, game). **5** *Mat* an even number. • *adj m+f* **1** equal, like, similar, equivalent. **2** even. **aos pares** in pairs. **a par** at par. **a par de** a) informed about. b) along with. **dispor em pares** to pair off. **par e ímpar** even and odd. **um par de luvas** a pair of gloves.

pa.ra [p'arə] *prep* **1** for, to, towards, at, in(to). *ele foi um amigo para mim* / he was a friend to me. *ele vai para Londres* / he goes to London. *minha contribuição para as despesas* / my contribution towards the expenses. *o que significa isto para ele?* / what's that to him? *temos um presente para você* / we have a present for you. **2** in order to. *tive de gritar para fazer-me ouvir* / I had to shout in order to make myself heard. *ela lê bem para a sua idade* / she reads well for her age. *tome cuidado para não perder o seu dinheiro* / be careful lest you lose your money. **livros para crianças** books for children. **para baixo** downward. **para cima** upward. **para diante** forward. **para lá e para cá** to and fro. **para o futuro** for the time to come. **para o meu gosto** to my taste. **para quê?** what for? **para sempre** forever. **trem para Londres** train for London.

pa.ra.be.ni.zar [parabeniz'ar] *vt bras* to congratulate.

pa.ra.béns [parab'ẽjs] *sm pl* **1** congratulations, on best wishes. **2** many happy returns. *parabéns pelo nascimento do bebê* / congratulations! you have a lovely baby. *parabéns pelo seu trabalho!* / congratulations on the work done! *parabéns pelo seu novo emprego!* / best wishes on your new job. *parabéns pelo seu aniversário* / happy birthday! many happy returns of the day.

pa.rá.bo.la [par'abolə] *sf* **1** parable: a short narrative with a moral or religious point, allegory. **2** *Geom* parabola.

pá.ra-bri.sa [parəbr'izə] *sm* (*pl* **pára-brisas**) windscreen, windshield. **limpador de pára-brisa** windshield wiper.

pá.ra-cho.que [parəʃ'ɔki] *sm* (*pl* **pára-choques**) bumper.

pa.ra.da [par'adə] *sf* **1** parade. **2** break, pause. *vou fazer uma parada de 10 minutos* / I'm going to make a ten-minute break. **3** stopping place (as for a bus). *vou descer na próxima parada* / I am getting off at the next stop. **parada car-díaca** *Med* cardiac arrest.

pa.ra.do [par'adu] *adj* **1** still, motionless. **2** quiet. **3** stagnant. **água parada** backwater.

pa.ra.fu.so [paraf'uzu] *sm* **1** screw. *o parafuso soltou-se* / the screw became loose. **2** spindle of a press. **3** bolt. **apertar um parafuso** to tighten a screw. **chave de parafuso** screw driver. **entrar em parafuso** *gír* to be perplexed, confused. **parafuso de porca** bolt with nut. **parafuso embutido** dormant bolt. **parafuso sem cabeça** grub screw. **ter um parafuso solto / ter um parafuso de menos / ter um parafuso de mais** *fig* to have a screw loose.

pa.rá.gra.fo [par'agrafu] *sm* **1** paragraph. **2** mark (§) used to indicate where a paragraph begins. **3** *Jur* a clause.

pa.ra.guai.o [parag'waju] *sm* Paraguayan: native or inhabitant of Paraguay. • *adj* Paraguayan: of or pertaining to Paraguay.

pa.ra.í.so [para'izu] *sm* paradise: a) heaven. b) *fig, coloq* any delightful place or situation.

pá.ra-la.ma [parəl'ʌmə] *sm* (*pl* **pára-lamas**) mudguard, automobile fender, splashboard.

pa.ra.le.lo [paral'ɛlu] *sm* **1** *Geogr* parallel. **2** comparison. • *adj* **1** parallel. **2** collateral. **correr paralelo a** to run parallel to. **sem paralelo** without parallel, unparalleled.

pa.ra.li.si.a [paraliz'iə] *sf* **1** paralysis, palsy. **2** *fig* numbness, torpor. **paralisia infantil** *Med* infantile paralysis, poliomyelitis.

pa.ra.mé.di.co [param'ɛdiku] *s m+f* paramedic. • *adj* paramedical. **equipe paramédica** paramedical staff.

pa.ra.pei.to [parap'ejtu] *sm* parapet: a) a low wall about the edge of a roof, terrace, bridge, fortification. b) window sill.

pá.ra-que.das [parək'ɛdas] *sm sing+pl* parachute. **colete de pára-quedas** parachute harness. **saltar de pára-quedas** to parachute. **salto com pára-quedas** parachute jump.

pá.ra-que.dis.ta [parəked'istə] *s m+f* (*pl* **pára-quedistas**) parachutist.

pa.rar [par'ar] *vt+vint* **1** to stop: a) to cease to move, come to an end. *ele só parou de correr ao ficar sem fôlego* / he only stopped running when he became breathless. *o relógio parou por falta de corda* / the clock (or watch) has run down. b) to discontinue. *parei de ler* / I stopped reading. **2** to remain in. *ninguém pára aqui* / *fig* nobody can live here. **sem parar** without interruption, continuously.

pá.ra-rai.os [parər'ajus] *sm sing+pl* lightning-conductor, lightning-rod.

pa.ra.si.ta [paraz'itə] *sm* parasite: a) an animal or plant that lives on or in another organism at whose expense it obtains nourishment. b) hanger-on, sponger. • *adj* parasitic: of or pertaining to a parasite.

par.cei.ro [pars'ejru] *sm* partner: a) associate, copartner. b) a companion, a consort. c) the partner in a game.

par.ce.la [pars'ɛlə] *sf* **1** parcel, portion. **2** quota. **3** item, entry. **4** any number of an addition.

par.ce.la.do [parsel'adu] *adj* divided in installments. **plano parcelado** installment plan.

par.ci.al [parsi'aw] *adj m+f* (*pl* **parciais**) **1** partial: pertaining to or involving a part only, not complete. **2** favouring one side, unfair, influenced, prejudiced, biased.

par.dal [par'daw] *sm* (*pl* **pardais**) *Ornit* sparrow (*Passer domesticus*).

par.do [p'ardu] *sm* mulatto. • *adj* brown, dusky, dark grey, drab.

pa.re.cer [pares'er] *sm* **1** appearance, aspect. **2** semblance, look, mien. **3** opinion, concept, idea. *sou do parecer que* / I am of the opinion that. **4** point of view. • *vt+vint+vpr* **1** to appear, seem, look, have the appearance of. *ele parecia estar zangado* / he seemed angry. *alguma coisa parecia estar perto de mim* / I felt as if something were near me. *isto parece fraude* / this looks like a fraud. *você parece desapontado* / you look disappointed. *o ar parece quente* / the air feels warm. *parece-me que a campainha está tocando* / I seem to hear the bell ringing. *parece-me impossível* / it seems impossible to me. **2 parecer-se (com)** to resemble, be similar to. **ao que parece** it looks as if. **emitir o seu parecer** to speak one's mind. **parece que vai chover** it looks like rain. **parecer de perito** expert's report. **parece ser diferente** it looks the other way. **parece um sonho** it seems like a dream. **que lhe parece?** what do you think?

pa.re.ci.do [pares'idu] *adj* similar, like, resembling.

pa.re.de [par'edi] *sf* **1** wall. **2** (by extension) barrier, fence. **3** *fig* strike (work stoppage). **as paredes têm ouvidos** walls have ears. **entre quatro paredes** between four walls. **falar às paredes** to talk to a brickwall. **parede de pau-a-pique** a wall of wattles and mud, cob-wall. **parede divisória** partition wall.

pa.re.de-mei.a [paredim'ejə] *sf (pl* **paredes-meias)** a dividing wall between two adjoining buildings. **parede-meia com** next door to.

pa.ren.te [par'ẽti] *sm* **1** relative. **2** **parentes** relatives, folks (of a family). *temos que ajudá-la, ela é nossa parente* / we must help her, she is family. • *adj* related. *ela é minha parente* / we are related. *ele é meu parente por parte de pai* / he is a relation on my father's side. *eles são parentes dela* / they are relatives of hers. *gosto dos parentes de minha mulher* / I like my in-laws, my wife's folks. **meus parentes** my folks. **parente consangüíneo** blood-relation. **parente longínquo** a distant relative. **parente próximo** a close relative. **um parente afastado** a remote relative.

pa.rên.te.se [par'ẽtezi] *sm* parenthesis, brackets. **abrir parêntese** to use the parenthesis sign in writing. **entre parêntese** in parentheses. **pôr entre parêntese** to parenthesize.

pa.rir [par'ir] *vt+vint* **1** give birth to. (somebody/something). **2** to deliver (babies).

par.la.men.tar [parlamẽt'ar] *s m+f brit* a member of parliament. • *adj m+f* parliamentary.

par.la.men.to [parlam'ẽtu] *sm* parliament, legislative body.

pá.ro.co [p'aroku] *sm* parish priest.

pa.ró.dia [par'ɔdjə] *sf* parody.

pa.ró.quia [par'ɔkjə] *sf Catól* parish: **1** the jurisdiction. **2** the church.

par.que [p'arki] *sm* park: a) public square, garden. b) *bras* a public garden with trees. **parque de diversões** amusement park. **parque infantil** playground. **parque nacional** forest preserve.

par.rei.ra [paʀ'ejrə] *sf* **1** trellised vine. **2** *Bot* vine.

par.te [p'arti] *sf* part: a) portion, fraction, component. *ele só obteve uma parte daquilo que queria* / he got only a fraction of what he wanted. *isso representa uma parte de* / this is part of. b) region, place. c) side, party. *não quero ter parte nisto* / I'll be no party to it. *ambas as partes chegaram a um acordo* / the parties have come to an agreement. d) lot, share. **a maior parte** the great(er) part, the majority. **à parte** apart, by itself, aside. **a parte do leão** the best bite. **cumpra sua parte** do your part. **da minha parte** on my part, as far as I am concerned. **da parte de** on the part of, from. **dar parte** to report. **de outra parte** elsewhere. **de parte a parte** reciprocally. **de sua parte** on his (her) part. **em alguma parte** somewhere. **em grande parte** largely. **em parte** in part, partly. **em parte alguma** nowhere. **em qualquer parte** anywhere. **em toda parte** all about, everywhere. **na maior parte** mainly. **parte dianteira** front. **parte interna** inside. **partes componentes** ou **integrantes** component parts. **parte traseira** rear end, tail piece. **pôr de parte** to set aside. **por parte de** on behalf of. **ter parte com** to have dealings with. **tomar parte em** to participate.

par.tei.ra [part'ejrə] *sf* midwife.

par.ti.ci.pa.ção [partisipas'ãw] *sf (pl* **participações) 1** notice. **2** participation, involvement, sharing. *a participação dos alunos foi entusiástica* / the students' participation was enthusiastic. **participação de noivado** notice of engagement. **participação nos lucros** profit sharing.

par.ti.ci.pan.te [partisip′ãti] *s m+f* participant.

par.ti.ci.par [partisip′ar] *vt* **1** to communicate, announce, divulge. **2** to participate in, take part in, share in. **participar de um jogo** to take part in a play.

par.ti.cu.la [part′ikulə] *sf* particle.

par.ti.cu.lar [partikul′ar] *sm* **1** a private person, an individual. **2** a particular matter or subject. **3** *bras* a private conversation. **4 particulares** details, particulars. • *adj m+f* particular: a) private, individual, personal. b) specific. c) minute, detailed. d) uncommon, unique. **em particular** in private. **escola particular** private school.

par.ti.cu.lar.men.te [partikularm′ẽti] *adv* in particular, particularly.

par.ti.da [part′idə] *sf* **1** departure. **2** *Esp* start. **3** game, match, set. **4** parcel (of goods), lot, shipment (of merchandise). **5** *coloq* trick, hoax. *seus colegas pregaram-lhe uma partida /* his classmates played a trick on him. **dar a partida** to start. **partida automática** *Mec* self-starter. **ponto de partida** starting-point. **uma partida de futebol** a football match. **uma partida de xadrez** a game of chess.

par.ti.dão [partid′ãw] *sm* (*pl* **partidões**) *coloq* **1** good match. **2** the Brazilian Communist Party.

par.ti.dá.rio [partid′arju] *sm* **1** adherent, member of a party, supporter. **2** backer. • *adj* adherent, sectarian.

par.ti.do [part′idu] *sm* **1** party: a) political organization. b) a body of persons united for some common purpose, a faction. **2** side, part. *ele mudou de partido /* he changed sides. • *adj* broken, fractured. **ele é um ótimo partido** he is an excellent match. **o partido no poder e a oposição** the ins and outs. **tomar o partido de** to rally with, make common cause with, side with. **tomar partido contra** to side against.

par.tir [part′ir] *vt+vint+vpr* **1** to break (up), split, part, crack. **2** to fracture (**um osso** a bone). **3** to depart, leave (**para** for, **de** from), go away. *ela partirá ama-*

nhã / she is leaving tomorrow. *ele acaba de partir para Nova York /* he has just left for New York. *o trem parte às oito horas da manhã /* the train departs at 8 a.m. **4** to start from. **5 partir-se** to break, become divided. *o jarro partiu-se /* the jug broke up. **a partir de então** from then on. **a partir de hoje** from now on, beginning today.

par.ti.tu.ra [partit′urə] *sf* partitur(a), a music score.

par.to [p′artu] *sm* childbirth, delivery. **parto cesariano** cesarean section. **parto prematuro** a premature birth. **trabalho de parto** labor, labour.

Pás.co.a [p′askwa] *sf* **1** *Rel* Easter: a festival commemoration of the resurrection of Christ. **2** the Jewish Passover. **3** *bras* a collective communion at Easter. **ovo de Páscoa** Easter egg. **véspera de Páscoa** Easter eve.

pas.mo [p′azmu] *sm* **1** amazement, astonishment, stupefaction. **2** admiration, wonder.

pas.sa [p′asə] *sf* raisin: a dried grape.

pas.sa.da [pas′adə] *sf* **1** pace, footstep, stride. **2** *bras* a short visit to a place. **dar uma passada** to stop by.

pas.sa.do [pas′adu] *sm* **1** the past. *isto são coisas do passado /* these are things of the past. **2** *Gram* past tense. • *adj* **1** past, gone, bygone. **2** former. **3** overripe (fruits). *estas bananas estão passadas /* these bananas are overripe. **4** last, latter. **5** ashamed. *ele ficou passado quando sua mentira foi descoberta /* he was ashamed when his lies were found out. **a noite passada** last night. **ano passado** last year. **bem-passado** well-done (meat). **em tempos passados** in former times, once. **malpassado** underdone, rare (meat). **morto e passado** dead and gone.

pas.sa.gei.ro [pasaʒ′ejru] *sm* passenger, traveller. • *adj* **1** transitory, momentary, temporary. **2** ephemeral.

pas.sa.gem [pas′aʒẽj] *sf* (*pl* **passagens**) **1** passage: a) act of passing. *sua passagem pela universidade foi difícil /* the time he passed in college was troublesome. b) passageway: way by which a person or thing may pass. c) a separate portion of a book. **2** fare, ticket. *eles reservaram suas passagens* / they booked their tickets. *quanto custa a passagem?* / what is the fare? **3** change, transition. **de passagem** (in) passing, by the way. **estar de passagem** to stay just for a short while. **passagem de ida e volta** return ticket. **passagem elevada** overpass. **passagem para pedestres** pedestrian crossing, *amer* crosswalk. **passagem subterrânea** subway, underpass.

pas.sar [pas'ar] *vt+vint+vpr* **1** to pass: a) to pass over, go through, cross. *não sei o que me passou pela cabeça* / I don't know what went through my mind. *passamos em frente da porta* / we went past the door. *passamos por Londres* / we passed through London. b) to go (by). *os dias passam* / the days go by. *eles passaram por nós* / they walked by us. c) to spend, employ, elapse (time). *ela passou a noite lendo* / she spent the night in reading. d) to endure, bear. e) *Fut* to kick (the ball) to another player of one's own side. **2** to exceed, surpass. *ela passou dos trinta* / she is past thirty. **3** to brew, filter, percolate. *acabei de passar um café* / I've just brewed some coffee. **4** to expire, cease. *o bilhete (passagem) passou da data* / the ticket has expired. **5** to send (as a telegram). *quero passar um fax para Lisboa* / I would like to send a fax to Lisbon. **6** to pass an examination. *ele passou no exame* / he passed his examination. **7** to iron (clothes). **8** to be transferred from one person to another. *a propriedade passará para seu irmão* / the property goes to his brother. *faça o favor de me passar a manteiga!* / pass me the butter, please! **9 passar-se** a) to happen, take place, occur. b) to direct one's step to. **deixar passar** to let pass. **deixar passar uma oportunidade** to let slip a fair opportunity. **estou passando bem!** I am quite all right! **já passa de meio-dia** it is past twelve. **não passar de ano (na escola)** to fail. **passar a ferro** to press, iron (clothes). **passar a limpo** to make a fair copy of.

passar a noite em claro to spend a sleepless night. **passar a noite fora** to stay over. **passar a perna em** to outwit (someone). **passar fome** to go hungry. **passar mal** a) to scrape one's living. b) to be sick. **passar os olhos** to browse. **passei muito mal** I felt very ill. **passemos a outro assunto** let's pass on to something else. **passou a chuva** the rain is over.

pas.sa.re.la [pasar'ɛlə] *sf bras* **1** footbridge: a narrow bridge for pedestrians. **2** catwalk: a footway especially designed for fashion shows.

pás.sa.ro [p'asaru] *sm* bird.

pas.sa.tem.po [pasat'ẽpu] *sm* pastime, hobby.

pas.se [p'asi] *sm* **1** pass: a) permission to pass. b) free ticket. c) *Esp* action of passing the ball between players at a game. **2** *bras, Fut* a contract of exclusivity between a football player and the team he plays in. **3 passes** *Espir* movements of the hand over a person to bless or cure him.

pas.se.ar [pase'ar] *vt+vint* to go for a walk.

pas.se.a.ta [pase'atə] *sf* **1** stroll: a leisure walk. **2** *bras* march, a public demonstration of protest.

pas.sei.o [pas'eju] *sm* **1** walk, stroll. *eu não sou muito amigo de passeios* / I am not much of a walker. **2** an outing, a tour. **3** sidewalk, pavement. **dar um passeio** to go for a walk. *vamos dar um passeio* / let's take a walk, let's go for a walk. **passeio a cavalo / de bicicleta** ride. **passeio de carro** drive.

pas.sí.vel [pas'ivew] *adj m+f* (*pl* **passíveis**) **1** susceptible, capable of suffering or feeling. **2** liable to penalties or sanctions. **passível de** liable to, subject to.

pas.si.vo [pas'ivu] *sm Com* liabilities, debts. • *adj* passive: **1** unresponsive. **2** unresisting. **3** indifferent. **fumante passivo** passive smoker. **resistência passiva** passive resistance. **voz passiva** *Gram* passive voice.

pas.so [p'asu] *sm* **1** pace, step, footstep. *ele deu dois passos em sua direção* / he took two steps up to him. **2** walk, gait, manner of walking. *ele apressou o passo para alcançá-la* / he quickened his steps to reach her. **3** march. **4** circumstance, situation. *naquele passo, não sabia o que fazer* / he didn't know what to do in the situation. **a cada passo** at every step. **acompanhar os passos de** to keep pace with. **a dois passos** at two steps from. **ao passo que** while, as. **a passos lentos** *fig* at a very slow pace. **dar um passo** to take a step. **em passo acelerado** at a quick, round pace. **passo a passo** step by step. **primeiros passos** first steps, initiation.

pas.ta [p'astə] *sf* **1** paste. **2**: a) folder, briefcase. b) a position in the cabinet. *a pasta (ministério) da Educação* / the Ministry of Education. **pasta dental** toothpaste. **pasta para escrever** writing-pad.

pas.tar [past'ar] *vt+vint* **1** to pasture, graze. **2** to feed, give or take food. **o gado está pastando** the cattle is grazing.

pas.tel [past'ɛw] *sm* (*pl* **pastéis**) **1** pastry. **2** *Bel-art* pastel: drawing with coloured crayons.

pas.ti.lha [past'iʎə] *sf* **1** lozenge: a small medicated tablet. **2** candy, sweet.

pas.to [p'astu] *sm* pasture. **casa de pasto** eating-house.

pas.tor [past'or] *sm* (*pl* **pastores**) **1** herdsman, shepherd. **2** pastor, minister, clergyman, vicar (of a Protestant Church). **cão pastor alemão** Alsatian shepherd.

pa.ta [p'atə] *sf* **1** female duck. **2** paw (a dog's paw). **3** hoof, hooves, a horse's hooves. **pata dianteira** forefoot. **pata traseira** hindfoot.

pa.ta.da [pat'adə] *sf* a kick with the paws or feet.

pa.ta.mar [patam'ar] *sm* **1** landing. **2** level, degree.

pa.ta.vi.na [patav'inə] *sf* nothing. *eu não entendo patavina* / I don't understand anything.

pa.tê [pat'e] *sm* pâté.

pa.ten.te [pat'ẽti] *sf* **1** patent. **2** military rank. • *adj m+f* patent, evident, clear, manifest, unequivocal. **requerer patente de invenção para...** to take out a patent for...

pa.ter.nal [patern'aw] *adj m+f* (*pl* **paternais**) paternal, fatherlike, fatherly.

pa.ter.ni.da.de [paternid'adi] *sf* paternity, fatherhood. **licença paternidade** paternity leave.

pa.ter.no [pat'ɛrnu] *adj* paternal. **avós paternos** paternal grandparents. **casa paterna** father's house, home.

pa.te.ta [pat'ɛtə] *s m+f* simpleton, fool.

pa.té.ti.co [pat'ɛtiku] *sm* something moving or touching. • *adj* pathetic(al): a) touching, moving. b) arousing compassion.

pa.ti.fe [pat'ifi] *sm* rascal, villain, rogue, scoundrel. • *adj* **1** scoundrel, knavish. **2** *bras* coward, weak, timid.

pa.tim [pat'ĩ] *sm* (*pl* **patins**) **1** skate (ice or roller). **2** runner of a sledge (sleigh). **patins de gelo** ice skates. **patins de roda** roller skates.

pa.ti.na.ção [patinas'ãw] *sf* (*pl* **patinações**) *bras* skating.

pa.ti.na.dor [patinad'or] *sm* skater.

pa.ti.nar [patin'ar] *vint* **1** to skate. **2** to roller-skate. **3** to slid, skid (as the wheels in the mud).

pa.ti.nho [pat'iñu] *sm* **1** duckling: a young duck. **2** the meat of an ox's hindleg.

pá.tio [p'atju] *sm* courtyard. **pátio de armazenagem** storage yard. **pátio de fazenda** farmyard. **pátio de recreio** playground.

pa.to [p'atu] *sm* **1** *Ornit* duck, drake. **2** *pop* simpleton. **3** *bras* a bad player. **pagar o pato** to pay the piper.

pa.to.ta [pat'ɔtə] *sf bras gír* group, gang (of friends).

pa.trão [patr'ãw] *sm* (*pl* **patrões**, *fem* **patroa**) **1** boss, employer. **2** patron. **3** *coloq* a respectful way of addressing people of superior social status.

pá.tria [p'atrjə] *sf* **1** native country, fatherland, motherland. **2** *fig* home (-land).

pa.tri.ci.nha [patris'iñə] *sf bras, coloq* an empty-headed young girl very much concerned about the latest fashion.

pa.trí.cio [patr'isju] *sm* **1** *Hist* patrician, aristocrat. **2** fellow-countryman.

pa.tri.mô.nio [patrim'onju] *sm* patrimony, estate. **patrimônio hereditário** birthright.

pa.tri.o.ta [patri'ɔtə] *s m+f* patriot. • *adj m+f* patriotic.

pa.tro.ci.na.dor [patrosinad'or] *sm* sponsor. • *adj* supporting, sponsoring.

pa.tro.ci.nar [patrosin'ar] *vt* **1** to sponsor (também *Com*). **2** to support.

pa.tro.cí.nio [patros'inju] *sm* **1** support. **2** sponsorship. **sob o patrocínio de** under the auspices of.

pa.tro.no [patr'onu] *sm* patron: protector, defender, advocate.

pa.tru.lha [patr'uʎə] *sf* patrol, the soldiers, policemen and vehicles patrolling a district.

pa.tru.lhar [patruʎ'ar] *vt+vint* to patrol, be on patrol.

pau [p'aw] *sm* **1** stick, cudgel. **2** timber. **3** wood. **4** beating. **5** *bras, pop* a) failure in an examination. b) cruzeiro, cruzado, real, one currency unit. **6** *bras, vulg* penis, cock, dick. **7** *paus Cartas* clubs. *naipe de paus é trunfo* / clubs are trumps. **a dar com pau** a great deal. **levar pau** *bras, pop* to flunk an examination. **meter o pau em** a) *bras, gír* to speak ill of. b) to squander. **mostrar com quantos paus se faz uma canoa** *fig* to teach someone a lesson. **pau para toda obra** Jack of all trades. **quebrar um pau** *bras, pop* to have a heated argument.

pau-a-pi.que [pawap'iki] *sm* (*pl* **paus-a-pique**) *bras* mud wall.

pau.la.da [pawl'adə] *sf* blow with a cudgel, beating with a stick.

Pau.li.céi.a [pawlis'ɛjə] *sf* the city of São Paulo, capital of the State of São Paulo.

pau.lis.ta [pawl'istə] *s m+f bras* Paulista: native or inhabitant of the State of São Paulo.

pau.lis.ta.no [pawlist'ʌnu] *sm bras* native or inhabitant of the city of São Paulo. • *adj* of or pertaining to the city of São Paulo.

pau-man.da.do [pawmãd'adu] *sm* (*pl* **paus-mandados**) *coloq* servile person, stooge, puppet.

pau.pér.ri.mo [pawp'ɛr̃imu] *adj sup abs sint* de **pobre** very poor.

pau.sa [p'awzə] *sf* pause.

pau.ta [p'awtə] *sf* **1** *Mús* stave, staff. **2** guidelines. **3** ruled lines. **4** *bras* in the mass media, a summary of the subject to be developed.

pau.zi.nhos [pawz'iñus] *sm pl coloq* plot, intrigue. **mexer os pauzinhos / tecer os pauzinhos** a) to plot, scheme, intrigue. b) to employ the necessary means to accomplish a good result in a business.

pa.vão [pav'ãw] *sm* (*pl* **pavões**, *fem* **pavoa**) *Ornit* peacock.

pa.vi.lhão [paviʎ'ãw] *sm* (*pl* **pavilhões**) **1** pavilion. **2** flag, pennant, standard.

pa.vi.men.tar [pavimẽt'ar] *vt* to pave: a) to lay pavements. b) to cover with asphalt, gravel, concrete (as a road).

pa.vi.men.to [pavim'ẽtu] *sm* **1** pavement: a hard covering for a road. **2** surface. **3** floor (of a building), story. **pavimento térreo** ground floor.

pa.vi.o [pav'iu] *sm* wick. **de fio a pavio** from beginning to end. **ter o pavio curto** *bras, coloq* to be impulsive, rash.

pa.vor [pav'or] *sm* great fear, fright, dread. **ter pavor** to be in great fear.

pa.vo.ro.so [pavor'ozu] *adj* **1** dreadful, terrible, horrific. **2** very ugly.

paz [p'as] *sf* (*pl* **pazes**) peace: **1** tranquillity, calm. **2** concord, harmony. **3** absence or cessation of war. **4** silence, quiet. **cachimbo da paz** pipe of peace. **deixe-o em paz** leave him alone. **descansar em paz** to rest in peace. **fazer as pazes** to make peace. **juiz de paz** justice of the peace. **paz de espírito** peace of mind.

pé [p'ɛ] *sm* **1** foot: a) *Anat, Zool* terminal segment of the leg. b) linear measure of 30.48 centimeters or 12 inches. c) pedestal, base. **2** *fig* pretext. **3** *fig* state of business). **4** a single plant. **5** *Lit, pop, bras* verse. **abrir o pé / dar no pé / abrir no pé** to run away. **ao pé da letra** to the letter, literally. **ao pé do ouvido** secretly, with discretion. **a pé** on foot. **arrastar os pés** *coloq* to dance. **botar o pé no mundo** to flee, run away. **dar pé** *bras, pop* to be shallow (river, sea) so as to permit the feet to touch the bottom. **de pé atrás** cautiously. **dos pés à cabe-**

ça from head to foot. **em pé** on one's feet, standing, upright. *o dia inteiro em pé* / on one's feet all day. **em pé de igualdade** on the same level. **entrar com o pé direito** to begin (or start) luckily. **fazer pé firme** to insist. **ficar de pé** to stand up. **ir a pé** to go on foot. **não arredar pé** a) to stick to a place. b) *fig* to stick to one's opinion. **pé ante pé / nas pontinhas dos pés** to tiptoe. **pé chato** flatfoot. **pé de alface** head of lettuce. **pegar no pé** *bras, coloq* to pester, annoy. **peito do pé** instep. **pé na tábua!** step on it! **sem pé nem cabeça** silly, absurd. **tirar o pé da lama** to improve one's living. **um pé de meia** a single stocking. **você não chega aos pés dele** you are not able to hold a candle to him, you are far beneath him.

pe.ão [pe'ãw] *sm (pl* **peões**) 1 *Xadrez* pawn. 2 *bras* farm hand.

pe.ça [p'ɛsə] *sf* 1 piece: a) a spare part. b) division, section. c) *Teat* drama, play. *a peça foi encenada no ano passado* / the play was staged last year. d) *Mús* a musical composition. e) a practical joke, jest. 2 *fig* a person with a bad character. **peça de roupa** garment. **peça em um ato** *Teat* one-act play. **peça por peça** piece by piece. **pregar uma peça em alguém** to play a trick on someone. **uma peça de mobília** a piece of furniture.

pe.ca.do [pek'adu] *sm* sin. **cometer um pecado** to commit a sin. **pecado original** original sin.

pe.ca.dor [pekad'or] *sm* sinner, wrongdoer. • *adj* sinful, sinning.

pe.car [pek'ar] *vt+vint* to sin.

pe.chin.cha [peʃ'iʃə] *sf* bargain.

pe.chin.char [peʃiʃ'ar] *vt* to haggle (over).

pe.cu.li.ar [pekuli'ar] *adj m+f* peculiar: a) one's own. b) special, individual. c) singular, uncommon, unique.

pe.da.ço [ped'asu] *sm* 1 piece, bit, fragment. *um pedaço de bolo* / a piece of cake. 2 bite, slice. *um pedaço de presunto* / a slice of ham. 3 portion, chunk, brick. **aos pedaços** brokenly, by snatches. **em pedaços** in tatters (cloth or garment). **fazer em pedaços** to break,

rend to pieces. **quebrar em mil pedaços** to break it to a thousand bits, *coloq* knock to smithereens.

pe.dá.gio [ped'aʒju] *sm bras* 1 toll. 2 toll gate.

pe.da.go.gi.a [pedagoʒ'iə] *sf* pedagogy.

pe.da.gó.gi.co [pedag'ɔʒiku] *adj* pedagogic(al).

pe.dal [ped'aw] *sm (pl* **pedais**) pedal.

pe.da.lar [pedal'ar] *vt+vint* 1 to pedal. 2 to ride a bicycle.

pe.dan.te [ped'ãti] *s m+f* a pedant. • *adj m+f* pretentious, arrogant.

pé-de-boi [p'ɛdib'oj] *sm (pl* **pés-de-boi**) *bras* a hard-working person.

pé-de-ca.bra [p'ɛdik'abrə] *sm (pl* **pés-de-cabra**) crowbar.

pé-de-ga.li.nha [p'ɛdigal'iɲə] *sm (pl* **pés-de-galinha**) crow's-foot: the wrinkles spreading out from the corners of the eyes, formed as the skin ages.

pé-de-mei.a [p'ɛdim'ejə] *sm (pl* **pés-de-meia**) nest egg, savings.

pé-de-pa.to [p'ɛdip'atu] *sm (pl* **pés-de-pato**) *bras* flipper, fin (for sky diving).

pe.des.tre [ped'ɛstri] *s m+f* pedestrian.

pe.di.a.tra [pedi'atrə] *s m+f* pediatrician.

pe.di.cu.ro [pedik'uru] *sm* chiropodist, podiatrist.

pe.di.do [ped'idu] *sm* 1 request. 2 *Com* order, commission. 3 proposal (of marriage). **a pedido** upon (or by) request. **a pedido de** at the request of. **conforme pedido** as requested. **fazer um pedido** *Com* to place an order.

pe.din.te [ped'ĩti] *sm* beggar, panhandler.

pe.dir [ped'ir] *vt+vint* 1 to ask, beg, demand. *peça-lhe que venha aqui* / ask him round. 2 to appeal, call in. *pediram-me que ajudasse* / I was called upon to help. 3 to request. 4 to order. *eles pediram duas cervejas* / they ordered two beers. **ele pediu demissão** he sent in his resignation, *gír* chucked up his job. **pedi a sua permissão** I asked his permission. **pedir desculpas** to apologize. **pedir emprestado** to borrow. *eles pediram meu carro emprestado* / they borrowed my car. **pedir um conselho** to call upon someone for advice.

pé-di.rei.to [pɛdir'ejtu] *sm (pl* **pés-direi-**

tos) *Arquit* height of a room (from ceiling to roof).

pe.dra [p'ɛdrə] *sf* 1 stone. 2 gravel. 3 hail. 4 flint. 5 pebble. 6 stone in the kidney. **dormir como uma pedra** to sleep like a top /log. **idade da pedra** stone age. **muro de pedra** stone wall. **não deixar pedra sobre pedra** to leave no stone unturned. **pedra fundamental** foundation stone. **pedra preciosa** precious stone, gem.

pe.dra-po.mes [pɛdrəp'omis] *sf* (*pl* **pe-dras-pomes**) pumice.

pe.dre.gu.lho [pedreg'uʎu] *sm* gravel.

pe.drei.ra [pedr'ejrə] *sf* quarry, stone-pit, stone-quarry.

pe.drei.ro [pedr'ejru] *sm* bricklayer.

pé-fri.o [pefr'iu] *sm* (*pl* **pés-frios**) *bras, pop* an unlucky person who also brings bad luck.

pe.ga.da [peg'adə] *sf* 1 *Fut* act of catching (goalkeeper). 2 footstep, footprint, footmark. **nas pegadas de** on the track of.

pe.ga.di.nha [pegad'iɲə] *sf bras, gír* catch: a concealed difficulty or disadvantage.

pe.ga.do [peg'adu] *adj* near to, close, adjoining, nearby.

pe.ga.jo.so [pegaʒ'ozu] *adj* 1 clammy, tacky, sticky, clingy. 2 *fig* clinging, troublesome, importunate.

pe.gar [peg'ar] *vt+vint+vpr* 1 to catch, hold, grasp, get, snatch, seize, pick. *agora o peguei* / I have got you. *agora você me pegou* / you've got me there. 2 to take. *ele pegou-a pela mão* / he took her by the hand. *é pegar ou largar* / take it or leave it. 3 to be contagious. 4 to catch (a contagious disease). 5 to start (a car). *o carro não pega* / the car won't start. 6 to grasp, understand. *não peguei o que ele disse* / I didn't understand what he said. 7 **pegar-se** a) to stick to. b) to come together with. c) to adhere to. **a planta pegou bem** the plant took on well. **ele foi pego desprevenido** he was caught unawares. **pegar bem/mal** to be well/ badly received or accepted. **pegar fogo** to catch fire. **pegar um resfriado** to catch a cold.

pei.to [p'ejtu] *sm* 1 breast, chest, bosom. 2 thorax. 3 heart. 4 courage, valor, resolution. **amigo do peito** bosom friend. **de peito aberto** sincerely. **homem de peito** a man of courage. **largar o peito** (a child) to be weaned. **peito do pé** instep.

pei.to.ril [pejtor'iw] *sm* (*pl* **peitoris**) parapet. **peitoril de janela** window sill.

pei.xa.ri.a [pejʃar'iə] *sf* establishment where fish is sold.

pei.xe [p'ejʃi] *sm Ictiol* fish. *eles tiveram peixe para o jantar* / they had fish for dinner. **como um peixe fora d'água** ill at ease. **filho de peixe peixinho é** like father like son. **não tenho nada a ver com o peixe** it's none of my business. **peixe de água doce** freshwater fish. **pei-xe de mar** sea fish.

Pei.xes [p'ejʃis] *sm pl* Pisces: a) *Astr* a zodiacal constellation directly south of Andromeda. b) the 12th sign of the zodiac in astrology.

pe.jo.ra.ti.vo [peʒorat'ivu] *adj* (também *Gram*) derogatory.

pe.la [p'elə] *contr prep* (*ant*) **per** + *art* (*ant*) **la**: by, through, at, in the, for the. *ele saiu pela janela* / he got out through the window. *eles morreram pela pátria* / they died for their country. *comprei pela metade do preço* / I bought at half the price. *aí pelas três horas* about three o'clock. **pela mesma razão** for the same reason. **pela minha parte** as far as I am concerned. **pela última vez** for the last time.

pe.la.da [pel'adə] *sf bras* a football game played only for fun.

pe.la.do [pel'adu] *adj bras* naked.

pe.la.gem [pel'aʒẽj] *sf* (*pl* **pelagens**) the hair, fur, wool, or other soft covering of a mammal.

pe.lan.ca [pel'ãkə] *sf* loose folds of skin.

pe.lar [pel'ar] *vt+vint+vpr* 1 to scrape off the hair. 2 to skin: strip the skin from, flay. 3 to strip (all the money of a person) by fraud. 4 *bras, fig* to reach very high temperatures. *a água está pelando* / the water is very hot. **pelar-se de medo** to be terrified of. *ele se pela de medo da mulher* / he is terrified of his wife.

pe.le [p'ɛli] *sf* skin: a) *Anat, Zool* the covering of the body, epidermis. *ele é só pele e osso* / he is skin and bones. b) pelt, hide, fur. c) leather. d) *Bot* peel, husk. **arriscar a pele** to risk one's life. **não queria estar em sua pele** I wouldn't like to be in his shoes. **salvar a pele** to save one's skin.

pe.le.go [pel'egu] *sm* **1** a sheepskin used over the saddle. **2** *bras* a ward heeler, a political henchman.

pe.le.ver.me.lha [pɛliverm'eʎə] *s m+f* Red Indian, Redskin: a North American Indian.

pe.li.ca.no [pelik'ʌnu] *sm* pelican.

pe.lí.cu.la [pel'ikulə] *sf* **1** pellicle. **2** film.

pe.lo [p'elu] *contr prep* (*ant*) **per** + *art* (*ant*) **lo**: by, through, of, at, for the, in the, toward the. **pelo amor de Deus** for God's sake. **pelo contrário** on the contrary. **pelo correio** by mail. **pelo menos** at least. **pelo mesmo preço** at the same price. **pelo que dizem** as they say. **pelo que sei** as far as I know. **pelo que você diz** from what you say.

pê.lo [p'elu] *sm* hair, down, flue, pile. **em pêlo** naked. **montar em pêlo** to ride a horse without saddle, ride bareback. **nu em pêlo** stark naked.

pe.lo.tão [pelot'ãw] *sm* (*pl* **pelotões**) platoon.

pe.lou.ri.nho [pelowr'iɲu] *sm* pillory: a frame-work to which an offender was fastened by the neck and wrists and exposed to public scorn.

pe.lú.cia [pel'usjə] *sf* plush: a pile fabric of silk, rayon or mohair.

pe.lu.do [pel'udu] *sm adj* hairy, shaggy.

pe.na [p'enə] *sf* **1** *Ornit* feather, plume, quill. **2** pen, nib. **3** composition, writing, style. **4** punishment, penalty. **5** suffering, affliction, pity, compassion. *é pena* / it is a pity, that is too bad. **a duras penas** with difficulty. **não vale a pena** it is not worth it. **pena de morte / pena capital** capital punishment. **que pena!** what a pity! **ter pena de** to feel sorry for. *tenho pena dela* / I am sorry for her.

pe.nal [pen'aw] (*pl* **penais**) *adj m+f* penal, inflicting punishment, punitive. **código penal** penal code. **colônia penal** penal colony.

pe.na.li.da.de [penalid'adi] *sf* penalty, punishment. **penalidade máxima** *Fut* penalty (kick).

pê.nal.ti [p'enawti] *sm bras, Fut* penalty: a) the foul inside the penalty area. b) the kick into the goal. **cobrar um pênalti** to take a penalty. **gol de pênalti** penalty goal. **marca de pênalti** penalty spot. **marcar um gol de pênalti** to score a penalty.

pen.ca [p'ẽkə] *sf* bunch (of bananas or grapes). **às pencas / em penca** in a great quantity.

pen.den.te [pẽd'ẽti] *adj m+f* **1** hanging, depending, suspended. **2** pending, not yet decided. **3** inclined, slanting, sloping.

pen.der [pẽd'er] *vint+vt* **1** to hang, be suspended or hanging. *a sua vida pende por um fio* / his life hangs upon a thread. **2** to lean. **3** to incline, be inclined.

pên.du.lo [p'ẽdulu] *sm* pendulum. • *adj* hanging, pendulous.

pen.du.ra.do [pẽdur'adu] *adj* **1** dangling, hanging down, hung, suspended. **2** *bras* indebted.

pen.du.rar [pẽdur'ar] *vt+vpr* **1** to hang, suspend. **2** to leave (a bill) to be paid later, not to pay right away. **3** **pendurar-se** to be suspended.

pe.nei.ra [pen'ejrə] *sf* **1** sieve, screen, strainer. **2** *fig* selection, screening. **tapar o sol com a peneira** to carry water in a sieve, try to conceal the obvious.

pe.ne.tra [pen'ɛtrə] *s m+f bras, gír* uninvited guest, intruder, gate-crasher.

pe.ne.tran.te [penetr'ãti] *adj m+f* **1** penetrating, piercing. **2** pungent, acute, deep. **3** discerning, sagacious, astute. **um olhar penetrante** a piercing look.

pe.ne.trar [penetr'ar] *vt* **1** to penetrate, invade, enter, sink. **2** *fig* to crash, enter without being invited or without paying any admission charge. **3** to pierce. **penetrar fundo em** to reach far into.

pe.nhas.co [peɲ'asku] *sm* a high and steep rock or cliff, crag.

pe.nhor [peñ'or] *sm* (*pl* **penhores**) **1** pawn, pledge. **2** token, proof. **3** security, guaranty, bail. **casa de penhores** pawnshop.

pe.nho.ra [peñ'ɔrə] *sf Jur* seizure, attachment (as of a property).

pe.nho.rar [peñor'ar] *vt+vpr* **1** to distrain, confiscate, seize. *seu carro foi penhorado* / his car was seized. **2** to pledge, pawn, give in pawn, mortgage. *ela penhorou o anel de noivado* / she pawned her engagement ring. **3 penhorar-se** to feel obliged.

pe.ni.co [pen'iku] *sm pop* chamber pot, potty.

pe.nín.su.la [pen'ĩsulə] *sf* peninsula: a strip of land jutting out into the water. **a Península Ibérica** the Peninsula.

pê.nis [p'enis] *sm sing+pl Anat* penis.

pe.ni.tên.cia [penit'ẽsjə] *sf* **1** penitence, contrition, repentance. **2** penance: self-punishment expressive of penitence. **fazer penitência** to do penance.

pe.ni.ten.ci.á.ria [penitẽsi'arjə] *sf* penitentiary, prison.

pe.no.so [pen'ozu] *adj* **1** painful, grievous. **2** difficult, hard, arduous.

pen.sa.do [pẽs'adu] *adj* thought of, considered, deliberate, studied. **bempensado** well-thought. **de caso pensado** deliberately, on purpose.

pen.sa.men.to [pẽsam'ẽtu] *sm* **1** thought. *eu pagaria para saber os seus pensamentos* / a penny for his thoughts. **2** idea. **3** mind. **4** notion, opinion. **5** care, concern. **nem em pensamento** not by the remotest chance. **perdido em pensamento** lost in thought.

pen.são [pẽs'ãw] *sf* (*pl* **pensões**) pension: a) periodical allowance. b) a boarding house.

pen.sar [pẽs'ar] *vt+vint* **1** to think. *ele estava pensando em voz alta* / he was thinking aloud. *eu nunca pensaria em fazer isso* / I should never think of doing that. *em que você está pensando?* / what are you thinking about? **2** to reflect, ponder, meditate. **3** to believe, assume, suppose. *eu pensava que ela fosse minha amiga* / I believed her to be my friend. **4** to intend. **depois de pensar**

bem on second thoughts. **modo de pensar** way of thinking. **não pense que...** don't think that...

pen.sa.ti.vo [pẽsat'ivu] *adj* **1** musing, pensive. **2** wistful.

pên.sil [p'ẽsiw] *adj m+f* (*pl* **pênseis**) hanging, suspended, pensile. **ponte pênsil** suspension bridge.

pen.si.o.nis.ta [pẽsjon'istə] *s m+f* **1** pensioner. **2** boarder.

pen.te [p'ẽti] *sm* **1** comb. **2** card: a wire-toothed brush for combing wool.

pen.te.a.dei.ra [pẽtead'ejrə] *sf* dressing-table (with a mirror).

pen.te.a.do [pẽte'adu] *sm* hairdo, coiffure. • *adj* combed (hair).

pen.te.ar [pẽte'ar] *vt+vpr* **1** to comb, dress the hair. **2** to disentangle. **3 pentear-se** a) to comb one's hair. b) to prepare oneself.

pen.te-fi.no [pẽtif'inu] *sm* (*pl* **pentes-finos**) *bras* **1** tooth-comb. **2** *bras, fig* screening, close examination.

pe.nu.gem [pen'uʒẽj] *sf* (*pl* **penugens**) **1** down: a) the first feathering of a bird. b) the soft hair that first appears on the human face. **2** fuzz, pubescence of certain plants, fluff.

pe.núl.ti.mo [pen'uwtimu] *adj* last but one, penultimate.

pe.num.bra [pen'ũbrə] *sf* half-light.

pe.nú.ria [pen'urjə] *sf* penury: extreme poverty, need, destitution.

pe.pi.no [pep'inu] *sm Bot* **1** cucumber. **2** *bras, gír* a problem, trouble. **é de pequeno que se torce o pepino** as the twig is bent so grows the tree.

pe.que.na [pek'enə] *sf pop* girl, young woman.

pe.que.ni.no [peken'inu] *sm* (young) boy, a little one. • *adj* very little, wee. **os pequeninos** the little ones, the little tinies.

pe.que.no [pek'enu] *sm* child. • *adj* **1** small, little. *corte os legumes em pedaços bem pequenos* / cut the vegetables into very small pieces. *quando eu era pequeno, ia para a cama às oito* / when I was little I went to bed at eight. **2** short. **3** mean, low. **pequenas despesas** petty charges or expenses.

pê.ra [p'erə] *sf* (*pl* **peras**) pear (fruit).

pe.ral.ta [per'awtə] *s m+f* mischievous or naughty child. • *adj m+f* mischievous, naughty, prankish (child).

pe.ram.bu.lar [perãbul'ar] *vint* **1** to perambulate, walk through or over. **2** to walk about. **3** to roam, wander.

pe.ran.te [per'ãti] *prep* in the presence of, before. **perante o juiz** in the presence of the judge. **perante mim** before me.

pé-ra.pa.do [pɛɾap'adu] *sm* (*pl* **pés-rapados**) *bras* very poor person, poor devil, underdog.

per.ce.ber [perseb'er] *vt* **1** to perceive: a) to have knowledge of (through the senses). b) to know, be aware of. **2** to hear, listen. **3** to feel, sense. **4** to receive (salary). **5** to realize. *ela nunca percebeu como era importante para mim* / she never realized how important she was to me.

per.cen.ta.gem [persẽt'aʒẽj] *sf* (*pl* **percentagens**) percentage: a) rate per hundred or proportion in a hundred parts. b) *Com* duty or interest in a hundred.

per.cep.ção [perseps'ãw] *sf* (*pl* **percepções**) **1** perception: act or process of perceiving. **2** understanding, comprehension, perceptivity. **3** feeling.

per.ce.ve.jo [persev'eʒu] *sm* **1** *Entom* bedbug (*Cimex lectularius* or *rotundatus*). **2** thumb-tack.

per.cor.rer [perkoɾ'er] *vt* **1** to pass or run through, cover. *percorremos cinco milhas* / we covered five miles. **2** to go through. *percorri toda a rua de porta em porta* / I went from door to door through the whole street, *coloq* I called the whole street. **3** to visit or travel all over, travel around. *ele passou o verão percorrendo a Europa* / he spent the summer travelling around Europe. *ele percorreu o campo com os olhos* / his eyes travelled over the field.

per.cur.so [perk'ursu] *sm* **1** course, route. **2** trajectory, journey. **3** circuit. **4** act of passing along a given route.

per.cus.são [perkus'ãw] *sf* (*pl* **percussões**) percussion. **instrumento de percussão** percussion instrument.

per.da [p'erdə] *sf* **1** loss. **2** damage, loss, detriment. *o acidente causou grande perda de vidas* / the accident caused great loss

of lives. **perda de potência** power loss. **perdas e danos** *Com* indemnity for loss and damage. **perda total** total loss.

per.dão [perd'ãw] *sm* (*pl* **perdões**) **1** pardon, forgiveness. *peço-lhe perdão* / I beg your pardon. **2** pardoning, amnesty. *foi-lhe concedido perdão* / he was pardoned. **3** excuse. **perdão!** I am sorry!, excuse me!

per.de.dor [perded'or] *sm* loser.

per.der [perd'er] *vt+vint+vpr* **1** to lose: a) to be deprived or bereaved of. *ele não tem nada a perder* / he has nothing to lose. b) to fail. c) to ruin, bring to ruin. d) to waste, squander. *ele perdeu seu dinheiro no jogo* / he gambled away his money. e) to miss. *perdemos a primeira parte do seu discurso* / we missed the first part of your speech. *tive de perder as aulas da semana passada* / I had to miss last week's classes. **2** **perder-se** a) to become confused. *ele está se perdendo no terreno da fantasia* / he is losing his grip on reality. b) to be lost. c) to lose merit or value. **perder a calma** to lose one's self-possession. **perder a consciência** to lose consciousness, pass out. **perder a esperança** to lose hope. **perder a oportunidade** to miss the opportunity. **perder a paciência** to lose patience. **perder as estribeiras** to lose one's temper. **perder a vida** to lose one's life. **perder de vista** to lose sight of, to lose track. *perdemo-lo de vista* / we lost track of him. **perder o fôlego** to get out of breath. **perder o trem** to miss the train. **perder-se em minúcias** to split hairs. **perder sem demonstrar contrariedade** to bear a loss. **perder tempo** to lose one's time. **saber perder** to be a good loser. **você não perde por esperar** wait and see.

per.di.do [perd'idu] *sm* any lost thing. • *adj* **1** lost. **2** disappeared, gone. **3** ruined, destroyed. **4** desperately in love, madly in love. *ele está perdido de amor por ela, ele está perdidamente apaixonado por ela* / he is madly in love with her. **dar por perdido** to give it up. **ele está perdido** he is done for. **uma bala perdida** a stray bullet. **um caso perdido** a hard case.

per.do.ar [perdo'ar] *vt+vint+vpr* **1** to

pardon, forgive. *estou perdoado?* / am I forgiven? *se você se arrepender, ela o perdoará* / if you repent, she will forgive you. *perdoe-me* / I beg your pardon. *o governador recusou-se a perdoar o assassino* / the governor refused to pardon the murderer. **2** to spare. *a morte não perdoa ninguém* / death spares nobody. **3 perdoar-se** a) to forgive oneself. b) to spare oneself.

pe.re.cí.vel [peres'ivew] *adj m+f (pl* **perecíveis**) perishable. **produtos perecíveis** perishable goods.

pe.re.gri.na.ção [peregrinas'ãw] *sf (pl* **peregrinações**) pilgrimage.

pe.re.gri.no [peregr'inu] *sm* pilgrim.

pe.re.ne [per'eni] *adj m+f* perennial, everlasting, unceasing, incessant. **fontes perenes** perennial fountains.

per.fei.ção [perfejs'ãw] *sf (pl* **perfeições**) perfection, excellence. **a perfeição adquire-se com a prática** practice makes perfect.

per.fei.to [perf'ejtu] *adj* **1** perfect, faultless. *o desempenho do ator foi perfeito* / his performance was faultless. **2** fine, divine, excellent. **perfeito!** fine!, very true!

per.fil [perf'iw] *sm (pl* **perfis**) **1** profile, sideface. **2** outline or contour of a building, mountain etc. **3** *fig* aspect, appearance. **4** *Mil* align(ment). **perfil do solo** soil profile. **retrato de perfil** a picture in profile.

per.fu.ma.do [perfum'adu] *adj* perfumed, odorous, fragrant, sweet-smelling.

per.fu.mar [perfum'ar] *vt+vpr* **1** to perfume. **2 perfumar-se** to put on perfume.

per.fu.me [perf'umi] *sm* **1** perfume: a) pleasant odour, fragrance. b) an artificial fragrant substance. c) scent. **2** *fig* sweetness, pleasantness.

per.gun.ta [perg'ũta] *sf* **1** question. *a pergunta atinge todos os fatos* / the question raises the whole issue. **2** inquiry. **fazer perguntas** to ask questions. **responder uma pergunta** to answer a question.

per.gun.tar [pergũt'ar] *vt+vint+vpr* **1** to ask, question, interrogate, query. *perguntei-lhe muitas coisas* / I asked him many questions. **2** to inquire, ask about. *entre e pergunte por mais detalhes* / inquire within. **3 perguntar-se** to ask oneself, wonder. **perguntar por** to ask after, inquire after. **perguntar por alguém** to ask for someone.

pe.rí.cia [per'isjə] *sf* **1** skill, ability, dexterity, know-how, expertise. **2** a technical or specialized inspection. **3** the body of specialists that carry out this inspection. **com perícia** skillfully.

pe.ri.fe.ri.a [perifer'iə] *sf* periphery: a) the external surface of a body. b) an area lying beyond the strict limits of a thing. c) outskirts, surrounding region.

pe.ri.go [per'igu] *sm* **1** danger, hazard, peril. *ele está fora de perigo* / he is out of danger. **2** risk. *não há perigo de que ele esqueça* / there is no risk of his forgetting. **3** jeopardy. **a perigo** *bras, gír* a) without money. b) in any difficult situation. **correr perigo** to run a risk or hazard. **expor-se ao perigo** to expose oneself to danger. **não há perigo** no fear. **perigo de incêndio** fire risk. **pôr em perigo** / to put at risk, endanger.

pe.ri.go.so [perig'ozu] *adj* dangerous, hazardous, perilous.

pe.rí.me.tro [per'imetru] *sm* perimeter.

pe.ri.ó.di.co [peri'ɔdiku] *sm* periodical. • *adj* periodic(al). **dízima periódica** *Mat* periodic decimal. **tabela periódica** *Quím* periodic table.

pe.rí.o.do [per'iodu] *sm* period: **1** circuit. **2** a lapse of time. **3** age, era, epoch, series of years or days. **4** term. **5** *Gram* a complete sentence. **período glacial** glacial period.

pe.ri.pé.cia [perip'ɛsjə] *sf coloq* an incident, an event (especially an unexpected one), vicissitude, adventure. *uma viagem cheia de peripécias* / an eventful trip.

pe.ri.qui.to [perik'itu] *sm bras Ornit* paraquito, parrakeet.

pe.ri.to [per'itu] *sm* **1** expert, skilled person. **2** specialist. **3** technician. **4** an official appraiser. **5** connoisseur. • *adj* **1** skilful, expert. **2** specialist. **um perito em arte** an art expert.

per.ma.ne.cer [permanes'er] *vt+vint* **1** to stay, continue, stand. **2** to remain, endure, last. *o roubo permaneceu impune* / the robbery remained unpunished. **3** to maintain. *as perdas permaneceram no mesmo patamar* / the same level of losses was maintained. **4** to persist.

per.ma.nen.te [perman'ẽti] *sm bras* a ticket or fare which grants its owner free admission for a certain length of time. *sf* permanent wave. • *adj m+f* permanent, unchangeable, invariable.

per.mis.são [permis'ãw] *sf* (*pl* **permissões**) permission, consent.

per.mis.si.vo [permis'ivu] *adj* permissive, tolerant, deficient in firmness or control.

per.mi.tir [permit'ir] *vt+vpr* **1** to permit: a) to allow, consent. *não lhe foi permitido ir* / he was not allowed to go. b) to empower. c) to make possible. d) to authorize, give permission, may. *permita-me um aparte* / allow me a word. e) to admit, concede, grant. **2** to tolerate, indulge. **3 permitir-se** to take the liberty of. **se o tempo permitir** time permitting.

per.mu.ta [perm'utə] *sf* exchange, barter.

per.mu.tá.vel [permut'avew] *adj m+f* (*pl* **permutáveis**) permutable, exchangeable, interchangeable.

per.na [p'ɛrnə] *sf* **1** leg. **2** anything that gives support. **barriga da perna** calf. **bater pernas** to wander. **de pernas cruzadas** cross-legged. **de pernas para o ar** upside down. **esticar as pernas** a) to go for a walk. b) to stretch one's legs. **passar a perna em** to outsmart someone. **perna da calça** trouser leg. **perna traseira** hind leg.

per.ne.ta [pern'etə] *sm bras* one-legged person. • *adj m+f* one-legged.

per.nil [pern'iw] *sm* (*pl* **pernis**) **1** thighbone of a quadruped. **2** shank.

per.ni.lon.go [pernil'õgu] *sm bras, Entom* mosquito.

per.noi.te [pern'ojti] *sm* an overnight stay.

pé.ro.la [p'ɛrolə] *sf* pearl.

per.pen.di.cu.lar [perpẽdikul'ar] *sf Geom* perpendicular (line). • *adj m+f* perpendicular.

per.pé.tuo [perp'ɛtwu] *adj* **1** perpetual, perennial. **2** eternal.

per.ple.xo [perpl'ɛksu] *adj* **1** perplexed,

uncertain. **2** confused, embarrassed, speechless. *o desvario dele deixou-a perplexa* / his outburst left her speechless.

per.se.gui.ção [persegis'ãw] *sf* (*pl* **perseguições**) **1** persecution, oppression. *os refugiados alegaram perseguição política* / the refugees alleged political persecution. **2** pursuit, chase, chasing. *o carro de polícia disparou em perseguição aos assaltantes de banco* / the police car rushed in pursuit of the bank robbers.

per.se.guir [perseg'ir] *vt* **1** to persecute: a) to treat in an injurious or afflictive manner. b) to harass, oppress. c) annoy, importune. **2** to pursue: a) to follow persistently (for seizing). b) to chase, hunt.

per.se.ve.rar [persever'ar] *vt+vint* **1** to persevere, persist. **2** to be constant, steadfast.

per.si.a.na [persi'ʌnə] *sf* Venetian blinds.

per.sis.tên.cia [persist'ẽsjə] *sf* **1** persistence, perseverance, steadfastness. **2** firmness.

per.sis.ten.te [persist'ẽti] *adj m+f* **1** persistent, persisting. **2** persevering, constant, firm, steady. **3** insistent, obstinate.

per.so.na.gem [person'aʒẽj] *s m+f* (*pl* **personagens**) **1** personage, a man or woman of importance or rank. **2** a character (in a novel, poem or play).

per.so.na.li.da.de [personalid'adi] *sf* personality: a) individuality. b) a person of prominence.

pers.pec.ti.va [perspekt'ivə] *sf* **1** perspective. *tente ver o problema a partir da perspectiva de uma mulher* / try to look at the problem from a woman's perspective. **2** outlook. **3** representation or picture of objects in perspective. **4** view, vista. **5** prospect, expectation, projection. *suas perspectivas são excelentes se você passar nos exames* / your prospects are excellent if you pass the exams. **cliente em perspectiva** prospective customer. **em perspectiva** in perspective. **perspectiva aérea** aerial perspective.

pers.pi.cá.cia [perspik'asjə] *sf* discernment, insight.

pers.pi.caz [perspik'as] *adj m+f* **1** keenly discerning, sharp. **2** talented.

per.su.a.dir [perswad'ir] *vt+vint+vpr* **1** to persuade, influence, convince. *ele procura persuadi-la a gastar dinheiro /* he tries to persuade her into spending money. **2 persuadir-se** a) to persuade oneself. b) to be convinced.

per.ten.cer [pertẽs'er] *vt* to belong to, be owned by. *este livro me pertence /* this book belongs to me, this book is mine. *nunca pegue o que não lhe pertence /* never take what doesn't belong to you.

per.to [p'ɛrtu] *adj* near, close. • *adv* **1** near (by), close (by). *chegue mais perto de mim /* come nearer to me. *ele mora aqui perto /* he lives near here. *eu estava justamente perto dela /* I was just up her way. **2** about, around. *ela veio perto das seis horas /* she came at about six o'clock. **perto de / de perto** a) nearly. *a noiva atrasou-se perto de meia hora /* the bride was nearly half an hour late. b) at hand, closely. c) thoroughly. **muito perto** next, close by. **perto de vinte homens** about twenty men.

per.tur.ba.ção [perturbas'ãw] *sf (pl* **perturbações) 1** commotion, disturbance. **2** mental uneasiness.

per.tur.ba.do [perturb'adu] *adj* **1** perturbed, upset, troubled. **2** embarrassed. **3** unquiet, restless.

per.tur.ba.dor [perturbad'or] *adj* **1** disturbing, perturbing, upsetting. **2** turbulent. **3** troublesome. **4** irritating.

per.tur.bar [perturb'ar] *vt+vint+vpr* **1** to perturb a) to disturb, bother. *esse barulho perturba minha concentração /* this racket disturbs my concentration. *isto não me perturba /* I am not bothered about it. b) to confuse, put into confusion. *os dados conflitantes perturbaram os auditores /* the conflicting figures confused the auditors. c) to upset. **2 perturbar-se** to be or become disordered, disquiet, troubled or confused, feel uneasy.

pe.ru [per'u] *sm Ornit* turkey, turkey cock (*Gallipavo meleagris*).

pe.ru.a [per'uə] *sf* **1** *Ornit* turkey hen. **2** *Autom amer* station wagon, *brit* eslate car. **3** *bras, gir* a woman whose clothes and jewelry are bright and flamboyant, especially in a vulgar way.

pe.ru.a.no [peru'ʌnu] *sm* Peruvian: native or inhabitant of Peru. • *adj* Peruvian.

per.ver.são [pervers'ãw] *sf (pl* **perversões)** perversion, corruption, depravity.

per.ver.si.da.de [perversid'adi] *sf* perversity, depravation, wickedness, ferociousness.

per.ver.so [perv'ɛrsu] *sm* a wicked person. • *adj* **1** perverse, wicked, bad. **2** evil. **3** feral, brutal.

pe.sa.de.lo [pezad'elu] *sm* nightmare.

pe.sa.do [pez'adu] *sm bras, coloq* hard work. • *adj* **1** weighty, heavy. **2** difficult, onerous. **3** boring, tedious. **4** offensive, insulting, injurious. **chuva pesada** heavy rain. **indústria pesada** heavy industry. **palavras pesadas** insulting words. **pegar no pesado** to work hard. **sono pesado** heavy or sound sleep. **trabalho pesado** hard work.

pê.sa.mes [p'ezamis] *sm pl* condolences. **dar os pêsames a** to condole with, express sympathy to.

pe.sar [pez'ar] *sm* sorrow, regret, grief. • *vt+vint+vpr* **1** to weigh. *quanto pesa isto? /* how much does it weigh? *o vitelo pesa 56 kg /* the calf weighs 56 kg. **2** to consider, ponder. **3 pesar-se** to check one's weight. **com grande pesar** with great grief or sorrow. **em que pese** despite, in spite of, notwithstanding. **pesar na consciência** to regret, weigh on one's conscience.

pes.ca [p'ɛskə] *sf* **1** fishing. **2** quantity of fish caught. **equipamento de pesca** fishing tackle. **vara de pesca** fishing rod.

pes.ca.dor [peskad'or] *sm* fisherman. • *adj* fishing.

pes.car [pesk'ar] *vt+vint* **1** to fish, catch fish. *o rio é bom para pescar /* the river is great for fishing. *vamos pescar /* let's go fishing. **2** to perceive, see, understand. *ele não pesca nada de latim /* he does not understand a word of Latin. **pescar com isca viva** to live-bait. **pescar em águas turvas** to fish in troubled water.

pes.co.ço [pesk'osu] *sm* **1** neck, throat. **2** bottleneck. **até o pescoço** up to one's neck, up to one's eyes.

pe.so [p'ezu] *sm* (*pl* **pesos**) **1** weight: a) heaviness. b) piece of metal used to weigh. c) a particular standard or system for weighing. d) oppression, onus, burden. *ele é um grande peso para ela* / he is a burden to her. e) *fig* importance, power, influence. **2** peso (coin). **3** *bras*, *gír* bad luck. **ganhar peso** to put on weight. **homem de peso** man of importance. **o peso dos anos** the burden of years. **peso bruto** gross weight. **peso líquido** net weight.

pes.qui.sa [pesk'izə] *sf* **1** search, inquiry, diligence, investigation. **2** research. *ele se ocupa com pesquisas* / he is engaged in research. **pesquisa de campo** field research, field survey. **pesquisa de mercado** market research. **pesquisa de opinião** public opinion poll.

pes.qui.sa.dor [peskizad'or] *sm* researcher.

pês.se.go [p'esegu] *sm* peach.

pes.se.guei.ro [peseg'ejru] *sm Bot* peachtree (*Prunus persica*).

pes.si.mis.mo [pesim'izmu] *sm* pessimism: a disposition to take a gloomy view of affairs.

pes.si.mis.ta [pesim'istə] *s m+f* pessimist. • *adj m+f* pessimistic: characterized by pessimism.

pés.si.mo [p'esimu] *adj sup abs sint* de **mau** very bad.

pes.so.a [pes'oə] *sf* **1** person. **2** pessoas people. **aparecer em pessoa** to appear in person. **pessoa física** natural person. **pessoa jurídica** legal entity.

pes.so.al [peso'aw] *sm* **1** personnel: employees, workers, staff. **2** folks. • *adj m+f* (*pl* **pessoais**) personal, private, individual. **departamento pessoal** personnel department.

pes.ta.na [pest'∧nə] *sf* eyelash. **queimar as pestanas** to study hard. **tirar uma pestana** to nap, snooze, take a nap.

pes.te [p'esti] *sf* plague, pest. **este garoto é uma peste** that boy is a pest.

pes.ti.ci.da [pestis'idə] *sm* pesticide. • *adj* pesticidal.

pé.ta.la [p'ɛtalə] *sf Bot* petal.

pe.te.ca [pet'ɛkə] *sf bras* shuttlecock. **não deixar a peteca cair** to keep on acting with resolution.

pe.ti.ção [petis'ãw] *sf* (*pl* **petições**) **1** petition, request. *ele fez uma petição para...* / he made a petition to... **2** formal petition, petitionary letter. **3 estar em petição de miséria** to be in a terrible state.

pe.tis.co [pet'isku] *sm* tidbit, morsel, delicacy.

pe.tro.lei.ro [petrol'ejru] *sm Náut* oil tanker.

pe.tró.leo [petr'ɔlju] *sm* oil.

A palavra inglesa **oil** (também **crude oil** ou **crude**) refere-se especialmente a *petróleo extraído do solo* e participa de compostos como **oil-field** (campo petrolífero), **oil tanker** (navio petroleiro), **oil slick** (vazamento de petróleo) etc., e também a óleos de maneira geral, inclusive aos de natureza vegetal. **Fuel oil** é óleo diesel e **petroleum jelly,** vaselina. Gasolina é **petrol** no Reino Unido, e **gas** ou **gasoline** nos Estados Unidos.

pi.a [p'iə] *sf* kitchen sink, lavatory basin, wash basin.

pi.a.da [p'iadə] *sf* joke. **contar uma piada** to crack a joke. **uma piada forte** a spicy joke, a saucy joke.

pi.a.nis.ta [pjan'istə] *s m+f* pianist.

pi.a.no [pi'∧nu] *sm* **1** piano, pianoforte. **2** a pianist (in an orchestra). • *adv Mús* piano: softly, with slight force. **piano de cauda** grand piano. **recital de piano** piano recital. **tocar piano** to play the piano.

pi.ão [pi'ãw] *sm* (*pl* **piões**) top (toy). **fazer virar o pião** to spin a top. **girar como um pião** to spin like a top.

PIB [p'ibi] *abrev* **Produto Interno Bruto** (gross domestic product).

pi.ca.da [pik'adə] *sf* **1** a) sting (as of a bee). b) bite (of an insect or a snake). c) peck (with the beak). d) prick (of a pin or needle). e) puncture (as of an epidermic needle). **2** *bras* a narrow trail in a forest. **picada de cobra** snakebite. **picada de pulga** fleabite.

pi.ca.dei.ro [pikad'ejru] *sm* circus ring.

pi.ca.di.nho [pikad'iñu] *sm* minced meat, hash.

pi.can.te [pik'ãti] *sm* hot. **uma piada picante** a saucy joke.

pi.ca-pau [pikəp'aw] *sm* (*pl* **pica-paus**) *bras, Ornit* a woodpecker.

pi.car [pĩk'ar] *vt+vint* 1 to sting (as a bee). 2 to bite. 3 to prick, pierce with a pin, puncture, needle. 4 to peck. 5 to mince meat, hash, chop. 6 to spur, stir. **picar a mula** *bras, pop* a) to go away. b) to flee, clear out.

pi.ca.re.ta [pikar'etə] *sf* 1 pick, pickax(e). 2 *s m+f bras* an incompetent person who makes use of sly means or artifices to gain favours.

pi.ca.re.ta.gem [pikaret'aʒẽj] *sf* cheating, swindling.

pi.cha.ção [piʃas'ãw] *sf* 1 graffiti. 2 criticism.

pi.char [piʃ'ar] *vt+vint* 1 to smear with pitch. 2 *bras* to write, paint graffiti. 3 *bras gír* to speak ill of.

pi.cles [p'iklis] *sm pl* pickles.

pi.co [p'iku] *sm* 1 peak, apex, summit, top. 2 *bras, gír* a dose of an injectable narcotic drug.

pi.co.lé [pikol'ɛ] *sm bras* Popsicle (trademark): flavored ice or ice cream on a stick.

pi.e.da.de [pjed'adi] *sf* pity, compassion, mercy. **por piedade!** for mercy's sake!, for pity's sake! **sem dó nem piedade** pitilessly.

pi.e.do.so [pjed'ozu] *adj* merciful, compassionate.

pi.e.gas [pi'ɛgas] *adj* soppy.

pi.ja.ma [piʒ'ʌmə] *sm* pyjamas, pajamas (a pair of).

pi.lan.tra [pil'ãtrə] *s m+f bras, gír* rascal, crook. • *adj m+f* rascal.

pi.lan.tra.gem [pilãtr'aʒẽj] *sf bras, gír* rascality, dishonesty.

pi.lão [pil'ãw] *sm* (*pl* **pilões**) a large wooden mortar for pounding or peeling rice, corn etc.

pi.lar [pil'ar] *sm* 1 pillar, post. 2 prop.

pi.lha [p'iʎə] *sf* 1 pile, heap, stack. 2 battery, electric battery, dry battery. **pilha elétrica** electric cell.

pi.lo.tar [pilot'ar] *vt* to pilot: 1 to steer or direct the course of a vessel, aircraft or racing car. 2 to act as a pilot.

pi.lo.to [pil'otu] *sm* 1 pilot: a) one who operates the flight controls of an aircraft or spacecraft. b) one who steers a ship. 2 racing car pilot. **piloto automático** automatic pilot. **piloto de provas** test pilot.

pí.lu.la [p'ilulə] *sf* pill. **dourar a pílula** to gild a bitter pill.

pi.men.ta [pim'ẽtə] *sf Bot* pepper.

pi.men.tão [pimẽt'ãw] *sm* (*pl* **pimentões**) *Bot* sweet pepper. **pimentão verde** green pepper. **pimentão vermelho** red pepper.

pin.ça [p'ĩsə] *sf* 1 tweezers. 2 tongs.

pin.cel [pĩs'ew] *sm* (*pl* **pincéis**) 1 brush. 2 a painter's brush. **pincel de barba** shaving brush.

pin.ga [p'ĩgə] *sf bras* Brazilian rum, booze.

pin.gar [pĩg'ar] *vt* 1 to drip, fall in drops. 2 to trickle, dribble.

pin.go [p'ĩgu] *sm* a drop, a little bite. **um pingo de gente** a child or adult of low stature.

pin.gue-pon.gue [pĩgip'õgi] *sm* (*pl* **pingue-pongues**) ping-pong, table tennis.

pin.güim [pĩg'wĩ] *sm* (*pl* **pingüins**) *Ornit* penguin (*Sphenicus magellanicus*).

pi.nhão [piñ'ãw] *sm* (*pl* **pinhões**) the edible pine seed, pine nut.

pinheiro [piñ'ejru] *sm Bot* pine tree.

pi.nho [p'iñu] *sm* 1 pinewoods. 2 *Bot* = **pinheiro.**

pi.no [p'inu] *sm* 1 pin, peg, bolt. 2 the highest point, highest degree, top, summit. 3 pivot. **a pino** upright, perpendicular.

pi.nói.a [pin'ɔjə] *sf bras* a worthless thing.

pi.no.te [pin'ɔti] *sm* jump, leap.

pin.ta [p'ĩtə] *sf* 1 spot. 2 look. 3 mark. *ele tem pinta de desonesto* / he looks dishonest.

pin.tar [pĩt'ar] *vt+vpr* 1 to paint, draw. 2 to picture, portray. 3 to depict, describe. 4 **pintar-se** to paint oneself, to use make-up.

pin.ti.nho [pĩt'iñu] *sm* a very small chick.

pin.tor [pĩt'or] *sm* painter.

pin.tu.ra [pĩt'urə] *sf* **1** painting. **2** paint. **3** face make-up. **4** *fig* a beautiful person. **pintura a óleo** oil-painting.

pi.o.nei.ro [pjon'ejru] *sm* pioneer, explorer. • *adj* pioneering.

pi.or [pi'ɔr] *sm bras, coloq* the worst. *ela está na pior* / she is in a critical situation. *ele está preparado para o pior* / he is prepared for the worst. *o pior ainda está para vir* / the worst is yet to come. • *adj m+f* worse, worst. *ele está em pior situação que antes* / he is worse off than he was. • *adv* worst, in the worst manner, worse. **cada vez pior** worse and worse. **de mal a pior** from bad to worse. **escolher o pior** to choose the worst. **ir de mal a pior** to grow worse and worse. **o pior de todos** the worst of all. **se o pior acontecer** if the worst comes to the worst. **uma mudança para pior** a change for worse.

pi.o.ra [pi'ɔrə] *sf* **1** worsening, growing worse. **2** aggravation.

pi.o.rar [pjor'ar] *vt* to worsen: make or become worse. *a situação piorou* / the situation has become worse.

pi.pa [p'ipə] *sf* **1** barrel, cask. **2** kite.

pi.po.ca [pip'ɔkə] *sf* **1** popcorn. **2** *bras, pop* any kind of skin eruption.

pi.que [p'iki] *sm* **1** *bras* hide-and-seek (children's game). **2** a cut. **3** *bras* spite, grudge, slight anger or displeasure. **a pique** vertically, perpendicularly. **a pique de** in danger of. **ir a pique** a) to sink (a ship). b) *fig* to go down.

pi.que.ni.que [piken'iki] *sm* picnic.

pi.que.te [pik'eti] *sm* picket: a) body of soldiers (as on an advanced post). b) a number of men set by a trade union to watch a shop, or factory (during a strike).

pi.ra.do [pir'adu] *adj bras, coloq* crazy, nut, insane.

pi.râ.mi.de [pir'ʌmidi] *sf* pyramid. **as pirâmides do Egito** the Pyramids of Egypt.

pi.rar [pir'ar] *vint bras, gír* **1** to go away. **2** to flee. **3** to go crazy.

pi.ra.ta [pir'atə] *s m+f* **1** pirate. **2** (by extension) thief, robber. **pirata da informática** *Inform* hacker.

pi.res [p'iris] *sm sing+pl* saucer.

pir.ra.ça [piʀ'asə] *sf* spite, impertinence. **por pirraça** purposely, spitefully.

pir.ra.lho [piʀ'aʎu] *sm bras* **1** kid, boy. **2** a very small person.

pi.ru.e.ta [piru'etə] *sf* pirouette: a whirling or turning on one or both feet.

pi.ru.li.to [pirul'itu] *sm* lollypop, lollipop.

pi.sa.da [piz'adə] *sf* footstep, track. **seguir as pisadas de alguém** to follow a person's footsteps.

pi.sar [piz'ar] *vt* **1** to tread on, trample. *ele me pisou o pé* / he trod on my foot. **2** to step on. **3** to crush. **4** to stamp, pound.

pis.ca.de.la [piskad'ɛlə] *sf* blink, wink.

pis.ca-pis.ca [piskəp'iskə] *s m+f* (*pl* **pisca-piscas**) **1** *Eletr* flasher (as of a display sign). **2** blinker (of a car).

pis.car [pisk'ar] *sm* wink, blink. • *vt* to wink, blink.

pis.ci.na [pis'inə] *sf* swimming pool.

pi.so [p'izu] *sm* **1** floor, level ground. **2** pavement. **piso de linóleo** linoleum floor. **piso salarial** minimum wage (of a specific category of workers).

pis.ta [p'istə] *sf* **1** track: a) racecourse, race track. b) trace, foiling. *você está na pista errada* / you are on the wrong scent. **2** (at an airport) runway. **seguir a pista de** to track down.

pis.to.la [pist'ɔlə] *sf* pistol: a short firearm. **pistola automática** automatic pistol.

pis.to.lei.ro [pistol'ejru] *sm* gunman.

pi.ta.da [pit'adə] *sf* **1** a pinch of snuff. **2** a small quantity. **uma pitada de sal** a pinch of salt.

pi.tar [pit'ar] *vt* to smoke (especially a pipe). *eu pitei o meu cachimbo* / I puffed at my pipe.

pi.tei.ra [pit'ejrə] *sf* cigarette-holder.

pi.to [p'itu] *sm bras* **1** pipe (for smoking). **2** reprimand, scolding. *ela lhe passou um pito* / she gave him a good scolding.

pi.to.res.co [pitor'esku] *sm, adj* picturesque, pictorial.

pi.tu [pit'u] *sm bras, Ictiol* a large prawn (*Bithynis acanthurus*).

pi.ve.te [piv'ɛti] *sm bras* a youthful accomplice of a thief.

pi.xa.im [piʃa'ĩ] *sm bras* kinky and woolly hair. • *adj* crisp, kinky, curly.

pla.ca [pl'akə] sf 1 plate. 2 a piece of metal with an inscription (as a doorplate). 3 plaque.

plai.na [pl'ʌjnə] sf Carp plane.

pla.na.dor [planad'or] sm glider: an airplane without an engine.

pla.nal.to [plan'awtu] sm plateau, upland.

pla.nar [plan'ar] vint to plane, glide.

pla.ne.ja.men.to [planeʒam'ẽtu] sm projection, planning, scheming.

pla.ne.jar [planeʒ'ar] vt 1 to project, plan. 2 to intend.

pla.ne.ta [plan'etə] sm Astr planet.

pla.ní.cie [plan'isji] sf plain: level or flat ground.

pla.no [pl'ʌnu] sm 1 plain, plane, level ground. 2 plan, delineation, diagram, project, outline. 3 intention, intent, purpose. ela transtornou os planos dele / she upset his plans. • adj plane, even, smooth, flat, level.

plan.ta [pl'ãtə] sf 1 Bot plant. planta medicinal medicinal herb. 2 Arquit floor plan. planta do pé Anat sole of the foot.

plan.ta.ção [plãtas'ãw] sf (pl plantações) 1 plantation. 2 planted ground.

plan.tão [plãt'ãw] sm (pl plantões) duty, service, shift. de plantão on duty. enfermeira de plantão nurse on duty. médico de plantão physician on duty.

plan.tar [plãt'ar] vt+vpr 1 to plant. 2 to fix firmly into the ground. 3 to found, build, establish, settle. plantar bananeira to do a handstand. plantar-se diante de to plant oneself before.

plás.ti.ca [pl'astikə] sf 1 plastic art. 2 plastic surgery. 3 the general conformation of the human body.

plás.ti.co [pl'astiku] sm plastic. • adj plastic, moldable. cirurgia plástica plastic surgery. matéria plástica plastic (material). saco plástico plastic bag.

pla.ta.for.ma [plataf'ɔrmə] sf 1 platform: a landing-stage. 2 a political program. plataforma de embarque Ferrov loading ramp. plataforma giratória Ferrov turntable.

pla.téi.a [plat'ɛjə] sf Teat audience. ela arrebata a platéia / she fascinates the audience.

pla.tô.ni.co [plat'oniku] adj Platonic: of or pertaining to Plato or his philosophy. amor platônico Platonic love.

ple.beu [pleb'ew] sm (fem plebéia) plebeian. • adj plebeian.

ple.na.men.te [plenam'ẽti] adv fully, quite, absolutely.

ple.ni.tu.de [plenit'udi] sf plenitude, fullness.

ple.no [pl'enu] adj full, entire, absolute. dar plenos poderes to invest with full powers. em plena luz do dia in full daylight. em plena rua in the open street. em pleno andamento in full swing.

plu.gar [plug'ar] vt to plug.

plu.gue [pl'ugi] sm Eletr plug.

plu.ma [pl'umə] sf plume.

plu.ma.gem [plum'aʒẽj] sf (pl plumagens) plumage.

plu.ral [plur'aw] sm (pl plurais) plural. • adj m+f plural.

plu.ri.par.ti.da.ris.mo [pluripartidar'izmu] sm Polít pluripartyism: a political regime which admits several political parties.

plu.tô.nio [plut'onju] sm Quím, Fís plutonium. • adj Mit Plutonian: of or pertaining to Pluto.

pneu [pn'ew] sm (red de pneumático) tyre, tire. pneu antiderrapante non-skid tyre. pneu balão balloon tyre. pneu careca worn-out tyre. pneu sobressalente spare tyre.

pó [p'ɔ] sm 1 powder. 2 dust. aspirador de pó vacuum cleaner. leite em pó powdered milk. levantar pó to raise the dust. pó de ouro gold dust. reduzir a / fazer em pó to reduce to dust.

po.bre [p'ɔbri] s m+f a poor man or woman. • adj 1 poor, needy. 2 scanty, meagre. 3 barren, unproductive (soil). os pobres the poor. pobre como Jó as poor as a church mouse.

po.bre.za [pobr'ezə] sf 1 poverty, penury, destitution. 2 the poor. reduzir à pobreza to poverty.

po.ça [p'ɔsə] sf 1 puddle (of water). 2 pool.

po.cil.ga [pos'iwgə] sf pigsty, pigpen.

po.ço [p'osu] sm 1 well. 2 shaft of a mine,

pit. **3** abysm, chasm. **água de poço** well-water. **poço artesiano** artesian well. **poço de elevador** elevator shaft, lift shaft. **poço de inspeção** man-hole. **poço de petróleo / poço petrolífero** oil-well.

po.dar [pod'ar] *vt* **1** to prune, trim. **2** *fig* to cut. **podar as árvores** to prune the trees.

po.der [pod'er] *sm* **1** power: a) might. b) strength, energy. c) authority. d) ability, possibility, capacity. **poder aquisitivo** purchasing power. e) sovereignty. *eles se apossaram do poder / they seized the power.* **2** means. **3** poderes power of attorney, procuration. • *vt+vint+vpr* **1** to be able to. **2** can. *eu posso / I can. não posso / I cannot. em que lhe posso ser útil? / what can I do for you? não podemos ir porque está chovendo / we can't go because it is raining. ele podia tê-lo feito / he could have done it.* **3** may. *ele pode chegar a qualquer momento / he may come at any moment. pode ser / it may be.* **4** to have authority or influence. **5** to have power to. **6** poder-se to be possible or permitted. **estar no poder** to be in (power). **isso pode ser** it is possible. **plenos poderes** full powers. **pode estar certo!** you may be sure of it! **poder executivo** executive power. **poder legislativo** legislative power, legislature. **querer é poder** where there's a will, there's a way.

po.de.ro.so [poder'ozu] *adj* **1** powerful, mighty, energetic. **2** influential. **Deus Todo-Poderoso** God Almighty.

po.dre [p'odri] *sm* a rotten or putrid part of a thing. • *adj m+f* **1** rotten, putrid. **2** fetid. **podre de rico** rich as Croesus, very rich. **saber os podres de alguém** to know a person's faults.

po.dri.dão [podrid'ãw] *sf* (*pl* **podridões**) **1** rottenness. **2** *fig* corruption, licentiousness, demoralization.

po.ei.ra [po'ejrə] *sf* **1** dust (raised by the wind). **2** powder.

po.e.ma [po'emə] *sm* poem.

po.en.te [po'ẽti] *sm* the west, occident.

po.e.si.a [poez'iə] *sf* poetry.

po.e.ta [po'ɛtə] *sm* (*fem* **poetisa**) poet.

po.é.ti.co [po'ɛtiku] *adj* poetic(al). **licença poética** poetic licence.

pois [p'ojs] *conj* because, whereas, therefore, as, for, so. **pois não!** of course! **pois sim!** *iron* oh sure!

po.lar [pol'ar] *adj m+f* polar, of the pole. **círculo polar** polar circle. **estrela polar** polar star, North-star. **urso polar** polar bear.

po.le.ga.da [poleg'adə] *sf* inch: 2.54 cm. **polegada quadrada** square inch.

po.le.gar [poleg'ar] *sm* **1** thumb. **2** the big toe. • *adj* of or pertaining to the thumb or to the big toe.

po.lei.ro [pol'ejru] *sm* **1** roost, hen-roost. **2** perch. **3** *pop, Teat* pigeonhole, peanut gallery (the top gallery).

po.lê.mi.ca [pol'emikə] *sf* polemics, controversy.

pó.len [p'ɔlẽj] *sm* (*pl* **polens, pólenes**) *Bot* pollen.

po.lí.cia [pol'isjə] *sf* **1** police (force, organization or department). *a polícia está fazendo uma investigação completa do caso / the police are carrying out a thorough investigation of the case.* **2** *sm* a policeman. **comissário de polícia** police commissioner. **inspetor de polícia** police inspector. **oficial de polícia** police officer. **polícia marítima** coast-guard. **polícia militar** military police.

po.li.ci.al [polisi'aw] *s m+f* (*pl* **policiais**) policeman. • *adj m+f* police: of or pertaining to the police. **cão policial** police dog. **romance policial** detective story.

po.li.ci.a.men.to [polisjam'ẽtu] *sm* police supervision, policing, patrolling.

po.li.do [pol'idu] *adj* **1** polished, smoothed. **2** shining, bright. **3** polite, gentle, well-bred, elegant, well-mannered.

po.li.glo.ta [poligl'ɔtə] *s m+f* polyglot. • *adj m+f* polyglot.

po.lir [pol'ir] *vt+vpr* **1** to polish. **2** polir-se to become polite. **uma frase bem polida** a well-turned phrase.

po.lí.ti.ca [pol'itikə] *sf* **1** the art of ruling. **2** political science, politics. **3** policy. *a honestidade é a melhor política / honesty is the best policy.* **a política de boa**

P

vizinhança the policy of good neighborhood. **discutir questões de política** to talk about politics. **política administrativa interna** domestic policy. **política externa** foreign policy.

po.li.ti.ca.gem [politik'aʒēj] *sf* (*pl* **politicagens**) **1** pursuit of personal interest in politics. **2** petty politics.

po.lí.ti.co [pol'itiku] *sm* **1** politician. **2** statesman. • *adj* **1** of or relative to public affairs. **2** politic(al). **3** cunning, artful. **4** delicate, diplomatic. **direito político** public or political law. **economia política** political economy. **por motivos políticos** for political reasons.

po.li.ti.zar [politiz'ar] *vt* to politicize.

pó.lo¹ [p'ɔlu] *sm* **1** North Pole, South Pole. **2** polar region. **pólo antártico** Antarctic, South Pole. **pólo ártico** Arctic, North Pole.

pó.lo² [p'ɔlu] *sm Esp* polo. **pólo aquático** water polo.

pol.pa [p'owpə] *sf* **1** pulp. **2** pap. **3** marrow. **polpa de madeira** wood pulp.

pol.tro.na [powtr'onə] *sf* easy chair, armchair. **poltrona de orelhas** wing chair.

po.lu.i.ção [polwis'ãw] *sf* (*pl* **poluições**) pollution.

po.lu.ir [polu'ir] *vt* **1** to pollute. **2** to defile, desecrate. **3** to corrupt. **4** to contaminate.

pol.vi.lhar [powviλ'ar] *vt* **1** to cover with dust. **2** to powder, dust. **3** to sprinkle (with). **ela polvilhou o bolo com raspas de chocolate** / she sprinkled the cake with pieces of grated chocolate.

pol.vo [p'owvu] *sm Zool* octopus.

pól.vo.ra [p'owvorə] *sf* gunpowder.

pol.vo.ro.sa [powvor'ɔzə] *sf* **1** hectic activity. **2** uproar, hubbub. **3** disorder, confusion. **4** commotion.

po.ma.da [pom'adə] *sf* **1** *Farm* ointment. **2** balsam.

po.mar [pom'ar] *sm* orchard.

pom.bo [p'õbu] *sm Ornit* (*fem* **pomba**) dove, pigeon.

pom.bo-cor.rei.o [põbukoɾ'eju] *sm* (*pl* **pombos-correios**) *Ornit* carrier pigeon.

po.mo [p'omu] *sm* fruit. **pomo de discórdia** apple of discord, a bone of contention.

po.mo-de-a.dão [p'omudjad'ãw] *sm* (*pl* **pomos-de-adão**) the Adam's apple.

pom.pa [p'õpə] *sf* **1** pomp, splendour. **2** pagentry. **3** ostentation. **4** gala, parade.

pon.che [p'õʃi] *sm* punch: a strong drink made of tea, sugar, brandy or rum and lime juice.

pon.de.rar [põder'ar] *vt* **1** to ponder. **2** to weigh, cogitate. **3** to reflect, think over.

pon.ta [p'õtə] *sf* **1** point. **2** tip. *ela o beijou na ponta do nariz* / she kissed him on the tip of his nose. **3** fag-end of a cigar or cigarette. **4** *Cin, Teat* insignificant part in a play or movie. **de ponta a ponta** from beginning to end. **na ponta da língua** on the tip of the tongue. *saber alguma coisa na ponta da língua* / to have something at one's fingertips. **ponta de flecha** arrow-head.

pon.ta.da [põt'adə] *sf* **1** stab, jab. **2** pang. **3** twinge. *estou com pontadas no lado* / my side twinges.

pon.ta-de-lan.ça [p'õtədil'ãsə] *s m+f* a person that remains in an advanced position and usually forces a way into the opponent's field.

pon.tal [põt'aw] *sm* (*pl* **pontais**) tongue of land, small point of land (on a seashore or riverside).

pon.ta.pé [põtap'ɛ] *sm* **1** kick. **2** spurn. **3** *fig* offence, insult. **pontapé inicial** kick-off.

pon.ta.ri.a [põtar'iə] *sf* **1** aim, sight. **2** target. **fazer pontaria** to aim.

pon.te [p'õti] *sf* **1** bridge. **2** a ship's bridge, deck. **3** *Odont* bridge-work. **4** overpass. **ponte de atracação** pier. **ponte de desembarque** landing pier. **ponte levadiça** drawbridge. **ponte pênsil** chain bridge, suspension bridge.

pon.tei.ro [põt'ejru] *sm* **1** hand. **2** indicator. **ponteiro de relógio** watch hand. **ponteiro dos minutos** minute hand.

pon.ti.a.gu.do [põtjag'udu] *adj* pointed, sharp.

pon.tí.fi.ce [põt'ifisi] *sm* **1** pontiff, pontifex. **2** bishop. **3** the Pope.

pon.to [p'õtu] *sm* **1** point, dot. *ela provou seu ponto de vista* / she proved her point. *pôr os pontos nos ii* / to dot the i's, make things clear. **2** full stop, period. **3** matter, question, subject. **4** moment. **5** stop (tramway, railway etc.). **6** extent. **ao ponto** medium rare meat. **até certo ponto** up to a certain point, to a certain extent. **dois pontos** *Gram* colon. **em ponto** sharp. *por favor, venha às três horas em ponto* / please, come at three o'clock sharp. **estar a ponto de...** to be about to... **ponto cardeal** cardinal point. **ponto de ebulição** boiling point. **ponto de encontro** point of convergence. **ponto de exclamação** exclamation mark. **ponto de interrogação** question mark. **ponto de partida** starting point. **ponto de referência** point of reference. **ponto de táxi** cab stand, taxi stand. **ponto de venda** retail outlet, point of sale. **ponto de vista** point of view, viewpoint. **ponto e vírgula** semicolon. **ponto final** a) *Gram* full stop. b) end stop, terminus bus. c) ultimate. **ponto fraco** weak point.

pon.tu.a.ção [põtwas'ãw] *sf (pl* **pontuações)** *Gram* punctuation.

pon.tu.al [põtu'aw] *sf (pl* **pontuais)** *Mat* a series of points in a straight line. • *adj m+f* **1** punctual. *ela é pontual* /she is punctual. **2** exact, accurate. **pontual como um relógio** like clockwork.

po.pa [p'opa] *sf Náut* stern.

po.pan.ça [pop'ãsa] *sf bras, gír* ass, butt.

po.pu.la.ção [populas'ãw] *sf (pl* **populações) 1** population. **2** inhabitants. **3** class, category.

po.pu.lar [popul'ar] *sm* a man of the people, common citizen. • *adj m+f* **1** popular. *ela é uma moça popular* / she is a popular girl. **2** public, common.

po.pu.lo.so [popul'ozu] *adj* **1** populous. **2** crowded, filled.

pô.quer [p'oker] *sm* poker.

por [pur] *prep* **1** at, by, for, from, in, per, pro, to, through, via, with. *comprei o livro por vinte reais* / I bought the book for twenty reais. *temos de passar por muitos perigos* / we must pass through many dangers. *esta paisagem foi pintada por Monet* / this landscape was painted by Monet. **2** because of, on account of. **3** by means of, through the agency of. **4** for

the sake of. **5** in order to. **6** out of. **7** in place of, instead of. **8** in behalf of, in favour of. **9** with permission of, by order of. **10** in the capacity of. **11** towards. **duas vezes por ano** twice a year. **e assim por diante** and so forth. **ele está por partir** he will depart, he is about to leave. **palavra por palavra** word for word. **por acaso** by chance, unexpectedly. **por aí** thereabout. **por algum tempo** for a while. **por ali** in that direction, there. **por alto** superficially. **por amor de** for love of, for the sake of. **por ano** per year, yearly. **por aqui** this way, around here, hereabout. **por baixo** underneath, below. **por bem** willingly. **por causa de** through, because of. **por certo** certainly. **por cima** above, over, over and above. **por conseguinte** consequently, therefore. **por Deus!** in God's name! **por enquanto** for the time being. **por escrito** in writing. **por essas razões** for these reasons. **por exemplo** for example, for instance. **por extenso** in full. **por falar em** with respect to, speaking about. **por fim** at last. **por isso** for that reason, therefore, hereby. **por meio de** by means of, thereby, with. **por muito que** no matter how long (or much). **por nada** don't mention it. **por natureza** by nature. **por ora** for the present, for the time being. **por outro lado** on the other hand. **por perto** near to. **por pouco** nearly, almost. *por pouco ele pereceu afogado* / he almost drowned. **por quanto tempo?** for how long? **por quê?** why?, how?, how come? *por que ele não veio?* / why did he not come? **por si** per se. **por sua conta** at your cost, on your own. **por terra** by land. **por toda a vida** for life. **por toda parte** throughout, everywhere. **por turno** by turns. **por um lado** on one side. **por um triz** by the skin of one's teeth. *por um triz eu teria sido atropelado* / I had a narrow escape from being run over. **por via de** by means of, through. **uma vez por todas** once for all.

pôr [p'or] *vt+vpr* **1** to place, put. *não sei onde pus aquela carta* / I don't know where I have put that letter. **2** to lay, set. **3** to put on, wear. **4** to lay (eggs). **5** to stick out parts of the body. *por favor, ponha a língua para fora* / please, stick your tongue out. **6 pôr-se** to put, lay or set oneself, place oneself in a definite position. *ele se pôs a escrever* / he settled down to writing. **pôr a casa em ordem** to set one's house in order. **pôr a culpa em** to lay the blame on. **pôr à disposição de** to place at someone's disposal. **pôr a mesa** to set the table. **pôr a par** to inform. **pôr à prova** to put to test. **pôr as cartas na mesa** to put one's cards on the table. **pôr à venda** to put to sale. **pôr à vista** to disclose, expose. **pôr à vontade** to relax. **pôr de lado** to set aside, neglect, set apart, put away. **pôr-do-sol** sundown, sunset. **pôr em contato** to get in touch. **pôr em execução** to carry out, put to practice. **pôr em jogo** to jeopardize. **pôr em ordem** to put in order. **pôr em perigo** to expose to danger, put in danger. **pôr em prática** to put into practice. **pôr em risco** to risk. **pôr mãos à obra** to lay hands on, put one's hand to the plow. **pôr na cama** to put to bed, to put to sleep. **pôr na conta** to charge. *ponha isto na minha conta* / charge it to my account. **pôr na rua** to put on the street, throw out, fire. **pôr para fora** to throw out. **pôr-se a falar** to begin to speak.

po.rão [por'ãw] *sm (pl* **porões**) **1** hold (ship or aircraft). **2** cellar, basement.

por.ca [p'ɔrkə] *sf* **1** *Zool (fem de* **porco**) sow. **2** *Mec* nut, screw-nut. **aí é que a porca torce o rabo** that's where the shoe pinches.

por.ca.lhão [porkaʎ'ãw] *sm (pl* **porcalhões,** *fem* **porcalhona) 1** a very dirty person. **2** *coloq, fig* pig.

por.ção [pors'ãw] *sf (pl* **porções**) **1** portion. **2** helping, serving. **dividir em porções** to portion.

por.ca.ri.a [porkar'iə] *sf* **1** filthiness, dirtiness. **2** garbage, rubbish. **3** (food) junk food. **que porcaria de...** what lousy...

por.ce.la.na [porsel'ʌnə] *sf* porcelain, china.

por.cen.ta.gem [porsẽt'aʒẽj] *sf (pl* **porcentagens)** percentage.

por.co [p'orku] *sm* **1** *Zool* pig, hog. **2** porker, grunter. **3** pork. **4** a very dirty or indecent fellow. • *adj* **1** dirty, filthy. **2** obscene, indecent. **carne de porco** pork. **lançar pérolas aos porcos** to cast pearls before swine.

por.co-es.pi.nho [porkwesp'iɲu] *sm (pl* **porcos-espinhos**) porcupine.

pôr-do-sol [p'ordus'ɔw] *sm (pl* **pores-do-sol**) sunsetting, sunset, twilight, crepuscle.

po.rém [por'ẽj] *sm* **1** *bras* obstacle, impediment. **2** *bras* inconvenience. • *conj* **1** but, yet. **2** notwithstanding, nevertheless. **3** however.

por.me.nor [pormen'ɔr] *sm* **1** particularity. **2** detail.

por.me.no.ri.za.do [pormenoriz'adu] *adj* detailed.

por.me.no.ri.zar [pormenoriz'ar] *vt* **1** to describe in detail. **2** to specify.

por.nô [porn'o] *adj m+f bras, pop* porno, pornographic. **filme pornô** blue movie, skinflick.

por.no.gra.fi.a [pornograf'iə] *sf* pornography.

por.no.grá.fi.co [pornogr'afiku] *adj* pornographic(al).

po.ro [p'ɔru] *sm Anat* pore.

po.ro.ro.ca [poror'ɔkə] *sf* **1** a great tidal wave. **2** *bras* tidal wave which enters a river.

po.ro.so [por'ozu] *adj* porous.

por.quan.to [pork'wãtu] *conj* as, when, while, since, whereby, considering that, whereas, because of.

por.que [pork'e] *conj* because, since, as, for. *não vim porque estava doente* / I did not come because I was ill. **por quê?** why?

por.quê [pork'e] *sm* the cause or reason, the reason why. *não sabemos o porquê da sua recusa* / we don't know the reason why he refused.

por.qui.ce [pork'isi] *sf* dirt, filth.

por.qui.nho [pork'iɲu] *sm dim de* **porco**, piglet.

por.ra [p'orə] *sf* **1** *bras, vulg* cum, come, sperm. **2** *interj bras, vulg* oh! fucking!: express impatience.

por.ra.da [poʀ'adə] *sf* **1** *gír* a hit, knock. **2** *bras* a great quantity.

por.ra-lou.ca [poʀəl'owkə] *s m+f bras, vulg* a nutball, an irresponsible person. • *adj m+f bras, vulg* completely nuts.

por.ra-lou.qui.ce [poʀəlowk'isi] *sf bras, vulg* the quality or act of a nutball.

por.re [p'oʀi] *sm pop* **1** a gulp of brandy, swallow. **2** a drinking bout. **3** *bras, gír* something dull, boring. **tomar um porre** to get wasted.

por.re.ta [poʀ'etə] *sf* a stone-mason's hammer. • *adj m+f* **1** *coloq* very beautiful. **2** *coloq* terrific, excellent.

por.ta [p'ortə] *sf* **1** door. **2** entry, entrance. **3** gate, gateway. **a portas fechadas** secretely, behind closed doors. **bater a porta** to slam the door. **dar com o nariz na porta** to find no one at home. **porta de correr** sliding door. **porta de emergência** emergency door. **porta de entrada** front door. **porta de saída** exit door. **porta dianteira** front door. **porta dos fundos** back-door, *fig* loophole, means of escape. **porta giratória** revolving door. **surdo como uma porta** extremely deaf, as deaf as a post.

por.ta- [p'ortə] *pref* serves to form compounds, with the meaning "holder", "rest", "carrier" etc. as in **porta-copo** glass-holder, **porta-chicote** whip rest.

por.ta-a.vi.ões [portəavi'õjs] *sm sing+pl* aircraft carrier.

por.ta-ba.ga.gens [portəbag'aʒẽjs] *sm sing+pl* rack, luggage rack, luggage carrier (of a bicycle etc.).

por.ta.dor [portad'or] *sm* **1** porter, carrier. **2** messenger. **3** bearer, holder (of titles or offices). • *adj* carrying, conveying.

por.ta-jói.as [portəʒ'ojas] *sm sing+pl* jewel case.

por.ta-ma.las [portəm'alas] *sm sing+pl Autom* luggage compartment, trunk.

por.ta-ní.queis [portən'ikejs] *sm sing+pl* coin purse.

por.tan.to [port'ãtu] *conj* therefore, hence, thus.

por.tão [port'ãw] *sm* (*pl* **portões**) **1** a large door, portal. **2** gate, gateway. **3** entrance.

por.tar [port'ar] *vt+vpr* **1** to take away,

carry off. **2** to land. **3 portar-se** to behave, act correctly, conduct oneself correctly.

por.ta-re.tra.tos [portəʀetr'atus] *sm sing+pl* picture frame, photo frame.

por.ta.ri.a [portar'iə] *sf* **1** reception, information desk. **2** entrance. **3** decree.

por.tá.til [port'atiw] *adj m+f* (*pl* **portáteis**) portable.

por.ta-voz [portəv'ɔs] *s m+f* (*pl* **portavozes**) spokesperson (spokesman, spokeswoman).

por.te [p'orti] *sm* **1** act of transporting or bringing, portage. **2** transport. **3** load. **4** charge. **5** postage. **6** figure (of woman). **7** body (of man). **com porte pago** postpaid.

por.tei.ro [port'ejru] *sm* **1** doorkeeper. **2** janitor, warden. **3** gate-keeper. **porteiro eletrônico** intercom.

por.to [p'ortu] *sm* port, harbour.

por.tu.guês [portug'es] *sm* (*pl* **portugueses**) Portuguese. **falar português claro** to speak frankly.

por.ven.tu.ra [porvẽt'urə] *adv* **1** by chance. **2** perhaps, possibly.

pós[1] [p'ɔs] *elem comp* post.

pós[2] [p'ɔs] *prep* post, after, behind.

po.sar [poz'ar] *vint* to pose.

pós-dou.to.ra.do [pɔzdowtor'adu] *sm* post doctoral studies, *coloq* postdoc.

pós-es.cri.to [pɔzeskr'itu] *sm* (*pl* **pós-escritos**) postscript. (*abbr* **PS**).

pos.fá.cio [pɔsf'asju] *sm* postface.

pós-gra.du.a.ção [pɔzgradwas'ãw] *sf amer* graduation, *brit* postgraduation.

pós-gra.du.a.do [pɔzgradu'adu] *sm amer* graduate, *brit* postgraduate. • *adj* graduate, postgraduate.

pós-guer.ra [pɔzg'ɛʀə] *sm* postwar.

po.si.ção [pozis'ãw] *sf* (*pl* **posições**) position. **tomar posição** to take one's stand.

po.si.ci.o.nar [pozisjon'ar] *vt+vpr* **1** to position, locate. **2 posicionar-se** to place oneself.

po.si.ti.vo [pozit'ivu] *sm, adj* positive.

pós-mo.der.nis.mo [pɔzmodern'izmu] *sm* postmodernism.

pós-mo.der.nis.ta [pɔzmodern'istə] *s m+f* postmodernist.

pós‑mo.der.no [pɔzmod'ɛrnu] *adj* postmodern.

pós‑na.tal [pɔznat'aw] *adj m+f* (*pl* **pós‑natais**) postnatal.

po.so.lo.gi.a [pozoloʒ'iə] *sf Med* posology.

pos.se [p'ɔsi] *sf* 1 holding or fruition of a property or right. 2 ownership. 3 **posses** possessions, wealth, riches, property. *ele tem posses* / he has independent means. **de posse** in possession. **estar de posse de** to be in possession of. **tomar posse** to take office.

pos.ses.si.vo [poses'ivu] *adj* possessive.

pos.ses.so [pos'ɛsu] *adj* mad, crazy, furious.

pos.si.bi.li.da.de [posibilid'adi] *sf* 1 possibility. 2 chance, odds. *ele não tem nenhuma possibilidade* / he has no chance whatever. 3 **possibilidades** means, possessions, wealth. **uma possibilidade remota** an off‑chance.

pos.sí.vel [pos'ivew] *adj m+f* 1 possible. 2 feasible. 3 potential. **é possível que** it might be that. **fazer o possível** to do one's best. **fazer todo o possível** to do one's utmost. *fizemos todo o possível* / we did our utmost. **o mais cedo possível** as soon as possible. **se for possível** if it is at all possible. **será possível?!** is it possible?!, indeed?!

pos.su.ir [posu'ir] *vt* 1 to possess. 2 to have, hold (property). 3 to own.

pos.ta [p'ɔstə] *sf* piece, slice, cut, chop.

pos.tal [post'aw] *sm* (*pl* **postais**) post card. • *adj m+f* postal. **agência postal** post office. **código postal** postal code. zip code. **selo postal** postage stamp, stamp.

pos.tar [post'ar] *vt+vpr* 1 to post, send or dispatch by the post. 2 **postar‑se** a) to place oneself. b) to remain for a long time in a certain place or position.

pos.te [p'ɔsti] *sm* 1 post, stake, pole. 2 pillar. 3 mast, pylon. **poste de iluminação** lamppost. **poste de luz / poste de rua** street lamp.

pôs.ter [p'oster] *sm* poster.

pos.te.ri.or [posteri'or] *sm pop* the behind, backside, buttocks. • *adj m+f* 1 posterior. 2 later (in time). 3 behind. 4 back. 5 after.

pos.ti.ço [post'isu] *adj* false. **cabelos postiços** false hair, wig. **dentes postiços** false teeth.

pos.to¹ [p'ostu] *adj* (*e part pass* de **pôr**) 1 put, put in place. 2 (of sun, moon, stars) set. 3 disposed, arranged. 4 laid. *o cenário da história é posto em Nova York* / the scene of the story is laid in New York. • *conj* although, though. **depois do sol posto** after sunset. **posto que** although, though, even though, even if, notwithstanding that.

pos.to² [p'ostu] *sm* 1 post. 2 place, position. 3 station, stand. 4 office, duty. 5 rank, grade. *ele tem o posto de major* / he ranks with major. 6 *bras* gas station. **posto de bombeiros** fire‑station. **posto de gasolina** gas station. **posto policial** police post, police station.

po.su.do [poz'udu] *sm bras, coloq* a poser. • *adj* affected, posy, posey.

po.tá.vel [pot'avew] *adj m+f* (*pl* **potáveis**) potable, drinkable.

po.te [p'ɔti] *sm* 1 pot, vessel (of earth, iron or aluminium). 2 water jug, pitcher.

po.tên.cia [pot'ẽsjə] *sf* 1 potency, power, strength. 2 might, authority. 3 virility. 4 *Fís* working power, force. **as grandes potências** the Great Powers.

po.ten.te [pot'ẽti] *adj m+f* 1 potential, powerful, mighty. 2 strong, vigorous, dynamic.

po.tro [p'otru] *sm* 1 colt, foal, young horse. 2 *bras* untamed horse.

pou.co [p'owku] *sm* a little, trifle, small quantity, somewhat, something. • *adj* 1 little, not much. 2 **poucos** few, not many. *há poucos espectadores* / there are few spectators. • *adv* 1 not much. 2 not long (time). 3 not very. **ainda há pouco** a while ago. **aos poucos** little by little. **a pouca distância** near. **daqui a pouco** in a little while. **dentro de pouco tempo** in a short time, soon, in a little while. **fazer pouco caso** to minimize, belittle. **por pouco** about, almost. **pouca coisa** a small matter, trifling. **pouco antes** a little before. **pouco caso** disregard, disdain. **um pouco de** some.

pou.pa.dor [powpad'or] *sm* a saving person. • *adj* saving, economical, thrifty.

pou.pan.ça [powp'ãsə] *sf* **1** economy, thrift. **2** providence, forehandedness. **caderneta de poupança** savings account.

pou.par [powp'ar] *vt+vpr* **1** to economize, spare, save. *poupe-lhe aquele desgosto! /* save him that grief. *poupe-me tudo isto! /* spare me all this! **2 poupar-se** to care for oneself, spare oneself. *ela não se poupa /* she does not take care of herself. **não poupar nem esforços nem dinheiro** to spare neither trouble nor money.

pou.qui.nho [powk'iñu] *sm (dim de* **pouco)** a bit, a little bit. *você precisa ser um pouquinho mais amável /* you got to be a bit friendlier. **um pouquinho de** a sprinkle of.

pou.quís.si.mo [powk'isimu] *adj sup abs sint de* **pouco** little, precious little, the least.

pou.sa.da [powz'adə] *sf* inn, lodging.

pou.sar [powz'ar] *vt+vint* **1** to put, set, lay down, place. **2** to lodge, spend the night at. **3** to land (plane).

pou.so [p'owzu] *sm* **1** resting place. **2** *Aeron* landing (plane). **pouso de emergência** forced landing. **pouso por instrumentos** blind landing.

po.vo [p'ovu] *sm* people, folk, nation, race.

po.vo.a.do [povo'adu] *sm* village. • *adj* populated, populous.

po.xa [p'oʃə] *interj bras, pop* gosh! my goodness!

pra¹ [pr'a] *contr prep* **para.**

pra² [pr'a] *contr prep* **pra** + *art* ou *pron f* **a:** *vim pra festa muito cedo /* I came to the party too early.

pra.ça [pr'asə] *sf* square, market place. **carro de praça** taxi, taxi cab, cab. **praça pública** plaza, square. **ser boa praça** *bras, coloq* to be a nice guy.

pra.do [pr'adu] *sm* meadow, plain, grassy land.

pra-fren.te [prəfr'ẽti] *adj m+f, sing+pl bras, gír* very modern, up-to-date.

pra.ga [pr'agə] *sf* **1** curse. **2** plague. **combate às pragas** pest control. **que pra-**

ga! *coloq* what a nuisance! **rogar pragas** to curse.

pra.gue.jar [prageʒ'ar] *vi+vt* to curse, swear.

prai.a [pr'ajə] *sf* beach, sea-shore, seaside. **à praia / na praia** ashore. **barraca de praia** beach tent. **chapéu de praia** beach hat. **conjunto de praia** beach suit. **roupa de praia** beachwear.

pran.cha [pr'ãʃə] *sf* **1** plank, board. **2** *bras, gír* large foot. **3** surfboard. **prancha de surfe** surfboard.

pran.che.ta [prãʃ'etə] *sf* **1** a surveyor's table. **2** drawing board.

pra.ta [pr'atə] *sf Quím* silver. **bodas de prata** silver wedding. **falar é prata, calar é ouro** speech is silver, silence is gold. **prata de lei** sterling silver.

pra.ta.ri.a [pratar'iə] *sf* **1** silverware. **2** silver jewelry.

pra.te.a.do [prate'adu] *adj* **1** silvered, plated with silver. **2** silver.

pra.te.lei.ra [pratel'ejrə] *sf* shelf, rack. **prateleira para livros** book-shelf.

prá.ti.ca [pr'atikə] *sf* practice. **a prática faz o mestre** practice makes perfect. **na prática** in practice. **pôr em prática** to put into practice.

pra.ti.can.te [pratik'ãti] *s m+f* practitioner, practiser. • *adj m+f* practising.

pra.ti.car [pratik'ar] *vt+vint* **1** to practice, practise (*brit*). **2** to talk, converse. **praticar esporte** to go in for sport.

prá.ti.co [pr'atiku] *sm* **1** *Náut* pilot. **2** practician, practiser. • *adj* practical. **espírito prático** practical mind.

pra.to [pr'atu] *sm* **1** plate. **2** dish. **3** course (of dishes). **4 pratos** *Mús* cymbals. **escorredor de pratos** dish drainer. **lavadora de pratos** dishwasher. **pôr em pratos limpos** to clear up a matter.

pra.xe [pr'aʃi] *sf* habit, custom. **de praxe** habitual, customary, usual. **é praxe** it is the rule.

pra.zer [praz'er] *sm* **1** pleasure, joy. *dá-me grande prazer /* it gives me great joy. *é um grande prazer para ele /* it gives him great pleasure. **2** amusement, fun. • *vt* to please. **com prazer** with pleasure. **muito prazer em conhecê-lo** pleased to meet you.

pra.ze.ro.so [prazer'ozu] *adj bras* pleasant, joyful, cheerful, merry.

pra.zo [pr'azu] *sm* **1** term, time, period. **2** deadline. **alargar o prazo** to extend, prolong the time. **a longo prazo** at long term. **a prazo** in instalments. **prazo de entrega** time of delivery. **prazo de vencimento** term.

pre- [pre] *pref* pre: before in time, beforehand, in advance.

pre.âm.bu.lo [pre'ãbulu] *sm* preface, prologue, introduction. **sem mais preâmbulos** without delay.

pre.cá.rio [prek'arju] *adj* precarious, uncertain, unstable.

pre.cau.ção [prekaws'ãw] *sf* (*pl* **precauções**) precaution, caution. **tomar precauções** to take precautions. *ele dirige com precaução* / he drives carefully.

pre.ca.ver [prekav'er] *vt+vpr* **1** to prevent. **2** to provide against, forewarn. **3** **precaver-se** to be cautious, beware, take precautions.

pre.ca.vi.do [prekav'idu] *adj* precautious, prepared.

pre.ce [pr'ɛsi] *sf* **1** prayer. **2** petition, invocation. **preces matinais** morning prayers.

pre.ce.dên.cia [presed'ẽsjə] *sf* precedence. **dar precedência a alguém** to give precedence to a person. **ter precedência sobre** to take precedence over.

pre.ce.den.te [presed'ẽti] *s m+f* (também *Jur*) precedent. • *adj m+f* preceding, previous, former. **criar um precedente** to set a precedent. **sem precedente** without precedent.

pre.ce.der [presed'er] *vt+vint* to precede, go before in order of time, place or rank. *a corrupção da moral precede o crime* / corruption of morals precedes crime.

pre.cei.to [pres'ejtu] *sm* precept, rule, teaching.

pre.ci.o.so [presi'ozu] *adj* **1** precious, valuable. **2** magnificent. **3** *fig* affected, over-refined. **4** beloved, dear. **pedra preciosa** precious stone.

pre.ci.pí.cio [presip'isju] *sm* **1** precipice, abyss. **2** *fig* ruin, danger. **cair num precipício** to fall down a precipice.

pre.ci.são [presiz'ãw] *sf* (*pl* **precisões**) precision, preciseness, accuracy.

pre.ci.sar [presiz'ar] *vt* **1** to need. **2** to require. *o negócio precisa muita atenção* / the business requires great attention. **3** to specify. **4** must, have to, need to (followed by infinitive). *preciso ir* / I must go, I need to go. *você precisa pagar* / you must pay, you have to pay.

pre.ci.so [pres'izu] *adj* **1** precise, exact. **2** nice, distinct. **3** correct, accurate. **4** necessary, wanted. **não é preciso** it is not necessary. **se for preciso** if need be, if necessary.

pre.ço [pr'esu] *sm* price. **a preços reduzidos** at reduced prices. **a qualquer preço** at all costs. **preço de custo** cost price. **preço de fábrica** manufacturer's price. **preço de fatura** billing cost, invoice price. **preço de mercado / preço da praça** market price, market value. **preço de ocasião** bargain price. **preço de varejo** retail price. **preço de venda** selling price. **preço fixo** fixed price. **preço líquido** net price. **preço máximo / preço teto** ceiling price.

pre.co.ce [prek'ɔsi] *adj m+f* precocious, premature. • *adv* precociously. **criança precoce** precocious child, prodigy.

pre.con.cei.to [prekõs'ejtu] *sm* prejudice, bias. **ter um preconceito contra alguém** to have a prejudice against someone.

pre.con.di.ção [prekõdis'ãw] *sf* precondition, prerequisite.

pré-co.zer [precoz'er] *vt* to precook.

pre.cur.sor [prekurs'or] *sm* precursor, forerunner, predecessor, pioneer. • *adj* precursory, preceding.

pre.da.dor [predad'or] *sm* predator.

pré-da.tar [prɛdat'ar] *vt* to predate, antedate.

pre.di.ca.do [predik'adu] *sm* **1** quality, character, attribute. **2** talent, faculty, aptitude. **3** *Gram* predicate.

pre.di.le.to [predil'etu] *sm* favorite, favourite. *Pedro é o predileto dela* / Peter is her favourite. • *adj* beloved, favourite. *minha flor predileta é a rosa* / my favourite flower is the rose.

pré.dio [pr'ɛdju] *sm* building, construction.

pre.dis.pos.to [predisp'ostu] *adj* predisposed, prone.

pre.di.zer [prediz'er] *vt* to predict.

pre.do.mi.nan.te [predomin'ãti] *adj m+f* predominant, prevailing, ruling.

pre.do.mí.nio [predom'inju] *sm* predominancy, supremacy, dominion.

pre.en.cher [preẽʃ'er] *vt* 1 to fulfil, accomplish, comply with, perform. 2 to supply, fill. 3 to complete. **preencher uma vaga** to fill a vacancy. **preencher um cheque** to write a check, fill out a check.

pré-es.co.lar [preeskol'ar] *adj m+f* preschool.

pré-es.tréi.a [preestr'ɛjə] *sf bras, Cin, Teat* preview.

pré-fa.bri.ca.do [prefabrik'adu] *adj* 1 prefabricated. 2 *coloq* prefab: a prefabricated building.

pre.fá.cio [pref'asju] *sm* preface.

pre.fei.to [pref'ejtu] *sm* mayor.

pre.fei.tu.ra [prefejt'urə] *sf* town hall, city hall.

pre.fe.rên.cia [prefer'ẽsjə] *sf* preference. **dar preferência a alguém** to prefer someone, throw the handkerchief to someone.

pre.fe.ren.ci.al [preferẽsi'aw] *sf bras, Trânsito* a road with right of the way. • *adj m+f* (*pl* **preferenciais**) preferential, preferred, favoured.

pre.fe.rir [prefer'ir] *vt* 1 to prefer. *prefiro cerveja a vinho* / I prefer beer to wine. 2 to be preferred.

pre.fe.rí.vel [prefer'ivew] *adj m+f* (*pl* **preferíveis**) preferable, better, more desirable.

pre.fi.xo [pref'iksu] *sm Gram* prefix.

pre.ga [pr'ɛgə] *sf* 1 pleat, plait, fold. *a saia caía formando pregas* / the skirt hung in folds. 2 crease.

pre.ga.dor¹ [pregad'or] *sm* 1 nailer, fastener. 2 *bras, gír* liar. • *adj* nailing, fixing.

pre.ga.dor² [pregad'or] *sm* 1 preacher, clergyman. 2 scolder. • *adj* 1 preaching. 2 scolding.

pre.gão [preg'ãw] *sm* proclamation, cry.

sala de pregão *Com* exchange hall, exchange floor.

pre.gar¹ [preg'ar] *vt+vint* 1 to nail, fasten with nails. 2 to fix, fasten, stick, peg. 3 *bras* to be exhausted. *estou pregado* / I am dead tired. **pregar o(s) olho(s)** to sleep a wink. *não pude pregar os olhos a noite toda* / I could not sleep a wink all night. **pregar os olhos em alguém** to fix one's eyes upon someone. **pregar uma peça a alguém** to play a trick on someone. **pregar um botão** to sew on a button. **pregar um susto em alguém** to give someone a fright.

pre.gar² [preg'ar] *vt* to preach. **pregar um sermão a alguém** to lecture a person, give a person a pi-jaw.

pre.go [pr'ɛgu] *sm* 1 nail. 2 exhaustion.

pre.gui.ça [preg'isə] *sf* laziness, idleness, slothfulness. *preguiça é a chave da pobreza* / sloth is the key to poverty. **estar com preguiça** to be lazy.

pre.gui.ço.so [pregis'ozu] *adj* lazy, idle.

pré-his.tó.ri.co [preist'ɔriku] *adj* prehistoric(al). **período pré-histórico** prehistoric period. **raças pré-históricas** prehistoric races.

pre.ju.di.ca.do [preʒudik'adu] *adj* damaged, injured, impaired.

pre.ju.di.car [preʒudik'ar] *vt+vpr* 1 to prejudice, damage, harm. 2 to annul, cancel. 3 prejudicar-se to come to harm.

pre.ju.di.ci.al [preʒudisi'aw] *adj m+f* (*pl* **prejudiciais**) 1 prejudicial, disadvantageous. 2 harmful. 3 bad (health).

pre.ju.í.zo [preʒu'izu] *sm* prejudice, damage, loss, harm. **causar prejuízo** to cause damage. **com prejuízo** at a loss. **recuperar prejuízos** to recover damages. **sem prejuízo** without prejudice.

pre.jul.gar [preʒuwg'ar] *vt* to prejudge, judge beforehand, decide in anticipation.

pre.li.mi.nar [prelimin'ar] *sm* preliminary, introduction. • *adj m+f* preliminary, introductory.

pre.ma.tu.ro [premat'uru] *sm* a premature baby. • *adj* premature.

pre.me.di.tar [premedit'ar] *vt* to premeditate.

pré-mens.tru.al [premẽstru'aw] *adj m+f*

P

(*pl* **pré-menstruais**) premenstrual. **ten-são pré-menstrual** premenstrual tension or syndrome.

pre.mi.a.do [premi'adu] *sm* prizewinner. • *adj* rewarded, distinguished.

pre.mi.ar [premi'ar] *vt* to reward, give a prize to.

pre.mi.er [premi'e] *sm fr* premier, prime minister.

prê.mio [pr'emju] *sm* 1 reward, prize, award. *ela ganhou o primeiro prêmio* / she won first prize. 2 gain, profit, bonus. 3 premium. **concurso com prêmios** prize competition. **conquistar o prêmio** to take the prize, get the prize. **prêmio de consolação** booby prize.

pré-na.tal [prɛnat'aw] *adj m+f* (*pl* **pré-natais**) prenatal: previous to birth.

pren.da.do [prɛd'adu] *adj* gifted, talented, accomplished.

pren.de.dor [prɛded'or] *sm* fastener, clip, peg, pin. • *adj* arresting, seizing. **prendedor de gravata** tie clip. **prendedor de papel** paper clip. **prendedor de rou-pa** clothes-peg, clothes-pin.

pren.der [prɛd'er] *vt+vpr* 1 to fasten, tie, bind, fix. 2 to seize, apprehend, take, grasp, grip. 3 to catch, capture, take hold of. *eu prendi o dedo na porta* / I caught my finger in the door. 4 to arrest, imprison. *ele foi preso* / he was arrested. 5 to adhere, stick to. *ela se prende a ele como um carrapato* / she sticks to him like wax. 6 **prender-se** to be connected, get caught.

pre.nhe [pr'eñi] *adj m+f bras* pregnant. **ficar prenhe** to become pregnant.

pre.no.me [pren'omi] *sm* first name, Christian name.

pren.sa [pr'ẽsə] *sf* 1 press. 2 *Tip* printing press. 3 printing frame.

pren.sar [prẽs'ar] *vt* to press, compress, crush, squeeze.

pré-nup.ci.al [prɛnupsi'aw] *adj m+f* (*pl* **pré-nupciais**) prenuptial.

pre.o.cu.pa.ção [preokupas'ãw] *sf* (*pl* **preocupações**) 1 preoccupation. 2 worry, trouble, concern.

pre.o.cu.pa.do [preokup'adu] *adj* preoccupied, troubled, worried,

concerned. **estar muito preocupado com alguma coisa** to be worried about something. **preocupado com** worried about, troubled about.

pre.o.cu.par [preokup'ar] *vt+vpr* 1 to preoccupy. 2 to trouble, worry. 3 **preo-cupar-se** to be worried, become anxious. *preocupo-me* / I worry myself. **preocu-par-se com alguma coisa** to trouble about something.

pre.pa.ra.ção [preparas'ãw] *sf* (*pl* **prepa-rações**) preparation.

pre.pa.ra.do [prepar'adu] *sm Quím, Farm* preparation. • *adj* 1 prepared, ready. *es-tou preparado para sair* / I am prepared to go. 2 educated, cultured.

pre.pa.rar [prepar'ar] *vt+vpr* 1 to prepare. 2 **preparar-se** to prepare oneself, make oneself ready, take care of oneself.

pre.pa.ra.ti.vo [preparat'ivu] *adj* preparative, preparatory.

pre.pa.ra.ti.vos [preparat'ivus] *sm pl* arrangements.

pre.pa.ra.tó.rio [preparat'ɔrju] *adj* preparatory. **escola preparatória** preparatory school.

pre.pa.ro [prep'aru] *sm* 1 preparation. 2 *bras* education, refinement, ability, learning. 3 *bras, pop* gelding (of animals). **preparo físico** physical fitness.

pre.po.si.ção [prepozis'ãw] *sf* (*pl* **prepo-sições**) preposition.

pre.po.tên.cia [prepot'ẽsjə] *sf* 1 prepotence. 2 despotism.

pre.po.ten.te [prepot'ẽti] *adj m+f* 1 prepotent. 2 overbearing.

pré-pri.má.rio [prɛprim'arju] *adj* pre-school.

pre.sa¹ [pr'ezə] *sf* prey. **presa de guerra** war prize, war spoil.

pre.sa² [pr'ezə] *sf* 1 claw. 2 canine tooth.

pres.cin.dir [presĩd'ir] *vt* 1 to dispense, leave out or aside. *agora posso prescin-dir de minha velha máquina de escrever* / now I can dispense with my old typewriter. 2 to renounce, do without, give up.

pre.sen.ça [prez'ẽsə] *sf* presence. **marcar presença** to be present. **na presença de** in the presence of. **presença de espírito** presence of mind.

pre.sen.ci.ar [prezẽsi'ar] *vt* to be present, witness.

pre.sen.te [prez'ẽti] *sm* **1** present, actuality. **2** present person or persons. **3** *Gram* present tense. **4** gift. • *adj m+f* present. • *interj* here! **dar de presente** to offer, present as a gift. **estar presente** to be present.

pre.sen.te.ar [prezẽte'ar] *vt* to present, offer as a gift, give a present.

pre.sé.pio [prez'ɛpju] *sm* crib, manger.

pre.ser.var [prezerv'ar] *vt+vpr* **1** to preserve. **2** to keep, maintain.

pre.ser.va.ti.vo [prezervat'ivu] *sm* **1** preventive, preservative. **2** condom, preventive sheath.

pre.si.dên.cia [prezid'ẽsjə] *sf* presidency, chairmanship. **ocupar a presidência** to be in the chair.

pre.si.den.ci.al [prezidẽsi'aw] *adj m+f* (*pl* **presidenciais**) presidential.

pre.si.den.te [prezid'ẽti] *sm* **1** president. **2** chairperson. **3** manager, superior. • *adj m+f* presiding, ruling.

pre.si.di.á.rio [prezidi'arju] *sm* convict.

pre.sí.dio [prez'idju] *sm* penitentiary.

pre.si.dir [prezid'ir] *vt+vint* to preside (at, over), manage direct, guide.

pre.si.lha [prez'iʎə] *sf* **1** loop. **2** staple. **3** fastening belt, strap, strip.

pre.so [pr'ezu] *sm* (*pl* **presos**) prisoner, convict. • *adj* captive, imprisoned, arrested, jailed, confined. **fuga de presos** jail-break. **preso a sete chaves** under lock and key.

pres.sa [pr'ɛsə] *sf* **1** velocity, speed. **2** hurry. **a pressa é a inimiga da perfeição** haste makes waste. **às pressas** in full career. **entrar às pressas** to hurry in. **estar com (muita) pressa / ter (muita) pressa** to be in a (tearing) hurry, be (hard) pressed for time. **não tenha pressa** take your time.

pres.sá.gio [pres'aʒju] *sm* **1** omen, sign. **2** prediction. **bom presságio** good omen. **mau presságio** bad omen.

pres.são [pres'ãw] *sf* (*pl* **pressões**) **1** pressure. **2** stress, strain, tension. **panela de pressão** pressure cooker. **pressão alta** high pressure. **pressão sangüínea** blood pressure.

pres.sen.ti.men.to [presẽtim'ẽtu] *sm* feeling, presentiment, premonition. *amer, coloq* hunch.

pres.sen.tir [presẽt'ir] *vt* **1** to foresee. **2** to think, suspect. **3** to sense. **4** to have a feeling (that).

pres.si.o.nar [presjon'ar] *vt+vi* **1** to press, compress. **2** to drive, push.

pres.su.ri.zar [presur'izar] *vt* to pressurize, pressure.

pres.ta.ção [prestas'ãw] *sf* (*pl* **prestações**) instalment. **comprar a prestação** to buy on instalments.

pres.tar [prest'ar] *vt+vpr* **1** to lend, loan. **2** to render, give, afford, perform. **3** to be useful, be good or proper for. **4 prestar-se** to be of service, be useful, be obliging. **não prestar** to be no good. **não prestar para nada** to be good for nothing, be useless. **prestar atenção** to pay attention. **prestar exame** to go in for examination. **prestar homenagem** to homage, pay reverence. **prestar juramento** to take an oath.

pres.ta.ti.vo [prestat'ivu] *adj* helpful.

pres.tá.vel [prest'avew] *adj m+f* (*pl* **prestáveis**) serviceable, useful.

pres.tes [pr'ɛstis] *adj m+f sing+pl* **1** ready, prompt, prepared. **2** about to. *ele está prestes a sair* / he is about to go. **3** quick, speedy, swift.

pres.tí.gio [prest'iʒju] *sm* **1** prestige, reputation. **2** fascination, charm.

pre.su.mi.do [prezum'idu] *sm* self-conceited person. • *adj* self-conceited, self-satisfied, vain.

pre.su.mir [prezum'ir] *vt* to presume, suppose, suspect, take for granted, imagine, imply. *presume-se que ele saiba* / he is presumed to know.

pre.su.mí.vel [prezum'ivew] *adj m+f* (*pl* **presumíveis**) presumable, probable, alleged. *ele é o autor presumível do crime* / he is the probable author of the crime.

pre.sun.ção [prezũs'ãw] *sf* (*pl* **presunções**) presumption, arrogance, pride, vanity, self-conceit.

pre.sun.ço.so [prezũs'ozu] *adj* presumptuous, arrogant, proud, conceited.

pre.sun.to [prez'ũtu] *sm* ham, gammon.

pre.ten.den.te [pretẽd'ẽti] *s m+f* **1** pretender, pretendant. **2** suitor. **3** claimant, candidate, applicant. • *adj m+f* pretending, claiming.

pre.ten.der [pretẽd'er] *vt+vint+vpr* **1** to intend, assume, mean, plan. *você pretende ficar? /* do you intend to stay? **2 pretender-se** to pass oneself off for.

pre.ten.são [pretẽs'ãw] *sf* (*pl* **pretensões**) **1** pretension, claim, demand. **2** intention, assumption. **3** aim.

pre.ten.si.o.so [pretẽsi'ozu] *sm* smatterer, prig, wiseacre. • *adj* **1** arrogant, snobbish. **2** affected, phoney. **3** showy.

pre.ten.so [pretẽ'su] *adj* assumed, alleged, presumed.

pre.tex.to [pret'estu] *sm* pretext, excuse. *é fácil achar um pretexto /* it is easy to find a pretext.

pre.to [pr'etu] *sm* (*pl* **pretos**, *fem* **preta**) **1** Negro, Afro-American. **2** black (colour). **3** a black suit. • *adj* **1** Negro, Afro-American. **2** black, dark. **3** *bras, fig* dangerous. **4** *bras, fig* difficult. *as coisas estão pretas /* things are getting bad. **pôr o preto no branco** to set down in black and white, get something down in writing.

pre.va.le.cer [prevales'er] *vint+vt+vpr* **1** to prevail (over). *nosso argumento prevaleceu /* our argument prevailed. **2** to persist. **3 prevalecer-se** to take advantage of.

pre.ven.ção [prevẽs'ãw] *sf* (*pl* **prevenções**) **1** prevention, precaution. **2** prejudice. **3** warning.

pre.ve.ni.do [prevẽ'idu] *adj* **1** advised, forewarned, informed. **2** provident, cautious, on one's guard. **estar prevenido** to have money.

pre.ve.nir [prevẽ'ir] *vt+vint+vpr* **1** to prevent. **2 prevenir-se** to provide against, take measures beforehand, be on one's guard. **mais vale prevenir do que remediar** a stitch in time saves nine, prevention is better than cure.

pre.ver [prev'er] *vt+vi* **1** to foresee, anticipate. **2** to calculate, expect.

pré-ves.ti.bu.lar [pr ε vestibul'ar] *sm* preparatory course to take the entrance examinations (for college or university).

pre.vi.dên.cia [previd'ẽsjə] *sf* providence, precaution. **previdência social** social welfare.

pre.vi.den.ci.á.rio [previdẽsi'arju] *sm bras* employee of a social welfare institution.

pre.vi.den.te [previd'ẽti] *adj m+f* **1** foreseeing, economical. **2** far-seeing, far sighted.

pré.vio [pr'εvju] *adj* previous, prior, former. **aviso prévio** prior notice.

pre.vi.são [previz'ãw] *sf* (*pl* **previsões**) prevision, foresight, forecast. **previsão do tempo** weather forecast.

pre.za.do [prez'adu] *adj* dear. **prezados senhores** Dear Sirs, Dear Gentlemen.

pre.zar [prez'ar] *vt* to esteem, value, respect, hold dear.

pri.ma [pr'imə] *s* (*fem de* **primo**) cousin.

pri.má.rio [prim'arju] *sm* primary school. • *adj* **1** primary. **2** elementary, primary (education). **3** *bras* narrow-minded, limited. **4** primitive, crude. **cor primária** primary colo(u)r. **escola primária** primary school, elementary school, grade school.

pri.ma.ve.ra [primav'εrə] *sf* **1** spring, springtime. **2** *fig* youth. **3 primaveras** years, age.

pri.mei.ra [prim'ejrə] *sf* **1** first class. **2** first gear (automobile).

pri.mei.ra.nis.ta [primejran'istə] *s m+f* freshman.

pri.mei.ro [prim'ejru] *sm* the first. *os últimos serão os primeiros /* the last shall be the first. • *adj* **1** first, prime, foremost. *o primeiro de vinte episódios será apresentado na televisão esta noite /* the first of twenty episodes will be shown on television tonight. *tomarei o primeiro trem /* I shall take the first train that comes. **2** main, chief. **3** former (the first mentioned of two things or people). *de suas duas sugestões, prefiro a primeira /* of your two suggestions, I prefer the former. **4** earliest. *ele foi um dos primeiros compositores italianos /* he was one of the earliest Italian composers. • *adv* first(ly), mainly, primely. *quem primeiro vem, primeiro mói /* first come, first served. **à primeira vista** at the first glance, at first sight. **as primeiras horas após meia-noite** the small hours. **de primeira** first class, top quality. **estar entre os primeiros** to rank among the first. **primeiros socorros** first aid.

pri.mei.ro-mi.nis.tro [primejrumin'istru] *sm* prime minister.

pri.mi.ti.vo [primit'ivu] *sm* painter (of primitive style). • *adj* primitive.

pri.mo[1] [pr'imu] *sm* cousin. **primos de segundo grau** second cousins.

pri.mo[2] [pr'imu] *adj* **1** first, prime. **2** perfect, accomplished. **3** *Arit* indivisible except by unity or by itself. **número primo** prime number.

prin.ce.sa [prĩs'ezɐ] *sf* princess.

prin.ci.pal [prĩsip'aw] *sm* (*pl* **principais**) chief, leader. • *adj m+f* principal, chief, main. **ator principal** leading man (actor). **canção principal** theme song. **rua principal** main street, high street.

prín.ci.pe [pr'ĩsipi] *sm* prince. **príncipe encantado** prince charming.

prin.ci.pi.an.te [prĩsipi'ãti] *s m+f* beginner, novice, apprentice, probationer. • *adj m+f* beginning.

prin.ci.pi.ar [prĩsipi'ar] *vt+vint* to begin, start.

prin.cí.pio [prĩs'ipju] *sm* **1** beginning, start, commencement. *todos os princípios são penosos* / all beginnings are difficult. **2** origin, source. **3** maxim, axiom, fundamental doctrine. **4** principle. **adotar como princípio** to take as principle. **a princípio** at first. **em princípio** in principle.

pri.o.ri.da.de [prjorid'adi] *sf* priority. **ter prioridade sobre** to take priority to.

pri.o.ri.tá.rio [prjorit'arju] *adj* having priority.

pri.são [priz'ãw] *sf* (*pl* **prisões**) **1** prison, jail, gaol. **2** imprisonment, detention, confinement. **pôr na prisão** to put into prison. **prisão de ventre** constipation.

pri.si.o.nei.ro [prizjon'ejru] *sm* prisoner.

pri.va.ção [privas'ãw] *sf* (*pl* **privações**) **1** privation, want, destitution, dispossession, debarment. **2 privações** hardships.

pri.va.ci.da.de [privasid'adi] *sf* privacy.

pri.va.da [priv'adɐ] *sf* water-closet, toilet, lavatory, *bras, coloq* loo. **assento da privada** toilet seat. **bacia da privada** toilet pan, toilet bowl. **tampo da privada** toilet lid.

pri.var [priv'ar] *vt+vpr* **1** to deprive. **2** to prohibit, forbid. **3 privar-se** to deprive oneself of, abstain from, do without.

pri.va.ti.vo [privat'ivu] *adj* privative, exclusive.

pri.va.ti.za.ção [privatizas'ãw] *sf bras* privatization.

pri.va.ti.zar [privatiz'ar] *vt bras* to privatize: to transfer from ownership by the state to private ownership.

pri.vi.le.gi.ar [privile3i'ar] *vt* **1** to privilege, grant a privilege. **2** to favour.

pri.vi.lé.gio [privil'ɛ3ju] *sm* **1** privilege, exclusive right, advantage. **2** immunity, patent. **3** priority.

pró [pr'ɔ] *sm* pro, advantage, reason. • *adv* pro, for, in favour of. **nem pró nem contra** neither for nor against. **os prós e os contras** the pros and cons.

pro.a [pr'oɐ] *sf Náut* stem, bow.

pro.ba.bi.li.da.de [probabilid'adi] *sf* probability, likelihood. **ter boas probabilidades** to stand a good chance.

pro.ble.ma [probl'emɐ] *sm* problem. **levantar problemas** to problemize.

pro.ce.dên.cia [prosed'ẽsjɐ] *sf* origin, source.

pro.ce.den.te [prosed'ẽti] *adj m+f* proceeding, coming from, derived.

pro.ce.der [prosed'er] *vt+vint* **1** to proceed. **2** to behave. **proceder com cuidado** to proceed carefully.

pro.ce.di.men.to [prosedim'ẽtu] *sm* **1** procedure. **2** behaviour.

pro.ces.sa.do [proses'adu] *adj* prosecuted, indicted.

pro.ces.sa.dor [prosesad'or] *sm* processor. **processador central** central processor. **processador de alimentos** food processor. **processador de rede** network processor. **processador de texto** word-processor.

pro.ces.sa.men.to [prosesam'ẽtu] *sm* processing (também *Inform*). **processamento de dados** data processing.

pro.ces.sar [proses'ar] *vt* **1** to carry on a

lawsuit, process, sue, prosecute, indict, take action. **2** to process, prepare. **3** *Inform* to file, store.

pro.ces.so [pros'ɛsu] *sm* **1** process, lawsuit. **2** proceedings. **3** method, procedure. **4** course, cycle. **ir a processo** to go to court.

pro.cis.são [prosis'ãw] *sf* (*pl* **procissões**) procession (religious). **ir em procissão** to go in procession, procession.

pro.cu.ra [prok'urɐ] *sf* **1** search, quest, pursuit. **2** demand. **estar à procura de** to be on the outlook for, be in search of. **procura e oferta** demand and supply.

pro.cu.ra.ção [prokuras'ãw] *sf* (*pl* **procurações**) power or letter of attorney. **por procuração** by proxy.

pro.cu.ra.do [prokur'adu] *adj* demanded, wanted. *ele está sendo procurado* / he is wanted. **muito procurado** in demand, in great request.

pro.cu.ra.dor [prokurad'or] *sm Jur* proxy, solicitor, attorney.

pro.cu.rar [prokur'ar] *vt+vint* **1** to look for, seek, search. *é isto que eu estou procurando* / that is what I am seeking after. **2** to try, attempt. **3** to aim at. **4** to visit, call on. *diga-lhe que quem o procurou foi o Davi* / tell him David called.

pro.dí.gio [prod'iʒju] *sm* **1** prodigy. **2** sign, wonder.

pro.du.ção [produs'ãw] *sf* (*pl* **produções**) **1** production. **2** output. **controle de produção** production control. **custo de produção** production cost. **linha de produção** production line. **planejamento de produção** production scheduling. **produção em série** mass production.

pro.du.ti.vo [produt'ivu] *adj* productive.

pro.du.to [prod'utu] *sm* product. **produto acabado** end product. **produto agrícola** produce of the country. **produto perecível** perishable product. **produtos da terra** the fruits of the earth. **produto secundário** by-product. **produtos nacionais** domestic goods.

pro.du.tor [produt'or] *sm* producer. • *adj* producing, productive.

pro.du.zi.do [produz'idu] *adj bras* **1** that has been produced. **2** of or referring to a

person who is smartly dressed, according to the latest fashion.

pro.du.zir [produz'ir] *vt+vint+vpr* **1** to produce. **2 produzir-se** *bras* to dress smartly, according to the latest fashion in hairstyle, clothes and make-up. **produzir efeito** to take effect.

pro.e.za [pro'ezɐ] *sf* **1** bravery, courage. **2** exploit, achievement. **3** *coloq* any uncommon act.

pro.fe.ci.a [profes'iɐ] *sf* prophecy.

pro.fe.rir [profer'ir] *vt* to pronounce, utter, speak, say. **proferir sentença** to give judgement. **proferir um discurso** to make a speech.

pro.fes.sor [profes'or] *sm* (*pl* **professores**) professor, teacher, master, instructor, educator, lecturer. **professor catedrático** full professor. **professor de línguas** language master. **professor eventual** supply teacher. **professor particular** tutor, private teacher. **professor visitante** visiting professor.

pro.fe.ta [prof'etɐ] *sm* prophet.

pro.fis.são [profis'ãw] *sf* (*pl* **profissões**) profession. **de profissão** by occupation. **errar a profissão** to mistake one's vocation.

pro.fis.si.o.nal [profisjon'aw] *s m+f* (*pl* **profissionais**) *bras* a person who is engaged in one of the learned professions. • *adj* professional.

pro.fis.si.o.na.li.zan.te [profisjonaliz'ãti] *adj m+f* of or referring to a kind of teaching or school where a person is able to graduate as a technician in several trades or professions.

pro.fun.di.da.de [profudid'adi] *sf* depth. **um poço com 20 metros de profundidade** a well 20 meters deep.

pro.fun.do [prof'ũdu] *adj* deep. **com os olhos profundos** hollow-eyed. **conhecimentos profundos** profound knowledge. **em profunda meditação** immersed in meditation. **silêncio profundo** deep silence. **sono profundo** sound, fast sleep.

prog.nós.ti.co [progn'ɔstiku] *sm* **1** prognostic, omen. **2** prediction. **3** *Med* prognosis.

pro.gra.ma [progr'ʌmə] *sm* **1** program, programme. **2** syllabus (subject, course of study). **3** plan. **de programa** said of a person who engages in love affairs for money or has sex with another for money. **programa de índio** a very boring kind of entertainment. **programa de televisão** telecast, TV program. **programa do governo** programme of government. **programa teatral** playbill.

pro.gra.ma.ção [programas'ãw] *sf* (*pl* **programações**) **1** programs (radio, TV). **2** *Inform* programming. **3** listings (journal).

pro.gra.ma.dor [programad'or] *sm* programmer.

pro.gra.mar [program'ar] *vt+vi* **1** to program(me). **2** to set. *esqueci-me de programar o vídeo* / I forgot to set the video.

pro.gre.dir [progred'ir] *vt+vint* **1** to progress, advance. **2** to make progress, improve. **3** to develop. **4** to become more intense (a disease). **fazer progredir** to advance. **progredir na vida** to get on in life.

pro.gres.si.vo [progres'ivu] *adj* progressive.

pro.gres.so [progr'ɛsu] *sm* progress. **fazer progresso** to make headway, get on.

pro.i.bi.ção [projbis'ãw] *sf* (*pl* **proibições**) prohibition, ban.

pro.i.bi.do [projb'idu] *adj* forbidden. **o fruto proibido** the forbidden fruit. *é proibido fumar neste recinto* / smoking is not allowed here.

pro.i.bir [projb'ir] *vt* to prohibit, forbid, ban. *proibi-lhe entrar em minha casa* / I forbade him my house. *proibiram-no de dirigir por um ano* / he was banned from driving for a year. **proibir um livro** to suppress a book.

pro.je.ção [proʒes'ãw] *sf* (*pl* **projeções**) projection. **sala de projeção** projection room.

pro.je.tar [proʒet'ar] *vt* **1** to project. **2** to show (film, slide).

pro.jé.til [proʒ'ɛtiw] *sm* (*pl* **projéteis**) projectile, missile.

pro.je.tis.ta [proʒet'istə] *s m+f* **1** projec-

tor, planner, deviser. **2** an engineer that devises projects. • *adj* said of an engineer who devises architectonical projects.

pro.je.to [proʒ'ɛtu] *sm* project. **em projeto** in plan. **fazer um projeto** to draw up a plan. **projeto de lei** bill.

pro.je.tor [proʒet'or] *sm* projector, searchlight.

prol [pr'ɔw] *s m+f* (*pl* **próis**) advantage, benefit. **em prol de** in favour of, for.

pro.le [pr'ɔli] *sf* issue, offspring.

pro.le.ta.ri.a.do [proletari'adu] *sm* the proletarian class.

pro.le.tá.rio [prolet'arju] *sm* proletarian, proletary. • *adj* proletarian.

pro.lon.ga.men.to [prolõgam'ẽtu] *sm* extension.

pro.lon.gar [prolõg'ar] *vt+vpr* **1** to prolong, lengthen. **2 prolongar-se** to go on, drag on.

pro.mes.sa [prom'ɛsə] *sf* promise. **fazer uma promessa** to make a vow, be under a vow.

pro.me.ter [promet'er] *vt+vint+vpr* to promise. **cumprir o que promete** to practise what one preaches. *eles cumprem o que prometem* / they practise what they preach. **prometer mundos e fundos** to promise mountains and marvels, promise wonders.

pro.mís.cuo [prom'iskwu] *adj* promiscuous.

pro.mis.sor [promis'or] *sm* promiser. • *adj* promising.

pro.mo.ção [promos'ãw] *sf* (*pl* **promoções**) promotion.

pro.mo.ci.o.nal [promosjon'aw] *adj m+f* (*pl* **promocionais**) promotional.

pro.mo.tor [promot'or] *sm* **1** promoter, supporter, sponsor. **2** prosecutor. • *adj* promoting, promotive. **promotor público** prosecutor, attorney.

pro.mo.ver [promov'er] *vt+vpr* **1** to promote. **2** to prosecute. **3 promover-se** to boast about one's own worth and achievements.

pro.no.me [pron'omi] *sm Gram* pronoun.

pron.to [pr'õtu] *adj* **1** ready. **2** efficacious. **3** free, unrestrained. *estou pronto a confessar* / I am free to confess. **4** done (cooked). • *adv* promptly. **de pronto** /

P

num pronto immediately. **estar pronto para** to await, be prepared to do something.

pron.to-so.cor.ro [prõtusok'oru] *sm* (*pl* **prontos-socorros**) ambulance station, first-aid clinic.

pro.nún.cia [pron'ũsjə] *sf* pronouncing, pronunciation.

pro.nun.ci.a.men.to [pronũsjam'ẽtu] *sm* **1** proclamation. **2** pronouncement. **3** judicial decision.

pro.nun.ci.ar [pronũsi'ar] *vt* **1** to pronounce. **2** to deliver a discourse. **3** *Jur* to pass sentence, indict. **4** to declare.

pro.pa.ga.ção [propagas'ãw] *sf* (*pl* **propagações**) propagation, spreading.

pro.pa.gan.da [propag'ãdə] *sf* propaganda. **fazer propaganda** to advertise. **folhetos de propaganda** leaflet, flier, flyer.

pro.pen.so [prop'ẽsu] *adj* **1** propense, inclined. **2** willing. **3** prone.

pro.pi.na [prop'inə] *sf* tip.

pro.por [prop'or] *vt+vpr* **1** to propose. **2 propor-se** a) to offer, offer one's services. b) to set out.

pro.por.ção [propors'ãw] *sf* (*pl* **proporções**) **1** proportion. **2** ratio. **à proporção** proportionately, according to, in proportion. **à proporção que** while, as.

pro.pó.si.to [prop'ɔzitu] *sm* purpose, intention, aim, object. **a propósito** by the way. **a que propósito?** for what purpose? **com o propósito** to the effect. **de propósito** on purpose. **fora de propósito** out of reason, ill-timed. **sem propósito** aimless, objectless.

pro.pos.ta [prop'ɔstə] *sf* proposal. **fazer uma proposta** to make an offer.

pro.pri.a.men.te [prɔprjam'ẽti] *adv* **1** properly. **2** exactly.

pro.pri.e.da.de [proprjed'adi] *sf* **1** property. **2** propriety. **direitos de propriedade** property rights. **falar com propriedade** to speak with propriety. **propriedade literária** copyright.

pro.pri.e.tá.rio [proprjet'arju] *sm* proprietor, owner, holder, possessor. • *adj* proprietary.

pró.prio [pr'ɔprju] *adj* **1** proper, own. **é**

isto da sua própria produção? / is this your own growth? **2** suitable. **3** typical. **casa própria** a house of one's own. **minhas próprias palavras** my exact words. **nome próprio** proper name, proper noun.

pro.pul.são [propuws'ãw] *sf* (*pl* **propulsões**) propulsion.

pror.ro.ga.ção [proɾogas'ãw] *sf* (*pl* **prorrogações**) **1** putting off, adjournment, postponement. **2** extension. **3** extra time (match).

pro.sa [pr'ɔzə] *sf* prose.

pro.se.ar [proze'ar] *vint bras* to talk, chat.

pros.pec.to [prosp'ɛktu] *sm* **1** prospectus. **2** prospect. **3** leaflet (publicity).

pros.pe.rar [prosper'ar] *vint+vt+vpr* to prosper.

pros.pe.ri.da.de [prosperid'adi] *sf* prosperity, success, welfare, fortune.

prós.pe.ro [pr'ɔsperu] *adj* **1** prosperous, successful. **2** favourable, fortunate. **um próspero ano novo!** a happy new year!

pros.se.guir [proseg'ir] *vt* to follow, proceed, go on, carry on.

prós.ta.ta [pr'ɔstatə] *sf Anat* prostate.

pros.tí.bu.lo [prost'ibulu] *sm* brothel.

pros.ti.tu.i.ção [prostitujs'ãw] *sf* (*pl* **prostituições**) prostitution.

pros.ti.tu.ir [prostitu'ir] *vt+vpr* **1** to prostitute. **2** *fig* to corrupt, devote to bad use. **3** to expose publicly. **4** **prostituir-se** to become a prostitute.

pros.ti.tu.ta [prostit'utə] *sf* prostitute, whore.

pro.ta.go.nis.ta [protagon'istə] *s m+f* protagonist, main character.

pro.ta.go.ni.zar [protagoniz'ar] *vt bras* to star.

pro.te.ção [protes'ãw] *sf* (*pl* **proteções**) protection. **para a proteção de nossos interesses** to safeguard our interests. **sob minha proteção** with my protection.

pro.te.ger [protez'er] *vt* to protect (from, against).

pro.te.í.na [prote'inə] *sf Bioquím* protein.

pro.tes.tan.te [protest'ãti] *s m+f Rel* Protestant. • *adj m+f* **1** *Rel* Protestant. **2** protestant, protesting.

pro.tes.tar [protest'ar] *vt+vint* **1** to protest.

o povo protestou contra os impostos / the people protested against the taxes. **2** to profess. **3** to rebel against an injustice. **protestar uma letra** to protest a bill.

pro.tes.to [prot'ɛstu] *sm* protest.

pro.te.tor [protet'or] *sm* protector. • *adj* protective.

pro.tó.ti.po [prot'ɔtipu] *sm* prototype.

pro.tu.be.ran.te [protuber'ãti] *adj m+f* protuberant, prominent, bulging.

pro.va [pr'ɔvə] *sf* **1** proof: act or fact of proving. **2** experiment, essay, trial. **3** a trying on. **4** rehearsal. **5** examination. **6** test. **7** taste. **8** sample. **9** *Mat* check. **10** demonstration. **11** sign, token. **12** *Fot* copy. **à prova de água** waterproof. **à prova de bala** shot-proof. **à prova de bomba** bomb-proof. **à prova de fogo** fire-proof. **a toda prova** tried, tested, safe. **corrigir provas** a) to read proofs. b) to correct tests.

pro.var [prov'ar] *vt+vi* **1** to prove. **2** to taste, sample. **3** to try. **4** to try on (dress). **provar sua inocência** to prove one's innocence.

pro.vá.vel [prov'avew] *adj m+f (pl* **prováveis)** probable, likely. **pouco provável** unlikely.

pro.va.vel.men.te [provavewm'ẽti] *adv* probably.

pro.ve.dor [proved'or] *sm* **1** purveyor. **2** *Inform* provider.

pro.vei.to [prov'ejtu] *sm* profit, benefit. **bom proveito!** enjoy it! **fazer / tirar proveito** to make good use of, profit. **tirar o maior proveito possível** to make the most of.

pro.ve.ni.en.te [proveni'ẽti] *adj m+f* proceeding from, deriving from.

pro.ver [prov'er] *vt* **1** to provide, furnish, supply (with). **2** to give, grant, confer.

pro.vér.bio [prov'ɛrbju] *sm* proverb, saying.

pro.ve.ta [prov'etə] *sf* cylinder. **bebê de proveta** test tube baby.

pro.vi.dên.cia [provid'ẽsjə] *sf* **1** Providence, God. **2** providence. **3** precaution. **4** arrangements. **tomar as providências necessárias** to take the necessary steps.

pro.vi.den.ci.ar [providẽsi'ar] *vt+vint* **1**

to provide, make arrangements for. *vamos providenciar o pagamento* / we shall provide for payment. **2** to take care of. *providenciarei todo o necessário* / I shall take care of all that is necessary. **3** to arrange.

pro.vín.cia [prov'ĩsjə] *sf* province.

pro.vir [prov'ir] *vt* to proceed, come, result from.

pro.vi.só.rio [proviz'ɔrju] *adj* provisory, temporary.

pro.vo.ca.ção [provokas'ãw] *sf (pl* **provocações) 1** provocation, provoking. **2** challenge. **3** temptation.

pro.vo.can.te [provok'ãti] *adj m+f* **1** provocative. **2** tempting (to sexual desire). **3** irritating.

pro.vo.car [provok'ar] *vt+vint* to provoke. **provocar risos** to cause laughter. **provocar sono** to cause sleep.

pro.xi.mi.da.de [prosimid'adi] *sf* **1** proximity, nearness. **2 proximidades** surroundings, neighbourhood.

pró.xi.mo [pr'ɔsimu] *sm* fellow creature. • *adj* **1** near, close by, adjacent. **2** next. **3** coming, forthcoming. **4** that happened a short time before). **5** of or referring to kinship. **6** close, intimate. **no futuro próximo** in the near future.

pru.dên.cia [prud'ẽsjə] *sf* prudence, caution.

pru.den.te [prud'ẽti] *adj m+f* **1** sensible. **2** careful.

pseu.dô.ni.mo [psewd'onimu] *sm* pseudonym. • *adj* pseudonymous.

psi.ca.ná.li.se [psikan'alizi] *sf* psychoanalysis.

psi.ca.na.lis.ta [psikanal'istə] *s m+f* psychoanalyst. • *adj* psychoanalytical.

psi.co.dé.li.co [psikod'ɛliku] *adj* psychodelic, psychedelic.

psi.co.dra.ma [psikodr'ʌmə] *sm Psicol* psychodrama.

psi.co.lo.gi.a [psikoloʒ'iə] *sf* psychology.

psi.co.ló.gi.co [psikol'ɔʒiku] *adj* psychological.

psi.có.lo.go [psik'ɔlogu] *sm* psychologist.

psi.co.pa.ta [psikop'atə] *s m+f* psychopath. • *adj* psychopathic.

psi.co.se [psik'ɔzi] *sf Med* psychosis.

P

psi.cos.so.má.ti.co [psikosom'atiku] *adj* psychosomatic.

psi.co.te.ra.peu.ta [psikoterap'ewtə] *s m+f* psychotherapist.

psi.co.te.ra.pi.a [psikoterap'iə] *sf Med* psychotherapy, psychotherapeutics.

psi.qui.a.tra [psiki'atrə] *s m+f* psychiatrist.

psi.qui.a.tri.a [psikjatr'iə] *sf* psychiatry.

psí.qui.co [ps'ikiku] *adj* psychic.

psiu! [ps'iw] *interj* pst! hush!

pu.ber.da.de [puberd'adi] *sf* puberty.

pú.bis [p'ubis] *sm sing+pl Anat* pubis.

pu.bli.ca.ção [publikas'ãw] *sf* (*pl* **publicações**) publication. **as últimas / mais recentes publicações** the latest publications.

pu.bli.car [publik'ar] *vt* to publish.

pu.bli.ci.da.de [publisid'adi] *sf* publicity.

pu.bli.ci.tá.rio [publisit'arju] *sm* adman: person who works in the advertising field. • *adj bras* advertising.

pú.bli.co [p'ubliku] *sm* 1 public. 2 audience. • *adj* public. **cargo público** public office, government appointment. **é de domínio público** it is common knowledge. **emprego público** public service. **em público** publicly. **funcionário público** public servant, civil servant. **opinião pública** public opinion. **relações públicas** public relations. **tornar público** to make known. **transporte público** public transport.

pú.bli.co-al.vo [p'ubliku'awvu] *sm* target audience.

pu.dim [pud'ĩ] *sm* (*pl* **pudins**) *Cul* pudding.

pu.dor [pud'or] *sm* 1 modesty, chastity. 2 shame. **atentado ao pudor** indecent assault.

pu.e.ri.cul.tu.ra [pwerikuwt'urə] *sf* child welfare, child care.

pu.gi.lis.mo [puʒil'izmu] *sm* boxing.

pu.gi.lis.ta [puʒil'istə] *s m+f* boxer.

pu.lar [pul'ar] *vint+vt* to jump. **pular a cerca** to commit adultery.

pul.ga [p'uwgə] *sf Entom* flea (*Pulex irritans*). **andar com a pulga atrás da orelha** to be uneasy.

pul.mão [puwm'ãw] *sm* (*pl* **pulmões**) *Anat* lung(s). **pulmão de aço** iron lung.

pul.mo.nar [puwmon'ar] *adj m+f* pulmonary.

pu.lo [p'ulu] *sm* 1 jump, leap, skip, vault. 2 jerk, start, dash. 3 palpitation, throb. **aos pulos** by leaps. **dar pulos de alegria** to leap for joy. **dar um pulo** a) to take a leap. b) to grow very rapidly. c) to prosper, succeed. **levantar-se num pulo** to jump to one's feet.

pu.lô.ver [pul'over] *sm* pullover, jumper.

púl.pi.to [p'uwpitu] *sm* pulpit.

pul.sa.ção [puwsas'ãw] *sf* (*pl* **pulsações**) pulse.

pul.sar [puws'ar] *vt+vint* 1 to pulsate, beat or throb rhythmically, pulse. 2 to impel. 3 to vibrate.

pul.sei.ra [puws'ejrə] *sf* 1 bracelet. 2 *bras* handcuffs. 3 strap.

pul.so [p'uwsu] *sm* 1 pulse. 2 wrist. 3 *fig* strength, vigour. **pulso fraco** weak pulse. **relógio de pulso** wristwatch. **tomar o pulso** a) to take the pulse. b) *bras, fig* to grope, observe a situation or a problem.

pum! [p'ũ] *interj* boom, pang.

pu.ma [p'umə] *sm Zool* puma.

pu.nha.do [puñ'adu] *sm* 1 handful. 2 *fig* a few, small number.

pu.nhal [puñ'aw] *sm* (*pl* **punhais**) dagger.

pu.nha.la.da [puñal'adə] *sf* 1 stab with a dagger. 2 *fig* serious moral offence.

pu.nho [p'uñu] *sm* 1 fist. 2 wrist. 3 handle. 4 cuff (of a shirt). **de próprio punho** in one's own handwriting. **punho cerrado / fechado** clenched fist.

pu.ni.ção [punis'ãw] *sf* (*pl* **punições**) 1 punishment. 2 penalty, fine.

pu.nir [pun'ir] *vt+vpr* 1 to punish. 2 to reprimand. 3 **punir-se** to inflict punishment on oneself.

pu.pi.la [pup'ilə] *sf* 1 pupil. 2 a woman novice who is preparing to become a nun.

pu.rê [pur'e] *sm* purée.

pu.re.za [pur'ezə] *sf* pureness, purity.

pur.gan.te [purg'ãti] *sm* 1 purgative. 2 a purging medicine. 3 *coloq* a boring person, a tedious thing or situation.

pur.ga.tó.rio [purgat'ɔrju] *sm Rel* purgatory. • *adj* purgative.

pu.ri.fi.ca.dor [purifikad'or] *sm* 1 purifier,

refiner. **2** *Ecles* purificator. • *adj* purifying. **purificador de ar** air freshener.

pu.ri.fi.car [purifik'ar] *vt+vpr* **1** to purify. **2 purificar-se** to become purified.

pu.ri.ta.nis.mo [puritan'izmu] *sm* Puritanism.

pu.ri.ta.no [purit'∧nu] *sm* Puritan. • *adj* puritan.

pu.ro [p'uru] *adj* **1** pure. **2** simple. **água pura** pure water. **pura bobagem** pure nonsense.

pu.ro-san.gue [purus'ãgi] *s m+f* (*pl* **puros-sangues**) an animal, especially a horse of high breed. • *adj* of or referring to a highbred animal.

púr.pu.ra [p'urpurə] *sf* purple.

pur.pu.ri.na [purpur'inə] *sf* glitter.

pus [p'us] *sm Med* pus. **formar pus** to suppurate, fester.

pu.ta [p'utə] *sf vulg* whore.

pu.ta.ri.a [putar'iə] *sf vulg* **1** a whore's behaviour. **2** a group of whores. **3** lewdness. **4** brothel. **5** dirty talk.

pu.to [p'utu] *sm* money. *não tinha um puto no bolso* / he was broke. • *adj vulg* **1** of or referring to a lewd, dissolute fellow. **2** *bras* angry, pissed off. **estar puto da vida** to be pissed off.

pu.tre.fa.ção [putrefas'ãw] *sf* (*pl* **putrefações**) **1** putrefaction, decomposition. **2** corruption.

pu.xa [p'uʃə] *interj* of surprise: why!, now! *puxa, como eu estou cansado!* / now I am tired I can tell you! *puxa, que caro!* / why! how expensive!

pu.xa.do [puʃ'adu] *adj coloq* **1** high, exorbitant (price). **2** *bras* exhaustive (work). *foi um dia puxado* / it was a tough day. **3** of or referring to slanting eyes. **trabalho muito puxado** hard, difficult work.

pu.xa.dor [puʃad'or] *sm* **1** handle (door, drawer). **2** *bras, gír* a car thief. **3** *bras, gír* a hemp addict. **4** *bras* a leading singer of a samba parade.

pu.xão [puʃ'ãw] *sm* (*pl* **puxões**) pull, tug, jerk, yank. **arrancar com um puxão** to yank out. **dar um puxão** to give a wrench.

pu.xar [puʃ'ar] *vt+vint+vpr* **1** to pull, draw. *os cavalos puxam um carro* / the horses draw a cart. **2** to pluck. **3** to attract, incline. **4** to result in. **5** to resemble, look after. **6** *coloq* to fawn. **7** to stimulate. **8** to waste (electricity). **9** *bras, gír* to steal cars. **10** *bras* to transport a huge cargo. **11** *bras, gír* to smoke hemp or marijuana. **12** *bras* to inherit defects or qualities from one's ancestors. **puxar o saco** to bootlick. **puxar para si** to attract to oneself. **puxar pelas orelhas** to pull a person's ears.

pu.xa-sa.co [puʃəs'aku] *s m+f* (*pl* **puxa-sacos**) *bras, coloq* bootlicker.

P

Q, q [k'e] *sm* the sixteenth letter of the alphabet.

qua.dra [k'wadrə] *sf* **1** *bras* block. **2** court. **3** *fig* age, period, time. **4** square place. **5** quartet, stanza of four lines. **6** a series of four.

qua.dra.do [kwadr'adu] *sm* **1** square. **2** box. • *adj* square.

qua.dra.gé.si.mo [kwadraʒ'ɛzimu] *sm* the fortieth. • *num* fortieth.

qua.dri.cu.la.do [kwadrikul'adu] *adj* checkered. **papel quadriculado** graph paper.

qua.dril [kwadr'iw] *sm* (*pl* **quadris**) hip.

qua.dri.lha [kwadr'iλə] *sf* **1** gang, band (thieves). **2** squadron (airplanes). **3** pack (hounds). **4** *fig* crowd. **5** *bras, pop* rabble, mob. **6** quadrille. *vamos dançar uma quadrilha?* / let us dance a quadrille?

qua.dri.nho [kwadr'iñu] *sm* each of the drawings of a comic strip.

qua.dri.nhos [kwadr'iñus] *sm pl bras* comic strips, classic comics.

qua.dro [k'wadru] *sm* **1** square, quadrilateral. **2** frame, box. **3** picture frame. **4** painting, picture, canvas. *ela é linda como um quadro* / she is as pretty as a picture. **5** image, figure, portrait. **6** board, notice board. **7** card, map, chart. **8** panel. **9** table, schedule. **10** list, roll. **11** summary. **12** *Teat* scene, tableau. **13** *fig* sight, panorama, view. **14** personnel, crew, staff. **15** *bras, Esp* team. **16** *fig* crew, gang. **exposição de quadros** picture gallery. **nosso quadro de empregados** our office force, our staff. **quadro a óleo** oil painting. **quadro de avisos** bulletin board. **quadro de distribuição** *Eletr, Telefonia* switchboard.

quadro sinóptico tabular summary, synoptic chart.

qua.dro-ne.gro [kwadrun'egru] *sm* (*pl* **quadros-negros**) blackboard.

qua.drú.pe.de [kwadr'upedi] *sm* **1** *Zool* quadruped. **2** *masc+fem fig* stupid person, brute. • *adj m+f* quadruped, four-footed.

qual [k'waw] *pron relativo* who, whom, which, what, that. *vi o filme do qual você gostou tanto* / I saw the movie which you enjoyed so much. • *pron interrogativo* what, which. *qual destes livros você quer?* / which of these books do you want? *qual é a altura daquele monte?* / how high is that hill? • *conj* how, as, such as. *tal qual você queria* / such as you would have it. • *interj* nonsense, ridiculous. *qual! bobagem* / what!, fiddlesticks! **com qual?** with whom? with which? **do qual** of which, of whom. **qual deles?** which of them? **qual dos dois?** which of the two? **qual nada!** nonsense!, of course not! **seja qual for** be it whatever it may. **tal e qual** just as, just like.

qua.li.da.de [kwalid'adi] *sf* quality. **controle de qualidade** quality control. **da melhor qualidade** of the first waters. **na qualidade de** in the capacity of. **qualidade inferior** inferior quality.

qua.li.fi.ca.ção [kwalifikas'ãw] *sf* (*pl* **qualificações**) **1** qualification. **2** classification. **3** competence, skill.

qua.li.fi.ca.do [kwalifik'adu] *adj* qualified, able, competent, distinguished.

qua.li.fi.car [kwalifik'ar] *vt+vpr* **1** to qualify. **2** to enable. **3** to select, choose (the best). **4** to estimate, appreciate. **5**

qualificar-se to qualify oneself for a post through a contest.

qual.quer [kwawk'ɛr] *pron indef (pl* **quaisquer)** any (person, thing, or part), some, a, an, every, either, certain, one, each, everyone. *ela nunca acha tempo para qualquer descanso /* she never has any rest. *quaisquer razões que tivésse-mos /* whatever reason we had. **a qualquer momento** at a moment's notice. **a qualquer preço** at any price. **de qualquer jeito** somehow or other. *ela fez sua cama de qualquer jeito /* she did her bed carelessly. **de qualquer maneira** by any means, at all. **em qualquer caso** at all events. **em qualquer dos dois grupos** in either group. **em qualquer lugar** at any place, anywhere. **em qualquer ocasião** some time or other. **em qualquer outro lugar** somewhere else. **em qualquer tempo** at any time. **qualquer coisa** anything. **qualquer dia** any day. **qualquer outra coisa** anything else. **qualquer outro** anyone else, any other. **qualquer pessoa** anybody. **qualquer que** whatever. **qualquer que seja** no matter which. **qualquer um** anyone, anybody. *qualquer um pode ver isto /* anyone can see that. **qualquer um (entre dois) serve** either one will do.

quan.do [k'wãdu] *adv* when, how soon?, at what (or which) time. • *conj* when: **1** at which. **2** at what time. **3** as soon as, as. *eu escreverei quando tiver tempo /* I shall write when I have time. **4** at the time that, while. **5** at the moment when. **6** if, in case. **7** however, whereas. **8** even if, although. **até quando?** till when? **de quando?** from when? **de quando em quando / de vez em quando** from time to time, once in a while, occasionally. **desde quando?** since when?, how long? **quando muito** at the most, at best. **quando não** on the contrary. **senão quando** suddenly.

quan.ti.a [kwãt'iə] *sf* amount.

quan.ti.da.de [kwãtid'adi] *sf* amount, quantity. **em quantidade** by heaps, in shoals. **grande quantidade** heap, great deal.

quan.to [k'wãtu] *pron relativo* how much, all that, what, whatever, as much as. *tenho tudo de quanto preciso /* I have as much as I need. • *pron interrogativo* how much?, how many?, what. *quanto está o jogo? /* what's the score? *a quanto do mês estamos? /* what day of the month is it? *quantos são? /* how many are there? • *adv* what, how (great, far, nice, much). *quanto nós rimos! /* what we have laughed! **quantas vezes?** how many times? **quanto a isso** for that matter. **quanto a mim** as for me. **quanto ao preço** when it comes to costs. **quanto custa?** how much is it? **quanto é?** how much? **quanto mais barato, melhor** the cheaper, the better. **quantos?** how many? **tanto quanto** as much as. **todos quantos** all who. **tudo quanto** everything that, all that.

quão [k'wãw] *adv* how, as. • *conj* as.

qua.ren.ta [kwar'ẽtə] *num* forty.

qua.ren.tão [kwarẽt'ãw] *sm (pl* **quaren-tões,** *fem* **quarentona)** a forty years old person. • *adj* of or referring to someone who is forty years old, or between forty and fifty.

qua.res.ma [kwar'ɛzmə] *sf Rel* Lent.

quar.ta-de-fi.nal [k'wartədifin'aw] *sf (pl* **quartas-de-final)** *bras, Esp* quarterfinal.

quar.ta-fei.ra [kwartəf'ejrə] *sf (pl* **quar-tas-feiras)** Wednesday. **às quartas-fei-ras** on Wednesday, every Wednesday. **quarta-feira de cinzas** Ash Wednesday.

quar.ta.nis.ta [kwartan'istə] *s m+f* a fourth-year student, especially at a university course, a senior.

quar.tei.rão [kwartejr'ãw] *sm (pl* **quartei-rões)** block.

quar.tel [kwart'ɛw] *sm (pl* **quartéis) 1** quarter, barracks. **2** military service. **3** (by extension) shelter, habitation.

quar.tel-ge.ne.ral [kwart'ɛwʒener'aw] *sm (pl* **quartéis-generais)** headquarters.

quar.te.to [kwart'etu] *sm* quartet. **quarte-to de cordas** string quartet. **quarteto de sopro** brass-quartet. **quarteto vocal** vocal quartet.

quar.to [k'wartu] *sm* **1** room (of a house). *este é um quarto confortável /* this is a snug room. **2** bedroom. • *num* fourth. **quarto crescente** crescent: the first quarter of the moon. **quarto de banho** bathroom. **quarto de brincar** playroom. **quarto de crianças** nursery room. **quarto de dormir** bedroom. **quarto de quilo** quarter of a kilogram. **quarto de solteiro** single room. **quarto dos fundos** back room. **quarto minguante** the wane of the moon. **quarto mobiliado** furnished room. **quarto para casal** double room. **quarto para hóspede** spare room, guest room.

qua.se [k'wazi] *adv* **1** almost, near(ly). *a água subiu quase à beira do poço* / the water rose almost to the top of the well. *ele é quase cego* / he is nearly blind. **2** approximately, about, not quite. **3** within an ace of. *quase teria sido atropelado* / he was within an ace of being run over. **4** scarcely, hardly. *é quase impossível* / it is hardly impossible. **5** next to. **6** quasi, as if. **estar quase decidido a** to have half a mind to. *estou quase decidido a ir* / I have half a mind to go. **quase a mesma coisa** pretty much the same. **quase nada** next to nothing, little or nothing. **quase nunca** hardly ever, almost never. **quase sempre** nearly always, most of the time. **quase tão alto** about as high.

qua.tor.ze [kwat'orzi] (também **catorze**) the fourteen. • *num* fourteen.

qua.tro [k'watru] *num* four. *eles tocaram piano a quatro mãos* / they played the piano four-handed.

qua.tro.cen.tão [kwatrosẽt'ãw] *adj* (*fem* **quatrocentona**) *bras* **1** that is four hundred years old. **2** *coloq* traditional.

qua.tro.cen.tos [kwatros'ẽtus] *sm pl* **1** four hundred. **2** the 15th century. • *num* four hundred.

que [k'i] *pron interrogativo* what, which, whatever, where. *que é que ele disse?* / what did he say? *que é que há?* / what's the matter? *que é que ela queria dizer com isto?* / whatever did she mean by that? *que é de João?* / where is John? *que dia é hoje?* / what day is today? • *pron relativo* that, which, who, what,

whom. *eu que sou o seu mestre* / I who am your master. *um criado que eu sei ser honesto* / a servant who I know is honest. • *adv* what, how. *que tolo ele é!* / what a fool he is! • *conj* **1** as, for, than. **2** however, that. • *prep* except, but, of, to, for. *não tenho nada que fazer* / I have nothing to do. **a fim de que** in order that, so as to. **aquele que** he who. **assim que ela chegar** as soon as she arrives. **de maneira que** so that. **do que** than. **em que** wherein. **espero que sim** I hope so. **houve tempo em que** there was a time when. **onde quer que** wherever. *onde quer que vivam eles serão felizes* / they will be happy wherever they live. **ou o que mais** or what else. **pelo que** by which, through which. **qualquer livro que** any book that. **que aconteceu?** what happened? **que adianta** what's the use of. *que adianta escrever agora?* / what is the use of writing now? **que bobagem!** what a nonsense! **que horas** what time. *que horas são?* / what time is it? **que mais?** what next? **que nem** similar to. **que pena!** what a pity! **que tal** what about, how about. *que tal tomar um chá?* / how about having tea? **que vergonha!** what a shame!, for shame! **que vida!** what a life! **tenho que ir** I have to go. **tudo que** all that.

quê [k'e] *sm* **1** anything, something. **2** difficulty, obstacle, rub. **3** complication, something wrong. **4** name of the letter **Q.** • *interj* of fright and surprise as: why! *quê! você por aqui?* / why! you here? **a quê?** what? **compreender o quê da coisa** to get the hang of it. **não há de quê** don't mention it, you're welcome. **para quê?** what for? **por quê?** why, for what reason? **tem seus quês** it has its drawbacks. **um certo quê** a certain something.

que.bra [k'ɛbrə] *sf* **1** break(age). **2** breach. **3** waste, wastage. **4** hillside.

que.bra-ca.be.ça [kɛbrəkab'esə] *s m+f* (*pl* **quebra-cabeças**) *pop* puzzle.

que.bra.dei.ra [kebrad'ejrə] *sf* **1** = **quebra-cabeça**. **2** *bras* lack of money. **3** *bras*, *pop* exhaustion, weakness.

que.bra.do [kebr'adu] *adj* **1** broken. **2** fragmented, in pieces. **3** ruptured. **4** tired, fatigued, exhausted. **5** *bras* ruined, bankrupt, broken, very poor, indigent. **estar quebrado** a) to feel thoroughly knocked up. b) *bras* to be out of funds, to be broken.

que.bra-ga.lho [kɛbrəg'aʎu] *sm* (*pl* **quebra-galhos**) **1** troubleshooter. **2** contrivance, makeshift.

que.bra-lou.ças [kɛbral'owsas] *s m+f pl* *bras* an awkward, clumsy person.

que.bra-luz [kɛbral'us] *sm* (*pl* **quebra-luzes**) lamp shade.

que.bra-mar [kɛbrəm'ar] *sm* (*pl* **quebra-mares**) breakwater, jetty pier.

que.bra-no.zes [kɛbrən'ɔzis] *sm sing+pl* nutcracker.

que.bran.to [kebr'ãtu] *sm* **1** prostration, weakness. **2** relaxation. **3** bewitching. **4** *pop* illness supposed to be caused by the influence of an evil eye (especially upon children).

que.bra-pau [kɛbrəp'aw] *sm* (*pl* **quebra-paus**) *bras*, *gír* row, argument, fight.

que.brar [kebr'ar] *vt+vint* to break. **quebrar a cabeça** *fig* to cudgel one's brains.

que.da [k'ɛdə] *sf* **1** fall. **2** drop. **3** loss (hair). **4** tendency, bent. **queda de produção** decline of production. **queda de preços** collapse of prices.

que.da-d'á.gua [k'ɛdə d'agwə] *sf* (*pl* **quedas-d'água**) waterfall.

quei.jo [k'ejʒu] *sm* cheese. **ele está com a faca e o queijo na mão** he has the ball at his feet. **queijo duro (mineiro)** hard cheese. **queijo fresco (mole)** soft cheese. **queijo parmesão** Parmesan cheese. **queijo suíço** *gruyère*.

quei.jo-de-mi.nas [k'ejʒudim'inas] *sm* (*pl* **queijos-de-minas**) *bras* a very popular Brazilian cheese which is roundish and white, with low fat levels.

quei.ma [k'ejmə] *sf* **1** firing, burning. **2** cremation. **3** fire. **4** *bras*, *Com* bargain sale. **5** *bras* burning of brushwood in order to prepare the land for plantation. **preço de queima** *Com* panic price, low price.

quei.ma.da [kejm'adə] *sf* **1** burn: place where vegetation has been burned away. **2** burned-over land. **3** *bras* forest fire.

quei.ma.do [kejm'adu] *adj* **1** burned, burnt. **2** sunburnt, tanned. **3** *bras* angry, furious. **4** *bras* of or referring to a candidate who lost the chances to win an election because of accusations and intrigues. **queimado pelo sol** sunburned.

quei.ma.du.ra [kejmad'urə] *sf* **1** act of burning. **2** burn: injury on the body caused by fire.

quei.mar [kejm'ar] *vt+vint+vpr* **1** to burn. **2** to dissipate, waste. **3** to squander (money). **4** to sell out (goods) at low prices. **5** to be febrile. **6 queimar-se** *bras* a) to be offended, take offence, get angry, become furious. b) to catch fire. c) *bras* to expose oneself to the sun in order to get sun tanned. d) to lose prestige, become suspect. e) to get scorched. f) to injure oneself by fire. **queimar as pestanas** to work or study till late in the night.

quei.ma-rou.pa [kejmər'owpə] *sf* word used in the adverbial locution **à queima-roupa** a) at close range, face to face. b) suddenly.

quei.xa [k'ejʃə] *sf* complaint. **ter motivo de queixa** to have reason for complaining about.

quei.xar [kejʃ'ar] *vpr* to complain. *ela queixou-se com ele* / she complained to him. **queixar-se de alguma coisa** to make a grievance of something.

quei.xo [k'ejʃu] *sm* chin, mandible, lower jaw. **bater o queixo** to clatter one's teeth (with cold or fear). **ele ficou de queixo caído** he dropped his jaw.

quei.xo.so [kejʃ'ozu] *adj* complaining.

quem [k'ẽj] *pron relativo* who, whom, one or anybody who. *fui eu quem o disse* / I said it, it was I who said it. *não sei quem possa ajudá-lo* / I don't know who can help you. • *pron interrogativo*: who?, whom? *quem é?* / who is it? *quem está aí?* / who is there? *não sabem a quem perguntar* / they do not know whom to ask. **a quem** to whom. **como quem diz** as if saying. **de quem** a) whose. *de quem é este livro?* / whose book is this? b) of whom, from whom. **há quem diga** it is said, reported. **não há quem** there's no one who. **quem quer que seja** whoever, whosoever. **quem sabe?** who knows? **seja lá quem for** whoever it may be.

quen.te [k'ẽti] *adj* **1** hot. **2** warm. **3** enthusiastic, excited. *a água está quente o bastante para um banho* / the water is hot enough for a bath.

quen.ti.nha [kẽt'iɲə] *sf bras* a container made of aluminium or styrofoam to keep meals hot, especially during a trip.

quer [k'ɛr] *conj* **1** or. *quer chova quer faça sol, nós iremos* / we shall go rain or shine. **2** whether... or. *quer ele queira, quer não* / whether he will or not. **como quer que seja** however that may be. **onde quer que** wherever. **o que quer que** whatever. **quem quer que** whoever. **quer sim, quer não** whether yes or no.

que.rer [ker'er] *vt+vint+vpr* **1** to want. *ela quer que eu vá* / she wants me to go. **2** to wish (for). *eu queria estar morto* / I wish I were dead. *eu queria que ele fosse* / I wish he would go. *quero que você escreva melhor* / I wish you to write better. **3** to be fond of, have an affection for. **4** to have a strong will. **5 querer-se** a) to like, love one another. b) to admire each other. **como Deus quiser** as God wills. **como queira** as you like, as you please. **eu não queria estar em sua pele** I wouldn't like to be in his shoes. **faça como quiser** do as you like. **quando um não quer, dois não brigam** it takes two to make a bargain. **queira Deus!** please God! **querer a alguém** to love, like someone. **querer dizer** to mean. *que quer dizer isso?* / what does all this mean? **querer o impossível** to cry for the moon. **sem querer** unintentionally, by accident.

que.ri.da [ker'idə] *sf* **1** darling, dear. **2** sweetheart. • *adj f* de **querido.**

que.ri.do [ker'idu] *sm* **1** darling, dear, beloved person. **2** favourite, pet. **3** sweetheart. • *adj* **1** darling, dear, beloved. **2** sweet.

quer.mes.se [kerm'ɛsi] *sf* **1** a fair or outdoor festival, a church festival. **2** charitable bazaar.

que.ro.se.ne [keroz'eni] *sm* kerosene.

ques.tão [kest'ãw] *sf* (*pl* **questões**) **1** question. **2** subject, matter, issue. **chegar ao ponto essencial da questão** to come to the point. **eis a questão** that's the point. **em questão** at issue, in question. **fazer questão de** to insist on. **pôr em questão** to put in question. **questão de opinião** a matter of opinion. **questão de tempo** a matter of time. **uma questão de gosto** a matter of taste. **uma questão de hábito** a matter of habit. **uma questão de vida e morte** a case of life and death.

ques.ti.o.nar [kestjon'ar] *vt+vint* to question.

ques.ti.o.ná.vel [kestjon'avew] *adj m+f* (*pl* **questionáveis**) questionable.

qui.a.bo [ki'abu] *sm* okra.

qui.be [k'ibi] *sm Cul* kibbe.

qui.çá [kis'a] *adv* **1** perhaps, maybe. **2** who knows? **3** possibly.

qui.e.to [ki'ɛtu] *adj* **1** quiet. **2** still. • *interj* be quiet!, switch off! **ficar quieto** to be quiet, shut up. *não pode ficar quieto?* / can't you be quiet?

qui.la.te [kil'ati] *sm* **1** carat, karat. *este relógio é de ouro de 18 quilates* / this is an eighteen carat watch. **2** degree of purity or perfection of gold or gems. **3** *fig* excellence, perfection.

qui.lo [k'ilu] *sm red* de **quilograma**, kilo.

qui.lo.me.tra.gem [kilometr'aʒẽj] *sf* (*pl* **quilometragens**) **1** a distance in kilometers. **2** a measuring in kilometers.

qui.lo.me.trar [kilometr'ar] *vt* **1** to express a distance in kilometers. **2** to measure in kilometers.

qui.lô.me.tro [kil'ometru] *sm* kilometer, kilometre.

quí.mi.ca [k'imikə] *sf* chemistry. **química geral** theoretical chemistry. **química inorgânica** inorganic chemistry. **química orgânica** organic chemistry.

quí.mi.co [k'imiku] *sm* chemist. • *adj* chemic(al). **engenharia química** chemical engineering. **guerra química** chemical warfare. **reação química** chemical reaction.

qui.mi.o.te.ra.pi.a [kimjoterap'iə] *sf Med* chemotherapy.

qui.mo.no [kim'onu] *sm* kimono.

qui.na [k'inə] *sf* **1** corner or edge (as of a table top). **2** five spots (of a card, dice or domino). **3** a series of five numbers (at lotto).

quin.dim [kĩd'ĩ] *sm* (*pl* **quindins**) **1** prudery, primness. **2** gracefulness. **3** graceful elegance, gentleness, meekness. **4** *bras, Cul* a cake made with yolk, sugar and coconut.

qui.nhão [kiñ'ãw] *sm* (*pl* **quinhões**) **1** portion, parcel. **2** allotment. **3** *fig* fate.

qui.nhen.tos [kiñ'ẽtus] *sm* five hundred. • *adj* five hundred. **isso são outros quinhentos** *coloq* that is quite another question.

quin.qui.lha.ri.as [kĩkiλar'ias] *sf pl* **1** children's toys. **2** gewgaws, trinkets.

quin.ta-fei.ra [kĩtəf'ejrə] *sf* (*pl* **quintas-feiras**) Thursday. **na manhã de quinta-feira** on Thursday morning. **todas as quintas-feiras** every Thursday.

quin.tal [kĩt'aw] *sm* (*pl* **quintais**) (back)yard.

quin.to [k'ĩtu] *num* fifth.

quin.ze [k'ĩzi] *num* fifteen. **dentro de quinze dias** within fifteen days. **férias de quinze dias** fortnight's holiday.

quin.ze.na [kĩz'enə] *sf* **1** a period of fifteen days. **2** fortnight, two weeks.

quin.ze.nal [kĩzen'aw] *adj m+f* (*pl* **quinzenais**) biweekly, fortnightly.

qui.os.que [ki'ɔski] *sm* kiosk, newsstand.

qüi.pro.quó [kwiprok'wɔ] *sm lat* **1** misinterpretation. **2** confusion.

qui.re.la [kir'ɛlə] *sf bras* broken corn.

qui.ro.man.ci.a [kiromãs'iə] *sf* palmistry.

qui.ro.man.te [kirom'ãti] *s m+f* fortuneteller, palmist.

quis.to [k'istu] *sm Med* cyst.

qui.ta.ção [kitas'ãw] *sf* (*pl* **quitações**) **1** quittance. **2** acquittance. **3** receipt.

qui.ta.do [kit'adu] *adj* quit, quits.

qui.tan.da [kit'ãdə] *sf* greengrocery.

qui.tar [kit'ar] *vt+vpr* **1** to quit. **2** to pardon, let off. **3** to settle or adjust (accounts). **4** quitar-se a) to free oneself. b) to get rid of.

qui.te [k'iti] *adj m+f* **1** quit, free (from obligation). **2** settled (accounts). **3** divorced. **estar quites** a) to be even. *estamos quites* / we are even. b) to have got one's own back.

qui.tu.te [kit'uti] *sm bras* tasty appetizing dish, dainties, titbit.

quo.ta [kw'ɔtə] *sf* (usually **cota**) quota, share, proportional part, portion, allotment.

quo.ti.di.a.no [kwotidi'ʌnu] *adj* (more frequently **cotidiano**) daily.

Q

R, r [ˈɛɾi] *sm* the seventeenth letter of the alphabet.

rã [ˈɾ̃ã] *sf Zool* frog.

ra.ba.ne.te [ɾabanˈeti] *sm Bot* radish.

ra.bi.no [ɾabˈinu] *sm* rabbi.

ra.bis.car [ɾabiskˈar] *vt+vint* **1** to scribble. **2** to write hastily or carelessly. **3** to doodle.

ra.bis.co [ɾabˈisku] *sm* **1** scribble, scrawl. **2** doodle(s). **3** scratch. **4 rabiscos** scribblings.

ra.bo [ɾˈabu] *sm* **1** tail. **2** *vulg* ass, arse (buttocks or anus).

ra.bo-de-ca.va.lo [ɾˈabudikavˈalu] *sm* (*pl* **rabos-de-cavalo**) *bras* pigtail (hair), ponytail.

ra.bo-de-sai.a [ɾˈabudisˈajə] *sm* (*pl* **rabos-de-saia**) *bras, coloq* woman.

ra.bu.do [ɾabˈudu] *adj* **1** long-tailed, tailed. **2** *gír* lucky.

ra.bu.gen.to [ɾabuʒˈẽtu] *adj* **1** sullen. **2** cross. **3** grumpy.

ra.bu.gi.ce [ɾabuʒˈisi] *sf* **1** peevishness. **2** petulance. **3** impertinence.

ra.ça [ɾˈasə] *sf* **1** race. **2** generation. **3** lineage. **4** guts, courage. **5** breed. **de raça** (dog). pedigree. **na raça** boldly, daringly. **ter raça** to have guts.

ra.ção [ɾasˈãw] *sf* (*pl* **rações**) fodder. **ração para um dia** daily allowance.

ra.cha [ɾˈaʃə] *sf* **1** crack. **2** splinter, chip. **3** *pop* a division among two or more persons. **4** *masc* a football game played for fun. **5** *masc* an illegal car race in streets and roads. **6** *vulg* vulva.

ra.cha.da [ɾaʃˈadə] *sf* **1** stroke. **2** afronting and rough answer. **3** *bras vulg* woman.

ra.cha.do [ɾaʃˈadu] *adj* cracked.

ra.cha.du.ra [ɾaʃadˈurə] *sf* fissure, crack.

ra.char [ɾaʃˈar] *vt+vint* **1** to split. **2** to splinter. **3** to chap. **4** to insult. **5** to treat roughly. **6** *bras* to split profits, expenses etc. **7** to open. **de rachar** intense, violent. **ou vai ou racha** it's sink or swim. **rachar meio a meio** to go fifty-fifty.

ra.ci.al [ɾasiˈaw] *adj m+f* (*pl* **raciais**) racial. **discriminação racial** racial discrimination.

ra.ci.o.ci.nar [ɾasjosinˈar] *vt+vint* **1** to reason. **2** to think. **3** to consider.

ra.ci.o.cí.nio [ɾasjosˈinju] *sm* reasoning. **sem raciocínio** irrational.

ra.ci.o.na.do [ɾasjonˈadu] *adj* rationed, stinted. **ter a comida racionada** to be kept on short commons.

ra.ci.o.nal [ɾasjonˈaw] *sm* (*pl* **racionais**) **1** rational being. **2** *Mat* a rational number. • *adj m+f* **1** rational. **2** reasonable. **3** logical.

ra.ci.o.na.li.da.de [ɾasjonalidˈadi] *sf* rationality, reason.

ra.ci.o.na.li.za.ção [ɾasjonalizaˈsãw] *sf* (*pl* **racionalizações**) rationalization.

ra.ci.o.na.li.zar [ɾasjonalizˈar] *vt* to rationalize.

ra.ci.o.na.men.to [ɾasjonamˈẽtu] *sm* rationing, ration.

ra.ci.o.nar [ɾasjonˈar] *vt* to ration.

ra.cis.mo [ɾasˈizmu] *sm* racism.

ra.çu.do [ɾasˈudu] *adj* corageous, determined.

ra.dar [ɾadˈar] *sm* radar.

ra.di.a.ção [ɾadjasˈãw] *sf* (*pl* **radiações**) **1** irradiation. **2** radiation.

ra.di.a.dor [ɾadjadˈor] *sm* radiator.

ra.di.al [ɾadiˈaw] *adj m+f* (*pl* **radiais**) radial.

ra.di.an.te [r̄adi'ãti] *adj m+f* 1 brilliant. 2 bright.

ra.di.cal [r̄adik'aw] *adj m+f* radical.

ra.di.ca.li.zar [r̄adikaliz'ar] *vt+vint* to radicalize.

rá.dio [r̄'adju] *sm* 1 *Anat* radius. 2 *Quím* radium. 3 radio. **rádio portátil** portable radio.

ra.di.o.a.ti.vi.da.de [r̄adjoativid'adi] *sf* radioactivity.

ra.di.o.a.ti.vo [r̄adjoat'ivu] *adj* radioactive. **lixo radioativo** radioactive waste.

ra.di.o.gra.far [r̄adjograf'ar] *vt+vint* 1 to radiograph. 2 to radio.

ra.di.o.gra.fi.a [r̄adjograf'iə] *sf* radiograph, radiography, x-ray.

ra.di.o.tá.xi [r̄adjot'aksi] *sm* a taxi called by radio.

rai.a [r̄'ajə] *sf* 1 line, stroke. 2 line in the palm of the hand. 3 octogonal paper kite. 4 race-course. 5 lane, racetrack.

rai.ar [r̄aj'ar] *vt+vint* 1 to break (the day), dawn. 2 to emit rays, radiate. **no raiar do dia** at dawn.

ra.i.nha [r̄a'iɲə] *sf* queen.

rai.o [r̄'aju] *sm* 1 ray, beam. 2 lightning. 3 *Geom* radius. **como um raio** like a streak. **raios solares** sunshine. **raios te partam!** damn you! **raios ultravioleta** ultraviolet rays.

rai.va [r̄'ajvə] *sf* 1 rage, fury. 2 *Vet* rabies. 3 hate.

rai.vo.so [r̄ajv'ozu] *adj* 1 angry, furious. 2 affected with rabies.

ra.iz [r̄a'is] *sf* (*pl* **raízes**) root.

ra.ja.da [r̄aʒ'adə] *sf* 1 gust of wind. 2 *fig* burst of eloquence. 3 *bras, Mil* running series of shots.

ra.la.ção [r̄alas'ãw] *sf* (*pl* **ralações**) 1 act of grating. 2 worry. 3 weariness.

ra.la.dor [r̄alad'or] *sm* grater.

ra.lar [r̄al'ar] *vt+vpr* 1 to grate. 2 to worry, annoy. 3 *fig* to work hard. **queijo ralado** grated cheese.

ra.lé [r̄al'ɛ] *sf* common people.

ra.lhar [r̄aʎ'ar] *vt+vint* 1 to scold. 2 to reprimand.

ra.li [r̄al'i] *sm* rally, rallye.

ra.lo [r̄'alu] *sm* 1 grater, rasper. 2 strainer. 3 prinkling nozzle. 4 grating. • *adj* thin, rare, diluted.

ra.mal [r̄am'aw] *sm* (*pl* **ramais**) (telephone) extension.

ra.ma.lhe.te [r̄amaʎeti] *sm* 1 little branch. 2 bouquet.

ra.mi.fi.ca.ção [r̄amifikas'ãw] *sf* (*pl* **ramificações**) branching.

ra.mi.fi.ca.do [r̄amifik'adu] *adj* 1 branched. 2 subdivided.

ra.mi.fi.car [r̄amifik'ar] *vt+vpr* 1 to divide into branches, ramify. 2 to subdivide. 3 **ramificar-se** a) to branch off. b) *fig* to propagate.

ra.mi.nho [r̄ʌm'iɲu] *sm* twig.

ra.mo [r̄'ʌmu] *sm* 1 branch. 2 bunch. 4 division, subdivision. 4 field, interest.

ram.pa [r̄'ãpə] *sf* ramp, sloping roadway.

ran.cho [r̄'ãʃu] *sm* 1 hut, lodge. 2 crowd of people.

ran.ço [r̄'ãsu] *sm* rancidity. • *adj* rancid, rank.

ran.cor [r̄ãk'or] *sm* resentment.

ran.co.ro.so [r̄ãkor'ozu] *adj* resentful, hateful.

ran.ço.so [r̄ãs'ozu] *adj* 1 rancid, rusty. 2 stale. 3 *fig* old-fashioned.

ran.ger [r̄ãʒ'er] *vt+vint* 1 to creak. 2 to grind.

ran.gi.do [r̄ãʒ'idu] *sm* creak (ing).

ran.zin.za [r̄ãz'īzə] *adj m+f* sullen, sulky.

ra.pa.du.ra [r̄apad'urə] *sf* 1 scraping. 2 block of raw brown sugar. **entregar a rapadura** *pop* to give in.

ra.par [r̄ap'ar] *vt+vint* 1 to scrape. 2 to shave close to the skin. 3 to steal, rob.

ra.pa.ri.ga [r̄apar'igə] *sf* 1 girl. 2 *pop* prostitute.

ra.paz [r̄ap'as] *sm* boy, lad.

ra.pi.da.men.te [r̄apidam'ēti] *adv* rapidly, quickly.

ra.pi.dez [r̄apid'es] *sf* quickness.

rá.pi.do [r̄'apidu] *sm* 1 rapids. 2 express or special delivery service. 3 express train. • *adj* 1 rapid, quick, fast. 2 speedy.

ra.pi.na [r̄ap'inə] *sf* rapine, robbery. **ave de rapina** bird of prey.

ra.po.sa [r̄ap'ozə] *sf* Zool fox.

rap.só.dia [r̄aps'ɔdjə] *sf* rhapsody.

rap.ta.do [r̄apt'adu] *adj* kidnapped.

rap.tar [r̄apt'ar] *vt* to kidnap.

rap.to [r̄'aptu] *sm* kidnapping.

rap.tor [r̄apt'or] *sm* kidnapper.

ra.que.te [r̄ak'ɛti] *sf* racket.

ra.quí.ti.co [r̄ak'itiku] *adj* rachitic.

ra.ra.men.te [r̄aram'ẽti] *adv* rarely, seldom.

ra.re.ar [r̄are'ar] *vt+vint* to make rare, scarce.

ra.re.fei.to [r̄aref'ejtu] *adj* rarefied, less dense, thin.

ra.ri.da.de [r̄arid'adi] *sf* rareness, rarity.

ra.ro [r̄'aru] *adj* rare.

ra.san.te [r̄az'ãti] *sm Aeron* hedgehopping. • *adj m+f* **1** levelling. **2** running near or parallel to.

ras.cu.nhar [r̄askuñ'ar] *vt* **1** to sketch. **2** to jot down.

ras.cu.nho [r̄ask'uñu] *sm* draft, sketch, outline, rough copy.

ras.ga.do [r̄azg'adu] *adj* torn.

ras.gar [r̄azg'ar] *vt+vint+vpr* **1** to tear. **2** to split. **3 rasgar-se** a) to tear. b) to become divided or separated.

ra.so [r̄'azu] *sm* **1** plain, flatland. **2** *bras* the shallow part (of the sea etc.). • *adj* **1** even, level. **2** flat, plain. **3** *bras* shallow.

ras.pa.di.nha [r̄aspad'iñə] *sf bras* **1** Italian ice. **2** *Loteria* scratch-and-win card.

ras.pa.do [r̄asp'adu] *adj* shaven.

ras.pa.gem [r̄asp'aȝẽj] *sf* **1** scrapings. **2** chipping.

ras.pão [r̄asp'ãw] *sm* (*pl* **raspões**) scratch, slight injury on the skin. **de raspão** slightly.

ras.par [r̄asp'ar] *vt* **1** to scrape, scratch. **2** to rasp. **3** to rase, erase. **4** to shave.

ras.tei.ra [r̄ast'ejrə] *sf pop* **1** act of tripping a person up, trip. **2** a treacherous act. **dar/passar uma rasteira em** a) to trip a person up. b) to get the better of. c) to deceive or delude someone.

ras.tei.ro [r̄ast'ejru] *adj* **1** creeping, crawling. **2** low. **planta rasteira** *Bot* creeper.

ras.te.ja.dor [r̄asteȝad'or] *sm* **1** searcher. **2** tracer. • *adj* searching.

ras.te.jan.te [r̄asteȝ'ãti] *adj m+f* crawling, trailing.

ras.te.jar [r̄asteȝ'ar] *vt+vint* **1** to follow the track, pursue. **2** to creep, crawl.

ras.to [r̄'astu] *sm* **1** track, trace. **2** mark, sign. **3** step, footprint.

ras.tre.a.dor [r̄astread'or] *adj m+f* tracker, tracer.

ras.tre.a.men.to [r̄astream'ẽtu] *sm* tracking.

ras.tre.ar [r̄astre'ar] *vt+vint* **1** to trace, track. **2** to trace down, pursue. **3** to investigate.

ras.tro [r̄'astru] *sm* = **rasto.**

ra.su.ra [r̄az'urə] *sf* **1** erasure, rasure. **2** blot. **3** scrapings.

ra.su.rar [r̄azur'ar] *vt* **1** to erase, blot out. **2** to scrape.

ra.ta.za.na [r̄ataz'ʌnə] *sf* female rat.

ra.te.a.men.to [r̄ateam'ẽtu] *sm* apportionment, allotment.

ra.te.ar [r̄ate'ar] *vt+vint* **1** to divide proportionally. **2** to portion out, distribute.

ra.tei.o [r̄at'eju] *sm* **1** proportional distribution. **2** share.

ra.ti.fi.ca.ção [r̄atifikas'ãw] *sf* (*pl* **ratificações**) **1** ratification, confirmation.

ra.ti.fi.ca.do [r̄atifik'adu] *adj* ratified, confirmed.

ra.ti.fi.car [r̄atifik'ar] *vt+vpr* **1** to ratify. **2** to confirm.

ra.to [r̄'atu] *sm* mouse, rat.

ra.to.ei.ra [r̄ato'ejrə] *sf* mouse-trap, rat-trap.

ra.to.na [r̄at'onə] *sf* **1** female rat. **2** brown rat.

ra.zão [r̄az'ãw] *sf* (*pl* **razões**) reason, reasoning power.

ra.zo.á.vel [r̄azo'avew] *adj m+f* (*pl* **razoáveis**) reasonable.

ra.zo.a.vel.men.te [r̄azoavewm'ẽti] *adv* reasonably.

ré¹ [r̄'ɛ] *sf Jur* female defendant or criminal.

ré² [r̄'ɛ] *sf* reverse gear. **marcha a ré** reverse gear.

ré³ [r̄'ɛ] *sm Mús* re.

re.a.bas.te.cer [r̄eabastes'er] *vt+vpr* **1** to supply with provisions. **2** to renew the stocks. **reabastecer de combustível** to refuel.

re.a.bas.te.ci.men.to [r̄eabastesim'ẽtu] *sm* restocking, renewal of provisions.

re.a.ber.tu.ra [r̄eabert'urə] *sf* reopening.

re.a.bi.li.ta.ção [ȓeabilitas'ãw] sf (pl rea-
bilitações) rehabilitation.

re.a.bi.li.ta.do [ȓeabilit'adu] adj rehabi-
litated, reinstated.

re.a.bi.li.tar [ȓeabilit'ar] vt+vpr 1 to
rehabilitate. 2 reabilitar-se to become
regenerate.

re.a.brir [ȓeabr'ir] vt to reopen, open again.

re.ab.sor.ção [ȓeabsors'ãw] sf (pl
reabsorções) reabsorption.

re.ab.sor.ver [ȓeabsorv'er] vt to reabsorb.

re.a.ção [ȓeas'ãw] sf (pl reações) reaction.
reação nuclear nuclear reaction.

re.a.cen.der [ȓeasẽd'er] vt+vpr 1 to light
again. 2 to activate. 3 to incite, stir up.
4 to develop. 5 reacender-se to cheer up,
become encouraged.

re.a.ci.o.ná.rio [ȓeasjon'arju] sm
reactionary. • adj reactionary.

re.a.dap.ta.ção [ȓeadaptas'ãw] sf (pl
readaptações) readaptation.

re.a.dap.tar [ȓeadapt'ar] vt to readapt,
adapt again.

re.ad.mis.são [ȓeadmis'ãw] sf (pl
readmissões) readmission, readmittance.

re.ad.mi.tir [ȓeadmit'ir] vt to readmit,
reinstate.

re.a.fir.mar [ȓeafirm'ar] vt to reaffirm.

re.a.gen.te [ȓea3'ẽti] sm Quím reagent. •
adj m+f reactive, reacting.

re.a.gir [ȓea3'ir] vt+vint to react. reagir a
to be reactionary.

re.a.gru.par [ȓeagrup'ar] vt+vpr to
regroup, reassemble.

re.a.jus.ta.men.to [ȓea3ustam'ẽtu] sm
readjustment, rearrangement.

re.a.jus.tar [ȓea3'ustar] vt 1 to readjust. 2
to rearrange. 3 bras to adjust wages or
salaries to rising living costs.

re.al¹ [ȓe'aw] sm (pl reais) present
Brazilian currency (from 1994).

re.al² [ȓe'aw] adj m+f (pl reais) royal.

re.al³ [ȓe'aw] sm (pl reais) reality. • adj 1
real. 2 true. como na vida real true to
life. tempo real Inform real time.

re.al.çar [ȓeaws'ar] vt 1 to enhance. 2 to
emphasize, highlight.

re.al.ce [ȓe'awsi] sm 1 distinction. 2
enhancement.

re.a.len.go [ȓeal'ẽgu] adj 1 royal. 2 bras
unclaimed, public.

re.a.le.za [ȓeal'ezɐ] sf 1 royalty. 2 kingship.
3 fig crown. 4 fig magnificence, pomp.

re.a.li.da.de [ȓealid'adi] sf reality. realidade virtual Inform virtual reality. tornar-se realidade to come true.

re.a.lis.mo [ȓeal'izmu] sm realism.

re.a.lis.ta [ȓeal'istɐ] s m+f realist. • adj
realistic(al).

re.a.li.za.ção [ȓealizas'ãw] sf (pl realiza-
ções) 1 accomplishment, achievement. 2
carrying out.

re.a.li.za.do [ȓealiz'adu] adj accomplished,
fulfilled.

re.a.li.za.dor [ȓealizad'or] sm accom-
plisher. • adj accomplishing.

re.a.li.zar [ȓealiz'ar] vt+vpr 1 carry out. 2
to fulfil, accomplish. 3 realizar-se to
happen.

re.a.li.zá.vel [ȓealiz'avew] adj m+f (pl
realizáveis) possible.

re.al.men.te [ȓeawm'ẽti] adv really, indeed.

re.a.ni.ma.dor [ȓeanimad'or] adj
reanimating, stimulating, encouraging.

re.a.ni.mar [ȓeanim'ar] vt+vint+vpr 1 to
reanimate. 2 to revive. 3 to infuse new
life or spirit into. 4 to refresh. 5 reanimar-se to recover hope, courage or
energy.

re.a.pa.re.cer [ȓeapares'er] vint to reappear.

re.a.pa.re.ci.men.to [ȓeaparesim'ẽtu] sm
reappearance.

re.a.pre.sen.ta.ção [ȓeaprezẽtas'ãw] sf 1
re-presentation, new presentation. 2 new
performance.

re.a.pre.sen.tar [ȓeaprezẽt'ar] vt 1 to
present, re-presentation. 2 perform or play
again.

re.a.pro.vei.tar [ȓeaprovejt'ar] vt to reuse.

re.as.sen.ta.men.to [ȓeasẽtam'ẽtu] sm
resettlement.

re.as.sen.tar [ȓeasẽt'ar] vt resettle.

re.as.su.mir [ȓeasum'ir] vt to reassume.

re.a.ta.men.to [ȓeatam'ẽtu] sm 1
reattachment. 2 re-establishment.

re.a.tar [ȓeat'ar] vt 1 to reattach. 2 to re-
establish. 3 to renew.

re.a.ti.var [ȓeativ'ar] vt to reactivate.

re.a.ti.vi.da.de [ȓeativid'adi] sf reactivity.

re.a.ti.vo [ɾeat'ivu] *sm Quím* reagent, reactive agent. • *adj* reactive.

re.a.tor [ɾeat'or] *sm* reactor. • *adj* reacting, reactive. **reator nuclear** nuclear reactor.

re.a.ver [ɾeav'er] *vt* to get back.

re.a.vi.var [ɾeaviv'ar] *vt* 1 to revive (memories). 2 to recall.

re.bai.xa.do [ɾebajʃ'adu] *adj* 1 lowered, let down. 2 *fig* discredited.

re.bai.xa.men.to [ɾebajʃam'ẽtu] *sm* 1 lowering. 2 reduction.

re.bai.xar [ɾebajʃ'ar] *vt+vint+vpr* 1 to lower. 2 to reduce the price or value of. 3 to degrade. 4 to discredit. 5 **rebaixar-se** to humble oneself.

re.ba.nhar [ɾebañ'ar] *vt* to gather, collect, reunite.

re.ba.nho [ɾeb'ʌ̃ñu] *sm* 1 flock of sheep, herd of cattle. 2 bunch. 3 crowd.

re.bar.ba [ɾeb'arbə] *sf* sharp edge, barb.

re.ba.ter [ɾebat'er] *vt* 1 to strike again. 2 to repel, beat back (enemy). 3 to refute, disprove. 4 *Esp* to return, kick back, rebound.

re.be.la.do [ɾebel'adu] *sm* rebel.

re.be.lar [ɾebel'ar] *vt+vpr* 1 to stir up to rebellion, cause to revolt. 2 to rebel, revolt (against). 3 **rebelar-se** a) to stand up against, rise against. b) *fig* to oppose, resist.

re.bel.de [ɾeb'ɛwdi] *s m+f* 1 rebel. 2 deserter. • *adj m+f* 1 rebel, rebellious, revolutionary. 2 unsubmissive.

re.bel.di.a [ɾebewd'iə] *sf* rebellion, insurrection, revolt, resistance.

re.be.li.ão [ɾebeli'ãw] *sf* (*pl* **rebeliões**) 1 rebellion, revolt. 2 insurrection. 3 insubordination. 4 *fig* opposition.

re.ben.tar [ɾebẽt'ar] *vt+vint* 1 to burst, split open. 2 to blow up. 3 to fall into pieces. 4 to irrupt. **rebentar de gordo** to become very fat. **rebentar de riso** to burst out laughing.

re.ben.to [ɾeb'ẽtu] *sm* 1 shoot. 2 *fig* offspring. 3 *fig* product.

re.bi.te [ɾeb'iti] *sm* 1 rivet. 2 clinch.

re.bo.bi.nar [ɾebobin'ar] *vt* to rewind, reel again.

re.bo.car [ɾebok'ar] *vt* 1 to plaster, coat with stucco. 2 to make up excessively (the face). 3 to tow.

re.bo.co [ɾeb'oku] *sm* (*pl* **rebocos**) 1 plaster, roughcast. 2 plasterwork.

re.bo.la.do [ɾebol'adu] *sm* swinging movement of the hips, swaying or waddling motion. **perder o rebolado** to become confused.

re.bo.lan.te [ɾebol'ãti] *adj m+f* swinging, swaying.

re.bo.lar [ɾebol'ar] *vt+vint+vpr* 1 to roll, tumble. 2 to shake the hips. 3 **rebolar-se** to swagger, shake one's body, roll, sway.

re.bo.que [ɾeb'ɔki] *sm* 1 act of towing, towage. 2 plaster, roughcast. **levar a reboque** to take in tow.

re.bo.ta.lho [ɾebot'aλu] *sm* 1 trash. 2 refuse.

re.bri.lhar [ɾebriλ'ar] *vint* 1 to shine again. 2 to glitter or sparkle intensely. 3 to radiate, be very bright, be resplendent.

re.bu [ɾeb'u] *sm bras, gír* confusion.

re.bu.li.ço [ɾebul'isu] *sm* 1 uproar. 2 tumult, hubbub. 3 fuss. 4 confusion. **fazer rebuliço** to make a fuss.

re.bus.ca.do [ɾebusk'adu] *adj fig* highly refined, highly cultured.

re.bus.ca.men.to [ɾebuskam'ẽtu] *sm* the quality of what is refined or *recherché*.

re.ca.das.tra.men.to [ɾekadastram'ẽtu] *sm* reregistration.

re.ca.das.trar [ɾekadastr'ar] *vt* to reregister.

re.ca.do [ɾek'adu] *sm* 1 verbal communication, word. 2 message. **dar o recado/ dar conta do recado** to handle one's job.

re.caí.da [ɾeka'idə] *sf* 1 act or effect of falling back. 2 *Med* relapse, setback.

re.ca.ir [ɾeka'ir] *vt+vint* 1 to fall again, fall back. 2 to return to a previous state. 3 to relapse into.

re.cal.ca.do [ɾekawk'adu] *adj* 1 depressed. 2 restrained.

re.cal.car [ɾekawk'ar] *vt* 1 to step on, tread on. 2 to press down, crush down.

re.cal.que [ɾek'awki] *sm* 1 act or fact of pressing down. 2 repression.

re.ca.mar [ɾekam'ar] *vt* 1 to embroider. 2 to decorate.

re.cam.bi.ar [ɾekãbi'ar] *vt+vint* 1 to rechange. 2 to give back.

re.can.to [r̄ek'ãtu] *sm* 1 nook, corner. 2 hiding place.

re.ca.par [r̄ekap'ar] *vt bras* to recap, retread (tires).

re.ca.pe.a.men.to [r̄ekapeam'ẽtu] *sm* covering with a new layer of asphalt.

re.ca.pe.ar [r̄ekape'ar] *vt* to cover with a new layer of asphalt.

re.ca.pi.ta.li.zar [r̄ekapitaliz'ar] *vt Econ* to recapitalize.

re.ca.pi.tu.la.ção [r̄ekapitulas'ãw] *sf* (*pl* **recapitulações**) recapitulation.

re.ca.pi.tu.lar [r̄ekapitul'ar] *vt* to recapitulate.

re.cap.tu.rar [r̄ekaptur'ar] *vt* to recapture.

re.car.re.gar [r̄ekar̄eg'ar] *vt* to recharge.

re.ca.ta.do [r̄ekat'adu] *adj* 1 modest. 2 discreet. 3 reserved.

re.ca.tar [r̄ekat'ar] *vt+vpr* 1 to guard, safeguard. 2 **recatar-se** a) to be cautious. b) to hide oneself. c) to be on one's guard.

re.ca.to [r̄ek'atu] *sm* modesty.

re.cau.chu.ta.do [r̄ekawʃut'adu] *adj* recapped, retreaded (tires). **pneu recauchutado** retread.

re.cau.chu.tar [r̄ekawʃut'ar] *vt* to recap, retread (tires).

re.ce.ar [r̄ese'ar] *vt* to fear.

re.ce.be.dor [r̄esebed'or] *sm* 1 receiver. 2 recipient.

re.ce.ber [r̄eseb'er] *vt+vint* 1 to receive, take, get. 2 to cash in, collect (money, debts). **receber hóspedes** to receive guests. **receber notícias** to hear from.

re.ce.bi.men.to [r̄esebim'ẽtu] *sm* 1 act or fact of receiving. 2 reception. 3 receipt.

re.cei.o [r̄es'eju] *sm* fear, apprehension.

re.cei.ta [r̄es'ejtə] *sf* 1 income, revenue. 2 taking(s), receipt(s). 3 budget. 4 *Med* formula, prescription. 5 *Cul* recipe.

re.cei.tar [r̄esejt'ar] *vt+vint* 1 *Med* to prescribe (a medicine). 2 to advise.

re.cei.tu.á.rio [r̄esejtu'arju] *sm Farm* prescription book.

re.cém [r̄es'ẽj] *adv* newly, recently, lately.

re.cém-ca.sa.do [r̄es'ẽjkaz'adu] *adj* (*pl* **recém-casados**) newly married or wed.

re.cém-che.ga.do [r̄es'ẽjʃeg'adu] *sm* (*pl* **recém-chegados**) newcomer. • *adj* newcomer.

re.cém-nas.ci.do [r̄es'ẽjnas'idu] *sm* (*pl* **recém-nascidos**) a newborn baby. • *adj* newborn.

re.cém-pu.bli.ca.do [r̄es'ẽjpublik'adu] *adj* recently published.

re.cen.der [r̄esẽd'er] *vt+vint* 1 to smell sweetly. 2 to exhale a strong aroma.

re.cen.se.a.men.to [r̄esẽseam'ẽtu] *sm* census.

re.cen.se.ar [r̄esẽse'ar] *vt* 1 to take a census or poll. 2 to survey, verify.

re.cen.te [r̄es'ẽti] *adj m+f* (*sup abs sint* **recentíssimo**) 1 recent. 2 late, fresh.

re.cen.te.men.te [r̄esẽtem'ẽti] *adv* recently.

re.ce.o.so [r̄ese'ozu] *adj* afraid, fearful.

re.cep.ção [r̄eseps'ãw] *sf* (*pl* **recepções**) reception. **recepção social** party. **sala de recepção** reception room.

re.cep.ci.o.nar [r̄esepsjon'ar] *vt+vint* 1 to receive guests, entertain, throw a party. 2 to meet (a traveler) at the airport etc.

re.cep.ci.o.nis.ta [r̄esepsjon'istə] *s m+f bras* receptionist, reception clerk.

re.cep.ta.ção [r̄eseptas'ãw] *sf* (*pl* **receptações**) receiving of stolen goods.

re.cep.tá.cu.lo [r̄esept'akulu] *sm* 1 container. 2 vessel.

re.cep.ta.dor [r̄eseptad'or] *sm* receiver of stolen goods, *gír* fence. • *adj* receiving, concealing (stolen goods).

re.cep.tar [r̄esept'ar] *vt* to receive, conceal (stolen goods).

re.cep.ti.vi.da.de [r̄eseptivid'adi] *sf* receptivity.

re.cep.ti.vo [r̄esept'ivu] *adj* receptive, open-minded.

re.cep.tor [r̄esept'or] *sm* receiver.

re.ces.são [r̄eses'ãw] *sf* recession.

re.ces.si.vo [r̄eses'ivu] *adj* recessive. **gene recessivo** recessive gene.

re.ces.so [r̄es'ɛsu] *sm* recess.

re.cha.çar [r̄eʃas'ar] *vt* 1 to repel, repulse. 2 to throw back, push off. 3 to resist, oppose.

re.che.a.do [r̄eʃe'adu] *sm* stuffing. • *adj* stuffed, filled.

re.che.ar [r̄eʃe'ar] *vt* 1 to stuff. 2 to enrich.

re.che.car [r̄eʃek'ar] *vt* to recheck, re-examine.

re.chei.o [r̄eʃ'eju] *sm* 1 stuffing. 2 filling.

re.chon.chu.do [r̄eʃõʃ'udu] *adj* fat, plump, chubby.

re.ci.bo [r̄es'ibu] *sm* 1 receipt, voucher. 2 *gír* revenge, retaliation.

re.ci.cla.gem [r̄esikl'aʒẽj] *sf* recycling.

re.ci.clar [r̄esikl'ar] *vt* to recycle.

re.ci.fe [r̄es'ifi] *sm* reef. **recife de coral** coral reef.

re.cin.to [r̄es'ĩtu] *sm* 1 enclosure. 2 precinct.

re.ci.pi.en.te [r̄esipi'ẽti] *sm* 1 recipient, receiver. 2 vessel, container. • *adj m+f* recipient.

re.ci.pro.ca.men.te [r̄esiprokam'ẽti] *adv* reciprocally, mutually.

re.ci.pro.ci.da.de [r̄esiprosid'adi] *sf* reciprocity.

re.cí.pro.co [r̄es'iproku] *adj* 1 reciprocal. 2 mutual. 3 interchangeable. 4 alternate.

re.ci.tal [r̄esit'aw] *sm* (*pl* **recitais**) recital, concert.

re.ci.tar [r̄esit'ar] *vt* to recite, declaim.

re.cla.ma.ção [r̄eklamas'ãw] *sf* (*pl* **reclamações**) 1 complaint. 2 demand. 3 claim.

re.cla.mar [r̄eklam'ar] *vt+vint* to complain about, claim.

re.cli.na.do [r̄eklin'adu] *adj* reclining, recumbent, reclined.

re.cli.nar [r̄eklin'ar] *vt+vpr* 1 to lean back, recline. 2 to lean against. 3 **reclinar-se** a) to rest, repose. b) to lie down, recline.

re.clu.são [r̄ekluz'ãw] *sf* (*pl* **reclusões**) 1 reclusion, confinement.

re.clu.so [r̄ekl'uzu] *adj* recluse, secluded, cloistered.

re.co.brar [r̄ekobr'ar] *vt* 1 to reacquire. 2 to recover. 3 to retrieve, retake. **recobrar os sentidos** to recover consciousness.

re.co.brir [r̄ekobr'ir] *vt* to recover.

re.co.lher [r̄ekoʎ'er] *vt+vint+vpr* 1 to guard, safeguard. 2 to collect. 3 **recolher-se** a) to take shelter. b) to retire, go to bed. c) to lie down. d) to withdraw from social life.

re.co.lhi.men.to [r̄ekoʎim'ẽtu] *sm* 1 retirement, withdrawal, retreat. 2 gathering, collection.

re.co.lo.car [r̄ekolok'ar] *vt* to put back, restore.

re.com.bi.nar [r̄ekõbin'ar] *vt* to rearrange.

re.co.me.çar [r̄ekomes'ar] *vt+vint* 1 to begin again. 2 to renew. 3 *Com* reopen.

re.co.me.ço [r̄ekom'esu] *sm* restart, reopening (school, business enterprise etc.).

re.co.men.da.ção [r̄ekomẽdas'ãw] *sf* (*pl* **recomendações**) 1 recommendation. 2 advice. 3 **recomendações** regards. **carta de recomendação** letter of recommendation.

re.co.men.da.do [r̄ekomẽd'adu] *adj* 1 recommended. 2 advised.

re.co.men.dar [r̄ekomẽd'ar] *vt* 1 to recommend. 2 to commend, praise. 3 to suggest.

re.co.men.dá.vel [r̄ekomẽd'avew] *adj* (*pl* **recomendáveis**) recommendable, advisable, commendable.

re.com.pen.sa [r̄ekõp'ẽsə] *sf* 1 reward. 2 prize, premium. 3 pay, remuneration, gratification. **não há recompensa sem esforço** no cross, no crown.

re.com.pen.sa.dor [r̄ekõpẽsad'or] *sm* rewarder. • *adj* rewarding.

re.com.pen.sar [r̄ekõpẽs'ar] *vt* 1 to retribute. 2 to reward. 3 to compensate, make up for.

re.com.por [r̄ekõp'or] *vt* to recompose.

re.côn.ca.vo [r̄ek'õkavu] *sm* fold.

re.con.cei.tu.ar [r̄ekõsejtu'ar] *vt* to reconceptualize.

re.con.ci.li.a.ção [r̄ekõsiljas'ãw] *sf* (*pl* **reconciliações**) reconciliation.

re.con.ci.li.ar [r̄ekõsili'ar] *vt+vpr* 1 to reconcile, conciliate. 2 to establish peace (among, between), restore friendship. 3 **reconciliar-se** to make up with.

re.côn.di.to [r̄ek'õditu] *adj* recondite, hidden, concealed.

re.con.for.tan.te [r̄ekõfort'ãti] *adj m+f* comforting, refreshing.

re.con.for.tar [r̄ekõfort'ar] *vt* 1 to comfort. 2 to refresh.

re.con.for.to [r̄ekõf'ortu] *sm* comfort, uplifting.

re.co.nhe.cer [r̄ekoñes'er] *vt+vpr* 1 to recognize. 2 to acknowledge, admit. 3 to be grateful, express thanks. 4 **reconhecer-se** to make a confession, declare oneself. *ele reconheceu-se culpado* / he declared himself guilty.

re.co.nhe.ci.da.men.te [r̄ekoñesidam'ẽti] *adv* admittedly.

re.co.nhe.ci.do [r̄ekoñes'idu] *adj* 1 thankful, grateful. 2 known.

re.co.nhe.ci.men.to [r̄ekoñesim'ẽtu] *sm* 1 recognition. 2 acknowledgement, admission. 3 gratitude, thankfulness. **em reconhecimento a** in recognition of. **manifestar o seu reconhecimento** to testify one's gratitude.

re.co.nhe.cí.vel [r̄ekoñes'ivew] *adj m+f* (*pl* **reconhecíveis**) 1 recognizable. 2 acknowledgeable. 3 distinguishable, identifiable.

re.con.quis.tar [r̄ekõkist'ar] *vt* 1 to reconquer. 2 to regain.

re.con.si.de.rar [r̄ekõsider'ar] *vt+vint* 1 to reconsider. 2 to give a second thought.

re.cons.ti.tu.ir [r̄ekõstitu'ir] *vt* 1 to reconstitute. 2 to recompose, restore. 3 to rebuild.

re.cons.tru.ção [r̄ekõstrus'ãw] *sf* (*pl* **reconstruções**) reconstruction, rebuilding.

re.cons.tru.ir [r̄ekõstru'ir] *vt+vint* 1 to reconstruct, rebuild. 2 to reorganize.

re.con.ta.gem [r̄ekõt'aʒẽj] *sf* recount.

re.con.tar [r̄ekõt'ar] *vt* to count again, recount.

re.cor.da.ção [r̄ekordas'ãw] *sf* (*pl* **recordações**) 1 remembrance, recollection. 2 memory. 3 token, *souvenir*.

re.cor.dar [r̄ekord'ar] *vt+vpr* 1 to remember, recall. 2 to recollect. 3 **recordar-se** to remember, recollect.

re.cor.de [r̄ek'ordi] *sm* record. **quebrar o recorde** to break or beat the record.

re.cor.dis.ta [r̄ekord'istə] *s m+f* record holder, record breaker.

re.cor.ren.te [r̄ekor̄'ẽti] *s m+f Jur* appellant. • *adj m+f* recurring.

re.cor.rer [r̄ekor̄'er] *vt* 1 to run over, go through again. 2 to appeal. 3 to resort to, refer to.

re.cor.tar [r̄ekort'ar] *vt* to cut out.

re.cor.te [r̄ek'orti] *sm* 1 act or fact of cutting. 2 clipping (de jornal, revista).

re.cos.tar [r̄ekost'ar] *vt* 1 to recline, lean back. 2 to incline, bend. 3 to lean against.

re.cos.to [r̄ek'ostu] *sm* 1 back of a chair or sofa. 2 any object fit to lean upon, pillow, cushion.

re.cre.a.ção [r̄ekreas'ãw] *sf* (*pl* **recreações**) 1 recreation, amusement. 2 pastime. 3 enjoyment.

re.cre.ar [r̄ekre'ar] *vt* 1 to amuse. 2 to rest, relax. 3 to entertain. 4 to play.

re.cre.a.ti.va.men.te [r̄ekreativam'ẽti] *adv* recreationally.

re.cre.a.ti.vo [r̄ekreat'ivu] *adj* 1 recreational, refreshing. 2 amusing.

re.crei.o [r̄ekr'eju] *sm* 1 recreation, entertainment. 2 break, break time.

re.cri.mi.na.ção [r̄ekriminas'ãw] *sf* (*pl* **recriminações**) recrimination.

re.cri.mi.nar [r̄ekrimin'ar] *vt* 1 to recriminate. 2 to censure, reprimand.

re.cri.mi.na.tó.rio [r̄ekriminat'ɔrju] *adj* recriminatory, recriminating.

re.cru.des.cer [r̄ekrudes'er] *vint* 1 to recrudesce. 2 to increase.

re.cru.des.ci.men.to [r̄ekrudesim'ẽtu] *sm* 1 recrudescence, recrudescency. 2 intensification. 3 increase.

re.cru.ta [r̄ekr'utə] *sm Mil* recruit.

re.cru.ta.men.to [r̄ekrutam'ẽtu] *sm Mil* recruitment, recruiting.

re.cru.tar [r̄ekrut'ar] *vt* 1 *Mil* to recruit. 2 to enlist.

re.cu.a.do [r̄eku'adu] *adj* 1 distant, far off. 2 backward.

re.cu.ar [r̄eku'ar] *vt+vint* 1 to draw back. 2 to back, move backward, retreat.

re.cu.o [r̄ek'wu] *sm* 1 retrocession. 2 recoiling, recolt. 3 recession. 4 retreat, retirement. 5 setback.

re.cu.pe.ra.ção [r̄ekuperas'ãw] *sf* 1 recuperation, recovery. 2 reconquest. 3 retrieval, regaining.

re.cu.pe.ra.do [r̄ekuper'adu] *adj* 1 recuperated, recovered. 2 reclaimed.

re.cu.pe.rar [r̄ekuper'ar] *vt* 1 to recuperate, recover, fetch up. 2 to recover (from illness, fatigue), pick up. **recuperar a saúde** to get well. **recuperar o tempo perdido** to make up for lost time.

re.cu.pe.rá.vel [r̄ekuper'avew] *adj m+f* (*pl* **recuperáveis**) 1 recuperable, recoverable. 2 reclaimable. 3 retrievable.

R

re.cur.so [r̄ek'ursu] *sm* **1** resource. **2** *Jur* appeal (to a superior court). **3** resort. **4** **recursos** wealth, possessions. **em último recurso** as a last resort. **recursos naturais** natural resources. **ter recursos** to be well off.

re.cur.va.do [r̄ekurv'adu] *adj* **1** curved, bent. **2** arched.

re.cur.var [r̄ekurv'ar] *vt+vpr* **1** to curve again, recurve. **2** to curve back, bend over. **3 recurvar-se** to bow.

re.cu.sa [r̄ek'uzɐ] *sf* denial, refusal, rebuff.

re.cu.sa.do [r̄ekuz'adu] *adj* refused, rejected.

re.cu.sar [r̄ekuz'ar] *vt+vpr* **1** to refuse, deny. **2** to reject, decline. **3 recusar-se** to refuse obedience, resist, rebel against.

re.cu.sá.vel [r̄ekuz'avew] *adj m+f* (*pl* **recusáveis**) refusable, rejectable.

re.da.ção [r̄edas'ãw] *sf* (*pl* **redações**) **1** composition. **2** style of writing. **3** editorial staff.

re.da.tor [r̄edat'or] *sm* **1** editor. **2** writer, journalist. **3 redatores** editorial staff.

re.de [r̄'edi] *sf* **1** net. **2** network. **3** web. **4** system (gas system, electric distribution system etc.) **5** hammock. **rede de computadores** computer network **rede de esgotos.** sewerage system. **rede ferroviária** railway network. **rede rodoviária** highway system. **rede telefônica, telegráfica** telephone, telegraphic network.

ré.dea [r̄'edjɐ] *sf* **1** rein, bridle. **2** *fig* direction, control. **à rédea solta** at full speed, at full gallop.

re.de.fi.nir [r̄edefin'ir] *vt* to redefine.

re.de.mo.cra.ti.za.ção [r̄edemokratizas'ãw] *sf* redemocratization.

re.de.mo.i.nho [r̄edemo'iɲu] *sm* **1** whirl, swirl. **2** whirlwind.

re.den.ção [r̄edẽs'ãw] *sf* (*pl* **redenções**) **1** redemption. **2** redeeming.

re.den.tor [r̄edẽt'or] *sm* **1** redeemer, saviour. **2** *Rel* the Redeemer, Jesus Christ. • *adj* redeeming.

re.di.gir [r̄ediʒ'ir] *vt* to write, write down.

re.dil [r̄ed'iw] *sm* **1** corral. **2** sheep-pen or fold. **3** *fig* flock, congregation.

re.di.mir [r̄edim'ir] *vt+vpr* **1** to redeem. **2** **redimir-se** to redeem oneself.

re.dis.tri.bu.i.ção [r̄edistribujs'ãw] *sf* redistribution.

re.dis.tri.bu.ir [r̄edistribu'ir] *vt* to redistribute.

re.do.bra.do [r̄edobr'adu] *adj* **1** reduplicate. **2** folded again. **3** redoubled.

re.do.brar [r̄edobr'ar] *vt* **1** to redouble, reduplicate. **2** to increase considerably.

re.do.ma [r̄ed'omɐ] *sf* glass shade, bell jar.

re.don.da.men.te [r̄edõdɐm'ẽti] *adv* **1** chubbily. **2** absolutely, flat, flatly.

re.don.de.za [r̄edõd'ezɐ] *sf* surroundings.

re.don.do [r̄ed'õdu] *adj* **1** round, circular. **2** *fig* fat, chubby.

re.dor [r̄ed'or] *sm* **1** circle, circuit. **2** contour, outline. **3** surroundings. **ao redor, de redor, em redor** round, all round, all about, around, about.

re.du.ção [r̄edus'ãw] *sf* (*pl* **reduções**) **1** reduction. **2** abbreviation. **3** *Com* deduction, cut, cutting (prices). **redução de salário** cut in pay.

re.dun.dân.cia [r̄edũd'ãsjɐ] *sf* redundance.

re.dun.dan.te [r̄edũd'ãti] *adj m+f* redundant.

re.dun.dar [r̄edũd'ar] *vint* **1** to overflow, run over. **2** to be redundant. **3** to result from. **4** to redound to.

re.du.pli.car [r̄eduplik'ar] *vt* to reduplicate.

re.du.tí.vel [r̄edut'ivew] *adj m+f* (*pl* **redutíveis**) **1** reducible. **2** *Mat* divisible (said of a fraction).

re.du.to [r̄ed'utu] *sm* **1** redoubt, outwork. **2** a place where very specific groups of people meet.

re.du.zi.do [r̄eduz'idu] *adj* reduced, diminished, cut.

re.du.zir [r̄eduz'ir] *vt+vpr* **1** to reduce. **2** **reduzir-se** a) to limit or confine oneself to. b) to come to. **reduzir a pó** to grind down to powder, crumble into dust. **reduzir à pobreza** to reduce to poverty.

re.du.zí.vel [r̄eduz'ivew] *adj m+f* (*pl* **reduzíveis**) reducible, diminishable.

re.e.di.ção [r̄eedis'ãw] *sf* (*pl* **reedições**) re-edition, new edition.

re.e.le.ger [r̄eeleʒ'er] *vt* to re-elect.

re.e.lei.ção [r̄eelejs'ãw] *sf* (*pl* **reeleições**) re-election.

re.em.bol.sar [r̄eẽbows'ar] *vt* to reimburse.

re.em.bol.sá.vel [r̃eẽbows'avew] *adj m+f* (*pl* **reembolsáveis**) reimbursable, refundable.

re.em.bol.so [r̃eẽb'owsu] *sm* reimbursement, refund.

re.en.car.na.ção [r̃eẽkarnas'ãw] *sf* (*pl* **reencarnações**) reincarnation.

re.en.car.nar [r̃eẽkarn'ar] *vint* to reincarnate.

re.en.con.trar [r̃eẽkõtr'ar] *vt* to meet or find again.

re.en.con.tro [r̃eẽk'õtru] *sm* a reunion.

re.fa.zer [r̃efaz'er] *vt+vpr* **1** to make once more. **2** to redo. **3 refazer-se** to recover one's forces, gather strength.

re.fei.ção [r̃efejs'ãw] *sf* (*pl* **refeições**) meal.

re.fei.tó.rio [r̃efejt'ɔrju] *sm* refectory, dining-hall, canteen.

re.fém [r̃ef'ẽj] *sm* (*pl* **reféns**) hostage.

re.fe.rên.cia [r̃efer'ẽsjə] *sf* reference. **com referência a** regarding to, with reference to. **fazer referência a** to make reference to.

re.fe.ren.do [r̃efer'ẽdu] *sm* referendum.

re.fe.ren.te [r̃efer'ẽti] *adj m+f* **1** referring to, relating to. **2** relative, regarding.

re.fe.ri.do [r̃efer'idu] *adj* **1** above-mentioned. **2** reported. **3** cited, quoted.

re.fe.rir [r̃efer'ir] *vt+vpr* **1** to refer. **2 referir-se** to refer (to).

re.fil [r̃ef'iw] *sm* refill.

re.fil.ma.gem [r̃efiwm'aʒẽj] *sf* **1** re-filming, re-shooting. **2** remake.

re.fi.na.da.men.te [r̃efinadam'ẽti] *adv* refinedly.

re.fi.na.do [r̃efin'adu] *adj* **1** purified, pure. **2** refined, subtle. **3** polished, cultured. **4** nice, polite, fine. **açúcar refinado** refined sugar.

re.fi.na.men.to [r̃efinam'ẽtu] *sm* refinement.

re.fi.nan.ci.a.men.to [r̃efinãsjam'ẽtu] *sm Econ* refinancing.

re.fi.nan.ci.ar [r̃efinãsi'ar] *vt Econ* to refinance.

re.fi.nar [r̃efin'ar] *vt+vpr* **1** to refine, purify. **2** to civilize. **3 refinar-se** a) to become pure, purer or more refined. b) to improve or perfect oneself.

re.fi.na.ri.a [r̃efinar'iə] *sf* refinery.

re.fle.ti.do [r̃eflet'idu] *adj* **1** reflected, cautious. **2** sensible, thoughtful. **3** reflected.

re.fle.tir [r̃eflet'ir] *vt+vpr* **1** to reflect. **2 refletir-se** a) to be shown, mirrored. b) to become manifest.

re.fle.tor [r̃eflet'or] *sm* reflector, headlight.

re.fle.xão [r̃efleks'ãw] *sf* (*pl* **reflexões**) reflection, reflexion.

re.fle.xi.vo [r̃efleks'ivu] *adj* reflexive, reflective.

re.fle.xo [r̃efl'ɛksu] *sm* reflex, reflection. • *adj* reflex. **reflexos** (**cabelos**) highlights.

re.flo.res.ta.men.to [r̃eflorestam'ẽtu] *sm* reforestation.

re.flu.xo [r̃efl'uksu] *sm* **1** act of flowing back, reflow. **2** ebb. **fluxo e refluxo** flow and ebb, high tide and ebbing.

re.fo.gar [r̃efog'ar] *vt* to stew, boil slowly, simmer.

re.for.ça.do [r̃efors'adu] *adj* reinforced, strengthened.

re.for.çar [r̃efors'ar] *vt+vpr* **1** to reinforce. **2 reforçar-se** a) to become stronger. b) to acquire more strength or vigour.

re.for.ço [r̃ef'orsu] *sm* **1** reinforcement. **2** help.

re.for.ma [r̃ef'ɔrmə] *sf* **1** reform, reformation. **2** renovation. **3** *Rel* Reformation. **4** amendment. **reforma agrária** agrarian reform, land reform.

re.for.ma.do [r̃eform'adu] *adj* reformed, retired.

re.for.mar [r̃eform'ar] *vt+vpr* **1** to reform. **2** to give a new or better form, improve. **3** to remodel, make over. **4 reformar-se** to regenerate oneself.

re.for.ma.tó.rio [r̃eformat'ɔrju] *sm* house of correction, reformatory. • *adj* reformatory.

re.frão [r̃efr'ãw] *sm* (*pl* **refrãos, refrães**) **1** refrain. **2** adage, saying.

re.fra.tá.rio [r̃efrat'arju] *sm* **1** refractory or intractable person. **2** *Mil* deserter. • *adj* refractory.

re.fre.ar [r̃efre'ar] *vt+vpr* **1** to refrain. **2 refrear-se** to restrain oneself.

re.fres.can.te [r̃efresk'ãti] *adj m+f* refreshing.

re.fres.car [r̃efresk'ar] *vt+vpr* **1** to refresh. **2** to cool. **3 refrescar-se** freshen up. **refrescar a memória** to refresh one's memory.

re.fres.co [r̃efr'esku] *sm* refreshment.

re.fri.ge.ra.dor [r̄efriʒerad'or] *sm* refrigerator, fridge.

re.fri.ge.ran.te [r̄efriʒer'ãti] *sm* soft drink.

re.fri.ge.rar [r̄efriʒer'ar] *vt* to refresh, cool.

re.fu.gi.a.do [r̄efuʒi'adu] *sm* refugee. • *adj* fugitive.

re.fu.gi.ar [r̄efuʒi'ar] *vpr* to take refuge, seek shelter.

re.fú.gio [r̄ef'uʒju] *sm* 1 refuge. 2 shelter, asylum.

re.fu.go [r̄ef'ugu] *sm* 1 refuse, rejection. 2 garbage.

re.fu.ta.ção [r̄efutas'ãw] *sf* (*pl* refutações) 1 refutation. 2 disproval.

re.fu.tar [r̄efut'ar] *vt* to refute.

re.ga.dor [r̄egad'or] *sm* watering can or pot.

re.ga.li.a [r̄egal'iǝ] *sf* 1 privilege. 2 prerogative.

re.ga.lo [r̄eg'alu] *sm* 1 pleasure, delight. 2 gift.

re.gar [r̄eg'ar] *vt* to water.

re.ga.ta [r̄eg'atǝ] *sf Esp* regatta.

re.ga.te.ar [r̄egate'ar] *vt* to haggle over the price, bargain.

re.ga.tei.o [r̄egat'eju] *sm* bargaining.

re.ge.ne.rar [r̄eʒener'ar] *vt+vpr* 1 to regenerate. 2 regenerar-se a) to gather new strength, revive. b) to mend one's ways.

re.gen.te [r̄eʒ'ẽti] *s m+f* 1 regent, ruler. 2 *Mús* conductor. • *adj m+f* regent.

re.ger [r̄eʒ'er] *vt* 1 to rule. 2 to manage. 3 *Mús* to conduct.

re.gi.ão [r̄eʒi'ãw] *sf* (*pl* regiões) region, zone, section.

re.gi.me [r̄eʒ'imi] *sm* 1 regime. 2 *Med* diet.

re.gi.men.to [r̄eʒim'ẽtu] *sm* 1 rule. 2 *Mil* regiment. regimento interno internal rules (as of a club).

re.gi.o.nal [r̄eʒjon'aw] *adj m+f* (*pl* regionais) regional.

re.gis.tra.do [r̄eʒistr'adu] *adj* registered, recorded. marca registrada trademark.

re.gis.trar [r̄eʒistr'ar] *vt* 1 to register. 2 to record. registrar uma carta to register a letter.

re.gis.tro [r̄eʒ'istru] *sm* 1 register, record. 2 registration. 3 catalogue, index. ficha de registro entry form. registro de nascimento birth certificate.

re.go.zi.jar [r̄egoziʒ'ar] *vt+vpr* 1 to rejoice,

cheer. 2 to delight. 3 regozijar-se to take delight in, be pleased with.

re.gra [r̄'ɛgrǝ] *sf* rule. em regra as a rule. estabelecer uma regra to lay down a rule.

re.gras [r̄'ɛgras] *sf pl* period, menstruation.

re.gra.va.ção [r̄egravas'ãw] *sf* rerecording.

re.gra.var [r̄egrav'ar] *vt* to rerecord.

re.gre.dir [r̄egred'ir] *vint* to recede, withdraw.

re.gres.são [r̄egres'ãw] *sf* (*pl* regressões) 1 regression. 2 retrocession.

re.gres.sar [r̄egres'ar] *vt* 1 to return, go back. 2 to come back.

re.gres.so [r̄egr'ɛsu] *sm* return.

ré.gua [r̄'ɛgwǝ] *sf* ruler.

re.gu.la.men.tar¹ [r̄egulamẽt'ar] *adj m+f* of, referring to or relative to regulation(s).

re.gu.la.men.tar² [r̄egulamẽt'ar] *vt* 1 to regulate. 2 to arrange, settle.

re.gu.la.men.to [r̄egulam'ẽtu] *sm* regulation, rule.

re.gu.lar¹ [r̄egul'ar] *adj m+f* regular, constant, orderly.

re.gu.lar² [r̄egul'ar] *vt* to regulate, control, rule.

re.gu.la.ri.da.de [r̄egularid'adi] *sf* regularity.

re.gu.la.ri.zar [r̄egulariz'ar] *vt* to regularize, square, straighten out.

re.gu.lar.men.te [r̄egularm'ẽti] *adv* regularly.

re.gur.gi.tar [r̄egurʒit'ar] *vt* 1 to regurgitate. 2 to vomit.

rei [r̄'ej] *sm* king. os Reis Magos the Three Wise Men. ter o rei na barriga to be proud and snobbish.

re.im.pres.são [r̄eĩpres'ãw] *sf* (*pl* reimpressões) 1 reprint, reimpression. 2 new impression.

re.im.pri.mir [r̄eĩprim'ir] *vt* to reprint.

rei.na.do [r̄ejn'adu] *sm* reign.

rei.nar [r̄ejn'ar] *vint* to reign, rule, govern.

re.in.ci.dên.cia [r̄eĩsid'ẽsjǝ] *sf* 1 reincidence. 2 relapse.

re.in.ci.den.te [r̄eĩsid'ẽti] *adj m+f* relapsing, backsliding.

re.in.ci.dir [r̄eĩsid'ir] *vt* to relapse.

re.i.ni.ci.ar [r̄ejnisi'ar] *vt* to begin or initiate again.

re.i.ní.cio [r̄ejn'isju] *sm* new start, new beginning.

rei.no [r̄'ejnu] *sm* 1 kingdom. 2 realm. **o reino de Deus** the kingdom of God. **reino animal** animal kingdom. **reino das fadas** fairy land.

re.in.te.grar [r̄eĩtegr'ar] *vt+vpr* 1 to reintegrate. 2 **reintegrar-se** to settle or establish oneself again, become reintegrated.

rei.te.rar [r̄ejter'ar] *vt* to reiterate, repeat.

rei.tor [r̄ejt'or] *sm* 1 president. 2 rector, dean.

rei.to.ra [r̄ejt'orə] *sf* 1 president. 2 rectoress.

rei.vin.di.ca.ção [r̄ejvĩdikas'ãw] *sf* (*pl* **reivindicações**) demand (for rights, compensation or return of property).

rei.vin.di.car [r̄ejvĩdik'ar] *vt* to demand.

re.jei.ção [r̄eʒejs'ãw] *sf* (*pl* **rejeições**) rejection, refusal.

re.jei.ta.do [r̄eʒejt'adu] *adj* 1 castoff, castaway. 2 rejected.

re.jei.tar [r̄eʒejt'ar] *vt* to reject.

re.ju.ve.nes.cer [r̄eʒuvenes'er] *vt+vpr* 1 to rejuvenate. 2 **rejuvenescer-se** to become youthful again.

re.la.ção [r̄elas'ãw] *sf* (*pl* **relações**) 1 relationship. 2 connection. **com relação a** with regard to. **em relação a** respecting, in respect to. **manter relações** to visit. **relações comerciais** business connections. **relações exteriores** foreign affairs. **relações sexuais** intercourse. **ter boas (más) relações com** to be on good (bad) terms with.

re.la.ci.o.na.do [r̄elasjon'adu] *adj* related, connected.

re.la.ci.o.na.men.to [r̄elasjonam'ẽtu] *sm* relationship, relation.

re.la.ci.o.nar [r̄elasjon'ar] *vt+vpr* 1 to relate. 2 **relacionar-se** to link, connect.

re.la.ções-pú.bli.cas [r̄elasõisp'ublikas] *s m+f pl* public relations.

re.lâm.pa.go [r̄el'ãpagu] *sm* lightning.

re.lan.ça.men.to [r̄elãsam'ẽtu] *sm* relaunching.

re.lan.çar [r̄elãs'ar] *vt* to relaunch.

re.lan.ce [r̄el'ãsi] *sm* glance, glimpse, peep. **de relance** a) by chance. b) at a glance.

re.lap.so [r̄el'apsu] *adj* relapsing, backsliding.

re.lar [r̄el'ar] *vt* 1 to grate, scrape. 2 *bras* to touch lightly.

re.la.tar [r̄elat'ar] *vt* 1 to tell, narrate. 2 to report.

re.la.ti.va.men.te [r̄elativam'ẽti] *adv* relatively.

re.la.ti.vi.da.de [r̄elativid'adi] *sf* relativity.

re.la.ti.vo [r̄elat'ivu] *adj* 1 relative. 2 concerning, referring.

re.la.to [r̄el'atu] *sm* report, account.

re.la.tor [r̄elat'or] *sm* reporter, narrator.

re.la.tó.rio [r̄elat'ɔrju] *sm* 1 report. 2 account.

re.la.xa.do [r̄elaʃ'adu] *sm* slouch, lout. • *adj* 1 loose, slack. 2 relaxed. 3 careless, sloppy. 4 lazy.

re.la.xa.men.to [r̄elaʃam'ẽtu] *sm* relaxation.

re.la.xan.te [r̄elaʃ'ãti] *adj m+f* relaxing.

re.la.xar [r̄elaʃ'ar] *vt* to relax.

re.la.xo [r̄el'aʃu] *sm bras* sloppiness, negligence.

re.le.gar [r̄eleg'ar] *vt* to relegate, banish.

re.lem.brar [r̄elẽbr'ar] *vt* 1 to remember again. 2 to call to mind, recollect.

re.len.to [r̄el'ẽtu] *sm* dew, moisture. **dormir ao relento** to sleep in the open air.

re.le.vân.cia [r̄elev'ãsjə] *sf* importance.

re.le.van.te [r̄elev'ãti] *adj m+f* important, relevant.

re.le.var [r̄elev'ar] *vt* to excuse, forgive.

re.le.vo [r̄el'evu] *sm* 1 relief. 2 importance. **alto relevo** high relief. **em relevo** in relief.

re.li.cá.rio [r̄elik'arju] *sm* 1 shrine. 2 something precious.

re.li.gi.ão [r̄eliʒi'ãw] *sf* (*pl* **religiões**) religion.

re.li.gi.o.sa.men.te [r̄eliʒjɔzam'ẽti] *adv* religiously.

re.li.gi.o.so [r̄eliʒi'ozu] *sm* 1 monk. 2 religious person. • *adj* 1 religious. 2 pious, devout. **casa religiosa** monastery, convent.

re.lin.char [r̄eliʃ'ar] *vint* to neigh.

re.lí.quia [r̄el'ikjə] *sf* relic.

re.ló.gio [r̄el'ɔʒju] *sm* 1 clock. 2 watch (de pulso). 3 meter. **acertar um relógio** to set a clock or watch. **ponteiro de relógio** hand of a clock, watch hand.

re.lo.jo.a.ri.a [r̄eloʒoar'iə] *sf* 1 the art of watchmaking. 2 a watchmaker's shop.

R

re.lo.jo.ei.ro [r̄eloʒoˈejru] *sm* watchmaker.

re.lu.tan.te [r̄elutˈãti] *adj m+f* reluctant, unwilling.

re.lu.zir [r̄eluzˈir] *vint* **1** to shine brightly. **2** to sparkle, glitter. *nem tudo que reluz é ouro* / all that glitters is not gold.

rel.va [r̄ˈɛwvə] *sf* **1** grass. **2** lawn.

re.ma.ne.ja.men.to [r̄emaneʒamˈẽtu] *sm* **1** rehandling. **2** transfer. **3** redistribution.

re.ma.ne.jar [r̄emaneʒˈar] *vt* **1** to rehandle. **2** to transfer. **3** to redistribute.

re.ma.nes.cen.te [r̄emanesˈẽti] *s m+f* **1** remainder. **2** remnant. • *adj m+f* remaining.

re.mar [r̄emˈar] *vt* to row.

re.mar.ca.ção [r̄emarkasˈãw] *sf* (*pl* **remarcações**) **1** relabelling. **2** *Com* price reduction.

re.mar.car [r̄emarkˈar] *vt Com* to reduce the price.

re.ma.tar [r̄ematˈar] *vt* to finish.

re.ma.te [r̄emˈati] *sm* **1** end. **2** finish, finishing. **3** border.

re.me.di.ar [r̄emediˈar] *vt* to remedy.

re.mé.dio [r̄emˈɛdju] *sm* **1** remedy, medicine. **2** cure.

re.me.mo.rar [r̄ememorˈar] *vt* to remember, recollect.

re.men.dar [r̄emẽdˈar] *vt* **1** to patch, mend. **2** to redistribute.

re.men.do [r̄emˈẽdu] *sm* patch.

re.mes.sa [r̄emˈɛsə] *sf* **1** remittance, remitting. **2** shipment. **3** dispatch.

re.me.ten.te [r̄emetˈẽti] *s m+f* sender. • *adj* sending.

re.me.ter [r̄emetˈer] *vt* **1** to remit, send. **2** to forward, ship.

re.me.xer [r̄emeʃˈer] *vt* **1** to stir or mix again. **2** to rummage. **3** to move, shake, rake.

re.mi.nis.cên.cia [r̄eminisˈẽsjə] *sf* **1** reminiscence. **2** recollection.

re.mo [r̄ˈemu] *sm* **1** oar, paddle. **2** rowing.

re.mo.çar [r̄emosˈar] *vt* to rejuvenate.

re.mo.de.lar [r̄emodelˈar] *vt* to model again, remodel.

re.mo.er [r̄emoˈer] *vt+vpr* **1** to grind slowly and thoroughly. **2** to chew the cud, ruminate. **3** to annoy, disturb. **4 remoer-se** a) to be worried about. b) to grow furious or angry.

re.mo.i.nho [r̄emoˈiɲu] *sm* **1** whirlpool. **2** whirlwind.

re.mon.tar [r̄emõtˈar] *vt* to date back.

re.mor.so [r̄emˈɔrsu] *sm* remorse.

re.mo.to [r̄emˈɔtu] *adj* **1** distant, remote. **2** long ago, ancient.

re.mo.ve.dor [r̄emovedˈor] *sm bras* solvent, cleaning fluid.

re.mo.ver [r̄emovˈer] *vt* to remove.

re.mu.ne.ra.ção [r̄emunerasˈãw] *sf* (*pl* **remunerações**) salary, wage.

re.mu.ne.rar [r̄emunerˈar] *vt* **1** to remunerate. **2** to pay salary or wage.

re.nas.cen.ça [r̄enasˈẽsə] *sf* **1** renascence. **2** renewal, revival. **3** Renaissance.

re.nas.cer [r̄enasˈer] *vint* **1** to be born again. **2** to revive.

re.nas.ci.men.to [r̄enasimˈẽtu] *sm* **1** renascence. **2** revival. **3** renewal. **4** Renaissance.

ren.da[^1] [r̄ˈẽdə] *sf* lace.

ren.da[^2] [r̄ˈẽdə] *sf* revenue, income. **renda bruta** gross income. **renda líquida** net income. **viver de renda** to live upon one's revenues.

ren.da.do [r̄ẽdˈadu] *sm* lacework, lace-trimmings. • *adj* lace-trimmed.

ren.der [r̄ẽdˈer] *vt+vpr* **1** to earn (juros). **2** to surrender. **3** to produce as profit, pay, produce income. **4** to pay off. **5** to yield. **6** to go a long way. **7 render-se** to surrender, give oneself up. **render homenagem** to pay homage.

ren.di.ção [r̄ẽdisˈãw] *sf* (*pl* **rendições**) surrender.

ren.di.men.to [r̄ẽdimˈẽtu] *sm* **1** revenue, income. **2** performance.

ren.do.so [r̄ẽdˈozu] *adj* profitable, lucrative.

re.ne.go.ci.ar [r̄enegosiˈar] *vt* to renegotiate.

re.no.ma.do [r̄enomˈadu] *adj* renowned, famous.

re.no.me [r̄enˈomi] *sm* **1** reputation. **2** fame. **3** prestige. **de renome** well-known.

re.no.va.ção [r̄enovasˈãw] *sf* (*pl* **renovações**) renovation, renewal, revival.

re.no.va.dor [r̄enovadˈor] *sm* renewer. • *adj* renovating.

re.no.var [r̄enovˈar] *vt+vpr* **1** to renovate, renew. **2** to improve. **3 renovar-se** a) to rejuvenate or regenerate oneself. b) to grow strong again. c) to reappear, appear again. d) to be repeated.

ren.ta.bi.li.da.de [r̄etabilid'adi] *sf* profitability.

ren.tá.vel [r̄et'avew] *adj m+f* profitable.

ren.te [r̄'ẽti] *adj m+f* **1** close by, near. **2** close-cut. • *adv* closely, even with, on a level with. **cortar rente** to cut close. **rente ao chão** close to the ground.

re.nún.cia [r̄en'ũsjə] *sf* **1** renunciation. **2** resignation.

re.nun.ci.ar [r̄enũsi'ar] *vt* to renounce, resign.

re.o.cu.par [r̄eokup'ar] *vt* to reoccupy.

re.or.ga.ni.zar [r̄eorganiz'ar] *vt* to reorganize.

re.pa.rar [r̄epar'ar] *vt* **1** to repair, mend, fix. **2** to notice, see, observe.

re.pa.ro [r̄ep'aru] *sm* **1** repair, repairing, mending. **2** restoration. **3** remark.

re.par.ti.ção [r̄epartis'ãw] *sf* (*pl* **repartições**) department.

re.par.ti.do [r̄epart'idu] *adj* parted, divided, shared. **cabelo repartido** parted hair.

re.par.tir [r̄epart'ir] *vt* **1** to split. **2** to distribute. **3** to share.

re.pe.len.te [r̄epel'ẽti] *adj m+f* repellent, repugnant.

re.pe.lir [r̄epel'ir] *vt* to repel.

re.pen.sar [r̄epẽs'ar] *vt+vint* to rethink, ponder, reconsider.

re.pen.te [r̄ep'ẽti] *sm* outburst. **de repente** suddenly, all of a sudden.

re.pen.ti.na.men.te [r̄epẽtinam'ẽti] *adv* suddenly.

re.pen.ti.no [r̄epẽt'inu] *adj* sudden.

re.per.cus.são [r̄eperkus'ãw] *sf* (*pl* **repercussões**) repercussion.

re.per.cu.tir [r̄eperkut'ir] *vt* **1** to reverberate. **2** to spread.

re.per.tó.rio [r̄epert'ɔrju] *sm* repertoire.

re.pe.te.co [r̄epet'ɛku] *sm bras, gír* repetition.

re.pe.ten.te [r̄epet'ẽti] *s m+f Educ* repeater: student who frequents a class a second time. • *adj m+f* repeating.

re.pe.ti.ção [r̄epetis'ãw] *sf* (*pl* **repetições**) repetition.

re.pe.ti.da.men.te [r̄epetidam'ẽti] *adv* repeatedly.

re.pe.ti.do [r̄epet'idu] *adj* repeated.

re.pe.tir [r̄epet'ir] *vt+vint+vpr* **1** to repeat. **2** *Educ* to frequent a course a second time. **3** to have another helping (comida). **4 repetir-se** to happen again.

re.pe.ti.ti.vo [r̄epetit'ivu] *adj* repetitive.

re.pla.ne.ja.men.to [r̄eplaneʒam'ẽtu] *sm* replanning.

re.pla.ne.jar [r̄eplaneʒ'ar] *vt+vint* to replan.

re.ple.to [r̄epl'ɛtu] *adj* **1** replete. **2** very full, filled up.

re.pli.car [r̄eplik'ar] *vt+vint* **1** to answer, reply. **2** to retort.

re.po.lho [r̄ep'oλu] *sm Bot* cabbage. **repolho chinês** Chinese cabbage. **repolho roxo** red cabbage.

re.por [r̄ep'or] *vt* to replace, put back.

re.por.ta.gem [r̄eport'aʒẽj] *sf* (*pl* **reportagens**) **1** newspaper report. **2** article. **3** documentary.

re.pór.ter [r̄ep'ɔrter] *s m+f* (*pl* **repórteres**) reporter.

re.pou.sar [r̄epowz'ar] *vt+vint* **1** to rest, repose. **2** to lie.

re.pou.so [r̄ep'owzu] *sm* **1** rest. **2** sleep. **3.** peace.

re.pre.en.der [r̄epreẽd'er] *vt* to reprehend, reprimand.

re.pre.en.são [r̄epreẽs'ãw] *sf* (*pl* **repreensões**) reprehension, reprimand.

re.pre.sa [r̄epr'ezə] *sf* dam, dike.

re.pre.sá.lia [r̄eprez'aljə] *sf* reprisal, retaliation.

re.pre.sen.ta.ção [r̄eprezẽtas'ãw] *sf* (*pl* **representações**) representation.

re.pre.sen.tan.te [r̄eprezẽt'ãti] *s m+f* representative.

re.pre.sen.tar [r̄eprezẽt'ar] *vt+vint* **1** to represent. **2** to play, perform, act.

re.pre.sen.ta.ti.vo [r̄eprezẽtat'ivu] *adj* representative.

re.pres.são [r̄epres'ãw] *sf* (*pl* **repressões**) repression.

re.pres.si.vo [r̄epres'ivu] *adj* repressive.

re.pri.men.da [r̄eprim'ẽdə] *sf* reprimand.

re.pri.mi.do [r̄eprim'idu] *adj* repressed.

re.pri.mir [r̄eprim'ir] *vt+vpr* **1** to curb,

choke. **2** to repress. **3** to conceal. **4 re-primir-se** to refrain from.

re.pri.sar [r̄epriz'ar] *vt* to reprise.

re.pri.se [r̄epr'izi] *sf fr, Teat* repeated performance, *reprise*.

re.pro.ces.sa.men.to [r̄eprosesam'ẽtu] *sm* reprocessing.

re.pro.ces.sar [r̄eproses'ar] *vt* to reprocess.

re.pro.du.ção [r̄eprodus'ãw] *sf (pl* **reproduções**) **1** reproduction. **2** copy.

re.pro.du.zir [r̄eproduz'ir] *vt+vpr* **1** to reproduce. **2 reproduzir-se** to self-perpetuate through generations, multiply.

re.pro.gra.mar [r̄eprogram'ar] *vt* (também *Inform*) to reprogram, reschedule.

re.pro.gra.má.vel [r̄eprogram'avew] *adj m+f (pl* **reprogramáveis**) reprogrammable.

re.pro.va.ção [r̄eprovas'ãw] *sf (pl* **reprovações**) **1** act of reproving. **2** censure. **3** *Educ* reprobation. **4** failure (exame). **reprovação em exame** *coloq* flunk.

re.pro.va.do [r̄eprov'adu] *adj* **1** reproved. **2** *Educ* failed, flunked.

re.pro.var [r̄eprov'ar] *vt+vint* **1** *Educ* to fail, flunk. **2** to disapprove, reprove.

re.pro.vá.vel [r̄eprov'avew] *adj m+f (pl* **reprováveis**) reproachable.

rép.til [r̄'ɛptiw] *sm (pl* **répteis**) *Zool* reptile.

re.pú.bli.ca [r̄ep'ublikə] *sf* republic.

re.pu.bli.ca.no [r̄epublik'ʌnu] *sm+adj* republican.

re.pu.di.ar [r̄epudi'ar] *vt* to repudiate.

re.pú.dio [r̄ep'udju] *sm* act or effect of repudiating.

re.pug.nân.cia [r̄epugn'ãsjə] *sf* repugnance, aversion.

re.pug.nan.te [r̄epugn'ãti] *adj m+f* repugnant.

re.pul.sa [r̄ep'uwsə] *sf* repulse.

re.pul.si.vo [r̄epuws'ivu] *adj* repulsive.

re.pu.ta.ção [r̄eputas'ãw] *sf (pl* **reputações**) reputation.

re.que.bra.do [r̄ekebr'adu] *sm* swinging movement of the hips, swaying motion.

re.que.brar [r̄ekebr'ar] *vt* to swing, sway.

re.que.bro [r̄ek'ebru] *sm (pl* **requebros**) languishing or voluptuous movement, swinging, swaying.

re.quei.jão [r̄ekejʒ'ãw] *sm (pl* **requeijões**) a type of curd cheese.

re.quen.ta.do [r̄ekẽt'adu] *adj* heated or warmed again (food).

re.quen.tar [r̄ekẽt'ar] *vt* to heat or warm up again (food).

re.que.ren.te [r̄eker'ẽti] *s m+f* **1** petitioner. **2** applicant.

re.que.rer [r̄eker'er] *vt+vint* to request.

re.que.ri.men.to [r̄ekerim'ẽtu] *sm* **1** petition. **2** application. **3** request.

re.quin.ta.do [r̄ekĩt'adu] *adj* **1** delicate, refined, polished. **2** highly cultured.

re.quin.te [r̄ek'ĩti] *sm* refinement, sophistication.

re.qui.si.tar [r̄ekizit'ar] *vt* to require, request.

re.qui.si.to [r̄ekiz'itu] *sm* requirement.

rês [r̄'es] *sf* cattle for slaughter.

res.cin.dir [r̄esĩd'ir] *vt* to break off.

res.ci.são [r̄esiz'ãw] *sf (pl* **rescisões**) cancellation.

re.se.nha [r̄ez'eɲə] *sf* review.

re.ser.va [r̄ez'ɛrvə] *sf* **1** reservation. **2** restriction. **3** store, stock. **4** reserve. **5** booking. **reserva florestal** forestal reserve.

re.ser.va.do [r̄ezerv'adu] *sm* **1** private booth (in a restaurant, theatre etc.). **2** men's room, ladies' room. • *adj* **1** reserved. **2** private.

re.ser.var [r̄ezerv'ar] *vt* **1** to reserve. **2** to keep. **3** to put away, store up. **4** to book.

re.ser.va.tó.rio [r̄ezervat'ɔrju] *sm* reservoir, tank.

res.fri.a.do [r̄esfri'adu] *sm Med* cold.

res.fri.ar [r̄esfri'ar] *vt+vint+vpr* **1** to (make) cool, freeze. **2 resfriar-se** *Med* to catch a cold.

res.ga.tar [r̄ezgat'ar] *vt* **1** to rescue. **2** to recover. *resgataram o anel /* they took the ring out of pawn.

res.ga.te [r̄ezg'ati] *sm* ransom.

res.guar.dar [r̄ezgward'ar] *vt+vpr* **1** to guard, protect. **2** to shelter. **3 resguardar-se** a) to defend or protect oneself. b) to safeguard oneself against.

re.si.dên.cia [r̄ezid'ẽsjə] *sf* **1** residence. **2** dwelling, home.

re.si.den.ci.al [r̄ezidẽsi'aw] *s m+f (pl* **residenciais**) residential.

re.si.den.te [r̄ezid'ẽti] *s m+f* resident (also at a hospital).

re.si.dir [r̄ezid'ir] *vt+vint* to live, dwell.

re.sí.duo [r̄ez'idwu] *sm* waste.

re.sig.na.ção [r̄ezignas'ãw] *sf* (*pl* **resignações**) resignation.

re.sig.na.do [r̄ezign'adu] *adj* resigned, uncomplaining.

re.sig.nar [r̄ezign'ar] *vt+vpr* 1 to resign. 2 **resignar-se** to be resigned, adjust oneself to.

re.sis.tên.cia [r̄ezist'ẽsjə] *sf* 1 resistance. 2 stamina, endurance. 3 *Med* tolerance. 4 strength.

re.sis.ten.te [r̄ezist'ẽti] *adj m+f* resistant.

re.sis.tir [r̄ezist'ir] *vt+vint* to resist.

res.mun.gar [r̄ezmũg'ar] *vt+vint* to grumble.

re.so.lu.ção [r̄ezolus'ãw] *sf* (*pl* **resoluções**) 1 resolution. 2 decision. 3 will. **tomar uma resolução** to make up one's mind.

re.so.lu.to [r̄ezol'utu] *adj* 1 resolute. 2 decided.

re.sol.ver [r̄ezowv'er] *vt+vint* to resolve, solve.

res.pec.ti.va.men.te [r̄espektivam'ẽti] *adv* respectively.

res.pec.ti.vo [r̄espekt'ivu] *adj* 1 respective. 2 concerning.

res.pei.tar [r̄espejt'ar] *vt* 1 to respect. 2 to obey honor.

res.pei.tá.vel [r̄espejt'avew] *adj m+f* (*pl* **respeitáveis**) respectable.

res.pei.to [r̄esp'ejtu] *sm* 1 respect. 2 consideration. 3 **respeitos** compliments. **a respeito de** regarding. **dizer respeito a** to concern.

res.pei.to.sa.men.te [r̄espejtɔzam'ẽti] *adv* respectfully.

res.pei.to.so [r̄espejt'ozu] *adj* respectful.

res.pi.ra.ção [r̄espiras'ãw] *sf* (*pl* **respirações**) 1 breathing. 2 breath (fôlego). **respiração artificial** artificial respiration. **respiração boca-a-boca** mouth to mouth resuscitation.

res.pi.rar [r̄espir'ar] *vt+vint* to breathe. Veja nota em **respire**.

res.plan.de.cen.te [r̄esplãdes'ẽti] *adj m+f* shining.

res.plan.de.cer [r̄esplãdes'er] *vt+vint* to shine.

res.plen.dor [r̄esplẽd'or] *sm* splendour.

res.pon.der [r̄espõd'er] *vt* to respond, reply, answer. Veja nota em **respond**.

res.pon.sa.bi.li.da.de [r̄espõsabilid'adi] *sf* responsibility.

res.pon.sa.bi.li.zar [r̄espõsabiliz'ar] *vt+vpr* 1 to make or consider responsible. 2 **responsabilizar-se** to become responsible for.

res.pon.sá.vel [r̄espõs'avew] *s m+f* (*pl* **responsáveis**) responsible person. • *adj m+f* responsible.

res.pos.ta [r̄esp'ɔstə] *sf* 1 answer, reply. 2 response.

res.quí.cio [r̄esk'isju] *sm* 1 remainder. 2 vestige.

res.sa.ca [r̄es'akə] *sf* 1 undertow. 2 *bras* hangover.

res.sal.tar [r̄esawt'ar] *vt+vint* to stick out, stand out.

res.sar.cir [r̄esars'ir] *vt* to reimburse.

res.se.ca.do [r̄esek'adu] *adj* dry, parched.

res.se.car [r̄esek'ar] *vt+vpr* 1 to dry up. 2 **ressecar-se** to become very dry or concentrated, parch.

res.sen.ti.do [r̄esẽt'idu] *adj* resentful.

res.sen.ti.men.to [r̄esẽtim'ẽtu] *sm* resentment.

res.sen.tir [r̄esẽt'ir] *vt+vpr* 1 to take offense. 2 **ressentir-se** a) to take offense. b) to show one's resentment.

res.so.ar [r̄eso'ar] *vt* 1 to tune. 2 to resound. 3 to echo.

res.so.nân.cia [r̄eson'ãsjə] *sf* resonance.

res.sur.rei.ção [r̄esur̄ejs'ãw] *sf* (*pl* **ressurreições**) 1 resurrection. 2 *Ecles* Resurrection.

res.sus.ci.tar [r̄esusit'ar] *vt+vint* 1 to bring to life again, raise from the dead. 2 to resuscitate.

res.ta.be.le.cer [r̄estabeles'er] *vt+vpr* 1 to establish again, re-establish. 2 to restore. 3 **restabelecer-se** to recover one's health.

res.tan.te [r̄est'ãti] *sm* rest, remainder. • *adj m+f* remaining.

res.tar [r̄est'ar] *vt+vint* to rest, remain.

res.tau.ra.ção [r̄estawras'ãw] *sf* (*pl* **restaurações**) restoration.

res.tau.ran.te [r̄estawr'ãti] *sm* restaurant.

res.tau.rar [r̄estawr'ar] *vt* 1 to recuperate, recover. 2 to regenerate, restore.

res.ti.tu.i.ção [r̄estitwis'ãw] *sf* (*pl* **resti-**

R

tuições) 1 restitution. 2 reimbursement. 3 devolution.

res.ti.tu.ir [r̄estitu'ir] *vt* 1 to restitute. 2 to restore.

res.to [r̄'ɛstu] *sm* 1 rest. 2 *Mat* remainder. 3 remain.

res.tri.ção [r̄estris'ãw] *sf* (*pl* **restrições**) restriction.

res.trin.gir [r̄estrĩʒ'ir] *vt* to restrict.

res.tri.to [r̄estr'itu] *adj* restricted.

re.sul.ta.do [r̄ezuwt'adu] *sm* result.

re.sul.tar [r̄ezuwt'ar] *vt* to result.

re.su.mi.do [r̄ezum'idu] *adj* 1 resumed. 2 abridged.

re.su.mir [r̄ezum'ir] *vt+vpr* 1 to summarize. 2 **resumir-se** to be summed up. Veja nota em **resume**.

re.su.mo [r̄ez'umu] *sm* summary.

res.va.lar [r̄ezval'ar] *vt+vint* to slip, skid.

re.ta [r̄'ɛtə] *sf* 1 straight line. 2 straight trace or stroke. 3 straight stretch of a road.

re.ta.guar.da [r̄etag'wardə] *sf* 1 *Mil* rearguard, rear. 2 back.

re.ta.lho [r̄et'aλu] *sm* 1 morsel. 2 shred. 3 remnant. **colcha de retalho** patchwork.

re.ta.li.a.ção [r̄etaljas'ãw] *sf* (*pl* **retaliações**) retaliation.

re.ta.li.ar [r̄etali'ar] *vt+vint* 1 to retaliate. 2 to strike back.

re.tan.gu.lar [r̄etãgul'ar] *adj m+f* rectangular.

re.tân.gu.lo [r̄et'ãgulu] *sm* rectangle.

re.tar.da.do [r̄etard'adu] *sm* retardate: a mentally retarded person. • *adj* 1 delayed. 2 mentally deficient, retarded, learning disability.

re.tar.da.men.to [r̄etardam'ẽtu] *sm* 1 postponement. 2 mental deficiency.

re.tar.dar [r̄etard'ar] *vt+vint* to delay.

re.tar.da.tá.rio [r̄etardat'arju] *sm* straggler.

re.ter [r̄et'er] *vt* 1 to keep, retain. 2 to hold. 3 to remember.

re.ti.cên.cia [r̄etis'ẽsjə] *sf* reticence.

re.ti.cen.te [r̄etis'ẽti] *adj m+f* 1 reticent. 2 reserved.

re.ti.fi.car [r̄etifik'ar] *vt* to rectify.

re.ti.na [r̄et'inə] *sf Anat* retina.

re.ti.ra.da [r̄etir'adə] *sf* retreat, withdrawal.

re.ti.ra.do [r̄etir'adu] *adj* 1 retired. 2 solitary. 3 remote.

re.ti.rar [r̄etir'ar] *vt+vpr* 1 to draw back, withdraw (money). 2 to take away, remove. 3 **retirar-se** to be withdrawn.

re.ti.ro [r̄et'iru] *sm* retreat.

re.to [r̄'ɛtu] *sm Anat* rectum. • *adj* straight.

re.to.mar [r̄etom'ar] *vt* 1 to retake. 2 to recover. 3 to resume.

re.to.que [r̄et'ɔki] *sm* finishing touch(es). **dar os últimos retoques** to give the finishing touches to.

re.tó.ri.ca [r̄et'ɔrikə] *sf* rhetoric.

re.tó.ri.co [r̄et'ɔriku] *adj* rhetoric.

re.tor.nar [r̄etorn'ar] *vt* 1 to return. 2 to go or come back.

re.tor.no [r̄et'ornu] *sm* return.

re.tra.í.do [r̄etra'idu] *adj* 1 withdrawn. 2 shy.

re.tra.tar[1] [r̄etrat'ar] *vt* to portray, paint.

re.tra.tar[2] [r̄etrat'ar] *vt+vpr* 1 to retract. 2 **retratar-se** to confess one's error or evil action.

re.tra.to [r̄etr'atu] *sm* 1 picture, portrait. 2 reproduction. 3 photograph.

re.tri.bu.i.ção [r̄etribujs'ãw] *sf* (*pl* **retribuições**) 1 retribution, recompense. 2 compensation. 3 reward.

re.tri.bu.ir [r̄etribu'ir] *vt* 1 to retribute. 2 to give something in return.

re.tro.a.li.men.ta.ção [r̄etroalimẽtas'ãw] *sf Eletrôn, Med* feedback.

re.tro.ce.der [r̄etrosed'er] *vt+vint* 1 to retrocede. 2 to recede.

re.tro.ces.so [r̄etros'ɛsu] *sm* retrocession.

re.tró.gra.do [r̄etr'ɔgradu] *adj* retrograde, backward.

re.tro.pro.je.tor [r̄etroproʒet'or] *sm* overhead projector.

re.tros.pec.ti.va [r̄etrospekt'ivə] *sf* retrospective.

re.tro.vi.sor [r̄etroviz'or] *sm* rear view mirror.

re.tru.car [r̄etruk'ar] *vt* to reply, answer.

re.tum.ban.te [r̄etũb'ãti] *adj m+f* resounding.

réu [r̄'ew] *sm* defendant. • *adj* accused.

reu.ma.tis.mo [r̄ewmat'izmu] *sm Med* rheumatism.

re.u.ni.ão [r̄ewni'ãw] *sf* (*pl* **reuniões**) 1 reunion. 2 meeting.

re.u.nir [r̄ewn'ir] *vt+vpr* **1** to reunite. **2** to gather. **3** to have. **4** to collect. **5** to raise. **6 reunir-se** to meet.

re.u.ti.li.zar [r̄ewtiliz'ar] *vt* to reuse.

re.u.ti.li.zá.vel [r̄ewtiliz'avew] *adj m+f* (*pl* **reutilizáveis**) reusable.

re.van.che [r̄ev'ãʃi] *sf revanche*, revenge.

re.veil.lon [r̄evej'õw] *sm fr* New Year's Eve party.

re.ve.la.ção [r̄evelas'ãw] *sf* (*pl* **revelações**) **1** revelation. **2** developing. **3** discovery.

re.ve.lar [r̄evel'ar] *vt+vpr* **1** to unveil, unmask. **2** to reveal. *ele revelou o segredo* / he disclosed the secret, *coloq* he let the cat out of the bag. **3** *Fot* to develop. **4** to show. **5 revelar-se** to make oneself known.

re.ven.da [r̄ev'ẽdə] *sf* resale, second sale.

re.ven.de.dor [r̄evẽded'or] *sm* reseller.

re.ven.der [r̄evẽd'er] *vt* to resale, sell at retail.

re.ver [r̄ev'er] *vt* **1** to see. **2** to examine carefully, check.

re.ve.rên.cia [r̄ever'ẽsjə] *sf* bow.

re.ve.ren.ci.ar [r̄everẽsi'ar] *vt+vint* **1** to respect, honour. **2** to bow.

re.ver.sí.vel [r̄evers'ivew] *adj m+f* (*pl* **reversíveis**) reversible.

re.ver.so [r̄ev'ɛrsu] *sm* backside, reverse. • *adj* reverse, reversing.

re.ver.ter [r̄evert'er] *vt* **1** to return, go back. **2** to invert.

re.ver.té.rio [r̄evert'ɛrju] *sm bras, pop* a turn for the worse.

re.vés [r̄ev'ɛs] *sm* (*pl* **reveses**) **1** reverse. **2** setback. **3** disappointment.

re.ves.ti.do [r̄evest'idu] *adj* covered.

re.ves.ti.men.to [r̄evestim'ẽtu] *sm* covering, lining, coating.

re.ves.tir [r̄evest'ir] *vt* to cover.

re.ve.za.men.to [r̄evezam'ẽtu] *sm* **1** alternation. **2** rotation. **3** relay. **corrida de revezamento** relay-race.

re.ve.zar [r̄evez'ar] *vt+vint+vpr* **1** to substitute alternatively. **2** to rotate. **3** to relay. **4 revezar-se** to take turns.

re.vi.go.ran.te [r̄evigor'ãti] *adj m+f* strengthening.

re.vi.go.rar [r̄evigor'ar] *vt+vint* to give new strength or vigour to.

re.vi.rar [r̄evir'ar] *vt* **1** to turn, turn over again. **2** to turn inside out or upside down.

re.vi.ra.vol.ta [r̄evirav'ɔwtə] *sf* complete reversal of position.

re.vi.são [r̄eviz'ãw] *sf* (*pl* **revisões**) **1** revision. **2** check. **3** *Edit* proofreading. **4** service (veículos).

re.vi.sar [r̄eviz'ar] *vt* **1** to revise, review. **2** *Edit* to proofread.

re.vi.sor [r̄eviz'or] *sm* reviser.

re.vis.ta [r̄ev'istə] *sf* **1** magazine. **2** search. **3** *Teat* revue. **4** review.

re.vis.tar [r̄evist'ar] *vt* to search.

re.vi.ta.li.zar [r̄evitaliz'ar] *vt* to revitalize.

re.vi.ver [r̄eviv'er] *vt+vint* to revive.

re.vol.ta [r̄ev'ɔwtə] *sf* revolt, rebellion.

re.vol.ta.do [r̄evowt'adu] *sm* rebel. • *adj* revolted, rebellious.

re.vol.tan.te [r̄evowt'ãti] *adj m+f* **1** revolting. **2** disgusting.

re.vol.tar [r̄evowt'ar] *vt+vpr* **1** to revolt, rebel. **2 revoltar-se** to feel indignation.

re.vo.lu.ção [r̄evolus'ãw] *sf* (*pl* **revoluções**) revolution. **revolução industrial** industrial revolution.

re.vo.lu.ci.o.nar [r̄evolusjon'ar] *vt+vint* to revolutionize.

re.vo.lu.ci.o.ná.rio [r̄evolusjon'arju] *adj* revolutionary.

re.vol.ver [r̄evowv'er] *vt+vint* **1** to revolve. **2** to turn around, turn over again.

re.vól.ver [r̄ev'ɔwver] *sm* (*pl* **revólveres**) revolver, gun.

re.za [r̄'ezə] *sf* prayer.

re.zar [r̄ez'ar] *vt+vint* to pray.

ri.a.cho [r̄i'aʃu] *sm* stream, creek.

ri.ban.cei.ra [r̄ibãs'ejrə] *sf* **1** steep bank of a river. **2** cliff.

ri.co [r̄'iku] *sm* a wealthy person, well-to-do. • *adj* rich, wealthy.

ri.co.che.te.ar [r̄ikoʃete'ar] *vint* to ricochet.

ri.co.ta [r̄ik'ɔtə] *sf Cul* ricotta, curd cheese.

ri.di.cu.la.ri.zar [r̄idikulariz'ar] *vt* to ridicule.

ri.dí.cu.lo [r̄id'ikulu] *adj* ridiculous.

ri.fa [r̄'ifə] *sf* raffle.

ri.far [r̄if'ar] *vt* to raffle.

ri.gi.dez [r̄iʒid'es] *sf* **1** rigidity. **2** severity, strictness.

R

rí.gi.do [r̄'iʒidu] *adj* **1** rigid. **2** severe, strict.

ri.gor [r̄ig'or] *sm* **1** rigidity, rigidness. **2** rigour.

ri.go.ro.sa.men.te [r̄igorɔzam'ēti] *adv* rigorously.

ri.go.ro.so [r̄igor'ozu] *adj* **1** rigorous. **2** inflexible, strict. **3** thorough. **4** rough, harsh.

ri.jo [r̄'iʒu] *adj* **1** rigid, stiff. **2** tough.

rim [r̄'ĩ] *sm* (*pl* **rins**) *Anat* kidney.

ri.ma [r̄'imə] *sf* rhyme.

ri.mar [r̄im'ar] *vt* to rhyme.

rí.mel [r̄'imew] *sm* mascara.

rin.gue [r̄'igi] *sm Esp* ring.

ri.no.ce.ron.te [r̄inoser'õti] *sm Zool* rhinoceros.

rin.que [r̄'ĩki] *sm Esp* rink.

ri.o [r̄'iu] *sm* river.

ri.que.za [r̄ik'ezə] *sf* **1** wealth. **2** richness. **3** abundance.

rir [r̄'ir] *vint* to laugh. **rir à custa de outro** to laugh at someone's expense.

ri.sa.da [r̄iz'adə] *sf* loud laughter.

ris.ca.do [r̄isk'adu] *adj* striped.

ris.car [r̄isk'ar] *vt* **1** to scratch out, rub out. **2** to delete, cross out. **3** to trace, mark with lines.

ris.co[1] [r̄'isku] *sm* **1** scratch. **2** stroke. **3** mark.

ris.co[2] [r̄'isku] *sm* **1** danger. **2** venture, hazard. **3** chance, risk. **correr um risco** to run a risk.

ri.so [r̄'izu] *sm* laughter. **ataque de riso** a fit of laughter.

ri.so.nho [r̄iz'oɲu] *adj* smiling, cheerful.

ris.pi.dez [r̄ispid'es] *sf* harshness, roughness.

rís.pi.do [r̄'ispidu] *adj* harsh, rough.

rit.ma.do [r̄itm'adu] *adj* rhythmical.

rít.mi.co [r̄'itmiku] *adj* rhythmic(al).

rit.mo [r̄'itmu] *sm* **1** rhythm. **2** *Mús* beat. **3** *tempo*, time. **4** rate.

ri.to [r̄'itu] *sm* rite.

ri.tu.al [r̄itu'aw] *sm* (*pl* **rituais**) ritual.

ri.val [r̄iv'aw] *s m+f* (*pl* **rivais**) rival. • *adj m+f* rival.

ri.va.li.da.de [r̄ivalid'adi] *sf* rivalry.

ri.xa [r̄'iʃə] *sf* **1** quarrel, dispute. **2** fight.

ro.be [r̄'ɔbi] *sm fr* robe, bathrobe.

ro.bô [r̄ob'o] *sm* robot.

ro.bó.ti.ca [r̄ob'ɔtikə] *sf* robotics.

ro.bus.to [r̄ob'ustu] *adj* **1** robust. **2** strong, vigorous.

ro.ça [r̄'ɔsə] *sf bras* rural regions, as opposed to a city or town.

ro.cam.bo.le [r̄okãb'ɔli] *sm bras* roly-poly: sweet or salty pastry.

ro.çar [r̄os'ar] *vt+vpr* **1** to rub. **2** to touch lightly. **3 roçar-se** to rub oneself against.

ro.cha [r̄'ɔʃə] *sf* rock.

ro.che.do [r̄oʃ'edu] *sm* cliff.

ro.cho.so [r̄oʃ'ozu] *adj* rocky.

ro.da [r̄'ɔdə] *sf* wheel, circle.

ro.da.da [r̄od'adə] *sf* **1** *bras* round of drinks served to a group of friends. **2** *Esp* round.

ro.da-gi.gan.te [r̄ɔdəʒig'ãti] *sf* (**rodas-gigantes**) *bras* Ferris wheel.

ro.dar [r̄od'ar] *vt+vint* **1** to turn round. **2** *bras*, *coloq* to lose one's job, be dismissed. **3** *bras* to fail an exam or test. **4** *bras*, *Cin* to film, shoot.

ro.de.ar [r̄ode'ar] *vt* to surround, encircle.

ro.dei.o [r̄od'eju] *sm* pretext, evasion. **usar de rodeios** to beat about the bush.

ro.de.la [r̄od'ɛlə] *sf* **1** a small wheel, round or ring. **2** slice.

ro.dí.zio [r̄od'iziu] *sm* **1** shift, relay work. **2** turn, rotation. **3** *bras* a system of service in certain restaurants where barbecued meats or pizzas are offered abundantly, according to the client's taste.

ro.do [r̄'odu] *sm* (*pl* **rodos**) rake (without teeth), squeegee.

ro.do.pi.ar [r̄odopi'ar] *vint* to whirl about, spin.

ro.do.pi.o [r̄odop'iu] *sm* whirl, spinning.

ro.do.vi.a [r̄odov'iə] *sf* highway.

ro.do.vi.á.ria [r̄odovi'arjə] *sf bras* a bus station.

ro.do.vi.á.rio [r̄odovi'arju] *adj bras* of, pertaining to or relative to a highway.

ro.e.dor [r̄oed'or] *sm Zool* rodent(s).

ro.er [r̄o'er] *vt+vint* to gnaw. **roer as unhas** to bite one's fingernails, *fig* worry or fret about.

ro.gar [r̄og'ar] *vt+vint* **1** to implore. **2** to beg. **3** to pray.

ro.í.do [ʀoˈidu] *adj* consumed, corroded. **roído de ciúmes** extremely jealous.

ro.jão [ʀoˈʒãw] *sm* (*pl* **rojões**) *bras* rocket (fireworks).

rol [ʀɔw] *sm* (*pl* **róis**) **1** roll, list. **2** register. **3** file.

ro.lar [ʀoˈlar] *vt+vint* **1** to roll. **2** to move in circles. **3** *bras, gír* to happen.

rol.da.na [ʀowdˈʌnə] *sf Mec* pulley.

ro.le.ta [ʀoˈletə] *sf* roulette.

ro.lha [ʀˈoʎə] *sf* cork.

ro.lo [ʀˈolu] *sm* **1** cylinder. **2** roller. **3** roll (of paper etc.). **4** *bras* row, mix-up, confusion. **rolo de filmes** *Fot* film cartridge.

ro.mã [ʀomˈã] *sf Bot* pomegranate.

ro.man.ce [ʀomˈãsi] *sm* **1** novel. **2** fiction. **3** romance.

ro.man.cis.ta [ʀomãsˈistə] *s m+f* novelist.

ro.ma.no [ʀomˈʌnu] *sm* Roman. • *adj* of, pertaining to or referring to Rome, Italy.

ro.mân.ti.co [ʀomˈãtiku] *adj* romantic.

ro.man.tis.mo [ʀomãtˈizmu] *sm Bel-art* romanticism.

ro.ma.ri.a [ʀomarˈiə] *sf* pilgrimage, procession.

rom.per [ʀõpˈer] *vt+vint+vpr* **1** to break, break up. **2** to tear. **3** **romper-se** to snap. **ao romper do dia** at daybreak. **romper o namoro** to break up.

rom.pi.men.to [ʀõpimˈẽtu] *sm* **1** disruption. **2** rupture.

ron.car [ʀõkˈar] *vt+vint* **1** to snore. **2** to roar.

ron.co [ʀˈõku] *sm* **1** snore, snoring. **2** roaring. **3** rumbling.

ron.da [ʀˈõdə] *sf* round.

ron.dar [ʀõdˈar] *vt+ vint* **1** to walk the rounds, round. **2** to patrol.

ron.rom [ʀõʀˈõw] *sm* purr.

ron.ro.nar [ʀõʀonˈar] *vint* to purr.

ro.sa [ʀˈɔzə] *sf Bot* rose. • *adj m+f* rosy, pink.

ro.sa.do [ʀozˈadu] *adj* rose-coloured, rosy.

ro.sá.rio [ʀozˈarju] *sm* rosary. **rezar o rosário** to tell over the rosary.

ros.bi.fe [ʀozbˈifi] *sm* roast beef.

ros.ca [ʀˈoskə] *sf* **1** thread. **2** roll.

ro.sei.ra [ʀozˈejrə] *sf* rosebush.

ros.nar [ʀoznˈar] *vt+vint* to growl.

ros.to [ʀˈostu] *sm* face. **rosto a rosto** face to face, *vis-à-vis*.

ro.ta [ʀˈɔtə] *sf* **1** direction, route. **2** way. **rota aérea** air route, airway. **rota marítima** sea-route.

ro.ta.ção [ʀotasˈãw] *sf* (*pl* **rotações**) rotation. **rotações por minuto** (*abrev* **rpm**) revolutions per minute.

ro.ta.ti.vi.da.de [ʀotativdˈadi] *sf* turnover.

ro.tei.ro [ʀotˈejru] *sm* **1** itinerary, route (of a journey). **2** *fig* rule. **3** *Cin* script.

ro.ti.na [ʀotˈinə] *sf* routine. **cair na rotina** to fall into the old groove.

ro.ti.nei.ro [ʀotinˈejru] *adj* **1** routine. **2** habitual.

ro.tu.la.gem [ʀotulˈaʒẽj] *sf* (*pl* **rotulagens**) act or process of labelling.

ro.tu.lar [ʀotulˈar] *vt* to label.

ró.tu.lo [ʀˈɔtulu] *sm* label.

rou.ba.do [ʀowbˈadu] *adj* robbed, stolen.

rou.bar [ʀowbˈar] *vt+vint* **1** to rob. **2** to steal. Veja nota em **steal**.

rou.bo [ʀˈowbu] *sm* **1** robbery. **2** theft. **3** rep-off. Veja nota em **theft**.

rou.co [ʀˈowku] *adj* hoarse, husky.

rou.pa [ʀˈowpə] *sf* **1** clothes, clothing. **2** costume. **3** linens. **roupa de baixo** underwear. **roupa de bebê** babies' wear. **roupa de cama** bed linen. **roupa de griffe** fashionable, expensive clothes. **roupa feita** ready-made clothes. **roupa para crianças** children's clothes, children's wear. **roupa para homens, roupa para cavalheiros** men's wear. **roupa para senhoras** ladies' wear. **roupas de banho** bathing costumes.

rou.pão [ʀowpˈãw] *sm* (*pl* **roupões**) robe, bathrobe.

rou.qui.dão [ʀowkidˈãw] *sf* (*pl* **rouquidões**) hoarseness, huskiness.

rou.xi.nol [ʀowʃinˈɔw] *sm* (*pl* **rouxinóis**) *Ornit* nightingale.

ro.xo [ʀˈoʃu] *sm* purple, violet. • *adj* **1** purple, violet. **2** anxious.

ru.a [ʀˈuə] *sf* street. • *interj* get out!, be off!. **pôr na rua/pôr no olho da rua** to dismiss, to fire. **rua de uma mão, rua de direção única** one-way street.

ru.bé.o.la [ʀubˈɛolə] *sf Med* rubeola, German measles.

R

ru.bi [r̄ub'i] *sm Miner* ruby.

ru.bo.ri.zar [r̄uboriz'ar] *vt+vint+vpr* **1** to blush. **2 ruborizar-se** to blush.

ru.bri.ca [r̄ubr'ikə] *sf* rubric.

ru.de [r̄'udi] *adj m+f* rude.

ru.dez [r̄ud'es] *sf* rudeness.

ru.di.men.tar [r̄udimēt'ar] *adj m+f* **1** rudimental, rudimentary. **2** primitive.

ru.di.men.to [r̄udim'ētu] *sm* **1** rudiment. **2** grounds. **3** notion.

ru.e.la [r̄u'ɛlə] *sf* bystreet, alley.

ru.ga [r̄'ugə] *sf* wrinkle.

rúg.bi [r̄'ugbi] *sm Esp* rugby.

ru.gi.do [r̄uʒ'idu] *sm* roar.

ru.gir [r̄uʒ'ir] *vt+vint* to roar.

ru.í.do [r̄u'idu] *sm* noise.

ru.i.do.so [r̄ujd'ozu] *adj* noisy.

ru.im [r̄u'ĩ] *adj m+f* (*pl* **ruins**) bad.

ru.í.na [r̄u'inə] *sf* **1** ruin. **2** collapse. **cair em ruínas** to fall into ruins.

ru.ir [r̄u'ir] *vint* to collapse.

rui.vo [r̄'ujvu] *sm* red-head. • *adj* red-haired.

rum [r̄'ũ] *sm* rum.

ru.mi.nan.te [r̄umin'ãti] *sm Zool* ruminant. • *adj m+f* ruminant, ruminating.

ru.mi.nar [r̄umin'ar] *vt+vint* to ruminate.

ru.mo [r̄'umu] *sm* **1** route, course. **2** direction. **sem rumo** adrift.

ru.mor [r̄um'or] *sm* **1** rumour, rumor. **2** murmur.

rup.tu.ra [r̄upt'urə] *sf* **1** act or effect of breaking, breakage. **2** rupture.

ru.ral [r̄ur'aw] *adj m+f* (*pl* **rurais**) rural.

rus.so [r̄'usu] *sm, adj* Russian.

rús.ti.co [r̄'ustiku] *adj* rustic.

S

S, s [´εsi] *sm* **1** the eighteenth letter of the alphabet. **2** *abrev* a) **São, Santo, Santa** (St, Saint). b) **Sociedade** as in **SA Sociedade Anônima** (joint-stock company). c) **sul** (south).

sá.ba.do [s´abadu] *sm* Saturday.

sa.bão [sab´ãw] *sm* (*pl* **sabões**) soap, washing soap. **liso como sabão** as slippery as an eel. **passar um sabão em alguém** to chide a person. **pedra-sabão** soapstone. **sabão em pó** soap powder.

sa.be.do.ri.a [sabedor´iə] *sf* wisdom.

sa.ber[1] [sab´er] *vt+vint* **1** to know. **2** can. *ele sabe cozinhar?* / can he cook? **3** to know about, hear about. *acabei de saber de sua demissão* / I've just heard about your dismissal. **quem sabe** maybe. **saber de cor (e salteado)** to know by heart. **Saber na ponta da língua** to have something on the tip of one's tongue. **vir a saber** to come to know.

sa.ber[2] [sab´er] *sm* **1** knowledge. **2** instruction.

sa.bi.chão [sabiʃ´ãw] *sm* (*pl* **sabichões**) (*fem* **sabichã, sabichona**) **1** wiseacre. **2** wise or learned person. • *adj coloq*, *deprec* clever.

sa.bi.do [sab´idu] *sm* a smart, cunning fellow. • *adj* **1** known. **2** wise. **3** smart.

sá.bio [s´abju] *sm* wise man. • *adj* (*sup abs sint* **sapientíssimo**) wise.

sa.bo.ne.te [sabon´eti] *sm* soap.

sa.bo.ne.tei.ra [sabonet´ejrə] *sf* soap bowl, soap holder.

sa.bor [sab´or] *sm* taste, savour, flavour.

Taste expressa a sensação produzida em nosso paladar por um alimento ou bebida: *ela não gosta do sabor de azeitonas* / she doens't like the taste of olives. *perco o sentido do gosto quando fico resfriado* / I lose my sense of taste when I've got a cold.

Flavour geralmente denota uma combinação de sabores e aromas que percebemos ao comer ou beber. *ela gosta de vinho com sabor de fruta* / she likes wine with a fruity flavour.

sa.bo.re.ar [sabore´ar] *vt* **1** to savour. **2** to taste. **3** to enjoy greatly.

sa.bo.ro.so [sabor´ozu] *adj* savoury, tasty, delicious.

sa.bo.ta.gem [sabot´aʒẽj] *sf* (*pl* **sabotagens**) sabotage.

sa.ca [s´akə] *sf* bag, large sack.

sa.ca.da [sak´adə] *sf Arquit* balcony, terrace.

sa.ca.na [sak´∧nə] *sm gír* filthy fellow, rascal. • *adj m+f* **1** *gír* filthy, sly. **2** *bras* lewd.

sa.ca.na.gem [sakan´aʒẽj] *sf* (*pl* **sacanagens**) *bras*, *gír* **1** filthy behaviour. **2** mockery.

sa.ca.ne.ar [sakane´ar] *vint+vt bras*, *gír* **1** to act as a villain or rascal. **2** to have a very base, infamous behaviour.

sa.car [sak´ar] *vt+vint* **1** to draw (out), pull out. **2** *gír* to understand. **3** to withdraw (dinheiro). *sacar dinheiro do banco* / to withdraw money from the bank. **sacar a espada** to draw the sword.

sa.ca.ri.na [sakar´inə] *sf* saccharin.

sa.ca-ro.lhas [sakəɾ´oʎas] *sm*, *sing+pl* corkscrew.

sa.cer.do.te [saserd´ɔti] *sm* priest, clergyman.

sa.ci [sas´i] *sm bras*, *pop* folkloric figure

of a little one-legged Negro, also called **saci-pererê.**

sa.co [s'aku] *sm* **1** sack, bag, sac. **2** *vulg* testicles. **3** *bras, gír* nuisance. **encher o saco** *bras, vulg* to annoy. **estar de saco cheio** *bras, vulg* to be annoyed. **que saco!** what a pain! **saco de dormir** sleeping bag.

sa.co.la [sak'ɔlə] *sf* bag, tote bag, holdall.

sa.cra.men.to [sakram'ẽtu] *sm* sacrament.

sa.cri.fi.car [sakrifik'ar] *vt+vpr* **1** to sacrifice. **2 sacrificar-se** a) to devote oneself to. b) to sacrifice oneself for.

sa.cri.fí.cio [sakrif'isju] *sm* sacrifice.

sa.cris.ti.a [sakrist'iə] *sf* sacristy.

sa.cro [s'akru] *adj* holy, sacred. **música sacra** sacred music.

sa.cu.di.do [sakud'idu] *adj* **1** shaken. **2** jerked.

sa.cu.dir [sakud'ir] *vt* to shake. **sacudir a cabeça** to shake one's head.

sa.di.o [sad'iu] *adj* healthy.

sa.dis.mo [sad'izmu] *sm* sadism.

sa.fa.do [saf'adu] *sm* **1** trickster. **2** (também *iron*) rogue. • *adj* **1** *pop* shameless. **2** *bras* immoral, pornographic.

sa.far [saf'ar] *vt+vpr* **1** to wear out. **2** to unload, clear, disembarrass. **3 safar-se** to escape, get rid of, get free from.

sa.fá.ri [saf'ari] *sm* safari.

sa.fi.ra [saf'irə] *sf* sapphire.

sa.fra [s'afrə] *sf* crop, harvest.

sa.ga [s'agə] *sf* saga.

sa.gra.do [sagr'adu] *adj* (*sup abs sint* **sacratíssimo**) sacred, holy. **Sagrada Família** Holy Family. **Sagrado Coração de Jesus** Sacred Heart of Jesus.

sai.a [s'ajə] *sf* skirt.

sa.í.da [sa'idə] *sf* exit, way out. **ter boa saída** to meet a ready market. **um beco sem saída** a blind alley.

sa.i.dei.ra [sajd'ejrə] *sf bras, gír* the last drink at the end of a party or a social gathering.

sai.o.te [saj'ɔti] *sm* petticoat.

sa.ir [sa'ir] *vt+vpr* **1** to go, come or step out. *o telefone tocou exatamente quando eu estava saindo de casa* / the telephone rang just as I was going out of the house. **2** to leave. *ele saiu da compa-*

nhia / he left the company. **3** *fig* to go beyond limits, exceed. **4** to emerge. **5** to issue from. *saía sangue do ferimento, e percebemos que ela tinha sido baleada na perna* / blood issued from the wound and we noticed she had been shot in the leg. **6** to come into being. **7** to come off. *a peça sairá de cartaz na próxima semana* / the play will come off next week. **ao sair do sol** at sunrise. **sair à francesa, sair de fininho** to leave a place unnoticed. **sair às pressas** to hurry out. **sair da moda** to go out of fashion. **sair das dívidas** to get out of debt. **sair de carro** to go for a drive. **sair de viagem** to go on a journey. **sair-se bem** to succeed. **sair-se mal** to come off badly.

sal [s'aw] *sm* (*pl* **sais**) salt. **sal de cozinha** common salt, sodium chloride.

sa.la [s'alə] *sf* **1** room. **2** living-room. **fazer sala a** to entertain guests. **sala de aula** classroom. **sala de espera** waiting-room. **sala de espetáculos** theatre, auditorium. **sala de estar** living-room. **sala de fumar** smoking-room. **sala de jantar** dining-room. **sala de jogo** card-room. **sala de operação** operating-room, surgery. **sala de reunião** meeting-hall. **sala de tribunal** courtroom.

sa.la.da [sal'adə] *sf* **1** salad. **2** *pop* mess, confusion. **salada de frutas** fruit salad. **tempero para salada** salad-dressing.

sa.la.me [sal'ʌmi] *sm* salami.

sa.lão [sal'ãw] *sm* (*pl* **salões**) **1** great hall. **2** saloon, ballroom. **3** salon. **salão de baile** dance-hall, ballroom. **salão de barbeiro** barbershop. **salão de beleza** beauty parlour. **salão de festas** banqueting room.

sa.lá.rio [sal'arju] *sm* **1** salary, wages, pay(ment), income. **2** reward, compensation paid for services. **salário mínimo** minimum wage. **salário por hora** wages per hour.

Wage (mais comumente **wages**) refere-se ao dinheiro pago a intervalos regulares (por hora, dia ou semana) a quem executa um trabalho que exige esforço mais físico que mental ou intelectual: *os* *salários são pagos às sextas-feiras* / wages are paid on Fridays.

Salary é o dinheiro pago mensalmente, em geral através de uma conta bancária, a profissionais que executam um trabalho não braçal: *ela tem um salário mensal muito bom em seu emprego atual* / she has a very good monthly salary in her present job.

Fee refere-se ao pagamento de serviços profissionais de médicos, advogados, escolas, artistas etc.: *precisamos pagar os honorários do advogado* / we have to pay the lawyer's fees. *ele pagou a mensalidade escolar de seus filhos* / he paid his children's school fees. *o médico lhe cobrou a consulta?* / did the doctor charge you a fee?

sal.dar [sawd′ar] *vt* l to balance an account, close or settle an account. **2** to liquidate, have done with. **saldar contas** to settle accounts (também *fig.*).

sal.do [s′awdu] *sm* **1** *Com* balance. **2** remainder, rest.

sal.ga.di.nhos [sawgad′iñus] *sm pl bras* salty delicacies such as appetizers, croquettes, patties served in parties or social gatherings.

sal.ga.do [sawg′adu] *adj* **1** salt, salted, salty. **2** (too) expensive.

sal.guei.ro [sawg′ejru] *sm Bot* willow.

sa.li.en.tar [saljêt′ar] *vt* to point out, emphasize.

sa.li.en.te [sali′êti] *adj m+f* **1** salient, prominent. **2** *fig* evident. **3** *fig* important.

sa.li.va [sal′ivə] *sf* saliva.

sal.mão [sawm′ãw] *sm* (*pl* **salmões**) salmon. • *adj m+f, sing+pl* salmon.

sal.mo [s′awmu] *sm Rel* psalm.

sal.mou.ra [sawm′owrə] *sf* brine.

sal.pi.ca.do [sawpik′adu] *adj* **1** sprinkled with salt. **2** *fig* bedewed, (be)sprinkled.

sal.pi.car [sawpik′ar] *vt* **1** to sprinkle. **2** to splash.

sal.sa [s′awsə] *sf Bot* parsley.

sal.si.cha [saws′iʃə] *sf* sausage.

sal.si.nha [saws′iñə] *sf dim* de **salsa**.

sal.tar [sawt′ar] *vt+vint* to leap, jump. **fazer saltar aos ares** to blow up, ex-

plode. **saltaram-lhe as lágrimas aos olhos** tears started from his/her eyes. **saltar aos olhos** ou **à vista** to strike the eye, be obvious. **saltar da cama** to jump out of bed. **saltar de alegria** to jump for joy.

sal.to [s′awtu] *sm* **1** leap, jump, vault. **2** hop. **3** dive. **4** hell (sapato). **aos saltos** leaping. **dar um salto** to take a leap. **salto com vara** pole vault. **salto de pára-quedas** parachute jump. **salto em altura** high jump. **salto em distância** long jump. **salto mortal** somersault, back flip. **salto ornamental** fancy diving. **salto triplo** triple jump (hop, skip and jump).

sal.va [s′awvə] *sf Bot* sage. **uma salva de palmas** ou **aplausos** a round of applause.

sal.va.ção [sawvas′ãw] *sf* (*pl* **salvações**) salvation. **Exército da Salvação** Salvation Army.

sal.va.dor [sawvad′or] *sm* **1** saviour. **2** **Salvador** Jesus Christ, the Saviour. • *adj* saving.

sal.va.men.to [sawvam′êtu] *sm* rescue.

sal.var [sawv′ar] *vt+vint+vpr* **1** to save. **2** to escape. **salvar-se** a) to survive. b) to escape. *salve-se quem puder!* / each one for himself!

sal.va-vi.das [sawvəv′idas] *sm*, *sing+pl* **1** life-saver, life guard. **2** life-belt. **barco salva-vidas** life-boat. **colete salva-vidas** life jacket.

sal.ve [s′awvi] *interj* hail! **Deus vos salve!** God save you!

sal.vo [s′awvu] *adj* safe. **são e salvo** safe and sound.

sa.mam.bai.a [samãb′ajə] *sf bras, Bot* a fern.

sam.ba [s′ãbə] *sm Mús* samba.

sa.nar [san′ar] *vt* to cure, heal.

sa.na.tó.rio [sanat′ɔrju] *sm* sanatorium, health resort.

san.ção [sãs′ãw] *sf* (*pl* **sanções**) sanction.

san.ci.o.nar [sãsjon′ar] *vt* to sanction.

san.dá.lia [sãd′aljə] *sf* sandal (a form of shoe).

sân.da.lo [s′ãdalu] *sm* sandal, sandalwood (tree and perfume).

san.du.í.che [sãdu′iʃi] *sm* sandwich.

sa.ne.a.men.to [saneam′êtu] *sm* **1** sanitation. **2** improvement.

sa.ne.ar [sane'ar] *vt* **1** to sanitate. **2** to improve.

san.fo.na [sãf'onə] *sf* accordion.

san.grar [sãgr'ar] *vt+vint* to bleed.

san.gren.to [sãgr'ẽtu] *adj* sanguinolent, bloody.

san.gri.a [sãgr'iə] *sf* **1** bleeding. **2** sangria: a drink of wine, water, sugar and fruit juice. **sangria desatada** *bras* something that needs immediate attention. **sangria nasal** nosebleed.

san.gue [s'ãgi] *sm* blood. **doar sangue** to give blood. **exame de sangue** blood test. **sangue coagulado** clotted blood. **sangue puro** thoroughbred, clean-bred. **subir o sangue à cabeça** to lose one's head. **transfusão de sangue** blood transfusion.

san.gue-fri.o [sãgifr'iu] *sm* (*pl* **sangues-frios**) coldness, coolness. **a sangue-frio** in cold blood. **manter o sangue-frio** to keep one's head. **matar a sangue-frio** to kill in cold blood.

san.gui.ná.rio [sãgin'arju] *adj* (também **sangüinário**) sanguinary, cruel.

san.guí.neo [sãg'inju] *adj* (também **sangüíneo**) blod. **glóbulos sanguíneos** blood cells. **grupo sanguíneo** blood group. **pressão sanguínea** blood pressure.

sa.ni.da.de [sanid'adi] *sf* sanity, health.

sa.ni.tá.rio [sanit'arju] *sm* water closet. • *adj* sanitary, health.

san.ta [s'ãtə] *sf* (*fem* de **santo**) saint.

san.ti.da.de [sãtid'adi] *sf* **1** holiness, sanctity. **2** the Pope's title. **Sua Santidade** His Holiness (the Pope).

san.ti.fi.ca.do [sãtifik'adu] *adj* sanctified, blessed, sacred.

san.ti.fi.car [sãtifik'ar] *vt* to sanctify.

san.ti.nho [sãt'iñu] *sm* **1** *dim* de **santo**. **2** little printed image of a saint. **3** *coloq* very virtuous or well-behaved person.

san.to [s'ãtu] *sm* **1** saint. **2** a good person. • *adj* saint, holy. **dia de Todos os Santos** All Saints' Day. **o Espírito Santo** the Holy Ghost, Holy Spirit. **santo Deus!** good heavens!

san.tu.á.rio [sãtu'arju] *sm* sanctuary, shrine.

são¹ [s'ãw] *abrev* **santo** (always used when the saint's name starts with a consonant:

São Paulo, São Pedro in opposition to **Santo Antônio**).

são² [s'ãw] *adj* (*pl* **sãos**) (*fem* **sã**) **1** sound, wholesome. **2** healthy. **são e salvo** safe and sound.

sa.pa.ta.ri.a [sapatar'iə] *sf* shoe shop, shoe store.

sa.pa.te.a.do [sapate'adu] *sm* tap-dance.

sa.pa.te.ar [sapate'ar] *vint+vt* **1** to tap-dance. **2** to stomp. **3** to beat time with the foot.

sa.pa.tei.ra [sapat'ejrə] *sf* shoe closet.

sa.pa.tei.ro [sapat'ejru] *sm* shoemaker.

sa.pa.to [sap'atu] *sm* shoe. **calçar os sapatos** to put on one's shoes. **cordão de sapatos, cadarço** shoelace, shoestring.

sa.pi.nhos [sap'iñus] *sm pl Med* aphthae, thrush, little white patches in the mouth of babies.

sa.po [s'apu] *sm Zool* toad.

sa.que¹ [s'aki] *sm* **1** bank draft, bill, the act of drawing a bill of exchange. **2** *Esp* service, serve.

sa.que² [s'aki] *sm* **1** sack. **2** robbery.

sa.que.ar [sake'ar] *vt+vint* to sack, plunder.

sa.rai.va.da [sarajv'adə] *sf* hail.

sa.ram.po [sar'ãpu] *sm Med* measles.

sa.rar [sar'ar] *vt+vint* to heal.

sar.cas.mo [sark'azmu] *sm* sarcasm.

sar.cás.ti.co [sark'astiku] *adj* sarcastic.

sar.da [s'ardə] *sf* (more used **sardas** *pl*) freckle.

sar.den.to [sard'ẽtu] *adj* freckled.

sar.di.nha [sard'iñə] *sf* sardine.

sar.gen.to [sarʒ'ẽtu] *sm* sergeant. **primeiro-sargento** sergeant-major.

sar.je.ta [sarʒ'etə] *sf* gutter.

sa.tã [sat'ã] *sm* Satan, devil, Lucifer.

sa.ta.nás [satan'as] *sm* (*pl* **satanases**) Satan, the archfiend, the devil.

sa.té.li.te [sat'εliti] *sm* satellite.

sá.ti.ra [s'atirə] *sf* satire.

sa.tí.ri.co [sat'iriku] *adj* satiric, satirical.

sa.ti.ri.zar [satiriz'ar] *vt* to satirize, lampoon.

sa.tis.fa.ção [satisfas'ãw] *sf* (*pl* **satisfações**) satisfaction. **dar satisfações** to explain, account to. **ter satisfação em** to find satisfaction in.

sa.tis.fa.to.ri.a.men.te [satisfatɔrjam'ẽti] *adv* satisfactorily.

sa.tis.fa.tó.rio [satisfat'ɔrju] *adj* satisfactory.

sa.tis.fa.zer [satisfaz'er] *vt+vint* to satisfy. **satisfazer às exigências** to fulfil the requirements. **satisfazer um desejo** to satisfy a wish. **satisfazer um pedido** to comply with a request.

sa.tis.fei.to [satisf'ejtu] *adj* satisfied.

sa.tu.ra.do [satur'adu] *adj* **1** saturated. **2** *fig* sick, tired.

sa.tu.rar [satur'ar] *vt* to saturate.

sa.tur.no [sat'urnu] *sm* Saturn.

sau.da.ção [sawdas'ãw] *sf* (*pl* **saudações**) salutation. **com minhas saudações** with my compliments. **palavras de saudação** words of welcome.

sau.da.de [sawd'adi] *sf* **1** longing. *estou cada vez com mais saudade de você* / I miss you more and more every day. *tenho muita saudade dele* / I miss him very much. **2** homesickness, nostalgia. **ter saudade da sua terra ou pátria** to be homesick.

sau.dar [sawd'ar] *vt* to salute. **saudar com vivas** to cheer.

sau.dá.vel [sawd'avew] *adj m+f* (*pl* **saudáveis**) sound, healthy.

sa.ú.de [sa'udi] *sf* health. • *interj* cheers!, cheerio!, **à sua saúde!** your health!, here's to you! **saúde pública** public health.

sau.na [s'awnə] *sf* sauna.

sa.va.na [sav'ʌnə] *sf* savanna, savannah.

sa.xo.fo.ne [saksof'oni] *sm Mús* saxophone.

sa.zo.nal [sazon'aw] *adj m+f* seasonal.

se¹ [si] *pron pess* himself, herself, itself, oneself, yourself, yourselves, themselves, each other, one another.

Enquanto pronome, **se** pode ser usado como:

1) índice de indeterminação do sujeito: *diz-se que a greve vai começar amanhã* / it is said that the strike will begin tomorrow. *alega-se que ele assaltou um banco quando era mais jovem* / it is alleged that he robbed a bank when he was younger.

2) partícula apassivadora: *registraram-se duas explosões no complexo industrial* / two explosions were registered in the industrial complex. *não se aceitam cheques de viagem aqui* / we don't accept traveler's checks here.

3) pronome reflexivo: *ele cortou-se* / he cut himself. *eles falam-se muito* / they talk to each other a lot. *ele viu-se refletido no lago* / he saw himself reflected in the lake. *eles se entreolharam* / they looked at one another.

se² [si] *conj* if, whether, provided, in case that, supposing. *se eu fosse rei* / if I were king. *não sei se ele está em casa* / I don't know whether he is at home. *ele se comporta como se não o estivesse vendo* / he acts as though he does not see it. **como se** as if. **se ao menos** if only. *se eu ao menos pudesse* / if I only could. **se bem que** even though. **se é que...** if at all... **se não** if not.

se.bo [s'ebu] *sm* **1** tallow, grease. **2** *bras* secondhand bookstore.

se.ca [s'ekə] *sf* drought.

se.ca.dor [sekad'or] *sm* dryer. **secador de cabelo** hair dryer.

se.ca.men.te [sekam'ẽti] *adv* **1** dryly. **2** *fig* coldly.

se.ção [ses'ãw] *sf* (*pl* **seções**) **1** section. **2** department. **3** pages (jornal).

se.car¹ [sek'ar] *vt+vint* to dry.

se.car² [sek'ar] *vt+vint bras, gír* to bring bad luck.

sec.ção [seks'ãw] *sf* (*pl* **secções**) = **seção**.

se.co [s'eku] *adj* **1** dry. **2** dried. **3** dead. **secos e molhados** groceries, grocery. **tempo seco** dry weather. **vinho seco** dry wine.

se.cre.ção [sekres'ãw] *sf* (*pl* **secreções**) *Fisiol* secretion.

se.cre.ta.men.te [sekrɛtam'ẽti] *adv* secretly.

se.cre.ta.ri.a [sekretar'iə] *sf* **1** secretaryship, clerkship. **2** office, bureau, secretariat. **3** admissions office.

se.cre.tá.ria [sekret'arjə] *sf* woman secretary. **secretária eletrônica** answering machine.

se.cre.tá.rio [sekret'arju] *sm* **1** secretary. **2** minister of state.

se.cre.to [sekr'εtu] *adj* secret, private.

se.cu.lar [sekul'ar] *adj m+f* secular.

sé.cu.lo [s'εkulu] *sm* century. **durante muitos séculos** for ages. **século de ouro** golden age, *fig* happy times.

se.cun.dá.rio [sekũd'arju] *adj* secondary, subordinate.

se.da [s'edə] *sf* **1** silk. **2** *bras* a kind, affable person. **bicho-da-seda** silkworm. **papel de seda** tissue-paper. **rasgar seda** to be extremely courteous.

se.da.ti.vo [sedat'ivu] *sm Med* sedative. • *adj* sedative.

se.de[1] [s'εdi] *sf* headquarters, seat. **sede de governo** seat of a government. **sede social** head-office.

se.de[2] [s'ede] *sf* **1** thirst. **2** *fig* greediness, impatience. **estar com sede** to be thirsty. **ir com muita sede ao pote** to act greedily. **matar a sede** to quench one's thirst.

se.den.tá.rio [sedẽt'arju] *adj* sedentary.

se.den.to [sed'ẽtu] *adj* thirsty.

se.di.ar [sedi'ar] *vt* to host. *nosso país está sediando os jogos olímpicos* / our country is hosting the olympic games.

se.di.men.to [sedim'ẽtu] *sm* sediment.

se.do.so [sed'ozu] *adj* silken, silky.

se.du.ção [sedus'ãw] *sf* (*pl* **seduções**) seduction, temptation.

se.du.tor [sedut'or] *sm* seducer. • *adj* seducing, enchanting.

se.du.zir [seduz'ir] *vt* to seduce.

seg.men.to [segm'ẽtu] *sm* segment.

se.gre.do [segr'edu] *sm* secret **em segredo** in secret. **guardar segredo** to keep secret.

se.gre.ga.ção [segregas'ãw] *sf* (*pl* **segregações**) segregation.

se.gre.gar [segreg'ar] *vt* to segregate.

se.gui.da.men.te [segidam'ẽti] *adv* without interruption, consecutively, continuously, continually, time after time.

se.gui.do [seg'idu] *adj* **1** followed, continued, in a row. **2** connected, coherent. **3** used, employed. **em seguida** after that, then, afterwards, right away.

se.gui.dor [segid'or] *sm* follower. • *adj* adherent, following.

se.guin.te [seg'ĩti] *sm* the next, the following. • *adj m+f* next, following.

no dia seguinte the following day. **o capítulo seguinte** the next chapter.

se.guir [seg'ir] *vt+vint+vpr* **1** to follow. **2** to pursue. **3** to come after or result from. *segue-se que* / the result is that, it follows that. **a seguir** following, next. **o que se segue?** what next? **quem segue?** who is next? **seguir alguém** to follow someone. **seguir as instruções** to follow the instructions. **seguir viagem** to go on, continue on one's way.

se.gun.da-fei.ra [segũdəf'ejrə] *sf* (*pl* **segundas-feiras**) Monday.

se.gun.do[1] [seg'ũdu] *num* second. • *adv* secondly, in the second place. **chegar em segundo lugar** to come second. **comprar de segunda mão** to buy second-hand.

se.gun.do[2] [seg'ũdu] *prep* according to. **segundo os nossos cálculos** according to our calculations.

se.gu.ra.do [segur'adu] *sm* insured person. • *adj* insured, assured.

se.gu.ra.dor [segurad'or] *sm* insurer. • *adj* insuring.

se.gu.ra.men.te [seguram'ẽti] *adv* safely.

se.gu.ran.ça [segur'ãsə] *sf* **1** security. **2** self-confidence, assurance. *s m+f* a bodyguard or a watchman. **cinto de segurança** safety belt. **com segurança** reliably. **em segurança** in safety. **para segurança** for safety's sake.

se.gu.rar [segur'ar] *vt* **1** to secure, make safe or secure. **2** to firm, fasten, hold, clamp or cling. *segure bem!* / hold tight! **3** to catch, grasp, hold, seize. **4** to insure. **segurar contra acidentes** to insure against accidents.

se.gu.ro [seg'uru] *sm* **1** insurance. **2** guarantee, protection, support, shelter. • *adj* **1** secure, safe. **2** firm, steady. **3** self-confident. **4** sure. *pode estar seguro disto* / you may be sure of that. **apólice de seguro** insurance policy. **companhia de seguros** insurance company. **corretor de seguros** insurance broker. **estar seguro** to feel confident. **pôr no seguro** to insure. **seguro-saúde** health-insurance. **seguro de vida** life-insurance.

sei.o [s'eju] *sm* breast. **bico do seio** nipple.

seis [s'ejs] *num* six.

seis.cen.tos [seis'ẽtus] *numeral* six hundred.

sei.ta [s'ejtə] *sf* sect.

sei.va [s'ejvə] *sf* sap.

sei.xo [s'ejʃu] *sm* pebble.

se.ja [s'eʒə] *conj+interj* be it. **ou seja** that is. **seja como for** come what may.

se.la [s'ɛlə] *sf* saddle.

se.la.do [sel'adu] *adj* stamped, sealed.

se.lar¹ [sel'ar] *vt+vint* to saddle.

se.lar² [sel'ar] *vt* **1** to stamp. **2** to rubber-stamp. **3** to seal.

se.le.ção [seles'ãw] *sf* (*pl* **seleções**) **1** selection. **2** *Esp* team of selected players.

se.le.ci.o.nar [selesjon'ar] *vt* to select, pick out, choose.

se.le.to [sel'ɛtu] *adj* select.

se.lo [s'elu] *sm* (*pl* **selos**) **1** seal. **2** stamp. **3** label.

sel.va [s'ɛwvə] *sf* jungle. **selva de pedra, selva de asfalto** asphalt jungle.

sel.va.gem [sewv'aʒẽj] *adj* **1** savage, wild. **2** uncivilized.

sel.va.ge.ri.a [sewvaʒer'iə] *sf* savagery.

sem [s'ẽj] *prep* without, lacking, wanting, destitute of, sine. *sem saúde não há felicidade* / without health happiness is impossible. **passar sem** to do without. **sem dinheiro** out of money. **sem dúvida** without doubt. **sem falta** without fail. **sem fim** endless. **sem parar** on and on. **sem valor** of no worth.

se.má.fo.ro [sem'aforu] *sm* **1** traffic light. **2** signal (on a railway).

se.ma.na [sem'ʌnə] *sf* week. **a próxima semana** next week. **a semana passada** last week. **a semana que vem** the coming week. **a semana seguinte** the following week. **daqui a uma semana** a week from now. **durante a semana** in the week. **fim de semana** weekend. **todas as semanas** every week.

se.ma.nal [seman'aw] *adj m+f* (*pl* **semanais**) weekly.

se.ma.nal.men.te [semʌnawm'ẽti] *adv* weekly.

se.me.ar [seme'ar] *vt+vint* to sow.

se.me.lhan.ça [semeʎ'ãsə] *sf* likeness. **à semelhança de** in the likeness of. **ter semelhança com** to bear resemblance to.

se.me.lhan.te [semeʎ'ãti] *sm* fellow creature. • *adj m+f* similar.

sê.men [s'emẽj] *sm* (*pl* **semens, sêmenes**) semen.

se.men.te [sem'ẽti] *sf* seed. **lançar a semente de** to sow the seeds of.

se.mes.tral [semestr'aw] *adj m+f* (*pl* **semestrais**) half-yearly.

se.mes.tral.men.te [semestrawm'ẽti] *adv* bi-annually.

se.mes.tre [sem'ɛstri] *sm* semester. • *adj m+f* semestral.

se.mi.cír.cu.lo [semis'irkulu] *sm* semicircle.

se.mi.fi.nal [semifin'aw] *sf* semifinal. • *adj m+f* semifinal.

se.mi.fi.na.lis.ta [semifinal'istə] *s m+f* semifinalist.

se.mi.ná.rio [semin'arju] *sm* **1** seminary. **2** seminar.

sem.pre [s'ẽpri] *adv* **1** always, ever. *uma queixa que sempre se repete* / an ever recurrent complaint. **2** forever. *vou te amar para sempre* / I'll love you forever. **como sempre** as always, as usual.

sem-ter.ra [sẽjt'ɛr̃ə] *s m+f, sing+pl* a person who claims a tract of land of his own to work on.

sem-te.to [sẽjt'ɛtu] *s m+f, sing+pl* homeless: a person without a home.

sem-ver.go.nha [sẽjverg'oñə] *s m+f, sing+pl bras* shameless, impudent person. • *adj m+f* shameless, unashamed.

se.na.do [sen'adu] *sm* senate.

se.na.dor [senad'or] *sm* senator.

se.não [sen'ãw] *conj* **1** otherwise, else, or else, except, unless. *você precisa correr, senão vai chegar muito atrasado* / you must run, otherwise you'll be too late. **2** but, rather. • *prep* except, but, save. *ele nada faz senão jogar* / he does nothing but play. **senão quando** suddenly, then. **senão que** but also, rather, on the contrary.

se.nha [s'eñə] *sf* password.

se.nhor [señ'or] *sm* **1** owner, proprietor, possessor, master. *sou senhor de mim mesmo* / I am my own master. **2** mister (*abrev* Mr.). **3** sir. **Nosso Senhor Jesus Cristo** Our Lord Jesus Christ. **prezado senhor** dear sir.

se.nho.ra [señ'ɔrə] *sf* **1** mistress, lady, madam. *a senhora Castro está em casa?* / is Mrs. Castro in? *ela estava inteiramente senhora de si* / she was perfectly mistress of herself. **2** wife. **3** housewife. • *pron* you (formal). **minhas senhoras e meus senhores** ladies and gentlemen. **Nossa Senhora** Our Lady, the blessed Virgin Mary.

se.nho.ri.a [señor'iə] *sf* landlady.

se.nho.ri.o [señor'iu] *sm* landlord.

se.nho.ri.ta [señor'itə] *sf bras* Miss.

Miss é usado com o sobrenome ou o nome e sobrenome de uma mulher solteira, mas não apenas com o nome próprio: *Miss Stephen, Miss Virginia Stephen,* mas nunca *Miss Virginia.* Quando não se conhece o estado civil de uma mulher, usa-se **Ms.**

se.nil [sen'iw] *adj m+f (pl* **senis**) senile.

se.ni.li.da.de [señilid'adi] *sf* senility.

sê.nior [s'enjor] *sm (pl* **seniores**) senior. • *adj m+f* senior.

sen.sa.ção [sẽsas'ãw] *sf (pl* **sensações**) sensation, feeling.

sen.sa.ci.o.nal [sẽsasjon'aw] *adj m+f (pl* **sensacionais**) sensational, remarkable.

sen.sa.tez [sẽsat'es] *sf* judiciousness, good sense.

sen.sa.to [sẽs'atu] *adj* sensible, rational, reasonable.

sen.si.bi.li.da.de [sẽsibilid'adi] *sf* sensibility.

sen.si.bi.li.zar [sẽsibiliz'ar] *vt+vpr* **1** to sensitize. **2** to touch. **3 sensibilizar-se** to be touched, moved.

sen.si.ti.vo [sẽsit'ivu] *adj* sensitive.

sen.sí.vel [sẽs'ivew] *adj m+f (pl* **sensíveis**) **1** sensitive. **2** perceptible. **3** touchy, sensitive. **4** *fig* compassionate.

sen.si.vel.men.te [sẽsivewm'ẽti] *adv* sensibly.

sen.so [s'ẽsu] *sm* sense. **bom senso** common sense. **senso comum** common sense. **senso de humor** sense of humour. **senso de responsabilidade** sense of responsibility.

sen.sual [sẽsu'aw] *sm (pl* **sensuais**) a sensual person. • *adj m+f* sensual.

sen.su.a.li.da.de [sẽswalid'adi] *sf* sensuality.

sen.su.al.men.te [sẽswawm'ẽti] *adv* sensually.

sen.tar [sẽt'ar] *vt+vint+vpr* **1** to seat, place. **2** to sit. **3 sentar-se** to sit down, take a seat. *é melhor sentar-se à sombra* / you had better sit down in the shade.

sen.ten.ça [sẽt'ẽsa] *sf* **1** sentence. **2** saying. **3** verdict. **4** opinion. **cumprir uma sentença** to serve a sentence. **dar uma sentença** to pass sentence or judgement.

sen.ten.ci.a.do [sẽtẽsi'adu] *sm* convict. • *adj* judged, sentenced.

sen.ten.ci.ar [sẽtẽsi'ar] *vt+vint* to sentence.

sen.ti.do [sẽt'idu] *sm* **1** sense. **2** feeling. **3** good sense, judgment. **4** meaning. **5** direction. **6 sentidos** a) senses, sensory mechanism. b) intellectual faculties. c) consciousness. • *adj* **1** sensible, touchy. **2** sorry, grieved. **3** sad, moaning. • *interj Mil* attention! **compreender o sentido** to catch the meaning. **em sentido contrário** in the opposite direction. **os cinco sentidos** the five senses. **o sexto sentido** the sixth sense. **perder os sentidos** to lose consciousness. **recuperar os sentidos** to recover one's sense, come round. **sem sentidos** unconscious.

sen.ti.men.tal [sẽtimẽt'aw] *adj m+f (pl* **sentimentais**) sentimental, emotional.

sen.ti.men.to [sẽtim'ẽtu] *sm* feeling.

sen.ti.ne.la [sẽtin'ɛlə] *sf* **1** sentry. **2** lookout. **estar de sentinela** to watch, stand sentinel.

sen.tir [sẽt'ir] *vt+vint+vpr* **1** to feel. **2** to regret, be sorry. **3 sentir-se** a) to feel, be self-conscious. *não me sinto bem* / I do not find myself very well. b) to resent. **sentir falta de** to miss. *vou sentir muito a sua falta* / I shall miss you very much. **sentir-se à vontade com alguém** to feel at home with someone. **sentir-se bem** to feel well.

se.pa.ra.ção [separas'ãw] *sf (pl* **separações**) separation.

se.pa.ra.do [separ'adu] *adj* separate.

se.pa.rar [separ'ar] *vt+vpr* **1** to separate. **2 separar-se** to part with, leave, split up.

se.pul.tar [sepuwt'ar] *vt* to bury.

se.pul.tu.ra [sepuwt'urə] *sf* grave.

se.qüe.la [sek'wɛlə] sf 1 consequence, result. 2 Med sequela.

se.qüên.cia [sek'wẽsjə] sf sequence.

se.quer [sek'ɛr] adv at least, so much as, even.

se.qües.tra.dor [sekwestrad'or] sm kidnapper.

se.qües.trar [sekwestr'ar] vt to kidnap.

se.qües.tro [sek'wɛstru] sm 1 kidnapping (pessoa). 2 hijacking (avião).

ser [s'er] sm (pl seres) 1 being, creature. 2 existence, life. • vlig+vt+vint to be: a) to exist. b) to have existence in fact, physical or mental. c) to become. o que é feito dele? / what is become of him? d) to happen. era no outono / it was in autumn. era uma vez um rei / once upon a time there was a king. e) to belong. f) to be made of, consist. g) to cost. quanto é isto? / how much is this? h) to be used for, serve as. i) to concern. é isso mesmo that's just it. é minha vez it's my turn. foi ele que it was he who. isto é that is. se assim for if that be the case. seja assim be it so. seja como for be it as it may. ser alguém to be somebody. ser humano human being. ser necessário to be necessary. ser preferível to be preferable.

se.rei.a [ser'ejə] sf mermaid.

se.re.nar [seren'ar] vt+vint 1 to calm, pacify. 2 to grow quiet, calm down.

se.re.na.ta [seren'atə] sf serenade.

se.re.ni.da.de [serenid'adi] sf serenity.

se.re.no [ser'enu] sm 1 dew, mist. 2 bras drizzle, a slow rain. • adj serene.

se.ri.a.do [seri'adu] sm TV or movie series.

se.ri.a.men.te [sɛrjam'ẽti] adv seriously.

sé.rie [s'ɛrji] sf 1 series. 2 a great quantity, great number. produção em série mass production. uma série de acontecimentos a train of events.

se.ri.e.da.de [serjed'adi] sf seriousness.

se.rin.ga [ser'ĩgə] sf syringe.

sé.rio [s'ɛrju] adj 1 serious, severe, earnest. está falando sério? / are you serious? 2 reliable, trustworthy. 3 decent, modest. levar/tomar a sério to take to heart.

ser.mão [serm'ãw] sm (pl sermões) 1 sermon, preach. 2 fig severe reprimand.

o Sermão da Montanha the Sermon on the Mount. pregar um sermão to give a lecture.

ser.pen.te [serp'ẽti] sf serpent.

ser.pen.ti.na [serpẽt'inə] sf streamer.

ser.ra [s'ɛrə] sf 1 saw. 2 fig mountain ridge, mountain range. 3 mountains. serra de vaivém gigsaw. serra elétrica electric saw. serra tico-tico fret saw. subir a serra fig to become angry.

ser.ra.gem [seʀ'aʒẽj] sf (pl serragens) bras sawdust.

ser.ra.lhei.ro [seʀaʎ'ejru] sm locksmith.

ser.rar [seʀ'ar] vt+vint to saw.

ser.ro.te [seʀ'ɔti] sm hand-saw.

ser.ta.ne.jo [sertan'eʒu] sm dweller of the backcountry. • adj 1 of or from the backcountry or wilderness. 2 that lives in the backcountry.

ser.tão [sert'ãw] sm (pl sertões) 1 interior of the country. 2 bras arid and remote interior. cidades do sertão inland towns.

ser.ven.te [serv'ẽti] s m+f servant, attendant, helper. • adj serving, attendant. servente de pedreiro hodman, hod-carrier.

ser.ven.ti.a [servẽt'iə] sf 1 usefulness. 2 use, service.

ser.vi.ço [serv'isu] sm 1 service. 2 job. 3 work. deixar o serviço to give up, leave the service. em serviço in work, on service. no momento ele está em serviço / he is on service just now. estar de serviço to be on duty. posto de serviço (for cars) service station. serviço aéreo air service. serviço assalariado work for wages. serviço civil civil service. serviço de correio postal service. serviço de mesa dinner service. serviço diário daily service. serviço doméstico house-work. serviço externo outside service. serviço funerário undertaking. serviço militar military service. serviço obrigatório compulsory service. serviço público public service. serviço secreto secret service. serviço telefônico telephone service. tempo de serviço time, term of service.

ser.vi.dor [servid'or] sm servant. • adj attendant, serving.

ser.vir [serv'ir] *vint+vt+vpr* to serve: **1** to labor as a servant. **2** to perform the duties of a position. **3** to wait on, attend on. **4** to help, assist. **5** to be useful. *isto pode servir-lhe* / this may be of some use to you. **6** to render military service. **7** to suit, be suitable. *estes sapatos não me servem* / these shoes don't fit me. **8 servir-se** a) to make use of. *já não me sirvo dele* / I am not using it any more. b) to help oneself (at table). *sirva-se* / help yourself. **para que serve?** what is it good for? **sevir à pátria** to serve one's country. **servir de** to serve as. **servir de lição** to serve as a lesson. **servir no exército** to serve in the army. **servir para** a) to serve for. b) to lend itself or oneself to. **servir-se da ocasião** to seize the opportunity. **servir-se de** to employ, make use of. **servir voluntariamente** to volunteer.

ser.vo [s'ɛrvu] *sm* **1** servant. **2** slave.

sé.sa.mo [s'ɛzamu] *sm Bot* sesame. **abre-te, sésamo** open sesame.

ses.são [ses'ãw] *sf (pl* **sessões)** **1** session. **2** *bras* each of the successive shows every day in a cinema or theatre. **3** *Theat* performance.

ses.sen.ta [ses'ẽtə] *num* sixty.

ses.ta [s'ɛstə] *sf* siesta.

se.ta [s'ɛtə] *sf* **1** arrow, dart. **2** hand of a clock.

se.te [s'ɛti] *num* seven. **as sete maravilhas do mundo** the seven wonders of the world. **os sete pecados capitais** the seven deadly sins.

se.te.cen.tos [sɛtes'ẽtus] *num* seven hundred.

se.tem.bro [set'ẽbru] *sm* September.

se.ten.ta [set'ẽtə] *num* seventy. **a casa dos setenta** the seventies.

sé.ti.mo [s'ɛtimu] *num* seventh.

se.tor [set'or] *sm* **1** sector. **2** section.

se.tu.a.ge.ná.rio [setwaʒen'arju] *sm* septuagenarian. • *adj* septuagenary.

se.tu.a.gé.si.mo [setwaʒ'ɛzimu] *num* seventieth.

seu [s'ew] *pron adj poss* yours, his, hers, its, theirs. *eu gastei o seu dinheiro (dele)* / I spent his money. *eu gastei o seu*

dinheiro (dela) / I spent her money. *eu gastei o seu dinheiro (teu)* / I spent your money. • *pron subs poss* his, his own, hers, her own, yours, your own, its, its own, theirs, their own. *este livro é seu (teu, dele, dela, deles)* / this book is yours/his/hers/theirs.

se.ve.ra.men.te [sevɛram'ẽti] *adv* severely.

se.ve.ri.da.de [severid'adi] *sf* severity.

se.ve.ro [sev'ɛru] *adj* **1** severe. **2** strict. **3** harsh.

se.xa.ge.ná.rio [seksaʒen'arju] *sm* sexagenarian. • *adj* sexagenary, sexagenarian.

se.xa.gé.si.mo [seksaʒ'ɛzimu] *num* sixtieth.

se.xo [s'ɛksu] *sm* sex.

se.xó.lo.go [seks'ɔlogu] *sm* sexologist.

sex.ta-fei.ra [sestəf'ejrə] *sf (pl* **sextas-feiras)** Friday.

sex.te.to [sest'etu] *sm Mús* sextet.

sex.to [s'estu] *num* sixth.

sêx.tu.plo [s'estuplu] *num* sextuple.

se.xu.al [seksu'aw] *adj m+f (pl* **sexuais)** sexual. **relação sexual** sexual intercourse. **símbolo sexual** sex symbol.

se.xu.a.li.da.de [sekswalid'adi] *sf* sexuality.

short [ʃ'ɔrt] *sm ingl* shorts.

show [ʃ'ow] *sm ingl* **1** show, exhibition. **2** *fig* a wonderful perform. **3** *fig* scene, scandal.

si [s'i] *sm Mús* si. • *pron* himself, herself, itself, oneself, yourself, yourselves, themselves. *ele voltou a si* / he came to himself. **dar sinal de si** to show signs of life. **ter confiança em si próprio** to have self-confidence.

si.a.mês [siam'es] *sm (pl* **siameses)** Siamese. • *adj* Siamese. **gato siamês** Siamese cat. **gêmeos siameses** Siamese twins.

si.bi.lan.te [sibil'ãti] *adj m+f* sibilant. **som sibilante** sibilant sound.

SIDA [s'idə] *sf Med abrev de* **síndrome de deficiência imunológica adquirida** (AIDS – Acquired Immune Deficiency Syndrome).

si.de.rur.gi.a [siderurʒ'iə] *sf* **1** metallurgy of iron. **2** ironworks.

si.de.rúr.gi.co [sider'urʒiku] *adj* metallurgical, steelworks.

si.dra [si'idrə] *sf* cider.

sí.fi.lis [si'ifilis] *sf Med* syphilis.

si.gi.lo [siʒi'ilu] *sm* seal, secret.

si.gi.lo.so [siʒil'ozu] *adj* secret.

si.gla [si'iglə] *sf* **1** abbreviation. **2** initials. **3** acronym.

sig.ni.fi.ca.ção [signifikas'ãw] *sf (pl* **significações)** signification, meaning, sense.

sig.ni.fi.ca.do [signifik'adu] *sm* = **significação.**

sig.ni.fi.can.te [signifik'ãti] *adj m+f* significant.

sig.ni.fi.car [signifik'ar] *vt* to mean.

sig.ni.fi.ca.ti.vo [signifikat'ivu] *adj* meaningful.

sig.no [si'ignu] *sm* sign.

sí.la.ba [si'ilabə] *sf* syllable.

si.lá.bi.co [sil'abiku] *adj* syllabic.

si.len.ci.ar [silẽsi'ar] *vt* to silence.

si.lên.cio [sil'ẽsju] *sm* silence. • *interj* silence!

si.len.ci.o.so [silẽsi'ozu] *sm* **1** a taciturn person. **2** *Mec* muffler. • *adj* silent, quiet.

si.lhu.e.ta [siλu'etə] *sf* silhouette.

si.lí.cio [sil'isju] *sm Quím* silicium, silicon (symbol Si).

si.li.co.ne [silik'oni] *sm Quím* silicone.

si.lo.gis.mo [siloʒ'izmu] *sm Lóg* syllogism.

sil.ves.tre [siwv'ɛstri] *adj m+f* wild.

sil.ví.co.la [siwv'ikolə] *s m+f* savage, barbarian. • *adj* living in the woods, silvicolous.

sil.vo [si'iwvu] *sm* hiss.

sim [s'ĩ] *sm* **1** an affirmative reply. **2** a yes. • *adv* **1** yes, yea, aye. *ele não disse nem sim, nem não /* he said neither yes nor no. **2** all right. **3** absolutely. **4** exactly. • *interj* naturally!, of course! **creio que sim** I believe so. **um dia sim, um dia não** every other day.

sim.bó.li.co [sĩb'ɔliku] *adj* **1** symbolic(al). **2** allegoric(al).

sim.bo.lis.mo [sĩbol'izmu] *sm* symbolism.

sim.bo.li.zar [sĩboliz'ar] *vt* to symbolize.

sím.bo.lo [si'ĩbolu] *sm* symbol.

si.me.tri.a [simetr'iə] *sf* symmetry.

si.mé.tri.co [sim'ɛtriku] *adj* **1** symmetric(al). **2** harmonious.

si.mi.lar [simil'ar] *sm* a similar person or object. • *adj m+f* similar.

si.mi.la.ri.da.de [similarid'adi] *sf* **1** similarity. **2** likeness, resemblance.

si.mi.li.tu.de [similit'udi] *sf* **1** similitude. **2** resemblance.

sí.mio [si'imju] *sm* monkey, ape. • *adj* simian.

sim.pa.ti.a [sĩpat'iə] *sf* **1** liking, affection. **2** affinity. **3** appreciation, admiration. **ter simpatia por** to have an affection for.

sim.pá.ti.co [sĩp'atiku] *adj* nice. *ela é uma garota simpática /* she is a nice girl. Veja nota em **sympathetic.**

sim.pa.ti.zar [sĩpatiz'ar] *vt* **1** to feel an affection for. **2** to take a liking to.

sim.ples [si'ĩplis] *adj* **1** simple. **2** single. **juros simples** simple interest.

sim.pli.ci.da.de [sĩplisid'adi] *sf* **1** simplicity. **2** naturalness. **3** naïveness. **4** sincerity.

sim.pli.fi.car [sĩplifik'ar] *vt* **1** to simplify. **2** to facilitate. **3** to clarify.

sim.pó.sio [sĩp'ɔzju] *sm* symposium.

si.mu.la.ção [simulas'ãw] *sf (pl* **simulações) 1** simulation. **2** pretense.

si.mu.la.do [simul'adu] *adj* **1** simulated. **2** mock. **3** false. **4** feigned.

si.mul.ta.ne.a.men.te [simuwtʌneam'ẽti] *adv* simultaneously, concomitantly.

si.mul.ta.nei.da.de [simuwtanejd'adi] *sf* **1** simultaneity, simultaneousness. **2** synchronism.

si.mul.tâ.neo [simuwt'ʌnju] *adj* simultaneous, concomitant.

si.na [s'inə] *sf coloq* fate, fortune, destiny, doom.

si.na.go.ga [sinag'ɔgə] *sf* synagogue.

si.nal [sin'aw] *sm (pl* **sinais) 1** signal. **2** sign. *ele fez o sinal da cruz /* he made the sign of the cross. **3** mark, indication. **4** evidence, vestige. **5** gesture. **6** birthmark. **7** symptom. **sinal de advertência** warning signal, beacon. **sinal de respeito** tribute of respect.

si.na.lei.ro [sinal'ejru] *sm* **1** flagman, signaller. **2** *bras* traffic light.

si.na.li.za.ção [sinalizas'ãw] *sf (pl* **sinalizações) 1** act or result of signalizing. **2** traffic signs or signals. **poste de sinalização** signal post.

si.na.li.zar [sinaliz'ar] *vint* to signal, signalize.

sin.ce.ra.men.te [sisɛram'ẽti] *adv* 1 sincerely. 2 frankly. 3 honestly, truly.

sin.ce.ri.da.de [siserid'adi] *sf* 1 sincerity, sincereness. 2 frankness, openness.

sin.ce.ro [sis'ɛru] *adj* 1 sincere. 2 frank, open. 3 honest, truthful.

sín.co.pe [s'ĩkopi] *sf* syncope: *Med* temporary loss of consciousness, fainting fit.

sin.cro.ni.a [sĩkron'iə] *sf* synchrony.

sin.cro.nis.mo [sĩkron'izmu] *sm* 1 synchronism. 2 simultaneousness.

sin.cro.ni.za.ção [sĩkronizas'ãw] *sf* (*pl* **sincronizações**) synchronization.

sin.cro.ni.zar [sĩkroniz'ar] *vt* 1 to synchronize. 2 to coordinate actions which happen at the same time.

sin.di.cal [sĩdik'aw] *adj m+f* (*pl* **sindicais**) syndical.

sin.di.ca.lis.mo [sĩdikal'izmu] *sm* 1 syndicalism. 2 unionism.

sin.di.ca.li.zar [sĩdikaliz'ar] *vt+vpr* 1 to organize into a trade union. 2 **sindicalizar-se** to become a member of a trade union.

sin.di.cân.cia [sĩdik'ãsjə] *sf* 1 syndication. 2 investigation, inquiry.

sin.di.ca.to [sĩdik'atu] *sm* syndicate, trade union, labor union.

sín.di.co [s'ĩdiku] *sm* 1 syndic. 2 manager of a condominium or an apartment building.

sín.dro.me [s'ĩdromi] *sm* syndrome. **síndrome de deficiência imunológica adquirida** ou **síndrome de imuno-deficiência adquirida** (SIDA) acquired immune deficiency syndrome (AIDS).

si.ner.gi.a [siner3'iə] *sf* synergy: combined or co-ordinated action.

si.ne.ta [sin'etə] *sf* a small bell, call bell.

si.ne.te [sin'eti] *sm* 1 seal. 2 print, impress. 3 stamp, mark. 4 signet. **anel de sinete** signet ring.

sin.fo.ni.a [sĩfon'iə] *sf* symphony.

sin.fô.ni.ca [sĩf'onikə] *sf* symphony orchestra.

sin.ge.lo [sĩ3'ɛlu] *adj* 1 plain, simple. 2 sincere, unfeigned. 3 artless, unpretending.

sin.gu.lar [sĩgul'ar] *adj m+f* 1 individual. 2 belonging or interesting one person only. 3 single. 4 one, unique. 5 singular, extraordinary, remarkable. **um acontecimento singular** a unique event.

sin.gu.la.ri.da.de [sĩgularid'adi] *sf* 1 singularity. 2 particularity, uniqueness. 3 remarkableness, extraordinariness.

si.nis.tro [sin'istru] *sm* 1 accident, casualty. 2 disaster, calamity. • *adj* sinister, ominous.

si.no [s'inu] *sm* bell. **sino de alarma** alarm bell.

si.nô.ni.mo [sin'onimu] *sm* synonym. • *adj* synonymous.

si.nop.se [sin'ɔpsi] *sf* 1 synopsis. 2 summary, abridgement.

sin.tá.ti.co [sĩt'atiku] *adj Gram* syntactic(al).

sin.ta.xe [sĩt'asi] *sf Gram* syntax.

sín.te.se [s'ĩtezi] *sf* synthesis.

sin.té.ti.co [sĩt'ɛtiku] *adj* 1 synthetic(al). 2 resumed, abridged. 3 artificial. **resina sintética** synthetic resin.

sin.te.ti.za.dor [sĩtetizad'or] *sm Mús* synthesizer.

sin.te.ti.zar [sĩtetiz'ar] *vt* 1 to synthesize. 2 to make a synthesis of. 3 to abridge, sum up.

sin.to.ma [sĩt'omə] *sm* symptom.

sin.to.má.ti.co [sĩtom'atiku] *adj* symptomatic, symptomatical.

sin.to.ni.a [siton'iə] *sf* 1 syntony. 2 *Rád* tuning in, syntonization.

sin.to.ni.zar [sĩtoniz'ar] *vt* 1 to syntonize. 2 *Rád* to tune in.

si.nu.ca [sin'ukə] *sf* 1 pool, snooker. 2 embarrassing or difficult situation.

si.nu.o.si.da.de [sinwozid'adi] *sf* 1 sinuosity, sinuousness. 2 winding.

si.nu.o.so [sinu'ozu] *adj* 1 sinuous. 2 winding, bending.

si.nu.si.te [sinuz'iti] *sf Med* sinusitis.

si.o.nis.mo [sjon'izmu] *sm* Zionism.

si.re.ne [sir'eni] *sf* siren: a device that produces a loud, shrill sound.

si.ri [sir'i] *sm bras, Zool* a type of crab.

si.ri.gai.ta [sirig'ajtə] *sf* 1 *gír* a lively, high-spirited woman. 2 *gír* flirting girl.

si.ro.co [sir'oku] *sm sirocco*: hot, dry wind in North Africa.

sís.mi.co [s'izmiku] *adj* seismic, seismal. **abalo sísmico** earthquake.

sis.mó.gra.fo [sizm'ɔgrafu] *sm Fís* seismograph.

si.so [s'izu] *sm* **1** judgment. **2** criterion. **dente do siso** wisdom tooth.

sis.te.ma [sist'emə] *sm* **1** system. **2** aggregation of different parts. **3** fundamental social and political principles of government. **4** arrangement, combination. **5** mode, means. **análise de sistemas** *Inform* systems analysis. **analista de sistemas** *Inform* systems analyst. **sistema governamental** political system. **sistema nervoso** nervous system. **sistema solar** solar system.

sis.te.má.ti.ca [sistem'atikə] *sf* systematics, taxonomy.

sis.te.má.ti.co [sistem'atiku] *adj* **1** systematic. **2** methodic, methodical.

sis.te.ma.ti.za.ção [sistematizas'ãw] *sf* (*pl* **sistematizações**) systematization, adjustment (to a system).

sis.te.ma.ti.zar [sistematiz'ar] *vt* **1** to systemize, systematize. **2** to arrange methodically, classify.

sís.to.le [s'istoli] *sf Med, Fisiol* systole: contraction of the heart.

si.su.dez [sizud'es] *sf* **1** circumspection, prudence. **2** seriousness.

si.su.do [siz'udu] *adj* discerning. **1** serious. **2** prudent, judicious.

si.te [s'ajti] *sm Inform ingl* site.

si.ti.an.te [siti'ãti] *s m+f* rancher: owner of a ranch.

si.ti.ar [siti'ar] *vt* **1** siege. **2** *Mil* to surround with an army.

sí.tio¹ [s'itju] *sm* **1** place, local, locality. **2** ground, soil. **3** site. **4** *bras* ranch, small farm.

sí.tio² [s'itju] *sm* siege. **em estado de sítio** in a state of siege.

si.tu.a.ção [sitwas'ãw] *sf* **1** situation, position, posture, location, place. **2** economical or political state of affairs. **3** circumstances, condition. *estavam em situação idêntica* / they were in the same situation. **4** predicament, plight. *ele está em má situação* / he is in a sad plight.

eu não estava em situação de... I was not in a position to... **na situação atual** in existing circumstances. **situação financeira** financial position.

si.tu.a.do [situ'adu] *adj* situated, located, placed.

si.tu.ar [situ'ar] *vt+vpr* **1** to place, put in place. **2** to situate, locate. **3** to position. **4 situar-se** to place oneself.

só [s'ɔ] *adj m+f* **1** alone, without company. *ela estava completamente só neste mundo* / she was all alone in this world. **2** unique. **3** single, sole. **4** lone, lonely. **5** by oneself. **6** solitary, secluded. • *adv* only, solely, merely, solitarily, uniquely, not other than, just. **não só..., mas também...** not only..., but also... *ele leva não só a sua esposa, mas também sua irmã* / he takes not only his wife, but also his sister.

so.a.lho [so'aʎu] *sm* **1** floor, flooring. **2** wooden floor.

so.ar [so'ar] *vint* **1** to sound: produce a sound. *isto soa bem* / that sounds fine. **2** to indicate or proclaim by a sound. **3** to strike (a bell), ring.

sob [s'ob] *prep* under, below, beneath. **aqueles que estão sob as suas ordens** those who are under him. **sob juramento** under oath.

so.be.ra.na.men.te [soberʌnam'ẽti] *adv* sovereignly, paramountly, absolutely.

so.be.ra.ni.a [soberan'iə] *sf* **1** sovereignty. **2** supreme power, domination.

so.be.ra.no [sober'ʌnu] *sm* **1** sovereign. **2** imperator, monarch, king. **3** ruler, potentate. • *adj* sovereign, supreme, paramount, absolute.

so.ber.ba [sob'erbə] *sf* **1** pride, haughtiness. **2** presumption, arrogance.

so.ber.bo [sob'erbu] *sm* a proud person. • *adj* **1** superb. **2** prideful. **3** arrogant. **4** splendid, sumptuous.

so.bra [s'ɔbrə] *sf* **1** surplus, overplus. **2** excess, abundance. **3** residue. **4 sobras** leftover. **tempo de sobra** plenty of time.

so.bra.do [sobr'adu] *sm* a house of two (or more) storeys.

so.bran.ce.lha [sobrãs'eʎə] *sf* brow, eyebrow. *ela tem sobrancelhas pretas* / she is black-browed.

S

so.brar [sobr'ar] *vt* **1** to overabound, be in excess of. **2** to remain. *não sobrou nada* / there was nothing left.

so.bre [s'obri] *prep* **1** on, upon. *ele tomou sobre si a tarefa* / he took this assignment upon himself. **2** about. *sobre o que ela está falando?* / what is she talking about? **3** over, above. *o avião estava voando sobre os Alpes* / the plane was flying over the Alps.

so.bre.a.vi.so [sobreav'izu] *sm* **1** precaution, forethought. **2** prudence. **3** prevention. • *adj* warned, cautioned, prudent. **estar de sobreaviso** to be on the alert.

so.bre.car.ga [sobrek'argə] *sf* overburden, overload.

so.bre.car.re.ga.do [sobrekaĩeg'adu] *adj* overloaded, surcharged. **sobrecarregado de serviço** up to the eyes in work.

so.bre.car.re.gar [sobrekaĩeg'ar] *vt* **1** to overload, overburden. **2** to increase excessively.

so.bre.co.xa [sobrek'oʃə] *sf bras* the thigh of any fowl.

so.bre.er.guer [sobreerg'er] *vt* **1** to raise (something) higher than another object. **2** to become superior or higher than.

so.bre-hu.ma.no [sobrjum'ʌnu] *adj* (*pl* **sobre-humanos**) **1** superhuman. **2** beyond human power or strength. **3** supernatural.

so.bre.lo.ja [sobrel'ɔʒə] *sf mezzanine*.

so.bre.lo.ta.ção [sobrelotas'ãw] *sf* (*pl* **sobrelotações**) **1** quantity which surpasses the normal loading capacity of a vehicle. **2** overburden, overload.

so.bre.ma.nei.ra [sobreman'ejrə] *adv* **1** excessively, extremely, greatly. **2** extraordinarily.

so.bre.me.sa [sobrem'ezə] *sf* dessert.

so.bre.na.tu.ral [sobrenatur'aw] *sm* (*pl* **sobrenaturais**) **1** the supernatural, a supernatural influence. **2** the other world. • *adj m+f* **1** supernatural. **2** superhuman. **3** unearthly, weird. **4** transcendental, divine.

so.bre.no.me [sobren'omi] *sm* **1** surname. **2** family name. last name.

so.bre.pai.rar [sobrepajr'ar] *vt* to hang or hover over.

so.bre.por [sobrep'or] *vt* **1** to put on or upon. **2** to add to, increase. **3** to superimpose.

so.bre.pu.jar [sobrepuʒ'ar] *vt* **1** to surpass, overstep. **2** to overcome. **3** to outstrip, exceed in physical prowess. **4** to dominate, predominate. **sobrepujar em número** to outnumber.

so.bre-sai.a [sobris'ajə] *sf* (*pl* **sobre-saias**) overskirt.

so.bres.cri.tar [sobreskrit'ar] *vt* to prepare the envelope or label of.

so.bres.sa.ir [sobresa'ir] *vint+vpr* **1** to be salient, be projecting, jut out. **2** to outstand, stand out. **3** to underline, point out. **4** to attract attention. **5** **sobressair-se** to distinguish oneself, become prominent.

so.bres.sa.len.te [sobresal'ẽti] *sm* **1** spare part. **2** *bras* spare tire. **3** surplus, overplus. • *adj m+f* spare. **peça sobressalente** spare part.

so.bres.sal.tar [sobresawt'ar] *vt+vpr* **1** to take by surprise, take unawares. **2** to surprise, amaze. **3** to frighten, scare, shock. **4** **sobressaltar-se** to become frightened.

so.bres.sal.to [sobres'awtu] *sm* **1** sudden surprise. **2** alarm. **3** dread, fright, fear. **de sobressalto** by surprise, unawares.

so.bres.ti.mar [sobrestim'ar] *vt* **1** to overestimate, overvalue. **2** to overrate.

so.bre.ta.xa [sobret'aʃə] *sf* surtax, additional charge.

so.bre.ta.xar [sobretaʃ'ar] *vt* to surtax.

so.bre.tu.do¹ [sobret'udu] *sm* overcoat, coat.

so.bre.tu.do² [sobret'udu] *adv* **1** over all, above all. **2** chiefly, mainly, principally, essencially, especially.

so.bre.vi.da [sobrev'idə] *sf* the period of life of a person since the diagnosis of a lethal illness until one's death.

so.bre.vir [sobrev'ir] *vint* **1** to befall, come to pass. *se lhe sobreviesse uma desgraça...* / if some mischance should befall him. **2** to come upon (suddenly or unexpectedly).

so.bre.vi.vên.cia [sobreviv'ẽsjə] *sf* survival: act of surviving.

so.bre.vi.ven.te [sobreviv'ẽti] *s m+f* survivor. • *adj m+f* surviving.

so.bre.vi.ver [sobreviv'er] *vint* **1** to survive, outlive. **2** to outlast, continue to exist. **3** to escape from accident or death.

so.bre.vo.ar [sobrevo'ar] *vint* to fly over, overfly.

so.bri.a.men.te [sɔbrjam'ẽti] *adv* soberly, temperately, frugally, moderately.

so.bri.e.da.de [sobrjed'adi] *sf* **1** sobriety. **2** abstemiousness, temperance.

so.bri.nha [sobr'iñə] *sf* niece. **sobrinha-neta** grand-niece.

so.bri.nho [sobr'iñu] *sm* nephew. **sobrinho-neto** grand-nephew.

só.brio [s'ɔbrju] *adj* **1** sober. **2** temperate, abstemious. **3** grave, serious. **4** austere.

so.car [sok'ar] *vt* **1** to strike with the fist. **2** to beat, thrash. **3** to smash, crush. **4** to pound.

so.ci.a.bi.li.da.de [sosjabilid'adi] *sf* **1** sociability, sociableness. **2** communicativeness.

so.ci.a.bi.li.zar [sosjabiliz'ar] *vt+vpr* **1** to make sociable or companionable. **2** to unite in a friendly group. **3** **sociabilizar-se** to become sociable.

so.ci.al [sosi'aw] *adj m+f* (*pl* **sociais**) **1** social, social-minded. **2** sociable, friendly. **assistência social** social assistance. **deveres sociais** social duties.

so.ci.a.lis.mo [sosjal'izmu] *sm* socialism.

so.ci.a.lis.ta [sosjal'istə] *s m+f* socialist. • *adj* socialistic.

so.ci.a.li.zar [sosjaliz'ar] *vt+vpr* **1** to socialize. **2** **socializar-se** to become social.

so.ci.á.vel [sosi'avew] *adj m+f* (*pl* **sociáveis**) sociable, companionable, courteous, communicative. *ele é muito sociável* / he is a good mingler.

so.ci.e.da.de [sosjed'adi] *sf* **1** society. *ele foi excluído da sociedade* / he was expelled from society. **2** social body, association. **3** *Com* corporation, company. **4** partnership. **5** high society. **6** club. **a alta sociedade** jet set.

só.cio [s'ɔsju] *sm* **1** member of society. **2** associate, partner. • *adj* associate. **sócio de clube** a member of a club.

so.ci.o.cul.tu.ral [sɔsjokuwtur'aw] *adj* sociocultural.

so.ci.o.e.co.nô.mi.co [sɔsjoekon'omiku] *adj* socioeconomic.

so.ci.o.lo.gi.a [sosjolo3'iə] *sf* sociology.

so.ci.o.ló.gi.co [sosjol'ɔ3iku] *adj* sociologic, sociological.

so.ci.ó.lo.go [sosi'ɔlogu] *sm* sociologist.

so.co [s'oku] *sm* **1** a blow with the fist or hand. **2** blow, punch.

so.cor.rer [sokoʀ'er] *vt* **1** to help, defend, protect, aid, assist. *eles socorreram as vítimas* / they aided the victims. **2** to relieve. **3** to redress, rescue. *ele a socorreu* / he came to her rescue.

so.cor.ro [sok'oʀu] *sm* aid, help, assistance. • *interj* help! **primeiros socorros** first aid.

so.da [s'ɔdə] *sf* **1** *Quím* sodium hydroxide, caustic soda. **2** soda-water. **soda limonada** lemon squash.

só.dio [s'ɔdju] *sm* *Quím* sodium (symbol Na). **bicarbonato de sódio** sodium bicarbonate. **fosfato de sódio** sodium phosphate.

so.er.guer [soerg'er] *vt+vpr* **1** to raise slightly. **2** to lift, elevate. **3** **soerguer-se** to raise oneself with difficulty.

so.fá [sof'a] *sm* sofa, divan, couch.

so.fá-ca.ma [sof'ak'ʌmə] *sm* (*pl* **sofás-camas**) day-bed, couch, davenport.

so.fis.ti.ca.ção [sofistikas'ãw] *sf* (*pl* **sofisticações**) sophistication.

so.fis.ti.ca.do [sofistik'adu] *adj* **1** sophisticated. **2** not natural, artificial. **3** affected, unnatural.

so.fre.ar [sofre'ar] *vt+vpr* **1** to bridle, curb. **2** to check, refrain, restrain. **3** to repress, hold back. **4** **sofrear-se** to contain oneself, refrain from.

so.fre.dor [sofred'or] *sm* sufferer, endurer. • *adj* suffering, tolerating.

sô.fre.go [s'ofregu] *adj* **1** voracious, greedy. **2** avid, eager. **3** impatient, restless.

so.fre.gui.dão [sofregid'ãw] *sf* **1** greediness, voraciousness. **2** avidity.

so.frer [sofr'er] *vt* **1** to suffer, bear, endure. *ele sofre de gota* / he suffers from gout.

2 to stand, undergo. **3** to put up with, tolerate. **4** to feel pain. **fazer sofrer** to torment, torture. **sofrer do coração** to have a heart trouble. **sofrer fome** to starve.

so.fri.men.to [sofrim'ẽtu] *sm* **1** suffering, distress. **2** grief, agony. **3** torment. **4** anguish, sorrow.

so.frí.vel [sofr'ivew] *adj m+f* (*pl* **sofríveis**) **1** reasonable. **2** passable, adequate. **3** sufferable.

so.gra [s'ɔgrɑ] *sf* mother-in-law.

so.gro [s'ogru] *sm* father-in-law.

so.gros [s'ogrus] *sm pl* parents-in-law.

so.ja [s'ɔʒɑ] *sm Bot* soybean, soya bean. **farinha de soja** soy flour. **molho de soja** soy sauce. **óleo de soja** soybean oil.

sol¹ [s'ow] *sm* (*pl* **sóis**) **1** *Astr* sun. *o sol estava alto* / the sun was riding high. **2** sunlight, sunshine. **ao sol** in the sun. **de sol a sol** from sun to sun. **sem sol** sunless.

sol² [s'ow] *sm Mús* so, soh, sol.

so.la [s'ɔlɑ] *sf* **1** sole-leather. **2** the sole of a shoe. **3** sole of a foot. **meia sola** half sole.

so.la.pa.men.to [solapam'ẽtu] *sm* undermining, or sapping.

so.la.par [solap'ar] *vt* **1** to hollow out, excavate. **2** to form a cave or cavity in. **3** to undermine, sap. **4** to ruin, destroy.

so.lar¹ [sol'ar] *sm* **1** manor-house, mansion. **2** *Mús* to perform, play or sing a solo.

so.lar² [sol'ar] *adj m+f* solar. **raios solares** sun rays. **sistema solar** solar system.

so.la.van.co [solav'ãku] *sm* **1** jolt. **2** bump.

sol.da [s'owdɑ] *sf* **1** solder. **2** a soldered joint, weld. **solda elétrica** electric welding.

sol.da.des.ca [sowdad'eskɑ] *sf pej* **1** troops. **2** military classes, soldiers collectively.

sol.da.do¹ [sowd'adu] *sm* **1** soldier. **2** any military man. **indigno de um soldado** unsoldierlike.

sol.da.do² [sowd'adu] *adj* **1** soldered, welded. **2** united, connected, joined. **3** glued.

sol.dar [sowd'ar] *vt* **1** to solder, weld. **2** to join, unite, connect.

sol.do [s'owdu] *sm* (*pl* **soldos**) **1** salary of military officers. **2** soldier's pay.

so.lei.ra [sol'ejrɑ] *sf* **1** sill, door-sill. **2** door-stone. **3** threshold.

so.le.ne [sol'eni] *adj m+f* **1** solemn. **2** pompous. **3** grave, serious. **missa solene** high mass. **um juramento solene** a solemn oath.

so.le.ni.da.de [solenid'adi] *sf* **1** solemnity. **2** a ceremony. **3** celebration.

so.le.trar [soletr'ar] *vt* to spell.

sol.fe.ri.no [sowfer'inu] *sm* solferino, purplish-red.

so.li.ci.ta.ção [solisitas'ãw] *sf* (*pl* **solicitações**) **1** solicitation. **2** request. **3** appeal.

so.li.ci.tar [solisit'ar] *vt* **1** to solicit. **2** to seek, search for, look for. **3** to ask, beg. **4** to request. **5** to appeal. **6** to apply for.

so.lí.ci.to [sol'isitu] *adj* **1** careful, thoughtful, solicitous. **2** diligent, industrious.

so.li.ci.tu.de [solisit'udi] *sf* **1** solicitude, solicitousness, thoughtfulness. **2** care, concern.

so.li.dão [solid'ãw] *sf* (*pl* **solidões**) **1** solitude. **2** solitariness, loneliness. **3** isolation, seclusion.

so.li.da.ri.a.men.te [solidarjam'ẽti] *adv* solidarily.

so.li.da.ri.e.da.de [solidarjed'adi] *sf* **1** solidarity. **2** community of interests.

so.li.dá.rio [solid'arju] *adj* **1** solidary. **2** mutual, reciprocal.

so.li.da.ri.zar [solidariz'ar] *vt+vpr* **1** to make or render solidary. **2** **solidarizar-se** to bear or declare oneself solidary.

so.li.dez [solid'es] *sf* **1** solidity, solidness. **2** resistance, firmness. **3** durability.

so.li.di.fi.ca.ção [solidifikas'ãw] *sf* (*pl* **solidificações**) **1** solidification. **2** consolidation.

so.li.di.fi.car [solidifik'ar] *vt* **1** to solidify. **2** to congeal, freeze. **3** to consolidate.

só.li.do [s'ɔlidu] *sm* a solid, any solid body or substance. • *adj* **1** solid. **2** consistent, compact. **3** lasting, durable. **4** massive, hard.

so.lis.ta [sol'istɑ] *s m+f* soloist.

so.li.tá.ria [solit'arjɑ] *sf* **1** *Zool* tapeworm, cestode. **2** *bras* a cell for solitary confinement.

so.li.tá.rio [solit'arju] *sm* 1 solitarian, hermit. 2 solitaire (a jewel). 3 a small vase for a single flower. • *adj* solitary: a) living alone, lone. *ele leva uma vida solitária* / he leads a solitary life. b) lonely, forlorn. *ele tem hábitos de solitário* / he has solitary habits. c) secluded. d) desert, wild. e) retired, reclusive.

so.lo¹ [s'ɔlu] *sm* 1 soil. 2 firm land, ground. 3 earth. 4 floor. **acima do solo** overground.

so.lo² [s'ɔlu] *sm* solo: a piece of music written for or executed by one singer, player or performer.

sols.tí.cio [sowst'isju] *sm* solstice, solstitial point. **solstício de inverno** winter solstice.

sol.tar [sowt'ar] *vt+vpr* 1 to unfasten, untie, unbind. 2 to loosen, loose. 3 to let go, let loose. 4 to unhitch, unhook. 5 to unleash, unlace. 6 to free, set free. 7 to unchain, unlink. 8 to release. 9 **soltar-se** a) to get loose, come undone. b) to be separated from. c) to run freely. **soltar da cadeia** to release from prison. **soltar uma gargalhada** to break out into a fit of laughter. **soltar um grito** to give a cry.

sol.tei.ra [sowt'ejrə] *sf* single woman, unmarried woman, maiden. • *adj* single, unmarried (woman).

sol.tei.rão [sowtejr'ãw] *sm* (*pl* **solteirões**) a bachelor.

sol.tei.ro [sowt'ejru] *sm* single man, bachelor, celibate. • *adj* single, unmarried.

sol.tei.ro.na [sowtejr'onə] *sf* spinster, middle-aged single woman, old maid.

sol.to [s'owtu] *adj* 1 free, unattached. 2 unbound, untied. 3 unfastened. 4 released. 5 slack. 6 loose. **língua solta** a loose tongue.

so.lu.çan.te [solus'ãti] *adj m+f* sobbing, weeping, hiccupy.

so.lu.ção [solus'ãw] *sf* (*pl* **soluções**) 1 solution: a) act or result of solving (problem). *não há solução* / there is no solution. b) conclusion. c) answer, explanation. d) the overcoming of difficulties. **solução de um problema**

resolution of a problem. **solução ideal** the best solution.

so.lu.çar [solus'ar] *vint* 1 to sob. 2 to whimper, whine. 3 to hiccup, hiccough.

so.lu.ci.o.nar [solusjon'ar] *vt* 1 to give a solution, find a solution for. 2 to resolve, decide. 3 to work out a solution (for a problem, difficulty).

so.lu.ço [sol'usu] *sm* 1 sob, sobbing. 2 hiccup, hiccough. 3 whimpering, whining, convulsive weeping.

so.lú.vel [sol'uvew] *adj m+f* (*pl* **solúveis**) 1 dissolvable, dissoluble. 2 soluble.

sol.ven.te [sowv'ẽti] *sm* solvent. • *adj m+f* 1 solvent. 2 dissolving, soluble.

som [s'õw] *sm* (*pl* **sons**) 1 sound. 2 vocal or musical sound, tone. 3 tonality. 4 sounding. 5 noise. **ao som de...** to the sound of.... **à prova de som** sound-proof.

so.ma [s'omə] *sf* 1 sum: result of an addition. 2 total, total amount.

so.mar [som'ar] *vt* 1 to sum, sum up, add up. 2 to count, calculate by adding. 3 to total, totalize. 4 to amount to. **máquina de somar** adding machine.

som.bra [s'õbrə] *sf* shadow, shade. **à sombra** in the shade.

som.bri.nha [sõbr'iñə] *sf* 1 a small umbrella for ladies. 2 a small shade.

som.bri.o [sõbr'iu] *adj* 1 sad, gloomy. 2 obscure.

so.men.te [sɔm'ẽti] *adv* only, merely, just. **somente ontem** only yesterday.

so.nam.bu.lis.mo [sonãbul'izmu] *sm* somnambulism, sleep-walking.

so.nâm.bu.lo [son'ãbulu] *sm* somnambulistic.

son.da [s'õdə] *sf* 1 deep-sea lead, sounding lead. 2 *Cir, Med* probe, catheter.

son.da.gem [sõd'aʒẽj] *sf* (*pl* **sondagens**) 1 sounding. 2 perforation, drilling. 3 exploration.

son.dar [sõd'ar] *vt+vint* 1 to sound, evaluate, appraise, investigate. 2 *Cir, Med* to probe.

so.ne.ca [son'ɛkə] *sf* a short sleep, nap, doze, snooze. **tirar uma soneca** to take a nap.

so.ne.ga.ção [sonegas'ãw] *sf* (*pl* **sonegações**) 1 illegal withholdment. 2 unlawful concealment. **3** defraudation, misappropriation. **4** theft.

so.ne.ga.dor [sonegad'or] *sm* withholder, defrauder. • *adj* concealing, withholding, defrauding.

so.ne.gar [soneg'ar] *vt* **1** to withhold or conceal unlawfully. **2** to misapply, misappropriate. **3** to defraud, cheat. **4** to steal, filch. **5** to evade, not to pay (taxes, debts etc.).

so.ne.to [son'etu] *sm* (*pl* **sonetos**) sonnet.

so.nha.dor [soñad'or] *sm* **1** visionary. **2** dreamer, day-dreamer. • *adj* dreamy, moony.

so.nhar [soñ'ar] *vint+vt* **1** to dream. **2** to day-dream, think idly. **3** to imagine, fancy. **deixa de sonhar!** come back to earth! **sonhar acordado** to day-dream.

so.nho [s'oñu] *sm* **1** dream, fiction, daydream, phantasy, an ardent wish. *realizaram-se todos os seus sonhos* / all her dreams came alive. **2** *Cul* a kind of doughnut. **nem por um sonho** by no means.

so.ní.fe.ro [son'iferu] *sm* soporific. • *adj* soporific, soniferous.

so.no [s'onu] *sm* **1** sleep, slumber. *não perca o sono por causa disto* / don't lose any sleep over it. **2** rest, repose. **3** sleepiness, drowsiness. **estar com sono** to be sleepy. **pegar no sono** to fall asleep. **sem sono** sleepless. **ter sono pesado** to be a heavy sleeper. **tonto de sono** sleep-drunk.

so.no.lên.cia [sonol'ẽsjə] *sf* **1** somnolence, somnolency. **2** sleepiness, drowsiness, doziness.

so.no.len.to [sonol'ẽtu] *adj* **1** somnolent. **2** sleepy. **3** drowsy.

so.no.ri.da.de [sonorid'adi] *sf* **1** sonority, sonorousness. **2** quality of producing sound(s).

so.no.ro [son'ɔru] *adj* **1** sonorous. **2** producing sound. **3** resonant. **4** voiced, voiceful. **efeitos sonoros** sound effects. **trilha sonora** *Cin* sound track.

son.so [s'õsu] *adj* sly, artful, cunning.

so.pa [s'ɔpə] *sf* **1** soup. **2** sop, broth. **3** *coloq* an easy task or affair. *isto é sopa* / that's a piece of cake. **colher de sopa** soup-spoon.

so.pa.po [sop'apu] *sm* blow with the fist, slap.

so.pé [sop'ɛ] *sm* the base of a mountain, foothill. **no sopé da colina** at the foot of the hill.

so.pei.ra [sop'ejrə] *sf* tureen, soup tureen.

so.po.rí.fe.ro [sopor'iferu] *sm* **1** *Farm* soporific, sleeping pill. **2** *fig* dull or tiresome matter. • *adj* **1** soporific, soporiferous. **2** narcotic, hypnotic.

so.pra.no [sopr'∧nu] *s m+f Mús* soprano.

so.prar [sopr'ar] *vt+vint* **1** to blow (on, up). *ele soprou a gaita* / he blew on the mouth organ. **2** to produce a current of air. **3** to whiffle, puff. **4** to inflate with air. **5** *fig* to whisper or breathe something into a person's ear. *ele soprou-lhe o segredo* / he revealed her the secret.

so.pro [s'opru] *sm* (*pl* **sopros**) **1** puff of air, whiff. **2** exhalation. **3** breath. **instrumento de sopro** *Mús* wind instrument.

so.pros [s'oprus] *sm pl Mús* a set of wind instruments.

so.que.te [sok'eti] *sm* **1** socket. **2** a half-length stocking, sockette.

sor.di.dez [sordid'es] *sf* **1** sordidness, paltriness. **2** nastiness, meaness. **3** depravity, vileness.

sór.di.do [s'ɔrdidu] *adj* **1** dirty, filthy. **2** sordid, vile, base. **3** nasty, disgusting. **4** *fig* indecent, obscene.

so.ro [s'oru] *sm* (*pl* **soros**) **1** *Med* serum. **2** the whey of milk. **3** any serous fluid. **soro da verdade** truth serum.

sor.ra.tei.ro [sorat'ejru] *adj* **1** cunning, shrewd. **2** tricky, crafty. **3** sneaky.

sor.ri.den.te [sorid'ẽti] *adj m+f* **1** smiling. **2** grinning.

sor.rir [sor'ir] *vint+vt* **1** to smile, laugh gently. *ela sorriu para mim* / she gave me a smile. **2** to beam (at), look with joy.

sor.ri.so [sor'izu] *sm* **1** smile. *ela deu-me um sorriso* / she smiled at me. **2** gentle laugh. **3** grin.

sor.te [s'ɔrti] *sf* **1** destiny, fate. **2** fortune, chance, luck. *arrisque a sorte!* / try your luck!. **3** doom. **a sorte está lançada** *fig* the die is cast. **boa sorte!** good luck! **ler a sorte** to tell the fortune. **má sorte** bad luck, ill fortune. **trazer má sorte a** to bring misfortune upon someone. • adj (ter sorte) to be lucky. *ele sempre tem sorte* / he is always lucky. *você é uma pessoa de sorte* / you are a lucky person.

sor.te.ar [sorte'ar] *vt* **1** to choose or pick out by lot. **2** to raffle.

sor.tei.o [sort'eju] *sm* raffle, lottery.

sor.ti.do [sort'idu] *adj* **1** assorted, sorted. **2** varied.

sor.ti.men.to [sortim'ẽtu] *sm* **1** assortment. **2** supply. **3** variety.

sor.tir [sort'ir] *vt+vint+vpr* **1** to supply, furnish, provide. **2** to stock. **3 sortir-se** to renew one's stocks.

sor.tu.do [sort'udu] *sm bras, gír* lucky fellow. • *adj* lucky, fortunate.

sor.ver [sorv'er] *vt* **1** to sip, suck. **2** to lap up. **3** to absorb, aspirate. **4** to drink little by little. **5** to swallow. *ele sorveu a injúria* / he swallowed the offence.

sor.ve.te [sorv'eti] *sm* ice-cream. **casquinha de sorvete** ice-cream cone, ice-cream cornet. **virar sorvete** *coloq* to disappear, run away.

sor.ve.te.ri.a [sorveter'iə] *sf bras* ice-cream shop.

sós [s'ɔs] used in the adverbial locution **a sós** all by oneself, quite alone.

só.sia [s'ɔzjə] *sm* double, second self.

sos.se.ga.do [soseg'adu] *adj* quiet, calm, restful. **estar sossegado** to rest quietly.

sos.se.gar [soseg'ar] *vt+vint* **1** to calm, quiet. **2** to tranquillize, soothe. **3** to rest.

sos.se.go [sos'egu] *sm* (*pl* **sossegos**) tranquillity, calmness, quiet, peacefulness. **com sossego** quietly. **falta de sossego** inquietude.

só.tão [s'ɔtãw] *sm* attic, loft.

so.ta.que [sot'aki] *sm* accent. *ele tem um sotaque francês* / he has a French accent.

so.ter.ra.do [soteř'adu] *adj* buried in the earth.

so.ter.rar [soteř'ar] *vt+vpr* **1** to bury, put into the earth. **2 soterrar-se** *fig* to bury oneself.

so.tur.no [sot'urnu] *adj* somber, gloomy, depressed, mournful.

sou.ti.en [suti'ã] *sm fr* bust bodice, *brassière*, *coloq* bra.

so.va [s'ɔvə] *sf* beating, whipping. **dar uma sova** to beat up.

so.va.co [sov'aku] *sm* **1** *Anat* axilla. **2** armhole, armpit, underarm.

so.var [sov'ar] *vt* **1** to knead, work the dough. **2** to wear or use a lot.

so.vi.na [sov'inə] *s m+f* miser, niggard. • *adj m+f* miser, avaricious, hard-fisted.

so.vi.ni.ce [sovin'isi] *sf* avariciousness, greediness.

so.zi.nho [sɔz'iñu] *adj* **1** quite alone, alone, by oneself. *ele está sozinho no mundo* / he stands alone in this world. **2** single, single-handed. **3** unaided, unassisted. *precisamos fazer tudo sozinhos* / we have to do everything without assistance. • *adv* all alone, single-handedly, solely. **ela não pode fazer isso sozinha** she cannot do that by herself.

sta.tus [st'atus] *sm lat status*: **1** condition. **2** position, rank.

su.a [s'uə] *pron adj poss* his, her, its, your, their. *faremos a sua vontade (tua, dele, dela, deles)* / we shall comply with your (his, her, their) wishes. *pron subs poss* his, hers, its, yours, theirs. *aquelas casas são suas (tuas, dele, dela, deles)* / those houses are his (hers, yours, theirs).

su.a.do [su'adu] *adj* **1** sweaty, perspiring. **2** *fig* fatiguing, difficult.

su.ar [su'ar] *vint+vt* **1** to sweat, perspire. **2** to transpire, exhale. **3** to achieve or obtain by hard work. **suar frio** to be in a cold sweat.

su.a.ve [su'avi] *adj m+f* **1** agreeable, pleasing, pleasant. **2** bland, mild. **3** kind, affable. **4** soft, smooth. **com olhos suaves** soft-eyed.

su.a.vi.da.de [swavid'adi] *sf* **1** suaveness, mildness, tenderness, tenderness, sweetness, meekness. **2** amenity.

su.a.vi.zar [swaviz'ar] *vt* **1** to soothe, alleviate. **2** to soften, milden. **3** to mitigate.

sub [s'ub] *pref* sub: **1** under, beneath, below, lower in rank. **2** subordinate, secondary.

su.bal.ter.no [subawt'ernu] *sm* **1** subaltern. **2** subordinate. **3** secondary, inferior. • *adj* **1** subaltern, subordinate. **2** inferior, secondary.

S

su.ba.lu.gar [subalug'ar] *vt* to sublet, underlet, sublease.

sub.cons.ci.en.te [subkõsi'ẽti] *sm Psicol* the subconscious, subconsciousness. • *adj m+f* subconscious.

sub.cu.tâ.neo [subkut'∧nju] *adj* subcutaneous.

sub.de.sen.vol.vi.do [subdezẽvowv'idu] *sm* an underdeveloped person or country. • *adj* underdeveloped.

sub.de.sen.vol.vi.men.to [subdezẽvowvim'ẽtu] *sm* underdevelopment.

sub.di.re.tor [subdiret'or] *sm* assistant or substitute of a director, deputy director.

sub.dis.tri.to [subdistr'itu] *sm* subdistrict.

sub.di.vi.dir [subdivid'ir] *vt* 1 to subdivide. 2 to divide again. 3 to separate into smaller parts.

sub.di.vi.são [subdiviz'ãw] *sf* (*pl* **subdivisões**) 1 subdivision. 2 new or second division.

su.bem.pre.go [subẽpr'egu] *sm* underemployment.

su.ben.ten.der [subẽtẽd'er] *vt* 1 to assume, perceive or interpret an implication correctly. 2 to infer the meaning of. 3 to suppose, presume.

su.ben.ten.di.do [subẽtẽd'idu] *adj* 1 implied, implicit. 2 latent.

su.bes.ti.mar [subestim'ar] *vt bras* 1 to underestimate, misestimate. 2 to minimize. 3 to underrate, undervalue. *ele subestima o trabalho do seu colega* / he undervalues his colleague's work.

sub.fa.tu.rar [subfatur'ar] *vt* to underbill.

sub.ge.ren.te [subʒer'ẽti] *s m+f* assistant manager.

su.bi.da [sub'idə] *sf* 1 ascension. 2 raise, rise. 3 slope, upgrade. 4 climb, climbing. **subida de preços** rise in prices.

su.bir [sub'ir] *vint+vt* 1 to ascend, rise, go up. *os preços subiram* / prices have risen. 2 to mount up, climb up. 3 to elevate, raise. *o sucesso subiu-lhe à cabeça* / success went to his head. **subir a escada** to climb the stairs. **subir a serra** *bras, coloq* to get furious. **subir de posição** to rise in rank. **subir e descer** to go up and down.

sú.bi.to [s'ubitu] *adj* 1 sudden, abrupt. 2

unexpected, surprising. 3 swift. 4 all at once. 5 instantaneous. • *adv* sudden, unexpectedly, all at once, instantaneously. **de súbito** suddenly, abruptly.

sub.ja.cen.te [subʒas'ẽti] *adj m+f* 1 subjacent, underlying. 2 *fig* implied.

sub.je.ti.vo [subʒet'ivu] *sm* that which is subjective. • *adj* subjective: 1 of or pertaining to a subject. 2 *Gram* used as a subject. 3 reflecting personal prejudices or limitations.

sub.ju.ga.do [subʒug'adu] *adj* subjugated, dominated, conquered.

sub.ju.gar [subʒug'ar] *vt* 1 to subjugate, conquer by force. 2 to dominate (intellectually or morally). 3 to tame. 4 to quell. *a revolta foi subjugada no início* / the revolt was quelled in the beginning.

sub.jun.ti.vo [subʒũt'ivu] *sm Gram* subjunctive mood, subjunctive. • *adj* subjunctive, subordinated.

sub.le.va.ção [sublevas'ãw] *sf* (*pl* **sublevações**) 1 sublevation, uprising. 2 revolt, rebellion.

sub.le.var [sublev'ar] *vt+vpr* 1 to lift, raise. 2 to heave up. 3 to incite. 4 to rebel, revolt. 5 **sublevar-se** to take up arms, revolt against.

su.bli.mar [sublim'ar] *vt* to sublime, to exalt, glorify.

su.bli.me [subl'imi] *adj m+f* sublime, exalted, majestic, grand, splendid, glorious.

sub.li.nhar [subliñ'ar] *vt* 1 to underline. 2 to point out, stress, emphasize.

sub.li.te.ra.tu.ra [sub literat'urə] *sf* subliterature, trashy literature.

sub.lo.car [sub lok'ar] *vt* to underlet, sublet.

sub.lo.ca.tá.rio [sub lokat'arju] *sm* subtenant.

sub.ma.ri.no [submar'inu] *sm Náut* submarine (boat), sub, U-boat. • *adj* submarine, undersea. **submarino nuclear** nuclear powered submarine.

sub.mer.gir [submerʒ'ir] *vt+vint* 1 to submerge, submerse. 2 to inundate, overflow. 3 to cover with water, flood, deluge. 4 to sink, dive. 5 to drown.

sub.mer.so [subm'ɛrsu] *adj* 1 submerged,

submersed. **2** underwater. **3** sunken. **cidade submersa** submersed city.

sub.me.ter [submet'er] *vt+vpr* **1** to submit.
2 to subject, subdue. **3** to subjugate,
dominate. **4 submeter-se** to submit,
subject oneself to, to yield, resign. **submeter-se a uma operação** to undergo an
operation. **submeter-se à vontade de
Deus** to resign to the will of God.

sub.mis.são [submis'ãw] *sf* (*pl* **submis-
sões**) **1** submission, submissiveness. **2**
subjection. **3** humility. **4** resignation. **5**
obedience. **com submissão** submissively,
humbly.

sub.mis.so [subm'isu] *adj* submissive:
1 obedient, dutiful. **2** compliant, conformable. **3** humble, docile. **4** uncomplaining, yielding.

sub.mun.do [subm'ũdu] *sm* underworld.

sub.nu.tri.ção [subnutris'ãw] *sf* underfeeding, undernourishment, malnutrition.

sub.nu.tri.do [subnutr'idu] *adj* underfed,
undernourished.

su.bor.di.na.ção [subordinas'ãw] *sf* (*pl*
subordinações) **1** subordination,
inferiority of rank or dignity, obedience,
subjection. **2** *Gram* subordinate clause.

su.bor.di.na.do [subordin'adu] *sm* **1**
subordinate. **2** dependant, dependent. •
adj subordinate: **1** dependant, secondary.
2 inferior. **3** subaltern.

su.bor.na.dor [subornad'or] *sm* suborner,
briber, corruptor. • *adj* suborning, bribing.

su.bor.nar [suborn'ar] *vt* **1** to suborn,
corrupt, bribe, buy, *coloq* to grease one's
palm. **ele tentou suborná-lo** / he tried to
suborn him, he tried to grease his palm.
2 to attract by deceit. **subornar um
policial** to bribe a policeman.

su.bor.no [sub'ornu] *sm* bribery,
suborning, corruption, subornation.

sub.pro.du.ção [subprodus'ãw] *sf* (*pl*
subproduções) *Econ* underproduction.

sub.pro.du.to [subprod'utu] *sm* sub-
product, byproduct, derivate.

sub-rep.tí.cio [sub řept'isju] *adj* (*pl* **sub-
reptícios**) subreptitious, surreptitious,
furtive.

sub.se.cre.tá.rio [subsekret'arju] *sm*
undersecretary.

sub.se.qüen.te [subsek'wẽti] *adj m+f*
subsequent, posterior, immediate. **acontecimento subseqüente** after-event.

sub.ser.vi.ên.cia [subservi'ẽsjə] *sf*
subservience, obsequiousness, servility.

sub.ser.vi.en.te [subservi'ẽti] *adj m+f*
subservient, obsequious, servile, adulatory.

sub.si.di.ar [subsidi'ar] *vt* to subsidize,
to assist, help.

sub.sí.dio [subs'idju] *sm* subsidy, aid,
assistance, subvention. **subsídios agrícolas** farm subsidies.

sub.sis.tên.cia [subsist'ẽsjə] *sf* subsistence,
sustenance, support, maintenance.

sub.sis.tir [subsist'ir] *vint* to subsist, to
survive, to persist, endure, to provide
one's livelihood.

sub.so.lo [subs'olu] *sm* **1** subsoil,
underground. **2** basement, cellar. **água
do subsolo** subsoil water. **no subsolo**
underground.

subs.tân.cia [subst'ãsjə] *sf* **1** substance,
material, matter. **2** essence. **3** the nutritive
elements of food.

subs.tan.ci.al [substãsi'aw] *adj m+f* (*pl*
substanciais) **1** substantial, material. **2**
nourishing, nutritive. **3** fundamental.

subs.tan.ci.o.so [substãsi'ozu] *adj*
substantial, strengthening, invigorating,
hearty, nourishing, nutritive.

subs.tan.ti.vo [substãt'ivu] *sm Gram*
noun, substantive. • *adj* substantive.

subs.ti.tui.ção [substitwis'ãw] *sf* (*pl* **subs-
tituições**) substitution, replacement,
change, shift, relay, relief.

subs.ti.tu.ir [substitu'ir] *vt* **1** to substitute,
replace, take the place of. **ele foi substituído por um homem de mais idade** / he
has been replaced by an older man. **2** to
do duty for, act as substitute. **3** to relay,
relieve. **ele substituiu o seu colega** / he
relieved his colleague.

subs.ti.tu.í.vel [substitu'ivew] *adj m+f*
(*pl* **substituíveis**) replaceable.

subs.ti.tu.to [substit'utu] *sm* substitute,
replacer. • *adj* substituting, substitute.

sub.ter.fú.gio [subterf'uʒju] *sm* subterfuge, excuse, evasion.

sub.tí.tu.lo [subt'itulu] *sm* subtitle,
subheading.

sub.ter.râ.neo [subteř'ʌnju] *sm* a

S

subterranean place, cave, cavern. • *adj* subterranean, underground.

sub.to.tal [subtot'aw] *sm* subtotal.

sub.tra.ção [subtras'ãw] *sf* (*pl* **subtrações**) 1 subtraction. 2 defalcation. 3 *Mat* diminution, deduction.

sub.tra.ir [subtra'ir] *vt* 1 to take away stealthily or fraudulently. 2 to steal, defalcate. 3 *Mat* to subtract. 4 to deduct, diminish.

sub.tro.pi.cal [subtropik'aw] *adj* subtropical.

su.bu.ma.no [subum'∧nu] *adj* 1 subhuman. 2 inhuman.

su.bur.ba.no [suburb'∧nu] *adj* suburban, suburbial.

su.búr.bio [sub'urbju] *sm* 1 suburb. 2 **subúrbios** outskirts, environs.

sub.ven.ção [subvẽs'ãw] *sf* (*pl* **subvenções**) subvention, subsidy, support.

sub.ven.ci.o.nar [subvẽsjon'ar] *vt* 1 to subsidize. 2 to assist, aid, help.

sub.ver.são [subvers'ãw] *sf* (*pl* **subversões**) 1 subversion. 2 revolt, rebellion. 3 insubordination.

sub.ver.si.vo [subvers'ivu] *sm* 1 a subversive person. 2 subverter. • *adj* 1 subversive. 2 revolutionary.

su.ca.ta [suk'atə] *sf* scrap(s), scrap iron, junk iron.

suc.ção [suks'ãw] *sf* (*pl* **succões**) suction, suck, aspiration.

su.ce.der [sused'er] *vint+vt* 1 to succeed, come next. 2 to happen, occur. *nada de grave sucedeu* / nothing serious happened. 3 to be successor of. **sucede que** it happens that.

su.ces.são [suses'ãw] *sf* (*pl* **sucessões**) succession, sequence, series, chain, inheritance, heritage. **direito de sucessão** right of inheritance. **em sucessão rápida** in quick succession.

su.ces.so [sus'εsu] *sm* 1 success. *a festa foi um sucesso* / the party was a success. 2 outcome, consequence. *eu lhe desejo todo o sucesso!* / I wish you well. **ser um sucesso** to be a hit.

su.ces.sor [suses'or] *sm* successor, heir. • *adj* succeeding, following.

su.cin.to [sus'ĩtu] *adj* 1 succinct, brief, short, concise. 2 abbreviated.

su.co [s'uku] *sm* 1 juice, sap. 2 *fig* essence. **suco de frutas** fruit juice.

su.cu.lên.cia [sukul'ẽsjə] *sf* succulence, juiciness.

su.cu.len.to [sukul'ẽtu] *adj* succulent, juicy.

su.cum.bir [sukũb'ir] *vt+vint* 1 to succumb, to yield, submit. *ele sucumbiu ao inimigo* / he succumbed to his foe. 2 to go under. 3 to perish. 4 despair, to die, stop to exist.

su.cu.ri [sukur'i] *sf bras, Zool* anaconda.

su.cur.sal [sukurs'aw] *sf* (*pl* **sucursais**) *Com* succursal, branch, branch office. • *adj m+f* succursal.

su.des.te [sud'εsti] *sm* south-east. • *adj m+f* 1 south-east, south-eastern. 2 south-eastward, south-easterly. **ao sudeste / em direção ao sudeste** south-easterly, south-eastward.

sú.di.to [s'uditu] *sm* 1 subject, liege. 2 vassal. • *adj* subject, subordinated.

su.do.es.te [sudo'εsti] *sm* 1 south-west. 2 southwestern direction. 3 southwester: a southwestern wind. • *adj m+f* south-west, southwestern.

su.e.co [su'εku] *sm* 1 Swede: native or inhabitant of Sweden. 2 Swedish, Swedish language. • *adj* Swedish.

su.é.ter [su'εter] *sm* sweater, jersey.

su.fi.ci.ên.cia [sufisi'ẽsjə] *sf* sufficiency, adequacy, self-sufficiency.

su.fi.ci.en.te [sufisi'ẽti] *adj m+f* sufficient, adequate, enough, satisfactory. **mais do que suficiente** enough and to spare.

su.fi.xo [suf'iksu] *sm Gram* suffix.

su.fo.ca.ção [sufokas'ãw] *sf* (*pl* **sufocações**) suffocation, choke, oppressiveness.

su.fo.ca.men.to [sufokam'ẽtu] *sm* asphyxiation.

su.fo.can.te [sufok'ãti] *adj m+f* 1 suffocating, chocking, stifling. 2 sultry, oppressive.

su.fo.car [sufok'ar] *vt+vpr* 1 to suffocate, choke, stifle, smother, strangle, asphyxiate. 2 to suppress, subdue, quench, overcome. *sufocaram a revolta rapidamente* / they quenched the revolt rapidly. 3 **sufocar-se** to refrain oneself from, restrain oneself.

su.gar [sug'ar] *vt* to suck, extract, absorb.

su.ge.rir [suʒer'ir] *vt* to suggest, insinuate, instill, prompt, propose, hint, imply, recommend. *permite-me sugerir um passeio? /* may I suggest a walk?

su.ges.tão [suʒest'ãw] *sf (pl* **sugestões)** suggestion, insinuation, cue, hint, proposal. *ele me deu uma sugestão /* he gave me a suggestion. *minha sugestão foi aceita /* my proposal was accepted.

su.ges.ti.o.ná.vel [suʒestjon'avew] *adj m+f (pl* **sugestionáveis)** suggestible, easily influenced.

su.ges.ti.vo [suʒest'ivu] *adj* **1** suggestive. **2** significant.

su.i.ci.da [sujs'idə] *s m+f* suicide. • *adj* **1** suicidal. **2** that involves ruin or injure.

su.i.ci.dar [sujsid'ar] *vpr* **1** to suicide, commit suicide. **2** *fig* to destroy one's own existence.

su.i.cí.dio [sujs'idju] *sm* suicide: a) selfmurder. b) self-destruction.

su.i.ço [su'isu] *sm* Swiss. • *adj* Swiss, Helvetian.

su.í.no [su'inu] *sm* swine, pig, hog. • *adj* swinish, piggish.

su.í.te [su'iti] *sf* suite: **1** *Mús* a musical composition. **2** a bedroom connected with a bathroom.

su.jar [suʒ'ar] *vt+vpr* **1** to make dirty, dirty. **2** to stain, spot. **3** to soil, mess up. **4 sujar-se** to become dirty. a) to commit infamous acts. b) to maculate one's honour.

su.jei.ção [suʒejs'ãw] *sf (pl* **sujeições) 1** subjection, submission, subordination. **2** domination, dependence, bondage.

su.jei.ra [suʒ'ejrə] *sf* **1** dirt, filth, dinginess, uncleanness, mess. **2** *bras,* *gír* foul play, dirty trick.

su.jei.tar [suʒejt'ar] *vt+vpr* **1** to subject, submit, obligate, coerce. **2** to dominate. **3 sujeitar-se** to subject oneself, submit, yield, acquiesce, obey.

su.jei.to [suʒ'ejtu] *sm* **1** subject, topic, subject matter. *Gram* that word or wordgroup of a proposition of which something is predicated. **2** individual, nondescript man. **3** *pop* fellow, chap, guy. • *adj* subject: a) subordinate. b) dependent. c) liable, exposed to. *todos estamos sujeitos a errar /* we are all liable to make mistakes. **sujeito a imposto** liable to duty. **sujeito arrogante** arrogant fellow. **um bom sujeito** a good fellow. **um sujeito esquisito** a queer fellow.

su.jo [s'uʒu] *adj* **1** dirty, filthy, soiled, unclean, messy. **2** nasty, foul. **3** indecent, indecorous. **4** corrupt, dishonest, crooked.

sul [s'uw] *sm* south. *a janela dá para o sul /* the window faces south. • *adj m+f* south, southern, southerly. **ao sul** south, southward. **ao sul de Londres** to the south of London.

sul-a.fri.ca.no [sulafrik'ʌnu] *sm (pl* **sul-africanos)** South African. • *adj* South African.

sul-a.me.ri.ca.no [sulamerik'ʌnu] *adj* South American.

sul.car [suwk'ar] *vt* to furrow, plough up, channel.

sul.co [s'uwku] *sm* furrow, track.

sul.fa.to [suwf'atu] *sm Quím* sulphate, sulfate.

sul.fú.ri.co [suwf'uriku] *adj Quím* sulphuric. **ácido sulfúrico** *Quím* sulphuric acid.

sul.fu.ro.so [suwfur'ozu] *adj Quím* sulphurous, sulphureous. **fonte sulfurosa** sulphur spring.

su.lis.ta [sul'istə] *s m+f bras* southerner. • *adj* southern.

sul.tão [suwt'ãw] *sm (pl* **sultões)** sultan, *fig* autocrat, absolute ruler.

su.ma.ri.ar [sumari'ar] *vt* to summarize, condense, abridge, synthesize, sum up.

su.má.rio [sum'arju] *sm* summary, *résumé,* abstract, brief, synopsis. • *adj* summary, condensed, abridged.

su.mi.ço [sum'isu] *sm* disappearance, vanishing.

su.mir [sum'ir] *vt+vint* **1** to disappear, vanish. **2** to extinguish, quench. **3** to eliminate.

su.mo [s'umu] *sm* juice, sap.

sun.ga [s'ũgə] *sf bras* **1** swim trunks. **2** a man's low-cut briefs.

sun.tu.o.si.da.de [sũtwozid'adi] *sf* sumptuosity, magnificence, luxuriousness, pompousness.

sun.tu.o.so [sũtu'ozu] *adj* sumptuous, magnificent, luxurious, costly, expensive.

su.or [su'ɔr] *sm* sweat, perspiration, transpiration. **com o suor do meu rosto** by the sweat of my brow. **ter suores de frio** to break out in a cold sweat.

su.pe.ra.do [super'adu] *adj* overcome, defeated.

su.pe.ra.que.cer [superakes'er] *vt+vpr* to overheat. **superaquecer-se** to become excessively hot.

su.pe.ra.que.ci.men.to [superakesim'ẽtu] *sm* overheating, superheating.

su.pe.rar [super'ar] *vt* **1** to overcome, outdo, surmount. **2** to surmount, surpass. *ele te supera de longe* / he is more than a match to you. **3** to excel. **superar as expectativas** to top expectations.

su.pe.rá.vel [super'avew] *adj m+f (pl* **superáveis)** superable, surpassable, surmountable.

su.per.cí.lio [supers'ilju] *sm* eyebrow.

su.per.do.se [superd'ɔzi] *sf bras* overdose (drugs).

su.per.do.ta.do [superdot'adu] *sm bras* genius. • *adj* highly gifted, talented, endowed.

su.pe.res.ti.ma [superest'imə] *sf* overestimate, overestimation, overrating.

su.pe.res.ti.mar [superestim'ar] *vt bras* to overestimate, overrate.

su.pe.re.xi.gen.te [superezi3'ẽti] *adj m+f* overdemanding.

su.pe.rex.po.si.ção [superespozis'ãw] *sf Fot* overexposure.

su.per.fi.ci.al [superfisi'aw] *adj m+f (pl* **superficiais)** superficial: **1** being on or pertaining to the surface. **2** not deep or profound. **3** understanding only what is obvious or apparent. **4** frivolous, flimsy.

su.per.fi.ci.a.li.da.de [superfisjalid'adi] *sf* **1** superficiality. **2** shallowness.

su.per.fí.ci.e [superf'isji] *sf* surface, face, side. **superfície da terra** earth's surface. **superfície lunar** moon's surface. **superfície plana** plane surface.

su.pér.fluo [sup'ɛrflwu] *sm* superfluity, surplus, excess. • *adj* superfluous, unnecessary, useless, needless.

su.per.ho.mem [super'ɔmẽj] *sm (pl* **super-homens)** superman.

su.pe.rin.ten.den.te [superĩtẽd'ẽti] *s, adj m+f* superintendent.

su.pe.ri.or [superi'or] *sm* superior. • *adj* superior: a) higher, upper. b) of a higher grade or position. c) of better quality, excellent. d) greater. **de superior qualidade** of superior quality.

su.pe.ri.o.ri.da.de [superjorid'adi] *sf* **1** superiority. **2** advantage. **complexo de superioridade** *Psicol* superiority complex.

su.per.la.ti.vo [superlat'ivu] *sm Gram* superlative. • *adj* **1** superlative. **2** of the highest degree.

su.per.lo.ta.ção [superlotas'ãw] *sf bras* overcrowding.

su.per.lo.tar [superlot'ar] *vt bras* to overcrowd, overload. *os trens estavam superlotados* / the trains were overcrowded.

su.per.mer.ca.do [supermerk'adu] *sm* supermarket.

su.per.po.pu.la.ção [superpopulas'ãw] *sf* overpopulation, excessive population.

su.per.po.tên.cia [superpot'ẽsjə] *sf* superpower.

su.per.po.vo.a.men.to [superpovoam'ẽtu] *sm* overpopulation.

su.per.sen.sí.vel [supersẽs'ivew] *adj m+f (pl* **supersensíveis)** supersensitive, oversensitive.

su.per.sô.ni.co [supers'oniku] *adj Fís* supersonic.

su.pers.ti.ção [superstis'ãw] *sf (pl* **superstições)** superstition.

su.pers.ti.ci.o.so [superstisi'ozu] *sm* superstitious person. • *adj* superstitious.

su.per.vi.são [superviz'ãw] *sf* supervision, inspection, control.

su.per.vi.si.o.nar [supervizjon'ar] *vt* to supervise, oversee, watch over, control.

su.per.vi.sor [superviz'or] *sm* supervisor, overseer. • *adj* supervising, supervisory, overseeing.

su.pim.pa [sup'ĩpə] *adj m+f bras, coloq* fine, swell, terrific.

su.plan.tar [suplãt'ar] *vt* to supplant, supersede.

su.ple.men.tar [suplemẽt'ar] *vt* to supplement. • *adj m+f* supplemental, supplementary, additional.

su.ple.men.to [suplem'ẽtu] *sm* supplement, addendum, appendix.

su.plen.te [supl'ẽti] *s m+f* substitute, proxy, alternate. • *adj* substitutional.

su.ple.ti.vo [suplet'ivu] *adj* suppletive, supplementary. **curso supletivo** adult education.

sú.pli.ca [s'uplikə] *sf* supplication.

su.pli.car [suplik'ar] *vt+vint* to supplicate, implore, pray, plead.

su.plí.cio [supl'isju] *sm* torture, *fig* torment, pain.

su.por [sup'or] *vt* to suppose, assume, presume, think, imagine, believe. *suponho que é tempo de irmos* / I suppose it is time to go.

su.por.tar [suport'ar] *vt* to endure, stand, bear, tolerate. *eu não suporto esse sujeito* / I cannot bear that fellow.

su.por.tá.vel [suport'avew] *adj m+f* (*pl* **suportáveis**) supportable, tolerable, bearable.

su.por.te [sup'ɔrti] *sm* support, stay, prop, brace, bearer, holder.

su.po.si.ção [supozis'ãw] *sf* (*pl* **suposições**) supposition, conjecture, presumption, assumption. *é apenas uma suposição* / it is nothing more than a supposition.

su.po.si.tó.rio [supozit'ɔrju] *sm Med* suppository.

su.pos.to [sup'ostu] *adj* supposed, presumed, assumed, hypothetic(al). • *adv* supposing (that), even though. **suposto que** supposing that, even if.

su.pre.ma.ci.a [supremas'iə] *sf* supremacy, supremity, sovereignty, preponderance.

su.pre.mo [supr'emu] *sm coloq* Supreme Court. • *adj* supreme, highest.

su.pres.são [supres'ãw] *sf* (*pl* **supressões**) suppression, extinction, annihilation, cancellation.

su.pri.mir [suprim'ir] *vt* to suppress, abolish, cancel, omit, delete, hide, conceal.

su.prir [supr'ir] *vt* to supply, furnish,

supplement, fill in or out. *este livro supriu uma falta* / this book filled a gap.

sur.dez [surd'es] *sf* deafness, lack of hearing.

sur.do [s'urdu] *sm* **1** deaf person. **2** *Mús* a kind of tambour. • *adj* deaf, unable to hear, insensible, unattentive, muffled (sound). **fazer-se surdo** not to care for. **surdo como uma porta** stone-deaf.

sur.do-mu.do [surdum'udu] *sm* (*pl* **surdos-mudos**) deaf-mute. • *adj* deaf-mute, deaf-and-dumb.

sur.far [surf'ar] *vint* to surf, ride the surf (as on a surfboard).

sur.fe [s'urfi] *sm Esp* surfing. **prancha de surfe** surfboard.

sur.fis.ta [surf'istə] *s m+f bras* surfboarder, surfer.

sur.gi.men.to [surʒim'ẽtu] *sm* appearing, appearance, uprising, emerging, outbreak.

sur.gir [surʒ'ir] *vint+vt* **1** to arise, come to sight, appear, emerge, arouse. *surgiu uma dúvida* / a doubt arose. **2** to come to the surface. **3** to result from.

sur.pre.en.den.te [surpreẽd'ẽti] *adj m+f* surprising, astonishing, amazing, remarkable.

sur.pre.en.der [surpreẽd'er] *vt+vint+vpr* **1** to surprise, take unawares, astonish, amaze, startle. **2 surpreender-se** to be astonished, be taken by surprise. **ele foi surpreendido.**

sur.pre.sa [surpr'ezə] *sf* surprise, astonishment, amazement. *o resultado não representa surpresa alguma* / the result represents no surprise at all. **para grande surpresa minha** to my great surprise.

sur.ra [s'uɾə] *sf* **1** thrashing, spanking, beating, flogging, whipping. *deram-lhe uma boa surra* / he got a sound spanking. **2** *bras* defeat.

sur.ra.do [suɾ'adu] *adj* worn, worn out, beaten.

sur.rar [suɾ'ar] *vt+vpr* **1** to beat, flog, spank, hide. **2** become threadbare (clothes). **3 surrar-se** to become worse for the use (clothes), become threadbare.

sur.re.a.lis.mo [suɾeal'izmu] *sm* surrealism.

sur.re.a.lis.ta [suɾeal'istə] *s m+f* surrealist. • *adj* surrealistic.

S

sur.ru.pi.ar [suɾupi'ar] *vt* to steal, pilfer, filch.

sur.tir [surt'ir] *vt* to occasion, give rise to, result in, work. *surtiu efeito* / it worked.

sur.to [s'urtu] *sm* **1** soaring. **2** outbreak, eruption. **3** *Com* boom. **um surto epidêmico** an outbreak of epidemics.

sus.ce.ti.bi.li.da.de [susetibilid'adi] *sf* susceptibility, susceptibleness, touchiness.

sus.ce.tí.vel [suset'ivew] *adj m+f* (*pl* **suscetíveis**) susceptible, susceptive, sensitive, touchy.

sus.ci.tar [susit'ar] *vt* to suscitate, rouse, excite, to cause, give rise to. *isto suscita dúvidas* / this gives rise to doubts.

sus.pei.ta [susp'ejtə] *sf* suspicion, distrust, doubt. **acima de toda suspeita** above all suspicion. **causar suspeitas** to arouse suspicion.

sus.pei.tar [suspejt'ar] *vt* to suspect, distrust, have doubts about, be suspicious.

sus.pei.to [susp'ejtu] *sm* suspect. • *adj* suspect, suspected, doubtful, questionable, untrustworthy.

sus.pen.der [suspẽd'er] *vt* **1** to suspend, hang, hang up, hoist. **2** to interrupt, discontinue. **3** to cease, stop (especially temporarily). **4** to keep in suspense, keep at bay. **5** to deprive of an office, dismiss temporarily. *ele foi suspenso por três dias* / he was suspended for three days.

sus.pen.são [suspẽs'ãw] *sf* (*pl* **suspensões**) **1** act of suspending, suspension. **2** interruption. **3** cessation, stoppage. **4** temporary dismissal.

sus.pen.se [susp'ẽsi] *sm* suspense, a moment of great tension.

sus.pen.so [susp'ẽsu] *adj* suspended, hanging, interrupted, stopped.

sus.pen.só.rios [suspẽs'ɔrju] *sm* suspenders, braces, shoulder straps.

sus.pi.rar [suspir'ar] *vt+vint* **1** to sigh, suspire. **2** to wish very much, long for, pine for. **3** to lament, grieve.

sus.pi.ro [susp'iru] *sm* **1** sigh, suspiration, breath. **2** a longing for. **3** vent (barrel, cask). **4** *Cul* meringue. **até o meu último suspiro** to my last breath.

sus.sur.rar [susuɾ'ar] *vint+vt* **1** to rustle. **2** to whisper, murmur.

sus.sur.ro [susuɾu] *sm* **1** rustle. **2** whisper, whispering, murmur.

sus.tar [sust'ar] *vt+vint* to stop, halt, stay, suspend.

sus.ten.tar [sustẽt'ar] *vt+vpr* **1** to sustain. **2** to support, provide for. **3** to bear the weight of. **4** to assert, affirm. **5** **sustentar-se** to support, resist, defend oneself. **sustentar uma família** to support a family.

sus.ten.tá.vel [sustẽt'avew] *adj m+f* (*pl* **sustentáveis**) maintainable, supportable, sustainable.

sus.ten.to [sustẽtu] *sm* **1** maintenance, support. **2** food, nourishment.

sus.to [s'ustu] *sm* fright, shock, alarm, appalment, scare, fear. *levei um tremendo susto* / I was awfully frightened. **pregar um susto** to scare, frighten.

su.ti.ã [suti'ã] *sm bras brassière*, bra. **sutiã de corpo inteiro** longline *brassière*.

su.til [sut'iw] *sm* (*pl* **sutis**) = **sutileza**. • *adj m+f* subtle, tenuous, perspicaceous, delicate.

su.ti.le.za [sutil'ezə] *sf* subtleness, subtlety.

T, t [t′e] *sm* the nineteenth letter of the alphabet.

ta.ba.ca.ri.a [tabakar′iə] *sf* tobacco shop, tobacconist's shop.

ta.ba.co [tab′aku] *sm* tobacco.

ta.be.fe [tab′ɛfi] *sm pop* box on the ear, slap, blow.

ta.be.la [tab′ɛlə] *sf* **1** table (of contents etc.), chart. **2** list, catalogue, index. **por tabela** indirectly. **tabela de preços** price list.

ta.be.la.men.to [tabelam′ẽtu] *sm* **1** control of prices. **2** listing.

ta.be.li.ão [tabeli′ãw] *sm* (*pl* **tabeliães**, *fem* **tabeliã, tabelioa**) notary, notary public.

ta.ber.na [tab′ɛrnə] *sf* tavern, inn, public house. **taberna de vinho** wine bar.

ta.bla.do [tabl′adu] *sm* stage: raised platform.

ta.ble.te [tabl′ɛti] *sm bras* bar, tablet, pastille.

ta.blói.de [tabl′ɔjdi] *sm Jorn* tabloid, scandal sheet.

ta.bu [tab′u] *sm* taboo. • *adj m+f* **1** set apart as sacred. **2** prohibited, forbidden.

tá.bua [t′abwə] *sf* **1** board, plank. **2** map, list. **tábua de bater carne** chopping board. **tábua de passar roupa** ironing board. **tábua de salvação** *fig* last resource.

ta.bu.a.da [tabu′adə] *sf* multiplication table.

ta.bu.la.ção [tabulas′ãw] *sf* (*pl* **tabulações**) tabulation.

ta.bu.lar [tabul′ar] *vt* to tabulate, tabularize.

ta.bu.le.ta [tabul′etə] *sf* **1** signboard. **2** brass-plate. **3** nameplate.

ta.ça [t′asə] *sf* cup, pot, vessel, glass with a stem and foot. **2** a trophy. **taça de champanhe** champagne glass.

ta.ca.da [tak′adə] *sf* blow, stroke or hit with a stick or cue. **de uma tacada** at one go.

ta.ca.nhi.ce [takañ′isi] *sf* narrow-mindedness, smallness, narrowness, stupidity.

ta.ca.nho [tak′ʌñu] *adj* **1** short, not tall. **2** avaricious, niggard. **3** stupid, narrow-minded.

ta.cha [t′aʃə] *sf* tack, sharp, flat-headed nail, shoe stud.

ta.char [taʃ′ar] *vt+vpr* **1** to tax, censure, criticize. **2** *fig* to brand, stigmatize. **3 tachar-se** *gír* to get drunk(en).

ta.che.ar [taʃe′ar] *vt bras* to tack, fasten or stud with tacks.

ta.cho [t′aʃu] *sm* bowl, pan, pot, boiler.

tá.ci.to [t′asitu] *adj* tacit, silent, reserved, implied, implicit, understood.

ta.ci.tur.no [tasit′urnu] *adj* taciturn, reserved, uncommunicative, close-mouthed.

ta.co [t′aku] *sm* billiard cue, golf club, hockey stick, cricket or polo mallet.

ta.fe.tá [tafet′a] *sm* taffeta, glossy silk.

ta.ga.re.la [tagar′ɛlə] *s m+f* chatterer, chatterbox, jabberer, rattler, babbler. • *adj m+f* garrulous, gabbling, talkative, loquacious.

ta.ga.re.li.ce [tagarel′isi] *sf* **1** talkativeness, garrulity, loquacity. **2** blab, indiscretion. **3** gossip.

tail.leur [taj′er] *sm fr* tailor-made lady's suit (jacket and skirt).

tai.pa [t′ajpə] *sf* partition, wall of mud. **casa de taipa** mud house.

tal [t'aw] *s m+f* (*pl* **tais**) **1** a certain person, one. **2** *bras*, *gír* important person, big shot. • *pron* **1** such, like, resembling, similar, of that kind. *nunca ouvi tal coisa* / I never heard of such a thing. **2** so, thus, accordingly, consequently. **3** this, that. **a tal ponto** to such a degree or extent. **de tal maneira** in such a way, of such a kind. **em tal caso** in that case. **fulano de tal** John Doe. **que tal?** what do you think of it? **que tal uma bebida?** *gír* how about a drink? **ser tal e qual** to be exactly the same. **tal como** as. **um tal João** a certain John.

ta.la [t'alə] *sf* clamp, splice, splint.

ta.la.gar.ça [talag'arsə] *sf* canvas for embroidery or tapestry.

ta.lão [tal'ãw] *sm* (*pl* **talões**) coupon stub, voucher of a check or receipt. **talão de cheques** checkbook. **talão de pedidos** order book.

tal.co [t'awku] *sm* talc, talcum. **talco em pó** talcum powder.

ta.len.to [tal'ẽtu] *sm* talent, ability, aptitude, gift, ingeniousness, ingenuity. *ela é uma menina de talento* / she is a girl gifted. **ter talento para** to have a turn for.

ta.len.to.so [talẽt'ozu] *adj* talented, able, gifted, smart, clever.

ta.lha [t'aλə] *sf* **1** cut, cutting. **2** engraving, carved work, carving.

ta.lha.dei.ra [taλad'ejrə] *sf* **1** chisel, splitter. **2** cleaver, chopping knife.

ta.lha.do [taλ'adu] *adj* **1** cut, carved, engraved. **2** fashioned or fit for, proper. **3** sour (milk).

ta.lhar [taλ'ar] *vt+vint* **1** to cut, cut off, cut out. **2** to crave, cleave, engrave.

ta.lha.rim [taλar'ĩ] *sm* (*pl* **talharins**) *Cul ital* vermicelli: pasta made in long solid flat strings, a dish made with that kind of pasta.

ta.lher [taλ'ɛr] *sm* **1** set of knife, fork and spoon. **2 talheres** cutlery, table ware. **jantar para 20 talheres** supper for 20 guests.

ta.lis.mã [talizm'ã] *sm* **1** talisman, amulet, fetish, charm. **2** *fig* enchantment.

talk show [tɔwkʃ'ow] *sm ingl* a radio or TV program in which personalities are interviewed.

ta.lo [t'alu] *sm Bot* stalk, stem. *talo de milho* / corn stalk.

ta.lu.do [tal'udu] *adj* **1** stalky, grown-up, caulescent. **2** well-developed, vigorous, strong.

tal.vez [tawv'es] *adv* perhaps, maybe, perchance, by chance, possibly.

ta.man.co [tam'ãku] *sm* sabot, shoe with a wooden sole, clog.

ta.man.du.á [tamãdu'a] *sm Zool* anteater, tamandua.

ta.ma.nho [tam'ʌñu] *sm* **1** size, bulk, proportion, scale, volume, extent, dimension. *qual é o tamanho?* / what size is it? **2** tallness, amplitude, bigness. • *adj* so great, large, big, so remarkable, distinguished, eminent. **de tamanho médio** middle-sized. **tamanho desproporcionado** oversize. **tamanho natural** life-size.

tâ.ma.ra [t'ʌmarə] *sf* date.

ta.ma.rin.do [tamar'ĩdu] *sm Bot* tamarind.

tam.bém [tãb'ẽj] *adv* also, so, as well, besides, too, likewise, either, yet, further, moreover. *eles também vêm* / they are coming too. *está com fome? eu também* / are you hungry? so am I. • *interj* no wonder! (meaning displeasure). **senão também** but also. **também não** neither.

Also, as well, too têm sentido semelhante, mas são usados de forma diferente. Não são normalmente usados em sentenças negativas.

Too e **as well** aparecem no fim de uma frase. *eu estava na Inglaterra na semana passada também* / I was in England last week too. *ela não só toca violino; rege a orquestra também* / she not only plays the violin; she conducts the orchestra as well.

Also não aparece no fim da frase, mas vem geralmente antes do verbo principal ou depois do verbo auxiliar. *eu também li seu novo conto* / I have also read her new short story.

Either é usado em lugar de **too** e **also** em sentenças negativas. – *Eu não gosto de* ópera. – *Eu também não* / – I don't like opera. – I don't either.

tam.bor [tãbor'] *sm* drum: **1** *Mús* tambour, drummer. **2** a metal barrel for a liquid. **3** *Anat* eardrum, the tympanum of the ear.

tam.bo.rim [tãbor'ĩ] *sm* (*pl* **tamborins**) tambourine, tabor, timbrel.

tam.pa [t'ãpə] *sf* **1** cover(ing), lid. **2** cork, stopple, stopper (of a bottle). **3** seat cover of a toilet.

tam.pão [tãp'ãw] *sm* (*pl* **tampões**) **1** large cover or lid. **2** *Cir* compress, tampon. (as from menstruation) to arrest hemorrhaging.

tam.par [tãp'ar] *vt* **1** to cover with a lid, shut, top. **2** to cork, stopple, stopper (a bottle).

tam.pou.co [tãp'owku] *adv* either, neither. *ele não leu o livro, nem eu tampouco* / he has not read the book, neither have I.

tan.ga [t'ãgə] *sf* **1** breechcloth, loincloth. **2** *bras* a very scanty kind of bikini.

tan.gen.te [tãʒ'ēti] *sf* tangent. • *adj m+f* tangent, touching.

tan.ge.ri.na [tãʒer'inə] *sf Bot* tangerine, mandarin orange.

tan.gí.vel [tãʒ'ivew] *adj m+f* (*pl* **tangíveis**) **1** tangible. **2** palpable, tactile. **3** impressionable, perceptible.

tan.go [t'ãgu] *sm* tango.

tan.que [t'ãki] *sm* **1** tank, reservoir. **2** washtub. **3** *Mil* tank. **carro-tanque** tank car. **encher o tanque** to fill up the tank. **tanque de gasolina** fuel tank. **tanque de peixes** fish pond.

tan.tã [tãt'ã] *adj m+f bras, coloq* weak-minded, imbecile, silly, senile. *ele é meio tantã* / he is a little weak-minded.

tan.to [t'ãtu] *sm* an indeterminable quantity, amount, sum, extent, range. • *pron indef* as much, so much, as many, so many, so large, so great. *ele sofreu tantas dores* / he suffered such pain. • *adv* **1** to such a degree, number or extent. **2** in such a way, thus. **não é para tanto** it is not so bad. **não grite tanto** do not shout like that. **para tanto** therefore. **tanta sorte** such good luck. **tantas e tantas vezes** often and often. **tanto faz como tanto fez** it is much the same. **tanto melhor** all the better, so much the better. **tanto pior** so

much the worse. **tanto quanto possível** as much as possible. **uns tantos** a few.

tão [t'ãw] *adv* so, such, that, as, so much. *não tão bonito* / not so pretty. *tão grande é meu desejo* / such is my wish. **tão bem** as well. **tão logo** as soon as. *tão logo ele chegou, começamos a jantar* / as soon as he came we began the supper. **tão longe** that far.

ta.pa [t'apə] *sf* (também *sm*) *bras* slap, rap, cuff.

ta.pa.do [tap'adu] *adj* **1** hidden, covered. **2** tamponed, corked. **3** *fig* stupid, dull, slow-witted. *ele é muito tapado* / he is thick in the head. **com os olhos tapados** blindfold.

ta.par [tap'ar] *vt* **1** to close, plug, shut up, block, choke, cover. **2** to blindfold.

ta.pe.a.ção [tapeas'ãw] *sf* (*pl* **tapeações**) *bras* swindle, cheat, trickery, sham.

ta.pe.a.dor [tapead'or] *sm bras, pop* swindler, cheat, tricker, counterfeiter. • *adj* cheating, deceitful, tricking.

ta.pe.ar [tape'ar] *vt bras, pop* to deceive, fake, trick, humbug, fool.

ta.pe.ça.ri.a [tapesar'iə] *sf* **1** drapery, carpets, tapestry, hangings. **2** *bras* upholstery, a draper's shop.

ta.pe.cei.ro [tapes'ejru] *sm* **1** maker or seller of carpets, curtains, hangings, tapestries. **2** upholsterer.

ta.pe.tar [tapet'ar] *vt+vpr* to carpet, cover with carpets or tapestry.

ta.pe.te [tap'eti] *sm* carpet, matting, rug.

ta.pu.me [tap'umi] *sm* **1** enclosure, boarding, fence made of planks. **2** screen, partition.

ta.qua.ra [tak'warə] *sf bras* one of the varieties of small bamboos.

ta.qui.car.di.a [takikard'iə] *sf Med* tachycardia.

ta.qui.gra.fi.a [takigraf'iə] *sf* tachygraphy, stenography, shorthand.

ta.quí.gra.fo [tak'igrafu] *sm* tachygrapher, stenographer.

ta.quí.me.tro [tak'imetru] *sm* **1** tachymeter. **2** speedometer.

ta.ra.do [tar'adu] *sm* abnormal, degenerate person propensive to (sexual) crime. • *adj* **1** tared. **2** perverted, degenerated, immoral. **3** *bras*, *gír* of or referring to someone who is fascinated by another person.

tar.dar [tard'ar] *vt+vint* **1** to delay, lag. **2** to loiter, linger. **3** to be late. **o mais tardar** at the longest. **sem tardar** without delay.

tar.de [t'ardi] *sf* afternoon, evening. • *adv* tardily, late. **antes tarde do que nunca** better late than never. **até tarde** far, till late. **boa tarde!** good afternoon! **cedo ou tarde** sooner or later. **de tarde** in the afternoon. **mais tarde** later, later on. **tarde demais** too late.

ta.re.fa [tar'ɛfə] *sf* task, duty, assignment, job, function, undertaking. *você tem tarefa árdua à sua frente /* you have a hard task in wait for you. **incumbir alguém de uma tarefa** to set someone a task. **tarefa difícil** hard task.

ta.ri.fa [tar'ifə] *sf* **1** tariff. **2** rate.

ta.rim.ba.do [tarīb'adu] *adj bras* experienced, versed in, well-practiced.

ta.rô [tar'o] *sm* tarot.

tar.ra.xa [taʀ'aʃə] *sf* screw or twist of a screw.

tar.ra.xar [taʀaʃ'ar] *vt* to screw, fasten with a screw.

tar.ta.ru.ga [tartar'ugə] *sf Zool* turtle, tortoise.

ta.ta.me [tatam'i] *sm* a type of mat used as a floor-covering in japanese houses or for the practice of some sports.

ta.ta.ra.ne.ta [tataran'ɛtə] *sf* great-great-granddaughter.

ta.ta.ra.ne.to [tataran'ɛtu] *sm* great-great-grandson.

ta.ta.ra.vó [tatarav'ɔ] *sf* great-great-grandmother.

ta.ta.ra.vô [tatarav'o] *sm* great-great-grandfather.

ta.te.ar [tate'ar] *vt+vint* **1** to fumble, grope. **2** to touch, feel, poke. **3** to sound, probe.

ta.te.á.vel [tate'avew] *adj m+f* (*pl* **tateáveis**) **1** touchable. **2** that may be sounded or probed.

tá.ti.ca [t'atikə] *sf* tactics: **1** *Mil* ability to dispose troops. **2** *fig* method of procedure, policy to be successful in an enterprise.

ta.to [t'atu] *sm Med* **1** touch, feeling, tactile sense. **2** tact, sensibility, discretion, diplomacy, prudence. **falta de tato** tactlessness. **macio ao tato** soft to the touch.

ta.tu [tat'u] *sm bras, Zool* armadillo.

ta.tu.a.gem [tatu'aʒẽj] *sf* (*pl* **tatuagens**) **1** tattooing. **2** tattoo.

ta.tu.ar [tatu'ar] *vt+vpr* to tattoo, mark with tattoos.

ta.tu-bo.la [tat'ub'ɔlə] *sm* (*pl* **tatus-bola**) *bras, Zool* the three-banded armadillo.

ta.tu.ra.na [tatur'ʌnə] *sf bras* a species of caterpillar.

ta.ver.na [tav'ɛrnə] *sf* tavern, inn, wine-house, public house, saloon.

ta.ver.nei.ro [tavern'ejru] *sm* taverner, innkeeper, tapster.

ta.xa [t'aʃə] *sf* **1** contribution, duty, toll, tribute, customs. **2** rate, tax, fixed price. **taxa de juros** interest rate. **taxa de mortalidade infantil** infant mortality rate.

ta.xa.ção [taʃas'⁻ʷw] *sf* (*pl* **taxações**) taxation, rating, ᵽrice-fixing.

ta.xa.ti.vo [taʃat'ivu] *adj* **1** valuational, rating, taxing. **2** limiting, limitative. **3** restricted. **4** admitting no controversy, decisive.

tá.xi [t'aksi] *sm* cab, taxicab, taxi. **andar de táxi** to take a taxi. **chamar um táxi** to call a cab.

ta.xí.me.tro [taks'imetru] *sm* taximeter, automatic fare indicator.

ta.xis.ta [taks'istə] *sm* taxi driver.

tchau [tʃ'aw] *interj, ital* bye-bye, see you later.

te [ti] *pron* you, to you. *eu te vi /* I saw you. *eu te dei isto /* I gave it to you.

te.ar [te'ar] *sm* a weaver's loom.

te.a.tral [teatr'aw] *adj m+f* (*pl* **teatrais**) **1** theatrical. **2** *fig* pompous, ostentatious, showy.

te.a.tro [te'atru] *sm* **1** theater, theatre. **2** dramatic art. **3** the place where something remarkable happens. **peça de teatro** play, drama. **teatro de guerra** seat of war, theater of war.

te.a.tró.lo.go [teatr'ɔlogu] *sm* playwright, dramatist.

te.ce.la.gem [tesel'aʒẽj] *sf* (*pl* **tecelagens**)

1 a weaver's work, weaving. **2** textile industry.

te.cer [tes'er] *vt* **1** to weave, web, tissue. **2** to twist, spin, entwine. **3** to intrigue, plot, scheme. **tecer comentários** to comment on. **tecer hinos de louvor** to praise highly.

te.ci.do [tes'idu] *sm* **1** fabric, texture, cloth. **2** *Biol* tissue. **3 tecidos** textiles, woven fabrics. • *adj* **1** woven. **2** *fig* designed, schemed, plotted. **tecido de malha** knitwear.

te.cla [t'ɛklə] *sf* **1** key (organ, piano, typewriter, computer). **2** the button of a radio or tape recorder.

te.cla.dis.ta [teklad'istə] *s m+f Mús* keyboardist.

te.cla.do [tekl'adu] *sm* keyboard.

téc.ni.ca [t'ɛknikə] *sf* **1** technic, technique, know-how. **2** practice, workmanship, skill.

téc.ni.co [t'ɛkniku] *sm* **1** technicist, technician. **2** expert. • *adj* technical. **detalhes técnicos** technicalities. **escola técnica** technical college.

tec.no.lo.gi.a [teknoloʒ'iə] *sf* **1** technology. **2** technical terms and/or their explication. **3** technical means and skills of a particular civilization, group or period.

tec.nó.lo.go [tekn'ɔlogu] *sm* technologist.

te.co-te.co [tɛkut'ɛku] *sm bras* (*pl* **teco-tecos**) single-motored airplane.

té.dio [t'ɛdju] *sm* tedium, tediousness, wearisomeness, boredom, disgust, loathsomeness.

te.di.o.so [tedi'ozu] *adj* tedious, wearisome, tiresome, uninteresting.

tei.a [t'ejə] *sf* **1** spiderweb. **2** texture, web, woven fabric, textile. **3** *fig* plot, intrigue, scheme, conspiration. **teia de aranha** spiderweb, cobweb.

tei.ma [t'ejmə] *sf* obstinacy, obstinateness, stubbornness, pertinence.

tei.mar [tejm'ar] *vt+vint* **1** to insist, persist, persevere. **2** to be obstinate, stubborn.

tei.mo.si.a [tejmoz'iə] *sf* wilfulness, obstinacy, stubbornness, persistance.

tei.mo.so [tejm'ozu] *sm* crank, obstinate, wilful person. • *adj* insistent, obstinate, wilful, stubborn, pigheaded.

te.la [t'ɛlə] *sf* **1** web, woven fabric, network. **2** *Pint* canvas. **3** painting, picture. **4** screen (of a cinema, television, monitor). **tela de televisão** telescreen.

te.le.a.tor [teleat'or] *sm bras* TV actor.

te.le.a.triz [teleatr'is] *sf bras* TV actress.

te.le.ci.ne [teles'ini] *sm* transmission of filmed material by television.

te.le.co.mu.ni.ca.ção [telekomunikas'ãw] *sf* (*pl* **telecomunicações**) telecommunication.

te.le.co.mu.ta.ção [telekomutas'ãw] *sf* (*pl* **telecomutações**) *Inform* telecommuting.

te.le.con.fe.rên.cia [telekõfer'ẽsjə] *sf* a meeting between people physically separated but linked by video, audio and/or computer facilities.

te.le.cur.so [telek'ursu] *sm* telecourse.

te.le.du.ca.ção [teledukas'ãw] *sf* (*pl* **teleducações**) educational method through television, radio etc.

te.le.fé.ri.co [telef'ɛriku] *sm* cableway, cablecar.

te.le.fo.nar [telefon'ar] *vt+vint* to call, phone, telephone, ring up. *telefonaram-lhe* / there was a call for you.

te.le.fo.ne [telef'oni] *sm* telephone. **telefone celular** cellular telephone, mobile telephone. **telefone de tecla** pushbutton telephone. **telefone sem fio** cordless telephone.

te.le.fo.ne.ma [telefon'emə] *sm* call, telephone call. **telefonema interurbano** long distance call.

te.le.fo.ni.a [telefon'iə] *sf* telephony.

te.le.fô.ni.co [telef'oniku] *adj* telephonic. **aparelho telefônico** telephone receiver. **cabina telefônica** telephone booth, telephone box. **lista telefônica** telephone directory.

te.le.fo.nis.ta [telefon'istə] *s m+f* telephone operator, operator.

te.le.gra.far [telegraf'ar] *vt+vint* to telegraph, cable, wire.

te.le.gra.ma [telegr'ʌmə] *sm* telegram, cable, wire. **formulário para telegrama** telegraph form. **por telegrama** by telegram, by cable.

T

te.le.jor.nal [teleʒorn'aw] *sm bras* a news programme on TV.

te.le.no.ve.la [telenov'ɛlə] *sf bras* soap opera on TV.

te.le.ob.je.ti.va [teleobʒet'ivə] *sf Fot* telephoto lens.

te.le.pa.ti.a [telepat'iə] *sf* telepathy, thought-reading.

te.le.pro.ces.sa.men.to [teleprosesam'ẽtu] *sm Inform* teleprocessing.

te.les.có.pio [telesk'ɔpju] *sm* telescope.

te.les.pec.ta.dor [telespektad'or] *sm bras* one who watches TV. • *adj* that watches TV, viewer.

te.le.ti.po [telet'ipu] *sm* teletype.

te.le.vi.são [televiz'ãw] *sf* (*pl* televisões) television, video, a TV set. locutor de televisão telecaster.

te.le.vi.sor [televiz'or] *sm* television receiver, TV set.

te.lha [t'eʎə] *sf* 1 tile. 2 *coloq* whim, fancy, caprice. telha de vidro glass tile. ter uma telha de menos *fig* to be crackbrained.

te.lha.do [teʎ'adu] *sm* roof, tiling. telhado de colmo thatched roof. telhado de vidro *fig* evil reputation, bad fame.

te.ma [t'emə] *sm* theme: 1 topic, subject, thesis, argument. 2 *Mús* motive. tema de discussão topic of discussion. tema de um livro subject-matter.

te.má.ti.co [tem'atiku] *adj* thematic.

te.men.te [tem'ẽti] *adj m+f* fearful, anxious. temente a Deus God-fearing, religious.

te.mer [tem'er] *vt+vint* 1 to fear, dread. 2 to reverence, respect. temendo que... for fear of...

te.me.rá.rio [temer'arju] *adj* temerarious, daring, bold, risky, adventurous.

te.me.ri.da.de [temerid'adi] *sf* temerity, precipitation, foolhardiness, boldness, audaciousness.

te.me.ro.so [temer'ozu] *adj* 1 fearful, dreadful, dire, appalling. 2 frightened, afraid, alarmed.

te.mi.do [tem'idu] *adj* appalling, frightening, terrifying, feared, dreaded.

te.mí.vel [tem'ivew] *adj m+f* (*pl* temíveis) appalling, dreadful, terrible.

te.mor [tem'or] *sm* 1 dread, fear. 2 anxiety, apprehension. 3 reverence, awe, devotion. por temor a Deus for fear of God.

tem.pe.ra.do [tẽper'adu] *adj* 1 seasoned, flavoured, spicy. 2 temperate, moderate, mild (climate), agreeable.

tem.pe.ra.men.tal [tẽperamẽt'aw] *adj m+f* (*pl* temperamentais) temperamental.

tem.pe.ra.men.to [tẽperam'ẽtu] *sm* temper, temperament, mentality, disposition, character, nature, mood, humour. de temperamento fogoso hot tempered. temperamento calmo a placid character.

tem.pe.ran.ça [tẽper'ãsə] *sf* temperance, moderation, frugality, sobriety.

tem.pe.rar [tẽper'ar] *vt* to season, flavour, spice.

tem.pe.ra.tu.ra [tẽperat'urə] *sf* temperature, fever. elevação de temperatura rise in temperature.

tem.pe.ro [tẽp'eru] *sm* 1 seasoning, spice, condiment, sauce. 2 dressing of food. 3 taste, savour, flavour.

tem.pes.ta.de [tẽpest'adi] *sf* 1 tempest, storm, rainstorm, thunderstorm. 2 *fig* commotion, trouble, tumult. tempestade num copo de água a storm in a teacup.

tem.pes.tu.o.so [tẽpestu'ozu] *adj* tempestuous: 1 stormy, windy. 2 rough, wild, furious, rude. 3 *fig* very agitated, violent.

tem.plo [t'ẽplu] *sm* 1 temple. 2 church.

tem.po [t'ẽpu] *sm* 1 time: a) duration, period, spell, length of time. *o tempo acabou* / time is up. *há quanto tempo você já está aqui?* / how long have you been here? b) epoch, era. c) season, tide, hour. d) *Mús tempo, tempi*, movement. 2 weather. *o tempo está péssimo hoje* / the weather is atrocious today. 3 *Gram* tense. ainda em tempo just in time. ao mesmo tempo at the same time. a tempo in time, well-timed. a um só tempo simultaneously. dar tempo ao tempo to wait and see. de tempo em tempo at intervals, from time to time. em seu devido tempo in due course. fora de

tempo out of time. **ganhar tempo** to gain time. **gastar tempo** to waste time. **matar tempo** to kill time. **no meio tempo** in the meantime. **o tempo todo** all the time. **previsão do tempo** weather forecast. **tempo é dinheiro** time is money. **tempo integral** full time. **vai fechar o tempo** *fig* there is trouble ahead.

tem.po.ra.da [tẽpor'adə] *sf* **1** period. **2** space of time. **3** season. **passar uma temporada agradável** to have a good time.

tem.po.ral [tẽpor'aw] *sm* (*pl* **temporais**) tempest, rainstorm. • *adj m+f* **1** temporal. **2** temporary, transient.

tem.po.rá.rio [tẽpor'arju] *adj* **1** temporary, transient. **2** provisory, provisional.

têm.po.ras [t'ẽporas] *sf pl Anat* temples.

te.na.ci.da.de [tenasid'adi] *sf* **1** tenacity, tenaciousness, toughness. **2** *fig* obstinacy, pertinacity.

te.naz[1] [ten'as] *sf* tongs, pliers.

te.naz[2] [ten'as] *adj m+f* tenacious, firm, tough, stubborn, persistant, obstinate.

ten.ci.o.nar [tẽsjon'ar] *vt+vint* to intend, plan, mean. *tenciono ir lá* / I mean to go there.

ten.da [t'ẽdə] *sf* **1** tent, canvas. **2** stand, stall (market), pavillion. **tenda de oxigênio** *Med* oxygen tent.

ten.dão [tẽd'ãw] *sm* (*pl* **tendões**) *Anat* tendon. **tendão-de-aquiles** Achilles' tendon.

ten.dên.cia [tẽd'ẽsjə] *sf* tendency, inclination, propensity, proneness, disposition, predisposition. *ele possui tendência para exagerar* / he shows a disposition to exaggerate, trend. **tendência à perfeição** perfectiveness.

ten.den.ci.o.so [tẽdẽsi'ozu] *adj* tendentious, partial, biased.

ten.der [tẽd'er] *vt* **1** to incline, lean. **2** to tend, dispose, predispose. **3** to set, trend.

ten.di.ni.te [tẽdin'iti] *sf Med* tendinitis or tendonitis: inflammation of a tendon.

te.ne.bro.so [tenebr'ozu] *adj* **1** tenebrous, dark, obscure, gloomy. **2** *fig* terrible, frightful. **3** wicked, criminal.

te.nen.te [ten'ẽti] *sm Mil* lieutenant.

te.nen.te-co.ro.nel [tenẽtikoron'ɛw] *sm* (*pl* **tenentes-coronéis**) *Mil* lieutenant-colonel.

tê.nis [t'ɛnis] *sm sing+pl* **1** tennis, lawn tennis. **2** tennis-shoes. **bola de tênis** tennis ball. **quadra de tênis** tennis court. **raquete de tênis** tennis racket. **tênis de mesa** table tennis, ping-pong.

te.nis.ta [ten'istə] *s m+f* tennis player.

te.nor [ten'or] *sm Mús* tenor.

ten.ro [t'ẽʀu] *adj* tender. **carne tenra** tender meat.

ten.são [tẽs'ãw] *sf* (*pl* **tensões**) **1** tension, tenseness, tensity. **2** stretch. **3** *Med, Psicol* strain, stress. **alta tensão** *Eletr* high tension.

ten.so [t'ẽsu] *adj* **1** tense, tight, taut, strained. **2** *fig* intense.

ten.ta.ção [tẽtas'ãw] *sf* (*pl* **tentações**) temptation, allurement, seduction.

ten.tar [tẽt'ar] *vt* **1** to try, test, experiment. **2** to attempt, endeavour, undertake. **3** to tempt, entice, seduce, allure. *a oportunidade me tentou* / the occasion tempted me.

ten.ta.ti.va [tẽtat'ivə] *sf* **1** trial, experiment. **2** attempt, endeavour, effort. **fazer uma tentativa** to have a go at it. **tentativa de assassinato** attempt at murder.

tê.nue [t'ɛnwi] *adj m+f* tenuous, fine, subtle, fragile, weak, feeble, faint.

te.o.lo.gi.a [teoloʒ'iə] *sf* theology.

te.ó.lo.go [te'ɔlogu] *sm* theologian.

te.or [te'or] *sm* **1** wording, text. **2** tenor, meaning, purport. **3** *fig* manner, way. **do mesmo teor** of the same tenor.

te.o.re.ma [teor'emə] *sm Mat* theorem.

te.o.ri.a [teor'iə] *sf* theory, notion, concept, view. **na teoria** in theory.

te.ó.ri.co [te'ɔriku] *sm* **1** theoretician, theorist. **2** *fig* an utopian person. • *adj* theoretical, speculative.

te.pi.dez [tepid'es] *sf* tepidity, tepidness, lukewarmness.

té.pi.do [t'ɛpidu] *adj* tepid, lukewarm.

te.qui.la [tek'ilə] *sf* tequila.

ter [t'er] *vt* **1** to have, possess, own. **2** to hold, keep, occupy, retain, carry, contain. *eles têm esta mercadoria em estoque* / they carry a stock of these goods. **3** to get, obtain, arrive to, receive. *tenho de* *reunir os fatos* / I must get the facts together. **não tem perigo!** don't you worry! **não ter nada de seu** to own nothing. **que tem isso?** what is the matter? **ter amizade com** to be friends with. **ter boa fama** to be well-spoken of. **ter bom nome** to enjoy a great reputation. **ter confiança em** to trust in. **ter cuidado** to be careful. **ter em mente** to conceive, have in mind. **ter frio** to be / feel cold. **ter necessidade** to need. **ter pena de** to be sorry about / for. **ter prazer em** to enjoy. **ter saudade de** to long for. **ter sede** to be thirsty. **ter sorte** to be lucky, succeed. **ter vontade de** to want, wish.

O verbo **ter** traduz-se por *to have*, nos Estados Unidos, acompanhado do verbo auxiliar *to do* nas orações negativas e interrogativas. *você tem carro?* / do you have a car?

Na Inglaterra usa-se *to have got*, sem outro auxiliar, nas orações negativas e interrogativas. *ele não tem muito dinheiro* / he has not got much money.

No passado os usos são iguais utilizando o auxiliar *to do*. *ele não tinha muito dinheiro* / he did not have much money.

te.ra.peu.ta [terap'ewtə] *s m+f* therapist.
te.ra.pêu.ti.co [terap'ewtiku] *adj* therapeutic(al), curative, remedial.
te.ra.pi.a [terap'iə] *sf* **1** therapeutics, art of healing. **2** therapy.
ter.ça-fei.ra [tersəf'ejrə] *sf (pl* **terças-feiras)** Tuesday.
ter.cei.ri.za.ção [tersejrizas'ãw] *sf (pl* **terceirizações)** outsourcing.
ter.cei.ri.zar [tersejriz'ar] *vt* to outsource.
ter.cei.ro [ters'ejru] *num* third. **em terceiro lugar** thirdly, in the third place. **seguro contra terceiros** third party insurance. **terceira categoria** third rate.
ter.cei.ros [ters'ejrus] *sm pl* the others.
ter.ço [t'ersu] *sm* **1** third part of anything. **2** string of beads (third part of the rosary). **rezar o terço** to tell one's beads.
ter.çol [ters'ɔw] *sm (pl* **terçóis)** *Med* sty(e), eyesore.

te.re.bin.ti.na [terebĩt'inə] *sf* turpentine.
ter.mas [t'ɛrmas] *sf pl* thermae: **1** thermal baths. **2** hot springs, thermal springs.
tér.mi.co [t'ɛrmiku] *adj* thermic. **garrafa térmica** thermos, thermos flask.
ter.mi.na.ção [terminas'ãw] *sf (pl* **terminações) 1** termination, end, finish. **2** expiration, conclusion. **3** extremity, final part. **4** *Gram* ending (of a word), inflection, suffix.
ter.mi.nal [termin'aw] *sm (pl* **terminais) 1** terminal, extremity, termination. **2** *Inform* a combination of a keyboard and output device (as a video display unit) by which data can be entered into or output from a computer or electronic communications system. • *adj m+f* **1** terminal, terminating. **2** limiting, limitative.
ter.mi.nar [termin'ar] *vt+vpr* **1** to terminate, bring to an end, end, finish, close, conclude, complete. **2** to expire. **3** to limit, bound, restrict.
tér.mi.no [t'ɛrminu] *sm* ending, conclusion, limit, boundary, landmark.
ter.mi.no.lo.gi.a [terminoloʒ'iə] *sf* terminology.
ter.mi.no.ló.gi.co [terminol'ɔʒiku] *adj* terminological.
ter.mo [t'ermu] *sm* **1** term a) limit, limitation, boundary, landmark, time limit, span, period, word, expression. b) *Mat* member of a fraction, proportion etc. **2** termination, end, finish, ending, expiration. **3** termos manners, ways, behaviour. *em que termos está o negócio?* / how is business? how are things running? **meio-termo** moderation. **pôr termo a** to put an end to. **termo técnico** technical term.
ter.mô.me.tro [term'ometru] *sm* thermometer: **1** instrument to measure temperature. **2** *fig* indicator of conditions, qualities, standings.
ter.mos.ta.to [termost'atu] *sm Fís* thermostat.
ter.na.men.te [tɛrnam'ẽti] *adv* tenderly.
ter.ni.nho [tɛrn'iɲu] *sm bras* a women's suit consisting of a pair of pants and a coat of the same colour and cloth.

ter.no¹ [t'εrnu] *sm* **1** ternary, triplet, trio. **2** a men's suit consisting of three pieces.

ter.no² [t'εrnu] *adj* tender, endearing, gentle, amorous, touching.

ter.nu.ra [tern'urə] *sf* tenderness, kindness, sensitiveness, gentleness, love, affection.

ter.ra [t'εřə] *sf* **1** earth, world, globe. **2** land, ground, soil, coast. **3** native land, birthplace, country, motherland, nation. **4** domains, territories. **proprietário de terras** land owner. **terra de ninguém** no man's land. **terra maravilhosa** wonderland. **terra natal** native land, birthplace, motherland. **Terra Santa** Holy Land, Palestine.

ter.ra.ço [teř'asu] *sm* terrace: **1** roof terrace, platform. **2** *Geol* raised shore line.

ter.ra.ple.na.gem [teřaplen'aʒẽj] *sf* (*pl* **terraplenagens**) earthwork, embankment, levelling of the ground.

ter.rá.queo [teř'akju] *sm* earthling, terrestrian. • *adj* terrestrial.

ter.rei.ro [teř'ejru] *sm* **1** yard. **2** courtyard. **3** *bras* place where Afro-Brazilian fetichism is practiced.

ter.re.mo.to [teřεm'ɔtu] *sm* earthquake.

ter.re.no [teř'enu] *sm* **1** terrain, ground, soil, land, site, groundplot. **2** *Geol* formation. **3** *fig* branch of activities, matter, subject. • *adj* **1** terrestrial, worldly, mundane, earthy. **2** having the colour of the earth. **ceder terreno** to give way. **ganhar terreno** to gain ground. **perder terreno** to lose ground. **pisar em terreno perigoso** to skate over thin ice.

tér.reo [t'εřju] *sm* the ground floor in a building. • *adj* **1** earthy, terrestrial. **2** even with the ground, low. **andar térreo** ground floor. **casa térrea** a one-story house.

ter.res.tre [teř'εstri] *adj m+f* terrestrial, earth-bound, earthy, mundane, worldly. **brisa terrestre** land breeze. **globo terrestre** terrestrial globe.

ter.ri.fi.can.te [teřifik'ãti] *adj m+f* terrifying, frightful, horrifying.

ter.ri.fi.car [teřifik'ar] *vt* **1** to terrify, horrify, frighten, appal. **2** to intimidate.

ter.ri.na [teř'inə] *sf* tureen.

ter.ri.to.ri.al [teřitori'aw] *adj m+f* (*pl* **territoriais**) territorial. **limite territorial** territorial boundary.

ter.ri.tó.rio [teřit'ɔrju] *sm* territory, land, country, dominion, region, area, district.

ter.rí.vel [teř'ivew] *adj m+f* (*pl* **terríveis**) terrible, awful, awesome, horrible, frightful, shocking, hideous.

ter.ror [teř'or] *sm* terror, horror, awe, fright, fear, dread, panic.

ter.ro.ris.mo [teřor'izmu] *sm* terrorism.

ter.ro.ris.ta [teřor'istə] *s m+f* **1** terrorist. **2** *fig* pessimist. • *adj* terroristic.

ter.ro.ri.zar [teřoriz'ar] *vt* to terrorize, frighten, terrify, alarm.

te.são [tez'ãw] *sm* (*pl* **tesões**) tension, strained condition. *s m+f vulg* **1** sexual potency. **2** *bras vulg* sexual desire.

te.se [t'εzi] *sf* thesis: **1** proposition. **2** dissertation. **3** hypothesis. **em tese** generally speaking.

te.sou.ra [tez'owrə] *sf* scissors, a pair of scissors, shears. *minha tesoura é nova* / my pair of scissors is new. *a tesoura está cega* / the scissors are blunt. **tesoura de unhas** nail scissors.

te.sou.ra.ri.a [tezowrar'iə] *sf* **1** treasury, treasure house. **2** exchequer. **3** treasureship, a treasurer's office.

te.sou.rei.ro [tezowr'ejru] *sm* treasurer.

te.sou.ro [tez'owru] *sm* **1** treasure, riches, wealth, chest. **2** treasury, exchequer, public purse. **3** person or thing of great value. *a menina é um tesouro* / the girl is a treasure. **4** thesaurus: a dictionary. **meu tesouro!** my treasure!

tes.ta [t'εstə] *sf* forehead, brow. **estar à testa de** to be at the head of. **testa-de-ferro** *fig* dummy, figurehead.

tes.ta.men.to [testam'ẽtu] *sm* will, testament. **abertura de um testamento** reading of a will. **deserdar por testamento** to disinherit by will. **fazer o seu testamento** to make one's will. **o Novo Testamento** The New Testament.

tes.tar [test'ar] *vt* to test: **1** to submit to a test. **2** to put to a test or proof, try (a machine or an instrument).

tes.te [t'εsti] *sm* **1** test, examination, trial. **2** list of questions for testing.

tes.te.mu.nha [testem'uɲə] *sf* **1** witness, evidence. **2** testimony, proof. **banco das testemunhas** witness box. **testemunha de defesa** witness of defence. **testemunha ocular** eyewitness.

tes.te.mu.nhar [testemuɲ'ar] *vt+vint* **1** to witness, bear witness, testify, give evidence. **2** to prove, depose. **3** to see, notice, watch. **testemunhar confiança** to show confidence.

tes.te.mu.nho [testem'uɲu] *sm* **1** testimony, proof, evidence, witness. **2** attest, attestation, report. **dar testemunho** to bear witness.

tes.tí.cu.lo [test'ikulu] *sm Anat* testicle: male sex gland.

te.ta [t'etə] *sf* teat, tit, nipple.

té.ta.no [t'ɛtanu] *sm Med* tetanus.

te.to [t'ɛtu] *sm* **1** ceiling, roof. **2** (by extension) shelter, cover, refuge. **3** *fig* ceiling, limit (prices, raisings). **sem-teto** homeless.

te.tra.plé.gi.co [tetrapl'ɛʒiku] *adj* tetraplegic.

té.tri.co [t'ɛtriku] *adj* **1** sad. **2** gloomy, mournful. **3** macabre, gruesome, awful.

teu [t'ew] (*fem* **tua**) *pron adj poss* your. *pron subst poss* yours. *é meu? não, é teu!* / is it mine? no, it is yours!

te.vê [tev'e] *sf* = **televisão.**

têx.til [t'estiw] *adj m+f* (*pl* **têxteis**) textile, woven. **indústria têxtil** textile industry.

tex.to [t'estu] *sm* text: **1** the very words of an author. **2** the printed words of a book etc. **texto original** original text.

tex.tu.ra [test'urə] *sf* **1** texture, fabric. **2** grain.

tez [t'es] *sf* complexion, colour of the skin. **de tez clara** fair-complexioned.

ti [t'i] *pron* (after prepositions) you, yourself. **a ti, para ti** to you, **de ti** from you. **para ti** for you.

ti.a [t'iə] *sf* **1** aunt. **2** *pop* old maid.

ti.a-a.vó [tiəav'ɔ] *sf* (*pl* **tias-avós**) great-aunt.

tí.bia [t'ibjə] *sf Anat* tibia, shinbone.

ti.car [tik'ar] *vt+vint* to tick, check.

ti.co [t'iku] *sm* a bit, bite, morsel, a little.

ti.co-ti.co [tikut'iku] *sm* (*pl* **tico-ticos**) *bras, Ornit* crown sparrow.

ti.do [t'idu] *part pass* de **ter 1** had, owned. **2** reputed, considered. *é tido como bom* / it is supposed to be good.

ti.e.te [ti'ɛti] *s m+f bras, gír* groupie: a fan.

ti.fo [t'ifu] *sm Med* typhus.

ti.ge.la [tiʒ'ɛlə] *sf* bowl, drinking vessel. **de meia-tigela** mediocre, ordinary.

ti.gre [t'igri] *sm Zool* tiger. • *adj m+f* tigerlike, spotted like a tiger.

ti.gre.sa [tigr'ezə] *sf bras, Zool* tigress.

ti.jo.lo [tiʒ'olu] *sm* brick. **assentar tijolos** to lay bricks.

til [t'iw] *sm* (*pl* **tis**) tilde: diacritical mark indicating nasalization, for example **não, pães.**

ti.lá.pia [til'apjə] *sf Ictiol* tilapia.

ti.lin.tar [tilĩt'ar] *vt+vint* to tinkle, jingle, clink.

tim.bra.do [tĩbr'adu] *adj* having a letterhead. **papel timbrado** letterhead paper.

ti.me [t'imi] *sm* team.

ti.mi.dez [timid'es] *sf* timidity, shyness.

tí.mi.do [t'imidu] *adj* timid, shy, coy, bashful.

tím.pa.no [t'ĩpanu] *sm* **1** *Mús* kettledrum, timpani, timbal. **2** *Anat* tympanum, middle ear, eardrum.

ti.na [t'inə] *sf* tub, wooden vessel.

tin.gi.do [tĩʒ'idu] *adj* dyed.

tin.gi.men.to [tĩʒim'ẽtu] *sm* dye, tincture, tint.

tin.gir [tĩʒ'ir] *vt* to dye, tint, tinge, tincture, colour. **tingir de verde** to green.

ti.nir [tin'ir] *vint* to clink, clank, ding, tinkle, clatter.

ti.no [t'inu] *sm* **1** judgment, discernment, good sense. **2** prudence, diplomacy. **3** tact, sensibility.

tin.ta [t'ĩtə] *sf* dye, paint, ink. **borrão de tinta** ink blot. **caixa de tintas** paint box.

tin.tei.ro [tĩt'ejru] *sm* inkpot, inkwell.

tin.tim [tĩt'ĩ] *sm* **1** cheers, a toast. **2** usado na locução adverbial **tintim por tintim** point for point. **contar tintim por tintim** to give full account.

tin.to [t'ĩtu] *adj* coloured, stained, red (wine or grapes). **vinho tinto** red wine.

tin.tu.ra [tĩt'urə] *sf* **1** dye, colour, tint,

hue. **2** *Farm* tincture: an alcoholic solution of a drug.

tin.tu.ra.ri.a [tĩturar'iǝ] *sf bras* dry cleaner's, laundry.

ti.o [t'iu] *sm* **1** uncle. **2** treatment given to older relatives.

ti.o-a.vô [tiwav'o] *sm* (*pl* **tios-avós, tios-avôs**) great-uncle.

tí.pi.co [t'ipiku] *adj* typical, characteristical, representative.

ti.po [t'ipu] *sm* **1** *Tip* type (for printing), letter. **2** pattern, model. **3** kind, sort, variety, group, class. **4** *pop* fellow, guy, chap (também *deprec*). *que tipo esquisito!* / what a queer fellow!

ti.po.gra.fi.a [tipograf'iǝ] *sf* **1** typography. **2** a typography shop.

ti.pó.gra.fo [tip'ɔgrafu] *sm* typographer, printer.

ti.pói.a [tip'ɔjǝ] *sf* arm sling.

ti.que [t'iki] *sm* tic, twitch, bad habit. **tique nervoso** nervous tic.

ti.que.ta.que [tikit'aki] *sm* **1** tick-tack (sound made by a ticking clock). **2** pitapat (sound of the beating heart).

tí.que.te [t'iketi] *sm* ticket.

ti.qui.nho [tik'iɲu] *sm bras* a bit.

ti.ra [t'irǝ] *sf* **1** band, ribbon. **2** strip, stripe, strap. *sm bras, gír* policeman, cop. **tira de história em quadrinhos** comic strip.

ti.ra.co.lo [tirak'ɔlu] *sm* shoulder belt. **bolsa a tiracolo** shoulder bag.

ti.ra.gem [tir'aʒẽj] *sf* (*pl* **tiragens**) circulation, issue, edition.

ti.ra-gos.to [tirǝg'ostu] *sm* (*pl* **tira-gostos**) *bras* a salty tidbit, appetizer.

ti.ra-man.chas [tirǝm'ãʃas] *sm sing+pl* spot remover, stain cleaner.

ti.ra.ni.a [tiran'iǝ] *sf* tyranny, despotism.

ti.râ.ni.co [tir'ʌniku] *adj* tyrannical, tyrannous, despotic, domineering.

ti.ra.ni.zar [tiraniz'ar] *vt+vint* to tyrannize, domineer, oppress.

ti.ra.no [tir'ʌnu] *sm* tyrant, oppressor. • *adj* tyrannical, despotic, oppressive.

ti.rar [tir'ar] *vt+vint* **1** to draw, pull, drag (as a weapon). **2** to take, take off or away, remove. *foi tirado das minhas mãos* / it was taken off my hands. **3** to extract. **4**

to deprive. **5** to exclude, suppress. **6** to make copies. **7** to steal. **8** to deduct, subtract, diminish. **9** to take (a photo). **tirar do caminho** to clear out of the way. **tirar do lugar** to displace. **tirar férias** to take a vacation. **tirar informações** to make inquiries. **tirar licença** to get a licence. **tirar uma cópia** to make a copy of. **tirar uma fotografia** to take a photograph. **tirar um dente** to have a tooth pulled out.

ti.ri.tar [tirit'ar] *vint* to shiver, quiver.

ti.ro [t'iru] *sm* shot, pop, shooting, firing. **levar um tiro** to be shot. **tiro ao alvo** target practice.

ti.ro.tei.o [tirot'eju] *sm* firing, shooting.

ti.tâ.nio [tit'ʌnju] *sm Quím* titanium.

tí.te.re [t'iteri] *sm* **1** puppet. **2** an easily manipulated person.

ti.ti.a [tit'iǝ] *sf bras* auntie.

ti.ti.o [tit'iu] *sm bras* uncle.

ti.ti.tí [titit'i] *sm bras, coloq* **1** confusion. **2** gossip.

ti.tu.be.ar [titube'ar] *vint* **1** to stagger, totter, wabble. **2** to falter, hesitate, waver. **sem titubear** without hesitation.

ti.tu.lar [titul'ar] *s m+f* titleholder, cabinet member. • *adj m+f* titular, honorary, nominal.

tí.tu.lo [t'itulu] *sm* **1** title: a) designation of a literary production. b) heading. c) caption. d) name, denomination. e) a document that is evidence of a right. **2** any negotiable document (as a bond or a security). **a título de** in the quality of.

to.a.le.te [toal'ɛti] *sm* toilet, bathroom, lavatory.

to.a.lha [to'aʎǝ] *sf* **1** towel. **2** table cloth. **toalha de banho** bath towel. **toalha de mesa** tablecloth. **toalha de papel** paper towel. **toalha de rosto** face towel. **toalha felpuda** fluffy towel.

to.bo.gã [tobog'ã] *sm* **1** toboggan, sled. **2** *bras* a playground slide.

to.ca [t'ɔkǝ] *sf* **1** burrow, den, lair. **2** *fig* a poor habitation. **3** *fig* refuge, shelter.

to.ca-dis.cos [tɔkǝd'iskus] *sm sing+pl* record player, CD player.

to.ca-fi.tas [tɔkǝf'itas] *sm sing+pl bras* cassette-player.

to.cai.a [tok´ajə] *sf bras* ambush, trap.

to.can.te [tok´ãti] *adj m+f* **1** touching, moving, pathetic. **2** concerning, pertaining. **no tocante a** regarding to.

to.car [tok´ar] *vt+vint+vpr* **1** to touch, feel. *os extremos se tocam* / extremes touch. **2** to be contiguous to, limit, reach. *a casa dele toca com a minha* / his house is next to mine. **3** to play (an instrument), perform, sound, toot. **4** to ring (bells), clang. **5** to concern, regard, respect, refer. *isso não me toca* / that doesn't concern me. **6 tocar-se** a) to be or get in contact, touch. b) to become aware of, perceive. **pelo que me toca** as far as I am concerned.

to.cha [t´ɔʃə] *sf* firebrand, torch.

to.co [t´ocu] *sm* **1** stub, stump, butt (as of a tree, cigarette, torch, pencil etc.). **2** a sort of club, stick.

to.da.vi.a [todav´iə] *conj* but, yet, still, however, nevertheless, though. • *adv* notwithstanding.

to.do [t´odu] *sm* **1** the whole, entirety, totality, generality. *todo homem quer ser feliz* / every man wants to be happy. **2 todos** each and every, one and all, every one, all people. • *adj* all, whole, complete, entire. • *pron indef* **1** every, any. **2 todos** everybody, everyone. **ao todo** altogether, all in all. **a toda** at full speed. **a todo custo** anyway, at any price. **como um todo** as a whole. **durante toda a vida** all through one's life. **em toda parte** all about. **o dia todo** all day long. **toda a gente** everybody.

tol.do [t´owdu] *sm* sun blind (of a shop), canopy.

to.le.rân.cia [toler´ãsjə] *sf* tolerance, endurance, sufferance, broad-mindedness, indulgence, allowance for error.

to.le.ran.te [toler´ãti] *adj m+f* tolerant, indulgent, broad-minded.

to.le.rar [toler´ar] *vt* **1** to tolerate, endure, indulge. *não toleramos isto sem protesto* / we won't tolerate it without protesting. **2** to stand, bear. *não o tolero* / I cannot bear him. **3** to permit, admit, allow.

to.le.rá.vel [toler´avew] *adj m+f* (*pl* **toleráveis**) tolerable, endurable, bearable, sufferable, admissable, satisfactory.

to.lher [toʎ´er] *vt* **1** to hinder, obstruct, impede, hamper. *ele tolhe meu caminho* / he is in my way. **2** to embarass, restrain, oppose. **3** to paralyse, stop.

to.li.ce [tol´isi] *sf* **1** foolishness, folly, silliness. **2** stupidity. **3** trifle, blunder. *ele só pensa em tolices* / he minds nothing but trifles. **dizer tolices** to talk nonsense. **que tolice!** what nonsense!

to.lo [t´olu] *sm* fool, simpleton, idiot. *não se faça de tolo* / don't make a fool of yourself. • *adj* **1** foolish, crazy, daft, loony, silly. **2** stupid, soft brained. **3** simple-minded, naïve.

tom [t´õw] *sm* tone: **1** tension, inflection (of tissue). **2** *Mús* key, pitch of the voice. **3** intonation, accent, inflection. **4** dye, tinge, shade, touch, nuance. *não me fale nesse tom* / don't speak to me in that tone.

to.ma.da [tom´adə] *sf* **1** taking, seizure, fall. **2** *Eletr* a) plug. b) plug, socket. **3** *Cin* take. **tomada de ar** air intake. **tomada de decisão** decision-making.

to.mar [tom´ar] *vt* to take: **1** to seize, catch, capture, grasp, conquer, take possession of. **2** to gather, collect, receive, get. **3** to eat, drink. *ele tomou um trago* / he took a drink. **4** to take away, steal, deprive of. **5** to assume, accept, admit. **6** to use up, occupy. **não tomar conhecimento** to overlook, disregard. **toma lá, dá cá** give-and-take. **tomar (algo) a sério** to take (something) seriously. **tomar cuidado** to be careful. **tomar o partido de** to take side of. **tomar parte** to take part. **tomar uma bebida** to have a drink. **tomar uma decisão** to make a decision. **tomar um remédio** to take a medicine.

to.ma.ra [tom´arə] *interj bras* God grant!, let us hope for the best! *tomara que não* / I hope not.

to.ma.ra-que-cai.a [tom´arəkik´ajə] *sm sing+pl bras*, *gír* a strapless dress or blouse. • *adj m+f* strapless.

to.ma.te [tom´ati] *sm Bot* tomato. **tomate comum** salad tomato. **tomate-caqui** beefsteak tomato. **tomate-cereja** cherry tomato.

tom.bar¹ [tõb´ar] *vt+vint* to tumble, stumble, topple, throw or fall down.

tom.bar² [tõb'ar] *vt* **1** to register lands, make an inventory of lands. **2** to put under governmental trust (as monuments, historical or artistic buildings etc.). **prédio tombado** building under governmental trust.

tom.bo [t'õbu] *sm* **1** tumble, fall, plumper. **2** turnover, upset. **levar um tombo** to fall down.

to.mo.gra.fi.a [tomograf'iə] *sf Med* tomography. **tomografia computadorizada** computed tomography.

to.na.li.da.de [tonalid'adi] *sf* tonality: **1** *Mús* character of tone. **2** *Pint* a) scheme of colours. b) tint, colouring.

to.ne.la.da [tonel'adə] *sf* ton, tonne (weight of 1,000 kg).

tô.ni.co [t'oniku] *sm Med* tonic. • *adj* tonic: **1** invigorating, strenghtening, restorative. **2** *Gram* voiced, stressed. **acento tônico** tonic accent, primary stress. **sílaba tônica** tonic syllable.

ton.tei.ra [tõt'ejrə] *sf* **1** foolery, foolishness, nonsense. **2** dizziness.

ton.to [t'õtu] *sm* fool, simpleton. • *adj* **1** giddy, dizzy. **2** foolish, tipsy, crazy, silly. **3** stupid, dull, idiotic. **4** simple-minded, naïve. **como barata tonta** disorientedly, aimlessly.

ton.tu.ra [tõt'urə] *sf* giddiness, dizziness, vertigo.

to.pa.da [top'adə] *sf* stumbling, tumbling, tripping.

to.par [top'ar] *vt* **1** to meet, encounter, come across, find. *topei-o na praia* / I met him on the beach. **2** *bras, gír* to agree, consent. *eu topo* / I agree. **3** to run against, collide. **4** to stumble, tumble, trip. **topar a parada** to accept a challenge.

to.pa-tu.do [topət'udu] *sm sing+pl bras, gír* person engaged in all sorts of business, Jack-of-all-trades.

to.pá.zio [top'azju] *sm Miner* topaz.

to.pe.te [top'eti] *sm* **1** forelock, tuft of feathers or hair. **2** *bras* impudence, insolence, cheekiness. **ter o topete de** to have the gall to.

tó.pi.co [t'opiku] *sm* topic, subject, theme, heading, argument. • *adj* topical: **1** of a place. **2** relating to a heading or subject. **3** of current affairs. **4** *Med* of local application.

to.po [t'opu] *sm* **1** summit, top, peak, acme, highest point. **2** upper part.

to.po.gra.fi.a [topograf'iə] *sf* topography.

to.que [t'oki] *sm* **1** touch, contact, taction, feeling. **2** *Mil* call, recall. **3** *Mús* playing, striking, chime. **4** vestige, sign. **ao mais leve toque** at the slightest touch. **a toque de caixa** hurriedly, hastily.

tó.rax [t'oraks] *sm sing+pl Anat* thorax, chest, breast.

tor.ção [tors'ãw] *sf* (*pl* **torções**) **1** torsion, turn, intorsion. **2** twisting, wriggling.

tor.ce.dor [torsed'or] *sm fig* rooter, person who cheers or applauds.

tor.cer [tors'er] *vt+vint+vpr* **1** to twist, turn, wring. **2** to distort, contort, sprain, dislocate. **3** to misinterpret, alter the meaning. **4** to root, pull for, entice, cheer. **5 torcer-se** to writhe, squirm. **não dar o braço a torcer** to refuse to admit anything. **torcer-se de riso** to be convulsed by laughter.

tor.ci.co.lo [torsik'olu] *sm Med* torticollis, stiff neck.

tor.ci.da [tors'idə] *sf* **1** wick. **2** *bras* act of rooting and cheering (in a game). **3** *bras* group of rooters or cheerers.

tor.ci.do [tors'idu] *adj* tortuous, twisted, crooked, sinuous.

tor.men.ta [torm'ẽtə] *sf* **1** violent storm, tempest. **2** *fig* vexation, turbulence, trouble, disturbance.

tor.men.to [torm'ẽtu] *sm* **1** torment, worry, affliction, distress, anguish. **2** torture, pain, martyrdom. **3** agony, mortification, suffering.

tor.men.to.so [tormẽt'ozu] *adj* **1** tempestuous, boisterous, stormy, turbulent, violent. **2** *fig* vexatious, worrisome, embarassing, troublesome.

tor.na.do [torn'adu] *sm* tornado.

tor.nar [torn'ar] *vint+vt+vpr* **1** to return, turn, go or come back or again. *o tempo passa e não torna* / time passes away never to return. **2** to give back, send back, repay. **3** to render, change, convert. **4 tornar-se** to become, get, grow into, turn into. *ele tornou-se um rapaz diligente* / he has turned out a diligent boy. **tornar a bater** to strike again. **tornar acessível** to make available. **tornar a fazer** to do again, make again. **tornar-se pálido** to turn pale. **tornar-se um hábito** to grow into a habit.

tor.nei.o [torn'eju] *sm* **1** tournament, tourney. **2** a sports competition.

tor.nei.ra [torn'ejrə] *sf* tap, faucet, register. **fechar a torneira** to turn off the tap.

tor.ni.que.te [tornik'eti] *sm* **1** turnstile, wicket. **2** *tourniquet*: a device for compressing an artery.

tor.no.ze.lei.ra [tornozel'ejrə] *sm bras* **1** an ankle band. **2** an anklet.

tor.no.ze.lo [tornoz'elu] *sm Anat* ankle, anklebone.

to.ró [tor'ɔ] *sm* heavy downpour, rainstorm.

tor.pe [t'ɔrpi] *adj m+f* **1** base, vile, unworthy. **2** obscene, indecent. **3** dishonest, scurrilous.

tor.pe.de.ar [torpede'ar] *vt* **1** to torpedo, attack with a torpedo. **2** to destroy (as with torpedoes).

tor.pe.do [torp'edu] *sm* torpedo.

tor.por [torp'or] *sm* torpor, numbness, lethargy, apathy.

tor.ra.da [tor̄'adə] *sf* toast. **torrada com manteiga** buttered toast.

tor.ra.dei.ra [tor̄ad'ejrə] *sf* toaster.

tor.ra.do [tor̄'adu] *adj* **1** toasted, roasted, crisp, crispy. **2** parched, dried, browned. **3** scorched, torrid.

tor.rão [tor̄'ãw] *sm* (*pl* **torrões**) **1** clod, lump or mass of soil. **2** terrain, tract of land. **3** *fig* cob, clump, lump, bat. **torrão de açúcar** lump of sugar. **torrão natal** homeland, native land.

tor.rar [tor̄'ar] *vt* **1** to toast, roast, brown, grill, crisp. **2** to parch, dry, scorch. **3** *bras, fig* a) to sell off at a loss. b) to dissipate, misspend.

tor.re [t'ɔr̄i] *sf* **1** tower, castle, steeple. **2** pylon. **3** fortress. **4** *Xadrez* castle, rook. **torre de observação** watch tower. **torre de igreja** steeple. **torre de relógio** clock tower. **torre de sinos** campanile, bell tower, belfry.

tor.ren.ci.al [tor̄ẽsi'aw] *adj m+f* (*pl* **torrenciais**) torrential, pouring.

tor.ren.te [tor̄'ẽti] *sf* **1** torrent, flow, stream. **2** multitude, plenty, abundance. **torrente de lágrimas** a flood of tears.

tór.ri.do [t'ɔr̄idu] *adj* torrid, very hot, burning.

tor.so [t'orsu] *sm* torso: trunk of a body or statue.

tor.ta [t'ɔrtə] *sf* tart, pie.

tor.to [t'ortu] *adj* **1** twisted, crooked, bent, curved. **2** deformed, distorted. **3** wrong, unfair, deceitful, dishonest.

tor.tu.o.so [tortu'ozu] *adj* tortuous, crooked, curved.

tor.tu.ra [tort'ura] *sf* **1** torture. **2** pain, torment, agony. **3** *fig* grief, heartbreak, sorrow.

tor.tu.rar [tortur'ar] *vt+vpr* **1** to torture, rack, torment. **2** to distress, afflict, grieve. **3** **torturar-se** to grieve, fry, fret.

to.sar [toz'ar] *vt* **1** to shear, fleece, clip. **2** to crop.

tos.co [t'osku] *adj* **1** rough, uncouth, rude, coarse. **2** unwrought, primitive. **3** coarse, crude. **4** clumsy, awkward.

tos.qui.ar [toski'ar] *vt* **1** to shear, clip, fleece. **2** *fig* to despoil, rob.

tos.se [t'ɔsi] *sf* cough, coughing. **tosse comprida** whooping cough.

tos.sir [tos'ir] *vint+vt* to cough, hack.

tos.ta.dei.ra [tostad'ejrə] *sf* toaster.

tos.ta.do [tost'adu] *adj* toasted, browned.

tos.tão [tost'ãw] *sm* (*pl* **tostões**) Brazilian nickel coin of 100 réis. **não ter um tostão furado** to be penniless. **não valer um tostão** to be not worth a toss.

tos.tar [tos'tar] *vt* to toast, roast, parch.

to.tal [tot'aw] *sm* (*pl* **totais**) total, sum, amount. • *adj m+f* total, whole, entire, integral, complete, full. **eclipse total** total eclipse. **perda total** total loss.

to.ta.li.da.de [totalid'adi] *sf* **1** totality, entirety, wholeness, plenitude. **2** the whole sum, quantity or number.

to.ta.li.ta.ris.mo [totalitar'izmu] *sm* totalitarianism.

to.ta.li.zar [totaliz'ar] *vt* to totalize: **1** to add up. **2** to express as a whole.

to.tem [t'ɔt'ẽj] *sm* (*pl* **totens**) totem, totem pole.

tou.ca [t′owkə] *sf* **1** bonnet, cap. **2** a nun's coif. **touca de banho** bathing cap.

tou.ca.dor [towkad′or] *sm* dressing table, vanity table.

tou.cei.ra [tows′ejrə] *sf* **1** big shoot of a tree. **2** a big shrub. **3** stub or stump of a tree.

tou.ci.nho [tows′iñu] *sm* lard, bacon. **toucinho defumado** bacon.

tou.ra.da [towr′adə] *sf* bullfight, bullfighting.

tou.rei.ro [towr′ejru] *sm toreador*, bullfighter.

tou.ro [t′owru] *sm* **1** bull. **2** *fig* a strong man. **3** *Astr* Taurus.

tó.xi.co [t′ɔksiku] *sm* poison, toxic drug. • *adj* toxic, toxicant.

to.xi.cô.ma.no [toksik′omanu] *sm* drug addict.

to.xi.na [toks′inə] *sf* toxin.

tra.ba.lha.do [trabaʎ′adu] *adj* worked, wrought, elaborate.

tra.ba.lha.dor [trabaʎad′or] *sm* **1** worker, workman. **2** toiler, person who works hard. • *adj* laborious, diligent, industrious, hard-working. **ser muito trabalhador** to work like a horse. **trabalhador agrícola** farm hand.

tra.ba.lhar [trabaʎ′ar] *vint+vt* **1** to work, labour, toil, exert oneself. **2** to drudge. **3** to make efforts, strive, perform. **4** to run, function, operate. **5** to act, perform (as an actor). **trabalhar de graça** to work for nothing. **trabalhar demais** to overwork.

tra.ba.lho [trab′aʎu] *sm* **1** work, labour, task, toil. **2** effort, exertion, struggle. **3** job, employment, service, occupation, duty. **4** business, trade. **5** performance, achievement, production. **bom trabalho!** good work! **Dia do Trabalho** Labour Day. **trabalho de equipe** teamwork.

tra.ba.lho.so [trabaʎ′ozu] *adj* **1** hard, toilful, arduous, difficult. **2** painful, fatiguing, tiring.

tra.ça [tr′asə] *sf* clothes moth, bookworm. **ser jogado às traças** *coloq* to be cast aside.

tra.ção [tras′ãw] *sf* (*pl* **trações**) traction, tension, pull, pulling. **animal de tração** draft animal.

tra.çar [tras′ar] *vt* **1** to trace, draw, delineate, outline, work out. **2** to plan, map. **3** to project, scheme. **traçar uma linha** to draw a line.

tra.ço [tr′asu] *sm* **1** trace, line. **2** stroke of a pen, pencil or brush. **3** trait, feature, aspect, character. **4** vestige, sign, indication, trace. **nenhum traço de perigo** no trace of danger. **sem um traço de malícia** without a grain of malice. **traços de família** family features.

tra.co.ma [trak′omə] *sm Med* trachoma.

tra.di.ção [tradis′ãw] *sf* (*pl* **tradições**) **1** tradition. **2** *fig* remembrance, memory. **tradições folklore.**

tra.di.ci.o.nal [tradisjon′aw] *adj m+f* (*pl* **tradicionais**) traditional, habitual.

tra.du.ção [tradus′ãw] *sf* (*pl* **traduções**) translation. **fazer traduções** to translate. **tradução livre** free translation.

tra.du.tor [tradut′or] *sm* translator, interpreter. • *adj* translating. **tradutor juramentado** sworn translator.

tra.du.zir [traduz′ir] *vt+vint+vpr* **1** to translate. *é fácil para traduzir* / it translates well. **2** to express, explain. **3** to represent. **4 traduzir-se** to manisfest itself, appear.

tra.fe.gar [trafeg′ar] *vint* to transit, pass through.

trá.fe.go [tr′afegu] *sm* **1** traffic, trade, business. **2** transit, transportation. **aberto ao tráfego público** open to public traffic. **sinal de tráfego** traffic signal. **tráfego engarrafado** traffic jam.

tra.fi.can.te [trafik′ãti] *s m+f* **1** trafficker, trader, dealer. **2** *pop* swindler, rascal, rogue. • *adj m+f* roguish, dishonest, fraudulent, deceitful.

tra.fi.car [trafik′ar] *vt+vint* **1** to traffic, trade, negotiate. **2** to deal fraudulently, swindle, trick, cheat.

trá.fi.co [tr′afiku] *sm* **1** traffic, trade, business, commerce. **2** *pop* shady business. **tráfico de drogas** drug traffic.

tra.ga.da [trag′adə] *sf* draft, draught, pull, swig, a long draft (cigarette or drink).

tra.gar [trag′ar] *vt+vint* **1** to devour, swallow, engulf, absorb. *ele foi tragado pelas ondas* / he was swallowed up by the waves. **2** to gulp down, drink in large drafts. **3** to inhale tobacco smoke.

tra.gé.dia [traʒ'ɛdjə] *sf* tragedy: **1** story with an unhappy theme. **2** the literary genre of dramas. **3** sad event, disaster, calamity.

tra.gi.ca.men.te [traʒikam'ẽti] *adv* tragically. *ele perdeu a vida tragicamente* / he lost his life tragically.

trá.gi.co [tr'aʒiku] *adj* tragic, mournful, shocking, sad, terrible.

tra.go [tr'agu] *sm* draught, draft, gulp, swallow, pull, swig, drink. *vamos tomar um trago* / let us have a drink, let us wet the whistle. **de um só trago** at one gulp.

tra.i.ção [trajs'ãw] *sf* (*pl* **traições**) treason, treachery, betrayal, perfidy, falseness, disloyalty. **crime de alta traição** high treason.

trai.ço.ei.ro [trajso'ejru] *adj* treacherous, perfidious, traitorous, disloyal, false.

tra.i.dor [trajd'or] *sm* traitor, betrayer, renegade, turncoat. • *adj* traitorous, perfidious, treacherous.

tra.ir [tra'ir] *vt+vpr* **1** to betray, double cross. **2** to reveal, disclose. **3 trair-se** to betray oneself, give oneself away. **trair um segredo** to disclose a secret.

tra.jar [traʒ'ar] *vt+vpr* **1** to wear, put on, dress. **2 trajar-se** to dress oneself. **trajar bem** to dress well.

tra.je [tr'aʒi] *sm* **1** dress, cloth(es), garb, apparel, attire, clothing. **2** costume, robe, suit, habit. **traje à fantasia** fancy dress. **traje a rigor** evening dress. **traje de banho** bathing suit.

tra.je.to [traʒ'ɛtu] *sm* **1** stretch, length, distance. **2** route, way. *ele falou durante o trajeto todo* / he kept talking the whole way.

tra.je.tó.ria [traʒet'ɔrjə] *sf* **1** trajectory. **2** *fig* way, manner. **3** path, course.

tra.lha [tr'aʎə] *sf* **1** *bras* luggage, baggage. **2** old household articles, rubbish. **toda a tralha** luggage and kit.

tra.ma [tr'ʌmə] *sf* **1** woof, texture, web. **2** plot, scheme, conspiracy, intrigue. **3** *bras* illicit business, crooked deal.

tra.mar [tram'ar] *vt* **1** to weave, woof. **2** to

plot, machinate, scheme, contrive, frame. **3** to conspire.

tram.bi.que [trãb'iki] *sm bras*, *gír* trickery, hoax, bluff.

tram.bo.lho [trãb'oʎu] *sm fig* encumbrance, hindrance, impediment, burden.

tra.mi.tar [tramit'ar] *vt bras* to follow the legal channels (a process, document etc.).

tra.mói.a [tram'ɔjə] *sf* chicane, trick, intrigue, swindle.

tram.po.lim [trãpol'ĩ] *sm* (*pl* **trampolins**) springboard, leaping board, jumping board. **trampolim para mergulhar** diving board.

tran.ca [tr'ãkə] *sf* **1** bar, crossbar. **2** (by extension) hindrance, obstacle, obstruction, check.

tran.ça [tr'ãsə] *sf* tress, braid, plait.

tran.ca.do [trãk'adu] *adj* **1** barred, bolted, fastened with bars. **2** locked up, fast, shut. *a porta está trancada* / the door is fast, is shut.

tran.ça.do [trãs'adu] *sm* **1** tress, plait, braid. **2** plaitwork. • *adj* plaited, braided.

tran.ca.fi.ar [trãkafi'ar] *vt bras*, *pop* to put under lock and key, incarcerate, imprison, arrest.

tran.car [trãk'ar] *vt+vpr* **1** to bar, fasten, secure with bars. **2** to bolt, latch, lock, shut. **3** to arrest, imprison, incarcerate. **4 trancar-se** to close or shut oneself up.

tran.çar [trãs'ar] *vt+vint* to tress, plait, braid, twist, interlace, entwine, weave.

tran.co [tr'ãku] *sm* **1** collision, jolt, push, bump, jerk. **2** *bras* trot. **aos trancos** by jerks.

tran.qüi.la.men.te [trãkwilam'ẽti] *adv* quietly, calmly. **viver tranqüilamente** to live at ease.

tran.qüi.li.da.de [trãkwilid'adi] *sf* **1** tranquility, peace, quiet, serenity. **2** silence, rest, repose, ease.

tran.qüi.li.zan.te [trãkwiliz'ãti] *sm* tranquilizer. • *adj* tranquilizing.

tran.qüi.li.zar [trãkwiliz'ar] *vt+vpr* **1** to tranquilize, quiet, appease, reassure. **2 tranqüilizar-se** to become quiet, tranquil, calm down. *tranqüilizaram-se os ânimos* / the excited feelings calmed down.

tran.qüi.lo [trãk'wilu] *adj* tranquil, calm, peaceful, easy, quiet, serene, still, placid. *fique tranqüilo! /* take it easy!, calm down!

tran.sa [tr'ãzə] *sf bras, gír* sexual intercourse.

tran.sa.ção [trãzas'ãw] *sf (pl* **transações**) transaction, dealing, business, deal, operation. **transações comerciais** business.

tran.sar [trãz'ar] *vt+vint bras, gír* **1** to plot, machinate, scheme. **2** to have sexual intercourse.

tran.sa.tlân.ti.co [trãzatl'ãtiku] *sm* transatlantic steamer. • *adj* transatlantic.

trans.bor.da.men.to [trãzbordam'ẽtu] *sm* overflow, overflowing, inundation.

trans.bor.dar [trãzbord'ar] *vt+vint* **1** to overflow, overspread, spill over. **2** to inundate, flood.

trans.cen.dên.cia [trãsẽd'ẽsjə] *sf* transcendence, transcendency.

trans.cen.den.tal [trãsẽdẽt'aw] *adj m+f (pl* **transcendentais**) transcendental, supernatural.

trans.con.ti.nen.tal [trãskõtinẽt'aw] *adj m+f (pl* **transcontinentais**) transcontinental, beyond a continent.

trans.cor.rer [trãskor'er] *vint* to elapse, go by, pass (time).

trans.cre.ver [trãskrev'er] *vt* to transcribe.

trans.cri.ção [trãskris'ãw] *sf (pl* **transcrições**) transcription, copy. **transcrição fonética** phonetic transcription.

tran.se [tr'ãzi] *sm* **1** anguish, trouble, distress, difficulty. **2** death, demise. **3** trance: a dazed, abstracted, ecstatic state.

tran.se.un.te [trãze'ũti] *s m+f* passer-by. • *adj m+f* transient, transitory, passing.

tran.se.xu.al [trãseksu'aw] *s m+f (pl* **transexuais**) transsexual.

trans.fe.rên.cia [trãsfer'ẽsjə] *sf* transference, transfer, removal, change.

trans.fe.rir [trãsfer'ir] *vt+vpr* **1** to transfer. **2** to transport. **3** to transmit, communicate. **4** to put off, postpone. **5** to pass, assign. **6 transferir-se** to move away.

trans.fi.gu.ra.ção [trãsfiguras'ãw] *sf (pl* **transfigurações**) transfiguration, transformation, change.

trans.for.ma.ção [trãsformas'ãw] *sf (pl* **transformações**) transformation, alteration, modification.

trans.for.ma.dor [trãsformad'or] *sm Eletr* transformer: apparatus for transforming a current. • *adj* transforming, modifying, altering, changing. **transformador de voltagem** voltage transformer.

trans.for.mar [trãsform'ar] *vt+vpr* **1** to transform, alter, change, modify, convert. **2 transformar-se** to be transformed, undergo a change. *o príncipe transformou-se em sapo /* the prince changed into a frog.

trans.fu.são [trãsfuz'ãw] *sf (pl* **transfusões**) transfusion, transfusing. **transfusão de sangue** *Med* blood transfusion.

trans.gê.ni.co [trãzʒ'eniku] *adj Genét* transgenic.

trans.gre.dir [trãzgred'ir] *vt* **1** to transgress, infringe, violate, break (law). **2** to overpass, trespass. **transgredir a lei** to break the law.

trans.gres.são [trãzgres'ãw] *sf (pl* **transgressões**) transgression, infringement, violation.

tran.si.ção [trãzis'ãw] *sf (pl* **transições**) transition. **período de transição** period of transition.

tran.si.gên.cia [trãziʒ'ẽsjə] *sf* **1** compromise, agreement, compliance. **2** indulgence, tolerance.

tran.si.gir [trãziʒ'ir] *vint+vt* to compromise, condescend, acquiesce, agree.

tran.si.tar [trãzit'ar] *vint+vt* to transit, pass, go or pass through.

tran.si.tá.vel [trãzit'avew] *adj m+f (pl* **transitáveis**) passable, usable, practicable. *a estrada já é transitável /* the road is already passable.

tran.si.ti.vo [trãzit'ivu] *adj* **1** transitional. **2** *Gram* transitive.

trân.si.to [tr'ãzitu] *sm* **1** transit, passage, conveyance. **2** traffic, flow of vehicles etc. **3** flow of people. **4** *fig* change, transition. **5** good acceptation, easy access. **direitos de trânsito** transit duties. **mercadorias em trânsito** transit goods. **trânsito intenso** heavy traffic.

T

tran.si.tó.rio [trãzit′ɔrju] *adj* transitory, passing, transient, temporary, short-lived.

trans.lú.ci.do [trãzl′usidu] *adj* translucent, limpid, diaphanous, clear.

trans.mis.são [trãzmis′ãw] *sf* (*pl* **transmissões**) 1 transmission, communication, conduction. 2 *Mec* gears. **transmissão radiofônica** radio broadcasting.

trans.mis.sí.vel [trãzmis′ivew] *adj m+f* (*pl* **transmissíveis**) 1 transmissible, transmittable. 2 communicable. **doença transmissível** transmissible disease.

trans.mis.sor [trãzmis′or] *sm* 1 transmitter. 2 telegraph key. • *adj* transmitting, transmissive. **estação transmissora** transmitting station.

trans.mi.tir [trãzmit′ir] *vt* to transmit, send, deliver, forward, pass on, convey, communicate, tell, conduct, broadcast. **foi-nos transmitido** it has come down to us. **transmitir uma ordem** to send an order.

trans.mu.ta.ção [trãzmutas′ãw] *sf* (*pl* **transmutações**) transmutation.

trans.pa.re.cer [trãspares′er] *vi* 1 to appear or shine through. 2 to become visible, be evident. 3 to reveal itself, become manifest. **deixar transparecer** to imply, hint, insinuate.

trans.pa.rên.cia [trãspar′ẽsjə] *sf* transparency, limpidity, viewed by light shining through it.

trans.pa.ren.te [trãspar′ẽti] *adj m+f* 1 transparent, translucent. 2 limpid, lucid, clear. 3 evident, obvious, patent.

trans.pas.sar [trãspas′ar] *vt* 1 to pass over, go beyond. 2 to overstep, exceed. 3 to transgress, trespass. 4 to pierce through.

trans.pi.ra.ção [trãspiras′ãw] *sf* (*pl* **transpirações**) transpiration, perspiration, sweating.

trans.pi.rar [trãspir′ar] *vt+vint* 1 to transpire, sweat, perspire. 2 to become known or public, leak out. *o segredo transpirou* / the secret leaked out.

trans.plan.tar [trãsplãt′ar] *vt* 1 to transplant. 2 to translocate, move. 3 to transmigrate.

trans.plan.te [trãspl′ãti] *sm* transplant, transplantation.

trans.por [trãsp′or] *vt* 1 to transpose, transport, transfer. 2 to cross over, traverse, pass. 3 to pass over or beyond. 4 to leap or jump over. **transpor um obstáculo** to hurdle an obstacle.

trans.por.tar [trãsport′ar] *vt* 1 to transport, carry, convey. 2 to pass, change. **transportar mercadorias** to carry goods. **transportar passageiros e bagagem** to carry passengers and luggage.

trans.por.te [trãsp′ɔrti] *sm* transport, transportation. **despesas de transporte** transport charges. **meios de transporte** means of transport. **transporte aéreo** air service.

trans.tor.na.do [trãstorn′adu] *adj* disturbed, perturbed, upset, confused.

trans.tor.nar [trãstorn′ar] *vt+vpr* 1 to disorder, discompose, unsettle. 2 to disturb, perturb, upset. 3 **transtornar-se** to become perturbed or irritated, upset.

trans.tor.no [trãst′ornu] *sm* upset, perturbation, confusion, trouble, inconvenience, moil.

trans.vi.ar [trãzvi′ar] *vt+vpr* 1 to wander, err. 2 to deviate, lead astray, misguide. 3 to embezzle. 4 to corrupt, pervert. 5 **transviar-se** to stray, go astray, get lost.

tra.pa.ça [trap′asə] *sf* 1 fraud, knavery, deceit, trick, cheat, swindle. 2 foul dealing, hanky-panky.

tra.pa.ce.ar [trapase′ar] *vt+vint* to cheat, swindle, deceive, trick, dupe.

tra.pa.cei.ro [trapas′ejru] *sm* trickster, swindler, crook, cheater, impostor. • *adj* deceitful, fraudulent, swindling, tricky.

tra.pa.lha.da [trapaʎ′adə] *sf* 1 confusion, disorder, jumble. 2 complication, mess, misunderstanding. 3 trickery, swindle, fraud. **que trapalhada!** what a mess!

tra.pa.lhão [trapaʎ′ãw] *sm* (*pl* **trapalhões**, *fem* **trapalhona**) dabbler, fumbler, bungler. • *adj* clumsy, awkward, blundering.

tra.pé.zio [trap′ɛzju] *sm* 1 *Geom* trapezium. 2 *Anat* trapezoid: a wristbone. 3 *Esp* trapeze (used by acrobats).

tra.pe.zis.ta [trapez′istə] *s m+f* trapezist, trapeze artist.

tra.po [tr′apu] *sm* 1 rag, tatter, shred,

frazzle. **2 trapos** old clothes, shreds. **boneca de trapos** rag doll.

tra.quéi.a [trak'ɛjə] *sf Anat* trachea, windpipe.

tra.que.jo [trak'eʒu] *sm* practice, experience, skill, ability.

tra.que.o.to.mi.a [trakeotom'iə], **tra.que.os.to.mi.a** [trakeostom'iə] *sf Cir* tracheostomy.

tra.qui.nas [trak'inas] *s m+f sing+pl* naughty or mischievous child or adult. • *adj m+f sing + pl* mischievous, naughty, troublesome, fidgety.

trás [tr'as] *prep+adv* behind, after, back. **andar para trás** to walk backwards. **de frente para trás** from front to rear. **de trás para diante** backward. **mover-se para trás** to back up.

tra.sei.ra [traz'ejrə] *sf* **1** rear, hinder part. **2** rear.

tra.sei.ro [traz'ejru] *sm pop* the behind, bum, posterior, bottom. • *adj* back, hind, hindmost, rear. **lanterna traseira** taillight. **pata traseira** hindback. **porta traseira** back door.

tras.la.dar [trazlad'ar] *vt+vpr* **1** to transfer. **2** to transport. **3 trasladar-se** to change over to.

tras.pas.sar [traspas'ar] *vt* **1** to pass or cross over, go beyond. **2** to overstep, exceed, excel. **3** to transgress, trespass. **4** to pierce through, *fig* hurt, wound.

tras.te [tr'asti] *sm* **1** old household article, lumber, shoddy. **2** *bras* rascal, rogue, good-for-nothing.

tra.ta.do [trat'adu] *sm* **1** treaty, agreement, pact. **2** treatise about sciences, arts etc. **tratado de paz** treaty of peace.

tra.ta.men.to [tratam'ẽtu] *sm* **1** treatment, treating. **2** attendance. **3** application of remedies, medical treatment. **4** honorary title, title of degree or graduation. *ele dá-lhe o tratamento de senador /* he gives him the title of a Senator.

tra.tan.te [trat'ãti] *s m+f* rascal, crook, scoundrel. • *adj m+f* crooked, rascally, roguish.

tra.tar [trat'ar] *vt+vpr* **1** to treat. **2** to deal with. **3** to handle, manage. **4** *Med* to attend, cure, care for, nurse. *o médico*

tratou de minha gastrite / the doctor treated me for gastritis. **5** to consider, regard. **6** to transact, negotiate, settle. *já está tudo tratado /* it's all settled. **7** to discuss, discourse, concern. *o livro trata de História /* the book is concerned with history. **8** to support, nourish. **9 tratar-se** to take care of oneself. **de que se trata?** what is the matter?

tra.tá.vel [trat'avew] *adj m+f* (*pl* **tratáveis**) **1** tractable, treatable, manageable. **2** docile, tame.

tra.to [tr'atu] *sm* **1** treating, treatment, dealing. **2** caring for, therapy. **3** agreement, contract. **maus-tratos** abuse.

tra.tor [trat'or] *sm* tractor.

trau.ma.tis.mo [trawmat'izmu] *sm Med*, *Psicol* traumatism, trauma.

trau.ma.ti.zar [trawmatiz'ar] *vt+vpr Med*, *Psicol* to traumatize: **1** to cause a trauma. **2 traumatizar-se** to suffer from a trauma.

tra.va [tr'avə] *sf* bolt, key bolt. **trava de segurança** safety catch.

tra.var [trav'ar] *vt+vpr+vint* **1** *Tecn* to join, brace, unite. **2** to restrain, impede, hamper. **3** to brake. **4** to lock, bar. **5** to keep down, moderate. **6 travar-se** to be joined or linked, attached. **travar conversa com alguém** to engage a person in a conversation.

tra.ve [tr'avi] *sf* bar, crossbar.

tra.vés [trav'ɛs] *sm* slant, bias, diagonal. **de través** across, crosswise. **olhar de través** look askew.

tra.ves.sa [trav'ɛsə] *sf* **1** *Arquit* beam, bar, crossbar, rail. **2** *Ferrov* sleeper, tie. **3** lane, by-lane, bystreet, alley. **4** connecting passageway. **5** platter, dish for serving.

tra.ves.são [traves'ãw] *sm* (*pl* **travessões**) **1** *Gram* dash. **2** *Mús* bar to separate the compasses.

tra.ves.sei.ro [traves'ejru] *sm* pillow, cushion. **consultar o travesseiro** sleep over something.

tra.ves.so [trav'esu] *adj* **1** gamesome, frisky, frolic, wild. **2** mischievous, naughty, restless, noisy.

tra.ves.su.ra [traves'urə] *sf* **1** prank, practical joke. **2** naughtiness, trick. **fazer travessuras** to be naughty, play tricks.

tra.ves.ti [travest'i] *sm* transvestite, drag-queen.

tra.zer [traz'er] *vt* **1** to bring. *traga-me os meus sapatos* / bring me my shoes. **2** to fetch, get. **3** to carry. *esse cão sabe pegar e trazer* / that hound can fetch and carry. **4** to drive, transport. **5** to cause, occasion, effect. *glória traz inveja* / fame causes envy. **trazer boas notícias** to bear good tidings. **trazer de volta** to bring back. **trazer no coração** to carry in the heart. Veja nota em **fetch**.

tre.cho [tr'eʃu] *sm* **1** period, space of time. **2** space, stretch, distance. section. **3** *Mús, Lit* passage. **4** chapter, extract, part.

tre.co [tr'ɛku] *sm bras, gír* **1** a small relatively insignificant thing, stuff, trash. **2** ailment, indisposition. **ter um treco** to feel ill.

tre.cos [tr'ɛkus] *sm pl bras, gír* **1** personal belongings. **2** chipped old household goods, rubbish.

tré.gua [tr'ɛgwa] *sf* **1** armistice, truce. **2** rest, pause, respite.

trei.na.dor [trejnad'or] *sm* trainer, coach. **treinador de futebol** football coach, soccer coach.

trei.na.men.to [trejnam'ẽtu] *sm* training, coaching, exercise, drill, practice.

trei.nar [trejn'ar] *vt+vint+vpr* **1** to train, drill, coach. **2** to exercise, practise, instruct. **3** **treinar-se** to train oneself.

trei.no [tr'ejnu] *sm* training, coaching, drill(ing), exercise, practice, preparation.

tre.jei.to [treʒ'ejtu] *sm* grimace, wry face.

tre.la [tr'ɛlɐ] *sf* **1** leash, strap (for dogs), dog lead. **2** *pop* talk, chat, gossip. **3** *fig* licence, liberty, leave. **dar trela a** *bras* to encourage another to flirt, take to a person.

tre.li.ça [trel'isɐ] *sf bras* latticework, trelliswork.

trem [tr'ẽj] *sm (pl trens) bras* train (railway). *o trem descarrilou* / the train ran off the rails. **tomar um trem** to take a train. **trem de aterrissagem** landing gear. **trem expresso** express train.

tre.me.dei.ra [tremed'ejrɐ] *sf* trembling, quaking, shivering, *amer, gír* jitter.

tre.me.lu.zir [tremeluz'ir] *vint* to sparkle, twinkle, flicker.

tre.men.do [trem'ẽdu] *adj* **1** tremendous, terrifying. **2** awful, dreadful, frightful. **3** extraordinary, *amer, gír* terrific. **4** immense, enormous, huge. **uma tarefa tremenda** an enormous task, a hell of a job. **uma tremenda asneira** a tremendous blunder.

tre.mer [trem'er] *vint+vt* **1** to tremble, quake, shake, quiver. *sua mão tremia pela idade* / his hand shook from age. **2** to throb, palpitate. **3** to shiver, shudder. **4** to fear, dread. **5** *fig* to twinkle, glimmer. **tremer de medo** to be seized with fear. **tremer no corpo todo** to shiver all over.

tre.mi.do [trem'idu] *sm* tremor, quiver, trembling, shiver. • *adj, pop* **1** tremulous, trembly, shivery. **2** risky, shaky. **letra tremida** a shaky handwriting.

tre.mo.ço [trem'osu] *sm* lupine, lupine bean.

tre.mor [trem'or] *sm* **1** tremor, shake, thrill, quiver. **2** palpitation, throb, shiver. **tremor de terra** earthquake.

tre.mu.lan.te [tremul'ãti] *adj m+f* waving, fluttering, shaking.

tre.mu.lar [tremul'ar] *vt+vint* **1** to tremble, quaver, quiver. **2** to wave, flutter. **3** to flicker, twinkle, glimmer, shimmer. **4** to vacillate, hesitate, waver.

trê.mu.lo [tr'emulu] *adj* **1** tremulous, trembling, shaky. **2** timid, hesitant.

tre.na [tr'enɐ] *sf* **1** tape, tapeline. **2** tape measure.

tre.nó [tren'ɔ] *sm* sled, sledge, sleigh.

tre.par [trep'ar] *vt* **1** (também *Bot, Zool*) to creep, climb. **2** to ascend, mount, scale. **3** *bras, vulg* to fuck, lay. **trepar numa árvore** to climb a tree.

tre.pi.da.ção [trepidas'ãw] *sf (pl trepidações)* **1** trepidation, vibration. **2** agitation, perturbation, slight earthquake.

tre.pi.dan.te [trepid'ãti] *adj m+f* **1** tremulous, shaking, trepidant. **2** frightened, afraid.

tre.pi.dar [trepid'ar] *vint* **1** to tremble, shake, oscillate, quake. **2** to agitate, perturb. **3** to hesitate, vacillate. **sem trepidar** unhesitatingly, point-blank. *ele* *respondeu sem trepidar* / he answered point-blank.

três [tr'es] *num* three. **de três andares** three-storied. **dois é bom, três é demais** two is company, three is a crowd. **em três** by threes. **os três** all three of them. **três por cento** three per cent. **três quartos** three-quarters. **três vezes** three times, thrice. **três vezes mais** three times as much, threefold.

tres.lou.ca.do [trezlowk'adu] *sm* madman, lunatic. • *adj* crazy, mad, deranged, insane.

tres.ma.lha.do [trezmaʎ'adu] *sm* stray, fugitive, runaway. • *adj* lost, off course, strayed.

tres.noi.tar [treznojt'ar] *vt+vint* 1 to keep from sleeping, keep awake. 2 to pass a sleepless night.

tres.pas.sar [trespas'ar] *vt+vpr* 1 to pass or cross over, go beyond. 2 to overstep, exceed. 3 to transgress, trespass. 4 to pierce through, penetrate. 5 **trespassar-se** to faint, die.

tres.va.ri.ar [trezvari'ar] *vint* 1 to rave. 2 to hallucinate. 3 to talk deliriously.

tre.vas [tr'evas] *sf pl* 1 darkness, obscurity, gloom, night. 2 ignorance. **ao cair das trevas** at nightfall. **quarta-feira de trevas** Wednesday of the Holy Week.

tre.vo [tr'evu] *sm* 1 *Bot* clover, shamrock, trefoil. 2 cloverleaf: any interlinked traffic arrangement in the pattern of a four-leafed clover. **trevo de quatro folhas** *Bot* four-leafed clover.

tre.ze [tr'ezi] *num* thirteen, thirteenth.

tre.zen.tos [trez'ētus] *num* three hundred. • *sm* 14th century.

tri.a.gem [tri'aʒēj] *sf* (*pl* **triagens**) selection, classification.

tri.ân.gu.lo [tri'ãgulu] *sm* triangle: 1 geometrical triangular figure, trigon. 2 triangle-formed musical instrument. 3 *Astr* name of a constellation of the Northern Hemisphere. **triângulo acutângulo** acute-angled triangle. **triângulo amoroso** love triangle. **triângulo curvilíneo** curvilinear triangle. **triângulo eqüilátero** equilateral triangle. **triângulo escaleno** scalene triangle. **triângulo esférico** spherical triangle. **triângulo isósceles** isosceles triangle. **triângulo oxígono** oxygon. **triângulo plano** plane triangle. **triângulo retângulo** right-angled triangle. **triângulo reto** orthogon, right-angled triangle.

tri.bal [trib'aw] *adj m+f* (*pl* **tribais**) tribal: belonging to a tribe.

tri.bu.na [trib'unə] *sf* 1 tribune, rostrum, platform (for a speaker). 2 *fig* eloquence, oratory. **subir à tribuna** to mount the rostrum. **tribuna da imprensa** reporters' gallery.

tri.bu.nal [tribun'aw] *sm* (*pl* **tribunais**) court of justice, law court, forum, bar. **comparecer a um tribunal** to appear before the court. **levar alguém ao tribunal** to take somebody to court. **ministro do supremo tribunal** Lord Chief justice. **tribunal arbitral** Court of Arbitration. **tribunal de apelação** Court of Appeal. **tribunal de contas** Audit Office, Court of Audit. **tribunal de pequenos delitos ou de polícia** Police Court. **tribunal superior / supremo tribunal** tribunal High Court, Supreme Court of Judicature.

tri.bu.ta.ção [tributas'ãw] *sf* (*pl* **tributações**) taxation.

tri.bu.tar [tribut'ar] *vt* to lay a tribute on, impose a tax on, tax.

tri.bu.to [trib'utu] *sm* 1 tax, duty, toll, due. 2 tribute, dedication, homage.

tri.ci.clo [tris'iklu] *sm* tricycle.

tri.co.lor [trikol'or] *adj m+f* tricolour, tricoloured: having three colours.

tri.co.tar [trikot'ar] *vint+vt* to knit.

tri.e.dro [tri'ɛdru] *sm Geom* 1 a trihedral angle. 2 trihedron. • *adj* trihedral: having three faces.

tri.ê.nio [tri'enju] *sm* 1 triennium, triennial: a period of three years. 2 administration of an office during three years.

tri.fá.si.co [trif'aziku] *adj Eletr* three-phase. **corrente trifásica** three-phase current. **motor trifásico** three-phase motor.

tri.gê.meo [triʒ'emju] *sm* 1 triplet. 2 *Anat* trigeminal nerve. • *adj* relating to triplets.

tri.gé.si.mo [triʒ'ɛzimu] *num* thirtieth part, thirtieth.

tri.go [tr'igu] *sm* wheat: **1** the plant. **2** the seed (used for breadstuff). **farinha de trigo** wheat flour. **separar o joio do trigo** to separate the wheat from the chaff. **trigo moído** grist.

tri.go.no.me.tri.a [trigonometr'iə] *sf Mat* trigonometry: the part of mathematics relating to triangles.

tri.lha [tr'iλə] *sf* **1** trace, footprints. **2** track, trail, course, footpath. **3** thrashing (grain). **4** *fig* example, principle, rule. **trilha da caça** game path. **trilha sonora** sound track.

tri.lha.do [triλ'adu] *adj* **1** thrashed, beaten. **2** trodden. **3** well-known, common, well-worn. **caminho trilhado** beaten track.

tri.lhão [triλ'ãw] *sm* (*pl* **trilhões**) trillion (corresponds to an English billion).

tri.lho [tr'iλu] *sm* **1** trail, track, guideway, rail. **2** routine practice, use. **3** *bras* rail (of a tramway or railway). **trilho de guia** guide rail. **trilho de ligação** *Ferrov* closure rail. **trilho dentado** cograil. **trilho de retorno** U-rail. **trilho de roda** tread of a wheel.

tri.mes.tre [trim'ɛstri] *sm* period of three months, quarter of a year. • *adj m+f* quarterly.

tri.na.do [trin'adu] *sm* trill, chirp, warble. **trinado de rouxinol** the warbling of the nightingale.

trin.ca [tr'ĩkə] *sf* trine: **1** set of three analogous things. **2** three cards of the same value. **3** gang (of boys).

trin.ca.du.ra [trĩkad'urə] *sf* chink, crack, split.

trin.char [trĩʃ'ar] *vt+vint* to trench, carve, cut up (meat, fowl).

trin.chei.ra [trĩʃ'ejrə] *sf* **1** *Mil* trench. **2** ditch.

trin.co [tr'ĩku] *sm* door latch. **chave de trinco** latch key. **trinco automático** door spring.

trin.da.de [trĩd'adi] *sf* trinity.

tri.nô.mio [trin'omju] *sm* trinomial: **1** *Biol* trinomial scientific name. **2** *Mat* expression of three terms with the sign plus or minus or both.

trin.que [tr'ĩki] *sm* **1** coat hanger. **2** *bras*, *fig* spruceness, elegance. **andar** ou **estar no trinque / nos trinques** to be well-dressed, dressed up to the nines.

trin.ta [tr'ĩtə] *num* thirty. **ele já passou dos trinta** he is over thirty.

tri.o [tr'iu] *sm* trio.

tri.pa [tr'ipə] *sf* **1** intestine, gut. **2** **tripas** entrails. **à tripa forra** opulently, excessively. **fazer das tripas coração** to set a good face on a bad business, pluck up courage. **tripa de carneiro** catgut.

tri.pé [trip'ɛ] *sm* tripod, a three-legged support.

trí.plex [tripl'ɛks] *sm sing+pl bras* a triplex apartment. • *adj m+f sing+pl* triplex.

tri.pli.car [triplik'ar] *vt+vint+vpr* **1** to triple, treble. **2 triplicar-se** to become tripled, be multiplied.

trí.pli.ce [tr'iplisi] *adj m+f* = **triplo.**

tri.plo [tr'iplu] *sm* triple, treble. • *adj* triple, treble, threefold. **o triplo de** three times as much as. *trabalhei o triplo do que ele* / I worked three times as much as he did.

tri.pu.la.ção [tripulas'ãw] *sf* (*pl* **tripulações**) crew. **tripulação do avião** flight crew.

tri.pu.lan.te [tripul'ãti] *s m+f* crew member. • *adj m+f* pertaining to the crew.

tri.pu.lar [tripul'ar] *vt* to man (a ship, airplane). **tripular insuficientemente** to underman.

tris.car [trisk'ar] *vint* **1** to quarrel, dispute, disagree, brawl. **2** *bras* to graze, touch slightly.

tris.sí.la.bo [tris'ilabu] *sm* trissyllable. • *adj* trisyllabic.

tris.te [tr'isti] *s m+f* a sad or unhappy person. • *adj m+f* sad, dreary, sorrowful, mournful. **estar triste** to feel sad. **fazer um papel triste** to cut a sorry figure.

tris.te.men.te [tristem'ẽti] *adv* sadly.

tris.te.za [trist'ezə] *sf* sorrow, sadness, grief, gloom, moodiness. **entregar-se à tristeza** to give oneself up to sorrow. **tristezas não pagam dívidas** it's no use crying over spilt milk.

tri.ti.cul.tu.ra [tritikuwt'urə] *sf* wheat growing.

tri.ton.go [trit'õgu] *sm Gram* triphtong: combination of three vowels forming one sound.

tri.tu.rar [tritur'ar] *vt* **1** to mill, grind, thrash. **2** to bruise, afflict, hurt. **3** to offend, torment, grieve.

tri.un.fan.te [trjũf'ãti] *adj m+f* triumphant.

tri.un.far [trjũf'ar] *vint+vt+vpr* **1** to triumph: a) to win, conquer, be succesful, gain a victory. *nós triunfamos* / we won the day. b) to celebrate victory. c) to exult. **2 triunfar-se** to glory in, pride oneself on, boast, be triumphant.

tri.un.fo [tri'ũfu] *sm* triumph: **1** *Mil* victory, conquest. **2** triumph, jubilation. **arco do triunfo** triumphal arch.

tri.un.vi.ra.to [trjũvir'atu] *sm* **1** triumvirate. **2** (by extension) government by a group of three.

tri.vi.al [trivi'aw] *sm* (*pl* **triviais**) *bras, Cul* everyday dishes, plain cooking. • *adj m+f* trivial: **1** common, commonplace, trite, hackneyed, prosaic. **2** trifling, petty, banal, futile, unimportant.

triz [tr'is] *sm* usado na locução adverbial **escapar por um triz** to escape by the skin of one's teeth, escape by a hair's breadth, a narrow escape.

tro.ca [tr'ɔkə] *sf* **1** change, mutation. **2** exchange, interchange, barter, commerce, trade. **em troca** in return, in exchange. **troca de cartas** exchange of letters. **troca de idéias** exchange of views. **troca por troca** measure for measure.

tro.ça [tr'ɔsə] *sf* **1** joke, jest. **2** banter, mockery. **3** *pop* a crowd, great quantity. **expor à troça** to hold a person up to ridicule. **fazer troça de** to make fun of, poke fun at.

tro.ca.di.lho [trokad'iʎu] *sm* **1** pun. **2** play on words.

tro.ca.do [trok'adu] *sm* **1** change (money), small change. **2 trocados** small change. • *adj* changed, exchanged.

tro.car [trok'ar] *vt+vpr* **1** to change, replace, commute, permute, substitute. *vou me trocar* / I am going to change (clothes). **2** to change by mistake, confuse. **3** to exchange, interchange, convert, bank. **4** to barter, trade. **trocar a lâmpada** to replace the (old) bulb (for a new one). **trocar a vontade** to change one's mind. **trocar cartas** to exchange

correspondence. **trocar dinheiro** to change money (into smaller units). **trocar dinheiro brasileiro por dinheiro inglês** to exchange Brazilian money for English money. **trocar idéias** to exchange views. **trocar lugares** to change places. **trocar nomes** to confuse names.

tro.co [tr'oku] *sm* **1** change (money). *não tenho troco para lhe dar* / I cannot give you change. **2** *fig* pert answer, quick repartee. **a troco de** at the price of, in exchange for. **a troco de quê?** why on earth? **dar o troco** *gír* to reply in kind, give tit for tat.

tro.ço [tr'ɔsu] *sm bras, gír* **1** thing, object. **2** *gír* influential person, big shot. **ter um troço** a) to feel ill. b) to feel a deep emotion, feel very upset.

tro.féu [trof'εw] *sm* trophy.

tro.le [tr'ɔli] *sm bras* **1** railroad handcar, small four-wheeled car on a railroad. **2** cart used on farms and in small towns. **3** trolley, trolly.

trom.ba [tr'õbə] *sf* **1** trunk (of an elephant or tapir), **2** proboscis. **3** *gír* mug, face. **ficar de tromba** to look sullen, pout, be in a bad mood. **tromba-d'água** downpour, cloudburst.

trom.ba.da [trõb'adə] *sf* impact, crash, collision.

trom.ba.di.nha [trõbad'iɲə] *sm bras, gír* purse snatcher.

trom.bar [trõb'ar] *vint+vt bras* to collide, crash.

trom.be.te.ar [trõbete'ar] *vint+vt* **1** to trumpet, emit a trumpetlike (shrill) tone. **2** to proclaim, announce, ballyhoo.

trom.bo.ne [trõb'oni] *sm Mús* trombone.

trom.pe.te [trõp'eti] *sm Mús* **1** trumpet. **2** trumpeter. **trompete baixo** flat cornet. **trompete de jazz** jazz trumpet.

tro.nan.te [tron'ãti] *adj m+f* thundering, rumbling, roaring.

tron.co [tr'õku] *sm* **1** trunk: a) *Bot* stem of a tree. *o barco bateu contra um tronco* / the boat struck a tree trunk. b) *Anat* body, torso. **2** *Hist* stock, stake (for punishment). **3** stem, pedigree, lineage.

tron.cu.do [trõk'udu] *adj bras* sturdy, strong, muscular, vigorous.

tro.no [tr'onu] *sm* throne: **1** a royal seat, dais. **2** royal power, dignity, sovereignty. **3** *coloq* toilet. **herdeira do trono** crown princess. **subir ao trono** to ascend the throne, become king.

tro.pa [tr'ɔpə] *sf* **1** troop, band, host. **2** **tropas** troops, army, soldiers, military forces. **3** *bras* caravan of pack animals. **levantar tropa** to recruit, levy. **madrinha da tropa** lead mule (pack animals). **revista de tropas** parade. **tropa de pára-quedistas** parachute troops. **tropas aéreas** flying corps.

tro.pe.çar [tropes'ar] *vt+vint* **1** to stumble, trip up. *ele tropeçou e quase caiu* / he stumbled and almost fell. **2** to trip on, over. *ele tropeçou numa pedra e se machucou* / he tripped on a rock and hurt himself. **3** to hesitate, falter, blunder. **tropeçar com dificuldades** to meet with difficulties, come up against difficulties.

trô.pe.go [tr'opegu] *adj* **1** moving with difficulty, stumbling, hobbling. **2** shaky, unsteady, tottery.

tro.pei.ro [trop'ejru] *sm bras* **1** muleteer: driver of pack animals. **2** cattle dealer.

tro.pel [trop'ɛw] *sm* (*pl* **tropéis**) **1** uproar, tumult, confusion. **2** trampling, stamping of feet, shuffle, trotting. **3** throng, mob, rabble. **4** clatter or tramping of hoofs. **de tropel** confusedly. **um tropel de perguntas** a rush of questions.

tro.pi.cal [tropik'aw] *sm* (*pl* **tropicais**) *Tecel* a light woolen cloth much used for men's suits. • *adj m+f* **tropical**: **1** pertaining to the tropics. **2** *fig* very hot. **calor tropical** tropical heat. **doença tropical** disease of the tropics. **floresta tropical** tropical rain forest.

tró.pi.co [tr'ɔpiku] *sm* **1** tropic: an imaginary circle on the celestial sphere about 23° 28' N or S of the equator. **2** *Geogr* tropics: the tropical regions. • *adj* tropical. **Trópico de Câncer** tropic of Cancer. **Trópico de Capricórnio** tropic of Capricorn.

tro.tar [trot'ar] *vt+vint* to trot.

tro.te [tr'ɔti] *sm* **1** trot. **2** lope, jog. **3** *bras* hoax, banter. **4** *bras* an obscene phone call. **5** *bras* initiation rites freshmen go through at college. **a trote** trotting, in a trot. **corrida de trote** harness horse racing.

trou.xa [tr'owʃə] *sf* bundle of clothes, truss. *sm+f* sucker, booby, fool. • *adj m+f* foolish, stupid. **arrumar a sua trouxa** to pack one's traps, get going. **bancar o trouxa** to play the giddy goat. **sempre com a trouxa nas costas** always on the move.

tro.vão [trov'ãw] *sm* (*pl* **trovões**) thunder, roaring. **detonação de trovão** a dap of thunder. **o rimbombar do trovão** the roaring of the thunder. **voz de trovão** thundering voice.

tro.ve.jar [trove3'ar] *vt+vint* to thunder.

tro.vo.a.da [trovo'adə] *sf* thunderstorm.

tru.ca.gem [truk'a3ẽj] *sf* (*pl* **trucagens**) trucage, truquage: **1** the faking of works of art. **2** *Cin* the use of tricks in film making.

tru.ci.dar [trusid'ar] *vt* **1** to murder, kill savagely. **2** to slaughter.

tru.cu.len.to [trukul'ẽtu] *adj* **1** truculent. **2** cruel, savage, ferocious.

tru.fa [tr'ufə] *sf Bot* truffle.

trun.car [trũk'ar] *vt* **1** to cut off, lop. **2** to shorten, lessen, curtail, mutilate (as a text).

trun.fo [tr'ũfu] *sm* **1** prevailing suit of cards. **2** trump card (joker). **3** advantage to win a dispute, argument or business. **manter um trunfo na reserva** to have an ace in the hole. **ter todos os trunfos na mão** to hold all the trump cards.

tru.que [tr'uki] *sm* **1** *pop* trick, wile, stratagem. **2** a game of cards. **conhecer todos os truques** to know all the tricks. **truque de mágico** sleight-of-hand trick.

tru.ta [tr'utə] *sf Ictiol* trout.

tu [t'u] *pron pess* you, thou, thee. **e tu?** and you?, and what about you? **tu és** you are. **tu mesmo** you yourself.

tu.a [t'uə] *pron adj poss* de **teu**. *pron subs poss* yours. *a casa é tua?* / is the house yours? *tua casa* / your house.

tu.ba.rão [tubar'ãw] *sm* (*pl* **tubarões**) **1** *Ictiol* shark. **2** *fig* big-time-operator, profiteer.

tu.ber.cu.lo.se [tuberkul'ɔzi] *sf Med* tuberculosis.

tu.ber.cu.lo.so [tuberkul'ozu] *sm* person suffering from tuberculosis. • *adj* tuberculosis.

tu.bi.nho [tub'iɲu] *sm* **1** *dim* de **tubo. 2** *bras* sheath dress.

tu.bo [t'ubu] *sm* tube: **1** pipe, channel, chute. **2** *Anat* duct, aqueduct. **3** cilindrical metal container for tooth-paste etc. **tubo capilar** capillary. **tubo catódico / tubo de imagem** television tube, picture tube. **tubo de água** water pipe, water main. **tubo de ar** air pipe. **tubo de aspersão** spraying tube. **tubo de aspiração** suction tube. **tubo de borracha** hose, rubber tube, rubber pipe. **tubo de chaminé** chimney pot. **tubo de cola** tube of glue. **tubo de cor** *TV* colour pickup tube. **tubo de descarga** waste pipe, pipe. **tubo de ensaio** test tube. **tubo de escape** exhaust tube. **tubo de esgoto** waste drainage pipe. **tubo de gás** gas pipe. **tubo de lubrificação** oil pipe. **tubo de órgão** organ pipe. **tubo de vapor** steam pipe. **tubo de ventilação** ventilation pipe. **tubo de vidro** glass tube. **tubo digestivo** alimentary tract. **tubo respiratório** breathing tube.

tu.bu.la.ção [tubulas'ãw] *sf* (*pl* **tubulações**) piping, tubing.

tu.cu.pi [tukup'i] *sm Cul* a seasoning prepared with pepper and manioc juice.

tu.do [t'udu] *pron indef* everything, all, anything. *tudo foi feito* / all has been done. *tudo isso não me importa* / it's all the same to me. *eu fiz tudo* / I left no stone unturned. **acima de tudo** above all. **antes de tudo** first of all. **apesar de tudo** after all. **com tudo isso** however, in spite of. **e tudo mais** and all the rest. **isso diz tudo** that speaks volumes. **isto é tudo!** that's all! **nem tudo que reluz é ouro** all is not gold that glitters. **tudo a mesma coisa** one and the same. **tudo asneira** all nonsense. **tudo bem considerado** all in all. **tudo incluído** all-in. **tudo isto está muito bem, mas...** that is all very well, but... **tudo junto** all together. **tudo menos** anything but, all

but. **tudo o que** whatever. **tudo quanto / tudo que há de bom** everything good there is.

tu.fão [tuf'ãw] *sm* (*pl* **tufões**) hurricane, typhoon, tornado, windstorm.

tu.fo [t'ufu] *sm* tuft (of hairs, feathers, grass).

tu.gir [tuʒ'ir] *vint+vt* to mutter, whisper, stir, budge. **sem tugir nem mugir** without saying a word, holding one's tongue.

tu.lha [t'uʎə] **1** granary, barn. **2** (by extension) cornloft.

tu.li.pa [tul'ipə] *sf* **1** *Bot* tulip. **2** *bras* a tapered glass to drink beer.

tum.ba [t'ũbə] *sf* **1** tomb, grave. **2** tombstone.

tu.me.fa.to [tumef'atu] *adj* tumefied, swollen.

tu.mor [tum'or] *sm Med* tumour, tumor.

tú.mu.lo [t'umulu] *sm* tomb, grave. **fiel até o túmulo** faithful till death. **ser um túmulo** to be able to keep secrets, be discreet.

tu.mul.to [tum'uwtu] *sm* tumult, commotion, disturbance, hubbub, riot.

tu.mul.tu.a.do [tumuwtu'adu] *adj* agitated, disturbed, disorderly.

tun.da [t'ũdə] *sf* **1** thrashing, whipping, beating. **2** *fig* bitter criticism.

tú.nel [t'unew] *sm* (*pl* **túneis**) tunnel, underground passage. **atravessar um túnel** to pass through a tunnel. **túnel de entrada** entrance tunnel. **túnel de vento** wind tunnel.

tu.pã [tup'ã] *sm bras* Tupian name for thunder.

tu.pi [tup'i] *s m+f bras, Etnol* Tupi: **1** Indian of the Tupi tribe. **2** any of the various tupian tribes. **3** language spoken by the tupis who live near the Amazon river. • *adj m+f* Tupian: of or relating to the tupis.

tu.pi-gua.ra.ni [tup'igwaran'i] *s m+f* (*pl* **tupis-guaranis**) *bras* tupi-guarani: a group of South American Indian peoples spread from eastern Brazil to the Peruvian Andes from the Guianas to Uruguay. • *adj m+f* tupi-guaranian.

tu.pi.nam.bá [tupinãb'a] *s m+f bras*

T

Indian of the group of tupinamba tribes. *sm fig* boss. • *adj m+f* of or pertaining to the tupinambas.

tur.ba [t'urbə] *sf* crowd, mob, rabble.

tur.ban.te [turb'ãti] *sm* turban: **1** a headdress worn by Moslems and men of the Levant. **2** a woman's headdress similar to a turban.

tur.bi.lhão [turbiλ'ãw] *sm (pl* **turbilhões) 1** vortex, whirlpool. **2** whirlwind.

tur.bi.na [turb'inə] *sf Tecn* turbine. **conduto para turbina hidráulica** penstock. **turbina a vapor** steam turbine. **turbina de água** water turbine. **turbina de alta e baixa pressão** high and low pressure turbine. **turbina de ar comprimido** compressed air turbine. **turbina de gás** gas turbine. **turbina hidráulica** hydraulic turbine.

tur.bo.é.li.ce [turbo'ɛlisi] *sm Aeron* turboprop.

tur.bo.ja.to [turboʒ'aktu] *sm Aeron* turbojet.

tur.bu.lên.cia [turbul'ẽsjə] *sf* turbulence.

tur.co [t'urku] *sm* **1** Turk: native or inhabitant of Turkey. **2** the Turkish language. **3** *bras* name given to all the people of the Middle East (Syrians, Lebanese etc.). • *adj* Turkish. **banho turco** Turkish bath.

tur.fa [t'urfə] *sf* peat: semicarbonized plant residues used for fuel. **fardo de turfa** bale of peat.

tur.fe [t'urfi] *sm* horse racing.

tu.ris.mo [tur'izmu] *sm* tourism. **agência de turismo** travel agency. **guia de turismo** tourist guide. **ônibus de turismo** touring car.

tur.ma [t'urmə] *sf* **1** group, division (school or class). **2** *bras* people, folks. **turma de revezamento** relay team. **turma de trabalho** outfit.

tur.ma.li.na [turmal'inə] *sf Miner* tourmaline.

tur.no [t'urnu] *sm* **1** shift. **2** division, group. **3** *bras* round, a period of play, inning. **4** period at school. **ele, por seu turno** he for his part. **fazer (alguma coisa) por turno** to take (something) in turns. **trabalhar por turnos** to do shiftwork. **turno diurno** day shift. **turno noturno** night shift.

tur.que.sa [turk'ezə] *sf Miner* turquoise.

tur.ra [t'urə] *sf* dispute, bickering. • *adj* stubborn, obstinate. **andar às turras com alguém** to be on bad terms with someone, be at sixes and sevens with.

tur.rão [tuʀ'ãw] *sm (pl* **turrões,** *fem* **turrona)** *pop* blockhead, stubborn person. • *adj* stubborn, obstinate.

tur.var [turv'ar] *vt+vpr* **1** to darken, cloud. **2** to muddy. **3** to trouble, disturb. **4 turvar-se** a) to become turbid. b) to grow cloudy. c) to grow sullen.

tur.vo [t'urvu] *adj* **1** cloudy, overcast, dim. **2** disturbed. **água turva** muddy water. **de olhos turvos** bleary-eyed. **pescar em águas turvas** to fish in troubled waters.

tu.ta.no [tut'ʌnu] *sm* **1** *Anat* marrow, medula. **2** *fig* essence, substance. **3** *coloq* talent, intelligence. **ter tutano** to be bold.

tu.te.la [tut'ɛlə] *sf* **1** tutelage, guardianship. **2** protection, defense. **3** ward, custody. **sob a tutela de** under the custody of.

tu.te.lar [tutel'ar] *adj* tutelar(y), protective, defensive.

tu.tor [tut'or] *sm* **1** tutor, curator, guardian. **2** stake or support for a plant or young tree. **tutor de menores** guardian.

tu.tu [tut'u] *sm bras* **1** *gír* buck, money. **2** *Cul* a dish prepared of beans, bacon and manioc meal.

u

U, u [u] *sm* **1** the twentieth letter of the alphabet. **2** something shaped like or into a U shape.

U *Quím* symbol of uranium.

u.ai [u'aj] *interj bras* oh!: exclamation of surprise.

ú.be.re ['uberi] *sm Anat* udder, mammary gland.

u.be.ro.so [ube'rozu] *adj* uberous: a) fertile, abundant, fruitful. b) yielding an abundance of milk.

u.bi.qüi.da.de [ubikwid'adi] *sf* ubiquity, omnipresence.

UCP *sf Inform abrev* de **Unidade Central de Processamento** (Central Processing Unit, CPU).

-u.do ['udu] *suf* expressing: **1** amount of matter: **carnudo** fleshy, meaty, **barbudo** (bearded). **2** excess: **beiçudo** thick-lipped, **cabeçudo** big-headed.

u.é [u'ε], **u.ê** [u'e] *interj bras* well!: exclamation denoting surprise or fright.

u.fa.nis.mo [ufan'izmu] *sm bras* an overoptimistic patriotic attitude towards one's country because of its natural and human resources.

ui ['uj] *interj* ugh!, ouch! ooh! ugh!: expression of disgust, surprise or aversion.

ui.ra.pu.ru [ujrapur'u] *sm bras* a songbird, supposed to bring good luck to its owner.

u.ís.que [u'iski] *sm* whisk(e)y. **copo de uísque** whiskey glass. **garrafa de uísque** whiskey bottle.

ui.var [ujv'ar] *sm* = **uivo.** • *vi* **1** to howl. *o vento uiva através da porta* / the wind whistles and howls through the door. **2** to yelp. **3** to rage. **4** to bawl, cry.

ui.vo ['ujvu] *sm* howl.

-u.lo ['ulu] *suf* it expresses the idea of diminutive. **cubículo** cubiculum, cubicle.

ul.te.ri.or [uwteri'or] *adj m+f* **1** ulterior: situated beyond or on the farther side, posterior. **2** later. **3** further, remoter. **4** subsequent.

ul.ti.ma.men.te [uwtimam'ẽti] *adv* lately, recently, of late.

ul.ti.mar [uwtim'ar] *vt+vpr* **1** to finish. **2** *Com* to close. **3** to conclude, complete, integrate. **4 ultimar-se** to come to its end.

úl.ti.mas ['uwtimas] *sf pl* **1** final throes, last moments. **2** decisive cast (of dice). **3** extreme poverty, utter misery. **ele está nas últimas** it is in agony, in desperate situation. **últimas condições** ultimatum.

ul.ti.ma.to [uwtim'atu] *sm* **1** ultimatum.

úl.ti.mo ['uwtimu] *sm* last in rank, order or quality. *ele foi o último de todos* / he was the very last. • *adj* **1** last. **2** ultimate, latter, late(st), most recent, preceding. **3** final. **a última palavra** the last word. **a última vez** the last time. **a última vontade** the last will and testament. **lutar até o último cartucho** to fight to the bitter end. **nos últimos anos** of late years. **no último momento** at the last moment, at the eleventh hour. **o último da fila** the last in the row. **o Último dos Moicanos** the Last of the Mohikans. **última demão** finish. **última esperança** forlorn hope. **último prazo** final respite. **último suspiro** parting breath.

ul.tra- ['uwtra] *elem comp lat* ultra: a) beyond. b) excessive.

U

ul.tra.jar [uwtraʒ'ar] *vt* **1** to revile, slander. **2** to insult, affront, offend. **3** to injure, outrage.

ul.tra.je [uwtr'aʒi] *sm* **1** affront, offence, insult. **2** outrage.

ul.tra.le.ve [uwtral'ɛvi] *sm* hang-glider. • *adj* ultra-light.

ul.tra.mar [uwtram'ar] *sm* overseas territory, possession or colony. **ir para ultramar** to go overseas.

ul.tra.pas.sa.do [uwtrapas'adu] *adj* overshot, surpassed.

ul.tra.pas.sar [uwtrapas'ar] *vt* **1** to surpass, exceed. *isto ultrapassa os seus deveres* / it is in excess of his duty. **2** to pass over or beyond, overtake, to leave behind. **3** to exceed the limits. **4** to get ahead of. *as suas idéias ultrapassam a nossa época* / his ideas are ahead of our time. **ultrapassar todos os carros** to overtake all cars.

ul.tra-so.no.gra.fi.a [uwtrəsonograf'iə] *sf* ultrasonography.

ul.tra.vi.o.le.ta [uwtrəvjol'etə] *adj m+f*, *sing+pl* Fís ultraviolet. **raios ultravioleta** ultraviolet rays.

um ['ũ] *sm* (*pl* **uns**) (*f* **uma**) one: a) cardinal number. *é uma das suas* / that is quite like him (her). b) single person or thing. • *adj* **1** one. **2** indivisible. **3** single. **4** certain. • *art indef* a, an. *ele não possui o gênio de um Napoleão* / he has not at all the genius of a Napoleon. • *pron indef* one: a) some person or thing. b) any person or thing. *vou falar com um de cada vez* / I shall talk to one at a time. **de uma e outra parte** on both sides. **era uma vez** (fairy tales) once upon a time. **nem um, nem outro** neither of them. **ora um, ora outro** by turns. **qualquer um** anyone. **um a um** one by one. **um certo, um tal** one (a certain). **um dia sim, um dia não (um sim, um não)** every other day. **um dos que** one of those that. **um e outro** both, either. **um pelo outro** for each other. **um por um** one by one. **um pouco** some. **um só** just one. **uns dizem que sim, outros que não** some say so, other say no. **uns, umas** some.

um.ban.da [ũb'ãdə] *sm bras* **1** voodoo rites, white magic. **2** any place where voodoo rites are practiced.

um.bi.li.cal [ũbilik'aw] *adj m+f* (*pl* **umbilicais**) umbilical: of or pertaining to the navel. **cordão umbilical** *Anat* umbilical cord.

um.bral [ũbr'aw] *sm* (*pl* **umbrais**) doorjamb, doorpost, threshold.

um.bro.so [ũbr'ozu] *adj* **1** dusky, umbrose, umbrageous, shady. **2** obscure.

u.mec.tan.te [umekt'ãti] *adj m+f* moisturizing, moist(ening).

u.me.de.cer [umedes'er] *vt+vpr* **1** to humidify, moisten, dampen, wet slightly. **2 umedecer-se** to get slightly wet, become damp. **3** to dip. **umedecer com orvalho** to dew.

u.mi.da.de [umid'adi] *sf* humidity, moisture, moistness, damp(ness).

ú.mi.do ['umidu] *adj* moist, humid, dank, damp. *esta sala é úmida* / this room is damp (cold).

u.nâ.ni.me [un'ʌnimi] *adj m+f* **1** unanimous. **2** consentient, proceeding from mutual accord.

u.na.ni.mi.da.de [unanimid'adi] *sf* **1** unanimity. **2** consensus. **por unanimidade** without a dissentient vote, by general agreement.

un.dé.ci.mo [ũd'ɛsimu] *sm* the eleventh part. • *adj, pron* eleventh. **na undécima hora** at the eleventh hour, only just in time.

un.gir [ũʒ'ir] *vt+vpr* **1** to anoint, oil: a) besmear with oil or an unguent. b) consecrate with holy oils. **2** to administer the extreme unction. **3** to purify. **4** to invest. **5 ungir-se** to correct, improve oneself, get better.

un.güen.to [ũg'wẽtu] *sm* balm, salve, ointment.

u.nha ['uñɐ] *sf* **1** nail (of fingers and toes). **2** claw, talon. **à unha** with bare hands. **defender-se com unhas e dentes** to fight tooth and nails. **fazer as unhas** a) to pare, cut or manicure the nails. b) to have one's nails manicured. **pegar o touro à unha** to take the bull by the horns. **ser carne e unha com alguém** to be like hand and glove. **unha-de-fome** niggard, miser. **unha do dedo** fingernail. **unha do pé** toenail. **unha encravada** ingrown nail.

u.nha.da [uñ'adə] *sf* **1** a nail scratch. **2** claw: wound caused by clawing.

u.nhar [uñ'ar] *vt+vint+vpr* **1** to scratch, claw, tear (with the nails). **2 unhar-se** to scratch oneself.

u.ni.ão [uni'ãw] *sf* (*pl* **uniões**) **1** union: a) marriage. *uniões duradouras de astros de cinema são extremamente raras* / long lasting marriages of cinema stars are extremely rare. b) league, alliance, pact, association. *países da América Latina procuram fazer união política* / Latin America countries endiavor to form political alliances. c) political party. d) junction, juncture, adhesion. e) concord, combination, harmony. f) *Mec* union coupling (for pipes), joint. **2** copulation of animals. **a união faz a força** union is strength. **traço de união** *Gram* hyphen. **união de rosca** screw joint.

u.ni.ci.da.de [unisid'adi] *sf* unicity.

ú.ni.co ['uniku] *adj* **1** unique: a) single, alone, sole, only, one, one and only. *o único caso desta natureza* / the only such case. *você não é o único que o admira* / you are not alone in your admiration of him. b) peculiar. **2** exclusive, singular. **3** exceptional, rare. **4** incomparable, unmatched, unparallel(l)ed. **a única no gênero** the only one of its kind. **caso único** solitary instance. **filho único** only child. **finalidade única** single purpose. **prato único** one dish meal. **preço único** fixed price. **rua de direção única** one-way street.

u.ni.da.de [unid'adi] *sf* **1** unity: a) the number one. b) oneness, singleness. c) totality. (that cannot be divided) **a unidade política de um país** the political unity of a country. **2** union. **3** unit. **4** body of soldiers. **as três unidades que regem o drama** the dramatic unities. **duas unidades** dyad. **unidade aritmética** arithmetic unit. **unidade cirúrgica** surgical unit. **unidade de disco** *Inform* disk drive, disk unit. **unidade de en-**

trada *Inform* input unit. **unidade de medidas** unit of measure. **unidade de terapia intensiva** intensive care unit. **unidade militar** corps. **unidade monetária** monetary unit. **unidade naval** *Náut* task force.

u.ni.do [un'idu] *adj* **1** united, joined, joint, combined, allied. *eles foram unidos pelos laços matrimoniais* / they were joined in marriage. **2** tied, attached. **3** linked, connected. **Estados Unidos da América** United States of America. **estar unido** to stand together.

u.ni.fi.car [unifik'ar] *vt+vpr* **1** to unify: make or form into one. **2** to standardize. **3** to gather, adapt or subject to one purpose only. **4** unificar-se a) to join, unite, incorporate. b) to become unified, be united.

u.ni.for.mi.da.de [uniformid'adi] *sf* **1** uniformity. **2** monotony. **3** constancy. **4** coherence. **5** *fig* conformity. **6** evenness. **7** equality. **8** steadiness.

u.ni.for.mi.zar [uniformiz'ar] *vt+vpr* **1** to uniformize: a) to make uniform. b) to provide with a uniform. c) to unify. d) **uniformizar-se** to put on a uniform.

u.ni.la.te.ral [unilater'aw] *adj m+f* (*pl* **unilaterais**) unilateral: a) one-sided, pertaining to or occurring on one side only. of the groups involved in a particular issere. b) *Jur* affecting one side, party or person only.

u.ni.o.nis.mo [unjon'izmu] *sm* unionism: the principle or policy of forming or adhering to a union (political party, trade union, association etc.).

u.nir [un'ir] *vt+vpr* **1** to unite, join, connect. *o canal une os dois mares* / the channel joins the two seas. **2** to unify. **3** to fasten, attach. **4** to combine, consolidate. **5** to link. **6** to bind, tie. **7** to associate, incorporate, affiliate. **8** to gather, bring together. **9** to join in marriage. *eles uniram-se em casamento* / they were joined in marriage. **10** to mate, pair. **11** unir-se a) to adhere. b) to join, consociate, ally, colligate, unite, associate oneself with, become one. **as linhas parecem unir-se** the lines seem to converge. **unir**

duas famílias pelo casamento to unite two families by marriage. **unir-se a um partido** to join a party. **unir-se para o mesmo fim** to combine for one purpose. **unir-se (rios)** to meet.

u.nis.sex [unis'ɛks] *adj m+f* unisex: adopted by both sexes.

u.nis.so.no [un'isonu] *sm Mús* unison. • *adj* unison. **em uníssono** in unison.

u.ni.val.ve [univ'awvi] *adj m+f Bot, Zool* univalve: consisting of a single or one-piece shell.

u.ni.ver.sal [univers'aw] *sm (pl* **universais***)* 1 universal: one who or that which is universal. 2 *Filos* universal proposition. • *adj m+f* universal: a) of or pertaining to the universe. b) unlimited. c) all-embracing. d) general, ecumenic(al), common, public.

u.ni.ver.si.da.de [universid'adi] *sf* university: a) institution. b) the members of a university collectively.

u.ni.ver.si.tá.rio [universit'arju] *sm* professor or student of a university. • *adj* universitarian: of or pertaining to a university, academic(al).

u.ni.ver.so [univ'ɛrsu] *sm* universe.

u.no [′unu] *adj* one, sole, only one, single.

un.tu.o.so [ũtu'ozu] *adj* 1 unctuous, greasy. 2 lubricated. 3 slippery.

u.râ.nio [ur'ʌnju] *sm Miner* uranium.

U.ra.no [ur'ʌnu] *sm* Uranus.

ur.ba.nis.ta [urban'istə] *s m+f* urbanist: specialist in city planning. • *adj m+f* urbanistic.

ur.ba.no [urb'ʌnu] *adj* 1 urban: belonging to a city or town, civic, townish, civil. 2 urbane: a) refined, polished, polite. b) courteous. c) civilized.

ur.be [′urbi] *sf* city, town.

ur.dir [urd'ir] *vt* 1 to warp, weave. 2 to form threads into a web. 3 *fig* to intrigue.

u.réi.a [ur'ɛjə] *sf Quím* urea.

u.re.tra [ur'ɛtrə] *sf Anat* urethra: the canal by which the urine is discharged from the bladder.

ur.gen.te [urʒ'ẽti] *adj m+f* 1 urgent: urging, pressing, in priority. 2 essential. 3 impending, imminent, immediate, instant. 4 imperative. **mensagem urgente** priority message.

u.ri.na [ur'inə] *sf* urine: amber liquid produced by the kidneys.

u.ri.nar [urin'ar] *vint+vt* to urinate.

ur.na [′urnə] *sf* 1 urn; vessel used for preserving the ashes of the dead. 2 ballot-box. **urna eletrônica** voting machine.

ur.ro [′uℝu] *sm* roar.

ur.sa.da [urs'adə] *sf bras* treason, perfidy, disloyalty (specially of friends).

ur.so [′ursu] *sm* 1 bear: a) *Zool* any carnivorous animal of the family *Ursidae*. b) gruff or surly person. 2 disloyal friend. • *adj* 1 bear(like). 2 rough, rude. **urso branco** polar bear. **urso de pelúcia** teddy-bear. **urso pardo** grizzly bear.

ur.ti.cá.ria [urtik'arjə] *sf Med* urticaria, hives, nettle-rash.

ur.ti.ga [urt'igə] *sf* nettle.

u.ru.guai.o [urug'waju] *sm* Uruguayan. • *adj* Uruguayan.

ur.ze [′urzi] *sf Bot* heather.

u.sa.do [uz'adu] *adj* 1 worn-out, threadbare. *os sapatos e o casaco do mendigo estavam gastos de tão usados* / the beggar's shoes were wornout and his coat threadbare. 2 secondhand. 3 common, frequent.

u.sar [uz'ar] *vt+vpr* 1 to use: a) to employ, to apply. b) to be acoustomed to. c) to take. *que tamanho (de sapato) você usa?* / what size (of shoes) do you use? *não usamos isso* / we have no use for it. *você pode usá-lo* / you can put it to use. *usei-o para uma viagem* / I used it for a journey. 2 to wear, dress. *ele usa a calça até furá-la* / he wears the trousers into holes. 3 **usar-se** to be in fashion, be in use. **modo de usar** directions for use. **para usar no verão** for summer wear. **usar como pretexto** allege. **usar luvas** to wear gloves.

u.si.na [uz'inə] *sf* work(shop), works, factory, mill, plant. **usina de abastecimento de água** waterworks. **usina de aço** steel-works. **usina de açúcar** sugar mill, refinery. **usina de gás** gas-works. **usina hidroelétrica** hydro-electric power station. **usina nuclear** nuclear plant.

u.so ['uzu] *sm* **1** use: a) method or way of using. b) employ(ment), application, utilization. c) function, utility. d) custom, usage. **2** fashion, wear(ing). **3** practice, performance. **bom para uso diário** good for everyday wear. **fazer mau uso** to misuse. **fizeram bom uso de** they made good use of. **fora de uso** out of use. **para uso externo** *Farm* for external application or use. **para uso na cidade** for town wear. **para uso nas escolas** for use in schools. **para uso somente em serviço** for official use only. **uso geral** common usage.

u.su.al [uzu'aw] *adj m+f* (*pl* **usuais**) **1** usual: a) in common use, normal, used. b) habitual, accustomed, customary, frequent. c) regular, commonplace, everyday, ordinary. d) familiar. **2** typical.

u.su.á.rio [uzu'arju] *sm* user. **2** *Jur* usufructuary. **usuário de droga** drug user, drug addict.

u.su.rá.rio [uzur'arju] *sm* usurer, boan shark, shyster. • *adj* usurious.

u.sur.par [uzurp'ar] *vt* **1** to usurp, encroach. **2** to seize.

u.ten.sí.lio [utẽs'ilju] *sm* **1** utensil: a) instrument (especially of domestic use). b) tool. c) implement. d) ware. **2** uten-

sílios *pl* things. **utensílios de cozinha** kitchen utensils, kitchenware.

ú.te.ro ['uteru] *sm Anat* uterus, womb.

ú.til ['utiw] *adj m+f* (*pl* **úteis**) **1** useful, practical. *procurei ser útil /* I made myself useful. **2** beneficial, profitable, advantageous, serviceable. *juntar o útil ao agradável /* to join profit to pleasure. **3** convenient. **4** helpful. **dia útil** work day. **ser útil** to be of service. *posso ser útil? /* can I help you?

u.ti.li.tá.rio [utilit'arju] *sm* utility truck: a small truck, pick-up, or van. • *adj* utilitarian: based on or relating to utility or to utilitarism.

u.ti.li.zar [utiliz'ar] *vt* to utilize: a) to make useful. b) to profit. c) to make use of, apply, use, put to use, take advantage of, turn to account.

u.va ['uvə] *sf* **1** grape. **2** *bras, gír* an attractive woman. **bago de uva** grape. **semente de uva** grapestone. **um cacho de uvas** a bunch of grapes. **uva passa** raisin: a dried grape.

u.vai.a [uv'ajə] *sf bras, Bot* a shrub that bears little acid fruits (*Eugenia uvaia*).

u.xo.ri.cí.dio [uksoris'idju] *sm* uxoricide: wife-killing.

U

V, v [vˈe] *sm* the twenty-first letter of the alphabet.

va.ca [vˈakə] *sm* **1** cow. **2** its meat, beef. **3** pool: a joint subscription of minor amounts as for a wager or for beneficial purposes. **4** *vulg* bitch. **carne de vaca** beef. **voltar à vaca fria** *fig* to pick up the thread, return to the point or subject of talk.

va.can.te [vakˈãti] *adj m+f* vacant, free, empty.

va.ci.la.ção [vasilasˈãw] *sf* (*pl* **vacilações**) **1** vacillation, hesitation. **2** irresolution. **3** oscillation, vibration.

va.ci.lar [vasilˈar] *vint* **1** to vacillate, hesitate, be irresolute, falter. **2** to oscillate, fluctuate, vibrate. **3** to perplex, shock. **4** to be unsteady. **que não vacila** unfaltering. **sem vacilar** without hesitation.

va.ci.na.ção [vasinasˈãw] *sf* (*pl* **vacinações**) vaccination, inoculation.

va.ci.nar [vasinˈar] *vt* to vaccinate, inoculate with vaccine.

vá.cuo [vˈakwu] *sm* **1** vacuum, hollow. **2** gap, void, vacuity. • *adj* vacuous, empty, void. **tubo de vácuo** *Eletr* vacuum tube. **vácuo imperfeito** partial or poor vacuum.

va.di.a.gem [vadiaˈʒẽj] *sf* vagrancy, roguery, idleness.

va.di.o [vadˈiu] *sm* **1** idler, vagrant, *gír* lazybones. **2** vagabond, truant, tramp. • *adj* **1** vagrant, idle. **2** vagabond, truant. **3** sluggish, lazy.

va.ga [vˈagə] *sf* vacancy. *ele precisa preencher a vaga* / he must fill the vacancy. **vagas** *pl* vacant situations. *não há vagas* / no vacancy.

va.gão [vagˈãw] *sm* (*pl* **vagões**) waggon, railway car, railway carriage. **vagão correio** postal car. **vagão de carga** freight car. **vagão dormitório** sleeping car. **vagão restaurante** dining car. **vagão salão** Pullman car.

va.ga.ro.so [vagarˈozu] *adj* slow, tardy, sluggish.

va.go [vˈagu] *sm* **1** vagueness. **2** indecision. **3** confusion. • *adj* **1** vacant, open, free, unfilled, empty. **2** uncertain, dubious, ambiguous, vague. **3** dim, faint, blurry. **horas vagas** free hours, spare time. **o nervo vago** *Anat* vagus nerve. **uma casa vaga** an uninhabited house.

va.gue.ar [vageˈar] *vint* **1** to walk or wander about, perambulate, rove, ramble. **2** to idle, loiter, loaf.

vai.a [vˈajə] *sf* hoot, hissing, booing.

vai.ar [vajˈar] *vt* to hoot, hiss at someone, yo boo, to greet with catcalls.

vai.do.so [vajdˈozu] *adj* vain, conceited, proud.

vai.vém [vajvˈẽj] *sm* (*pl* **vaivéns**) **1** teeter, seesaw, rocking motion. **2** fluctuation, sway. **3** coming and going. **fazer movimento de vaivém** to seasaw. **os vaivéns da sorte** the ups and downs of life. **porta vaivém** swing door.

va.la [vˈalə] *sf* trench, ditch, drain. **abrir valas** to cut trenches. **vala comum** common grave.

va.le¹ [vˈali] *sm* valley, vale, dale. **por montes e vales** over hill and dale. **vale de lágrimas** vale of tears.

va.le² [vˈali] *sm* **1** *Com* credit note, bond, voucher. **2** IOU = I owe you (acknowledgment of debt). **vale alimen-**

tação food stamp. **vale de adiantamento** marker. **vale postal** money order (M.O.), postal order.

va.len.te [val'ēti] *s m+f* a valiant person, daredevil, darer. • *adj m+f* valiant, courageous, bold, daring.

va.ler [val'er] *vt+vint+vpr* **1** to be worth. *uma libra vale cerca de um dólar e sessenta e três centavos* / a pound exchanges for one dollar and sixty three cents. **2** to be valuable. **3** to cost. **4** to deserve. **5** to help, assist. **6** to be valid, have force or power. *sua sentença vale muito* / his judgement carries great weight. **7 valer-se (de)** to avail oneself of, take refuge with. **a saúde vale mais do que a riqueza** health is above wealth. **fazer valer os seus direitos** to stake a claim. **mais vale um pássaro na mão do que dois voando** a bird in the hand is worth two in the bush. **não vale o que come** he is not worth his salt. **não vale um caracol** it is not worth a fig. **quanto vale?** how much is it worth? **vale a pena** it is worth it, it is worthwhile. **vale o preço** it is worth its price. **vale quanto pesa** it is as good as it looks.

va.le.ta [val'etə] *sf* ditch, drain, channel.

va.li.dar [valid'ar] *vt* to validate, legalize, authenticate, acknowledge.

vá.li.do [v'alidu] *adj* **1** valid, legal. *por quanto tempo é válido este bilhete?/* how long is this ticket valid for? **2** sound, healthy. **3** *Jur* available. **4** effective. **não-válido** invalid.

va.li.o.so [vali'ozu] *adj* **1** valuable, precious. **2** valid. **3** important. **4** merited, meritorious.

va.lor [val'or] *sm* **1** value, worth, merit. *ela não dá valor ao que tem* / she does not appreciate what she has. **2** courage, braveness. **3** force. *isto dá valor a suas palavras* / that adds weight to his words. **4** virtue. **5** price, amount. **não dar valor algum** to attach no value at all, *coloq* not to give a darn. **sem valor** null and void, useless. **ter valor** to be valuable, to stand good. **um homem de grande valor** a man of great worth. **valores estrangeiros** foreign exchange. **valores**

imóveis real estate. **valor específico, valor ouro** gold point. **valor máximo** peak value. **valor nominal** nominal value. **valor nutritivo** nutritional value.

va.lo.ri.zar [valoriz'ar] *vt* **1** to valorize. **2** to value. **3** to appraise. **4** to prize. **5** to increase the value of.

val.sar [vaws'ar] *vint* to waltz: dance the waltz.

vál.vu.la [v'awvulə] *sf* **1** valve. **2** sluice, gate. **3** *Eletrôn* tube. **válvula de admissão** inlet valve. **válvula de alimentação** feed valve. **válvula de borboleta** disk valve. **válvula de descarga** flushing valve. **válvula de escape** escape valve, exhaust valve. **válvula de esfera** ball valve. **válvula de recalque** discharge valve. **válvula de segurança** safety valve.

vam.pi.ro [vãp'iru] *sm* vampire.

van.da.lis.mo [vãdal'izmu] *sm* vandalism.

van.glo.ri.ar [vãglori'ar] *vt+vpr* **1** to puff up, praise, flatter. **2 vangloriar-se** to boast (of), brag.

van.guar.da [vãg'wardə] *sf* **1** vanguard, advance guard, forefront. *ele está na vanguarda* / he stands in the forefront. **2** *avant-garde*.

van.ta.gem [vãt'aʒēj] *sf* (*pl* **vantagens**) **1** advantage. *ele não leva vantagem comigo* / he cuts no ice with me. *qual é a vantagem disto?* / what is the good of that? **2** profit, gain. *ele leva vantagem sobre seu rival* / he gains upon his rival. **3** pro. **as vantagens e desvantagens** the ins and outs. **as vantagens são seis contra dois** the odds are six to two. **conseguir vantagem sobre alguém** to gain an advantage over. **levar vantagem sobre** to have the advantage of. **ter pequena vantagem sobre** to have the edge on.

van.ta.jo.so [vãtaʒ'ozu] *adj* **1** advantageous, favourable, profitable, gainful. *é um negócio vantajoso* / it's a bargain. **2** fruitful, purposive. **3** worth-while. *isto me é vantajoso* / it stands me in good stead.

vão [v'ãw] *sm* (*pl* **vãos**; *fem* **vã**) **1** empty space, void. **2** interstice. • *adj* **1** vain, void, futile, useless. **2** empty, hollow. **em vão** in vain, to no effect. **foi**

tudo em vão it was all in vain. **vão de escada** space under the staircase. **vão de janela** window recess.

va.por [vap'or] *sm* **1** vapor, steam, fume. **2** steamship, ship, steamer. **aquecimento a vapor** steam heating. **a todo vapor** at full steam. **caldeira de vapor** steam boiler. **máquina a vapor** steam engine. **navegação a vapor** steam navigation.

va.po.ri.zar [vaporiz'ar] *vt* to vaporize, evaporate.

va.quei.ro [vak'ejru] *sm* **1** *vaquero*, herdsman, wrangler. **2** cowboy, cowpuncher, drover. • *adj* of or pertaining to cattle.

va.ra [v'arə] *sf* **1** stick, rod, staff, pole, stave, cane. **2** judgeship, jurisdiction. **3** measure of about 1.10 m, ell. **4** herd of pigs. **salto a vara** *Atletismo* pole jump, pole vaulting. **ter uma vara de condão** to have a wand, to have extraordinary abilities. **tremer como varas verdes** to tremble like an aspen leaf. **vara de calibrar** gauging rod. **vara de pescar** fishing rod.

va.ral [var'aw] *sm* (*pl* **varais**) clothes-line.

va.ran.da [var'ãdə] *sf* **1** veranda, balcony. **2** *piazza*, porch. **3** terrace.

va.rar [var'ar] *vt* **1** to beat with a stick. **2** to run aground, run on a shallow. **3** to stick, pierce, trespass. **4** to go beyond. **5** to cross (river).

va.re.jis.ta [vareʒ'istə] *s m+f* retail dealer, retailer. • *adj m+f* retail.

va.re.ta [var'etə] *sf* small rod or cane. **vareta de guarda-chuva** rib, stretcher (of an umbrella).

va.ri.a.bi.li.da.de [varjabilid'adi] *sf* **1** variability, variableness.

va.ri.ar [vari'ar] *vt* **1** to vary (também *Mús*). **2** to change, alter, modify. **3** to diversify, differ. **4** to alternate. **5** to shade, variegate. **6** to rave, be or go mad, be delirious, talk nonsense.

va.ri.á.vel [vari'avew] *adj m+f* (*pl* **variáveis**) **1** variable, changeable. **2** unsteady. **3** unfixed, uncertain. **4** fluctuating.

va.ri.e.da.de [varjed'adi] *sf* **1** variety, diversity. **2** kind, type. **3** *Bot, Zool* species, subspecies. **espetáculo/teatro de variedades** *vaudeville*.

va.rí.o.la [var'iolə] *sf* smallpox.

vá.rios [v'arjus] *adj m pl* various, sundry, several.

var.re.dor [vared'or] *sm* sweeper. • *adj* sweeping. **varredor de rua** street sweeper.

var.re.du.ra [vared'urə] *sf* **1** sweep(ing). **2** rubbish, dust. **3** scanning.

var.rer [vaʀ'er] *vt* **1** to sweep. *as ondas varrem a praia* / the waves sweep the beach. **2** to disperse. **3** extinguish. **4** to scan.

vas.cu.lar [vaskul'ar] *adj m+f* *Anat, Bot* vascular. **tecido vascular** vascular tissue.

vas.cu.lhar [vaskuʎ'ar] *vt* **1** to go through something. **2** to search about, explore.

va.si.lha [vaz'iʎə] *sf* vessel, receptacle for liquids, can, pail, basin.

va.so [v'azu] *sm* **1** vase, flowerpot. **2** vessel: receptacle. **3** *Anat* vein, artery. **vaso de flores** flower vase. **vaso de guerra** man-of-war, capital ship. **vaso sangüíneo** blood vessel. **vaso sanitário** toilet.

vas.sa.la.gem [vasal'aʒẽj] *sf* (*pl* **vassalagens**) **1** vassalage: a) state of being a vassal. b) tribute of a vassal. c) fealty. d) servitude. **2** a number of vassals.

vas.sou.ra [vas'owrə] *sf* broom. **cabo de vassoura** broomstick. **vassoura mecânica** dirt scraper.

vas.ti.dão [vastid'ãw] *sf* (*pl* **vastidões**) vastness, largeness.

vas.to [v'astu] *adj* **1** vast, colossal, huge. **2** ample, wide, extensive. **3** *fig* great, important.

va.za.men.to [vazam'ẽtu] *sm* **1** leak, leakage, seepage. **2** emptying, spilling. **3** flow, discharge (river).

va.zan.te [vaz'ãti] *sf* ebb tide, low water. • *adj m+f* receding. **índice da vazante** low-water mark.

va.zão [vaz'ãw] *sf* (*pl* **vazões**) **1** ebbing and flowing. **2** rate of flow or discharge (river). **3** outlet, outflow. *ele achou um meio de dar vazão à sua má índole* / he found an outlet for his bad temper.

va.zi.o [vaz'iu] *sm* **1** emptiness, vacuum. **2** blank. **3** deficiency. • *adj* **1** empty. **2** unoccupied, vacant. **3** uninhabited, deserted.

ve.a.do [ve'adu] *sm* 1 stag, male deer, brech. 2 *bras*, *vulg* queer: a male homosexual.

ve.da.ção [vedas'ãw] *sf* (*pl* vedações) 1 seal(ing), stoppage, blocking. 2 impediment, hindrance. 3 barrier.

ve.dar [ved'ar] *vt* 1 to impede. 2 to hinder, hamper. 3 to prohibit, forbid, interdict. 4 to stop, bar, block, seal. 5 to enclose, fence in off. **vedar um rombo** to stop a leak.

ve.e.men.te [veem'ẽti] *adj m+f* 1 vehement. 2 impetuous, violent. 3 enthusiastic, fervorous.

ve.ge.ta.ção [veʒetas'ãw] *sf* (*pl* vegetações) vegetation: plant life, plants. **cobrir de vegetação** to overgrow. **vegetação rasteira** underbrush.

ve.ge.tal [veʒet'aw] *sm* (*pl* vegetais) vegetable. • *adj m+f* vegetable. **óleo vegetal** vegetable oil. **reino vegetal** vegetable kingdom.

ve.ge.ta.ri.a.no [veʒetari'ʌnu] *sm* vegetarian. • *adj* vegetarian.

vei.a [v'eja] *sf* vein: 1 blood vessel. 2 grain (of wood), cloud (of marble). 3 underground water. 4 vocation, gift, humour. *ele tem veia artística* / he is of an artistic vein. **veia jugular** *Anat* jugular vein. **veia safena** saphena, saphenous vein.

ve.í.cu.lo [ve'ikulu] *sm* vehicle: 1 means of transport, conveyance. 2 means of transmission or promotion. **servir de veículo** to act as transmitter. **veículo a motor** motor vehicle.

ve.la¹ [v'ɛlə] *sf* 1 *Náut* sail, canvas, sheet. 2 *fig* ship. 3 vane of a windmill. **fazer-se à vela** to set sail, depart. **levantar a vela** to go under sail.

ve.la² [v'ɛlə] *sf* 1 candle. **acender uma vela a Deus e outra ao diabo** to play both ends against the middle. **estar com a vela na mão** to be dying. **vela de ignição** sparking plug, spark plug.

ve.lar [vel'ar] *vint* 1 a) keep watch or vigil, over a dead person. b) sit up with a (sick) person. 2 to keep burning (lamp).

ve.le.jar [veleʒ'ar] *vint* 1 to sail. 2 to navigate.

ve.lha.co [veʎ'aku] *sm* knave, rogue, villain, swindler. • *adj* crafty, trickish.

ve.lhi.ce [veʎ'isi] *sf* 1 old age. 2 sulkiness peculiar of old people. **velhice vigorosa** sturdy old age.

ve.lho [v'ɛʎu] *sm* old man, elderly man. • *adj* old: a) aged. b) ancient. c) worn out. (things) **fazer-se velho** to grow old. **o velho** *bras* the old man (father). **velho como as pirâmides** as old as the hills. **Velho Testamento** Old Testament.

ve.lo.ci.da.de [velosid'adi] *sf* velocity, speed, fastness, swiftness, quickness, celerity. **a toda velocidade** at top speed. **a velocidade da luz** the velocity of light. **com uma velocidade de...** at a speed of... **limite de velocidade** speed limit. **passar com grande velocidade** to sweep by. **velocidade ascensional** rate of climb. **velocidade de escoamento** velocity of discharge.

ve.lo.cí.me.tro [velos'imetru] *sm* speedometer.

ve.ló.rio [vel'ɔrju] *sm* 1 funeral home. 2 funeral wake.

ve.loz [vel'ɔs] *adj m+f* swift, quick, speedy, fast. **veloz como um relâmpago** quick as a lightning.

ve.lu.do [vel'udu] *sm* velvet. **veludo cotelê** corduroy. **voz de veludo** velvet voice.

ven.ce.dor [vẽsed'or] *sm* winner, victor. • *adj* victorious, winning. **vencedor de um prêmio** prize winner.

ven.cer [vẽs'er] *vt* 1 to win. *venceram de (ou por) três a um* / they won three to one. 2 to be successful, triumph. *vencemos nossos inimigos* / we triumphed over our enemies. 3 to surpass, excel, overcome. **pagamentos a vencer** payments due. **vencer dificuldades** to overcome difficulties. **vencer em número de votos** to outvote. **vencer ou morrer** to do or die. **vencer-se o pagamento** the payment becomes due.

ven.ci.do [vẽs'idu] *sm* loser, underdog. • *adj* 1 vanguished, overcome, beaten. 2 *gír* washed up. 3 *Com* due, payable. **dar-se por vencido** to throw up the sponge. **título vencido** a past due bill. **vencido há muito tempo** long past due.

ven.da [v'ẽdə] *sf* **1** sale, selling. **2** grocer's, blindfold. **à venda** for sale. **comissão sobre as vendas** sales commission. **condições de venda** terms of sale. **direito exclusivo de venda** exclusive sales right. **imposto sobre as vendas** sales tax. **preço de venda** sales price. **seção de vendas** sales department. **venda a prazo** sales on instalment. **venda a varejo** retail. **venda à vista** cash down sale. **venda especial a preços reduzidos** sale, bargain sale. **venda por atacado** wholesale.

ven.da.val [vẽdav'aw] *sm* (*pl* **vendavais**) windstorm, gale.

ven.de.dor [vẽded'or] *sm* **1** salesman, shop assistant. **2** seller. **3** vendor (legal use). **vendedor de cereais ou sementes** corn chandler.

ven.de.do.ra [vẽded'orə] *sf* **1** saleswoman, salesgirl, saleslady. **2** seller. **3** vendor.

ven.der [vẽd'er] *vt+vpr* to sell. **tornar a vender** to resell. **vender a crédito** to sell on credit. **vender a prazo** to sell on instalments. **vender à vista** to sell cash. **vende-se** (advertisement) for sale. **vende-se como pão quente** it sells like hot cake.

ve.ne.no [ven'enu] *sm* poison.

ve.ne.no.so [venen'ozu] *adj* **1** poisonous, venomous. **2** *fig*: a) deleterious. b) malignant, spiteful. **cobra venenosa** poisonous snake. **gás venenoso** poisongas. **uma língua venenosa** *fig* a venomous tongue.

ve.ne.rar [vener'ar] *vt* **1** to venerate, worship, adore. **2** to revere, respect greatly.

ve.né.reo [ven'ɛrju] *sm pop* syphilis. • *adj* **1** venereal. **2** sensual, erotic. **doença venérea** venereal disease, V.D.

ve.ne.zi.a.na [venezi'ʌnə] *sf* Venetian blind, sun blind, shutter.

ve.ne.zi.a.no [venezi'ʌnu] *sm* Venetian: native or inhabitant of Venetia. • *adj* Venetian.

vê.nia [v'enjə] *sf* **1** permission, leave. **2** pardon. **3** bow, reverence.

ve.no.so [ven'ozu] *adj* **1** veined, veiny. **2** of or pertaining to veins.

ven.ta.ni.a [vẽtan'iə] *sf* windstorm, gale, strong wind.

ven.tar [vẽt'ar] *vint* **1** to blow (wind). **2** windy.

ven.ti.la.dor [vẽtilad'or] *sm* ventilator, fan. • *adj* ventilating. **ventilador centrífugo** fan blower.

ven.ti.lar [vẽtil'ar] *vt* **1** to ventilate. **2** to renew the air of. **3** to discuss, debate.

ven.to [v'ẽtu] *sm* wind: a) air, draught of air, drift. *o barco ficou ao sabor do vento* / the boat was adrift. b) flatulence. **a favor do vento** on the wind. **à mercê do vento** adrift. **ir de vento em popa** a) to sail under a fair wind. b) *fig* to prosper. **levado pelo vento** wind-blown, gone with the wind. **moinho de vento** windmill. **pelos quatro ventos** in all directions. **saber onde o vento sopra** to know where the wind hits. (**velejar**) **contra o vento** (to sail) in the wind's eyes. **vento de popa** tail wind. **vento favorável** fair wind. **vento intenso, forte** gale, buster.

ven.to.i.nha [vẽto'iñə] *sf* **1** weathercock, vane. **2** fan.

ven.tre [v'ẽtri] *sf* **1** stomach, abdomen. **2** *fig* womb, uterus. **prisão de ventre** constipation.

ven.trí.lo.quo [vẽtr'ilokwu] *sm* ventriloquist. • *adj* ventriloquial, ventriloqual.

ver [v'er] *vt+vpr* **1** to see, behold. *não o vejo há anos* / I have not seen him for years. *nunca chego a vê-lo* / I never catch sight of him. **2** to witness. **3** to notice, observe. **4** to perceive. *eu preciso fazê-lo ver a verdade* / I must open his eyes to the truth. **5** to discern, make out. **6** to examine, find out. **7** to ponder, consider, think. *eu vejo o assunto sob o mesmo prisma que ele* / I see eye to eye with him on the question. **8** to conclude. **agora estou vendo, agora compreendo** now I see. **a meu ver** in my estimation. **deixe-me ver!** let me see! **fazer que não vê** to shut one's eyes to. **não tenho nada a ver com isto** I have nothing to do with it. **vale a pena ver isto** this is worth seeing. **ver a olho nu** to see with the naked eye. **ver as coisas como são** to see things as they are. **ver para crer**

seeing is believing. **ver por acaso** to see accidentally. **ver-se num aperto** to be in a tight spot. **ver-se obrigado** to see oneself compelled to.

ve.rão [ver'ãw] *sm* (*pl* **verões**) summer. **casa de verão** summerhouse. **curso de verão** summer school. **férias de verão** summer holidays. **hora de verão** summer time, daylight saving time. **na força do verão** at the height of summer.

ver.ba [v'ɛrbə] *sf* **1** clause: item of a document. **2** consigned for a specific purpose. **verba para desemprego** dole. **verba para imprevistos** contingency (amount).

ver.ba.li.zar [verbaliz'ar] *vt* to verbalize.

ver.be.te [verb'eti] *sm* **1** note, a brief message. **2** *bras* entry of a dictionary.

ver.bo [v'ɛrbu] *sm* **1** *Gram* verb. **2** word, expression. **3 o Verbo** Jesus Christ, the Word. **rasgar o verbo** *bras* to deliver a speech.

ver.da.de [verd'adi] *sf* **1** truth, verity, veracity. *mas será verdade?* / but is it true? *duvido que seja a verdade* / I question the veracity of it. *não há nada de verdade nisto* / there is no truth in it. **2** correctness, exactness. **3** faith, sincerity, fidelity. **4** fact, reality. **a verdade é que...** the truth is that ... **dizer as verdades a alguém** to tell someone home truths. **dizer a verdade** to speak true. **é verdade!** very true! **é verdade?** is that so? **é verdade então?** is it true then? **para dizer a verdade** as a matter of fact. **tomar como verdade** to take something as gospel. **verdade evidente, nua** home truth. **verdade nua e crua** plain facts.

ver.da.dei.ro [verdad'ejru] *adj* **1** true, truthful, veracious. *mostrou-se (ser) verdadeiro* / it proved (to be) true. **2** real, actual. *tenho uma verdadeira biblioteca* / I've got a whole library. **3** sincere, reliable. **4** genuine. *é um verdadeiro absurdo* / it is a perfect nonsense. **um amigo verdadeiro** a true friend, a real friend.

ver.de [v'erdi] *sm* green colour. • *adj m+f* green: a) green-colored, emerald-green. b) unripe. c) *fig* young, inexperienced, immature. d) fresh, raw (meat). e) flourishing. f) vigorous. **as uvas estão verdes!** *fig* sour grapes! **verdes anos de mocidade** salad days.

ver.de.jan.te [verdeʒ'ãti] *adj m+f* verdant, virid.

ver.de-mar [verdim'ar] *sm* (*pl* **verdes-mar**) aquamarine, sea green.

ver.du.go [verd'ugu] *sm* executioner, hangman.

ver.du.ra [verd'urə] *sf* **1** greens, vegetables, garden-stuff. **as verduras da mocidade** the wild oaths of youth.

ver.du.rei.ro [verdur'ejru] *sm bras* greengrocer: a retailer of fresh vegetables.

ve.re.a.dor [veread'or] *sm amer* councilman, city councillor, *brit* alderman.

ve.re.da [ver'edə] *sf* **1** path, trail. **2** shortcut. **3** *bras* swampy plains between hills and rivers.

ve.re.dic.to [vered'iktu] *sm* verdict.

ver.gar [verg'ar] *vt+vint+vpr* **1** to bend, curve. **2** to bow, stoop. **3** to submit, subject. **4 vergar-se** to humble, humiliate.

ver.gas.tar [vergast'ar] *vt* to whip, flog, lash.

ver.go.nha [verg'oñə] *sf* **1** shame. *ela trouxe vergonha sobre todos eles* / she brought shame on them all. *é uma pouca vergonha* / it's a shame. **2** bashfulness. **3** dishonour, disgrace. **corar de vergonha, rubro de vergonha** to blush. **não tem vergonha?** are you not ashamed? **que vergonha!** what a shame! **sem vergonha** brassy, shameless.

ver.go.nho.so [vergoñ'ozu] *adj* **1** shameful, opprobrious. *é vergonhoso* / it is shameful. **2** modest, timid, bashful. **3** reproachful, infamous. **4** disreputable, disgraceful. **partes vergonhosas** the genitals.

ve.rí.di.co [ver'idiku] *adj* **1** true, truthful, authentic.

ve.ri.fi.car [verifik'ar] *vt* to verify, examine, check. *verificou-se que foi bem-sucedido* / it was found to succeed. *ele verificou se a porta estava fechada* / he made sure the door was locked. **verificar os votos** to canvass. **verificar uma conta** to check an account. **verificar um caso** to go into a matter.

ver.me [v'ɛrmi] *sm* worm, grub.

ver.me.lho [verm'eʎu] *sm* 1 red. *ele esta-va vermelho de raiva* / he glowed indignation. • *adj* red, ruddy. **pintar de vermelho** to redden.

ver.mí.fu.go [verm'ifugu] *sm* vermifuge. • *adj* vermifugal.

ver.mu.te [verm'uti] *sm* vermouth: an aromatic white wine.

ver.ná.cu.lo [vern'akulu] *sm* vernacular, mother tongue. • *adj* vernacular: a) native, national. b) genuine, pure. **em vernáculo** in the vernacular.

ver.niz [vern'is] *sm* 1 varnish. 2 shellac. 3 gloss. 4 *fig* superficial politeness of manners. **sapatos de verniz** patent leather shoes.

ve.ros.sí.mil [veros'imiw] *adj* m+f (*pl* **verossímeis**) probable, likely. *é assaz verossímil* / it is quite likely.

ve.ros.si.mi.lhan.ça [verosimiʎ'ãsə] *sf* verisimilitude, likelihood, probability.

ver.ru.ga [veř'ugə] *sf* 1 wart. 2 verruca: a wart on the sole of the foot.

ver.ru.mar [veřum'ar] *vt* 1 to bore, drill, perforate. 2 *fig* to afflict, torment, torture.

ver.são [vers'ãw] *sf* (*pl* **versões**) version: a) translation. b) view, explanation. *ele me deu a sua versão do incidente* / he gave his version of the incident. c) variant. **versão cinematográfica** film version.

ver.sá.til [vers'atiw] *adj* m+f (*pl* **versáteis**) versatile.

ver.sa.ti.li.da.de [versatilid'adi] *sf* versatility, versatileness.

ver.so¹ [v'ɛrsu] *sm* 1 verse, line. 2 poetry. 3 versification. **em verso** in verse. **verso anapéstico** anapest. **verso leonino** leonine verse. **verso livre** free verse. **verso trocaico** a trochaic verse.

ver.so² [v'ɛrsu] *sm* 1 back, reverse. 2 overleaf. **no verso** overleaf. **vide verso** turn over.

ver.te.bra.do [vertebr'adu] *sm* vertebrate. • *adj* vertebrate, vertebrated. **animal vertebrado** vertebrate animal.

ver.ten.te [vert'ẽti] *sf* 1 slope, declivity, downhill, downgrade. 2 *Geol* hogback. 3 one of the sides of a roof. • *adj* m+f outpouring, overflowing.

ver.ter [vert'er] *vt* 1 to flow, run, gush, pour, spout. 2 to spill. 3 to shed. *verte-ram muito sangue* / they shed much blood. 4 to translate. **verter lágrimas** to shed tears, to weep. **verter para o português** to translate into Portuguese.

vér.ti.ce [v'ɛrtisi] *sm* vertex: a) top, height, apex, summit. b) point opposite to the base of a triangle.

ver.ti.gem [vert'iʒẽj] *sf* (*pl* **vertigens**) 1 vertigo, giddiness, dizziness. 2 faint, swoon.

ves.go [v'ezgu] *sm* squinter, a squint-eyed person. • *adj* squint-eyed, cross-eyed. *ele é vesgo* / he is cross-eyed.

ves.pei.ro [vesp'ejru] *sm* wasps' nest. **me-xer num vespeiro** to stir up a hornet's nest.

vés.pe.ra [v'ɛsperə] *sf* eve. **estar em vés-peras de** to be on the brink of. **na véspera** on the eve of. **não se morre na véspera** nobody dies before his hour. **véspera de Ano Novo** New Year's Eve. **véspera de Natal** Christmas Eve. **véspera do dia de Reis** Twelfth-night.

ves.ti.á.rio [vesti'arju] *sm* 1 dressing-room. 2 cloakroom. 3 cloakroom attendant.

ves.ti.do [vest'idu] *sm* dress, garment, a lady's gown. **cortar o vestido conforme o pano** to cut one's coat according to one's cloth. **tomara-que-caia** strapless dress. **vestido de baile** evening dress. **vestido de noiva** bridal gown.

ves.tí.gio [vest'iʒju] *sm* vestige: a) footprint, trail. b) mark, trace, sign, evidence. *o quarto inteiro apresentava vestígios de sua presença* / vestiges of her presence were all over the room. **sem vestígio** trackless, traceless.

ves.tir [vest'ir] *sm* act or fact of dressing. • *vt+vpr* 1 to dress, put on, slip on. *ele vestiu o seu casaco* / he drew on his coat. *ela se veste muito bem* / she dresses very well. 2 to wear. *que devo vestir?* / what shall I wear? 3 **vestir-se** to dress oneself. **bem vestido** well dressed. **despir um santo para vestir outro** *fig* to rob Peter to pay Paul. **vestir-se bem** to dress well. **vestir-se de luto** to go into mourning.

ves.tu.á.rio [vestu'arju] *sm* clothes, clothing, garment. **vestuário e alimentação** clothing and board, *coloq* back and belly.

ve.tar [vet'ar] *vt* to veto, refuse, reject.

ve.te.ri.ná.rio [veterin'arju] *sm* veterinarian, *coloq* vet. • *adj* veterinary, *coloq* vet.

véu [v'ɛw] *sm* **1** veil. **2** *fig* pretext, disguise, pretense. **colocar um véu sobre a cena** *fig* to drop/draw a veil over the scene: to conceal discreetly, refrain from mentioning. **levantar o véu** to lift the curtain. **rasgar o véu** to speak plainly, openly. **véu palatino** *Anat* soft palate.

ve.xar [veʃ'ar] *vt* **1** to vexate: a) annoy, bother. b) afflict, harass. **2** to humiliate. **3** to insult, offend.

vez [v'es] *sf* (*pl* **vezes**) **1** time, turn. *de quem é a vez? /* whose turn is it? *é minha vez de pedir uma rodada /* it's my shout this time. *três vezes três são nove /* three times three are nine. *ele apareceu pela última vez em cena /* he took his last curtain. **2** occasion, opportunity. **3** *Carteado* hand. **algumas vezes** several times. **aquela vez** that time. **às vezes** sometimes, at times. **desta vez** this time. **de uma vez para sempre** once and for all, for good and all. **de vez em quando** every now and then, now and again, now and then, once in a while. **duas vezes maior** twice as large. **em vez de** for, in lieu of, instead. **era uma vez** once upon a time. **espere a sua vez** await your turn. **fazer as vezes de alguém** to represent, substitute a person. **mais uma vez** once again. **muitas vezes** again and again. **na maior parte das vezes** usually, more often than not. **pela primeira vez** for the first time. **raras vezes** infrequently. **uma vez na vida** once in life, in a blue moon.

vi.a.bi.li.da.de [vjabilid'adʒi] *sf* practicability, feasibility, workability.

vi.a.bi.li.zar [vjabiliz'ar] *vt* to make practical or feasible.

vi.a.ção [vjas'ãw] *sf* (*pl* **viações**) **1** traffic, long-distance traffic. **2** road system, street net. **3** means of transport.

vi.a.du.to [vjad'utu] *sm* viaduct, overpass.

vi.a.gem [vi'aʒẽj] *sf* (*pl* **viagens**) **1** travel, voyage, journey. **2** expedition. **3** flight. **4** tour, trip, excursion. **boa viagem! feliz viagem!** have a nice trip! **viagem ao estrangeiro** to travel abroad. **viagem através da Espanha** tour of Spain. **viagem de ida e volta** round trip, voyage out and home. **viagem de núpcias** wedding trip. **viagem de volta, regresso** voyage home, return voyage. **viagem inaugural (de um navio)** maiden voyage. Veja nota em **voyage**.

vi.a.jan.te [vjaʒ'ãti] *s m+f* **1** traveller, voyager, wanderer. **2** passenger. **3** *bras* a travelling salesman. • *adj m+f* travelling, wandering, itinerant. **caixeiro viajante** travelling salesman.

vi.a.jar [vjaʒ'ar] *vt* to travel, to journey, tour. *viajamos pelo Brasil /* we toured Brazil. **viajar com bilhete mensal** to commute. **viajar de primeira classe** to travel first-class. **viajar de trem** to go by train. **viajar para fazer discursos políticos** to stump the country. **viajar pedindo carona** *amer* to hitchhike. **viajar por via aérea** to travel by air, fly.

vi.a.tu.ra [vjat'ura] *sf* vehicle, means of transport. **viatura de polícia** patrol car.

vi.á.vel [vi'avew] *adj m+f* (*pl* **viáveis**) **1** feasible. **2** possible. **3** viable.

vi.bran.te [vibr'ãti] *adj m+f* vibrant.

vi.brar [vibr'ar] *vt+vint* **1** to vibrate. **2** oscillate, tremulate. **3** to pulse, pulsate, throb.

vi.ce.jar [viseʒ'ar] *vt+vint* to thrive, flourish, bloom.

vi.ce-ver.sa [visiv'ɛrsə] *adv* vice versa, contrariwise, conversely.

vi.ci.a.do [visi'adu] *sm* addict. • *adj* addicted. *ele está viciado na bebida /* he indulges in drinking, he is a slave to drink. **viciado em entorpecentes** drug addict.

vi.ci.nal [visin'aw] *adj m+f* (*pl* **vicinais**) **1** neighbouring. **2** referring especially to a road between neighbouring villages.

vi.ci.o.so [visi'ozu] *adj* vicious: a) defective, faulty. b) corrupt. c) immoral, depraved. **o círculo vicioso** the vicious circle.

V

vi.ço.so [vis'ozu] *adj* **1** rank, luxuriant, lush, exuberant. **2** blooming, flourishing. **3** fresh, vernal. **4** youthful, crisp.

vi.da [v'idə] *sf* life: a) existence, being. *assim é a vida* / that's life, such is life. b) lifetime, *fig* days. *aproveitei minha vida* / I have had my time. c) way or course of life, conduct, manner. d) animation, zest, vivacity, liveliness. e) vitality, vigor. f) biography. **barco sal-va-vidas** life-boat. **com vida** alive, living. **cuidar, tratar da própria vida** to mind one's own business. **dar vida a (uma reunião)** to animate (a party). **de longa vida** long-lived. **de vida curta** short-lived. **em perigo de vida** in danger of life. **em vida** in lifetime. **entre a vida e a morte** between life and death. **ga-nhar a vida** to earn one's livelihood. **levar boa vida** to lead an easy life. **le-var vida de cachorro** to lead a dog's life, a wretched life. **luta pela vida** struggle for existence, for life. **meio de vida** livelihood. **para toda a vida e mais seis meses** for ever and a day. **pas-sar desta vida para outra melhor** to pass away. **perder a vida** to lose one's life. **recobrar a vida** recover conscience. **seguro de vida** life assurance, life insurance. **sem vida** lifeless, inanimate. **uma questão de vida ou de morte** a matter of life or death. **vencer na vida** to get on in life. **vender caro a vida** to sell one's life dear. **vida conjugal** wedlock. **vida doméstica** family life. **vida mundana** social life. **vida priva-da** private life.

vi.dên.cia [vid'ẽsjə] *sf* clairvoyance.

vi.den.te [vid'ẽti] *s m+f* clairvoyant, visionary, seer(ess). • *adj m+f* clairvoyant.

vi.de.o.cas.se.te [videokas'ɛti] *sm* **1** videocassette: a case containing videotape for use with a VCR. **2** VCR, videocassette recorder: a video recorder in which videocassettes are played.

vi.de.o.jo.go [video3'ogu] *sm* video game.

vi.de.o.te.ca [videot'ɛkə] *sf* a collection of videocassettes.

vi.de.o.tei.pe [videot'ejpi] *sm* videotape.

vi.dra.ça [vidr'asə] *sf* windowpane, window glass.

vi.dra.do [vidr'adu] *sm* glazing (for earthenware). • *adj* **1** glazed. **2** glassy, vitreous. **3** dull, dim, lusterless. **4** *bras, gír* charmed, in love, infatuated.

vi.dro [v'idru] *sm* **1** glass. **2** bottle, flask, phial, vial. **3** sheet or pane of glass. **4** *Autom* window glass. **objetos de vidro** glassware. **vidro colorido** stained glass. **vidro fosco** frosted glass, *Fot* focusing screen. **vidro inquebrável** safety glass. **vidro lapidado** cut glass. **vidro leitoso** bone glass. **vidro óptico** crown glass. **vidro plano** sheet glass.

vi.és [vi'ɛs] *sm* **1** obliquity, sloping. **2** bias. **ao viés** slopingly. **de viés** askance, asquint, awry.

vi.ga [v'igə] *sf* beam, girder, summer. **guarnecer com viga** to rafter. **viga de armação** *Arquit* binder. **viga de susten-tação** binding beam, bearer. **viga mestra** bearer, beam, crossbeam girder.

vi.ga.ris.ta [vigar'istə] *s m+f* swindler, crook.

vi.gen.te [vi3'ẽti] *adj m+f* **1** valid, effective, in force, in vigor.

vi.gé.si.mo [vi3'ɛzimu] *num* twentieth. twentieth.

vi.gi.a [vi3'iə] *sf* **1** watch: a) act or fact of watching. b) alertness, vigil, lookout, watchfulness. c) *s m+f* watch, watchman, guard. **2** peephole. **3** *Náut* dormer window, porthole.

vi.gi.ar [vi3i'ar] *vt+vint* to watch: a) observe, guard. *longe de confiar nele, vi-gio-lhe todos os passos* / far from trusting him, I watch his every step. b) keep guard over, take care of, oversee. c) be on the lookout, be vigilant, be on one's guard. *mantenha-o em observação, vigie-o!* / keep a watch on him! d) be or remain awake. e) keep vigil. *ela vigiou o seu filho doente* / she sat out with her sick child. f) lie in wait. g) sentinel.

vi.gí.lia [vi3'iljə] *sf* **1** a) night-watch. b) the eve of a religious feast. c) watchfulness. **2** insomnia. **3** attention, carefulness, devotion.

vi.gor [vig'or] *sm* vigo(u)r: a) force,

strength, power. b) energy. c) validity, legality. *entrou em vigor* / it took effect. *estar em vigor* / to be in force. **em vigor** in force, available, alive. **entrar em vigor** to come into operation, into force, into effect, become absolute. **tornar a pôr em vigor** to re-enact, revigorate.

vi.la [v'ilə] *sf* **1** small town, borough. **2** villa: a) a country estate. b) the rural or suburban residence of a wealthy person.

vi.lão [vil'ãw] *sm* (*pl* **vilões**) (*f* **viloa**) villain, rogue, scoundrel. • *adj* villainous.

vi.me [v'imi] *sm* wicker. **artigos de vime** basketry, basketwork. **cadeira de vime** wicker chair.

vi.na.gre [vin'agri] *sm* vinegar.

vin.co [v'iku] *sm* crease.

vín.cu.lo [v'ikulu] *sm* **1** entail, entailment, entailed interest. **2** bond, link. **3** *fig* a moral link. **livrar-se de seus vínculos** to shake off one's chains. **vínculos matrimoniais** wedlock.

vin.da [v'idə] *sf* coming, arrival. *qual é a razão de sua vinda?* / what is the reason of his coming? **dar as boas-vindas a alguém** to welcome a person. **na vinda** on the way here.

vin.di.car [vĩdik'ar] *vt* to vindicate: a) claim, lay claim, assert a right. b) justify, maintain. c) defend. d) avenge, punish.

vin.di.ma [vĩd'imə] *sf* **1** vintage: season or act of gathering grapes. **2** the grapes gathered.

vin.dou.ro [vĩd'owru] *adj* coming, future, towardly, forthcoming. **em dias vindouros** in days to come.

vin.gan.ça [vĩg'ãsə] *sf* **1** vengeance, revenge. **2** retaliation. **desejo de vingança** revenge. **por vingança** in revenge, revengefully.

vin.ga.ti.vo [vĩgat'ivu] *adj* vindictive, revengeful, vindicatory, retaliatory. *ele não é vingativo* / he bears no enmity.

vi.nhe.do [viñ'edu] *sm* extensive vineyard.

vi.nho [v'iñu] *sm* wine. **adega de vinho** wine cellar, vault. **barril de vinho** wine cask. **copo de vinho** glass of wine. **copo para vinho** wine glass. **cor de vinho** wine-coloured. **vinho branco** white wine. **vinho de maçã** cider. **vinho de mesa** table wine. **vinho do Porto** port. **vinho rosado** rosé wine. **vinho seco** dry wine. **vinho tinto** red wine, claret. **vinho verde** green wine.

vi.ni.cul.tor [vinikuwt'or] *sm* viniculturist, winegrower.

vi.nil [vin'iw] *sm Quím* vinyl.

vin.te [v'iti] *sm* twenty. *ela está na casa dos vinte* / she is in her twenties. • *num* twenty. **dar no vinte** to hit the mark, hit the nail on the head. **no dia vinte** on the twentieth. **vinte vezes** twenty times, twentyfold.

vi.o.la.ção [vjolas'ãw] *sf* (*pl* **violações**) **1** violation: a) infringement, infraction. b) transgression, trespass. c) profanation. d) rape. **2** offense. **violação da paz** peacebreaking. **violação de contrato ou acordo** breach of agreement.

vi.o.lão [vjol'ãw] *sm* (*pl* **violões**) guitar.

vi.o.lên.cia [vjol'ẽsjə] *sf* violence: a) vehemence, eagerness. b) impetuousity, tumultuousness, turbulence. c) roughness, brutality, irascibility. d) fierceness, ferocity, rage. e) force. **com violência, à força** at the point of the sword.

vi.o.len.to [vjol'ẽtu] *adj* **1** violent. **2** impetuous, tumultuous. **3** irascible, brutal, rude. **4** fierce, wild, furious. **morte violenta** violent death.

vi.o.li.no [vjol'inu] *sm* violin: a) fiddle. b) violin player, especially one of an orchestra. **concerto de violino** violin concerto. **tocar o primeiro violino** to play the first violin. **tocar violino** to play the violin, play on the fiddle.

vi.o.lon.ce.lis.ta [vjolõsel'istə] *s m+f* cellist, violoncellist.

vi.o.lon.ce.lo [vjolõs'ɛlu] *sm* violoncello, cello.

vi.o.lo.nis.ta [vjolon'istə] *s m+f Mús* guitarist.

vir [v'ir] *vt+vint+vpr* **1** to come. **venha!** / come on! *venha comigo!* / come along! *venha já, neste instante!* / come here this minute! *venho buscar os livros* / I come for the books. *procure vir* / try and come. **2** to arrive. **3** to go, walk. *você vem comigo?* / are you coming my way?

4 to issue from, come from, result. *isto vem de acreditar em conversa* / this comes from listening to tales. **5** to descend from. *ele vem de família antiga* / he comes from an old family. **6** to happen, come about, take place. *dias melhores virão* / better days will come. **isso não vem ao caso** this has nothing to do with. **mandar vir** to send for. **venha o que vier** come what may. **vir abaixo** to tumble down, come down, collapse. **vir à luz** to become known. **vir ao mundo** to be born. **vir a propósito** to suit one's purpose. **vir a ser** to grow, become. **vir a si** to recover consciousness. **vir atrasado** to be late. **vir depois** to follow, succeed. **vir diretamente de** to come clean from.

vi.ra-ca.sa.ca [virəkaz'akə] *s m+f* (*pl* **vira-casacas**) turncoat, weathercock, floater.

vi.rar [vir'ar] *vt+vint+vpr* **1** to turn: a) reverse, invert. *virar as coisas de pernas para o ar* / to turn things upside down. b) change (mind, sides, direction). *vire à direita na segunda esquina* / turn at the second corner to the right. *vire à esquerda* / turn to the left. c) direct, point. *o navio virou a favor do vento* / the ship came down before the wind. d) rotate, revolve, spin. *virar a chave* / to turn the key. e) become, overthrow. **4** to change (weather). *o vento virou* / the wind came about, hauled around. **5 virar-se** *bras* to do extra work, have an additional job. **virar a casaca** to change sides. **virar as costas para alguém** to turn the back upon someone. **virar-se para o lado** to turn aside. **virar-se repentinamente** to wheel round.

vi.ra.vol.ta [virav'ɔwtə] *sf* **1** turn(ing). **2** somersault. **3** *fig* a sudden change. **dar uma viravolta** to face about, turn back.

vir.gem [v'irȝẽj] *sf* (*pl* **virgens**) **1** virgin. **2** maid(en), lass, girl. **3 Virgem** the Virgin (Mary). • *adj m+f* a) virginal, chaste. b) untouched, unspoilt. c) new, unused. **cera virgem** virgin wax. **mata virgem** native forest. **terra virgem** virgin land.

vir.gin.da.de [virȝĩd'adi] *sf* virginity.

vi.ri.lha [vir'iʎə] *sf Anat* groin: the fold between the belly and the thigh.

vi.ri.li.da.de [virilid'adi] *sf* virility: **1** manliness, manhood, masculinity. **2** vigour, energy.

vir.tu.o.so [virtu'ozu] *sm* virtuoso, one who excels in the technique of an art. • *adj* virtuous: **1** honest, upright, righteous. **2** chaste, pure.

vi.ru.len.to [virul'ẽtu] *adj* **1** virulent, poisonous. **2** noxious. **3** malignant.

ví.rus [v'irus] *sm sing+pl* virus: **1** a pathogenic agent. **2** something that corrupts, corruptive influence. **3** a computer virus.

vi.são [viz'ãw] *sf* (*pl* **visões**) vision: **1** (eye)sight, seeing. **2** *fig* eye. **3** aspect, view. **4** foresight. **5** illusion, chimera, dream, phantasy. **6** apparition, spectre, ghost. **7** view, the way of understanding something or a situation.

vi.sar [viz'ar] *vt* **1** to aim at, drive at, seek. **2** to visa (a cheque or a passport).

vis.co.so [visk'ozu] *adj* viscous, sticky, viscid, limy, jammy, clammy.

vi.si.bi.li.da.de [vizibilid'adi] *sf* **1** visibility. **2** perceptibility.

vi.si.ta [viz'itə] *sf* **1** visit: a) visiting. b) inspection, survey. **2** visitant, visitor, caller. **3 visitas** *pl* visitors. *eu tive visitas* / I have had visitors. **cartão de visita** visiting card. **dia de visita** (**hospital**) visiting day. **fazer uma visita** to pay a visit, call on. **muitas visitas** many visitors. **pagar uma visita** to pay a call. **receber visitas** to receive company. **visita domiciliar** domiciliary visit. **visita obrigatória** duty call.

vi.si.tar [vizit'ar] *vt+vpr* **1** to visit: a) call on, see, pay a visit. *visitamos a galeria* / we paid a visit to the gallery. *eu a visitei* / I paid her a visit. *nós nos visitamos* / we are on visiting terms. *ele nos visitará um dia desses* / he will call round one of these days. b) examine, inspect, survey. **2** to attend (doctor). **3** to appear. **visitar a clientela** to canvass. **visitar casualmente** to drop in.

vi.sí.vel [viz'ivew] *adj m+f* (*pl* **visíveis**) **1** visible: a) perceptible, discernible. b) manifest, plain, clear. **2** public, notorious. **3** outward, external. **bem visível** plain to the view. **não é visível** it does not show.

vis.lum.brar [vizlũbr'ar] vt+vint **1** to catch a glimpse, discern indistinctly. **2** to have a notion, guess.

vis.ta [v'istə] sf **1** sight: a) eyesight, vision. b) act or fact of seeing. *eu o conheço de vista* / I know him by sight. *os campos se prolongam a perder de vista* / the fields stretch as far as the horizon. c) view, aspect, picture, scenery, panorama. *seu quarto tem vista para o mar* / his room faces the sea. **2** the eye(s). *o espetáculo deleita a vista* / the sight relieves the eyes. **à primeira vista** at first view, at the first glance. **à vista** a) *Com* in cash, at sight. b) in view. **bem à vista** under one's nose. **de encher a vista** very good, excellent, very beautiful. **de vista** from sight. **em vista disto** in view of this. **está à vista** it is in view, visible, plain. **fazer vista grossa** to shut one's eyes to. **longe da vista longe do coração** out of sight out of mind. **perder de vista** to lose sight of. **ponto de vista** point of view. **ter em vista** to plan, have in view, have in one's mind. **vista aérea** aerial view, bird's eye view. **vista curta** shortsightedness. **vista de perto** close-up. **vista d'olhos** a quick glance.

vis.to.ri.ar [vistori'ar] vt to inspect, examine.

vis.to.so [vist'ozu] adj **1** showy, sightly, good-looking, attractive, becoming. **2** dressy, flash(y).

vi.su.a.li.zar [vizwaliz'ar] vt to visualize.

vi.tal [vit'aw] adj m+f (pl **vitais**) **1** vital: a) of or pertaining to life. b) organic. c) important, essential. **2** strengthening, invigorating. **questão vital** vital question.

vi.ta.lí.cio [vital'isju] adj lifelong.

vi.ta.mi.na [vitam'inə] sf *Bioquím* vitamin. **vitamina B1** aneurin, thiamina. **vitamina C** ascorbic acid.

ví.ti.ma [v'itimə] sf victim: a) slain, hurt or sacrificed person. b) person suffering a disaster, a loss. c) prey, sport, one that is

tricked or duped. **tornar-se vítima de alguém** to fall prey to somebody.

vi.ti.mar [vitim'ar] vt+vpr to victimize: a) kill, slay, injure. b) cause losses or damages.

vi.tral [vitr'aw] sm (pl **vitrais**) stained glass window.

vi.tri.na [vitr'inə] sf display window, shopwindow, store window.

vi.trô [vitr'o] sm a glass window with an iron frame.

vi.ú.va [vi'uvə] sf widow. **viúva dotada** dowager.

vi.ú.vo [vi'uvu] sm widower.

vi.vaz [viv'as] adj m+f **1** vivacious, lively, sprightly. *a menina é muito vivaz* / the girl is all alive. **2** spirited. **3** bright.

vi.vên.cia [viv'ẽsjə] sf **1** life, existence, being. **2** experience of life, grasp on life. **3** what has been lived, experienced. **4** *bras* manners or habits of living.

vi.ven.te [viv'ẽti] s m+f mortal, man, human being. • adj m+f alive, breathing, living. **nenhum vivente** no one living.

vi.ver [viv'er] sm life. • vt+vint+vpr to live: a) be alive, exist, be, breathe. *o seu pai ainda vive?* / is your father still alive? *o império viveu um período de maior sucesso* / the Empire saw a period of greatest success. b) endure, last. c) subsist. *como você consegue viver com tão pouco?* / how can you exist on so little? *ele sabe viver com o pouco que ganha* / he knows how to make ends meet. *ele vive do que ganha no momento* / he lives by his wits. d) enjoy life. e) reside, dwell. *temos de viver nesta cova* / we have to live in this hole. **cansado de viver** life-weary. **ela vive da costura** she lives by sewing. **quem viver verá** time will show. **viver além de suas possibilidades** to live beyond one's means. **viver como cão e gato** to live like cat and dog. **viver de** to subsist upon. **viver modestamente** to crack a crust. **viver só** to live alone.

ví.ve.res [v'iveris] sm pl food, provisions, victuals, foodstuff. **víveres deterioráveis** perishables.

vi.zi.nhan.ça [viziɲ'ãsə] sf neighborhood.

fazer boa vizinhança to be friends with one's neighbours.

vi.zi.nho [viz'iɲu] *sm* neighbor.

vo.ar [vo'ar] *vt+vint* to fly, travel through the air. *a pedra voou pelos ares* / the stone travelled the air. a) soar, mount, rise in the air. b) slip away, pass quickly (time). c) spread rapidly (rumour). **fazer voar pelos ares** to blast. **voar às cegas** *Aeron* to fly by instruments.

vo.ca.bu.lá.rio [vokabul'arju] *sm* vocabulary: a) dictionary, wordbook. b) words peculiar to one field of knowledge.

vo.cal [vok'aw] *adj m+f (pl* **vocais**) **1** vocal. **2** oral, in speech. **cordas vocais** *Anat* vocal chords. **música vocal** vocal music.

vo.ca.lis.ta [vokal'istə] *s m+f* vocalist, singer.

vo.ca.li.za.ção [vokalizas'ãw] *sf (pl* **vocalizações**) vocalization.

vo.cê [vos'e] *pron* you. *você e os seus* / you and yours. *isto é lá com você* / that is up to you. **se não fosse você** were it not for you.

vo.ga [v'ɔgə] *sf* vogue: a) mode, style. b) popularity. c) fashion, rage. **em voga** in season.

vo.lá.til [vol'atiw] *sm (pl* **voláteis**) winged animal. • *adj m+f* volatile: a) flying, volant. b) *fig* fickle, changeable. c) that vaporizes or evaporates rapidly. **sal volátil** volatile salt.

vo.lei.bol [volejb'ɔw] *sm Esp* volleyball.

vo.li.ção [volis'ãw] *sf (pl* **volições**) volition: act or fact of willing, decision, choice.

vol.ta [v'ɔwtə] *sf* **1** return, regress(ion). *estarei de volta logo* / I shall be back soon. **2** recurrency. *volta e meia falava nisto* / he talked about it more often than not. **3** turn(ing), revolution, gyre, rotation, slue, turnabout. *demos uma volta* / we took a turn. **a volta do século** the turn of the century. **às voltas com** facing, dealing with. **bilhete de ida e volta** return ticket. **dar a volta por cima** to overcome a difficult situation. **dar uma volta** to go for a stroll, take a walk. **de volta** back. **de volta aos inícios** back to the beginnings. **em volta (de)** round

about. **meia volta à direita!** right about! **meia volta à esquerda!** left about! **meia volta, volver!** *Mil* about face! **no caminho de volta** home-bound. **pegar de volta** to pay back. **por volta das 5 h** at about 5 o'clock. **viagem de volta** home-journey. **volta pela cidade** tour of the town. **volta rápida, súbita** whirl, quirk.

vol.tar [vowt'ar] *vt+vint+vpr* **1** to return: come back, go back. *ele logo voltou a si* / he came round soon. **2** to turn. **3** to begin anew, recommence. *voltaremos ao ar às 5 h / Rádio* we will be on the air at five. **voltar à baila** to be brought up again for discussion. **voltar-se para** to face. **volte!** come back!

vo.lu.me [vol'umi] *sm* volume: a) capacity, content, cubage. b) size. c) mass, bulk. d) book, tome. e) pack, packet, bundle. f) intensity of sound. **a todo volume** *Rádio* at full volume. **em três volumes** three-volumed. **volume da voz** voice volume.

vo.lun.tá.rio [volũt'arju] *sm* volunteer (também *Mil*). • *adj* voluntary.

vo.lun.ta.ri.o.so [volũtari'ozu] *adj* willful, whimsical, capricious, obstinate.

vo.lú.vel [vol'uvew] *adj m+f (pl* **volúveis**) **1** voluble. **2** *fig* fickle, shifty, inconstant.

vo.mi.tar [vomit'ar] *vt+vint* **1** to vomit. *ele vomitou* / he was sick. **2** to throw up. **3** *fig* to utter something with an offensive meaning. *isto faz vomitar / fig* that is sickening.

von.ta.de [võt'adi] *sf* **1** volition. *estou com vontade de aceitar* / I am almost tempted to accept. **2** wish, desire, craving. **3** mind, intention, purpose. *tínhamos muita vontade de ficar* / we had a good mind to stay. **4** will, resolution, determination. *fiz prevalecer minha vontade junto a ele* / I worked my will on him. **5** fancy, whim. *tenho vontade de dar um passeio* / I feel like taking a walk. **à sua vontade** at your convenience, at your discretion. **à vontade** at ease, at large, at will. **chorar à vontade** to have a good cry. **contra a minha vontade** against my will. **de boa**

vontade willingly. **de livre e espontânea vontade** of one's own free will. **de má vontade** unwillingly, reluctantly, grudgingly. **escolha à sua vontade** take your choice. **estar à vontade** to feel comfortable, make oneself at home. **força de vontade** will power. **seja feita a Tua vontade** Thy will be done. **servir-se à vontade** to help oneself. **sua última vontade** his last wish, his dying wish. **ter vontade de** to itch for, feel like.

vô.o [v'ou] *sm* **1** flight: a) act or fact of flying, fly. b) distance flown. c) soaring. **2** quick movement through the air or on the ground. **3** ecstasy, ravishment. **de vôo rápido** swift-winged. **levantar o vôo** a) *Aeron* to take off. b) (birds) to take wings. **no vôo** in flight. **vôo da imaginação** flight of fancy. **vôo do tempo** flight of time.

vo.ra.ci.da.de [vorasid'adi] *sf* **1** voracity. **2** greed, wolfishness. **3** ravenousness. **4** gluttony.

vós [v'ɔs] *pron pess* you, *arc* ye.

vos.so [v'ɔsu], **vos.sa** [v'ɔsə] *pron adj poss* your. *pron subs poss* yours. **Vossa Eminência** Your Eminency.

vo.ta.ção [votas'ãw] *sf (pl* **votações)** voting, poll(ing), election. **decidir por votação** to decide by vote. **encabeçar a votação** to be at the head of the poll. **fraude na votação** ballot-box stuffing. **levar à votação** to put it to the vote. **votação secreta** balloting.

vo.to [v'ɔtu] *sm* vote: a) promise, vow. *ela fez os votos* (religious) / she took the vows. b) ardent wish or desire. c) election. *aceito com 23 votos contra 11* / agreed to by 23 votes to 11. d) right to vote, suffrage. **com os melhores votos** with all good wishes. **com os melhores votos para as festas** with the best compliments for the season. **derrotar por votos** to vote down. **voto afirmativo** placet, aye. **voto contrário** blackball. **voto de censura** vote of censure. **voto decisivo, de qualidade, de Minerva** casting voice, casting vote. **voto de confi-**ança vote of confidence. **voto negativo** no. **voto nulo** spoiled vote. **voto pró e contra** the ayes and noes. **votos favoráveis** the ayes.

vo.vô [vov'o] *sm bras* children's affectionate language: grandpa(pa).

vo.vó [vov'ɔ] *sf bras* children's affectionate language: grandma(ma), granny, gran.

voz [v'ɔs] *sf* voice: a) sound uttered by man and animals. b) faculty of speaking. c) ability to sing. d) suffrage, right to speak. **com voz clara** clear-voiced. **dar voz de prisão** to arrest. **de uma só voz** with one voice. **de viva voz** spoken, orally, verbally. **em voz alta** aloud. **em voz baixa** in a low voice, soft-spoken, in a whisper. **levantar a voz** to lift up one's voice, shout, yell. **ter voz ativa** to have a say. **voz corrente** common report, cry.

vul.ca.ni.za.ção [vuwkaniza'ãw] *sf (pl* **vulcanizações)** vulcanization: act of treating (rubber etc.) with sulphur or sulphur compounds to improve its strength or otherwise modify its properties.

vul.cão [vuwk'ãw] *sm (pl* **vulcões, vulcãos)** volcano. **boca de vulcão** crater. **vulcão ativo, inativo e extinto** active, dormant and extinct volcano.

vul.ga.ri.da.de [vuwgarid'adi] *sf* **1** vulgarity: a) commonness. b) banality, triviality. c) coarseness, grossness. **2** vulgar person.

vul.ne.rá.vel [vuwner'avew] *adj m+f (pl* **vulneráveis)** **1** vulnerable, that can be hurt or wounded. **2** susceptible of attack or offense. **3** impeachable. **o ponto vulnerável** the weak point.

vul.to [v'uwtu] *sm* **1** face, countenance. **2** figure. *ele foi um grande vulto da história* / he was a famous figure in history. **3** aspect, image. **4** size, bulk, amount. **5** important person, big shot. **de vulto** important. **tomar vulto** to increase, take shape, become important.

vul.to.so [vuwt'ozu] *adj* voluminous, bulky, great.

W¹, w [d′ablju] *sm* letter used in Portugal and Brazil only in internationally known symbols and abbreviations and in foreign words adopted by the Portuguese language.

W² *abrev* de **watt** (watt).

wag.ne.ri.a.no [vagneri′∧nu] *sm* Wagnerian: an admirer of the musical theories and style of Wagner. • *adj* Wagnerian: of or pertaining to Wagner or Wagnerianism, suggestive of Wagner or his music or theories.

wat.tí.me.tro [wɔt′imetru] *sm Fís* wattmeter.

wind.sur.fe [wĭds′urfi] *sm Esp* windsurfing.

wind.sur.fis.ta [wĭdsurf′istə] *sm Esp* windsurfer.

work.shop [′workʃ′ɔp] *sm ingl* a room or shop where work is done; a group of people working on a creative or experimental project.

X, x [ʃˈis] *sm* **1** the twenty-second letter of the alphabet. **2** Roman numeral for ten. **3** *Mat* the first unknown quantity. **4** something that is unknown.

xa.drez [ʃadˈres] *sm* **1** chess. **2** chessboard. **3** check, plaid chequered pattern or fabric. **4** mosaic. **5** *bras, pop* prison, jail. • *adj m+f sing+pl bras* checkered, chequered, plaid.

xam.pu [ʃãpˈu] *sm* shampoo.

xa.rá [ʃarˈa] *s m+f bras, pop* namesake, homonym.

xa.ro.pe [ʃarˈɔpi] *sm* **1** *Farm* sirup, syrup. **2** home-made remedy. **3** *bras, pop* a tiresome thing or person. **xarope para tosse** cough sirup.

xa.xim [ʃaʃˈĩ] *sm bras, Bot* **1** trunk of certain tree ferns used in floriculture (as plant pots). **2** any of these plants.

xe.no.fo.bi.a [ʃenofobˈiə] *sf* xenophobia: fear or hatred of strangers or foreigners or of anything that is strange or foreign.

xe.que [ʃˈɛki] *sm* sheik(h): the head of a Bedouin family, clan, or tribe.

xe.que-ma.te [ʃɛkimˈati] *sm* (*pl* **xeques-mate**) *Xadrez* mate, checkmate.

xe.re.ta [ʃerˈetə] *s m+f bras* **1** gossip. **2** disturber. **3** busybody, meddler. • *adj m+f* meddlesome, of or referring to a busybody.

xe.rez [ʃerˈes] *sm* sherry, strong wine made in Spain.

xe.ri.fe [ʃerˈifi] *sm* sheriff: the chief executive officer of a county or shire charged with the keeping of the peace, the execution of writs, sentences etc.

xé.rox [ʃˈɛrɔks] *sm* (também **xerox**) Xerox: a) Xerox copier, copying machine operating a xerographic method of reproduction. b) a copy so produced, xerox copy.

xí.ca.ra [ʃˈikarə] *sf* cup. *por favor, ponha só meia xícara de café* / please, don't pour me more than half a cup of coffee. **meia xícara de leite** half a cup of milk. **uma xícara de chá** a cup of tea. **xícara e píres** cup and saucer. **xícara pequena** demitasse.

xi.i.ta [ʃiˈitə] *s m+f* a Shiite: a Muslim of the Shia branch of Islam. • *adj m+f* Shiite, of or relating to a member of this (now chiefly Iranian) sect.

xi.lo.fo.ne [ʃilofˈoni] *sm Mús* xylophone.

xi.lo.gra.vu.ra [ʃilogravˈurə] *sf Arte* xylograph: a) engraving on wood. b) xylographic print.

xin.gar [ʃĩgˈar] *vt+vint bras* **1** to chide, scold, rail. **2** to abuse, revile, (against). **3** to offend (with abusive language). **4** to swear.

xi.xi [ʃiʃˈi] *sm bras, pop* urine, piss. **fazer xixi** (children) to piddle, pee.

xô [ʃˈo] *interj* shoo!

xu.cro [ʃˈukru] *adj bras* **1** untamed, wild (animal), unbroken (horse). **2** stupid, foolish, rude. **3** of or referring to an unskilled person or an imperfect thing. **4** ignorant. **ser xucro** to be slow in the uptake.

Y, y¹ ['ipsilõw] *sm* **1** letter used in Portugal and Brazil only in internationally known symbols and abbreviations. **2** *Quím* symbol of yttrium.

y² ['ipsilõw] *Mat* the second unknown quantity.

Yang ['jãg] *sm Filos* yang: the masculine active principle in nature that in Chinese cosmology is exhibited in light, heat, or dryness and that combines with yin to produce all that comes to be.

Yin ['jĩ] *sm Filos* yin: the feminine passive principle in nature that in Chinese cosmology is exhibited in darkness, cold, or wetness and that combines with yang to produce all that comes to be.

Z, z [z′e] *sm* **1** the twenty-third and last letter of the alphabet. **2** *Mat* the third unknown quantity.

za.bum.ba [zab′ūbə] *sm* **1** bass drum. **2** *bras* a popular band composed of wind and percussion instruments. **3** *s m+f* one who plays the bass drum.

za.gai.a [zag′ajə] *sf* assagai, assegai: a slender spear of hard wood tipped with iron, either for hurling or for thrusting with, used in South Africa.

za.guei.ro [zag′ejru] *sm Fut* (full)back: player positioned at the back of the team. **zagueiro direito (esquerdo)** *Fut* right (left) back.

zan.ga [z′ãgə] *sf* **1** anger, rage. **2** miff, tiff. **ter uma zanga** to have a tiff (with).

zan.ga.do [zãg′adu] *adj* **1** indignated, angry. *por que é que você está zangado?* / why are you angry? what is eating you? **2** annoyed, inflamed. **3** out of temper, sullen.

zan.gão [zãg′ãw] *sm* (*pl* **zangãos, zangões**) *Entom* drone.

zan.zar [zãz′ar] *vint bras* to ramble, wander, loiter.

zar.cão [zark′ãw] *sm* **1** *Miner* minium, red lead. **2** the colour vermilion. • *adj m+f sing+pl* **1** having the colour of minium. **2** of or referring to this colour.

za.ro.lho [zar′oʎu] *sm* a cross-eyed person. • *adj* **1** squint-eyed, cross-eyed. **2** one-eyed, blind of one eye.

zar.par [zarp′ar] *vt+vint* **1** to weigh anchor, sail (away). *o navio zarpou às 10 horas* / the ship weighed anchor at ten o'clock. **2** *bras* to escape, run away. *ele zarpou da cidade* / he ran away from

town. **3** to leave for (a trip).

zás-trás [zastr′as] *isto para quebrar foi zás-trás!* / it broke in a twinkling.

ze.bra [z′ebrə] *sf* **1** *Zool* zebra. **2** *bras, coloq* striped uniform used by prisoners. **dar zebra** to fail, have a bad outcome.

ze.bu [zeb′u] *sm Zool* zebu: the humped Indian ox or cow. • *adj* of or referring to zebu cattle.

zé.fi.ro [z′ɛfiru] *sm* zephyr: a) the West wind. b) any soft, gentle breeze.

ze.la.dor [zelad′or] *sm* janitor, watcher, caretaker.

ze.lar [zel′ar] *vt* **1** to watch over, keep an observant eye on. **2** to administer, manage, oversee. **3** to treat carefully. **4** to take an interest in. **zelar pela ordem** to see that everything is (put) right.

ze.lo.so [zel′ozu] *adj* **1** zealous, acting with zeal, careful. **2** diligent, assiduous. **3** watchful. **4** dedicated, devoted.

ze.pe.lim [zepel′ĩ] *sm* (*pl* **zepelins**) zeppelin: any rigid airship of the type first constructed by the Count von Zeppelin.

ze.rar [zer′ar] *vt* to zero: a) to bring to nothing (a bank account). b) to give a mark corresponding to zero (school). c) to annul.

ze.ro [z′ɛru] *sm* zero: a) a cipher, the O-shaped algarism. b) the point on a scale from which positive or negative quantities are reckoned. c) in the Celsius and Reaumur thermometers it is the point at which water congeals. d) a nobody, an insignificant person. *ele é um zero na sociedade* / he is a nobody in society. e) null, nought, nil. **acima (abaixo) de**

zero above (below) zero. **começar do zero** to start from scratch. **no ponto zero** down at zero. **zero à esquerda** a nobody, a person who is utterly insignificant. **zero a zero** love all.

zes.to [z'ɛstu] *sm* zest: orange or lemon peel (used as flavouring for liquors etc.).

zi.go.ma [zig'omə] *sm Anat* zygoma: zygomatic bone or cheek-bone, malar bone.

zi.go.to [zig'otu] *sm Biol* zygote: the product of the union of two gametes.

zi.gue.za.gue.ar [zigezage'ar] *vint* **1** to zigzag. **2** to make in a zigzag fashion. **3** to meander, reel about.

zim.bro [z'ĩbru] *sm Bot* common juniper.

zi.na.bre [zin'abri] *sm* verdigris: the green rust of brass or copper.

zin.car [zĩk'ar] *vt Quím* to zinc(ify), galvanize, cover or coat with zinc.

zin.co [z'ĩku] *sm* **1** *Quím* zinc. **2** galvanized metal sheet (for coverings). **placa de zinco** zinc plate. **sulfato de zinco** zinc sulphate.

zí.per [z'iper] *sm* zipper, zip-fastener.

zir.cô.nio [zirk'onju] *sm Quím* zirconium.

zo.ar [zo'ar] *vint* **1** to whiz, hum, buzz. **2** to howl, roar (wind). **3** to be noisy.

zo.dí.a.co [zod'iaku] *Astr* zodiac. **os signos do zodíaco** the signs of the zodiac.

zo.ei.ra [zo'ejrə] *sf bras* **1** whiz(zing), hum. **2** *bras, gír* disorder, tumult, quarrel, noise.

zom.bar [zõb'ar] *vt+vint* **1** to mock, scoff. **2** to banter. **3** to make fun of. **eles zombaram dele /** they made a mock of him, they pooked fun at him.

zo.na [z'onə] *sf* **1** zone: a) area, girdle, belt, stripe. b) section of a city, region, country(side). c) any of the five great divisions of the earth's surface bounded by imaginary lines parallel to the equator. **2** *bras, gír* red-light district. **3** *bras, gír* mess, confusion. **zona de silêncio** silent area or zone. **zona interurbana** *Telecom* trunk zone. **zona urbana** *Telecom* local area.

zo.nal [zon'aw] *adj m+f* (*pl* **zonais**) zonal: of or pertaining to a zone.

zo.ne.a.men.to [zoneam'ẽtu] *sm* zoning: a) act or effect of dividing in specific zones. b) the national division of a city in zones designed for certain activities.

zon.zo [z'õzu] *adj bras* dizzy, giddy, stunned. **ele ficou zonzo com o movimento do tráfego /** he got dizzy from the intense traffic.

zo.o.lo.gi.a [zoolo3'iə] *sf* zoology.

zo.o.ló.gi.co [zool'ɔ3iku] *adj* zoologic(al): of or referring to zoology. **jardim zoológico** zoological garden, zoo.

zo.o.no.se [zoon'ɔzi] *sf Med* zoonosis: a disease communicable from animals to humans under natural conditions.

zo.o.tec.ni.a [zootekn'iə] *sf* zootechny: the science of the breeding and domestication of animals.

zor.ro [z'oŕu] *sm* **1** *Zool* zorro: a fox. **2** *bras* lazybones, knave. • *adj bras* **1** cunning. **2** shy.

zu.ar.te [zu'arti] *sm* blue nankeen: cotton cloth originally brought from China.

zu.lu [zul'u] *s m+f* Zulu: a) a member of the Bantu family inhabiting mainly Natal, in South Africa. b) the Bantu language of the Zulus. • *adj m+f* Zulu: of or pertaining to the Zulus or their language.

zum.bi [zũb'i] *sm* **1** *bras* the Negro leader of the Palmares *quilombo*. **2** *bras* a ghost in the Afro-Brazilian popular religion. **3** *bras* someone who goes out only at night. **4** *bras* the name given to the soul of certain animals, as the ox and the horse.

zum.bi.do [zũb'idu] *sm* **1** hum, buzz, whiz(z). **2** tingle. **3** drone, zing. **4** hiss.

zu.ni.do [zun'idu] *sm* **1** whiz(z), whir, buzz, hum. **2** tingle. **3** hiss(ing). **4** zing, drone.

zu.ni.dor [zunid'or] *adj* humming, buzzing. **pião zunidor** humming-top.

zu.nir [zun'ir] *vt+vint* **1** to whiz(z), whir, drone, buzz. **2** to hum. **3** to tingle. **4** to hiss, whistle (through the air).

zun.zum [zũz'ũ] *sm* (*pl* **zunzuns**) **1** rumour, report. **2** intrigue, tittle-tattle.

zu.re.ta [zur'eta] *s m+f bras* insane, lunatic person. • *adj m+f* **1** insane, crazy. **2** upset. **3** getting angry easily.

zur.rar [zuŕ'ar] *vt+vint* **1** to bray. **2** to talk nonsense.

zur.ro [z'uŕu] *sm* bray(ing).

APÊNDICE

Verbos irregulares em inglês

* Forma usada apenas em determinadas acepções.

Simple Form	Past	Past Participle	Simple Form	Past	Past Participle
awake	awoke, awaked	awaked, awoken	crow	crowed, crew	crowed
be	was, were	been	cut	cut	cut
bear	bore	borne	deal	dealt	dealt
beat	beat	beaten	dig	dug	dug
become	became	become	dive	dived, dove	dived
begin	began	begun	do	did	done
beset	beset	beset	draw	drew	drawn
bet	bet, betted	bet, betted	dream	dreamt, dreamed	dreamt, dreamed
bind	bound	bound	drink	drank	drunk
bite	bit	bitten	drive	drove	driven
bleed	bled	bled	dwell	dwelt, dwelled	dwelt, dwelled
blend	blended, blent	blended, blent			
blow	blew	blown, blowed*	eat	ate	eaten
			fall	fell	fallen
break	broke	broken	feed	fed	fed
breed	bred	bred	feel	felt	felt
bring	brought	brought	fight	fought	fought
broadcast	broadcast	broadcast	find	found	found
build	built	built	flee	fled	fled
burn	burnt, burned	burnt, burned	fling	flung	flung
			fly	flew	flown
burst	burst	burst	forbear	forbore	forborne
bust	bust, busted	bust, busted	forbid	forbade, forbad	forbidden
buy	bought	bought	forecast	forecast, forecasted	forecast, forecasted
cast	cast	cast			
catch	caught	caught	foresee	foresaw	foreseen
choose	chose	chosen	foretell	foretold	foretold
cling	clung	clung	forget	forgot	forgotten
clothe	clothed, clad	clothed, clad	forgive	forgave	forgiven
			forsake	forsook	forsaken
come	came	come	freeze	froze	frozen
cost	cost	cost	get	got	got, gotten
creep	crept	crept			

Simple Form	Past	Past Participle	Simple Form	Past	Past Participle
give	gave	given	plead	pleaded, pled	pleaded, pled
go	went	gone			
grind	ground	ground	prove	proved	proved, proven
grow	grew	grown			
hang	hung, hanged*	hung, hanged*	put	put	put
			quit	quitted, quit	quitted, quit
have	had	had	read	read	read
hear	heard	heard	redo	redid	redone
hide	hid	hidden, hid	relay	relaid	relaid
hit	hit	hit	remake	remade	remade
hold	held	held	repay	repaid	repaid
hurt	hurt	hurt	rewrite	rewrote	rewritten
inlay	inlaid	inlaid	rid	rid, ridded	rid
input	input, inputted	input, inputted	ride	rode	ridden
			ring	rang	rung
inset	inset	inset	rise	rose	risen
keep	kept	kept	rive	rived	riven
knit	knitted, knit*	knitted, knit*	run	ran	run
			saw	sawed	sawn, sawed
know	knew	known	say	said	said
lay	laid	laid	see	saw	seen
lead	led	led	seek	sought	sought
lean	leant, leaned	leant, leaned	sell	sold	sold
			send	sent	sent
leap	leapt, leaped	leapt, leaped	set	set	set
			sew	sewed	sewn, sewed
learn	learnt, learned	learnt, learned			
			shake	shook	shaken
leave	left	left	shave	shaved	shaved, shaven
lend	lent	lent			
let	let	let	shed	shed	shed
lie	lay	lain	shine	shone	shone
light	lit, lighted	lit, lighted	shit	shitted, shat	shitted, shat
lose	lost	lost	shoot	shot	shot
make	made	made	show	showed	shown, showed
mean	meant	meant			
meet	met	met	shrink	shrank	shrunk, shrunken
melt	melted	melted, molten			
			shut	shut	shut
mislead	misled	misled	sing	sang	sung
mistake	mistook	mistaken	sink	sank	sunk, sunken
misunder-stand	misunder-stood	misunder-stood	sit	sat	sat
			slay	slew	slain
mow	mowed	mown, mowed	sleep	slept	slept
			slide	slid	slid
overcome	overcame	overcome	slit	slit	slit
overhear	overheard	overheard	smell	smelt, smelled	smelt, smelled
pay	paid	paid			

Simple Form	Past	Past Participle	Simple Form	Past	Past Participle
sow	sowed	sown, sowed	tear	tore	torn
speak	spoke	spoken	tell	told	told
speed	sped,	sped,	think	thought	thought
	speeded	speeded	thrive	thrived,	thrived,
spell	spelt,	spelt,		throve	thriven
	spelled	spelled	throw	threw	thrown
spend	spent	spent	thrust	thrust	thrust
spill	spilt, spilled	spilt, spilled	tread	trod	trodden, trod
spin	spun, span	spun	undergo	underwent	undergone
spit	spat, spit	spat, spit	underpay	underpaid	underpaid
split	split	split	understand	understood	understood
spoil	spoilt,	spoilt,	undertake	undertook	undertaken
	spoiled	spoiled	undo	undid	undone
spotlight	spotlit,	spotlit,	unwind	unwound	unwound
	spotlighted*	spotlighted*	uphold	upheld	upheld
spread	spread	spread	upset	upset	upset
spring	sprang	sprung	wake	woke,	woken,
stand	stood	stood		waked	waked
steal	stole	stolen	wear	wore	worn
stick	stuck	stuck	weave	wove,	woven,
sting	stung	stung		weaved*	weaved*
strew	strewed	strewn,	wed	wedded,	wedded,
		strewed		wed	wed
stride	strode	stridden	weep	wept	wept
strike	struck	struck	wet	wet, wetted	wet, wetted
string	strung	strung	win	won	won
strive	strove	striven	wind	winded,	winded,
sublet	sublet	sublet		wound*	wound*
swear	swore	sworn	withdraw	withdrew	withdrawn
sweep	swept	swept	withhold	withheld	withheld
swim	swam	swum	withstand	withstood	withstood
swing	swung, swang	swung	wring	wrung	wrung
take	took	taken	write	wrote	written
teach	taught	taught			

Conjugação dos verbos auxiliares e regulares em português

Verbos auxiliares: ser, estar, ter e haver

SER
Infinitivo ser
Gerúndio sendo
Particípio sido

Indicativo
Presente
eu sou
tu és
ele é
nós somos
vós sois
eles são

Pretérito imperfeito
eu era
tu eras
ele era
nós éramos
vós éreis
eles eram

Pretérito perfeito
eu fui
tu foste
ele foi
nós fomos
vós fostes
eles foram

Pretérito mais-que-perfeito
eu fora
tu foras
ele fora
nós fôramos
vós fôreis
eles foram

Futuro do presente
eu serei
tu serás
ele será
nós seremos
vós sereis
eles serão

Futuro do pretérito
eu seria
tu serias
ele seria
nós seríamos
vós seríeis
eles seriam

Subjuntivo
Presente
eu seja
tu sejas
ele seja
nós sejamos
vós sejais
eles sejam

Pretérito imperfeito
eu fosse
tu fosses
ele fosse
nós fôssemos
vós fôsseis
eles fossem

Futuro
eu for
tu fores
ele for
nós formos
vós fordes
eles forem

Imperativo
Afirmativo
sê tu
seja você
sejamos nós
sede vós
sejam vocês

Negativo
não sejas tu
não seja você
não sejamos nós
não sejais vós
não sejam vocês

ESTAR
Infinitivo estar
Gerúndio estando
Particípio estado

Indicativo
Presente
eu estou
tu estás
ele está
nós estamos
vós estais
eles estão

Pretérito imperfeito
eu estava
tu estavas
ele estava
nós estávamos
vós estáveis
eles estavam

Pretérito perfeito
eu estive
tu estiveste
ele esteve
nós estivemos
vós estivestes
eles estiveram

Pretérito mais-que-perfeito
eu estivera
tu estiveras
ele estivera
nós estivéramos
vós estivéreis
eles estiveram

Futuro do presente
eu estarei
tu estarás
ele estará
nós estaremos
vós estareis
eles estarão

Futuro do pretérito
eu estaria
tu estarias
ele estaria
nós estaríamos
vós estaríeis
eles estariam

Subjuntivo
Presente
eu esteja
tu estejas
ele esteja
nós estejamos
vós estejais
eles estejam

Pretérito imperfeito
eu estivesse
tu estivesses
ele estivesse
nós estivéssemos
vós estivésseis
eles estivessem

Futuro
eu estiver
tu estiveres
ele estiver
nós estivermos
vós estiverdes
eles estiverem

Imperativo
Afirmativo
está tu
esteja você
estejamos nós
estai vós
estejam vocês

Negativo
não estejas tu
não esteja você
não estejamos nós
não estejais vós
não estejam vocês

TER
Infinitivo ter
Gerúndio tendo
Particípio tido

Indicativo
Presente
eu tenho
tu tens
ele tem
nós temos
vós tendes
eles têm

Pretérito imperfeito
eu tinha
tu tinhas
ele tinha
nós tínhamos
vós tínheis
eles tinham

Pretérito perfeito
eu tive
tu tiveste
ele teve
nós tivemos
vós tivestes
eles tiveram

*Pretérito
mais-que-perfeito*
eu tivera
tu tiveras
ele tivera
nós tivéramos
vós tivéreis
eles tiveram

Futuro do presente
eu terei
tu terás
ele terá
nós teremos
vós tereis
eles terão

Futuro do pretérito
eu teria
tu terias
ele teria
nós teríamos
vós teríeis
eles teriam

Subjuntivo
Presente
eu tenha
tu tenhas
ele tenha
nós tenhamos
vós tenhais
eles tenham

Pretérito imperfeito
eu tivesse
tu tivesses
ele tivesse
nós tivéssemos
vós tivésseis
eles tivessem

Futuro
eu tiver
tu tiveres
ele tiver
nós tivermos
vós tiverdes
eles tiverem

Imperativo
Afirmativo
tem tu
tenha você
tenhamos nós
tende vós
tenham vocês

Negativo
não tenhas tu
não tenha você
não tenhamos nós
não tenhais vós
não tenham vocês

HAVER
Infinitivo haver
Gerúndio havendo
Particípio havido

Indicativo
Presente
eu hei
tu hás
ele há
nós havemos
vós haveis
eles hão

Pretérito imperfeito
eu havia
tu havias
ele havia
nós havíamos
vós havíeis
eles haviam

Pretérito perfeito
eu houve
tu houveste
ele houve
nós houvemos
vós houvestes
eles houveram

Pretérito mais-que-perfeito
eu houvera
tu houveras
ele houvera
nós houvéramos
vós houvéreis
eles houveram

Futuro do presente
eu haverei
tu haverás
ele haverá
nós haveremos
vós havereis
eles haverão

Futuro do pretérito
eu haveria
tu haverias
ele haveria
nós haveríamos
vós haveríeis
eles haveriam

Subjuntivo
Presente
eu haja
tu hajas

ele haja
nós hajamos
vós hajais
eles hajam

Pretérito imperfeito
eu houvesse
tu houvesses
ele houvesse
nós houvéssemos
vós houvésseis
eles houvessem

Futuro
eu houver
tu houveres
ele houver
nós houvermos
vós houverdes
eles houverem

Imperativo
Afirmativo
há tu
haja você
hajamos nós
havei vós
hajam vocês

Negativo
não hajas tu
não haja você
não hajamos nós
não hajais vós
não hajam vocês

Modelos de verbos regulares: cantar, vender e partir

CANTAR (1.ª conjugação)
Infinitivo cantar
Gerúndio cantando
Particípio cantado

Indicativo
Presente
eu canto
tu cantas
ele canta
nós cant**amos**
vós cant**ais**
eles cant**am**

Pretérito imperfeito
eu cant**ava**
tu cant**avas**
ele cant**ava**
nós cant**ávamos**
vós cant**áveis**
eles cant**avam**

Pretérito perfeito
eu cantei
tu cantaste
ele cantou
nós cantamos
vós cantastes
eles cantaram

Pretérito mais-que-perfeito
eu cantara
tu cantaras
ele cantara
nós cantáramos
vós cantáreis
eles cantaram

Futuro do presente
eu cantarei
tu cantarás
ele cantará
nós cantaremos
vós cantareis
eles cantarão

Futuro do pretérito
eu cantaria
tu cantarias
ele cantaria
nós cantaríamos
vós cantaríeis
eles cantariam

Subjuntivo
Presente
eu cante
tu cantes
ele cante
nós cantemos
vós canteis
eles cantem

Pretérito imperfeito
eu cantasse
tu cantasses
ele cantasse
nós cantássemos
vós cantásseis
eles cantassem

Futuro
eu cantar
tu cantares
ele cantar
nós cantarmos
vós cantardes
eles cantarem

Imperativo
Afirmativo
canta tu
cante você
cantemos nós
cantai vós
cantem vocês

Negativo
não cantes tu
não cante você
não cantemos nós
não canteis vós
não cantem vocês

VENDER (2.ª conjugação)
Infinitivo vender
Gerúndio vendendo
Particípio vendido

Indicativo
Presente
eu vendo
tu vendes
ele vende
nós vendemos
vós vendeis
eles vendem

Pretérito imperfeito
eu vendia
tu vendias
ele vendia
nós vendíamos
vós vendíeis
eles vendiam

Pretérito perfeito
eu vendi
tu vendeste
ele vendeu
nós vendemos
vós vendestes
eles venderam

Pretérito mais-que-perfeito
eu vendera
tu venderas
ele vendera
nós vendêramos
vós vendêreis
eles venderam

Futuro do presente
eu venderei
tu venderás
ele venderá
nós venderemos
vós vendereis
eles venderão

Futuro do pretérito
eu venderia
tu venderias
ele venderia
nós venderíamos
vós venderíeis
eles venderiam

Subjuntivo
Presente
eu venda
tu vendas
ele venda
nós vendamos
vós vendais
eles vendam

Pretérito imperfeito
eu vendesse
tu vendesses
ele vendesse
nós vendêssemos
vós vendêsseis
eles vendessem

Futuro
eu vend**er**
tu vend**eres**
ele vend**er**
nós vend**ermos**
vós vend**erdes**
eles vend**erem**

Imperativo
Afirmativo
vend**e** tu
vend**a** você
vend**amos** nós
vend**ei** vós
vend**am** vocês

Negativo
não vend**as** tu
não vend**a** você
não vend**amos** nós
não vend**ais** vós
não vend**am** vocês

PARTIR (3.ª conjugação)
Infinitivo partir
Gerúndio partindo
Particípio partido

Indicativo
Presente
eu part**o**
tu part**es**
ele part**e**
nós part**imos**
vós part**is**
eles part**em**

Pretérito imperfeito
eu part**ia**
tu part**ias**
ele part**ia**
nós part**íamos**
vós part**íeis**
eles part**iam**

Pretérito perfeito
eu part**i**
tu part**iste**
ele part**iu**
nós part**imos**
vós part**istes**
eles part**iram**

Pretérito mais-que-perfeito
eu part**ira**
tu part**iras**
ele part**ira**
nós part**íramos**
vós part**íreis**
eles part**iram**

Futuro do presente
eu part**irei**
tu part**irás**
ele part**irá**
nós part**iremos**
vós part**ireis**
eles part**irão**

Futuro do pretérito
eu part**iria**
tu part**irias**
ele part**iria**
nós part**iríamos**
vós part**iríeis**
eles part**iriam**

Subjuntivo
Presente
eu part**a**
tu part**as**
ele part**a**
nós part**amos**
vós part**ais**
eles part**am**

Pretérito imperfeito
eu part**isse**
tu part**isses**
ele part**isse**
nós part**íssemos**
vós part**ísseis**
eles part**issem**

Futuro
eu part**ir**
tu part**ires**
ele part**ir**
nós part**irmos**
vós part**irdes**
eles part**irem**

Imperativo
Afirmativo
part**e** tu
part**a** você
part**amos** nós
part**i** vós
part**am** vocês

Negativo
não part**as** tu
não part**a** você
não part**amos** nós
não part**ais** vós
não part**am** vocês

Relação dos verbos irregulares, defectivos ou difíceis em português

O símbolo ⇒ significa conjugar como

A

abastecer ⇒ *tecer*.
abençoar ⇒ *soar*.
abolir *Indicativo: presente* (não existe a 1.ª pessoa do singular) aboles, abole, abolimos, abolis, abolem. *Imperativo:* abole; aboli. *Subjuntivo: presente* não existe.
aborrecer ⇒ *tecer*.
abranger *Indicativo: presente* abranjo, abranges, abrange, abrangemos, abrangeis, abrangem. *Imperativo:* abrange, abranja, abranjamos, abrangei, abranjam. *Subjuntivo: presente* abranja, abranjas etc.
acentuar ⇒ *suar*.
aconchegar ⇒ *ligar*.
acrescer ⇒ *tecer*.
acudir ⇒ *subir*.
adelgaçar ⇒ *laçar*.
adequar *Indicativo: presente* adequamos, adequais. *Pretérito perfeito* adeqüei, adequaste etc. *Imperativo:* adequai. *Subjuntivo: presente* não existe.
aderir ⇒ *ferir*.
adoçar ⇒ *laçar*.
adoecer ⇒ *tecer*.
adormecer ⇒ *tecer*.

aduzir ⇒ *reduzir*.
advir ⇒ *vir*.
advogar ⇒ *ligar*.
afagar ⇒ *ligar*.
afeiçoar ⇒ *soar*.
afligir ⇒ *dirigir*.
afogar ⇒ *ligar*.
agir ⇒ *dirigir*.
agradecer ⇒ *tecer*.
agredir ⇒ *prevenir*.
alargar ⇒ *ligar*.
alcançar ⇒ *laçar*.
alegar ⇒ *ligar*.
almoçar ⇒ *laçar*.
alongar ⇒ *ligar*.
alugar ⇒ *ligar*.
amaldiçoar ⇒ *soar*.
amargar ⇒ *ligar*.
ameaçar ⇒ *laçar*.
amolecer ⇒ *tecer*.
amontoar ⇒ *soar*.
amplificar ⇒ *ficar*.
ansiar ⇒ *odiar*.
antepor ⇒ *pôr*.
antever ⇒ *ver*.
aparecer ⇒ *tecer*.
apegar ⇒ *ligar*.
aperfeiçoar ⇒ *soar*.
aplicar ⇒ *ficar*.
apodrecer ⇒ *tecer*.
aquecer ⇒ *tecer*.
arcar ⇒ *ficar*.
arrancar ⇒ *ficar*.
assoar ⇒ *soar*.
atacar ⇒ *ficar*.
atear ⇒ *recear*.
atenuar ⇒ *suar*.
atingir ⇒ *dirigir*.
atordoar ⇒ *soar*.

atrair *Indicativo: presente* atraio, atrais, atrai, atraímos, atraís, atraem. *Pretérito imperfeito* atraía, atraías etc. *Pretérito perfeito* atraí, atraíste, atraiu, atraímos, atraístes, atraíram. *Pretérito mais-que-perfeito* atraíra, atraíras etc. *Imperativo:* atrai, atraia, atraiamos, atraí, atraiam. *Subjuntivo: presente* atraia, atraias etc. *Pretérito imperfeito* atraísse, atraísses etc. *Futuro* atrair, atraíres, atrair, atrairmos, atrairdes, atraírem.
atribuir ⇒ *possuir*.
atuar ⇒ *suar*.
autenticar ⇒ *ficar*.
avançar ⇒ *laçar*.

B

balançar ⇒ *laçar*.
balear ⇒ *recear*.
barbear ⇒ *recear*.
bendizer ⇒ *dizer*.
bloquear ⇒ *recear*.
bobear ⇒ *recear*.
bombardear ⇒ *recear*.
brecar ⇒ *ficar*.
brigar ⇒ *ligar*.
brincar ⇒ *ficar*.
bronzear ⇒ *recear*.
buscar ⇒ *ficar*.

C

caber *Indicativo: presente* caibo, cabes, cabe, cabemos, cabeis, cabem. *Pretérito perfeito* coube, coubeste, coube, coubemos, coubestes, couberam. *Pretérito mais-que-perfeito* coubera, couberas etc. *Imperativo:* não existe. *Subjuntivo: presente* caiba, caibas etc. *Pretérito imperfeito* coubesse, coubesses etc. *Futuro* couber, couberes etc.

caçar ⇒ *laçar*.
cair ⇒ *atrair*.
carecer ⇒ *tecer*.
carregar ⇒ *ligar*.
castigar ⇒ *ligar*.
cear ⇒ *recear*.
certificar ⇒ *ficar*.
chatear ⇒ *recear*.
chegar ⇒ *ligar*.
classificar ⇒ *ficar*.
coagir ⇒ *dirigir*.
cobrir ⇒ *dormir*.
coçar ⇒ *laçar*.
comparecer ⇒ *tecer*.
competir ⇒ *ferir*.
compor ⇒ *pôr*.
comunicar ⇒ *ficar*.
condizer ⇒ *dizer*.
conduzir ⇒ *reduzir*.
conferir ⇒ *ferir*.
conhecer ⇒ *tecer*.
conjugar ⇒ *ligar*.
conseguir ⇒ *seguir*.
constituir ⇒ *possuir*.
construir *Indicativo: presente* construo, constróis, constrói, construímos, construís, constroem. *Pretérito imperfeito* construía, construías etc. *Pretérito perfeito* construí, construíste etc. *Pretérito*

mais-que-perfeito construíra, construíras etc. *Imperativo:* constrói, construa, construamos, construí, construam. *Subjuntivo: presente* construa, construas etc. *Pretérito imperfeito* construísse, construísses etc. *Futuro* construir, construíres, construir, construirmos, construirdes, construírem.

consumir ⇒ *subir*.
continuar ⇒ *suar*.
contradizer ⇒ *dizer*.
contrapor ⇒ *pôr*.
contribuir ⇒ *possuir*.
convir ⇒ *vir*.
corrigir ⇒ *dirigir*.
crescer ⇒ *tecer*.
crer *Indicativo: presente* creio, crês, crê, cremos, credes, crêem. *Imperativo:* crê, creia, creiamos, crede, creiam. *Subjuntivo: presente* creia, creias etc.

D

dar *Indicativo: presente* dou, dás, dá, damos, dais, dão. *Pretérito imperfeito* dava, davas etc. *Pretérito perfeito* dei, deste, deu, demos, destes, deram. *Pretérito mais-que-perfeito* dera, deras, dera etc. *Futuro* darei, darás etc. *Imperativo:* dá, dê, demos, dai, dêem. *Subjuntivo: presente* dê, dês, dê, demos, deis, dêem. *Pretérito imperfeito* desse, desses etc. *Futuro* der, deres etc.
decair ⇒ *atrair*.

decompor ⇒ *pôr*.
deduzir ⇒ *reduzir*.
deferir ⇒ *ferir*.
delinqüir ⇒ *abolir*.
demolir ⇒ *abolir*.
depor ⇒ *pôr*.
descobrir ⇒ *cobrir*.
desaparecer ⇒ *tecer*.
desconhecer ⇒ *tecer*.
descrer ⇒ *crer*.
desdizer ⇒ *dizer*.
desembaraçar ⇒ *laçar*.
desencadear ⇒ *recear*.
desfalecer ⇒ *tecer*.
desfazer ⇒ *fazer*.
desimpedir ⇒ *pedir*.
desligar ⇒ *ligar*.
desmentir ⇒ *ferir*.
despedir ⇒ *pedir*.
despentear ⇒ *recear*.
despir ⇒ *ferir*.
desprevenir ⇒ *prevenir*.
destacar ⇒ *ficar*.
diferir ⇒ *ferir*.
digerir ⇒ *ferir*.
diluir ⇒ *possuir*.
dirigir *Indicativo: presente* dirijo, diriges, dirige, dirigimos, dirigis, dirigem. *Imperativo:* dirige, dirija, dirijamos, dirigi, dirijam. *Subjuntivo: presente* dirija, dirijas etc.
disfarçar ⇒ *laçar*.
dispor ⇒ *pôr*.
distinguir *Indicativo: presente* distingo, distingues etc. *Imperativo:* distingue, distinga, distingamos, distingui, distingam. *Subjuntivo: presente* distinga, distingas etc.
distrair ⇒ *atrair*.
distribuir ⇒ *possuir*.
divertir ⇒ *ferir*.
dizer *Indicativo: presente* digo, dizes, diz,

dizemos, dizei, dizem. *Pretérito perfeito* disse, disseste, disse, dissemos, dissestes, disseram. *Pretérito mais-que-perfeito* dissera, disseras etc. *Futuro* direi, dirás, dirá, diremos, direis, dirão. *Futuro do pretérito* diria, dirias etc. *Imperativo:* diz, diga, digamos, dizei, digam. *Subjuntivo: presente* diga, digas etc. *Pretérito imperfeito* dissesse, dissesses etc. *Futuro* disser, disseres etc.

dormir *Indicativo: presente* durmo, dormes, dorme, dormimos, dormis, dormem. *Imperativo:* dorme, durma, durmamos, dormi, durmam. *Subjuntivo: presente* durma, durmas etc.

E

efetuar ⇒ *suar*.
empregar ⇒ *ligar*.
encadear ⇒ *recear*.
encobrir ⇒ *dormir*.
enfraquecer ⇒ *tecer*.
engolir ⇒ *dormir*.
enjoar ⇒ *soar*.
enriquecer ⇒ *tecer*.
ensaboar ⇒ *soar*.
entrelaçar ⇒ *laçar*.
entreouvir ⇒ *ouvir*.
entrever ⇒ *ver*.
envelhecer ⇒ *tecer*.
equivaler ⇒ *valer*.
erguer *Indicativo: presente* ergo, ergues, ergue, erguemos, ergueis, erguem. *Imperativo:* ergue, erga, ergamos, erguei, ergam. *Subjuntivo: presente* erga, ergas etc.

escassear ⇒ *recear*.
esclarecer ⇒ *tecer*.
escorregar ⇒ *ligar*.
esquecer ⇒ *tecer*.
estar Veja verbo conjugado (página 826).
estragar ⇒ *ligar*.
estremecer ⇒ *tecer*.
excluir ⇒ *possuir*.
exercer ⇒ *tecer*.
exigir ⇒ *dirigir*.
expedir ⇒ *pedir*.
explodir ⇒ *abolir*.
expor ⇒ *pôr*.
extrair ⇒ *atrair*.

F

falecer ⇒ *tecer*.
fatigar ⇒ *ligar*.
favorecer ⇒ *tecer*.
fazer *Indicativo: presente* faço, fazes, faz, fazemos, fazeis, fazem. *Pretérito perfeito* fiz, fizeste, fez, fizemos, fizestes, fizeram. *Pretérito mais-que-perfeito* fizera, fizeras etc. *Futuro* farei, farás etc. *Futuro do pretérito* faria, farias etc. *Imperativo:* faz, faça, façamos, fazei, façam. *Subjuntivo: presente* faça, faças etc. *Pretérito imperfeito* fizesse, fizesses etc. *Futuro* fizer, fizeres etc.

ferir *Indicativo: presente* firo, feres, fere, ferimos, feris, ferem. *Imperativo:* fere, fira, firamos, feri, firam. *Subjuntivo: presente* fira, firas etc.

ficar *Indicativo: presente* fico, ficas, fica, ficamos, ficais, ficam. *Pretérito perfeito* fiquei, ficaste etc.

Imperativo: fica, fique, fiquemos, ficai, fiquem. *Subjuntivo: presente* fique, fiques etc.
fingir ⇒ *dirigir*.
fluir ⇒ *possuir*.
flutuar ⇒ *suar*.
folhear ⇒ *recear*.
frear ⇒ *recear*.
fugir *Indicativo: presente* fujo, foges, foge, fugimos, fugis, fogem. *Imperativo:* foge, fuja, fujamos, fugi, fujam. *Subjuntivo: presente* fuja, fujas etc.

G

golpear ⇒ *recear*.
graduar ⇒ *suar*.
grampear ⇒ *recear*.

H

habituar ⇒ *suar*.
haver Veja verbo conjugado (página 828).
hipotecar ⇒ *ficar*.
homenagear ⇒ *recear*.

I

impedir ⇒ *pedir*.
impelir ⇒ *ferir*.
impor ⇒ *pôr*.
incendiar ⇒ *odiar*.
incluir ⇒ *possuir*.
indispor ⇒ *pôr*.
induzir ⇒ *reduzir*.
ingerir ⇒ *ferir*.
inserir ⇒ *ferir*.
insinuar ⇒ *suar*.
instituir ⇒ *possuir*.
instruir ⇒ *possuir*.
interferir ⇒ *ferir*.
interpor ⇒ *pôr*.
interrogar ⇒ *ligar*.
intervir ⇒ *vir*.
introduzir ⇒ *reduzir*.
investir ⇒ *ferir*.
ir *Indicativo: presente* vou, vais, vai, vamos,

ides, vão. *Pretérito imperfeito* ia, ias, ia, íamos, íeis, iam. *Pretérito perfeito* fui, foste, foi, fomos, fostes, foram. *Pretérito mais-que-perfeito* fora, foras etc. *Imperativo:* vai, vá, vamos, ide, vão. *Subjuntivo: presente* vá, vás etc. *Pretérito imperfeito* fosse, fosses etc. *Futuro* for, fores etc.

J
jejuar ⇒ *suar.*
julgar ⇒ *ligar.*
justapor ⇒ *pôr.*

L
largar ⇒ *ligar.*
ler ⇒ *crer.*
ligar *Pretérito perfeito* liguei, ligaste, ligou, ligamos, ligastes, ligaram. *Imperativo:* liga, ligue, liguemos, ligai, liguem. *Subjuntivo: presente* ligue, ligues etc.
lotear ⇒ *recear.*

M
magoar ⇒ *soar.*
maldizer ⇒ *dizer.*
manter ⇒ *ter.*
medir ⇒ *pedir.*
mentir ⇒ *ferir.*
merecer ⇒ *tecer.*
moer *Indicativo: presente* môo, móis, mói, moemos, moeis, moem. *Pretérito imperfeito* moía, moías etc. *Pretérito perfeito* moí, moeste, moeu etc. *Imperativo:* mói, moa, moamos, moei, moam. *Subjuntivo: presente* moa, moas etc.

N
nascer ⇒ *tecer.*
nortear ⇒ *recear.*

O
obedecer ⇒ *tecer.*
obrigar ⇒ *ligar.*
obter ⇒ *ter.*
odiar *Indicativo: presente* odeio, odeias, odeia, odiamos, odiais, odeiam. *Imperativo:* odeia, odeie, odiemos, odiai, odeiem. *Subjuntivo: presente* odeie, odeies, odeie, odiemos, odieis, odeiem.
oferecer ⇒ *tecer.*
opor ⇒ *pôr.*
ouvir *Indicativo: presente* ouço, ouves, ouve, ouvimos, ouvis, ouvem. *Imperativo:* ouve, ouça, ouçamos, ouvi, ouçam. *Subjuntivo: presente* ouça, ouças etc.

P
padecer ⇒ *tecer.*
parecer ⇒ *tecer.*
passear ⇒ *recear.*
pedir *Indicativo: presente* peço, pedes, pede, pedimos, pedis, pedem. *Imperativo:* pede, peça, peçamos, pedi, peçam. *Subjuntivo: presente* peça, peças etc.
pegar ⇒ *ligar.*
pentear ⇒ *recear.*
perder *Indicativo: presente* perco, perdes, perde, perdemos, perdeis, perdem. *Imperativo:* perde, perca, percamos, perdei, percam. *Subjuntivo: presente* perca, percas etc.

permanecer ⇒ *tecer.*
perseguir ⇒ *seguir.*
pertencer ⇒ *tecer.*
poder *Indicativo: presente* posso, podes, pode, podemos, podeis, podem. *Pretérito perfeito* pude, pudeste, pôde, pudemos, pudestes, puderam. *Pretérito mais-que-perfeito* pudera, puderas etc. *Imperativo:* não existe. *Subjuntivo: presente* possa, possas etc. *Pretérito imperfeito* pudesse, pudesses etc. *Futuro* puder, puderes etc.
poluir ⇒ *possuir.*
pôr *Indicativo: presente* ponho, pões, põe, pomos, pondes, põem. *Pretérito imperfeito* punha, punhas etc. *Pretérito perfeito* pus, puseste, pôs, pusemos, pusestes, puseram. *Pretérito mais-que-perfeito* pusera, puseras etc. *Imperativo:* põe, ponha, ponhamos, ponde, ponham. *Subjuntivo: presente* ponha, ponhas etc. *Pretérito imperfeito* pusesse, pusesses etc. *Futuro* puser, puseres etc.
possuir *Indicativo: presente* possuo, possuis, possui, possuímos, possuís, possuem. *Pretérito imperfeito* possuía, possuías etc. *Pretérito perfeito* possuí, possuíste, possuiu, possuímos, possuístes,

possuíram. *Pretérito mais-que-perfeito* possuíra, possuíras etc. *Imperativo:* possui, possua, possuamos, possuí, possuam. *Subjuntivo: presente* possua, possuas etc. *Pretérito imperfeito* possuísse, possuísses etc. *Futuro* possuir, possuíres, possuir etc.

precaver *Indicativo: presente* precavemos, precaveis. *Imperativo:* precavei. *Subjuntivo: presente* não existe.

predispor ⇒ *pôr*.
predizer ⇒ *dizer*.
preferir ⇒ *ferir*.
pressentir ⇒ *ferir*.
pressupor ⇒ *pôr*.
prevenir *Indicativo: presente* previno, prevines, previne, prevenimos, prevenis, previnem. *Imperativo:* previne, previna, previnamos, preveni, previnam. *Subjuntivo: presente* previna, previnas etc.

prever ⇒ *ver*.
produzir ⇒ *reduzir*.
progredir ⇒ *prevenir*.
propor ⇒ *pôr*.
prosseguir ⇒ *seguir*.
proteger ⇒ *abranger*.
provir ⇒ *vir*.

Q

querer *Indicativo: presente* quero, queres, quer, queremos, quereis, querem. *Pretérito perfeito* quis, quiseste etc. *Pretérito mais-que-* perfeito quisera, quiseras etc. *Imperativo:* quer, queira, queiramos, querei, queiram. *Subjuntivo: presente* queira, queiras etc. *Pretérito imperfeito* quisesse, quisesses etc. *Futuro* quiser, quiseres etc.

R

rasgar ⇒ *ligar*.
reagir ⇒ *dirigir*.
reaver *Indicativo: presente* (apenas a 1.ª e a 2.ª pessoas do plural) reavemos, reaveis. *Pretérito perfeito* reouve, reouveste etc. *Pretérito mais-que-perfeito* reouvera, reouveras etc. *Imperativo:* reavei. *Subjuntivo: presente* não existe. *Pretérito imperfeito* reouvesse, reouvesses etc. *Futuro* reouver, reouveres etc.

recair ⇒ *atrair*.
recear *Indicativo: presente* receio, receias, receia, receamos, receais, receiam. *Imperativo:* receia, receie, receemos, receai, receiem. *Subjuntivo: presente* receie, receies etc.

rechear ⇒ *recear*.
recobrir ⇒ *dormir*.
recompor ⇒ *pôr*.
reconhecer ⇒ *tecer*.
recuar ⇒ *suar*.
redigir ⇒ *dirigir*.
reduzir *Indicativo: presente* reduzo, reduzes, reduz, reduzimos, reduzis, reduzem. *Imperativo:* reduz *ou* reduze, reduza, reduzamos, reduzi, reduzam.

refletir ⇒ *ferir*.
reforçar ⇒ *laçar*.
regredir ⇒ *prevenir*.
reler ⇒ *crer*.
repor ⇒ *pôr*.
reproduzir ⇒ *reduzir*.
requerer *Indicativo: presente* requeiro, requeres, requer, requeremos, requereis, requerem. *Pretérito perfeito* requeri, requereste etc. *Imperativo:* requer, requeira, requeiramos, requerei, requeiram. *Subjuntivo: presente* requeira, requeiras etc.

restituir ⇒ *possuir*.
reter ⇒ *ter*.
retribuir ⇒ *possuir*.
rever ⇒ *ver*.
rir *Indicativo: presente* rio, ris, ri, rimos, rides, riem. *Imperativo:* ri, ria, riamos, ride, riam. *Subjuntivo: presente* ria, rias etc.

roer ⇒ *moer*.

S

saber *Indicativo: presente* sei, sabes, sabe, sabemos, sabeis, sabem. *Pretérito perfeito* soube, soubeste etc. *Pretérito mais-que-perfeito* soubera, souberas etc. *Imperativo:* sabe, saiba, saibamos, sabei, saibam. *Subjuntivo: presente* saiba, saibas etc. *Pretérito imperfeito* soubesse, soubesses etc. *Futuro* souber, souberes etc.

sacudir ⇒ *subir*.
sair ⇒ *atrair*.

satisfazer ⇒ *fazer.*
seduzir ⇒ *reduzir.*
seguir *Indicativo: presente*
sigo, segues, segue,
seguimos, seguis,
seguem.
Imperativo: segue, siga,
sigamos, segui, sigam.
Subjuntivo: presente
siga, sigas etc.
sentir ⇒ *ferir.*
ser Veja verbo conjugado
(página 826).
servir ⇒ *ferir.*
simplificar ⇒ *ficar.*
situar ⇒ *suar.*
soar *Indicativo: presente*
sôo, soas, soa, soamos,
soais, soam.
Imperativo: soa, soe,
soemos, soai, soem.
sobrepor ⇒ *pôr.*
sobressair ⇒ *atrair.*
sobrevir ⇒ *vir.*
sorrir ⇒ *rir.*
suar *Indicativo: presente*
suo, suas, sua, suamos,
suais, suam. *Pretérito
perfeito* suei, suaste etc.
Imperativo: sua, sue,
suemos, suai, suem.
Subjuntivo: presente sue,
sues etc. *Pretérito
imperfeito* suasse,
suasses etc. *Futuro* suar,
suares etc.
subir *Indicativo: presente*
subo, sobes, sobe,
subimos, subis,
sobem. *Imperativo:* sobe,
suba, subamos, subi,
subam.
substituir ⇒ *possuir.*
subtrair ⇒ *atrair.*
sugerir ⇒ *ferir.*

sumir ⇒ *subir.*
supor ⇒ *pôr.*
surgir ⇒ *dirigir.*

T
tapear ⇒ *recear.*
tecer *Indicativo: presente*
teço, teces, tece,
tecemos, teceis, tecem.
Imperativo: tece, teça,
teçamos, tecei, teçam.
Subjuntivo: presente
teça, teças etc.
ter Veja verbo conjugado
(página 827).
tossir ⇒ *dormir.*
traçar ⇒ *laçar.*
trair ⇒ *atrair.*
transgredir ⇒ *prevenir.*
transpor ⇒ *pôr.*
trazer *Indicativo: presente*
trago, trazes, traz,
trazemos, trazeis, trazem.
Pretérito perfeito trouxe,
trouxeste, trouxe,
trouxemos, trouxestes,
trouxeram. *Pretérito
mais-que-perfeito*
trouxera, trouxeras,
trouxera, trouxéramos,
trouxéreis, trouxeram.
Futuro trarei, trarás,
trará, traremos, trareis,
trarão. *Futuro do
pretérito* traria, trarias,
traria, traríamos, traríeis,
trariam.
Imperativo: traz, traga,
tragamos, trazei, tragam.
Subjuntivo: presente
traga, tragas etc.
Pretérito imperfeito
trouxesse, trouxesses etc.
Futuro trouxer, trouxeres
etc.

U
usufruir ⇒ *possuir.*

V
valer *Indicativo: presente*
valho, vales, vale,
valemos, valeis, valem.
Imperativo: vale, valha,
valhamos, valei, valham.
Subjuntivo: presente
valha, valhas etc.
ver *Indicativo: presente*
vejo, vês, vê, vemos,
vedes, vêem. *Pretérito
imperfeito* via, vias etc.
Pretérito perfeito vi,
viste, viu, vimos, vistes,
viram. *Pretérito mais-
que-perfeito* vira, viras
etc. *Imperativo:* vê, veja,
vejamos, vede, vejam.
Subjuntivo: presente
veja, vejas etc. *Pretérito
imperfeito* visse, visses
etc. *Futuro* vir, vires etc.
vestir ⇒ *ferir.*
vir *Indicativo: presente*
venho, vens, vem,
vimos, vindes, vêm.
Pretérito imperfeito
vinha, vinhas etc.
Pretérito perfeito vim,
vieste, veio, viemos,
viestes, vieram.
*Pretérito mais-que-
perfeito* viera, vieras etc.
Imperativo: vem, venha,
venhamos, vinde,
venham. *Subjuntivo:
presente* venha, venhas
etc. *Pretérito imperfeito*
viesse, viesses etc.
Futuro vier, vieres etc.
voar ⇒ *soar.*

Números

Numerais Cardinais / Cardinal Numbers

0	zero	zero, nought, nothing, O	50	cinqüenta	fifty
1	um	one	60	sessenta	sixty
2	dois	two	70	setenta	seventy
3	três	three	80	oitenta	eighty
4	quatro	four	90	noventa	ninety
5	cinco	five	100	cem	a hundred
6	seis	six	101	cento e um	a hundred and one
7	sete	seven			
8	oito	eight	110	cento e dez	a hundred and ten
9	nove	nine			
10	dez	ten	120	cento e vinte	a hundred and twenty
11	onze	eleven			
12	doze	twelve	200	duzentos	two hundred
13	treze	thirteen	300	trezentos	three hundred
14	quatorze, catorze	fourteen	400	quatrocentos	four hundred
15	quinze	fifteen	500	quinhentos	five hundred
16	dezesseis	sixteen	600	seiscentos	six hundred
17	dezessete	seventeen	700	setecentos	seven hundred
18	dezoito	eighteen	800	oitocentos	eight hundred
19	dezenove	nineteen	900	novecentos	nine hundred
20	vinte	twenty	1000	mil	a thousand
21	vinte e um	twenty-one	1001	mil e um	a thousand and one
22	vinte e dois	twenty-two			
23	vinte e três	twenty-three	1010	mil e dez	a thousand and ten
24	vinte e quatro	twenty-four			
25	vinte e cinco	twenty-five	2000	dois mil	two thousand
26	vinte e seis	twenty-six	10,000	dez mil	ten thousand
27	vinte e sete	twenty-seven	100,000	cem mil	a hundred thousand
28	vinte e oito	twenty-eight			
29	vinte e nove	twenty-nine	1,000,000	um milhão	a million
30	trinta	thirty	2,000,000	dois milhões	two million
40	quarenta	forty	1,000,000,000	um bilhão	a billion

Numerais Ordinais / Ordinal Numbers

1st	primeiro	first	21st	vigésimo primeiro	twenty-first
2nd	segundo	second	22nd	vigésimo segundo	twenty-second
3rd	terceiro	third	23rd	vigésimo terceiro	twenty-third
4th	quarto	fourth	24th	vigésimo quarto	twenty-fourth
5th	quinto	fifth	25th	vigésimo quinto	twenty- fifth
6th	sexto	sixth	26th	vigésimo sexto	twenty-sixth
7th	sétimo	seventh	27th	vigésimo sétimo	twenty-seventh
8th	oitavo	eighth	28th	vigésimo oitavo	twenty-eighth
9th	nono	ninth	29th	vigésimo nono	twenty-ninth
10th	décimo	tenth	30th	trigésimo	thirtieth
11th	décimo primeiro	eleventh	31st	trigésimo primeiro	thirty-first
12th	décimo segundo	twelfth	40th	quadragésimo	fortieth
13th	décimo terceiro	thirteenth	50th	qüinquagésimo	fiftieth
14th	décimo quarto	fourteenth	60th	sexagésimo	sixtieth
15th	décimo quinto	fifteenth	70th	septuagésimo	seventieth
16th	décimo sexto	sixteenth	80th	octogésimo	eightieth
17th	décimo sétimo	seventeenth	90th	nonagésimo	ninetieth
18th	décimo oitavo	eighteenth	100th	centésimo	one hundredth
19th	décimo nono	nineteenth	101st	centésimo primeiro	one hundred and first
20th	vigésimo	twentieth	200th	ducentésimo	two hundredth

Numerais Multiplicativos / Multiplicative Numbers

2	duplo, dobro	double, twofold
3	triplo, tríplice	triple, threefold
4	quádruplo	quadruple, fourfold
5	quíntuplo	quintuple, fivefold
6	sêxtuplo	sextuple, sixfold
7	séptuplo	septuple, sevenfold
8	óctuplo	octuple, eightfold
9	nônuplo	ninefold
10	décuplo	decuple, tenfold
11	undécuplo	elevenfold
12	duodécuplo	twelvefold
100	cêntuplo	centuple, hundredfold

Numerais Fracionários / Fractional Numbers

2	meio, metade	half (*plural:* halves)
3	terço	third
4	quarto	quarter, fourth
5	quinto	fifth
6	sexto	sixth
7	sétimo	seventh
8	oitavo	eighth
9	nono	ninth
10	décimo	tenth
11	onze avos, undécimo	eleventh
12	doze avos, duodécimo	twelfth
100	centésimo	hundredth

Tabela de conversão de temperaturas em graus Celsius e Fahrenheit

°C	°F	°C	°F	°C	°F	°C	°F
1	33.8	26	78.8	51	123.8	76	168.8
2	35.6	27	80.6	52	125.6	77	170.6
3	37.4	28	82.4	53	127.4	78	172.4
4	39.2	29	84.2	54	129.2	79	174.2
5	41.0	30	86.0	55	131.0	80	176.0
6	42.8	31	87.8	56	132.8	81	177.8
7	44.6	32	89.6	57	134.6	82	179.6
8	46.4	33	91.4	58	136.4	83	181.4
9	48.2	34	93.2	59	138.2	84	183.2
10	50.0	35	95.0	60	140.0	85	185.0
11	51.8	36	96.8	61	141.8	86	186.8
12	53.6	37	98.6	62	143.6	87	188.6
13	55.4	38	100.4	63	145.4	88	190.4
14	57.2	39	102.2	64	147.2	89	192.2
15	59.0	40	104.0	65	149.0	90	194.0
16	60.8	41	105.8	66	150.8	91	195.8
17	62.6	42	107.6	67	152.6	92	197.6
18	64.4	43	119.4	68	154.4	93	199.4
19	66.2	44	111.2	69	156.2	94	201.2
20	68.0	45	113.0	70	158.0	95	203.0
21	69.8	46	114.8	71	159.8	96	204.8
22	71.6	47	116.6	72	161.6	97	206.6
23	73.4	48	118.4	73	163.4	98	208.4
24	75.2	49	120.2	74	165.2	99	210.2
25	77.0	50	122.0	75	167.0	100	212.0

Fatores de Conversão / Conversion Factors

Celsius into / para Fahrenheit: (°C x 9) / 5) + 32
Fahrenheit into / para Celsius: (°F - 32) x 5) / 9

Símbolos matemáticos

+	mais; positivo	plus; positive
−	menos; negativo	minus; negative
±	mais ou menos	plus or minus
× ·	multiplicado por; vezes	multiplied by; times
/ ∶ ÷	dividido por	divided by
=	igual a; igual	is equal to; equals
≠	diferente de; não igual a	is not equal to; does not equal
<	menor que	is less than
>	maior que	is greater than; is more than
⩽	menor ou igual	is less than or equal to
⩾	maior ou igual	is greater than or equal to
≮	não menor que	is not less than
≯	não maior que	is not greater than
≃	aproximadamente igual	is approximately equal to
≡	equivalente a	is equivalent to; is identical to
[ ]	colchetes	brackets
( )	parênteses	parentheses
{ }	chaves	braces
√	raiz quadrada	(square) root
∛	raiz cúbica	cube root
r	raio de um círculo	radius of a circle
∞	infinito	infinity
∈	pertence, é elemento de	is an element of
∉	não pertence; não é elemento de	is not an element of
∅ { }	conjunto vazio	empty set; null set
∩	interseção	intersection
∪	união	union
⊃	contém	contains as a subset
⊂	está contido	is included in, is a subset of
⊄	não está contido	is not included in, is not a subset of
⇒	implica	implies
$\log_e$	logaritmo natural	natural logarithm; logarithm to the base e

$\log_{10}$	logaritmo decimal	decimal logarithm; logarithm to the base 10
x^2	xis ao quadrado	x squared
x^3	xis ao cubo	x cubed
x^4	xis à quarta potência	x to the power of four; x to the fourth
$|x|$	valor absoluto de xis	absolute value of x
π	pi = 3,14159	pi
°	grau	degree
'	minuto	minute; foot
''	segundo	second; inch
n!	n fatorial	factorial n
dx	diferencial de xis	differential of x
$\int a$	integral de a	integral of a
$\int_a^b$	integral de, entre os limites a e b	integral from a to b
$\parallel$	paralelo a	parallel; is parallel to
Σ	somatória	summation
sin (inglês) sen (português)	seno	sine
cos	co-seno	cosine
tan (inglês) tg (português)	tangente	tangent
cot (inglês) cotg (português)	co-tangente	cotangent
sec	secante	secant
csc (inglês) cosec (português)	co-secante	cosecant

Animais: gênero, coletivo e voz

animal	macho	fêmea	filhote	coletivo	voz (verbo/substantivo)
1 - urso	urso	ursa	filhote de urso/ursinho	-	rugir/rugido, grunhir/grunhido
2 - abelha	zangão	abelha	-	enxame	zumbir/zumbido
3 - gato	gato	gata	gatinho	gataria	ronronar/ronrom, miar/miado
4 - gado	touro, boi	vaca	bezerro, vitelo, novilho	boiada	berrar/berro, mugir/mugido
5 - frango, galinha	galo	galinha	pinto, pintinho, pintainho	ninhada (de pintinhos)	cantar (de galo)/canto (de galo), cacarejar/cacarejo (de galinha), piar/pipilar, pio/pipilo (de pintinho)
6 - veado	corço, gamo	corça	-	manada	latir/latido, ganir/ganido, rosnar/rosnado, uivar/uivo
7 - cão	cão, cachorro	cadela	cãozinho, cachorrinho	matilha, canzoada	
8 - golfinho toninha baleia	golfinho (macho) toninha (macho) caxarelo, caxaréu	golfinho (fêmea) toninha (fêmea) madrija, madrijo	filhote de golfinho filhote de toninha filhote de baleia	cardume	bufar/bufo
9 - pato	pato	pata	patinho	-	grasnar/grasnido
10 - peixe	-	-	-	cardume	-
11 - raposa	raposa (macho)	raposa (fêmea)	filhote de raposa	-	latir/latido
12 - cabra	bode	cabra	cabrito	fato, rebanho	balir/balido, berrar/berro
13 - ganso	ganso	gansa	filhote de ganso	bando	assobiar/assobio, sibilar/sibilo, grasnar/grasnido
14 - cavalo	garanhão	égua	potro	manada	relinchar/relincho
15 - leão	leão	leoa	filhote de leão	alcatéia	rugir/rugido, urrar/urro, bramir/bramido
16 - pavão	pavão	pavoa	filhote de pavão	-	grasnar/grasnido
17 - porco	varrão	porca	leitão	vara, porcada, porcalhada	grunhir/grunhido
18 - coelho	coelho	coelha	filhote de coelho	-	chiar/chiado, guinchar/guincho
19 - foca	foca (macho)	foca (fêmea)	filhote de foca	colônia	gritar/grito
20 - carneiro	carneiro	ovelha	cordeiro	rebanho, carneirada	balir/balido
21 - pardal	pardal	pardaloca, pardeja	filhote de pardal	bando, revoada	gorjear/gorjeio, chilrear/chilreio
22 - tigre	tigre (macho)	tigre (fêmea), tigresa	filhote de tigre	-	rugir/rugido, rosnar/rosnado
23 - javali	javali	javalina	filhote de javali	-	grunhir/grunhido
24 - lobo	lobo	loba	filhote de lobo	alcatéia	uivar/uivo, grunhir/grunhido, rosnar/rosnado